北方地區近代工業部

軍事工業分部

紀事

「中央研究院」近代史研究所《海防檔》丙機器局《同治四年十二月一日總署收三口臣崇厚函》 同治四年十二月十一日，三口通商大臣崇厚函稱，前奉函示，上海籌購西洋軍火機器，運津設局仿製等情，當經專函詳詢李少荃制軍，約計何時可以購齊。茲據覆函，備言製法巧妙，不易購求，必須寬以時日，不厭精詳，方期窮究奥藴，以資利用，計須明年夏秋之間，得有眉目，可以籌運等語。茲將原函照録呈鑒： 地山仁兄同年大人閣下： 昨肅寸緘，復塵霽照。頃由上海應署道，遞到郵封一件，展誦華函，藉審勣懋丁沽，威宣戍校，鯤身波静，螭背恩濃，無任跂頌之至。弟白門借箸，遑云報最於三江，赤水尋珠，謬欲問奇於五火，探驪未獲，刻鵠滋慙，承詢軍火機器運津一節，查此項外洋機器，購辦之初有分運天津，以便京營弁兵就近學習之議，係指由滬局仿製一分而言。其有缺少各件，須陸續籌購運往，前此丁升道與製造局，會稟開局章程内，列入此條，聲請寬假歲月，庶不致潦草塞責等語，均經據實奏明在案。緣係以洋廠驟改官局新舊交受，事務繁重，其器具大小各件，名目新異，用法不同，局員逐件查驗，兼須問及造用大畧，既非一兩月所能清楚，各局員匠暨京營弁兵歸併到廠，亦須添改房屋，移置機器。其原用洋匠，亦多辭退更换，統計設局以來，各色人等，熟手少而生手多，以故朝夕催趲料理，現甫稍有頭緒。其如何分運天津，目下尚未遽及，此事爲方今急務，彰明較著，似乎遠邇議論稍孚，不至如從前之河漢其言，而事經創始，鐍秘未開，必須稽時月以求深造，不能限旦夕以獲近功。其中艱苦曲折，與其所以然之故，則局外難得解人，又時時體驗外國人心情，似於此道尚不顯然吝惜，亦未露有疑忌阻撓形迹。所慮者轉在中國員匠，自成扞格，其天資鈍拙者，固屬無從入門，其心思靈巧稍具知解者，又往往囿於成見，不肯盡棄所學，以從洋人，故雖終日努力，而影響隔壁之談。同局時或聚訟，則豁然貫通之候，急切殊未易言，該廠所有係製器之器，待於攷究而擴充者甚多，並非一得其器，即可立刻造成槍砲等件濟用。若滬局員匠尚無幾分把握，貿貿分運天津，又將如何措置，此弟所昕夕籌慮而未能遽得一當者也。第思外國巧匠，自可在津募雇應用，中國各匠，亦可就近招充，將來分運來津，敝處只須於局員中揀其稍爲熟習收發者，派令押運投交，較易辦理，當即督飭該局趕速查點現有機器，識別提存，以備分撥，惟逐件攷校，籌補殘缺，標號裝箱，事事費手，似須明年夏秋間或可開行。根本至計，該局員等必深知緩急，不致稍涉因循，弟當飭其妥細檢點，愈速愈妙，一俟具有眉目，再行佈聞。臨時仍當專案奏咨，並請尊處豫備妥人接收照料也，肅此布復，敬頌台祺，諸惟朗鑒不具。

年愚弟李鴻章頓首

「中央研究院」近代史研究所《海防檔》丙機器局《同治五年八月十一日總署收三口大臣崇厚函》 八月十一日，三口通商大臣函稱，項接貝税司函稱，現接上海署總税司費士來函内稱，赫總税司有由英國採辦軍器計三十三箱，業經到滬，僱用太倉洋船，解送前來，大約不久即可抵京，特先知會，請俟到時派員驗收等因。查赫總税司所辦軍火，是否奉有總理衙門明文，並箱内係何物件，崇厚處未悉其詳，除俟前項軍火箱件到津，派員開拆點驗收存，聽候撥解外，肅此布達，即祈示悉爲荷。又託寄總税司公寓洋文包封，並以附呈，並乞飭交爲禱，肅此。敬請王爺大人勛安，伏惟垂鑒。

「中央研究院」近代史研究所《海防檔》丙機器局《同治五年八月十三日總署致三口大臣崇厚函》 查春間赫總税司回國時，曾由本衙門面託其採訪精利軍火機器，酌量置買寄津，並未指定何物，令既據赫總税司採買前項軍器前來，一俟解送到津，即祈閣下派員開拆點收，聽候本衙門撥用。並祈將器物數目，一一照料開具細單，寄送本衙門稽查。並於點驗時務飭委員於機巧等物，仔細携取，勿將機関損壞，致成廢棄，是爲至要。特此，復候勛祉。

寶鋆《(同治朝)籌辦夷務始末》卷四四 甲寅，總理各國事務恭親王等奏，臣衙門於本年七月初六日具奏，直隸籌餉、練兵事宜，附片内曾經奏明一切。機器尤應設局募匠，先事講求，或在都城，或在天津，派員專司製造，請一併飭議施行。本日軍機大臣奉旨：覽，欽此。現在兵部會議章程，練兵需用軍器條内，亦有由直隸派員在天津設局製造之議，臣等因思練兵之要，製器爲先，中國所有軍器，固應隨時隨處選將購材精心造作，至外洋炸砲炸彈，與各項軍火機器，爲行軍要需，神機營現練威遠隊，需此尤切。中國此時雖在蘇省開設炸彈三局，漸次著有成效，惟一省仿造，究不能敷各省之用，現在直隸既欲練兵，自應在就近地方添設總局，外洋軍火機器成式，實力講求，以期多方利用。設一旦有事，較往他省調撥，匪惟接濟不窮，亦屬取用甚便，中國原不少聰明穎悟之資，特事當創始，不以不於洋人中之熟習機器者暫爲雇覓數人，令中國人從事學習，務使該洋人各將優嫺之藝，授以規矩，傳其秘竅，該學習人等若能勞身苦思，究其精微，逐漸推求，久之即可自爲製作。在我可收臨陣無窮之用，在彼不致有臨時挾製之虞。臣等公同商酌，擬即在天津設局，總局專製外洋各種軍火機器，或雇何項洋人作教習，或派何項員弁作局董，揀選何項人物學習，或聚一局，或分數局教習，學習人等名數若干，薪水若干，材料匠役及雜項用費若干，應由三口通商大臣崇厚悉心籌畫，妥立章程。咨明臣衙門會商定議，其一切款項，即由三口通商大臣酌定支發，准於關税項下作正開銷，設局以後，所有隨時考試能否，以定優劣之賞罰，以示勸懲，亦應酌立定章，總期力求實效，盡得西人之妙，庶取求由我，彼族不能擅其長，操縱有資，外侮莫由肆其啖。

御批：依議。

中國第一歷史檔案館等《中國近代兵器工業檔案史料》第一輯《崇厚奏天津設局所需機器價值擬請外商訪詢明確片同治五年九月十六日》 再，奴才准總理各國事務衙門來咨，奏請在天津設立機器總局。奴才查外洋機器有製火藥者，有製槍砲器械各樣用物者，機器衆多，需款甚巨。現擬選擇外國公正官商，令其將機器價值赴外國訪詢明確，量經費之多寡，次第籌辦，可期工歸實用，餉不虚糜。

中國第一歷史檔案館等《中國近代兵器工業檔案史料》第一輯《崇厚奏直隸需用砲位軍火擬在天津設局製造分別籌款辦理摺同治五年十月二十五日》 兵部左侍郎通商大臣奴才崇厚跪奏，爲直隸分設六軍，需用砲位軍火，擬在天津設局製造，分別籌款辦理各緣由，恭摺仰祈聖鑒事。

竊奴才前准兵部咨開練兵需用軍器條内，有由直隸總督派員在天津設局製造之議。旋准總理各國事務衙門咨稱：奏准直隸練兵需用軍器，擬在天津設局，統由三口通商大臣籌畫，會商總理衙門定議，其一切款項，即由酌定支發，准於關税項下作正開銷，以專責成，而資運用各等因，均經奉旨允准，咨行欽遵在案。

奴才伏查總理衙門原奏内稱：練兵之要，製器爲先。中國所有軍器固宜隨時隨處選匠購材，精心造作，至外洋炸砲、炸彈與各項軍火機器，尤爲行軍要需，自應在津添設總局，仿外洋軍火器機成式，實力講求，以期多方利用等語。竊思果能辦有成效，誠爲接濟不窮，取運甚便，深謀遠計之至意也。

惟查購運外洋軍火機器，實非一時所能猝至，前經附片奏明，托外國公正官商訪詢機器價值，再爲設法籌辦。深知頭緒紛繁，需款甚巨。正在函商總理衙門核辦間，即准督臣劉長佑咨稱，以直隸分設六軍，每軍五營，共馬步隊三十營，計需洋劈山砲四百八十尊，洋砲車二百四十輛，洋開花砲一百二十尊，洋砲車六十輛，各砲需用洋火藥、洋砲子並隨車一切配帶等項，均宜寬爲製辦，以便撥給備操等因。當查前項砲位等項，爲數甚多。此時商辦外國機器甫經訪詢價值，將來能否購運尚無把握，而直隸練兵需用砲位等項多而甚迫，緩不濟急，必致有誤備操。即或購買洋鐵，選覓工匠，仿造外洋式樣做成，亦非數月之間所能備齊。因即函復督臣，或先派員採辦小洋鐵砲一二百尊應用，尚較省便。旋據函復，以鐵砲施之行陣，究不若洋劈山砲爲靈便適用，囑爲添覓巧匠，多購洋鐵，陸續趕造等語。再四籌維，復飭曉事委員多方講求，選匠購料，一切仿照洋式造成，計洋劈山砲每尊實需銀七十三兩，每洋砲車一輛實需銀五十四兩，洋開花砲每尊實需銀五十五兩，對子小開花砲每尊實需銀十五兩，每洋砲車一輛實需銀五十八兩。係用洋鐵鍛煉成熟，加工精製，車輛什物亦皆堅實靈巧，均無例價可循。統計砲位、砲車配帶一切，加以隨砲子藥，實需銀六萬九千餘兩。總理衙門原奏係由關税項下作正開銷。惟查天津關常洋兩税，向有部撥京餉並指撥奉餉及天津海防、大名河防月撥協餉，並採辦銅斤、税務司各項經費等用，近年洋税暢旺，並有東海關隨時協濟，亦僅勉爲敷衍。前因採訪製造槍砲之機器價，費巨事繁，擬先購辦專製火藥之機器在天津設局試辦，計需銀並運脚十餘萬兩。並准神機營來文飭購洋馬槍三千桿，五六出手槍二千桿，開花砲六十尊；又奉省需用砲十二尊。各項需餉甚多，關税項下無此巨款，曾函商總理衙門，擬由輪船變價項下撥款協濟，其不敷之款，仍須將天津、東海兩關扣存洋税二成另款解部之項動撥，恐尚不敷用。且天津海關二成扣款現已奉部抵撥代造湖廣剥船銀五萬兩，另折會同督臣具奏。今若再籌直隸六年製辦砲位等項之款，實屬無米之炊，萬難挹注。奴才通盤籌畫，在在均關緊要，不容稍有偏廢。今擬將直隸六軍應辦砲位等項，專設局廠，派熟悉之員認真趕辦。應用銀兩，擬請敕下直隸督臣由長蘆運司在於鹽課項下隨時籌撥應用，責成天津道督飭局員核實報銷，不准稍有草率浮冒。總期工堅料實，悉成利器。所有擬在天津設立製造砲位軍火局廠，並分別籌款辦理各緣由，謹恭折具奏，伏乞皇太后、皇上聖鑒訓示。謹奏。

同治五年十月二十八日軍機大臣奉旨：欽此。

中國第一歷史檔案館等《中國近代兵器工業檔案史料》第一輯《崇厚奏籌款購機在津建廠片同治五年十月二十五日》 再，奴才前向外國官商詢訪機器情形，其製造槍砲等物器機，事繁費巨，尚未據訪察明確。惟據丹國領事官英人密妥士，將外國專製火藥器具並設廠雇工一切辦法費用查明，翻譯開單前來。奴才查單内所開，在外洋購買機輪等件全份器具，並運來水脚及雇覓外洋工匠前來所需船價川資，並在津擇地建廠，約計需銀十餘萬兩，可以將局廠設立妥協。天津關税項下，奉撥京餉，協撥奉餉，天津海防，大名河防，並户部採辦銅斤，各處撥用甚多，輒難籌此巨款。適總税務司赫德到津，論及購辦外洋機器需款甚巨。當經即據該總税司言稱，現有香港所存輪船變價銀十三萬餘兩可以就近撥用。當經函商總理各國事務衙門，請先由廣東香港所存輪船變價銀十三萬兩内撥銀八萬兩，以便交密妥士匯寄英國採買各器，俟到津以後，應需建蓋廠房及開銷工匠薪工、局費，統由奴才籌款辦理。

再，准神機營飭購洋馬槍三千桿，五六出手槍二千桿，亦由奴才轉飭赫德妥爲採辦。其應需價值，亦即令其在於輪船變價項下支付；如有不敷，再（有）〔由〕奴才籌款補發。旋准總理各國事務衙門函覆，令由奴才具折奏明，妥爲籌辦。應請敕下總理衙門轉行總税務司赫德遵照，分别辦理，以便由密妥士派人領取匯寄外洋趕辦。

至開廠以後常年薪工費用，天津一關難資敷用，應請敕下户部將天津、〔東〕海兩關應解户部二成之款改撥津局，專辦軍器。（大）至設局一切章程，應俟外國工匠到後，悉心籌議，咨商總理衙門，再行奏明辦理。理合附片具陳，伏乞聖鑒訓示遵行。謹奏。

同治五年十月二十八日軍機大臣奉旨：户部議奏，欽此。

寶鋆《（同治朝）籌辦夷務始末》第四六 丁丑，户部會同總理各國事務恭親王等奏，三口通商大臣兵部左侍郎崇厚奏，籌辦機器，並製造槍砲等件附片一件。同治五年十月二十八日，軍機大臣奉旨：户部議奏，欽此。欽遵交出到部，當由户部咨行總理各國事務衙門查照該大臣所奏，購買外洋機輪等件器具，及水師洋匠川資等項，請在總税務司赫德所稱輪船變價銀兩内撥銀八萬兩，交密妥士匯寄英國購買一節。查輪船變價一項，本月初一日，據英國照會，現交赫德收存銀四萬七千七百九磅零。查英國一磅，合中國數目三兩，以四萬七千七百餘磅覈之，計應存十四萬餘兩。該大臣所請購買機器等項銀兩，應准在此項現存銀兩内撥用。由臣衙門札知該總税司出具銀據，交崇厚轉給密妥士承領，匯寄英國，照議妥辦。至所稱神機營飭購洋馬槍三千桿，五六出手槍二千桿，請在輪船變價項下支付，亦經臣衙門一併劄知赫德遵照辦理。又原片内稱，開廠以後，常年薪工費用，天津一關，難資敷用，應請飭下户部，將天津東海兩關應解户部二成之款，改撥津局，專辦機器軍火等語。户部查各關洋税，前自停付扣款後，經總理各國事務衙門奏明，仍按結酌提四成，解交部庫專款，前據直隸總督劉長佑奏請於天津關二成解部項下提銀五萬兩，給付剥船工價。臣部因南省漕折銀兩，指日即可解部歸款，是以未經議駁，至製辦機器軍火動用解部二成税銀，並無另款歸還部庫，斷難准行，該大臣請留用天津東海兩關二成税銀之處，應毋庸議。其開廠以後一切費用，應仍令該大臣另行籌款，奏明辦理。

御批：依議。

中國第一歷史檔案館等《中國近代兵器工業檔案史料》第一輯《崇厚奏請飭令前任奉天府尹德椿來津差委片同治六年正月二十三日》 再，天津仿製洋火藥，機器設局辦理，前經奏明由丹國領事官英人密妥士代爲採買（器）具，雇覓工匠在案。據密妥士聲稱，本年夏間所覓工匠即可先行到津指畫建蓋廠房等事，其機器重多，（由）英國雇船陸續運津。是夏間即須趕辦開廠事宜，諸務紛繁，必得有大員總司其事，方資得力。

查有前任奉天府府尹德椿曾任通永道員，隨同奴才辦理海防支應，人極勤慎，於地方情形亦甚熟習。可否仰懇天恩飭令該員來津差委，以資臂助。出自逾格鴻慈。理合附片具陳，伏祈聖鑒訓示遵行。謹奏。

同治六年正月二十六日軍機大臣奉旨：欽此。

中國第一歷史檔案館等《中國近代兵器工業檔案史料》第一輯《崇厚奏天津機器軍火總局之主要經辦人員已到職或選定片同治六年四月初十日》 再，奴才前經奏明德椿來津總理機器軍火總局，該員已於本月初一日到津，自應先行設局，將擇地設廠各事宜妥爲採定。應如何集備料物，開通河道，建蓋房屋等事，一俟洋人到津，即可次第辦理。惟查事關軍火要務，又係創始之時，與尋常局務不同，若濫派多員，反與事機無益。奴才擬以同洋人學習製造之人用京營二十五歲以下員弁，並同文館學生內慎選明白精細者數人，優給薪水、公費，居住局內，俾使悉心講求，能得西法奧妙。而經理全局事務，採辦收發，創建一切，又必得通曉洋情、熟悉算法、精詳妥慎之員，方能得力。奴才督同德椿，查有通商委員內運同銜同知用廣東候補知縣高從望，堪以派充提調局務；直隸候補同知黃惠廉，堪以派充翻譯；其文案收發、採辦轉運等事，擬揀派文武委員數人，視局務之繁簡定人數之多寡。總期各(省等)〔有所〕司，不准濫竽充數。奴才查京營員弁之薪水、公費，四五品者擬仿照直隸六軍營官，六品者擬仿照六軍幫帶官，七品者仿照哨官，同文館學生仿照六軍佐雜官；文案收發、採辦轉運等差，文職均仿照六軍中之正印佐雜等官階支給，武職都守仿照幫帶官、千總仿照哨官；總理局務仿照總統，提調局務仿照翼長。辦理軍火與營務不同，其書手、聽差，視事之繁簡酌定人數。其親兵餘丁所用之費，無庸支給，以節經費而昭覈實。附片具陳，伏乞聖鑒。謹奏。

同治六年四月十三日軍機大臣奉旨：該衙門知道，欽此。

寶鋆《(同治朝)籌辦夷務始末》卷五〇 頃據密妥士面稱現接英國來信，所有製造火藥銅帽機器，均已買妥，共用二萬一千餘金磅，覈銀約七萬餘兩，應雇大船三隻，運送來津，每船需雇價三千餘金磅，共需船價約三萬兩上下。又因機器多係重大之物，不能裝入船艙，其內艙空處，擬用別物壓載，英國煤斤，用作機器，甚爲合用，而較中國煤價值又廉，應買煤一千數百頓，壓載前來，兩得其便。尚應匯一萬金磅前去，計覈銀三萬三千三百三十三兩三錢三分，以便照辦等語。自應如數補給。現經奴才再於洋稅藥釐兩項下，撥給銀三萬三千三百三十三兩三錢三分，交密妥士兌收匯寄購辦。又據教練京營馬隊之總教官英人薄郎論及，查有修造槍砲並仿製炸子開花砲等機器，可以在上海香港各處，就近採辦，並延得英人狄勒前來，先行試辦。茲已陸續撥銀數千兩，購運來津，在於城南設局，經德椿督同委員添蓋房屋，安置各種機器，如能仿造合式，亦可隨時製辦，應需款項，一俟購齊，由奴才覈明價值數目。並洋人薪工，匠役工價，彙案諮報總理衙門查覈，理合附片陳明。

御批：該衙門知道。

中國第一歷史檔案館等《中國近代兵器工業檔案史料》第一輯《崇厚奏請將津海東海兩關洋稅扣出四成作爲天津機器局經費片同治六年十二月十八日》 再，奉旨設立機器總局仿製外洋軍火等項，欽遵奏明辦理在案。

查前由丹國領事官密妥士採辦各項器具並代雇工人，現在已由外國起程，須俟明歲開河後方能陸續來津。至總教官英人薄郎所雇英人狄勒辦理鑄造等事，已將應需器具先後購到，在城南海光寺擇地設廠，蓋造房屋，安置機器，奴才與德椿督飭委員辦理。截至十一月底止，先後撥發銀二萬二千兩，支發物價，起造房廠。以後購料興工，月需薪水、工食等項，仍應隨時發給。惟時有續添物件並煤鐵等項，款目紛繁。先開鑄造一局，用項已多，將來軍火總局開辦，需費更巨。明歲器具購到，勢難停工待餉，必須豫爲籌畫，免致臨期貽誤。再四思維，擬請將津海、東海兩關洋稅扣出四成銀兩，隨時提撥應用，以濟急需。一俟局廠工竣，籌有定款，再行奏明辦理。謹附片具陳，伏乞聖鑒訓示。謹奏。

同治六年十二月二十日軍機大臣奉旨：着照所請，該衙門知道。欽此。

中國第一歷史檔案館等《中國近代兵器工業檔案史料》第一輯《崇厚奏天津製造砲火用過工料銀兩請敕部核銷折同治七年二月二十一日》 兵部左侍郎通商大臣奴才崇厚跪奏，爲津郡製造直隸六軍應需砲火用過工料銀兩，造具清册，請旨敕部覈銷，恭摺具奏，仰祈聖鑒事。

竊照直隸分設六軍，應辦砲位等項，當經奴才奏明專設局廠，派員趕辦，所有應用銀兩，在於鹽課項下隨時撥用，事竣覈實報銷等因，奉旨允准存案。遵即在於郡城設立局廠，責成現任長蘆運司前天津道恒慶督飭局員，選匠購材，仿照外洋式樣認真製辦。計每洋劈山砲一尊實用工料銀七十二兩九錢一分四厘七毫五絲，每砲車一輛並隨帶什物車套等項實用工料銀五十三兩九錢七分九厘三毫六絲，對子洋開花砲每尊實用工料銀十四兩九錢九分六厘，砲車一輛並隨帶什物車套等項實用工料銀五十七兩九錢三分四厘二絲，隨砲鐵子每斤工料銀四分九厘，鉛箭每粒工料銀九分九厘，空心炸子連木管每粒工料銀三錢一分，仿照外洋砲藥每斤銀一錢六分，均係督飭局員力求撙節，核與原奏銀數有減無增。現經一律造齊，分撥各軍領回應用，自應專案造報，以昭核實。茲據該運司恒慶將製造砲位、砲車及隨帶子藥等項用過工料銀數，造具清册，詳請奏咨覈銷前來。

奴才逐加覆覈，共先後收到長蘆鹽課銀六萬九千六百九十一兩五錢，共製造洋劈山砲四百八十尊，砲車二百四十輛，對子開花砲一百二十尊，砲車六十輛，並隨帶鐵子、鉛箭、炸子、火藥等項，統計用過工料銀七萬四百四兩八錢八分七厘六毫，除本案扣收平餘銀七百四兩四分八厘八毫七絲六忽盡數動支外，計不敷銀九兩三錢三分八厘七毫二絲四忽，均由承辦委員隨時墊支。惟所墊銀數無多，應毋庸再由運庫補發，以歸撙節。

除將送部清册咨送工部外，所有津郡製造直隸六軍應需砲火等項用過工料銀兩專案請銷緣由，理合恭折具奏，伏乞皇太后、皇上聖鑒，敕部核銷施行。謹奏。

同治七年二月二十四日軍機大臣奉旨：户部知道，欽此。

中國第一歷史檔案館等《中國近代兵器工業檔案史料》第一輯《丁日昌爲請將天津上海福建三廠聯絡一氣事致總理衙門函同治七年四月十三日》 至前商預備天津開設機器廠，現已分別採訪，擬有成説，再行繪圖貼説呈請覈奪。此時經費艱難，雖不必造端宏大，而逐漸擴充，局員履而後知，必更能步步踏實。至洋匠目前不能不用，但當由我指揮，方免太阿倒持之患。將來天津、上海、福建三廠似可聯絡一氣，不分畛域，不獨京營軍火固當源源運解，即外省如有所需，亦可分别緩急隨時應付。其各廠現辦何料，製造何物，亦宜彼此相互知會，如此廠多製開花砲，則彼廠可以多製洋槍，權衡多寡，庶不致有(有)餘(有)不足之弊。匠人工食，以及購料價值，亦復隨時比較，則洋匠不致把持，而經手人等亦免浮濫。總之，自各省而言之，則各廠爲各家；合天下而言之，則各廠仍爲一家也。至洋火藥爲開花砲、洋槍相爲表裏之物，猶之水母目蝦，缺一則不能行，擬即商之曾侯相籌款購辦洋藥機器，設廠製造，以備不虞。即使彼族閉關絶市，而我亦可取携如意，無虞掣肘矣。再能於北洋、中洋、南洋建設三閫，專練輪船水師，不惟其多，惟其精，如常山之蛇，擊首則尾應，不獨可以靖内奸，御外侮，而且可以協運漕糧，均平米價，使首善之地永無水旱之虞。惟將才難得，須重其任而精其選耳。管見所及，是否有當，(載)〔敬〕請鈞裁！

中國第一歷史檔案館等《中國近代兵器工業檔案史料》第一輯《丁日昌爲籌議天津設局及採辦機器等事致總理衙門函同治七年七月三十日》 竊於二月二十一日，在無錫途次奉到二月初五日護字第十一號鈞函，謹悉一切。並蒙獎詡溢分，感悚莫名。此間自聞捻匪北竄之信，憂憤交集，悉索敝賦以濟湘淮各軍援直餉糈，蓋已不遺餘力。惟事關根本重地，必當上副諉諈，因於無可設法之中，盡力籌措，即日派員由海道運解，恐勞廑念，先此布陳。

再，日昌因往各屬巡查，並往金陵面商事件，及至上海查閲機器廠，是以肅復稍遲，合併聲明。至三月初二日，在句容途次復奉到二月十九日護字第十二號鈞函，仰承指示周詳，無任欽佩。洋槍自以英國恩費來福槍爲最能致遠經久，上海各洋行現無存儲，湘淮各軍所用則以法國本家兵槍爲最多，此槍亦結實有准，現洋行存有一千桿，已派員購辦。該槍價值向約六元内外，近可稍減，俟議定，定即當先將該槍一千桿並凑備大銅帽一百萬，由上海輪船搭解到津，再行轉解。所有此間軍火局採辦價值，兹並飭令開呈備核。蘇省因餉糈浩繁，進款支絀，向辦軍火去秋即由曾侯相批飭暫停，故所存無幾。日昌仍當諄囑上海關道應寶時及軍火局委員劉瑞芬等隨時留心詢覓，俟有恩費來福槍到口，無論經費如何爲難，再當籌購一二千桿，隨時由海道解京，以資利用。

至天津爲拱衛神京重地，又近海道，似宜建一機器局。挑選八旗弁兵赴局學習製造，由粗及精，由小及大，非徒借便取携，且可益固根本。日昌初在上海設機器廠時即已詳稟及此，去年議復换約條陳中，亦復再三陳請。非常之原，黎民所懼。能創矣，復慮未必能因，能因矣，又慮未必能久；造端雖屬宏大，成效究難預期；是以議者自易，辦者自難。然已爲未必然而已之，則誠恐其可然者終不得而至也。頃據機器局員馮焌光、沈保靖等回稱：有新到機器車床等件，索價萬金内外云云。查該件雖不能即製輪船大器，然亦可製造開花砲，炸彈等項。將來逐漸擴充，以母生子，並隨時添購大號機器，規模自能閎遠。現已囑令將該器圖説寄蘇，以便轉呈。如鈞意以爲可行，日昌即當籌款，飭局先行將此件核實購買，運送天津，聽候飭派員弁開局試辦。

至於上海機器廠所造大小機器三十餘座亦尚得用。製造洋槍之機器最爲委曲繁重，該局員督同中外匠人慘淡經營，現在每月約可造洋槍二三百桿，與外國無異。兹凑就一百桿，並火箭局所造火箭筒一架，火箭二十桿，派員一並運解至京，祈爲查收，派兵驗試該件是否合用。惟火箭須熟習慣放者方不誤事。輪船現在趕造，物料雖尚須資自外洋，而體質已能自爲結構，大約秋間可以先成一號。曾侯相殷殷注意趕辦輪船，謂自强根本，莫先乎此，誠爲扼要探源之論，日昌當隨時親往該廠就近督催，知關廑注，合併附陳。

「中央研究院」近代史研究所《海防檔》丙機器局《同治七年十月十五日總署致三口大臣崇厚函》 同治七年十月十五日，致三口通商大臣函稱，再前於七月間，以蘇撫丁雨生函報購得祺記、旗昌兩行機器，編列字號，委員解送，當由本處函知，逕解尊處。並將送來清摺四件，函達冰案，飭令天津機器局點收。昨又接江蘇巡撫來咨，據稱每座機器所有配用器具，至少不下百數十件，必須逐一校合，編列字號，庶免彼此混雜，即於購成後運回廠內，飭令中外工匠，詳細考校，每座從新裝配一次，然後拆卸，用箱儲放，編列號數。其中粗大器具不能裝箱者，亦經逐件註明，俾臨時易於查點，現計配就車床刨床直銛雙捲鍋鑪鐵板機器共八座，將某項器物，應配某座機局，分別開列，繕具清摺。飭委候補知縣龔寶琦，解赴貴衙門交納等語。查所開各件名目，視前次所開清摺，多有更正，特照録一分以便貴處照此次清摺點收，免致前後參差，仍將收到日期示復爲要。又啓。

中國第一歷史檔案館等《中國近代兵器工業檔案史料》第一輯《總理衙門爲已囑將天津上海福建三廠聯絡一氣事復丁日昌函同治七年十一月二十二日》

十月間接誦來咨信函，知前擬解天津機器八座，現因北風司令，津沽凍冱，夾板罕能北駛，擇其較爲精細者裝成六箱，由九蘇輪船搭運赴津，餘須明年二月解齊，開單繪圖知照等因。本處現已函致地山，並將原圖附去，囑飭機局畫工照式繪留一份再行繳還矣。查今年夏間閣下來函，議及閩、滬、天津各廠製造機器，總宜聯絡一氣，彼此互爲呼應一節。今閱閣下致地(下)〔山〕函稿，仍復殷殷相囑。因思各廠自開造以來，人官物曲，同已各臻其妙，唯購材艱苦，需費浩繁，極應於精益求精之中，設緩急相通之策。來函云：自各省言之，則各廠爲各家；自天下言之，則各廠仍係一家。持論甚爲閎遠。本處刻已函致地山、幼丹，囑彼此互爲知照。尊處機局亦如之。然非設此廠造某物，彼廠即不應造某物，酌盈濟虛及緩急輕重之間，則在諸公臨時斟酌，俾均適其用而已。至局中造成何樣利器，仍宜隨時開單知照本處，俾京營有所藉資；能繪圖貼説猶爲美備。此復，順頌勛祉。

中國第一歷史檔案館等《中國近代兵器工業檔案史料》第一輯《丁日昌對江南製造局稟陳爲天津局代購機器一事之批文約同治七年》

兩稟均悉。至總理衙門前商購辦機器於天津開廠，藉以拱衛神京，業經函復由蘇辦理，分別咨行在案。今該局購就旗昌、祺記機器兩份，預備解交總理衙門備用，俾竟李爵大臣未盡之忱，殊堪嘉尚。仍須每件由局拆看是否合用。未備之鑄銅鐵大爐等件既由局中代鑄，約計四個月內可以成功，尤見力顧大局，仰候據情咨請總理衙門查照。其機器等件何時可以裝齊起解，是否全搭輪船，抑或裝雇夾板，該局仍妥商稟復。應領規平銀九千餘兩及皮帶銀五百兩，既將印領札發蘇藩司照數給發，並行知江海關矣。皮帶一項，能否移寬就緊，再當隨時函商也。此繳。洋文契據單、清摺存。

加函：天津開設機器局，爲漸圖自强張本，敝處前經慫恿地帥至再至三，並允大小一切機器模均由上海爲之代辦，渠始首肯。當時亦不料代辦之難如此。然已應諾於前，豈可翻悔於後。不獨銅鐵大爐須爲代鑄，即汽錘各件亦須代購，一切款項均由敝處籌還。津局器械一精，則津事自强可望。務望尊處力爲其難，不僅地帥感激靡已也。

中國第一歷史檔案館等《中國近代兵器工業檔案史料》第一輯《崇厚奏天津機器局動用津海東海兩關四成洋税片同治八年正月二十七日》

再，天津奉旨設立機器總局，應用款項，前將截至同治六年年底止動用過銀兩數目，附片奏明在案。

茲又自七年正月起至八年正月十五日止，該局前赴外洋採買各色器具，修蓋房屋，迭經管理局務之丹國領事官密妥士、總教官薄郎請撥銀兩，以資備辦，共計陸續動撥津海、東海兩關扣出四成銀十萬兩，發交該局委員兑收備用。現在河凍已開，所買機器各件由英國裝運夾板船來津，陸續可以運到。奴才當與德椿隨時隨事督飭委員，會同密妥士、薄郎認真經理。所有續撥機器局動用津海、東海兩關洋税四成銀兩，除咨報總理各國事務衙門、户部外，理合附片陳明，伏乞聖鑒。謹奏。

同治八年正月三十日軍機大臣奉旨：該衙門知道，欽此。

中國第一歷史檔案館等《中國近代兵器工業檔案史料》第一輯《崇厚奏東海關第三十結至第三十三結洋税已提四成作天津機器局經費折同治八年二月二十七日》

太子少保頭品頂戴通商大臣奴才崇厚跪奏，爲東海關續征第三十結至第三十三結止洋税銀兩，並提撥四成解津作爲機器總局經費，據詳恭摺具奏，仰祈聖鑒事。

案查東省煙臺新設海關，自同治六年十二月初六日第二十九結止，所征進出口正半各税並船鈔銀兩及提撥四成暨動支經費數目，曾經前任東海關監督登萊青道潘霨開造各項細數清册，詳由奴才覈明，會同山東撫臣丁寶楨奏，蒙敕部覈覆在案。

茲據新任東海關監督登萊青道劉達善詳稱，自同治六年十二月初七日第三十結起，至七年八月十四日第三十二結前道潘霨交卸之日止，又自是月十五日接辦之日起，至十一月十八日第三十三結止，計四結共收外洋暨暹邏船進口正税銀五萬九千一百七十一兩六厘，進口洋藥銀九萬六千二百六十五兩二錢，出口正税銀七萬三千二百四十二兩七錢六分二厘，進口半税銀四萬二千六百八十兩六錢四分八厘，船鈔銀一萬三千三兩六錢，又收江海等關所給正税免單銀三萬八千九百十八兩二錢七分五厘，又山海關所給洋藥免單銀四千五百兩，除半税船鈔並免單不扣四成外，統所征外洋暨暹邏進出口及洋藥正税，共征實銀二十二萬八千六百七十八兩九錢六分八厘。按照奏定章程，扣除四成銀九萬一千四百七十一兩五錢八分七厘二毫，報解天津機器總局應用，均經該道按結督同委員詳細稽覈，並調取税務司所記逐日收税總册按日較對，均係數目相符。除將征收税項暨開支一切經費並提解京津各餉及給發天津調到槍隊官兵薪水、口分、馬干等項，分別造具各項清册申送外，所有東海關接征第三十結至第三十三結洋税銀數暨動用一切經費各緣由，理合詳請覈銷等情前來。奴才覆覈無異。除將清册咨送總理各國事務衙門並户部查覈外，理合據詳會同兼護山東撫臣文彬恭摺具奏，伏乞皇太后、皇上聖鑒，並請敕下總理各國事務衙門並户部覈銷。謹奏。

同治八年二月三十日軍機大臣奉旨：該衙門知道，欽此。

中國第一歷史檔案館等《中國近代兵器工業檔案史料》第一輯《崇厚奏天津新關第三十四結三十五結洋税已提四成作天津機器局經費摺同治八年六月二十六日》 太子少保銜頭品頂戴通商大臣奴才崇厚跪奏，爲天津新關續征第三十四、第三十五兩結洋税，每月並提撥四成銀兩作爲機器局經費之用，恭摺具奏，仰祈聖鑒事。

竊查同治四年十二月內，准總理各國事務衙門奏英、法二國扣款結清，所有停付扣款各關，從第二十二結起按結提解部庫四成一片，奉旨依議，欽此，咨行在案。又查此項四成洋税，前因天津設立機器總局鑄造軍火等項，需費甚繁，於同治六年十二月間，附片奏請將津海、東海兩關洋税扣出四成銀兩均隨時提撥應用，奉旨允准，亦經奴才欽遵辦理在案。

兹查上年十一月十八日止，曾將第三十二、第三十三兩結所征進出口正半税暨江海等關免單並按結提撥四成銀兩，作爲機器局經費之用，專摺奏報。今自同治七年十一月十九日起，按英國三個月一結，截至八年二月十九日止係第三十四結，共征收進口正税銀七千四百一兩四錢三分六厘，進口洋藥税銀三千八百三十四兩，出口正税銀五千二百七十七兩四錢四分六厘，又半税銀九千七百二十四兩三錢四分三厘，又俄商陸運貨物税銀四十五兩二分四厘，又子口税銀九百九十八兩五錢二分九厘，又收船鈔銀一千零九十四兩八錢，又收江海等關所給正税免單銀二萬一千八百九十兩一錢四分四厘。內除半税、俄商陸運貨税、子税、船鈔免單不提四成外，覈計所征進出口税銀項下應按四成提銀六千六百五兩一錢五分三厘。又自二月二十日起，按英國三個月一結，截至五月二十一日止，係第三十五結共征收進口正税銀三萬五千七百五十九兩一錢三分七厘，進口洋藥税銀四萬二千三百九十七兩八錢，出口正税銀八千七百兩六厘，又半税銀三萬八千六百十九兩九錢五分九厘，又俄商陸運貨物税銀六百六十一兩八錢四分四厘，又子口税銀三千二十七兩一錢一分九厘，又船鈔銀二千六百五十三兩一錢，又收江海等關所給正税免單銀七萬九千九百五兩八錢一分七厘，又江海等關所給洋藥免單銀一百二十兩。內除半税、俄商陸運貨税、子税、船鈔免單不提四成外，覈計所征進出口税銀項下應按四成提銀三萬四千七百四十二兩七錢七分七厘。統計第三十四、第三十五兩結共應提四成銀四萬一千三百四十七兩九錢三分，均經奴才督飭委員會同新關税務司將所征進出口現銀詳細稽查，並調取税務司所記逐日收税總册(接)〔按〕日較對，每月均屬相符，應提四成銀兩詳加復覈亦皆符合，並無舛錯。

除將第三十四、第三十五兩結應提四成銀兩，隨時撥發機器局經費之用，所有征收進出口正、半、子口、船鈔各税現銀暨江海等關免單各項，造具清册，咨呈總理各國事務衙門暨户部查覈，並將兩結征收船鈔內提出三成銀一千一百二十四兩三錢七分，另文報解總理各國事務衙門，其餘七成遵照奏案，均發交税務司作爲海口塔表、望樓等項經費。所有新關另款作正開銷，外國税務司人等薪工、紙張並八分經費開支，委員、書役、巡船人等一切費項，仍按結分項另造清册循例分別咨送外，謹將天津海關續征第三十四、第三十五兩結洋税，每月並將解部四成洋税作爲機器局經費動用緣由，恭摺具奏，伏乞皇太后、皇上聖鑒。謹奏。

同治八年六月二十八日軍機大臣奉旨：該衙門知道，欽此。

「中央研究院」近代史研究所《海防檔》丙機器局《同治八年八月二十日總署收江蘇巡撫丁日昌文》 八月二十日，江蘇撫巡丁日昌文稱，同治八年八月初四日，據委辦江南機器製造局署蘇松太道杜文瀾、補用道馮焌光、選用府鄭藻如稟稱，同治八年五月二十九日奉院批，卑局稟請派員領解機器赴津緣由，奉批已鈔錄清摺覈繕咨文，札委候補直隸州廣元、候補知縣倪咸生領解，仰將機器點交起解等因，奉此。查廣牧領解洋馬槍，已於六月十六日，由輪船赴津，前經稟報在案，現在各項機器，均係開單點交倪令收領，由江海關衙門僱搭夾板船載運。七月初六日，已將各項機器，送至夾板船裝載清楚。兹據倪令報稱，於七月初六日，由滬駛運北上，理合將起程日期，稟乞察覈。再，查卑局前次開摺稟報後，所有續造器具，亦經逐一點明，彙交倪令領解。又上年所購前項機器，內有打鐵板眼機器一座，查看打眼鐵架，稍覺舊壞，故留下未解，另由卑局換造打眼鐵架一具。因前次清摺內，未及詳細聲明，誠恐總署點收時，疑爲購買之外，另有添造打眼。鐵架，致費搜查，合併陳明。並將續造各件補具清摺，統乞核咨，寔爲公便等情到本部院，據此，除咨三口通商大臣崇查照外，相應咨呈。爲此咨呈貴衙門，謹請查照施行，照錄清摺謹將續造器具各件補具清摺，恭呈鈞鑒。

計開：

李字號箱計裝：二尺八寸長一寸五分徑螺絲四副並五寸長二寸一分寬鐵閂四條，三尺三寸長螺絲起子二把，十五寸長七寸二分寬砲模口失鐵蓋板四塊，十三寸長四寸半寬十二磅彈子泥心鐵模一合，二件。

十二磅彈子木様二對並十二寸長銅柄二枝，砲模口用二十寸半長雙眼生鐵橫閂二件。

起重架凸字式包橫頭鐵用四寸徑生鐵轆轤一副計四件。

以上係鑄砲及鑄彈所用器具，理合陳明。

柰字號箱計裝十二磅砲木様一副。六尺半長木様心鐵桿一枝。

以上係砲様器具理合陳明。

鍋釘九磅係鑄鐵爐備用，交委員倪令收領未裝箱。

中國第一歷史檔案館等《中國近代兵器工業檔案史料》第一輯《崇厚奏請將山海關所征四成洋稅暫作天津機器局經費片《同治八年十月初五日》 再，天津設立機器局製造外洋軍火等項，應需經費奏奉諭旨動用天津新海關並東海關四成洋稅銀兩。本年由外國陸續運到所購機器全件，並雇募洋匠人等到齊。工用已屬浩繁，尤以設局建廠仿照洋式修蓋廠屋，安設各項機器，爲不可稍緩之工。現計修蓋房屋二十餘所，尚未完竣，工程浩大，經費甚巨。自本年開河起至九月底止，續撥用過銀十六萬兩。現有必應添辦之機器、藥料等件，需款甚殷，本年征收洋稅因南省免單太多，彼盈則此絀，所征四成銀兩爲數無多。東海關協撥，亦以洋稅不旺，僅解過四成銀三萬兩。

查該局一切製造、採買、修蓋房屋，正當趕辦工程喫緊之時，必須經費應手，庶免停滯；設使支款稍有短絀，即有停工之虞。奴才查山海關所收四成洋稅，現據該監督報有收存銀兩，合無仰懇天恩俯念工程緊要，准將山海關征收四成洋稅銀兩，自本年三十四結起解津，以濟機器局要需。出自逾格鴻施。仍俟該局規模大定，籌有專款，再飭該關停解，以符原議之處。

理合附片陳明，伏乞聖鑒訓示。謹奏。

同治八年十月初八日軍機大臣奉旨：該衙門議奏，欽此。

寶鋆《同治朝籌辦夷務始末》卷七八 甲辰，三口通商大臣兵部左侍郎崇厚、署三口通商大臣大理寺卿成林、候補府尹德椿奏：竊查同治五年八月間，經總理各國事務衙門奏明，在天津設局仿製外洋機器，應需經費，作正開銷，經奴才崇厚，詢訪外洋各官商，以機器情形，事繁費鉅，一時難於舉辦，僅據美國領事官英人密妥士，將外國專製火藥器具辦法，查明繙譯開單前來。當經據實奏明，經總理衙門户部議准，由香港輪船變價項下，撥交密妥士銀八萬兩，匯兑外洋，採買機器，運送來津，設局辦理。當經揀派委員，於六年四月開局，並劄派密妥士總辦其事，勘定在於天津城東十八里賈家沽道地方，設立火藥局，是爲東局，該處本有舊河溝一道，淤塞不通，局基東西計長三百九十餘丈，南北寬二百五十餘丈，先將河溝開寬開深，以通船隻，便於運送物料。又局南勘定地基一塊，長一百三十餘丈，寬十七丈餘，作爲建蓋洋人工匠，住房之用。又局南勘定地基一塊，作爲設立甎瓦窑廠之用。又局北勘定地基一塊，作爲設立公所之用，計共買民地二十二項三十餘畝。自六年秋間購料，七年春間，外洋送到局房圖式，興工建造，局內共建機器等房四十二座，計二百九十餘間，大煙筒十座，洋匠住房一百六十餘間，官廳五間，局門更房共八間，局北公所一百三十餘間，七年夏間，機器陸續運到，設法剥運，如式安設，造火藥器具大輪四分，淋硝淋磺研藥篩光藥等器，配帶齊全。又造銅帽大輪一分，鐵木各匠機器輪一分。所雇洋匠，自七年春間，先後到局，由密妥士分派各司其事，均能認真作工，內地學徒，亦皆用心學習，可期有成。現在均已一律安設完竣。又在南關外海光寺地方，設一西局，另飭洋匠在上海等處採買機輪一分，鐵鑪一分，鏇牀二座，安設西局，以備東局機器，隨時添配物件，零星傢具之用，業經鑄造砲位輪船機器七千數百餘件，以供各營練兵之用。兹據機器局提調三品銜廣東候補知府高從望，運同銜北河候補同知童恒麟詳稱：自六年四月開局起，至九年七月底止，局務一律告成，由香港撥用過銀八萬兩。又陸續由關庫領庫平銀四十萬零五千三百三十三兩三錢三分，計東局支用銀三十八萬八千一百七十八兩八錢八分二釐，西局支用銀九萬五千七百九十五兩九錢三分，兩局共支用庫平銀四十八萬三千九百七十四兩八錢一分二釐，尚餘銀一千三百五十餘兩，歸入以後動支。尚有餘剩木料甎瓦灰斤石塊等項，約值價銀數千兩，亦應存局，作爲以後續添工程之用。查局基地勢低窪，隨在加培房座根脚，先築灰土，再用甎砌，高及丈餘，上接墻根，因機器力大，非此不能穩固，工料即較繁多，所有機器，均係重大之物，轉運十分爲難，人工亦加倍蓰，一切器物，均託洋人經手，購自西洋，房間悉照繪來圖式，加工修造，堅益求堅，所用各款，除委員薪水由局員支發外，其餘均由洋人總辦經理，撙節動用，委係工堅料實，毫無糜費，於例案未能脗合，開單詳請具奏前來。奴才等查此事總理衙門原議，本係仿照外洋軍火，務得其機巧爲主，初辦之時，若以每年所用之料物人工，較之每年所出之銅帽火藥，比之採買之價較多。據密妥士口稱，將來再添研藥機器三分，則每年所出火藥，可加三分，而人工所加有限，較之採買，即可節省，是爲計久圖長之策，直隸總督李鴻章，向能籌維大局，於製器之道，歷經考據精詳，此局之設，因係初辦，未敢鋪張，較之福建江蘇等局，用款甚少。奴才崇厚現在出差以後，應如何斟酌添製開展之處，請飭下李鴻章妥籌酌辦，以期一勞永逸。至現在已用各款，係奴才崇厚等督同局員，隨時監視。密妥士等事事認真，細心經理，作工一律精堅，用款悉皆覈實，事由創舉，難以例價相繩，器出新奇，未能指名開報，所用款項，係洋人支領給發，謹開具簡明清單，恭呈御覽。懇請飭下總理衙門、户部，查照准銷。

諭軍機大臣等：崇厚等奏，天津機器局告成，動用經費各款，開單奏報一摺。天津設立機器局，經崇厚督飭在事人員，度地庀材，隨時監視密妥士等，認真經理，現已一律告成。所用款項，既據崇厚等聲稱事由創舉，難以例價相繩，所有單開用過銀數，即著准其開銷。至密妥士所稱，再添研藥機器三分，每年所出火藥可增三倍，而人工所加有限，較之採買，即可節省，尚屬久遠之計。崇厚現在出差，應如何斟酌添製開拓之處，著交李鴻章妥爲籌畫，奏明辦理，該督於此事講求有素，務當督飭津局委員，事事悉心研究，務將此中機巧，竟委窮源，庶可有裨實用，不至徒託空言。

寶鋆《（同治朝）籌辦夷務始末》卷七八

李鴻章又奏，【略】臣查製器與練兵相爲表裏，練兵而不得其器，則兵爲無用；製器而不得其人，則器必無成，西洋軍火，日新月異，不惜工費，而精利獨絶，故能横行於數萬里之外。中國若不認真取法，終無以自强。竊謂士大夫留心經世者，皆當以此爲身心性命之學，庶幾學者衆，而有一二傑出，足以强國而贍軍。臣自愧智短力分，迄無成就，前在江蘇督撫任内，創設上海金陵機器兩局，分造輪船、槍砲、火箭、銅帽等件，略有端緒，歷年軍中撥用，實利賴之。惟馳驅在外，未能躬親督率，常以有初鮮終爲懼，洋槍炸砲，皆非洋火藥施放，不能取準而及遠。臣軍每向西國購運，其價較中國土藥微昂，究不若自製洋藥之多且便矣。總理衙門奏令崇厚在津購辦機器設局造藥，足補南局所未備，且隱寓防患固本之意，極爲遠慮深謀，其初不得不雇洋人指授，所望内地員匠，學其器而精通其意，久之自能運用，轉相傳習，乃爲經久之道。又凡仿製洋器，每年所用工料銀，較之每年所出之貨，必比採買之價稍貴，即稍貴亦係值得，不爲虚糜。崇厚奏稱，據密妥士云：再添研藥機器三分，則所出火藥，可增三倍，較之採買即可節省等語。臣昨與成林親往該局查看，面詢密妥士，又不敢據爲成説，蓋其夸大之詞也。惟該局規模粗具，垣屋尚須加修，機器尚須添製，火藥亦尚未開造，自應就此基緒，逐漸擴充，逐事覈實，非廉正熟悉而有條理之員，不足與謀。查有湖北補用道沈保靖前經臣委令督辦上海機器局，事事皆賴其創製，如雇用洋匠，進退由我，不令領事税務司各洋官經手，以免把持。定購外國機器貨料，自擇各洋商評訂，收貨給銀，務取該國發貨洋文單爲憑，委員各有專司，其冗食不究心者汰去之。華匠學徒，按日點工給價，無稍冒混，立法最稱精善，是以滬局開設數年，已造成輪船四隻，洋槍大小開花砲洋火箭等項，接濟各軍應用者，均不下數千件，出貨較多，而用款並不甚費。以視閩局專任税務司法人日意格，津局專任領事官美人密妥士，將成尾大不掉之勢，似稍勝耳。沈保靖因臣平捻後，軍器可減，久任勞怨，力辭局務，隨營差遣。臣不得已緘商前兩江督臣馬新貽、撫臣丁日昌，暫令道員馮焌光、知府鄭藻如，照舊接辦滬局，項以天津機器局，奉旨交臣籌畫辦理。臣即密屬沈保靖留心察度，擬即遴委該員總司其事，該員再三固辭，大抵關涉洋務，自好者已不願爲。洋務而又兼出納銀錢，更多望而却步，隨俗則恐無實濟，認真則必叢怨尤，然惟其不願爲者，乃可與有爲。此等苦情，諒邀聖明俯鑒。沈保靖與臣交近三十年，堅明耐苦，絲毫不欺不苟，實所深信。可否請旨飭令該員總理天津機器局事務，以資熟手，臣當督同該員，監管中外各員匠，逐細講求，悉心研究，務期有裨軍用，仰副聖鑒。惟係已成之局，牽涉洋人，窒礙殊多，更張不易，密妥士屢次來謁，臣諄諄誥誡，以覈實利用爲要，該領事人尚和平要好，或可相與有成，容再察酌妥辦，並一切整頓開拓章程，隨時督飭沈保靖相機籌議具奏。

中國第一歷史檔案館《咸豐同治兩朝上諭檔》第二〇册《同治九年十一月初八日》 另片，奏天津機器局添購碾器，增建廠屋，並興造藥庫，該局事務多與洋人交涉，擬派陳欽會同沈保靖辦理等語。著即飭令該員等認真經理，以期漸臻精止熟。

中國第一歷史檔案館《咸豐同治兩朝上諭檔》第二〇册《同治九年十月二十八日》 另片，奏請派道員總理機器局事務等語，道員沈保靖即著總理天津機器局事務，李鴻章仍當飭令該員督率中外員弁匠役悉心研究，以期有裨實用，惟該局牽涉洋人，殊多窒礙，勢不能遽議更張，總在經理之員督飭內地員匠鋭意推求，必須自能運用，轉相傳習，方爲經久之道。所有一切整頓開拓章程應否與密妥士籌商，並著酌度妥爲籌辦。將此諭令知之，欽此。遵旨，寄信前來。

抄交總理衙門。

中國第一歷史檔案館《咸豐同治兩朝上諭檔》第二二册《同治十一年二月初六日》 軍機大臣字寄山西巡撫鮑，同治十一年二月初六日奉上諭：李鴻章奏直省製造火藥需用磺觔，請飭晉省採辦一摺。直隸練軍各營月需火藥甚鉅，省城設局製造所需磺觔，開採維艱。前由山西辦解之磺已無餘存，亟須源源接濟以資應用。著鮑源深援照舊案迅即籌款，再行採辦淨磺十萬觔，分作四年陸續解往直省，俾資配造。所需磺價即由晉省造册報銷，將此諭令知之，欽此。遵旨，寄信前來。

中國第一歷史檔案館《穆宗毅皇帝實録》卷三三五《同治十一年五月下》

庚子，諭軍機大臣等：李鴻章奏滬津機器各局，事體繁重，知府鄭藻如，於本年春閑乞假回粵省親，現未銷假；廣東道員吴贊誠，精於算學，堪備督理製造之選，請飭該員等回滬來津等語。滬、津兩局，辦理洋務機器，委用需人，著瑞麟即飭令鄭藻如迅速回滬銷假，毋稍延緩；並飭吴贊誠即行雇搭輪船，航海來津，隨同辦理洋務製造事宜，以資臂助。將此諭令知之。

國家清史編纂委員會《李鴻章全集》第五册《奏報機器局經費摺同治十一年九月二十三日》 奏爲天津機器局自九年八月至十年十二月動用經費各款援案開單奏報，恭摺具陳，仰祈聖鑒事。竊查天津機器局自同治六年四月開局起至九年七月底止，經前任三口通商大臣崇厚等將創辦情形、動用經費開列簡明清單具奏，欽奉上諭：天津機器局告成，所有單開用過銀數即著准其開銷，應如何斟酌添製開拓之處，著交李鴻章妥爲籌畫，奏明辦理等因。欽此。臣遵即將該局事務悉心妥籌，酌量開拓，飭委湖北補用道沈保靖總理其事，並委津海關道陳欽會同經理，迭經奏明在案。該道等接辦以來，加意研求，配製洋火藥、銅帽，添造機器、砲彈、砲架等件，均屬精利適用。增建廠房，添購碾器，興造藥庫，加築圍墻，亦經次第規畫。駕馭中外匠役，實心實力，處置裕如，整頓一切具有條理，可冀漸收成效。惟上年夏秋淫雨連旬，洪流暴漲，局地低窪，遂成巨浸，非特新建工程勢須停頓，即已成各工購到料物猝遭淹浸，諸形棘手。該道等督率員役極力補救，將機器房座設法保護，並將技術未精之洋匠分別辭退，以節經費。總管洋員美國領事密妥士於機器未甚精覈，亦即因病撤差，另募熟手接辦。交冬以後水勢稍退，涸出各廠早經修復，其淋硝、合藥廠基低處逐漸培高，鑄鐵、熟鐵、鋸木等新廠未竣各工趕緊相機籌辦，增購外洋藥碾機器亦俱陸續運到，仍就現在規模妥爲措置。所有該局動用款目，自同治九年八月起至十月底止，係前署三口通商大臣成林等經辦，九年閏十月起至十年十二月底止，係該道等經辦。前任通商大臣崇厚報銷案內，尚餘銀一千三百五十八兩五錢二分三毫，物料約值價銀數千兩，該局陸續由關庫四成洋税項下領過銀二十五萬六千八十兩八錢九分五厘六毫，共計一年零六個月支用銀二十四萬四千九百八十八兩九錢七分八厘二毫一絲二忽，截至十年冬底止，仍存銀一萬二千五百六十六兩六錢二分三厘六毫八絲八忽，尚餘一切物料約值銀五萬數千兩，甚爲覈實節省。茲據該道等詳稱，局內所購機器料物來自西洋，名目互異，筆難盡譯，其製造諸法隨時與洋匠講求改變，費工費料較多，中外匠役量才給值，高下懸殊，又復隨宜損益，均無例價可循，覈與軍需營造各則例實在不能相符，亦未能劃期造報，仍懇援照成案開單請銷，會詳請奏前來。臣查該道沈保靖在上海辦理機器局務多年，於外洋製器事理閱見較熟，時與津海關道陳欽經營商榷，深費苦心，且能破除情面嚴束員匠，撙節經費毫無虚糜。臣就近隨事督察，日省月試，據詳各節委係實在情形，若飭令將名目件數逐細造銷，勢必多方遷就，轉非覈實之道，謹援照向章，繕具簡明清單，恭呈御覽。合無仰懇天恩，敕部查照成案，照單准銷，實於局務有裨。除分咨總理各國事務衙門、户部知照外，所有天津機器局一年零六個月動用經費據實開單緣由，理合恭摺具陳，伏乞皇太后、皇上聖鑒訓示。謹奏。

同治十一年九月二十六日，軍機大臣奉旨：該衙門知道。單並發。欽此。

〔附〕清單

謹將天津機器局自同治九年八月起至十年十二月分止，收支各項銀兩分列款目，繕具清單，恭呈御覽。

計開：

舊管項下：

一、原存庫平銀一千三百五十八兩五錢二分三毫。

新收項下：

一、收津海關陸續移撥四成洋税庫平銀二十五萬六千八十兩八錢九分五厘六毫。

一、收總理洋人美領事密妥士等借支物料繳回原價庫平銀一百十六兩一錢八分六厘。

以上共收庫平銀二十五萬六千一百九十七兩八分一厘六毫。

開除項下：

一、給發員弁司事人等薪水、心紅、紙張等項庫平銀一萬四千五百六十五兩九錢一分一厘八毫六忽。

一、給發總理洋人及各廠洋匠薪水工食等項庫平銀四萬七千四百四十六兩七錢一分五厘二毫七絲五忽。

一、給發仿造外洋機器火藥銅帽、工匠學徒夫役工食等項庫平銀二萬八千九十兩八錢八分五厘八毫四絲八忽。

一、給發採買外洋銅鐵鋼鉛木植煤炭硝磺漆油鏹水雜物及起運器料公司保險、輪帆各船脚價等項庫平銀六萬五千九百五十一兩一錢五分七厘七毫五絲七忽。

一、給發仿造外洋廠屋住房藥庫挖濠墊土各工、購買外洋油松火泥及採辦缸磚瓦石等項庫平銀三萬八千七十二兩三錢三分三厘六毫八絲八忽。

一、給發定購藥碾、銅帽卷銅皮機器及購到火輪機磨各件、海防備用後門進子鋼砲等價，及洋行墊本利銀公司保險等項庫平銀四萬三千五百七十二兩三錢一分四毫。

一、給發天津行營製造局及上海「操江」、「測海」輪船巡防津沽支撥物料等項庫平銀七千二百八十九兩六錢六分三厘四毫三絲八忽。

以上共支庫平銀二十四萬四千九百八十八兩九錢七分八厘二毫一絲二忽。

實在項下：

一、存庫平銀一萬二千五百六十六兩六錢二分三厘六毫八絲八忽。

軍機大臣奉旨：覽。欽此。

國家清史編纂委員會《李鴻章全集》第六册《機器局動用經費摺同治十三年五月初六日》

奏爲天津機器局同治十一、十二年分動用經費各款，援案開單奏報，恭摺具陳，仰祈聖鑒事。竊查天津機器局經費係奏明動撥海關四成洋税，作正開銷。截至同治十年分止，業經臣督飭局員將支銷款目查照前三口通商大臣崇厚等辦過成案，開列簡明清單具奏。十一年十月初二日奉旨：該衙門知道，單並發等因。欽此。欽遵在案。該局總理諸務先由湖北補用道沈保靖與津海關道陳欽會辦，嗣沈保靖擢任九江關道，經臣奏調廣東補用道吴贊誠來津接辦。該員向在粵東留心洋務，旋改留直隸，與陳欽一意講求整頓開拓，頗收成效。十一年春間，該局乘積水涸退，培修舊廠，接築土堤，所建鑄鐵、熟鐵、鋸木等廠先後竣工，添購西洋藥碾三分於十二年四月到齊，並購到各式機器十餘具，續建新機器房及第二座碾藥廠同時告竣，依式安配。其餘兩分藥碾應建廠座，備齊物料次第動工，造出洋火藥、銅帽、子彈等項較前增多兩倍，撥給直防淮練各軍及奉天、熱河、關外征防諸軍要需，隨時應付無誤。臣逐加試驗，均屬精利合用，與外洋軍火無別，所造挖河機器亦靈便如法，其餘製成器具均歸本廠及各營領用。該道等督飭中外匠役實力工作，苦心研究，數年以來技藝漸多嫻熟，製造日起有功。原設城南海光寺鑄鐵廠移並本廠，復在蒲口地方購地五十九畝，建成洋式藥庫三座，環以濠墻，足備久遠。統計添建廠庫二百餘間，增築護堤一千餘丈，儲材積料，墊道培基，措置俱中肯綮。兹據該道等詳稱，該局動用款目上届報銷案内尚餘銀一萬二千五百六十六兩六錢二分三厘六毫八絲八忽，物料約值銀五萬數千兩，該局陸續由關庫四成洋税項下領過銀三十九萬五千二百六十九兩九錢三分二厘三毫五絲八忽，共計兩年連閏二十五個月支用銀三十九萬四千七百兩三錢八分六毫九絲三忽，仍存銀一萬八千二百十八兩二錢四分九厘六毫五絲三忽，尚餘一切物料約值銀五萬數千兩。連年增雇匠徒、寬儲料物、清付器價、興造廠工，又以十一、十二兩年迭被水浸，培廠築堤，設法防護，工需浩繁，皆必不可省之費，動用銀款均係極力撙節，實事求是，毫無浮冒；製造仿用西法，變換不常，物料來自外洋，名目互異，實無例價可循，未能劃一造報，懇仍援照成案開單請銷，會詳請奏前來。臣查道員沈保靖、吴贊誠先後經理局務，與津海關道陳欽商榷妥辦。臣就近督率，隨時稽查，該員等均能嚴明約束，覈實勾稽；且於遞年水患之中設法營護，力求精進，俾工藝益臻起色。所需經費以購辦外洋機器物料爲大宗，即中外員匠夫役薪貲無不事事節省，據詳各節委係實在情形，並無絲毫冒濫。相應援照向章繕具簡明清單，恭呈御覽。合無仰懇天恩，敕部查照成案，照單准銷，實於局務有裨。除分咨總理各國事務衙門，户、工二部知照外，所有天津機器局同治十一、十二年分動用經費據實開單緣由，理合恭折具陳，伏乞皇上聖鑒訓示。謹奏。

該衙門知道。單並發。

〔附〕清單同治十三年五月初六日

謹將天津機器局同治十一年正月起至十二年十二月止收支各項銀兩分别款目，繕具簡明清單，恭呈御覽。

計開：

舊管項下：

一、原存庫平銀一萬二千五百六十六兩六錢二分三厘六毫八絲八忽。

新收項下：

一、收津海關陸續移撥四成洋税庫平銀三十九萬五千二百六十九兩九錢三分二厘三毫五絲八忽。

一、收前總理洋人密妥士繳回棧房價及各國修船等費庫平銀五千八十二兩七分四厘三毫。

以上共收庫平銀四十萬三百五十二兩六厘六毫五絲八忽。

開除項下：

一、給發採買外洋銅鐵鋼鉛木植煤炭硝磺漆油鏹水雜物，及起運器料公司保險、輪帆各船脚價等項庫平銀十二萬五千六百四十兩五錢一分四厘五毫四絲四忽。

一、給發仿照外洋廠屋藥庫挖濠墊土起堤各工，並購買外洋松木鐵轍火泥及缸磚瓦石等項庫平銀五萬五千九百七兩三錢八分六厘七毫一絲五忽。

一、給發清付前購藥碾銅帽卷銅皮機器，續購汽錘車刨床機器，定購六角藕餅藥機器等價，及洋行墊本利銀公司保險等項庫平銀七萬二百六十二兩二錢九分六厘三毫一絲四忽。

一、給發員弁司事人等薪水心紅紙張等項庫平銀二萬七千一百十二兩三錢三分三厘一毫九絲八忽。

一、給發各廠洋匠薪水工食醫藥，並期滿遣回盤費等項庫平銀四萬六千一百八十九兩二錢四分八絲二忽。

一、給發仿照外洋機器火藥銅帽槍砲工匠學徒夫役，及墊道修埝土夫各工食等項庫平銀五萬六千九百七兩八錢九分五厘九毫四絲。

一、給發行營製造局支撥外洋物料等項庫平銀二千六百八十兩七錢一分三厘九毫。

以上共支庫平銀三十九萬四千七百兩三錢八分六毫九絲三忽。

實在項下：

一、存庫平銀一萬八千二百十八兩二錢四分九厘六毫五絲三忽。

《申報》同治十三年十二月二十日《鐵砲炸裂》 天津來信云，華十一月二十九日大沽砲臺内營兵演砲，不料一大砲炸裂，計死者四人，受傷者六人。相傳此砲係華人照西法製造，其所用之火藥亦係在天津自行造成，與西國之藥無異，極有大力。惟新砲而鐵極堅緻者方足以合用，然則觀於此，其製藥之法或更勝於製砲之精歟。

中國第一歷史檔案館《光緒宣統兩朝上諭檔》第一册《光緒元年四月十二日》 軍機大臣字寄大學士直隸總督一等肅毅伯李、山東巡撫丁，光緒元年四月十二日奉上諭：丁寶楨奏籌辦東省海防擬派總兵陳擇輔由輪船馳赴廣東，僱覓製造軍火之精巧工匠，並由粤出洋購買機器，由外洋選覓洋匠等語。該總兵於外洋情形恐尚未能熟悉，儻爲洋人所賺，轉致虛糜餉項，貽誤事機。著李鴻章、丁寶楨悉心會商，並由直隸選派熟悉洋務之員會同陳擇輔前往，將一切事宜妥爲辦理，將此各諭令知之。欽此。遵旨，寄信前來。

中國第一歷史檔案館《光緒宣統兩朝上諭檔》第一册《光緒元年四月二十六日》 軍機大臣字寄大學士直隸總督一等肅毅伯李，光緒元年四月二十六日奉上諭：崇實奏請飭直隸籌撥軍火等語，現在奉省操演洋槍等隊急需軍火，著李鴻章在天津機器局内迅速籌備洋火藥七千磅、鉛箭四十萬出、銅帽八十萬粒、鉛丸四十萬粒，三寸五炸子一千六百粒、三寸九炸子二寸鐵子二寸二羣子各八百粒，打砲拉帽四千箇，三寸五三寸九炸砲木管各二千箇，上洋砲藥四十斤，即由崇實派員赴津領取，以應急需。將此由四百里諭令知之，欽此。遵旨，寄信前來。

中國第一歷史檔案館等《中國近代兵器工業檔案史料》第一輯《李鴻章奏銷天津行營製造局工料等項費用片光緒元年七月二十八日》 再，查淮軍陸勇各營洋槍砲隊教習、通事、工匠人等辛工等項，前截至同治十年底止，業經另開清單附奏准銷在案。

今自同治十一年正月起，淮軍陸勇各營洋槍砲隊教習、通事、工匠人等辛工，行營製造洋砲局工料，及購買外洋軍火等項，均截至是年十二月底止，金陵機器製造局用款截至十二年五月底止，共請銷銀十四萬八千五百四兩三錢有奇。茲據該司道等按款復加查檢，均係奉文飭發，並無浮冒。另造細册詳請附奏請銷前來。

臣查前項淮軍陸勇各營洋槍砲隊教習、通事、工匠人等辛工各款，皆與洋人交涉，無例可循，仍應專案覈實請銷。除將細册咨送總理衙門暨户、兵、工部查覈外，伏乞聖鑒。謹附片具奏。

光緒元年八月初一日軍機大臣奉旨：知道了。欽此。

羅文彬《丁文誠公遺集》卷一二《設立機器局摺光緒元年十月初一日》 奏爲東省設立機器局，製造軍火，謹將試辦情形恭摺奏祈聖鑒事。竊惟今日内地軍營多用外洋槍砲，誠以其精利靈捷，便於攻守也。惟既用外洋槍砲，必須外洋子藥，而内地所用皆取購於外洋，爲費甚鉅，且恐有事之時藥丸無處購辦，槍砲轉爲棄物。臣是以設立製造機器局職此之故。前經派委道員張蔭桓赴津稟商李鴻章，訪求製器之法，並訪悉上海機器局候選同知徐建寅，熟諳情形，當經奏明咨調來東商辦。現擬購辦製造火藥機器槍砲彈子機器，修整洋槍砲機器各一副，即就近省城外濼口地方，相度形勢，酌買民地，建設局廠開辦，臣可便於稽查。惟事屬創始，並無成法可循，現就津滬兩局章程折衷一是。而徐建寅心思縝密，志趣超卓，臣近與商議一切，均能實事求是，尚無敷衍浮夸之習，足資辦理。即飭派總司局務，用專責成，並派濟東道薛福辰會辦，以備彈壓。至臣創辦機器從前本擬軍火槍砲同時併辦，當經奏明委員出洋查看各國槍砲式樣，藉資仿造，頃因經費難籌，且事由漸進，始克專精。現與徐建寅商明，先造子藥，俟子藥成後再購槍砲機器，以爲製造槍砲之舉。俾無旁騖，冀收實效，槍砲既經緩造，則委員出洋亦可暫緩，以省經費。惟設立機器製造局，係地方應辦之事，與海防無涉，天津、上海各處向係歸地方專辦，此項經費似與北洋撥款無關。臣曾商李鴻章，亦以爲然，自當另行籌撥。現擬飭司籌銀六七萬兩，爲購辦機器及買地一切之用，以後不敷之項，容隨時奏明籌撥。至此項經費應由臣督飭徐建寅撙節支銷，工歸實用，俟開辦之後，每年於年終覈明用數，據實造册，奏咨報銷一次，以憑考查。所有試辦機器製造緣由，謹恭摺具奏。伏乞皇太后、皇上聖鑒訓示。謹奏。

中國第一歷史檔案館《光緒宣統兩朝上諭檔》第一册《光緒元年十月十一日》 光緒元年十月十一日奉上諭：丁寶楨奏籌辦山東海防，並設立機器局，製造軍火各一摺。據稱東省海面應設防之處有三：擬先於煙臺地方興築砲臺，次及威海衛，然後□辦登郡。庶緩急有備，不致絀於餉力等語。即著李鴻章、丁寶楨忠心會商，妥籌辦理，總期足資捍衛，不致徒縻餉需。至該省陸兵本應隨時整頓，並著認真選練，俾成功旅，毋得有名無實，所有應需經費，丁寶楨現在本省撥銀四五萬兩，先行□用，李鴻章當隨時撥給款項，俾應要需。該省設立機器局，先造子藥，俟造成後再行製造槍砲。著該撫督飭委員詳細講求，陸續製辦，以資利用。並將經費撙節支銷報部查覈，止將此各諭令知之。欽此。遵旨，寄信前來。

國家清史編纂委員會《李鴻章全集》第七册《機器局動用經費摺光緒二年八月二十一日》 奏爲天津機器局同治十三年、光緒元年分動用經費各款，援案開單奏報，恭摺仰祈聖鑒事。竊查天津機器局經費，係奏明動撥海關四成洋税作正開銷，截至同治十二年分止，第三次奏報，經臣督飭局員，將支銷款目，查照前兩屆成案，開列簡明清單，具奏在案。該局製造諸務向以洋火藥、銅帽爲大宗，臣籌辦北洋海防，購置泰西新式砲械分撥各軍，所有應用軍火均由該局取給。節經承辦局員昇任道吴贊誠、候補道劉汝翼、津海關道黎兆棠等殫力經營，次第開拓措置，悉中肯綮。該局本有藥碾機器一分，續購三分，同治十二年已建成第二廠外，十三年後建成第三、第四廠，分别開碾。其淋硝、磨磺、燒炭等處，就原有廠房增鑄器具，以備出料，供四廠之用。近時後膛鋼砲利用餅藥，前已購得六角藕餅藥機器，另建新廠試造，並屬精利得法。又購得造林明敦兵馬槍及中針槍子機器，因分機器房之半爲洋槍廠，而添卷槍爐房；分銅帽房之半爲槍子廠，而添烤銅裝藥房。此外熬煉鏹水，抉化學之精，發水雷之秘，與夫碾卷銅皮，配造拉火，並建新廠，開辦造成車、刨、鑽、鋸等床，及購自外洋者又三十餘具，專製各種子彈。各式砲架則就舊廠施工。復添員匠住房七十餘間，儲料庫房十餘間，並仿營製，於局外四面圍築土墻，挑挖濠溝，既便稽查，兼防水潦。此該局兩年以來增置之大略也。茲據該道等詳稱，動用款目：上届報銷案内原存銀一萬八千二百十八兩二錢四分九厘六毫五絲三忽，存料約值銀五萬數千兩。同治十三年、光緒元年分共領海關四成洋税銀五十八萬四千二百八十七兩九錢七分三厘五毫，收回代造軍火價銀三百三十兩，兩年共支用銀五十七萬五千四百九十四兩二錢三分八厘六絲一忽，仍存銀二萬七千三百四十一兩九錢八分五厘九絲二忽，尚餘一切料物約值銀十九萬三千兩。並以遞年承造軍需，隨事踵增，工繁款巨，皆屬必不可省之費。又，海洋不能無事，必須寬儲料物，以濟緩急之需。現將本届用款比較前届報銷，其中酌裁洋匠，嚴覈工程，清付器價，均屬有減無增。所增惟工、料兩項，但工皆實在之工，料多儲存之料，委係撙節動用，涓滴歸公，並無絲毫浮冒，懇仍援照成案開單請銷，會詳請奏前來。臣查昇任道吴贊誠、候補道劉汝翼，先後經理局務，與津海關道黎兆棠商榷妥辦，日起有功。就歲成軍火而論，較前兩年多至三四倍，所用料物亦如之。而人工所增不及一倍，經費則約增三分之一，以之應付直隸淮練諸軍，關外征防各營及調援臺灣、奉天之師，均能儲備有餘，取用不匱。該道等督率有方，洵屬功歸實濟，款不虚糜。據詳各節，臣復加查覈，委無捏飾浮冒。相應援照向章，繕具簡明清單，恭呈御覽。合無仰懇天恩，敕部查照成案，照單准銷，實於局務有裨。除分咨總理各國事務衙門，户、工二部查照外，所有天津機器局同治十三年、光緒元年分動用經費據實開單緣由，理合恭摺具陳，伏乞皇太后、皇上聖鑒訓示。謹奏。

光緒二年八月二十四日，軍機大臣奉旨：該衙門知道。單並發。欽此。

（附）清單光緒二年八月二十一日

謹將天津機器局自同治十三年正月起至光緒元年十二月止，收支各項銀兩分別款目，繕具清單，恭呈御覽。

計開：

舊管項下：

一、原存庫平銀一萬八千二百十八兩二錢四分九厘六毫五絲三忽。

新收項下：

一、收津海關陸續移撥四成洋税庫平銀五十八萬四千二百八十七兩九錢七分三厘五毫。

一、收烏魯木齊營繳回代造軍火價銀三百三十兩。

以上共收庫平銀五十八萬四千六百十七兩九錢七分三厘五毫。

開除項下：

一、給發採買外洋各色銅、鐵、鋼、鉛、點錫，儲備大批紫口生鐵，及起運各項公司保險、輪帆等船價脚庫平銀十七萬二千一百七十六兩二錢一分一厘一毫。

一、給發採買外洋硝磺、鏹水、油漆、木植一切料物，及内地烟煤柴炭等項，起運船價、夫脚、保險庫平銀十五萬七千一百五十七兩三錢七分一毫二絲八忽。

一、給發仿造外洋廠屋，築墻墊土起堤各工，並購買外洋水火泥及缸磚、瓦石、木料等項庫平銀四萬八十三兩二錢五分四厘四毫九絲七忽。

一、給發清付六角藕餅藥機器價值，添購造林明敦槍及槍子機器車、刨、鑽、鋸床各具價脚、保險等項庫平銀五萬四千九百八十二兩六錢三分五厘。

一、給發員弁司事人等薪水、心紅紙張等項庫平銀二萬八千九百六十四兩三錢一分八厘二毫七絲九忽。

一、給發各廠洋匠薪水、工食、醫藥、煤炭等費庫平銀二萬七千八百六十八兩六錢七分四厘二毫八絲二忽。

一、給發仿造外洋機器、火藥、銅帽、洋槍槍子、砲彈、拉火等項工匠、學徒、夫役及隨時添雇土夫、木匠等工食庫平銀七萬九千八百七十三兩五錢九分一厘九毫二絲七忽。

一、給發行營製造局支撥外洋物料、添雇洋匠工價，並鐵殼舢板巡防薪糧庫平銀一萬四千三百八十八兩一錢八分二厘八毫四絲八忽。

以上共支庫平銀五十七萬五千四百九十四兩二錢三分八厘六絲一忽。

實在項下：

一、存庫平銀二萬七千三百四十一兩九錢八分五厘九絲二忽。

軍機大臣奉旨：覽，欽此。

中國第一歷史檔案館等《中國近代兵器工業檔案史料》第一輯《丁寶楨奏籌撥山東機器局購機暨製造費用片光緒二年八月初四日》 再，東省所設機器局製造子藥，現復自製洋槍，應用機器、工料各項，臣前飭候補郎中徐建寅親赴上海，與其素識英國精於機器現辦洋廠之蒲恩公司妥商定購，運送來東，前由司道各庫籌發銀兩，均經先後奏報，並分晰聲明所撥銀兩僅敷機器定銀四分之一，俟本年十月内機器全數運送來東再行籌款找給，以昭慎重在案。

惟查局中蓋造房屋應行購買料物，與(其)〔夫〕現在開廠自造亨利馬蹄尼洋槍一切用款，需費不貲，雖力求覈實，較之各省機器局頗爲節省，而事關重大，又屬創辦，需款亦繁。覩值歲旱，司庫支絀異常。臣於萬難籌措之中，復在於糧道庫内各項零星雜湊銀五萬三千兩，司庫湊撥銀一萬四千兩，飭令委員解交以爲覈發找價及現在製造之需。當此款項萬分艱窘，籌撥實屬爲難。臣惟當督飭局員，俟機器解到時認真查驗，覈實給價；並苦心研思，事事力求自辦，不准藉助外人，以期自强而濟實用。所有支用各款，俟年終覈明，據實匯報，另行恭摺奏咨覈銷，以仰副朝廷修明武備、慎重款項之至意。謹附片具陳，伏乞聖鑒。

謹奏。

光緒二年八月十五日軍機大臣奉旨：知道了，欽此。

羅文彬《丁文誠公遺集》卷一二《機器局用款報銷摺光緒二年十月初三日》

奏爲謹將山東機器局用過銀兩數目援案據實繕具簡明清單，懇恩准銷，恭摺仰祈聖鑒事。竊臣業將山東機器局規模全備各緣由，奏報在案。臣維東省設局省城，距通商口岸較遠，購運外洋機器，雇募熟手工匠非比津滬各局之便，需費必多。臣於開辦之初，深慮躭延日久，糜費不資，因嚴飭在事各員力求撙節，迅速蕆功。今幸辦理未及一年，締造經營始基完固，所購機器不惜重資，務求精良適用，而動用款項僅及原估之半，誠以杜絶侵漁，則用款皆歸實際，綜覈名實則見食不致濫竽。臣復不時親往工次稽考課程，在事各員亦復始終奮勉，是以程工迅速，而需費較省也。總覈該局用款，上年十月間經臣提撥藩庫銀八萬兩，以備定購機器暨甎瓦木石各料之用。本年二月因購買民地，需款給發，經臣於糧道庫零星湊撥銀一萬九千八百餘兩，嗣因機器到滬，剋期付價，於八月間續由糧道庫撥銀五萬三千兩，藩庫撥銀一萬四千兩，先後奏明各在案。兹因機器價值運費尚屬不敷，又由臨關項下添撥銀二萬兩，一律可以清結。統計自光緒元年十月起，截至本年九月底止，共計收藩庫銀九萬四千兩，糧道庫銀七萬二千八百兩，臨關銀二萬兩，統共支銷銀十八萬六千八百兩。此東省開局建廠造房購器實用之款項也。溯查各省創辦機器以來，蓋造廠房皆與應用之機器配合，始可聯絡運動，而水火之力，旋轉迅疾，終日動摇，稍不堅實，即虞傾圮，不得不仿照洋廠式樣，以期鞏固，迥非尋常他項工程可比。至廠内各種機器均係購自外洋，件數繁多，名目歧異，尤無例案可稽。是以津滬各局歷次報銷，均蒙恩准免其造冊。今東省創辦機器局，事同一律，而收支各項銀兩數目，臣詳加查覈，並以津滬各局用項比較，節省極多，委係實報實銷，絶無絲毫浮冒。今廠局已將竣事，臣應將經手用過款項，謹援照津滬各局成案，據實繕具，簡明清單，恭呈御覽，仰懇天恩，俯念創辦之始，機器一切均係購自外洋，即廠房亦係仿照西式造辦，無例可循，准其照案造報開銷，以清款目，他項不得援以爲例。除分咨總理衙門暨户、工二部查照外，謹恭摺具陳。伏乞皇太后、皇上聖鑒訓示。再，該局製造外洋軍火所有一切槍砲，各項成樣，亦須師法津式，爲數既夥，用款亦多，未便瑣碎奏撥。係由臣於南北運餘利項下隨時陸續籌撥應用。此款原係臣自行籌備，本省辦公之款，與庫儲毫無關涉，自可無庸開報，合併聲明。

謹將山東創設機器局蓋造廠房，購置機器，收支銀兩總數援案繕具簡明清單恭呈御覽。

計開：

收款項下：

一、收藩司解撥銀四萬兩。

一、收藩司解撥銀四萬兩。

一、收糧道解撥銀一萬九千八百兩。

一、收糧道解撥銀五萬三千兩。

一、收藩司解撥銀一萬四千兩。

一、收臨清關解撥銀二萬兩。

以上共收銀十八萬六千八百兩。

支款項下：

一、購買廠基地畝共支銀一萬九千八百兩。

一、蓋造各廠房共支銀五萬二千五百十八兩六錢。

一、購買機器共支銀十萬八千二百九十四兩七錢。

一、委員司事薪水等項共支銀二千六百九十三兩二錢。

一、轉運車船脚價等項共支銀三千四百九十三兩五錢。

以上共支銀十八萬六千八百兩。

羅文彬《丁文誠公遺集》卷一二《保奬機器局員片光緒二年十月初三日》 再，臣查洋人製造之精，全恃苦思力索，糜費不資，始克成爲絶詣。中國踵而行之，彼創我因，原屬事半功倍。然非專門名家洞悉奥窔，往往循迹象而遺神明，卒不能得其要領，甚或因人成事多爲洋商所愚，徒滋糜費。至製造軍火諸器，各國尤恃爲不傳之秘，即任購買亦往往以舊式及用賸不堪之物搪塞，不肯輕以利器授人。查該員徐建寅前在滬局考覈多年，繙譯各種書籍，於化學、機器、槍砲、軍火講求有素，而於中外情形尤爲熟悉。前經總理各國事務衙門暨臣先後奏保在案，此次承辦東局機器一切，皆係自出心裁，繪圖定造，器精價廉，毫無浮冒，洵屬心思縝密，精力兼人，而其綜覈名實條理精詳，尤爲不可多得。至會同辦理之濟東泰武臨道薛福辰，心思精密，於機器洋務頗能講求，而事事踏實，此次造廠購器各項極力撙節省費，較之他局幾至數倍。查徐建寅係道銜候選郎中，當此需才孔亟，自應奏懇恩施量予録用。現東局規模業已全備，應資該員一手竣事，可否俟該局製造軍火要需著有成效，即由山東撫臣給咨送部引見，候旨録用，濟東泰武臨道薛福辰可否賞給二品頂戴。

羅文彬《丁文誠公遺集》卷一二《機器局置器造廠規模大備摺光緒二年十月初三日》　奏爲山東創設機器局，購置機器，蓋造廠房，規模全備，恭摺仰祈聖鑒事。竊臣上年曾將東省設立機器製造局，試辦軍火，派道銜候選郎中徐建寅總司其事，並派按察使銜濟東泰武臨道薛福辰會同辦理各緣由，歷次奏明在案。臣初與徐建寅、薛福辰等商辦之時，即謂東省設立此局實爲自强起見，非徒增飾外觀，所有一切建廠造屋及備辦機器，並將來製造各項，均須自爲創造，不准雇募外洋工匠一人。庶日後操縱由我，外人無從居奇，乃於國家有利。徐建寅等頗解臣意，當開局之初，先在省城外濼口迆東相度形勢，高亢之區，價買民地三百餘畝，一面委員採買木石雜料，復開窑自造甎瓦，於去冬先落成工務堂一座，以資委員司事人等辦公棲止。旋飭赴滬定購外洋機器物料，雇募本地各色熟手工匠，並飭調來閩省之「萬年青」輪船載運。該員徐建寅於今春二月間回東後，續即興工建造各廠屋，工料齊備，人夫輻輳而委員司事人等亦復督趲勤勞，寒暑靡間，自春及秋，業將機器廠、生鐵廠、熟鐵廠、木樣房、畫圖房、物料庫、東西廂文案廳、工匠住房大小十餘座，一律告成。其火藥各廠如提硝房、蒸磺房、熖炭房以及碾炭房、碾硫房、碾硝房、合藥房、碾藥房、碎藥房、壓藥房、成粒房、篩藥房、光藥房、烘藥房、裝箱房，亦次第告竣。其各廠煙筒高自四十丈至九十丈大小十餘座，亦俱完工。外國購到機器亦陸續運東，徐建寅躬親布置裝配，一俟内地採買硝硫、煤炭各料購齊，即行分雎開工製造。覈計全廠告成，爲期不逾一年。辦理既速，撙節尤多。將來著名利器如格林克虜伯各砲，林明敦馬氏呢等槍，均可自行添造，不必購自外洋。雖自强之本原不在區區末藝，亦見我中國技巧，幾與西人之累世專攻者等。風氣既開，未始不日有起色也。臣統籌此局，就現時情形而論，其利確有數端，設廠内地不爲彼族所覬覦，萬一別有他事，仍可閉關自造，不致受製於人，利一也。附近章邱長山等縣煤鐵礦産素饒，民間久經開採，但就内地採料已覺取資無窮，縱有閉關之時，無虞坐困，利二也。秦、晉、豫、燕、湘、鄂各省由黄運溯流而上，一水可通，將來製造軍火，有餘可供各省之用，轉輸易達，利三也。從前中國各廠雇用洋匠少或七八名至一二十名，每名工值歲費二三千金，統計各洋匠一歲所費已逾鉅萬，而招募路程有費，死傷卹賞有費，遣散舟資有費，加以該洋匠等墨守師法，不肯略爲遷就，往往一材一料，稍不中於繩墨，即在屏棄之列，甚或營造及半，忽然變計，重復毁改，虚糜工料極多。此皆由本局無深明機器之人，故一切受製於洋匠。今該員徐建寅胸有成算，親操規削，一人足抵洋匠數名，猶復估料程功，力求撙節，綜覈精密，人不能欺，故一切皆歸實用不稍虚糜。又因粤匠工值較昂，專雇浙江、直隸熟手工匠，而招東省土著心地明白之人，相間學習，是以勤奮過於洋匠，而工資不及一半，每年節省既鉅。異時籌款稍覺從容，從此精益求精，庶幾機器精良，軍儲充裕，自可奪外人之長技，不致見絀於相形。此則微臣創辦時所不敢料，而深幸以後之所謂自强者，於此真得實際，自可期日新而月盛也。至該局員等或創辦重大工程，或轉運外洋機器以及「萬年青」輪船官弁，歷涉重洋，承運迅速，不無微勞，足録其尤爲出力各員，可否援照滬局輪船廠工告成請奬成案，仰懇天恩。容臣擇尤酌保數員，奏請奬敘，則各該員弁益當感激奮發。如蒙俞允，臣當悉心酌覈清單，無敢稍涉冒濫。所有創設機器局規模全備各緣由，謹恭摺具陳。伏乞皇太后、皇上聖鑒，訓示。謹奏。

羅文彬《丁文誠公遺集》卷一五《請奬曾昭吉片光緒二年十月二十三日》　再臣前奏請設機器局製造軍火，誠以軍火爲國家禦侮之資，自洋人槍砲精利遠過中華迄今，各路軍營皆競用洋槍，此不得已而變計也。然變則貴通，通乃可久，中國知用洋槍而不能自造洋槍，非受製於洋人，即受騙於洋行，非計之得者也。臣此次立局意在自出心裁，不使外洋一人夾雜其中，期於力求争勝自得。候選郎中徐建寅總司局事，一切規模大備，無一事假借洋人，業經恭摺奏報在案。惟臣於徐建寅之外又據臬司陳士杰述及該司同里之候選通判曾昭吉一員，深通機器堪以試用，當令招致來東。臣接見其人樸訥似不能言，詢之外洋各項機器則云向未經見，而自能冥心獨造。臣當以現在英人所稱極好之槍，名爲亨利馬氏呢者，與之閲看，詢其能否仿造，則略無難色。臣謂此槍爲外洋第一利器，現尚無外洋此項機器，恐製造不能有成，該員則謂機器亦可意造，何必盡求之外洋。臣且信且疑，即酌給經費令其自造機器照式製造，未及兩月竟造成一百二十餘桿，以之比較馬氏呢，其靈巧捷便毫無異致。臣復以兩槍相對演放，其及遠與馬氏呢等，而出聲之響、入靶之勁似有過之。至詢以製造格林等砲，則云更易爲力。臣又考其製造機器並製槍所需之煤鐵價值、工匠辛金，極爲減省。查英人馬氏呢之槍機器最煩，其作法爲該國最巧之工，其致用爲外洋極上之器，而曾昭吉憑空創造，竟與相等，能作此槍，則凡外洋之機器均無足爲其所難矣。至購買馬氏呢槍價值，前經福建撫臣丁日昌開單交臣，每桿實需價銀二十四兩六錢，不能短少分毫，今曾昭吉所造每桿計僅價銀十兩有零，較之購買外洋者，已省銀十四兩數錢，而精利相敵，是其器精價廉足見。該員於機器製造不惟得其要妙，實可見諸施行，從此精益求精，以後無難争勝。查洋人於機器一事自以爲獨絶一時，今該員曾昭吉心思精妙，言之必行，不惟製造不假借於外洋，並製造之機器亦不假借於外洋，實爲開局以來所未有。合無仰懇天恩，俯准將候選通判曾昭吉以同知選用以示優異，俾其益加振奮，於鼓舞人材大有裨益。至該員所造之槍，臣擬入都時隨帶二十桿，咨送軍機處暨總理衙門查驗，用昭覈實。謹附片具奏。伏乞聖鑒訓示。謹奏。

中國第一歷史檔案館等《中國近代兵器工業檔案史料》第一輯《丁寶楨等奏山東機器局務當會同蜀省商辦摺光緒三年三月二十八日》　太子少保銜頭品頂戴四川總督臣丁寶楨、山東巡撫臣文格跪奏，爲山東新設機器局製造軍火，以後應辦事宜，仍令東、蜀兩省會商妥辦，並由蜀籌款協濟各情，恭摺會奏，仰祈聖鑒事。

竊查山東省城創設機器局製造軍火，臣寶楨於上年十月業將規模大備，專待購運機器到齊妥爲安置，即行開工製造各緣由，奏明在案。惟此局成功匪易，必須力圖經久，俾濟要需。臣寶楨於上年召見時，仰蒙垂詢，當經面奏機器局係屬原辦，不敢以現時去東置身事外，仍應與山東撫臣妥籌奏明辦理。茲於抵川後，即將該局創始情形與以後應辦各事宜，詳細與臣文格妥爲籌議，意見相同。

竊惟製造洋藥爲目前必不可緩之務，自應會商妥辦，期成久遠之規。且川省留防各勇營現亦習用洋槍，其藥丸一項均須購自上海洋商，所費較巨。既經設局自造，則以後川省應需洋藥亦可由此取給。雖自東至川程途稍遠，然一水可通，轉運亦便。至開辦後一切支用經費，必須寬爲籌備，始免掣肘。東省近年協撥過多，深慮拮据，應由川省每年籌撥銀兩，解資接濟，所解之項，即於協撥川省軍火内撥扣抵款。如此辦理，在東省借此挹注，經費可無慮短絀，而川省應用軍火取携内地，較之購自洋商節省實多，是誠彼此兩利之道。至該局以後應辦各事，應俟臣文格到任後查看情形，隨時函商臣寶楨妥爲辦理。總期實事求是，力圖久遠，庶不負創建之功，而於武備要需實有裨益。所有東省新設機器局仍當會合蜀省商辦緣由，謹合詞恭摺具陳，伏乞皇太后、皇上聖鑒訓示。謹奏。

再者，此摺係臣寶楨主稿，臣文格尚未到東，會銜未及會印，合併奏明。

光緒三年四月二十五日軍機大臣奉旨：知道了。欽此。

國家清史編纂委員會《李鴻章全集》第三二册《致天津機器局候補道劉光緒三年十一月十二日》　獻夫姻世弟大人閣下：

徑啓者：頃准榮仲華侍郎來函，以神機營添設機器局，現將擇地鳩工，擬派容澤源都護赴京查看一切，商請轉飭知照等因。除徑致召民觀察外，茲將原函抄奉尊覽。前緘復仲翁，以若請派員，莫如華蘅芳爲宜。茲派容君來看，或無須另派監工否。容都護係敝處舊識，人頗明白要好，到津後望即邀赴機器局詳細歷視，並細詢侯監督所購機器是何種式，究能造作何件，妥籌機宜，從實告知，豫備爲幸。兄於初九日回抵保陽，甫拂征塵，諸形栗碌，孱軀平順，差慰雅懷。專泐奉布，敬頌臺祺。不具。李鴻章頓首。附抄函。

國家清史編纂委員會《李鴻章全集》第三二册《復天津機器局候補道劉光緒三年十二月三十日》　獻夫仁弟姻世大人閣下：

頃奉二十五日惠書，借悉一切。本年局用通計二十一萬八千餘兩，除水雷局挖河船經費外，實用銀十九萬餘兩，尚爲節省。每年所用生鐵約及千噸，現在局存無多，函致滬局添購運津，所需脚價三萬餘兩，明年經費又須稍多矣。麥多納水雷即馬克登那水雷砲，已屬春帥轉商訂購。品蓮捐助晉賑一千兩，既由阜康匯津，應交樂山查收匯辦。年終停工，委員司事有眷屬者例准暫假，局中一切務望督飭加意照料。此間静謐如常，日昨得雪四寸有餘，未甚深透，仍盼續沛祥霙，稍資挽救。專泐，復賀年禧，順頌勛祺。不具。姻世愚兄李鴻章。

中國第一歷史檔案館《光緒朝硃批奏摺》第一〇二輯《光緒四年二月十六日山東巡撫文格摺》　再，東省設立機器局製造洋火藥等項，所有從前籌發經費，業經升任撫臣丁寶楨陸續奏明。奴才抵東後，以庫藏支絀，曾飭局員仿行小辦，以期撙節。現據署藩司陳士杰前在臬司任内會同局員候選郎中徐建寅稟稱：該局製造火藥，雖係小辦，而所需硝、磺、柳木、油、鐵各料，均應豫爲採買，縱煤炭係自行開採，亦須給發運腳以資運送，前昇撫臣所發經費，截至上年十一月底止業已支銷無存，請再籌發銀兩，以免停工待料等情前來。奴才查東省機器之設，原爲製造軍火，既免向洋人購買，且不用洋人製辦，局之地距省城十餘里，亦不沿近海濱，此乃遠慮深謀，非爲目前計也。現在規模漸備，器各精良，正當製造火藥之際，自應籌費備料，以期應手。隨經行司籌發實銀八千兩，由該局員收領應用。除飭覈實動支，不准稍事虚縻，並咨部查照外，所有續發機器局經費銀數緣由，理合附片陳明，伏乞聖鑒。謹奏。

中國第一歷史檔案館《光緒朝硃批奏摺》第一〇二輯《光緒四年四月二十八日山東巡撫文格書》 山東巡撫奴才文格跪奏，爲謹將山東機器局用過銀兩數目，援案繕具簡明清單，懇恩准銷，恭摺仰祈聖鑒事。竊查升任撫臣丁寶楨，前於光緒元年在附近省城之西雒口地方設立機器局，仿照洋廠式樣蓋造廠房，購買各種機器布置應用，所有籌辦情形，及自光緒元年十月起至二年九月底止用過銀兩數目，均經該升撫臣開單奏報並請援照津、滬各局歷辦成案，免予造册報銷，欽奉諭旨：該衙門知道，單併發，欽此。嗣准部咨，令將二年十月以後收支款項並局員、匠役薪水、工食等款以及製造軍火各件，按照津、滬機器局成案，一年一次據實詳細奏報請銷等因，遵經轉飭該局員等照辦去後。茲據總理局務按察司陳士杰，候選郎中徐建寅詳稱：該局用款，凡在光緒二年十月以前之項，業經前升撫臣丁寶楨奏明請銷，奉部覈准。其自二年十月初三日奏提司庫銀四萬兩爲採辦製造軍火、硝磺、煤炭、銅鉛各物以及添建火藥庫，置買章邱縣煤地等項應用摺内，聲明劃歸製造項下隨後造報。今查自光緒二年十月初一日起至三年十月底止，計十三箇月，共用銀三萬六千三百九十八兩一錢六分六釐，均在丁寶楨前次所提四萬兩内開支下，餘尚存銀三千六百一兩八錢三分四釐，應歸入下届案内再行造報。至所需銀兩，確係實用實銷，並無絲毫浮冒等情，開摺懇請具奏前來。奴才查東省設立機器局，事經創辦，前升撫臣丁寶楨去任時，規模甫備。嗣又添建火藥庫等項，始行動工製造。所造軍火，均係仿照西式，需用物料亦多購自外洋。奴才到任後，曾經親往查勘，一切尚屬精良。今將該局報銷前項用款數目，覆加確核，委屬無浮。謹照上届及津、滬各局成案，繕具簡明清單，恭呈御覽，仰懇天恩俯准，飭部存案，免予造册報銷。除分咨總理衙門暨户、工二部查照外，爲此恭摺具奏，伏乞皇太后、皇上聖鑒訓示。謹奏。

中國第一歷史檔案館《德宗景皇帝實録》卷七七《光緒四年七月》 李鴻章又奏，津海、東海兩關局税四成，與洋税四成，懇准一並留充機器局經費。允之。

國家清史編纂委員會《李鴻章全集》第八册《機器局經費奏報摺光緒四年十月十八日》 奏爲天津機器局光緒二年、三年分動用經費各款，循案開單奏報，恭摺仰祈聖鑒事。竊查天津機器局經費，係奏明動撥津海、東海兩關四成洋税作正開銷，截至光緒元年分止，業經督飭局員將支銷款目查照歷届成案，開列簡明清單，具奏在案。光緒四年七月，臣於遵旨議復購製外洋軍火畫一辦法摺内聲明，機器局歲銷用款，向皆實用實銷，開單奏報，請仍照舊章，以歸簡易。每年成造各件，撥用存留若干，飭令按件詳晰聲明。旋經總理各國事務衙門於議復劉錫鴻條陳摺内奏明，津滬兩局每年成造之槍砲及各項經費，除照章開單報部外，仍令每年詳細知照該衙門一次，以資考證。奉旨：依議。欽此。欽遵咨行各在案。臣查津局歷年以來，次第開拓，歷届動用經費，除撥製造工料外，尤以購器建廠爲巨款。光緒元年以後，機器酌量添製，廠庫間有增造，需費漸少，誠如總理衙門原奏與創始情形不同，自應就動撥之款，考製成之數，俾歸覈實。該局承造火藥、銅帽、拉火、前後膛槍砲子彈等項，迭經送臣飭營試驗，與外洋新式比較無異。臣以水雷爲海防要需，於光緒二年四月延訂西士，選募生童，就局内添設電氣水雷局，教練一切，製成各種水雷，歷赴海口演試，應手立效。茲據會辦局務署津海關道丁壽昌、記名道吳毓蘭詳稱，接管卷内光緒二年、三年分，係升任津海關道黎兆棠、候補道劉汝翼經辦，計二年分製成洋火藥六十四萬三千餘磅、銅帽四千二百餘萬顆、林明敦士乃得槍子九十四萬八千餘顆、前膛開花砲彈大小六萬八千餘個、後膛鍍鉛來福砲彈二千餘個、各式拉火十七萬四千餘枝、洋式鐵木大砲架暨車鏇機器等四十餘座。三年分製成洋火藥五十八萬餘磅、銅帽三千五百餘萬顆、林明敦格林子彈一百萬餘顆、前膛大小砲彈五萬八千餘個、後膛砲彈四千餘個、各式拉火十八萬七千餘枝、林明敦中針後門槍二百餘桿、大小水雷五百餘具、砲架及車鑽機器二十座。兩年以來，製練鏹水碾卷銅皮約四十餘萬磅，添造各廠各營及輪船配修銅鐵器具數千件，析之或一器而數十百件，共約七萬餘件。動用經費上届報銷案内，原存銀二萬七千三百四十一兩九錢八分五釐九絲二忽，存料約值銀十九萬三千兩。光緒二、三年分共領海關四成洋税銀四十四萬五千六百八兩七錢五分三毫七絲七忽，又收海防經費協款項下撥到銀三萬四千兩，河南購藥繳價及吉林購槍餘款銀四千五百十一兩三錢八分四厘七毫。計二年分支用銀二十七萬四千四百四兩八錢九分五厘五絲一忽，三年分支用銀二十一萬八千三百十九兩五錢九分八厘五毫九忽。仍存銀二萬三千九十七兩六錢二分六厘六毫九忽，存料約值銀十五萬九千兩。以上兩年用項，本廠已工繁款巨，兼支應電氣水雷局、挖河機器船行營製造局等處動撥較繁，製成軍火撥用存留各件暨存儲料物，逐項清厘，款目相符。委係撙節支用，涓滴歸公，並無絲毫冒濫。惟製造悉仿西法，料件多屬洋産，均無例價可循。懇仍援照舊章開單請奏前來。臣查升任道黎兆棠、候補道劉汝翼前此經辦局務，均能實事求是，殫力致精。以歲成軍火，就歲撥款項覈之，成數已較往屆加增，其造價視臣昔在軍購自外洋者所省亦多。近時西洋砲械愈出愈新，即如後膛鋼砲螺紋内卷與光膛迥異，其砲彈外包鉛殼，中設機針，上安螺蓋，一彈動需數十工，約價十餘金。該局如法仿製，核價尚廉。其餘逐項軍需，均有裨海防實用，供億各省各軍之外，復有存儲。具征該道等督率有方，功歸實濟。據詳各節，臣復加察覈，毫無浮冒。相應援照向章，繕具簡明清單，恭呈御覽。合無仰懇天恩，敕部查照成案准銷。除分咨户、工二部查照，並遵旨另造每年成件及撥用存留數目簡明清册，咨送總理各國事務衙門備查外，所有天津機器局光緒二、三年分動用經費據實開單緣由，理合恭摺具陳，伏乞皇太后、皇上聖鑒訓示。謹奏。

光緒四年十月二十一日，軍機大臣奉旨：該衙門知道。單、片併發。欽此。

〔附〕清單光緒四年十月十八日

謹將天津機器局光緒二年、三年分收支各項銀兩，分别款目，繕具清單，恭呈御覽：

計開：

舊管項下：

一、原存庫平銀二萬七千三百四十一兩九錢八分五厘九絲二忽。

新收項下：

一、收津海關陸續移撥四成洋稅，庫平銀四十四萬五千六百八兩七錢五分三毫七絲七忽。

一、收南北洋海防經費協款項下撥到長沙平銀三萬四千兩。

一、收河南省購用火藥繳價銀二千九百四兩七錢二分五厘。

一、收撥保定練餉代吉林省購槍，繳回餘款銀一千六百六兩六錢五分九厘七毫。

以上共收銀四十八萬四千一百二十一兩一錢三分五厘七絲七忽。

開除項下：

一、給發採買外洋各式銅鐵、鋼鉛、油漆、雜料及起運各項公司保險、輪船水脚駁價，庫平銀十四萬九千一百三十五兩三錢九分二厘三毫一絲六忽。

一、給發採買内地硝磺、烟煤、柴炭、木植、缸磚、砂土等項起運船價夫脚，庫平銀十二萬七千八百六十九兩九錢七分五厘一毫五忽。

一、給發建造電氣水雷局房屋南北局門水栅，添造烤銅爐房、鍍鉛爐房、銅帽、槍子等庫，購買磚灰、瓦石及工匠等價，庫平銀一萬七千二百四兩七錢九分二厘八毫八絲七忽。

一、給發員弁司事人等薪水、心紅、紙張等項，庫平銀三萬一千七百八十九兩一分二厘七毫。

一、給發各廠洋匠薪水、工食、醫藥、煤炭等費，庫平銀二萬八千六百四十六兩四分一厘五絲八忽。

一、給發仿造外洋機器火藥、銅帽、洋槍、槍子、砲彈、拉火等項，工匠、學徒、夫役及隨時添雇土夫木匠等工食，庫平銀九萬九千七百六十三兩六分九厘三毫一絲七忽。

一、給發天津行營製造局支撥料物雇募洋匠及鐵殼舢板巡防薪糧，庫平銀八千九百八十三兩二錢三分一厘二毫八絲一忽。

一、給發電氣水雷局華洋教習司事薪水學生局役等月費、工食，購買西書電氣等項，庫平銀一萬三千五百六十二兩二錢六分三厘八毫一絲二忽。

一、給發挖河機器船華洋各匠辛工支撥雜物等項，庫平銀一萬一千四百十兩七錢一分五厘八絲四忽。

以上共支銀四十八萬八千三百六十四兩四錢九分三厘五毫六絲。

實在項下：

一、存庫平銀二萬三千九十七兩六錢二分六厘六毫九忽。

軍機大臣奉旨：覽，欽此。

邢玉林《光緒朝黑龍江將軍奏稿・豐紳托克湍奏自製洋槍鉛箭需用價值摺光緒五年二月十二日》 奏爲遵咨查明本省購鉛自製洋槍鉛箭，需用價值工料銀錢數目，恭摺具奏仰祈聖鑒事。竊奴才等前往直隸總督咨開，劄據天津機器局軍械所聲明，軍火支絀，鉛箭一項全賴上海採購鉛斤，常虞不足。黑龍江所領洋槍皆有子模可以自製，以後需用洋藥銅帽或由該局所勉湊其鉛箭，由黑龍江購鉛自製等情，咨會前來。奴才等當即飭查自光緒六年起，每年春秋二季操演馬步洋槍三千桿內由山東領來，馬洋槍二千桿應需三錢重鉛丸二十萬個，由神機營領來，馬步洋槍一千桿應需五錢重鉛丸十萬個，惟本省並無産鉛之區。諸凡需鉛之項委係罕稀，兼之市商每年雖有販賣者，爲數無多，亦不敷每年製造應用。只得委員前赴奉、吉兩省購辦，加以往返，載運車脚未免多費，再所領洋槍隨有灌子之模，亦須雇覓匠役工作，是以仿照吉省成章，覈計需鉛及成造工價柴炭等項，每年統計，應需京錢二千八百吊零三百八十六文，請由本省地超項下動支購鉛製造，抑或由部撥鉛辦理。可否之處，咨請部示去後，旋准咨開，據該將軍咨稱前准直督聲稱津局採購鉛斤常虞不足。黑龍江所領之槍皆有子模，可以自製其鉛箭，由黑龍江自行購製，請由本省地租項下動支抑或由部撥鉛自製等因。查鉛箭一項既據該將軍聲請自行購製，其應需鉛斤本部庫内向無存儲，無恐撥給，應如所請自行採辦。至稱仿照吉省成章辦理，自應確實查明價值及工料細數專摺奏明，造册報部覈辦等因。咨後前來，奴才等遵即飭將購鉛及工料等項價值查明，每年統計需用京錢二千八百吊零三百八十六文，請由本省地租錢的動支，按每兩二吊五百文抵餉章程合銀一千一百二十兩零一錢五分五厘，年終造册送部查銷外，所有遵咨查明購鉛製箭價值及需工料銀錢緣由，理合恭摺繕單，附驛具陳，伏乞皇太后、皇上聖鑒訓示遵行。謹奏。

軍機大臣奉旨：該部知道，單並發，欽此。

中國第一歷史檔案館等《中國近代兵器工業檔案史料》第一輯《丁寶楨奏四川撥解山東機器局銀數片光緒五年三月初十日》再，臣於光緒三年三月會同山東撫臣文格具奏，山東機器局製造軍火，以後仍合東、蜀兩省會商妥辦，並由蜀酌量籌款協濟，欽奉諭旨在案。嗣因川省奉撥各省協餉數甚繁巨，庫款支絀，一時未能撥解。至四年九月，始飭據鹽茶道蔡逢年在鹽庫籌撥銀一萬兩，發交銀號匯解山東省交兑，現文格咨覆已照數收明在案。所有川省撥解山東機器局銀數緣由，理合附片陳明，伏乞聖鑒。謹奏。

光緒五年閏三月十二日軍機大臣奉旨：知道了，欽此。

中國第一編史檔案館等《中國近代兵器工業檔案史料》第一輯《文格奏銷山東機器局光緒三年十一月至四年十二月用過銀兩摺光緒五年四月十二日》山東巡撫降三級調用奴才文格跪奏，爲謹將山東機器局用過銀兩數目，援案繕具簡明清單，懇恩准銷，恭摺仰祈聖鑒事。

竊查前准部咨，令將東省機器局收支款項並局員、匠役薪水、工食等款以及製造軍火各件，按照津、滬機器局成案，一年一次據實詳細奏報請銷。所有光緒二年十月初一日起至三年十月底止用過銀兩數目，業經奴才開單奏報，奉部覈准在案。

兹據總理局務司道等詳稱：自光緒三年十一月初一日起至四年十二月底止，計十四個月，共用銀四萬二百三十八兩九錢七分七厘。製造軍火均係仿照西式，需用物料亦多購自外洋，並無浮冒情弊。開單請奏前來。

奴才逐一覆覈，尚屬相符。謹照上届及津、滬各局成案，繕具簡明清單，恭呈御覽。仰懇天恩俯准，飭部存案，免予造册報銷。除分咨總理衙門暨户、工二部查照外，爲此恭摺具奏，伏乞皇太后、皇上聖鑒。謹奏。

光緒五年四月十六日，軍機大臣奉旨：該衙門知道，單並發，欽此。

［附］清單

謹將山東省機器局光緒三年十一月初一日起至四年十二月底止，共十四個月，用過銀兩數目，援案繕具簡明清單，恭呈御覽。

計開：

收款項下：

一、收前案報銷結存庫平銀三千六百一兩八錢三分四厘。

一、陸續收提藩庫銀三萬八千兩。

支款項下：

一、給發委員、司事、差弁、夫役薪水、津貼、鹽糧、飯食以及一切公用，共支銀六千六百三十一兩六錢六厘。（查前項總辦局務一員，幫辦局務一員，襄辦委員一員，文案委員一員，司事二員，收支銀錢委員一員、司事二員，管理機器委員一員、司事二員，火藥廠委員一員，司事二員，收發採辦物料委員一員、司事四員，管理工程兼木樣房委員一員、司事二員，管理煤廠委員一員、司事四員，生鐵、熟鐵廠司事各一員，提硝房、蒸硫房、熇炭房司事各一員，畫圖司事二員，翻譯司事一員，差弁四員，學習機器畫圖翻譯生徒六名，書識二名，護局巡勇十名，收發物料夫役四名，查夜更夫四名，門役聽差四名，以及一切公用、賞號等項，統計支銀前數。）

一、給發製造軍火等件，共支銀二萬三千四百六十五兩一分七厘。（查前項仿照西式造成各種火藥十萬八千二十四磅，提净硝十二萬五千八百三十磅，蒸净硫二萬四千五百十六磅，煏成炭二萬九千五十一磅，造成後膛砲、馬的尼洋槍、開花彈子及各種引火、銅帽等項三百三十一件。購用硝、磺、柳木、鋼、鐵、銅、錫、木料、油漆、棉布、皮張一切雜料，支銀八千四百五十三兩八錢二分九厘，又外洋鏹水、絨繩、象皮、筆鉛、馬口鐵、羅馬鐵板、東洋銅螺絲釘、汽筒、塞門、鐵管等項，支銀五千八百五十七兩九錢三分一厘；各項匠役工食，支銀九千一百五十三兩二錢五分七厘。以上統共支銀前數。）

一、給發製造機器等件，共支銀六千六百五十九兩九錢五分二厘。（查前項仿照西式造成鑽、刨、卷、軋車床機器，開煤機器，起水轆轤，大小齒輪機器，鍋爐風箱，軸輪梁架以及各式應用器具九百六十三件。購用外洋鋼、鐵、紅銅、螺絲、汽管、木料、繩纜、洋漆、火油、綿紗、蓬布及一切應用雜物，支銀四千六百三十兩三錢七分八厘；各項匠役工食，共支銀二千二十九兩五錢七分四厘。以上統共支銀前數。）

一、給發開煤工食、器具等項，共支銀三千四百八十二兩四錢二厘。（查前項仿照西式，用機器在章邱縣黄盤周家圈共開出整碎煤炭三百八十三萬二千六百五十斤。購買繩索、皮袋、木料、鐵器、柳筐、油燭、一切雜用器具等項，支銀二千四百八十七兩三錢一分九厘；各項水火煤匠、夫役工食等項，支銀九百九十五兩八分三厘。以上統共支銀前數。）

以上統計共支庫平銀四萬二百三十八兩九錢七分七厘。

實在項下：

存庫平銀一千三百六十二兩八錢五分七厘，歸入下届報銷，理合登明。

軍機大臣奉旨：覽，欽此。

中國第一歷史檔案館《德宗景皇帝實録》卷九九《光緒五年七月》 諭軍機大臣等，李風苞奏請調員差遣等語。道員徐建寅前經丁寶楨派辦山東機器局事務。著李鴻章、沈葆楨、丁寶楨、周恒祺飭令該員迅速啓程，前赴德國，交李鳳苞差遣委用。其所請作爲二等參贊官之處，著該衙門議奏。

中國第一歷史檔案館等《中國近代兵器工業檔案史料》第一輯《周恒祺奏請免予停辦山東機器局片光緒五年八月二十八日》 再，本年二月十一日奉上諭：夏同善奏請將山東機器局停止，所有經費移作治黄之用等因，欽此。欽遵由前撫臣文格行司會同該局員妥議具覆覈辦。臣到任後，卷查據藩臬兩司等禀覆：東省機器局創辦於光緒元年十月，截至三年十月底止，動用經費均經奏報在案。自三年十一月起至四年十月底止，領過銀三萬二千兩，造成洋火藥九萬餘斤，馬梯呢槍、後膛砲、大小零星機器數百餘件。東省登榮水師、煙臺練軍，每年需用洋火藥不少，皆由局自行供應，免至遠購外洋。各標營嚮用土藥者，近來改發洋藥，可省製造土藥之費，均每歲省銀一萬數千兩。加以製成槍砲機器外，尚存未用料約銀三四千兩，似屬省而又省，棄之可惜等情。

臣查停止機器局，每年需用之洋、土火藥仍應分別購製，其可提充治黄經費者不過萬數千兩。該局創辦至今，綜計費款已巨，目下規模粗具，工藝漸精，本年臣飭令仿造銅帽，及查以前及現在所製亨利馬梯呢槍，尚屬合用，海防亟須妥籌，似宜留爲緩急之備。遽爾停止，盡棄前功，固屬可惜；而所節用費移以治黄，不過杯水車薪，未爲有裨。自應欽遵閏三月初六日諭旨，另行籌款，實爲兩得。所有機器局請免停止緣由，理合附片具陳，伏乞聖鑒。謹奏。

光緒五年九月初八日軍機大臣奉旨：依議，欽此。

中國第一歷史檔案館《德宗景皇帝實録》卷二〇七《光緒五年十二月下》 又諭：銘安等奏，吉林練軍需用火藥等物，餘存無多，請飭直隸撥給等語。著李鴻章於天津機器局發給洋火藥七千斤、大銅帽一百萬粒，由銘安等派員領取，以備操防，將此諭令知之。

第一歷史檔案館等《清代黑龍江歷史檔案選編·將軍衙門爲恭録咨會三姓設廠造船寄諭事咨黑龍江副都統等文光緒六年五月二十四日》 將軍衙門爲知照事。工司案呈，於本年五月初五日，接准欽差大臣、直隸總督李，爲恭録咨行事，爲照本大臣於光緒六年四月初七日，在天津行館由驛具奏遵籌吉林選將造船、調取軍火各事復陳一摺，當經抄稿咨行在案，兹於四月初十日，准兵部火票遞回原摺後開：軍機大臣奉旨：另有旨，欽此。並奉四月初九日寄諭一道，相應恭録咨會，爲此合咨貴將軍，請煩查照欽遵施行可也。等因前來。相應咨行黑龍江、墨爾根、呼蘭副都統衙門，並劄飭呼倫貝爾、布特哈等處知照可也。須至劄咨者。

右咨黑龍江、墨爾根，呼蘭副都統衙門。

右劄仰呼倫貝爾副都統銜總管薩克申、布特哈副都統銜總管諾們德勒和爾等准此。

〔附〕計恭録寄諭一道

軍機大臣字寄大學士直隸總督一等肅毅伯李、吉林將軍銘、兩廣總督張，署兩廣總督廣東巡撫裕，傳諭粤海關監督俊啓，光緒六年四月初九日奉上諭：李鴻章奏遵籌吉林選將造船等事宜暨調員赴吉差委各摺片。據稱，總兵唐仁廉，現統所部駐防海口，且有承辦要務，未能派赴吉林；副將郭長雲，堪以派往。該員曉暢戎機，若令募練數營戰守，當可得力。俟該處情形熟悉，再酌委總統等語。郭長雲，著李鴻章飭令前往吉林交銘安差遣委用。至造船一節，混同、松花等江輪船均可駛行；若製造舢板、長龍各船，不足以資守御。李鴻章所奏宜在三姓附近水深溜大之處，設廣籌造小輪船，如粵東仿造蚊子船等式，上可駛行伯都訥省城一帶，下可駛巡黑河口，轉入黑龍江，洵爲目前切要之圖。即著照所議辦理。道員温子紹，在廣東製器有年，頗有心得，現在吉林創始，需才較粵省防務尤爲緊要。著張樹聲、裕寬飭令該員，酌帶造船得力工匠，並將俊啓上年代購神機營設廠之機器選擇合用者，由海道運至奉天營口，再由陸路運至吉林，以資創設船廠之需。温子紹暨隨帶工匠、機器赴吉川資，著該督撫監督設法籌給。所有開廠造船各事，著李鴻安會同銘安妥爲籌辦，督飭温子紹悉心研究，務求實濟。吉林所需軍火，經李鴻章酌量撥給，著該將軍即派員赴津領回應用。道員顧肇熙、知府李金鏞、知州員啓章、知縣查宗仁均著發往吉林，交銘安酌量差委。直隸州知州戴宗騫，著李鴻章飭令暫行隨同吴大澂赴吉由銘安等商酌委用。餘均照所議辦理。將此由五百里諭知李鴻章、銘安、張樹聲、裕寬，並傳諭俊啓知之。欽此。遵旨寄信前來。

中國第一歷史檔案館等《中國近代兵器工業檔案史料》第一輯《周恒祺奏銷山東機器局光緒五年用過銀兩摺光緒六年七月二十八日》 山東巡撫臣周恒祺跪奏，爲山東機器局光緒五年用過銀數，援案繕具簡明清單，懇恩准銷，恭摺仰祈聖鑒事。

竊東省機器局收支一切款項，前經奏准照津、滬各局成案，一年一次據實開單請銷。所有光緒三年十一月初一日起至四年十二月底止用過銀兩數目，經臣覈明具奏，奉部准銷在案。

查該局製造軍火，如後膛馬的尼洋槍、銅帽、鉛丸、洋火藥等物，仿照西式，尚屬精良，數年來造成火藥尤多。臣思各物尚非急需，而防營操練技藝所需火藥、鉛丸、銅帽仍係購自外洋，彼此相衡，殊爲糜費。因飭軍需局按各營應用之多寡，隨時撥給，即將價值收回，以資津貼工本，下餘者仍令妥爲存放，以備緩急之需。計自上年初一日起至年底止，共用各項工料並局員薪水等銀二萬七千一百八十一兩九錢七分三厘。内僅由藩庫提撥銀一萬九千兩。據總理局務司道將用過各款細數開單，詳請具奏前來。

臣逐一覆覈，尚屬相符，並無浮冒情弊。謹照歷届及津、滬各局成案，繕具簡明清單，恭呈御覽，仰祈天恩俯准，飭部存案。除分咨總理衙門暨户、工二部查照外，謹恭摺具陳，伏乞皇太后、皇上聖鑒。謹奏。

光緒六年八月初六日，軍機大臣奉旨：該衙門知道，單并發，欽此。

〔附〕清單

謹將山東省機器局光緒五年正月初一日起至年底至，連閏十三個月，用過銀兩數目，繕具簡明清單，恭呈御覽。

計開：

收款項下：

一、收前案報銷結存銀一千三百六十二兩八錢五分七厘。

一、陸續收提藩庫銀一萬九千兩。

一、收軍需局撥還火藥、鉛丸、銅帽等銀七千七百六十八兩八錢四分八厘。

〔查上年發給各防營各種火藥五萬磅，鉛丸十萬粒，銅帽二十二萬粒，收同工料銀前數。〕

以上共收銀二萬八千一百三十一兩七錢五厘。

支款項下：

一、支委員、司事、差弁、夫役薪水、津貼、鹽糧、飯食及一切公用，共銀五千七百十九兩三錢三分一厘。（查前項總辦局務一員，幫辦局務一員，襄辦局務一員，文案委員一員，司事二員，收支銀錢委員一員，司事二員，管理機器委員一員，司事二員，火藥廠委員一員，司事二員，收發採辦物料委員一員，司事四員，管理工程兼木樣房委員一員，司事二員，管理煤廠委員一員，司事四員，生鐵、熟鐵廠司事各一員，提硝房、蒸硫房、熇炭房司事各一員，畫圖司事二員，差弁四員，學習機器畫圖生徒六名，書識二名，護局巡勇十名，收發物料夫役四名，更夫四名，以及一切公用、賞號等項，統計支銀前數。）

一、支製造軍火等件，共銀一萬五千五百四十一兩一錢九分八厘。（查前項仿照西式造成各種火藥十一萬八千三百三十八磅，用提净硝九萬一千一百二十磅，蒸净硫磺一萬四千二百磅，熇成炭二萬一千三百磅，造成西式後膛馬的尼洋槍八十九桿，鉛丸十萬五千粒，銅帽二十四萬粒以及柳木洋鐵套箱等項。購用硝、磺、柳木、鋼、鐵、銅、鉛、木料、油漆、棉布、牛皮、一切雜料，支銀六千六百一十一兩三錢七分六厘；又外洋鏹水、絨繩、象皮、筆鉛、馬口鐵、羅馬鐵板、熟鋼、銅皮、銅絲布、螺絲、汽筒、塞門、鐵管等項，支銀三千一百二十五兩六錢三分五厘；各項匠役工食，支銀五千八百四兩一錢八分七厘。以上統共支銀前數。）

一、支製造機器等，銀三千六百二十兩三錢一分七厘。（查前項仿照西式造成捶銅帽機器、軋銅皮輪床、鑽床、刮槽床、繞綫機器、光藥輥筒、銅馬輪、沙輪架以及各式應用大小器具四百十三件。購用外洋銅、鐵、紅銅、螺絲、汽管、木料、絨繩、洋漆、火油、綫紗、蓬布、皮帶及一切應用雜物，支銀二千一百六十五兩一錢四分五厘；各項匠役工食，支銀一千四百五十五兩一錢七分二厘。（以上統共支銀前數。）

一、支開煤工食、器具等，銀二千三百一兩一錢二分七厘。（查前項仿照西式，購置用機器在章邱縣黄盤山周家圈共開出整碎煤炭一百七十二萬五千斤，均已隨時燒用。購置繩索、皮袋、木料、鐵器、柳筐、油燭、一切雜用器具，支銀一千五百四十五兩八錢七分五厘；各項水火煤匠、夫役工食，支銀七百五十五兩二錢五分二厘。以上統共支銀前數。）

以上統計共支庫平銀二萬七千一百八十一兩九錢七分三厘。

實在項下：

存銀九百四十九兩七錢三分二厘，歸入下届報銷，理合登明。

軍機大臣奉旨：覽，欽此。

中國第一歷史檔案館《德宗景皇帝實録》卷一一九《光緒六年八月下》 又諭，禮部奏：據朝鮮國王咨稱，該國講究武備，懇爲轉奏請旨，俾該國匠工，學造器械於天津廠等語。著李鴻章妥籌具奏，其咨内所請簡選解事人員，或於邊外習教一層，並著李鴻章詳審其意，一並妥籌迅奏，該國使臣業經該部安置居住，俟該督覆奏到日，再降諭旨。原咨著鈔給閲看，將此諭令知之。

中國第一歷史檔案館《光緒宣統兩朝上諭檔》第六册《光緒六年九月初六日》 軍機大臣字寄大學士直隸總督一等肅毅伯李，光緒六年九月初六日奉上諭：李鴻章奏遵籌朝鮮請派匠工學造器械一摺，朝鮮爲東北藩服，脣齒相依，該國現擬講求武備，請派匠工前來天津學造器械，自宜俯如所請，善爲指引。本日已諭令禮部揀派通事伴送該國齎奏官卞元圭赴津，俟該員到後，著李鴻章詢問一切情形，再行奏明辦理。李裕元致李鴻章書函，並致送禮物即可收受，從厚酬答，以聯情誼。並著酌度情形，作書答覆俾知領會，將此諭令知之欽此。遵旨寄信前來。

中國第一歷史檔案館等《中國近代兵器工業檔案史料》第一輯《李鴻章奏天津機器局接濟霆軍軍火請按月撥給銀一萬兩片光緒六年九月二十七日》 再，欽奉九月初七日上諭，鮑超奏所需銅帽、洋藥，請飭天津機器局源源接濟，着李鴻章遵照叠次諭旨酌量辦理等因，欽此；臣前奉八月初八日寄諭，李明墀奏霆營火藥先向津局取用，着李鴻章酌量撥給；又奉八月二十四日寄諭，霆營餉需軍火等項銀兩由户部撥給，着該提督自行派員赴部領用各等因，欽遵在案。

伏查天津機器局仿造洋火藥用藥碾四分，歲可造成洋槍砲火藥六十四五万磅。從前防務較鬆，操用尚可節省。統計歷年所造，除供支直隸練軍、南北洋淮軍及叠次撥給奉天、吉林、黑龍江、熱河、察哈爾等處外，截至本年八月底止，積存槍砲藥七十餘萬磅。兹值海防緊要，本處需用浩繁，東三省、察哈爾指撥甚巨，即如大沽、北塘各海口所設水雷應用藥三十萬磅，各營安設地雷應用藥二十萬磅，各營洋槍、備海口開花砲應用藥四十萬磅，各項後膛槍備裝子彈應用藥二十萬磅，連直防淮練各軍現時操練，總共必須洋火藥一百三十餘萬磅，方足以應急需。現計所存，實短六十餘萬磅。其各軍已經領去及九月内撥給吉林、山海關、烏魯木齊等處洋火藥即在存數之内。亟宜設法籌備接濟，惟機器碾盤僅有此數，殊覺造辦不及，若他軍紛紛添撥，勢難爲繼。況造藥等項經費專指津海、東海兩關四成洋税，近年税收短絀，入不敷支，更屬自顧不暇。今霆軍馬步二十餘營，月需火藥、銅帽爲數較多，若令機器局勉强兼籌，而不加給經費，必致兩有貽誤。各路防海防邊之軍，必以前後膛洋槍砲爲利器，而洋槍砲無洋火藥、銅帽即成廢物。中國只天津一局籌造洋藥、銅帽尚有成數，然亦不足供各省各軍之要需，亟應添置機器碾盤加工製造，或趕緊採購洋火藥搭放。擬請按月由部另行籌給一萬兩，俾經費稍增，庶可源源造備，無誤軍需。合無仰懇天恩飭下户部自本年九月分起，由西北邊防專餉内按月給領銀一萬兩，以資造辦，而裨軍實。所有霆軍需用軍火酌量辦理緣由，理合附片具陳，伏乞聖鑒訓示。謹奏。

光緒六年九月二十九日軍機大臣奉旨：着照所請，户部知道，欽此。

王彦威等《清季外交史料》卷二三《直督李鴻章奏議覆朝鮮派匠來學製造事宜摺附上諭》 直隸總督李鴻章奏，爲遵旨詢問朝鮮一切情形，妥籌學習製造及練兵購器事宜，恭摺覆陳事。竊臣前奉上諭，李鴻章奏遵籌朝鮮請派匠工學造機器一摺等因，欽此。旋准禮部遵派通事伴送朝鮮齎奏官卞元圭於九月十六日抵津，臣即委令津海關道鄭藻如、永定河道游智開及辦理機器軍械各局候補道許其光、劉含芳，候選道王德均等先行會同傳詢一切。該道等連日與之筆談，稍知該國大概情勢，復導往機器製造局軍械所及西法儲備火器、火藥各庫徧加觀覽，俾識端緒。臣旋於九月二十二日傳見卞元圭，亦與筆談良久，該使臣頗留心時局，非囿於一隅、拘執成見者可比，玩其辭旨甚有憂國之志，亟欲整練士卒，購造利器，以備不虞。其怵於外侮，迫不及待之情與倚我聲援切求保護之意，時於言外見之。兹督同鄭藻如等就時地之宜，與該國力所能逮者，酌擬辦法。蓋製器必求用器之人，則與練兵相連，而練兵所用之器有非倉卒所能自製者，則又與購器相連。今爲該國籌畫，製造一事當擇宜辦而急需者行之，如子彈、火藥及修理軍械之機器，必須酌量購備。朝鮮王城現兵三萬，應分砲隊、馬隊、步隊，爲用器之則，砲隊擬購克鹿卜後膛鋼砲、馬隊擬購前後膛鎗各半，步隊以三分之二用前膛鎗，其餘間用後膛鎗，而沿海要隘之需及水雷電機之學，在該國循次量力而行。至來學、往教兩層，該國君臣初意重在往教。查朝鮮義州與奉天新設之安東縣僅隔鴨緑江，彼意欲取機器邀往教師，由中國揀派明幹人員，即在安東設局傳習製器操兵之要，仍不時遣人到津通聲息而便觀摩。惟機器購之西洋，非經年不能運到，應由該國先選聰穎藝徒來津，就現成之器師工之巧，可以事半功倍。俟其粗得門徑，然後器匠同歸，即教者亦易爲力，此製造之宜來學而後往教也。鎗砲操法不同，若先派數員往教，恐言語不通，即步伐整齊，口令手法呼應不靈。若先選該國弁兵數十人來津分隸各隊，朝夕操演，耳濡目染，所得較多。俟鎗砲到，然後隨同所派之員歸同幫教，庶可遞相傳授，此練兵之宜來學而後往教也。該道等將此數端與該使臣往復籌議，擬具節略，均甚周妥。惟舉辦之遲速，購器之多寡，視乎該國經費之優絀，非該使臣所能預定，應俟歸報國王與其大臣妥商定議。臣飭局先選來福前膛鎗十桿，酌配子藥銅帽各項，毛瑟後膛馬鎗十桿，連後門子二千個，交該使臣携帶回國。俾該國觀其式樣稍知梗概，除已飭卞元圭回京候旨外，謹將擬具來津學習製器練兵各條鈔呈御覽。擬請敕下禮部咨照該國王相度便宜，自行酌辦，李裕元寄臣書函亦即妥爲恭覆，俾知領會。謹奏。光緒六年九月二十九日奉旨，所奏製器練兵各條，及另片所議該國來學員弁章程四條，本日已諭令禮部咨照朝鮮國王酌辦矣。另片一件、單三件留中。

國家清史編纂委員會《李鴻章全集》第九册《機器局經費奏報摺光緒六年十月二十四日》 奏爲天津機器局光緒四、五年分動用經費各款，循案開單奏報，恭摺仰祈聖鑒事。竊查天津機器局經費，奏明動撥津海、東海兩關四成洋税作正開銷，截至光緒三年分止，業經督飭局員將支銷款目，查照歷届成案，開列簡明清單具奏。並經總理各國事務衙門奏准，津、滬兩局每年成造槍砲及各項經費，除照章開單報部外，仍令每年詳細知照該衙門一次，以資考證等因，咨行遵照在案。臣查津局承造軍火，供給北洋海防諸軍，兼備各省咨取，均屬要需。而近年四成洋税支用不敷，固當以動撥之款覈製成之數，俾無虚糜。尤當於求精求速之中撙節變通，有應隨時踵增以資周備者，有應相時緩急以劑盈虚者，全賴局員等悉心籌畫，斟酌得宜。光緒四、五年間，該局添置提磺廠壓藥器及分藥、切藥等房，又，廠庫二十餘間，自造各新式機器，逐事推擴。其各項軍火照常製造外，各營漸多後門槍，議令減造銅帽，爲多製後膛子彈之用。所造林明敦槍發營領操，並稱精利合法，以覈費與購價懸殊，當飭停止，俾可兼顧他工。分設電機、水雷學堂，其生徒已派赴海口各司電報、水雷等事局内，仿造電機及沈雷、桿雷，均足備用。茲據承辦局員津海關道鄭藻如、天津道吴毓蘭、候補道許其光等詳稱，光緒四年分製成各項火藥五十六萬五千三十五磅六兩，銅帽三千八百九十九萬顆，林明敦後門兵槍三百二十枝，格林後門子彈一百三十七萬六千顆，前膛開花砲彈大小六萬三千四十二個，後膛鍍鉛來福砲彈五千四百四十四個，各式鋼紙拉火十四萬八千一百二十枝，大小水雷四十六個，鍋爐及車床等器七十七具；五年分製成各項火藥六十五萬一千八十三磅，銅帽二千八百三十五萬顆，林明敦、呍啫士得、格林等後門子二百四十五萬二百顆，前膛開花砲彈大小六萬六千五百七十四個，後膛鍍鉛來福砲彈九千六百六十一個，各式銅紙拉火二十一萬三千五十五枝，一千磅至四十磅水雷一百四十九個，各式機器四十具。又，兩年以來，製煉鏹水、碾卷銅皮約成五十五萬餘磅，添修各廠、各營及輪船、蚊船銅鐵器具約五萬六千餘件。動用經費，上届報銷案内，原存銀二萬三千九十七兩六錢二分六厘六毫九忽，存料約值銀十五萬九千兩。光緒四、五年分共領海關四成洋税銀三十三萬八千九百十兩二錢三分二厘，又收北洋海防經費協款項下沙平折實庫平銀十二萬二千六百三十二兩九錢八分六厘七毫，計共支用銀四十八萬二千五百三十九兩五錢一分二厘三毫七絲五忽，仍存銀二千一百一兩三錢三分二厘九毫三絲四忽，存料約值銀十六萬一千兩。以上兩年用項，委因成造日夥，兼支應電機、水雷局、挖河機器船、行營、製造局等處，動款較繁。製成軍火有徑發各營月操之件，有匯解海防軍械所儲放之件，其存留該局廠庫者逐項清厘，款目符合，均係節慎支用，涓滴歸公，並無絲毫冒濫。惟製造向宗西法，料件購自洋商，均無例價可循，懇仍援照舊章開單請奏前來。臣查光緒四、五年分，係現任天津道吴毓蘭駐局督辦。該道補授實缺，復委候補道許其光會辦，均能與津海關道鄭藻如妥慎籌商，力圖兼顧。一以恪守成規，一以殫求新製。西洋機器之用，日出不窮，或同一子彈而機關迥異，同一火藥而塊粒攸分。海防各營、各船既有此械，即當接濟其應操之需。臣近又訂購快碰鐵甲等船，將來藥彈器物並應責成該局承辦，事益繁賾，據詳各節。臣覈其兩年用項，毫無浮冒，與上届比較相符，成件頗有增益。當此有事之秋，供億尚能取給，存儲不致無餘，具征該道等督率有方，功歸實濟。應援照向章，繕具簡明清單，恭呈御覽。合無仰懇天恩，飭部查照成案准銷。除分咨户、工二部查照，並遵造每年成件及撥用存留數目簡明清册，咨送總理各國事務衙門備查外，所有天津機器局光緒四、五年分動用經費據實開單緣由，理合恭摺具陳，伏乞皇太后、皇上聖鑒訓示。謹奏。

光緒六年十月二十七日，軍機大臣奉旨：該部知道，單並發。欽此。

〔附〕清單光緒六年十月二十四日

謹將天津機器局光緒四、五年分收支各項銀兩分別款目繕具清單，恭呈

御覽。

計開：

舊管項下：

一、原存庫平銀二萬三千九十七兩六錢二分六厘六毫九忽。

新收項下：

一、收津海關陸續移撥四成洋税庫平銀三十三萬八千九百十兩二錢三分二厘。

一、收北洋海防經費協款項下撥到沙平銀十二萬七千兩，折合庫平銀十二萬二千六百三十二兩九錢八分六厘七毫。

以上共收庫平銀四十六萬一千五百四十三兩二錢一分八厘七毫。

開除項下：

一、給發採買外洋各式銅、鐵、鋼、鉛、油漆、雜料及起運各項公司保險、輪船水脚，駁價庫平銀十七萬三千九百九十七兩九錢八分五厘。

一、給發採買硝磺、烟煤、柴炭、木植、缸磚、砂土等項及起運船價、夫脚庫平銀十二萬二千一兩四錢九厘三毫八絲八忽。

一、給發員弁、司事人等薪水、心紅紙張等項庫平銀三萬五千三百六十四兩四錢一分九厘八毫。

一、給發各廠洋匠薪水、工食、醫藥、煤炭等費庫平銀二萬三千九百八十兩三錢四分六厘三毫七絲。

一、給發仿造外洋機器、火藥、銅帽、洋槍槍子、砲彈拉火等項工匠、學徒、夫役及添蓋房座隨時雇用土夫、木匠等工食庫平銀九萬六千六百三十五兩九錢一分二厘九毫三絲八忽。

一、給發天津行營製造局雇募洋匠及鐵殼舢板巡防薪糧庫平銀八千四百五十四兩二錢三分七厘八毫六忽。

一、給發電機、水雷局華洋教習、司事薪水，學生、局役等月費、工食、購買西書、電器等項庫平銀一萬三千七百二十九兩七錢二分四厘六毫六絲四忽。

一、給發挖河機器船工匠工食、支撥雜料等項庫平銀八千三百七十五兩四錢六分六厘四毫九忽。

以上共支庫平銀四十八萬二千五百三十九兩五錢一分二厘三毫七絲五忽。

實在項下：

一、存庫平銀二千一百一兩三錢三分二厘九毫三絲四忽。

軍機大臣奉旨：覽，欽此。

中國第一歷史檔案館等《中國近代兵器工業檔案史料》第一輯《周恒祺奏山東機器局籌解軍火運往吉林片光緒六年十一月初八日》 再，臣恒祺奉光緒六年十月二十五日寄諭：喜昌奏需用軍火孔殷，查山東機器局尚有餘存洋藥，請撥發洋藥三萬斤，銅帽二百萬顆，由東省派員護解煙臺，以達營口，按站運至吉省等語。着周恒祺查照辦理等因，欽此。

伏查東省機器局製造洋火藥，近因各防營演習洋槍，日逐領用，爲數甚巨。惟吉省既需用孔殷，自應設法匀解。至銅帽，從前機器局本未製造，自上年臣莅任後，始行創辦，現雖每日可製二三萬粒，惟所需硝强水，因白金鍋等項器皿迄未物色停妥，不能煎煉，尚須購自外洋及津、滬各處，銅片亦未能應手，除每月各營支用外，現存在局者僅百萬顆有奇，委難如數籌措。臣督同機器局、軍械處委員通盤籌畫，覈計洋火藥二萬磅，即須銅帽六十萬粒，方足配用。現擬撥發洋槍火藥二萬磅，洋砲火藥一萬磅，共計三萬磅；銅帽六十萬粒。克日委員兼程解往煙臺轉運。第爲時已過，大雪行將封河，前項軍火抵煙後，能否由輪船運送赴奉，難以預必，業已飛飭東海關道方汝翼，隨時察看情形，妥籌辦理，俾昭慎重。除分咨查照外，所有籌解吉省軍火緣由，理合附片陳明，伏乞聖鑒。謹奏。

光緒六年十一月十二日軍機大臣奉旨：知道了，欽此。

中國第一歷史檔案館《光緒宣統兩朝上諭檔》第六册《光緒六年十一月十五日》 軍機大臣字寄大學士直隸總督一等肅毅伯李、吉林將軍銘，光緒六年十一月十五日奉上諭：前因李鴻章奏擬在吉林三姓地方設廠創辦小輪船，請調道員温子紹前赴吉林以資製造，當諭令張樹聲、裕寬飭令該員隨帶工匠機器即行前往。兹據張樹聲等奏稱，温子紹以母老且病，未能遠離，據實具奏等語。吉林創

造輪船事關緊要，必須經理得人。現在温子紹既未能前往，而該省開廠製造勢難稍緩，著李鴻章另行遴選熟習機器之員，迅速馳赴吉林妥爲籌辦，總期製造合用，不致徒費工需。所有機器各項並著李鴻章等設法籌畫，俾資應用。將此各諭令知之，欽此。遵旨寄信前來。

中國第一歷史檔案館等《中國近代兵器工業檔案史料》第一輯《奕譞等奏擬選派神機營官兵赴天津學製外洋各種軍火摺光緒六年十二月二十七日》 臣奕等謹奏，爲援案擬選官兵就近前赴天津學製外洋各種軍火機器，以資推廣而備軍實，恭摺密陳，仰祈慈鑒事。

竊維訓練之道，要在兵强，而兵之能强，惟恃利器；蓋有製勝之兵，而無製勝之器，不能所向無前也。伏查同治三年四月間，由總理各國事務衙門奏准擬派京營官兵發往江蘇，交撫臣李鴻章差委，專令學製外洋炸砲彈及各種軍火機器，稍有成效，旋經撤回。雖現時配造火藥，製造銅帽尚照習來舊法，然不過僅能窺其門徑，究未能深入堂奥。且彼時派往人數無多，閱十餘年之久，刻下半就凋零。兹以時事多艱，練兵尤爲急務。設有徵調軍火器械，在在均須豫籌。臣等公司商酌，擬請援照從前辦過成案，由臣營選派心靈手敏官兵三十員名，就近赴天津專令學習外洋炸砲等項及各種軍火機器，以備軍實。且天津距京匪遥，擬令此項官兵分班前往學習，輪流更替，藉以轉相傳習，庶可多收才技之效。如蒙俞允，除由臣營遵即選派弁兵並酌給川資，薪水令其赴津學習外，其有未盡事宜，仍當隨時奏明辦理。所有臣等擬照成案選派弁兵赴津學製外洋軍火機器緣由，是否有當，伏乞皇太后慈鑒，訓示遵行。謹奏。

中國第一歷史檔案館等《中國近代兵器工業檔案史料》第一輯《吴大澂奏請飭部籌款在吉林創設機廠及建造砲臺摺光緒七年五月二十二日》 三品卿銜督辦寧古塔等處事宜臣吴大澂跪奏，爲邊防要務宜規劃久遠，次第舉行，擬請飭部另籌撥款以濟要需，恭摺仰祈聖鑒事。

臣竊維吉林全省爲國家根本重地，東北與俄境處處毗連，新練防軍規模甫具，尚宜實力講求，以期緩急可恃。目前所最要者，製造軍火應設機廠，扼守要隘須築砲臺，二者皆久遠之圖，自當乘此間暇及時興舉。上年屢奉諭旨，修築砲臺必須堅固合法，籌辦機器總期製造合用。聖訓周詳，實皆當務之急。臣等未敢率議舉行者，誠以機廠、砲臺非巨款不能集事，非得人不能見功，又非倉猝所能開辦。現在防務稍鬆，事機已定，正可從容區畫，擇要以圖，爲日後自强之計。

敬爲我皇太后、皇上陳之。

從前中國所製槍砲，多造土藥，引用火繩，即用購備洋槍、洋砲，均係前門進子。近年外洋利器愈製愈精，土藥不如洋藥之浄，火繩不如銅帽之便，前門進子又不如後門之快且遠，一經比較，利鈍顯然。練兵欲求實際，其勢不能因陋就簡。吉省防軍現已兼用後門槍砲，尚須陸續購求利器。然既用後門快槍、開花利砲，不能自製子彈，購運稽時，難乎爲繼。即洋藥、銅帽亦須由他省機局轉運到吉，道遠費繁，終非長策。若在吉林省城開設機廠，製造洋藥、銅帽，配合槍子、砲彈，不獨本省練軍可以源源接濟，並可兼顧黑龍江各軍之用。臣與銘安前派候選知府李金鏞訪求鉛、鐵各礦，覓得礦洞山鐵礦一處，交河鐵礦一處，栗子溝鉛礦一處。據李金鏞親自履勘，採呈鐵樣，成色頗佳，鉛樣亦然。聞鐵礦、鉛礦尚不止此三處，須俟奏調熟悉礦務之員，雇工採煉，必可廣開利源。向來東三省所用鐵貨皆獲鹿販運而來，價值異常昂貴。今擬以西法煉鉛、煉鐵，又得近地煤窑，足供熔化之資，可便民用，可製軍器，可濟餉需。即機器購自外洋，陸運稍形跋涉，而本省有鐵有鉛有煤，棄之不用，未免可惜。此機廠之不可不設也。

砲臺之設，自須因地製宜。琿春、寧古塔均係陸路，重山叠嶂，有險可扼，洋人大砲，難以搬運；利用砲車，馳驅山谷，轉動較靈。但就要隘地方分築小砲臺數處，依山爲險，可省工費。至松花江下游，以黑河口爲咽喉。俄國輪船由黑龍江駛至烏蘇里江伯力一帶，往來不絶，黑河口爲必由之路，實爲吉林東北門户。惟該處地不産糧，餉械轉輸至爲費力，時有不繼之虞，防軍不能久駐。且逼近俄界，屯兵設砲不免張皇，是江防之砲臺宜設在三姓而不宜在黑河口也。三姓城東三十里之巴彦通設有水關，現扎綏字軍馬步五營。砲臺與營壘相依，可戰可守。似宜於巴彦通之東沿江南北兩岸，擇地各築一臺，仿照天津大沽口臺式，每臺周圍數十丈，裹用素土，外包以三合土，上蓋砲棚，中置隔堆，下築藥庫，砌做圈洞，馬道，外加土垣。即用營兵之力，不計土工，每築一臺，亦需費銀數萬兩。查三姓地氣極寒，見冰甚早，開凍較遲，惟四、五、六、七、八五個月尚可做工，夏秋雨多又有停工之日。在他省兩三年可以告成，在吉林必須五六年方可蕆事。如二十餘萬金之款，分年籌辦，每年只需三四萬金。此議築砲臺之大略情形也。

計三姓、寧古塔、琿春三處防軍，除喜昌帶赴庫倫一千人外，現有九千餘人，分佈要隘，並不爲多。所需防餉，每年八十餘萬，皆仰給於他省，驟增巨款，恐部撥餉銀時形支絀，不能按月濟用，辦理轉形棘手。再四思維，惟有仰懇天恩飭部通盤籌畫，每年另撥銀十萬兩，爲創設機廠、建造砲臺之用。臣亦明知十萬金實不敷用，惟有於各軍防餉內力求撙節，設法騰挪。或同時並舉，又恐顧此失彼，即可先儘設廠經費，購買機器，蓋造房屋，逐漸經營。更以餘力修築砲臺，於兼籌並顧之中，略分緩急。總期工歸實用，費不虛糜，以仰體聖懷垂廑邊圉、慎重庫儲之至意。是否有當，謹會同吉林將軍臣銘安合詞恭摺具奏，伏乞皇太后、皇上聖鑒訓示遵行。謹奏。

光緒七年六月初一軍機大臣奉旨：欽此。

中國第一歷史檔案館等《中國近代兵器工業檔案史料》第一輯《周恒祺奏銷山東機器局光緒六年用過銀兩摺光緒七年七月初二日》 新授漕運總督山東巡撫臣周恒祺跪奏，爲東省機器局光緒六年用過銀數，援案繕具清單，懇恩准銷，恭摺仰祈聖鑒事。

竊照東省機器局收支一切款項，前經奏准援照津、滬各局成案，一年一次據實開單請銷。所有光緒五年分用過銀兩數目，經臣覈明具奏，奉部准銷在案。

查上年籌辦各營操技藝，需用軍火甚殷，當飭局員督同工匠人等認真製造，將洋火藥、銅帽、鉛丸隨時撥給應用。嗣又遵旨撥解吉林省火藥三萬磅，銅帽六十萬粒。計一年之中，造成各種火藥十一萬四千餘磅，後膛馬的尼槍一百二十一桿，銅帽二百八十餘萬粒，鉛丸七十餘萬粒，以及仿照西式製造各項器具一千七百餘件，均屬精良適用。所有一切工料並員役薪水，經臣督飭覈實支銷，不准稍涉糜費。計自上年正月起至十二月底止，共用銀四萬六千二百二十六[兩]一錢五分九厘。內僅由藩庫動撥地丁銀二萬七千兩，餘係收回各營軍火價值及四川省解到取用火藥工本。據總理局務司道將用過各項細數開單，詳請具奏前來。

臣逐一覆覈，尚屬相符，並無浮冒情弊。謹照歷屆及津、滬各局成案，繕具簡明清單，恭呈御覽，仰懇天恩俯准，飭部存案。除分咨總理衙門暨户、工兩部查照外，理合恭摺具陳，伏乞皇太后、皇上聖鑒。謹奏。

光緒七年七月初九日軍機大臣奉旨：該部知道。單並發。欽此。

〔附〕清單

謹將山東省機器局光緒六年正月初一日起至年底止，十二個月，用過銀兩數目，繕具簡明清單，恭呈御覽。

計開：

收款項下：

一、收前案報銷結存銀九百四十九兩七錢三分二厘。

一、陸續收提藩庫銀二萬七千兩。

一、收藩庫寄存四川省解還火藥銀一萬兩。

一、收軍需局撥還解赴吉林火藥、銅帽等銀五千三百四十二兩九錢。（查上年撥發吉省火藥三萬磅，銅帽六十萬粒，收回工料銀前數。）

一、收軍需局並營務處撥還火藥、鉛丸、銅帽等銀六千九百六十三兩二錢三分八厘。（查上年發給各防營暨營務處各種火藥三萬二千一百三十磅，鉛丸三十二萬九百四十八粒，銅帽一百四十九萬六千九百一十六粒，收回工料銀前數。）

一、收東海關撥還火藥銀七百七十兩。（查上年發給東海關火藥五千磅，收回工料銀前數。）

以上共收銀五萬一千二十五兩八錢七分。

支款項下：

一、支委員、司事、差弁、夫役薪水、津貼、鹽糧、飯食及一切公用，共銀六千四百七兩四錢六分。（查前項總辦局務一員，會辦局務一員，襄辦局務一員，文案委員一員，司事二員，收支銀錢委員一員，司事二員，管理機器委員一員，司事二員，火藥廠委員一員，司事二員，收發採辦物料委員一員，司事四員，管理工程兼木樣房委員一員，司事一員，管理煤廠委員一員，司事四員，生、熟鐵廠司事各一員，提硝房、蒸硫房、煏炭房司事各一員，電氣廠、白藥房、格致房司事各一員，畫圖司事二員，差弁四員，學習機器畫圖生徒六名，書識二名，護局巡勇十名，收發物料夫役四名，更夫四名，以及一切公用、賞號等項，統計支銀前數。）

一、支製造軍火等件，共銀二萬七千三百四十一兩八錢六分五厘。（查前項仿照西式造成各種火藥十一萬四千一百四十一磅，用提净硝九萬七百五十磅，蒸净硫磺一萬二千一百磅，煏成炭一萬八千一百五十磅，造成西式後膛馬的尼槍一百二十一桿，銅帽二百八十四萬八千一百三十粒，鉛丸七十七萬六千五百粒，以及木匣、洋鐵套箱等項。購用硝、磺、柳木、鋼、鐵、銅、鉛、木料、油漆、棉布、皮張、一切雜料，支銀九千六百五十三兩七錢四分四厘；又外洋鏹水、絨繩、鉛筆、象皮、馬口鐵、羅馬鐵板、熟鋼、銅皮、銅絲布、螺絲、汽筒、塞門、鐵管等項，支銀七千八百二十八兩六錢七分；各項匠役工食，支銀九千八百五十九兩四錢五分一厘。以上統共支銀前數。）

一、支製造機器、添蓋廠房等，銀八千七百六十四兩三錢五分四厘。（查前項仿照西式造成捶林明敦槍子機器、軋銅皮輪床、捶銅帽機器、滑輪、鐵軸、電綫繞絨機器、捶銅帽十字花機器、傳軸齒輪、起水機器、四十磅蒸器鐵櫨、干濕電箱、車床架、汽機墊板、絞螺絲器、銅彈子鉗以及各式應用器具，大小共一千七百一十九件，又各樣木模七十九件，添蓋白藥、鍋爐、錫爐、水龍等房，格致樓房，電氣、木工、槍子等廠。購用外洋鋼、鐵、紅銅、汽管、繩纜、洋漆、各種油、黄礬、綫紗、蓬布，以及木料、磚瓦、石灰，並一切應用雜料，支銀五千四百八十八兩五錢七分八厘。各項匠役工食，共支銀二千二百七十五兩七錢七分六厘。以上統共支銀前數。）

一、支開煤工食、器具等，銀三千七百一十二兩四錢八分。（查前項仿照西式，用機器在章邱縣黄盤周家圈等處開出整碎煤炭三百九十五萬二千五百六十斤，均已隨時燒用。購買繩索、皮袋、木料、鐵器、柳筐、油燭、一切雜用器具等項，支銀二千七百九十八兩五錢六分八厘；各項水火煤匠、夫役工食等項，支銀九百一十三兩九錢一分二厘。以上統共支銀前數。）

以上統計共支庫平銀四萬六千二百二十六兩一錢五分九厘。

實在項下：

存銀四千七百九十九兩七錢一分一厘，歸入下届報銷。理合登明。

軍機大臣奉旨：覽，欽此。

國家清史編纂委員會《李鴻章全集》第九册《籌濟吉林機器片光緒七年七月十五日》 再，吉林邊防緊要，所需洋藥及後膛子彈等件，業經吴大澂奏准，於省城開設機器廠製造，並擬暫調天津製造局道員王德均赴吉。臣以王德均研精機器爲臣處得力之員，未能久離津局，吉林運器購料必由天津，奏明飭王德均在津代籌，隨時照料，俟緊要機具物件稍備，再派熟習委員工匠前往在案。竊維吉林創設機廠，理大物博，經費甚形支絀，應需機器勢難全在西洋訂購，且恐緩不濟急。查上年四月臣議復吉林設廠創辦小輪船，請調廣東道員温子紹製造案内，欽奉諭旨將粵海關監督俊啓代購神機營設廠之機器，選擇合用者，由海道運至奉天營口，再由陸路運吉。温子紹暨隨帶工匠機器赴吉，川資著該督撫、監督籌給等因。欽此。旋因温子紹未能前往，機器仍存廣東。今吴大澂設廠製造軍火，情事相同，器具亦可通用。應令將前項機器運解應急，其餘應添各件，容飭王德均察酌代購。將來如經費較充，廠務逐漸開拓，再由臣隨時緘商吴大澂籌造輪船。俊啓現已任滿離粵，應即由兩廣督臣張樹聲查明所存各種機器，委員迅速盡數解津，交王德均驗收，分别轉解吉省。其自粵至津運費，仍請遵旨由該省籌給。除分咨張樹聲、吴大澂查照辦理外，理合附片具陳，伏乞聖鑒。謹奏。

光緒七年七月十八日，軍機大臣奉旨：知道了，欽此。

中國第一歷史檔案館等《中國近代兵器工業檔案史料》第一輯《吴大澂奏覆吉林機廠砲臺創辦情形摺光緒七年七月二十日》 三品卿銜督辦寧古塔等處事宜臣吴大澂跪奏，爲遵旨覆陳機廠、砲臺創辦情形，恭摺仰祈聖鑒事。

竊臣接准户部公文鈔咨籌撥吉林經費一摺，於光緒七年六月三十日奉旨依議，欽此，欽遵知照前來。臣伏查機廠之設，以購辦外洋機器爲大宗，而吉林陸路轉運車輛，每車以四千斤爲度，過於重大之器，均須逐件卸開，分裝分運，俟搬運到廠，再行配合，非詳細稽考，因地製宜，不能得其要領。北洋大臣李鴻章講求製造十有餘年，漸推漸廣，於機局應辦事宜瞭如指掌。道員王德均擘畫精詳，老成干練。現臣與李鴻章往返函商，該道既不能遠離津局，所有吉省應購機器、應儲物料須由該道一手經理，遴派妥員及工匠熟手來吉開廠，較爲得力。此次由臣派員赴部請領前項經費銀十萬兩内，擬即提出銀六萬兩解交李鴻章留作購器之需。各項價值頭緒紛繁，臣與王德均逐款緘商，詳加參考，一切動用款目，並由該道就近禀請李鴻章隨時酌覈，代爲給發，庶購器儲料，彼此互相研究，精益求精，不致虚糜巨款。吉林機廠創辦之初，不能不審慎周詳，以期一勞永逸。現經李鴻章不分畛域，相助爲理，臣等有所依據，亦可漸入門徑。惟外洋訂購之器，非三五月所能齊集，應俟廠房工竣，各項器料陸續購運到吉，方可綜覈一切費用，分析造册咨部覈銷。

中國第一歷史檔案館等《中國近代兵器工業檔案史料》第一輯《吴大澂奏建立機廠所需物料就地組織車輛自行發價運往吉省片光緒七年七月二十八日》 再，吉林現在創立機廠，所需料物大半由津、滬運至營口轉運吉省。查營口至鐵嶺開原，水陸均可通行，冬春以車運爲宜，夏秋則舟行較便。當由臣督飭局員因時變通，但能雇用民車，無須由州縣地方供支車輛，或遇農忙車少之時，不能不由各州縣隨時協濟就地用車。除經過奉、直地方仍照舊章辦理，各歸各省報銷外，自威遠堡門至吉林省城五百五十餘里，應用車輛擬由臣飭派妥員節節轉運，自行發價，仍照吉林向章，按車給錢，不准委員假手胥吏，從中克扣，無須由吉林同知衙門發交鄉約，地保輾轉稽延，俾車户所得車價較有實際，不致視爲苛政。所有臣軍派員領餉及轉運軍火機器，應用本省車輛給發車價，擬即由臣造册按年咨部覈銷，以歸簡捷。如臣所委員弁不知自愛，日久弊生，不能實惠及民，惟有據實嚴參，不少回護，庶委員知所儆懼，民力不致拮据。是否有當，謹附片具陳，伏乞聖鑒訓示。謹奏。

光緒七年閏七月十六日軍機大臣奉旨：該部知道，欽此。

吉林省檔案館《清代吉林檔案史料選編（工業）》上册《吴大澂奏吉林防軍添購槍砲摺光緒七年閏七月二十一日》 光緒七年閏七月二十一日，前督辦憲吴奏吉林防軍應圖久遠。現在吉林各軍所有前門洋槍，在平時操演則可，若臨敵致果，非用後門快槍不足以製勝。各營及各砲臺，應設砲位，尚須添購後門洋砲數十尊。所需巨款無法可籌，臣擬於防餉內每年撙節銀七、八萬兩，陸續購備槍砲，不再另請撥款。約計十年以後，各軍皆有精利之器。槍子砲彈由機器廠自行製造，方可有備無患。若不預儲軍火，空言訓練，則歲糜餉銀數十萬，不足以資捍衛。設有緩急，防軍仍不可恃等因。

國家清史編纂委員會《李鴻章全集》第九冊《機器局請獎摺光緒七年八月初二**日》** 奏爲天津機器製造局辦理已逾十年，著有成效，謹將尤爲出力員弁匠目，援案酌請獎敘，恭摺仰祈聖鑒事。竊查同治五年總理各國事務衙門奏令於天津設局，購置外洋機器，製造軍火。前通商大臣崇厚甫經創有端緒，同治九年臣抵津接任，欽奉寄諭：斟酌開拓，務裨實用，並以牽涉洋人，殊多窒礙，總須內地員匠銳意推求，能自運用傳習，方爲經久之道等因。欽此。遵即遴派熟悉機器之大員總理一切，督飭悉心籌度，厘定章程，精練華工，酌裁洋匠，並將主持局務之洋員密妥士撤退。頻年添建大廠十餘座，選購新器數百分，規模日臻開擴，製造日見精能，考課嚴明，條理周密。工作則絲發人彀，經費則涓滴歸公，緩急所需，無不應手。每歲所出軍火，除供支本省准練各軍輪砲各船外，如吉林、奉天、熱河、察哈爾及江南分防水陸淮軍，皆按時撥濟。其河南等省需用火藥銅帽，亦向津局取給。上年俄事驟起，邊、海兩防同時喫緊，山海關、樂亭、牛莊、煙臺等處均駐多營，吉林亦增勁旅，津局爲洋軍火總匯，屹處海濱，謠傳不一，仍不動聲色，星夜趲造，外以給各軍月操之用，內以備有事攻剿之需，各路軍營恃以無恐，洵於大局有裨。查天津機器製造向分兩局：一在城東賈家沽，名爲東局，分造洋火藥、銅帽、洋槍砲各式子彈、水雷等項；一在城南海光寺，名爲西局，分造軍用西洋器具，添配雜項物件，兼造開花子彈等項。計東局歷年製成軍火，截至光緒六年底止，共洋火藥四百三十七萬餘磅，銅帽二萬三千八百六十萬五千餘顆，前後膛大小炸砲彈三十六萬四千七百餘顆，林明敦中針槍五百二十枝，林明敦槍格林砲子八百四十六萬八千餘顆，各式拉火九十五萬餘枝，其紙引木引等項製存數目亦巨，除撥用外現存洋火藥一百餘萬磅，他物稱是。西局除造克鹿卜砲彈，改造士乃得後門槍及彈子以及各種砲車器具供給各軍外，並創造新式機器。自製電綫電機電引，百發百中；上年造成行軍橋船一百三十餘只，百丈之河頃刻布成平地；近又造成一百三十匹實馬力七丈螺輪船二只，專備海口布置水雷並作小戰船之用。此皆局員匠目銳意研求，故能不借師承，自成利器。至水雷爲海防必需之物，從前發火電氣機皆購自西洋，現於東局仿製電綫電箱，撥動燃放，不差累黍。又仿製五百磅藥碰雷二十八枚、一千磅藥沈雷三十四枚、七百磅至一百五十磅藥撞雷一百二十二枚，轟放皆能應手，其小水雷隨時試演者不在此數。另製棉花火藥，以鏹水浸漬而成，較硝磺力大三倍。用棉藥七兩，可轟碎四寸厚鐵板，與外國新製者一律。其各項機器，局中工匠亦能出手製造，不下數萬餘件。前於東局分設電報、水雷學堂，已將教成學生派赴大沽北塘海口應用。現又接續教練，並就隙地另蓋水師學堂，選募生徒，爲作養輪船將材之計。此十餘年來辦理情形甚著成效者也。臣查上海機器製造局出力人員，曾於同治七年、光緒二年奏保兩次，均奉旨允准有案。天津事同一律，該員等冲寒冒暑，早作夜思，寢饋於刀鋸湯火之側，出入於磺鏹毒物之間，性命所關，如對强敵，實非辦理尋常局務可比。事逾十年之久，卓著勤勞。現准神機營王大臣奏派員弁兵來局習學新製，朝鮮國亦奏懇派人來津學藝。臣密飭該局員匠，殫精竭慮，盡所知能，互相傳習，以爲自强經久張本。事關軍國要政，若不懇恩擇尤量予獎敘，實無以鼓勵人才。除已有實缺及事故各員均無庸議外，謹援滬局成案，查其尤爲出力者，按照部章，酌擬昇階昇銜等項，繕具清單，恭呈御覽。仰懇天恩，俯准照擬給獎，以彰成效而勵將來。其應給千、把總等武弁，另行咨部註冊。理合恭摺具陳，伏乞皇太后、皇上聖鑒訓示。謹奏。

光緒七年八月初五日，軍機大臣奉旨：該衙門議奏，單並發，欽此。

[附]清單光緒七年八月初二日

謹將天津機器製造東西兩局歷年尤爲出力員弁匠目開具清單，酌擬獎敘，敬呈御覽。

計開：

歷年兩局總辦候選道王德均、三品銜直隸候補道劉含芳、按察使銜直隸候補道劉汝翼、鹽運使銜直隸候補道潘駿德，均擬請加二品銜。兩江委用道龔照瑗，擬請加按察使銜。東局提調題奏總兵文瑞，擬請加提督銜。江蘇候補班前先即補同知直隸州知州查貴輔，擬請俟補缺後以知府用，先換頂戴。西局會辦委員五品銜候選通判牛昶昞，擬請留直以本班盡先補用。歷年各局員弁分省補用道朱格仁，擬請免交三班銀兩，仍以道員分省補用。道員用直隸候補知府趙銘，擬請加鹽運使銜。知府用江蘇候補直隸州知州韓杰，擬請從優議叙。直隸候補同知姚豸、候選同知顧元爵，均擬請俟得缺後以知府盡先補用，先換頂戴。同知銜江蘇候補知縣劉步候選同知龔照璵，擬請不論雙單月分發省分試用。同知銜直隸候庭、五品銜安徽候補知縣宋永齡、鹽提舉銜河南候補知縣許文淦、同知銜直隸候補知縣孫清華，均擬請俟補缺後以直隸州知州盡先即補。直隸即用知縣長秀，擬請本班先補用。直隸試用通判慶志、議叙知縣王兆驥，均擬請本班盡先前補用。候選州同鄭嘉榮、江蘇試用同知宋春鰲、北河試用通判宋春陶、分發試用通判宋厚山，均擬請加四品銜。知縣用直隸候補縣丞吳調鼎，擬請俟補縣丞開缺歸知縣班後加同知銜。直隸候補縣丞程德春、試用縣丞王瑞、北河試用縣丞王錫藩、候選縣丞李正佐、蔭生候選州判王道範，均擬請俟得缺後以知縣盡先補用。直隸候補巡檢戴鍾泰、留直補用未入流陳啓達，均擬請俟補缺後以縣主簿盡先補用。候選從九品時應泰，擬請以巡檢不論雙單月分發省分補用。不論雙單月候選從九品施炳榮，擬請分發省分前先補用。揀選知縣姚墉、候選州判王恩渥、候補州判張廣生，均擬請加五品銜。鹽經歷銜馮佩亨，擬請以鹽經歷不論雙單月選用。江蘇候補縣主簿查燮、候選縣主簿龔樹梓，均擬請俟得缺後以縣丞府經歷盡先補用。候選縣丞李敏時，擬請不論雙單月盡先選用。鹽大使銜張樹谷，擬請以鹽大使盡先選用。遇缺前選用從九品鄧臨、盡先選用從九品張建成，均擬請留於北河歸試用班前補用。長蘆試用鹽知事宋植璜，擬請俟補缺後以應昇之階昇用。直隸試用從九品吳汝霖、北河試用從九品龔彦師，均擬請本班前先補用。增貢生顧元勛，擬請以縣丞不論雙單月遇缺選用。文生何庶成、王文煌、韓士鈺、增生馬炎，均擬請以主簿不論雙單月遇缺選用。監生郝桐、陳家駟、强秉鎔、柳安慶，均擬請以巡檢不論雙單月遇缺選用。候選從九品金仁勛、郝雲書，從九銜袁宗甫，監生馬汝舟，六品藍翎施志海，文童黄維楨、宋錦堂、李正猷、吳家俊、張慶繩，俊秀張家和、劉章、謝作霖、程源基、巫善章，均擬請以從九品不論雙單月遇缺選用。候選從九品劉蘭生，文童龔長經、高述適，均擬請給六品銜。盡先補用守備山海路千總霍良順、盡先補用守備海陽汛千總譚文華、都司銜補用守備滄州汛千總劉長發，均擬請俟補守備後以都司盡先補用，霍良順、譚文華並先換頂戴。盡先補用千總黄本河、許章平、葛開禮、石正本、張東瑜，盡先補用千總澗河汛把總趙珍，盡先補用千總北塘右司把總殷雲龍，均擬請俟補千總後以守備盡先補用。洋教習英國人施爵爾，擬請給四品頂戴。洋教習英國人沙蘭，擬請給五品頂戴。

再，機器製造關涉洋務，與地方差事不同，應擇諳悉機宜者派委。故內有河工、鹽務數員，且其勞績在新章以前，至內有現在丁憂人員，其勞績亦在丁憂以前，均屬合例。合併聲明。

軍機大臣奉旨：覽，欽此。

中國第一歷史檔案館等《中國近代兵器工業檔案史料》第一輯《奕訢等奏請獎勵天津機器局外籍職員片光緒七年八月二十四日》 再，直隸總督李鴻章奏天津機器製造局辦理已逾十年，著有成效，尤爲出力員弁、匠目援案懇恩量予獎勵一摺，光緒七年八月初五日軍機大臣奉旨：該衙門議奏，單並發，欽此。由軍機處鈔交原奏清單前來。查原奏內稱，天津設局製造各項機器，局中工匠出手製造不下數萬餘件，甚著成效，謹援滬局成案，查其尤爲出力之員開單請獎等因。其清單內開洋教習施爵爾請給四品頂戴、沙蘭請給五品頂戴。

臣等查同治七年、光緒二年上海機器製造局出力洋員，著有勞績，歷經奏請獎勵均經奉旨允准在案。該洋員等既在天津機器製造局著有勞績，經李鴻章奏請獎敘，與上海機器製造局保獎成案事同一律，自應准如所請，以示鼓勵。除文武各員應由吏、兵兩部分別議奏外，所有臣等議覆請獎洋員緣由，理合附片具陳，伏乞聖鑒訓示。謹奏。

光緒七年八月二十四日軍機大臣奉旨：依議，欽此。

中國第一歷史檔案館等《中國近代兵器工業檔案史料》第一輯《吳大澂奏請將宋春鰲留吉差委片光緒七年九月初一日》 再，查知府用江蘇候補同知宋春鰲，前在天津製造局提調局務，於機器中委曲繁重事宜考覈精詳，才明心細，除大宗機器仍由道員王德均在津購運外，所有局中應辦事宜，自應責成宋春鰲悉心籌議，次第舉行。現既札委該員總辦吉林機器製造局務，應請將知府用江蘇候補同知宋春鰲留吉差委，以資臂助。除咨明直隸總督外，謹會同吉林將軍臣銘安附片奏明，伏乞聖鑒。謹奏。

光緒七年九月初九日軍機大臣奉旨：吏部知道，欽此。

中國第一歷史檔案館《德宗景皇帝實録》光緒七年十一月 吉林將軍銘安等奏：援案請飭下直隸總督，由天津機器局再發火藥一萬斤、洋鉛丸四十萬粒、銅帽一百五十萬粒。應須價銀，由户部在吉林應領練餉項下，如數扣抵，從之。

王彥威等《清季外交史料》卷二六《直督李鴻章奏朝鮮匠徒學習製器情形摺》 直隸總督李鴻章奏，爲朝鮮委員率領匠徒來津學習製器，現已分派各局事。竊朝鮮懇請派人來津學習製造，及練兵購器事宜，前經臣督同委管軍械製造各員妥議節略章程，於上年九月具奏請旨，飭由該國相度便宜，自行酌辦。本年三月該國王擬派陪臣趙龍鎬帶匠徒赴津，先遣副司直李應浚齎咨來謁，旋據李應浚呈稱，趙龍鎬在該國復有事躭誤，九月間始據改派陪臣吏曹參議金允植、等率領學徒人等共六十九員，名先行學習製造器械，因值海道封凍，仍從旱路入關，業由禮部奏明在案。十一月廿八日據朝鮮陪臣金允植等來保定稟到齎呈，該國王咨臣文件頗能洞悉時艱，講求武備，以圖自强之計。經臣傳見金允植、卞元圭等詳詢一切，令將帶來隨員徒匠同赴天津分派機器、製造兩局。查照前次議定章程條規，認真學習，並飭各局委員督飭工匠盡心教導，以便技藝速成，俾得回國轉相傳授。仍由金允植等約束各匠徒，務須恪遵局規，講求製造，不得出外滋事，及稍有懶惰荒誤，除咨總理衙門禮部並咨覆該國王知照外，謹照録朝鮮國王兩次來咨清單恭呈御覽，謹奏。光緒七年十二月初四日奉旨：該衙門知道，單併發。

謹將朝鮮國王兩次來咨照鈔恭呈御覽。

朝鮮國王爲咨報事，光緒六年十一月初一日承准齎咨官行副司直卞元圭回自京師，齎到禮部咨，照得傳宣聖旨，製器練兵曲紆籌策。竊伏念敝邦僻處鰈域，厚沐鴻造，每荷覆幬之仁，徧被陶甄之德。今茲津廠利器，即係武庫密藏，特令選士而來學，繼許派員而往教，當職與一國臣庶北望攢頌，已於節價之行略伸叩謝之忱，而學造一款不容少緩，現差陪臣吏曹參議趙龍鎬領率匠工送赴天津外，專差司譯院副司直李應浚齎咨前往探察，海道轉詣天津，預講奠接之方。爲此先行咨報，煩乞貴衙門照詳轉奏施行，須至咨者。七年三月二十九日發，六月初一日到。

朝鮮國王爲派選匠工赴廠學造事，上年冬齎咨官卞元圭之回自京師傳宣皇旨，頒降節略章程等件，許令酌辦，微私孚達，隆渥誕敷，北望攢頌，隕越於下。竊念敝邦至誠事大，厚蒙字小，亦惟中堂大人推廣聖朝均視之德善，諒友邦同仇之義，先事而慮當務之勉，雖使敝邦自爲之謀無以及此。寤寐銜感，思有以舉而行之，而就事審勢，又不容不執其要，而先其急。顧今所患戎備之疏，由於器械之不利，而器械之不利，職由工技之無學也。故現在之兵無器可習，已購之器有壞輒棄，是以舉國之論咸謂選工學造爲今務之最要，而宜先者也。用是專差陪臣吏曹參議金允植率領匠員前赴貴衙門恭聽指揮，煩乞轉達天陛，盡賜施行，區區幸甚。一行人員數目另具別録外，合行移咨，請照驗轉奏施行，須至咨者。

中國第一歷史檔案館《德宗景皇帝實録》卷一四〇《光緒七年十二月上》

諭軍機大臣等：錫綸奏請飭撥防軍應需鉛藥砲位一摺。塔城防軍需用利器，目前天津機器局砲彈等物能否勻撥若干，每年約可撥給藥鉛等項若干，著李鴻章酌量撥給；所請派人教演之處，並著揀派前往，知照錫綸查照辦理。其製造經費及運解川資，准由該督覈實報銷，原摺著鈔給閱看。將此諭令知之。

中國第一歷史檔案館等《中國近代兵器工業檔案史料》第一輯《李鴻章就神機營派官兵赴津學製外洋各種軍火事復神機營之咨文光緒七年》

直隸總督爲咨覆事。

據天津機器局道員許其光等、行營製造局道員王德均會詳稱：竊職道等奉憲臺札開，光緒七年正月初一日准神機營咨，本營於光緒六年十二月二十七日具奏援案擬派官兵前赴天津學習外洋各種軍火機器等因一摺，本日欽奉慈安端裕康慶昭和莊敬皇太后、慈禧端佑康頤昭豫莊誠皇太后懿旨依議，欽此，相應恭録並鈔原奏分行查照辦理可也等因，到本大臣。准此，查神機營奏派官兵三十員名，分班赴津輪流更替，專學外洋新式炸砲及各種軍火機器。該官兵到津後，應令先其所急，隨同員匠學習製造克鹿卜四磅砲各項炸彈、格林砲子等法，其應如何分派學習之處，應飭天津機器局許道等、行營製造局王道會同豫籌妥議具覆，以憑覈辦等因。奉此，職道等伏查機器局仿造外洋各種軍火名類紛繁，除火藥、銅帽神機營已能製造外，其鑄鐵、化銅、卷銅、鏹水、銅引、木工、鍋爐等廠，皆須先購機器方能學製，非一時所易辦。誠如憲諭，應令先其所急，自屬一定不易之理，所有克鹿卜四磅砲各項炸彈、格林砲子等法，洵爲當務之急，而格林砲子一項，規模精捷，尤於初學相宜。且能造格林子則毛瑟、哈吃開士等子，皆可觸類旁通，日求精進。又新式砲必須用銅拉火，似亦宜兼學製，以資利便。現奉札飭職道等會籌如何分派學習，妥議具覆。職道等會查行營製造處房屋無多，難資栖止，擬請將神機營派來官兵三十員名，均在機器局北公所內酌量騰出房間令其居住，一切規條仍按局章辦理，俾資約束。至分派學習事宜，職道等會查各種機器，皆貴專精，不宜旁騖。如以官兵三十人而論，除官不過二十餘人，分往各廠，僅可周歷旁觀，恐未能分途奏技，似不若通力合作，專攻某藝，較有成效可稽。俟所習精通，再期融會。或將來京師購有機器，再由職局分撥妥匠數名，盡心指授，斆學相資，定必日有起色。茲謹就目前應辦之事，擬開節略五條，另擬製造格林砲子及銅拉火應需器具、人工清摺一件，録呈憲鑒。是否有當，仰懇憲臺察覈批示衹遵。所有職道等遵札會議緣由，理合具文詳覆。爲此備由具詳，伏乞照驗施行等情到本大臣。據此，查所議京營官兵來津學習製造各項軍火酌擬節略等件，尚屬妥協。除批示外，相應咨覆，爲此合咨貴營，謹請查照覈辦施行。

須至咨者。

中國第一歷史檔案館等《中國近代兵器工業檔案史料》第一輯《李鴻章爲録送神機營學習製造官兵到局章程及應學應緩事宜事致神機營之咨文光緒七年》

照録天津機器製造局道員許其光等詳送神機營學習製造官兵到局章程及應學、應緩事宜節略，咨送查覈。

一、機器局學徒章程：初到局時，分撥各廠習藝，數月以後，擇其資質可造者留局，其不安本分以及魯鈍不堪者，即行遣回。在局作工每日黎明頭遍號氣即起，二遍號氣皆須到工，面到委員處領牌，如不到者工錢照扣。每日七點半鐘開工，十二點鐘停工喫飯，一點半鐘開工，五點鐘停工。每月放工二日。在廠作工者，皆短衣操作，各執各事。此廠之人無事不得往他廠，在廠內不准停手吸煙等事。如有不遵約束以及酗酒、鬥毆者，交提調懲辦，或罰或責。十年以來未敢疏懈，是以所學多成。至各廠委員、司事每日工匠未到先行到廠，散工以後始歸住房，當日某作某活按名登簿，晚間送總辦查閱，以覈勤惰。此次學藝官兵擬請照學徒章程辦理，管帶、章京照委員、司事辦理，庶責有攸歸，學無曠誤。

一、機器局年來成活較多，屢添工匠、學徒，人多屋少，此次添派三十人驟難安置。而局離天津二十里，若習藝官兵在津居住，不惟約束爲難，亦覺奔馳太苦。現設法將北公所讓出正房五間、群房九間，備學藝官兵居住，另於局中隙地添蓋小屋，爲挪出工匠居住，庶彼此不相參雜，始可久安。其學藝官兵到局之後，擬先令周歷各廠細窺奥窔，半月以後再分廠學藝。每日作工均照局章另立一簿，按名考課。如果專心學習，手藝日進者，由局給與獎賞，其怠惰者，亦照學徒議罰。若三年有成，擬請賞給保獎。至管帶、章京督率辛苦，擬請每月每員津貼薪水二兩，兵丁衣履油垢，擬請津貼到局時每人給作工衣履一身，兩月以後每月每名衣履銀一兩，以示鼓勵。

一神機營新購哈吃開士及毛瑟槍兩種，自應以習造槍子爲要務。查機器局製造槍子係十六匹實馬力汽機運動機器，工匠、學徒百二十餘人，每日成子一萬粒。若習藝官兵隨同學習，將來學成回京，無火輪機器應手，無以見功，擬在機器廠自造手器數十分，於槍子廠中另立小廠安置習藝各兵，飭工目趙順併手藝極精之匠爲之教習。其一切章程與各廠一律。俟藝成回京，即將習用手器隨帶回京，以觀成效。其槍子中火眼，即銅帽自來火，現用點漆之法，較鉛底、錫底爲耐久。製藥各法亦飭匠教授。惟所用銅皮非手器所能卷，以及可樂布達塞、安的摩呢二物購自外洋，均由局接濟。又修理洋槍爲軍營中要務，擬令兵丁明敏者學修各種洋槍。又外國各砲皆用扯火，亦令用手器學造。如此辦理則藝可精而效可見。

一、鑄鐵一事爲軍火之首要，然必各廠俱備始能興工。如尋常炸子作法，先經木樣房量准砲口徑及來復綫，造成木樣交鑄鐵廠先鑄一模箱，以備翻砂。炸子之中爲裝炸藥應作泥心，以黄泥稻草爲之，中貫鐵條，上安螺絲，先將木樣安於模箱，緊築潮沙，然後取出木樣置泥心於空模之中，安緊螺絲不使摇動，干後熔傾鐵汁，冷透放鬆螺絲，拔出鐵條，是爲子胚。泥心見火已化，以鐵鉤鉤盡心中泥沙，刷盡外垢，交機器廠車勻大小合度子頂，始開螺絲綫，次交銅引廠配好銅引，下安熟銅底盤，前後各廠過手數十次，始能成器。若二次再鑄，木樣必須重量修整方能合式，蓋鐵質遇冷則縮，木性見潮即漲。砲子非車刨後不能一律，故鑄鐵廠非與木樣、熟鐵、機器、銅引各廠相連，不能鑄也。至熔化鐵質必須大爐，非汽機風箱不能生大熱，每次化鐵至少亦須千斤，若爐小即生熱少，所熔之鐵與炭相粘不能成汁，即設法鑄成砲子亦堅不能銼，無異生鋼，故鑄極小砲子亦須極大之爐始能合用。京營未立各廠，兵丁習此恐無實用，擬請從緩學習。若神機營購買克鹿卜砲到京，將來操防應用各子彈，擬請由局協濟，以應要需。

一、機器局所製火藥悉同西法，中國硝炭勝於外洋，故及遠之力亦勝洋藥。火藥作法係先用汽爐蒸氣化爲氣水，再以蒸水煎煮毛硝使化，濾入火銅盤，使硝速冷入大銅斗中，以冷蒸水過之，鹽遇冷水即化，硝不能化，過水數次即爲净硝。提磺用定鑄大鐵鍋一口，上作鐵蓋，蓋旁有孔安鐵管以通盛磺鐵桶，桶外浸以凉水，將毛磺入鍋，以火煉之，磺即化氣，由管入桶中即成净磺。燒炭以嫩柳條净去皮節，陳至二年，盛鐵皮桶中封固，入爐中燒之即成炭，閉令自冷備用。作藥時將净磺、净炭分磨極細，取硝三十九數半、磺五數，炭七數半入機器桶中和勻裝袋，送汽機碾藥廠碾四點鐘之久和勻，送汽機壓藥房以大力壓之，即堅如石板，再以機器篩之成粒，送光藥房以機器加筆鉛光之，再於蒸氣焙藥房中烤乾後重復過篩，分爲槍砲藥七種。以上各法得自泰西，自提硝至成藥共過機器數十次，工匠百數十人，現在碾房四座，每日可出藥一千六百磅，只可加增，不能減少。此次習藝兵丁，恐難學習得用，亦擬請從緩。至官兵回京製造槍子所需火藥，亦擬由局源源接濟，則工作不誤，而成效可期。

中國第一歷史檔案館等《中國近代兵器工業檔案史料》第一輯《李鴻章爲録送神機營製造格林砲子應需各項手器及工作人數清摺光緒七年》 照録天津機器製造局道員許其光等詳送製造格林砲子應需各項手器及工作人數清摺，咨送查覈。

一、撞銅盂自銅皮撞頭道銅盂起至十道銅盂止大壓力手扳機器一座，一、車齊銅盂邊口脚踏小車床一座，一、壓銅盂底並收口大壓力手扳機器一座，一、打銅盂眼並壓緊小銅帽撞紙墊小壓力手器一副，一、光銅盂手摇木轉桶一副，一、撞小銅帽並三角銅小壓力手器一副，一、漏小銅帽藥銅扳手器一副，一、壓小銅帽藥手器一副，一、鑄鉛子鉗模二副，一、醮鉛子黄蠟底銅漏板四塊，一、漏藥銅製一副，一、壓緊鉛子手器一副，一、烤銅盂爐一座〔過鐵帽桶一個〕，一、化鉛小鍋爐一副，一、化黄蠟小鍋爐一副，一、碾布達塞手摇木轉桶一副，一、碾安的莫呢銅碾槽一副，一、焙水銀銅案板一副〔須隔墻安用水大爐通熱氣〕，一、磨光銅盂套模脚踏小車床一座，一、車造各項模撞脚踏車床二座，一、銼各項模撞傢具老虎鉗二副。以上均應鑄造各件，所有泡銅盂盛磺鏹水、胰水以及製水銀缸桶並零星傢具，規矩樣板等項，隨時添製，理合登明。

一、撞各道銅盂人工三名，一、車銅盂邊人工一名，一、壓銅盂底並收口打眼人工二名，一、光銅盂兼泡銅盂並過規矩挑揀廢盂人工一名，一、烤銅盂並生爐火人工一名，一、撞小銅帽並撞三角銅紙墊人丁二名，一、漏小銅帽藥並壓藥點膠人工一名，一、銅盂底安小銅帽並用手器壓緊人工一名，一、鑄鉛子兼化鉛人工一名，一、醮鉛子蠟底兼化黄蠟人工一名，一、漏格林子藥並安鉛子壓鉛子人工一名，一、合銅帽藥碾安的莫呢、布達塞焙製水銀人工一名，一、磨光銅盂套模車床人工一名，一、車床人工二名。一、老虎鉗人工二名。以上共需人工二十一名。

手器製造銅拉火器具：一、撞接頭並插銷手器一副，一、排拉火管鐵砧一個，一、焊拉火管火爐一個〔其餘剪刀、鋼、鑽、鉗、銼等項零件，隨時添用〕。

以上手器製造拉火，如撞接頭並插銷，以及剪銅排、拉火管、打眼、焊錫、銼光、安接頭、上插銷、裝藥、刷漆各工手數甚多，倘人工過少，各項工作不能同日並舉按名派工，惟有輪替分做，須積俟月底覈收成數。如每月三人，可成拉火一千八百枝。理合登明。

中國第一歷史檔案館《德宗景皇帝實録》卷一四五《光緒八年三月》 諭軍機大臣等：文緒等奏，黑龍江各城，現擬教練砲隊，請飭直隸總督由天津機器局酌撥開花砲十尊、步洋槍一千桿，並隨砲子配帶，俾資練習等語。著李鴻章照數撥給，由文緒等派員前往天津領回應用。將此各諭令知之。

中國第一歷史檔案館等《中國近代兵器工業檔案史料》第一輯《任道熔奏銷山東機器局光緒七年用過銀兩摺光緒八年九月初五日》 頭品頂戴山東巡撫臣任道熔跪奏，爲機器局光緒七年分用過銀兩，援案繕具清單，懇恩准銷，恭摺仰祈聖鑒事。

查七年正月起至八月以前，係前撫臣周恒祺督飭道員恩佑承辦，八月以後臣遴委候補道譚文煥經理。當以海防事機非急，而庫款支絀萬分，局中一切規模自應力求撙節，隨飭將不急器具概行停止，但做洋火藥、銅帽、鉛丸，以資操防，委員、司事及工匠人等亦只擇要酌留，視製造之多寡隨時增減，期歸覈實。截至年底止，統計一歲中造成火藥十二萬一千餘磅，銅帽五百八十二萬三千餘粒，鉛丸五十三萬九千餘粒，水旱地雷七副，各項器具木模一千八百餘件，並添蓋房屋，開煤工價，員役薪水等項，共用銀四萬一千三百五十二兩四錢一分三厘。内僅由藩庫動撥銀二萬七千兩，餘係收回各營軍火價值及六年結存之項。據總理局務司道將收支銀兩細數開單，詳請具奏前來。

臣逐款覆覈無異。所有製造各項亦均精良適用，尚無虚糜情事。謹照歷屆及津、滬各局成案，繕具簡明清單，恭呈御覽，仰懇天恩俯准，飭部存案。除分咨總理衙門暨户、工二部查照外，理合恭摺具陳，伏乞皇太后、皇上聖鑒。謹奏。

光緒八年九月十一日軍機大臣奉旨：該衙門知道。單並發。欽此。

〔附〕清單

謹將山東機器局光緒七年正月初一日起至年底止，連閏十三個月，收支各項銀數，繕具簡明清單，恭呈御覽。

收款項下：

一、收前案報銷結存銀四千七百九十九兩七錢一分一厘。

一、陸續收提藩庫銀二萬七千兩。

一、收軍需局撥還火藥、鉛丸、銅帽等銀一萬二千六百四十二兩一錢三厘。

（查上年發給各防營各種火藥七萬八千九百四十磅，銅帽三百二十八萬五千三百九十粒，鉛丸八十二萬八千七百六十粒，收回工料銀前數。）

以上共收銀四萬四千四百四十一兩八錢一分四厘。

支款項下：

一、支委員、司事、差弁、夫役薪水、津貼、鹽糧、飯食及一切公用，共銀五千六百一十七兩一錢八分一厘。（查前項總辦局務一員，會辦局務一員，襄辦局務一員，文案委員一員，司事二員，收支銀錢委員一員，司事二員，管理機器委員一員，司事二員，火藥廠委員一員，司事二員，收發採辦物料委員一員，司事四員，管理工程兼木様房委員一員，司事二員，管理煤廠委員一員，司事四員，生、熟鐵廠司事各一員，提硝房、蒸硫房、煏炭房司事各一員，電氣廠、白藥房、格致房司事各一員，畫圖司事二員，差弁四員，學習機器畫圖生徒六名，書識二名，護局巡勇十名，收發物料夫役四名，更夫四名，以及一切公用、賞號等項，統計支銀前數。）

一、支製造軍火等件，共銀二萬五千三百一十一兩三錢五分一厘。（查前項仿照西式造成各種火藥十二萬一千一百磅，用提净硝九萬八百二十五磅，蒸净硫磺一萬二千一百一十磅，煏成炭一萬八千一百六十五磅，造成銅帽五百八十二萬三千三百八十八粒，鉛丸五十三萬九千三百五十七粒，水旱地雷七副，以及木匣、洋鐵套箱等項。購用硝磺、柳木、銅、鐵、鋼、鉛、木料、油漆、棉布、皮張及一切雜料，支銀八千六百九十兩一錢二分；又外洋鏹水、絨繩、鉛筆、象皮、馬口鐵、羅馬鐵板、熟鋼、銅皮、銅絲布、螺絲、汽筒、塞門、鐵管等項，支銀七千七百四十兩一錢一分一厘；各項匠役工食，支銀八千八百八十一兩一錢二分。統計支銀前數。）

一、支製造機器、添蓋房屋等，銀六千七百一十八兩五錢五分二厘。（查前項仿照西式造成點白藥機器、點膠水機器、樹膠機器、起重架、烘箱、軋鉗、積水桶、鉛丸鉗、白鉛管、水電筒、電門、電表、大小銅螺絲、水門塞門、挺桿鋼簧、克虜伯砲車並子藥車等件以及各式應用器具，大小共二千五百二十四件，又各様木模二百九十二件，添蓋電綫、裝藥、巡更等房。購用外洋鋼、鐵、紅銅、汽管、繩纜、洋漆、火油、黄礬、水銀、玻璃、棉紗、蓬布，以及木料、磚瓦、石灰並一切應用雜物，支銀四千六百六十五兩六錢二分一厘；各項匠役工食，支銀二千五十二兩九錢三分一厘。統共支銀前數。）

一、支開煤工食、器具等，銀三千七百五兩三錢二分九厘。（查前項仿照西式用機器在章邱縣黄盤山周家圈共開出整碎煤炭三百九十四萬四千九百五十斤，均已隨時燒用。購買繩索、皮袋、木料、鐵器、柳筐、油燭、一切雜用器具等項，支銀二千七百九十三兩四錢一分七厘；各項水火煤匠、夫役工食等項，支銀九百一十一兩九錢一分二厘。共支銀前數。）

以上統共支庫平銀四萬一千三百五十二兩四錢一分三厘。

實在項下：

存銀三千八十九兩四錢一厘，歸入下屆報銷。理合登明。

軍機大臣奉旨：覽，欽此。

中國第一歷史檔案館等《中國近代兵器工業檔案史料》第一輯《李鴻章奏天津機器局撥交朝鮮之軍械已陸續運往片光緒八年九月二十九日》 再，朝鮮六月初九日之變，軍伍渙散，器械遺失，經中國水陸官軍馳往援護，剿捕亂黨，局勢大定。該國王力圖振作，遴選將士，講求洋操陣法。業由吴長慶揀派營中熟習西洋槍砲之員，幫同教演。前遣陪臣趙寧夏等來津謁商自强之策，臣告以禦侮乃可保邦，練兵必先簡器，往時朝鮮軍械樸陋，僅用土槍，斷難製勝，現須覓購洋槍炸砲。貧瘠既苦無資，倉猝亦難濟用。臣仰體朝廷字小之仁，不能不爲設法籌劃。開其風氣，即所以固我藩籬。因飭撥機器局舊製十二磅開花銅砲十尊，配以開花子三十顆，木信三千六百枝，門火六千枝，砲藥四千五百磅，炸藥一千五百磅，又英來福兵槍一千桿，配以細洋藥一萬磅，大銅帽一百萬顆，皮帶、子袋各千副，運送朝鮮，備發練軍之用。現據軍械所委員劉含芳等報稱，已分批撥交赴朝鮮各輪船陸續運往，由吴長慶轉交朝鮮國王驗收，以助急需。除咨照該國王並分咨總理衙門，禮、兵各部知照外，理合附片具陳，伏乞聖鑒。謹奏。

光緒八年十月初一日軍機大臣奉旨：該衙門知道，欽此。

國家清史編纂委員會《李鴻章全集》第一〇册《機器局經費奏報摺光緒九年二月十六日》 奏爲天津機器局光緒六、七軍分動用經費各款，循案開單奏報，恭摺仰祈聖鑒事。竊查天津機器局經費，奏明動撥津海、東海兩關四成洋税作正開銷，截至光緒五年分止，業經督飭局員，將支銷款目查照歷屆成案，開列簡明清單具奏，並經總理各國事務衙門奏准。津、滬兩局每年成造槍砲及各項經費，除照章開單報部外，仍令詳細知照該衙門一次，以資考證等因。咨行遵照在案。臣查津局仿造西洋軍火，供給海防水陸諸軍，兼備各省咨領，近年四成洋税收數短絀，支用不敷，益以部撥邊防之餉，俾資成造。該局程課本嚴，於勒名考成諸法日臻精密，講求新式軍火，參用中西物料，變通斟酌，總以節經費利工作爲主，俾帑項不致虚縻。兹據承辦局務津海關道周馥、候補道許其光、潘駿德等詳稱，光緒六、七年間神機營暨朝鮮國均飭派弁兵來局學習，分建習藝廠、朝鮮館兩處；局內添造淋硝新廠及木様銅皮等庫三座，電學房一所，員匠住房五十餘間，仿造西洋康邦汽機，所省煤斤甚巨；添備神機營用器及各廠新器百數十具，又成「仙航」小機船一號。此外各營各船需用砲架等件，隨時照造無誤。其常年製成軍火，計光緒六年分製成各項洋火藥六十四萬五千三百五十磅、銅帽二千五百二十七萬顆、林明敦後門槍子一百十八萬七千顆、格林砲子一百六萬五千顆、毛瑟後門槍子二十七萬三千四百顆、前膛開花砲彈大小三萬五千四百三十個、後膛來福鍍鉛及銅箍大砲彈七千八百七十個、鐵群子八百六十筒、各式銅紙拉火十六萬二千三百十枝、大小沈碰水雷及雷座電箱等三百五十二件。光緒七年分製成各項洋火藥一百三萬九千八百三十磅、銅帽三千七十五萬顆、林明敦後門槍子四十二萬二千顆、毛瑟後門槍子三百五十一萬六千四百顆、前膛開花砲彈二萬一千六百八十個、後膛來福銅箍大砲彈五千七百九十二個、鐵群子七千筒、大小沈碰水雷及雷膽電箱等二百九十九件。又，兩年以來，製煉鏹水碾卷銅皮約成七十五萬餘磅，雜成器目約五萬三千餘件。動用經費，上屆報銷案內原存銀二千一百一兩三錢三分二厘九毫三絲四忽，存料約值銀十六萬一千餘兩。光緒六、七年分共領海關四成洋税銀四十五萬三千九百九十九兩三錢二分四厘五毫，又收北洋海防經費部撥邊防專餉各省劃還軍火價銀二十一萬七千六百六十八兩三錢二分四毫，共支用銀六十四萬三千七百五十七兩六錢五厘二毫七絲七忽，仍存銀三萬十一兩三錢七分二厘五毫五絲七忽，存料約值銀二十萬二千餘兩。以上兩年用項，委因成造日夥，兼支應電機水雷局、行營製造局挖河小輪等船動撥較繁，又，六年分因俄事緊急，山海關、煙臺、營口等處大軍雲集，徵調頻仍，東三省、察哈爾、庫倫等處支撥軍火孔殷，節經增購碾器，添造廠座，加製火藥各項，以備不虞。雖視前兩屆用款增多，實係節慎支用，涓滴歸公，並無絲毫冒濫。惟製造向宗西法，料件半出外洋，均無例價可循，遵照户部奏定新章，八年十二月以前向開單者，仍准開單，懇請援案具奏等情。臣查光緒六、七年分，係昇任津海關道鄭藻如、原任天津道吴毓蘭與道員許其光、潘駿德等會商妥辦，核其兩年軍火成件數目繁巨，或已撥水陸諸軍，或分儲局所各庫，均能兼顧邊海兩防，有裨大局。至考覈機器局用款，户部奏稱雖不能限以定數，亦當立有範圍，正與臣督飭局員日省月試之法相同。據詳各節，臣復加查覈，並無浮冒。該道等督率有方，洵屬功歸實濟，相應援照向章，繕具簡明清單，恭呈御覽，合無仰懇天恩，敕部查照成案准銷。除分咨户、兵、工各部暨咨總理各國事務衙門備查，並飭將八年以後用款趕緊接續據實開報外，所有天津機器局光緒六、七年分動用經費據實開單緣由，理合恭摺具陳，伏乞皇太后、皇上聖鑒訓示。謹奏。

光緒九年二月十九日，軍機大臣奉旨：該衙門知道。單並發。欽此。

〔附〕清單光緒九年二月十六日

謹將天津機器局光緒六、七年分收支各項銀兩，分別款目，繕具清單，恭呈御覽。

計開：

舊管項下：

一、原存庫平銀二千一百一兩三錢三分二厘九毫三絲四忽。

新收項下：

一、收津海關陸續移撥四成洋税庫平銀四十五萬三千九百九十九兩三錢二分四厘五毫。

一、收北洋海防經費項下撥到沙平銀三萬九千兩，折合庫平銀三萬七千五百七十九兩二錢六分二厘七毫。

一、收户部協撥邊防餉，自六年九月起至七年十月止，連閏十五個月庫平銀十五萬兩。

一、收會辦吉林防務大臣喜昌劃還軍火價庫平銀七千七百四十六兩五錢。

一、收長蘆運庫劃解吉林省應還軍火價庫平銀一萬八百二十四兩。

一、收幫辦吉林邊務吴大澂劃還軍火價庫平銀一千一百四十兩。

一、收山海關道劃還軍火價庫平銀一千五百十兩。

一、收河南省劃還毅軍撥用軍火價庫平銀七千九百七十兩。

一、收湖北省劃還忠義軍撥用軍火價庫平銀八百九十八兩五錢五分七厘七毫。

以上共收庫平銀六十七萬一千六百六十七兩六錢四分四厘九毫。

開除項下：

一、給發定購碾藥機器並輪盤十副，車、鑽床、壓力剪鐵等機器二十六座，先付價庫平銀三萬八千三百六十七兩五錢一分一厘。

一、給發採買外洋各式銅、鐵、鋼、鉛、漆油等項雜料，及起運各項公司保險、輪船水脚駁價庫平銀十七萬九千七百七十二兩四錢九分六毫二絲五忽。

一、給發採買硝磺、烟煤、柴炭、木植、缸磚、砂土等項及起運船價、夫脚庫平銀十八萬四千一百二十兩六錢九分八厘八毫八絲三忽。

一、給發總辦提調四員、委員、武弁、司事五十六員名、書識庫兵十二名、駐滬購料員董六員，薪水口糧、心紅紙張等項庫平銀四萬三千三百四十七兩八錢二分四厘八毫。

一、給發各廠總洋匠一員、散洋匠三名薪水、工食、醫藥、煤炭，內一名期滿回國盤費，共庫平銀一萬六千二百十二兩二錢九分八厘一毫一絲四忽。

一、給發仿造外洋機器藥帽槍子砲彈等項工匠、學徒、夫役添蓋房座，雇用瓦木匠、土夫等，按月牽算每月一千一百八十名工食庫平銀十二萬一百三十四兩六錢七分五厘二毫九絲一忽。

一、給發「鐵龍」小輪船管帶一員，管輪舵工、水手等十二名薪糧，及領用物料庫平銀七千五百二十五兩六錢四分六厘五毫六絲六忽。

一、給發「流馬」小輪船領用物料庫平銀八百十一兩七錢八分一厘七毫。

一、給發天津行營製造局支撥物料庫平銀七千七百二十八兩三錢二分五厘。

一、給發電機水雷局總管一員、華洋教習司事等七員名、學生三十二名、書識聽差十名，薪水月費工食，購買西書洋器撥用物料庫平銀一萬五千七百十兩四分九厘六毫八絲。

一、給發一號二號挖河機器船管帶二員，司事三名，兜工、機匠、夫役等四十四名，薪水、工食並修理工料支撥雜項庫平銀三萬二十六兩三錢三厘六毫一絲八忽。

以上共支庫平銀六十四萬三千七百五十七兩六錢五厘二毫七絲七忽。

實在項下：

一、存庫平銀三萬十一兩三錢七分二厘五毫五絲七忽。

軍機大臣奉旨：覽，欽此。

中國第一歷史檔案館《光緒宣統兩朝上諭檔》第九冊《光緒九年三月初一日》 軍機大臣字寄署直隸總督兩廣總督暫署辦理北洋通商事務大臣張，光緒九年三月初一日奉上諭：銘安等奏，吉省練隊所用軍火餘存無多，請飭由天津機器局撥給洋火藥二萬觔、鉛丸四十萬粒、銅帽一百五十萬粒等語。著張樹聲照數撥給，以資應用，所需價銀即由户部於吉林應領練餉項下如數扣抵，就近撥還直隸歸款。將此諭令知之，欽此。遵旨寄信前來。

中國第一歷史檔案館等《中國近代兵器工業檔案史料》第一輯《陳士杰奏請仍准山東機器局製造槍子片光緒九年四月二十日》 再，東省機器局歷年製造後膛洋砲及林明敦、馬的尼等槍尚屬適用，嗣經添造槍子機器亦有規模。上年因庫款支絀，暫行停辦，但做洋火藥、銅帽、鉛丸以資操防。惟查槍子機器共十三部，前已造成七部，僅短六部，棄之未免可惜。現在各防營用後膛槍砲者居多，而槍子不能自造，仍須購自外洋，價值昂貴，於庫款亦覺糜費。據總辦局務候補道劉時霖稟請製造齊全，以免有廢前功，覈計用款無多，自應准其辦理。以後槍子即無須仰給於人，亦屬事半功倍。除飭配造妥協以資備用，其餘不急器具仍照舊停止緩辦外，理合附片陳明，伏乞聖鑒，敕部查照立案。謹奏。

光緒九年四月二十六日軍機大臣奉旨：該部知道，欽此。

中國第一歷史檔案館等《中國近代兵器工業檔案史料》第一輯《吴大澂奏即行進省驗收吉林機廠工程摺光緒九年八月初八日》 督辦寧古塔等處事宜太常寺卿臣吴大澂跪奏，爲吉林機廠工程次第完竣，定期進省親自驗收，並與新任將軍希元面商邊防一切事宜，恭摺仰祈聖鑒事。

竊臣於光緒七年奏請於吉林省城添設機器製造局，檄調天津製造局提調知府用江蘇候補同知宋春鰲總辦機廠事宜，購定地基，建蓋廠房、住房，所購外洋機器均經臣函致天津製造局道員王德均陸續訂購，由上海轉運營口。該道實心辦事，慎重周詳，每購料物，至纖至悉，必逐件開單函報，往復籌商，臣實深資臂助。重大機器均於上年十二月冰凍之時定製四輪大車，由營口搬運到吉，幸無損傷。已飭宋春鰲督率委員、司事、工匠人等裝配齊全，所蓋廠房、住房亦經次第竣工，約計九月内即可開工製造。臣擬於八月十八日由寧古塔啓程進省驗收各項工程是否一律堅固，再行據實陳奏。聞新任吉林將軍希元亦可於八月初十前到省，所有邊防一切事宜自當與希元面商辦理，以期周妥。所有微臣定期進省驗收機廠工程並與新任將軍面商邊務緣由，謹繕摺具陳，伏乞皇太后、皇上聖鑒。謹奏。

光緒九年八月十八日軍機大臣奉旨：知道了，欽此。

中國第一歷史檔案館等《中國近代兵器工業檔案史料》第一輯《陳士杰奏銷山東機器局光緒八年用過銀兩摺光緒九年八月三十日》 山東巡撫臣陳士杰跪奏，爲機器局光緒八年分用過銀兩，援案繕具清單，懇恩准銷，恭摺仰祈聖鑒事。

竊東省機器局收支一切款項，前經奏准援照津、滬各局成案，一年一次據實開單請銷。所有光緒七年分收支各項銀數，業經前任撫臣任道熔覈明具奏，奉部准銷在案。

兹計自光緒八年正月起至十二月底止，造成各種洋火藥四萬二千一百磅，銅帽一百四十九萬四千餘粒，鉛丸四十八萬九千三百餘粒，後膛砲車並子藥車一輛，大水龍四座，抬砲四桿，旱雷皮三十六個，電鐘二副，電箱三副，電綫四百六十丈，繞絨電綫四百二十丈，並採辦硝、磺、柳木各項物料以及員役薪水等項，共用銀一萬四千四百八十一兩七錢五分五厘。內由藩庫陸續共提銀一萬二千兩，餘係七年報銷案内結存之項。據總理局務司道將收支銀兩細數開單，詳請具奏前來。

臣查東省機器局並無提撥專款，歷年均在藩庫地丁項下隨時動用。近因餉需支絀，一切規模復經裁減，但辦各營操防所需，凡有不急器具概行停止。單開各款，逐加覆核，尚無浮冒情事。謹照歷届津、滬成案，繕具簡明清單，恭呈御覽。仰懇天恩俯准，飭部存案。除分咨總理衙門暨户、工二部查照外，理合恭摺具陳，伏乞皇太后、皇上聖鑒。謹奏。

光緒九年九月十一日軍機大臣奉旨：該部知道，單並發，欽此。

〔附〕清單

謹將山東機器局光緒八年正月初一日起至年底止，收支各項銀數，繕具簡明清單，恭呈御覽。

收款項下：

一、收前案報銷結存銀三千八十九兩四錢一厘。

一、陸續收提藩庫銀一萬二千兩。

以上共收銀一萬五千八十九兩四錢一厘。

支款項下：

一、支委員、司事、差弁、夫役薪水、津貼、鹽糧、飯食及一切公用，共銀三千一百二十八兩七錢七分二厘五毫九絲。（查前項總辦局務一員，會辦局務一員，收支銀錢委員一員，司事一員，文案委員一員，司事一員，火藥廠委員一員，司事一員，物料庫委員一員，機器廠司事一員，生熟鐵廠司事一員，電氣、白藥、格致房司事一員，差弁二員，書識二名，巡勇十名，物料庫夫役四名，更夫四名，以及一切公用、賞號等項，統計支銀前數。）

一、支製造軍火等件，共銀九千九百四兩九錢六分五厘四毫一絲。（查前項仿照西式造成各種火藥四萬二千一百磅，用提净硝三萬一千五百七十五磅，蒸浄硫磺四千二百一十磅，煏成炭六千三百一十五磅，造成銅帽一百四十九萬四千九十六粒，鉛丸四十八萬九千三百七十二粒，造成西式後膛砲車並子藥車一輛，大水龍四座，抬砲四桿，鑄成生鐵旱雷皮三十六個，電鐘二副，電箱三副，電綫四百六十丈，繞絨電綫四百二十丈，以及木匣、洋鐵套箱。購用硝、磺、柳木、一切雜支，共銀四千二百七十一兩四錢六分四厘四毫一絲；各項匠役工食，支銀五千六百三十三兩五錢一厘。統計支銀前數。）

一、支採購煤炭並運脚等，銀一千四百四十八兩一分七厘。（查前項採辦整碎煤炭四十一萬二千三百斤，均已隨時燒用。所有價值並搬運脚價等項共支銀前數。）

以上統共支庫平銀一萬四千四百八十一兩七錢五分五厘。

實在項下：

存銀六百七兩六錢四分六厘，歸入下届報銷。理合登明。

軍機大臣奉旨：覽，欽此。

中國第一歷史檔案館等《中國近代兵器工業檔案史料》第一輯《吴大澂奏吉林機器局廠屋建成並請擇優保奬摺光緒九年九月初九日》 督辦寧古塔等處事宜太常寺卿臣吴大澂跪奏，爲查驗吉林機器廠工程，恭摺報明，仰祈聖鑒事。

竊臣於光緒九年九月初二日行抵吉林省城，即住機器製造局。查得該局距城八里，南臨松花江，地勢寬廣，所造正廠房二十間，汽爐房、烘銅殼爐房六間，烘銅爐房四間，東廠二十間爲木工、鐵工製造之所，西廠二十間爲機器、翻沙、熔銅之地；所安機器有大烟筒一座，小汽爐烟筒一座，熔銅爐烟筒一座，又有小汽爐房二間，烘模房二間，儲料庫房十間，鏹水廠房十一間，電汽廠房，拉火廠房各三間，火藥庫房一間。此機器製造各廠房一百零二間，木料、磚瓦堅實可靠，規模亦極宏敞。自大門至公務廳及委員、司事住房共造三十六間，馬號、厨房各三間，工匠住房六十一間，總共廠房住房二百餘間。逐一查勘，均係工堅料實，墻脚地身多用木樁密釘，層墊層礅，自可經久不潦。上年二月，臣赴寧古塔時甫經動工，未及兩年一律完竣，工程尚稱迅速。惟裝藥樓房二間，長夫房十間，現在興工，年内亦可報竣。

臣查吉林地氣早寒，十月封凍，三月始開，土木之工及磚瓦各窑較他省尤爲費力。前調知府用江蘇候補同知宋春鰲總理機器製造局務，督率委員、司事、工匠人等，一面建造廠房，一面搬運機器、料物，從容布置，不憚辛勞，經費亦力求撙節。可否仰懇天恩准其援照天津、上海各局成案，擇其尤爲出力者酌量開保，奏請奬叙以示鼓勵之處，出自聖裁。至開局以來各項用款，現擬截至光緒九年十二月止，奏明報銷一次，以後即可按年造報覈銷，合併聲明。所有微臣查驗吉林機器廠工程，謹會同吉林將軍臣希元恭摺報明。是否有當，伏乞皇太后、皇上聖鑒訓示。謹奏。

光緒九年九月十七日軍機大臣奉旨：准其覈實擇優保獎，欽此。

王彥威等《清季外交史料》卷三八《直督李鴻章奏請責成岑毓英節製前敵各軍並由津勻撥鎗砲片》 現擬由臣軍勻撥兩磅後膛過山砲十尊，子彈三千顆，林明敦後膛鎗一千枝，子彈一百六十萬顆，士乃得後膛鎗三千枝，子彈九十萬顆。吳大澂軍勻撥雲者士得後膛鎗五百枝，子藥二十萬顆，由津滬陸續運至粵東遞至關外供用。並請旨飭下南洋大臣協濟後膛鎗砲子藥若干，迅解邊軍。嗣後所有前敵滇桂各營軍機，即請責成張樹聲實力經理，轉運分撥。臣仍當函告岑毓英等講求練軍簡器之法，師其所長，以期戒備嚴密。張佩綸擬初一日起程回京，其未盡事宜已商由該副都御史到京面奏矣，謹奏。光緒九年十二月初一日。

中國第一歷史檔案館等《中國近代兵器工業檔案史料》第一輯《劉錦棠等奏蘭州製造局光緒七八兩年支用工料銀兩清單光緒九年十二月二十日》 謹將甘肅關外辦理軍需善後，自光緒七年正月初一日起至八年十二月底止，收支各款照案報銷，開具簡明清單，恭呈御覽。

計開：【略】

開除：【略】

一、除七年發製造局外洋、浙、粵各匠工，銀二萬四千二百九十四兩三錢一分三厘六毫四絲九忽五微。

一、除七年發配造火藥工價，銀一萬九千五百一兩九錢八分六毫三絲八忽九微。【略】

一、除八年發製造局外洋、浙、粵各匠工，銀二萬七百三十八兩九錢一分五厘七毫七絲九忽二微。

一、除八年發配造火藥工價，銀一萬四千七百五十二兩七錢五分八厘九毫五絲四忽五微。

國家清史編纂委員會《李鴻章全集》第一〇册《機器局奏銷摺光緒十年正月二十一日》 奏爲天津機器局光緒八年分動用經費各款，循案開單奏報，恭摺仰祈聖鑒事。竊查天津機器局經費，奏明動撥津海、東海兩關四成洋稅作正開銷，光緒六年九月經臣奏明，由户部月撥邊防餉銀一萬兩接濟。截至光緒七年分止，業經督飭局員將支銷款目查照歷届成案，開列簡明清單具奏，並飭將每年成造軍火器具數目造册，咨送總理各國事務衙門備查在案。臣查上年户部奏定章程，光緒八年十二月以前，各省未經報銷各案，向開單者，仍開單等因。茲據承辦局務津海關道周馥、候補道許其光、潘駿德等詳稱，光緒八年因舊建蒲口藥庫儲藥已滿，復在韓家墅地方勘建新藥庫一所，規製與蒲口無異。舊建鏹水廠鉛房尚小，復建新廠一所，以鉛房六間蒸汽，用料少而出水多，最爲合算。機器庫、硝庫、鐵庫暨庫樓住房約添四十餘間，廠棚三十間。局東面移拓圍墻，共築新墻四百四十丈。浚河培堤，以資環護。此建置廠庫大略也。仿造神機營應用車床等二十座，各營局砲車、架地車等三十八副。局内自造開彈槽絡、電綫等器十餘座。此增製機器大略也。製成軍火，計仿西洋各式火藥六十八萬九百二十五磅，銅帽二千八百十萬顆，毛瑟後膛槍子三百六十六萬五千顆；修成洋槍三千四百四桿，前膛開花凝鐵砲彈一千七百四十二個，後膛銅箍銅托砲彈七千三百二十六個，鐵群子一百五十個，各式銅引八千三百五十八個，熬煉鏹水、碾卷銅皮共四十二萬餘磅；雜器分晰約成三萬五千餘件。近年海防各船多係新式巨砲，子彈大至五百餘磅，往往一彈兼數十彈之工，銅引亦然。其演放水雷所需電器、電綫如法仿製，均有成數。一切動用經費，上届報銷案内原存銀三萬十一兩三錢七分二厘五毫五絲七忽，存料約值銀二十萬二千兩。本届八年分共領海關四成洋税及部撥邊防餉銀二十六萬六千兩，又收各省劃還軍火等價銀三萬一千七百六十八兩二錢二分二厘，共支用銀二十六萬六千九百六十九兩五分一厘一毫七絲四忽，仍存銀六萬八百十兩五錢四分三厘三毫八絲三忽，存料約值銀二十萬五千兩，歸光緒九年分接支。惟製造向宗西法，器料半出外洋，並無例價可循，支撥各船局各款並屬要需與局中用項，均係竭力撙節，實用實銷，毫無浮冒，開單吁請援案具奏前來。臣查該局八年成造之件大致與前年相仿，工程興作較繁而用項頗爲節省。據詳各節，臣復加查覈，委無虛飾。相應援照向章，繕具簡明清單，恭呈御覽。合無仰懇天恩，敕部查照成案准銷。除分咨户、兵、工各部暨咨總理各國事務衙門備查外，所有天津機器局光緒八年分動用經費據實開單緣由，理合恭摺具陳，伏乞皇太后、皇上聖鑒訓示。謹奏。

吉林省檔案館《清代吉林檔案史料選編（工業）》上册《吳大澂奏吉林機器製造局經費使用片光緒十年閏五月二十五日》 前督辦憲吳奏請於吉林機器經費銀十萬兩内，每年分撥銀二萬兩，作爲行營製造局之費一片。抄稿咨照前來。原稿内開：吉林機器局經費銀十萬兩内，每年分撥銀二萬兩，作爲行營製造局購器裝子之費；其餘銀八萬兩，專歸吉林機器製造局及表正書院經費，亦可敷用等因。奉旨：户部知道，欽此。

吉林省檔案館《清代吉林檔案史料選編（工業）》上册《吉林機器製造局呈各廠工匠小徒暨碱伕長伕等數目並工食銀兩清摺光緒十年六月二十三日》 謹將卑局各廠工匠、小徒暨碱伕、長伕等數目並工食開呈憲鑒。

計開：

機器正廠工匠：

總匠目：吴鳳珊，每月工食銀叁拾玖兩。

匠目：粱勤，每月工食銀貳拾伍兩。

工匠：

何榮，每月工食銀貳拾貳兩伍錢。

孔恂，每月工食銀貳拾貳兩貳錢。

張成炯，每月工食銀貳拾兩。

鮑金生，每月工食銀拾肆兩捌錢捌分。

孫長松，每月工食銀拾捌兩玖錢陸分。

趙得林，每月工食銀拾肆兩。

王永來，每月工食銀拾壹兩肆錢。

陳添矩，每月工食銀陸兩壹錢。

蔡福，每月工食銀伍兩。

高長昇，每月工食銀柒兩。

孫震義，每月工食銀伍兩。

李永岩，每月工食銀肆兩。

劉廷貴，每月工食銀叁兩。

朱萬三，每月工食銀叁兩。

趙永興，每月工食銀叁兩。

小徒：

蘇應魁，每月工食銀貳兩柒錢。

李樹文，每月工食銀貳兩柒錢。

黄守用，每月工食銀貳兩肆錢。

徐安吉，每月工食銀貳兩肆錢。

劉文寶，每月工食銀貳兩叁錢。

於得華，每月工食銀貳兩叁錢。

李思揚，每月工食銀貳兩叁錢。

李雲階，每月工食銀貳兩叁錢。

龐義，每月工食銀貳兩叁錢。

魏啓貴，每月工食銀貳兩叁錢。

馮晉生，每月工食銀貳兩貳錢。

陳珍，每月工食銀貳兩貳錢。

孫少先，每月工食銀貳兩貳錢。

恩慶，每月工食銀貳兩貳錢。

祝珍，每月工食銀貳兩貳錢。

王者安，每月工食銀貳兩貳錢。

黄老，每月工食銀貳兩貳錢。

鄭維清，每月工食銀貳兩貳錢。

劉進財，每月工食銀貳兩貳錢。

李玉隆，每月工食銀貳兩貳錢。

張懷德，每月工食銀貳兩貳錢。

張福海，每月工食銀貳兩貳錢。

郭受業，每月工食銀貳兩壹錢。

孫成財，每月工食銀貳兩壹錢。

其餘小徒周培成等伍拾伍名，每月工食銀各貳兩

火伕：

粱德玉，每月工食銀肆兩叁錢。

夏福來，每月工食銀肆兩叁錢。

長伕二名，每月工食銀各叁兩。

以上匠目二名，工匠拾伍名，小徒柒拾玖名，火伕貳名，長伕貳名，總共壹百名，每月共支出工食銀肆百零叁兩貳錢肆分。

軋銅處：

工匠：

顔山，每月工食銀貳拾壹兩。

顔榮華，每月工食銀拾叁兩。

小徒四名，每月工食銀各貳兩。
長伕郭中才，每月工食銀叁兩陸錢。
以上工匠兩名，小徒四名，長伕一名，共七名，每月共支工食銀肆拾伍兩陸錢。
機器西廠：
工匠：
周鳳英，每月工食銀拾柒兩陸錢。
唐美山，每月工食銀貳拾肆兩。
阮效全，每月工食銀貳拾壹兩。
馬洛書，每月工食銀拾捌兩伍錢。
張成，每月工食銀拾陸兩伍錢。
武文斌，每月工食銀拾肆兩伍錢。
龐瑞廷，每月工食銀玖兩。
饒丕烈，每月工食銀陸兩伍錢。
馬恩承，每月工食銀伍兩。
陳富昇，每月於食銀肆兩柒錢。
姜維斌，每月工食銀肆兩肆錢。
李玉貴，每月工食銀肆兩叁錢。
劉琨，每月工食銀肆兩。
楊鳳昌，每月工食銀肆兩叁錢。
王國慶，每月工食銀叁兩。
小徒：
韓天桂，每月工食銀叁兩。
楊春浦，每月工食銀貳兩陸錢。
權林，每月工食銀貳兩肆錢。
劉天榮，每月工食銀貳兩伍錢。
曾得喜，每月工食銀貳兩伍錢。
魯祥，每月工食銀貳兩叁錢。
李守之，每月工食銀貳兩貳錢。
馮浩生，每月工食銀貳兩貳錢。
孫景發，每月工食銀貳兩貳錢。
龐禮，每月工食銀貳兩貳錢。
孫良，每月工食銀貳兩貳錢
其餘小徒胡守義等七名，每月工食銀各貳兩。
火伕：
馬德，每月工食銀叁兩肆錢。
郭德成，每月工食銀叁兩。
長伕二名，每月工食銀各叁兩。
以上工匠十五名，小徒十八名，火伕二名，長伕二名，總共三十七名，每月共支工食銀貳百壹拾兩。
庫房：
長伕四名，每月工食銀各叁兩。
以上長伕四名，每月共支工食銀拾貳兩。
電汽房：
工匠：
鄭錫恩，每月工食銀拾壹兩。
小徒：
李佩毓，每月工食銀貳兩叁錢。
孫慶宗，每月工食銀貳兩。
以上工匠一名，小徒二名，每月共支工食銀拾伍兩叁錢。
翻沙廠：
匠目：曹廣生，每月工食銀貳拾貳兩。
工匠：
夏道德，每月工食銀拾陸兩陸錢。
張福柱，每月工食銀玖兩肆錢。
王治襄，每月工食銀陸兩壹錢貳分。
小徒：
盛長祥，每月工食銀貳兩陸錢。
王鳳聲，每月工食銀貳兩伍錢。
李涌，每月工食銀貳兩伍錢。
田自昌，每月工食銀貳兩貳錢。

其餘小徒李壽廷等六名，每月工食銀各貳兩。

長伕六名，每月工食銀各叁兩。

以上匠目一名，工匠三名，小徒十名，長伕六名，總共二十名，每月共支工食銀玖拾叁兩玖錢貳分。

熟鐵廠：

匠目：唐文發，每月工食銀拾捌兩。

工匠：

趙興智，每月工食銀柒兩。

季廣興，每月工食銀陸兩。

高得勝，每月工食銀陸兩。

牛長福，每月工食銀伍兩陸錢。

劉春海，每月工食銀伍兩陸錢。

吕發，每月工食銀伍兩肆錢。

郭清廷，每月工食銀伍兩肆錢。

吴桂浦，每月工食銀伍兩。

郭得慶，每月工食銀叁兩伍錢。

王錦和，每月工食銀叁兩肆錢。

楊得瑞，每月工食銀叁兩叁錢。

牛長貞，每月工食銀叁兩貳錢。

康緒文，每月工食銀叁兩。

周義，每月工食銀叁兩。

閻廣來，每月工食銀叁兩。

小徒於得榮等六名，每月工食銀各貳兩。

長伕一名，每月工食銀叁兩。

以上匠目一名，工匠十五名，小徒六名，長伕一名，總共二十三名，每月共支工食銀壹百零壹兩肆錢。

木工廠：

匠目：

陳年註，每月工食銀拾貳兩。

高啓發，每月工食銀拾貳兩。

工匠：

陳懷顯，每月工食銀伍兩叁錢。

孫德廣，每月工食銀肆兩貳錢。

王富，每月工食銀肆兩貳錢。

孫功，每月工食銀肆兩壹錢。

仉永明，每月工食銀叁兩玖錢。

欒長林，每月工食銀叁兩捌錢。

李天起，每月工食銀叁兩捌錢。

欒殿華，每月工食銀叁兩捌錢。

張海，每月工食銀叁兩捌錢。

徐恩波，每月工食銀叁兩捌錢。

毛振德，每月工食銀叁兩陸錢。

劉翰功，每月工食銀叁兩陸錢。

於明，每月工食銀叁兩陸錢。

李友，每月工食銀叁兩陸錢。

孫涌財，每月工食銀叁兩伍錢。

宋學舉，每月工食銀叁兩肆錢。

王坤，每月工食銀叁兩肆錢。

李才，每月工食銀叁兩叁錢。

楊春明，每月工食銀叁兩叁錢。

高仲林，每月工食銀叁兩貳錢。

楊得全，每月工食銀叁兩貳錢。

楊世隆，每月工食銀叁兩貳錢。

綦德昌，每月工食銀叁兩貳錢。

仉方舉，每月工食銀叁兩。

小徒：

席正，每月工食銀貳兩捌錢。

李雲峥，每月工食銀貳兩肆錢。

金榮，每月工食銀貳兩。

李真，每月工食銀貳兩。

長伕三名,每月工食銀各叁兩。

以上匠目二名,工匠二十四名,小徒四名,長伕三名,總共三十三名,每月共支工食銀壹百叁拾兩。

畫圖房:

工匠:張士榮,每月工食銀捌兩。

小徒:韓天富,每月工食銀貳兩。

以上工匠一名,小徒一名,共二名,每月共支工食銀拾兩。

强水廠:

工匠:

王名成,每月工食銀拾肆兩貳錢捌分。

史洛書,每月工食銀拾兩貳錢。

以上工匠二名,每月共支工食銀貳拾肆兩肆錢捌分。

瓦匠:

肖翰清,每月工食銀叁兩玖錢。

谷景山,每月工食銀叁兩陸錢。

袁德明,每月工食銀叁兩伍錢。

童奎,每月工食銀叁兩肆錢。

於得富,每月工食銀叁兩肆錢。

楊春富,每月工食銀叁兩貳錢。

以上瓦匠六名,每月共支工食銀貳拾壹兩。

差弁:

托精阿,每月工食銀肆兩陸錢。

達春,每月工食銀肆兩陸錢。

更伕六名,每月工食銀各叁兩。守門伕四名,每月工食銀各叁兩。長伕三十六名,內有:兩名每月工食銀叁兩貳錢。二十八名每月工食銀各叁兩。一名每月工食銀叁兩陸錢。二名每月工食銀貳兩肆錢。一名每月工食銀貳兩陸錢。二名每月工食銀貳兩貳錢。

伕頭:席順同,每月工食銀伍兩。

以上差弁二名,更伕六名,守門夫四名,長伕三十六名,伕頭一名,總共四十九名,每月共支工食銀壹百伍拾兩。

火藥局:

工匠:

倪金海,每月工食銀拾肆兩。

劉恩齋,每月工食銀拾叁兩。

施起榮,每月工食銀玖兩。

李長慶,每月工食銀陸兩伍錢。

碾伕頭:王貴武,每月工食銀陸兩伍錢。

碾伕二十六名,內有:九名每月工食銀各肆兩。十七名每月工食銀各叁兩陸錢。

長伕二十九名,內有:一名每月工食銀叁兩叁錢。二十八名每月工食銀各叁兩。

更伕四名,每月工食銀各叁兩。

船伕四名,每月工食銀各叁兩。

以上工匠四名,碾伕頭一名,碾夫二十六名,長伕二十九名,更伕四名,船伕四名,總共六十八名,每月共支工食銀貳百伍拾柒兩伍錢。

以上匠目工匠、小徒及各伕等舊募新招統共三百五十四名,每月共發工食銀壹仟肆佰柒拾肆兩肆錢肆分。所有逐人數工食增減不一,合併聲明。

吉林省檔案館《清代吉林檔案史料選編(工業)》上冊《吉林機器製造局所造局房機廠等清摺光緒十年六月二十三日》 謹將卑局所造局房、機廠並大小烟筒及添造房屋各間數目,分別開摺,恭呈憲鑒。

計開:

一、造機器正廠房　二十間

一、造汽爐房　三間

一、造烘銅殼房　三間

一、造烘銅爐房　四間

一、造木工廠房　十二間

一、造熟鐵廠房　八間

一、造機器西廠房　八間

一、造翻沙廠房　八間

一、造熔銅廠房　四間

一、造小汽爐房　二間
一、造烘模房　二間
一、造儲料庫房　十間
一、造强水廠房　十一間
一、造電汽廠房　三間
一、造拉火廠房　三間
一、造火藥庫房　一間
一、造裝藥樓房　二間
一、造機器大烟筒　一座（高八丈八尺）
一、造機器小烟筒　一座（高五丈）
一、造熔銅小烟筒　一座（高五丈）
一、造大門　五間
一、造公務廳　五間
一、造委員司事住房　二十六間
一、造工匠小徒住房　六十一間
一、造長夫房　十間
一、造馬號　三間
一、造廚房　三間
一、添造小庫房　七間（五月工竣）
一、添造强水爐房　三間（六月二十工竣）

以上共造大小各房二百二十七間，又烟筒三座。

吉林省檔案館《清代吉林檔案史料選編（工業）》上册《吉林機器製造局及表正書院委員司事等薪水數目清摺光緒十年六月二十三日》　謹將卑局辦公委員、司事、書識月支薪水並表正書院委員、司事等薪水數目，分別開具清摺，恭呈憲鑒。計開：

總理機器局務：　四品銜知府用、江蘇試用同知宋春鰲，月支薪水銀壹百兩。

掌管文案事務：　花翎同知銜知縣用、候選縣丞吴江，月支薪水銀貳拾兩。

以上一員，係稟准留局試辦文案，未及三月，尚未奉札，應否扣足一年，再行稟候札委之處，伏候憲裁。

管理銀錢帳目委員：　烏槍營厢紅旗蘭翎佐領鳳翔，月支薪水銀肆拾兩。

幫辦銀錢賬目委員：　五品頂戴候選從九品申丕鼎，月支薪水銀叁拾兩。

稽察廠務委員：　文生蘇紹良，月支薪水銀叁拾兩。

幫辦文案兼管工程等事差遣委員：　指分北河補用主簿查富璣，月支薪水銀叁拾兩。

差遣委員：　通溝站七品筆帖式晉昌，月支薪水銀拾叁兩。

以上五員均奉有前督辦憲吴委札，此次應否給札之處，伏候憲裁。

隨辦銀錢賬目司事：　候選從九品宋德廣，月支薪水銀貳拾兩。

管理庫房司事：　候選從九品馬汝舟，月支薪水銀拾陸兩。

庫房司事：　文生程玉照，月支薪水銀拾貳兩。

庫房司事：　監生芮家成，月支薪水銀柒兩。

監管機器正廠司事：　候選從九品黄維楨，月支薪水銀貳拾兩。

監管機器西廠司事：　六品頂戴監生喜順，月支薪水銀拾肆兩。

監管熟鐵廠司事：　候選訓導魏春寅，月支薪水銀拾柒兩。

監管木工廠兼强水廠司事：　文生顧欽愈，月支薪水銀拾陸兩。

監管翻沙廠司事：　候選巡檢劉書田，月支薪水銀捌兩。

監造火藥局工程司事：　蘭翎千總孫超，月支薪水銀貳拾兩。

管理火藥局賬目司事：　五品頂戴張文蔚，月支薪水銀拾捌兩。

幫寫文案事件：　歲貢生忠祥，月支薪水銀柒兩。

新添書識：　委筆帖式喜祥，月支薪水銀柒兩。

書識：　吴茂書，月支薪水銀柒兩。

駐津代辦物料等事總理：　天津製造局候選道王德均，月支津貼銀伍拾兩。

駐津文案司事：　候選縣丞顧元勛，月支津貼銀捌兩。

駐津管理賬目司事：　候選主簿馬炎，月支津貼銀捌兩。

表正書院委員司事、書識、生童，每月由卑局支給薪水、伙食、獎賞，合併登明。

正教習：　花翎五品銜江蘇候補知縣丁乃文，月支薪水伙食銀捌拾兩。

分教習：　候選從九品廖嘉綬，月支薪水伙食銀叁拾兩。

司事：　胡汝鍠，月支薪水銀捌兩。

書識：　張樹培，月支薪水銀柒兩。

滿漢生童住院肄業者，增減不一。每名每月支伙食錢陸吊，其獎賞銀兩，每月亦多少不定。

吉林省檔案館《清代吉林檔案史料選編（工業）》上册《吉林機器製造局外購機器安設各廠清摺光緒十年六月二十三日》 謹將卑局自外洋購辦機器，安設備廠，開摺恭呈憲鑒。

計開：

機器正廠：

汽機一副
淡水缸一具
鐵管汽鍋三座
中號剸床四副
小號剸床二副
精細小刨床一副
開齒刨床一副
小鑽床一副
磨刀器一副
成銅盂銃床一副
銃第一次銅管器一副
銃第二次銅管器一副
銃第三次銅管器一副
銃第四次銅管器一副
銃第五次銅管器一副
剸口器一副
剸底器一副
壓底器一副
成邊器一副
齊管口器一副
捶火門眼器一副
收口器二副
裝藥器一座
軋銅帽、銅片器一副
軋銅殼並裝銅帽器一副
銃銅帽器一副
上銅帽膠手器一副
壓錫箔器一副
上銅帽膠器一副
烘膠汽臺一座
造臘餅器一副
壓水櫃一副
又起重架一副
成鉛子銃床一副
滚鉛子綫器一副
包鉛子紙器一副
裝白藥手器一副
銃銅鑽床一副
裝子藥器一副
收舊銅管器一副
去子藥器一副
裝銅帽手器一副
去銅帽手器二具
剪銅皮手器一副
鑿銅片成十字形手器五副
成銅帽手器九副
光銅帽滚筒一具
裝大銅帽白藥手器一副
上銅帽膠手器一副
鑿錫片並壓藥入銅帽手器一副
炕干銅帽爐一座
吸水機器一副
熔鉛爐一座
機器水龍兩副

軋銅處：
大軋銅床二副
刨銅板床一副
大剪銅器一副
小剪銅器一副
銅板模子四十副
吹風器一副
機器西廠：
汽機一副
汽爐一座
直刨床一副
横刨床一副
大刨床一副
二刨床一副
小汽錘一副
鑽床二副
壓銀錢手器一副
大剌床一副
二剌床一副
三剌床一副
剪鐵器一副
絞螺絲器一副
造螺絲張開剌床一副
造拉火手器一副
鐵砧一具
電器房：
電綫一盤
電汽箱六具
翻沙廠：
起重架一副
鐵風扇二具
鐵筒一具
鑄鐵爐一座
熟鐵廠：
燒鐵爐七座
汽錘一副
鐵砧七具
木工廠：
旋車一副
螺絲洋鑽八把
畫圖房：
畫圖器具四副

此外，尚有續購及運存營口轉運局機器料件，應俟運到卑局驗收後徑行具報，合併登明。

中國第一歷史檔案館《德宗景皇帝實録》卷一九〇《光緒十年七月上》 又諭：希元奏吉省練隊所需軍火餘存無多，請飭由天津機器局撥給洋火藥三萬斤、鉛丸五十萬粒、銅帽二百萬粒等語。著李鴻章酌量撥給，以資應用，所需價銀，即由户部於吉林應領練餉項下，如數扣抵，就近撥還直隸歸款。將此諭令知之。

邢玉林《光緒朝黑龍江將軍奏稿·文緒禄彭奏製造火藥等項銀兩數目摺光緒十年十一月二十六日》 奴才文緒禄彭跪奏，爲本年製造火藥等項用過工料銀兩數目請旨飭部覈銷，恭摺仰祈聖鑒事。竊照前經奏准每年加工碾造火藥六萬斤、烘藥一千二百斤、火繩一萬二千斤，以資操防應用。所有光緒九年製造火藥等項用過銀一萬二千六百兩，業已造册咨部，議准覈銷在案。兹據碾造委員報稱十年分應造火藥六萬斤、烘藥一千二百斤、火繩一萬二千斤，現已製造完竣，遵照奏定價值共用過工料銀一萬二千六百兩，由練軍項下如數支領，按款造册呈報前來。奴才等復覈無異，除將細册咨送户、工二部覈銷外，理合恭摺具奏。伏乞皇太后、皇上聖鑒。謹奏。軍機大臣奉旨：該部知道，欽此。

吉林省檔案館《清代吉林檔案史料選編(工業)》上册《吉林機器製造局接收營口轉運局解到頭二起紫口生鐵等物料的申文光緒十年十一月二十九日》 吉林

機器製造局爲申報事。

光緒十年十一月十四日准營口轉運局移開：竊敝局叠據上海陸續運營官用物料等件，存儲匯解，以資簡易而節經費，均各隨時報明在案。現值隆冬，冰凝載道。東來大車絡繹到營，較於往年頗爲暢旺。擬將存儲物料分作三起派員押解，庶免繁冗。當即憑行按市雇定東車七十輛，言明每百斤運送吉城車價東錢四吊六百文。照章每車各給車票，註明斤重力錢，由營先發一半，下餘錢文解運吉垣，將貨交明如數找清。當派從九銜葛躍東隨帶局勇六名，於十一月初一日由局起程，督率勇夫小心押解。單開頭起物料，逕運貴局交納，聽候驗收。除另文呈報欽憲察覈外，相應開單備文移解，請煩查照驗收覈發，仍祈見復施行。

計粘單內開：紫口鐵，大小計三千二百十七件，共重二十三萬八千九百四十三斤；又黑砂輪三箱，大小計二百十個，並零件共重五百斤。內有一箱計六十個，於八月二十一日業經請便帶吉，合併登明。茲二箱僅計二百八十一斤；又磺强水四箱，共重一千四十一斤；又硝强水四箱，一千一百十三斤。以上總共大小三千二百二十七件，計重二十四萬一千三百七十八斤。每百斤四吊六百文，合東錢一萬一千一百三吊三百九十文。在營先付東錢五千五百七十一吊三百九十文，下餘車力到吉找付東錢五千五百三十二弔文。又於二十二日復准該局移開：竊於光緒十年十一月初一日，業將存儲物料等件，共裝大車七十輛，派司事葛躍東隨帶局勇六名押解。單開官用生鐵、鏹水等項斤重車力錢文，備文呈報，移解在案。當即趕緊雇覓邊車五十四輛，照市言明，每百斤運送吉林車價東錢三吊九百文。分別裝載，各發車票一紙，填注車户名姓，車價斤重。由營先發半價，餘俟到吉貨物交清再行找發。除派守備銜兩江盡先補用千總胡昌沛，隨帶局勇五名，於十一月初八日督率勇夫由局起程，小心押解。單開二起物料逕運貴局交納，並呈報欽憲察覈外，相應粘單備文移解，請煩查照驗收覈發，祈即見復施行。

計粘單內開：紫口鐵大小一千三百二十二件，重九萬五千一百九十斤；又造哈乞開斯槍子銅盂片一百八十箱，重八萬六千四百斤；又三分四八英鐵板十塊，重三千六百斤；又分半四八銅板二塊，重三百八十斤；又愛而皮青鉛五十一條，重六千六百三十斤；又一寸內徑地燈管一十六支，重二百五十斤；又大小螺絲釘一箱，又大小銼刀五十把，一箱，共重三百斤。

以上統共一千五百八十三件，計重一十九萬二千七百五十斤。每百斤三吊九百文，合東錢七千五百十七吊二百五十文。在局付過東錢三千八百九十四吊二百五十文，至吉應請找發東錢三千六百二十三弔文各等因。准此，查先後解到各件，俱已照單如數驗收。其車價亦經照單如數找清。除移復外，理合備文申報，伏乞憲臺鑒覈施行。須至申者。

吉林省檔案館《清代吉林檔案史料選編（工業）》上册《吉林機器製造局營口轉運局及津局存款清册光緒十年十二月初八日》　謹將吉林機器製造局並營口轉運局以及津局，截至本年六月底止，有無存款，分晰繕具清册，恭呈憲覈。須至册者。

計開：

一、吉林機器製造局，自光緒七年份起，至十年六月底止，共領到部庫銀三十五萬兩整。除支用各款另册呈報欽究吴覈銷外，現實存銀五萬五千四百四十九兩二錢四分九厘五毫。又表正書院前支經費銀六千兩，除按月支用各款業經匯報覈銷外，現本年六月底止，實存銀四百五十兩零四錢八分零三毫。二共覈實存銀五萬五千八百九十九兩七錢二分九厘八毫。此後支用，再行分季造報匯報。

一、營口轉運局前支經費銀一萬九千七百二十五兩七錢一分，除支用各款業經匯報覈銷外，現據報導，截至本年六月底止，實存銀一千七百八十五兩二錢八分四厘一毫。此後支用，再行分季匯報。

一、津局截至本年六月底止，存款毫無。此後津局如有存款，仍分季報明。

吉林省檔案館《清代吉林檔案史料選編（工業）》上册《吉林機器製造局自行製造器械清册光緒十年十二月初八日》　謹將吉林機器製造局自行製造添配各廠等件，分晰繕具清册，恭呈憲鑒。須至册者。

計開：

水龍一架

鐵水抽一副

小剷床二副

卷鐵皮床一副

機器鐵掛鈎並輪全二副

起重架一副

大帶輪二個

鐵輪軸一根

鐵桶三具

鐵騎馬三個
又銅瓦三副
鐵窑門二扇
大窑爐門一扇
中窑爐門一扇
地車一副
鐵路十條
盤鉛條鐵盤八個
地車大生鐵條二根
鐵軸二根
收槍子口手器六副
鐵汽臺一座
蠟汽臺一座
銅蠟鍋一具
鐵搖筒一具
銅藥門一個
鐵平臺一座
剌螺絲蓋小車床一副
夾銅盤一個
鐵夾斗三個
鐵車盤一個
生鐵水管三個
銅鍋一具
銅盤一具
鐵鉗三把
銃模十副
銅汽門六塊
裝藥手器三副
熟鐵爐栅八扇
蒸酒銅鍋一具
銅管鐵鍋一具
大小生鐵板三十八塊
大爐門一副
小爐門一副
爐面三塊
大小鐵桶二十三副（燒銅皮、銅管用）
生鐵方柱二根
生鐵匣一個
爐架八件
煙門一扇
生鐵栅欄十塊
生鐵爐蓋四個
生鐵銅模四副
生鐵斗一個
木車二副（藥局用）
大小銅絲篩二十面（洗銅殼用）
又鐵絲篩四面
熬硝紫銅大圓鍋一口並銅烟筒

吉林省檔案館《清代吉林檔案史料選編（工業）》上册

《吉林機器製造局現造火藥局局房及藥廠各房間數目清册光緒十年十二月初八日》

謹將吉林機器製造局現造火藥局局房，藥廠各房及已成、未成間數，分晰繕具清册，恭呈憲鑒。須至册者。

計開：

已成各房：

一、造大門三間
一、造公務廳三間
一、造庫房十間
一、造提硝房九間
一、造和藥房五間
一、造碾藥板房六間『磚座高九尺長十二丈』

一、造磚圈房三座

一、造四丈高烟筒一座

以上已成房屋三十九間，又烟筒一座。

未成各房：

一、擬造壓藥板房三間

一、擬造篩藥板房三間

一、擬造光藥板房五間

一、擬造烘藥板房一間

一、擬造儲藥庫房一間

一、擬造守庫兵房三間

一、擬造司事住房三間

一、擬造工匠長夫住房十五間

一、擬造厨房二間

以上未成房屋三十六間。

總共各房大小十六所，計七十五間。業經稟請前督辦憲吴咨部立案在案，合併登明。

吉林省檔案館《清代吉林檔案史料選編（工業）》上册《吉林機器製造局營口轉運局留駐津局及表正書院各委員司事書識等花名清册光緒十年十二月初八日》

謹將吉林機器製造局、營口轉運局並留駐津局以及表正書院，截至本年六月底止，所有各委員、司事、書識等銜姓花名分晰繕具清册，恭呈憲覽。須至册者。

計開：

一、吉林機器製造局委員：

總理機器局務：四品銜知府用、江蘇試用同知宋春鰲

掌管文案事務：花翎同知銜知縣用、候選縣丞吴江（由四月加添薪水銀拾兩）。

管理銀錢賬目委員：烏槍營厢紅旗藍翎佐領鳳翔（由四月加添薪水貳拾兩）。

幫辦銀錢賬目委員：五品頂戴候選從九品申丕鼎。

稽察廠務委員：文生蘇紹良（請假三個月，不停薪水，假滿停止）。

幫辦文案兼管工程等事差遣委員：指分北河補用主簿查富璣。

差遣委員：通溝站七品筆帖式晉昌。

一、吉林機器製造局司事、書識：

隨辦銀錢帳目司事：候選從九品宋德廣。

管理庫房司事：候選從九品馬汝舟。

庫房司事：文生程玉照。

庫房司事：監生芮家成。

監管機器正廠司事：候選從九品黄維楨。

監管機器西廠司事：六品頂戴監生喜順。

監管熟鐵廠司事：候選訓導魏春寅。

監管木工廠兼强水廠司事：文生顧欽愈。

監管翻砂廠司事：候選巡檢劉書田。

監造火藥局工程司事：藍翎千總孫超。

管理火藥局賬目司事：五品頂戴張文蔚。

幫寫文案事件：歲貢生忠祥。

書識：六品頂戴委筆帖式喜祥。書識：吴茂書。

一、營口轉運局委員、司事、書識：

辦理轉運局：河南候補縣丞李慶棨。

押運委員：候補七名筆帖式榕昌。

司事：五品頂戴江蘇候補府經歷胡昌慶。

司事：從九品銜葛躍東。

司事：五品頂戴候補把總文懋琪。

書識

一、留駐天津製造局司事：

駐津文案司事：候選縣丞顧元勛。

駐津管理賬目司事：候選主簿馬炎（現更候選從九品龔彦師，合併登明）。

一、表正書院委員、司事、書識：

總教習：花翎五品銜江蘇候補知縣丁乃文。

分教習：候選從九品廖嘉綬。

司事：胡樂山。

書識：胡廷卿。

以上各委員、司事、書識等，月支薪水銀兩增減多寡未能劃一，均係查照定章辦理，分季另案實報實銷。合併登明。

國家圖書館分館《清光緒兵部奏稿》第九册　再，臣部前覈天津機器局光緒十年分報銷案内，當以册開紫竹林運機器物料等項到局添雇砲船價銀六百三十三兩二錢二分一厘；又運送物料、火藥、洋槍、機器餉銀共五起，請銷車價銀二百四十二兩四分二厘七毫；又「操江」輪船運烟煤、油漆等並送後膛砲至新城各脚力銀五十一兩九錢四分二厘七毫四絲六忽，均未開明斤重、里數，臣部礙難覈銷。爰令該大臣轉飭另造分晰妥册送部，再行覈銷在案。今據分晰開報前來，查例載運送物件按六百斤餉銀六千兩各給車一輛，每車每百里給銀一兩，又運送軍裝軍火每五十斤雇夫一名，每名給銀五分各等語。又准銷長船成案每船船夫自十二名至八名不等，每名日支銀一錢迭經准銷在案。此次登覆請銷前項運脚，以單開斤重、里數與例案分别覈較均尚有減無浮，所有前次請銷銀九百二十七兩二錢六厘四毫四絲六忽應准開銷，理合附片陳明。伏乞聖鑒訓示遵行。謹奏。

國家清史編纂委員會《李鴻章全集》第一一册《機器局造船銀兩報銷摺光緒十一年六月十八日》　奏爲機器局承造平底常船動用經費銀兩專案報銷，恭摺仰祈聖鑒事。竊照金陵機器局原設平底常船三號，以爲轉運軍火、機器、料物，往返寧、滬之間，歷今十有餘年，雖經按年修理，然重載盤剥，船身爲風日燥裂、水氣浸蝕，大半朽蠹，不堪修用。前據該局道員龔照瑗、郭道直飭匠細加察看，以該船年久朽壞，非通身拆卸，另换新料不可，約計每船修費需工料銀七八百兩，如仿照原樣换造新船，估計工料銀不過一千兩之譜。當經臣等晝籌至再，與其動用鉅費修一舊船，不若多費二三百金造一新船，可期堅固耐久。惟經費維艱，亦當格外撙節，即經批飭先行釘造新船兩只，暫資濟用。所遺舊船應即估變，所得變價即以津貼造船之用，所需經費議由南、北兩洋各半分給應用在案。兹據金陵機器製造局道員龔照瑗、郭道直等詳稱，前項常船遵即雇匠於光緒十年七月初一日興工，於十月三十日一律工竣，造成平底常船二號，每號結面七丈一尺九寸，寬一丈五尺二寸，底長四丈八尺三寸，應用什具俱全，並隨造脚劃二只，共用工料湘平銀一千七百六十五兩有奇。除舊船三號變價湘平銀一百三十兩有奇，實用湘平銀一千六百三十四兩有奇，由金陵防營支應局、揚州淮軍收支局各半撥解濟用，此次新釘常船二號，均以硬木樹料釘成，與杉木船隻不同，一切做法均係工堅料實，委無草率偷減，動用經費銀兩係屬覈實支給，亦無浮冒等情，詳請具奏前來。臣等復覈無誤，除將送到清册圖結咨送户、兵、工部查覈外，謹合詞恭摺具奏，伏乞皇太后、皇上聖鑒，飭部覈銷施行。謹奏。

光緒十一年七月初五日，軍機大臣奉旨：該部知道，欽此。

吉林省檔案館《清代吉林檔案史料選編(工業)》上册《吉林將軍希元爲邊防各營需用槍械軍火請代爲購辦的咨札文光緒十一年正月二十七日》　爲咨請札覆事。

案據邊防營務該處呈稱：准軍械轉運局移開，前因添練各軍，曾經發給靖邊親軍及左右兩路三營，共領七響快槍三十一桿，均(以)〔已〕起練。所有應需子母，自應先期約備，以濟操需，曾移機器製造局配造解送。旋准該局復稱：以七響快槍子母非機器不辦，局内現無此項機器，如須由局製造，則非另購機器不可。復查所發七響快槍三十一桿，加琿春防營舊有五桿，共三十六桿。核計每月按三、六、九日打靶，每桿槍四十五出，共計一年應用子母一萬九千四百四十顆。現機器局並無此項機器，或另購機器製造，或由外省購買，未敢擅擬。移付邊防營務該處轉行呈請鑒覈飭遵，等情呈請前來。

查七響快槍子母，係爲軍中要需。惟歲需不滿二萬顆，爲數無多，無須製造，俾免另購機器。宜即約需二年應用之數，仍由天津購辦。並據轉運局稟明，現存洋藥，銅帽無幾，以本年一年操演所需計之，尚虧洋藥四萬磅，銅帽五百萬顆，爲數甚巨。機器局内機器未全，未能趕造，自應一並照數購備，以便隨時發放各軍領用。理合咨請貴直隸爵閣督部堂，望爲轉飭軍械所，代向洋行訂購七響快槍子母四萬顆，洋藥四萬磅，銅帽五百萬顆。如軍械所現有存儲，或津局所造盈餘，即希照數籌撥。統俟見覆到日，以憑派員前往領運，俾濟急需。所需價值規銀若干兩，並祈覈明咨覆，即當札令關領防餉委員，就近照數匯解軍械所歸款。相應除咨請貴直隸爵閣部堂請煩查照，轉飭購撥。望爲見覆施行。須至咨者外，合亟札覆札到該處局即便轉行機器局遵悉。特札。

中國第一歷史檔案館等《中國近代兵器工業檔案史料》第一輯《陳士杰奏銷山東機器局光緒九年用過銀兩摺光緒十一年二月初五日》　山東巡撫陳士杰跪奏，爲報銷機器局光緒九年分用過銀兩，懇恩准銷，恭摺仰祈聖鑒事。

竊東省機器局收支一切款項，從前係照津、滬各局成案，一年一次據實開單請銷。現奉部定新章，應詳細分款造册送部覈銷等因，當經轉飭遵辦在案。

查光緒八年分收支各項銀數，業經臣覈明具奏。兹計自光緒九年正月起至十二月底止，造成槍子機器六部，各種洋火藥五萬九千四百六十五斤，銅帽四百四十四萬三千九百二十八粒，鉛丸八十萬一千一百十六粒。其採買硝、磺、銅、鉛、鋼、鐵、柳木等項物料以及員役薪水各款，應歸户部覈銷銀一萬四百二十兩五錢八分六厘五毫，兵部覈銷銀一千一百九十五兩九錢七分二絲七忽，工部覈銷銀一萬一千七百一十七兩八分五厘四毫七絲三忽，三共用銀二萬三千三百三十三兩六錢四分二厘。内動用光緒八年報銷案内結存銀六百七兩六錢四分六厘，又由藩庫陸續共提銀二萬六千兩。今除支用以外，下存銀三千二百七十四兩四厘，請歸下届造報。據總理局務委員將收支各項細數造具清册，詳請具奏前來。

臣查機器局所需各項物料，大半購自外洋，並無例價可循。其委員、司事薪水，夫役工食等款，仿照津、滬各局成案辦理，歷經准銷有案。今據報光緒九年動用銀兩，逐加覆覈，尚無浮冒情事。除將清册咨送户、兵、工三部外，理合恭摺具陳，伏乞皇太后、皇上聖鑒，敕部覈銷施行。謹奏。

光緒十一年二月十二日軍機大臣奉旨：該部知道，欽此。

吉林省檔案館《清代吉林檔案史料選編（工業）》上册《吉林將軍希元派委鳳翔爲機器製造局會辦的札文光緒十一年四月十一日》 爲札委事。

本年四月初十日，據機器製造局宋丞春鰲稟稱，竊卑局創建已五年矣，所有各廠房屋，既先後告成，而局務一切事宜亦皆定有章程。其製造各項，並漸次舉行，局面日開而日大。且南山火藥廠房工竣之後，即須製造火藥。是目下事務殷繁，較之創建之初尤難措手。伏念卑職才識庸愚，以一人而膺兹重任，委實力有未逮，非有老成諳練之員會辦其間，恐難日起有功。況當防務喫緊之際，軍火器械在在俱關緊要，設顧此失彼，稍有疎虞，辜負厚恩，良非淺鮮。因思卑局現有鳳佐領翔，在局多年，心地樸誠，不辭勞瘁，並能於局務一切事宜無不留心謹慎。凡局員、司事、工匠人等，咸知其公正廉明，絲毫不苟。以之會辦卑局一切事宜，洵堪勝任。合無仰懇即飭該員會同卑職辦理，俾局務日有起色，而卑職亦不至有隕越之虞，實爲公私兩便。卑職爲局務有裨起見，非敢有諉卸之心。如蒙准，此後卑職益當矢慎矢勤，不遺餘力與鳳佐領和衷會辦，以期仰副慎重邊防，講求軍火器械之至意。

再卑局銀錢出入最關緊要，絲毫不容含混。輕假他人之手，難保不生出弊端，應請仍歸鳳佐領照舊經理，藉資熟手而免愆尤。合併稟明等情，到本爵督辦。據此，除批稟悉，查機器局局面開拓，事務殷繁，且刻下即須開廠製造火藥，該丞一人恐難兼顧，亦係實在情形。候札飭鳳佐領翔會辦該局一切事宜，並照常兼理銀錢出入。所有局務，該丞仍當勤慎辦理，不得稍事推諉，致負委任。繳掛發外，合亟札委。札到該員，即將局務妥爲會辦，毋負委任。切切特札。

《申報》光緒十一年六月十日《改造砲車》 直隸提督李漢春軍門長樂於上月二十七日抵津，駐即蘆臺行營。營中砲位，除金陵所製後膛鐵砲二十四尊、吉林砲數尊外，又有德國博洪克虜伯等砲，鐵車笨重，不能行駛自如，軍門久擬將輪軸改小，車箱改低，俾異轍同途不相鑿枘。現已商諸傅相，於上月杪由親兵前管統帶王少卿都戎飭弁拉車一輛，赴軍械所張次韓觀察處，請爲改造，擬裁去砲旁皮椅二張，前後車輪改爲逕三尺六寸，後箱亦改低若干，從前需用六馬拖行，此次改成祇需三馬，蓋原箱係兩馬一排，既經改小，只須一轅馬兩套馬矣。苦心孤詣，因時製宜，軍門之用心，亦良苦哉。

國家清史編纂委員會《李鴻章全集》第一一册《機器局報銷摺光緒十一年七月二十六日》 奏爲天津機器局光緒九年分動用經費各款，遵照新章造册報銷，恭摺仰祈聖鑒事。竊查天津機器局經費奏明動撥津海、東海兩關四成洋税作正開銷，光緒六年九月經臣奏明，由户部月撥邊防餉銀一萬兩接濟，截至光緒八年分止，業經督飭局員將支銷款目開列簡明清單具奏，迭經户、兵、工三部覈復准銷。上年户部奏定章程，光緒九年正月以後，概令造册報銷，其添購機器等款，事前報明立案等因。當飭將該局員匠人等細數及添購機器、續建工程各款咨部立案，爲九年報銷根據，亦經户、工二部復准在案。兹據承辦局務之津海關道周馥、現署清河道劉汝翼、候補道潘駿德等詳稱，光緒九年該局承造洋槍藥、砲藥、餅藥、銅帽、拉火毛瑟槍子、前後膛新式砲彈、沈雷、碰雷、電箱、電綫等項，均遵向章辦理。西洋後門砲所裝銅引機巧日新，隨時變通，盡利仿造，棉花火藥已有成效。前將機器購到，當即蓋造新廠三十餘間，另蓋火箭房以爲造砲船號火之用。其製造本局及神機營各處器具成件較多，動用經費計上届報銷案内除存料外，原存銀六萬八百十兩五錢四分三厘三毫八絲三忽，本届九年分共領海關四成洋税及部撥邊防餉銀二十八萬一千六百九十七兩二分，又收各省劃還軍火價銀三萬一千七百三十九兩八錢六分三厘，共支用銀二十七萬七千七十八兩二分八厘四毫一絲五忽，除存料外，仍存銀九萬七千一百六十九兩四錢七厘九毫六絲八忽，其間動用各款遵即分册造報。計全案收支總數及員弁、司事、工匠、夫役人等薪工銀兩爲第一册，購辦器料、續建工程及覈付險脚等項銀兩爲第二册，舊管物料按款覈報爲第三册，收支物料分項造報，用存物料作爲光緒十年分舊管爲第四册，製成軍火，分别撥存各項爲第五册，外撥小輪船及挖河機器船薪糧物料並行營製造局用料爲第六册，其製成軍火器具，歷屆另行造册呈送總理各國事務衙門備查。兹循舊造報，聲明光緒九年當法、越構釁之時，海防備預維嚴，各省又紛請協撥軍火，該局供億之餘，兼資儲備，用款視八年分所增有限，而存料較夥，均係竭力撙節，實用實銷，毫無浮冒，惟器料、險脚等款多與外洋交易，並無例價可限，詳請具奏覈銷。並據另詳該局所購料物，每屆十月封河，須俟次年開凍起運，是以向來必預儲半年之需，方免缺乏。本屆所存銀兩已經購料動用，部議劃分年限，應流歸光緒十年分造報，並請附奏立案前來。臣查部議各省機器局造册報銷，無非實事求是，互相考校。現查該局所呈各册，臣復加確覈，委係覈實動支，並無虚飾。除將清册分送總理衙門並户、兵、工三部查照覈銷外，所有天津機器局光緒九年分動用經費造册報銷緣由，理合恭摺具陳，伏乞皇太后、皇上聖鑒，敕部覈復。謹奏。

光緒十一年七月二十九日，軍機大臣奉旨：該衙門知道，欽此。

中國第一歷史檔案館等《中國近代兵器工業檔案史料》第一輯《吴大澂奏銷吉林機器局運進機器之水陸運脚及保險等費片光緒十一年八月二十五日》 再，前粤海關監督俊啓捐購機器等件，前經直隸督臣李鴻章奏明撥歸吉林機器局應用。此次報部册内第一批機器二十七項、第二批機器十七項皆俊啓捐購之件，由廣東運至天津所需運費並未在吉林機器局經費項下開支，由天津運至營口轉運吉林省城水陸運脚及保險等費，照章給過原庫平銀二千二百五十兩八錢，一並列入運費册内，應請飭部查照覈銷。理合附片陳明，伏乞聖鑒。謹奏。

光緒十一年八月二十七日軍機大臣奉旨：覽，欽此。

國家圖書館分館《清光緒兵部奏稿》第二册 兵部片奏，再内閣抄出會辦北洋事宜都察院左副都御史吴大澂奏，於光緒九年九月會同吉林將軍希元奏報吉林機器製造局工程完竣，並聲明援照天津、上海各局成案擇尤請奬等因。奉旨，准其覈寔擇尤保奬，欽此。吉林創設機廠，修理各種槍砲，旋又添蓋强水房自製强水，增設火藥廠自造洋藥。規模逐漸擴充，總理機器製造局四品銜江蘇試用同知宋春鰲寔心寔力，措置裕如，在事出力人員或承辦採購各種機器料物，或督率稽察各項工匠人等，或分司各庫各廠出入料件，或專管銀錢逐日收支數目，或專心繪畫各種機器圖式，或押送水陸各路轉運車船，因材器使，各就所長。該員等往來洋面艱險備嘗，寔非尋常勞績可比，合無仰懇天恩俯准將單内所開各員飭部覈准，以昭激勸，除武職把総以下應給奬叙，俻文咨送兵部覈奬等因。

中國第一歷史檔案館等《中國近代兵器工業檔案史料》第一輯《陳士杰奏請爲山東機器局購買物料用款立案片光緒十一年十一月二十九日》 再，據總辦機器局務按察使林述訓、候補道姚濟勛詳稱：東省機器局經費向無定額，每月視用項之多寡，赴司請領，力求撙節。如有購買物料動用巨款，均遵部定新章，隨時詳請奏咨立案。上年辦理海防，添募各營需用洋火藥、銅帽、鉛丸等項，由局製造撥發，數倍於昔。今春不能隨時運到，以致料物間有缺斷，勢難停工延候，不得已陸續就近添買銅皮一萬斤，洋鉛六萬斤，並各樣應用物件，以資製造。其價即由按月請領經費内支給，並未另籌銀兩。應歸於十一年分一並造報等情，詳請奏咨前來。臣覆查無異。除咨部查照外，謹附片陳明，伏乞聖鑒。謹奏。

光緒十一年十二月初十日軍機大臣奉旨：該部知道，欽此。

中國第一歷史檔案館等《中國近代兵器工業檔案史料》第一輯《李鴻章奏銷天津行營製造局機器廠更换汽機鍋爐等費用片光緒十一年十二月十三日》 再，天津行營製造局機器廠汽機鍋爐二具，前因設用年久，已皆銹蝕朽爛，亟應更换，免誤要工，業將估需工料銀數，照章先行咨部立案。嗣准部覆，應俟工竣專案造報，其水師修製各船工料用數亦應專案造報等因，當經轉行遵照。兹據准軍報銷局司道詳稱：更换汽機鍋爐二具並修整師船十號，應需經費數目已隨時聲明列入十年分季册報部，共計請銷銀四千四百三十一兩三錢有奇，委係實用實銷，並無浮冒。詳請具奏前來。臣覆覈無異。除將送到清册分咨户、工部覈銷外，伏乞聖鑒。謹附片具奏。

光緒十一年十二月十六日軍機大臣奉旨：該衙門知道，欽此。

中國第一歷史檔案館等《中國近代兵器工業檔案史料》第一輯《陳士杰奏請爲山東機器局購買物料用款立案片光緒十一年十二月十九日》 再，東省機器局需用各項物料，向係委員赴滬採辦。相隔數千里，委員到滬且須與各洋行論價定購，俟外洋運到方能接運來東，動輒經年累月，故甲年必須辦乙年之料，以免缺乏。前經臣遴委江西試用通判施肇英採辦外洋各種銅皮、銅板、棰子鋼、羅摩鐵、英鐵等項，並一切應用物件，以備來年製造，約計需銀二萬兩，已飭藩司先發定價銀七千四百六十四兩四錢二分五厘，餘俟運到再行覈算找給。據總辦機器局務按察使林述訓、候補道姚濟勛遵照新章詳請奏咨立案。並稱現奉總理衙門定章，採辦外洋軍火物料，須由出使大臣驗收，東省此次購辦在先，無從再行遵照，應請俟將來續有採買，再遵新章辦理等情前來。臣覆覈無異。除咨部查照外，理合附片陳明，伏乞聖鑒。謹奏。

光緒十一年十二月二十六日軍機大臣奉旨：户部知道，欽此。

朱壽朋《光緒朝東華録》卷七四《光緒十一年十二月》 己丑，吴大澂奏，臣初與李鴻章函商，議在吉林創設機器廠，奏調廣東道員温子紹，該員以親老告辭。臣又奏調天津製造局總辦道員王德均、上海機器局委員通判徐華封、福建船政局委員縣丞游學詩，均經該省督撫臣奏留咨留，不獲調吉差委。臣心焦灼萬分，有寡助之憾，幸同知宋春鰲等數員，經臣往復函商，情詞懇切。該員等諒臣之苦衷，不憚跋涉，航海而來，其情可感，其志亦可嘉。此調員之難也。吉林工匠起造房屋，與南省不同，而機廠之墻壁、門窗、煙筩、水道，尤與尋常衙署不同。該匠等目所未見，語之亦各茫然，稍一遷就，工料不堅，貽誤匪細，其磚窑、灰窑應用物料，均須加工定製，審曲面埶之方，非該員等鉅細躬親，晝夜督率，不能建造如法。非若津滬各局，土工木工各有專責，不勞而理，此建廠之難也。一廠之中，以匠頭爲最要，衆廠之中，以機器爲最要。安設鍋爐，非熟手不可，裝配機器，非良工不就，教授學徒，鉤心鬭角，規畫圖樣，置範成模，皆匠頭之是賴。該匠頭等久在津局滬局，資格尤深，工食亦厚，調赴吉林苦寒之地，視爲畏途，人人裹足。或來一兩月即託病而歸，諸多掣肘，現在局中不乏良材，皆宋春鰲等設法招徠，苦心孤詣，此選匠之難也。機器大宗皆購自德、美各國，銅鐵物件多聚於津、滬馬頭，一水可通之區，驗收較易，百貨所萃之處，精選何難。若吉林所購機器，洋人在津、滬交收，委員亦須在津、滬查驗，吉省本局之員既不敷用，不能不求助於津局，並有隨時需用料物，陸續購運，應用不窮，此等瑣屑煩重，在吉局爲應辦之事，在津局爲分外之勞，臣所列保天津製造局數員，亦爲隔省辦事不分畛域者勸，此購器之難也。機器重件，船運已極操心，陸運尤爲費力，營口初無馬頭，輪船不能傍岸，非若天津、上海就船起運，人力易施，自營口至吉林，有山路崎嶇，高坡上下，霪雨之後，積潦滿途，覆轍之車，傷人及馬，以數千百觔之重載，行數千百里之長途，僕夫驚怖，津吏駭聞，他省機器局創辦之初，無此艱險，此轉運之難也。以上五難，皆吉林創設機器廠時實在情形，覈其勞績，在吏部新章未定以前，若因格於部議，不能與上海、天津各局創辦人員一律保奬，該局員等未免向隅。懇恩俯念該員等數年以來締造艱難，特旨准照臣等前次所請給奬，出自恩施逾格，以後不得援以爲例。允之。

吉林省檔案館《清代吉林檔案史料選編（工業）》上册《工部爲奏銷創設機器局添蓋廠房各款給吉林將軍的咨文光緒十二年三月初二日》 工部爲咨行事。管繕司案呈，先准會辦北洋大臣吴奏稱：吉省創設機器局，添蓋廠房，勘買地基，安（直）［置］鍋爐汽機，並表正書院等工，共支庫平銀三萬九千四百四十三兩一錢七分六厘四毫七絲九忽四微等因具奏。奉旨：該部知道，片並發，欽此。欽遵並造册咨部覈辦。當經本部因册造籠統，行令北洋大臣另造妥册咨部去後。兹據復稱：所蓋廠房一切做法，悉照外洋新式加料加工，不能與尋常之例相符。即表正書院與機廠相連，蓋造之法亦與外洋機器學堂相似。所開工料銀兩，均係實用實銷等語。

查吉林創設機器局，添蓋各項房座，做法既據會辦北洋大臣聲明，悉照洋式。是一切夫工及用料之多寡，誠不能繩以尋常做法。惟册開木植灰斤各項價值，係由内地購買，非如機器購自外洋者可比，仍應按例覈算。查册開各件，多與例價懸殊，礙難減准，仍咨會辦北洋大臣轉飭承修各員自行删減，另造妥册，迅速咨部。事關奏銷，幸勿遲延可也。須至咨者。

中國第一歷史檔案館等《中國近代兵器工業檔案史料》第一輯《張曜奏銷山東機器局光緒十年用過銀兩摺光緒十二年九月十九日》 頭品頂戴山東巡撫臣張曜跪奏，爲報銷機器局光緒十年分用過銀兩，懇恩敕部准銷，恭摺仰祈聖鑒事。

竊照東省機局製造各項軍火，所需經費銀兩，向由藩庫籌撥。收支款項，遵照部定新章，每年造册報銷；凡有添購物料，並先報明立案。查光緒九年分收支各項銀數，業經前撫臣覈明具奏。

兹計自光緒十年正月起至十二月底止，造成各種洋火藥十二萬三千三百五十一斤，大銅帽火六百十六萬七百三十六粒，各種銅管拉火一萬七千六十枝，開花炸彈一千七百五十個，林明敦後膛槍子五萬粒，洋砲群子一千二百粒，洋鉛丸三百六十九萬二千二百六十粒，並添造各廠不敷應用機器，修理各營損壞洋槍、洋砲等件。共計採買硝、磺、銅、鉛、鋼、鐵、華洋各種物料，並員役薪工、運脚等款，應歸户部覈銷銀一萬七千六百一十七兩五錢五分二厘五毫，兵部覈銷銀九千三十四兩九錢四分七厘六毫，工部覈銷銀二萬八千七百五十七兩九錢三分三厘九毫，三共用庫平銀五萬五千四百一十兩四錢三分四厘。内動用光緒九年報銷案内結存銀三千二百七十四兩四厘，陸續共提藩庫銀四萬二千兩，又專案奏撥藩庫銀一萬一千二百兩。今除支用以外，存銀一千六十三兩五錢七分，請歸下届造報。據總理局務署按察使王作孚、候補道姚濟勛造册詳請具奏；並聲明是年辦理海防，添募勇營，需用軍火較多，製造各項工料是以較前繁巨，册開各款，均係力求撙節，並無絲毫浮冒等情前來。臣覆查無異。除清册咨送户、兵、工三部外，理合恭摺具陳，伏乞皇太后、皇上聖鑒，敕部覈銷施行。謹奏。

光緒十二年九月二十九日軍機大臣奉旨：該部議奏。欽此。

國家圖書館分館《清光緒兵部奏稿》第五册　臣等查册開長夫工食一款，前覈金陵、上海、天津等處機器局，並金陵洋火藥局；長夫每名日支銀一錢，迭經奏銷在案。此次山東册造各廠搬運長夫六名每名月給工食銀一兩八錢，連閏共請銷銀一百四十兩四錢，覈與津滬長夫工食銀數有減無浮，應准開銷。又册開水陸運脚一款，查軍需例載運送軍裝軍火每五十斤用夫一名，每名每百里給銀五分等語。此次册造自烟台運送銅鉛鋼鐵，並現錢煤炭等項至省城每五十斤用夫一名，每名每百里支銀五分，合計每運百斤，合運脚銀一錢，係屬與例相符，所有請銷銀六千五百八十三兩六錢一分九厘六毫，應准開銷。此外自外洋運回鉛鐵銅鋼並一切雜料等項，共重二十八萬八千八百六十六斤至上海，由上海運至烟台海口，兼包兵險並無例價，計水脚每百斤合銀八錢，共請銷銀二千三百十兩九錢二分八厘，係與外洋交涉之款，自應照准。以上統計，臣部准銷銀九千三十四兩九錢四分七厘六毫，所有臣等覈議山東機器局報銷緣由理合恭摺具陳，伏乞聖鑒訓示遵行。謹奏。

中國第一歷史檔案館等《中國近代兵器工業檔案史料》第一輯《吴大澂奏吉林機器局建蓋廠房費用請飭部仍照原細册價值覈銷片光緒十二年十月二十八日》

再，吉林創設機器局，添蓋廠房，勘買地基，安置鍋爐汽機並表正書院等工，共支庫平銀三萬九千四百四十三兩一錢七分六厘四毫七絲九忽四微，經臣具摺奏明，奉旨：該部知道，片並發，欽此。欽遵並造册咨部覈辦在案。

兹准工部咨稱：吉林創設機器局，添蓋各項房座做法，既據聲明悉照洋式，是一切夫工及用料之多寡誠不能繩以尋常做法，惟册開木植、灰斤各項價值，係由内地購買，非如機器購自外洋者可比，仍應按例覈算，查册開各件多與例價懸殊，礙難減准等語。臣竊維機局廠房及表正書院工程，均照外洋機器各廠及機器學堂一切做法加料加工，所用木植實係派員進山挑選堅結高大木料，雇工砍伐，拉運到省，程途較遠，工費稍巨；所用石灰、磚瓦，亦由各窑加工定造，以期年久堅固，實與尋常蓋造官房所用木植、灰斤迥不相等。臣與該局員詳細考校，不令稍事浮糜，所開價值均係實用實銷，若照例價覈減，賠墊過多，無從設法彌補。吁請飭部仍照原造細册所開價值，准其覈銷，俾免賠累。謹附片具陳，是否有當，伏乞聖鑒。謹奏。

光緒十二年十月二十八日軍機大臣奉旨：欽此。

吉林省檔案館《清代吉林檔案史料選編(工業)》上册《海軍衙門奏爲籌撥東三省練兵軍火摺光緒十二年十二月初十日》　十二年十二月初十日海軍衙門奏：爲籌撥東三省練兵軍火，恭摺仰祈慈鑒事。

竊臣等前經會同户部、總理各國事務衙門，遵議東三省練兵章程，奏明洋槍、洋砲所需銅帽、拉火、鉛丸，神機營、機器局現有存儲，應俟該大臣到省後，酌定操演日期、次數，需用若干，派員請領。續經奏明由神機營撥給水碓，自製火藥三萬斤，由工部咨取火藥三萬二千斤，令其帶往應用各在案。嗣據欽差大臣穆圖善咨稱，此次練兵所領均係洋槍，工部軍需火藥不甚合用，請由北洋撥給洋火藥三萬二千斤等語。當經臣衙門咨由北洋大臣飭局照數撥給，並咨復該大臣，此次暫由北洋撥給，以後該大臣如再需用火藥，應由該大臣另行籌款購辦以清界限，亦在案。今該大臣穆圖善周歷奉天、吉林、黑龍江三省，已將練軍挑取足額，覈定操演日期、次數，咨報前來。

查該大臣原咨内開，三省每省每年應需火藥四萬二千二百八十餘斤，銅帽二百三十一萬二百餘顆，鉛丸十五萬五千五百餘粒。合之三省每年共需火藥十二萬六千八百六十餘斤，銅帽六百九十三萬七百餘顆，鉛丸四十六萬六千五百六十餘粒。所發軍火數目，尚屬酌中覈定，不致虚糜。自應遵照前次奏定章程，照數撥給。惟火藥一項，曾以神機營存儲無多，咨取工部軍需火藥，以足其數。即據該大臣聲明，工部所領火藥不合洋槍之用，是以暫由北洋調取洋火藥三萬二千斤備用，原屬一時權宜。該三省常年操演所用軍火，仍須通盤籌劃，以期源源接濟。本年八月間，該大臣以現用軍火各項甚多，若由上海採運，吉林、黑龍江兩省相距遥遠，轉運艱難，曾咨請由吉林機器局就近製造，以節運費，所咨委係實在情形。

刻下綜覈東三省現存軍火數目，僅供一年操演，轉年即有不敷。臣等公同商酌，嗣後東三省練兵，除奉天省距京稍近，所需銅帽、拉火、鉛丸仍照前議由神機營按年按數復發。所需火藥，擬由神機營撥給。本營常操適用之工部萬夯火藥及自製水碓火藥四萬二千二百八十九斤八兩，今該大臣按年派員來京承領外，其吉林、黑龍江兩省路途既遠，運解實難，常年操演現需火藥、銅帽、拉火、鉛丸等項，擬請旨飭下吉林將軍，照依該大臣穆圖善所定，如數就近飭由吉林機器製造局備用。應需款項，由吉林將軍覈定，如數報明臣衙門，酌度籌給。至吉林機器局如有不能自行製備之件，亦可量由上海購辦，自無須在上海設立轉運等局，致滋糜費。所有籌撥東三省練兵軍火各緣由是否有當，謹恭摺具陳，伏乞皇太后慈鑒。謹奏。

奉懿旨：依議，欽此。

吉林省檔案館《清代吉林檔案史料選編（工業）》上册《吉林邊務軍械轉運局爲驗收機器製造局移交造成軍火數目的呈文光緒十二年十二月十二日》 爲呈報事。

本年十二月初九日准機器製造局移稱：竊照敝局製造槍子鉛丸等件，前經陸續解交轉運局，驗收備放在案。茲又新造哈乞開斯槍子肆萬顆，計裝肆拾箱；來福槍鉛丸叁拾萬粒，計裝壹百伍拾箱；大銅帽貳拾萬顆，計裝拾箱；銅拉火壹千枝，計裝壹箱；又重裝啞唥士得槍子壹萬顆，計裝伍箱。應仍一並解交轉運局存留備放等因，移送前來。當於本月十一日，將所解槍子鉛丸等項，照數驗收存庫。除移覆該局外，理合具文呈報憲鑒，查覈實行。須至呈者。

國家圖書館分館《清光緒兵部奏稿》第四册 兵部片奏，再內閣抄出新授廣東巡撫吳大澂奏，前因吉林創設機器廠，在事各員勞績卓著，遵旨擇尤保獎，嗣准吏部覈議奏駁。竊維方今特局要務不船政軍械，吉林係國家根本重地，邊防關係亟於他省，機器製造尤爲當務之急。從前東三省需用軍火動由內地各省接濟轉運，需特倉卒，恐難應手。吉省委員從未講求機器製造等事，謀始乏人，同知宋春鰲等不憚數千里跋涉而來，深知機器廠爲特局要務，無不感奮圖功。臣今春奉命勘界道出吉林，見創造新式槍砲，機括極靈，施放亦準，足爲臨陣衝突之利器。查部咨所稱，概不准保，係爲慎重名器，窒礙章程起見，現經海軍衙門王大臣酌議保獎章程，量爲變通，以五年爲限等因。今吉林視沿海省分爲尤要，機器製造非尋常營局可比，創造式槍砲尤爲才能出衆之見端，該員等五六年來不避艱險，告厥成功，洵屬異常出力，所有宋春鰲等三十八員再繕具清單，飭部仍遵前奉諭旨給奬註册等因。

吉林省檔案館《清代吉林檔案史料選編（工業）》上册《黑龍江將軍齊齊哈爾副都統爲邊防需用軍火請吉林機器製造局製造的咨文光緒十三年四月二十二日》 爲咨行事。

工司案呈，於本年四月十七日准貴將軍咨稱：本年四月初八日准黑龍江將軍咨，內開：江省籌辦邊防，操練兵丹，每年應需洋藥七十五萬四千五百出，炸藥六百斤，開花子一千二百顆，門火一千二百枝，藥引子、木信子各一千二百個，銅帽七十三萬五千三百粒。本衙門擬照上年海軍衙門奏定章程，奏請就近由吉林機器局備造。敝省自光緒十四年起，所需軍火等件，按年派員領取，以歸便捷而重操防。並詢及此項軍火能否由吉林機器局製造領用，希速見復，等因。准此，查海軍衙門奏定章程係專指吉、江兩省新添練兵所需軍火，就近由吉林機器局製造備用。應需款項，由海軍衙門籌給。雖未議及貴省邊防之用，惟誼切同舟，凡力所能爲者，自宜勉求共濟。且由江至津與由江至吉，道路遠近，運费繁儉，尤相懸殊。倘貴省能將此項軍火價值撥給敝省機器局承領購料，自當札飭該局覈實估計實需銀若干兩，以便貴省衙門奏請就近代辦。並煩將所需子彈、木信、紙引式樣，由差便寄來，俾該局知所遵照。相應備文咨復貴將軍，請煩查照見復施行，等因前來。

查海軍衙門奏定章程，原係專指吉、江兩省所需軍火就近由吉林機器局製造備用。茲准來咨，江省邊防勉求共濟，仰見畛域不分，自應如來咨辦理。惟查敝省自設練軍以來，此項軍火向由天津領用，均由津局覈銷，並未付過藥丸經費，是以敝省無從開單。至每年應用價值若干，擬即請由吉林機器局覈價示復，以便復奏立案。所需子彈、藥引、木信等項式樣，容俟覓便寄送等情。據此，理合備文咨行貴將軍，請煩查照覈奪，見復施行。須至咨者。

吉林省檔案館《清代吉林檔案史料選編（工業）》上册《吉林將軍希元奏機器製造局經費不敷擬請增撥款項摺光緒十三年四月二十四日》 前督辦憲希奏，爲吉林機器局經費不敷，擬請增撥款項，擴充製造以裕軍實而備防邊，恭摺仰祈聖鑒事。

竊自泰西諸國東來以後，競尚槍砲火器。我之舊有軍械，難與爭鋒，於是各省機器局之設萬不容已。蓋利害相形，舍是即不能譚兵。而自强之基，亦非此莫能自固。吉林自俄羅斯佔據東界，陰蓄狡謀。前值邊聲不靖，設兵駐守，近則彼之布置益密。審時度勢斷難撤防。查光緒七年，升任廣東撫臣吳於吉省創建機器局，奏准每年由部撥銀十萬兩，本屬不敷應用，嗣又劃銀二萬兩，作爲會辦北洋行營製造局經費，辦理益形拮据。奴才等接辦防務後熟查邊情，每於校閱時查覈該局所造火器，均甚適用，方擬照該撫臣原奏，於各營防餉內力求撙節，設法騰挪，俾資備辦。適奉命節餉，遵裁防軍餉銀五萬餘兩，又於該局經費內裁去表正書院銀兩千五百兩。自此，原撥十萬兩之款，每年遂僅領實銀七萬七千五百兩。而修築砲臺、各軍所需子母槍彈、火藥、拉火、局員薪水及一切工費物料，均取給於此。領款愈少，措手愈難，故展轉挪移，每年所造僅敷防軍操練之用，並無存儲堪備緩急。現又准海軍衙門奏明，穆所練吉、齊兩軍軍火，由該局就近製造。當飭該局覈實估計，兩軍每年所需軍火價值銀一萬八千餘兩，雖咨請海軍衙門撥給，而添置機器，雇覓工匠，既需重款，且亦僅就平時操練言之，設或偶有動静，則防練兩軍軍火臨時必費周章。查南北洋各機器局，常年經費自十餘萬兩至二、三十萬兩不等，是以措置裕如，所製各項軍火，除各軍取用外，多有餘存，以備不虞。今吉林以根本之區逼近强鄰，而該局經費有減無增，若不及時籌備，縱各營訓練得力，恐軍實未充，防邊終非長策。合無吁懇天恩，俯念邊防軍實關係重大，飭下海軍衙門會同户部覈議，每年增撥銀四五萬兩，作爲吉林機器局常年經費。俾得擴充製造，實爲有備無患要著。是否有當，謹恭摺具奏，伏乞皇太后、皇上聖鑒訓示。謹奏。

奉硃批：該衙門議奏，欽此。

吉林省檔案館《清代吉林檔案史料選編（工業）》上册《吉林軍械分局呈造光緒十三年四月份軍械軍火清册光緒十三年閏四月初二日》 吉林軍械分局謹將光緒十三年四月份實在存儲火藥、銅帽、鉛丸、槍械、砲位、子彈各等件，按月遵照繕造四柱清册，呈請查覈。須至册者。

計開：

舊管：

存儲洋藥六千五百零八斤九兩三錢三分四厘
鉛丸四萬八千一百六十粒
銅帽一百二十五萬四千九百二十粒
毛瑟槍一千五百桿
來福槍五百九十八桿
炸壞來福槍一桿
子藥一百二十萬粒
子彈六十四萬二千六百四十粒
克虜卜砲十二尊【略】
洗砲水桶十二個
表尺十二枝
准頭十二個
砲底十二個
空心邦力棍十二根
筆刷油壺十二個
丁字小螺絲起子二十四個
提彈子手圈十二個
拉火鈎繩十二個
雙頭鐵鏇十二個
開口鐵圈十二個
砲膛刮子十二個
砲膛刷子十二個
雙頭鐵鈎十二個
螺絲鐵鎚十二個
錠活計小銅絲鈎十二個
開花起子十二個
葡萄起子十二個
釘字引門針十二個
鐶頭引門針十二個
白鐵牛油罐十二個
入藥銅漏斗十二個
開花子六千個
葡萄子二千個
開花信子六千個
葡萄信子二千個
葡萄信子銅殼二千個
銅拉火二箱（内附葡萄子螺絲二千個）
藥口袋八千個
拉火皮袋並帶十二副
藥裹皮箱並帶十二副

自來火皮袋並帶十二副
副砲門三個(內附門釘螺絲軸四副)
新收：
一、收吉林工司四月初一日撥領火藥三千五百二十四斤二兩。
一、收吉林工司四月二十六日撥領火藥一千二百三十二斤十二兩。此項係欽憲閱操需用，已報在案，現造開除項下。
一、收吉林機器局移送盛軍修整齊全舊槍七十一桿。
開除：
一、四月初一日，准吉字營幫總幫統移領四月份火藥三千五日二十四斤二兩，銅帽十九萬二千五百二十粒，鉛丸一萬二千九百六十粒。
一、四月二十六日，准吉字營移領火藥一千二百三十二斤十二兩，鉛丸二百粒，銅帽六萬六千零四十三粒。欽憲看用來福槍子藥二十個，欽憲看用毛瑟槍子彈三十粒。
實在：
存儲洋火藥六千五百零八斤九兩三錢三分四厘
鉛丸三萬五千粒
銅帽一百零九萬六千三百五十七粒
毛瑟槍一千五百桿
來福槍五百九十八桿
炸壞來福槍一桿
來福槍子藥一百二十九萬九千九百八十粒
毛瑟槍子彈六十四萬二千六百一十粒
克虜卜砲十二尊(每尊配用各件，俱已隨砲安妥，造入舊管項下，邀免重贅)。
洗砲水桶十二個
准頭十二個
表尺十二枝
砲底十二個
空心幫力棍十二根
筆刷油壺十二個
丁字小螺絲起子二十四個
提彈子手圈十二個
拉火鉤繩十二個
雙頭鐵鏟十二個
行口鐵圈十二個
砲膛刮子十二個
砲膛刷子十二個
雙頭鐵鉤十二個
螺絲鐵鎚十二個
錠活計小銅絲鉤十二個
開花起子十二個
葡萄起子十二個
釘子引門針十二個
鑽頭引門針十二個
白鐵牛油罐十二個
入藥銅漏斗十二個
開花子六千個
葡萄子二千個
開花信子六千個
葡萄信子二千個
葡萄信子銅殼二千個
銅拉火二箱(計六千個，並葡萄子螺絲二千個)
藥口袋八千個
拉火皮袋並帶十二副
藥裹皮箱並帶十二副
自來火皮袋並帶十二副
副砲門三個(內附門釘螺絲軸四副)
修理舊槍七十一桿(盛字營暫存)，理合登明。

吉林省檔案館《清代吉林檔案史料選編(工業)》上册《海軍衙門會同户部議奏

爲酌量籌給吉林機器製造局經費摺光緒十三年閏四月十三日》 海軍衙門會同户部議奏，爲覈議吉林將軍等請撥機器局經費，酌量籌給，恭摺付陳，仰祈慈鑒事。

光緒十三年四月初七日准軍機處抄交將軍希等奏，吉林機器局經費不敷，擬請增撥款項一摺。本日奉殊批：該衙門議奏，欽此。

原奏内稱：光緒七年升任廣東巡撫吳大澂於吉省創建機器局，奏准每年由部撥銀十萬兩，本屬不敷應用，嗣又劃銀二萬兩，作爲會辦北洋行營製造局經費，辦理益形拮据。適奉命節餉遵裁防軍餉銀，又於該局經費内，裁去表正書院銀二千五百兩。自此原撥之款，每年僅領實銀七萬七千五百兩。而修築砲臺，各軍所需子母、砲彈、火藥、拉火、局員薪水及一切工費物料，均取及於此。領款愈少，措手愈難。故輾轉挪移，每年所造僅敷防軍操練之用，並無存儲堪備緩急。吁懇飭下海軍衙門會同户部覈議，每年增撥銀四、五萬兩，作爲吉林機器局常年經費，俾得擴充製造，等語。該將軍所請增撥機器局經費，係爲儲備軍實緩急有恃。臣等公同商酌，天津機器局經費，業經海軍衙門籌有製造的款，吳大澂所部各軍，既已歸併北洋，應需軍火一切，自當取給津局，其會辦北洋行營製造局即可裁撤，騰出前由吉林機器局每年劃撥銀二萬兩，仍行歸還吉林，俾資製造。此項銀兩應自本年秋季起，仍由吉林派員赴部承領。該將軍務當督飭局員撙節動支，不得稍有浮冒，致滋糜費。所有議奏緣由是否有當，謹合詞覆陳，伏乞皇太后慈鑒。再，此摺係總理海軍事務衙門主稿，合併聲明。謹奏。請旨。

奉懿旨：依議，欽此。

吉林省檔案館《清代吉林檔案史料選編(工業)》上册《吉林機器製造局請派員驗收南山火藥局各項工程的申文及清摺光緒十三年五月初六日》　機器製造局爲申請事。

竊卑局及南山火藥局各項工程，有於光緒十年六月以前經前督辦憲吳咨部立案者，有於光緒十年六月以後續請憲臺咨部立案者。並有房間内外安設各項機器。隨時酌量應辦各項工程，向係先行辦理後再具報者。今據監修委員等先後稟報工竣，開摺請驗前來。卑局驗明無異，委係一律工竣，應請驗收，俾昭覈實。理合開具清摺，備文申請，伏乞憲臺鑒覈，委員驗收施行。須至申者。

計呈清摺一扣

謹將卑局及南山火藥局應請驗收各項工程，分晰開具清摺，恭呈憲覈。

計開：

一、機器局立案添造房間、烟筒各數目開列於後：

機器東廠十間

鍋爐房二間

工匠住房二十間

白藥房二間

電汽房五間

洋鐵廠三間

烟筒兩座（一高三丈五尺，一高七丈，合併登明）

以上房屋共四十二間又烟筒二座。

一、機器局房屋内外安設機器，隨時應辦各項工程，開列於後：

機器東廠内地板寬四丈五尺，長十二丈

板墻二段高一丈，長共十五丈

一、南山火藥局先後立案蓋造添造房間烟筒各數目，開列於後：

大門三間

公務廳三間

司事住房六間

工匠長夫住房三十五間

厨房二間

庫房十間

小庫房三間

東碾藥房七間

鍋爐房四間

西碾藥房六間

磚圈房三座〔每座一間，合併登明〕

和藥房五間

提硝房九間

壓水櫃房一間

烘藥房兩間

烘藥板房一間

壓藥板房三間

篩藥板房三間

光藥板房五間

儲炭房三間

燒炭房五間

儲藥庫房一間

守庫兵房三間

各處鍋爐房五間

提磺房二間

烟筒四座（二高四丈，一高六丈，一高七丈五尺，合併登明）

以上房屋共一百三十間，又烟筒四座。

一、南山火藥局房間内外安設機器，隨時應辦各項工程，開列於後：

汽機座二座

碾藥機器圈臺二座

淋硝爐三座

汽爐一座

燒炭爐一座

水池三道

大圍墻並隔墻，高一丈四尺五寸，長共二百四十三丈一尺。

東圍墻，高一丈五尺，長四十三丈。

庫圍墻，高一丈四尺，長三十四丈。

木橋二架

渡船二支

木碼頭一道

廠院板道，寬五尺，長一百八十丈。

庫房内儲硝板棧一所

板臺一架

以上隨時辦理工程共二十三項。

中國第一歷史檔案館《光緒朝硃批奏摺》第一〇二輯（光緒十三年五月三十日山東巡撫張曜摺》 頭品頂戴山東巡撫臣張曜跪奏，爲報銷機器局光緒十一年分用過銀兩，懇恩敕部准銷，恭摺仰祈聖鑒事。竊照東省機器局製造各項軍火，所需經費銀兩向由藩庫籌撥。收支款項，遵照部定新章，每年造冊報銷；凡有添購物料，並先報明立案。查光緒十年分收支各項銀數，業經臣覈明具奏。茲計自光緒十一年正月起至十二月底止，造成各種洋火藥十八萬十八斤十二兩，大銅帽火一千一百四萬八千九百二十粒，各種銅管拉火一萬七千六十枝，哈乞克斯後膛槍子十六萬五千五百粒，林明敦後膛槍子七萬二千五百粒，洋鉛丸六十二萬七千八百五十粒，開花炸子一千六百三十箇，銅螺絲引門一千三百七十五箇，洋式後膛子母砲一尊，砲車一輛，並添造各廠不敷應用機器，修理各營損壞洋槍、洋砲，及造辦裝盛各項軍火箱盒等件。共計採買硝、磺、銅、鉛、鋼、鐵華洋各種物料，並員役薪工、運脚等款，應歸户部覈銷銀一萬九千三百二十兩三錢二分七釐，兵部覈銷銀九千七百七兩三分四釐二毫，工部覈銷銀三萬三千一百七十兩一錢一分一釐六毫，三共用銀六萬二千一百九十七兩四錢七分二釐八毫。内動支光緒十年報銷案内結存銀一千六十三兩五錢七分，陸續共提藩庫銀三萬九千兩，又專案奏撥藩庫銀一萬兩，續撥運庫銀一萬兩。遵照部定新章，雜用各款自十一年起，每兩扣平四分，均按湘平支發，覈計節省平餘銀二千四百二兩五錢四分二釐八毫，一併列入收款，作正開銷。今除支用以外，實存銀二百六十八兩六錢四分，應歸下届造報。據總理局務按察使福潤、候補道姚濟勳詳稱：是年因辦海防各軍操演槍砲需用軍火殷繁，迨後防務雖鬆，勇營尚未全撤，仍不能不認真製造，以備撥發，是以各項工料所用較多，冊開各款均係力求撙節，並無絲毫浮冒等情，造冊呈請，具奏前來。臣復查無異，除清冊咨送户、兵、工三部外，理合恭摺具陳，伏乞皇太后、皇上聖鑒，敕部覈銷施行。謹奏。

該部知道。

光緒十三年五月三十日。

吉林省檔案館《清代吉林檔案史料選編（工業）》上册《吉林軍械分局呈造光緒十三年五月份軍械軍火清册光緒十三年六月初二日》 吉林軍械分局謹將光緒十三年五月份實在存儲火藥、鉛丸、銅帽及槍械、砲位各等項，遵照繕造四柱清册，呈請查覈。須至册者。

計開：

舊管：【略】

新收：

一、收吉林工司籌撥火藥三千五百二十四斤二兩

二、收吉林機器局鉛丸五萬粒

開除：

一、初一日准吉字營總、幫統移領五月份火藥三千五百二十四斤二兩，鉛丸一萬二千九百六十粒，步槍銅帽十七萬七千九百二十粒，馬槍銅帽一萬四千六百粒。

實在：【略】

吉林省檔案館《清代吉林檔案史料選編（工業）》上册《營口轉運局代吉林機器製造局購辦銅帽料紫銅皮的申文光緒十三年六月初八日》 營口轉運局爲申報事。

竊卑局適據上海老順記號函稱：奉天津行營製造局飭，代吉林機器局購辦銅帽料、紫銅皮，遵即照辦。兹交利生，汕頭各輪船運來紫銅皮十八箱，計重七十五石四十斤等因前來。卑局當即報關起卸，照數磅收，分别存解。理合將接收緣由備文申報。爲此具申，伏乞憲臺鑒覈施行。須至申者。

吉林省檔案館《清代吉林檔案史料選編（工業）》上册《户部議復黑龍江將軍恭鏜等奏黑龍江需用軍火擬由吉林機器製造局製造摺光緒十三年六月十二日》

户部謹奏，爲遵旨議奏事。

内閣抄出署理黑龍江將軍恭鏜等奏，黑龍江練軍需用軍火等項，擬由吉林製造，赴部領價，以節運費而便操防一摺。光緒十三年五月十三日奉硃批：該部議奏，欽此。欽遵到部。

查原奏内稱：准直隸總督李鴻章咨開，據天津機器局詳稱，札奉海軍衙門議奏，黑龍江所需銅帽、拉火等項，擬由吉林機器局自行製造領用。上年奉部覈裁經費，現造火藥較難接濟外省。倘黑龍江仍須由津領用，照數撥還價值等因。奴才等查黑龍江練軍應需洋藥等項，由京赴領，仍須撥還價值。運費既巨，路途尤艱。應援照海軍衙門奏定東三省練軍軍火章程，由吉林機器局製造領用，以節運費。自光緒十四年起，每年應需洋藥等項，咨由吉林將軍希飭局覈估製造。旋據付稱：每年應需銀四千一百餘兩等因。黑龍江省實係無款可籌，懇請准由吉林按年派員赴部領取，年終徑行報銷。至鉛丸仍由京工部請領等語。臣等伏查，本年閏四月十四日，海軍衙門會同臣部議付，吉林請撥機器局經費摺内聲叙，昇任廣東巡撫吴大澂所部各軍，既已歸併北洋，應需軍火一切自當取給津局。其會辦北洋行營製造局即可裁撤，騰出前由吉林機器局每年部撥銀十萬兩内劃撥之二萬兩，仍行劃還吉林，俾資製造。應自本年秋季起，仍由吉林派員赴部承領，奏准知行在案。今黑龍江將軍恭鏜等以該省練軍應需洋藥等項，援照海軍衙門奏定章程，由吉林機器局製造，每年應需銀四千一百餘兩，由吉林按年派員赴部領取，等情具奏。

臣等查吉林機器局經費，本年閏四月間既將會辦北洋行營製造局裁撤，撥還吉林機器局銀二萬兩。則吉林製造局經費自當較前充裕。且近年部庫放款增多，若各省應需經費均准由部領取，勢必後難爲繼。所有黑龍江應需銅帽、拉火等項，擬照海軍衙門奏定章程，由吉林機器局製造，撥給領用，共需製造銀四千一百餘兩。臣等公同商酌，應令吉林將軍即在機器局每年由部撥發經費内匀挪動用，毋庸由部庫另行撥給。如蒙俞允，臣部即行文吉林將軍、黑龍江將軍遵照，並令將用過軍火價銀數目，按年由吉林機器局造具細册，報部覈銷，毋得稍有浮冒，以重用款。所有臣等遵議緣由，理合恭摺具陳，伏乞皇太后、皇上聖鑒。謹奏。

本日奉旨：依議，欽此。

吉林省檔案館《清代吉林檔案史料選編（工業）》上册《吉林將軍希元爲破格録用宋春鰲給海軍衙門的咨呈文光緒十三年七月初十日》 爲呈請事。

竊惟吉林以根本重地，逼近俄疆。前因防守多疏，被其侵佔邊地數千里。自光緒六年設立防軍，經前督辦大臣吴奏准創建機器局，調委現遵海防捐例報捐江蘇候補知府、前四品銜知府用、江蘇試用同知宋春鰲總理其事。製造鉛丸、銅帽等件，藉咨操演。及敝將軍接辦防務，飭令創設藥廠，添造機器，製造洋式火藥、開花子彈、拉火、强水、白藥、水雷一切軍火併新式槍砲。各樣分給各軍，隨時演練均能命中致遠，以壯軍威。

去年欽差大臣穆於吉林添設吉字軍，黑龍江添設齊字軍，兩軍軍火均奏准由該局就近製造。並奉天盛字軍與吉、齊兩軍軍械亦由該知府派人分往修理。現在黑龍江將軍恭以該省練軍軍火、開花子彈、木信、拉火等件，購自津局，轉運維艱，咨商亦由該局製造。

查目下軍需必以火器爲要務。該知府宋春鰲督飭局員、司事及工匠人等，夙夜講求，勞勩七載，俾吉林、黑龍江兩省邊練各軍，俱能練火器以臻精强。即三省新設練軍火藥軍械，亦復藉資辦理，實於邊防大有裨益。

查上年海軍衙門奏准「保奬章程」内開：水陸操防，船政機器或與海軍相輔而行，或爲海軍必須要務。懇請慈恩飭下吏部，開除不准列保之禁。如有奇才異能，創造軍械或得力船隻，由該省督撫考驗明確，咨送臣衙門復驗屬實，即破格懇恩録用，以示感觀各等語。

今該知府宋春鰲，守潔才明，思慮周密，辦事勤懇，熟悉洋務。其創製軍械，實能壯邊防而御外侮。去歲敝將軍將各式槍砲考驗明確，當經派員送呈神機營驗收，承准咨復。吉林機器局創造各式槍砲，頗極精巧，具見實力講求，深明製造之理各等因在案。現又製造小輪船，式樣業經驗明，飭令照式造一大船，以便行駛松花、黑龍二江，藉省轉輪之費。約計明年冰泮，即可開輪。是該知府之創製軍械覈與貴衙門破格録用章程實屬相符。若但照常例開保，不過補缺後請以道員用而已。擬援案奏懇恩施，破格録用，准予免補知府，以道員仍歸原省補用，以示鼓勵。是否有當，相應咨呈貴衙門，謹請查覈，示復遵行。須至咨呈者。

中國第一歷史檔案館《光緒朝硃批奏摺》第一〇二輯《光緒十三年七月二十八日吉林將軍希元依古唐阿摺》 奴才希元依克唐阿跪奏，爲吉林機器局動支經費銀兩實數，循案截期造報，奏請覈銷，恭摺仰祈聖鑒事。竊奴才等於光緒十年五月奉命接辦吉林邊務事宜，所有吉林機器局自光緒七年分起，截至光緒十年六月底止，動支經費銀兩實數應由前督辦大臣吴大澂奏銷外，實存原庫平銀六萬零二百三十八兩八錢六分一釐一毫九絲九忽六微，當經該大臣移交歸入光緒十年六月以後造册報銷，曾經先後奏咨在案。兹查該局經費自光緒十年七月初一日起，截至光緒十二年十二月底止，續收户部撥領庫平銀十九萬七千五百兩，又收防餉内撙節購備槍砲項下撥領代造防軍擡槍庫平銀一萬六千兩。舊管、新收共庫平銀二十七萬三千七百三十八兩八錢六分一釐一毫九絲九忽六微。内除琿春砲臺經費，共支過原庫平銀一萬九千零八十九兩三錢零八釐九毫，三姓砲臺經費，共支過原庫平銀一千八百八十三兩六錢六分三釐，仍應由升任廣東撫臣吴大澂奏銷外，計開除表正書院薪水、口分共支過原庫平銀四千零五十七兩七錢二分八釐三毫五絲六忽，營口轉運局薪水、口分共支過原庫平銀五千二百四十三兩八錢，吉林機器局薪水、工食共支過原庫平銀七萬九千三百九十一兩七錢九分六釐二毫六絲五忽，長夫口分共支過原庫平銀一千七百七十二兩，局費共支過原庫平銀四千二百兩，由上海等處購辦機器、物料共支過原庫平銀七萬一千五百三十九兩四錢七分一釐一毫，其運費共支過原庫平銀三萬三千八百二十七兩，在吉林本省購辦物料共支過原庫平銀四萬一千八百五十七兩五錢八分三釐七毫二絲一忽五微，添蓋廠房及南山火藥局房各項工程共支過原庫平銀三萬八千零二十兩零三錢八分七釐四毫一絲零五微二纖外，實在不敷庫平銀二萬七千一百四十三兩八錢七分七釐六毫五絲三忽四微二纖，飭由防餉内騰挪濟用。所有出入各款，奴才等督飭局員查照該局按月呈報清摺，逐款勾稽，委係實用實銷，毫無浮冒。除造具細册咨送户、兵、工部查覈外，所有光緒十年七月初一日起截至光緒十二年十二月底止，吉林機器局動支經費造報緣由，理合恭摺具奏，伏乞皇太后、皇上聖鑒，勅部覈銷施行。謹奏。

光緒十三年七月二十八日。

中國第一歷史檔案館《光緒宣統兩朝上諭檔》第一三册《光緒十三年八月二十六日》 軍機大臣字寄大學士直隸總督一等肅毅伯李，光緒十三年八月二十六日奉上諭：希元等奏，吉林練隊需用軍火餘存無多，請飭天津機器局撥給洋火藥二萬觔、鉛丸五十萬粒、銅帽二百萬粒等語。著李鴻章照數撥給，以資應用，所需價銀即由户部於吉林練餉項下如數扣抵，就近撥還直隸歸款，將此諭令知之，欽此。遵旨寄信前來。

中國第一歷史檔案館等《中國近代兵器工業檔案史料》第一輯《李鴻章奏陳天津機器局經費支絀請將各省解還出使經費挪作局用片光緒十三年十一月十一日》 再，天津機器局關係海防各軍後路根本，前因每年應領户部銀十二萬兩驟行裁停，經費頓形支絀，當經海軍衙門奏請仍由户部於洋藥稅厘並征項下，每年撥給銀十萬兩，俾免匱乏；聲明此項未解到之先，由臣暫行籌款辦理等因，欽奉懿旨允准在案。誠以該局創設多年，製造各種新式軍火尚能精利適用，且常年供支北洋水陸各營及東三省、熱河、察哈爾，並協撥他省，爲數甚巨，又值創練海軍，鐵艦、快船陸續購集，需用尤繁。此局爲海軍取給之源，若因經費不足停減製造，深恐貽誤操防，於畿輔全局有礙，故必妥籌接濟。

查該局現應定購銅、鐵等項物料及大批硝斤、木炭需銀八九萬兩，又應找付各洋行前購料價需銀五萬兩，又俟鑄錢機器運到應找價銀一萬餘兩，又新藥廠工程磚瓦、石料需銀一萬兩，連冬、臘、正月局用、薪工各項撙節覈計，共需銀十九萬餘兩。以所收津、東兩關四成稅銀劃抵，尚不敷銀十餘萬兩。實因本年停領部餉十二萬兩，又添海軍衙門飭造昆明湖水操小火輪、洋舢板、砲劃等船及運船所用輪車鐵軌各項，並代製武備學堂鏹水，計多出款三萬餘兩，遂致萬難支拄。户部應撥洋藥稅厘一時既難解到，自應由臣暫行挪撥，以應急需。惟北洋庫儲奇絀，奉撥各省關之款欠解甚多，應發軍餉等項不敷甚巨，實屬無可匀籌。今查有購買西洋火器案内，各省解還出使經費現存支應局銀七萬九千五百五十一兩四錢九分八厘九毫，暫可移緩就急。此本係奏撥購辦軍火價銀，現因製造軍火費絀移用，尚於事理不背。且海軍衙門因機器局製造緊要，經費不能短缺，已奏奉懿旨准由户部於洋藥税厘並征項下，歲撥銀十萬兩。將來藥厘照數撥到，仍可陸續歸還，不過暫時挪移，庶軍火要需不致停造，而出使經費仍歸有着，實與海軍衙門原奏撥項未到由臣暫行籌款辦理之議相符。除仍飭撙節動支，其餘不敷銀兩另再設法挪湊並分咨外，理合附片具陳。是否有當，伏乞聖鑒訓示，敕下各衙門查照。謹奏。

光緒十三年十一月十四日奉硃批：該衙門知道。

國家清史編纂委員會《李鴻章全集》第一二册《天津機器局報銷摺光緒十三年十二月十四日》 奏爲天津機器局光緒十一年分動用經費各款，遵照新章造册報銷，恭摺仰祈聖鑒事。竊查天津機器局經費，奏明動撥津海、東海兩關四成洋税暨由户部月撥邊防餉銀一萬兩，截至光緒十年分止，業將支銷款目遵照部定新章造册奏報，經部覈復准銷。並將十一年分支給薪工、建蓋廠屋等款，分别咨部立案。兹據該局司道沈保靖等督同承辦局員將十一年應行造銷之册分晰開報，計上届存銀四萬七百六十八兩零，本届十二個月共收洋税、部餉及各省撥還銀三十五萬六千六百七十九兩零，共用銀二十九萬四千六十六兩零，應存銀十萬三千三百八十一兩零，業經購料等項動用，内有定購造藥機器應歸付清價脚之年造報者，又有添建製藥各廠房工價應歸工竣之年造報者，所有本届動用各款，仍照向章各歸各册。計全案收支總數及員弁、司事、工匠、夫役人等薪工爲第一册，購辦物料、續建工程及覈付保險、運脚等項爲第二册，收支物料分項造報，用存物料作爲十二年分舊管爲第三册，製成軍火撥發各項爲第四册，外撥各船薪糧、物料及行營製造局用料爲第五册，神機營並總理各國事務衙門撥用器料爲第六册。其製成軍火，一項歷届造册呈送總理各國事務衙門備查，兹仍循舊造報。查十一年分法、越事雖漸平，而上半年海疆未靖，籌防喫緊，必須添購物料，加做夜工，趲造軍火以期無誤調撥，兼之北洋水師各船及各口砲臺大砲需用德國新式火藥，選募洋匠，建蓋廠房，故用款較常年稍增。至製造各項器物皆仿洋式，難以例價相繩，循照歷届章程實用實銷，並無絲毫浮冒，詳請具奏前來。臣查該局所呈各册復加確覈，委係覈實動支，毫無虚飾。北洋籌辦海防，拱衛畿疆，關係重要，迭奉諭旨整頓擴充，歷久不懈。現創練水師，續添鐵艦、快船、魚雷艇等項軍火撥用日繁，該局爲海防水師取給之源，不得不設法經營，以免缺誤，但必經費應手，乃可勉力支持。該局應領部款前已停止，僅指津、東兩關四成洋税，所短甚多，彌形竭蹶。本年經海軍衙門奏准，由户部於洋藥税、厘並征項下每年撥銀十萬兩，已較從前部餉減給二萬兩，現在尚未撥到，應請敕部迅速指撥，以濟要需。除仍督飭局員撙節動支，覈實經理，並將清册分送總理衙門暨户、兵、工三部查照外，所有天津機器局光緒十一年分動用經費造册報銷緣由，理合恭摺具奏，伏乞皇太后、皇上聖鑒。謹奏。

光緒十三年十二月十七日，奉硃批：該衙門知道，欽此。

國家圖書館分館《清光緒兵部奏稿》第九册 臣等查册開長夫船夫工食一款，該局向設長夫一百五十名，盤運物料船八隻、火藥船二隻，每隻船夫四名，並隨時添雇短夫，均照准銷長船長夫成案每名日支銀一錢，嗣因夫船工食改按錢數造報與前案不符，當即行查，旋據覆稱以銀數覈計均尚有減無浮，又經臣部按款詳加覈算，尚無浮冒，兩經奏請准銷各在案。此次册造長夫一百五十名，每名每月工食津錢九千文，三節每名每節賞錢一千文，逐日添雇短夫，通年共三萬七千十四工，每工津錢三百文；火藥船夫八名，每名每月工食津錢十二千文；撥船夫三十名，每名每月工食津錢九千文，每津錢三千二百二十四文合銀一兩，並據聲稱長夫就通年覈算、船夫就起止日期勻算，以錢折銀均未逾每名每日銀一錢之數，所有應行扣建銀兩已在其内等語。是此款係照歷届成案接支之款，所有請銷錢折庫平銀九千六百四十一兩六錢八分七厘三毫四絲五忽，並紫竹林起卸機器物料小工七千九百八十八工半，每工請銷津錢三百文，用過錢折庫平銀七百四十三兩三錢四分六厘七毫七絲四忽，均應准其開銷。查長夫工食一款，請銷開支數目尚屬相符。惟節賞名目係於何日，添設曾否奏咨立案，前令於此次銷案内詳細聲覆，迄今未據覆到，並令趕緊查覆備覈入。册開水陸運脚一款，查定例運送物料按六百斤餉銀六千兩各給車一輛，每車每百里給銀一兩；又運送軍裝軍火每五十斤，雇夫一名，每名給銀五分；又前據南北洋大臣咨送招商局輪船水脚章程内開由上海至天津計二千二百六十五里，無藥鉛彈每擔水脚銀四錢。有藥槍子並銅每擔水脚銀六錢，鐵鉛每擔水脚銀三錢，砲架什物洋槍每噸水脚銀六兩，每擔重一百斤，每噸重一千六百八十斤，輕貨佔艙位者，按四十英尺爲一噸每值千兩給保險費銀三兩各等語。又准銷長船成案每船船夫自十二名至八名不等，每夫日支銀一錢，迭經准銷在案。此次册造請銷水陸運脚，以單開斤重里數，與例章成案分别覈較，均尚有減無浮，所有請銷銀四千八百三十六兩九錢二分三厘八毫六絲，應准開銷。惟外洋運華軍火按噸磅開支水脚若干，給保險費若干，前經臣部議令該大臣妥議章程咨部。

安定《清内府奏摺東三省練兵奏議》上册 再奴才定查三省開辦練兵以來，時逾兩載，一切規模俱經前大臣穆佈置就緒。奴才定接辦伊始，當此海防河工用款浩繁，惟有遇事撙節，冀可稍濟時艱。查練兵餉械奉天、吉林、黑龍江三省均已設立支應軍械，各局雖屬慎重起見，但多一局即多一項經費，奴才定悉心體察，奉天既設總局，其兩省所需餉項應由總局隨時酌撥，兩省軍火照章仍由吉林機器局分批撥解，似不必專設分局，徒資糜費。現同奴才慶希恭商酌，擬請將吉林、黑龍江支應軍械分局即行裁撤，統歸該軍總統、幇統遴派妥員經理，收發按月造册，移報總局查覈。如此稍爲變通，亦足以專責成，仍酌留各該局承辦者一二員會同經理，藉資熟手，除分咨外，所有裁撤吉林、黑龍江支應軍械分局緣由，理合附片陳明。謹奏。

國家清史編纂委員會《李鴻章全集》第一二册《天津機器局承造輪船料價片 光緒十四年三月十一日》 再，前准海軍衙門咨稱，規復昆明湖水操，需用淺水平底鋼板小輪船一隻，洋舢板二隻，砲劃八隻，行令天津機器局備料成做。嗣因不敷操用，飭續造鋼板坐船一隻，業據該局製造告竣，於上年閏四月、十月兩次派候補道潘駿德率領員弁、匠役解京，開具輪船等馬力、丈尺及配用料件器物細數摺册，咨送海軍衙門驗收在案。兹據該局詳稱，承造「捧日」鋼板小輪船一隻，鋼板坐船一隻，共覈工料價庫平銀一萬八千四百二十九兩九錢七分五厘七毫。洋舢板二隻，砲劃八隻，共覈工料價庫平銀三千九百十八兩二錢三分五厘。運送各船及搬運鐵軌車船各費並另運「翔雲」小輪船一隻，火車一輛，共用庫平銀三千六百二十兩三錢七分。三項統計庫平銀二萬五千九百六十八兩五錢八分七毫，已由該局經費項下設法匀籌支給，應請就款開除等情。除將各船工料價並運送駁費等款清册分送海軍衙門，户、兵、工部外，理合附片具陳，伏乞聖鑒，敕下各衙門查照。謹奏。

光緒十四年三月十四日，奉硃批：該衙門知道，欽此。

中國第一歷史檔案館等《中國近代兵器工業檔案史料》第一輯《户部奏天津機器局經費不敷擬請由江海關洋藥税厘並征項下撥給銀十萬兩片 光緒十四年四月二十三日》 再，查前據北洋通商大臣李鴻章因天津機器局經費不敷，咨由海軍衙門奏准，令户部於洋藥税厘並征項下每年撥銀十萬兩，當經臣部以洋藥税厘尚未據各省關奏咨報部，應俟造報到日再行撥給，行知該大臣查照在案。復據該大臣以現在創練水師，續添砲艦等項，軍火撥用日繁，必須經費應手，該局領款僅指津、東兩關四成洋税，所短甚多，前請部撥洋藥税厘並征項下每年銀十萬兩尚未撥到，請迅速指撥，以濟要需等情，奏報到部。臣部自應照數指撥，俾免遲誤。擬請在於江海關一百十結起至一百十三結共四結洋藥税厘並征項下，撥給光緒十四年天津機器局銀十萬兩，以資應用。如蒙俞允，即由臣部行文各該督撫遵照辦理。所有指撥天津機器局經費緣由，理合附片陳明。謹奏。

光緒十四年四月二十七日奉旨：依議，欽此。

中國第一歷史檔案館《光緒朝硃批奏摺》第一〇二輯《山東巡撫張曜摺 光緒十四年四月三十日》 頭品頂戴山東巡撫臣張曜跪奏，爲報銷機器局光緒十二年分用過銀兩，懇恩敕部准銷，恭摺仰祈聖鑒事。竊照東省機器局製造各項軍火，所需經費銀兩，向由藩庫籌撥。收支款項，遵照部定新章，每年造册報銷；凡有添購物料，並先報明立案。光緒十一年分收支各項銀數，業經臣覈明具奏。兹查自十二年正月起至十二月底止，造成各種洋火藥十二萬二千四百觔，大銅帽火八百萬五千三百六十八粒，哈乞克斯後膛鎗子四十七萬顆，水雷電線一千丈，鉛丸七十九萬四千粒，洋式後膛子母砲一尊，砲車一輛，並添造各廠不敷應用機器，修理各營損壞洋鎗、洋砲，及造辦裝盛各項軍火箱盒等件。共計採買硝、磺、銅、鉛、鋼、鐵、華洋各種物料，並員役薪工、運脚等款，應歸户部覈銷銀一萬九千二十二兩九錢九分三釐，兵部覈銷銀七千六百五十二兩八錢九分一釐，工部覈銷銀二萬八千五百六十八兩五錢九分八釐四毫八絲，三共用銀五萬五千二百四十四兩四錢八分二釐四毫八絲。内動用光緒十一年報銷案内結存銀二百六十八兩六錢四分，又户部删減漏扣曠工湘平銀五兩，十二年陸續共提藩庫銀三萬四千五百兩，專案奏撥藩庫銀一萬八千六百八十五兩二錢六分二釐。遵照部定新章，雜用各款每兩扣平四分，均按湘平支發，覈計節省平餘銀二千一百二十七兩四錢一分四毫八絲，一併列收作正開銷。今除支用外，實存湘平銀三百四十一兩八錢三分，應歸下届造報。據總理局務按察使福潤、候補道姚濟勳造册呈請具奏前來。臣覆加查覈，尚無浮冒情弊。除清册咨送户、兵、工三部外，理合恭摺具陳，伏乞皇太后、皇上聖鑒，敕部覈銷施行。謹奏。

該部議奏。

光緒十四年四月三十日。

中國第一歷史檔案館《光緒朝硃批奏摺》第一〇二輯《光緒十四年八月初二日吉林將軍長順摺》 再，奴才奉命調補福州將軍，所有吉林機器局動支經費自應截期交代。伏查奴才與依克唐阿前届奏報經費覈銷册内，截至十二年十二月底止，實不敷庫平銀二萬七千一百四十三兩八錢七分七釐六毫五絲三忽四微二纖。由十三年正月起截至十四年六月底止，共計由部庫領過庫平經費銀十三萬六千二百五十兩，除歸還前次報銷不敷暨用過各項銀兩，共計動支庫平銀十九萬四千九百九十九兩六錢二分四釐一毫二絲八忽六微四纖外，實不敷銀五萬八千七百四十九兩六錢二分四釐一毫二絲八忽六微四纖。應即截至十四年六月底止，將此不敷銀五萬餘兩作爲截期交代之數，移交將軍長順接管。自十四年七月初一日起，以後領到經費支需款目，即由長順會同依克唐阿造册報銷，其六月底以前需支款目，仍由奴才與依克唐阿造報。如此截期分案奏銷，俾清界限而昭覈實。再，本年秋冬季經費銀兩尚未領到，該局製造需款孔亟，暫由防餉、俸餉各項下騰那借墊，一俟按季領到經費，陸續歸還墊款。除咨行將軍長順查照接收並分咨知照外，所有截期交代機器局經費數目緣由，理合附片陳明，伏乞聖鑒。謹奏。

朱壽朋《光緒朝東華録》卷九一《光緒十四年九月》 李鴻章奏，北洋創練水師，購置鐵甲鋼甲快船，身大力重，喫水較深，不能駛進河口。因擇定旅順口内西澳山圍沙亙，形勢天然，堪爲師船停泊之處，惟口狹底淤，非大加開濬不能展輪下椗。前已購造挖海接泥各船，動加疏治，其挖出淤泥，必須小輪船拖帶出海遠卸，方免口内阻塞。原僅利順小輪船一隻，不敷往返拖駛，接泥船亦復短少，軍用緊要，不得不及時添備。當飭大沽船隖製造暗輪鋼拖船一隻，名曰遇順，身長一百二十尺，寬二十尺，喫水八尺五寸，船身用鋼板，艙面用柚木板，造成氣缸三具，康邦汽機全副，馬力三百五十匹，每點鐘行十二海里，極爲堅利靈捷。且艙面平厚，有事時即可撥兵設砲，爲安置水雷之用。實於工程有裨，計連舢板兩隻，桅索裝修及一切應用器具物料俱全，並隨帶小火輪舢板一隻。除工價由船隖月支經費内開支外，實用料價庫平銀三萬四千一百六兩有奇。又另造大小鐵駁接泥船六隻，亦均一律堅固，實用料價庫平銀三萬九千四百二十七兩有奇。均在北洋經費項下設撥，應俟彙案報銷。至該輪船常年用款，除煤炭油修一切活支之項難以預定外。計配設管駕人等二十六員名，月支薪糧銀四百十四兩，並以該船輪機均係新式，暫雇洋管輪馬庚一名指授理法。議明當差三箇月，期滿即行辭退，未經訂立合同，月給薪水銀一百八十兩，均自光緒十三年十月分起在北洋經費項下開支。除洋員現已遣撤，並將管駕人數開單分咨海軍衙門户兵二部外，所有開濬旅順澳工製造遇順鋼拖輪並鐵駁等船緣由，理合附片具陳，下部知之。

邢玉林《光緒朝黑龍江將軍奏稿・恭鏜托克湍奏十四年製造火藥用過銀兩數目摺光緒十四年十一月二十一日》 奴才恭鏜托克湍跪奏，爲光緒十四年分製造火烘藥等項用過工料銀兩數目，請旨飭部覈銷，恭摺仰祈聖鑒事。竊查前經奏准黑龍江省每年加工碾造火藥六萬斤、烘藥一千二百斤、火繩一萬二千斤，以資操防需用。所有光緒十三年製造火藥等項用過銀一萬二千六百兩，業已造册咨部議准，覈銷在案。兹據碾造火藥委員協領淩善報稱，十四年分應造火藥六萬斤、烘藥一千二百斤、火繩一萬二千斤，均已製造完竣，遵照奏定價值，共用過工料銀一萬二千六百兩，由練軍項下如數支領，按款造册呈報前來。奴才等復覈無異，除將細册咨送户、工二部覈銷外，理合恭摺具奏，伏乞皇太后、皇上聖鑒，飭部議准覈銷施行。謹奏。

中國第一歷史檔案館等《中國近代兵器工業檔案史料》第一輯《李鴻章奏銷天津行營製造局購置鐵爐汽錘汽機並安設鍋爐等項費用片光緒十四年十一月二十七日》 再，淮軍水師營哨原設各砲船，按照前次釘修年月扣至光緒十三年，多已逾限，船身朽壞，應分別撥款造修。又天津行營機器製造局因常年製械用鐵最多，每造重大物件，以尋常鐵爐將就熔化，器具太小，恐誤要工，議令購置並鐵大爐、汽錘、汽機各物，並添建安設鍋爐廠房工料等項，業將需用各款數目，遵照新章匯入季報清册，先後咨部立案。兹據該司道等按款復加查覈，與定章及奏准飭發銀數均屬無浮。計應歸户部覈銷安設鍋爐廠房匠工銀三百五十四兩一錢，應歸工部覈銷購置器具、料物、造修船工等銀二萬二百一兩有奇，共計請銷銀二萬五百五十五兩二錢有奇，專案分造支銷細册，詳請附奏前來。

臣查前項造修船工、購置鍋爐用款，或係查照定章覈實支給，或與洋人交涉無例可循，並無絲毫浮冒，自應專案據實請銷。除將細册分咨户、工部覈銷外，理合附片具陳，伏乞聖鑒。謹奏。

光緒十四年十一月三十日奉硃批：該部知道。欽此。

中國第一歷史檔案館等《中國近代兵器工業檔案史料》第一輯《長順奏查明兵屯商務機器寶吉等局並擬整頓摺光緒十四年十二月十三日》 奴才長順跪奏，爲遵旨查明兵屯、商務、機器、寶吉等局，現擬整頓並運砲情形，據實覆陳，恭摺仰祈聖鑒事。

竊奴才於光緒十四年十月二十五日承准軍機大臣字寄，光緒十四年十月十七日奉上諭：有人奏吉林時務各條，請飭確查等語。所陳黑頂子兵屯、朝鮮分界處所添設税局及寧古塔等處砲臺，機器局製造火藥、銅帽、槍子、輪艘等物，寶吉局鑄錢經費各節，辦理諸多未協，如果屬實，亟應認真整頓。長順甫經到任，無所用其回護，着即逐款查明，據實具奏，毋稍徇隱。但自來每换一任，凡前任失意之屬員，或好事之幕友，輒取悦逞才，妄詆舊政，此弊亦不可不防。該將軍查辦此事，務須秉公覈實，躬親勘驗，勿受下僚蒙蔽，徒亂章法。至朝鮮界務一條，現在尚未議定，究應如何分劃之處，並着查明奏覆。原單着鈔給閱看。將此諭令知之。欽此。遵旨寄信前來。仰見朝廷軫念東陲，實事求是之至意。跪讀之下，欽感莫名。

伏思奴才猥以庸愚，謬膺重任，事無大小，靡不實力講求，冀以除積習而臻治理。到任後，即訪聞有各項未協情弊，證之輿論，亦屬相符，正在認真整頓間，適奉廷寄，並細譯原奏各款，與奴才所訪亦大致相同。謹將已經整頓並派員確查以及尚須躬親勘驗者，仍按款爲我皇太后、皇上據實陳之。【略】

一、原奏内稱：機器局製造洋藥、銅帽、子母、槍子等物，歲耗不下十萬金，僅足供邊防一軍之用；至本省及三省各練軍或修整洋槍及需用軍火等件，尚須另外備價；而所造小輪艘不能駛行，徒貽笑柄等語。詳查吉林機器局本吳大澂奏設，原爲自强之計。除修蓋房屋、購買機器經始之費不計外，每年原以十萬兩爲度，後覈減至八萬兩，專供邊防軍火之用。近年復添吉字營、齊字營，軍火由海軍衙門按年撥給銀二萬一千餘兩，又由部撥經費内劃撥製造黑龍江本省練軍軍火銀三千三百兩，統計每年實撥該局銀十萬四千餘兩。歲去局費、薪工、運價六萬兩有奇，所餘銀兩以之購料，宜乎只能造出洋火藥二十三萬九千餘磅，鉛丸槍子二百九十萬七千餘粒，又開花彈拉火等件雖敷應用，究未能額外多造。出新奇以製物，爲自强之實際，良由薪工、運費估去實銀太多。刻由奴才飭令該局總理宋春鰲於薪工、運費並購買物料内力求覈減，騰出銀兩尚可添購物料，多製軍火備用，俟其呈覈到日再行奏明覈辦。至輪船二隻原本希元捐廉試造，大者身長以英尺四分代一尺，計長五丈三尺，艙深七尺，寬十四尺，安頓機器外，隙地無多，難以轉運軍械，且江水甚淺，載重亦有不勝之勢。其小者亦以英尺計長三丈二尺，更無濟於事矣。奴才詢諸副都統恩澤稱，此船造成時，亦曾偕希元履閱大致不差，駛行究不甚迅速。奴才意俟明歲江水解凍，親爲勘驗，並查明能否拖帶船隻，再行覆奏。【略】

所有奴才查明兵屯、商務、機器、寶吉等局，現擬整頓並運砲情形，理合先行恭摺覆陳，是否有當，伏乞皇太后、皇上聖鑒訓示。謹奏。

[硃批]：知道了。

中國第一歷史檔案館《光緒朝硃批奏摺》第一〇二輯《光緒十四年十二月十九日直隸總督李鴻章摺》 欽差大臣大學士直隸總督一等伯臣李鴻章跪奏，爲天津機器局光緒十二年分動用經費，照章造册報銷，恭摺仰祈聖鑒事。竊照天津機器局經費，奏明動撥津海、東海兩關四成税暨由户部月撥邊防餉銀一萬兩，截至光緒十一年分止，業將收支款目造册奏報，經部覈覆准銷，並將十二年分支給薪工等款分别咨部立案。兹據該局司道沈保靖等將十二年應行造銷之册分晰開報：計上届存銀十萬三千三百八十一兩零，本届十二個月共收税項、部餉及各省撥還銀三十二萬三百三十二兩零，共支銷銀二十九萬六千二百十二兩零，應存銀十二萬七千五百一兩零，業經定購外洋器料並添建廠屋工程動用，應歸付清價脚及工竣之年報銷。所有本届應銷各款，仍照向章各歸各册，計全案收支總數及員弁、司事、工匠夫役人等薪工爲第一册，購辦物料、續建工程及覈付保險、運脚等項爲第二册，收支物料、分項造報用存物料作爲十三年分舊管爲第三册，製成軍火撥發各項爲第四册，外撥各船薪糧、物料及行營製造局、大沽水雷營用料爲第五册，神機營撥用器料爲第六册。其製成軍火仍造册咨送總理各國事務衙門備查，至製造各項器物，皆仿西洋新式，難以例價相繩，循照歷届章程實用實銷，詳請具奏前來。臣查該局所呈各册，覆加確覈，委係覈實動用，毫無浮冒。北洋籌辦海防，拱衛畿輔，欽奉懿旨，逐漸擴充，歷久不懈。現當創立海軍之始，凡鐵艦、快船、魚雷艇、水雷營及各口砲臺、陸軍應需軍火，均關緊要。該局爲北洋水陸各軍取給之源，外省又時來請撥，必須設法籌備。惟應領部款前已停止，僅指津、東兩關四成洋税及海軍衙門撥給洋藥釐尚多短缺，又須添造新式長砲鋼彈、新式栗色火藥，雖另撥經費銀八萬兩，而各省關能否如數撥解，尚未可必。惟有督飭局員就款撙節動用，勉力支持，冀免貽誤。除將清册分送總理衙門暨户、兵、工三部查照外，所有天津機器局光緒十二年動用經費造册報銷緣由，理合恭摺具奏，伏乞皇太后、皇上聖鑒。謹奏。

硃批：該衙門知道。

光緒十四年十二月十九日。

中國第一歷史檔案館《光緒朝硃批奏摺》第一〇二輯《光緒十五年五月初一日・山東巡撫張曜摺》 太子少保頭品頂戴山東巡撫臣張曜跪奏，爲報銷機器局光緒十三年分用過銀兩，懇恩敕部准銷，恭摺仰祈聖鑒事。竊山東省機器局製造各項軍火，所需經費銀兩，向由藩庫籌撥。收支款項，遵照部定新章，每年造冊報銷；凡有添購物料，並先報明立案。光緒十二年分收支各項銀數，業經臣覈明具奏。茲查自十三年正月起至十二月底止，造成各種洋火藥七萬九千二百觔，大銅帽火八百十三萬三千七十箇，鋼砲拉火銅管三萬三千五百枝，哈乞克斯後膛槍子三十一萬七千顆，毛瑟後膛槍子一萬八千顆，水雷電線一千丈，鉛丸三十六萬五千粒，添造各廠不敷應用機器，修理各營損壞洋槍、洋砲，及造辦裝盛各項軍火箱盒等件。共計採買硝、磺、銅、鉛、鋼、鐵、華洋各種物料，並員弁、匠役薪工運腳等款應歸户部覈銷銀一萬八千三百八兩八錢六分八毫五絲三忽，兵部覈銷銀五千三百八十九兩一錢二分，工部覈銷銀一萬八千五百十兩六錢三分七釐一毫四絲七忽，三共應銷銀四萬二千二百八兩六錢一分八釐。內動用光緒十二年報銷案内結存湘平銀三百四十一兩八錢三分，陸續共撥藩庫庫平銀三萬二千兩，專案奏撥藩庫庫平銀一萬兩。遵照部定新章，雜用各款每兩扣平四分，均按湘平支發，覈計節省平餘銀一千六百八十兩，一併列收作正開銷。今除支用外，實存湘平銀一千八百十三兩二錢一分二釐，應歸下届造報。據總理局務按察使福潤、候補道姚濟勳造册呈請具奏前來。臣覆加查覈，尚無浮冒情弊。除清册咨送户、兵、工三部外，理合恭摺具陳，伏乞皇上聖鑒，敕部覈銷施行。謹奏。

硃批：該部知道。

光緒十五年五月初一日。

中國第一歷史檔案館等《中國近代兵器工業檔案史料》第一輯《李鴻章奏潘駿德在天津機器局等處研究製造著有成效片光緒十五年六月十八日》 查有花翎二品銜軍機處存記直隸候補道潘駿德，年五十二歲，安徽涇縣監生。【略】六年，指分直隸。【略】六月到省，即派辦天津機器局。【略】七年，因仿製西洋軍火著有成效，經臣保加二品銜，奉旨允准。十二年，因教授神機營弁兵製造出力，經王大臣奏保，奉懿旨着交部從優議叙，並交軍機處存記，欽此。是年蒙醇親王巡閲北洋，以經理機器局出力奏保，奉懿旨着交部從優議叙，欽此。十三年，因調辦神機營事務出力，經王大臣保請交部從優議叙，奉懿旨依議，欽此。十五年，因督造解京小輪船暨新購輪車出力，經總理海軍事務衙門奏保，奉懿旨着賞戴花翎，欽此。該員廉勤篤實，條理詳明，有爲有守，在天津機器局已歷十年，研究製造理法，程工甚速，置器日精。又奉神機營調襄製造，並奉海軍衙門派司昆明湖水操學堂，均能實心實力。

吉林省檔案館《清代吉林檔案史料選編（工業）》上册《吉林將軍長順奏吉林練軍馬步隊軍火由機器製造局節省經費酌撥摺光緒十五年十月初四日》 光緒十五年十月初四日督辦將軍長奏：再，吉林本省練軍馬、步隊應需軍火，向由天津購辦，往返需時，尤糜運費。且練軍餉項頻年不敷，而挹彼注兹，實形竭蹶。此項軍火價銀，年雖僅需二千數百金，籌款亦誠不易。擬自明春起，即由機器局節省經費，另造軍火項下酌撥火藥、鉛丸等項應用，庶可少補練餉之不足，而亦無礙於籌邊切要之圖。是否有當，謹附片具陳，伏乞聖鑒。謹奏。

十一月初七日奉到硃批：該部知道，欽此。

國家清史編纂委員會《李鴻章全集》第一三册《津局添購車床片光緒十五年十二月十一日》 再，北洋海軍各艦所設新式砲位需用子彈，除必須向原廠定購不計外，其有各種長式砲彈，天津機器局可自仿造，應由該局製辦，以備緩急，兼省費用。惟年操、備戰兩項所需砲彈甚夥，該局機器車床不敷應用，未能多造。現經覈議，添購大小車床十六具，約估價值水脚保險共需行平銀一萬九千一百餘兩，據該局員詳報前來。查本年十月十五日奉上諭，嗣後如有購買機器、軍火各項物料，均著先行陳請等因。茲該局仿造海軍需用各種長式砲彈，應添車床爲必不可少之件，應請准其添購製造，俾免貽誤。除分咨户部、海軍衙門外，理合附片陳明，伏乞聖鑒訓示。謹奏。

光緒十五年十二月十四日，奉硃批：該衙門知道，欽此。

國家清史編纂委員會《李鴻章全集》第一三册《張夢元派辦機器局片光緒十六年四月十六日》 再，天津機器局爲北洋海防水陸各軍根本，關係重要。近年西法日新，製造繁賾，事多人少，必須添員經理。查有開缺福建布政使張夢元，廉正精詳，條理綜覈，前曾督辦福建船政，於機器理法講求有素。該員腿疾雖未全愈，其心思才力實未衰頽。機器製造係海防軍實事宜，非尋常局務可比，擬派令該前司張夢元駐局，會督員匠逐事逐物，力求精進，務令器必利用，款不虛糜，以收實效。理合附片具陳，是否有當，伏乞聖鑒訓示。謹奏。

光緒十六年四月十九日，奉硃批：著照所請，該衙門知道，欽此。

中國第一歷史檔案館等《中國近代兵器工業檔案史料》第一輯《張曜奏銷山東機器局光緒十四年用過銀兩摺光緒十六年五月二十二日》 太子少保頭品頂戴山東巡撫臣張曜跪奏，爲報銷機器局光緒十四年分用過銀兩，懇恩敕部準銷，恭摺仰祈聖鑒事。

竊山東省機器局製造各項軍火，所需經費銀兩，向由藩庫籌撥。收支款項，遵照部定新章，每年造册報銷；凡有添購物料，並先報明立案。光緒十三年分收支各項銀數，業經臣覈明具奏。

兹查自十四年正月起至十二月底止，造成各種洋火藥八萬八千七百二十五斤，大鋼帽火四百六十六萬一千八個，鋼砲拉火一萬五千枝，鋼砲炸彈一百個，銅螺絲引門一百副，毛瑟後膛槍子三十八萬五千顆，哈乞克斯後膛槍子五萬五千顆，鉛丸四十九萬三千粒，軋銅廠鍋爐一具，添造各廠不敷應用機器，修理各營損壞洋槍、洋砲及裝盛各項軍火箱盒等件。共計採買硝、磺、銅、鉛、鋼、鐵、華洋各種物料，並員弁、匠役薪工，運脚等款，應歸户部覈銷銀一萬八千五十九兩九錢九分一厘八毫五絲三忽，兵部覈銷銀五千一百四十九兩九錢五分，工部覈銷銀一萬七千七百三十八兩九錢二分九厘七毫四絲三忽，共應銷銀四萬九百四十八兩八錢七分一厘五毫九絲六忽。內動用光緒十三年報銷案內結存湘平銀一千八百十三兩二錢一分二厘，購買外洋槍砲報銷案內結存湘平銀一萬四百十五兩六錢五分二厘三毫一絲二忽，陸續共撥藩庫庫平銀三萬四千兩，專案奏撥藩庫庫平銀三千七百五十七兩六錢四分九厘。遵照部定新章，雜用各款每庫平銀一兩扣平四分，均按湘平支發，覈計節省平餘銀一千五百十兩三分五毫九絲六忽，一併列收作正開銷。今除支用外，實存湘平銀一萬五百四十七兩六錢七分二厘三毫一絲二忽，應歸下届造報。據總理局務署按察使王作孚、候補道姚濟勛造册詳請具奏前來。臣覆加查覈，尚無浮冒情弊。除清册咨送户、兵、工三部外，理合恭摺具奏，伏乞皇上聖鑒，敕部覈銷施行。謹奏。

光緒十六年六月初二日奉硃批：該部議奏，欽此。

吉林省檔案館《清代吉林檔案史料選編(工業)》上册《黑龍江將軍爲練軍購運哈乞開斯槍砲應用材料由吉林機器製造局預爲籌辦的咨文光緒十六年五月二十八日》 爲咨行事。工司案呈，爲照准海軍事務衙門議奏，黑龍江練軍事宜一摺。於光緒十六年四月二十二日奉旨：依議。欽此。欽遵等因。咨照前來。相應恭録諭旨，前已咨行在案。

兹查敝省奏准練軍槍砲，分年購運哈乞開斯洋槍一萬桿，護船小砲十二尊，八邦後門鋼砲八尊。其所需子藥、應用材料，希請轉飭機器局預爲備辦。一俟成軍定章，即將應用子藥確實數目，再爲知照，庶免臨期貽誤。合請先行咨照，等情。據此相應知照。爲此合咨貴將軍，請煩查照施行。須至咨者。

中國第一歷史檔案館等《中國近代兵器工業檔案史料》第一輯《希元奏銷吉林機器局光緒十三年正月至十四年六月動支經費銀兩摺光緒十六年九月二十八日》 福州將軍兼管閩海關税務·世襲一等繼勇侯奴才希元跪奏，爲吉林機器局動支經費銀兩，循案截期造報，奏請覈銷，恭摺仰祈聖鑒事。

竊查吉林機器局自光緒十年七月初一日起截至光緒十二年十二月底止，動支經費銀兩業由奴才等奏銷，計實在不敷庫平銀二萬七千一百四十三兩八錢七分七厘六毫五絲三忽四微二纖。嗣因奴才希元奉命調補福州將軍，當於光緒十四年八月初二日，將吉林機器局動支經費暨不敷銀兩各數目一並移交將軍長順接管，所有光緒十四年七月以後領到經費支需款目，即由長順會同依克唐阿造册報銷。其六月以前仍由奴才與依克唐阿造報，俾清界限，曾經分別奏咨在案。

兹據該局詳稱：自光緒十三年正月起截至光緒十四年六月三十日止，續收户部撥領庫平銀十三萬六千二百五十兩，內有黑龍江省練軍光緒十四年春季需用軍火價值銀一千六百五十六兩八錢一分五厘（此項軍火係歸局製造，事同一律，且爲數無多，自應歸併造報，俾歸簡易）。除撥琿春砲臺經費原庫平銀三千兩應仍由前督辦大臣奏銷外，計開除歸還前次報銷截至光緒十二年十二月底止不敷庫平銀二萬七千一百四十三兩八錢七分七厘六毫五絲三忽四微二纖，其吉林機器局薪水、工食以及局費共支過原庫平銀七萬四千一百六十五兩三錢零一厘三毫三絲九忽，營口轉運局薪水、口分共支過原庫平銀三千零零八兩二錢，由上海等處購辦機器、物料按照隨時價值共支過原庫平銀三萬六千一百十七兩零六分三厘五毫五絲，運費共支過原庫平銀二萬五千五百二十六兩八錢一分九厘，長夫口分共支過原庫平銀一千七百四十二兩二錢，在吉林本省購買物料按照隨時價值共支過原庫平銀二萬四千二百九十六兩一錢六分二厘五毫八絲六忽二微二纖外，實在不敷庫平銀五萬八千七百四十九兩六錢二分四厘一毫二絲八忽六微四纖，曾經奉飭由防餉、俸餉内騰挪濟用，俟按季領到經費陸續歸還。所有出入各款，理合造具細數清册，詳請奏咨覈銷等情前來。

奴才等查照該局按月呈報清摺，逐款勾稽，委係實用實銷，毫無浮冒。除將細數清册分别咨送户、兵、工部覈銷外，所有光緒十三年正月起截至光緒十四年六月底止，吉林機器局動支經費截期造報緣由，理合會同前幫辦吉林邊務事宜琿春副都統升任黑龍江將軍奴才依克唐阿恭摺具奏，伏乞皇上聖鑒，飭部覈銷施行。

再，該局自光緒十年七月起截至光緒十四年六月底止，所有收支物料以及造成各項軍火併添配製造一切機器、器具等件，一並分别造具清册咨部備案。合併聲明。謹奏。

硃批：該部議奏。

國家清史編纂委員會《李鴻章全集》第一三册《天津機器局報銷摺光緒十六年十二月十七日》 奏爲天津機器局光緒十四年分動用經費，照章造册報銷，恭摺仰祈聖鑒事。竊照天津機器局經費，奏明動撥津海、東海兩關四成洋税，截至光緒十三年止，業將收支款目造册奏報，經部覈復准銷。並將十四年支給薪工等款分别咨部立案。兹據該局司道沈保靖等將十四年分應行造銷各册分晰開報。計上届存銀八萬一千七百三十六兩有奇，本届十二個月共收撥解四成洋税並奉撥出使經費及各省撥還銀三十六萬七千三百二十一兩有奇，共支銷銀二十九萬六千八百兩有奇，應存銀十五萬二千二百五十七兩有奇，業經定購外洋器料並添建廠房工程動用，應歸付清價脚及工竣之年報銷。所有本届應銷各款，仍照向章各歸各册。計全案收支總數及員弁司事夫役人等薪工爲第一册。購辦物料，續建工程及覈付保險運脚等項爲第二册。收支物料分項造報，用存物料作爲光緒十五年舊管爲第三册。製成軍火，撥發各項爲第四册。外撥各船薪糧物料及行營製造局用料爲第五册。神機營撥用物料爲第六册。其製成軍火仍造册咨送總理各國事務衙門備查，至製造各項器械皆仿西洋新式，難以例價相繩，循照歷届章程實用實銷，詳請具奏前來。

中國第一歷史檔案館等《中國近代兵器工業檔案史料》第一輯《張曜奏銷山東機器局光緒十五年用過銀兩摺光緒十七年五月二十六日》 太子少保頭品頂戴山東巡撫臣張曜跪奏，爲報銷機器局光緒十五年分用過銀兩，懇恩敕部准銷，恭摺仰祈聖鑒事。

竊山東省機器局製造各項軍火，所需經費銀兩，向由藩庫籌撥。收支款項，遵照部定新(程)〔章〕，每年造册報銷；凡有添購物料，並先報明立案。光緒十四年分收支各項銀數，業經臣覈明具奏。

兹查十五年正月起至十二月底止，造成各種洋火藥九萬七千八百十六斤，大銅帽火四百九萬一千九百四粒，鋼砲拉火二萬枝，炸彈一百二十個，銅螺絲引門一百副，實心後膛砲子四百五十個，毛瑟後膛槍子四十六萬七千顆，七響短槍子三萬六千顆，鉛丸一百九萬六千八百粒，火藥廠鍋爐一具，添造各廠不敷應用機器，修理各營洋槍、洋砲及裝盛各項軍火箱盒等件。共計採買硝、磺、銅、鉛、鋼、鐵、華洋各種物料，並員弁、匠役薪工，運脚等款，應歸户部覈銷銀一萬九千一百七十七兩八錢五分四厘八毫五絲三忽，兵部覈銷銀七千五百二十四兩七分九厘二毫，工部覈銷銀二萬二千八百四十三兩三錢八分六厘八毫八絲三忽，共應銷銀四萬九千五百四十五兩三錢二分九毫三絲六忽。內動用光緒十四年分報銷後結存湘平銀一萬五百四十七兩六錢七分二厘三毫一絲二忽，陸續共撥藩庫平銀四萬兩，專案奏撥藩庫平銀七千七百五十兩七錢九毫。遵照部定新章，雜用各款每庫平銀一兩扣平四分，均按湘平支發，核計節省平餘銀一千九百十兩二分八厘三絲六忽，一並列收作正開銷。又上届報銷案内户部駁減湘平銀四兩三錢九分二厘，亦應列作收款。今除支用以外，實存湘平銀一萬六百六十七兩四錢七分二厘三毫一絲二忽，應歸下届造報。據總理局務署按察使趙國華，候補道林介景造册詳請具奏前來。臣覆加查覈，尚無浮冒情弊。除將清册咨送户、兵、工三部外，理合恭摺具奏，伏乞皇上聖鑒，敕部覈銷。謹奏。

光緒十七年六月初十日奉硃批：該部議奏。欽此。

中國第一歷史檔案館等《中國近代兵器工業檔案史料》第一輯《依克唐阿奏黑龍江應需子藥就近在吉林機器局製造摺光緒十七年六月二十日》 奴才依克唐阿跪奏，爲遵咨就近鑄造子藥，以省運費而濟要需，恭摺具陳，仰祈聖鑒事。

竊奴才於去年准總理海軍事務衙門咨開，於屯墾摺内議得槍砲照章由出使大臣代購，以萬桿爲度。並議槍砲以子藥爲要，常年購用所費太巨，且一遇與外國失和，洋人守約停買，其源立涸。擬由吉林機器局添置機器，鑄造供用，以省運費。即由奴才撥給價銀，俾資接濟等因在案。

惟查此項槍砲雖未運齊，而於常年應用之子藥不能先事妥籌，以期造備，故奴才於戓營之始，即派候補主事晉昌前往吉林，會同機器局總辦補用道宋春鰲，酌定添造子藥章程。嗣經該員等禀稱，查黑龍江添設鎮邊軍馬步水師十八營，其常年應用之子藥既擬由局製造，所有應添之機器、料件、房間、藥碾、硝鍋、車床、刨床、煤炭等項，並擬添派委員、司事、書識、大工匠、小工人以及各項局費薪工，統而籌之，爲工既巨，未免用款自繁。其價銀一節，應亦按照機器局原有款目三分之一，撥銀三萬兩，即由本年起支，以便趕緊備辦一切物價之需。一俟備齊之後，再行實報實銷，用昭覈實。但兩省軍火歸併一局製造，尤當先行商明，奏咨立案，庶不至兩相混淆等語前來。奴才當與吉林將軍奴才長順往返咨商，畛域既屬不分，章程自應酌定。惟代購之槍砲刻下雖未解齊，而一覈及原奏槍砲之數目，估計各項之子藥，較之吉、齊兩軍歷辦成案，不能不於添造之中而有議增之費，是以奴才與奴才長順商定，從此每年撥給該局價銀三萬兩。蓋以初年既有添設機器等項之費，又有操演之需，故估計此數。其常年雖無添設機器等項之費，除操演應用子藥外，乃又有備存之需，故亦估計此數。如斯辦理，在鎮邊軍雜款內分之不爲虚耗，在該局製造子藥取之更有責成。且軍中器械不惟可以隨時修理，廢棄無虞，即子藥、鉛丸更可以陸續積存，俾資有備。奴才再四籌維，亦惟准照該員等酌定章程，以期各歸各款，各作各工。每屆年底，飭令該局另行造具細册，呈送奴才處覈實，再行報部覈銷，俾清款目而免紛更，自必尤爲妥切。除咨行總理海軍事務衙門，户、工兩部備查外，所有遵咨就近鑄造子藥以濟要需各緣由，謹會同吉林將軍奴才長順恭摺具陳，伏乞皇上聖鑒訓示遵行。謹奏。

光緒十七年十月初八日奉硃批：該衙門知道，欽此。

吉林省檔案館《清代吉林檔案史料選編(工業)》上册《吉林機器製造局請照會蘇鬆太倉兵備道發給購買洋硝二十萬斤免税單的申文光緒十七年八月二十日》機器製造局爲申請事。

竊職局製造洋式火藥，以硝磺爲大宗。查本省所産之硝，今年僅購到三萬餘斤，缺乏太多，加以前購之洋硝所存無幾，若不早爲備辦，貽誤堪虞。現擬購辦洋硝二十萬斤，俾資濟用，免致臨時停工待料。應即查照向章，懇請憲臺照會蘇鬆太倉兵備道，給予免税單一紙，就近交慎裕詳行收執，俾資出進各口，以憑請驗放行。除函知該洋行趕緊購辦外，理合備文申請，伏乞憲臺鑒覈，照會施行。須至申者。

國家清史編纂委員會《李鴻章全集》第一四册《奏明購買鑄鋼機器水脚片光緒十七年八月二十七日》再，光緒十五年五月間，據天津機器局司道詳請籌購外洋鑄鋼機器全分，擬向英國葛來可力夫藹爾公司、格林活各廠分别定購，所有價值、脚險各項分款開單請示。臣因現在講求海防利器，外洋長式鋼質砲彈爲後膛鋼砲所必需，中國無鑄鋼機器，不能鑄造，無以供操防之用，此項機器必應添置，仿造，以備緩急。當即咨會海軍衙門，並咨户、兵、工部立案，一面批准照辦。旋准兵部咨開，查北洋運脚保險，向按一五成覈銷，今所購鑄鋼機器脚險，俱過一五成數，應令酌覈議定範圍，報部再行立案。臣復查外洋運華器物，其水脚本無一定，矧重大器件運送較難，所有水脚如照尋常規例，洋商不肯裝運。其運脚多寡，係洋商作主，我處不能懸定等情，咨復兵部酌覈。昨復准兵部咨開，前項重大機器既未議有定數，本部礙難覈定立案，應由該督自行奏明辦理等因。臣查外洋水脚各種不同，歷年購辦機器有不及一五成者，有一成五六至二成四五者，先後俱准部咨銷在案。如塞門德土及鍋爐鐵柱等重大器件，脚險較其本價均一倍有奇。此次訂購鑄鋼機器各項，重大異常，統計運脚保險各費二二成有零，覈與從前准銷二成四五脚險有減無增，實無絲毫糜費。且外洋船隻裝載運華物料，遇船多貨少之時，水脚略減，船少貨多，水脚立漲，且有貪裝輕貨於噸位中取巧者，種種情形不能一律，即臣處與洋商交往較多，水脚訖無一定，亦不能將水脚一項預爲折中定斷，致運到時多費唇舌。應請旨敕下兵部，將前項鑄鋼機器先行立案。至機器内重大之件，候收清器件時，飭由經購之員與洋商切實覈定水脚保險數目，不得稍有含混，再行專案報部，以憑覈辦。理合附片具陳，伏乞聖鑒訓示。謹奏。

光緒十七年八月三十日，奉硃批：兵部知道，欽此。

王彦威等《清季外交史料》卷八四《直督李鴻章奏報洋人包建旅順口船隖船澳廠庫各工並鐵路電燈各機器動用銀兩摺》直隸總督李鴻章奏，爲旅順口由洋人包建大石船隖及船澳廠庫各工，鐵路、電燈並各項機器物件動用銀兩，遵旨奏結事。竊查北洋旅順口爲海軍駐泊口岸，前經飭僱法國管工德威尼承攬包做大石船隖，及澳岸廠庫並添築攔潮石壩等工，籌撥工款數目，於光緒十四年十二月附片陳明，奉旨允准。及全工告竣，復飭據北洋海軍提督丁汝昌、按察使周馥等將收工一切情形繪具圖説，於十六年十一月專案具奏。並聲明此項工程按照原估先後共撥銀一百三十九萬三千五百兩，統作旅順船隖各項工程之用，出入兩抵，儘數開銷，所作各工均係洋匠包辦，與内地做法迥異，無例可循，准工部咨覆有案，並飭局員將收支各數及工程丈尺做法、機器名色件數，各開清單分咨海軍衙門、户部、工部查覈，請免造册報銷等因。奉硃批：該衙門知道，欽此。本年四月臣出洋校閲海軍，親臨履勘，又將工段做法與原報一一符合情形，詳細奏明各在案。茲准工部具奏，旅順建造石船隖等工欽奉諭旨，著由臣自行奏結等因，欽此。復經轉行海防支應局司道覆加查覈，該洋人德威尼承造大石船隖等工原估銀一百二十五萬兩，添築攔潮石壩等工續估銀十四萬三千五百兩，共包定工料銀一百三十九萬三千五百兩。内收欵項下，先由北洋經費内撥給銀七萬八千八十兩，又由直隸海防展捐項下撥給銀六十三萬一千四百三十二兩有奇，又由部庫撥給銀五十二萬九千四百九十七兩有奇，又由購造四快船餘款儘數撥給銀六萬九千八百二十五兩有奇，又由北洋經費内續撥給銀七萬四千六百六十四兩有奇，均經奏咨有案，計共收銀一百三十九萬三千五百兩；支款項下，船隖鐵船以及吸水機器鍋爐等項包定銀二十五萬八千兩，船澳土工二十五萬方，三面石泊岸四百十丈六尺八寸，並券洞方整、石階、鐵梯、鐵椿等項包定銀五十八萬兩，鍋爐機器、吸水鍋爐、吸水機器、石作、銅作、鑄鐵、打鐵、電燈、機爐等九廠包定銀八萬五千兩，九廠内應用各項機器物件包定銀六萬四千兩，庫房五座包定銀四萬八千兩，澳邊鐵路雙軌長九百七丈七寸並鐵盤十六座包定銀二萬八千兩，起重大架五副包定銀三萬五千兩，大小電光燈四十九具包定銀一萬二千兩，洋式辦公房三座包定銀二萬五千兩，特拉斯土七百五十噸及碾土器具全副包定銀一萬五千兩，小石船隖一座包定銀八千二百兩，舢板鐵棚二座包定銀八千一百五十兩，洩水涵洞一道包定銀五千兩，淡水庫儲水庫二座自來水管分水管長二千四百二十九丈六尺，取水大小機器十八具包定銀三萬一千六百兩，澳隖沿岸石路六百十八丈包定銀四千四百兩，備用機器包定銀四萬二千六百兩，添築攔潮石壩湊長一百丈四尺，券洞方墩二十五座，鐵碼頭長十二丈三尺六寸連石堦、鐵椿、鐵梯、鐵柱、鐵樑、鐵房等項包定銀十三萬五千兩，壩岸鐵路雙軌長一百二十七丈六尺，電燈八具、淡水管長七十六丈二尺包定銀八千五百兩，均由旅順工員隨時驗明，工程分數絲毫不差，詳奉批准再由該洋人自行分批具領，共支銀一百三十九萬三千五百兩，收支相抵，儘數開銷。其工程丈尺，一切業於報部單内逐項開明。查此係洋人包做之工仿照西洋各國大船隖做法，中土向所未有，一切價值均先行撙節覈實估定，工竣之日祇能查驗其工程是否堅實，不必追問其工料如何開支，且該洋人所購機器料物及所雇匠作又係轉包，與華洋各廠工匠，非惟局員無從逐細開報，即該洋人輾轉包工亦無從開報細數。總之，所做各工均無絲毫偷減，所支各款隨時由臣覈明批准給發，委無涓滴虚糜。工由洋人承包，價由洋人具領，其餘在事各員更無從浮冒，所有法國監工德威尼包建旅順船隖、澳岸廠庫各工並鐵路、電燈及各項機器物件動用銀兩前已奏明，請免造册報銷，合無仰懇天恩准予照數開支，以清案款。謹奏。光緒十七年九月二十七日奉硃批：着照所請，該衙門知道。

邢玉林《光緒朝黑龍江將軍奏稿·依克唐阿增祺奏酌減製造火烘藥等項銀兩摺光緒十七年十二月初三日》 奴才依克唐阿增祺跪奏，爲光緒十七年分酌減製造火烘藥等項，用過工料銀兩數目請旨飭部復銷，恭摺仰祈聖鑒事。竊查前經奏准黑龍江通省每年加工碾火藥六萬斤、烘藥一千二百斤、火繩一萬二千斤以資操防需用。所有光緒十六年分製造火藥等項用過銀一萬二千六百兩，業已造册咨部議准覈銷。嗣經奴才依克唐阿奏改鎮邊新軍演用洋槍，應需洋藥等項擬由吉林製造，俾資應用，並有黑龍江通省每年儲備暨八旗制兵例操及卡倫各項需用從實酌減，碾造火藥四萬斤，烘藥八百斤，打造火繩縧麻八千斤，前已欽奉諭旨允准在案。今據碾造火藥委員副都統銜協領淩善報稱，十七年分應造火藥四萬斤、烘藥八百斤、火繩八千斤均已製造完竣。遵照奏定價值共用過工料銀八千四百兩，由練軍項下如數支領，按款造册呈報前來。奴才等復覈無異，除將細册咨送户、工二部覈銷外，理合恭摺具奏，伏乞皇上聖鑒，飭部議准核銷施行。謹奏。

該部議奏。

中國第一歷史檔案館等《中國近代兵器工業檔案史料》第一輯《李鴻章奏銷天津行營製造局更換車鑽床及鍋爐等項費用片光緒十七年十二月初三日》 再，淮軍水師營哨原設各砲船，按照釘〔修〕年月扣至光緒十六年均已届限，船身朽壞，應分別撥款造修。又天津行營機器製造局更換車、鑽各床及鍋爐，購製物料、工價等項，業將動用各款數目，遵照新章匯入季報清册先後咨部立案。茲據該司道按款復加查覈，與定章及奉准飭發銀數均屬無浮。計應歸户部覈銷銀三百八十五兩有奇，應歸工部覈銷銀五千三百三十九兩一錢有奇，共計請銷銀五千七百二十四兩一錢有奇，專案分送支銷細册，詳請附奏前來。

臣查前項造修船工，購換車、鑽各床及鍋爐等用款，或查照定章覈實支給，或無例可循，均係撙節動用，並無絲毫浮冒，自應專案據實註銷。除將細册分咨户、工部覈銷外，理合附片具陳，伏乞聖鑒。謹奏。

奉硃批：該部議奏。欽此。

中國第一歷史檔案館《光緒朝硃批奏摺》第一〇二輯《光緒十七年十二月十二日直隸總督李鴻章摺》　欽差大臣大學士直隸總督等伯臣李鴻章跪奏，爲天津機器局光緒十五年分動用經費，照章造册報銷，恭摺仰祈聖鑒事。竊照天津機器局經費，奏明動撥津海、東海兩關四成洋税，截至光緒十四年止，業將收支款目造册奏報，經部覈覆准銷。並將十五年支給薪工等款分別咨部立案。茲據該局司道沈保靖等將十五年分應行造銷各册分晰開報：計上届存銀十五萬二千二百五十七兩有奇，本届十二箇月共收撥解四成洋税並撥江海關洋藥釐金及各省撥還銀三十五萬八千七百六兩有奇，共支銷銀三十八萬三千七十四兩有奇。應存銀十二萬七千八百八十九兩有奇，業經定購外洋器料並添建廠房工程動用，應歸付清價腳及工竣之年報銷。所有本届應銷各款，仍照向章各歸各册。計全案收支總數及員弁、司事、夫役人等薪工爲第一册，購辦物料、續建工程及覈付保險、運腳等項爲第二册，收支物料分項造報用存物料、作爲光緒十六年舊管爲第三册，製成軍火撥發各項爲第四册，外撥各船薪糧物料及行營製造局用料爲第五册，神機營撥用物料爲第六册。又十五年承造昆明湖船塢工程並西苑安設電燈、鐵路，購運水龍舢板等項工料價腳銀兩，前已聲明彙入十五年册内請銷，另造清册一分附呈查覈。其製成軍火仍造册咨送總理各國事務衙門備查。至製造各項器械皆仿西洋新式，所用工料難以例價相繩，循照歷届章程實用實銷。詳請具奏前來。

吉林省檔案館《清代吉林檔案史料選編(工業)》上册《吉林將軍長順爲刊發兼辦黑龍江機器製造局關防的札文光緒十七年十二月二十一日》　爲札飭事。准黑龍江將軍依咨開：案查黑龍江省鎮邊軍應需軍火，奏由吉林機器局製造，業經奉旨允准，開辦在案。惟查一局製造兩省軍火，事體綦重，頭緒紛繁，日久轇轕，恐難再理。既係奏明開辦，自應頒發關防，俾昭信守，以專責成。嗣後凡關該局一應事件，均可逕行咨札呈報，用示區别而免貽誤。茲擬關防文曰：兼辦黑龍江機器製造局關防。奉文到日，即由該局就近刊刻，另行呈報開用日期。除將應刊關防篆文札飭該局查照刊刻開用辦理外，相應咨行貴督辦將軍，請煩查照，轉飭施行等因，到本督辦將軍。准此，合亟札飭。札到該局，即便遵照辦理。特札。

吉林省檔案館《清代吉林檔案史料選編(工業)》上册《吉林將軍長順爲機器製造局造齊光緒十七年份練軍應需軍火派員領取的札文光緒十八年二月十四日》　爲札飭事。案據機器製造局申稱：竊查本省練軍，每年應需洋式火藥二萬斤、銅帽二百萬顆、五錢重鉛丸五十萬粒。光緒十六年份，曾經職局叠次申請，轉飭工司派員來局領取。相懸半年之久，始行承領前來，當經申報在案。所有十七年份該軍應需各項軍火，早已備齊，應請轉飭該工司，克日派員來局領取，免致久久存儲，糾轕不清。理合備文申報，伏乞鑒覈，轉飭施行等情，到本督辦將軍。據此合亟札飭，札到該司，即便遵照，派員赴局領取呈報。特札。

中國第一歷史檔案館《光緒朝硃批奏摺》第一〇二輯《光緒十八年正月二十六日吉林將軍長順摺》　奴才長順、恩(澤)奏，爲吉林機器局動支經費銀兩實數，循案造報，奏請覈銷，恭摺仰祈聖鑒事。竊吉林機器局，自光緒十三年正月起截至光緒十四年六月底止，動支經費銀兩實數，除已由前任將軍希元奏銷外，計實在不敷庫平銀五萬八千七百四十九兩六錢二分四釐一毫二絲八忽六微四纖，業經前任將軍希元移交歸入光緒十四年七月初一日以後造册報銷，曾經先後奏咨在案。茲查該局經費，自光緒十四年七月初一日起截至光緒十六年六月底止，續收户部撥領庫平銀十九萬五千兩，内有應行勻挪動用黑龍江省練軍光緒十四年七月起截至光緒十六年六月底止二年軍火需用，價值庫平銀六千六百二十七兩二錢六分(此項軍火係歸該局製造，事同一律，自應歸併造報，毋庸分開辦理，俾歸簡易)。其吉林省練軍，由光緒十五年正月起截至光緒十六年六月底止，年半軍火係由該局按年節省經費二萬金另造軍火項下，酌撥火藥、鉛丸等項應用，以符奏案。除撥琿春砲臺經費原庫平銀四千六百五十五兩三錢二分六釐五毫，仍由奴才等咨行前任河道總督臣吳大澂奏銷外。計開：除歸還前次報銷，截至光緒十四年六月底止，不敷庫平銀五萬八千七百四十九兩六錢二分四釐一毫二絲八忽六微四纖，營口轉運局薪水、口分共支過原庫平銀四千一百四十兩六錢，吉林機器局薪水、工食以及局費共支過原庫平銀八萬六千七百二十五兩三錢三釐八毫三絲九忽五微，長夫口分共支過原庫平銀二千二百八十七兩八錢，由上海購辦物料等項按照隨時價值共支過原庫平銀四萬二千七百七十五兩八錢八釐七毫五絲，運費共支過原庫平銀一萬七千五百二十九兩二錢四分五釐，在吉林本省購買物料按照隨時價值共支過原庫平銀三萬一千八十八兩七錢二分八釐六毫三絲三忽，又重修煙筩、爐房共支過原庫平銀七百兩一錢三分九釐六毫七絲七忽外，實在不敷庫平銀五萬三千六百五十二兩五錢七分六釐五毫二絲八忽一微四纖。此項銀兩係由防餉、俸餉項下騰挪濟用，俟按季領到經費陸續歸墊。所有出入各款，奴才等督飭委員逐款勾稽，委係實用實銷，毫無浮冒。至該局委員，司事、書識等停止起支銀兩日期，業遵部咨先期咨部查覈在案。除造具細數清册分別咨送户、兵、工三部查照覈銷外，所有光緒十四年七月初一日起截至光緒十六年六月底止，吉林機器局動支經費截期造報緣由，理合會同琿春副都統奴才恩澤恭摺具奏，伏乞皇上聖鑒，飭部覈銷施行。再，該局自光緒十四年七月初一日起截至光緒十六年六月底止，收支物料以及各項軍火並添配製造一切機器、器具等件，亦應由奴才等分別造具清册咨部備案，合併陳明。謹奏。

硃批：該部議奏。

中國第一歷史檔案館《光緒朝硃批奏摺》第〇二輯《光緒十八年正月二十六日吉林將軍長順摺》 再，查吉林機器局經費每年部庫撥銀九萬七千五百兩，曾經奴才長順抵任後檄飭該局將舊有經費額中撙節，每年節省經費銀二萬兩，以一半歸還户司欠款，以一半製造備用軍火。一俟欠款還清，仍將按年節省之二萬兩，儘數購辦物料，多造軍火，用備緩急，不准將此項銀兩擅移他用。復以吉林本省練軍需用軍火，籌款不易，並飭於此項備用軍火内酌撥應用，先後奏明在案。今據該局總辦候補道宋春鰲將光緒十四年七月分起至光緒十六年六月底止製造軍火，彙造管、收、除、在清册，呈送咨部備案前來。奴才等督飭委員逐一詳覈，除發給靖邊各營暨吉林、黑龍江各本省練軍應用軍火不計外，仍存有洋式火藥七千餘斤，哈乞開斯槍子十六萬九千九百餘顆，四開花大銅帽三百七十一萬三千顆，來福槍鉛丸十六萬八千餘顆，其餘開花彈、銅拉火以及槍砲、水雷並零星應用軍火，均各有存無缺。於此見該道宋春鰲平日撙節經營，講求製造，洵屬不遺餘力。此後備用軍火，總可期其多而益善，緩急有恃而無匱乏之虞，堪以上紓宸廑。理合附片奏聞，伏乞聖鑒。謹奏。

硃批：該部知道。

中國第一歷史檔案館等《中國近代兵器工業檔案史料》第一輯《福潤奏銷山東機器局光緒十六年用過銀兩摺光緒十八年五月二十八日》 尚書銜山東巡撫奴才福潤跪奏，爲報銷機器局光緒十六年分用過銀兩，懇恩敕部准銷，恭摺仰祈聖鑒事。

竊山東省機器局製造各項軍火，所需經費銀兩，向由藩庫籌撥。收支款項，遵照部定新章，每年造册報銷；凡有添購物料，並先報明立案。光緒十五年收支各項銀數，業經前撫臣張曜覈明具奏。

茲查自十六年正月起至十二月底止，造成各種洋火藥十萬八千六百五十斤，洋鉛丸二百四十九萬粒，大銅帽火四百九十七萬八千粒，銅砲拉火四萬三千枝，開花炸彈二百個，銅螺絲引門二百副，實心後膛砲彈一千四百五十個，七響後膛短槍子三十一萬顆，毛瑟後膛槍子十八萬顆，槍子廠鍋爐一具，並添造各廠不敷應用機器；修理各營損壞洋槍、洋砲，裝盛各項軍火箱盒等件。共計採買硝、磺、銅、鉛、鋼、鐵、華洋各種物料，暨員弁、匠役薪工，運脚等款，應歸户部覈銷銀二萬九百十二兩四錢四分二厘八毫五絲三忽，兵部覈銷銀八千四百四十二兩九錢三分，工部覈銷銀二萬四千八百八十二兩七錢五分七厘一毫四絲七忽，三共請銷銀五萬四千二百三十八兩一錢三分。内動用光緒十五年報銷案内結存湘平銀一萬六百六十七兩四錢七分二厘三毫一絲二忽，陸續共撥藩庫庫平銀四萬三千兩，又專案奏撥藩庫庫平銀九千八百二十八兩。遵照部定新章，雜用各款每庫平銀一兩扣平四分，均按湘平支發，覈計節省平餘銀二千一百十三兩一錢二分，並列收作正開銷。又十五年報銷案内户部駁減湘平銀二兩四錢，亦均列作收款。今除支用外，實存湘平銀一萬一千三百七十二兩八錢六分二厘三毫一絲二忽，應歸下屆造報。據總理局務按察使鬆林、候補道林介景造册詳請具奏前來。奴才詳加查覈，尚無浮冒情弊。除清册咨送户、兵、工三部外，理合恭摺具奏，伏乞皇上聖鑒，敕部覈銷施行。謹奏。

光緒十八年六月初八日奉硃批：該部議奏，欽此。

朱壽朋《光緒朝東華録》卷一一〇《光緒十八年閏六月》 丙子，李鴻章奏，旅順口内建造大石船隖並船澳廠庫各工，於光緒十六年秋間全工告竣，當經驗收奏明在案。復由臣遴派直隸候補道龔照璵前赴旅順，會同原辦道員劉含芳設局開辦。查船隖所管機器吸水、銅鐵、鍋鑪、木工、舢板各廠，多至十餘座，兼管存儲料物，煤炭各庫暨電燈、泊岸、艇棚各項事宜，工作極繁，在在需人，勢難減省。現就開辦情形按事分派，以職司之繁簡，定人數之多寡，以工藝之優劣，定餼糈之高下，分別等第，撙節酌定，統計員司、弁目、匠徒、夫役人等每月額支薪糧公費等項，約需銀七千五百十四兩有奇，每年約共支銀九萬餘兩，自光緒十六年八月初一日起支，在於北洋海軍經費項下按月撥給，彙案造報，其每年採購料物，應視工程多寡購備存儲，實用實銷，未能預定數目。據辦理海防支應局司道等詳請具奏前來，竊維北洋創辦海軍，歷年添購鐵甲、鋼快等船，規模略具，從前並無修船巨塢，遇有修理要工，必須駛赴日本、香港各洋廠，諸多不便。自旅順造辦石船塢，各戰艦均可就近修理，無須借資外國，緩急可恃，洵爲海軍根本至計。查海軍衙門奏准章程內載，旅順船塢每年工料經費銀二十萬兩，如遇工程較多，原定經費實有不敷，准覈實估定另行添撥等語。此項月資薪費，係就現在海軍各艦常年應用各工撙節覈定，無可再減，至鎮遠、定遠等船行駛有年，船身機器應修之處甚多，不特將來大修必須另行請款。即每年歲修，遇有情形較重之處，亦須添雇匠役趕緊修理，以後續增艦艇，添建廠庫，工作日廣，用人較多，薪費一項，尚應照章酌加，免誤要工。應俟隨時據實覈辦，仍飭將實用工料各款另行彙案造銷，所有酌定旅順船塢員司、匠役人等月支薪費數目，除將清單分咨海軍衙門戶工部查覈外，理合附片陳明。得旨，該衙門知道。

吉林省檔案館《清代吉林檔案史料選編（工業）》上冊《吉林機器製造局光緒十八年六月份新造軍火存庫的申文光緒十八年七月初九日》 機器製造局爲申報事。

竊職局製造槍子、鉛丸等件，一有成數，即遵舊章運送邊防軍械庫存儲，以備發放，俾昭慎重，業經申報在案。

茲將六月份新造哈乞開斯槍子十萬顆，計裝一百箱；呍啫士得槍子二萬顆，計裝十箱；大銅帽三十萬顆，計裝十五箱；四磅銅拉火二千枝，計裝二箱；來福鉛丸九十萬粒，計裝五十箱；十二磅克虜卜砲開花子六百顆，計裝六十箱；隨子銅五件六百副，計裝二箱，應仍一並運送存庫，俟各軍需用之時，再由庫內提出分別發給，隨時另案報明。除運送外，理合備文申報，伏乞憲臺鑒覈施行。須至申者。

吉林省檔案館《清代吉林檔案史料選編（工業）》上冊《吉林將軍長順爲購辦洋硝請驗照放行的咨文光緒十八年八月初九日》 爲咨行事。

據機器製造局申稱：前奉憲臺行知，准兩江總督部堂咨，據蘇鬆太道稟稱，嗣後備省在滬購辦槍械、軍火料件各數目，出進各口必須先期咨會，以昭慎重而杜流弊等因，飭遵在案。查職局製造各軍軍火應需洋硝，向由外洋購辦，現存儲又屬無多。除查照向章飭知上海慎裕洋行購辦十二萬斤外，理合備文申請，伏乞憲臺鑒覈，咨請轉飭蘇鬆太道，給予出進口免驗單，就近交慎裕洋行收執，以憑呈驗施行等情，到本督辦將軍。據此，除咨奉天軍督部堂轉飭奉錦山海兵備道兩江總督轉飭上海道遵照外，相應咨行貴總督、軍督部堂，請煩查照轉飭蘇鬆太倉兵備奉錦山道，給單驗放出進各口施行海兵備道，驗照放行。須至咨者。

吉林省檔案館《清代吉林檔案史料選編（工業）》上冊《吉林將軍長順爲齊字營軍火已造齊請派員承領的咨文光緒十八年八月二十五日》 爲咨行事。

案據機器製造局申稱：光緒十八年八月十一日准總幫統富穆移開：案查江省練軍齊字營常操需用各項軍火，由吉林機器局製造，向有定章。每年分春秋兩季，由敝總、幫統派員領解，赴江省齊字營交納，以濟要需。

查光緒十八年份秋季應解齊字營各項軍火，自必需用孔殷。茲札派營務會辦麟趾承領管解，以應要需。爲此移付貴局，請煩查照，作速備齊見覆可也施行等因。准此，查齊字局本年秋季份，按照新定軍火章程覈計，應需火藥一萬六千二百九十九斤，銅帽九十三萬三千六百顆，來福槍鉛丸六萬零四百八十粒。除該軍本年春季並閏月按照舊章多領軍火，應按照新章扣除火藥五千六百五十三斤六兩、銅帽二十五萬八千四百四十顆、鉛丸二萬零一百六十粒歸入秋季應需軍火外，所有秋季應找領火藥一萬零六百四十五斤十兩、銅帽六十七萬五千一百十六顆、鉛丸四萬零三百二十粒以符新定章程之數。至操砲並打靶火藥，應按照舊章，應需二千八百十四斤四磅、銅拉火三千五百九十八枝。

以上統共計重二萬一千四百四十斤，職局均已如數製造齊全。理合備文申報，伏乞憲臺鑒覈，轉咨總幫統富穆查照，轉飭領解施行等情，到本督辦將軍。據此相應備文咨行。爲此合咨貴總幫統，請煩查照，派員赴局承領，見覆施行。須至咨者。

吉林省檔案館《清代吉林檔案史料選編（工業）》上冊《吉林機器製造局光緒十八年七月份新造軍火存庫的申文光緒十八年九月初十日》 機器製造局爲申報事。

竊職局製造槍子、鉛丸等件一有成數，即遵舊章運送邊防軍械庫存儲，以備發放，俾昭慎重，業經申報在案。

茲將七月份新造哈乞開斯槍子十一萬七千顆，計裝一百十七箱；呍啫士得槍子一萬八千顆，計裝九箱；大銅帽六十萬顆，計裝三十箱；四磅銅拉火二千枝，計裝二箱；十二磅克虜卜開花子四百顆，計裝四十箱；隨子銅五件四百副，計裝二箱，應仍一並運送存庫。俟各軍需用之時，再由庫內提出，分別撥給，隨時另案報明。除運送外，理合備文申報，伏乞憲臺鑒覈施行。須至申者。

中國第一歷史檔案館《光緒朝硃批奏摺》第一〇二輯《光緒十八年九月二十一日吉林將軍長順摺》 奴才長順、恩澤跪奏，爲吉林機器製造局各員弁工匠動奮辦公，已屆五年限滿，照章擇尤保奬，恭摺仰祈聖鑒事。竊查前准海軍衙門咨奏定保奬章程，内開各省水陸操防機器，凡沿海省分應保營局各員尋常保奬，以五年爲限，其非沿海省分操防機器皆爲固圉要務，並照海防保奬年限章程擇尤酌保，以免向隅等語。於光緒十二年七月十四日欽奉懿旨：依議，欽此。欽遵咨行，遵照在案。奴才等查吉林機器製造局自光緒八年設立以來，正及十年，其勞勣不可謂不久；前以格於部章不得與於保奬之列，今自光緒十二年七月十四日海軍衙門奏定保奬章程，欽奉懿旨之日起，扣至光緒十七年七月，時閱五年，已符准保年限，在局各員弁工匠昕夕從事，危險異常，所製精良，深裨要用，自應照章依限保奬，以昭激勸。所有各員弁工匠銜名曾於光緒十七年十二月先期造册咨部立案，兹謹擇其尤爲出力者按照尋常勞績稍加優異分別奬敍，繕具清單，恭呈御覽。合無籲懇天恩俯准，照擬分別給奬，以示鼓勵之處，出自逾格鴻慈。除將各員弁履歷清册照章咨送吏、兵二部，並分咨海軍衙門查照外，理合恭摺具奏。伏乞皇上聖鑒訓示。謹奏。

硃批：該衙門議奏，單二件併發。

光緒十八年九月二十一日。

吉林省檔案館《清代吉林檔案史料選編(工業)》上册《吉林機器製造局光緒十八年九月份新造軍火存庫的申文光緒十八年十月二十四日》 機器製造局爲申報事。

竊職局製造槍子、鉛丸等件，一有成數，即遵章運送邊防軍械庫存儲，以備發放，俾昭慎重，業經申報在案。

兹將九月份新造哈乞開斯槍子八萬顆，計裝八十箱；呍嗗士得槍子四萬顆，計裝二十箱；大銅帽六十萬顆，計裝三十箱；四磅銅拉火二千枝，計裝二箱；兩磅克虜卜開花子四百顆，計裝二十箱；隨子銅五件四百副，計裝二箱，應仍一並運送存庫。俟各軍需用之時，再由庫內提出，分別撥給，隨時另案報明。除運送外，理合備文申報，伏乞憲臺鑒覈實行。須至申者。

中國第一歷史檔案館《光緒朝硃批奏摺》第一〇二輯《光緒十八年十一月二十五日黑龍江將軍依克唐阿文全摺》 奴才依克唐阿文全跪奏，爲兼辦黑龍江機器製造局初年動支經費，暨未定章以前由該局代製軍火工料價值各項銀兩，截期分別造册覈銷，恭摺仰祈聖鑒事。竊查鎮邊各軍演用軍火，曾經奴才奏明由邊軍餉下每年發給吉林機器局經費銀三萬兩，就近在該局兼爲製造。每届年終，飭令該局造具細册，呈送奴才處覈實報部覈銷在案。於光緒十八年閏六月十七日奏銷鎮邊全軍需過餉乾銀兩摺內，已將撥給兼辦黑龍江機器製造局初年經費及該局代製軍火價值總數，逐款分別聲明，俟該局造具細册到日，再行送部覈銷亦在案。兹據該局將十七年分所撥經費銀三萬兩，支過薪工、公費、津貼等項銀五千八十五兩五分三釐九絲四忽，又添蓋庫房暨司事、工匠住房共三十間，支過銀三千二百四十兩八錢五分二釐三毫一絲，又由上海購辦各項物料按照隨時價值支過銀九千三百三兩五分，其運費支過銀四千五百五十四兩二錢六分，又由吉林本省購辦物料按照隨時價值支過銀七千二百五十五兩七錢五分一釐一毫四絲二忽，又長夫口分支過銀一百一十九兩，統共支過銀二萬九千五百五十七兩九錢六分六釐五毫四絲六忽，仍實存銀四百四十二兩三分三釐四毫五絲四忽。又該局未定章以前代製各項軍火工料價值銀九千三百六十一兩八錢三分六釐，一併分晰造具細數清册，詳請覈銷前來。奴才等督飭委員逐款勾稽，委係實用實銷，毫無浮冒。至該局委員、司事、書識、工匠、匠徒、小工人等起支日期，已遵部咨，先期咨部立案。除造具細數清册分別咨送户、兵、工部覈銷，並將該局自行製造機器、器具等項以及收支物料分別造册咨部備覈外，所有兼辦黑龍江機器製造局自光緒十七年正月起至十二月底止初年動支經費，以及未定章以前該局代製軍火工料價值各項銀兩細册，截期造報緣由，恭摺具奏，伏乞皇上聖鑒，飭部覈銷施行。謹奏。

硃批：該部議奏。

國家清史編纂委員會《李鴻章全集》第一四册《天津機器局報銷摺光緒十八年十一月二十五日》 奏爲天津機器局光緒十六年分動用經費照章造册報銷，恭摺仰祈聖鑒事。竊照天津機器局經費奏明動撥津海、東海兩關四成洋稅，截至光緒十五年止，業將收支款目造册奏報，經部覈復准銷，並將十六年支給薪工等款分別咨部立案。兹據該局前福建藩司張夢元等，將十六年分應行造銷各册分晰開報。計上届存銀十二萬七千八百八十九兩有奇。本届連閏十三個月共收四成洋税、招商局船税並江海關、洋藥厘金及各省撥還軍火等價銀三十一萬七千七百十三兩有奇，共支銷銀三十二萬八千六百七十九兩有奇，應存銀十一萬六千九百二十三兩有奇，業經定購外洋器料並添建工程，應歸付清價脚及工竣之年報銷。所有本届應銷各款，仍照向章各歸各册。計全案收支總數及員弁、司事、工匠、夫役人等薪工爲第一册；購辦物料、續建工程及覈付保險、運脚、京差等項爲第二册；收支物料、分項造報、用存物料，作爲光緒十七年分舊管爲第三册；製成軍火、撥發各項爲第四册；撥給各船薪糧物料及行營製造局用料爲第五册；神機營撥用物料爲第六册。又，十六年迭准總理海軍衙門飭派安設外火器營鐵路工程，並修理西苑及頤和園等處電燈、昆明湖輪船及運送洋水龍等項價脚，盤費銀兩，前已聲明匯入十六年常年經費册内請銷，另造清册一分，附呈查覈。其製造軍火，仍造册咨送總理各國事務衙門備查。至製造各項器械，皆仿西洋新式，所用工料難以例價相繩，循照歷届章程實用實銷，詳請具奏前來。

吉林省檔案館《清代吉林檔案史料選編（工業）》上册《吉林機器製造局委員司事書識工匠等起止薪水銀兩日期清册光緒十九年正月二十八日》 吉林機器製造局爲造册請咨立案事。

竊照職局自光緒十六年七月份起至十七年十二月底止，所有委員、司事、書識，工匠、匠徒、小工等員名，起支停止銀兩日期分晰造具清册，恭呈憲覈，咨部查照，立案施行。須至册者。

計開

一、委員、司事、書識，起支停止銀兩日期：

庫房收發軍械司事、七品頂戴何裕寬，月支薪水銀拾貳兩，十六年八月底止。

庫房收發軍械司事、五品銜候選縣丞楊起鵬，月支薪水銀拾貳兩，十六年九月份起支，係接何裕寬事務。

差遣委員、五品銜盡先補用主事晉昌，月支薪水銀貳拾兩，十六年九月底停止。

差遣委員、補用知府候選同知朱材濟，月支薪水銀貳拾兩，十六年十月份起支，係接晉昌事務。

管理火藥廠帳目司事、五品頂戴監生畢保厘，月支薪水銀拾捌兩，十六年七月份起支，前因告假停止，合併登明。

監管翻沙廣司事、文生方盛邦，月支薪水銀十五兩，十七年八月底停止，十七年十一月份起支。

監管熟鐵廠司事、六品頂戴候選從九品朱東煉，月支薪水銀拾肆兩，十六年九月份起支，前因告假停止，合併登明。

書識、增生馬汝霖，月支薪水銀柒兩，十七年九月底停止。

（以下七名略）

一、正廠工匠、匠徒起支停止銀兩日期：

工匠張成林，十六年七月二十九日停止，十六年十月初四日起支。

（以下八十八名略）

一、軋銅處匠徒起支停止銀兩日期：

匠徒孫玉魁，十六年七月初一日起支。

尤太喜，十六年八月十六日起支。

一、西廠工匠、匠徒起支停止銀兩日期：

工匠唐美山，十七年四月三十日停止，十七年七月初二日起支。（以下十九名略）

匠徒劉天榮，十七年八月三十日停止。

（以下四十六名略）

一、电汽廠匠徒起支停止銀兩日期：

匠徒宣元令，十六年十二月三十日停止。

（以下兩名略）

一、火器廠匠徒起支停止銀兩日期：

匠徒彭瑞慶，十六年九月十二日起支，十七年八月三十日停止。

（以下四名略）

一、木廠工匠、匠徒起支停止銀兩日期：

工匠商啓發，於十七年八月三十日停止。

（以下九名略）

匠徒馬得，十七年九月三十日停止。

（以下三十三名略）

一、劃圖房匠徒起支停止銀兩日期：

匠徒鄭德盛，十七年三月初七日起支。

一、鐵廠工匠、匠徒起支停止銀兩日期：

工匠楊德瑞，十七年二月二十六日停止。

（以下九名略）

匠徒肖在濱，十七年八月三十日停止。

（以下十三名略）

一、翻沙廠工匠、匠徒起支停止銀兩日期：

工匠張福柱，十六年八月二十二日停止。

盛長祥，十七年九月三十日停止。

匠徒李來忠，十七年正月十九日停止。

（以下十五名略）

一、強水廠匠徒起支停止銀兩日期：

匠徒楊有，十七年三月二十日起支。

一、火藥廠工匠、匠徒起支停止銀兩日期：

工匠王彩，十七年八月三十日停止。

（以下八名略）

匠徒趙明，十七年八月三十日停止。

（以下三十八名略）

一、差弁起支停止銀兩日期：（共六名略）

一、小工起支停止銀兩日期：（共一百九十九名略）

以上工匠、匠徒、小工等人數、銀數均屬不齊，本系論其手藝高低，一時礙難添註冊內，合併登明。

一、駐津委員、司事停止銀兩日期：

委員，候選道龔照璵，月支薪水銀三十兩。

司事，補用知縣顧元勛，月支薪水銀捌兩。

司事，試用縣丞龔彥師，月支薪水銀捌兩。

以上三員俱於十六年六月底停止。

中國第一歷史檔案館等《中國近代兵器工業檔案史料》第一輯《李鴻章奏請給予德國教習沙爾富獎勵片光緒十九年四月十五日》 再，天津機器局創造栗色火藥，延雇德國教習沙爾富，數年以來，於做栗色火藥器料、形色、速率及漲力輕重，逐細教導，局中工徒漸能領會，頗著成效。各海口砲臺內新式後膛大砲，並鐵艦、快船之巨砲，非用此藥施放，不能及遠製勝。該教習沙爾富，悉心教授，俾海外秘法盡得其傳，裨益軍需非淺。合無仰懇天恩俯准，將沙爾富賞給四品頂戴，三等第三寶星，以示鼓勵。除俟奉旨後由臣照式飭製給領並咨總理衙門繕給寶星執照外，理合附片具陳，伏乞聖鑒訓示。謹奏。

光緒十九年四月十八日奉硃批：着照所請，該衙門知道，欽此。

中國第一歷史檔案館《光緒朝硃批奏摺》第一〇二輯《光緒十九年五月二十日山東巡撫福潤摺》 尚書銜山東巡撫奴才福潤跪奏，爲報銷機器局光緒十七年分用過銀兩，懇恩敕部准銷，恭摺仰祈聖鑒事。竊山東省機器局製造各項軍火所需經費銀兩，向由藩庫籌撥。收支款項，遵照部定新章，每年造冊報銷；凡有添購物料，並先報明立案。光緒十六年收支各項銀數，業經奴才覈明具奏。茲查自十七年正月起至十二月底止，造成各種洋火藥八萬八千九百六十斤、大銅帽火一百三十九萬四千九百六十箇、鋼砲拉火四萬二千枝、開花炸彈二百箇，銅螺絲引門二百副、實心後膛砲彈一千三百箇、毛瑟後膛槍子二十一萬一千顆、七響後膛短槍子三十三萬顆、馬的尼槍子二萬七千顆，洋鉛丸八十萬五千粒，機器廠大號鍋鑪一具，並添造各廠不敷應用機器，修理各營損壞洋槍、洋砲、裝盛軍火箱盒等件。共計採買硝、磺、銅、鉛、鋼、鐵、華洋各種物料，暨員弁、匠役薪工、運脚等款，應歸户部覈銷銀一萬九千一百九十九兩六錢五分二釐八毫五絲三忽，兵部覈銷銀六千六百七兩二錢一分，工部覈銷銀一萬八千九百四十九兩四錢七分八釐一毫四絲七忽，三共請銷銀四萬四千七百五十六兩三錢四分一釐。內動用光緒十六年報銷案內結存湘平銀一萬一千三百七十二兩八錢六分二釐三毫一絲二忽，陸續共撥藩庫庫平銀三萬八千兩，又專案奏撥藩庫庫平銀五千兩。遵照部定新章，雜用各款每庫平銀一兩扣平四分，均按湘平支發，覈計節省平餘銀一千七百二十兩，一併列收作正開銷。今除支用外，實存湘平銀一萬一千三百三十六兩五錢二分一釐三毫一絲二忽，應歸下屆造報。據總理局務按察使松林、候補道林介景造冊詳請具奏前來。奴才詳加查覈，尚無浮冒情弊。除清冊咨送户、兵、工三部外，所有報銷機器局光緒十七年用過銀兩緣由，謹恭摺具奏，伏乞皇上聖鑒，敕部覈銷施行。謹奏。

硃批：該部議奏。

光緒十九年五月二十日。

吉林省檔案館《清代吉林檔案史料選編（工業）》上册《吉林機器製造局委駐奉江二省修理練軍器械司事工匠所需薪工物料銀兩數目的申文光緒十九年六月二十九日》　機器製造局爲申報事。

光緒十九年五月二十二日接奉憲臺札開，准大臣定咨開，案據奉天支應局申稱：竊照吉林機器局分派司事、工匠修理奉天盛字營、黑龍江齊字營練軍器械，所需薪工物料價值銀兩，按月由卑局及江省糧餉處撥發，所有支過銀兩總數，由卑局匯案造報。其修理軍械用過薪工物料各細數，由吉林機器局分析造册，呈請吉林將軍覈明請銷等因，歷經遵辦在案。

嗣准海軍衙門於光緒十四年十二月二十五日附奏，吉林機器局製造黑龍江、吉林操需軍火經費，及修理軍械工料銀兩，自光緒十五年起，由東三省練兵歲撥百萬兩内自行發給等因，轉飭遵照。所有十五、十六、十七等年撥款，業經遵辦亦在案。

兹查自十八年正月初一日起，至十二月底止，連閏計十三個月，駐奉司事依精額，共支二兩平銀一千零六十一兩一錢一分八厘四毫一絲。駐江司事黄祖安，共支二兩平銀一千零九十兩零五錢七分三厘六毫。又續奉憲臺札飭，撥發吉林機器局十八年連閏計十三個月，修理吉字營槍械工料銀九百七十二兩四錢七分四厘零六絲。又撥發預支製造十九年份吉江兩省軍火經費，二兩平銀一萬三千五百八十兩零六錢八分九厘三毫九絲一忽五微。統計撥發二兩平銀一萬六千七百零四兩八錢五分五厘四毫六絲一忽五微，均由卑局在於練餉内撥發，歸入光緒十八年造銷案内，作爲劃款開報。至製造軍火併修理軍械用過薪工物料各細數，應請咨明吉林將軍，轉飭該機器局作收分款造册請銷，以符原案，等情。據此，相應備文咨行，爲此合咨貴將軍，請煩查照施行等因。准此，合亟抄粘札飭，札到該局，即便遵照辦理，計抄粘等因。奉此，遵即分析造具職局現駐奉、江二省修理練軍軍械司事、工匠等，自光緒十八年正月份起，至十二月底止，所有薪水工食，以及修理槍砲應用物料，動支銀兩各細數清册三本，恭呈憲覈，轉咨欽差大臣定查照備案。並咨明海軍衙門覈銷，以清款目。除練軍軍火經費另案辦理外，理合備文申報。伏乞憲臺鑒覈，分别轉咨施行。

再，墊發修理吉字營軍械工料銀兩，十八年正月份起，扣至十二月止，已於十八年十二月二十日造册申報在案，合併聲明。須至申者。

中國第一歷史檔案館《光緒朝硃批奏摺》第一〇二輯《光緒十九年九月十五日吉林將軍長順摺》　奴才長順跪奏，爲吉林機器局動支經費銀兩實數，循案截期造報，奏請覈銷，恭摺仰祈聖鑒事。竊查吉林機器局自光緒十四年七月初一日起截至光緒十六年六月底止，動支經費銀兩業由奴才等奏銷，計實在不敷庫平銀五萬三千六百五十二兩五錢七分六釐五毫二絲八忽一微四纖，應歸入光緒十六年七月初一日以後造册報銷，曾經奏咨在案。兹查該局經費，自光緒十六年七月初一日起截至光緒十七年十二月底止，續收户部撥領過庫平銀十四萬六千二百五十兩，内有應行勻挪動用黑龍江練軍自光緒十六年七月起截至光緒十七年十二月底止年半軍火需用價值庫平銀四千九百七十兩四錢四分五釐（查此項軍火係歸該局製造，事同一律，自應歸併造報，毋庸分開辦理，俾歸簡易）。其吉林省練軍，由光緒十六年七月起截至光緒十七年十二月底止年半，軍火係由該局按年節省經費二萬金另造軍火項下，酌撥火藥、鉛丸等項應用，以符奏案。計開除歸還前次報銷，截至光緒十六年六月底止，不敷庫平銀五萬三千六百五十二兩五錢七分六釐五毫二絲八忽一微四纖，營口轉運局薪水、口分並前在營口買受房屋地基共支過原庫平銀六千一百十六兩四錢，吉林機器局薪水工食以及局費共支過原庫平銀六萬二千六百十一兩二錢六分七釐九毫七忽，搬運長夫口分共支過原庫平銀一千六百四十九兩二錢，由上海各處購辦物料等項按照隨時價值共支過原庫平銀二萬四千六百七十兩二錢一分六釐九毫五絲，運費共支過原庫平銀一萬三千一百三十兩三錢八分八釐六毫，在吉林本省購買物料按照隨時價值共支過原庫平銀二萬三千一百八十三兩二錢七分二釐一毫七絲二忽外，實在不敷庫平銀三萬八千七百六十三兩三錢二分二釐一毫五絲七忽一微四纖。查此項銀兩係由防餉、俸餉項下騰挪濟用，俟按季領到經費陸續歸墊。所有出入各款，奴才等督飭委員逐款勾稽，委係實用實銷，毫無浮冒。至該局委員、司事、書識等停止起支銀兩日期，業遵部咨先期咨部查覈在案。除造具細數清册分别咨送户、兵、工三部查照覈銷外，所有自光緒十六年七月初一日起截至光緒十七年十二月底止，吉林機器局動支經費銀兩截期造報緣由，理合會同琿春副都統奴才恩澤恭摺具奏，伏乞皇上聖鑒，勅部覈銷施行。再，該局自光緒十六年七月初一日起截至光緒十七年十二月底止，收支物料以及各項軍火並添配製造一切機器、器具等料，亦應由奴才等另案分别造具清册咨部備案，合併陳明。

國家清史編纂委員會《李鴻章全集》第一五册《機器局報銷摺光緒十九年十二月十二日》　奏爲天津機器局光緒十七年分動用經費，照章造册報銷，恭摺仰祈聖鑒事。竊照天津機器局經費，奏明動撥津海、東海兩關四成洋税，截至光緒十六年止，業將收支款目造册奏報，經部覈復准銷，並將十七年支給薪工等款分别咨部立案。兹據該局前福建藩司張夢元等將十七年分應行造銷各册，分晰開報，計上届存銀十一萬六千九百二十三兩有奇。本届十二個月，共收四成洋税、招商局船税並江海關洋藥厘金、海防支應局解到添造栗藥鋼彈經費、津海關解到添購栗藥機器經費及各省撥還軍火等價銀四十二萬一千五百七十二兩有奇，共支銷銀三十一萬六千四百十九兩有奇，應存銀二十二萬二千七十六兩有奇。業經定購外洋器料並添建工程，應歸付清價脚及工竣之年報銷。所有本届應銷各款，仍照向章各歸各册，計全案收支總數及員弁、司事、工匠、夫役人等薪工爲第一册，購辦物料續建工程及覈付保險、運脚等項爲第二册，收支物料、分項造報用存物料作爲光緒十八年分舊管爲第三册，製成軍火撥發各項爲第四册，撥給各船薪糧、物料及行營製造局用料爲第五册，神機營撥用物料爲第六册，安設頤和園電燈並運解海軍衙門各項料物脚價等項爲第七册。其製造軍火仍造册咨送總理各國事務衙門備查。至製造各項器械，皆仿西洋新式，所用工料難以例價相繩，循照歷届章程實用實銷，詳請具奏前來。

吉林省檔案館《清代吉林檔案史料選編（工業）》上册《邊防軍械庫光緒十九年收發動存軍火數目清册光緒二十年二月二十五日》　謹將邊防軍械庫光緒十九年正月起至十二月底止，所有一年收發動存各項軍火數目，造具四柱清册，恭呈憲臺查覈施行。須至册者。

計開：

一、舊管：

洋藥四十四萬二千七百五十三磅零六兩一錢
大銅帽一千五百六十一萬三千五百二十顆
來福鉛丸五十四萬四千九百二十四粒
自來火洋擡槍鉛丸十八萬七千五百三十五粒
擡槍鉛丸一萬六千九百九十八斤零十一兩
鳥槍鉛丸五千斤
哈乞開斯子母三百二十四萬三千二百一十顆
哈乞開斯不帶鉛丸槍子一萬九千顆
呍啫士得子母九十五萬零二十六顆
呍啫士得不帶鉛丸槍子一萬二千顆
兩磅開花彈二百八十九個
兩磅銅五件四百七十九副
四磅銅拉火四萬七千一百七十四枝
木信子四千零四十八個
兩磅銅拉火三萬五千九百五十九枝
十二磅後膛車砲開花彈二千八百八十六個。
十二磅後膛車砲銅五件二千八百八十六副
十二磅前膛銅釘開花彈三百六十個
皮帶皮合六箱，又皮帶皮合各二百三十八分，又小皮合三個
帳棚一百八十二架
帳棚鐵釘四千六百八十根
帳棚木桿一百五十分
火繩一萬五千零十七盤十五尺一寸
自來火洋擡槍一百五十一桿
腰刀三百零二把
矛頭一百八十五個
格林砲一尊
格林砲子母七十箱〔内擦油試砲取用四十顆〕
青銅砲四尊
九生的車砲二十尊
十五生的鋼砲一尊
十五生的鋼砲銅螺絲拉火十三枝
噶爾薩銅殼四十六個
舊呍啫士得槍四十四桿
舊來福槍二十八桿
舊呼敦槍二十五桿

一、新收：

洋藥四萬一千二百磅
大銅帽四百七十萬顆
來福鉛丸七十二萬四千粒
自來火洋擡槍鉛丸十一萬六千粒。
哈乞開斯子母二十七萬顆
呍啫士得子母十六萬顆
子母砲銅拉火五千枝
兩磅開花彈九百個
兩磅銅五件九百副
兩磅銅拉火二千枝
四磅銅拉火二千枝
十二磅後膛車砲開花彈二千六百個
十二磅後膛車砲銅五件二千六百副
噶爾薩連座銅砲二尊(隨砲零件俱全，外餘鋼簧二匹)
噶爾薩實心子九百一十八個
噶爾薩群子九百一十八個
噶爾薩銅殼一千七百九十個
槍靶鐵牌架一副
鋼銼四把
哈乞開斯槍針簧叁百副
哈乞開斯槍勾簧五十匹
來福槍火門一百三十個
十五生的鋼砲銅螺絲拉火七十二枝
一、各營繳回(下略)
一、修成備發各項槍械(下略)
一、開除靖邊各營領去：
洋藥三萬二千四百零八磅一兩九錢二分
大銅帽一百九十二萬五千四百五十五顆
來福鉛丸一百二十萬零三千九百八十粒
自來火洋擡槍鉛丸一萬二千一百六十粒
哈乞開斯子母九十七萬三千一百六十二顆
哈乞開斯不帶鉛丸槍子一千顆
呍啫士得子母十七萬七千六百九十三顆
呍啫士得不帶鉛丸槍子二千顆
兩磅開花彈二百八十八個
兩磅銅五件二百八十八副
四磅銅拉火四百七十二枝
兩磅銅拉火二百八十八枝
十二磅後膛車砲開花彈四百七十二個
十二磅後膛車砲銅五件四百七十二副
九生的車砲二尊
隨砲物件俱全
鞍套、皮條、麻繩、銅、鐵、木等項八分俱全
外領鋼銼四把
噶爾薩連座鋼砲二尊
隨砲物件俱全
外餘鋼簧二匹
噶爾薩實心子七百一十二個
噶爾薩群子七百一十二個
噶爾薩銅殼一千四百二十四個
槍靶鐵牌架一副
哈乞開斯槍針簧三百副
哈乞開斯槍勾簧五十匹
來福槍火門一百三十個
十五生的鋼砲銅螺絲拉火七十二枝
來福槍十七桿
馬統子十八桿
哈乞開斯槍一桿
呍啫士得槍二十八桿
帳棚四架

帳棚鐵釘八十四根
帳棚木桿四分
腰刀四十六把
一、練軍各營領去：
洋藥二百二十磅
大銅帽四千四百顆
自來火洋擡槍鉛丸四千四百粒
自來火洋擡槍二十二桿
皮帶、皮合二十二分
哈乞開斯子母十二萬八千顆
呍啫士得子母八萬三千四百顆
噶爾薩實心子一百個
噶爾薩群子一百個
噶爾薩銅殼二百個
兩磅開花彈一百個
兩磅銅五件一百副
一、不堪修理報廢各項槍械：（下略）
一、實存：
洋藥四十五萬一千三百二十五磅零四兩一錢八分
大銅帽一千八百三十八萬三千六百六十五顆
來福鉛丸六萬八千三百一十九粒
自來火洋擡槍鉛丸二十八萬七千九百七十五粒
擡槍鉛丸一萬六千九百九十八斤零十一兩
鳥槍鉛丸五千斤
哈乞開斯子母二百四十一萬三千三百四十四顆
哈乞開斯不帶鉛丸槍子一萬八千顆
呍啫士得子母八十五萬七千三百五十二顆
呍啫士得不帶鉛丸槍子一萬顆
子母砲銅拉火五千枝
兩磅開花彈八百零一個
兩磅銅五件九百九十一副
兩磅銅拉火三萬七千六百七十一枝
四磅銅拉火四萬八千七百零二枝
木信子四千零四十八個
十二磅後膛車砲開花彈五千零一十四個
十二磅後膛車砲銅五件五千零二十四副
十二磅前膛銅釘開花彈三百六十個
皮帶、皮合六箱，又皮帶、皮合各二百一十六分，又小皮合三個
帳棚一百七十八架（內有繳回受雨水二十八架）
帳棚鐵釘四千五百九十六根
帳棚木桿一百四十四分
銅鑼一面
火繩一萬伍千零十七盤十五尺一寸
自來火洋擡槍二百零四桿
腰刀二百五十六把
矛頭二百一十一個
格林砲一尊
格林砲子母七十箱（內擦油試砲取用四十顆）
青銅砲四尊
九生的車砲十八尊
十五生的鋼砲一尊
十五生的鋼砲銅螺絲拉火十三枝
噶爾薩實心子一百零六個
噶爾薩群子一百零六個
噶爾薩鋼殼二百一十二個
舊呍啫士得槍四十五桿
舊來福槍五十六桿
舊呼敦槍一百桿
舊馬統子五桿
舊立密得槍二十桿

舊哈乞開斯槍十九桿

吉林省檔案館《清代吉林檔案史料選編(工業)》上册《吉林機器製造局光緒二十年正月份新造槍彈送庫存儲的申文光緒二十年二月十七日》　機器製造局爲申報事。

竊職局製造槍子、鉛丸等件，一有成數，即遵照舊章運送邊防軍械庫存儲，以備發放，俾昭慎重，歷經辦理在案。

茲將本年正月份新造哈乞開斯槍子十二萬顆，計裝一百二十箱；來福鉛丸六十萬顆，計裝三百箱；十二磅克虜卜開花子一千七百顆，計裝一百七十箱；隨開花子銅五件一千七百副，計裝七箱，應仍一並運送存庫。俟各軍需用之時，再由庫提出，分別撥給隨時另案報明。除運送外，理合備文申報，伏乞憲臺鑒覈施行。須至申者。

吉林省檔案館《清代吉林檔案史料選編(工業)》上册《吉林機器製造局會辦鳳翔辭差達桂調充的移文光緒二十年二月二十九日》　爲移知事。

光緒二十年二月十六日，接奉督辦憲札開：照得機器製造局會辦、藍翎佐領鳳翔稟請辭差，所遺會辦一差，查有文案處會辦、記名總管、花翎四品官達桂堪以調充，所支薪水銀兩，自三月份起照章開支，以資辦公。除札飭機器局知照外，合亟札委，札到該員即便遵照等因。奉此，敝會辦當於二月十八日到局任事，除分別申移外，相應備文移知。爲此合移貴處，請煩查照施行。須至移者。

吉林省檔案館《清代吉林檔案史料選編(工業)》上册《吉林機器製造局光緒二十年二月份新造槍彈送庫存儲的申文光緒二十年三月十九日》　機器製造局爲申報事。

竊職局製造槍子、鉛丸等件，一有成數，即遵照舊章運送邊防軍械庫存儲，以備發放，俾昭慎重，歷經辦理在案。

茲將本年二月份新造哈乞開斯槍子八萬顆，計裝八十箱；來福槍丸四萬粒，計裝二百箱；四磅銅拉火一千枝，計裝一箱；兩磅銅拉火一千枝，計裝一箱，仍應一併運送存庫。俟各軍需用之時，再由庫提出，分別撥給，隨時另案報明。除運送外，理合備文申報，伏乞憲臺鑒覈施行。須至申者。

吉林省檔案館《清代吉林檔案史料選編(工業)》上册《吉林將軍長順爲機器局更換會辦委員及起支薪水日期給户部的咨文光緒二十年三月二十三日》　爲咨明事。

據機器製造局申稱：竊查職局更換委員，均係隨時將起支薪水日期申請轉咨，歷經辦理在案。茲查職局會辦佐領鳳翔稟請辭差，所遺會辦一差，奉飭札委記名總管、花翎四品官達桂接辦，於本年三月初一日起支薪水，仍照章每月支銀六十兩；又差遣委員朱材濟另有差委，所遺差遣委員一差，奉飭札委候選縣丞孫福疇接充，於本年二月初一日起支薪水，仍照章每月支銀二十兩，應請憲臺轉咨户部查照立案。理合備文申請，伏乞憲臺鑒覈，轉咨施行等情，到本督辦將軍。據此相應備文咨明。爲此合咨大部，請煩查照立案施行。須至咨者。

吉林省檔案館《清代吉林檔案史料選編(工業)》上册《吉林機器製造局爲製造康濟輪船一隻撥交水師遣用的申文光緒二十年四月十三日》　機器製造局爲申報事。

光緒二十年三月初六日接奉憲臺札開：照得本督辦將軍，於光緒二十年三月初三日具奏：爲松花江輪船需用駕駛人數、餉數及物料、歲脩等項，酌議章程一摺，除俟奉到硃批再行恭録札飭外，合亟抄粘摺單札飭，札到該局，即便遵照。計抄摺單内開：奏請添設水師兩哨，並將機器局所造頭號小火輪船一隻，撥歸該營以備隨時遣用在案等因。奉此，職局現准該營周營官寶麟承領前來，當即將頭號康濟明頁小火輪一只，及管駕、管輪、舵工、水手等，一併移交該營官管帶去訖。理合將輪船並應用機器、汽輪等件開單備文申報，伏乞憲臺鑒覈施行。須至申者。

吉林省檔案館《清代吉林檔案史料選編(工業)》上册《吉林機器製造局光緒二十年三月份新造槍彈送庫存儲的申文光緒二十年四月二十二日》　機器製造局爲申報事。

竊職局製造槍子、鉛丸等件，一有成數，即遵照舊章運送邊防軍械庫存儲，以備發放，俾昭慎重，歷經辦理在案。

茲將本年三月份新造哈乞開斯槍子四萬顆，計裝四十箱；大銅帽八十萬顆，計裝四十箱；來福鉛丸四十萬粒，計裝二百箱；抬槍鉛丸十一萬粒，計裝一百十箱；兩磅克鹿卜開花子四百顆，計裝二十箱；隨子銅五件四百副，計裝二十箱；噶爾薩實心子四百顆，計裝八箱；噶爾薩群子四百顆，計裝八箱；噶爾薩銅殼八百個，計裝十六箱，應仍一併運送存庫。俟各軍需用之時，再由庫提出，分別撥給，隨時另案報明。除運送外，理合備文申報，伏乞憲臺鑒覈施行。須至申者。

中國第一歷史檔案館等《中國近代兵器工業檔案史料》第一輯《福潤奏銷山東機器局光緒十八年用過銀兩摺光緒二十年六月初十日》 尚書銜山東巡撫奴才福潤跪奏，爲報銷機器局光緒十八年動用經費銀兩，懇恩敕部准銷，恭摺仰祈聖鑒事。

竊山東省機器局製造各項軍火，所需經費銀兩，向由藩庫籌撥，按年造册報銷。凡有添購物料，並先報明立案。光緒十七年收支各項銀數，業經奴才覈明具奏。

兹查自十八年正月起至十二月底止，造成各種洋火藥十萬七百二十五斤、大銅帽火一百四十四萬七千粒，前膛來福大砲二尊、鋼砲開花炸子一千二百個、銅螺絲炸子引門一千四百四十五副、克虜伯砲拉火銅管三萬七千枝、包鉛群子二百六十個、大砲子一千二百六十個、各種後膛自來火帶藥槍子六十萬顆、洋鉛丸九十二萬三千粒，並添造中號鍋爐一具、各廠不敷應用機器，及脩理各營損壞洋槍、洋砲、裝盛軍火箱盒等件。共計採買硝、磺、銅、鉛、鋼、鐵、華洋各種物料，暨員弁、匠役薪工，運脚等款，應歸户部覈銷銀二萬一百八十四兩一錢八分二釐八毫五絲三忽，兵部覈銷銀八千四百六十兩一錢六分七釐一毫，工部覈銷銀二萬二千六百三十二兩五錢六分九釐四絲七忽，三共請銷銀五萬一千二百七十六兩九錢一分九釐。内動用光緒十七年報銷案内結存湘平銀一萬一千三百三十六兩五錢二分一釐三毫一絲二忽，陸續共撥藩庫庫平銀三萬九千兩，又專案奏撥藩庫庫平銀一萬兩。遵照部定新章，雜用各款每庫平銀一兩扣平四分，均按湘平支發，覈計節省平餘銀一千九百六十兩，一併列收作正開銷。今除支用外，實存湘平銀一萬一千十九兩六錢二釐三毫一絲二忽，應歸下届造報。據總理局務按察使松林、候補道林介景造册詳請具奏前來。奴才詳加查覈，尚無浮冒情弊。除清册咨送户、兵、工三部外，所有報銷機器局光緒十八年經費銀兩緣由，謹恭摺具奏，伏乞皇上聖鑒，敕部覈銷施行。謹奏。

奉硃批：該部議奏，欽此。

吉林省檔案館《清代吉林檔案史料選編(工業)》上册《吉林機器製造局代造光緒二十年份五常賓州等地軍火清册光緒二十年八月二十七日》 今將光緒二十年份，五常廳等處所需軍火數目，開列於後：

計開：

五常廳：
快槍子母捌百粒
哈乞開斯子母捌百粒
洋銅帽壹萬壹千叁百伍拾粒
洋槍鉛丸壹百捌拾斤
洋藥貳百捌拾磅

賓州廳：
快槍子母伍千叁百叁拾柒粒

伊通州：
洋槍鉛丸壹百肆拾斤
抬槍鉛丸肆拾斤
洋銅帽捌千壹百粒
洋藥伍百叁拾伍磅

雙城廳：

磨盤山：
洋槍鉛丸二處共叁百陸拾斤
洋銅帽二處共壹萬捌千粒
洋藥二處共壹千零陸拾磅

敦化縣：
洋槍鉛丸貳百斤
快槍子母捌百粒
洋藥貳百捌拾磅
洋銅帽壹萬零叁百貳拾粒
二號開撕子母捌百粒

以上六處共造：
快槍子母陸千玖百叁拾柒粒
哈乞開撕子母捌百粒
二號開撕子母捌百粒
洋銅帽肆萬柒千柒百柒拾粒
洋槍鉛丸捌百捌拾斤

抬槍鉛丸肆拾斤

洋藥貳千壹百伍拾伍磅

中國第一歷史檔案館等《中國近代兵器工業檔案史料》第一輯《李秉衡奏請爲山東機器局採辦外洋物料用銀立案片光緒二十年九月二十一日》 再，據總辦機器局務署按察使李希蓮、補用道林介景等詳稱：東省機器局製造鉛丸、火藥等項，歲撥銀一萬兩採辦外洋物料，僅敷常年操防之用。現在海氛不靖，添募勇營，需用軍火倍於曩時，必須先期多備，方足以資接濟。先由藩庫額撥本年銀一萬兩，續又添撥銀一萬兩，仍委江蘇候補道潘學祖就近在上海預爲購定外洋各種銅、鉛、鋼、鐵、硝、磺等物，並鏹水、漆、油，一切應用雜料，派員運解來東，趕緊製造，以備緩急。照章詳請奏咨立案。並稱前項物料，係在上海向洋商訂購，無從咨請出使大臣驗收等情。臣覆查無異。除咨總理各國事務衙門暨户、工二部查照外，理合附片陳明，伏乞聖鑒。謹奏。

奉硃批：該衙門知道，欽此。

中國第一歷史檔案館《光緒朝硃批奏摺》第一〇二輯《光緒二十年十月十五日吉林將軍長順片》 奴才長順跪奏，爲邊備戒嚴，軍火宜備，擬請暫撥經費銀兩以應急需，恭摺仰祈聖鑒事。竊查機器局自開創以來，每年所領經費十萬兩，如不敷用，准由防餉項下挪移濟用，專供本省防軍操需之用。嗣經裁撤表正書院銀二千五百兩，黑龍江省練軍操需軍火又經部議由該局經費内撥銀四千一百餘兩，代造應用，其經費僅賸九萬三千三百餘兩，又經奴才長順於此項經費内每年撙節二萬兩，以一萬兩歸還户司欠款，以一萬兩製造備用軍火，復以備用軍火酌撥吉林練軍應用。並蒙古需用軍火亦由此内撥用，先後奏明各在案。今倭氛不靖，邊備戒嚴，所有備用軍火大半提用琿春防所，目下奴才長順奉命督率防、練兩軍，及招募新軍五千人，赴奉助剿。應敵軍火亦不可少，再由該局撥用，祇可儘其所有，而提用之以後即難爲繼，若不多籌經費，多購物料，多添機器，多雇工匠，日夜趕緊製造軍火，必致貽誤軍需。雖經奴才長順遵旨籌備奉軍軍火，奏請飭下户部先行籌銀五萬兩，交記名海關道宋春鰲赴滬購辦物料，添置機器，雇覓工匠，以及水陸運腳應需銀兩所餘亦屬無多，造出軍火能否奉軍敷用，尚難豫料，加以外洋金磅日增，本地物料亦因之昂貴，幾及加六，而海運保險又增兩倍，所領經費先須摺耗三分之一，如領得十萬實能作六萬餘兩之用，當此軍務緊急之時，明知購辦料件，外洋船隻悉守公法不容裝運，惟所購料件中有可通融裝運者，自應仍由海運以資迅捷，其無可通融者，即由内地設法轉運，即能多購料件多造軍火，庶可源源接濟各軍操防、應敵之用，不致坐失機宜。合無仰懇天恩，飭下户部暫行增撥經費銀十萬兩，以便奴才等迅飭機器局趕緊設法多備料件，無分日夜，加工製造軍火，以資應用，實與軍務大有裨益。事關緊要軍需，若待增款到時恐滋貽誤，擬先由防餉内量爲挪移濟用，以緩濟急。是否有當，謹會同幫辦吉林邊務琿春副都統奴才恩澤恭摺具陳。伏乞皇上聖鑒訓示。謹奏。

硃批：户部知道。

光緒二十年十月十五日。

邢玉林《光緒朝黑龍江將軍奏稿・增祺奏爲本年製造火葯用銀覈銷摺光緒二十年十一月二十六日》 奴才增祺跪奏，爲光緒二十年分製造火烘藥等項用過工料銀兩數目請旨飭部覈銷，恭摺仰祈聖鑒事。竊查前經奏准黑龍江通省每年加工碾造火藥四萬斤，烘藥捌百斤，火繩捌千斤，以資操防需用。所有光緒十九年分製造火、烘藥等項用過銀捌千肆百兩，業經户部議准，將金礦餘利照案仍列抵俸餉。自十九年起，於俸餉項下，按年以實銀支給等因在案。茲據碾造火藥委員副都統銜協領凌善報稱，二十年分應造火藥肆萬斤、烘藥捌百斤、火繩捌千斤均已製造完竣，遵照奏定價值共用過工料實銀捌千肆百兩，由俸餉項下如數支領，按款造册呈報前來。奴才覆覈無異，除將細册咨送户、工二部覈銷外，理合恭摺具奏，伏乞皇上聖鑒，飭部覈銷施行，謹奏。奉殊批：該部議奏。欽此。

白永貞《李忠節公奏議》卷五《奏機器局購硝籌撥銀兩片光緒二十年十二月初三日》 再，東省機器局製各項軍火所需經費銀兩，向由藩庫籌撥，按年造册報銷，凡有添購物料應先照章奏咨立案。茲據總理機器局務司道詳稱，製造火藥以硝爲大宗，每藥百磅即需硝七十五磅，現在籌辦海防添營募勇需用軍火，既多且急，因之各廠加增匠役晝夜不停工作，而費用亦倍曩時，月領經費不敷支發，實無餘款購硝。已由藩庫籌撥硝價銀四千兩，派員分投採辦毛硝十餘萬斤，趕緊飭匠製造，以濟軍火要需，免致缺誤。此款歸入光緒二十年動用經費案内報銷，以清款目等情。請先照章奏咨立案前來，除分咨查照外，謹附片陳明，伏乞聖鑒，謹奏。光緒二十年十二月十九日奉硃批：該部知道，欽此。

國家清史編纂委員會《李鴻章全集》第一五册《天津機器局經費報銷摺光緒二十年十二月初六日》 奏爲天津機器局光緒十八年分動用經費，照章造册報銷，恭摺仰祈聖鑒事。竊照天津機器局經費奏明動撥津海、東海兩關四成洋税，截至光緒十七年止業將收支款目造册奏報，經部覈復准銷，並將十八年支給薪工等款分別咨部立案。兹據該局前福建藩司張夢元等將十八年分應行造銷各册分晰開報，計上届存銀二十二萬二千七十六兩有奇，本届連閏十三個月共收四成洋税、招商局船税並江海關洋藥釐金、海防支應局解到添造栗藥、鋼彈及承造旅順、威海衛、大連灣等處砲彈各經費，津海關解到添購栗藥機器經費、各省撥還軍火物料等價銀四十五萬六千四百七十二兩有奇。共支銷銀五十萬九千九百十一兩有奇，應存銀十六萬八千六百三十七兩有奇，業經定購外洋器料並添建工程應歸付清價腳及工竣之年報銷。所有本届應銷各款仍照向章，各歸各册。計全案收支總數及員弁、司事、工匠、夫役人等薪工爲第一册，購辦物料、續建工程及覈付保險、運腳等項爲第二册，收支物料分項造報用存物料作爲光緒十九年分舊管爲第三册，製成軍火撥發各項爲第四册，撥給各船薪糧物料及行營製造局用料爲第五册，神機營撥用物料爲第六册，運解西苑等處洋舢板並修理輪船、運送鍋爐、電燈、公所提取物料、腳價等項爲第七册，其製造軍火仍造册咨送總理各國事務衙門備查。至製造各項器械皆仿西洋新式，所用工料難以例價相繩，俱係循照歷届章程，實用實銷，詳請具奏前來。

北京大學館藏稿本叢書編纂委員會《光緒軍機處事由檔録要》光緒二十年

電寄裕禄：裕禄奏請飭吉林機器局趕造槍彈等語，知照長順速辦解用，運粮經費准其作正開銷。電寄許景澄：前經劉坤一、張之洞電令購辦之槍械是否全行起運，約何時可到？

北京大學館藏稿本叢書編纂委員會《光緒軍機處事由檔録要》光緒二十年

字寄王：有人奏新授江西督粮道劉汝翼，在津辦理北洋機器東局，鉛丸、子药皆其製造。药則裸以黄爉，子則裸以泥丸，以致大軍火器不利，爲賊所乘，前敵將士人人切齒等語。王按照原參各節確查具奏，毋稍徇隱。

白永貞《李忠節公奏議》卷六《奏添撥機器局經費片光緒二十一年正月十九日》

再，山東機器局向章月領經費銀三千兩，遇有不敷隨時奏明添撥。現值海氛不靖，軍火萬分喫緊，自上年秋間各廠工匠即加至一倍，工食因而倍之，從前月造槍子五萬粒，今則月造十萬餘粒，鉛丸、銅帽、白藥等項皆數倍於平日，硝磺、煤炭以及一切雜料亦加倍於平時，兼之脩理各營大宗槍砲，動輒添募數十人，尚不在各廠加工之内，力求撙節，通盤覈計，每月實需經費銀五千兩除。月領銀三千兩外，自本年正月爲始，再山藩庫按月添撥銀二千兩方足以濟要需而宏製造，一俟軍務平定，即行裁減。據總理機器局務司道詳請奏咨立案前來，除分咨查照外，謹附片陳明，伏乞聖鑒。謹奏。光緒二十一年二月初三日奉硃批：該部知道，欽此。

王彦威等《清季外交史料》卷一〇六《旨寄李秉衡查明平砲式樣交神機營試造電》

寄李秉衡：據譚繼洵奏，洋械購運維艱，擬製造平砲軍械摺，據稱：中國火器命中及遠，亦能制敵，該護督擬造平砲、擡鎗、線鎗必能攻堅致遠等語。擡鎗、線鎗向有成式，至平砲如何式樣，着查明。丁槐軍營及山東機器局如有此項砲式，即行派員運解一二具，交神機營試造。

王樹枏《張文襄公全集》卷一四三《致萊州李撫台光绪二十一年二月初九日亥刻發》

濟南省向有機器局，能製數種槍彈及脩理洋槍、造洋藥等事。現在是否開辦，抑係停歇，似須多覓機器匠，速令趕辦爲要。北路軍火甚缺，槍彈及脩槍造藥皆極緊要，江南太遠，專恃一處恐來不及，祈速示復。佳。二。

王樹枏《張文襄公全集》卷一四三《致萊州古州鎮丁鎮台李撫台光绪二十一年二月二十六日丑刻發》

凡新式快槍快砲，必有隨營機器匠方能脩理，不然一有損壞，即無用。請商鑑帥於東省機器局撥兩名隨往，此節甚緊要。至新募勇丁教習亦最要。並須常用洋油擦抹，亦宜製備。有。

吉林省檔案館《清代吉林檔案史料選編(工業)》上册《吉林機器製造局爲製造軍火艱窘情形的申文光緒二十一年三月初九日》

爲申請事。

竊於光緒二十一月二月二十九日接奉憲臺飭交，准前黑龍江將軍依電諭，内開：查機器局達桂，身任總辦，當此軍務喫緊，凡一切製造應如何趕緊設法盡力籌辦，以期無誤要需。乃該員不知緩急，任性延阻，遇有前敵商辦之件，無不有心挑剔，甚至藉索款項，肆意鋪張。動稱若需製造，必先添設房間、工匠、機器等語。似此種種刁難，玩泄公事，似於大局有關，應請麾下嚴加申飭。倘再仍前延阻，定即嚴參不貸。並蒙傳諭嚴飭，不准稍有延誤等因。奉此，祇聆之下，曷勝惶恐。查職於上年二月間，蒙各憲札委會辦機器局務後，因總辦宋道春鰲奉差赴京，飭職代理局務，所有一切應辦之事，無不遵飭照章循案辦理。況職龍沙旗僕，世受國恩，值國家多事之秋，正臣下圖報之日，何敢任性延阻，致滋貽誤。惟有萬不得已之艱窘情勢，不得不詳晰陳之。

查職局自開創以來，原有之廠房、機器、工匠人等，僅敷製造吉林邊防各軍每年操需軍火之用。嗣先後接奉行知，黑龍江練軍例操並吉林本省練軍按年應需軍火，悉歸職局製造。撥給應用所需經費銀兩，即由職局應領經費內勻挪濟用。迨吉字營、齊字營兩軍操需軍火，另撥專款亦歸職局製造，以現有機器而論，已屬力有未逮。嗣於光緒十七年八月間，接奉行知黑龍江省改設鎮邊軍，所需軍火奏准由職局兼辦製造，每年撥給經費銀三萬兩。職局始酌定章程稟明，按照該軍操需軍火數目，添置機器，加蓋廠房，分撥工匠人等，按照常年經費銀三萬兩盡數製造，年清年款，絲毫無餘。職局製造各軍軍火，應需經費均係先一年撥給，以便預爲購料，隨時製造。而鎮邊軍去歲應需經費並未撥齊，職局審時變通，先行設法備造齊全，隨時解納並無貽誤。此職局先其所急未敢阻延之明證也。

查各軍操需軍火有一定之數，辦理自易遵守。若應敵軍火，事前既無籌謀預造，而一經派造，咄嗟立應，不惟職局力有難能，即推之津、滬各局，恐亦有所不行。上年十月間，奉長軍憲憲臺行知，奏添靖邊新軍五千人，應需軍火飭由職局製造，暫撥經費銀十萬兩，以資濟用。當時覈計，職局原有之機器、廠房、工匠人數，僅敷製造按年操需軍火之需，如仍勻挪使用，斷難濟事。仰蒙奏明添購機器，添蓋房間，招工募匠，並飭宋道春鰲親赴上海等處購辦機器物料等件。物料雖經陸續運吉，而機器以及待用物料尚未到齊。蓋以海道梗阻，一切轉運尤多周折。職忝司職務，焦灼尤深。然此僅籌計新軍五千以及奉軍之用，至軍憲依去秋奉命出師，原帶八營不敷應敵，奏請添招敵愾新軍十四營，所需軍火並未奉有行知，意謂此項軍火已由他處撥給矣。乃遲至去歲十二月二十五日，始奉軍憲依　飭知，敵愾新軍十四營，計需毛瑟、開斯槍萬杆，應需兩項子母，飭由職局製造應用。每季約需子母五百萬顆，且一年尚未定作幾季，職局遵奉之下不勝駭異。夫以職局終年之力所造子母，縱使加工不過能出二百萬顆。茲奉飭每季約需五百萬顆，是竭職局二年之力不足供軍憲依　一季之用。當此戎機緊要，職何敢不熟思審計！曾將趕造不及情形據實申覆，旋於正月二十七日奉軍憲依　飭知，該局所稟各節均屬實在情形，候飭營務處詳覈，再行飭遵。

茲奉電諭，苟能設法籌辦，自應力顧大局。第奉派之子母太多，職局之機器有限，若中懷瞻顧，不據實上陳，職籌謀不善，參辦治罪分所應得，其如大局何！我憲臺現奏請添練步勇僅一千五百名，仍飭本省各處廣備抬槍，加造土藥，蓋慮職局子母缺乏有礙戎機，足征洞燭機先預爲籌及。所有奉飭解濟軍火爲數過鉅力難造辦緣由，惟有懇請憲臺俯賜分咨前黑龍江將軍依護理黑龍江將軍增鑒覈飭遵，實於大局有裨。是否之處，理合備文申請憲臺鑒覈，分咨施行。

再，電飭職柱，魏幫辦春寅未便列銜，合併聲明。須至申者。

中國第一歷史檔案館《光緒朝硃批奏摺》第一〇二輯《光緒二十一年五月十九日直隸總督王文韶摺》　署理北洋大臣直隸總督雲貴總督臣王文韶跪奏，爲天津機器局支發東征客軍及新募勇營軍火，常年經費不敷周轉，請在軍需項下酌量撥補，恭摺仰祈聖鑒事。竊據天津機器局司道稟稱，該局製造軍火係爲北洋海防水陸各軍而設，所造黑藥、栗藥、棉藥、後膛砲彈、毛瑟槍子、各種水雷與夫機器之屬，需費不貲。歲入之款，向賴津海東海兩關四成洋稅，江海關洋藥釐金，及准撥之鋼彈栗藥經費，共約銀三十餘萬兩。工鉅費繁，本非充裕。上年軍興以來，供應北洋防剿淮練水陸諸軍，及各海口砲臺兵艦，軍火雷電器具料物爲數已屬不少，加之東征客軍新招勇營所需槍砲、子藥、銅帽、雷電、器料皆由該局添購料物，晝夜加工，隨時籌墊支應，計自光緒二十年六月起至二十一年四月止，已覈價者約銀三十萬兩有奇。其餘未經估價及四月以後所領者，尚不在內。局存軍火支發殆盡，而上海購料局開支經費銀每年不過八九萬兩，自上年添備料物由江海關劃撥至三十二萬餘兩之多，所欠墊款不下十數萬兩。本年海防支應局應撥鋼彈栗藥經費八萬兩，又以款項支絀未能即發。常年工費日增，軍興欠款益鉅，入不敷出，歸補無從，稟請酌量籌撥等情前來。臣查天津機器局爲北洋製造軍火根本，額定經費銀三十餘萬兩，造撥原有海防水陸各軍年操備戰各種火藥槍砲子彈以及添製廠屋機器等項，需款浩繁，久形竭蹶，上年倭韓事起，東征各軍及新募勇營所需軍火皆由該局支給，歷年局存之項搜羅一空，而加工購料之款懸欠尤鉅，現在防務粗定。此後籌造軍火以備緩急之需者，仍應切實經營。該局常年經費有定，無從挹注，若不寬爲籌補，實屬萬難周轉，相應仰懇天恩俯准，將此次東征客軍及新募勇營領用軍火，已估價銀三十萬兩有奇，敕下東征糧臺先行酌撥銀二十萬兩，稍清欠款，庶後此工費不虞缺乏，俾得源源製造，無誤軍需。如蒙俞允，當飭該局將所發軍火細數應需價值銀數，開列清摺，詳請咨部立案，將來彙案報銷。是否有當，理合恭摺陳請，伏乞皇上聖鑒訓示。謹奏。

硃批：户部議奏。

中國第一歷史檔案館《光緒朝硃批奏摺》第一〇二輯《光緒二十一年閏五月初十日山東巡撫李秉衡摺》　降二級留任又降二級留任山東巡撫李秉衡跪奏，爲報銷機器局光緒十九年動用經費銀兩數目，恭摺仰祈聖鑒事。竊查山東省機器局製造各項軍火，所需經費銀兩，向由藩庫籌撥，按年造册報銷；凡有添購物料，應先專案報明；脩理房屋等項，亦應隨摺聲敘。光緒十八年分收支各項銀數，業經前撫臣福潤覈明奏銷在案。兹自十九年正月起至十二月底止，造成各種洋火藥九萬八千八百八十五斤、大銅帽火三百五十六萬四千粒、瓶砲羣子二千七百箇、瓶砲彈子二千三百箇、鋼砲開花炸子九百箇、炸子銅螺絲引門九百副、克虜伯砲拉火銅管三萬五千枝、大砲子一千三百六十箇、各種後膛自來火帶藥槍子五十六萬顆、洋鉛丸九十一萬七千六百粒，添造各廠不敷應用機器，脩理鍋鑪兩具、各營損壞洋槍、洋砲、裝盛軍火箱盒，並脩理烘藥房、碾藥房、汽筒、鑪臺、庫房、工匠房、門樓屋宇及藥廠風火墩等件。共計採買硝、磺、銅、鉛、鋼、鐵、華洋各種物料暨員弁、匠役薪工、運腳等款，應歸户部覈銷銀一萬九千三百三十五兩一錢二釐八毫五絲三忽，兵部覈銷銀六千九百九十八兩九錢五分，工部覈銷銀二萬一千八百五十七兩六錢九分一釐一毫四絲七忽，三共請銷銀四萬八千一百九十一兩七錢四分四釐。内動用光緒十八年報銷案内結存湘平銀一萬一千一十九兩六錢二釐三毫一絲二忽，陸續共撥藩庫平銀三萬六千兩，又專案奏撥藩庫平銀一萬兩。遵照部定新章，雜用各款每庫平銀一兩扣平四分，均按湘平支發，覈計節省平餘銀一千八百四十兩，一併列收作正開銷。今除支用外，實存湘平銀一萬六百六十七兩八錢五分八釐三毫一絲二忽，應歸下届造報。據總理局務按察使松林、候補道丁達意等造册詳請奏咨前來。臣覆加查覈，均係實用實銷，尚無浮冒情弊。除清册分咨户、兵、工三部查照外，所有報銷機器局光緒十九年動用經費銀數緣由，謹恭摺具陳，伏乞皇上聖鑒，敕部覈銷施行。謹奏。

硃批：該部議奏。

中國第一歷史檔案館等《中國近代兵器工業檔案史料》第一輯《張汝梅奏陝西設立機器局試造槍械片光緒二十一年六月二十二日》 再，陝省前因奏派各軍入衛，庫存槍械無多，經前升任撫臣鹿電商甘肅、江南等省，協撥裹明、毛瑟中針後膛各色洋槍，飭發携用。因撥用各槍並所帶子藥均屬無多，若陸續購自南方，不惟轉運維艱，尤慮緩急難恃。隨復咨撥甘省舊存機器等件來陝，在省城設立機器局，招致通曉機器匠師，募集工徒，試造槍械。缺乏者隨時製齊，破壞者隨時脩整，取携既便，省費亦多。前撫臣旋因卸事，未及奏咨立案。

現在廿回不靖，陝軍派赴助剿，槍械需用尤亟，自應趕緊製備，以免缺乏。臣督司道等公同商議，遴委精諳製造之員，認真監工，趕製洋槍、子藥等件。並令督率匠師，悉心講究，務須精益求精，以期摧堅制勝。機器有不敷用，擬由南省添購，以便工作。現係試辦，俟有成效，再當察覈用項，妥議章程，奏明辦理。除咨部外，所有陝省設立機器局試造槍械緣由，理合附片陳明，伏乞聖鑒。謹奏。

光緒二十一年七月初十日奉硃批：知道了，欽此。

中國第一歷史檔案館等《中國近代兵器工業檔案史料》第一輯《王文韶奏請准予天津行營製造局每月照加銀四百兩片光緒二十一年八月二十日》 再，據金陵淮軍報銷總局司道詳稱：天津機器製造局仿製外洋軍火需用物料，均係購自外洋，近年金磅加增，購價較大，額領經費不敷，經前督臣李鴻章批准，自二十年正月起，每月酌加銀四百兩，由該局詳咨在案。嗣准户部咨，以與歷年覈復淮軍報銷案内議定機器製造局經費每月不得過五千兩之數不符，所請未便照准等因。惟查外洋銅、鐵、鋼、鉛各料，自金磅增漲，無不昂貴，難以例價相繩。軍興以後，前敵需用槍械急如星火，加工製造夜以繼日。近雖海防安静，而各軍繳回洋槍損壞居多，現均送局脩配，内地木價、煤價亦復加增，竭蹶情形較前尤甚。奉准月加銀四百兩，委係從省估計，減無可減，應請仍准照加，以濟工需等情。請奏咨立案前來。臣覆加查覈，係屬實在情形，合無仰懇天恩俯准暫行照加，一俟磅價平復，即飭裁減。出自鴻慈。謹附片奏陳，伏乞聖鑒訓示。謹奏。

硃批：户部知道。

中國第一歷史檔案館等《中國近代兵器工業檔案史料》第一輯《李秉衡奏山東機器局造成堅利遠後膛抬槍片光緒二十一年十月二十一日》 再，查火器以堅利及遠爲要。堅則耐用，無慮臨時損壞；利則靈捷，敵槍一施，我可再注；且兩軍相對，旌旗未辨，砲火先到，非致遠不爲功。近來各省均購外國洋槍，以爲非中國所能製造，不知中國既有各種槍式，其機關可拆而視，即可範而模。且各國槍式不同，求其兼有堅、利、遠之長者，亦不多覯。臣屢飭機器局專心製造，總期求其在我。

總辦機器局候補道潘延祖，於各國槍式素能潛心考究，師其所長，棄其所短，近造一種洋式抬槍，其大端因乎毛瑟，兼有比利時之渾堅，哈乞克斯之利捷，試放可及四里之遠，架毛瑟而上之，似爲制敵利器，即名之曰堅利遠後膛抬槍。兹飭局將造成者，委員解送二十杆，後膛砲子四千顆；又仿照洋式自造毛瑟槍二杆，毛瑟槍子二百顆，一併解呈督辦軍務處驗收。如試放合用，似可通飭各省機器局一律仿造，俾逐漸擴充備用，無須仰給外洋，於軍事不無裨益。除咨呈督辦軍務處外，謹附片具陳，伏乞聖鑒。謹奏。

硃批：知道了。

吉林省檔案館《清代吉林檔案史料選編（工業）》上册《吉林機器製造局爲請增加經費多造軍火的申文光緒二十一年十月十二日》 機器製造局爲申請事。

竊查職局創辦之初，專爲邊防而設。原定章程，只造洋藥彈子等件，歷經辦理在案。惟近年來金磅日增，物料昂貴，海運保險加增兩倍，常年所領經費僅九萬七千餘兩，以致日形竭蹶。上年倭氛不靖，邊備戒嚴，所需軍火浩繁，已將職局歷年所存備防之軍火提用無存。而各軍應敵之軍火，仍復不能接濟。復經先後撥款共十五萬兩，統歸職局製造。職局以事關軍務緊急，曷敢意存推諉，無如其時適值海運格於公法，不能裝運，所用機器料件等項頗費周章。始行運解來吉，即招募工匠，亦均非厚給工食不願前來。此皆由猝辦於臨時，未能綢繆於先事。而前敵應需之軍火，未嘗有所缺乏，亦正賴有此款之一助。但常年若不增款，仍不能多造軍火，以爲思患預防之計。今東三省軍務雖定，職局既有機器、房間、工匠，正宜竭力自强，多造軍火，以固邊防。擬請憲臺奏明，自本年起，每年添撥經費銀十萬兩，仍隨同防餉赴部請領，俾職局可以籌備料件，預爲製造，免致臨渴掘井。現聞內地各機器局，業已增添款項擴充製造。職局設在吉林，與內地情形迥不相同，不能隨時撥款，隨時購料。誠以平時購辦料件，尚須於前一年採買，陸續運解。一旦有事，既迫於公法之阻撓，亦嫌於路途之窵遠，運解更屬不便。況內地之機器局，彼此鄰省者居多，有事均能接濟，職局則遠在邊陲，應需之件倉猝即無從購辦，難免束手無策。今雖稟請增款十萬，亦係仰體時艱，再四籌劃，減無可減。明知部款支絀，償費太多，添撥匪易，其奈東三省大局攸關，邊防緊要。在部庫即增此十萬兩，應亦迫於時勢，籌所必籌。若僅恃職局常年之費九萬餘兩，以之製造軍火，緩急實不足恃。必至有事之時始行撥款製造，責以毋許推諉，職局即以未經籌備爲辭，甘受其咎，誠不足惜，如大局何。所有管見所及，擬添常年經費，多造軍火，用備不虞各緣由，不得不據實直陳，是否有當，理合備文申請，伏乞憲臺鑒覈，奏請飭遵施行。須至申者。

中國第一歷史檔案館等《中國近代兵器工業檔案史料》第一輯《長順奏銷吉林機器局光緒十八年動支經費銀兩摺光緒二十一年十一月十七日》 奴才長順跪奏，爲吉林機器局動支經費銀兩實數，循案截期造報，奏請覈銷，恭摺仰祈聖鑒事。

竊查吉林機器局自光緒十六年七月初一日起截至光緒十七年十二月底止動支經費銀兩業經奏銷，計實在不敷庫平銀三萬八千七百六十三兩三錢二分二釐一毫五絲七忽一微四纖，應歸入光緒十八年正月初一日以後造册報銷，並經奏咨在案。

兹查該局經費自光緒十八年正月初一日起截至是年十二月底止，續收户部撥領過庫平銀九萬七千五百兩，內有應行勾挪動用黑龍江省練軍自光緒十八年正月起截至是年十二月底止一年軍火需用價值庫平銀三千三百一十三兩六錢三分（查此項軍火係歸該局製造，事同一律，自應歸併造報，毋庸分開辦理，俾歸簡易）。其吉林省練軍，自光緒十八年正月起截至是年十二月底止一年，軍火係由該局按年節省經費二萬金另造邊防備存軍火項下，撥給火藥、鉛丸、子母、砲彈等項應用，亦符奏案。計開除歸還前次報銷截至光緒十七年十二月底止不敷庫平銀三萬八千七百六十三兩三錢二分二釐一毫五絲七忽一微四纖，營口轉運局薪水、口分共支過庫平銀二千零三十三兩八錢，吉林機器局薪水、工食以及局費共支過庫平銀三萬九千八百九十二兩一錢九分八釐五毫一絲二忽，搬運長夫口分共支過庫平銀一千一百九十兩零四錢，由上海各處購辦物料等項按照隨時價值共支過庫平銀二萬零一百八十八兩五錢三分四釐二毫五絲，運費共支過庫平銀一萬零四百三十四兩一錢八分六釐四毫，在吉林本省購辦物料按照隨時價值共支過庫平銀一萬四千二百四十兩零一錢八分五釐四毫五絲四忽外，實在不敷庫平銀二萬九千二百四十二兩六錢二分六釐七毫七絲三忽一微四纖。查此項銀兩係由防餉、俸餉項下騰挪濟用，俟按季領到經費陸續歸墊。所有出入各款，奴才督飭委員逐款勾稽，委係實用實銷，毫無浮冒。至該局委員、司事、書識等停止起支銀兩日期，已遵部咨先期咨部查覈在案。

除造具細數清册分别咨送户、兵、工三部查照覈銷外，所有自光緒十八年正月初一日起截至是年十二月底止，吉林機器局動支經費銀兩截期造報緣由，理合恭摺具奏，伏乞皇上聖鑒，飭部覈銷施行。

再，該局自光緒十八年正月初一日起截至是年十二月底止，收支物料以及各項軍火並添配製造一切機器暨器具等料，亦應由奴才另案分别造具清册咨部備案。幫辦恩澤現已升任黑龍江將軍，故未列銜，合併陳明。謹奏。

硃批：該部議奏。

中國第一歷史檔案館等《中國近代兵器工業檔案史料》第一輯《長順奏銷吉林機器局光緒十九年動支經費銀兩摺光緒二十一年十一月十七日》 奴才長順跪奏，爲吉林機器局動支經費銀兩實數，循案截期造報，奏請覈銷，恭摺仰祈聖鑒事。

竊查吉林機器局自光緒十八年正月初一日起截至是年十二月底止，所有動支經費銀兩業由奴才另案奏銷，計實在不敷庫平銀二萬九千二百四十二兩六錢二分六釐七毫七絲三忽一微四纖，應歸入光緒十九年正月初一日以後造册報銷，亦經奏咨在案。

茲查該局經費，自光緒十九年正月初一日起截至是年十二月底止，續收户部撥領過庫平銀九萬七千五百兩，内有應行勻挪動用黑龍江省練軍自光緒十九年正月起截至是年十二月底止一年，軍火需用價值計庫平銀三千三百一十三兩六錢三分（查此項軍火係歸該局製造，事同一律，自應歸併造報，毋庸分開辦理，俾歸簡易）。其吉林省練軍，自光緒十九年正月起截至是年十二月底止一年，軍火係由該局按年節省經費二萬金另造邊防備存軍火項下，撥給火藥、鉛丸、子母、砲彈等項應用，亦符奏案。計開除歸還前次報銷截至光緒十八年十二月底止不敷庫平銀二萬九千二百四十二兩六錢二分六釐七毫七絲三忽一微四纖，營口轉運局薪水、口分共支過庫平銀一千八百七十六兩八錢，吉林機器局薪水、工食以及局費共支過庫平銀三萬八千零十七兩五錢九分五釐五毫五絲一忽五微，搬運長夫口分共支過庫平銀一千零九十七兩四錢，由上海各處購辦物料等項按照隨時價值共支過庫平銀二萬零四百零八兩三錢五分五釐二毫五絲，運費共支過庫平銀一萬零一百十八兩一錢二分九釐六毫八絲，在吉林本省購辦物料按照隨時價值共支過庫平銀一萬五千八百二十五兩七錢二分八釐五毫三絲七忽五微外，實在不敷庫平銀一萬九千零八十六兩六錢三分五釐七毫九絲二忽一微四纖。查此項銀兩，係由防餉、俸餉項下騰挪濟用，俟按季領到經費陸續歸墊。所有出入各款，奴才督飭委員逐款勾稽，委係實用實銷，毫無浮冒。至該局委員、司事、書識等停止起支銀兩日期，業遵部咨先期咨部查覈在案。

除造具細數清册分别咨送户(部)、兵、工三部查照覈銷外，所有自光緒十九年正月初一日起截至是年十二月底止，吉林機器局動支經費銀兩截期造報緣由，理合恭摺具奏，伏乞皇上聖鑒，飭部覈銷施行。

再，該局自光緒十九年正月初一日起截至是年十二月底止，收支物料以及各項軍火並添配製造一切機器暨器具等料，亦應由奴才另案分别造具清册咨部備案。幫辦恩澤現已升任黑龍江將軍，故未列銜，合併陳明。謹奏。

光緒二十一年十二月初五日奉硃批：該部議奏，欽此。

吉林省檔案館《清代吉林檔案史料選編(工業)》上册《吉林機器製造局爲各營請領軍械軍火應請分開報領的申文光緒二十一年十一月十七日》 機器製造局爲申請事。

竊查向章，凡各營每次請領槍械及子母、砲彈等項，其事隸邊防者由邊防營務處轉報；其事隸練軍者由全營翼長轉報。均候憲臺批准，由職局發給，歷經辦理在案。

今奉札飭，設立軍械局，仍由職局分撥員司等經理其事。是請領槍械砲位者，應由軍械局發給；請領子母砲彈者，仍應由職局發給。如此分開辦理，不惟發給之時免其糾葛，即呈報亦易於分晰。應請憲臺轉飭各營，俟後請領軍械、軍火兩項於呈報公文，即行分開辦理，俾職局有所分晰，不致糾葛不清。

再職局發給軍械、軍火，仍遵舊章，俟奉憲札方能發給。倘各營遇有緝捕，事貴神速，難以久候，轉行應請憲臺發給堂諭，庶足以昭慎重，而免貽誤。職局爲查覈軍需起見，是否有當，理合備文申請，伏乞憲臺鑒覈，轉飭邊練各軍，遵照施行。須至申者。

吉林將軍長順批：准如所請，仰邊務文案處知照。

光緒二十一年十一月十九日。

白永貞《李忠節公奏議》卷一〇《奏山東整頓南運局籌出款項擴充機器情形摺光緒二十一年十一月十八日》 奏爲恭陳山東整頓南運局，籌出款項擴充機器情形，恭摺仰祈聖鑒事。竊維用財之道，首戒虛糜，當物力彫敝之餘，尤宜遇事撙節，惜浮費以供正用。蓋用之於公，雖鉅萬不當恡惜，用之於私，雖絲粟亦屬濫支。臣查山東南運自同治六年前升任撫臣丁寶楨因商辦引懸課絀，奏請改歸官辦，設立南運總局，借藩運兩庫銀五萬兩領引春鹽運至河南商邱、鹿邑等州縣，派員經理，每年除完繳正雜課款及扣還成本支銷局用外，如有贏餘即儘數充餉。於規復額課之外，復出其餘，以濟軍需之窮，法至善也。乃其後奉行不善，積久弊生，南運一局幾視爲撫署之外府，除每年提充撫署公費銀一萬餘兩外，凡冗員之薪水、京朝官之情託、往來遊宦之抽豐，悉於是乎取給，而外間分局委員亦率多瞻徇薦託，漁利分肥，支銷日繁，成本日絀。近年不獨毫無餘賸，尚須多方借貸，始能春運，蓋非入之不多，實由用之無節也。臣稔知其弊，於去秋抵任後，以立法必自近始，首將臣署每年公費銀一萬二千兩盡行裁革，凡局中挂名薪水一概删除，各分局擇其最優之處，酌提餘利解省，嚴飭南運總局詳細鉤稽，務使涓滴歸公，不留絲毫弊混，計一歲之中逐項撙節，可贏餘四萬餘金。如能久而行之，積漸可成鉅款矣。山東庫藏虛竭，海防河務羅掘一空，而時事艱難，練兵製械尤爲當前急務。機器局所製洋式後膛擡槍，尚能堅利及遠，可稱利器。惟舊有機器規模太小，每月不能多造。查外洋製造後膛槍機器多則數十萬兩，至少亦需十五六萬兩，刻值部庫支絀，兵餉尚難籌撥，何敢再請購器之款，上煩宸廑。臣擬將南運局贏餘之項自本年爲始，儘數陸續提作購置機器之用，機器購就即可擴充製造，將來購買鋼鉛煤鐵，及添募工匠，設鑪建廠等項，須歲增數萬金。藩庫例撥銀兩不敷甚鉅，擬俟機器購成後，常年提南運局餘利四萬兩作爲添造槍械之需。總辦南運局候補道康奉藹任事實心，釐剔弊端不避嫌怨，總辦機器局候補道潘延祖沈思獨往，明敏過人，均能精覈節省，相與有成。臣即責成該二員籌款，則源源接濟，製械則精益求精，不必動用正款，而革無名之冗費，充有用之要需，於時務不無裨益。所有東省整頓南運以後裁禁濫用，即以此款擴充機器緣由，謹繕摺具奏，伏乞皇上聖鑒訓示。謹奏。光緒二十一年十二月初五日奉硃批：著照所請，户部知道，欽此。

中國第一歷史檔案館《光緒朝硃批奏摺》第一〇二輯《光緒二十一年十一月二十四日直隸總督王文韶摺》　直隸總督北洋大臣臣王文韶跪奏，爲天津機器局光緒十九年分動用經費，照章造册報銷，恭摺仰祈聖鑒事。竊照天津機器局經費，向係動撥津海、東海兩關四成洋税，截至光緒十八年止，業經前督臣李鴻章將收支款目造册奏報，經部覈復准銷。並將十九年支給薪工等款，分別咨部立案。兹據該局道員傅雲龍等將十九年分應行造銷各册分晰開報：計上屆存銀十六萬八千六百三十七兩有奇。本屆十二個月，共收四成洋税、招商局船税並江海關洋藥釐金，海防支應局解到添造栗藥、鋼彈及承造旅順、威海、大連灣等處砲彈各經費，各省撥還軍火物料等價，共銀三十七萬八千九百四十九兩有奇，共支銷銀三十五萬二千八百六十二兩有奇，應存銀十九萬四千七百二十三兩有奇，内有定購外洋器料並添建工程，應歸付清價脚及工竣之年報銷。本屆應銷各款，仍照向章各歸各册。計全案收支總數及員弁、司事、工匠、夫役人等薪工爲第一册，購辦物料、續建工程及覈付保險、運脚等項爲第二册，收支物料、分項造報用存物料列作光緒二十年分舊管爲第三册，造成軍火撥發各項爲第四册，撥給各船薪糧、物料及行營製造局用料爲第五册，運解西苑等處電燈、鍋鑪並脩理輪船、運送各項物料脚價爲第六册；其製造軍火仍造册咨送總理各國事務衙門備查。至各項器械皆仿西洋新式製造，所用工料難以例價相繩，俱係循照歷屆章程實用實銷，並無絲毫浮冒。詳請具奏前來。臣復加確覈，委係據實開報。北洋籌辦海防，拱衛畿輔，各營所需軍火向以該局爲取給之源。平時製造，各項火藥、子彈僅供常年操防之用，去歲日人啟衅及現在剿辦甘肅回匪，各軍需用槍砲子藥爲數甚鉅，全恃該局加工接濟。除飭認真製造，於工作加意講求，於用款務從撙節，不准草率糜費，並將清册分咨總理衙門暨户、兵、工三部查照外，所有天津機器局光緒十九年分動用經費造册報銷緣由，謹恭摺具陳，伏乞皇上聖鑒。謹奏。

中國第一歷史檔案館《光緒朝硃批奏摺》第一〇二輯《光緒二十一年十一月二十五日吉林將軍長順摺》　奴才長順、恩祥跪奏，爲防務重要，吉林機器局款絀舉盈，勢難經久，擬請添撥常年經費，多造軍火以實邊備緣由，恭摺具陳，仰祈聖鑒事。竊據代理機器局務、軍機處存記補缺後加副都統銜花翎記名總管達桂稟稱：吉林機器局專爲邊防而設，光緒七年奏定每年經費十萬兩，按春秋兩季赴部請領，如不敷用，准由防餉項下挪移濟用。十一年裁撤表正書院，減去經費二千五百兩；嗣又奉部議，由該費内撥銀四千一百餘兩代造黑龍江練軍操需軍火。十五年奏定，於九萬七千餘兩内撙節二萬兩，以一萬兩歸還户司欠款，以一萬兩製造備防軍火，所有本省練軍、緝捕並蒙古需用各軍火，均由此内酌撥應用，歷經遵辦在案。查此項經費原定數目本非寬裕，覈計九萬七千餘兩，内開支局費、薪工三萬九千八百數十兩，運費一萬三千六百餘兩，以所餘四萬數千兩購辦上海並本省物料，不敷周轉，往往借資別款豫行多購。自奏明撙節後，雖歷年多造軍火備用，而遞年仍復報虧，已不免日形竭蹶。近來金磅日增，物料昂貴，海運、保險加添兩倍，常年所領經費實屬不敷應用。若不先事籌維，非特節省一項有名無實，更恐有賠累之虞。且以今日防務言之，一局製造實爲三省關繫，若僅賴節省款項備存軍火，有事之時仍如杯水車薪，無益於用。即如上年倭氛不靖，邊備戒嚴，一時將局中備防軍火悉數提用，而各軍應敵軍火仍難接濟，於是先後奏請撥款共十五萬兩，趕速製造，以供前敵取用，始免缺乏。然其時海運格於公法，添購機器、料件等項，煞費周章，方克運到，添募工匠許以厚餼甫能招致，雖於事幸濟，而所費實多矣。今者軍務平定，前存軍火已無多餘，常年經費又難節省，若不按年另增款項多造軍火，實無以爲思患豫防之計。近聞内地各機器局均已添款，擴充製造。吉林屬在邊陲，平時購辦料件尚須於前一年豫買，陸續運解，一旦有事，既迫於公法之阻撓，復礙於道途之艱遠，運解更屬不便，非比内地各局鄰近，彼此可以通融，是擴充之舉較内省爲尤急。且添撥經費其便有六：軍火爲行軍要需，必求精製，豫造則精，猝辦則粗，一也；往時款絀，所購物料不能周轉，添款則無停工待料之虞，亦免移新掩舊之苦，二也；局費、薪工去費小半，勢難再減，若添款，則多備物料，少加薪工，不減自減，三也；此次所添機器工匠，棄之可惜，用之多費，添款則無用仍歸有用，四也；近年局中所造軍火，足供吉林、黑龍江兩省各軍操需，惟奉省仍赴天津購領，若添款多造，則奉天需用軍火可由局撥，五也；局中本專造子彈、洋藥，近年則造呼敦槍、洋擡槍、噶爾薩、希林等砲，亦頗得用，以限於款項不能多備，添款則可常造槍砲，六也。擬請奏明自本年起，每年添撥經費銀十萬兩，隨同防餉赴部一併請領，俾可籌備製造。明知帑項支絀，添此十萬兩籌撥匪易，其奈東三省防務緊要，時勢所迫，豫備緩急實已減無可減，即在部庫當亦籌所必籌。若仍如上年，必待有事時始行撥款製造，責以毋許推諉，在局員即以未經籌備爲亂，甘受其咎誠不足惜，如大局何等情，請覈奪前來。奴才等查機器局需用物料多從外洋購辦，近來物價之昂，險費之重，皆由金磅日增所致，洵屬確有可徵。該員等所稱無節省之實，有賠累之虞，尚屬實情。上年奴才長順奉命赴奉剿倭，所用軍火頗賴該局源源接濟，即前敵各軍亦悉歸其供給，均以爲所造軍火較領自天津機器局爲得用。然亦幸而先事積存五年，提應急用，臨時奏請撥款製造，始免措手不及。今軍務雖定，而邊備愈嚴，前鑒不遠，亡羊補牢，誠未爲晚。該局所請添撥常年經費多造軍火之處，實爲防邊要著，勢所難緩。況近添機器工匠，遽以款絀棄置，亦殊可惜。若如該局員所言，添款備造，將奉天應用軍火亦歸局中撥給，則三省取資一局，所費雖多，所省亦多。合無仰懇天恩俯准所請，於該局常年經費九萬七千餘兩外，按年再添撥十萬兩，以重防務而固邊圉之處，出自鴻施。所有機器局請添常年經費多備軍火緣由，是否有當，理合恭摺具陳，伏乞皇上聖鑒訓示。謹奏。

中國第一歷史檔案館等《中國近代兵器工業檔案史料》第一輯《王文韶奏北洋製造局加工造辦軍火經費請准由東征糧臺撥給片光緒二十一年十一月二十九日》

再，據北洋製造局稟稱：該局造辦軍火，專備淮練各軍之用，上年軍興後，供應浩繁，需費已屬不貲，加之東征客軍及新招勇營雲集榆關内外，駐防則有旱雷電綫、電箱之設，行軍則有馬籠、洋鍬、鋤鋸、號鼓之用，操練則有鋼鐵槍靶之需，以及脩配各軍槍械、砲車，添備零件，皆關軍火要需，待用孔急，不得不多備料物，晝夜加工製造。此外，尚有創造荷乞開司快砲新式砲車、馱鞍及脩理北塘浮橋等項。計自光緒二十年五月起至二十一年九月止，加工造脩之件覈價湘平銀二萬二千五百餘兩，不在淮軍應銷之列。該局領用工需向有定額，無從籌此鉅款，均係設法挪墊，應請按數撥還，等情。

臣查製造局因上年日韓事起，加工造辦軍火接濟前敵各軍，所稱覈價銀二萬二千五百餘兩，該局經費有定，無從挹注係屬實情。相應仰懇天恩俯准由東征糧臺撥給，以清墊款。出自鴻施。除飭將製造各件細數造具清册，送交糧臺彙案報銷外，謹附片具陳，伏乞聖鑒訓示。謹奏。

朱壽朋《光緒朝東華録》卷一三〇《光緒二十一年十一月》 王文韶奏，前准海軍衙門王大臣咨會，欽奉懿旨：著照捧日恆春船式造輪船一隻，隨洋劃四隻，以備倚虹堂至萬壽寺乘用，欽此。當經前北洋大臣李鴻章飭令天津機器局如式製造，並由大沽船塢購製洋舢板四隻，於上年五月派候補道傅雲龍率領員弁匠役解京，開具輪船等馬力丈尺及配用料件器物細數册摺，咨送海軍衙門驗收在案。兹據該局詳稱，承造前項翔鳳鋼板小輪船一隻，共覈工料價庫平銀八千九百十兩九釐九毫八絲四忽，運送輪船並洋舢板腳副盤費，共覈庫平銀九百十七兩九錢，通共九千八百二十七兩九錢九釐九毫八絲四忽。又購洋舢板四隻，工料價庫平銀九百三十六兩九錢四分八釐一毫，查前造恆春等船，工料較費，經部覆明歸入奏銷案内造報，此次擬在該局常年經費内如數動支，歸入光緒二十年彙案報銷。下所司知之。

中國第一歷史檔案館等《中國近代兵器工業檔案史料》第一輯《王文韶奏天津機器局改名爲北洋機器局片光緒二十一年十二月初十日》 再，天津機器局創自同治六年，初用關防文曰：軍火機器總局；嗣於九年改刊文曰：總理天津機器局之關防。溯查初設時機器不多，僅足供應天津駐防各軍，其後工廠日增，海口之砲臺、防營之軍火，他省防剿之挹注、神機營之調取要皆取給於此，關防但用天津字樣，似覺名實不符，擬請改爲北洋機器局。另刊關防文曰：總理北洋機器局之關防，發給開用。除飭遵並分咨外，謹附片陳明，伏乞聖鑒。謹奏。

光緒二十一年十二月十三日奉硃批：知道了，欽此。

中國第一歷史檔案館《光緒宣統兩朝上諭檔》第二一册《光緒二十一年十二月二五日》 軍機大臣字寄盛京將軍依，光緒二十一年十二月二十五日奉上諭：依克唐阿奏各省運解軍火器械，委員可否擇要保獎一摺。上年各省委員運解關外軍火器械，該將軍擬請擇尤保獎，向來無此辦法，著依克唐阿分別咨行協濟軍火器械各該省督撫等，自行酌給外獎。至候補道余昌宇、林志道二員亦著一併咨行酌獎，將此諭令知之，欽此。遵旨寄信前來。

吉林省檔案館《清代吉林檔案史料選編（工業）》上册《吉林機器製造局總辦派委達桂接充的移文光緒二十二年二月十八日》 爲移知事。

光緒二十二年正月三十日接奉督辦憲札開：照得機器局總辦宋道春鰲，曾經奏奉電旨，辦理三姓礦務。所遺機器局總辦一差，查有該局會辦、花翎協領達桂堪以派委接充。其會辦一差，以該局委員、補用州同魏春寅堪以委充。除奏咨外，合亟札飭，札到該局，即便遵照等因。奉此，敝總辦等業已敬謹任事，除分報外，相應備文移知。爲此合移貴處，請煩查照施行。須至移者。

吉林省檔案館《清代吉林檔案史料選編（工業）》上册《吉林機器製造局爲所有本省應需軍火擬另行提款製造的申文光緒二十二年五月初四日》 爲申請事。

竊職局接奉憲臺札開：准户部咨開，本部議復，吉林將軍長 奏，防務重要，請添撥吉林機器局常年經費一摺。擬請於邊防經費項下，按年添撥銀五萬兩，即自本年春季起，仍分兩季赴部請領，作爲添造軍火等因，於光緒二十二年三月初九日復奏。本日奉旨：依議，欽此。相應抄録原奏，恭録諭旨，飛咨吉林將軍遵照可也等因，到本督辦將軍。准此，合亟抄粘札飭，札到該局，即便遵照等因。奉此，查職局前次申請添撥常年經費十萬兩，係通盤覈計，每年非加增此數不能以敷製造軍火等項。此固明知部帑支絀，難以驟增鉅款，而爲慎重防務起見，不得不斟酌，於省費之間而有此一請也。今户部議准，按年僅添撥銀五萬兩。職局即遵照部議全數製造軍火，不另添支局費薪工，亦僅能每年多造洋式火藥六萬餘斤、開斯子母三十餘萬顆、毛瑟子母二十餘萬顆、十二磅車砲開花彈一千餘個、四磅銅拉火二千餘枝、大銅帽三百餘萬顆、來福鉛丸二百餘萬粒、抬槍鉛丸五萬餘粒。如將此項軍火供應奉省之用，將來吉省備防之軍火，仍屬無著緩急，殊難足恃。況職局前次申請添撥經費，並非專爲奉省而設，祇以督辦軍務處議復，盛京將軍依 奏稱，奉天應用子彈，擬設機器局製造一摺，與憲臺奏添常年經費十萬兩一摺，適在奉、吉先後奏請之間。户部議奏，即合而爲一，以爲添撥五萬兩即可供給奉省。伏思憲臺所奏，係爲多造軍火可以多籌備防，以供緩急之用。督辦軍務處所奏，係爲奉省所需軍火。吉林既有機器局，自應歸併製造。三省聯爲一氣，所以有展拓地盤加增經費之議。今職局經費，既僅添五萬兩，所添造之軍火，亦僅有此數，以之撥給奉省，則無以作備防之需；以之作備防，則無以濟奉省之用。是徒有加添經費，三省軍火均歸吉林一局製造之虛名。而憲臺原奏所稱防務重要，按年多造軍火，正爲思患預防之計，仍復毫無實際。職局思維至再，惟有將每年原領之經費九萬七千五百兩，合之此次加增之經費五萬兩，再行一併通盤覈計。每年製造軍火，除本省操防捕剿應用外，所餘各項軍火，即作爲吉省備防之用。至奉省應需何項軍火，職局既難以供給，而督辦軍務處又有展拓加增之議，擬請憲臺咨商盛京將軍依 查覈辦理。是否由奉省另行籌撥專款，由職局代造。如果撥款，可否仿照欽差大臣定 練軍成案，明定數目，行知職局，覈計機器，權衡工料價值製造。庶可遵照部議，三省軍火顴若劃一，設有緩急即可相通。否則顧此則失彼，顧彼則失此，於防務大有室礙。此職局添撥經費五萬兩，僅能多造吉省備防之軍火，萬難供給奉省所需之實在情形也。是否有當，理合備文申請，伏乞憲臺鑒覈，咨商飭遵施行。須至申者。

中國第一歷史檔案館等《中國近代兵器工業檔案史料》第一輯《李秉衡奏銷山東機器局光緒二十年動用經費摺光緒二十二年六月十一日》 降二級留任又降二級留任山東巡撫臣李秉衡跪奏，爲報銷機器局光緒二十年動用經費銀兩數目，恭摺仰祈聖鑒事。

竊查山東省機器局製造各項軍火，所需經費銀兩，向由藩庫籌撥，按年造册報銷；凡有添購物料，應先專案報明；修理房屋等項，亦應隨摺聲敘。光緒十九年分收支各項銀數，經臣覈明奏銷在案。

兹自二十年正月起至十二月底止，造成各種洋火藥十五萬六千九百六十斤、大銅帽火三百七十二萬粒、鋼砲開花炸子一千六百個、炸子銅螺絲引門一千六百副、克虜伯鋼砲拉火銅管四萬四千枝、帶活架瓶砲九尊、大砲子一千四百九十個、各種後膛自來火帶藥槍子七十五萬二千二百個、洋鉛丸一百三十九萬四百五十粒，添造各廠應用機器及熟鐵大鍋爐一具，脩理各營損壞洋槍、洋砲及裝盛各項軍火箱盒，並脩理槍子廠、軋銅廠房間及大鍋爐爐臺、烘銅爐大烟筒、生鐵廠倒陷爐、提磺房、工務廳屋宇等件。共計採買硝、磺、銅、鐵、鋼、鉛、華洋各種物料，暨員弁、匠役薪工、運腳等項，應歸户部覈銷銀二萬七千五百八十二兩六錢二分二釐八毫五絲三忽，兵部覈銷銀九千二百七十六兩五錢五分，工部覈銷銀二萬七千八百六十七兩五錢八分九釐六毫四絲七忽，三共請銷銀六萬四千七百二十六兩七錢六分二釐五毫。內動用光緒十九年報銷案內結存湘平銀一萬六百六十七兩八錢五分八釐三毫一絲二忽，陸續共撥藩庫庫平銀三萬八千兩，又專案奏撥藩庫庫平銀二萬四千兩。遵照部定新章，雜用各款每庫平銀一兩扣平四分，均按湘平支發，覈計節省平餘銀二千四百八十兩，一併列收作正開銷。今除支用外，實存湘平銀一萬四百二十一兩九分五釐八毫一絲二忽，應歸下届造報。據總理局務按察使松壽、候補道潘延祖等造册詳請奏咨前來。臣覆加查覈，均係實用實銷，尚無浮冒情弊。除清册分咨户、兵、工三部查照外，所有報銷機器局光緒二十年動用經費銀數緣由，謹恭摺具陳，伏乞皇上聖鑒，敕部覈銷施行。謹奏。

硃批：該部知道。

吉林省檔案館《清代吉林檔案史料選編（工業）》上册《吉林機器製造局爲發交黑龍江鎮邊軍軍火給兵司的移文光緒二十二年六月二十六日》 爲移知事。

光緒二十二年五月二十日接奉黑龍江將軍恩　札開：照得鎮邊軍馬、步、水師十八營，正在操練之際，所有應需二十二年份應解各項軍火，自應隨時派員領取，方免有誤要需。茲將所領各項軍火數目抄粘，飭派營務處會辦分省補用知縣鄭維周，前赴該局領解，以資操防。除分札外，合亟抄粘札飭，札到該局，即便遵照，如數發交該員祗領等因。奉此，茲據該委員聲稱：定於本月二十八日起程領解回江，並具墨領，等情前來。

敝局查鎮邊軍軍火，向分春秋兩季領運，所有本年照章應造之軍火，既已齊全，自應併解。惟奉飭改造之砲彈等項，須俟下届再行領運。此次共應發給毛瑟子母十二萬顆，計裝一百二十箱，每箱重八十五斤，共重一萬零二百斤；開斯子母三十萬顆，計裝三百箱，每箱重八十五斤，共重二萬五千五百斤；銅帽三百萬顆，計裝一百五十箱，每箱重三十五斤，共重五千二百五十斤；炸藥六百斤，計裝十箱，每箱重八十五斤，共重八百五十斤；十二磅園開花子八百個，計裝八十箱，每箱重八十五斤，共重六千八百斤；花子木信子一千二百個，計裝一箱，重四十斤；十二磅園開花子紙引一千二百個，計裝一箱，重四十斤；四磅銅拉火一千二百支，計裝一箱零四盒，共重二十一斤半；兩磅過山砲開花子一千零九十四個，計裝五十五箱，每箱重九十斤，共重四千九百五十斤；兩磅過山砲銅六件一千零九十四副，計裝四箱，共重二百五十九斤；兩磅銅拉火一千零九十四支，計裝一箱零二盒，共重二十斤。以上統共計重五萬三千九百三十斤零八兩。除將各項軍火如數發給該委員承領並申報外，相應將斤重數目備文移知。爲此合移貴司，請煩查照，轉行發給車輛施行。須至移者。

中國第一歷史檔案館《光緒朝硃批奏摺》第一〇二輯《光緒二十二年七月二十三日吉林將軍延茂摺》 署理吉林將軍奴才延茂跪奏，爲吉林機器局弊混顯然，非澈底清查，不足以資整頓，謹據實糾參，恭摺仰祈聖鑒事。竊查吉林機器局之設創始於光緒七年，迄今十有六年，而在局任事最久者，爲現在督辦三姓礦務之道員宋春鰲。奴才前任奉天學政時兩次按試吉林，即聞該局侈口鋪張，虛糜特甚，第以事無實據，未便作出位之思。方今時事艱難，正臣子痛心疾首之日，迺過蒙天恩權守斯土，凡有利之可興、弊之可去皆分內應辦之事，萬不敢存五日京兆之心。該局自創設以來衣鉢相傳，牢不可破，動輒藉口於款項之不足，賠累之太甚，工匠之跋扈，轉運之艱難，局員方挾以爲重，長官竟無可如何，此等壞習原不始於吉林，而近日吉林之風氣已駸駸乎，有城中高髻四方一尺之勢。奴才自本年六月初八日接任，先後接准前將軍長順咨開吉林機器局收支各款，每歷交接時向歸截日報銷以清款目。本將軍於六月初三日附片奏明，光緒二十二年五月底止以前所有該局收支款項，歸長順造册報銷，自六月初一日起以後支需款目由延茂造報，並飭該局將五月底以前不敷經費銀兩，及庫儲各項料件各數目開具清摺咨送前來。奴才查該局清摺內開不敷庫平銀四萬四千餘兩，又庫儲料件摺內有紫銅十萬零六千餘觔。伏思此項不敷銀兩及所儲料件既經前將軍長順奏明，將來由奴才造册報銷，則銀款之因何不敷、料件之是否符合，自應逐款查明，以符奏案。且奴才與前將軍長順訂交數十年，素知其天性仁慈，待人未免過厚，而該局又巧詐跋扈，無人不受其欺，是以將該局之總辦達桂等暫行撤差，另委此次奏調之內閣中書容賢接辦，並檄飭分巡道聯陞親歷該局逐款清查去後。查前將軍長順轉據該局開列交代各項料件清摺內，有各色紫銅一項十萬六千餘觔，迨經盤查過稱，庫存實有三萬六千餘觔。而該局即趁此清查亦報爲三萬六千餘觔，反謂初報長順時之十萬六千餘觔爲筆误，復經檢查庫房收發流水各簿截至前將軍截期交代之日止，應存紫銅四萬三千餘觔，並取具管庫司事甘結，經分巡道聯陞、中書容賢申報前來。奴才復查該局歷年以來弊混欺蒙已成錮習，即此紫銅一項三面考證，全不相符，然則前此所報十萬六千之數謂非欺蒙長順而何，且據該局聲稱並未備文申報，是以未經存案。夫歷任交代全以案牘爲憑，今該局於申報交代要件並不立案，是其蒙混情弊已屬顯然。相應請旨將撤差之機器局前總辦記名副都統花翎協領達桂、五品藍翎分省補用州同魏春寅先行交部議處，交吉林分巡道聯陞逐款清查分別研訊，如另有别項情弊，再行從嚴參辦，以儆將來而重公款。所有查出機器局料件前後不符，先行糾參各緣由，理合恭摺具陳，伏乞皇上聖鑒訓示遵行。謹奏。請旨。

吉林省檔案館《清代吉林檔案史料選編（工業）》上册《吉林機器製造局總辦容賢等爲接管局務及任差日期的移文光緒二十二年八月初三日》　爲移會事。

光緒二十二年七月初八日，敝總查接奉欽差查辦事件大臣、署理吉林督辦將軍延　札開：照得機器製造局諸關緊要，著派吉林分巡道聯道陞總查一切事宜，勿得稍涉瞻徇，是爲至要，等因。嗣於七月十二日，敝總辦等接奉欽差查辦事件大臣、署理吉林督辦將軍延　札開：照得吉林機器局現有應查事件，本大臣自應派員澈查，以期仰副朝廷眷顧東陲，慎重度支至意。所有總辦達桂、會辦魏春寅、支應所委員馬汝舟、火藥局委員何鴻霈，均著暫行撤委，聽候查詢。至總辦一差，即著奏調之内閣中書容賢暫行接辦，會辦一差，著吉林府經歷吴茂書暫行兼辦，並經理銀錢事件；其支應所一差，著全禄接辦，並經理庫房器料事件；至火藥局一差，著寶和接辦。除分札外，合亟札飭，札到該員，即日接事，將各款逐一清查，詳細呈報等因。當准該總辦達桂等將總辦吉林機器製造局及兼辦黑龍江機器製造局之木質關防兩顆，送交前來。敝總辦等當即敬謹接收任差。嗣於十三日復奉欽差查辦事件大臣、署理吉林督辦將軍延　札開：照得吉林機器局現有應查事件，已將總理局務之達桂、會辦局務之魏春寅，管帳、管庫及火藥局各委員暫行開去差使。改派内閣中書容賢、吉林府經歷吴茂書等暫充總理、會辦各差。已往各件不能不認真稽查，現辦各工亦不得稍有含混。誠恐新派各員等精神思慮偶有未及，轉非實事求是之本意，著再添派協領鳳翔作爲協理局務，勿庸開支薪水。該協領營務處事務較繁，亦不必常川住局，各等因。奉此，敝總查等均各敬謹任差訖。除分别申移外，相應備文移會。爲此合移貴處，請煩查照可也。須至移者。

吉林省檔案館《清代吉林檔案史料選編（工業）》上册《吉林機器製造局光緒二十年秋冬兩季已造未領軍火名目件數清册光緒二十二年八月初五日》　今將吉林機器製造局存儲吉字營光緒二十年秋冬兩季已造未領各項軍火名目件數，繕具清册，咨請大部查覈施行。須至册者。

計開：

一、洋藥一萬九千零六十斤零八兩，每六十斤裝一箱，每十五斤裝一盒，共計裝三百十七箱零二盒零十斤八兩。

一、銅帽九十三萬三千六百顆，每二萬顆裝一箱，每千顆裝一盒，共計裝四十六箱零十三盒零六百顆。

一、鉛丸六萬零四百八十粒，每二千粒裝一箱，共計裝三十箱零四百八十粒。

一、拉火三千五百九十八枝，每千枝裝一箱，共計裝三箱零五百九十八枝。

中國第一歷史檔案館等《中國近代兵器工業檔案史料》第一輯《王文韶奏天津行營製造局製造抬槍情況片光緒二十二年十一月初二日》　再，臣前准練兵王大臣咨，練兵需用打帽抬槍一千五百杆，請飭製造局造送等因。當飭該局造成邊機、中機抬槍二杆，委員解請試驗。嗣准咨稱：所造抬槍均屬靈捷適用，惟邊機斤兩太重，擬每杆在三十斤，中機改造邊機，其尺寸斤兩仍與中機一致。請飭局按照此式製造邊機前門大式抬槍五百杆，隨槍什物五百分，中機改造邊機前門小式抬槍一千杆，隨槍什物一千分。所需款項由北洋作正開銷。奏奉諭旨依議，欽此。鈔録原片，咨行查照辦理。復經分飭海防支應局、淮軍製造局遵照去後。

兹據該局等詳稱：前項抬槍一千五百杆，合計工料兩項需款甚鉅，雖經奏准作正開銷，而餉項支絀，實屬無從籌措。惟查製造局向有歲造荷砲子彈經費銀四萬兩，係在北洋海防經費内動撥。本年正月經臣奏准，將此項荷彈歲費，盡數改造後門抬槍，發給各營操用。業由該局領款製造。現在練兵處需槍既亟，擬請先行造送，應需工料銀兩，即在前項後門抬槍經費内開支，彙案造報。惟該局製造各種軍火均有程度，未能時作時輟，所有京營槍枝，只能分工搭造，陸續解交。至原估中機抬槍工料銀每杆十五兩，邊機每杆十九兩五錢，係因中機零件較少，邊機零件較多。兹一律改造邊機，雖尺寸斤兩稍有不同，而機件既多，費工則一，原估中機銀數實不敷用，應俟造成後再行覈實開報。詳請奏咨前來。臣覆查無異。除咨練兵處，户、工部查照外，理合附片陳明，伏乞聖鑒。謹奏。

光緒二十二年十一月初四日奉硃批：知道了，欽此。

中國第一歷史檔案館《光緒朝硃批奏摺》第一〇二輯《光緒二十二年二月初六日北洋大臣王文韶摺》 降三級留任北洋大臣直隸總督臣王文韶跪奏，爲北洋機器局光緒二十年分動用經費，照章造册報銷，恭摺仰祈聖鑒事。竊照北洋機器局經費，向係動撥津海、東海兩關四成洋税，截至十九年止，業經造册奏報，經部覈復准銷。並將二十年支給薪工等款分别咨部立案。兹據該局道員傅雲龍等將二十年分應行造銷各册分晰開報：計上届存銀十九萬四千七百二十三兩有奇。本届十二箇月，共收四成洋税、招商局税並江海關解到洋藥釐金，海防支應局解到添造栗藥、鋼彈，並承造旅順、威海、大連灣等處砲彈各經費，及各省撥還軍火物料等價，共銀六十四萬六百九十八兩有奇。共支銷銀八十一萬九千七百四十一兩有奇。實存銀一萬五千六百八十兩有奇，内有定購外洋機器、材料並添建工程，應歸付清價腳及工竣之年報銷。本届應銷各款，仍照向章各歸各册。計全案收支總數及員弁、司事、工匠、夫役人等薪工爲第一册，購辦物料機器、續建工程及覈付保險、運腳等項爲第二册，收支物料、分項造報用存物料列作光緒二十一年分舊管爲第三册，造成軍火撥發各項爲第四册，撥給各船薪糧、物料及行營製造局用料爲第五册，神機營撥用物料爲第六册，脩理昆明湖船隖等處並運解物料腳價爲第七册；其製成軍火仍造册咨送總理各國事務衙門備查。至本届銷案支款較增，因值軍務，供應北洋防勦水陸諸軍，各海口砲臺、兵艦、東征各路客軍及亲招勇營，需用槍礮、子彈、雷電，歴年製存之項撥發殆盡，不能不添購物料加工造撥；且創建鍊鋼及無烟藥等廠，工料用費亦屬不貲。所有各項器械，皆仿西洋新式製造，動用工料難以例價相繩，俱係循照歴届章程實用實銷，並無絲毫浮冒等情。

中國第一歷史檔案館《光緒朝硃批奏摺》第一〇二輯《光緒二十三年二月二十六日河南巡撫劉樹堂摺》 頭品頂戴河南巡撫臣劉樹堂跪奏，爲豫省創建機器廠房製造軍火，指撥專款應用，以濟要需，恭摺仰祈聖鑒事。竊臣於本年正月十三日附片奏陳委員赴滬購辦機器，懇請免税情形，欽奉諭旨允准，轉行欽遵在案。兹據委員購運機器及建廠物料到省，即飭先行脩建廠房，所有鳩工庀材一切事宜，需用甚鉅，亟須指籌專款，以免作輟俄延。查釐税局有罰存洋藥漏税一款，計銀二萬九千二百兩零，除照章酌提充賞外，實存銀二萬七千九百兩零。經臣於光緒二十二年十二月十五日具摺奏明，另儲聽候撥用，欽奉硃批：該部知道，欽此。現在籌辦機器脩建廠房，係爲製造軍火而設，以本省不常有之款，應本省不可緩之需，挹彼注兹，無俟借資庫帑。由善後支應局司道等詳請奏咨前來。除咨部外，臣仍當督同司道嚴飭辦工委員覈實支銷，以節糜費。所有創建機器廠房指提專款應用緣由，理合恭摺具陳，伏乞皇上聖鑒，敕部立案施行。謹奏。

硃批：該部知道。

光緒二十三年二月二十六日。

中國第一歷史檔案館等《中國近代兵器工業檔案史料》第一輯《饒應祺奏新疆購置毛瑟槍及製造子彈銀元機器摺光緒二十三年三月十八日》 欽命兵部侍郎兼都察院右副都御史巡撫甘肅新疆等處地方饒應祺跪奏，爲新疆議購毛瑟洋槍及製造火彈、銀元、紅錢機器，分别籌款立案，恭摺仰祈聖鑒事。

竊維當今時局以自强爲本，而自强之道尤以講求武備、謀裕度支爲先。新疆孤懸塞外，器用要端平時不先備籌，臨時必致坐困，則當務宜急也。疊次承准軍機大臣、總理衙門會同各部議覆前廣西按察使胡燏棻、前直隸海關道盛宣懷條陳富强大計，俱以設局自製槍砲、鑄印幣鈔爲脩明軍實、維持利權之策。關外財窘力散，軍械、餉糈一仰給内地，勢不能集款設局，廣爲創辦。惟所議槍砲宜歸一律，銀元應暫試行二端，因地制宜，自應徐圖推廣。

查新省從前用兵日久，營規尚稱整齊，特槍砲、子彈新舊不齊，洋土參半。目今泰西各國製造日精，若仍習常蹈故，不求畫一，設有邊警，制勝爲難。督臣陶模前在巡撫任内與臣籌商，由司提款咨請北洋大臣李鴻章代購各種後膛新式洋槍、隔山快砲，並蒙神機營撥解克虜伯大砲來新，由天津揀調洋操教習，先從省標推行，提鎮、協標一體練習打準新法。迨後撥械解京，接濟董營，調兵越境，助勦回逆，均能臨敵制勝，論者以爲得力於毛瑟槍者居多。但爲數無幾，分佈不齊，彼時子彈、火帽悉解前敵，餘存後路無幾，幾有不能爲繼之勢。幸賴朝廷威福，軍事迅告肅清，未致左右棘手。然已岌岌可危，若不再行添備，别有事端，束手無策矣。今幸邊塵尚静，正宜興脩内政，未雨綢繆，庶幾緩急足恃，此軍械急宜購辦也。

新疆圜法纏哈異俗，嚮用普魯天罡。自改鑄紅錢，每銀一兩易錢五百文。建省以來，設局採銅鑄錢，礦艱炭遠，人工又貴，加以員役薪資，賠累太多。乃改每銀一兩換錢四百文，計重四斤二兩，民用雖尚流通，而公家仍須賠墊，歲鑄無錢。因紅銅色好，姦人私燬鑄物，亦難禁絶，是以市面常苦錢荒。天罡質粗，民間易於作僞，遠行商販尤爲不便使用。事窮思變，自應購運機器鑄造銀元，兼鑄紅錢，以資流轉。且鑄錢改用機器，少費人力，成本較輕，賠貼亦減，此圜法急宜變通也。

臣與司道籌商，正擬派員赴津、滬採購，適有德商天津龍駿洋行部駟遊歷來新，自願代爲購辦。藩司丁振鐸、前署兼臬司伊塔道英林、新授鎮迪道兼臬司潘效蘇，因與訂買八十四毛瑟單響帶六響洋槍一萬杆，連皮帶、二尺長鋼刀，並保險、運腳，共議庫平銀五萬三千九百五十二兩；鑄洋元、紅錢水機器一架，日出銀元三萬顆，議價湘平銀三萬四千兩。其洋槍所需子彈，臣以每杆一千顆計算，採價、運費較槍價倍蓰，而操放則彈有盡時，不操則技難精熟，殊非經久之策。因復訂買製毛瑟槍彈水機器全副，日出五千顆，議價湘平銀一萬二千五百兩。電致津海關道李珉琛詢據駐津德領事、禮和洋行，極稱部駟人甚可靠，價值亦屬相符。惟思延請洋匠薪費太鉅，不如用華匠爲省，電詢北洋大臣王文韶，已承力顧大局，允許届時派匠來新備用。因飭由鎮迪道與部駟書立合同，槍、刀機器均包運漢口交納，先給半價，俟本年八九月准運到漢，新疆委員在漢口點收無誤，再將餘價給清。其銀擬請由江蘇應協新餉項下分起撥兑，新省作收。所有槍價、運腳，已與各提鎮商定，俟洋槍運到，分別發給各營旗領用操演，即於各營旗應領公費内陸續極力樽節繳還，作爲官物，遇有交替，列册具報，以免散失。價由各標自備，即不另行報銷。其製造槍彈、銀元、紅錢機器價腳，擬由歲撥軍需善後項下勻節動用，不另請款。此酌商設法籌款試辦情形也。

將來毛瑟新槍到新，合之從前所購，共一萬七千餘杆，各營旗火器可歸一律，如能操練精熟，亦足備邊防緩急之需。機器到新，設局試辦，如果辦理順暢，槍彈自鑄則可省歲由外洋購運之費；銀元自鑄則可省遠由外省撥解之費；紅錢亦用機器則可省虚糜柴炭多雇工匠之費。陝西撫臣魏光燾來電有三省合辦之議，如能推行盡利，逐漸擴充，彼此通融，取携自便，不必事事仰給於外人，亦可漸收利權。雖一時費用較多，而後來之節省不少。臣才拙識庸，不能籌及遠大，惟近觀時局，俯察邊情，有不敢輕事紛更而又不敢稍涉因循者，不得不及時圖維，以濟要需而應緩急。備物致用，或亦思患預防，因時制宜，力求自强之一道也。所有酌議購辦毛瑟洋槍及製造子彈、銀元、紅錢機器分别籌款緣由，是否有當，謹會同陝甘督臣陶模恭摺具奏，伏乞皇上聖鑒，訓示施行。謹奏。

光緒二十三年五月二十五日准兵部火票遞回原摺，奉硃批：該部知道，欽此。

中國第一歷史檔案館《光緒朝硃批奏摺》第一〇二輯《光緒二十三年四月十三日吉林將軍延茂摺》 奴才延茂跪奏，爲查明吉林機器局歷年辦理不善實在情形，據實覆陳，恭摺仰祈聖鑒事。竊奴才於光緒二十二年七月二十三日因查出機器局弊混顯然，據實糾參，於八月二十四日遞回原摺，奉硃批：著照所請，該部知道，欽此。十一月二十九日准兵部咨開：吉林機器局前總辦、記名副都統、花翎協領達桂，前會辦、分省補用州同魏春寅，經吏、兵兩部照官員朦混革職私罪例，議以革職，奉旨：依議，欽此。欽遵各在案。奴才於上年查辦之時，檢閲該局呈報各册，頭緒糾紛，互有歧異，委非一人一時遂可得其底藴。當經檄飭吉林分巡道聯陞會同接辦該局事務内閣中書容賢等按照該局呈報各款，逐一清查，究係因何舛謬，是否有實存餘料足敷抵敵，並一年果能造成軍火軍械若干，抑有無影射侵蝕情弊，據實稟覆去後。據該員等隨時查覆，疊經奴才按款指駁，反覆參究，兹據查明稟覆前來。據稱：查料件一項名目甚繁，檢閲該前總、會辦呈報清册，固有以多報少之處，亦有以少報多之處，甚或此廠册上有名而無料，彼廠有料而册上無名，帳簿參差，混淆錯雜；兼之該局自開辦以來十有餘年，本無清楚帳目，近復十缺五六，更難究詰。惟有就現存料件逐一盤查，另立循環册籍，逐件登明，派員專司其事，並請嗣後即以此次清查爲準，以免轇轕。至紫銅一項，該局呈報前將軍長順截至上年五月底，存有十萬六千餘觔，迨至七月十二日清查之時，實存三萬六千餘觔。該前總、會辦又認爲前報之十萬六千餘觔爲筆誤，此次清查始知實有三萬六千餘觔。殊不知自六月初一日起至七月十二日止，此一箇半月内已發交各廠紫銅尚有七千餘觔。總計此項紫銅截至二十二年五月底止，不特非十萬六千之數，亦非三萬六千之數，四面考證，實有四萬四千餘觔，是其初報前將軍長順時固屬以少報多，而此次清查時又係以多報少。此查明紫銅一項並各料件之實在情形也。查不敷銀四萬四千兩一項，緣該局應用料件多係由滬採購，春、夏、秋三季均可由船運至營口，惟自營至省則非車運不可，且必須冬令河封道凍方能運解，是以購料一節，總須前一年購足次年之用，而經費不能提前支領，不得不挪借商款以爲預購料件之需。復查庫儲各色料件，除積年賸存不堪使用各件外，所有現存料件尚堪抵銀四萬四千兩之數。此查明原報不敷銀四萬四千兩之實在情形也。查製造軍械軍火一項，該局除槍枝不能製造外，其有隨槍需用器具，名類頗繁，常年各軍應用及接濟江省子藥爲數亦鉅。每一項器具、子藥均須周歷各廠，經十餘手始能製成，以需工之難易爲程功之遲速，兼之刻下整頓武備，凡各營軍械損壞者均飭局修整，數月以來，無月無之，其一年果能造成軍火子藥若干，實難以日月計之；蓋緣修整之工多，則製造之件自少，譬之手民成做衣服者易爲功，縫補破綻者難見效也。此言雖小，可以喻大，必俟實造一年期滿通盤覈算，始能得其確數。至各軍一年實用子藥則向有定數，共計洋藥十一萬餘磅，各項鉛丸二百一十餘萬粒，各項子母二百一十餘萬顆，銅帽四百四十餘萬顆，各項砲彈三千五百餘箇，並隨帶拉火銅五件等項，至遇各軍另有搜捕賊匪，隨時額外支領者，尚不在此數。此查明製造軍火子藥，必待實歷一年始能覈算之實在情形也等情。據此奴才覆加詳覈，所稟各節尚屬實情，至該局帳簿混淆，洵非一人一時之事。該前總辦達桂、前會辦魏春寅雖經此次清查，尚無別項侵蝕情弊。惟經理局務兩年有餘，隨波逐流，未能力除積弊，致令痼疾日深，其因循溺職亦屬咎無可逭。查該員等業經革職，應勿庸置議。除由奴才嚴飭接辦各員，精白乃心，力除積習，不准絲毫稍有弊混外，謹將查明機器局歷年辦理不善實在情形，恭摺具陳，伏乞皇上聖鑒。至續添製造奉天軍火子藥，容俟會同盛京將軍依克唐阿另行奏明辦理，合併陳明。爲此謹奏，請旨。

硃批：知道了。

光緒二十三年四月十三日。

中國第一歷史檔案館等《中國近代兵器工業檔案史料》第一輯《户部爲請將罰存洋藥漏税銀兩照數提還解部事致河南巡撫之咨文光緒二十三年五月初一日》

河南巡撫劉於光緒二十三年五月初一日准户部咨，貴州司案呈，據河南巡撫劉奏，豫省創建機器廠屋製造軍火，請將税局罰存銀二萬七千九百兩零提撥應用，光緒二十三年三月初五日奉硃批，該部知道，欽此，欽遵由内閣抄出到部。

查土藥税銀前經本部接准圓明園咨稱：欽奉諭旨，户部於各省每年應解土藥税釐内，除撥解頤和園銀十五萬兩、奉宸苑銀十五萬兩外，其餘銀兩盡數撥歸圓明園，以備興工之用等因，欽此。當經本部行知遵照在案。今據該撫奏請將罰存洋藥漏税銀兩提撥應用等因。查前項洋藥漏税銀兩關係要工之用，未便外省留用，相應仍咨河南巡撫轉飭該司道等，應將前項洋藥税銀照數提還解部，以重要需可也。

中國第一歷史檔案館等《中國近代兵器工業檔案史料》第一輯《户部奏請飭吉林將軍同盛京黑龍江將軍會商覈定每年應領應儲軍火數目片光緒二十三年五月二十三日》 再，查前據吉林將軍長奏請添撥吉林機器局常年經費，經臣部議以奉天軍火既歸吉林機器局製造，應准於邊防經費項下按年添撥銀五萬兩，作爲添造軍火之需。其每年能造槍砲子彈各若干，除黑龍江照舊領用外，應分給奉天若干，並該三省每年所得軍火除供操演外，尚能存儲若干，應由該將軍等妥籌會商，奏明辦理。嗣據盛京將軍依克唐阿咨稱：准吉林將軍咨，機器局添撥經費五萬兩，僅能多造吉林備防軍(多)〔用〕，萬難供給奉天等語。復經臣部查覈，添撥吉林機器局經費五萬兩，本爲供給奉天軍火而設，行令(吉林)〔吉林〕將軍嚴飭該局照辦，迄今日久，未據該將軍等會商覆奏。該局歲領經費十四萬七千五百兩，又加以黑龍江附造軍火經費三萬兩，銀數不爲不多，若徒領鉅款而於東三省軍火並無實際，則不惟虚擲庫帑，亦恐(貴)〔貽〕誤邊防。應請旨飭下吉林將軍迅速會同盛京、黑龍江將軍妥籌會商，覈定每年分給奉天軍火數目，及東三省每年各應領用軍火暨應存儲軍火數目，詳細奏明辦理。並查明該局〔員〕原購製造槍砲子藥各項機器名目、件數及購買年月、價值，並每年能造槍子、砲彈各若干，先行聲覆報部。其按年所造軍火數目、價值，亦即分報臣部，以憑考覈。所有臣等奏催指查吉林機器局製造軍火緣由，理合附片具陳，伏乞聖鑒。謹奏。

光緒二十三年六月初一日奉旨：依議，欽此。

吉林省檔案館等《吉林檔案史料選編》上諭奏摺《吉林將軍延茂奏奉天軍火歸吉林機器局兼造殊多窒礙擬請變通辦理摺光緒二十三年七月初六日》 奏：爲遵照部議，詳覈奉天軍火飭歸吉林機器局兼造，殊多窒礙，擬請變通辦理，期歸簡易，並節浮費，據實臚陳，恭摺仰祈聖鑒事。

竊查接管卷内前准户部咨開，據吉林將軍長　奏，機器局前存軍火無多，擬請添撥經費，多造軍火，以爲思患預防之計。添款，則奉天應用軍火亦歸吉局撥給等情。復據督辦軍務處於議覆奉天將軍依　瀝陳奉天情形摺内：奏令吉林機器局通盤覈算，每年能造槍子砲彈若干，除本省應用外，其餘若干，以供奉天之用。惟吉林機器局地盤應否展拓，經費應否加增，請飭户、工兩部查覈辦理。當經該部並案覈議，擬請於邊防經費項下按年添撥銀五萬兩，作爲添造軍火之需。其每年能造若干，除黑龍江照舊領用外，應分給奉天若干，並每年所得軍火除供操演外，尚能存儲若干，務即妥籌會商，詳細奏明辦理各等因。於上年到任後，當經照咨轉行奉天商辦在案。茲於本年六月初一日，接准該將軍依　飭據營務軍火等處，將奉省各軍按年應需子母銅帽數目，繕具清單咨覆。適於六月初三日，又准户部奏催，指查吉林機器局製造軍火一片，恭録諭旨，鈔録原奏，咨催前來。查本年四月十三日覆陳，查明機器局歷年辦理不善一摺，曾將吉林各軍一年實用軍火數目附陳，並一年共出軍火子藥若干，必俟實造一年期滿，通盤覈算，始能得其確數各情形，據實聲明。當於五月十五日奉到硃批：知道了。欽此欽遵在案。自應仍遵前旨辦理。茲謹將兼造奉天軍火一事，按照該省將軍咨開數目，飭局詳加覈算。除各項砲彈有吉局未經造過者無從議辦外，第就所能造者，估計需項頗鉅。按部撥五萬兩，不過抵價三分之一，原可咨明該將軍盡款製造，其不敷軍火，由該將軍另籌辦法。惟吉林兼造此項軍火，尚有窒礙之處數端，不得不妥籌變通之術，敬爲我皇上詳陳之。

一、廠屋必須增建也。查機器局基址尚屬闊大，至原建廠屋，則係稱量佈置，並無寬餘。此次鑄造銀元，又復借用數間，已屬勉强騰挪，頗形擁擠。現在若再添造五萬兩銀之槍子砲彈，較之本省常年所造，不過此數。此次幾於加至一倍，所有安設機器，存儲料件，舊有廠屋實不敷用。即使極力遷就，仍須添蓋數處，此一難也。

一、機器尚須添制也。查洋式槍砲名類繁多，子母各有各類，萬難假借，機器亦遂各有各項，不能通融。計每一種子母，自始造至告成，必須周歷十餘廠，經數十人之手，故每廠每日各有應作之工，現若添造此項軍火機器，實難足用。即使極力通融辦理，尚有應添置者數十件，此二難也。

一、員司工匠亦應酌添也。查該局委員司事各有專責，不能以此廠兼顧彼廠之事。至工匠，更係一人有一人之事，尤難兼攝。現若兼造此項軍火，除設法籌謀，但有可以兼辦者，即責令兼辦。此外尚須酌添委員司事數員名，工匠百餘人，此三難也。

以上三項，　詳加體察，均屬實在情形。所擬應添機器，尚有本處不能自造必須買自外洋之件，再加之建廠工料，員司工匠常年薪水，工價需費，實屬不貲。當此時艱幣絀，但能節省一分，即係臣子責任，若添請正款，亦萬不敢出此，亦萬不忍出此。若由部撥奉省之五萬兩內開銷，則留造奉天軍火一項，更恐不敷該省之用。悉心籌劃此項軍火，雖名爲由吉兼造，而實仍不免建廠製器之煩。且由奉至吉陸路八百餘里，每年春夏秋三季，道路多係泥淖難行，惟冬令封凍始就平坦，不但轉運殊費周章，運費亦屬甚鉅。似不如將此項專款撥歸奉天自行設局專辦，否則，或由該省徑由津滬設法定造，均能由船運奉，似取徑較捷，運費亦省。

伏思東三省輔車相依，理應聯爲一體，　於上年到任後，亦曾建此議。凡有奉江兩省應行商辦事件，無不和衷共濟，以期力顧全局，萬不敢遇事畏難，稍存推諉。惟熟籌於損益輕重之間，實有窒礙難行者，不得不據實上陳於聖主之前。合無仰懇天恩，敕部覈議，將准撥添款五萬兩，撥歸奉天自行籌議購造，期歸簡易，而節浮費。所有二十一二兩年，此項添款已經由吉林代領，現存省庫。應俟奉旨俞允後，由　咨明奉天將軍，派員來吉，將原款如數領歸奉省，以清款目。

再，查户部原奏並飭將吉林機器局原購添購各項機器名目件數，及購買年月價值，查明聲復等語，應請俟於年終奏報軍火數目案內，一併分別奏咨辦理。所有詳覈奉天軍火歸吉林兼造擬請變通辦理緣由，理合恭摺具陳，是否有當，伏乞皇上聖鑒，訓示。謹奏。請旨。

中國第一歷史檔案館《光緒朝硃批奏摺》第一〇二輯《光緒二十三年七月十一日山東巡撫李秉衡摺》

降二級留任又降二級留任山東巡撫臣李秉衡跪奏，爲報銷機器局光緒二十一年動用經費銀兩數目，恭摺仰祈聖鑒事。竊查山東省機器局製造各項軍火，所需經費銀兩，向由藩庫籌撥，按年造册報銷。凡有添購物料，應先專案報明脩理房屋等項，亦應隨摺聲敘。光緒二十年分收支各項銀數，經臣覈明奏銷在案。茲自二十一年正月起至十二月底止，造成各種洋火藥十九萬六千二百觔、堅利遠後膛大擡槍二百十六桿、步槍六桿、大銅帽火四百四十二萬九千七百粒、粗細銅管拉火六萬二千枝、鋼砲炸子二千一百箇、炸子引門二千一百副、大砲子一千一百九十箇、各種羣子八萬四千八百四十箇、各種後膛自來火帶藥槍子一百十六萬八千四百顆、洋鉛丸一百七十二萬一千五百粒，擡槍、擡砲、來福槍、鳥槍及裝配毛瑟、哈乞克斯各種大小鉛丸共一百五十九萬五十粒，捲筒鉛羣子二萬一千二百三十一觔，添造各廠機器，脩成各營擡槍、擡砲，脩配損壞洋槍、洋砲及裝盛軍火箱盒，脩理火藥廠大鑪、槍子廠汽機臺、打鐵大鑪、提硝大鑪、熟鐵廠房、提硝廠房等屋宇。採買硝、磺、銅、鐵、鋼、鉛、華洋各種物料，並因製造堅利遠槍添買車、鑽各牀，暨員弁、匠役薪工，運腳等項，應歸户部覈銷銀四萬三千五百五十三兩四錢七分二釐八毫五絲三忽，兵部覈銷銀一萬五千八百九十三兩二錢七分，工部覈銷銀五萬五千九百四十九兩五錢六分一釐六毫四絲七忽，三共請銷銀十一萬五千三百九十六兩三錢四釐五毫。內動用光緒二十年報銷案內結存湘平銀一萬四百二十一兩九分五釐八毫一絲二忽，陸續共撥藩庫庫平銀六萬六千兩，又專案奏撥藩庫庫平銀四萬五千兩。遵照部定新章，雜用各款每庫平銀一兩扣平四分，均按湘平支發，覈計節省平餘銀四千四百四十兩，一併列收作正開銷。統除支用外，實存湘平銀一萬四百六十四兩七錢九分一釐三毫一絲二忽，應歸下届造報。據總理局務按察使毓賢、候補道潘延祖等造册詳請奏咨前來。臣覆加查覈，均係實用實銷，尚無浮冒情弊。除清册分咨户、兵、工三部查照外，所有報銷機器局光緒二十一年動用經費銀數緣由，謹恭摺具陳，伏乞皇上聖鑒，敕部覈銷施行。謹奏。

該部知道。

吉林省檔案館《清代吉林檔案史料選編（工業）》上册《吉林機器製造局光緒二十三年四五六月份造成子母等項送軍火庫存儲的移文光緒二十三年七月二十六日》 爲移付事。

竊敝局凡造成槍子等項，均係運送邊防軍火庫存儲，歷經報明在案。茲自四月起至六月底止，造成毛瑟槍子母十八萬八千五百二十六顆，計裝一百八十八箱；半毛瑟不帶鉛丸子母九千顆，計裝九箱；兩磅開花子六百個，計裝三十箱；兩磅銅五件六百副，計裝二箱；十二磅開花子四百個，計裝四十箱；十二磅銅五件四百副，計裝二箱；槍靶鐵牌一塊，附帶鈎架一副；開斯槍頂針二十根，開斯槍盤簧八十盤，開斯槍鈎簧四十匹，毛瑟槍鈎簧十匹，噶爾薩砲簧五匹，一併運送軍火庫存儲，以昭慎重。相應備文移付。爲此合移貴處，請煩查照備案。須至移者。

中國第一歷史檔案館《德宗景皇帝實録》卷四〇九《光緒二十三年八月上》

又奏，遵覈奉天軍火歸吉林機器局兼造，殊多窒礙，請飭奉省自行籌議購造，以期勢易費省。下部議。

中國第一歷史檔案館《光緒朝硃批奏摺》第一〇二輯《光緒二十三年九月初二日山東巡撫李秉衡摺》 降二級留任又降二級留任山東巡撫臣李秉衡跪奏，爲機器局員弁、匠目勤奮從公，已届五年限滿，照章擇尤保奬，恭摺仰祈聖鑒事。竊查前承准海軍衙門咨奏定保奬章程內開，各省水陸操防機器，凡沿海省分應保營局各員尋常保奬以五年爲限等語，於光緒十二年七月十四欽奉懿旨：依議，欽此。恭録咨行，欽遵在案。查東省機器局自光緒元年奏明設立以來，規模大備，經調任撫臣福潤遵照奏定章程以十二年七月十四日欽奉懿旨之日起，扣至十七年七月五年限滿，將在局出力員弁匠目奏請奬勵，由海軍衙門會同吏、兵二部覈議具奏，奉旨允准，咨行在案。茲自十七年七月起扣至二十二年七月又届五年期滿，在局各員弁、匠目恪遵定章，於製造軍火等事，雖祁寒盛暑無不盡心竭力，加意講求，始終勿懈，故凡摧堅致遠之法，外洋所恃爲專長者，均能得其奥窔。前值海疆有事，添募多營，各國守局外之例，不售軍火，而機器局源源解運不致稍有缺乏，並奉電旨協濟將軍依克唐阿行營毛瑟等項槍子十五萬顆，嗣由局創造堅利遠後膛擡槍，試放可及四里之遠，機括靈捷，實駕毛瑟槍之上。又仿洋式自造毛瑟槍毛瑟子，經臣奏明並解呈督辦軍務處驗收，即頻年東省沿海內地留防各營操演巡防均習洋式槍砲所需火藥、鉛丸、銅帽及各種軍火，無不隨時支應，與洋工製造無異，具見各員匠堅忍耐勞，獲兹成效，自應照章按限保奬，以昭激勸。據委辦機器局務按察使毓賢將在局年限未滿，及出力較次各員嚴行删減，擇其尤爲出力員弁匠目開單詳請奏咨前來。臣查東省機器局創設多年，從未募一西人，是以經費較爲節省，而所製各種軍火及仿造洋式槍枝，悉皆精良適用，該局員弁殫精竭慮，不避艱險，奮勉從公，洵屬尤爲出力，與各局勞績迥不相同，年限既符，自應照章量予奬敘。謹繕清單恭呈御覽，合無籲懇天恩，俯准照擬給奬，以示鼓勵而策將來，出自鴻慈逾格。除各員弁匠目履歷清册照章咨送吏、兵二部並總理衙門查照，及武職外委以下另咨兵部覈奬外，理合恭摺具奏，伏乞皇上聖鑒訓示。謹奏。

吉林省檔案館《清代吉林檔案史料選編（工業）》上册《吉林機器製造局光緒二十三年七八九月份造成子母等項送軍火庫存儲的移文光緒二十三年十月二十九日》 爲移知事。

竊敝局凡造成槍子等項，均係運送邊防軍火庫存儲，歷經報明在案。茲自七月初一日起至九月底止，造成哈乞開斯子母四十七萬顆，計裝四百七十箱；毛瑟不帶鉛丸子母六千顆，計裝六箱；毛瑟槍鈎簧二匹，一併運送邊防軍火庫存儲，以昭慎重。相應備文移付。爲此合移貴處，請煩查照備案。須至移者。

白永貞《李忠節公奏議》卷一五《奏東省機器局添建槍廠購買機器籌撥各款

銀兩摺光緒二十三年十一月初四日》 奏爲東省機器局擴充製造，謹將添建槍廠購買機器籌撥各款銀兩情形，恭摺具陳，仰祈聖鑒事。竊查東省機器局由前升任撫臣丁寶楨於光緒元年創立，原議次第推廣，自造洋槍。嗣因籌款維艱，僅造火藥槍子。經臣於二十一年整頓南運，籌出款項擴充機器。奏明常年提南運局餘利銀四萬兩作爲添造槍械之需，奉旨允准，欽遵在案。兹據總辦機器局務按察使毓賢、候補道潘延祖會詳稱，添造槍械，必先採辦洋料，增建廠房，購買機器，方足以資製造。前與局員再三詳度，在於機器廠後建立洋式大槍廠一所。造槍需鋼鐵零件最多，熟鐵廠必須擴充，當於舊鐵廠之後另建洋式熟鐵大廠一所。造槍則用子倍多，故於槍子廠之東另建洋式槍(了)〔子〕大廠一所，槍子需銅最夥，故另建軋銅大廠一所。外洋視鍋爐之大小，以定煙筩之高下，兹造成九十五尺高煙筩一座、七十五尺煙筩一座、五十五尺煙筩一座、鐵煙筩一座。廠基挖深五尺，煙筩基挖深八尺，均密釘排樁，上築三和土，蓋以大石板，再砌條石，以爲墻脚。上則扁磚實砌，純灌灰漿，梁棟皆外洋方木，柱則生鐵鑄成，以期鞏固，方勝機器震撼，不致有鼓裂之虞。此外軍械日富，當預謀存儲之方，工匠日多，當代籌棲息之所，是以建造軍火庫二十間，工匠房四十間。又如水龍房以備不虞，泥工廠以資脩葺，皆係必不可緩之工。共計添廠四座，羣屋八十餘間，較原廠擴充三分之二，均經脩造完竣，委員驗收結報在案。至製造擡槍機器，外洋本無擡槍名目，故無此專門機器，嗣經江蘇候補道潘學祖與洋行參酌定造擡槍機器，並可兼造毛瑟洋槍，計共六十餘種，鐵爐、地軸、皮帶、鎚鉗、軸枕、螺絲、各種輪模刀鑽，共一百七十餘件，俱已運解到局，一俟機器裝齊，工匠募到，造槍銅鐵鋼料購運來東，即可開車鑄造。統計購買機器建造廠屋一切工料價值運脚均在其内，約共用銀十二萬兩，内由南運局先後籌撥銀七萬兩，並在藩庫借撥銀三萬兩，河防局借撥銀二萬兩，仍由南運局分年籌還等情，詳請奏咨立案前來。臣維槍械爲行軍之要需，製造實當時之急務。東省建立槍廠幾費經營，規模現已大備，惟期推行盡利，精益求精，所造之槍足與外洋火器相敵，庶臨時不必購自遠方，可以有備無患。除飭將機器價值運脚彙入建廠工料項下造册報銷，並分咨總理各國事務衙門暨户、兵、工三部查照外，所有東省籌款添造槍廠，購買機器緣由，理合恭摺具陳。伏乞皇上聖鑒，敕部立案施行。謹奏。

中國第一歷史檔案館等《中國近代兵器工業檔案史料》第一輯《户部奏擬准奉天設局自造軍火摺光緒二十三年十一月初六日》 户部謹奏，爲遵旨議奏事。

據署吉林將軍延奏奉天軍火歸吉林機器局兼造殊多窒礙，請變通辦理一摺，光緒二十三年八月初四日奉硃批，該部議奏，欽此，欽遵由内閣抄出到部。據原奏内稱：前准户部咨，吉林將軍長奏機器局前存軍火無多，請添撥經費多造軍火，奉天軍火亦歸吉局撥給等情，擬請於邊防經費項下，按年添撥銀五萬兩，作爲添造軍火之需，每年除黑龍江照舊領用外，應分給奉天若干，務即妥籌會商奏明辦理等因。兹准該將軍依將奉天各軍按年應需子母、銅帽數目繕單咨覆，除各項砲彈有吉局未經造過者無從議辦外，第就所能造者估計需項頗鉅，部撥五萬兩不過抵價三分之一；尚有窒礙數端：一、廠屋必須增建，一、機器尚須添制，一、員司、工匠亦應酌添。以上三項需費不貲。奴才悉心籌畫，此項軍火雖名爲由吉兼造，實不免建廠製器之煩，且由奉至吉陸路八百餘里，每年春、夏、秋三季泥淖難行，運費亦鉅，似不如將此項專款撥歸奉天自行設局專辦，或由該省經由津滬設法定造，取徑較捷，運費亦省等語。

臣等查光緒二十一年十二月據吉林將軍長順奏請添撥吉林機器局常年經費兼造奉天軍火，經臣部議覆准於邊防經費項下添撥銀五萬兩，自二十二年春季起赴部請領等因在案。今據署吉林將軍延茂奏稱，奉天軍火歸吉林機器局兼造殊多窒礙，請將光緒二十二、三兩年吉林所領代造奉天軍火經費銀撥歸奉天自行籌議購造。臣等詳閲原奏，大致以奉天咨取每年應用軍火價值，較部撥銀數多至三分之二，而吉林添建廠屋、添購機器、添用員司工匠需費亦鉅，且吉林運道又較奉天爲遠，不如徑由奉天自行製造可省運費。該署將軍自係爲變通盡利起見，惟奉天每年實須軍火若干，及建廠購機等項經費，能否即就臣部原撥銀款自行舉辦，必須問之奉天，當經先後電查去後。

旋據盛京將軍依克唐阿咨稱：吉林代造奉天軍火計工料銀十七萬兩有奇，係將奉軍各營現演槍砲及軍火處現存槍砲一併覈算，故需款甚鉅，若止就現演槍砲製造，覈與撥添五萬兩之數所盈無多。再加一二萬兩，除供操演外，其餘兼備存儲。如由奉天自行辦理，就現有機器零件稍事加添，即可設廠製造，省去吉林來往運費。又據電稱，奉天自造軍械，所有購機建廠各費，約需十萬兩上下，現在吉林領存兩年部款十萬兩尚未動用，即以此款撥給奉天，足備開辦。其常年經費擬於歲撥五萬兩外，再由稅款内按年酌撥一二萬兩等語。

是奉天自造軍火，既比吉林代造較省運費，而吉林所存代領兩年原款十萬兩，又足爲奉天購機建廠各項經費。其設局後常年製造經費，雖於部撥五萬兩外多請撥銀一二萬兩，然歲有存儲軍火，亦足以備不虞。擬請准將吉林代領光緒二十二三兩年部撥添製軍火庫平銀七萬五千兩，京平銀二萬五千兩，共十萬兩，一併撥歸奉天自行設局製造軍火。其常年製造經費京平銀五萬兩，即由奉天自二十四年起，分兩季派員赴部請領。開局後如有不敷，再由該將軍於奉天税款項下酌撥京平銀一二萬兩，隨時奏咨辦理；至多不得過二萬兩，亦不得擅行動用。並將開局日期先行報部，毋任含混。至原有某項機器若干，添購某項機器若干，各合價值若干，脩建廠屋工料並開支員司、工匠薪水等項各若干，嗣後每年製造軍火若干，各合價值若干，供操若干，存儲若干，務造清册詳細報部考覈。

邢玉林《光緒朝黑龍江將軍奏稿・恩澤增祺奏爲二十三年分製造火烘藥等項用過工料銀兩數目請旨覈銷摺十一月初十日》 奏爲光緒二十三年分製造火烘藥等項用過工料銀兩數目，請旨飭部覈銷，恭摺仰祈聖鑒事。竊查前經奏准黑龍江通省每年加工碾造火藥四萬觔、烘藥八百觔、火繩八千觔，以資操防需用。所有光緒二十二年分製造火烘藥用過銀八千四百兩，業經户部議准，將金礦餘利照案列抵俸餉項下按年以實銀支給等因在案。茲據碾造火藥委員副都統銜花翎協領富色訥報稱，二十三年分應造火藥四萬觔，烘藥八百觔，火繩八千觔，均已製造完竣，遵造奏定價值共用過工料實銀八千四百兩，由俸餉項下如數支領，按款造册呈報前來。奴才等覆覈無異，除將細册咨送户、工二部覈銷外，理合恭摺具奏，伏乞皇上聖鑒。飭部覈銷施行。謹奏。於十二月初六日奉到硃批：該部知道，欽此。

中國第一歷史檔案館《光緒朝硃批奏摺》第一〇二輯《光緒二十三年十二月二十日直隸總督王文韶摺》 北洋大臣直隸總督臣王文韶跪奏，爲北洋機器局光緒二十一年分動用經費，照章造册報銷，恭摺仰祈聖鑒事。竊查北洋機器局經費，向係動撥津海、東海兩關四成洋税，截至二十年止，業經造册奏報，奉部覈覆准銷。並將二十一年支給薪工等款分別咨部立案。茲據該局道員傅雲龍等將二十一年分應行造銷各册分晰開報，計上届存銀一萬五千六百八十兩有奇。本届連閏十三個月，共收四成洋税、招商局税並江海關解到洋藥釐金，海防支應局解到添造栗藥、鋼彈經費，東征糧臺解到東征客軍並新募勇營領用軍火各經費，及各省撥還軍火物料等價銀六十五萬八千九十四兩有奇。共支銷銀五十四萬六千九百四十一兩有奇，實存銀十二萬六千八百三十三兩有奇，內有定購外洋機器、材料並添建工程，應歸付清價脚及工竣之年報銷。本届應銷各款，仍照向章各歸各册。計全案收支總數及員弁、司事、工匠、夫役人等薪工爲第一册，購辦物料機器，續建工程及覈付保險、運脚等項爲第二册，收支物料、分項造報用存物料列作光緒二十一年分舊管爲第三册，造成軍火撥發各項爲第四册，撥給各船薪糧、物料及淮軍製造局用料爲第五册，脩理昆明湖輪船、洋舢板並運解物料脚價等銀爲第六册，其製成軍火仍造册咨送總理衙門備查。所有各項器械皆仿西洋新式製造，動用工料難以例價相繩，俱係循照歷届章程，實用實銷，並無絲毫浮冒等情。

傅雲龍《傅雲龍日記・疑致王文韶》 謹將欲學未能者是否之處述求鈞誨：平日於小學、經學外力求有用於時事之學，如天文、地輿、算法、格致之屬皆知門徑，而不欲拘拘一才一藝專門名家，惟以閎通未能爲愧。遊歷六國既歸，先求其由此則治、不由此則不治之所以然，次則舍其所短，集其所長。今於北洋機器總局，鑄鋼、試砲、試槍、製無煙藥、增無煙藥槍子，諸事皆一一參考，期於洋匠無嗤，於華軍有用。而又除於擴充未能爲愧。惟前此洋工退有後言，進無應手。自職道總理局務以來，洋工呼應皆靈，工料漸歸覈實。此實仰賴憲臺今昔指示所致。

中國第一歷史檔案館《光緒朝硃批奏摺》第一〇二輯《光緒二十四年正月初六日吉林將軍延茂片》 奴才延茂跪奏，爲吉林機器局製造軍火、子藥，實歷一年期滿，謹將製造並發用、存儲各數目覈實奏報，恭摺仰祈聖鑒事。竊查前准户部咨開，於議覆前將軍長順奏防務重要，請添撥吉林機器局常年經費一摺，飭將該局每年能造槍砲、子彈各若干，除黑龍江照舊領用外，應分給奉天若干，每年所得軍火除供操演外，尚能存儲若干，妥籌辦理；並將原購、添購各項機器名目件數，及購買年月、價值，一併查明聲覆等因。當經奴才查覈，該局製造軍火子藥，非實造一年期滿通盤覈算，不能得其確數。其各軍一年應用數目，尚可約略覈計，遂飭該局按照各軍槍數、操數覈計呈報。謹於上年四月十三日覆奏機器局歷年辦理不善情形案內，據實聲明，並飭該局俟實造一年期滿詳晰查報各在案。茲據總辦機器局事務副都統銜花翎協領春海等申稱，自光緒二十二年六月起，截至二十三年五月底止，一年期滿，計造成洋式火藥十五萬七千觔，大銅帽六百四十五萬顆，槍子一百五十五萬七千顆，鉛丸三百萬粒，砲彈並隨帶銅五件、拉火等項五千箇。本省各軍共支領洋火藥五萬零五百五十餘觔，大銅帽三百五十一萬八千六百餘顆，槍子一百零二萬六千餘顆，鉛丸一百五十五萬一千三百餘粒，砲彈並隨帶銅五件、拉火等項二千六百一十餘箇。黑龍江共支領洋火藥三萬五千六百二十餘觔，大銅帽二百六十九萬八千五百顆，槍子四十二萬顆，鉛丸一百四十萬粒，砲彈並隨帶銅五件，拉火等項二千二百箇。除吉江兩省支用外，共實存洋火藥七萬零八百三十餘觔，大銅帽二十三萬二千九百餘顆，槍子十一萬一千餘顆，鉛丸四萬八千七百餘粒，砲彈並隨帶銅五件、拉火等項一百九十餘箇。並據聲明，此係按照本年各軍實領軍火數目覈計。至各軍搜山剿賊次數多寡不能一律，或於常操之外得有撙節，則上年所領軍火稍有餘存，本年現領軍火即可稍減，是以此次覈計各軍實領數目，較上次按照各軍槍數操數虛擬應用之數，微有不符。如遇捕務、防務稍緊，則應領數目自必較此次加多。至本年製造數目實較從前有盈無絀，惟物料多係購自外洋，價值運費日見增昂，將來製造能否照此有盈無減，亦更難以拘定。再，奉飭查原購、添購機器名目、件數及購置年月、價值，檢查歷屆成案，均已隨報銷案内造入購料册内，隨購隨銷在案。本届僅有添購毛瑟槍子機器一具，需價九千餘兩，未經造報，應仍遵向章，歸入本届購料册内，一併請銷等情，呈請覈奪，具奏前來。奴才覆加詳覈，並派員前往點驗，尚均屬實，並無捏飾虚報等弊。再，部議添撥經費銀五萬兩接濟奉天軍火一案，前經奴才奏請撥歸奉省自造，現准户部議准咨覆，則前准部咨，指查覈計撥給奉天軍火若干一節，自應無庸置議，合併聲明。除製造軍火子藥需用款項，仍飭該局循照向章另案造報覈銷，並咨明户部、兵部、工部查照外，所有遵照部議，查明機器局一年實造軍火子藥並發用、存儲數目緣由，理合恭摺具陳，伏乞皇上聖鑒，飭部備案施行。謹奏，請旨。

硃批：該部知道。

光緒二十四年正月初六日

吉林省檔案館《清代吉林檔案史料選編（工業）》上册《吉林將軍延茂奏春海接充機器製造局總辦事務片光緒二十四年正月初六日》 再，吉林機器局歲支鉅款，專司製造軍火子藥並脩治槍砲各事，關係軍儲，責任最爲重要。現在鑄造銀元一事，亦歸該局兼攝，事務益形繁劇。所有總辦一差，非穩慎可靠之員不足以資委任。上年六月 到任後，因查明該總辦達桂等辦理不善，據實奏參，改委奏調之内閣中書容賢接辦，當經隨摺聲明在案。兹據該總辦容賢呈報丁憂，請假回旗。遺差查有副都統銜花翎協領春海，老成穩練，堪以接充。除檄飭遵照外，理合附片陳明，伏乞聖鑒。謹奏。

中國第一歷史檔案館等《中國近代兵器工業檔案史料》第一輯《劉樹堂奏籌議擴充製造廠局並先行籌款添購機器摺光緒二十四年正月三十日》 河南巡撫劉於光緒二十四年正月三十日具奏，爲遵旨籌議擴充製造廠局，並先行籌款添購機(局)〔器〕，以期漸次推廣，恭摺具陳，仰祈聖鑒事。

竊臣於本年正月初三日承准軍機大臣字寄，光緒二十三年十二月二十五日奉上諭：近來中國戰艦未備，沿海各地易啓他族覬覦，從前製造廠局多在江海要衝，亟應未雨綢繆，移設堂奥之區，庶幾緩急可恃。兹據榮禄奏，各省煤鐵礦産以山西、河南、四川、湖南爲最，請飭籌款設立製造廠局，漸次擴充，從速開辦，以重軍需。着就地方情形認真籌辦，總期有備無患，足以倉卒應變。原片着抄給閲看，欽此等因。當即欽遵督同司道等悉心籌議。

竊惟自强之策，以武備爲先，經武之原，以製造爲本。各省現有廠局自以南北洋之規模較爲恢廓，惟地濱江海，誠如原奏所云，設有疏虞，於軍事極有關係。諭旨令山西、河南、四川、湖南等省各就地方情形認真籌辦，聖慮及此，誠中國轉弱爲强之機，去危即安之券。臣因統籌全局，就本省情形，參以目前時勢熟思審度，竊以爲豫省之當講製造，尤亟於他省，廠局之規模，尤應大於他省。謹恭繹聖意，就其獨宜於河南者，爲我皇上推廣言之。豫居腹地，去江海遼遠，設有緩急，無意外之虞，一也；礦産豐富而精良，煤鐵可就近取資，省轉搬之費，免掣肘之虞，二也；海疆有警，可以聯屬南北洋之氣脈源源接濟，三也；沂衛河而上可以直達津沽，沿淮泗而下可以徑通江皖，勢皆居於上游，轉運捷速而便利，四也；地居天下之中，四通八達，各省有所取求，轉輸亦易，五也。具此數端，誠天然一設鉅廠之區，較之山西、四川、湖南等省情形，同迥乎不同，即衡之目前南北洋情勢，亦似豫省較爲穩慎。是以臣上年於經費極絀之時，竭力籌款請購造彈機器來豫，復請截留洋藥漏税一款建造廠局，以冀爲始基之立。第規模太小，經費難籌，竭本省財力，無論如何擴充，總難合煉鐵、煉鋼，造快槍、造快砲，造無烟火藥各項機器全行購置。有一不備，仍須仰給於人，是廠雖設而仍不可恃也。諭旨令山西、河南、四川、湖南等省各設法籌款擴充製造廠局，該三省財力若何，能否如原奏所舉各項機器全行購辦，臣實未敢臆斷。若以豫省之情形例之，或僅能添購機器一二種，煉鐵而不能煉鋼，造子而不能造藥，設有緩急，仍難倉卒應變，是廠雖多而亦不可恃也。臣愚以爲局廠不必求多，而製造則惟其備，獨力或有不逮，而衆擎則易爲功。與其設局廠於偏僻各省，異時之緩急難資，何如設鉅廠於適中之區，全局之機關皆活。與其捐數省之財力分設數小廠，實用少而糜費多，何如合數省之籌措經營一大廠，用力省而程功較易。所望各疆臣不分畛域，竭力維持，倘能湊集鉅款力擴規模，實於大局裨益不少。擬請旨飭下總理衙門、户部覈議施行。

臣仍當就本省情形極力籌措，作得尺則尺之計。查上年本省購定造彈機器一具現已來豫，機器局房建造已粗有規模，一俟鍋爐安放停妥，機件位置齊備，即當開爐製造。惟此項機器馬力甚微，僅敷造彈之用，不能兼造槍藥。臣與司道等再四籌商，擬趁此工作未竟之時，設法籌款添購造藥機器，以期一氣貫輸。據支應局詳稱，上年遵旨裁節七營，餉項應積存銀八萬兩，由局代存候撥，嗣經臣奏明以糧道庫存鹽斤加價餘款照數劃抵，是以原存節餉未動。計截至上年十月分止，共存銀五萬五千餘兩。其自十一月分起所收節餉，已照案抵作豫正等營月餉。臣查此項原存未動銀五萬五千餘兩雖係節存之餉，既以加價餘款作抵，則此項即屬餘款，實與部款無干，擬即就此項存銀全數提用，發交採購機器，委員添購造藥機器一付、造槍車床一具，並配齊廠料、零件等項，速運來豫。下餘不敷之款，另由臣設法籌措。一俟局廠工竣，續購機器到豫，即將開局辦理情形呈報，並飭造册請銷。除分咨查照外，所有籌議擴充機器廠局情形，並籌款添購機器緣由，是否有當，謹恭摺具陳，伏乞皇上聖鑒訓示。謹奏。

於光緒二十四年二月二十日奉到硃批：着總理各國事務衙門會同户部議奏，欽此。

吉林省檔案館《清代吉林檔案史料選編(工業)》上册《吉林機器製造局光緒二十三年另款存儲收發實在軍火清册光緒二十四年二月初五日》 機器製造局今將光緒二十三年自正月起至十二月止，另款存儲收發實在軍火各數目，開造四柱清册，移請查覈備案。須至册者。

計開：

舊管：

格林子母六萬九千九百八十顆(此係前將軍長　飭存之款)

哈乞開斯子母七千一百八十六顆

嘆啫士得子母四千八百三十二顆

毛瑟子母四千二百十二顆

銅帽九十四萬三千七百二十七顆

來福鉛丸六萬七千一百四十粒

洋抬槍鉛丸三百五十一粒

兩磅開花彈二十二個

兩磅銅五件二十二副

兩磅銅拉火二十二枝

四磅銅拉火三千六百零四枝

十二磅開花彈六個

十二磅銅五件六副

洋火藥二萬五千六百三十五磅四兩六錢

以上十三項，係吉字營上年備造未領並扣留各軍過期不發之款

新收：

一、奉天撥來

馬梯尼子母十五萬五千顆

法德利子母六十四萬三千顆

格林子母一萬三千二百三十七顆

格林砲子一萬三千一百六十六個

馬克遜砲子一千零五十個

六磅開花子八十三個

四磅窩蜂群子一百個(內原來短三個，實計九十七個)

一、邊防營務處送交緝臟

哈乞開斯子母三十個

銅帽四百六十個

來福鉛丸二十八粒

開除：

一、發本局脩理所試槍用

馬梯尼子母一百二十顆

法德利子母一百二十顆

一、發本局做模製造用

馬克遜砲子二個

一、發武備學堂領用

四磅窩蜂群子二個

實在：

哈乞開斯子母七千二百十六顆

嘿啫士得子母四千八百三十二個

毛瑟子母四千二百十二顆

馬梯尼子母十五萬四千八百八十顆

法德利子母六十四萬二千八百八十顆

格林子母八萬三千二百十七顆

格林砲子一萬三千一百六十六個

馬克遜砲子一千零四十八個

兩磅開花彈二十二個

兩磅銅五件二十二副

兩磅銅拉火二十二枝

四磅銅拉火三千六百零四枝

四磅窩蜂群子九十五個

六磅開花彈八十三個

十二磅開花子六個

十二磅銅五件六副

銅帽九十四萬四千一百八十七個

來福鉛丸六萬七千一百六十八粒

洋抬槍鉛丸三百五十一粒

洋火藥二萬五千六百三十五磅四兩六錢

吉林省檔案館《清代吉林檔案史料選編（工業）》上册《吉林將軍延茂爲凡熔化寶銀鋪商成色均歸一律的札文光緒二十四年二月十四日》 爲札飭事。

據機器製造局申稱：竊查創始之道必須設施詳慎，俾可行之久遠。即如職局製造銀元，其分兩成色，尤當比較的確，絲毫不爽，方足以取信於人，流通使用。故於開辦時，曾將庫寶以及吉市大翅元寶，分別熔化，並將兩項成色詳加較量，遵照部咨章程加配銅珠，毫釐不敢紊亂，是以稟請定章。如各處以庫寶兑元者，准其以平兑平，無庸加色。若以大翅寶銀兑换者，每百兩加色一兩，以補成色之不足，業蒙憲臺批准，奉行在案。

查職局近來所收庫寶尚屬符合。惟大翅寶銀而加考驗，較前甚低，若不設法補救，不特銀元掣肘難行，且恐有乖部章。職等責任攸關，不能不認真考察。擬請憲臺轉飭吉林府，傳集省城熔銀鋪户共若干家，訊明該商等所鑄大翅寶銀，每百兩照比庫寶低色幾分，取具各該商切結存案。仍將鋪商字號、執事姓名，報明憲臺暨移知職局存查。並令該商將鑄成之寶，印鑄某爐字號，以便考驗。嗣後職局熔化此寶，如照該商等所報結呈，成色不符，不但責令該商補足成色，並請從重治罪，以免巧取市財而誤廠政。所擬是否有當，職等未敢擅便，理合具文申請鑒覈，批示祇遵施行等情。到本署督辦將軍。據此，除批申悉，仰候札吉林道轉飭吉林府，傳集該商等，按照所請各節辦理，以昭覈實。繳掛發外，合亟札飭。札到該道，即便轉飭遵照辦理。特札。

中國第一歷史檔案館《光緒朝硃批奏摺》第一〇二輯《光緒二十四年二月二十七日山西巡撫胡聘之摺》 再，晉省向無製造局廠，應需軍械皆係隨時購置。現在添練、改練各軍，擬飭操練洋槍及開花砲隊，所需外洋軍火，亟須委員採購，並購運機器來晉，以便自行仿造，免致臨時缺乏。正在飭委候補知縣王曾彦前赴天津購辦，欽奉寄諭，令於山西等省設立製造局廠，就地方情形認真籌辦等因，欽此。當即恭録行知司局趕緊遵辦去後。兹據該委員稟稱：已向天津洋行定購製造槍砲機器四十二種，鏍牀、鏇牀各一副，又另購毛瑟步槍二千桿，馬槍一千桿，隨帶槍子一百一十萬粒，由營務處司道詳請奏明立案前來。臣維各省設立機器局廠，皆有籌定常年經費，晉省庫儲支絀，未能驟議恢張。惟時局日艱，必須早爲籌備，方免有誤要需。該委員此次所購機器，如洋槍、快砲及銅帽、毛瑟槍子等類，皆能分別仿造，將來運到後，酌建房屋，雇集工匠，即可爲創立局廠之基。俟籌有的款，再行逐漸擴充，以裕軍儲而資應用。除飭司局將應需價值查明詳請覈銷外，所有晉省委購洋槍、機器等項緣由，理合附片具陳，伏乞聖鑒，敕部立案施行。謹奏。

硃批：該衙門知道。

中國第一歷史檔案館《德宗景皇帝實録》卷四一六《光緒二十四年二月》

河南巡撫劉樹堂奏，遵議擴充製造廠局，並籌款添購機器，下所司議。尋奏，豫省製造廠局、設立處所，尚未聲明所有添購機器等款，統由該撫另行設法籌措，不得動用節餉銀兩，有誤指撥要需。從之。

中國第一歷史檔案館《德宗景皇帝實録》卷四一七《光緒二十四年三月》 山西巡撫胡聘之奏，委購洋槍機器等項，即擬創立局廠，自行仿造。下所司知之。

中國第一歷史檔案館等《中國近代兵器工業檔案史料》第一輯《奕訢等奏議河南請擴充製造局廠並先行籌款購機一事摺光緒二十四年閏三月初五日》 總理各國事務和碩恭親王臣奕訢跪奏，爲遵旨會議復陳，仰祈聖鑒事。

光緒二十四年二月十三日准軍機處抄出河南巡撫劉樹堂籌議擴充製造廠局並先行籌款添購機器一摺，二月十二日奉硃批：着總理各國事務衙門會同户部議奏，欽此。到臣衙門。據原奏内稱：自强之策，當以武備爲先，製造爲本。審度目前時勢，山西、河南、四川、湖南等省宜於豫省急設大廠局。條陳五事，大抵以豫居天下之中，礦廠豐富，製造既備，足資各省之取求，是以上年竭力籌款創建廠局。擬從此逐漸擴充煉鐵、煉鋼，製造快槍、快砲、無烟火藥，廢各省之小廠，營豫省之大廠。今先就豫省存款發交採購機器委員採購造藥機器一副、造槍車床一具，配齊廠料、零件，速運來豫。不敷之款，另行籌措。俟局廠工竣，續購機器到豫，即將開局辦理情形呈報，造册請銷等因。

臣等查各項機器，除用風帆、簧索、手足所能搬運小機具外，無論用水、用汽，其局廠總以近水爲便，渾濁之水未經澄汰，動形沾滯，適足損傷機器。該撫設廠處所是在河南抑在河北，原奏並未聲明。煉鐵、煉鋼本係兩事，機爐既不相假，局廠即省區分，二者並舉，則所費不貲；專辦一項，又未明言是鐵是鋼，且此事總須附近煤、鐵礦地。該撫於煤、鐵諸礦曾否辦有成效，所出之鐵是否上等宜於煉鋼，均未咨報有案。快槍、快砲係何名目，口徑若干，出數若干，原奏亦未提及。應請飭下該撫逐層聲復，以憑稽覈。

豫地四通八達，固易轉輸，惟各省礦産豐饒，既皆棄不設廠，專恃豫省轉輸，倘或道途梗塞，一時未能遽達，亦恐貽誤。本年正月初六日臣衙門會同禮部議奏貴州學政嚴脩請設專科一摺，業已奉旨允行。内有考工一科，凡考求名物、象數、製造工程者隸之。是製造一事現在已設專科。我以此課士，士即以此課功，必各省皆有局廠附設學堂，而後聞見有所資，心思有所寄，觀磨試驗，確切有程，不徒以紙上空談弋取富貴。幸而得人，安插其中，則育才之地又即用才之途。合衆人之材力聰明，熟極生巧，由是懸重賞以求新法，乃可期漸有應者。該撫所請廢各省局廠一節，似應毋庸置議。

外洋機器月異日新，(新)者出則舊者廢，價值雖廉，究非佳品。採買不得其人，或以重價收廢物，既糜鉅款，且資訕笑。是以臣衙門於光緒十一年十月初二日奏定章程，各省如有採辦軍火機器，應由該督撫、將軍咨行出使各國大臣，簡派熟悉人員代購，即責成該大臣驗收籌運回華，俾免弊端而昭覈實。當經通行各直省督撫、將軍照辦在案。該撫上年二月咨稱，委派直牧廖溥明赴滬上洋行購買，係就中國通商海口辦理，今且未聲明所派何員，將來能否免受欺蒙，價值有無浮冒，尚難預料。如謂豫省現存槍枝本係舊物，但得舊式機器製造各彈，以供平時操演，而緩急仍不足恃此，則該撫盡可隨時參酌更易名目咨部覈銷，無庸作爲另案。

至無烟火藥中國急應自行製造，豫省若有其人，於軍務實有裨益，應由該督認真考驗，量加獎勵，使之廣傳其法，以便隨時製造。此外，尚有毒烟火藥、開花獵彈，雖公會所禁用，要不可不講求其法，以備不時之需。所謂兵可備而不用，不可用而無備也。該撫目擊時艱，情殷經武，果能實事求是，謀定而動，將來逐漸奏功，誠未可量。

原奏所稱提用節餉存銀一節，户部查裁營節餉同鹽斤加價均應存儲候撥，彼此不容劃抵。河南上年奉旨裁減七營節存餉項，除照該撫奏案自十一月份起准抵豫正等營月餉不計外，其以前積存未動銀五萬五千餘兩既係裁營所節之餉，仍應專款存儲聽候部撥。該省製造廠局設立處所尚未聲明。所有添購造藥機器一副、造槍車床一具並配齊廠料零件等項需用價值銀兩及下餘不敷之款，統由該撫另行設(立)〔法〕籌措，不得動用前項節餉銀兩，有誤指撥要需。

所有臣等遵議河南奏設製造廠局添購機器緣由，謹恭摺復陳，伏乞皇上聖鑒訓示。謹奏。

光緒二十四年閏三月初五日奉硃批：依議，欽此。

中國第一歷史檔案館《光緒朝硃批奏摺》第一〇二輯《光緒二十四年四月十六日吉林將軍延茂摺》 奴才延茂跪奏，爲吉林機器局暨代造黑龍江軍火動支經費款目及存發軍火料件，造册覈銷，恭摺仰祈聖鑒事。竊查吉林機器局經前將軍長順奏明，移交所有該局以前收支款項，截期至光緒二十二年五月底止均歸長順自行造銷，自六月初一日起以後應需款目即由奴才造報。並將五月底以前不敷庫平銀四萬四千四百五十九兩八錢零九釐及庫儲各項料件數目，開具清摺咨送前來。奴才因查知該局積弊太深，當即派員接辦，逐款清查，並將弊混情形先行奏明在案。嗣經奴才查明該前總、會辦呈報各册，實有以少報多者，亦有以多報少者，不惟册載數目諸多不符，即各項帳簿亦十缺五六，甚或有名無料，有料無名，彼此混淆，更難究詰。惟有就現存料件逐一盤查，另立册籍，逐件登明，並請即以此次清查爲準，以免轇轕等情，當於二十三年四月十三日奏明咨部，亦在案。又准户部來咨，凡各省局處開支薪餉等項，如領原庫平者改領湘平，每兩減扣四分，如領庫平者改領京二兩平，每兩減扣六分，均自二十三年七月初一日起一律減扣，如購買外洋物料款目均難議減等因，各在案。又黑龍江鎮邊軍軍火，因撥款不敷，請歸併吉局兼造，所有收支款目自宜歸併報銷；又代造銀圜廠機器等項，用過工料銀兩亦應撥還各等因，曾經先後奏明，亦在案。兹查該局自光緒二十二年六月初一日起截至二十三年六月底止，舊管無項，尚虧前任不敷庫平銀四萬四千四百五十九兩八錢零九釐。新收由户部領到二十二年秋季、二十三年春季兩次庫平銀九萬七千五百兩，又收黑龍江鎮邊軍撥交經費庫平銀三萬兩，又收銀圜廠撥還工料庫平銀一萬一千四百四十五兩二錢九分四釐七毫四絲零九微，統共收過庫平銀十三萬八千九百四十五兩二錢九分四釐七毫四絲零九微。内開除該局暨營口轉運分局薪工、局費、搬運長夫以及由上海購買物料隨時價值，水陸運腳並在吉購買物料隨時價值等項，共支過庫平銀十三萬二千五百八十二兩七錢八分一釐二毫八絲四忽八微，尚餘庫平銀六千三百六十二兩五錢一分三釐四毫五絲六忽一微，應即儘數歸還上届不敷銀兩，除歸還外，尚有實在不敷庫平銀三萬八千零九十七兩二錢九分五釐五毫四絲三忽九微。又自二十三年七月初一日起，截至是年十二月底止，續由户部領到湘平銀四萬八千七百五十兩，又收黑龍江鎮邊軍經費湘平銀一萬五千兩，共收過湘平銀六萬三千七百五十兩。内開除該局暨營口轉運分局薪工、局費、搬運長夫並由上海購買物料隨時價值、水陸運腳及在吉購買物料隨時價值，統共支過湘平銀五萬六千六百八十兩零一錢七分六釐八毫二絲零一微，尚餘湘平銀七千零六十九兩八錢二分三釐一毫七絲九忽九微，按每湘平一兩摺庫平九錢六分計，摺覈庫平銀六千七百八十七兩零三分零二毫五絲二忽七微，應即儘數歸還前届不敷銀兩，除歸還外，仍有實在不敷庫平銀三萬一千三百一十兩零二錢六分五釐二毫九絲一忽二微。此項銀兩係由防餉項下騰挪濟用，容俟領到經費再行陸續歸墊。經該局員造册呈報請銷前來。當經奴才檄委署吉林分巡道謝汝欽、協領恩慶親履該局按照册報各款，以及收發料件、存儲軍火等項，詳細盤查，逐款勾稽，是否有無浮冒，據實查覆去後。兹據查明稟覆，所有該局動支款目、報存軍火料件，委係實用實銷，覈實開報，並加具印結稟覆前來。奴才覆覈無異。除該局員司、書識、匠弁等起支停止薪工銀兩日期，業遵部咨先行咨部查覈在案。兹將收支各款並收發料件、製造軍火、存儲子藥，分晰條目造具細册，分别咨送户、兵、工三部查照覈銷外，再此次銷册因有庫平、湘平之分，故分兩截造報，藉清眉目，嗣後仍按年造報，庶年清年款，以免牽混。所有吉林機器局暨代造黑龍江鎮邊軍軍火動支經費銀兩及存發軍火料件數目分晰造報緣由，謹恭摺具陳，伏乞皇上聖鑒。謹奏。

該部知道。

吉林省檔案館《清代吉林檔案史料選編（工業）》上册《吉林機器製造局造報由外洋上海等處原購添購機器名目及價銀數目清册光緒二十四年四月二十七日》

吉林機器製造局爲造報事。

謹將職局由外洋、上海等處原購、添購各項機器名目、件數，所需價值銀兩各數目，按照歷届銷册查明另造清册，恭呈憲覈，轉咨部查照施行。須至册者。

計開：

光緒七年起至十年六月底止，報銷購買機器等件價值數目：第一批，前粤海關監督俊啓捐購機器等件：

一、爐條二十四根

一、汽爐零件全一箱

一、剪鐵飛輪二個

一、鐵輪滑車一個

一、洋來皮風箱二具

一、手螺絲板全副

一、鐵砧八個

一、大小洋銼三百二十枝

一、大小洋土皮帶一箱

一、大小鐵鉗九十把

一、爐錘八個

一、木風箱三具
一、鑄銅罐四箱
一、圓磨石四副
一、大小螺絲虎鉗十把
一、運重輪車二具
一、起重摇車一具
一、鑄鐵爐上節一箱
一、鑄鐵爐下節一箱
一、鐵軸四箱
一、鐵軸接頭十箱
一、皮帶輪七箱
一、車床螺絲鐵軸一箱
一、華索輕汽錘一箱
一、鐵風扇一具
一、生鐵爐門、鑄鐵爐零件、接生鐵小礶一箱
一、裝爐磚十七箱

第二批前粤海關監督俊啓捐購機器等件：

一、汽爐一座
一、車床一座
一、一車床零件一箱
一、二車床一座
一、二車床零件一箱
一、三車床一座
一、横刨床一座
一、直刨床一座
一、剪鐵機器一座
一、絞螺絲機器一座
一、鑽床機器
一、鑽床零件一箱
一、汽機床一座
一、大飛輪一個
一、汽錘一座
一、汽錘砧一個
一、汽錘零件二箱

以上第一、第二兩批機器等項，係由俊監督捐購。其價銀數目毋庸查照開報，理合聲明。

第三批出使德國大臣李鳳苞代購機器等件：

一、銅廠爐用鐵板及鐵備板，需庫平銀貳百叁拾兩。
一、烘干爐及爐殼，需庫平銀壹百肆拾玖兩伍錢。
一、灌杓叁拾個，每個需庫平銀伍兩柒錢伍分。
一、模樣兩個，每個需庫平銀柒兩壹錢捌分柒釐伍毫。
一、軋銅廠用硬軋輪轆轤二對，每對需庫平銀壹千柒百叁拾伍兩。
一、較小軋輪二對，每對需庫平銀肆百拾伍兩。
一、精細軋輪一對，需庫平銀肆百柒拾伍兩。
一、剪銅器二副，每副需庫平銀貳百叁拾叁兩伍錢。
一、圓剪及送入之器一具，需庫平銀捌拾兩零伍錢。
一、刮光器一具，需庫平銀壹百伍拾肆兩。
一、造銅殼廠雙壓架令銅片成盂一具，需庫平銀伍百叁拾肆兩捌錢。
一、初次扯長器叁具，每具需庫平銀肆百柒拾玖兩捌錢叁分【略】。
一、二次扯長器貳具，每具需庫平銀伍百肆拾肆兩。
一、初次壓成邊之器一副，需庫平銀柒百壹拾貳兩伍錢。
一、二次壓成邊之器一副，需庫平銀壹千壹百玖拾貳兩。
一、剪殼口器，需庫平銀叁百伍拾陸兩伍錢。
一、撞孔器，需庫平銀叁百柒拾貳兩伍錢。
一、壓照厚形器，需庫平銀陸百壹拾柒兩伍錢。
一、壓光殼頸器，需庫平銀柒百玖拾柒兩。
一、熔鉛爐及壓鉛條器，全具需庫平銀壹千伍百玖拾柒兩伍錢。
一、壓成鉛子器壹具，需庫平銀壹千肆百陸拾貳兩。
一、壓成鉛子園而光之器，需庫平銀肆百捌拾貳兩伍錢。

一、鉛子包紙器，需庫平銀肆百柒拾伍兩。
一、造銅帽壓架一具，需庫平銀叁百陸拾捌兩。
一、上漆器，需庫平銀貳百零柒兩。
一、裝白藥器，需庫平銀叁百肆拾伍兩。
一、壓錫片器，需庫平銀肆百叁拾柒兩。
一、烘漆令幹器，需庫平銀陸拾玖兩。
一、成彈合攏造臘封器，需庫平銀肆百玖拾肆兩。
一、裝紙封器，需庫平銀肆百叁拾陸兩伍錢。
一、燙漆於殼器，需庫平銀壹千零叁拾肆兩。
一、裝子器，需庫平銀壹千叁百伍拾陸兩。
一、重裝舊殼令殼內徑器，需庫平銀肆百柒拾壹兩。
一、去藥裝銅帽去銅帽器，需庫平銀肆百壹拾叁兩伍錢。
一、二號剸床一具，需庫平銀貳百伍拾叁兩。
一、磨光用剸床一具，需庫平銀貳百柒拾陸兩。
一、用快慢法剸床一具，需庫平銀肆百壹拾肆兩。
一、精製小刨床一具，需庫平銀肆百叁拾柒兩。
一、開縫刨床一具，需庫平銀肆百叁拾柒兩。
一、磨光器一具，需庫平銀壹百柒拾貳兩伍錢。
一、轉綫邊器，需庫平銀伍百玖拾兩。
一、刀件，需庫平銀陸百零伍兩。
一、格林子彈刀件二副，需庫平銀捌百貳拾柒兩。
一、量器三副，需庫平銀肆百零陸兩。
一、汽機壹副，五十匹用自漲力，需庫平銀貳千捌百伍拾兩。
一、汽鍋三個零件全，需庫平銀叁千伍百玖拾肆兩。
一、軋光輪軸二百二十尺，大小革輪四十五個，需庫平銀壹千零壹拾壹兩柒錢伍分。
一、備換軋銅碾二對，需庫平銀肆百零貳兩。
一、軋床三具，每具需庫平銀貳百柒拾玖兩伍錢。
一、刨床一具，需庫平銀肆百玖拾柒兩伍錢。
一、大小虎鉗二十五件，每件需庫平銀拾兩零零貳分捌釐。
一、汽、水各管全分，需庫平銀柒百捌拾叁兩叁錢。

第四批出使德國大臣李鳳苞代購機器等件：

一、滑車鐵鏈一副及鉗錘等件，需庫平銀叁百零伍兩玖錢。
一、吹風氣一具，需庫平銀捌拾肆兩陸錢。
一、調和白藥用酒准一具，需庫平銀貳拾肆兩陸錢。

第五批出使德國大臣李鳳苞代購機器等件：

一、模房起重架一具，需庫平銀壹千肆百陸拾叁兩壹錢陸分。
一、壓水櫃一具，需庫平銀壹千叁百叁拾陸兩陸錢肆分。

第六批出使德國大臣李鳳苞代購機器等件：

一、管爐叁分，需庫平銀壹千叁百玖拾伍兩。

第九批天津機器局代造代購機器等件：

一、炕爐條計叁拾柒條，每條需庫平銀捌錢。
一、炕銅殼爐條計肆拾條，每條需庫平銀伍錢捌分。
一、炕銅爐夾板計貳拾叁條，每條需庫平銀陸兩貳錢。
一、悶銅爐計貳件，每件需庫平銀肆兩捌錢。
一、悶銅爐條計肆拾條，每條需庫平銀肆錢貳分。
一、鑄銅板鐵模計拾副，每副需庫平銀叁兩陸錢。
一、汽爐架計叁個，每個需庫平銀捌兩。
一、活壓汽門壹對，需庫平銀肆兩捌錢捌分壹釐。
一、爐條橫擔壹個，需庫平銀肆兩叁錢捌分。
一、烟筒閘門壹塊，需庫平銀拾貳兩陸錢肆分。
一、炕爐閘門肆塊，每塊需庫平銀叁兩肆錢。
一、爐門爐架壹副，需庫平銀肆兩貳錢。
一、爐門托子壹個，需庫平銀肆兩零捌分。
一、掛鈎壹副，需庫平銀拾貳兩。
一、炕爐門全副，需庫平銀拾陸兩陸錢。
一、炕爐鐵板拾玖塊，每塊需庫平銀叁兩伍錢。
一、壓銀錢手器貳件，每件需庫平銀玖兩叁錢。
一、銅汽號壹副，需庫平銀貳兩叁錢。
一、汽管貳條，每條需庫平銀伍兩。

一、洋錢提乾酒器壹具,需庫平銀貳兩捌錢。
一、電綫叁千零肆拾尺,每尺需庫平銀肆分。
一、乾電壹具,需庫平銀貳拾肆兩。
一、濕電貳箱,每箱需庫平銀拾陸兩。
一、電鐘壹具,需庫平銀陸兩。
一、得律風壹對,需庫平銀叁兩。
一、裝玻璃管銅塞門壹副,需庫平銀陸兩伍錢。
一、起重人字架壹副,需庫平銀肆千貳百叁拾肆兩零叁分叁釐柒毫壹絲玖忽。
一、回氣水龍壹具,需庫平銀叁拾伍兩。
一、驗水高低銅塞門壹對,需庫平銀伍兩。
第十五批由上海新載生洋行購到機器:
一、造子撞模全副,需庫平銀陸百捌拾捌兩。
第十六批由上海慎裕洋行購到機器:
一、吸水機器一副,需庫平銀捌百捌拾肆兩。
第十七批由上海新載生洋行購到機器:
一、造前門槍銅帽手器壹具,需庫平銀貳千玖百玖拾貳兩肆錢玖分。
第十九批由上海新載生洋行購到機器:
一、造螺絲張開車床壹副,需庫平銀壹千壹百貳拾伍兩陸錢壹分柒釐貳毫伍絲。
一、鑽機器壹座,需庫平銀捌百柒拾壹兩叁錢陸分。
第二十六批由上海新載生洋行購到機器等件:
一、鑽磨機器壹副,需庫平銀玖百玖拾捌兩。
第三十二批由上海新載生洋行購到機器:
一、白金鍋壹個,重捌拾肆兩,每兩需庫水銀拾肆兩。
一、試輕重於水浮表捌個,每個需庫平銀柒錢肆分。
一、試桶肆個,每個需庫平銀叁錢。
一、副表肆個,每個需庫平銀壹兩肆錢。
一、寒暑表肆個,每個需庫平銀柒錢。
以上購到各批機器器具等項,所需價銀,均於光緒十年經前督辦吉林邊務大臣吴　造册報部,覈銷在案。合併聲明。

光緒十年七月起至十二年十二月底止,報銷購買機器等件價值數目:
第二批天津機器局由上海順記洋行代購機器:
一、鐵砧陸個,重壹千伍百貳拾捌斤捌兩,每斤需庫平銀壹錢貳分。
第三批天津機器局由上海順記洋行代購機器:
一、小虎鉗肆支,每支需庫平銀壹兩。
一、熟鐵英虎鉗叁支,重叁百貳拾伍斤,每斤需庫平銀壹錢肆分。
第五批天津機器局由上海新載生洋行代購機器:
一、彎腹小車床陸副,每副需庫平銀壹百捌拾陸兩。
一、平小刨床計貳副,每副需庫平銀壹百捌拾陸兩。
一、平小刨床貳副,每副需庫平銀貳百壹拾叁兩。
第九批天津機器局由上海慎裕洋行代購機器:
一、四十馬力重汽輪機壹座,需庫平銀叁千叁百貳拾兩零伍錢柒分陸釐。
第十批天津機器局由上海新載生洋行代購機器:
一、六尺徑開口車床壹副,需庫平銀貳千壹百捌拾兩。
第十一批天津機器局由上海新載生洋行代購機器:
一、四十馬力鍋爐壹座,需庫平銀貳千柒百壹拾貳兩。
一、彎腹車床貳副,每副需庫平銀伍百叁拾捌兩。
一、造嘡啫士得槍子五道拔長子管器伍副,每副需庫平銀肆百叁拾伍兩捌錢。
第十三批天津機器局代造機器:
一、銅帽手器肆副,每副需庫平銀叁拾柒兩叁錢陸分。
第十九批由上海慎裕洋行購到機器:
一、立鍋爐貳座,每座需庫平銀捌百貳拾兩。
一、打水田鷄水龍貳副,每副需庫平銀壹百零伍兩。
第二十二批天津機器局由上海新載生洋行代購機器:
一、三十馬力康彈純汽機壹座,需庫平銀貳千陸百捌拾兩。
一、二十五匹馬力鍋爐貳座,每座需庫平銀貳千壹百伍拾兩。
第二十三批天津機器局由上海順記洋行代購機器:
一、鐵砧三支,重陸百叁拾壹斤捌兩,每斤需庫平銀壹錢貳分。

第二十四批由上海慎裕洋行購到機器：

一、打眼剪鐵機器壹副，需庫平銀陸百陸拾肆兩。

一、造鍋爐用冷水磅機器壹副，需庫平銀貳百壹拾柒兩。

一、一千二百磅磅秤貳架，每架需庫平銀叁拾捌兩伍錢。

第二十五批由上海新載生洋行購到機器：

一、壓水櫃機器壹座，需庫平銀壹千柒百肆拾陸兩肆錢柒分。

一、二十寸園鋼鋸壹面，需庫平銀拾貳兩。

第二十六批由上海慎裕洋行購到機器：

一、虎鉗貳拾支，重壹千壹百伍拾貳斤拾貳兩，每斤需庫平銀壹錢肆分。

一、銅絡手器壹具，需庫平銀伍兩柒錢伍分。

一、打水田鷄水龍壹副，需庫平銀壹百零伍兩。

一、量藥小天平壹架，需庫平銀拾伍兩伍錢。

第二十七批由上海慎裕洋行購到機器：

一、鐵砧壹支，重陸拾叁斤，每斤需庫平銀壹錢貳分。

以上各批購到機器等件，所需價銀，均於光緒十三年七月經前吉林將軍希造册報部，覈銷在案。合併聲明。

光緒十三年正月起至十四年六月底止，報銷購買機器等價值數目：

第三批由上海慎裕洋行購到機器：

一、大熟鐵英虎鉗拾支，重壹千壹百伍拾壹斤，每斤需庫平銀壹錢肆分。

第七批由上海慎裕洋行購到機器：

一、十馬力機器壹副，每副需庫平銀柒百壹拾貳兩。

一、軋銅磅肆對，每對需庫平銀貳百零壹兩。

一、量槍砲口分釐尺壹管，需庫平銀肆拾捌兩。

第九批由上海慎裕洋行購到機器：

一、六尺車床拾副，每副需庫平銀壹百玖拾伍兩。

一、三分徑田鷄水龍貳部，每部需庫平銀壹百叁拾兩。

一、十二噸起重神仙轆轤壹副，需庫平銀壹百肆拾兩。

一、六噸起重神仙轆轤壹副，需庫平銀陸拾伍兩。

以上各批購到機器等件所需價銀，均於光緒十六年八月經前吉林將軍調任福州將軍希　造册報部，覈銷在案。合併聲明。

光緒二十年六月，經前達總辦購置機器：

第一批由上海慎裕洋行購到機器：

一、裝開斯槍子機器叁拾叁副，每副需庫平銀肆兩。

一、裝士得槍子機器壹百副，每副需庫平銀肆兩。

光緒二十一年十二月，經前達總辦購置機器：

第一批由上海慎裕洋行購到機器：

一、老虎鉗拾支，每只需庫平銀拾叁兩零壹分貳釐陸毫。

一、四噸神仙轆轤壹支，需庫平銀伍拾兩。

以上三批機器，係前總辦達桂經手購辦，應歸該員報銷。合併聲明。

光緒二十二年六月起至二十三年六月底止，報銷購買機器等件價值數目：

第一批由上海慎裕洋行購到機器：

一、造毛瑟子機器玖具，每具需庫平銀壹千零玖拾伍兩伍錢。

一、大小老虎鉗伍把，重壹百玖拾叁斤捌兩，每斤需庫平銀壹錢陸分陸釐陸毫陸絲柒忽。

以上第一批機器，二項所需價銀，於光緒二十四年四月，經署吉林將軍延造册報部，覈銷在案。合併聲明。

中國第一歷史檔案館《光緒朝硃批奏摺》第一〇二輯《光緒二十四年四月十九日直隸總督王文韶摺》 北洋大臣直隸總督臣王文韶跪奏，爲遵旨覈減北洋機器、製造兩局常年經費，恭摺覆陳仰祈聖鑒事。竊臣於光緒二十四年三月初四日欽奉寄諭，南北洋機器局每年雜支有八九十萬之多，應大加覈減，著各就該局現在情形悉心綜覈認真裁減，不得仍前濫支濫用等因，欽此。遵即飭派署天津道任之驊、候補道汪瑞高會同北洋機器局道員傅雲龍等、淮軍製造局道員蒯光戳等，確切查明，通籌覈議去後。茲據該道等詳稱，查北洋機器局常年經費向由部撥津海、東海、江海三關洋稅藥釐，並海防支應局北洋防費項下添撥，鋼彈、栗藥經費徑解機器局自行造報，每年至多不過動支銀五十餘萬兩。淮軍製造局規模較小，每年僅由淮餉及北洋海防經費內動支銀十六七萬兩，由淮軍報銷局、北洋支應局分別造報，均係實用實銷。統計兩局額支經費，歷年均不逾七十萬兩，並無雜支八九十萬之多。溯自機器製造以來，北洋沿海防營、砲臺及淮練各軍、水師各輪船年操備戰所需，率皆取給於此，不必動輒購自外洋，無形之節省實數倍於常年之經費，事關海防要需，未經開造者，尚苦無力擴充；已著成效者，似難過事裁減。惟近年各省關因備還洋款，應解淮餉並北洋防費及機器局經費無不日形短絀，來源既竭，不得不力求撙節。北洋機器局覈減經費業已至再至三，非特藥房歲脩、守庫弁兵與夫製鏹、製硝之房廠凡可設法裁併者，均已一一裁併，以省雜費。即常年製造之槍砲、黑藥、栗藥、銅帽、鏹水、電線各項，砲彈雜項軍火亦均分別減造，且鋼廠暫緩鍊鋼，木工廠停僱外匠，以及各廠酌裁匠役、覈減雜料，一切用度莫不裁而又裁，減而又減，約計每年節省銀十四五萬兩，實已不遺餘力。現在常年製造新式黑藥、栗藥、棉藥、無烟藥各種砲藥槍藥，毛瑟後膛槍子，各種砲子銅帽、電線、鏹水以及雜項料具等物，歲支經費不過三十餘萬兩。淮軍製造局每年額造七生脫半後膛砲，所用銅箍開花子、銅管、灣頭拉火、砲車並哈乞開思槍子及練兵處所需擡槍等件，經費歲有定額，製造亦歲有定額。此外製造各軍器械，洋鼓、洋號以及脩理各廠車牀機器暨一切零件，均係就款勻籌，設法備辦，綜覈兩局均尚不至有濫支濫用情事。今於無可節省之中再求節省，擬將製造局承造之七生脫半銅箍開花子並銅管灣頭拉火及一切零件酌量減造，每年北洋經費項下減支銀七千二百兩，淮餉項下減支銀四千八百兩，歲共節省銀一萬二千兩。其兩局委員薪水等項亦分別覈實裁減，已歸入裁併局務案內，另詳奏咨。此外委屬無可再減等情，詳請具奏前來。臣查該兩局每年應支經費以每年造成軍火數目爲斷，每年應造軍火以各營年操備戰所需軍火數目爲斷，溯自日本之役北洋造存軍火爲之一空，現在兩局製造軍火即就備戰一項而論，已非數百萬金不辦。此外各種新式快槍、快砲子彈或已置機器而尚未開造，或並機器尚未購置，凡此要需均宜及時興辦，衹以鉅款難籌，不得不就常年協餉所入且顧各軍操練之需，綜計該兩局現在歲支經費不過五十餘萬兩。值此强鄰環伺，事變迭生，屢奉寄諭，飭令簡練軍實，整頓海防，則凡淮、練水陸各軍所需操防器械，自不可不及時籌備，通盤籌畫，實已無可節省。且該兩局歷屆造報均係實用實銷，本非另有雜支名目，如再勉强裁減，非特無補庫儲，轉恐貽誤軍實。擬請嗣後凡北洋防營砲臺以及淮練各軍、水師各船所需各項子彈等件，並脩配械件，各就現在減剩歲支經費銀兩，各按常年應行承造軍火酌盈劑虛，勻撥動支，力求節省。至練兵處歲需火藥銅帽等項，神機營調用各項料物如爲數無多，能於常年經費內騰挪應付，自當就款辦理。倘有大宗調取力難兼顧，不得不另請撥款，以免顧此失彼。此外如應行添造備戰大批子彈，以及新式快槍、快砲子彈，或已有機器尚未開造，或並機器尚未購備均應斟酌緩急，另行籌議覈辦，不在常年經費之内。所有覈減機器、製造兩局常年經費緣由，理合恭摺覆陳，伏乞

皇上聖鑒。

朱壽朋《光緒朝東華録》卷一四四《光緒二十四年四月》 諭：長順奏，本年三月間，南山火藥局篩藥房失火，轟燬板房，傷斃匠役十四名，請將該管員弁分別議處等語。吉林南山火藥局，因篩藥失火，該管員弁未能先事防範，以致轟斃多命，實屬咎有應得，儘先協領孫超著交部按照奏定章程議處，司事把總銜監生鄭蓮生著即行斥革，餘著照所議辦理，該部知道。

中國第一歷史檔案館等《中國近代兵器工業檔案史料》第一輯《劉樹堂奏河南機器局開辦情形並請准將機器局用款作正開銷摺光緒二十四年六月二十七日》

頭品頂戴河南巡撫劉樹堂跪奏，爲遵議覆陳，懇恩立案，恭摺仰祈聖鑒事。

竊臣准總理衙門咨，本衙門會同户部議覆河南巡撫奏擴充製造廠局添購機器一摺，本日奉硃批：依議，欽此。抄録原奏咨照前來。當即欽遵轉行遵照辦理。

伏查臣前奏擴充製造廠局，係欽遵光緒二十三年十二月二十五日上諭，籌議辦法，請旨交議，尚未實見諸施行者也，所陳煉鋼以迄造快槍快砲、造無烟火藥各項機器，皆榮禄原奏指令購辦者。竊念規模較大，需款浩繁，斷非一省財力所及，臣是以有請合數省之力經營一廠之議，並非謂有豫廠而各省之廠可廢也，總署原奏既以爲無庸置議，臣又何敢多瀆。至以舊式機器只足製造各彈，而緩急仍不可恃，盡可由臣隨時參酌更易名目報部覈銷，無庸作爲另案一節。查本省現購機器誠如原奏所云係爲舊存槍枝製造子彈之用，臣已於購辦機器懇請免稅案内詳細聲明，若更易名目報部，臣定不敢出此。在總署規模宏遠，視豫省之機器廠局可有可無，故令不必作爲另案，而不知本省財力所限，辦此區區已屬萬分竭蹶。臣亦知現辦局廠規制甚小，緩急未必足恃，惟創始之初，難言周備。若令照榮禄原奏辦理，實有未逮，只有竭具力之所及，恪遵諭旨，漸次擴充，以仰副

聖主整飭武備之至意。

查豫省現設機器廠局，在省城南門外卓屯地方，與惠濟河相近，水極清澈，造彈機器業已安置停妥，派委候補道李企晟總理其事，招募工匠於三月二十九日開工。續購造藥機器及造抬槍車床亦將次運到，並訂購鋼筒五百枝，擬先造後膛抬槍五百杆以資應用。現在本省之新練豫正軍一律改習洋操，臣又責令各州縣自募勇隊保衛地方，所需槍械子藥尤夥。將來局廠之所造敷用，既省購運，

兼塞漏卮，軍營操練之所用可以不另開銷，各州縣之請領者仍可責令繳價，雖暫費於目前，實可收效於後日。前請提用裁營節餉餘款，部駁不准動用，自應遵照籌還。惟司庫款項歷年入不敷出，久在聖明洞鑒之中，其報解各項餉需經費，大都設法騰挪，移緩就急，若指籌大宗款項爲製造廠局之用，實屬無從措畫，即有新籌之款，均經部撥有着，無可挪移。惟有請將此項用款准其作正開銷，隨時籌款辦理。至應解部庫及各省關款項，仍照常起解，不至有誤等情，據布政使額勒精額具詳請奏前來。

臣維機器製造局廠係奉特旨籌辦之件，以儲軍需，以振工藝，實屬不容緩圖。豫省財力有限，鉅款未易措集亦係實情，相應吁懇天恩俯如所請，准將機器用款作正開銷，出自鴻施逾格。所有遵議覆陳緣由，除分咨外，理合恭摺具陳，伏乞皇上聖鑒，飭部立案施行。謹奏。

光緒二十四年七月二十二日奉硃批：該衙門議奏，欽此。

中國第一歷史檔案館《光緒朝硃批奏摺》第一〇二輯《光緒二十四年七月初八日山東巡撫張汝梅摺》 頭品頂戴山東巡撫臣張汝梅跪奏，爲報銷機器局光緒二十二年動用經費銀兩數目，恭摺仰祈聖鑒事。竊查山東省機器局製造各項軍火，所需經費銀兩，向由藩庫籌撥，按年造册報銷；凡有添購物料，應先專案報明；脩建房屋等項，亦應隨摺聲敘。光緒二十一年分收支各項銀數，經前撫臣李秉衡覈明奏銷在案。茲自光緒二十二年正月起至十二月底止，造成各種洋火藥十四萬一百五十斤，堅利遠大擡槍二百八十九桿，步槍二十七桿，大銅帽火三百萬一千六百粒，克虜伯鋼砲炸子一千八百箇，炸子引門一千八百副，粗細銅管拉火四萬三千二百枝，各種後膛槍子八十一萬一千顆，各種鉛丸一百三十八萬七千九百顆，添造各廠機器，脩成各營擡槍、擡砲，脩配損壞洋槍、洋砲，做成裝盛軍火箱盒，脩理機器廠大爐、焊火爐、軋銅機器底座、火藥廠廠房及各廠水溝。採買銅、鐵、鋼、鉛、華洋各種物料，暨員弁、匠役薪工，料物運腳等項，並奏明在於無影山脩建火藥庫二十座，三合土圩牆一千七百二十尺，門樓、望樓各一座，看守官兵房屋七間，工料、運腳併案報銷。應歸户部覈銷銀三萬四千一百五十五兩七錢九分三釐九毫五絲三忽，兵部覈銷銀一萬二千四百八十七兩五錢一分五釐，工部覈銷銀四萬二千一兩七錢八分七釐五毫九絲七忽，三共請銷銀八萬八千六百四十五兩九分六釐五毫五絲。內動用光緒二十一年報銷案內結存湘平銀一萬四百六十四兩七錢九分一釐三毫一絲二忽，陸續共撥藩庫銀六萬兩，又專案奏撥藩庫銀二萬兩，脩建火藥庫銀六千五百兩，均係庫平。遵照部定新章，雜用各款每庫平銀一兩扣平四分，均按湘平支發，覈計節省平餘銀三千四百六十兩，一併列收作正開銷。統除支用外，實存湘平銀一萬一千七百七十九兩六錢九分四釐七毫六絲二忽，應歸下届造報。據總理局務按察使毓賢、候補道潘延祖等造册，繪圖，具結，詳請奏咨前來。臣覆加查覈，均係實用實銷，尚無浮冒情弊。除咨呈總理各國事務衙門，並將清册、圖、結分別咨部外，所有報銷機器局光緒二十二年動用經費銀數緣由，謹恭摺具陳，伏乞皇上聖鑒，敕部覈銷施行。謹奏。

硃批：該部議奏。

二十四年七月初八日。

吉林省檔案館《清代吉林檔案史料選編（工業）》上册《吉林機器製造局遵將製造槍砲格式送請天津機器局討論的申文光緒二十四年七月二十九日》 查職局開創之初，每年由部庫撥領經費銀十萬兩，製造子母、砲彈、銅五件、拉火、洋藥、銅帽、鉛丸，並脩理損壞槍械等項，僅供邊軍操防之需。除此而外，並未領有製造各式槍砲之餘款。其邊軍所使槍砲，皆係成軍之時經前督辦憲吴　購自外洋，奏報有案。嗣經前將軍希　飭令撙節，多募工匠，製造噶爾薩砲、子母砲、兩磅克鹿卜砲、西林砲，又造呼敦洋抬、五子洋抬各槍，均經邊練各軍先後領用報明在案。

厥後奉飭裁併局卡，於職局經費內每年裁去表正書院銀二千五百兩，且又添造黑龍江練軍例操之銅帽、洋藥及吉林練軍應需之砲彈、子母、火藥、鉛丸、銅帽等項，均令按年供給，撙節動支，不另撥款。以致常年經費漸形不敷，機器人工毫無餘力，而製造槍砲之舉亦因之不暇計及。近來又裁去經費二千五百兩，值此物料昂貴之時，而軍火有增無減，即欲再事撙節，殊覺益形竭蹶。此職局歷年製造之大概情形也。

復查邊、練各軍，現時所使槍械，則以開斯、毛瑟、士得等名目爲最也。繼以馬林、來福、洋抬爲次也。而所用砲位，則以六磅、四磅、兩磅之克鹿卜砲，以及噶爾薩砲、子母砲爲致勝也。應需藥彈，照此數種槍砲之口徑尺寸備造。即如六磅、四磅、兩磅各砲彈，職局向係仿造洋式用銅五件砲彈，外用鉛包裹。現查奉省由外洋購到新式砲彈用銅六件，外用銅箍，而細加考驗，較銅五件外包鉛者尤爲靈捷。故將現造之砲彈，已均改用銅六件外包銅箍，而資精益。今奉前因，如造快槍、快砲本爲致勝之着，惟是職局原領經費，專爲製造軍火，迨後經費裁減，軍火增添，已於撙節之中纖毫無餘。若二事相兼而行，似非籌有的款，斷難從事。又須另設專廠，則製造之格式尤須詳細討論。應即先行咨明北洋大臣，轉飭天津機器局知照。俾職局派員前往與該局互相討論，以期摺衷一是，方不致毫釐千里之差。至於邊、練各軍，每年應需軍火，職局仍須照常供給。除飭各廠員司仔細講求精益製造外，理合將現造之軍火格式、造法、尺寸、分量，分晰開具清摺，具文申覆，伏乞憲臺鑒覈施行。須至申者。

吉林省檔案館《清代吉林檔案史料選編（工業）》上册《吉林機器製造局呈送現造各項軍火格式造法尺寸斤重清摺光緒二十四年七月二十九日》 謹將職局現造各項軍火格式、造法、尺寸、斤重，分晰開具清摺，恭呈憲鑒。

計開：

一、開斯子母。銅管連鉛子長二寸五分，管底邊園徑五分，管根園徑四分，管口園徑三分七釐，火門銅砲眼大一分六釐，鉛子重七錢二分，銅管重三錢三分，裝藥一錢三分，成顆共重一兩一錢八分。

一、毛瑟子母。銅管連鉛子長二寸七分五釐，管底邊園徑四分七釐，管根園徑四分一釐，管口園徑三分七釐，火門銅砲眼大一分六釐，鉛子重七錢二分，銅管重三錢七分，裝藥一錢五分五釐，成顆共重一兩二錢四分五釐。

一、士得子母。銅管連鉛子長一寸四分五釐，管底邊園徑四分一釐，管根園徑三分七釐，管口園徑三分五釐，火門銅砲眼大一分三釐，鉛子重三錢五分，銅管重一錢六分，裝藥七分，成顆共重五錢八分。

一、噶爾薩砲子。銅管連生鐵實心子長六寸五分，管底邊園徑一寸五分七釐，管根園徑一寸五分，管口園徑一寸三分五釐，火門銅砲眼大三分六釐，生鐵實心子並銅箍重十一兩七錢，銅管重二兩八錢，裝藥一兩二錢，施放時現裝成個，共重十五兩七錢。查噶爾薩砲實心子，群子通用，只在放時斟酌，用此不用彼，銅管則均用也。群子尺寸斤重詳後。

一、六磅克虜卜砲開花彈。園徑三寸五分，長七寸五分，内堆十層，如梅花式，用松香水烤，外用生鐵灌鑄，重十一斤，裝炸藥五兩，俾易開花。包紫銅箍二道，重八兩，免傷砲膛。用銅六件，火引一付，重四兩，成個共重十二斤零一兩。

一、四磅克虜卜砲開花彈。園徑三寸一分，長六寸五分，如六磅子彈同一鑄法。用生鐵重六斤十四兩，裝炸藥二兩五錢，包紫銅箍二道，重六兩，用銅六件，火引一付四兩，成個共重七斤十兩零五錢。

一、兩磅克虜卜砲開花彈。園徑二寸三分，長六寸，如六磅子彈同一鑄法。用生鐵四斤，裝炸藥二兩，包紫銅箍二道，重四兩，用銅六件，火引一付，重四兩，成個共重四斤十兩；又兩磅實心子彈園徑二寸三分，長六寸，用生鐵四斤六兩，包紫銅箍二道，重四兩，成個共重四斤十兩。查兩磅砲開花子，實心子通用，只在放時斟酌，用此不用彼。

一、前膛銅釘開花彈。園徑三寸五分，長七寸，用生鐵八斤四兩，黄銅釘十二個，重十二兩，裝炸藥九兩，木火引一個，重六錢五分，成個共重九斤九兩五錢。

一、十二磅前膛園開花彈。園徑四寸五分，用生鐵八斤，銅螺絲一個，重三錢，木信一個，重二錢五分，紙火引一個，重二錢五分，裝炸藥六兩，成個共重八斤六兩八錢。查此項砲彈係黑龍江鎮邊軍所用，吉林邊練各軍無此砲位。

一、子母砲群子彈。洋鐵群子筒長三寸二分五釐，大頭小翼；大頭園徑一寸三分五釐，小頭園徑一寸三分，並鉛餅重一兩七錢，内裝鉛丸二十五粒至二十八粒不等，重十一兩三錢，成個共重十三兩。

一、四磅銅拉火。銅管長二寸七分五釐，園徑一分五釐，鼻子方園三分五釐，每枝重二錢二分，内點白藥，六磅砲四磅砲通用。

一、兩磅銅拉火。銅管長三寸二分二釐，園徑一分二釐，鼻子方園三分五釐，每枝重二錢一分，内點白藥。

一、子母砲拉火。銅管長二寸，園徑一分二釐，鼻子方園三分，每支重一錢八分，内點白藥。

一、十二磅園開花子。紙引長二寸五分，大頭小翼，大頭園徑四分二釐，小頭園徑三分五釐，每個重二錢四分。

一、銅釘開花子。木引長二十一秒，大頭小翼，大頭園徑一寸一分，小頭園徑六分，每個重六錢五分。

一、四開花大銅帽。每千顆連白藥重十四兩。

一、來福鉛丸。園徑四分，每粒重五錢。

一、洋抬槍鉛丸。園徑六分，每粒重一兩二錢。

一、洋式火藥。用火硝四十六斤四兩，硫磺九斤二兩，柳木炭六斤十兩，合成六十二斤。上機器碾軋六點鐘時，淨出藥六十斤。曾用田鷄砲（較式）（校試），每藥一兩三錢，能催十九斤四兩重鐵石心子一百丈遠。田鷄砲膛長一尺一寸，砲口圜徑三寸五分。

一、福機開斯開花彈。銅管連生鐵開花子長十五寸七分五釐，管底邊圜徑二寸七分，管根圜徑二寸四分五釐，管口圜徑二寸二分，火門大砲眼六分五釐，小砲眼二分五釐，銅管重一斤四兩五錢，裝無煙藥三兩六錢五分，生鐵開花子並紫銅箍重四斤十兩，銅六件火引一付，重四兩，裝炸藥四兩，成個共重六斤十兩零一錢五分。查此項砲彈，係前黑龍江將軍依　飭造，以備前敵之用，本省無此砲位。

一、五子洋抬槍子母。銅管連鉛子長四寸五分，管底邊圜徑一寸一分，管根圜徑一寸，管口圜徑七分，火門銅砲眼大一分五釐，鋼管重四兩三錢，裝藥六錢，鷄心鉛丸重一兩七錢，成顆共重六兩六錢。

中國第一歷史檔案館等《中國近代兵器工業檔案史料》第一輯《奕劻等奏擬准河南機器局擴充製造添購機器用款作正開銷摺光緒二十四年八月二十八日》

總理各國事務和碩慶親王臣奕劻等跪奏，爲遵旨會議，恭摺覆陳，仰祈聖鑒事。

光緒二十四年七月十一日，准軍機處鈔交河南巡撫劉樹堂奏擴充製造廠局添購機器一摺，本日奉硃批：該衙門議奏，欽此。據原奏内稱：豫省現設機器局廠在省城南門外卓屯地方，係爲舊存槍枝製造子彈之用，造彈機器業已安置停妥，派委候補道李企晟管理其事，三月二十九日開工。續購（造）藥（機器）及造抬槍車床亦將次運到，並訂購鋼筒五百枝，擬先造後膛抬槍五百桿等因。

總理衙門查該撫前奏設廠處所、開工日期、委派何人管理、所造何式槍枝、何種子彈均未聲敘明白，礙難覈准，本年閏三月初五日業經奏明在案。兹（緣）（該）撫既將設廠情形逐層聲覆，用人籌款皆有條理，自應請旨准予立案，以裨軍實。至所稱新練豫軍改習洋操，各府州縣自招勇隊保衛地方，一切槍械子藥亦由廠局製造一節。查洋操無論馬步、工程、輜重等隊，所需槍枝如能自製，爲益固多，否則按照現用槍枝自製子藥，所省亦鉅。應請飭下該撫實事求是，勿任員匠浮靡虛報，以（招）（昭）覈實。原奏又稱，此次用款請准作正開銷，隨時籌款辦理一節。户部查各省機器局需用款項，原准奏明作正開銷，今河南巡撫奏擴充製造廠局添購機器，與各省所設機器局情事相同，應如原奏所擬，准其作正開銷，按年報部覈辦。所有臣等遵議河南奏設製造廠局添購機器緣由，謹恭摺覆陳，伏乞皇太后、皇上聖鑒訓示。

再，此摺係總理各國事務衙門主稿，會同户部辦理，合併聲明。謹奏。

光緒二十四年八月二十八日奉硃批：依議，欽此。

吉林省檔案館《清代吉林檔案史料選編（工業）》上册《吉林機器製造局總理春海因病出缺由會辦德榮署理的移文光緒二十四年十月十九日》　爲移知事。

光緒二十四年十月初六日奉軍憲札開：照得機器製造局總理春協領海因病出缺，所遺該局總理一差，即著會辦德榮署理。除札委外，合亟札飭，札到該局，即便遵照。特札等因。奉此，敝署總辦即於十月十一日，將吉林機器製造局木質關防一顆，並文案卷宗敬謹接收，祇領任事。除分行外，相應備文移知。爲此合移貴處，請煩查照施行。須至移者。

中國第一歷史檔案館等《中國近代兵器工業檔案史料》第一輯《户部奏擬准吉林機器局光緒二十二年六月至二十三年底支用經費銀兩報銷摺光緒二十四年十月二十二日》　户部謹奏，爲覈覆吉林機器局收支經費銀兩，恭摺仰祈聖鑒事。

據吉林將軍延奏自光緒二十二年六月起至二十三年十二月底止，吉林機器局收支經費各款銀兩造册覈銷一摺，光緒二十四年五月初三日奉硃批：該部知道，欽此。欽遵由内閣鈔出到部。續據該將軍造册送部前來。

臣等伏查光緒七年五月據前督辦寧古塔等處事宜大臣吴大澂等奏，吉林邊防要務宜規畫久遠，擬添設機器廠，建造砲臺，請由部籌撥銀十萬兩，經臣部奏由邊防經費銀内，每年撥銀十萬兩作爲吉林設廠購器等項之用。嗣據該大臣奏稱，吉林機器局援照天津、上海機器局章程辦理，當經臣部將該局一切用款比較津、滬兩局章程有減無增，覈覆准銷。又十一年十一月據前任吉林將軍希元等奏裁併局處節省防餉等銀清單内稱，每年酌減機器經費銀二千五百兩，請由部庫分季坐扣。十四年三月復據該將軍片奏，請將防、練兩軍餉干及機器局開支各款均免扣湘平，仍按庫平發放。十七年四月據將軍長順將十四年七月以後機器局委員、司事、工匠等添裁更换起止口糧日期造册咨部立案。又二十二年六月前將軍長順奏機器局動支經費，光緒二十二年五月以前需支款項，由奴才與恩祥造册報銷，自六月初一日以後動支經費，即歸延茂會同恩祥造報等因。又二十三年五月議覆御史宋伯魯奏請添扣各項減平原奏内稱，擬令自本年七月起，無論舊有防勇、新添練勇以及學習洋操各軍，凡餉項開支庫平者，照數覈扣四分，統按湘平給發等因。各在案。今據該將軍將光緒二十二年六月起至二十三年十二月底止，吉林機器局收支經費各款銀兩造册送部覈銷前來。臣等謹按款分別覈覆，恭呈御覽。

一、舊管項下：據册開，前將軍截期移交不敷庫平銀四萬四千四百五十九兩八錢零九釐。查前項舊管不敷銀兩，應令該將軍行知前將軍長順，即將二十二年六月以前該局收支經費銀兩趕緊造報，以憑查覈。

一、新收項下：據册開，由部領二十二年秋季、二十三年春季經費庫平銀九萬七千五百兩，又收二十二年秋季、二十三年春季代造黑龍江鎮邊軍軍火經費庫平銀三萬兩，又收銀元廠撥還工料庫平銀一萬一千四百四十五兩二錢九分四釐七毫四絲零九微，又由部領二十三年秋季經費湘平銀四萬八千七百五十兩，又收二十三年秋季代造黑龍江鎮邊軍軍火經費二兩平銀一萬五千兩。臣等查前項新收各款，覈與撥領數目相符。

一、開除項下：據册開，自光緒二十二年六月起至二十三年六月底止，機器局薪工、口分、局費等項庫平銀五萬三千四百三十八兩四錢二分五釐五毫八絲八忽五微，營口轉運局薪水、口分等項庫平銀二千零三十二兩六錢；又二十三年七月起至十二月底止，機器局薪工、口分、局費等項湘平銀二萬二千七百四十一兩零四分三釐三毫五絲三忽，又營口轉運局薪水、口分等項湘平銀九百二十六兩四錢，又代造鎮邊軍軍火經費補平銀三百兩。臣等督飭司員按册覈算，查與報部立案及成案准支銀數均屬相符，應准開銷。又由上海購辦物料等項庫平銀三萬九千九百九十五兩四錢二分八釐一毫四絲五忽七微、湘平銀一萬一千六百七十三兩零九分七釐二毫八絲零六微，又在本省購辦物料等項庫平銀二萬六千三百五十兩零八錢三分四釐九毫一絲七忽、湘平銀一萬七千三百二十九兩一錢三分七釐二毫四絲四忽八微，以上四款，據工部知照查覈相符，應准開銷。又由上海購辦物料運費等項庫平銀九千五百七十八兩一錢九分二釐六毫三絲三忽六微、湘平銀三千一百六十一兩七錢九分八釐九毫四絲一忽七微，又營口轉運局搬運長夫口分庫平銀一千一百八十七兩三錢、湘平銀五百四十八兩七錢，以上四款據兵部知照查覈相符，應准開銷。以上統共應歸臣部覈銷銀七萬九千四百三十八兩四錢六分八釐九毫四絲一忽五微，兵部應銷銀一萬四千四百七十五兩九錢九分一釐五毫七絲五忽三微，工部應銷銀九萬五千三百四十八兩四錢九分七釐五毫八絲八忽一微。

一、實存項下：據册開，實存庫平銀六千三百六十二兩五錢一分三釐四毫五絲六忽一微、湘平銀七千零六十九兩八錢二分三釐一毫七絲九忽九微〔折合庫平銀六千七百八十七兩零三分零二毫五絲二忽七微〕，盡數歸還上届不敷銀兩外，仍有實在不敷庫平銀三萬一千三百十兩零二錢六分五釐二毫九絲一忽二微。臣等按册覈算，數目相符，應令造入下届舊管項下報部查覈。

所有覈覆吉林機器局收支經費銀兩緣由，理合恭摺具陳，伏乞皇太后、皇上聖鑒。謹奏。

光緒二十四年十一月十六日奉旨：依議，欽此。

中國第一歷史檔案館《光緒朝硃批奏摺》第一〇二輯《光緒二十四年十月二十七日河南巡撫劉樹堂摺》 頭品頂戴調補浙江巡撫河南巡撫臣劉樹堂跪奏，爲請撥豫省機器廠局常年經費，以利製造而期久遠，籲懇恩准立案，恭摺仰祈聖鑒事。竊臣於光緒二十四年九月十六日接准户部咨開：據總理衙門片稱，所有議覆河南巡撫奏請擴充製造廠局添購機器一摺，光緒二十四年八月二十八日具奏，奉旨：依議，欽此。鈔録原奏，咨照前來。查原奏内開：總理衙門查該撫將設廠情形逐層聲覆，用人、籌款皆有條理，自應請旨准予立案，以裨軍實。户部查各省機器局需用款項，原准奏明作正開銷，今河南巡撫奏擴充製造廠局，添購機器，與各省所設機器局情事相同，應如原奏所擬，准其作正開銷，按年報部覈辦等因。臣維豫省地處中原，去通商口岸較遠，購運外洋機器，雇募熟手工匠，非比津、滬各局之便，經始誠非易易。今幸締造經營，規模已具，復蒙恩准作正開銷，自應設法維持，以期漸次推廣。查該局購運機器、採辦料物、建造廠房、雇募工匠及續添造藥機器、造槍車牀種種用款，均已由司竭力騰挪，尚無短絀。目前所亟宜籌備者，該局之常年經費也。臣前奏請隨時籌款辦理，此指隨時添購機器、料物尚屬可行，若常年員司、匠役薪工火食，土木、煤、油、雜料等項，均由司隨時籌撥，不免過於瑣碎。且本省庫儲支絀，常年皆入不敷出，一切用款無非設法挪移，此案雖蒙俞允作正開銷，而款仍無著。在該局每月有必需之用，是使司庫終年爲無米之炊，設籌措偶一愆期，不免停工待款。且恐異時別有緩急，視此爲不急之務，或全隳已竟之功，殊爲可惜。臣再四思維，非爲該局籌定常年經費，斷難持於久遠。查各省機器局經費，由洋税釐金項下動支者多，豫省既無洋關釐金，亦無餘款，勢難濟用。查本年籌餉練兵案内，曾經臣奏明豫省出款有限，於無可裁減之中量予裁減，每年約節出銀二萬兩，由釐税局存儲備用。光緒二十四年二月二十五日奉旨：留中，欽此。欽遵在案。擬請即將此項節存銀二萬兩專爲機器局常年經費，按月由釐税局撥交該局應用。查此款存爲簡練軍實之需，以之撥作製造軍火用款，亦屬相應。當與司道公同酌定，亦明知該局常年用項，祇此二萬兩未必敷用，惟既有此成數以爲的款，下餘或有不敷及隨時應行籌款辦理之事，再以責成司庫，庶不至過於爲難。臣爲維持該局起見，所有請撥常年經費以期久遠緣由，理合恭摺具奏，伏乞皇太后、皇上聖鑒，敕部立案施行。謹奏。

硃批：户部議奏。

中國第一歷史檔案館等《中國近代兵器工業檔案史料》第一輯《劉樹堂奏銷河南機器局用過銀兩摺光緒二十四年十一月初七日》 河南巡撫劉於光緒二十四年十一月初七日具奏。爲謹將河南機器局用過銀兩數目，援案據實繕具簡單，懇恩准銷，恭摺仰祈聖鑒事。

竊臣業將河南創辦機器局，製造子彈及續購造藥機器、造槍車床等件，先後奏報有案。自本年三月開局製造迄今已逾半載，考驗製成子彈，試之舊存槍枝均合膛及遠，現各軍操演打靶一律皆用自造之子彈。造藥機器、造槍車床已由外洋運存滬棧，刻已委員前往迎解，約明年二三月開可以到汴。將來兩廠並舉，造彈、造藥一氣貫輸，軍火之需可以自給，無須仰給於外人。若由此擴充推廣，始基既立，亦易爲功。此臣所以當庫款極絀之時，而亟亟以此爲先務也。惟是開辦之初，諸多棘手，地不通商，轉運則諸多煩費，藝非素習，工匠須募之海疆。臣頗慮縻費不貲，難收速效，今幸辦理具有規模，機器精良適用，造成子彈與購自外洋者無異。候補道李企晟經理局務，尤能綜覈名實，杜絶侵漁，臣不時親赴該局稽考課程，在事各員亦復始終勤奮。總覈該局用款，先於光緒二十二年四月間由藩庫撥銀三萬三千兩爲定購造彈機器之用；續又於光緒二十三年五月由藩庫撥銀五萬五千兩添訂造藥機器、造槍車床並訂購槍筒等件；又找補不敷銀一萬一千六百餘兩，機器進口關税銀九百餘兩，機器局建蓋廠房並創蓋製造火藥分局應購磚瓦木石，委員、工匠薪工各項用款，由釐税局解撥銀二萬七千九百兩，由司庫陸續撥銀五萬七千四百兩。統計自光緒二十二年四月起至本年十月底止，共計收藩庫銀十五萬七千九百五十六兩，收釐税局銀二萬七千九百兩，共支銷銀十八萬五千八百五十六兩。此豫省開局建廠造房、購器實用之款項也。查購造機器廠房與他項採辦工程不同，機器必須廠房配合，廠房則必以洋式爲衡，廠房若非洋式難以聯絡運動，且摇撼日久，恐有傾圮之虞。至機器來自外洋，件數繁多，名目歧異，尤無例案可循。溯查各省創辦機器廠局，如天津、上海、山東等省，歷次報銷均蒙恩准免其造册，今豫省創辦機器局事同一律。而收支各項銀兩數目，臣詳加查覈，委係實用實銷，絶無絲毫浮冒。臣承簡命移撫浙江，應將經手用過款項造報，謹援照津、滬、山東各局成案，據實繕具簡明清單，恭呈御覽。仰懇天恩俯念創辦之始，機器一切皆係購自外洋，即廠房亦係仿照西式造辦，無例可循，准其總案造報開銷，以清款目，他項不得援以爲例。除分咨總理衙門暨户、兵、工三部查照外，謹恭摺具陳，伏乞皇太后、皇上聖鑒訓示。

再，現查續購之造藥機器等件所有用款，業經臣先後籌撥足用，惟該局廠房因機器尚未運到，是以尚未竣工。合併陳明。謹奏。

謹將河南創設機器局蓋造廠房、購置機器收支銀兩數目，援案繕具簡明清單，恭呈御覽。

計開：

收款項下：一、先後共收藩庫解撥銀十五萬七千九百五十六兩。一、收釐税局解撥銀二萬七千九百兩。

以上共收銀十八萬五千八百五十六兩。

支款項下：一、支購買廠基地畝，共銀一千兩。一、支蓋造機器局廠房，共銀四萬七千兩。一、支購買造彈、造藥機器，造槍車床並進口税銀等項，共銀九萬九千兩。一、支購買火藥分局廠基地畝，共銀二千兩。一、支蓋造火藥分局廠屋磚、瓦、木、石各料，共銀二萬六千兩。一、支購買造彈機器廠物料等項，共銀五千二百四十兩。一、支委員、司事薪水等項，共銀二千六百一十六兩。一、支轉運車船脚價等項，共銀三千兩。以上共支銀十八萬五千八百五十六兩。

於光緒二十四年十一月二十五日奉到硃批：該衙門知道，單併發，欽此。

邢玉林《光緒朝黑龍江將軍奏稿・恩澤薩保奏爲光緒二十四年分製造火烘藥等項用過工料銀兩數目摺光緒二十四年十一月十七日》 奏爲光緒二十四年分製造火烘藥等項用過工料銀兩數目，請旨飭部覈銷，恭摺仰祈聖鑒事。竊查前經奏准，黑龍江通省每年加工碾造火藥四萬觔、烘藥八百觔、火繩八千觔以資操防需用，所有光緒二十三年分製造火烘藥等項用過銀八千四百兩，業經户部議准，由俸餉項下按年以實銀支給等因在案。茲據碾造火藥委員副都統銜花翎協領富色訥報稱二十四年分，應造火藥四萬觔、烘藥八百觔、火繩八千觔均已製造完竣，遵照奏定價值共用過工料實銀八千四百兩，由俸餉項下如數支領，按款造册呈報前來。奴才等覆覈無異，除將細册咨送户、工二部覈銷外，理合恭摺具奏。伏乞皇太后、皇上聖鑒，飭部覈銷施行。謹奏。於十二月十三日奉到硃批：該部議奏，欽此。

中國第一歷史檔案館等《中國近代兵器工業檔案史料》第一輯《胡聘之奏山西機器局籌辦情形暨動用款項片光緒二十四年十二月初十日》 再，臣於光緒二十四年正月初一日欽奉寄諭：據榮禄奏，各省煤鐵礦産以山西、河南、四川、湖南爲最，請飭籌款設立製造廠局，漸次擴充，從速開辦，以重軍需。着各就地方情形，認真籌辦，總期有備無患，足以倉猝應變等因，欽此。當以晋省向無機器製造局廠，亟應趕速籌辦。飭司派員前赴天津定購製造槍砲各種機器，並酌建房屋，雇集工匠，以便試行仿造。經臣奏，奉硃批該衙門知道在案。

兹據該委員等勘定省城北關外柏樹園廢廟一所，可以建立局廠，並添買廟外地基，借資推擴。現已購料興工，一切廠屋均按洋式脩造，以期堅固。惟事屬創始，晋省又非通商口岸，雇募工匠、採辦料物，價值極昂，需費甚鉅，值此司庫款項萬分支絀，實屬無可騰挪。查有光緒二十三年臣奏明派員整頓歸化關税，長收盈餘銀五萬餘兩，係晋省就地新增之款，應請提充工用，以濟要需。一俟機器運到，廠屋粗具規模，即飭督令工匠先行試造，以裕軍儲等情，由營務處司道轉據機器局委員詳請具奏前來。臣覆查無異。除飭將工料價值查明詳請覈銷外，所有晋省遵旨創設製造局廠並動用款項緣由，理合附片具陳，伏乞聖鑒，敕部立案施行。謹奏。

硃批：該部知道。

中國第一歷史檔案館《光緒朝硃批奏摺》第一〇二輯《光緒二十四年十二月十一日直隸總督裕禄摺》 頭品頂戴北洋大臣直隸總督奴才裕禄跪奏，爲遵旨籌議北洋製造軍械情形，繕單恭摺仰祈聖鑒事。竊照光緒二十四年九月初五日承准軍機大臣字寄，九月初二日欽奉上諭：以近來各省洋操需用槍砲約增數百倍，不如就天津、上海、江甯等處局廠擴充製造，以便各省分途取運，飭令會籌酌覈辦理。又於十一月十一日承准軍機大臣字寄，十一月初九日欽奉上諭：天津、上海、江甯、湖北製造槍械較有規模，若非嚴定課程，難收實效，飭令確查各該局廠現有機器若干，每年實能造成何項槍砲藥彈若干，估定確數，通盤籌算，按季奏報。儻有虚糜廢弛情弊，即著嚴參懲辦。嗣因大學士榮禄奏飭南北洋等省趕造槍砲，復奉懿旨：飭令就地籌款，移緩就急，迅即製造各等因，欽此。查北洋製辦軍械共有兩局：一爲機器局，一爲製造局。機器局現有製造黑藥、栗藥、棉藥、無烟藥、毛瑟槍子、銅帽並各種後膛砲彈，兼造硝磺鏹水、雷電器具、捲銅、鍊鋼等項機器。按各機器所出數目，黑藥每年能造四十四萬磅，加工可造七十餘萬磅；栗藥每年能造二十萬磅，加工可造二十四五萬磅；棉藥每年能造二萬三千磅，加工可造五萬餘磅；無烟槍藥每年能造八千磅；毛瑟槍子每年能造三百八十二萬粒，加工可造四百餘萬粒；銅帽每年能造一千五百萬粒，加工可造二千八百餘萬粒；鋼彈每年能造一千二百顆；至砲子一項，名目繁多，大小不一，向由軍械局按照備操、備戰，隨時酌定交局照辦，就製辦最多之數考覈，各項大小砲子每年能造一萬四千五百六十箇。製造局現有製造後膛砲子、哈乞開司槍子、坛者士得槍子、三十七密里哈乞砲子，又自行鑄配四十七密里哈乞砲子、後膛抬槍、前膛抬槍及槍子等項機器。按各機器所出數目，每年能造七生脱半開花砲子一萬二千顆，銅六件一萬二千副，克鹿卜鐵身砲車十輛，銅管拉火二萬四千枝，哈乞砲子五萬顆，哈乞開司槍子二百十萬粒，坛者士得槍子一百四十萬粒。近年各局經費短解甚鉅，應造各件不能不分別停減，擇要製辦，以期移緩就急。機器局將栗藥、鋼彈經費匀出仿造快槍子彈，製造局將哈乞砲子經費騰出改造各式抬槍。如經費充裕，仍可一律加多。據各該局將各種機器名目，及額造各項槍械子藥分別開單具詳前來。奴才查製造軍械爲當今第一要務，而製造之增減，視經費之盈絀爲衡。北洋餉源本絀，近來各省解款日少，故於舊有各項槍砲應用子藥及水雷、旱雷、電線等件以外，屢欲擴充添造快槍、快砲，均以款絀中止。自甲午中東之役，歷年儲備戰具罄發無餘，後雖趕緊籌備，而經費既短於前，軍火不能不因之減造。惟北洋爲京師門户，方今强鄰環伺，防務無一隙之可疏，軍實更無一物之可缺。本年五月間曾奉寄諭，飭各省機器局酌定快槍、快砲格式及子彈分量、造法，互相討論，折衷一是等因。當經各局所會商各營將領，詳加考覈，槍以小口徑毛瑟爲利於戰陣，而平日操練則單響毛瑟亦頗合用；砲以格魯森五生的七過山快砲爲得力，而新建陸軍現有克鹿卜七生的半陸路快砲、七生的過山快砲爲尤勝，自應於此數種內，擇其精利合用者先行仿造。無如需款過鉅，既難同時舉辦，亦非獨力能支。北洋向無槍廠，亦嘗通盤籌畫，如購買製造小口徑毛瑟快槍機器全分，連建造廠屋需款總在百萬以外，即就現有機器略加添配，設法仿造，每年衹能出槍數千枝，而需款亦約二十餘萬，庫儲奇絀，一時實無此財力。現僅購有製造三十七密里至五十七密里快砲機器一分，又仿造曼利夏快槍子彈機器一分，甫經運到，正在建設廠屋加工趲辦，約須明年秋間方能開造。而五十七密里快砲子彈，必須添機自造，當於明春設法籌款，接續趕辦，方不至有砲無彈，仰給外洋。至快槍一項，南洋、湖北均已設廠自造，應即詳加考究，如果精利合用，則專由該兩省認造快槍，分撥濟用，北洋槍廠即可暫從緩辦，祇須再添克鹿卜新式七生的半並七生的兩種快砲機器，專認製造快砲，以備各省分途取運。昨經咨商兩江督臣劉坤一、湖廣督臣張之洞合力通籌，折衷一是，應俟該兩省會商覈覆籌定辦法，再行奏明辦理。奴才仍隨時嚴飭各局員認真籌辦，精益求精，並將應造各件數目，按季就款覈定，嚴立課程，每季據實奏報，如有虛糜廢弛，即當嚴參懲辦，仰副朝廷慎重軍實之至意。所有籌議擴充製造及查明現有機器應造軍火情形，理合繕單，恭摺據實覆陳，伏乞皇太后、皇上聖鑒訓示。謹奏。

中國第一歷史檔案館等《中國近代兵器工業檔案史料》第一輯《裕禄奏天津行營製造局現有機器並每年實能造成各項槍砲彈藥清單光緒二十四年十二月十日》 淮軍製造局

一、造七生脱半後膛砲子鍋爐單底力機器全分。

一、造四分五口徑後膛六響哈乞開思槍子單底力機器鍋爐全分。

一、造四分四口徑十三響後膛坛者四得馬槍子彈機器全分。

一、造三十七密里哈乞砲子鍋爐康邦機器全分。

一、自行鑄配造四十七密里哈乞砲子器具一副。

一、自行鑄配造五六分口徑後膛力拂抬槍器具一副。

一、自行鑄配造五分徑後膛力拂抬槍子彈器具一副。

一、自行鑄造前膛抬槍器具一副。

一、軋造各項子料銅皮鍋爐康邦機器全分。

一、每年造七生脱半銅箍開花砲子一萬二千顆。現因裁減經費，每月減造一百顆。

一、每年造七生脱半銅箍開花砲子銅六件一萬二千副。

一、每年造七生脱半鐵身砲車十輛。

一、每年造七生脱半銅管灣拉火二萬四千枝。現因裁減經費，每月減造四百枝。

一、每年造哈乞開思槍子二百十萬粒。

一、每年造坛者士得槍子一百四十萬粒。現因坛者士得槍子機器損壞尚須脩理，暫行停造，加造哈乞開思槍子九十萬粒。

一、每年脩理軍械局、武毅軍、天津練軍、護衛行營、水師營、親兵前副營、武備學堂、親兵馬小隊、正定練軍、通永練軍等處各種軍械，暨大沽、北塘各砲臺電燈、踹雷、洋鼓、洋號並各處勻撥物料，均係隨時酌定數目，並無定額。

硃批：覽。

中國第一歷史檔案館等《中國近代兵器工業檔案史料》第一輯《兵部爲河南機器局支用各款應詳細造册送部覈銷事致河南巡撫之咨文光緒二十四年十二月十五日》 河南巡撫裕於光緒二十四年十二月十五日准兵部咨。

車駕司案呈：內閣抄出河南巡撫劉奏河南機器局用過銀兩數目，援案繕具簡明清單，懇請准銷一摺，奉硃批：該衙門知道，單併發，欽此。欽遵到部。

查光緒八年户部奏定報銷章程，嗣後各省不准再有開單。又十五年十月二十二日奉上諭：前據張之洞奏廣東軍需善後報銷請免造細册，當諭令該部議奏。茲據户部遵旨覆奏，向來覈辦報銷均須造具細册，方能按照例章詳細勾稽，分別准駁，若僅開單具報，無從覈算。前經該部奏明光緒九年以後軍需等款，概令造册報銷，不准再有開單，各省均經遵照辦理，乃張之洞輒將九年以後軍需善後各款，率請開單奏報，不特與户部奏案各省辦法不符，且事止一省，時僅數年，案籍可稽，何難詳細造報。國家度支有常，絲毫皆關帑項，豈容自圖簡便，不顧定章，任意陳請冀免造册，殊屬非是。所有九年至十四年收支各款，仍着督飭局員迅速造具細册報部覈銷，毋得稍有含混。所請開單奏報之處，着不准行等因，欽此。欽遵在案。今河南機器局用過各款，自應欽遵諭旨暨奏定章程辦理，所請開單報銷之處，本部礙難率准。且各省機器局均皆造册報銷，該省獨請開單亦與各省成案不符，應由駟行文該撫轉飭查明，所用各款均係按照何項章程以及起止日期，詳細造具全册，迅即送部覈銷。事關帑項，不得以無例可援籠統開報，致涉浮冒可也。

中國第一歷史檔案館《光緒朝硃批奏摺》第一〇二輯《光緒二十四年十二月二十一日直隸總督裕禄摺》 頭品頂戴北洋大臣直隸總督奴才裕禄跪奏，爲北洋機器局光緒二十二年分動用經費，照章造册報銷，恭摺仰祈聖鑒事。竊照北洋機器局經費，向係動撥津海、東海兩關四成洋税，截至二十一年止業經造册奏報，奉部覈覆准銷。並將二十二年支給薪工等款分別咨部立案。茲據該局道員汪瑞高等將二十二年分應行造銷各册分晰開報：計上屆存銀十二萬六千八百三十三兩有奇；本屆十二箇月，共收四成洋税、招商局税並江海關解到洋藥釐金，海防支應局解到添造栗藥、鋼彈經費，各省撥還軍火物料價款及該局鑄錢廠撥用銅鉛並工料等價，計銀七十四萬三千二百三十一兩有奇，共支銷銀七十七萬五千二百三十一兩有奇，實存銀九萬四千八百三十三兩有奇。內有定購外洋機器、材料並添建工程，應歸付清價腳及工竣之年報銷。本屆應銷各款，仍照向章各歸各册。計全案收支總數及員弁、司事、工匠、夫役人等薪工爲第一册，購辦物料機器、續建工程及覈付保險、運腳等項爲第二册，收支物料、分項造報用存物料列作二十三年分舊管爲第三册，造成軍火撥發各項爲第四册，撥給各船薪糧、物料及淮軍製造局用料爲第五册，神機營撥用料物爲第六册，又脩理昆明湖輪船並運解物料、火藥腳價等銀爲第七册；其製造軍火仍造册咨送總理衙門備查。再，該局奉文鼓鑄制錢未經另籌成本，所需銅鉛各料均由該局墊支，鑄成之錢仍歸局用。自二十二年四月初七日開爐起至十二月底止，鑄成制錢用過工料價值銀兩細數，一併列册呈報。所有各項器械皆仿西洋新式製造，動用工料難以例價相繩，俱係循照歷屆章程實用實銷，並無絲毫浮冒等情。詳請具奏前來。

中國第一歷史檔案館等《中國近代兵器工業檔案史料》第一輯《户部爲河南機器局用過銀兩應造具詳細清册送户兵工三部覈銷事致河南巡撫之咨文光緒二十四年十二月二十二日》 河南巡撫裕於光緒二十四年十二月二十二日准户部咨。

北檔房案呈：准升任浙江巡撫劉奏河南機器局用過銀兩數目，援案繕單，懇恩准銷一摺，單一分，光緒二十四年十一月十五日奉硃批：該衙門知道，單併發，欽此。欽遵由内閣抄出到部。嗣據兵部咨稱，河南機器局用款應遵前奉諭旨暨奏定章程辦理，所請開單報銷之處，本部礙難覈准。且各省機器局均皆造册報銷，該省獨請開單，亦與成案不符，應由該撫造具詳細全册送部，不得以無例可援籠統開報等因，知照前來。

查該省請銷機器局用款，既經兵部駁令造具詳細全册送部，相應飛咨河南巡撫趕緊造具詳細清册分送户、兵、工三部覈銷，以重款項可也。

中國第一歷史檔案館等《中國近代兵器工業檔案史料》第一輯《工部爲河南機器局用過銀兩數目毋得籠統開報事致河南巡撫之咨文光緒二十五年正月初二日》 河南巡撫裕於光緒二十五年正月初二日准工部咨。

虞衡司案呈：准兵部咨稱，内閣抄出河南巡撫劉奏河南機器局用過銀兩數目，援案繕具簡明清單，懇請准銷一摺，奉硃批：該衙門知道，單併發，欽此。欽遵到部。查光緒八年户部奏定報銷章程，嗣後各省不准再有開單。又十五年十月二十二日奉上諭，前據張之洞奏廣東軍需善後報銷請免造細册，當諭令該部議奏。兹據户部遵旨覆奏，向來覈辦報銷均須造具細册，方能按照例章詳細勾稽，分別准駁，若僅開單具報，無從覈算。前經該部奏明光緒九年以後軍需等款概令造册報銷，不准再有開單，各省均經遵照辦理，乃張之洞輒將九年以後軍需善後各款，率請開單奏報，不特與户部奏案各省辦法不符，且事止一省，時僅數年，案籍可稽，何難詳細造報。國家度支有常，絲毫皆關帑項，豈容自圖簡便，不顧定章，任陳請冀免造册，殊屬非是。所有九年至十四年收支各款，仍着督飭局員迅速造具細册報部覈銷，毋得稍有含混。所請開單奏報之處，着不准行等因，欽此。欽遵在案。今河南機器局用過各款，自應欽遵諭旨暨奏定章程辦理，所請開單報銷之處，本部礙難率准。且各省機器局均皆造册報銷，該省獨請開單亦與各省成案不符，應由駟行文該撫轉飭查明，所用各款均係按照何項章程以及起止日期，詳細造具全册，迅即送部覈銷。事關帑項，不得以無例可援籠統開報，致涉浮冒，及知照工部等因前來。

查河南機器局用過各款銀兩數目，自應遵照奏定章程辦理，所請開單報銷之處，本部礙難准行。相應咨行河南巡撫轉飭承辦之員，務須遵照本部奏章，即將局内支用各款，購買機器、物料，添建廠房等工，造具逐款全册咨送到部，以憑覈銷，毋得籠統開報，致干駁詰可也。

中國第一歷史檔案館《光緒朝硃批奏摺》第一〇二輯《光緒二十五年二月初八日山東巡撫張汝梅摺》 頭品頂戴開缺山東巡撫臣張汝梅跪奏，爲報銷山東海防案内製造洋式擡砲、瓶砲等項收支銀兩數目，恭摺仰祈聖鑒事。竊據善後局司道詳稱：光緒二十年籌辦海防，經前撫臣李秉衡奏明製造擡砲、瓶砲、帳棚、鐵斧、鍬、钁、砲子、火門、火叉等件，除帳棚、鐵斧、鍬、钁、硫黄、鉛丸、火繩等項剔歸海防報銷案内製造項下分次造報外，所有雇覓洋匠，按照西法製造洋式擡砲、瓶砲及開花砲子，並改脩舊存槍砲、火門、火叉等項，共計支款銀二萬六千八百二十五兩六錢五分一釐一毫四絲。收款銀三萬一百八十兩九分三釐九毫九絲。除支存賸銀三千三百五十四兩四錢四分二釐八毫五絲，歸入海防第五次報銷案内列收造報。所扣減平平餘銀兩，除提解報銷飯銀外，下餘銀兩照章一併列收造報等情，造具總細各册，呈請奏咨前來。臣覆覈無異。除清册咨部查照外，所有收支各款銀數緣由，理合恭摺具陳，伏乞皇太后、皇上聖鑒，敕部覈銷施行。謹奏。

硃批：該部知道。

吉林省檔案館《清代吉林檔案史料選編(工業)》上册《吉林機器製造局人員薪水工食銀兩及起支停止日期清册光緒二十五年四月二十七日》 吉林機器製造局爲造册請咨立案事。

謹將自光緒二十四年正月初一日起截至十二月底止，所有職局及代造靖邊新軍、黑龍江鎮邊軍各軍火委員、司事、書識、工匠、匠徒、勇夫、小工等員名、薪水、工食銀兩，起支停止各日期，分晰造具清册，恭呈憲覈，咨部查照立案。須至册者。

計開：

一、委員、司事、書識：

總辦局務，副都統銜花翎協領春海，月支薪水銀壹百兩，二十四年正月份起支，九月底停止。

總辦局務，花翎候選同知覺羅德榮，月支薪水銀壹百兩，二十四年十月份起支，係接春海事務。

會辦局務，花翎候選同知覺羅德榮，月支薪水銀陸拾兩，二十四年正月份起支，九月底停止，十月提昇總辦。

會辦局務，補用知縣、候選府經歷、縣丞劉東烺，月支薪水銀陸拾兩，二十四年十月份起支，係接德榮事務。

稽查廠務委員，補用知縣、候選府經歷、縣丞劉東烺，月支薪水銀伍拾兩，二十四年正月份起支，九月底停止，十月提昇會辦。

稽查廠務委員，候選通判、內務府筆帖式定樸，月支薪水銀伍拾兩，二十四年十月份起支，係接劉東烺事務。

掌管文案委員，補用知縣、候選府經歷王榮昌，月支薪水銀叁拾兩整。

幫辦文案委員，補用主事、盡先筆帖式英俊，月支薪水銀叁拾兩整。

銀錢所支應委員，補用知縣、候選府經歷聯奎，月支薪水銀叁拾兩整。

監管火藥廠委員，補用知縣、候選府經歷、縣丞呼毓秀，月支薪水銀叁拾兩整。

差遣委員，補用知縣、候選府經歷奚以莊，月支薪水銀貳拾兩整。

銀錢所兼庫房司事，候選知縣、筆帖式森卉，月支薪水銀貳拾兩整。

庫房兼軍火庫文案司事，補用知縣、候選縣丞胡祖壽，月支薪水銀貳拾兩整。

庫房兼銀錢所司事，候選從九品孫世安，月支薪水銀拾兩整。

庫房收發軍械兼文案司事，候選府經歷張懋儒，月支薪水銀拾貳兩整。

脩理槍砲司事，昇用主薄、候選巡檢傅士卿，月支薪水銀拾兩整。

機器正廠帳目司事，候選府經歷趙飛鵬，月支薪水銀拾兩整。

翻砂廠司事，補用知縣，候選府經歷徐萬青，月支薪水銀拾伍兩整。

熟鐵廠司事，昇用主薄、候選巡檢朱鈞，月支薪水銀拾肆兩整。

木工廠司事，候選縣丞范家琦，月支薪水銀拾貳兩整。

强水廠兼火器廠司事，記名驍騎校恒德，月支薪水銀拾叁兩整。

火藥廠司事，補用驍騎校文愷，月支薪水銀拾柒兩整。

火藥廠硝磺庫司事，候選從九品李德賢，月支薪水銀拾柒兩整。

火藥廠兼工程司事，候選從九品顧從周，月支薪水銀拾叁兩整。

火藥廠帳目兼文案司事，候選縣丞慶誠，月支薪水銀拾捌兩整。

火藥廠兼文案司事，補用筆帖式奎聯，月支薪水銀拾兩整。

書識，候選府經歷、縣丞慶文，月支薪水銀柒兩整。

書識，候選府經歷於家銘，月支薪水銀柒兩整。

書識，五品頂戴高毓藻，月支薪水銀柒兩整。

書識，候選從九品董鬆齡，月支薪水銀柒兩整。

以上委員、司事、書識共二十四員，俱於光緒二十四年正月份起支。

庫房司事，候選縣丞芮家成，月支薪水銀拾壹兩，二十四年正月份起支，七月底停止。

庫房司事，藍翎雲騎尉伊鏗額，月支薪水銀拾壹兩，二十四年八月份起支。

機器正廠司事，昇用主薄、候選巡檢黃維楨，月支薪水銀貳拾兩，二十四年正月份起支，六月底停止。

機器正廠司事，補用驍騎校春昇，月支薪水銀貳拾兩，二十四年七月份起支。

差遣司事，候選巡檢慶昌，月支薪水銀拾肆兩，二十四年正月份起支，三月底停止。

差遣司事、候選縣丞温鳳詔，月支薪水銀拾肆兩，二十四年閏三月份起支。

機器東廠司事、盡先筆帖式慶喜，月支薪水銀拾貳兩，二十四年正月份起支，十一月底停止。

機器東廠司事、補用驍騎校春山，月支薪水銀拾貳兩，二十四年十二月份起支。

書識、補用驍騎校春昇，月支薪水銀柒兩，二十四年正月份起支，六月底停止。

書識、委筆帖式凌魁，月支薪水銀柒兩，二十四年七月份起支。

書識、委筆帖式春壽，月支薪水銀柒兩，二十四年正月份起支，十月底停止。

書識勝雲，月支薪水銀柒兩，二十四年十一月份起支。

總理營口轉運局務、候選巡檢李景山，月支薪水銀陸拾兩整。

營口轉運局押運委員、候選縣丞宋圻，月支薪水銀拾伍兩整。

營口轉運局司事、候選府經歷朱金鼎，月支薪水銀拾兩整。

營口轉運局司事、候選縣丞李春榮，月支薪水銀捌兩整。

營口轉運局司事、藍翎候補驍騎校房象庚，月支薪水銀捌兩整

營口轉運局書識、候選未入流薛賓，月支薪水銀陸兩整。

營口轉運局書識劉德祿，月支薪水銀陸兩整。

以上委員、司事、書識共七員，俱於光緒二十四年正月份起支。

一、吉林機器局，月支局費銀壹百捌拾兩整。

一、營口轉運局，月支紙札銀捌兩整。

以上局費紙札，俱於光緒二十四年正月份起支。

一、營口轉運局押運勇丁十二名，每名日支口分銀壹錢，俱於光緒二十四年正月初一日起支。

一、正廠工匠、匠徒：

總匠目吴鳳山，日支工食銀壹兩伍錢陸分陸釐陸毫陸絲柒忽整。

工匠梁勤，日支工食銀壹兩貳錢玖分陸釐整。

（以下二十一名略）

匠徒王永慶，日支工食銀壹錢陸分整。

（以下一百三十四名略）

一、軋鋼處工匠、匠徒：

工匠顔榮華，光緒二十四年正月初一日起，日支工食銀陸錢肆分貳釐整。

匠徒張慶，光緒二十四年正月初一日起，日支工食銀壹錢貳分陸釐，於二月初一日起，日加銀壹分，又於八月初一日起，日加銀陸釐整。

（以下三名略）

以上正廠及軋鋼處總匠目一名，工匠二十三名，匠徒一百三十九名。

一、東廠工匠、匠徒：

工匠顧宏生，光緒二十四年正月初一日起，日支工食銀玖錢陸分肆釐叁毫叁絲肆忽整。

（以下二十七名略）

匠徒高昇裕，日支工食銀壹錢陸分整。

（以下七十九名略）

以上東廠工匠二十八名，匠徒八十名。

一、鐵廠工匠、匠徒：

工匠唐觀發，日支工食銀玖錢伍分壹釐整。

（以下八名略）

匠徒薛芝，日支工食銀壹錢伍分壹釐整。

（以下三十一名略）

以上鐵工廠工匠九名，匠徒三十二名。

一、電汽廠兼脩理所工匠、匠徒：

工匠鍾玉堂，光緒二十四年正月初一日起，日支工食銀捌錢柒分柒釐叁毫叁絲肆忽，於八月初一日起，日加銀貳分零陸毫陸絲陸忽整。

（以下二名略）

匠徒孫信，光緒二十四年正月初一日起，日支工食銀壹錢肆分伍釐叁毫叁絲肆忽，於二月初一日起，日加銀陸釐陸毫陸絲陸忽整。

（以下二十一名略）

以上電汽廠兼脩理所，工匠三名，匠徒二十二名。

一、火器廠工匠、匠徒：

工匠蔡福，光緒二十四年正月初一日起，日支工食銀肆錢肆分貳釐，於八月初一日起，日加銀貳分整。

劉福廷，光緒二十四年正月初一日起，日支工食銀貳錢零玖釐，十二月十五

日停止。

匠徒齊萬福，日支工食銀壹錢零伍釐陸毫陸絲柒忽整。

金守仁，日支工食銀玖分叁釐陸毫陸絲柒忽整。

以上二名俱於光緒二十四年正月初一日起支，於二月初一日起，各日加銀叁釐叁毫叁絲叁忽。又於八月初一日起，各日加銀貳釐陸毫陸絲陸忽整。

齊萬昇，光緒二十四年正月初一日起，日支工食銀捌分柒釐。於二月初一日起，日加銀叁釐叁毫叁絲叁忽，又於八月初一日起，日加銀貳釐陸毫陸絲柒忽整。

以上火器廠工匠二名，匠徒三名。

一、强水廠工匠、匠徒：

工匠趙金壽，光緒二十四年正月初一日起，日支工食銀陸錢叁分叁釐，於八月初一日起，日加銀壹分整。

金兆令，日支工食銀壹錢陸分貳釐整。

匠徒孫永昌，日支工食銀壹錢零肆釐整。

以上兩名，俱於光緒二十四年正月初一日起支，於二月初一日起各日加銀肆釐整。

（以下六名略）

以上强水廠，工匠二名，匠徒七名。

一、翻砂廠工匠、匠徒：

工匠王金財，光緒二十四年正月初一日起，日支工食銀柒錢壹分壹釐。

（以下五名略）

匠徒王鳳聲，日支工食銀壹錢伍分肆釐整。

（以下三十一名略）

以上翻砂廠工匠六名，匠徒三十二名。

一、木廠工匠、匠徒：

工匠韓福林，光緒二十四年正月初一日起，日支工食銀叁錢壹分伍釐叁毫叁絲肆忽，於八月初一日起，日加銀肆分零陸毫陸絲陸忽整。

（以下二十三名略）

匠徒劉順，日支工食銀玖分陸釐整。

（以下二十名略）

以上木工廠工匠二十四名，匠徒二十一名。

一、火藥廠工匠、匠徒：

工匠鄭連生，光緒二十四年正月初一日起，日支工食銀壹兩伍錢肆分叁釐叁毫叁絲肆忽整。

（以下十一名略）

匠徒孫福彩，光緒二十四年正月初一日起，日支工食銀壹錢伍分柒釐，於二月初一日起，日加銀叁釐，又於八月初一日起，日加銀玖釐整。

（以下一百一十八名略）

以上火藥廠工匠十二名，匠徒一百十九名。

一、差弁、小工：

差弁海吉，月支鹽干銀玖兩整。

（以下五名略）

小工李德勝，光緒二十四年正月初一日起，日支工食銀壹錢伍分叁釐叁毫叁絲肆忽。

（以下一百九十八名略）

以上差弁六名，小工一百九十九名。

中國第一歷史檔案館《光緒朝硃批奏摺》第一〇二輯《光緒二十五年七月十三日吉林將軍延茂摺》 奴才延茂跪奏，爲造報吉林機器局暨代造黑龍江光緒二十四年分動支經費款目及存發軍火料件，造册覈銷，恭摺仰祈聖鑒事。竊查吉林機器局前經奴才奏報自光緒二十二年六月初一日起至二十三年年底止造册報銷，並聲明嗣後按年造報，年清年款，以免牽混，曾奉諭旨俞允，並接部咨准銷在案。兹據總辦吉林機器局留吉補用同知覺羅德榮等申稱：查吉林機器局暨代造黑龍江鎮邊軍軍火收支經費、料件，造成軍火發用、存儲各數，前經歸併報銷業已報至光緒二十三年年底止，計實在不敷庫平銀三萬一千三百十兩零二錢六分五釐二毫九絲一忽二微，曾奉部覆准銷。又添練靖邊新軍五營，前經奉明按年由銀圓贏餘項下撥銀二萬兩，作爲製造新軍軍火之需等因，飭遵各在案。並將光緒二十四年一年所有機器局暨代造黑龍江鎮邊軍軍火、靖邊新軍自九月成營應需軍火，並添造製造新軍軍火機器，員司、匠徒、夫役起支停止薪工銀兩日期，購料觔重，造册申請分咨立案，其動支細數聲明另案造報等因，亦在案。兹將自光緒二十四年正月初一日起截至十二月底止，由户部領到經費湘平銀九萬五千六百二十五兩，黑龍江鎮邊軍撥交京二兩平銀三萬兩，由銀圓贏餘項下提撥製造新軍軍火吉平銀六千六百六十六兩八錢，又撥添製機器、器具吉平銀一萬三千二百十四兩五錢四分八釐，代造銀圓廠機器、器具撥還工料吉平銀一萬二千四百八十六兩八錢八分三釐三毫四絲五忽，以上三項共吉平銀三萬二千三百六十八兩二錢三分一釐三毫四絲五忽，折庫平銀三萬一千三百六十四兩五錢六分五釐二毫五絲六忽八微，申合湘平銀三萬二千六百七十一兩四錢二分二釐一毫四絲二忽五微，統計共收湘平、京二兩平銀十五萬八千二百九十六兩四錢二分二釐一毫四絲二忽五微。內除歸還上届報銷不敷庫平應合湘平暨營口轉運分局用過薪工、局費、搬運長夫口分，以及由滬購辦物料隨時價值、水陸運腳，並在吉林本省購辦物料價值等，共支過湘平銀十九萬六千五百二十四兩七錢一分四釐三毫零八忽八微外，仍實不敷湘平銀三萬八千二百二十八兩二錢九分二釐一毫六絲六忽三微。此項不敷銀兩，係由防餉項下及鋪商挪墊，應俟由領到經費項下陸續歸還。再，購辦各料價值增長，前已報明在案，是以本届支需各款較比上届略增，不敷較多。其黑龍江鎮邊軍原撥經費係京二兩平，則補足湘平，俾歸劃一。由滬購辦外洋物料需用庫平則申合湘平，俱於購料收支總數兩項册内登明，均照上届准銷成案辦理，覈實報銷，毫無浮冒。至物料價值逐年增長，來年能否即照此數，未敢豫定等因前來。當經檄飭吉林道覺羅達椿、協領慶禄，親履該局，按照册報各款以及收發料件、存儲軍火等項，詳細盤查，逐款句稽，是否有無浮冒，據實查覆。旋據查明稟覆，所有該局動支款目、報存軍火料件，委係實用實銷，覈實開報，並加印結稟覆前來。奴才覆覈無異。除該局員司、書識、匠弁等起支停止薪工銀兩日期，業遵部咨先行咨部查覈在案，兹將收支各款並收發料件、製造軍火、存儲子藥，分晰條目造具細册，分别咨送户、兵、工三部查照覈銷外，所有吉林機器局暨代造黑龍江鎮邊軍軍火料件數目分晰造報緣由，恭摺具陳，伏乞皇太后、皇上聖鑒。謹奏。

硃批：該部知道。

光緒二十五年七月十三日

中國第一歷史檔案館《光緒朝硃批奏摺》第一〇二輯《光緒二十五年八月二十日山東巡撫毓賢摺》 山東巡撫奴才毓賢跪奏，爲東省機器局添廠購器，動用各項料物價腳，造册報銷，恭摺仰祈聖鑒事。竊查東省機器局擴充製造，增建槍廠，添買機器及應用各項料物，均經前撫臣李秉衡將購備齊全、脩造工竣情形奏報在案。兹據總辦機器局務署按察使吉燦升、候補道潘延祖等會詳：前次建蓋造槍大廠十七間、槍子廠十間、熟鐵廠十間、軋銅廠七間、化銅廠三間、泥工廠三間、軍火庫房二十間、水龍廠房五間、工匠住房四十間、儲器房四間、法藍爐房二間，統計造成大小廠房一百二十一間；添造大小磚、鐵煙筩、門樓、鐵栅欄等件；並採買造槍機器全部，一切工料價腳，共用湘平銀十二萬四千七百三十二兩四錢五分九釐二毫八絲。内應户部覈銷銀一萬八千四百三十兩六錢七分，兵部覈銷銀一萬八千三百二十七兩六錢六分九釐九毫六絲，工部覈銷銀八萬七千九百七十四兩一錢一分九釐三毫二絲。計前領過庫平銀十二萬兩，按照部章折合湘平銀十二萬四千八百兩，内除支銷湘平銀十二萬四千七百三十二兩四錢五分九釐二毫八絲，下賸湘平銀六十七兩五錢四分七毫二絲，歸入該局二十四年分報銷册内，列收造報、繪圖、造册、具結，會詳請奏前來。奴才覆覈無異。除將册結分咨户、兵、工三部覈銷並咨總理各國事務衙門查照外，所有東省添蓋槍廠，購辦機器、料物價腳造册報銷緣由，理合恭摺具陳，伏乞皇太后、皇上聖鑒。謹奏。

硃批：該部知道。

中國第一歷史檔案館《光緒朝硃批奏摺》第一〇二輯《光緒二十五年九月十七日山東巡撫毓賢摺》 山東巡撫奴才毓賢跪奏，爲報銷機器局光緒二十三年分動用經費銀兩數目，恭摺仰祈聖鑒事。竊查山東省機器局製造各項軍火，所需經費銀兩，向由藩庫籌撥，按年造册報銷；凡有新建廠座，添購物料，應先專案報明；脩理房屋等項，亦應隨摺聲敘，均經遵辦。光緒二十二年分收支各項銀數，業經前撫臣張汝梅覈明奏銷在案。兹自二十三年正月起至十二月底止，造成各種西式火藥十萬三千六百九十觔、大銅帽火二百八十一萬三百粒、各種後膛槍子六十一萬三千七百顆、堅利遠後膛擡槍二十五桿、堅利遠步槍五桿、象鼻砲八桿、各種鉛丸一百零九萬二千六百箇、配成各種後膛殘廢洋槍六千七百八十桿、來福洋槍三千二百九十桿，添造各廠機器，做成裝盛軍火箱盒，砌成槍廠機器底座、打鐵爐臺、鍋爐臺、汽機臺、軋銅廠鍋爐臺、汽機臺，各廠房屋。採買銅、鐵、鋼、鉛及外洋各種物料，暨員弁、匠役薪工，料物運腳等項，應歸户部覈銷銀二萬六千四百四十一兩四錢七分七釐四毫九絲三忽，兵部覈銷銀九千七百六十四兩二錢一分，工部覈銷銀二萬八千三百三十九兩七錢二分九釐五毫七忽，三共應銷銀六萬四千五百四十五兩四錢一分七釐。内動用光緒二十二年報銷案内結存湘平銀一萬一千七百七十九兩六錢九分四釐七毫六絲二忽，陸續共撥藩庫庫平銀四萬六千兩，南運局庫平銀一萬七千兩。遵照户部新章，七月以後覈扣六分減平支放，七月以前仍按舊章支放湘平，計應扣湘平平餘銀一千五百六十兩，列入收款作正開銷，其應扣六分減平均已解存藩庫。統除支用外，實存庫平銀一萬一千七百一兩六錢六分四釐二毫五絲二忽，應歸下屆造報。據總理局務按察使胡景桂、候補道潘延祖、分省補用知府劉恩駐等造册詳請奏咨前來。奴才覆加查覈，均係實用實銷，尚無浮冒情弊。除清册分咨户、兵、工三部查照外，所有報銷機器局光緒二十三年分動用經費銀數緣由，理合恭摺具陳，伏乞皇太后、皇上聖鑒。

邢玉林《光緒朝黑龍江將軍奏稿·恩澤薩保奏爲光緒二十五年分製造火烘藥等項用過工料銀兩數目摺光緒二十五年十一月初二日》 奏爲光緒二十五年分製造火烘藥等項用過工料銀兩數，請旨飭部覈銷，恭摺仰祈聖鑒事。竊查前經奏准黑龍江通省每年加工製造火藥四萬觔、烘藥八百觔、火繩八千觔以資操防需用。光緒二十四年分製造火烘藥等項用過銀八千四百兩，業經户部議准由俸餉項下按年以實銀支給等因在案。茲據碾造火藥委員副都統花翎協領富色訥報稱，二十五年分應造火藥四萬觔、烘藥八百觔、火繩八千觔均已製造完竣，遵照奏定價值，共用過工料實銀八千四百兩，由俸餉項下如數支領，按款造册呈報前來。奴才等覆覈無異，除將細册咨送户、工二部覈銷外，理合恭摺具奏。伏乞皇太后、皇上聖鑒，飭部覈銷施行，謹奏。於十二月初四日奉到硃批：該部知道，欽此。

中國第一歷史檔案館等《中國近代兵器工業檔案史料》第一輯《恩澤等奏請仿照奉吉兩省成案籌設製造軍火專局摺光緒二十五年十二月初一日》 奴才恩澤、壽山跪奏，爲鎮邊各軍歲需軍火浩繁，擬請仿照奉、吉兩省成案，籌設製造專局，以廣邊備而利操防，恭摺仰祈聖鑒事。

竊查黑龍江鎮邊軍奏定每年由練餉内提銀三萬兩充作軍火經費，歸吉林機器局兼造，歷辦在案。光緒二十二年准前吉林將軍延茂來咨，以該局購料日以騰貴，鎮邊軍歲撥軍火銀三萬兩實不敷用，擬將此項原開支員司、工匠經費節省，盡數抵充料價，於三萬兩外，尚虧銀三千八百餘兩。因商由歲需軍火内減造一成。本年秋間，復准吉林將軍來咨，仍以局員稟請近年料價愈昂，鎮邊軍每歲軍火其料價應需銀四萬餘兩，而歲撥三萬兩仍不敷用，已竟虧銀一萬一千五百餘兩矣，請嗣後或仍減造軍火，或另籌添經費等因，咨行覈辦前來。

奴才等悉心籌畫，前以鎮邊軍歲撥軍火三萬兩不敷，既已減造軍火十分之一，今若再准減造，勢須減造三分之一，以三萬兩經費覈之，所得軍火不過三分之二。非不知料價隨年增長，該局迫於無可如何，第歲需軍火減造過多，實不足以供常操之用；如另加添經費，又苦無款可籌。查本年所添鎮邊新軍，雖有歲提軍火銀三萬兩，惟以新造之師，行陣技藝操□□□勤□天，所需尤爲繁鉅。況軍火乃營中要務，苟非儲備於夙日，何能取携於臨時。【略】不濟急。傳曰，不備不虞，不可以師，蓋言備也。奴才等函電互商，擬即仿照奉、吉兩省設局製造軍火成案，選派妥員於黑龍江省城擇地設立專局，督飭覈實製造。計此項購買機器、建備廠屋各經費，約需銀十萬餘兩，擬由奴才等設法籌墊。當此帑項奇絀之時，實難另請正款，應請自二十六年起，由原設鎮邊軍及鎮邊新軍〔火〕歲需軍火經費京二平銀六萬兩項下，分年代抵，以節經費。其未開工以前，各軍常操軍火在所必需，擬將歷年積存軍火按季分發各軍，照常演練。仍由兩軍歲需軍火經費内各提銀一萬兩歸吉代造，以補支應之不足，至此地開工後，再爲停止代造。如此權宜辦理，二三年内，購機建廠可期一律告成。既節用以濟事，亦一勞而永逸，詢於江省邊備操防大有裨益。合無仰懇天恩飭部立案施行，如蒙俞允，再將開局日期及開支員司、工匠薪工等項，購買機器、建脩廠屋一切，隨時分别報部備覈。除咨户、兵、工部查明外，所有擬請仿照奉、吉成案籌設製造軍火專局各緣由，是否有當，理合恭摺具陳，伏乞皇太后、皇上聖鑒。謹奏。

光緒二十五年十二月十六日奉硃批：該部知道，欽此。

中國第一歷史檔案館等《中國近代兵器工業檔案史料》第一輯《工部奏擬准吉林機器局光緒二十四年購買外洋機器物料等項動用經費銀兩報銷摺光緒二十五年十二月初十日》 謹奏爲覈銷吉林機器局購買外洋機器物料等項動用經費銀兩，恭摺具奏，仰祈聖鑒事。

竊先由内閣抄出吉林將軍延茂奏吉林機器局自光緒二十四年正月起至十二月底止購買外洋機器物料用過經費銀兩造册請銷一摺，光緒二十五年七月二十八日奉硃批：該部知道，欽此。欽遵抄出到部。嗣據該將軍將吉林機器局購買外洋各項物料用過銀兩造具逐款細册送部覈銷前來。

當經臣部查册開，購買紫銅絲、象皮管、白鉛皮、羅摩鐵、英鐵板、紅丹粉、點錫、黄銅皮、豆油、麻油、棉紗、鉛筆、煤油、牛燭、皮紙、焦炭、木炭、粗細砂布並機器内應用一切物料等項，共用銀九萬五千四百九十四兩二錢三分二釐七毫六忽九微。臣等督飭司員按册查覈，外洋軍火向無例價可循，所開物料價值比較辦過成案，尚屬無浮，亦與奏明銀數相符，應准開銷。所有臣部覈覆吉林機器局購買外洋物料等項用過經費銀兩准銷緣由，理合恭摺具奏，伏乞皇太后、皇上聖鑒。謹奏。

光緒二十五年十二月十七日奉旨：知道了，欽此。

中國第一歷史檔案館等《中國近代兵器工業檔案史料》第一輯《户部奏擬准吉林機器局光緒二十四年支用經費銀兩報銷摺光緒二十五年十二月二十五日》

户部謹奏，爲覈覆吉林機器局收支經費銀兩，恭摺仰祈聖鑒事。

據前任吉林將軍延奏光緒二十四年分吉林機器局收支經費各款銀兩造册覈銷一摺，光緒二十五年七月二十八日奉硃批：該部知道，欽此。欽遵由内閣抄出到部。續據該將軍造册送部前來。

臣等伏查光緒七年五月據前督辦寧古塔等處事宜大臣吴大澂等奏，吉林邊防要務宜規畫久遠，擬添設機器廠，建造砲臺，請由部籌撥銀十萬兩，經臣部奏由邊防經費銀内，每年撥銀十萬兩，作爲吉林設廠購器等項之用。嗣據該大臣奏稱，吉林機器局援照天津、上海機器局章程辦理，當經臣部將該局一切用款比較津、滬兩局章程有減無增，覈覆准銷。又十一年十一月據前任吉林將軍希元等奏裁併局處節省防餉等銀清單内稱，每年酌減機器經費銀二千五百兩，請由部庫分季坐扣。十四年三月復據該將軍片奏，請將防、練兩軍餉干及機器局開支各款均免扣湘平，仍按庫平發放。十七年四月據將軍長順將十四年七月以後機器局委員、司事、工匠等添裁更换起止口糧日期造册咨部立案。二十二年六月又據將軍長順奏，機器局動支經費光緒二十二年五月以前需支款項，由奴才與恩祥造册報銷，自六月初一日以後動支經費，即歸延茂會同恩祥造報。又二十三年五月議覆御史宋伯魯奏請添扣各項減平，原奏内稱擬令自本年七月起，無論舊有防勇、新添練勇以及學習洋操各軍，凡餉項開支庫平者，照數覈扣四分，統按湘平給發等因。各在案。兹據該將軍將光緒二十四年分吉林機器局收支經費各款銀兩造册覈銷前來。臣等謹按款分别覈覆，恭呈御覽。

一、舊管項下：據册開，上屆不敷庫平銀三萬一千三百十兩二錢六分五釐二毫九絲一忽二微。臣等查前項舊管不敷銀兩覈與上屆不敷數目相符。

一、新收項下：據册開，由部領回二十四年春秋二季經費湘平銀九萬五千六百二十五兩，又收二十四年春秋二季代造黑龍江鎮邊軍軍火經費二兩平銀三萬兩，又收銀元盈餘撥充靖邊新軍製造軍火工料湘平銀三萬二千六百七十一兩四錢二分二釐一毫四絲二忽五微。臣等查前項新收銀兩覈與撥領數目相符。

一、開除項下：據册開，黑龍江撥給代造鎮邊軍軍火經費二兩平銀三萬兩，每百兩折合湘平銀九十八兩，應除補平銀六百兩；又歸還上屆不敷庫平銀三萬一千三百十兩零二錢六分五釐二毫九絲一忽二微，申合湘平銀三萬二千六百十四兩八錢五分九釐六毫七絲八忽三微；又自光緒二十四年正月起至十二月底止支給機器局薪工、口分、局費等項湘平銀四萬七千四百十兩零八錢八分二釐六毫三絲四忽；又營口機器轉運局支給薪水、口分等項湘平銀二千零三十三兩八錢。臣等督飭司員按册覈算，查與報部立案及前案准支銀數均屬相符，應准開銷。又除機器局及營口轉運局搬運長夫口分湘平銀一千一百九十兩零四錢，又由上海購辦物料運費等項湘平銀一萬七千一百八十兩零五錢三分九釐二毫八絲九忽六微，以上二款已據兵部知照覈覆准銷。又除上海購辦物料等項湘平銀六萬六千三百零五兩零三分三釐七毫六絲二忽五微，又在本省購辦物料等項湘平銀二萬九千一百八十九兩一錢九分八釐九毫四絲四忽四微，以上二款已據工部知照覈覆准銷。以上統共應歸臣部覈銷銀八萬二千六百五十九兩五錢四分二釐三毫一絲二忽三微，兵部應銷銀一萬八千三百七十兩零九錢三分九釐二毫八絲九忽六微，工部應銷銀九萬五千四百九十四兩二錢三分二釐七毫零六忽九微。

一、實存項下：據册開，實在不敷湘平銀三萬八千二百二十八兩二錢九分二釐一毫六絲六忽三微。臣等按册覈算數目相符，應令造入下屆舊管項下報部查覈。

再，查吉林機器局收款内，除暫撥銀元盈餘銀三萬二千六百餘兩不計外，其常年應收吉林、黑龍江兩省製造銀十二萬五千六百二十五兩，係屬奏定每年由部撥放之款，該局自當按年如數動用。乃自光緒十年以來，每年多用銀自一萬餘兩至三萬餘兩不等，以致挪新補舊有加無已，殊非正辦。應令轉飭該局，嗣後製造各項只盡奏定銀款如數動支，不得任意多用，以杜虧挪之弊。至該局自光緒二十年起至二十二年五月止，收支經費現尚未據造報，應令轉飭迅速補造清册送部覈銷。所有覈覆吉林機器局收支經費銀兩緣由，理合恭摺具陳，伏乞皇太后、皇上聖鑒。謹奏。

光緒二十五年十二月二十七日奉旨：知道了，欽此。

中國第一歷史檔案館《光緒朝硃批奏摺》第一〇二輯《光緒二十六年正月十七日直隷總督裕禄摺》 頭品頂戴北洋大臣直隷總督奴才裕禄跪奏，爲北洋機器局光緒二十三年分動用經費，照章造册報銷，恭摺仰祈聖鑒事。竊照北洋機器局經費，向係動撥津海、東海兩關四成洋税，招商局税，洋藥釐金及支應局撥款，截至二十二年止業經造册奏報，經部覈覆准銷。並將二十三年支給薪工等款分別咨部立案。兹據該局道員任之驊等將二十三年分應行造銷各册分晰開報：計上届存銀九萬四千八百三十三兩有奇，本届十二箇月，共收四成洋税、招商局税並江海關解到洋藥釐金，海防支應局解到栗藥、鋼彈經費，各省撥還軍火物料價款及該局鑄錢廠歸還撥用銅、鉛並工料等價，銀七十三萬一千六百九十三兩有奇。共支銷銀五十六萬五千一百四十九兩有奇，實存銀二十六萬一千三百七十七兩有奇，內有訂購外洋機器、材料並添建工程，應歸付清價脚及工竣之年報銷。本届應銷各款，仍照向章各歸各册。計全案收支總數及員弁、司事、工匠、夫役人等薪工爲第一册，購辦物料、續建工程及覈付保險、運脚等項爲第二册，收支物料並實存物料爲第三册，製成軍火撥發各項爲第四册，撥給各船薪糧及行營製造局用料爲第五册，神機營撥用物料爲第六册，西苑電燈公所等處並運解物料、火藥脚價爲第七册；其製成軍火仍造册咨送總理各國事務衙門備查。至該局奉文鼓鑄製錢，未經另籌成本，所需銅、鉛各料，均由該局墊支，鑄成之錢仍歸局用。計自二十二年四月開鑪起至十二月底止，鑄成製錢用過工料價值已列册報銷在案。本届二十三年正月起至十二月底止，鑄成製錢用過工料價值銀兩細數一併列册呈報。所有製造各項器物皆仿西洋新式，動用工料難以例價相繩，俱係循照歷届章程實用實銷，並無絲毫浮冒等情。

中國第一歷史檔案館《光緒朝硃批奏摺》第一〇二輯《光緒二十六年二月二十七日直隷總督裕禄摺》 頭品頂戴北洋大臣直隷總督奴才裕禄跪奏，爲北洋機器局現在增設快砲及快槍快砲子彈等廠，亟宜添籌經費，以資製造，恭摺仰祈聖鑒事。竊查北洋機器局經費原撥津海、東海兩關四成全税，連同江海關及北洋海防支應局所撥，每年計有銀五十餘萬兩，所造軍火向係專供北洋海軍及淮、練各營操防之用。自光緒二十三年以後，該局原撥經費因各處協撥增繁疊經減發，每年衹能收至三十餘萬兩。經費既比從前歲減二十餘萬，而近年撥解各軍軍火除本省淮、練各軍外，又加以武衛五大軍操練所需，均須由局應付，而神機、虎神等營亦復時有調取，是製造日有增加，經費則日形短絀。就目前解局之款，以之專供各軍常年所需，已屬時有缺乏之慮。且自奉天軍務竣後，添募各軍操防皆以快槍、快砲爲利器，各項槍砲子彈爲北洋各軍所必需，若非自籌製造，難以力圖自强。因於光緒二十四年起，該局陸續購辦製造快砲、快槍子、快砲子及造無煙槍砲藥等項機器，現次第購到，安設入廠。並由局派員前赴上海、江甯等處將各局所造快砲、快槍格式槍子砲彈，分量互相討論，取到江南、湖北兩局所造槍砲各種子彈詳加比較，督工隨事考求，劃一製造，以後工料所需斷非現在解局之款所能敷用。據總辦北洋機器局道員任之驊等通盤籌畫增廠，必須添費，所有添造快槍子廠、無煙藥廠、快砲及快砲子廠，並整頓鍊鋼廠等項，經費撙節，覈算每年至少需添銀十五萬兩，亟宜籌撥的款，以資製造，詳請覈辦前來。奴才伏查方今時勢，練兵實爲要圖，而製器尤爲練兵之本，現既購有機器，添立各廠，自籌製造快砲及快砲、快槍各項子彈，亟應趕飭興辦，以濟軍用，詳覈該道等所詳增廠必須添費確係實在情形，自當力籌撥濟。惟直隷本省近年所籌如裁減緑營，裁併淮、練各軍，直岸鹽觔加價歸公，及節省關税、釐金，裁節外銷，並酌提礦務盈餘等款，皆已各有用項，奉撥無餘。如就北洋經費內再加搜羅，亦實籌無可籌。第查北洋製造原撥經費本係動撥津海、江海、東海等關洋税，近年各關洋税收數旺於往時，前項應添經費若仍由洋税酌量加撥，似尚與原撥之案相符，又自上年以來津海、江海兩關並有大理寺少卿盛宣懷奏准將招商輪船運漕及回空兩項二成免税銀兩歸公作爲報效一款，此項銀兩向來按滬二、津一，由津海、江海兩關分攤，原係每年業已免徵之銀，不在各關用收支之內，若以此等洋税節存之銀撥供製造要需，亦與各該關常年應解各項撥款無關出入，所有北洋機器局每年應行添撥銀十五萬兩，合無仰懇天恩，飭部在於各關洋税及江海、津海提存招商歸公免徵二成税銀款內籌議撥補，俾款項有著，得以擴製造而厚儲胥，藉仰副朝廷整軍經武之至意。理合恭摺具陳。

中國第一歷史檔案館《光緒朝硃批奏摺》第一〇二輯《光緒二十六年五月十六日吉林將軍長順摺》 奴才長順跪奏，爲光緒二十一年吉林機器局動支經費銀兩實數，循案按年造報，奏請覈銷，恭摺仰祈聖鑒事。竊查吉林機器局自光緒二十年正月初一日起截至是年十二月底止，動支經費銀兩實數，業由奴才奏銷，計實存庫平銀五萬二千六百十三兩六錢一分一釐四毫五絲九忽八微六纖，應歸入光緒二十一年正月初一日以後造册報銷，曾經另摺陳明在案。茲查該局經費，自光緒二十一年正月初一日起截至是年十二月底止，續收户部撥領庫平銀九萬七千五百兩，又於是年因奉天各軍軍火由吉林邊防軍火庫内籌撥濟用，經奴才奏准增撥經費庫平銀五萬兩，飭總辦局務記名海關道宋春鰲前往上海購備料件，添置機器房間，雇覓工匠，日夜加工趕緊製造，源源接濟。至於轉運一切機器暨各項料件，其時悉守公法，凡不能由海道運至營口者，即改由内地轉運，並經奏明在案。計是年該局經費，共領庫平銀十四萬七千五百兩，内有應行勻挪動用黑龍江省練軍自光緒二十一年正月起截至是年十二月底止一年，軍火需用價值計庫平銀三千三百十三兩六錢三分(查此項軍火係歸該局製造，事同一律，自應歸併造報，毋庸分開辦理，俾歸簡易)。其吉林省練軍，自光緒二十一年正月起截至是年十二月底止，一年軍火係由該局按年節省經費二萬兩另造邊防備存軍火項下撥給火藥、鉛丸、子母、砲彈等項應用，以符奏案。計開除吉林機器製造局薪工、口分以及局費共支過庫平銀六萬二千三百八十六兩九錢零七釐八毫一絲，又轉運局薪水、口分共支過庫平銀二千零三十二兩六錢，又搬運長夫口分共支過庫平銀一千一百八十七兩三錢，又由上海等處購辦物料等項按照隨時價值共支過庫平銀九萬七千四百七十三兩八錢七分一釐一毫二絲五忽，又在吉林本省購辦物料按照隨時價值共支過庫平銀四萬二千九百九十七兩三錢零三釐六毫八絲七忽五微，又運費共支過庫平銀三萬八千二百九十三兩九錢八分八釐三毫六絲，又添蓋房間等項共用過庫平銀五千二百七十兩零二錢五分七釐五毫四絲四忽五微外，實不敷庫平銀四萬九千五百二十八兩六錢一分七釐零六絲七忽一微四纖。查此項銀兩，係由防餉、俸餉項下騰挪濟用，俟按季領到經費陸續歸墊。所有出入各款，奴才督飭委員逐款勾稽，委係實用實銷，毫無浮冒。至該局委員、司事、書識等停止起支銀兩日期，業遵部咨先期咨部查覈在案。除造具細數清册分別咨送户、兵、工三部查照覈銷外，所有自光緒二十一年正月初一日起截至是年十二月底止，吉林機器製造局動支經費銀兩截期造報緣由，理合恭摺具陳，伏乞皇上聖鑒，飭部覈銷施行。再，該局自光緒二十一年正月初一日起截至是年十二月底止，收支物料以及各項軍火，並添配製造一切機器器具等項，由奴才另案分別造具清册，咨部備案合併聲明。謹奏。

硃批：該部知道。

中國第一歷史檔案館等《中國近代兵器工業檔案史料》第一輯《裕禄奏洋兵攻擊天津機器局等處情形摺光緒二十六年六月初四日》　頭品頂戴北洋大臣直隸總督奴才裕禄跪奏，爲續報連日戰守情形，恭摺馳陳，仰祈聖鑒事。

竊奴才前於五月二十九日將洋人分路竄擾，官軍極力抵禦情形，恭摺馳陳在案。二十九日早，有洋兵數百名並教(民)多人，由火車站緣鐵路竄至錦衣衛橋，意圖接應竄擾武庫之洋兵，經練軍會同武衛前軍並義和團奮力擊退。是日午間，又由西沽武庫圍墻出有洋兵數百人，携帶洋砲，在武庫對面白廟地方，影身樹林一帶，直攻我軍營壘，我軍開砲對擊，戰至一時之久，始仍退回西沽。該洋兵因連日被我軍攻擊，無路可走，又無援兵接應，遂於是夜在武庫三面放火，乘間竄逸。我軍望見火起，即一面出隊追擊，一面會合民團、水會將火撲救，洋兵均紛紛繞路向老龍頭火車站奔竄，我軍將火救熄。察看分存兵槍、子彈及砲位所用引信等庫，九座被焚，其餘槍砲等庫尚皆無恙。是日午間，洋人又在紫竹林用砲向我南門外海光寺旁之製造局轟擊多時，不期砲子落入海光寺廚房，登時火起，燒及廟宇，致延局中木料廠並廠房數十間，仍存五十餘間。廠内機器雖有損傷，尚可脩理。西沽武庫未被洋兵佔據，城南製造局洋人亦未闌入，現均分飭嚴守。又東門外距城二十餘里之機器局，洋人屢圖撲犯，自二十七日至三十日，所來洋兵，均經隨時擊退，迭有所獲。六月初一日早，該局西面又有洋兵來攻，經護守西面之武衛前軍營官潘金山，嚴飭營兵潛伏不動，俟其將近用排槍轟擊退。復來如是數次，擊斃洋兵多名。我軍正在傳餐，遥見紫竹林突出洋兵二千餘人，仍攻西面，該軍統領姚良才恐潘金山衆寡不敵，復抽調防護東北兩面哨隊援助。戰未逾時，而軍糧城又突來洋馬隊千餘與洋兵會合，四面包抄，我軍仍竭力抵禦，槍砲子彈如雨，潘金山右腿被槍子洞穿，裹創力戰至申刻，忽有砲彈墜入該局棉花藥庫，洋兵即乘勢闖入。其時四面火起，我軍抵敵不住，遂退至堤頭。此戰我軍傷亡營哨弁勇共計三百餘人，洋兵亦傷損不少。該局周圍延袤二十餘里，地方遼闊，洋兵入圍僅佔一面。查探只焚棉花藥庫等處，機器各廠尚未損壞，仍當嚴飭該軍聯合民團趕緊設法擊退。是日當機器局被攻喫緊之時，又有洋兵由河東上竄，在陳家溝搶脩鐵路橋座，希圖分我兵勢。武衛前軍後路統領胡殿甲會合民團截擊，連開鉅砲，擊斃洋兵不少，並將陳家溝洋人所脩鐵橋轟燬，洋兵紛散奔回租界。初二日等日洋兵並無大隊出犯，惟在租界馬家口一帶日夜出隊誘戰，並分兵由火車站於河東哨探焚燒鹽坨民房，均經我軍隨時擊退。

此上月二十九日以後連日戰守之情形也。

至大沽一帶，哨探仍有各國小火輪兵船十餘艘停泊塘沽。其來津之兵皆以帶水小輪拖帶民船裝載。兵以俄國爲多，並有該國所雇倩鐵路工人及教民在內。大沽通新城大路之萬年橋被洋兵拆燬，軍糧以上所拆鐵路均未脩復。現浙江提臣馬玉昆督帶所部於初三日已抵天津，得此大枝勁旅援應（應）津郡，民心均稍安定。奴才與該提督面商進戰機宜，必須先將紫竹林洋兵擊退，然後會合各營節節進剿，直抵大沽，方可得手。當由奴才與馬玉昆、聶士成、羅榮光隨時相機商辦，總期迅將大沽砲臺恢復，以固門户。所有連日戰守情形，理合由六百里加緊恭摺馳陳，伏乞皇太后、皇上聖鑒訓示。謹奏。

光緒二十六年六月初六日奉硃批：知道了。着即會商馬玉昆等節節進剿，克期將大沽口砲臺恢復，以資扼守。欽此。

遼寧省檔案館《東北義和團檔案史料·雙城堡協領爲兵丹乏械軍火不足請添撥軍火而救燃眉事給吉林將軍的呈文光緒二十六年六月二十四日》爲飛行呈請添撥槍械以濟急用而救燃眉事：兹奉將軍衙門札開，兵司案呈，除原文省繁不敘外，緣據堡屬報練兵丹，請由省庫存餘各項槍械暫借應用等情。呈奉批准，飭發法得力槍百桿，每槍隨帶子母百顆，土造抬槍百桿，火藥二百斤，烘藥二十斤，火繩二百盤，鉛丸三千粒，以資需用等諭，札覆前來。遵查堡屬，現挑馬步兵丹三營，除馬隊存營官兵自行籌備不計外，僅有庫存及現籌造洋抬槍四十餘桿，洋砲百餘桿，並現由省撥給之抬槍百桿、法得力槍百桿，覈之僅供五百人執用。其餘兵丹現均徒手演練，臨事必致掣肘。滿擬再就本地購造，奈乏工匠，委屬籌無可籌。且兵丹等所持洋砲、抬槍，尤宜多備銅帽、籽藥，以預急需。其籽藥尚可就地籌備，而銅帽一項又屬無處購買。值此時勢多艱，軍需甚迫之際，惟有復懇憲恩垂念兵丹乏械、軍火不足，俯賜再由機器局所存各項槍械內，撥給快槍三百桿，子母三萬顆、洋抬槍一百餘桿、洋藥五百斤、銅帽一萬顆，以濟急用，而資捍衛。如蒙允許，仍懇再行發交，現派請領槍械之花翎驍騎校玉海，火速關領解堡而救燃眉之處，理合備文呈請飛報等情。據此。擬飛行呈請將軍衙門鑒覈，撥給關領示遵施行。

中國第一歷史檔案館《光緒朝硃批奏摺》第一〇二輯《光緒二十六年六月二十九日河南巡撫裕長摺》頭品頂戴河南巡撫奴才裕長跪奏，爲軍需緊要，豫省原有機器製造不敷分用，請旨飭撥海防經費以資推廣，恭摺覆陳，仰祈聖鑒事。竊照光緒二十六年六月十三日承准軍機大臣字寄，光緒二十六年六月初十日奉上諭：軍行以利器爲先，現在中外既經交戰，洋槍無從再購，我國家向有擡槍、背槍，未嘗不可制敵。河南既有機器局，著裕長嚴飭局員趕緊將擡槍、背槍速行製造，源源接濟，並將子藥等件一律配齊，聽候調用。一面先將趕造情形迅速奏明，以慰廑系。將此由六百里加緊諭令裕長知之，欽此。遵旨寄信前來等因。承准此，伏思國家廣儲武庫，原以備一時之用，際兹畿輔戒嚴，敢不先其所急，速備堅甲利兵，以爲制勝之具。當經督同機器局、支應局司道各員悉心籌議。竊查豫省機器局廠，經前撫臣劉樹堂奏請籌辦，維時僅從藩庫及釐稅局提湊銀十八萬五千餘兩，所有機器車牀、槍筩、鍋鑪及進口關稅，搬運水脚與建造廠房工料種種繁費，莫不取給於此。應需局用，由釐稅局按年籌撥銀二萬兩，每月僅攤銀一千六百兩之譜，而委員薪水、匠役工食及鋼鐵、柴炭一切局中雜項，均出其中。此其因陋就簡，固難與南北洋並論，即較之山東等省亦不及十之二三。前撫臣奏辦之初，已將經費支絀萬分爲難情形陳明在案。此外，尚有續購製造火藥機器，業已運至豫省，添蓋房屋將次開辦，亦因物料不全，局費無出，暫行停辦。是以該局所造子彈僅供本省各營每年操防之用，所需火藥尚係由支應局用土法造成，搭配應用，補其不足。此豫省機器局難於兼顧之實在情形也。自奴才到任以來，於整頓武備之中亟思設法推廣，百計籌畫，均以庫款短絀，無米爲炊，迄今未能舉辦。此次奏派五營入衛，已將局存歷年造成子彈給領過半，其所需槍砲多係本省舊存之物，飭匠重新脩治，以濟急需，此後續有徵調，即恐難於兼顧。因思行營需用軍裝以子藥爲最多，將欲多製子藥，非自製銅盂不可，自製銅盂，必須添置軋銅機器一具，即可廣收舊銅，隨意製造，用之不竭。豫省因無此物，所製槍子皆以收回舊銅殼重裝子藥，輪替使用，並不能創造新子。方今中外已開戰衅，各口岸洋行勢難如常販賣，惟聞沿江行省所有機器局廠經費充足，氣局亦甚爲恢廓，必有餘存未用之器，現已特派候補道馮光元輕裝馳往湖北、江南等省，訪有軋銅機器，擬即籌款匀購一具，輦運來豫，以資鎔鑄。儻此項機器難覓，或有巧匠自能製造，即雇覓來豫令其仿製。惟此項軋銅機器專爲便造子藥而設，其餘槍枝火藥又非別籌鉅款，不能取精用宏。豫省既有成局，規模粗具，但能有挹注之資，即可望擴充之用。第以本省庫儲久已入不敷出，現又內顧軍儲，外籌協餉，豈得復有餘款可以挪移？查有海防經費一項，專備軍需防務一切要用，現聞天津機器局已被殘燬，一時難以興復，可否飭下北洋練兵大臣於海防經費項下，先行指撥銀二十萬兩，劃交到豫，以爲推廣製造之用。如蒙俞允，擬即先將已建未成之火藥分局接續脩造，使無用之廢材皆爲有用之利器。一面另委妥員馳赴沿江一帶，訪求製造槍枝各種機器擇要添購。至本省原有工匠均以辛工短少，僅有次等匠材遠來充數。現聞天津軍械所中匠人均已四散無存，如能款項稍充，即可前往招募上等巧藝數名來豫，分派各廠指示監造，以廣流傳。惟查製造機器價目昂貴，非尋常材料可比，每購一件多值千萬金不等，是以各省設局成案動支數百萬鉅帑，即局費一項，每年輒用數十萬金。豫省不臨口岸，舟楫罕通，陸路轉運需費尤鉅。此次所請之款止爲目前籌備之計。將來如有成效，必須另謀大宗的款接濟，方足力求恢廓，運用不窮。恭查光緒二十三年十二月二十五日寄諭，沿海各地易啓他族覬覦，從前製造各局亟應移設堂奧。據榮禄奏，以山西、河南設立製造廠局，漸次擴充，從速開辦以重軍需。著就地方情形認真籌辦等因，欽此。仰見聖慮周詳，至深且遠。前撫臣劉樹堂覆奏摺内，業已通籌大局，詳晰敷陳。伏維河南地處腹内，既不同沿邊商埠近偪海疆，或致益寇兵而齎盜糧，又據中原之樞要，轉輸各省皆可四達不悖，就目前形勢而論，尤當急思轉移，以顧全局。此又出於奴才鰓鰓過計者也。除飭機器、支應兩局，仍將軍械子藥趕緊製造以備急需外，所有豫省製造不敷分用，請撥海防經費以資推廣緣由，謹繕摺由驛馳陳，伏乞皇太后、皇上聖鑒訓示遵行。謹奏。

硃批：户部議奏。

中國第一歷史檔案館等《中國近代兵器工業檔案史料》第一輯《許佑身奏天津機器局失事槍砲子藥宜未雨綢繆片光緒二十六年七月初三日》 再，行軍之道，必以餉糈、軍械爲先。臣聞近日庫儲僅敷兩月兵餉，則各省解款自應迅速催提，京通各倉亦可變通酌撥。天津機器局生事，槍砲子藥須恃南來接濟，而陸路轉運難於克期解到，尤宜未雨綢繆。擬請飭下部臣暨統兵大臣，將現存餉糈、軍械查明確數，足支幾月，俾不致臨時周章。

臣管見所及，謹附片具陳，伏乞聖鑒。謹奏。

中國第一歷史檔案館等《中國近代兵器工業檔案史料》第一輯《袁世凱奏遵旨劃撥東省軍械解京摺光緒二十六年七月初五日》 山東巡撫臣袁世凱跪奏，爲遵旨劃撥東省軍械，派員管解赴京，恭摺覆陳，仰祈聖鑒事。

竊臣於本年七月初三日承准軍機大臣字寄，光緒二十六年七月初一日奉上諭：本日李秉衡面奏，山東現存軍火，尚有堅利遠後膛抬槍四百桿，堅利遠槍子十七萬顆，馬蹄尼槍子兩種共三十萬顆，後膛克虜卜車砲十尊，砲子一千顆，均爲該省所不用等語。現在京津前敵軍情喫緊，着該撫迅將前項軍械，揀派妥員提解來京，毋稍延誤。將此由六百里加緊諭令知之，欽此。遵旨寄信前來。當即欽遵飭令善後局迅速查明，如數動撥。

兹據該局員稟稱：舊存堅利遠後膛抬槍四百二十八桿，已裝子彈四萬二千五百八十九顆，未裝子殼十三萬三千五百三十七顆。大馬蹄尼槍子彈十四萬七千二百二十八粒，小馬蹄尼槍子彈五萬六千二百粒，兩共槍子二十萬三千四百餘粒，此爲東省所未用。惟先鋒隊所募砲隊兩營，每營應需砲位十八尊，共需三十六尊，而東省所存克虜卜砲僅二十尊，尚不敷該砲隊之用，前因曹州鎮龍殿揚奉飭募勇北行，又經撥用四尊，現止存十六尊，應撥歸先鋒隊領操等情。

臣伏念京畿防務關係至重，當此需用軍儲之日，亟需竭力籌措，設法解撥以資接濟。已飭將堅利遠抬槍及已裝子彈並大小馬蹄尼槍子彈，悉數劃撥。其未裝抬槍子殼，仍飭局督催工匠，星夜趕裝，陸續起解。至克虜卜砲位，雖經先鋒隊領用，亦應移緩就急，即在該砲隊内分撥十尊，並配子彈一千顆，一併檄委山東候補知縣奎光、朱鴻保等迅即分批管解，妥速北上，投赴總理武衛各軍大學士臣榮禄處交納，以應供用，而濟急需。所有遵旨劃撥東省軍械，派員管解赴京緣由，理合恭摺由驛六百里覆陳，伏乞皇太后、皇上聖鑒訓示。謹奏。

光緒二十六年七月初十日奉硃批：該部知道，欽此。

中國第一歷史檔案館等《中國近代兵器工業檔案史料》第一輯《宋春鰲爲接收吉林機器局前總辦移交各件事致吉林將軍長順之申文光緒二十六年七月初十日》 署機器局事務二品銜記名海關道宋春鰲爲申報事。

光緒二十六年四月二十二日奉憲臺札開：照得機器局總辦方牧朗現因奉省函調請假，所遺總辦一差不可不慎選其人。查有總辦吉林通省礦務宋春鰲，才長心細，從前創設機器局係該道一手經理，應責成該道兼署該局總辦，以資熟手。除咨幫辦並分札外，合亟札飭。札到，該道即便遵照。仍將接署日期具報等因。奉此，查職道所辦三姓礦務尚須料理，當經請假赴姓，趕緊料理清楚，於六月初八日旋省銷假，即日准總辦機器局事務。方牧朗將總辦吉林機器製造局木質關防一顆並文案卷宗、庫存銀錢各款、料件、器具、軍械軍火、暨銀元廠庫存銀元、贏餘銀兩、銀坯銀元、道勝洋行等處鑄元銀兩以及各廠機器、器具，截至五月三十日止實存各數，開單移交前來，並根據經營各員結稱，方總辦朗移交各件均無短少，職道即倶接收清楚，敬謹署理。

除移覆外，理合將接收各件分晰開具清摺，具文申報，伏乞憲臺鑒覈施行。

須至申者，計申清摺十一扣。

右申欽命頭品頂戴總理各國事務大臣鎮守吉林等處地方將軍督辦吉林邊務事宜兼理打牲烏棟選官員等事恩特赫巴圖魯長。

清摺（之一）

謹將接收軍械庫截至光緒二十六年五月底止，實存各項軍械、軍裝數目，開具清摺，恭呈憲鑒。

計開：

【略】

一、局制項下：西林砲十尊（零件俱全），田鷄砲一尊（零件、木件俱全），六筒連珠車砲三尊（零件俱全），洋抬槍四百五十桿。

【略】

清摺（之八）

謹將接收庫房截至光緒二十六年五月底止，實存各項軍火數目，開具清摺，恭呈憲鑒。

計開：

洋火藥二十七萬七千一百六十一磅零七兩八錢，開斯子母五十四萬七千三百七十二顆，重裝開斯子母二萬七千二百八十顆，洋造開斯子母十一萬八千顆，毛瑟子母五十七萬八千六百四十二顆，毛瑟不帶鉛丸子母四萬七千顆，士得子母二十二萬九千八百四十一顆，重裝士得子母二萬四千顆，洋造士得子母九十萬零二千顆，大銅帽二萬零二百五十五顆，來福鉛丸十四萬二千零二十五粒，洋抬槍鉛丸十萬零一千九百五十八粒，鷄心鉛丸二萬五千粒，兩磅實心子彈六百九十個，兩磅開花彈四千零三十七個，兩磅銅五、六件四千零五十五副，四磅開花彈二千零二十八個，四磅銅五件二千零二十八副，十二磅開花彈八千六百七十六個，十二磅銅五件八千六百七十六副，圓開花彈木心八十七個，圓開花彈紙引六百零七個，兩磅銅拉火一萬五千五百九十二支，四磅銅拉火一萬三千五百二十支，彎頭銅拉火二千支，開斯槍盤簧五十盤，福機開斯開花子一百個，福機開斯銅引火一百個，福機開斯銅五件一百副，福機開斯銅管一百個，田鷄砲圓開花彈一百二十個，田鷄砲木心子一百五十個，開斯槍耳子一百四十個，毛瑟槍鈎簧十三匹，毛瑟槍針簧十盤，噶爾薩砲簧二十五匹，來福槍砲臺三百二十個，洋抬槍砲臺七百個，操槍鐵靶全副，木榔頭二個，藥刷二個，砲口刷二個，砲洗靶二四把，送子棍二根，開斯槍頂針五根，開斯槍針簧五十七匹，開斯槍鈎簧三十七盤，新式六磅開花彈七百九十四個，新式六磅銅五件七百九十四副，開斯槍子簧五百八十盤，噶爾薩銅管二百個，噶爾薩群子五百個，噶爾薩實心子五百個，十磅洋鐵水雷七十四個，二十磅洋鐵水雷九十四個，三十磅洋鐵水雷七十四個，三十磅生鐵水雷十七個，水雷信子一百六十個，水電綫九千七百尺，水電箱十個，過電箱一個。【略】

清摺（之十）

謹將接收銀錢所自光緒二十六年正月起至五月底，所有收支經費銀兩數目，開具四柱清摺，恭呈憲鑒。

計開：

舊管：一、上届報銷截至二十五年年底止，實不敷銀二萬七千二百五十四兩零四分七釐零一絲四忽七微。

新收：一、黑龍江鎮邊軍撥本年經費京二兩平銀二萬兩，合吉平銀一萬九千五百二十三兩二錢。一、部撥本年春季經費湘平銀四萬七千五百兩。以上共收銀六萬七千零二十三兩二錢。

開除：一、機器局薪工局費銀一萬九千零九十六兩七錢二分九釐八毫零二忽。一、營口轉運局正、二、三三個月薪工銀五百六十五兩四錢。一、由本省購辦物料銀九千零九十兩零四錢三分零一毫七絲。一、由上海購銅盂、洋硝等料銀八千零六十五兩。以上共除銀三萬六千八百一十七兩五錢五分九釐九毫七絲二忽。

實在：一、存銀二萬零二百零五兩六錢四分零二絲八忽，除應還上届不敷銀二萬七千二百五十四兩零四分七釐零一絲四忽七微外，尚存銀二千五百五十一兩五錢九分三釐零一絲三忽三微。

吉林省檔案館《清代吉林檔案史料選編（工業）》上册《吉林將軍長順爲機器製造局代造奉省軍火的咨文光緒二十六年七月十六日》　爲咨行事。

案據機器製造局申稱：竊職道於六月二十日准總統育字全軍盛京副都統晉　函開：敝軍所用四磅克虜卜砲，有子母彈而缺銅五件及拉火，噶爾薩砲開花子母彈亦少。吉林所造之毛瑟抬槍，此處無子母。現在軍情緊急，如不速備，貽誤匪輕。敝省與吉林脣齒相依，聯絡聲援自必無分畛域用。特開單函懇轉稟憲臺，將單開各件，局有現成者撥給若干，或代造若干，應需工料價值示知撥解，等因。准此，職局查來單計開：克虜卜砲銅五件五百副，又拉火七百枝，噶爾薩砲開花子母彈一百個，五開花抬槍大銅帽五萬顆，吉林造毛瑟抬槍子母五百粒，以上各項，職局現成者雖不齊全，尚能製造。惟查抬槍子母一項無此式未能代造外，其餘各件即飭匠加工趕造，現已一律告成。於本月初六日，飭派委員王培植押解起程，赴奉交納。謹將此項軍火價值數目繕具清摺，恭呈憲鑒。所有職局代造育字軍軍火緣由，並派員起解日期，理合備文，申報鑒覈，俯賜轉咨施行等情，到本軍督大臣。據此，相應抄粘備文咨行。爲此合咨貴軍督部堂副都統，請煩查照，如數驗收，見覆實行。須至咨者。

吉林省檔案館《清代吉林檔案史料選編(工業)》上冊《吉林機器製造局爲發給雙城堡軍火的移文光緒二十六年八月十一日》 爲移付事。

光緒二十六年七月二十五日准邊防營務處移開，茲據雙城堡委員雲騎尉恩溥呈稱：竊職奉派赴省，請領法得利子母五萬顆、火藥五千斤、銅帽七萬粒、鉛丸一萬粒，洋藥五百斤。當將公文投呈，迄今數日未奉批示，原文發交翼長營務處存案矣。職思地面軍情喫緊之際，子藥係爲重務。來省多日未經領出，似此將何以保堡署官民？焦思萬狀，無可爲計。是以不揣冒昧，仰懇轉呈速爲如數飭發，俾職領運回堡，以應急需等情。據此，查該員請領法得利子母等項，擬即照數撥給。至所請火藥、洋藥兩項，擬撥洋藥三千斤，當經敝處回奉憲允，相應備文移付貴局，請煩查照發給等因。准此，旋據該委員恩溥具領前來。敝局即由庫提出洋藥三千斤，計四千磅，銅帽七萬顆，來福鉛丸六千粒，抬槍鉛丸四千粒，發交該委員如數領訖。至法得利子母早已發訖無存，未經發給。合併移明。除分移外，相應備文移付。爲此合移貴處，請煩查照，備案施行。須至移者。

中國第一歷史檔案館《光緒朝硃批奏摺》第一〇二輯《光緒二十六年八月十九日山東巡撫周馥摺》 頭品頂戴兵部尚書銜山東巡撫臣周馥跪奏，爲報銷機器局光緒二十五年分動用經費銀兩數目，恭摺仰祈聖鑒事。竊查山東機器局製造各項軍火，應需經費銀兩，向由藩庫籌撥，按年造册報銷；凡有添購物料，應先專案報明；脩理房屋等項，亦應隨摺聲敘。所有光緒二十四年分收支各項銀數，業經升任撫臣袁世凱奏銷在案。茲自二十五年正月起至十二月底止，造成各種西式火藥十一萬五千觔、大銅帽火四百十四萬六千粒、各種後膛槍子八十六萬五千五百八十八顆、各種洋鉛丸一百六十萬二千二百十九粒，配脩各種後膛洋槍六百三十桿、來福洋槍一千七百五十二桿，添造各廠機器，做成裝盛軍火箱盒，砌成大爐、房屋水溝，及脩理圩牆，並採買外洋銅、鐵、鋼、鉛各種物料，暨員弁、匠役薪水，工料運腳等項，應歸户部覈銷銀二萬三千九百八十一兩零，兵部覈銷銀九千六百九十八兩零，工部覈銷銀二萬九千五百二十七兩零，三共應銷銀六萬三千二百七兩零。計收光緒二十四年報銷案內結存庫平銀一萬兩零，陸續共撥藩庫庫平銀四萬六千兩南運局庫平銀一萬六千兩，除支用外，實存庫平銀八千七百九十三兩零，應歸下届造報。所有支款項下應扣六分減平銀兩，均已解存藩庫。據總理局務布政使胡廷幹、按察使尚其亨、分省補用道劉恩駐等造册詳請奏咨前來。臣覆加查覈，均係實用實銷，尚無浮冒情弊。除清册分咨户、兵、工三部查照外，所有報銷機器局光緒二十五年分動用經費銀數緣由，理合恭摺具陳，伏乞皇太后、皇上聖鑒，敕部覈銷施行。謹奏。

硃批：該部知道。

中國第一歷史檔案館《清代軍機處電報檔彙編》第二册《寄諭劉坤一等著酌撥小口徑槍快砲等解西安事光緒二十六年九月初十日》 兩江總督劉、湖廣總督張、陝西巡撫岑，光緒二十六年九月初十日奉上諭：岑春煊奏陝省募勇，請飭撥槍械等語。現在陝省添招勇營需械甚急，著劉坤一、張之洞於上海、湖北各製造廠酌撥小口徑槍四千桿，快砲十尊配齊子彈解赴西安，俾資應用。將此由六百里各諭令知之，欽此。遵旨寄信前來。

中國第一歷史檔案館等《中國近代兵器工業檔案史料》第一輯《長順奏俄軍侵入吉省盤踞機器局等處進行掠奪摺光緒二十六年十月十八日》 八月二十九日晚，東路俄將先派官兵六人到省。三十日早，奴才長順接見，款之以禮。據云，俄統帶官愛固斯脱夫及克雷熱諾甫斯基均恐城中慌亂，約隊緩來，先派伊等來省通情。其時北路俄兵已有從長春府繞赴省西进城之信。奴才等派員出阻，令其駐紮城外，不料俄員額林干夫帶官六員、馬隊數百名於是日下午進城，突入奴才長順署內，守住電機，索酒食，索鋪陳，紛擾不已。長順環甲署外，伏盾門內，握該酋手，詰以今日之來欲和欲戰，聲色俱厲，該酋貼耳而服。是晚設席款待，留宿署中。初一日早潛赴將軍衙門開放獄犯百餘名，欲開銀庫劫奪，奴才等聞信，派員與之力爭，始不敢動。該酋旋赴機器局，將局員、司書、工匠、護兵悉行驅出，即將銀圓廠收發處存儲本廠並鋪商兑换及俄鐵路公司之銀圓、銀條、銀坯計重不下百數十萬兩，搶散大半，餘銀封存，派兵看守。槍砲及子母悉行燬棄。初二日將武庫所存槍械、子母盡棄江中。晚間又將江南火藥兩庫轟燬，其勢欲踞盤不去。奴才等復與力爭，始於初三日早每兵各用騾馬飽馱銀兩而去。

當是時，奴才等已接哈爾濱轉到慶親王電示：現奉便宜行事諭旨，會同李相議和，自應先行停戰，如與俄戰，礙難開議等因。奴才等遇此橫逆，不與之較，職是之故，詢諸東路俄員，謂北路所來俄官兵多係該國囚犯，俄皇特赦其罪，用以衝鋒，並無餉銀，異常窮乏，故見財物即行搶奪。其釋放囚犯者，憐同類也，其轟燬槍械、子藥者，奪我所恃，去彼所忌也。幸所掠取皆係官物，尚未擾及商民。

初七日俄統帶克雷熱諾甫斯基到省，帶隊千餘名，駐城外。十一日俄統帶愛固斯脱夫到省，亦帶隊千餘名，駐城外。該俄員等均以十旗武備學堂爲營，以機器局爲館。十六日俄提督高哩巴拉斯由哈爾濱來省，寓城內。奴才等均已賓禮相見。三員中惟愛最循理。大約東三省俄兵，高之權可以統之，克則駐奉，愛則駐吉，故高到未數日即起身赴沈，不日克亦西行。嗣後續來俄兵，均守和約。於是吉林人心爲之大定。凡吉林所屬各府廳州縣，遇俄兵至，均照和約款接。惟署伯都訥廳同知候補同知張渭先期帶印出走，以致土匪乘亂搶劫，衙署被焚，獄犯全逃。其餘如長春、賓州、五常、雙城、農安等處安堵如故。伊通則地當孔道，教化則難民麇集，不免稍有騷擾。此吉林停戰與俄議和之實在情形也。

獨是俄兵到省，迄今兩月餘矣，供億之繁，需索之多，悉由公款開支，費盡羅掘。且其疑忌終未盡釋，一遇營兵即收槍械，以致各營散處，一時不能調集。當此戰事既停，餉源已絶，若不裁兵節餉，其勢萬難久支。是以奴才長順於閏八月初旬通飭將邊防各軍及新募强軍並各城添練之兵悉行裁撤，另給一個月或半個月恩餉，作爲遣費，僅留練隊，以資緝捕。無如各隊到省呈繳槍械，即被俄兵收去，其意欲令吉省不設一兵，有兵不持一械而後已。現在各隊雖將遣完，而各處土匪四起，聚集大股，肆行搶掠，負隅自固，往往俄兵前往勦捕，亦屢多挫失，彼亦知吉林伏莽之多，無兵不足以治盜，始允退還槍械，而至今未還。近又行文俄伯力總督，商准吉林通省練隊四千數百名。但餉無可籌，實深焦灼。且吉林軍火向由本省自行製造，而機器局占住不還，各機器亦多拆燬。吉林錢法全賴銀圓周轉，而銀圓廠允讓不讓，即搶剩銀兩亦靳不交出，他如各站馬匹任意牽用，有時不免放火，民間財物任意搜取，有時不免姦淫。地方雖幸免兵燹，而擾累如此，其何以堪。【略】

光緒二十六年十二月二十九日奉硃批：覽奏已悉。東三省，俄國已許交還。着仍竭力維持，隨時補救，俟和議大定，分別辦理。欽此。

吉林省檔案館《清代吉林檔案史料選編(工業)》上册《吉林將軍長順奏吉林機器局光緒二十五年份動支經費款目及存發軍火料件覈銷摺光緒二十六年》

奏：爲造報吉林機器局及代造黑龍江光緒二十五年份動支經費款目，及存發軍火料件造册覈銷，恭摺仰祈聖鑒事。

竊查吉林機器局，經前將軍延　截期奏報，自光緒二十四年正月初一日起，至十二月底止造册報銷，並聲明嗣後按年造報，年清年款，以免牽混。曾奉諭旨俞允，並按部咨，准銷在案。

兹據總辦吉林機器局花翎分省補用直隸州知州方朗等申稱：查吉林機器局及代造靖邊新軍、黑龍江鎮邊軍軍火，收支經費、料件，造成軍火發用存儲各數，前經歸併彙案報銷，業已報至光緒二十四年年底止。計實在不敷湘平銀三萬八千二百二十八兩二錢九分二釐一毫六絲六忽三微，曾奉部復准銷。又添練武備軍一營，前經奏明按年由銀元盈餘項下撥銀四千兩，作爲製造該軍軍火之需。又前將軍延　奏明，截期光緒二十五年正月初一日以後，收支款目歸　奏報覈銷等因，飭遵各在案。並將光緒二十五年一年，所有卑局及代造靖邊新軍、武備軍、黑龍江鎮邊軍各軍火員司、匠徒、夫役，起支停止薪工銀兩日期，購料斤重，造册申請，分咨立案。其動支細數聲明另案造報等因亦在案。兹將自光緒二十五年正月初一日截至十二月底止，由户部領到經費湘平銀九萬五千兩，黑龍江鎮邊軍撥交京二兩平銀三萬兩，由銀元盈餘項下提撥製造靖邊新軍火吉平銀二萬兩，又撥製造武備軍軍火吉平銀四千兩。代造銀元廠，光緒二十四年十一月起，二十五年五月停鑄止，機器、器具撥還工料吉平銀一萬八千八百四十七兩四錢八分二釐九毫四絲五忽；又代造銀元廠二十五年七月復行開辦起，是年年底止，機器器具撥還工料吉平銀二千七百九十三兩二錢三分零八毫三絲六忽。

以上四項，共吉平銀四萬五千六百四十兩零七錢一分三釐七毫八絲一忽，摺庫平銀四萬四千二百二十五兩四錢九分七釐八毫四絲九忽八微，申合湘平銀四萬六千零六十八兩二錢二分六釐九毫二絲六忽八微。統計共收湘平、京二兩平銀十七萬一千零六十八兩二錢二分六釐九毫二絲六忽八微。內除歸還上届報銷不敷及卑局營口轉運分局用過薪工局費，搬運長夫口分，以及由滬購辦物料隨時價值，水陸運腳，並在吉林本省購辦物料隨時價值等，共支過湘平銀十九萬八千三百二十二兩二錢七分三釐九毫四絲一忽五微外，仍實不敷湘平銀二萬七千二百五十四兩零四分七釐零一絲四忽七微。此項不敷銀兩，係由防餉項下挪墊，應俟由領到經費項下陸續歸還。再購辦各料，價值增長，前已報明在案。其黑龍江鎮邊軍原撥經費係京二兩平，則補足湘平，俾歸劃一。由滬購辦外洋物料需用庫平，則申合湘平，俱於購料收支、總數兩項册内登明，均照上届准銷成案辦理，覈實報銷，毫無浮冒。至物料價值逐年增長，來年能否即照此數，未敢預定等因前來，復覈無異。除將收支各款並收發料件、製造軍火、存儲子藥分析條目造具細册，分别咨送户、兵、工三部查照復銷外，所有吉林機器局及代造黑龍江鎮邊軍軍火料件數目，分析造報緣由，恭摺具陳，伏乞皇太后、皇上聖鑒。謹奏。

中國第一歷史檔案館等《中國近代兵器工業檔案史料》第一輯《長順等奏與俄交涉索還所佔吉林機器局艱難情形摺光緒二十七年正月二十四日》 奴才長順、成勛跪奏，爲吉林近日辦理交涉諸多艱難情形，恭摺具陳，仰祈聖鑒事。

竊查奴才等前因俄兵大舉入寇，邊要已失，適接哈爾濱鐵路總監工茹格維志來書請和，遂變計停戰，派員前往議定。自是吉林腹内各地，方賴保完善。所有詳細情形，業於上年十月十八日專摺具奏在案。當時京中和局未定，俄兵甫來，雖口言不佔地方，而恣睢横行，仍不免有吞噬之意。迨聞和事稍有端倪，俄兵較前斂迹，而辦事仍形掣肘。凡彼兵過境或來省駐紮，需用房屋器具，必須叱嗟而辦。倘我相商一事，每多推諉，必再四熟商，迫於無可如何，始克允行。從前伯力總督尚未來省，一切交涉彼族終以待總督酌定爲詞。迨十一月十三日該總督格羅德剋夫到省，小住二十餘日，晤談十餘次，僅商定練隊兵額一事，倏然揚去。其續來者爲劉巴、爲馬那金。劉則俄之六品官，專辦文事交涉。馬則俄之廓米薩爾，專爲武事交涉。而統兵之員本係俄副將愛固斯脱夫，近則愛去而俄提督高里巴爾斯復回。現在駐吉辦事者，惟此三人。大抵俄員之來吉者，不下數十人。無論官階大小，其事各不相侔，即其權各不相轄。故往往遇有交涉，此允彼駁，萬分棘手。即如軍火一項，前被彼兵將藥庫轟盡，而他處寄存洋火藥尚存數十萬斤，已與馬那金商允，留爲我用，今愛以之付諸火，高以之沉諸江矣。槍械一項，初允給還，今復中變，再三商索，留其好者，而以廢槍搪塞。從前愛固斯脱夫佔住機器局，將各物據爲己有。嗣因市面錢法擁滯，囑其先讓銀圓廠開鑄，而愛則答言不得自專。於是商允伯力總督，並經劉巴電達外部，均已轉飭速交，而愛則不肯退還房屋，並不肯全還機器，又不肯將廠内被搶剩銀四十餘萬兩照數點還。愛既執意，高亦傚尤，以致磋磨數月，迄未十分就緒。從前佔住電局阻截文報者，以初入重地，不免多所疑慮，本無足怪。今文報稍通，而電局及機綫仍佔用不還，以致遇有要事，不能通電。蓋總理電事另一俄員，又非該國提督及交涉之員所能驅使故也。以上數端，不過舉其大概。而他事之費唇舌、勞奔走者，不勝縷指。此爲近來交涉難辦之實在情形。

當此天步艱難，行宫焦慮，奴才等何敢以瑣事再煩聰聽。只以日來恭閲邸鈔，内開和事大綱十二條，並未議及東三省地方，而此間之收槍械、佔機局、阻電報，皆爲將來條目應有之事，不得不豫爲陳明。相應請旨飭下全權王大臣，一併酌覈商議施行。至於近來俄宫頗有約束俄兵稍就範圍，商販漸已通行，地方較前安謐，堪以上紓宸廑。所有交涉艱難情形，除咨明全權王大臣外，理合恭摺具陳，伏乞皇太后、皇上聖鑒訓示。謹奏。

〔硃批〕：另有旨。

中國第一歷史檔案館等《中國近代兵器工業檔案史料》第一輯《于蔭霖奏暫在各州縣歷年解存漕摺加復項下借支撥解河南機器局添購材料片光緒二十七年正月二十四日》 再，據機器製造局詳稱：該局開辦之初，籌定局用經費每年銀二萬兩，如以後添購材料等件需用銀兩，仍由司庫籌撥，均經奏明有案。現在舊存材料無多，亟應添購槍子、砲彈暨製造抬槍各項料物，以及各廠應用等件擇要採辦，共計需銀二萬二千兩，請由司庫照案籌發，派員前赴上海設法採買等語。

臣伏查河南創辦機器製造本屬因陋就簡，各項材料儲備無多，今設局已歷四年，前存之料早已用罄。上年籌備防務所需槍砲子彈待用尤多，是以前撫臣裕長奏請於海防經費項下協撥銀二十萬兩，以資推廣，迄今未奉部覆。海防經費計已蕩然無存，無從指撥，而軍火一項實爲切要之圖，現既將舊存物料動用殆盡，幾有停工待料之虞，非撥用鉅款廣爲儲備，誠恐難乎爲繼。惟豫省庫款奇絀，用項尤繁，止可擇其最關緊要者略爲添補，以顧目前急需工料之用。所請撥銀二萬二千兩，委實無可再減，當經飭司籌撥去後。兹據該藩司廷祉詳稱，暫在各州縣歷年解存漕摺加復項下借動銀二萬二千兩，於光緒二十六年十二月二十三日移解機器局，委員前往上海擇要採辦等情，請奏前來。臣覆覈無異。除飭局開呈應購材料清單咨部外，理合附片具陳，伏乞聖鑒，敕部立案施行。謹奏。

中國第一歷史檔案館等《中國近代兵器工業檔案史料》第一輯《户部爲恭録硃批准河南機器局經費暫在各州縣歷年解存漕摺加復項下借支事致河南巡撫之咨文光緒二十七年二月二十一日》 河南巡撫於光緒二十七年二月二十一日准行在户部咨。

河南司案呈：二十七年二月初十日内閣抄出二月初五日河南巡撫於附奏籌撥機器局經費暫在各州縣歷年解存漕摺加(價)〔復〕項下借支銀二萬二千兩一片，當日奉硃批：該部知道，欽此。欽遵抄出到部。相應恭録硃批，移咨河南巡撫遵照辦理可也。

中國第一歷史檔案館《光緒宣統兩朝上諭檔》第二七册《光緒二十七年三月初五日》 軍機大臣字寄慶親王奕、大學士李，光緒二十七年三月初五日奉上諭：長順等奏，俄員商請合辦吉林礦務，暫議約章，開單呈覽一摺，已准如所請行矣。又奏吉林辦理交涉艱難情形。機器局全被俄人佔據，各城砲位悉爲俄用，均須向俄使索還各摺片。著奕劻、李鴻章一併歸入東三省案内覈辦。原摺二件、單一件、片二件均著鈔給閲看，將此諭令知之，欽此。遵旨寄信前來。

中國第一歷史檔案館等《中國近代兵器工業檔案史料》第一輯《袁世凱奏請爲山東機器局採辦外洋物料用銀立案片光緒二十七年四月十一日》 再，山東機器局製造軍火，每年購買外洋物料動用庫款，照章應先奏咨立案。

兹據總辦機器局務署布政使胡景桂、按察使尚其亨、分省補用知府劉恩駐等詳稱：光緒二十六年分製造軍火，内有各項後膛逼碼，添造洋火藥，脩理各營槍械，並加工製造子藥。所需物料，先後由藩庫撥銀一萬兩，南運局撥銀二萬七千兩，均委候選道嚴信厚就近在上海購運外洋各種紫銅、白鉛、鋼、鐵暨各種鏹水、倭礦、洋硝、各色漆、油、皮帶、皮管、一應雜料，以資製造。並因軍興，增募工匠，加派司員，添募護勇防守局庫，加添薪水、鹽糧、口食，各廠應用雜料亦均逐件加增，每月於原撥經費外，加撥銀二千二百兩，自六月初一日起至年底止，共加撥銀一萬七千六百兩。至上年六月遵旨製造舊製槍砲，應需工款，當經奏准將鹽運使豐伸泰報效京平銀二萬兩撥給應用，計合庫平銀一萬八千八百兩，内除脩理抬槍工價銀一千七百四十四兩七錢九分九釐，又續發銅、鉛不敷料價銀七千六百餘兩。以上動撥各款均已分別支銷，其不敷運脚等項，均由月領經費内動支，統歸二十六年軍火案内造報，照章先請奏咨立案。並稱前項物料，係在上海向洋商訂購，無從咨請出使大臣驗收等情。臣覆查無誤。除咨總理各國事務衙門暨户、工二部查照外，理合附片陳明，伏乞皇上聖鑒。謹奏。

中國第一歷史檔案館等《中國近代兵器工業檔案史料》第一輯《袁世凱奏銷山東機器局光緒二十四年動用經費摺光緒二十七年四月二十八日》 奏爲報銷機器局光緒二十四年分動用經費銀兩數目，恭摺仰祈聖鑒事。

竊查山東省機器局製造各項軍火，所需經費銀兩，向由藩庫籌撥，按年造册報銷；凡有添購物料，應先專案報明；脩理房屋等項，亦應隨摺聲敘，均經遵辦。所有光緒二十三年分收支各項銀數，亦經前撫臣奏銷在案。

兹自二十四年正月起至十二月底止，造成各種西式火藥十二萬一千八百五十一斤、大銅帽火三百二萬一千八百粒、各種後膛槍子七十八萬三千顆、堅利遠後膛抬槍二十一桿、各種鉛丸一百一萬一千六百粒，配脩各種後膛洋槍九百九十桿、來福洋槍五百三十二桿，添造各廠機器，做成裝盛軍火箱盒，砌成火爐、房屋水溝，及脩理圩牆、圩門、壕橋閘，並採買外洋銅、鐵、鋼、鉛、各種物料，暨員弁、匠役薪水、工食，料物運脚等項，應歸户部覈銷銀二萬七千四百八十三兩四錢六分七釐九絲二忽，兵部覈銷銀一萬一千八十七兩五錢三分，工部覈銷銀三萬六千八百二十五兩五分六釐，三共應銷銀七萬五千三百九十六兩四分六釐七毫九絲二忽。計收光緒二十三年報銷案内結存庫平銀一萬一千七百一兩六錢六分四釐二毫五絲二忽，陸續共撥藩庫庫平銀四萬九千兩，南運局庫平銀二萬四千六百兩，又收槍廠餘剩庫平銀六十四兩八錢三分九釐一毫，兵部删除運送銅錢脚價銀二十九兩七錢二分。統除支用外，實存庫平銀一萬兩零一錢七分六釐五毫六絲，應歸下届造報。所有支款項下，應扣六分減平銀兩，均已解存藩庫。據總理局務署布政使胡景桂、候補道潘延祖、分省補用知府劉恩駐等造册詳請奏咨前來。臣復加查覈，均係實用實銷，尚無浮冒情弊。除清册分咨户、兵、工三部查照外，所有報銷機器局光緒二十四年分動用經費銀數緣由，理合恭摺具陳，伏乞皇太后、皇上聖鑒，敕部覈銷施行。謹奏。

中國第一歷史檔案館等《中國近代兵器工業檔案史料》第一輯《松壽奏河南機器局製造背槍抬槍請撥之經費已解清片光緒二十七年五月十九日》 河南巡撫鬆於光緒二十七年五月十九日附奏。

再，查接管卷上年欽奉寄諭，敕造土法背槍、抬槍等因。當經前撫臣裕奏明在支應局提存候撥平餘項下挪動銀二萬兩，委員設局開辦，統歸軍需項下造報，奉旨允辦在案。

迨前撫臣于蔭(霖)到任後，以專設一局用款較多，並歸機器製造局督同委員監造，以節糜費。茲據支應局申稱，上年開局之初，發交委員銀五千七百五十五兩一錢四分，本年又分三次移解機器局銀一萬四千二百四十四兩八錢二分，共計湘平銀二萬兩，均已掃數解清等情請奏前來。奴才覆覈無異。除將局費、槍枝工價銀兩飭局另案造報，歸入軍需項下覈銷外，理合附片陳明，伏乞聖鑒，敕部查照施行。謹奏。

於光緒二十七年六月十二日奉到硃批：該部知道，欽此。

中國第一歷史檔案館《光緒宣統兩朝上諭檔》第二七册《光緒二十七年十一月十三日》 軍機大臣字寄兩江總督劉，光緒二十七年十一月十三日奉上諭：據長順奏吉林機器局上年經亂轟燬，槍械短缺，現在該省伏莽甚多，需用軍火不能不豫爲籌備，請飭下南洋大臣酌撥快槍籽母一百萬顆、洋火藥十一萬五千觔、銅帽一百五十萬顆，由該省備價派員承領，並另籌快槍三千桿等語。吉林捕盜練團須用子藥甚多，著劉坤一照數撥給，以資應用，將此諭令知之，欽此。遵旨寄信前來。

中國第一歷史檔案館等《中國近代兵器工業檔案史料》第一輯《于蔭霖奏由新章減平銀兩款内撥銀二萬兩爲河南機器局添購機器物料片光緒二十七年》

再，據機器製造局詳稱：該局製造槍砲子彈需用鋼鐵各材料，前於光緒二十六年由司庫籌撥銀二萬二千兩派員趕赴上海採購，曾經奏辦在案。現材料存者無多，亟應添購各廠應需各物，並擬製造毛瑟快槍及無煙子藥等類，須酌添機器及應用物料，共計需銀二萬兩，請由司庫照案籌發，以便派員採辦等語。

臣伏查河南機器局製造軍械，本屬因陋就簡，各項材料儲備無多，前存之項已將用罄，而軍火器械實爲切要之圖，非撥用鉅款廣爲添制，不足以資利用。惟豫省庫款奇絀，一切正雜各項均已收不敷支，只可設法挪移暫顧目前之急，當經飭司籌撥去後。茲據該藩司廷祉由新章減平銀兩款内撥銀二萬兩爲採購前項物料之需等情，詳請具奏前來。臣覆覈無異。除飭局開呈所購材料清單咨部外，理合附片具奏，伏乞聖鑒，敕部立案施行。謹奏。

硃批：該部知道。

中國第一歷史檔案館等《中國近代兵器工業檔案史料》第一輯《松壽奏河南機器局銀兩不敷已在雜税項下動支銀三千兩以採購銅料片光緒二十七年》 再，豫省設立機器局創辦製造，本屬因陋就簡，上年因舊存物料動用殆盡，經前撫臣于蔭霖奏明暫在司庫征收各州縣漕摺加復項下借動銀二萬二千兩，委員赴滬擇要採購。嗣因精銅缺乏，僅將鋼、鐵等料購運到豫。現在該局軋銅機器業經安設，急需銅料應用，乃適值磅價騰貴，外洋各貨陡漲，前項動支銀兩實在不敷採購，詳由奴才飭司籌款撥補去後。茲據布政使廷祉詳稱：司庫匱絀異常，該局用項原定奏案，不動解部及各省關協款，更屬無款可籌。惟製造軍火爲目前切要之需，不得不設法竭力騰挪，當在本年雜税項下動支銀三千兩，發交該局委員領回，以爲採購銅料之用等情，詳請具奏前來。奴才覆覈無異。除咨部查照外，相應附片陳明，伏乞聖鑒。謹奏。

硃批：該部知道。

中國第一歷史檔案館等《中國近代兵器工業檔案史料》第一輯《陝西善後局呈報陝西機器局辦理情形之詳文光緒二十七年》 竊查陝省機器製造局之設，自光緒二十年間始議開辦。惟時東事驟起，各路援軍赴調孔亟，一切軍中所需槍砲子藥，局内儲存無多，若必一一購諸滬、鄂各區，勢恐緩不濟急。當荷前升撫鹿咨將甘省舊存機器等件借運來陝，議於省垣設局，募工試造，冀便取携而省費用。僅具初基，未及展辦。嗣復由前司道等詳明，前護撫張准照前議，以槍砲爲行軍利用之資，購諸他邦，終不如自造之爲得計。適值甘回擾亂，陸軍分赴防剿，需用槍彈爲數尤鉅，遂於二十一年六月二十(六)[二]日附奏陝省創立機器局，試造槍械，借供接濟。旋奉諭旨允准開辦在案。

現計開局以來，自二十年起至二十三年十二月止，先後共計四年有餘。局中試造銅帽、大洋火共二百八萬五千顆，造洋槍、洋砲、來復槍(桶)[筒]及脩整各種槍砲共四千五六百尊(桿)，造粗細紗布共一百二十五打，造配製機具共三萬六千餘件。他如零星脩製各項未及列入正銷者，尚不可枚舉。歷年以來製造尤夥，是製件不可謂不多。甲午東援，馬總兵心勝等各軍得□迅速赴集；乙未西剿，董提督福祥等各軍得以穩慎進取；兼之爾時前升撫魏奉命總師征討，堅巢迭破，克奏膚功。其軍火悉依陝中糧臺爲取資，而陝中糧臺悉恃創設機器局爲應付。由於製造應手，遂得□源源接濟，毋誤時機。是應用不可謂不廣。陝省風氣未開，驟立機廠，以視沿江、沿海各省根基素具者，本屬百倍艱難。況由滬、漢溯流而上，水陸並進，在在有阻滯，轉運之費重；自爐、床重器而外，洪纖畢舉，物物皆待取求，則採辦之費重。兼以廠制宏開，非營度得宜，則機器不能安頓悉合；非開建有法，則工匠無以旋轉。自如一椽一席之不克相符，往往更造至於再四，而其所費更不可以數計。然而時歷數年，兵事兩起，支付未嘗稍缺，製辦益復有餘，是成效不可謂不著。至於機局銷數，合計前後四載，雖需用六萬四千一百四十四兩之多，然一耗於分途轉運之費，再耗於隨時採集之費，三耗於創立局廠之費，比較該局中日需開報之項，十分乃不及其三。蓋緣於偏隅之壅蔽未開，與夫始事之經營不易。就製造論，未始不隨時而濟用。就款項論，要一皆按實以覈銷。况乎秦中機局之開，本屬創辦，原無前轍可循，而南北洋立廠章程，或限於財力之不克遵循，或緣於洋式之難盡仿傚，是以開造報銷清册未能一一相符。

除俟現購槍彈機器到後，應如何詳定規條及覈准常年經營若干另行册報外，所有開造歷年陝省試辦機器局情形及造賫自光緒二十年至二十三年報銷清册緣由，理合呈請察覈俯賜，奏咨立案施行。

中國第一歷史檔案館等《中國近代兵器工業檔案史料》第一輯《長順奏查辦營務積弊及吉林機器局製造情形摺光緒二十八年正月二十八日》 奴才長順跪奏，爲遵旨查辦營務及機器局事，據實覆陳，仰祈聖鑒事。

竊查光緒二十五年九月十七日承准軍機大臣字寄，光緒二十五年九月初九日奉上諭：吉林一省與奉天唇齒相依，一切吏治、營務最關緊要，朝廷廑係實深。近聞該省營務積弊，各路統領、管帶無權，權在辦事官，有以監生爲之而擅作威福者。該省機器局從前造存軍火甚多，現在每年不多，購料闇將前報廢料湊用，工匠寥寥。又聞該省入教之民日多一日，大半因地方官審斷獄訟曲直不分，或借漏税苛罰，以致爲叢驅爵。其銀元廠所鑄銀元，成色不齊，厚薄不勻，輕重不一，弊端尤屬顯然。以上各節，朝廷各有所聞，倘不大加整頓，必至貽誤地方，不可收拾。長順從前久任吉林將軍，情形熟悉，此次重膺簡畀，於地方一切應辦事宜責無旁貸。着將該省吏治、營務認真考覈，所有地方州縣各官暨各軍統領、營哨等員，逐一嚴加查察，其尤無狀者，即應據實嚴參，懲一儆百。製造軍火關係營伍要需，着將該省機器局現在實能造出軍火若干，並新舊購存之件實有若干，一併詳細開單奏報。至鑄造銀元，除去薪工、耗費，餘利多少自有一定數目，尤當督飭局員嚴定章程，詳晰覈算，毋任稍有侵蝕等因，欽此。遵旨寄信前來。

時奴才到任未久，正值整頓營務，而機器局所存軍火、物料尚未盤查，所鑄銀元雖覺成色不齊，尚未察出其弊之所在。當派花翎二品銜分發候補道趙宗翰、花翎副都統銜協領德精額會同局員確查去後。一面將各營辦事官認真挑選，其有以生監濫充及不勝任者悉行撤委，即令各營自行揀員請補；並將擅作威福之補用知縣即選府經歷董華珍先行附片奏參革職，以勵其餘。

嗣據趙宗翰等稟稱：查得機局自光緒二十二年七月十三日清查以後至二十五年八月底止，三年内共製洋火藥六十六萬四千一百七十三斤、各色籽母六百二十萬零八千五百五十顆、大銅帽六百八十四萬顆、各槍鉛丸二百三十九萬二千粒、各色砲彈二萬零六百九十個、砲彈銅五件一萬五千九百四十副、砲彈銅殼三千二百個、各砲銅拉火一萬一千六百五十支、砲彈木心子一千六百五十個。約計每年實能造出洋火藥二十二萬有奇、各色籽母二百萬有奇、各項鉛丸七十萬有奇，砲彈等項數千。現在該局新舊積存實有洋火藥一百四十二萬九千三百餘磅，各色籽母六百八十七萬四千二百餘顆，大小格林砲籽母八萬三千二百餘顆，大銅帽一千九百零八萬七千五百餘顆，各槍鉛丸七十萬零五千二百餘粒，各色砲彈四萬八千一百餘個，抬槍砲子並炸子九百餘個，砲彈銅五件二萬三千九百餘副，各砲彈銅管、銅殼二千一百餘個，各砲彈螺絲木心子引、銅火等五千二百餘個，各砲銅拉火八萬七千九百餘支，各槍子藥二百二十一萬有奇。其新舊購存料件約估值銀六萬三千四百餘兩，名目過多，礙難一一聲敘，另册呈報。又查得銀元廠自鑄造起，三届報銷共鑄大小銀元三百六十四萬一千九百餘兩，計得利益四十八萬八千一百六十一兩零，開除薪工、局費、房屋、機器、物料等項十八萬五千六百餘兩，覈計每萬歸公用餘利浄八百餘兩；其中有無匿報數目無帳可查。至所鑄銀元成色，輕重，非將前鑄銀元熔化，無從分辨等情。據此，當因覆覈清册未能將軍火物料新舊積存數目逐項分晰聲敘，駁令切實覆查；又因每年購運物料數目牽混，行查上海洋行底帳及按年發出軍火印領多有遺失，調查各路案卷覈對在案，未據該員等及各處查明聲覆。邊釁遽啓，軍情緊急，不遑兼顧。迨上年八月停戰後，俄兵到省，佔踞機器局，先將所存銀元、銀條肆行搶散，又將洋火藥、槍砲、籽母悉行轟燬，並將機器悉行運去，所有文卷亦俱燒燬無存，前已奏報有案。

奴才查機器局軍火物料前雖查有確數，惟何項爲新添，何項爲舊存，何項爲報廢之料，何項爲發營實數，尚未分晰清楚，正在覆查時即遭兵燹燬失，事出意外，未便深究。銀元廠所獲餘利，雖查無以多報少情弊，然調驗市面行使銀元下爐熔化，誠屬成色不齊，推求其故，其弊在原銀未經提浄，半在工匠拙笨。現已將廠向俄人索還，重行鑄造，並嚴飭經理各員認真講求，鑄出銀元較前略覺精緻。惜此時機器損失，雖有巧匠無從施技，惟有嚴杜弊竇，務使餘利涓滴歸公，俟大局平定，再行購器考究，以期精益求精。至吉省防軍、新軍悉已裁撤，目下將練軍改爲捕盗隊，整頓始可，積習漸祛。吉林入教之民雖多，自上年遭亂後，教民亦甚慮患，頗能深誡教民，故近日民教涉訟之案尚不多見，倘能日久相安，未始非地方之幸事也。所有遵旨查辦緣由，理合恭摺具陳，伏乞皇太后、皇上聖鑒。

再，此摺因奉旨後查辦未竣，復行上海及通省各營往返數十里，未據覆到，旋值軍興，俄兵壓境，是以覆奏稍遲，合併陳明。謹奏。

光緒二十八年二月十八日奉硃批：知道了。仍着隨時認真整頓，力求覈實，欽此。

中國第一歷史檔案館等《中國近代兵器工業檔案史料》第一輯《饒應祺奏新疆補脩電杆及脩理機器廠屋等估需銀兩摺光緒二十八年正月二十八日》 甘肅新疆巡撫臣饒應祺跪奏，爲新疆補脩電杆及脩理機器廠屋並新平縣衙署等項各工估需銀兩，懇恩飭部立案，恭摺仰祈聖鑒事。

竊查新疆安設電綫，迄今八年。關外風高猛烈，地多潮碱，電杆易於朽壞。除每歲小脩，飭令將舊杆截朽重栽，移置高阜，以資撙節外，兹届大脩，據電報總局申轉各局估脩前來。逐細查覈，東、南、北三路應换杆木約十成之五，急宜補脩，以重邊報。切實估計，共需採運、腳價銀六萬五千餘兩。又二十四年購辦製造槍彈機器，帶鑄銀元、紅錢機器，業經脩蓋機輪廠屋，興工製造。惟此項機器其力甚大，其費較鉅，應通用石條、燒磚，方能堅固。且水源來自五里之遥，非堅築高堤，邊底用石鑲砌，不能取其水力。除堤身另派營勇幫脩外，實估需銀二萬四千餘兩。又羅布淖爾建治設官已經三年，一切規模漸次興舉，除遊擊、守備衙署援案各以局屋爲署，不另請脩外，惟新平縣知縣與卡克裏克縣丞向無局屋，類皆結廬而居，其糧倉、驛站、監獄及典史房屋亦皆零落，寄寓殊不足以崇體制而重職守，均應及時興脩。只圖取足辦公，不求美備。但該處草昧初開，諸物昂貴，分別確估，共需工料銀一萬一千餘兩，食糧均各在外。據新疆糧臺詳請覈辦前來。

臣查值此時艱餉絀，尋常工程接准部文一概停止。前項各工均關緊要，萬難延緩，已由藩司飭印委各員分起興脩，覈計估需經費銀數極爲撙節等情，臣覆覈無異。擬飭均由善後項下節省匀支，不另請款。仰懇天恩飭部立案，以便工竣報銷。謹會同陝甘總督臣崧蕃恭摺具奏，伏乞皇太后、皇上聖鑒訓示。謹奏。

光緒二十八年三月初三日奉硃批：該部知道，欽此。

中國第一歷史檔案館《德宗景皇帝實録》卷四九八《光緒二十八年三月》

順天府府尹陳璧奏，新軍槍式悉用後膛，舊製土藥僅供前膛各槍之用，遵查火藥局情形，請緩脩理。依議行。

中國第一歷史檔案館《清代軍機處電報檔彙編》第二六册《發護理北洋大臣吴重熹電爲交還大沽船塢機廠續約事光緒二十八年十月初九日》 俄使照送交還大沽船塢機廠、續約兩端，已於本月初四咨達，有無窒礙，希即覈奪電復。外務部。佳。

「中央研究院」近代史研究所《海防檔》丙機器局《光緒二十八年十月十一日外務部收護理北洋大臣吴重熹文》 十月十一日，北洋大臣文稱，竊准貴部咨開，光緒二十八年七月二十日，接准咨稱，大沽之西沽地方，原設機廠全座、船塢一所、乾塢一所，以備海軍各船隨時脩備器械之用。二十六年，該廠塢爲俄軍所佔，迄今尚未交還等因。當經本部照會俄雷使，轉達武官，即將該廠塢點交中國去後。兹准復稱，據阿提督復稱，貴王大臣所請一事，照辦並無妨碍。查俄國於該廠頗事脩理，似以脩兩邦之交，應准與俄國脩理兵船之方便，當交還之際須續約如下：一、俄國在北河停泊之船，若應脩理，須在機廠照行不却，按實價計算。二、准俄國船在該船塢停住。以上二節，如以爲可，當即行交還該廠等因。查該公使所請續約兩端，有無窒碍，咨行查照覈奪，即行見復，以便轉復俄使等因。到本護大臣，准此，當即電達袁大臣，旋准袁大臣虞電復開，船塢爲脩船之地，非泊船之所，俄脩船給假可行，惟不便住船，至妨碍工作等因。業經電呈貴部在案，查大沽原設機廠全座、船塢一所、乾塢一所，係專備海軍各船隨時脩備器械之用，現在俄國交還該塢，應如續約第一條，俄在北河停泊之船，若須在機廠脩理，按實價計算付給，自可照行；其第二條，准俄國船在該船塢停住一節，應如袁大臣所稱，該塢並非停泊船隻之地，寔係妨碍工作，未便允行，相應咨行貴部。謹請查覈，照會俄國公使，將續約第二條，據實駁復。

「中央研究院」近代史研究所《海防檔》丙機器局《光緒二十八年十一月初九日外務部收北洋大臣袁世凱文》 十一月初九日，北洋大臣袁世凱文稱，竊查接管卷内，准貴部咨開，查大沽船塢一事，前准電稱，船塢爲脩船之地，非泊船之所，俄脩船給價可行，惟不便住船，致妨工作等語。當經本部照復俄雷使去後，兹准照稱，已據來文轉達阿提督，並會同詳查情形，商擬若中國船不在船塢之時，可准俄船進住該塢，如此辦理，似屬公允。應請賜復，以便將機器廠及船塢早日交還等因前來。相應咨行貴署大臣，酌覈見復等因。又准朔電開，俄使照催大沽船塢事，希查照上月二十六日部文，酌覈電復等因到本大臣。准此，當經電復在案。查俄交大沽船塢，續約第二條住船一節，若中國船不在塢時，及該塢停止工作時，可許俄船暫時進住。惟須先與管塢華員商允，始可駛入，迨各國兵隊全行撤去後，此條即應作廢，相應咨明貴部。謹請查覈照復俄使，轉達阿提督議定一切，將機器廠及船塢早日交還，以符定約。

中國第一歷史檔案館《清代軍機處電報檔彙編》第二六册《發北洋大臣袁世凱電爲交還大沽船塢機廠事光緒二十八年十一月十六日》 大沽船塢機廠事已照尊處魚電行，俄使頃據覆稱並無窒礙，已派武員往辦交還事宜，請速派員接收。並將辦理章程接收日期，先照復等語，希妥定電復。外務部。諫。

「中央研究院」近代史研究所《海防檔》丙機器局《光緒二十八年十一月十六日外務部收俄使柏拉嵩照會》 十一月十六日，俄國署公使栢照會稱，本年十一月十一日，接准來照，以大沽船隖，若中國船不在船隖，及該隖停止工作時，貴國可准俄船暫時進住。如此辦理，實爲公允，當經本署大臣電達阿提督在案。兹准阿提督電復，機器廠及船隖，應照前復所約，交還中國，並無窒礙。已派武官前往辦理交還事宜，本署大臣相應煩請貴王大臣遴派委員等，前往機器廠及船隖，趕緊接收，以免該俄員久延時日，祈將辦理章程，及如何派員前往接收日期，先行照復可也。

「中央研究院」近代史研究所《海防檔》丙機器局《光緒二十八年十二月十六日外務部收北洋大臣袁世凱文》 兹據葉祖珪詳稱，十一月十九日馳赴大沽，二十日與俄國水師參將金德理接晤，據稱已奉駐京俄使電飭，交還西沽各廠隖，該總兵當與俄參將各繕華俄文单據二紙，彼此盖印簽字互換，將各廠隖收回。即於是日下午四點鐘，升掛龍旗，該處人民，同深鼓舞，隨飭大沽協副將林頴啟，就近妥爲照料。並飭前山西候補知縣王曾彦，在廠會同現駐西沽巡警局都司湯金城，將廠内隖内尚存之房屋機器料件等項，及各船隻，逐件詳細點驗，造册呈送備查。一面飭由湯金城加派巡警兵勇，晝夜梭巡，以資防護等情。詳报前來，臣覆加查覈，辦理尚屬周妥，除開列機器料件船隻等項清单，咨呈外務部查照外，所有派員接收廠隖日期，暨辦理情形，理合恭摺具陳，伏乞皇太后皇上聖鑒。謹奏。

照録清摺

大清國海軍提督葉祖珪，准由大俄國水師參將金德理，交還天津大沽之西沽地方，並機廠全座、船隖、乾隖等處，几屬廠隖之内，所有房屋料件機器傢具，以及飛霆船、挖泥船、小火輪、舢舨，一切均經照数點收。惟大清國海容兵船之小火輪，前被大沽口駁船公司之小火輪碰沉，現存隖内，經大俄國與該公司在上海審断後如何再定，合立摺據，請煩查照。須至摺者，照録清摺，謹將俄國金參將所送交還西沽廠隖单據，譯呈鈞鑒。大俄國於西歷一千九百年，暫佔大清國天津之西沽地方，機廠全座、船隖一所、乾隖一所、飛霆船、挖泥船、小火輪、舢板各項，均於西歷一千九百零二年十二月十九號，一律交還大清國收管。合立单據爲照。

大俄國水師參將金德理具。

另附交還各廠並器具開列條目於後，計開：

車牀、剪牀、刨牀、鑽孔機器、壓機盤、鏨機、鉗牀、磨刀機器、打鐵廠、鍋炉廠、鑄鉄廠、模鉄廠。

中國歷史博物館《鄭孝胥日記》第二册《光緒二十八年十二月十九日》 舟中見河南機器局辦料委員徐際元，號善伯，浙江人，與張菊生熟，將赴滬領代造槍管。詢河南機器局情形，對曰，歲費才數萬金，造單響小口徑毛瑟槍及舊式槍、抬槍等。其匠皆自上海雇來。

中國第一歷史檔案館《光緒朝硃批奏摺》第一〇二輯《光緒二十八年十二月二十日山東巡撫周馥片》 頭品頂戴兵部尚書銜山東巡撫臣周馥跪奏，爲機器局員弁匠目勤奮從公，已届五年限滿，照章擇尤保奬，恭摺仰祈聖鑒事。竊查沿海省分機器製造局出力各員，遵照前海軍衙門奏定章程五年保奬一次，業經前撫臣將東省機器局出力員弁匠目自光緒十七年七月至二十二年七月止二次五年限滿，照章奏請奬勵，奉旨允准，咨行在案。兹自光緒二十二年七月起扣至二十七年七月又届五年期滿，在局各員弁匠目，於製造軍火等事盡心竭力，加意講求，始終勿懈。前值拳匪肇亂，防務喫緊，沿海内地添募多營，隨時供支軍火無缺，復協濟鄰省並解赴西安子藥爲數甚鉅，均賴各員匠不辭勞瘁得以無悮，所造各種軍火，逐件比試，亦與洋廠製造無異，確有心得，自應照章按限保奬，以昭激勸。據委辦機器局務按察使尚其亨、會辦補用道劉恩駐擇其尤爲出力員弁匠目，開單詳請奏咨前來。臣查東省機器局創設多年，規模不大，節次加給經費，每歲不足十萬兩，所製各種軍火悉皆精良適用，在局各員勤奮從公，不無微勞足録，年限既符，自應照章量予奬敘。謹繕清單，恭呈御覽，合無仰懇天恩俯准，照擬給奬，以示鼓勵，出自鴻慈逾格。其年限未滿及出力較次各員，業已删汰，除將各員弁、匠目履歷清册咨送外務部、吏、兵二部查照外，理合恭摺具奏，伏乞皇太后、皇上聖鑒訓示。謹奏。

硃批：該部議奏，單併發。

中國第一歷史檔案館等《中國近代兵器工業檔案史料》第一輯《端方爲咨明陝西機器局光緒二十年至二十七年製造等情事致兵部之咨文光緒二十九年二月十四日》　前升撫憲鹿咨請甘省將舊存機器等件借運來陝，議於省垣設局，募工試造，冀便取携而省費用。當時，僅具初基，未及展辦。嗣復由本前司道等詳，奉前護撫憲張准照前議，以槍砲爲行軍利器，購諸他邦，何如自製；又值甘回擾亂，陝軍分赴防剿，需用槍彈爲數尤多，遂於二十一年六月二十六日附奏陝省創立機器局，試造槍械，借資接濟。旋奉諭旨允准開辦在案。現計開展以來，自二十年至二十七年十二月止，先後共計八年有餘。局中試造銅帽火二千一百五十八萬三千二百顆，脩製前、後膛各槍砲共一萬九千五十四尊、桿，拉火四萬五千五百六十支，砂布一萬八千三百九十八張，磺鏹水九百七十三斤十四兩，硝鏹水四千六百二十九斤四兩，鹽鏹水四十八斤十二兩，洋式鋼鏟二千六百四十五把，洋式鋼鋤七百九十五把。他如零星脩製各項，未及列入正銷者，尚不可枚舉。是製件不可謂不多。甲午東援，馬總兵心勝等軍得以迅速赴集；乙未西剿，董提督福祥等諸軍得以穩慎進取；嗣後，憲臺統師北上；以及兩宫西幸長安，衛護各軍屯紮省垣，所需軍火槍械悉取資於陝中軍裝局，而陝中軍裝局悉賴機器局爲之應付，遂得源源接濟，毋誤事機。是應用不可謂不廣。陝省風氣未開，驟立機廠，以視沿江、沿海各省根基素具者，本屬百倍艱難。況由滬、漢溯流而上，水陸並進，在在皆有阻滯，則轉運之費重。自爐床重器而外，洪纖畢具，物物皆待取求，則採辦之費重。兼之廠制宏開，非營度得宜，則安置機器不能悉合，非建造如式，則諸色工匠不便施爲，是以一瓦一椽稍有未協，往往更造至於再三，其所費頗難預計。然而，時歷數年，兵事三起，支用未嘗稍缺，製辦復有存餘，是成效更不可謂不著。唯秦中機器局之開，本屬創辦，原無前轍可尋。其南北洋立廠章程，或限於才力不克遵循，或緣於洋式難盡仿傚，故一切款目未能一一相符，而比較上海、天津等局仍不無從減之處。兹擬將機器局自光緒二十年開辦起，截止二十七年年底止，建脩廠房、採運機器、水陸脚價、關税、薪工、局費、脩製槍砲、銅帽火等項暨需用工料銀兩各數目，先行造具清册，詳請察覈，分咨户、工、兵三部立案，俟奉部復准，再行造册報銷，實爲公便。其各項員、書、匠、勇銜姓花名及各款起止月日，應於報銷册内詳細分列，合併聲明施行等情，到本部院。

據此，除分咨外，相應咨明。爲此合咨貴部，請煩查照立案施行。

須至咨者，計送册一本。

右咨兵部。

中國第一歷史檔案館等《中國近代兵器工業檔案史料》第一輯《夏時等造報陝西機器局光緒二十八年製成軍火清册光緒二十九年四月》　光緒二十八年份省局實在製備並撥支各營及實存軍火軍器數目，相應匯造簡明四柱總册，呈請察覈立案施行。

須至册者，計開：

一、清軍廳共造成各防營操防應需仿洋火藥一十三萬斤。

一、製造所共造成各防營操防應需仿洋鉛丸五萬斤。

一、清軍廳並陝安鎮共造成滿緑各營操防額需火藥三萬五千二百三十六斤十一兩。

一、製造所並陝安鎮共造成滿緑各營操防額需大小鉛丸七千三百六十九斤二兩三錢。

一、機器製造局共造成各防營操防應需大洋火一百九十七萬顆，新來福槍四百七十桿，新來福馬槍二百三十桿。

中國第一歷史檔案館等《中國近代兵器工業檔案史料》第一輯《辦理甘肅新疆糧臺造報光緒二十五年脩整軍裝製造火藥用過銀兩清册光緒二十九年十二月》

辦理甘肅、新疆糧臺爲造報請銷事。

竊照甘肅、新疆各防軍馬步營旗開花砲隊，應需軍火等項，向在新疆省城設立軍裝總局存儲，以備分解應用；並雇募浙粤、本地各匠脩整破損洋槍、洋砲，製造各項軍械器具、槍子藥彈等件。應需物料隨時添購，有由後路各處採辦者，有就地採辦者，均係照依各該處當時市價覈實支發，據實造報。又新疆防軍，需用火藥隨時操演，及儲存以備不時之用。光緒二十五年自二月起至十月底止，計由省城製造洋火藥一十八萬七千五百斤，土火藥三萬五千六百斤。需用物料工價，計製造加工洋火藥每百斤應需提煉七次玲瓏牙硝八十斤，每硝一百斤提煉七次折耗五十斤，共用正耗硝一百六十斤，正耗硫磺一十二斤，柳炭重羅細末七斤，應用荒柳炭一十四斤；茄杆重羅細灰一斤，應用荒茄杆灰一斤八兩；麻杆重羅細灰二斤，應用荒麻杆灰三斤，水膠三兩，結糖四兩，蘿蔔四斤，鷄蛋青用蛋二十個，大冰片三兩，斑毛末三兩，牛油四兩，提磺煉硝並拌藥用石灰一百九十六斤，團藥用汾酒二十斤，燒柴二百四十斤。提煉牙硝七次用匠一十四工，提磺用匠二工，舂造用匠二十四工，搗羅取磺炭細末用匠四工，推篩團成細珠用匠八工，造藥提煉硝磺用器具一副。又造加工土火藥，每百斤應用牙硝八十斤，提煉玲瓏外加耗硝四十斤，共用正耗硝一百二十斤，正耗磺一十二斤，柳炭一十斤，水膠二兩，燒柴一百二十斤。提煉牙硝用匠八工，舂造用匠一十六工，搗羅取磺炭末用匠四工，推篩成珠用匠八工，造藥提煉硝磺用器具一副。所有採購製造各款，上案截至光緒二十四年底止，已經造冊報銷在案。

今將自光緒二十五年正月初一日起截至十二月底止，支發過購買脩整各項軍裝、槍砲用過物料、製造火藥工料等款價值銀兩，現經查明，理合分晰造具細數報銷清冊，呈請覈銷施行。

須至冊者，計開：

一、支由上海購辦製造毛瑟槍藥彈子水機器全副，紅錢、洋元機器一架，支給價值銀兩。內光緒二十五年，購買製造毛瑟槍藥彈子水機器全副，共支價值銀一萬二千五百兩；購買製造洋元、紅錢機器一架，共支價值銀三萬四千兩。以上共支價值銀四萬六千五百兩。

中國第一歷史檔案館等《中國近代兵器工業檔案史料》第一輯《樊增祥等造報陝西機器局光緒二十年至二十七年支撥各營軍火清冊光緒三十年二月》

陝西善後局爲造報事。

今將陝省機器局自光緒二十年開辦起截止二十七年底止奉文撥支過各營局機器、料物、槍砲、銅帽火等項數目，分晰造具細數清冊，呈請覈銷施行。

須至冊者，計開：

光緒二十年分：一、支軍裝局備支各營旗來福槍。內脩整前膛來福槍一百五十桿，新造前膛來福槍一百一十桿。

光緒二十一年分：一、支軍裝局備支各營槍砲、銅帽火等項。內新製前膛來福抬槍一百八十一桿，改造前膛劈山砲一十二尊，脩整前膛來福槍六百七十五桿，脩整後膛林明敦槍六十三桿，銅帽火六十四萬八千顆。

光緒二十二年分：一、支軍裝局備支各營槍砲、銅帽火等項。內試造後膛洋槍三桿，脩整前膛洋抬槍一十六桿、毛瑟後膛步槍五百桿、奧槍一千一百桿、前膛來福步槍六百三十六桿。

光緒二十三年分：一、支軍裝局備支各營旗槍砲、銅帽火、拉火等項。內脩理前膛來福洋抬槍一百六十三杆，前膛來福槍一千三百二十四桿、後膛劈山砲三尊、後膛奧槍四百六十七桿、黎意快槍二十六桿、毛瑟槍十二桿、小口徑槍四桿、銅帽火八十七萬四千顆。

光緒二十四年分：一、支軍裝局備支各營旗槍砲、銅帽火、拉火等項。內脩整前膛洋抬槍三十八桿、前膛來福槍一千五百四十二桿、後膛黎意快槍三百四十二桿、小口徑槍八十八桿、毛瑟馬槍一十三桿、哈乞開司槍二十二桿、九響快槍一桿、曼利夏馬槍一桿、馬蹄泥槍二十二桿，銅帽火二百三十三萬二千顆，銅管拉火一萬四千一百五十七枝。

光緒二十五年分：一、支軍裝局備支各營旗槍砲、銅帽火等項。內脩整前膛來福槍一千七百五十桿、土鳥槍二百一十五桿、後膛洋劈山砲三尊、毛瑟後膛槍七百三十二桿、馬蹄泥槍一百四十六桿、哈乞開司槍三百七十九桿、林明敦槍一百六十一桿、毛瑟馬槍四十二桿、黎意快槍三十七桿、比槍三十八桿、五響毛瑟馬槍一百一桿、堅地利槍二十六桿、七響馬槍七十七桿、小口徑槍一十四桿、奧槍八桿，銅帽火六百三十五萬五千七百顆，銅管拉火二萬一千五百五十三枝，洋式鋼鏟二千六百四十五把，洋式鋼鋤七百九十五把。

光緒二十六年分：一、支軍裝局備支各營旗槍砲、銅帽火、拉火等項。內脩整前膛洋抬槍七百九十一桿、前膛來福槍二千四百三十桿、土抬槍五百三十四桿、土鳥槍八十五桿、克虜伯大砲四尊、哈乞開司後膛槍九十二桿、馬梯泥槍二十五桿、林明敦槍二百十三桿、黎意快槍一百二桿、五響毛瑟馬槍十九桿、小口徑槍六十三桿、堅地利槍二十七桿、七響馬槍一十三桿、毛瑟步槍三桿、軋來福槍一十六桿、比槍七桿、奧槍六十三桿、十響馬槍一桿，銅帽火六百七十八萬九千五百顆，銅管拉火九千八百五十枝。

光緒二十七年分：一、支軍裝局備支各營旗槍砲、銅帽火等項。內新造前膛來福步槍一百三桿，脩整前膛來福步槍二千四百四十五桿、前膛洋抬槍五十二桿、土抬槍三百一十六桿、後膛奥槍三十八桿、六門手槍四桿、堅地利槍一十桿、哈乞開司槍六十二桿、黎意快槍八桿、毛瑟抬槍八桿、小口徑槍九桿、比槍二桿、七響馬槍二十五桿、林明敦槍三桿、汽槍一桿、三十六響槍一桿、毛瑟馬槍一十六桿、曼利夏五響馬槍五桿、九響馬槍一百二十六桿、軋來瑟槍六桿、馬蹄泥槍三桿、快利槍二十桿，銅帽火四百五十八萬四千顆。製造前膛來福抬槍二百九十一桿，製造前膛來復步槍一百三桿，試造後膛抬槍三桿，製造銅帽火二千一百五十八萬三千二顆，製造拉火四萬五千五百六十支；改造前膛劈山砲一十二尊；脩整後膛洋劈山砲六尊，克虜伯大砲四尊，並配造子藥箱車四套，前膛來復抬槍一千六十桿，前膛來復槍一萬九百五十二桿，後膛林明敦槍四百四十桿，後膛毛瑟步槍一千二百五十五桿，後膛奥槍一千六百九十八桿，黎意快槍五百一十五桿，小口徑槍一百七十八桿，毛瑟馬槍七十一桿，哈乞開司槍五百三十九桿，曼利夏五響馬槍六桿，馬蹄泥槍一百九十六桿，九響快砲一桿，六門手槍四桿，十響馬槍一桿，堅地利槍六十五桿，比槍四十七桿，軋來瑟槍二十二桿，快利槍二十桿，九響馬槍一百二十六桿，七響馬槍一百一十五桿，五響馬槍一百二十桿，汽槍一桿，三十六響槍一桿，土抬槍八百五十桿，土鳥槍三百桿；製造洋式鋼鏟二千六百四十五把，製造洋式鋼鋤七百九十五把。

前件查上項撥支槍砲等件，均係各營操演破之物，隨時經繳軍裝局換領，轉送機器局脩整完好，仍交軍裝局備支，旋脩旋發，以期便捷而資操防，理合登明。

中國第一歷史檔案館等《中國近代兵器工業檔案史料》第一輯《樊增祥等造報陝西機器局光緒二十一年脩製槍砲等用過工料銀兩清册光緒三十年二月》 陝西善後局爲造册報銷事。

謹將陝西機器局光緒二十一年份脩製槍砲、器具、銅帽火、硝强水等項用過工料銀兩造具細數清册，呈請覈銷施行。

須至册者，計開：

一、製造前膛來復抬槍一百八十一桿（每桿長五尺；口徑一寸三分，圍圓三寸九分，厚三分七釐；膛徑一寸五分，圍圓四寸五分，厚四分七釐五毫；底厚一寸五分，徑一寸六分；净重二十三斤十一兩）。

一、改造前膛劈山砲一十二尊。

一、脩整前膛來復槍六百七十五桿。

一、脩整後膛林明敦槍六十三桿。

一、製造銅帽火七十九萬八千七百顆。

一、製造磺强水四十六斤八兩。

統計一册，光緒二十一年份脩製槍砲、器具、銅帽火、硝强水等項，共用過工料庫平銀三千七百六十一兩五錢八分一釐二毫。

中國第一歷史檔案館等《中國近代兵器工業檔案史料》第一輯《樊增祥等造報陝西機器局光緒二十三年脩製槍砲等用過工料銀兩清册光緒三十年二月》 陝西善後局第十六册造報陝省機器局光緒二十三年份脩製槍砲、器具、銅帽火、拉火、硝强水、砂布等項用過工料銀兩細數報銷清册。

計開：

一、脩整前膛洋抬槍一百六十三桿。

一、脩整前膛來復槍一千三百二十四桿。

一、脩整後膛洋劈山砲三尊。

一、脩整後膛奥槍四百六十七桿，黎意快槍二十六桿，毛瑟槍一十二桿，小口徑槍四桿，共後膛槍五百九桿。

一、製磺强水一百八十七斤八兩。每百斤用正耗硝二百三十二斤，正耗磺二百三十二斤，石炭七百五十斤，青油三斤三兩，硬柴一十五斤，石膏一斤四兩，器具一副。

一、製造硝强水四百六十九斤八兩。每百斤用正耗硝八百三十二斤，正耗磺百三十斤，嵐炭二百五十斤，石炭一千六百斤，青油三斤三兩，硬柴十五斤，石膏一斤四兩，器具一副。

一、製造銅帽火七十萬二千顆。每萬顆用十字銅片八斤五兩六錢，鉀緑養十兩，銻硫三兩，萬吐利膠十五兩，錫箔片十兩，硝强水二斤十兩，煤油二兩，水銀五兩，火酒一十六斤，嵐炭二十二斤，木炭十一斤，硬柴十一斤。

一、製造銅管拉火一千七百五十支。每百支用洋黄銅十二兩，洋紅銅六兩，英焊錫一兩，磺强水一斤八兩，真洋藥二兩，紅銅絲一兩，嵐炭二十五斤，木炭一十五斤，硬柴一十五斤。

一、製造砂布二千三百四十張。

統計一册，光緒二十三年份脩製槍砲、器具、銅帽火、拉火、硝磺水、砂布等項，共用過工料庫平銀二千八百八十四兩六錢七分三釐五毫。

中國第一歷史檔案館等《中國近代兵器工業檔案史料》第一輯《樊增祥等造報陝西機器局光緒二十七年脩製槍砲等用過工料銀兩清册光緒三十年二月》 陝西省善後局爲造册報銷事。

謹將陝省機器局光緒二十七年份脩製槍砲、器具、銅帽火、砂布等項用過工料銀兩，造具細數清册，呈請覈銷施行。

須至册者，計開：

一、製造前膛來福步槍一百三桿（每桿長三尺二寸，口徑七分四釐，圍圓二寸二分二釐，邊厚一分七釐；膛底徑九分六釐，圍圓二寸八分八釐，邊厚二分八釐；底徑五分，净重六斤四兩），共用過工料庫平銀四百三十九兩二錢九釐一毫。

一、脩整前膛來福槍二千四百四十五桿，共用過工料庫平銀二千二百四十三兩八錢四分三釐七毫。

一、脩整前膛洋槍五十二桿，共用過物料價值庫平銀四十一兩二錢六分六釐一毫。

一、脩整後膛奥槍三十八桿，六門手槍四桿，堅地利槍十桿，黎意槍八桿，哈乞開司槍六十二桿，毛瑟槍八桿，小口徑槍九桿，比槍二桿，七響馬槍二十五桿，林明敦槍三桿，汽槍一桿，三十六響槍一桿，毛瑟馬槍一十六桿，曼利夏五響馬槍五桿，九響馬槍一百二十六桿，軋來瑟槍六桿，馬梯泥槍三桿，快利槍二十桿，共槍三百四十七桿。

一、脩整土臺槍三百一十六桿。

一、製造銅帽火四百五十八萬四千五百顆。每萬顆用十字銅片八斤五兩六錢，鉀綠養十兩，銻硫三兩，吐利膠十五兩，錫箔片十二兩，硝强水二斤十兩，煤油二兩，水銀五兩，火酒一十六斤，嵐炭二十二斤八兩，木炭十一斤，硬柴十一斤。

一、製造砂布三千一百四十張。

統計一册，光緒二十七年份脩製槍砲、器具、銅帽火、砂布等項，共用過工料庫平銀四千四百二兩一錢五分一釐三毫。

中國第一歷史檔案館《光緒朝硃批奏摺》第一〇二輯《光緒三十年三月二十一日陝西巡撫升允摺》 頭品頂戴尚書銜陝西巡撫奴才升允跪奏，爲報銷陝省機器局各項開支銀數，恭摺仰祈聖鑒事。竊查陝省機器製造局自光緒二十年始議開辦維時，東方事起，各路援軍赴調孔亟，軍中所需槍礮、子藥存儲無多，經升任撫臣鹿傳霖咨請甘省將舊存機器等件借運來陝，於省垣設局試造，嗣值甘回擾亂，陝軍分赴防勦，需用槍彈爲數尤多，遂於二十一年經前護撫臣張汝梅附奏設立機器局，奉旨允准開辦在案。二十六年六月奴才帶兵入衛，九月聖駕西幸長安，所有各軍應需軍火槍械悉取給於機器局中，源源接濟，尚能不誤事機，業經兩次造册咨部在案。兹據善後局司道將機器局自光緒二十年開辦起截至二十七年年底止，建脩廠房、採運機器、水陸脚價、關稅及薪工局費脩製槍礮銅帽火等項，共用過庫平銀一十七萬一千三百一十九兩二錢三分九釐八毫，開造總散清册，機器廠房圖説、保固勘收各印結詳請，奏咨前來。奴才覆加查覈，確係實用實銷，並無浮冒情弊除，將册、結、圖説分咨户、兵、工各部外，謹會同陝甘總督臣崧蕃恭摺具陳，伏乞皇太后、皇上聖鑒，敕部覈銷。再，二十八年以後之案已飭跟接造報，合併陳明。謹奏。

硃批：該部知道。

光緒三十年三月二十一日。

中國第一歷史檔案館等《中國近代兵器工業檔案史料》第一輯《陳夔龍奏續撥款項爲河南機器局添購機器料件片光緒三十年三月二十三日》 再，查豫省機器局添購機器、料件，由司庫於新章減平項下撥銀二萬兩，派員赴滬購運，經前撫臣分別奏咨在案。

臣到任後，數月以來，體察地方情形，屢與司道商榷，豫省爲南北樞紐，練兵敕械實今日切要之圖，槍械一項尤當極力擴充，俾自能仿造改良，庶可免專恃外購。原設局制因陋就簡，常年籌撥款項購備機器、物料，並未講求新式新法，究非長策。當經飭司會同機器局妥籌去後。兹據詳稱：時勢孔棘，戰備不可不脩；經費雖艱，軍實不可不預。遵飭推廣製造，洵屬先事籌防。就目前而論，至少須添購機器十部及一切應用物料，並擬續購兩磅鋼砲胚二十尊、四磅鋼砲胚十尊，以備自行製造。原撥銀二萬兩不敷甚鉅，應再由司庫新章減平項下加撥銀一萬五千兩，仍交原派委員在滬切實考究購辦，迅速運回豫省，以資工作。此舉爲整頓擴充起見，如果倣造日益精熟，造成快槍、快砲、無煙子彈能備操防行軍之用，嗣後仍當設法籌款逐漸開拓經營，隨時詳明辦理，未便自封故步，致昧遠圖。所有續撥款項緣由，詳請具奏前來，臣覆查無異，除分咨外，謹附片陳明，伏乞聖鑒，敕部立案施行。謹奏。

硃批：該部知道。

中國第一歷史檔案館等《中國近代兵器工業檔案史料》第一輯《周馥奏山東機器局添購槍子機器片光緒三十年十月十六日》 再，山東機器局創設有年，向造火藥及毛瑟槍彈等件。現在各省均改用小口徑毛瑟槍，東省亦擬陸續添購，但子彈必須就地自造，方不誤用。南洋萍鄉新廠出彈須在五年以後，緩不濟急。因查機器局原有廠房與鍋爐汽機等項，尚屬合用，再添買新式機器數十件，安置齊全，每日可造槍子六七千粒，足敷本省各營之用。適有德商瑞記洋行商人到濟，臣飭機器局道員劉恩駐等與之再三切商，訂購機器四十二件，另加脩理器具全副，限九個月在青島交貨。計實價德銀十八萬二千三百六十七馬克七十分，按時價合庫平銀六萬六千餘兩；另加安設機器工料等費，需庫平銀一萬三千餘兩，以上約共合庫平銀八萬兩之譜。此項銀兩東省無款可籌，而軍械要需勢難緩辦。查東海、臨清兩關整頓稅務項下，原撥撫、標兩營之餉，微有餘剩，尚可騰挪。已向洋商議明，今年、明年兩次兑付。將來開工製造，添買工料，再另籌款，或停造老毛瑟槍彈，移彼就此，以圖省費，屆時再行酌辦。據司道詳請奏咨立案前來，臣覆覈無異，除分咨户、兵、工三部查照立案外，理合附片具陳，伏乞聖鑒訓示。謹奏。

硃批：該部知道。

中國第一歷史檔案館等《中國近代兵器工業檔案史料》第一輯《瑞良等呈報河南機器局光緒二十二年四月至年底收支銀兩四柱清册光緒三十年十一月三十日》 河南等處承宣布政使司、河南機器製造總局謹將光緒二十二年四月起至年底止，創建機器廠局收支銀兩數目，理合造具四柱清册，呈請咨送兵部覈銷。

須至册者，計開：

舊管：無款。

新收：一、光緒二十二年四月十五日領到藩庫銀三萬三千兩。一、收前款庫平扣申湘平銀一千三百二十兩（照湘平支發每兩扣平銀四分，仍將扣平銀列入收款作正開銷，計共收湘平銀三萬四千三百二十兩）。

開除：無款。

實在：一、實存湘平銀一千三百二十兩（查本年舊管、新收共湘平銀三萬四千三百二十兩，内並應報户部覈銷銀三千兩，應報工部覈銷銀三萬兩，其實結存銀兩如前數。理合呈明）。

中國第一歷史檔案館等《中國近代兵器工業檔案史料》第一輯《山西機器局章程規則光緒三十一年正月》 一、停造槍砲專脩軍械宜恪遵憲諭也。查局中向來製造槍砲，以機器不全，多由人工而成，又兼自天津購料，山路崎嶇，運費太重，是以造成之槍砲費鉅、物差。自光緒三十年五月奉諭停造槍砲，專脩軍械。七月奉諭裁汰工匠，節省經費。嗣因各營所脩軍械不能陸續而來，每有停工待造之虞，九月間，稟請於脩理軍械之暇，將已造未成各件隨時代造，俾工不虛糜而物無廢棄，業蒙批准在案。現在惟專脩軍械，裝無鉛箭，代造拉火、開花子彈、蓮花大小銅帽及已造未成各械，以免工食虛糜之弊。又光緒三十二年，准軍裝局咨稱，各州縣辦理巡警詳領槍枝，本局無來福槍發給，詳請嗣後由機器局趕造來福馬步槍，飭各州縣按照估價隨時備價具領應用，光緒三十二年四月十九日詳蒙調任撫部院恩批准如詳分飭遵照。復經由局製造來福槍枝，合併聲敘。

一、外脩、外造宜照章歸款也。本局自創辦以來，原爲常備、續備各軍而設，故惟此項軍械准其作正開銷。此外，各衙署局所、學堂以及外府州縣如有脩造之件，統計工料若干，切實估價，照章歸款。儻曲徇情面，乏事應酬，虛糜庫料，耗費工食，將來造册報部，必干駁詰。今擬一律歸款，以重庫儲。又向章工匠至各局所衙署作工，每工飯錢二百文，先由本局墊付，俟工竣後，共計飯錢若干，隨工料各項一併歸款，各局所衙署無庸另給，免致參差。若局中委員及委員之親友，無論何項器械，一概不准脩造，以杜弊竇。

一、每月報銷宜分别開列也。查本局惟製造常備、續備各軍械及局中脩造機器、傢具等件，准其作正開銷。至各衙署、局所、學堂及外府州縣脩造器械，皆一律歸款。舊章月報中，將正銷、歸款兩項合而爲一，未免無所區别。今擬於月報中分别開列，一爲脩造正銷項下，一爲脩造歸款項下。凡歸款各項，須另立一簿，注明某處欠銀若干，俟一律歸結，再爲注銷，如此開報眉目方清。

一、報銷零用錢項宜共總合銀也。查局中所用料件，由省城採買者用錢項居多。向來報銷册内，凡採買零件俱是每斤摺成銀數若干，總共合銀若干，但所購之物，有值數百文及數十文者，以此摺成銀數，毫釐絲忽之間，覈算者雖煞費苦心，閲者總難一目瞭然。今擬倣照各局所章程，凡報銷摺内，將每件用錢若干，按照原數分條開載，後開共用錢若干，按市價共摺銀若干，如此覈算方爲簡易。

一、報銷册、摺及往來文件宜公同繕寫也。局中向無書手，止有繕校一員。若將册、摺稿件，皆責之一人，不惟繕寫不齊，且恐貽誤公事。今擬各廠報銷册、摺，皆由監廠委員繕寫；至庫料册、煤炭册亦然。其餘各件歸繕校一人。至所造各册，限每月初旬造起，陸續至十五日造成。繕寫各件，限每月二十五日繕畢。統由文案彙齊，會同各員覈對，並用關防，務於月内發出，不准延至下月。至往來文件，遇有緊要公事，各員皆宜幫繕，以免遲誤。各員務當和衷共濟，庶於公事有益。

一、支發銀錢宜逐條覈實也。查局中經費，每年領藩庫紅封平銀二萬兩，按四季分領，每季領銀五千兩，申湘平銀五千二百八兩三錢三分三釐。所有一切用款，皆用湘平。除每月各員薪水、火食、工匠工食及印紅、紙張、局役飯食、油燭等項，照章支發外，凡外脩、外造估價歸還之款，另立一簿，俟歸還時統入月報新收項下。至採買各料，支發處一憑來條付錢，登簿統入月報開除項下，俟年底合成總數，開具清摺，送總辦、提調覈閲。又舊章，如局員有一時窘迫，不能不暫爲通融者，先與支發處商明，再質之總辦、提調，方准借用不准過一月薪水之數，至下月底如數扣底，遲者以舞弊論。

一、驗收料件宜認真查覈也。查藩司吴督辦局務時，委派文案兼收物料，所有購買木板、銅、鐵、鉛、錫以及鋼鐵絲、牛油、檳麻油、葫麻油，並一切料件，或以尺丈計，或以斤秤計，皆由文案會同管庫委員覈實數目，認真驗收，以杜流弊。

一、採買料件宜嚴防浮冒也。各廠需用料件，由總監覈定數目，監廠委員開條送支發處蓋戳，轉交採買委員購辦。買妥後，價值若干，開條向支發處領取，並將該字號發貨單送支發處存查。至價值之低昂，雖不能劃一，然取前帳比較，有無浮冒尚易查覈。如此辦理則弊端可除也。

一、收發煤炭宜親自查覈也。查局中每年所用各料，煤炭約計五十餘萬斤，收買必於冬季腳價賤時買足，以備一年之用。寧可有餘，不可不足。每日發鍋爐、鐵廠、翻砂廠各若干斤，均憑各廠來條發給，必須煤炭廠委員親自扶秤，不可假手於人。發單逐條登簿，按月開報，以重局款。

一、庫儲料件宜時加謹慎也。庫料於庫款並重，管庫委員必須親自封鎖庫門。其收料時，會同文案驗收，以昭慎重；發料時按照各廠來條，如數發給。遵照光緒三十年六月詳定局章，收料用十足秤，發料用九八秤，以補傷耗。一發一收皆須親自扶秤，不准假手於人。至以尺丈計、以數目計者亦然。皆須隨時登簿，每月底送呈總辦、提調覈閲，按月開報，自行匯册歸入月報。擬定每年盤查一次，如有短少，由管庫委員賠補。

一、舊設公竈宜奉行無替也。查局中每員月支火食銀六兩，各員一同起竈，每員月交厨役飯資銀三兩六錢，同桌而食；下餘之銀，爲各員燈油、煤炭之費。若自行造飯，或進□就食，必致有誤辦公，於各員專管之事大有妨礙。必借公竈以聯絡之，方與公事有益。此後各宜遵照舊章。

一、各廠工匠宜嚴定廠規也。查各廠舊規頗嚴，後漸廢弛，亟宜專責監廠各員切實整頓。監廠委員必與工匠同時入廠，將各匠名牌，按名發給，至放工之前一刻收回。如有上工稍遲及先散去者，皆罰工一日。或有病，或有事，須稟明監廠，記於工簿。工匠脩造之物，由領工發給，由總匠目考覈精粗，由總監考查勤惰，監廠委員亦須隨時考查，倘有參差均難辭咎。各廠脩造之物，由總監、總匠目酌量緩急，勿得任領工希圖自便。至各匠偷安怠忽，托辭外出及口角争鬥，均責令監廠委員、總匠目、領工認真稽查。近來工匠有以請假爲名而潛往鐵路者，實於製造要工大有妨礙，應責成總匠目、領工嚴加訪查。嗣後一概不准請假；如有喜慶、喪亡必須回家者，令該匠取具切實保結，限期回局。其有私自潛逃者，由總匠目、領工趕緊追回，送縣究辦，以肅廠規。

一、各廠料件宜嚴加查覈也。查各廠均有料賬，近來幾同虚設，亟應責成監廠委員嚴加查覈，機器廠脩造之件，隨時按數登簿。何日發給，何日造成，均記於考工簿内。至各匠領用油燭、砂布、銼刀等件，由監廠領工酌需用之多寡發給，不得任工匠自取。木樣廠木料等件，由文案驗收後，開條到廠，由監廠注明尺寸登簿，用時亦由監廠領工發給，隨時注明某匠造某物，用何項木料若干尺。銅帽廠收發銅皮、銅帽、廢銅皮均由監廠隨時過秤，注明若干，亦不得任工匠取用。翻砂廠鑄成各物，何項用銅、鐵、錫、鉛若干，火耗若干，水口若干，成物分量若干，均責令監廠隨時注明。熟鐵廠打造之物，造某物用鋼若干，造某物用鐵若干，除火耗若干，造成實物若干，系何處配造或本局自造，均須注明。以上五廠，每月開摺申報。至各廠造成後所餘之料，由監廠委員查點清楚，如數登簿，另存備用。至各廠工匠、匠徒領用傢具等項，須專責成監廠委員暨領工隨時防範，不准私帶出廠。至年底放工時，由委員帶同領工逐名點查，記於賬内，如有短少，當即稟明提調，責令該匠賠補。庶料件不致虚糜，而局款自省矣。

一、偷漏私造宜嚴行稽查也。各匠廉潔自持者固不乏人，而不知自愛者在所不免。工匠既多，造物易滋朦弊。賢愚不等，細物不免竊偷。應責令總監暨監廠委員、總匠目、領工隨時稽查，不時梭巡。或三五日或八九日，至晚放工時搜檢一次，遇有偷漏，輕者由局責革，重者送縣究治。至私造器物，一經查出，分别懲辦。庶工匠既知畏法而弊端可除矣。

以上十四條，或因現在情形從新酌擬，或照舊日章程畧加增減，要皆簡易可行，不强人所難，方能奉行無替。如有未盡事宜，容俟隨時添補，以期周密，合併聲明。

中國第一歷史檔案館等《中國近代兵器工業檔案史料》第一輯《山西機器局辦事規則光緒三十一年正月》 一、總辦一員，總理全局事務。

一、提調一員，管理全局事務。稽查調度，隨時酌辦一切，責任所關甚重；且爲上下樞紐，事無鉅細由委員商明提調轉稟總辦決斷可否，方准開辦。倘有錯誤，先惟提調是問，次及專管之員。

一、文案兼支發一員，專管來往公文稿件、報銷册底、覈算價值、銀錢出入、支發薪工、驗收庫料。遇採買料件，由總監覈定數目，監廠開條送支發處蓋戳，知照採買委員購辦，交庫時，亦由支發驗收給價。其外脩、外造之件，先由收發委員掛號，送文案登簿發廠，俟脩造既成，仍送至文案注明某處脩槍若干，該銀若干，以便將來歸結款項。如未掛號未登簿者，即以私脩論。至每屆月終，將四柱清册、各項清單送總辦、提調覈閲。所有親兵、茶房、水夫、厨夫、茶爐，文案亦有約束之責，如有當差不慎及滋生事端者，隨時責革。並嚴飭親兵每夜支更看守門户，禁止閒人入廠；每值放工之期，尤宜格外巡查看守，不得擅離，以重職守。

一、總監一員，專司稽查各匠勤惰、製造精粗。每早到廠，該廠領工先將所管工匠逐名詳告某匠造某物，總監記明，查考是否相符。每晚到廠查工，或某物造成，由總監收驗是否合用，當時或收、或駁某物尚未成就，再由賬簿内覈對工數。如工速物精即記功於簿内，如工糜物差即記過於簿内，俟半月一匯總，某匠功若干，某匠過若干，均於簿中注明，季終覈功過之多寡，定獎勵之等第。所有造成各物，由總監估計價值。如他處送來軍械，亦由總監驗收交廠脩理。各廠亦須不時梭巡，以防偷工減料，並查工匠人數多寡。

一、機器廠、木樣廠監廠二員，專管工匠。每日上工、放工收發名牌，開各處票條，記考工簿。某匠或到工，或請假，或告病，均須注明。某匠今日領造何物，又領何物，詳細注明，以備提調、總監查覈工數。再者，本日廠中做何物，開條知照鐵廠，或鐵廠送交何物，亦開條移覆，並隨時登於流水賬内。木樣廠之木料脩造何物，隨手登簿。至一切應辦事宜，均須隨時辦理。所領庫料，由總監、領工擬定數目，方准開條領用。每月終將本月需用庫料及收用鐵廠、翻砂廠各物，開摺報銷。各衙署局所、學堂以及外府州縣脩造各械，隨時記明工數、料數，登時開條，隨物送去。工匠如有口角争鬥等事，由監廠問明曲直，送提調懲辦。

一、熟鐵、翻砂廠監廠一員，專管工匠。每日上下工收發名牌，開各處憑條，記考工簿，並收發銅、鐵等物，均須記賬。某匠造何物，何日造成送交機器廠，均須一一注明。至所領庫料，須由總監、領工擬定數目，方准開票領取。每月終將本月所用鋼、鐵、銅、鉛及造成之件，開摺洋報。至曠工偷漏等弊，尤須不時稽查。

一、銅帽廠監廠一員，專管工匠。每日上下工收發名牌，開各處憑條，記考工簿。查此廠以裝無鉛箭爲主，考查子殼數目，能用者若干，損壞者若干，以及某匠裝藥，某匠銃火，均注於簿，分别藥之精粗、裝成後是否合用。代造蓮花大小銅帽，將銅皮斤兩、銅帽數目及廢銅皮斤兩，一概登帳，月終開摺報銷。至曠工偷漏，尤宜不時稽查。

一、司庫兼醫官一員，專管收發庫料。收料用十足秤，發料用九八秤，以補傷耗。皆須親自扶秤，不得假手於人。庫門鎖鑰，尤宜慎重。各廠領用之料，憑條給發，隨時登簿，月終開報。查庫中應添何料，回明總辦、提調方可購買，不准擅自作主，如違以舞弊論。

一、煤炭廠監廠兼採買料件、收發文件、管理雜務一員，專管收發煤炭。每年冬季腳價賤時收足，以備一年之用。每日發某廠若干，均照各廠來條發給，逐條登簿，按月報銷，一發一收皆須親自扶秤，不可假手於人。採買料件，取該號發貨單，送支發處覈實價值給價。至收發公文，登記賬簿，各處送來軍械掛號存案，遇有外脩、外造之器一概掛號，並知會文案登簿，俟交價時以便按件收價。

一、繕校、監用關防一員，專管繕寫公牘，覈封册摺，及應用關防者由該員兼管置辦傢具、日用火食、油燭、紙張、局中一切雜務，均歸調處。

蓋戳。不得濫用，以防弊端。

一、總匠目一員，專管各廠工匠製造軍械法式。二料省費、機器傢具有無損失，隨時稽查。脩理新造者，試其合用，現脩者試其得法。不時在廠梭巡，以杜偷漏、私造之弊。約束工匠，不得酗酒、嫖賭、滋生事端，嚴禁工匠告假偷往鐵路。

一、各廠領工一人，專管本廠工匠製造。收發本廠料件，驗看物之精粗適用。督催工匠遲緩，稽覈工匠勤惰。量工匠之手藝，派製造之物件，必使輕重合度，粗細合宜。凡偷漏私造，嚴爲稽查。各匠有口角争鬥之事，力爲排解。各匠所用器具不時查點，以免損失之弊。

一、廠中所配白藥以及煤爐、油燭等物，專責總監暨監廠各員並總匠目、領工諸人皆須十分留心，將白藥置之僻静地方，將油筒蓋好，每放工之前一刻，即將煤爐潑滅。各廠工匠皆不准吸煙。

以上各員皆有專責，必須常川住局，方不誤公。無論何事，皆當和衷共濟，切勿互相推諉，致負委任。總匠目暨各廠領工其應辦之事，務須遵照章程，不得違誤。

詳定上下工時刻、放工日期

正月，早七點半鐘上工，上午十二點鐘下工，午一點半鐘上工，五點半鐘下工。

二月，早七點鐘上工，十二點鐘下工，午一點半鐘上工，五點半鐘下工。

三月，早六點鐘上工，十二點下工，午一點半鐘上工，六點鐘下工。

四月，早五點半鐘上工，十二點鐘下工，午一點半鐘上工，六點半鐘下工。

五月，早六點鐘上工，十二點鐘下工，午一點半鐘上工，六點半鐘下工。

六月，早六點鐘上工，十二點鐘下工，午二點鐘上工，七點鐘下工。

七月，早六點半鐘上工，十二點鐘下工，午一點半鐘上工，六點半鐘下工。

八月，早六點半鐘上工，十二點鐘下工，午一點半鐘上工，六點半鐘下工。

九月，早七點鐘上工，十二點鐘下工，午一點半鐘上工，六點鐘下工。

十月，早七點半鐘上工，十二點鐘下工，午一點半鐘上工，五點鐘下工。

十一月，早七點半鐘上工，十二點鐘下工，午一點半鐘上工，五點鐘下工。

十二月，早八點鐘上工，十二點鐘下工，午一點半鐘上工，五點鐘下工。

遇閏月，前半月按上月算，後半月按下月算。

每月朔、望各放工一天。正月初十日萬壽聖節，放工一天。正月十三日萬壽聖節，放工一天。正月十四日燈節，放工半天。二月十四日老君聖誕，放工半天。端陽令節，初四日放工半天。初五日放工一天。五月十三日關帝聖誕，放工半天。八月十四日中秋令節，放工半天。老君會，二十四日放工半天，二十五日放工一天。冬至令節，放工一天。年假放工日期，十二月二十五日放工，來年正月初八日開工。

《申報》光緒三十一年二月二十六日第三版《鐵良奏移設製造廠本館京師專電》 鐵良奏移廠宜以萍鄉爲南廠，鄂爲中廠，另於直、豫界設北廠，如變通則於江北另設一廠，先製彈藥，緩做槍砲。滬廠照辦。

中國第一歷史檔案館等《中國近代兵器工業檔案史料》第一輯《工部奏擬准河南機器局光緒二十二年四月至二十七年底購買機器物料等項銀兩報銷摺光緒三十一年四月初八日》 謹奏爲覈銷河南機器局購買機器、物料等項銀兩，恭摺具奏，仰祈聖鑒事。

竊據河南巡撫陳夔龍造報河南機器局自光緒二十二年四月創建起，截至二十七年年底止，購買機器、物料等項，前經該撫咨部立案，今將用過銀兩造具逐款價值細數清册，送部覈辦前來。

臣部查册開，購買製造槍枝、槍子、銅帽、洋藥機器、車床、刨床、鑽床、洋鋼、英鐵、紫銅、青白鉛、點錫、洋煤、焦炭並外洋各種物料等項，共用銀十五萬六十九兩二錢四釐八毫一絲二微四纖。臣等督飭司員按册詳細覈算，所開各款價值均與立案銀數相符，自應准其開銷。至册開建造機器廠、火藥局等處計房屋一百四十間，用過物料銀六萬七千八十兩一錢八分七釐二毫，又現存木、石、磚、瓦各料用銀五千九百十九兩八錢一分二釐八毫，共用銀七萬三千兩。按册覈算與立案銀數均屬相符，應准開銷。所有臣部覈覆河南機器局購買機器、物料等項用過銀兩准銷緣由，理合恭摺具奏，伏乞皇太后、皇上聖鑒。謹奏。

光緒三十一年四月十一日奉旨：知道了，欽此。

中國第一歷史檔案館《光緒朝硃批奏摺》第一〇二輯《光緒三十一年四月二十一日山東巡撫楊士驤摺》 頭品頂戴署理山東巡撫直隸布政使臣楊士驤跪奏，爲報銷機器局光緒二十六年分動用經費銀兩數目，恭摺仰祈聖鑒事。竊查山東機器局製造各項軍火，應需經費銀兩，向由藩庫籌撥，按年造册報銷；凡有添購物料，應先專案報明；脩理房屋等項，亦應隨摺聲敘。所有光緒二十五年分收支各項銀數，業經正任撫臣周馥奏銷在案。兹自二十六年正月起至十二月底止，造成各種西式火藥二十四萬三千六百五十觔、大銅帽火四百八十四萬粒、各種後膛槍子九十二萬九千八百顆、各種洋鉛丸一百八十萬九千二百八十三粒，脩配各種洋槍二千七百四十九桿、來福洋槍六千三百九桿，添造各廠機器，做成裝盛軍火箱盒，砌成各廠大爐、房屋水溝，並採買外洋銅、鐵、鋼、鉛各種物料，暨員弁、匠役薪水，工料運腳等項，應歸户部覈銷銀二萬七千三百五十八兩四錢五分六釐七毫九絲二忽，兵部覈銷銀一萬四千四百八十八兩七錢六分五釐，工部覈銷銀五萬四千九百一兩五錢二分八釐三毫，三共應銷銀九萬六千七百四十八兩七錢五分九絲二忽。計收光緒二十五年報銷案内結存庫平銀八千七百九十三兩六分一釐六毫六絲八忽，又兵部覈删二十五年報銷夫價、水腳銀九十兩七分二釐，共存銀八千八百八十三兩一錢三分三釐六毫六絲八忽。陸續共撥過藩庫庫平銀六萬六千六百兩，南運局庫平銀二萬七千兩，又前任鹽運使豐伸泰報効軍餉，奏明撥作製造槍礮經費京平銀二萬兩，合庫平銀一萬八千八百兩。除支用外，實存庫平銀二萬四千五百三十四兩三錢八分三釐五毫七絲六忽，歸入下届造報。所有支款項下應扣六分減平銀兩，均已解存藩庫。據總理局務署布政使英瑞、署按察使沈廷杞、分省補用道劉恩駐等造册詳請奏咨前來。臣覆加查覈，均係實用實銷，尚無浮冒情弊。除清册分咨户、兵、工三部查照外，所有報銷機器局光緒二十六年分動用經費銀數緣由，理合恭摺具陳，伏乞皇太后、皇上聖鑒，敕部覈銷施行。

中國第一歷史檔案館《清代軍機處電報檔彙編》第二六册《發河南巡撫陳夔龍電爲炸藥廠被燬事光緒三十一年十一月十三日》 虞電悉。當經函知英使，兹復准函稱，炸藥廠被燬一事，查係匪徒撬開鐵門，竊藥數箱，其未克携走之件放火焚燬。平時煤井所用機器亦時有損壞，井内揸撑木柱亦被偷移，均由本省官紳商民阻撓本公司辦礦而起，請電咨豫撫竭力嚴查緝拿匪犯，盡法懲辦等語。希即轉飭地方官查明實情，迅速緝匪嚴懲，以免該使藉口，並電復。外務部。元。

《申報》光緒三十一年十二月初一日第三版《議改貢院爲製造廠京師》 練兵處王大臣現以京畿地方漸次擴充練軍，槍械尤爲要需。若概由外省轉運，糜費不資。擬將貢院改爲製造廠，延聘工師專造新式鎗砲及各項藥彈，以利軍需。並選派武備學生出洋學習製造鎗砲專門，以期精益求精，慶邸於此事極力贊成。惟因開辦經費甚鉅，又恐籌措不易頗覺躊躇。

中國第一歷史檔案館等《中國近代兵器工業檔案史料》第一輯《兵部爲覈准河南機器局報銷裝船運腳一款事致軍機處之咨呈光緒三十一年十二月二十日》

兵部爲咨呈事。

車駕司案呈：本部前覈豫省機器局報銷案内裝船運腳一款，當以册開光緒二十四年至二十七年購買機器並製造槍砲等件材料及鋼鐵鉛錫器象、銼刀、白鉛、鋼錕等項，所開裝運價值與例不符，駁查在案。旋據登覆，由津、由滬運物至汴均係逆水，河流淤淺時，須牽挽分撥給價，雖與章程未符，其實已包縴夫、撥力在内等語。嗣因該省登覆只云已包縴夫、撥力在内，未曾分晰所用縴夫及撥力計若干名、若干日，每名日支工食銀若干，礙難覈算，爰將請銷銀兩先按例定船價准銷湘平銀三千二百六十三兩九錢三分三釐九毫，其逆水縴夫及撥力兩項請銷湘平銀三千零三十八兩四錢一分三釐五毫，仍令該省查明縴夫、撥力名數與實支銀數及應用撥力日數詳細報部，再行覈辦，奏咨在案。

兹據覆稱，縴夫一項先後數次共用六百八十名，計行二百七十四日，每名每日工食銀五分，共支銀一千三百三十兩零三錢；其節次擱淺，覓船分撥時地不一，並無向章可循，均係就地隨時議價包給，各料共用撥力銀一千五百五十六兩一錢七分七釐二毫；連同節次裝卸腳力銀一百五十一兩九錢三分六釐三毫：計統共用湘平銀三千零三十八兩四錢一分三釐五毫。委係實用實銷，等因前來。本部查縴夫名數及工食銀數與例相符，其撥力次數、銀數亦據聲覆均就地隨時議價包給，自係實在情形。所有行查前項湘平銀三千零三十八兩四錢一分三釐五毫應准開銷。相應咨呈貴處可也。

須至咨呈者。

右咨呈軍機處。

中國第一歷史檔案館等《中國近代兵器工業檔案史料》第一輯《張人駿奏河南機器局材料用罄已於新章減平項下撥銀八千兩採購片約光緒三十二年》 再，豫省機器局製造槍砲子彈以充軍實，經前撫臣劉樹堂奏定常年經費，並聲明嗣後遇有籌款辦料之事，再隨時責成司庫籌撥，歷經照辦在案。

今該局製造各種槍砲器械等件，從前所購材料俱已用罄，亟應籌款購備以供製造，當經飭司妥籌。兹於新章減平項下籌撥銀八千兩，發交該局作爲續購各項物料之用，據布政使瑞良詳請奏咨前來。臣覆查無異。

除分咨查照外，理合附片具陳，伏乞聖鑒。謹奏。

中國第一歷史檔案館《光緒朝硃批奏摺》第一〇二輯《光緒三十三年二月二十六日山東巡撫楊士驤摺》　頭品頂戴山東巡撫臣楊士驤跪奏，爲報銷機器局光緒二十七八兩年動用經費銀兩數目，恭摺具奏仰祈聖鑒事。竊查山東機器局製造各項軍火，應需經費銀兩，向由藩庫籌撥，按年造册報銷；凡有添購物料，應先專案報明；脩理房屋等項，亦應隨摺聲敘。所有光緒二十六年以前收支各項銀數，業經分次奏銷在案。茲自二十七年正月起至二十八年十二月底止，造成各種西式火藥六十五萬四千八百五十觔、大銅帽火五百八十二萬粒、各種後膛槍子二百十四萬五千八百顆、各種洋鉛丸三百六十四萬一千六百粒，脩配後膛洋槍一萬二千五百八十七桿、來福洋槍六千八百四十九桿，添造各廠機器，做成裝盛軍火箱盒，砌成各廠大爐、房屋水溝，並採買外洋銅、鐵、鋼、鉛各種物料，暨員弁、匠役薪水，工料運脚等項，應歸度支部覈銷銀五萬一千五百七十兩九錢六分一釐五毫八絲四忽，陸軍部覈銷銀二萬九千九百四十六兩九錢八分九釐，農工商部覈銷銀十二萬四千七百二十九兩三錢一分三毫，三共應銷銀二十萬六千二百四十七兩二錢六分八毫八絲四忽。計收二十六年報銷案内結存庫平銀二萬四千五百三十四兩三錢八分三釐五毫七絲六忽，陸續共撥過藩庫庫平銀十五萬四千八百兩，南運局庫平銀三萬七千兩。除支用外，實存庫平銀一萬八十七兩一錢二分二釐六毫九絲二忽，歸入下届造報。所有支款項下應扣六分減平銀兩，均已解存藩庫。據總理局務布政使吴廷斌、按察使黄雲、遇缺題奏道潘延祖、前分省補用道劉恩駐造册詳請奏咨前來。臣覆加查覈，均係實用實銷，尚無浮冒情弊。除清册分咨度支部、陸軍部、農工商部查照外，所有報銷機器局光緒二十七、八兩年分動用經費銀數緣由，理合恭摺具奏，伏乞皇太后、皇上聖鑒，敕部覈銷施行。謹奏。

硃批：該部知道。

光緒三十三年二月十六日。

中國第一歷史檔案館等《中國近代兵器工業檔案史料》第一輯《袁世凱就在德州設立北洋機器製造局情形及費用事致民政部之咨文光緒三十三年四月二十二日》　欽差大臣太子少保陸軍部尚書都察院都御史辦理北洋通商事務直隸總督部堂袁爲咨明事。

據北洋機器製造局詳稱：竊惟自强莫如練兵，尚武必先製器。北洋自遭庚子之役，東南兩局燬於兵燹，恢復綦難。我憲臺創練新軍，籌建北洋機器製造局於山東德州，應付軍需，實爲根本至計。自二十八年秋間，前升任浙江臬司天津道王道仁寶在署通永道任内，遵奉憲札，驗收龔革道照璵經手買回東南兩局殘燬機器，即在天津租界内賃地存儲，招募工匠，擇要脩理。一面派員馳赴德州，相度基址。旋經勘定西南城外花園地方，形勢高曠，地居舊淤河之西岸，瀕臨運河。會同地方官，按照民價，購買民地五百三十餘畝。其毗連花園東南一面，地名上碼頭，比屋鱗次，居民密邇，續將民房四十一户概行收買，並餘地、空地共二十八畝有奇。擬定辦法，估計工程，稟蒙憲臺飭撥經費，即於二十九年正月開辦起，至三十年八月大致落成，是年九月開工試行製造。維時各廠規模粗具，容有缺而未備，隨舉增脩。兩年以來，陸續恢廓，請爲我憲臺縷晰陳之。

查從前東局用款千萬，經營三十載，始得燦然大備。職局赤地初立，諸務草創，又限於經費，不得不先其所急，徐待擴充。伏查北洋各軍以小口徑毛瑟快槍爲行軍利器，曼利夏次之，而日本新式六密里五槍枝新購甚夥，是以首議開造快槍子及添造新槍子兩廠爲基礎。而槍子製法尤重銅質，因立卷銅一廠，專事考求。其裝用無煙火藥由棉藥醖釀而成，所製棉花藥胚當需鏹水，而製鏹又以淋硝爲尚，故立無煙藥、棉藥、鏹水、淋硝四廠，期底全備。至各廠機器時待脩理，應設機器廠爲之總匯。他如木樣、鍋爐、鑄鐵、熟鐵各廠，又相輔機器而行。統計全局建造十二廠，可供現時製造，即以備他日擴充，此固職局辦法之大畧也。

職局興工伊始，兼以脩理舊機及安設新機同時並舉，與他處工程僅司土木者情形不同。龔革道所收機器，僅存笨重底座，其靈巧細件大半烏有，自由津埠運到，趕緊脩理，以故各廠機器半係舊物。於其缺者補之，實不能配造者，始行添購。惟由瑞記洋行訂買快槍子機器全副，省費實多。各處廠屋粗成，即將機器安設佈置就妥，開工較速。此外，如庫房、客廳、辦公房暨員司、書弁、匠役人等住室，以及圍墻、橋樑、溝道、池井之屬，節次增脩。此又職局工程之大畧也。

職局經費向由津海、東海、江海各關於洋税項下撥解，庚子以後，各海關均解交海防支應局存儲。所有支用各款，隨時估計，稟蒙憲臺飭由製造經費項下動支。自光緒二十九年正月起至三十年八月底止，綜計建造十二廠大小房屋四百二十五間，煙通十三座，實支用工料銀十八萬八千二百二十一兩三錢三分一釐一毫；建造庫房、住屋二百六十四間，實支用工料銀四萬八千零六十兩零八分三釐；購買新舊機器、器具，採辦外洋、内地材料，並脩配機器工匠工食等項，實支用銀三十六萬八千一百四十四兩八錢三釐二毫；購買廠基及採辦材料輪船水脚、保險、運脚等費，實支用銀六萬九千五百七十五兩五錢五釐四毫；員司、書弁、夫役人等薪工及局用公費，實支用銀一萬五千八百九十五兩八錢八分八釐八毫：統共支用庫平銀六十八萬九千八百九十七兩六錢一分一釐五毫。匯爲一案，是爲工程報銷。除將支用各款詳細數目造具四柱正册，並將購買機器、材料洋行合同，隨册另案詳請奏咨覈銷外，理合繕具簡明總數清册，詳請鑒覈，分咨大部查照，深爲公便。再，三十年九月開廠製造以後，尚有添補工程，所有動支各款，應歸常年製造項下按年報銷，合併聲明等情到本大臣。

據此相應咨明貴部，請煩查照立案。

須至咨者，計咨送清册一本。(無)

右咨民政部。

中國第一歷史檔案館等《中國近代兵器工業檔案史料》第一輯《山西機器局呈光緒三十三年春季脩造軍械及機器清册光緒三十三年七月》 謹將職局光緒三十三年春季分脩造各項軍械、機器開册，恭呈憲鑒。

計開：

造成軍械項下：三生七過山快砲一尊，來復步槍六十支，來復馬槍二十八支，兩磅砲拉火一千支，毛瑟槍刺刀二百六十把，洋式馬號二對，蓮花小銅帽五十一萬七千粒，測繪學堂體操架鐵杠一根，巡警局壓道車棚鐵架一副。

造成機器項下：運重地車一輛。

脩成軍械項下：裝軍裝局無鉛箭八千九百粒，常備軍五生七過山快砲車三輛，陽曲縣巡警單響毛瑟步槍五支，榆社縣巡警來復馬槍九支，軍裝局來復步槍五十支，徐溝縣巡警來復槍二支，豐鎮庭巡警快槍一支，陸軍學堂單響毛瑟步槍九支、刺刀九把、皮盒十九個、刺刀插十九個、皮帶六條。

中國第一歷史檔案館等《中國近代兵器工業檔案史料》第一輯《長庚奏創設伊犁槍子廠情形摺光緒三十三年十二月二十九日》 查防邊以練兵爲要務，而練兵尤以利器爲先資。奴才前年在京，即據伊犁滿營協領博貴等電請購買新式馬槍一千三百桿，並佩帶子彈、銅火等件，及脩槍、造子器具全分，當經飭令奏調之分省補用道黄中慧前赴上海與德商訂購。現以購定德國蘇耳廠新造七米里九口徑黑漆塗蓋馬槍一千三百桿，開樂克廠新造無煙子彈一百五十萬顆，銅火三百萬粒，美國皮滬製馬槍五件，皮帶並子彈盒一千三百副，德國馬槍皮帶一千三百條，馬槍機簧一千三百分，馬槍退子鈎一千三百分，並脩槍、造子器具全分。經奴才遴派前伊犁軍標補用守備李得山(係曾經充當洋操教習並管帶洋槍步隊，於外洋槍械等件講求有素)，飭令馳赴上海，會同黄中慧將前項槍彈各件詳細檢察，逐一試驗，均屬精良，並無偏差等弊。此外，另行購買日本新出之軍事教育模型全副，學堂儀器三十四種，濾水機器五副，脩槍器具一百二十一件，俱分別辦齊點交李得山驗收，分用堅木箱匣裝釘封固，咨請前兩江督臣周馥札飭上海關道查明，分別填給免稅放關執照，沿途查驗放行護照。於去年十二月自滬起運，由輪船裝送天津，雇備車駝載赴張家口，一律雇用駝隻，取道草地，以達伊犁。並咨調北洋淮軍馬隊哨官把總錢廣漢暨添派伊犁防禦西林泰縣丞黄立中，雇募護勇，幫同押運。已於本年九月初五日全數解到伊犁。【略】

奴才於去歲訪有知州銜上海機器廠兼銅鐵廠委員楊鴻儀，精於機器、圖算、製造，係上海製造局出身，由學生歷充兵輪司事，工藝學堂教習，大沽船塢總辦，金陵機器局委員，爲前辦上海製造局道員毛慶蕃所識拔，人亦誠樸諳練，當於上年冬間電飭駐滬道員黄中慧，約訂該員來伊。並電商前兩江督臣周馥轉飭現辦上海製造局總辦道員張士珩，准令該員在滬局選集各項上等工匠十餘名，購置汽機、鍋爐、車刨鑽刮等項機床及各材料，分起運解來伊，以備製造軍用各項器械，並就伊犁所産各種物料製造各項用物，以興工藝而開利源。該員已帶同匠工十三人，並諳習圖算、測量之路工學堂教習揚後鈞、萍鄉路工學生賀家箴，於六月由俄國西伯利亞鐵道同至伊犁。因前購機器不全，現又添置汽機、鍋爐全副及製造槍子全機，據黄中慧電稟已向洋商訂購，須俟明年夏間方能運解到伊。前於九月間已電由署將軍廣福轉飭設立局廠，令楊鴻儀先行督率工匠脩整舊有洋槍，砲位，並製造軍隊所需之指揮刀等件。擬俟奴才到伊，即設工藝學堂，仿照商部奏定藝徒學堂簡章，分爲通脩、專脩兩科，多覓聰穎學徒，飭令楊鴻儀督同帶來各工匠分門教授。彼時上海所購各項機器亦可運到。當兹創辦之初，惟有先其所急，將緊要應需各物先行製造，以後逐漸推廣，自能日有起色。總之商務以工藝爲根本，而工藝又以機器爲關鍵。創始誠屬艱難，但能勉力辦成，實於邊防裨益匪淺。此奴才籌辦工藝之大概情形也。

以上六端，一切詳細情形，容俟奴才到任後，分起專案具奏，並咨明各部立案。其應開單造册者，亦分別繕具單册隨案咨送。所有奴才現辦各事大概情形，先行恭摺具陳，伏乞皇太后、皇上聖鑒。謹奏。

硃批：着即分條認真籌辦，速收實效，勿得徒託空言。

中國第一歷史檔案館等《中國近代兵器工業檔案史料》第一輯《壽勛等奏查明山東機器局購買機器各款應准補銷片光緒三十三年》　再，查山東機器局光緒三十、三十一兩年購買機器、添建廠房動用各款請銷一案，當經臣部查覈，原冊内開脩舊殼浄機一部爲立案原咨所無，所請銷庫平銀一千六百八十二兩六錢四分，應令奏明聲覆，再予覈辦。又原冊内開購買試造七米里九小口徑毛瑟槍子各項外洋物料，共用庫平銀三萬四千七百八十九兩五錢一分六釐八毫，查此項物料既據聲稱係由青島德商瑞記洋行訂購，應令將此項原訂合同咨送到部，再行覈辦等因，奏准行查在案。旋據該省將此項合同鈔送到部，並據聲稱：查德商瑞記洋行原訂合同内有購買雙面撞火眼機一部，嗣後誤將脩舊殼浄機一部運到等語。復經臣部咨查，該洋行誤將脩舊殼浄機一部運到，自應按照原訂合同令其更换，以資應用，始爲正當辦法，咨行去後。兹據覆稱：購買德商瑞記洋行機器分作兩次運到，當查短少雙面撞火眼機一部，多出脩舊殼浄機一部，該德商自認錯誤，允許更换。嗣查本局脩舊殼浄機原只一部，將來擴充大局尚不敷用，此次誤運並非多餘。至雙面撞火眼機，有購來一部，本局亦能倣照自造，不致缺用。且脩舊殼浄機價值略昂，該德商自願減價抵算，既與原訂合同價銀毫無出入，而於事亦兩得其便，因即通融辦理等因，咨請覈辦前來。

查此項脩舊殼浄機，既據該省聲稱係屬洋行誤運，並將通融留用各緣因明晰聲覆，所有此項用過庫平銀一千六百八十二兩六錢四分，應准開銷。至試造七米里九槍子各項外洋物料等款，覈與送到合同尚屬相符，所有用過庫平銀三萬四千七百八十九兩五錢一分六釐八毫應准一併開銷。以上共准銷庫平銀三萬六千四百七十二兩一錢五分六釐八毫。

所有查明山東機器局光緒三十、三十一兩年購買機器案内聲覆各款應准補銷緣由，理合附片具陳，伏乞聖鑒。謹奏。

中國第一歷史檔案館等《中國近代兵器工業檔案史料》第一輯《胡建樞等造報山東機器局光緒三十三年冬季製造軍火四柱清册光緒三十四年二月》　謹將山東機器局光緒三十三年冬季分製造各項軍火並收發各數目，造具四柱清册，呈請練兵處查覈施行。

須至册者，計開：

每日製造軍火數目

每日造出老毛瑟槍子二千五百顆，每日造出九響毛瑟槍子二千五百顆。（以上兩宗每日僅能造出一宗。登明。）

每日造出槍子藥四百磅，每日造出砲藥六百磅，每日造出槍藥五百磅。（以上三宗每日僅能造出一宗。登明。）

收發軍火項下

舊管：

一、存洋藥二十萬二千二百七十一磅，一、存砲藥一萬八百二十磅，一、存槍子藥七萬七千七百九十磅，一、存銅冒火二百九十六萬五千九百十粒，一、存來福圓鉛丸九萬二千七百粒，一、存哈乞克斯槍子三十一萬五千六十顆，一、存哈乞克斯空響槍子七萬五千四十顆，一、存毛瑟槍子二百四十五萬一千八百七十二顆，一、存毛瑟空響槍子三十五萬八千三百八十顆，一、存林明敦槍子十二萬九千二百顆，一、存林明敦空響槍子一萬六千四百八十顆，一、存雲者士得槍子七萬五百七十五顆，一、存雲者士得槍子空殼七萬五千顆，一、存分得爾槍子八萬四千顆，一、存分得爾空響槍子一萬三千顆，一、存十響馬槍子四萬一千顆，一、存七響短槍子三十萬三千三百八十六顆，一、存利名登槍子二萬一千五百九十顆，一、存士乃得槍子十萬一千九百五十顆，一、存九響毛瑟槍子三十二萬九千八百顆，一、存小口徑毛瑟槍子十七萬九百八十顆。

新收：

一、收造出毛瑟空響槍子一萬一千顆，一、收造出九響毛瑟槍子八萬九千顆，一、收造出小口徑毛瑟槍子五萬七千顆，一、收脩成重裝曼利夏槍子一萬八百顆。

開除：

一、發槍子廠槍子藥一千一百磅，一、發軍械局洋藥四千三百八十磅，一、發軍械局毛瑟槍子五萬五千九百八顆，一、發軍械局銅冒火一百萬粒，一、發軍械局雲者士得槍子六十顆，一、發軍械局七響短槍子五百顆，一、發軍械局九響毛瑟槍子八百顆，一、發觀城縣知縣吴令士釗小口徑毛瑟槍子六百顆（繳價清領），一、發機器廠毛瑟槍子五十顆，一、發槍子廠雲者士得槍子三百十顆，一、發本局巡更洋藥二十八磅六兩，一、發本局巡更銅冒火二千一百三十粒，一、發本局巡更雲者士得槍子五十顆。

實在：

一、存洋藥十九萬七千八百六十磅半，一、存砲藥一萬八百二十磅，一、存槍子藥七萬六千六百九十磅，一、存銅冒火一百九十六萬三千七百八十粒，一、存來福圓鉛丸九萬二千七百粒，一、存哈乞克斯槍子三十一萬五千六十顆，一、存哈乞克斯空響槍子七萬五千四十顆，一、存毛瑟槍子二百三十九萬五千九百十四顆，一、存毛瑟空響槍子三十六萬九千三百八十顆，一、存林明敦槍子十二萬九千二百顆，一、存林明敦空響槍子一萬六千四百八十顆，一、存雲者士得槍子七萬一百五十五顆，一、存雲者士得槍子空殼七萬五千顆［無鉛丸］，一、存分得爾槍子八萬四千顆，一、存分得爾空響槍子一萬三千顆，一、存十響馬槍子四萬一千顆，一、存七響短槍子三十萬二千八百八十六顆，一、存利名登槍子二萬一千五百九十顆，一、存士乃得槍子十萬一千九百五十顆，一、存九響毛瑟槍子四十一萬八千顆，一、存小口徑毛瑟槍子二十二萬七千三百八十顆，一、存脩成重裝曼利夏槍子一萬八百顆。

中國第一歷史檔案館等《中國近代兵器工業檔案史料》第一輯《楊士驤奏銷復設北洋機器製造局用款摺光緒三十四年九月初五日》 頭品頂戴北洋大臣直隸督臣楊士驤跪奏，爲覈明復設機器製造局工程用款，造册報銷，繕單恭摺具陳，仰祈聖鑒事。

竊維自强莫如練兵，尚武必先製器。東西各國講求製造，日異日新，用能無堅不摧，所向克捷。北洋自遭庚子之役，東南兩局燬於兵火，久已鞠爲茂草，掃地無存。此值朝廷鋭氣圖强，殷殷以練兵爲當務之急，而應需軍火皆取給於外洋，無論價值較昂，且恐緩不濟急，其關係非細故也。升任督臣袁世凱於二十七年間抵任時，即以練兵、製造二者相輔而行，孜孜講求，並議復設製造局於山東德州。派員前往相度地址，旋經勘定該州西南城外花園地方，形勢高曠，地居舊淤河之西岸，濱臨運河，汲水利便。會同地方官按照民價購買民地五百三十餘畝。其毗連花園東南一面，地名上碼頭，民間比屋而居，有妨製造，詢之居民，均願售歸局用。續將民房四十一户，餘地、空地二十八畝有奇，概行收並。擬定辦法，估計工價。時值大兵之後，地方凋敝，各省協餉觀望不前，羽檄紛馳，亟電交促，始將各關歷年(久)〔欠〕解製造經費集有成數。當即鳩工庀材，於二十九年正月間開工建築，經營年餘之久，大致粗定。復經迭次改良，至三十年八月廠屋落成，是年九月開工試行製造。容有缺而未備者，又經隨時增脩。兩年以來，陸續開拓。臣於上年到任之始，道出德州，周歷履勘，見夫局度恢宏，規制遠大，而其部署精密，井然有條，直並與外洋機器廠相埒，益嘆前督臣之締造經營，用心良苦。因念從前北洋機器製造局用款千餘萬之多，籌辦三十年之久，始能燦然大備，現在復設製造局，平地赤立，諸務草創，又以限於經費左支右絀，今已規模大具，不難徐圖擴充。

伏查各國陸軍，通用以小口徑毛瑟及曼利夏槍爲行軍利器，而日本新式六密里五槍枝亦復風行一時，北洋陸軍新購甚夥，自以首議開造快槍子及倣造日本新槍子爲第一要義。他如卷銅、製藥，皆係專門之學，尤宜加意考求。統計全(部)建造十二廠：曰快槍子廠、新槍子廠，其餘附屬各品分爲十廠：曰機器廠、卷銅(廠)、無煙藥廠、棉藥廠、鏹水廠、淋硝廠、木樣廠、鍋爐(廠)、鑄鐵廠、熟鐵廠，以供現時製造，即備他時擴張地步。至於開工之始，兼以脩理舊械同時並舉，與他處僅司土木工程者不同。收購機器，僅係笨重底座，一切細件大半無存，在在均須添配。其有華匠不能製造者，不得不向外洋訂購，俾歸完整。僅由瑞記洋行訂購快槍子機器全副，省費實多。各處廠屋粗成，即將機器安設，一面先行開工，以免曠時糜費。此(處)〔外〕如庫房、客廳、辦公房暨員司、書弁、匠役人等住室，以及圍墻、橋樑、溝道、池井之屬，節次增脩，一律完備。

自光緒二十九年正月開工起三十年八月底止，綜計建造十二廠，大小房屋四百二十五間，煙通十三座，共支工料銀十八萬八千二百二十一兩有奇；建造庫房、住房二百六十四間，共支工料銀四萬八千六十兩有奇；購買新舊機器、器具，採辦內地、外洋材料並脩配機器、工匠工食，支用銀三十六萬五千九百四十四兩有奇；購買廠基，及採辦材料、輪船水脚、保險、運費等項，共支銀七萬一千七百七十六兩有奇；員司、書弁、夫役人等薪工，局用公費，共支銀一萬五千八百九十五兩有奇。統共支銀六十八萬九千八百九十七兩有奇。匯爲一案，是爲工程報銷。據製造局收用各款詳細數目，造具四柱清册，詳請具奏前來。除咨部查照外，謹繕清單，恭呈御覽。伏乞皇太后、皇上聖鑒，飭部覈銷施行。

再，三十年九月開廠製造以後，當有添補工程，所有動支各款，應歸常年製造經費項下按款報銷，以省煩牘，合併聲明。謹奏。

光緒三十四年八月初十日奉硃批：該部知道，單並發，欽此。

〔附〕清單

謹將北洋機器局第一届工程報銷，繕具收支簡明清單，恭呈御覽。

計開：

新收：

一、收江海關解到六成洋税項下應解製造經費，庫平銀二十二萬三百二十八兩六錢。

一、收東海關解到四成洋税項下應解製造經費，庫平銀三十一萬七千九百六十六兩四錢六分六釐八毫六絲。

一、收津海關解到二十八年八月起至三十年八月底四成洋税製造經費，庫平銀二十五萬四千三百四十二兩八錢。

一、收順直賑捐解到二十八年分起至二十九年四月撥補製造經費，庫平銀二十三萬兩。

一、收建廠工程項下自二十九年正月起至三十年八月底員司薪水平餘，庫平銀八百八兩七錢三分三釐。

以上收庫平銀一百二萬三千四百四十六兩五錢九分八釐八毫六絲。

開除：

一、第一册請銷建造各廠座房屋間數工程。内歸度支部覈銷各匠工價，庫平銀二萬四千九百六十三兩五錢六分八釐九毫；民政部覈銷外洋内地料價，庫平銀十六萬三千二百五十七兩七錢六分二釐二毫。

一、第二册請銷建造局屋並挑築圍墻，起造橋樑，開挖池井等項工程。歸度支部覈銷各匠工價，庫平銀九千五百五十二兩九錢九分五釐；民政部覈銷外洋内地料價，庫平銀三萬八千五百七兩八分四釐。

一、第三册請銷採買外洋内地各種材料，並購置新舊各種機器、工具及造成脩配各件雇募工匠工食。内歸度支部覈銷工匠工食，庫平銀二萬六千六百三十三兩一錢六分；民政部覈銷材料、機器價值，庫平銀三十三萬九千三百十一兩一錢二分三釐二毫。

一、第四册請銷採買外洋内地各料應需輪船水(師)〔脚〕、保險、運脚及購買廠基地租地價，庫平銀一萬七千二百三十兩八錢一分四釐五毫。陸軍部覈銷輪船水脚，保險、運脚，庫平銀五萬四千五百四十五兩二錢一分九釐。

一、第五册請銷辦事員司、武弁、夫役人等支用薪工，公費銀兩。係歸度支部覈銷，庫平銀一萬五千八百九十五兩八錢八分八釐八毫。

以上第一册至第五册止，共歸度支部覈銷銀九萬四千二百七十六兩四錢二分七釐二毫，陸軍部覈銷銀五萬四千五百四十五兩二錢一分九毫，民政部覈銷銀五十四萬一千七十五兩九錢七分三釐四毫。統計五册共請銷庫平銀六十八萬九千八百九十七兩六錢一分一釐五毫。

一、實存庫平銀三十三萬三千五百四十八兩九錢八分七釐三毫六絲，歸入下案舊管項下接續造報。理合登明。

奉硃批：覽，欽此。

「中央研究院」近代史研究所《海防檔》丙機器局《光緒三十四年十月十八日外務部收山東巡撫袁樹勛文》 光緒三十四年十月十八日，收山東巡撫文稱，案照本部院於光緒三十四年九月十九日，專弁具奏。報銷機器局光緒二十九、三十兩年分，動用經費銀數一摺。相應鈔稿咨明，爲此合咨貴部，煩請查照施行。計粘抄原奏一紙。附鈔，奏爲報銷機器局光緒二十九、三十兩年分，動用經費銀兩數目，恭摺具陳，仰祈聖鑒事。竊查山東機器局製造各項軍火，應需經費銀兩向由藩庫籌撥，按年造册報銷；凡有添購物料，應先專案報明；脩理房屋等項，亦應隨摺聲敘，所有光緒二十八年以前，收支各項銀數，業經分次奏銷在案。茲自二十九年正月起，至三十年十二月底止，造成各種西式火藥五十五萬八千九百三十觔、大銅帽火八十三萬四千九百九十三粒、各種後膛槍子二百一十九萬七千顆、各種洋鉛丸三百萬一千三百二十粒，脩配後膛洋槍九千九百四桿，來福洋槍一千九百五桿，添造各廠機器，做成裝盛軍火箱盒，砌成各廠火鑪房屋水溝，並採買外洋銅、鐵、鋼、鉛各種物料，暨員弁匠役薪水工料運脚等項，應歸度支部覈銷銀五萬三千六百四十五兩九錢三分七釐，陸軍部覈銷銀三萬三千二百七十五兩四錢二分九釐，農工商部覈銷銀一十二萬四千二百八十四兩九錢二分一釐六毫。三共應銷銀二十一萬一千二百六兩二錢八分七釐六毫。計收上届報銷案内，結存庫平銀一萬八十七兩一錢二分二釐六毫九絲二忽，陸續共收過藩庫庫平銀一十五萬兩，運庫庫平銀一萬三千兩。南運局庫平銀三萬三千兩，銅元局庫平銀一萬五千兩，除支用外，寔存庫平銀九千八百八十兩八錢三分五釐九絲二忽，歸入下届造報。所有支款項下，應扣六分減平銀兩，均已解存藩庫。據總理局務布政使朱其煊、按察使胡建樞、前分省補用道劉恩駐造具清册，詳請奏咨前來。臣覆加查覈，均係寔用寔銷，尚無浮冒情弊，除清册分咨度支部、陸軍部、農工商部查照外，所有報銷機器局光緒二十九、三十兩年分動用經費銀數緣由，理合恭摺具奏。伏乞皇太后、皇上聖鑒，敕部覈銷施行。謹奏。

中國第一歷史檔案館等《中國近代兵器工業檔案史料》第一輯《河南布政使司呈報河南機器局購買砲坯及各項材料價值數目清摺光緒三十四年十二月》

河南布政使司謹將機器局派委購買砲胚、各項材料價值數目，開具清摺呈覽。

計開：

五生七軟鋼砲胚十四尊(每尊銀二百五十八兩)，合銀三千六百一十二兩。第五圖車床一部，合銀四百一十兩。第九圖刓底火邊上三個半圓之四處機一座，合銀六百兩。第十圖刻子母彈引火之度數機一座，合銀一百二十兩。新式鑽床一部，合銀五百五十兩。六尺長馬鞍式車床三部(每部銀三百五十兩)，合銀一千零五十兩。紅砂五噸(每噸銀十二兩)，合銀六十兩。硝鏹水二百八十磅(每磅銀二錢五分)，合銀七十兩。磺鏹水四百磅(每磅銀一錢二分)，合銀四十八兩。三寸象皮管八條，每條二十五尺(每尺銀一兩六錢)，合銀三百二十兩。熔銅罐三十二個(每個銀七兩)，合銀二百二十四兩。木尺一打，合銀四兩。細半元銼刀四打(每打銀一兩九錢五分)，合銀九兩八錢。四寸元銼刀六打(每打銀一兩九錢五分)，合銀十一兩七錢。粗半元銼刀一打，合銀一兩九錢五分。彈心紙五百張(每張銀一錢七分)，合銀八十五兩。白漆五听(每听銀二兩二錢)，合銀十一兩。愛的水泥十五磅(每磅銀四錢五分)，合銀六兩七錢五分。代完進口稅，銀三百七十七兩五錢九分。代完子口稅，銀一百八十八兩七錢九分。水腳、保險，銀六百三十四兩二錢。腳力，銀三十一兩五錢。以上共合銀八千四百二十四兩二錢八分。

五寸方鋼兩條，計重二千五百零九磅(每磅銀二錢六分)，合銀六百五十二兩三錢四分。磺鏹水六箱，一千二百磅(每磅銀一錢)，合銀一百二十兩。硝鏹水四箱，五百二十磅，(每磅銀二錢)，合銀一百零四兩。墨臭油一桶，合銀七兩；鐵練十五丈，二百十四磅(每磅銀一錢四分)，合銀二十九兩九錢六分。代完進口稅，銀四十七兩九錢四分。代完子口稅，銀二十三兩九錢七分。以上共合銀九百八十五兩二錢一分。

華魯魯紫銅五十擔(每擔銀四十八兩八錢)，合銀二千四百四十兩。硬錫四百二十七斤(每斤銀六錢八分)，合銀二百九十兩零三錢六分。三寸半元一丈二尺長軟鋼四條，計二千八百三十五磅(每磅銀四分三釐)，合銀一百二十二兩九錢零五釐。四寸元一丈四尺長軟鋼二條，計一千六百二十四磅(每磅銀四分三釐)，合銀六十九兩八錢三分二釐。三寸元一丈二尺長軟鋼八條，計三千零六十磅(每磅銀肆分叁釐)，合銀一百三十一兩五錢八分。三寸半元軟鋼二條，計一千四百二十六磅(每磅銀四分三釐)，合銀六十一兩三錢一分八釐。三寸元軟鋼一千零二十磅(每磅銀四分三釐)，合銀四十三兩八錢六分。二寸元軟鋼六百一十五磅半(每磅銀四分三釐)，合銀六十六兩四錢六分六釐五毫。一寸半元軟鋼五百零二磅(每磅銀四分三釐)，合銀二十一兩五錢八分六釐。三分元軟鋼三百三十三磅(每磅銀四分三釐)，合銀十四兩三錢一分九釐。五分方鋼二千五百二十五磅半(每磅銀四分五釐)，合銀一百三十三兩六錢四分七釐五毫。五寸元藍牌鋼三百二十六磅(每磅銀二錢五分)，合銀八十一兩五錢。四寸半元藍牌鋼三百九十四磅半(每磅銀五錢二分)，合銀九十八兩六錢二分五釐。四寸元藍牌鋼三百五十五磅(每磅銀二錢五分)，合銀八十八兩七錢五分。二寸元藍牌鋼四百二十八磅半(每磅銀二錢五分)，合銀一百零七兩一錢二分五釐。三寸寬一分半厚藍牌鋼板一百一十四磅(每磅銀二錢五分)，合銀二十八兩五錢。一寸方峯鋼六十五磅(每磅銀九錢)，合銀五十八兩五錢。二分厚正號英鐵板一千四百零九磅(每磅銀三分八釐)，合銀五十三兩五錢四分二釐。一分半厚正號英鐵板一千二百八十三磅(每磅銀三分八釐)，合銀四十八兩七錢五分四釐。半分厚正號英鐵板一千四百六十六磅(每磅銀三分八釐)，合銀五十五兩七錢零八釐。二寸寬六分厚正號英扁鐵四百二十八磅(每磅銀三分八釐)，合銀十六兩二錢六分四釐。一寸六分寬三分厚正號英扁鐵七百三十磅(每磅銀三分八釐)，合銀二十七兩七錢四分。鋼面鐵砧三個七百四十三磅(每磅銀一錢二分)，合銀八十九兩一錢六分。六寸五寸老虎鉗十二個，一千一百三十二磅(每磅銀一錢六分)，合銀一百八十一兩一錢二分。青鉛五十擔二十五斤半(每擔銀九兩五錢)，合銀四百七十七兩四錢二分二釐五毫。白鐵瓦三十張，五百零八斤半(每斤銀八分)，合銀四十兩零六錢八分。白鐵皮三十張，四百七十六斤(每斤銀九分)，合銀四十二兩八錢四分。磺鏹水四箱(每箱銀八兩)，合銀三十二兩。硝鏹水一箱，合銀三十兩零八錢。大號洋信紙二打(每打銀一兩二錢)，合銀二兩四錢。四十五十八一百絲藍牌鋼絲十四磅半(每磅銀三錢二分)，合銀四兩六錢四分。七十四十五絲紫銅絲十六磅(每磅銀四錢五分)，合銀七兩二錢。粗細半元銼刀九打半(每打銀一兩九錢五分)，合銀十八兩五錢二分五釐。二分半厚鋼皮一張，合銀五錢。方頭煤鏟一打，合銀十四兩。元頭煤鏟一打，合銀十二兩。英尺一打，合銀四兩。排筆十八支，合銀九兩。大號繪圖繪一卷，合銀十三兩。十寸扁方一百二十絲鏡光銼一打，合銀四兩。三寸二分半四寸徑象皮管二十五尺，合銀四十兩。一寸二分徑帆布管一千二百尺(每尺銀一分八釐)，合銀二十一兩六錢。一分厚象皮布五張，五十六磅（每磅銀五錢五分），合銀三十兩零八錢。白鉛絲一百六十八斤（每斤銀一錢二分），合銀二十兩零一錢六分。上棉紗三百斤（每斤銀一錢五分），合銀五十四兩。麻蓬綫五磅（每磅銀四錢五分），合銀二兩二錢五分，白粉十九斤（每斤銀八分），合銀一兩五錢二分。柚木十四根，三百八十九尺（每尺銀三錢），合銀一百一十六兩七錢。三分半腰元一寸半長七分寬鐵練十二丈，一百一十四磅半（每磅銀三錢五分），合銀四十兩零七分五釐。三分腰元一寸六分長一寸寬鐵練二丈，二十六磅半（每磅銀三錢五分），合銀九兩二錢七分五釐。象皮紙五張，七十四磅（每磅銀一錢五分），合銀十一兩一錢。一號開平火磚三千塊（每塊銀一分五釐），合銀四十五兩。火泥十包，合銀十兩。繪圖家俱一全付，合銀二十五兩。代完進口稅，銀二百八十三兩五錢。代完子口稅，銀一百四十一兩七錢五分。腳力，銀二十八兩四錢。以上共合銀五千八百五十五兩二錢九分九釐五毫。

以上統共合銀一萬五千二百六十四兩七錢八分九釐五毫，運費在外。

右具摺。

中國第一歷史檔案館等《中國近代兵器工業檔案史料》第一輯《恩壽奏銷陝西機器局光緒二十八年至三十三年用過銀兩片宣統元年二月二十九日》 再，陝省機器局於光緒二十年開辦起，至二十七年止，所有用過款項，業經前升任撫臣升歸案造册奏咨，奉准覈銷在案。

玆據財政局司道詳稱：該局自光緒二十八年至三十三年年底止，所有採買機器、料物、水陸腳價、關稅、薪工、局費、脩製槍砲等項，共用過庫平銀一十五萬二千九百三十兩七錢八分六釐三毫，確係實用實銷，並無浮冒等情，造册具詳請奏前來。奴才覆覈無異。除將總分數册咨部外，理合會同陝甘總督臣升附片具陳，伏乞聖鑒，敕部覈銷。謹奏。

中國第一歷史檔案館等《中國近代兵器工業檔案史料》第一輯《許涵友等造報陝西機器局光緒二十九年脩製槍砲等項用過銀兩清册宣統元年二月》 陝西財政局爲造册報銷事。

謹將陝省機器局光緒二十九年分脩製槍砲、器具、銅帽火、硝磺强水、拉火、砂布等項用過工料銀兩，造具細數清册，呈請覈銷施行。

須至册者，計開：

一、製造仿洋前膛來福槍九百桿。

一、脩整前膛洋抬槍二十四桿。

一、脩整前膛來福洋槍一千一十桿。

一、脩整後膛奥槍二桿，哈乞開斯槍一桿，毛瑟槍二桿，林明敦槍二十六桿，共槍三十一桿。

一、脩整兩磅開花砲六尊。

一、製造銅帽火九百四十八萬八千顆。

一、製造硝强水一千七百斤。

一、製造磺强水三百斤。

一、製造銅管拉火一百枝。

一、製造鋼面三層九塊大鐵靶二座。

一、製造砂布一千四百六十四張。

統計一册，光緒二十九年分脩製槍砲、器具、銅帽火、硝强水、磺强水、拉火、砂布等項，共用過工料庫平銀八千一百二兩二錢一分七釐三毫。

中國第一歷史檔案館等《中國近代兵器工業檔案史料》第一輯《許涵友等造報陝西機器局光緒三十年脩製槍砲等項用過銀兩清册宣統元年二月》 陝西財政局爲造册報銷事。

謹將陝省機器局光緒三十年分脩製槍砲、器具、銅帽火、硝强水、銅引信、砂布、鹽强水等項用過工料銀兩，造具細數清册，呈請覈銷施行。

須至册者，計開：

一、製造仿洋前膛來福步槍九百六十三桿。

一、脩整前膛來福步槍四百八十三桿。

一、脩整奥槍六十四桿，九響堅地利馬槍四十五桿，五響毛瑟馬槍十九桿，一響毛瑟馬槍五桿，十二響馬槍七桿，九響堅地利槍十二桿，共後膛槍一百六十二桿。

一、製造銅帽火九百六十九萬七千顆。

一、製造銅引信五百顆。

一、製造硝强水二千二百五十斤。

一、製造鹽强水六十斤

一、製造砂布一千九百一十三張。

一、製造鋼面三層九塊大鐵靶三座。

統計一册，光緒三十年分脩製槍砲、器具、銅帽火、硝强水、銅引信、砂布、鹽强水等項，用過工料庫平銀七千六百一十兩四錢七分三釐九毫。

中國第一歷史檔案館等《中國近代兵器工業檔案史料》第一輯《許涵友等造報陝西機器局光緒三十二年脩製槍砲等項用過銀兩清册宣統元年二月》 陝西財政局爲造册報銷事。

謹將陝省機器局光緒三十二年分脩製槍砲、器具、銅帽火、硝强水、鹽强水、拉火、銅底火、指揮刀、砂布等項用過工料銀兩，造具細數清册，呈請覈銷施行。須至册者，計開：

一、製造倣洋前膛來福步槍三百桿。
一、製造前膛來福馬槍八百二十桿。
一、脩整前膛來福步槍六百二十桿。
一、脩整後膛奥槍七桿，一響毛瑟馬槍五桿。
一、製造銅帽火一千四十九萬六千顆。
一、製造銅管拉火四千枝。
一、製造銅引信一千一百五十顆。
一、製造鹽强水一百斤。
一、製造砂布九百六十張。
一、製造鐵鞘指揮刀二十七把。
一、製造體操架八副。
一、製造鋼面三層九塊大鐵靶兩座。
一、製造裝油器具一副。

統計一册，光緒三十二年分脩製槍砲、器具、銅帽火、硝鹽强水、拉火、銅底火、指揮刀、砂布等項，共用過工料庫平銀九千一百七十二兩六錢三分一釐四毫。

中國第一歷史檔案館等《中國近代兵器工業檔案史料》第一輯《楊士驤爲經查北洋機器製造局所購物料價值尚屬實在情形致陸軍部之咨呈宣統元年三月十一日》 欽差大臣辦理北洋通商事宜頭品頂戴陸軍部尚書都察院都御史直隸總督部堂楊爲咨呈事。

閏二月初十日承准大部電開：機器局訂購各項物料，據前咨所開價值，比較各省所購較昂，能否覈減希電復，以便知照税務處等因，當經電飭該局迅速查明稟復。

旋據該局稟稱：竊奉十三日電諭，以陸軍部咨稱職局所購物料較昂各省，着即速復等因，業經據情電稟在案。伏思職局製造軍火，關係匪輕，倘貨品不求精良，則子彈難臻完善，所以紫銅、白鉛、鎳鋼盂、鋼條等項動必挑選上品；蓋上等紫銅、白鉛攙合熔化，可以撞出五六成銅盂，其所剩銅邊亦可配兑重化，不至棄之如遺。倘購次等銅、鉛，價值雖廉，而所撞銅盂適用者十只二三，其餘悉爲廢料。此中得失不待智者知之矣。鎳鋼盂爲槍子箭頭之用，在外洋有分爲上、次價值，其次等較上等可減售四分之一。蓋次等鎳鋼盂恒有高下厚薄不均之病，即撞出箭頭瑕瑜參半，且所鍍銅可不純，易於生銹，是以必選上等，外雖貴而內實廉。鋼條係爲槍子模撞，若鋼質不佳，易於磨損，日必數换；蓋鋼質堅則能經久，與其多换而糜工，何如少换而省料，此職局購料要擇精美大概之情形也。至向由海防營務處比較價值，因冠雄晨夕督飭製造，動必躬親，何能往返津德以訂購料件，常離職守。且洋商估價不止一家，總須一人主持，擇貨高價廉者購，且免居奇，所以荷蒙昇任督憲袁札委海防營務處評價，歷辦在案，以昭慎重。近得李副將鼎新來電云：奉憲臺面諭，欲召冠雄確詢底細。冠雄遵於十八日起程，念一晚到津，即遍查各洋商如何昂貴情形。據稱：貨有優劣，即價有低昂，承購物料均係最上等，不敢以次等低價希圖魚目混珠。且在津比在滬定料情形又自不同，河捐匯費增其一，保險運脚增其一，再加局例九五扣價充爲部中公費之用，是津購比滬購不止十貴之一。商等欲多廣一分招徠，自應多加一分克己，安敢抬價求售，自損名譽等情。據此，冠雄復將李副將比較價單，再四估覈，委係實在情形，似難議減。乞念職局訂購外洋材料立有合同，歷年認真議罰，毫無私徇。如逸信洋行交貨逾期，按章罰銀八千餘兩；榮華洋行運來白鉛成色稍次，亦按章罰銀八百兩。此兩款亦不爲少，斷無料價可以覈減而不與之理較，願幹部詰，此情當難逃憲鑒之中。所有奉諭詳查各洋商物料昂貴情形，理合繕摺呈請察覈。計呈訂購外洋材料各等價值清摺一扣等情。復經飭據海防營務處李副將鼎新稟稱：竊查德州製造局每年冬夏應購各項材料，由該局開明各貨名目清單，分寄天津各洋行報價，旋由各洋行照所開各物估具價目前來。經職處比較低昂，擇其貨高價廉者分定，即將各洋行合同轉寄德局查覈，加蓋關防寄回轉交，或徑寄該行歷辦在案。設如所定之貨，僅向一二處購定，難免任價居奇，今定之料由六七家估價而來，不惟無貨物之居奇，並可得相宜之價值。第市價早晚不同，而材料低昂有別，德局所購料件均選極高之品，則其價必不過廉。此次所購逸信、老順記、榮華、禅臣四洋行物料，委係覈實具報，且關税、碼頭捐、河工捐暨九五扣用均在其内，有此各節情形，故覺價值較昂。並將現向各洋行採辦五金雜料實價，以及各項費用情形，另列清摺呈請查覈各等情前來。並另派王道亨鑒詳細查復，所稱大致相同。

當經本大臣覆加查覈，尚屬實在情形，所購各項物料價值似難覈減，相應備文咨復。爲此咨呈大部，謹請查覈准照辦理，迅賜電復，以便給發護照，並請知照税務處分飭津、滬兩關暨税務司查驗放行，實爲公便。

須至咨呈者，計粘抄機器局清摺、李副將鼎新清摺。

右咨呈陸軍部。

北洋機器製造局開呈訂購外洋材料各等價值分別開列清摺。

計開：

六密里五槍子用鎳鋼盂，上等貨每擔行平化寶銀八十三兩五錢，二等貨每擔行平化寶銀六十二兩五錢，三等貨每擔行平化寶銀五十八兩。

七密里九槍子用鎳鋼盂，上等貨每擔行平化寶銀八十三兩五錢，二等貨每擔行平化寶銀六十二兩五錢，三等貨每擔行平化寶銀五十八兩。

醋噫嗹，上等貨每一百啓羅行平化寶銀九十二兩，二等貨每一百啓羅行平化寶銀六十五兩。

白鉛（名大恒羅），上等貨每擔行平化寶十五兩，二等貨每擔行平化寶十三兩五錢。

七密里九槍子用紙盒坯，上等貨每一千副行平化寶銀十四兩，二等貨每一千副行平化寶銀十二兩。

華胡魯紫銅，頭等挑選貨每擔行平化寶銀四十五兩，二等尋常貨每擔行平化寶銀四十兩。

以上所開各價值低昂不等，惟職局製造軍火，均須最上等貨色，擇廉定購。凡外洋繞滬運津水脚、保險各捐項，以及火車駁力九五扣，均在價内。載明合同：儻洋商以次等貨品混售上等價值，一經察出，照章議罰。儻職局以上等價值只購次等貨品，咎有專歸，此中虛實情形，擬請派查，以昭慎重。

李副將鼎新開呈德州機器局現向各洋行採辦五金運費、保險、捆紥、裝箱、上下脚力暨各雜料定價以及税捐、扣用等費並從前訂購槍砲各情形，分別詳列清摺。

計開：

一、各種槍砲子彈向由外洋訂定價值，外另加運脚及保險、裝箱各費，查砲位按廠價每百分約加二十分左右，槍械按廠價每百分約加十五分左右。蓋因軍火險物，關係綦重，裝備時要視砲位之大小，以定各費之多寡，故運保等項向無定章。

一、五金雜料鉅細不一，且其中有軍火險物，必須加意防患，所以各洋船均不願裝儎，時有遲滯誤期之處，是以近年各商與外洋訂定一切費用包在價内。推查運儎水脚、保險、捆紥、裝箱、上下脚力等費，按料價每百分約加十分左右（即每百兩加十兩），惟鎳鋼盂、醋噫嗹最爲貴重險要之物，每百分須加十七分左右（即每百兩加十七兩）。

一、進口關税照合同定價值百抽五，如值價銀百兩，應納正税關平銀五兩。

一、碼頭捐每值價銀百兩，應納捐關平銀一錢。

一、河工捐每值價銀百兩，應納捐關平銀二錢。

一、公家扣用每值價銀百兩，計扣行平銀五兩。

以上五金各料運保等費，及各項税捐、九五扣用等項合計，每值價銀百兩，即須除去行平銀二十兩有零。如係貴重險要物件，其各項用費合計，每值價銀百兩，須除去行平銀二十七兩有奇。

中國第一歷史檔案館等《中國近代兵器工業檔案史料》第一輯《陸軍部奏擬准陝西機器局光緒二十八年至三十三年用過銀兩報銷摺宣統元年四月》 謹奏爲覈覆陝西機器局自光緒二十八年起至三十三年止，購買物料、脩製槍械等項用過工料銀兩，恭摺具陳，仰祈聖鑒事。

陝西巡撫恩壽奏陝省機器局自光緒二十八年起至三十三年止採買機器、物料用過銀兩一摺，於宣統元年閏二月十二日奉硃批：該部知道，欽此。欽遵抄交到部。嗣據該撫將此項清册咨部覈銷前來。除脚價、運費等項由臣部另案覈辦外，謹將册開採購機器、物料、脩製槍支各項，逐款覈計：

一、册開：二十八年至三十三年先後採買機器、物料等項計一百二十一款，共請銷庫平銀三萬六千四百四十四兩六錢六分八釐六毫。覈與立案銀數相符，應准開銷。

一、册開：二十八年份，脩製槍砲、器具、銅帽火、硝磺强水、砂布等項用過物料價值，共請銷庫平銀六千一百七十三兩五錢零二釐九毫。又二十九年份，脩製槍砲、器具、銅帽火、硝强水、磺强水、拉火、砂布等項用過物料價值，共請銷庫平銀八千一百零二兩六錢一分七釐三毫。三十年份，脩製槍砲、器具、銅帽火、硝强水、銅引信、砂布、鹽强水等項用過物料價值，共請銷庫平銀七千六百一十兩零四錢七分三釐三毫。三十一年份，脩製槍砲器具、銅帽火、硝强水、銅管拉火、砂布等項用過物料價值，共請銷庫平銀八千一百四十六兩一錢四分一釐四毫。三十二年份，脩製槍砲、器具、銅帽火、硝强水、鹽强水、拉火、銅底火、指揮刀、砂布等項用過物料價值，共請銷庫平銀九千一百七十二兩六錢三分一釐四毫。三十三年份，脩製槍砲、器具、硝强水、鹽强水、砂布、小口無鉛箭、曼利夏無鉛箭等項用過物料價值，共請銷庫平銀六千八百一十七兩七錢六分七釐八毫。以上各款統共請銷庫平銀四萬六千零二十三兩一錢三分四釐七毫。覈與立案價值數尚屬相符，應准開銷。

統計以上各款，共銷庫平銀八萬二千四百六十七兩八錢零三釐三毫。查此案遲至數年始行造報，殊屬遲延。現值清理舊案之際，報齊覈辦以爲接辦現行案件地步，應令該省將此後各案即行按年造報，並於事後先行咨部立案，以昭覈實而重款項。

所有臣部覈復陝省機器局購買物料、脩製槍砲等項用過工料銀兩准銷緣由，理合恭摺具陳，伏乞皇上聖鑒。謹奏。

中國第一歷史檔案館等《中國近代兵器工業檔案史料》第一輯《朱其煊等造報山東機器局購買槍子機器暨添建廠房等項支用銀兩清册宣統元年四月》 山東機器局爲造報事。

今將光緒三十年、三十一年專案提撥銀兩購買七密里九小口徑毛瑟槍子機器，並試造槍子各種物料，暨押運、監工各員弁及安裝機器、添建廠房各匠役花名人數，起止薪水、工食等項，支用詳細數目清册，呈請陸軍部覈銷施行。

須至册者，計開：

舊管：無項。

新收：

一、收提撥東海、臨清兩關税餘撥餉庫平銀八萬六千兩一錢七分（此款奉前升任巡撫部院周飭由東海、臨清兩關税餘撥餉項下撥發，於光緒三十年九月二十七日派員領銀三萬二千一百二十二兩五錢四分，三十一年九月初七日派員領銀五萬三千八百七十七兩六錢三分，共領銀前數。登明）。

一、收提撥藩庫平銀三萬四千七百八十九兩五錢一分六釐（此款奉前升任巡撫部院楊飭由藩庫撥發，於光緒三十一年十月十八日派員領銀前數。登明）。

一、收提撥銅元局庫平銀二萬七千六百五十兩（此款奉前升任巡撫部院楊飭由銅元局撥發，於光緒三十二年二月二十日派員領銀前數。登明）。

以上共收庫平銀十四萬八千四百三十九兩六錢八分六釐。登明。

開除：

一、支購買德國專造七密里九小口徑毛瑟槍子新式各機器，實價庫平銀八萬二千五兩九錢四分。

購買頭次造銅殼機一部，合銀一千四百兩；購買拔長機二部，合銀三千六百兩；購買切口機一部，合銀一千三百兩；購買剖平直機一部，合銀二千五百兩；購買火爐機一部，合銀二千二百兩；購買軋殼脩腰機一部，合銀一千七百九十一兩二錢；購買撞雙面火眼機一部，合銀一千八百兩；購買剗光洗口净機一部，合銀二千二百兩；購買做鉛丸機一部，合銀一千三百兩；購買壓鉛丸機一部，合銀一千八百兩；購買初次剖鉛丸機一部，合銀一千六百七十兩；購買二次剖鉛丸機一部，合銀一千八百兩；購買初次鉛丸脩净機一部，合銀一千二百兩；購買二次鉛丸脩净機一部，合銀一千二百兩，購買揚鉛爐、邦鉛機拔鉛條一副，合銀五千五百兩；購買做鉛丸套連裝丸機一部，合銀五千兩；購買初次軋銅帽機一部，合銀二千五百兩，購買磅量尺碼器具三部，合銀二千二百兩；購買做銅帽初次光净連做就機四部，合銀二千三百兩；購買銅帽裝藥脩净機三部，合銀三千六百兩；購買卷火眼脩盡光銅殼機二部，合銀二千七百兩；購買裝帽子機一部，合銀一千二百兩；購買軋帽裝藥機兩部，合銀二千八百兩；購買脩舊銅殼機一部，合銀一千八百兩；購買去鉛丸機一部，合銀四百兩；購買脩舊殼净機一部，合銀一千三百兩；購買去銅帽機一部，合銀三百八十三兩五錢四分；購買做子彈鋼套機器四部，合銀二千三百兩；外加機上應用脩理器具什物全副不計價值。以上共買機器四十二部並脩理器具全副，計德銀十九萬一千九百六十六馬克，扣出五分經理用銀毋庸付給外，實價德銀十八萬二千三百六十七馬克七十分，折合庫平銀六萬四千二百四十四兩七錢四分。登明。

購買頭次造銅殼機一部，合銀一千四百兩；購買剖平直機一部，合銀二千五百兩；購買拔長機一部，合銀一千八百兩；購買軋殼脩腰機一部，合銀一千七百九十一兩二錢；購買造鉛丸機一部，合銀一千三百兩；購買壓鉛丸機一部，合銀一千八百兩；購買二次剖鉛丸機一部，合銀一千八百兩；購買初次鉛丸脩净機一部，合銀一千二百兩；購買二次鉛丸脩净機一部，合銀一千二百兩；購買初次軋(鋼)〔銅〕帽機一部，合銀一千一百七十兩；購買脩舊净機殼一部，合銀一千八百兩。以上共買機器十一部，計濟平銀一萬九千兩，除扣五分經理用銀毋庸付給外，實價濟平銀一萬八千五十兩，折合庫平銀一萬七千七百六十一兩二錢。登明。

查兩次購買德國新式槍子機器五十三部並脩理器具什物等件全副，經前升任巡撫部院周、楊飭派分省補用道劉恩駐，會同軍械局張道廣生、彭道緒適在青島德商瑞記洋行訂購，實共支價銀前數。登明。

一、支購買試造七密里九小口徑毛瑟槍子各項外洋物料，實價庫平銀三萬四千七百八十九兩五錢一分六釐八毫。

購買銅殼二百擔，濟平銀五十九兩；購買銅帽子銅片十五擔，每擔濟平銀六十二兩；購買白鋼鉛套五十擔，每擔濟平銀七十二兩五錢；購買子彈格鋼三十擔，每擔濟平銀九十七兩五錢；購買無煙火藥三十八擔，每擔濟平銀四百七十二兩。以上各料共濟平銀三萬七千二百十六兩，扣五分經理用銀毋庸付給外，實付濟平銀三萬五千三百五十五兩五錢一分六釐八毫。登明（查所購料物，因機器安置完整後(及)〔即〕須試造槍子，考其程式，較其出數是否與原立合同相符。經前升任巡撫部院楊飭派分省補用道劉恩駐會同營務處張道士珩，在青島德商瑞記洋行先行購備，實支銀前數。至造成槍子另行報告。登明）。

一、支添建新廠房，購買外洋鐵、木、磚、泥暨內地磚瓦、石灰、油漆等料，共實價庫平銀五千九百九十二兩七錢五分六毫。

造成洋式大槍子廠一座，計十一間；鍋爐房一座，計四間；大門一座，腰墻一段；地板臺八間，垣墻一段。內十一間，面寬三十六尺，進深三十九尺，檐高十六尺八寸，脊高三十一尺五寸；又二層樓，面寬三十六尺，進深三十五尺，檐高六尺二寸，脊高七尺二寸；又四間，面寬三十九尺，檐高十三尺六寸，脊高二十尺八寸；又大門一座，高八尺五寸，寬八尺；又腰墻一段，長三十九尺，高三十一尺；又地板臺八間，高九寸五分，鋪槽石寬五尺，厚一尺；大鍋爐房一座，高八尺，長二十七尺五寸，寬十一尺六寸；又垣墻一段，長八十五尺，高八尺二寸，厚一尺六寸。廠房及鍋爐房、垣墻、門樓各地基，均挖深壕溝，排樁密釘，築以三合土，上蓋大石板，再砌條石，以爲墻腳；上則扁磚實砌，純灌灰漿；柱用生鐵鑄成；一切門窗、樑棟俱依外洋新式製造。

中國第一歷史檔案館等《中國近代兵器工業檔案史料》第一輯《袁樹勛奏山東機器局購買機器料物及添建廠房等用過銀兩摺宣統元年五月初四日》 頭品頂戴山東巡撫臣袁樹勛跪奏，爲山東機器局購買機器料物及添建廠房等項用過銀數，恭摺具陳，仰祈聖鑒事。

竊查東省機器局製造軍火需用經費，向係按年造册報銷；至添購機器料物及脩理房屋等項用款，應於常年報銷之外專案奏報，歷經照辦在案。

茲據機器局司道詳稱：該局原有機器但能製造老毛瑟槍彈，近年各軍改用新槍，必須另購機器製造新彈，方能接濟。當向德商訂購專造新式槍彈機器四十二部，嗣因所購機器不敷應用，又續購十一部。所有訂購合同，業經先後抄録詳請咨部立案。共計兩次訂購機器五十三部並脩理器具什物全副，支銀八萬二千五兩九錢四分；又試造新式槍子各項料物，支銀三萬四千七百八十九兩五錢一分六釐八毫；又添建廠房購買鐵木等料，支銀五千九百九十二兩七錢五分六毫；又運送機器料物夫價，支銀一萬五千六百十六兩五錢一釐八絲；又委員、弁勇薪工等項，支銀一千四百三兩五錢二分；又安裝機器並造廠房各匠役工食，支銀四千二百五十七兩二錢九分；又膠關稅款等項，支銀四千一百七十五兩二錢九分七釐。以上各款共支銀十四萬八千二百四十兩八錢一分五釐四毫八絲。計由東海、臨清兩關稅餘項下撥銀八萬六千兩一錢七分，藩庫錢糧盈餘項下撥銀三萬四千七百八十九兩五錢一分六釐，造幣分廠餘利項下撥銀二萬七千六百五十兩。除支用外，實存銀一百九十八兩八錢七分五毫二絲，應歸入常年報銷案內作爲收款造報等情，造具清摺呈請奏咨前來。臣覆加查覈，尚無浮冒。除將清册咨部查覈外，所有機器局購買機器料物及添建廠房等項用過銀數緣由，理合恭摺具陳，伏乞皇上聖鑒。謹奏。

硃批：該部知道。

中國第一歷史檔案館等《中國近代兵器工業檔案史料》第一輯《那桐奏銷北洋機器製造局光緒三十年九月至三十一年十二月支用各款摺宣統元年六月十九日》 軍機大臣署大學士直隸總督兼北洋大臣奴才那桐跪奏，爲覈明機器製造局自光緒三十年九月起至三十一年十二月底止收支各款，造册報銷，繕單恭摺，仰祈聖鑒事。

竊查北洋自遭庚子之役，製造東、南兩局燬於兵火，蕩然無存。前督臣袁世凱抵任後，籌議復設製造局於山東德州，派員前往辦理。所有購地、購機、建廠、築屋一切動支銀兩，截至光緒三十年八月底止，業經奏咨覈銷在案。

茲據機器製造局詳稱：該局所收各關解交製造經費，以及扣收平餘銀兩，並開支常年製造，添購機器，採辦材料，員司、書弁、匠役薪工，暨外洋、內地運腳、保險等項，作爲經費正款。該局未設之先，新練陸軍各鎮軍械時有損壞，急待脩理，於保定軍械局內設立脩械司，此外，尚有西沽武庫、德州軍械局脩理子彈並補給洋匠辛工，作爲經費附款，均經造册詳請咨部立案。現經督飭局員將收支各款逐細勾稽，自光緒三十年九月起至三十一年十二月底止，舊管項下，應存銀三十三萬三千五百四十八兩九錢八分七釐三毫六絲。新收項下，計收江海、東海、津海三關解交製造經費，並員司薪水扣存平餘，共銀六十六萬二百三十一兩六錢八分。開除項下，員司、武弁、書識、兵夫薪工，公費，工匠工食，並購辦機器，採買外洋、內地物料，及輪船水腳、保險、運腳，共銷正款銀六十八萬一千九百九十二兩一錢二釐九毫；又保定軍械局脩械司及德州軍械局脩槍廠用過薪餉、公費、工匠工食、各項房租、川資、脩配工價，購買機器、物料、輪船水腳、轉運軍火腳費等項，並參謀水陸軍務處脩理西沽武庫砲彈用過辛工、房租、公費，及購辦材料、器具，補給前製造局洋匠辛工，共銷附款銀二十萬二千一百九十兩三錢八分三毫九絲九忽，統計正、附兩款，共庫平銀八十八萬四千一百八十二兩四錢八分三釐二毫九絲九忽。內應歸度支部覈銷銀二十三萬七千八百七兩五錢六分六釐一毫，陸軍部覈銷銀六十四萬六千三百七十四兩九錢一分七釐一毫九絲九忽。實存項下，應存庫平銀十萬九千五百九十八兩一錢八分四釐六絲一忽，歸入下届接續造報。造具詳細清册，詳請奏咨前來。

前督臣楊士驤未及覈辦，奴才到任接交，復加查覈，均係實用實銷，尚無浮冒情弊。除將清册咨部查照外，理合繕單恭摺具陳，伏乞皇上聖鑒，敕部覈銷施行。謹奏。

硃批：該部識道，單並發。

〔附〕清單

謹將北洋機器製造局自光緒三十年九月起至三十一年十二月底止收支各款，繕單恭呈御覽。

計開：

舊管：

一、上届工程報銷，截至光緒三十年八月底止實存，庫平銀三十三萬三千五百四十八兩九錢八分七釐三毫六絲。

新收：

一、收江海關解到六成洋税項下應解製造經費，庫平銀十九萬九千六百七十一兩四錢。

一、收東海關解到四成洋税項下應解製造經費，庫平銀十五萬兩。

一、收津海關解到四成洋税項下應解製造經費，庫平銀三十萬七千八百兩。

一、收員司薪水扣存平餘，庫平銀二千七百六十兩二錢八分。

以上共收庫平銀六十六萬二百三十一兩六錢八分。

開除：

一、第一册請銷員司、武弁、書識、兵夫薪工，公費等項，應歸度支部覈銷，庫平銀五萬九千一百七十八兩四錢三分九釐七毫。

一、第二册請銷總管工長薪水並各廠工匠工食，應歸度支部覈銷，庫平銀七萬九千五百二十七兩六錢一分八釐七毫。

一、第三册請銷購辦機器並採買外洋、內地物料，應歸陸軍部覈銷，庫平銀五十萬三千七百七十七兩四錢八分三釐五毫。

一、第四册請銷採買外洋、內地各料應需輪船水腳、保險、運腳，應歸陸軍部覈銷，庫平銀三萬九千五百八兩五錢六分一釐。

一、第五册開造購買物料數目暨製成軍火、機器等項件數，應歸各部查覈。

（以上共請銷庫平銀六十八萬一千九百九十二兩一錢二釐九毫，均係機器製造局光緒三十年九月起至三十一年十二月底止正款開除。理合登明。）

一、第六册附款請銷保定軍械局內脩械司用過薪餉、公費、工匠工食、各項房租、脩配工價，共庫平銀七萬七千七百十七兩六錢二分三釐五毫，應歸度支部覈銷。又用過購買機器、物料暨添配各料價值，輪船水腳，轉運軍火車船運腳，及劃還山東代造軍火價值，共庫平銀九萬七千九百五十四兩六錢一分三釐五毫九絲九忽，應歸陸軍部覈銷。

一、第七册附款請銷德州軍械局內脩槍廠用過薪餉、公費、工匠工食，並房租、川資等項，共庫平銀四千三百三十一兩九錢八分四釐，應歸度支部覈銷。又用過購辦物料、器具，並運送軍火運費，共庫平銀二千二百三十七兩五錢四分七釐五毫，應歸陸軍部覈銷。

一、第八册附款請銷參謀水陸軍務處脩理西沽武庫砲彈用過辛工、房租、公費，庫平銀三千六十二兩三分四釐，應歸度支部覈銷。又用過購買材料、器具價值，共庫平銀二千八百九十六兩七錢一分一釐六毫，應歸陸軍部覈銷。

一、第九册附款請銷補給前製造局洋匠辛工，庫平銀一萬四千二百八十九兩八錢六分六釐二毫，應歸度支部覈銷。

（以上請銷附款共庫平銀二十萬二千一百九十兩三錢八分三毫九絲九忽，均由製造經費項下開支。理合登明。）

統計第一册至第九册，共歸度支部覈銷銀二十三萬七千八百七兩五錢六分六釐一毫，陸軍部覈銷銀六十四萬六千三百七十四兩九錢一分七釐一毫九絲九忽，總共請銷庫平銀八十八萬四千一百八十二兩四錢八分三釐二毫九絲九忽。

實在：

一、實存庫平銀十萬九千五百九十八兩一錢八分四釐六絲一忽，歸入下案舊管項下接續造報。理合登明。

「中央研究院」近代史研究所《海防檔》丙機器局《宣統元年六月二十三日外務部收山東巡撫孫寶琦文》 宣統元年六月二十三日，收山東巡撫文稱，案照本部院於宣統元年六月初五日，專弁具奏，報銷機器局光緒三十一、三十二、三十三等年，動用經費銀數一摺。相應抄稿咨明，爲此合咨貴部，請煩查照施行，計粘鈔原奏一紙，奏爲報銷機器局光緒三十一、三十二、三十三等年，動用經費銀數，恭摺具陳，仰祈聖鑒事。竊查山東省城機器局，製造各項軍火，定有常年經費，由藩庫籌撥，分年報銷；如須添購物料，則應於事前專案報明；脩理房屋之類，亦應隨摺聲敘，所有光緒三十年以前，收支各項銀數，業經分次奏銷在案。茲查自光緒三十一年正月起，至三十三年十二月底止，該廠共造成各種西式火藥八十四萬六千八十斤、大銅帽火三十七萬二千粒、各種後膛槍子五百二十二萬九千六百顆、各種洋鉛丸四百八十九萬一千六百五十粒，又脩配後膛洋槍七千五百四桿、來福洋槍一千六百四十桿，又代各局廠製造各種機器箱盒房屋火鑪水溝等項，計採買中外銅、鐵、鋼、鉛各種物料，及開支員弁匠役薪工運腳等項，應歸度支部覈銷銀七萬九千七百三十九兩七錢六分，陸軍部覈銷銀四萬四千九百九十一兩八錢七分二釐，農工商部覈銷銀一十七萬五千二百二十二兩三錢一分三釐五毫四絲一忽，三共應銷銀二十九萬九千九百五十三兩九錢四分五釐五毫四絲一忽。查上届報銷案内，結存庫平銀九千八百八十兩八錢三分五釐九絲二忽，應於本届作收。又陸續收過藩庫庫平銀二十二萬二千四百兩，南運局庫平銀六萬兩，銅元局庫平銀一萬七千八百五十三兩六錢九分九釐，除支用外，寔存庫平銀一萬一百八十兩五錢八分八釐五毫五絲一忽，應歸入下届作收造報，所有支欵項下，應扣六分減平銀兩，均已解存藩庫，據總理局務布政使朱其煊、按察使胡建樞、分省補用道劉恩駐，造册詳請奏咨前來。臣覆加查覈，均屬寔用寔銷，並無浮冒情弊，除將清册分咨度支部、陸軍部、農工商部查照外，所有報銷機器局光緒三十一、三十二、三十三等三年，動用經費銀數緣由，理合恭摺具陳。伏乞皇上聖鑒，敕部覈銷施行。謹奏。

《申報》宣統元年八月二十日第三版《東三省定造軍械》 江督張安帥近接東督咨稱，東三省防務吃緊，本省所造鎗砲、子彈均不合用，請即轉行江南製造局營造純正鎗械子藥若干，報解應用等因，安帥因即札，由該局張總辦飭知鎗廠委員督率工頭趕緊鑄造。

中國第一歷史檔案館等《中國近代兵器工業檔案史料》第一輯《陸軍部奏擬准河南機器局光緒二十八年至三十年購買機器物料等項銀兩報銷摺宣統元年八月二十日》 謹奏爲覈覆河南機械局購買機器、物料等項銀兩，恭摺具陳，仰祈聖鑒事。

河南巡撫吴重熹造報河南機器局自光緒二十八年起至三十年止，先後購買機器、材料等項用過銀兩造册請銷，由農工商部轉咨前來。

查册開：二十八年，赴上海購買紫銅、鋼鐵等項計七十三款，支湘平銀五千九百五十八兩二錢九分五釐；採買本地物料等項計五十五款，支湘平銀五百四十兩零一錢三分二釐五毫；添蓋熔銅房、洗子房、煙筒等處工程計十款，支湘平銀六百五十七兩五錢四分二釐七毫；採買煤炭等項計三款，支湘平銀三千五百八十四兩九錢六分九釐四毫。二十九年，赴上海購買高等槍料、砲坯、鋼爐雜料九十款，支湘平銀一萬零七百二十七兩五錢二分二釐五毫；採買本地物料計六十款，支湘平銀一千一百零六兩三錢七分三釐五毫；添蓋白藥房、工匠房等十一款，支湘平銀八百二十兩零九錢七分八釐；採買新安煤炭等項計三款，支湘平銀四千九百七十兩零一錢八分七釐六毫二絲五忽。三十年分，赴滬購買製造槍彈機器等項計一百五十二款，支湘平銀一萬三千四百三十八兩二錢一分四釐五毫；採買本地物料等項計四十二款，支湘平銀一千一百七十四兩零四分六釐；採買煤炭等項計三款，支湘平銀六千四百二十四兩七錢六分六釐三毫六絲。以上各款共請銷湘平銀四萬九千四百零三兩零二分八釐零八絲五忽。所開各項價值，覈與立案銀數均屬相符，應准開銷。

所有臣部覈覆河南機器局自光緒二十八年起至三十年止，先後購買機器、材料等項用過銀兩准銷緣由，理合恭摺具陳，伏乞皇上聖鑒。謹奏。

宣統元年八月二十四日奉旨：知道了，欽此。

中國第一歷史檔案館等《中國近代兵器工業檔案史料》第一輯《陸軍部奏擬准河南機器局光緒二十八年至三十年購料運腳夫工等款報銷摺宣統元年八月二十六日》 陸軍部謹奏，爲覈覆河南機器局報銷，恭摺仰祈聖鑒事。

竊准河南巡撫吴重熹將豫省機器局光緒二十八年至三十年分，購辦鋼鐵、雜料，煤炭運腳，長夫工食報銷，造具清册，送部請銷前來，自應逐款覈覆。

一、搬運長夫工食一款。查册開：該局搬運物件長夫原設十五名，又於三十年九月二十九日添補一名，每名日支工食銀一錢，自二十八年至三十年底止，連閏計三十七個月，除扣小建不支外，共支湘平銀一千六百四十三兩五錢。覈與准銷成案相符，應准開銷。

一、購買鋼鐵料價一款。查册開：二十八年派員赴上海購買紫銅、鋼鐵等項材料價銀六千兩，二十九年購料價銀一萬二千兩，三十年購料價銀一萬三千兩，均由河南省兑寄上海。二十八、九兩年分，每千兩給匯費銀十四兩，三十年分每千兩給匯費銀十五兩，共請銷湘平銀四百三十三兩。並據聲稱，三十年分因該委員已將材料定妥，請款緊急，從速電匯每千兩加電費一兩，等語。臣部按款覈算，尚屬符合，應准開銷。

一、裝船運腳一款。查册開：二十八年至三十年轉運紫銅、鋼鐵等項材料，共重二十九萬七千二百三十斤，自江蘇上海縣裝載蔑船至安徽亳州登岸，計水路三千四百里，每百斤每百里給銀一分；又逆水每一千五百斤添雇縴夫一名，每名日支工食銀五分；又料船行至懷遠、蒙城等縣境，河水淤淺，雇覓民船起撥，計二十八、九兩年每次用船二隻，三十年分用船十隻，每船按照隨時民價包給撥力銀二十三兩五錢零至四十五兩七錢不等；又由上海裝船亳州卸船，每百斤給銀一分。以上船腳價值，縴夫工食及雇船撥力裝卸腳價，共請銷湘平銀一千九百一十九兩五錢九分四釐。查船價、腳力、縴夫工食，覈與軍需定例及准銷成案相符，應准開銷。其雇船起撥一項，臣部前覈該省立案，當因連年開支撥力殊屬不合，駁查去後。玆據聲稱，懷遠、蒙城等處河勢本小，又加連年未經脩浚，更覺淤淺，料船載重身大，淺擱難行，不得不雇覓民船起撥，等語。既據該省詳細聲覆，應請一併准銷。

一、裝運車價一款。查册開：轉運紫銅、鋼鐵等項材料二十九萬七千二百三十斤，由亳州裝車運至鹿邑縣，計程五十五里，又裝運煤炭二百五十三萬九千八百九十八斤，自新安縣狂口煤窑至省城卓屯設局之處，計程五百五十里，均照每百斤每百里給價五分零至八分不等，共支車價湘平銀七千六百三十四兩一錢三分九釐九毫。覈與軍需定例有減無浮，應准開銷。

以上統計准銷湘平銀一萬一千六百三十兩二錢三分三釐九毫。

所有覈覆河南機器局報銷緣由，理合恭摺具陳，伏乞皇上聖鑒。謹奏。

宣統元年八月二十七日奉旨：知道了，欽此。

中國第一歷史檔案館等《中國近代兵器工業檔案史料》第一輯《山西機器局造送經費收支等項清册宣統元年八月》 山西機器局爲造册呈請立案事。

謹將本局開辦原奏，續經詳定章程，規則，並入款、薪津、工食、購料、雜支、製造歷年增減數目，暨開辦建築情形，分别開呈。

須至册者。【略】

一、入款項下

光緒二十四年十二月，經前撫部院胡奏請動歸化關税盈餘銀五萬兩提充工用。當年曾領開辦費十一萬兩。嗣因製造無多，每年領紅封平銀二萬兩，作爲常年薪工及購置物料，雜支□□按月詳報。至添購大宗料件由局隨時請領造報。光緒三十年，因節省公款，無論何項購料，均在二萬兩内開支；積有盈餘，存備下年添用，遇有不敷，即用歷年餘款，均按月造册詳報。光緒三十二年七月詳蒙調任撫部院恩批准，自造造毛瑟槍子彈專門機器，已經造成銑床八部。因原買鍋爐引擎馬力太小，現正開造鍋爐及六十匹馬力大地力引擎。凡能製造機器，盡力自造。所有機件較大各件，再向津、滬洋行定購。一俟辦有頭緒，須添員司，工匠並廠房等項，容再續請立案，藉資擴充。再本局領款，向係紅封平申成湘平入賬。其各衙署、各局所脩造各件，歸款銀兩向收湘平，至一切支款，均按老湘平開支，計每百兩較庫平小四兩，合併聲明。

一、薪津項下

督辦一員。初開辦時未委，光緒二十八年四月派委，月支薪水湘平銀二百兩。是年六月改委臬司督辦，不支薪水。旋改藩司督辦。光緒二十九年正月改委冀寧道督辦，均不支薪水。是年八月奉裁，現無督辦。

總辦一員。光緒二十四年四月委派，因係兼差，不支薪水，月支津貼湘平銀二十兩。光緒二十六年六月改委專員，月支薪水銀五十六兩。十一月又改兼差，月支津貼銀二十兩。光緒二十七年二月又改專員，月支薪水銀五十六兩。光緒二十八年二月，薪水加爲八十兩，是年九月暫裁。光緒二十九年八月，復委道員兼差，不支薪水。光緒三十二年十月，奉文月支車馬費銀五十兩。現仍係兼差，仍月支車馬費湘平銀五十兩。

會辦二員。初開辦時未委，光緒二十七年八月添派一員，月支薪水湘平銀三十兩。光緒二十八年正月又添派一員，月支薪水湘平銀五十六兩；二月薪水加爲六十兩；三月奉裁三十兩薪水一員；五月又添派一員，月支薪水銀七十兩；九月奉裁六十兩薪水一員；十二月又添派一員，月支薪水銀五十兩。光緒二十九年正月奉裁一員，八月又奉裁一員，迄未再委，現無會辦。

提調一員，光緒二十四年四月委派，月支薪水湘平銀三十兩。光緒二十七年正月暫裁。光緒二十八年九月又復派員，薪水加爲月支六十兩。光緒二十九年八月改爲兼差，月支薪水銀三十兩。光緒三十年三月改委專員，月支薪水銀四十兩。光緒三十四年正月薪水加爲六十兩。現仍月支薪水湘平銀六十兩。

幫提調一員。初開辦時未委，光緒二十八年九月添派幫提調，月支薪水湘平銀五十兩；十一月暫裁。光緒二十九年六月又添委副提調，仍月支薪水銀五十兩；八月改委會辦提調□□兼差，月支薪水銀二十兩；十月奉裁。迄未再委，現無幫提調。

文案兼支發、統計一員。光緒二十四年四月係委支發一員，月支薪水湘平銀二十兩；延文案幕友一人，月支脩銀三十兩。光緒二十七年六月文案幕友辭館，派支發委員兼辦，月加津貼銀八兩；十月暫裁，由總會辦兼辦，不支薪水，仍月支津貼銀八兩。光緒二十八年五月添委文案一員，月支薪水銀三十兩；光緒二十九年九月兼辦，支發薪水仍舊；光緒三十一年正月兼管稽查庫料；光緒三十四年十一月兼辦統計，薪水照舊。現仍月支薪水湘平銀三十兩。

正總監一員。初開辦時未委，光緒二十九年十月添委，月支薪水湘平銀四十兩。光緒三十年二月奉裁。迄未再委，現無總監。

副總監兼統計一員。初開辦時未委，光緒三十年二月派委，月支薪水湘平銀三十兩。光緒三十四年十一月兼辦統計，薪水仍舊。現仍月支薪水湘平銀三十兩。

試驗槍砲一員。光緒二十四年四月派委，因實缺兼差，不支薪水，月支津貼湘平銀八兩。光緒二十六年三月奉裁，歸總匠目兼理。迄未再委，現無試驗槍砲委員。

體操教習一員。初開辦時未委，光緒三十年三月添派，因係兼差，不支薪水，月支車馬費湘平銀八兩；六月奉裁。迄未再派，現無體操教習。

管庫學習副委一員。初開辦時未委，光緒二十四年九月派委，月支薪水湘平銀二十兩。光緒二十六年六月改派繕清司事代辦，薪水暫停；八月派專管庫司事，月支脩銀八兩。光緒二十七年七月脩銀加爲十兩。光緒二十九年四月改委學習副委，月支薪水銀五兩；五月薪水銀加爲八兩。光緒三十年二月薪水加爲十兩，光緒三十二年正月薪水加爲十二兩；五月兼充本局醫官，月支津貼銀四兩，薪水仍舊。現仍月支薪水湘平銀十二兩，津貼銀四兩。

採買兼管煤炭廠並雜務、收發文件一員。光緒二十四年四月派委採買委員一員，月支薪水湘平銀二十兩；七月添派管煤廠司事一人，月支脩銀六兩。光緒二十五年十月管煤炭廠司事脩銀加爲八兩。光緒二十七年三月採買委員暫裁，派監廠委員兼理，不支薪水；五月管煤炭廠司事脩銀加爲十兩；七月採買改派司事，月支脩銀八兩。光緒二十八年十二月採買司事脩銀加爲十兩。光緒二十九年四月採買司事改爲學習副委，薪水仍月支銀十兩；管煤炭廠司事亦改爲學習副委，薪水仍支銀十兩；九月採買副委薪水加爲十二兩；十二月採買副委薪水加爲十四兩。光緒三十年二月採買副委兼管收發文件、雜務，總管雜務、副管覈算帳目委員奉裁，所有煤炭廠事宜亦歸採買副委兼管，薪水加爲月支銀二十兩。光緒三十一年二月，採買兼管煤炭廠收發文件、雜務副委，薪水加爲月支銀二十四兩。現仍月支薪水湘平銀二十四兩。

監廠學習副委四員。光緒二十四年四月派監工委員一員，月支薪水湘平銀二十兩；五月添派幫監工司事二人，各月支脩銀六兩。光緒二十五年六月，監工司事二人，內有一人加爲月支八兩，一人仍舊。光緒二十六年正月，監工司事二人，脩銀六兩者加爲月支八兩，原支八兩者加爲十兩；三月監工委員暫裁；四月監工司事脩銀仍改爲一人月支銀六兩，一人月支銀八兩；八月，裁去月支銀六兩司事一人；九月，復派監工委員，仍月支薪水銀二十兩，又添派機器廠學習司事一人，月支津貼銀八兩；十月，監工司事脩銀加爲月支銀十兩。光緒二十七年正月，機器廠學習司事奉裁；二月添管熟鐵翻砂廠委員一員，月支薪水銀二十兩；五月，監工司事脩銀改爲月支八兩。光緒二十八年正月，添派機器廠司事一人，月支脩銀六兩；二月，監工委員及管熟鐵翻砂廠委員薪水均各加爲月支三十兩；九月，該二員又改各月支薪水銀二十四兩；十二月，機器廠司事脩銀改爲八兩，監工司事脩銀改爲六兩。光緒二十九年四月，監工司事改爲監工學習副委，月支薪水銀八兩；五月，監工學習副委薪水改爲月支五兩；十二月，監工學習副委仍加爲月支銀八兩，機器廠司事脩銀加爲月支十四兩，又管熟鐵翻砂廠委員暫裁。光緒三十年二月，監工委員奉裁，監工學習副委改爲監機器、木樣廠學習副委，薪水仍月支銀八兩；又添派監機器、木樣廠學習副委一員，月支薪水銀八兩；添派監銅帽廠學習副委一員，月支薪水銀十二兩；改機器廠司事爲監熟鐵翻砂廠學習副委，加爲月支津貼銀六兩，薪水仍舊。四月，監機器、木樣廠學習副委二員，薪水各加爲月支銀十二兩。光緒三十二年五月，監銅帽廠學習副委，每月加津貼銀四兩，薪水仍舊。光緒三十三年十月，監銅帽廠學習副委裁去津貼，只月支薪水銀十二兩。現監機器、木樣廠學習副委員仍各月支薪水湘平銀十二兩；監熟鐵、翻砂廠學習副委一員，月支薪水湘平銀十二兩，津貼湘平銀六兩；監銅帽廠學習副委一員，月支薪水湘平銀十二兩。

繕校兼用關防學習副委一員。初開辦時未委，光緒二十五年六月，派繕清司事一人，月支脩銀五兩。光緒二十七年五月，脩銀加爲月支八兩；七月，脩銀仍改爲月支五兩。光緒二十九年四月，脩銀加爲月支六兩。光緒三十年二月，改爲繕校兼監用關防學習副委，薪水月支銀十兩。光緒三十二年正月，薪水加爲月支銀十二兩。

製造分廠委員二員，司事一人。光緒二十六年七月添設趕造土槍分發各營，當派委員二員，各月支薪水湘平銀二十兩；司事一人，月支束脩湘平銀八兩。是年九月奉裁。

總匠目一員。光緒二十四年四月派委，月支薪水湘平銀三十兩。光緒二十五年六月薪水加爲五十兩。光緒二十九年十二月暫裁。光緒三十年二月復又派委，薪水仍改月支銀三十兩。光緒三十一年六月暫裁。光緒三十二年二月又復派委，薪水仍月支銀三十兩。現仍月支薪水湘平銀三十兩。

一、各廠工食項下

機器廠領工、工匠、匠徒五六十名至七八十名不等，每名月支工食湘平銀十八兩至二兩四錢不等。

木樣廠領工、工匠、匠徒十數名至二三十名不等，每名月支工食湘平銀十八兩至二兩四錢不等。

熟鐵廠領工、工匠、匠徒二三十名至七八十名不等，每名月支工食湘平銀十八兩至三兩七錢不等。

又光緒二十六年分設鐵廠，係暫時添設，趕造土槍，只兩月餘即行裁撤，所有工匠人數工食銀數隨時增減不等。

翻砂廠領工、工匠、匠徒十名上下不等，每名月支工食湘平銀十八兩至二兩四錢不等。

銅帽廠領工、工匠、匠徒十數名不等，每名月支工食湘平銀十八兩至二兩一錢不等。

皮廠尚未常設，遇應造皮件，隨時招募工匠製造。

以上各廠工匠之多寡，均視事之繁簡、緩急，隨時裁汰、添募，每遇開革、請假，按日覈扣。小建扣建，遇閏照支，惟領工不扣，遇閏照支。

一、購料項下

開辦時購買十四匹馬力汽機引擎全部，又購買三接鍋爐一具，又抽水機一具，又温水櫃一個，又軸杠一百六十尺，又大小車床六座，又插床、鏇床各一座，又大小刨床三座，又大小鑽床二座，又洗床一座，又皮帶一千五百六十尺，又鑄公母螺絲機器二付，又汽表、水表各一個，又汽管二十五根，又鋼鐵管四十五根，又玻璃管十打、玻璃管架二付，又滑輪三個、飛輪一個，又皮帶輪五個，又起重架二付，又起重轆轤五掛，又鋼條五千五百斤，又元扁鐵三千斤，又羅馬鐵二千斤，又紅銅二千斤，又白鉛油三十桶，又紅鉛粉十五桶，又化銅罐一百個，又銅帽手器二架，又來福綫羅絲刀桿一付，又引水機器一付，又各種洋鋼、洋鐵三萬二千二百五十八斤，又鐵板四千八百九十八斤，又鐵管三百四十二尺，又銅片四百一十七斤，又銅皮帶釘一百磅，又砲簧鋼二十七磅，又大小洋釘一百一十桶，又青白船八百一十六斤八兩，又水碾白藥一瓶，又硝鏹水八十四磅，又粗細砂布二十打，木砂紙二十打，又鐵酒六瓶，又舍來克五磅，又魚鰾二十三斤，又硼砂七十六斤六兩，又洋綫二捆，棉紗頭七百五十斤，又小皮帶一百尺，又洋鼓皮三十張，又洋燭十箱，又繪圖布四卷，繪圖紙二十張，又黃珠鎖二打，又插屑一百五十付，又銅合扇五百付，又木螺絲釘八十四包，又玻璃七十五箱，又煤油五十箱，又麻油三千四百七十五斤，又熟麻油十三桶，又生菜油六十瓶，又大小虎鉗二十五把，又各式洋銼七百把，又手榔頭二十五把，又翻砂傢具，帶手鉗共計十件，又千分尺二桿，又二開、四開洋尺一打，水平尺二桿，又皮帶尺一盤，又大小螺絲板架三付，又磨刀砂輪六十塊，又尾聲銅哨一座，又漏藥規矩一付，又洋磅一架，又洋式鎖十二把，又口袋八十條。

常年赴津購料，每年約需湘平銀六七千兩不等。常年就地購料，每年約需湘平銀一千數百兩至二千數百兩不等。

一、雜支項下

購買煤炭，每年約需湘平銀千兩上下。

拉砂暨買筆墨、席紙、布、繩、賬簿、節賞雜用，每年約需湘平銀一二百兩

脩理廠房、局房工料，每年約需湘平銀一二百兩至六七百兩不等。

局費火食，初開辦時，連印紅、紙張、油燭、夫役、飯食，每月湘平銀一百兩。光緒二十八年二月改爲每員每月火食銀六兩；印紅、紙張、油燭、雜項，每月銀十二兩零；夫役加給工食，飯歸自備。

各廠領工、工匠、匠徒四季獎賞，每年約需湘平銀三百二十兩至四百八十兩不等。

年底委員津貼，光緒二十四年初開辦時，每年湘平銀五百兩。光緒二十八年改爲八十兩。光緒二十九年改爲五十六兩。光緒三十年改爲一百八十兩。現仍每年湘平銀一百八十兩。

清書一名，初未募設，光緒三十二年四月招募清書一名，月支湘平銀六兩。現仍月支湘平銀六兩。

護勇八名，初未募設。光緒二十五年招募計長一名，傳號一名，月各支餉銀三兩六錢；護勇九名，各月支餉銀三兩三錢；均扣建，遇閏照支。光緒二十六年五月裁傳號一名。光緒二十八年二月裁去什長一名，改爲護勇八名，各月支餉銀三兩三錢，仍扣建。現仍護勇八名，仍各月支餉湘平銀三兩三錢。

茶房、茶爐煤夫、水夫四名，光緒二十四年四月招募，每名月支工食湘平銀二兩四錢，均扣建，遇閏照支，局爲備飯。光緒二十八年二月飯改自備，每名每月改爲各支工食銀三兩三錢，仍扣建。現仍夫役四名，各月支工食湘平銀三兩三錢。

老君廟春秋祭品，每年用湘平銀十三兩五錢。

一、製造項下

三生七克虜伯過山快砲，三生七快砲開花子彈，五生七快砲開花子彈，三生七横門砲，三生七横門砲開花子彈，仿曼利夏快槍，新式毛瑟快槍並刺刀，洋式抬槍，來福馬步槍，蓮花大小銅帽，水碾白藥，各種地雷，行軍洋式鍬、鎬，月牙斧，鐵鍁，疊鋸等件並皮套，摺尺，鐵面具，劈劍，刺槍，新式洋鼓，洋號，各等新式官刀，電話並各種電盒電鈴，汽水鍋，造酒機器，鍋爐引擎，造毛瑟快槍子彈銃床，活底化鐵爐，捲鐵板，壓銅皮大小滚子機器，打鐵汽錘，自來風箱，五生七快砲裝子彈手器並各種手器，五生七快砲子彈收口機器，馬砲隊騎駝，砲車各種鞍轡並皮背包，輜重車，灑道水車，大小水龍機器，又脩理各種槍砲，裝無鉛箭。

一、開辦建築項下

買地基四十七畝，洋式雙層機器廠十二間，洋式鍋爐房一間。

光緒三十四年，脩理鍋爐房，擴爲二間，並添自來風房半間，洋式六稜煙筒一座，洋式雙層熟鐵、翻砂廠八間，洋式化銅房一間，又監工房一間，加磚柱界墻一道。

光緒二十九年，添建銅帽廠三間，煤炭廠三面圍墻一道，並車門，又司事房三間，脩井二口。

光緒二十七年九月做井一口，局房過庭五間，東西廂房十間，兩跨院耳房六間，月洞門連墻東西各一道，大門樓三間，大照壁一座，二門連屏門一座，茶爐二間，厕房一間(嗣添清書房一間)，各院圍墻、通道、花墻，各院中房內用磚鋪各安木棚，外圍墻一道。

至存料庫房及厨房、工匠住房，係租隔壁老君廟、吕祖廟存儲、居住，隨時歸局脩理。其開辦時，廠局未建以前，即係全局租賃廟房，亦係由局脩理，合併聲明。

中國第一歷史檔案館等《中國近代兵器工業檔案史料》第一輯《鐵良等奏山東機器局光緒三十三十一兩年購機建房用過銀兩分別准銷行查摺宣統元年十月二十日》 經筵講官陸軍部尚書臣鐵良等謹奏，爲覈覆山東機器局光緒三十、三十一兩年分購買機器、物料及添建廠房等項用過銀兩，恭摺具陳，仰祈聖鑒事。前山東巡撫袁樹勛奏機器局購買機器及添建廠房用過銀兩一摺，於宣統元年五月十三日奉硃批：該部知道，欽此。欽遵由内閣鈔出到部。旋據該撫將此

項清册咨部覈辦前來。除運費各款應由臣部另案覈辦外，謹將册開購買各項逐一覈計：

一、册開：購買德國專造七密里九小口徑毛瑟槍子新式各機器全副計四十二部並脩理器具全副，共德銀十九萬一千九百六十六馬克，除扣五分經理用銀外，實價德銀十八萬二千三百六十七馬克七十分，折合庫平銀六萬四千二百四十四兩七錢四分。查此項機件經該省咨明前工部並鈔送合同有案，此次册開各件覈與立案價值數目尚屬相符，應准開銷。

一、册開：續購機器十一部，計濟平銀一萬九千兩，除扣五分經理用銀外，共實價濟平銀一萬八千五十兩，折合庫平銀一萬七千七百六十一兩二錢。查此項機器購買時經該省鈔送合同咨部備案，當以該合同並無每件詳細價值，行令查明聲覆去後。嗣據將詳細價目逐件開列咨送前來。與此次册開各件逐一覈計，除頭次造銅殼機一部、剖平直機一部、拔長機一部、軋殼脩腰機一部、造鉛丸機一部、壓鉛丸機一部、二次剖鉛丸機一部、初次鉛丸脩浄機一部、二次鉛丸脩浄機一部、初次軋鋼帽機一部，覈與立案價值數目相符外，至脩舊殼浄機一部爲立案原咨所無，所請銷銀應令查明聲覆，再予覈辦。計行查濟平銀一千八百兩，除九五扣九十兩外，實折合庫平銀一千六百八十二兩六錢四分。其餘一萬六千零七十八兩五錢六分，應准開銷。

一、册開：購買試造七密里九小口徑毛瑟槍子各項外洋物料，共用庫平銀三萬四千七百八十九兩五錢一分六釐八毫。查此項物料，既據聲稱係由青島德商瑞記洋行訂購，應令將此項原訂合同咨送到部，再行覈辦。

一、册開：添建槍子廠房暨鍋爐房等項，購買外洋鐵、木、磚、泥暨内地磚、瓦、石灰、油漆等料，共用庫平銀五千九百九十二兩七錢五分六毫。查該局既經添購新機，自應添建廠房，所開料物價值亦尚不昂貴，應准開銷。

以上各款共准銷庫平銀八萬六千三百一十六兩零五分零六毫，行查庫平銀三萬六千四百七十二兩一錢五分六釐八毫。

所有臣部覈覆山東機器局光緒三十、三十一兩年購買機器、添建廠房用過銀兩分别准銷、行查緣由，理合恭摺具陳，伏乞皇上聖鑒。謹奏。

中國第一歷史檔案館等《中國近代兵器工業檔案史料》第一輯《寶棻奏銷山西機器局光緒二十四年及二十五年用款摺宣統元年十一月初二日》 調任江蘇巡撫山西巡撫奴才寶棻跪奏，爲造報機器局光緒二十四、五兩年用款，作爲第一次報銷，恭摺仰祈聖鑒事。

竊晉省機器局，前於光緒二十四年遵奉諭旨，籌款設廠，購機開辦。惟歷年以來，迄未將用款分晰造報。嗣經度支部奏明，各省舊案截清年分，勒限開報，聲明光緒三十三年以前未經報部之案，分案據實開造清單，陸續送部覈銷等因，咨行到晉。飭據該局先將章程、辦法造册詳咨立案，經奴才於本年九月間附片陳明在案。

兹據該局詳：擬將歷年用款分次造報，自二十四年開辦起至二十五年年底止，共收庫平銀十一萬一百六十二兩零，支用銀九萬二千九百八十八兩零，實存銀一萬七千二百七十四兩零，作爲第一次報銷，開具詳細清單，並繪局廠圖，呈請奏咨前來。奴才覆覈無異，除將清單並圖分咨度支部、陸軍部查照外，所有機器局造送第一次報銷緣由，理合恭摺具陳，伏乞皇上聖鑒，敕部覈銷施行。謹奏。

硃批：該部知道。

中國第一歷史檔案館等《中國近代兵器工業檔案史料》第一輯《丁寶銓奏銷山西機器局光緒二十六年至二十九年用款摺宣統元年十一月十四日》 山西巡撫臣丁寶銓跪奏，爲造報機器局光緒二十六年至二十九年用款，作爲第二次報銷，恭摺仰祈聖鑒事。

竊照晉省機器局自光緒二十四年開辦以來，所有用款未能按年造報。嗣經度支部奏明，各省舊案截清年分，勒限開報，聲明光緒三十三年以前未經報部之案，據實開造清單，陸續送部覈銷等因，咨行到晉。飭據該局先將章程、辦法造册詳咨立案，並將二十四、五兩年用款作爲第一次報銷，業經調任撫臣寶棻先後奏咨在案。

兹據該局詳：自光緒二十六年正月起至二十九年年底止，計舊管庫平銀一萬七千二百七十四兩零，新收銀八萬一百十八兩零，開除銀九萬七千四兩零，實在存銀三百八十七兩零，作爲第二次報銷。開具詳細清單，呈請奏咨前來。臣覆覈無異。除將清單分咨度支部、陸軍部查照外，所有機器局造送第二次報銷緣由，理合恭摺具陳，伏乞皇上聖鑒，敕部覈銷施行。謹奏。

硃批：該部知道。

中國第一歷史檔案館等《中國近代兵器工業檔案史料》第一輯《山西機器局呈報光緒三十年至三十三年購買物料等項用過銀兩清單宣統元年十一月》 山西

機器局爲開單報銷事。

竊查本局收支各款，業經報至光緒二十九年十二月底止第二次在案。茲將光緒三十年起至三十三年十二月底止，第三次購買物料等項用過銀兩，開具清單，呈請覈銷。

須至單者，計開：

光緒三十年分

購買機器項下：無項。

購買傢具項下：【略】以上十五宗，共支銷湘平銀九十九兩九錢五釐三毫，合庫平銀九十五兩九錢九釐八絲八忽。

購買修理、製造軍械器具物料項下：【略】以上六十四宗，共支銷湘平銀三千四百二十二兩二錢一分七毫七絲，合庫平銀三千二百八十五兩三錢二分二釐三毫三絲九忽。

計造成三生七格魯森開花子彈一千二百五十顆，三生七葡萄子彈一百五十顆，兩磅葡萄子彈一百顆，踩雷四個，洋鼓四面，電雷信子二百個，水月電燈四盞，刺刀五百十九把，拉火九千九百支，矛頭二百四十個，蓮花大銅帽八萬粒，營務處排刀四把，槍靶六架，武備學堂印字機鐵架一付，晉報館印字機鐵軸、鐵瓦各一付，軍裝局洋號四支，螺絲起子十把，洋式官刀二把，擦槍起子五把，鈎擦槍頭十個，帶環探條二根，通條二根，榔頭二把，來復步槍一百二十支，德律風二付，天主堂汽管一付，常備軍子藥車一輛，曼利夏快槍二支，火柴局長齒輪一個、元齒輪二個，切刀二把，刨刀三把，木車床一部。

計修成武備學堂快砲十二尊，軍裝局各種快槍二百四十支，無鉛箭三萬九千粒，毛瑟子彈一千六百粒，虎叉四把，排刀四把，營務處虎叉四把，續備軍來復馬步槍五百三十支，地營工程用大钁五十把，地營工程用小钁五十把，鐵鍬五十把，瓦刀二把，斧子二把，抹子二把，風桶二個，簸箕十個，旗桿一根，各州縣巡警營各種槍五十五桿。

修理、添建廠房、營房、局房購買物料、工價項下：【略】以上十一宗，共支湘平銀二百七十四兩七錢三分三釐四毫九絲，合庫平銀二百六十三兩七錢四分四釐四毫三絲九忽。

計添建席棚八間，地營一座。修理井二口，機器廠六間，鍋爐房一間，庫房二間，局房十八間。

購買煤炭項下：【略】以上共支湘平銀一千四百八兩一錢一分二釐六毫五絲，合庫平銀一千三百五十一兩七錢八分八釐一毫四絲四忽。

以上統共支銷湘平銀五千二百四兩九錢六分二釐五毫一絲，合庫平銀四千九百九十六兩七錢六分四釐一絲。

光緒三十一年分

購買機器項下：由上海義昌成承號，購買三接鍋爐一具（零件配全），計價規元銀二千九百七十兩，折湘平銀二千八百三十兩一分五釐，合庫平銀二千七百一十六兩八錢一分四釐四毫。

購買傢具項下：【略】以上四宗，由津購買，共支公砝平銀三百二十八兩六分六釐，申湘平銀三百二十八兩七錢二分三釐四毫四絲五忽，合庫平銀三百一十五兩五錢七分四釐五毫七忽。【略】以上就地購買，共支湘平銀二十兩七錢三分六釐七毫三絲六忽，合庫平銀十九兩九錢七釐二毫六絲七忽。

製造、修理軍械器具購買物料項下：【略】以上由京購料，共支公砝平銀一千八十一兩八分二釐七毫二絲，申湘平銀一千八十三兩二錢四分九釐三毫一絲八忽，合庫平銀一千三十九兩九錢一分九釐二毫四絲九忽。【略】：（以上就地購料），共支湘平銀一千三百九十二兩一錢七分六釐八毫一絲五忽，合庫平銀一千三百三十六兩四錢八分九釐七毫四絲二忽。

計造成三生七開花子彈一千五十顆，兩磅砲拉火一萬六千五百支，洋式官刀十九把，蓮花大銅帽四萬四千粒，蓮花小銅帽一百四萬二千粒，收五生七砲子彈殼機器一付，軍裝局刺刀一千五百把，軍裝局軍械鐵窗六付，鐵槍靶一付，又槍靶心五個，靶鈎三付，支桿螺絲二付，支桿爪橫樑各一把，鐵椿一根，矛子一根，螺絲一付，院署衛隊槍靶一付，武備學堂槍靶一付，又紫銅靶心一塊，靶鈎二個，執法營務處洋刀一把，農工局水龍砝藍十三個，絲螺二十七個，搬手三把，冀寧道署淋水鍋一個，軋牛肉汁手機一付，河東道毛瑟槍刺刀三把，師範學堂體操架一付，矛頭二個，搖鈴二個，陽曲縣巡警營洋式官刀二把，刺刀一把，臨縣鐵椅子四把。

計裝成無鉛箭十一萬三千粒。

計修成軍裝局各種快槍二百三十一桿，軍裝局洋式官刀十八把，院署衛隊快槍十八桿，口外續備軍各種槍五十二桿，大同鎮各種快槍四百十一桿，農工局抽水機四付，巡警局水車二輛，外州縣巡警營各種槍三十一桿，晉報館印字機一付。

運費、脚價、電信、委員旅費項下：【略】以上八宗，支湘平銀八百四十一兩九錢九分九釐四毫二絲九忽，合庫平銀八百八兩三錢一分九釐四毫五絲二忽。

脩理、添建廠房、局房項下：【略】以上共支湘平銀一百八十兩七錢一分七釐一毫八絲四忽，合庫平銀一百七十三兩四錢八分八釐四毫九絲七忽。

計添建銅帽廠賬房一間。

計脩理局房二十三間，席棚十二間，園圍墻一道，機器廠房頂樓頂二十一間，銅帽廠房頂三間。

購買煤斤項下：【略】以上共支湘平銀四百八兩四錢四分五釐，合庫平銀三百九十二兩一錢七釐二毫。

以上統共支銷湘平銀七千八十六兩六分二釐八毫二絲七忽，合庫平銀六千八百二兩六錢二分三毫一絲四忽。

光緒三十二年分

購買機器項下：無項。

購買傢具項下：【略】以上由津購料，共支公砝平銀三千二十八兩四分九釐一毫二絲，申湘平銀三千三十四兩一錢一分七釐三毫五絲四忽，合庫平銀二千九百十二兩七錢五分二釐六毫六絲。【略】以上就地購料共支湘平銀一千四百七十兩三錢一分九釐三毫五絲，合庫平銀一千四百十一兩五錢六釐五毫七絲六忽。

計造成三生的七格魯森快砲一尊，三生的七開花子彈一百五十顆，兩磅砲拉火五千五百支，毛瑟槍刺刀七百五十九把，來復馬槍三百九桿，來復步槍四十桿，蓮花大銅帽五萬七千粒，蓮花小銅帽一百四十六萬二千粒，洋式步號一對，頭等洋式官刀十把，二、三等洋式官刀九十把，軍裝局槍靶一架，外靶心二個、橫樑二付，靶頭四個，靶爪十二個，滿營常備軍槍靶一架，督練公所頭等洋式官刀二把、袖領龍花一百一十對，常備軍五生七砲子箱一個，外縣巡警局指揮官刀三把，巡警局灑道水車五輛，大學堂體操架二付，公立中學堂體操架二付，汾州府中學堂體操架一付，師範學堂、農林學堂、公立女學堂摇鈴九個，冀寧道署洋爐子四個，藩署淋水壺一具，師範學堂洋鎖十八把，插屑三付，合扇一付，勸工陳列所大門彎板二十四塊，螺絲十八付，草亭柱彎板六條，墊圈三十八個，六分螺絲十二付，大門鐵門四付，銅碰鎖五十付，大門鐵輪十二個，碰鎖門五十個，門頭銅字五個，鐵柵欄一付，醫學館淋水壺一具，工藝局洋皂模三付。

計脩成車裝局各種槍一百八十一桿，裝成軍裝局無鉛箭十四萬七千三百二十粒，軍裝局毛瑟子彈二千五百粒，軍裝局木子箭六千二百六十粒，脩軍裝局快砲二尊，督練公所槍一桿，院署衛隊槍七桿，常備軍五生七砲車二十四輛，外州縣巡警營各種槍六十一桿。

運費、脚價、委員旅費項下：【略】以上八宗，共支湘平銀九百五十四兩七錢七分二釐七毫四絲九忽，合庫平銀九百十六兩五錢八分一釐八毫三絲九忽。

脩理、添建廠房、局房項下：【略】以上共支湘平銀一百八十四兩一錢四分一釐七毫九絲四忽，合庫平銀一百七十六兩七錢七分六釐一毫二絲二忽。

計添建清書房二間，厠房一間。脩理化銅爐二座，庫房六間，翻砂廠三間，局房十間，葦席棚二十四間。

購買煤斤項下：【略】共支湘平銀六百七十五兩四錢二分一釐九毫，合庫平銀六百四十八兩四錢五釐二絲四忽。

統共支銷湘平銀七千三百三十七兩六錢八分四毫九絲二忽，合庫平銀七千四十四兩一錢七分三釐二毫七絲三忽。

光緒三十三年分

購買機器項下：無項。

購買傢具項下：【略】以上由津購買，共支公砝平銀一百八十六兩三錢三釐二毫五絲，申湘平銀一百八十六兩六錢七分六釐六毫二忽，合庫平銀一百七十九兩二錢九釐五毫三絲八忽。【略】以上就地購料，共支湘平銀三十七兩五錢七分二釐三毫，合庫平銀三十六兩六分九釐四毫八忽。

製造、脩理軍械器具購買物料項下：【略】以上由津購料，共支公砝平銀二千六十五兩八錢五分三釐四毫二絲五忽，申湘平銀二千六十九兩九錢九分三釐三毫九絲七忽，合庫平銀一千九百八十七兩一錢九分三釐六毫六絲一忽。【略】以上（就地購料）共支湘平銀二千四百七十八兩五分七釐五毫四絲，合庫平銀二千三百七十八兩九錢三分五釐二毫二絲八忽。

計造成三生七格魯森快砲一尊，來復馬槍九十二桿，來復步槍八十九桿，毛瑟刺刀二百八十把，拉火一千五百支，洋式馬號三十一對，洋式步號二十對，蓮花小銅帽二百十五萬八千粒，洋鼓十對，憲兵學堂佩刀四十把，常備軍行軍隊水壺一百十個，運重地車一輛，錐槍筒機器床四部，錐槍筒機器床吸水機一付，虎鉗七付，磨刀砂輪機一付，巡警局水車一輛，壓道機鐵棚一架，垃圾車二輛，常備軍皮扣帶二百十二條，皮子盒三十七個，刺刀坯子一百九十三個，背帶十五條，測繪學堂體操架鐵杠一根，法政學堂體操架二付，浪橋一付，大門燈架一付，玻璃燈一個，制勝公司製酒造葡萄酒手機一付，工藝學堂、和順學堂、公立女學堂搖鐘八個，浚文書局印字機盤簧一根。

計製成無鉛箭三萬七千五百八十粒。

脩成常備軍砲車三輛，常備軍各種槍五百九十三桿，刺刀二百二十八把，槍皮件五百二十付，水壺二百七十個，背包百六十個，鐵鍬三十把，軍裝局各種槍九十八桿，刺刀五十五把，陸軍學堂快槍十九桿，刺刀七把，皮盒十九個，刺刀插十九個，皮帶六條，洋磅二架，巡警局壓道機一付，灑道水車三輛，水槍六十八支，水龍二架，勸工陳列所鐵柵欄一付，兵備處印字機一付，院署衛隊槍四桿，軍樂隊大號六支，口外巡防隊槍一桿，外州縣巡警營槍二十二桿，洋鼓一對。

運費、脚價、委員川資項下：【略】以上共支湘平銀二百二十九兩三錢八分二釐四毫三絲，合庫平銀二百二十兩一錢一分一釐一毫三絲三忽。

添建、脩理廠房、局房項下：【略】以上共支湘平銀二百五十四兩四錢四分五釐七毫五絲四忽，合庫平銀二百四十四兩二錢六分七釐九毫二絲四忽。

計添建存藥房一間，燒焊房一間，計脩機器廠十二間，鍋爐房一間，存料房三間，水井二口，局房十四間，席棚十二間。

購買煤斤項下：【略】以上共支湘平銀七百六十七兩八錢五分二釐五毫，合庫平銀七百三十七兩一錢三分八釐四毫。

統共支銷湘平銀六千二十三兩八錢八分五毫二絲三忽，合庫平銀五千七百八十二兩九錢二分五釐二絲。

中國第一歷史檔案館等《中國近代兵器工業檔案史料》第一輯《丁寶銓奏銷山西機器局光緒三十年至三十三年用款摺宣統元年十二月初四日》 山西巡撫臣丁寶銓跪奏，爲造報機器局光緒三十年至三十三年用款，作爲第三次報銷，恭摺仰祈聖鑒事。

竊照晉省機器局自光緒二十四年開辦以來，所有用款未能按年造報。嗣經度支部奏明，各省舊案截清年分，勒限開報，聲明光緒三十三年以前未經報部之案，據實開造清單，陸續送部覈銷等因，咨行到晉。飭據該局先將章程、辦法造册詳咨立案，並將二十四年至二十九年用款作爲第一、第二次報銷，業經調任撫臣寶棻暨臣先後奏咨在案。

茲據該局詳：自光緒三十年正月起至三十三年年底止，計舊管庫平銀三百八十七兩零，新收銀八萬五千九百五十兩零，開除七萬五千五十一兩零，實在存銀一萬一千二百八十七兩零，作爲第三次報銷。開具詳細清單呈請奏咨前來。臣復覈無異。除將清單分咨度支部、陸軍部查照外，所有機器局造送第三次報銷緣由，理合恭摺具陳，伏乞皇上聖鑒，敕部覈銷施行。謹奏。

硃批：該部知道。

中國第一歷史檔案館等《中國近代兵器工業檔案史料》第一輯《丁寶銓奏銷山西機器局光緒三十四年支用各款摺宣統元年十二月十九日》 山西巡撫臣丁寶銓跪奏，爲晉省機器局光緒三十四年分收支各款，遵章造册報銷，恭摺仰祈聖鑒事。

竊據機器局詳稱：案查度支部奏妥酌清理財政章程內開，各省出入款項，截至光緒三十三年底止，作爲舊案，歷年未經報部者，分年開列清單，並案銷結；自光緒三十四年至宣統二年年底止，作爲現行案，由該管司道詳請督撫將全年出入款項，分別造册報銷等因。遵將該局收支各款，自光緒二十四年開辦起至三十三年年底止，分次開單報銷，詳明奏咨在案。

茲將光緒三十四年分，各員薪津、匠役工食、購買物料、脩造械具暨局費雜用並收支總數，分別造具清册，計舊管庫平銀一萬一千二百八十七兩零，新收銀二萬三百六十六兩零，開除銀二萬二千二百九十一兩零，實在銀九千三百六十二兩零。聲明工匠時有增減，料價時有低昂，總期實用實銷，未能一律。由該局總辦道員劉敬脩詳請具奏前來，臣復覈無異，除咨部外，所有機器局光緒三十四年報銷緣由，理合恭摺具陳，伏乞皇上聖鑒，飭部覈銷施行。謹奏。

硃批：該部知道。

中國第一歷史檔案館等《中國近代兵器工業檔案史料》第一輯《陳夔龍爲鈔送北洋機器製造局光緒三十二三兩年收支各款報銷摺單事致陸軍部之咨文宣統元年十二月二十九日》 欽差大臣辦理北洋通商事宜陸軍部尚書都察院都御史直隸總督部堂陳爲咨明事。

竊照本大臣於宣統元年十二月二十五日在天津行轅專弁具奏，覈明機器製造局光緒三十二、三兩年收支各款並案開單報銷一摺，相應鈔摺咨明貴部，請煩查照施行。

須至咨者，計粘鈔摺單一紙。

右咨陸軍部。

〔附〕鈔摺單

奏爲覈明機器製造局光緒三十二、三兩年收支各款並案報銷，繕單恭摺，仰祈聖鑒事。

竊查北洋製造經費收支各款，截至光緒三十一年年底止，業經奏咨覈銷在案。嗣准度支部咨，奏定清理財政章程内載，各省出入款項，截至光緒三十三年年底止，一概作爲舊案，其歷年未經報部者，准其分年開列清單並案銷結等因，咨行前來。當經分行遵照去後。

茲據北洋機器製造局詳稱：該局收支各款，遵照部章，分年開列清單，並案報銷。計自光緒三十二年正月起至十二月底止，舊管項下，應存銀十萬九千五百九十八兩一錢八分四釐六絲一忽。新收項下，計收江海、東海、津海三關解交製造經費並員司薪費扣存平餘，共銀六十四萬三千七百五十三兩七錢六分。開除項下，員司、武弁、書識、兵夫薪糧，公費，各匠工食，並購辦機器，採買外洋、内地物料，及輪船水脚，保險、運脚，共銷正款銀五十六萬三千七百三十三兩四錢五分四釐九毫；又保定軍械局脩械司用過薪餉、公費、各匠工食、房租、川資，購辦試藥器具並外洋、内地物料，及輪船水脚、車船運費，共銷附款銀三萬六千六百九十二兩九錢一分九釐八毫。統計正、附兩款共銀六十萬四百二十六兩三錢七分四釐七毫。内應歸度支部覈銷銀十五萬八千三百七十六兩七錢八分六釐八毫，陸軍部覈銷銀四十四萬二千四十九兩五錢八分七釐九毫。實存項下，應存銀十五萬二千九百二十五兩五錢六分九釐三毫六絲一忽。又自光緒三十三年正月起至十二月底止，舊管項下，應存銀十五萬二千九百二十五兩五錢六分九釐三毫六絲一忽。新收項下，計收江海、東海、津海三關解交製造經費並員司薪費扣存平餘，共銀八十萬六千七百七十九兩三錢七分八釐。開除項下，員司、武弁、書識、兵夫薪糧，公費，各匠工食，並續購機器，採買外洋、内地物料，輪船水脚，保險、運脚，及購買地基、添建工程工料價值，共銷正款銀六十八萬七千二百三十七兩五錢六分二毫；又保定軍械局脩械司用過薪餉、公費、各匠工食、房租，川資，購辦槍枝並外洋、内地物料，輪船運脚，及劃還軍火價值，共銷附款銀四萬二千六百八十一兩五錢三分六釐五毫。統計正、附兩款共銀七十二萬九千九百十九兩九分六釐七毫。内應歸度支部覈銷銀十八萬一千六十四兩二錢四分五釐三毫，陸軍部覈銷銀五十四萬八千八百五十四兩八錢五分一釐四毫。實存銀二十二萬九千七百八十五兩八錢五分六毫六絲一忽，歸入下屆接續造報。開具詳細清單，詳請奏咨前來。臣復加查覈，均係實用實銷，尚無浮冒。除咨部查照外，理合繕單恭摺具陳，伏乞皇上聖鑒，敕部覈銷施行。謹奏。

謹將北洋機器製造局光緒三十二、三兩年收支各款，繕具清單，恭呈御覽。

計開：

光緒三十二年分

舊管：

一、上届報銷截至光緒三十一年十二月底實存，庫平銀十萬九千五百九十八兩一錢八分四釐六絲一忽。

新收：

一、收江海關解到六成洋税項下製造經費，庫平銀十萬兩。

一、收東海關解到四成洋税項下製造經費，庫平銀十萬兩。

一、收津海關解到四成洋税項下製造經費，庫平銀四十四萬一千九兩三錢二分。

一、收員司薪費扣存平餘，庫平銀二千七百四十四兩四錢四分。

以上共收庫平銀六十四萬三千七百五十三兩七錢六分。

開除：

一、第一單請銷員司、武弁、書識、兵夫薪糧，公費等項，應歸度支部覈銷，庫平銀五萬七千八百五十兩三錢八分四釐一毫。

一、第二單請銷總管工長薪水並各廠工匠工食，應歸度支部覈銷，庫平銀八萬一千七百四十兩一錢九分四釐三毫。

一、第三單請銷購辦機器並採買外洋、内地物料，應歸陸軍部覈銷，庫平銀三十九萬四千五百五十九兩六錢五分五釐。

一、第四單請銷採買外洋、内地各料應需輪船水脚、保險、運脚，應歸陸軍部覈銷，庫平銀二萬九千五百八十三兩二錢二分一釐五毫。

一、第五單開造製成軍火等項收支件數，應歸各部查覈。

（以上共請銷庫平銀五十六萬三千七百三十三兩四錢五分四釐九毫，均係機器製造局自光緒三十二年正月起至十二月底止正款開除。理合登明。）

一、第六單附款請銷保定軍械局内脩械司用過薪餉、公費、各匠工食、房租、川資，應歸度支部覈銷，庫平銀一萬八千七百八十六兩二錢八釐四毫；又用過購辦試藥器具並外洋、内地物料，輪船水脚及車船運費，應歸陸軍部覈銷，庫平銀一萬七千九百六兩七錢一分九釐四毫。

（以上請銷附款共庫平銀三萬六千六百九十二兩九錢一分九釐八毫，均由製造經費項下開支。理合登明。）

統計第一單至第六單共歸度支部覈銷銀十五萬八千三百七十六兩七錢八分六釐八毫，陸軍部覈銷銀四十四萬二千四十九兩五錢八分七釐九毫，總共請銷庫平銀六十萬四百二十六兩三錢七分四釐七毫。

實在：

一、實存庫平銀十五萬二千九百二十五兩五錢六分九釐三毫六絲一忽。

光緒三十三年分

舊管：

一、上届報銷截至光緒三十二年十二月底止實存，庫平銀十五萬二千九百二十五兩五錢六分九釐三毫六絲一忽。

新收：

一、收江海關解到六成洋税項下製造經費，庫平銀十萬兩。

一、收東海關解到四成洋税項下製造經費，庫平銀十萬八千六百十二兩一錢。

一、收津海關解到四成洋税項下製造經費，庫平銀五十九萬五千五百三十二兩四錢二釐。

一、收員司薪費扣存平餘，庫平銀二千六百三十四兩八錢七分六釐。

以上共收庫平銀八十萬六千七百七十九兩三錢七分八釐。

開除：

一、第一單請銷員司、武弁、書識、兵夫薪糧，公費等項，應歸度支部覈銷，庫平銀五萬五千四百五十九兩九錢九分七釐七毫。

一、第二單請銷總管工長薪水並各廠工匠工食，應歸度支部覈銷，庫平銀八萬七千六百七十九兩七錢三分二釐一毫。

一、第三單請銷續購機器並採買外洋、内地物料，應歸陸軍部覈銷，庫平銀四十萬八千八百四十八兩二錢六分九釐二毫。

一、第四單請銷添建各項工程，應歸度支部覈銷各匠工價，庫平銀一萬九千七百八十三兩八錢八分五釐，又應歸陸軍部覈銷各項料價，庫平銀七萬八千八百四十二兩七錢三分九毫。

一、第五單請銷採買外洋、内地各料應需輪船水脚、保險、運脚，及購買地基等項，應歸度支部覈銷購買地基，庫平銀一千一百三十三兩五錢七分二釐五毫，又應歸陸軍部覈銷輪船水脚、保險、運脚，庫平銀三萬五千四百八十九兩三錢七分二釐八毫。

一、第六單開造製成軍火等項收支件數，應歸各部查覈。

（以上共請銷庫平銀六十八萬七千二百三十七兩五錢六分二毫，均係機器製造局自光緒三十三年正月起至十二月底止正款開除。理合登明。）

一、第七單附款請銷保定軍械局内脩械司用過薪餉、公費、各匠工食、房租、川資，應歸度支部覈銷，庫平銀一萬七千七兩五分八釐；又用過購辦槍枝並外洋、内地物料，輪船水脚、車船運脚，及劃還軍火價值，應歸陸軍部覈銷，庫平銀二萬五千六百七十四兩四錢七分八釐五毫。

（以上請銷附款共庫平銀四萬二千六百八十一兩五錢三分六釐五毫，均由製造經費項下開支。理合登明。）

統計第一單至第七單，共歸度支部覈銷銀十八萬一千六十四兩二錢四分五釐三毫，陸軍部覈銷銀五十四萬八千八百五十四兩八錢五分一釐四毫，總共請銷庫平銀七十二萬九千九百十九兩九分六釐七毫。

實在：

一、實存庫平銀二十二萬九千七百八十五兩八錢五分六毫六絲一忽。

中國第一歷史檔案館等《中國近代兵器工業檔案史料》第一輯《北洋機器製造局光緒三十三年製成軍火收發四柱清單宣統元年十二月》 北洋機器製造局謹將光緒三十三年正月起至十二月底製成軍火收發四柱清單，恭請大部查照覈銷。

須至單者，計開：

舊管：無煙槍藥五千三十七磅六兩，棉藥坯三百四十六磅，七密里九帶箭毛瑟槍子五百七十六萬四千九百五粒，七密里九無箭毛瑟槍子一千九百粒，日本砲彈底火八千副。

新收：一、收製成無煙槍藥五萬一千一百八十二磅六兩，一、收製成棉藥坯四萬三千二百三十磅，一、收製成棉藥餅一千磅，一、收製成白藥三磅，一、收製成七密里九帶箭毛瑟槍子四百萬粒，一、收第五鎮繳回七密里九帶箭毛瑟槍子二十四萬六千三百九十三粒，一、收製成七密里九無箭毛瑟槍子二十一萬八千二百粒，一、收製成六密里五帶箭毛瑟槍子三百七十四萬八千二百七十七粒，一、收製成六密里五無箭毛瑟槍子四萬二百粒，一、收製成日本砲彈底火三千八百副，一、收製成七生脫半砲彈底火五千三百副，一、收製成五生脫七砲彈底火七千四百五十副。

開除：一、發局內裝槍子用無煙槍藥三萬八千四百九磅六兩，一、發局內製無煙藥用棉藥坯四萬三千五百七十六磅，一、發陸軍第五鎮用棉藥餅一千磅，一、發陸軍第五鎮用白藥三磅，一、發局內試放用七密里九帶箭毛瑟槍子十一萬二百二十五粒，一、發陸軍第五鎮用七密里九帶箭毛瑟槍子二十七萬八千一百二十四粒，一、發保定軍械局用七密里九帶箭毛瑟槍子五萬粒，一、發洋員哈卜們考試用七密里九帶箭毛瑟槍子七千五百粒，一、發局內試放用七密里九無箭毛瑟槍子二百粒，一、發熱河都統用七密里九無箭毛瑟槍子五萬粒，一、發局內試放用六密里五帶箭毛瑟槍子五萬二千八百七十九粒，一、發保定軍械局用六密里五帶箭毛瑟槍子五萬粒，一、發局內試放用六密里五無箭毛瑟槍子二百粒。

實在：存無煙槍藥一萬七千八百十磅六兩，存七密里九帶箭毛瑟槍子九百五十六萬五千四百四十九粒，存七密里九無箭毛瑟槍子十六萬九千九百粒，存六密里五帶箭毛瑟槍子三百六十四萬五千三百九十八粒，存六密里五無箭毛瑟槍子四萬粒，存日本砲彈底火一萬一千八百副，存七生脫半砲彈底火五千三百副，存五生脫七砲彈底火七千四百五十副。

中國第一歷史檔案館等《中國近代兵器工業檔案史料》第一輯《北洋機器製造局光緒三十二年製成軍火收發四柱清單宣統元年十二月》 北洋機器製造局謹將光緒三十二年正月起至十二月底製成軍火收發四柱造具清單，恭請大部查照覈銷。

須至單者，計開：

舊管：無煙槍藥六千三百六十二磅，棉藥坯一千九百八十磅，七密里九帶箭毛瑟槍子八十一萬二千五百粒，七密里九無箭毛瑟槍子一千九百粒。

新收：一、收製成無煙槍藥三萬四百七十七磅六兩，一、收製成棉藥坯二萬八千三百二十六磅，一、收製成七密里九帶箭毛瑟槍子五百五十二萬二千五百五十三粒，一、收製成曼利夏槍子二十萬三百三十粒，一、收製成七密里九槍子底火一百萬粒，一、收製成六密里五槍子底火一百七十萬粒，一、收製成日本砲彈底火八千副，一、收製成七生脫半砲彈底火二萬副。

開除：一、發局內裝槍子用無煙槍藥三萬一千八百二磅，一、發局內製無煙藥用棉藥坯二萬九千九百六十磅，一、發局內試放用七密里九帶箭毛瑟槍子七萬一百四十八粒，一、發保定軍械局用七密里九帶箭毛瑟槍子五十萬粒，一、發局內試放用曼利夏無箭槍子三百三十粒，一、發北洋左翼翼長姜用曼利夏無箭槍子二十萬粒，一、發保定軍械局用七密里九槍子底火一百萬粒，一、發保定軍械局用六密里五槍子底火一百七十萬粒，一、發保定軍械局用七生脫半砲彈底火二萬副。

實在：存無煙槍藥五千三十七磅六兩，存棉藥胚三百四十六磅，存七密里九帶箭毛瑟槍子五百七十六萬四千九百五粒，存七密里九無箭毛瑟槍子一千九百粒，存日本砲彈底火八千副。

中國第一歷史檔案館等《中國近代兵器工業檔案史料》第一輯《北洋機器製造局呈請覈銷光緒三十三年續購機器及各種材料動用銀兩清單宣統元年十二月》

北洋機器製造局謹將光緒三十三年分自正月起至十二月底，續購機器並採買外洋、內地各種材料動用銀兩，分晰開具細數清單，呈請大部查照覈銷。

須至單者，計開：

購辦機器項下

一、新式彈棉花、浄棉花、梳棉花機器一付，合庫平銀二千三百六十四兩二錢九分。一、磨花藥機器一付，合庫平銀二千二兩五錢二釐。一、新式蘭開斯鍋爐二座，合庫平銀七千四百六兩棉六錢。一、抽水進鍋爐機器一付，合庫平銀二百十五兩七錢八分八釐。一、車床五付(零件全)，合庫平銀三千四百四十八兩八錢六分二釐。一、車床十付(零件全)，合庫平銀三千九百十兩八二錢分三釐。一、車光內膛及外殼車床二付，合庫平銀一千一百五十五兩八錢七分六釐。一、平刨床一付(皮帶輪、虎鉗全)，合庫平銀一千三十五兩一錢六分。一、行路小刨床一付(皮帶輪、虎鉗全)，合庫平銀四百五十兩二錢八分八釐。一、洗床一付(皮帶輪、零件全)，合庫平銀一千二百四十九兩六錢九分六釐。一、鑽床一付，合庫平銀一百三十兩三錢五分八釐。一、磨洗刀床一付，合庫平銀四百三十二兩五錢九釐。一、車鋼模車床二付，合庫平銀二千六百二十五兩四錢七分九釐。一、新式裝藥及稱藥機器一付，合庫平銀三千八百十七兩二釐。一、五十匹馬力踢式汽機一座，並帶翅生鐵汽管二十根，合庫平銀四千六百八十五兩二錢五分七釐。一、抽水機並二寸半徑抽水桶一份，合庫平銀三百八十一兩八錢九分七釐。一、切藥機器三份，合庫平銀四千五百四十九兩一錢一分二釐。一、合六十磅藥合藥機器一份，合庫平銀二千二百七十兩六錢八分。一、粗軋藥機器一份，合庫平錢三千一百七十三兩八錢三分。一、細軋藥機器二份，合庫平銀五千九百九十六兩一錢八分二釐。一、試驗子彈機器一份，合庫平銀二千四百二十七兩九錢二分五釐。一、試驗五金材料機器一份。合庫平銀四千四百三十四兩三錢三釐。

以上購辦機器，共支庫平銀五萬八千一百六十四兩四錢一分九釐。

採買外洋、內地各種材料項下：

外洋購料：

一、懇掛金絲電燈電綫，燈頭（光合螺絲全）一百七十九分，每十分價銀二十九兩，合庫平銀五百十九兩一錢。一、桌上用帶座金絲電燈電綫，燈頭（樸絡全）十盞，每盞價銀六兩七錢，合庫平銀六十七兩。一、七絲總電綫十丈，每丈價銀一兩一分，合庫平銀十兩一錢。一、十二號電綫四百八十丈，每丈價銀五錢六分二釐，合庫平銀二百六十九兩七錢六分。一、十六號電綫七百丈，每丈價銀三錢三分一釐，合庫平銀二百三十一兩七錢。一、十八號號電綫一百丈，每丈價銀一錢八分六釐，合庫平銀十八兩六錢。一、二十號電綫一百五十丈，每丈價銀一錢八分二釐，合庫平銀二十七兩三錢。一、電燈三十九個，每十個價銀三兩八錢七分，合庫平銀十五兩九分三釐。一、電燈頭一百個，每十個價銀四兩六錢八分，合庫平銀四十六兩八錢。

以上外洋購料共支庫平銀二十五萬九千五百八十一兩六錢一分六釐八毫。

內地材料：【略】

以上內地購料共支庫平銀九萬一千一百二兩三錢三分三釐四毫。

統計一單，共請銷續購機器並採買外洋、內地材料，係歸大部覈銷，庫平銀四十萬八千八百四十八兩二錢六分九釐二毫。

中國第一歷史檔案館等《中國近代兵器工業檔案史料》第一輯《北洋機器製造局呈請覈銷光緒三十二年續購機器及各種材料動用銀兩清單宣統元年十二月》

北洋機器製造局謹將光緒三十二年分自正月起至十二月底，續購機器並採買外洋、內地各種材料動用銀兩，分晰開具細數清單，呈請大部查照覈銷。須至單者，計開：

購辦機器項下：

六密里五槍子廠全份機器。內開：一、撞銅殼打眼機器二份，合庫平銀六百七十三兩四分九釐六毫。一、撞銅殼收頭打底機器二份，合庫平銀七百二兩三錢一分二釐六毫。一、七道撞銅殼齊口摸撞口機器二份，合庫平銀一千二百二十九兩四分七釐。一、九道撞銅殼轆底齊口機器一份，合庫平銀七百二兩三錢一分二釐六毫。一、造頭道至九道鋼皮夾機器全份，合庫平銀四千六百六十七兩四錢四分七釐七毫。一、撞鋼殼齊口機器二份，合庫平銀七百二兩三錢一分二釐六毫。一、撞鋼殼加鉛機器一份，合庫平銀五百二十六兩七錢三分四釐五毫。一、撞鋼殼轆底摸撞機器一份，合庫平銀五百十二兩一錢三釐。一、撞鋼殼押底機器一份，合庫平銀五百十二兩一錢三分。一、撞鋼殼押鉛收緊機器一份，合庫平銀五百十二兩一錢三分。一、烤銅殼口機器一份，合庫平銀三百三十六兩五錢二分四釐八毫。一、洗銅殼口機器一份，合庫平銀八十七兩七錢八分九釐。一、洗銅殼內口機器一份，合庫平銀八十七兩七錢八分九釐。一、洗銅殼外口機器一份，合庫平銀八十七兩七錢八分九釐。一、洗底火眼機器一份，合庫平銀八十七兩七錢八分九釐。一、上底火機器一份，合庫平銀三百三十六兩五錢二分四釐八毫。一、平子鋼殼輕重機器一份，合庫平銀五百二十六兩七錢三分四釐五毫。一、平子頭輕重機器一份，合庫平銀五百二十六兩七錢三分四釐五毫。一、平輕重機器一份，合庫平銀六百五十八兩四錢一分八釐一毫。一、平成盒輕重機器一份，合庫平銀三百三十六兩五錢二分四釐八毫。一、點膠手機器一份，合庫平銀四百三十八兩九錢四分五釐四毫。一、銅殼膛刷膠機器二份，合庫平銀一千九十七兩三錢六分三釐五毫。一、裝藥出子箭機器二份，合庫平銀五千八百五十二兩六錢五釐四毫。一、收口機器一份，合庫平銀四百三十八兩九錢四分五釐四毫。一、飛輪鋸機器一份，合庫平銀二百四十八兩七錢三分五釐七毫。一、規矩樣板全份，合庫平銀二百三十四兩一錢四釐二毫。

以上六密里五廠機器，共合庫平銀二萬二千一百二十二兩八錢四分二釐七毫。

又砲子銅盂機器尾價，庫平銀一萬三千三百七十五兩四錢八分七毫（查前項機器係庚子年前由禮和洋行承購之件。亂前由前東局已交頭二批價；嗣於三十二年四月間，該行找領末批尾價，經海防支應局詳奉飭知在於製造經費項下撥發，水險均在其內如前數。理合登明）。

二共機器價庫平銀三萬五千四百九十八兩三錢二分三釐四毫。

採辦外洋、内地各材料項下：

外洋購料：【略】

以上外洋購料共合庫平銀二十八萬六千二百六十一兩九錢九分七釐。

内地購料：【略】

以上内地購料共合庫平銀七萬二千七百九十九兩三錢三分四釐六毫。

統計一單，共請銷續購機器並採買外洋、内地物料，係歸大部覈銷，庫平銀三十九萬四千五百五十九兩六錢五分五釐。

中國第一歷史檔案館等《中國近代兵器工業檔案史料》第一輯《度支部奏覈覆河南機器局光緒三十一年至三十四年支用各款摺宣統二年五月二十九日》 度支部謹奏，爲覈覆河南機器局光緒三十一、二、三、四等年收支各款，據咨改奏，恭摺仰祈聖鑒事。

前據開缺河南巡撫吴重熹咨，河南機器製造局光緒二十八、九、三十等年用過一切款項，先後准銷各在案。兹自三十一年正月起至三十四年年底止，所有收支各款報銷清單，遵照新章，分別款目，列册咨送前來。臣等督飭司員詳加考覈，謹逐款出具案語，恭呈御覽。

一、舊管項下：共銀七百九十四兩三錢二分一毫七絲一忽八微。覈與光緒三十年底止實存銀數相符。

一、新收項下：光緒三十一年分，藩庫釐税局、支應局、糧餉局脩造各件工料，借用造幣廠撥解各款，銀八萬一千五百三十四兩七錢九分七釐二絲五忽；三十二年分，收入各款銀六萬七千七百八十一兩一錢六分二釐四毫八絲八忽；三十三年分，收入各款銀七萬七千八百六十一兩七錢六分七釐；三十四年分，收入各款銀六萬五千八百六十一兩八錢三釐。以上共收二兩平銀二十九萬三千三十九兩五錢二分九釐五毫一絲五忽。查列收藩庫各年撥解款項及借用造幣廠銀兩，並無報部案據。又收釐税局撥解銀兩，檢查該省光緒三十一年起至三十四年上半年止釐金册内，亦無撥解該局款目，無從查覈。其所收糧餉、支應兩局撥解各項銀兩，查該省陸軍報銷册開，三十一年十一月至三十二年年底各營需用子彈價銀一萬二千五百四十九兩零，其三十三、四兩年各一萬五千二百七十九兩零，善後支應局自三十一年夏季册報在製造項下匀撥機器局銀一千兩，以後至三十三年冬季每季撥銀三千兩，惟三十二年夏季係四千兩，今單開三十一年支應局撥銀一萬八百五十一兩零，糧餉局撥銀一萬七千二十兩零，三十二年糧餉局撥銀一萬九千三百四十八兩零，支應局撥銀一萬四千五百六十五兩零，三十三年糧餉局撥購砲胚銀一萬兩，又解代造子彈銀二萬一千九百十一兩零，支應局撥子彈銀一萬二千九百兩，覈與陸軍糧餉册報及善後支應局季册銀數兩歧，究竟因何不符，應令查明聲覆。至支應局三十四年季册尚未造送到部，應俟造報到日，再行查覈。

一、開除項下：支給光緒三十一年分，員司薪工、伙食、油燭、紙張、工匠工食、藝徒火食等，銀二萬一千九百八十四兩；三十二年分，支銀二萬五千三百五十四兩；三十三年分，支銀二萬五千五百九十三兩七錢一分一釐；三十四年分，支銀二萬五千三十二兩四錢六分三釐：以上共支銀九萬七千九百六十四兩一錢七分四釐。查光緒三十一、二兩年開支員司薪水覈與上案尚屬相符。惟三十三年起，總辦月支薪銀一百兩，上年係支銀五十兩；文案月支銀三十兩，上年係月支銀二十兩；監廠委員月支銀三十兩，上年係月支銀十六兩；稽查委員、物料庫委員月支銀二十兩，上年係各月支銀十六兩；採辦委員月支銀二十四兩，上年係月支銀十六兩；督工司事月支銀十二兩，分局司事月支銀八兩，上年係各月支銀六兩。又會辦報銷銀錢所收發文件、幫稽查各委員以及總局公費，員司火食，均爲歷案所無。現當清理財政之際，首以裁汰冗員、删節糜費爲第一要義，該局總辦之外復有提調，已覺事權不一，今又添設會辦並委員多人，未免人浮於事。且各員本有薪水，總局又添公費，自不能再將火食開支公款，應令該撫迅飭該局認真整頓，將會辦以下各員各就事務繁簡酌量裁併，分別去留，並將各項支款切實删減，另定數目報部覈辦。其三十三、四等年已支各款，本難悉數准銷，惟覈與該省清理財政局造呈三十四年該局出入清册數目均屬相符，輾轉駁查未免徒煩案牘，所有該局自三十一年起至三十四年年底止用過員司薪津等項銀九萬七千九百六十四兩一錢七分四釐，應請一併准銷，以清案款。至該局造脩何項器件，製成何項軍火，購買何項物料，需用價銀數目，均未詳細報部，無憑查考，應並令造具細數清册補録送部，以憑查覈。

統計此案共支銀二十七萬八千三百十六兩八錢六分二釐六毫八絲四忽八

微，内除陸軍部覈銷銀十八萬三百五十二兩六錢八分八釐六毫八絲四忽八微應由陸軍部覈辦外，計臣部應銷銀九萬七千九百六十四兩一錢七分四釐。

一、實在項下：存銀一萬五千五百十六兩九錢八分七釐，應令造入下案舊管項下報部查覈。又存提扣平餘銀一萬一千四百六十三兩八錢四分六釐，應令專款存儲，聽候部撥，毋得擅動。

所有覈覆河南機器局光緒三十一、二、三、四等年收支各款緣由，理合恭摺具陳，伏乞皇上聖鑒。謹奏。

宣統二年五月二十九日奉旨：知道了，欽此。

中國第一歷史檔案館等《中國近代兵器工業檔案史料》第一輯《甘肅新疆布政使司造賫新疆司庫光緒三十三年支過機器局銀兩清册宣統二年五月》 一、支發機器局建脩局廠水洞並護局營房等項經費銀一萬五千四百四十三兩七錢五釐（查前項，機器局由南梁移駐城東十五里之水磨溝地方，建脩局屋，機輪洞，銀元廠計一百間，又增脩槍彈廠並庫房十一間，又脩護局營房一座計十八間，合計一百二十九間，並購基地及搬運機器至新局安設，實共用銀一萬六千三百九十二兩三錢一分五釐。除已支前數外，尚未支銀九百四十八兩六錢一分，應歸下年補發造報。理合登明）。

中國第一歷史檔案館等《中國近代兵器工業檔案史料》第一輯《北洋機器製造局抄呈購辦上海信義洋行承購試驗五金材料機器合同宣統二年五月》 謹將抄録購辦上海信義洋行承購試驗五金材料機器合同，恭呈查覈。

計開：

立合同上海信義洋行，今承北洋德州機器局總辦劉訂購試驗材料機器一座，能驗六萬啓羅，連皮帶輪，附件零件等全，另有清單列後，共訂浄價行平銀四千六百十四兩，運至天津碼頭交貨。進口關税在外。此項合同不領定銀，一俟交貨，即將全價付清。所有安置機器之圖樣，並開用機器之方法，務須早到爲妙。該機起運來華途中或損失，信義行應向保險行索賠，趕速重行補運。立此華、英文合同一式二份，各執一份存照。

計開：

試驗材料機器一座（能驗六萬啓羅並皮帶輪及大齒輪），規畫器一具，量韌力表一隻，電力器一具（移動件用），驗彎力器一具（能驗五萬啓羅），驗擠力器一具（能驗五萬啓羅及一百二十米里長邊之模料），驗阻裁力器一具（驗十米里至二十米里徑之圓條用），限制天平一架（能平三千啓羅），另備移動件一具，扳手二副（扳鐵條用，連螺絲紋頭，徑有十、十五、二十、二十五、三十米里），扳手二副（扳圓條用，分兩截，徑有十、十五、二十、二十五、三十米里），球形扳手二具（分兩截，扳平條用，連肩形，件厚至二十五米里），球形扳手二具（分兩截，扳平條用，無肩形，件厚至十八米里，寬四十米里，權重至三萬啓羅），扁栓二副（栓平條用，無肩形，件厚有五至十、十至十五、十五至十八米里），斜扁板並有襯之扁栓（驗鐵絲繩用），鋸齒形扁栓二副（平條用，無肩形，什厚有五至十、十至十五、十五至二十、二十至二十五米里），鋸齒形扁栓二副（圓條用，無肩形，件徑有十、十五、二十、二十五米里），鋼圈二副（裁圓鐵用，徑有十、十五、二十米里），合成之襯料五啓羅（襯鐵絲繩扳手用）。

總計實價，行平銀四千六百十四兩。外加水、險、行用，行平銀四百八十九兩五錢（查前項正價及水、險、行用，共行平銀五千一百三兩五錢。内除另册報水、險行平銀五百二十六兩三錢六分五釐外，應報機器正價行平銀四千五百七十七兩一錢三分五釐，以一零三三二折合庫平銀四千四百三十四兩三錢四分八釐九毫。查册報機器價庫平銀四千四百三十四兩三錢三釐，實屬有減無浮。理合登明）。

一、議定以上試驗機器，均須工精料美，一律全新。倘運到後查有以舊充新，致不合用之處，信義行聽憑退還重購補運，並願認罰全價五分之一。

一、議定此項合同言明不領定銀，統俟運到驗收合用時，於三星期内將全價付清，以免轇轕。

一、議定此項機器，須先將圖樣用法早爲呈寄，以便貴局按圖安置。

一、議定該件由外洋運華，途中如有風波不測，致遭遺失等事，由信義行自向保險行理論，與貴局無涉，一面迅速重運，如數補交，不誤要用。

北洋德州機器製造局總辦劉大人

上海信義洋行

光緒三十二年六月　日

西曆一千九百零六年八月　號

中國第一歷史檔案館等《中國近代兵器工業檔案史料》第一輯《甘肅機器局試辦宣統三年預算歲入歲出報告分册宣統二年六月》 歲入經常門

第一類　由甘肅新餉所領款

第一款　薪水，湘平銀八百三十二兩，折庫平銀七百九十八兩七錢二分。

第二款　匠工工食，湘平銀五千一百六十四兩九錢，折庫平銀四千九百五十八兩三錢四分。

第三款　勇夫工食，湘平銀五百三十九兩五錢，折庫平銀五百一十七兩九錢二分。

第四款　雜費，湘平銀一百四十六兩，折庫平銀一百三十七兩二錢八分。

第五款　購買物料，湘平銀二千三百三十四兩五錢九分二釐，折庫平銀二千二百四十一兩二錢零八釐。

合計，庫平銀八千六百五十三兩四錢三分二釐。

歲入臨時門

第一類　由甘肅新餉所領取

第一款　出差川資，湘平銀二十六兩九錢四分六釐，折庫平銀二十五兩八錢六分八釐。

合計，庫平銀二十五兩八錢六分八釐。

以上統計經常、臨時歲入各款，共庫平銀八千六百七十九兩三錢。

歲出經常門

第一類　委員薪水

第一款　委員二員【略】，連閏歲支湘平銀六百五十兩，折庫平銀六百二十四兩。

第二款　司書生二名【略】，連閏歲支湘平銀一百八十二兩，折庫平銀一百七十四兩七錢二分。

合計，庫平銀七百九十八兩七錢二分。

第二類　匠工工食

第一款　領工一名，月支湘平銀二十兩五錢。【略】

第二款　幫領工一名，月支湘平銀十六兩。【略】

第三款　機器廠工頭三名【略】，連閏歲支湘平銀三百五十七兩五錢，折庫平銀三百四十三兩二錢。

第四款　工匠十名【略】，連閏歲支湘平銀四百九十九兩二錢，折庫平銀四百七十九兩二錢三分二釐。

第五款　藝徒二十名【略】，連閏歲支湘平銀四百八十六兩二錢，折庫平銀四百六十六兩七錢五分二釐。

第六款　槍砲廠工頭一名，月支湘平銀六兩五錢。【略】

第七款　工匠四名【略】，連閏歲支湘平銀二百四十兩五錢，折庫平銀二百三十兩八錢八分。

第八款　藝徒一十一名【略】，連閏歲支湘平銀二百零八兩，折庫平銀一百九十九兩六錢八分。

第九款　銅帽廠工頭一名，月支湘平銀十一兩五錢。【略】

第十款　工匠三名【略】，連閏歲支湘平銀一百五十三兩四錢，折庫平銀一百四十七兩二錢六分四釐。

第十一款　藝徒十七名【略】，連閏歲支湘平銀二百九十一兩二錢，折庫平銀二百七十九兩五錢五分二釐。

第十二款　鐵廠工頭二名【略】，連閏歲支湘平銀二百四十七兩，折庫平銀二百三十七兩一錢二分。

第十三款　工匠九名【略】，連閏歲支湘平銀四百九十兩一錢，折庫平銀四百七十兩四錢九分六釐。

第十四款　藝徒六名【略】，連閏歲支湘平銀一百三十六兩五錢，折庫平銀一百三十一兩零四分。

第十五款　鉛丸廠工頭一名，月支湘平銀五兩。【略】

第十六款　藝徒三名【略】，連閏歲支湘平銀七十一兩五錢，折庫平銀六十八兩六錢四分。

第十七款　翻砂廠工頭一名，月支湘平銀五兩。【略】

第十八款　工匠一名，月支湘平銀三兩三錢。【略】

第十九款　木廠工頭一名，月支湘平銀九兩。【略】

第二十款　工匠一十名【略】，連閏歲支湘平銀七百七十二兩二錢，折庫平銀七百四十一兩三錢一分二釐。

第二十一款　藝徒一名，月支湘平銀二兩四錢。【略】

第二十二款　黃河水龍工匠二名【略】，連閏歲支湘平銀一百八十二兩，折庫平銀一百七十四兩七錢二分。

合計，庫平銀四千九百五十八兩三錢四分。

第三類　勇夫工食【略】

第四類　雜費【略】

第五類　購買物料

第一款　採買砂罐、釘子、燒酒、青油、皮紙、皮條等項，連閏歲支湘平銀四百三十八兩一錢三分九釐，折庫平銀四百二十兩六錢一分三釐。

第二款　採買黃河水龍八個月八天，共領生炭價值湘平銀九百二十八兩七錢三分三釐，折庫平銀八百九十一兩五錢八分四釐。

第三款　本局常年領用嵐炭價值，湘平銀九百六十七兩七錢二分，折庫平銀九百二十九兩零一分二釐。

合計，庫平銀二千二百四十一兩二錢零八釐。

總計經常歲出各款，共庫平銀八千六百五十三兩四錢三分二釐。

歲出臨時門

第一類　出差領款

第一款　赴各處查點軍裝川資，共湘平銀二十六兩九錢四分六釐，折庫平銀二十五兩八錢六分八釐。

總計，庫平銀二十五兩八錢六分八釐。

以上統計經常、臨時歲出各款，共庫平銀八千六百七十九兩三錢。

中國第一歷史檔案館等《中國近代兵器工業檔案史料》第一輯《度支部奏擬准山西機器局光緒二十四年至三十三年支用各款報銷摺宣統二年七月十七日》

度支部奏，爲並案覈復山西機器局收支各款，恭摺仰祈聖鑒事。

內閣抄出調任山西巡撫寶棻奏山西機器局光緒二十四、五兩年用款第一次開單報銷一摺，宣統元年十一月初七日奉硃批：該部知道，欽此。又山西巡撫丁寶銓奏機器局光緒二十六年至二十九年用款第二次開單報銷一摺，宣統元年十一月二十一日奉硃批：該部知道，欽此。又奏機器局光緒三十年至三十三年用款第三次開單報銷一摺，宣統元年十二月十一日奉硃批：該部知道，欽此。並據該省開具清單陸續咨部覈銷前來。

臣等伏查晉省機器局自光緒二十四年開辦起，現據該省開單報銷至三十三年止，督飭司員詳加覈覆，謹逐款出具案語，恭呈御覽。

一、單開舊管：無項。應毋庸議。

一、單開新收：光緒二十四、五兩年銀十一萬二百六十二兩九錢九釐二毫八絲六忽，又收二十六年起至二十九年止銀八萬一百一十八兩二分四釐四毫四絲六忽，又收三十年起至三十三年止銀八萬五千九百五十兩七錢六分六釐五毫。按單覈算，數目相符。惟查光緒二十四年前無奏，設機器局需費甚鉅，司庫款項支絀，無可騰挪，查有二十三年奏明派員整頓歸化關稅，長收盈餘銀五萬兩，提充公用，經臣部覈准在案。此案何以未將前項銀兩列收，各年所收藩庫銀兩究在於藩庫何款內動支，應令查明聲覆。其列收軍裝局撥解銀兩，既係節省之款，應准列收。

一、單開支給：光緒二十四、五兩年員司薪津、束脩銀四千六百八十兩五分七釐六毫，工匠工食銀六千四百四十六兩五錢七分七釐六毫，火食、油燭、印紅、紙張銀二千一百十九兩二錢三分八釐四毫，局役工食、親兵月餉、煤炭銀四百十兩八錢二分七釐二毫，購地價銀、木泥石匠工價銀六千一百八兩六錢二分三釐四絲，關稅、運腳、委員旅費、電費銀一萬二千二百二十六兩三錢七分八釐二毫三絲一忽，木器、傢具、鋪墊銀三百九十兩四錢一分四釐七毫二絲；又二十六年至二十九年，支給員司、匠目薪水銀一萬三千四百五十六兩一錢五分四釐七毫八絲四忽，工匠工食、獎賞銀三萬三千四百五十兩五錢九分二釐三毫二絲，局役、親兵工食銀一千六百三十二兩四錢四分一釐六毫，局費、火食、親兵油炭、節賞、運送軍械車價、老君廟香燭、供品等項銀四千五百八十四兩一錢八分四釐四絲五忽，各匠工價銀六百四十四兩五錢五分一釐四毫四絲七忽六微，木器、傢具銀十六兩七錢六分一釐九毫六絲，運費、腳價、電費並關稅、水腳銀二千五百四十兩五錢七分五釐七毫三絲；又三十年至三十三年，支給員司、匠目薪津銀一萬一千八百六兩二錢六釐七毫二絲，工匠工食、獎賞銀三萬一千七百四十六兩一錢二分四釐八毫，親兵、局役工食銀一千九百五十四兩五錢九分八釐四毫，局費、伙食、供品雜支等銀三千九百五十五兩四錢二分三釐二毫九絲二忽，木器、傢具銀六十一兩六錢四釐七毫三絲六忽，脩房各工匠工價銀三百五十八兩七分五釐二毫五絲七忽三微，運腳、關稅、電信、旅費銀一千九百四十五兩一分二釐四毫二絲四忽。以上共支銀十四萬五百三十四兩三錢七分九釐三毫六忽九微，按平覈算，數目均屬相符。惟工匠工食，僅列工食總數，其工匠確實名數、月支工食銀數及員司火食並未分晰開列，現值清理舊案之際，自應查照新章，姑准銷結，以清款項。再查旅費、夫役工食，向隸臣部覈辦，應令嗣後劃清造報，不得籠統並列。又查光緒二十三年間，臣部奏定減平章程摺內聲明：除洋人薪工、購買外洋物料不扣減平外，其餘各款均應覈扣六分平給發等因，通行遵照在案，今該局用款均係開支湘平，折合庫平開報，自應照章分別扣減，以符原案。至單開光緒二十七年分領用絳州織紡局機器料物估價銀五千九十八兩零，既未歸還，自不得列作開除，應等歸還時，再行列支報部查覈。

統計三案，共請銷湘平折合庫平銀二十六萬五千四十四兩六錢五分七釐四毫九絲，内除陸軍部應銷銀十二萬四千五百十兩二錢七分八釐一毫八絲五忽一微，應由陸軍部自行覈辦，計臣部應銷銀十四萬五百三十四兩三錢七分九釐三毫六忽九微。實存銀一萬一千二百八十七兩四分二釐七毫五絲，覈算應存數目符合。至前欠商務局銀兩，除三十三年撥還銀八百三兩二錢六釐三毫八絲八忽，又陳列所脩理鐵栅，應歸款工料九十七兩九錢九分六釐，撥抵作收外，尚欠銀四千一百九十七兩一錢七釐二毫三絲二忽，覈算亦符，應於下届舊管項下查覈。恭俟命下，即由臣部行文山西巡撫遵照辦理。所有並案覈覆晉省機器局用款緣由，理合恭摺具陳，伏乞皇上聖鑒。謹奏。

宣統二年七月二十七日奉旨：知道了，欽此。

中國第一歷史檔案館等《中國近代兵器工業檔案史料》第一輯《北洋機器製造局補報光緒三十二年報銷砲子銅盂機器部數名目清單宣統二年九月二十六日》

北洋機器製造局爲詳覆大部行查職局光緒三十二年報銷開單案内砲子銅盂機器部數，名目，詳細查明，開單恭呈鑒覈。

計開：

砲子銅盂機器部數、名目：一、冷水機並壓力機二部，一、撞銅盂各道機器五部，一、車銅盂底機器二部，一、車銅盂口機器一部，一、刷銅盂膛機器二部，一、小剪刀機器一部，一、車床一部，一、烤銅盂爐一座。

以上砲子銅盂機器、車床、烤銅盂爐共十五部，係一全分，按三分之一尾價，找發庫平銀一萬三千三百七十五兩四錢八分七毫。理合登明。

中國第一歷史檔案館等《中國近代兵器工業檔案史料》第一輯《寶棻奏河南機器局赴滬定購銅鋼等料所需銀款照案於新章減平項下籌撥片宣統二年十月十三日》 再，查河南機器製造局向無的款，每年製造槍砲子彈供應陸軍及巡防各營，應需材料隨時由司於減平項下籌撥款項提前購買，歷經照辦在案。

茲據署布政使孔祥霖詳稱：該局現造各種子彈兼仿造新式槍砲，估計應購黎銅頭槍筒料，鋼皮子袋及紫銅，白鉛，藍牌圓鋼並零星雜料，約用銀二萬餘兩，撙節覈減亟需先籌銀二萬兩，委員赴滬訂購，以免貽誤。所需銀款已照案在於新章減平項下籌撥，呈請奏咨前來。臣覆覈無異。除分咨查照外，謹附片陳明，伏乞聖鑒。謹奏。

硃批：該部知道。

中國第一歷史檔案館等《中國近代兵器工業檔案史料》第一輯《陸軍部奏覈覆北洋機器製造局光緒二十九年至三十三年運腳報銷摺宣統二年十一月初十日》

陸軍部謹奏，爲並案覈覆北洋機器局運腳報銷，恭摺仰祈聖鑒事。

竊查北洋機器製造局前於光緒二十九年間經前直隸督臣楊士驤奏明復設在案。所有自光緒二十九年起至三十三年止一切用款，現據該省先後造册開單送部覈銷前來，自應並案覈覆。

一、外洋水腳、保險一款，册開：由外洋購運機器、鍋爐等件，按照原購價值每百兩加十兩及十五兩不等，自光緒二十九年起至三十三年止，共請銷水腳、保險，庫平銀四萬一千五百九十七兩三錢六分八釐九毫。覈計未逾原價一五成之數，應准開銷。又運鋼、鐵、銅、鉛、雜料等項至天津，按照每百斤計佔艙位一方位，每一方位合銀八錢，共請銷庫平銀五萬五千零九十三兩六錢。據聲稱，係按前機器東局舊例支給。查臣部案卷於庚子後燬失不全，應令該省將前機器東局准銷成案鈔録送部，以憑查覈。所有請銷銀五萬五千零九十三兩六錢，應俟聲覆後再行覈辦。

一、雇船腳價一款，册開：運送機器並雜料等項共重七千零五十四萬八千四百七十二斤，由天津至德州逆水計程五百九十里，每千斤每百里運腳銀一錢五分，共請銷庫平銀六萬二千四百三十五兩三錢九分七釐三毫。查定例軍裝行李每百斤百里給水腳銀一分，逆水每一千五百斤給縴夫一名，每名給銀五分。此次北洋機器局册造運送機器、雜料每千斤每百里連縴夫共支銀一錢五分，覈較定例浮多，當經臣部駁查。茲據覆稱，自糧船停運後，運河淤塞水淺，例價雇船，萬難應手等情。既據該省將雇船爲難情形聲明，應即准予照銷。

一、德州脩槍廠暨保定脩械司附銷各項運腳一款，册開：鍋爐、汽機等件保險，庫平銀一千四百十九兩四錢九分九釐零八絲。覈計未逾一五成之數，應准開銷。又外洋船腳，庫平銀一千三百七十六兩八錢二分一釐三毫三絲。查此項船腳係按方位計算，應俟該省將准銷成案送部，再行覈辦。又雇用民船，庫平銀一千五百八十九兩一錢六分二釐五毫三絲九忽。覈與例價相符，應准開銷。又内地輪船腳價，庫平銀八十兩零二錢七分四釐五毫四絲六忽。應令該省將招商局水腳章程鈔録送部，再行覈辦。又雇車腳價，庫平銀二千四百八十一兩九錢一分九釐四毫零七忽。並未聲敘每車載運斤重，臣部無從覈算，應令該省補造每車裝載重量，俟登覆後再行覈辦。

以上統計准銷庫平銀十萬零七千零四十一兩五錢二分七釐八毫一絲九忽，行查庫平銀五萬九千零三十二兩六錢一分五釐二毫八絲三忽。所有並案覈覆北洋機器製造局運腳報銷緣由，理合恭摺具陳，伏乞皇上聖鑒。謹奏。

宣統二年十一月十四日奉旨：知道了，欽此。

中國第一歷史檔案館等《中國近代兵器工業檔案史料》第一輯《山西機器局呈報宣統元年收支銀兩四柱總册宣統二年十一月》 山西機器局爲册報事。謹將宣統元年正月起至十二月底止，所有本局請領常年經費暨支銷各銀兩，理合開具四柱簡明總册，呈請覈銷施行。須至册者，計開：

舊管：

一、截至光緒三十四年十二月底止實存，湘平銀九千七百五十二兩四錢一分二釐六毫四絲五忽，以九六合庫平銀九千三百六十二兩三錢一分六釐一毫三絲九忽(尚欠商務局庫平銀四千一百九十七兩一錢七釐二毫三絲二忽)。

新收：

二月份：一、收由藩庫領春季經費，庫平銀五千兩，申湘平銀五千二百八兩三錢三分三釐三毫三絲三忽。

閏二月分：一、收陸軍八十六標二管購領洋式官刀一把歸款，湘平銀四兩五錢。

四月分：一、收光緒三十三年代榆次縣制勝公司造葡萄酒機器一付歸款，湘平銀四十兩五錢。一、收同蒲鐵路公司購領來福馬槍六桿並連花銅帽二千粒歸款，湘平銀四十兩三錢。

五月分：一、收警務公所購領洋式官刀八十把歸款，湘平銀三百六十兩。一、收正太鐵道巡警購領洋式官刀二把歸款，湘平銀九兩。一、收太原巡警偹槍歸款，湘平銀五錢。

六月分：一、收由藩庫領夏季經費，庫平銀五千兩申湘平銀五千二百八兩三錢三分三釐三毫三絲三忽。一、收忻州購領洋式官刀六把歸款，湘平銀二十七兩。一、收永和縣偹理槍枝歸款，湘平銀三兩九分。

七月分：一、收五寨縣偹理槍枝並購領蓮花銅帽歸款，湘平銀十一兩五錢一分。一、收本省城內五區巡警偹理槍枝歸款，湘平銀一兩二錢。一、收陸軍八十五標二營偹理槍枝歸款，湘平銀一兩二錢(查陸軍槍枝軍械，如因公損壞由軍裝局送來偹理者爲正銷，自己損壞由管帶送偹者爲歸款。合併聲明)。

九月分：一、收由藩庫領秋季經費，庫平銀五千兩申湘平銀五千二百八兩三錢三分三釐三毫三絲三忽。一、收陸軍八十六標三營購領洋式官刀一把歸款，湘平銀四兩五錢。一、收前路巡防隊購領洋式官刀一把歸款，湘平銀四兩五錢。一、收太原縣巡警偹理槍枝歸款，湘平銀三兩七錢六分。

十月分：一、收巡警道歸還前代造偹水車槍枝並一切物件各款，湘平銀一千四百八十六兩一錢八分六釐八毫七絲五忽(自光緒三十三年四月起至宣統元年二月底止)。一、收河東道偹理槍枝歸款，湘平銀四兩六錢九分。

十一月分：一、收由藩庫領冬季經費，庫平銀五千兩申湘平銀五千二百八兩三錢三分三釐三毫三絲三忽。一、收藩照磨購造汽水鍋歸(款)，湘平銀十六兩。

十二月分：一、收夏縣偹理槍枝歸款，湘平銀三兩九錢八分。一、收陸軍八十六標二營偹槍歸款，湘平銀一兩六錢。

以上共收經費，庫平銀二萬兩，申湘平銀二萬八百三十三兩三錢三分三釐三毫三絲二忽，以上共收歸款，湘平銀二千二十四兩一分六釐八毫七絲五忽，總共收湘平銀二萬二千八百五十七兩三錢五分二毫七忽，以九六合庫平銀二萬一千九百四十三兩五分六釐一毫九絲八忽。

開除：

正月分，共支銷湘平銀四千三百五十五兩五錢二分九釐九毫六絲三忽。

二月分，共支銷湘平銀一千二百二十五兩一錢二分一釐。

閏二月分，共支銷湘平銀一千二百五十七兩六錢三分六釐二毫六絲五忽。

三月分，共支銷湘平銀一千一百六十二兩八錢五分九毫二絲。

四月分，共支銷湘平銀一千九百十二兩六錢四分二釐七忽。

五月分，共支銷湘平銀一千九十兩七錢八分八釐七絲。

六月分，共支銷湘平銀一千五百五兩七錢二分五釐三毫。

七月分，共支銷湘平銀一千一百八十八兩七錢八分八毫二絲五忽。

八月分，共支銷湘平銀一千二百七兩二錢七分八釐二毫五絲。

九月分，共支銷湘平銀一千七十六兩五錢四分八釐二毫二絲三忽。

十月分，共支銷湘平銀一千五百四兩四錢一分八釐七毫六絲。

十一月分，共支銷湘平銀一千八百二十兩七錢三分六釐。

十二月分，共支銷湘平銀四千三百十六兩九錢七分七毫三絲三忽。

以上十三個月共支銷湘平銀二萬三千六百二十五兩二分六釐三毫一絲六忽，以九六合庫平銀二萬二千六百八十兩二分五釐二毫六絲三忽。

實在：

一、截至宣統元年十二月底止實存，湘平銀八千九百八十四兩七錢三分六釐五毫三絲六忽，以九六合庫平銀八千六百二十五兩三錢四分七釐七絲四忽（尚欠商務局庫平銀四千一百九十七兩一錢七釐二毫三絲二忽）。

中國第一歷史檔案館等《中國近代兵器工業檔案史料》第一輯《北洋機器製造局宣統元年製成軍火收發四柱清册宣統二年十一月》　北洋機器製造局謹將宣統元年分正月至十二月底連閏製成軍火收發四柱繕具清册，呈請大部查照覈銷。

須至册者，計開：

舊管：無煙槍藥四萬八千八百十九磅六兩，七密里九帶箭毛瑟槍子一千四百五十九萬二千五百九十六粒，七密里九無箭毛瑟槍子六萬九千九百粒，六密里五帶箭毛瑟槍子九百六十五萬二千九百二十八粒，六密里五無箭毛瑟槍子四萬粒，七生脱半日本砲彈底火一萬二千副，克鹿卜七生脱半砲彈底火五千三百副，費開司七生脱半砲彈底火一千三百副，格魯森五生脱七砲彈底火七千四百五十副。

新收：一、收製成無煙槍藥七萬四百十四磅，一、收製成棉藥坯五萬千五磅，一、收製成白藥十五兩，一、收製成七密里九帶箭毛瑟槍子六百七十九萬八百四十三粒，一、收保定軍械局繳回七密里九帶箭毛瑟槍子五十八萬九千三百八十四粒，一、收製成六密里五帶箭毛瑟槍子五百八十九萬一百四十二粒，一、收製成六密里五無箭毛瑟槍子二十三萬三百五十粒，一、收製成六密里五假箭槍子二十萬八百粒，一、收製成六密里五帶火眼槍子銅殼一百萬粒，一、收製成六密五無火眼槍子銅殼五十萬粒，一、收製成七生脱半日本砲彈底火六千副，一、收製成費開司七生脱半砲底火四千五百副，一、收製成克魯蘇砲彈底火六千五百副，一、收製成克魯蘇砲彈碰火一副，一、收製成克魯蘇底火銅帽七千副，一、收製成克鹿卜砲彈碰火四百十副，一、收製成克鹿卜底火銅帽六千副，一、收製成日本砲彈底火銅帽貳千副，一、收製成引綫銅管五百個。

開除：一、發兩槍子廠裝槍子用無煙槍藥六萬七千七百六磅，一、發無煙藥廠造無煙藥用棉藥坯五萬五千磅，一、發灤州礦務局用白藥十五兩，一、發局內試放用七密里九帶箭毛瑟槍子十一萬四千五百五十二粒，一、發還快槍子廠撥箭用七密里九帶箭毛瑟槍子五十七萬九千粒，一、發洋員哈卜們帶津考試用七密里九帶箭毛瑟槍子二百粒，一、發陸軍第五鎮領用七密里九帶箭毛瑟槍子二十七萬粒，一、發保定軍械局用七密里九帶箭毛瑟槍子一百十一萬粒，一、發奉天軍械局用七密里九帶箭毛瑟槍子一百三十七萬三千九百三十六粒，一、發熱河部統領用七密里九無箭毛瑟槍子五萬粒，一、發局內試放用六密里五帶箭毛瑟槍子十二萬八千七百粒，一、發洋員哈卜們帶津考試用六密里五帶箭毛瑟槍子二百粒，一、發東三省領用六密里五帶箭毛瑟槍子五十萬粒，一、發保定軍械局用六密里五帶箭毛瑟槍子一百六十五萬四千五百粒，一、發奉天軍械局用六密里五帶箭毛瑟槍子六十八萬五千四百六十八粒，一、發局內試放用六密里五無箭毛瑟槍子三百五十粒，一、發禁衛軍領用六密里五無箭毛瑟槍子八萬粒，一、發東三省領用六密里五無箭毛瑟槍子十五萬粒，一、發局內試放用六密里五假箭槍子四百粒，一、發禁衛軍領用六密里五假箭槍子四百粒，一、發近畿軍械局用六密里五假箭槍子十萬粒，一、發保定軍械局用六密里五帶火眼槍子銅殼一百萬粒，一、發保定軍械局用六密里五無火眼槍子銅殼五十萬粒，一、發近畿軍械局用七生脱半日本砲彈底火一千副，一、發東三省領用七生脱半日本砲彈底火一千副，一、發近畿軍械局用克鹿卜七生脱半砲彈底火二千五百副，一、發東三省領用克鹿卜七生脱半砲彈底火二千副，一、發東三省領用費開司七生脱半砲彈底火一千副，一、發東三省領用格魯森五生脱七砲彈底火一千副，一、發近畿軍械局用克魯蘇砲彈碰火一副，一、發灤州礦務局用引綫銅管五百個。

實在：一、實存無煙槍藥五萬一千五百二十六磅六兩，一、實存七密里九帶箭毛瑟槍子一千八百五十二萬五千一百三十五粒，一、實存七密里九無箭毛瑟槍子一萬九千九百粒，一、實存六密里五帶箭毛瑟槍子一千二百五十七萬四千二百二粒，一、實存六密里五無箭毛瑟槍子四萬粒，一、實存六密里五假箭槍子十萬粒，一、實存七生脱半日本砲彈底火一萬六千副，一、實存克鹿卜七生脱半砲彈底火八百副，一、實在費開司七生脱半砲彈底火四千八百副，一、實存格魯森五生脱七砲彈底火六千四百五十副，一、實存克魯蘇砲彈底火六千五百副，一、實存克魯蘇底火銅帽七千副，一、實存克鹿卜砲彈碰火四百十副，

一、實存克鹿卜底火銅帽六千副，一、實存日本砲彈底火銅帽二千副。

統計一册軍火四柱，呈請大部查覈。

中國第一歷史檔案館等《中國近代兵器工業檔案史料》第一輯《北洋機器製造局造報宣統元年收支銀兩清册宣統二年十一月》 北洋機器製造局爲造報事。

竊照機器製造局倣造外洋軍火動用款項，按年造報一次。上届常年銷册已截至光緒三十四年十二月底止，應將前項實存銀兩分别列爲舊管。各關應解製造經費，本係海防支應局代收，自宣統元年起，遵照清理財政局新章，以領到支應局代發製造經費，並另案稟請防護隊、武庫、官醫等薪費，暨補領工程機器各工料價，以及劃還軍火價一切銀兩列入新收。所有本年製造用款，自正月起連閏至十二月底，已支過薪餉、公費、工食，暨購買機器、材料，運脚，税捐等項一切正雜各款，理合臚列造具清册，呈請大部覈銷。

須至册者，計開：

舊管項下：

一、上届機器製造局常年報銷，截至光緒三十四年十二月底本局實存，庫平銀二萬八千九百九十九兩六錢四分九釐六毫。

新收項下：

一、收海防支應局發給製造經費，共庫平銀四十七萬六千六百六十六兩六錢六分七釐（查前項銀兩，正月分收庫平銀五萬兩，閏二月分收庫平銀三萬兩，三月分收庫平銀三萬六千六百六十六兩六錢六分七釐，四月分收庫平銀四萬兩，六月分收庫平銀四萬兩，七月分收庫平銀七萬兩，八月分收庫平銀二萬兩，九月分收庫平銀二萬兩，十月分收庫平銀八萬兩，十一月分收庫平銀一萬兩，十二月分收庫平銀二萬兩，又收庫平銀六萬兩，共收銀合符前數。伏查前項經費銀兩，三十三年四月奉北洋大臣飭知，每年試造槍子一千萬粒，經費四十四萬兩，遇閏月加銀三萬六千六百六十六兩六錢六分七釐。此外添購機器、續建工程一切等項歸另案請款。理合登明）。

一、收海防支應局發給防護隊薪工、口糧，共庫平銀一萬八百八兩四錢八分二釐（查前項銀兩，閏二月分收庫平銀三千二百九十六兩四錢九分二釐，五月分收庫平銀二千五百三兩九錢九分七釐，九月分收庫平銀二千五百三兩九錢九分七釐，十二月分收庫平銀二千五百三兩九錢九分七釐，共收銀合符前數。伏查前項防護隊款，從前由常年經費項下開支，於三十四年八月稟奉北洋大臣飭准另案請款。理合登明）。

一、收海防支應局發給武庫薪水、公費，共庫平銀一千九十兩二釐（查前項銀兩，閏二月分收庫平銀三百三十五兩一釐，五月分收庫平銀二百五十一兩六錢六分七釐，九月分收庫平銀二百五十一兩六錢六分七釐，十二月分收庫平銀二百五十一兩六錢六分七釐，共收銀合符前數。伏查前項武庫薪費，於三十四年八月稟奉北洋大臣飭准歸另案請款。理合登明）。

一、收海防支應局發給官醫處薪水、藥費，共庫平銀二千四百六十一兩（查前項銀兩，三月分收庫平銀六百六十一兩，五月分收庫平銀六百兩，九月分收庫平銀六百兩，十二月分收庫平銀六百兩，共收銀合符前數。伏查前項官醫薪、藥等費，於三十四年十一月稟奉北洋大臣飭知每季六百兩，遇閏月加銀六十一兩。理合登明）。

一、收海防支應局發給補領三十四年分墊辦電燈機器房工料價，庫平銀一萬三千十三兩四錢九分九釐。

一、收海防支應局發給補領三十四年分墊辦添蓋鍋爐廠廠房鐵棚工料價，庫平銀二千四百四十九兩九錢二釐（查前項銀兩，係前辦局務劉冠雄於三十四年稟奉由局暫行墊辦添蓋房屋，此項工程業於三十三年工程項下支用工料提報在案，現已奉批准領，於十月分領到如前數）。

一、收海防支應局發給補領三十四年分局製機器、添蓋羣鋸房等工料價，庫平銀一萬六千四百二兩六錢一分九釐（查前項銀兩，係前辦局務劉冠雄於三十四年稟奉由局暫行墊辦局製機器並添建羣鋸房工程，除工程支用工料已於三十三年提報在案，現已奉飭准領，於十二月分領到如前數）。

一、收東三省劃還訂製槍子價，共庫平銀一萬五千八百四十三兩九錢八分八釐（查前項收到劃還槍子價，三月分收補足頭批平色折庫平銀八百八十八兩六錢九分八釐，九月分收訂製槍子價庫平銀九千五百七十九兩七錢，十月分收槍子價庫平銀五千三百七十五兩五錢九分，共收銀合符前數）。

一、收熱河都統劃還無鉛箭槍子價，庫平銀九百十八兩（查前項劃還代造七密里九無箭槍子價，係六月分收到如前數）。

一、收津浦鐵路劃還代造器件工料價，共庫平銀一千六百二十五兩三錢九分三釐（查前項收到劃還代造器件工料價，六月分收訂製鐵轉盤並鐵螺絲工料價庫平銀九百九十七兩八錢，又收代造虎鉗價庫平銀三十四兩八錢三分八釐，七月分收代造虎鉗價庫平銀二十九兩四錢一分二釐，八月分收代造機件工料價庫平銀五百六十三兩三錢四分二釐，共收銀合符前數）。

一、收德州署代造得律風鐵架工料價，庫平銀八兩一錢一分九釐（查前項代造得律風鐵架工料價，係十月分收到如前數）。

一、收附册撥來補領工程、機器、税捐並本局購料扣用平餘等雜款，庫平銀八萬十三兩七錢二分三釐七毫（查前項附册撥來銀兩，內收本年薪水平餘庫平銀三千一百八十七兩一錢二分三釐六毫，收本年購料扣用庫平銀一萬三千二百九十九兩四錢九分八釐五毫，收流水息雜款等項庫平銀一千二十五兩三錢六分九釐六毫，收海防支應局六月發給補領三十四年分製機器、添廠房工料價庫平銀四萬三千八十五兩六錢六釐，收海防支應局九月發給補領三十四年分關稅庫平銀一萬九千四百十六兩一錢二分六釐，共收銀合符前數。伏查前項銀兩，係遵清理財政局新章，凡屬雜款列爲附册，按月呈報財政局。嗣於本年十月將九月以前雜款一律撥入正册收款項下。自本年十月至十二月底尚有扣用銀二千五百七十兩四分一釐，平餘銀九百九十二兩四錢五分五釐一毫，二共銀三千五百六十二兩四錢九分六釐一毫，已按月報財政局在案，俟下案報銷再撥正册列收。理合登明）。

以上新收庫平銀六十二萬一千三百一兩三錢九分三釐七毫。

管，收二項共庫平銀六十五萬三百一兩四分三釐三毫。

開除項下：

一、第一册請銷員司、書識、武弁等薪水，兵夫口糧，公費等項，係歸度支部覈銷，庫平銀五萬九千四十兩九錢九分四釐。

一、第二册請銷機器、槍子等十二廠匠徒工食並雜匠工價，係歸度支部覈銷，庫平銀十萬四百十三兩八錢一釐四毫。

一、第三册請銷購辦電燈鍋爐並採買外洋、内地物料，係歸大部覈銷，庫平銀四十二萬七千八百三十四兩一錢六釐八毫。

一、第四册請銷物料運脚，係歸大部覈銷，庫平銀二千九百七十三兩七錢七分七釐九毫。

一、第五册請銷物料税捐、添建工程等項，内歸度支部覈銷工程工價，庫平銀一千三百六兩四錢九分四釐七毫，大部覈銷物料税捐及工程料價，庫平銀一萬三千六百十八兩八錢四分二釐六毫。

第六册請銷防護隊薪糧，工隊工食，軍械武庫薪費，官醫處薪水、藥費等項，内歸度支部覈銷薪工、公費，庫平銀二萬一百六十七兩九錢二分四釐三毫，大部覈銷防護兵皮襖，官醫藥料，庫平銀五百三十兩九錢六分七釐六毫。

一、第七册請銷添置傢具並雜支項下員司川資、押運飯食、員司津貼伙食、恩餉、匠役官衣、各項賞邺，及德、津兩處雜支，内歸度支部覈銷川資、津貼火食、恩餉，賞邺，工匠衣褲，德津兩處雜支，庫平銀一萬七千一百十四兩七錢二分四釐，大部覈銷添置傢具、巡護勇官衣、機器照像片，庫平銀一千三百三十一兩九錢七分一釐一毫。

一、第八册請銷製成軍火收支四柱册，呈請各大部查照覈銷。

以上第一册至第八册止，共歸度支部覈銷銀十九萬八千四十三兩九錢三分八釐四毫，大部覈銷銀四十四萬六千二百八十八兩九錢六分六釐。統計八册共請銷庫平銀六十四萬四千三百三十二兩九錢四釐四毫。

實在項下：

一、實存庫平銀五千九百六十八兩一錢三分八釐九毫（查前項實存銀兩，已接支宣統二年正月起機器局員司薪費、工匠工食、購辦物料運脚、一切正雜各款，歸於後案舊管項下接續造報。理合登明）。

中國第一歷史檔案館等《中國近代兵器工業檔案史料》第一輯《北洋機器製造局造報光緒三十四年續購機器及各種材料動用銀兩清册宣統二年十一月》 北洋機器製造局謹將光緒三十四年分自正月起至十二月底，續購機器並採買外洋、内地各種材料動用銀兩，分晰開具細數清册，呈請大部查照覈銷。

須至册者，計開：

購辦機器鍋爐項下：

一、購辦電燈機器、鍋爐一全份，頭二批價，庫平銀二萬二千一百二十三兩五錢。

以上購辦電燈機器、鍋爐，計支庫平銀二萬二千一百二十三兩五錢。

採買外洋、内地各種材料項下：

外洋材料：【略】

以上外洋購料共支庫平銀三十萬六百七十兩八錢五分七釐七毫。

内地材料：【略】

以上内地購料共支庫平銀十一萬二千八百四十五兩六錢一分九釐二毫。

統計一册，共請銷續購機器並採買外洋、内地物料，係歸大部覈銷，庫平銀四十三萬五千六百四十六兩九錢七分六釐九毫。

中國第一歷史檔案館等《中國近代兵器工業檔案史料》第一輯《北洋機器製造局光緒三十四年製成軍火收發四柱清册宣統二年十一月》 北洋機器製造局謹將光緒三十四年分正月起至十二月底製成軍火收發四柱繕具清册，呈請大部查覈。

須至册者，計開：

舊管：無煙槍藥一萬七千八百十磅六兩，七密里九帶箭毛瑟槍子九百五十六萬五千四百四十九粒，七密里九無箭毛瑟槍子十六萬九千九百粒，六密里五帶箭毛瑟槍子三百六十四萬五千三百九十八粒，六密里五無箭毛瑟槍子四萬粒，七生脱半日本砲彈底火一萬一千八百副，克鹿卜七生脱半砲彈底火五千三百副，格魯森五生脱七砲彈底火七千四百五十副。

新收：一、收製成無煙槍藥七萬八千七百三十四磅，一、收製成棉藥坯五萬二千九百六十磅，一、收製成七密里九帶箭毛瑟槍子四百八十二萬六千二十六粒，一、收陸軍第五鎮繳回七密里九帶箭毛瑟槍子二十七萬粒，一、收製成六密里五帶箭毛瑟槍子六百八萬五百四十八粒，一、收製成七生脱半日本砲彈底火二萬六千二百副，一、收製成費開司七生脱半砲彈底火二千三百副。

開除：一、發兩槍子廠裝槍子用無煙槍藥四萬七千七百二十五磅，一、發無煙藥廠製無煙藥用棉藥坯五萬二千九百六十磅，一、發快槍子廠試放用七密里九帶箭槍子五萬二千三百七十九粒，一、發本局防護隊操防用七密里九帶箭槍子七千五百粒，一、發周委員謙帶奉天考試用七密里九帶箭槍子三千粒，一、發陸軍第五鎮領用七密里九帶箭槍子六千粒，一、發熱河都統領用七密里九無箭槍子十萬粒，一、發快槍子廠試放用六密里五帶箭槍子一萬二千二百三十粒，一、發新槍子廠試放用六密里五帶箭槍子五萬七千七百八十八粒，一、發周委員謙帶奉省考試用六密里五帶箭槍子三千粒，一、發保定軍械局用七生脱半日本砲彈底火二萬五千副，一、發奉天軍械局用七生脱半日本砲彈底火一千副，一、發奉天軍械局用費開司七生脱半砲彈底火一千副。

實在：一、存無煙槍藥四萬八千八百十九磅六兩，一、存七密里九帶箭毛瑟槍子一千四百五十九萬二千五百九十六粒，一、存七密里九無箭毛瑟槍子六萬九千九百粒，一、存六密里五帶箭毛瑟槍子九百六十五萬二千九百二十八粒，一、存六密里五無箭毛瑟槍子四萬粒，一、存七生脱半日本砲彈底火一萬二千副，一、存克鹿卜七生脱半砲彈底火五千三百副，一、存費開司七生脱半砲彈底火一千三百副，一、存格魯森五生脱七砲彈底火七千四百五十副。

統計一册軍火四柱，呈請大部查覈。

中國第一歷史檔案館等《中國近代兵器工業檔案史料》第一輯《北洋機器製造局造報光緒三十四年收支銀兩清册宣統二年十一月》 北洋機器製造局為造報事。

竊照機器局倣造外洋軍火動用款項，遵循舊章，按年造報一次。上届常年報部銷册已截至光緒三十三年十二月底止，係收各關解款爲收款，現遵清理財政新章，按實收支應局發款爲收款，並各處劃還軍火料價一切銀兩列入新收。所有本年製造用款，自正月起至十二月底，已支過薪餉、公費、工食，暨購買機器、材料，並物料運腳、税捐等項，一切正雜各款，理合臚列造具清册，呈請大部覈銷。

須至册者，計開：

舊管項下：

一、上届機器製造局常年報銷，截至光緒三十三年十二月底應存，庫平銀二十二萬九千七百八十五兩八錢五分六毫六絲一忽。

一、登除應存海防支應局應存未解，庫平銀二十四萬八千一百二十四兩三分六釐四毫。

以上滾結覈計，本局實在不敷，庫平銀一萬八千三百八兩一錢八分五釐七毫三絲九忽（查舊管項下，向例報部以三關收款作收款，雖由支應局代收三關解款，本局報部仍按總收、總除滾結覈算，歷奉准銷在案。嗣經清理財政局飭令更正。遵照新章，以本局實收、實支爲報告。以此覈辦，則本局未領之款似應劃出，應登除支應局應存未解之數二十四萬八千一百二十四兩三分六釐四毫。計本局實在不敷銀一萬八千三百三十八兩一錢八分五釐七毫三絲九忽，以符上年滾結報部應存銀二十二萬九千七百八十五兩八錢五分六毫六絲一忽之數。理合登明。伏查支應局原存銀三十萬一千八百十三兩四錢六分三毫，除本局已提前造報三十四年工程等款歸併三十三年列報五萬三千六百八十九兩四錢二分三釐九毫，實在應存支應局銀二十四萬八千一百二十四兩三分六釐四毫。合併陳明）。

新收項下：

一、收海防支應局發給製造經費，庫平銀四十四萬兩（查前項銀兩，三十四年二月收庫平銀八萬兩，四月分收庫平銀四萬兩，五月分收庫平銀四萬兩，七月分收庫平銀十一萬兩，十月分收庫平銀七萬兩，十一月分收庫平銀四萬兩，十二月分收庫平銀六萬兩，共收銀合符前數。伏查三十三年四月奉北洋大臣飭知，每年試造槍子一千萬粒，經費四十四萬兩，遇閏照加。此外，如添購機器、續建工程一切等項，歸另案請款。理合登明）。

一、收海防支應局發給電燈機器、鍋爐，庫平銀二萬三千七百六十六兩八錢六分六釐七毫（查前項銀兩係三月分收到，稟奉北洋大臣飭領有案。理合登明）。

一、收海防支應局發給三十三年税捐，庫平銀九千四百二十兩二錢一分（查前項銀兩係七月分收到，係三十三年本局料物爲税務司扣留納税，奉北洋大臣飭知按料納税，每年另案請領。理合登明）。

一、收海防支應局發給前辦局務王臬臺仁寶移交原領常年經費尾款，庫平銀二千一百二十一兩三錢三分七釐五毫(查前項係三十二年前辦局務王臬臺仁實領支應局常年購料經費,除用外,尚存銀二千一百二十一兩三錢三分七釐五毫,徑繳支應局,未曾移交。接辦之員本年查案領回。理合登明)。

一、收海防支應局發給本年防護隊薪餉、武庫薪費,庫平銀八千二百九十八兩二分三釐(查前項銀兩係十一月分收到,從前由常年經費項下開支,於三十四年八月稟奉北洋大臣飭准另案請領。理合登明)。

一、收海防支應局發給本年秋、冬兩季官醫薪工並外科傢具,庫平銀九千二百八十兩(查前項銀兩係十二月分收到,於三十四年十一月稟奉北洋大臣飭知購辦西醫外科傢具,銀八千八十兩,秋、冬兩季醫薪、藥費每季六百兩,合符前數)。

一、收東三省劃還代造機器、軍火價,庫平銀七萬九千五百三十七兩五錢八分二釐(查前項收到機器、軍火價,內七月分收代製撞底火機器價庫平銀三百五十六兩六錢七分九釐,九月分收代製槍子價庫平銀七萬八千九百四十七兩九錢三釐,十一月分收代製費開斯並七生脱半砲彈底火價庫平銀二百三十三兩,共收銀合符前數)。

一、收熱河都統劃還代造軍火價,庫平銀一千八百二十一兩三錢一分二釐(查前項劃還代造七密里九無箭槍子價,係七月分收到)。

一、收本局歷年扣用平餘雜款,庫平銀八萬五千三百二十兩一錢四分七釐七毫(查前項購備物料扣用等項銀兩,內收歷年扣用庫平銀五萬九千四百三十二兩八錢二分七釐,又收平餘庫平銀三千七百七十四兩六錢五分二釐,又收歷年閑款庫平銀二萬二千三十一兩七錢二分八釐七毫,又收舊局房租庫平銀八十兩九錢四分,共收銀合符前數。伏查此款除平餘向章列報外,其餘歸雜支開銷,向不報部,今清理財政局飭令實報實銷。合併陳明)。

以上共收庫平銀六十五萬九千五百六十七兩四錢七分八釐九毫。

開除項下:

一、第一册請銷員司、書識、武弁等薪水,兵夫口糧,公費等項,係歸度支部覈銷,庫平銀四萬五千九百十四兩四錢九分四釐三毫。

一、第二册請銷機器、槍子等十二廠匠徒工食並雜匠工價,係歸度支部覈銷,庫平銀九萬一千三百六兩六錢七釐二毫。

一、第三册請銷續購機器並採買外洋、内地物料,係歸大部覈銷,庫平銀四十三萬五千六百四十六兩九錢七分六釐九毫。

一、第四册請銷物料運脚,係歸大部覈銷,庫平銀六千二百二十三兩六錢二分八釐二毫。

一、第五册請銷物料税捐,係歸大部覈銷,庫平銀七千六百四十六兩三錢八釐。

一、第六册請銷防護隊薪糧,工隊工食,軍械武庫薪費,官醫處薪水、藥費等項,内歸度支部覈銷防護隊薪糧、工隊工食、軍械武庫薪費、官醫處薪水,庫平銀一萬四千三百二十兩七錢三分七釐四毫,大部覈銷官醫處藥費,庫平銀一千三百十三兩八錢九分三釐。

一、第七册請銷雜支項下員弁川資、員司津貼伙食、匠勇衣褲、各項賞卹,及德局、津局兩處雜支,内歸度支部覈銷川資並津貼伙食、匠徒衣褲、各項賞卹,及津、德兩處雜支,庫平銀九千七百六十五兩五錢一分八釐七毫六絲一忽,大部覈銷護勇、巡勇衣褲,庫平銀八十一兩四錢八分三釐八毫。

一、第八册請銷製成軍火收支四柱册,呈請各大部查照覈銷。

以上第一册至第八册止,共歸度支部覈銷銀十六萬一千三百七兩三錢五分三釐六毫六絲一忽,大部覈銷銀四十五萬九百二十二兩二錢八分九釐九毫。統計八册,共請銷庫平銀六十一萬二千二百二十九兩六錢四分三釐五毫六絲一忽。

實在項下:

一、實存庫平銀二萬八千九百九十九兩六錢四分九釐六毫(查前項實存銀兩,已接支宣統元年正月起機器局員司薪費、工匠工食、購辦物料運脚、一切正雜各款,歸於後案舊管項下接續造報。理合登明)。

中國第一歷史檔案館等《中國近代兵器工業檔案史料》第一輯《陝西機器局額支銀兩之説明宣統二年》 陝省機器製造局,自光緒二十年創設試辦,所需經費尚未籌有專款,節年均由前財政局先後挪墊,由司庫籌還作正報銷。經費之别有二:曰正支,曰雜支。正支者,即局内各員薪水、車馬費與匠徒、書役、夫役工食、伙食等項銀是也。雜支者,即採買酒、油、柴、炭、鐵絲、紙張、毛硝與造倣洋尖鉛子等價銀是也。額設之員區爲六:曰提調,曰管庫委員,曰管廠委員,曰收支委員,曰管廠司事,曰監工司事。提調一員,額支薪水、車馬費銀四百二十兩;管庫委員一員,額支薪水銀二百六十兩;管廠委員一員,額支薪水銀二百六十兩;收支委員一員,額支薪水銀二百六十兩;管廠司事一員,額支薪水銀二百八兩;監工司事一員,額支薪水銀五十兩。外有員司等局費、油燭、紙張、筆墨、新紅、伙食、炭火等項,額支銀一千五十兩二錢。至於機匠、學徒,照該局定章分別等數，考查手藝之優劣，給工食之多寡。且因製造之緩急，學徒不免增減，故人數、銀數礙難畫一，只可就該局現在之報告以爲衡。機匠共分四等：第一機匠一名，額支工食銀六百七十六兩；第二機匠一名，額支工食銀四百六十八兩；第三機匠一名，額支工食銀四百二十九兩；第四機匠一名，額支工食銀三百五十一兩。以上四等機匠，每名又額支午餐銀六兩（因每交秋冬之際，天氣漸短，在廠工作如歇，食飯不免耽延，故自九月起至二月止，每名每月給午餐銀一兩）。學徒亦分四等：頭等學徒十五名，額支工食銀一千四百一十四兩四錢；二等學徒十八名，額支工食銀八百九十五兩七錢；三等學徒四十四名，額支工食銀一千二百六十六兩五錢；額外學徒一十三名，額支工食銀八百八十一兩。陸續添雇幫工匠徒一十七名，額支工食銀三百四十兩三錢。外有銅匠一名，添雇幫工銅匠一名，火夫一名，額支工食銀八十五兩七錢九分九釐。鐵匠十七名，並陸續添雇短工鐵匠五名，額支工食銀九百三十八兩五錢九分九釐。匠工等因加夜工，請給米粥錢文按照市估折合，額支銀八十四兩三錢七分。又書識五名，額支工食銀三百三十八兩，津貼、筆墨、紙張、油燈各項銀一百八十二兩。局差、更夫等十二名，共額支工食銀四百六十八兩（以上薪工、雜支四分減平）。採買油、酒、柴、炭、鐵絲、紙張等物，額支銀三千九百九十八兩八錢四分六釐三毫九絲（上項銀六分減平）。採買毛硝共四千二百一十二斤八兩，每百斤價值銀七兩二錢一分六毫三絲，共額支銀三百三兩九錢八分六釐六毫四絲（上項銀七分減平）。造倣洋尖鉛子五萬九千九百斤，內除動用滬購青鉛五萬七千六百斤，其價值由該員自行報銷不計外，其續買黑鉛並造費、工料、裝鉛子木匣等價值，額支銀一千二百二十八兩七錢一分四釐【上項銀十分減平】。又光緒二十九年，藩司許因該局月支毛硝銀兩無款墊發，隨飭令由前善後局撥給議平銀二百兩（折合庫平銀一百九十二兩二錢九分），以資周轉發給硝價。統計全年連閏額支銀一萬五千九百一十六兩一分五釐三絲。內除照章分別覈扣減平銀外，實支庫平銀一萬五千一百一十六兩五錢五分五釐七絲。實存備支硝價庫平銀一百九十二兩二錢九分。

中國第一歷史檔案館等《中國近代兵器工業檔案史料》第一輯《山西機器局呈宣統元年造脩各件清册宣統二年》 山西機器局爲册報事。

謹將宣統元年正月起至十二月底止，所有本局造成、脩成各件並各廠傢具，詳細估計價值，理合開具清册，呈請覈銷施行。

須至册者，計開：

正月分，正銷項下：一、造本局銃毛瑟槍子彈銅殼拔長銃床一部，一、造木虎鉗一副，一、造蓮花小銅帽七萬八千粒。歸款項下：脩巡警局鐵水車二輛。

二月分，正銷項下：一、造車木樣車床一部，一、造頭等官刀二把，一、造三等官刀五把，一、裝無鉛箭八千二百六十粒。

閏二月分，正銷項下：一、造五生七銅子殼收口手器一部，一、造化紫口生鐵大爐一座，一、造蓮花小銅帽七萬五千粒。

三月分，正銷項下：一、造五生七銅子殼收口手器一部，一、造收五生七銅子殼口徑手器鋼模子一個，一、造捲鍋爐鐵皮滚子床一副，一、造鋼帽廠蒸酒鍋一個，一、造蓮花小銅帽八萬粒。

四月分，正銷項下：一、造輜重隊輜重車樣一輛，一、造輜重隊輜重車五輛，一、造洋式馬號九對，一、造蓮花小銅帽七萬九千粒。

五月分，正銷項下：一、造掛鈎四副，一、造洋鼓四對，一、造督練公所小鎬四十八把，一、造督練公所月牙鋼斧二十四把，一、造督練公所叠鋸二把，一、造蓮花小銅帽八萬五千粒。

六月分，正銷項下：一、造洋式步號十對，一、造蓮花小銅帽七萬六千粒。

七月分，正銷項下：一、造銃銅盂銃床一部，一、造洋式官刀六把，一、造蓮花小銅帽五萬九千粒，一、脩軍裝局徑口毛瑟步槍四桿。

八月分，正銷項下：一、造銃底火銃床一部，一、造收五生七銅子殼口徑手器底座木箱二個，一、造蓮花小銅帽六萬粒。

九月分，一、造銅盂銃床掛鈎一副，一、造銃底火銃床一部，一、造蓮花小銅帽六萬粒。

十月分，正銷項下：一、造銅盂銃床掛鈎一副，一、造齊銅盂口機器床一部，一、造蓮花小銅帽六萬一千粒，一、脩軍裝局七密里徑口毛瑟步槍四十一桿。

十一月分，正銷項下：一、造齊銅盂口機器床二部，一、造蓮花小銅帽四萬八千粒，一、脩軍裝局徑口毛瑟步槍二十一桿。

十二月分，正銷項下：一、造齊銅盂口機器床一部，一、造蓮花小銅帽四萬八千粒，一、造脩軍裝局單響毛瑟步槍二十桿。

以上十三個月統共合湘平銀一萬五千三百兩五錢七分一釐五毫一絲三忽。

中國第一歷史檔案館等《中國近代兵器工業檔案史料》第一輯《陸軍部奏查明北洋機器製造局報銷光緒二十九年至三十三年運脚案内行查各款擬准予報銷摺宣統三年二月二十五日》 謹奏爲查明北洋機器局自光緒二十九年起至三十三年止，報銷運脚等項案内行查各款，恭摺具陳，仰祈聖鑒事。

查該局自光緒二十九年起至三十三年止報銷運脚等項，前經臣部分别准銷、行查奏明在案。查原册所開，除前已准銷各款外，内有由外洋運鋼、鐵、銅、鉛、雜料等件至天津，水脚、保險共銷庫平銀五萬五千零九十三兩六錢一款，據册聲稱，係按前機器東局辦法支給，應令將前東局准銷成案鈔録送部再行覈辦；又該局册開，德州脩槍廠暨保定脩械司附銷外洋船脚庫平銀一千三百七十六兩八錢二分一釐三毫三絲一款，亦應俟該省將准銷成案送部；又内地輪船脚價庫平銀八十兩零二錢七分四釐五毫四絲六忽，應令該省將招商局水脚章程送部；又雇車脚價庫平銀二千四百八十一兩九錢一分九釐四毫零七忽，應令該省補造每車裝載重量送部再行覈辦；各等語；奏准咨行去後。

兹據直隸總督陳夔龍按照行查各款造册聲覆前來。查册開：該局由外洋運至天津鋼、鐵銅、鉛、雜料等項暨附銷德州脩槍廠、保定脩械司由外洋運至天津等料，每百斤料估艙位一方，每方合銀八錢，係援照前東局辦法，惟東局成案燬失，尚有經手舊員司可證等語。當將所開斤重並每方價銀覈算，較諸他項運費尚屬適宜；又内地水脚暨雇車脚價等款，均據該省按照行查各節明晰聲覆，並開明詳細數目，查覈尚屬相符，應准一併開銷，以清案款。以上各款，共准銷庫平銀五萬九千零三十二兩六錢一分五釐二毫八絲三忽。所有臣部查明北洋機器局報銷運脚等款准銷緣由，理合恭摺具陳，伏乞皇上聖鑒。謹奏。

宣統三年二月二十九日奉旨：知道了，欽此。

中國第一歷史檔案館等《中國近代兵器工業檔案史料》第一輯《陸軍部奏擬准北洋機器製造局光緒三十四年暨宣統元年購買機器物料等項用過銀兩報銷摺宣統三年二月二十五日》 謹奏爲覈覆北洋機器製造局光緒三十四年暨宣統元年兩年分，購買機器、物料等項用過銀兩，恭摺具陳，仰祈聖鑒事。

竊據直隸總督陳夔龍咨送北洋機器局光緒三十四年暨宣統元年兩年購買外洋、内地機器、物料、添建廠房暨運費等項報銷清册覈辦前來。謹將册開各項逐款覈計：

一、光緒三十四年分，册開：購買電燈機器、鍋爐一分，頭二批價，庫平銀二萬二千一百二十三兩五錢；又購買外洋物料計一百二十四款，共用庫平銀三十萬零六百七十七兩八錢五分七釐七毫；又購買内地物料計六十二款，共用庫平銀十一萬二千八百四十五兩六錢一分九釐二毫；又物料運費計五款，共用庫平銀六千二百二十三兩六錢二分八釐二毫；又購買西醫藥料計五款，共用庫平銀一千三百十三兩八錢九分三釐；又購製巡勇衣、褲、包巾等項四款，共用庫平銀九十一兩四錢八分三釐八毫。查購買電燈機器頭二批價值，覈與該局鈔送合同相符，其餘物料等款，覈與該局立案銀數相符，且係應用之件。以上光緒三十四年分共用庫平銀四十四萬三千二百七十五兩九錢八分一釐九毫，應准一併開銷。

一、宣統元年分，册開：購買電燈機器、鍋爐末批尾價，庫平銀一萬一千八百二十一兩八錢七分一釐一毫；又購買三百啓羅化銅爐一分，庫平銀一千三百四十五兩四錢七分二釐五毫；又購買外洋物料計一百四十七款，共用庫平銀三十萬六千八百八十九兩零五分二釐六毫；又購買内地物料計八十九款，共用庫平銀十萬七千七百七十七兩七錢一分零六毫；又物料運費計七款，共用庫平銀二千九百七十三兩零七分七釐九毫；又添建廠棚購買物料等項計五款，共用庫平銀七百六十九兩七錢七分一釐六毫；又購買西醫各項藥款，共用庫平銀三百十一兩一錢四分一釐一毫；又添置站崗護兵皮衣二款，共用庫平銀二百十九兩八錢二分六釐五毫；又購置巡護勇衣、褲、靴、帽等項計十款，共用庫平銀二百六十八兩三錢八分五釐二毫；又添購傢具暨各廠機器照像等項計九款，共用庫平銀一千零六十三兩五錢八分五釐九毫。查購買電燈機器暨化銅爐價值，覈與該局鈔送立案合同相符，其餘物料等項，覈與該局立案銀數相符，且係該局應用之件。以上宣統元年分共用庫平銀四十三萬三千四百三十九兩八錢九分五釐，應准一併開銷。

以上兩年分統共准銷庫平銀八十七萬六千七百十五兩八錢七分六釐九毫。所有臣部覈覆北洋機器製造局光緒三十四年暨宣統元年兩年分購買外洋、内地機器、物料，添建廠棚暨運費等項准銷緣由，理合恭摺具陳，伏乞皇上聖鑒。謹奏。

宣統三年二月二十九日奉旨：知道了，欽此。

中國第一歷史檔案館等《中國近代兵器工業檔案史料》第一輯《度支部奏覈覆河南機器局宣統元年支用各款摺（奏底）宣統三年三月十四日》 度支部謹奏，

爲覈覆河南機器局宣統元年分收支各款，據咨改奏，恭摺仰祈聖鑒事。

據河南巡撫寶咨，河南機器局收支各款業經報至光緒三十四年第三案止。茲將宣統元年第四案員書薪水、各廠匠徒工食銀兩，造具清册送部覈銷前來。

臣等督飭司員詳加考覈，謹逐款出具案語，恭呈御覽。

一、舊管：經費二兩平銀一萬五千五百十六兩九錢八分七釐，又提扣平司庫平銀一萬一千四百六十三兩八錢四分六釐。覈與上届實存數目相符。

一、新收項下：經費二兩平銀四萬九千二百十三兩二錢一分九釐。內釐税局每月拔經費庫平銀一千五百三十八兩四錢六分一釐，自正月起至五月止，共撥庫平銀九千二百三十兩七錢六分六釐；藩司每月代撥釐税項下經費庫平銀一千五百三十八兩四錢六分一釐，自六月起至十二月止，共撥經費庫平銀一萬零七百六十九兩二錢二分七釐；又代撥釐税項下不敷經費庫平銀三千兩；支應局每月解子彈價值湘平銀一千兩，自正月起至五月止，共解子彈價值湘平銀六千兩；支應局每月解子彈二兩平銀一千兩，自六月起至十二月止共二兩平銀七千兩；又解無煙鋼子彈價值湘平銀三千八百兩；糧餉局撥糧□子彈價值二兩平銀七千七百三十二兩八錢一分七釐；各局所脩造物價工料湘平銀七百二十八兩一錢七分，又二兩平銀六百九十六兩八錢；各縣脩理槍支價值二兩平銀五十二兩六錢六分七釐；零星出售製品價值二兩平銀二百五十七兩八錢七分。以上收入各款，共合二兩平銀四萬九千二百十三兩二錢一分九釐。又以上各款共提扣平餘司庫平銀七百二十七兩四錢八分一釐。查該局收入各款及應扣平餘折合司庫平銀數目散總雖屬相符，惟查列收支應、糧餉、釐税等局款項未據各該局將是年撥解數目造册報部，應俟造報到日再行覈對。至藩司代撥釐税項下經費及代撥釐税項下不敷經費銀兩係在何款項下動支，是否仍由釐税項下撥還，未據報部有案。此外，各局所脩造物件工料均係何項，局所脩造何項物件各該局所已未分別列入開支報部。再，查臣部上年奏銷該局光緒三十一年至三十四年止收支案内，以册收藩庫、釐税、糧餉、支應等局銀兩，非未經報部有案，即與原撥各該局册報銀數款目互有參差，行令分別查明聲覆在案，迄今未據登覆，應令轉飭將本届及上届行查各款迅即報部，以憑查覈。

一、支銷項下：共二兩平銀六萬六百二十兩二分八釐。內除機料、脩造、運匯等款共二兩平銀三萬三千一百八十四兩五錢五分一釐係陸軍部覈銷之款，應由陸軍部自行覈辦外，所有臣部應銷之款，計員司薪水二兩平銀七千四百九十二兩，員司伙食二兩平銀一千三百十四兩六錢，書辦工食二兩平銀二百八十七兩，機器匠徒工食二兩平銀一萬五千九百九十四兩七錢二分，藝徒伙食二兩平銀一千二十五兩七錢五分七釐，匠徒卹賞二兩平銀二十一兩四錢，總局公費二兩平銀一千三百兩，統共支二兩平銀二萬七千四百三十五兩四錢七分七釐。覈算散總數目雖屬相符，惟查上届會辦只有一員，司事七名，清書一名，本届均各添一人，殊與上案不符。又本届司書生一名，查此項名目爲上届所無，尤覺浮濫，應令分別裁撤，並將各該員名支領銀兩一併追繳，以重款項。統計臣部應銷銀二萬七千四百三十五兩四錢七分七釐，内删除銀一百九十五兩，實准銷銀二萬七千二百四十兩零四錢七分七釐。

一、實在項下：存二兩平銀四千一百一十兩零一錢七分八釐，應令造入舊管項下報部查覈。又存提扣平餘一萬二千一百九十一兩三錢二分七釐，應令專款存儲，聽候部撥，毋得擅動。

所有覈覆河南機器局宣統元年分收支各款緣由，理合恭摺具陳，伏乞皇上聖鑒。謹奏。

宣統三年三月三十日奉旨：知道了，欽此。

中國第一歷史檔案館等《中國近代兵器工業檔案史料》第一輯《蔭昌等奏查明山西機器局光緒二十七年及二十九年報銷案内行查各款擬准予報銷摺宣統三年四月初十日》 陸軍大臣陸軍正都統臣蔭昌等謹奏，爲查明山西機器局購買機器、物料等項第二次報銷案内聲覆各款，恭摺具陳，仰祈聖鑒事。

竊查山西機器局購買機器、物料第二次報銷一案，前經臣部按照單開各款，逐件覈計，分別准駁，奏准咨行去後。茲據該省按照行查各款聲覆前來。

查行查各款内，除水腳、保安、運腳、電費、專差、信資等項，業由度支部奏准結銷外，查光緒二十七年分原單内開：由絳州織紡局購買機器、傢具、物料等項，共用庫平銀五千九十八兩三錢一分四毫；又就地購買傢具，共用庫平銀一百八十兩一錢七分四釐七毫二絲；又就地購買物料，共用庫平銀九千五百三十兩五錢八分五釐九毫五絲二忽。當經臣部查該省立案章程，常年購料約需銀七八千兩不等，茲查單開各款，共用庫平銀一萬四千八百九兩七分一釐七絲二忽，覈與立案不符；其由織紡局購買機件，亦未經報部有案，礙難准銷。茲據覆稱：晉省二十七年防軍林立，應造軍械數多用急，本局甫經開辦，購料無多，二十六年均已用罄，奉升任巡撫錫良飭取織紡局物料，當將各物估價銀五千九十八兩三錢一分四毫，當時並未交款，嗣復陸續抵還外，尚實欠商務局庫平銀四千一百九十七兩一錢七釐二毫三絲二忽，除織紡局物料尚未付價外，其實購料只用銀九千七百十兩七錢六分七絲二忽。查立案冊內敘明常年赴津購料約需銀六七千兩，常年就地購料約需銀一千數百兩至二千數百兩不等。本局初開辦時，全係就地購料，自光緒二十九年起，始分別赴津、就地兩項。茲查光緒二十七年實用購料銀數，如較立案赴津、就地兩項銀數合計，尚屬所增無多，應請照銷各等語。查所稱各節尚係實在情形。除領用絳州織紡局機器、物料估價銀五千九十八兩三錢一分四毫，前經度支部覈復奏明，此項銀兩既未歸還，自不得列作開除等語，自應俟歸還時，由度支部查覈辦理外，其餘各款應准補銷。

又查光緒二十九年分，原單內開就地購買傢具，共用庫平銀八十二兩九錢九釐二毫四絲八忽；又就地購買機器物料，共用庫平銀四千九百五十四兩一分七釐八毫五絲九忽；又赴滬購料，共用庫平銀二千七百九十一兩五錢三分一釐三毫六絲；又赴滬購料，共用庫平銀六千一百二兩六錢六分三毫三絲三忽。查就地、赴滬購買各款，共用庫平銀一萬三千九百三十一兩一錢一分八釐八毫，當經臣部查與立案章程增加過鉅，應令連同二十七年所查各款一併聲覆，再行覈辦。茲據覆稱：查本局立案，每年領紅封平二萬兩作爲常年薪工及購買物料、雜支等用，按月詳報；至添購大宗料件，由局隨時請領造報等語。所有光緒二十九年赴滬購料銀兩，即係大宗購料另行請領之款，在常年經費之外，應請照銷各等語。查就地購料，據稱自光緒二十九年始分別就地、赴津兩項，此次就地購料用款較鉅，自與立案不符，而是年並未開支赴津用款，較之赴津、就地兩項合計，尚不逾額。至赴滬添購大宗物料等款，業據聲明係屬另行請領之款，覈與前咨立案冊內所稱添購大宗料件由局隨時請領等語，尚屬相符，應即准其補銷。惟嗣後如有添購大宗另案請款等事，應即先期咨部，以昭覈實。

以上共准銷庫平銀二萬三千六百四十一兩八錢七分九釐四毫七絲二忽。

所有查明山西機器局購買機器物料第二次報銷案內各款准銷緣由，理合恭摺具陳，伏乞皇上聖鑒。謹奏。

中國第一歷史檔案館等《中國近代兵器工業檔案史料》第一輯《新疆督練公所兵備處造賫省城機器局經常經費宣統四年預算報告分冊宣統三年四月》

新疆督練公所兵備處爲預算報告事。

謹將省城機器局宣統四年分應支一歲薪工銀兩，遵章細別門類、款項、數目，造具預算報告分冊，呈請查覈。

須至冊者，計開：

宣統四年分(自正月初一日起至十二月底止)省城機器局歲出經常門第四類。

正支款：

薪水項下：

提調一員，月支銀二十兩，計十二個月，共支銀二百四十兩。

委員一員，月支銀四十兩，計十二個月，共支銀四百八十兩。

書識三名，月各支銀一十二兩，計十二個月，共支銀四百三十二兩。

工師一名，月支銀六十兩，計十二個月，共支銀七百二十兩。

口糧項下：

親兵八名，月各支銀三兩六錢七分五釐，計十二個月，共支銀三百五十二兩八錢。

伙夫一名，月支銀三兩，計十二個月，共支銀三十六兩。

雜支款：

工食項下：

工匠九名，月各支銀二十八兩，計十二個月，共支銀三千二十四兩。

匠徒四十名，月各支銀六兩，計十二個月，共支銀二千八百八十兩。

鐵匠八名，月各支銀八兩，計十二個月，共支銀七百六十八兩。

木匠四名，月各支銀一十兩，計十二個月，共支銀四百八十兩。

伙夫四名，月各支銀三兩，計十二個月，共支銀一百四十四兩。

統計正雜兩款共支湘平銀九千五百五十六兩八錢，以九六折合庫平銀九千一百七十四兩(查該局應支各項銀兩均未扣建，比較宣統三年預算之數除加閏月不計外，並無增減，合併登明)。

中國第一歷史檔案館等《中國近代兵器工業檔案史料》第一輯《新疆督練公所兵備處造賫省城機器局臨時經費宣統四年預算報告分冊宣統三年四月》

新疆督練公所兵備處爲預算報告事。

謹將省城機器局宣統四年分應支一歲製辦等項銀兩，遵章細別門類、款項、數目，造具預算報告分冊，呈請查覈。

須至冊者，計開：

宣統四年分(自正月初一日起至十二月底止)省城機器局歲出臨時門第四類。

雜支款：

物料項下：

紅銅月需二千一百斤，計十二個月，共二萬五千二百斤，每百斤價銀二十九兩四錢八分，共銀七千四百二十八兩九錢六分。

洋鐵月需五百斤，計十二個月，共六千斤，每百斤價銀九兩五錢，共銀五百七十兩。

毛鐵月需五百斤，計十二個月，共六千斤，每百斤價銀五兩，共銀三百兩。

洋鋼月需四百磅，計十二個月，共四千八百磅，每磅價銀四錢六分，共銀二千二百八兩。

白鉛月需九百斤，計十二個月，共一萬八百斤，每百斤價銀三十五兩，共銀三千七百八十兩。

青鉛月需三千斤，計十二個月，共三萬六千斤，每斤價銀三錢三分，共銀一萬一千八百八十兩。

高錫月需五斤，計十二個月，共六十斤，每斤價銀一兩六錢，共銀九十六兩。

銅絲月需二十磅，計十二個月，共二百四十磅，每磅價銀六錢二分，共銀一百四十八兩八錢。

火藥月需一百七十五斤，計十二個月，共二千一百斤，每斤價銀一錢九分五釐，共銀四百九兩五錢。

黄錏水月需二百六十六磅，計十二個月，共三千一百九十二磅，每磅價銀二錢六分，共銀八百二十九兩九錢二分。

硝錏水月需一百三十三磅，計十二個月，共一千五百九十六磅，每磅價銀三錢七分，共銀五百九十兩五錢二分。

大小銼刀月需一百把，計十二個月，共一千二百把，每把價銀六錢，共銀七百二十兩。

砂布月需九十張，計十二個月，共一千八十張，每張價銀五分，共銀五十四兩。

各種藥料月需多少不一，計十二個月，共支銀二百兩。

紙墊、蠟墊月需多少不一，計十二個月，共支銀一百兩。

粗布月需十五匹，計十二個月，共一百八十匹，每匹價銀五錢八分，共銀一百四兩四錢。

洋爐歲需一十五個，每個價銀五兩二錢，共銀七十八兩。

木椽月需五十根，計十二個月，共六百根，每根價銀二錢二分，共銀一百三十二兩。

木枋月需二十塊，計十二個月，共二百四十塊，每塊價銀一兩五分，共銀二百五十二兩。

木板月需二十塊，計十二個月，共二百四十塊，每塊價銀二錢五分，共銀六十兩。

榆木板月需五塊，計十二個月，共六十塊，每塊價銀一兩二錢，共銀七十二兩。

箬帚月需三十把，計十二個月，共三百六十把，每把價銀三分，共銀一十兩八錢。

柳筐月需五對，計十二個月，共六十對，每對價銀二錢二分，共銀一十三兩二錢。

羊筋繩月需二十根，計十二個月，共二百四十根，每根價銀二分五釐，共銀六兩。

油炭項下：

石油月需二百斤，計十二個月，共二千四百斤，每斤價銀二錢五分，共銀六百兩。

菜油月需二百斤，計十二個月，共二千四百斤，每斤價銀二錢，共銀四百八十兩。

羊油月需六十斤，計十二個月，共七百二十斤，每斤價銀一錢八分，共銀一百二十九兩六錢。

鐵炭月需三千斤，計十二個月，共三萬六千斤，每百斤價銀二錢八分，共銀一百兩八錢。

煙炭月需二萬斤，計十二個月，共二十四萬斤，每百斤價銀一錢七分，共銀四百八兩。

嵐炭月需二萬斤，計十二個月，共二十四萬斤，每百斤價銀二錢一分，共銀五百四兩。

以上共應支湘平銀三萬二千二百六十六兩五錢，以九六折合庫平銀三萬九百七十五兩（查該局應支各項銀兩，係擬擴充製造快槍子彈並脩理軍械器具等項酌量估計，比較宣統三年預算之數增紅銅銀八百四十一兩八錢八分一釐，青鉛銀一萬二百六十四兩三錢二分，粗布銀六十六兩八錢一分四釐。理合登明）。

中國第一歷史檔案館等《中國近代兵器工業檔案史料》第一輯《度支部爲山東機器局宣統三年春季開支經費與全年預算不符事致陸軍部之咨文宣統三年六月初五日》　度支部爲咨行事。

製用司案呈：准督辦鹽政處咨，據署理山東運司詳報，案准機器局咨開，奉撫憲札發敝局本年經費預算分册到局，並准清理財政局移知前項經費應由運司請領，當即備文咨請給領在案。宣統三年二月二十日又准清理財政局移開：案照本局現奉度支部頒發奏定宣統三年預算案實行簡章一册，合即通行遵照辦理等因。奉此，查敝局經費，除員司薪水，弁勇、工匠工食及局用雜費，均係計口授食。按月應用之款，可以按户計領；其購買物料、煤炭大概每年均分兩季購辦，佔地錢糧亦按上下忙分完，原不能按月請領。惟當時准清理財政局移會，並未指明何項應按月請領，何項應按季請領，是以只能一律按十三個月匀計請發。自應分别按月分批兩項編制支付預算清册，送請查覈給領，並照造清册移會清理財政局查考外，相應備文咨會查照覈發等因到司。准此，查機器局經費，現既奉文改由運庫支領，覈與預算册相符，除將該局本年春季三個月薪工、局用等項庫平銀七千五十二兩二錢一分一釐，及本年春季購買物料、煤炭、佔地錢糧庫平銀二萬一千五十六兩七錢一分二釐，由運庫二文加價項下如數給領，相應咨部查覈等因前來。

查本部奏准通行四文加價，内解部二文係專爲抵補練兵經費之用，宣統元年九月准山東撫咨，擬將此款移解籌款局備撥，當經本部駁復。嗣於本年三月准督辦鹽政處咨稱，山東運庫撥給軍械局正、二兩月經費，亦於此項内動支，又經本部片復該處，行令提還歸款，並將該省新章加價解部一款，迅速查明，盡數解部。至該省應支各款，均不得於此款内動用分毫，以符奏案等因各在案。兹該運司撥給機器局春季經費，係在運庫二文加價内動支，惟此項加價銀兩是否解部二文加價之款，未據詳敘，殊屬籠統，業經本部片覆鹽政處轉飭查明。如此項係屬解部之款，自應查照前案辦理，以歸一律等因在案。惟查該機器局光緒三十一、二、三等年報銷案内，該局經費係由藩庫及南運局等處領支，此案改歸運庫撥給，未據報部有案。且查該局本年預算，全年經費共銀七萬二千三百六十一兩零七釐。現該局春季三個月薪工、局用等項庫平銀七千五十二兩二錢一分一釐，又購買物料、煤炭、佔地錢糧等項庫平銀二萬一千五十六兩七錢一分二釐，二共二萬八千餘兩。以之推算，全年四季應需數目與預算殊屬不符。究竟因何兩歧，應令一併查明聲復。並轉飭該局遵照本年奏定預算數目辦理，不得令有不敷。再，該局自光緒三十四年至宣統二年分用過各項銀兩，應即造具散、總清册，報部覈銷，以重款項。相應咨行山東巡撫轉飭遵照辦理，並知照陸軍部可也。

須至咨者。

右咨陸軍部。

中國第一歷史檔案館等《中國近代兵器工業檔案史料》第一輯《江瀚等造呈河南機器局宣統二年收支款項報告册宣統三年閏六月十七日》　歲入部

第一款　撥款

第一項　藩司全年籌撥料價，庫平銀四萬兩，除由司扣存六分減平銀外，實收庫平銀三萬七千六百兩。

第二項　藩司由釐金項下每月匀撥常年經費，16庫平銀一千六百六十六兩六錢六分六釐，除由司扣存六分減平銀外，實收16庫平銀一千五百六十六兩六錢六分六釐，按1059573折合二兩平銀一千六百五十九兩九錢九分六釐，按1063829申合庫平銀一千五百六十兩零三錢九分七釐，計全年十二個月共收庫平銀一萬八千七百二十四兩七錢六分四釐。

第三項　藩司由釐金項下撥不敷經費，16庫平銀三千兩，除由司扣存六分減平銀外，實收16庫平銀二千八百一十兩，1059573折合二兩平銀二千九百八十七兩九錢一分五釐，1063829合庫平銀二千八百零八兩七錢一分六釐。

第四項　藩司預撥宣統三年正月分經費，16庫平銀一千五百三十八兩四錢六分一釐，除由司扣存六分減平銀外，實收16庫平銀一千四百四十六兩一錢五分四釐，996申合庫平銀一千四百四十兩零三錢六分九釐。

以上撥款共收庫平銀六萬零五百七十三兩八錢四分九釐。

第二款　收款

第一項　支應局自正月分起至七月止，共解子彈價值，二兩平銀七千兩，自八月分起至十二月分止，改由陸防各軍軍械局代解二兩平銀五千兩，二共解二兩平銀一萬二千兩，1063829申合庫平銀一萬一千二百八十兩。

第二項　支應局解無煙鋼子並小口徑鉛子袋價值，二兩平銀四千七百六十兩，1063829 申合庫平銀四千四百七十四兩四錢。

第三項　各局所解代造物件工料，二兩平銀三百九十七兩四錢五分七釐，1063829 申合庫平銀三百七十三兩六錢零九釐。

第四項　各州縣解脩理槍枝工料，二兩平銀二百一十九兩六錢八分七釐，1063829 申合庫平銀二百零六兩五錢零六釐。

第五項　零星出售製品價值，二兩平銀二千二百七十三兩八錢八分八釐，1063829 申合庫平銀二千一百三十七兩四錢五分六釐。

以上收款共計庫平銀一萬八千四百七十一兩九錢七分一釐。

合計歲入部共庫平銀七萬九千零四十五兩八錢二分。

歲出部

俸餉門

第一款　薪工、雜支

第一項　總、會辦暨各科委員、書記全年薪津，二兩平銀六千八百五十兩，1063829 申合庫平銀六千四百四十四兩六錢四分。

第二項　司書全年薪工，二兩平銀三百二十一兩，1063829 申合庫平銀三百零一兩七錢四分。

第三項　機器匠徒全年工食，二兩平銀四千三百一十九兩六錢二分七釐，1063829 申合庫平銀一萬三千四百六十兩零四錢五分九釐。

第四項　機器匠徒兩月不曠工、照章賞加一工，共二兩平銀一百二十九兩三錢二分一釐，1063829 申合庫平銀一百二十一兩五錢六分一釐。

第五項　機器匠徒全年做工、加工，二兩平銀二百零一兩五錢九分六釐，1063829 申合庫平銀一百八十九兩五錢。

第六項　機器匠徒病故並請假回籍共恩餉，二兩平銀二百一十二兩三錢三分三釐，1063829 申合庫平銀一百九十九兩五錢八分三釐。

第七項　員書火食，全年共二兩平銀一千零四十五兩八錢，1063829 申合庫平銀九百八十三兩零五分二釐。

第八項　藝徒火食，全年共錢一千一百三十串八百二十五文，14 合二兩平銀八百一十兩零五錢八分八釐，1063829 申合庫平銀七百六十一兩九錢五分三釐。

第九項　隊勇、更、長、茶夫全年工食，二兩平銀二千零零二兩四錢六分六釐，1063829 申合庫平銀二千八百二十二兩三錢二分。

第十項　總局公費，春夏二季分，共二兩平銀六百兩，1063829 申合庫平銀五百六十四兩（查此項銀兩於宣統二年秋季詳請裁減）。

第十一項　購買外洋材料運匯等費並報部銷册六釐公費以及各項雜支，共二兩平銀六千一百五十七兩八錢八分，1063829 申合庫平銀五千七百八十八兩四錢一分一釐。

以上俸餉門共支庫平銀三萬一千六百三十七兩二錢一分九釐。

器服門

第一款　各項材料

第一項　購買外洋銅、鉛、鋼、鐵、雜料，全年共合二兩平銀三萬六千八百九十五兩，1063829 申合庫平銀三萬四千六百八十二兩二錢三分二釐。

第二項　購買本地木板、油斤以及零星雜料，全年共合二兩平銀三千六百零五兩七錢八分一釐，1063829 申合庫平銀三千三百八十九兩四錢三分六釐。

第三項　提用造幣汴廠各項雜料，共二兩平銀一千九百五十五兩零四分七釐，1063829 申合庫平銀一千八百三十七兩七錢四分五釐。

第四項　購買各項炭斤，共二兩平銀五千六百三十三兩二錢零三釐，1063829 申合庫平銀五千二百九十五兩二錢一分四釐。

以上器服門共支庫平銀四萬五千二百零四兩六錢二分七釐。

合計歲出部共支庫平銀七萬六千八百四十一兩八錢四分六釐。

四柱總數

舊管：經費庫平銀三千八百六十三兩五錢六分九釐，平餘庫平銀一萬二千一百九十一兩三錢二分七釐。

新收：庫平銀七萬九千零四十五兩八錢二分。

開除：庫平銀七萬六千八百四十一兩八錢四分六釐。

實在：經費庫平銀六千零六十七兩五錢四分三釐，平餘庫平銀一萬二千一百九十一兩三錢二分七釐。

中國第一歷史檔案館等《中國近代兵器工業檔案史料》第一輯《陳夔龍爲請覈銷北洋機器製造局宣統二年支用各款事致陸軍部之咨文宣統三年閏六月二十四日》　欽差大臣辦理北洋通商事宜都察院都御史直隸總督部堂陳爲咨送事。

據北洋機器製造局詳稱：竊照職局宣統二年分出入各款，業經遵照部章作爲新案，分別管、收、除、存繕列四柱總數各册，於本年閏六月初二日詳請分咨先行立案緣由，現奉憲臺批開：據詳已悉。候分咨度支、陸軍部查照立案。清册存、送等因。奉此，現在宣統二年分出入各款細數清册業經造齊。查職局收支各款，除按月報告清理財政局暨陸軍調查財政局外，每於年終仍匯總一年收支各款，遵章造册報部，先造總册立案，後造細册請銷。上届已報至宣統元年十二月底止，業經奉到准銷並行查各在案。

所有宣統二年正月起至十二月底截止，全年收支各款應即接續造報。查舊管項下，即上届實存，計存庫平銀五千九百六十八兩一錢三分八釐九毫。新收項下，計收直隸財政總匯處海防支應股發給常年製造經費，庫平銀三十八萬兩；又海防支應股發給防護隊、武庫、官醫薪工、藥料等項，庫平銀一萬三千三百七十一兩三錢八分四釐；又海防支應股發給元年分墊辦機器税捐等款，庫平銀三萬六千一百六十八兩八錢四分一釐；又外省解還代造汽機鍋爐、槍子等項價值，庫平銀七萬三千七百二十七兩八錢六分四釐；又宣統元年分冬季平餘扣用及宣統二年分舊局房租共合庫平銀三千一百四十三兩七分六釐三毫。以上共收庫平銀五十萬六千九百十一兩一錢六分五釐三毫。

開除項下，計第一册請銷員司、書弁、薪水、兵夫口糧、公費，係歸度支部覈銷，計庫平銀四萬三千四百二兩九分七釐四毫。第二册請銷機器、槍子等十二廠匠徒工食，係歸陸軍部覈銷，計庫平銀九萬四千六百四十二兩七分三釐四毫。第三册請銷購買外洋、内地材料，係歸陸軍部覈銷，計庫平銀三十三萬二千一百十六兩一錢八分二釐七毫。第四册請銷料物運脚，係歸陸軍部覈銷，計庫平銀二千四百三十七兩八錢六分五釐。第五册請銷料物税捐並脩理工程、續購地基、添置傢具等項，内工程工價，續購地價，係歸度支部覈銷，計庫平銀一萬五百四十二兩二錢四分三釐六毫，其税捐並工程麻袋、添置傢具，係歸陸軍部覈銷，計庫平銀五千七百四十四兩二錢五分三釐七毫。第六册請銷防護隊長夫、武庫、官醫薪工等項，内薪工、公費係歸度支部覈銷，計庫平銀一萬七千八百二十八兩七錢八分四釐三毫，其防護隊兵皮面，官醫藥料係歸陸軍部覈銷，計庫平銀二百五十九兩八錢六分五釐六毫。第七册請銷雜支員弁出差川資、津貼伙食、恩餉、匠徒賞卹、衣褲、押運飯食、雜匠等項，内川資、津貼伙食、恩餉、賞卹、衣褲、押運飯食、雜匠雜用等，係歸度支部覈銷，計庫平銀一萬四千六百十四兩二錢四分二釐八毫，其輪駁運脚、巡護勇官衣帽皮襖筒，置買椅套墊等，係歸陸軍部覈銷，計庫平銀四百六十三兩二錢八分七釐七毫。第八册請銷製成軍火收發四柱，應歸度支、陸軍兩部分別覈銷。以上自第一册至第八册共歸度支部覈銷庫平銀十八萬一千二十九兩四錢四分一釐五毫，陸軍部覈銷庫平銀三十四萬一千二十一兩四錢五分四釐七毫。以上八册統共開除庫平銀五十二萬二千五十兩八錢九分六釐二毫。實在不敷庫平銀九千一百七十一兩五錢九分二釐，應係下届收款内滚結造報。

除遵章送請清理財政局覈對無異外，理合造具詳細清册同樣三分共計二十七本，呈請鑒覈，分咨度支、陸軍兩部查照覈銷，實爲公便等情到本督院。

據此，查此項報銷係在改咨之列，自應照章辦理，相應將清册咨送貴部，請煩查照覈銷，具奏施行。

中國第一歷史檔案館《清代軍機處電報檔彙編》第二四册《收直隸總督陳夔龍電爲選派妥員接充德州機器局總辦事宣統三年十月十四日》 查德州機器局事極重要，言道現經簡署警道，所遺總辦一差，亟須遴委妥員接充，以專責成。前曾飭言道面達熙道鈺堪備任使，現在熙道因委管務處要差，勢難遠行更調。就北洋人員而論，查有丁憂湖北存記道魏允恭，精明幹練，曾充上海製造局總辦多年，於製造事宜最爲熟悉，委充此差必可勝任。值兹時局未定，該局爲北洋軍用命脈，務望迅速派員前往經理，或由大部遴員，或即以魏道委充，惟希卓裁是幸。龍。鹽。

中國第一歷史檔案館等《中國近代兵器工業檔案史料》第一輯《耆齡爲已將神機營殘舊機器移交農工商部學堂事呈王爺之稟文光緒三十二年至宣統三年》

文案翼長耆齡謹稟王爺爵前。

敬稟者，查本年五月間，接准農工商部咨稱，本部實業學堂設有汽機學一門，以便普通，所有實驗器具亟應籌辦。查阜成門外三家店神機營機器局，存有殘舊機器多件，當由學堂派員前往查看，據稱雖皆殘缺不齊，尚堪脩補，甚屬合宜應用，開單咨請酌覈移交等因前來。

當經稟請，奉諭照准咨覆在案。現接農工商部文開：定於十一月初三日備具印領，前往啓運，已由該局如數點交，應行辦文咨覆該衙門。

再，查軍械所存儲廢銅、廢錢各件，現經檢出堪用者尚多，擬請撥給農工商部學堂融化製器之用，前經面奉鈞諭准撥。兹將廢鐵等件開單一併咨覆該部派員拉運，並知照陸軍部備案外，謹繕清單呈閲。肅此稟聞，伏乞鈞鑒。爲此謹稟。

十一月初七日

計開檢出軍械所廢鐵等件：

摺槍筒一堆計二百二十斤，砲車鐵軸十五根計一千零八十斤，洋鐵條廢鐵碎鐵三項計共二千二百三十三斤，砲車鐵釘板四塊計九百二十斤，高低螺絲八個計四十斤，破壞砲子架子十三個計二百二十斤零八兩，鐵道板七塊計一千零五十斤，折抬槍筒一百八十四桿計一千二百十斤，砲孳二百八十個計四千四百四十八斤，大小鐵板三塊計一百五十五斤，廢黄銅計九百零八斤八兩，廢紅銅計八百八十一斤，壞鐵刀一堆計一百二十斤，鐵擋牌一塊計一百斤，壞槍筒一堆計八十斤，車輪圈八個計四百八十斤，砲車鐵鼻子二個計四百七十斤。

以上共銅一千七百八十九斤八兩，共鐵一萬二千九百二十六斤八兩。

吉林省檔案館《清代吉林檔案史料選編（工業）》上册《吉林機器製造局各廠匠目工匠及各項工藝清摺》 謹將職局各廠匠目、工匠、小徒各項工藝分别繕摺，恭呈憲鑒。

計開）。

吴鳳珊，各廠總匠目。

一、正廠：

梁勤，領工匠目，監造各項子母機器，並繪圖式。

孔恂，幫同領工，監造子母等件。

鐘玉堂、趙繩之，以上工匠二名，領匠徒三名，脩造機器螺絲等件。

孟春發、張士傑，以上工匠二名，領匠徒十二名，製造白藥、汽臺，並配造掛鈎、皮帶輪等件。

張啓盛、高貴發、劉方元，以上工匠三名，領匠徒七名，製造壓水櫃，並機器螺絲帽等件。

阮效全、王福文，以上工匠二名，領匠徒七名，鎈鋼模並鋼碪模銃等件。

張成綱、劉榮，以上工匠二名，領匠徒七名，制大小造子母銅模統等件。

何敬、王文錦、梁芬，以上工匠三名，領匠徒十名，制齊口、制底、比較銅管等件。

梁學成、彭德盛、姜漢林、何甯執，以上工匠四名，領匠徒二十二名，造收口、打管火門，並雜工等件。

顔永華，熔銅匠目，領匠徒十六名，熔銅、燒銅、制銅等件。

趙得林，領匠徒三十名，造白藥、銅帽，並裝子母等件。

何棠、楊發，以上工匠二名，領匠徒二十九名，造大銅帽開斯管，並管窩刻底收口等件。

孫長鬆、奚伊廷，以上工匠二名，領匠徒三十三名，刮管口、裝碪、銃碪並銃銅帽等件。

張啓，領匠徒二十六名，銃管、上蠟、刻底並銃鉛子、拔鉛條等件。

王永來，領匠徒六名，看機器大車並燒汽爐。

一、東廠：

周逢煐，匠目，監造各項槍砲並繪圖式。

顧宏生，幫同監造各項。

欒春桂、朱根槐、張廷熙、陳順道，以上工匠四名，領匠徒十九名，製造槍砲機器等件。

吴金榮、朱國成、高昇裕、鄭生、萬錫英，以上工匠五名，領匠徒二十名，製造藥廠水龍機器等件。

袁榮燦、徐和順、屠祖銓、高桂榮、饒丕烈，以上工匠五名，領匠徒十名，制造槍砲機器等件。

唐美山、張敬全，以上工匠二名，領匠徒四名，制藥廠水龍機器等件。

曹鴻賓、王治安、石昌齡，以上工匠三名，領匠徒十名，制造各項砲子銅五件等件。

高長昇、陳福昇、韓萬金、劉殿奎、尹成章，以上工匠五名，領匠徒二十四名，製造各項砲子等件。

王潤亭、陳懷顯、韓捷三，以上工匠三名，領匠徒四名，製造後膛擡槍等件。

趙洪章、李世昌、賈坤，以上工匠三名，領匠徒十名，製造機器模銃等件。

王昌林、張振邦，以上工匠二名，領匠徒九名，製造剪刀機器等件。

趙錦濤，以上工匠一名，出差夾板站。

龐瑞亭、劉昆、張啓發、崔喜，以上工匠四名，領匠徒八名，製造各項砲子銅五件等件。

李成林、王得勝、劉正東，以上工匠三名，領匠徒三名，製造各項槍械零件等件。

李榮山，以上工匠一名，領匠徒三名，看管機器大車。

王廷富、邵榮，以上工匠二名，縫皮帶藥盒等件。

一、熟鐵廠：

唐觀發，匠目，監造熟鐵機器各件。

陳起，掌鉗子，領幫錘二名，造槍砲熟鐵零件。

陳懷宣，掌鉗子，領幫錘二名，製造藥廠機器熟鐵零件。

王錦和，掌鉗子，領幫錘二名，造銃子母鋼模子。

周中和，掌鉗子領幫錘二名，造銃子母各式銃子。

楊新，掌鉗子，領幫錘二名，造各廠機器熟鐵大小公母螺絲等件。

劉春海，掌鉗子，領幫錘二名，造槍械機器熟鐵零件。

高德魁，掌鉗子，領幫錘二名，造鐵騎馬、抽水機器熟鐵零件。

徐五，領匠徒一名，管大汽錘。

一、釘鍋廠：

梁觀英，匠目，領匠徒八名，監造機器鍋爐並釘鐵皮零件。

一、洋鐵廠：

張成，匠目，領匠徒十八名，焊藥瓶、拉火盒、銅帽盒、拉火管、並噴壺、油盒等件。

一、木工廠：

韓福林，匠目，並繪木樣。

毛振德、欒長林、楊得全、欒殿華，以上工匠四名，領匠徒二名，造各廠機器木樣。

宋學舉、姜才、謝元增、陳森、楊春明、曹振會，以上工匠六名，造各項槍子木匣。

尚善吉、張廷福、張成才、齊英、劉俊逸，以上工匠五名，造各項砲子木箱。

楊玉堂、葉慶文、于福、王起昇、孫鼎甲、楊景春、王福鈞、王坤，以上工匠八名，領匠徒三名，造各廠工程木料。

程萬良、李德、李維、陳懷山、姜振邦，以上工匠五名，造鉛丸木箱。

田自祥、李萬貴、王有德、劉惠，以上工匠四名，造各項槍支木托。

郝坤、羅春文、閻成，以上工匠三名，造銅帽木箱。

徐萬花、劉太，以上工匠二名，造砲子銅五件木箱。

陳玉才、張喜，以上工匠二名，造擡槍木箱。

曾得勝、姜明良、楊信、肖得山，以上工匠四名，造開花砲子木引。

王福、李雲峥、高仲林，以上工匠三名，脩配各廠木器零件。

李才、孫永財，以上工匠二名，油工。

一、翻砂廠：

王金財，匠目，監造翻鑄各項機器、砲子，並繪圖式等事。

明萬玉，幫同監鑄各件，並管熔銅等事。

孫平，領匠徒八名，鑄造車床、銃子母各式機器。

王治襄，領匠徒七名，鑄造車砲子，造鐵料各式機器。

陳見齊，領匠徒六名，鑄造藥碾、篩藥各式機器。

劉尚儒，領匠徒七名，鑄造克鹿卜、噶爾薩、十五生的各式砲子。

鄭萬青，領匠徒六名，鑄造二磅、四磅、十二磅開花砲子。

王鳳聲，領匠徒六名，鑄造各槍螺絲帽、銅杠、銅釬等件。

一、剁鎈廠：

常發，匠目，領匠徒十一名，監管剁鎈等事。

一、脩理所：

陳珍、孫宗德，以上工匠兩名，領匠徒十六名，脩配槍砲零件。

葛正品，匠目，監造白藥。

一、火器廠：

蔡福，匠目，監造火器。

劉福亭，領匠徒九名，幫同製造銅拉火、紙引、上銅管油、裝藥等事。

一、强水廠：

趙金壽，匠目，領匠徒八名，製造硝磺鹽各等强水。

一、火藥局：

鄭蓮生，總匠目，製造洋藥機器繪圖等件。

仉金海，領匠徒十名，篩藥提磺。

王彩，領匠徒四名，配料和藥。

劉恩齊，領匠徒五名，光藥、分藥粒粗細。

梁雲星，領匠徒八名，碾藥。

應孝全，領匠徒五名，焙藥。

李長清，領匠徒四名，榨藥。

付和，領匠徒十五名，提硝。

劉彩，領匠徒六名，燒炭。

李廷鎮，領匠徒十一名，看大碾機器。

左永學，領匠徒五名，看篩藥機器。

史成山，領匠徒五名，看小碾機器。

葉成福，領匠徒三名，脩造機器。

高啓發，木廠領工。

陳和、齊萬有、張文會、周利才，以上工匠四名，領匠徒三名，做木樣。

夏先玉、姜志、葛德林、姚永良、周海、沈殿一，以上工匠六名，領匠徒五名，做藥箱。

徐連春、王會儀，以上工匠二名，做藥桶。

李廷珍、郭秉才，以上工匠二名，做藥碾碾脚。

朱珍、張清，以上工匠兩名，做藥篩。

張玉成，做藥撮子。

王爾敏《盛宣懷實業朋僚函稿》下册《姚嶽度致盛宣懷函七》 大人閣下：連奉兩諭並文書十餘件，均已次第照行，唯濰款未到，機器局七百五十金亦未領到，已兩催丁守領發。彭弁帶來賑款共一萬三千五百金已取回照，回文三件交弁帶上。與嶽度無關出入，故未列帳。該弁隨帶花匠、勇丁費用較大，恐路費不足，特借曹平銀十兩，已電稟在案。虞公禮物已收去，應必另有函復。現在工次尚喫喫，金門堵合頗不容易，似有停工待料之勢。宫保尚在大寨，不能得心應手，聞頗焦急。

王爾敏《盛宣懷實業朋僚函稿》下册《佘昌宗致盛宣懷函六》 寧局機器等物，局員學生均已齊備，開局費是否照奉、吉兩局由工撥發二百兩？琿春電報房各物務速配全，並添學生一名，交江局員自帶赴琿，勿誤。陳、單二生，派寧局何生，隨工留琿也。陳生工次無領款可扣，煙方繳款應歸寧局，按月覈扣，望飭知廖從九照辦。

王爾敏《盛宣懷實業朋僚函稿》下册《佘昌宇致盛宣懷函五》 杏蓀鄉丈大人閣下：廿一日陳占鰲來工交到手示，敬聆壹是。該生薪水照駱榮春每月廿五兩（朱翼翁原訂），七月份起支，工竣即留琿局。駱生因公折臂，留伊通州就傷科劉承恩醫。近幸接住，漸能活動，現已覓轎往接，即留吉局調養。此生辦事認真，並可幫辦打報。一切工次薪水截止六月底止，以後如何支領，乞酌示。姚倅必須傷痕十分全好方能調動，該生亦不願久羈邊外也。新來赫匠電務生疎，大不如謝匠之耐苦要好，工竣二匠是否帶回津局，抑令他往？奉軍弁兵九十人甚爲得力，做工已成熟手，不得不帶至琿春。吉軍靖邊營襍凑一哨均係旂人，西丹到工試用旬日，竟難造就。幸尚未發口糧，到省即設法遣去。賞給京錢百千，以節縻費。前途地曠人稀，更無住處，米糧食物均須携帶，已借帳棚鍋碗，沿途支搭挖竈，而虎狼馬賊出没靡常。石甸哈塘，高山叢樹，僱車不易，站馬甚少，已購四馬六鞍，尚難將就。電桿綫料分運艱難，時未盛夏，業已連日陰雨。水綫僱運月内可到，一面飭匠先行渡江，做工前進，水綫到時，再行分班摺回，以免停待。周守月杪亦可到，宇暫留數日，以待晤商一切。水綫設好再馳往前工，所有損壞器具及添製急需物料，均託吉林機器局脩辦。銲錫已缺未到，亦讓購四十磅。及伐樹斧、鋸各件，統俟開單給價。工次不帶鐵匠，即帶亦無用，賴有此機局也。沿途備脩器具，各局只有一副，不敷分派，而大具無須。各有小具，必得多備，木梯最爲笨重，擬即在吉機局代造十餘張。烙鐵、風爐、小鉗、角錐、銲錫、强水、鬼爪必須飭滬寄一二十付到吉，零件不難寄運。七號綫及紮綫工次已撥發。站丁隨工學習，亦有能者，而蠢才甚多。吉局擬撥留好手工頭一名，庶可放心。局費巡費急需之款，飭向何處支領？今早採運木桿，驚天動地，勞民傷財，邊外天時地勢，非冬令冰凍不能辦此。春融冰斷，名爲開江，漸爲翻江。沙淤泥水，車不能行，且值農忙，故春夏竟無客車來往，幸得李守、姚倅素能辦事，措置有方，工到尚不誤事。若使他人承辦，必致束手無策，貽誤非輕（尚有希侯所派方令，出力異常）。明年舉辦三姓黑龍江工程桿料，總須今冬運齊，從容就理，事半功倍。琿綫工竣當在九秋，除工人兵勇隨時分别遣撤仍由陸路各回外，宇擬帶員司洋匠等由岩杵河至海參崴，附搭商船走東洋上海回津。器具各物，只可留琿，以備三局分脩之用。明年動工，亦可就近添凑。尊意然否。續運綫三百盤，係謝匠過慮，宇計之竟用不着，且留吉局，明年三姓可用。寧局學生速來琿局，學生少一名。除機器已有，餘物亦宜速來，即交江委員自帶最妙。赫匠初到中國，夷習太重，容即設法制服。陳浮滑，不知能痛改前非否。善後草畧附閲，如有合式處不妨採擇一二。肅布，即請勛安。鄉教佘昌宇頓首。五月廿七日。吉林省第四號。

全國圖書館文獻縮微複製中心《清季鈔電匯訂·直隸總督來電》 陸軍部鑒：前漾電内開，北洋機器製造局由天津逸信洋行訂購各種料物，其上等六密里五臬鋼盂五千觔之千字誤作十字，合請更正，並請轉咨稅務處查照更正，分飭各關驗放，特此電達。方。號。印。

全國圖書館文獻縮微複製中心《清季鈔電匯訂·護直隸總督來電》 陸軍部鈞鑒：洪。頃據北洋機器局稟稱，現由職局寄奉憲臺電諭，飭將禁衛軍無箭槍子八萬粒，並減藥彈樣四百粒派員送京等因。查軍火送京關繫重要，應請填發護照一紙，交由職道寄局，以便派員妥慎起運，並請電咨稅務處轉知崇文門監督查驗放行，暨飭津海關道一體查照等情。相應電請查照，轉知稅務處暨崇文門監督查驗放行。永安謹叩。銑。印。

全國圖書館文獻縮微複製中心《清季鈔電匯訂·護直隸總督來電》 陸軍部鈞鑒：洪。禡電敬悉。北洋機器局兩次訂購榮華、逸信、瑞記、柏記、泰來、禪臣等洋行銅盂等件，前於九月接奉效電，當經轉飭遵辦。旋據機器局查明料物價值，開摺詳送到院，已於本月廿一日詳細咨達在案。封河在即，急切萬分，務祈迅賜覈准，知會稅務處即速飭關驗照放行，實深盼禱。永安謹叩。敬。印。

全國圖書館文獻縮微複製中心《清季鈔電匯訂·直隸總督電》 軍諮處陸軍部鈞鑒。辰。頃電請軍機處代奏，文曰：初四日據保定軍械局道員熙鈺、知府徐嘉霔電稟，保定東關外八蜡廟裝子廠近因赶裝陸軍部需用減藥槍彈，剋日加工，忽於初四日申刻該廠後重屋内工匠誤將槍彈底火碰炸，以致轟塌房屋等情，當即電飭地方文武迅即妥爲保護，並將受傷人數查明稟復。旋據電稱，被轟係廟屋三間，並震倒左右廟屋六間，轟斃工人拾肆名，受傷拾叁名，該廠委員彭明浚亦被壓受傷，外墻震塌壓斃婦女二名，幼孤三名，此外各廠各庫均無損傷。此次肇事實係因彈殼底火必須蓋緊，該工匠等偶然失手，致令倉猝誤碰燃葉藥盤，陡然轟炸等語。除飭將傷亡工匠人等分別醫治撫卹，並將疏於戒備各員由夔龍查明懲處外，謹請代奏等語。特聞。龍。歌。印。

全國圖書館文獻縮微複製中心《清季鈔電匯訂·山東巡撫來電》 陸軍部鑒：洪。箇電悉。東省機器局訂購外洋塗料合同，已於本月初三日咨送。此復。寶琦。養。印。

全國圖書館文獻縮微複製中心《清季鈔電匯訂·山東巡撫來電》 陸軍部鑒：東省機器局本年購定外洋裸項物料共一百五十三件，元寶紫銅坯三百四十塊，業經咨送合同在案。現據該局稟報運到烟台，應請貴部電飭東海關查驗放行。琦。篠。印。

全國圖書館文獻縮微複製中心《清季鈔電匯訂·山東巡撫來電》 陸軍部：洪。諫電悉。軍械局所購皮件上用鐵器，查滬行交悅來公司運單内開鐵器一箱，重一百斤，祈轉稅務處飭膠關迅即放行爲禱。琦。霰。印。

圖表

中國第一歷史檔案館等《中國近代兵器工業檔案史料》第一輯《新疆機器局槍彈廠機器册宣統三年》

分廠名目	機器名目	機器號數	機器所造條件名目
新疆機器局槍彈廠	原有		
	十二匹馬力水輪運機一幅		運動槍彈、銀圓兩廠各機
	壓彈子銅盂頭道機一幅		壓槍彈子銅盂
	抽彈子銅殼二道至四道機一幅		造槍彈子銅殼
	抽彈子銅殼五道至八道機一幅		造槍彈子銅殼
	剪銅殼口合度機一幅		剪槍彈子銅殼口
	壓成銅殼底火砧機一幅		壓槍彈子銅殼底火砧
	鑽底火眼機一幅		鑽槍彈子底火眼

（續表）

分廠名目	機器名目	機器號數	機器所造條件名目	各機購件	購機年月	購機局
新疆機器局槍彈廠	做圓銅殼口底機一幅		做圓槍彈子銅殼口底			
	做彈子蠟片及引火子藥入銅殼并合成全彈所用機器全幅		裝造槍彈子火子			
	校試彈子規器及上彈子膠油所用器具全幅		校試槍彈子規器並上槍彈子膠油			
	各機應用工具十一幅		修理各機零件			
	小旋機一幅	七號	旋造機件及槍礮各件			
	廠內的用軸、挂脚、滑輪、枕架、皮帶輪、鐵絲繩全幅		牽動各機運轉聯絡兩廠各機	以上各機共價銀一萬二千五百兩	以上各機光緒二十二年購置	
添置	刨床機一幅	三號	刨平機件及槍礮各件			
	銑床機一幅	三號	銑淨機件及槍礮各件			
	擦床機一幅	二號	擦光機件及槍礮各件			
	平刨機一幅	二號	刨平機件及槍礮各件	以上三機共價銀三千四百六十六兩四錢九分三厘	以上三機光緒三十四年購置	
	兩節鏇床機一幅	二號	旋造機件及槍礮各件			
	剪刀機一幅		剪造機件及槍礮各件			
	粗細壓銅輥機一幅	四號	壓造銀銅各片			
附記	查原有機器十三部，添置機器七部。理合登明。			以上四機並銀元廠添置各機器價銀二萬兩	以上四機宣統元年購置	以上各機均由上海德商禮和洋行購辦

採礦冶煉工業分部

綜述

盛康《皇朝經世文編續編》卷五七李鴻章《籌辦漠河金廠疏光緒十三年》

奏爲黑龍江漠河金廠擬定官督商辦詳細章程，以開利源而杜邊患，恭摺密陳，仰祈聖鑒事。竊臣前准軍機大臣密寄，光緒十二年十二月二十八日奉上諭，恭鏜等奏漠河金廠亟應舉辦一摺。黑龍江漠河山地方，上年曾有中俄匪徒過江偷挖金礦，自應及時開採，以杜外人覬覦。著李鴻章選派熟習礦務幹員，迅往黑龍江，隨同恭鏜認真勘辦。如津滬股實各商，有情願承辦之人，並著飭令同往，俾可圖成。另片奏，吉林候補知府李金鏞，熟悉礦務，請飭派往會辦等語。即著希元轉飭，赴黑龍江會辦等因，欽此。仰見聖明思患預防，籌邊興利之至意。臣查漠河金礦，出産頗旺。往年俄人越境開採，華商間往收買金沙。自光緒十一年秋間派兵驅逐，孽芽未净。迭接出使大臣劉瑞芬函稱，俄國官商，仍思集股採取。若不及早籌辦，久必爲人佔據，貽患匪輕。惟地處極邊，集貲不易，得人尤難。當經恭鏜奏派道員用候補知府李金鏞，前往查勘。所有勘礦及籌辦大略情形，恭鏜已於本年九月奏明。飭李金鏞來臣處稟商一切，擬定詳細章程，由臣先行具奏在案。該員於十一月杪來保定面稟，據呈章程十六條。臣逐一覆核，皆該處開礦應辦之事。其中自備輪船、開通陸路、募勇保護、招回流民四條，於邊防尤有關係。現擬仿照西國公司之法，招集股本二十萬兩，先行試辦。惟近日商情困敝，股分驟難集成。據該員聲稱，年内外趕緊勸集，約不過六七萬金，合之恭鏜籌借庫款三萬兩，僅得其半。北洋庫儲支絀，無可騰挪。適有天津商人情願出借，當即由臣代借十萬兩，以足二十萬之數。一俟股分招齊，將借款陸續繳還。將來開辦後，所獲餘利，除開支局用官利外，當以十成之三，呈交黑龍江將軍衙門，報充軍餉。應用礦師，詢據山東平度州礦局道員李宗岱電稟，該局礦師美國人阿魯士威明年四月内可往漠河察勘。一面購置機器，建造廠屋，以備剋期開工。前奉諭旨，敕臣遴派幹員迅往勘辦。臣查李金鏞血性忠勇，不避艱險，向本隨臣辦事，經前吉林將軍銘安奏辦琿春墾務，兼理中俄交涉事件，先後將及十年，邊情最爲熟悉。此次勘礦之便；恭鏜派赴精奇里江南岸，與俄酋釐定四十八旗屯地界尤能力持正議，動合機宜。現與恭鏜往返函商，擬即飭令該員總辦礦務。該廠地處極邊，驛程稽滯，除重大事件，應稟商黑龍江將軍酌奪，其餘一切，准由該員相機妥辦，以專責成。竊惟金礦之興，數十年來，競推美之舊金山、英之新金山及俄之悉畢爾部，皆係荒地，開採以後，日臻繁殖，遂成都會。新、舊兩金山，近年出金漸少，而耕牧之利代興，惟俄猶擅此爲國大利。查漠河一帶山脈，正接俄境悉畢爾諸山。據稱金苗長及五百里，李金鏞所呈金樣，成色尚佳，中外謂爲金穴似非無據。從來疆埸之間常以虛實爲强弱，俄自嘉慶季年創開金礦，逐漸締造，至道光咸豐之際，尼布楚遂爲雄城，已有駸駸東逼之勢，其時中原多故，未暇兼營，遂至以彼之實，乘我之虛，侵我邊陲如涉庭户。今之新界，三面斗入，僅隔一江，彼方治兵招礦，並議自打穆斯克至烏蘇里海參崴一帶，興築鐵路，綿亘黑龍江、吉林東北伺隙蹈瑕，意殊叵測。漠河、奇乾河之間，尤所注意。漠河距將軍都統所駐，均極窵遠。而齊齊哈爾、墨爾根兩城，且隔在内興安嶺之南。若不及早經營，誠爲可虞。夫實邊之計在人，聚人之計在財。該處林木富饒，地氣本旺，特以極邊寒苦，千餘里荒僻，絶無人煙。若金礦一開，人皆趨利，商賈駢集，屯牧並興，可與黑龍江北岸俄城聲勢對抗。外以折强鄰窺伺之漸，内以植百年根本之謀，且因此自行輪船，則江面不令獨佔；開通山路，則軍府不至遠懸，此皆防患未萌，而不容稍緩者也。現在開通運道工程，尤爲緊要，必須藉資兵力，應請敕下黑龍江將軍會商練兵大臣，派兵一二千名，隨往調遣。至經辦各員，涉歷險遠，創造艱難。將來著有成效，應將出力人員，懇恩准予從優保獎，以昭激勸。謹將李金鏞籌議章程十六條，照繕清單，恭呈御覽。

一、設局宜統籌也。雇礦師、購機器、蓋房屋、置車輛、買牲口、設碼頭、招流民、募勇丁、造輪船、開山路，事多用繁，非籌足資本，無從入手。惟近年南北災荒，勢難剋期集事。今擬先招商股二十萬兩，惟恐一時難齊，仰蒙北洋大臣李保藉商人銀十萬兩，又蒙黑龍江將軍恭籌撥庫銀三萬兩，此兩款應俟招股齊時先行繳還。

一、股本宜招集也。南中近年市面蕭條，其殷實之家，固尚不少。或因他處之礦，得手無多，不免裹足。不知漠河金沙，已爲俄人確著明效。然恐羣情多疑，故先借款創舉，以期共信。凡官紳富商，同抱公忠，必有樂助其成者，應仍招股集貲辦理。現議籌本二十萬兩，分作二千股。每股收天津行平化寶銀一百兩，如交上海規元，每股收一百零六兩，填發股票一張，息摺一扣。認票不認人，一股至百股，均可附搭。擬於上海、天津、吉林等處，遴派妥友設立分局招徠，俟股滿即行截數。長年官利七釐，均於次年端節憑摺支付。屆期先應匯銀至各分局就近支付，以免輾轉遠寄。即將來得金，亦運往該各分局銷售。

一、開辦宜定地也。勘得漠河在愛琿之西，江道一千五百餘里，是處起旱七十里，即達金廠。地名元寶山，兩邊帶坡高山，中間有溪河一道，寬一丈至丈三四尺不等。昔年俄人即在此溪兩邊，盜挖五六年，已挖長十四五里。惟溪身正脈，尚未挖及。西至奇乾、阿勒罕等河，均二百餘里，東至阿木爾河下游口三百餘里。據俄人云，此道金脈，自額爾古納河西山發源，經奇乾、阿勒罕直至阿木爾河下游，計長五百餘里。奇乾河與阿勒罕阿木爾河，均有挖迹可指。俄人所稱脈長五百餘里，或非無因，須俟美國礦師前往試鑽扦探，方知確鑿。茲擬就昔日俄人盜挖之處，先行開辦。俟辦有成效，其奇乾、阿勒罕等處，可次第辦理。卑府前次赴漠河所得金樣，即在溪邊之殘沙内淘出。經美國化學師樂百時化煉，計一千分中，得净金八百七十一分、銀七十五分、鉛硫磺鐵五十四分。據該化學師稱，此金可與美國舊金山之金並埒云。

一、礦師宜妥延也。既用機器，即不能無礦師。説者以爲雇用工頭爲礦師爲廉。然工頭僅熟機器，不識金脈，非老於礦學者，未易推測。況漠河金廠尚有數處，擬一面開辦，一面即四出相度。而工頭仍須雇用，惟向來泰西礦師，聲價自高，居處飲食，性喜侈靡。本公司事事核實，兼之僻在荒漠，須耐艱苦，宜擇用西國礦師之肯耐勞耐煩者。自總辦以下，祗能與廠中司事，同其隆殺。有功則賞，有過則罰。雖礦師所用之通事人等，亦不能任其迴護。如熱河礦師之哲爾者，平度礦師之阿魯士威，皆有本領。延訂合同内，聲明到廠後，如無明效，不拘年限即行辭换。

一、事權宜歸一也。竊以開創之事難，邊疆之事更難，邊疆而兼開創難而又難。漠河金廠，去齊齊哈爾省城，陸路幾二千里，内多人迹未到之地。凡有公文要件，須派人專送，或附俄輪送至愛琿驛站轉遞，往返極速亦須三四十日。凡遇風雪雨雹，更難定期。該處與俄界一江之隔，俄人久在漠河竊挖，今一旦收回，俄人耽耽逐逐之心，尤所莫測。此後交涉事件，勢必常有。遠道稟商，誠恐緩不濟急。可否遇有小事，即由卑府相機酌量妥辦；其重大事件，仍稟商北洋大臣、黑龍江將軍核奪。

一、輪船宜自備也。黑龍江本隸中國版圖，今則爲俄人獨行之江。由於我無船也。所設駐防，僅東有愛琿一處，其西至額爾古訥河一千七百里如入無人之境，雖新設卡倫二十處，兵力極單。山深路遥，消息難通。愛琿至漠河水路一千五百里，冬時猶可踏冰行車，夏則我無一舟可濟。因之兵糧往來，不得不借坐俄輪，種種受其挾制。然此猶患之輕者，其大害則在漠河金廠，久爲俄人竊挖覬覦。此次卑府奉差前赴黑龍江左分界，俄員諄諄以税租金廠爲託。今我一旦開採，彼不必違好興戎，祗須輪不我借，即糧無可運，金廠中人便有束手待斃之慮。反覆籌議，必須自備輪船，庶幾有恃無恐，且於邊防信息，亦可靈捷。惟黑龍江海口久爲人有，如輪船由他省置造，苦無海口可入。祗得商請吉林機器局，代造小輪二隻，一上一下，專以拖帶駁船爲主。造成後，可由松花江轉入黑龍江，直達漠河。查松花江上抵黑龍江之水道，淺處不過四五尺，小輪喫水當以四尺爲度，可期往來適用。並擬製造十二槳之小長龍船四隻，以濟輪船之不及，且可往來梭巡江面。再黑龍江二千里内，尚未探得産煤之處，俄國輪船往來，俱用木柴代煤。故江左沿江，每距三五十里，即有一村，村民砍木存儲供賣俄輪之用。江右絶無居民，我輪往來，用柴不便。擬稟請黑龍江將軍恭將原設之卡倫一律整頓，就飭各卡兵一體砍儲木柴待用，立定章程，給予價值。卡兵儲木不得缺誤，輪船給價不得短少。核計行船半年，每卡可得市錢數百千，該兵有此分外出息，當以卡倫爲優差。不但不視爲畏途，抑且争從其事矣。

一、機器宜購置也。産金之處，地氣嚴寒。夏秋之間，積雪始化。掘地四五尺，堅冰如鐵。金生於沙，沙凝於冰。須先融冰而後得沙，淘沙而後見金。工作非易。若全賴民夫，則費力多而見功難，佐以機器，則吸水淘金，事半功倍。且人夫少用，則良莠易辨，不使無業莠民，聚而成黨，其利一。人夫少用，則稽察易周，不致有藏匿、影射、偷漏等弊，其利二。人夫少用，則工價可省。且該處無煤而有樹，或用木柴，或燒木炭，皆極便易，其利三。惟此項機器，必須購自外洋。幸漠河之沙金與礦金不同，所用機器無多，僅需吸水、淘金、鑽地等件，每副價值，亦不甚鉅。但定購之時，宜加詳考，須求其至精至堅可適久用者，以免停工待修，虚糜貽誤。

一、用人宜慎選也。開辦一事，尤在襄助得人。惟黑龍江爲邊遠苦寒之地，漠河更遠更寒，内地有用之才，孰肯謀食於負罪謫戍之鄉。而鉅細諸務，非賴羣策羣力，不克相與有成。今欲任用得人，非豐薪優獎，不足養其家而得其力。所有監工稽查辦糧押運交案收支等事宜，均關重要。俟三年有成，實效昭彰，擬請擇其尤爲出力者，照異常勞績詳請從優保獎，以資觀感。漠河一帶，千餘里無人煙，艱險勞苦，勝於内地十倍。且開辦金廠，既藉以防邊，又可抽助軍餉。二者均關軍國大事，非破格獎勵，實不足昭激勸也。

一、流民宜招回也。查工作之役，應招土著之民。漠河金廠，地屬遐荒，民無土著。前有流入俄境之華民，即昔日俄人盜挖時招集之華民也。當時俄人從海參葳恰克圖等處雇覓山東、直隸之民。若輩開礦尚稱熟手，自官兵驅逐後，絶其歸路，俄人仍收作傭工。蚩蚩之衆，誰不思歸，不得已而易服從人，以圖生命，凌辱威嚇，困苦備嘗。今擬招回此項流民，仍爲我用，並優給工食，勤加約束，賞罰嚴明。在若輩久思仍回父母之邦，今一旦遂其所欲，其悦服可知。儻流民不敷遣用，所有愛琿等處八旗苦寒之人，願充斯工者，亦一體招入。

一、陸路宜開通也。查齊齊哈爾省城至愛琿，計程八百五十里。自愛琿附俄輪至漠河，有江道千五百里。水陸兼程，共二千三百五十里。若省城徑至漠河，由墨爾根取道入山，本有陸路可通。因山深林密，向爲人迹所不到。卑府親率員弁，冒險直入，探明捷徑，漠河去墨爾根一千五百里，墨爾根距省四百五十里，共一千九百五十里。復又另探一路，由齊齊哈爾逕達漠河，旱路僅止一千四五百里。照向來水陸兼程，可近八九百里。是開通運道爲急務也。惟雇募夫役，經費較鉅。擬請撥兵一二千人，除底餉外，量予犒賞。開路寬以一丈爲率，分哨定段，限日興挑。其監察一切，及設渡造橋，因地制宜，另議細目。斯役約一年可竣，工竣即可安電綫，置卡房，次第舉行。且道路既通，即以此項兵丁分佈要隘，人煙漸集，邊庭日益强固，亦足消强敵覬覦之心。即不開礦，亦是邊防要圖。

一、保護宜募勇也。查開辦後，招集流民，動以千計，日夕相聚，加以强鄰逼處，在在堪虞。存廠之款既必不少，挖出之金尤關重要。漠河口現有五百兵，以之駐防，尚慮不足，勢難調遣入廠，必須另募一營，即在金廠内自行籌給口分，由總辦爲統領，用西法西械，勤加訓練。庶内可以資彈壓，外可以與防兵聯爲一氣，聲勢既壯，礦務、邊務兩有裨益。

一、司帳宜公舉也。錢財出入，爲金廠之根本。況屬公司，尤宜公辦。主廠者不當兼理錢財，致涉嫌疑。今擬將收支事務，由股本最大者公舉，保薦平素誠實有望之人，然後延訂。將來如有虧空舞弊等情，一經查出，惟原薦主理直認賠。即在股本内扣還。凡經理銀錢，非任勞任怨者，不能稱職。儻有人商借挪移，自當破除情面，一概回絶。即如總辦、員司等，除每月初二日給領薪水外，亦不得透支分文，以重公款。

一、股友宜助理也。凡入股之友，皆與廠中有維繫之勢。議定萬金之股，或自駐廠，或派人駐廠，以便監察金銀出入。如廠中有合宜職司，自當量才派事，開支薪水；如不諳公務，或無職司可派，僅能供給火食，不送薪水，祇可在廠查察帳房侵虧、浮冒等弊，他處公事不得與聞。即司帳之人，於銀錢有出入不當處，亦宜通知總辦核奪。至於未滿百股之友，亦有三四千金搭入者，准其二三人湊足百股，公派一人到廠監視，以憑共信。其餘零星股友，均不得援以爲例。

一、局用宜節省也。所用各員司人等，按其責任之輕重，才能之大小，酌定薪水之多寡。既不失之於刻，亦不失之於寬。即因邊地苦寒，非重禄不足以勸士。然少用一人，則費自省矣。至局中飯食、油燭、心紅、筆墨、紙張、雜用一切等項，必須實用實銷，不得浮開浪費，致使公本虚糜。如各員司因公他往，無論遠近，車馬等費由局動支。至因一己私事出外，由本人自備，事事皆歸實濟。凡收支各帳，週年彙齊刊刻清册，分送各股友閲核，以憑徵信。並呈報北洋大臣、黑龍江將軍查覈。

一、盈虧宜預計也。開辦一年後，出金果旺，獲利果多，是公司與股友幸事。如無盈餘，亦未折耗，在股者一時不准提本。只准招人接替，更易姓名，調換股票息摺。萬一股本有虧折之處，由總辦稟知北洋大臣、黑龍江將軍，並函商股分最大者定奪辦理。不參私意，當取公評，以爲行止。

一、餘利宜分派也。金廠開辦後，每日所得金沙，由監工稽查，同送至收金所。經主廠者眼同兑收，登册蓋戳，聚總鎔鍊成條，運售津、滬各處。按月一小結，週年一總結，共得金沙合銀若干兩，除將借款陸續提還，並將官利及員司、礦師薪水、局費、夫役護勇工食一切開支外，若有盈餘，作爲二十成均分，内呈交黑龍江將軍衙門六成，報充軍餉；商股十成；本廠員友、司事花紅四成，在廠之人自總辦及員司夫役等皆得均沾酌賞。計人計功，不得使有一人向隅。

「中央研究院」近代史研究所《礦務檔》第七册《光緒十五年五月初四日總署收黑龍江將軍恭鏜文附漠河總局及各處分局在差員司書識銜名清册咨送漠河金廠總局及各處分局在差員司書識銜名清册》

五月初四日，黑龍江將軍恭鏜文

稱，齊齊哈爾省城礦務局案呈：據督理黑龍江等處礦務吉林候補道李金鏞稟稱，竊職道於光緒十四年正月十六日，奉北洋大臣李札准總理衙門咨開，議覆奏准漠河開辦金廠章程内，慎選用人一條。議俟三年後，如果實效昭彰，准擇尤爲出力者，照異常勞績，從優酌保；出力較次者，照尋常勞績保獎。仍應查照定章，將各該員到廠日期，及經管何項事務，先行咨部立案等因。奉此，職道到廠後，曾將開工日期，及一切開辦情形，疊經稟報在案。惟念礦務綦重，而地又邊荒遼遠，首尾難顧，指臂須資，不得不調用多人，分飭辦理。但流品不一，而選擇須精。總當任用賢能，因材器使，以期於事有濟而已。惟是開工在十四年冬間，而探路勘苗、監工造屋則在十三年夏秋；購辦糧食、裝運輪船則在十四年春；由津滬解運鎗礮軍火、購辦機器、招徠股分、置買一切物件及海道轉運，則在十四年夏秋。是開工以前，事務之經營布置，將届兩年。員司之奔走馳驅，亦非一日。惟任事有難易之别，到差有前後不同，亦先分晰聲明，以昭核實。今如總局文案、支應監工、稽查收金，並奇乾河分廠各差，事極煩劇。雖名則於開工後始派職司，而實則在開工前亦多辦事。至愛琿、營口、奉天、吉林、齊齊哈爾以及俄之聶格來斯布里各分局，或採辦或採商，各有專責，皆當以到差之日爲到廠之期。庶不没其前勞，而昭允洽。除俟日後礦師探明另有苗脉暢旺之處，加設分局，再行酌派員司外，所有現在各員司銜名、職司及到差日期，應即謹照總理衙門議奏之條，並遵定章造具清册，稟請咨達立案。俟得實效，再行稟請分别辦理等情前來，除批稟印發外，合請照造清册，分别咨報備案等情。據此。相應造册咨呈總理衙門，鑒核備案施行。

〔附〕照録清册

欽命鎮守黑龍江等處地方將軍新調杭州將軍頭品頂戴隨帶軍功加一級紀録三次恭，爲造册咨送事，兹將督理黑龍江等處礦務三品銜吉林候補道李金鏞呈送漠河總局及各處分局在差員司、書識銜名清册，照録咨送總理各國事務衙門立案施行。須至册者。

計開：

漠河總局：奏派督理黑龍江等處礦務三品銜吉林候補道李金鏞，提調湖北候補副將郭長雲（光緒十四年三月奏調，五月到差，監造礮船），委員五品藍翎候選州同屠瑞春（光緒十三年九月隨從辦事，現派總辦文案，兼交涉處事件），委員理問職銜閃廣綸（光緒十四年十二月到差，派會辦文案，兼交涉處事件），司事附生宋小濂（光緒十四年十二月到廠，派文案，兼交涉處事件），司事文童秦世銓（光緒十四年十二月到廠，派隨辦文案，交涉處事件），司事五品頂戴候選從九品劉虞卿（光緒十四年六月到廠，現派繪圖測量，兼文案、交涉處事件），委員縣丞職銜唐允中（光緒十四年六月派轉運差，現派總辦支應所），司事文童孫宗培（光緒十四年十二月派幫辦支應所），委員候選從九品華文煥（光緒十四年三月派支應差，現派收金所），委員知府用候選同知李沛恩（光緒十四年三月派吉林招股採辦，現派上海至俄國聶格來斯轉運），司事監生郭之培（光緒十五年二月派至上海聶格來斯幫同轉運），司事五品頂戴縣丞職銜張壽華（光緒十四年四月到廠，監造局房，現派礶硐監工），司事花翎游擊馬標（光緒十四年十二月到廠，派礶硐監工），司事六品頂戴傅平颺（光緒十四年十二月到廠，派礶硐監工），司事縣丞職銜屠兆紳（光緒十四年六月派轉運差，現派鎔金事），司事五品頂戴張應春（光緒十四年六月派管機器房事），官醫生文童劉廷墉（光緒十四年十二月到廠），司事文童唐芳榮（光緒十四年十二月派管藥局），司事五品頂戴張殿揆（光緒十四年十二月派管雜貨房），司事文童楊世鸞（光緒十四年十二月派管雜貨房），司事五品頂戴王龍德（光緒十四年六月派管糧房），司事七品頂戴鮑俾章（光緒十四年六月派管糧房），司事候選從九品馮馥昌（光緒十三年四月隨從探路，五月派監造局房，現派管理鐵木材料所），委員儘先都司何安祥（光緒十三年四月隨從探路），委員六品頂戴候選縣丞何培基（光緒十三年四月隨從探路），委員興安城鄂倫春佐領烈欽泰（光緒十三年四月隨從探路），司事五品頂戴王箴（光緒十三年四月隨從探路，十四年九月派解餉銀，現派運解金沙），司事六品頂戴崔峰（光緒十三年四月隨從探路，十四年九月派解餉銀，現派運解金沙），俄礦師奄密利訥福（光緒十五年二月訂派探勘金苗），司事鹽大使職銜李湛恩（光緒十四年三月派轉運，現派幫同探勘金苗），司事監生梁掌卿（光緒十五年二月派總局繙譯俄文），統領漠河防營巴彦蘇蘇協領聶車布（光緒十四年十二月派兼礦務總查），布特哈正黄旗世襲佐領委參領薩斌圖（光緒十五年正月派修路總監工），已革候補副將周炳琳（光緒十四年五月派轉運及廠所監工，現派修路監工），已革筆帖式廷憲（光緒十四年五月派轉運及廠所監工，現派修路監工），司事六品頂戴桑滋桂（光緒十四年八月派鐵木廠監生），委員縣丞職銜費殿賡（光緒十四年十一月派呼蘭辦糧），委員六品頂戴候選從九品秦世鈺（光緒十四年十一月派呼蘭辦糧），委員儘先候選縣丞禄崧（光緒十四年十一月派巴彦蘇蘇辦糧），委員藍翎候選巡檢余慎（光緒十四年五月派伯都訥辦糧，現派總局盤查），委員湖北候補縣丞郭之萬（光緒十四年三月派轉運軍裝，現派總局稽查出入），司事七品頂戴方昌振（光緒十四年十一月派採辦，現派錫爾沽裝船），司事五品頂戴翁心來（光緒十四年三月派幫運軍裝，現派批解金沙），記名遇缺簡放提督達勇巴圖魯向文燕（光緒十四年六月派海道轉運，現管帶馬步兩隊），藍翎千總黃海雲（光緒十四年十月派步隊哨官），司事五品藍翎拔補把總張榮高（光緒十四年八月派船廠監工），司事五品頂戴胡秉彝（光緒十四年八月派船廠監工），司事七品頂戴郭玉柱（光緒十四年十二月派充總局俄語通事）。

間房盤查局：　委員山東試用縣丞鍾元懋（光緒十四年六月派海道押運，現派盤查局），書識筆帖式毓秀（光緒十四年十二月到局）。

漠河口局：　委員候選巡檢華金鰲（光緒十四年十二月到差），司事監大使職銜俞璜（光緒十四年六月派收發處），司事五品頂戴戈建勛（光緒十四年六月派收發處），書識文童高文閣（光緒十四年十二月到局），書識五品頂戴宋玉楨（光緒十四年十二月到局）。

奇乾河分局：　委員五品頂戴候選縣丞强惠源（光緒十四年正月派愛琿採辦，現派分局），司事監生胡溶（光緒十四年十二月派辦公牘），司事府經歷職銜屠汝昌（光緒十四年十二月派礌硐監工），委員直隸試用縣丞王慶長（光緒十三年四月隨從探路，現派稽查出入），司事都司銜儘先守備郭順祥（光緒十四年十二月派礌硐監工），司事候選巡檢吴丙照（光緒十四年十二月派礌硐監工），司事六品頂戴候選從九品徐容光（光緒十四年七月派海道押運，現派支應，兼收金所），司事增貢生丁丹桂（光緒十四年十二月派收金所），司事五品頂戴郭鳳飛（光緒十四年十二月派管貨房），司事五品頂戴强本源（光緒十四年六月派漠河監造局房，現派管貨房），司事六品頂戴吴振興（光緒十四年十二月派管糧房），委員衛守備職銜秋應潮（光緒十四年十二月派阿爾罕河口盤查局），司事藍翎守備萬光興（光緒十四年十二月到廠，派由乾至漠批解金沙），司事儘先把總劉開泰（光緒十四年十二月到廠，派由乾至漠批解金沙），哨官已革游擊周文先（光緒十四年十二月派管帶步隊）。

墨河口局：　司事五品頂戴候選從九品謝良弼（光緒十四年十二月派收發事件），司事五品頂戴馬祚長（光緒十四年十二月派收發事件），委員六品頂戴候選巡檢郝恩溥（光緒十四年十二月派盤查局）。

愛琿轉運總局：　委員五品頂戴候選縣丞顧慶祥（光緒十四年三月到差），司事五品頂戴候選從九品史鑄悠（光緒十四年十二月派管銀錢事件），書識文童孫福基（光緒十四年十二月到局），司事監生郭福存（光緒十四年十二月到局），司事委筆帖式瑞昌（光緒十四年四月派輪船押運），通事六品頂戴沙存有（光緒十四年四月派輪船通事），司事記名倉屯站官夷務筆帖式豐紳額（光緒十五年三月派輪船押運），水師營四品官邊界理事廳慶祺（光緒十四年四月派兼黑河屯輪船及交涉事件），俄文繙譯官員外郎銜候補主事賡善（光緒十四年四月派兼俄文繙譯），黑河屯電報局委員候選通判紀堪第（光緒十四年十二月派兼礦務文報），委員候選七品小京官麐祥（光緒十四年十二月派招募礦丁差）。

錫爾沽轉運分局：　委員候選通判張維賢（光緒十四年七月派轉運差，現派分局），司事筆帖式西拉布（光緒十四年十二月到局），司事領催景福（光緒十五年三月到差）。

齊齊哈爾省局：　協領哲爾精阿（光緒十四年三月派辦招股事件，總理文案），主事英壽（光緒十四年三月派辦招股事件，總核文案），候選從九品孟文彬（光緒十四年三月派經管文報，兼招股事件），站官喜德（光緒十四年三月派經管文報，兼招股事件），筆帖式全順（光緒十四年三月派經管文報，兼招股事件），書識佛勒春（光緒十四年三月派辦轉運各事件，繕寫文件），書識忠志（光緒十四年三月派辦轉運各事件，繕寫文件），書識明山（光緒十四年三月派辦轉運各事件，繕寫文件），齊齊哈爾電報局委員難廕儘先知縣劉兆棟（光緒十四年十二月派礦務局駐省採辦）。

吉林分局：　委員五品藍翎候選縣丞陳世敬（光緒十四年六月派辦招股事件），吉林電報局委員五品頂戴候選主簿廖嘉綬（光緒十四年六月派差），鹽大使職銜汪士仁（光緒十四年六月派差）。

奉天分局：　奉天電報局委員知縣用分發試用縣丞馬籀圖（光緒十四年七月委派招股事件）。

營口轉運分局：　營口電報局委員候選知縣朱福春（光緒十四年四月派轉運事件），營口轉運局委員北河候補縣丞查富璣（光緒十四年四月派轉運事件）。

天津分局：　委員候選州同詹思聖（光緒十四年三月派招股及售金事件），委員五品銜直隸州用直隸候補知縣胡良駒（光緒十四年三月派招股及售金事件），委員四品銜知州用直隸候補通判惲秀孫（光緒十四年三月派招股及售金事件）。

上海分局：　委員光禄寺署正職銜程彬（光緒十四年三月派招股採辦，裝僱輪船轉運，及售金事件），委員江蘇候補理問樊棻（光緒十四年三月派招股採辦，裝僱輪船轉運，及售金事件），司事布經歷職銜盛兆楨（光緒十四年三月派上海分局），司事理問銜候選縣丞宋齊奎（光緒十四年三月派上海分局）。

俄國聶格來司轉運：　委員五品銜河南候補知縣楊廷杲（光緒十四年五月派俄

國聶格來司轉運）。

俄國布里接運：委員候選通判莊達璋（光緒十四年五月派俄國布里接運），司事五品頂戴候選縣丞丁兆淦（光緒十四年五月派俄國布里接運），右册呈總理衙門，光緒十五年四月二十二日。

「中央研究院」近代史研究所《礦務檔》第七册《光緒十六年正月十七日總署收黑龍江將軍依克唐阿文附漠乾兩廠光緒十五年十月分收支金數清摺咨呈漠乾兩金廠光緒十五年十月分收支金數清摺》 正月十七日，黑龍江將軍依克唐阿文稱，據齊齊哈爾礦務局案呈：據督理黑龍江等處礦務吉林候補道李道金鏞稟稱，竊職道謹將九月以前漠乾兩廠收支金數並積存若干，業經摺報在案。玆查十月内，除停工外，漠廠得金二千零八十二兩四錢八分，加二申愛平一千一百八十九兩六錢二分八厘。乾廠得金三百六十兩零九錢二分五厘，加一申愛平三百九十七兩零一分七厘五毫。兩廠共一千五百八十六兩六錢四分五厘五毫。所有逐日收金並運出變價及前後積存各細數，理合造具四柱清摺，附稟呈報。伏祈鑒核備查施行。實爲公便等情，到本將軍。除批稟印發外，合請將原送清摺，照録咨呈等情。據此，相應咨呈。爲此咨呈總理各國事務衙門鑒核施行。

〔附〕照録清摺

奏派督理黑龍江等處礦務節制漠河防營三品銜吉林候補道，謹將光緒十五年十月分收支金數，繕具四柱清摺，呈送鑒核施行。須至摺者。

計開：

舊管：

一、存漠廠原沙計愛平六百六十二兩四錢五分二厘三毫。

一、存漠廠條金計愛平九兩九錢。

一、存乾廠原沙計愛平四百五十兩四錢二分三厘。

新收：

十月分，漠廠收數。

初一日，停工。

初二日，收原沙四十六兩二分。

初三日，收原沙五十兩九錢三分。

初四日，收原沙三十九兩一錢七分。

初五日，收原沙二十六兩二錢。

初六日，收原沙二十兩九錢五分。

初七日，收原沙十六兩一錢八分。

初八日，收原沙二十兩七錢。

初九日，收原沙三十八兩一錢九分。

初十日，收原沙四十三兩三錢九分。

十一日，收原沙四十五兩。

十二日，收原沙五十八兩三錢四分。

十三日，收原沙六十七兩六錢六分。

十四日，收原沙六十七兩八分。

十五日，收原沙五十四兩三錢六分。

十六日，收原沙四十九兩八錢三分。

十七日，收原沙三十二兩七錢。

十八日，收原沙二十兩七錢一分。

十九日，收原沙二十六兩九錢二分。

二十日，收原沙二十三兩六錢八分。

二十一日，收原沙二十八兩八錢七分。

二十二日，收原沙二十九兩四錢七分。

二十三日，收原沙二十八兩三錢一分。

二十四日，收原沙三十三兩六錢七分。

二十五日，收原沙三十五兩一錢。

二十六日，收原沙三十七兩五錢。

二十七日，收原沙三十八兩三錢九分。

二十八日，收原沙三十三兩四錢五分。

二十九日，收原沙三十三兩三錢二分。

三十日，收原沙三十五兩三錢九分。

新收：

十月分，乾廠收數。

初一日，停工。

初二日，收原沙十三兩五錢四分。

初三日，收原沙十四兩九分五厘。

初四日，收原沙十一兩六錢九分五厘。
初五日，收原沙十一兩九分五厘。
初六日，收原沙二十兩九錢五分。
初七日，收原沙八兩九錢二分。
初八日，收原沙十兩八錢六分五厘。
初九日，收原沙十兩六錢三分五厘。
初十日，收原沙十二兩七錢四分。
十一日，收原沙十三兩四錢四分五厘。
十二日，收原沙十四兩三錢。
十三日，收原沙十四兩四錢七分。
十四日，收原沙十六兩七錢九分五厘。
十五日，停工。
十六日，收原沙十三兩六錢五厘。
十七日，收原沙十二兩三錢四分。
十八日，收原沙十二兩二錢二分五厘。
十九日，收原沙十三兩九錢八分五厘。
二十日，收原沙十二兩八錢九分。
二十一日，收原沙十四兩七分五厘。
二十二日，收原沙十二兩七錢二分。
二十三日，收原沙十一兩八錢四分五厘。
二十五日，收原沙十三兩三錢。
二十六日，收原沙十三兩八錢四分五厘。
二十七日，收原沙十五兩三錢七分。
二十八日，收原沙十五兩一錢。
二十九日，收原沙十三兩七錢二分。
三十日，收原沙十三兩九錢八分五厘。

以上本月分，除停工外，共收漠廠原沙一千八十二兩四錢八分。按原定章程，提四成歸公，計原沙四百三十二兩五錢九分二厘；各礦丁應得六成，計原沙六百四十八兩八錢八分八厘。除照數隨市給價外，職局應得之沙，總計加一申愛平原沙一百八兩一錢四分八厘。兩共得愛平原沙五百四十兩七錢四分。

以上本月分，除停工外，共收乾廠原沙三百六十兩九錢二分五厘。按原定章程，提四成歸公，計原沙一百四十四兩三錢七分；各礦丁應得六成，計原沙二百十六兩五錢五分五厘。除照數隨市給價外，職局應得之沙，總計加一申愛平原沙三十六兩九分二厘五毫。兩共得愛平原沙一百八十兩四錢六分二厘五毫。

開除：

一、支十月二十一日，運赴格力別此乾廠原沙計愛平四百兩。換羌帖。

一、支十月二十四日，現售俄人乾廠條金小條一條，計愛平十一兩二錢二分。換羌帖，付俄人貨款。

一、支十月二十四日，現售俄人乾廠條金大條三條，小條一條半，計愛平八十四兩一錢七分。換羌帖，付俄人貨款。

一、支十月二十四日，煉條大條八條，小條八條，火耗乾廠原沙計愛平五兩七錢六分。

一、支十月三十日，運赴愛琿分局漠廠條金大條四十五條，計愛平一千八兩八分。

一、支十月三十日，運赴吉林分局漠廠條金大條十條，計愛平二百兩二分。

一、支十月三十日，煉條大條七十條，小條七條，火耗漠廠原沙計愛平二十七兩四錢九分。

以上共支漠乾廠條沙一千二百三十五兩五錢九分，五百一兩一錢五分。

實在：

一、存漠廠原沙計愛平二百一兩五錢三分三毫。

一、存漠廠條金計愛平四百二十四兩八錢六分。

一、存乾廠原沙計愛平一百二十六兩九錢九分五毫。

一、存乾廠條金計愛平一百七十四兩三錢。

以上共實存條沙九百二十七兩六錢八分八毫。

「中央研究院」近代史研究所《礦務檔》第七册《光緒十六年正月十七日總署收黑龍江將軍依克唐阿文附漠乾兩廠自光緒十四年十二月至十五年九月收支金數清摺咨呈漠乾兩金廠收支金數清摺》 正月十七日，黑龍江將軍依克唐阿文稱，據齊哈爾礦務局案呈：據督理黑龍江等處礦務吉林候補道李道金鏞稟稱，竊職廠收支各帳，因各分局散於四處，帳目一時難以彙齊。故前擬章程內，陳明週年彙齊刊刻清册，分送各股友閱核，以憑徵信，並呈報憲轅以及北洋大臣查覈，早經稟請附奏議准在案。惟每日收支金數，極應一月一報。祇因開辦事多，以致遲遲。兹將漠廠自光緒十四年十二月十三日，乾廠自光緒十五年正月十二日次第開工後，截止光緒十五年九月底止，除稟明每月朔望停工，並因風雹雨雪不能工作外，所有逐日收支暨積存若干金數，併繕四柱清摺，恭呈鑒核。此後謹當將每月收支金數，按月摺報，合併聲明等情。到本將軍。據此，除批據稟呈送漠乾兩廠自去年十二月開工起，至本年九月止，收支金數清摺，各情已悉。此繳印發外，除仰礦務局照録稟摺，分咨户部總署北洋大臣察核外，原摺存核。據此，相應咨呈，爲此咨呈總理各國事務衙門鑒核施行。

〔附〕照録鈔單

奏派督理黑龍江等處礦務節制漠河防營三品銜吉林候補道，謹將光緒十四年十二月開廠起，截至十五年九月底止，所有職局收支金沙數目，繕具四柱清摺，呈送鑒核施行。須至摺者。

計開：

舊官：無。

新收：十二月分，無。

正月分：

一、收初六日，漠廠毛沙二兩八錢。
一、收初七日，漠廠毛沙一兩六錢三分。
一、收初八日，漠廠毛沙一兩二錢九分。
一、收初九日，漠廠毛沙一兩九錢二分。
一、收初十日，漠廠毛沙二兩二錢一分。
一、收十一日，漠廠毛沙二兩五錢。
一、收十二日，漠廠毛沙三兩一錢一分。
一、收十三日，漠廠毛沙三兩七錢五分。
一、收十四日，漠廠毛沙四兩二錢八分七厘。
一、收十六日，漠廠毛沙三兩三分。
一、收十七日，漠廠毛沙四兩六錢四分。
一、收十八日，漠廠毛沙四兩七錢七分。
一、收十九日，漠廠毛沙五兩一錢七分。
一、收二十日，漠廠毛沙五兩一錢三分。
一、收二十一日，漠廠毛沙五兩一錢七分。
一、收二十二日，漠廠毛沙四兩八錢五分。
一、收二十三日，漠廠毛沙五兩三錢四分。
一、收二十四日，漠廠毛沙七兩二錢二分。
一、收二十五日，漠廠毛沙五兩八錢四分。
一、收二十六日，漠廠毛沙九兩二錢。
一、收二十七日，漠廠毛沙八兩六錢四分。
一、收二十八日，漠廠毛沙十一兩七錢二分。
一、收二十九日，漠廠毛沙八兩九錢九分。
一、收三十日，漠廠毛沙十一兩六錢一分。
一、收十四日，乾廠原沙二錢五厘。
一、收十五日，乾廠原沙二錢四分。
一、收十六日，乾廠原沙二兩三錢二分五厘。
一、收十七日，乾廠原沙三兩九錢五分五厘。
一、收十八日，乾廠原沙四兩三錢一分五厘。
一、收十九日，乾廠原沙五兩三錢三分五厘。
一、收二十日，乾廠原沙六兩四錢七分五厘。
一、收二十一日，乾廠原沙六兩七錢二分。
一、收二十二日，乾廠原沙五兩九錢四分。
一、收二十三日，乾廠原沙七兩八錢。
一、收二十四日，乾廠原沙八兩九分。
一、收二十五日，乾廠原沙八兩二錢四分。
一、收二十六日，乾廠原沙八兩二錢七分五厘。
一、收二十七日，乾廠原沙九兩九錢五分。
一、收二十八日，乾廠原沙十兩六錢九分。
一、收二十九日，乾廠原沙九兩一錢八分。
一、收三十日，乾廠原沙十兩九錢三分。

以上正月分，除歇工外，共收漠乾廠毛原沙一百二十四兩八錢一分七厘，除毛二兩七錢四分七厘，一百九兩四錢七分五厘。

查正月所出金沙，均屬無多。故當日過平，即逐户封存，謂之毛沙。至月底眼同該把頭歸併，將沙土礦沙吹淨後平準，謂之原沙。照數給價，合併聲明。

二月分，初一日，漠廠停工。

一、收初二日，漠廠毛沙十二兩八分。
一、收初三日，漠廠毛沙八兩七錢五分。
一、收初四日，漠廠毛沙十兩六錢二分。
一、收初五日，漠廠毛沙十二兩二錢二分。
一、收初六日，漠廠毛沙十一兩二錢二分。
一、收初七日，漠廠毛沙九兩四錢。
一、收初八日，漠廠毛沙十兩八錢二分。
一、收初九日，漠廠毛沙十四兩八錢八分。
一、收初十日，漠廠毛沙十二兩。
一、收十一日，漠廠毛沙十一兩九錢九分。
一、收十二日，漠廠毛沙十四兩一錢九分。
一、收十三日，漠廠毛沙十五兩四錢。
一、收十四日，漠廠毛沙十五兩五錢七分。
一、收十六日，漠廠毛沙十三兩七錢六分。
一、收十七日，漠廠毛沙二十一兩一錢。
一、收十八日，漠廠毛沙二十一兩九錢一分。
一、收十九日，漠廠毛沙二十兩二分。
一、收二十日，漠廠毛沙二十二兩八錢一分。
一、收二十一日，漠廠毛沙十八兩九錢二分。
一、收二十二日，漠廠毛沙十八兩二錢一分。
一、收二十三日，漠廠毛沙十八兩八錢三分。
一、收二十四日，漠廠毛沙二十四兩八錢。
一、收採金苗原沙二兩三錢六分。十五日，乾廠停工。
一、收初一日，乾廠原沙八兩六錢六分五厘。
一、收初二日，乾廠原沙四兩七錢八分五厘。
一、收初三日，乾廠原沙十二兩七分五厘。
一、收初四日，乾廠原沙十四兩四錢五分。
一、收初五日，乾廠原沙十三兩七錢五分。
一、收初六日，乾廠原沙十五兩一分。
一、收初七日，乾廠原沙十二兩八錢六分。
一、收初八日，乾廠原沙十四兩九錢一分。
一、收初九日，乾廠原沙十三兩一分。
一、收初十日，乾廠原沙十二兩八錢四分。
一、收十一日，乾廠原沙十一兩七錢一分。
一、收十二日，乾廠原沙十四兩六錢五分五厘。
一、收十三日，乾廠原沙十三兩四錢三分。
一、收十四日，乾廠原沙十三兩三錢八分。
一、收十六日，乾廠原沙十五兩五分。
一、收十七日，乾廠原沙十三兩二分。
一、收十八日，乾廠原沙十三兩四錢九分。
一、收十九日，乾廠原沙十四兩八錢五分。
一、收二十日，乾廠原沙十六兩三錢七分。
一、收二十一日，乾廠原沙十五兩二分。
一、收二十二日，乾廠原沙十四兩八錢七分。
一、收二十三日，乾廠原沙十四兩一錢。
一、收二十四日，乾廠原沙十六兩九錢五分五厘。
一、收採金苗原沙，查此項金沙，係十三年採苗所得。除送各署看樣外，剩存之沙，合併聲明。
一、收二十五日，漠廠毛沙二十五兩六錢五分。
一、收二十六日，漠廠毛沙二十八兩九錢四分。
一、收二十七日，漠廠毛沙二十三兩四錢五分。
一、收二十八日，漠廠毛沙二十二兩六錢七分。
一、收二十九日，漠廠毛沙二十二兩四錢。
一、收二十五日，乾廠原沙十八兩四錢六分。
一、收二十六日，乾廠原沙十八兩五錢七分五厘。
一、收二十七日，乾廠原沙十七兩六錢六分五厘。
一、收二十八日，乾廠原沙十九兩一錢三分五厘。

一、收二十九日，乾廠原沙二十兩七分五厘。

以上二月分，除歇工外，共收漢乾廠毛原沙四百六十二兩六錢一分，除毛十兩一錢六分，金苗原沙二兩三錢六分，四百三兩一錢六分五厘。

三月分，初一日，漢廠停工。

一、收初二日，漢廠原沙十七兩七錢五分。
一、收初三日，漢廠原沙二十三兩九錢九分。
一、收初四日，漢廠原沙二十六兩九錢五分。
一、收初五日，漢廠原沙二十八兩三分。
一、收初六日，漢廠原沙二十五兩四錢八分。
一、收初七日，漢廠原沙二十九兩五錢九分。
一、收初八日，漢廠原沙三十四兩八錢六分。
一、收初九日，漢廠原沙三十二兩七錢二分。
一、收初十日，漢廠原沙三十三兩六錢五分。
一、收十一日，漢廠原沙二十四兩。
一、收十二日，漢廠原沙二十九兩四錢一分。
一、收十三日，漢廠原沙三十一兩一錢一分。
一、收十四日，漢廠原沙三十二兩一錢三分。
一、收十五日，漢廠原沙三十二兩一錢三分。
一、收十六日，漢廠原沙四兩五錢三分。
一、收十七日，漢廠原沙十一兩八錢二分。
一、收十八日，漢廠原沙二十一兩四錢八分。
一、收十九日，漢廠原沙二十兩一錢八分。
一、收二十日，漢廠原沙二十四兩四分。
一、收二十一日，漢廠原沙二十八兩六錢八分。
一、收二十二日，漢廠原沙二十六兩九錢五分。
一、收二十三日，漢廠原沙二十五兩一錢六分。
一、收二十四日，漢廠原沙二十五兩二錢七分。
一、收二十五日，漢廠原沙三十六兩七錢二分。
一、收二十六日，漢廠原沙三十兩五錢七分。
一、收二十七日，漢廠原沙十六兩四錢七分。
一、收二十八日，漢廠原沙四十一兩五錢五分。
一、收二十九日，漢廠原沙四十兩六錢。
一、收三十日，漢廠原沙三十九兩二錢五分。十五日，乾廠停。
一、收初一日，乾廠原沙十六兩九錢八分五厘。
一、收初二日，乾廠原沙十八兩六錢七分五厘。
一、收初三日，乾廠原沙二十兩七錢一分五厘。
一、收初四日，乾廠原沙二十四兩四錢九分五厘。
一、收初五日，乾廠原沙十九兩八錢五分。
一、收初六日，乾廠原沙二十一兩八錢八分五厘。
一、收初七日，乾廠原沙二十一兩八錢五分。
一、收初八日，乾廠原沙二十兩五錢九分。
一、收初九日，乾廠原沙二十兩四錢四分。
一、收初十日，乾廠原沙二十兩五錢八分。
一、收十一日，乾廠原沙二十兩五錢四分。
一、收十二日，乾廠原沙二十四兩九錢。
一、收十三日，乾廠原沙二十一兩九錢八分。
一、收十四日，乾廠原沙二十三兩一錢五分五厘。
一、收十六日，乾廠原沙一錢三分。
一、收十七日，乾廠原沙八兩二錢六分五厘。
一、收十八日，乾廠原沙十一兩四錢一分。
一、收十九日，乾廠原沙十二兩八錢九分五厘。
一、收二十日，乾廠原沙十四兩六錢五厘。
一、收二十一日，乾廠原沙十七兩二錢五厘。
一、收二十二日，乾廠原沙十六兩六錢。
一、收二十三日，乾廠原沙十五兩五分。
一、收二十四日，乾廠原沙十四兩三錢二分五厘。
一、收二十五日，乾廠原沙十五兩六錢九分。
一、收二十六日，乾廠原沙七兩三錢九分。
一、收二十七日，乾廠原沙十七兩五錢一分五厘。
一、收二十八日，乾廠原沙十六兩五錢一分五厘。

一、收二十九日，乾廠原沙十七兩二錢九分。
一、收三十日，乾廠原沙十七兩六錢二分五厘。
以上三月分，除歇工外，共收漢乾廠原沙七百八十七兩二錢三分。四百九十九兩一錢五分。
四月分，初一日，漢廠停工。十五，漢乾廠停工。
一、收初二日，漢廠原沙三十二兩九錢六分。
一、收初三日，漢廠原沙二十六兩六分。
一、收初四日，漢廠原沙十七兩三錢五分。
一、收初五日，漢廠原沙八兩二分。
一、收初六日，漢廠原沙十兩七錢五分。
一、收初七日，漢廠原沙八兩四錢九分。
一、收初八日，漢廠原沙八兩五錢一分。
一、收初九日，漢廠原沙八兩八錢四分。
一、收初十日，漢廠原沙十七兩。
一、收十一日，漢廠原沙十四兩七分。
一、收十二日，漢廠原沙十四兩五錢四分。
一、收十三日，漢廠原沙十三兩四錢。
一、收十四日，漢廠原沙十四兩二錢八分。
一、收十六日，漢廠原沙十五兩四錢三分。
一、收十七日，漢廠原沙十三兩四錢四分。
一、收十八日，漢廠原沙十二兩九錢二分。
一、收十九日，漢廠原沙十二兩一錢。
一、收二十日，漢廠原沙十七兩七錢八分。
一、收二十一日，漢廠原沙十八兩七錢九分。
一、收二十二日，漢廠原沙二十一兩八錢。
一、收二十三日，漢廠原沙二十二兩八錢三分。
一、收二十四日，漢廠原沙二十二兩五分。
一、收二十五日，漢廠原沙二十二兩二錢三分。
一、收二十六日，漢廠原沙二十五兩二錢六分。
一、收二十七日，漢廠原沙二兩五錢一分。
一、收二十八日，漢廠原沙十兩八錢六分。
一、收二十九日，漢廠原沙十八兩九錢五分。
一、收三十日，漢廠原沙二十兩九錢一分。
一、收初一日，乾廠原沙二兩三錢五分五厘。
一、收初二日，乾廠原沙十九兩一分五厘。
一、收初三日，乾廠原沙十九兩九錢四分五厘。
一、收初四日，乾廠原沙十八兩三錢一分五分。
一、收初五日，乾廠原沙十四兩四錢一分。
一、收初六日，乾廠原沙十三兩九錢五分五厘。
一、收初七日，乾廠原沙十五兩八錢九分五厘。
一、收初九日，乾廠原沙十五兩六錢六分五厘。
一、收初十日，乾廠原沙十四兩八錢七分。
一、收十一日，乾廠原沙十八兩七錢二分。
一、收十二日，乾廠原沙十九兩七錢六分五厘。
一、收十三日，乾廠原沙二十三兩九錢八分五厘。
一、收十四日，乾廠原沙二十四兩九錢六分。
一、收十六日，乾廠原沙二十兩一錢五厘。
一、收十七日，乾廠原沙二十兩六錢五分五厘。
一、收十八日，乾廠原沙十九兩四錢六分五厘。
一、收十九日，乾廠原沙二十兩八錢七分。
一、收二十日，乾廠原沙二十兩八錢五分五厘。
一、收二十一日，乾廠原沙十六兩五錢四分。
一、收二十二日，乾廠原沙十七兩三錢二分。
一、收二十三日，乾廠原沙十九兩五錢二分。
一、收二十四日，乾廠原沙十七兩七錢三分五厘。
一、收二十五日，乾廠原沙十八兩三錢五分五厘。
一、收二十六日，乾廠原沙十三兩四錢八分五厘。
一、收二十七日，乾廠原沙十兩一錢五厘。
一、收二十八日，乾廠原沙十六兩一錢六分五厘。
一、收二十九日，乾廠原沙十九兩七錢一分。

一、收三十日，乾廠原沙十八兩四錢五厘。

以上四月分，除歇工外，共收漢乾廠原沙四百五十二兩一錢三分。五百四兩一錢七分五厘。

五月分，初五日，漢乾廠停工。

十五日，漢乾廠停工。

一、收初一日，漢廠原沙二十兩四錢四分。

一、收初二日，漢廠原沙二十兩七錢七分。

一、收初三日，漢廠原沙十八兩三分。

一、收初四日，漢廠原沙二十二兩一錢五分。

一、收初六日，漢廠原沙十四兩八錢五分。

一、收初七日，漢廠原沙七兩二錢二分。

一、收初八日，漢廠原沙七兩二錢二分。

一、收初九日，漢廠原沙十八兩八錢七分。

一、收初十日，漢廠原沙十六兩五錢一分。

一、收十一日，漢廠原沙十七兩一錢八分。

一、收十二日，漢廠原沙十九兩三錢。

一、收十三日，漢廠原沙二十兩五錢八分。

一、收十四日，漢廠原沙二十兩五錢五分。

一、收十六日，漢廠原沙十七兩八錢四分。

一、收十七日，漢廠原沙二十兩三錢四分。

一、收十八日，漢廠原沙二十三兩一分。

一、收十九日，漢廠原沙十九兩六錢九分。

一、收二十日，漢廠原沙二十六兩五分。

一、收二十一日，漢廠原沙二十二兩六錢七分。

一、收二十二日，漢廠原沙二十六兩五錢五分。

一、收二十三日，漢廠原沙二十五兩三錢三分。

一、收二十四日，漢廠原沙二十三兩一錢七分。

一、收二十五日，漢廠原沙二十一兩二錢八分。

一、收二十六日，漢廠原沙十八兩九錢八分。

一、收二十七日，漢廠原沙二十二兩七錢二分。

一、收二十八日，漢廠原沙二十五兩四錢九分。

一、收二十九日，漢廠原沙二十九兩九錢九分。

一、收初一日，乾廠原沙十五兩四錢八分。

一、收初二日，乾廠原沙十八兩七錢一分五厘。

一、收初三日，乾廠原沙十七兩二錢九分五厘。

一、收初四日，乾廠原沙十七兩一錢四分五厘。

一、收初六日，乾廠原沙十兩七分。

一、收初七日，乾廠原沙十六兩六錢一分。

一、收初八日，乾廠原沙十六兩六錢一分五厘。

一、收初九日，乾廠原沙二十兩九錢二分五厘。

一、收初十日，乾廠原沙十五兩八錢一分。

一、收十一日，乾廠原沙十六兩九錢七分。

一、收十二日，乾廠原沙十六兩八錢八分五厘。

一、收十三日，乾廠原沙十三兩八錢七分五厘。

一、收十四日，乾廠原沙十四兩二錢四分。

一、收十六日，乾廠原沙十七兩七分五厘。

一、收十七日，乾廠原沙十七兩三錢五分五厘。

一、收十八日，乾廠原沙十八兩五厘。

一、收十九日，乾廠原沙十五兩四錢三分。

一、收二十日，乾廠原沙十九兩二錢三分。

一、收二十一日，乾廠原沙十九兩一錢四分五厘。

一、收二十二日，乾廠原沙二十三兩四錢。

一、收二十三日，乾廠原沙十九兩九錢七分五厘。

一、收二十四日，乾廠原沙二十兩九錢二分。

一、收二十五日，乾廠原沙十八兩。

一、收二十六日，乾廠原沙十八兩二錢七分。

一、收二十七日，乾廠原沙十七兩九錢五分五厘。

一、收二十八日，乾廠原沙十七兩一錢二分五厘。

一、收二十九日，乾廠原沙二十兩七錢二分五厘。

以上五月分，除歇工外，共收漢乾廠原沙五百六十二兩九分。四百七十三兩二錢四分五厘。

六月分，初一日，漢乾廠停工。

十五日，漢乾廠停工。

一、收初二日，漢廠原沙二十二兩八錢六分。
一、收初三日，漢廠原沙二十七兩七錢四分。
一、收初四日，漢廠原沙三十一兩八錢三分。
一、收初五日，漢廠原沙三十四兩四錢七分。
一、收初六日，漢廠原沙二十五兩九錢九分。
一、收初七日，漢廠原沙三十兩四錢四分。
一、收初八日，漢廠原沙三十兩五錢一分。
一、收初九日，漢廠原沙二十一兩七分。
一、收初十日，漢廠原沙九兩二錢五分。
一、收十一日，漢廠原沙十六兩六錢五分。
一、收十二日，漢廠原沙十六兩九錢一分。
一、收十三日，漢廠原沙十五兩一錢九分。
一、收十四日，漢廠原沙四十二兩二錢二分。
一、收十六日，漢廠原沙三十三兩四錢七分。
一、收十七日，漢廠原沙三十二兩一錢九分。
一、收十八日，漢廠原沙四十一兩四錢五分。
一、收十九日，漢廠原沙四十四兩七錢四分。
一、收二十日，漢廠原沙六十五兩一錢二分。
一、收二十一日，漢廠原沙五十六兩五錢五分。
一、收二十二日，漢廠原沙六十三兩三錢七分。
一、收二十三日，漢廠原沙五十四兩五錢四分。
一、收二十四日，漢廠原沙七十五兩一錢四分。
一、收二十五日，漢廠原沙七十五兩七錢八分。
一、收二十六日，漢廠原沙七十九兩三錢七分。
一、收二十七日，漢廠原沙七十一兩五分。
一、收二十八日，漢廠原沙七十二兩五錢四分。
一、收二十九日，漢廠原沙七十九兩四錢三分。
一、收三十日，漢廠原沙八十兩九錢七分。
一、收搖簸箕原沙三分五厘。
一、收搜出俄工匿金五錢四分。
一、收初二日，乾廠原沙十六兩。
一、收初三日，乾廠原沙十七兩七分。
一、收初四日，乾廠原沙十六兩二錢五厘。
一、收初五日，乾廠原沙十六兩二錢九分。
一、收初六日，乾廠原沙十五兩五錢七分五厘。
一、收初七日，乾廠原沙十五兩八錢三分。
一、收初八日，乾廠原沙十兩六錢。
一、收初九日，乾廠原沙十四兩三分五厘。
一、收初十日，乾廠原沙十三兩一錢四分五厘。
一、收十一日，乾廠原沙十三兩四錢四分五厘。
一、收十二日，乾廠原沙十七兩五厘。
一、收十三日，乾廠原沙十六兩四錢八分五厘。
一、收十四日，乾廠原沙十九兩七錢四分。
一、收十六日，乾廠原沙十七兩一錢三分。
一、收十七日，乾廠原沙二十兩三錢九分。
一、收十八日，乾廠原沙二十四兩七錢五分五厘。
一、收十九日，乾廠原沙二十二兩一錢一分。
一、收二十日，乾廠原沙二十兩。
一、收二十一日，乾廠原沙二十兩四錢六分。
一、收二十二日，乾廠原沙二十四兩二錢九分五厘。
一、收二十三日，乾廠原沙二十二兩八錢一分五厘。
一、收二十四日，乾廠原沙三十一兩一錢二分。
一、收二十五日，乾廠原沙二十六兩五錢一分五厘。
一、收二十六日，乾廠原沙二十四兩九錢七分五厘。
一、收二十七日，乾廠原沙二十一兩六錢一分五厘。
一、收二十八日，乾廠原沙二十四兩一錢七分五厘。
一、收二十九日，乾廠原沙二十二兩九錢九分五厘。

一、收三十日，乾廠原沙二十六兩二錢六分五厘。

以上六月分，除歇工外，共收漢乾廠原沙一千二百五十兩七錢七分五厘。

匿金五錢四分，五百五十一兩四分。

七月分，初一、十五日，二十四日，漢廠停工。

十五日，初一、三，二十三、四日，乾廠停工。

一、收初二日，漢廠原沙八十二兩四分。

一、收初三日，漢廠原沙二十九兩二錢三分。

一、收初四日，漢廠原沙八十三兩三錢四分。

一、收初五日，漢廠原沙九十七兩九分。

一、收初六日，漢廠原沙九十三兩七錢五分。

一、收初七日，漢廠原沙九十二兩七錢六分。

一、收初八日，漢廠原沙一百二兩二分。

一、收初九日，漢廠原沙一百八兩九錢五分。

一、收初十日，漢廠原沙一百十一兩六錢七分。

一、收十一日，漢廠原沙一百二十兩一錢二分。

一、收十二日，漢廠原沙一百十三兩一錢三分。

一、收十三日，漢廠原沙九十四兩八錢一分。

一、收十四日，漢廠原沙一百十五兩三錢六分。

一、收十六日，漢廠原沙九十二兩二錢。

一、收十七日，漢廠原沙九十六兩九錢。

一、收十八日，漢廠原沙一百二十一兩五錢四分。

一、收十九日，漢廠原沙一百十七兩四分。

一、收二十日，漢廠原沙八十七兩一錢九分。

一、收二十一日，漢廠原沙八十兩六錢。

一、收二十二日，漢廠原沙一百三兩六錢三分。

一、收二十三日，漢廠原沙十三兩九錢八分。

一、收二十五日，漢廠原沙五兩五錢五分。

一、收二十六日，漢廠原沙三十七兩九錢九分。

一、收二十七日，漢廠原沙五十三兩四分。

一、收二十八日，漢廠原沙五十八兩七錢六分。

一、收二十九日，漢廠原沙八十三兩七錢。

一、收初二日，乾廠原沙十七兩四錢三分五厘。

一、收初四日，乾廠原沙十四兩四錢五分五厘。

一、收初五日，乾廠原沙二十三兩一錢九分五厘。

一、收初六日，乾廠原沙二十兩九錢八分。

一、收初七日，乾廠原沙十七兩六錢三分。

一、收初八日，乾廠原沙二十兩七錢九分五厘。

一、收初九日，乾廠原沙二十三兩八錢五分。

一、收初十日，乾廠原沙二十兩九錢四分五厘。

一、收十一日，乾廠原沙三十六兩七錢二分五厘。

一、收十二日，乾廠原沙三十二兩八錢八分。

一、收十三日，乾廠原沙二十二兩七錢五厘。

一、收十四日，乾廠原沙二十五兩五錢八分。

一、收十六日，乾廠原沙三十二兩二錢八分五厘。

一、收十七日，乾廠原沙二十三兩九錢六分五厘。

一、收十八日，乾廠原沙三十一兩五錢三分五厘。

一、收十九日，乾廠原沙二十三兩七錢七分。

一、收二十日，乾廠原沙二十一兩三錢七分。

一、收二十一日，乾廠原沙十五兩九錢三分五厘。

一、收二十二日，乾廠原沙二十三兩三錢二分。

一、收二十五日，乾廠原沙三兩二錢八分五厘。

一、收二十六日，乾廠原沙九兩七錢五分。

一、收二十七日，乾廠原沙十六兩二錢四分。

一、收二十八日，乾廠原沙二十一兩三分。

一、收二十九日，乾廠原沙二十一兩六錢八分五厘。

以上七月分，除大雨歇工外，共收漢乾廠原沙二千一百九十六兩三錢九分，

四百八十兩三錢四分五厘。

八月分，初一日，乾廠停工。

十五日，漢乾廠停工。

一、收初一日，漢廠原沙八十四兩六錢九分。

一、收初二日，漢廠原沙八十八兩三分。
一、收初三日，漢廠原沙九十八兩六錢五分。
一、收初四日，漢廠原沙九十四兩三錢七分。
一、收初五日，漢廠原沙一百兩三錢四分。
一、收初六日，漢廠原沙一百七兩四錢四分。
一、收初七日，漢廠原沙一百十七兩二錢三分。
一、收初八日，漢廠原沙九十二兩八分。
一、收初九日，漢廠原沙九十兩一錢七分。
一、收初十日，漢廠原沙九十七兩二錢六分。
一、收十一日，漢廠原沙一百兩六錢。
一、收十二日，漢廠原沙一百四兩八錢三分。
一、收十三日，漢廠原沙一百二十二兩六錢二分。
一、收十四日，漢廠原沙一百十一兩七錢四分。
一、收十六日，漢廠原沙五十七兩五錢五分。
一、收十七日，漢廠原沙七十九兩七錢。
一、收十八日，漢廠原沙八十七兩七錢九分。
一、收十九日，漢廠原沙九十二兩四錢七分。
一、收二十日，漢廠原沙八十六兩二錢五分。
一、收二十一日，漢廠原沙九十六兩八錢五分。
一、收二十二日，漢廠原沙八十四兩八錢六分。
一、收二十三日，漢廠原沙九十三兩四錢三分。
一、收二十四日，漢廠原沙八十六兩五錢。
一、收二十五日，漢廠原沙九兩三錢二分。
一、收二十六日，漢廠原沙七十兩一錢三分。
一、收二十七日，漢廠原沙六十四兩一錢四分。
一、收二十八日，漢廠原沙六十六兩九錢六分。
一、收二十九日，漢廠原沙六十四兩七錢。
一、收三十日，漢廠原沙二十八兩五錢五分。
一、收初二日，乾廠原沙十一兩三錢一分。
一、收初三日，乾廠原沙十六兩九錢八分。
一、收初四日，乾廠原沙十五兩五錢五厘。
一、收初五日，乾廠原沙十四兩一錢二分。
一、收初六日，乾廠原沙十八兩五錢六分五厘。
一、收初七日，乾廠原沙十五兩八錢四分五厘。
一、收初八日，乾廠原沙九兩七錢三分五厘。
一、收初九日，乾廠原沙二兩八錢四分五厘。
一、收初十日，乾廠原沙十六兩四錢三分五厘。
一、收十一日，乾廠原沙十七兩二錢一分五厘。
一、收十二日，乾廠原沙二十一兩七分。
一、收十三日，乾廠原沙二十兩七錢三分。
一、收十四日，乾廠原沙二十五兩九錢五厘。
一、收十六日，乾廠原沙十六兩四錢五分五厘。
一、收十七日，乾廠原沙二十六兩一錢四分。
一、收十八日，乾廠原沙二十三兩四錢一分。
一、收十九日，乾廠原沙二十四兩二錢八分五厘。
一、收二十日，乾廠原沙十八兩。
一、收二十一日，乾廠原沙二十六兩二錢八分五厘。
一、收二十二日，乾廠原沙二十六兩四錢四分。
一、收二十三日，乾廠原沙二十七兩六錢七分五厘。
一、收二十四日，乾廠原沙二十四兩五錢二分五厘。
一、收二十五日，乾廠原沙十五兩六錢八分。
一、收二十六日，乾廠原沙二十三兩四錢四分。
一、收二十七日，乾廠原沙二十四兩八錢九分五厘。
一、收二十八日，乾廠原沙二十一兩四錢五分。
一、收二十九日，乾廠原沙二十三兩六錢六分。
一、收三十日，乾廠原沙二十兩六錢五分五厘。

以上八月分，除歇工外，共收漢乾廠原沙二千四百七十九兩二錢八分。五百四十九兩二錢五分五厘。

九月分，初一日，漢乾廠停工。

十五日，乾廠停工。

一、收初二日，漢廠原沙三兩四錢七分。
一、收初三日，漢廠原沙十四兩三錢二分。
一、收初四日，漢廠原沙二十五兩一錢六分。
一、收初五日，漢廠原沙三十二兩一錢二分。
一、收初六日，漢廠原沙四十二兩四錢五分。
一、收初七日，漢廠原沙四十四兩二錢。
一、收初八日，漢廠原沙四十一兩一錢四分。
一、收初九日，漢廠原沙三十七兩五錢七分。
一、收初十日，漢廠原沙三十九兩四錢。
一、收十一日，漢廠原沙四十二兩八錢。
一、收十二日，漢廠原沙四十九兩三錢八分。
一、收十三日，漢廠原沙五十一兩一錢三分。
一、收十四日，漢廠原沙四十八兩五錢三分。
一、收十五日，漢廠原沙三十兩九錢九分。
一、收十六日，漢廠原沙五十九兩五錢三分。
一、收十七日，漢廠原沙六十六兩七錢二分。
一、收十八日，漢廠原沙六十兩六錢一分。
一、收十九日，漢廠原沙六十一兩三錢三分。
一、收二十日，漢廠原沙六十五兩七錢三分。
一、收二十一日，漢廠原沙五十九兩五錢三分。
一、收二十二日，漢廠原沙五十二兩五錢五分。
一、收二十三日，漢廠原沙五十五兩九錢三分。
一、收二十四日，漢廠原沙六十九兩三錢九分。
一、收二十五日，漢廠原沙五十九兩八錢。
一、收二十六日，漢廠原沙五十一兩七錢九分。
一、收二十七日，漢廠原沙五十五兩九錢九分。
一、收二十八日，漢廠原沙五十五兩五錢九分。
一、收二十九日，漢廠原沙五十八兩一分。
一、收搜出礦丁匿金一分八厘。
一、收初二日，乾廠原沙十兩九錢六分五厘。
一、收初三日，乾廠原沙十六兩三錢。
一、收初四日，乾廠原沙十五兩四錢四分。
一、收初五日，乾廠原沙十九兩四錢四分。
一、收初六日，乾廠原沙十四兩九錢七分。
一、收初七日，乾廠原沙十九兩一錢三分。
一、收初八日，乾廠原沙十六兩八錢。
一、收初九日，乾廠原沙十九兩五錢六分。
一、收初十日，乾廠原沙十六兩五分。
一、收十一日，乾廠原沙十六兩一錢七分五厘。
一、收十二日，乾廠原沙十四兩四錢四分五厘。
一、收十三日，乾廠原沙十四兩五錢四分。
一、收十四日，乾廠原沙十三兩八錢三分五厘。
一、收十六日，乾廠原沙十一兩四分。
一、收十七日，乾廠原沙十一兩八錢九分。
一、收十八日，乾廠原沙十三兩二錢八分五厘。
一、收十九日，乾廠原沙十五兩七錢九分五厘。
一、收二十日，乾廠原沙十四兩。
一、收二十一日，乾廠原沙四兩三錢三分五厘。
一、收二十二日，乾廠原沙十六兩九分五厘。
一、收二十三日，乾廠原沙十五兩六錢六分五厘。
一、收二十四日，乾廠原沙十七兩五錢五分五厘。
一、收二十五日，乾廠原沙十五兩九錢一分五厘。
一、收二十六日，乾廠原沙十四兩六錢八分。
一、收二十七日，乾廠原沙十四兩五錢三分。
一、收二十八日，乾廠原沙十四兩六錢一分。
一、收二十九日，乾廠原沙十五兩五錢三分五厘。

以上九月分，除歇工外。共收漢乾廠原沙一千三百三十五兩一錢六分。匿金一分八厘。四百二兩五錢八分。

總共收漢廠原沙九千六百三十七兩五錢七分五厘。金苗匿金二兩九錢一分八厘。

按原定章程，提四成歸公，計原沙三千八百五十五兩三分；各礦丁應得六成，計原沙五千七百八十二兩五錢四分五厘。除照數隨市給價外，職局應得四成。並金苗匿金原沙三千八百五十七兩九錢四分八厘，總計加一申愛平原沙九百六十四兩四分九厘三毫，兩共得愛平原沙四千八百二十一兩九錢九分七厘三毫。

總共收乾廠原沙三千九百七十二兩四錢三分。

按原定章程，提四成歸公，計原沙一千五百八十八兩九錢七分二厘；各礦丁應得六成，計原沙二千三百八十三兩四錢五分八厘。除照數隨市給價外，職局應得四成原沙一千五百八十八兩九錢七分二厘。總計加一申愛平原沙三百九十七兩二錢四分三厘，兩共得愛平原沙一千九百八十六兩二錢一分五厘。

開除：

一、支二月二十九日，售居敬堂漢廠原沙計愛平二百十兩。

一、支二月二十九日，運赴上海分局漢乾廠原沙計愛平十十兩，寄滬化煉成色。

一、支二月二十九日，運赴愛琿分局乾廠原沙計愛平一百兩。

一、支二月二十九日，運赴天津分局小條四十條，漢廠條金計愛平四百兩七錢二分。

一、支二月二十九日，運赴天津分局乾廠原沙計愛平三百兩。

一、支二月二十九日，煉條小條四十條，火耗漢廠原沙計愛平十二兩四錢三分。

一、支三月十五日，運赴愛琿分局漢廠原沙計愛平二百兩。

一、支三月十五日，運赴愛琿分局乾廠原沙計愛平七十兩。

一、支三月十九日，售居敬堂乾廠原沙計愛平一百十兩。

一、支四月初十日，售居敬堂漢廠原沙計愛平二百二十兩。

一、支四月十四日，現售漢廠原沙計愛平一分。玻里商人買去看樣。

一、支四月二十八日，運赴愛琿分局乾廠原沙計愛平五百兩。

一、支四月二十九日，運赴愛琿分局大條十條，漢廠條金計愛平二百兩四分。

一、支四月二十九日，運赴愛琿分局漢廠原沙計愛平五百五十兩。

一、支四月二十九日，煉條大條拾條，火耗漢廠原沙計愛平三兩一錢九分五厘。

一、支五月二十七日，運赴愛琿分局乾廠原沙計愛平四百九十七兩四分。

一、支六月初六日，煉條大條四十八條，火耗漢廠原沙計愛平十五兩七錢三分五厘。

一、支六月十九日，煉條大條十八條，火耗漢廠原沙計愛平六兩七錢三分。

一、支六月三十日，運赴愛琿分局大條六十二條，漢廠條金計愛平一千二百三十八兩六錢一分。

一、支六月三十日，現售乾廠原沙計愛平一百一兩三錢四分五厘，購俄商貨物。

一、支六月三十日，運赴愛琿分局乾廠原沙計愛平四百四十八兩九錢三分五厘。

一、支七月初四日，現售漢廠小條一條，條金計愛平十一兩二錢六分。購俄商貨物。

一、支七月初四日，運赴愛琿分局大條二十五條，漢廠條金計愛平四百九十九兩三錢一分。

一、支七月初四日，煉條大條三十一條，小條一條，火耗漢廠原沙計愛平十一兩一錢四分。

一、支七月初四日，現售小條十條，乾廠條金計愛平一百十二兩一錢五分五厘。

一、支七月初四日，煉條小條十條，火耗乾廠原沙計愛平二兩三錢二分五厘。

一、支八月初二日，現售乾廠原沙計愛平二十二兩六錢二分五厘，購俄商貨物。

一、支八月初二日，現售漢廠原沙計愛平七分。本廠委員買去看樣。

一、支八月十二日，運赴愛琿分局大條七十五條，漢廠條金計愛平一千四百九十七兩九錢三分。

一、支八月十二日，運赴上海分局大條一百二十五條，漢廠條金計愛平二千四百九十八兩六錢一分。

一、支八月十二日，運赴上海分局大條四十五條，小條一條，乾廠條金計愛平九百三兩七錢一分。

一、支八月十二日，煉條大條一百九十條，小條一條，火耗乾廠原沙計愛平二十兩五錢八分五厘。

一、支八月十三日，售居敬堂漢廠原沙計愛平一百十兩。

一、支八月二十五日，現售乾廠原沙計愛平一百三十五兩四錢九分，購俄商羌帖。

一、支八月二十七日，煉條大條六十條，火耗漢廠原沙計愛平二十兩二錢。

一、支八月二十八日，現售大條二條，小條一條乾廠條金計愛平五十六兩一錢二分。

一、支八月二十八日，煉條大條十條，小條四條，火耗乾廠原沙計愛平五兩七錢八分。

一、支九月初四日，運赴愛琿分局大條五十五條，漢廠條金計愛平一千九十八兩九錢。

一、支九月初四日，運赴愛琿分局漢廠原沙計愛平七錢四分。

一、支九月十四日，運赴愛琿分局大條三十條，漢廠條金計愛平五百九十九兩一錢五分。

一、支九月十四日，煉條大條二十五條，小條一條，火耗漢廠原沙計愛平八兩九錢一分。

一、支九月二十日，現售換銀小條三條，漢廠條金計愛平二十九兩七錢七分。

一、支九月二十日，煉條小條二條，火耗漢廠原沙計愛平四錢四分。

一、支九月二十日，運赴愛琿分局大條二十二條，小條二條，乾廠條金計愛平五百十五兩九錢六分。

一、支九月二十日，現售大條一條，小條二條，乾廠條金計愛平四十四兩七錢二分，購俄商羌帖。

一、支九月二十日，煉條大條十五條，小條一條，火耗乾廠原沙計愛平七兩四錢六分。

一、支九月二十八日，運赴恰克圖大條二十二條，小條一條，漢廠條金計愛平五百四十兩六錢二分，購羌帖。

一、支九月二十八日，煉條大條二十二條，小條一條，火耗漢廠原沙計愛平八兩二錢。

以上共支漢乾廠條沙計愛平九千九百三十二兩一錢九分，三千九百六十四兩二錢五分。

實在：

一、存漢廠原沙計愛平六百六十二兩四錢五分二厘三毫。

一、存漢廠條金計愛平九兩九錢。

一、存乾廠原沙計愛平四百五兩四錢二分三厘。

以上共實存愛平條沙一千七十七兩七錢七分五厘三毫。

經元善《經元善集·上盛杏蓀觀察利國礦條陳》 一曰建爐廠。查外洋安設熔鐵爐，每擇產煤富旺之區，以便運鐵就煤。今利國鐵礦，南距青山泉煤窑三十五里，北距嶧縣棗莊煤窑九十里，而利國爲適中之地。雖青山泉比棗莊較近，且已見煤，惟煤質稍松，必須攙和嶧煤三成，方能煅燒焦炭，供熔鐵之用。而熔爐日夜無休，需水甚多，青山泉、棗莊均在陸地。不若變通辦法，改爲運煤就鐵。煤經燒煅焦炭，質僅六成，運脚已可減輕，兼之利國產鐵礦山，均濱臨微山湖，由湖口閘入運河，一水可通，即由韓莊落船入運河，亦只陸路八里，建設鐵路所費無多。相度地勢在總局之西北，西馬山麓最爲合宜。是山伸入湖中三面臨水，建廠設爐吸水永遠不竭，且空氣凉爽便於工作，地址又高，可永免湖水淹灌之患。如建築碼頭，安置鐵軌起重繩架，將來提取機器入廠，運送鐵料落船，大省人工搬運之費。照此布置則與前蓋之總局房屋毗連，不致置諸空曠矣。

一曰驗煤層。夫天生煤鐵本屬相連，以供熔化之用，即使相距百里，在造物視之猶咫尺間耳。利國鐵礦，從來只知有嶧縣之煤，宋時三十六冶，想皆取資於此。但開採至今已千有餘載，民間廣挖煤窑，近地淺層之煤漸已掘盡，以致廢井積水甚多，提吸需費不資，於此置機大舉，恐有峒老之虞，似無把握。惟青山泉之煤，爲創開生地，可期取用無窮，觀在所開各井，深僅二十丈，煤質較松，尚非愜心之選。此次沿途相度，見該處地方，居山之陽，平疇數十里，三面群山環抱，山背皆係青石，而山之西南、東南，相距數里之地，均有黄石顯露。諺云青石山黄石嶺，不出金銀便出汞。此言雖俚，而合諸西國礦學石層之理不謀而合，正可就彼兩處，用鑽地機器扦深五六十丈，如果探得確有厚層佳煤，方照西法大辦，設機開採，作一勞永逸之計，則目前試驗煤層爲入手第一要義也。

一曰疏水道。凡創辦煤鐵諸礦，以籌運道爲先務，而陸運尤不如水運之廉，若運道艱滯，則雖有精鐵佳煤，亦無從措手。查青山泉地方，距煤井西南半里許，有泉河一道，曰屯河頭，即所謂青山泉也。如將煤井漸移而南，則煤層愈佳離水愈近。此次往勘正屆嚴冬，見水深盈尺涓涓不竭，河面闊有二三丈，向東南更闊，經泉河圩十八里，流入荆山橋正河。北河上流即藺家壩，爲微山河之尾閭，水有源頭。自荆山橋以下，可通舟楫，河面闊七八丈、十餘丈，深至七八尺、丈餘不等，夏秋之間，雖千石大艘亦可往來，惟冬令水淺時，恒有兩岸居民壘石爲渡，故中流間有淤成淺渚者。再向東北迤邐過宿羊山，至老龍潭口流入邳州運河，計程一百里，此青山泉抵運河水道之情形也。如果大辦煤鐵，需用大宗機器鍋爐，斷非陸運所能致，必須將荆山橋正河，用挖泥機船逐段撈淺，再將由泉河圩口至屯河頭十八里舊河開浚深通，將來機器由此河運入，煤鐵由此河運出，獲利方有把握。蓋既經大舉，除供熔鐵外，餘煤正多，若不籌定運銷之路，何能占擱巨本。利國熔成之鐵，雖可由韓莊繞道下駛，但間有糧艘過運，湖口堵閘蓄水，冬令淺涸之時諸多窒礙。況由青山泉至利國，三十五里已建鐵路一道，則兩地煤鐵循環轉運，庶幾水陸均便。即下游清淮一路糧食雜貨，向從陸運至徐州者，亦可改由此河水運，沿河民田年年苦旱者，亦可藉資灌溉。是此河一開，非獨爲煤鐵兩礦疏通咽喉，且關徐郡農田商務，國計民生之命脉也。估計從屯河頭至泉河圩口，開深八尺，面底扯寬四丈，每里土方五千七百六十方，十八里共計土方十萬三千六百八十方，每方約挑夫工食一百五十文，連築壩約需規銀一萬二千兩。再將荆山橋正河酌量撈淺，而於泉河口老龍潭等處，仿照西法添設雙閘三座以束水勢，約需規銀一萬八千兩，兩共計銀三萬兩。如果開浚之後，可以議抽兩岸民田畝捐，或征收過閘船鈔，則目前只須籌墊，日後仍可歸償也。

一曰建鐵路。凡外洋辦理礦務，無論運鐵就煤運煤就鐵，皆須建造鐵路以利轉運。然煤礦之鐵路與驛站大路不同，只須輕便簡省。查歐洲鐵路，其式不一，軌度自二尺至七尺，寬窄亦各不同，而煤礦之軌只須寬三尺，與從前吴淞之鐵路相似。近來泰西更有新式高脚鐵路，爲軍營轉運餉械之需，在空中行走不占地面，隨處布置隨時可以拆卸，大省購地築基之煩。倘遇地形凹凸，山路崎嶇，以鐵柱之短長，配地形之高下，如過河渡澗即用長脚，不啻代橋柱之用，故其經費較平常鐵路不過十之三四。青山泉造至利國，計程三十五里，大約六七萬金足敷開辦，而每年節省運價於無形者甚巨（查青山泉每輛牛車運煤一噸至利國，車價一千五百文，每日煤鐵往還僅各運一百噸，須費三百千文，以一年計算已須十萬八千千文）。且利國驛係五省入都孔道，星軺冠蓋絡繹往來，如建於正站之傍，則官商行旅無不目睹其利便，大足開内地風氣之先，將來本廠自製鐵軌既成，即可由徐州造支路至開封，南北分馳接建幹路，似亦盈科而進之辦法也。抑更有請者，我中國建造鐵路，重在鞏固邊防，轉運天庾爲首要。竊惟邊防以東三省爲至急，漕運以浦口爲最便，若能先由浦口達徐州，循中大道驛站造至京都，路既寬平，施工較易。又道出利國驛，即以自製鐵軌，隨造隨運，則不勞而理，事半功倍矣。不揣愚魯，姑妄言之。

一曰造船隻。查外洋機器體大質重，如運入内河，斷非尋常船隻所能駁載。聞昔年東省之創設製造局也，所購機器亦由運河轉運，當時皆雇湖廣江西之船，喫水四五尺，沿途節節阻淺，自隔歲秋冬開行，至次年五月迄未到局，船户水脚用盡，典質俱窮，甚至有棄船而遁者，更有鑿破船底，沉機器於河而逃者，不得已携帶起重工匠，由濟寧沿途迎提，至窑灣、迦口、猫兒窩等處，始遇諸途，在河濱裝搭起重架子多座，用絞車鐵鏈提上，以一船分作兩船始能出險，非特水脚糜費數倍，即工程亦曠廢經年。其誤皆由無合式駁船，又不早爲自造之失着耳。夫前車之鑒即後事之師，誠能在湖南工料油麻便宜之處，訂造駁船十艘，可載十噸至三十噸不等，仿寧波烏山船式，底寬而平，首尾尖鋭，長五六丈，闊二丈，載重時喫水不逾二尺，艙底多加低檻，使重心常在水綫之下，則任重而穩。首尾外包鋼皮，雖冬天亦能破冰而行。再造淺水小輪船兩艘，逆流拖帶，庶不致曠日遲延，將來機器運畢，仍可常年自運煤鐵，往來上下遊行銷。核計經費，每船連篷錨槳櫓約須六百金，連兩號小輪，大約至多萬金足矣。此轉運機器之緊要關鍵也。

一曰浚運河。南糧之由河運者，全恃運河爲命脉，名爲年年撈淺，其實徒有具文。推原其故，皆因運河帆檣如織，不能中流築壩，而水勢剽疾，凡閘口澗口尤易致淤。蓋山澗之水多挾粗砂礫石，或兩水争流，或坐灣阻閘，瀠洄而積成淺渚，凝結甚堅，旋挖旋淤，且在水中亦非畚鍤人力所能施工，非用外洋挖泥機船不可。但此種船隻亦分數種，有用小鐵斗十餘只繞軸循環升降者，有用長柄大鐵斗一具入水挖泥傾置岸上者。近來新出一種，其式似長柄大鐵鉗，鉗端有大畚抓取砂石，如農器之罱泥然，一罱可取泥數噸，以之開挖砂石堅結之處最爲相宜。其舊式長柄大鐵斗之船，用以挖取淤泥甚速。另有一種木機器船，一人撑駕，一人摇動機柄，淤泥即隨機而上，一日亦能挖數噸之泥，以之疏浚小河亦甚靈便。以上三種挖泥機船，須各購一艘，約共需費萬金。並於老龍潭閘口設船塢一所，以爲修理庀藏之處。遇水小之際，在運河及微山湖、荆山河、青山泉等處輪流開挖，則運河上下游可以一律深通，即荆山河及屯河頭爲本局轉運咽喉者，亦可不憂淺阻。兼之微山河爲漕運之水櫃，近年日形淤淺，漸失灌溉之利，如用鐵斗機船挖取淤泥以澆灌地畝，以代糞壅之用，則脊土可變爲沃壤，而運河兩岸當因培堤取土占廢之田地亦可填凹使平。一舉而於漕務、農務、礦務、商務均有裨益，似可稟請漕帥咨商徐道，不分畛域，通力合作者也。抑更有請者，訪問徐屬豐、沛、碭山等邑，近來出產土藥，每年值價銀二百餘萬兩，皆以府城爲總匯之區，商販大都繞道靈宿，由浦口偷越出江，豈甘心漏税，多費運脚耶？其故一因厘卡之太密，一因水道之阻滯，今既將離郡十八里之荆山河開掘深通，誠能援照洋貨三聯單例，在徐州設局並征，總完税厘一道，即從荆山河裝船下駛，沿途關卡不再抽收。僅照值百抽五，已可得銀十餘萬兩，除酌提一二成爲常年疏浚河工經費外，其餘仍匀解各關卡，以抵舊額必能有盈無絀，則官商兩利而挖河之役亦可用流不息矣。

一曰通電報。凡外洋礦務商務，首重信息靈通，轉運便捷，故能操縱自如，獨擅其利也。今水陸運道業已兼籌，而利國礦廠僻處山陬，若督辦大憲遠在他省，倘有要務，駐局總辦函牘請示，動輒經旬累月。即運銷各埠煤鐵，市面亦有暢滯，何處宜增，何處宜減，亦覺音問維艱，事機遲鈍。且鐵路與電綫相輔而行，如上年天津至唐山兩車碰撞致蹈危險，即是無電之弊。今利國至青山泉建造鐵路，則必設電綫隨時以報平安，兩端亦必派學生司報。既有此費不如逕連經綫，與各處四通八達。查韓莊運河沿岸本有電綫，距利國驛只有八里，應由局前立杆至韓莊，加綫接通臺兒莊轉報，則數千里外信息可朝發夕至矣。

一曰免税厘。天下錢漕之額莫重於江蘇，此固人人能言之，而天下關卡之税莫苛於淮徐，尚未盡人而知也。今試由瓜洲至濟寧數之，關卡林立，其中有爲常鎮道所轄者，有爲淮關監督所榷者，有爲漕運總督所管者，有爲淮揚道設立者，有爲徐州道征收者，亦有爲山東所榷税者。沿途閘官更有需索，每船貨物綜計其關税厘金、胥役飯食、閘員私費等項，較本價且逾數倍。宜運河之商販裹足，致土貨不能出，外貨不能入，而民生日困也。若洋貨洋票，則又不敢過問，豈非真不平之事乎。今利國青山泉煤鐵兩礦，本爲海軍衙門奏開鐵路之需，照例應當免税，即所餘之煤鐵運往四方銷售，亦藉奪洋鐵洋煤之利。論西律，在國家亟應保護，況創辦之始成效難期，應稟請海軍衙門奏明，此項煤鐵暫免關卡税厘十年，俟十年之後，如果辦有成效，再援北洋大臣批準嶧縣棗莊官煤局之例，每噸煤税厘並完銀一錢，不論行銷何處，只完税厘一道。其利國之鐵亦可援此比例，每噸完銀三錢，任其運至各埠，概不重征税厘及落地等捐，似與外洋保護商務之道庶乎近之。

一曰開錢莊。將來煤鐵兩礦並舉，夫役每日給發辛工，需錢何止萬緡。查徐屬地，民貧商販稀少，又離通商埠頭窵遠，市面不用本洋英洋，向以紋銀制錢爲正宗，而尤以店鋪所出之錢貼爲通行之券，因其載明字號，較紋銀易於辨别，較制錢便於取携也。是以錢莊有資本萬金，即可出數萬緡之銀帖。雖民間均信用流通，按其實究難免虛巧之弊，凡銀錢市價故意低昂，每遇豐沛碭山土藥收成之際，則錢價驟短，紋銀十兩不過換錢十四五緡。過此以往，當征收田丁之時，則又銀價頓漲，每十兩可换至十五六緡，錢賈皆視此居奇獲利。將來本局需用錢文，倘捆載現銀至徐，隨時以銀兑錢，則常年占擱銀利，暗虧錢水積少成多，且取彼錢帖則有倒閉之患，易取現錢則有轉運之費，不如酌提股本萬金，在徐州自開一莊，自印極精錢帖以代鈔票之用。既免意外之虞，又省運錢之勞，且於滬上往來匯兑較爲利便，似亦收回利權之一法也。

一曰買客煤。夫開煤本與熔鐵並重，鐵之需煤猶兵之需餉、馬之需料也。一日缺煤即一日不能舉火，若停爐待料，則熔鐵即虞其虧本。今青山泉之煤，雖擬自行設機大辦，特恐扦深試探煤質如故，仍須攙和嶧煤。一旦開爐熔化，每月出鐵二千噸，即需焦炭四千噸，照煤質六成燒焦，應購嶧煤三成已須二千噸，倘該局居奇抬價，或故意留難，再向民窑收買，零星凑集何能濟事，此節應俟青山泉探驗後，必須先與棗莊官煤局聯爲一氣，預立合同，訂明所出之炭先儘本局之用，有餘方可售出，或該局包送到韓莊交卸，或本局赴山自運，並言明價值不得漲落。每月需煤若干噸，亦可約定確數不能短缺。倘棗莊煤質變劣，或煤峒已空，及本局自行開出佳煤，均準隨時註銷合同。再聞瀕近微山湖東北滕鄒等邑亦多煤窑，與利國嶧一水可通，轉運更便，將來亦可分頭開辦也。

以上十條，不過粗陳大略，將來開辦後，尚須詳細酌度，隨時變通，因地制宜，不必拘於成見。至於化分鐵質、探驗煤層、購買機爐、蓋造廠屋，以及置爐熔煉之工夫、開井設機之辦法，均係礦師職任，應由該礦師悉心籌議，某等不敢强作解人，妄參末議者也。

「中央研究院」近代史研究所《礦務檔》第七册《光緒十九年正月二十九日總署收北洋大臣李鴻章文咨送漢乾洛三廠光緒十五年至十七年收金清册》 正月二十九日，北洋大臣李鴻章文稱，前准户部行查十五年十月以後漢、乾兩廠所出金數，並易銀市價等因，當經轉飭開單補報。茲據總理漠河礦局候選道袁大化稟稱，竊奉憲札，以准户部咨。前據黑龍江將軍轉，道員李金鏞將漠廠自光緒十四年十二月十三日、乾廠自光緒十五年正月十二日，次第開工，所有逐日收金，並運出變價，及前後積存數目，兩次開具四柱清摺，報至十五年十月底止，共計金沙一萬五千零五十二兩四錢一分。並據聲明，此後當將每月收支金數，按月摺報。乃自十五年十月以後，閲時兩年有餘，迄今並未呈報。本年五月，僅據北洋大臣諮報，由收穫金沙内易銀九千兩，解交黑龍江充餉。今原奏内稱，先後得金六萬二千餘兩。究竟按照奏定成數，應提出充餉若干，每金沙一兩出金若干，每金一兩易銀若干，原奏均未聲叙。其自十五年十月以後，所獲金沙數目，並未報部，無憑查核。相應飛咨查照本部指查各節，專案聲覆。並將十五年十月以後，漠、乾兩廠所出金沙數目，按年開單補報，以憑核辦。飭即迅速遵照，開具清單送咨等因。茲謹將自光緒十五年十一月初一日起，至十七年十二月底止，漠、乾、洛三廠逐日收金，並舊管實存各數，開具四柱清摺，暨將收金總數，及每次售金價值，另開清單，稟送鑒核轉咨。再查十五年報効黑龍江省軍餉銀九千兩，已奉奏明。上年冬間，續又籌提銀九千兩，匯解卜奎軍庫，作爲十六年報効軍餉，亦經稟請轉咨在案。至十七年應行報効之款，本應一併籌解，惟各局廠人數甚衆，需款浩繁。李道金鏞病故時，礦丁欠錢至四五萬串之多，雖經逐漸扣收，而死病逃亡，款歸無著者，不可勝數。礦丁人等，募自遠方，必須長支豫借。舊欠未了，新欠又增，一時難期清結。漠、乾各廠處荒寒邊遠之地，一切食用各物，無從購辦，不能不多儲糧貨。非但佔用成本，而日久朽爛霉壞，所耗不貲。加以地接俄邊，必須募勇防緝。礦丁本係游手，非有兵勇鎮懾，易滋事端，故勇營尤不能不設，總計各礦廠費用，如員司之薪水、勇役之口糧、礦丁之工食皆須隨時散放，而購辦糧貨之資本，尤須先事豫籌。近來所出金沙，不見甚旺。而用款過鉅，餘利亦因之見少。奏定章程内，員司人等應得花紅銀兩，均尚未分給。僅將黑龍江、天津官商借款，擇要提還。廠中周轉騰挪，已覺萬分拮据。所有十七年應提軍餉銀兩，俟届時將餘利劃算明晰，即應籌提匯解，以伸報効。再金沙煉條，均有傷耗。其金條又均含有紋銀在内，是以售價較賤，合併聲明等情。到本閣爵大臣。據此，查漠河金礦光緒十五、六、七三年得金六萬二千餘兩，計已兩次解過提充軍餉銀共一萬八千兩。並據聲稱，十七年應提軍餉銀兩，俟届時籌提匯解，洵屬成效昭著。據稟前情，除咨户部外，相應將送到清單清摺各一分，咨送貴衙門，請煩查覈施行。

「中央研究院」近代史研究所《礦務檔》第七册《光緒十九年十二月二十七日總署收北洋大臣李鴻章文附清册四本咨送漠河等處金廠光緒十三年至十八年結餘各欵清册》 十二月二十七日，北洋大臣李鴻章文稱，案查創辦黑龍江漠河等處礦務，自光緒十三年勘路起，所得金價貨利以及開支礦丁分金、商股官利、廠局薪水營餉一切公費，並結餘等款，先後飭據督辦礦務道員袁大化，造具簡明清册，呈請查核存轉前來。除清册分別存送外，相應咨送貴衙門，請煩查核。

照録清册四本訂原册

奏派辦理黑龍江等處礦務兼提調同知銜候選知縣，謹將光緒十三年勘路之日起，截至十五年十二月底止，所有卑局收支銀錢並第一届結餘數目，繕具簡明四柱清册。隨文恭呈憲鑒，查核施行。須至清册者。

計開：

舊管：

無。

新收：

一、收借佳水公記湘平銀拾萬兩，折愛平銀玖萬玖千陸百肆拾兩正。

一、收黑龍江省將軍衙門公欵，卜平銀叁萬兩正。與愛平同。

一、收現售股票二百九十三張，計愛平銀貳萬玖千叁百兩正。

一、收存備付各股友息利，計愛平銀壹千貳百拾玖兩伍錢肆分玖厘。

一、收存備付佳水公記十五年息利，湘平銀肆千玖百兩，折愛平銀肆千捌百捌拾兩肆錢。

查當初收拾萬兩，係照九九六四，十四年兑付息利，照九九六，以後均可仿此。合併聲明。

一、收存備還北洋軍裝價，庫平銀叁千伍百貳拾壹兩貳錢伍分伍厘陸毫貳絲，伸愛平銀叁千伍百玖拾壹兩陸錢捌分柒毫叁絲貳忽肆微。

以上六注，共收愛平銀拾陸萬捌千陸百叁拾壹兩陸錢貳分玖厘柒毫叁絲貳忽肆微。

查津平卜奎市平，均與愛平相符。即統作愛平出入，理合聲明。

一、收愛局售金價，漠沙柒百伍拾兩，漠條柒千貳百叁拾柒兩肆錢肆分伍厘，乾條伍百拾伍兩玖錢陸分，乾沙壹千陸百拾伍兩玖錢柒分伍厘，計愛平銀拾陸萬貳千捌百玖拾壹兩柒鐵玖分叁厘貳毫。

一、收津售金價，漢條肆百兩柒錢貳分，乾沙叁百兩，計愛平銀壹萬壹千玖百肆拾陸兩叁錢伍分叁厘叁毫貳絲。

一、收運赴恰克圖售金價，漢條伍百肆兩陸錢貳分，計愛平銀捌千肆百叁拾柒兩貳錢肆分陸厘肆毫。

一、收零售金價，漢條肆拾壹兩叁分，漢沙肆百肆拾兩捌分，乾條叁百叁拾陸兩貳錢伍厘，乾沙壹千拾伍兩柒錢捌分伍厘，計愛平銀貳萬柒千叁百玖拾伍兩肆錢肆分陸厘柒毫貳絲。

一、收滬局售金價，漢沙拾兩，漢條貳千肆百玖拾捌兩陸錢壹分，乾沙拾兩，乾條玖百叁兩柒錢壹分，計愛平銀陸萬壹千叁百柒拾捌兩壹錢肆毫叁絲貳微。

一、收運赴各局未經售出，漢條貳百捌拾捌兩伍錢伍厘，漢沙壹千柒拾伍兩錢肆分，乾條玖拾兩叁錢，乾沙柒百伍拾兩，洛沙肆拾兩，照乾沙拾叁兩，漢沙拾陸兩，洛沙拾伍兩柒錢作價，計愛平銀叁萬叁千叁百柒拾玖兩捌錢貳分。

一、收十五年終金沙實存項下，洛沙捌兩肆錢貳分貳厘，漢沙肆兩肆錢柒分柒厘叁毫，乾條伍拾陸兩壹錢捌分，乾沙陸拾柒兩壹錢肆分伍厘，照乾沙拾叁兩，漢沙拾陸兩，洛沙拾伍兩柒錢作價，計愛平銀壹千捌百柒兩捌分柒厘貳毫。

以上七注，除煉金火耗貳百叁拾伍兩臺錢伍分不計外，净運赴各局並實存條沙，共壹萬捌千玖百陸拾兩玖錢玖厘叁毫，計價愛平銀叁拾萬柒千貳百叁拾伍兩捌錢肆分柒厘貳毫柒絲貳微。

一、收貨櫃繳回愛平銀拾肆萬捌千貳百肆拾玖兩肆錢捌分陸厘玖毫陸絲陸忽。

一、收存漢廠實存貨價本，計愛平銀肆萬玖百玖兩玖錢陸分伍厘捌毫玖絲玖忽。

一、收存上海第三批貨價，愛平銀壹萬貳千肆百拾貳兩貳錢伍分捌厘貳毫。

一、收存乾廠實存貨價，愛平銀壹萬叁拾玖兩陸錢叁厘柒毫玖絲柒忽。

一、收存洛廠實存貨價，愛平銀玖千捌百貳拾伍兩肆錢柒分壹厘陸毫。

以上五注，共收貨櫃愛平銀貳拾壹萬伍千肆百叁拾陸兩柒錢捌分陸厘肆毫陸絲貳忽。

查前項貨價，原擬公平取值，概不加利。伏思跋山涉水，轉運萬里，海洋有波濤之險，陸路有意外之虞。並損壞遺失，亦在所不免。若不稍作盈餘，以防折耗。公欵有虧，無所彌補，非敢與小民争利也。理合聲明。

一、收存軍械槍礟，原價愛平銀叁千肆百伍拾玖兩陸錢壹分柒毫三絲貳忽四微。

一、收存建造各局房，原價愛平銀壹萬貳千肆百叁拾叁兩柒錢玖分柒厘。

一、收存漢乾兩廠馬蹬磨，原價愛平銀壹千叁百柒拾壹兩陸錢伍分陸厘陸毫。

一、收存淘金各機器費，原價愛平銀肆千玖百肆拾肆兩柒錢陸分貳厘陸毫貳絲陸忽。

一、收存長龍船舢板船，原價愛平銀壹千叁百貳拾肆兩捌分貳厘伍毫。

一、收存大小艑舫二十隻，原價愛平銀肆百叁拾玖兩貳錢捌分。

一、收存騾馬牛隻，除倒斃及變價不計外，净存騾貳拾匹，馬壹百拾肆匹，牛拾肆匹，原價均扯價拾叁兩捌錢陸分壹厘貳毫。

共計愛平銀貳千伍拾壹兩肆錢伍分柒厘陸毫。

以上七注，共原價銀貳萬陸千貳拾肆兩陸錢肆分柒厘伍絲捌忽肆微，應存八折實銀，計愛平貳萬捌百拾玖兩柒錢壹分柒厘陸毫肆絲陸忽柒微。

查此項房屋、機器、軍機船隻、騾馬、牛頭，每年減二成，匀五年攤銷。至第六年，分文不算，理合聲明。

一、收李督理家眷伙食上肆百下叁百除小建不計外，共中錢伍百陸拾吊，合愛平銀壹百捌拾陸兩陸錢陸分陸厘陸毫。

一、收浮借黑龍江省公欵，中錢伍萬吊。計愛平銀壹萬貳千伍百兩。查此欵照呼蘭銀行，每兩肆吊，理合聲明。

一、收標次馬四十三匹，變價計愛平肆百玖拾捌兩。

一、收强委員惠源家眷伙食，冬臘兩月，中錢肆拾捌吊，計愛平銀拾陸兩正。

一、收李委員湛恩家眷伙食，冬臘兩月，共中錢肆拾捌吊，計愛平銀拾陸兩正。

以上五注，共收愛平銀壹萬叁千貳百拾陸兩陸錢陸分陸厘陸毫。

以上統共收愛平銀柒拾貳萬伍千叁百肆拾兩陸錢肆分柒厘柒毫壹絲壹忽

叄微。

開除：

一、支漠廠收買各把頭六成金沙，計柒千叄百叄拾壹兩伍錢玖分伍厘，價計愛平銀拾壹萬柒千叄拾伍兩肆錢柒分壹厘肆毫。查金價係正月至十月，每兩拾陸兩；十一、十二兩月，因市價跌落，每兩作拾伍兩柒錢，合併聲明。

一、支乾廠收買各把頭六成金沙，計叄千壹百壹拾兩捌錢貳分，價計愛平銀肆萬貳千壹百叄拾叄兩壹錢陸厘柒毫。查金價係正月至五月，每兩拾肆兩；六月至十月，每兩拾叄兩伍錢；十一、十二兩月，均拾貳兩陸錢，合併聲明。

一、支洛廠收買各把頭六成金沙，計貳拾陸兩肆錢壹分貳厘，計愛平銀肆百玖兩叄錢捌分陸厘。查金價係照每兩作十伍兩伍錢，合併聲明。

以上三注，共支金價愛平銀拾伍萬玖千伍百柒拾柒兩玖錢陸分肆厘壹毫。

一、支付貨櫃購辦米麵衣物費，計愛平銀拾陸萬壹千捌百貳拾陸兩叄錢柒分伍毫柒絲壹忽。

一、支付貨櫃米麵衣物水陸運費及扒犁費，計愛平銀叄萬玖千伍百柒拾叄兩捌錢肆分伍厘貳毫。

以上二注，共付貨櫃愛平銀貳拾萬壹千肆百兩貳錢壹分伍厘柒毫柒絲壹忽。

一、支建造漠、乾兩廠及漠口、墨口、額口，並兩廠盤查局局房工料費，計愛平銀壹萬貳千肆百叄拾叄兩柒錢玖分柒厘。

一、支淘金吸水機器二分，鑽地小機器一分，鑽床、軋床、絞床、達眼鏍絲床並配全各件費，計愛平銀肆千玖百肆拾肆兩柒錢陸分貳厘陸毫貳絲陸忽。

一、支漠、乾兩廠僱洋匠排做馬蹬磨各一分，鐵木石各工匠工食，及銅篩底工料費，計愛平銀壹千叄百柒拾壹兩陸錢伍分陸厘陸毫。

一、支造舢板船三號，長龍船一號，划船一號，鐵錨、繩索、風雨各篷、旂幟、紅白油等工料，及鐵木各工匠工食費，計愛平銀壹千叄百貳拾肆兩捌分貳厘伍毫。

一、支買大小羌艈艟二十只，費計愛平銀肆百叄拾玖兩貳錢捌分。

一、支購騾三十三匹，馬二百九十七匹，牛十八隻計愛平銀叄千肆百叄拾柒兩伍錢柒分柒厘陸毫。

一、支北洋軍裝槍礮價，庫平銀叄千壹百玖兩貳錢伍分伍厘陸毫貳絲，申愛平銀叄千壹百柒拾壹兩肆錢肆分柒毫叄絲貳忽肆微。查槍礮等項，擬作五年帶銷。其槍子銅帽價，均另行開除，理合聲明。

一、支軍械、刀叉、矛頭、籐帽、大小洋槍、雲者士得快槍價，愛平銀貳百捌拾捌兩壹錢柒分。

以上八注，共支愛平銀貳萬柒千肆百拾兩柒錢陸分柒厘伍絲捌忽肆微。

一、支佳水公記，十四年三月初七日至十五年三月，息利十二箇月。共湘平銀陸千兩，折愛平銀伍千玖百柒拾陸兩正。

一、支佳水公記，十五年三月初七日至十二月底，息利計十箇月，共湘平銀肆千玖百兩，折愛平銀肆千捌百捌拾兩肆錢。

一、支提還黑龍江將軍衙門借欵，中錢伍萬吊。照呼蘭銀價，計愛平銀壹萬貳千伍百兩正。

一、支各股友十四五年分息利，計愛平銀貳千貳百叄拾壹兩陸錢叄分貳厘。內壹千貳百拾玖兩伍錢肆分玖厘雖一總提出，尚未經領去，理應暫行收回，以備各股友支取，理合聲明。

一、支滬局浮借錢莊銀欵納，息計愛平銀肆百柒拾肆兩柒錢貳分伍厘貳毫。

一、支化金器具鏹水等費，計愛平銀貳百捌拾貳兩壹錢陸分玖厘肆毫捌絲玖忽肆微。

一、支軍械局槍子銅帽價，庫平銀肆百拾貳兩，申愛平銀肆百貳拾兩貳錢肆分。

一、支洋火藥及大小槍子費，計愛平銀壹百叄拾玖兩肆錢壹分陸厘。

一、支俄礦師淹蜜里烟諾夫，二月至八月十五日，計六箇半月薪水，羌錢陸百伍拾吊，作愛平銀貳百捌拾陸兩正。

一、支送俄礦師程儀羌錢陸拾吊，計愛平銀貳拾陸兩肆錢。

一、支礦師帶領俄丁八名，探採礦苗費，每月每名羌錢肆拾伍吊，計六箇半月工食羌錢貳千叄百肆拾吊，計愛平銀壹千貳拾玖兩陸錢。礦師、礦丁均係自備食糧，公司不管，理合聲明。

一、支十三年勘路員弁、把頭、通事薪水，津貼官兵口糧，開路、挖礦各鐵器，造房木匠米麵辛工，官兵回墨川資，吉林代買鐵器，借用吉林機器局鑽地機器來漠水陸往返運費，押運員弁夫役薪水、工食、路費，省城造局房一所，及賠倒斃站馬價，並賞出力兵工等費，計愛平銀肆千玖百壹拾陸兩伍錢貳分。前曾呈報黑龍江將軍在案。理合聲明。

一、支醫院藥費，計愛平銀玖百捌拾玖兩捌分柒厘陸毫。

一、支員弁因公往返，水陸路費運腳，並十四年津滬各處水陸路費，及機器軍裝水陸運腳、冰道扒犁等費，計愛平銀叁千伍百肆拾玖兩玖錢伍分伍厘肆毫壹絲叁忽。

一、支解送金銀赴愛、吉、瀋、津、滬各局，往返水陸路費水脚，並鏢馬費，計愛平銀貳千壹百叁拾陸兩貳錢貳分玖厘捌毫玖絲。

一、支赴恰克圖售金路費扒犁費，羌錢肆百伍拾柒吊捌百貳拾文，作愛平銀貳百壹兩肆錢肆分捌毫。

一、支購大車十輛，計愛平銀壹百玖拾陸兩正。

一、支各局局費心紅，計愛平壹萬叁千壹百玖拾玖兩陸錢貳分肆厘捌毫柒絲。

一、支漠、乾、洛三廠，由開工之日起，至十二月底止，發給礦丁淘金鐵器費，計愛平銀肆千捌百柒拾伍兩壹錢陸分陸厘肆毫。

一、支各局公用器具費，計愛平銀壹千玖百捌兩柒錢壹分玖厘伍毫玖絲。

一、支愛黑錫吉滬各局房租，計愛平銀柒百叁兩陸錢。

一、支漠、乾、洛並漠、墨兩口局馬號秧草馬料費，計愛平銀陸千陸拾貳兩貳錢叁分捌厘肆毫貳絲。

一、支呼蘭局員司赴各處辦糧，津貼車馬費，共銀叁百兩正。

一、支委員卹欵，並給告假員司程儀，計愛平銀壹千壹百柒拾貳兩正。

一、支因公病故礦丁，及工匠等卹賞，愛平銀捌拾兩正。

一、支各局電報費，計愛平銀叁百陸拾貳兩柒錢叁分肆厘伍毫。

一、支各把頭名下病故礦丁虧累，公司代任一半，共結領中錢伍千玖百叁拾肆吊壹百陸拾捌文，合銀壹千玖百柒拾捌兩伍分陸厘。細帳另册詳明。

一、支漠乾兩廠犒賞開築山路礦丁，及出力兵役人等費計愛平銀壹千陸百叁拾貳兩叁錢貳分貳厘叁毫。

一、支漠廠犒賞防營兵丁拉運木植運糧工作，並水師營來漠水脚。計愛平銀柒百陸拾貳兩貳錢貳分玖厘。

一、支稟調黑龍江水師兵十名來漠充差津貼，什長一名肆兩正，兵九名每名貳兩伍錢，計四個月計愛平銀壹百陸兩正。

一、支李督理，十五年正月至十五年十二月，計十二個月，每月薪水銀壹百兩，公費銀壹百兩，計愛平銀貳千肆百兩正。

一、支李督理十三十四兩年分，薪水公費銀肆千捌百兩，前曾稟蒙批准在案，理合聲明。

一、支各員司薪水，十四年起十五年止計愛平銀壹萬柒千玖百陸拾柒兩陸錢。

一、支解金差弁及各局通事薪水，愛平銀壹千肆百貳兩正。

一、支機器匠提金匠各一名薪水，愛平銀伍百肆拾叁兩正。

一、支漠乾兩廠各工匠辛工，計愛平銀壹千柒百柒拾貳兩正。

一、支漠、乾兩廠並兩口局起貨、運糧、運木、造房、砍柴、燒炭、拉水諸雜役小工，十四年四月起至十五年十二月止辛工，計愛平銀叁千陸百貳拾捌兩正。

一、支津貼江省愛琿黑河各署局辦公費，計愛平銀貳千壹百叁拾壹兩正。

一、支營棚二十架，號衣五百十件，戰裙一百十條，五色紡綢旂幟十九面，計愛平銀玖百捌拾壹兩壹錢柒分柒厘肆毫。

一、支招募馬步隊兩哨小口糧，由卜至漠計六十二天，愛平銀捌百柒拾捌兩陸錢陸分陸厘陸毫叁絲。

一、營官一員缺，因未成營，故未派人。

一、支步隊一哨，十四年十二月至十五年十二月扣建，計十二個月二十四天餉銀，湘平陸千柒百壹拾陸兩壹錢陸分，折愛平銀陸千陸百捌拾玖兩貳錢玖分伍厘叁毫陸絲。

一、支馬隊一哨，十四年十二月起十五年十二月止扣建，計十二箇月二十四天餉銀馬乾，湘平銀伍千柒百陸兩貳錢肆分，折愛平銀伍千陸百捌拾叁兩肆錢壹分伍厘。

一、支津貼步隊米麵，愛平銀貳千陸百兩玖錢陸分，查此項津貼兵丁米麵與營制稍有不同，第念漠河地處極邊，寒苦異常，物價昂貴，又有礦丁每日得金之多，優劣相形，若不優予津貼以鼓士氣，恐均捨兵而充礦丁，不但難資彈壓，而且不足差遣。

一、支津貼馬隊米麵，愛平銀壹千肆百叁拾叁兩陸錢。

一、支助山東賑捐，愛平銀肆百陸拾陸兩正。

一、支呼蘭被盜刦銀壹千陸百叁拾壹兩陸分，除追還獲贓銀壹百陸拾壹兩肆錢捌分不計外，净刦去愛平銀壹千肆百陸拾玖兩伍錢捌分。

一、支吉林恒興店倒閉存欵，中錢壹萬吊，計愛平銀貳千叁百捌拾兩玖錢伍分貳厘叁毫捌絲。查此項該店倒閉時，屢曾稟蒙吉林將軍監追在案，一俟追到若干，再行入帳，理合聲明。

以上共支愛平銀拾叁萬陸百伍兩柒錢伍分肆厘貳毫肆絲貳忽肆微。

以上統共支愛平銀伍拾壹萬捌千玖百玖拾肆兩柒錢壹厘壹毫柒絲壹忽捌微。

實在：

一、存第一届結餘銀叁萬兩正。

一、存提出公積，愛平銀柒千柒百拾肆兩叁錢壹分陸厘捌毫柒忽壹微。十五年分，各把頭逃跑、礦丁無著虧累尚未出帳，理合聲明。

一、存股本及官商借欵並備還各欵，愛平銀拾陸萬捌千陸百叁拾壹兩陸錢貳分玖厘柒毫叁絲貳忽肆微。

以上共存實在愛平銀貳拾萬陸千叁百肆拾伍兩玖錢肆分陸厘伍毫叁絲玖忽伍微。

光緒十七年正月二十三日袁大化呈。

奏派辦理黑龍江等處礦務候選知府，謹將光緒十六年正月至十二月底止，所有局收支銀錢並第二届結餘數目，繕具簡明四柱清册，隨文恭呈憲鑒，轉咨施行。須至清册者。

計開：

舊管：

一、存股本愛平銀貳萬玖千叁百兩正。

一、存佳水公記愛平銀玖萬玖千陸百肆拾兩正。

一、存黑龍江將軍衙門公欵，愛平銀叁萬兩正。

一、存第一届結餘，愛平銀叁萬兩正。

一、存保險公積，愛平銀柒千柒百拾肆兩叁錢壹分陸厘捌毫柒忽壹微。

一、存預提備還納息，並軍裝價，愛平銀玖千陸百玖拾壹兩陸錢貳分玖厘柒毫叁絲貳忽肆微。

以上共存愛平銀貳拾萬陸千叁百肆拾伍兩玖錢肆分陸厘伍毫叁絲玖忽伍微。

新收：

一、收愛局售三廠條沙，共壹萬貳百肆拾兩玖錢柒分柒毫，價愛平銀拾肆萬玖千柒百叁拾肆兩肆錢陸厘陸毫陸絲。

一、收津局售三廠條沙，共貳千陸百兩，價愛平銀肆萬貳千壹百陸拾捌兩柒錢壹分玖厘貳毫捌絲。

一、收滬局售三廠條沙，共伍千伍百拾玖兩叁錢叁分，價愛平銀捌萬捌千貳百伍拾陸兩肆錢貳厘柒毫捌絲玖微。

一、收零售三廠條沙，共壹千肆百伍拾叁兩伍錢玖分伍厘，價愛平銀貳萬貳千貳百伍拾陸兩伍錢玖厘叁毫。

一、收各局售十五年未售金沙及實存金沙，價餘銀計愛平貳千捌百柒拾陸兩伍分肆厘玖毫陸絲。

一、收十六年年終實存漠沙伍百壹兩壹錢肆分叁毫，按照每兩十五兩作價計愛平銀柒千伍百拾柒兩壹錢肆厘伍毫。

一、收十六年年終實存乾沙貳拾柒兩伍錢玖分陸厘伍毫，按照每兩十二兩作價計愛平銀叁百叁拾壹兩壹錢伍分捌厘。

一、收十六年年終實存乾北沙貳千柒百肆拾陸兩壹錢壹分壹厘伍毫，按照每兩拾壹兩伍錢作價計愛平銀叁萬壹千伍百捌拾捌兩貳錢捌分貳厘貳毫伍絲。

一、收十六年年終實存洛沙拾陸兩肆錢壹分捌厘伍毫，按照每兩十五兩作價計愛平銀貳百肆拾陸兩貳錢柒分柒厘伍毫。

以上除火耗貳百叁拾叁兩壹錢捌分不計外，共收條沙貳萬叁千壹百伍兩壹錢陸分貳厘伍毫，價愛平銀叁拾肆萬肆千玖百陸拾陸兩玖錢壹分伍厘貳毫叁絲玖微。

一、收貨櫃繳回愛平銀拾陸萬捌千伍百拾叁兩柒錢伍分捌厘壹毫陸絲伍忽貳微。

一、收存各廠實存貨價八折本銀，計愛平拾肆萬捌千陸百陸拾伍兩陸錢貳分伍厘貳毫叁微。

以上共收貨櫃愛平銀叁拾壹萬柒千壹百柒拾玖兩叁錢捌分叁厘叁毫陸絲伍忽伍微。

一、收建造漢口總局房，並乾西北溝洛廠局房原價愛平銀陸千玖百伍拾柒兩叁錢伍分伍厘柒毫貳絲。

一、收馬匹原價愛平銀柒百拾貳兩陸錢捌分陸厘陸毫。

一、收存淘金機器工料，原價愛平銀壹千伍百叁拾貳兩壹錢陸厘。

一、收存黑河屯造義渡工料費，原價愛平銀貳百伍拾捌兩肆錢壹分壹厘柒毫。

一、收存黑河屯造義渡船房一所，原價愛平銀貳百玖拾兩陸錢壹分肆厘。

一、收存電綫料，原價愛平銀壹千陸百肆拾柒兩伍錢捌厘伍毫柒絲叁忽玖微。

以上共收局房、馬匹、機器、船隻、電綫料原價壹萬壹千叁百玖拾捌兩陸錢捌分貳厘伍毫玖絲叁忽玖微。

淨收八折實銀，計愛平玖千壹百拾捌兩玖錢肆分陸厘柒絲伍忽壹微。

一、收售股票五張，計愛平銀伍百兩正。

一、收浮借黑龍江將軍衙門公款，愛平銀壹萬貳千兩正。

一、收李督理家眷住局，貼火食中錢柒百捌拾壹吊，計愛平銀貳百陸拾兩叁錢叁分叁厘。

一、收乾局委員强惠源家眷住局，貼火食中錢貳百陸拾肆吊，計愛平銀捌拾捌兩正。

一、收乾局委員李湛恩家眷住局，貼火食中錢貳百捌拾捌吊，計愛平銀玖拾陸兩正。

一、收漠口局賃房租價，十月至十二月，每月八十吊，中錢貳百肆拾吊，計愛平銀捌拾兩正。

一、收售馬三匹，騾三匹，價愛平銀壹百玖拾壹兩壹錢陸分。

一、收錢莊存銀息利，計愛平銀肆百陸兩陸錢陸分柒厘貳毫肆絲玖忽。

一、收銀洋中羌兌換，餘銀計愛平肆千伍百柒拾玖兩叁錢陸分伍厘叁毫壹絲叁忽叁微。

以上九注，共收愛平銀壹萬捌千貳百壹兩伍錢貳分伍厘伍毫陸絲貳忽叁微。

以上統共收愛平銀捌拾玖萬伍千捌百拾貳兩柒錢壹分陸厘柒毫柒絲叁忽叁微。

開除：

一、支漠廠六成金價，計金捌千陸百貳拾肆兩捌錢陸分捌厘，計價愛平銀拾貳萬玖千玖百伍拾伍兩陸分伍厘伍毫。

一、支乾廠及西北溝六成金價，計金叁千柒百叁兩貳錢壹分捌厘，計價愛平銀肆萬陸千壹百捌拾貳兩叁錢叁分玖毫。

一、支洛廠六成金價，計金肆百壹兩柒錢玖分玖厘，計價愛平銀陸千拾陸兩伍錢玖分叁厘伍毫。

以上三注，共支三廠六成金價，愛平銀拾捌萬貳千壹百伍拾叁兩玖錢捌分玖厘玖毫。

一、支付貨櫃十五年原本銀，計愛平陸萬柒千壹百捌拾柒兩貳錢玖分玖厘肆毫玖絲陸忽。

一、支貨櫃貨價，愛平銀拾柒萬壹千伍百拾兩貳錢叁分玖厘捌毫叁絲陸微。

一、支運脚愛平銀陸萬捌千陸百拾玖兩陸錢壹分叁厘玖毫貳絲捌忽。

以上共支付貨櫃，愛平銀叁拾萬柒千叁百拾柒兩壹錢伍分叁厘貳毫伍絲肆忽陸微。

一、支建造漠石總局局房一所，並養病院，買賣街房共四十九間費愛平銀叁千玖百肆拾捌兩陸錢。

一、支建造洛廠局房二十七間，費愛平銀壹千叁百陸拾壹兩肆錢玖分肆厘。

一、支建造乾西北溝局房二十九間，費愛平銀壹千陸百肆拾柒兩貳錢陸分壹厘柒毫貳絲。

一、支購馬四十九匹，價愛平銀柒百拾貳兩陸錢捌分陸厘陸毫。

一、支淘金機器工匠辛工，十六年四月至十二月並大漏桶鐵四花鐵軸等費，愛平銀壹千伍百叁拾貳兩壹錢陸厘。

一、支造黑河屯義渡船房所，計三間門樓間，費愛平銀貳百玖拾兩陸錢壹分肆厘。

一、支購黑河屯義渡馬蹬船一隻，並鋪板粘捻等工料，愛平銀貳百伍拾捌兩肆錢壹分壹厘柒毫。

一、支電綫材料，愛平銀壹千陸百肆拾柒兩伍錢捌厘伍毫柒絲叁忽玖微。

以上共支局房淘金機器馬匹船隻電綫材料，愛平銀壹萬壹千叁百玖拾捌兩陸錢捌分貳厘伍毫玖絲叁忽玖微。

一、支十五年局房、軍械、馬蹬、磨、機器、船隻、馬匹、牛頭第二屆二成價，愛平銀伍千貳百肆兩玖錢貳分玖厘肆毫壹絲壹忽柒微。

一、支佳水公記十六年分息利，湘平銀陸千兩，折愛平銀伍千玖百柒拾陸兩正。

一、支各股友十六分，二百九十八股息利，愛平銀貳千玖拾陸兩壹錢壹分。

一、支還黑龍江將軍衙門浮借欵，愛平銀壹萬貳千兩正。

一、支各局局費芯紅，愛平銀壹萬叁千柒百貳拾兩肆錢捌分叁厘肆毫叁絲捌忽。

一、支各局器具，愛平銀壹千陸百捌拾玖兩壹錢肆分玖厘陸毫陸絲。

一、支各廠馬料秧草，愛平銀壹萬貳千伍百捌拾柒兩伍錢叁分壹厘伍毫陸絲叁忽。查此項馬料秧草費，較舊年加倍。實因十五年夏秋，割草無多，餵至冬底，既已乏絶。復添買羌人之草，其價昂貴，每蒲桶計二十八斤，合羌錢伍百。連馬料每日每馬需羌錢壹吊，計銀四錢四分。三廠並陸續添買之馬，共計二百六十餘匹，每月計需銀貳千壹百餘兩。迨四月初間，青草長起，始可放青，稍減費用。理合聲明。

一、支愛黑吉滬錫聶各局房租，愛平銀柒百叁拾貳兩捌錢陸分陸厘。

一、支漠乾洛三廠養病院米麵費，愛平銀壹千叁百玖拾叁兩捌錢柒分柒厘陸毫貳絲。

一、支各處賑捐，愛平銀壹千肆百伍拾捌兩正。

一、支舊藍布夾帳棚二十架，並手鎗一隻，長矛二十五樣愛平銀貳百陸拾柒兩玖錢壹分。

一、支提赤金內摒入紋銀，每百兩摒入紋銀壹兩伍錢計愛平銀伍拾陸兩貳分叁厘。

一、支北洋軍裝，補平計愛平銀伍拾壹兩肆錢壹分。查此項十五年造報係庫平銀，每百兩照愛平加二兩及兑付時係照每百兩加三兩四錢六分，除已經報銷不計外，所短伸平之數理應補付。合併聲明。

一、支解金銀鑛馬路費，愛平銀肆千捌百捌拾兩陸錢柒分叁厘伍毫。

一、支員司因公往來路費，愛平銀貳千肆百柒拾伍兩玖錢伍厘陸毫。

一、支各處採金苗費，愛平銀叁千叁百肆拾肆兩叁錢玖分捌厘叁毫。

一、支津局提二批三批赤金，手工藥水費，愛平銀叁百肆拾捌兩貳錢壹分伍厘。

一、支漠廠提金匠任德茂，十六年分辛工，每月十二兩愛平銀壹百伍拾陸兩正。

一、支各局電報費，愛平銀捌百貳拾貳兩叁錢柒分玖厘陸毫。

一、支漠乾洛三廠犒賞出力兵工人等，愛平銀壹千伍百肆拾柒兩貳錢柒分壹厘玖毫。

一、支員司告假程儀，愛平銀柒百貳拾叁兩正。

一、支酬應俄酋商愛平銀貳百貳拾兩玖錢玖分玖厘。

一、支前督理及病故員司卹典，愛平銀肆千伍百陸拾兩正。

一、支礦丁因公左手殘廢，並病故一名，卹給川資，愛平銀叁拾兩正。

一、支李督理，正月至八月薪水，愛平銀壹千捌百兩正。

一、支代理袁，九月至十二月薪水，愛平銀捌百兩正。

一、支會辦綽，八月至十一月薪水，愛平銀叁百貳拾兩正。

一、支各員司，十六年分薪水，愛平銀貳萬柒百肆拾陸兩肆錢。

一、支解金差弁並各局通事，十六年分薪水，愛平銀壹千捌百捌拾兩正。

一、支江省愛城黑河各署局津貼，愛平銀貳千肆百拾捌兩正。

一、支電報生及工頭等，十六年分薪水，愛平銀柒百肆拾捌兩捌錢。

一、支馬隊一哨，十六年分馬乾餉銀，湘平折愛平銀伍千陸百捌拾叁兩肆錢壹分伍厘肆絲。

一、支步隊三哨，十六年正月至十二月一哨，後又陸續添招二哨共計餉銀湘平折愛平銀壹萬叁千柒百柒拾捌兩壹錢陸分陸厘。

一、支馬隊一哨，津貼米麵，愛平銀壹千肆百叁拾叁兩陸錢。

一、支步隊三哨，津貼米麵，愛平銀伍千叁百伍拾捌兩叁錢玖分玖厘陸毫。

一、支黃哨官海雲，招勇五十五名，小口糧愛平銀貳百貳拾肆兩壹錢玖分玖厘。

一、支張哨官鶴鳴，招勇一百六十三名，小口糧愛平銀壹千壹百叁拾伍兩叁錢玖分玖厘玖毫。

一、支漠乾洛三廠並兩口局，鐵匠、錫匠、刻字匠、水車水桶木匠，粘匠辛工，愛平銀貳千柒百貳拾伍兩正。

一、支漠乾洛三廠並兩口局小工辛工，愛平銀叁千叁百貳拾柒兩正。

一、支黑河屯義渡水手餉銀，四月至九月扣建計愛平銀貳百伍拾壹兩壹錢玖分。

一、支病丁回愛船脚路費，愛平銀捌百陸拾肆兩陸錢陸分壹厘。

一、支義昌洋行尾找，係鐵匠所用傢俱等件，愛平銀叁百肆拾柒兩肆錢伍分柒厘叁絲叁忽。

一、支蘭局辦糧車馬費，愛平銀叁百叁拾陸兩正。

一、支借錢莊銀，納息愛平銀貳千肆百玖拾肆兩貳錢陸分貳厘伍毫叁絲柒忽。

一、支醫院施給藥費，愛平銀伍百貳拾捌兩伍錢柒厘伍毫陸絲貳忽。

一、支礦師煙密里奄諾夫正月至二月，每月一百吊薪水羌錢貳百吊，計愛平銀捌拾捌兩正。

一、支漠乾洛三廠發給礦丁淘金鐵器，愛平銀伍千壹百貳拾玖兩陸錢陸分陸厘陸毫。

一、支十六年各幫亡丁虧累，公司代任一半，愛平銀玖百陸拾陸兩柒錢叁分陸厘。

一、支提還十五年分佳水公記息利，愛平銀肆千捌百捌拾兩肆錢。

一、支提還各股友十五年分官利，愛平銀壹千貳百拾玖兩伍錢肆分玖厘。

一、支提還北洋軍裝價，愛平銀叁千伍百玖拾壹兩陸錢捌分柒毫叁絲貳忽肆微。查以上三項十五年造報，已經開除，因未付去，復又收回。今届理應再作收付，以符帳情。

一、支由公積項下，付各把頭逃丁欠欵，愛平銀伍千拾捌兩叁錢叁分捌厘。前曾稟蒙批准在案。

以上統共支愛平銀陸拾陸萬貳百捌拾玖兩肆錢肆分玖厘叁毫肆絲伍忽陸微，由公積項下開除逃丁虧欠愛平銀伍千拾捌兩叁錢叁分捌厘。

實在：

一、存股本愛平銀貳萬玖千捌百兩正。

一、存官商借欵，愛平銀拾貳萬玖千陸百肆拾兩正。

一、存第一届結餘，愛平銀叁萬兩正。

一、存第一届保險公積，愛平銀貳千陸百玖拾伍兩玖錢柒分捌厘捌毫柒忽壹微。

一、存第二届結餘，愛平銀叁萬兩正。

一、存第二届保險公積，愛平銀捌千叁百陸拾捌兩玖錢伍分陸毫貳絲陸微。

以上共存實在愛平銀貳拾叁萬伍百肆兩玖錢三分玖厘肆毫貳絲柒忽柒微。

光緒十八年三月二十七日袁大化呈。

奏派辦理黑龍江等處礦務兼統漠河護礦營花翎候選知府，謹將光緒十七年正月起至十二月底止，所有卑局收支銀錢並第三届結餘數目，繕具簡明四柱清册。隨文恭呈憲鑒，轉咨施行。須至清册者。

計開：

舊管：

一、存股本愛平銀貳萬玖千捌百兩正。

一、存佳水公記愛平銀玖萬玖千陸百肆拾兩正。

一、存黑龍江省借欵，愛平銀叁萬兩正。

一、存第一届結餘花紅，愛平銀叁萬兩正。

一、存第一届保險公積，愛平銀貳千陸百玖拾伍兩玖錢柒分捌厘捌毫柒忽壹微。

一、存第二届結餘花紅，愛平銀叁萬兩。

一、存第二届保險公積，愛平銀捌千叁百陸拾捌兩玖錢伍分陸毫貳絲陸微。

共存愛平銀貳拾叁萬伍百肆兩玖錢貳分玖厘肆毫貳絲柒忽柒微。

新收：

一、收愛瀋局售漠乾條金柒千柒百伍拾伍兩叁錢整，價愛平銀拾萬陸千肆百貳兩叁錢玖分陸厘。

一、收滬局售漠乾條金伍千柒百捌拾柒兩伍錢捌分，價愛平銀捌萬肆千壹百捌拾玖兩伍錢陸分肆厘壹毫肆絲。

一、收零售漠乾條沙叁百叁拾玖兩玖錢肆分伍厘，價愛平銀伍千壹百捌拾陸兩貳錢伍分伍毫。

一、收各局售十六年未售金沙及實存金沙，作價餘銀計愛平銀肆千捌百肆拾貳兩伍錢捌分柒毫伍絲。

一、收十七年運赴各局未售漠條金壹千肆拾貳兩八錢八分，按照每兩拾陸兩肆錢作價，計愛平銀壹萬柒千壹百叁兩貳錢叁分貳厘。

一、收十七年運赴各局未售乾條金肆千叁百捌拾壹兩陸錢陸分，按照每兩拾貳兩作價，計愛平銀伍萬貳千伍百柒拾玖兩玖錢貳分。

一、收十七年年終實存漠沙玖拾叁兩玖錢肆分叁厘伍毫，按照每兩拾陸兩肆錢作價，計愛平銀壹千伍百肆拾兩陸錢柒分叁厘肆毫。

一、收十七年年終實存乾沙捌百壹拾捌兩肆錢肆分叁毫，按照每兩拾貳兩作價，計愛平銀玖千捌百貳拾壹兩貳錢捌分叁厘陸毫。

八注除各局售條沙火耗外，共收售條沙貳萬貳百拾玖兩柒錢肆分捌厘捌毫，價計愛平銀貳拾捌萬壹千陸百陸拾伍兩玖錢叁毫玖絲。

一、收貨櫃繳回愛平銀拾玖萬貳千伍百玖拾兩陸分玖厘壹毫玖絲捌微。

一、收貨櫃應繳回八折本，愛平銀玖萬伍千柒百捌拾伍兩柒分捌厘壹毫陸絲叁微。

二注共收貨櫃愛平銀貳拾捌萬捌千叁百柒拾伍兩壹錢肆分柒厘叁毫伍絲壹忽壹微。

一、收造拉沙車一百輛，工料費原價愛平銀壹千伍拾叁兩伍錢柒分壹厘肆毫。

一、收造機器一座，工料費原價愛平銀叁千柒拾陸兩叁錢伍分貳厘伍毫。

一、收購馬匹，原價愛平銀玖百柒拾叁兩正。

一、收購羌馬套一百副，原價愛平銀陸百伍拾肆兩捌錢伍分陸厘。

四注共收機器、車輛、馬匹、工料費原價銀伍千柒百伍拾柒兩柒錢柒分玖厘玖毫，淨收八折實銀，計愛平肆千陸百陸兩貳錢貳分叁厘玖毫貳絲。

一、收售股票八百二十二張，愛平銀捌萬貳千貳百兩正。

一、收督理家眷，貼住局火食，中錢貳百伍拾肆吊陸百文，計愛平銀玖拾兩玖錢貳分捌厘伍毫。

一、收漠口局賃房租價，通年共中錢壹千貳百貳拾肆吊，計愛平銀肆百叁拾柒兩壹錢肆分貳厘捌毫伍絲。

一、收錢莊存銀息利，愛平銀壹百肆拾伍兩伍錢陸分捌厘叁毫壹絲叁忽。

一、收售馬三匹，價愛平銀肆拾肆兩壹錢柒厘。

一、收乏馬蹬磨船一隻，羌錢柒拾伍吊，計愛平銀叁拾肆兩伍錢。

一、收銀洋中羌兑換，餘銀計愛平肆千捌百柒拾捌兩陸錢捌分玖厘貳毫陸絲玖忽叁微。

柒注共收愛平銀捌萬柒千捌百叁拾兩玖錢叁分伍厘玖毫叁絲貳忽叁微。

以上統共收愛平銀捌拾玖萬貳千玖百捌拾叁兩壹錢叁分柒厘貳絲壹忽壹微。

開除：

一、支漠廠六成金價，計金貳千貳百叁拾貳兩貳錢捌分，計價愛平銀叁萬肆千貳百拾捌兩壹錢玖分陸厘。

一、支乾北溝六成金價，計金捌千肆百玖拾壹兩陸錢玖厘，計價愛平銀玖萬伍千叁百捌拾柒兩捌錢貳分捌厘。

一、支貨櫃十六年原本，愛平銀拾肆萬捌千陸百陸拾伍兩陸錢貳分伍厘貳毫叁絲。

二注共支漠乾兩廠六成金價，愛平銀拾貳萬玖千陸百陸兩貳分肆厘。

一、支貨價愛平銀陸萬柒千捌百柒拾柒兩叁錢叁分捌厘柒毫肆絲。

一、支運脚愛平銀壹萬伍千貳百玖拾柒兩捌錢陸分玖厘玖毫捌絲。

三注共支貨櫃愛平銀貳拾叁萬壹千捌百肆拾兩捌錢叁分叁厘玖毫伍絲。

一、支建造淘金機器一座，工料費愛平 銀叁千柒拾陸兩叁錢伍分貳厘伍毫。

一、支造拉沙車一百輛，工料費愛平銀壹千伍拾叁兩伍錢柒分壹厘肆毫。

一、支購羌馬套一百副，套弓子小鞭子全分，愛平銀陸百伍拾肆兩捌錢伍分陸厘。

一、支購馬六十匹，價愛平銀玖百柒拾叁兩正。

四注共支機器、車輛、馬套、馬匹、工料費愛平銀伍千柒百伍拾柒兩柒錢柒分玖厘玖毫。

一、支十五年局房、軍械、馬蹬、磨、機器、船隻、馬匹、牛頭第三屆二成價，愛平銀伍千貳百肆兩玖錢貳分玖厘肆毫壹絲壹忽柒微。

一、支十六年總局、房義、渡船、馬匹、電綫、機器、市房第二屆成價，愛平銀貳千貳百柒拾玖兩柒錢叁分陸厘伍毫壹絲捌忽柒微。

一、支佳水公記十七年分息利，湘平銀伍百肆拾肆兩玖錢玖分陸厘，折愛平銀伍百肆拾貳兩捌錢壹分陸厘。

一、支各股友十七年分一千一百二十張息利，愛平銀柒千肆百捌拾捌兩貳錢捌分柒厘伍毫。

一、支還黑龍江將軍衙門借欵，愛平銀叁萬兩正。

一、支佳水公記公欵，湘平銀拾萬兩，折愛平銀玖萬玖千陸百肆拾兩正。

一、支各局局費芯紅，愛平銀壹萬叁千壹百柒拾貳兩貳錢柒分捌厘陸毫柒絲。

一、支各局器具，愛平銀柒百柒拾玖兩肆錢陸分柒厘柒毫肆絲。

一、支漢乾兩廠犒賞出力兵工人等愛平銀柒百拾伍兩捌分捌厘捌毫。

一、支各廠局馬料秧草，愛平銀捌千陸百玖拾陸兩貳錢壹分貳厘捌毫伍絲。

一、支漢乾兩廠發給淘金鉄器，愛平銀肆千肆百貳拾捌兩玖錢貳分捌厘伍毫柒絲。

一、支愛黑吉滬四局房租，愛平銀陸百肆拾叁兩貳錢。

一、支賞病丁回愛船脚路費，愛平銀肆百陸拾兩柒錢捌分壹厘叁毫。

一、支漢乾兩廠養病院米麵費，愛平銀貳千肆拾玖兩伍分叁厘伍毫柒絲。

一、支漢乾兩廠，並兩局鉄匠錫匠刻字匠木匠箍匠粘匠辛工，愛平銀貳千肆百拾捌兩正。

一、支漢乾兩廠並兩口局小工辛工，愛平銀貳千貳百陸拾叁爲正。

一、支各局電報費，愛平銀伍百玖拾貳兩陸錢叁分叁厘肆毫。

一、支解金銀鑛馬匯路費，愛平銀肆千貳百肆拾伍兩柒錢陸分伍厘陸毫。

一、支各員司因公往來路費，愛平銀壹千拾伍兩貳錢肆分叁厘壹毫。

一、支各處探苗路費，愛平銀貳千伍拾捌兩叁錢玖厘柒毫。

一、支機器小工辛工火食，愛平銀柒千肆百玖拾柒兩叁錢壹分伍厘貳毫。

一、支機器用樺皮油樺樹皮熟牛皮等件，愛平銀陸拾肆兩伍錢柒分陸毫。

一、支機器水道用鉄鎬、鉄鍬愛平銀肆百拾兩叁錢伍分柒厘壹毫。

一、支提赤金内搨入紋銀，每百兩搨入壹兩伍錢計愛平銀陸拾陸兩柒錢捌分捌厘。

一、支津局提四五批赤金手工藥水愛平銀伍百玖兩玖分叁厘。

一、支督理十七年分薪水，愛平銀貳千肆百兩正。

一、支各員司十七年分薪水，愛平銀壹萬陸千貳百叁拾玖兩肆錢。

一、支解金差弁並各局通事薪水，愛平銀壹千叁百叁拾兩柒錢肆分叁厘。

一、支江省愛城黑河各署局津貼，愛平銀貳千貳百貳兩正。

一、支各員司告假程儀，並各項酬應，愛平銀壹千捌百拾叁兩叁錢貳分壹厘捌毫陸絲。

一、支病故員司郵典，愛平銀壹千叁百捌拾兩正。

一、支病故工匠賞給，愛平銀柒拾兩正。

一、支礦丁因公受傷殘廢，賞給愛平銀叁拾貳兩肆錢貳分。

一、支酬應俄酋商愛平銀貳百拾陸兩叁錢陸分柒毫。

一、支漢廠提金匠一名，辛工愛平銀壹百肆拾肆兩正。

一、支由吉局解銀來愛，傷平愛平銀肆百貳拾壹兩伍錢肆分。

一、支護礦營馬步五哨官弁勇夫餉銀馬乾，湘平折愛平銀貳萬柒千貳百拾肆兩捌錢伍分陸厘叁毫捌綫捌忽。

一、支津貼護礦營米麵，愛平銀壹萬肆百柒拾陸兩玖錢壹分肆厘。

一、支周哨官文先，招勇九十七名，小口糧愛平銀貳百陸拾壹兩肆錢陸分肆厘叁毫。

一、支各幫亡丁虧累，公司代任一半，計愛平銀捌百陸拾陸兩壹錢肆厘貳毫。

一、支由第一屆結餘項下，付各股友十五年花紅，愛平銀壹萬肆千玖百柒拾貳兩正。

一、支醫院施藥費，愛平銀貳百肆兩柒錢貳分。

一、支由公積項下，付各把頭逃丁欠欵，愛平銀壹萬壹千陸拾肆兩玖錢貳分玖厘肆毫貳絲柒忽柒微。

四十三注共支愛平銀貳拾捌萬捌千伍百伍拾貳兩陸錢叁分伍毫陸忽壹微。

統共支愛平銀陸拾肆萬肆千陸百玖拾貳兩叁錢叁分捌厘玖毫貳絲捌忽肆微，由公積項下付各把頭、逃丁欠欵愛平銀壹萬壹千陸拾肆兩玖錢貳分玖厘肆毫貳絲柒忽柒微。

實在：

一、存第一屆結餘花紅，愛平銀壹萬伍千貳拾捌兩正。

一、存股本愛平銀拾壹萬貳千兩正。

一、存第二屆結餘花紅，愛平銀叁萬兩正。

一、存第三屆結餘花紅，愛平銀伍萬兩正。

一、存第三屆保險公積，愛平銀叁萬壹百玖拾柒兩捌錢陸分捌厘陸毫陸絲伍忽。

共存愛平銀貳拾叁萬柒千貳百貳拾伍兩捌錢陸分捌厘陸毫陸絲伍忽。

以上統共收愛平銀捌拾玖萬貳千玖百捌拾叁兩壹錢叁分柒厘貳絲壹忽壹微。

支愛平銀陸拾伍萬伍千柒百伍拾柒兩貳錢陸分捌厘叁毫伍絲陸忽壹微。

除支實存愛平銀貳拾叁萬柒千貳百貳拾伍兩捌錢陸分捌厘陸毫陸絲伍忽，合併聲明。

光緒十八年九月初十日袁大化呈。

奏派督理黑龍江等處礦務兼統漠河護礦營花翎二品銜儘先選用道，謹將光緒十八年正月初一日起至十二月底止，所有職局收支銀錢數目，逐欵繕具簡明四柱清册。隨文恭呈憲鑒，轉咨施行。須至清册者。

計開：

舊管：

一、存第一屆結餘，愛平銀壹萬伍千貳拾捌兩正。

一、存第二屆結餘，愛平銀叁萬兩正。

一、存第三屆結餘，愛平銀伍萬兩正。

一、存股本愛平銀拾壹萬貳千兩正。

一、存第三屆保險公積，愛平銀叁萬壹百玖拾柒兩捌錢陸分捌□□□□□忽。

共愛平銀貳拾叁萬柒千貳百貳拾伍兩捌錢陸分捌厘陸毫陸絲伍忽。

新收：

一、收愛局售各廠條金肆千捌百叁拾伍兩伍錢陸分，價愛平銀捌萬伍千捌百捌兩壹錢陸分。

一、收滬局售各廠條金柒千玖百叁拾兩叁錢，價愛平銀拾肆萬捌千肆百陸拾壹兩柒錢伍分壹厘肆毫。

一、收零售各廠條沙柒拾陸兩肆錢陸分伍厘，價愛平銀壹千叁百拾兩叁錢伍分肆厘。

一、收恰克圖售漠條金壹千伍拾玖兩玖錢，價愛平銀壹萬玖千伍百肆拾叁兩捌錢陸分捌厘貳毫。

一、收年終運赴愛局未售漠條捌百兩肆錢捌分，每兩照拾柒兩作價計愛平銀壹萬叁千陸百捌兩壹錢陸分。

一、收年終運赴愛局未售乾北條貳拾兩，每兩照拾貳兩伍錢作價計愛平銀貳百伍拾兩正。

一、收年終運赴愛局未舊乾新條壹百伍拾捌兩捌錢貳分，每兩照拾肆兩伍錢作價計愛平銀貳千叁百貳兩捌錢玖分。

一、收年終運赴愛局未售洛西條捌拾兩叁分，每兩照拾陸兩柒錢作價計愛平銀壹千叁百叁拾陸兩伍錢壹厘。

一、收年終運赴愛局未售小東溝條陸拾捌兩柒錢壹分，每兩照拾柒兩作價計愛平銀壹千壹百陸拾捌兩柒分。

一、收年終運赴愛局未售達義河條伍拾兩捌錢伍分，每兩照拾柒兩作價計愛平銀捌百陸拾肆兩肆錢伍分。

一、收年終運赴愛局未售窪希利溝條拾玖兩玖錢肆分，每兩照拾陸兩貳錢作價計愛平銀叁百貳拾叁兩貳分捌厘。

一、收年終實存漠沙玖拾捌兩伍錢伍分肆厘伍毫，每兩照拾柒兩作價計愛平銀壹千陸百柒拾伍兩肆錢貳分陸厘伍毫。

一、收年終實存乾北沙陸兩肆錢壹分陸厘，每兩照拾貳兩伍錢作價計愛平銀捌拾兩貳錢。

一、收年終實存乾新沙陸拾壹兩貳分陸厘，每兩照拾肆兩伍錢作價計愛平銀捌百捌拾肆兩捌錢柒分柒厘。

一、收年終實存洛西沙貳拾陸兩捌錢叁分貳厘伍毫，每兩照拾陸兩柒錢作價計愛平□□□□□厘柒毫伍絲。

一、收年終實存窪希利溝沙拾柒兩捌錢玖分陸厘伍毫，每兩照拾陸兩貳錢作價計愛平銀貳百□□□□□叁厘叁毫。

一、收各局售十七年終未售金沙及實存金沙，作價餘銀計愛平壹萬伍千肆百貳拾捌兩壹錢陸分叁厘肆絲肆忽。

以上十七注，除火耗外，共收各局售條沙壹萬伍千叁百拾壹兩柒錢捌分伍毫，價計愛平銀貳拾玖萬叁千柒百捌拾叁兩玖錢貳分伍厘壹毫玖絲肆忽。

一、收代礦丁墊辦糧貨餘利，愛平銀叁萬貳千陸百貳拾陸兩玖錢肆分陸厘捌毫捌絲叁忽肆微。

一、收補十七年售股票五張，愛平銀伍百兩正。

一、收售股票壹百陸拾肆張，愛平銀壹萬陸千肆百兩正。

一、收各股友存愛平銀壹百兩正。

一、收滬局存錢莊銀，納息愛平銀陸百陸拾叁兩捌錢玖分捌厘陸毫伍絲叁忽。

一、收督理家眷住局貼火食，愛平銀貳百玖兩捌錢伍分柒厘壹毫。

一、收漢口賃房價，愛平銀叁百貳拾伍兩叁錢伍分柒厘壹毫肆絲。

一、收銀洋中羌兑換餘欵，愛平銀伍百陸拾玖兩柒錢叁分陸厘肆毫伍絲叁忽叁微。

八注共收愛平銀伍萬壹千叁百玖拾伍兩柒錢玖分陸厘貳毫貳絲玖忽柒微。

以上統共收愛平銀伍拾捌萬貳千肆百伍兩伍錢玖分捌絲捌忽柒微。

開除：

一、支漢廠收買各把頭六成金沙叁千捌百捌兩貳錢壹分貳厘，價計愛平銀陸萬貳千伍百柒兩陸錢伍分陸厘。

一、支乾北廠收買各把頭六成金沙壹千伍百貳拾伍兩陸分伍厘，價計愛平銀壹□□□□伍毫。

一、支乾新廠收買各把頭六成金沙，並採苗十成金沙，壹千捌百捌拾肆兩陸錢捌分壹厘，價□□□銀貳萬陸千肆百肆拾伍兩柒錢壹厘。

一、支洛西廠收買各把頭六成金沙，並採苗十成金沙，伍拾玖兩壹錢肆分伍厘，價計愛平銀壹千貳拾陸兩壹錢陸分捌厘柒毫。

一、支窪希利溝收買各把頭六成金沙，並採苗十成金沙，貳拾兩捌錢捌分玖厘，價計愛平銀叁百叁拾捌兩叁錢貳分壹厘肆毫。

五注共支金價愛平銀拾萬捌千肆百玖拾伍兩伍錢伍分壹厘陸毫。

一、支十五年局房、軍械、馬礅、磨、船隻、機器、馬匹、牛頭第四届二成價，愛平銀伍千貳百肆兩玖錢貳分玖厘肆毫壹絲壹忽柒微。

一、支十六年總局、房義、渡船、馬匹、電線、機器、市房第三届二成價，愛平銀貳千貳百柒拾玖兩柒錢叁分陸厘伍毫壹絲捌忽柒微。

一、支十七年機器、馬匹、車輛第二届二成價，愛平銀壹千壹百伍拾壹兩伍錢伍分伍厘玖毫捌絲。

一、支漢北遘造淘金機器一座，工料費愛平銀壹千陸拾柒兩叁錢叁分陸厘玖毫。

一、支乾新廠造局房一所，工料費愛平銀伍百伍拾貳兩玖錢柒分。

一、支各股友十八年分股票息利，愛平銀陸千叁百捌兩玖錢貳分陸厘。

一、支各局局費芯紅，愛平銀壹萬貳千陸百捌拾柒兩伍錢貳分叁厘叁毫伍絲。

一、支各局製辦器具，愛平銀叁百陸拾捌兩陸分柒厘貳毫柒絲。

一、支漢乾兩廠犒賞出力兵工人等，愛平銀捌百伍拾柒兩陸錢貳厘伍毫。

一、支各局馬料秧草，愛平銀捌千肆百貳拾陸兩柒錢柒分肆厘貳毫貳絲。

一、支愛黑吉滬四局房租，愛平銀伍百捌拾叁兩捌錢。

一、支各廠局電報費，愛平銀捌百貳拾叁兩柒錢陸分肆厘柒毫捌絲。

一、支漢乾兩廠發給礦丁淘金鐵器，愛平銀肆千肆百貳兩叁錢貳分。

一、支解金銀鏢馬匯路費，愛平銀伍千叁百肆拾捌兩貳分貳厘陸毫。

一、支各員司因公往來路費，愛平銀肆百捌拾叁兩柒錢陸分伍厘陸毫。

一、支漢乾兩廠養病院米麵藥料費，愛平銀玖百玖拾壹兩玖分叁厘肆毫。

一、支各處採苗路費，愛平銀貳千捌百柒拾兩玖錢叁分柒毫。

一、支機器傭工辛子火食愛平銀壹萬捌千壹百柒拾柒兩肆錢叁厘。

一、支漢乾兩廠工匠辛工，愛平銀壹千捌百柒拾捌兩貳錢。

一、支愛琿西山工餉及員弁火食，愛平銀肆千捌百貳兩捌錢玖分叁厘叁毫。

一、支漢乾兩廠小工辛工，愛平銀壹千叁百玖拾柒兩正。

一、支購馬五十五匹大牛一條，愛平銀玖百陸拾柒兩玖錢陸分壹厘。

一、支提赤金內摒入紋銀，每百兩摒入壹兩伍錢愛平銀伍拾柒兩玖錢捌分貳厘。

一、支津局提六七批赤金手耳藥水愛平銀肆百拾貳兩叁錢貳分肆厘。

一、支督理十八年分薪水公費，愛平銀貳千陸百兩正。

一、支各員司十八年分薪水，愛平銀壹萬肆千伍百貳拾兩貳錢。

一、支解金差弁並各局通事薪水，愛平銀壹千貳百伍拾陸兩陸錢。

一、支江省愛城黑河各署局津貼，愛平銀貳千伍百玖拾貳兩正。

一、支各員司程儀，各項酬應，愛平銀玖百捌拾捌兩叁錢壹分壹厘貳毫。

一、支病故員司卹給，愛平銀柒百捌拾兩正。

一、支護礦營馬步五哨官弁勇夫餉銀馬乾湘，平折愛平銀叁萬肆千肆百叁拾兩玖錢捌分陸厘玖毫。

一、支津貼護礦營米麵，愛平銀壹萬貳千伍百貳拾捌兩陸錢捌分伍厘。

一、支各幫亡丁虧累，公司代認一半，計愛平銀叁十叁百拾肆兩捌分柒厘伍毫。

一、支還佳水公記股票，愛平銀柒萬兩正。

一、支由吉林解銀夾漢，傷平愛平銀貳百貳拾伍兩壹錢貳分肆厘。

一、支蘭局費委員殿賡故後，虧欠愛平銀壹千拾肆兩捌錢柒分壹厘。查此項奉批由局彌補，理合聲明。

一、支由第一屆結餘項下，付黑龍江軍餉，愛平銀玖千兩正。

一、支由第二屆結餘項下，付黑龍江軍餉，愛平銀玖千兩正。

一、支由第二屆結餘項下，付各股友餘利，愛平銀壹萬肆千玖百兩正。

一、支由保險公積項下，付各把頭逃丁虧累，愛平銀貳萬玖千捌拾貳兩陸錢叁分柒厘壹毫肆絲。

四十注共支愛平銀貳拾捌萬捌千叁百叁拾陸兩叁錢捌分伍厘貳毫柒絲肆微。

以上統共支愛平銀叁拾玖萬陸千捌百叁拾壹兩玖錢叁分陸厘捌毫柒絲肆微。

實在：

一、存股本愛平銀伍萬捌千玖百兩正。

一、存股友存愛平銀壹百兩正。

一、存第一屆結餘，原存壹萬伍千貳拾捌兩，除付黑龍江軍餉九千兩浄愛平銀陸千貳拾捌兩正。

一、存第二屆結餘，原存叁萬兩，除付各股友餘利壹萬四千九百兩，黑龍江軍餉玖千兩浄愛平銀陸千壹百兩正。

一、存第三屆結餘，愛平銀伍萬兩正。

一、存第三屆保險公積，原存叁萬壹百玖拾柒兩捌錢陸分捌厘陸毫陸絲伍忽，除付逃丁虧累貳萬玖千捌拾貳兩陸錢叁分柒厘壹毫肆絲浄餘愛平銀壹千壹百拾伍兩貳錢叁分壹厘伍毫貳絲伍忽。

一、存第四屆結餘，愛平銀肆萬兩正。

一、存第四屆保險公積，愛平銀貳萬叁千叁百叁拾兩肆錢貳分壹厘陸毫玖絲叁忽叁微。

以上共存實在愛平銀拾捌萬伍千伍百柒拾叁兩陸錢伍分叁厘貳毫壹絲捌忽叁微。

光緒十九年十月二十七日袁大化呈。

吉林省檔案館《清代吉林檔案史料選編（工業）》上册《試辦吉林琿春礦務委員程光第等呈光緒十九年正月初一日起至十二月底止所出礦砂銀質數目清册光緒二十年五月》 謹將卑局自光緒十九年正月初一日起，截至是年十二月底止，所出礦砂、銀質各數目，理合分晰造具簡明四柱總册，呈請憲鑒，查核施行。須至册者。

計開：

舊管：

一、光緒十八年十二月份，統共計存礦砂叁拾伍萬零叁百捌拾捌斤，共存銀質捌百壹拾叁斤。

新收：

一、光緒十九年正月初一日起，截至是年十二月底止，共鑿出礦砂叁百陸拾伍萬捌千零肆拾捌斤，共煉出銀質貳拾伍萬陸千捌百陸拾伍斤。

開除：

一、光緒十九年正月初一起，截至是年十二月底止，共用礦砂叁百貳拾捌萬零陸百肆拾貳斤，共用銀質貳拾伍萬柒千陸百柒拾捌斤。

實在：

一、光緒十九年十二月底止，統共實存礦砂叁拾柒萬柒千肆百零陸斤。

吉林省檔案館《清代吉林檔案史料選編（工業）》上册《試辦吉林琿春礦務委員程光第呈光緒十五年九月至十九年十二月所出礦砂銀質礦銀數目清册光緒二十年七月》 爲造報事。

謹將自光緒十五年九月份稟奉采綫之日起，截至十九年十二月底止，連閏計五十四個月，所出礦砂、銀質，礦銀三項各數目，理合分晰造具簡明清册，呈請憲鑒，查核施行。須至册者。

計開：

礦砂項下：

一、光緒十五年九月份采綫起，至十六年五月底止，連閏計十個月，共出礦砂壹拾肆萬伍千斤。

一、光緒十六年六月份開辦起，至十二月底止，計七個月，共出礦砂捌拾壹萬斤。

一、光緒十七年份，計十二個月，共出礦砂壹百陸拾陸萬陸千貳百斤。

一、光緒十八年份，連閏計十三個月，共出礦砂叁百壹拾叁萬叁千壹百捌拾捌斤。

一、光緒十九年份，計十二個月，共出礦砂壹百肆拾捌萬陸千貳百陸拾斤。

以上共計礦砂柒百貳拾肆萬零陸百肆拾捌斤。

銀質項下：

一、光緒十五年九月份采綫起，至十六年五月底止，連閏計十個月，共出銀質玖百拾壹斤。

一、光緒十六年六月份開辦起，至十二月底止，計七個月，共出銀質貳萬零叁百陸拾壹斤。

一、光緒十七年份，計十二個月，共出銀質玖萬陸千玖百伍拾柒斤。

一、光緒十八年份，連閏計十三個月，共出銀質叁拾壹萬貳千零貳拾貳斤。

一、光緒十九年份，計十二個月，共出銀質貳拾伍萬陸千捌百陸拾伍斤。

以上共計銀質陸拾捌萬柒千壹百玖拾陸斤。

礦銀項下：

一、光緒十五年九月份采綫起，至十六年五月底止，連閏計十個月，共提礦銀肆百玖拾陸兩玖錢。

一、光緒十六年六月份開辦起，至十二月底止，計七個月，共提礦銀陸千伍百捌拾柒兩陸錢。

一、光緒十七年份，計十二個月，共提礦銀貳萬肆千陸百捌拾伍兩柒錢柒分。

一、光緒十八年份，連閏計十三個月，共提礦銀玖萬肆千貳百貳拾陸兩叁錢叁分。

一、光緒十九年份，計十二個月，共提礦銀叁萬伍千肆百零叁兩捌錢貳分。

以上共計礦銀壹拾陸萬壹千肆百兩零零肆錢貳分。

查自光緒十五年九月采綫起，截至十九年十二月底止，連閏計五十四個月，共出礦砂柒百貳拾肆萬零陸百肆拾捌斤，共出銀質陸拾捌萬柒千壹百玖拾陸斤，共提礦銀壹拾陸萬壹千肆百兩零零肆錢貳分，均經按月造報在案。合併聲明。

吉林省檔案館《清代吉林檔案史料選編（工業）》上冊《試辦吉林琿春礦務委員程光第造報自光緒十五年九月起至十九年十二月止所有招集商股煉提礦銀及收支經費銀兩清册光緒二十年七月》，爲造報事。

謹將自光緒十五年九月份稟奉采綫之日起，截至十九年十二月底止，連閏計五十四個月，所有招集商股煉提礦銀暨收支經費銀兩各數目，理合分晰造具四柱簡明清册，呈請憲鑒，查核施行。須至册者。

計開：

舊管：無

新收：

一、光緒十六年六月稟蒙招集商股壹百份，每份股本銀伍拾兩，共計商本銀伍千兩。

一、光緒十七年三月稟蒙續集商股壹百份，每份股本銀伍拾兩，共計商本銀伍千兩。

一、光緒十五年九月份采綫起，至十六年五月底止，連閏計十個月，共提礦銀肆百玖拾陸兩玖錢。

一、光緒十六年六月份開辦起，至十二月底止，共計七個月，共提礦銀陸千伍百捌拾柒兩陸錢。

一、光緒十七年份，計十二個月，共提礦銀貳萬肆千陸百捌拾伍兩柒錢柒分。

一、光緒十八年份，連閏計十三個月，共提礦銀玖萬肆千貳百貳拾陸兩叁錢叁分。

一、光緒十九年份，計十二個月，共提礦銀叁萬伍千肆百零叁兩捌錢貳分。

以上共計商股銀壹萬兩，共計礦銀壹拾陸萬壹千肆百兩零零肆錢貳分。統計銀壹拾柒萬壹千肆百兩零零肆錢貳分。

開除：【略】

實在：

一、光緒十九年十二月底止，統結不敷經費銀貳萬零壹百貳拾壹兩伍錢零伍厘。查共集商本銀壹萬兩，共提礦銀壹拾陸萬壹千肆百兩零零肆錢貳分，兩項共計銀壹拾柒萬壹千肆百兩零零肆錢貳分，除如數抵銷外，實不敷銀貳萬零壹百貳拾壹兩伍錢零伍厘，均經按月造報在案。合併聲明。

吉林省檔案館《清代吉林檔案史料選編（工業）》上冊《試辦吉林琿春礦務委員程光第自光緒十五年九月采綫起至十九年十二月底止共提礦砂銀兩及收支經費的呈文光緒二十年七月二十六日》，爲呈覆事。

案奉憲台札開：　案準户部咨開，山東司案呈卷，查光緒十七年三月間，據吉林將軍奏勘明琿春天寶山銀礦派員試辦。奉硃批：　該衙門議奏，欽此。當經本部會同海軍衙門議準，試行開辦，並令妥議章程，奏明辦理等因。於是年六月十四日具奏，本日奉旨：依議，欽此。鈔録原奏，飛咨行知遵照在案。迄今三年之久，並未將辦理情形隨時報部，亦未將試辦章程奏明辦理。相應飛咨吉林將軍查照。限於文到日，迅將試辦礦務章程先行報部，並將提出歸公銀數及抵充何年俸餉，一並查明，聲復報部，以憑辦理可也等因。到本督辦將軍。准此，降咨幫辦查照外，合亟札飭，札到該局，即便遵照部内指查各節，詳細造報，以憑咨部毋延。特札。旋奉憲札内開：於本年五月十六日準總理海軍事務衙門咨同前因各等因。奉此，卑職自奉準開辦以來，雖歷有三載，而於幽岩深谷之中胼胝經營，未請帑項，僅先後招集商股銀壹萬兩，作爲成本。只緣事經創始，用費浩繁，兼因購辦洋爐，修造房屋、建橋、開道各工程，需款甚巨，而礦務豐嗇殊難逆料。

查此礦自光緒十六年秋間鑿獲礶砂，日見起色。迨至十八年冬季礦砂忽然夾礶，迄今年餘時寬時窄。考記砂質，寬處爲礶砂，窄處爲夾砂。夾砂者，砂中夾石，不能如礶砂之美，故提銀漸次減色，以致日虧月累。撫衷循省，惶懼實深。核自光緒十五年九月份采綫之日起，截至十九年十二月底止，連閏計五十四個月，共出礦砂柒百貳拾肆萬零陸百肆拾捌斤，共提礦銀壹拾陸萬壹千肆百兩零零肆錢貳分。每千斤礦砂，攤合提銀貳拾貳兩有奇，連商本銀共計壹拾柒萬壹千肆百兩零零肆錢貳分。查招募礦丁三四百名不等，隨時增減，共計需用工食銀陸萬叁千零零玖兩陸錢伍分陸厘。員司、監工等三十餘名，共計需用薪水銀壹萬貳千柒百肆拾陸兩叁錢叁分壹厘陸毫。修造房屋一百五十餘間並修補舊房各工程，共計需用工料銀捌千貳百零肆兩玖錢陸分伍厘玖毫。鋼鐵工器等項，共計需用銀柒千捌百肆拾伍兩玖錢貳分柒厘柒毫。洞内燈壺需用蘇油棉花兩項，共計銀肆千捌百柒拾肆兩伍錢零玖厘玖毫。煉砂清銀需用白炭，共計銀貳萬捌千叁百壹拾伍兩柒錢陸分壹厘叁毫。運脚、雜費、鋪墊等項，共計需用銀玖千貳百柒拾叁兩貳錢捌分伍厘柒毫。購買車馬四十八匹，牛只二十五頭，並餵養草料，共計需銀伍千捌百玖拾陸兩零叁分玖厘伍毫。修廟建橋暨渡船等工，共計需用銀貳千壹百貳拾捌兩玖錢柒分玖厘。招募礮勇暨槍械等件，共計需用銀肆千伍百叁拾兩零陸錢陸分陸厘肆毫。購運洋爐機器暨採煤添料等項，共計需用銀貳萬玖千陸百玖拾伍兩捌錢零貳厘。散放紅利銀壹萬伍千兩。統計需用銀壹拾玖萬壹千伍百貳拾壹兩玖錢貳分伍厘。除將商本、礦銀兩項抵銷外，實虧銀貳萬零壹百貳拾壹兩伍錢零伍厘。以上收支數目，均經册報在案。

卑職自維庸陋，於礦務一道固非素習。然查各省開礦章程，必先招集商股兼資帑項，多或數十萬，少亦數萬。然事機一有不當，往往虛擲巨款，如熱河銀廠、漠河金廠、唐山煤廠均是。先集巨資然後開辦，考其成效亦在數載之間。若以卑局論之，銀綫採成，方集商本。除開銷十六年五月以前商借墊辦外，所剩無幾，加之購運洋爐到工，先因需用煤燋，開採未獲，繼因風箱力弱，只能清銀不能燒砂。旋以經費未充，遠隔重洋難以修造。禀請暫停興創，專辦土法，俾免虛費。詎料原開之第三洞，鑿至三十餘丈礦砂夾礶，現已鑿到四十餘丈。其餘各洞深淺不一，日取礦砂四五千斤。石性夾雜，煉提銀兩入不敷出，積成巨虧。業於上年十月間即將礦務減色情形，先後禀蒙憲批：　處處收小，事事求實，所有十六年以後新添員司概行裁撤，以節虛糜等因。遵照辦理亦在案。卑局於今春改照十六年原定舊章，計員司等二十員名，其丁夫除裁撤外，只用二百二十餘名。統計油、鐵、白炭等項，月需經費銀貳千壹貳百兩，核以月可出銀貳千餘兩之譜，尚可支持。無如前虧甚巨，竟成積重難返之勢。雖紅利已放，商本無虧，而軍餉尚未籌報絲毫。午夜自思，悚惶無地。至定章一節，實不敢朦朧具禀。

伏查光緒十七年仰蒙奏明試辦之時，僅止南山第三號一洞鑿得正脉，核計當時存砂柒拾餘萬斤，月可出銀壹萬兩。除約計月需經費銀貳千數百兩外，尚可盈餘柒千餘兩。比因礦砂尚旺，指望將來各洞一律鑿得正脉，苗綫日漸增多，其利更可想見。不意至十八年冬初，礦砂忽變，日漸減色。以目前而論不特不能加增，反致遠不如前。雖煉提賴乎人工，本屬可遲可速，而鑿取限於地利，不能予取予求，曾經聲明及此。第卑職試辦此礦，原擬冶提日暢，以充餉爲要務。無如近來砂綫忽隱忽現，新礶實難懸揣，既不能報充軍實稍伸獻曝之忱，復何能懸擬章程自干欺朦之咎。若仍因循戀棧，恐貽日後無窮之累。惟有瀝情禀懇憲恩，俯念礦務艱窘，或咨請展緩限期。一面派員招商接辦，藉可挽回殘局。卑職具有天良，斷不敢稍存諉卸之心。如蒙恩準，尚當勉效駑力以贖前愆。抑或奏停之處，出自鈞裁，大局幸甚。

兹奉札飭前因，遵將礦務減色情形據實縷陳。並自光緒十五年九月采綫起，截至十九年十二月底止，所有收支經費銀兩暨礦銀各數目，造具總册，理合具文，呈請憲台俯賜查核，批示祗遵。爲此備由具呈，伏乞照驗施行。須至呈者。

「中央研究院」近代史研究所《礦務檔》第七册《光緒二十一年二月初九日總署收署北洋大臣王文韶文附清册光緒十九年分漠河等金廠收支各欵清册》 二月初九日，署北洋大臣王文韶文稱，據督理黑龍江漠河等處礦務道員袁大化禀，光緒十九年分，該廠所得金價貨利，以及開支礦丁分金、商股官利、廠局薪水營餉一切公費，並結餘等欵，造具清册，呈請查核存轉前來。除清册分別存送外，相應咨送貴衙門，請煩查核。

[附]照録清册

奏派督理黑龍江等處礦務，兼統漠河護礦營花翎二品銜儘先選用道，謹將光緒十九年正月初一日起，至十二月底止，所有職局第五屆收支銀錢各欵，繕具簡明四柱清册，恭呈憲鑒，轉咨施行。須至清册者。

計開：

舊管：

一、存股本愛平銀五萬九千兩正。

一、存第一屆結餘愛平銀六千二十八兩正。

一、存第二屆結餘愛平銀六千一百兩正。

一、存第三屆結餘愛平銀五萬兩正。

一、存第四屆結餘愛平銀四萬兩正。

一、存第三四屆保險公積愛平銀二萬四千四百四十五兩六錢五分三厘二毫一絲八忽三微。

以上共存愛平銀十八萬五千五百七十三兩六錢五分三厘二毫一絲八忽三微。

新收：

一、收愛局售金價愛平銀三萬八千六百九十五兩八錢二分五厘。

一、收滬局售金價愛平銀十三萬三千九百七十六兩二分九厘五毫二絲三忽八微。

一、收拾克圖售金價愛平銀八千三百十一兩三錢二厘七毫二絲。

一、收運赴津局條金未售作價愛平銀三萬五千四百七十二兩四錢八分。

一、收年終實存各廠金沙作價愛平銀一萬一千八百九十九兩三錢三分五毫。

一、收滬局售十八年終實存條沙餘價愛平銀四千八百五十九兩二錢六分六厘九毫。

一、收運恰克圖售十八年終實存洛沙餘價愛平銀一百三十八兩五錢九分五厘二毫五絲。

一、收津局鎔金提出紋銀計愛平銀二百五十九兩一錢二分七厘。

共收各局售金價愛平銀二十三萬二千六百十一兩九錢二分九厘八毫九絲三忽八微。

一、收售股票四百張愛平銀四萬兩正。

一、收代礦丁墊辦糧貨餘利愛平銀二萬六千二百五十四兩一分一厘二毫六絲二忽。

一、收督理家眷住局貼火食愛平銀一百八十九兩六錢四分二厘八毫五絲。

一、收滬局存錢莊銀納息愛平銀七百七十兩七錢七分七厘一毫四絲。

一、收漠口市房租價愛平銀六十四兩九錢二分八厘五毫七絲。

一、收銀洋中美兑換餘欵愛平銀四百六十一兩六錢六分七厘七毫二絲四忽三微。

共收愛平銀六萬七千七百四十一兩二分七厘五毫四絲六忽三微。

以上統共收愛平銀四十八萬五千九百二十六兩六錢一分六毫五絲八忽四微。

開除：

一、支漠廠各把頭六成金價愛平銀五萬六千二百五十五兩五分四厘。

一、支乾西北廠各把頭六成金價愛平銀一千三百四十四兩九錢四分六厘五毫。

一、支乾新廠各把頭六成金價愛平銀三千三百八十七兩二錢四分五厘五毫。

一、支乾老廠各把頭六成金價愛平銀二百四十九兩二錢一分六厘七毫。

一、支洛西廠各把頭六成金價愛平銀一千八十五兩二分九厘三毫。

一、支窪希利溝各把頭六成金價愛平銀三百七十七兩二錢七分八毫。

一、支窪希利西南溝各把頭六成金價愛平銀二千六百十六兩七錢一分六厘二毫。

一、支試辦觀音山廠各把頭六成金價愛平銀三千八百五十六兩六錢八分。
共支各廠六成金價愛平銀六萬九千一百七十二兩一錢五分九厘。
一、支十九年分各股友官利愛平銀六千一百八十三兩二錢九分六厘。
一、支十五年分軍械局房機器騾馬船隻，第五届二成價愛平銀五千二百四兩九錢二分九厘四毫一絲一忽六微。
一、支十六年分電線局房義渡船隻機器馬匹，第四届二成價愛平銀二千二百七十九兩七錢三分六厘五毫一絲八忽七微。
一、支十七年分機器車輛馬匹等項，第三届二成價愛平銀一千一百五十一兩五錢五分五厘九毫八絲。
一、支各廠局局費愛平銀一萬四百九十九兩五錢二分七厘八毫八絲。
一、支各廠局器具愛平銀四百三十兩九分三厘九毫。
一、支愛黑滬三局房租愛平銀五百四十七兩二錢正。
一、支各廠局犒賞出力兵工人等愛平銀六百三十一兩一錢八分四厘二毫七絲。
一、支各廠局馬牛料愛平銀八千五百九十二兩八錢六分四厘六毫九絲。
一、支各廠發給礦丁淘金鐵器愛平銀二千五十二兩七錢八分二厘五毫。
一、支各局電報費愛平銀六百三十四兩八分七厘二毫。
一、支解金銀鑪馬匯路費愛平銀五千七百二十三兩七錢五分四厘七毫。
一、支各員司因公往來路費愛平銀五百十八兩三錢七分四厘一毫。
一、支各處採苗費愛平銀一千七百十二兩一錢二分八厘。
一、支漠廠機器僱工辛工火食愛平銀一萬七千三百八十三兩四錢五分八厘九毫。
一、支漠北溝機器僱工辛工火食愛平銀五千九百七兩九錢二分五厘六毫八絲。
一、支養病院米麵藥料愛平銀四百二十兩三錢一分八厘。
一、支漠乾兩廠工匠辛工愛平銀七百三十五兩正。
一、支漠乾兩廠開墾等項小工辛工愛平銀九百四兩五錢正。
一、支馬價愛平銀五十八兩二錢一分四厘。
一、支提赤金內摒入愛平銀二十兩五錢六分五厘。
一、支提赤金手工藥水費愛平銀一百二十二兩三錢五分六厘。
一、支督理十九年分薪水公費愛平銀二千四百兩正。
一、支各員司十九年分薪水愛平銀一萬一千一百四十兩六錢正。
一、支解金差弁並各局通事薪水愛平銀九百十七兩正。
一、支江省愛城黑河各署局津貼愛平銀二千一百二十四兩正。
一、支各員司川資並各項酬應愛平銀六百十兩五錢七分八厘五毫。
一、支病故員司卹典愛平銀二百四十兩正。
一、支護礦營馬步隊五哨餉銀馬乾湘平折愛平銀二萬九千七百四兩五錢六分八厘五毫四絲四忽。
一、支津貼護礦營馬步隊五哨米麵愛平銀一萬七百七十六兩六錢八分五厘七毫二絲。
一、支十八年各幫亡丁虧累公司代認一半愛平銀五百二十六兩五分三毫五絲。
一、支由吉林解銀來愛漠傷平愛平銀九百六十八兩七錢正。
一、支由第一届結餘項下付各員司花紅愛平銀六千兩正。
一、支由第二届結餘項下付各員司花紅愛平銀六千兩正。
一、支由第三届結餘項下付各員司花紅愛平銀一萬兩正。
一、支由第三届結餘項下付各股友餘利愛平銀二萬四千七百五十兩正。
一、支由第三届結餘項下付黑龍江軍餉愛平銀一萬五千兩正。
一、支由第四届結餘項下付黑龍江軍餉愛平銀一萬二千兩正。
一、支由公積項下開除各把頭逃丁虧欠愛平銀二萬三千二十二兩二錢七分七厘五毫。
共支愛平銀二十二萬七千八百九十四兩三錢一分三厘三毫四絲四忽三微。
以上共支愛平銀二十九萬七千六十六兩四錢七分二厘三毫四絲四忽三微。
實在：
一、存股本愛平銀九萬九千兩正。
一、存第一届結餘原存銀六千二十八兩，除付各員司花紅銀六千兩外，淨存愛平銀二十八兩正。
一、存第二届結餘原存銀六千一百兩，除付各員司花紅銀六千兩外，淨存愛平銀一百兩正。
一、存第三届結餘原存銀五萬兩，除付黑龍江軍餉銀一萬五千兩，各股友餘利銀二萬四千七百五十兩，各員司花紅銀一萬兩外，淨存愛平銀二百五十兩正。

一、存第四屆結餘原存銀四萬兩，除付黑龍江軍餉銀一萬二千兩外，淨存愛平銀二萬八千兩正。

一、存第三四屆保險公積原存銀二萬四千四百四十五兩六錢五分三厘二毫一絲八忽三微，除付各把頭逃丁欠欵銀二萬三千二十二兩二錢七分七厘五毫外，淨存愛平銀一千四百二十三兩三錢七分五厘七毫一絲八忽三微。

一、存第五屆結餘愛平銀五萬兩正。

一、存第五屆提出保險公積愛平銀一萬五十八兩七錢六分二厘五毫九絲五忽八微。

共存愛平銀十八萬八千八百六十兩一錢三分八厘三毫一絲四忽一微。

以上共收愛平銀四十八萬五千九百二十六兩六錢一分六毫五絲八忽四微。

共支愛平銀二十九萬七千六十六兩四錢七分二厘三毫四絲四忽三微。

除支淨存愛平銀十八萬八千八百六十兩一錢三分八厘三毫一絲四忽一微。

「中央研究院」近代史研究所《礦務檔》第七册《光緒二十一年七月初九日總署收北洋大臣王文韶文附清册漠河等處金廠第六屆收支各欵清册》 七月初九日，北洋大臣王文韶文稱，據督理黑龍江漠河等處礦務道員袁大化禀，光緒二十年分，該廠所得金價貨利，及開支礦丁分金、商股官利、廠局薪水營餉一切公費，並結餘等欵，造具清册，呈請查核存轉前來。除清册分別存送外，相應咨呈貴衙門，謹請查核可也。

〔附〕照録清册

奏派督理黑龍江等處礦務，兼統漠河護礦營花翎二品銜遇缺儘先選用道，謹將光緒二十年正月初一日起，至十二月底止，所有職局第六屆收支銀錢各款，繕具簡明四柱清册。恭呈憲鑒，轉咨施行，須至清册者。

計開：

舊管：

一、存股本愛平銀玖萬玖千兩正。

一、存第一二三三屆結餘尾存愛平銀叁百柒拾捌兩正。

一、存第四屆結餘愛平銀貳萬捌千兩正。

一、存第三四兩屆保險公積愛平銀壹千肆百貳拾叁兩叁錢柒分伍厘柒毫壹絲捌忽叁微。

一、存第五屆結餘愛平銀伍萬兩正。

一、存第五屆保險公積愛平銀壹萬伍拾捌兩柒錢陸分貳厘伍毫玖絲伍忽捌微。

共存愛平銀拾捌萬捌千捌百陸拾兩壹錢叁分捌厘叁毫壹綫肆忽壹微。

新收：

一、收愛局售金價愛平銀玖萬貳千壹百捌兩壹錢陸分。

一、收滬局售金價愛平銀肆拾伍萬壹千拾壹兩陸錢玖分叁毫捌絲。

一、收現售金價愛平銀陸百叁拾叁兩叁錢陸分。

一、收運赴津局條金未售作價愛平銀拾伍萬壹百捌拾伍兩柒錢叁分玖厘貳毫。

一、收年終實存金沙作價愛平銀陸萬壹千柒百玖拾柒兩柒錢伍分貳厘貳毫。

一、收愛滬局售十九年終實存條沙餘價愛平銀玖千叁百叁拾玖兩壹錢伍分陸厘叁絲柒忽。

一、收津局鎔金提出紋銀計愛平壹千肆百陸拾柒兩位錢捌分玖厘。

共收各局售金價愛平銀柒拾陸萬陸千伍百肆拾叁兩肆錢肆分陸厘捌毫壹絲柒忽。

一、收股票叁拾貳張愛平銀叁千貳百兩正。

一、收代礦丁墊辦糧貨餘利愛平銀肆萬叁百貳拾叁兩柒錢叁分捌厘叁毫。

一、收督理家眷住局貼火食愛平銀壹百柒拾柒兩正。

一、收滬局存錢莊銀納息愛平銀捌百陸拾陸兩壹錢肆分肆厘叁毫叁絲肆忽。

一、收漢口市房租價愛平銀陸拾陸兩叁錢叁分叁厘。

一、收銀洋中美兑换餘款愛平銀壹千柒百陸拾貳兩肆錢捌分捌毫叁絲叁忽捌微。

共收愛平銀肆萬陸千叁百玖拾伍兩陸錢玖分陸厘肆毫陸絲柒忽捌微。

以上統共收愛平銀壹百萬壹千柒百玖拾玖兩貳錢捌分壹厘伍毫玖絲捌忽玖微。

開除：

一、支漠廠各把頭陸成金價愛平銀拾伍萬玖千肆拾伍兩肆錢柒分壹厘。
一、支乾西北廠各把頭陸成金價愛平銀叁千叁百陸拾玖兩陸錢貳厘。
一、支乾老廠各把頭陸成金價愛平銀肆千壹百貳拾捌兩伍錢伍分貳厘。
一、支洛西廠各把頭陸成金價愛平銀貳百拾柒兩陸錢肆分玖厘。
一、支觀音山廠各把頭陸成金價愛平銀叁萬伍百柒拾壹兩壹錢貳分伍毫。
一、支觀東溝各把頭陸成金價愛平銀柒萬伍千柒百玖拾肆兩肆錢柒分貳厘。
一、支窪希利西南溝各把頭陸成金價愛平銀壹千伍百玖兩貳錢柒分壹厘捌毫。
共支各廠陸成金價愛平銀貳拾柒萬肆千陸百叁拾陸兩壹錢叁分捌厘叁毫。
一、支各股友官利愛平銀柒千叁拾陸兩柒錢伍分。
一、支十六年分電線局房義渡船隻機器馬匹，第伍屆貳成價愛平銀貳千貳百柒拾玖兩柒錢叁分陸厘伍毫壹絲玖忽壹微。
一、支十七年分機器車輛馬匹等項，第四屆貳成價愛平銀壹千壹百伍拾壹兩伍錢伍分伍厘玖毫捌絲。
一、支造馬札蘭木機器壹座，工料愛平銀捌百肆拾陸兩叁錢肆分。
一、支乾廠造木機器壹座，工料愛平銀陸百叁拾陸兩陸錢壹分。
一、支馬價愛平銀玖百柒拾兩柒錢壹分叁厘。
一、支各廠局局費愛平銀壹萬壹千壹百叁拾貳兩貳錢叁分肆厘捌毫貳絲。
一、支各廠局器具愛平銀伍百叁拾陸兩肆錢肆分叁厘叁毫。
一、支愛黑滬三局房租愛平銀伍百伍拾叁兩伍錢正。
一、支各廠局犒賞出力兵工人等愛平銀玖百捌拾玖兩叁錢叁分柒厘叁毫叁絲。
一、支各廠局馬牛草料愛平銀壹萬貳百陸拾叁兩玖厘陸絲。
一、支各廠發給礦丁淘金鐵器愛平銀叁千肆百柒拾壹兩叁分貳厘叁毫。
一、支各局電報費愛平銀伍百伍拾肆兩玖分肆厘。
一、支解金銀鑣馬匯路費愛平銀柒百捌拾柒兩陸錢貳分肆厘玖毫叁絲叁忽。
一、支各員司因公往來路費愛平銀肆百貳拾兩玖錢壹分玖厘陸毫。
一、支各處採苗費愛平銀貳千柒百柒拾壹兩伍錢叁分陸厘陸毫。
一、支漠廠機器僱工辛工火食愛平銀壹萬柒千壹百陸拾陸兩玖錢陸分。
一、支北溝機器僱工辛工火食愛平銀伍千捌百陸拾伍兩玖錢伍分陸厘陸絲陸忽。
一、支馬扎蘭機器僱工辛工火食愛平銀伍千伍百拾壹兩壹分陸毫。
一、支養病院米麵藥料費愛平銀陸百伍拾叁兩捌錢叁分陸厘柒毫柒絲肆忽。
一、支漠乾觀三廠工匠辛工愛平銀壹千壹百叁拾貳兩正。
一、支漠乾兩廠開壟等項小工辛工愛平銀玖百肆拾捌兩正。
一、支提赤金内摒入愛平銀壹百叁拾叁兩柒錢叁三分伍厘。
一、支提赤金手工藥水費愛平銀柒百捌拾叁兩肆錢叁分。
一、支督理薪水公費愛平銀貳千肆百兩正。
一、支各員司薪水愛平銀壹萬壹千肆兩肆錢正。
一、支解金差弁並各局通事薪水愛平銀捌百柒拾捌兩正。
一、支江省愛城黑河各署局津貼愛平銀壹千伍百捌拾叁兩正。
一、支各員司川資並各項酬應愛平銀陸百叁拾玖兩叁分玖厘陸毫陸絲。
一、支病故員司卹典愛平銀肆百捌拾兩正。
一、支護礦營馬步隊五哨餉銀馬乾湘平折愛平銀叁萬貳千壹百拾伍兩陸錢捌分伍厘叁毫肆絲肆忽。
一、支津貼護礦營馬步隊五哨米麵愛平銀壹萬玖百拾貳兩陸錢肆分。
一、支各幫亡丁虧累公司代認一半愛平銀肆百伍拾兩玖錢捌分肆厘陸毫陸絲。
一、支由吉林解銀來愛漠傷平愛平銀壹千玖拾伍兩捌錢伍分。
一、支由公積項下開除各把頭逃丁款虧愛平銀壹萬壹千肆百捌拾貳兩壹錢叁分捌厘叁毫壹絲肆忽壹微。
一、支由第四屆結餘項下付各股友餘利愛平銀壹萬玖千柒百捌拾兩正。
一、支由第四屆結餘項下付各員司花紅愛平銀捌千兩正。
一、支由第五屆結餘項下付黑龍江軍餉愛平銀壹萬伍千兩正。
共支愛平銀肆拾柒萬肆千伍拾肆兩貳錢肆分貳厘壹毫陸絲貳微。
實在：
一、存股本愛平銀拾萬貳千貳百兩正。

一、存第一二三四四届結餘尾存愛平銀伍百玖拾捌兩正。

一、存第五届結餘愛平銀叁萬伍千兩正。

一、存第六届結餘愛平銀叁拾陸萬兩正。

一、存第六届保險公積愛平銀貳萬玖千玖百肆拾柒兩叁分玖厘肆毫叁絲捌忽柒微。

共存愛平銀伍拾貳萬柒千柒百肆拾伍兩叁分玖厘肆毫叁絲捌忽柒微。

以上統共收愛平銀壹百萬壹千柒百玖拾玖兩貳錢捌分壹厘伍毫玖絲捌忽玖微。

共支愛平銀肆拾柒萬肆千伍拾肆兩貳錢肆分貳厘壹毫陸絲貳微。

除支淨存愛平銀伍拾貳萬柒千柒百肆拾伍兩叁分玖厘肆毫叁絲捌忽柒微。

「中央研究院」近代史研究所《礦務檔》第七册《光緒二十一年七月二十三日總署收黑龍江將軍增祺文漠河礦務第六届收支各款清册》 七月二十三日，黑龍江將軍增文稱，礦務省局案呈：據奏派督理黑龍江等處礦務，兼統漠河護礦營花翎二品銜遇缺儘先選用道袁大化禀稱，竊職道前造呈光緒十九年分報銷簡詳各清册，禀蒙憲台暨署理北洋大臣王批存在案。兹查二十年分第六届報銷，亦經詳核繕造，計得金價貨利雜餘愛平銀八十萬九千七百三十九兩一錢四分三厘二毫八絲四忽八微。除開支礦丁分金、商股官利及各廠局營薪水餉項，並一切公費銀四十一萬九千七百九十二兩一錢三厘八毫四絲六忽一微外，净結餘銀三十八萬九千九百四十七兩三分九厘四毫三絲八忽七微。提存二萬九千九百四十七兩三分九厘四毫三絲八忽七微作爲保險公積，備抵逃亡礦丁無著之款，其餘三十六萬兩，作爲第六届餘利，仍照定章，按二十成派分，商股十成，應得銀十八萬兩；黑龍江軍餉六成，應得銀十萬八千兩；各員司花紅四成，應得銀七萬二千兩。計前後添招股票統共一千零二十二股，以十八萬兩均攤，每股應分銀一百七十六兩，尚餘銀一百二十八兩。仍照上五届所餘，併入下届，足敷分派時按股勻分。所有此届商股餘利，擬接奉憲批，即照章如數分給。此外報効軍餉六成，員司花紅四成，亦當陸續分別繳發，以清款目。至二十年分，各廠逃亡礦丁虧欠無著之款，仍俟二十一年册報時，再由二十年公積項下開除，俾清界限而免懸宕，兹將二十年分第六届收支銀錢結餘數目，分別繕具簡詳四柱清册各一本，禀乞憲台察核飭發存案。並另繕簡明四柱清册二本，附禀呈請憲台分別咨送總理各國事務衙門暨户（户）部存查，以符定章。惟職廠自開辦以來，出金迄未暢旺，而金價又屢值低疲，加以乾廠金色祇有六七成，較各廠皆低。每年運往各處銷售之金，乾廠往往居其少半，故得價尤廉，雖歷年撙節開支，結餘均不過數萬兩，獲利從未甚厚。此届開支各項，較上五届仍未稍減。但金價適值昂貴，而新開觀音山廠金色，視漠廠尤佳。漠廠下段新得佳苗，出金亦旺。所得金價，已較往年加至兩倍。本局開銷，祇有此數。故餘利遂視往年有加至數倍者，此亦職道所料想不及也。所有二十年分第六届造送收支銀錢結餘數目簡詳清册，並擬分股利軍餉花紅銀兩，及此届餘利較厚各緣由，理合具禀詳陳。伏乞俯賜鑒核存咨施行，實爲公便等情。據此，除批據禀已悉，仰候分咨册存送繳印發外，相應將原詳簡明四柱清册二本，備文分別咨送。爲此咨呈總理各國事務衙門鑒核施行。

吉林省檔案館《清代吉林檔案史料選編（工業）》上册《三姓礦務總局呈報光緒二十二年三至七月份收姓屬東溝各廠金砂數目清摺光緒二十二年八月十三日》

謹將光緒二十二年三月十六日起至七月底止，所收姓屬東溝各廠官金、貨厘金砂各數目，理合繕具清摺，呈請憲台鑒核施行。須至清摺者。

計開：

三月份：

一、收東溝金廠官金加一平金沙拾柒兩叁錢壹分

一、收貨厘加一平金沙捌兩伍錢貳分陸厘

四月份：

一、收東溝金廠官金加一平金沙壹百貳兩玖錢

一、收東溝太平廠官金加一平金沙拾兩壹錢捌分

一、收貨厘加一平金沙肆拾叁兩壹錢陸厘

五月份：

一、收東溝金廠官金加一平金沙貳百柒拾壹兩捌錢肆分壹厘

一、收東溝太平廠官金加一平金沙玖拾壹兩伍錢陸分伍厘

一、收東溝石門廠官金加一平金沙陸兩捌錢玖分叁厘

一、收貨厘加一平金沙陸拾陸兩捌錢陸分捌厘

六月份：

一、收東溝金廠官金加一平金沙貳百捌兩叁錢捌分叁厘

一、收東溝太平廠官金加一平金沙伍拾肆兩玖錢壹分陸厘

一、收東溝石門廠官金加一平金沙拾捌兩叁錢玖分捌厘

一、收貨厘加一平金沙叁拾柒兩陸錢壹分貳厘

七月份：

一、收東溝金廠官金加一平金沙貳百伍兩肆錢玖分柒厘

一、收東溝太平廠官金加一平金沙伍拾柒兩貳錢貳厘

一、收東溝石門廠官金加一平金沙貳拾捌兩玖錢伍分

一、收貨厘加一平金沙叁拾肆兩壹錢肆分

以上十七注，共收官金壹千柒拾肆兩叁分伍厘，貨厘壹百玖拾兩貳錢伍分貳厘，兩共金沙壹千貳百陸拾肆兩貳錢捌分柒厘，按加一應申金沙壹百貳拾陸兩肆錢貳分捌厘柒毫，總共實收吉平金沙壹千叁百玖拾兩柒錢壹分伍厘柒毫。

吉林省檔案館《清代吉林檔案史料選編(工業)》上冊《三姓礦務總局光緒二十二年八月初一日起至十二月二十八日停工止所收東溝各廠官金數目的申文及清摺光緒二十三年正月二十日》 爲申送事。

竊查職局東溝各廠，自光緒二十二年三月十六日起至七月底止，所收官金及貨厘各金沙數目，業經繕具清摺，申送憲台鑒核在案。茲查三姓自上年六月望後，霪雨爲災，金廠水道明碃半多冲塌。直至秋間積水甫退，因是東溝一廠八月份收金無多。兼值山中天寒較早，八月間即凛若嚴冬，堅冰凝結，太平廠係做水道，遂亦因凍停工。惟有石門一廠尚屬稱做，詎於八月下旬該廠猝遭匪患，進山糧道梗阻。各廠金夫率皆餓散驚走，以至九月份收數甚微。嗣經職道督隊進山剿退匪衆，安集礦丁，各廠得以照常工作。惟時交冬令，日短碃凍，取金非易，所有十、冬、臘三月收數仍未能暢旺。綜核自上年八月初一日起，至十二月二十八日停工止，五個月收見東溝各廠官金伍百伍拾伍兩陸錢肆分貳厘，貨厘壹百陸拾貳兩貳錢陸分肆厘。兩項連加，一申平共合吉平金沙柒百捌拾玖兩陸錢玖分陸厘陸毫。除摺開逐月細數申送北洋大臣鑒核外，理合繕具清摺備文申送，仰乞憲台鑒核施行。須至申者。計申送清摺一扣。

謹將自光緒二十二年八月初一日起，至十二月二十八日停工止，所收三姓東溝各廠官金、貨厘各數目，開陳清摺，申送憲台鑒核施行。須至清摺者。

計開：

八月份：

一、收東溝金廠加一平金沙壹百伍兩壹錢玖分伍厘

一、收東溝太平廠加一平金沙拾壹兩伍錢伍分玖厘

一、收貨厘加一平金沙肆拾玖兩捌錢柒分玖厘

九月份：

一、收東溝金廠加一平金沙壹兩叁錢陸分叁厘

一、收貨厘加一平金沙貳拾捌兩貳分柒厘

十月份：

一、收東溝金廠加一平金沙肆拾壹兩柒錢玖分叁厘

一、收貨厘加一平金沙貳拾柒兩壹錢陸分捌厘

十一月份：

一、收東溝金廠加一平金沙柒拾叁兩叁錢伍分叁厘

一、收東溝石門廠加一平金沙陸拾陸兩柒錢玖厘

一、收貨厘加一平金沙貳拾肆兩玖錢伍分伍厘

十二月份：

一、收東溝金廠加一平金沙壹百肆兩柒錢伍厘

一、收東溝石門廠加一平金沙壹百伍拾兩玖錢陸分伍厘

一、收貨厘加一平金沙叁拾貳兩貳錢叁分伍厘

以上十三注，共收官金伍百伍拾伍兩陸錢肆分貳厘，貨厘壹百陸拾貳兩貳錢陸分肆厘，兩共金沙柒百壹拾柒兩玖錢陸厘，按加一應申金沙柒拾壹兩柒錢玖分陸毫。總共實收吉平金沙，柒百捌拾玖兩陸錢玖分陸厘陸毫。

「中央研究院」近代史研究所《礦務檔》第七冊《光緒二十三年三月二十日總署收北洋大臣王文韶文附清册咨送漠河等處金廠第七届收支欵目清册》 三月二十日，北洋大臣王文韶文稱，據前督理黑龍江漠河等處礦務已革道員袁大化禀，光緒二十一年分，該廠所得金價貨利等項銀兩收支數目，造具簡明清册，呈請查核存轉前來。除清册分別存送外，相應咨呈貴衙門。謹請查核。

〔附〕照録清册

卸辦漠河等處礦務花翎二品銜革職選用道，謹將光緒二十一年正月初一日起至十二月底止，所有職局第七届收支銀錢各細數，逐款繕具簡明四柱清册，恭呈憲鑒，轉咨施行。須至清册者。

計開：

舊管：

一、存股本愛平銀十萬二千二百兩。

一、存第一、二、三、四屆股利，結餘尾存，愛平銀五百九十八兩。

一、在第五屆結餘銀五萬兩，除附黑龍江軍餉一萬五千兩，净存愛平銀三萬五千兩。

一、存第六屆結餘，愛平銀三十六萬兩。

一、存第六屆保險公積，愛平銀二萬九千九百四十七兩三分九厘四毫三絲八忽七微。

共存愛平銀五十二萬七千七百四十五兩三分九厘四毫三絲八忽七微。

新收：

一、收津局售觀廠金價，愛平銀五萬六千二百二十一兩九錢五分。

漠乾金價，愛平銀二十一萬七千五百三十五兩一錢三分。

一、收移交觀廠金價，愛平銀八萬三千三百五十九兩七錢九分。

漠乾金價，愛平銀二萬二千一百八十八兩五錢七分。

一、收滬局售觀廠金價，愛平銀三十五萬五千七百十八兩九錢五分六厘六毫。

漠乾金價，愛平銀四十七萬四千二百六十九兩九錢八分二厘七絲。

一、收愛局售觀廠金價，愛平銀二萬六千一百五十兩四錢六分。

一、收現售漠乾金價，愛平銀一萬九千五百八十九兩一錢三分三厘。

一、收滬局售二十年金價餘款，愛平銀四百八十九兩六錢四分九厘六毫。

一、收津局鎔金提出紋銀，計愛平銀五千七百十四兩四錢二分四厘。共收各局售金價一百二十六萬一千二百三十八兩四分五厘二毫七絲。

查二十一年，共收漠、乾、窪三廠，並機器金沙，連加一申愛平計二萬九千四百七十八兩八錢六分一厘五毫；觀廠金沙連加一申愛平計二萬一千二百六十二兩九錢五分六厘，二共收愛平金沙五萬七百四十一兩八錢一分七厘五毫。除煉條傷火耗一千五百二十二兩五錢二分四厘二毫，净金條沙四萬九千六百八十九兩二錢九分三厘三毫。理合聲明。

一、收代礦丁墊辦糧貨餘利，愛平銀九萬九千八百十九兩八錢三分一厘三毫三絲。

一、收督理家眷住局，貼火食愛平銀一百二十九兩。

一、收滬局在錢莊銀，納息愛平銀八千六百七十四兩八錢五分四厘七毫。

一、收漢口市房租價，愛平銀一百四十兩三錢三分三厘。

一、收銀洋中羌兑換，愛平銀二千八百五十八兩四錢一分九厘五毫九絲三忽八微。

共收愛平銀十一萬一千六百二十二兩四錢三分八厘六毫二絲三忽八微。

以上舊管新收，統共愛平銀一百九十萬六百五兩五錢二分三厘三毫三絲二忽五微。

開除：

一、支漠廠礦丁六成金價，愛平銀二十五萬一千七百十二兩七錢一分六厘。

一、支乾老廠礦丁六成金價，愛平銀一萬二百七十三兩六錢一分八厘。

一、支乾西北廠礦丁六成金價，愛平銀一萬三千四百九十七兩三錢三分三厘。

一、支觀音山廠礦丁六成金價，愛平銀三百六十八兩三錢三分三厘。

一、支窪西南溝礦丁六成金價，愛平銀三百六十八兩三錢三分四厘。

一、支窪西利溝礦丁六成金價，愛平銀三百八十四兩八錢八分五厘。

共支各廠金價，愛平銀四十九萬八千七百四十三兩七錢九分九厘。

一、支各服友官利，愛平銀七千一百七十二兩七錢。

一、支十七年分機器、車輛、馬匹等項第五屆二成價，愛平銀一千一百五十一兩五錢五分五厘九毫八絲。

一、支購軍械子藥費，愛平銀一千八百九十四兩五錢五分八厘。

一、支漠廠機器僱工辛工火食並雜用，愛平銀一萬三千六百八十二兩三錢七分五厘五毫三絲。

一、支北溝機器僱工辛工火食並雜用，愛平銀四千五百十八兩二錢六分六厘。

一、支馬扎蘭機器僱工辛工火食並雜用，愛平銀四千七百三十六兩八錢二分一厘八毫。

一、支愛黑滬三局房租，愛平銀七百八十二兩七錢。

一、支各廠局犒賞出力兵工人等，愛平銀二千九百八十三兩六錢五分二厘三毫三絲。

一、支各廠局馬中草料，愛平銀一萬一千九百九十八兩六錢六分一厘六毫。
一、支各廠發給礦丁淘金鐵器，愛平銀三千九百六十五兩一錢七分九厘。
一、支各局電報費，愛平銀九百九十三兩四錢四分三厘三毫。
一、支各廠局局費，愛平銀一萬五千五百四十三兩九錢五分九厘二毫。
一、支各廠局器具，愛平銀五百七十九兩三錢五分九厘九毫。
一、支解金銀保險鏢馬匯路費，愛平銀三萬二千二百六十四兩六錢九分九厘六毫。
一、支各員司因公往來路費，愛平銀一千一百九十五兩四錢三分七毫。
一、支各處採苗費，愛平銀二千四百八十一兩七錢九分五厘三毫三絲。
一、支養病院米麵藥料費，愛平銀一千二百三十一兩三分六厘九毫四絲。
一、支漠乾觀三廠工匠辛工，愛平銀一千一百四十七兩五錢。
一、支漠乾兩廠小工辛工，愛平銀一千九十九兩八錢八分。
一、支提赤金內撥入愛平銀六百十一兩一錢四分四厘。
一、支提赤金手工藥水費，愛平銀三千六百三十四兩一錢一分九厘。
一、支督理薪水公費，愛平銀二千六百兩。
一、支各員司薪水，愛平銀一萬五千七百六十兩六錢。
一、支解金差弁各局通事薪水，愛平銀三千四十兩六錢六分。
一、支津貼江省愛城黑河各署局辦公費，愛平銀一千七百七十六兩。
一、支各員司川資，並各項酬應，愛平銀一千六百二十三兩八錢四分五厘三毫三絲。
一、支病故員司卹典，愛平銀三百六十兩。
一、支各幫亡丁虧累，公司代認一半愛平銀一千六百四十兩六錢四分三厘三毫。
一、支護礦營馬步隊五哨餉銀馬乾湘平折愛平銀三萬四千七百四十六兩六銀三分三厘二毫八絲八忽。
一、支津貼護礦營馬步隊五哨米麵愛平銀一萬一千八百六兩六錢一分三厘三毫二絲。
一、支馬價愛平銀二百六十八兩八錢七分四厘。
一、支津局繳軍餉十萬兩，行平申庫平計加愛平銀四千三百二十八兩。
一、支預提解路造報等費，愛平銀五千兩。

一、支由公積項下，開除各把頭逃丁虧款，愛平銀二萬九千九百四十七兩三分九厘四毫三絲八忽七微。
一、支由第五屆結餘項下，付各股友餘利，愛平銀二萬四千七百五十兩。
一、支由第五屆結餘項下，付各員司花紅，愛平銀一萬兩。
一、支由第六屆結餘項下，付黑龍江軍餉，愛平銀十萬八千兩。
一、支由第六屆結餘項下，付各股友餘利，愛平銀十七萬九千八百七十二兩。
一、支由第六屆結餘項下，付各員司花紅，愛平銀七萬二千兩。
以上統共支愛平銀一百十一萬九千七百五十三兩五錢三分五厘三毫四絲六忽七微。
實在：
一、存股本愛平銀十萬二千二百兩。
一、存第一、二、三、四、五、六六屆股利，結餘尾存，愛平銀九百七十六兩。
一、存黑龍江軍餉，愛平銀三十九兩六千三百兩。
一、存股友餘利，愛平銀四萬七千八百四十兩。
一、存員司花紅，愛平銀九千五百七十八兩。
查此三項，係二十二年五月間，經周守稟請欽差延奏明照辦，理合聲明。
共存愛平銀五十五萬六千八百九十四兩。
一、存黑龍江四成賑款，愛平銀八萬九千五百八十三兩一錢九分五厘一毫九絲四忽三微。
一、存北洋三成賑款，愛平銀六萬七千一百八十七兩三錢九分六厘三毫九絲五忽七微。
一、存上海半成賑款，愛平銀一萬一千一百九十七兩八錢九分九厘三毫九絲九忽三微。
一、存本金廠半成公費，愛平銀一萬一千一百九十七兩八錢九分九厘三毫九絲九忽三微。
一、存員司二成花紅，愛平銀四萬四千七百九十一兩五錢九分七厘五毫九絲七忽二微。扣抵三萬六千兩在內。
共存愛平銀二十二萬三千九百五十七兩九錢八分七厘九毫八絲五忽八微。
查此款係二十一年，新收金價貨利雜餘，除支礦丁分金，本局開銷，共結餘銀六十七萬七千六百七十五兩九錢八分七厘九毫八絲五忽八微。再除提軍餉股利花紅三項銀四十五萬三千七百十八兩，净餘銀二十三萬三千九百五十七兩九錢八分七厘九毫八絲五忽八微。去冬經周守擬作十成派分，稟請黑龍江將軍、北洋大臣核議奏明。黑龍江賑款四成，北洋賑款三成，上海賑款半成，本金廠公費半成，員司花紅二成，共符前數，理合聲明。

以上統共收愛平銀一百九十萬六百五兩五錢二分三厘三毫三絲二忽五微。共支愛平銀一百十一萬九千七百五十三兩五錢三分五厘三毫四絲六忽七微。

除支净存愛平銀七十八萬八百五十一兩九錢八分七厘九毫八絲五忽八微，如數移交周守接收清楚理合聲明。

「中央研究院」近代史研究所《礦務檔》第七册《光緒二十三年五月初一日總署收黑龍江將軍恩澤文咨呈漠河等處金廠第七届收支欵目清册》 五月初一日，黑龍江將軍恩澤文稱，户司礦務省局案呈：案據卸辦漠河等處礦務花翎二品銜革職選用道袁大化稟稱，竊查革道前造呈光緒二十年分第六届報銷簡詳各清册，業稟蒙前護將軍增、北洋大臣王批存在案。兹查二十一年分第七届報銷，曾於光緒二十二年十一月初二日，稟報二十一年收支款項餘存數目案内聲明。二十一年分，共收愛平金沙五萬七百四十一兩有奇，售價一百二十六萬一千二百三十八兩有奇。又貨利銀九萬九千八百一十九兩有奇，褂餘銀一萬一千八百二兩有奇，共得金價、貨利、褂餘三項愛平銀一百三十七萬二千八百六十兩有奇。除支礦丁六成金價，本局一切開銷，六十九萬五千一百八十四兩有奇，净餘利銀六十七萬七千六百七十五兩有奇。二十二年五月，欽差延奏改新章，聲明周守冕將革道二十一年經手未報之款，竟能照新章核實辦理。計從公金價内，提充軍餉銀三十九萬六千三百兩。十三年至十五年，入股二百九十三股，每股准分利銀百兩，應付銀二萬九千三百兩。十六、十七兩年，入股一百三十二股，每股准分利銀五十兩，應付銀六千六百兩。十八、十九、二十三年，入股五百九十七股，每股准分利銀二十兩，應付銀一萬一千九百四十兩。員司花紅，不過股東餘利十分之二，應付銀九千五百七十八兩。除保險公積三萬兩，遵示不復提存，共應付銀四十五萬三千七百一十八兩，實在尚餘銀二十二萬三千九百五十七兩有奇。去冬經周守冕擬作十成，稟請憲台派分江省賑款四成，北洋賑款三成，員司花紅二成，上海賑捐、本廠公費各半成。十一月二十六日，經憲台專摺奏報，奉旨交北洋大臣王核覆。當經將二十一年收支款項餘存數目，並派分成數，照摺核明復奏。十二月二十六日，奉硃批：着照所請，該部知道各在案。惟照章應造簡明詳細各報册，屢奉批飭，仍由革道一手核造，分呈憲轅暨北洋大臣衙門，並咨淮軍銀錢所，分别監盤存案。現經督同提調張縣丞等，一律造齊，應即具稟呈報，仰懇憲鑒，查核備案。另備簡明清册二本，呈請憲台，分咨總署户部備查。所有照章遵造礦局二十一年簡詳報册，呈請存案轉咨各緣由，理合肅稟具陳。伏乞俯賜鑒核批示，轉咨施行，實爲公便等情。奉批據稟已悉，清册存，另備之簡明清册，候即分别咨送總署暨户部存查繳。除印發外，合將該革員備送簡明清册二本，呈請分别咨送等情。據此，相應咨呈。爲此咨呈總署，請煩鑒核施行。

吉林省檔案館《清代吉林檔案史料選編（工業）》上册《三姓礦務總局申送東溝各廠光緒二十三年六月份收金沙數目清摺光緒二十三年七月二十五日》 謹將職局自光緒二十三年六月初一日起，至月底止，所收三姓東溝各廠官金及貨厘各金沙數目，繕具清摺，申送憲台鑒核施行。須至清摺者。

計開：

六月份：

一、收東溝金廠加一平金沙肆百拾陸兩肆錢柒分

一、收東溝太平廠加一平金沙陸拾兩柒錢伍分伍厘

一、收東溝石門廠加一平金沙叁拾叁兩玖錢伍分

一、收貨厘加一平金沙伍拾兩伍錢叁分肆厘

以上四注，共收官金伍百拾壹兩壹錢柒分伍厘，貨厘伍拾兩伍錢叁分肆厘，兩共金沙伍百陸拾壹兩柒錢玖厘，按加一應申金沙伍拾陸兩壹錢柒分玖毫，總共實收吉平金沙陸百拾柒兩捌錢柒分玖厘玖毫。

吉林省檔案館《清代吉林檔案史料選編（工業）》上册《三姓礦務總局申送東溝各廠光緒二十三年七月份收官金等金沙數目的清摺光緒二十三年八月二十三日》 謹將職局東溝各廠自光緒二十三年七月初一日起，至月底止，所收官金及貨厘各金沙數目，繕具清摺，申送憲台鑒核施行。須至清摺者。

計開：

七月份：

一、收東溝金廠加一平金沙肆百陸拾伍兩伍錢柒分捌厘

一、收東溝太平廠加一平金沙柒拾貳兩壹錢肆分貳厘
一、收東溝石門廠加一平金沙肆拾伍兩陸錢貳分伍厘
一、收貨厘加一平金沙叁拾陸兩貳錢叁分陸厘
以上四注，共收官金伍百捌拾叁兩叁錢肆分伍厘，貨厘叁拾陸兩貳錢叁分陸厘，兩共金沙陸百拾玖兩伍錢捌分壹厘，按加一應申金沙陸拾壹兩玖錢伍分捌厘壹毫，總共實收吉平金沙陸百捌拾壹兩伍錢叁分玖厘壹毫。

吉林省檔案館《清代吉林檔案史料選編（工業）》上册《三姓礦務總局申送光緒二十三年八月份收東溝各廠金沙數目清摺光緒二十三年九月二十九日》

謹將職局自光緒二十三年八月初一日起，到月底止，所收三姓東溝各廠官金及貨厘各金沙數目，繕具清摺，申送憲台鑒核施行。須至清摺者。

計開：

八月份：
一、收東溝金廠加一平金沙叁百陸拾陸兩肆錢捌分柒厘
一、收東溝太平廠加一平金沙肆拾肆兩柒錢叁分肆厘
一、收東溝石門廠加一平金沙肆拾兩伍錢柒分捌厘
一、收貨厘加一平金沙壹百肆兩玖錢伍分陸厘
以上四注，共收官金肆百伍拾壹兩柒錢玖分玖厘，貨厘壹百肆兩玖錢伍分陸厘，兩共金沙伍百伍拾陸兩伍厘，按加一應申金沙伍拾伍兩陸錢柒分伍厘伍毫，總共實收吉平金沙陸百拾貳兩肆錢叁分伍毫。

吉林省檔案館《清代吉林檔案史料選編（工業）》上册《三姓礦務總局申送東溝各廠光緒二十三年十月份收金沙數目清摺光緒二十三年十一月二十五日》

謹將職局自光緒二十三年十月初一起，至月底止，共收東溝各廠應分四成金沙並價買六成金沙各數目，繕具清摺，申送憲台鑒核施行。須至清摺者。

計開

十月份

東溝金廠：
一、收應分四成金沙加一平壹百貳拾玖兩肆錢叁分捌厘肆毫
一、收價買六成金沙加一平壹百玖拾肆兩壹錢伍分柒厘陸毫

東溝太平廠：
一、收應分四成金沙加一平拾柒兩叁錢陸分貳厘捌毫
一、收價買六成金沙加一平貳拾陸兩肆分肆厘貳毫

東溝石門廠：
一、收應分四成金沙加一平陸拾肆兩叁錢捌分
一、收價買陸成金沙加一平玖拾陸兩伍錢柒分
以上六注，共收應分四成金沙貳百拾壹兩壹錢捌分壹厘貳毫，價買六成金沙叁百陸拾兩柒錢柒分壹厘捌毫，兩共金沙伍百貳拾柒兩玖錢伍分叁厘，按加一應申金沙伍拾貳兩柒錢玖分伍厘叁毫，總共實收吉平金沙伍百捌拾兩柒錢肆分捌厘叁毫。

吉林省檔案館《清代吉林檔案史料選編（工業）》上册《吉林礦務總公司抽收光緒二十三至二十四年稅銀的移文光緒二十五年二月十六日》

爲移會事。

光緒二十五年二月初七日奉軍憲發交一件，準户部咨開：爲咨行事，山東司案呈：準吉林將軍咨稱，據江東抽厘委員云騎尉富貴、江西抽厘委員花翎驍騎校富升阿等禀稱：竊職等遵札分往江東、江西各窑，按照關防帳薄詳細考核，除現封閉鍋盔頂子、後二道河子、石牌嶺三處不計外，現有江東煤窑七座，江西煤窑四座，共十一座。光緒二十三年秋季，計抽錢二千一百零七吊九百零八文。二十四年春季，計抽錢一千一百三十吊零一百零六文。造具賣煤價值起止月份日期細册，並具切結等因，移付前來。據此，詳核收到二十三年秋季、二十四年春季兩季共抽錢三千二百三十八吊零一十四文，核與造册錢數相符。當照定章提出一成官吏心紅、工食錢三百二十三吊八百文，其餘九成交庫錢二千九百一十四吊二百一十四文，如數歸庫。理合另造細册，加具切結，咨部查核等因前來。

查吉林省前因經費支絀，先後奏開煤窑十四座。擬請舊窑停納稅銀，與新窑一律抽收二分爲額。如賣中錢十吊，納稅二百文。賣買各出一百文，發給新舊各窑。帳薄用完隨時關領，不准私立帳薄。如該煤窑工等恃衆滋事，即將該窑商執照追繳，另招新商承採，派員認真抽收。於光緒六年十一月十八等日起一律照章納稅。試辦二年後，再行酌定正額。嗣於光緒十年十二月據該將軍奏稱，煤價與柴價相仿，旗民、商户用者無多，以致遞年減收。擬請盡征盡解，俟厘稅暢旺，再行定額等因。欽奉諭旨允準，行知遵照各在案。今據造報光緒二十三年秋、二十四年春兩季共抽收錢三千二百三十八吊零十四文，本部按册核算數目相符，應令嚴飭委員實力稽征，以重稅課。至此項稅錢內，提支一成工食錢

三百二十三吊八百文外，其餘交庫錢二千九百十四吊二百十四文，應令繳數列抵俸餉，相應咨行吉林將軍查照可也等因。奉此，相應備文移會。爲此合移貴司，請煩查照核辦可也。須至移者。

吉林省檔案館《清代吉林檔案史料選編(工業)》上册《礦務木植公司報開煤窑數暨征收煤税錢文清摺光緒二十五年十月十七日》 今將報開煤窑家數，出賣煤斤應抽煤税，已收若干並欠交煤税各窑商花名錢數，開列於後：

計開：

礦字一號。缸窑口屯恒泰窑商趙顯堂。該窑自光緒二十四年十月初七日賣煤起，至二十五年二月初十日止，按章一成納課，應抽税錢六十二吊一百七十六文，如數收訖。

礦字二號。絃子溝萬興泰窑商黄元吉。

礦字三號。公郎頭萬興恒窑商高甫麟。

該二窑旋即荒閉，均兑給王永福開作。原領執照二張，已經繳回註銷。

礦字四號。荒山子永成窑商劉占成。該窑自光緒二十四年八月二十三日起，至二十五年五月初六日止，共賣煤九百八十九萬六千九百斤。煤價尚未定準，現收税課錢四百吊。嗣煤價定準應再找收税課若干，應由貴工司自行酌辦。

礦字五號。絃子溝萬興泰窑商王永福。

礦字六號。公郎頭萬興恒窑商王永福。

此二窑僅領去執照，尚未出賣煤斤，亦未交税。

礦字七號。石碑嶺天興窑商解珠業。自光緒二十四年十二月十七日起，至二十五年二月初二日止，共賣煤錢六千二百五十吊零四百八十八文，應抽一成税錢六百二十五吊零四十八文。現在分文未交，人在吉林府看押，應將解珠業另文送司。

礦字八號。半截河公和窑商田百川。自光緒二十四年十月十七日起，至二十五年三月初二日止，共賣煤三百五十九萬三千一百斤，尚未定價。該商尚欠二十三年份煤税錢六百二十八吊零三十八文，應由貴工司定價抽税，並追收前欠以清款目。

礦字九號。大石頂子興順窑商孫永清。自光緒二十四年九月十四日起，至二十五年二月初三日止，應抽一成税錢一百一十三吊零零八文，已經收訖。該商尚欠二十三年份煤税錢一千五百七十七吊八百一十四文，應由貴工司自行追繳。

礦字十號。二道河子和發東窑商宋殿芳。自光緒二十四年十二月初七日起，至二十五年二月十六日止，共賣煤十六萬五千六百斤。

礦字十一號。分水嶺和發生窑商宋殿芳。自光緒二十四年十月二十八日起，至二十五年二月十六日止，共賣煤七十四萬四千三百斤。

以上二窑尚未定價，亦未收課，應由貴工司自行酌辦。

礦字十二號。鍋盔頂子和發永窑商宋殿芳。自光緒二十四年十一月初五日起，至二十五年二月二十五日止，共賣煤二百五十萬零一千四百斤，現共收税錢三百吊。其未定價值煤炸及應抽税課，應由貴工司自行酌辦。

礦字十三號。歪石砬子萬興永窑商王永福。自光緒二十四年十二月初二日起，至二十五年六月初十日止，共賣煤一百五十六萬二千二百五十斤。煤價未定，税課分文未收。應由貴工司自行酌辦。

礦字十四號。亂泥溝子德成窑商楊春榮。自光緒二十四年十一月十二日起，至二十五年七月初二日止，應抽一成煤税錢二百六十三吊七百七十四文，已經收訖。

礦字十五號。泥球溝子天寶窑商楊懋齡。自光緒二十四年七月起，至二十五年八月十二日止，應抽一成税錢一百六十三吊四百零四文，如數收訖。

礦字十六號。臺子溝德興窑商徐克祥。未據該商呈報出煤斤數，應由貴工司自行查辦。

礦字十七號。葦子溝天鑄窑商張際庚。自光緒二十四年十月十二日起，至二十五年三月二十八日止，共賣煤錢九千五百六十七吊六百九十二文，應抽一成税錢九百五十六吊七百七十文。現收錢四百吊，下欠税課，應由貴工司自行追繳。

礦字十八號。陶家嶺誠心窑商王慎先。自光緒二十五年三月初二日起，至四月十四日止，應抽一成税錢七百七十一吊三百二十文，已經收訖。

礦字十九號。小河臺屯永順窑商趙成禄。現領執照，尚未出賣煤斤。

礦字二十號。乃子山世興窑商傅奎。現領執照，尚未出賣煤斤。

礦字二十一號。朝陽溝功興窑商謝景莘。現領執照，尚未出賣煤斤。

窑基未經查清，未發執照，杉松萬寶窑商楊誠信。自光緒二十四年十二月起，至二十五年五月底止，應抽一成税錢一百零三吊五百八十六文，已經收訖。

窑基未經查清，未發執照，半拉窩鷄天意窑商李桂芳。自光緒二十四年十一月十七日起，至二十五年三月十三日止，共賣煤錢八千五百一十七吊三百文，應抽一成稅錢八百五十一吊七百三十文，應由貴工司自行追繳。

以上除未定煤價及應交煤課尚未交齊外，現共收到煤稅錢二千五百七十七吊二百六十八文，外收沙河子煤礦分局交到煤課錢四千零一十三吊九百八十四文，統共收到煤稅錢六千五百九十一吊二百五十二文。

吉林省檔案館《清代吉林檔案史料選編（工業）》上冊《吉林礦務公司報呈現開新舊各煤窰名稱司事開工日期及人員數目清摺光緒二十三年十月二十八日》

謹將卑公司現開新舊各煤窰開工日期，繕具清摺，恭呈憲覽。

計開：

江南戈吉街，係劉慶、董發等呈報，今名爲吉金窰。司事王承恕，七月十五日開工，煤夫十二人。

江東泥鰍溝子天寶窰，係楊茂林做，今歸官改爲吉慶窰。司事茅玉麟，十月初二日開工，煤夫二十六人。

亂泥溝子德成窰，係楊春榮做，今歸官改爲吉泰窰。司事李發，十月初二日開工，煤夫二十四人。

杉松屯萬寶窰，係楊誠信做，今歸官改爲吉升窰。司事易瑞霖，十月二十一日開工，煤夫三十人。

半拉窩棘福興窰，係李桂芳做，今歸官改爲吉祥窰。司事王顯，十月二十日開工，煤夫二十人。

江東北缸窰，口前新窰，葉啓發、趙顯章呈報，今名爲吉興窰。司事梁翰，十月十八日開工，煤夫十六人。

歪石位子新窰，宋德雲、張萬才、馮貴等呈報，今名爲吉盛窰。司事馮貴，十月二十六日開工，煤夫十六人。

前二道河子舊窰，係田百川做，今歸官改爲吉德窰。司事田百川，十月二十二日開工，煤夫十六人。

荒山屯舊窰，係劉占成做，今歸官改爲吉廣窰。司事王文明，十月二十二日開工，煤夫十六人。

後二道河子德盛窰，係郭仁義做，今歸官改爲吉永窰。司事希衡，十月十二日開工，煤夫十二人。

大石頭舊窰，系孫紹錫做，今歸官改爲吉大窰。司事焦桐琴，十月二十二日開工，煤夫十六人。

城北二官地新窰，原報山主劉廣義，今名爲吉隆窰。司事董耕雲，十月二十二日開工，煤夫十二人。

萬寶山新窰，係雙林、于四進、王心如、周立榜呈報，今名爲吉昌窰。司事雙林，十月十八日開工，煤夫十四人。

城西南弦於溝新窰，係張紹祖、楊桂一、周漢儒呈報，今名爲吉發窰。司事黃元吉，十月十二日開工，煤夫二十人。

城西北大葦子溝舊窰，係張際庚做，今歸官改爲吉源窰。司事李長壽，十月二十日開工，把頭並煤夫、傭工共四十餘名。

江東柳樹河子，係周賜爵、張洪山、王汝霖、劉黎閣等呈報銀礦，今改名爲吉富銀礦，已派委員朱權同原報人前去開採，尚未稟復。

以上新舊煤窰十五處，銀礦一處，理合登明。

「中央研究院」近代史研究所《礦務檔》第一冊《光緒二十五年十二月初五日總署收北洋大臣裕祿文附德領事字據煤窰股分合同合辦合同諭單契據章程等瑞乃爾借銀西山煤窰案議結經過》 十二月初五日，北洋大臣裕祿文稱，據津海關道黃建筦詳稱，案查前准總理衙門總辦公函，以已故天津武備學堂教習德國人瑞乃爾，曾以餘銀借給中國人張殿棟開挖西山煤窰一案。現奉堂諭，以此案拖延日久，德國大臣所索二萬兩之説，斷不能行，然與其洋人出銀、華人出名開挖煤窰，難免日後另生枝節。不如即照瑞乃爾原借一萬兩之數，酌議核減斷給瑞乃爾之子，以斷葛藤，即希與艾領事磋商，量爲付給，妥速議結等因。並奉順天府尹札同前因，當經職道與德國駐津領事艾思文迭次商辦。該領事初則謂，前索二萬兩並未多要，其意非此不能議結，並云否則聽瑞乃爾眷屬另請德國洋人開挖，復與辦論多端，反復磋磨，始肯酌減，給銀一萬九千五百兩，付與瑞乃爾之眷及子，以斷葛藤。並允嗣後瑞乃爾後人，永不索挖煤之權，無論此窰日後盈虧，亦永不干涉，遂經職道函准總理衙門總辦回明堂憲，奉諭照此了結。其銀即由八分經費項下撥發，惟須艾領事立定字據，寫明以上所允情形等因。函復到道，遵與艾領事妥商，該領事允立字據，並允將此項天利通義兩窰契據等件，均行呈繳。惟該領事以通義窰之水龍、水桶、鍋爐等機雖所值無多，且已銹破，然前已賣與他人，現請准其拆去，方肯了結，職道復經由電據情請示，於二十日接到總理衙門總辦電復，囑即照議了結。當即遵照辦結，並將應付行平化寶銀一萬九千五百兩，在於八分經費項下，撥交艾領事查收轉給。茲准該領事將所立字據及天利、通義兩窑契據等七件，一併繳送前來。除先照録字據，函復總理衙門總辦查照外，所有天利等窑借欠瑞乃爾銀兩一案，現已議結緣由，理合將德領事所立字據，同天利通義等窑契紙等七件，一併請查核，咨送總理各國事務衙門查照核辦，並請咨明户部順天府尹查照，實爲公便等情，到本大臣。據此，除批示並分咨外，相應咨呈貴衙門，謹請查照核辦施行。

〔附〕照録字據

茲爲德國人瑞乃爾，曾以餘銀借給華民張殿棟，開挖西山通義天利兩煤窑。現因瑞乃爾與張殿棟均已物故，經津海關黄道台與本領事會商，按公酌量一款，連瑞乃爾所費本銀，並補給利息等款，議定統共給行平化寶一萬九千五百兩，付與瑞乃爾之眷及子。從此與張殿棟家並通義、天利窑永斷葛藤，嗣後瑞乃爾後人，永不能索挖煤之權以及一切窑上之事，無論日後此兩窑盈虧，亦永不相干涉。通義窑所用水龍、水桶以及鍋爐等項機器，現已售與他人，本領事擬即派人運取，中國官切勿攔阻，其議定應付銀款，本應由張殿棟家屬付給，因無力措辦，先由津海關道於公款内，暫墊行平化寶一萬九千五百兩，於光緒二十五年十一月十九日交本領事收訖轉付。即將此兩窑由津海關道報明上憲，飭人收管。本領事將執據七紙，統交津海關道收存：一係天利窑老地契，二係天利窑賣與張殿棟地契，三係地方官所給准開天利窑執照，四係瑞乃爾與張殿棟所立開天利窑合同，五係通義窑地契，六係地方官所給准開通義窑執照，七係瑞乃爾與劉、張所立開挖通義窑合同。此據。西曆一千八百九十九年十二月二十一日。

光緒二十五年十一月十九日，德國領事艾訂立。

〔附〕照録合同

立合同財東瑞乃爾，領東張殿棟、劉殿玉。因財東置買門頭溝内魏家溝杜姓山場馬九朝煤窑一座，字號天利。今張殿棟、劉殿玉領到瑞東本銀，爲買窑及挖煤之本，窑中得利按股均分。今將股分及窑中一切章程，開列如左：

第一條，窑中賣煤，除每日開銷外，先將東本還清，下得餘利，按股均分。

第二條，此窑共按一百四十股，山主二十股，下餘一百二十股，以二十股爲備本，其一百股東夥各五十股。

第三條，瑞東家應派一二人幫辦煤窑之事，由東家給與薪水，在窑幫管各事及查各事各帳。

第四條，窑中資本不足，倘要加添，必須向東家面議。

第五條，此窑不計年限，東夥永遠合做。

第六條，窑中每至十天，要報帳對帳一次。每月應將備本二十股，提存匯豐銀行，須記東夥二人之帳。每月東家應得歸還之本及應得股分銀，亦存匯豐，係記東家一人之帳。

光緒二十二年六月初四日、西曆一千八百九十六年七月十四日立。

財東瑞乃爾押
領東張殿棟押
劉殿玉

〔附〕照録合同

第一條，德、中國公司同議情願合力在京西開挖月巖寺煤礦。

第二條，德國公司總辦瑞乃爾，中國公司窑主劉殿玉，並其幫辦張殿棟，兩面訂立合同。

第三條，此次開挖煤礦地方，已經查驗明白，所有一切公事，皆兩面看明，華官均有允開照諭，德國公司均已收到。

第四條，德國公司自備銀兩，買來打水機器，保打乾煤礦中水，德國公司亦要管局内賬目。

第五條，中國公司承管各事：一、本地方官民人等不得阻撓。二、日雇小工若干，每工應開工錢若干，必須與德國公司妥議辦理。三、覓售煤斤，倘算賬時，遇有煤斤未曾售出者，按時作價，算歸中國公司。

第六條，自立合同以後，凡事皆要十分公正妥商協辦。

第七條，自興辦以來，至煤礦水乾煤出之日，所有一切花費銀兩，共計若干，作爲德國公司本銀。凡舊有房間、傢具等件，按物估價，共計若干，作爲中國公司本銀。自煤出之日起，照西曆每年按七釐二毫行息。此項利息，歸於每日花費項内，每半年歸還一次。

第八條，凡礦内所出貨物，除一切花費外，下餘按一百分派，以二十分作爲備本；下餘八十分，各分一半。每日中華兩司賬必要較對本日賬一次，每十日、每月、每年亦然。

第九條，所擬備本銀兩，不得過一萬五千兩。過此即不必按日抽提，按月將所抽備本銀兩，送往北京匯豐銀行，俾得利息。凡遇本局有非常緊要事件，如新換大吸水機器等類，方可動支此款。備本銀兩，倘用過若干，必速將此項補還。備本銀兩所得利息，亦按股均分，倘歇業不作，備本銀兩，亦必按股均分。

第十條，日用零星花費，務從節儉，分定者與不定者兩途：定者爲本銀之利息以及薪水工錢等事。管外國賬房費每月五十兩，幫外國賬房每月十五兩，管機器每月七十兩，幫機器每月十兩，管中國賬房費每月五十兩，幫中國賬房每月十五兩，零星應用人等每月五十兩。不定者爲每日所用小工，工價按日定擬以及每日所用零星物件，並機器所用烟煤不能預知等事。

第十一條，自煤出之日起，每日所出貨物，除本局一切花費外，必先歸清兩東本銀以後，方能按股均分。兩下壽數修短難知，必須先各擬一人接辦，倘生意歇業，必須將合同當面消繳。

第十二條，凡立此合同以後，兩下皆不准在附近地方另開煤礦，另搭夥計等事。

西曆一千八百九十五年九月二十八號
光緒二十一年八月初十日
德國公司總辦（瑞乃爾）押立
中國公司（窑主劉殿玉、幫辦張殿棟）押立

立批合同月巖寺廣潤。今因有祖遺民山一段，本身無力開採，其廟坐落在王家村西，四至自廟内起，南至張姓，北至坡頂塲，東至溝心，西至西分水嶺，四至分明。同中人説合，情願批與劉繼榮名下，開採通義煤窑生理，言定按一百二十天爲則，山主開地分窑二十天，劉繼榮開工本窑一百天。如賣煤之日，先歸工本，工本如數歸完，下有餘利，按天分股數均分。此四至一内，不准山主另會別人開採，山塲道路不清，俱係山主承管，蓋不與王本窑分相干。若工本不足，俱係工本窑分辦理，不與山主相干，此係兩相情願，各無反悔，恐後無憑，立此永遠爲業，合同一樣兩張，各執一張爲証。如再有合同，作爲廢紙一張。

光緒三年五月二十六日
立合同人劉繼榮
山主人月巖寺
廣潤
冉泰
楊振財
杜榮
中見人謝山
王忠
安明和
刀燕昌
劉得選
代書人馬鴻福

二號劉繼榮收存。

永遠存照。

（附）照録諭單

特授順天府宛平縣蘆溝司巡政廳加五級紀録五次嵇，爲給發諭單事。案據山東客民劉殿玉呈稱，自備工本，在王家村月巖寺山塲内，開採通義青煤窑一座。内有四至，東至溝心，西至分水嶺，南至張姓，北至地頂尖，四至分明，先行試採，呈請諭單等情前來。當傳該村地方，並無違碍廬墓、道路、廟宇、村莊之處，取具甘結等情，合行給諭，爲此諭仰該窑户知悉。自諭到日准其試採，俟窑挖見煤觔，即行赴縣請照，毋得遲延顢頇，致干查究不貸。特諭。

右諭通義窑户劉殿玉，准此。

光緒十二年正月十九日諭。

（附）照録賣契

立賣杜絶煤窑契人馬九朝，因自己備工本於光緒十四年，在門頭溝内魏家溝西坡杜家山塲内開採地庫窑一座，有諭單爲憑。因自己無力承做，情願賣於張殿棟名下爲業，同衆言明，賣價銀三百三十兩整，此銀筆下立足，並不短欠。此係兩家情愿，各無反悔，恐口無憑，立此字爲據。

光緒二十二年五月十五日
立賣煤窑契人馬九朝
汪全
中保人杜穩
孫士選
周德元
代筆人高永遠

〔附〕照録窑照

欽加員外郎銜即補順天府督糧廳署理，宛平縣正堂加十級紀録二十次劉，爲給發縣照事。案據民人張殿棟呈報，在山主杜穩祖遺自置門頭溝内魏家溝西坡山場地内，自備工本，買到馬九朝舊做地庫煤窑，今更字號天利煤窑一座，實係並無違碍道路、廬墓、廟宇、房舍之處，遵照治憲堂斷。公同山主杜穩呈驗紅契投具呈結請照前來。除批示並遵照整頓煤窑新章，詳請尹憲立案外，合行發給縣照，准其試採。爲此照給該窑户張殿棟收執，以杜影射私開。該窑户於領照後，亦不得藉此取巧，另開窑業以及押借銀錢，滋生事端。如敢故違，定干追照嚴究不貸，毋違此照，須至照者。

計開：

窑户張殿棟，年五十三歲，身中面黄，有鬚，係山東招遠縣民。

並粘抄整頓煤窑新章一紙。

右照給窑户張殿棟收執。

光緒二十二年九月二十九日

〔附〕照録新章

計開：

一，王貝勒公額駙以及宗室旗地之内，倘有新募窑户開採者，必先報由宗人府或内務府及該管各旗都統查核。該地主呈出印册四至，咨明本衙門轉飭該管州縣，帶同開採之窑户，前往確勘。如果並無妨碍弊混，即飭令開採，一面詳明本衙門立案，嗣後遇有訟案，查無宗人府、内務府及該管各旗都統咨明案據，即以詐僞駁斥治罪。如查有咨明案據，而兩造仍復懷疑狡執，應詳請調取該地立原呈印册查驗，以憑核斷。

一，王貝勒公額駙以及宗室旗地之内，有從前已開之窑，共若干座，係何州縣所管，是何地名，並何四至，窑户幾人，是何姓名，擬請預咨宗人府、内務府及該管各旗都統，行查明確，咨覆立案，並由飭知該管州縣存案。嗣後遇有訟案，俾便查案核斷。

一，門頭溝等佐雜衙門書役，現既定有津貼，即由州縣行知，以後不准該衙門發給諭單，擅令窑户開採，倘仍故違，一經查出，即行撤參。

一，各商民人等有在民地内新開煤窑者，必先邀同山主，攜帶契據，報明本管州縣衙門，查勘確實。如果並無妨碍弊混，方准發給執照開辦，由該州縣隨時詳明本衙門立案。

一，各商民人等，有在官地或閣村公地内開採者，仍由州縣查明何項官地，及查取閣村首事人等甘結。如果勘無妨碍弊混，亦准發給執照開辦，仍隨時詳明本衙門立案。

一，各商民人等，如有集資夥開新窑者，由該管州縣訊明集資人名，及如何分利，如何章程，詳填執照之内。每人各給執照一張，以後如或改業，不願合夥，只准呈明州縣，將執照賣與他人承辦，由買主取具同夥並無弊混保結，將舊照繳銷，换給新照。不准將執照當押錢文，致啓争端，違者均各懲處治罪，其有指窑借貸者另以錢債斷理。

一，各商民人等有從前已開之窑，或無單糧廳等衙門諭單，或有該衙門諭單，未曾請領本管州縣執照者，自奉准行知之日起，予限三個月，速即報明，領换執照。其有數人夥開者，亦每人各給執照一張，以後如或改業，不愿合夥，亦只准將執照轉賣，不准當押，照前條章程辦理，倘逾限不領换執照，即由該管州縣查封。

一，執照之費，宜明定也，各州縣書吏多增一事，每以紙筆賠累爲辭，與其瞞藏隱諱，令彼等暗中勒索，善政轉成弊政，何若明定公費，使彼等無所藉口，而法令得以嚴伸。查直隸黑地升科章程亦有照費一條，令酌定請領執照或换領執照者，准該書吏每張取照費銀一兩六錢，以一兩二錢歸州縣衙門書吏車飯紙筆之需，以四錢歸門頭溝等衙門書役，作爲津貼。然每窑合夥無論多至若干人，每人各給執照一張，統計照費不得過五兩，以示限制。此外若或巧立名目，格外需索分文，准窑户喊稟，以憑重懲。倘各州縣不爲嚴查懲辦，一經訪聞，定行撤參。

一，從前窑户，有工部給發執照開採者，此次毋庸再領州縣執照，亦不准將執照當押錢文，以杜弊端。

一，以上息訟章程，應飭州縣刊刷多張，分發各窑，俾衆周知，並遇各窑户請領執照時，將章程一張粘連執照之左，騎縫用印，庶窑户有所遵循。其有未盡事宜，仍由各州縣隨時酌議詳辦。

〔附〕照録賣契

立賣地契文約人段秉方，仝子段之貴，因爲無錢使用，今將祖遺魏家窑地一段，内有四至，東至分水嶺李瑞，西至合蔴石，南至分水嶺，北至人行小道段之海，四至分明。上摘下種，土木相連，地内有出來窑口衣煤座爲十成。有買主主抱一成仝中人情愿出賣與杜成德名下，永遠爲業。言明賣價文銀六十五兩整，其銀筆下交足，並不短少，此係兩家情愿，各無反悔，恐後無憑，立賣契永遠存照。

隨代糧錢二百賣主取

坐落在厘石窑村。

道光十二年十二月初五日

立賣契人叚秉方

仝子叚之貴

李增云

李廷瑞

中見人李廷禄

叚之海

叚之安

代字人 李增

吉林省檔案館《清代吉林檔案史料選編（工業）》上册《吉林全省礦務公司申送三姓東溝各廠光緒二十五年十月份收金沙數目的清摺光緒二十五年十二月二十九日》 謹將職局自光緒二十五年十月初一日起，至十月底止，所收三姓東溝各廠應分四成及價買六成各金沙數目，繕具清摺，申送憲台，鑒核施行。須至清摺者。

計開：

十月份

三姓東溝駝腰廠：

一、收應分四成金沙加一平壹百拾柒兩貳錢玖分陸厘

一、收價買六成金沙加一平壹百柒拾伍兩玖錢肆分肆厘

三姓東溝大安北廠：

一、收應分四成金沙加一平捌拾柒兩陸分

一、收價買六成金沙加一平壹百叁拾兩伍錢玖分

以上四注，共收應分四成金沙貳百肆兩叁錢伍分陸厘，價買六成金沙叁百陸兩伍錢叁分肆厘，兩共金沙伍百拾兩捌錢玖分，按加一應申金沙伍拾壹兩捌分玖厘，總共實收吉平金沙伍百陸拾壹兩玖錢柒分玖厘。

吉林省檔案館《清代吉林檔案史料選編（工業）》上册《吉林全省礦務公司申送光緒二十五年十一月份三姓東溝各廠金沙數目的清摺光緒二十六年正月二十二日》 謹將職局自光緒二十五年十一月初一日起，至十一月底止，所收三姓東溝各廠應分四成及價買六成各金沙數目，繕具清摺，申送憲台，鑒核施行。須至清摺者。

計開：

十一月份

三姓東溝駝腰廠：

一、收應分四成金沙加一平壹百肆拾貳兩貳錢捌分肆厘

一、收價買六成金沙加一平貳百拾叁兩肆錢貳分陸厘

三姓東溝大安北廠：

一、收應分四成金沙加一平壹百肆兩柒錢肆分捌厘

一、收價買六成金沙加一平壹百伍拾柒兩壹錢貳分貳厘

以上四注，共收應分四成金沙貳百肆拾柒兩叁分貳厘，價買六成金沙叁百柒拾兩伍錢肆分捌厘，兩共金沙陸百拾柒兩伍錢捌分，按加一應申金沙，陸拾壹兩柒錢伍分捌厘，總共實收吉平金沙陸百柒拾玖兩叁錢叁分捌厘。

「中央研究院」近代史研究所《礦務檔》第二册《光緒二十七年三月初四日總署行山東巡撫袁世凱文附德使克林德照會暨覆照等九件鈔送德商瑞記洋行請辦山東五礦案與德使來往各件》 三月初四日，行山東巡撫袁世凱文稱，現准德國駐京大臣穆函開：本大臣於光緒二十七年二月二十八日赴貴廨時，貴中堂提及德商瑞記洋行代德國公司稟請在山東開礦一事，並請本大臣將論及該公司從前原任克大臣與總署彼此往來各文件，録送查閲等語。本大臣除聲明該公司已立有採礦製造公司名目外，相應照貴中堂所請，將從前往來各文件照録一分送閲。計開：一、原任克大臣於光緒二十五年七月初二日，致總署照會一件。一、總署於光緒二十五年七月十九日，致原任克大臣照復一件。一、原任克大臣於光緒二十五年九月初九日，致總署信一件。一、總署於光緒二十五年九月十二日，致原任克大臣回信一件。一、原任克大臣於光緒二十六年三月十二日，致總署信一件。一、總署於光緒二十六年三月二十七日，致原任克大臣回信一件。一、原任克大臣於光緒二十六年四月十一日，致總署信一件。一、總署於光緒二十六年四月十九日，致原任克大臣回信一件。一、原任克大臣於光緒二

十六年四月二十八日，致總署信一件。查末次請貴中堂一爲披閲，即可知此事已有頭緒，若非拳匪滋事，即底於成。溯查前駐青島德國總督派德國鐵路公司總辦錫樂巴前往濟南府，向山東撫及所派副都統廕昌商訂章程内開，在鐵路兩旁三十里一帶開挖煤礦。該公司已得一大利權，與該公司之利權相等，且東撫與德國辦事，屢次悉可見均按德國所願之意辦理。故此次製造公司所開各節，皆係按理。本大臣決然無疑，東撫必可照前按製造公司所開允辦。本大臣甚望貴中堂將此意轉達東撫，以便東撫與烟台領事官會商時，得以大加通融辦理，貴中堂誠能如此。本大臣甚爲感激不盡等因，並鈔録往來函稿、及鈔照會函稿九件送閲前來。准此。查摺内第三號信函中，作光緒二十五年九月初九日，鈔摺作是月初八日，第九號信函中，作光緒二十六年四月二十八日，抄摺作是月二十五日。是函與摺，註日不符，未知是何舛錯。又末次之信，總署未及致復，想因拳匪已起，未及定議作答。茲准前因，應即照鈔咨送，察酌辦理，爲此合咨貴部院，請煩查核辦理。

〔附〕照録鈔件

致總署照會。

大德國欽差駐紮中華便宜行事大臣内大臣克，爲照會事，照得天津德商瑞記洋行，前於本年二月間，以山東省内開礦一事，稟呈礦路總局大臣。嗣於五月初一日，經本國貝署大臣將該行新備稟帖附送查閲。旋由貴署批行該行内開，據擬集華股承辦山東省礦務。所指五處地段太廣，未便准行，應先准其擇定一處，限四箇月勘明某地可以開辦，稟由總局核議，其所指擇定之處，於查勘期内，暫不准他商承辦，以免兩歧等因各在案。茲據該行稟稱，本行業已將總署所批各節，電知德國所設公司各董事查照。現接該董復稱，蒙總署批准擇定一處，無不感謝，惟揆度情形，不能不仍請准本公司在五處概行開礦等語前來。查此事已由本國政府批准，本大臣茲接本國外部咨行飭令將瑞記洋行所稟，須盡力照料，向貴署商辦等因。本大臣奉此，應特爲照會貴王大臣，請將該行所稟各節，再爲酌核，以便照本國政府所願准行。據本大臣所見，應准該公司在五處概行開礦，寔爲公道，亦頗妥善，且查該公司本銀甚大，力量較厚。所以在所指五處一並准其開礦，似非太廣。其將來可否得利，先期難以預定，惟勘驗之費，一定需用甚多。又須派本國工程司赴中國，設或僅在一處承辦。而勘明其地内，無礦可開。其船脚川資並各項經費，豈非虚費，不如准與一公司在五處一並開礦，不准他商承辦，殊爲公允。若以中國可得利益，亦不如照該行所請，以廣大之地段，准本銀大之公司承辦，勝於以零碎小段，准數本銀較小之公司承辦。再大公司妥寔可靠，必按成法開挖，無虞中止，且因須用工人甚多，不惜小費。所以於附近居民有益，或因新事開辦，民情不洽，大公司不難設法，以順輿情。又查該德國公司並不欲占去他人應得之利，業已言明，所有鐵路附近相距三十里内，允德商開挖煤斤之地，自係在該公司所指之地外。至於貴署批定限四箇月，勘明某山可以開辦一節，未免太促。查所需勘驗之地廣大，道路難通，所派工程司來華，在路兩月，已逾定限一半，其餘兩月，何能勘竣。應請貴署展限一年，並准設若期限不足勘明竣事，可否再展之處，應由本大臣向貴署議定。如此辦理，該公司既有寔基，可指望出招帖之時，華商入股。本大臣遵照所奉外部咨令，請貴署查照以上各節允許，並請照復文内，祈開明德商瑞記洋行代德國公司稟請在山東省五處開礦。其一在山東沂水地方，東至黄海邊，南通江蘇界，西由沂水轉而向南，直抵江蘇界，北由沂州府向東，直達海邊。其二在沂水縣地方，自城外一百二十里爲界。其三在諸城縣西北十里路開算，順三十六度向東，直抵德國租界，西由諸城縣之西北十里開算處，轉而向南，直抵海邊，東南兩面，均至黄海並德國租界爲界。其四在濰縣西南一百一十里之温河北大地方，該處以五十里爲界。其五在烟台週圍二百五十里爲界。惟中國已允他國商人承辦之處，自應在外。開辦各礦，總署現即准其限一年勘明，限滿仍可議展，於查勘期内，暫不准他商承辦，以免兩歧等情，爲此照會。即請早以允許之意見復爲盼，須至照會者。光緒二十五年七月初二日，一千八百九十九年八月初七日。

總署致克大臣照會

大清欽命總理各國事務王大臣，爲照復事，光緒二十五年七月初二接准來文，以天津瑞記洋行稟請在山東開礦一事。前於本年二月間，奉批示所指五處地段太廣，未便准，應先准其擇定一處，並限四箇月勘明某山可以開辦。稟由總局核議，其所指定之處，於查勘期内，暫不准他商承辦，以免兩歧等語。茲該行擬請仍在五處概行開礦，並請展限一年，此事已奉本國政府批准。現奉外部來咨，令照請貴署允許等因前來。本衙門奏定章程内載，各商請辦礦地，應指定一處，不准兼指數處等語，業經照會貴大臣在案。今瑞記洋行仍請在山東開辦五處礦務，地段太廣，核與奏定章程不符，未便辦理。惟來照所稱，工程司赴中國，設或僅在一處承辦，而勘明其地内，無礦可開，豈非虚費川資、船脚各項等語，亦係寔在情形。應准其在五處内，指定一處，勘驗開辦。如所指一處内，查無礦産，仍准其另指某山其礦一處，勘驗開辦，是限制之中，仍寓通融之意。惟第五處寧海州以東，逼近英國租界，將來如須勘驗，應體察情形，以免轇轕。其展限一節，亦應按照此次定章，以十箇月爲期，無須展至一年。至該行何時派工程司前往，並先由何處勘驗，應令呈明礦務總局，以便咨行該處地方官照約保護。相應照復貴大臣，轉飭該行遵照可也。

右照會大德欽差駐紮中華便宜行事大臣内大臣克。

光緒二十五年七月十九日。

致總署信稿

逕啟者：德商瑞記洋行代德國公司稟請在山東開礦一事，前於八月二十七日，本大臣赴署與礦務大臣面談之際，彼此議定。此公司由德華各商合夥設立所有。本年七月初二日，本大臣照會貴署文内指明五處，應准其先擇定一處，勘明某山可以開辦，以十箇月爲期，期滿再另指一處勘驗開辦，以此類推。至五處陸續概行勘驗興辦，如先指之一處内，查無礦産，亦准其另指一處勘驗開辦，亦以此類推。五處内陸續概行勘驗，共以五十箇月爲期。在所指之五處，一概不准他國商人承辦，設有他德商請准開之事，未經德國駐京大臣知會礦務大臣在先，亦應置之無議。至於所指五處地内，華商現已開辦之礦，以及中國已允他國商人開辦之處，自應在該公司可擇之地外。立合同之後，以十箇月爲限，如逾限在先，所指一處，未經開辦，或由礦務總局查明，該公司之力量，不足以辦礦務，以上所允推廣諸處一節，即可撤銷等因在案。以上各節，茲經瑞記洋行電知駐德國各紳董，現據復電均已應允，即派田夏禮代該公司，向貴署礦務大臣稟商議定應立之合同及章程等事。並按照膠澳條約，應將所招入股之華商姓名，細爲呈報。爲此專函特致貴署，請即示復言明以上所開各節，現已議定爲要。此佈，順頌且祉。克。九月初八日。

總署來函

逕復者，昨准函稱，瑞記洋行代德國公司請在山東開礦一事，曾於八月二十七日在署面談，此公司由德國中國各商合夥設立，指明五處應准先擇定一處，勘明某山可以開辦等因，請即示復前來。本衙門查來函内開，開辦以十箇月爲期，期滿後，該處内已經開辦，仍准其另指一處勘驗開辦，亦以十箇月爲期。期滿再另指一處，勘驗開辦，以此類推，至五處陸續概行勘驗興辦一節。查當日所談，係先指定一處，以十箇月爲期。期内必須勘驗開辦，辦有端倪，或盈或虧，准其再行另指一處開辦，以此類至五處爲止，並非此處開工後，即行開辦第二處也。又來函謂，按照膠澳條約，應將所招入股之華商姓名，細爲呈報一節。查此處礦務，一經准其德商會同華商開辦之後，即與膠澳條約無涉。當日所談，只須有二三股實體面之華商，倡首出名，與德公司妥立合同章程，呈由總局核明，奏准開辦，則一切事宜有所轉承，並非謂只須將零星入股之華商姓名，細數開報也。其餘各節，均與八月二十七日在署面談無異。昨日田夏禮來署，亦經面告，應請貴大臣轉飭該商等遵照可也。特此佈復，順頌日祉。

九月十二日。

致總署函稿

逕啟者，德商瑞記洋行代德國公司稟請在山東開礦一事。前於光緒二十五年九月初八日，函致貴王大臣，於九月十二日，接准復函各在案。本大臣現將該洋行所議章程底稿一分，送呈貴衙門查照允准。查該章程似可招集華股，致公司出産茂盛，並免拂附近百姓之情。如此在該五處開礦，不但山東省該處民人，常沾其澤，即中國亦可廣其財源，爲此佈函，並請示復爲盼，此佈，順頌日祉。克。三月十二日。

總署來函

逕復者，接准來函，並將瑞記洋行代德國公司所議山東開礦章程，鈔送底稿前來。本大臣等詳加披閱，尚有應行增改之處，現已改章，較原送章程爲詳，並與迭次文函之意相符。相應録録一紙，函送貴大臣，轉飭該公司遵照，並希見復，以便奏請可也。此復，順頌日祉。

三月二十七日。

致總署函稿

逕啟者，前瑞記洋行代德國公司所議山東開礦章程，本大臣曾鈔録底稿，送呈貴衙門查閱。旋於三月二十七日接准復函，並鈔送改訂章程。又於三月二十八日，本大臣親赴貴署，與諸位大臣當面言明改訂章程詞意。尚有諸多不便之處，務須再行更改。諸位大臣曾云，猶可商酌將總署所擬之意，稍爲輕減，緣彼此所鈔送，皆係章程底稿，故可變通。茲者本大臣務請將該章程第一款，按照本大臣與貴署以前商定者改訂，更須指明山東省五處，除華德礦務公司外，暫不准他商請辦。其餘各款，瑞記洋行擬派該公司經理人田貝，詳細會商定妥。本大臣現將該章程第一款，按照兩相情願及前所商定者改訂，鈔録貴衙門，並請示復允准。而後田貝即行與貴署所派之員，將他款逐一會商可也。此佈，順頌日祉。

附改訂章程第一款。克。四月十一日。

總署來函

逕復者，接准函稱，前接改訂瑞記洋行所議山東開礦。詞意尚有不便之處，務請將該章程第一款，按照本大臣與貴署以前商定者改訂，更須指明山東五處除華德礦務公司外，暫不准他商請辦，其餘各款，瑞記洋行擬派該公司經理人田貝，詳細會商定妥。現將該章程第一款，按照兩相情願及前所商定者改訂鈔送者，並請示復允准等因前來。本衙門查上年七月間，瑞記洋行禀請開辦山東礦務，當以所指五處地段太廣，核與奏定章程不符，應准其在五處內，指定一處勘驗開辦。如所指一處内，查無礦産，仍准其另指某山某礦一處，勘驗開辦，是於限制之中，已寓通融之意。曾於上年七月十九日，照會貴大臣轉飭該行遵照在案。此次改訂章程，仍係此意，未便將所指五處地名，全行列入，致與總局定章不得預先標佔之條違碍。兹將所改之第一條，再加斟酌，另鈔清摺，送請貴大臣查照，轉飭該行遵辦可也。此復，順頌日祉。

四月十九日。

致總署函稿

逕啟者，四月十九日接准復函，並附送擬再改華德礦務公司合同第一款，均已閱悉。然本大臣所不能允准者，猶有三焉，依舊仍照光緒二十五年六月二十九日照會貴署内開列者，指明五處開礦。如此定限後，於九月十二日曾准復函允諾一節，此其一也。所云允准開礦，不得定明界限，與去歲七月初五日照送奏定章程，兩不相符，究竟應確指地名、里數爲限，且該公司並不願於五處扦標等物爲界。此等辦法，亦不相宜，此其二也。查山東省於光緒二十四年二月十四日條約另有議者，並於先訂鐵路礦務總局章程第三款内聲明，本大臣自須再爲言及，該章程與山東華德公司及所有山東他項德國公司，毫無干預，此其三也。合即備函，並請貴王大臣以合同第一款照以上聲明各節，即行更正，並將始准首款，函送本大臣查照爲盼。此頌日祉。克。四月二十五日。

邢玉林《光緒朝黑龍江將軍奏稿·薩保又爲與俄員科洛特科福爲雅魯河等處金廠來往照會執照單光緒二十七年十一月初十日》 謹將與俄員科洛特科福，爲雅魯河等處金廠來往照會、執照，敬繕清單，恭呈御覽。

計開：

俄員科洛特科福來俄文第二百二十九號照會

在札蘭屯住俄國商人博博夫同中國人金利源、威大昌，在綽勒河雅魯河開辦礦務。我不准博博夫在江省挖金，因爲此人不甚好，又兼不甚富足。因此，我現時同貴將軍舉存一俄人，名字且納那也夫。伊較比博博夫，尚稱妥靠，又兼富足。如閣下願意，准其納那也夫會同中國人金利源、盛大昌一同合夥，請速見覆。

覆科洛特科夫滿漢合璧文

爲照覆事。接貴大人第二百二十九號照會，内開等因。接此，查金利源、盛大昌在綽勒河、雅魯河採辦金礦，係前將軍恩澤發給執照。其與貴國商人博博夫合夥情形，本衙門並未立案。令貴大人既稱此人不甚好，又不甚富足，另薦比博博夫妥靠富足之且納那也夫與金利源等一同合夥，本署將軍亦所樂聞。惟查金利源等現不在省，俟其到此，再爲飭令遵照，以副盛意。合先照覆，爲此請煩貴大人查照施行。須至照覆者。

俄員科洛特科福來華俄合璧第二百五十六號照會

爲照會事。接到貴將軍照覆准且納那也夫與金利源夥辦金廠，感謝。惟金利源現不在此，恐日後兩造商量不妥，請貴將軍給且納那也夫執照一紙。照内求聲明開辦時，廠内諸事，歸且納那也夫主持。每出金一百兩，報効貴國家金十五兩。另出化費外，每實挣銀一百兩，提給金利源、盛大昌銀十兩，又地租銀二兩。其餘仍聽金利源與且納那也夫商辦，務求迅將此執照發給。爲此請煩貴將軍允准見覆，須至照會者。

覆科洛特科福滿漢合璧文

爲照覆事。接貴大人第二百五十六號照會，以金利源現不在此，恐日後商量不妥。請給且納那也夫執照等因。查金利源現不在此，事本難辦。惟既承貴大人一再相商，本署將軍姑先想一通融辦法，以敦睦誼。然尚有兩事，不得不先爲訂明者：一爲果日後我中國朝廷，無允准俄人在黑龍江地面開辦金礦明文，則且納那也夫所領本署將軍准與金利源等在雅魯河、綽勒河夥辦金廠執照，亦應一律罷論，不得別有藉口，使本署將軍從中爲難。二前承貴大人第一百二十九號照會，以俄人博博夫不甚好，不甚富足，不准其在江省挖金，特舉薦富而且妥之且納那也夫，會同金利源等夥辦綽勒河、雅魯河金礦。在本署將軍自當以貴大人所舉薦者爲准，但貴大人榮調在即，諒必將此事移交後任存案，使博博夫不致與金利源等滋生口舌。以上兩事，想貴大人必能原諒，均爲允行。爲此照覆，請煩貴大人查照，迅速見覆爲盼。須至照覆者。

俄員科洛特科福來滿漢俄三種文第二百七十七號照會

爲照覆事。接貴署將軍照覆，均悉。如日後貴國家無允俄人在江省開辦金礦明文，則此次且納那也夫所領與金利源等在綽勒河、雅魯河夥辦金礦執照，亦作罷論，弗使貴署將軍受累。至本大臣，因博博夫不甚好，又不富，不准其在江省挖金，自當移交後任存案，不准博博夫與金利源別生口舌。請釋廑念，求將執照速爲發給。再，本大臣現又令且納那也夫於開辦後，在實掙餘利銀每百兩内，再提銀三兩作爲江省俄文學堂經費。爲此照覆，請煩貴署將軍查照施行。須至照覆者。

覆科洛特科福滿漢合璧文

爲照覆事，接貴大人第二百七十七號照會，均悉。今將發給且納那也夫執照，隨文附送。請煩查照見覆。須至照覆者。

爲發給執照事，照得本署將軍，先後接大俄國特派駐黑龍江省外部官員科第二百二十九號、二百五十六號、二百七十七號照會，内舉薦且納那也夫會同金利源等夥辦綽勒河雅魯河金礦。現因金利源等並不在省，請先給執照等因。茲姑先通融辦理，畧訂大概章程附列照尾。凡綽勒河内，大小河流自發源處起，順河往下，無論水陸均至蒙古交界止；雅魯河内，大小河流自發源處起，順流至下游入嫩江口止，均准且納那也夫會同金利源、盛大昌勘辦金礦。爲此照仰該兩河官兵旗民人等，遵照辦理，毋庸攔阻可也。須至執照者。

計開章程十條

一、准且納那也夫與金利源、盛大昌夥辦綽勒河雅魯河金廠。

二、廠内諸事，歸且納那也夫主持。金利源、盛大昌仍有派人駐廠查賬之權。

三、日後如有虧耗，專歸且納那也夫承認，與金利源、盛大昌無涉，與官中更無干涉。

四、嚴禁辦礦人等毁廟穿墳，違者照律重辦。如旗民因辦金礦吃虧者，酌量賠償。

五、每出金一百兩，提一十五兩報効中國國家。此外除費用外，實掙銀壹百兩，提給金利源、盛大昌等銀拾兩，再提地租銀二兩、江省俄文學堂經費銀三兩。除金利源、盛大昌應得之款由該等自向且納那也夫結算外，其餘無論報効金數與地租、俄文學堂經費各銀兩，一概交官。

六、刈伐草木，悉照向章納稅。

七、官中派員駐廠監察出金數目，並管束在廠各項華人。並至年終，照第五條所指應行交官各項金銀稅款，統交該員收解。

八、每至年終，按照第五條章程，將統年獲金若干，並化費及實掙餘利，均即寫華俄合璧清單，知會大衆，並送將軍存案。

九、且納那也夫，應在廠内多用華工，並從優看顧。其商農生業，專歸華人營幹。仍聽俄商，販運俄國貨物。

十、其餘未盡事宜，由金利源、盛大昌、且納那也夫和平商定。

俄員科洛特科福來二百七十八號俄文照會

十月初五日，由貴將軍發來執照，准且納那也夫在綽勒河、雅魯河開辦金廠。此執照業已發給且納那也夫去訖。

邢玉林《光緒朝黑龍江將軍奏稿・薩保又爲與俄員科洛特科福爲漠河等處金廠來往照會條呈單光緒二十七年十一月初十日》 謹將與俄員科洛特科福，爲漠河等處金廠來往照會條呈執照，敬繕清單，恭呈御覽。

計開：

俄員科洛特科福來一百七十四號滿漢俄三體文字照會并條呈

爲照會知照事。查本年六月初八日，我與貴將軍一同畫押草約十條内，所寫以俟將軍、外部官將此約一經畫押後，漠河、觀音山二廠，都魯河寬河金礦另定條章，咨呈北京礦務総局查核定妥等因。此約畫押後，兩月有餘。此時阿爾公黑龍江右岸金匪麕聚，每日竟敢偷挖貴國之金。現今呈報來文内，阿爾公黑龍江右岸一帶，金匪積聚八千餘名。如金匪一名一年偷挖十五兩金砂合算，此賊一年由此省内能挖十二萬兩金，合銀三百六十萬兩。風聞此賊等偷越疆界偷運機器等語。現時由黑龍江省出金，於國庫本地方居民無益。思維至再將該俄國採勘金苗人名，及阿爾公黑龍江右岸採挖金苗草約，一併咨送貴將軍，請煩查核後，請貴將軍畫押，咨請北京礦務總局定妥。請由此與約内所寫會股人等，發給採苗執照。該會股人等將賊匪逐出阿爾公黑龍江右岸，可保平安。倘貴國國家將此約定妥，不但與國庫有益，本省居民大有裨益。

如五段每段每年挖金一百甫甬，金砂一甫甬。俄價羌貼一萬六千張，應交國庫金七十五甫甬，即羌貼一百二十萬張。每段除費用外，餘利三十萬張，合算漠河會股之主，得十五萬張。貴將軍衙門，得三十千張。但可歎省内金砂被偷，與國庫地方居民毫無有益。再四思維，如將省内定静平安，懇將此約畫押可也。須至照會者，隨文附來條呈十一條。

會訂俄國人在黑龍江省境内，阿爾滚河、阿木爾河凡兩河右岸及寬河、都魯河、呼蘭河等三河溝内，新舊採挖金苗草約

一條，此約一經畫押，自呼倫湖起，阿爾滚、什勒喀兩河匯流處止，並阿爾滚右岸所有河汊；又自阿爾滚、什勒喀兩河匯流處起，至松花江匯入黑龍江處止，並黑龍江右岸所有河汊，均在内。分爲五段。此五段：自呼倫湖起，貝子河止，爲頭段。自貝子河起，庫瑪拉河止，貝子河在内，爲二段。自庫瑪拉河起，愛琿城止，庫瑪拉河内小河河溝均在内，爲三段。寬河不入此段，此河舊有金廠，仍聽原有股夥挖。自愛琿城起，觀音山止，爲四段。自觀音山起，松花江匯入黑龍江處止，觀音山在内，爲五段。此段内，自松花江入黑龍江處起，都魯河止，均在内。

二條，第一條所分五段内，頭段准在黑龍江源採挖金礦股夥。二段内，准其俄國採挖金礦人阿斯達碩夫。三段内，准其俄國採挖金礦人公爵阿布拉克、新博博夫、阿密里雅諾夫等三人之夥。四段，准其俄國索也的諾、納雅阿克棲臥捏爾、納雅爾孟巴泥雅股夥。五段内，准其俄國採挖金礦股夥。此約一經畫押後，暫先採勘金苗。俟大清國國家允准，再行開挖。

三條，第二條所指五段人夥，將來如果開挖，每段挖其金子，應按一百分内提金一十五分，報効中國國家。又，每段除一切費銀外，照實挣餘利銀，按每一百分内提銀十分給還漠河。股夥按原股一千零二十二分均分。

四條，第一條所指五段地方，應由大清國國家每段派一委員，駐廠監督挖得金數，並管束在廠滿漢人等。及第三條所指報効大清國國庫之金，與給還漠河股分利銀，亦於年終由各該段交給駐廠委員收解。

五條，各段每至年終，將挖得金砂若干兩，與何項費用及何項餘利各數目，印寫俄漢合璧清單，交由駐廠委員轉送北洋大臣、黑龍江將軍存案。

六條，第三條所指給還漠河股分利銀，係在每段餘利之内提給，並不須各該股另出化費。

七條，每段應在實挣餘利銀内，按每百分提出二分，交黑龍江將軍償給各該出金地方地租。

八條，禁止採勘金苗人騷擾百姓，傷害地産，並毁廟、壞墳等情。犯者照律重辦。如旗民因採勘礦苗喫虧者，酌量賠償。

九條，此約一經畫押後，在二條内所指人夥，由黑龍江將軍衙門請領執照，趕緊各赴各段採勘金苗，將偷挖金匪一併逐出。

十條，如該俄國人前在寬河溝内挖過金砂，或寬河股夥前在都魯、呼蘭兩河溝内採挖金砂，都魯河夥等二夥内願入者，該兩夥每夥股分添至三千分。給俄國之人二千分，給中國之人一千分。該入夥之中俄兩國之人，共力挖金。中國收庫之金，每百兩内交十五兩，費用餘利按股均分。倘該俄國之人不入者，該兩夥照舊挖金。寬河、都魯河兩夥，准其俄駐齊齊哈爾城外部官所舉之人能入。

十一條，此約應寫兩分，華俄合璧。署理黑龍江將軍薩特、派黑龍江外部官科洛特科福畫押後，咨送北京礦務總局查核定奪。

覆俄員科洛特科福滿漢合璧文並執照

爲照覆事。接貴大人第一百七十四號照會，内開所爲阿木爾及阿爾肱沿江一帶，金匪太多，擬先採勘金苗，藉逐金匪，並續擬草約十一條等因。查本省各金廠，均係招股開辦。本署將軍前與貴大人所訂草約，第十條聲明漠河等處另擬條呈，咨請北京礦務總局核定。蓋因海拉尔即呼倫貝爾，愛琿即黑龍江城，該兩城副都統轄境礦産，前曾奉我大皇帝諭旨，悉歸北洋大臣主政。所以本署將軍，不敢越權擅擬。今接前因貴大人既爲沿江金匪太多，願爲驅逐金匪起見，惟有將阿木爾即黑龍江及阿拉肱即額爾古訥河所有前先未經開採金廠之各河溝，暫由本署將軍發給採勘金苗執照。其自烏碼河起，以至阿勒巴昔哈河西沿，及觀音山至托羅山一帶，均爲北洋大臣派員已經開採之處，毋庸採勘。并請貴大人就承將各該處所有金匪并爲一概禁逐，以安地方。除將此次來文及續擬草約十一條，咨送礦務總局核定，請旨遵行外，想應照會并隨文附去滿漢合璧執照五紙。爲此請煩貴大人查照見覆施行。須至照覆者，計附送滿漢合璧執照五紙。

爲發給採苗執照事，現接大俄國欽命特辦黑龍江省交涉大臣科第一百七十四號照會，内開所需採苗執照。第一段，應自呼倫湖匯流額爾古訥河起，至貝子河止，暫准其採挖金礦股夥採勘礦苗。二段，自貝子河起，至庫碼河止，其中自烏瑪河往下至額木爾河，又名阿勒巴昔哈河之西南沿一帶，無論大小河流自發

源處起，均不在採勘之列。其餘暫准俄人阿斯達碩夫採勘礦苗。三段，自庫瑪爾河起，至愛琿城止，其中寬河大小河流自發源處起，不在採勘之列。其餘暫准俄人阿布拉克、新波夫、阿莫里雅諾夫採勘礦苗。四段，自愛琿城起，至觀音山河之西沿止，暫准俄人索也的鈕那雅、阿克才鄂訥爾、那雅、闊木帕那雅採勘礦苗。五段，除觀音山河東沿起，至托羅山止，內中一帶，無論大小河流，自發源處起，均不在採勘之列。其餘自托羅山以下入松花江至都魯河止，暫准採挖金礦股夥採勘礦苗。應即繕發滿漢合璧執照，以憑暫行採勘金苗，藉逐金匪。所有採苗期限俟咨請礦務總局、北洋大臣請旨奉文後，再行定準。爲此合行發給護照。仰沿途經過地方，一體驗照放行。須至執照者。

俄員科洛特科福第二百六十七號俄文照會

今年九月初九日，由貴將軍處發來護照五張，准在阿爾公、阿木尔一帶採辦金礦之護照，我已經將此護照分發各開辦礦務俄人去訖。

「中央研究院」近代史研究所《礦務檔》第二册《光緒二十八年二月十六日外務部收山東巡撫張人駿函附華德採礦貿易公司章程暨該章程第二十欵底稿德商開辦五礦事已與德領事議定抽稅事宜並先開辦三處》 二月十六日，山東巡撫張人駿函稱，正月十五日肅呈函件，諒邀台鑒。茲於月之初九日恭奉佳電，敬悉一切。貝德司前呈説帖，係將抽稅、報効兩項相併立論，意圖牽混，而上年十二月二十二日，連領事暨貝德司在敝署面訂章程，共二十一款。其第二十款則係彼此商定載明，華德採礦貿易公司除照章完納地段國課外，所有抽稅若干、報効若干，及抽稅報効之專章，應由大德國駐京欽差與外務部公同妥商訂定，彼此遵照辦理等語。擬俟電候大部核復，即可先行稟繕簽押，旋以祇奉鈞電，已與德使商訂抽稅事宜。因又與連領事商明，將第二十款暫行空出，留俟大部與德使議定抽稅報効兩項專章，電復到東，再行稟繕，連領事等亦經照允。其前訂第二十款所載各節，並有連領事華德文爲憑，是抽稅、報効分作兩項，留俟大部與德使商訂專章，係由連領事等允定之事，始終一致，毫無疑義。連領事等事後以已允另訂抽稅、報効兩項專章，即與已允抽稅無異，喫虧太甚，是以屢次設法，希圖悔議。並以久未核復藉口，欲將第一、第二、第三等款，另行酌改，更欲將五處地名，仍須列入章程，種種狡謀，祇是希圖翻悔前議，均經人駿設法駁阻。現在德使既堅不肯允，貝德司進京後必更設法狡賴，謀將抽稅、報効牽混爲一，所有敝處與連領事等面訂第二十款詳細情形，電音簡略，未及詳叙，恐有歧異。茲特將上年十二月二十二日，彼此當面商定之二十一款，稟繕清摺寄呈，並將連領事等所允之第二十款底稿，另紙照抄，一併恭呈鈞鑒，以備查核。俾與德使暨貝德司等，議訂抽稅報効兩項專章時，可據以商辦也。再前奉鈞電，允該公司先行查勘三處礦產。旋由連領事函送查勘沂州、沂水、寧海（寧海即在第五處烟台周圍二百五十里內）三處礦產，洋員福士載等六名清單前來，由人駿核發護照。一面函電沂州胡守及各該州縣飭令酌派弁勇，妥爲照料，加意保護，所需地畝房屋並飭知地方官，准其隨時酌量租賃備用，惟於未定章程以前，不得購置地畝，開採礦產，以符原議。旋據該各府州縣陸續申復，已一體遵照辦理矣。連領事現仍在省守候。如抽稅之事，一時尚難就緒，可否先將各款核明電復，以便與連領事先爲定議，抑或俟商定抽稅、報効兩項一併稟訂之處，敬請酌核示遵。再連領事前以悔議未遂，輒云五處地名必須列入章程，經人駿再三辯駁，而連領事仍嘵嘵不已，擬俟稟繕全項章程時，再爲相機因應。如必須備列地名，擬即按照總署十四條章程第一條内所載，起首一處地名，准其載入合同原議，將來於分訂合同呈送地圖時，准其於合同内分別載列，是仍然以圖爲據，而於原議亦尚相符，是否有當，併候核示。謹此肅陳，祇請鈞安，伏維台鑒。

〔附〕照録清單

爲辦事迅速安靜起見，今華德採礦貿易公司，業奉中國國家允准，在山東開礦五處，是以按照原議之五處繪就地圖，商定章程各條如下。此次章程是用華文、德文繕就，其中語意彼此相符，須呈候北京外務部核准，並須由駐札德京之該公司督辦簽押，以昭慎重。該公司名目在德文内，用其由德京原訂編入商籍之名目，華文内用華德採礦貿易公司名目，以定界限。

第一款，華德採礦貿易公司，在業奉中國國家允開礦五處之内，以十個月開辦一處爲限，陸續指定地段，開採礦產。如限内不開，即將此一處作爲罷論，並照公司章程，招集中國官商股分，先由德人暫時經理，所收華人股分按季呈報山東巡撫。俟招股在十萬兩以外時，再由本省選派專員，入公司辦事，稽查華股應得一切利益。

第二款，該公司應設局在何處，招股及若干處，俟查看情形，隨時商定，山東巡撫應允竭力幫助該公司一切事務，並將該公司與山東礦務公司一律優待。

第三款，該公司應辦勘查開採以及試辦各事，應由本省即行派定專員會同辦理。所用地段，倘該公司不欲購買，則應商明發給租價。至所傷禾稼等項，應照該處情形，給價作賠，以免百姓喫虧。再每次試辦開採，應在半個月以前，通知該處地方官，以便轉達百姓，俾杜生疑。至本省所派之華總辦及其委員人等，係爲幫助該公司辦事與山東礦務公司辦法相合，此項人員辦事公費，山東礦務公司如何供給之處，華德採礦貿易公司亦情願一律供給。

第四款，開挖煤礦，應用地段如建築礦井、修盖機器等廠，以至工人住房與貨棧等項，須會同官紳彼此商辦，以期無損於百姓。所爲平安順手起見，是以山東巡撫特派專員，幫同買地及料理一切。惟凡講礦學處與採擇地勢各節，應歸礦師作主。而購租地段，須會同華總辦妥商辦理，或租或買不得强抑勒索。每次查定地段後，應繪一作二萬五千比例之布置形勢圖，送呈山東巡撫，以備稽查。呈圖後，始准買地，俟地買妥，方准修盖所需各處。至地下所作一切，除第七款所云不計外，不與上面人相干，故不得攔阻，亦不得争討，以昭公允。再買地一事，應秉公迅速妥辦，以免躭延開採礦産，地價應照該處情形，核實付給。所購地段，祇准購得將來修盖礦井與各項房屋、煤棧、裝車運煤處所等項，足敷應用爲止。

第五款，凡廟宇、房屋、樹木及衆多齊整之墳塋等項，均應顧惜謹慎躲避，不使因辦礦務，令其受傷。萬不得已，必須遷移以上所指各物，則請地方官在兩箇月以前，通知該主人，以便妥商賠償，總使該主人在他處照原様另行置辦，並於錢財上不致喫虧。

第六款，辦理礦務，須盖各房及開空礦井等項，地位均須合宜，總使於本省城壘公基及防守各要害，無所妨損。

第七款，朝廷所屬各祠廟、行宫、園廠等項之下，概不准辦理礦務。

第八款，該公司因開礦買地，無論何處，應用官弓尺丈量地畝，每弓合五尺，每尺合三百三十八米里密達，每地一畝，按三百六十弓計算，合九千方尺。至所購地段，應納國課一節，須照他國人在中國他處開礦章程辦理，以昭公允。

第九款，該公司倘請地方官派人前來幫同作事，則應給辛工銀兩，另行開發，不准與地價稍有牽涉，以清眉目。所發地價，應妥交地方官代收，以便轉給各該地主，一面由地方官發給公司買地執照，發照後，始准動工。

第十款，或在勘查礦苗時，或在開採礦産、修盖礦廠時，在百里環界外，倘須禀請山東巡撫，派兵前往保護一切，届時查度情形，見禀隨即照准，並派敷用之兵數，以應所需。至該公司應給此項衛兵若干津貼，應另行商議，惟不准請用外國兵隊。

第十一款，該公司購買物件，應照本地市價交易，不准强買，亦不准故意貴賣，以昭公允，或請地方官代購亦可。

第十二款，在開礦處附近一帶，倘欲租賃住房或辦公處所，應請地方官代租，並代立租房合同。

第十三款，該公司辦理礦務，應攙用本處土人，使之工作；所需物料，凡本處所有之物，亦應在本處購買，並須公平給價。倘公司所用之工人，與本處百姓滋事，應由地方官拏辦，再公司所用各工人，無論如何，不准擅入百姓住家，如敢違禁，定必從嚴究辦。

第十四款，該公司開採礦産時，萬一遇意外不測之事，致傷人命或物件，理應撫卹賠償。除此以外，尚有應定詳細章程，凡因辦理礦務被傷各物，均照詳細章程賠償。至在試辦時，倘因公司之過，致傷人命或物件，亦應撫卹賠償。

第十五款，辦理礦務，准保不傷民田、房屋、水井等項，若因公司大意粗心，傷以上所指各物，定當按照該處情形認賠。至礦内若有泉水，應謹慎引出，總以不傷民田等項爲率。否則，則議價賠償。

第十六款，凡礦務公司所用各洋人，均須請領中國地方官與礦務公司會印憑單，以便隨時稽查；如有不領會印憑單，中國官不認保護之責。此項洋人，若欲他往遊歷，均應請領中國官與德國官會印護照，以便飭屬加意保護；倘無此項護照，中國官亦不認保護之責。該公司在勘查礦苗時，應由地方官派差跟隨，藉資保護。該公司應酌給此項差人酬勞津貼，倘遇假冒公司之人，並無憑單作證，則應由地方官拏辦，以杜含混滋事。

第十七款，在五處外，無論誰何，倘未經山東巡撫允准，不准私自開礦。在五處内，除華人外，祇准德人開採礦産，凡經華人已開之礦，應其辦理，惟不得使下面之德人礦務，實有危險。倘該公司深恐冒險，則可請地方官查明，向華礦主人公平議價，或將礦賣與公司。倘華人在某處已開大礦，該公司欲意欲購買，在商定價值後，聽礦主自便，或將購價折作股分，領取股票亦可。如華礦主人不願將所開之礦賣出，則應作罷論，不得攪擾其事。

第十八款，倘該公司所辦礦務，實係日有起色，所得礦産，實係茂盛，則附近居民日用所需煤觔，應准以較廉之價購買，惟不得轉賣，致於公司生意有礙。

第十九款，凡德租界外各處，其地主大權，仍操之於山東巡撫。公司所用華人，應歸中國地方官稽查，倘有違犯華例等事，亦歸地方官究辦。至所用各洋人，倘有不合之處，應照條約秉公辦理。

第二十款

第二十一款，此項礦局，將來中國國家可以如何購回，於何時可以購回，將來另議。該公司係屬商務，其籌借洋款，如有虧折與中國國家毫無干涉。

以上各款，應繕具德文各四分，以兩分咨呈外務部、路礦總局備案。下餘兩分，存山東巡撫衙門一分，華德採礦貿易公司一分，各執爲憑。俟畫押盖印後，即頒行山東各州縣與辦礦各員，以便按照各款所云辦理。此後彼此若有應行增損之處，祇能由山東巡撫或特派大員，與華德採礦貿易公司彼此商訂。

第二十款，（與連領事梓、貝、總辦德司當面訂允）華德採礦貿易公司，除照章完納地段國課外，所有抽税若干、報効若干及抽税報効之事章，應由大德國駐京欽差與外務部公同妥商訂，彼此遵照辦理。

查此次現有連領事照繕華、德文存查。

吉林省檔案館《清代吉林檔案史料選編（工業）》上册《三姓礦務總辦周寶麟關於局營員司等人月支薪餉數目的呈文及清册光緒二十八年十二月二十九日》

總辦吉林三姓等處礦務、花翎總兵銜補用副將周寶麟爲呈報事。

竊查卑局自本年開辦以來，已經半載有餘。所有局營員司、官長、差弁人等月支薪餉數目，因以前未曾揀派齊全故未及時呈報。兹已一律派齊，定有額數，自應將各該員人等開支薪餉數目，繕造簡明清册呈報，以備存查。除什勇以下扣建外，所有大建一月開支薪餉銀三千九百九十六兩緣由，理合備文呈報，伏乞憲台鑒核施行。須至呈者。

計呈清册一本

謹將卑局員司暨查硐護礦馬、步弁兵並長、馬、伙夫月支薪餉各數目，理合繕造清册，呈請憲台鑒核施行。須至册者。

計開：

一、文案委員一員，月支薪水銀二十四兩；司事一名，月支薪水銀十二兩；書識一名，月支薪水銀十兩；書識一名，月支薪水銀八兩。

一、書啓委員一員，月支薪水銀十六兩。

一、支應委員一員，月支薪水銀十六兩；司事一名，月支薪水銀八兩。

一、經理報銷委員一員，月支薪水銀十八兩；司事一名，月支薪水銀六兩。

一、糧餉委員一員，月支薪水銀十四兩；司事一名，月支薪水銀八兩。

一、收發委員一員，月支薪水銀十四兩；司事一名，月支薪水銀十四兩；司事一名，月支薪水銀八兩。

一、應酬洋人委員一員，月支薪水銀十六兩。

一、官醫一名，月支薪水銀八兩。

一、差遣委員一員，月支薪水銀二十兩。

一、採辦委員一員，月支薪水銀十六兩。

一、後路轉運委員一員，月支薪水銀二十四兩。

一、後路委員一員，月支薪水銀十六兩。

一、總查各廠委員一員，月支薪水銀十六兩。

一、駝腰分局總理一員，月支薪水銀三十二兩；收金司事一名，月支薪水銀十七兩；司事一名，月支薪水銀十二兩；書啓司事一名，月支薪水銀十四兩。

一、駝腰帳房兼查各廠帳目委員一員，月支薪水銀十六兩；司事一名，月支薪水銀十三兩；司事一名，月支薪水銀六兩；經理册籍司事一名，月支薪水銀十六兩；書識一名，月支薪水銀十兩；書識一名，月支薪水銀八兩；糧房司事一名，月支薪水銀二十兩；司事一名，月支薪水銀十五兩；司事一名，月支薪水銀六兩；司事一名，月支薪水銀十一兩；查街司事一名，月支薪水銀十三兩；查硐司事一名，月支薪水銀十二兩；查硐司事一名，月支薪水銀十六兩；查硐司事一名，月支薪水銀十二兩。

一、石門分廠司事一名，月支薪水銀十六兩；收金司事一名，月支薪水銀十二兩；查硐司事一名，月支薪水銀十兩。

一、太平溝分廠司事一名，月支薪水銀十二兩，收金司事一名，月支薪水銀十二兩；查硐司事一名，月支薪水銀十六兩；查硐司事一名，月支薪水銀十二兩。

一、老淺毛分廠司事一名，月支薪水銀十二兩；收金司事一名，月支薪水銀十兩。

一、大安分廠司事一名，月支薪水銀十兩；收金司事一名，月支薪水銀八兩；查硐司事一名，月支薪水銀十六兩。

一、八虎力盤查司事一名，月支薪水銀十六兩。

一、東興分廠委員一員，月支薪水銀十六兩；收金司事一名，月支薪水銀十兩；查硝司事一名，月支薪水銀十兩；各廠局夫三十名，每名月支餉銀三兩，共銀九十兩。

一、巡捕二名，每名月支餉銀十二兩，共銀二十四兩。

一、馬差弁什長二名，每名月支餉銀十兩，共銀二十兩；馬差弁十八名，每名月支餉銀九兩，共銀一百六十二兩；查硝差弁六十名，每名月支餉銀八兩，共銀四百八十兩。

一、幫帶二員，每員月支薪水銀二十四兩，共銀四十八兩；哨官六員，每員月支薪水銀十八兩，共銀一百零八兩；哨長八名，每名月支薪水銀十二兩，共銀九十六兩；馬隊什長八名，每名月支餉銀七兩五錢，共銀六十兩；馬勇七十二名，每名月支餉銀七兩，共銀五百零四兩；步隊什長三十四名，每名月支餉銀四兩五錢，共銀一百五十三兩；步隊正勇三百零六名，每名月支餉銀四兩，共銀一千二百二十四兩；馬、伙、長夫九十六名，每名月支餉銀三兩，共銀二百八十八兩。

以上每月大建開支薪餉銀三千九百九十六兩，糧價在外。理合登明。

吉林將軍長順批：仰全省行營文案處知照，冊并發。

光緒二十九年二月二十八日

「中央研究院」近代史研究所《礦務檔》第二冊《光緒二十九年正月十一日外務部收山東巡撫周馥函附致德國委員梁凱函等四件籌議德商開辦五礦章程稅則並咨送與德國委員梁凱來往函件》　正月十一日，山東巡撫周馥函稱，前據德國暫駐濟南商辦事件委員梁凱函催商訂五處礦務章程一事，當經馥復以查明此項章程原稿。因第二十款所載抽稅、報効兩節，尚未議定，是以前任張撫不肯畫押，今如續商，自應查照原議，先將抽收出井口稅若干、酌提盈餘報効若干分別訂定，並須載明此後如中國議定通行礦務章程，該公司亦應遵照辦理等字樣，庶幾可以請外務部核覆畫押等因，並附撰説帖，隨函送交梁凱查閱去訖。旋據梁凱復稱，稅則一事，德使業已照復，外務部推辭未允，並將德使照復原文鈔送，自謂不能應允。又謂德使來文云，如張撫與連領事、貝總辦所訂章程不肯畫押，擬即照袁宫保畫押章程開辦。否則，請仍照張撫所訂章程設法畫押，至稅則、報効二事，以後可以商定。凡一經商定之章程，亦不能再加別語各等情。馥查張撫與領事連梓、五處礦務公司總辦貝德斯商訂章程稿二十一款因第二十款中載明，所有抽稅若干、報効若干應訂專章，須俟大部與德使在京商訂，再行彙繕簽押，並有連領事送來德文爲憑，貝德斯亦經向張撫當面應允，是明於報効之外，已允抽出井口稅，但未定多少耳，迨後大部與德穆使商訂稅則。穆使且有允銅鉛值百抽七之語，自是指出井稅而言，若出海口稅，應照海關稅則完納，何必辨論。今梁凱來函，既謂抽稅、報効二事以後可以商定，又謂自然不能應允，詞殊矛盾，揆其意似謂出井稅太重。又恐將來議訂通行礦章，較現議或有吃虧，是以屢催趁早畫押。然在我益不敢冒昧畫押矣。據馥愚見，此五處採礦公司，甫於沂水、寧海諸城等處查勘，一時尚不能開採，似不妨俟商務大臣議定通行章程之時，再行畫押，庶免紛歧，惟恐遲早難定准期。如德使必求先行畫押，似應將已許定稅則載入，並須於章程末載明，此後如中國訂定通行礦務章程，與此章或有不符，應加應減，彼此俱應遵照辦理等語。庶幾於彼開採，既無阻礙，於我稅項，不致落空，萬一後來通行章程議定，不致牽掣大局，伏乞察奪施行。至梁凱復函所稱，如不畫押，即照袁宫保畫押章程開辦一節，藉詞要挾，無足深辨。查袁督在撫任內，因連梓一再催訂五處礦章，袁督堅拒不聽，遂以相距鐵路附近三十里內之華德煤礦公司章程界之，並於章程後載明，該公司如在三十里內開採礦產，亦可援用此項章程。至於另行指勘五處地方，須俟大部核準，東撫無擅允之權云云，是彼所謂畫押之章程，衹能於鐵路附近三十里內用之，於五處不相涉也。且此五處名華德採礦貿易公司，係德國貴族集資勘辦，本在膠澳條約之後，與尋常商務無異，德人狃於膠約天利，得步進步，胡所底止。現署使葛爾士，似較穆默尤難商議，馥現遵大部指示，只聽該公司租地查勘採苗，不准買地開採。至稅則一切，如何訂定，均候大部核辦，惟德人再三催促，將來不免多費口舌耳。茲謹將馥與梁凱來往函件，一併鈔呈台覽施行。謹此肅陳。敬請鈞安，伏乞垂鑒。

〔附〕照録函稿

致梁凱函

敬復者，昨奉來書，催問商訂五處礦務章程一事。查此項章程，因稅則與報効兩事，閣下未即應允，是以前任張撫院未肯畫押。本部院到任以後，檢閱從前案牘，紛紜辨論，徒費筆墨，於事何濟。本部院素性爽直坦白，不願做此無謂糾纏，若閣下仍照從前之意，頻來催問，本部院實無法辦。閣下前日枉顧，談及曾將章程內應添稅則與報効兩事，暨遵照後來通行章程一事面達，似尊意尚在游移。殊不知稅則一事，已經穆大臣允許，而外務部尚嫌其少。至報効一事，京中彼此已説明辦法。今將前二事，另紙詳細聲説，倘承應允照行，本部院當即函達外部酌定見復，否則，不必空費筆墨。特此佈復，順頌日祉。名正具。十二月初二日。附説帖一紙。

一、税則事，查京内礦路總局奏定章程，煤鐵等類出井税值百抽五，銅鉛等類值百抽十，金銀等類值百抽十五，鑽石等類值百抽二十五，出口税仍應照章在税關完納。本年六月，本部院到京，貴國穆大臣談及山東銅礦，擬作爲值百抽七，已晤外務部侍郎聯芳商准云。嗣晤聯芳言，尚未十分允許，當時謁慶親王，亦言未定。本部院查煤鐵等類出井值百抽五，各省章程皆同，至銅鉛出井值百抽七，已較本年礦路總局奏定章程，減去十分之三。今若按穆大臣已許值百抽七，作爲銅鉛出井税暫行章程，似亦可行，然須咨請外務部，與礦路總局核定。再金銀貴重等礦，仍須查照奏定章程辦理。

二、報効事，查礦路總局奏定章程，開採以後每年結帳，除還本息外，如有盈餘，以十成之二五，報効中國國家。此事曾經張撫院與連領事商定，另訂專章，並經穆大臣照會外務部云。據連領事呈稱，初辦五年内，尚無盈餘，已情願擬將報効盈餘之數，逐漸增長等語，是報効亦經應允，祇待另訂專章。

三、五處礦務，本係尋常商務，自與他處商務一律。且查勘尚未辦畢，焉能即日開採，何妨俟商務大臣議定通行章程之後，再行畫押。若必欲此時畫押，必應添叙一條，云此後如中國訂定通行礦務章程與此章程或有不符，應加應減，彼此均應遵辦等語，庶幾此時可以畫押，此非是欲德人喫虧。將來中國採取各國礦章，與各國商訂，德國自必與聞，斷無不公之事，何妨加入此條。不然，本部院萬難畫押，恐本部院以外，亦難覓畫押之人矣。

梁凱復函

敬復者，本月十二日，奉來函，據云華德貿易公司礦務章程税則一事，已經穆大臣允許；報効一事，京中彼此已説明辦法。今將前二事另紙詳細聲説，倘蒙應允照行，本部院當即函達外部酌定見復，否則，不必空費筆墨等語。查貴部院所云，外務部已照會本國駐京欽差大臣，業已照復推辭。兹將本國欽差致外務部文，抄出呈閲，本前署領事自然亦不能應允，再奉本國欽差來札，内云如張撫院與連領事、貝總辦商定章程，周撫院一定不肯畫押，即照會周撫院，照袁宫保畫押章程開辦。查此意貴部院可知德國國家決意將多年未完之件，迅速辦成。本前署領事在濟南府，代德國國家辦事，所言皆德國國家所當言，殊非空費筆墨，本前署領事甚願與貴部院從長商定此事。因此再請貴部院，將張撫院與連領事、貝總辦商定章程，設法畫押，至税則報効二事，以後可以商定。凡一經商定之章程亦不能再加別語。特此奉佈，即頌勛祺。

名正具 中十二月初七日。西十二月初六日。

照會稿（梁凱鈔送葛爾士照復外務部稿）

照復事，礦務製造公司在山東開礦一事，於光緒二十八年九月初九日，接准復文稱，英法各公司承辦川滇各礦，均經遵照本部所定章程辦理，同爲尋常商務，德商未便獨異等因。本署大臣查原任克大臣暨穆大臣，屢經聲明礦務製造公司在山東得開礦之權，與中國礦務通章不相干涉等因在案。前五年，中國國家所訂章程内，定明山東礦務不在其内，今年春，中國新章程出來以前，已經前東撫袁大臣應允。如該公司若開礦，可以按照山東礦務公司章程辦理，今貴親王似不知袁大臣早經應允，此本署大臣不能不極力辯駁，貴親王以上年十二月十四日穆大臣信函爲據。查本年正月初六日，穆大臣復照會貴親王内稱，辦礦已應完地租與出口税兩項，並須聘一華官爲總辦，開支薪水，此三項出款，已覺加重異常，至井口税已包在出口税之内。如另照采出之斤數，仍索他項税款，以致采礦之費用過昂，實難照允。倘如此辦理，則決無獲利之期，更無華人入股之望，故應將井口税一則删除，作爲罷論。惟礦務製造公司，願由盈餘提還股息五分後，將報効之款，次第逐漸增長等因。來文又稱，將抽税、報効兩項一併議定，以期早爲辦結等因。查此節係因中國國家不願將章程先行畫押，與抽税、報効兩項分而爲二，故爾躭延，且阻碍製造公司開礦得利之事。現復請貴親王轉飭東撫，迅速將貝總辦所定章程，先行畫押，以免延擱爲要。爲照復。

光緒二十八年九月十二日。

「中央研究院」近代史研究所《礦務檔》第二册《光緒二十九年正月十二日外務部收山東巡撫周馥函附致梁凱函梁凱復函洪用舟禀暨曹州教案條約山東礦務公司章程德商開辦膠濟路附近礦務應納出井等税請咨會定議並附抄與德員往復文函等件》 正月十二日，山東巡撫周馥函稱，謹奉書於前，查鐵路附近三十里之濰縣地方，經德人開井出煤，運往青島不少，當經飭其納税。旋准德國暫駐濟南商辦事件委員梁凱函稱，奉本國駐京欽差來札内開，山東礦務一節，膠州條約、該公司章程，都無出井税之語，德國國家一定不與等因。查山東膠濟鐵路附近三十里内准德人開煤，載在曹州教案膠澳約章，並未載明收税字様，想係待後商訂，並非漏落。即山東與該煤礦公司訂明試採章程，亦指明租地、雇工與地方交涉各事，亦未載明稅務，當時亦因稅則未定，姑俟後議。天下無無稅之國，中國亦無無稅之物。兹據梁凱函稱前因，係專指出井口稅而言，復經委員洪道用舟，面問該公司總辦米海利。據稱，煤出海口，照章納稅，至出井稅應還與否，須聽柏靈總公司核議云云。馥思出井稅不納，將來煤銷内地，必致無稅可收，華商在内地採礦，尚須在廠交稅，各國商人在他省議定礦章，亦載有出井稅。若德人於膠濟路旁三十里内開礦，不交出井稅，勢必牽動大局，且此三十里並無限制。德人言，照約章，應做兩道鐵路接江南界，又有引礦之枝路，三十里内，亦須開礦。且凡有礦皆開，不必專採煤斤，因約内有開礦等字，包括一切礦産在内，又鐵路並無一定界線，遇有佳礦在三十里外，彼即移路就礦。是山東礦産，除煙台、沂州、沂水諸城、濰縣五處不計外，即此路旁三十里，已佔礦産不少。若出井稅不納，是皆爲無稅之産，似未便經易允許。竊思礦路總局稅章，各國總謂出井口、出海口兩稅太重，又疑華商礦稅太輕，擬請大部一面轉達德使，飭山東路旁三十里採煤公司，照納出井口稅。若運出海，仍照海關稅則納稅，彼縱未能即許，我究未予允許之據，並一面咨會上海議商約大臣吕尚書等，參照各國礦章核議，以期早日定局。稅章本宜各省一律，若由山東與該公司商議，徒費筆舌，特將膠濟原約、山東礦務章程，並此次來往函件、洪道稟摺件一併抄呈鈞座察核施行。謹此肅陳。祇請勛安，伏維台詧。

〔附〕照録函稿

致梁凱函

敬啟者，現在濰縣坊子地方，經華德煤礦公司開礦出煤，已經運往青島售賣，未經報稅，其出海口是否完稅，尚未查明。查天下無無稅之國，亦無爲人保護，不收保費之理，至應納地畝國課及津貼衛兵等項，皆係章程所有。除行洪道台向華德煤礦公司總辦米海里商訂收稅詳細章程，報明核奪外，相應叙明節略一紙，專請閣下查照轉行知會該公司遵照辦理，以符公例，而免争論。特此佈達，順頌日祉。

名正具。十二月初二日。

山東華德煤礦公司，在濰縣坊子開井出煤並運往青島不少，何以不見該公司報稅？查中國各省開礦章程，煤鐵出井值百抽五，作爲落地稅。至出口稅，仍照章在海關完納，從未見有不完稅者。又查光緒二十六年二月二十一日，袁升

院與華德煤礦公司商訂礦章二十款，僅係試辦開採章程，所有開採以後，如何完納稅項，如何酌提餘利，如何派員經理稽查，概未詳細訂明，特於章程後幅附載。此後彼此若有應行增損之處，祇能由山東巡撫或特派大員，與山東煤礦公司彼此商訂等語。是開採出煤以後，自應照章納稅，天下無無稅之國，亦無代人保護自賠經費之理。華德煤礦公司自應按煤觔出井口之數，照值百抽五完稅，俟出海口時再照海關章程，納出口稅。至該公司獲有餘利，中國仍應收保護費。查該公司自在山東開辦礦務以來，歷經特派大員會同勘辦，又派防營駐紮辦礦各處妥爲保護，每年所費甚多，保護費自不可少。再查山東華德公司礦務章程第八款所載該公司所購地段應完國課一節，須照他國人在中國他處開礦章程辦理，以昭公允等語。係專指地畝完納錢糧而言，亦應另行訂明。凡係官地則令備價承租，民地仍照原定田則完納錢糧，以符賦額。此項錢糧應仍歸地方官征收或由該公司彙送山東礦務局代收，轉交各地方官掣付糧單亦無不可。至山東礦務章程第十款，内載山東巡撫派兵保護，該公司應給此項衛兵津貼等語。現在亦應訂明，此與保護費，係屬兩事，未便牽混。以上出井稅、出海口稅、保護費以及完納地畝國課、津貼衛兵等項，應請一併飭該公司早日訂明照辦，免煩辨論，以固兩國邦交，以聯中外官商情誼，不勝企盼。

梁凱來函

敬復者，昨奉來函，内言山東礦務一節，一切均悉。又奉本國駐京署理欽差來札内開，如周撫院必索山東公司出井稅，請照會周撫院，言膠州條約、該公司章程，都無出井稅之語，德國國家一定不與。查此語則出井稅無庸置議，貴部院所云第八款内，應如一語，照他國極有利益之國，在德國文章程内，亦明載此語。本前署領事不明貴部院何以將保護費及兵勇津貼，分爲二事，照條約，中國應保護外國人，無所謂保護費用。如該公司自應與衛兵津貼，但須該公司請中國派兵保護，方有此款，章程内亦甚明晰。兹已將貴部院來函及本前署領事復函抄送北京署理欽差大臣。至該公司應飭其照章應辦之處，必如貴部院之意辦理也。復頌勛祺。

名正具 中十二月初八日。西十二月初六日。

候補道洪用舟稟

敬稟者，【略】奉此，遵即電約該公司總辦米海里，訂期十三日在坊子相候。

職道即於十二日，由青起程赴濰縣，十三日行抵坊子，該總辦亦於是日到坊。當即將應議各款，先行開列清單，督同礦務提調候補知縣孫令昌純前赴公司，與米總辦海里會晤妥商。據該總辦面稱，出口税海關向有定章，自應照納。其餘各款，容俟商請柏靈總公司如何辦理，再行見覆等語。職道當將憲檄之意，往復申説，示以此項出井税、保護費及衛兵津貼等項必不可免。該總辦亦不敢謂各項非所應有，但總以必須商請柏靈定奪，不敢專主爲詞。職道當將所開清單，交該總辦，囑其速商見復。除俟復到，另行稟辦外，所有奉飭與礦務公司會議税厘情形，理合將擬開清單，繕摺馳稟鑒核訓示祇遵。

計稟呈清摺一扣

敬再稟者，竊查礦務公司地畝錢糧一節，該公司在坊子陸續購置地畝，業於上年分别税契，應完上下兩忙錢糧，均係按照田則完納。黄莊所購地畝，亦於本年税契。此次所開清單，仍遵飭開列。緣經此一議，則將來沂州、博山等處均可照此一律辦理也，合併附陳。

謹將遵飭與礦務公司議税厘所開清單，鈔摺呈鑒。

計開：

會同勘辦山東華德礦務公司，爲會議事，查光緒二十六年二月二十一日，山東巡撫與華德礦務公司，訂定章程二十款，附載以上各款。俟畫押盖印後，應頒行山東各州縣與辦礦各員，以便按照各款所云辦理。此後彼此若有應行增損之處，祇能由山東巡撫或特派大員，與山東礦務公司彼此商訂等語。現在濰縣坊子公司礦井業已出煤，運往青島等處銷售，本局奉撫院札派與公司商訂税則及辦事章程，兹將應議各條，開列於後。

一，出井税。查中國各省開礦章程，煤鐵出井，有值百抽七者，有值百抽五者出井落地税。今公司礦井出煤，自應議定成數抽納，通行辦礦、辦税各員，彼此遵守。

一，出口税。查煤鐵等項出口税則，海關均有定章，公司煤斤運載出口，應由山東巡撫咨請外務部，飭知總税務司，由海關照章抽税，公司遵章完納。

一，地畝税。查公司開礦處所，凡係官地應由公司承納租價，民地由公司購買後，照章完納錢糧。此項租價錢糧，應由公司按季按忙，封送地方官掣付糧單。

一，保護費。查各國開礦章程，獲有餘利，均應繳交國家保護費。今華德公司在山東採礦，應俟獲利過五厘之後，中國國家自應收保護之費。查各國繳交保護費，其最爲公允和平者，係按照所獲之利，如自五厘至七厘則(内内)繳交二十分之一，自七厘至八厘則繳交十分之一，自八厘至一分則繳交五分之一，自一分至分二則繳交三分之一，自一分二以外，則繳交其利之半。此項銀兩，或一月一繳，或一季一繳，或半年一繳。

一，官員弁兵保衛津貼。查光緒二十六年二月二十一日訂定章程第十款載明，或在勘查礦苗時，或在開採礦産修盖礦廠時，在百里環界外，倘須稟請山東巡撫派兵前往保護一切，届時查度情形，見稟隨即照准，並派敷用之兵數，以應所需。至公司應給此項衛兵若干津貼，應另行商議，惟不准請外國兵隊等語。公司自試採礦産以來，山東巡撫特派大員並各委員會同勘辦，又派防營分紮辦礦各處，妥爲保護，每年所費甚鉅，此項費用，應由公司籌給津貼若干，按月送交本局，轉呈山東撫院，以符原議。

一，派員稽查前項出井税及所獲餘利分數，應由山東撫院特派專員，准赴公司稽查出井煤數及餘利分數，以免遺漏，而昭信守。

此外公司用人、卹傷、懲犯等事，查光緒二十六年二月二十一日所訂章程内，本已載明，應俟前款議定後，另行增訂詳細章程，彼此遵守總理衙門議訂山東曹州府教案條約。【略】

大德國駐紮青島礦務公司總辦山東礦務米海里與司米德，爲辦事迅速安静起見，按照原約，在鐵路附近三十里内，准德人開採煤觔等項，商訂章程各條如下。此項章程，係用華文德文繕就，其中語意，彼此相符，並須由駐德京之總管礦務處簽押，以昭慎重。

第一款，按照曹州教案條約第二端第四款，在鐵路附近三十里内，指定各地段，允准德商開穵煤觔等項及須辦工程各事，亦可華商、德商合股開採一節，應設立山東華德煤礦公司，並照公司章程，招集中國官商股分，先由德人暫時經理，所收華人股分，按季呈報本省交涉局。俟招股在十萬兩以外時，再由本省選派妥員入公司，訂立章程，稽察華股應得一切利益。

第二款，該公司應設局在何處，招股及若干處，俟察看情形，隨時商定。

第三款，該公司應辦勘查開採以及試辦各事，應由本省派定妥員會同商辦，或並約紳衿幫同辦理，該公司倘在一處先欲試辦，所用地段不欲購買，則應先商明，發給租價。至所傷禾稼等項，應照該處情形，給價作賠，以免百姓喫虧。再每次試辦開採，應在半月以前，通知該處地方官，以便轉達百姓，俾杜生疑。

第四款，開窋煤礦，應用地段如建築礦井、修盖機器等廠，以至工人住房與貨棧等項，須會同官紳，彼此商辦，以期無損於百姓。所爲平安順手起見，是以山東巡撫特派幹員，幫同買地及料理一切。惟凡講礦學處與採擇地勢各節，應歸礦師作主，而購租地段須會同特派之員妥商辦理，或租或買，不得强抑勒索。每次查定地段後，應繪一作二萬五千比例之布置形勢圖，送呈山東巡撫，以備稽查。呈圖後，始准買地，俟地買妥，方准修盖所需各處。至地下所作一切，除第七款所云不計外，不與上面人相干，故不得攔阻，亦不得争討，以昭公允。再買地一事，應秉公迅速妥辦，以免躭延開採礦産，地價應照該處情形，核實付給。所購地段，祇准購得將來修盖礦井與各項房屋煤棧、裝車運煤處所等項，足敷應用爲止。

第五款，凡廟宇、房屋、樹木及衆多齊整之墳塋等項，均應顧惜謹慎躲避，不使因辦礦務，令其受傷，萬不得已，必須遷移以上所指各物，則請地方官在兩個月以前，通知該主人在他處能原様另行置辦，並於錢財上，不致喫虧。

第六款，辦理礦務，須盖各房及開窋礦井等項，地位均須合宜，總使於本省城壘公基及防守各要害，無所妨損。

第七款，朝廷所屬各祠廟、行宫、園廠等項之下，概不准辦理礦務。

第八款，該公司因開礦買地，無論何處，應用官弓尺，丈量地畝，每弓合五尺，每尺合三百三十八米里密達，每地一畝，按三百六十弓計算，合九千方尺。至所購地段，應納國課一節，須照他國人在中國他處開礦章程辦理，以昭公允。

第九款，該公司倘請地方官派人前來幫同作事，則應給辛工銀兩，另行開發，不准與地價稍有牽涉，以清眉目。所發地價，應妥交地方官代收，以便轉給各該地主，一面由地方官發給公司買地執照，發照後，始准動工。

第十款，或在勘查礦苗時，或在開採礦産、修盖礦廠時，在百里環界外，倘須稟請山東巡撫，派兵前往保護一切。届時查度情形，見稟隨即照准，並派敷用之兵數以應所需。至該公司應給此項衛兵若干津貼，應另行商議，惟不准請用外國兵隊。

第十一款，該公司購買物件，應照本地市價交易，不准强買，亦不准故意貴賣以昭公允，或請地方官代購亦可。

第十二款，在開礦處附近一帶，倘欲租賃住房，或辦公處所，應請地方官代租並代立租房合同。

第十三款，該公司辦理礦務，應攙用本處土人，使之工作；所需物料，凡本處所有之物，亦應在本處購買，並須公平給價。倘公司所用之工人，與本處百姓滋事，應由地方官拏辦。再公司所用各工人，無論如何，不准擅入百姓住家，如敢違禁，定必從嚴究辦。

第十四款，該公司開採礦産時，萬一遇意外不測之事，致傷人命或物件，理應撫卹賠償。除此以外，尚有應定詳細章程，凡因辦理礦務被傷各物，均照詳細章程賠償。至在試辦時，倘因公司之過，致傷人命或物件，亦應撫卹賠償。

第十五款，辦理礦務，准保不傷民田、房屋、水井等項，若因公司大意粗心，致傷以上所指各物，定當按照該處情形認賠。至礦内若有泉水，應謹慎引出，總以不傷民田等項爲率，否則議價賠償。

第十六款，凡礦務公司所用各洋人，均須請領中國地方官與礦務公司會印憑單，以便隨時稽查；如不領印憑單，中國官不認保護之責。此項洋人，若欲他往遊歷，均應請領中國官與德國官會印護照，以便飭屬加意保護；倘無此項護照，中國官亦不認保護之責。該公司在勘查礦苗時，應由地方官派差跟隨，藉資保護。該公司應酌給此項差人酬勞津貼，倘遇假冒公司之人，並無憑單作證，則應由地方官拏辦，以杜含混滋事。

第十七款，在鐵路附近三十里外，無論誰何，倘未經山東巡撫允准，不准私自開礦。在三十里内，除華人外，祇准德人開採礦産，凡經華人已開之礦，應准其辦理，惟不得使下面之德人礦務，實有危險。倘該公司深恐冒險，則可請地方官查明，向華礦主人公平議價，或將礦賣與公司。倘華人在某處已開大礦，該公司意欲購買，在商定價值後，聽礦主自便，或將購價折作股分，領取股票亦可。如華礦主人不願將所開之礦賣出，則應作罷論，不得攙擾其事。

第十八款，倘該公司所辦礦務，實係日有起色，所得礦産，實係茂盛，則附近居民日用所需煤觔，應准以較廉之價購買，惟不得轉賣，致於公司生意有礙。

第十九款，凡德租界外各處，其地主大權，仍操之於山東巡撫。公司所用華人，應歸中國地方官稽查。倘有違犯華例等事，亦歸地方官究辦。至所用各洋人，倘有不合之處，應照條約秉公辦理。

第二十款，此項礦局，將來中國國家可以如何購回，與於何時可以購回，應將來另議。

以上各款，俟畫押蓋印後，應頒行山東各州縣與辦礦各員，以便按照各款所云辦理。此後彼此若有應行增損之處，祇能由山東巡撫或特派大員與山東礦務公司彼此商訂。

大清光緒二十六年二月二十一日。

大德一千九百年三月二十一日。

「中央研究院」近代史研究所《礦務檔》第三册《光緒二十九年三月二十九日外務部收委辦山西礦務姚文棟呈附節略暨福公司礦師格那士估單論福公司辦礦合同流弊》 光緒二十九年三月二十九日，委辦山西礦務姚文棟呈稱，晉省爲京師右臂，又爲北數省之中權，形勢最関緊要。近年洋入駸駸內侵，欲攬教育權者，議奪省城大學堂；欲扼咽喉要害之地者，議築柳太鐵路；欲握上游形勢之全者，議開潞澤礦及平盂、平陽等礦，局勢緊迫，萃於晉地。蓋此時洋人全力所注，即在於此，利權被奪猶其餘事。夫膠、威、旅、大譬猶身軀受傷，至平盂、潞澤則害及心腹矣，此當早籌補者也。學堂一事，上年所訂合同，嚴定權限，尚尠流弊。惟福公司礦務一節，雖經總署改定章程，挽回主權，乃因趙護撫近日奏案，措詞不慎，不免自將主權推失。況福公司所辦之路礦，跨晉、豫兩省，事權歸一，呼應靈通，而我則兩省各一巡撫，分疆畫界，不相爲謀，實未得抵制之要。至合同第七條，有添築支路，屆時另議之文，今該公司不俟議而逕行，蔓延偏於腹地，權力所至，愈推愈廣，尤覺漫無限制，且既云借款開辦，則用數幾何及銷售獲利之數幾何，皆當令華員與聞稽其盈虧，而合同内槩未載明，是又一罅漏也。以上各條，今皆可補救，倘遷延不問，必有反客爲主之虞，大局何堪設想矣。職道杞慮所及，不敢隱默，兹將福公司合同流弊，開具節略，恭呈鈞鑒，虔敂爵安。

〔附〕照録節略

論山西福公司合同，流弊甚大，福公司訂開平盂、潞澤及平陽府五處之礦。查平盂即古井陘，爲天下喉隘最要之區，潞澤即古上黨，爲天下形勢最勝之地，此皆於中國大局極有關礙。平盂入其手，可遂其阨吭之謀；潞澤入其手，則如挈一領以振全裘，天下大勢亦隨之而去矣，可慮一也。

附前人論潞澤形勢。

上黨形勢，雖始著於戰國，然考之劉中壘記武王克商，已欲築宮於此。周公謂恃德不恃險，亦以此爲天險之所在。

上黨，荀子謂之上地，《晉志》釋之曰，居太行之巔，地形最高，與天爲黨也。故自河内觀之，則萬仞壁立；自朝歌望之，如黑雲在天半，河東、河北、河南皆旋趾而處於山之下，右稱上地，良有以也。

張儀稱，上黨爲天下脊，以太行一山，千里片石，綿延崒嵂，直溯雲代，亘自西北，繚界東南，河流因之爲委蛇，蓋中原門限也。秦時有兩上黨之名，澤與潞之謂，自秦取上黨，而山東諸國盡俘纍於暴秦之庭。說者謂，暴秦以詐以力之功，其得算萃竭於兩上黨。故其致死力者，亦於兩上黨，後人考尋其用意之所在，無不歎其全注之巧焉。長平之役，所以極詐力而痛毒之特甚者，蓋亦爲此（按長平在府境）。晉、豫兩省門户，全恃太行天險，潞州上黨，在山脊最高處爲太行總會，論天下戰守之形勢，此居其半也。

以其餘力，南下太行，可以援中州；東出磁邢，可以援趙魏；由間道可以援平陽，由驛途可以援太鹵，故上黨常爲天下之中堅，天下常倚上黨爲磐石。

自東晉逮於五季，皆以此爲必争之地，得者昌，失者蹙；先者勝，後者覆，形勝之圖，豈曰無據。

福公司既佔潞澤兩地以作根本，乃借運道爲名，欲造火車鐵軌，西南通至湖北之襄陽，東南通至江寧之六合，東北通至直隸之天津，西北通至陝西之西安，其間蛛網層層，分支密佈，以聯綴腹地各村鎮，論者謂如百足之蟲，縈迴散子於人之腹中，可慮二也。

〔附〕福公司洋礦師格那士佑單摘要

一，宜以轉運礦産、暢銷礦産爲名，因而謀在中國内地偏處之利益，並在南北各海口及運往他處之利益。

一，自開礦之區（指山西潞澤等處）應先築鐵路一段，至道口（屬河南滑縣），長八十英里。由道口出衛河入運河，至天津，約五百七十英里，一水可通，設立駁船拖帶，則可往來直達矣。

一，築鐵路至極近之衛河岸，再興設駁船拖帶，則可運往衛河、運河兩旁各村鎮，況衛河、運河之支派甚多，可以無處不到。

一，自開礦之區直達海船來往之處，查有浦口（江蘇六合縣境）地勢最爲相宜，應築鐵路一條，直達浦口，以便轉運該礦産出口。按此路歸其掌握，則由海道運兵入内地亦甚易。

一，擬造澤浦鐵路（自澤州至浦口長逾四百英里），所過村鎮，皆通都大邑，人烟稠密之區，大河小引，四通八達，不獨行銷於所過村鎮，且能偏運至幽僻之鄉。

一，澤浦鐵路由澤州至新店至懷慶，懷慶至黄河，過黄河至河南府，河南府至浦口，皆有支路分出。

一，由開礦之區通至海輪可抵之口岸，東北一路至天津，東南一路至浦口，共陸路長六百英里，水路五百七十英里，或建築鐵路，或設立駁船，於水陸緊要各碼頭，均駐有專局經理，以便分支聯絡各村鎮及於幽僻之鄉。

一，本公司鐵路所至及鐵路左右水道可通之處，佔地甚廣，約計不下五千萬人。

一，由浦口入江至上海。

一，出口煤鐵，如舊金山、新加坡、檀香山、香港等處，尤爲銷路大宗。

一，他時另築支路，即由河南府過潼關，直達西安府，以通西北一路。

一，合計成本約在六百萬磅或七百萬磅之譜。

福公司合同内，議借洋債一千萬兩，如礦師勘後，此數不敷，再行續借。惟聲明一切賬目，皆用洋式銀錢出入，此層亦大有流弊，不但彼國銀元銷流通省，耗我足色之銀，即彼之鈔票亦必闌入境内，逐漸浸灌，久之通省現銀，盡入於彼矣。況利權爲彼所持，本省官商皆無自主之權，可慮三也。

按銀元銷流，利權暗奪，恐不但晉、豫爲然，凡其水陸所至之處亦必不免。

福公司合同内，有關礦餘利歸公司自行分給一語，亦太含糊。夫既云借債，又云每年結賬，先按用本付官利六厘，何以分紅時，仍槩歸公司，殊未可解。合同内又云，款係商人籌借，如有虧折，與國家不涉，然則有利則歸洋公司，而虧折則歸商務局耶，此亦欠公平之至矣。況虧與不虧，只憑洋董口説，華員全不過手，從何得知，及至虧折之時，把持境土以要索抵償，又將奈何，可慮四也。

按細味福公司合同，雖稱借款一千萬兩，實則並不需有此現銀，何也？一則用款任其調度，華員全不過問，彼可以少數冒多數。二則運銷礦産，華員亦不與聞，彼又可以售出之利銀，充作貲本，且轉以取我官利。況合同内，有准福公司造印借款股分票發華商等語，則是彼仍以華股作借款也。窺其用意，乃是以三百數百萬兩之實銀，盤旋往復，仍取償於華股，而即可以謀佔我形勝最要之區，陰爲一網全收之計，想明眼人必能(辦)〔辨〕之也。

吉林省檔案館《清代吉林檔案史料選編(工業)》上册《三姓礦務總辦周寶麟爲核銷光緒二十九年九至十二月份共收金礦及開支銀兩的呈文及清册光緒三十年三月十九日》 爲呈報核銷事。

案查卑局收支開除各款，前於上年十月，已將(五)〔四〕、五、六、七、八五個月册報在案。共虧銀三萬三千七百五十一兩零七分五厘四毫零三忽。兹届造報九、十、冬、臘四個月核銷之期，業經飭令帳房逐款實收實銷。計九月份所收金沙以及猪馬雜税，除開支局費、薪餉，净虧銀一千二百三十八兩八錢六分七厘八毫七絲。十月份所收金沙以及猪馬雜税，除開支局費、薪餉，净虧銀一千一百九十一兩一錢三分五厘七毫五絲二忽。十一月份所收金沙以及猪馬雜税，除開支局費、薪餉，净虧銀一千二百兩零零六錢零六厘五毫八絲六忽。十二月份所收金沙以及猪馬雜税，除開支局費、薪餉，净虧銀四千六百二十兩零七錢二分六厘四毫五絲四忽。四個月共虧銀八千二百五十一兩三錢三分六厘六毫六絲二忽。連舊虧，二共虧銀四萬二千零零二兩四錢一分二厘零六絲五忽。現將四柱清册繕具齊楚，理合具文呈送，伏乞憲台鑒核施行。

再，每兩皆按三吊二百文合錢，合併聲明。須至呈者。

計呈清册一本

謹將卑局光緒二十九年九、十、冬、臘四個月，原虧新收各款，并發員司、官弁、勇夫薪餉、糧價、運費、添制、修造等項各數目，分析造具四柱清册，呈請憲台鑒核，備案施行。須至册者。

呈開：

九月份前虧項下：

一、移來八月底虧銀叁萬叁千柒百伍拾壹兩零柒分伍厘肆毫零叁忽。

舊管項下：

一、收舊管銀壹萬貳千伍百肆拾玖兩捌錢貳分零壹毫玖絲柒忽。

新收項下：

一、收姓平金沙連加一升平，共壹百零肆兩玖錢肆分肆厘肆毫，貳拾捌兩壹錢叁分陸厘零叁絲伍忽，合銀貳千玖百伍拾貳兩柒錢壹分玖厘叁毫壹絲。

【略】

十月份前虧項下：

一、移來前虧銀叁萬肆千玖百捌拾玖兩玖錢肆分叁厘貳毫柒絲叁忽。

舊管項下：

一、收舊管銀壹萬肆千肆百陸拾陸兩玖錢伍分貳厘叁毫貳絲柒忽。

新收項下：

一、收姓平金砂連加一升平，共柒拾伍兩玖錢捌分叁厘陸毫，貳拾捌兩捌

錢陸分捌厘陸毫肆絲陸忽，合銀貳千壹百玖拾叁兩伍錢伍分壹厘貳毫肆絲捌忽。【略】

十一月份前虧項下：

一、移來前虧銀叁萬陸千壹百捌拾壹兩零柒分玖厘零貳絲伍忽。

舊管項下：

一、收舊管銀壹萬伍千陸百零伍兩玖錢壹分肆厘伍毫柒絲伍忽。

新收項下：

一、收姓平金砂連加一升平，共柒拾叁兩壹錢捌分叁厘貳拾捌兩壹錢玖分壹厘陸毫壹絲，合銀貳千零陸拾叁兩壹錢肆分陸厘伍毫玖絲肆忽。除收金沙、猪馬雜税並鐵匠爐手工銀外，新虧銀壹千貳百兩零零陸錢零陸厘伍毫捌絲陸忽。加前虧銀叁萬陸千壹百捌拾壹兩零柒分玖厘零貳絲伍忽。新舊兩款，共和實在虧銀叁萬柒千叁百捌拾壹兩陸錢捌分五厘陸毫壹絲壹忽。

十二月份前虧項下：

一、移來前虧銀叁萬柒千叁百捌拾壹兩陸錢捌分伍厘陸毫壹絲壹忽。

舊管項下：

一、收舊管銀壹萬陸千陸百玖拾伍兩壹錢叁分壹厘玖毫捌絲玖忽。

新收項下：

一、收姓平金砂連加一升平，共柒拾肆兩陸錢陸分捌厘，貳拾柒兩捌錢貳分柒厘玖毫肆絲柒忽，合銀貳千零柒拾柒兩捌錢伍分柒厘壹毫肆絲陸忽。【略】

九、十、冬、臘肆個月，收數、開支、實虧總數列後：

自九月起至十二月底止，共收官秤金砂貳百玖拾捌兩捌錢玖分，應加一升平金沙，貳拾玖兩捌錢捌分玖厘，連升平二共合姓平金砂叁百貳拾捌兩柒錢柒分玖厘。共計化銀玖千貳百捌拾柒兩貳錢柒分肆厘貳毫玖絲捌忽。共收猪馬雜税銀壹千捌百伍拾捌兩陸錢肆分叁厘伍毫柒絲。共收官鐵爐手工銀壹百玖拾叁兩捌錢伍分玖厘壹毫柒絲。以上三款，共收銀壹萬壹千叁百叁拾玖兩柒錢柒分柒厘零叁絲捌忽。四個月共開支銀叁萬陸千伍百陸拾玖兩貳錢壹分肆厘伍毫（内還舊存銀壹萬陸千玖百柒拾捌兩壹錢零零捌毫）。

除收金沙、猪馬雜税、官鐵爐手工，淨虧銀貳萬伍千貳百貳拾玖兩肆錢叁分柒厘肆毫陸絲貳忽。除還淨虧前虧銀壹萬陸千柒百柒拾貳兩玖錢柒分肆厘陸毫零叁忽。【略】

新舊兩款，共合實在虧銀肆萬貳千零零貳兩肆錢壹分貳厘零陸絲伍忽。

吉林將軍富順批：卷查該員於光緒二十七年開辦三姓礦務，雖係自行集股，所有虧欠各款由該員自行彌補，曾經前將軍長批飭有案。惟自該員開辦以來閱時已久，而迭次册報共計虧銀四萬有餘，所出金砂並無絲毫報效歸公。即爲該員計，似此愈虧愈鉅，將來作何彌補？細閲現呈收支清册，眉目不清，其中顯有浮冒矇混情弊。應仍另造詳細清册，呈送核奪。

至際此時艱款絀，嗣後該礦無論虧盈，既係採挖官礦，每出金砂百兩應歸公若干兩，候飭交涉總局會同籌餉總局妥議試辦章程復奪，另札飭遵以濟餉需。仰全省行營文案處分行知照。册并發。

光緒三十年四月初七日

吉林省檔案館《清代吉林檔案史料選編（工業）》上册《煤礦公司報呈售煤獲利實存等各項數目清册光緒二十九年四月初八日》　煤礦公司謹將光緒二十八年十二月初一日運煤之日起，至本年二月底止，所有成本、借款、售煤、獲利、實存各項數目，理合造具四柱清册，呈請總局查核備案。須至册者。

計開：

舊管：

自上年招股之日起，至本年二月底止，除修工費用外，實存成本錢壹千肆百玖拾陸吊陸百陸拾陸文。

新收：

一、收禀借官帖局錢伍千吊正。

一、收浮借來往錢伍千吊正

一、收賣銀元局煤價錢柒千玖百伍拾伍吊貳百捌拾文

一、收賣火磨煤價錢貳千吊正

一、收賣鐵匠爐煤價錢壹萬壹千捌百貳拾吊壹百貳拾肆文

一、收賣缸窑新煤山價錢叁千玖百伍拾貳吊肆百伍拾貳文

以上連舊管，共收錢叁萬柒千貳百貳拾肆吊伍百貳拾貳文。

開除：

一、除定採交河塊煤三百萬斤，山價錢壹萬貳千吊正。查此項煤税，係窑户完納，理合登明。

一、除運交河塊煤到省一百四十餘萬斤，脚價錢壹萬叁百貳拾叁吊玖百陸

拾文。

一、除缸窑自採新煤二百三十餘萬斤，成本錢貳千壹百零壹吊叁百文。又稅並票底錢貳百貳拾玖吊叁百陸拾貳文。

一、除省城煤棧修工費用錢肆千伍百柒拾壹吊壹百陸拾捌文。

一、除創辦缸窑煤井機器修工雜費，共用錢壹萬叁千陸百柒拾貳吊陸百柒拾貳文。

一、除交河分棧房租費，用錢壹千叁百陸拾貳吊貳百玖拾陸文。

一、除還官帖局本息錢伍千零柒拾吊正。查上年冬月底稟借，今年三月初還清，合併聲明。

以上共除錢肆萬玖千叁百叁拾吊零柒百伍拾捌文。

實在：

長用錢壹萬貳千壹百零陸吊貳百叁拾陸文。

查省棧存塊煤合價錢貳千肆百吊正。

棧房五間，並鋪墊柴草占錢壹千陸百陸拾伍吊貳百陸拾捌文。

交河存塊煤一百六十萬斤，占本錢陸千肆百吊正。

分棧鋪墊占錢壹百陸拾伍吊陸百叁拾陸文。

缸窑局房機器房地基鋪墊，共費錢壹萬叁千陸百柒拾貳吊陸百柒拾貳文。

以上存貨鋪墊應值錢貳萬肆千叁百零叁吊伍百柒拾陸文，以之補浮借來往長用各項有盈無絀。惟正副執事人及辦事股友，工程師及掌櫃、內櫃、文案，創始經年均未起支薪水。應俟成效大征，利有餘裕，再行分別等差稟定薪水數目。倘或有所變遷，似應提出鋪墊抵項，分別津貼以酬其勞。理合聲明。

「中央研究院」近代史研究所《礦務檔》第二册《光緒二十九年五月十二日外務部收山東巡撫周馥函附狼虎山金礦草合同暨照會電文等咨送英人請辦威海衛狼虎山金礦案來往文電請主持議商》 光緒二十九年五月十二日，收山東巡撫周馥函稱，竊查英人擬在威海衛附近狼虎山勘辦金礦一事，先無所聞。迨上年冬間，馥查閱海口，道出威海，往拜英國駐紮威海租界大臣駱任廷即駱壁理，談及此事。當答以租地照章祇租地面，地面下之礦，仍歸本國管理，該處礦苗是否暢旺，如何集股試辦，應由京都礦務總局主持各等語，曾經於查勘海口密疏內具奏在案。嗣派委員往勘，始知狼虎山在烟台之東一百四十里、威海之西四十里，係在英國租界之外，其地有已廢金礦。英人於光緒二十四年，私向民人買地數十畝，以此山無糧，至今並未報官稅契，駱大臣必求山東允准招集華商合辦。遂擬就合同草稿，交委員帶回候商，並未簽字許定。嗣經馥查明德人所設華德採礦貿易公司指勘五處礦務，其第五處即係以烟台周圍二百五十里爲界，狼虎山距烟台既祇一百四十里，即在華德公司勘礦界中，恐以後致滋轇轕，遂屬委員回復，未即允許。今年二三月，駱大臣兩次來電，一次來文，催詢此事，俱經回卻，四月駱來濟南答拜，遊讌數日，未談公事，歸途派員伴送。馥又飭委員在途中順便探詢，據駱口氣，以狼虎山金礦在英國管守界中，已設在上海招齊商股，萬無停止之理，且商股十成中華股佔至三成，即謂之華英合股亦可。如巡撫以爲必先咨商外務部及路礦總局，即請從速咨商，本大臣專候復文，再行開辦等語，意似無可游移。馥查該公司在上海招股章程，曾經載之日報內中，並有蔗山、興林等處名目，不止狼虎山一處，駱大臣謂已招齊商股，不爲無因。惟此事山東始終並未允許，聞英使薩道義亦未赴大部説明，何以該公司遽然購地招股，事在必行，殊與奏定礦章不符。惟查光緒二十四年議租威海專條中載明，所租之地，係劉公島，並在威海灣之羣島及海金灣沿岸以內之十英里地方，專歸英國管轄。以外在格林尼址(英國天文台)東經一百二十一度四十分之東沿海，暨付近沿海地方，均可擇地建築礮台，駐紮兵丁，或另設應行防護之法。又該界內均可以公平價值擇用地段，鑿井開泉，修築道路，建設醫院，以期適用各等語。查東經一百二十一度四十分之東，考其地界，係在寧海州迤南至成山頭一帶沿海地方，既准英人設防，則狼虎山雖在租界以外，實在守界之中，惟其地仍歸我轄，並無准其辦礦明文，究不能擅自開礦。然德人如援五處礦章在彼辦礦，英必不允，且於德亦多不便，況威海界約在先，德人議礦在後，且五處礦章至今尚未簽押，似德不便與英爭。前月德員梁凱詢及此事，馥告以狼虎山英已買地在先，德不能奪。從前貴國葛大臣曾云，華德公司在山東辦礦五處，內有一處指定烟台周圍二百五十里，凡給予他國之地，均不計算在內。又領事連梓來電亦云，第五處在烟台周圍二百五十里，如中國已允他國承辦之處，自應在外各等因，是彼此可以妥商通融辦理。且此五處勘礦之界甚大，多或二百餘里，少亦數十里，安必無他國人已租已買之地。將來五處礦章如定，應將此層敘明，狼虎山既經英商買地在先，即歸英商辦礦，似與華德公司無礙，否則由英商、德商與華商合辦亦可。惟毋論何國商人承辦，總須按照奏定礦章，由外務部暨路礦總局核准，咨行到東，始能開辦，蓋此係商務，固與交涉無干也。梁凱當時聞此語，亦未深辯，逾日梁凱將葛大臣寄來與大部來往照會送閲，乃知大部已復葛大臣未允他人開礦之權。是與山東現未允許英人合立公司之議，正相符合，惟英人既不肯以防界内已買礦地，讓與德人，而德人亦不便以後議五處礦界，反向英人索地，將來必有一番議論，准駁之權，仍應操之地主。馥前答駱大臣以租界地面不與地下礦産相干之語，意在收取租界内礦税，此節未必辦到。聞威海租界内礦質不佳，非併狼虎山在内則無利，非由我允許則無權，若我不詢商於德，而逕許英，則我必遭德怨，或俟英使來詢，屬其轉商於德，大部再爲調停。因與英訂明出井出口等税，爲將來五處礦税地步，未始非計。駱大臣將來必請英使向大部商議此事，届時務請大部與路礦總局會核，主持定議，俾有遵循。山東不便與英、德領事商定此事，徒滋争辯。兹特將與駱大臣來往電報照會，並另繪威海衛租界地圖，一併鈔摹，附呈鈞案，以備將來與英、德商議章本。馥現已密飭文登縣傳諭居民勿再將狼虎山等處餘地私賣，須俟公司大局議定，再招華商附股，訂明擴充廠地辦法，再行酌辦。專肅，祗請鈞安，伏維垂鑒。

附呈新繪租界地圖一件此圖未送駱大臣閲過，係山東撫署屬測量委員按威海條約繪成，來往電報底稿一件來往共計四次，來往照會底稿各一件，駱任廷交委員帶回擬就合同草稿一件。敬再肅者，現呈威海租界圖，係由測繪之員按照威海條約所載繪成，其約内所載格林尼址東經一百二十一度四十分之東沿海地方，是否與圖相符，現無別圖校對，查二十四年議此租約時，大部必有此項地圖存案備查，請檢出核對或屬英使檢圖一對亦可，請酌奪施行。

〔附〕照録合同

威海駱大臣商擬威海狼虎山金礦合同

欽命山東巡撫各爲中國英國國家起見，訂立合同如下。

英國駐紮威海辦事大臣。

一，威海衛金礦公司前在狼虎山所購地畝，以爲開礦之用者，准將該地畝作爲該公司掌業。

二，如該公司於狼虎山附近，尚須地畝以爲開礦之用者，准其陸續購用。

三，該公司續購地畝，應由駐紮威海辦事大臣商請地方官准其購用，其價值一切，即由辦事大臣與附近之地方官商酌辦理。

四，狼虎山金礦之章程條例，應由山東巡撫與威海辦事大臣公同商定，定妥之後，無論地在華界或在英界，均應遵照所定章程條例辦理。

五，該公司報効銀兩，應遵章程條例所定數目，一一輸納。此項款目，中國、英國國家平分各半，所入中國者，歸山東巡撫輸庫；所入英國者，即歸威海辦事大臣輸庫。

六，該公司所用簿書及一切賬目，凡有關於狼虎山礦務者，均應遵照條例一一呈驗，隨時由山東巡撫與威海辦事大臣各派委員，認真稽核。

七，狼虎山金礦地面，各應懸掛國旗，其屬中國者，懸掛中國國旗，應隨山東巡撫之便；其屬英國者，懸掛英國國旗，應隨辦事大臣之便。

查狼虎山在烟台之東、威海之西、文登縣之西北，去烟一百四十里，距威四十里，距縣六十里，山上舊峒數十處，皆歷年附近農民於荒年失業之時，藉此金糊口。光緒二十四年英國租界未經畫定之時，威海礦務公司知金脈起自狼虎山，趨向威海，因將山上舊峒全數購買，每畝地出洋二十元，共計五十畝出洋一千元，以爲畫界之後狼虎山必在界内，原不料其適在界外也。卑職等於閲看回威後，與辦事駱大臣會面四次，駱擬合同七款，另譯呈覽，伏乞鈞覽。

〔附〕來往電報

濟南府部院周，狼虎山礦務，何時可以定奪，祈示復。大英威海大臣駱任廷印。二十九年二月二十三日到。

威海駱大臣，電悉。礦事華商意不定，難遽定奪。周馥。三月二十三日复。

濟南撫部院周，礦事前蒙當面許妥，貴委員亦已勘妥，公司股份早已招妥，祈候佳音耳。既非官辦者，利，兩國受益；如無利，公司自承認，無傷國帑也。

來電云華商未定四字，似乎與招定股份之公司無涉也。如何祈復。大英威海大臣駱任廷印。二月二十五日到。

威海大臣駱，復電領悉。華商以威租界外之地，我外部於光緒二十五年曾許德人覓礦，恐夥辦致後争論，是以驟難招股，官未便力勸，或者後來附股，亦未可定，但多少股分不能知，請公自酌。馥。二月二十六日。

英欽命駐紮威海衛劉公島等處辦事大臣駱，爲照會事。照得開辦威海狼虎山礦務一事，經前面商妥協，當由貴部院派委羅、池二委員來威勘明。本大臣即將所擬開辦章程，交由貴委員帶呈察閲，旋接羅委員函稱，所擬規條，已邀察核，其中情形尚無不合，不過稍待參酌，便即切實回復等由。當下一面由礦務公司招備股分，静候貴部院定奪在案。昨因公司股分招妥，電請定奪，旋接回電，有華商意不定遽難定奪九字，接讀之下，似乎答非所問。復於二月二十三日再發一電，解明礦務已有公司，股分已經招足，不必再招別公司等意，解明既非官辦，無傷國帑，有利兩國受益，無利公司承認云云，諒貴部院當已明白也。惟復接來電，仍有謂難以招股，官未便力勸，或者後來附股，但不知多少等文，更爲悮會。查此事既已面商妥當，查勘妥當，所擬章程亦妥當，公司股分更業已招集齊備，則不必別家再行招股也，明矣，設若誘諸外人，則狼虎山係在英界，外人何能干預，且此中情形前於會晤時，曾與貴部院商量允協，不必再疑者矣。夫開礦爲方今急務，孺婦皆知，際兹時勢孔艱，憂國憂民者自當毅然爲國家收天地自然之利，未便稍事因循也。本大臣忝膺疆寄，凡有利國利民者，任勞任怨，不容稍涉遲疑。想貴部院體國爲懷，盡心民事，則事同一律，願留意焉。至公司股分，係由商人經招足，静待貴部院定期開辦而已。此事本大臣堅意舉行，斷不肯失信國人者也。爲此照會貴部院，請煩查照早日見復施行。爲此照會，順候時祉。須至照會者。

右照會大清山東巡撫部院周。

光緒二十九年二月二十七日。

山東撫提部院周照覆事。光緒二十九年三月初九日，接准貴大臣照會内開，威海狼虎山礦務前經委員勘明，本大臣將所擬開辦章程交呈察閱，狼虎山係在英界，外人不能干預，請即定期開辦等因。准此，查本部院前到威海，曾准貴大臣面稱威海狼虎山辦礦之事，并囑招集華商合股開辦，此係開擴利源，本部院極願幫助，當派羅、池二委員前赴威海詳細勘明。旋據稟稱，狼虎山在烟台之東一百四十里，威海之西四十里，係在貴國租界之外。本部院查光緒二十五年間，經總理衙門允准華德公司在山東地方開礦五處，其中一處，係在烟台週圍二百五十里以内。現在狼虎山既非在威海租界之内，又距烟台僅一百四十里，核與來文係在英界之語，不甚相符。華商集股一節，意即不定，本部院尤未便在此另招公司開辦礦務，當以此情電達貴大臣在案。至威海以内之礦務，誠如來文外人不能干預。如來文外人不能干預，如貴大臣立意開辦，請函復本部院，以便咨請京都路礦總局大臣核復。至華商自應聽其附股幫助辦理，惟附股多少不能預定耳，相應照復貴大臣請煩查照。須至照會者。

右照會大英駐紮威海等處辦事大臣駱

光緒二十九年三月十九日。

吉林省檔案館《清代吉林檔案史料選編(工業)》上册《三姓礦務總辦周寶麟呈報光緒三十五年五月份各廠員司應領薪餉數目的清摺光緒三十年九月二十九日》 謹將職局五月份各廠員司應領薪餉數目，按名分析，繕具花名清摺，恭呈憲鑒施行。須至清摺者。

呈開：

文案委員顧炎慶，應領薪水銀二十二兩。

支應所委員施遵信，應領薪水銀十八兩。

報銷委員金壽彭，應領薪水銀十六兩。

書啓委員劉贊廷，應領薪水銀十四兩。

收發委員陳廣發，應領薪水銀二十兩。

採買委員陳得勝，應領薪水銀二十四兩。

差遣委員竇鳳岐，應領薪水銀十八兩。

駐省後路委員崇保，應領薪水銀二十二兩。

後路委員宋春海，應領薪水銀十四兩。

駝局總理周業升，應領薪水銀二十二兩。

總查委員李鍾興，應領薪水銀十四兩。

太平廠委員吴榮富，應領薪水銀十六兩。

大安廠委員鄒浚生，應領薪水銀十四兩。

石門廠委員周業銘，應領薪水銀十四兩。

文案司事劉熙春，應領薪水銀十兩。

文案書識奎綸，應領薪水銀十兩。

册籍司事任世珍，應領薪水銀十兩。

支應所司事王學敏，應領薪水銀八兩。

司事宋長春，應領薪水銀八兩。

司事寧泰東，應領薪水銀八兩。

駝局收金司事孫毓瑩，應領薪水銀十四兩。

帳房司事房萬才，應領薪水銀八兩。

糧房司事母占桂，應領薪水銀十兩。

八虎力盤查司事顧長賓，應領薪水銀十四兩。

册籍書識俊升，應領薪水銀八兩。

總查司事鄭萬才，應領薪水十二兩。
總查司事潘占貴，應領薪水銀十一兩。
查硐司事彭永清，應領薪水銀十兩。
查硐司事範玉田，應領薪水銀八兩。
查硐司事李松林，應領薪水銀八兩。
查硐司事陳廣恩，應領薪水銀十兩。
查硐司事周鳳翔，應領薪水銀八兩。
查硐司事孫聯桂，應領薪水銀八兩。
老淺毛廠收金司事連升，應領薪水銀十一兩。
查硐司事孫和有，應領薪水銀十一兩。
查硐司事趙德發，應領薪水銀八兩。
太平分廠收金司事王元培，應領薪水銀十六兩。
司事富經，應領薪水銀九兩。
查硐司事蔡金麟，應領薪水銀十二兩。
大安分廠收金司事楊學安，應領薪水銀八兩。
查硐司事劉景星，應領薪水銀七兩。
查硐司事王希惠，應領薪水銀七兩。
石門分廠收金司事龍遠豐，應領薪水銀十一兩。
查硐司事袁正欽，應領薪水銀八兩。
查硐司事吳炳生，應領薪水銀七兩。
以上委員十四員，司事、書識三十一名，共薪水銀五百五十兩整。

吉林省檔案館《清代吉林檔案史料選編（工業）》上册《三姓礦務總辦周寶麟呈核銷光緒三十年正至六月份共收金沙和銀兩數目的清册光緒三十年九月二十九日》

謹將職局光緒三十年正、二、三、四、五、六六個月，收支開除各款，按月詳細繕造報銷清册，恭呈憲鑒施行。須至册者。

呈開：

正月份前虧項下：

一、移來臘月底虧銀肆萬貳千零零貳兩肆錢壹分貳厘零陸絲伍忽。

新收項下：

一、收駝局官秤金砂拾肆兩捌錢貳分肆厘。
一、收太平廠官秤金砂玖兩叁錢叁分貳厘。
一、收大安廠官秤金砂拾兩零肆錢叁分貳厘。
一、收石門廠官秤金砂柒兩肆錢捌分捌厘。
一、收老淺毛廠官秤金砂叁錢陸分貳厘。

以上五廠，共收官秤金砂肆拾貳兩肆錢叁分捌厘，應加一升平金砂肆兩貳錢肆分叁厘捌毫，二共合姓平金砂肆拾陸兩陸錢捌分壹厘捌毫。

一、出兑金砂拾壹兩伍錢壹分貳厘陸毫，玖拾叁吊合錢壹千零柒拾吊零陸百柒拾壹文。
一、出兑金砂叁拾伍兩壹錢陸分玖厘貳毫，玖拾伍吊合錢叁千叁百肆拾壹吊零柒拾肆文。

以上共兑金砂肆拾陸兩陸錢捌分壹厘捌毫，共兑錢肆千肆百拾章吊柒百肆拾伍文，叁吊貳百文作銀壹千叁百柒拾捌兩陸錢柒分零叁毫壹絲貳忽。

二月份前虧項下：

移來前虧銀肆萬叁千陸百捌拾叁兩零壹分陸厘陸毫貳絲捌忽。

新收項下：

一、收駝局官秤金砂貳拾陸兩肆錢伍分貳厘。
一、收太平廠官秤金砂柒兩伍錢玖分。
一、收大安廠官秤金砂捌兩貳錢肆分肆厘。
一、收石門官秤金砂捌兩壹錢柒分貳厘。
一、收老淺毛廠官秤金砂貳拾陸兩柒錢玖分貳厘。

以上五廠，共收官秤金砂柒拾柒兩貳錢伍分，應加一升平金砂柒兩柒錢貳分伍厘。

二共合姓平金砂捌拾肆兩玖錢柒分伍厘。

一、出兑金砂伍拾伍兩肆錢捌分壹厘捌毫，玖拾柒吊合錢伍千叁百捌拾壹吊柒百叁拾肆文。
一、出兑金砂貳拾玖兩肆錢玖分叁厘貳毫，玖拾柒吊合錢貳千捌百陸拾吊零捌百肆拾文。

以上共兑金砂捌拾肆兩玖錢柒分伍厘，共兑錢捌千貳百肆拾貳吊伍百柒拾肆文，叁吊貳百文作銀貳千伍百柒拾伍兩捌錢零肆厘叁毫捌絲壹忽。【略】

三月份前虧項下：

一、移來前虧銀肆萬叁千玖百陸拾玖兩捌錢柒分陸厘陸毫貳絲貳忽。

新收項下：

一、收駝局官秤金砂叁拾肆兩捌錢捌分捌厘。

一、收太平廠官秤金砂拾壹兩捌錢伍分陸厘。

一、收大安廠官秤金砂肆兩玖錢叁分貳厘。

一、收石門廠官秤金砂陸兩玖錢捌分捌厘。

一、收老淺毛廠官秤金砂貳拾兩零貳錢伍分捌厘。

以上五廠，共收官秤金砂柒拾捌兩玖錢貳分貳厘，應加一升平金砂柒兩捌錢玖分貳厘貳毫，二共合姓平金砂捌拾陸兩捌錢壹分肆厘貳毫。

一、出兑金砂肆拾捌兩捌錢壹分伍厘捌毫，玖拾伍吊合錢肆千陸百叁拾柒吊伍百零壹文。

一、出兑金砂叁拾柒兩玖錢玖分捌厘肆毫，玖拾吊合錢叁千肆百拾玖吊捌百伍拾陸文。

以上二款，共兑金沙捌拾陸兩捌錢壹分肆厘貳毫，共兑錢捌千零伍拾柒吊叁百伍拾柒文，叁吊貳百文作銀貳千伍百拾柒兩玖錢貳分肆厘零陸絲貳忽。

【略】

四月份前虧項下：

一、移來前虧銀肆萬肆千柒百陸拾玖兩貳錢叁分叁厘肆毫叁絲肆忽。

新收項下：

一、收駝局官秤金砂伍拾陸兩壹錢壹分貳厘。

一、收太平廠官秤金砂拾陸兩柒錢。

一、收大安廠官秤金砂拾壹兩玖錢叁分貳厘。

一、收石門廠官秤金砂柒兩伍錢陸分捌厘。

一、收老淺毛廠官秤金砂玖兩零陸分。

以上五廠，共收官秤金砂壹百零壹兩叁錢柒分貳厘，應加壹升平金砂拾兩零壹錢叁分柒厘貳毫，二共合姓平金砂壹百拾壹兩伍錢零玖厘貳毫。

一、出兑金砂拾陸兩壹錢壹分，玖拾吊合錢壹千肆百肆拾玖吊玖百文。

一、出兑金砂叁拾貳兩陸錢零貳厘肆毫，玖拾吊合錢貳千玖百叁拾肆吊貳百拾陸文。

一、出兑金砂伍拾叁兩伍錢柒分壹厘陸毫，捌拾貳吊合錢肆千叁百玖拾貳吊捌百柒拾壹文。

一、出兑金砂玖兩貳錢貳分伍厘貳毫，捌拾陸吊伍百文合錢柒百玖拾柒吊玖百柒拾玖文。

以上四款，共兑金砂壹百拾壹兩伍錢零玖厘貳毫，共兑錢玖千伍百柒拾肆吊玖百陸拾陸文，叁吊貳百文，作銀貳千玖百玖拾貳兩壹錢柒分陸厘捌毫柒絲伍忽。【略】

五月份前虧項下：

一、移來前虧銀肆萬伍千壹百柒拾貳兩叁錢肆分肆厘柒毫伍絲玖忽。

新收項下：

一、收駝局官秤金砂，陸拾玖兩柒錢肆分肆厘。

一、收太平廠官秤金砂，貳拾捌兩陸錢零肆厘。

一、收大安廠官秤金砂，貳拾兩零壹錢伍分貳厘。

一、收石門廠官秤金砂，捌兩伍錢捌分。

一、收老淺毛廠官秤金砂，拾伍兩零伍分肆厘。

以上五廠，共收官秤金砂壹百肆拾貳兩壹錢叁分肆厘，應加一升平金砂拾肆兩貳錢壹分叁厘肆毫，二共合姓平金砂，壹百伍拾陸兩叁錢肆分柒厘肆毫。

一、出兑金砂貳拾兩零玖錢零肆厘捌毫，捌拾伍吊合錢壹千柒百柒拾陸吊玖百零捌文。

一、出兑金砂貳兩整，捌拾柒吊合錢壹百柒拾肆吊整。

一、出兑金砂叁拾兩，捌拾陸吊伍百文合錢貳千伍百玖拾伍吊整。

一、出兑金砂叁拾兩，捌拾柒吊伍百文合錢貳千陸百貳拾伍吊整。

一、出兑金砂拾兩，錢捌百叁拾吊整。

一、出兑金砂叁拾叁兩肆錢肆分貳厘陸毫，捌拾吊合錢貳千陸百柒拾伍吊肆百零捌文。

一、出兑金砂叁拾兩，捌拾吊合錢貳千肆百吊整。

以上七款，共兑金砂壹百伍拾陸兩叁錢肆分柒厘肆毫，共兑錢壹萬叁千零柒拾陸吊叁百拾陸文，叁吊貳百文作銀肆千零捌拾陸兩叁錢肆分捌厘柒毫伍絲。【略】

六月份前虧項下：

一、移來前虧銀肆萬肆千肆百拾伍兩玖錢陸分伍厘陸毫玖絲柒忽。

新收項下：

一、收駝局官秤金砂，伍拾捌兩叁錢貳分捌厘。

一、收太平廠官秤金砂，貳拾肆兩陸錢肆分。

一、收大安廠官秤金砂，拾柒兩伍錢伍分陸厘。

一、收石門廠官秤金砂，拾兩零貳錢貳分肆厘。

一、收老淺毛廠官秤金砂，捌兩貳錢陸分捌厘。

以上五廠，共收官秤金砂壹百拾玖兩零壹分陸厘，應加一升平官秤金砂拾壹兩玖錢零壹厘陸毫，二共合姓平金砂壹百叁拾兩零玖錢壹分柒厘陸毫。

一、出兑金砂拾貳兩，捌拾壹吊合錢玖百柒拾貳吊整。

一、出兑金砂拾伍兩，捌拾吊合錢壹千貳百吊整。

一、出兑金砂陸兩零叁分玖厘陸毫，捌拾壹吊合錢肆百捌拾玖吊貳百零柒文。

一、出兑金砂貳拾兩，柒拾捌吊伍百文，合錢壹千伍百柒拾吊整。

一、出兑金砂捌兩，捌拾吊合錢陸百肆拾吊整。

一、出兑金砂拾兩，柒拾捌吊合錢柒百捌拾吊整。

一、出兑金砂肆拾壹兩捌錢柒分捌厘，柒拾柒吊合錢叁千貳百貳拾肆吊陸百零陸文。

一、出兑金砂，拾捌兩，柒拾柒吊合錢壹千叁百捌拾陸吊整。

以上八款，共兑金砂壹百叁拾兩零玖錢壹分柒厘陸毫，共兑錢壹萬零貳百陸拾壹吊捌百拾叁文，叁吊貳百文作銀叁千貳百零陸兩捌錢壹分陸厘伍毫貳絲伍忽。

「中央研究院」近代史研究所《礦務檔》第二册《光緒三十一年十一月初三日外務部收軍機處交片兵部尚書徐會澧等密陳山東礦務情形》 光緒三十一年十一月初三日，收軍機處交片，兵部尚書臣徐會澧等跪奏。爲密陳德人干預山東礦務情形，久未簽押定議，懇恩飭查原案，援照約章礦章，嚴詞拒絶，以弭巨患而收主權，恭摺仰祈聖鑒事。竊唯環球各國，於路礦要政，皆由本國人民籌欵自辦，未聞有他國人民出而干預者，即間有附股貸欵夥同籌辦之事，必遵照通行章程，與本國人民所辦商務無異，亦未聞有他國公使領事代其人民出而干預，至以尋常商務牽入交涉者。若山東五處礦務，則大不然，此臣等所爲不能不披瀝直陳者也。查光緒二十四年冬間，總署與德人議定曹州教案專約，允准德人在山東修築膠濟北路暨膠沂濟南兩路，附近三十里内開挖礦産，德人遂於二十五年春間，先修膠濟北路，立華德礦務公司，於附近三十里内陸續開挖。經升任撫臣袁世凱援照專約，分訂路礦詳細章程，奏明頒行有案。此路二十九年秋間修成，延袤七八百里。何處遇有佳礦，即紆路綫以就之，礦産已網羅殆盡。他日議修膠沂濟南路，襲用以路就礦故智，更在意中，是東省利權損失已甚矣。初不料德人於專約之外，更謀握五處特權，以壟斷我全省礦利也。竊查五處礦務，係由天津瑞記洋行轉屬華商吴熙麟吴熙賢、洋商田夏禮等，光緒二十五年春間，赴路礦總局禀請集股創設採礦製造公司，勘辦山東五處礦務。第一處在山東省沂水地方，東至黄海邊，南通江蘇界，西由沂水轉而向南直抵江蘇界，北由沂州府向東直達海邊。第二處沂水縣地方，自城外一百二十里爲界。第三處在諸城縣西北十里路開算，順三十六度向東直抵德國租界，西由諸城縣之西北十里開算處，轉而向南直抵海邊，東南兩面均至黄海並德國租界爲界。第四處在濰縣西南一百一十里之温河北大地方，該處以五十里爲界。第五處在煙台週圍，以二百五十里爲界。路礦總局以所指地段太廣，有違奏定章程，批駁不准，是議辦之始，不過一尋常商務耳。詎意是年夏間，德國使臣克林德出而干預，輒一再代公司商人向總署議訂辦法。二十六年春間，又代公司擬送章程，當時總署既不查明路礦總局批駁原案，立予駁斥，又不行查山東，公司原指五處地段，究於本省地方有無窒碍情形，僅就同時開辦五處，暨先行開辦一處兩項辦法，斷斷剖辨，而於迴環數百里之礦界，應如何照章駁斥，明定限制之處，始終未置一詞。再既名爲華德公司，即應按照尋常商務，遵奉本國通行礦務章程辦理，而草議礦章内，並未詳晰載明五處地名，殊堪詫異。二十七年夏間，德國使臣穆默又出而干預，即援總署草議，以相詰難，並據以照會全權大臣原任大學士李鴻章，請録全案咨行山東撫臣接續商辦。一面又派德國駐烟台領事官連梓來省會商，並挈公司總辦貝德司同來，謬謂此事曾由總署議准。其實並無議准明文，不過當時未曾議及，彼即誤爲默許耳。夫以尋常商務，本與交涉無關，乃任其公使、領事先後代爲干預，事後追論，不能不爲之長太息也。連梓係於是年九月由烟台來省，撫臣張人駿旋於十月莅東，十一月，外務部又特派現出使德國之道員楊晟來東會商，磋磨累旬，要挾備至。迨十二月由楊晟與連梓續行草議五處礦章二十一欵。前撫臣又從而增易之，不過略圖補救，仍未顯予拒絶，所幸者，總未簽約耳。然總署草議，彼仍誣爲成案，援以要挾，而由商務牽入交涉之害，至此益昭然著明矣。是以礦章草議後，一面咨呈外務部核奪，一面詳告連梓，此次續議五處礦章，暫時祇能作爲草底，須候外務部咨復到東，再行彙繕簽押。此二十八年正月之事，迄今四年，迭經外務部議定專章，迄未議成，而五處礦章因亦尚未簽定。倘非外部堅持定見，極力維持，則此項礦章一或允准，即無以爲今日挽回之地矣。前兩年正撫臣周馥在東時，德國派駐濟南商辦事件委員梁凱，曾屢次催迫。今年春間，現署臣楊士驤莅東，德國派駐濟南領事官貝斯又經催詢五處礦章何時可以簽定，撫臣楊士驤鑒於前失，力持大體，告以必須另外務部核議，一時恐尚未能簽押。貝斯則仍促問弗已，並謬謂此項利益並爲前任東撫暨総署已經議准之案。查該公司於二十七年十二月，稟由外務部允准查勘第一處、第二處、第五處礦產。二十八年四月，又稟由外務部允准查勘第三處礦產。二十九年閏五月，又稟由正任撫臣周馥允准查勘第四處礦產，並經外務部聲明，祇是通融查勘，與尋常遊歷相等。未經簽定礦章以前，仍不准開採，以示限制。該公司自奉准後，即派礦師分五處陸續查勘，仍先以簽定礦章爲請，蓋礦章一日未經簽定，即一日不能開採。聞前一二年間，已將沂水、寧海州兩處金礦金沙，私得若干携歸。蓋五處地段甚廣，其中佳礦頗多，東南兩路附近貧民，向恃土法採礦，藉資生計。今該公司查勘之始，即與附近華礦屢有責言，繼因租民地、民房，又滋攪擾，并聞公司謬謂如有華人已開之礦，公司欲併則併之，其公司所棄地段，亦只准華人用土法開採，既不准抎用機器，更不得與他國人合股。尤可異者，華人未開之礦及先開而今停之處，或有附近貧民試用土法勘辦，公司亦即出而干涉，是其陰謀侵佔，處處以擯拒華商、禁遏華礦爲得計，総令華人絶無主權而後已。果如所議，是省礦胥爲德人壟斷矣。查五處礦產，既係華德合股勘採，自應由華商、德商夥同籌辦，事事平權，方與原擬辦法相符，萬無專歸德人把持之理，乃詳核該公司現在辦法，所謂華德合股，不過徒存其名，實則並無華股。至華商出名之吴熙麟，吴熙賢從未出面，公司中亦並無議事華董、辦事華商，惟每處由華官遴派員弁勇役代爲保護照料，而常年經費約需數萬金，概由公家墊支，人享其利，我承其害。其失策不亦甚乎。懲前毖後，惟有將未經簽定之草議，一併撤銷，仍速傳華商吴熙麟、吴熙賢到案，澈底根究，從嚴追辦，一面設法勸諭華商，迅速籌欵自辦，商力不足，更以官力補助之，総期華礦日多，藉保本省礦政利權，否則德人催促弗已，萬難久待。事机一失，補救更難，久則空穴來風，喧賓奪主，不但五處礦產，終歸該公司一律壟斷，山東全省礦利非復我有，更恐各國從而生心，援爲利益均沾公例，必致中國礦產盡爲外人攘奪。再查公司原指五處地段，包括登、萊、青、沂、膠四府一直隸州屬境在內，英人議租文登縣屬威海衛附近地界，亦在其中。西南兩面遠接江蘇，東北兩面近抵黄海，沿海險要咸隸焉，約略測算，幾佔山東全境之半，勘辦礦產界址，向未聞有如此廣且大者，核與商部上年奏定礦章所載，請辦礦地不得逾三十方里之限，迥不相符。人謂其標佔地段太多，逼近海疆，密邇租界，似非專爲辦礦起見，其言不爲無因。況德人自議租膠澳以來，修繕經營，不遺餘力，鐵路達於內地，礦廠幾偏全省。如謂專爲振興商務，更孰信之。兹但就租約而言，一則劃分膠澳租界，以據我東海地權。再則勘辦鐵路礦務，以侵我內地利權。三則限制我辦事之法，以損我全省主權，乃猶不饜足，更以尋常商務，攘我五處絶大利源，揣彼私心，殆以彼路礦所及之地，即彼兵力所及之地，亦即彼勢力範圍所及之地，而我之地權、利權、主權悉爲彼所覬覦，因應不善，後患滋深。至於抉礦政之藩籬，攘商民之膏血，猶其小焉者。臣等籍隸本省，見聞較確，既有切膚之痛，無忘嘗膽之誠。側見日俄現甫締和，東三省善後事宜，尚無端緒，山東與東三省僅隔一海，聲息相通，德人租借膠澳與俄人前租旅大，情形相若；築路勘礦，事亦略同。及此日俄甫和之際，而以此等尋常商務，與之和衷妥商，當易就範，以維持礦政，亦即慎固封守，是誠兩利之策也。爲此披瀝密陳，籲懇天恩飭下外務部詳查原案，知此五處礦務均不在條約之內，不能混入交涉，德人萬無干預之理。至所指礦界之荒謬，與華股之虚妄，尤顯違商部奏定礦章，既未簽押定義，即應立予駁斥，一併撤銷，並請飭山東撫臣查明情形，詳權利害，援照約章礦章，嚴詞拒絶。如此內外堅持到底，德人自無從違理干預，總期東省礦利，由本省商民籌款自辦，以弭巨患而收主權，則山東幸甚，大局幸甚。謹恭摺具奏，伏乞皇太后皇上聖鑒訓示。謹奏。

「中央研究院」近代史研究所《礦務檔》第二册**《光緒三十二年四月初九日商部收山東巡撫文附招遠玲瓏山金礦案據四件查明招遠金礦現辦情形譚錦泉等稟請續辦請飭其與李道家愷妥議》**光緒三十二年四月初九日，商部收山東巡撫文。

爲咨呈事，光緒三十二年三月十七日，據礦政調查局詳稱，光緒三十一年十一月初三日奉撫院札開，光緒三十一年十月二十六日承准商部咨，據旅美華商譚錦泉、劉鎏泉等來稟，以前在山東集股，議立開源礦務公司，承辦招遠縣玲瓏山金礦，稟經前北洋大臣李批定，探驗礦苗，儘有把握。祇以未用外國機器，辦無成效，嗣經前山東巡撫李因有日兵在境，恐礦丁與有齟齬，奏請止辦。現又集資二十萬金，購辦機器，前來興復，請給札照等因前來。本部查該商等前辦招遠金礦，據稱已經稟准有案，本部無憑查悉，現據稟請續辦。如果切寔可靠，寔與東省礦務，不無裨益。除函詢梁大臣詳細查明外，相應鈔録原稟，咨行貴撫，即將該商等前辦招遠金礦案據，及一切辦理情形，查明咨送本部，以憑核辦。至該商停辦後，該礦有無另請開辦之人，希一併詳查見復可也等因，到本署部院，承准此。合行札飭札到該局，即便遵照文內事理，迅即轉飭招遠縣逐一查明，詳細稟復，詳請核咨毋違，切速特札，計粘草一紙等因，到局。奉此，遵即札飭招遠縣查復去後，久未復到，又經札催。兹於本年三月初九日據該縣高令步衢稟稱，遵查卑境東北鄉玲瓏山金礦，曾於光緒十三年間，經前濟東道李道宗岱招股試辦，迄今仍舊開採，現聞獲利不及從前。至於該商前辦金礦案據，卑職一再檢查，並無大宗檔册，寔因從前遇有礦務文件，均由該礦局逕稟北洋大臣核辦，以致卑縣前項案據，不甚齊全。除抄呈憲案外，所有查明卑縣玲瓏山礦務情形，理合稟復鑒核等情，並抄案一宗稟後前來。據此，職道等查招遠金礦，係光緒十七年經前北洋大臣李批准，派李故道宗岱爲督辦，金山華商李贊勳爲總辦，並領有北洋官欵銀二十五萬兩。至二十年，李故道又以金山華商李贊芬任意妄爲，種種荒謬，稟請拿辦各在案。蓋招遠金礦原有金山華商股份，譚錦泉即在股東之內，李贊芬當係李贊勳弟兄，亦即金山代表。現在此礦仍歸李故道之子候選道李家愷接辦，以土法開採，獲利甚微，公私股欵積欠至數十萬金，倘譚商抹煞前案，逕行來招續辦，必多糾葛，似應飭令譚錦泉先行來東妥議辦法或飭李道家愷到京議定，再行照准，方免歧異。除稟批示外，所有飭查旅美華商譚錦泉等稟請續辦招遠縣玲瓏山金礦，並抄呈案據緣由，理合詳請撫院鑒核，俯賜轉咨，寔爲公便等情，到本署部院。據此，除批示外，所有抄呈該礦案據清册，相應咨送。爲此咨呈鈞部，謹請查照核辦施行。須至咨呈者。計咨呈清册一本。

（附）照録山東招遠縣玲瓏山金礦案清册

山東礦政調查局爲造送事，今將查明旅美華商譚錦泉等稟請續辦招遠玲瓏山金礦一案，照録案據，繕册呈請。

計開：

光緒十七年十一月二十日招遠礦務公司照會。

爲照會事。案查光緒十七年十一月初四日，本道等會稟批議合股承辦招遠平度礦務章程緣由，於本月初六日奉北洋大臣直隸閣爵督部堂李批，據稟并章程均悉。該道前辦山東寧海平度礦務，因馬道建忠自願退股不辦，現擬由金山華商李贊勳等及陳道世昌、同知徐麟光另行合招股銀六十萬兩，開辦招遠縣屬之玲瓏山紅石崖金礦，兼接辦平度金礦，作爲招遠礦務公司，歸商辦理。查核所議章程二十條，大致均尚周妥，內第一條擬收前辦寧海平度之合同，作爲罷論，視同廢紙，新舊各股如何會同秉公核算清楚，俟劃清界限結明，稟報候核，俾免轇轕。第五條李道願讓平度舊礦暨已經租買招遠屬之玲瓏山紅石崖金礦，與新公司開採，必須竪立界石爲據，不得稍有争執。第七條招遠公司既經接辦開採，所有平度舊服本銀四十五萬兩，應歸該公司籌，內除借用滙豐洋行銀十八萬兩，應令該公司獲有餘利，照議先爲陸續交還。次則淮軍銀錢所官欵銀六萬兩，一半繳還現銀，並准一半呈繳股票。其餘欠欵二十一萬兩，概行折作五成，發給新公司股票，新舊各股盈虧一律均沾，以示大公。第十四條新公司開辦後，擬除開銷公費之外，餘利以七成先還滙豐借欵，三成分給各股官利。第十五條擬先試辦五年，如期內滙豐借欵可以還清，各股有利可領，仍以餘利每百兩提銀六兩報効山東公用税餉，餘歸各股均分。第十七條擬公舉李道宗岱爲督辦，陳道世昌、李贊勳爲總辦，徐丞爲會辦，巡檢李錫功爲總董事，應將督辦會辦四員，由本大臣各給札諭一件。總董事准以李錫功承充，嗣後即由該公司具稟請派，毋庸發給飭知。第十八條該公司既爲商辦，所有總辦以次升調出缺，自應由該公司舉在股幹練之人，稟候本大臣暨山東撫院批准接辦，務須破除情面，勿染官場習氣，不得濫派及擅用親故私人，並准免派委員入廠，以一事權而顧成本。第十九條招遠、平度各屬礦地，已經礦局買有地段，應由新公司隨時探採，不准他人租買，以杜争端，均即照准。該員等必應脚踏實地，和衷商辦，事事認真經理，毋再鋪排場面，虚擲成本，濫用非人，又蹈覆轍。所借滙豐洋行及銀錢所欵項，該公司既已承認歸還，應即責成該道等應照稟定章程，分别先後清償具報，不得届時推諉失信，貽人口實。其餘未盡事宜，並即切實會商籌議，隨時稟候核示辦理，候咨山東撫院並行東海關盛道知照繳等因。並於十九日又奉山東巡撫部院福批：據稟已悉。細閱所擬章程，均甚周妥，應准立案，仰即會同妥爲辦理，仍候北洋大臣批示繳摺存各等因。奉此，計粘抄原稟章程一紙，擬令移會，爲此令移貴縣，請煩查照施行。

章程二十條

一、上年馬道建忠與陳道世昌、徐丞麟光及金山華商李贊勳等訂立合同，共同股銀九十萬兩，承辦寧海州金礦，并兼辦李道宗岱原開之平度州舊礦，當經稟蒙批准在案。今因馬道自退寧海平度礦股，而陳道徐丞與金山華商李贊勳等另議開辦新礦，所有上年訂立之承辦寧海平度礦務合同，相應作爲罷論，視同廢紙。惟是各股曾因寧海平度礦務用過銀兩，其中有應撥入新股者，有應核實刪除者，有應歸入李道積欠，俟獲利陸續分還者，亟應由各股友會同秉公核算清楚，劃清界限，以免轇轕。此欵俟算明後，再行稟請批示遵行。

二，馬道建忠前助李道宗岱辦理平度，支過各項銀兩，應馬道與李道自行料理，與招遠新礦無涉。

三，陳道世昌、徐丞麟光集本銀三十萬兩爲一股，金山華商李贊勳等集本銀三十萬兩爲一股，合辦山東招遠縣屬之玲瓏山紅石崖金礦，兼承李道所辦之平度金礦，作爲招遠礦務公司。現在三股暫時變爲兩股，所支之銀，應分兩股交出，自後盈虧，兩股苦樂均沾。

四，招遠礦線既佳，股分定然踴躍，如有續來之股，隨時隨收，後日盈虧，均照所收銀數分派。

五，李道自願讓出平度舊礦，及業經租買招遠縣屬之玲瓏山紅石崖金礦，與招遠公司開採，豎立石界爲據，惟兩山中間係來往大路，言明無論何人行走，該公司不得攔阻，其中民地多未租買，且於礦線無碍，該公司亦不得向李道索取未經租買之地，以免爭執。

六，玲瓏山紅石崖礦線，係經美國著名礦師滑慎官音或譯爲瓦遵兩次復勘，定爲招遠礦地第一，始創開採，最爲穩妥云云。此礦係明線，出地甚高，祇須開鑿横洞，可省挖井鉅費，已敷數十年開採之用，是以李道讓與該公司開採，以期公務日興，同沾利益。倘此後查出此線尚有好礦，爲已經租買，續議興辦者，應由地主先儘該公司之股友附股，然後再招外股，以敦友誼。如該公司不願附股，則任招外股，以免礦地廢棄。該公司不得於此線未經租買停妥之地及他處礦線，强索開採，以昭公允。

七，本公司承辦平度之金礦，並所存之機器廠兩座，及井洞鐵路一切開鑛家具，並硫磺鐵一千墩，計應籌還平度舊股本銀四十五萬兩内。除匯豐銀行借款銀一十八萬兩，應由招遠公司辦有成效陸續交還現銀，次還官欵銀六萬兩内，一半交還現銀，一半呈繳股票。倘招遠雖竭力徧採不能見效，祇可各安天命，不得索料填補，其餘欠欵二十一萬兩該作爲五成，發給招遠公司股票，以後本公司盈虧，新舊股票一律均沾。

八，平度寧海礦務，前經稟奉中堂暨山東撫院批准，改爲官督商辦，事與開平煤礦一例。今招遠礦務公司理應援照辦理，均由紳商集資入股合辦。股分盈虧，與公家無涉。

九，本公司招股以上海規平銀一十兩爲一股，其銀隨收隨付銀行，各取收條爲據，然後由本公司换給股票息摺，自奉批准之日爲始，其應息銀，各按交銀先後，仍給原股。

十，前由金山購來之六十條舂杆機器及木料等，最爲精美，共值銀十三萬七千餘兩，陳、徐及金山股友，均允將此項機器木料，移至招遠礦廠應用。其中支過價銀，應由兩股清算明白，或有與已退之股轇轕者，亦會同劃算清楚。此項機器木料，寔與已退之股無涉，相應聲明存案。

十一，廠中工錢每一禮拜開支，薪水每月十六日支付，不得過外掛借。如有此弊，惟司帳是問。司帳之人，最宜公正，故須公荐，一切授受銀錢，必以經其事者簽名爲據。往來各信件，俱須存根，以期慎重。賬目每日一結，每月一小結，每年一大結，刊示同人。凡出五千股者，准派一人到局查看賬目，非由本公司派事者，但隨衆伙食，不支薪水，倘性情乖張，咨由該股東另議妥人。

十二，本公司每年大結賬，除開銷外，其本銀六十萬兩，應按月以一分計息，歸各股東，謂之官利。此外有盈餘，謂之餘利。再平度礦線本佳，且係現成之局，需本無幾，亟應撥欵接辦，獲有餘利，即歸入招遠總賬内計算，一體照章匀派。

十三，招遠平度礦務所獲餘利，匀作十三分，以二分劃歸李道宗岱，以酧其歷年創始勞費之工；以一分爲在事者花紅，以獎勤勞；其餘十分，盡派爲股東餘利。

十四，招遠開礦果有成效，除開銷工費外，獲有餘利，則將七成先還匯豐借欵，其餘三分給各股官利。

十五，招遠公司先試辦五年，如五年内可以還清匯豐借欵，並各股有利可領，則於餘利内每百兩撥銀六兩，歸山東公用，以作税餉，其餘盡歸各股均分。

十六，李道宗岱前曾另集資本，在招遠等處租購礦地，自後本公司如開採其礦，即以集資之數計算，於十分内，撥歸李道紅股一分，以酧出地之費。

十七，招遠公司衆議公舉前山東濟東泰武臨道李宗岱爲督辦，候選道陳世昌，中書科中書銜李贊勳爲總辦，知府銜候選同知徐麟光爲會辦，分發江蘇候補巡檢李錫功爲總董事，擬請中堂酌核札飭遵照。其餘俟奉准後，察看股分較多及得力之人，再行禀請札派。

十八，本公司既歸商辦，遇有總辦、會辦、董事計調缺出，例由本公司會議公舉在股幹練之員，禀請中堂咨山東撫院批准接手，不得濫請並無股分及未經辦礦之員充當，並請永遠免派委員入廠，以一事權，而重血本。至廠中延聘之人，各宜破除情面及官場習氣，不得任用親私，欵留閒人，致招物議。

十九，山東招遠、平度、寧海、掖縣、棲露、萊陽所需礦地，曾經探礦，買有地段，應請盡歸招遠公司酌量探採，他人不得于該處租買礦地，以杜争端。

二十，本公司所需工匠，先用本地附近鄉民，如入不敷用，以次遞雇遠鄉鄰縣之人。若本地人不能熟悉之工，方准用外路人充當，並禁外來游手，不得混入礦廠，以資約束。以上各條，均請核定批明立案。其餘未盡事宜，應俟奉到批准後，再行集議妥協，禀明辦理，以資遵守。光緒二十年前濟東道李及登萊青道札文招遠縣知悉，照得本道現因辦理招遠礦務公司，金山華商李贊芬任情浪費，信用非人，種種謬妄，貽誤鑛務，禀請將該商撤出招局一案，兹於光緒二十年九月初二日，奉北洋大臣直隸閣爵督部堂李批開。據禀並清抝均悉，前因李贊芬辦理招遠礦務，久未禀報情形，飭據東海關劉道禀復，當以該道不知現往何處，亦久無禀報。批飭將招礦一切事宜，暫行責成劉道就近督飭妥辦，認真查察，並將李贊芬接辦後經手賬目核明，共有餘利及舊欠各若干，先行分提繳還公欵在案。李贊芬原係該道具禀力保，其人行爲如何，自必深知。今據禀稱，李贊芬任意妄爲，種種荒謬，實由該道遠避京城，並未親往查案一次，致使三年之中，爲所欲爲，毫無忌憚，均堪痛恨。該道亦豈能辭咎，候飭東海關劉道轉飭地方官速將李贊芬撤出招局，拿解到道，會同該道澈底查辦，據實具復，毋稍徇縱。該道應即迅赴烟台，會同劉道認真查辦，毋再遠颺避匿，至金山股分擬與譚錦泉核算，給與招遠礦務股分，交譚錦泉在局經理，以免向隅之處，應准照辦。仰即督飭核實經理，隨時據實具報查攷，勿稍徇飾干咎，繳摺存發等因。奉此，查李贊芬既經奉飭撤出招局，所有該公司從前借用平度礦局一切物料，自應派員查明，照數收回。如有遺失損壞，亦應責令李贊芬賠補，以重公欵，至李贊芬自行購置各物，查係合於金礦之用者，核明實在價值，方准留局作爲金山股分銀兩。其餘如火油燈、車頭、藥碾子、打樁大錘一切浪費無用之物，應即責成李贊芬自行搬運出局，不得作爲金山股分。至李贊芬在寧海礦局，運來宋姓等合股所置之機器頭及一切物件，乃係李贊芬强取他人之物，以爲已有，更應責成李贊芬逐一運回寧海礦局，交還看守之人，飭取該看守人收字存案，以免將來數目轇轕。除遵批移會東海關道，轉飭地方官將李贊芬拏解究辦，並札委總董事李巡撿錫功馳赴招局點收物料外，合行札知札到該縣，即便前往礦局，查照札内事理，監同交收，以重公欵而斷葛藤，仍將辦理情形，具報東海關道查攷。毋違，此札。

爲札飭事，照得招遠縣屬玲瓏山紅石崖礦局，經前濟東道李禀派粤商李贊芬總辦。現因李贊芬金山股賬不清，禀請上憲札交本監督押追其賬，無干在事他人之事。本監督因聞該處正在開採得手，誠恐在局之人，聞風停歇，又踏平度之覆轍，不惟事主喫虧，且於公欵亦甚有累，故特發諭單，飭在工之李炳垣，照常帶領在局之人辦事，勿許停歇，並飭順泰洋行粤商擇派妥實夥友李光華，前赴該局會同李炳垣監視一切，以維大局，而免紛擾。爲此札行該縣，如在事董事以及地棍工頭，膽敢在局藉端滋擾，仰即拏送來轅，訊明嚴辦，合行札飭札到立即遵照，切切此札。

吉林省檔案館《清代吉林檔案史料選編（工業）》上冊《督理黑龍江漠河等處礦務劉焌查勘三姓金礦的禀文光緒三十三年六月初十日》 大人閣下：敬禀者，

竊職道於三十二年十月二十五日接奉北洋大臣札飭，十月十六日準前軍憲達咨開，八月初六日準盛大臣咨，以吉林三姓金礦公司，自庚子猝遭拳亂，嗣又爲俄占擾礦地，致血本盡失。商人等不能接前開辦，禀經本大臣咨明外務部，於磋議俄約之時，責令將礦地悉數歸商，一面在滬重集資本，以圖恢復。現經股商公舉廣東補用道王道秉必，指分雲南補用道莊道箓赴吉履勘，妥議辦法，相應咨會查照。俟王道、莊道抵吉，飭屬妥爲導護。同日準商部暨貴大臣先後咨同前因。旋據王道秉必、莊道箓來吉謁見，當即諭令前往勘辦。兹據該道禀稱：職道等此次東來，本爲考察，並未預備開辦。舉凡監工、查硔、綜核各員司，在在需人，急切殊難遴選，是以未敢冒昧從事。合無仰懇憲恩，給咨回滬，俟明春來吉接辦，等情。自應準如所請。第吉省礦産外人垂涎匪伊朝夕。若不及早圖維，不足以杜覬覦而弭争競。仍希貴大臣轉飭舊股商，趕集新股，並飭王、莊兩道迅急來吉，接續開辦。倘一時難集巨款，吉省亦陸續籌墊。除分咨外，相應備文咨復，查照辦理等因，到本大臣。准此，查三姓實爲吉省利源，應飭該道於往漠河接辦之便，順道前往三姓考察一切，詳細具報，合行札飭，札到該道，即便查照辦理等因。蒙此，職道由津起程，行抵江省，會晤駐江俄官，面商漠廠事宜，訂定華曆十二月内，親往接收。時日較促，因乘火車取道俄境之士特列因斯科，改坐爬犁，趕赴漠廠。預計由漠赴觀布置一切，非夏秋之交未能到姓。即在漠廠馳札候選縣丞王浣就近查勘。去後職道旋於四月二十四日到觀音山廠，接據該員稟稱：竊卑職接奉憲台札飭，查勘三姓金礦務得確情，據實稟候核轉等因。蒙此，卑職遵於五月十五日行抵三姓，越日進溝查勘。查得三姓公司舊開二礦，一曰東溝，在三姓東南二百八十餘里；一曰黑背，在三姓正南一百六十餘里。黑背自同治元年葛成龍盜採，繼以官辦四十餘年，溝老沙殘，二年前已停工作。東溝自同治九年王追之私挖，迄今三十七年，尚有礦丁四百餘名，分佈各溝，由吉林將軍新委之悦丞明阿督率淘取。内惟石門溝五幫七十餘名，太平溝一幫十二三名，係開生井，其餘均開水道，翻做殘沙。以四、五、六、七、八五個月旺時計算，每月約可出金二百兩左右，三七分金，每月可得官金五六十兩外。此天寒水凍，礦丁多半出溝，每月出金百兩、數十兩、十數兩不等。據現在礦情，似已難於獲利。然該礦自創始以至俄亂，官做私開前後三十四年，所獲均巨。即二十六年宋總辦春鰲出溝以後，金匪李龍嘯聚竊開，亦尚礦丁麇集。自周副將以統領兼充總辦，借用防軍護礦出金，遂暗受影響。又以資本不多，食貨艱於輸轉，礦丁之徒手爲生者解散，不能團聚。且沙金苗綫向本不長，非隨採隨開，隨開隨採，不能接續無窮。而該礦六七年不事採溝，即採有頭緒之小北溝及黑背所屬之嶺北一溝，亦以工本繁多，未經開挖。現時悦丞接辦未及一月，卑職與之晤見，云擬集款跴苗。以時方盛夏，長林豐草極目無垠，須俟秋高草枯，各山溝真相畢露，方能裹糧入山。然款亦尚未籌集，此考察該礦之實在情形也。

卑職詳加測勘，長白山脉由寧古塔東北迤邐而來，凡三曲而直赴烏蘇里江岸。此三曲之中，黑背、東溝實居其二。其第三曲，則在東溝東北一百七八十里之七星砬子。該砬峰巒回抱，與觀音山形勢仿佛，蜂窠瑪牙等石見於溝中，土人舊日本有東窩西窩之名，以各處礦開，此砬遂獨完混沌。此外黑背之廟嶺以北，東溝之樺皮溝以東，稱做之溝，亦尚可覓。總而言之，已開之溝老，未開之溝多。爲今之計，但須厚集股本，先從舊溝收緊辦起，趕緊派人採苗，俟有新溝再行擴充辦理，一二年後，當可規復舊觀。

抑卑職更有陳者：金礦墊辦以糧食爲大宗，而邊地價昂，運道又有時阻塞。往年漠河公司開乾老廠及太平溝時，均以無糧幾於中止。卑職此次查礦經過之地，但就三姓至東溝而論，二百八十里内一片平原，黑土黏質宜於黍麥，而已墾者僅近城十四五里及禿龍山一帶六七里兩處。其餘壯蒿肥艾，地利不興。將來三姓公司集有股款，似可撥銀二三萬兩，就礦左近開地若干，即以所收之糧供礦丁之食，既可免遠道購運之煩，亦可稍獲餘利。而墾户既多，於護礦一層更可略資臂助。蓋礦務辦由集股，事類經商，售貨收金，在在謀於興利，固不妨附庸墾牧也。愚昧之見是否有當，理合列附礦表，稟請鑒核等情。據此，職道詳加復核，並集訊曾在三姓金廠之員司、差弁、把頭人等，所稱與該員稟復情形尚屬相符。惟漠河公司向以四六分金，前宋道春鰲創辦三姓金廠，曾經稟明一切章程均仿照漠河辦理。自庚子亂後，該廠以羌無餘本，派員暫行管理，改抽三成官金，亦屬權宜之舉。然該廠毗(聯)〔連〕觀廠，息息相通，將來該廠集股重辦，應請飭令規復舊章，以免觀廠礦丁滋生异議，該廠亦可多得官金，藉充餉項，實爲公私兩便。所有遵飭委查三姓金礦詳細情形，理合據情稟請大人俯賜鑒核施行。肅此具稟，恭請鈞安，伏乞垂鑒。除逕稟北洋大臣、三省督憲外，職道焌謹稟。

〔附〕清摺一扣

《三姓金廠區域及産金數清摺光緒三十三年六月初十日》　督理黑龍江漠河等處礦務、二品銜直隸候補道，謹將職道遵飭委查三姓金廠區域産金數目表，繕具清摺，恭呈憲鑒。須至清摺者。

計開：

一、黑背：在三姓正南一百六十餘里，溝長二十里，形如弓背，首西南而尾東南。同治元年葛成龍採，光緒三十一年停。

一、羊胡子溝：係黑背溝岔，東南西北向，葛成龍採，三十一年停。

一、小北溝：係黑背溝岔，東南西北向，葛成龍採，三十一年停。

一、東溝：在廟嶺東，自嶺根起至馬糞泡止，長四十里，西北東南向。葛成龍開，三十一年停。

以上四溝，隸黑背廠。年深溝老，無硝可開，礦石縱橫，想見當年金旺。

一、北廟嶺溝：在黑背嶺東，二十八年俄兵採，溝長二十里，開動三里，每溜出金七八厘一分餘不等。

以上一溝，亦隸黑背廠。出金平常，可做。俄隊撤退以後，該廠本短，未能墊辦續採。

一、樺皮溝：在三姓東南二百八十餘里，長七里，西南東北向。同治九年王追之採，現有四幫四十餘人，開做水道。四、五、六、七、八五個月，每月出金二十餘兩，金色七成。

一、淺毛溝：在樺皮溝南三里，長十里左近，正東西向。光緒初年孫百萬採，現有十五幫，一百五六十人，開做水道。四、五、六、七、八五個月，每月出金七八十兩，金色七成。

一、老淺毛溝：在淺毛溝東北十餘里，溝長三四里，東北西南向。光緒初年劉姓採，現有五幫，五六十人，開做水道。四、五、六、七、八五個月，出金二三十兩，金(已)〔色〕七成。

一、大平溝：在老淺毛溝正東二十餘里，長四五里，南北向。光緒初年開，現有十四幫，一百三四十人，開做水道。四、五、六、七、八五個月，每月出金六七十兩，另有一幫十二人，開做生碃，每月出金六七兩，金色七成。

一、半節溝：在樺皮溝北六里，長三里，東西向。光緒九年旗官穆姓採。現有一幫十二人，開做水道。四、五、六、七、八五個月，每月出金六七兩，金色七成。

以上五溝，隸東溝，均已做殘，已無完地。

一、石門溝：在樺皮溝南十四五里，長五六里，東南西北向。光緒十一年文統領採，現有五幫，七十餘人，分段按碃，每月出金三四十兩，金色七成。

以上一溝，隸東溝，做殘，尚有餘地。

一、小北溝：在爛泥溝南二十里，長二三里，西南東北向。光緒九年旗官穆姓採，金沙稱做，以水大毛厚迄未開挖。

以上一溝，隸東溝，可做，未做。

一、柳樹溝：在石門溝南五六里，長十一二里，東北西南向。同治年間曾有金匪私採，現廢。

一、寒春溝：在柳樹溝正南二十里，長五、六里，正東西向。同治年間金匪私採，出金極旺，現廢。

一、楸皮溝：在寒春溝正東十七八里，溝長十五六里，正東西向。光緒二十八年王百川採，金沙稱做。嗣因口角封禁，可惜也。

一、大梨樹溝：在寒春溝西北十五六里，溝長十餘里，東西向。宋總辦採，不稱做停。

一、小梨樹溝：在大梨樹溝北七八里，溝長二十里，東□。光緒二十四年宋總辦採，不稱做停。

一、老棧房溝：在小梨樹溝北十餘里，溝長三四里，東北西南向。同治年間曾有金匪私採，觀已停廢。

一、小金溝：在老棧房西一里，長三四里，正東西向。光緒初年曾有金匪私挖，現已停廢。

一、楊木橋溝：在太平溝東南十五六里，金砂澹薄。

一、龍爪溝：係太平溝西岔，現已做殘。

一、爛泥溝：在樺皮溝北三十里，長四里，東南西北向。光緒二十四年採，旋即做殘。

以上十溝，隸東溝，或已做殘，或澹薄不稱工作。此外，惟樺皮溝東尚有未採數溝，形勢頗緊，礦苗亦顯特。稱作不稱作，須俟按碃實驗，未敢遽爲斷定也。

一、東、西窩：在七星砬子南，溝形甚緊，礦石亦時時可拾。該處爲委肯河發源之地，山脉至此亦迂迴停蓄。該礦中興倘基於此。

以上七星砬子，混沌，多未採動。

吉林行省批：稟摺均悉。此事業由查礦委員縣丞王浣稟陳情形，當經批示在案。惟查上年八月王道秉必、莊道篆即由股商公舉來吉查堪，旋即呈請給咨回滬，聲明春間即來。迄今時越半載尚未到吉，究竟該道等在滬招股是否集有巨款亦無稟覆。事關邊界礦務，我不急圖人將越俎，豈容任意□□，候據情抄稟分咨北洋大臣、盛大臣轉飭王、莊二道。查照王縣丞所勘姓礦實在情形，告知舊股商趕集新股，迅速來吉籌商接辦，以期恢復而辟利源，是爲至要。

至所稱該礦官金仍收四成，以與觀廠一律之處，應俟三姓公司成立後，再飭妥議可也。應候北洋大臣批飭。繳。清摺存。

光緒三十三年七月十二日

「中央研究院」近代史研究所《礦務檔》第六册《光緒三十三年七月十七日通懷礦廠欵目清單遵辦通懷各礦局廠處所暨出入各項欵目清單》 通懷礦廠欵目清單。

謹將通懷等處各礦局廠處所，並開支員司、書弁、丁夫、各隊弁勇薪項、工食、局用等項，暨所集股本墊欵，及開洒河、線兩金各數目，開列於後。

計開：

一，通懷礦務總局一處設立通化縣城，分局四處二道溝、報馬川、帽兒山、大江沿，以上各局，均有房間器具，多寡不等。河、線兩金礦廠三處二道溝河金、報馬川線金已開，帽兒山二三溝線金初開、鐵礦廠一處大荔枝溝初開、銅礦廠一處六道溝初開、煤礦廠一處四五道溝已開、煤礦廠一處大江沿上漏河已開、石棉礦廠一處大雅河初開，以上各廠，均有房棚器具等項，多寡不等。

查自光緒二十四年五月分開辦官廠之日，開支總分各局員司、書弁、丁夫、各隊弁勇、丁役薪餉工食並局用等項，分別列後：一，總辦一員，不開薪水，月支車價銀五十兩。

總分各局廠委員十一員，每月開支薪水銀三十兩、二十兩、十六兩不等。司事十二名，每月每名開支薪水銀十二兩。書識十四名，每月每名開支薪水銀七兩。差弁十六名，每月每名開支薪水銀十二兩。巡丁三十名，每月每名開支薪工銀六兩。夫四十八名，每月每名開支薪工銀四兩。總局每月局用銀一百五十兩，伙食銀一百五十兩。分局每月各局用銀五十兩，伙食銀五十兩。以上員司、書弁、丁夫，每月統共開支薪工，並局用瀋平銀一千七百餘兩，由四二成課金項下開支，課金不足，由股本借欵墊發。津貼由金沙平餘等項開支。

一，護局護勇五隊

統領一員，總辦兼不開薪水。隊官五員，每月每員開支薪水銀二十兩。什勇二百五十名，什長每名每月餉銀五兩，護勇每名每月餉銀四兩。以上統共每月開支薪餉瀋平銀一千二百四十餘兩，由四二成課金項下開支，課金不足，由股本借欵項下墊發。旗幟、號衣、鑼鼓、軍械等件，一概由局發給，歸平餘項下開支。

一，入股本。光緒二十三年春間起，至二十六年夏止，前後招集商股銀四萬五千七百兩。

一，入金沙，光緒二十三年起，至二十五年十二月止，統共開洒河金金沙一千五百數十兩，內准提四成歸官，金沙六百六十餘兩，每兩二十五換，作價合瀋平銀一萬六千五百餘兩。

一，入金沙。光緒二十四年十二月分起，至十五年十月止，統共開洒線金金沙二千三百五十餘兩，內准二成歸官，金砂四百七十餘兩，每兩以十八換，作價合瀋平銀八千四百餘兩。

一，入借墊。光緒二十三年春間起，至二十六年四月止，統共借墊瀋平銀一萬六千七百兩。均有細賬，前經報明在案。

以上總共入瀋平銀八萬七千三百餘兩。

一，出光緒二十四年八月分報効課金銀一萬兩。

一，出總分各局開支。自光緒二十四年五月起，至二十六年六月止，每月瀋平銀一千七百六十餘兩，統共瀋平銀四萬五千八百餘兩。

一，出護勇五隊開支。自光緒二十四年五月分起，至十二月止，每月瀋平銀一千二百四十餘兩，統共瀋平銀九千九百餘兩。

一，出護勇四隊開支。自光緒二十五年正月分起，至十二月止，每月瀋平銀九百九十餘兩，統共瀋平銀一萬一千九百五十餘兩。

一，出護勇三隊開支。自光緒二十六年正月分起，至六月止，每月瀋平銀七百四十餘兩，統共瀋平銀四千四百八十餘兩。

一，出馬隊十名開支。自光緒二十四年五月分起，至二十六年六月分止，每月每名餉乾銀十兩，統共瀋平銀三千六百兩。

一，出自光緒二十三年春間接辦起，至二十四年四月底止，總分各局廠員司、書弁、護勇、丁役每月薪餉津貼以及伙食川資雜欵等項，統共開支約用銀六千餘兩。原賬被燬，無從細核，前經報明在案。

以上總共出瀋平銀八萬八九千兩。查光緒二十八年夏，與英商金利公司訂立草合同，合辦通懷各礦。係將以前用過欵項，共作十萬成數，以符原奏。又借勘採等費，添入十萬兩，統合銀二十萬兩，以爲華商四成股本，理合陳明。

附抄阮毓昌稟節畧、賈宗榮呈，共三件。

「中央研究院」近代史研究所《礦務檔》第二册《光緒三十三年八月十三日外務部、收軍機處交楊士驤奏摺附華德採礦公司勘辦山東五處礦務合同密陳改訂山東五處礦務合同辦理情形》　光緒三十三年八月十三日，收軍機處交抄楊士驤奏摺稱，爲改訂山東五處礦務合同，遵奉外務部、商部函電，速即妥訂。現經德員簽押，謹照録進呈並將先後辦理情形，恭摺密陳，仰祈聖鑒事。竊查東省五處礦務，前經東省京官以損失利權太大，擬請設法補救等詞，聯銜具奏，恭奉諭旨飭查在案。臣奉旨後，遵即督飭礦政局員與華德採礦公司德員磋議累月，始將已失利權，設法挽回，當經改訂合同。咨由外務部、商部核復到東，飭局會同德員簽字畫押，茲已訂換事竣，謹將先後商辦情形，爲我皇太后皇上密陳之。查自議訂膠澳條約以後，德人即在東省設立華德煤礦公司，勘辦相距鐵路附近三十里內礦產，侵損本省礦利已多。光緒二十五年春間，又有德商於三十里礦務之外，另立華德採礦貿易公司，呈請勘辦沂州、沂水、諸城、濰縣、烟台五處礦務，稟由德國駐京使臣與總理衙門商辦此事。總理衙門以所佔地段太廣，核與定章不符，初次未經核准，復經德使擬送礦章十四條，總理衙門旋即酌量改訂。僅以先准開辦一處，暨同時開辦五處，彼此斷斷辨論，迄未定議。而於礦界之大小，主權之得失，則概未議及也。二十六年夏間，拳匪搆禍，遂即懸擱未議。二十七年秋間，德使又派駐烟領事連梓來省接商，經前撫臣張人駿，商由外務部飭派道員楊晟來東，酌照原議，續訂礦章二十一條，電由外務部核准。嗣因抽税、報效兩項專章，一時不能議妥，全章遂亦未及簽押，移交後任撫臣周馥接辦，磋商多次，仍未就緒，此五處礦務原案之大概情形也。臣到任後，詳核原案，始知德人前在總理衙門所指五處礦界，約計共有十二萬方里之多，而又處處均援照三十里礦章辦理，所損本省礦政權利甚大。今欲設法補救，首在聲明祇是商務，不是交涉。先將前兩次所訂礦章草底作廢，改令遵照商部奏定通行礦章辦理，僅與商訂合同，勿庸另訂專章，俾與華商辦礦一律，是爲全案緊要關鍵，而又注重收縮礦界、認繳礦税兩大端，藉以挽回利權，舍此別無辦法。爰於三十三年春間，督飭礦政局道員朱鍾琪、李德順等與該公司德員貝哈格，另行妥議合同八條。第一要義即重在明定礦界，祇准於五處內，擇定開礦地畝七小塊，每小塊不得逾三十方中里，合計亦只有二百一十方中里，較諸原指礦界約收小五百七十餘倍。又將該公司名目改爲華德採礦公司，聲係按照尋常商務辦法與膠濟鐵路附近三十里內之礦務載在膠澳條約者，迥不相同，並與交涉無干。而又明定辦礦限期、完税規則，並須分招華股，添設華總辦，以期華德合辦，遇事平權。其餘一切事宜，悉令遵守通行礦務章程辦理，仍歸礦政局隨時查核，處處防損取益，似已挽回利權不少，磋磨兼旬之久，始獲勉就範圍。當經臣照鈔合同底稿，咨商外務部、商部，升任北洋大臣直隸督臣袁世凱，先後核復到東。貝哈格亦將所議合同，函商柏靈總公司，旋即因事他去，未及簽押。迨後復准商部函稱，所訂各條，詳細周妥，應即照准，旋於本年六月又准外務部電稱，此項合同，現經詳加查核，均屬可行，應俟該公司代理人到東時，飭局畫押盖印，並由臣處奏明辦理各等因。該公司代理人郭思曼，旋即來東簽字，復經臣督同局員，逐條詳加附訂，並聲明以華文爲主。遂於七月十四日，分繕華、德文合同各二分，彼此簽字畫押，五處礦務全案，遂即就此辦結。伏查德人呈請勘辦五處礦産，原指礦界，幾及東省沿海三分之一，而所索利權亦與三十里內礦務相埒，論者謂其蓄意甚深，似非僅在辦礦一端，不爲無因。今幸仰託朝廷威信，設法補救，改訂合同，俾獲挽回損失利權，仍與尋常商務無異，即使將來集資勘辦，自可飭照通行礦章辦理，既不至別釀重要交涉，亦尚可維持本省礦權，藉以仰慰宸廑。除咨軍機處、外務部、農工商部查照外，所有改訂山東五處礦務合同，謹照繕清單，恭呈御覽。理合恭摺密陳，伏乞皇太后、皇上聖鑒訓示。再此項合同係照録簽押原本未便更改，故與陳奏語氣，稍有未符，合併陳明。謹奏。

光緒三十三年八月十三日奉硃批：該衙門知道，單併發，欽此。

〔附〕鈔謹將議訂華德採礦公司勘辦山東五處礦務合同，照繕清單，恭呈御覽。

爲訂立合同事，案據華德採礦公司呈請勘辦山東五處礦務，雖經外務部允准先行查勘在案，茲准外務部咨開，以據該公司稟請續議前來。現奉山東巡撫部院楊札委礦政局與該公司議訂合同如下：

第一條，該公司招集華德股本，即係華德公共商務，現在勘辦五處礦産，祇應按照尋常商務辦法，與膠濟鐵路附近三十里內之礦務載在膠澳條約者，迥不相同，並與國家交涉無干。至該公司應辦之事，係僅限於開礦一端，此次合同所載各條，均不得推及別項商務。

第二條，外務部前允該公司於原指五處地段內，查勘礦産，原議每處以十個月爲限，今逾既限已久。據該公司稟稱，寔未探竣，現特格外通融，准自此項合同簽押之日起，再酌予加展探礦期限兩年，由礦政局詳請撫院，咨明外務部、農工商部立案。俟呈請開辦時，再請農工商部核發開礦執照，未發執照以前，不得擅行開採礦産。如兩年限滿，仍未呈請開辦，即將該公司查勘礦産之權，全行停止，其地統歸中國辦理。至兩年限內，倘有華商在原指五處凡非公司恰正查勘之地段以內，呈請勘採礦産，則先知照該公司，於兩個月內呈復。如該公司必用此地開採，即應劃定礦界，依限辦理；倘逾兩個月定限，該公司並未呈復，或呈明不願開採，則此塊礦地即歸華商領照承辦，該公司不得干預。至原指地段內，凡有華商已經勘辦及暫時停工、尚未全行廢棄之礦，應仍歸華商辦理。該公司允認概不過問，亦不攬攪其事，倘該公司於華礦有所詢問，礦政局允爲查明知照。

第三條，該公司原指五處地段，係爲探礦而設，是以佔界甚大。令爲辦事和平起迅速起見，於兩年探礦期限内，准該公司於原指探礦地段，共擇定開礦地畝七塊，係依限呈請開辦。每塊礦地界限，不得逾三十方華里，其地須彼此連屬，長處不得逾濶處四倍。該公司於呈請開辦之時，須繪具礦地詳細圖説，候礦政局派員會同地方官查明果無違碍情形，再行詳請撫院，轉咨農工商部核發開礦執照。領照後，應按照部定章程第二十四條，限六個月内開礦，仍以修砌井洞、盖造廠房等事，作爲開辦寔據。不得僅以呈報開辦日期，空言搪塞，倘逾限仍未開辦，即將執照註銷作廢。至礦地四至界限，應於地面周圍立石爲誌，該公司在地底採礦，深處不立限制，其四旁不得挖過地面界址直垂之線。如界外有華商指辦礦地，與該公司礦地相距較近者，亦應各將界址劃明，以免争執。該公司無論因何原故，如欲將指辦礦地轉售他商接辦，應首儘華人，次儘德人，届時仍應稟由礦政局呈候撫院核明批准，咨請農工商部另换執照，不得私相授受，隱匿不報。

第四條，礦政局總理山東全省礦政，該公司遇有應辦公事，應稟明礦政局查核定奪。該公司已辦之各項工程，礦政局可隨時派員稽查。惟派員之時，須預先知照該公司，以期接洽。如遇有租地賃房，招工購料等事合同，應先稟請礦政局，飭派委員或飭地方官派人幫同照料，妥爲商辦，總期辦事簡便公平，庶於公司及地方公共利益兩無妨碍。至該公司探礦採礦，應需地畝，現經彼此訂明，祇可租用，不得購買。從前已購之地，該公司亦允一律改爲租用，其業經劃定礦地，如該公司一時尚無布置，仍准地主照常耕作，該公司租用地畝，應各就本地情形妥議租價，彼此無稍抑勒，應於開礦以前，先付一年租價，由礦政局委員眼同交與地主查收。倘係荒山河灘，查無業主之地，即係中國國家公産，應照民地一律議租，呈繳礦政局照收。如有廟社、墳塋，不便遷讓，以及防損農田、水利各項公益善舉，寔有關係違碍之處，地主決意不願出租，應仍聽其自便，該公司不得强行租用。再如朝廷所屬祠廟、行宫、園廠等項之下，暨逼近城壘以及防守各要害之處，均不准呈請租地辦礦。除此以外，該公司租用地畝，該地主即應公平議租，不得藉詞推託。如該公司於礦界附近河道，欲立引水機台，取用河水，應先稟請礦政局派員會同查勘，酌核辦理，總以無碍農田水利爲主。該公司如在内地欲租棧房，暫存辦礦料物，亦應稟請礦政局，查照條約，酌核辦理。

第五條，該公司創設公司緣由並報集股份章程，應呈送礦政局，詳請撫院諮報外務部、農工商部存案備查。如有違背條約，妨碍公法之處，中國政府應有飭令更改之權，即如該公司在所指地段，只准開礦，不准製造，亦遵照條約之一端。如該公司擬在商埠，暨指定辦礦界内，設立分局或分公司，應預先稟報礦政局查考，所有出售該公司新舊股票，華德人均可購買，所享利益華德一律，無稍軒輊，共報股本若干，隨時赴礦政局報明。將來華股集至十萬馬克，即應設華總辦一員，入公司辦事。凡遇稽查華股應享一切利益等事，均與德總辦平權。倘華總辦遇事故意阻難，准該公司稟請礦政局查核更换，如德總辦辦事不能和平，確有不合理法寔據，亦准華總辦據寔稟揭。凡公司一切事件，總須彼此互商持平辦理，均不得無端争執。又凡該公司所用各洋人，均須請領礦政局憑單，以便遇有查問，隨時呈驗。此項洋人，若欲他往遊歷，均應照約請領護照。

第六條，該公司凡領開礦執照，在十方華里以内者，須繳照費庫平銀一百兩。如在十方華里以外，則每多一方里加費十兩，以三十方里爲限，其佔用地畝，已照發公平租價，則該地應納錢糧，仍歸業主自行完納。惟所出礦産，應繳兩税：一係出口税，即按照税関章程完納；一係出井税，暫照光緒三十年二月初一日，商部奏定礦務暫行章程所載税則完納。俟礦産出井後，即由該公司核計逐日出井寔數，照則計税，按公司每年結帳時，彙呈礦政局核收。將來另訂礦務新章，内中所載完税名目、定則輕重，如中外遵行，該公司亦應一律改照新章辦理。如新章所載税則，比較現行章程從減，礦政局允將該公司溢付之款，抵作下次付税之用。又該公司裝運礦産出口，既已分完出井、出口兩税，沿途即可免抽厘金。惟該公司必須將逐日出井，暨裝運出口之各項礦産，隨時按照寔數，列表登記並各造詳細數目清册一份，按年呈送礦政局核明，轉詳撫院，咨送農工商部以備查考。並可由礦政局隨時派員赴公司礦廠，稽查出井礦産，暨應納礦税各寔在數目。凡與礦産出井運銷及與税務確有関係之各項正副帳册，委員均可隨時調查。

第七條，該公司開採礦産，如挖掘井峒、抽引泉水等事，總以不傷附近民田房屋、水井爲主。若因公司大意粗心，致傷以上所指各物，定當按照該處情形認賠。倘遇有意外不測之事，致傷人命及物件，均應從優撫卹賠償。凡開礦之處，均須就近設立病院一所，以便華人在工患病及受傷者，前往醫治調養。所有在院因病、因傷費用，概由公司備給，若竟因傷病身死，公司須出貲卹其家屬。

第八條，該公司辦理諸事，首以此次簽定合同爲主，凡此合同有関採礦各事而未及詳載者，於礦務新章尚未頒發以前，均應遵照光緒三十年二月初一日商部奏定礦務暫行章程辦理。俟將來頒發礦務新章，除此項合同所載，仍應遵守外，其餘各事，該公司即應統遵新章照辦。自經此項合同簽押之後，所有從前議而未定之各項礦章草底，應即全行作廢。

以上八條，係用華文，共繕兩份，彼此簽押作據，另譯德文，核對條款，語意相符。設使華、德兩文，彼此解釋或有歧異之處，則應以華文之義爲主，此次所議各條，公司允願確寔遵守。山東撫院亦允辦理諸事，永以和平友睦爲宗旨。俾使礦務日有起色，而華德人民互受裨益，此項合同，現經外務部、農工商部允准，俟彼此簽字後，即可施行。

光緒三十三年八月十三日，奉硃批：覽，欽此。　　七月十四日簽押

吉林省檔案館《清代吉林檔案史料選編（工業）》上册《餉捐總局呈三姓礦務局收解金沙及欠交借墊捐款等錢文數目的清單光緒三十三年十一月二十三日》 餉捐總局呈，謹將卷查三姓礦務局，自開辦迄今，收解金砂及欠交借墊捐款並官帖錢文各數目，分繕清單，恭呈鑒核。

計開：

一、礦務局自光緒三十一年二月起，至三十三年三月底止，鄭故守、德前會辦差內，共收金砂八百七十一兩七錢二分五厘九毫。內除抵補解款虧平金砂二兩四錢三分零九毫，並應存該局四成辦公金砂三百四十六兩二錢五分九厘四毫六絲。現準前礦務局會辦署三姓副都統德協領勝來移，以礦務前借捐錢無款歸還，請將此項辦公金砂就近變價拔補墊款，職局業已查明，另案呈請核辦。

一、礦務局前總辦鄭故守，自光緒三十一年二月起，至三十三年三月底止，解省金砂除應提四成辦公外，應存六成歸公金砂五百二十三兩零三分五厘五毫四絲。

一、礦務局悦丞自光緒三十三年四月接辦起，至六月底止，除該總辦開支薪工兑換金砂四十二兩零，並解省虧平外，實解到金砂四十八兩七錢四分，此均係應行歸公之款，並無應提四成辦公。以上共存六成歸公金砂五百七十一兩七錢七分五厘五毫四絲。此項亦由職局另案呈請變價存儲，以濟公用。

一、前據三姓籌餉分局承辦委員鄭國僑册報，由九厘捐款項下借墊礦務薪工米麵錢三萬四千六百二十九吊七百三十二文。

一、前據三姓餉捐分局承辦委員毓令秀，會同悦丞明阿等查明，鄭故守國僑欠款案內，經鄭故守由九厘捐款項下借墊礦務局薪工等項錢，二萬九千零四十一吊二百二十四文。

一、光緒三十三年五月間，礦務總辦悦丞明阿呈請批準，由姓餉捐分局捐款借墊該總辦進溝需用錢二千吊以上。礦務局共由九厘捐款借墊錢六萬五千六百七十吊零九百五十六文，屢催在案。

一、卷查光緒三十年十一月間，前籌餉總局遵奉軍諭，以三姓副都統諮報礦務局，所出銀票錢票擁擠，勢將滋事，飭即妥爲籌辦。當經該總局稟準，由官帖局餘利項下提借錢三萬吊，免納利息交鄭故守國僑帶姓。嗣因不敷開付銀錢各票，復經鄭故守會同德協領勝稟請，再由官帖局借錢二萬吊，奉批即由三姓籌餉分局捐款借錢二萬吊，共湊五萬吊。發往姓商領使，一分三厘生息，以每年所得利錢六千五百吊收銷帖票。自光緒三十一年起，緩至三十九年年底，方能清還原本。至借用捐款二萬吊，業經籌餉總局以抵餉正款未能久懸，先由九厘經費項下撥還，一俟該局届期交到，再行歸款。其三十一年份應解官帖局七厘息錢二千三百一十吊，曾據該局解省，批交官帖局核收。以後該局曾否將官帖局七厘息款按年解交，無案可稽，理合聲明。

吉林行省批：據禀已悉。查三姓金礦，先因周副將寶麟辦理不善，開出銀錢各票，積欠中錢五萬餘吊無方彌補，人心惶亂。當經富前將軍札派鄭故守國僑，會同德協領勝前往接辦。前項虧款由官帖局餘利項下借錢三萬吊，籌餉總局一五經費項下借錢二萬吊發商，以一分五厘行息，分作九年陸續清償，再將原本提回歸墊。其借用籌餉局一款免予起息。應交官帖局利錢，聲明由礦務餘利項下提解。每月所收官金，六成歸公，四成留充局用。厥後鄭故守因恐入不敷出中途變計，將所收官金盡數解省。應支局用薪工、伙食，暫由姓局征存捐款墊發等情，先後禀定在案。

現查鄭故守差内截至光緒三十三年三月底止，因辦理礦務共虧捐款中錢六萬數千吊，除就解到金沙内照章提取四成折價彌補外，尚虧中錢二萬四千餘吊，自應速催該故守家屬與會辦德協領照數歸繳，以重正款。但檢卷細查此項虧款内，其鄭故守接辦之初，曾有代周副將墊付裁軍什勇餉銀二千七百四十八兩四錢一分，合中錢八千七百九十四吊九百一十二文，禀明作接收礦局槍械之需，以後何人接辦此礦，即歸何人認繳。又有借墊東溝礦夫人等米麵中錢一千二百七

十吊零二百一十四文，亦經聲明由承辦礦務委員陸續扣繳。如此兩項業已並在鄭故守虧款以內，則悦丞明阿爲接收該故守礦務之員，即應如數剔除，着落悦丞歸補。其局中槍械有無短少，墊出東溝米麵一款已否扣清，再由悦丞與現辦此礦之侯丞國瑞自行清理。至悦丞自光緒三十三年四月初一日起至是年冬間卸差之日止，但據解過四、五、六三個月官金四十八兩九錢零七厘，其自五月後所收官金有無交清，按照四六分成章程已否足數，及原借姓局捐款中錢二千吊果否還清，並應飭查明確，以昭核實。

此外周副將借用三姓副都統衙門銀三千兩，遍查各卷，止據報收銀二千兩，究竟實借若干，□未歸清，亦應由餉捐局備文咨查，具復察奪，仰即遵照指飭分行遵照。繳折存。原卷八宗，隨批附發。

光緒三十四年二月十二日

《申報》宣統元年四月二十五日第二版《學部查覆唐山路礦學堂罷學情形北京》　御史江春霖奏，直隸唐山路礦學堂，革退學生太多，請飭查辦一事。旋由學部會同郵傳部派學部右參議戴展誠、郵部左參議李稷勳，帶員同往查辦，現已查明稟覆。即經學部會同郵部覆奏云，如原奏總辦文科進士熊崇志扣給津貼，致將學生一百六名全行革退一節，查該學堂原招甲、乙班學生，按名皆給津貼，後有裁改限制之議，學生等先後要求，經郵傳部批准，照舊給獎，争論遂息。至此案之緣由則在升級一事，上年年終大考，洋教員阿德利等與該總辦熊崇志商議，必學生各種科學確能及格，始可升級，若考試平均雖及五十分，而有一門不及三十分者，驟予升級，恐根柢不深，將來畢業難資實用，該總辦仍令不及格各生再行補考一次，以定等差，學生等恐補考仍不及格，以致全體要挾，糾衆罷學，再三勸諭，始終抵抗不遵。該總辦稟准郵傳部先將不遵補考、業已降班之學生三十九名革退，其毋庸補考及業已補考生，各仍展限期上堂受課。乃至期上堂者，僅有四名，其餘六十六名抗違如故，遂復將此六十六名全行斥退，此該學堂兩次斥革學生之實在情形也。該御史不言升級，但言津貼，自係傳聞之誤。又原奏常年費至十萬兩，年虚擲二十餘萬，向誰取償一節，查該學堂額支經費每年不過五萬餘元，此次斥革學生，係因學生聚衆罷課，始終違抗，舍全體斥退，别無辦法，耗費雖多，勢難顧惜。光緒三十三年十月，學部議覆編修陳驤條陳整頓學務摺内曾經奏明，嗣後京外各學堂如有糾衆罷考情事，其爲首滋事之學生，即行斥革，抗不遵辦者，即全體解散，亦所不恤，是該總辦辦理並無不合。惟原奏謂學生肄業及二年者，已居大半，半途而廢，究屬可惜等語，敦重學業，愛惜人才，用意頗厚。臣等已飭令該總辦復行查詢，除爲首各生不准回堂外，其餘各生如係被人迫脅，准於十日内取具悔過切結，酌予收録。現在學生等回堂上課者，已有八十餘人，似此分别辦理，已足以示懲戒。總辦熊崇志辦理此事，既無不合，應請毋庸置議，至該學堂名爲路礦分門，實則學生人數既少，程度又至不齊，現今可以升學者不過三分之一，若再分設兩門，必致零星，分班需費多而實益少，且升學各生認習礦學者僅有數人，萬難特立一班，應將現在兩班學生概令習鐵路工程，不必分習礦學，俟以後人數增多，再議推廣。至其年限課程，除現在甲、乙兩班肄業將及二年，且未經議及獎勵，仍令照舊辦理外，自本年始，再招新班學生，亟應更求切實之方，以期深造，謹酌擬整頓辦法四條，爲我皇上陳之。一，年限宜加長也。該學堂現定四年畢業，二年習路礦公共科，二年習路礦專門科，夫以至短之時期，攻高深之科學，躐等求進，終必扞格無成。此次考試分數不足而强求升級，止坐此弊，擬將肄業年限酌量展長，定爲七年，由粗入精，循途漸進，前三年程度較淺，可爲謀生之資，後四年造詣漸深，可收實用之效。一，等級宜釐定也，查該學堂雖爲路礦專門，而學生之資格、學堂之等級，未經嚴覈確定，擬令分爲中等科、高等科兩項辦法。中等科爲應急需起見，招選學生不論資格，專論程度，凡中國文、外國文、算學、格致、圖畫、歷史、地理已有門徑者，考驗合格，准其入學，三年畢業，不給獎勵，此科教員應以遊學外國路礦專門畢業生爲主，如遊學生不可多得，亦可參用外國教員。高等科爲造專精人才起見，考選學生應儘中等科畢業生升入，其各省各項中等學堂畢業生亦可考入，四年畢業，照高等實業學堂獎章，給予獎勵，此科教員應以外國工學博士、學士，精於路礦者爲主，而以遊學畢業生輔之。其中等、高等兩科課程，應由學部會同郵傳部，擬訂奏明辦理。一，設備宜完全也。查該學堂自郵傳部接辦以來，力求擴充，然閲時未久，尚難遽備，化學實驗室頗狹，藥品材料不多，僅敷中等專門之用；堂内之實習工場、礦産陳列室未及設立，其實習各種機械、器具及教授參考所需圖書、標本模型亦待購置；學生受課大率理論多而實驗少，雖附近有鐵路工廠、開平礦廠，僅可偶一參觀，不能供朝夕之研究；其齋舍僅容百五六十人，講堂僅有七所，即現在學生概行升入專科，已不敷用，是設備均不可緩也。設備之詳略，爲學術得失所關，應由郵傳部籌措的欵，奏明辦理。一，管理宜加嚴也。該學堂在荒僻之區，勢不能不設宿舍，然羣居雜處，非設爲規律，深恐約束難周，該學堂管理各員頗多缺陷，亟應遵照奏章大加整頓，擬將總辦照章改爲監督，並分設教務長、齋教長各一員。教科務求整齊，管理尤貴嚴肅，學生有違犯學規、濡染惡習者，照學堂禁令章程，認真辦理，並由學部派視學官隨時考察，如堂内各員有不稱職者，會商郵傳部立即撤换。凡此四條，均就該學堂利弊所在，籌整頓之法，爲久遠之圖。方今京漢鐵路已收回，全國幹、支各路興築日廣，而各省礦産開採、鍊治在需才，尤宜就該學堂已有之規模，力求完善，庶幾此項人才不匱於用，挽利權而開生計，爲益莫大於此。四月十七日，奉旨：已録。

《商務官報》宣統元年五月五日第一四期《論山東礦務》

一、總説

山東省地質複雜，而火山焦巖，處處露出，各種礦物，又隨處散在，若石炭則山東全省無處不産，誠非誇言，其他銀、銅、鉛、鐵、錫、玉、水銀、石材等卵産之豐富，可比雲貴諸省。德國之大博士李希都呼宏氏曾視察山東，垂涎無比，遂獻策德皇，目下官民合力，汲汲向山東省經營，殆無虚日。蓋因山東省礦物豐富，因一千八百九十八年二月六號所訂清德條約，德國得在膠州濟南間敷設鐵路並沿線左右三十華里内，開採鑛山之權利，故德國現在山東，已開採各種礦物矣。

至於近年，中國收回利權之説，響應各地，於是東魯人士，亦欲向德國收回採礦權利，奔走運動者，四方出行，勢頗猛烈也。

今將山東省所有煤礦産地之著名者列後：（一）新泰、（二）沂州、（三）嶧縣、（四）藤縣蘆山店、（五）濰縣、（六）淄川、（七）章邱、（八）博山、（九）萊蕪、（十）泰安府、（十一）東平州、（十二）濟南府城南文峯頂等地方也。如德國李博士所言，在山東省内石炭之産地，多在濰河以西，其礦床布在沂州、兖州、泰安、濟南、青州五府内，東方以泰山爲中心，而自西南奔東北山脈，與自歷山連大峴山脈之交互點，而山嶽重疊間，黄河、白狼河、沂水之平原，皆在此礦床者也。夫此等之礦床，互相連絡者歟，抑亦各自孤立者歟，雖不得分明，然其成一大層，則昭然明矣。蓋此等礦床，相合而成三角形體，嶧縣之煤田乃其頂點，而沂州濰縣之兩煤田，均在東方之一邊。新泰、萊蕪、章邱之諸煤田，則在西方之一邊，其他之諸煤田，亦皆散在此形内。

此等煤田中，沂州、博山、章邱、濰縣之煤田最大，嶧縣、萊蕪、新泰、淄川之煤田次之。沂州煤田面積大約有二百六十方里（華里），即十二億二千萬坪；博山煤田，面積有四十四方即二億萬坪；章邱煤田不出七千坪。而沂州煤田，連絡西南之嶧山煤田，屬山東省最大之煤田。

二、採礦事業

第一，濰縣之煤田。

一千八百九十八年，德國設立德華煤礦公司，踏勘濰縣煤田，確悉其礦源豐富，至着手開採坊子村煤田（距濰縣城四十里地）。計自膠濟鐵路張樂園車站，至坊子村，約二十里間，敷設一支線路，以便運煤。一千九百〇二年，安置大副機械，乃始試錐之時也。據其成績，鑛層自上面抵下面，厚有十六度，自南方横北方，長達一百米達，煤塊計有一億萬噸之重量，礦脈大約二百米達之延長也。其下部含石炭之花崗石，而上部以石灰（火炭）蒙蔽石炭，有四五米達之厚，總分於三層云。

見石炭之品質，純屬燒土質，其光澤類似開平煤，比日本九州煤，性質脆弱，品位平常，足匹敵九州煤之中等者而已。觀德人分拆表，骸炭分五一・八〇〇，純炭分一四・七〇〇，撥發分三〇・七〇〇，火分二・八〇〇，硫黄分〇・九六六，比重一・四〇九，發熱量六一・六〇加魯利也。可以知品質之爲平常，德人以爲此煤優勝於開平煤，可以抵制日本煤之輸入，據膠濟鐵路機關車所驗，燒此煤行車，較用日本煤時，每百里遲延三鐘時間云。由此以觀可知此煤品質，非能若德人之所誇張耳。

礦坑内之作業，但限大礦脈，以支柱及堆柱之法而採煤，所採煤塊依塊子之大小，分爲四等：第一等、第二等，三〇米利至八十米利；第三等三十米利至十五米利；第四種十五米利至十米利，此外爲末子。

德華煤礦公司，當初設支局於坊子村，派技師、書記、主簿等八德人，使役一千名之華工，開竪抗採礦。其勞銀一人一日制錢三百文，至銀幣一元也。爲礦工勞動者，特設病院，德國醫士當施藥治病之任，建造房屋，以便工人之居住。現下之採煤數量，一日平均五六百噸，而産出額，與其消費額，互相平均。在青島市場，該煤行價，一二等值墨銀十元，三等值九元，四等值八元内外云。

第二，淄川及博山之煤油。

淄川縣内，除西北一隅外，到處産煤，就中黌陽坡爲最盛。此地在黌山之麓，華人用舊法採鑛者，凡有八十餘處。天成、義利、義盛、昌泰、裕昌等，其大者也。

天成鑛務局，係官民合辦者，由淄川縣令出資五千兩，其鑛坑即所謂竪坑，深達一百二十尺。安置牛皮製之排水器，而用馬三四頭至二十頭，排去坑中之水。此排水器，山東機器局所造者也。

礦工人數，合甕陽坡所有礦坑全部，一千四五百人，其工錢，一日制錢二百文内外也。

煤層厚率大抵不過四五西尺，其煤質雖脆弱，亦頗嘉良，投于火中，立即燒燃，火力亦不弱，較之坊子煤，品質頗優，而煤量之輕，似日本備前之煤，每日之採出額，雖不能確知，大畧可一百噸以上也。該地燃料頗乏，多消費石炭，普通農家，且用石炭爲燃料，石炭市價一百斤值一百五十六文，是在甕陽坡華人所管鑛業之狀况也。其外淄川縣内，現在開採者，凡有一百六十坑，其中有廢業者六十六處，一時停辦者八處云，可知該地方礦業之盛衰也。

德國見淄川煤礦之豐富，光緒三十年，試錐紅山之麓，開竪坑，不見煤而止；次加錐紅山之腹，挖竪坑，亦不見成功，更開一横坑，連絡以上之兩坑，用德人十名，華人三百名，從事採鑛。博山煤坑，在淄川城西南十二里地，本省著名之工業地，市街到處墨烟蔽天，一見可知爲製造工業之盛處也。夫博山地方所以致工業之盛者，由于煤礦之豐富，自溜川至博山一帶地方成大礦床，到處無不産煤。博山煤田與溜川同床，而此煤田爲本省中尤大者，有南北十二里、東西四五里之廣袤。

博山地方鑛務之盛，東北三四里之地，有竪坑四處，悉係華人自辦者。第一坑，方五西尺，深八十西尺，煤層之厚，率一尺内外，由此坑出，純是碎煤，品質不良。第二坑，在第一坑之北方谿谷，是亦竪坑，竪七尺，横四尺，深二百餘尺，一日之採煤，額有六七千噸，其大部分屬末煤，然含有硫黄頗少，其質頗良也。第三坑，方五西尺，深十二西尺，其煤層二西尺内外，煤質酷肖第一坑。第四坑則虎口之竪坑，煤層之厚率一西尺内外，煤質亦不劣。

以上諸坑之石炭，以新式之方法採掘，亦敷設一支鐵路自張店經淄川至博山線路以充運煤之用。淄川及博山之石炭，一般皆品質純良，苟益加開採，增進産額，廣求售路，至其時，日本煤、開平煤，當大被影響也。

第三，嶧縣之煤田。

嶧山之煤田，甚廣且大，而煤質亦良，産額亦不少。此煤田，歸嶧縣中興鑛務公司開採，該公司原稱華德煤礦公司，係光緒六年李傅相所創設者。至光緒二十一年，因營業成績不好，一旦休止營業。二十五年更組織華德中興煤礦公司，由華德兩國人合資，華人六分，德人四分，再辦開礦業。厥後因德人不出資本，只招聘德國礦師，遂償德人銀四萬七千兩，專歸華人自辦，改名爲嶧縣中興公司，用新式機器，大事採掘，現時産額甚多。所採石炭，分售於濟南、芝罘、青島各地方，然以交通不便，運輸不易，昨年開股東總會，議決敷設一支線鐵路（自該鑛廠至台兒莊線路）以便運煤，使德商禮和洋行以一百六十萬馬克之代價包辦一切，已稟請魯撫，且得郵傳部之許可。其後郵部又取消其許可，然津浦鐵路已開通天津、德州間，擬以本年内開通山東全省，是運輸上已無何等之不便。嶧縣之石炭，即由是販出于四方，雄飛於大陸市場，可與日本煤、開平煤匹敵競争矣。

第四，滕縣之煤田。

滕縣之煤鑛至蘆山店，在滕山縣城西北二十五里地，光緒三十四年五月十八日始着手開採者。不過只發得礦脈，其煤田有數頃之面積，礦層則多斷層，據外國礦師之所測量，云高率七丈，幅積上部廣，至下部則次第狹隘。上部廣處五尺，下部狹處三尺許，石炭之質量頗嘉云。

蘆山店煤鑛，由華人自辦，預定資本金三十萬兩，然實際投資額，不過三萬兩。光緒三十四年三月，稟請農工商部，得採礦之認可者也。自同年五月，創始採礦，用舊式機器開鑿鑛脈，只用桶排水，不別置排水器，所採石炭，即交付滕縣東關義成永煤廠，使代行發賣。目下開採日尚淺，用費多端，收支不相償云。然山東省雖比安徽省樹木繁茂，易得薪炭，但因産不敷用，價格騰貴，故該煤礦，推廣規模，大加開採時，向附近一帶，供給燃料當不苦無售路。又將來津浦鐵路全線開通，運輸益便時，其售路必隨之愈廣，此煤礦他日可至與嶧縣煤礦，共爲山東有數之煤礦也。

第五，其他之煤田。

以上所述煤田，現今開採之最盛者也。其他有名煤田因交通不便，遂不能大事開採者甚多，沂州之煤田、文峰頂之煤田、新泰之煤田、萊蕪之煤田、章邱之煤田等是也。沂州煤田，頗廣而大，面積達二百六十方里，廣袤十二億二千萬坪，其採礦所得不過十分之一，猶可得一億二千萬坪，亞于晉省之煤礦，實東魯全省煤礦中之巨擘也。目下因交通機關之不備，苦運煤之不便，莫敢爲大規模之採鑛，若至膠沂鐵路敷設時，此煤礦亦可爲開平煤、日本煤之一大强敵矣。

文峯頂煤田，在濟南府城南，日下由本地人用舊法開採，然煤量不多，因而其名不著。新泰煤田，面積不甚大，且煤層不過五六西尺，煤質亦粗惡，不過供給附近地方之需用，故礦業不盛。萊蕪煤田其面積廣大，煤質亦純良，然礦業亦不盛，因而其名不著。若至交通機關完備時，礦業之興旺，必可操左券矣。

章邱煤田，面積有博山煤田三分之一，亦不失爲一大煤田，其礦質亦較良，已以新法採煤，礦業亦頗發達，此石炭供用於膠濟鐵路之外，亦分銷于各地者也。

三、結論

山東省以泰山山脈爲中心，煤礦連綴，無論何處，無不産煤。廣大煤田甚多，如沂州煤田亘二百六十萬方里，博山煤田達四十四萬方里，咸爲世界罕有之大煤礦。然東亞各市場，所有石炭，大抵多日本之所供給，日本石炭遂獨稱霸，山東石炭殆不與焉，尋其原因，非爲品質之不良，而實由其産額之過少。然山東採礦業之不振，亦其總因也。

山東礦業所以不盛之原因，雖不一而足，交通機關之不備，資本金力之缺乏，蓋其大因也。故東魯煤田中，在膠濟鐵路沿線濰縣之煤田，淄川及博山之煤田，章邱之煤田等，用新式機械，盛採石炭，於其附近地方，青島、芝罘、濟南等市場而有莫大之勢力。但運輸機關未備之地方，煤田不開，礦業不興，縱有採礦者，其規模太小，産額亦寡，祇供給附近一帶之需用耳。故吾人以爲山東石炭，未得如日本石炭顯其名於東亞各市場者，因採礦事業之不振，與運輸機關之不備故也。倘將來運輸利便，礦務振興，吾信山東煤可至與日本煤、開平煤、撫順煤對抗，而爭雄於大陸市場矣。

「中央研究院」近代史研究所《礦務檔》第二册《宣統二年二月十六日外務部收山東巡撫孫寶琦函附勸業道蕭應椿文等籌議收回膠沂濟路礦權暨駁拒德人干預大汶口華礦事咨送與德人來往函牘等件》 宣統二年二月十六日，收山東巡撫信稱，迭准鈞部來咨，以德雷使照復東省路礦事宜一案等因。查雷使照復五款：第一款，係意在要求以下各款而言。第二、第四各款，應由津浦鐵路大臣議覆，及第三款已另文咨呈，無庸重叙外，其第五款所稱劃清礦權一節及雷使照稱，德國政府極願通融辦理等語，較之上年該使照稱，仍舊施行不移，似已稍有退讓，此皆仰賴藎籌默運，補救無形，始克及此。但寶琦更有陳者，劃清二字語尚含渾，並非將礦一律讓還，膠沂路線所經如諸城、莒州、沂水、蘭山等處，礦産甚富，惟山多地瘠，商務蕭條，彼不還礦，我何取乎還路，且此路須由沂州西展至嶧縣，使與津浦銜接，方爲完全之支路。以中國官修之路，誘我以借款，要我以用人，迫我以年限，路成之後，運道便利，彼之礦産，銷路四達，而且按照該公司礦務章程第十七款，壟斷阻撓，使路旁三十里内華礦，盡行封禁而後快。竊思礦務因鐵路而發生，膠沂濟鐵路，既已先後商允，改歸中國官路或已借款興辦或限期成工，可見原約未嘗不可商改。今礦務一節，彼既有通融辦理之説，可否仰懇鼎力斡旋，與雷使聲明，所有沿膠沂濟路綫三十里内礦務，指定地段，由東省地方官招商，即行開辦。如需借款招股，先儘德人商辦，如需用工程司，必聘德人相助。倘彼要求不已，只有議定一二處，借用德款，妥訂合同，由我派員督辦，權自我操，與鐵路辦法相同，於主權利權稍稍挽回，敢祈大部相機磋商，東省幸甚。再查礦務章程第十七款内，凡經華人已開之礦，應准其辦理二語。德人即指爲未開之礦，不准辦理，且德文作爲當時正在開辦之華礦，仍照向來辦法辦理。德人指爲係向來用土法者，不准用機器，只此兩端，爭執多年，當時實欠研究，將來必須與該公司力爭，將第十七款修改一二語，庶可以保存華礦。至另咨德使干預大汶口礦務一案等因，查曹州教案條約第四端第一款載，其二由膠澳往沂州及由此處經過萊蕪縣至濟南府。又第四款載，膠沂濟南路在沂州府，萊蕪縣等處，允准德商開挖煤斤等項各等語。大汶口在泰安縣南境，距津浦路線甚近，若膠沂濟路經過萊蕪，即使折而西向泰安，亦距大汶口尚遠，豈能牽混爲一。光緒三十四年春間，德礦務公司擬在大汶口安鑽探礦，經勸業道蕭應椿以膠沂濟路既不修，礦權何在，堅詞駁阻。上年夏間及本年正月，該公司又干預大汶口礦權，請禁止華人在該處開礦，均經該道議駁。茲又據德領事貝斯以前情照會，業經據約駁阻，謹將本省迭次議駁各件，鈔録郵呈鈞鑒。寶琦亦知東省路礦兩端，成約在先，爭持不易，第以近年民智民權，非同昔比。若過用壓力，斷絶華礦生機，竊恐釀出事端，更難收拾，用敢冒昧瀆陳，惟祈鈞部主持，曷勝企禱。再德領事所稱，光緒二十五年四月初二日總理衙門大臣照會德使公文，本署並無案據，是否確實，並祈示復爲盼。肅此，恭請勛安，伏惟垂鑒。孫寶琦謹肅。

〔附〕計呈清摺一扣

敬再肅者，昨日德國駐濟貝領事來謁，面詢東省路礦各節。寶琦援据約章，再三辯駁，告以大汶口各處現辦之礦，萬無查禁之理。伊亦謂，從前礦務章程，中、德文詞不符，致彼此屢有齟齬，自應另行妥議辦法，以免彼此誤會。寶琦答以所有約内所載膠沂濟鐵路既歸中國自辦，則礦務亦可仿照辦理，聲明如需借用洋款，當向德華銀行商借，如需洋工程司，當僱用德人，似較公允。寶琦並謂，中國煤礦需用日多，華商招股不易，日後必不能免借用外款之事。伊謂，不知德政府以爲然否。伊又謂，德商並非欲攬盡三十里内之礦權，亦不過擇定數處地段。看來如指定數處，聲明將來需款借德款，需人僱德人，與德使所稱劃清礦權之意，亦可相符。至膠沂鐵路以膠州城爲起綫，與膠濟路線相連，又可免青膠之並行綫，亦與該領事言明，伊謂此節料可照准。該領事又謂，德州至正定一路，郵傳部有改爲濟南至順德之議，如果照辦，實於東省有益等語。昨見《濟南日報》載濟順路綫情形，不知是否郵傳部業已派人測勘。德使照會内，第二款所載，願與中國政府通融辦理所勘定之三鐵路線及其起路綫點與訖路綫點等語，實隱寓改正德爲順濟之意。順濟勝於正德，不待彼族之請而可決，至兖豫一路，現聞督辦津浦大臣已定議先築兖州至濟寧一段，以後自可接續築造，無庸另行築路。以上各節，自當由郵傳部暨督辦津浦大臣，妥籌議復，合併陳明，再請鈞安。寶琦謹再肅。

謹將東省迭次與德領事暨礦務公司，爲礦權事，往來函牘各件，照録清摺，恭呈鈞鑒。

計開：

勸業道蕭應椿詳文光緒三十四年四月

爲詳請立案事。光緒三十四年三月二十二日，准德國駐濟署領事官麥照會内開，照得華德礦務公司派人赴大汶口一帶地方鑽驗煤礦，繕就憑單，轉請貴局蓋印一節。昨准復函，以查泰安大汶口一帶地方，並不在膠濟鐵路三十里以内，查照約章，碍難照辦等語。准此，本領事查膠澳條約第二端第一款，載有鐵路二道，一由膠澳至濟南，一由膠澳往沂州及由此處經過萊蕪縣至濟南。第二端第四款載有該鐵路二道，中國允准德商在鐵路附近三十里内，開挖煤斤等項。查大汶口一帶，係沂州濟南鐵路附近三十里内之地，彼時定約以後，德國國家允許華德礦務公司除別處外，在大汶口一帶地方有採礦之權。且光緒二十五年，會商濟南府至山東南界鐵路爲官路之事。本年四月初二日，貴國總理衙門王大臣照會本國駐京欽差大臣，特意再爲訂明，以由膠澳往沂州，經過萊蕪縣，至濟南府鐵路附近相距三十里内，允德商開挖煤斤，自應照約認真辦理，盡力保護，以盡酬報之誼等語。查照膠澳條約及此照會，是以華德礦務公司在大汶口一帶地方，有辦礦之權。除將照録照會送閲外，憑單二紙特照送貴局，請煩照章蓋印發回，以便轉給前往爲要，並附照録照會一紙各等因到局。准此，職局查此案先准麥領事函稱，以據礦務公司派監鑽司怡爾哈、華人繙譯劉鴻逵等，前赴泰安府大汶口並章邱縣等處鑽驗煤礦，繕就憑單，囑爲蓋印等因。當以泰安大汶口一帶地方，並不在膠濟鐵路三十里以内，碍難照辦。至章邱縣地方本可照准，因憑單内統填兩處，覆令另繕憑單送局蓋印在案。接准前因，覆查膠沂至濟南一路，現已併入津浦鐵路之内，所有光緒二十五年總理衙門照會及現在華德礦務公司在大汶口一帶，應否尚有辦礦之權，職局未奉政府命令，仍難照辦。並將憑單送回去後，茲准麥領事函稱，以礦務公司派監鑽司怡爾哈鑽驗煤礦，暫且不過在章邱縣境普集埠村，暨周村鐵路附近三十里内地方，另繕憑單，送請蓋印前來。職局查普集係章邱縣境，周村係長山縣境，均在膠濟鐵路附近之處，尚與約章相符。除將憑單蓋印函覆並分飭章邱、長山等縣妥爲保護會勘外，所有此案辦理情形，擬合詳請撫院鑒核，俯賜立案。再麥領事録送之光緒二十五年總理衙門照會，職局並未奉有此項明文，茲特照録附呈，合併聲明，爲此備由具呈。伏乞照詳施行，須至詳者。

附録光緒二十五年四月總署照會德使原文。

爲照覆事。光緒二十五年三月二十八日，接准貴大臣照稱，津鎮鐵路一事，所有自濟南府至山東南界一段，按去年二月十四日訂定專約，應歸德國蓋造。因總理衙門所言，此段亦應爲中國官路，德國國家體查情形，甚願表彰和睦之心，擬即應允如中國所願。該鐵路中段將來可爲津鎮官路，惟德國政府如此相讓，中國亦必有以酬報，方可施行。即如按去年專約，德國應於濟南府至山東南界鐵路附近之處，相距三十里内，允德商開挖煤斤等項及須辦工程各事，中國應認真辦理，盡力保護，請即照辦並請轉致督、幫辦大臣，將商定之合同速行畫押，早爲奏准等因前來。查津鎮鐵路經過山東南界一段，經貴國國家體查情形，允如中國所願辦理，具徵貴國國家顧全睦誼，本大臣等甚爲紉佩。至去年專約所准：一、由膠澳經過濰縣、青州、博山、淄川、鄒平等處往濟南及山東界。二、由膠澳往沂州，經過萊蕪縣至濟南府鐵路附近相距三十里内，允德商開挖煤斤及山東省内如有開辦各項事務，先問德商願否承辦工程售賣料物各節。本衙門自應照約認真辦理，盡力保護，以盡酬報之誼。除轉致督、幫辦大臣將業經商定之合同，速行畫押以便早日具奏外，相應照覆貴大臣查照可也，須至照會者。

袁升院札文宣統元年三月

案據華德礦務公司總辦畢象賢等函稱，敝公司近聞有官商多人創設公司，擬於大汶河附近之大汶口東南兩面，開辦煤礦等事。竊查此項礦地，係在津浦鐵路三十里界內，敝公司客歲派員前往該處查看，並未見有開辦之井。前津浦鐵路商借德款，曾訂明保存敝公司在此路左右三十里內辦礦之利權，今已有所聞，不得不函請將敝公司應得之利益，轉飭宣佈，俾辦者皆知，並禁止他人在大汶口處開採煤觔，實爲公便等情，到本部院。據此，查大汶河附近之大汶口地方，現在是否有人創設公司，擬於該處開辦煤礦等事，亟應飭由該道妥速查明，詳候核奪。除函復外，合行札飭。札到該道，即便遵照辦理毋違，此札。

勸業道蕭應椿詳文宣統元年三月

爲詳覆事。【略】奉此，遵查大汶口係泰安縣境，並無設立公司請辦礦務之人，惟有寧陽縣屬東西磁窑煤礦，前據在籍江蘇候補知縣宋汝厚稟請探礦。本年二月，職道詳蒙撫院批准，填發探礦執照有案。磁窑村北距大汶口二十餘里，畢象賢等所稱或即指此，至大汶口係在膠沂濟路線內。自津浦鐵路訂立借款合同後，上年三月間，據德領事麥令豪函稱，礦務公司將派員赴大汶口、普集兩處安鑽探礦，囑印發憑單並將兩處合併一單，希圖朦混。當查普集係章邱縣境，在膠濟路線內，照約准其辦礦。大汶口不在膠濟路線內，未便照准，函復去後，旋據麥領事照會並鈔録光緒二十五年四月間，前總理衙門致德使照會一件，仍肆要求，職道以膠沂濟路既不修，礦權何在，且此項照會未奉政府命令，堅詞拒絕，幾致決裂。曾於四月間，將大概情形並鈔録照會詳報在案，該公司計未得遂，乃赴洋務局請領護照，前往遊歷。職道復密飭泰安縣察查，如有人私往探礦，立即禁止，此上年礦務公司請領憑單赴大汶口探礦，職道駁阻之實在情形也。茲查津浦鐵路並無三十里礦界章程，該公司所稱，前津浦鐵路商借德款，曾訂明保存敝公司在此路左右三十里內辦礦之利權各節，東省未奉政府允許明文，無憑認可，縱使奉有明文，亦斷無禁止華人開礦之理。華德礦務章程並不禁華人開礦，何況膠沂濟係未修之路，何況津浦爲國家官修之路，又何得援三十里礦界章程，影射壟斷。職道更有過慮者，省南華礦，如果禁止一處，則是我已認公司有應得之權利，南路礦産，節節可危，應如何駁阻之處。伏乞鈞裁，奉飭前因，所有查明緣由理合詳請鑒核，批示祇遵，爲此備由具呈。伏乞照詳施行，須至册者。

勸業道蕭應椿詳文宣統二年正月

爲詳明事。案於宣統二年正月十七日，據駐濟德領事貝斯函稱，茲據山東鑛務公司函稱，大汶口東南相距十八里本公司礦界以內，東瓷窑一帶，現有華人開挖煤井，均用土法，該井已挖至第一層，將近出貨，如此辦法，有違定章，應請封禁，祈查照辦理等情。據此，本領事查大汶口鑛地，在鐵路附近三十里內，查照鑛章，華人不准在此開挖新鑛，已開之井，只准以向用之土法辦理，不得改用機器，以公司所稱，核與定章不符，請貴道飭下迅速封禁並希玉復爲荷等情。據此，查此事於光緒三十四年，據前德領事麥令豪函，轉據鑛務公司請領憑單，赴泰安縣屬大汶口，安鑽探鑛。經職道以有背約章，堅詞駁複阻，幾至決裂，始獲中止。前經詳報有案，該公司復於上年三月間，干預津浦鑛權，請禁止華人在大汶口開鑛等情，函經升院袁札飭職道詳復，旋遵批致函議駁各在案。茲據前情，除再函駁外，謹將上年與貝領事及鑛務公司往返函稿及此次復函稿，繕具清摺，恭呈鈞鑒。所有駁阻德鑛務公司干預大汶口鑛權緣由，理合詳請鑒核，批示備案，實爲公便，爲此備由具呈。伏乞照詳施行。須至册者。附録勸業道蕭應椿所呈清摺。

致青島華德礦務公司函上年三月

逕啟者，本道現奉撫院諭，以據貴總辦函請禁止華人在大汶口開辦煤鑛等因一案，今本道致函議駁等因。奉此，查津浦鐵道路係中國官修之路，並無三十里鑛界章程，貴總辦所言，公司在此路有三十里鑛權一節，東省未奉政府命令，無憑認可，即使奉有明文，亦斷無禁止華人開鑛之理。華商在大汶口創設公司，乃華人固有之利權，未便禁止，緣奉撫院之命，用特奉佈，順頌日祉。

德領事貝斯來函上年三月

敬啟者，茲據山東鑛務公司稟稱，泰安縣境大汶口東南相距三十五里之北固城，現有華人在該地試驗挖小煤井一處等因。據此，查該處正在濟嶧路綫附近三十里內，照章華人不得在此新開煤井，與其聽伊試辦，後再禁止，以致虧損資本，不如早飭停辦爲愈。本領事用特函請貴道早日轉飭查禁並希見復爲荷。專此奉佈，順頌台祺。

復貝領事函上年四月

敬復者，三月二十七日，接展惠函，以據鑛務公司函稱，大汶口附近處有華人試挖煤鑛，囑飭查禁等因。准此，查日前鑛務公司逕致撫院函，提議此事，撫院命本道致函議駁，業經致函該公司查照在案，津浦路線，山東並未有三十里鑛界明文，且統名津浦無濟嶧之稱，即祈貴領事轉致該公司爲盼。此復，順頌日祉。

復貝領事函本年正月

敬復者，接准正月十七日惠函，以據鑛務公司函稱，大汶口東南東瓷窑，有華人開挖煤井，囑查禁等因。查此事本道於宣統元年三月二十三日，函復鑛務公司議駁，又於四月初九日，函復貴領事查照各在案，茲准前因，希即轉致該公司查照前兩函可也。此復，順頌台祺。

德貝領事致本部院照會本年正月

爲照會事。照得泰安大汶口東南東瓷窑一帶礦産，在津浦鉄路附近三十里內，現有華人開挖煤井，於正月十七日，曾據山東礦務公司來函，請勸業道飭禁在案。當於二十一日接准復函，以此事於宣統元年三月二十三日，函復礦務公司議駁。又於四月初九日，函復貴領事查照，希即轉致該公司查照前兩函等。茲將四月初九日一函，照鈔粘單呈閱，本領事查膠澳條約內，指定各路綫附近三十里內，本國有採礦之權，於光緒二十五年四月初二日，經貴國總理衙門照會本國前任駐京欽差大臣聲明有案。嗣經本國政府將該綫路附近三十里內，大汶口、嶧縣、沂州府、莒州等處之礦界，發給山東礦務公司憑照開辦。以上各節，貴部院諒早洞鑒，該礦界圖，當亦經披覽。本年正月十六日，本國駐京雷大臣照會慶親王，聲明大汶口、沂州府等處，本國已有之礦權，被華人侵損一節，諒貴部院已奉有咨文，日前晤談，言及此事，聆悉莫若中、德兩國政府，彼此和衷商定辦法等語。本領事亦甚以爲然，並盼將來此事結局，兩有裨益，但所慮者，恐議結以前，該礦界內，有華人開挖新井，或兼用機器，以致有違現行章程，必於大局有碍。用特照請貴部院札行勸業道，凡在大汶口、沂州府礦界以內，違章開採者，一律查禁爲要，並希見復，爲此照會貴部院，請煩查照施行。須至照會者。

本部院復貝領事照會本年二月

爲照復事，宣統二年正月二十九日，接准貴領事照開，泰安大汶口東南東瓷窑一帶礦産，云至一律查禁爲要等因，到本部院，准此。查大汶口在泰安縣南境，現無華人開礦，東瓷窑一帶屬寧陽縣。上年三月，有紳商領照探礦，該處向係産煤之區，華礦舊井甚多，津浦鉄路並未奉有三十里准德商開礦之明文，前經勸業道一再函復貴領事及礦務公司，俱已聲明在案。至貴國政府發給礦務公司開辦憑照一節，查膠州條約第二端第四款載允准德商開挖煤斤等項，是以該公司與袁宫保、蔭大臣商訂礦務章程，悉遵中國命令。茲查礦章第四款載，開挖煤礦，山東巡撫特派幹員，幫同買地及料理一切，購租地段，須會同特派之員，妥商辦理，每次查定地段後，應繪圖送呈山東巡撫，呈圖後始准買地。俟地買妥，方准修蓋所需各處，至地下所作一切等語，是准否開辦，均應聽之山東巡撫。又第十九款載，凡德租界外各處，其地主大權仍操之山東巡撫，權限所關一再聲明，貴國政府可允許該公司在山東開礦，似不能有指定地段發給憑照之權。又條約所載，附近三十里內，准德商開礦，必係指已成之路而言。若路未築成，里數難明，礦界從何劃定。又礦章第十七款載，除華人外，祇准德人開採礦産，凡經華人已開之礦，應准其辦理，惟不得使下面之德人礦務，實有危險等語。此條係防德人開礦時或因華人已開之礦，致有妨碍，如德礦尚未勘定開辦，則華人自辦之礦或用土法，或用機器，均與德公司無涉。所有大汶口華商現辦之礦，與約章實無違背，本部院斷不能查禁。昨奉本國外務部來咨，轉准貴國雷大臣照同前因。本部院已咨請外務部，轉復貴國雷大臣在案，又准外務部來咨，轉准貴國雷大臣照稱，貴國政府極願將沿鐵路開礦權劃清，以期滿意於兩國等語。本部院查膠州條約載德國在山東省蓋造鐵路二道，所有膠沂濟一道，業已先後商允，或借款開辦，或限期自辦，均荷貴國政府雅意，改歸中國官路，具徵貴國睦誼。礦務本由路而發生，本部院逆料貴國駐京雷大臣，必能與外務部和平商議妥善辦法，遵重中國主權，又無損中國利權，以表真心敦睦之據。是則本部院所至深盼望者也，爲此照復貴領事，請煩查照施行。須至照復者。

《商務官報》宣統二年三月十五日第七期《滿州鑛業》 由北鐵嶺至南旅順鐵道本線中，屬於關東州部分。比較的多砂金礦之分佈，其含量達於一萬分以上。且其金量比州外稍多，有百分中占九十九分金。然其區域既狹少，除投資經營此事業之三四公司外，他則清國人僅充當內職。其他金礦及鐵礦，雖試掘，終是小規模且其品位爲劣等。雖然於關東州外地方，産諸種之礦物，其質頗多良好。在於奉天以南線路之兩側，地質比較的單純。其主要由古生期層而成，其礦産物幾乎一定。然跨於線路東部一帶之山脈，其山質土壤複雜因之所産礦物，亦成多樣。而從來所知爲礦産地者，約有十數處。此等之産地多金礦，然多存於各處之銀鉛粘土，其品質及礦量，皆非著大。獨烟台附近之石炭，則其礦量豐富。

京奉線地方，皆廣漠平野。廣寧大山之外，不見有山脈之著大者。石炭及砂金雖各處有産，甚少有價值。石炭則其主要由唐山及開平地方輸入，於當地採掘者極稀。唯紅羅縣及朝陽區域有炭田，現清國人採掘，搬出於錦州地方。其炭質分有煙無烟兩種，然炭量不豐富，且多炭分及硫礦，爲工業用炭則不適合。由錦州至新民屯鐵道沿線地方，亦不見有著名之礦産物。其至於北方法庫門地方，雖有産山金砂金，然未發見其有望者。其他雖有石炭産出，亦概成粗惡頁岩質，無採掘之價值。

由奉天更北進而至於昌圖、鐵嶺開原附近，跨於沿線之兩側，有炭礦及金礦所在，炭坑有數十個。該地帶則地質複雜，片麻岩磁土層、珠羅紀層、洪冲積層分佈錯雜，中處處見花岡岩、班石、玄武岩等噴出。石炭多屬于珠羅紀，富于煤烟，有化石之痕跡。此等概由清國人採掘販賣，而砂金位於柴河沿岸之牧養寮、平右門附近，稍爲著名。就中如平右門所産鑛量亦可，其成分金九十分銀六分，又金粒多成大塊，曾産出一塊之重量有十一斤者。現今清國人之作業，以木槽洗滌土砂，更用洗舟撑出金砂。其方法向來不完備，常放棄細末之金而不顧。是以改良此迂法而用濕汞法，如應用哪子，及其他之機械，頗有利益。其他昌圖附近之三道溝，雖有採金地，其區域稍狹少。而該地附近，富有片麻岩、粘板岩等之石料，以之爲建築材料而販賣。此等之中，其班理良好者，又堅牢度高者，琢磨之得成恰當之裝飾品。粘土産于鐵嶺之東南數里，上人使用之爲建築材料及塗料，然無磁土之價值。又由東北十數里，發見金銀鉛鑛，其鑛量及鑛質稍良好，於鐵嶺有起鉛管製鍊所及鐵板製鍊所之價值。

由鐵開原經過公主嶺，至長春沿線地方，僅有砂金所在，又不見有著名之鑛産物。長春附近只有炭田。

蓋本線地帶，最有名者旅順炭坑。其炭層屬于第三紀層，其炭質多煤煙，發熱量低，未適爲工業用。然其炭量廣大，掘採法以比較的嶄新，供給滿韓地方卓有餘裕。千金塞地方之下盤，其色不良好，以之爲炭素粘土，因欲得燈火又白色之蠟狀物質施爲乾餾，然其揮發分僅不越3%，到底無經營有利事業之價值。雖然老虎臺及楊柏堡之前側，今兹有從事於採擴，由其地方取出所産炭質粘土，檢之其色稍白，可爲陶器原料，又可爲磚料，故大有好望者。其他該地東方所謂産砂金者，然鑛域不良好。安奉沿線地帶各地頗錯雜，層巒疊聳，與本線地帶大異其趣旨。然而安奉線一帶之地，各種之鑛産豐富。

本溪湖炭坑，現屬于大倉組之經營處。該炭坑跨太子河支流之兩側一帶之溪谷，及斜走四圍連山之中腹，由炭層而成。其走向趨于中部河岸而傾斜，斷層甚多。其坑口深，及其傾斜之變化亦急。而該炭層其厚三尺乃至四尺，由三種之炭質而成。各種皆有粘結性，發熱量最高。其質稍良，而其炭層比旅順薄，其廣袤又比之小。然其炭質可爲工業用石炭，故有價值。若與旅順炭混用，則有得失相償之利。

其他如心中臺及窑子谷附近，有産無煙炭及骸炭。炭坑之區域稍廣大，産量又豐富。其石炭則土人大别之爲二種：一稱爲大臭者，含多量硫磺分，炭質不良好；一稱爲炸子者，炭質此較的良好，總屬于炭粉天然骸炭，産於無煙炭層之下部。清國人始經營製鐵業，其他於奉天地方，使用爲産銀工者，其需要不可侮從。兹其價值亦不廉，然其灰分頗多，爲製鍊用之價值，不無差疑。

牛心臺之附近，雖有銅鑛，朝鮮人曾採掘之，産銅鑛與及鐵鑛。至牛心臺以東，財子窑溝及大堡，以石炭及磁鐵鑛之混合物。該地利用石炭，依(Hoss)法製銑鐵，以此爲原料。其主要作農具，其他傢具，以其方法幼稚，損失多鐵，故廢之而用鎔鑛爐，遥有利益，不俟言矣。該地附近所産石炭，其量甚多，延而跨于太子河岸一帶連山，則鐵礦交互，皆在其區域達于數里。又大堡近隣，由駱駝背子所産出磁鐵鑛，其質稍良好，其量亦豐富。現山頂清國人從事採掘。

由此近于工廠地方，有産銅鑛及銀鑛。其質良好，鑛量又大。及此發見，將來有望之銅鑛也。此地方多石炭岩及硅岩，介在於銅鑛及銀鑛之脈間。

至於本溪湖附近，到處見鐵鑛所在。該鐵鑛爲磁鐵鑛或褐鐵鑛。就中磁鐵鑛，其厚不過三四尺。然其質甚良好，得爲製鐵材料，使用最優。至其他鐵鑛，於東北方面，各地隨處産之。由本溪湖以南，經金坑至下馬塘之間，産磁鐵鑛。若以此等之鑛山綜合而集衆，足以起一大工場。加之利用本溪湖，及附近之石炭，目下利用工事中之鐵道，及太子河之水流，至成製鐵工業，該地方將來大爲着眼之地點。

尚經草河口至兄弟山附近一帶地方，有黄銅鑛，産孔雀石。若能綜合此等金屬，有起制銅工場之價值。

安奉線地方附近，雖有多處産砂金，其量不多。雖然兄弟山砂金地最著名，區域亦廣大，又多含金量。徵其採掘之跡，則多從事於冶金。然因經營不得宜，至歸于損失，目下停辦。若藉嶄新機械力以施採金法，足以起大規模之事業。

其他本溪湖及中心臺附近，産石炭地。其主要炭質，生硫化鐵依大氣曝霜法，又鍋煑法成爲硫酸鐵，使之浸於水中則結晶。然硫化鐵鑛量，其層之厚，不越一尺。到底無大工業之價值，僅爲媒染用，從於需要有製造販賣硫化鐵。又磁鐵，往往發見於礦脈之間，然其量之多寡未詳。於草河口附近，見有鑛石綿。然乏其纖維，其色及其質又不佳，但以其産出豐富，稍足爲保温劑。然于滿洲地方，爲鑛物纖維，得爲使用者不少。水分嶺以東，其水脈自異其走向，其地質稍呈異狀。因而其鑛産物亦成多樣，有石線、石膏、鉛鑛等存在。是等鑛物類，比較的其産出覺豐富，然其品質良好者少。雖然該地附近，石炭岩及粘板岩等之發達，爲建築材料最良好者。他日該地方附近之交通完成，則受此所産建築材料之恩惠。由此以南在於鳳凰城附近，顯著花崗岩類。其産出鑛物，則有石炭鉛銅金等之數種。然其質概少良好者，獨於鉛則其品質良好。加之多含銀分，已見清國人在於各處從事採掘矣。然現今尚因交通及供給燃料之不便，有稍欲廢棄之意。蓋此等優用反射爐，而無製鉛之價值。於塞馬附近，有産石炭及鑛鐵。此石炭其質良好，半屬無煙炭。日本人曾着手其間，因清國官憲命令停止，遂廢棄之。又該地附近所産鐵鑛，其質良好。然此等其量不多，僅足爲製作農具、其他器具之原料。於東安縣附近，乏産鐵鑛。然西南岫嵒方面，及鴨緑江之兩岸，則各種鑛物豐富。其南方銅鑛又著大，其量又豐富，因金銀等之産出不少。該地方交通亦便，日後必爲世界所注目。

至鴨緑江沿岸，多含有金銀等物，並雲母之良質，適于製作薄板，現各處亦有産出。至於金鑛則萬分臺有之，總合此等金鑛，若得採取精練，將來大有可望者也。

要之京奉線，並奉天以北沿線地方石炭之外，屬望者亦少。獨安奉線沿道，比于他之地方諸種之鑛産物，頗豐富。且以水利及交通之便，經營事業上，比較的容易，鑛質又多良好。至於其量，除聚集一處之外，不能無匱乏之憾。故總合同種之鑛産物，集於其中，設立一中央精煉所，依作業之便，稍可望起大規模之工業者。是以現今日清協約之發展，及鐵道之改設，共現在及將來之産鑛地，不僅惹世人之注目，更進而精細調查。故種種鑛物，亦有新發見。所以切望安奉線一帶之地方，使爲一大鑛業地者，殷殷不已也。

吉林省檔案館《清代吉林檔案史料選編（工業）》上册《三姓金礦總辦侯國瑞爲宣統元年十二月至宣統二年二月征收官金等項錢文數目的呈文及清册宣統二年四月初四日》　爲呈報事。

案查職局於宣統元年十一月底業將全年征收官金、牛馬、地租以及兑换、開除額活等支，總報解銷在案。所有自元年十二月初一日起，至本年二月底止，計三個月，按照三成征收官金八十四兩一錢二分三厘，曾經各分廠如數呈報前來。同知查驗無异，當即酌量兑换，以助三個月開支。除將所收官金、地租並兑换開除員司、書差薪津、伙食、心紅、柴炭等項以及實存數目，分晰繕具四柱清册呈報督、撫憲外，合行具文備由呈請憲鑒，備案施行。須至呈者。

計呈清册三本

謹將卑總、分各局自宣統元年十二月初一日起，至本年二月底止，計三個月，所有征收官金、牛馬、地租、棧房門金並兑换官金錢文數目，分晰繕具四柱清册，呈請憲鑒。

計開：

舊管：無

新收：

一、收駝腰總局十二月份官金十兩零六錢九分八厘
一、收太平廠分局十二月份官金五兩一錢六分
一、收石門分廠十二月份官金九兩六錢一分五厘
一、收柳樹河分局十二月份官金一兩三錢七分七厘
一、收黑背分局十二月份官金一兩五錢六分
一、收駝腰總局十二月份馬地租錢四百三十二吊八百文
一、收十二月份門金錢，五十一吊二百文
一、收太平廠分局十二月份門金錢十八吊四百文
一、收石門廠分局十二月份門金錢十一吊二百文

以上十二月份共收官金二十八兩四錢一分，地租錢五百一十三吊六百文。

一、收駝腰總局正月份官金八兩六錢八分五厘
一、收太平廠分局正月份官金三兩三錢五分一厘
一、收石門廠分局正月份官金八兩六錢八分八厘
一、收柳樹河分局正月份官金一兩零六分八厘
一、收黑背分局正月份官金二兩三錢六分
一、收駝腰總局正月份馬地租錢三百六十七吊六百八十文。
一、收正月份門金錢五十一吊二百文
一、收太平廠分局正月份門金錢十八吊四百文
一、收石門廠分局正月份門金錢十一吊二百文

以上正月份共收官金二十四兩一錢五分二厘，地租錢四百四十八吊四百八十文

一、收駝腰總局二月份官金十一兩八錢七分一厘

一、收太平廠分局二月份官金四兩二錢一分五厘

一、收石門廠分局二月份官金十兩零七錢九分一厘

一、收柳樹河分局二月份官金一兩四錢三分四厘

一、收黑背分局二月份官金三兩二錢五分

一、收駝腰總局二月份馬地租錢四百九十六吊九百六十文。

一、收二月份門金錢四十九吊六百文

一、收太平廠分局二月份門金錢十四吊四百文

一、收石門廠分局二月份門金錢九吊六百文

以上二月份共收官金三十一兩五錢六分一厘，地租錢五百七十吊零五百六十文。

統共總分各局三個月共收官金八十四兩一錢二分三厘，地租錢一千五百三十二吊六百四十文。

開除：

一、除正月初七日兑换官金二十八兩四錢一分，一百五十七吊，合錢四千四百六十吊零三百七十文。

一、除二月初九日兑换官金二十四兩一錢五分二厘，一百五十五吊，合錢三千七百四十三吊五百六十文。

一、除三個月地租門金錢，一千五百三十二吊六百四十文。

以上共開除錢九千七百三十六吊五百七十文。此款歸入開支册内，理合聲明。

實在：

一、存官金三十一兩五錢六分一厘。

吉林省檔案館《清代吉林檔案史料選編（工業）》上册《三姓金礦總辦侯國瑞呈報宣統二年三月份征收官金等項錢文數目清册宣統二年六月初八日》 謹將總、分各局自宣統二年三月初一日起至月底止，一個月所有征收官金、牛馬、地租、棧房門金並兑换官金錢文數目，分晰繕造四柱清册，呈請憲鑒。

計開：

舊管：

一、存官金三十一兩五錢六分一厘

新收：

一、收駝腰總局三月份官金十五兩零四分五厘

一、收太平廠分局三月份官金二兩八錢二分三厘

一、收石門廠分局三月份官金十一兩四錢四分八厘

一、收柳樹河分局三月份官金一兩五錢四分五厘

一、收黑背分局三月份官金二兩一錢

一、收駝腰總局三月份馬地租錢三百七十一吊八百四十文

一、收三月份門金錢六十吊零八百文

一、收太平廠分局三月份門金錢十四吊四百文

一、收石門廠分局三月份門金錢九吊六百文

以上三月份共收官金三十二兩九錢六分一厘，地租錢四百五十六吊六百四十文。

開除：

一、除三月初五日兑换官金三十兩，一百五十八吊合錢四千七百四十吊。

一、除地租門金錢四百五十六吊六百四十文。

以上共開除兑换官金錢四千七百四十吊，地租門金錢四百五十六吊六百四十文。此款歸入開支册内，理合聲明。

實在：

一、存官金三十四兩五錢二分二厘

吉林省檔案館《清代吉林檔案史料選編（工業）》下册《吉林勸業道關於整頓全省各項實業的稟文宣統二年七月十二日》 欽大帥閣下：敬稟者，竊職道仰荷憲恩奏署斯篆。莅任以後，維日兢兢，念吉省財力之艱難，非撙節公儲，新政勢將中輟；念吉省民生之困苦，非振興實業元氣何以保存。因將道署所屬各局、廠從前辦理情形，及現在維持方法，詳細考求，兼權利弊。一面傳見所屬省内外各局、廠委員，並調閲案卷清理賬册。數月以來略有端緒。竊以爲吉省勸業道管理各事有宜裁撤者一，宜變通者三，宜擴充者二。謹將入手辦法爲我憲台縷晰陳之：

【略】

職道復就所屬各局、廠細爲研究，其辦理已微有成效，可推廣以盡利者，一曰礦務。查吉省礦山以官款開採者爲三姓之金礦、磐石之銅礦。三姓金礦開辦

最早，自同治初年以來覓溝淘汰，或官或商迄未停輟。今則明碃水道叠次搜翻已成弩末，必須加撥夫弁堪採新苗，收沙方能暢旺。至現辦金溝雖僅重翻舊土，然據該廠總辦侯丞國瑞聲稱，該丞到差時，第一年點驗金夫原有三百餘名，是年計收金沙四百餘兩。次年多添百名，即收至五百餘兩，是征收之多寡實以金夫之數爲衡。果能多招民衆妥爲維持，獲利實有把握。現經稟奉批准，將上年姓廠所收官金二百五十餘兩札發該丞，飭變價購備米麵油鹽及各種鐵器、靰鞡等件，接濟金夫俾樂趨就。一面加雇弁夫，分途並出採勘新苗，以期發達。夏間復經招粵商黎廣泰、黃開源等集股十萬元，發給勘礦執照，前赴三姓探勘金苗，籌議開採。果能官商合力刻意經營，此後收入官金必能日臻起色。至磐石開挖銅礦始於光緒三十四年，由度支司撥墊成本吉錢十五萬吊。又續撥銀三萬兩，迄今礦苗已露，銅質頗佳。係用土法開採，已得糙銅一千五百餘擔，若改用機器，化煉得宜，與近日通行之花魯魯紫銅無异。所惜者苗質甫呈，母財已竭，貨棄於地，坐遏利源。近由長春大清銀行總辦唐道宗愈，招其同族殷商候選道唐鑒章，帶同總師來吉考察。據稱加本購機，獲利必厚。現已委托該道及原辦之唐道家楨，分赴津、滬，勸導華商，集合公司，來磐採掘，一俟股本招齊，礦機運到，則每年礦税所入，爲數不資。且現在鑄造國幣集於中央，京、津總廠需銅尤多，如能及早煉成，運售該廠，則利權不至外溢，鑄本亦可減輕，受益者且逮全國，不僅吉省而已。

吉林省檔案館《清代吉林檔案史料選編(工業)》上册《加知教習測算磐石銅山報告宣統二年七月二十日》　謹將加知教習測算磐石銅山報告録呈憲鑒。

銅山圖説

宣統二年七月二十日加知教習測算報告。

測算礦脉，每三十尺作一標記。其圖説如左：

第一圖係全體形式。

第二圖又分爲甲、乙兩圖：

甲圖係山之北坂，乙圖係山之南坂。其分爲甲乙兩圖者，欲以斷口，使已採礦之部分一目了然也。

第三圖係將第二圖之紅綫分東西切斷者也。此圖爲想像圖，非若第一圖第二圖之確實可據。查照以上各圖而計算之，該礦脉之積量，得二十六萬八千一百四十九噸。以五分之一爲含銅。百分之十以上之礦分爲三類：第一類含銅百分之二十五以上；第二類含銅百分之十五以上；第三類含銅百分之十以上。礦脉積量全額二十五分之一爲第一類礦，應含銅二千六百八十噸；二十五分之二爲第二類礦，應含銅三千二百一十六噸；二十五分之三爲第三類礦，應含銅三千二百一十六噸。三類礦合而計之，應得純銅九千一百零二噸。按此得銅之數，係照地圖所表明者而言。該礦在地平綫以上者，既得此成績，其地平綫以下之礦脉，當更加寬，而第一類礦亦應加多。查照各圖所表明者，自開辦以來，已開鑿之容積得二十六萬六千五百五十立方尺，其重量得二萬一千三百二十噸，應得銅一百數十萬斤。緣開採之初，不知礦脉之所在，不得不開鑿廢石，是以得銅未能足額也。將來得銅一千四百餘萬斤，確有證據。此外皆係想像之詞於斯時也。而動用大資本，絶非所宜。照現時辦法略爲改良，年必獲利五六萬兩，此餘所敢保證者也。

七月二十日曾將調查情形略爲説明，兹再陳管見所及以備采擇。

查本銅山所蓄之礦，除已採者不計外，現存礦脉得三百零八萬六千立方尺。其重量約得二十四萬六千八百九十噸，應得銅九千一百零二噸即一千四百五十六萬三千二百斤。然此係就現用方法而言，若將煉爐略爲改良，其出銅之量當遽行加增。以上係由北井至南井確實存在其間之總數，若用既往三年中之法，足供七十五年之採取。倘能擴充十倍，亦足供七八年之採取，此萬無錯誤者也。實行採取後，及至地平綫以下，必發現較良之礦石。况既探得同寬之脉連絡於坑井之南北，應向下再加深一百尺計算，則得礦脉八百七十九萬七千二百一十五立方尺，其重量約得七十萬三千七百七十七噸，應出銅三千八百二十七萬零四百斤。用既往三年中之法採取，足供二百年之採取。倘能擴充十倍，亦足二十年之採取，此亦較爲確實者也。

本銅山所産之銅應獲利益其比例如左：

此次計算係以銅礦局現在辦法而言。將來白炭、焦子及一切物料工價等項，勢必逐漸騰貴加至二倍或三倍，果能逐漸改良，工費必較省三分之一，成工半事倍之比例。至於改良煉爐後，則所用之白炭、焦子，亦必較省一半。故此次計算，竟以現用之方法價格爲標準。合之局員薪工而計算之，約得銅百斤，需用成本吉錢四十吊〔合市平銀八兩〕。其勘驗明確之礦脉，應出銅一千四百五十六萬三千二百斤，則可得純利二百零四萬四千兩。用現時辦法不加改良，物價工錢悉仍其舊，以七十五年均分二百零四萬四千兩之純利，是每年應得二萬七千兩之純利也。其再向下加深一百尺之礦脈，應出銅三千八百二十七萬零四百斤，則可得純利五百零二萬兩。用現時辦法擴大十倍，以上二十年均分五百零二萬兩之純利，是每年應得二十五萬餘兩之純利也。

《商務官報》宣統二年八月五日第二〇期《陝省油礦述》　一、陝西東濱黃河，南臨漢水，西連雍涼，北屆沙漠，山河四塞，形勝殊絶，古號秦國，爲天下之咽喉，然省内多山陬，地皮瘦瘠，物産不多，但地中盛産煤油，渭水以北，延長榆林、綏德等地，煤油礦脈，縱横流溢，所産之豐富，爲天下人之屬目，川、黔、滇、桂諸省雖亦有煤油井，若其礦區之大，其品質之美，萬不可與陝省之煤油，同日論之。蓋陝省之煤油，實甲于中國四百餘州，就中以延長縣之煤油爲主，延長縣屬延安府，去府城一百五十里，距西安省城八百七十里地，位在嵯峨北山之中。延川之溪水，出自北山，襟縣城而東流，人口大凡五百餘，户數不過一百三十家，殆小邑也。

延長縣之煤油，其出産其豐富，發於何代，雖不能確悉，陝省土民自明末以供點燈之用，則昭昭然之事實也，當時由巖石之圻裂，自然坌湧，其價甚廉，制錢一文能購得一斤餘云。光緒三十二年，法人入陝遊歷，調查延長煤油礦，始知其産之豐富，欲得採礦權，屢試運動，曹中丞恐利權之外溢，乃謀諸礦政局，發出官本數萬金，以充開井之用，使縣令洪寅，專辦創設煤油廠之事，且審其品質，比美國之煤油，有優無劣。洪令擬以大規模開井採油，赴上海購採油機器，並訂造高一尺四寸五分長一尺六寸之煤油罐六百箱，運到延長縣，創立煤油廠，招聘日本鑿井技士數名。光緒三十三年四月，著手開井，是年秋八月，漸至採油，至次年正月，開井竣工，將日本技士，一律停僱。邇來洪令復自監察採油，其後恩中丞到任，與該省紳商熟籌，遂決定以延長油礦，移歸商辦，慮資本金之難籌，奏請由部發出官欵二百萬兩，以爲官商合辦，時部中因其採油得宜，内可以助内國之經濟，外可以絶外人之覬覦，深表同意，由是復由官民，各支出銀三百萬兩，爲敷設運油鐵路之計畫。陝省紳民，不願官商合辦，遂請願恩撫，以本省民力自辦爲言，略謂煤油一礦，乃秦中唯一之天産物，而利益最大者也，若由官辦，本省人民失一絶大財源，無復有自生之活路，此實爲全省命脈所係，不可委之官辦，省民亟宜組織團體，招股一百萬兩，以資自辦；以前所投之官欵，宜編入股份内，獲得利益，次第償還云云。該省紳商等，爲保持全省路礦之權利，已創立所謂保陝公司矣。

陝撫既欲官商合辦，而該省之紳商，特組織保陝公司，請求自辦，交涉數次，恩撫意謂延長油礦，不獨爲秦中之一大利源，且關於國家利權，甚爲重大，經營必宜慎重，以一百萬兩之資本，紳商自辦，固非不可，惟支出採油資費及設路經費之時，恐乃難免不足，向紳商等一再慰諭，然紳民究不願官商合辦，又籌欵無着，遂使官商合辦之計畫，中途寢止。而運油鐵路，實地測量之結果，以五六百萬兩之經費，斷不能敷設，於是官民共籌之六百萬兩敷設計畫，亦至中止。其後官府，以財政窘絀，竟不能如期出資，紳民亦不能籌集資本，該煤油廠依然以小資本，從事小規模之採油，其採油事業，目下甚見委靡不振之狀態也。

二、延長之煤油礦脈長大，縱横縣城之東西約一百里，油常湧溢於地面，産油區域二百餘里，面積約二千一百餘方里，煤油礦層有二百四十尺。然此煤油廠尚係創立伊始，未能擴張其規模，現在西門外，只有一井而已。初鑿五井，四井盡歸失敗，本年尚開鑿一井，其地質皆成巖石，苟無精鋭之機器，鑿井工事至極困難云。西門外之煤油廠，只有一井，而用五百馬力之蒸氣機，依美國之採油法，吸取煤油，另有二蒸溜釜，煉製精油，此等之機器，因交通不便，險峻山道，乃由人力，苦心慘澹方運至延長者。蒸溜釜一係日本製，一則漢陽鐵政局之所製也，目下其産額每日出原油三千斤，精油三十箱云，然目下採油方法，不但極其幼稚，且規模甚小，一日之産額，止有二十箱内外，産油之比重，揮發油六・六成至六・九成，而燈油則八・四五成也，百分中得揮發油四五分，燈油四十五分至五十分，今將煤油廠所揭煤油之熱度及比重表，列示於左：

石油熱度表

一、精油	自一〇三度至一五八度
二、加司燐同類	自一五八度至一七六度
三、石腦油	自一七六度至二一二度
四、石腦油	自一七六度至二三八度
五、石腦油	自二五八度至三〇二度

比重表

一、精油	六・五六割
二、加司燐同類	自六・四〇割至六・七〇割
三、石腦油	自六・六〇割至七・〇七割
四、石腦油	自七・〇七割至七・二〇割
五、石腦油	自七・二〇割至七・三七割
六、煤油	自七・五〇割至八・四六割
七、重油	自七・四〇割至八・五八割
八、重油	自八・五八割至九・五九割

現在本廠煉製精油之價格，每箱二兩八錢，一箱容二罐，則一罐之代價，爲一兩四錢也，而一罐内容五十斤，其一斤之零售價則制錢四十文也。

現時延長煤油廠，以洪令充總辦。洪令躬自監督，從事採油，礦夫之長，特選用本縣人，礦夫亦多用本地人。因規模不大，採業亦不盛，目下情形，殆無輸出于外省之餘裕，唯供給本地一帶之需用而已。至若煤油罐、煤油箱，只於本廠内隨時製造，以應暫用耳。以上所述延長煤油廠，其創辦經費，由官府支出，即諸機器購入費一萬圓、技師之薪水及煤油廠建築費二萬圓，合計三萬圓，乃由陝省官府支出者也。目下該省紳民，擬招股一百萬兩，另行組織爲官督商辦，因一百萬兩之巨資未克籌齊，仍以小規模採油，目下每日之發賣額，自稱達一千兩内外，純益達四百兩。吾由其産額及銷路之狀態觀之，信其爲誇大之言也。

今陝撫恩中丞因欲以延長煤油與外國煤油争衡，特免其課税，以獎爲勸輸之道，延安府下綏德、榆林、鄜州、洛川等各地，雖需用延長煤油，乃非由煤油廠運向此等各地供其需用，仍由各地自向該廠購買之而已。延長縣地勢險峻，山多峭立，道路崎嶇，欲輸送煤油于西安府，須越行五百里之險路，而未有運輸機關之設備，非用騾馬，不能輸送，騾馬一頭只輸送二箱而已，騾馬駝價，每駝約銀二兩，煤油輸送至西安販賣時，一罐可值二兩四錢之高價，是其品質雖良，但以如斯高價，至竟不能與外國煤油競争也審矣。該省大吏，因欲以延油，旋以籌欵無著，中途止之，亦未之實行也。至於近日又計畫敷設陶製筒管，爲流出煤油於隣近市場，以便販賣云。

三、延長煤油，其礦區之大，産額之巨，品質之純良，熱度之高，世界所罕見，堪與美國美孚洋行之煤油匹敵矣。夫延長煤油，以如斯之産巨品美，因在秦中，不敢出函谷關以外，而中原市場之煤油，爲美孚洋行之煤油獨佔專利，抑亦何故哉，是由延長之採油業，不以大規模經營之耳。若擴大規模，採油日旺，輸出中原各地，廣行販賣，必有一大影響于美國煤油之售路上，此盡人所信也。然其所以不能有爲之原因，在資本金之缺乏，與交通機關之不備。交通既不便，縱有如何擴大規模、旺盛採油業，輸出於外省須巨額之運費，又何望能得利。吾謂延長煤油廠，不欲盛採油則已，苟欲盛行開採，擴張其銷路於中原市場，不可不求完備運油之機關也。

陝省之當局者見及此，鋭意研究運油機關之設備，遂發明兩線運路：（一）黄河水路之漕運，（二）秦晉鐵路之陸運是也。兹就此運油機關之計畫述其概要，延長縣距黄河不出一百里，假使黄河有舟楫之便，如長江之流域，則以此爲運油之機關，亦天與之便，甚不難也。然黄河在秦中急流成谿，怒濤嚙岸，竟不能得舟楫之便，雖有能投鉅萬之資者，疏浚開拓，仍不能免去天然之急流，故黄河不能爲運油機關，既不能爲運油機關，延長煤油，自不得不由陸路運輸，此所以有敷設運油鐵路之計畫也。

運油鐵路自延長縣至河南省者，計程一千六百四十五里，其路線自延長起，至延安府經鄜州、三原而至西安，達晉省潼關，更進至河南省，連絡汴洛鐵路，又接續京漢鐵路，使北達京津，東渡吴越，南届荆楚，西通巴蜀，此計畫雖發起于陝省紳商，然非有政府之助欵，其敷設資金，該省民力尚不能成就也。恩撫初定自延長至潼關間（自潼關至河南，所謂汴潼鐵路已經奏准，由山西省辦者也。）一千一百六十三里之敷設費，爲六百萬兩，奏請補助于政府，乃定由官商合辦，至將路線實地測量，乃知工程浩大，經費大鉅，實出預想之外。自延長至西安間，八百七十里之敷設費，已須五千萬圓之譜，以恩撫所擬六百萬兩之經費，豈能奏敷設之功。而如此鉅欵，秦中紳民資金窮乏，不能籌出。郵傳部亦財政頗絀，碍難支出，且以爲延長煤油廠創辦伊始，採油不盛，對於此幼稚之採油業，投斯鉅金敷設鐵路，非計之得者，不若俟採油業發達後，再敷設之爲便也，遂決定運油鐵路延期敷設矣。

此運油鐵路之敷設，因資金缺乏，至延期以待採油額之增大。夫運油機關之有無，殆可左右採油業之消長者也，竟以採油不盛，而遲緩運輸機關之設備，無亦矛盾之至歟，似此顛倒本末，不速運油機關之設備，雖閱千百星霜，延長煤油廠之發達，銷路之擴張，依然不能預冀。現在外國煤油，輸入于中國者，每年達七八億萬斤，其價額至一千五百萬兩之鉅，將來中原交通機關次第完備時，其輸入額，且必隨之益增，當數倍於今日之額。乃中國不思此，不圖延長煤油廠之發達，徒爭利權，無能畫策，不乘今投以巨資敷設鐵路，擴大採油業，使外國之煤油愈彌滿四百餘州，獨佔大陸市場，將來如斯品美產大之延長煤油，不知究竟如何矣。

「中央研究院」近代史研究所《礦務檔》第三册《宣統二年八月二十二日外務部收山西巡撫文附奏摺咨送陳明晉礦現辦情形摺暨硃批》 宣統二年八月二十二日，收山西巡撫文稱，案照本部院於宣統二年七月二十四日，具奏遵旨查晉省礦產，陳明現在辦理情形一摺。茲於七月三十日差弁賫回原摺，欽奉硃批：農工商部知道，欽此。擬合恭録硃批，鈔同原摺，一併咨送，爲此合咨貴部。請煩欽遵查照施行（計抄送原摺一本）。奏爲遵查晉省礦產，謹將現在辦理情形，恭摺具陳，仰祈聖鑒事。竊臣七月十三日承准軍機大臣字寄，宣統二年七月初七日奉上諭，朕維貨藏於地，富國之道，礦政爲先，我國地大物博，礦產富饒。近年各省漸有開採，而成效總未昭著者，或以財力未充，或以運售不易，甚有欺詐之徒，藉集股以圖誆騙，遂至殷實紳商虧折於前，不復踴躍於後，有利不興，殊爲可惜。現在百事待舉，總以開濬利源爲第一要義，凡有產礦之區，該都統督撫等當於平日派員查勘，設法興辦，勿使利棄於地。其風氣未開者，多方以勸導之，資本富有者，竭力以鼓舞之，動歆羨破其疑慮，果能盡集華股，固屬甚善。設力有不足，亦可勻入外股，惟須妥擬條欵，慎防流弊，隨時咨送外務部詳核，方准實行。凡茲興利大端，亟應設法提倡，著農工商部會同各都統督撫等調查詳悉，熟籌辦法，將來有關於集股籌欵等事，並著咨商外務部、度支部會同辦理，將此諭令知之，欽此。遵旨寄信前來。臣跪聆之下，仰見朝廷開闢利源、振興礦務之至意，欽服莫名。伏查晉省礦產，以煤鐵爲大宗，礦苗礦質之美富，實爲全球所無。但自戊戌年前商務局與英商訂立合同後，平盂、潞澤、平陽府全省煤鐵精華薈萃之處，悉歸外人掌握。晉省即不能自辦，益以鎔化廠合辦合同四條，則並本省鍊鋼、鍊鐵之權，亦均難自主。三十一年英商據合同請外務部電止晉省工人開窑，晉中多田少，耕種常不能自給。平日窮民全恃土窑，挖煤挖鐵，以資生計，一聞禁止開窑之信，群情洶洶，幾肇大變。該公司復堅執不讓，外務部屢按照會，謂躭延一日，索賠償金二百磅，官紳不得已，始議收回之策。然英商經營多年，糜欵頗鉅，索償至一千一百餘萬，磋商累月，始由外務部定議，以二百七十五萬贖回合同自辦。合之匯兑到津平色並息欵、商欵、利息等項，數近三百萬。臣回晉後，與官紳竭力維持，設立保晉公司，現贖欵已還過二百二十餘萬，祇短四十餘萬，已預儲的欵，來春即可悉數清結。夫民力祇有此數，用一緩二，不能不並顧兼籌。該公司力顧大局，而公司底蘊，外間不能盡知，難免妄生疑議。現計該公司墊付之欵已一百十餘萬；歷年以來，清償贖欵，集股開辦並收回同濟公司地畝，數近五萬；收回壽榮公司煤礦機器地房，又費數萬；更復添購機器，推廣銷路。刻下正定、大名等府並京津一處帶，均銷晉煤，煙台、香港、海參崴各埠亦陸續來晉訂購，祇因正太路窄灣多，不能多運，且運價較各路爲重，成本未能減輕，即銷路不易推廣。而該公司悉力經營，近於大同一帶推廣外銷，每日騾馱、車載至三百餘起，此晉省礦產設法贖回及歷年籌辦之實在情形也。自來偉大之業，固在經理得人，但繼長增高必由積累，不能一蹴而幾。即如萍鄉大冶之礦，費欵至二千萬，爲期至二十年，近日始稍可自立。晉礦一面以巨資贖回，一面集股自辦，爲時不及三年，規模畧以粗具，而思中傷者復謡謗時興，致該公司總理等皆懷去志。臣查指摘該公司者，大致約有二端：一曰糜費股東股欵，不知公司先集股銀，全以墊付贖欵，股銀並未交公司，自有何糜費。俟贖欵償清，方能以全力辦礦，刻下股東息銀仍按時付利，不爽毫釐。公司總理每月僅支夫馬費數十金，其餘用人一切，較之各省公司格外節省，賬目斑斑可見。所謂糜費，不知何所見而云然。一曰公司意存排外，不知該公司章程載明，不論何省紳商均可入股，但不收洋股。現在外省股款，即奉直一二省已收款至十九萬，蓋晉力不足，必藉外省之力，乃克集事。若並外省而排之，則礦事安望其有濟耶。中國每辦一事，局外不悉局中實情，則恒幸災樂禍，必思破壞其事而後快。至云酌借洋款，原爲各國所不禁，但借款與放棄礦地主權不同，必契約合同僅止借款。一切用人辦事，均由我專主，方爲無礙主權。倘如晉省前此與英商原訂合同，則是舉一切土地利權，拱手讓人，固不得僅謂之借款矣。伏讀諭旨兢兢於妥擬條款，慎防流弊，蓋已深鑒及此。即如汴省福公司在汴辦礦，用人辦事及礦產利益，不獨於汴人無益，汴人並無從過問，然當訂約之初，何嘗不曰借款辦礦無損主權乎？近日人情變幻，輒造作疑似之言，以惑衆聽，若非洞明利害，難免不有毫厘千里之謬。臣於晉礦始末，知之有素，默計煤鐵之佳，實爲全國鐵路並海陸軍製造之源。但圖大事者，不規近利，晉礦甫以鉅款收回，晉人之力，亦當稍事舒緩，以資周轉。大致該公司自明春償清贖款後，始能作爲成立，可以一意辦礦，此後練鋼、鑄軌，亦可騰出款力設廠購機，約計五年必有眉目，十年當可自立。該公司總理候補三品京堂渠本翹，條理精密，信用素優，論其才用資勢，久堪大用，自不能以本省之事，阻其報國之忱。將來設蒙恩簡，服官中外，第令其遥爲主持，礦事即可就理，各處紳商股款，亦可日見增加。惟該總理因外間謡諑日集矢於辦礦集股之人，遂不免多所顧慮。臣以晉礦重要，謂當勉爲其難，該總理遂亦無可推諉，但外間不悉局内寔情，胥動浮言，致辦事者益難措手。竊維晉礦爲全國富强之基，西北各省，無不恃晉省之煤鐵爲建築之本，即海陸根據之要素，亦舍此無以圖强，全球注目，種種垂涎。晉人備極艱難，甫由英商收回，今贖款尚未償清，而物議又復蜂起。臣忝膺疆寄，既確有所知，不得不據實上陳並據諮議局公呈，亦請維持礦務，以爲自强之本，並杜覬覦之萌，蓋深知晉礦關係至重，不可不慎重以圖功。至省北一帶各種礦産，並當遵照諭旨，派員查勘，設法開採，以資利用而厚民生。除分咨查照外，所有遵查晉礦並近年辦理情形，理合恭摺具奏，伏乞皇上聖鑒訓示。謹奏。

吉林省檔案館《清代吉林檔案史料選編（工業）》上册《磐石銅礦局唐家楨報呈創辦銅礦的清摺宣統二年八月》 謹將職局創辦情形，動用款項數目，煉存銅斤，勘礦成績，繕具節略，恭呈憲鑒。

計開：

一、開辦三十一個月，共動用吉中錢拾柒萬柒千叁百陸拾吊，動用吉市銀叁萬捌千兩。

一、平均計算，每月動用中錢壹萬貳千吊有零，合銀貳千叁百餘兩。

一、自上年九月開爐煉銅，僅十個月，共存銅貳千壹百擔有零。

一、探明礦脉長一千一百餘尺，深八九十餘尺，約能制銅叁千捌百貳拾柒萬斤，能獲利五百餘萬兩（另有加知教習測算報告）。

一、獲利五百餘萬兩，係就現時辦法而論，若資本充足改用新式煉爐，當獲利更厚。

一、查礦務爲富國養民之要政。職局僅以數萬微資勘明礦脉，足供數十年之採取，其裨益礦政良非淺鮮，當蒙鑒察。

一、查放荒定章，每收押荒銀五萬兩及每年增租糧貳千伍百兩，得奬异常勞績一人。今職局探明礦脉約值貳千萬兩，以值百抽三收税，得銀陸拾萬兩，再加以應得紅利壹百貳拾餘萬兩，較之收押荒租糧伍萬貳千伍百兩者何啻四十倍。雖係山川效靈，誠仰蒙憲台福庇提倡，俾職局得獲此偉績。可否比照放荒成案奬勵數人，以資鼓舞之處，伏候鈞裁。

一、現已決定商辦，且緣款項告匱，遂於八月十五日停止各項工程，以便劃清官商界限。伏乞憲台電催唐道建章，從速接辦，以免虧累。

吉林省檔案館《清代吉林檔案史料選編（工業）》上册《三姓金礦總辦侯國瑞呈報宣統二年七至九月份征收官金等項錢文數目的呈文及清摺宣統二年十月二十日》 爲呈報事。

竊職局自本年四月初一日至六月底止，征收官金、地租並開除員司等薪津、柴炭、伙食、心紅、川資等項數目，業經造報在案。所有自七月初一日起至九月底止計三個月，按照三成征收官金二百零七兩九錢，兹據各分局如數呈報前來。同知查驗無异，當即酌量兑换，以助三個月開支。除將所收官金、牛馬、地租仍按四柱册報外，其開除額支、活支等項，遵照札飭，繕造六柱清册。除呈報督、撫憲外，理合具文備由，呈請憲鑒查核，備案施行。須至呈者。

計呈清册三本謹將總、分各局，自宣統二年七月初一日起至九月底止，計三個月所有征收官金、牛馬、地租、棧房門金，兑换官金錢文數目，分晰繕造四柱清册，呈請憲鑒。

計開：

舊管項下：

一、存官金一百四十六兩六錢五分五厘

新收項下：

一、收駝腰總局七月份官金三十五兩一錢三分二厘

一、收太平廠分局七月份官金九兩一錢五分九厘

一、收石門廠分局七月份官金十八兩四錢一分四厘

一、收黑背分局七月份官金六兩三錢六分

一、收柳樹河分局七月份官金三兩一錢八分六厘

一、收駝腰總局七月份馬地租錢六百二十二吊五百六十文

一、收七月份門金錢六十吊零八百文
一、收太平廠分局七月份門金錢十一吊二百文
一、收石門廠分局七月份門金錢十七吊六百文
以上七月份共收官金七十二兩二錢五分一厘，地租錢七百一十二吊一百六十文。
一、收駝腰總局八月份官金三十三兩七錢八分三厘
一、太平廠分局八月份官金八兩九錢四分六厘
一、收石門廠分局八月份官金十九兩一錢七分九厘
一、收黑背分局八月份官金六兩五錢八分
一、收柳樹河分局八月份官金二兩七錢六分九厘
一、收駝腰總局八月份馬地租錢六百四十四吊八
一、收八月份門金五十七吊六百文
一、收太平廠分局八月份門金錢十一吊二百文
一、收石門廠分局八月份門金錢十七吊六百文
以上八月份共收官金七十一兩二錢五分七厘，地租錢七百三十一吊二百文。
一、收駝腰總局九月份官金三十兩零一錢七分七厘
一、收太平廠分局九月份官金七兩五錢一分八厘
一、收石門廠分局九月份官金十八兩八錢六分四厘
一、收黑背分局九月份官金五兩三錢四分
一、收柳樹河分局官金二兩四錢九分三厘
一、收駝腰總局九月份馬地租錢五百三十四吊三百二十文
一、收九月份門金錢五十七吊六百文
一、收太平廠分局九月份門金錢十一吊二百文
一、收石門廠分局九月份門金錢十七吊六百文
以上九月份共收官金六十四兩三錢九分二厘，地租錢六百二十吊零七百二十文，統共三個月共收官金二百零七兩九錢，地租錢二千零六十四吊零八十文。
開除項下：
【略】
以上共開除兑换官金五十一兩，錢八千三百三十六吊一百十三文，地租門金錢二千零六十四吊零八十文，此款歸入開支册内。理合聲明。
實在項下：
一、存官金三百零三兩五錢五分五厘

吉林省檔案館《清代吉林檔案史料選編（工業）》上册《三姓金礦總辦侯國瑞呈報宣統元年十二月至宣統二年十二月征收官金等項錢文數目清册宣統三年正月初九日》

謹將總、分各局自宣統元年十二月初一日起，至宣統二年十二月底止，計十三個月所有征收官金、牛馬、地租、棧房門金，並兑换官金錢文數目，匯總分晰繕造四柱清册，恭呈憲鑒。
計開：
舊管項下：無
新收項下：
一、收駝腰總局十三個月份官金二百七十二兩八錢四分九厘
一、收太平廠分局十三個月份官金七十四兩一錢二分六厘
一、收石門廠分局十三個月份官金一百八十一兩零六分二厘
一、收黑背分局十三個月份官金五十三兩一錢三分
一、收柳樹河分局十三個月份官金二十八兩八錢
一、收駝腰總局十三個月份馬地租錢六千二百六十一吊五百二十文
一、收十三個月份門金錢七百五十吊零四百文
一、收太平廠分局十三個月份門金錢一百七十九吊二百文
一、收石門廠分局十三個月份門金錢一百八十二吊四百文。
以上十三個月份共收官金六百零九兩九錢六分七厘，地租門金七千三百七十三吊五百二十文。
開除項下：【略】
以上十筆共兑换官金二百五十兩零九錢六分七厘，均合錢四萬零四百零一吊八百六十八文。
一、除十三個月地租門金錢七千三百七十三吊五百二十文
以上十三個月共開除錢四萬七千七百七十五吊三百八十八文，此款歸入開支册内，理合聲明。
實在項下：
一、存官金三百五十九兩整。此款業經另文呈繳，合併聲明。

盛宣懷《愚齋存稿》卷二〇《京張鐵路兼辦雞鳴山煤礦情形摺宣統三年八月》

奏爲京張鐵路兼辦雞鳴山煤礦，謹將歷年辦理情形，恭摺具陳，仰祈聖鑒事。竊京張鐵路，係由關内外鐵路局撥款興築，光緒三十一年間，據關内外鐵路局詳稱，由京至張家口沿路各處，煤礦甚多，應由京張鐵路開採，以免利權外溢，擬請嗣後，無論華、洋官商稟請在沿路兩旁與附近地方，擬辦礦務，須先向京張局商詢，願否自行開辦，如鐵路不願開採，始准該官商辦理等語。經前督辦大臣袁世凱等據咨，前商部准予立案，旋由該局派員前往直隸宣化府屬之雞鳴山一帶勘驗礦苗，擬就雞鳴山八畝地收買舊峒，另開新井，先爲試辦，所需經費即由路工經費項下墊撥，復經前督辦大臣批准照辦，光緒三十四年冬間，該局詳稱，據礦師勘報，雞鳴山、玉帶山、八寶山，山勢毗連，煤質尚佳，均爲鐵路經過附近之所，必須聯絡一氣，方能日久見功，擬請劃歸官辦，經臣部轉咨農工商部，准給開礦執照三紙，並以各該礦地係部飭由京張局兼辦，自與商辦有殊，應免交納地税；又所出之煤，如係部轄各路官局取用，應免繳煤觔出井税，先後咨明農工商部各在案。隨將開礦工程及運煤支路次第布置，其附近小窑有礙新井者，則商由地方官給價收回封閉。自上年起，每日出煤約四五十噸，惟尚在浮面一層，煤質未能盡合火車之用，加以水火塌陷在在，隄防程功，致難剋定。今年春間臣部派臨城礦務局總辦鄺榮光兼充該礦礦師，會同京張鐵路總辦切實整頓，據報近來發現煤綫三處，頗爲深厚，逐加化驗，灰少質佳，今冬當可深透大槽，日出之煤以供該局鐵路取用，或可有盈無絀。所有歷年動支經費，行化銀四十七萬餘兩，擬請作爲該礦成本，俟出煤暢旺，分籌拔本。又玉帶、八寶兩山，實爲雞鳴山後來補助之要，應俟該礦辦有成效，隨時妥籌擴充，懇予奏明立案等情。查歐西各國，凡欲創修鐵路，靡不注意煤礦，誠以煤爲行軍所需，路惟運輸是賴，二者相輔而行，方能歷久不敝，京張鐵路係完全官款自辦之路，沿途礦苗豁露，開辦伊始，即經前商部立案，准由該局儘先開採，俾鐵路既無缺煤之患，而礦産亦少覬覦之憂。試辦以來，歷有年所，近始略具規模，雖非上等煤礦，亦當有舉莫廢，將來倘能推廣礦區，預籌銷路，或可日有起色，容由臣部督率該路總辦礦師等認真籌畫，設法保持，以收礦路相維之利。至玉帶、八寶兩山，既與雞鳴山相連，且經農工商部給照有案，擬即劃作該局官辦礦區，留爲將來擴充地步，庶足以垂久遠，而給取求。除將該礦歷年動支款項，飭由京張路局另案造報，再行核銷外，所有京張鐵路兼辦雞鳴山煤礦緣由，理合恭摺具陳，伏乞皇上聖鑒。謹奏。本月二十九日奉旨：知道了，欽此。

「中央研究院」近代史研究所《礦務檔》第三册《福公司礦界里數暨購地煤價約數》 謹將福公司礦界里數暨購地煤價約數，開呈憲鑒。

一、查利礦師繪呈紅界圖綫，因所索地面太寬，東西計長三十餘里，未能允許，是以縮小，另定黄界爲限制也。

一、查福公司礦界自澤煤盛廠墻外起，以現在所用者爲黄界。原定正東南北三中里，西面六中里，嗣因西面地段較長，經韓道台與利德礦師竭力磋商，始允劃出田澗一村。東西半里，南北三里，是以正西地界仍有五中里五分，四面均栽立石界可憑。

一、查修武縣境内之老流河地方，在太行山角根之下。沿山一帶，先已開有煤井八座，相隔約二三四五里不等。其中有舊礦三百七十四個，久廢礦六十七個。現定之黄界，全屬修武管轄。

一、查憑單於光緒三十年冬間，始行發給開辦。

一、查該公司購地辦礦，既經劃定地界，以黄綫爲限。界内之地准其租買，界外則不准逾越。

一、查當時虚擬紅界名目，恐日後黄界内不敷一礦之用，再行續請憑單，仍要照原訂合同，查明果與地方情形無礙，方准核辦。

一、查紅界内如有續請憑單，仍需與黄界所發憑單，同爲一礦。

一、查光緒三十三年據署修武縣林牧桂芳稟稱，福公司在礦廠左近，續購白振峯地一頃零九畝餘，又購毋國義地四十九畝餘，均經該牧親往勘明在黄綫界内，照章准其立契購買，當即蓋印税契註册在案。

一、查光緒三十四年據代理修武縣林令有賡稟稱，福公司又在黄綫界内購地四段，均經該縣查勘明確，核與定章相符，准其購買立契蓋印送還收執在案。此外別無續購地畝，合併聲明。

一、查福公司煤礦，自光緒三十四年七月見煤之日起，截至宣統元年八月止，照現在何守摺開出煤噸數，以四成碎煤六成整煤，約核煤價。計整煤九萬四千九百二十九噸，七成按每噸三兩，該銀二十八萬四千七百八十九兩；零碎煤六萬三千二百八十六噸，四成按每噸一兩，該銀六萬三千二百八十六兩零，二共約合煤價銀叁拾肆萬八千零柒拾伍兩有奇。

再查福公司礦井現出之煤，係在第四井、第六井。上年見煤後，經河内、修武兩縣稟明有案，至界內之地，前經委員查明，現在已購者，僅有十之一二。理合登明。拾月初十呈。

按黃線礦界，照圖上比例尺合成我國常尺，以東西長萬八千零六十七尺，南北長萬二千七百九十七尺，作整長方形，其面積合七十方里有奇。唯凹凸屈曲之處，應行截補用三角形或梯形法算，故只餘六十方里五千六百六十八方丈四十一方尺，合諸畝數，應得三萬二千四百九十四畝四分四方丈四十一方尺。折算之法列下，以長千八百尺爲一里，以一尺之平方爲一方尺，以千八百尺平方之，得三百二十四萬方尺爲一方里。以六千方尺爲一畝，以六百方尺爲一分，以一百方尺爲一方丈。

紀事

「中央研究院」近代史研究所《礦務檔》第二册《同治六年十一月初一日總署收三口通商大臣崇厚文附美人遊歷執照美人私開平度金礦請照會美使嚴禁》 同治六年十一月初一日，三口通商大臣崇厚文稱，本年十月二十七日，據山東代理平度州陳守稟稱，竊查私開金礦，大干例禁，茲經卑職訪聞東北鄉地方，有洋人潛來糾約窮民私開金礦情事。正在差查間，即於九月二十九日，有洋人德愛禮、花馬太二名來署面稟，該洋人等向在烟台，現領執照前來遊歷，路過州屬廟東澗地方，詢悉該處出產金砂，是以僱募百餘人暫爲試挖等語。並據呈閱執照，內載天津和約第九條，准令美國民人前往內地各處遊歷。茲有困先生按照前條，聽往遊歷，不得留難等情，核與該洋人等花名、人數均不相符。伏查卑州東北鄉距城九十里，與掖、萊接壤之三座山廟東澗地方向傳出產金砂，惟屢次開採滋事，併蒙委員會勘，實係利少弊多，得不償失，稟蒙前撫憲先後奏奉諭旨封禁。嗣於同治元年間，有海陽縣人薛普私行偷挖，經卑前署州舒牧訪聞拏辦，數年來尚稱安謐，乃該洋人等並不安分行商之所，輒來私開金礦，任意滋擾，實屬有違和約。況目下多事之秋，捻逆未遠，民心未定，全仗地方安謐，庶免別生事端。但該洋人等既不歸地方官約束，又不能遽行拏辦，藉此妄爲，勢必各處匪徒乘隙麕聚，愚民漁利爭挖，捻逆聞風復來，必致釀成大患，恐登、萊、青三府似無安枕之日矣。事關大局，卑職未敢擅便，除飭令該洋人將僱募之人速爲遣散，並選差前往妥爲彈壓外，理合抄録執照，馳稟查核，俯賜批示，以便遵辦，併請知會美國領事官飭令該洋人德愛禮等迅回烟台，毋令再出滋端，實爲恩公兩便。正在發稟間，據城鄉紳民紛紛呈請封禁到案，待命之至，不勝盼切，計呈抄照一紙等情。據此，查平度州三座山廟東澗出產金砂之處，既係先後奏明封禁，不准開挖，乃美國人德愛禮、花馬太二名，以困先生遊歷執照前往，僱募多人私開金礦，實爲有違條約，自應即行禁止，以免滋事端。除稟批示外，理合咨呈，爲此咨呈王大臣請煩查照，祈即迅賜照會美國公使轉飭嚴禁，以靖地方。並將德愛禮等二人因何違約之處，究懲照覆，望速施行。

照録執照一紙。

大合衆國欽命駐劄芝罘管理本國事務領事官山福爾，爲給發執照事。案據天津定約第九款內載，美國民人准聽持照前往內地各處遊歷等因。現有美國人困先生，素稱妥練，稟欲前赴萊州府山，本總領事官惟禁不許前往逆匪所佔城鎮，自當遵行應給執照，定以一年爲限，合請大清文武員弁見此執照，務准該困先生按照前條聽便遊歷，不得留難攔阻。如遇事故，並望隨時保護幫助可也，須至執照者。

右行執照。

丁卯年九月初十日。

第十三號執照，給與美國人困先生前往萊州府山。

平度縣。

大清欽命分守登萊青整飭海防兼管水利兵備道潘。

加印照行。

「中央研究院」近代史研究所《礦務檔》第二册《同治六年十二月二十二日總署收山東巡撫丁寶楨文美人擅添執照私開平度金礦已飭妥爲遣散》 十二月二十二日，山東巡撫丁寶楨文稱，同治六年十一月十六日據東海關監督登萊青道潘霨稟稱，本月十六日據代理平度州知州陳令，以訪聞洋人德愛禮等私開該州廟東澗地方金礦，請示祇遵，並請知會美國領事官速飭該洋人回烟，毋令在外滋端，並照抄遊歷執照等情到關。卷查本年九月初十日據美國領事山福爾照會云，欲赴北京、濟南府等處，往返需時，所有應行商辦事件，已托花馬太代理，請給發路票等情。當查花馬太係清美洋行商人，何得代理領事，又何得與監督商辦公事，顯與條約不符，未便給發路票等語照覆。旋又據照會內稱，如有應行商辦事件，已全托瑞典瑙威副領事威雅森代理等情，同日又據函稱，美國人海先生欲赴北京、濟南府遊歷，困先生、花馬太欲赴萊州府遊歷，送到執照三紙請蓋印等情，當經分别給發路票，並將執照蓋用印信先後申報憲鑒在案。查該領事請領遊歷執照並無德愛禮之名，又無平度縣字樣，顯係擅自添註。伏思中國各海口與各國通商，誠恐外國人作奸犯科，中國官員不能管束禁止，議定條款有領事官之設。今山福爾名爲領事，實與花馬太夥開清美洋行商人，核與條款本不相符，乃敢以遊歷執照請用印信，並令未領執照之人擅自添寫平度縣字樣，潛入相距烟台海口五六百里之外，糾募窮人百餘名私開叠經稟請奏奉諭旨封禁金礦，違約妄爲，莫此爲甚，若不嚴行究辦，恐相率效尤，尚復成何事體。現查山福爾尚未回烟，是否捏名德愛禮，同花馬太在彼私開金礦，亦未可知。除批行平度州速令德愛禮等即行回烟，毋任逗遛，並飭將雇募開礦之人，全行遣散，並派差前往妥爲彈壓外，擬合抄録該州原稟，呈請察核。咨明總理各國事務衙門行知該國駐京公使嚴行究辦，並請迅賜示遵，實爲公便。再遊歷執照准盖地方官印信，載明英國條約第九款，今持執照入内地糾邀多人違禁漁利，關係甚大，將來遊歷執照請盖印信，應如何防微杜漸妥議章程之外，務乞鈞裁，合併聲明。除稟請通商大臣核咨外，肅此具稟等情，到本部院。據此，查此案前據萊州府暨平度州具稟，業經咨明貴衙門查照在案。據稟前情，除批令該監督轉飭平度州速令德愛禮等即回烟台，並將雇募開礦之人合行遣散外，所有遊歷執照地方官盖用印信之後，或轉給他人，或擅自添註，其弊滋多，自應妥定章程以昭信守，擬合咨呈，爲此合咨貴衙門。謹即查照核定章程覆東，以便轉飭遵照，望速施行。

「中央研究院」近代史研究所《礦務檔》第二册《同治七年六月十四日總署收三口大臣崇厚文附上海新聞一則查禁寧海州洋人挖金案辦理情形》 六月十四日，三口大臣崇厚文稱，同治七年五月二十一日，准總理各國事務衙門咨開：現查上海新聞紙内載，烟台礦苗甚旺，現有廣東人及洋人在彼挖金等語。其説雖係傳聞，難保不實有此事，咨行本大臣轉飭地方官確切查明有無私挖金礦等事。如果實有其事，無論華民、洋人，均即一體嚴禁，並聲覆本衙門覈辦。嗣於五月二十八日，又准總理各國事務衙門咨開前事各等因。准此，當經本大臣兩次札行山海、東海各關監督，查明嚴禁在案。兹於六月初十日據東海關監督稟稱，本月初一日亥刻，蒙山東巡撫六百里札開，五月二十四日准總理衙門咨。現查上海譯出新聞紙内載，烟台礦苗甚旺，現有廣東人及洋人在彼挖金等語。查私挖山礦，例禁綦嚴，非特恐傷地脉，且因此輩挖金之人，必無善類，匪徒麕聚，易滋事端，每致釀成巨患。而外國人私挖金礦，其害尤甚，不可不嚴行禁止。上年十一月間，貴撫咨報美國人德愛禮、花馬太等在平度州東澗地方，僱覓多人，私開金礦，經本衙門照會美國公使嚴禁懲辦在案。兹查新聞紙所載，係廣東人及洋人在彼私挖，其説雖係傳聞，難保不實有此事，不可不豫爲防範，相應咨行貴撫轉飭地方官確查等因，行令查明該處究竟有無私挖金礦情事。現在聚集人數若干，果否有洋人在内，如果實有其事，無論華人洋人均即一體嚴禁，限三日内迅即查明稟覆，以便移咨覈辦等因。遵查東三府沿海諸山，徧是金礦，備載顧亭林天下利病通書。職道承乏斯土，平時查訪情形，知平度、寧海、棲霞等處，礦苗尤旺，向有本地民人在平度開採滋事，稟請奏准封禁，嚴拏懲辦，久無違禁開採之事。而本地無業小民往往於大雨之後，淘砂取金，易錢餬口，地不愛寶，瞻養窮黎，原爲例所不禁。職道履東以來，亦不聞有聚衆私開情事。上年十月間，美國人德愛禮、花馬太等在平度東澗地方，僱覓多人私挖金礦一案。當經稟請諭飭禁止寢事，嗣經訪聞德愛禮並無其人，實係美國領事山福爾捏名前往，其勾結洋人之本地民人，盡是喫教匪徒，隱姓更名，往來無定，且恃洋人爲護符，地方官亦無法可治。本年四月間，職道風聞寧海州地方有勾結開礦情事，密飭寧海州孫牧確查稟辦。旋據稟稱，經該州親履距州城三十里之溝頭店及金山寺等處，見有廣東人徐姓、包姓及不知姓名三人並本地人數名，在該處試挖金砂，並無洋人在内。即經該州申明例禁，飭將開挖之處一律填平，一面飭傳地主姜魁等到案，明白開導，嚴飭勿得違例開採。當將即行遣散情形稟報。又據該州來關面稟云，訪聞三月中旬有洋人至該州境之姜家峪等處遊歷，即回烟台，因該處離城窵遠，當日並未聞知，不及稟報。五月初四日聞又有洋人偕廣東人至姜家溝頭，傳説係觀看礦苗而來。該州馳往該處，諭以利害，並告以平度開礦滋事，已奉各大憲嚴飭諭禁，奈洋人言語不通，詢據廣東人包姓稱，該洋人名未士威，係瑞利斯國人，爲遊歷到此，别無他意，旋即回烟，並無逗遛等情。當經職道諭飭隨時稽查，妥爲禁止。如果確有開挖實據即行飛稟，以憑轉稟辦理在案。兹奉山東撫台檄飭前因，查烟台向無開採金礦，外國新聞紙所稱烟台，恐係即相距烟台四十五里寧海州所管之金山寺等處。一面飛飭寧海州確查稟覆，一面遴委妥員前往密查。即據該州覆稱，自五月間洋人未士威至姜家溝頭遊歷之後，委無另有洋人抵境，現因連朝大雨，間有求乞窮民四五人，手持口袋，在該處揀取金砂，又無私挖金礦及聚集多人各情事。唯該處偪近烟台，洋人至此遊歷，按照條約，百里之内，不請執照，難保無假遊歷之名，潛來窺探及本地匪徒勾結開採各情弊，自應隨時嚴密稽查。倘有洋人及廣東人前來，再行飛稟等情，並據該委員密查情形，亦復相同。伏查此案英國領事啊喳哩在烟台之時，常與美國領事山福爾及清美商人花馬太、滋大商人發達生以遊玩爲名，終日乘馬偏行甯福諸邑山徑。有當日即回者，有數日不歸者，以條約内有地在百里，期在三五日内，毋庸請照之語。且係該國領事無從禁止，憶啊喳哩與職道因公晤面，每稱東三府各山皆有至寶，何弗稟請上憲雇工開採，與中國餉需大有裨益等語。當以開採金礦，例禁甚嚴作答，初不會意，迨啊喳哩於五月中交卸領事，將欲南行之際。曾云，現有美國能識寶物之人，徧遊中國山東，山中有此至寶，外國人以爲祥瑞，各國商人聞信，皆要到烟台觀看等語。今查新聞紙與啊喳哩所言，若相吻合，特未説出烟台耳，其爲串通已經交卸回國之美領事山福爾及清美商人花馬太、滋大商人發達生，函致上海美商字林洋行，編入新聞紙，希圖煽惑人心，招引各商人聞風偕來，已屬顯然。總之，物先腐而後蟲生。沿海各山皆有金礦，若非内地嗜利匪徒指引，洋人何由而知，奈東三府所屬，無論窮鄉僻壤，冷落村墟，偶有不讀書之人，斷無不吸食洋藥，不喫天主教之人。凡利之所在，法所當禁之事，勾引洋人出頭，無所不爲，世道人心，隱憂方大。職道唯有督同地方州縣開導紳耆人等，並嚴禁本地匪徒不使勾結爲患，以清其源。洋人遠道而來，亦難施其技倆。若廣東人爲洋人之奴，設法驅除，較易措手。一面照會各國領事，如有進口洋人稽查嚴禁，一面會飭所屬一體查照遵辦，並由職道親詣金山寺等處查勘情形，再行稟報。所有現在確查並無洋人及廣東人開挖金礦，暨設法查辦緣由，擬合稟請察覈，俯賜咨明總理衙門查考，實爲公便。除稟覆山東撫台外，肅此具稟，計稟呈抄録上海新聞紙清摺二件等情。據此，除稟批示該道督飭所屬各州縣隨時嚴密查禁，毋稍疎懈，並將送到鈔録上海新聞紙清摺存留一分備查外，擬合將送到清摺一分，備文咨送，爲此咨呈王大臣，請煩查照施行。

〔附〕照録清摺

美國山中地下有許多奇貨，皆有用之物，識者挖取而不能盡。且英、法、美等國，常有人經行不識土中之貨周遊國度，觀其地下之所有。美國已有三兩人遊徧中國十八省地方山境，而地内之奇貨，與美國無異，惜乎指以取之，而終不欲得其所有。如各處之煤，業已明驗，而金、銀、銅、鐵、鉛等，無物不有。加之，近來鎮江中得其一塊黑鉛，是最有用之物，此物甚少，英國有一處開井挖之，每年只准六個禮拜，而挖出之黑鉛，售價二十萬洋。又南亞美理駕巴黎西勒國，亦有一處得其黑鉛，甚爲發財。初掘之時，工人了工回家，常常袖取若干，貪其利息，嗣後管工者知其弊，即使掘鉛者於井口換衣入内。既出，仍換其原穿之衣而回，此弊乃杜絶矣。且觀中國閒人不少，有力者亦不少。自長髮亂後，現在眼見捻匪不日肅清，散兵散勇雖經助資，各回原籍，而終屬無事無業，況久遊手好閒，何業可以入彀。惟有合巧之開礦、開廠、開窑諸色工作，各省分用其人掘煤，得其金銀等物，派給工價，以養活其家，最有大益，免致此等有力閒人以及散兵、散勇爲盗爲匪之亂矣。若行此舉，民安國富，無不盡善盡美，而吾等外國人不過能識地中所有，引領中國採取，並不自取自做，而奪中國之財。且見中國日漸富强，相和各國皆爲之喜悦，所貪圖惟通商而已，各種貨色，易於互换，别無所欲，幸勿見疑。

「中央研究院」近代史研究所《礦務檔》第二册《同治七年六月二十日總署發美國照會駁拒中國自辦金礦建議》 六月二十日，給美國照會稱，昨准貴大臣照覆文稱，山東烟台等處，有礦可開，恐利之所在，衆所共趨，各國無業之民，將蜂擁而來，即争端所伏。爲貴國思維，莫如早立一最好則例，舉行挖礦之事，則獲利良毀，相應商議舉行挖礦，以防後虞。現已行知該處領事，勿許洋人私自前往開礦等因前來。查烟台挖礦一事，誠以人數麕聚，易滋事端。既承貴大臣行知該處領事，勿許洋人私自開礦，足徵貴大臣敦睦友誼。至挖礦一節，中國例禁極嚴，匪人易聚而難散，且復時起争端，於本處良民大有妨碍，向來中國辦理各事，必於民情皆無窒礙，始行舉辦。若稍有不宜，斷不能率爾舉行，非止金礦一項，亦不獨烟台一處，今開礦一事，中國既例禁綦嚴，自應仍照前禁止也，相應照覆貴大臣查照。

「中央研究院」近代史研究所《礦務檔》第二册《同治七年八月十二日總署收山東巡撫丁寶楨文附禁止開礦章程議就禁止開礦章程咨送備案》 八月十二日，山東巡撫丁寶楨文稱，據登萊道遵飭詳議禁止開礦章程，並呈清摺等情，到本部院。據此，查此案前准貴衙門咨查，節經據稟咨呈在案，東府出産礦苗，爲洋人所注意，必與内地奸民勾結，希冀開挖，亟應妥定章程，嚴爲防範。至洋人准在内地遊歷，條約内雖無不准開礦明文，然犯法一語所包者廣，豈必一一載明。開礦爲中國所嚴禁，若顯違中國之禁，即是犯法，儘可照約拘禁，送交領事官懲辦。

惟慮該地方官辦理未能合宜，則彼有所藉口，或啟衅端，此時惟以立法嚴查內奸，斷其勾結之源，最爲要義。本部院就該道所擬章程，悉心體察，或增或減，定爲六條，責成道府州縣認真照辦，並出示曉諭民間，使曉然於利害。此事關係中外大局，務須實力遵辦，不得視爲具文，且須持以恒心，隨時加意。如各州縣並不認真辦理以及藉端擾害，該管道府不能訪查，或意存徇隱，均即一併參處，以儆玩泄。除行登萊道轉飭各屬遵辦外，合將擬定章程咨呈備案，爲此咨呈貴衙門，敬請查照施行。

〔附〕照録粘單

一，凡各州縣地方，無論荒山熟地，凡有礦苗之處，即責成該處公正紳耆，將某鄉某村距城若干里，業户某名或無業荒地，所産何項礦砂，計有若干處，一一查明。通知鄉地據實報明，該地方官親勘確實，詳細造册通報立案。如紳耆徇隱不報，别經訪聞，一併究懲，或鄉地得賄包庇及揹勒索費，指無作有，意圖訛詐等事，許該紳耆指明呈控，該地方官均即特拘訊嚴懲；如官不覺察縱容，一併究參。

一，凡查有礦苗報明註册之地，該州縣應即遴派老成安静差役，不時前往巡查有無開採情事。每年終之際，或到任之初，務將境内有礦處所，親歷查勘一次。若因公下鄉，亦於附近有礦之處，便爲稽查，礦差役務，由本署酌量發給飯食，不准擾民間一茶一飯，違則重辦。至該牧令因查礦下鄉，亦當輕車減從，不准絲毫煩擾鄉民，毋使民間因舉報礦地，反致受累，則事簡而人易從矣。

一，凡查有礦苗之地，不准私行租賃與人。如實係生計艱難，不能自守本業者，許由鄉地紳耆稟知該地方官查照地段，分别荒熟，按地秉公酌給租價，當堂交領，不經書差之手，以杜需索揹勒之弊。給價之後，作爲官荒註册詳報立案，倘或意圖漁利，私租與外來人，無論開挖金礦與否，該處鄉地紳耆即稟知地方官拘拿，照例嚴辦。如鄉地紳耆容隱不報，别經發覺，一併究治，其租出之地，仍勒令業主退還原價，將地呈繳入官。至官中租地所用租價，由該州縣報明，籌款給發。

一，通商條約有洋人准入内地傳教遊歷，如有犯法，送交領事官懲辦各條，地方官平時均應加意講求，遇有中外交涉事件，辦理庶有把握。凡洋人入内地遊歷，如距烟台海口百里之外，務須查驗執照，抄録備案並通報查考。如遊歷在百里之内者，須執照者，亦應將該洋人來自何國、是何姓名、年貌、寄居何處、同伴幾人，詳細問明，隨時稟報海關監督查考。

一，凡産礦之地，如洋人因遊歷前來在彼居住者，該處鄉地即時報知地方官，該地方官接據鄉地稟報，即親至該處妥爲保護，毋令其與居民因細故或有争端，俟洋人三五日起身，再行回城。如洋人帶用外省苦力人及雇用本地人在該處有挖礦之事，該地方官即告以中國例禁，據理明言，妥爲勸阻。倘該洋人不聽阻止，則是非所應爲之事，任意妄爲，按諸條約，即爲犯法。該地方官先將内地民人拏獲，照例嚴辦，並將洋人照約妥爲拘禁。一面將問明係某國人、是何姓名、年貌、同伴幾人，飛報海關監督查照咨會領事官查辦；一面選派老成差役，妥爲解送海關，文監督移知各國領事官會同辦理。至解送之人，務令守法，沿途不准稍有淩虐，以全和義。

一，道府州縣如能將私聚挖礦匪徒訪查捕獲，略無漏網及遇有外來人試挖，立時妥爲解散，不致生事，綏靖地方者，應俟查明酌奬。如各州縣接奉此次查辦，畏難苟安，粉飾了事，狃於安逸，不肯親自下鄉，或但任信差役，聽其包庇滋擾，甚至私受陋規，設致釀成事端，定將該州縣照貽悮大局嚴參治罪。該管道府於此等要事，不能覺察揭參，及有心徇庇者，一經訪聞，併予參處。

「中央研究院」近代史研究所《礦務檔》第二册《同治七年九月初六日總署收山東巡撫丁寶楨文附寧海州稟寧海州洋人挖礦暨英領事探勘平度金礦事》 九月初六日，山東巡撫丁寶楨文稱，現據甯海州知州孫愷元稟，摩山挖砂洋人現復移往崮頭。又據平度州知州海澄稟，英國領事馬安邀同水師帶兵官達姓，執持護照來游金山各等情。查洋人挖金一案，節據該地方官稟覆及隨時辦理情形，均經咨呈貴衙門查照在案。今摩山挖砂之洋人，復又移往崮頭，距該州城已一百餘里，且距烟台亦不止百里以内，且同伴至十人，比從前三五成群，數亦增多。至馬安身爲領事，曾經登萊道照會囑其出示諭禁洋氓，今復自來察看金苗之處，已非條約内所應爲，何以自稱金苗之有無，以回奏該國王等語，殊不可解。況洋人持約遊歷，凡兵船水手不在此例，何以復帶水師帶兵官同來，似此種種行爲，均屬違約，當嚴飭該州等認真妥爲防範，仍嚴禁内地民人亦不准勾結，並札飭登萊道照會該領事迅速回烟，毋任逗留，並將辦理情形，隨時妥籌稟報核辦外，相應抄稟咨明，爲此咨呈貴衙門，謹請查照施行。

「中央研究院」近代史研究所《礦務檔》第二册《同治七年九月十一日總署收山東巡撫丁寶楨文英領事違約探勘平度金礦》 九月十一日，山東巡撫丁寶楨文稱，現據平度州知州海澄稟稱，敬飛稟者，昨奉本道升任都轉鹽運使潘運司函諭，現有英國領事夷官馬安等，特來卑州遊歷，囑爲查照等因，奉此當將到州日期馳稟在案。該夷官馬安、托羅、愛文知併夷商愛别知、醫生騰四鑑等五人，跟隨內地民人三名，馬夫四名，騾夫六名，於二十二日由州起程，傍晚行抵州屬東北鄉舊店住歇。當將卑職傳諭本地居民，如敢接濟外夷米糧柴草，及受雇挖礦者，從嚴懲辦，併在旁觀望之閒人，均止金坑半里之外，如違究治。曉諭去後，二十三日清晨，馬安等各帶洋槍洋礮，沿山試放示威，並携洋鍬夷钁，前往相拒舊店五里之金坑崖上，四處遊歷。隨於去秋洋人德愛禮開採處所，拾石撒土，彼此傳觀，馬安微睨，愛别知哂笑，口譚夷語，不知何詞，察其意似以礦苗不旺，不足開採，而愛别知頗有窘色，緣愛别知即去秋來州開採之德愛禮。州民之中尚有認識該夷之面目者，愛别知囑令通事向護送之州差等言説，不惜重價欲倩代募百人，啟土試看。該差漫應之下，旋即以本地居民視開礦爲畏途，以順募僱若湯火，無論工價多寡，無人應募，婉言回復愛别知，隨又以五十人、三十人、二十人、五人迭次降減，娓娓懇催，均經該差逐層謝絶。迨後愛别知甚屬焦急，伺查該夷似以訨賺馬安爲慊，必須掘土顯露金苗，急欲見白。卑職第念該夷犬羊之性，惟恐急則反噬猖獗或致决裂，轉失柔遠之道，乃密諭撥給民夫五名，言明暫行借用，併非受僱，愛别知授以鍬钁，囑於坑内挑挖。該民夫遂於素知絶無金處，啟動二三寸許，撮土一握，授與夷人傳觀。察馬安頗有嗔責愛别知之意，愛别知似甚惶愧，大抵此來必愛别知改冒德愛禮名姓，僞稱客商，引誘馬安等前來者也。卑職當以本處實無金礦，往有無業窮民私淘澗内金砂，其利甚微，不足糊口，果因爲利開採，定必不付工本。況外國來此不易，必須金多利厚，方不虛費輕勞，更或設因開礦失和，豈不枉花銀錢，徒傷和誼，在領事諒不爲此無益之舉也。該領事馬安似亦領領，頗有即此終止神色。卑職隨即率同本地居民人等，均各走散，仍密派鄉約一旁瞭望窺伺動止。午後該夷等游至澗東山下，距金坑二里之金山河，見有捉漁沙壠，疑係淘金沙溝，遂將放牛民人周令望、坊之姜本升、行丐林小保三人，强行邀截，迫至河干，脅以洋槍，授以斗酒淘盆，囑令淘汰，約一時許，僅得自然銅錢一小包，其餘毫無所獲。卑職聞信復經前往阻止，該民周令乘便脱逃，馬安因無所迫脅，淘沙無獲，頗形咆哮，意甚猖獗，言及上年毛捻竄擾烟台，該夷借兵保衛，不無微勞，現在僅向卑職借役百人，併不供應，中華之官不講情義，莫若卑職爲最。卑職當向反復開陳，伸明大義，尺地一民，物各有主。外夷豈得違約擅動逼脅居民，無故放礮震驚百姓，是則過在領事，不在中華也。詰責之下，經通事勸散，彼此均回舊店住歇。該夷於次早不辭而去，潛察行踪，係往棲霞進發。密訊該通事供稱，棲霞亦有金礦，該夷便道，一路窺伺，未知所供真僞，理合將洋人挑挖淘汰毫無所獲各情形及出境日期，馳稟查核等情到本部院。據此，查昨據該州稟報，該領事馬安邀同水師帶兵官達姓等五人前來該州欲挖金苗等情，當經咨明在案。兹復據稟前情，除批飭該州以後如有洋人前來雇夫挖金，不准應給一名，並曉諭居民嚴禁接濟外，相應咨明，爲此咨呈貴衙門，謹請查照辦理施行。

「中央研究院」近代史研究所《礦務檔》第二册《同治九年六月十四日總署收山東巡撫丁寶楨文附博山縣稟批英人請開博山煤井諸多窒碍萬難准行》

六月十四日，山東巡撫丁寶楨文稱，同治九年六月初一日，據博山縣知縣王維鶴稟稱：敬稟者，竊卑職於本年五月二十日風聞有英國洋人入境，當即飭派妥役前往查探，該洋人名馬克德珂，在西關店内居住，隨帶通事二名，俱天津人，親隨幼童一名，歷城南關人，係由省前來，于是日未時入境。卑職隨飭令該店主妥爲照料，一面傳諭隣近居民無須驚疑，二十一日申刻該洋人來署拜會。卑職延入，以禮相待，晤談之下，該洋人口操本國土音，不通華語，詢其來意，據通事傳述，自天津前來，帶有通商大臣護照，欲在縣境經營買賣。恐本地民人或有意相欺及交易不公之事，求爲作主等語，詢其何項買賣，稱言未定。卑職查驗護照屬寔，意其或係販賣料貨，不疑其有他意，是以未經深詰，隨答以中外民人相安已久，斷無相欺不公之事，自當再爲傳諭，以其公平交易。該洋人喜悦而去，二十二、二十三等日，連日遣人往探，仍在該店居住未動。至二十四日申刻，該洋人復又來署，稱有要事相商及至晤面。據稱在卑縣夏家莊迤南地方，買得山地一段，欲在此開採煤井，並呈出契據一帋，求爲盖印。查閱契内賣主甯瑞閣，中人宗東陽，代字王瑞堂，契價銀五百兩。卑職當查夏家庄係杌子嶺山麓，在縣城東北，相距僅止里許。該處係縣境龍脉，城池攸關，且附近有錢、蔣二紳塋地，凡杌子嶺上下週圍山場，無論官山民地，曾經歷前任詳蒙各前憲批飭永遠封禁，立有碑碣。同治三年後，卑前縣樊升會任内，節次有人意圖私探，不特釀訟多次，且閤邑紳民咸各不願，幾至聚衆滋事。至七月間，復蒙本府委員勘明加封嚴禁。其歷次控争之處，本係李姓地基，約有官畝二畝，輾轉價賣，已非一人。迨本年二月間，又有歷城廪生宗學海、濟陽縣人甯興至，以伊等買得縣境夏家山地畝，可否開採煤井，聯名來縣請示，亦經卑職查明批飭不准各在案。當將以上情由，向該洋人委婉回覆。該洋人聲稱，伊已價買之地，他人不能禁止，倘有紳民出頭攔阻，伊自行抵擋，毋庸卑職過問，並欲剋日在該處地内竪立本國旂號。詞氣之間，頗不近理，且與前次晤談言詞多有矛盾之處。詢其賣地之人甯姓等係何處人民，不肯寔言，僅稱係賣給省垣天主堂，又似由省來，而非天津來者。復經卑職安慰再三，並答以事關閤縣地理，斷難擅專，必須稟明上憲請示，方可遵辦。該洋人始行别去，察其氣色，似覺大有不悦。卑職伏查卑縣夏子山杌子嶺一帶，上下週圍山場，因與縣城風脉攸關，節次封禁，斷難准其開採。第該洋人既已價買，執有契據，必不肯甘心中止，若竟糾衆恃强硬開，卑縣縣民亦必不服，勢必激成巨禍，所關大局非細。計惟向該洋人趕緊贖回地畝掣銷契據，或可保其無事，然契價過多，不特卑縣無從籌此鉅款，即該洋人地已入手，亦未必遽肯放贖，日久遷延，更恐再有不法奸民暗中勾結，爲患尤非淺鮮。而外國民人價買中國地土，係如何辦理，原定通商條約内有無載及，卑縣衙門無可稽察，又未敢冒昧置詞，致誤事機，惟有暫行設法覊縻，以免釀事。至此項地畝前據宗學海、甯興至呈稱，經伊等承賣，今該洋人契内賣主係甯瑞閣，中人係宗東陽，雖姓同而名異，難保非即係甯興至等因卑縣不准開採，故易其名賣與洋人，圖得重價，或其中有狼狽爲奸情事，均未可定。此等奸民若不予以嚴懲，亦不足示儆；其代字王瑞堂係何處人，非向甯瑞閣等追究，不知下落。應否分飭濟陽、歷城等縣，先將甯興至等密拘到案，訊明果否即甯瑞閣等，其人分别辦理之處，卑職亦未敢擅專。所有洋人價買卑境封禁地畝圖開煤井緣由，理合專馬馳稟核辦並請迅賜批示祇籌，實爲公便等情，到本部院。據此，查買地開採煤井，向爲條約所不載且於中國諸多窒礙，萬難准行。除稟批示博山縣遵照妥辦，暨分札飭遵照移咨通商大臣外，相應咨呈貴衙門，謹請查照施行。

〔附〕照録稟批

據稟已悉。該縣夏家庄杌子嶺爲閤縣風水攸關，其上下週圍山坊，無論官山民地均係永遠封禁，不准開採煤井，歷經辦有成案，通邑皆知。今英人馬克德珂價買該處地畝，意圖開採煤井，無論該處山地係歷來封禁之地，不能稍涉遷就，顯違本國定章，即查中外交涉和約所載，亦從無准令買地開採煤井之條。復查上年五月准總理衙門來咨，並抄給英國照會，均以開採煤井有碍中國風俗及百姓生計，實屬窒碍難行，且爲條約所不載，無怪各處官員設法攔禁等因。是中國與外國于開採煤井一事，彼此均未議行。該洋人何得違約妄舉，且該處既關閤縣風水，附近又多紳民塋地，又經歷來封禁，該洋人一經開採，合邑百姓勢必不服，釀成巨案。此時該洋人再欲向中國官員商辦，中國官員其將何詞以對百姓，既無詞以對百姓，又豈能爲之申理。若如該洋人所稱，已買之地，他人不能禁止，倘有紳民出頭攔阻，伊自行抵當等語，是不知渠既違約，已屬無理。且以該縣民情强勁，非禮之事，斷不肯以相讓，非偶然勢力所可恫喝。所有該洋人開採煤井之事，既屬條約所無，應即遵照辦理，萬不准行，即該令妥爲勸阻，並設法婉爲商勸，可否將地畝仍行贖回。如該洋人肯爲贖回，即照原價向贖，俾其不少虧本，以示中國敦信之誼，其有契價，即由該令先行措給，隨後飭司籌撥歸還。如不願回贖，亦聽其便，買地係照約辦理之件，切毋稍爲勉强。至賣地之甯瑞閣、宗東陽二名，是否即係本年二月聯名請示批飭不准之甯興至、宗學海二人。若實係此二人，是以自行請示批飭之地，希圖重利，售賣與遠來之洋人，俾其違約得咎，實屬違例欺人。查英國條約有中國人欲害英民，由中國地方自行懲辦之條，且東省山地凡屬産煤礦之處，本部院前因保衛民生起見，曾經出示通行曉諭並議定章程，不准私行賣與外人開採，如有私賣，查明嚴辦。兹甯瑞閣等既係東省民人，膽敢于本省大憲明示章程，擅行違背，尤屬奸頑可惡，應即嚴查懲辦，以爲中國人私違定例並欺騙外人者戒。候飭歷城濟陽兩縣密拏到案，確訊究懲，仰並知照繳。

「中央研究院」近代史研究所《礦務檔》第一册《光緒三年七月二十一日總署收北洋大臣李鴻章文附奏片咨送委員試辦張家口科爾沁鉛礦片》 七月二十一日，北洋大臣李鴻章文稱，李閣爵部堂於光緒三年七月十四日，在天津行館專弁附奏，委員試辦張家口屬科爾沁山鉛礦一片。除俟奉到諭旨，另行恭録咨會並分行外，相應咨會，爲此合咨貴衙門，謹請查照施行。

〔附〕照録粘單

再臣前訪聞張家口外諸山礦産甚富，當飭升用知縣周世澂，前往會同署張家口理事同知成錦確切查勘，酌取礦砂，送呈分鍊。兹據該員等稟稱，張理廳所屬地面下科爾沁南地上四牌樓溝一帶，山多産鉛，礦苗暢旺，去民間村窑廬墓甚遠，開採毫無窒碍。並據世襲輕車都尉勛舊佐領吉勒罕保呈稱，科爾沁地方，爲國初時伊祖承受遊牧馬廠，取原籍科爾沁爲名，嗣因兵食不敷，將所屬村地招民開墾，在張理廳升科納糧。其父德禧查明山有礦産，即擬報採濟軍。今聞查勘礦務，願將該山坐落界段，指明報捐以繼父志，不敢仰邀議敘等情，由該員等轉稟前來。臣查津滬機器各局，製造鎗礮子彈及各項軍器，所需物料以青白鉛爲大宗，中國礦産未開，歷皆購自西洋，價值運費，歲糜鉅款。一有缺乏，往往抬價居奇，費至數倍，至如民間器用，需鉛亦多。今張家口外科爾沁山，自有鉛礦，既稱鉛苗暢旺，無礙居民，該員等採取礦石呈驗，經臣招工到署，面試分鍊，鉛質之佳，不減外洋，鉛内間含銀質可用化學分提，亟應設法開採以盡地利，而濟軍需，擬先由各局採購鉛價内，匀撥銀五千兩以爲工本，派委周世澂等，會商成錦妥爲試辦，即僱用本地居民以爲礦丁，務令輿情悦服。所采鉛銀，陸續繳局，歸公濟用，其應否酌購機器及如何激勸地主之處，一俟開採有效，再行妥定章程，奏明辦理。所有委員試辦鉛礦緣由，理合附片具陳，伏乞聖鑒，謹奏。

朱壽朋《光緒朝東華録》卷三五《光緒六年六月》　戊午，銘安等奏：吉省旗民各户，向係伐木炊爨。溯自嘉慶二十一年經將軍富俊奏准開採荒山子等處煤窑三座，收納税課，歷辦有年。嗣於同治七年，將軍富明阿續請試開火石嶺子等處煤窑八座，當奉户部議覆，以吉林地方伏莽未净，增設煤窑，開採之始，必多集丁夫，其中良莠不齊，難以稽察，且圍場禁山，地脈相通，恐於風水有礙，奏請一併封閉。奴才等竊以爲政在養民，不外就地興利，事關籌餉，尤貴因時制宜。近來吉省生齒日繁，人烟稠密，山木愈伐愈遠，挽運非易，價值日昂，居民日用必需，多受柴薪之累。若不開採煤斤以資民用，則數十年後，柴薪愈見稀少，炊爨艱難。本省僅有煤窑三座，所産無多，不足供通省之用。奴才前奉寄諭，經費一層，該省如有可籌之處，亦應實力籌辦等因，欽此。即以試開煤窑，利益民生，抽收税課，曾經附奏在案。正在體察籌辦間，於五月初一日准工部咨開，監生尚崇琦等呈稱，查吉省葦子溝等處盡屬荒山，煤苗透露，堪以開採，且均距省窎遠，無礙風水，情願自備工本，雇覓本地居民前往開作等語。本部未便據呈率准，相應知照，迅即委員按照呈稱各處詳細查勘等因，咨行前來。復據本省民人董琦等先後具呈，亦以試開煤窑照章納課爲請。伏思煤窑之開，下便民生，上充國課，利益實屬無窮。前任將軍均已籌議及此，而户部以地方未靖，誠恐奸宄潛蹤，藉端滋事，奏請封閉，所慮不爲不周。第近來勦辦馬賊，大股現已肅清，金廠渠魁以次勦滅，而五方流民，謀食遠來，勢難盡行驅散，若使無處謀生，誠恐相聚爲盜。倘試開煤窑，則無業窮黎皆得趁工餬口，自可化莠爲良，於地方似有裨益。查吉省煤窑捐納舊章，每座僅收税銀十七兩六錢另八釐，現值庫款支絀之時，百貨均有釐捐，煤斤自應照辦。擬請毋庸交納舊定税課，仿照現辦貨釐章程，其賣中錢一千抽收一十文。所取無多，該商斷無不樂從之理。如果煤苗暢旺，自必税課豐盈，不但火食有賴，柴價自平，商民同霑樂利，而抽收税課，亦可稍濟餉需。得旨，著照該將軍等所請試行開採。惟當認真經理，毋任滋生事端。一切詳細章程，即著妥議具奏。

朱壽朋《光緒朝東華録》卷四三《光緒七年九月》　壬寅，銘安等奏：前因吉省經費支絀，擬請試開煤窑，抽釐裕餉。當經酌擬釐章，奏明招商試開石碑嶺等五處煤窑。暨酌改舊有煤窑從前課章，與新添煤窑一律派員稽查抽收釐税等因在案。兹據商人徐繼明等具呈，續報大石頭頂子等五處均見煤綫，堪以開採等情。當即派員分往各處勘驗去後。旋據防禦春和查明大石頭頂子煤窑一處，同知李喬林、佐領占祥等查明陶家屯、亂泥溝子煤窑二處，知縣傅楨、雲騎尉承蔭查明半拉窩雞溝煤窑一處，知縣傅楨、防禦桂禄查明二道河子煤窑一處，均各顯露煤綫，堪以開採，與禁山風水俱無關礙。取具山主四鄰情願招商甘結，繪圖貼説加結具報前來。奴才等即飭總理煤釐事務協領富爾丹，掌工司關防協領金福酌核招商。兹據稟稱，招得商民徐繼明承領大石頭頂子煤窑，張福永承領陶家屯煤窑，董起發承領亂泥溝子煤窑，劉運符承領半拉窩雞溝煤窑，韓受德承領二道河子煤窑。所招商户均係土著殷實之民，取有切保等情，稟覆前來。奴才等詳查吉省新陳煤窑八座，連今續添煤窑五座，共有十三座。所有續添試採煤窑稽查抽釐等事，前既擬定章程，自應統照新章一律辦理，報聞。

朱壽朋《光緒朝東華録》卷五二《光緒九年正月》　崇綺奏：查奉省無關風水産煤處所，經窑户報官開採，交納税課。惟各窑挖掘煤斤所用人夫，每多匪類溷跡其間，實爲地方隱患，即如遼陽州境内東山本溪湖一帶窑硐，從前巨盜戴發等潛匿多年，不時糾夥肆劫，是其明徵，煤匪爲害地方，各屬皆然。而遼陽距省較近，豪族强宗，更多包庇，亟宜設法鈐制，以期消息未萌。現經奴才派兵駐巡，並委員設局抽收煤釐，藉以稽查匪類。核計煤質高下，每二十斤約抽制錢一二文不等，於民間日用略無所損，既可鎮静地方，亦可稍裨練餉。其各屬採煤處所，並擬一律照辦。是於籌款之中，實寓弭患之意。一俟捐有成數，彙入練餉進款項下，核實造報。仍照章内扣一五經費以資辦公。下部知之。

孫家鼐《户部奏稿》第九册《本部議覆陝甘總督潭奏遵議礦務情形並清嚴定招股章程片光緒十一年七月》　本部議覆陝甘總督譚奏遵議礦務情形，並請嚴定招股章程一片。

附片奏單户部片。

再，陝甘總督譚鍾麟奏，遵議礦務情形，並試辦金廠章程一摺，光緒十一年六月十八日，軍機大臣奉旨：户部知道，欽此。欽遵抄交到部。臣部查上年據左都御史錫珍等條陳開礦一案，經臣部奏令各省體察情形，妥議覆奏在案。茲據陝甘總督譚鍾麟奏稱，甘肅西甯大通縣，舊有金廠，取金以牀，亂後廢弛。光緒八年，委員招商試辦五十牀，九年裁撤，委員改令總商包課，所繳金色極低，且欠課甚多，追比迄未足額。嗣經另定章程，招股商總其事，試辦三十牀，十年課金六十兩，如額征足。此後金苗若旺，漸推漸廣，牀多則課增，地方官但令稽察牀數，隨時報明西甯道，課金由商徑繳道署，不經胥吏之手，他如銀銅鉛礦，關内其稀，如察有苗可採，亦可以挖金之法試行。甘南産鐵，向來開採時行時止，並無大宗，煤性燥烈有毒，本地居民未有用煤者。地瘠民貧，户鮮殷寔，何能廣集資本，别謀生計等因，所陳係屬寔情，應如所議辦理。至該督並陳天生五材以利民用，即以養産材之處無限貧民。中國産煤之處爲多，如湖南之煤，大江南北舟楫運用不窮，歷時數百年，食利數萬衆，若以機器取之，則百年之利，十年可盡，十年之外，民奚賴焉？如謂地之所生，取携不竭，外洋諸國何以有缺煤之患？且用機取必雇洋匠，一廠歲需工價萬金，而機器轉運費亦不貲，利歸洋人，于民無益而有損。近年集資招匠，仿西法開採，率因虧本而罷，此天下共聞共見等語，所論尤不爲無見。且不惟此也，臣部查五金各礦，係天地自然之利，如果經理得人，未盡無益，乃近來各省頗有不肖官紳，身家本非殷寔，無論何省何人，欲開何處之礦，率創擬開礦章程，在南北兩洋稟請集股招商開採，每局或集股銀五六十萬兩，或二三十萬兩不等，各富商聞係官辦，遂多踴躍集資，該官紳自以身係出名稟准之人，遂在局總司其事，將股銀或任意揮霍，或暗謀别利，始則以外洋機器未到，礦師尚未得人爲辭，繼而故露虧空拮据情形後，竟開採無期，或甫經開採，即云集資不敷，再按股加資，否則停止，各商恐其資本終歸無著，將股票轉售於人，於是股票必大見跌賤，該首事官紳即就賤價，將股票浼人收回，一轉移間，坐收厚利，非必真辦礦務，其設心罔利，最爲可惡。今據陝甘總督譚鍾麟奏陳，前因臣部亦略舉近來集資辦礦之流弊，相應請旨飭下各該省督撫一體查照，臣部奏覆左都御史錫珍等條奏，原議及此次奏案妥慎辦理，其未覆奏各省，務宜迅速妥議奏覆，並嚴定稟請招股章程，以厚民生而杜弊竇，理合附片具陳，伏乞聖鑒。謹奏。

邢玉林《光緒朝黑龍江將軍奏稿·副都統禄彭奏爲練餉不敷擬將金廠防兵更換摺光緒十二年十二月初八日》 奏爲練餉不敷動支，擬將金廠防兵酌減更换，以均勞逸而節餉糈，恭摺具奏，仰新聖鑒事。竊查漠河地方，上年俄人勾結華匪越佔淘金，經前任將軍奴才調派各城官兵前往驅逐，在於黑龍江城，專設一局轉運口糧，所需運脚，奏由練餉開支。嗣將金匪驅逐出境後，隨將此起兵丹八百零五名，全行改爲馬隊，每名月加馬乾銀三兩，留防金廠等因各在案。嗣因此項馬乾、運脚，練餉不敷支應。復經文緒奏請，由部庫撥銀三萬五千兩，並聲明一年後，察看情形，隨時酌量裁減换防，以節餉糈。旋准部覆内稱，若遇天氣雪大停操，或因别項要需停操，均能騰出鉅欵，更覺有盈無絀，仍令在於練餉三十萬内動用等因。咨稱在案。茲頃據黑龍江副都統成慶咨稱，漠河防兵已逾一年，請由各城練軍内撥派换防，以均勞逸。務於明年正月起程，由冰道赴防，俾易行走等情。奴才等伏查刻下金廠防範稍鬆，練餉又不敷用，自應趁此酌減换防，一以慰征戍思歸之念，一以爲騰那餉項之機。茲擬將在防官兵八百零五名，全行拆回歸伍，以示□息。其换防官兵，應由馬隊練軍内派撥接替。惟查馬隊練軍，現均撥往呼蘭等處防捕，一時難以抽調，若派各城步隊練軍，該金廠地段綿長，山深嶺峻，又恐徒步巡查難週。茲擬由齊齊哈爾、墨爾根、呼倫貝爾、布特哈各挑派正兵一百名，黑龍江興安城各挑正兵五十名，共爲五百名，按照步隊練軍章程，拣委統領一員，營捴二員，正副扎蘭各十員，筆帖式三名，飭令官兵等自備鞍馬，由練餉内先行發給一年馬乾，兩個月内預備採辦衣履、餱糧，整理鞍馬之需。所有此項官兵口分、馬乾，既無專欵開支，應將呼倫貝爾、布特哈興安城駐紮漠河練軍六百零五名，均自拆防之日起，另給一個月馬乾、口分，以資津貼，統俟到城後，通行停操；黑龍江防兵二百名，俟换防兵到，一律裁拆，並將墨爾根步隊練軍二百名，自明年正月初一日起，一併停練，騰出餉項，發給换防新軍食用。如此展轉那，於正兵稍有裨益，於練兵並無廢弛，而於餉項可期節省。統盤核算，於三十萬練餉不足之數，以贏補絀，出入不大，相懸殊不至再煩國帑。奴才等現已行令各城副都統、捴管等，趕緊照數挑派精壯正兵，配齊軍火、旂纛、號衣，務於明年正月二十日起程，一律齊集黑龍江城，聽候該副都統點驗，就近催令赴防，以期整肅。統限於明年二月二十日到防，填紮漠河金廠，嚴密防守，勿使金匪復行竄入。其赴防官兵，應領下届口分銀兩，仍解交黑龍江城轉運局採買口糧，僱脚，源源接濟，以足軍食。除咨户、兵部查核外，所有换防金廠緣由，理合繕摺由驛具陳，伏乞皇太后、皇上聖鑒。謹奏。於光緒十三年正月初二日，接到軍机大臣奉旨：另有旨，欽此。

邢玉林《光緒朝黑龍江將軍奏稿・副都統禄彭奏爲密陳漠河金廠請旨飭北洋大臣流員來江開辦摺光緒十二年十二月十五日》 奏爲漠河金廠亟應舉辦，江省現無熟習礦務人員，擬請旨飭下北洋大臣遴派幹員，携帶礦工來江以資籌辦恭摺具陳，仰祈聖鑒事。窃查漠河金廠，上年俄人勾結華匪過江佔據，叠經派兵彈壓驅除，孽芽未净。前經捴理衙門王大臣函稱，接據出使大臣劉瑞芬函稱，俄國官紳，有思集股採取黑龍江粗魯海圖金廠之議。若久禁閉不採，恐俄人將來圖佔，貽患等因。奴才恭鏜前過天津時，曾經面商李鴻章，亦以爲辦不可緩，並許派員代約德國礦師，於開歲來江，隨同奴才恭鏜前往履勘；一面飛函商請李鴻章，協力相助，足見謀國公忠。到任後，以該金廠事關緊要，一面周諮博訪，大抵辦法不越官辦、商辦、官商合辦三層。揆之江省，諸多棘手。若由官督商辦，江省各城均係貧民瘠户，並無承辦可靠殷商。若由官自開採，不但經費不貲，而且麕集窮邊，無業遊民，鈐束不易。將來礦苗稍弱，遣散尤難。惟有招募津、滬商人，醵股來江承辦，較無流弊。然非得南北洋熟習礦務人員，與内地商人素相信習者，招募亦非容易。正在籌議間，適接黑龍江副都統成慶呈稱，派員往勘該金廠，漠河、阿爾罕、奇乾三處金坑，每年可出金砂若干，詢□華俄人等，俱稱不悉。前次偷挖之人，俱已散去，無從詢訪。又接李鴻章函稱，德國礦師，暫不易得各等語。查該廠距江省二千數百餘里，須繞由黑龍江僱船上駛，來往動經三月。該處既無熟諳礦脉之人，若非携帶礦工，要亦無從相度。事關杜患防邊，早辦一日則可息外邦覬覦之念，亦可弭内地奸民之隙，稽延展轉，反恐失悮事機。伏思江省僻在一隅，遇有洋務一切事宜，不得不仰賴北洋籌助。上年吉林創設机局，近來東三省建立電竿，皆由北洋遴派委員辦理，方期迅速。津、滬各局，人材濟濟，不少熟悉商情礦務人員。該大臣與江省關切素深，不分畛域。合無仰懇天恩，俯念江省事關緊要，江省辦事乏員，飭下北洋大臣李鴻章，遴派幹員，飭令約帶礦化各工，携帶機器，迅速來江，隨同奴才恭鏜前往覆勘。奴才恭鏜一面函商李鴻章，如有津滬股實商人情願來江承辦者，即飭該委員一同前來，以期迅速開辦，庶可事冀有成，機無曠誤，邊務、礦務均有裨益。所有籌辦金廠緣由，理合恭摺密陳。伏乞皇太后、皇上聖鑒訓示。謹奏。於正月初九日，接到軍机大臣奉旨：另有旨，欽此。

邢玉林《光緒朝黑龍江將軍奏稿・奏派員查看漠河金廠情形密陳摺九月二十五日》 奴才恭鏜跪奏，爲派員查看漠河金廠，並擬開辦大略情形，據實密陳，仰祈聖鑒事。竊奴才前於光緒十二年十二月十五日，謹將漠河金廠亟應舉辦，並擬調派吉林道員用候補知府李金鏞會辦，恭摺具陳。仰蒙俞旨，並飭下北洋大臣李鴻章、吉林將軍希元，一體欽遵在案。續於本年四月間，該府李金鏞，遵由吉林來省面商。一是當以興辦礦物，首重運道。漠河面江背嶺，水陸均須兼籌。遂先取道墨爾根城，鑿山而進。復由漠河出江，乘輪以達黑龍江城。往返數月，艱險備嘗。博訪周諮，略得梗概。九月間，始經旅省。奴才面詢顛末，並據該府李金鏞禀稱，漠河一區，界連俄人邊境，號稱金穴。狡焉思啟，防不勝防。開礦之舉，實關邊要利害，與内地礦務之專以利言者不同。顧其難有數端，請質陳之。中國自泰西集股以來，就上海一隅而論，設公司者數十家，鮮克有終，而礦爲尤甚。承辦者，往往蕩産傾家，猶有餘累。公司二字，久爲人所厭聞。官項竭蹶，所不待言，則籌費難。漠河地處荒僻，人跡罕通。最近之市爲黑龍江城，物價昂貴，較之南中，已加十倍，或二十倍。漠河更遠至二千里，地鄰北極，嚴冬則雪高盈丈，馬死人僵；夏秋多蟲塞耳盈鼻，起居服食無一不難，無一不苦。金鏞出關十年，舊時賑礦諸友，大率散處四方。集置艱苦之地，恐非所樂，而不招自至者，又未信心。則用人難。黑龍江雖有俄國輪船逆流而上，非十餘日不達呼蘭。爲裕米之處，無輪可乘。中國小舟，逆水不能上駛，必車運至黑龍江城。而俄輪居奇特甚。礦局所用機器重物，除上海運至營口不計外，而自營口運至漠河水陸並馳，已五千里。若自備輪舟，購之津滬洋行，而内地無由駛入。謀之吉林機器局，而急切未可圖成。至於由陸道以通呼蘭糧運，在齊齊哈爾省城，北行介墨爾根、呼倫貝爾之間，别開一路，較諸水陸周轉，加倍便捷。而窮崖絶壑，密箐深林，率皆終古未開之道。又非月役千人期以週年，不能就功。而工用未免浩大，無此餘力，則運轉難。漠河金匪雖已驅逐經年，而逃匿俄疆者衆，一旦礦夫四集，良莠雜處，易滋事端。非有重兵彈壓，以保礦而防邊，則可慮良非一端。今奉調在防各兵，將非一人，兵非一地，兼係經制額設旗兵難以作苦役，更非金鏞所可調遣。容官辦事本難自專，省治既遠，又難動輒禀候，則駕馭難。所幸金沙尚旺，其苗顯見。舊時金匪六七千人，盤踞至四五年。而俄屯糧食一石價貴至五十兩，得金之多可以想見。金鏞詳攷陳迹，以機器未備，僅就河旁隨手開挖，甚爲淺窄。其沙石之下，皆爲堅冰。訪之土人，當時金匪徒手挖沙，開冰無術，惟以亂石燒紅融之。至金沙之下，尚有堅冰如鐵者，去之則復見金沙。而水中之金尤旺，似非將河身讓出不易見功。而凡開沙吸水融冰淘金，皆非機器不可。至於召集民夫以助機器，無需多人；應用襄理之員，則以求舊爲主；參用新知，必須能耐勞苦，於礦務略有研究，不敢徇情。其防兵一層，爲費甚鉅，暫亦難籌。或就近酌調數營，併歸節制，仍支原餉。一俟金廠有效，再議自募。金鏞昔年辦礦，成敗間出，曾未累及友朋。此次既蒙奏調，欽奉特旨，中外共知，南中官商必有聞而助理者。擬且集貲二十萬，以爲延礦師、購機器、置輪船、買糧食、造房屋、修道路之用。遵即先赴北洋大臣衙門，稟商一切。隨至烟台、平度、上海等處，集股商辦。並俟美礦師哲爾者回，自熱河面述礦情，由渠指購各器。一切籌備既妥，再行詳細稟請具奏，定期開辦。附金沙一封，呈驗等情前來。奴才伏念漠河金廠之舉，重在防邊，兼籌利國，本屬遠大之圖。而地處窮荒，籌款無出。事屬創始，得人尤難。奴才素絀理財，又於礦務毫無閱歷。撫躬自省，殊失顧言顧行之義。幸賴北洋大臣李遵奉諭旨，力與扶持，遂得指調吉林道員用候補知府李金鏞，以資臂助。查據所呈金沙，爲數雖微，尚屬材良質美。稟議各節，亦均詳慎周妥。但得貲本充足，器具周備，似不至於徒勞鮮護。奴才現飭前赴李鴻章處呈驗金沙，並一應擬辦事宜，遂層稟商後，擬定詳細章程。或即由李、先行具奏請旨，飭下總理各國事務衙門王大臣核議，以期仰慰宸廑。惟近值封河之期，該府李金鏞前赴北洋，仍當續往烟台、上海各處。南北陸程，計非半年以後，不能往復。開辦之期，當在明年春夏之交。而奴才前經奏將軍政展至明年，以便親詣漠河察看。亦緣美國礦師未到，延滯至今，殊甚惶悚。祇俟該府李金鏞開辦礦局時，再行奏請前往。合併陳明所有派員查看漠河金廠，並擬開辦大略情形，緣由理合恭摺密陳。伏乞皇太后、皇上聖鑒訓示。謹奏。奉硃批：該衙門知道。欽此。

甘肅省古籍文獻整理編譯中心《劉襄勤公奏稿》第一五卷《光緒十二年分司庫收支懇飭核銷摺十二月初三日》　于闐課金局自十一年十一月試辦起，至十二年底止，征收金沙變價銀兩，亦應於册内列收造報。

「中央研究院」近代史研究所《礦務檔》第七册《光緒十三年四月初七日總署收黑龍江將軍恭鏜文附李鴻章咨等五件馬建忠李宗岱籌議漠河金廠章程》　四月初七日，黑龍江將軍恭鏜文稱，竊照十三年三月初二初三等日，准北洋大臣直隸總督咨抄招商局馬道建忠籌議漠河金廠章程，又准咨抄委辦山東礦務前濟東泰武臨道李道宗岱籌議八條等因。准此，本將軍當即酌核情形，備文咨覆。相應抄録咨呈總理各國事務衙門鑒核施行。

〔附〕照録粘單

欽差大臣直隸總督李，爲咨會事，據招商局候選馬道建忠稟稱，竊職道正月十六日，接奉憲札，准軍機大臣密寄，奉上諭，恭鏜等奏，漠河金廠亟應舉辦一摺，黑龍江漠河山地方，上年曾有中俄匪徒，過江偷挖金礦。雖經派兵驅除，孽芽未净。自應及時開採，以杜外人覬覦。著李鴻章即遴派熟習礦務幹員，飭令選帶礦化各工，攜帶機器，迅往黑龍江，隨同恭鏜認真勘辦。如津滬股實各商有情願承辦之人，並著飭令同往，俾可圖成。另片奏吉林候補知府李金鏞，熟習礦務，請飭派往會辦等語。即著希元轉飭該員，赴黑龍江會辦。原摺片均著抄給閲看，將此由四百里各密諭知之，欽此。遵旨寄信前來等因。到本閣爵大臣，承准此。查黑龍江之粗魯海圖金礦，出産甚旺，中外馳名。往年華商潛往收買金沙，聞頗獲利。若不及早籌辦，久必讓人佔踞。惟距江省尚二千餘里，地處極邊，非易集貲，得人尤難。應飭正任津海關道周，署運司署津海關劉道，江海關龔道，東海關盛道，招商總局馬道，山東平度州礦局李道，迅速會商籌議。或各抒所見，保薦結實可靠，熟悉礦務幹員，股實商董，妥議試辦章程具覆，再行酌核派往。李守金鏞據稱將赴琿春黑頂子，辦理屯墾，不及兼顧。未知能否前往會辦，除分行外，合行恭録密飭，札到該道，即便遵照辦理等因。奉此，仰見我中堂博訪周諮，殷殷下問之至意。查漠河各處金廠，偪近俄疆，出産旺盛，久爲外人覬覦，自應迅圖舉辦。原奏所稱招募商人醵股，約帶礦化各工，攜帶機器，前往承辦等語。籌辦之法，與中外各礦局相同。惟該金廠，地距江省二千數百餘里，在愛琿城上流又數百里，輪舟所不能達，開礦機器，類多粗笨重大，般運維艱，費用尤巨。比年滬市蕭條，殷實之商，半遭折閲。且惕於數年前股分之虧，語以招股醵貲百無一應。就令展轉勸諭，以利歆之，亦恐徒曠歲時，難以湊成鉅款。誠如憲諭所謂，集貲非易，得人尤難，洵扼要之論也。惟漠河各處金廠，乃邊防最爲喫緊之區，亦江省亟應籌辦之務。職道博考輿圖，參以聞見，仿古近屯墾之法，少變通之。請以屯防之兵，試辦採金之役。謹撮其大畧，開具清摺，粘稟復陳，伏候中堂訓示，財擇施行，實爲公便等情。到本閣爵大臣。據此，除批據稟漠河各處金廠，乃邊防最爲喫緊之區，亦江省應辦之務。第地處極邊，集貲運器非易，得人尤難。該道擬撥該省屯兵，試辦淘金，並呈節畧，甚爲有見，考據亦甚詳明。候咨黑龍江將軍恭核酌等因印發外，相應咨會貴將軍。請煩查照，核酌施行。

〔附〕計粘抄單

謹擬籌辦漠河各處金廠，擬撥屯兵，試辦淘金情形，開呈憲鑒。

案漢以黄金爲幣，上下通行。而開採之法，書缺有間。近數十年，宇下五大洲，所用既廣，所産益旺。俄國烏拉山東悉畢爾郭之採金，始於嘉慶十八年。美國嘉邦舊金山之採金，始於道光二十八年。英國南洋屬地新金山之採金，始於咸豐元年。初採時，一處所獲之金，有歲值銀六千餘萬者，近已少絀。而各處歲入，猶統值銀一萬四千數百萬。俄、美、英所産，實居三分之二。採取之法，以淘金爲宜。舊金山之沙，長千三百餘里，寬一百餘里。金之在山，凝於沙石。分支交互，都成脈理。山水衝激，挾之下趨。石塊重而沈下，中壅爲沙，上浮爲泥，層層有金。惟最下者，結最厚。人持鏟一、斧一、畚一，鏟以取之，斧以碎之，畚以淘之。豆金漉以水，屑金甚微，則滲以汞，合而蒸之，汞化而金凝。已淘採之初，人日所得，值銀百兩。故聞者麕集，始年萬五千人，其明年增至十萬人。人愈衆，金沙亦愈瘠。每沙一噸淘出之金，少猶值銀二錢。一人終日之獲，可扯銀一兩。其有竭澤而淘者，獲金雖饒，而置機戽水，非擁厚貲集衆力不辦。沙既瘠而淘者稀，遂議從沙傍高山，探脈開硐，鳩公司以採之。凡開山，探礌、鑿石、搏沙、磨礲，淘洗，合汞烹煉，用機器數十座，用工役數百名，費殊不貲。又礦石每噸約可得金值銀六七兩，方不虧工本。迥不如淘金者，日獲雖微，猶可自給。故開山之七十九公司，少贏多絀。是以英之新金山，俄之悉畢爾，採山者鮮，淘水者衆。蓋鑒乎此也。至其辦法，美之舊金山，居民稀少。至自他國者，皆聽往採，不爲限制。既流庸日衆，始人限十五丈，不得占人現採之地。採畢往他處亦如之，每處停採不得過五日。山礦之開，人限三百丈，始得鑛者倍之。集公司者，各以應得之數予之。每處停採不得過一月，有逾限聽他人接採之。所得之金，官不收買，聽入市自爲交易。立法簡畧，人人樂趨。又地氣温和，種殖蕃蕪，流水不冰。淘金者終歲不輟，且耕且牧，招集日衆。英之新金山，其法同，其地又同。兩處併收耕牧之利，今且十倍於淘金。俄之烏拉山東，地居極北，冰雪寒沍，五穀不生，金沙雖旺，而無水可淘。往者蓋少，遂以罪人往役。人限數十丈，每日之獲，不准私相貿易，由官給半值，而留其半，以充經費。近以鐵路接通，始有集貲開山，蓄水鑛中，備冬日淘洗者，由是所得滋豐。自咸豐十年，與我重定東界，以什勒喀與額爾古納爲限，康熙時索還之雅克薩、尼布楚二城，復入於俄。地雖極邊苦寒，頗饒金銀，乃並發減死罪一等者，往採如律。比遂商賈麕集，屯牧駢羅，尼布楚城已爲重鎮。今據成副都統所稱，漠河阿爾罕奇乾之金廠，在黑龍江南岸，計對北岸雅克薩城。又查劉大臣所稱，粗魯海圖係由俄語轉譯，當即蘇克特，在額爾古納河西岸，正對我東岸額德尼陀羅盖之卡倫。黑龍江北岸與額爾古納河西岸既入於俄，其間尼布楚爲五金最旺之區。所發罪犯採金之處，適在額爾古納河西岸，名之曰新蘇克特，正對我東岸巴圖爾和朔之卡倫，與呼倫貝爾城相距約數百里。職道詳考中外輿圖，以求産金之沙。自阿爾罕、奇乾河迤西，至黑龍江與額爾古納河交會界牌之處，循而南下，至蘇克特地有千餘里。在内興安大嶺之麓，與舊金山高山之麓，所有撒拉門約亞金兩河，形勢相似。興安嶺亦係沙石凝結，又與舊金山之石相似。金沙之富，當不少讓於美。況額爾古納河西岸，俄人採金，已著成效。東岸更近鑛山，真派能得多金，似可操券。惟地苦荒寒，民鮮殷實。四月解凍，九月結冰。淘採有時，技藝無術。由官辦，則籌備巨款，度支維艱。招集流亡，安插不易。半年淘金，或使之自食其力。若天寒冰沍，游手安資。非若新舊金山，地方温暖，可牧可耕，不致聚處滋擾。其難一也。由商辦，則醵股遠來，商情攜貳，糜費甚大，衆口呰謷。開山則效有難期，淘沙則散而無紀。且購機器，僱工匠，往返多稽時日。非若新舊金山，皆負山濱海，可無陸運之勞。其難二也。由官督民採，則貧民瘠户，工本不敷。荒壤窮邊，控制難遍。況淘沙合汞，豈能稽察入微。非工役私肥，即吏胥中飽。非若俄之峻法嚴刑，勒令工作，收其半值，以充公費。其難三也。伏讀《皇朝文獻通考》：黑龍江四徼，凡設卡倫六十有四，各設兵守之，重扃保障，金湯萬禩。今國家慎固封圻，特簡大臣督辦東三省屯防操練事宜，邊務鑛務，均關緊要。自雅克薩、尼布楚二城復經俄人經營布置，戍以重兵，以俯瞰我邊陲。我黑龍江省西北斗入於俄，相距一水，擊柝聲聞。彼方開鑛治兵，耽耽虎視。既不比内外蒙古有肯忒亞爾泰二山爲屏，南北八城有北天山及巴達克爲國。又其壤地相錯，僅止一面尚可恃崇山峻嶺爲之鄂博。以視茲地，險易迥殊。故西自喀什噶爾，東至琿春，毘連俄界約近二萬里。而江省西北一隅，與俄最爲偪近，尤不可無名將重兵，以戍守之。擬請東三省大憲相度舊設卡倫之所，察勘金坑最旺之區，遴委幹弁，選募近邊耐寒之兵勇，先撥三四營駐紮其間，督令淘金。其有偷挖金坑者，亦招入伍，以兵法部署之。人各予地數十丈，不准私占互爭。淘得之金，聽其自市。官若收買，毋任抑折。若慮金沙難以物色，第於英美各國僱諳練鑛頭三四名，歲費不過五六千金。或由山東平度州礦局李道，挑取工頭數名，咨送赴營，留充教習，令其周覽指示，導之淘洗。試行數月，得金果饒，然後再增數營，專員督率。冰泮之日，即飭淘金，以當口糧；寒沍之時，仍發坐餉，以資操練。如是歲可得金沙亦數十萬，且歲省兵餉亦十餘萬。其利便可約舉焉。臨邊設戍，建威銷萌，以屯以淘，役不再舉。便一也。醵股招商，曠日持久。移屯卒爲鑛丁，則朝令夕行，立可舉辦，不致展轉，延誤事機。便二也。機器開礦，成虧難知。若淘金，則一鏟一畚，隨處可備，無待籌費，即可開工。便三也。各直省浚河治道，多役防營。駐紮該處之兵，專事淘金，不與他役。夏秋則就地淘深，春冬仍歸伍操防。屯政礦務，並行不悖。便四也。礦久禁閉，偷挖必多。强敵覬覦，匪徒勾結，肇釁貽患，在在堪虞。今招入伍，以佐屯軍，既杜禍萌，且資衆力。便五也。分地赴功，人爭自奮。以舊金山爲率，人日得金一兩。則淘採所入，較坐餉爲優。平居既已飽騰，臨事必能敵愾。便六也。計名授地，悉准營制。每日赴工，六成爲率。營弁哨長，各任一分。餘夫羡卒，遞相替代。招募之衆，法亦如之。使伍符尺籍，按册可稽。既杜虚冒之弊，且泯菀枯之迹。便七也。半年淘金，省餉無算。萬夫萃處，貿易必繁。部庫不勞於輓輸，閭里徐資其生聚。無採金之名，節養兵之費，操禦敵之原。便八也。礦産既富，趨集愈衆。更於其間，平治道途。南至呼倫貝爾，再東至齊齊哈爾，使通達於腹地，聯絡乎三省。便九也。不勞役，不費財，可固防，可制敵。內以戢匪徒之出入，外以杜强隣之窺伺。不數年間，邊備益修，軍儲益裕。職道之愚，以爲此正今日之急務。況自通商以來，金銀之流出者衆。以彼各國皆用金錢，我則上下皆以銀爲市，已失子母相權之道，久受制於外人。若我中國産金既饒，則金價必賤。而貸款之出入，華商之貿易，所裨益匪淺尠矣。職道迂謬之見，是否有當，謹撮舉其厓畧。伏候憲台財擇，俯賜訓示遵行。謹議。

照録欽差大臣直隸總督李，咨會事。據委辦山東礦務前濟東泰武臨道李宗岱稟稱，竊職道於光緒十三年正月初九日，奉憲台札開，爲恭録密飭事。十二年十二月二十九日，准兵部火票遞到軍樞大臣密寄。【略】職道查黑龍江，地處極邊，界連俄國，屬部邊防，至爲喫重，籌餉又屬至難。是則闢地利，以裕餉源，誠江省目前之急務矣。兹奉飭議舉辦漠河金廠一事，事關安邊杜患，裕餉强兵至計，敢不悉心籌議，冀效一得之愚。惟內地創辦礦務，已費經營。況該處僻在一隅，運道既極紆迴，料物尤虞缺乏，驟議興辦，恐多棘手。兹擬先將運道探明，然後籌備委員礦師資斧，飭令迅赴江省，勘驗礦線。就便踏勘水道山場，何處可以修建水閘，何處可以安設機器，與及料物應由何路轉運，工匠須由何處僱用。如果確有把握，則招集資本，自能踴躍。即借款興辦，亦易歸還。兹謹就管見所及，遵議試辦章程八條，覆呈鑒核。

一、運道宜探明也。查礦局運送應用料物，即機器一種，已重十六萬觔有奇，計需大車一百七十七輛，馱騾三十六頭。其餘應運之器具尤多。若由內地出山海關至黑龍江，陸程遥遠，不特脚費不貲，即派人照料，亦多未便。此查明運道所以爲開礦起首之要事也。擬請咨商將軍衙門，飭員查明江省海口，如琿春等處之能通輪船者，以何處爲最便。並查明由海口循江至省城里數若干，又由省城至漠河里數若干，兩處水路能否用小火輪船拖帶民船，以爲將來轉運之用。又由漠河江口至各處金廠，各有旱路若干，途中有無崎嶇山路不通車馬之處，附近金廠約有村莊若干，車馬人夫是否易於僱覓。俟准咨覆，然後請飭委員礦師，由此路行走，以便一路體察情形，預爲將來開辦之地。

一、金線宜確勘也。嘗閱《北徼志畧》一書，言黑龍江與俄部接壤之地，名阿母河，有東金山、西金山，多産金礦。未知漠河是否即阿母河之轉音。然平度局有人在上海親見由黑龍江販來之金沙，值價十九換。參以古書，證以近事，江省之礦苗暢旺，必非虚語。第皆得自懸揣，仍當逐一確勘，方能實有把握。且沙金與礦金辦法不同，沙金多平鋪於沙河平原之地，開採者需本無多，獲利速而易盡。其探視之法，亦比礦金省工省時。如果試淘含金之沙，地寬且長，並察看附近，又有水道足供淘汰之用，即可購辦機器，剋期見效矣。至礦金則深藏於堅石脈絡之中，開採者需本較鉅，獲利遲而難盡。其探視之法，以金線長而且多爲貴。並於金線之首尾中央，多開數井，就有金者，鑿深一二丈，時常取石碾細化驗，約每百觔有金若干。核其數足敷工本與否，在內地以機器人工皆速，每石百觔有金三分，即敷工本。惟江省地遠，人工物料俱貴，每百觔須多出金若干，方有餘利，必須另行確估。大約探礦一事，須費四五月之工，其後尚須籌料物以開井洞，修水道以淘礦沙，擇地勢以安機器。頭緒紛繁，比之開採沙金，其難不啻倍徙。今漠河金廠，傳聞係屬沙金，然細譯江省原奏，則有金坑礦脈字樣，又疑其爲礦金。擬請咨查明確，庶委員於隨帶礦師工匠器具川資各事，得有依據。

一、礦師宜慎擇也。向來開礦者，均以爲僱得泰西礦師，稍一流覽，即可知某山當出某礦，某礦可得礦金若干。及其延至，鮮不大失所望。蓋其尋覓礦線，亦須土人指引。其知礦金之成色，則必俟多化礦石，而後能知其大概，實無目力能洞燭山石者也。平度礦局所僱機器師美國人阿魯士威，人最老成，兼能耐苦，歷練礦務二十餘年，故能熟識苗線，兼通化學，而於安置機器，尤爲精諳。聞嘗與論探礦之法，據言，西國礦師，其學問多半由讀書而得，與親身閱歷者究屬有間。且又高自位置，多索薪金。暑雨祁寒，不肯耐苦。及至開辦之時，於井洞機器諸事，未能全曉，仍須另僱專門之人。與其延此虛名之礦師，似不如擇美國老於礦工之人，較有實際。蓋彼經歷二三十年，於苗線之斜正斷續，及成色之優劣，施工之難易，均洞悉無遺。且自幼習慣苦工，其不辭勞瘁，亦當遠勝於礦師云云。職道查開採金礦，以美國人最爲熟悉。今該機師所論，實係深於閱歷之言。目今既無可靠礦師可以舉薦，可否即令阿魯士威力保一探礦之人，隨同委員前赴江省，伏候卓裁。再向來延僱礦師，除往返盤費外，另須每月給予辛工銀五六百兩。若在美國僱用探礦之工，則除往返盤費外，每月約給予辛工銀三百兩，即可敷用。合併聲明。

一、物料宜預籌也。探礦之初，所需器具物料無幾，除化學之藥料，瓦籠、瓦罐、骨灰罐，及分金天平、測量器具等物，應由礦工隨帶外，其餘止須備帶炸礦之火藥、藥引、銅帽、繩索、滑車，並酌帶洋鋼錘、鏨鍬钁各數十件，便可敷用。惟開辦時，需用物料浩繁，且多爲江省所無之物，道里遥遠，採運艱難。若不預爲籌畫，恐將來有停工待料之虞，糜費轉大。查開礦作井，所用木料最多，而機器房所用木料尤鉅。又鍋爐每日夜燒煤三四千觔，如無煤，亦須以柴火代之。江省木料富有，想非所缺。惟未知漠河一帶，是否即附近産木之區，運送舟車，是否便利。又建造機器房、化金房、井上氣通、鐵廠、木廠，並存放硫磺、鐵、煤觔、家具，與及住房、水閘等所，用甎灰極多，如附近漠河無售賣窑户，即須預籌自行燒造。其餘江省不能購買之物，如修築水閘，及機器石基所用之紅毛泥，與機器時常所用之油，淘金所用之水銀，並洋鋼器具起重及鐵木作需用之一切緊要物件，均應寬爲購備，以免誤工。至於炸石所用之火藥、銅帽、藥引，在上海止有一家洋行發賣，尤應早爲定購。惟此項炸藥，輪船往往畏其冒險，不願運送。且事關軍火，必須先期移會關道，方准出進口岸。此係必需之物，應請飭知委員，預籌妥協，以免道遠難於照料。再江省運道遥遠，非有小輪船拖帶，則往來不能迅速。現在江中如尚無小輪船行走，擬請置備一兩號，以利運道。計每歲所費，不過三數千金，信息即可以常通，百貨亦因之周轉。無論爲礦務所必需，即邊防亦甚有裨益。如果可行，即請會飭委員，購帶前往。

一、工匠宜酌帶也。探礦之始，用人無多，止須酌帶能做井洞工人數名，鑿孔炸石工人數名，修理鐵器匠一二名，足敷使用。及機器購至，必須另由上海選僱熟手之鐵匠木匠各數名，管理機器人數名，泥瓦、石作工頭各二三名，精於炸礦者三四十名，以爲領袖各工之用。其餘挖礦、運石、鋸木、修道與及泥瓦、石作等一切小工，計多則用七八百人，少亦需五六百名，均擬隨時僱土人充當。蓋外路人工價水脚皆貴，人數太多，斷難全由外省招僱。若土人則不離鄉井，礦開則赴廠作工，礦停則仍歸原户。無慮易聚難散，遺患他日，且窮民可藉工價養贍，日久漸成富庶，於邊防不爲無益。此多用土人，誠爲開礦最善之法也。惟查黑龍江近城之處，煙户尚爲稠密，其稍僻之站，則數十人家已爲巨鎮，甚至有三兩家即爲村落者。今漠河地處極邊，誠恐村鎮稀疏，工人不敷僱用。且又未悉該處每日工價，需錢若干，更屬無從懸擬。應請咨商將軍衙門，飭查明確，俟派定委員時，飭令通盤籌算，似較周妥。

一、機器宜妥購也。泰西以機器開礦獲利，論者每詫爲神奇，其實不過能省工惜時，於快中取多，多中取利而已。内地開礦諸事遲慢，淘汰又不得法。石中之金，已隨水飄去三分之一。石中之硫磺鐵，含金尚多，又視爲無用之物，而委棄之。是以歷來開礦者，多得不償失。勝朝礦税甚重，承辦者無以應命。於是一切器具取之民間，所僱礦工亦不給價。以此民間視開礦爲虐政。到今二百餘年，猶有談礦色變者。若在當年有善法，如今日除公平發價之外，猶有餘利，以供國課，則承辦者又何樂於掊剋閭閻，而爲國斂怨哉。故在今日而論礦政，固不可與前朝同年而語矣。查金礦機器，以美國所製者爲最精。去夏礦師璧赤開呈之單，止言二十條。舂杵之機器，每晝夜能舂石約四萬觔。今平度購至之機器，則每晝夜實能舂石約八萬觔。其敏速竟至加倍，是近兩年精益求精之製，爲璧赤所未及見者也。職道於鍋爐輪軸安置妥協之後，曾經蒸氣試驗，其大輪每分時能轉八十八次，克其量可至一百零二次，可謂機器之至捷者矣。此機係在美國金山大年洋行定購，價二萬金。連井口戽水起重之機器，及鍊化硫礦鐵之器具，其價亦不過二萬七八千金耳。將來江省礦務若成，似宜仍向該行定購，以圖穩當。惟此時江省尚未探明礦線，亦未擇定地基，則機器一層，似可俟井洞開深，約計每日出石將近可供機器之用，然後定購，亦未爲晚。計電寄金山成造，至運到上海，爲期不過五箇月。及運到山廠，安置齊備，費時亦不過四五箇月。故此時於機器一節，尚毋庸汲汲也。

一、資本宜寬籌也。開礦所費，以工價爲大宗，物料次之，運費又次之。如果工作敏速，料物應時，運道無阻，則礦金有驗過之成色，機器有一定之課程，其獲利實可操券而得。非姑妄嘗試，以圖徼倖者也。惟初辦三兩年間，修築運礦道路，蓄水石壩，機器房屋，在在草創需錢。加以所鑿井洞，非深至二十餘丈，則出礦不能供機器之用，尤爲費工費時。故必需寬籌資本，以供此三年之用，方能工成獲利，成一勞永逸之計。若中間資本斷缺，則遲作一月之工程，即多費一月之局用，晚收一月之餘利，甚非計也。今漠河既議開礦，自以寬籌資本爲先。惟近年上海錢莊倒帳太多，商情艱於周轉。內地開礦，已難集資。況江省遠在邊疆，商人已有鞭長莫及之慮。且又未悉礦苗優劣，尤恐未易招徠。職道籌思再三，竊謂此事酌分層次辦理，則較易就緒。刻下既未能招集商股，江省想亦無款墊支，則探礦川資，苦無所出。擬請先由津海江海東海三關，及招商總局平度礦局，共籌墊本銀一萬五千兩，以備委員礦師攜帶工匠器具，赴江省探道勘礦，一切薪工川資之用。俟勘驗明確，然後繪圖立議，稟請核飭，招商舉辦。如此則確有把握，集資必易爲功。即使商股不前，改爲籌借，亦不患歸還無著矣。如果可行，並請酌定由某關某局分籌銀數若干，飭知遵辦。此項墊款，俟將來開辦時，再由漠河礦局籌還，或願作爲股分者亦聽。至將來開辦漠河金廠，應需本銀若干，此時尚難預定。然約計江省運道遥遠，物料人工價昂，其比內地礦廠多費數萬金，實係意中之事。應由委員查勘明確，再行核議。

一、人才宜慎選也。礦務在三代時，有專門之學。周官丱人之職，有物其地圖而授之之文，可爲確證也。漢時傳習未失，高祖予陳平黄金四萬觔，東平王蒼身後尚存黄金六十萬觔。黄金如此之多，則開採之得法可見。餘如鄧通得一銅山，則錢徧天下。卓王孫擅一鐵冶，則富埒王侯。礦務之興，於斯爲盛。自時厥後，漸次失傳。降至勝朝，隳壞極矣。

國朝以明代爲前車之鑑，士大夫多諱言開礦。近年憲台力籌富强，主持礦務，縉紳中始稍稍有留心礦學者。然多涉獵藩籬，未能貫澈。求其有定識，以圖於始，具毅力以持其終，足以綜持全局者，職道實未遇其人。況漠河離省窵遠，地處邊陲，辦理得人，則富强可以助致；措施失當，則遺患不可勝言。誠如鈞札所云，集資非易，得人尤難，已洞悉此中竅要矣。所有奉飭保薦熟悉礦務幹員，一時實難其選，容俟續有訪聞，再行禀報。至於曾辦礦務可充紳董之任者，現有安徽人都司薛正馨、廣東人同知銜盧炳炎甘霖等，勤慎耐勞，可供驅策。甘霖並曾在美國辦礦二十餘年，尤爲熟悉。職道前曾函約來東，未知刻下已由美國起程否？俟其至時，詢悉情形，如能隨同委員赴江探礦，可期得力。至江省官紳，將來亦應酌派三兩員入局，以期呼應較靈。惟礦局委員，以少爲貴。蓋人多不特糜費薪水，且啟互相推諉，各存意見之弊。此亦開礦應議之一端也。

以上數條，雖於開礦之事，未能詳盡，然已畧具規模。其零星器具名目，及各項工價錢數，事屬瑣屑，未便羅列。應俟委員赴江之時，再由局查照底帳，抄給清單，以備遺忘，則諸事齊備矣。所有遵議試辦漠河金礦章程，擬請先由關局籌款，以便飭派委員，赴江探礦各緣由，理合詳細密陳禀覆。是否可行，伏乞核咨批示祇遵等情，到本閣爵大臣。據此，除批據禀均悉。該道以內地創辦礦務，已費經營。若黑龍江漠河一帶，運道既極紆遠，料物尤虞缺乏，驟議興辦，棘手甚多。擬先探明運道，然後派員帶同礦師，勘驗礦綫，及水道山場，何處修建水閘，安設機器，何處轉運料物，僱用工匠。如果確有把握，再議試辦。所論具有次第，足見於礦務閱歷頗深。惟第一條探明運道，查江省海口在海參崴之東北俄境，各國及中國輪船向未走過。前吴大臣曾與俄酋談及，似未允行。江路深淺不一，又未有測量圖據。兵商輪斷難深入，若將機器等項，由內地陸運，殊多不便。至附近金廠，多荒僻之地，車馬人夫，亦未必易於僱覓。第二條確勘金線，該廠所出，究係沙金礦金。江省似無熟悉人員，恐未能查確。第三條擬僱礦師，此間另覓有美國礦師，三月間可到，不必再令阿魯士威保薦。第四條預籌物料，一時無此經費，現亦無員可委。第五條酌帶工匠數十人，遠道前往，所費不貲。第六條妥購機器，誠如所擬，此時無庸亟亟。第七條擬籌資本，查各關局均甚支絀，碍難强派探道勘礦。攜帶工匠器具之費，其開辦成本，必較內地爲多，招股亦無人承認。第八條慎選人才，查熟悉礦務，綜持全局之員，一時實難其人，紳董亦姑從緩議。昨招商局馬道，以集貲非易，得人尤難，擬就江省屯兵，試辦淘金，似爲因地制宜之策。已咨商恭將軍，核酌在案。候再將該道所議各節，咨請查核等因印發外，相應咨會貴將軍。請煩妥細查核，見覆施行。

照録咨覆

署理黑龍江將軍恭、齊齊哈爾副都統禄，爲咨覆事。爲照十三年三月初二日，准貴大臣咨抄招商局馬道建忠籌議漠河金廠章程。初三日，又准咨抄委辦山東礦務前濟東泰武臨道李道宗岱籌議章程八條等因。准此，本將軍細加參閱，馬道所議，簡而精；李道所議，詳而慎，一則欲因地以制宜，一則欲審工以集事，均於礦務閱歷甚深。當即博訪周諮，折衷一當。查馬道所議兵辦一層，立法甚捷，而於江省情形實有數難，請爲貴大臣詳陳之。江省除齊齊哈爾、黑龍江兩城，康熙間由甯古塔調設滿洲漢軍八旗，養育無多。其餘各城，皆係索倫達呼爾巴爾虎鄂羅特鄂倫春畢喇爾等部落，或以打牲爲業，或仍遊牧舊俗，二百餘年，習尚未改。其山居林處，遷徙靡定，既於工苦力作之事，素所未嫻。其混沌椎魯，狃於故常，即動之以利而不歆，或迫之以威而反怨。縱使勉爲驅遣，將來逃亡媮婧，勢須峻法嚴刑，難免不生他患。故國家撫馭部落，迥與内地兵制不同。本將軍前擬調鄂倫春千人，試辦金廠。嗣聞該旗鄂倫春人，春秋操練，尚難到齊，餘時皆居深山，不肯外出，此議亦遂中止。至呼倫貝爾、布特哈各城，歷辦屯墾，尚難奏效，何況驅以不習之工，勢必不願。此部落之難强遣者一也。該道所議，相度舊設卡倫之所，察勘金坑最壯之區，選募兵勇，先撥三四營試辦。該道之意，似謂舊設卡倫之兵，即可撥爲辦礦之兵。查江省呼倫貝爾，西接車臣汗蒙古界，舊設卡倫現存四十三處，係爲庫倫、恰克圖通商備俄而設。近年形勢雖趨重東北，俄人由尼布楚、恰克圖赴張家口者，仍由西路行走，往來均須照應。額爾古訥河東岸，越界偷盜馬牛，捕魚打牲，割草伐木之案，層見疊出。故呼倫貝爾以西卡倫，併難議減。前年奏設漠河二十處卡倫，自珠克特依舊卡倫起，直抵黑龍江之呼瑪爾卡倫止，係爲防範金廠而設。即今孽芽未清，亦難量減。卡倫爲邊徼大政，自阿爾泰肯特山之南，無崇山峻嶺，以爲限制，全恃於河干扼要之區，安設卡倫，以爲險隘。故自伊犂至混同江口，延袤一萬餘里，卡接台連，而有呼吸貫通之勢。一旦抽撤，控馭皆疏。此卡倫之難分調者二也。江省皆係旗兵，並無客軍勇隊。查額設正兵一萬一千餘人，各城分布不過二三千人。除水手卡倫暨出差出防者，挑入齊字營外，各城存兵多者不過二千，少者不過一千餘人。呼蘭盜賊繁多，黑龍江、呼倫貝爾等處，偪處俄境，防守尚虞不敷。東三省大臣練軍，係奉旨不准調動。本省練軍，皆係新練西丹，春秋操演，不能間斷。馬隊現駐呼蘭勦賊，各城步隊，皆不過數百人，各有操防。且多係部落之人，不習工作，碍難强驅。漠河駐防，向係八百人，每年更换。近因各城兵單減至五百人，駐防金廠週圍千餘里。山深箐密，口隘衆多，該防兵皆有巡徼稽查之責，更難兼以作工。即開辦金廠，此項兵丁，暫難遽撤，而各城亦並無可撥數營之兵。此額兵之難派辦者三也。該道所稱，其有偷挖金坑之人，亦招入伍。查漠河左右一二千里，並無居人。前次偷挖金坑之人，皆係俄人由他省僱募輪船，裝載而來。近日均散居江左，爲俄僱工。聞大半皆係山東、奉天無業匪徒，俄人啖以重利，爲之驅使。若再由俄境招來，其中恐有勾結隱患。且恐俄人有所藉口，致啟争端。江省奴犯無多，各城撥犯不過四五十名，碍難驅遣。盖此輩兇頑狡悍，故性難移，若鳩集金廠，將來流弊不可勝言。若徒恃兵辦，既不能如美之舊金山，他流傭皆聽往採；又不能如俄之悉畢爾，並發罪囚，勒令工作。抽調兵丁，勢胡爲繼。此兵犯之難兼資者四也。本將軍爲巖疆謀捍禦，爲荒漠籌利源，苟於勢之所能行，力之所能到，敢不躬任其難。無如兵辦礦務一層，於江省實多窒碍。即如該道所議，先調數營，徐徐試辦，將來奏效無期，仍須重議。招商募役，徒曠時日，耗費反滋。本將軍等率屬熟籌，與其儌倖速試，冀成難必之功，不若率循舊章，庶收漸闢之利。查李道所議探視運道、查勘礦脈兩層，誠爲今日辦礦先務。查轉運機器，若由海道駛江，直抵漠河對岸之依克那什俄站，最爲便捷。無如混同、圖們兩江海口碍難行走，若由山海關，紆道較遠。兹擬由上海運至營口，由營口水運至瀋陽，由瀋陽陸運八百里至吉林，由吉林水運入松花江，順水至伯都訥之三岔河，爲松花諾尼匯流處，順風可八九日程。由三岔河逆水至墨爾根城，順風可十二三日程。由墨爾根僱備車馬，陸運至黑龍江城，四百餘里。由黑龍江僱募輪船，至漠河對岸之依克那什俄卡，約一千三四百里，七八日可到。由江口運至漠河金廠，該處無車無駝，可用營馬馱載，約九十里，路甚平易。再由依克那什俄卡駛入額爾古訥河，至奇乾河口，約三四日可到。該廠距河三四十里，亦用官馬馱載。總計水陸换運，總須七八十日程途。至探礦人等來江，可由營口出法庫門，由草地行到江省。不過一月之程，較爲便捷。此運道之大概情形也。該廠金色之淺深，脉路之長短，究爲石質沙質，非探視固不得知。然查成副都統所禀，及訪詢金廠來人，查漠河山内金廠，自西北發源河溝一道，中間淘挖金地，寬八丈餘，長二十餘里。所挖金坑，均在河溝兩邊，上距河源空處十五里，東距烏木爾河空處二十餘里。自此河南北分流小岔兩股，亦有舊挖金坑數處。由彼繞越山河，馳抵阿爾罕、奇乾河兩處金廠。查勘阿爾罕河溝一道，自淘金地下距河源空處六里餘，所挖金坑，俱在兩邊，寬六丈餘，長六里餘。又奇乾河溝一道，自淘金地下距河源空處十餘里，所挖金坑，亦在兩邊，寬七丈餘，長八里餘。所挖金坑，向北順流歸入額爾古訥河三十餘里。查成副都統所言金坑，係指淘沙之坑而言，非係石坑。漠河距奇乾河週圍六七百里，中間尚有金坑數處，其金脉之長可知。查該道所稱沙金至十九換，其金色之貴可知。聞俄人前次淘挖，並無粗大機器，亦並未鑿石開礌，其爲沙質，而非石質，盖又可知。該處衆河縈繞，水脉暴盛，林木甚多，燒窯亦易。傳聞十冬月前，猶能淘灑。此礦脉之大概情形也。李道所稱笨重機器，至需一百數十餘車輛，馱駝三十六頭之多，係爲石礦機器而言。此間多係沙質，似暫亦無需多備。俟探有石硐，再由美國購買新機，亦未爲晚。江内向無小輪船行走，將來如由吉林製造，由松花江入混同江，載在條約，許中、俄兩國行走，俄人似可無辭。所擬隨時僱募土人，礦開則赴廠作工，礦停則仍歸原户，無慮易聚難散遺患，誠爲扼要之論。江省居民原少，然聞黑龍江、齊齊哈爾兩城，暨呼蘭、長春一帶，招工尚易。惟徵外工價較昂，每日每名約須京錢六七百文。人數若果不敷，再或由滿洲、漢軍八旗、西丹、鄂倫春各項内之情願爲工者，量爲招募，以補不足，似尚不虞缺乏。至所籌勘礦經費，約需一萬五千金，請由江海津海各關籌墊。蒙批各關支絀，碍難强派，自是實情，事關杜患防邊，早辦一日，則紓宵旰一日之憂。江省雖拮据萬狀，不得不於無可措置之中，暫爲籌挪。擬請貴大臣查照該道所議，遴派妥員，帶同美國礦師，抑或攜同該局礦工，隨帶探礦機器人等來江，需費若干，請由貴大臣先爲墊發，或由江省丁亥年直隸應解旗租項下抵扣。俟江省請款後撥還，均請卓裁照辦。頃接吉林希將軍函稱，李守金鏞俟經手事件清理，四月可以抵江。本將軍擬俟該守到江，即候委員機器礦工，一併同往履勘，妥籌開辦。至該道所議礦局委員，以少爲貴，盖人多不特糜費，且啟互相推諉，各存意見之虞等語。此次創辦礦工，關係綦重。擬李守到江，請由貴大臣加札會同天津委員辦理，以專責成，而無諉卸。再查金廠數處，以漠河、奇乾河爲綱領。該廠在内興安嶺之西麓，興安嶺起至大小肯特山，其外一支，即西人所謂之東金山；内一支爲内興安領，由呼倫貝爾入界，盤互黑龍江額爾古訥兩河之間。奇乾河係入額爾古訥河之水，漠河係入黑龍江之水。自阿爾罕、奇乾河迤北而東，至黑龍江與額爾古訥河交會界牌之處，循而東數百里，始至漠河口。該山週圍約六七百里，馬道所稱迤西至黑龍江、額爾古訥河交匯之處，似誤以奇乾河爲一處。李道所稱阿母河，係直對東岸雅克薩城之阿穆河。内府圖作額穆爾河，一統志作額木里河，距漠河尚二三百里。漠河一曰墨河，水道提綱一名謀河，皆譯音之轉也。馬道稱蘇克特地方，係額爾古訥河之西岸，與我東岸克普垓圖卡倫直對。西岸舊爲我蘇克特依卡倫，去漠河尚一千餘里，去奇乾河亦五六百里。俄人謂漠河曰拉圖谷，其所稱粗魯海圖者，徧查羣書，中國無此地名。惟光緒七年，中俄改訂條約内載，俄國卡倫有期他羅粗魯海圖斯基，當即此地。該俄卡與中國所屬胡栢里志呼卡倫直對，在烏梁圖、毛葛子格、則林圖三卡倫之東。烏梁圖，即庫倫所屬之烏林圖。毛葛子格，即茂格集格。則林圖，即澤倫圖。胡栢里志呼，當即庫倫所屬極東之第一卡倫庫布勒哲庫無疑，東與黑龍江所屬額爾古訥河西岸察罕鄂拉卡倫相望。察罕鄂拉之西，即我蘇克特依卡倫，俄人盖於分界後，即因我蘇克特依地方，名之曰新蘇克特。所謂粗魯海圖者，盖因彼舊卡倫之斯他羅粗魯海圖斯基地方，與我奇乾、金廠山脉相連而言。中國未察，故合奇乾、漠河一帶言之。然其金脉之長，宜爲西人所艷稱，幾與索露之寶海金山並埒矣。馬道所稱如舊金山之撤拉門，約亞金兩河，形勢相似。興安嶺亦係沙石，與舊金山之石相似。金沙之富，或不少讓於美。細按中外輿圖，其論甚核。俄人自悉畢爾以東，皆以皮張爲税，悉畢爾以西、烏拉嶺以東，兼金銀銅鐵各礦，其國恃以爲富。尼布楚爲外興安嶺東金山之支麓，江右金礦正脉，則正在内興安嶺、漠河一帶，金脉暴露，或亦天地自然之利，將大發洩。若辦理得人，地利漸闢，生聚日繁，足與尼布楚城相抗，並爲重鎮。誠如馬道所論，非虛言也。因關邊形地勢，合並咨聞。其餘事宜，除俟李守到江，再行咨明外，相應咨覆貴大臣。請煩查照，見覆施行。

「中央研究院」近代史研究所《礦務檔》第七册《光緒十四年正月初七日總署遞正摺附遵議李金鏞所擬漠河金廠章程遵議黑龍江漠河金廠開辦事宜》　正月初七日，本衙門遞正摺稱，謹奏，爲遵議黑龍江漠河金廠開辦事宜，恭摺覆陳，仰祈聖鑒事。竊臣衙門於光緒十三年十月初十日，准軍機處抄交黑龍江將軍恭鏜奏，派員查看漠河金廠一摺，奉硃批：該衙門知道，欽此。又十二月初七日，抄交大學士直隸總督臣李鴻章奏，擬定漠河金廠官督商辦詳細章程一摺，奉硃批：該衙門議奏，單併發，欽此。臣等查漠河山，在黑龍江省，屬墨爾根城之西北，界於額爾古訥河、旁烏河之間。地勢背内興安嶺，面黑龍江，南至墨爾根，經度斜距烏道約八百里，紆道計一千餘里。距齊齊哈爾省城，經度約一千五百里。東由水路達愛琿，一千五百里。北距俄國新設之博克諾付克屯及阿勒巴金城，僅一江之隔。其地即近年新設之博羅哈達卡倫也。内興安嶺，向有東金山之名。

國語謂之金阿林，別乎阿爾泰山之爲西金山而言也。該處金苗頗旺，而地處邊荒。外來匪徒，在彼偷挖金砂，出没無定。經前任將軍文緒派兵驅逐，布置卡倫，邊境始得廓清。然地不愛寶，蓄久必發。利之所在，人輒爭趨。況當邊遠之區，防範亦難周密。前有俄商薩比湯，在出使大臣處呈請欲租粗魯圖地方，設廠挖金，其地即在漠河之西。彼蓋以中國未經官爲開辦，故有此請。嗣經臣等與李鴻章、恭鏜咨牘往來，籌商辦法。歷據該大臣、將軍等先後遵奉上年十二月二十八日諭旨，派員查勘，並籌議辦法。臣等查閲李鴻章所奏章程十六條，頗爲詳明。竊思英之新金山、美之舊金山、俄之悉畢爾，莫不淘挖金礦，以爲富强之計。中國雖有産金之地，向來不事開採，所出無多。又經西人收買，以致金價日昂。況黑龍江地方，自與俄國畫江分界，情勢又與往昔不同。自來謀國遠圖，不外興利實邊二策。漠河礦務，若果辦理得宜，則利源日開，人民漸聚，富庶之基，胥由於此。現就原訂章程，逐條詳議，應如所請開辦。惟事屬刱始，經理匪易。既據李鴻章奏稱道員候補知府李金鏞，血性忠勇，不避艱險。應請旨即派該員，督理黑龍江等處礦務，以專責成。至其中如造輪船、開運道、招流民一事，權添護勇各條，於邊防均有關係，且於中外交涉，尤應處置得宜。並請飭下黑龍江將軍，督同該員，審慎辦理，不可稍涉大意。此外未盡事宜，仍由該員隨同稟請北洋大臣、黑龍江將軍核奪，咨送臣署備查，謹將遵議章程十六條，開列清單，恭呈御覽，伏乞皇太后、皇上聖鑒訓示。再此摺係總理各國事務衙門主稿，會同吏部、户部議奏，合併聲明。謹奏。光緒十四年正月初七日奉旨：依議。欽此。

謹將遵議李金鏞所擬漠河金廠章程十六條，繕具清單，恭呈御覽。

一、原奏統籌設局一條，查開廠之始，凡購器、蓋屋、造船、開路及延僱礦師，添設防勇等項，需用經費，先須籌定，非招集商股，無以濟事。現已由北洋大臣借用商款銀十萬兩，黑龍江將軍動撥庫款銀三萬兩，自可先行開辦。一俟商股招齊，即將前款歸還。應如所議辦理。

一、原奏招集商股一條，查招商集股，西洋名爲公司，原屬衆擎易舉。近年如輪船招商局，及開平等處煤礦，皆賴商股以資周轉，但經理未能盡善，無以取信於人。今擬招集股本二十萬，分作二千股，於上海、天津、吉林等處，設立分局，支付息銀，及運金銷售各節，務須核實辦理，俾出資者得有利益，庶足以廣招徠。

一、原奏定地開辦一條，查金脉自額爾古訥河西山起，經奇乾、阿勒罕，直至阿木爾河下游，計長五百里，夙稱金穴。漠河之元寶山溪邊，尚有金匪盜挖之跡。現擬先從此處開起，俟礦師探得苗旺之處，次第辦理。應如所擬，先在該處擇地設廠，作爲開辦根基。俟辦有成效，然後由漠河以至奇乾、阿勒罕河等處，逐漸推廣。

一、原奏妥延礦師一條，查各處礦局，每爲西人庸劣礦師所誤。其真正高手礦師，甚爲難得。據稱熱河礦師哲爾者，山東平度州礦師阿魯士威，皆有本領。此次延定礦師，必須訪求確係可靠之人，合同內亦宜詳細聲明，免致虛糜款項。

一、原奏事權宜一條，查漠河距齊齊哈爾省城陸路一千五百里，若繞愛琿水路，尤爲迂遠。該處上游，係俄之士帖列省，下游係海蘭泡省，時有輪船往來。開廠以後，難保無交涉之事，若無辦事之權，往返稟商，誠恐緩不濟急。現擬責成李金鏞督理礦務，所有一切交涉事件，即由該員一面相機妥辦，一面稟報，如有事關重大者，仍分別稟商北洋大臣、黑龍江將軍核奪。

一、原奏刱造輪船一條，查咸豐八年，愛琿條約訂明黑龍江只准中俄兩國行船。光緒十二年四月間，該將軍用兵漠河，驅逐金匪，每借俄輪以濟糧運，諸多不便。嗣購買俄商輪船一艘，又復議而未成。茲擬在吉林機器局代造小輪船二隻，以便拖帶運糧船隻，並造小長龍船四隻，梭巡江面，應如所請辦理。至卡兵斫儲木柴，以備輪船購用，應由黑龍江將軍通飭遵辦。

一、原奏購買機器一條，查淘金必先吸水，人力殊不易施。若用外洋機器，則事半功倍。且漠河産金之處，距地面深不及丈，所用機器較簡，應即選擇購辦，以資應用。

一、原奏慎選用人一條，查漠河爲邊遠苦寒之地，人皆視爲畏途。金廠襄辦需人，非尋常局務可比，若非破格優奬，不足以示鼓勵。應如所請，在廠經辦各員，俟三年後，如果實效昭彰，准擇其尤爲出力者，照異常勞績，從優酌保數員；其出力較次之員，照尋常勞績保奬，不得概從優保，以示區別。仍應查照定章，將各該員到廠日期，及經管何項事務，先行咨部立案，不咨者不准入保。至將來保奬員數，擬臨時察看情形，按成效之大小，定人數之多寡，儻稍涉浮濫，即將出力稍次及在事未久之員，酌量删減，庶於激勸之中，仍寓核實之意。

一、原奏招回流民一條，查從前盜挖金沙，大率皆山東、直隸游手傭工之人，由海參崴恰克圖流徙至彼，自經官兵驅逐，渡江流入俄境者，頗不乏人。此次招工開挖，如有自願來歸者，自可酌量收用，惟其中如有已入俄籍之人，即不應濫行收留，以示區別。此事務宜妥慎籌辦，不可孟浪從事。

一、原奏開通陸路一條，查自齊齊哈爾至愛琿，復由愛琿至漠河，水陸計程二千三百五十里。據李金鏞探得由齊齊哈爾徑達漠河，旱路僅止一千四五百里，照向來程途，可近八九百里。惟山深林密，向爲人跡所不到，擬請撥兵一二千人，伐木開路，除底餉外，量給犒賞。係爲運糧便捷起見，應請飭下黑龍江將軍，會商東三省練兵大臣，即行酌派練軍前往，俾資調遣。其安設電綫卡房，分布弁勇汛守各節，應俟工竣後，次第辦理。

一、原奏募勇保護一條，查新設之博羅哈達卡倫，防兵只五百名，以之彈壓礦廠，兼顧防秋，尚嫌單薄。既據稱另募一營，餉由金廠籌給，即歸該員統領，俾收指臂之效，事亦可行。至勇營編成後，應仍造册詳報該將軍，以備稽考。

一、原奏公舉司帳，股友助理，節省局用，預計盈虧各條。以上四端，皆係參酌公司辦法，應責成該員隨時斟酌，禀明該管上司，核實辦理。

一、原奏均派餘利一條，擬照所請辦有成效之後，除將借款陸續提還，並將官利及員司、礦師薪水、局費、勇糧一切開支外，酌定所有盈餘，作爲二十成計算，以六成提充軍餉，四成作爲該局花紅，其餘十成，歸商股勻分，俾得均沾利益。並將收支款目，按年送部備查，免其造册報銷。將來金砂果旺，規模日益擴充，應如何開拓變通，以裕餉之處，届時察看情形，再行酌辦。

中國第一歷史檔案館《光緒朝硃批奏摺》第一〇一輯《光緒十四年三月欽差大臣直隸總督李鴻章片》 再，黑龍江漠河一帶，開辦金礦。前經臣會同將軍恭鏜覆奏，並經總理各國事務衙門議覆，准派吉林道員用候補知府李金鏞督辦在案。查漠河等處，邊遠荒僻，經營伊始，諸形艱瘁，必須得人襄助。查有湖北候補副將郭長雲，久在吉林琿春帶隊出力，究心金礦，熟悉邊情，茲已交卸營務南旋。臣稔知其明練耐勞，於東邊交涉機宜頗有閱歷，堪以飭赴黑龍江礦局，交李金鏞酌量委用，俾資得力。除檄飭遵照，並咨黑龍江將軍知照外，理合附片陳明，伏乞聖鑒。謹奏。

朱壽朋《光緒朝東華録》卷九〇《光緒十四年七月》 諫禧奏：承德府屬榆樹溝煤礦，前因熱河開辦礦務，機器需煤孔股，擬請就近採用。奏奉硃批：該部議奏。旋准議奏，行令繪圖貼説，將該處煤礦隸於何屬境內，有無關礙民田產墓及四至里數逐一註明，並是否招商抑係官辦暨如何設法嚴防以杜流弊，一併籌議，再行奏明核辦等因。咨覆前來，當經分飭遵照。即據承辦礦務直隸候補道朱其詔禀明，該處煤礦妥係官辦，並未招商承充。並據熱河道德克精額另派妥員勘明，榆樹溝煤礦係屬承德府轄境。該山附近並無民田産墓，亦無關礙之處。繪圖貼説註明四至里數，詳送奏咨前來。奴才查榆樹溝煤礦，原不在光緒九年前任都統成格奏奉上諭准其開採之列。現因辦理礦務緊要，機器需煤孔股，前准直隸督臣李鴻章咨會，飭令該道朱其詔於該礦左近採煤應用。而該礦左近，除榆樹溝煤礦之外，並無另有可採煤礦。是以奴才奏請變通辦理，誠爲一時權宜成全礦務起見。現在既經遵照部議覆勘，委無關礙之處，自應奏請飭部速議。一俟議准咨覆到日，即責成該道朱其詔，自行僱覓附近煤礦本地居民開採，不准招集外來無業游民，滋生事端。一面諭令承德府嚴飭該礦附近營汛及該管鄉牌不時巡查，認真彈壓。如果開有成效，再飭該道朱其詔會同熱河道承德府妥議章程詳，由奴才查核，咨部核辦，下工部議奏。

「中央研究院」近代史研究所《礦務檔》第七册《光緒十四年十一月初八日總署收户部文附黑龍江將軍恭鏜原奏抄送黑龍江將軍請撥庫銀資辦漠廠摺暨硃批》 十一月初八日，户部文稱，山東司案呈：軍機處交出黑龍江將軍恭等奏，督理礦務道員抵省，即日前往漠河，並撥借庫銀三萬兩，以資開辦一摺。光緒十四年十月二十五日奉硃批：該衙門知道，欽此。欽遵到部，相應抄録原奏，恭録硃批，咨呈總理各國事務衙門可也。

〔附〕照録計單

爲督理礦務道員抵省，即日前往漠河，並撥借庫銀三萬兩，以資開辦，恭摺具陳，仰祈聖鑒事。竊照黑龍江省開辦礦務，經奴才暨北洋大臣大學士直隸總督李鴻章先後會奏，調派吉林候補道李金鏞督理，並附陳所擬章程十六條，續經總理各國事務衙門會同吏、户二部核議覆奏，奉旨允准，一體欽遵在案。茲於光緒十四年九月二十八日，該道李金鏞歷由天津上海等處，集資製器前來。當經奴才詳詢一切情形，據稱西洋礦師，大半有名無實，冒昧延訂，徒滋縻費；加以商力疲弊，應招入股者無多，更不能不慎節從事。擬先馳往漠河，按照前次踏看金廠，逐加開採，如果金脉大旺，是沙非石，尚易見功。輪船運糧，事關緊要；吉林工料難備，應俟開春冰泮，徐向俄商購買；募工招勇，亦即擬在黑龍江城辦理，續行具報；所承准撥庫銀三萬兩，應懇給領，以資開局等語。奴才伏查黑龍江省漠河等處，雖稱著名金穴，而脉苗之瀰淺盈絀，究難豫爲懸定。捌辦之初，自宜加意慎節，以冀日起有功。該道面稟各情，具有斟酌。現在該道已於十月初三日起程，奴才並切囑該道，以地連俄境，募工招勇，均宜倍加小心，遇有交涉事件，就近酌量妥辦。其原駐漠河統領聶車布防軍，並飭該道會同副都統禄彭節制調遣。至奴才前奏撥借庫銀三萬兩，原念礦務重大，實關本省邊防，誼當倡導，無如官兵俸餉而外，別無餘款，再四籌策，殊少周轉之方。惟查有奉天曆年截留本省兵餉，上年經奴才奏催解還銀四萬七千兩，現存在庫，留備協餉不繼之需，茲提出銀三萬兩，交該道具領應用。一俟礦務起色，即由該道先行解還，以重庫款而裕餉儲。所有督理礦務道員抵省，即日前往漠河，並撥借庫銀三萬兩，以資開辦各緣由，謹會同北洋大臣大學士直隸總督李鴻章，恭摺具陳，伏乞皇太后皇上聖鑒訓示。謹奏。

中國第一歷史檔案館《光緒朝硃批奏摺》第一〇二輯《光緒十五年正月廿八日黑龍江將軍恭鏜摺》

奴才恭鏜跪奏爲督理礦務道員馳抵漠河開辦日期，恭摺具陳，仰祈聖鑒事。竊照督理黑龍江礦務吉林候補道李金鏞於光緒十四年九月間，由天津、上海等處，集資製器，來省稟商開辦情形，並領借撥局本庫銀三萬兩，馳往漠河等因。業由奴才會同北洋大臣大學士、直隸總督臣李鴻章奏報在案。茲據該道李金鏞稟稱，十月初三日，由省起程前至黑龍江城，招募礦丁，部署轉運各事。於十二月初四日，始抵漠河，當即調派隨員，將一切應行之事，分途辦理。粗克就緒，遂擇十三日開工；並酌擬局章十條，以資共守，合行呈報查覈等情前來。奴才伏查黑龍江省，礦務事屬創辦，現值嚴寒沍凍，開採尤難。該道李金鏞，志存利濟，勇往有爲。所定局章，亦均謹嚴可守。春融而後，脈苗深淺自有次第可尋。奴才當飭隨時馳報，以重礦政。除將局章咨送總理各國事務衙門備查外，所有督理礦務道員馳抵漠河開辦日期，謹會同北洋大臣大學士直隸總督臣李鴻章恭摺具陳，伏乞皇太后、皇上聖鑒訓示。謹奏。

「中央研究院」近代史研究所《礦務檔》第七册《光緒十五年二月十五日總署收北洋大臣李鴻章文附開辦漠河金廠章程李金鏞稟報漠廠開工日期暨開辦章程》

二月十五日，北洋大臣李鴻章文稱，二月初九日。據督理黑龍江漠河等處礦務李道金鏞，上年十二月十九日稟稱，竊職道前蒙憲台會同黑龍江軍憲恭，奏派辦理黑龍江漠河金廠事宜。旋蒙總理各國事務衙門會同吏、户兩部，將章程議明復奏，請旨即派督理黑龍江等處礦務，以專責成。奉旨：依議，欽此。職道伏思礦務一事，籌辦不易，不慎於始，鮮克有終，自當殫精竭誠，妥爲策畫。已將運糧、購器、建屋、設局、招兵勇、募礦丁一切應行之事，逐加辦理。並調派員司，分司各職。諸務粗有就緒，遂擇於月之十三日，祭山開工；並先擬開辦章程十條，稟呈鑒閱，核定示遵。所有職局開工日期，並所擬開辦章程各緣由，理合具稟呈報。伏乞轉咨總理各國事務衙門，實爲公便等情，到本閣爵大臣。據此，查據稟開辦章程十條，可即試辦。其嚴定匿金三兩至五兩罪名，係爲礦丁等觸目驚心，免致違犯起見，亦准照擬榜示。倘有違犯，隨時稟請核飭。除批示外，相應咨明貴衙門，請煩查照。

〔附〕照録鈔摺

謹將開辦漠河金廠章程十條，繕摺恭呈鑒核。

計開：

一、募充把頭，宜有妥保也。本公司開辦金廠，各處流民，聞風而至，其中良莠不齊，難以盡悉。茲募平素熟手而有根蒂者，充當把頭，並取具妥實鋪保，到廠後如有作弊及虧空等情，惟向保人是問。蓋把頭須管領礦丁，所有銀錢貨物，均准把頭預行支取，有關出入，故非妥保，不能録用。至礦丁即由把頭自募，亦須年力精强，能耐勞苦，並素習淘金者，方准募入。一把頭以募二三十人爲率，立爲一班，即歸帶領挖洗。礦丁舞弊，責在把頭。今先募把頭二十名，礦丁五百名，擇日祭山開工。俟明年冰融之時，工作大舉，再行續募。惟把頭帶領礦丁，須按所派地段，認真工作，不得酗酒鬭狠，遇事紛争。如有犯者，輕則由監察及該管把頭調處，重則送提調處懲治。

一、機器物具，宜公司備發也。吸水、淘金等機器，鐵鍬、鐵鐝、水車、牛馬、車輛鐵穿、鷹嘴鐝等物具，均本公司預備。各把頭按礦丁人數領用，不取價值。但用須愛惜，毋因取之公中，任意毀敗，如有此事，查出立究；若日久損壞，實出無心，即准送儲材所更换。再由儲材所分別交製造處，修整完好，仍歸儲材所收存，以備給領。倘有遺失，即著該把頭包賠，以昭戒慎。至於斧、鋸、鐵鑿等件，本公司概不供用，須各把頭赴本公司貨櫃購買。

一、開工採金，宜分段落也。本公司原稟黑龍江將軍，曾聲明非將河身讓出不可。今時屆隆冬，嚴寒特甚，溝中積雪甚厚，去雪見冰，鑿冰四五尺見石，去石而底冰仍在，施工太難，雖費百倍之力，難見一分之功。現在先從河之兩旁，各開礶硐，由此處下手，尚覺稍易。查俄之金廠，春冬兩季，本屬停工，而我廠礦丁，已集愛琿多日，正可招之試行，或能稍見小效，庶不致人多坐費。一俟春融，大工開辦，濬通水道，按設機器，分定地段，計每把頭帶領礦丁若干名，應受地若干丈，插標爲記，以次挨開，庶無爭競之慮。

一、上工散工，宜定時刻也。冬季上工准七點半鐘，散工准四點鐘。各把頭不能備有鐘錶，但望局前挂旗，即帶礦丁上工，落旗即帶礦丁散工。春季五點鐘上工，六點鐘散工。夏秋兩季，四點鐘上工，七點半鐘散工。四季均歸十二點鐘放工喫飯，飯畢仍即上工。俟機器設妥，上工散工，以放汽爲號，俾歸劃一。倘有參差不齊，咎在各該管把頭，查知定當究責。各礦丁到工，務須勤捷工作，如有怠惰，責懲不貸。設因有病難於赴工，本公司聘有官醫，備有良藥，可立調治。

一、所得金沙，宜四六股分也。查他處金廠章程不一，官辦有按人税金，有按床納金。俄國有僱工得金，英美有按票税金，私廠有二八三七分金。一切物具，均礦丁自備。今本公司購置機器，及一切器具，並蓋房屋，設立碼頭，修造輪船，招募兵勇，購買牛馬，備儲糧草，置辦車輛，支付官利，分立各局，調派員司，在在需款。資本既重，糧餉攸關，實非淺鮮。凡此皆爲便益該把頭與各礦丁起見，況一用淘金、吸水各機器，該礦丁等省工甚鉅，得金亦易。本公司今酌中議定四六股分，局得四分，工得六分。禀明北洋大臣、黑龍江將軍，咨總理衙門立案。如果該把頭等得金欠旺，本公司隨時察看情形，另行核減，總期公私兩有裨益，以作久遠之圖。所得金沙，雖定四六股分，而該工所得六分，亦須統繳本公司，該把頭等不准有絲毫藏匿。本公司另派監工司事，在工常川稽察，得金若干，隨時過戥計數。散工時，該司事帶同各把頭至收金處，三面眼同兑平，對數無錯，當面登簿收摺，摺按半箇月一結。所繳金沙，照漠河現出成色，按市每兩給愛平銀十六兩。嗣後漲落，照市再定。該把頭等應得金價，或銀或錢，聽其自便，該員司職其事者，不得從中掣肘作難。惟所出金沙，雖上溜漂浄，内中含沙含石，或含別質甚多。故俄國金廠，每一錢稱一鑿羅托尼枯，合中國愛平一錢一分七厘。今本公司按愛平加一收金，以示格外公平。將來分局或按僱工法試辦，届時再行定奪。

一、偷匿金沙，宜嚴定科罪也。查偷匿金沙之弊，無奇不有。此次本公司奉旨開辦金廠，現定四六分金，亦是酌中持平之舉。日後出金多，不議增；出金少，再議減，用心不爲不厚。該把頭與各礦丁等，亦宜各具天良，通力合作，須以勤奮爲念，不以私利爲懷，一縷一絲，皆歸公處。如有礦丁偷藏等事，查出照章治罪，把頭通同者罪加等，知而不舉者罪同科，出首者免究。茲定偷金一錢至五錢，枷半月責六十；六錢至一兩，枷一月責一百；一兩至三兩，枷三月責二百；三兩至五兩，禀請正法示衆。監察司事，如有通同作弊者，禀請嚴辦；知而不舉者，立即辭退。

一、要道隘口，宜搜檢嚴密也。本公司恐有來歷不明之人，及私帶軍器洋烟，並一切違禁之物，故於要道隘口，設局盤查。凡把頭礦丁來投者，須由愛琿轉運局請領護照。到口赴局，將護照呈驗，局員立即派人，監同搜檢。如果禁物毫無，即倒換腰牌，准令前進溝内。至總局將腰牌呈驗，聽候點名後，指出地段，憑該把頭等，自行砍木蓋房，隨時開挖。如有違禁之物，一經搜檢得出，物即充公，人即驅逐。俟見金沙後，凡出入之人，一體嚴搜。搜有藏金，一半歸公，一半賞給搜獲之人，以示鼓勵；而匿金者，仍照章治罪。

一、礦丁日用，宜由本公司備辦也。所有礦丁應用食物器具一切等項，本公司先備足一年之用，隨時再陸續添辦運廠，不使有缺乏之虞。另行設立貨櫃，公平取值，不存牟利之私，祗欲便人之用。每把頭帶礦丁一班，本公司即立與經摺一箇，一面付貨，一面收金。所需食物器具及每日交金，均持摺分別向貨櫃並收金處，領取呈繳，立即登摺。半月結帳一次。本公司既百物備足，不准外人進溝貿易，以杜暗收金沙，盗賣禁物之弊。將來金沙日旺，礦丁日多，本公司在溝口設立市廛，准各商販在市廛貿易。

一、洋烟賭博，宜禁止也。洋烟賭博，爲害甚大，最易悞公，非嚴禁不可。本廠淘挖工作人等，早作遲歇。胼手塗足，事本極勞，情亦甚苦，一吸洋烟，懶惰無力；一經賭博，放蕩無歸，有此二端，難期振作。除出示嚴禁外，在廠無論何項人等，如犯以上情事，員司撤差，工人驅逐，決不容留。

一、每月放工，宜定限制也。各礦丁每日工作，既已限定時刻，不得稍有參差。若不予以休息之日，未免勞瘁難堪，是宜體恤下情，稍與寬假。現本公司酌定按月以朔望放工兩日，每届是日早起九點鐘，各礦丁齊集本局大門外，聽宣聖諭廣訓；至十二點鐘，各散歸班，任令閒散自在。如有乘此閒散之時，私往偷淘金沙，查出重辦不貸。至日後礦丁中，有因事告假他往，並欲歸家者，准由該管把頭代領出口護照，不得私自離廠。用先諭知，俾共遵照。

國家清史編纂委員會《李鴻章全集》第三四册《復督辦黑龍江漠河金廠吉林即補道李光緒十五年十二月初五日》 秋亭仁弟大人閣下：

頃接十月初四日來函，知八月初渤復一緘，早達記室。松花江行輪通商之議雖達總署，然此事中外所疑，今尚機緘未啓，萬勿宣泄也。越界刈草一案，原是通融辦理，現經與俄人面訂，作爲雇其屯民刈草，以四成歸我供餵養，六成付彼作工價，更爲正大有名。我兵日行彼境，人馬恃其支應，毫無作難，似此示以無猜，亦足以資聯絡。總署擇地屯墾、自造帆船兩議，係爲借輪受挾而言。帆船逆流而上，緩不濟急。屯墾則須先開通山路，旗兵既無可撥，募勇又無其力。靜帥議將江省練軍奏撤二千，以原餉補募民勇四營，則餉項無須另籌，或可辦到。開路本是奏定之案，關係全局。靜帥既有此意，堯帥當可樂成，果能切實上聞，或邀准行，但須兩帥會議，明確合詞具奏，否則事關練兵，又將執原議厚集兵力不符之說，徒煩文牘矣。自造輪船，亦應辦之事，兩三年間恐不易成。購買俄輪既無成議，雇載尚所樂從，現已與俄公司輪船局訂立合同，彼有輪船十餘，自願招攬生意，既不遲誤，亦且便宜。就目前而論，轉運不憂不繼。錫爾沽糧局，種種不便，來年必須遷移。前接吉林長帥來咨，嚴守松花江口界限，則將來遷局亦只可就新津、莫勒洪庫兩處擇定其一。三姓、呼蘭到此並是順流，用民船駛下尚便，自不必逼進松花江口，令地方將吏無故驚疑。承示廠務棘手各節，自是實在情形。開創之初，百端待舉，費用較多，此後立定規模，便是常年用款，必須處處撙節，乃能持久，以待逐漸擴充。外與强敵爲鄰，産金既受其賤售搶跌之累，市用又吃其羅布增漲之虧，但使出金多而且佳，遠售亦得善價，不必近爭咫尺。羅布能以貨物售换，亦可彼此流通，惟據稱現在出金日少情形，却是本根之病。雖云天氣不同，有明拏暗礶之别，然何至日趨日少，以至於無。據俄人言，現挖處金苗本不多，自須認真察勘，庶不至耽延時日，糜費人工。果能多得佳苗，多設分廠，足資周轉，便可寬展自如，大利所關，曷勝企盼。現擬籌添資本十萬兩，滬局商借陸續可得若干，此間實難添濟矣。漠河防營本爲金廠而設，既不得力，徒糜巨餉，自不如裁去，請款歸廠自募爲便。每年津貼二萬兩，較原餉尚節省萬餘，不知堯帥能否允從。似可婉稟堯帥，並將年限聲明，知非經久之需，或可通融辦理。愛琿都統，正擬添營，向之煩聒，恐難得當也。今歲蘇省大災，已禁運米出口，此間采購軍米在九月後者，均不能往，尊處購米恐成畫餅。郭副將相隨創始，著有成勞，前請三姓開礦，拒而不行，自應勉留在漠，以資熟手。現令試辦四特來克之礦，溝身雖短，成色尚佳，不審能如漠、乾兩廠之稱辦否。袁訓導日内已否到漠。冬寒漸勁，邊塞彌嚴，翹企勤勞，無任馳念。專泐布復，敬頌籌祺。惟照不具。愚兄。

朱壽朋《光緒朝東華録》卷八八《光緒十四年二月》 謙禧奏：熱河土槽子、遍山綫兩處銀礦，自咸豐三年八月暨十一年正月經前任都統毓書春佑先後奏准開採。土槽子定章：由都統派員督徵課銀，按月呈交都統衙門存儲。遍山綫定章：由熱河道派員徵收課銀，按月解交熱河道庫存儲，均係候部撥用，歷年遵照辦理。近年各礦銀苗不旺，徵課亦減。前因商人李文耀賠累，私自回籍措資不返。經保充之直隸候補道朱其詔稟請勒限催追，由奴才於十二年十二月附片奏明。嗣因限滿未回，經直隸督臣李鴻章僱來外洋礦師，即飭該道朱其詔帶往各礦查勘。當經咨會。據該道朱其詔具稟，各礦鉛多銀少，土法不能取鉛，因而賠累。所出青鉛，可令製造鎗礮彈子及配鑄制錢之用。惟須參用西法另購鎔鉛鑪，方能鉛銀並取。舊礦積水深至百尺，非起乾不能細視。現擬就近將平泉礦中起水鍋鑪機器運往起水。一面仍用土法，擇淺處之沙綫逐日開採，以顧國課。一俟水乾，由該礦師勘明，估定成本，再行妥議章程，奏明辦理。商人李文耀既限滿未回，應由該道朱其詔兼辦，畫清界限。自光緒十三年四月初一日起，兩礦工作及按月應完國課並委員薪水，由朱其詔籌辦。其是年三月底以前公私欠款，歸李文耀承認。所有兩山之督辦徵收委員，悉由該道朱其詔會商熱河道暨理刑司揀員札派等情咨會。嗣因該道朱其詔久不到礦，國課懸虚，節次咨催，冀得確實以憑奏報。兹於本年二月初十日據該道朱其詔來見，面稟情詞與咨文相符，並將兩礦課銀自光緒十三年四月起至十二月止按月補解前來。奴才查礦務爲當務之急，課銀亦國帑攸關，既准直隸督臣咨明，礦師查勘各礦，鉛、銀並有，即飭該道朱其詔起水詳驗，仍用土法取辦，兼顧國課，兩有所裨。奴才近在熱河，自應會督辦理。所有兩礦課銀自光緒十三年四月起歸該道朱其詔按月呈繳之處，應請旨飭部立案。如有拖欠，即向該道追賠，以免推諉。至該道朱其詔承辦兩山礦務，究竟能否成效，統俟水乾勘估沙綫厚淺，能否敷本，稟明另行會同直隸督臣商核奏辦。下部知之。

吉林省檔案館《清代吉林檔案史料選編(工業)》上册《户司爲恩齡整頓三姓金礦及清查金廠章程的移文光緒十六年五月十八日》 爲移付事。

户司案呈，五月十一日據阿勒楚喀右翼花翎協領恩齡稟稱：竊沐恩前以姓城東南山里向産金苗，擬請先行試辦，俟有成效再爲明定章程等因。稟蒙批准，派員採辦在案。四月二十九日復奉憲札，内開：准三姓副都統衙門咨稱，該處金廠，雖礦厘日見起色，而委員並不禁止人數，現在聚有二萬餘人，若不先事綢繆，設法嚴示，日久難免不無他變之虞各等情。合亟札派試辦金廠委員、新放協領恩齡，刻即馳往該處，將現聚人數是否均爲金夫，抑係内有來廠貿易，務須確切查明，分别酌留，妥爲遣散，是爲至要各等因。遵此，沐恩捧讀之餘，仰見憲台保衛地方，慎重礦務，於撫綏安插之内寓思患預（放）〔防〕之心，欽佩殊深。惟詳繹三姓副都統衙門咨内所叙各節，與省派試辦委員鄭國僑與沐恩先後來函，其中情有互異，事多難行。沐恩疊受栽培，復蒙重委，當此創辦之初，務須破出情面，事是求實，方期有濟於事。既不敢知而不言，以順同寅之情好，又何敢藉端沽寵，以求自己之增榮。只以礦務利害，（敝）〔弊〕竇多端，非籌始圖終，稍予事權，不惟試辦終屬無成，久之恐如三姓副都統衙門所云，必爲地方之患。沐恩責任攸關，故不避人言，將一切窒礙情形，先爲我恩憲將軍詳細陳之，以請明示。

夫擬開金礦之舉，原爲充餉源而裕國用，要在試辦各員清廉自守，共濟和衷。必涓滴皆歸公，勿絲毫之肥已，群相策勵，事乃有成。無如時下三姓金廠已三分其事，委員意見稍偏，則分門别户，各攬其權。久之必生攻訐争兢之風，與礦務大局焉能有裨。近日連接委員鄭國僑來函，其中掣肘之情不一而足。即如淺毛、老淺毛、南淺毛三處，原係一溝，當分界之時，經後路統領撥分該委員經理。抽收後因老淺毛地方沙淺苗旺，出頭較好，即有後路派來之差官鄭芳泰，視爲膾炙，日事垂涎。竟敢私立下處，擅收厘捐。適經委員鄭國僑與其理較，該差官不但不服，當面揚聲譁（辦）〔辯〕，遇事阻撓，且暗地唆調把頭生事，意圖泄忿。幸委員鄭國僑深明大義，諸般隱忍，向各把頭曉以利害，多方開導，遂各安分如故。奈該差官奸無所施，復唆使後路統領，硬將老淺毛地方要去，歸鄭差官抽收。委員鄭國僑位卑權輕，勢難與抗，只可聽之而已。又如委員鄭國僑函内詳稱，所管淺毛一溝，現在實係金夫把頭不足一千，而上溜見金者僅有五百餘名，此係該委員親赴所管清查注賬，並無一名浮冒。兹據三姓副都統衙門所稱，溝里聚有二萬餘人，其端皆由委員等不能遵章禁止人使然。細揆其語，當係合指三處而言，可見各有專員，兩不相轄，所立章程又不合一。將來沐恩到彼，若專以省員所分淺毛一溝之事爲重，殊非仰體憲台札委之本意。若統爲核辦清查，又恐姓城委員與後路委員各不相下，則反於事體無益。是否果應如何辦法，是以據實禀懇憲台，示以札諭。並祈先行札知各路委員，俾可周知，其成其事。庶免彼此互猜遇事掣肘，此不敢不先爲陳請者一也。

溝里人數多寡姑且無論，而金夫把頭良莠不齊，其中守分者固多，而亡命之徒，無業之輩亦復不少。委員鄭國僑來函内稱，現在溝里彈壓隊伍，均係後路營勇，該營距金廠里數匪遥，廠中（敝）〔弊〕竇素所深知。此次奉差彈壓，頗快私意，非日事偷挖，即互相聚賭，每遇差遣，貽誤良多。委員雖有節制之名，而主客相形，又未便遇事苛責，相沿若久，更足壞事。刻下山中閒人既已數倍於前，將來或留或遣，必須緩時日，半藉軍威，半資開導，庶無急則生變之患。若令沐恩統爲清查，尚須仰懇憲恩垂鑒此情。先由親軍或由左路暫調一營，歸沐恩兼署其事，帶赴三姓金廠以資彈壓。俾事權歸一，呼應得靈，較與礦務大局亦未始無益。以俟試辦有成，立有新章，再行禀送回營。此不敢不先爲陳請者二也。

開辦一事，尤在襄助得人。三姓金廠山深路沓，溝岔分歧，非一二員所能周顧。必須派有妥員，分溝卡守，方可有里必收，以免偷漏。查有鳥槍營厢白旗記名協領、花翎佐領文焕，蒙古厢白旗雲騎尉成喜，水師營五品頂戴六品官劉家善，六品頂戴領催、委筆帖式門際盛等共四員，性皆（奈）〔耐〕勞，樸成可靠。若令沐恩統爲清查，可否分札各該旗轉飭各員，迅速齊集，以便跟隨馳赴金廠差委。如蒙俞允，該員等應差均在試辦限期以内。所有應支夫馬薪水，不敢請開正款，均由沐恩暫行借墊，以俟限滿試辦有成，再量該員等差使之勤勞，定薪水之多寡。至沐恩所墊之項，共計若干，將來統由呈繳歸公之款，再請如數賞還。此不敢不先爲陳請者三也。

沐恩一介武夫，知識毫無，只以受恩厚，圖報誠難。惟有遇事勉竭駑駘，實以求實，以期善始全終之效。所有奉札試辦金礦，清查刨夫，擬請調隊添官並請賞予事權等情，皆按統爲清查言之，若專查省員所分一處，則沐恩所請，即可無庸置議。是否之處，謹不揣冒昧據實肅禀。計單開，謹將清查金廠現擬辦法開單，恭呈憲覽：

一、相度三處地勢，能有幾處可以開採，能容若干人數，以便酌定人之去留。

一、凡現在做工之人，如數容留，互相聯保，發給腰牌注册，以便稽查。

一、凡現在未經做工之人，驗明有何藝能，相度安插，亦取保發腰牌注册。

一、凡商人，除米糧、衣服兩項由官經理不准私相買賣，其餘雜貨，許其售賣。能開鋪面者，准其報官給票入廠，若肩挑貿易之人，不准擅入，以防奸僞。

一、米糧、衣服乃養生之大宗，由官經理，乃足制游手之命。各路商人販到之後，由官酌定利息，全數留下，不准入廠。

一、相度地勢總要之處，立以總局，以防生變。凡有溝岔途徑，均分兵駐紮，以防盜賊，以查偷漏。

一、凡一無所能之人，面生可疑之人，不安本分之人，隨時查出，合數十人，派兵以(一)起押送出境，不准逗留。

以上數條，雖係事始，但立法無弊，便可永遠遵守。至未盡事宜以及應行變動之處，仍應到廠之後相機行事，因地制宜。惟大概情形不出乎此愚昧之見。是否有當，伏乞訓示。

恩齡謹呈文單開，謹將續擬清查金廠章程，恭呈憲覽：

一、散放門牌，統將溝溪查清，分爲幾號，每窩棚一間爲一户，十户爲一牌，每十牌爲一甲，均詳細造册。每號若干甲，臨時斟酌，編清後每人放給腰牌一面。

一、搜繳軍器，凡溝内人丁，所有槍刀一切軍器，全行交官記號。如有盜賊，再行按名發給，以資利用。

一、溝内不准私開伙房、烟館，以免窩留盜賊。

一、禁止賭博以及結盟賽會。

一、初一、十五作爲放工日期，是日出廠買辦衣食一切物件，平時不准擅行出廠，違者逐出。

一、如有盜賊，該户即以腰牌上插鷄翎，或徑自報營，或矣(挨)户傳遞，以期神速。

吉林將軍長順批：據稟已悉。開辦礦務全在潔已奉公，和衷共濟。若視爲利藪，群起相争以徇一己之私，尚復成何事體。後路統領文元現已調回省城，改派管帶。所有差官鄭芳泰既敢擅收金厘遇事阻撓，應令與統領飭回防所。凡文元所派在山之隊，均於此時一並撤回，原營不准一營在彼逗留。此次派委該員往查金廠，自當不分畛域，將所有産金各溝情形統爲查明。如有弊竇或意見不合之處，不特據實稟請本將軍及三姓副都統酌核辦理。調營彈壓一事自不可少，候調後路勝泰一營移紮礦務總局節制。俾得就近遣撥，不必兼署其事，而呼應自能靈便。其勝泰原紮地方，聽候另調左路一營至彼防守，就近歸與統領節制，以資調遣。此外添員幫助及借墊薪水各項，事均可行，應如所稟辦理。至另單所擬章程七條，及續擬五條均尚周妥。内有衣糧歸官經理一條，尤爲得其要領，然必須出入公平方可相安無事。所最要者，派員分管金夫必須示以限制，少則一員管二、三百人，多則一員管四、五百人爲止。然仍以地勢之聚散爲衡。地勢聚湊不妨派一員以專事權，地勢散漫即宜派多員以資約束。至於一溝内産金地方共有幾里，每夫一日挖金若干，皆月異而歲不同之事，即須隨時報明，以杜私弊。此該員所未异者，特示及之，仰即遵辦。並候咨札各該處一體知照辦理。此繳。等諭飭交到司。奉此相應呈請咨札遵照，等情。據此，擬合咨行三姓副都統衙門查照，並札邊防營務處總理遵辦外，暨札試辦三姓金礦委員協領恩齡，補用巡檢鄭國僑等遵照，由司移付兵司，轉飭各該旗知照可也。須至移付者。

王樹枏《張文襄公全集》卷九六《札山西冀甯道查勘煤鑛光緒十六年二月二十七日**》** 照得本部堂前經札委，奏調湖北差委山西補用道陳道占鼇，前赴山西澤州、潞安兩府查勘鐵價，及運道情形，旋復飭委順赴平定盂縣等處，會同山西冀甯道俞道查勘各在案。叠據陳道稟稱，查得澤屬之鳳臺、高平、陵川、陽城四縣，潞屬長治一縣，鐵價均廉，運腳亦省等情。查晉鐵産旺質良，本甲於各直省，惟采煉未精，運道艱難，成本過貴，近年爲洋鐵充斥，業此者大率減價賠折，紛紛歇業，坐棄美利，實爲可惜，必須新式機器大鑪開采鎔鍊，或煉成鐵，或煉成鋼，取多製精，本輕價廉，始足暢銷路而杜外耗。前經奏明，擬購置陸運機爐，爲晉省開濬利源，惟機爐煉鐵煉鋼，專以煤爲緊要，關鍵其需煤之數甚多，大約一大爐，每日用煤十三四萬斤，若各屬産鐵之區，産煤不佳，或佳而不多，亦不足以濟用；或煤峒距鐵鑛太遠，脚價較貴，亦多窒礙。大率煤斤成塊，質性堅結，燒之無油煙，上有白光者，名曰白煤，亦名石煤，方能煉鐵。其質堅有油者，晉省名曰肥煤，必須煉作枯煤，便無油煙，晉省謂之藍炭，煉鐵亦佳。若性鬆質碎，及有油煙者，皆不可用。山内産煤，横看皆分爲數層，必須煤質結聚深厚，連成大片，每層厚者至一二丈，薄者亦有二三尺，方可供機器開采，取用不窮。若每層止厚尺許，或動有石質隔斷，即不足供機器之開采。至機器開采之法，仍需用人力，入内掘取，機器不過抽水、起重兩事，一可免爲峒中出水所阻，一可由峒底提出峒口，舉重若輕，較省人力。若煤鐵能開，大可暢行奉、直、豫、東各省，實可爲晉省力作，貧民增數十萬人之生計，爲晉省每年開數百萬金之財源。所有澤、潞兩府，平定州、盂縣等處，其煤峒距鐵鑛之遠近，煤質之佳否，峒内煤層之厚薄，出煤之多少，煤價與運脚之貴賤，及土人煉鐵向用何煤，澤潞之煤有無運至河南清化鎮、楊樹灣等處售賣，平定之煤有無運至直隸獲鹿縣售賣，刻下本處價若干，運至清化獲鹿脚價若干，可售價若干。其平定一路，近年叠經繕治，漸臻平坦，若三四套之大車，能否通行，駱駝每隻可馱若干斤，其孃子關一路道路是否稍爲寬平，夏令能否用小船運出，由獲鹿陸運至小范河口上船，或車或騾，每百斤約需價幾何，由小范水運至保定每船能載若干斤，船價約幾何，均應確查，以備酌核。澤州即委周守天麟，潞安即委劉守鼎新，詳切查勘，分晰禀覆，並將各種煤樣、鐵樣、未煉之鐵鑛砂樣，專差送鄂，以憑考驗。其平定、盂縣等處，即委陳道、俞道會同詳查，陳道如已回鄂，即專委俞道派員會同平定州確切查勘，分晰禀覆，並將各種煤樣及生熟鐵樣未煉之鐵鑛砂樣，專差送鄂考驗。此係本部堂設法開濬晉省民間生計之意，各該員等務宜用心考究，以副厚望。除分行外，合亟札委該道，即便遵照札行事理，迅速詳查禀覆，毋稍疏略延緩，並將煤樣、鐵樣，分別專差送鄂，以憑考驗，是爲至要。

「中央研究院」近代史研究所《礦務檔》第七册《光緒十六年四月十三日總署收軍機處交出吉林將軍長順抄摺擬請派員試辦三姓金礦》 四月十三日，軍機處交出長順鈔摺稱，奏爲查明三姓地方産金，擬請派員試行開採，以濬利源，恭摺仰祈聖鑒事。竊維五金礦産，本天地自然之利，果能採取如法，經理得宜，裕國足民，胥基於此。固不必塞貪鄙之心，藏黄金於嶄巖也。吉林金礦，夙已膾炙人口。如省南木其河夾皮溝一帶，及甯古塔所屬之萬鹿溝等處，從前聚集金匪數千人，恣意偷挖。自封禁後，往往潛赴三姓山内，搭蓋窩棚，採取木耳。名爲菜營，實則乘間盜挖金砂，有時拏獲，盡法懲辦。並派隊逐散棚民，而頑愚趨利若鶩，驅去復來。羣傳吉林通省，以三姓礦苗最旺，金産亦最佳。每於獲匪案内，提驗所起金砂，質色果較他處爲勝。派員往勘，該處路僻山深，一時未能遍歷。但三姓所屬東南一隅，如樺皮、楸皮各溝，及南淺毛楊木岡並黑背等處，均有金匪私挖舊跡。且其地脈堅凝，山嶺重叠，沙色渥丹，引苗時見洩露。近接俄國來文，欲借近邊荒山，採煤應用，力争以條約所無，始寢其事。默窺彼意，雖藉口於煤窰，實醉心於金礦。查光緒十四年十一月間，翰林院侍講崔國因條奏東三省情形，其論金礦一條謂，與其使鄰國垂涎而啟侵佔之釁，曷若由本國開採而裕兵餉之源，洵屬切中時弊。當時曾奉諭旨，會同定安酌覈妥議。奴才以到任未久，地利興廢，絶無把握，未敢率爾覆陳。今則博採輿論，勘驗形跡，按以邊地時勢，而知開礦之舉，實難置爲緩圖。所慮者款項支絀，工本無資，一時之効可期，經久之規難必。再四籌思，惟有先行試辦一法。從來談礦務者，每於官辦、民辦，迄無定論。前經部議，有商理其事，官總其成兩言，至當不易。而試辦之法，尚未足以語，此祇在化私爲官而已。攬雇金夫之人，俗謂把頭。每一把頭作一股，每股俗謂一枝，幫其下有幾盤溜，一溜不過用一二十人。今擬按溝派把頭一名，管領幾枝。每枝再派幫管領一二十人，分作一二十溜。其人即就近挑諸菜營，免致驅逐後，流而爲匪，按照人數，編册稽查。所用器具、食糧、油柴，均由各該把頭自行備辦，無待官爲籌款。即委員、司事、人役薪工，亦俟出金納厘，積有成數，再行定章開支，不得支用公款。現已扎派佐領恩齡，分省補用巡檢鄭國僑前往該處，會同靖邊後路統領記名副都統文元，進山查勘情形。一面咨會三姓副都統，就近督同勘辦。該處地面遼闊，四路通達，斷非一人精神所能周顧。將來擬分幾路開採，而以大員統攝之，俾一事權。查三姓副都統富魁，穩練樸誠，遇事求實。所請開辦三姓金礦，如蒙俞允，應請旨即派該員督理，以專責成而收實效。至一切應辦事宜，姑俟開採後，體察情形，酌擬章程，奏請裁奪。其甯古塔、琿春等處，亦須先行派員查勘。倘有旺礦，一俟三姓辦有成效，再事擴充。大約此次開礦，獲利厚薄，雖難豫定，而弊尚可免。以試辦爲名，不以舖張爲事，有利則開，無利則止，本不慮難於歇手。以山居貧民，爲山内礦丁，招之即來，揮之即去，可無聚衆滋事之患，又不動支公款。聽民出資自採，利多則事招徠，利少則事遣散，可無公私賠累之患。奴才於礦務情形，本不諳習，揆厥情理，當不外此。此後設有察出利輕害重弊竇，斷不固執私見，仍當據實直陳，以仰副聖主綏靖邊陲之至意。所有查明三姓金礦，擬請派員試採緣由，是否有當，理合恭摺具陳。伏乞皇上聖鑒訓示。謹奏。

光緒十六年四月十三日奉硃批：該衙門議奏，欽此。

「中央研究院」近代史研究所《礦務檔》第七册《光緒十六年五月初六日總署收北洋大臣李鴻章文附俄公司輪船裝運漠廠糧貨約單續議章程咨呈李金鏞所訂俄輪裝運漠廠糧貨約單暨續議漠廠章程》 五月初六日，北洋大臣李鴻章文稱，據督理黑龍江漠河等處礦務道員李金鏞禀稱，竊於光緒十四年十二月，到漠開工之始，即擬有章程十條。旋於十五年六月，因碃眼大受水患，改開明槽。又擬章程八條，均經禀奉鈞批照准，並懸示在案。竊維事屬創舉，當開辦之初，雖經明定章程，而事非經過，其未及籌慮者尚多。自經辦年餘以來，鉅細躬親隨事察度，而知若何則不便於公司，且不便於礦丁；若何則便於礦丁，亦即便於公司者，亟須參酌權宜，以期有裨全局。特另續擬章八條，有就向章稍加損益者，有因向章不便而全行更改者，亦有向章所無而添列專條者，嚴明約束之中，曲予通融之意，庶幾礦丁等趨事赴功，相要持久。事無成例，須因時以制宜；法貴變通，必經歷而始悉，既不敢狃於拘守，亦不敢好事更張，祇當隨時體察情形，斟酌籌辦，以期有濟於公而已。所有續擬章程八條，理合繕請鑒定。俾得榜挂局門，使各周知遵照，務乞批示祇遵，實爲公便。計呈章程清摺一扣。又據另單禀稱，竊職道於月之初四日，接奉鈞函，並批示各件，謹悉種切，承示俄公司輪船攬載一節，須俟該公司禀明該玻里總督，核奪辦理等因，具徵洞悉夷情，慎重交涉之至意。惟輪船運送糧貨，爲金廠最要之端，必須及早訂定。旋悉該公司股份，係俄親王大臣爲最，經總辦電致俄京。雖固畢爾那託爾公司輪船准否攬裝我載，彼此以聞衆商暨公司中人，均嘖有煩言，始答以廓總督業已來電准裝等情。職道即與該公司訂立約單，其有須商於廓爾孚事件，已於約單第八條叙明。昨已來電允行。此係各俄商暨該公司仰慕威望所至，不勝欣幸。茲將所訂約單，繕呈鈞鑒。查此次公司與商輪互相爭攬，是以運價極賤。詢之各商，咸謂自有輪船以來，未有如此者。職道以爲即使其價甚賤，終非自有之爲可恃。是以自造之舉，未嘗一日去懷也。至本年公司所備糧貨，除公司輪船裝七萬蒲桶外，各商輪攬裝八萬蒲桶之數，亦各另訂約單矣。知関廑注，縷晰陳之。計清摺一扣各等情，到本爵大臣。據此，除批禀單清摺閱悉，該道前兩次擬送礦務章程，事屬創辦，未經慮及者尚多。今已閱歷有得，損益因革，續訂章程八條。因時因地，各制其宜。所籌甚是，仰即榜示周知，仍隨時體察情形，斟酌禀辦，期於局務有濟。俄輪運送糧貨，實爲金廠急務。該公司既以攬載我貨爲榮，並因各巨商向我甚堅互相爭攬，議定運價極廉，我實暗受其利，殊爲可喜。所訂約單，亦甚妥協，候一併咨明總理衙門查照繳等因印發，並清摺抄存外，合將原摺咨送貴衙門，請煩查照。

〔附〕照録清摺

謹將訂定俄公司輪船裝運糧貨約單，繕呈鈞鑒。

計開：

一、本公司總理佘世綿測甫，攬載李道台大人金廠貨物，自光緒十六年，即西曆一千八百九十年開江時起，至封江前止。本公司奉到大黑河邊界官慶知照，命至何處裝載，即速開輪前往，決無稍誤。至所裝貨物，以聶格來司、錫爾沽二處合計，共運七萬浦桶。其水腳聶格來司每浦桶七十六格別，錫爾沽每蒲桶五十二格別，以上均是由各處運至漠河之價。本公司以小火輪或本輪駁運奇乾河貨物，惟應視水之能否駛船爲定。如有貨物由黑河分裝至阿拉巴金，水腳每浦桶計二十九格別；由漠河轉運至奇乾河口，每浦桶加十二格別；由漠河轉運至博克諾，付加三格別。聶格來司裝船起駁上棧小工力錢，係本公司自給，李道台分文不管。此外各處上下貨小工力錢，係中國金廠發給，本公司亦分文不管。應納税之貨，税錢金廠自付。貨物上船，本公司格外小心照應。如遇水小不能上去，至斯他列里喀卸載者，不另加錢。至所裝貨物，除火藥、鉛丸、火槍、軍械不裝，其餘糧食、油酒、煙麻、茶葉與夫各種雜貨、鐵器，均爲裝載，不能推諉。如輪船每次裝五千至一萬浦桶以内者，押載官員通事人等，准十人不給水腳；一萬至一萬五千蒲桶者，准十五人不給水腳。每人准帶行李五浦桶，亦不另加錢。官員通事坐官艙，粗人兵丁等在外面。如押糧人數照定額多出者，每人船價上下由聶格來司至漠河羌帖十張，由錫爾沽至漠河羌帖五張，由愛琿至漠河羌帖二張半。中國人上船，該船主妥爲照料，茶水方便，另備煮飯地方一處，不得稍有欺侵。

二、中國金廠應給裝貨水腳，議明由大黑河邊界官慶分局委員佘付給。訂立約單後，先付定錢羌帖五千張，由伯力中國商人紀鳳台處付給。其餘水腳應俟運完三萬五千浦桶時，付給三萬五千浦桶腳錢；再運完三萬五千浦桶時，再將腳價付清。收腳價時，寫給收據一紙。所有七萬浦桶水腳，均係發給羌帖。如金廠有銀寄與紀鳳台處，亦交本公司輪船帶交，不加帶費。

三、所訂兩處裝貨，須裝足七萬浦桶之數，即再多若干，本公司亦全數裝運，不致誤事。腳價仍照原約所定之數付給。如金廠貨物不足七萬浦桶，議明每浦桶照五十格別貼賠水腳。如公司輪船少裝誤事，亦願照每浦桶五十格別賠罰。

四、每次裝卸，載在五六千浦桶者，均不得過兩天；如一萬浦桶至一萬五千浦桶者，不得過三天。如無故多延一天，包羌帖七十五張；多延半天，包羌帖三十七張五十格別。輪船到時，如在七八點鐘，作一天；十二點鐘，作半天；二三點鐘到不算，即自次晨起算。或下雨及天氣不好，難以裝卸，不能包錢。無論錫爾沽、愛琿、黑河、聶格來司裝貨畢，及往來經過以上各處，本輪船願待四點鐘工夫，無事即啟輪，皆不包錢。再貨物裝卸時，如各局小工人少，倘煩船上人幫同裝卸，每浦桶給兩格別。

五、除天災不計外，如輪船設有疏失，均由本公司包賠。油酒另裝一處，如在船損漏，本船代爲收拾；倘放處不妥，致擠壓滲漏者，本公司認賠；如裝放穩妥，有損漏而已代爲收拾，仍不能好，亦不認賠。

六、除天災、燒毀、水小、刀兵等故外，倘自一千八百九十年開江起，運載不滿七萬浦桶之數，及失事係由本公司之過，本公司照第三條五十格别一浦桶賠償。如遇途中水淺，輪船往返被阻，或就地卸去半載運來，然後前去再裝，或用小輪船駁運，不致誤金廠食用。設遇封江時，船行半路凍住不能上駛，所有貨物，應擇善地代爲安置。其貨於住凍時，非由輪船致損者，不能包賠。俟明年開江，補運到漠。其水脚以外之費，金廠一槩不管。如上海貨到聶格來司，已交俄國九月，已無江船上駛，本公司代將各貨上棧，至明年頭，幫船裝運，照付棧租。

七、所有錫爾沽裝載，不得逾俄九月初一日，以便運赴漠河。倘遇輪船擱淺，停逾十日，搭客喫食，本公司設有餘糧，必盡力供給隨船人等，俾免缺食之虞。惟須付給食價，所有搭客及載物，趕緊設法運駁。

八、設有靈柩自漠河運赴聶格來司，如奉到俄國大吏准運明諭，本公司自應載運，每具脚價羌帖五十張。

九、此約録清二分，中國金廠李大人收執一分，本公司收執一分，均於其上書押，約單立後，兩無反悔。

〔附〕照録清摺

謹將續議章程八條，繕具清摺，恭呈鈞鑒。

計開：

一、礦丁宜按時聚散也。查此間一交冬令，天寒日短，甚於他處。俄金廠於每年四月開工，九月停止，蓋因地制宜。我廠去年事屬創辦，始因夏秋出金甚旺，不知冬令大相懸殊。礦丁之陸續來者，未經截止。及至冬無可爲，遣散已屬不及。現擬於春令廣招礦丁，至八九月間，令散其半；有不願去者，聽憑留廠。雖明知冬日淘金，勢必減少，然地鄰俄境，邊務爲重，斷難停工數月，致啟外人覬覦之心。衹有減少人數，照常開辦，惟選擇身强力壯，能耐寒苦者，方准留用工作，既可敷其衣食，公司亦不致賠累；其非年力精壯者，概不准留。

一、水道明槽，宜推廣開濬也。查水道濬通，可無水患。明槽即可通力合作，抛毛設溜，事半功倍，效可立期。即如去年劉吉春水道，自五月二十一日開工，先有礦丁二百十五人，至六月十四日上溜，旋添至五百三十人。除馱糧歇工外，每日約到工四百四五十人，每日得金多者五十餘兩至六十餘兩左右。此固彰明昭著，人所共知。較之碃眼出金，其獲利確有把握。今年各幫礦丁，均宜聯絡大幫，統開明槽，仍挑選熟悉明槽做法之老手數名，充當總把頭，爲衆礦丁督率教導，俾力無妄費，而功可有成。如有礦丁不聽教導，以及偷工嬾惰，准該把頭就近禀監工委員，隨時懲責。今酌定每年由四月半起，九月半止，在五個月内開做明槽，以四百人爲一大幫，或少至二百人爲一幫。按人分幫，按幫分段，按段編號，按號拈鬮。長以四十丈爲一段，大幫二段，小幫一段。寬深以金脉爲限，不准任意擇地貪多，致起爭競。凡上段泥水流入下段，下段每易淤塞。茲定章何處淤阻，即歸該段合上段併力開通，使水不致稍有淤滯。監工委員司事等，往接段處時時稽察疏通。遇有違者，立予重辦不貸。

一、開挖碃眼，宜定時候也。查漠河出金之溝，長約三十餘里，繞東北雖有百數十里。其稱做與否，尚未全探。自經俄人由元寶山前起，偷挖五六年。西開東掘，幾無完土。去年雖從隙處挖碃，認明舊碃之旁，打洞下做，不數日即與舊碃打通。在夏秋時，舊碃積水，從旁溢入。兩碃皆棄，徒勞工作，且多架木倒壓沙石傾崩之禍。現定每年四月半至九月半開明槽。自九月半後，天時日冷，地氣日凝，仍准開挖碃眼。至次年四月半，仍開明槽。因地因時，諸多裨益。

一、小股宜一律禁止也。查去年夏秋間，礦丁每有希圖小利，既不安心開碃，又不願入水道，自成散幫。或一人一處，或二人一夥，名曰小股。藏匿樹林沙堆中，淘洗殘沙。今日在此，明日移彼，閃爍莫定。雖亦請立旗號，而故意將旗號低扯，使查碃容易混淆。其中弊竇，頗難防閑。今年概行禁止，如有不遵者，查出嚴懲不貸。

一、分金宜按月給付也。查去年在廠礦丁，應用一切衣服、食物及器具等項，均由把頭赴貨房憑摺支取。每至半月一結，未免繁瑣。今定各幫取貨，及礦丁應得分金，歸一月一結。除歸還貨欵外，應得餘欵，聽其自便。惟查各幫把頭、礦丁均係遠道而來，每至回家時，攜帶現銀，長途堪虞，本局不得不爲爾等籌一穩妥之法。自愛琿、卜奎、吉林、奉天、烟台、天津等處，本公司皆設有分局，均可匯兑。嗣後准各把頭、礦丁回家時，無論貲之多寡，交與本局，當給匯票，持票至地頭支付，以免攜帶重貲，致有長途疏失之患。

一、逃丁宜分賠虧累也。查礦丁既欲脱逃，必定虧欠公項。向章歸把頭一人獨賠，未免偏枯。礦丁在未逃之先，萌欲逃之念必非一日，同幫礦丁豈無一二與之交好知其情者，即不知情，亦宜互相防範。查去冬逃去礦丁不少，而同幫各礦丁無一舉報其意謂逃與不逃，不干我事。彼之虧欠，自有把頭任之，無怪逃丁日甚。把頭雖有乾股，而所分有限，豈能包賠得起。今定逃去礦丁一人，無論虧欠公項若干，均作兩股分賠，把頭賠一股，同幫各礦丁分賠一股，以昭公允，則各礦丁自必公同留心也。至於病故礦丁虧欠公項，若責之把頭、礦丁攤賠，本公司有所不忍。今後病故礦丁如有虧欠公項，亦作兩股認賠，該把頭賠一股，本公司亦認一股，以示體卹。設病故礦丁尚有存項，有親族者，准取保具領，送歸其家；無親族者，捐入養病院，以充公費。

一、疾病宜收養醫治也。本局原設官醫，送診施藥。查礦丁終日作工，胼手胝足，夏秋則雨淋日曬，腳踹水中；春冬則冒雪衝風，身立冰上，寒溼積受成病。本廠去年礦丁得腿腫齦爛之症不少，一交冬令，病者纍纍。雖本局敦請名醫，不惜重資，精備飲片丸散，而該礦丁孤身客寄，舉目無親，煑藥侍疾者其誰。即有至親好友，亦各有事，勢難分身照料。每有病非死症，因無人調養而死者，極爲憫惻。今擬設立養病院，先蓋房屋二十間，收養疾病礦丁，官醫即住其中，日爲醫治，並派老成工人數名，專司煑藥熬粥之役，輪流侍候，庶病者易痊，痊後仍可歸幫作工。至入院養病，一切飲食醫藥各費，均歸公司開支，不取分文，以示體卹。

一、礦丁死亡，宜分別撫卹也。查礦丁數千里遠來，離鄉背井，艱若備嘗，到廠後或砍樹被壓身死，或在工受傷遽殞，死於非命，較病亡者更可憐憫，此等應加優卹。今定因公而死非命者，給棺木一具、錫箔兩塊、錢紙兩疋，並准其親族到局領卹銀三十兩。如死者並無親族，而同幫礦丁願將屍骨爲送歸者，亦准其領以上銀兩，作爲路上費用，到家安葬之資。惟須取具切實保結，方准請領。至病故者，僅給棺木一具、錫箔兩塊、錢紙兩疋，以資焚化而慰幽魂。本局設義塚一處，挨次掩埋，編號立標爲記，並立號簿，俾親屬領柩回籍者，對號取領，免致錯悞。

吉林省檔案館《清代吉林檔案史料選編（工業）》上冊《吉林將軍長順奏派員勘明金礦並試挖得金摺光緒十六年六月二十一日》 跪奏：爲續報委員勘明三姓金礦地方，並暫時試挖得金緣由，恭摺具陳，仰祈聖鑒事。

竊照三姓地方前經奴才訪聞，該處山內貧民搭蓋窩棚，採取木耳，名爲採營，實則乘間盜挖金砂。驅去復來，一時難以禁絕。當於本年三月三十日奏請化私爲官，以浚利源。並於折內聲明，業經札派佐領恩齡，補用巡檢鄭國僑前往，會同後路防營查勘等情。奉旨：該衙門議奏，欽此。欽遵在案。當奴才出奏後，旋接該委員恩齡等稟報進山查勘情形，據稱勘得金溝在三姓東南一隅，其地距城約三百里，溝名有南淺毛、老淺毛、樺皮、太平之分，周圍幾及二百里，地勢如上字形。南淺毛溝長十五六里，已掘有二十餘條水道。老淺毛溝長約十里，在南淺毛之北與長四五里之樺皮溝相接，均有五六條水道。此三溝之東，越老爺嶺，下爲太平溝，南北長百餘里，計水道五六十條，各水道或深二三尺及七八尺不等。樺皮一溝兼有極大方坎，各溝被挖之處密如蜂房，幾無隙地。蓋金匪之忽聚忽散，恣行偷挖者已數十年於此矣。金色以南淺毛、樺皮兩溝爲最，產金之處多在山陰，凡山之陽雖見金綫亦甚稀少。惟山深林密，頭頭是道，金匪最易藏踪。官至即散而爲樵，官去即聚而偷採。恩齡等查各溝附近菜營窩棚及無業流民，約計不下千餘人，逐之必致流而爲匪，不逐又無以使其不挖。計惟有先用化私爲官之法，予限數月暫行試採。數月以後則此項流民是否可用，地利能否久興，均有把握。所定章程亦可因地制宜，不致徒勞而鮮獲。並聲明，樺皮一溝及黑背等處，應俟勘明，統行詳細繪圖貼說呈送，等情。據此，奴才因查所稟，係屬實在情形，不能不稍事變通。且事已奏明勘辦，當經批准予限兩個月，暫行試採。復札調後路防營就近至彼彈壓，俾免滋事。先是奴才札派恩齡查勘時曾告以礦苗必須深探，不妨於附近居民雇覓數十人，逐溝試挖，察看何溝出金最旺，何溝金色最佳，詳細具報。並爲出示禁止流民入山以及販貨而圖利者，蓋吉林金匪較之他處爲多，深恐其聞風麇集，遣散爲難也。至是既准該員等試採之請，而前奏適又奉旨交議。隨復札飭恩齡、鄭國僑，將現辦情形詳細稟覆。去後茲據該員等稟稱，各溝產金衰旺不一，旺者綫脉厚至三尺，寬二三尺不等，衰者厚亦尺餘。然金夫有初挖而即得金者，有陶砂至十餘日而一無所獲者，蓋金綫甚細。私挖之弊由來已久，正綫多爲鏟削，以至體認難真。現在試採未有定章，凡金夫之器具、衣食，悉令自備，無論得金多寡，俱按十成從寬抽取三成歸公，該金夫亦覺馴良可用。從前各溝共有千餘人，今已陸續遣散，只剩三四百人。一俟散盡，再將所抽課金並支銷經費數目勾稽具報，並先附解金砂一百兩呈驗，等情前來。

奴才查吉林爲我朝根本重地，三姓又與俄疆毗連，開礦之舉誠宜其難其慎。前奏試辦之請，意在漸事擴充，初不欲先行鋪張，致貽一發難收之悔。今閱委員等前後所稟各詞，爲之細加體察，覺地利可興，而人數不可不限，此即因地制宜之辦法也。奴才知識短淺，又於礦務毫無閲歷，未敢固執己見。且該處准否開礦，尚未奉准議覆，不便遽定章程。惟迭據委員稟請變通辦理，均係前次出奏以後之事。相應請旨飭下，一並核議速覆，俾得擬定詳細章程，奏請聖裁。除將解到金砂百兩提出五十兩呈送海軍衙門考核外，所有續據委員勘明金礦地方並暫時試挖得金緣由，理合恭折具陳，伏乞皇上聖鑒。謹奏。

於八月初二日奉到硃批：該衙門知道，欽此。

吉林省檔案館《清代吉林檔案史料選編（工業）》上册《吉林將軍長順爲銀礦辦有成效請琿春副都統酌核速覆以憑具奏的咨文光緒十六年七月初四日》爲咨行事。

案照前准貴幫辦咨開：本幫辦訪查，琿春地方素有礦産，飭令委員程光第考查明確稟明試辦。旋據稟稱，天寶山有銀礦一處，擬自備資斧前往試開，如有成效再擬章程稟請開辦等情。本幫辦查，五金山礦近年迭奉上諭，如有可開之區，一體弛禁，准其開採。官中酌收盈餘，以盡地利而富民生等因。欽遵在案。該員所稟備資試採似尚可行，即經批飭試辦去後。茲據稟稱：卑職奉批之後，遵即招致礦師丁夫十餘名，購備器具衣糧前往該處尋覓舊穴，鑿山開採。在南山之麓，覓得苗綫一枝，挖至三丈後果有色白如銀之砂，寬有二三尺不等。礦穴接鑿有九，入爐熔煉每千斤可出浄鉛三十餘斤，提銀十二兩有奇。成效既見，應請興辦。遵擬章程清摺一扣，繪具圖説二紙等情。本幫辦查，該員於奉諭之後，歷十月之久，賠及兩千金，卒能力求成效。考驗銀色甚好，即其所擬章程亦尚妥協。但官籌資本轉恐生弊，自不若聽其招集商股。俟試辦一年，稽核出産多寡，二百人工作，或以三四成報效能有幾何。考驗實在，再行咨請奏明辦理。一面批如所請，准其試辦。所請關防由琿刊發，護局兵勇就近飭撥。咨請酌核速覆，等因。到本督辦將軍。准此，並准貴幫辦將銀錠十五兩餘函送前來，當經本督辦將軍，以試辦一年未免爲期太遠，仍令該員按月具報試辦情形一次，俾資考核咨復在案。查開辦礦務事關重大，該礦既試有成效，自應奏明辦理。現又試開三四月之久，自不難詳細稽核，稟請奏辦，相應咨行。爲此合咨貴幫辦請煩查照，望速辦理，見復施行。須至咨者。

吉林省檔案館《清代吉林檔案史料選編（工業）》上册《琿春副都統爲天寶山銀礦試辦情形的咨文光緒十六年九月》爲咨會事。

案查本幫辦前經咨准貴督辦將軍，飭委五品頂戴、候選從九品程光第招集商股，試辦琿春銀礦，以興地利而裕餉源一案。旋准大咨内開：查開辦礦務事關重大，該礦既試辦成效，自應奏明辦理等因，咨行到本幫辦。准此，當經札飭遵照去後。茲據該從九稟稱：自蒙委辦礦務以來，遵將股本招齊數月，至今頭緒漸有，規模粗具。所採銀苗共有兩枝，計已開礦穴十一處。苗砂雖皆鑿見，而銀水不甚暢旺，蓋因未採及正脉故耳。惟南山第三穴，刻已鑿至九丈餘深，苗綫寬處有三尺餘，窄處尺餘，可供三十餘人鑿取，每月可出礦砂將近十萬斤。以現時每砂千斤提銀叁拾貳兩，約共出銀三千餘兩。擬於九月十五日起加派夜班鑿砂，計可多出伍陸萬斤。將來各穴一律開及正脉，能供一百餘人採取，月可出砂肆拾伍陸萬斤。自後苗綫愈採愈廣，但期銀水愈多，則裕餉固邊誠爲經國之至計。特以開辦伊始，力求節儉。採苗鑿砂以及熔煉，純用本地人夫，參考各家著述。既未聘用礦師，亦未購辦機器，只願衆志成誠，不患不漸入佳境。成效既著，應請憲台酌核前定章程，咨商督辦將軍奏明，暫行試辦。日後果能大裨餉糈，在事出力員、司、礦丁，准其仿照漠河章程分別保奬，以資鼓舞，等情前來。

查該山銀綫亦已採有二枝，共鑿洞穴十一處。據稟雖皆見有苗砂，而銀水欠旺。惟第三洞鑿深九丈餘，寬處有三尺餘，窄處有尺餘，可供三十餘人鑿取，每月出砂十萬斤，約可提銀三千餘兩。是局廠經費已有着落，其餘各洞經費既有來源，則嗣後漸次開及正綫，利益充盈尤可想見，洵與餉源不無裨益。既據稟請奏明試辦，應亟准如所請。但創辦之初，諸洞尚待力開，爐舍更須趕造。應予限一年，先行試辦，俟期滿體察情形，應如何提銀歸公，擬請奬勵，再行奏明辦理，用昭核實而期久遠。除批認真督率開採外，相應咨會。爲此合咨貴督辦將軍，請煩查照，會奏施行。須至咨者。

吉林省檔案館《清代吉林檔案史料選編（工業）》上册《吉林將軍長順派委鄂齡前往南崗試辦礦務的札文光緒十六年十月二十五日》爲札飭事。

照得琿春南崗地方現在試開銀礦，派委候選從九程光第經理其事，漸有頭緒。惟將來逐漸擴充，期收實效，尚恐事繁人衆，程光第一人難以周顧，查有工部候補員外郎鄂齡，前已奏准留於邊防當差，自應派令該員前往督同試辦，以資鎮懾。合行札委，札到該員立即遵照，束裝前往南崗試辦礦務。事關奏報，該員務與程光第和衷共濟，毋稍偏執，致負委任。特札。

吉林省檔案館《清代吉林檔案史料選編（工業）》上册《琿春副都統派委鄭以楨赴天津購買洋爐的咨文光緒十六年十月二十七日》爲咨會事。

案照本幫辦會同貴督辦將軍具奏，試辦琿屬天寶山銀礦鑿採將及一年，屢以土法熔煉未能迅速，茲查天津德威尼新盛廠承辦煉砂爐座，當經本幫辦電請直隸候補道佘定購洋爐五座。現時儲砂待用，亟應委員前往運解。茲查文案處隨同辦事委員鄭以楨，人地熟悉堪以委派。除札該員迅速束裝航海赴津迎運外，相應咨會。爲此合咨貴督辦將軍，請煩查照，希即轉咨北洋大臣轉飭津海關道知照，並照會俄國領事官行知海參崴稅務衙門，驗放施行。須至咨者。

朱壽朋《光緒朝東華録》卷一〇一《光緒十六年十二月》 李鴻章奏，三品銜吉林補用道李金鏞，經臣遵旨奏派辦理黑龍江漠河金礦事務。自光緒十三年五月由墨爾根入山勘道，至十四年十二月在漠河設廠開工，前後出金幾及四萬兩，礦務日有起色。前據該道稟稱，本年夏間，時患怔忡氣逆咳血頭暈，夜不成寐，猶能力疾治事。七月以後，日難支持，醫言積寒已深，用心過度，乞假静養，暫委該局提調候選知縣袁大化代理廠務。旋接電報，該道於九月初四日在差次病故。茲據袁大化等稟請具奏前來。臣查李金鏞，江蘇無錫縣人，同治元年由候選同知投効臣軍，迨漠河之議辦金礦也，仰蒙寄諭垂詢，飭臣選幹員前往籌辦。地居絶徼，集資匪易，得人尤難。當以該員李金鏞熟悉邊情，且於南中紳商信義久著，奏明派令招集股分，前往開辦。該道以事關重大，慨然自任，不敢辭避。遂勘道入山，裹糧露宿，披榛伐木，皆自古行跡所未經，歷四十餘日經千九百里始達。漠河向無人煙，建置之難，則平地赤立；購運之費，則千里孤懸；需費浩大，口舌百端。兩年以來，規模粗具。十五年出金一萬九千餘兩，本年正月至八月出金一萬八千餘兩。取金之硐，夏則盛漲，冬則層冰，縋深鑿堅，備形艱險。其初礦丁不耐工作，旋集旋逃，駕馭招徠，殫盡心力。現招回流民二三千人，悉恃礦務以爲生計。調練防勇，藉壯聲威。以前日之絶域窮荒，自經營金礦以來，商販漸興，兵民相習，氣象迥非昔比。邊外空虚之地，得此搘撑其間，隱收實邊興利之益，方謂經理得人，逐漸開拓，有裨時局。該道竟以積勞致疾，遽隕其身。前此奏調漠河差委之同知姚嶽崧、知州劉棫林等，先後病殁差次，皆患怔忡咯血，病狀略同。蓋其地瘴癘毒惡，凝寒中人，而經辦事件又極勞瘁險阻也。李金鏞氣體素健，自到廠後始有脾瀉心悸等疾，經年隨從員役相繼死亡，終無退悔。殁後接其病中稟牘，區劃各事，詳盡如常，歎其忠懇之忱，臨危不改，卒以身殉，深可痛傷。合無籲懇天恩，飭部將已故三品銜吉林補用道李金鏞照軍營立功後積勞病故例從優議卹，並將事蹟宣付史館，仍准在無錫縣原籍自行建祠，以爲絶域勤事者勸。得旨：如所請行。

中國第一歷史檔案館《光緒朝硃批奏摺》第一〇二輯《光緒十七年三月初九日吉林將軍長順等摺》 奴才長順、恩澤跪奏，爲勘明琿春天寶山銀礦，現已派員試辦，大概情形，據實密陳，仰祈聖鑒事。竊奴才等，恭承恩命辦理邊務，深慮常年兵餉，日久難繼。每思就地擘畫，濬開利源，庶外省多籌一分之餉，即部庫少紓一分之力。奴才長順自抵任後，周諮博訪，羣以三姓産金，琿春産銀，述爲美談。三姓金礦，前已將化私爲官，暫時試辦情形，詳細奏明在案。惟琿春産銀之説，一時無從考證。經奴才恩澤遴派候選縣丞程光第，細加躧勘，當於南岡天寶山内，見有銀礦一處已挖成硐，似係昔日流民私開，因其無利而棄去者。取驗砂質不甚精美，復於附近地方覓得礦苗，鑿驗砂質較之舊硐爲優。上年春間，奴才恩澤赴南岡校閲右路一軍，折至該處，覆加履勘，覈與程光第所勘情形相符。與奴才長順往返函商，隨令程光第招集商本，試行開採去後。茲據候選縣丞程光第稟稱，勘得天寶山，在吉林省城東南七百餘里琿春南岡地方，東距琿春三百五十餘里；西接哈爾巴嶺蜿蜒二百六十里，爲此山之發脈；南襟古城大川；北帶博爾哈通河，峯巒秀異，巖壑深藏，出脈聚氣與他山迥殊。自奉派後，擬即招集商股銀一萬兩，未能如數，先行湊足五千兩，前往該處建造房屋，購運糧食，置備器械，雇募人夫，力加開採。從前流民所開舊硐，係在北山，穿至七尺，即因石堅停鑿。先後另採銀苗二枝，係在南山，其一枝入山綫，鑿至丈餘未見槽砂；其一枝立山綫，計鑿八硐，惟第三硐始得正脈。其餘各硐，雖見苗砂，尚無正綫，未敢深求，致滋虚費。現在第三硐鑿深十五丈，砂綫時寬時窄，寬則三尺餘，窄則尺餘，足供四十餘人採取，月可出砂十五六萬觔。初鑿之砂，每千觔鍊銀質二十餘觔，提銀十二兩有奇；迨鑿深九丈，每千觔鍊銀質七十餘觔，提銀三十一二兩。以目下月出砂數覈計，提銀約可出銀四千五六百兩。現時存砂七十餘萬觔。擬趁此春融，廣備灰炭。先設燒生砂大鑪八十座，每座燒生砂三千觔。用木炭燒煅三次，每月出熟砂二十四萬觔。又加鍊銀質大鑪四十八座，每天輪流鍊熟砂八千觔，可出銀質五六百觔，提銀三百餘兩，覈計一箇月可出銀一萬兩。近時礦丁鑪匠及雜丁夫，已用一百七十餘名，若再設鑪鍊砂，尚須添用一百數十名，共三百餘名。月需工食銀一千七八百兩，月需油、鐵等項五六百兩，連局用薪水，每月共需經費銀二千數百兩。如每月鍊提銀一萬兩，尚可盈餘七千餘兩。第鍊提賴乎人工，本屬可遲可速。而鑿取限於地利，不能予取予求。且夏秋陰雨時候,地氣鬱蒸,礦丁在硐未能久作。勢所必至,祇期此後各硐一律開及正脈,足供多人採取。苗綫日增,提銀自鉅。應如何酌提歸公,以裕餉源,覈給獎敘以資激勵之處,續俟擬定章程,呈請覈辦等情,並將銀兩銀質生熟各砂呈驗前來。奴才等查程光第勘辦銀礦,既經覓有苗綫二枝,開硐九處。據稱雖止一硐開及正脈,而每月出砂可提銀四千五六百兩,加鑪燒鍊,月可出銀萬兩,是創辦之始,無虞虧賠。將來各硐概得正脈,苗綫日漸增多,則其利之充盈,尤可想見。裕餉固邊,計誠莫善於此。第鍊砂提銀,僅恃土法,恐銀質未浄,多所委棄。現已派員馳赴天津,購辦洋鑪,並恐程光第一人難以周顧,添派候選縣丞禄崧前往會同辦理。一面仍飭該員等,作速擬妥詳細章程,再行酌覈,奏請聖主鴻裁。除將送到寶銀一錠,銀質一塊,生熟各砂數包,咨呈海軍衙門考覈外,所有派員試採琿春天寶山銀礦緣由,理合恭摺密陳,伏乞皇上聖鑒訓示。謹奏。該衙門議奏。

吉林省檔案館《清代吉林檔案史料選編(工業)》上册《試辦琿春礦務委員程光第等爲籌辦天寶山銀礦的申文光緒十七年六月初九日》

爲申報事。

竊於光緒十七年四月二十四日蒙憲台札開,案照本督辦將軍會同幫辦恩於本年三月初九日恭摺具奏,爲勘明琿春天寶山礦,現已派員試辦等因一摺。於四月初九日奉到硃批:該衙門議奏,欽此。合亟恭録硃批鈔粘札飭。札到該員即便欽遵,特札。計鈔粘等因。蒙此,卑職等祇遵之下,仰見憲恩優渥,自當悉心籌劃,工求速效。卑職光第春間晉省,面禀憲台,請以現時存砂柒拾餘萬斤,擬趁此春融,先設燒生砂大爐八十座,又加煉銀質大爐四十八座,用木柴燒鍛三次,每月出熟砂貳拾肆萬斤,核計一個月,可出銀一萬兩。續俟擬定章程,請示遵辦。正在省垣續蒙添集商股之際,接奉幫辦憲電諭,鄭委員以禎在津購定洋爐,令由續股銀內再兑去三千兩。卑職光第遵即禀蒙憲台俯準,借銀叁千兩,匯兑寄津去訖。卑職光第禀辭後,即於四月初一日由省起程,於初八日馳回天寶山工廠,與會辦礦務禄委員嵩從長計議,增爐煉銀。除已有爐座不計外,擬添燒生砂大爐六十餘座,煉銀質大爐三十餘座,核計每座需工資銀肆兩有零,再招窑户添做炭窑百座之譜,核計每窑需工資銀伍兩,上下通盤核算,約計千兩不能集事。惟查洋爐業已購定,轉瞬可望運到,所有添增爐窑暫行緩做,以節經費。卑職等因有面禀事件,於四月二十日赴琿。卑職光第在琿接奉幫辦憲札委,查勘招越地界,於五月初八日由琿起身,於二十六日勘界,差竣馳回天寶山。卑職崧在琿續集商股清厘各事件,於六月初三日旋局。卑職等先後回局查看各項工程,經提調委員陳守備高華,督率工作,均屬照常。惟入夏以來大雨時行,各礦洞不時汲水,爐廠工人時作時輟,未免人工較費。核計四五兩月,每月出銀壹千兩有餘,隨時動用尚不敷開銷。刻下預備磚瓦石灰等物,俟洋爐到時建蓋爐房,庶免臨時待料。伏思洋法較速而土法太緩,請俟洋爐到工趕緊建房煉銀,再行擬定章程,呈請憲鑒核辦。除將回局日期以及工廠各情形申報幫辦憲外,理合具文申請憲台俯賜察核。爲此備由申乞照驗施行。須至申者。

吉林省檔案館《清代吉林檔案史料選編(工業)》上册《監爐委員吴賀桂到局日期及煉銀數目的禀文光緒十七年六月十四日》

督憲將軍麾下:敬禀者,竊卑職於去歲八月間曾蒙幫辦憲札委天寶山銀礦監爐,自到局後親視提煉起至十二月中旬止,共提銀陸千兩。經卑職於是月十五日管解第二批銀叁千兩回琿交納訖,業將監提銀兩數目並管解起程日期禀報在案。兹於五月初六日復蒙幫辦憲札開,案照琿春天寶山礦務日形繁劇,亟應加派委員駐廠監爐,以專責成。惟查去歲曾派營務處差遣委員吴令賀桂,監視提銀,尚稱勤謹。現經商準督辦將軍咨復,仍行派委該員在案。除札天寶山礦務局遵照外,合亟札委,札到該員即便遵照。前赴該局認真監提,勿得稍涉大意,致負委用。切切特札等因。蒙此,卑職祇遵之下,仰見憲恩優渥,籌事精詳,曷勝感佩。卑職遵即禀辭後,於本月二十三日由琿起程,沿途被雨阻擱,至六月初一日始抵礦廠。查詢該局自去歲臘月十六日起至本年五月底止,共提銀柒千陸百餘兩不計外,遂即會同試辦委員程光第,督飭工匠逐日提煉。卑職親臨監視認真稽查,慎防弊竇。由六月初二日起至十三日止,計十日共用毛鉛肆千貳百叁拾斤,提浄銀壹千零伍拾叁兩叁錢陸分。間因大雨連綿,炭灰偶有不濟,所出銀數尚不爲暢盛。伏思卑職情殷倚玉未遂,指示常親,術乏點金,深悸責成貽誤,所冀竭盡愚誠,實心求是,庶可稍報鴻慈於萬一。卑職惟有會同總辦、會辦委員,趕緊督飭工匠人等,多備灰料,加爐提煉,認真監查,以期無負憲台委用栽培之厚意。先後所提銀兩,自應由該局另行造報。所有卑職奉委監爐到局日期,感激下忱及提煉銀兩數目,除徑禀幫辦憲外,理合具禀。叩謝憲恩,俯賜察核,祇請福安。

光緒十七年六月二十九

吉林將軍長順批:據禀已悉。繳。

吉林省檔案館《清代吉林檔案史料選編(工業)》上册《試辦琿春礦務委員程光第爲試辦礦務擬請分任專司的禀文光緒十七年七月初一日》

督憲將軍鈞座:

敬稟者，竊卑職仰蒙憲委試辦天寶山礦務，開工至今將近年餘，迭蒙憲台訓示，一切稍有規模。惟初經創辦，內外籌維繁冗實甚。現蒙憲台加委禄縣丞崧來廠會辦，吳令賀桂駐廠監爐，並前稟蒙幫辦憲委派守備陳高華提調各項工程。因思百凡草創，非防微無以杜漸，非慎始難以圖終。事無巨細必會商禄縣丞而後行，暨不敢私心推諉，亦不敢任意自爲。查撙節經費稽核帳項，須嚴明可杜弊端，擬請會辦禄崧專理；率匠提銀登記懸牌，雖涓滴必歸實際，悉由吳令賀桂專理；稽查錘鑽督催工作，懲怠玩而任怨勞，悉由陳守備高華專理。事事有分任之人，斯一一有專管之責。至於採苗訪綫，秉承憲示，非身歷不能查其精微，非面稟無以盡其委曲者，必得躬親奔走。是卑職在工既可竭共濟之忱，即在外亦可無內顧之慮。叨沐深恩，感切骨髓。惟有倍矢慎勤，力求暢旺，以期仰副仁憲籌邊利民之至意。所有擬請分任專司各緣由，謹冒昧上陳憲台，俯賜察核，恭候批示祇遵，實爲公便。除分稟幫辦憲外，肅具寸稟。恭請鈞安，伏乞垂鑒。

「中央研究院」近代史研究所《礦務檔》第七册《光緒十六年十一月十九日總署收軍機處交出李鴻章抄片漠河金廠委員李金鏞病故派袁大化暫行接辦廠務》

十一月二十九日，軍機處交出李鴻章抄片稱，再漠河礦務，關係重要。李金鏞在差病故，自應遴選大員，前往接辦。惟極邊寒苦之地，强鄰密邇，諸務掣肘，人皆視爲畏途。一時寔無得力可信之人，堪以派往。候選知縣袁大化，前隨吳大澂在吉林琿春一帶，籌辦墾荒練兵事宜，耐苦耐勞，結寔可靠。上年經李金鏞稟調赴工，稱其膽識俱優，足任艱鉅。到工後派充該局提調，襄助一切，極爲得力。李金鏞以病請假，即派該員代理局務。迄今數月，迭次接閱稟牘，規畫井然。現值隆冬封凍，工作較簡，出金漸稀。該員方在力裁繁費，支拄艱危，且熟悉該處中外情形，竟無出其右者。昨接依克唐阿電稱，地方静謐，諸臻就緒，可令該員一手經理。當由臣劄飭袁大化，暫行接辦漠河礦務，以專責成。將來擇有才地相宜、堪以派往之員，再隨時奏明辦理。理合會同黑龍江將軍臣依克唐阿，附片具陳。伏乞聖鑒。謹奏。

光緒十六年十一月十九日奉硃批：知道了，欽此。

「中央研究院」近代史研究所《礦務檔》第七册《光緒十七年十二月初八日總署收黑龍江將軍依克唐阿文附原奏漠河金廠歸還庫銀》

十二月初八日，黑龍江將軍依文稱，礦務局案呈：本衙門於光緒十七年十一月二十四日，附片具奏，爲漠河礦廠歸還前由官兵俸餉內借提辦礦銀三萬兩，如數入庫歸欵，以濟餉糈一片。除俟奉到硃批，另行恭録知照外，合請分咨等情。據此，相應抄片咨報，爲此咨呈總理各國事務衙門備核施行。

〔附〕照録粘單

再查光緒十四年十月間，漠河礦廠開辦之始，凡購器、蓋屋、造船及延僱礦師、添設防勇等項，需用經費，先須籌定，非招集商股，無以濟事。惟恐一時難齊，稟經前將軍恭鏜，首先倡導，奏明由庫存官兵俸餉項下，借提銀三萬兩，交前督理礦務道員李金鏞具領，以濟礦用等因在案。茲據續派督理礦務候選知府袁大化稟，由礦廠收獲金沙，運滬售賣銀欵內，先行提出三萬兩，委員前後解繳省庫前來。奴才伏查此項繳還銀兩，原係官兵俸餉，應仍歸入庫存，以清欵目而濟餉糈，理合附片陳明，伏乞聖鑒。謹奏。

吉林省檔案館《清代吉林檔案史料選編(工業)》上册《試辦琿春礦務委員程光第等爲籌辦本年礦務的稟文光緒十八年正月十九日》

督憲將軍鈞座：敬稟者，竊卑局光緒十七年份，自六月起月報經費，卑職嵩解運爐器旋工後，會同程委員業經分析造報。至是年十月底止，其十一二兩月並鋪墊續修房工暨洋爐機器、陸路運費需用銀兩，現在亦趕緊造報，以符定章。惟卑局興辦礦務事屬創始，猥以庸愚承乏其間。資本萬金，工匠數百，興造經營皆非素習，竭歷從事，深慮隕越。自蒙奏明之日起，轉瞬一年限滿，提銀貳萬餘兩，尚不敷一切開支。似此虛糜，奚補餉源。用是滋愧，午夜難安。然究中底蕴有不能不爲我憲台陳者：

查卑局現時砂苗寬窄匀算約有三尺，長至六丈，兩端尚未盡其源。冬令工作較易於夏秋，每月出砂二十餘萬至三十萬斤不等。土法熔煉，雖熱河招到之匠，舍卑局夙煉之法別無善計。而推本其故，皆因銅質硫磺夾雜其中，火力輕微不足攻堅。欲求火之堅猛，又非煉燋不足以期有濟。刻下廣覓煤礦試煉燋炸，覓得兩處，質多虛浮少油，燒出燋炭亦不耐久焚。現時又得三道溝一處，油性較多，然甫經開鑿，深不及三丈，優劣參差未能純一，自非開深不克精美。今商承辦，須由卑局墊經費，約計之非千金不足濟用。將來即在該處燒煉燋炸，陸地運至卑局一百二十里之遥，而山岡鮮徑急需開闢。猶慮夏令大雨時行，車行不易，稍有濡滯便停爐待燋。查老頭溝口之博爾通河與海蘭河相通，水勢深淺不一，稍形疏通，數萬斤之輕舟便可暢行。海蘭河岸至三道溝陸地不過三十里，載燋至船亦甚便易。此河一開，不惟與礦務有裨，即與商民挽運灌溉亦不無利益。屆時應如何籌辦，容卑職等體察情形，稟請示遵。此覓得煤苗燒煉燋子、籌開運道之實在情形也。

洋爐雖經運到，爐幫、爐座、烟筒等均屬散件，更有須添配之零件亦甚不少。現時南來各匠開爐分制，時際冰堅地凍泥水不和，砌爐建屋勢非二月不可，土法熔煉仍不宜偏廢。卑局現設風箱爐四座日燒三次，清銀爐四座日燒一次，共需木炭七千餘斤。自後擬加風箱四座，爐添倍前而需炭亦加於往昔。其燒初次砂質之大爐，原有三十座，悉用劈柴。現因礙於洋爐地基，拆去二座。惟砂質積存二百餘萬斤，應即加添大爐廣爲熔砂。縱或提煉未浄，有洋爐可以復煉。茲擬添大爐二十二座，連前共五十座。每爐日夜需劈柴四千斤，每日共柴二十萬斤。每爐熔生砂三千五百斤，鍛煉三次，計期二十天。煉成熟砂以月計之，可出熟砂三十萬斤上下，提銀質三萬三四千斤，可出銀九千餘兩。然木炭用至四十餘萬斤，共計合價銀一千七百餘兩，各項人工不在其數。所最棘手者，提銀木灰每日用至六百斤，到處搜覓實屬不易。此擬加添爐座土法熔煉之實在情形也。

至安設洋爐，估修化學房舍，在在急需舉辦，以便建置完備，及時試煉。而照料洋爐尚乏熟諳之人，其餘監工、收發，磚、灰、木、石，催辦柴炭、煤燋，稽查工作，經理收支帳目，事事非才不足以臂助，而薪微事勞實難招致才智。容出銀稍旺再行稟請恩施，羅致有用，以資臂助。此用人之難未便稍涉遷就之實在情形也。

至由礦硐背砂出硐，深至二十丈，不特太費人力，也非經久之計。卑職光第上年在省曾與宋道春鰲詢及此事，據云有橫力穿硐轟藥，可以轟山穿穴。即考之熱河亦多用此法開礦。卑職等擬先用轟山法，從山脅開硐出砂，俟無妨礙，再用之開礦取砂，以省人力而節經費。復奏章程，俟設齊洋爐開煉之後，再行稟請憲台酌核會奏。後來修造工程，亦必估計稟明而後再行，以泯群議而慎出納。除未盡事宜隨時稟報外，所有籌辦本年礦務大概情形是否有當，理合稟請督憲將軍查核，俯賜批示。除稟幫辦憲外，肅此具稟。恭請鈞安，伏乞垂鑒。

吉林將軍長順批：據稟已悉。所籌大概情形均當不爲無見。惟現已二月，轉瞬冰融，土爐既能動工，洋爐亦可趕砌，何妨俟洋爐試煉後能否有效，再定土爐之添否，較能節省。至該員等所計炭價，查從前月報所購貴賤匀算每百斤價約市錢八百文。即使添爐每月用炭四十餘萬斤，亦不過三千二三百吊，合銀一千一百餘兩，何須一千七百餘兩之多，未免浮冒。且洋爐業雇工匠不少，何又云照料乏人？向來該局公牘均尚簡當明晰，此次稟詞格格不吐，未免□涉含混。應再將詳細情形據實明白稟覆。至籌開運道等事，如果有裨礦務，準其先行估計稟奪，仍候幫辦批示。繳。

光緒十一年二月十一日

吉林省檔案館《清代吉林檔案史料選編（工業）》上册《試辦琿春礦務委員程光第等請機器局代制器具並稟明近日礦務情形光緒十八年二月十六日》 督帥將軍鈞座：敬稟者，竊卑職等籌辦本年礦務情形，前經稟明在案。目今洋爐零件底座將次部署就緒。現在添雇木匠趕建樓舍，以便及時配裝機器。第所需之物名目繁多，實難默記。經鄭委員飭匠制具木樣，卑職等函請機器局宋道分別代制，匀撥濟用。應需工料銀若干，由卑局移還。此後應備之生鐵板、風箱、銅輪，皆須先事綢繆，免至損壞停爐，應請飭下機器局知照。

至煤(礁)[焦]一項，踩得三道溝之濟實山煤質精良，堪煉(礁)[焦]子。惟開鑿伊始煤石夾雜，未能純一，數月之後當有成效可觀。而轉瞬機爐安齊，急需(礁)[焦]子，因查直隸唐山(礁)[焦]子，雇輪船裝至圖門江口，撥用來山，價值亦尚相宜。計來一船柒百噸，可敷五個月之用。擬請憲台電託天津朱道其詔就近代辦，價運銀兩由卑局匯交，以便(礁)[焦]到開爐，少免虛糜之耗。土法熔煉因銅鉛夾雜銀汁，迄無起色。卑職等謬司陶冶，朝不遑夕，周咨博訪，冀求美備。無如聞見狹隘，莫得其訣。鄭委員到後，參用西法，酌加食鹽熔鉛提銀，倍增於昔。計銀鉛質一斤，先前出銀叁錢或不及此數，添鹽以來增至五六錢七八錢不等，故交二月之後，每日提銀炭多則三百餘兩，炭少至二百餘兩。爐不加增費不加多坐致豐盈，實非初意所及。蓋由寶藏興焉，物色得之，此皆我憲台委用得人之所致。惟期洋爐開煉，西法應手，則我憲台籌餉之願略副，卑職等報答之誠稍伸。惟參用食鹽之後，化出砂中雜質氣味熏人，不可久耐。或腹脹或咳嗽，工丁多患之。鄭委員擬改用自來風以避其味。刻下機匠事忙，不暇及此。容卑職等細心參酌，請示遵行。近日寒暖無常，工匠多有疾病，除延醫調治使各迅痊工作外，所有請飭機器局代制器具，匀給物料，並近日礦務情形，理合稟請督憲將軍察核，批示祇遵。除稟幫辦憲外，肅此具稟。恭請鈞安，伏乞垂鑒。

吉林將軍長順批：據稟已悉。所需鐵板箱輪等物，候飭機器局知照。並候電託天津朱道代詢煤(礁)[焦]價值，再行飭知。此繳。

光緒十八年二月二十七日

吉林省檔案館《清代吉林檔案史料選編（工業）》上册《試辦琿春礦務委員程光第等請員管理收支銀款的稟文光緒十八年二月二十八日》 督帥將軍鈞座：敬

稟者，竊卑職等謬以菲材會同礦務，用人至數百之多，出納之款多寡尚難預計。而諸凡籌謀在在需人佐理，卑職光第首創其議，事無大小責無旁貸。卑職嵩踵承其後，深愧未能裨補萬一。上年卑職光第以局事繁雜未能歸一，稟奉批飭卑職嵩專司山入款目。維時卑職嵩因公在省，曾經面稟憲台。勾稽一道素未諳習，比抵局之後，會同卑職光第趕將月報次第報呈在案。計自光緒十五年開辦以來，截至十七年臘月底止，共收股銀壹萬兩整，礦中提銀叁萬壹千捌百餘兩，按月造報在案。除開支外，實欠糧餉處洋爐價銀柒千貳百兩，商號銀貳千兩。本年以來，經幫辦文案處隨同辦事鄭委員以楨，參考西法加用食鹽，土座熔煉銀質漸次加增。按照現時辦法，爐不加多，費無增減，日出净銀叁百兩內外。後此春融冰解加添爐座，益以煤燋應手，洋爐得法，則月出銀款自必尤見充盈。近十數日瘟疫大作，工作病至百餘名，故者六名，土爐提銀因之頓減。然每日尚出銀壹百餘兩。卑職等會計才疏膺此重任，清夜以思深恐籌察稍疏有負委任。伏查卑局事務以出納銀款爲第一要務，惟有仰懇憲恩遴派廉明委員來局專司其事。卑職等仍隨時稽查，斷不敢以事有分理稍涉大意。卑職等慮不紛歧，得以盡心所事，則感戴鴻慈永無既極。所有請員管理收支銀款緣由，理合馳稟督帥軍憲察核，俯賜批示祇遵。除稟幫辦憲外，肅此具稟，恭請勛安，伏乞垂鑒。

吉林將軍長順批：據稟已悉。出納銀款自須精於綜核之人，第一時頗難其選，姑由該員暫爲兼管，毋稍推諉。仍候幫辦批示。繳。

光緒十八年三月初十日

吉林省檔案館《清代吉林檔案史料選編(工業)》上冊《稽查天寶山礦務委員王昌熾查明天寶山礦務情形的稟文光緒十八年九月十六日》

督辦將軍鈞座：敬稟者，竊卑職前在省城，仰蒙憲台札委天寶山礦務局稽查差使，所有到局日期已由該局具報在案。伏念卑職屢荷栽培至優極渥，愧乏涓埃之報，時深銜結之私。當此礦務方興，規模甫定，尤宜群策群力以爲久遠之圖。謹將現辦情形，就卑職考訪所及參以管見，爲我憲台一詳陳之：

查開礦一道固貴砂質精良，尤期冶煉得法。此礦自開辦以來將及三載，綫寬砂美固不待言，至冶煉之方亦經在事各員反復研求不遺餘力。惟土爐役夫過衆，需費浩繁，每爐自燒砂以至提銀，動需十餘日之久，仍苦不能净盡。致浮出鉛汁即本局所謂糖塊者，含銀尚多，此則火力不能透澈之故也。

現分東西兩廠，計有煉砂爐五十座，風箱爐四十二座，每日輪用煉砂爐十座，燒砂壹萬伍千餘斤，得大鐵壹千肆百餘斤，每鐵百斤，約提銀貳拾餘兩。硝上捶鑽夫役計壹百拾餘名，晝夜兩班，每日每人約取礦砂玖拾餘斤，實不敷煉爐之用。近數月間特有舊歲存砂以資挹注，僅免匱缺之虞，終非經久之道。聞熱河礦廠有用炸藥攻砂之法，頗爲神速，似宜仿照辦理，以濟鑽鑿之窮。又糖塊一項，堆積甚伙，重加冶煉，每百斤亦能提銀拾餘兩至貳拾餘兩不等，亦可搭配煉用。則造物精華，庶無遺棄之憾矣。餘如灰炭等物，均能源源接濟，無虞短絀。至提銀數目，已由該局員按月造報，毋庸贅及。此查明礦務局取砂提銀之大略情形也。

再查該局員司人等，除委員外，計用四十餘人，或一人專管一事，或兩三人共管一事，各專責成，毋能諉卸。至礦丁一項，共計四百八十餘名，有總稽查、總司事，監工、把頭等項名目，層層鈐束，不任喧嘩。又募護勇四十名，設卡巡邏。凡進出礦丁搜其身畔，倘攜有刀械等物，均須扣留始準入工，執役甚爲嚴密。以上丁勇應支辛工、口分銀兩雖多寡不一，久暫無常，然有開補簿籍可稽。每屆月終均係照簿匯算，實用實銷並無浮冒截曠等弊。惟雜項瓦木匠役人數略多，因近年修造房屋土木繁興，將來工程報竣，則此項匠役似應量爲裁減。核計每月應需一切經費，約在肆千兩上下。此又查明該局執事丁役各名數暨需用經費之實在情形也。

再卑職悉心體察，竊見土法工繁費巨，誠不若洋爐取多用宏。然欲創辦洋爐，又非預採煤燋並講求攻砂之法不能濟事，此中竅要殊費經營。卑職既蒙委任，惟有竭盡愚忱與闔局各員和衷共濟，勉圖報稱，冀以仰副憲台高厚成全之至意。所有查明礦務緣由，並感激下忱，除逕稟幫辦憲外，理合馳稟督辦將軍查核，批示祇遵。

再洋爐因風力不足暫行停止，已由該局委員縷晰稟達，故未具陳。合併聲明，肅此具稟。恭請崇安，伏乞垂鑒。

吉林省檔案館《清代吉林檔案史料選編(工業)》上冊《琿春副都統爲給入股各商提分股利的咨文光緒十八年十一月十六日》 爲咨明事。

本月十三日據琿春礦務局委員程倅光第、會辦委員祿縣丞嵩稟稱：竊卑職光第前於光緒十五年間，蒙憲台檄委踩採銀苗。遵即募覓工匠，裹糧入山，奔走於岩穴之中。多方冥索，仰邀福庇，旋於是年秋間尋獲天寶山苗綫。當以經費無出，稟蒙憲台批準，刊刷投票，招集商股一百分，每股銀五十兩，計銀五千兩，俾得集匠興工。嗣於十七年三月，因購辦洋爐需款甚巨，復經稟準仍照原票數目，續集股本銀五千兩，均經兑收應用，册報在案。

現屆試辦期滿，礦務漸臻暢旺，就目下情形而論，截至年終約可贏餘銀三萬兩之譜，亟應提分股利，藉慰衆心。惟查此項股本雖無多寡之殊，實有緩急之異，似宜量爲區別。緣當創辦之始，利害未形，人情不無觀望，賴衆股慷慨資助期於集事。至續集一款，已在期年之後，自應略判低昂庶足以昭公允。卑職等悉心籌議，擬請先於贏餘項下提銀一萬五千兩，將先集百股，每股開紅利銀九十兩，後集百股，每股開紅利銀六十兩，俾於股本外均得稍沾利益。此項銀兩，即由卑職嵩親赴吉、琿兩處核實散給，以免耗折之弊。除俟股利散畢再擬充餉數目另文詳請會奏外，是否有當，理合稟請憲台鑒核，俯賜出示曉諭，俾衆周知。並請轉咨督辦憲備案，實爲公便。

再此係初次開股，揆諸情理不得不量予變通，非敢故爲歧視也。倘此後擬定章程，按年結報，所有商股自應不分先後一律辦理，用徵信守，等情到本幫辦。據此，詳核擬議各　，均於公私兩昭平允，應準照辦。惟於散放紅利之時，須照原定章程認票發給，庶免舛誤。除會銜出示曉諭周知並批示外，相應備文咨明。爲此合咨貴督辦將軍，請煩查照施行。須至咨者。

吉林省檔案館《清代吉林檔案史料選編(工業)》上册《吉林將軍長順爲天寶山礦務局試辦期滿擬提銀充餉及散放股利的咨文光緒十八年十一月二十九日》

爲咨還事。

本年十一月二十七日準貴幫辦咨開，案據琿春天寶山礦務局稟稱，現屆試辦期滿，截至年終約可贏餘銀三萬之譜。擬提一半充餉酬勞，一半散放股利，並請出示等情前來。除一面刊發曉喻暨批示外，兹備具雙銜會稿二分，相應備文咨會。爲此合咨貴督辦將軍，請煩查照，書行蓋印，留存一分，其一分仍望咨還備案施行等因，到本督辦將軍。准此，當將咨來雙銜會稿二分，書行蓋印存留一分，其一分相應備文咨還。爲此合咨貴幫辦，請煩查照施行。須至咨者。

吉林省檔案館《清代吉林檔案史料選編(工業)》上册《吉林將軍長順爲天寶山銀礦暫緩置辦洋爐的札文光緒十八年十二月十七日》

爲札飭事。

據琿春礦務委員程光第稟稱：竊於本年十一月三十日接奉憲台札飭，前因卑局所辦洋機不能合用，蒙派宋倅春霆選帶物料來工修治。嗣以考驗風力仍嫌微弱，必須另行製造始能濟事。當即繪具圖樣會稟，復蒙憲台飭據機器局稟復，以單造風箱恐難適用，蒙飭卑局酌議稟復等因。奉此，遵查該局原稟内稱：前次宋倅所帶風箱圖樣，係仿照原式較定十二匹馬力。此種風箱非機器有十五匹馬力不能運動。卑局原辦機器只有六匹馬力，相懸過遠，必不能勝。且鍋爐嫌小，即連同機器並造，鍋爐仍須購自外洋，恐難恰合，似不若仍由卑局自行購辦等語。自是至當不易之理。卑職等前於修治機爐稟内亦經聲明，俟將來經費充裕，擬照熱河購置外洋爐座一付，實與該局所議不謀而合。惟道遠運艱需費過巨，購辦之舉頗覺不易。卑職管見所及其難約有數端，請爲我憲台一詳陳之：

礦務之興全恃産砂暢旺，此礦綫寬質美，足供取求。惟鑿取賴乎人工，礦愈深則出砂愈難。且鑿夫一項，其役較苦，兼須素習之人方稱其選。又礦中多水，故有戽水之夫。現計碏丁已有一百七十餘名，尚嫌不足。晝夜採鑿，約出生砂八九千斤至萬斤不等，盡敷土爐之用。洋爐燒砂日需數萬，何從取給，其難一。煤燋一物實爲洋法所必需，費重運艱，既難購之他處，勢須就地興辦。卑局前曾派人在三道溝石頭河等處覓綫開採，以經費未裕，恐致虚糜，故爾中輟，未竟其功。缺此要物，雖有爐機仍同虚設，其難二。機器創自外洋，盛行已久。近年中國雖知仿傚，然考工取法依樣葫蘆不能如洋機之美。聞外洋保險爐座每副需價銀壹萬伍千兩，若再添備物料運致來工，必需貳萬餘金始克濟事。需費過巨，籌措維艱，其難三。有此三難，卑職所以躊躇審顧而不敢輕言舉辦者也。卑局前募洋匠半多來自熱廠，卑職留心探訪，始知該廠有炸藥攻砂之法，其法用鋼鑿鑿眼，以藥灌入，留信於外，引之以火，炸尺則尺炸寸則寸，用代人工實係事半功倍。又有洋龍戽水頗爲便捷。卑職愚昧之見，擬俟年終結清總帳，定立章程，倘邀恩準入告接續開辦，即於明春親赴熱河購求炸藥，雇覓藝匠仿照辦理。該廠開辦已久，規模畢備，至於洋土兩法亦可藉此考察，擇善而從，則裨益礦務實非淺鮮。至煤燋一項，現在距局四十里之元寶山復加深挖，其煤質色光潔油性亦大，倘能深求或可有得。總之，欲辦洋爐則積砂不可不多，採燋不可不力。二者既舉，則以餘力購辦洋機自無牽掣之患矣。除臨時體察情形再行稟辦外，緣奉札飭理合悉心酌議，稟請憲台鑒核，批示祇遵等情，到本督辦將軍。據此，除批據稟已悉，洋爐用不得法，必多虚耗，轉不如土爐之巨細無遺。聞熱河已棄洋用土，其明证也。況經費未足，煤燋難求，自可置爲緩圖，仍候幫辦批示，繳挂發外，合亟札飭，札到該局即便遵照。特札。

中國第一歷史檔案館《光緒朝硃批奏摺》第一〇一輯《欽差大臣直隸總督李鴻章片光緒十九年七月廿六日》 再，黑龍江漠河金礦、奇乾河廠委員知縣用分省補用縣丞强惠源，因該廠失火，燒燬糧貨。經臣於上年二月間，奏參革職，押追虧款。兹據總辦漠河等處礦務候選道袁大化稟稱，該革員自被參後，深知愧悔，將虧款設法陸續呈交。該革員係隨同創辦漠礦之員，在廠數年，耐苦効力，不無微勞。既將虧款措繳，請爲奏懇開復等情前來。臣查漠礦開創之時，該革員隨同道員李金鏞辦理數載，頗著勞勩。所虧款項，因糧貨被焚所致。細查當日失火情形，實係一時失慎，尚無別項情弊。既據陸續措繳，合無仰懇天恩，俯准將該革員强惠源開復原官，以昭平允，伏乞聖鑒訓示。謹附片具奏。

著照所請，該部知道。

吉林省檔案館《清代吉林檔案史料選編(工業)》上册《委辦吉林琿春礦務委員程光第爲礦務大略情形並請派員督理的稟文光緒十九年十月十一日》 督憲將軍鈞座：敬稟者，竊卑職材無取乎尺寸，久蒙復載之仁，報有愧乎涓埃，彌切結銜之悃。溯自去冬放股以後，滿擬冶提日暢，報充軍實，稍伸獻曝之忱。乃人事乖違，馴致虧累，撫衷循省，惶懼交深。現計局中虧空已有萬金，公款攸關，既難日久懸欠，而礦務豐嗇瞬息變遷，殊難逆料。倘再虛延歲月，必致積重難返。在卑職辦理不善，自屬咎有應得，而於大局究何補乎？卑職於礦務一道雖非素習，然在局日久，於各省辦礦章程時加體察，始知辦礦之難，而辦理此礦則尤覺不易。請爲憲台質陳之：

查各省開辦礦務，必先招集商股，兼資帑項，多或數十萬，少亦數萬。然事機一有不當，往往虛擲巨資。如熱河一廠，以前賠至五六十萬金，是開辦礦務需費必多已可概見。此則商本有限，經費難籌，宛轉挪移，時虞不給，其難一也。他省辦礦必先訪雇精煉礦師，講求攻砂冶銀之法，故良材不致委棄。此則僻處邊外，素鮮真才，用非所習何以克濟？其難二也。他省辦礦必有明干大員爲之領袖，故事權專一，而人知率從。卑職位望既淺，百無一長，將救過之不暇，何以取信？其難三也。然此山附近一帶礦苗涌現所在多有，若遽行停罷未免可惜。卑職愚見以爲，欲求興暢非仿熱廠炸砂之法不能速獲美礦。至於人材一節尤關緊要，卑職自維庸陋，倘再因循戀棧，必貽日後無窮之累。惟有瀝情稟懇憲台俯準，委派廉干大員臨工督理，以資整頓，大局幸甚。卑職具有天良，斷不敢以局勢迫促遽存諉卸之心，實因事體重大，隕越滋虞。如蒙恩準，尚當勉竭駑駘，以圖自贖。瑣瀆憲聽，不勝悚切屏營之至。除稟幫辦憲外，與會辦祿令嵩面商一切，意見相同，合併聲明。肅此具稟，恭請鈞安。

吉林省檔案館《清代吉林檔案史料選編(工業)》上册《委辦吉林琿春礦務委員程光第擬請礦務撙節章程的稟文光緒十九年十月二十三日》 督憲將軍鈞座：敬稟者，竊以創始之規可大必期可久，維持之道治法尤賴治人。蓋天下事，苟有治人即不患無治法。然事至挽回補救，一切費用如尚有開源節流之處，從未有不竭力撙節復任虛糜者也。卑職自維庸陋，深恐不克負荷，故有督理之請，並將礦務減色情形稟明憲鑒在案。即日前卑職稟見當奉諭飭，局費總須撙節。仰征憲台諄諄核實之至意，敢不謹遵。頃復恭奉批開：據稟已悉。所論辦礦之難自是實在情形。第該員不能審慎於幾先，必待虧累已深，始悔辦理不善，未免覺悟太遲。現在事已至此，惟有力求撙節。凡在局虛糜之人俱應删去，處處收小，事事求實，所謂亡羊補牢猶未爲晚。若另派廉干大員，不特現無其人，且不免小題大做。當此賠累之餘重事鋪張，豈非一誤再誤？既稱礦苗涌現未可遽停，仍當責成該員始終其事。應否招股亦由該員察酌情形，自行籌辦。所需炸藥即赴機器局購買，毋庸舍近求遠，以節糜費，繳。等因。蒙此，卑職捧讀之餘，感深涕零，益見慈恩優渥，矜全既往，雖肝腦涂地亦不足爲涓埃之報。惟有凛遵憲示，凡在局虛糜之人俱應删去，處處收小事事求實之諭。再不敢因循緘默，自取咎戾。

惟卑職檢查卑局員司人等章程，自光緒十六年六月初一日作爲開辦起，彼時員司等共二十人，辦事亦能敷用，而計薪水每月只共支銀壹百肆拾叁兩。嗣後陸續添員增薪，至本年九月份，局員司事等共有三十名，每月薪水則已逐漸增至銀叁百玖拾玖兩，較與開辦時不啻兩倍之多。每月多費貳百伍陸拾兩，每年即多叁千數百兩，瞬及三年即成萬金，積少成巨。往事雖已，第當此經費支絀，入不敷出之時，益屬萬難爲繼。兹謹將開辦暨現在各員司等名目，以及月需薪水銀兩數目、章程，繕具清摺兩分，抑或裁照前章，或仍就現章稍加並裁，均懇俯賜批示，俾有遵循，庶收撙節實效，而免再事虛糜。

又查卑局招募護勇四十名，月需餉銀壹百捌拾玖兩，自十八年四月起，擬截至本年十二月底止，約計需銀肆千兩有奇。此項護勇現似可省，擬請悉數裁撤，以節糜費。仍懇恩準，飭由靖邊右路查照舊章，撥派隊兵二十名，赴局駐護，藉資彈壓。其餘應役丁夫，請俟卑職回局查看工作緩急，隨時裁留俾收實效。卑職稟請續集商股，原爲購辦炸藥周轉經費起見，現蒙批由機器局購買，則所請招股一節尚可緩行。如炸法果見功效，再行籌備經費稟請接續辦理。並請札飭機器局先代配造炸藥引綫，並派熟習炸法工匠一二名，同往試放。至需用工料價值暨匠人月需薪工銀兩，均由卑局日後照數交還，以資簡便而清公款。卑職自當隨處慎謹，實事求是。惟有勉竭犬馬之力，以盡報效之忱。斷不敢稍耽安逸復事因循，致負生成期望之厚意。所有遵奉批示籌擬各節緣由，是否有當，恭候憲批祇遵。並懇咨明幫辦憲，轉飭一體遵照，實爲公便。肅具寸稟，虔請鈞安。伏乞垂鑒。

吉林將軍長順批：稟摺均悉。該局護勇原可裁撤。所有各員司等名目如能照開辦時舊章辦理，未始非實事求是之道。失之東隅，收之桑榆，實該局一大轉機也。候咨商幫辦核覆到日再行飭遵。並候飭知機器局配造炸藥、引綫暨撥熟習炸法工匠，同往試用。此繳。

光緒十九年十月二十五日

「中央研究院」近代史研究所《礦務檔》第八册《光緒十九年十一月十九日總署奏摺遵議新疆南路金礦情形請旨飭陝督新撫詳查妥議》　十一月十九日，本衙門奏摺稱，爲遵議新疆金鑛情形，請旨飭查，恭摺覆陳，仰祈聖鑒事。竊臣衙門於光緒十九年十月二十六日，准軍機處鈔交出使大臣許景澄奏，新疆和闐一帶，金鑛旺聚，謹陳洋人遊歷測探情形一摺，奉硃批：該衙門議奏，圖併發，欽此。查原奏内稱，俄人在新疆南路屢經遊歷，詳測金鑛，其圖説内言，自和闐至克里雅城，得鑛三處；自克里雅以東，得鑛五處，均在崑崙山北麓；逾山而南，得鑛一處；又極東在策爾滿一帶，未經親歷者，得鑛三處。每一處之鑛，又各析有數處至十餘處不等，内索爾戛克及澗帕兩處，土人赴採者數千人。若以洋法開採，出金必多，其金質爲五大洲之冠等語。臣等竊維新疆南路西四城，歲有貢金，原是任土作貢之義，回部産金之區甚廣，而開採之多寡，向係聽民自便，是以莫得其詳。近日新疆測繪輿圖，於于闐縣境列有卡拔小金廠梭爾瓦克大金廠之目，于闐縣即克里雅城，其卡拔小金廠即原奏所稱闊帕金鑛，梭爾瓦克大金廠即原奏所稱索爾戛克金鑛，既有金廠名目，自必開採已久，是和闐鑛金之盛可知。又原奏所稱策爾滿地方，即新疆所稱卡牆河，近年以來，俄國遊歷人之經此出入者，不絶於途，地方官照料保護，隨時見於公牘，其於崑崙山産金處所，探訪頗詳，著爲圖説，不無歆羨之心。圖中産金之地，綿亘二千餘里，實襟帶回部、藏番之天然要隘。克里雅城爲居中綰轂之區，其西界越薩雷闊勒，即屬帕米爾地，其西南徑接坎巨提條拜提部落，其南面爲藏邊之拉達克部落地方。英人近日於印度東北，經商闢路，日事開拓，加以藏地通商，異日南路邊疆，關係綦重，綢繆未雨，宜在機先。西人於利源所在，雖越國過都，尚不憚煩勞，詳細探訪，中國於自有之利，若竟聽其貨棄於地，甚爲可惜。惟是造端圖始，事藉諏咨，規模務在宏遠，經畫必有實際。查近日邊疆鑛務，惟漠河金廠章程，備具成效可觀，良由北洋大臣、黑龍江將軍等籌議經年，而又經理得人，故諸事胥臻妥協。和闐所屬之地，不似漠河之山河遼隔，其金砂據圖説所稱，成色似亦較高，若使辦理得宜，自可濬利源於不竭。惟該處向來金廠一切情形，及現在應如何延請可靠之鑛師認真查察，官辦商辦孰爲利便，中法西法能否兼資，以及將來能否招商集股等情，臣衙門無從懸揣，應請旨飭下陝甘總督，新疆巡撫，按照原奏各節，逐一詳查妥議具奏。一面由臣衙門將原奏圖説，暨漠河金廠開辦成案，行知該督撫閲看。俟覆奏到日，再行酌核定議。所有臣等遵議新疆金鑛情形，理合恭摺覆陳，伏乞皇上聖鑒訓示遵行。謹奏。

光緒十九年十一月十九日具奏，本日奉硃批：另有旨，欽此。

「中央研究院」近代史研究所《礦務檔》第八册《光緒十九年十一月二十五日總署行陝甘總督楊昌濬文上諭妥議開辦新疆礦務》　十一月二十五日，行陝甘總督楊昌濬文稱：【略】是日奉上諭，前據許景澄奏，新疆和闐一帶，金鑛旺聚，並詳述遊歷洋人測探情形，當令總理各國事務衙門議奏。茲據該衙門奏稱，和闐産金之盛，據許景澄原奏圖説，覈以近日新疆測繪輿圖，大致相同。克里雅城毘連帕米爾諸處邊疆重地，綢繆未雨，宜在機先，若照漠河金廠章程辦理得宜，自可濬利源於不竭，請飭妥議辦理等語。著楊昌濬、陶模按照所奏各節，會商辦法，妥議具奏，欽此。相應恭録諭旨，鈔録原奏，並照録許大臣原奏圖説遊記，及漠河金廠開辦章程，密咨貴督欽遵辦理。又許大臣致本衙門密函一件，一併録寄，以備參酌可也。

同日，行新疆巡撫陶模文，同。

「中央研究院」近代史研究所《礦務檔》第七册《光緒二十年正月初二日總署收北洋大臣李鴻章文咨報黑龍江觀音山金礦情形》　正月初二日，北洋大臣李鴻章文稱，據督理黑龍江漠河等處礦務道員袁大化稟稱，竊於本年十一月初七日，接奉黑龍江將軍依札開堂户兵刑工五司會案呈。案准北洋大臣咨開。據督理黑龍江漠河等處礦務道員袁大化稟稱，竊於本年七月初一日，經愛局委員由俄電轉來憲諭，大略領悉。當即具電密覆，餘經聲明另稟。茲於十四日，接寄憲電原底内開，依帥電，統領富保及張仰賢稟，十九帶兵至觀音山。先出諭限三日，驅令金匪出溝。至二十一埽數净盡，富保留兵四十名看守。現擬先派委員魏鍾前往彈壓，暫行試辦。以俟文都護商同袁道，從長妥議。當覆以觀音山金匪，驅逐净盡甚好。袁道前稟擬派員試辦，該道係奏辦金廠之員，祈屬文都護與同妥商云沁等因。奉此，復於二十一日，據前派員弁張仰賢等回漠面稱，驅逐金匪情形，大致與前電相同。惟稱每蒲仝沙，出金一打尼，係前電繙譯之誤。查俄國一蒲仝，係中國三十斤，一打尼係中國一厘一毫八忽。照此推算，每三千斤沙，祇出金一錢一分八厘，換銀不過二兩。至少須五人工，用機器開辦，不敷開銷。照四六分金，礦丁虧賠。且密邇三姓，愛琿既有妨於漠礦後路，尤易招徠三姓夙匪。辦理稍不得法，必致利少害多。故前電有金苗不旺，擬請轉咨暫行封禁。徐俟查明再議之稟。茲復細加查核，現在該處私挖之老溝，即上年張壽華查探嘉潤河之中流也。東北距口約長二百里，河寬十餘丈，兩面平甸約寬一二三里。現在沿河西岸，搬幫開倩作出半里許，近河毛深二三尺，沙厚一二尺以外毛皮漸厚，至厚無過七八尺，而沙仍不過二尺餘。河底撈沙淘金，每人日可得金七八分。是金脈之寬，從無過於此者。過河以下四五里東來，又溝毛深四尺餘，沙厚二尺餘，金脈亦寬。以上十數里老溝，正身毛深六尺餘，沙厚二三尺，金稍炸粒。統計三處，相去十四五里，寬約百十丈，每千斤沙出金一錢有零。以下百四十里，距口六十里，爲暴米牙夫喀亦嘉潤河，正身毛深尺許，沙厚多半尺，每千斤沙出金八分。是該處金苗雖不見旺，尚可勉强開辦。而金脈之長，較有成效者，計百五十餘里以上，尚有百餘里旁出。又溝六道，長皆數十里，溝勢甚好，未經查探明確，大抵産金之山，大溝精華，多聚於上掌，小溝恒在下口。老金夫視爲秘傳，職道亦屢試不爽。李故道在時，常謂俄人私談愛琿下游有一金溝，查出可作百十年。屢擬訪查，未得其處，或即指此而言。但老溝以下，計長百四五十里，脈絡寬長，金粒碎薄。機器大溜，恐均不宜。土人拉用小溜，兩面鑲板，底鋪毛沙，引水沖淘，鐵扒拉之，不至跑金。此法宜於夏，而不宜於冬。且毛淺沙薄，易開明碃，難用暗礑。該處山多荒草，不産樹木。冬來凍結冰凝，無木熰碃。燒石湯冰，人力幾無可施。以上十數里，兩山漸多小木，溝亦沙毛漸厚，冬令尚易施工。此溝作法，莫妙於夏。大開水道，借用水力。拋去浮毛，作長堰溜。用車馬拉沙，或可事省功倍。惟距三姓僅六百餘里，土人背負米糧，由唐王河入山，五日可達。駝馬重載，稍遲二日。中多打貂碓房，此間要口，爲鬍匪出没之區，必須安設重撥，嚴查匪類禁物。或借用打牲索倫，籠絡使助防查，庶可斷絶壞人來路。至於北面，距江一百七十里，對岸俄屯，爲阿拉地，有俄電報信局。漠觀相距三千里，須借此以通消息。日與俄人交涉，自與漠河無異。江右設立口局，接運糧貨，必須兼用通俄語、識俄字之人，遇事方能靈通。由此進溝路遥，窮一日之力，不能到廠。並須設立腰站，藉息出入溝裏。開廠、設局、蓋房勢所難免，日用、廠務、理財、用人及一切交涉，相去既遠，皆須相機妥辦，非有住廠妥員專員，難期有濟。第一招徠礦丁，必使人有限制。或責成商人包辦，即取具該商保結，開名送廠，由局發給腰牌。糧貨亦由該商墊辦，礦局僅派查碃收金數人。商人有所希圖，或可踴躍從事。若無此者，一概不准進廠。匪類自難混迹，人亦不至太多。此商辦之可行者。惟遇出金稍減，商人一有虧折，勢必裹足不前。礦丁無人供給，廠亦作輟相循，難期持久。如此間洛新溝、窪希利等廠，卒莫能興，率由於此。至於按人税金，以多爲貴，俗稱爲便，必蹈三姓覆轍，事萬不可踵行。其次官備糧貨，供給礦丁，仍照漠乾舊章。但得金苗匀稱，不至苦樂不均，似亦不患逋逃。惟彈壓稽查，在在需人。護礦營勇祇能撥去一哨，餘須由鐵山堡撥兵二百名，分駐要口。聞毛哈達卡倫，本有防兵百名，再加百人，已可集事。此事須請憲台咨商依帥，轉飭照行。蓋該處私廠遠近皆知，不開則出没窃挖，防不勝防，逐難盡逐；開之則密邇匪鄉，壞人混入，尤易滋事端。不得不通盤籌畫，使無百密一疏。屢與文都護函電交商，來書總以事遇關涉地方，無不極力維持，以保礦局。至於如何開辦，如何用人，悉推職道主議，不肯與聞。緣恐政令紛歧，彼此觀望，反與礦局有礙。是其堅不參預，已經明言。職道自難相强，似不能不妥議辦法，迅速上陳。現擬派員先招百餘人，於該處老溝上身十數里，毛深沙厚之處，試辦數月，以備封凍挖碃。分金仍照四六章程，其餘毛淺沙薄，統留夏月，開作水道。果稱堪作，即照現擬辦法，具稟詳辦。所有擬開觀音山金廠，並復派詳查試辦各情形，理合稟陳鑒察，訓示遵行等情。到本閣爵大臣。據此，除批據稟已悉，觀音山金匪，業經依將軍飭派統領富保，帶兵驅逐净盡。復經該道派員，查得該處河長沙厚，金脈甚寬。自應選派妥員，先招百餘人，於該處老溝開辦數月，小試其端，以觀成效。該道本係奏明辦理江省金礦之員，應認真籌辦，以興地利而免游匪偷挖生事。據稱護礦營勇僅能撥去一哨，稽查彈壓在在需人，須由鐵山堡撥兵二百名，分駐要口。聞毛哈達卡倫，本有防兵百名，再加百人，已可集事。候咨商依將軍，妥酌調派。至該處山河，緜亘數百里，逼近俄屯，須借俄人電報，以通消息。並須設立接運糧貨口局、溝内腰站，及建造廠局、房屋，一切理財、用人，均非易易。應俟機器停工時，該道親往該處一行，履勘切實情形，查明試辦是否得法。如其金苗果旺，自須化私爲官。倘能屯墾兼施，更可由庶致富。俟届時擬具章程辦法，稟候核定會奏。至文副都統，既不願參預礦務，如有關涉地方事件，自應請其照料保護，期臻穩妥。仍將試辦各事，隨時併稟依將軍查核等因印發外，相應咨商貴將軍，請煩查核撥派，見覆施行等因前來。正在撥覆間，旋據五司協領淩善等稟稱，查觀音山，稱在愛琿轄境。職等檢閲黑龍江通省全圖，雖無觀音山之名，按以方向，究在青黑山左近。而青黑山則是内興安嶺一脈相連，山深林密，乃係葠山珠河。前經奏請開墾，試收木税，乃因邊圉牧場，恐礙生計，曾奉諭旨封禁在案。查布特哈興安城官弁兵衆，每年應輸貢貂，在是山捕打。該丁等向不務農，只賴山場遊牧打牲爲業。今觀音山試開，與該丁生計攸關，且有妨葠珠牧場。職等公議在該道專理礦務，跴勘推廣，自屬應爲。在地方情形，原不能盡爲詳知。況金苗之盛衰，能否保其必然，亦屬確無把握。一經明爲開採，四方人衆，勢必接踵進山。人迹罕到之地，將爲烟火之區，山廠日漸空虚，該部落將何藉資爲生等情。據此，觀音山開辦金礦，本屬舉興地利。今該員等既稟有各節，自應據情咨商北洋大臣，查核辦理。除咨商北洋大臣外，合行札飭，爲此札仰督理黑龍江等處礦務袁道遵照等因。奉此，細查該協領淩善等所稱各節，中多南北牽混，不實不盡之處，不能不爲憲台質實陳之。江省諸山，本以内興安嶺爲祖脈，緜亘數千餘里。三姓距其東，卜奎興安城距其西，呼蘭巴彦蘇蘇北，團林子距其南。而愛琿轄境之觀音山，則距其極北江邊。中皆層巒叠嶂，隔絶不通。水亦南北分流，絶不相混。鐵山堡兵扼駐青黑山口，謹防鬍匪出入。與通背荒場相近，皆在嶺之西南面。其産珠之河，則爲距三姓百里之唐王河。産葠之山，徧查江省，毫無一聞。即强指爲青黑山，亦在鐵山堡近之青黑二山，與觀音山勢隔遠絶，何得强指觀音山在青黑山左近。原觀音山所以得名，因矗立黑龍江邊，相傳昔年民船過此，遭風向山拜禱，求觀音保佑，嗣得無恙。後人遂以此山有神，置廟祀之，羣呼之爲觀音山云。是觀音山即在黑龍江邊，對岸即阿拉地俄屯，爲愛琿轄境。則於卜奎東面鐵山堡左近之青黑山，相距極遠，自無庸言。前讀黑龍江將軍札行兩次片奏，統領富保帶兵赴觀音山，驅逐金匪。由鐵山堡赴觀音山，山深樹雜，無徑可尋。據向導稱，觀音山地方，在鐵堡東北，黑龍江之西岸。由陸計程，十有餘里。山河險阻，無路可通。須由巴彦蘇蘇順江東下，再由黑龍江逆流而上，始可以抵觀音山。又云查觀音山在黑龍江之西岸，其對岸即爲俄人地界。又云富保事竣回時，使哨官帶領一百餘名兵，由三姓繞回。該統領自帶兵丹一百餘名，直奔山曲穿入，越山渡水，按段標記，計千餘里。行二十餘日，始抵鐵山堡防營。是觀音山在黑龍江岸，對岸即爲俄界，距鐵山堡尚千有餘里。其離青黑山勢極遠絶，已可想見。嗣接依軍憲批開，復有該處近接强鄰之語。其已言之鑿鑿，確知觀音山所在，毫無可疑。統領富保帶兵二百餘名，親履其地。山川形勢，目睹情形，自可一問而知，無須援圖立向。該處山多荒草，不産樹木。逼近强俄，又無居民。其非葠山珠河，並未經奏請開墾，試收木税，均可概見。徧查該處，祇有金匪窃挖硝眼，並無禽獸牧場所在。其無碍牧丁生計，並非奉旨封禁之區，亦無庸多言。至謂試開觀音山金廠，人衆接踵入山，與布特哈興安城官弁兵衆，遊牧生計有碍。夫布特哈興安城，皆在興安嶺西面，與興安嶺東北江邊之觀音山，遠隔一二千里。近處深山層林，隨在皆可打牲，亦斷無遠越數千里，專擇一無草木禽獸之山，打牲獵貂之理。且金廠由官開辦，人數有限制，出入有稽查。迥非金匪任意嚻聚，散漫無紀者比。如漠乾等廠，開辦五六載，多時亦有數千人，皆在附廠左近，以外無金之處，即十數里亦從無人迹，何至妨及遊牧山場。必謂布特哈興安城部落生計專恃觀音山一溝，則官弁兵衆，約不在少，防護宜嚴，何至去年六月該處聚集金匪七百餘人，經職道稟請派兵永遠封禁。今夏五月，復聚集三千餘人，經職道請兵驅逐。蒙黑龍江將軍奏派統領富保，統兵遠驅。職道亦派有弁勇，往同會勦，兵回未及數月，該處老溝及班别夫，復聚集七百餘人。又經派去試辦委員，督同弁勇，商同愛琿旗營依哨官，於八月二十、九月二十等日，先後將兩處驅逐净盡。去夏至今秋，金匪數千人，窃挖年餘，如妨牧丁生計，彼族將何以支從。未聞有布特哈、興安城官弁兵衆，以爲有妨牧獵生計同往逐勦者，是觀音山開廠與否，均無關於該丁生計，彰彰明矣。屢據試辦委員稟稱，該處礦丁，止招四百名，皆有切實妥保，並未濫收一人。阿拉地俄屯東北俄金廠，僱用華人，停工出境，迤邐而來者，約千有餘名，無保一概不准進溝。即以事理論之，以前四千餘名嚻聚無紀之金匪，不足以妨牧場生計。而有限制、有稽查，安分工作之四百人，反於牧場生計有礙。此尤反覆求之，而不得其解者也。至葠則採之不見天日之山中，珠則求之深渺無際之河底，而金則挖之平溝，土内水旺，即無從措手。即使該處山有蕿，而河有珠，且可並行不悖。况並未聞此荒山淺水，産蕿出珠耶。若牧場則在嶺南平原，尤屬遠不相涉。依帥前欲委員魏鍾彈壓試辦，繼復批飭職道與文副都統商同舉辦，並未聞有蕿山珠河、牧場生計。兹以魏鍾未獲前往，文副都統又堅不與聞，仍令職道派員試辦。憲台咨商撥兵駐守，竟至有妨蕿山珠河、牧場生計，在該協領淩善等生長江省，或尚不知屢見奏案之青黑山在何處，愛琿管轄之觀音山又在何處。宜其按圖懸擬，牽混南北也。職道遠寄絶塞，一日不去，礦務即係專責，不得不爲全局計。愛琿爲漠礦後路，觀音山又勢居下游，地近天暖，人所争趨。若仍虚予封禁，該礦遠近皆知，勢必出没窃挖，有較去夏今年二次麕集爲更甚者。流民既就近投入私廠，漠礦招丁，相率裹足。一成之局，隳於半途。其有關於邊礦大局者，良非淺鮮。即使勉强讓歸本省委員魏鍾試辦，事既分門別户，勢難痛癢相關。無論辦法不同，易爲人所争聚。即同一辦法，人無限制，而地近天暖，食物價廉，人情亦决不肯舍易而就難。其有妨於漠礦分廠，由漠派人，休戚相關，方無奪此益彼之虞。前與文副都統悉心籌商，往返九電四函，均以由漠派員爲是。故敢妥議辦法，復查試辦，迅速上陳。十月初八日，接奉憲台批准照辦。十月二十一日，又奉黑龍江將軍批飭，仍仰候北洋大臣核奪。均於十一月初三日，將前後接奉批示，並請核奪施行緣由，具牘詳陳在案。兹復接奉黑龍江將軍札開前因，邊礦興廢有關，不得不將實在情形，切實詳陳。尚祈憲台曲賜鑒核，分别奏咨開辦，以固邊礦而維大局，實爲至幸等情。到本閣爵大臣。據此，查觀音山金苗暢旺時，有金匪偷挖，經江省奏明撥兵驅逐，袁道擬即酌撥礦營，前往開挖，化私爲官，以興地利。當經咨商依將軍查明，撥兵前往開採。旋准咨函，以觀音山捕打貢貂，在封禁界内，開挖金礦，恐於貂户生計有碍，即經行知在案。據禀前情，除批據稱觀音山在黑龍江岸，對岸即阿拉地俄屯，與鐵山堡左近之青黑山相距極遠。該處山多荒草，地近俄界，祇有金匪竊挖碃眼，既無禽獸牧場所在，亦非蕿山珠河。若試開金廠，均於遊牧生計無碍。該道係奏准專辦金礦之員，將來議定開挖，自應作爲漠礦分廠，由該道認真妥籌試辦，以一事權。候分咨總理衙門、户部查核示覆飭遵等因印發外，相應咨明貴衙門，請煩查核示覆。飭遵施行。

「中央研究院」近代史研究所《礦務檔》第七册《光緒二十年三月二十四日總署收北洋大臣李鴻章文漠河金廠光緒十八年提解江省軍餉銀》 三月二十四日，北洋大臣李鴻章文稱，據督理黑龍江漠河等處礦務道員袁大化禀稱，竊職廠前繳十五、六、七三年，應提充黑龍江六成軍餉銀兩，曾禀由黑龍江將軍附片奏明，並禀蒙憲台分咨户部總署各在案。兹查十八年分第四届餘利銀六萬三千三百三十兩零，除提二萬三千三百三十兩零，作爲保險公積之款，其餘銀四萬兩，照章按二十成派分，業經禀奉憲台批准照辦。黑龍江軍餉一項，應得六成銀一萬二千兩，前經函飭駐愛分局，仍就近交由黑龍江副都統衙門匯省兑收。昨據愛局委員袁令杲禀稱，已將軍餉愛平銀一萬二千兩，如數由黑龍江副都統衙門交兑清楚。除另具解批禀請黑龍江將軍依飭司兑收，並分别奏咨備案外，理合禀祈鑒核，分咨户部總理各國事務衙門存查，寔爲公便等情，到本閣爵大臣。據此，除分咨外，相應咨明貴總理衙門，請煩查照可也。

邢玉林《光緒朝黑龍江將軍奏稿・將軍恩澤增祺奏爲現收漠河金廠光緒二十年分提撥黑龍江六成軍餉數目摺十一月十八日》 奏爲現收漠河金廠，光緒二十分，提撥黑龍江六成軍餉數目，恭摺具陳，仰祈聖鑒事。窃查前定開辦漠河金礦章程，得獲餘利，開去局用官利之外，按二十成均分，以六成提充黑龍江軍餉，以四成分賞員司花紅，其餘十成歸商股均分，俾得均沾利益等因，奏准開辦在案。兹扺督理礦務儘先選用道袁大化，將光緒二十分第六届報銷册内，應提六成軍餉銀十萬八千兩，如數解到，兑收存庫。至此項銀兩，前已咨部請抵本省丙申年俸餉之需。合併陳明，謹此恭摺具奏，伏乞皇上聖鑒。謹奏。奉硃批：户部知道，欽此。

吉林省檔案館《清代吉林檔案史料選編（工業）》上册《户部關於天寶山銀礦所辦各案迅即妥議章程造册送部的咨文光緒二十一年正月十六日》 户部爲咨行事。

山東司案呈：準吉林將軍咨稱，準部咨開，琿春天寶山銀礦派員試辦迄今三年之久，並未將辦理情形、章程奏明辦理。咨令迅將試辦礦務章程先行報部，並提出歸公銀數及抵充何年俸餉，查明聲復以憑核辦。復準海軍事務衙門咨開，琿春天寶山銀礦現已派員試辦，據稱縣丞程光第招集股本銀一萬兩，前往該處開採。核計每月可出銀萬兩，人夫月需工銀及油鐵等項，連局用薪水每月共需銀二千數百兩，尚可盈餘銀七千餘兩。經本衙門、户部會議奏明，試辦在案。

現在開辦三年之久，月出銀數諒較初年加增，乃未據將籌辦情形及每月所煉銀數咨復。事關開辦利源，以裕富强之計，豈能久延，咨催將每月所出銀數，並開辦之日起至現在止共存若干，及局用薪水人夫口糧各提用若干，詳細開單咨復勿延等因。准此，當經札飭天寶山礦務委員程光第遵照稽查各節，詳細造報去後。茲據該委員遵將自光緒十五年九月採綫之日起，截至十九年十二月底止，所有收支經費銀兩及所出礦砂、銀質、礦銀各數目，按月分晰呈報前來。相應造具清册咨部查核等因前來。查光緒十七年三月據吉林將軍奏稱，琿春天寶山礦務派令候選縣丞程光第細加履勘，招集商本試行開採。茲據禀稱：招集商股銀五千兩，前往該處建造房屋，購運糧食置備器械，雇募人夫力加開採。現在第三洞鑿深十五丈，足供四十餘人採取，月可出砂十五六萬斤。初鑿之砂每千斤煉銀質二十餘斤，提銀十二兩有奇。迨鑿深九丈，每千斤煉銀質七十餘斤，提銀三十一二兩。以目下月出砂數核計，提銀約可出銀四千五六百兩。現時存砂七十餘萬斤。擬趁此春融，廣備灰炭，先設燒生砂大爐八十座，每座燒生砂三千斤，用木炭燒煅三次，每月出熟炒二十四萬斤。又加煉銀質大爐四十八座，每天輪流煉熟砂八千斤，可出銀質五、六百斤，提銀三百餘兩，核計一個月可出銀一萬兩。近時礦丁、爐匠及雜丁夫已用一百七十餘名，若再設爐煉砂，尚須添用一百數十名，共三百餘名。月需工食銀一千七八百兩，月需油鐵等項五六百兩，連局用薪水每月共需經費銀二千數百兩。如每月煉提銀一萬兩，尚可盈餘銀七千餘兩。只期此後各洞一律開及正脉，足供多人採取。苗綫日增，提銀自巨。應如何酌提歸公以裕餉源，核給奬叙以資激勵之處，呈請核辦等情。

查程光第勘辦銀礦，無虞虧賠，裕餉固邊，莫善於此。現已派員馳赴天津購辦洋爐，並添派候選縣丞禄崧前往會同辦理。一面仍飭該員等作速擬妥詳細章程等語，經本部議準試辦。所有招集商股酌提歸公購辦洋爐開支薪工各節，迅即妥議詳細章程，奏明辦理，繪圖貼説，分咨備考等因。會同海軍衙門復奏，行知遵照在案。今據該將軍造報册開：新收光緒十六年六月份招集商股一百份，每份股本銀五十兩，共五千兩。十七年三月份，續集商股一百份，共銀五千兩。自光緒十五年九月份採綫之日起，至十九年十二月底止，連閏計五十四個月，共出礦砂七百二十四萬零六百四十八斤，煉出銀質六十八萬七千一百九十六斤，提礦銀十六萬一千四百兩零四錢二分，統共新收銀十七萬一千四百兩零四錢二分。開除員司薪水等項銀十三萬零五百五十三兩七錢零五厘一毫，又散放紅利銀一萬五千兩，又修房屋工料等項銀一萬六千二百七十二兩四錢一分七厘九毫，購辦洋爐等項銀二萬九千六百九十五兩八錢零二厘，統共開除銀十九萬一千五百二十一兩九錢二分五厘，實在不敷銀二萬零一百二十一兩五錢零五厘等語。仍未據詳議章程報部，本部礙難稽核。

惟查前項新收礦砂提銀各數，核與原奏所稱每天可煉熟砂八千斤，每月可提銀一萬兩之數，大相懸殊。其開支礦丁、雜夫、工食、油、鐵等項及局用薪水銀兩，亦核與原奏所稱共月需銀二千數百兩之數浮多甚巨。至員司、官弁、勇夫每月應用人數及薪工各數，多寡不一，又爲原奏所未及。其修廟、造船等項亦未據咨部有案。似此任意開報，不但此數年中於餉需分毫無補，且虧銀至二萬餘兩之多，尚復成何事體？該將軍漫不加察率行報部，則前奏所謂每月可盈餘銀七千餘兩者何在，所（未）〔謂〕酌提歸公者又何在，難保該委員等無浮冒侵蝕情弊。應仍令該將軍查照原奏，並本部及海軍衙門咨催各案，迅即妥議詳細章程奏明辦理。並將此次送部清册所開收支各款，趕緊查明確實，另造妥册，送部再行核辦，仍繪圖貼説分咨備核，相應咨復吉林將軍查照可也。須至咨者。

吉林省檔案館《清代吉林檔案史料選編（工業）》上册《三姓礦廠擬試辦興利除弊章程八條光緒二十一年九月二十六日》

謹將遵照部議，查明吉林三姓礦廠，隨擬試辦興利除弊各章程八條，並繕圖説，一並恭呈憲鑒。

一、遵札查明，吉林全省出産金銀之區，苗綫發源之地，藉資江河之水，爲金脉之發源，故有水則能生金，實爲天地自然之利。經理得人，認明水勢之道，由岸生出分支之苗，考明山形脉綫，内出砂石礦苗之質，審明綫金、河金，開採省工，深得利益。謹將查明省南輝法河、梨子溝、夾皮溝，出産河金、綫金。係由白山之脉，水入兩江口來源，省東爲嵩山金脉，出於大猪圈，北大殃。壽山西浪河出産河金，係由珠齊河來源。琿春西界古東河海沁嶺，沁爾嶺金廠，係二道江之水來源，該江之岸皆産河金。其哈達門、二、三道溝、烟集崗、平頂山、神仙頂子、柳河溝，而至瓦崗寨各金廠，皆由紅旗河水來源。向北之白草溝、汪清、哈瑪塘、鍋盔頂子各金廠，爲三江口分支來源。而至塔界凉水泉子、萬鹿溝金廠，係小綏芬河水來源。其大小綏芬河兩岸皆産河金，脉接綫金，係該河來源。水向北流至蜂密山，爲塔界之龍王廟、卡倫，北接三姓之南界、一馬口，水由白石砬子入牡丹江，向東北之水接窩坑河分支，又爲七虎力、巴虎力河，水繞黑背、太平、東大各溝，向東稍北至樺皮等溝，皆係窩坑河水環繞。各金廠爲各脉綫之來源，其牡丹江水至三姓城西二里爲小江口，通入松花江。至三江口爲烏子江，統入混同江入海，改曰波璃海口，分歸俄界。其蜂密山穆稜河向西北，至三姓界茄子河、窩坑河、楊木崗、秋皮溝而至太平、樺皮等溝，共約有三百餘里。所以該各溝苗綫暢茂，産金最旺者皆仰諸水環繞，俱係白山金脉之來源。又係牡丹、松花二江之分支。各金廠距海較近，山形苗綫仍然暢旺，擬請由該處開採試辦。向東北至青咀子七里河之大川，如若勘出新苗之旺，足能保之利源濟數年餉需之用。愈辦愈勝，則能久遠，庶於餉源備邊兩有裨益。其餘查明吉省二十六處礦廠，俟經費充裕，則詳請推廣舉辦，以裕餉源而實邊備。此查明各處礦廠之來源也。

一、擬試辦宜定地也。茲查明吉林諸山沿河之礦最多，大半被挖成廢。今擬以查出三姓東二十里爲珠山起，向東之太平、樺皮、黑背等溝，河金最旺。外有七里星等處銀礦，綫脉闊長。由此首先開採，一律試辦。擬請定限一年，以各該溝廠試辦，如出金銀果旺，仍由局員酌明詳細情形，據實詳報，向前展限，所謂興餉源以濟急需。今經官辦，所有私開者概請嚴禁，倘有不遵仍蹈前轍者，一定察拿，詳請懲辦定罪，以杜私盗之弊，而利餉源。其奏明奉委飭辦五金礦務，所有應查煤鐵銅鉛各廠，業經查勘，自當詳籌另議章程，再行詳報，並請軍憲分咨各城副都統，一律照辦。並請預札各地方官，並富克錦協領，札飭所屬一體照料。所有金夫各發有腰牌，凡有出入該界勘採者，一律驗之腰牌放行，不准歐殺相害，如被查出照例定罪。但該三姓金廠，於同治、光緒年間，聚有金匪上萬之衆，曾經金匪頭目葛成隆、孫百萬、劉萬金率衆滋端，歷經大兵剿滅。而今查明，該金廠時禁時挖，而被金匪唐殿榮等聚有挖金之人上萬之衆，占聚樺皮溝上掌設卡，各有槍礮把守扼要，擅收衆夫分金。今以試辦該處金廠，必須承辦之員相機剿撫安插，不得驅激事變，皆應藉資兵利相機安撫，以收餉源而實邊備。

一、遵照奏案請撥防軍以資捍衛彈壓也。今查得各處金廠，山深林密，向爲盗匪出没之區，非藉重兵緝捕彈壓不能鎮懾。况各處金廠，向有奸商流民同夥結黨，成群在各處盗挖無忌，往往勾串匪類，暗通消息，時滋禍端。如經官兵往捕，兵少者竟敢抗拒傷兵，兵多者則踪迹渺然。大兵回防，即又乘隙麕集。並有暗中勾結，中飽行賄，亂傳訛語，使其阻撓掣肘，種種之弊不可枚舉。故此，金廠驅逐封禁竟爲虚文，反爲邊患。所以官辦者徒勞賠資，未獲實效。

故沐恩於十五年間奉查礦務時，已將各情查得明確。今經復查該各處金廠，盗挖者人勢越衆，外結盗匪，把口設卡分肥。今就該處奏明試辦，以樺皮等溝金廠距姓垣三百餘里，内多偏僻山林，最險之地，實爲匪盗之藪。擬請謹遵部議，請撥靖邊後路一二營，歸局員管帶差遣，前往三姓各山溝一律搜察，隨處安置，擇要駐營。必當分路設卡，以資緝捕彈壓而靖地方，築固無虞。仰請軍憲俯準，札飭所撥營弁，遵照來局差遣，立案施行。

一、請將所撥防軍預先帶往各深山搜察，節節安置，隨經分佈也。茲查三姓樺皮等溝各金廠，距姓垣在三百二十餘里，内有一百二十里各有地户零零落落，未成莊村，仍未安置。今仰準其試辦該處金廠，必須局員自帶所撥防軍，親履各山溝，隨處安置，預粘四字規矩告示，挨户盤查。如有槍礮者交出，秉公給價，歸局需用。各按户編立保甲，各具互結，永不准藏匿匪徒。如被查出或被告發，將甲長並該户照例詳請責懲治罪，所謂使盗賊無棲藏之所。地户各發腰牌章程後，就近分佈。以擇要地，先設總局，隨擇各處來路扼要各口，共設總卡鋪四處。每卡鋪派營弁一員，帶勇三十名駐守，稽察出入，驗明總局火印腰牌，並廠内對牌，準其放行。如有携帶槍礮者，即係匪徒，隨時拿獲，解局懲辦。亦不准各局卡勒索，查出懲辦。其沿途三百二十里核算，以三十里設大窩鋪一處，内撥什長一名，帶勇十名，駐守盤查。以五里設小窩鋪一處，駐守勇五名，按日送籌巡查，夜中送傳口號。共核大窩鋪十一處，共應設防軍什長勇一百二十二名，共小窩鋪五十三處，共應設防勇二百六十五名，共總卡鋪四處，共駐官四員，共帶勇一百二十名。所有大小窩鋪共什長十一名，勇三百七十五名，分爲四路，各管東西南北之路，歸總卡之官管轄。各派之各有專責，所謂互相聯屬緝捕。以下每大窩鋪一處，經管小窩鋪五處，亦派之各有責成。其餘營勇，駐紮金廠彈壓。俟到該金廠，再將分佈各總卡大小窩鋪官勇，即編成保甲地户，再造籍貫細册，詳報省垣，報部立案。惟有所撥防軍歸局分佈沿途設卡，自當歸局員管轄，倘該官勇(即)〔及〕各地户如有滋生事端，(即)〔及〕勾之各金夫通同舞弊，並偷安懶惰等事，皆由局員責革挑補，庶幾事權歸一，不致滋端掣肘。所有該營弁勇口糧(即)〔及〕軍火等項，仍由局員具文照章承領支放。惟該弁勇等各有底餉，皆爲分所應得。以在金廠充當各項差使，若不加給津貼鼓勵，而恐觀望不前。必須由局員在金廠另籌津貼犒賞之項，酌加賞犒，以使衆資指臂，各得奮勉任差。俟開局籌出餘款，再行定章詳報。

一、大局宜並籌也。創辦之初，自來籌邊者，興利必先除弊防奸。以三姓等處荒廠最多，處處毗連俄界，膏腴千里，旺産五金。茲奉奏準札辦，先由三姓珠山東太平、樺皮等溝試辦金銀礦廠，曾經勘查明確，自應遵札(會)〔繪〕圖貼説，仰請憲覽。惟有所擬擇要設局卡窩鋪，已議撥兵定額備防，分佈嚴固外，其應蓋局卡房間，仍擬擇定要隘。各處地方創辦之始，必當興修蓋房，以備駐守巡緝。今擬在三姓東二十里珠山，建修墾礦總局瓦房十六間。再以出産金銀各廠，各建修分局瓦房各十二間，營盤瓦房二十間，馬棚五間。其設卡扼要，擇以距姓垣東南一百六十里駝腰子、茄子河爲東南要路，各建修總卡鋪房各五間，以阻穆稜河、蜂密山二處前來之路。再有姓垣西南五十里朱其河大川，爲西來要路，建修總卡鋪房五間，以阻瑪延河前來之路，並杜盜賊，絶其口糧接濟。其北距樺皮等溝三十里青咀子，爲北來金廠要路，建修總卡房五間，以阻江北前來之路。此爲四路必來金廠之道，别無繞行之區，而内外插翅不能飛越也。以該四路各向里建修大小窩鋪者，以三十里建修大馬架窩鋪三間，每五里建修小馬架窩鋪一間，所有局房總卡營房窩鋪，必須動有磚瓦木料價值，(即)[及]制辦各局房器俱鋪墊，仍須用款在急。所有一切款項，擬由借款項下動支，俱應實用實銷，核實估辦。將來擬由金廠盈餘項下歸補，以清借款，毋庸造册開銷。作爲局員交代，將來造具細册，呈省立案。是否之處，仰請憲裁施行。

一、金夫宜嚴定規條以招集也。金夫前來局中報名，無論若干名，概以五十名爲一大幫，二十五名爲一小幫，各將年貌、籍貫報名注册。每幫由衆金夫公舉把頭一名，由官擇派副把頭一名，以資約束而便稽查。按幫把頭及衆金夫，均須對明妥保，各具本幫互保甘結。每名發給名姓籍貫火印腰牌一面，本幫把頭各發給印執照一張，注明入廠開工日期。凡有自帶鍬钁器具口糧者，皆擬按三成歸官，所餘之利歸之把頭金夫。若無挖金器具口糧者，另分成幫，擬由局中墊辦發給，歸把頭到局承領，按五日一卯，秉公照買價陸續扣還墊款。該金夫等餘外不准私帶寸鐵入廠，以五日編查一次，如有私蓄軍械，集衆結盟，一經查出，器械入官，從重懲辦。並挨查係由何卡放其軍械帶入，隨將該巡卡弁兵一律究懲。如有知情舉發者，將器械變價充賞告發之人，以杜亂端而除聚衆之患。預先在各卡粘貼四字簡明告示及廠規條，使匪徒知懲，洗心改過，不敢思逞滋端。如金夫不遵約束，準把頭稟明治罪。把頭遇事苛虐，亦準金夫稟控。其私相争斗者，照違禁者處治，庶於金廠法嚴，永絶爲亂之患。

一、報效宜盡力籌集收金不使偷漏也。茲查漠河金礦所得之利分作二十成，以六成歸解省城，報效充餉，以十成歸商，四成爲花紅之用，已經開辦在案。惟查收金必先除弊，以期報效加多。但礦局積弊莫過於偷漏，上則稽察巡綽等員並不肖之司事，下則奸滑之金夫，甚則彼此串通舞弊，以飽私橐。若不設法除弊嚴懲，不足以儆效尤而裕正款利興。其設局之初，擬於各幫工作之時，除巡綽委員梭巡外，局員必須嚴派妥實委員，按幫勤爲稽查。至金沙上溜之時，派定若干幫爲一起，同時工作，以便易於查實，共出金若干數，仰該司事及巡查各委員眼同把頭金夫等收封加用花押，赴局交納，由總局秉公兑秤，發給連三根票，其票根存局備查。一發給把頭收執，一爲按月解省呈驗立案。每把頭所得金數，自應注明票内，按照十日核算一次。除應收正課外，所餘金數按照時估作價，歸局照價對銀，按照各幫應得之數分給把頭，由把頭再分給金夫，按日開明各數目，臚列局前，以使衆觀悦服。其局中應收金數，亦按季匯總。除經費之外，其餘收金若干數，作爲二十成，内以十成爲報效軍餉，以六成歸還借本，所餘四成作爲修辟山路，添置器具，(即)[及]局卡歲修工料等項之用。較之漠河礦局報效加增甚多，日後礦務興盛，再爲議請加數歸公，總期於庫帑有濟。倘有司事及把頭等舞弊中飽自肥者，一經查出從嚴究懲。所有礦局所收所售金數若干，皆發印票爲據。如有私賣私買者，或經查出，或被告發，照偷漏税課私鹽例加等治罪。庶除積弊，不致外流，以興利源有益也。

一、獎叙從優以鼓勵人材也。查三姓，寧、琿並省南諸山等處金廠，皆係依山傍水，茂草長林，渺無人烟。冬則嚴寒透骨積雪不消，夏則蚊蝱肆虐體無完膚。居處不便，服食不宜。邊戍承差驅策，定置邊氓深非易辦，其效力各員似與供職瘴戍之區者無異。比較漠河金廠事繁數倍，若不從優照異常勞績獎叙，不足鼓勵人材。擬將效力各員弁銜名及到廠任差日期造册呈送，先請咨部立案。事繁創辦，俟見有成效昭彰者，擬請酌保。以後及至三年，請將尤爲出力員弁，照異常勞績保獎。至效力未久之員，概不准請獎，以示區别而杜冒濫。至各員弁薪水等項，宜當酌議從寬，以示體恤。查産金之區皆在邊遠之地，吉省物價較京加倍，至三姓等處又距千里之外，所需服用諸物更爲昂貴異常，而礦局又遠數百里之程，脚運遞加，所有日用必須之物，價重數倍於内地。在局各員弁人役薪水工食，若不酌量稍示從豐，不足以養其身家而得其心力。所有總局督辦、幫辦及聽差、辦事官、稽查、巡察各委員等，並分局委員、經理、司事、化學生、字識、巡丁及伙、馬、更、爐各夫暨局中心紅、紙張，一切應需經費辦公銀兩，前仰經恩署將軍議擬各數目外，另繕清摺，呈請軍憲鑒閲。而今借款未到，又爲稟請試辦，自應酌減開支津貼，俟抵三姓一兩月金廠辦有頭緒，擬請按照前議章程按月起支，以資辦公，仍由總局詳報。擬至年終歸入報銷册内核銷，以示體恤而收臂助。

吉林省檔案館《清代吉林檔案史料選編(工業)》上册《督辦三姓等處五金礦務事宜董夢蘭爲開礦及查勘三姓礦産的禀文光緒二十一年九月二十六日》 督憲將軍麾下鈞安：敬禀者，竊沐恩謹遵憲札，聲明來吉報效各情形，即奉札禀復，查明吉林三姓等處金銀各礦廠綫路砂質堅美之區，隨即繪圖貼説禀復，懇請具奏試辦事。

惟沐恩自十五年間，仰奉憲札辦理營務招墾兼辦各處五金礦務。查明各該處苗旺，各地方並荒廠生熟地畝。而至十八年間，仰蒙將軍奏明，該員辦理營務邊務，實事求是，深資得力，奉旨恩賞同知赴部候選各在案。於本年正月二十一日，仰邀户科給事中聯沅等九員聯銜會保，以沐恩久莅戎機，熟悉邊務，請發大營差委等因。本日奉旨：董夢蘭著交劉坤一大營查看差委，欽此。於二月十一日抵營禀謁劉帥，至三月十三日仰經具奏，飭赴吉林辦理招丁興屯行鹽開礦籌餉事宜，於十八日奉硃批：知道了，欽此。沐恩奉札趨吉時，一面措辦川資，並派熟於墾礦誠實練達差弁變裝先赴三姓等處查勘礦苗，回省禀報，以期沐恩到吉禀請興辦。該弁於六月到省，沐恩於七月抵吉，禀謁恩憲面諭。本署將軍已將開辦墾礦事宜據情具奏，飭沐恩守候户部復奏公牘到省，再行下札，等語。奉此，沐恩候至九月初五日，奉札内開：吉林墾礦在昔爲創，在今爲因。應即速派妥員查勘一切詳細情形，繪圖貼説，妥議章程，奏明興辦等因。奉此，後仰面諭，於本月十五日具奏在案。兹將查明産金各地方，自三姓城至巴彦通珠山二十里，由珠山入溝向東南至太平等溝，而至黑背大川各地方，沿溝斜長一百二十里，内有地户零零落落，實無屯莊，尚未安置。再向東南一百六十里，沿途渺無人烟，爲太平溝。黑背舊金廠附近之土龍山、寒葱溝、秋皮溝、柳樹河、小北溝等處，皆距太平溝二三十里不等，皆有金苗，亦無地户。外有鷄心河，距黑背大川二十里，出産銀苗之綫長有二十餘里，闊至三尺。再由三姓城向東稍北三百二十餘里，至新金廠，樺皮溝，産金最旺。附近之大肚溝、半截溝、南淺毛等川，距樺皮溝數里至十里不等，皆有金苗，並無人烟。由該溝稍向東北爲七里星，又名七里嘎，距樺皮溝東北一百八十里，東西大嶺銀綫最長，有七十餘里，闊至三四尺不等，毗連富克錦之界。所有查出各溝川所産之河金性堅，砂質最旺，而查出銀綫脉長，皆利開採易辦，故經繪圖貼説，詳請試辦。自當擬由巴顔通珠山設局，秉公妥籌辦法章程，沿川安插邊民，嚴除弊竇，以利餉源而濟時艱，永除邊患。所有産金之沿山各川溝，素爲盜賊匿藏之藪，山路陡險，賊匪出没無常，時出禍端，深爲民害。以開礦籌餉必須先除盜源，節節布置，緝捕、搜察、修道、蓋鋪，設卡、駐營，以資彈壓而實鎮懾。所有備防一切事宜，需款甚巨，若不預先籌辦，何以濟目前要需而垂久遠。沐恩於未出關時，日夜籌思。關之内外大兵雲集，各庫款項本爲支絀，請撥不易，集股爲艱。當時約集京友，開陳大義，均皆慨允，暫藉資本銀十萬兩，以期迅速開辦。約定抵吉試辦三姓等處墾礦事務，派員回京，除去往返程途定限一個月，准將借款領回。就近採買開山機器，以濟急需。此次試辦請限一年，必須早日籌劃，預先隨處安置妥貼，以杜明春匪徒捷足先登之慮。如經勢衆安插，反爲勢亂，故試辦礦務，以該處之苗出産河金，即生綫金，有綫金者，則脉道相生必産銀礦。但開採立法要嚴，先除奸患，隨除各弊。一經舉辦得法，不特礦務利興，所有流氓皆能化莠爲良，而與墾務日漸起色。

總之，礦民日衆，食指日繁，以産金銀之溝附近皆有閑荒，所獲之糧就近足能供給礦夫之用。墾礦同興，流民各有依歸，盜氛自然消滅，實爲國計民生兩有裨益。一切布置需用款項預先籌借者，本爲數目較重。所謂接濟全省辦理墾礦之需，核之一處，礦務墊用借款約計萬兩之數。如關有礙報銷者，仍請本省之款需用。自當禀請憲庫籌撥辦公銀兩，以供急需。謹擬試辦章程八條另繕清摺，並呈三姓地輿圖説一並恭請憲鑒，仰懇俯準具奏。並請頒發奏派督辦吉省墾礦籌餉事宜木質關防一顆，以昭信守。其各處招丁興屯應開未能核實礦務之區，容俟詳核明確，再行禀請舉辦。理合具陳，伏乞垂鑒。仰請批示，祇遵施行。

吉林將軍批：禀摺均悉。查三姓金礦前經海軍衙門奏歸北洋派員勘辦，奉旨允準。本年前署將軍恩　奏覆吉林情形，復請開礦興利，奉部議準，旋即奏派該員辦理各在案。會同北洋大臣王籌集款項，奏派道員來吉開採，與前署將軍恩　所奏事出兩歧，該員所請借款撥□並刊發關防之處，應即自行籌辦，赴津禀明可也。繳。圖存。

光緒二十一年十月十二日

朱壽朋《光緒朝東華録》卷一二九《光緒二十一年九月》 恩澤奏：光緒二十一年八月二十九日准户部議覆奴才擬請開辦邊荒礦務一摺，於光緒二十一年八月十二日具奏，本日奉旨：依議，欽此。欽遵咨照前來。奴才查原奏内稱，吉林墾荒開礦，在昔爲創，在今爲因。應准推行，以廣興利實邊之益。請飭速派妥員查勘各該處可墾之荒，可開之礦，併其地之方隅里數及各礦之綫路砂質，與夫升科納税一切詳細情形，均繪圖貼説，妥議章程，奏明辦理。務使革除宿弊，開濬利源，庶於籌餉實邊兩有裨益各等因。自應欽遵派員先行查勘。惟地方遼闊，墾礦異處，必須派員分勘，方昭妥速。查有奏明咨送來吉之候選同知董夢蘭，堪以派委查勘三姓一帶礦務。補用知府陝西候補同知李芹，堪以派委查勘琿春、甯古塔礦務。調吉差委知府用山西候補直隸州丁憂和順縣知縣曹廷杰，現經派委照料遊歷俄士，堪以兼派查勘甯姓琿墾務。除檄飭遵照，俟各該員稟覆到日再行核議奏辦外，理合附片先行陳明。報聞。

吉林省檔案館《清代吉林檔案史料選編（工業）》上册《北洋大臣直隸總督王文韶恭録勘辦三姓金礦上諭的咨文光緒二十一年十月初四日》　爲恭録咨明事。

光緒二十一年十月初三日準兵部火票遞到軍機大臣字寄北洋大臣直隸總督王：光緒二十一年十月初二日奉上諭，王文韶奏擬派員查勘吉林三姓金礦，妥議開辦章程一折。吉林三姓一帶金礦，久經籌議，迄未舉辦。現據王文韶歷陳實邊裕餉之利，且關係通商邊防大局。該處礦務實爲今日切要之圖，亟應及時開辦，以浚利源。即著飭派道員宋春鰲前往詳細查勘，妥爲辦理。並令津海關道盛宣懷，協同籌畫一切。章程即仿照漠河辦礦成案，俟三年後著有成效，準其擇優請獎，總期於興利實邊兩有裨益。將此諭令知之，欽此。遵旨寄信前來，本大臣承准此，相應恭録，咨明貴將軍，請煩欽遵查照。須至咨者。

吉林省檔案館《清代吉林檔案史料選編（工業）》上册《三姓礦務總辦宋春鰲關於啓用三姓等處礦務關防日期的申文光緒二十一年十月十三日》　爲申報事。

光緒二十一年十月初二日，案蒙北洋大臣奏奉上諭，派令勘辦吉林三姓等處金礦，業經欽遵會同直隸津海關道妥議辦理。並稟蒙北洋大臣批準，刊發木質關防一顆，文曰總辦吉林三姓等處礦務關防，隨批發下。遵於光緒二十一年十月十三日敬謹開用。除備文申報北洋大臣並移知直隸津海關道外，理合將奉發關防緣由，並開用日期，備文申報憲台查核。爲此備由具申，伏乞照驗施行。須至申者。

吉林將軍長順批：來牘並章程、票折、樣本閲悉。此覆。　光緒二十一年十月二十八日

白永貞《李忠節公奏議》卷一〇《奏山東歷辦礦務並無成效現擬封禁以靖地方摺光緒二十一年十一月十一日》　奏爲山東歷辦礦務並無成效，現擬封禁，以靖地方，恭摺具陳，仰祈聖鑒事。竊臣准北洋大臣直隸總督臣王文韶咨稱，據前山東濟東道李宗岱、登萊青道劉含芳會稟，遵查前充招遠礦局總辦李贊芬辦事乖謬，經金山華商林道琚等稟請，撤退李贊芬，由該華商等集股再行派人接辦等語。林道琚等爲原議開辦之人，應仍准集股購器前來接辦，咨請查照飭遵等因。臣維近日言利源者，皆以開礦産爲首務，果其地不愛寶可以利國利民，臣亦何不樂爲興辦。然歷考山東舉辦礦務，則有但見其弊，未見其利者，請爲皇上陳之。查山東礦務自光緒九年前濟東道李宗岱稟請開辦棲霞等縣金礦，因民情不順，由登州府等稟請停辦，經前撫臣陳士杰咨准北洋大臣從緩計議。嗣經該道屢次稟請，於光緒十一年開辦平度州金礦，先後息借匯豐銀行銀十八萬，後忽稱出金不旺停乞，赴京日久擱置不理，查其虧欠除匯豐銀行外，尚欠淮軍銀錢所六萬兩，各商股本銀二十一萬兩。光緒十七年八月經北洋大臣李鴻章札委前登萊青道盛宣懷，將該礦查封備抵，迨派員往查，僅存硫礦鐵千餘噸，不過值銀五千兩，一切房屋、器具未能懸估，而該礦附近之處復欠有京錢近十萬串，債主則自紳富以至隸役，錢數則自盈萬以至數串，一聞查封之信，皆環向其家屬索欠兼積欠，礦局丁役、匠勇工食均向催討，男女喧呶，内外鼎沸，衣物典質一空，債欠仍不能清償，此李宗岱、歷辦礦務無益有害之情形也。李宗岱先於光緒十五年以甯海州礦綫甚旺，請將平度礦務歸併甯海，一律官督商辦，會同候選道馬建忠、陳世昌、同知徐麟光及金山華商林道琚派出之中書銜李贊芬即李贊勳招股併辦，以圖開拓，嗣以股本未齊，又經停歇。迨十七年李宗岱平度局僨事之後，李贊芬復約同陳世昌、徐麟光將李宗岱租買招遠縣之玲瓏山紅石崖金礦，會同合辦，而李贊芬又復辦理乖謬，擅取他人器具，誆騙他人股本，消耗六萬餘金。本年十月經李宗岱、劉含芳稟，經北洋大臣王文韶移咨山東轉飭福山縣將李贊芬解赴粤東，交原籍新甯縣收管。待金山華商向其清結，此李宗岱僨事後，李贊芬接辦招遠礦局，又復僨事之情形也。兹准北洋大臣咨稱，李宗岱又以金山華商林道琚等再行集股前來接辦，該商未到，以前山李宗岱暫用土法碾石淘金，所出之金易銀，除每月局用三千五百兩外，尚餘銀二千兩，解至淮軍銀錢所代收等因，自係爲彌補公款洋債起見。惟就北洋來咨内敘李宗岱原稟，若出金稍劣之日，解款不免減色，是每月二千金並不可恃，且以後尚須購器、建廠、修路、造橋、置買車騾一切用物，原稟請三十萬金尚恐不足，是前後成本共計八十餘萬兩矣。從前李宗岱之四十五萬，李贊芬之六萬餘均已銷歸烏有，現存機器房屋所值幾何？而謂後來之林道琚先認賠虧空五十餘萬，復能多獲利益，其可信乎？李宗岱爲

廣東巨富，自總辦礦務以來家貲蕩盡，虧負纍纍，猶復不知悔悟，希圖集股接辦，必致舊債未已，新債又增，此以後開辦未有把握之情形也。伏思山東礦務屢辦屢停，非止一次，此後成本愈重，獲利愈難，不免復蹈覆轍。查開礦所用率多獷悍無賴之人，方其開也，藏亡納叛，奸宄日滋，及其停也。大慝巨兇，無業無家，尤慮鋌而走險，方今威海所駐倭兵，已七八千人，深恐此等不逞之徒，散無可歸，因而起衅，爲患不堪設想。臣熟權利害，與其貽悔於後，曷若審慎於先，擬請將東省登萊等府礦務暫行一體封禁，俟海疆綏靖之日，再行察看情形，斟酌辦理。臣爲弭患未形起見，是否有當，謹縷晰恭摺具陳，伏乞皇上聖鑒訓示。謹奏。光緒二十一年十一月二十四日奉硃批：著照所請，户部知道，欽此。

「中央研究院」近代史研究所《礦務檔》第七册《光緒二十一年十一月廿一日總署收北洋大臣王文韶文漠廠第六届提撥江省軍餉銀》 十一月二十一日，北洋大臣王文韶文稱，據督理黑龍江漠河等處礦務道員袁大化稟稱，竊職廠前繳光緒十九年第五届，應提充黑龍江六成軍餉銀兩，曾稟蒙憲台存查，暨護理黑龍江將軍增附片奏明在案。茲查二十年分第六届餘利，愛平銀三十八萬九千九百四十七兩零，提存二萬九千九百四十七兩零，作爲保險公積之款；餘銀三十六萬兩，照章按二十成派分。業經稟蒙憲台暨護理黑龍江將軍增批准照辦。除商股十成餘利銀十八萬兩，已飭各分局按股照發。員司四成花紅銀七萬二千兩，另案稟報外，所有黑龍江六成軍餉銀十萬八千兩，已於售金項下，派弁由天津起解現銀，如數呈繳黑龍江軍庫，以期早日兑收，藉伸報効之忱。理合稟報，伏乞俯賜察核，分咨總署户部備查，實爲公便等情，到本大臣。據此，除分咨外，相應咨呈總理各國事務衙門。謹請查照。

「中央研究院」近代史研究所《礦務檔》第七册《光緒二十一年十二月十八日總署收李家鏊函附清摺臚陳漠河觀音山金礦利弊情形》 十二月十八日，李家鏊函稱，前者在都日親雅教，逾格關垂。又復渥飫華筵，感情飽德。念釋難忘，恭維勛福並隆，懷柔聿贊，引詹吉曜，曷罄頌私。家鏊叩别旋津，仍供譯職。前蒙堂憲函商夔帥一節，上台深以爲然。惟事有不及料者，聞觀音山一礦，延星使擬奏歸黑龍江辦理。果爾則於保商一道，大相逕庭。況此礦與漠河相輔而行，開辦兩年，已著成效。若加意整頓，利益不可勝言。倘歸黑龍江，又須另開局面。不但縻費較多，竊恐漠河孤懸邊隅，難以自立，未免可惜。謹將漠河觀音山利弊情形，另擬説帖，呈請誨政。執事回堂時能否婉轉上陳，果藉大力斡旋，大局幸甚。此非家鏊一人私意也。諒邀洞鑒，敬以縷陳。專肅鳴謝，恭敂勛安。諸維愛照不備。

附清摺一扣。

〔附〕照録清摺

謹將漠河觀音山金礦分辦利弊情形，臚陳鈞鑒。

竊查漠河金廠開辦以來，未見暢旺，祇賴奇乾河一廠支持。而乾廠金色最低，祇有六七成，故前年幾難支持。幸去夏開辦觀音山分廠，得以扶持，大獲轉機。蓋上届出金二萬八千三百七十餘兩，百之三十三出於觀廠，成色甚佳，竟有八九成；百之六十七出於漠、乾、洛、窪各廠，金色不等，通扯約祇七成。就所售金價而論，觀廠僅係上年六月開辦，至年底止，所得金價，約居一半。若以本年而論，正月至七月分，連閏八個月，出金三萬五千二百八十餘兩，百之五十七出於觀廠，成色既高，估價自昂。觀廠可得金價百之七十，漠、乾、洛、窪六廠祇得三十耳。相提並論，顯判低昂。況漠河出金少而廠所多，開銷亦隨之而費，去年局用十萬二千一百餘兩。觀廠僅支十之一，即護礦營兵餉四萬三千餘兩，觀廠亦祇十之二而已。足見漠河之賴觀廠而立，不待智者而始知。設或分去觀廠，必損漠河者一也。漠河水土惡劣，人皆裹足。創辦以來，員司、丁弁病故者不數百人。礦丁往往過江，就俄傭用。近來分廠因之日漸停止，幸我待丁稍寬，不致盡歸人用。設使分去觀廠，礦丁必舍此就彼，不爲我用，必損漠河者二也。礦務之出金，多寡難必。如漠河，十八年出一萬五千兩，十九年一萬兩，二十年夏間，開辦觀廠，始得二萬八千餘兩。倘盡如十九年艱窘局面，即使刻意樽節，尚難勉强支持。此礦爲李故道金鏞創辦，立法周詳，悉仿商市章程，每年分派餘利時，提出公積一項，以備不虞。今聞袁道大化已將歷年代丁購貨餘款，及公積銀兩十萬兩，捐助餉需。竊袁道之意，無非恃觀廠之出金佳旺，故不惜巨款，以報効公中。設或分去觀廠，漠廠苗衰，坐以待斃，必損漠河者三也。竊查漠河開辦之初，招股極難。賴北洋大臣李，保借商款十萬兩，以爲局本，加以李故道辦事清真，商股漸旺，始能歸還借款，擴充局面。因之股利亦年厚一年，然總不如開辦觀廠之後，驟獲厚利也。倘觀廠改爲官辦，漠河股利陡減，股票必落，微特駭人聽聞，且絶後來别招他股之路，何也？今秋北洋大臣王，奏請開辦三姓金礦，奉旨不一月，而得股二十萬兩。實由上届漠河股利之厚，争先購票。使一旦漠河股利減少，彼有股各商，或且疑經理之不善，以股票爲不可靠也。試問我中國能從此不招商股乎。苟欲招股，先重保商。今平度封禁，漠觀分辦，實於保商一道，大相逕庭。況與俄毗連各邊，金礦鱗接，正宜取信商人，廣爲開挖。倘覓有旺苗處所，另招股本，亦自不難。故漠觀兩廠合辦之益，不僅爲現在股商勸，且爲日後股商勸。嘗聞泰西各國，凡有招股創立公司，獲利後，股票有驟漲至數倍十倍，未聞國家瓜分商利者。蓋股利厚，國税亦厚；國税既厚，保商自易，因之商股漸興，國愈富强。如英、美各國之稱雄於五大洲，實賴商富，非獨恃兵强耳。況外洋大小數十國，大半以金錢爲市。俄國雖亦久用金錢，而半以鈔票搭用。十餘年來，悉畢利礦務大興，年出黄金九十六萬餘兩，鈔票亦因之大漲。如光緒十二年，卑職出洋時，每百德國馬克值俄鈔六十七八羅布，十五年祇值三十七八羅布。此皆産金日旺，商務日興之明效也。現在金價日漲，漏卮日甚，我中國地大物博，亟宜仿而行之，設法擴充。延星憲今擬奏請分辦觀廠一節，僅爲一處計，實未統籌大局。惟願我憲台以興商務利國帑爲己任，不分畛域，力挽大局。商股幸甚，大局幸甚，大局商幸甚。卑職管見所及，冒昧上陳。伏乞採擇。

中國第一歷史檔案館《德宗景皇帝實録》卷三八二《光緒二十一年十二月上》 又諭：御史陳其璋奏，山東開礦不宜停止，請飭派賢員實力勘辦一摺。山東礦務前據李秉衡以歷辦並無成效，奏請封禁，當照所請行矣。兹據該御史奏稱開礦之法，果能慎選礦師，購備機器，相度地勢，禁用私人，總可大獲利益。甯海礦産饒富，久爲德商垂涎，無故請停，必啓彼族貪謀。且工匠、勇丁亦已召募不少，封禁之後，微特歷次開辦之功盡棄，礦丁獷悍性成，必貽後患。登萊青道李興鋭精於西學，請飭派辦等語。現在帑項支絀，籌款維艱。前經通諭直省疆吏，體察本省情形，將礦務實力開辦，原期收地利以裨國用。覽該撫前奏，不過以辦理不得其人，暫請封禁。今該御史謂不宜停止，頗屬有見，自未便因噎廢食。即著李秉衡督飭李興鋭詳細查勘，擇要興辦。該撫毋得因已允封禁之請，稍執成見，原摺著鈔給閲看，將此諭令知之。

朱壽朋《光緒朝東華録》卷一三二《光緒二十一年十二月》 王文韶奏：據督理黑龍江等處礦務候選道袁大化稟稱，漠河金廠，孤懸絶塞，四無居民，礦丁所需糧貨，遠購於數千里外，盤撥積壓，每多折耗。故於年終核報糧貨底本，均按八九成折扣以備霉爛虧缺，歷經册報在案。兹查歷年積存銀兩，除彌補折耗及提作股票銀一萬六千兩外，餘銀七萬二千六百餘兩。又護礦勇一營，自十四年冬間開廠招募兩哨，至十七年始克募足成營。該勇丁每因不服水土，疾病逃亡，又復時派員弁回關募補。故截曠一項，積少成多，除每節提賞弁勇外，餘銀一萬六千四百餘兩。又前因各廠死事員弁歸櫬萬里，例給卹銀，並假歸各員長途川資均有不足，將糧貨餘款提銀一萬六千兩填給股票，按屆收息，分注作爲常年贍資，以補卹賞、川資兩項之不足，此款計亦餘銀一萬二千三百餘兩。以上三項共餘庫平銀十萬一千四百餘兩。該道等受恩厚重，理宜藉伸報効。擬將銀一千四百餘兩留存礦局以備不虞，其餘銀十萬兩悉數報充軍餉。稟請具奏前來。臣查該道袁大化，辦理漠河礦務，年來日有起色，每屆提撥銀十萬餘兩藉充邊防餉需，於公家獲益非淺。該道前因患病稟請交卸，業經派員接替。當交代之際，又復以糧貨等項餘銀十萬兩報効軍餉，實屬仗義急公。合無仰懇天恩俯准賞收，如蒙俞允，將來修復礮臺，購買洋礮，所需正鉅。所有前項報効銀兩，可否留於北洋，歸入海防經費項下核實動用，出自鴻施。得旨：如所請行。

吉林省檔案館《清代吉林檔案史料選編（工業）》上册《三姓礦務總辦宋春鰲勘查三姓金礦並請仍行出示嚴禁的稟文光緒二十二年正月二十一日》 將軍麾下：敬稟者，竊職道仰蒙憲台委辦吉林三姓等處金礦事宜，擬於二月初旬前往三姓履勘地勢，分設局廠，所有辦理情形隨時申報憲台查核，惟訪聞産金山内，每有無業貧民在彼偷挖，叠經封禁在案。今既奉旨馳禁，歸官興辦，自應察看苗綫，次第開採。但查産金各屬地段袤延，何處設立分局，何地派員彈壓，一時辦理難周。誠恐山内貧民乘隙偷挖，滋生事端。擬請憲台分别咨飭各城，凡所屬産金等山，未經職道開辦之處，仍行出示嚴禁，以杜私採而泯争端，實於礦務地方兩有裨益。愚昧之見，是否有當，理合稟懇憲台鑒核訓示，至爲公便。肅此具稟，祇請勛安。職道春鰲謹稟。

白永貞《李忠節公奏議》卷一一《奏瀝陳礦務利害情形摺光緒二十二年正月二十四日》 奏爲山東礦務欽奉諭旨飭辦，謹瀝陳利害情形，恭摺仰祈聖鑒事。

【略】仰見皇上因時制宜，開利源以裕度支之至意。方今帑藏空虚，財用匱乏，苟可以收地利，而裨國用，臣敢不恪遵諭旨，勉力籌辦，以裕不匱之源。惟臣詳察往事，審度利害，實見山東礦務仍有宜於緩辦者，敬爲我皇上陳之。查該御史論開礦之法，曰選礦師也，購機器也，度地勢也，禁私人也，意謂有此數端，則開採總可大獲利益。然臣嘗歷考其本末矣，山東礦務自光緒七年候選中書馬建常稟請試辦，九年以前濟東道李宗岱總理其事，殫精畢慮者十有餘年。先後所聘西洋礦師曰壁赤、曰阿魯士威、曰瓦尊，皆所稱礦學之最精者也。購器則開山穿水及化金等項機器，皆自美國之金山購來，所稱用之必大有成效者也。度地則自莒州、平度、甯海、招遠以及福山、棲霞、萊陽、掖縣、濰縣、沂水、日照、蒙陰、臨朐、安邱，凡登、萊、青、沂四府所屬之地，相度幾徧。其平度之三座山、酒店雙山等處，則壁赤所指爲金穴，阿魯士威所指爲比之美國，亦算超等之礦者，而卒以出金不旺棄之。是礦師非未選，機器非未購，地勢非未度也，所謂獲利益者安在哉？至於禁用私人，自係當然，惟礦産本無把握，則又不在私人之盡去與否爲得失也。該御史又謂，甯海礦産饒富，爲德商所垂涎，臣以爲不必慮也。中國九州土腴財賦之區，所在多有，彼族即懷貪謀，而中朝之疆土權自皇上主之，不難據理以相折也。夫朝廷所以允開礦之請者，原欲以濟國用，諸臣之屢請開礦者，亦無不以利國動朝廷。然近十餘年來各省之議開礦者屢矣，如直隸順德之銅礦，江南徐州之鐵礦，湖北鶴峯、長樂之銅鉛礦，奉天金州之駱馬山煤鐵礦，皆旋開旋停，不獨於國計絲毫無益，並其自集資本，亦歸耗散，往事歷歷可徵已。即李宗岱先後集股並息借款項共四十餘萬金，固早已付之東流矣。其礦丁自停辦後，多已四散，餘因找算工價未去者，人數無多，若再開辦，非另行招集不可。現在倭兵屯駐威海，臣前奏請封禁，正慮其招集多人，聚處滋事。而該御史反謂封禁恐致貽患，則非臣愚所敢知也。臣仰荷天恩高厚，凡於國家有益之事，即廷旨所未及，猶當盡心力而爲之，若復稍執成見，不獨無以對朝廷，抑亦負慚夙夜。臣雖至愚，萬萬不敢出此實見，夫有害無利，權衡已熟，不得不披瀝上陳。伏乞聖明，俯納臣言，仍如前旨，暫允封禁。俟遲數年後，倭兵盡退，再飭李興鋭詳細查勘，應如何籌議，可以有利無弊之處，當奏明請旨遵行。臣不勝悚懼屏營之至，謹繕摺具奏，伏乞皇上聖鑒訓示。謹奏。光緒二十二年二月初九日，留中。

吉林省檔案館《清代吉林檔案史料選編（工業）》上册《吉林將軍長順奏遵旨復陳吉林開辦礦務片光緒二十二年二月二十五日》　再，本年二月初九日承準軍機大臣字寄，光緒二十二年正月三十日奉上諭：自上年與日本訂約以來，內外臣工條陳時務折内，多以廣開礦産爲方今濟急要圖，當通諭各直省將軍督撫，體察各省情形，酌度辦法具奏。吉林、黑龍江、江蘇，現亦未據奏到，著將籌辦情形，據實迅速覆奏等因，欽此。遵旨寄信前來。

等查，吉林礦務經前署將軍恩澤，於覆陳吉省情形折内請弛礦禁，奉部覆準。旋即奏派候選同知董夢蘭，查勘三姓一帶礦務，補用知府陝西候補同知李芹，查勘琿春、寧古塔礦務，分飭遵照。去後嗣北洋大臣王文韶，奏派記名海關道宋春鰲，招集商股來吉開採金礦。時值長　回任，以事出兩岐，於本年正月初八日奏奉諭旨：三姓金礦著宋春鰲一手經理，董夢蘭著撤去開礦差使等因，欽此。欽遵轉飭該道，前往設局開辦在案。

等伏查，吉林礦産以金爲最多，而産金以三姓爲最旺。所屬東南一隅，距城三百里。其地有南淺毛、老淺毛、樺皮溝、太平溝、楸皮溝、楊木圈、黑背溝等名目，皆夙所著名者。又琿春西南之柳樹河、陰陽河、瓦岡寨、五道溝、咕咚河，省南之木齊河、夾皮溝，寧古塔之萬鹿溝，皆爲産金之區。宋春鰲已於三姓設立總局，將來再由該道派員於各處設立分局，不難一氣呵成，似無須另行派員，以一事權。至銀礦，現惟琿春天寶山一處，開辦七八年，迄無成效。省西一帶所有煤礦、鉛礦、鐵礦，經前任將軍銘安奏開，以後鉛、鐵兩礦未見獲利，而煤窑逐歲報開，現增至十數座。聞未開之處尚多，若令官爲督採，自必日形暢旺。此外如有可開之礦，自當隨時派員往勘，奏明開辦。務使利源日浚，國用日舒，藉紓宵旰憂廑於萬一。所有遵旨覆奏吉林礦務緣由，理合附片具陳，伏乞聖鑒。謹奏。

中國第一歷史檔案館《光緒朝硃批奏摺》第一〇一輯《吉林將軍長順片光緒二十二年二月》　再，據候選同知董夢蘭稟稱，查明吉林省西沙河子一帶，煤礦甚多，且與禁山廬墓甚遠。現已招集股銀五萬兩，購買機器，懇請奏明立案，以便開辦煤礦等情。據此查該員董夢蘭，係前署將軍恩澤奏委查勘礦務。嗣北洋大臣王文韶，奏派記名海關道宋春鰲來吉開採三姓金礦。事出兩歧，經奴才奏奉諭旨：三姓金礦歸宋春鰲一手經理，董夢蘭著撤去勘礦差使，欽此。欽遵行知在案。兹該員以業經集股購器，因而呈請採煤，其意無非興利，尚可信其無他。且東三省現議興修鐵路，煤爲必需之物。如蒙天恩，准予開採。即由奴才札派該員總辦煤礦事宜，其餘不准其干預，謹附片陳明，伏乞聖鑒訓示。謹奏。

硃批：董夢蘭，著准其試辦煤礦，不准干預別項公事。

「中央研究院」近代史研究所《礦務檔》第三册《光緒二十二年三月十六日總署收山西巡撫胡聘之文附奏片咨送晉省籌辦開礦情形奏片》　三月十六日，山西巡撫胡　文稱，竊照本部院於光緒二十二年二月二十一日，附奏晉省籌辦開礦情形一片。除俟奉到硃批，另行恭録咨呈外，相應抄奏咨送，爲此咨呈貴衙門，謹請查照施行。

〔附〕照録原奏

再，晉省煤鐵之利，甲於天下，太原平定大同澤潞等屬，所在皆有，幾於取之不盡，當此財用匱乏，正宜設法攻採，以開利源，而佐國用。臣去冬抵任後，即經周諮博訪，籌議辦法。大抵本地開採，專恃人工，獲利甚微，必須改用機器，按照西法採取，出貨多而且速，可期事半功倍，臣已於前月函商津滬各局，選派熟習礦務之員，來晉商辦一切。俟其到晉後，即當派員隨同分往各處，驗取礦苗之衰旺，貨色之高低，究應如何開採，作何運銷。除去工資腳費，餘利幾何，如果確有把握，再行籌款試辦。此外金、銀、銅、鉛等礦，考之志乘，參以輿論，如平陸、絳縣，垣曲、鳳台等處，皆有礦砂可尋，未必一無可採，擬一併派令詳細履勘。如實有可以開辦之處，再由臣酌擬章程，奏明辦理。茲因疊奉寄諭，飭令各省開辦礦務，詳議章程具奏，謹將晉省現在籌辦情形，先行附片陳明，伏乞聖鑒。謹奏。

中國第一歷史檔案館《光緒朝硃批奏摺》第一〇一輯《依克唐阿摺光緒二十二年四月十六日》 奴才依克唐阿跪奏，爲遵旨查明奉天礦務，並現籌辦法，據實覆陳，恭摺仰祈聖鑒事。竊奴才本年四月初三日，承准軍機大臣字寄，光緒二十二年三月二十五日，奉上諭：督辦軍務王大臣奏，副都統榮和，請率所部各營，試辦奉天礦務，據情代奏一摺。據稱，奉天、開原等處，礦產素多。該副都統所部各營，均係吉省獵户，深悉淘金之法。如由奉省墊款二三萬兩，即當前往試辦等語。榮和世居東省，習知該處情形。所陳不爲無見，著依克唐阿確切查明，斟酌辦理。如無窒礙之處，即由該省墊款二萬兩，發交榮和，統率所部獵户分段開採，劃清界限。其一切章程，並著依克唐阿督飭該副都統詳細覈定具奏，請旨遵行。督辦處摺一件，榮和原稟一件，均著鈔給閱看。將此諭令知之，欽此。遵旨寄信前來。奴才跪聆之下，仰見聖主慎重礦務，博採周諮之至意。伏查奉天屬境，金銀各礦所在多有。固不僅榮和所稟之牧養、正柴河溝、弟兄山等處，奴才前因疊奉諭旨，飭辦礦務。當敵愾軍遣撤之初，亦思以礦屯兵，藉金充餉。惟念兵之需餉須臾難停，礦之出金多寡無定，指不可必之金，充不容緩之餉，一旦不足，譁潰堪虞，是以遵奉前旨，將敵愾軍一律遣散，不敢作留兵開礦之想。今蒙朝廷弛禁，商民踴躍呈請自備資本，分段試辦。是用兵力則多費開銷，因民力則不致虧累。近因帑藏支絀，奉天甫經兵燹，款項更屬艱難。急思遵旨開礦，以裕餉需。日夜籌維，創辦無資，萬不得已，擬一不動官款、招商開採，由官抽收課金之法，似乎官督、商辦兩有裨益。已經派員分馳産金各該地方，監視彈壓妥善辦理。曾於四月初一日，將辦理大概情形，電達督辦軍務處、總理各國事務衙門、户部在案。並經派辦礦務之副都統壽長、記名副都統德英阿、補用護軍參領烏勒興阿等，督飭商人奎明等十數起領執礦票與試辦礦務簡明章程，分頭開辦去訖。擬俟辦有頭緒，呈報到日，再行分別奏咨立案。現在欽奉諭旨，已與副都統榮和面商妥協。查該副都統原指之牧養、正柴河溝二處，有礙風水；其弟兄山係鳳凰界，即將鳳凰、安東、遼陽等處礦務，委該副都統，前往監視彈壓。同前派各員，一體招商試辦。惟款項難籌，暫由鹽釐項下，墊給該副都統銀五千兩，以資開辦。所有遵旨確切查明，斟酌辦理緣由，理合恭摺覆陳，伏乞皇上聖鑒，訓示遵行。再，該副都統所部各營，業於營口遣散完竣。合併聲明。謹奏。

硃批：著照所請，該衙門知道。

「中央研究院」近代史研究所《礦務檔》第一册《光緒二十二年八月十二日總署收北洋大臣王文韶文何鋆等創設冶鐵公司並仿造内河火輪運鐵事是否可行》

八月十二日，北洋大臣王文韶文稱，據孝廉方正候選知縣何鋆、兼襲雲騎尉知縣用候選教諭胡詠昇、花翎遊擊職銜何德潤稟稱，伏查我朝五金之礦，聽民開採，官征其稅，載在會典。而鐵之爲用，尤爲大宗。光緒七年，前直隸總督部堂李奏請設局招商刊行章程内，即有開採煤鐵，就近鎔化之條。嗣因商股不齊，先辦開平煤礦，由商經理，歷十餘年而後大著成效。光緒十六年，兩湖總督部堂張奏辦湖北鐵政局，設鑪廠於漢陽，採鐵於興國大冶，開煤於武昌各屬，經營六七年之久，費用數百萬之多，亦頗著有成效，頃已改議章程仍以商辦爲便。本年正月内，欽奉諭旨，以山西所産之鐵，夙稱精良，宜及時開採等因，事在必行，時不可失。卑職等仰體國家利用厚生之意，因思當務爲急，籌畫宜周，非確有見聞，不敢嘗試，非先有把握，不敢妄陳。卑職等或世居中州或久歷河朔，深悉太行一山，爲鐵奥宅，鐵砂委積，煤礦相因。居民以鐵冶爲生涯，比户皆是，懷慶之清化鎮濱臨沁水，一舟所通，可達江海，故四方貿鐵商販，以清化爲總埠，絡繹於途，歲無虛日。今擬在清化鎮設立收買鐵砂局，就地開鑪，仍沿土法煎成鐵坯，不用洋匠，以免鄉僻膠固，少見多怪。在天津設立鎔鐵機器廠，凡有清化水路運到鐵坯，概歸天津鎔鐵廠，采用西法鍛煉爲熟鐵，爲純鋼，取精則用宏，不獨各省製造局，造船造礮造各式快鎗，在所必需，即内地各洋商，造種種器具，所需鐵質，亦無須舍近求遠。果能鍛鍊日精，行銷日廣，將見進口之鐵日少，出口之鐵漸多，塞漏卮而收利權，正無窮盡也。卑職等現已集成商股實銀一百萬兩，先充底本，試行有效，然後次第推充厘稅，必先取盈力助軍餉，虧折歸商自認，不累公家。惟開辦之初，事煩人衆，彈壓稽查，商民無柄。查户部議覆前都察院左都察史錫奏開礦章程内，有商任其事，官考其成等語，並引道光年間，前雲貴總督部堂林議覆户部籌備庫款廣開礦産摺内，所論官辦不如商辦，一切利弊，斷爲最中肯綮。卑職等擬請憲台專派監司大員，督同商辦，並遴派穩練委員二員，在廠稽察彈壓。凡廠内每月所收鐵坯若干，練成熟鐵若干，純鋼若干，售價若干，應納税厘銀若干，須由督辦大員率同委員司事，隨時考核，就廠徵收，以便彙報司局詳請奏咨。聽候部撥，以充公用，所有委員夫馬薪水，均由商局按月致送，其餘局廠進退人工，出納銀錢及一切商務事宜，統歸商董經理，官不過問。蓋商務規模宏大，與尋常市肆不同。有時力絀勢違，非有廉正明决之大員，相與維持全局，往往事多杆格，所貴官商一氣，相期有成，官必通商之情而不掣商之肘，庶幾可久可大，以成富有之業。卑職等矢忠報國，竭力招商，集同志以合謀，務實事而求是，所有商局總董，尤須曉暢時務，老成練達之人，方足以資倡導；其餘會辦諸執事，亦必集思廣益，不宜濫竽充數。應候批准設立鐵冶公司後，再行公舉總董等，開列銜名，呈請給予印札，並求咨會河南巡撫衙門，轉飭所屬一體遵照。抑更有請者，自天津以至清化水路，計一千九百餘里，民船往來，不能求速，擬即援東南各省内河准商民行駛小火輪船成案，製造小輪船四艘，以便由濬縣接運清化民船所載鐵坯之用，一併懇求批准。咨會直隸、山東、河南三省，行知小火輪經過各州縣内河地方，出示曉諭，實爲公便等情到本大臣。據此，查該員等請設鐵冶公司，精鍊礦産以敵進口洋鐵，係爲收回利權起見，所請仿造内河小輪船，專運鐵胚，與拖帶貨船不同，似亦無甚流弊，是否可行，相應咨呈貴衙門。謹請查照核奪見復施行。

「中央研究院」近代史研究所《礦務檔》第一册**《光緒二十二年八月十九日總署行北洋大臣王文韶文何棨等創設冶鐵公司並仿造内河火輪事應切實通籌》**　八月十九日，行北洋大臣王文韶文稱，光緒二十二年八月十二日准咨称。【略】本衙門查該員等請設鐵冶公司，精鍊礦産，以收回利權，誠爲美舉，惟鐵與煤相需爲用，移煤就鐵，與移鐵就煤，轉運脚價，大有區别。既就地製坯，又運津鎔鍊，多經一手，且天津設廠地基，擬在何處，鐵機器已否購求，必應通盤籌畫，免致虧本，方爲經久之計。准咨前因，應由貴大臣轉飭該員詳求損益，切實通籌禀辦，庶期有效。湖北鐵政局鐵非不佳，亦以遠道購煤，運費周折，遂形棘手，可爲借鑒。至行駛小輪一節，應俟公司准設後，察看情形，再行核議，相應先行咨復貴大臣查核轉飭遵照可也。

「中央研究院」近代史研究所《礦務檔》第三册**《光緒二十二年九月初十日總署收户部文附劉樹棠奏片豫撫劉樹棠奏明安陽煤礦官督商辦》**　九月初十日，户部文稱，河南司案呈：内閣抄出河南巡撫劉樹棠奏，總理各國事務衙門議令四川等省有礦之地，一律招商集股等語。豫省煤礦自試辦煤厘至今，收數無甚把握，商人高向棻等自購外洋機器，將安陽礦務作爲官督商辦。由鹽、糧道庫暫行籌動銀二萬兩，發給該商承領，責成開採，按四年歸欵，照章認息，按年隨本呈繳等因一片。光緒二十二年八月初七日奉硃批：該部知道，欽此。欽遵抄出到部，相應抄録附片。

恭録硃批，咨呈總理各國事務衙門可也。

〔附〕照録粘單

劉樹棠片

再前准總理各國事務衙門咨，以御史王鵬運條陳開辦礦務内稱，四川等省五金各礦，山西、河南煤鐵礦，皆以官吏貪圖省事，不願開採，小民本小利微，無由上達，應准有礦之地，一律招商集股，呈請開採，地方官吏不得阻撓等語。該衙門議令各省厘定章程，切寔奏明報部等因，咨照到臣，亟應遵照辦理。查豫省煤礦、西北近山州縣所在有之，居民開採，多用人功，遇夏秋大雨時行，礦被水淹，輒又閉歇。故自上年奏請試辦煤厘至今，收數尚無甚把握，必須購用機器，出煤既速，兼可戽水，方無時作時輟之虞，厘收即可隨之而旺。且值議開蘆漢鐵路，將來經由豫省地段甚長，銷運煤斤亦必日暢，是用機器開辦煤礦，寔爲豫省目前第一大利。所苦境乏富商大賈，集股殊難，司庫又無大宗閒欵，可辦此項机器，以濬利源。前查商人高向棻、譚士禎等自購外洋机器，由天津來豫，在安陽地方開採煤窑有年。近因成本太重，難以再期大舉，臣擬就其已成之局，貸以官本，將安陽礦務作爲官督商辦，可期事半功倍。已飭由糧、鹽道庫暫行籌動銀二萬兩，發給該商人承領，責成廣爲開採，仍令分按四年歸款並照章認息，按年隨本呈繳，庶商務漸興，官款亦不致虚懸。臣爲力開風氣起見，是否有當，謹附片具陳。伏乞皇上聖鑒，敕部立案施行。謹奏。

「中央研究院」近代史研究所《礦務檔》第一册**《光緒二十二年九月十六日總署收北洋大臣王文韶文冶鐵公司擬在津設廠原委暨購求機器輪船招募工匠》**　九月十六日，北洋大臣王文韶文稱，據調署津海關道李岷琛詳稱，案蒙憲札轉准總理衙門咨，案據候選知縣何令棨等禀請設立鐵冶公司，擬在清化鎮設局收買鐵砂，就地開爐，沿土法煎成鐵坯，由水路運至天津，在天津設立鎔鐵機器廠。凡由清化運到鐵坯，概歸津廠鍛鍊，係爲收回利權起見，誠屬美舉。惟鐵與煤相需爲用，移煤就鐵，與移鐵就煤，轉運腳價，大有區别。既就地製坯又運津鎔鍊，多一周折，且天津設廠何處，機器已否購求，必應詳求損益，通籌稟辦，庶期有効。湖北鐵政局鐵非不佳，以遠道購煤，遂行棘手，可爲借鑒。至行駛小輪船一節，應俟公司准設後，察看情形，再行核議，咨直札道傳知何鋆等切實稟復等因。遵經轉行遵照去後。兹據該員等稟稱，伏查清化鎮爲販鐵總埠，凡太行以北所産之鐵，南出山口，聚於清化。商人販運出境，四方銷售。凡鐵工製造，必以鐵坯入爐，而後成物，固不能一火鑄成也。今若改用西法，仍須另起爐竈，先濾渣滓，不爲道阻且長，機器鍋鑪搬運匪易。且河南非通商口岸，往來絶少洋商，鐵廠既興必用洋匠，地方少見多怪，尤恐别滋事端。此清化鎮只能用土法去砂存質，先鍊鐵坯之實在情形也。至於天津，則各國通商已久，設立鎔鐵機器廠，事事稱便，且有湖北鐵政局爲之先導，孰當師法，孰當戒慎，均不至於迷誤。輪船裝運機器，直入海口起重上岸，省工省費，其一利。鐵坯由水路運至天津，每百斤所加運腳，不過百文。若用小輪船拖帶，則所省更多，其利二。鐵坯源源而來，則廠中工匠不至作輟無常，虚耗口食，其利三。成本既輕，則售價必廉，價廉則行銷自速，其利四。貨不停滯，則成本易於周轉，本少而月息亦少，其利五。奉直境内，煤産既多，煤質亦佳，均經洋匠考驗，鍊鐵極爲適用，或通火車，或通水路，轉運均極便捷。近處煤礦且有願入鐵冶公司股份者，無停工待煤之慮，其利六。鍊成鋼鐵，可供各省製造局之需，而南北洋各官局取精用宏，就公司採辦，如取官物，不敢居奇，其利七。公司股本，畿甸頗有富商在内，經理銀錢之人必由紳富公舉，不能瞻徇情面，不能稍有虧挪，其利八。此鎔鐵廠必須設在天津有利無害之實在情形也。所有設廠地基，業經於運河北岸，相度高阜大粱莊地方，距城約二十餘里，縱横約數百畝，寬平臨水，以之設立鐵廠。上下貨物，均極方便。且與市廛閭墓，略無妨碍，係本地紳富産業，價值早經議有端倪。所有應購機器及淺水輪船，已與天津著名洋行商定，電達外國鐵廠，購求工等全付機器。並訪延講求化學熟習機務久在天津之工匠，來廠監督鎔鍊，以爲華匠表率，俾華匠技藝精進，更收勝藍之效。善事導利，均已豫先籌及，専候憲示批示飭遵，俾得及早開辦，此豫晒設廠地基及約定洋行代購機器、小火輪船，並招募諳練工匠之實在情形也。所有遵札據實稟復緣由，理合稟懇俯賜轉詳北洋大臣，咨復總理衙門批准各等情稟復前來。據此，除批飭候示外，理合具文詳請查核，俯賜轉咨總理衙門核復飭遵等情，到本大臣。據此，相應咨呈貴衙門，謹請查照核復。如蒙准其試辦，所有行駛内河小輪船一節並祈隨案核示，以便飭遵施行。

中央研究院近代史研究所《礦務檔》第一册《光緒二十二年九月二十五日總署行北洋大臣王文韶文咨復何鋆等設廠鍊鐵暨内河行船載鐵等事》 九月二十五日，行北洋大臣王文韶文稱，光緒二十二年九月十六日，准貴大臣咨稱。【略】兹准咨復前因，本衙門查核該商所稟各節，漸有條理。惟事屬創造，應由貴大臣奏明開辦，以昭鄭重。即清化設廠鍊坯，内河行船運鐵，亦應先行咨照河南、山東巡撫，庶無窒滯。至該商所用小輪船，係爲載鐵之用，只准專載鐵坯，不得搭客運貨，稟由津海關監督暫給船照，以備查考。本年七月，徐以恩創造小輪之議，山東巡撫電阻甚切，該商運鐵小輪，總宜准定章程，毋慮影射，庶能持久，相應照復貴大臣查照核辦可也。

中央研究院近代史研究所《礦務檔》第一册《光緒二十二年十月十九日總署收北洋大臣王文韶文魯撫駁復何鋆等請准内河行輪載鐵》 十月十九日，北洋大臣王文韶文稱，准山東巡撫部院李咨，光緒二十二年十月初八日，准貴部堂咨，【略】到本大臣，准此。除咨行外，相應抄録何鋆等原稟及總理衙門前咨津海關道詳復各案咨會，請煩查照酌核見復施行等因，到本部院。准此，查東境衛河面甚狹，每年蘇甯漕船及各處商船駢集，已屬擁擠難行，若再添小輪船，往來撞碰，商民必受其累，且輪船名爲載鐵，難保無夾帶包攬情弊，于税釐大有関礙。前於七月間，咨准徐以恩請造輪船，業經縷晰電陳中止，是行輪之弊，早已燭照無極，今何鋆所請，同一窒碍多端。無論如何，萬難依允，即或事已定局，亦須改用民船，免致流弊。兹准前因，除先電復外，合再咨復，請煩查照飭知施行等因，到本大臣。准此，除行津海關道轉飭遵照，俟准河南咨復，再飭將鐵冶公司事宜妥議詳細章程，候核奏外，相應咨呈貴衙門，謹請查照施行。

「中央研究院」近代史研究所《礦務檔》第八册《光緒二十二年十月二十五日總署收署甘肅新疆巡撫饒應祺文籌議勘辦新疆金礦》 十月二十五日，署甘肅新疆巡撫饒應祺文稱，據新疆布政司丁振鐸，署鎮迪道兼按察使銜英林詳稱，准喀什噶爾道光達咨，轉據署和闐州知州劉牧嘉德詳稱，案奉撫部院檄飭承准軍機大臣字寄，光緒二十二年二月初九日，奉上諭，新疆和闐金礦，前據陶模覆奏，業已派員前往履勘。兹據御史陳其璋奏，近日出使大臣許景澄所譯俄圖稱，和闐至羅布淖爾一帶，共有金礦十七處，皆經俄人測繪可憑。又光緒六年西報稱，西伯利亞與中國接壤，每座界石相距三百里，界間有二水，直注俄境，而發源則在中國境内，近得金礦之總脈，亦在江水發源之處，如界綫作弓背形，則江水之源，應歸俄國。又英人卡卜登議之中俄之隔，僅界一綫提封，迤邐而南，五金之礦，偏於地中各等語。際此庫儲匱乏，全在廣開礦産，以濟急需，俄國現與中國倍敦睦誼，亦可因開礦一事，致碍邦交。和闐金礦係屬内地，俄人自無可藉口，俟查勘之員回省，如果礦苗實係暢旺，即著饒應祺酌度情形，官辦商辦，究以何者爲宜，迅速定議具奏。至所稱中俄界間二水發源之處，及提封以南之五金各礦，著長庚、饒應祺密派妥實可靠之員，前往確切查明究竟如何情形，再行奏明請旨辦理。將此由四百里各諭令知之，欽此。遵旨寄信前來等因，到本署部院。承准此，查和闐等處金礦，前奉諭旨飭令設法開辦，以供國用，當經行司委員查勘在案，兹復奉特旨，應即轉行喀什噶爾道督同前往會查之。署和闐州劉牧嘉德按照指定地段，親往履查，就現時局勢，妥籌辦法詳覆，以憑奏明請旨辦理等因，由司移道轉行到州。奉此，卑職遵查新疆金礦，爲各國所艷稱，升任撫部院陶於光緒二十年，調派比國遊擊林輔臣，選委候補巡檢施再萌，携帶圖説，自羅布淖爾蒲昌海入山，歷卡墻至和闐于闐各山内，攀幽涉險，查探經年，雖山水地名，與圖説所載不一，大要産金之處，仍在崑崙以北，和于兩屬境内居多，各處金礦，數以千計，其效著者，實以闊帕與素爾戛克兩處爲最，即公牘中所稱大小金廠是也。卑職從前奉委隨同查勘，屢與林施二委員晤談，詢及開辦能否獲利，該員等再三籌度，均以限於地勢人事，難必功效。一切難辦情形，已經縷細會稟，升任撫部院陶議覆之奏，所論各端，確係實情，兹欽奉諭旨，酌度官辦商辦何者爲宜，卑職就平日見聞所及，悉心斟酌，由官開辦，既恐成本有虧，後難爲繼；由民開辦，按户納税，恐利源未興，而百姓先受其害。卑職於礦學素未講求，毫無把握，實不敢摻切將事，致廢半途。惟南疆金礦，從前各外洋肆逞其説，咸藉遊歷爲名，接踵而至，久之附會誇張，遂以崑崙北麓金質，爲五大洲之冠，羣生欣羡之心，互萌窺伺之意，若不設法試辦，勢必謂坐失美利，共爲非笑，卑職愚見，新疆苦無粗識礦學人員。查中國出洋學生，歷有年所，宜有專門之學，現在黑龍江金礦已著成效，其中亦自有諳練之人，擬請轉詳咨呈總理衙門，擇派一二人，由天津一帶，購帶小機器一具，出關查勘試辦，果有利益，不妨擴充，否則耗費無多，而中外疑團，亦可共釋矣。是否有當，理合稟請鑒核酌辦等情，由道咨司轉詳，到本署部院。據此，查新疆金礦，西人稱道欣羡，雖所述未必盡實，然金礦重叠，如非限於地勢人事，能運機器軋磨鎔練，未始不無利益。惜礦學無人，圖始維難，苦無良策，該州道所議各情，亦似不爲無見。可否請由天津調派專門礦務學徒，携帶小機器前來試辦，抑即延訪洋師分履查勘，妥籌辦法之處，相應咨呈，爲此咨呈貴衙門，謹請鑒照核辦施行。

「中央研究院」近代史研究所《礦務檔》第三册《光緒二十二年十一月十八日總署收河南汝州府魯山縣廪生李茂棠呈附批示請辦魯山縣銀礦》 十一月十八日，河南汝州魯山縣廪生李茂棠呈稱，爲紳富合集銀股，擬請於河南汝州魯山縣地方試開銀礦，以利國用而厚民生事。伏讀本年正月三十日上諭，開採礦務以金銀礦爲最先，現在各省叠次奉旨通行，凡有金銀礦地准聽民間開採各等因。查河南汝州魯山縣山澤廣大，距縣城二十五里，舊有著名銀洞溝，長約二三十里，銀鉛暴露於外，寶光騰耀，不待探穴鑿井，久經礦師勘驗，礦質百斤除去渣滓，約可得净銀一成六七分不等，鉛有六成，實爲上等銀礦。而從前風氣未開，往往照例封禁。今既明奉諭旨，事在必行，各殷户仰體朝廷利用厚生之意，無不踴躍争先（生等籍隷魯山），稔知利源所在，不忍棄貨於地，現已集有鉅款，公議舉行，慎選礦師，務期實事求是，大都欵由己出，任事無不實心，理合據情稟陳。如蒙俯允，應請咨會河南撫憲衙門，轉飭所屬遵照出示曉諭並求賜給公文。俾生等祗領賫投，再由生等妥議章程稟明地方官，詳請大憲飭知開辦。先行試辦一年，有無成效，據實具報，辦有成效，所出銀鉛，願以二成充公。聽候上憲報部指撥，如無成效，各紳富按股攤賠，與公家無涉，謹合詞具呈。伏乞鈞鑒批示遵行。

〔附〕照録批示

據廪生李茂業等呈請試辦河南汝州魯山縣銀礦一事，仰該生等自行呈明河南巡撫部院，聽候批示可也。此批。十二月十一日。

邢玉林《光緒朝黑龍江將軍奏稿・將軍恩澤增祺奏爲曹廷杰所擬報充軍餉較比漠河加增二分庶於軍餉廠務有裨片光緒二十二年十二月十五日》 再，此次曹廷杰所擬章程第一條，報充軍餉。查照漠河新章程，於廠局應得之一錢六分金價内，再提二分歸入軍餉；每售得金砂一兩，以六錢價歸礦丁，以一錢四分價，作爲股利局用。以二錢六分價，報充軍餉，較漠河加增二分，係由奴才等以該員所領股本止五萬兩，如出金果旺，應分股利無多，飭令體念時艱，酌加報效。該員核實估計，加此二分尚可辦理，毅然允從。每得金砂萬兩，即可爲朝廷多增二百兩金價，合銀五六千兩之譜。得金愈多，報効之銀亦愈多，實於軍餉不無少補。但此系因該廠股利無多，竭誠報效起見，若漠河金廠股本加此數倍，股利亦加此數倍，不得責其照此辦理，致令股東減利，收還股本，有礙成局。理合附片據實陳明。請旨飭下，王大臣會同核議照准，庶於軍餉廠務。伏乞聖鑒，謹奏。

奉硃批：該衙門議奏，欽此。

「中央研究院」近代史研究所《礦務檔》第八册《光緒二十三年正月十三日總署行新疆巡撫陶模文延聘洋員查勘新疆礦務請酌定薪費略數》　正月十三日，行新疆巡撫陶模文稱，光緒二十二年十月二十五日，接准文稱，遵旨籌辦和闐金礦，請由天津調派專門礦務學徒，携帶小機器一具，出關查勘試辦等因。本衙門當即行文北洋大臣，迅揀熟諳礦務人員，尅期前往聽候委勘。旋據北洋大臣復稱，武備學堂及大學堂中學堂肄業生徒，均無專習礦學之人。如欲延請洋員，則開平礦局所請洋員，薪費每年約六千餘兩之數，若聘往新疆，勢須加倍，川費往來亦鉅，碍難擅代延聘等因前來。查新疆開礦，事係創辦，自非延精於礦學之洋員，不足以資得力，惟每歲薪費若干，理合酌定約略之數，以便代爲延聘。相應咨行貴撫，即行核定，咨達本衙門，以憑辦理可也。

「中央研究院」近代史研究所《礦務檔》第七册《光緒二十三年正月十四日總署收黑龍江將軍恩澤等文附原奏章程咨呈擬章籌欵開辦都魯河金礦摺》　正月十四日，黑龍江將軍恩澤等文稱，户司案呈：本衙門於光緒二十二年十二月十五日，恭摺具奏，爲遵旨派員跴勘礦産，於呼蘭所屬都魯河地方，覓有金苗確線，詳議章程，擬即籌款開辦等因一摺。除俟奉到硃批，再行恭録諮報外，合請先行照抄原摺，咨呈等情。據此，相應咨呈。爲此咨呈總署鑒核施行。

〔附〕照録原奏

奏爲遵旨派員跴勘礦産，於呼蘭所屬都魯河地方，覓有金苗確線，詳議章程，擬即籌款開辦，恭摺具陳，仰祈聖鑒事。竊奴才等於光緒二十二年二月十二日，承准軍機大臣字寄，正月三十日，奉上諭，内外臣工條陳時務摺内，多以廣開礦産，爲方今濟急要圖。當通諭各直省將軍督撫，體查各省情形，酌度辦法具奏。吉林、黑龍江，現亦未據奏到，著即將籌辦情形，迅實迅速覆奏。各該將軍、都統、督撫受恩深重，具有天良，豈得膜視時艱，不思爲宵旰分憂耶？其各振刷精神，實力奉行，毋畏難苟要，俯蹈從前錮習，將此由四百里各諭令知之等因，欽此。遵旨寄信前來。奴才等跪讀之下，憂懼悚惶，莫可名言。且身爲旗僕，世受皇恩。際此經費浩繁，部庫告匱，舉凡可興之利，有裨國計，無碍民生者，允宜設法籌辦，以期仰慰宸廑。伏查黑龍江省管轄齊濟哈爾、呼倫貝爾、墨爾根、布特哈、呼蘭、黑龍江，即愛琿六城地面，除愛琿境内之漠河、觀音山等處金廠已經開辦外，今因遵旨派員於齊濟哈爾、布特哈、墨爾根、呼倫貝爾、呼蘭五城境内，逐處查勘。適據奏派試辦呼蘭木總税局委員山西補用知府候補直隸州知州曹廷杰禀稱，奉飭兼查呼蘭屬境金銀各礦，奉札後因正辦理木税，事經創始，未克分身。特轉派委員、把頭等，分途前往呼蘭屬境内，詳細跴查。據各先後報，湯旺河、雲頭砬子、梧桐河、三道濠、桶子溝、都魯河等處，均有金線。大砬子及湯旺河兩處，更有銀線，懇請轉報。卑職詳加考核，惟都魯河金線，出頭頗旺；其餘金銀各線，雖露礦苗，因水大人少，未能採出正頭。若各處同時開辦，費用不貲，擬請將都魯河金廠，先行試辦。如該處開有成效，再行推廣，可省浪費。惟地處極邊，數百里内，並無居民。所有設局安站，買糧製器，招募護勇，墊買金砂等項，通盤核計，非有鉅款，不能舉事，可否懇請酌撥款項二萬兩，並准招集股分三萬兩，即此五萬，以便於冰凍未融之先，預爲經營。再都魯河本係呼蘭屬境極東邊界，卑職查驗呼蘭衙門地圖，與黑龍江轄境，舊以青山爲界，自愛琿城西之青山山脊，至黑河口地方，凡水之向西向南向東南流者，歸呼蘭城地界；凡水之向東北，向東流者，歸愛琿城地界，前曾詳細禀明。兹聞總理漠河金廠知府周冕禀請畫界，亦以青山分水爲詞。擬請准照於都魯河、觀音山交界之青山山脊處，凡水之南流入松花江者，歸呼蘭城；凡水之北流入黑龍江者，歸愛琿城，則兩城地段，確有界限，自無彼此侵越之嫌等情前來。奴才等竊思礦務爲天地自然之利，風會所趨，已有鬱久必發之勢。黑龍江一省地方，夙産金砂，未聞大加開鑿。曩因俄商布租辦粗魯海圖一帶礦務之説，故前任將軍恭鏜，始將早經封禁之漠河金廠，奏明開辦。詎知初定章程，多有未善。經欽差大臣延來江查辦，會同奴才等酌改新章，剔除積弊，自較從前之有名無實者，判若天淵矣。所期接辦礦務之周冕，果能事事遵定新章辦理，不但每年報效軍餉，必有鉅數可觀，即廠中應辦各事，亦不少形竭蹷。蓋貨利雜餘一款，概准由廠自理，不用開報故也。況江省所轄六城地面，極爲遼濶，其於愛琿所挖金礦，境土竟有綿亘一二千里，及千數百里之遥者。今各外城既出有礦産，如果勘寔確有把握，自應派員另爲開辦，以廣利源，不能責成漠河一處兼辦，致令顧此失彼。蓋觀音山金廠，去漠河已有二千餘里。前准部復内稱，漠河去觀音山甚遠，督理一人，如何兼顧，應令查明聲復。奴才等現據查礦委員陸續呈報，愛琿境內，附近漠河，未開金廠尚有五處；附近觀音山，未開金廠尚有四處，業已開單，飭充周冕查實聲復。奴才等現在又飭周冕，趕緊將呼倫貝爾境內產礦處所，查明呈報開辦，以其距漠河較近，且免旁人生心，是漠河金廠督理一人，於愛琿呼倫貝爾兩城地方，足敷經營。此外另開礦廠，斷不致有牽動掣肘之虞。今閱曹廷杰所請開辦呼蘭屬境都魯河金廠擬呈章程十一條，均屬周妥，且於周冕所辦礦廠，毫無攙越，是以傳集户司協領等籌議。擬暫由荒價款中，借動銀二萬兩，發交曹廷杰領訖。至於不敷銀兩，僅准其就地招募商股三萬兩，作速開辦。謹將該員曹杰所議章程十一條，恭呈御覽。請旨飭下總理各國事務衙門王大臣，會同户部、吏部，迅速核議，以期及早開辦，維持利源。再據曹廷杰面稱，公法最重商務，各國均有保護之權，不准擅行攬擾。此次奉准由江省户司籌撥銀二萬兩，招集商股三萬兩，均由該員承領收齊，作爲商股。除照章報充軍餉外，餘利亦按章均分。如有成效，即將户司之二萬兩，先行歸還，以防耗折虧累之弊。擬請頒發公司關防，以昭慎重信守。奴才等查該員曹廷杰，辦事結實，頗具血性，念時事之艱窘，即擬補救，期臻富强。此次委辦金廠，必不稍涉弊混，擬即刊發奏派辦理呼蘭都魯河等處礦務公司木質關防一顆，以爲官督商辦之據。合併聲明，謹恭摺具奏，伏乞皇上聖鑒訓示，遵行。謹奏。

照録清摺

謹將曹廷杰所擬開辦呼蘭屬境都魯河金廠章程十一條，繕具清單，恭呈御覽。

一、定成數以重報效也。查金廠把頭，率領礦夫淘得金沙，每一兩作十成，以六成歸礦丁，以四成歸廠局，名曰四六分金。除礦丁六成不計外，其廠局所得之四成金價，漠河舊章，併入貨利雜餘中，先提各項局用，再提保險公積，然後乃將餘款，劃爲餘利二十成。商股分十成，員司花紅分四成，下餘六成，報充軍餉。新章改定，除貨利雜餘另行開支外，其十成金價，先行開銷礦丁金價六成，下餘四成，並機器所得金價，統作十成，先提六成，報充軍餉，下餘四成，作爲股利局用。本廠自當遵照辦理。惟開辦之初，尚未購定機器，止有抽取礦丁之四成金價，以四成作十成，照新章先提六成充餉。是廠中每得金砂一兩，變價後軍餉分得二錢四分金價，礦夫分得六錢金價，廠局分得一錢六分金價也。今擬照此變也，於廠局所得之一錢六分内，再提二分，歸入軍餉。每售得一兩金價，以二錢六分價，報充軍餉；以一錢四分價，作爲股利局用；以六錢價歸礦丁。嗣後購得機器，所得金價，另款照章分作十成，以六成充餉，四成作爲股利局用，似此則於軍餉更有裨益。惟礦丁所得六成金價，行之已久。且查歷代礦務抽税，未有如此之多者。緣礦廠多在極邊，服食器具，比内地價昂不啻倍蓰。礦丁多係流民，若無餘利，則聚散無常，易生事端。故礦丁金價，不能再議核減，合併聲明。

一、定地界以免侵越也。吉江礦務，中外豔稱。查吉林之礦脉，始於熱河北山，循山脈東至長白，分脈入瀋陽、高麗及吉林全境，多有礦綫，但其綫有淺深之分。故所踹有難易之别。又近大山者，多係綫金；遠大山者，多係河金，此定理也。黑龍江礦脈，始於阿爾太山，東抵外興安嶺一帶，綿亘萬餘里。南北各河溝，多有礦綫，屬俄之東西悉畢爾部，俄之富强，半基於此。其由阿爾太山東南，循沙漠至呼倫貝爾南境起，爲内興安嶺山。由江省之西南，綿亘蜿蜒，經西而北折，而東而東南，至松花江黑龍兩江合流處者，統稱内興安嶺。南北各溝，亦多礦線。前開漠河時，論者謂自額爾古訥河西山起，經奇乾、阿勒罕，直至阿木爾河下游，計長五百里，夙稱金穴。今經飭呼倫貝爾、布特哈、墨爾根、黑龍江、呼蘭五城所轄之山，多有礦苗，深者或未踹出，淺者或不敷縻費，未能盡辦。惟漠河金廠推廣奇乾、阿勒罕、觀音山等處者，近或數十百里，遠或二千餘里，皆隸黑龍江副都統轄境，即愛琿城也，其間有苗可踹之處尚多，應由漠河金廠推廣辦理。本廠係屬呼蘭城轄境，前於踹苗時，查照呼蘭副都統衙門舊存地圖，呼蘭與黑龍江二城，以青山即内興安嶺東山脊爲界，凡水之入黑龍江者，隸黑龍江城；凡水之入松花江者，隸呼蘭城。查都魯河，水由青山南面入松花江者，係屬呼蘭地界，應由本廠辦理。俟有成效，再行推廣。

一、頒關防以照信守也。創辦之初，經費浩繁。蒙批准由户司籌撥銀二萬兩，再准招集商股銀三萬兩，所有領款集股，及開局一切應辦事宜，必須盖用關防，方可辦理。擬請頒發奏派辦理呼蘭都魯河等處礦務公司關防一顆，以照信守。

一、定股利以照公允也。招商集股，西洋名爲公司，固屬衆擎易舉，亦以保持利權，緣公法最重商務，不准擅行攬擾也。今擬以卜魁省平銀，每百兩爲一股，户司籌撥之二萬兩，作爲二百股，具領存案。其招股三萬兩，作爲三百股，每股填發本廠公司股票一張，細摺一扣，合户司籌撥之二萬兩，共五百股，長年官利七厘，按年交付。其應分之餘利，將售金全價，除付礦丁砂價六成，並報充軍餉二成六分外，所餘金價，除開支局費官利，無論再餘若干，併入貨利雜餘，統作餘利。照新章第四條，十三年至十五年所集各股，每股每年從優准給股利銀一百兩；其十六、十七兩年各股，每年酌中准給股利銀五十兩；十八、十九、二十三年所入之股，每年從減准給股利銀二十兩。若應分之利，不及限定之數，仍以銀數多寡，照前所定之等次，仍按成數分給，以照公允各等語。酌定股利等第，本廠約計光緒二十三年四月以前，方可開辦。招集股分無多，擬以二十三年四月以前入股者爲上等，八月以前入股者爲中等，十二月以前入股者爲次等，按等分利，以照公允。惟户司之籌撥二萬兩，作上等股。但恐久分上等股利，則商股有所藉口。且苗之衰旺，不能預定。擬請於開辦復售得金價之日，作爲股利起利之日。此官本二萬兩，定分頭等股利一年，即行將本歸還，不分股利，仍將正利按年呈繳將軍衙門，聽撥公用。如此則商情踴躍，縱苗綫或衰，承辦者亦無虧累官本之虞。或於此廠辦有成效後，將此官本推廣湯旺河、梧桐河、大碯子有苗等處，逐漸照此辦理。均俟得還上等股利一年後，抵還成本。永分官利，不分股利。其推廣之廠，應照新章第十一條，觀廠得利，另册報銷。凡所得之金，除開支礦丁六成不計外，下餘之銀，仍作十成，以八成報充軍餉，以二成作爲廠局用。但此係指專用官本，不用商本而言。若官本二萬兩，不敷經費，須湊商本，則報充軍餉，派分餘利，仍應如此次第一條辦理。

一、定貨利以判公私也。漠河舊章，以貨利雜餘一項，專備賠補礦丁虧空，及修理一切用度後，將此款併入金價款内，一並充公。新章將此項貨雜各利，統行改爲商款，不必再事充公，專令作爲員司花紅，及保險公司之用。惟員司花紅，不得過商股餘利十成之二，以示限制。此外所餘之款，概令歸入保險公積項下，以厚局本各等語。廷杰詳繹此條，係因該廠由貨櫃逐年營運而得之款，將利作本，不用商股成本，故可專作員司花紅，及保險公積之用。今本廠擬於五萬金内，提款設立貨櫃，所得餘利，必須併入本廠應得金價内，通盤核算，作爲股利局用，方照公允。惟概行併入，則司員花紅及保險公積，又無所出，似亦不宜。擬以貨利雜餘，另款核算。每年所得之利，統作十成，以七成併入本廠應得金價，歸股利局用，以三成作爲員司花紅、保險公積，花紅仍不得過商股餘利十成之二。若有餘款，仍歸保險公積項下，以厚局本。若不敷分用，即將三成平分，一作員司花紅，一作保險公積。庶有限制，可以經久。惟此項貨利雜餘，係遵新章，在報充軍餉之外，合併聲明。

一、招募砲勇以資保護也。查金廠多近邊地，凡防邊緝賊，應請由鎮邊軍分撥駐紮，藉以保護金廠。惟廠内分班看溜守棚支更，及押運砂條售賣轉運各事，必須有馬步礮勇，方足以資差遣。第不别籍貫，則逃勇匪民，均得應募，實於廠務大不相宜。擬請在呼蘭旗界，按檔挑選旗丁，年十八以上，二十五以下，其身未補披甲領催，並有室家者，百五十名。以百名編作步隊，爲一哨。以五十名編作馬隊，爲一哨。另選哨官哨長管帶，不設營官，歸總辦統領。其餉乾仍仿鎮邊軍營制，由本廠按月發給，歸入局用報銷。但邊遠糧貴，若不津貼，恐不足維繫其心。擬照漠河章程，護礦營無論官兵，每名每日加給白麪一斤，小米十二兩，以資鼓勵。由總辦督飭，認真訓練，隨時操演。有不率教者，照營規辦理。擬請咨行呼蘭副都統衙門，由各旗佐送檔挑選，取具連環保結備案，並請頒發鎮邊軍營制營規各一分，以便遵守。

一、慎員司以一事權也。漠河開辦之初，總辦以下，設有提調，文案委員、司事，帳房委員、司事，支應所委員、司事，稽查處兼管礦丁册籍委員，辦理交涉處委員、司事，監修工程司事，收金所司事，貨櫃總管司事，各處分局委員、司事，醫官、醫生暨司事，押運委員、差弁，採買委員、司事，俄文繙譯生，俄語通事，化學生，礦師各名目。今擬查照樽節辦理，均由本廠股商保薦，因材録用，若不足額，由總辦結保，統由本廠札委諭派，開明履歷，隨保結造册呈送將軍衙門備案。倘員司有舞弊情事，由總辦禀請隨時退换，甚者惟保人是問。若廠内有弊，稽查處或不先行禀明，惟稽查處是問。若稽查處禀明，總辦不禀請更换，惟總辦是問。若總辦有弊，各員司均得舉發。如此上下牽制，自然事權歸真，員司皆知奮勉。無濫竽虚糜，依勢挾制之弊，而廠中亦弊絶風清矣。擬照漠河原設員司，任缺勿濫，請禁止薦支乾修，以杜浮冒。

一、定平砝以免贏絀也。各處平砝，大小不一，若不指用何平，則收售贏絀，不可勝算。漠河金廠，以愛琿平爲出入之準。今擬以卜魁省平爲準，與愛平同。若售賣各處，平砝不一，均折歸卜魁省平。核算報銷，但收金時，向用加一串平，以備金砂内攙和石砂磺質，及鎔條火耗傷折之用。此外盈餘若干，仍應於售得金價内，聲明加一串平。除傷折外，實餘若干，併入金價，造册呈報。查各處金砂，皆雜石子、砂質、銀質、硫磺鐵，惟銀質不提不出，其硫磺鐵、石子、砂質皆於鎔錬時，隨火迸出，隨烟飛去。石砂質多，則硫磺鐵少。硫磺鐵多，則石砂質少。又凡大塊金，名曰金疙疸，多含石砂，化煉時必先去石砂之質，再行化煉。

每千分得淨金八百七十餘分，銀七十餘分，硫磺鐵五十餘分。尤有比此不等者，淨金減至五百八十餘分，增至八百九十餘分。是以鎔條傷折，數目不能一律，合併陳明。

一、用串票以防隱匿也。新章改把頭金摺爲連三串票，每用把頭一名，即予串票一張，分爲三段，首段爲票首，次段爲票身，三段爲票尾。三段騎縫之處，均填注字號，並鈐用黑龍江將軍印信，以昭信守。用時以票首、票身付之公司，爲逐日交金記數所憑。均須按日登記，按月總結。總結之後，仍將各該廠把頭，逐一聲明。每幫是月共得金砂若干，應分回六成金砂若干，每兩金價合銀若干，詳細分註，三票一律，以憑核對。並令於各票註完時，將票身一張留局存案，票首、票尾兩張送省備查，防弊之意，至周且密，本廠自當遵辦。惟廠內把頭，時運不齊，所領金幫人數，多寡不等，亦各時運不齊。其把頭運旺者，或原領一二幫，逐漸添至十數幫，二三十幫不等。其把頭運衰者，或原領二三十幫，逐漸減至十數幫，一二幫，或全行逃走不等。其金幫內之礦丁，避衰就旺，亦復如是。故把頭金幫，一月內變換無定。若先將把頭實在數目，造册報明。再由省局照數備票，設立號簿，按張編號，稟請鈐用將軍印信。每把頭給予票照一分，則把頭金幫人數，隨時變換，往返換票，動稽時日，似有不便。擬請將連三串票，由本廠刷印，編列字號，呈請將軍衙門，用印發回備用。於每日把頭交金時，填寫收數，按日登記，按月總結。於呈送月報時，將票首尾送省備查。庶於新章不背，而把頭金幫之隨時變換，亦可按日稽查，可免繁牘往返。廠中應照新章，添設管票委員一員，以重收發。

一、報運售以免私銷也。新章漠、觀兩廠售金，必須有分局處，方准解往。隨地掛號，以杜偷漏。今本廠試辦之初，擬於三姓、吉林、瀋陽、天津、上海，漸次設立分局。或就近在本廠零售，必須隨時呈報將軍衙門查考。無論運售、零售，若不呈報，查出照監守自盜例，將總辦及經手各員，一律治罪。若運售必由之路，應令該解官，一併順路赴局，報明掛號。各該局亦當照章查驗，註册立案，方准放行。

一、請保獎以勵人才也。新章金廠保獎，但論報充軍餉之數，不必計其年分。如能報充軍餉銀數在二十五萬，核計金砂足抵一萬兩以上者，准保一次。其所保人數，與論異常尋常，均不得逾六十員之數，以昭核實。今擬遵照，届時稟請將軍衙門核定奏獎，若推廣別廠，仍令核計各金請獎，不得牽混併算，以清界限。

「中央研究院」近代史研究所《礦務檔》第六册《光緒十三年二月十六日總署收軍機處交出盛京將軍依克唐阿抄摺附礦務章程請准調員招商開辦奉天東邊銀鉛礦務》二月十六日，軍機處交出抄摺稱，奴才依克唐阿跪奏，爲調員招商開辦奉天東邊銀鉛礦務緣由，恭摺仰祈聖鑒事。竊據翰林院編修貴鐸、散館分部呈改知縣繆潤紱會銜稟稱，竊維利國首在富強，而富強以開採爲急務。奉天礦産饒裕甲天下，如岫岩、寬甸、懷仁、通化一州三縣，礦山林立，五金並産。貴鐸等祖居奉天，曾眼同礦師詳勘得邊外寬甸縣屬之小荒溝、小湯石、北弔幌子一帶，山勢蟬聯十數餘里，鉛苗透露，膚面皆是。又勘得懷仁縣屬之涼水泉子、老營溝、礦洞子等處，深林陡澗中，銀砂顯露，苗質頗佳。夾道子大東溝二處，現有鉛綫，亦頗暢旺。又勘得通化縣屬之大小廟兒溝，至大小羅圈溝，其間數十餘里，金銀鉛鐵各礦，苗質頗旺。又勘得邊裏岫岩州屬之黑島，斜長二十餘里，横亘十餘里，鉛綫銅苗，漫山徧地，木耳山南光頭一帶，砟鐵並生。統計各地勢，均與禁山相距遥遠或三四百里至八九百里不等。實與永陵龍脈無關且係僻壤荒山，與民間盧墓田園，全無妨礙。若得及時與辦，不惟有裨奉天一省，而軍餉之供、度支之裕，可以計日而待。貴鐸等前曾將銀鉛礦砂，逐細鎔鍊，每鉛砂百觔，出淨鉛十餘觔，銀砂千觔，傾出足色紋銀十五兩，是功効既不難求，而需款尚非甚鉅。今擬自寬懷所屬之小湯石等八處爲始，先辦銀、鉛兩項，暫依土法開採。其餘勘定未開各礦廠，應俟試辦得手，逐漸擴充，惟通盤核算，將來買山置廠，建屋修路，砌盖爐座，購備柴炭，延請礦師，僱覓夫匠以及薪工、膏火各項費用，約估本銀須二十萬兩，方可集事。貴鐸等現已招集商本兩千股，每股銀百兩，共計銀二十萬兩。此款業經寄存殷實舖户，以備臨時提用，請自開工之日起，予限半年。試辦有效，隨時報聞等情，並詳擬章程，繪具圖説，稟請具奏前來。奴才伏查奉天礦務，自弛禁開採以來，商股零星散佈，並無提綱挈領之人，以致辦理半年，迄無成效。又以銀、鉛各礦工本太鉅，集資非易，置爲緩圖。奴才曾於上年九月間，奏報試辦金礦期滿，未能暢旺情形。欽奉諭旨，仍著督飭承辦各員，招集殷商，多籌經費，另定妥善辦法，務期成效克臻，將金銀煤鐵各礦，逐漸推廣，不得畏難苟安等因。當經欽遵行知承辦各員，妥議章程，至今無進一善策者，想見辦礦不獨集資爲難，即得人亦難。今貴鐸等集資二十萬金，稟請試辦銀鉛各礦，俟得手後，漸事擴充，是亦先難後易之意。所議章程各條，尚覺切寔，不事鋪張，但能經理有人或不至於虚糜工本。查貴鐸才長心細，堅定有爲，前年軍興，奉旨發交奴才軍營差遣，曾派充幫辦全營翼長，代籌布置，頗合機宜，以之督理礦務，斷不至一無展佈，有初鮮終。合無仰懇天恩，准調翰林院編修貴鐸來奉，督辦東邊銀鉛礦務，以廣利源。惟事関奏調京員且覈閲所議辦法，尚未詳盡，謹將遞到章程二十二條，繕具清單，恭呈御覽。仍請旨飭總理各國事務王大臣核議，以昭鄭重，除咨呈總理衙門督辦軍務處查核並咨户部查照外，所有調員招商集資開辦奉天東邊銀鉛礦務緣由，理合恭摺具奏，伏乞皇上聖鑒訓示。謹奏。

光緒二十三年二月十五日，奉硃批：該衙門議奏，單併發，欽此。

〔附〕照録清單

謹將貴鐸等酌擬開辦奉天東邊銀鉛礦務章程二十二條，敬繕清單，恭呈

御覽。

計開：

一，奉天東邊，自光緒元、二年間，始分疆畫界，地脈休養日久，礦産暢旺，現經履勘得岫巖、寬甸、通化、懷仁一州三縣，産五金之礦者，約十餘處，均與啟運山風脈無関。但若同時舉辦，資本較鉅，頭緒亦繁，今擬先從寬懷屬境之小荒溝、小湯石、北弔幌子、凉水泉子、老營溝、礦洞子、夾道子、大東溝等處，試辦銀、鉛兩項，庶幾費省效速，其餘自不難循序漸進。

一，寬懷屬境銀、鉛礦産，曾依土法鎔鍊，每鉛砂百斤，出浄鉛十餘斤，銀砂千斤，出足色紋銀十五兩餘，均眼同礦師試驗，係確有把握。除報課及開鎔工本一切費用外，約計尚可獲有贏餘。

一，開採設局，現特招商本二十萬兩，分作二千股，每股京市平松江銀百兩，仿照各礦務局成章，填掣股單息摺，給商收執，以憑支付官利贏餘。其經發銀錢，責任至重，應由總辦商董協同股商，公舉其人，必須家道殷寔，素行公正，設有虧短之處，責令賠繳。

一，集股二十萬，自合如數收足，惟現擬先辦寬懷屬銀鉛兩項，只依土法開鎔，先收四成之一辦理，較爲妥實。如礦産過旺，相度情形或須添購洋爐，需本甚鉅，即行登報通知，預定收足日期，另換收足股單。倘逐漸推廣，尚須添本，先儘舊股加增，如舊股不願加時，另招新股補數。

一，寬通懷岫四屬，礦山甚多，現只就寬懷屬境之小荒溝等八處入手。俟有成效，其餘即行次第開辦，但人情趨利，恐有黠徒或稱自備資本或另集商股，前來分採，則創辦者爲其難，繼起者享其成。應請先行立案，所有寬通懷岫屬境礦山，凡與啟運山風脈無関者，統歸一手經理，庶免掣肘而息争端。

一，招集商股，先須發給股單息摺，至局中諸事宜，有應移會地方者，有須隨時禀報者，應請刊發奉天東邊礦務総局木質関防一顆，以資信守而昭慎重。

一，招商開採，與官廠不同，一切局中事宜，統照商情辦理。凡邀請商董及司事友人，原係候補候選人員，概不得立作委員名目，以歸畫一。

一，承辦礦務，首貴得人，查各礦局章程，凡商股資本在一萬兩至五千兩以上者，准酌薦一友，入局任事。儻所薦非人，致有貽誤侵欺各等弊，一面由總辦撤退，一面知照原人，另薦妥人，前來接辦，如有虧短挪移，責令原人賠補。

一，入股之人，務將姓名籍貫，詳細開列，或非中國籍貫，託名附入，及暗將股票轉售外國人者，一經查出，立將股本銀繳送入官，另招新股並由局移行地方官。請提售股之人，追還洋商本銀，以免轇轕別生枝節。

一，開礦夫匠人等，專用本地有家業之人，俾附近貧民藉得自食其力，且免易聚難散之虞，並取具連環的保，方准入廠工作。工食從厚，而約束從嚴，免其滋事，仍請地方文武營汛隨時彈壓照料。如有因開山鑿石刨洞取砂等事，致遭危險，或至殞命者，各安天命。除由局酌給卹賞，報官驗明立案外，其親族不得藉端訛索。

一，股本銀收齊後，擇交殷寔錢莊票號，分存生息，開辦礦務，一切應行需用之處，隨時提用。

一，股本銀係開採要需，在股者不得移作别用。或因有事故，只准將股票轉售，不得抽回，其轉售之先，須持票赴局挂號，以杜影射而重礦本。

一，開辦之始，必須廣爲招徠，現擬總局之外，於京師、奉天、上海立分局三處，曰京局、瀋局、滬局，以期呼應靈通，至交銀售票以及支付官利贏餘等事，均可就近辦理。

一，設局開辦，務求節省，所有局中公用及辦事司事、書算等，自不能不開支辛俸。至總辦薪水則議俟開廠後，諸事就緒，再行開支，以重公本。

一，集股開採，自應依照各礦局章程，盈虧一聽諸商，其税則厘金，應查照奏咨專章，援案辦理，以重帑項。

一，出入銀錢，最關緊要，每日立有流水簿，每月立有月結簿，每年立有總結薄，由總辦商董協同司事，公同核算，年清年款，登載申報。俾大衆咸知，平時賬

簿，凡附股之人，均得入局查閱，以示大公。

一、各商股本官利，各礦局章程有以交銀日按年一分起息者，有以見紅後按月一分起息者，二者均未得其平。今仿照磁州礦局新章，擬以交銀之日起，年終核算莊利共得若干，登明申報，於次年正月，按股分支，俟一切辦理裕如，常年一分起息，不計閏按年支付，以昭平允。

一、各商股單息摺，如有遺失，須邀公正股寔之人作保，報明單號商名。由局查核外，仍由該商將因何被失及單摺名號登載各新報，作爲廢紙，俾人人皆知，兩月後無人過問，方准補給，此後倘有葛藤，俱惟該保人是問，與本局無涉。

一、商董執事各友薪資，應由總辦酌核定數，登明册簿，按月開支，分文不准預支挪移。除局中房租、飯食油燭、筆墨紙章各項開銷公賬外，其餘概不得濫行支取。

一、結賬分紅，應先明定章程，茲擬按年清結一次，以十二月爲期。除應完税課及局中公費薪水月息外，所有盈餘，以十成核算，八成作爲股商溢利，按股均分，其餘二成作爲紅股，論功分派，以示鼓舞。

一、開辦基始，同人備極艱辛，辦成之後，或因他故，或年老不再入局。除薪水開除外，所有酬勞，應酌給十五年，以昭奬勵。

一、到山開採，應購地設棧及雇覓人夫，暨收放運銷運解各事宜，統俟開辦後，酌核情形，再當續議刊刻，俾供衆覽。光緒二十三年二月十五日奉硃批：覽，欽此。

中國第一歷史檔案館《清代軍機處電報檔彙編》第二五册《發黑龍江將軍恩澤電爲都魯河礦事署已核准尚未會奏事光緒二十三年三月二十五日》 都魯河礦事，署已核准，尚未會奏。有。長暉繕。

邢玉林《光緒朝黑龍江將軍奏稿・恩澤又爲阿林别拉溝煤礦抽厘章程單光緒二十三年三月二十八日》 謹將黑龍江阿林别拉溝煤礦，官督商辦，設局抽厘章程五條，敬繕清單，恭呈御覽。

一、此礦宜官督商辦也。查開辦煤窑，必須多用人夫。愛城地處極邊，食糧皆自外。至官處無款可撥，不能不爲先時蓄積之計。至臨時購買，則商賈居奇，價值動逾數倍。他如局中應設人員、書巡、薪水、心紅等項，暨添備廠中器械，發放人夫工銀，在在需款，計每歲開銷，爲數必鉅。若使所入之款半耗於所出，何貴有此開辦。故不知兑交股實舖商承辦，官中但就廠設局，派員督飭，兼以抽厘，庶幾簡益。

一、厘税宜酌定也。本省開辦煤礦，事屬創始，一切章程無案可援。雖吉林煤税，有售錢一串抽厘二成之章。然彼山廠類有業主，煤商須歲出租價。此地本屬官山，無出租之累，自不必倣照吉林。又值此需款孔亟之時，但使商力不困，即不妨略爲加重。擬每售出銀一兩抽收四分八厘，以四分作爲正課，以八厘開支。局中薪水心紅等項，該商等均已樂從。

一、局章宜周詳也。煤礦既官督商辦，亦宜刷印連三票張：一曰票根，留局存查。一曰查驗，按月送省。一曰執照，交商爲據。使煤商每日赴局，將售煤數目，報明完厘。局中每月造齊月報，並查驗之票，一併送省存司，以便年終報部。倘該商有偷漏，及以多報少之弊，即按章責罰，以六成充公，四成充賞。

一、薪水宜撙節也。當此庫款支絀，欲使無虚糜之餉，必先少設冗員。但該處食用皆貴，於應設之員薪水不能不稍從優給。擬於煤廠附近，設一專局，由省刊發木質鈐記一顆。設管理局務委員一員，月支薪水銀四十兩；督查一員，酌派兼差，月支薪水銀二十兩；司事一名，月支薪水銀十五兩；税書二名，每名月支工食銀八兩；護勇四名，每名月支工食銀四兩；巡役二名，每名月支工食銀三兩。局中心紅等項，月支銀二十兩；省司辦理煤廠造報各事，月支心紅銀十兩。均由所收之八厘税銀内開支，倘有不敷，即由四成正課内添補，以示限制。年終核實報銷。

一、彈壓宜預籌也。向來各省煤窑所用人夫，多係年少無業流民。偶於廠東有不和之處，即糾衆停工鬥毆，往往釀成事端。該處地方邊陲，事屬創始。尤宜妥爲籌畫，但一年所出煤觔，所收厘税豐嗇，多寡尚難預定，不得不撙節辦理。現擬設勇四名，暫爲護局之計。而以駐紮愛城之統領壽山，兼充督查，藉資彈壓。倘日後礦務暢旺，局款加添，而該軍或遇徵調他往，再行酌量添募。

邢玉林《光緒朝黑龍江將軍奏稿・恩澤奏爲阿林别拉溝地方煤礦擬即官督商辦設局抽厘請旨飭部立案摺光緒二十三年三月二十八日》 奏爲新採阿林别拉溝地方煤礦，擬即官督商辦，設局抽厘，以利餉源，恭摺具陳，仰祈聖鑒事。竊奴才前據候補巡檢李席珍，在愛琿城西數十里阿林别拉溝地方，晒得煤礦一處，其礦質尚好。現在人夫用多，食糧貴，擬請交商承辦，就廠抽厘，以省糜費。當飭其詳議章程，到日再行核辦等因，具奏在案。茲據該巡檢禀陳，所擬章程五條，並報明已將阿林别拉溝煤礦所挖之煤，均行兑交鼎盛昌、永和公兩號商人李文展等承領，招集股本，實力經營。官中但按照所售煤價，酌定稅章，設局抽收等情前來。奴才詳加查核，此項煤質既好，又脈線孔長，似可經久稱做。但使銷路一廣，厘稅即能暢旺。且咫尺愛城，商民利其價廉工者，日久必與內地燒煤相等。刻聞江北俄人現已多欲買用，後來鐵路如果修成，既爲火車所必需，更可運之四出銷售。歲集鉅款，當亦意計中事。而此煤礦既爲候補巡檢李席珍一手採出，自能熟諳情形。今議官督商辦，設局抽厘。擬即委其管理局務，認真經理。又思礦務既開，人夫必日用日衆，勢須招募護勇，藉資彈壓。惟事屬創始，費用實不可多糜，應暫爲權宜辦理。查有補用知府、世襲騎都尉壽山，本地旂人，現充鎮邊軍左路統領，駐紮愛城。擬即委其兼督查煤礦差使，藉其所帶勇隊之力，就近彈壓廠中人夫，亦是節省一道。除分飭該兩員遵照，核實征收，認真稽查，務期利興弊除，官商兩益。果能開成久遠，大可裨補餉源。謹將所擬章程詳細厘定，敬繕清單。恭呈御覽，請旨飭下户部查核立案。所有阿林別拉溝煤礦，擬即官督商辦，設局抽厘緣合，理合恭摺具陳。伏乞皇上聖鑒訓示，遵行。謹奏。於四月二十六日，奉到硃批：該衙門議奏，單併發，欽此。

「中央研究院」近代史研究所《礦務檔》第七册《光緒二十三年四月初四日總署奏摺附遵議黑龍江都魯河金廠章程遵議黑龍江將軍恩澤等奏擬章籌欵開辦都魯河金礦》光緒二十三年四月初四日，本衙門遞奏摺稱，爲遵旨議奏事。光緒二十二年十二月二十八日，軍機處鈔交黑龍江將軍恩澤等奏，呼蘭所屬都魯河地方，覓有礦苗，詳議章程，擬即籌款開辦一摺。奉硃批：該衙門議奏，欽此。臣等伏查江省礦苗深旺，漠、觀兩廠有裨餉項，具有明徵。既經成效可觀，自應逐漸推廣，以濬利源而儲軍實。按度山川情勢，內興安嶺，脉起呼倫貝爾南境，蜿蜒東引，經布魁墨爾根，以達呼蘭。黑龍江所屬六城，三在嶺北，三在嶺南。呼蘭東接吉林，尤爲嶺南腹地。自光緒十四年，漠河開辦金廠以來，西起奇乾河，東盡觀音山，分局支廠，綿亘千里。然皆嶺北之礦，未嘗議及嶺南。論者謂，泰西礦政，本厚廠多，歲月漸摩，積臻鉅利。漠河以十餘萬之本，臨三千里之地，力量不充，地有餘利，非虛語也。都魯河在呼蘭東界，以章程所稱方向定之，源出興安嶺，流入松花江，蓋即乾隆輿圖之都爾河。新圖之都勒，俄圖名之曰堆河，南與三姓礦脉相接。其東百許里，即湯旺河。地近兩江合口，輪船航路，火車軌道，均近在肘腋之間。呼蘭所屬之巴彥蘇蘇北團林子二城，人口殷蕃，將來招募礦丁，購辦糧畜，運置機器，一切均當較漠河爲便。但使經理得宜，不患辦無起色。該將軍此次欽奉諭旨，派員躧勘，既據奏稱有裨國計，無礙民生。其所擬章程，亦並照漠河奏定新章，核實詳明。成本較少於漠河，認餉較多於漠河，自應准如所請，撥款招商，試行開辦。伏查俄以悉畢爾爲東方重鎮，其緯度更在吉江以北，其氣候尤較吉江爲寒，人户不蕃，山林曠邈，徒以開礦興屯之效。尼布楚之金銀，伊聶謝之糧穀，資其儲蓄，遂以開海口而瞰東瀛。華境土壤極腴，經理較易，歷年規畫，具有端倪。目下鐵路將開，尤宜豫爲養路殖民之地。原奏所陳請與漠河分辦各節，斷以圖册，不患界限之不明。若斤斤以攙越爲嫌，漠河既力有未周，他處復委而不顧。貨棄於地，萬一外人覬覦，請立公司，彼時許拒皆難，豈不更增轇轕。該將軍等於去年十二月間，曾電達臣衙門，有江省礦產統歸華商承辦之請。是則先著所争，亦已知之有素，所宜力除畛域，加意經營者已。原奏稱，委員候補知府曹廷杰，辦事結實，頗具血性。查照漠河成案，應如所奏，請旨即派曹廷杰，督辦呼蘭都魯河等處礦務。由該將軍刊發關防，以專責成，務收寔效，毋託空言。其將來次第推廣，及一切事宜，仍由黑龍江將軍督飭該委員，遵照漠河新章，隨時稟商辦理。謹將遵議章程，開列清單，恭呈御覽。伏乞皇上聖鑒訓示，遵行。再此摺係總理各國事務衙門主稿，會同户部吏部議奏，合併聲明。謹奏。本日奉硃批：依議，欽此。

〔附〕謹將遵議黑龍江省都魯河金廠章程，繕具清單，恭呈御覽。

一、原奏報効成數一節，查漠河舊章，係將抽取礦丁之四成金價，併入貨利雜餘款中，先提局用公積。乃於餘利中，報効二十分之六。新章剔除貨利雜餘，亦不提局用公積，徑就四成金價，以十分之六報効軍餉。兩相比較，新章報効之數爲多。都魯廠又擬於新章廠局應得一兩金價之一錢六分中，再提二成，歸入軍餉。則其報効之數，爲十分之六零五，即二十分之十三。原奏稱其竭誠報効，誠於軍餉不無裨益。所稱現在尚無機器，止就四分金價核辦。俟購有機器，所得金價，另款照章分作十成，以六成充餉，以四成爲股利局用。核與新章併算之數相符，兼係實在情形，自應照准。惟該局既願將四分金價，十成中報効六分零五，則將來機器所得金價，亦應令報効六分零五之數，以歸一律。呼蘭爲江省腹地，又係屯販輻輳之區，與漠河極邊寒苦者不同。前户部曾咨令漠觀兩廠，將礦丁六成議減，應仍令該委員體察丁情，有可覈減者，設法妥籌覈減。其礦丁所得金砂，自應全繳公家，不得略有透漏。

一、原奏定地界一條，查江省所屬六城，原有劃定轄界。所稱呼蘭與黑龍江城，以青山即内興安嶺東山脊爲界，凡水之入黑龍江者，隸黑龍江城；凡水之入松花江者，隸呼蘭城。查與江省所繪各城分圖轄界相符，應如所請，南北各溝踴得金苗，認界分辦。

一、原奏請頒關防一條，應如所請。即由江省刊刻發給。

一、原奏請定股利一條，查所擬光緒二十三年四月以前入股者爲上等，八月以前入股者爲中等，十二月以前入股者爲次等。係遵照漠河新章，按等分利，以昭公允。其户司籌撥之官本二萬兩，定作上等股分，應分股利一年，即將官本歸還。以後永分官利，不分股利。仍將此官本推廣於湯旺河、梧桐河、古硐子有苗等處，逐漸試辦。其推廣之廠，專用官本者，照觀廠新章，以四成金價内十分之八，報充軍餉。兼資商本者，仍照第一條章程，以四成金價内十分之六零五，報充軍餉。核與新章辦法相符，應如所擬辦理。惟每廠擬集股本若干，應咨户部立案。

一、原奏定貨利一條，查貨利雜餘一項，本由貨櫃營運而得。漠河設立貨櫃，不用商本。該廠設立貨櫃，則從官商合本之五萬金中提欵，情形既已不同，自不能强令一律。所擬將貨利雜餘，另欵核算。每年所得之利，以十成之七，併入本廠應得金價，歸股利局用。以其三成作爲員司花紅保險公積，花紅仍不得過商股餘利十成之二。查與新章將此項專充花紅公積辦法，稍有變通。第花紅既有限制，公積多得贏餘，與防弊本意相符，有益公家，應如所擬辦理。

一、原奏招礮勇一條，查邊地向多游匪，護廠之勇，自不可無。所擬就呼蘭界内挑選旗丁，編作馬隊，並餉乾津貼辦法，均可照行。惟須實募實練，不得虚額浮支，徒糜經費。

一、原奏慎員司，定平砝二條，查均係沿用漠河事例。所擬員司，均由股商保荐，總辦結保。暨廠中有弊，稽察處不行禀明者，惟稽察處是問。總辦不行禀明者，惟總辦是問。及總辦有弊，各員司均得舉發，係爲慎重公事起見，理合准行。其所稱金砂成色，核與漠河大致相同。加一申平，事同火耗。用防傷折，亦勢所不得不然。其愛平、省平砝碼輕重，較庫平盈絀若干，仍應聲明，報部備案。

一、原奏用串票、報運售、請保獎三條，查均係遵照漠河奏定新章，酌擬辦理。其請將連三串票，由本廠刷印，編列字號，由將軍衙門用印發還備用，按日登記，按月總結。及擬請在三姓、吉林、瀋陽、天津、上海，漸次設立分局，就近零售，隨時呈報等語。查於新章防弊之指不背。開局伊始，自可稍與變通，以期旺暢。惟就近零售，是否有華洋大賈，來廠收金；礦山荒僻之地，有無本地商民，畸零售兑。公司辦事，應將月結、年結列册，分明咨部查考。其保獎一節，係請遵照新章，嚴立限制，亦應照准。吏部查原奏内稱，保獎以勵人才，但論報充軍餉之數，不必計其年分。如能報充軍餉銀數在二十五萬兩以上者，准保一次。無論異常、尋常，均不得逾六十員之數等語，應如所請。在廠經辦各員，如果實効昭著，准擇其尤爲出力者，保獎一次。遵照漠河奏定新章，異常勞績，酌保十員。其出力較次之員，照尋常勞績保獎，不得概從優保，以示區別。其保獎人數，所稱無論異常、尋常，均不得逾六十員之數。計其報充軍餉銀僅二十五萬，所擬保獎共至一百二十員之多，未免稍涉浮濫，似非慎重名器之道。自應嚴立限制，以昭核實。臣等公同商酌，嗣後請獎異常勞績，不得過十員；尋常勞績，不得過六十員，共計不得逾七十員之數。仍應查照定章，將各該員到廠日期，及經管何項事務，先行咨部立案。倘未經咨部，不准列保。庶於鼓勵之中，仍寓覈實之意。

「中央研究院」近代史研究所《礦務檔》第七册《光緒二十三年四月初四日總署奏片議復黑龍江將軍恩澤等奏黑省新舊金廠分城劃界等情》 四月初四日，本衙門奏片稱，再光緒二十二年十二月十八日，黑龍江將軍恩澤等奏，【略】臣等查光緒十三年北洋大臣李開辦漠河原奏所稱，金脉自額爾古訥河西山起，經奇乾河阿勒罕，直至阿木爾河下游，計長五百餘里，係指漠河一帶金脉而言。所謂阿木爾河者，據光緒十三年將軍恭鏜諮報，即内府輿圖之額穆爾河，其地與俄之雅克薩城南北相直。非用俄語，似黑龍江爲阿穆爾河也。李金鏞之條議，恭鏜所查勘，或稱周圍五百餘里，或稱周圍七百餘里，均止此奇乾、阿木爾兩河界限之中，觀音山已在其外，又何有於呼蘭廠界與金脉不同，更不能藉彼以定此。該將軍所請以各城舊定分界爲止，尚爲公允。自應請旨飭下該將軍，仍照原議，依照各城原界，以分廠界，庶期彼此無争，可收通力合作之效。所稱李席珍於愛琿境内踴得各礦，體察可開，應准其即交周冕兼辦，坿入漠、乾兩廠，以專統轄。其漠河報效軍餉，不能照都魯之數，所陳係屬實情，亦應核准，以固廠本。理合坿片陳明，伏候聖鑒。謹奏。

光緒二十三年四月初四日奉硃批：依議，欽此。

中國第一歷史檔案館等《琿春副督統衙門檔》第二〇〇册《琿春副都統衙門右司劄天寶山礦務局速急歸還所借荒價銀兩事呈堂事光緒二十三年四月初十》 爲札飭催交事。于本年四月初五日接准將軍衙門咨開，户司案呈：除原文省繁減叙外，案查天寶山礦務局前由琿庫寄存荒價内提借銀六千兩，内除解交省庫銀三千兩，歸還琿庫銀五百兩，尚欠未還銀二千五百兩，當於本年二月十五日咨催解交在案。今據該副都統衙門咨稱，天寶山礦務局交還銀五百兩，業於光緒二十一年十月間據礦務局委員程令光第來琿購辦工器所帶銀兩不敷，呈請借墊銀五百兩，當經借給在案，核計該局先後共借銀三千兩等語。第此項荒價銀兩係關報部列抵俸餉正款，現值發放通省春餉之際，需項孔殷，未便欠懸之處，相應呈請札催解交等情。擬此合亟札仰天寶山礦務局總理遵照，迅速解交，勿稍遲緩外，暨咨行琿春副都統衙門查照可也等因。准此，相應呈請札飭遵照等情，據此合亟札飭，札到礦務局總理即便遵照，速急解交歸款可也。特札。

右札天寶山程總理光第遵此。

驍騎校富森佈校對值班，

委筆帖式富淩繕寫。

吉林省檔案館《清代吉林檔案史料選編(工業)》上册《三姓礦務總局爲送光緒二十二年三月起至十二月止共收金沙數目的申文光緒二十三年五月十二日》

爲申送事。

竊職道於光緒二十一年十月間，蒙北洋大臣王　會同前吉林將軍長　，奏派開辦吉林三姓等處礦務，當即在津會商督辦鐵路大臣盛　招集商股，於十一月馳抵吉垣籌備一切。次年三月抵姓，設局開採，所得各廠金沙數目節經申報在案。兹查自上年開工起，截至十二月止，共收各廠吉平金沙壹千玖百陸拾肆兩玖錢叁分玖厘柒毫，抽收貨厘吉平金沙叁百捌拾柒兩柒錢陸分柒厘陸毫，兩共已售吉平銀伍萬肆千肆百餘兩，未售作價約銀伍千陸百餘兩。開支各廠、局、營薪餉一切公費出入，尚難相抵。綜核二十一年十月起，至次年十二月止，共計用銀拾萬伍千餘兩，應虧股本銀伍萬陸百餘兩。現已彙齊結算，相應照章開折呈送，以清款目而備查核。除申報北洋大臣王，並咨呈督辦鐵路大臣盛　外，理合繕具清摺，備文申送，仰乞憲台鑒核施行。須至申者。

吉林省檔案館《清代吉林檔案史料選編(工業)》上册《三姓礦務總局爲現辦金礦情形的申文光緒二十三年六月初六日》　爲申覆事。

案奉憲台札開，據礦總局案呈：察準户部咨開，山東司案呈：據北檔房傳付本部議覆，御史孫賦謙奏試辦熱河等處礦務酌量升科一折，光緒二十三年二月十九日具奏，本日奉旨：依議，欽此。相應傳付福建等司，即赴本檔房抄録原奏，恭録諭旨，飛咨各省督撫一體欽遵辦理等因前來。相應抄録原奏，飛咨吉林將軍查照可也等因前來。當奉憲批，交墾礦總局，札飭各查礦委員一體遵照，並特札程光第遵照，迅將辦理礦務事宜稟覆外，合亟札飭，札到該總辦，即便遵照可也，特札。計抄原單等因。奉此，職道伏查單開户部議奏，凡産礦省分認真興辦，所以遏外來之窺伺，即以補正供之要需。各省奉到諭旨，應即遴委公正員紳，詳細履勘，設法舉辦，分别金、銀、銅、鐵、煤、磺礦質，核計出産數目，厘定章程，予限升科納課，庶於國用有裨。又原奏此後産礦省分，如川藏之金銅各礦，江西湖南金礦、銅礦、煤礦，雲南兩廣之五金各礦，奉天吉林之金礦，山東山西河南之煤、鐵、硝、磺礦，現在如何開辦，如何定章，如何納課，應請飭下各該將軍督撫，一體查明繪圖貼説，迅速奏咨各節。職道竊維吉林三姓等處金礦，於光緒二十一年十月間奉北洋大臣王　、前督辦軍憲長　會同奏定章程，集資開辦以浚利源。職道當即在津會商督辦鐵路大臣前津海關道盛　招集商股，於次年三月馳抵三姓，調隊進山驅匪招丁，化私爲官，設廠開採。創設伊始，尚未一一就緒，忽於六月霪雨爲災，廠中被水沖淹。交秋積潦甫退。詎八月胡匪突來竄擾，人心涣散，岌岌可危。迨剿退賊匪，招撫礦丁，一展轉間已屆天寒凊凍之時，淘挖既難奏功，收産益形減色。綜核上年三月開工起，至年終止，所得各廠金沙不足二千兩，以供局營薪餉，一應開支出入尚難相抵。加以前設寧、琿等處分局經費虚糜，通盤結算股銀十萬，虧折過半，百計措持，勉支危局。兹讀部議照章納課各節，職道忝膺礦職，自當體念時艱，速興邊利，上紓國計，下慰商情。無如職局自上年暮春至冬，開辦未久，頻遭災變，虧累已深，雖今年稍有轉機，而元氣未能遽復。擬稍寬時日，俟成效漸著，即行照章輸納，以裕餉源。所有遵飭申覆部議升科及職局實在情形，理合備文申覆，仰乞憲台鑒核施行。須至申者。

中國第一歷史檔案館《清代軍機處電報檔彙編》第二五册《發盛京將軍依克唐阿電爲查復集股開辦礦路之各總董姓名等次事光緒二十三年八月初十日》　尊處奏商辦礦路摺内，聲明將集股各總董姓名，及存款數目、鋪號咨送查核。迄今未到，究於何日發遞本署。立待核議。即查覆。蒸。

中國第一歷史檔案館等《琿春副督統衙門檔》第二〇〇册《爲將琿春柳樹河子金礦所交六月份官金移送銀庫事呈稿光緒二十三年八月十八日》　兹據文案處總理海權會辦鄂莫呈送，琿屬柳樹河子金礦分局前收六月分官金八兩五錢二分二厘三毫，業經隨時呈報在案。兹於八月十二日，據委員李際清呈報自七月初一日起至月底止，礦丁二百八十一名，按照琿平加一計日抽厘，共收官金八兩二錢六分八厘八毫，並前委員舒麟鑾在豐等交存官金四兩二錢六分六厘一毫六絲六忽一微九纖，一併由該委員先後呈送前來等情。據此，職等合將以上三項官金共計琿市平金砂二十一兩零五分七厘二毫六絲六忽一微九纖，理合具文呈送前來，據此相應脩文移付貴銀庫查照兑收，存儲施行。須至移者。

中國第一歷史檔案館《德宗景皇帝實録》卷四一〇《光緒二十三年八月下》

諭軍機大臣等，饒應祺等奏，會勘科布多屬寶爾吉銀礦暢旺，請弛禁試辦一摺。科城札哈沁所屬寶爾吉地方，另獲新礦，苗甚暢旺，試煉礦坯每鉛百斤可提銀十六七兩、十四五兩不等。惟路遠運艱，糜費較多。經該撫復飭委員齊從賢酌帶匠工，於該廠較近處所，設法鎔煉。果能著有成效，洵足以裕餉源，即著照所請弛禁。無論蒙民漢民，準其一體開採，並著饒應祺揀派妥實可靠之員，駐廠設局，經理其事，酌定稅課章程，奏咨立案，並知照寶昌派員稽查彈壓，以杜弊端。將此由四百里諭令知之。

中國第一歷史檔案館《清代軍機處電報檔彙編》第三六册《收伊犁將軍庚電爲英派礦師赴烏梁海等處查勘礦産事光緒二十三年九月初八日》 庚。准科布多大臣咨稱，據英國礦師薩爾門、柯白二人到科呈驗龔使臣所給護照內開，准英外部大臣沙函稱，據在華商辦礦務議紳毛根之駐英代理人模齡呈稱，現派薩爾門、柯白前赴中國烏梁海、伊犁、喀什噶爾，爲中國查勘礦産，給照保護等語，除咨行各處保護外，查毛根在華商辦礦務，是否在貴衙門商辦，既爲中國查勘礦産，是否由中國自辦，抑與英人夥辦，該模齡是否毛根所用之人，該毛根是否現在北京，此案原委庚處未准，咨行有案，請貴處擇要電示，並乞將全案咨明爲叩。庚。魚。

中國第一歷史檔案館《清代軍機處電報檔彙編》第二五册《發伊犁將軍長庚電爲保護來華勘礦之英國商紳事光緒二十三年九月初九日》 魚電悉。前聞英議紳毛根來華勘礦，並未商定辦法。毛根現未在京，既據龔使給照，咨令保護，應照外國人遊歷內地向章，准與保護，仍將出入境日期及查勘情形隨時報查。佳。

中國第一歷史檔案館《清代軍機處電報檔彙編》第二五册《發吉林將軍等電爲俄使稱我官員搜查俄工師事光緒二十三年九月十一日》 俄巴使照稱，俄工師丕薩列福斯克等路過愛琿左右，被中國小官搜查箱物類，此不睦細事，層見疊出等語，希飭查究，並諭官弁於鐵路工師入境，妥爲保護，餘咨達。真。

中國第一歷史檔案館《清代軍機處電報檔彙編》第三六册《收吉林將軍延茂電爲俄人購木免稅並通省礦務擬設公司辦理事光緒二十三年九月十一日》 敬電悉。俄人購木免稅一節，應即遵照來諭，按照合同辦理。惟沿山刊木，隨地採礦二端，爲合同所無。業經守定合同，峻詞拒之。誠恐彼族向貴署饒舌，特此先行陳明。若彼按照市價購買，自應照依合同，盡力相助。但既准免稅，奸商勾結影射，終恐難免，不能不設法防察。現在並通省礦務，均擬設立公司辦理。旬日內即具奏矣。肅此謹電。茂。真。

中國第一歷史檔案館《清代軍機處電報檔彙編》第二五册《發吉林將軍電爲議定俄人開礦合同事光緒二十三年九月二十三日》 真、養電悉。俄人擬自刊木，爲合同所無，自可援阻。至挖煤一節，查合同第六條有除開出礦苗處所，另議辦法之語，當時許使爲此事頗費唇舌，始能如此定議「礦苗」二字，煤亦在內，不得謂合同所無，應由貴處抱定「另議辦法」四字，與之妥定辦法稅章，若有關風脈處所，亦不妨直告，希酌籌電復。漾。

盛宣懷《愚齋未刊信稿・再致宋渤生觀察函光緒二十三年九月廿日》 再：三姓金礦，邸堂頗重視。接都中來函，極盼成效。執事任此重任，若久無功，恐爲他人所奪。百姓自挖之金，止能抽其釐，斷不能分其成。既已奏設礦局，必應選擇金旺之處，自己開挖一二處，仿照漠觀章程，分成辦理，以符奏案。漠觀所用淘沙之法，比較三姓所用之法如好，似可仿行。但用人最關緊要。聞尊處多用本家親戚，虛糜甚多，而能辦實事者極少。開礦係艱難困苦之事，必須選用切實耐苦之人，本家親戚挂名之人，衹可設法裁汰，切勿代人受過。並請將委員司事銜名隨時移知敝處爲禱。來金適值金價稍跌，朱寶珊請暫緩售，特在銀行先撥四萬兩電匯吉林，以備尊處撥用，但望續寄金來。鄙見擬先付一年官利一萬兩，以安人心，則敝處經手七萬股分止須付銀七千兩，尚屬不難。徐芝生係鉅股，伊等公舉胡訓導抵莊缺即派管收支，伊有切實保人也。姓礦能否望得手，祈詳細告知爲盼。此請台安。

「中央研究院」近代史研究所《礦務檔》第七册《光緒二十三年九月二十三日總署收軍機處交出署吉林將軍延茂抄摺通籌吉林礦務辦法》 九月二十三日，軍機處交出延茂抄摺稱，爲通籌吉省礦務全局，擬先分設公司，以期集股興工，保持利權，恭摺仰祈聖鑒事。竊查接管卷內，光緒二十二年正月三十日，欽奉上諭自上年與日本訂約以來，內外臣工，條陳時務，多以廣開礦産，爲方今濟急要圖。

當諭各直省將軍督撫，體察各省情形，酌度辦法具奏。昨據總理各國事務衙門、户部會奏，議准御史王鵬運請開辦礦務一摺，已依議行矣。著各直省將軍都統督撫，俟部文到日，歸入前次該部議准漕運總督松椿摺内，一併詳議切實章程，即行覆奏。現在庫儲告竭，借款甚多。其各振刷精神，實力奉行，毋得畏難苟安，仍蹈從前錮習。將此由四百里各諭令知之等因，欽此。欽遵。伏維時艱帑絀，用款日繁。我朝成憲，從不爲加賦累民之舉。而榷貨抽厘，又已早成弩末。目前興利之圖，實不外墾荒、開礦兩端。是以奴才於上年奉署理將軍之命，謹於叩謝天恩摺内謂，宜先清訟盜之源，徐收墾礦之利。蓋愚誠自矢實以此二者爲汲汲也。當即抵任後，酌度情形，奏設墾礦總局，專司其事。除勘放荒田，業經次第舉辦，隨時奏報在案。所有礦務，比年以來，叠經派員四出採勘。現在凡有產礦之區，已據各委員陸續查明稟覆。並間據民間呈報，均經奴才派員重復履勘，試行淘挖。統計吉林全省之内，可以開採之礦，隨在多有。除三姓一處，業經北洋奏派道員宋春鰲開採不計外，如琿春、甯古塔、吉林府各屬境内，每或數處，或十餘處不等。其礦苗現露，則或金或煤不一。雖未必一律稱作，若先擇其苗綫之最旺者，設法開採，逐漸推廣，似不至一無成效之可覩。惟創辦之初，需款實鉅，仍宜招集股本，官督商辦，爲較有把握。而地勢散漫，均不毘連。既須通力合作，尤必劃分界址，以期各有統屬，俾若網之在綱。奴才悉心籌畫，擬設公司三處，酌派妥幹之員經理，凡在琿春境内者，以琿屬公司統之；在甯古塔境内者，以塔屬公司統之；在吉林府境内者，以吉屬公司統之，由奴才刊給關防，用昭信守，並資取信於人。一面妥定章程，徧行曉諭，廣爲招徠，庶幾登高一呼，衆山響應，股本不難速集。至開採之法，琿塔兩屬，宜由金礦辦起；吉林一屬，宜由煤礦辦起。蓋各以砂綫之最確且旺者開其先，自當施功易而成效速。於此則吉林之礦，俱歸吉林採辦，或者貨不棄地，利無旁溢之虞。如蒙俞允，應請飭下總理各國事務衙門並户部先行立案。所有擬辦章程，容俟另行具奏。奴才爲通籌吉林全局，保持利權起見，是否有當，謹恭摺由驛馳陳，伏乞皇上聖鑒訓示。謹奏，請旨。

光緒二十三年九月二十日奉硃批：該衙門知道，欽此。

中國第一歷史檔案館《清代軍機處電報檔彙編》第二五册《發北洋大臣王文韶電爲唐山煤礦公司已與總税局商明試辦郵政事光緒二十三年十月十三日》 唐山煤礦公司張道在京據稱，已與總税司商明封河後試辦郵政，現已回津稟商，俟其覆到，希咨署備案。元。

中國第一歷史檔案館《清代軍機處電報檔彙編》第三六册《收黑龍江將軍恩澤電爲與英礦師計議購辦輪船並能否由英人管駕事光緒二十三年十月十九日》 前准北洋咨稱，英礦師木爾鐸、海意兩人，由俄境悉畢爾，前往東三省遊歷、察勘礦苗等因。現在木爾鐸等，至省談次，知海意父兄均做製造。

王樹枏《張文襄公全集》卷一五四《致太原胡撫台光緒二十四年正月十六日午刻發》 昨見上海譯書報言，山西太原省東至正定鐵路，歸俄商承辦，兼開平盂煤鐵鑛；太原南至平陽鐵路，歸英商承辦，兼開澤潞鑛。已議定，係方孝傑、劉鍔集股請辦。又有云，現方已潛逃等語，不知確否，已奏准否。台端勵精圖治，規模閎遠，極所欽佩，惟此事，務望慎重，大率攬辦此事者，皆係洋商影射，後患非輕。方、劉二人，前年攬辦蘆漢鐵路，奉旨令來鄂考核，深知其荒唐謬妄，不敢不以奉聞，祈鑒察，並示復。盼禱。銑。

中國第一歷史檔案館《清代軍機處電報檔彙編》第二五册《發新疆巡撫饒應祺電爲與俄人合辦新礦事光緒二十四年正月十七日》 咸電，新礦與俄人夥辦，成本公攤，用俄機匠，酌納租課，獲利均分，合同須妥細酌定。華無礦學，非借用外人新法，斷難得手，仍奏咨立案。篠。

中國第一歷史檔案館《清代軍機處電報檔彙編》第三六册《收北洋大臣王文韶電爲漠河金廠事光緒二十四年二月初一日》 漠河金廠每年報効餉需，邊防深資接濟。現據委員稟報，俄人過江開礦，如果準其照辦，漠礦利源必爲所奪。已電囑將軍，亟飭該委員按約力争。應請貴署電查照，如俄使前來糾纏，務祈設法阻止，以保全廠大局。文韶。東。

于寶軒《皇朝蓄艾文編》卷二二《遵議山西鐵路礦務辦法疏》 光緒二十四年二月初八日，准軍機處片交，奉上諭都察院奏，山西京官呈訴山西興辦鐵路，流弊滋多，請飭停辦一摺。山西興辦鐵路，前據該撫奏稱，因所産煤鐵各礦，須修鐵路，方能運銷，現有皖粤各紳商籌借洋欵，來晉開辦，當經降旨允其開辦，並令預防流弊，酌定詳細章程，奏明辦理，迄今尚未奏到。兹據山西京官呈稱，該撫竟將潞安、澤州、沁州、平定三府一州，典與洋人，深堪詫異。著將現辦情形，及擬定章程，刻日具奏。原呈所指方孝傑、劉鶚二員，聲名甚劣，均著撤退，毋令與聞該省商務。又左都御史徐樹銘奏山西礦務鐵路，宜歸紳民自辦各節，著胡聘之一併詳議具奏等因，欽此。是月二十四日，復准軍機處抄交，山西巡撫胡聘之奏，遵旨覆陳晉省鐵路礦務現辦情形，分繕合同章程清單呈覽一摺，奉硃批：該衙門議奏，單三件併發，欽此。臣等正在核議間，復於三月初六日，准軍機處片交，御史何乃瑩奏，山西鐵路礦務，請停借洋欵一摺，軍機大臣面奉諭旨：該衙門知道，欽此。三月十四日，准軍機處片交。都察院奏，山西京官條陳山西商務局借欵章程，關係重大，據情代奏一摺。軍機大臣面奉諭旨：著歸入胡聘之前奏内一併議奏，欽此。臣等當就山西巡撫胡聘之所訂合同章程，按之山西京官，及徐樹銘、何乃瑩陳奏各節，悉心參酌，逐條覆核。原訂借欵章程，利息既重，國家應得餘利幾同虚指，租、税課等項，概未聲叙，似於各國開礦程式，尚多遺漏，自應酌量增改，以濬利源。而山西京官原呈，謂將潞安、澤州、沁州、平定三府一州，典與洋人。徐樹銘原奏，謂將鐵軌、開礦兩事，包與商人，均屬言之過甚。即山西京官二次公呈，將合同章程，逐層辯駁，亦多附會，無以折服洋人。何乃瑩奏請停借洋欵，固屬正辦。惟泰西各國，率皆經營路礦，以馴致富强，晉省煤鐵礦産之富，久爲西人所羨，若深閉固拒，轉恐利權旁落，何如豫爲之地，猶得操縱自如。現在中國商情，集股不易，僅用土法採辦，實係難成。方孝傑、劉鄂二員，奉旨撤退後，義國商人羅沙第、俄國商人璞科第即各聳其公使，先後來臣衙門催辦，謂合同業經山西巡撫遵照奏案批准，斷難更改，並謂已各報其本國政府，往復辨論，至再至三，勢亦難於中止。臣等公同商酌，晉省路礦，業經奉旨，准借洋欵開辦，果將合同章程，斟酌妥善，於國於民，均有裨益。當與各該使臣訂明，事關商務，非同别項交涉事件，應逕與洋商商辦，使臣不必攙預，以免糾葛。臣等遂博攷西國礦路章程，與義商羅沙第、俄商璞科第，將原定章程逐一增改。礦章第一條，原稿僅叙辦理晉省盂平、澤、潞等處礦務，語涉含混，改爲先與礦師勘定何鄉何山何種礦産，繪圖貼説，禀請山西巡撫查明，果與地方情形無碍，方准開採，並添叙如係民地，公平租買；如係官産，照該處田則加倍納賦。第五條聲明，所開礦地，遇有墳塋祠墓，必須繞越，毋得發掘。第六條增入所有礦産，按照出井之價，值百抽五，作爲落地税，報効中國國家，官利八釐改爲六釐，公積一分改爲逐年還本，仍隨本減息，用本還清，公積即行停止。此外所餘浄利，提二十五分，歸中國國家，餘歸公司自行分給，並聲明係商人籌借，如有虧折，與中國國家毫不干涉。第八條，添入開礦所需料件機器等物進口，照開平各礦章程完納海關正税，礦産出口，仍照關章納税。第十六條，於租買民人已開之礦，添叙不得稍有抑勒。第十七條，於添造支路，轉運煤礦，添入應訂章程，屆時另議。第十八條，每年盈虧清册，添入各請華洋公正人一名，核算無訛，以符各國公司通例。又鐵路合同第六條，添入鐵路經過地段，如係民地，應向業主公平租買；如係官地，應與地方官議定租價，並照該處田則，逐年納賦。第七條聲明路成後，中國於正定太原鐵路兩處，設官收税，與鐵路無干。第十條，原議每年餘利，以四成歸公司，二成報効國家，一成歸商務局，三成歸華俄銀行，現改爲以二成歸商務局，四成報効國家，一成歸商務局辦公之用，三成歸華俄銀行，仍聲明俟借欵完清，此三成餘利，銀行亦即停收。原議第十四條鐵路初成，客貨稀少，恐不敷養路之費，准於附近鐵路地方，酌開煤鐵礦數處，現今全行删除，以清界限。其餘各條，亦均逐句推敲，期於妥協，並將劉鶚、方孝傑所立公司名目，一律删除，統歸山西商務局任辦，俾一事權。臣等與該洋商逐細磋磨，始經定議，分繕清單，恭呈御覽。該洋商等守候日久，該國使臣屢催定議，勢難再緩，如蒙俞允，即由臣等飭令電調來京之山西商務局紳士曹中裕，與洋商羅沙第，在臣衙門畫押，以免稽延。至賈景仁被参各欵，由臣等另片具覆。所有遵議山西鐵路礦務辦法緣由，理合恭摺具陳，伏乞皇上聖覽訓示，遵行。再，此摺係總理衙門主稿，會同户部具奏，合併聲明，謹奏。奉硃批：依議，欽此。

于寶軒《皇朝蓄艾文編》卷三劉樹堂《豫撫奏豫省礦務請由商人自借洋欵承辦疏》竊臣於覆奏練兵籌餉案内，將豫省礦務，現有商人自借巨欵，前來認辦等情，附陳在案。現據翰林院檢討吴式釗、分省補用道程恩培呈，稱與義大利國商人北京福公司代理羅沙第，立定合同，借欵一千萬兩，設立公司，請辦豫省礦務，擬名爲豫豐公司，並於原呈暨合同内，聲明所借之欵，商借商還，將來如有虧折，歸該公司自理，所得礦利，以百分之二十五分，報効朝廷。較之官銀行，以餘利百分之二十分報効，實屬加增。且開辦六十年以後，所置辦礦産業，全數報効，送到華洋文一樣合同三分、保欵票一紙，章程一分等因。其保欵票者，保其所借之欵有著也。其合同所議，則自借欵，以迄開礦，永遠遵行之信劵也。其章程則皆該公司開辦以後，自行之事例，合同、保欵票兩項，均已由義大利公使薩爾瓦葛填蓋印押作保。臣詳加察閲，知其借欵委實非虚，所擬合同九欵，大致亦尚妥協。惟其中稍有隱飾之處，臣以私意揣之，大約洋商出財，華商出力，名爲自借洋欵，實則以洋商而借洋債，據吴式釗、程恩培亦直言不諱，而臣之愚見，尚以爲可行者。竊以開礦非巨欵不辦，巨欵非集股不成，集洋股甚易，集華股則難，而定章則以集華股爲先，集洋股爲禁，是以洋商歆於美利，欲染指而無由，華商絀於貲財，願効勞而寡助。近年言礦利者紛然，成效茫無所覩，職此之由。竊查借洋債與集洋股不同，向爲功令所不禁，而以華商而借洋債，與以洋商而借洋債，情形尤爲有異。況爲洋商自借之債，託名於華商，在華商則有借欵之名，並無借欵之實，賠累可以無虞，在洋商雖平分開礦之利，並不總攬開礦之權，操縱依然在我，事之便利，計無有過於此者。且即以華商獨辦而論，無論貲本或集或借，而開礦、鍊礦之器具，驗礦、化礦之工程，仍須仰給於外人，是以自有之財，辦自有之礦，利仍不免外溢，況此貲本實出自洋商也。且查合同第三欵所開，有該公司執事人等，除西大班、礦師、機師、工程師、化學師外，儘用華人等語，該洋商所有之權，明有限制，實與華商自辦礦務，無甚懸殊。臣先後接見吴式釗、程恩培等，深知其明於大義，志在濟時，必能力顧大局，若准其承辦此項礦務，當克勝任。現在時局日殊，已准洋商在華設廠製造土貨，此項礦利尤所覬覦，若不爲先發之謀，恐難禁代庖之請，惟事關交涉，微臣未敢擅便，謹照繕該商等議定合同，呈請聖裁。如蒙俞允，再由臣將合同加蓋臣衙門關防，分別存發，俾昭信守，并發給執照，指派地方，以便開辦。臣爲開濬利源起見，所有礦務請歸商辦緣由，並照繕合同清單，謹恭摺具陳。是否有當，伏乞皇上聖鑒訓示。謹奏。光緒二十四年二月十六日。

「中央研究院」近代史研究所《礦務檔》第三册《光緒二十四年二月十九日總署收英使竇納樂函附合同抄送山西借欵辦礦合同》 二月十九日，英國公使竇納樂函稱，本月十三日，會同意國大臣前赴貴署，談及山西礦路借款合同一事。十六日在署，又復議及擬將所立合同，抄送查閱承告，以俟山西巡撫奏報到日，方能奉復。兹將合同原文抄送，即希貴王大臣查酌爲幸。此布。

〔附〕照録原摺

北京福公司與晉豐公司劉鶚，於光緒二十三年九月三十日，即西曆一千八百九十七年十月二十五日，兩面議明，以晉豐公司於光緒二十三年九月初三日，禀奉山西巡撫部院批准，獨自開辦盂平、澤、潞諸屬礦務。同日又奉批准，自借洋債辦理該礦，現與議定各條款於後。

一，福公司允於此次兩面所議合同批准後，即派礦師前往晉省，查勘該屬各礦，開具節署。

二，如礦師節署利於關採，福公司允與晉豐公司，即借洋債，無逾一千萬兩，並即購辦一切採礦應需機器。

三，凡調度礦務與開採工程，由晉豐公司劉鶚，會同洋商經理而礦中執事，議明總以儘用華人爲是。

四，按照晉豐公司與福公司所立初次合同第二款，於開礦贏餘，先提用本官利八厘又公積一分後，所存餘利，除已提百分之二十五分，報効國家外，議定再提百分之二十五分，呈歸撫憲撥用。

五，辦礦之期，限辦六十年，以每礦開辦之日爲始，限滿礦場與一切機器皆歸撫憲收回，無須給結與福公司分文償補，此合同華法文各繕兩分，彼此收執。

光緒二十三年九月三十日，即西曆一千八百九十七年十月二十五日，晉豐公司劉鶚，恭奉欽命山西巡撫部院胡批准。自借洋款，開辦晉省礦務，兹與北京福公司羅沙底，立一借款合同。其條款列後。

一，劉鶚禀奉山西撫憲胡批准，獨自開辦盂縣、平定州與潞安、澤州兩府屬礦務，於請領憑單後，擇要先行開采，辦有成効，以次逐漸推廣。

二，劉鶚禀奉山西撫憲胡批准，自借洋債，不得過一千萬兩之數。如所派勘礦礦師，以此不敷於用，劉鶚仍可向福公司續借，至辦礦贏餘，亦經撫憲胡批准。先提用本官利八厘，又公積一分外，所存餘利提百分之二十五，報効中國國家，再此係兩國商人，自相籌借開辦礦務，無論盈虧與中國國家，毫不干涉。

三，凡調度礦務與開採工程，即由晉豐公司劉鶚，會同洋商經理而礦中執事，以能多用華人爲是。

四，凡開礦所需料件進口，悉照開平湖北各礦現行章程，一經完納海關税項，一切内地捐輪，概不重征。

五，此次開辦礦務，如有虧折，統歸福公司自理，至開辦各礦，需購地基，修築要路。總之，爲開採獲効所必需者，業蒙撫憲胡俯准，格外保護。

此合同華法文各繕兩分，彼此收執。

光緒二十三年十月二十二日，即西曆一千八百九十七年十一月二十五日。

欽命山西巡撫部院胡閲准。

中國第一歷史檔案館《清代軍機處電報檔彙編》第二五册《發吉林將軍電爲應照約准俄礦師勘礦等事光緒二十四年三月二十二日》 東省鐵路公司合同第六條，聲明開出煤苗另議辦法。許大臣並允籌定一煤礦相宜辦法，此係建造鐵路不可緩之事。上年冬月，已據璞科第禀電咨尊處，與礦師昂而忒商辦。頃昂而弍來京面訴地方官種種阻撓，並由該代辦縷禀各情。本署不能不照約批准，飭該礦師回吉妥商。所指三處，應准其勘驗，限六箇月勘定。可令擇一二處開挖，照章納稅，切勿固執成見，設法宕阻。彼若執約以争，或恃强自行辦理，藉端開衅，恐於交涉大局有碍。餘詳另咨。養。

「中央研究院」近代史研究所《礦務檔》第三册《光緒二十四年三月十八日總署收義署使薩爾瓦照會批准晉礦合同事不能延擱失信》 三月十八日，義國署公使薩照會稱，照得山西開礦一事。本年三月十六日，接准來函，以仍應候本衙門核議妥協等因。本署大臣接閲之餘，殊深詫異，蓋此事迭經晤談，皆本於晉撫批准之合同而起，早經貴署允許照擬章程底稿，面爲核商。三月十二日，英國欽差又承許將章程擬就各在案，兹聞來函之意尚係未果定議，與前言不相吻合。查本署大臣所奉本國政府詢問此事，現在如何辦理，本署大臣原可以合同業經批准，貴署公事繁多，尚未得暇將章程議妥電復，而甚不願以英國公司立有合同。業奉大憲蓋印批准，且貴署已允照合同，擬立章程。今忽爲不達事理之員，出爲撓阻，竟將甚益國家之舉作輟，致該公司受人所愚之語，電達本國。設貴署果真迫本署大臣照此復電，則須先行晤見貴王大臣，面聆德音，然後從事，即希一二日内，定期相示。至來函所云，此中有爲難情形，本署大臣見解不及。夫中國目今當務之急，乃招徠富有洋商，大開利源。而都察院不諳時勢，謬執成規，若專憑都察院見解，則凡中華開利源之舉，概不興辦。本署大臣亦未聞都察院有何建議，自籌巨款，開採何礦，不過一味掣他人之肘而已。貴署既係奉旨核議，應不難執詞駁論，中國日臻上理，自當開擴利源以濟時艱。俟華人自籌巨資，開採礦産，盡人皆知其不行，非但凑資爲難且亦未經辦過。一二處洋商舉辦，有所適從之後，自能學步邯鄲，以近來情形而論，籌措巨款，實爲不易。蓋洋商鑒於中國種種掣肘之虞，所能預知者，惟事機多有不順耳，其將來是否獲利，亦無把握，故每致無人敢承其乏。譬如此次山西巡撫已奉旨籌借洋款，開礦建路。嗣即遵旨批准所立合同，洋商賴此，不惜巨費派有名礦師前往查勘，乃竟因章程未定躭悮時日，不能開辦。此事傳佈歐洲，尚有何人敢來冒此大不韙乎。以上所論，貴署通達政體，自必洞悉，而都察院豈能瞭然，是以將外省大吏批准之件停止，失信洋商，致滋他虞，視爲無足重輕。但使中國寸步不前，不强不富，於願斯足，合請貴王大臣於此文内之語，詳審酌奪，是爲切要。

「中央研究院」近代史研究所《礦務檔》第三册《光緒二十四年閏三月廿四日總署收軍機處交片附張官等呈都察院代奏山西舉人張官等呈訴晉省路礦當由自辦毋輕借洋欵》 閏三月二十四日，軍機處交片稱，交總理各國事務衙門，本日都察院代奏，山西舉人張官等呈訴晉省礦務情形摺原呈一件，軍機大臣面奉諭旨：該衙門知道，欽此。相應傳知貴衙門欽遵可也。

〔附〕照録原呈

具呈山西舉人張官等，爲礦務將興，利權旁落，請旨飭令自辦，以杜隱患而安人心，呈請代奏事。竊維山西産礦，金銀絶少，煤鐵爲多，初祇聽民自採，官抽其厘，公私原兩便也。自撫臣急於興利之舉，外洋遂起窺伺之端而欲便私圖者，若劉鶚方孝傑、賈景仁、曹中裕，遂羣起而力成之，不計國家利害，不顧輿情順逆，只期自飽貪囊，實已隱傷國本。幸而朝廷洞鑒萬里，斥去劉鶚、方孝傑。晉省士民，莫不忭頌，以爲國計可以自操，生民可以安堵，乃現聞方劉賈曹四人，羣集都門，賈景仁屢請義俄兩國人及方劉二人，暗中慫恿，挾外洋以自固，以欲爲所欲爲。而洋人亦憑藉該員等之詭謀，以逞其驕志，設無該員等，則洋人之欲攫吾利者，如夜行無燭，實無能爲，張官等確見其蠹國病民之實，敢揭其欺君罔上之情，爲我皇上披肝瀝膽陳之。礦務之興，貴在利國。今章程所載，四分其百分之利，洋商得其二，局員得其一，而國家乃以自有之礦，亦僅得其一，何輕重之不倫也，利中國乎，抑利外國及貪墨之紳商乎，不待辯晰而知矣。彼其巧於欺飾者，特以商借商還一語爲詞。意謂朝廷雖無大利，亦無大害也，然試問該員等與義國所訂條款，果係借洋債乎，抑實集洋股耶，章程具在，豈能倖逃宸鑒。況六十年爲期，礦利已被挖盡，祇餘空洞與破壞器具，我朝廷將安用之，且借洋債以還清借款爲主，豈有必待六十年，始准還清之理乎。其所以如此者，洋人可以久假不歸，該員等厚利坐擁及六十年期滿，人已隔世，利害均與彼無與也。又況礦利總難預期，成數不難酌定。至問每歲歸本提若干成，公積提若干成，章程内不得而稽，該員等莫得而答也。豈真當局者迷，以一爲提明，則商借商還之詞，洋人不肯通融開載，該員等即不得行其欺朦也，掩耳盗鈴，誕誣實甚。夫以非我中土之人，一旦據我利産，痛癢既不相關，則利之所在，勒索民業，横佔民田，必非所恤。百姓既震驚於异言异服，復不忍其侵奪之苦，設激而生變，恐心腹之疾，更甚於外洋。張官等，晉籍也，知晉甚悉，其俗素知秉禮，其民懷刑守法，是以二百餘年，教匪捻匪幾徧天下，而晉省不聞貽朝廷西顧之憂。然其怯於私狠者，正其勇於公義者也。方張官等來京之際，聞各處百姓，多有相聚而議者。謂礦地一貿六十年並民礦稍礙於彼者，必勒買而後已，商局其賣我乎，是以膠旅視我也。我等當捨九死以壯聖代山河之色，不能忍一息以希外洋奴隸之顔，其情可憫，其愚亦可慮也。張官等受二百餘年養士之恩，深見愚民之心，固結如此，設無一言上達，士風不其埽地乎。因於萬不得已之中，籌一猶足自全之策，莫若以士人行士法，勸之以地方官長，而不設局員，董之以本處搢紳，而不籌局費，試辦於至微至小，以驗其盈虧，約計三年後，試之而利，爲之者必多，然後録其微勞，加以獎勵，使歲主其事以貢其贏餘，國之肥也，設其不利，而亦無損於國，豈不甚善。即不然，籲懇明降諭旨，飭令晉省紳商自行籌辦。其所借洋款，未成交者，可以勿論，既成交者，設法籌還，庶利權自執，不至受制於人。該紳商食毛踐土，戴朝廷厚德，自當踴躍從公，彼洋人知我自爲，亦當無辭以退，山西幸甚，天下幸甚。至鐵路不過爲煤鐵運銷之計，鐵爲軍械之資，而晉産質堅，尤甲天下，絶非洋鐵所能及，保而用之，實國家之武庫也。今以制人死命之物，甘假乎於人，無論不能求利，即盡聚各國之利，而無利器以衛之，致令他人挾此利器，反而制我，則其利又豈能終保乎。是鐵路之必不可開，盡人皆知，礦利固可興，必當熟籌利害。而興辦礦務之人，要由公同選舉，方無流弊。何也？廉潔之士，必不貪求，其急於自獻者，皆其藉以自私者也，有不攘奪而刻簿者乎。總之，洋款萬不可輕借，鐵路必不可輕開，民心絶不可輕失。張官等實因消隱患，順輿情起見，用是不避忌諱。叩懇據情代爲具奏，籲懇我皇上宸衷獨斷，以保國家自有之利權，不勝惶悚待命之至。抑張官等猶爲陳者，現在局紳賈景仁，曹中裕曾於局内挾妓宴飲，揮金如土，商股因此不能再勸，僅集七十餘萬金而止，小民以其首禍也，側目已久，尚懇代陳皇上，應如何辦理以維商務並應否飭五城御史，將特旨撤退之劉鶚、方孝傑，逐令出京，交地方官管束，以免日勾洋人，攪攘大局之處。出自宸斷，張官等未敢擅請，謹聯名叩懇一併奏聞，實爲德便。

光緒二十四年閏三月二十日。

「中央研究院」近代史研究所《礦務檔》第三册《光緒二十四年閏三月廿七日總署議定章程與福公司議定山西開礦製鐵及轉運各色礦産章程》 閏三月二十七日，本衙門與福公司議定山西開礦製鐵以及轉運各色礦産章程十九條，開列於左。

計開：

一，山西商務局稟奉山西巡撫批准，專辦盂縣、平定州、潞安、澤州兩府屬，與平陽府以西煤鐵，以及他處煤油各礦。今將批准各事，轉請福公司辦理，限六十年爲期，應先由礦師勘定何鄉何山，何種礦産，繪圖貼説。稟請山西巡撫查明，果與地方情形無碍，一面咨明總理衙門備案，一面發給憑單，准其開採礦地，勿稍躭延。如係民産，向業主議明或租或買，公平給價；如係官産，應照該處田則，加倍納賦。

二，山西商務局稟奉山西巡撫批准，自借洋債，不得過一千萬兩之數，如所派勘礦師，以此數不敷於用，山西商務局仍專向福公司續借。

三，凡調度礦務與開採工程，用人理財各事，由福公司總董經理，山西商務局總辦會同辦理。

四，各處礦廠，應用華、洋董事各一人，洋董管工程，華董理交涉，一切帳目皆用洋式銀錢出入，洋董經理，華董稽核，各礦廠總以多用華人爲是，所有薪水，皆由公司發給。

五，勘驗礦地或應打鑽掘井，探視礦苗，應先與地主商明，踏損田禾，酌量賠償。若定辦一礦，有佔民地，必須會同地方官或向地主租用或備價購買，秉公定價，務使兩不受虧，方昭公允。所開礦地，無論或租或買，但遇有墳塋祠墓，必須設法繞越，毋得發掘。

六，所辦礦務，每年所有礦産，按照出井之價值百抽五，作爲落地税，報効中國國家。每年結帳盈餘，先按用本付官利六厘，再提公積一分，逐年還本，仍隨本減息。俟用本還清，公積即行停止，此外所餘淨利，提二十五分歸中國國家，餘歸公司自行分給，以後中國他處，有用洋款開採煤鉄礦者，應請一概倣照此章，將所有礦産，值百抽五納税，以歸劃一。再此係商人籌借開辦礦務，如有虧折，與中國國家毫不干涉。

七，盂平、澤、潞地面甚廣，開辦不止一處，然各礦出入與所有盈餘，各歸各礦清理。如或彼虧此盈，不得以此礦之盈，補彼礦之虧，致使國家應得餘利，因之少減。

八，凡開礦所需料件、機器等物進口，照開平各礦現行章程，完納海關正半税項，内地厘捐概不重徵。至開出礦産，運出口時，仍照關章納税。

九，公司所開之礦，以六十年爲限，一經限滿，公司所辦各礦，無論盈虧如何，即以全礦機器及該礦所有料件，全行報効國家，不求給價，屆時由商務局稟請山西巡撫派員驗收。

十，每處礦廠，總以聯絡官民，預息紛争爲要，應由商務局稟請巡撫，酌派照料委員一人，又設照産紳士一員，由公司聘請，該員紳薪水，均由公司籌備。

十一，礦師工頭，開辦之始，自應選用洋人，倘日後華人中，有精礦學諳習工程者，商務局會同公司派充此項要職。至其餘司事照料等職，無關重大責成者，皆用華人，尤宜多用山西人，以開風氣。

十二，礦丁亦宜多用晉人，其工價應從公酌定。至礦丁受傷，應如何撫卹；與使用數十年後，應如何酌給養老之費；又平日作工，每日若干時刻各節，統俟開礦後，再由商務局會同福公司，採擇歐美各礦妥善章程，商請巡撫定奪。

十三，福公司於各礦開辦之始，即於礦山就近，開設礦務鐵路學堂，由地方官紳，選取青年穎悟學生二三十名，延請洋師教授，以備路礦因材選用，此項經費，由公司籌備。

十四，山西商務局所借福公司銀一千萬兩，係約估之數，將來每開一礦，實需資本若干，由福公司撥用後，准福公司按照所用之數，造印借款股分票，刊刻章程，定期發賣。如華商於期内，願買此種股票者，有則無論多寡，聽其買取。

十五，華商收買此項礦務股票，應由商務局按照時價漲落，照章代爲收買或自行買賣，均聽其便。如華紳富商，於六十年限内，將某礦股票收至四分之三，即將該礦先期收回，由商務局查報，飭交該華商自行經理。

十六，凡於所准礦地，遇有民人先經開採者，不得侵佔。如原主自願租賣，應由商務局會同公司，秉公給價，但不得稍有抑勒。

十七，各礦遇有修路、造橋，開濬河港，或須添造分支鐵道，接至幹路或河口，以爲轉運該省煤鐵與各種礦産出境者，均准福公司稟明山西巡撫，自備款項修理，不請公款，其支路應訂章程，届時另議。至正定至太原鐵道，已由商務局另行借款修理，該路左右各一百里内，福公司不得另造鐵道，以杜争端。凡爲以上所准各事，其須用民地之處，亦照各局已定章程租買，不得少佔民地，仍求地方官代爲保護。

十八，每至年終或盈或虧，各分礦造具清册，應各請華、洋公正人一名，核算無訛，然後刊刻報單，送至商務局督核。各礦盈虧，會造總册呈報巡撫，以憑分咨總理衙門、户部查核，並將報効國家各項，一併呈繳。

十九，茲章程華、洋文繕具兩分，各執爲憑。

「中央研究院」近代史研究所《礦務檔》第三册《光緒二十四年四月初一日總署收福公司商人羅沙底稟請照准河南礦務章程》　四月初一日，福公司商人羅沙底稟稱，竊職商於去冬山西礦務合同訂立後，以河南爲山西出路，且兩省礦脉毗連，適豫豐公司商董來議借款，開辦該省礦務。旋即請其馳往河南稟請巡撫，仿照山西辦法，往返數月，頗費周章，幸河南巡撫深信敝公司殷實可靠，即允以懷慶左右，並黄河以南西南諸山各礦，准敝公司與豫豐公司合辦。

奏請在案，職商於閏三月初二日，蒙總理各國事務衙門傳到議改山西礦務章程時，中堂王爺大人深明國計，諭令礦産出井，加值百抽五之税，並將官利減至六釐各節。當查歐美各國礦章所征之税，皆取之於經費既除之後，從未有於經費未除以前，即征以值百抽五者，似此重税，職商遲疑未敢遽允。迺承鈞諭，謂河南巡撫所請開辦該省各礦，亦允敝公司照辦，以資補償，職商方敢遵諭。後經華俄銀行争請原議准辦正定太原鐵路，職商又承中堂重申前諾，故爾相讓。至河南礦務章程，迭蒙中堂王爺大人允於山西章程簽定後，即可照辦。今山西礦務章程既已簽字，用特鈔呈河南礦務章程一摺，呈請鑒核施行，實爲公便。敝公司不勝感激待命之至。肅此，敬請鈞安，伏乞垂鑒。

中國第一歷史檔案館《清代軍機處電報檔彙編》第二五册《發吉林將軍電爲請與俄副礦師商辦開礦等事光緒二十四年四月初二日》　璞科第呈稱，礦師昂而特在京，不能即赴吉林。所有擇地開礦、取煤諸事，請尊處暫與副礦師莫雷挨夫妥商，莫所辦，昂必不推諉等語。即希照辦。冬。

「中央研究院」近代史研究所《礦務檔》第三册《光緒二十四年四月十九日總署收軍機處交出鄭思贊鈔片參糾吴式釗等攬辦豫省礦務》　四月十九日，軍機處交出鄭思贊鈔片稱，再河南懷慶一帶，前聞有人私結黨援，議辦礦務，其中情弊顯然。臣確加訪察，議辦之人，係翰林院檢討吴式釗，候選道員程恩培實主其事。聞二人朋比爲姦，借集股之名，從中漁利，自春間到河南省後，狎優宿妓，無所不爲，而該處不肖官員，因其擅有利權，趨之若鶩。吴式釗與河南撫臣劉樹堂，係雲南同鄉，潛在巡撫衙門居住，又託言寄居省城鼓樓街客店内，以掩飾衆人耳干目。程恩培時而在京，時而在豫，僞持洋人執照，煽惑人心，其鬼蜮情形，尚難枚舉。查河南七首通衢，民情半多浮動，無論開礦之事，窒礙難行。且吴式釗託故來京，既非奉旨特派之員，又非撫臣奏調前往，今竟擅至豫省孳孳爲利，實屬寡廉鮮耻，有玷清班。程恩培少年浮動，係福建陸路提督程文炳之子，生長紈袴，聲色貨利之外，一無所知。此等劣員，如何能經理礦務，倘或允其開辦，勢必委之洋人，將來糾葛紛紜，於大局殊有關礙。臣既有所聞，不敢安於緘默，用特據實糾參。請旨懲辦，謹附片具陳，伏乞聖鑒。謹奏。

光緒二十四年四月十九日，奉旨。

「中央研究院」近代史研究所《礦務檔》第三册《光緒二十四年五月初二日總署奏摺附河南礦務章程豫豐公司向福公司借欵承辦河南礦務》 五月初二日，本衙門奏摺稱，爲遵議河南礦務辦法，改訂合同，請旨遵行，恭摺仰祈聖鑒事。光緒二十四年二月十六日，准軍機處鈔交河南巡撫劉樹堂奏，豫省礦務請歸商人自借洋款承辦一摺。奉硃批：著總理各國事務衙門會同户部議奏，單併發，欽此。查原奏内稱，現據翰林院檢討吴式釗、分省補用道程恩培呈請與義商羅沙第立定合同，借款一千萬兩，設立公司，請辦豫省礦務，名爲豫豐公司。聲明所借之款，商借商還，如有虧折，歸該公司自理，所得礦利，以百之三十五分報効朝廷。開辦六十年以後，所置辦礦産業，全數報効，謹照繕該商等議定合同，呈請聖裁。如蒙俞允，再行加蓋關防，分別存發，指派地方以便開辦等語。臣等正在核議間，復准軍機處片交給事中鄭思賀等奏河南礦務請飭禁借洋債一摺。軍機大臣面奉諭旨：該衙門知道，欽此。臣等就原定合同逐款查核，内惟第二款所獲餘利，以百分之三十五分報効中國朝廷，雖較之山西礦利，多得百分之十，而其餘各款，於應徵地賦及礦産落地税、出口税等項，均未開載，周息八釐，亦嫌過重。給事中鄭思賀等請飭禁借洋債，與御史何乃瑩條奏山西路礦停借洋款，同一用意。劉樹堂原奏，則以華商貲本難集，成效茫然，必須藉資外人，亦不爲無見。臣等公同商酌，山西礦務既經臣等將合同章程逐加添改，奏准開辦。豫省事同一律，義、英駐京使臣日來催詢，自應照案辦理，當即督飭義國商人羅沙第仿照山西辦法，另擬合同章程二十條，與前定山西合同均屬相符。惟劉樹堂原擬第一款，准該公司承辦懷慶左右黄河以南、西南諸山各礦，地段過廣，應改爲懷慶左右黄河以北，以示限制。謹照録合同章程，恭呈御鑒。現准劉樹堂電稱，已派商董吴式釗、程恩培來京備問，擬俟命下之日，即令該商董等與義商羅沙第在臣衙門畫押，以憑開辦，所有遵議河南礦務辦法緣由，理合恭摺覆陳，伏乞皇上聖鑒訓示，遵行。再此摺係總理衙門主稿，會同户部具奏，合併聲明。謹奏。

光緒二十四年五月初二日奉硃批：依議，欽此。

〔附〕照録章程

謹將改訂河南礦務合同章程，繕單恭呈御覽。

豫豐公司與福公司議訂河南開礦製鐵以及轉運各色礦産章程，條列於左：

一，豫豐公司稟奉河南巡撫批准，專辦懷慶左右黄河以北諸山各礦。今將批准各事，轉請福公司辦理，限六十年爲期，應先由礦師勘定何鄉、何山、何種礦産，繪圖貼説，稟請河南巡撫查明，果與地方情形無礙，一面咨明總理衙門備案，一面發給憑單，准其開採礦地，勿稍躭延。如係民産，向業主議明，或租或買，公平給價；如係官産，應照該處田則加倍納賦。

二，豫豐公司稟奉河南巡撫批准，自借洋債不得過一千萬兩之數，如所派勘礦師，以此數不敷於用，豫豐公司仍專向福公司續借。

三，凡調度礦務與開採工程、用人理財各事，由福公司總董經理，豫豐公司總辦會同辦理，其出入數簿，請由河南巡撫隨時派員稽查。

四，各處礦廠應用華、洋董事各一人，洋董管工程，華董理交涉，一切帳目皆用洋式銀錢出入。洋董經理，華董稽核，各礦廠總以多用華人爲是，所有薪水，皆由福公司發給。

五，勘驗礦地，或應打鑚掘井，探視礦苗，應先與地主商明，踏損田禾，酌量賠償。至開礦以後，或因礦塌陷，損傷民命房産，應歸福公司撫卹賠償。若定辦一礦，有佔民地，必須會同地方官，或向地主租用，或備價購買，秉公定價，務使兩不受虧，方昭公允。所開礦地，無論或租或買，但遇有墳塋祠墓，必須設法繞越，毋得發掘。

六，所辦礦務，每年所有礦産，按照出井之價值百抽五，作爲落地税，報効中國國家。每年結帳盈餘，先按用本付官利六釐，再提公積一分，逐年還本，仍隨本減息。俟用本還清，公積即行停止，此外所餘浄利，提二十五分歸中國國家，餘歸福公司自行分給，以後中國他處有用洋款開採煤鐵礦者，應請一概倣照此章，將所有礦産值百抽五納税，以歸劃一。再此係商人籌借開辦礦務，如有虧折，與中國國家毫不干涉。

七，公司所開之礦，不止一處，然各礦出入與所有盈餘，各歸各礦清理。如或彼虧此盈，不得以此礦之盈，補彼礦之虧，致使國家應得餘利，因之少減。

八，凡開礦所需料件機器等物進口，照開平各礦現行章程，完納海關正半税項，内地釐捐，概不重征。至開出礦産運出口時，仍照關章納税。

九，福公司所開之礦以六十年爲限，一經限滿，福公司所辦各礦，無論新舊，不問盈虧如何，即以全礦機器及該礦所有料件並房産、基地、河橋、鐵路，凡係在該礦成本項下置辦之業，全行報効中國國家，不求給價，屆時由豫豐公司稟請河南巡撫派員驗收。

十，每處礦廠總以聯絡官民預息紛争爲要，應由豫豐公司稟請巡撫酌派照料委員一人，又設照料紳士一員，由福公司聘請，該員紳薪水，均由福公司籌備。

十一，礦師工頭，開辦之始，自應選用洋人。倘日後華人中有精礦學諳習工程者，豫豐公司會同福公司派充此項要職。至其餘司事照料等職，無關重大責成者，皆用華人，尤宜多用河南人，以開風氣。

十二，礦丁亦宜多用豫人，其工價應從公酌定。至礦丁受傷，應如何撫卹；與使用數十年後，應如何酌給養老之費；又平日作工每日若干時刻各節，統俟開礦後，再由豫豐公司會同福公司採擇歐美各礦妥善章程，商請巡撫定奪。

十三，福公司於各礦開辦之始，即於礦山就近開設礦務鐵路學堂，由地方官紳選取青年穎悟學生二三十名，延請洋師教授，以備路礦因材選用，此項經費，由福公司籌備。

十四，豫豐公司所借福公司銀一千萬兩，係約估之數。將來每開一礦，實需資本若干，由福公司撥用後，准福公司按照所用之數，造印借款股分票，刊刻章程定期發賣。如華商於期内願買此種股票者，有則無論多寡，聽其買取。

十五，華商收買此項礦務股票，應由豫豐公司按照時價漲落，照章代爲收買，或自行買賣，均聽其便。如華紳富商於六十年限内，將某礦股票收至四分之三，即將該礦先期收回，由豫豐公司查報飭交該華商自行經理。

十六，凡於所准礦地，遇有民人先經開採者，不得侵佔。如原主自願租賣，應由豫豐公司會同福公司秉公給價，但不得稍有抑勒。

十七，各礦遇有修路造橋、開濬河港，或須添造分支鐵道，接至幹路或河口，以爲轉運該省煤鐵與各種礦産出境者，均准福公司稟明河南巡撫自備款項修理，不請公款。其支路應訂章程，屆時另議。凡爲以上所准各事，其須用民地之處，亦照各局已定章程租買，不得少佔民地，仍求地方官代爲保護。

十八，每至年終，或盈或虧，各分礦造具清册，應各請華、洋公正人一名核算無訛，然後刊刻報單，送至豫豐公司察核各礦盈虧，會造總册，呈請巡撫，以憑分咨總理衙門、户部查核，並將報効國家各項，一併呈繳。

十九，該礦爲中國自主之産，將來中國有與別國戰争之事，福公司應聽中國號令，不得接濟敵國。

二十，兹章程華、洋文繕具兩分，各執爲憑。

「中央研究院」近代史研究所《礦務檔》第二册《光緒二十四年六月初六日總署收山東巡撫張汝梅文德商禮和洋行擬在濰縣購地開挖煤井》 六月初六日，山東巡撫張汝梅文稱，光緒二十四年五月二十九日，據濰縣知縣李務滋稟稱，竊查本年閏三月初七日，蒙本府轉奉本道札飭，以准德國總領事函稱，本國商人斯美德赴山東直隸遊歷，令即照約妥爲保護等因。隨經卑職訪聞該洋商斯美德已來卑境，旋又他往，留其司事廣東高要縣人黄國香住居卑縣東關客寓，代該洋商購買地畝。嗣在南鄉甯家溝儉疃莊，購妥民地四十餘畝，均係公平論價，賣户尚屬相安。該洋商時來時去並未常住卑縣，卑職即飭派妥役隨時查探。一俟該洋商入境，照約保護，以期周妥。兹於五月二十一日，該洋商斯美德復又來縣，並帶其司事黄國香入署拜會，卑職以禮接見。據斯美德面稱，伊在上海等處開設禮和洋行，現在議修鐵路，由青島以達德州，爲伊行包辦，鐵路兩旁准其開採煤礦，載有條約。前在淄川縣購買民地百餘畝，兹來濰境南鄉二十里堡南坊子北擇地而買。現已買妥甯家溝莊西地二十一畝八分二毫，儉疃莊西地二十三畝九分七厘九毫，尚擬陸續添購，共成一百餘畝之譜。先在所買地内，開挖井筒三箇，每井約深百丈，年半挖成。與淄川縣煤井比較，何處産煤深逾四十丈，即在何處開採，以供鐵路火車之用。卑職以條約内載鐵路兩旁雖准開採煤礦，然須距鐵路二十里以内，方可開辦。今膠澳鐵路尚未勘定地基，先行買地開井，設距鐵路較遠，豈不有違條約。該洋商又稱鐵路雖未明定界址，而伊已有成竹在胸，所買地畝，預已估定。尚未出鐵路兩旁十里之外，決無舛誤。若無確實把握，遠過鐵路二十里與條約不合，伊亦不敢妄買。至所購甯家溝儉疃莊共地四十五畝七分八厘一毫，均已眼同中人賣户立契交價，契内註明賣於禮和洋行名下，開採煤井，四至科步皆已註明，毫無別項違碍，請爲税契撥糧等語。應否照准，卑職未敢擅便，理合稟請鑒核，迅賜批示祇遵，實爲公便等情，到本部院。據此，除稟批示外，相應排遞咨呈，爲此咨呈貴衙門，謹請查照迅賜核復，以便飭遵望切施行。

「中央研究院」近代史研究所《礦務檔》第六册《光緒二十四年六月初六日總署收翰林院編修貴鐸稟擬招商股開辦奉天礦務》 六月初六日，翰林院編修貴鐸稟稱，敬稟者，竊職前蒙憲恩，奏准辦理奉天礦務。當將抵奉日期及奉到關防，設立總局並偕同洋礦師踏勘礦山一切情形，疊經稟明在案。伏查職前招股款僅二十萬兩，不過暫依土法先行試辦，原未敢遽期獲效。近自開採以來，詳細察看情形，該處礦産寔係美不勝收，自非稍事擴充，恐礦務終無起色。目下購買機器，設立局所，僱用工役，需款已復不貲。但事鉅用繁，勢難中止，若再聘訂外洋著名礦師，採買全分合用機器，即將前集之款，儘數支銷，亦恐未足以資周轉，而奉省民貧地瘠，素鮮蓋藏。近年以來，商情愈形凋敝，就近招款，殊非易易，刻下京滬兩局，尚未給資設立，即或趕緊創辦。然零星湊集，亦寔緩不濟急，功廢半途，未免可惜。職躊躇再四，祇得變通辦理，稟請將軍依，令各商先行領票，自行開辦，並訂章程，以期有利無弊。一面親赴京津一帶，廣爲勸募。今春三月間抵京，適與前任江西巡撫花翎二品封職德馨謀面，談及奉省礦産甚佳，惜款項不足，故至今未能擴充。倘獲代爲招募，裨益良多，渠意頗殷摯，允爲代招巨款，日後不敷，尚可設法接濟。職查前任德撫，歷任有年，甚孚衆望，於辦理礦務事宜，洞悉源委，紳商之肯於入股者，該撫寔足以倡之。現當林下置間之日，猶復體念時艱，爲國興利，職擬邀請入局，藉資表率，庶於礦務必大有功效。惟係曾任實缺大員，被議回旗，可否准令前往，理合稟懇酌奪。如蒙核准，即請奏明立案。抑或咨行奉天軍督部堂酌核辦理之處，伏乞鈞裁。職爲振興礦務起見，就近稟請，以期迅速而洽商情，有當與否，謹據寔上陳。肅稟，恭敏崇安。

「中央研究院」近代史研究所《礦務檔》第六册**《光緒二十四年六月十三日總署給盛京將軍依克唐阿文貴鐸擬招商股擴充奉天礦務》** 六月十三日，給盛京將軍依克唐阿文稱，光緒二十四年六月初六日，據督辦奉天礦務翰林院編修貴鐸稟稱，前招股款僅二十萬兩，暫依土法試辦。開採以來，詳細查看該處礦産，美不勝收，非稍事擴充，終無起色，親赴京津一帶，廣爲勸募。今春三月間抵京，與前任江西巡撫花翎二品封職德馨談及奉省礦産甚佳，款項不足，渠允代爲招巨款，日後不敷，尚可設法接濟。查前任德撫於辦理礦務事宜，洞悉源委，寔足爲紳商之倡，擬邀請入局，藉資表率，可否准令前往，稟懇酌奪等因前來。查該員所稱招集股款，自係爲擴充礦利起見，相應鈔録原呈，咨行貴將軍酌核辦理，仍聲復本衙門可也。

「中央研究院」近代史研究所《礦務檔》第一册**《光緒二十四年六月二十六日總署收浙江試用縣丞邵瑞齡呈聘定洋礦師興辦門頭溝煤礦》** 光緒二十四年六月二十六日，收浙江試用縣丞邵瑞齡呈。

藍翎五品銜浙江試用縣丞邵瑞齡謹呈，爲懇恩俯准試辦開採宛平縣屬門頭溝一帶煤礦，以裕國家而便商民事。竊查京師首善之區，人煙輻湊，需煤日益增多，煤價日益增長。雖京西南煤礦林立，尚多未盡開採者，已成之窯，半係本微利薄，難期推廣；已廢之窯，又因提水不盡，未能挖深。方今朝廷推廣商務，風氣大開，富强要策，除鐵路外，礦務爲先。職商現已籌藉資本銀二百萬元，擬請先試辦門頭溝一帶煤礦，款存天津麥加利銀行，以備查驗。西人知煤礦從地面至地下，多者九層，少者三層，越下越堅，越下越寬，中國采煤，祇知開廣，不知挖深，亦因限於成本，無力購買機器以挖深耳。職商現聘定洋礦師，細心勘採，代購機器，包安停當，按月優給薪水。將來若成本有虧，既與洋礦師無干，更與國家無涉。適值明旨開辦礦路總局，廣闢利權，職商深悉京師民居煤爲大宗。近年煤價日昂，諸多不便，惟有仰懇憲恩允准開採宛平縣屬門頭溝一帶煤礦，即祈派員照驗資本，給扎行文，並轉飭地方官妥爲照料。職商隨即次第勘驗礦地，或向地主租用，或備價購買，秉公定奪，務使兩不受虧，以昭公允而免事端，當此時事多艱，需款孔亟。職商自當天良激發，踴躍輸將，倘辦有成效，漸次推廣，所得贏餘，每年以二成報効國家，俾得稍助萬一，實與公私均有裨益，爲此籲懇大人恩施格外，俯准施行祗遵，實爲德便，謹呈。

「中央研究院」近代史研究所《礦務檔》第一册**《光緒二十四年七月初八日總署收軍機處交出榮禄鈔片内邱臨城等處煤礦試辦情形》** 七月初八日，軍機處交出榮禄鈔片稱，再查直隸順德、内邱、臨城等縣，産有煤礦，經前督臣李鴻章飭候選郎中鈕秉臣籌集商款，妥定章程，設局試辦。兹據該員稟稱，遵飭招商集股，購置機器，開挖井硐十二處，計在内邱者四處，曰上坪，曰磁窑溝，曰南陽寨，曰永固；在臨城者八處，曰岡頭，曰石固，曰膠泥溝，曰楊家灣，曰新莊，曰竹壁，曰牟村，與高贊交界之處，曰焦村。其煤以上坪、永固、岡頭、石固爲最佳，牟村、南陽寨、焦村、竹壁、磁窑溝次之，膠泥溝、楊家灣、新莊又次之。辦法以機器汲水，開硐挖煤，悉用人工，俾附近窮民藉謀生計。惟因銷路未能暢旺，未敢擴充，幸各礦均濱臨大道，爲盧漢鐵路必經之地，將來鐵路告成，既可資其煤以爲用。而該處附近銀鐵各礦，亦可逐漸添辦，請將試辦情形，先行奏明立案等情前來。奴才查近年迭奉諭旨，開採五金各礦，今内邱、臨城等處煤礦，該員經營數載，已有端倪。盧漢鐵路告成後，銷路既廣，當可漸收成效，自應飭令認真經理以開利源。除飭各該地方官出示曉諭，隨時妥爲照料外，理合附片陳明，伏乞聖鑒。謹奏。

光緒二十四年七月初八日，奉硃批：該衙門知道，欽此。

邢玉林《光緒朝黑龍江將軍奏稿·恩澤薩保奏爲都魯河金礦開辦始有頭緒原借官商各款實不敷用擬再接濟萬金摺光緒二十四年九月十二日》 奏爲都魯河金礦開辦始有頭緒，原借官款二萬兩，並所招商股二萬兩，實不敷用，擬再接濟萬金，以期有成。 謹將詳細情形，恭摺馳陳，仰祈聖鑒事。 竊奴才等叠據督理都魯河金礦山西補用知府候補直隸州知州曹廷杰稟稱，該礦已得正苗，開採日旺，無如成本過少，不敷周轉，不獨諸事窘手，且時時有缺糧之虞。 因之礦丁不敢多招，出金亦終屬有限等情，飛請設法接濟前來。 奴才等當派候選巡檢張毓芳，赴廠查勘，據稱屬實。 蓋事當創始，地屬極邊，險阻艱難，有非意料所及者，謹爲我皇太后、皇上詳陳之。 都魯河雖隸呼蘭屬境，實去呼蘭千有餘里，去三姓亦尚六百餘里。 又有地名樓上者，相去四百餘里。 三姓以下素鮮居民，樓上以下絶無人烟。 今欲開礦，必先招丁；欲招丁，必先屯糧，此一定辦法也。 溯自光緒二十三年四月初四日，總理各國事務衙門會同吏部、户部議奏奉准後，是月二十間，咨行到江。 曹廷杰方在呼蘭，該員奉文，一面招募丁勇，遴選員司；一面購置糧貨諸物，運赴三姓，轉運樓上。 其時運船陸續開駛，員弁亦分班押解。 不意六月初八日，頭起運船行至三姓月身灘，江面遽被翳匪六七十人上船搶刼，槍斃木匠一人，傷巡丁一人，綁去委員聶世興、司事曹祖培等四人，糧貨搶奪一空。 迨至齊集姓城，初擬求速，議訂俄輪，繼以不諧，復僱民船。 又值大雨滂沱，江流四溢，不辨行徑，八月初間始抵。 樓上邊地，終年多凍，金礦之旺，向在五、六、七、八等月。 七月不能進溝，一年之旺時已過矣。 此上年夏秋曹廷杰未經到廠以前，節遭阻滯之實在情形也。 樓上爲入都魯河登陸之地，雖距礦廠匪遥，中間枯木朽株，洽湯泥淖，蔽途塞徑，步騎皆窘，馱夫視爲畏途。 每裝六十斤，索價一二兩，總計糧貨運廠，非五六萬金不可，不得已暫行囤積，留俟雪道靶轣起運。 曹廷杰遂率員弁先進，於八月十三日，抵都東溝，正在設廠建房間。 九月十一日，忽有隨同護礦鎮邊右路右營前哨哨兵口角啓釁，槍斃員役工匠等九人之事。 奴才於上年十二月十一日，據情奏聞有案，然大局幸未遥動也。 迨後一冬無雪，靶轣不通。 溝中千餘人待哺嗷嗷，復不得已在近廠俄界地方，購買米麵十萬斤。 日令礦夫背負，因之礦工特甚。 加以夜長晝短，且須積柴燒凍，方可工作。 得砂無幾，虧累漸多。 至十一月二十八日，除已得頭緒各幫照常外，其餘新集之丁，一律停止開採，遣令出溝，以節糜費。 廠中諺語所謂，散幫者也。 此上年秋冬，曹廷杰既經開礦以後，歷受窘困之實在情形也。 所幸今年以來，糧貨畢集。 四月以後，跴護新頭。 近據八月十一日稟報，每日上溜，或七八家，或十二三家。 每家或八九人，或十餘人，共得金或八九兩，或十一二兩不等。 但能多集丁衆，礦務必有可觀。 惟是所集官款、商股，僅只五萬兩，以之發給閤廠員勇之薪餉，並購買六成之金價，業已不敷周轉，安能厚積糧貨。 且礦丁人等慮蹈去年舊轍，率皆觀望不前，廠中亦實不敢多收。 當此日有起色之時，徒以成本未充，致令出金不旺，若竟拘執不爲代籌，殊有功虧一簣之悔，未免可惜。 奴才等商酌至再，擬在上年呼蘭賑餘項下，提銀一萬兩，爲之接濟。 應分股利，仍列頭等。 並俟稍有成效，即責令隨同原借之官款二萬兩，先行歸還，以防耗折虧累。 至前總理各國事務衙門會議原奏内稱，呼蘭所屬之巴彦蘇蘇、北團林子二城，人户殷蕃，招丁購糧，運置機器，均當較漠河爲便。 人會議章程内稱，呼蘭爲江省腹地，又係屯販輻輳之區，與漠河極邊寒苦不同各等語。 竊查漠河、觀音山各廠，所需糧貨皆由黑河水運，自岸達廠近，或數里十數里遠，或百里。 人馬通行，實未若樓上，入都魯河四百餘里，陸運之險遠也，合併聲明。 所有都廠開辦始有頭緒，原訂股本實不敷用，擬再接濟萬金，以期有成緣由，謹恭摺馳陳，伏乞皇太后、皇上聖鑒訓示。 謹奏。 於十月初八日，奉到硃批：著照所請，該部知道，欽此。

「中央研究院」近代史研究所《礦務檔》第二册《光緒二十四年十月初九日總署給德使海靖照會德商試開濰縣煤井已飭毋庸攔阻惟礦章當速定議》 十月初九日，給德國公使海靖照會稱，光緒二十四年十月初五日接准照稱，德商禮和洋行在山東濰縣境内鑽取煤土式樣一節，前准照稱希轉飭該洋商暫停工作等因。 查每擬開礦，須先鑽取煤土式樣，俟驗煤質果佳，即行開挖。 又查專條内所提礦務章程應早議定，惟詳商此章，難免遲延。 若俟議定，始行舉辦鑽取式樣，未免耽延。 又查禮和洋行現擬招華商合股，招定之先，以鑽取式樣驗明煤質果佳，可以面許股友，必克得利，此係保華商無所虧損之法，仍望轉飭該縣無庸攔阻德商鑽取式樣。 本大臣一面飭該洋行嗣後須隨事小心，以免再有架倒傷人之事，即希示復等因。 查開礦必先鑽取式樣，自屬實情，惟豎立木架，竟致架倒壓傷多人，未免可惜。 既據貴大臣飭令該洋行嗣後隨事小心，以免再有架倒傷人之事，足見慎重人命之意。 況據該洋行擬招華商合股，亦與約章相符。 本衙門現已據來照所稱各節，電致山東巡撫轉飭該縣遵照。 如德商但祇鑽取煤土式樣，尚可無庸攔阻。 至此項章程，應如何另訂之處，仍望照復，以便趕緊議定合股開辦，是爲切盼。相應照復貴大臣查照可也。

王彦威等《清季外交史料》卷一三六《督辦津榆鐵路胡燏棻奏請將朝陽縣屬三票煤礦改爲官辦片》 再，鐵路須有煤鐵各礦相輔而行，方能歷久不敝。前因高橋至錦州一帶，查有煤鐵礦數處，宜歸鐵路開辦，於本年四月十八日附片奏明，奉旨：依議，欽此。查關内外鐵路向用唐山之煤，現在所出五槽煤塊，已屬無多，僅敷關内購用，每有九槽煤末攙雜，冬令頗不合用，而關外新路將及千里之遥，勢不能專恃唐山，致形缺乏。兹查高橋相距九十里之南票地方，係熱河朝陽縣管轄，有上中下三票煤礦，質堅産厚，足與唐山之煤相埒。該處係蒙古占封地，向章祇須向蒙古王公領有地照，並熱河道煤帖，無論官紳商民，按年納交地課，即可轉相承領，永遠開辦。惟該處山場地高路險，開採既艱，轉運亦不易，以致歷辦煤商，往往懸課欠追，廠廢窑荒久成棄産。該商既願退約與鐵路，改爲官辦，當經臣於鐵路項下，籌給該商等歷年賠墊工本銀二萬八千兩，分別立有退約，歸入鐵路，復派洋工程司履勘，須由高橋先造枝路一道，以通行運，計需銀百萬兩，此項枝路應即歸榆錦一路，另行籌款接造。惟採煤沿用土法，頗難見效，必須仿照唐山，改用機器，方能旁通深入，採取日多，計購置各項約估工本又需銀百萬兩。款亦甚鉅，若必統由鐵路籌辦，深慮獨力難支，英商匯豐仍願將該處礦務妥商，合股辦理，各任股款五十萬兩，以備購機一切之用，應完蒙古並熱河地税各課仍照向章交納，並仿照晋縣礦務章程，核計出井煤斤值百抽五，報効國家。議定以後，亦於本年八月二十五日，與借款合同一並簽押。嗣知礦路總局奏定新章，復有餘利，歸公之款，應按十成之二五提出繳部，當與該英商商酌，以合同訂立在先，未便更改，俟有餘利可分之時，將鐵路名下應分之利，提出十成之二五，呈繳户部。此外，專利年限以該礦係蒙古封地，欠課即收回，不欠課即承辦，於地契載明，是以本未議定，亦與礦路總局奏明借洋款辦理礦務各條，尚無不合，倘能獲利較豐，兼可維持鐵路，歸還洋債，實屬一舉兩得，有利無弊，除將合同咨送總署，並録呈軍機處查照外，謹奏。光緒二十四年十月二十三日。

〔附〕督辦津榆鐵路大臣胡燏棻與匯豐銀行並代怡和洋行經理華英公司訂立合同

一，督辦大臣向朝陽縣之南票地方購買上中下三票煤礦，現與公司商訂合同，合股開辦。嗣後，以上所指地方左近，或女兒河至南票，及南票至錦州鐵路一帶，如有他礦，經督辦大臣購買，或他故取得者，亦應照此次合同，或合股開辦，或公司自行開辦。但照此合同，所有開辦一切事宜，應俟礦務工程司呈報，佳否，開辦與否，聽公司自願。

二，公司應即從速自派礦務工程司，前赴購買地段察勘，與督辦大臣及鐵路總工程司商妥，將應行鑿井開礦之處，指定該工程司並應於上指各處地段，一律測繪，冀將合辦之礦推廣。督辦大臣接到該工程司呈報後，應照呈報内，指明各地立即購買，地主不願，概不强勉。

三，開辦成本估需行平銀一百萬兩，應由督辦大臣及公司各籌其半，或集公款，或招衆股，或他項辦法，各聽其便，自行籌畫。其成本一百萬兩，公司應籌十二萬五千兩，於西曆一千八百九十八年十一月三十日以前，合英金交存倫敦匯豐銀行；督辦大臣亦籌此數，交存天津匯豐銀行；其餘七十五萬亦照此分籌，均不得過西曆一千八百九十九年十一月三十日。至此項存款，均歸銀行，聽候公司撥用，以便購機開辦，如須續籌，底本應即照此辦法，彼此分任。

四，女兒河至南票煤礦支路，應由督辦大臣按照與公司訂立之山海關牛莊幹路，及接連各路合同辦理。

五，所有開鑿礦質辦法、工務一切，督辦大臣與公司秉公商辦。

六，各礦應設華、洋董事各一員，洋員管礦工，歸公司派委；華員理交涉事件，歸督辦大臣派委。所有賬目由洋帳房登記，其進出款項由洋董事經理，華董事稽核。至各礦務，須多用華人。

七，此項礦産應納各項税餉列後：

（一） 繳熱河道每年公費，每票合銀十五兩。

（二） 按出井煤斤值百抽五，報効國家。

（三） 繳該地蒙古旗，按照折銀舊章辦理，每年合銀一千五百兩。

（四） 每年按照上、中、下三票，應完地税銀七百九十兩。

八，礦工應用機器材料及所需各物，進口按照開平章程完納海關正半税項，其餘釐金及他項税款，概行援免。至開出礦産由海口運出，所繳出口税項，應按關章官礦，出産辦理。

九，鐵路局允在各路運送礦産，其脚價由南票至女兒河，不得過大錢七百二十文之數。按此係按每月運送三萬噸而言，如溢過此數，其溢運之礦産，脚價每百分中減二十五分。其由各幹路運送，脚價每噸每一英里收大錢十文。以上所列各價，凡由出煤處岔道運出，及至營口運入，煤廠各費亦在其内。其裝車、卸車由礦局自行經理，又上列各價，可隨時由督辦大臣、鐵路總工程司與公司互商更定，如彼此意見參差，可請證人評斷，至在煤礦及碼頭船隙各處交運煤斤事件，並以開平定章爲主。

十，礦局因鐵路局特定運脚之故，允供給鐵路局需用煤斤，照下開各值取價。

（一） 頂好成塊，宜於汽機車用者，每噸大錢四千文。

（二） 尋常塊煤，宜於各廠鍋爐用者，每噸大錢三千文。

（三） 細煤，合火爐及煖水箱用者，每噸大錢二千二百文。

（四） 頂好焦炭，每噸大錢八千文。

以上煤斤均在礦廠交付，免開運脚。隨時需用他項煤斤，均准此項價值，商酌辦理。

十一，凡工人受傷，如何撫恤，及限定工作時刻，各事公司均須按照各國礦務章程，擇善而從。

十二，倘公司因各項礦工，須發行借款章程，以便招集款項，無論何時，督辦大臣應允於此項文牘，准予蓋印，庶令公司之權，可見信於衆人。

十三，如有應備之道路、橋樑，或陳設關係礦工及轉運礦產等事者，應於公司通知督辦大臣後，與地方官從速設法。

十四，每半年應將贏虧之數，開列一帳，由華洋員司簽押，呈送督辦大臣。凡各礦工作所費，及機器應攤除之值，華洋員司薪水，並報効進出口税項，凡一切出項，均入帳内，作爲開支之款；其淨餘之款，如屬盈餘，彼此均分，如虧折，亦分認。

十五，此合同簽押之後，督辦大臣即行奏請欽定施行，所奉上諭，應由總理衙門用照會通知英國駐京欽差大臣，按照商務辦理。

十六，此合同華、英文各繕四分，一存督辦大臣處，一存總署，一存英國駐京欽差大臣署，一存公司。 如有繙譯辯論之處，以英文爲主。

光緒二十四年八月二十五日，西曆一千八百九十八年十月十日，在北京押簽。

吉林省檔案館《清代吉林檔案史料選編（工業）》上册《北洋大臣爲三姓金礦報效銀兩的咨文光緒二十四年十一月初六日》 爲咨明事。

十月二十八日准督辦鐵路事務大理寺少堂盛 咨呈，内開： 案據吉林礦務商董徐潤、潘志俊、汪啓、朱佩珍、徐慶源、李亮績、金式勛等聯名禀稱： 竊商董等昨奉面諭，接準總辦吉林礦務局宋道台來電，三姓金礦公司截至年底爲止，若無意外之事，約可盈餘銀七八萬兩，擬以五萬兩作爲報效，飭即議復等因。 奉此，伏查吉林礦務奏定章程第十四條内開，如有盈餘作二十四成分派，以十成報充軍餉並地方公費，十成按照商股分派，餘四成爲本廠員友花紅。 今若以盈餘八萬兩中報效五萬兩，再加以應派員友花紅，則各股商必不能得定章應派之數。竊維該各股商既係遵照定章入股，倘不照章辦理，似恐難令悦服。 何況開礦一事盈虧不能一定，即如本礦前年霪雨爲患，胡匪竄擾，股本因之虧折過半，雖經營兩載，仍獲轉虧爲盈。 假令一蹶不振，則所虧股本無非股商承認。 今設得有盈餘而不照章分給，於理似未允洽，各股商尤易藉口。 況當吉林礦務初辦之時，正中東議和之後，商情觀望，集款維艱。 經商董等再三苦口勸導，始令各股商次第入股。 今若忽爾更張，減其利益，各股商追念前事，恐益難甘心忍受。 且商董等既經苦勸，令其入股，勢必群起與商董等爲難，商董等恐不堪擾累。 原宋道台所以更張報效之意，無非爲餉需支絀起見。 然商董等愚以爲，現當各處礦務發軔之始，正須以二三得利之礦作爲表率，方能令商情踴躍，礦務勃興，報效不難日多，餉需自必日裕。 若因區區一處之報效，而便示人以不信，難免令各處商人聞風裹足，日後礦務利源不將從此閉塞乎？ 故更張報效一層，不第於商董等多所爲難，即於餉需亦殊覺有損無益。 商董等再三思維，惟有仰懇大人，據情照會宋道台，仍照奏定章程，分給餘利，並咨請吉林軍憲、直隸督憲立案備查，等情。據此，查該董等所禀各節，係屬實在情形。 所請遵照奏定刊板章程，應在二十四分内報效十分。 如果本年盈餘七八萬兩，若先繳報效五萬兩，衆商以鉅本擔荷艱險，所獲盈餘不及報效之多，誠難心服。 然地方需款孔殷，即使如數報效，亦恐無裨大局。 似不如先行照案呈繳，以昭大信。 俟下年成效倍著，無論所得倍蓰，除酬勞四分之外，官商總歸均分，不限五萬之數，似尚平允。 除照會宋道春鰲查照核辦外，相應咨請察核轉咨等因，到本大臣。 准此，相應咨明貴將軍，請煩查核，見復施行。 須至咨者。

「中央研究院」近代史研究所《礦務檔》第二册《光緒二十四年十二月十九日路礦總局收直隸總督裕禄文李家愷接辦平度招遠莒州等處金煤礦務現下情形》

光緒二十四年十二月十九日，路礦總局收直隸總督裕禄文稱，據委辦山東莒州招遠鑛務李令家愷禀稱，竊卑職於十一月初五日接奉憲台札開，准欽命統轄鑛務鐵路總局咨，山東平度州鑛務，向由道員李宗岱承辦，自李道故後，復歸其子接辦，現在情形若何？又磁州煤礦由知府陳忠儼等承辦，現在究竟有無起色，相應一併咨行貴大臣迅飭詳細查明，聲復本總局可也等因，到本大臣。准此，除分行外，合行札飭札到該局，即便遵照查明具復核咨等因。蒙此，伏查平度鑛務係於光緒十一年開辦，一切仿照西法，費資本數十萬金，井峒已深至四十餘丈。嗣於十四年秋，因出金不旺，稟報停工，實以鑛線漸深，漸變爲硫磺鐵石，中國無能鎔化。今春曾將舊存鑛石，由前天津稅務司德璀琳寄往德國化驗。據稱含金甚多，開採足可獲利，該前稅司兼允招集巨資，合股夥辦，擬明春先派鑛師前來勘驗。能否有成，一俟該鑛師查驗後，再當妥議章程，稟候示遵。至卑職奉委接辦職父承辦各礦，現辦者，惟招遠、莒州二處。查招遠係屬金鑛，於二十三年四月初一日開工，局中雖置有機器，祇以該鑛處萬山之中，道路崎嶇，運用煤炭，尚不如人工合算，故多參用土法，規模較小。苗線雖尚寬長，然或好或歹，優劣不等，出金亦未能一律，且每年冬腊、正、二等月，冰凍在地，難於工作。計去年自四月開工起，至十月停工止，共贏餘漕平化寶銀一千三百餘兩。本年出金數目，截長補短，亦與上年相仿。惟夏間山水爲灾，鑛砂屋宇多被沖刷，不免減色，出入款目，均經按季造具清册，稟報淮軍銀錢所、東海關道轉詳各在案。至莒州係屬煤鑛，亦因多年停廢，積水甚深，現已招集商股萬金，先行試探，擬於年內動工。如果煤質堅實，煤層深厚，能合火輪舟車之用，當再多集貲本，添置機器，以爲推行盡利之計。當此時勢艱難，有以開濬利源爲要務。卑職毫無知識，仰蒙逾格栽培，飭委接辦鑛務，冰淵滋懼，兢惕彌深。惟有實力實心，矢勤矢慎，務期漸臻成效以冀仰答高厚鴻慈於萬一。所有卑職接辦鑛務稟復察核等情，到本大臣。據此，除批示外，相應咨會貴局，請煩查照。

王樹枏《張文襄公全集》卷一五八《致總署光緒二十五年正月二十日丑刻發》

歌電悉。前據襄陽縣電，稟有山西河南鑛路，義英福公司派人，由河南到襄樊一帶查勘鑛山，請示辦理等語，因未奉明文，正在驚疑，適接鈞署咨據英使函，英商義商福公司承辦山西河南鑛務，請修鐵路五條：其一，由山西、河南至襄陽河口，可以通達長江，足駛輪船之處等語，查該公司係承辦山西河南鑛務，既無湖北字樣，所勘之鑛歷全在山西、河南境內，不得入湖北境内之襄樊查勘鑛山。又查由漢口經河南達京都，已有奉旨在前之蘆漢幹路，一省之內，斷斷不容兩路並行，該公司既係鑛務公司，即便爲運鑛起見，須修造鐵路，亦止可在山西、河南境內，蘆漢鐵路公司不修鐵路之處，由鑛山造一最直、最近枝路，與蘆漢幹路接通，今不通幹路，而直達襄陽河口，明明是與幹路並行，奪蘆漢、粵漢之利，並未奉到諭旨，萬萬不能照准。洞有督率辦理兩路之責，此時若不聲明，無以對兩公司商人，且比、美兩國聞之，亦必不允以一鑛務公司，攬辦兩省鑛務，已駭聽聞。又欲以通達長江一語，添湖北一省，且欲修造鐵路五條，其一横梗三省地方，實天下各國未有之事，究不知其原議若何，鐵路五條何處起止，原日何人與議？然既未奉旨，當可力爭，務求將該公司所訂合同，詳晰明示爲禱。再該公司派人入境，並不商定在先，忽由滬來，忽由豫入，不止一起，應接不暇，保護亦恐未周，務祈切囑英使，令其暫勿來鄂，以免枝節横生爲感。即祈詳速電復。號。

《總署來電光緒二十五年正月初五日醜刻到》 福公司承辦晉豫鑛務，派鑛路師往勘鑛苗，及築支路地址，聲明由沙市起程，經襄陽、澤州、懷慶、衛輝，順衛河至天津，希轉飭地方官沿途照料。歌。

中國第一歷史檔案館《清代軍機處電報檔彙編》第二册《奉旨議辦金礦著交總署會辦妥議事光緒二十五年正月三十日》 奉旨：饒應祺電奏，議辦金礦等語，已交總署，會同路礦總局，迅速妥議。俟覆奏，再行電飭遵照。欽此。正月三十日。

朱壽朋《光緒朝東華録》卷一五二《光緒二十五年二月》 總理各國事務衙門等奏，光緒二十五年正月二十二日准軍機處鈔交，北洋大臣裕禄奏漠河礦局新章提餉過多，入不敷出，請酌量變通，以維大局一摺。奉硃批：該衙門議奏，欽此。臣等查原奏内稱，漠河開礦之始，原定章程，先將局廠各項費用開銷，所得餘利作爲二十成，以六成報充軍餉，以四成分給員司花紅，以十成派給股商利息。嗣於光緒二十一年間，經查辦事件大臣延茂改定新章，漠河金廠所得金沙餘利，先提六成作爲軍餉。下餘四成作爲局用股利；觀音山金廠所得金沙餘利，先提八成作爲軍餉，下餘二成作爲局用，奏明在案。茲據督辦漠河等處礦務道員徐傑稟稱，漠河孤懸絶塞，百物騰貴。初開辦時，每年用款十三四萬兩。嗣因續開觀音山廠，增至十五六萬兩。二十一、二、三等年，漸增至三十餘萬兩。現經極力裁汰，統計一切局用，每年實約需銀十七八萬兩，無可再省。若再加裁減，不惟無以安任事者之心，而食用各項，亦恐僥焉難繼。至入款，全賴金沙。金苗之旺衰無常，即入款之盈絀難定。自光緒十五年至二十年，每年得金均不過二萬餘兩，或一萬餘兩。十九年尚不及一萬兩，惟二十一年得金五萬兩零。

然亦僅此一年，迨二十二年仍僅二萬餘兩。至二十四年尤爲減色，以入款與出款相衡，不敷顯然。查二十一年以前，每年均能結有餘利者，實緣舊定章程先除各項開銷，然後將餘利作爲二十成，内提充軍餉六成，股商餘利十成，員司花紅四成。彼時糧貨價值亦尚平賤，故能不形支絀。無如已開各廠漸次消乏，急切難得新苗，加以年來各處歉收，食物昂貴。出款必不可少，入款難望其增，侵尋虧耗，拮据萬分。推原其故，當奏改新章時，但見二十一年出金之旺，餘利之多，以爲必不至於虧累，殊不知淘沙取金，多寡原無一定。况漠礦之開，兼爲防邊，非盡言利。前人幾費經營，幸著成效，中國言礦務者，首屈一指。自改新章，國家得餉稍多，亦僅一時之利，而非久遠之謀。此後局用愈窘，措手尤難，既不能枵腹從公，又不能點金爲用，智窮力竭，勢必停辦而後已。礦務停則軍餉無所出，邊防亦覺空虚。漠礦本係招集商股，而辦礦尤資人力，必有股利花紅，始足振興商務，驅策羣力。新章專以漠廠糧貨餘利作爲股利花紅，無論貨利未必可靠，即使有利，而局用尚難彌補，更何股利花紅之有。無股利則股商觖望，商務有礙，無花紅則人心解體，誰共圖存。體察情形，實於礦務盛衰大有關繫。擬請將新章酌量變通，每年所得餘利，除開銷一切局用外，結存若干，再按十成計算。觀音山仍以八成充餉，漠河仍以六成充餉，下餘觀廠二成、漠廠四成，作爲股商餘利、員司花紅，似此辦法，較之現行新章，軍餉少得有限，而視舊章仍不啻加倍，且局用股利、花紅均有所出，礦務賴以維持，不至終於隳廢等情前來。查漠河金礦開辦至今，興利實邊，業經著有成效，亟應加意維持，俾免隳廢。新章以最旺之年爲衡，提餉過多，入不敷出，虧累勢所必然。該道擬改章程，係爲因時補救起見，與其因循隳壞，軍餉無著，何如酌量變通，可期經久。仰懇恩准，照擬辦理等語。臣等查漠河金礦爲中國礦務發軔之初，興利實邊閱十餘年，經營匪易。現以新章提餉過多，以致入不敷出，難乎爲繼，自應極力維持，以期經久。現經北洋大臣裕禄揆時度勢，請予變通，自應請旨准如所擬辦理，以保國課而恤商艱。得旨：如所議行。

「中央研究院」近代史研究所《礦務檔》第六册《光緒二十五年四月十五日路礦總局收程建勳呈請開錦州全府金礦》　光緒二十五年四月十五日，收工部屯田司員外郎三等男程建勳呈稱，爲援案請開奉天錦州全府金礦，以維利權而增國課事。竊維理財裕國之道，莫大於開源，泰西諸邦所以號稱富强者，礦利盛興而已。我中國五金徧地，百倍窮荒，久爲外人所涎視。近來疊奉上諭，准商民集股開採，而承辦者良莠雜糅，往往半途而蹶，非囿於資本之不厚，即迫於異族之紛擾。近年奉省境内，各國礦師踵趾相接，尤注意於錦州。伏查奉省礦産甲天下，其錦州一帶，萬山環列，五礦兼有，若不及早開辦，不惟天珍地寶，終古沈埋，亦恐强敵生心，藉端弋取。司員世受國恩，慨念時局，亟思奏微勢於萬一，歷年于役天津，留心礦學，屢遣熟悉礦務之人，協同著名礦師，赴奉省一帶尋覓礦苗。如錦縣之五道嶺，寧遠州之圍屏山、夾山、灑金溝，義州之高麗、井樹溝，廣寧之石門等處，金綫甚多，已有土人開挖。曾取有金沙化驗，成色極佳，且詢之居民，皆願得華商早爲開辦。其貧者以土法挖取，獲利極微，若就此傭工，可贍生計；其富者苦於鬍匪之擾，未得安業，若因此招練護勇，可衛閭閻。他省辦礦，利未一見，害已百出，司員姑不言利，請決其無害。所謂害者，集股不實也，外人插手也，風水啟争也。司員素有熟識商人奚國安、吴紹清等，經商滬瀆多年，家資皆著名殷實，願出自有之資，合夥興辦，已備有大宗的款五十萬兩，既不用絲毫洋款，亦非零星碎股，並照章除延礦師勘驗外，一切工程，均就地雇用土人，並照章設立礦務學堂，以儲礦才。至若風水之説，奉省素不之信，且其地重山複嶺，於廬墓亦無妨礙，凡此數端，管見所及，實有利而無害。惟是開辦之道，試以土法，本小而利遂微；運以機器，本鉅而利始厚。據礦師云，錦州金礦，若用機器開採，較之土法，獲利不止倍蓰，照章納課，每年爲國家增税當必不少。現已將五十萬兩，全數備齊，擬用機器先從寧遠州之圍屏山、夾山、灑金溝辦起，該處距鐵路僅四十里，轉運機器，極爲便利。俟礦師將全府金綫勘實，再爲逐漸推廣，總期日起有功，以垂久遠。司員遠等爲裕國足民起見，經營伊始，不得不事事慎重，期無流弊之滋。如蒙俯允，應即遵照憲局定章，盈餘項下，以二成五報部，所有一切情形，暨賬目等事，恭聽隨時調查。又伏讀憲局章程，無論獨辦集股，均准專利等因，所有錦州全府金礦，應由憲局立定年限，不准他人攙越，並請咨照奉天軍督部堂，飭地方官隨時保護。茲將的款五十萬兩，存儲銀號，仰乞憲局俯賜提驗，附呈全圖共三紙，伏候鈞批，訓示遵行，實爲德便。

「中央研究院」近代史研究所《礦務檔》第七册《光緒二十五年二月二十一日總署收黑龍江將軍恩澤等文附煤礦合同四件黑省煤商與俄人改立合同》　光緒二十五年二月二十一日，收黑龍江將軍恩澤等文稱，礦務省局交涉處會案呈，案查愛琿煤礦，向由江省永和公、鼎盛昌兩商號承辦，官中派員抽税，前曾奏明有案。昨於光緒二十四年十一月初七日，准總署來電内開，俄使稱，俄商紀豐泰與愛琿永和公、鼎盛昌共立公司，在江省開採煤礦。經將軍委員李眼同訂立合同，嗣後將軍有所作難，於友邦貿易有礙等語。此事究竟如何，希飭查電復等因。接奉之下，當以今春聞該舖商等，與俄商紀豐泰、陸斌那扶有私立合同之説。當即派員查辦，嚴飭退燬，而紀、陸兩人託故他去，迄無成議。追詢何以擅定之故，則謂煤礦銷路在俄，非與紀、陸合夥不能有成。迨調核其原訂合同，有洋文而無華文。所議條款利權，半歸俄人。且係通省煤礦，更非愛琿一處。蓋永、鼎兩商不知事體，不解洋文，任聽紀、陸作弄，所以大受欺騙也。正核辦間，該商亦自知受騙，情願改立合同。現飭去其太甚，聲明只辦愛琿一城，他處不得援照。合同以華文爲主。將來無論贏虧，中國國家概不擔保。此刻下所擬辦法，除俟交該商議妥，再行奏明請旨外，當經電復在案。茲據李委員席珍稟稱，竊卑職於前月回愛後，遵即飭知煤商李文展、張志清，隨同馳往黑河，會商陸賓諾夫等，皆願改立合同，以華文爲主。謹繕清換妥，附稟遞呈。惟此次所換合同，於第七條並十一條及十三條內字樣，經紀、盧畧有增減，其餘各條，概遵原訂。第七條內，僅去副都統三字。據紀、盧云，開辦煤礦，非同小可，延僱礦師，購辦機器，一切用度，核計需款非四五十萬不可。若限定止在副都統轄境內採辦，設煤質不佳不旺，則我等鉅款勢必盡付子虛。承辦者又將何以了局，應用黑龍江轄境字様，則將來始可推廣辦理，以免事後之悔。如果辦有成效，一則得以毋負憲台公忠體國、整理礦務、籌裕軍餉之至意，一則俾承辦煤礦諸商，自此可以專意操持，不致有瞻前恐後之慮。第十一條內，增續以後倘盧、紀無力操持，准轉兑別人接辦，必須商妥有可信服之人方准等詞。據盧賓云，條內此外不准再續俄股，計議固好，然我等合辦，來日方長，後事不可逆料。倘一旦資財不給，無力經營，勢不得不轉兑他人接辦。況此事不過預防未然，亦與官處無所窒礙。第十三條原訂永遠以華文爲證。據紀、盧云，合辦既有俄股，如僅以華文爲證，則我等如許鉅款，毫無著落，又將何以爲憑，似此未免過於偏我過外，我應增入附粘俄文四字，不過俾我等稍有把握，實仍以華文爲據也。卑職查盧、紀所稱各節，似均在情理之中，實非故爲挑駁。因思渠等既已合辦，並藉用其力，疏通銷路，爲此些小無礙之處，若不稍爲順從，非不能平服其心，抑且費盡心力，事際垂成，誠恐因此或有阻滯。故而曲徇其請，即照辦妥。茲將新訂合同，共繕五分。除由各該煤商等，均同赴中國邊界廳遵約畫押外，謹一併由四百里賚呈憲台鑒核，並乞俯賜鈐印發回，以憑更換施行。再舊訂合同，容俟新立合同發下，由卑職分交各該煤商，換出舊合同。卑職准於明正親自帶省面呈燬銷，以副鈞命。附呈新訂合同五分等情。查愛琿阿林溝赫爾沁煤礦，自經永和公、鼎盛昌舖商開採以來，存儲之煤斤，業已不少。祇因銷路在俄，勢不能不與俄商合股，以期開通銷路。若遽因此中止，不惟地利棄之可惜，而俄人垂涎已久，誠恐其多方設法，壟斷獨登，則利權之失，更爲非計。茲據李委員飭令該舖商等，改訂合同，稟遞前來。核與原訂合同已去其太甚，惟後附俄文兩紙，現經飭令重譯，雖與改訂之華文，無甚出入，然語意之間，亦似間有不符。江省無深通象譯之人，其中利弊所在，究與地方有無關礙，未便逆臆。應請將先後合同，分别抄附咨呈總署，暨京師礦務鐵路總局，詳核酌定。可否准行，即希示復，以便轉飭遵照辦理等情。據此，除將先後合同，分别抄附咨行外，相應各呈，爲此咨呈貴衙門。謹請詳核酌定，並希見復施行。

計附該舖商原訂俄文合同，由省照譯之華文稿一件。

又由省飭改之華文合同稿一件。

又該舖商等遵照酌改後，新訂呈省之華俄合璧合同一分。計華文三頁，俄文兩頁。

又由省飭照新訂俄文合同重譯之華文稿一件。

鈔録原文：

立字人華屬愛琿城內，永和公號商人田吉臣，鼎盛昌號齊齊哈爾商人李文卿，與俄屬伯里卡合成立號頭等商人紀豐泰，休致參將魯華諾夫，公同商議，訂定合同。詳列於後：

一、在阿穆爾河右岸，依格那其耶夫屯上游三儀里之豁洛津相近愛琿之阿利克地方，暨齊齊哈爾黑龍江省各處煤礦，均准田吉臣、李文卿、紀豐泰等三人開採，亦准魯畢諾夫，事同一律。

二、現因開採所指各處煤礦，我等設立公司，作爲四股，或作四分，各爲一股。此公司名曰中俄煤礦公司。

三、公舉魯畢諾夫，作爲公司理事人。准其在所指各地方，開採煤礦，建造房屋，製辦機器，僱用人夫，擇地安碼頭，設棧房，並轉運等事，以及售煤與各公司，或作廠，或他項人等定立合同，所有一切事宜，均由自主。

四、一切安置，應需各款，必須各出資本。按照公議，預擬各項估價，各股均攤。倘不敷用，則准理事人魯畢諾夫外借。此外借者，均爲公司之債。至各種字樣，亦准魯畢諾夫一人畫押。其事爲定，股友遵行。總局事宜，歸魯畢諾夫掌管。凡事皆在次年正月間，方予各股友知會。

五、售煤款項，歸魯畢諾夫承收，或歸永和公並鼎盛昌兩號承收，全憑公議，總以捷便爲是。至各項使費，係屬公司之事，其應納中國税課，照收項計。每一盧布，捐錢五戈比。一切錢財，均存於海蘭泡一銀號内，作爲理事人魯畢諾夫寄存之款。

六、魯畢諾夫保護公司一切利權，凡遇無論何項事件，於中俄官憲前，或大小衙署各政府，以及御前，均能呈遞各種禀文，聲明是非，平和了事。其永和公、鼎盛昌二號，在中國界内，凡遇公司利益之事，應在本上司前暨各衙署政府，加意用心保護公司利益爲妥。

七、永和公、鼎盛昌並紀豐泰等，均能在産煤地方，各派親信人監理售煤，並親自有分，准其查驗理事人魯畢諾夫暨各項人等所辦之事。凡遇事件，各股友務必協力同心，不得各存私見，總以保全公司利益爲是。

八、魯畢諾夫將來倘不在事，或有他故，准其授全權於他人，以代已責。或通盤交付，或專委數事。然各項事宜，仍須派親信人料理。永和公、鼎盛昌二號現在出首之辦事人，將來如不在事，亦可授全權於他人，以代已責。此節當與各股友知悉。

九、自開公司起，憑公商議，酌給理事人魯畢諾夫薪水。其餘各股友，如辦公司之事，能各盡其責者，則於年底酬勞。俟於年底，應分給各股餘利時，如有功於公司者，或能籌款以備資本者，則給予獎賞。遇有另議事件，則另立專條，單書一紙，公同畫押，以便援照此約，權同一律。

十、我等之中，無論某人，將來倘有死亡事故，均准遺印子孫接辦。

十一、立此合同，我等並我等子孫，均當永遵無替。原稿存於魯畢諾夫手，股友均各録存一分。合同估價四千盧布，休致參將魯畢諾夫，伯里頭等商人紀豐泰，有華文押二，經海蘭泡州署之繙譯渲克留得。將此二押以華譯俄，一係鼎盛昌號辦事人李文卿，一係永和公號辦事人張子卿。於俄歷一千八百九十八年三月初七日訂。

休致參將魯畢諾夫，現住海蘭泡之伯里頭等商人紀豐泰，前來海蘭泡大街住素闊羅夫房之律師庫什連斯克之評訟局，呈驗此約。並請將此約照律立案。中國舖號鼎盛昌、永和公之田吉臣、李文卿等，親保立案爲證。並有寄居海蘭泡之華民李玉昌、劉波昌二人，結保該商等實係上等舖號。是以本律師誠信此約係魯畢諾夫並紀豐泰，親筆畫以俄文花押。田吉臣、李文卿，係親筆畫以華文花押。當經海蘭泡州署繙譯渲克留得，譯出俄文。案立第一百三十七款，魯畢諾夫願將此案填註册檔，以資恒産。此案係一千八百九十八年，第二十六號。是年三月初七日，發交魯畢諾夫。按照行文，係一千七百零六號。城中使費二十盧布。此約係經律師按照魯畢諾夫前來本局呈驗之原稿鈔録者。除原稿内恐有訛誤塗改之處，此鈔録者均與原稿校對無異。一千八百九十八年三月初七日，第一千七百零七號。

此約裝訂連皮共四頁。

律師庫什連斯克押。

中國光緒二十四年　月　日。

俄國一千八百九十九年　月　日。

四家商人，同立疏通煤礦合同。今有愛城張志清，字號永和公；省城李文展，字號鼎盛昌；伯力紀豐泰，字號和成利；黑河屯雅果夫肖得力威旗盧賓諾夫，公立合同十四條列後。

一條，前次張志清、李文展二人，承辦黑龍江城副都統所轄赫爾沁阿林溝煤礦公司二處，因欲疏通銷路，特有紀鳳台、盧賓諾夫二人，願爲幫同疏銷，因之合爲四股，夥同辦理。此係商家之事，並不與該國國家相涉。

二條，既因疏通銷路，作爲四股合辦，允宜同心協力，不得少有異言。當議定中國黑龍江城煤礦公司字樣，以取信中外。凡售煤票章，照此爲憑。

三條，如俄界各輪船，以及機器各廠，凡有購用煤片，應責成盧賓諾夫經手發賣。至於廠中有所需作煤機器，及佈置銷路之碼頭，並修造棧房各事，亦責成盧賓諾夫料理。然必預先同衆商妥，始可照辦。

四條，廠中花費各項之款，務須大衆公議妥後再辦，不准私自擅動。凡花用之款，四股均攤。或款項不敷之處，可由盧賓諾夫向銀行挪借。務先與四家商妥，再爲照辦。至於銀行往來賬目，除公司録賬外，仍歸盧賓經管。每年終核算大賬，在股者均齊集公司結照，各給清單一分。

五條，售煤若干，得價銀若干，先交公司收賬，再由永和公、鼎盛昌、盧賓諾夫三人經手，隨時送交銀行生息，不准私自動用。惟税課擬定每吊按五箇各別抽納，隨時歸繳税局查收，以重官款，不准延欠。

六條，俄界倘有公事，交盧賓諾夫承辦。中國地面如有公事，歸永和公、鼎盛昌承辦。彼此商妥，互相辦理，以俾礦務有益。

七條，黑龍江副都統轄境內，如另跴出煤礦，均由張志清、李文展等，商同推廣開辦，倘有料理不妥之處，可邀盧賓諾夫加意整頓。或張、李等人請假回家，或往他處有事，必須揀派董事之人替管，總期同心勤儉辦理。如錢財誰號舛錯，應歸誰號包補。

八條，盧賓諾夫管理俄界事務，如有別的私事，三災八難，准伊另行替手，用人幾名，自己開銷工食，與公司無干。公中錢財如有舛錯，盧賓諾夫照數包補。替換新手，必先領到公司，見面認識，以便辦事。

九條，煤礦公司既因疏通銷路，今以四家承辦。以及各廠執事人，於到廠之日起，大衆公議撥給薪水公費。大小不等，能者多給。再算賬准以厚積餘款，另存一處，以備雜費鼓勵之用。惟盧賓諾夫薪水，俟銷路疏通後，再公議撥給。諸事畫押，以華文爲據。

十條，黑龍江副都統轄境阿林溝煤礦公司，係由永和公、鼎盛昌兩號商人出名承辦，已經將軍衙門奏明有案。所有應官事務，自應由永、鼎兩號商人出頭承管，別人不得干與。

十一條，煤礦公司續入俄商紀鳳台、盧賓諾夫兩股友，原爲疏通俄界銷路而入，自應永遠同心合夥辦理。此外再不准續入俄人股分，以免股友衆多，意見分歧之弊。

十二條，礦務之股分，如果紀盧二人百年後准伊後嗣接續。惟永、鼎兩號執事人，准其該號輪流調派，均照舊章辦理。

十三條，本公司自立此疏通銷路合同後，並無返悔，永遠以華文爲證。後人照此行事，不得更改。恐口無憑，立此合同爲據。原根存煤礦公司，照此字樣，四家各執一分。

十四條，此合同議定後，將來須在中國地方官衙門，畫押蓋印，方足爲憑。

中國光緒二十四年十二月二十二日，俄國一千八百九十九年正月二十一日。

邢玉林《光緒朝黑龍江將軍奏稿・恩澤薩保人該煤礦商遵照酌改後新訂呈省之華俄合璧合同單光緒二十五年五月初四日》 謹將該煤商遵照酌改後，新訂呈省之華俄合璧合同稿，敬謹照繕，恭呈御覽。

計照録遵改新訂合同

中國光緒二十四年十二月二十二日，俄曆一千八百九十九年正月二十一日，四家商人同立疏通煤礦合同。今有愛城張志清，字號永和公；省城李文展，字號鼎盛昌；伯力俄商紀鳳台，字號和成利；黑河屯雅果夫肖得力威旃盧賓諾夫，公立合同十四條，列後：

一條，前次張志清、李文展二人，承辦黑龍江副都統所轄赫爾沁、阿林溝煤礦公司二處，因欲疏通銷路，時有紀鳳台、盧賓諾夫二人，願爲幫同疏銷，因之合爲四股，夥同辦理。此係商家之事，並不與該國國家相涉。

二條，既因疏通銷路，作爲四股合辦。允宜同心協力，不得少有異言。當議定中國黑龍江城煤礦字樣，以取信於中外。凡售煤票章，照此爲憑。

三條，俄界各輪船，以及機器各廠，華俄鉄道，凡有購用煤片，至於廠中雇募礦師，作煤規法，有所需機器，及佈置銷路，碼頭，修造棧房，均責成盧賓諾夫爲總張羅人，妥實料理。然必預先同衆商妥，始可照辦。凡事公司須訂立合同。

四條，廠中花費各項之款，四股按期均攤。或款項不敷之處，可由盧賓諾夫向銀行富商挪借。務先與四家商妥，再爲照辦。至於一切往來賬目，各廠事宜，除盧賓諾夫録賬外，仍歸公司經管結總。每年終核算大賬，在股者均齊集公司結總，各結清單一分。

五條，售煤若干，得價若干，先交公司收賬。再由永和公、鼎盛昌、盧賓諾夫三人經手各録賬外，隨時送交銀行生息，不准私自動用。惟税課，擬定每吊按五箇，各別抽納，隨時歸繳税局查收，以重官款，不准延欠。

六條，俄界倘有公事，交盧賓諾夫承辦；中國如有公事，歸永和公、鼎盛昌承辦。彼此商妥，互相辦理，以俾礦務有益。

七條，黑龍江轄境內，如另跴出煤礦，均由張志清、李文展等，商同推廣開辦，倘有爲難之處，可邀盧賓諾夫親往指點，以便設法辦理，或派礦師，及熟悉礦務之人亦可。若張、李等人，請假回家，亦或往他處有事，必須揀派董事之人替管，總期同心，勤儉辦理。如錢財誰號舛錯，應歸誰號包補。

八條，盧賓諾夫管理事務，如有別的私事，三災八難，准其另請替手，用人幾名，自己開銷工食，與公司無干。公中錢財如有舛錯，歸盧賓諾夫照數包補。替換新手，必先領到公司見面認識，以便辦事。

九條，煤礦公司四家股友，至年終，分別勤勞，酌給辛力銀兩。各廠執事人，大衆公議，到廠之日撥給。惟盧賓諾夫薪水，俟開辦之日起，再公議撥給。如僱礦師及機器匠等人工食銀，由盧賓諾夫酌撥。其餘各廠工人，由大衆公撥。至年終算賬，准以厚積餘款另存銀行，以備緊要。雜費鼓勵之用，體遵照現訂合同辦事。

十條，黑龍江副都統轄境内阿林溝煤礦公司，係由永和公、鼎盛昌兩號商人出名承辦，已經將軍衙門奏明有案。所有應官事務，自應由永、鼎兩號商人出頭承辦，別人不得干預。

十一條，煤礦公司續入俄商紀鳳台、盧賓諾夫兩股友，原爲疏通俄界銷路而入，自應永遠同心，合夥辦理。此外再不准續入俄股，以免股友衆多，意見分歧之弊。倘紀鳳台、盧賓諾夫以後無力操持，准轉兑別人接理，必須商妥，有可信服之人，方准。

十二條，礦務之股分，如果紀、盧百年後准以後嗣接續。惟永、鼎兩號執事人，准其該號輪流調派，均照舊章辦理。

十三條，本公司自立此疏通銷路合同後，並無反悔。永遠以華文爲證，附粘俄文。後人照此行事，恐口無憑，立此合同爲據。原根存煤礦公司，照此字樣，四家各執一分。

十四條，此合同議定後，將來須在中國地方官衙門畫押蓋印，方足爲憑。

煤商鼎盛昌李文展，和成利紀鳳台，永和公張志清，盧賓諾夫。

「中央研究院」近代史研究所《礦務檔》第七册《光緒二十五年五月十八日總署收軍機處交出黑龍江將軍恩澤抄摺寬河金礦請交商辦》 光緒二十五年五月十八日，收軍機處交出恩澤抄摺稱，爲愛琿所屬寬河金礦，擬請交商開辦，什一抽税。恭摺具奏，仰祈聖鑒事。竊據煤礦委員李席珍，前於愛琿城西三百餘里，奇拉卡左邊寬河地方，蹤獲金礦一處。因其在漠河金礦公司界内，飭交該礦督理道員周冕接收開辦。當時周冕慮其不甚稱旺，未能遽接。旋亦因事奉撤，而道員徐傑到差。奴才等又經電詢，據徐傑電覆，以無力兼顧爲言，遂飭該委員李席珍，設法籌辦。旋據李席珍稟到，轉據鼎盛昌商人潘立、永和公商人張志清等呈稱，若能准御史王鵬運之奏，十分取一，抽收税課，商人等情願集股開採云云。委員因查光緒二十一年二月二十五日，御史王鵬運奏請禁運銅錢出口，並開辦礦務，鼓鑄銀元一摺内稱，凡有礦之地，一律准民招商集股，呈請開採。地方官吏認真保護，不得阻擾。俟礦利既豐，然後按十分取一，酌抽税課。一切贏絀，官不與聞。期以十年，礦産全開，民生自富等語。經户部議准，會同總理各國事務衙門，於二十二年正月二十九日覆奏。奉旨：依議，欽此。通行欽遵在案。今該商等既爲此請，可否即以委員前蹤寬河金礦，准照辦理。並敬呈酌擬官中抽税，暨保護章程十六條，稟請核辦前來。奴才等比以什一之征，因與江省漠河、都魯河金廠報効懸殊，然商股商辦，不動官款，較之漠、都兩礦，似尚有間。當於本年正月三十日，咨請礦務鐵路總局詳核酌定。嗣於三月初十日，接准電示，寬河金廠章程，大致尚妥。惟派員抽税，應由將軍酌量核定，不得由李席珍率請多人等因。竊查李席珍所擬派員抽税一條，係經奴才等迭次核奪，該委員迭次稟商，始定此十三員名之數。蓋金沙爲最易走私之物，立法不得不密，用人不得不多。而又慮礦務未旺之先，徒費餉需，無所爲用。飭據李席珍一再核減，故該委員於此條之次另云，現訂辦事各員，因樽節餉糈，從省删減。將來礦務暢旺，不敷分佈，再爲核實稟請酌派等語。正因奴才等駁之過甚，持之過堅，所以特具專條，以聲明之。從可知現定之數，實係不得不然，非任聽李席珍率請也。除咨覆礦務鐵路總局查照外，謹議將所擬章程，敬繕清單兩分，恭呈御覽。可否准行之處，伏候聖裁。所有寬河金礦，擬請交商開辦，什一抽税緣由，理合恭摺具奏，伏乞皇太后、皇上聖鑒，訓示。謹奏。

光緒二十五年五月十八日奉硃批：著礦務鐵路總局會同總理各國事務衙門妥議具奏，單二件併發，欽此。

〔附〕照録清單

謹將寬河金礦商人集股章程十六條，敬繕清單，恭呈御覽。

計開：

一、股友中擇其有廉明公正、勞怨不辭者爲總董，明白敏捷者二人爲幫董。總董主持，幫董輔佐。其總幫各董，如有辦理不公，許衆股友於會議時，公同退换。

一、股票每銀百兩，作爲一股，願多入者，聽從其便。無論入股多寡，每一人名下，除給付股票外，再給股利摺一分，以憑收利。

一、廠中設立總帳房一處，經管收金等事；再設總支應所一處，專應廠中一切開銷使用。

一、官處不准商人干預攙越，廠中不准官處勒荐私人。如官處果有熟習礦務者，廠中需用此人，亦須出於該商本意，由該商人呈請税局，轉稟存案，方准派入。倘官處有勒荐等事，及挾仇遇事刁難，並抽税不公，許該商稟請軍轅查辦。該商亦不得假公濟私，虚揑誣陷。

一、總幫董及股友諸人，凡荐廠中辦事者，必須能勝斯任，不准位置私人，素餐尸位。

一、股友無論股分大小，概准入廠稽查。如查有弊端，於會議時，同衆言明，立刻剔除。

一、開廠後凡入股暨在廠諸人，於每月初一日十二點鐘，大家聚集公所，會議一次。溯其既往，計其未來，各抒各見，合理者從，背理者違，從不准喜，違不准怨，互相切磋，自收集思廣益，相得益彰之效。

一、每段派稽查碃眼商董一人，再派總查碃眼商董一人，以防礦丁私偷等弊。

一、把頭礦丁，如有私偷金沙者，一經查出，除將偷沙入公外，再議罰款一倍。偷沙一錢，仍罰一錢。按十日分扣，一日扣一分，若偷一兩者，一日扣一錢，餘可類推。

一、無論候補、候選人員，入股入廠辦事，概不用委員名目，以免宦場習氣。

一、寬河距愛琿三百里，與漠河一千八百里者有間。漠廠所有貨物，皆由廠中發賣，因無旁處可買也。寬河去愛較近，愛城百貨雲集，皆能購買。且愛商赴廠，礦丁赴愛，日夜不絕於路，自無向廠買者，故貨利一節，應請作爲罷論。

一、廠中帳房支應所稽查處，以及上下大小應用一切人等，均由該廠商董自行酌訂。所有口分，亦由該廠折中籌給。其在廠辦事諸人，除月支工食以外，不准格外支用分文。

一、廠務紛繁，雖經開列多條，恐未周備。於開廠之先，凡在股諸友，約集一處，陳明漠、都各廠章程，參以新訂條款。若者有益，若者有害，若者可增，若者可減，總期興利除弊，循公滅私，以歸盡善盡美。

一、廠中既已粗定規模，仍恐有未盡事宜，須專派一留心時事者，以後隨時隨事如查有利者興，有害者除，有宜加者加，有宜去者去，庶乎日新月異，精益求精。

一、股票利摺，如有遺失、火燒、落水等事，許立刻呈報總税課局，聲明因何遺失，並若干號頭，由局查對號頭相符，對有的實舖保，另換票摺。嗣後再有持原票摺赴廠取利者，概不准行，即作廢紙。

一、每年出金若干，抽税若干，花費若干，下餘股利各應得若干，均於年終詳細開單。每股商名下各送一分，此初設二年中，從權辦理也。俟將采出金暢旺，局面擴充，於年終清單，再爲刊印成本，按股分送，以昭慎重。

光緒二十五年五月十八日奉硃批：覽，欽此。

〔附〕謹將擬辦寬河金礦所議官中抽税，暨保護章程十六條，敬繕清單，恭呈御覽。

計開：

一、官辦無款可籌；官商會辦，官視商爲驀路，商視官爲畏途，往往兩不相能；官督商辦，稍有不和，不免挾制刁難等弊。三項終不易成，既成亦難持久。不若任民招商集股，官僅抽税保護。一切盈絀，概不與聞。既免鈐束，商民自欣然向往，不致觀望不前。

一、此礦悉聽商便，以期勇於從事。特恐商民未能周知此意，應請發給告示，將所有條款開列於後，俾使家喻户曉，示信於民。庶可望風踵至，欣然樂從。

一、請照十分取一抽課。每金一兩，作爲十成，以六成歸把頭、礦丁，下餘四成，一成歸税課，三成歸股商董廠費。如此限制稍寬，則人人趨赴，處處争開。可期推廣，税課自然加多矣。

一、請派抽税總辦一員，維持金局，兼帶護礦營，月給薪水銀一百兩；其心紅紙張，所費不貲，月給薪水三十兩、夫馬費銀三兩。提調一員，月給薪水銀五十兩文。案總理一員，月給薪水銀五十兩。稽查碃眼委員四員，每員每月給薪水銀二十兩。司事一員，月給薪水銀十二兩。盤查溝口委員一員，月給薪水銀十六兩。字識四名，每名每月給工食銀八兩。以上共十三員名，月共需銀四百兩整。惟開廠伊始，款項無著，且庫藏支絀，未便另請，祇好權宜辦理。擬請每月先由商股項下借墊，俟有端倪，再爲參核情形，由何項開支，稟請咨商礦務鉄路總局酌奪。

一、所訂辦事各員，因樽節餉糈，從嚴删減。俟將來礦務暢旺，如果兼顧難周，不敷分佈，再爲核實稟請酌派。總期餉不虚糜，事無遺誤，於節餉用人，兩無偏倚。

一、金廠雖歸商辦，官處概不與聞。惟金沙其體極微，其價極重，易於攜帶，易生覬覦。若在旁處另設抽局，特恐商董防範不周，上下人等，舞弊乘間，偷竊隱匿。且廠大丁多，僅商董不足以資鎮懾彈壓，必須在廠另立局所，各守門户，各理各事。似合而分，似分而合。咫尺之間，兩不混淆，既能稽查，且無騷擾。

一、開廠以後，難保無匪徒溷迹乘隙偷竊。今擬在於溝口設盤查局一所，凡入溝者，到局挂號，問明來歷，或係在廠諸人，或外來販賣貨物。查非形迹可疑之人，發給腰牌，方准入溝，至廠繳牌。若無腰牌，照類論。即有人認識作保，亦須問明因何不領腰牌，如何進溝。果係初到無知，並非有心干犯，薄懲釋放歸業；俟後如再有犯，加等治罪，並該保人是問。出溝者由廠領牌，外局收查亦如之。

一、廠中既已派人稽查，以防偷漏。而廠外重山疊嶺，溝路分歧，産金之處頗多，私挖之人，亦復不少。蓋開廠有抽課，私挖無抽課，人皆欲私挖，而不願入廠明矣。若不認真巡查，則入廠之人日少，私挖之人日多，於廠中大爲不便。故巡查一節，爲廠中切要之圖，必須派員分段巡邏。遇有私挖處所，查其礦産若何，堪作者諭以招商集股，大則大辦，小則小辦，總期錙銖必取，纖芥不遺，以收得尺得寸之效。其實不在稱做者，或將其人收廠傭工，或將其人驅逐出溝，俾免重蹈故轍。或謂多派員弁，不免耗費餉糈，不知巡查徧，則私挖自少，私挖少，則征税自多，所獲過於所費者無量也。

一、每日收金之前，查碃委員與廠中收金商董、把頭、礦丁，各持手摺一分，聚集一處。然後將沙取出，由收金商董過平平妥，共沙若干，用紙包封，面上畫碼蓋截，各寫各自手摺，某碃某把頭帶某礦丁，某日出金沙某數，仍將沙包交原把頭收執。再挨次赴別碃，照舊辦理。各碃平畢，齊赴總帳房，各將手摺較對無誤，帳房登簿。把頭各交沙包，驗戳過平，如無舛錯，次第收庫。一日一報。抽税總局查碃委員，回局交摺。兩相核對，相符登簿。一月報省一次。

一、官處派員抽税，其連三册簿，及按月報省申大，並應行文件告示等類，事務繁雜，應請刊發關防一顆，文曰總辦寬河等處礦務税課局之關防，以昭信守，庶免訛誤假冒等弊。

一、山深路僻，向無人烟。出金日多，人民日衆。特恐金匪聚夥搶劫，應招護礦營保護。惟創辦伊始，款無可籌，自應從權辦理。請先由鎮邊軍不拘何營，撥兵百名駐廠，藉資保護餉項，仍由糧餉處按月請領，此初年爲然也。俟有成效，再將兵丁遣撤歸營，由廠另行招募。將來營官亦不必另派，即責令抽税總辦兼帶，以節餉糈。

一、廠務殷繁，人類混雜，難保無紛争涉訟等語。既歸商辦，總以保護爲要義。嗣後廠中凡遇事故，應請官爲照料保護，不准累及商人。

一、礦丁日衆，良莠不齊。安分守己者固不乏人，而愍不畏法者亦在難免。嗣後廠中如遇兇□滋事，尋隙鬭毆等事，商人無權懲治，應准該商送交總辦處，照章懲辦。分別重輕，棍責枷號，以期懲一儆百。

一、此廠既係專辦寬河，應查照前案，凡水從寬河入黑龍江者，均歸寬廠辦理。此外仍歸漠河，以免轇轕。再内興安嶺以南地方，凡水入嫩江、松花江者，皆與漠河無涉。如有可採之地，應准推廣。將來大衆集股，另設新廠，報由總局存案。一面報省，一面派人抽查，仍將所收數目，按月另册造報。

一、新授黑龍江副都統壽山先充左路統領時，曾爲礦務督查。一切廠事，多蒙調護，今更托庇宇下。應仍請其兼顧，俟將來遇有升轉，專歸將軍衙門管轄。

一、寬河辦法，係屬創始，意在不動公帑官款，疏濬餉源。如果辦理合宜，有利無弊，小民聞風踵至，繼起争開，裕國便民，皆基於此。全在辦事各員激發天良，殫精竭慮耳。雖然欲策其功，須寬其賞；欲鼓其力，宜録其勞，將來成效克臻，應請分別異常、尋常，從優奏請獎勵，庶足以資奮勉，廣皇仁。

光緒二十五年五月十八日奉硃批：覽，欽此。

中國第一歷史檔案館等《清代外務部中外關係檔案史料叢編——中央關係卷》礦物實業《致山西巡撫胡》 季生中丞閣下：密啓者，六月二十七日接准大咨，以福公司擬辦山西、河南等處轉運礦産鐵路一節，尚未據該公司來晉議及，應俟該公司來晉商辦時，當飭令按照原訂合同妥擬辦法，不得漫無限制等因。具徵蓋籌老當，至深佩慰。查山西礦務局與福公司議定開礦合同第十七條内載，各礦或須添造分支鐵道，接至幹路或河口，以爲轉運各種礦産出境者，均准福公司禀明山西巡撫，修理應訂章程，屆時另議。至正定至太原鐵路，已由商務局另行借款修理，該路左右一百里内，福公司不得另造鐵路，以杜争端等語。是原議添造支路，或接幹路，或抵河口，僅取足敷轉運礦産而止，福公司辦礦訂明，祇在盂縣、平定、潞安、澤州、平陽等屬，所造支路自應各由礦山起造，現該公司請辦之路第一段，自盂縣經太原、平陽、蒲州以達潼關，第二段自平定經潞安、澤州，以至河南懷慶，第三段自平陽至澤州，雖於第一段太原府下註明，離俄國所擬之路，在百里以外，而統計三段，袤延晉、陝、豫各省境地，實與原訂合同不符。

俄使格爾思聞知此議，即於五月十一日，照會本署，略謂福公司擬在山西添造鐵路數道，如損俄華銀行利益，萬不能行。本署覆以該公司雖有此請，並未照准。六月十二日華俄銀行代辦寶至德，又請將太原府至柳林堡之路，改爲由太原府至小范鎮，亦經本署切實駁覆。現在英俄爭攬利權，各不相下，如福公司請造之路，稍與通融，俄必引爲口實，争執不已，後患孔多，特將本署與俄使格爾思及華俄銀行代辦寶至德來往公牘，鈔寄冰案。如福公司來晉商辦，務希執定合同，力與辯論，勿稍松勁。本署前咨，飭令該公司按照合同會同商務局稟明貴處核辦，即是示以限制之意，誠恐台端未悉原委，特再密函奉達，即望鑒照爲荷。專此，即頌勛綏。坿鈔件。堂銜。光緒二十五年七月。

〔附件〕六月二十七日山西巡撫胡文稱據山西商務局呈，光緒二十五年五月初九日，蒙准兵部火票遞到總理各國事務衙門咨，光緒二十五年四月二十七日，准英國艾署使照稱，福公司擬辦山西、河南等處轉運礦産鉄路等，因經本衙門按照原訂合同，駁令該公司會同商務局稟明各該省巡撫，查明妥議諮報，再行核辦在案。相應照録來往文件，咨行查照辦理，見復爲要等因。准此，合亟札知到該局，即便按照文内指飭各節，行該公司遵定原立合同，查明妥議辦理，勿任漫無限制，仍俟議有端倪，詳請核奪，以憑咨覆，毋違，并粘單一紙等因。蒙此，查福公司擬辦山西、河南等處轉運礦産鉄路各節，并未據該公司來晉，與卑局議，及茲奉前因，應俟該公司來晉商辦時，即當遵照總理衙門指飭，務令該公司按照原訂合同，妥擬辦法，不得漫無限制，俟議有端緒，再行稟由撫院查明，咨請總理衙門核示遵辦等情。據此，理合先行咨覆，爲此咨呈貴衙門，謹請查照施行。

「中央研究院」近代史研究所《礦務檔》第八册《光緒二十五年六月二十九日總署收新疆巡撫饒應祺文附奏稿暨中俄夥辦金礦合同咨呈奏陳新疆試辦礦務難收成效現與俄商議定合同夥辦金礦摺》

六月二十九日，新疆巡撫饒文稱，本部院於光緒二十五年四月十九日，在新疆省城由驛具奏，新疆試辦礦務，難收成效，現與俄商夥辦金礦，謹將會議合同開單具陳一摺，除俟奉到硃批，恭録另行咨呈外，相應抄録摺稿清單咨呈。爲此咨呈貴衙門，謹請鑒照施行。

〔附〕照録奏底

奏爲新疆試辦礦務，難收成效，現與俄商夥辦金礦，謹將會議合同開具清單，恭摺仰祈聖鑒事。竊查新疆五金並産，而金礦最多，久爲各國所艶稱。升任撫臣陶模與臣先後派員查勘金礦，曉諭官商辦悉聽其便，議照各省辦法，提成充餉，就廠征課，以期漸開利源。無如新省素乏熟習礦學之人，僅恃人力開採，官辦則設局、招夫、置器、運粮，核計入不敷出，商辦則無人應募。若於春冬農暇之時，清查挖金貧民，按名收課，而此查彼匿，交納極微，開除員役薪工，仍與度支全無裨益，一切難期成效情形，業經詳細奏明在案。其銀、銅、鉄、鉛等礦，臣頻年百計圖維，不遺餘力，銅鑛省城附近南山，及南路拜城庫車、喀什噶爾等處，皆設廠採煉，每歲共能採銅二十餘萬斤，僅敷各城鼓鑄紅錢之用。按鑄紅錢四百丈易銀一兩，尚須稍賠局費。鉄礦惟阜康縣屬之水西溝所産最良，鉛礦則到處皆有，然採煉徒守舊法，費繁運重，估價仍昂，兼以俄鉄價廉争售，以故採獲鉄、鉛但能製造土礮，傾鎔舊式槍礮彈丸，及民間日需之用。寶爾吉開採銀礦，創辦已近兩年，公家虧款頗鉅，委員賠累不堪，而挖獲礦坯，日出日絀。即在廠員弁夫勇，亦多受瘴亡故。臣於去冬商派俄礦師同往勘查，亦稱此廠礦好而衰旺難定，現祇酌留匠工夫勇數十名，駐廠接挖，如果再難暢旺，擬即奏請停止。金礦爲利源所在，迭奉諭旨興辦，臣與升任藩司丁振鐸，鎮迪道兼臬司潘效蘇，再三商酌，擬派員與俄商夥辦，以興地利，藉資學習。上年據情電商總理衙門，飭令先與俄商妥議，鈔録合同，俟奏咨核准，再行開辦等因。臣隨飭與駐烏魯木齊俄總領事吴司本，迭次籌商，有俄商墨斯克温願與夥辦，派員同赴各處查勘礦苗，據稱勘得塔爾巴哈台屬之札工、新興工、蘭州灣及庫爾喀喇烏蘇屬之濟爾噶朗四處，金苗較旺，議定首年各出成本銀三萬兩，會同購機修廠，次第試辦。請以二十五年爲期，無利不拘年限停止。每地一段歲納地租銀三百兩，獲利均分，不再征收金税，先訂合同二十一條。本年正月二十六日，臣將緊要各節電請總署代奏，欽奉電旨，交總署會同礦路總局迅速妥議，俟覆奏再行電飭遵照，欽此。旋承准電復，合同尚須酌改。一，塔城等處均係蒙地，應先商明該部落劃清界址，此外可開金礦，隨時奏開，不得籠統載入，致被俄商把持争執。地租一項，應分別地段廣狹定價，以免偏枯。一，礦産出口出井，均應納税，所得餘利，亦應提成充餉，以符定章。一，銀、銅、煤炭礦各歸各案奏辦，不得一併叙入。以上各條，應先與俄領事等商改後，暫准試辦，仍俟合同全文到時，覆核奏准，方能定案。二月初六日奉旨：依議，欽此。欽遵咨新照辦，臣遵即轉行妥爲商改，經前署藩司潘效蘇，護理鎮迪道朱冕榮，復與俄總領事和衷籌商，另議簡明合同十九條。其中緊要各端，如塔城等處礦地，劃清界址，每段不過俄尺十里，每段每年公納地租銀三百兩，津貼蒙民。此外可開金礦及銀、銅、煤、鉄各礦，一併删除，均未載入約内，金税一層，徐與磋磨商加，俄商應允每年截算一次，得金二千五百兩以内，百分抽一；一千五百兩至二千五百兩，百分抽三；二千五百兩以外，每百抽五，無論出井出口，均只認税一道，提成一層。該俄商等謂遠來中國夥辦金礦，先費資本已多，將來利益若何，尚不可必，現議地租、金税，已屬竭力勉從，若再提成，力恐不逮等情。臣維礦務章程所載官商華洋股分，皆不與交涉相關，然提成充餉火利不盡歸公。新疆此次會辦金礦，司庫籌提成本，得金若干，除清還成本開支廠費外，餘皆涓滴歸公，概充餉項。較之定章提繳二五，公家得利尤多，俄領事既堅執祇認金税一道，不允提成，自應准予通融。俟辦有成效，每歲公廠年終結報，公家寔應分利若干，即行全數報明户部聽候指撥，總求逐漸推廣。如果中屬匠工隨同學習有成，彼時另設專廠，即可開利無窮。該俄領事等因合同改定，機器匠工已先後到齊，商請派員會同設廠置機，立候興工。現已派委熟習俄文言語之候補知府桂榮，馳赴塔城工所，充當總辦，另委候補巡檢王鴻業、施再萌，候選從九段子麟，一同前往帮辦採運監工稽查等事，各專責成，仍一面與俄領事等議定暫作試辦，俟合同覆奏，奉旨允准，彼此畫押蓋印，方准定案。廠内需用成本，新疆應認銀三萬兩，司庫暫無閒款可提，已由軍需項下騰挪支撥，交桂榮帶廠備用。將來公廠獲利，仍照數歸還，以符原議。茲據布政使趙爾巽、鎮迪道兼按察使銜潘效蘇會詳前來。所有新疆現與俄商夥辦金礦，議定合同，是否妥協，謹會同伊犁將軍臣長庚、塔爾巴哈台參贊大臣春滿、陝甘總督臣陶模恭摺具奏，敬繕清單，恭呈御覽，伏乞皇太后、皇上聖鑒訓示，祇遵。謹奏。

謹將新疆省與俄領事等議定夥辦金礦事宜合約，開單恭呈御覽。

第一條，現在彼此商定在新疆省合夥開辦金礦，中國允准以二十五年爲期，以後續辦，再會定年限，此次立約後，中國奏明國家立案，如無利息，不必拘定年限，即行會商停止，倘有虧折，兩股均賠。

第二條，首年先在塔城廳喀圖山所屬之札工，開辦金礦，札工無水，須在新興工設廠，始能就河水淘洗。現止機器一副，如札工利少，或有餘力，再往蘭州灣並庫爾喀喇烏蘇廳所屬之濟爾噶朗金礦，接續開辦。

第三條，以上四處，皆蒙古荒地，或戈壁，或游牧，均未耕種，所開地段廣狹，需到廠查看丈量，再與該蒙部劃清界址，均不得過俄尺十里。每處每年公納地租銀三百兩，津貼蒙民。

第四條，開辦金礦地方，公會所需之木料柴炭水草牲畜牧廠，及一切應用之物，並僱覓本地工人，均照市價公平覓買，中國官不得阻止，亦不納税。

第五條，公會一切應辦之事，即如邀請礦師機器匠，委派領辦之人，僱覓工人，酌定薪水。購買應用機器、什物，起蓋房屋等事，均由墨斯克温與中國總辦會同商辦。

第六條，准中國派人在廠學習礦務，學有成效，准其在廠辦事，酌給薪水。

第七條，初辦時每年所有花費，兩面會同預先估定。彼此匀攤之銀，應於開工兩箇月前備齊，以資應用，俟事見興旺，由所獲之利内，商提銀若干兩，存於公會，作爲資本。購買機器並一切什物牲畜、起蓋房屋，及所有花費，兩面各出一半。

第八條，開辦金礦於二十五年限内，每五年察看一次，如有不便之事，兩面酌改。

第九條，首年開辦應需成本銀六萬兩，立約後兩面各出一半，以備墨斯克温商同中國總辦，購辦應用機品一切什物建造房屋，並廠内一切開銷之用。

第十條，廠内應用工匠人等，彼此會商，或墨斯克温由俄國僱覓，或僱覓中國土人，均須勤謹可用者，中國地方官不得阻滯。

第十一條，廠内工匠人等度日之需，均歸公會經理，工價按期給領。

第十二條，廠内一切事宜，均歸墨斯克温與中國所委總辦經理。至監工與稽查每日得金若干等事，中國應派通曉俄文俄語之員襄辦，以免隔閡。

第十三條，每日得金若干，及廠内一切工作用項，應逐日彼此登寫較對，年終清核造具總簿，呈送中國鎮迪道兼按察司、俄國駐烏魯木齊總領事官查閲，互蓋印信。

第十四條，所得之金，按月按季清算，每滿一年截算一次，得金若干，照俄國金税章程，如在一千五百兩以内，百分抽一；一千五百至二千五百兩，百分抽三；二千五百兩以外，每百抽五。無論出井出口，均只認此税一道，其餘平分，半歸中國繳庫，半歸墨斯克温自得，所得之金，不再納税，或在中國銷售，或運赴俄國，聽其自便。

第十五條，開辦一年，若事見興旺，應再加成本，以備購買新機、加蓋房屋、添置一切什物之需，以期推廣。

第十六條，廠内中俄工匠人等，皆應遵守規矩，彼此和睦，遇有争端，中國總辦會同俄國首事人從中調處。如有人命搶劫重案，按兩國所定條約辦理。

第十七條，開礦地方，由鎮迪道兼按察使司飭該處地方官，曉諭該處居民並遊牧人等，不得攪擾，如有搶窃等事，照中國律例從嚴懲辦，中國官須設法彈壓，以期安靖。

第十八條，將來停辦之日，所有機器、房屋，一切器具、車輛、牲畜，均公同估價變賣，概不存留，價銀兩面均分。惟公修之橋梁道路，事後無用，不再作價。

第十九雜，此次合同，經中國總辦與俄商墨斯克温，用中、俄文字寫立八分，較對無訛，互相畫押，中國鎮迪道兼按察使司、俄國駐烏魯木齊總領事各畫押蓋印，再加蓋新疆巡撫關防，用以爲憑，各收執一分，並分送中國總理各國事務衙門、路礦總局、俄國駐京公使各一分，以備查核。

吉林省檔案館《清代吉林檔案史料選編（工業）》上册《吉林將軍延茂奏三姓礦務局所得盈餘照章報充軍餉片光緒二十五年七月二十六日》 再，據總辦三姓礦務，記名海關道宋春鰲禀稱：自開局以來，光緒二十二、三兩年，收數總未暢旺。兹查二十四年，共得各廠吉平金沙一萬二千一百二十四兩五錢四分七厘六毫，售見吉平銀三十一萬九千三百三十餘兩，除付礦丁六成金價，二十三年股票官利及補歸虧款並局廠營務一切開銷，結餘銀五萬一百五十餘兩，提作保險公積銀二千一百五十餘兩，餘銀四萬八千兩作爲盈餘。

案查前任北洋大臣王文韶、前任吉林將軍長順，奏定二十四成章程，本省軍餉十成，股商餘利十成，員司花紅四成，應以銀二萬兩報充軍餉。如照統轄礦路總局現定章程，礦務按十成二五提繳，只須銀一萬二千兩，是姓礦原奏章程，較總局現訂成數有增無减。當此時艱帑絀，礦務能多一分報效，餉需即增一分接濟。現擬遵照原奏章程報充軍餉，解到吉平銀二萬兩，申請兑收。並聲明該局帳目，均仿照商家辦法，開辦之初全招商股，並無官款，例邀免造報銷等因，懇請奏咨前來，奴才復核無異。除將解到銀兩飭户司暫行存儲，聽候部撥並咨總理各國事務衙門、户部、北洋大臣查照外，所有三姓礦局報得盈餘緣由，謹附片具陳，伏乞聖鑒。謹奏。

吉林省檔案館《清代吉林檔案史料選編（工業）》上册《統轄礦務鐵路總局爲吉林將軍延茂奏三姓礦局所得盈餘銀兩一片的咨文光緒二十五年九月初二日》

爲咨行事。光緒二十五年八月十三日，準軍機處抄交，吉林將軍延附奏，三姓礦局所得盈餘銀兩一片，奉硃批：該衙門知道，欽此。

查原片稱：光緒二十四年共得各廠吉平金沙一萬二千一百二十四兩五錢四分七厘六毫，售現吉平銀三十一萬九千三百三十餘兩，除一切開銷，結餘銀五萬一百五十餘兩。再按二十四成分派，應以銀二萬兩報充軍餉。如照礦路總局現定章程，礦務按十成二五提繳，只須銀一萬二千兩，是三姓礦章程較總局現定成數有增無减等語。本總局查，上年六月專設總局伊始，當經奏明煤鐵出井税值百抽五，出口税值百抽五，若五金之礦則不足以盡之，通行各直省在案。後復奏定盈餘歸公章程，礦務應按十成之二五通行亦在案。所謂盈餘一項，係已先提出井出口税而言，該礦局於上年售金之數，得銀三十二萬兩，即與煤、鐵同例，應繳出井出口税銀三萬二千兩，此外盈餘尚須另計。况金質至貴，奏明不能與煤、鐵並論。今該礦局只提繳銀二萬兩，實屬有减無增，核與本總局奏定章程諸多不合。

查漠河、觀音山兩金廠，去年售金總數計入銀四十三萬兩，提充軍餉至十萬有零，幾近四成之一。近寬河金廠酌抽税課，奏明按出金售數抽税十成之一五。該礦局比鄰江省，彼此税數未免過於懸殊。現在庫款支絀異常，能多一分餉需即增一分接濟。誠有如原奏所云者，除咨户部外，相應咨行貴將軍查照。本總局奏定各章程，酌定該局抽税成數，聲復本總局核定飭遵可也。須至咨者。

「中央研究院」近代史研究所《礦務檔》第三册《光緒二十五年九月十二日總署收河南巡撫文附奏稿咨送覆奏查明辦礦檢討吴式釗被參各欵摺》 光緒二十五年九月十二日，收河南巡撫文稱，窃照本部院於光緒二十五年七月二十一日，具奏查明辦礦檢討被參各欵覆陳壹摺。除俟奉到硃批，另行恭録咨送外，相應抄摺咨送，爲此合咨貴衙門，請煩查照施行，須至咨者。

計粘抄摺稿一紙。

光緒二十五年八月初九日。

奏爲查明辦礦檢討被參各欵，恭摺覆陳，仰祈聖鑒事。窃奴才於光緒二十五年六月二十二日承准軍機大臣字寄，光緒二十五年六月十五日奉上諭：有人奏檢討吴式釗、候選道程恩培承辦河南礦務，冒稱欽差，擾民牟利，請飭查辦等語，著裕確切查明，據寔具奏等因，欽此。當經飭委候補知府沈傅義前往黄河南北，逐一密查。兹據查明禀覆前來，復以奴才訪詢所得，互相印證，爲我皇太后、皇上據寔陳之。如原參吴式釗、程恩培均少年無賴，御史鄭思贊專摺糾劾，經總署議奏，令吴式釗一人承辦，不准程恩培與聞，孰知程恩培詐言與義大利之福公司交厚，非伊不能合夥。吴亦樂與朋比，同往開辦，議在懷慶一帶設局招股，可知借允洋債之虚一節。查程恩培先於本年二月初間來豫，由孟津縣渡河至懷慶府郡城，借寓陳姓房屋，建議設局，並與該府縣商訂河内縣副貢王聯五暨周姓一人承充局紳，繕給憑單。迨二月下旬，吴式釗由京抵懷，另居府署西首萃豫堂客寓，將程恩培所訂之王聯五等辭退，改約河内縣候選訓導李伯恭接事。因是彼此齟齬，幾不相下，旋奉總署來文，令吴式釗一人承辦，不准程恩培與聞。程恩培即於是月杪進省，三月間折回安徽原籍，吴式釗亦於三月二十日赴省，四月初回懷慶，旋由道口坐船回京。該二員迄未重來，局務亦未定議，似此互争權勢，甫合即離，謂二人之少不更事，則有之；謂爲少年無賴，未免過甚其詞，且二人意見齟齬，兩不相下，所謂朋比同謀，亦不確寔。至原議借本銀壹千萬兩，而詢諸懷慶府縣，均稱未見有兑到此宗鉅欵，亦無本省紳商入股。僅聞吴式釗自言每月薪水銀四百兩，聘請礦師及盤費等項，已用銀百萬兩，其寔帶來票據。但知有孟縣存義公號滙到吴楚生銀六百兩，不免張大其詞，究其如何集股支用，帳由洋人沙鏢納經管，踪跡秘密，堅不示人，無從查其確寔。又原參吴式釗冒稱欽差，程恩培稱爲副使，由懷慶而南渡黄河，復由黄河而南行七八百里，直抵湖北交界，其曰勘黄河以南礦苗，兼辦鐵路，州縣不知其僞，皆竭力供應，餽送從豐，伊等因此獲利，往返數次一節。查吴式釗初到懷慶，尚屬謹飭，迨移入公所，門首懸掛奏設懷慶豫豐公司大牌，又於照會隨員文内，官銜列有奏辦字樣與府縣頗爲争論。少年科第不免自視過高，官紳往還，略存傲睨，且隨帶文武有鹽大使劉文烺、千總王仁楷，聲勢稍振，於商務規模不合，啟人議論，委無冒稱欽差之事。程恩培與吴式釗意見齟齬，不久即散，其無副使之稱，亦復不辨自明。至吴式釗等先後進省一次，南渡黄河往返不過拾餘日，寔未南行七八百里直抵湖北交界。惟有本年二月起至四五月，懷慶府城陸續到有洋礦師葛拉斯格壘等拾餘人，自漢口襄陽而來，分帶通事委員，各由懷郡至孟縣南渡黄河，以後有自孟津沿河西行者，有□大道自洛陽西去直抵潼關六七百里者，並有由洛陽、汝州等處勘至襄陽者。此項礦師來豫，雖曾准總理衙門咨照，飭令地方官妥爲保護有案，而該礦師等或稱查勘礦苗或云測量鉄路，詞多閃爍，吴式釗却未同行。其吴式釗由懷赴省往返，均係自帶坐車食用，沿途並未知會，亦無州縣供應餽送，訪諸經過所住客店，衆口僉同，其無騷擾地方情事，尚屬可信。即各礦師行走往返州縣，官僅止派人保護，一切食用車馬，亦係自行開發，並無供應。又原參所至之處，無論墳墓、廬舍，往往插一紅旂，揚言國家需用，不准稍動，動則治以死罪一節。查各礦師勘過處所，不論高山平地，往往隔數十丈或十餘丈，插一木橛，長二尺餘，以作記認。亦有不插之處，究竟是礦是路，該礦師並不明言，無從探寔。目下工未開辦，於民間墳墓、廬舍，有無妨礙，難以指定。詢諸附近民人，皆稱未見插過紅旂，即所插木橛，礦師走後，間或被人拔棄，迨其續來，亦未追問。所云不許稍動，動則治以死罪之語，自係傳聞之誤。以上各節，均經逐欵查明並無其事，似可毋庸置議，而奴才竊有所慮，而不能已於言者。查該公司承辦河南礦務，總理衙門改訂合同第壹欵内，止准其專辦懷慶左右黄河以北諸山各礦，自不應侵越至黄河以南。乃各礦師到豫以後並不僅在懷慶左右一帶跴勘，紛紛過河，遍至洛陽、新安、澠池以至陝州矣。且由陝州大道過靈寶閿鄉，以逕抵潼關矣；並有由孟縣渡河而南，經河南府至汝州測量；過襄城以抵南陽，而達樊城矣。地方官但能照約保護，固不便稍有阻攔，而吴式釗既爲豫豐公司商董，乃亦不聞出一言以救正。況開礦與造路，本屬兩事，即使爲轉運礦産起見，參造支路，亦應按照合同，止准接造至最近水口或接至蘆漢幹路爲止，未嘗許令長途興築，跨州連邑，自成一家。核與前定合同逈不相符，似此牽混影射，不特大河南北煤鉄之利，悉歸壟斷，將使蘆漢鐵路之利權，亦必爲所侵攘，而後患無窮。吴式釗係華商出名領辦，何以盡任洋人所爲。又與原定合同不符，是以豫省紳民羣相疑訝，謂其設局招股，借允洋債，盡屬影射虚詞。又慮本省利權爲外洋侵奪，衆口交訟，咸鄙薄其爲人。該檢討屢被彈章，寔由於此。本年五月間，福公司擬辦山西、河南等處轉運礦産鉄路，經總理衙門駮令會商商務局，稟明各省巡撫，查明妥議咨覆，再行核辦。奴才接准總署來咨，當經飭司遵照辦理。現在該公司並未來省稟商，無從與之定議，吴式釗現在都中，可否請旨飭下總理衙門，傳該檢討到署詢問，所辦因何與合同不符。以後礦務應如何遵照原定合同辦理，毋使稍有侵越，俾得保我利權，以杜後患，而順輿情。愚昧之見，是否有當，伏候宸斷施行。所有查明辦礦檢討被參各欵緣由，謹據寔恭摺覆陳，伏乞皇太后、皇上聖鑒訓示。謹奏。

「中央研究院」近代史研究所《礦務檔》第一册

《光緒二十五年九月二十二日總署收德使克林德函德人瑞乃爾所遺西山煤窑現擬續辦》九月二十二日，德國公使克林德函稱，據本國駐天津領事稟稱，本領事前以曾在中國充當武備教習、已故德員瑞乃爾所遺西山月岩寺地方通義煤窑，現擬將接挖一事。照會順天府尹，嗣准府尹復稱，已札查津海關道。兹據稟復，即咨總署轉達貴處矣等因在案。至今許久未奉轉達，請再爲提明等情前來，本大臣相應備函陳明，并希即行示復爲盼。此佈，順頌日祉。

王彦威等《清季外交史料》卷一四六《直督袁世凱致總署德領電請訂定礦務公司章程電》 頃接駐煙臺德領事連珍電開，光緒二十五年九月間，本國駐京欽差與總署商妥以下之事，德礦務製造公司可在山東五處採探開辦：其一在山東沂水地方，東至黄海邊，南通江蘇界，西由沂水轉而向南，直抵江蘇界北，由沂州府向東，直達海邊。其二在沂水縣地方自城外一百二十里爲界。其三在諸城西北十里開算，須三十六度，向東直抵德國租界，西由諸城縣之西北十里開算，順轉而抵南直抵海邊，東南面均至黄海，並德國租界爲界。其四在濰縣西南一百一十里之温河北大地方，該處以五十里爲界。其五在漁臺周圍二百五十里爲界。惟中國已允他國承辦之處，自應在外等語。因去年有事，未能專訂章程，現本國駐京欽差屬本領事與貴部院和議章程等事，兹請由貴部院及膠都統與山東礦務公司所議章程，亦作爲德礦務製造公司章程，特請將該章程内第四第十七甚緊要兩款，與德礦務製造公司立爲訂定，再行商辦此等事件，或貴部院與本領事商辦，或派全權委員，即祈電覆。再，德製造公司現擬開辦云。二月二十三日

吉林省檔案館《清代吉林檔案史料選編（工業）》上册《委辦琿春天寶山礦務委員程光第請招商集股續辦銀礦的稟文光緒二十五年十月二十六日》 督憲將軍鈞座：敬稟者，竊卑職於光緒十五年九月在天寶山采獲銀礦。創辦之初原無資本，僅十六、十七兩年招集股銀一萬兩。至十八年冬間，即將衆股本利歸還。旋因礦硐水深曲折，開至五十餘丈，緣費少工艱以致未能報效。卑職寸衷抱欠，寢饋難安。前曾招有上海商人陳季同雇來法國礦師到山採驗，稱爲美礦。去年三月電約卑職赴滬面議籌辦情形。緣該商陳秀同所集洋款，欲先往貴州包辦礦務，隨後再行來琿等情，卑職因爲期過遠未能久待。正在另行招商間，適有寧波商人戴綏之、董學泉等，願集華洋股本接續開辦。又有商人陳澍田、在海參崴開設洋行，亦願入股。均已約定，雇妥礦師即行來山履勘情形。卑職於九月初二日先由滬回琿，適奉幫辦憲英札開，案準軍帥長、副帥成咨開，由前將軍延準統轄礦務總局咨開：光緒二十五年六月二十三日本總局會同總理衙門具奏增定礦務章程一折。本日奉旨：依議，欽此。相應鈔録原奏，咨行貴將軍欽遵等因。轉咨查照。准此，爲此札仰天寶山礦局遵照等因。奉此，卑職謹查總局原奏内開：嗣後華洋股本各居其半，仍由華商出爲領辦等語。卑職此次在滬所招商股，均係華商承辦，參用洋款，實與總局奏定章程相符。是以束裝赴省，當將前後招商原委情形繕具節略，恭呈憲覽。本月十七日由交涉總局飭知，抄奉憲批：查吉屬各礦試辦兩年實無成效。叠據各委員稟，經前將軍延一律封禁。該員所請撥款興辦礙難准行等因。蒙此，查卑局前因經費難籌，自光緒二十三年即已停工。在延軍憲任内，既未借款籌辦，亦未稟請封禁。況天寶山一隅，礦地極其豐厚，沿山涌現砂苗，其銀銅煤三礦早已見諸實據，與他處毫無把握者情形不同。實緣資本不足，因之成效難臻。若由此决然舍去，不獨公私虧項無術補苴，且將已成之礦棄之，殊爲可惜。倘能厚集資本大興工作，另定章程，按照出銀抽税，内可以助本省之餉糈，外可以杜鄰邦之覬覦；顯可以資貧民衣食，隱可以消山林伏莽，實於國計民生大有裨益。卑職夙荷憲恩培植，未盡涓埃之報，今當節鉞重臨，敢不勉竭愚忱以圖報效。現在商人戴綏之、陳澍田等均已約有成言，如蒙憲允准予招商辦理，卑職即電知該商等趕速來山，籌議一切，再行稟陳。在憲臺造塔合尖，功須成於一簣。惟卑職負暄有志，舉必藉乎衆擎。所有稟請招商續辦礦務緣由，是否可行，理合稟請督憲將軍察核，批示祇遵，實爲德便。肅稟。恭叩鈞安，伏乞垂鑒。

吉林將軍長順批：據稟已悉。該員所招商股既係華商承辦參用洋款，與總局奏定章程相符，準如所請。由該員電知各商，迅速到山籌議章程，稟請核奪。此繳。

光緒二十五年十月三十日。

「中央研究院」近代史研究所《礦務檔》第一册《光緒二十五年十一月廿七日總署收津海關道黄建莞函附德領事字據繳還契據等擇要西山煤窑案經立據結案》 十一月二十七日，津海關道黄建莞函稱，敬復者，本月十六日，接奉十五日手示，以頃接函稱，德國人瑞乃爾曾以餘銀借給張殿棟開挖西山煤窑一案。經執事與其領事辨論多端，反復磋磨，始減定給銀一萬九千五百兩，付與瑞乃爾之眷及子，以斷葛藤，并允嗣後瑞乃爾後人，永不能索挖煤之權。無論此窑日後盈虧，亦永不能干涉，請示核辦等因。現奉堂諭，此案祇可照此了結，其銀即由八分經費項下撥發，須艾領事立定字據，寫明以上所允情形，囑即酌奪辦理等因。遵即與艾領事妥商立據，并允將此項天利通義兩窑契據等，均行呈繳。惟據艾領事

以通義窑之水龍水桶鍋爐等機，所值無多，皆已銹破，然前已賣與他人，現請准其拆去，方肯了結等語。敝處未敢擅專，故於十九日照情達電請示。兹於二十日巳刻奉到復電，皓電悉，即照議了結等因敬悉，當即遵辦了結，并將應付行平化寶銀一萬九千五百兩，即在八分經費項下撥發，交與艾領事查收轉給，即由艾領事將所立字據，并天利通義兩窑契據等七件繳送前來。除將字據及繳還契據等件，詳請北洋大臣咨送鈞署備案外，謹照録字據一件，先行送呈，敬祈鑒閲爲荷。肅此，敬請勛安。

〔附〕照録清單

兹爲德國人瑞乃爾，曾以餘銀借給華民張殿棟開挖西山通義天利兩煤窑。現因瑞乃爾與張殿棟均已物故，經津海關黄道台與本領事會商，按公酌量一款，連瑞乃爾所費本銀並補給利息等款，議定統共給行平化寶一萬九千五百兩，付與瑞乃爾之眷及子，從此與張殿棟家並通義天利窑永斷葛藤。嗣後瑞乃爾後人，永不能索挖煤之權，以及一切窑上之事，無論日後此兩窑盈虧，亦永不相干涉。通氣窑所用水龍、水桶以及鍋爐等項機器，現已售他人，本領事擬即派人運取，中國官切勿攔阻。其議定應付銀款，本應由張殿棟家屬付給，因無力措辦，先由津海關道於公款内，暫墊行平化寶一萬九千五百兩，於光緒二十五年十一月十九日，交本領事收訖轉付。即將此兩窑由津海關道報明上憲，飭人收管，本領事將執據七紙，統交津海關道收存。一係天利窑老地契，二係天利窑賣與張殿棟地契，三係地方官所給准開天利窑執照，四係瑞乃爾與張殿棟所立開天利窑合同，五係通義窑地契，六係地方官所給准開通義窑執照，七係瑞乃爾與劉、張所立開挖通義窑合同，此據。

德國艾領事簽洋字。

西曆一千八百九十九年十二月二十一日。

光緒二十五年十一月十九日。

德國領事艾 訂立。

盖用德國領事關防。

照録德領事繳還西山(天利、通義)煤窑契據等擇要摘由。

一，叚秉方賣與杜成德契一紙，道光十二年所立，宛平縣挂號訖。

二，馬九朝賣與張殿棟窑契一張，係光緒二十二年五月十五立，計價銀三百三十兩。

三，宛平縣劉所給天利窑執照一紙，係二十二年九月二十九日所發，并附章程粘單一紙。

四，瑞乃爾與劉殿玉、張殿棟所立合同合股煤窑一紙，計六條款，係光緒二十二年六月初四日所立。

五，月巖寺窑契一紙，係光緒三年五月二十六日所立，賣與劉繼榮收存。

六，盧溝司巡檢稽諭通義窑户劉殿玉諭單一紙。

七，係瑞乃爾與劉殿玉、張殿棟所立合同煤窑合同十二條款，係二十二年八月初十日所訂。

共七件。

「中央研究院」近代史研究所《礦務檔》第一册《光緒二十五年十二月初五日總署收津海關道黄建莞函拆運西山煤窑機件事》 十二月初五日，津海關道黄建筦函稱，前因遵結瑞乃爾西山煤窑一案，曾經具函詳達，并將德領事所立字據，抄摺呈送，諒荷鑒及。所有案内通義窑尚有水龍、水桶、鍋爐等機，前據艾領事以已經售與他人，亦已允其拆去在案。昨據前在北洋當差之德國人漢納根來署，謂此項水龍等機，係伊所買，當經面商出價讓歸我用，免致遠道拆運，渠以前件須運來天津所需者，説之至再，未肯相讓，祇可照案任其拆去，以符原議。因此即與訂明，毋使洋人前往，即由伊派華人赴該窑拆運，亦經照允。除俟由敝處給發執照，交漢納根派華人持往拆運外，謹此奉達，敬祈鑒照，飭知該管窑之人查照，聽其拆去，弗使阻滯，是所至禱。肅此，敬請勛安。

「中央研究院」近代史研究所《礦務檔》第一册《光緒二十五年十二月初六日總署給順天府府尹札西山煤窑暫由津關道派員經管》 十二月初六日，給順天府府尹札稱，前因德國人瑞乃爾借給張殿棟銀兩開挖西山煤窑一案，辯論多年，迄未了結。兹據津海關道函致本衙門總辦稱，已與德國艾領事當面議明，按公酌量一款，連瑞乃爾所費本銀並補給利息等款，統共給行平化寶銀一萬九千五百兩，付與瑞乃爾之眷及子，從此與張殿棟家並通義天利窑，永斷葛藤。其議定應付銀款，本應由張殿棟家屬付給，因無力措辦，先由津海關道於公款内暫行墊付。惟通義窑所用水龍、水桶以及鍋爐等項機器，據艾領事稱，前已售與他人，應請准其拆去，中國官切勿攔阻等因。查此案既經該關道墊款了結，其天利、通義兩窑産業，即應暫由津海關署經管，派員查看開挖。其各項機器，應准德領事派華人拆取，由津海關道給發執照爲據，即希飭知宛平縣遵照辦理，以了積案，相應札行順天府府尹查照辦理可也。

「中央研究院」近代史研究所《礦務檔》第一册《光緒二十五年十二月十八日總署收津海關道黃建筦函接管西山天利通義兩煤窰事》 十二月十八日，津海關道黃建筦函稱，本月初九日，祗奉手示，以德國人瑞乃爾借給張殿棟銀兩開挖西山煤窰一案。現奉堂諭，此案經執事與艾領事妥速商結，得以永斷葛籐。所有天利、通義兩窰，嗣後應歸津海關署暫行經管，即由尊處派員前往查看，應如何選招本地窰商開挖，札行該管地方官接洽辦理各等因。敬悉一是，并蒙堂憲奬飾優加，莫名惶悚，所有天利、通義兩窰，自應遵照先由敝處派員會同宛平縣前往查看，將該兩窰廠基，逐細丈量，豎立界石，其内如有房屋等件，亦即逐一查明，與宛平縣妥爲接洽，分稟查覈。至嗣後經管及應如何選招本地窰商開挖，容俟酌核，再行奉達，尚乞轉稟堂憲，不勝感禱。除詳咨外，肅此奉復，敬請勛安。

「中央研究院」近代史研究所《礦務檔》第一册《光緒二十六年正月初一日總署收北洋大臣裕禄文津海關道派員接辦西山天利通義兩煤窰》 正月初一日，北洋大臣裕文稱，據津海關道黃建筦呈稱，案查德人瑞乃爾借給華人張殿棟銀兩，開挖西山煤窰一案，曾經職道遵飭與德國艾領事商議了結，檢同契據等件，詳請轉咨。嗣據德員漢納根以窰内水龍水桶鍋爐等機，經已早已買妥，請按原議給照拆運，亦經職道發給護照，准其前往拆運，一面分別呈報札行查照各在案。茲准總理衙門總辦函稱，現奉堂諭，此案既經辦結，所有天利、通義兩窰，嗣後應歸津海關署暫行經管。即由尊處派員前往查看，應如何選招本地窰商開挖，札行該管地方官接洽辦理契據等件，業由北洋大臣送到，暫存本署。俟尊處酌定辦法，再爲發交，其前存各項機器，既經尊處發給執照，由漢納根派華人前往拆運。本署已札知順天府尹轉飭宛平縣遵照辦理矣等因。除札委候補知縣黃令震前往會同宛平縣，將天利通義兩煤窰廠基、房屋、傢俱等件，逐細查明，應如何接管並選招本地窰商開挖，即與宛平縣接洽辦理稟報核奪，一面呈報順天府尹憲查覈外，理合呈報查覈，並請轉咨總理衙門俯賜鑒核等情，到本大臣。據此，相應咨呈貴衙門，謹請查照。

吉林省檔案館《清代吉林檔案史料選編(工業)》上册《吉林全省礦務公司申送光緒二十五年十二月份三姓東溝各廠金沙數目的清折光緒二十六年正月二十二日》 謹將職局自光緒二十五年十二月初一日起，至十二月底止，所收三姓東溝各廠應分四成及價買六成各金沙數目，繕具清折，申送憲臺，鑒核施行。須至清折者。

計開：

十二月份

三姓東溝駝腰廠：

一、收應分四成金沙加一平壹百貳拾柒兩貳錢捌厘

一、收價買六成金沙加一平壹百玖拾兩捌錢壹分貳厘

三姓東溝大安北廠：

一、收應分四成金沙加一平玖拾捌兩叁錢玖分陸厘

一、收價買六成金沙加一平壹百肆拾柒兩伍錢玖分肆厘

以上四注，其收應分四成金沙貳百貳拾伍兩陸錢肆厘，價買六成金沙叁百叁拾捌兩肆錢陸厘，兩共金沙伍百陸拾肆兩壹分，按加一應申金沙，伍拾陸兩肆錢壹厘，總共實收吉平金沙陸百貳拾兩肆錢壹分壹厘。

「中央研究院」近代史研究所《礦務檔》第一册《光緒二十六年正月二十五日總署收北洋大臣裕禄文附傢俱清摺西山煤窰辦理接管情形》 正月二十五日，北洋大臣裕文稱，據津海關道黃建筦詳稱，案查前准總理衙門總辦來函，以德人瑞乃爾借給華人張殿棟銀兩，開挖西山煤窰一案。現奉堂諭，此案既經辦結，所有天利、通義兩窰，嗣後應歸津海關署暫行經管，即派員前往查看，應如何選招本地窰商開挖，札行該管地方官接洽辦理等因。當經職道札委候補知縣黃令震前往會同宛平縣查明辦理並呈報在案。茲據黃震會同宛平縣潘瀛稟稱，卑職震遵即束裝起程，於十二月十九日行抵宛平，會同卑職瀛前往勘得天利窰距城六十里，距門頭溝十里，坐落門頭溝西魏家溝地方，飭令弓書量得西面南北長二十一弓，東面南北長十五弓，北面東西寬十一弓零二尺，南面東西寬五弓，窰門東北房三間，南房一間。勘畢，訊據該窰山主孀婦杜陳氏供稱，這天利窰北至人行小道，東至分水嶺，西至黑石，南至分水嶺，係已故張殿棟開採，置有連二座櫃一個，八仙棹兩張，炕棹一張，其餘物件，均歸住河各莊周德元經理。至房屋現開通興窰洋人福思永哈律世借住。查問洋人赴天津未回，飭令該鄉地邦同該窰山主妥爲看守，俟洋人回歸，催令謄房以便開窰之用。又勘得通義窰距城内十五里，距門頭溝十五里，坐落門頭溝東南王家村地方，飭令弓書量得南面東西長五十五弓，北面東西長四十六弓，東面南北寬四十一弓，西面南北寬四十四弓。窰門向東北，房大小七間，西房四間，窰門房二間，小西房三間，西機器房五間，小

東房兩間。勘畢，訊據鄉地焦文學供稱，這窑係瑞乃爾僱羅雲祥、李祥林作夥計，看守此窑，現在羅、李兩姓押運機器赴天津未回，復僱徐慶林看守房屋，即令徐慶林將木器、傢具開單，當場逐一點交鄉地小心看守，並取具該地方收管甘結，繪具圖説回縣。除由卑職瀛差飭該兩處地方嚴加看管，毋使疎失，並出示遣招本地窑商開挖。一俟招募有人，另行稟報外，理合開具清摺，繪具圖説，稟呈查覈。再卑職震發稟後，即回津銷差，至卑職瀛前蒙憲台札飭，通義窑所用水龍、水桶以及鍋爐等項機器，准德領事派華人拆取等因，業經遵辦在案，合併聲明等情前來。除批該兩窑離津較遠，即飭宛平縣就近派差，隨時妥爲照料，俟選有本地妥當窑商開挖，稟請核奪外，理合繪圖繕摺，詳報核咨等情，到本大臣。據此，除批示外，相應將圖摺咨呈貴衙門，謹請查照。

〔附〕照録清單

謹將通義煤窑傢俱等件，照繕清摺，恭呈憲鑒。

計開：

攔櫃二個，椅子二張，方棹四張，賬棹二張，長橙子八條，錢櫃二口，長條棹一口，天平櫃一口，玻璃燈四個，木箱子二個，缸盆三個，拉筐一百四十四個，大小缸五口，大小鍋六口，木桶二個，炕棹二張，酒罈二個，錢板四十塊，旮子一百二十個，抬筐十二個，茶棹二張，水斗子四十個，鉄盆子二個，茶壺一把，銅壺一把，錫燈二個，大小水牌三塊，硯台一塊，窑柱一百上下，順風旂一根，風車大小二個，烟煤蔴袋一百餘上下，烟煤堆約二萬斤上下，炕箱一個，玻璃四塊，擋屏二個，帽鏡一個，大地毯一條，共房二十三間，秤二杆，此房五間，門窻户壁俱全，洋爐子一個，理合登明。

吉林省檔案館《清代吉林檔案史料選編（工業）》上册《吉林全省礦務公司爲送光緒二十五年三姓金廠收金數目的申文光緒二十六年二月十七日》 爲申送事。

竊職道案奉憲臺札開，交涉總局案呈，本年十月十四日蒙憲臺發交，準欽命統轄礦務鐵路總局咨開，光緒二十五年九月十八日，本總局會同總理衙門，奏催填送礦路表譜，並各金礦按月呈報收數各折片，本日奉硃批：依議，欽此。相應恭録諭旨並鈔録原折片，咨行貴將軍欽遵辦理，並轉飭承辦各局員趕緊造送本總局，以憑稽核，毋再遲延可也等因。飭發到局，理合呈請札飭遵照等情，到本軍督大臣。據此，合亟札飭。札到該道，即便遵照辦理毋違。切切特札。

計粘抄。

奏爲請旨飭催填送礦路表譜以備查覈，恭摺仰祈聖鑒事。

【略】伏查姓廠，每日把頭率領礦丁，淘得金沙無論多少，悉數交廠。分作十成，四成歸廠，六成歸丁，名曰四六分金。但礦丁不許帶金出廠，其所得六成金沙，仍由局價買。綜核姓廠上年共收吉平金沙柒千伍百伍拾陸兩玖錢貳分叁厘。茲遵憲札，將逐日收金數目，按月繕具清折，申請憲臺，轉咨礦路總局備查，以昭核實。除本年收金數目按月呈報外，所有姓廠上年收金數目清折，理合備文申送，仰祈憲臺鑒核，俯賜轉咨施行。

再，查姓廠未經查報之案，業經遵填表譜申送，轉咨在案。至上年年終應送表譜，一俟帳目結清，即行填請轉咨，合併陳明。須至申者。

吉林將軍長順批：文悉。候據情轉咨礦務總局查覈，仰邊務文案處知照。折存送。

王彦威等《清季外交史料》卷一四二《山東華德礦務公司章程》 大清國兵部侍郎兼都察院右副都御史山東巡撫部院兼理各國事務衙門大臣袁、大清國記名副都統幫辦山東交涉總理路礦事宜廕、大德國駐紮青島礦務公司總辦山東礦務米海里與司米德，爲辦事迅速安静起見，按照原約，在鐵路附近三十里内，准德人開採煤觔等項，商訂章程各條如下，此項章程係用華文、德文繕就，其中語意彼此相符，並須由駐德京之總管礦務處簽押，以昭慎重。

第一款，按照曹州教案條約第二端第四款，在鐵路附近三十里内，指定各地段，允准德商開挖煤觔等項，及須辦工程各事，亦可華商、德商合股開採一節，應設立山東華德煤礦公司，並照公司章程招集中國官商股分，先由德人暫時經理，所收華人股分，按季呈報本省交涉局，俟招股在十萬兩銀以外時，再由本省選派妥員，入公司訂立章程，稽察華股應得一切利益。

第二款，該公司應設局在何處，招股及若干處，俟查看情形，隨時商定。（校與德文符）

第三款，該公司應辦勘查開採以及試辦各事，應由本省派定妥員，會同商辦，或並約紳衿幫同辦理。該公司倘在一處先欲試辦，所用地段不欲購買，則應先商明，發給租價，至所傷禾稼等項，應照該處情形，給價作賠，以免百姓喫虧。再每次試辦開採，應在半個月以前，通知該處地方官，以便轉達百姓，俾杜生疑。（校與德文符）

第四款，開挖煤礦應用地段，如建築礦井，修蓋機器等廠，以至工人住房與貨棧等項，須會同官紳，彼此商辦，以期無損於百姓，所爲平安順手起見，是以山東巡撫特派幹員，幫同買地及料理一切。惟凡關礦學處與採擇地勢各節，應歸礦師作主，而購租地段，須會同特派之員，妥商辦理，或租或買，不得强抑勒索。每次查定地段後，應繪一作二萬五千比例之布置形勢圖，送呈山東巡撫，以備稽查。呈圖後，始准買地，俟地買妥，方准修蓋。所需各處，至地下所作一切，除第七款所云不計外，不與上面人相干，故不得攔阻，亦不得争討，以昭公允。再買地一事，應秉公迅速妥辦，以免躭延開採。礦產地價應照該處情形，核實付給。所購地段，祇准購得將來修蓋礦井與各項房屋、煤棧、裝車運煤處所等項，足敷應用爲止。（此款與德文不符。德文語意云，如在地下採挖煤斤，及他項礦產，除第七款所云不計外，不與上面人相干。華文祇云所需各處，至地下所作一切等語，無採挖煤斤及他項礦產字樣。）

第五款，凡廟宇、房屋、樹木及衆多齊整之墳塋等項，均應顧惜，謹慎躲避，不使因辦礦務，令其受傷，萬不得已，必須遷移，以上所指各物，則請地方官，在兩個月以前，通知該主人，以便妥商賠償，總使該主人在他處，能照原樣另行置辦，並於錢財上不致喫虧。（此款校與德文不符。德文云，不使因辦礦務致令其地之上面受傷。華文祇云，不使因辦礦務令其受傷，無地之上面字樣。）

第六款，辦理礦務，須蓋各房，及開挖礦井等項，地位均須合宜，總使於本省城壘、公基及防守各要害，無所妨損。（此款校與德文不符。德文云，總使於本省城壘公基及防守各要害，上面之地土，無所損傷。華文只云及防守各要害，無所損傷，無上面之地土等字樣。）

第七款，朝廷所屬各祠廟、行宫、園廠等項之下，概不准辦理鑛務。（校與德文符）

第八款，該公司因開礦買地，無論何處，應用官弓尺丈量地畝。每弓合五尺，每尺合三百三十八米里密達。每地一畝，按三百六十弓計算，合九千方尺。至所購地段應納國課一節，須照他國人在中國他處開礦章程辦理，以昭公允。（校與德文符）

第九款，該公司倘請地方官派人前來幫同作事，則應給辛工銀兩，另行開發，不准與地價稍有牽涉，以清眉目。所發地價，應妥交地方官代收，以便轉給各該地主，一面由地方官發給公司買地執照，發照後始准動工。（校與德文符）

第十款，或在勘查礦苗時，或在開採礦產修蓋礦廠時，在百里環界外，儻須稟請山東巡撫，派兵前往保護一切，居時查度情形，見稟隨即照准，並派敷用之兵數，以應所需。至該公司應給此項衛兵若干津貼，應另行商議，惟不准請用外國兵隊。（校與德文符）

第十一款，該公司購買物件，應照本地市價交易，不准强買，亦不准故意貴賣，以昭公允，或請地方官代購亦同。（校與德文符）

第十二款，在開礦處附近一帶，倘欲租賃住房或辦公處所，應請地方官代租，並代立租房合同。（校與德文符）

第十三款，該公司辦理礦務，應攙用本處工人，使之工作所需物料，凡本處所有之物，亦應在本處購買，並須公平給價。倘公司所用之工人，與本處百姓滋事，應由地方官拿辦。再公司所用各工人，無論如何，不准擅入百姓住家，如敢違禁，定必從嚴究辦。（校與德文符）

第十四款，該公司開採礦產時，萬一遇意外不測之事，致傷人命或物件，理應撫卹賠償。除此以外，尚有應定詳細章程，凡因辦理礦務被傷各物，均照詳細章程賠償。至在試辦時，倘因公司之過致傷人命或物件，亦應撫卹賠償。（校與德文符）

第十五款，辦理礦務，准保不傷民田房屋水井等項，若因公司大意粗心，致傷以上所指各物，定當按照該處情形認賠。至礦内若有泉水，應謹慎引出，總以不傷民田等項爲率，否則議價賠償。（校與德文符）

第十六款，凡礦務公司所用各洋人，均須請領中國地方官與礦務公司會印憑單，以便隨時稽查，如不領會印憑單，中國官不認保護之責。此項洋人若欲他往遊歷，均應請領中國官與德國官會印護照，以便飭屬加意保護。倘無此項護照，中國官亦不認保護之責。該公司在勘查礦苗時，應由地方官派差跟隨，藉資保護，該公司應酌給此項差人酬勞津貼。倘遇假冒公司之人，並無憑單作證，則應由地方官拿辦，以杜含混滋事。（校與德文符）

第十七款，在鐵路附近三十里外，無論誰何，倘未經山東巡撫允准，不准私自開礦；在三十里内，除華人外，祇准德人開採礦產，凡經華人已開之礦，應准其辦理，惟不得使下面之德人礦務實有危險。倘該公司深恐冒險，則可請地方官查明，向華礦主人公平議價，或將礦賣與公司。倘華人在某處已開大礦，該公司意欲購買，在商定價值後，聽礦主自便，或將購買價折作股分，領取股票亦可。如華礦主人不願將所開之礦賣出，則應作罷論，不得攙擾其事。（此款校與德文不符。譯録如下：在附近鐵路每邊三十里外，無論如何，倘未奉山東巡撫允准，不准私自開礦，其附近鐵路，每邊三十里内，除現辦之華礦外，祇準德國公司開挖煤礦及他項礦産，其當時正在開辦之華礦，仍得照向來辦法辦理，惟不得使德國礦務園之喫虧。倘在華礦下面，又爲德國公司開挖，不免有意外危險，應准該公司請地方官查明，向該華礦主人議購。如欲在三十里内購買稍大之華礦，該公司可向該華主商議，或將礦價折作股資，如華主不願出售，公司不得勉强。

第十八款，倘該公司所辦礦務，實係日有起色，所得礦産實係茂盛，則附近居民日用所需煤觔，應准以較廉之價購買，惟不得轉賣，致於公司生意有礙。（校與德文符）

第十九款，凡德租界外各處，其地土大權仍操之於山東巡撫。公司所用華人，應歸中國地方官稽察，倘有違犯華例等事，亦歸地方官究辦。至所用各洋人，倘有不合之處，照條約，秉公辦理。（校與德文符）

第二十款，此項礦局，將來中國國家可以如何購回，與於何時可以購回，應將來另議。（校與德文符）

以上各款，俟畫押蓋印後，應頒行山東各州縣，與辦礦各員，以便按照各款所云辦理。此後，彼此若有應行增損之處，祇能由山東巡撫或特派大員，與山東礦務公司，彼此商訂。

大清國兵部侍郎兼都察院右都御史山東巡撫部院兼理各國事務衙門大臣袁，大清國記名副都統幫辦山東交涉總理路礦事宜蔭，大德國駐紮青島礦務公司，總辦山東鑛務米海里、司米德。

光緒二十六年二月二十一日，大德一千九百年三月二十一日。

中國第一歷史檔案館《清代軍機處電報檔彙編》第二七册《收山東巡撫袁世凱電爲商議簽押礦章事光緒二十六年二月二十二日》 號電敬悉遵。已商加，刻已催將路章與錫樂巴彼此押定施行，俟德京總管簽押後用印交涉，章凱與蔭昌先簽押，布德樂只簽草押，俟攜回青島請葉世克押定後用印施行。礦章凱等亦先押，錫攜回青島，請礦務總辦押定施行，亦須請德京總管簽押。再煤徵釐税一事，錫反悔謂礦員萬不肯，又堅争删去。世凱叩。箇。

「中央研究院」近代史研究所《礦務檔》第一册《光緒二十六年六月初二日總署收西山煤礦紳商岳福永等呈集股設立公司請築運煤鐵路事》 六月初二日，西山煤礦衆紳商岳福永等呈稱，爲擬請照新法，效速利長，裕國便民，公舉大員督理。懇據代奏請旨簡派，准設公司，招集商股，設法平煤價，以蘇民困事。窃維京畿之重，官民衆多，日用惟煤最要，從前煤價甚廉，近來每千斤價約六七兩，實因窑道愈挖愈遠，運路加長，粮草昂貴，大半耗於駝隻。查出煤之地，以南山爲佳，後山大安山齋堂等處，紅煤烟煤甚廣，只因距京太遠，運載艱難，致令數十萬户商民，守煤而歎，不能暢銷，以致民不聊生。且煤之山價，不及二兩，運到京城，貴至六七兩，猶無餘利，大有商民交困之勢。欲使窑廠商販用户，各受其益，非開通運道，多開煤礦不可，屢奉上諭，特准開辦鐵路礦務，創製新法。仰見朝廷通商便民之至意。查煤礦多在西山，近來常有西商蹈看包買，又常測量道路，風聞欲造鐵路，行用火車，果爾則西山數十萬商民，必然失業受困。商等生長於斯，深懷憂懼，邀集桑梓老成，從長計議。咸謂設立公司，招集商股，自辦鉄路，開辦烟煤礦務，庶幾裕國便民，不至授利權於他人。若照蘆漢、津蘆鐵路辦法，規模太大，用款難籌，今擬用浮擺小鐵軌，製造四平小車數百輛，用人推運，較駝運者便捷懸殊。一人之力，可抵駱駝數項，脚價可省十成之八，較火車用款，不及十分之三。詳勘此路，大致南自房山縣西北石貼順山坡往北，北自宛平縣門頭溝，順山坡往南，在蘆溝橋西，建一總廠，南北道共長一百里許。綜核用款，不過在三十萬兩上下之譜，倘蒙奏准，商民自易籌措，其推車者，俱用西山無業貧民，不至流離失所，本地之人，食本地之利，不使他人所奪。其後山到廠，總廠到京，仍用牲畜駝運，俾可謀生，惟山廠至總廠，專用小車推運，每千斤收車脚銀八錢，按月提出股息。薪水局中用款外，下餘之數，分作十成，以二成報効，作爲京師大學堂經費，以三成作養道經費，三成作股分花紅，二成歸衆商按股攤分。俟恩准後，再行詳議章程，禀明立案。現在駝運，每千斤脚價銀需得四兩，小車推運，減至八錢，所省誠爲不少，從此煤價可賤。向來煤窑廠户，並無國課，今取於新法，而不背舊制，官民兩有裨益。軌路所佔，如用民間地畝，從豐價買，詢之鄉民，無不樂從。惟查此事商民衆多，事權不一，非得辦事公正之人，爲之督率，深恐於事無濟。茲有前任江西巡撫花翎二品封職德馨，在外多年，通達時務，曉暢民情，熟悉礦務，所有京居商民，素所欽佩，紳商等情願公舉其督理公司事務，用敢仰懇中堂王爺大人恩施奏准，俟奉旨派辦後，由總署頒發鈐記，以昭信守，伏求鈞裁恩准轉奏施行，實爲德便。除禀明順天府尹憲大人外，爲此謹呈。

王樹枏《張文襄公全集》卷一六七《致西安鹿尚書光緒二十六年九月初二日亥刻發》 東三省全失，山海關亦失，俄踞開平煤鑛，德早踞房山，係爲扼西山出煤總口。聯軍欲攻山西，一爲欲生擒毓賢，一爲欲據山西全省之煤。前數日晤美使云，晉煤可供地球四百年之用，聯軍大隊萬餘，已踞保定，分兵到河間、阜城、景州，前隊到正定，即將攻晉。再聞各國通例，懿親可不加刑，不知待中國肯用此例否，附聞並望告夔相。沃。

吉林省檔案館《清代吉林檔案史料選編（工業）》上册《吉林將軍長順爲天寶山銀礦歸併宋春鰲督理的札文光緒二十六年四月初五日》 爲札飭事。

據委辦琿春天寶山銀礦補用知縣程光等稟稱：竊卑職前辦天寶山銀礦，招集股本萬金，當經試辦年餘。除開銷外，所得盈餘於十八年冬間即散放紅利銀一萬五千兩，嗣因礦硐水深工鉅費繁以致虧累。卑職雖有報效之忱，奈無舉辦之力，以故停工數載。上年赴滬招妥華商承辦參用洋款，已將續請開辦情形去冬稟蒙憲恩核准在案。日昨趨謁金礦總辦宋道，仰蒙面諭，天寶山礦質豐厚，從前著有成效，不可棄之如遺。若由本省集股開辦，上可以助餉糈，下可以贍邊氓，未始非實邊之一策。倘若藉資洋款，利權即屬他人，殊覺失算。況與金廠毗連，萬不可藉助洋商，致啓覬覦之私等因。奉此，卑職細繹宋道所諭，蓋爲永保利權預防隱患起見，用意極爲深遠。卑職擬即不用洋款專招華股，除舊股再續集萬金以爲資本，仍用土法開辦免滋流弊。

伏查宋道現經憲臺奏準總辦吉林全省礦務，則天寶山銀礦亦在全省礦務之內，可否仰懇憲恩，即將天寶山銀礦並歸宋道一手督理，俾卑職有所稟承之處，理合稟請憲臺鑒核訓示祇遵。如蒙俞允，卑職再行詳擬章程，稟由宋道轉呈憲鑒，核奪施行等情，到本軍督大臣。據此，除批稟悉。天寶山銀礦準如所請歸併宋道督理。即由該員詳擬章程稟由宋道呈請核奪，候飭礦務公司知照，繳挂發外，合亟札飭，札到該公司，即便遵照。特札。

邢玉林《光緒朝黑龍江將軍奏稿・依克唐阿增祺奏收漠河金廠提拔軍餉摺光緒二十六年七月二十二日》 奴才依克唐阿、增祺跪奏，爲現收漠河金廠，光緒十八年分提撥黑龍江六成軍餉數目，恭摺具陳，仰祈聖鑒事。竊查前定開辦漠河金礦章程，得獲餘利開去局用官利之外，按二十成均分。以六成提充黑龍江軍餉，以四成分賞員司花紅，其餘十成歸商股均分，俾得均霑利益等因，奏准開辦在案。今據督理礦務儘先選用道袁大化稟稱，將光緒十八年分第四届報銷册內，應提六成軍餉銀壹萬貳千兩，已由該道送交黑龍江副都統衙門，如滙解到省，兑收存庫，備抵餉需，理合恭摺具陳，伏乞皇上聖鑒。謹奏。奉硃批：户部知道，欽此。

吉林省檔案館《清代吉林檔案史料選編（工業）》上册《花翎總兵銜補用副將周寶麟爲招募游勇開辦三姓東山金礦的稟文光緒二十六年十月二十一日》 督憲將軍閣下：敬稟者，竊自中俄啓釁以來，吉林之民死亡逃散不可甚言。今雖和議有成，各軍裁撤，游勇紛紛，四方强掠焚劫迭出不窮。若不設法以去之，民仍無以聊生。夫游勇非盡不良，大都因窮困無業迫而爲此耳。現如後路中營弁勇，此次所得餉銀，除自七月以至今日伙食費用外，毫無所餘。一經裁散，率皆欲歸家而無川資，欲别圖而無資本。即欲變爲土夫，而又冰雪在地，大半停工。三百餘人茫茫無之，誠不知將來作何生計，實堪隱憂。沐恩屢欲懇恩設法成隊，以收游勇。奈京餉未通，不但不能成隊，即成一二營亦難。將游勇收盡，仍屬亂不能泯。沐恩反覆躊躇，吉林惟有金礦一事，實屬養人甚多，用人甚衆之區。東南琿春、寧古塔一帶，如天寶山、烟集崗、蜂蜜山子、萬鹿溝、凉水泉子、五虎林子、小綏芬等處，金廠甚多，向爲唐殿榮熟地，現聞伊亦欲辦。惟三姓東山一帶礦務，前經宋道辦理，兹因俄亂宋道已去，礦務廢弛。即有在該處私挖者，人亦不多，況又非公，必不免亂。乃思沐恩素與三姓人地尚熟，擬即稟請招（幕）〔募〕數百人，並收游勇前往開辦，所有章程均照宋道辦理。兵餉暨局員薪費，亦照章由所收金內變出銀兩發放，無庸另籌。其餘之金除開銷外，盡行呈繳督憲，以資軍實。沐恩實爲收羅游勇爲民除害起見，倘蒙俯準，不惟游勇有所歸，而民得以安，即所收之金亦可以足軍餉而充國帑。爲此肅稟，虔請鈞安。伏乞恩準，示遵施行。沐恩寶麟謹稟。

吉林將軍長順批：稟悉。據請收集游勇並招募數百人前往三姓東山一帶開辦金礦，俾資生計而消隱患，事屬可行。

惟該處值荒亂之後，創辦伊始必須發給公款接濟。現在庫款異常支絀，實屬無可籌墊。若該員能自設法經往開辦可也。仰即知照。繳。

光緒二十六年十月二十六日。

中國第一歷史檔案館《清代軍機處電報檔彙編》第二七册《收山東巡撫張人駿電爲商辦山東礦務公司事光緒二十六年十二月初十日》 外務部鈞鑒：宙。密據楊道晟稟稱，現接葛爾士復電內開，來電已悉，在京談礦務時未與閣下議定，如何僅將此事各節略爲談論。如中國平静無亂，該公司已開辦地有三處，時閲二年。且拳亂之咎既不能責成該公司，更不能使該公司因亂而轉受虧，故同時在三處開辦一節，前於十月十六日已函達外務部，今日又照會外務部，仍係此意此節，係按理所應索者等語。當由楊道復以魚電拜悉，查二十五年總署與貴國欽使商議礦公司在山東開礦五處之事，直至上年四月迄未議定，旋因拳亂暫行停議，平静後始於本年在東接商，應俟商定簽押，方行開辦，似是正理。

中國第一歷史檔案館《清代軍機處電報檔彙編》第二七册《收山東巡撫張人駿電爲商辦山東開辦事光緒二十六年十二月十二日》　外務部鈞鑒：宙。密飭楊道晟與連梓等開議，係援照總署原訂章程，並採擇山東礦務公司現行章程，共酌擬三十條，交由楊道持與議辦。連等堅不承認總署原章，將所擬章程交回，並云由彼另擬章程，送請核定，仍係堅執。同時開辦三處之説，抽税報効亦祇允提出，歸大部與德使另議，不肯列入此項章程中，並云此事前由總署與克使會商，仍係按照交涉事件商辦，自與商務情形不同。迭經磋商，狡執轉甚，且謂如再延不定議，即須從西曆一千九百一年六月起每月索賠萬金，語多挾制，殊出情理之外。經駿據理駁復，並告以此事仍須遵照大部文電核辦，東省斷無擅改原議之權，一面仍飭楊道竭力磋磨，連等始終悍執不肯，並云東省如不照辦，即電告德使仍向大部轉商，要挾多端，殊難結束。除將東省現擬章程由驛咨呈外，特電達議辦棘手情形，謹請酌核電示，以便妥籌因應。再，駿自到任以後，與連等往來待以優禮，原冀和平商辦，俾可勉就範圍。詎料未訂章程以前，彼云東省延不開議，迨開議以後甫將章程送去，連等並未與楊道會議，輒即退回，可見彼自行阻延，並非東省不與議辦。至彼云另擬章程，送請核定，現時尚未據見送來，設若所擬章程内中仍多不便照允，條款可否立即退回，囑令另行會同妥商之處，並請核示遵辦。人駿謹肅。蒸。

中國第一歷史檔案館《清代軍機處電報檔彙編》第二七册《收山東巡撫張人駿電爲商定礦章事光緒二十六年十二月二十四日》　連日飭楊道與連領等商訂礦章，狡執如前，經駿督飭楊道竭力磋磨，始允不將五處地名列入章程，以圖爲據，並商訂詳細章程二十一款，謹摘要電陳。計開：該公司名目德文内仍用德京原訂編入商籍之名，華文内改爲華德採礦貿易公司，以定界限。此項章程須呈候大部核准。第一款，略謂該公司已業奉中國國家允開礦五處，内任十個月開辦一處爲限，陸續指定地段開採，如限内不開，即將此一處作爲罷論。華股招至十萬兩以外，應由本省派員入公司辦事，稽查華股一切利益。第二款，略謂該公司如何設局招股，俟查看情形隨時商定山東巡撫，允將該公司與山東礦務公司一律優待。第三款，略謂該公司勘查開採應由本省即行派員會同辦理，所用地段倘公司不欲購買，則應商明發給租價，所傷禾稼等項應給價作賠，每次試辦開採應在半個月以前通知地方官，轉達百姓，華總辦及其所差之員辦公費用，該公司查照山東礦務公司一律供給。第四款至第十九款大致與山東礦務章程相同，查山東礦章係袁升撫於上年二月議訂，曾經咨呈大部有案。其第四款至十九款多係限制公司之事，如先行繪圖呈核，始准購地，所購地段以敷用爲止。購租民地秉公給價。廟宇、墳塋均須繞避，本省城壘公地、防守要害，均須無所妨損，朝廷所屬祠廟、行宫、園廠等項之下，均不准辦理礦務。所購地段應納國課，照他國人在中國他處開礦章程辦理。仍由地方官發給買地執照，發照後始准動工，動工之時宜多用本處人，本處所有之物，亦應在本處購買。人物致傷，應撫卹賠償。華人已開之礦應准其辦理。稟請派兵保護，該公司應議給津貼，不准請用外國兵隊。公司所用洋人應請領憑單護照，有不合之處應照條約辦理，所用華人應歸地方官稽查。地主大權仍操之山東巡撫。各條均已包括在内。連允援照辦理第二十款，係擬載抽税、報効兩節，今暫將此款空出，俟奉准大部復電議定辦法，再與連領妥商補入。第二十一款略謂此項礦局中國將來如何購回，並何時購回，將來另議。至該公司係屬商務，其籌借洋款如有虧折，與中國國家無涉，以上各款應繕華、德文各三分，以一分呈大部備案，一分存東撫署，一分存該公司，此後若有應行增損之處祇能由山東巡撫或特派大員與公司商訂各等因。連允照此定議簽押，是否有當，恭候大部核復電示，遵行。再抽税、報効兩節，不知已與德使議妥否，並乞核示。人駿謹肅。養。

「中央研究院」近代史研究所《礦務檔》第八册《光緒二十六年十二月廿六日路礦總局收新疆巡撫饒應祺文附奏稿奏陳中俄夥辦塔城金礦先後撥發經費開辦情形摺》　十二月二十六日，新疆巡撫饒文稱，爲照本部院於光緒二十六年十月二十七日，在新疆省城由驛具奏，夥辦塔城金礦，已見成效。謹將先後撥發經費，並來年應攤廠費，加購機器，開辦東新興工礦務情形一摺，除俟奉到硃批，恭録另咨外，相應鈔録摺稿咨明，爲此合咨貴總局，請煩查照施行。

〔附〕照録鈔稿

奏爲夥辦塔城金礦，已見成效，謹將先後撥發經費，並來年應攤廠費加購機器，開辦東新興工礦務情形，恭摺具陳，仰祈聖鑒事。竊臣上年議與俄商墨斯克温夥辦塔城金礦，各先出成本銀三萬兩，業經奏明允准在案，當委候補知府桂榮與俄商帶同工匠人等，至喀圖山内新興工設廠，修屋、開路、採礦、挖煤、購粮、運機、安槽，至年底始具規模，粗有頭緒，而用費已不貲矣。至本年正月下旬，甫行開機試輾，每日輾舊挖砂石一千或數百蒲筩，計重二三萬斤，得浄金一二、二三、四兩不等。據署布政使潘效蘇、署鎮迪道兼按察使銜李滋森，申據俄商請加發銀二萬兩，核與原議初二兩年各攤五萬兩數目相符，准其照數撥解。嗣據金廠委員桂榮申稱，購買新機添盖房屋，俄商已多出銀四萬餘兩，懇請補發二萬餘兩，臣因礦務漸見興旺，核與原議第十五條加發成本之約相符，亦飭司妥議撥發，催令加功輾洗。據廠員按月申報，自正月二十六日起，至閏八月底止，共洗得浄金五百數十兩，業經臣附奏在案。旋因大輾槽先未安設堅穩，漸輾漸塌，乃停機拆發重安，刮去金盤積金十二兩，安妥後，於十月初一日開機輾洗，晝夜未許稍停，仍飭按旬申報，俟年底結算，再行據實陳報。茲據桂榮申稱，俄商墨斯克温函稱，估攤二十七年礦費，並擬添設輾槽，加購各項機器，應攤六萬六千一百三十八兩。又稱現廠之東新興工尼格徠地方，礦汎暢旺，爲喀圖山各礦之最，擬令礦師督率匠夫，先就該處上面礦坯採取，即在底廠試行輾洗，現止輾槽二具，合計一應花費，尚屬無利有虧，必須多添輾槽，可望獲利。在原採礦汎之俄五里内，添三輾大槽二具，明春在該處掘井，如果暢旺，即在該處安設四槽。否則底廠四里内加設輾槽二分，估計運脚、修房等費，各應攤銀四萬二千八百二十四兩，如此辦理，方有利益等情。轉請核示前來。臣查該商所議共應攤銀十萬八千九百餘兩，爲數過鉅，批飭布政使文光，兼按察使銜李滋森妥議去後。茲據該司等詳稱，開辦金廠，現經兩年，已有端緒，雖所獲之金，未能驟償成本。而事屬創始，尚冀收效將來，若不准所請，則俄商從前虧累，勢必藉口求償於新，不如即如所請，將光緒二十七年應攤礦費，及開辦尼格徠新礦應攤各費銀兩，一併照數籌解，交庫爾喀喇烏蘇廳存儲，由該廠取用具報等情詳覆前來。臣維金礦爲利源所在，試辦既有成效，若因攤費甚鉅，因而中止，則新疆自有之地利，此後無由開辦，而兩年已費之功程，廢棄亦殊可惜。查外洋開利之事，每不惜千數百萬金，世攻其業，即漠河金廠亦創費數十萬，始收其利，茲費纔數萬，已收效十分之一，無論將來利益，正未有窮。即就目前而論，新疆金礦爲各國所艷稱，外人尚不惜重資，以圖後效。若不圖自强，半途而廢，徒爲有識竊笑，且慮彼欲獨專其利，更難拒其所求。計惟有堅忍圖功，勉盡人事，以冀天不愛道，地不愛寶，開窮荒未興之民利，以裕邊陲自有之餉源。已飭該司等仍由軍需項下騰挪支撥解用，並飭廠員會同俄商妥爲辦理。所有先後撥發塔城金礦經費，及明年應攤各費，並擬開尼格徠礦務攤費各緣由，是否有當，謹據實陳奏，伏乞皇太后、皇上聖鑒訓示。謹奏。

「中央研究院」近代史研究所《礦務檔》第八册《光緒二十六年十二月廿六日路礦總局收新疆巡撫饒應祺文附粘單新省與俄商夥辦塔城金礦用欵宜歸入常年善後經費報銷》 十二月二十六日，新疆巡撫饒文稱，案據新疆粮臺詳稱，竊照本臺卷查新疆現與俄商墨斯克温夥辦塔爾巴哈台哈圖金礦，業經奏明派委候補知府桂榮充當總辦，另委候補縣丞施再萌、布經歷王鴻業、從九品段子麟帮辦採運、監工、稽查、文案、帳房等事，於工所設局辦理。又哈圖係蒙民部落，距塔城庫爾喀喇烏蘇治所甚遠，不便驛道，一切文報，非另行添設夫馬轉遞，難期便捷。所需經費，原議廠中用款兩股匀攤，除本分利，局中用款，由新自認，理合查明細數，開具清單，備文詳請鑒核，俯賜分咨立案，歸入常年善後經費册内彙案報銷等情，到本部院。據此，相應咨明，爲此合咨貴總局，請煩查照施行。

〔附〕照録粘單

計開：

一，塔城哈圖金礦局自二十五年三月初一日起支，總辦局務，委知府一員桂榮，每月支薪水銀五十兩。不扣建。

帮辦局務，委佐職一員縣丞施再萌，每月支薪水銀二十五兩。不扣建。

辦理文案册籍，委佐職一員布經歷王鴻業，每月支薪水銀二十五兩。不扣建。

辦理收支，委佐職一員從九品段子麟，每月支薪水銀二十五兩。不扣建。

油燭筆墨紙張，每月支銀一十二兩。不扣建。

貼書二名，每名日支銀一錢六分，粟米八合三勺，折給價銀一分。扣建。

哈薩蒙古通事二名，每名日支銀一錢。扣建。

護勇什長一名，每日支銀一錢三分。扣建。

護勇九名，每名日支銀一錢一分。扣建。

火夫一名，每日支銀一錢。扣建。

以上哈圖金礦局，每大建月共支銀一百八十九兩八錢，每小建月共支銀一百八十八兩四分。

一，塔城哈圖金礦局。自二十五年九月初二日起，添設四處夫馬，轉遞文報。哈圖、什納札、博果圖、泥溝口，以上四處，每處設馬夫二名，每名月支工食銀三兩，馬二匹，每匹月支草乾銀二兩四錢。均扣建。油燭紙張銀三兩。不扣建。計每大建月共支銀五十五兩二錢，每小建月共支銀五十三兩七錢六分。

一，哈圖金礦局安設四處夫馬，共購馬八匹，每匹價銀八兩，共支價銀六十四兩。

「中央研究院」近代史研究所《礦務檔》第八册《光緒二十六年十二月廿六日路礦總局收新疆巡撫饒應祺文附奏片咨送附奏塔城金礦現辦已有成效片》 十二月二十六日，新疆巡撫饒文稱，爲照本部院於光緒二十六年九月初二日，在新疆省城專弁附奏現辦塔城金礦已有成效情形一片，除俟奉到硃批，恭録另咨外，相應鈔録片稿咨明，爲此合咨貴總局，請煩查照施行。

〔附〕照録粘單

再，塔城金礦臣於上年議與俄商夥辦，約立合同，奏奉批旨，交總署與礦路總局會議奏覆，改定合同，准其先行試辦在案。因設廠、修屋、勘洞、挖煤、安機、設槽，至十二月大致始行就緒。今年正月二十六日開機試輾，兩日得金九兩有奇，二月得金三十五兩有奇，三月得金四十一兩有奇，四月得金五十五兩有奇，五月得金七十八兩有奇，六月得金六十九兩有奇，七月得金一百二十七兩有奇，八月得金一百一十兩有奇，似此日有起色，可望大興地利，以助餉源。除俟年終會算，再行詳細開單具奏外，所有現辦塔城金礦已有成效情形，理合附片陳明，以慰宸廑，伏乞聖鑒。謹奏。

中國第一歷史檔案館《清代軍機處電報檔彙編》第二一册《收山東巡撫袁世凱電爲駐烟台德領事再商舊章中礦務事宜事光緒二十七年二月二十三日》 頃接駐煙台德領事連珍電開，光緒二十五年九月間，本國駐京欽差與總署商妥以下之事，德礦務製造公司可在山東五處採探開辦。其一，在山東沂水地方東至黄海邊，南通江蘇界西，由沂水轉而向南，直抵江蘇界，北由沂州府向東直達海邊。其二，在沂水縣地方自城外一百二十里爲界。其三，在諸城縣西北十里路開算須三十六度向東，直抵德國租界西，由諸城縣之西北十里開算順轉，而抵南直抵海邊東南面，均至黄海，並德國租界爲界。其四，在濰縣西南一百一十里之温河，北大地方，該處以五十里爲界。其五，在漁台周圍二百五十里爲界。惟中國已允他國承辦之處，自應在外等語。因去年有事未能專訂章程，現本國駐京欽差屬本領事與貴部院和議章程等事，茲請將由貴部院及蔭都統與山東礦務公司所議章程，亦作爲德礦務製造公司章程，特請將該訂章内第四、第十七甚緊要兩款，與德礦務製造公司立爲訂定再商辦，此等事件或貴部院與本領事商辦，或派全權委員。即祈電覆。再，德礦務製造公司現擬開辦云，覆電續呈。袁世凱。養電，一。

遼寧省檔案館《東北義和團檔案史料·爲呼蘭都魯河金廠備抵各款被兵焚劫無從賠還的奏摺光緒二十七年二月三十日》 奏爲據情代奏恭摺馳陳仰祈聖鑒事。竊於光緒二十七年正月初八日，據奏派督理呼蘭都魯河等處礦務公司山西補用知府候補直隸州知州曹廷杰以縷陳試辦都魯河金廠始末情形，並附陳備抵各款被兵焚劫及益和公司源流造具簡明册籍，呈請核奪奏咨等情到。奴才詳查該員自光緒二十三年八月十七日開局起，至二十六年七月底止，試辦未滿三年，計收奏明由將軍衙門庫存，通肯荒價項下撥銀二萬兩，散放呼蘭賑餘項内接濟銀一萬兩，該員招收股本並得金售價等項，共銀三十五萬五千一百四十三兩三錢六分六厘三毫九絲。統共收過銀三十八萬五千一百四十三兩三錢六分六厘三毫九絲，開支過銀四十八萬七千九百八兩二分六厘五毫六絲，實透支銀十萬二千七百六十四兩六錢六分一毫七絲，而其積存備抵之款，有十一萬七千七十兩二錢四分一厘五毫八絲。除抵還透支銀十萬二千七百六十四兩六錢六分一毫七絲外，下餘銀一萬四千三百五兩五錢八分一厘四毫一絲。如廠事平安即可解繳二六報效，漸獲利益。乃陡兵燹，竟致備抵各款，均被焚燬掄劫，毫無餘存。洵屬可惜。所有該廠領收庫款，股本借款，無從賠還；欠交股利，薪水無從補付；把頭虧欠該廠之款及該廠備抵被兵燹劫之款無從追索，合無仰懇天恩，俯念該廠款項原係奏明辦理，今因兵燹焚劫實在無可着追。可否准將該廠領收庫款，股本借款，欠交股利、薪水及把頭虧欠該廠之款，該廠備抵被兵燹劫之款，一概免追之處，出自鴻施逾格。奴才未敢擅便。除將該員送到清册三本，抄録原呈三分，分咨軍機處、户部、路礦總局查覈外，理合將呈報都魯河金廠備抵各款被兵燹劫，無從賠還情形，恭摺馳陳，伏乞皇太后、皇上聖鑒。謹奏，請旨。

邢玉林《光緒朝黑龍江將軍奏稿·薩保人爲俄人覬覦金礦情形片光緒二十七年三月十二日》 再，奴才於去臘接駐吉林，俄官劉巴以有俄商擬開滿州各礦等情照會前來，奴才當即據理照覆去後。近來又有俄商屢求奴才准開滿洲金礦，并求其駐愛琿對江海蘭泡之固畢爾那托爾來電相要。雖未明指地方，實覬覦漠河觀音山各處已開之礦也。奴才答以原開各處，係歸北洋大臣主政；未開之處，應請旨定奪，非將軍所能擅主，方謂駐此之廓米薩爾，必爲該俄商附和説項。詎彼竟以奴才堅拒爲善，并將奴才所答俄商各節，代爲電致海蘭泡固畢爾那托爾，登新聞紙，以禁後來。又囑奴才現在即有華人承辦，亦恐係該俄人所使，弗墮姦計，所論似尚公正。然聞駐吉俄官劉巴，業已晉京，所有俄人覬覦金礦情形，理合附片陳明，伏乞皇太后、皇上聖鑒。謹奏。於八月二十五日，奉硃批：覽，欽此。

中國第一歷史檔案館《清代軍機處電報檔彙編》第二册《寄諭李鴻章著核辦俄商開採滿洲金礦事光緒二十七年六月十八日》 北洋大臣李，光緒二十七年六月十八日，奉上諭：薩保奏漠河、觀音山等處金廠，因亂歇閉，請飭派員籌款接辦。又，俄商屢請開採滿洲金礦，恐其侵佔漠河等廠，請飭商阻，以杜覬覦，並需款甚殷，俟綽哈佈到任商辦各等語。礦務一事，著北洋大臣李鴻章酌核辦理。黑龍江經費，前已撥款三十萬。並著飭催綽哈佈，迅速赴任。原摺片著抄給閱看。將此諭令知之，欽此。遵旨寄信前來。

邢玉林《光緒朝黑龍江將軍奏稿・薩保奏爲俄員催辦江省礦務勉訂採苗草約請旨辦理摺光緒二十七年八月十七日》 奏爲俄員催辦江省礦務勉訂採苗草約，請旨辦理，恭摺密陳，仰祈聖鑒事。竊查黑龍江省本多礦產，自辦金廠後，出金最旺之區，多與俄境隔江相望，久爲彼中所歆羡。故自擾亂以來，俄員屢以採礦見商，均經奴才據理婉覆。業於本年三月十二日，附片陳明在案。旋據俄國辦理吉江兩省交涉官劉巴及科洛特科福，先後送到吉林辦礦正續章程。未幾科洛特科福來此，又以吉林已奉旨俞允，另擬江省章程，屢催照辦。竊維當此商疲財竭，苟能藉俄人之資，力擴極塞之卝政，而復權不旁落，未始非興利睦鄰之道。要亦不能不通盤籌畫，免爲江省後日之累，因即派員會商。奴才復力與磋磨，權議草約，由該俄員於照會內，首先聲明此約不過令礦師採勘而已。辦礦章程，應俟國家允准俄人在江開辦，方能議訂。茲將勉力因應情形，謹爲我皇太后、皇上陳之。當科洛特科福之來也，有本地人員極意逢迎，別圖希冀。故該俄員起手即從事於要挾，恐喝之途，奴才悉以意決詞婉處之。待其技盡，始與定議。其初意股分一事，不特不准他國預間，并不願華人搭附。奴才亦知華股現不易集，然竟任其明言硬覇，竊慮茲各國藉口之端，所關甚大，况近來鉄路已有專用俄工者矣。江省礦廠多與俄界逼近，若不慎之於始，恐有聞風麕集，更啓得寸思尺之謀。故奴才於爭論華人應有入股之權外，并將農工商各營業不嫌瑣碎，亦畧議及。計較一月有餘，該俄員始允將以上各節詳列照會之內。是否別有包藏，尚難預測。至草約十四條，除與吉林所議不甚懸遠各條外，如第四條，不能保護一説，因江省現尚兵械兩窮，不如從直聲明，免生枝節。第六條，地價一節，彼初議以官地不能給價，奴才詢諸本地，則謂除各廟衙署外，均屬八旗公地。一有開礦，勢必人烟湊聚。數十百里間，便已圜獵無資。關係大衆久遠生計，即使優給價值，亦孰願輕許耶。奴才因議令將來提餘利百分之五，作賃地之貲。該俄員允先列公平給價一語，以俟奉准開辦，再議爲辭。然爲江省計，似以賃給爲佳。或以礦地充作股本，均先妥立章程，或可稍有限制。蓋此中情形不可與鐵路需地同日語也。第八條，報効之數。雖遠遜從前漠河、觀音山各廠，而與寬河定章尚屬相符。第十條，所指准給採苗執照各處，係在省城以北，與東路松花江下游一帶，因已辦之金礦爲漠河、奇乾河、觀音山、都魯河、寬河等處，雖都、寬兩廠，尚未著效，然究奏明招股開辦有案。若漠、乾、觀三廠，早經北洋大臣派員招股主辦，多年報効軍餉甚鉅。並經前將軍恩澤於光緒二十二年，奏奉旨飭議准凡呼倫貝爾城與璦琿即黑龍江城各轄界，統歸漠河金廠採辦。且據前督理委員周冕於二十三年禀明，分段設局採勘在案。茲聞其間，頗有華俄金匪私挖之處。緣該兩城地處省城西北，其大小河流之滙入額爾古訥河與黑龍江者，悉其轄境。要不外循興安嶺爲界，雄厚綿鬱，宜其金穴之多也。此外尚有雅魯河、綽爾河等處。查該兩河，發源於興安嶺東南，滙入省城西南之嫩江。近年亦見金苗，經恩澤於二十五年冬，准令商人領照試採，現亦聞有金匪聚挖。以上各處，或係已成之局，或屬粗有眉目，均未便遽讓外人。而俄員科洛特科福之注意漠河、觀音山等處，屢經商議，尤屬情見乎詞。奴才始終以該各礦屬在愛琿界内，照案呼倫貝爾與愛琿即黑龍江兩城境内礦務，應由北洋大臣主持，不敢越權擅議辭之。所以有另議各該礦條呈，咨送礦務總局核奪之説也。相應請旨，飭下議和全權王大臣，及礦務總局速議核覆，俾有遵循。嗣後如有另議漠河等礦條呈送到，當再奏請諭旨遵行。謹先將該俄員科洛特科福照會，並草約十四條，敬繕清單，恭呈御覽。除咨明全權王大臣並礦務總局查照，並將往來信函一併録送備查外，理合恭摺密陳，伏乞皇太后、皇上聖鑒訓示。謹奏。於十二月初九日，奉硃批：外務部議奏，單併發，欽此。

「中央研究院」近代史研究所《礦務檔》第一册《光緒二十七年九月初三日外務部收候選通判葛宗翰等呈附宋德禄等呈請辦宣化府獨石廳煤礦》 九月初三日，候選通判葛宗翰等呈稱，竊查礦務總局宣示章程，如有殷實集欵，許其來局禀覈施行，迭經遵行在案。茲查直隸宣化府境所屬獨石廳古字坊地面，向產煙煤，苗質暢旺。光緒五年，曾經直隸爵閣督部堂李札委馬文龍開採，其中各礶有二三層不等。苗質之厚，有一二尺或三四尺不等，辦有成效，舊案可稽。於十九年間，該員與同事洪姓口角，經該廳暫行封閉，事因中輟，近七八年，煤苗愈旺，煙煤之質，顯露膚面，匪人偷挖，獲利不勻，争鬥即起，與其任匪偷挖漏税，致釀命端，何如援案委員開採，以應民用。該處紳董目此情形，屢以開採來商。卑職等素知馬文龍前開窑口數處，現尚未毀，若因之推廣開採，是功效不難收，而欵項非甚鉅，且可杜偷露而息民争也。月前卑職等携帶礦師，前往該處，眼同詳勘得古字坊地面，東至大山，西連大河套，北抵曹碾溝，南接沙河套，周圍四十餘里，皆係僻壤荒山。民間廬墓田園，全無妨礙，民間養牲畜，多恃運脚往來，獲利養命。若得辦有成效，不獨有裨宣化民生，而軍餉之供、度支之裕，亦不無小補。惟該廳礦廢已久，如行開採，仍須試辦一年後，應照礦局章程厘金，照例納税，官督紳辦，衹應文税欵若干，届時禀請派員抽查。除局中薪工火食外，統計獲利若干，按照二成扣算歸公。卑職等現已集有股本，一切自備資斧，並不敢開銷公欵。如蒙恩准試辦，先用土法開採，俟試辦一年後，再購机器擴充，是慎重資本，亦免半作半輟。謹將援案措資試辦獨石廳煤礦緣由，理合具呈禀請。叩乞恩准施行，併賞發札諭，實爲德便。

〔附〕照録原呈

具呈監生宋德禄、李進美、賈文良、李進有、宋德江、李進之爲公舉員紳，督辦煤礦事。竊生等係直隸宣化府獨石廳民籍，所居古字坊地面，向産烟煤，苗質暢旺。光緒五年，經直隸爵閣督部堂李，札委馬文龍開採，附近居民藉資炊爨，其養牲畜之家，往來運脚，獲利尤足養生。十九年，因該員與同事洪姓口角，經該廳封閉停開，自此煤斤缺乏，小民無所課利，數年來困苦情形，不勝枚舉。近日時有匪人偷挖，致釀争端，生等伏思天地産此煤礦，不惟便民，且以裕國。與其私挖衹任匪人之偷漏，何如官開可爲餉源之挹注。生等有熟識通判葛宗翰、巡檢王叔元，精幹有爲，通曉煤礦事宜，堪爲承辦。生等情甘公舉該二員督率開採。除該二員另呈禀請外，理合公具呈請，叩乞恩准施行。

「中央研究院」近代史研究所《礦務檔》第六册《光緒二十七年九月二十五日外務部收盛京將軍增祺文附原奏吴慶第等試辦寧遠州屬夾山砬子山一帶金礦》

九月二十五日，盛京將軍增文稱，案照本軍督部堂會同奉天撫尹堂，於光緒二十七年九月初九日具奏，爲試辦甯遠州屬夾山、砬子山一帶金礦，以擴利源等因一摺，除俟奉到硃批，再行恭録咨呈外，相應抄奏咨呈貴外務部，謹請鑒核施行。

〔附〕照録抄奏

奏爲試辦甯遠州屬夾山、砬子山一帶金礦，以擴利源，恭摺仰祈聖鑒事。竊查前據商人吴慶第、奚國安呈請開辦甯遠州所屬夾山、砬子山一帶金礦，呈到股本票銀十二萬兩。經增於光緒二十五年十二月，電咨北洋大臣驗明股款，飭准試辦在案，旋經變亂，未即前往勘踮。現據該商等禀稱，當此帑項支絀，情願報効充餉銀二萬兩，先繳一萬兩，其餘一萬兩，俟金廠開辦後，即行呈交，請核收開採前來。查奉省礦産甚多，迭經開辦，半以資本不充，作輟靡常以致成效罕覯。兹該商等招集鉅資以興礦政並情願報效，以助餉需，自應准其試辦藉以擴充利源。所有開辦一切，仍令按照從前礦路總局定章辦理，除將繳到銀一萬兩，飭粮餉處收儲。批令前往開辦，暨分咨查照備案外，謹合詞恭摺具陳，伏乞皇太后皇上聖鑒。謹奏。

「中央研究院」近代史研究所《礦務檔》第二册《光緒二十七年九月二十六日外務部收德使葛爾士照會礦務製造公司勘辦山東五礦與瑞記洋行無干請飭東撫妥與議結》

九月二十六日，德國公使葛照會稱，光緒二十五年間，德商瑞記洋行代礦務製造公司得權在山東省興辦礦務一事。

欽差穆大臣於本年五月十四日，照會山東袁部院，請貴中堂慶親王將該照會轉交，嗣於五月二十六日袁部堂示復各等因在案。詎料袁部院不願將從前本國原任克大臣與總署相定各節認辦，後經欽差穆大臣於七月十七日，再行照會袁部院聲明。烟台德國領事官連梓，不日將遵穆大臣之命，親自前赴濟南府與袁部院面商一切，並解明礦務製造公司之代理人，已於光緒二十五年七月間，在山東省指定五處，得有開辦礦務之權等因。此照會亦係慶親王轉交，同時烟台德國連領事與袁部院及胡護院，亦有彼此來往函件。因胡護院意見，每欲插入美國人田夏禮在内，而連領事屢次解明，田夏禮於此事早無干涉，並瑞記洋行前僅爲礦務製造公司代理，現衹有貝總辦一人，代理礦務製造公司辦事等因。查本參議今接連領事呈稱，何人代理礦務製造公司一層，中國官員似尚有懷疑不明之處，本參議相應於貴中堂之前，再行剴切解明。現今在濟南府，僅有貝總辦一人，代理礦務製造公司辦事，其瑞記洋行及美國人田夏禮，均與該公司事宜，逈然無干。查五月十四日欽差穆大臣照會貴中堂、慶親王時，切實明告定須固守前向原任克大臣剴切認准各事等因。兹本參議與穆大臣亦意見相同，諄請貴中堂立刻電飭袁部院，與現在濟南府之連領事及礦務製造公司之貝總辦，速爲開辦相商。該公司於光緒二十五年所得開辦礦務之權，定爲細目，本參議除已飭令連領事，將此日久懸而未結之事，務須妥善辦結外，相應照會貴中堂查照，并請速爲示復，須至照會者。

「中央研究院」近代史研究所《礦務檔》第六册《光緒二十七年十月十七日路礦總局收盛京將軍增祺文附原奏吴慶第請開鐵嶺開原境内木牙正等處金礦》 十月十七日，盛京將軍增祺文稱，案照本軍督部堂會同奉天撫尹堂，於光緒二十七年九月初九日附奏，爲商人請開鐵嶺開原境内木牙正等處金礦。現已派員確查，如於風脈無礙，准先開辦等因一片。除俟奉到硃批，再行恭録咨行外，相應鈔奏咨行，爲此合咨貴總局，請煩查照施行。

［附］照録鈔奏

再據商人吴慶第等禀稱，現籌集股本銀十萬兩並報効銀四萬五千兩，請開晒鐵嶺、開原境内之木牙正、平石門、猴兒石、五溝頭、廟兒嶺、一面城、柴河堡等處金礦，其報効之款，先繳到期票銀一萬五千兩，一俟奏准開辦，即行呈交其餘銀三萬兩，統於開工時，如數繳足各等情，請核辦前來。查木牙正等處，本爲從前封禁之地，然歷年以來，時有金匪麕聚私挖，逐不勝逐，防不勝防。近年依克唐阿、德馨、貴鐸亦曾於此處派人試辦，非止一次。該處礦苗既爲人所共羨，奴才等公同商酌，與其貨棄於地，任人攘取，何如量予變通，鞭争先著。現一面批准，以便該商等即往晒跕，仍一面派員確查，是否有關陵寢風脈。如果於風脈有礙者，仍即封禁，以昭慎重，其無礙之處，即准開辦。謹先附片陳明，伏乞聖鑒。謹奏。

「中央研究院」近代史研究所《礦務檔》第二册《光緒二十七年十一月初一日山東煤礦章程華德開辦膠濟鐵路暫行章程議訂山東煤礦章程》

大清國兵部侍郎兼都察院右副都御史山東巡撫部院兼總理各國事務衙門大臣袁世凱、大清國記名副都統帮辦山東交涉總理路礦事宜蔭昌、大德國駐紮青島礦務公司總理山東礦務米海里與司米德，爲辦事迅速安静起見，按照原約，在鐵路附近三十里内，准德人開採煤觔等項，商訂章程各條如下。此項章程，係用華文、德文繕就，其中語意，彼此相符並須由駐德京之總管礦務處簽押，以照慎重。

第一款，按照曹州教案條約第二端第四款，在鐵路附近三十里内，指定各地段，允准德商開挖煤觔等項及須辦工程等事，亦可華商、德商合股開採一節，應設立山東德華煤礦公司並照公司章程，招集中國官商股分，先由德人暫時經理。所收華人股分，按季呈報本省交涉局，俟招股在十萬兩銀以外時，再由本省選派妥員入公司，計立章程，稽查華股應得一切利益。

第二款，該公司應設局在何處，招股及若干處，俟查看情形隨時商定。

第三款，該公司應辦勘查開採，以及試辦各事，應由本省派定妥員會同商辦或並約紳衿帮同辦理。該公司倘在一處先欲試辦，所用地段，不欲購買，則應先商明發給租價。至所傷禾稼等項，應照該處情形，給價作賠，以免百姓喫虧，再每次試辦開採，應在半箇月以前，通知該處地方官以便轉達百姓，俾杜生疑。

第四款，開挖煤礦應用地段，如建築礦井，修盖機器等廠以至工人住房與貨棧等項，須會同官紳，彼此商辦，以期無損於百姓。所爲平安順手起見，是以山東巡撫特派幹員，帮同買地及料理一切。惟凡講礦學與採擇地勢各節，應歸礦師作主，而購租地段，須會同特派之員妥商辦理或租或買，不得强抑勒索。每次查定地段後，應繪一作二萬五千比例之布置形勢圖，送呈山東巡撫，以備稽查，呈圖後，始准買地。俟地買妥，方准修盖所需各處，至地下所作一切。除第七款所云不計外，不與上面人相干，故不得攔阻，亦不得争討，以昭公允。再買地一事，應秉公迅速妥辦，以免躭延開採礦産，地價應照該處情形，核實付給，所購地段，祇准購得將來修盖礦井與各項房屋煤棧裝車運煤處所等項，足敷應用爲止。

第五款，凡廟宇、房屋、樹木及衆多齊整之坟塋等項，均應顧惜謹慎躲避，不使因辦礦務，令其受傷，萬不得已，必須遷移以上所指各物，則請地方官在兩箇月以前，通知該主人，以便妥商賠償。總使該主人在他處能照原議另行置辦，並於錢財上不致喫虧。

第六款，辦理礦務，須盖各房及開挖礦井等項，地位均須合宜，總使於本省城壘公基及防守各要害，無所妨損。

第七款，朝廷所屬各祠廟行宫園廠等項之下，概不准辦礦務。

第八款，該公司因開礦買地，無論何處，應用官弓尺，丈量地畝，每弓合五尺，每尺合三百三十八米里密達，每地一畝，按三百六十弓計算，合九千方尺。至所購地段應納國課一節，須照他國人在中國他處開礦章程辦理，以昭公允。

第九款，該公司倘請地方官派人前來帮同作事，則應給辛工銀兩，另行開發，不准與地價稍有牽涉，以清眉目，所發地價，應妥交地方官代收以便轉給各該地主，一面由地方官發給公司買地執照，發照後，始准動工。

第十款，或在勘查礦苗時或在開採礦産修盖礦廠時，在百里界外，倘須稟請山東巡撫派兵前往保護一切，屆時查度情形，見稟隨即照准，並派敷用之兵數以應所需。至該公司應給此項衛兵若干津貼，應另行商議，惟不准請用外國兵隊。

第十一款，該公司購買物件，應照本地市價交易，不准强買，亦不准故意貴賣，以昭公允，或請地方官代購亦可。

第十二款，在開礦處附近一帶，倘欲租賃住房或辦公處所，應請地方官代租並代立租房合同。

第十三款，該公司辦理礦務，應攙用本處土人，使之工作，所需物料，凡本處所有之物亦應在本處購買並須公平給價。倘公司所用之工人與本處百姓滋事，應由地方官拏辦，再公司所用各工人，無論如何，不准擅入百姓住家。如敢違禁，定必從嚴究辦。

第十四款，該公司開採礦産時，萬一遇意外不測之事，致傷人命或物件，理應撫恤賠償。除此以外，尚有應定詳細章程，凡因辦理礦務被傷各物，均照詳細章程賠償，至在試辦時，倘因公司之過，致傷人命或物件，亦應撫恤賠償。

第十五款，辦理礦務，准保不傷民田房屋水井等項，若因公司大意粗心以致傷以上所指各物，定當按照該處情形認賠。至礦内若有泉水，應謹慎行出，總以不傷民田等項爲率，否則議價賠償。

第十六款，凡礦務公司所用各洋人，均須請領中國地方官與礦務公司會印憑單，以便隨時稽查，如不領會印憑單，中國官不認保護之責。此項洋人若欲他往遊歷，均應請領中國官與德國官會印護照，以便飭屬加意保護，倘無此項護照，中國官亦不認保護之責。該公司在勘查礦苗時，應由地方官派差跟隨，藉資保護。該公司應酌給此項差人酬勞津貼，倘遇假冒公司之人並無憑單作證，則應由地方官拏辦，以杜含混滋事。

第十七款，在鐵路附近三十里外，無論誰何，倘未經山東巡撫允准，不准私自開礦。在三十里内除華人外，祇准德人開採礦産，凡經華人已開之礦，應准其辦理，惟不得使下面之德人礦務，定有危險。倘該公司深恐冒險，則可請地方官查明，向華礦主人公平議價或將礦賣與公司。倘華人在某處已開大礦，該公司意欲購買，在商定價值後，聽礦主自便或將購價折作股分，領取股票亦可。如華礦主人不願將所開之礦賣出，則應作罷論，不得攙擾其事。

第十八款，倘該公司所辦礦務，實係日有起色，所得礦産，實係茂盛則附近居民日用所需煤觔，應准以較廉之價購買，惟不得轉賣，致於公司生意有礙。

第十九款，凡德租界外各處，其地主大權，仍操之於山東巡撫，公司所用華人，應歸中國地方官稽察。倘有違犯華例等事，亦歸地方官究辦。至所用各洋人，倘有不合之處，應照條約秉公辦理。

第二十款，此項礦局，將來中國國家可以如何購回與於何時可以購回，應將來另議。

以上各款，俟畫押盖印後，應頒行山東各州縣與辦礦各員以便按照各款所云辦理。此後彼此若有應行增損之處，祇能由山東巡撫或特派大員，與山東礦務公司彼此商訂。

中國第一歷史檔案館《清代軍機處電報檔彙編》第二三册《發山東布政使胡廷干電爲俄英兩使所提接辦大北及大東公司與中國電局事光緒二十七年十一月三十日》 徑電悉。報効、抽税自應分作兩項，惟向來均係歸入礦章併議，未便提出由本部與穆使另議，以免兩歧。連領狡執未易磋商，現已商准德參議葛爾士電囑該領和平商辦，仍希尊處酌定辦法，飭楊晟妥與磋商，俟議定後，即行咨部核辦。外務部。卅。

「中央研究院」近代史研究所《礦務檔》第七册《光緒二十七年十二月初四日外務部收軍機處交出署黑龍江將軍薩保抄摺附與俄員往來照會等十三件俄員覬覦漠河等處金礦並與議訂礦務章程》 十二月初四日，軍機處交出黑龍江將軍薩保鈔摺稱，奏爲俄員覬覦漠河及雅魯河等處礦産，奴才勉力圖應，請旨飭議遵行，恭摺密陳，伏祈聖鑒事。窃奴才前與駐江俄員科洛特科福，議訂嫩江一帶採礦草約，以漠河等處金廠，係屬已成之局。及雅魯河、綽爾河兩處，亦有人領照試採，均未便遽讓外人各情形。於八月初二日，專摺具奏在案。在當時無非爲拓利源，保成局起見，故於草約内聲明，漠河等處，另擬條陳，咨送礦路總局核奪。嗣該俄員忘其原議，欲呼倫貝爾、黑龍江及呼蘭三城礦産，而盡予之。奴才派員與議，該俄員科洛特科福，既始終要索，其各武員，又時以金匪爲害沿江交界及鐵路各處相詰責。科洛特科福復有認還從前漠河股本之議，爭論至兩月之久，幾至舌敝唇焦。該俄員始以日後開辦，除照前訂草約，每出金一百兩，報効國家金十五兩外，再按所有餘利，每百兩提給漠河等處舊股百分之十，再提地租百分之二，准其分設公司五處，採辦額爾古訥河與黑龍江右岸所轄礦産，連漠河等處一併在内。請將所送草約，畫押給照，可逐金匪，以安地方等因。照會前來。奴才詳查現當兵械兩窮，金匪滋事，容或有之。而彼又文武同心，藉口謀佔，不得不權事羈縻，以保已成各廠。因以本省各金廠，均係招股開辦。前訂草約，聲明漠河等處，另擬條陳，咨送礦路總局核奪者，原因呼倫貝爾、黑龍江兩城礦産，悉歸北洋大臣主政，不便擅擬。今既爲驅金匪起見，惟有將先前未經開採者，暫行發照採苗。其爲北洋大臣派員已經開採之處，毋庸採勘，并令科洛特科福擔承，將各該廠金匪，並爲一概禁逐等因復之，并予執照内聲明，採苗期限。俟礦務總局北洋大臣請奏歸北洋併辦在案辭之。伏冀朝廷飭立外人開辦各礦年限通行章程，傳得共相遵守，廣濬利源。奴才於礦務素無閲歷，何敢侈論。特以目擊時艱，應畢其愚，以備聖明採擇。謹將與俄員議訂代驅漠河等處金匪，暫在各該廠界外採苗，及採辦雅魯河、綽爾河金礦，往來照會條呈執照等，敬繕清單兩分，恭呈御覽，請旨飭議，以資遵循。除咨外務部、礦路總局、北洋大臣外，所有俄員覬覦漠河，及雅魯河等處礦産，並奴才勉力因應緣由，謹恭摺密陳。是否有當，伏乞皇太后、皇上聖鑒訓示。謹奏。

光緒二十七年十二月初四日奉硃批：外務部議奏，單二件併發，欽此。

〔附〕照録抄奏

謹將與俄員科洛特科福，爲漠河等處金廠來往照會條呈執照，敬繕清單，恭呈御覽。

計開：

俄員科洛特科福來一百七十四號滿漢俄三體文字照會並條呈，爲照會知照事。查本年六月初八日，我與貴將軍一同畫押草約十條内所寫，以俟將軍、外部官將此約一經畫押後，漠河、觀音山二廠，都魯河、寬河金礦，另訂條章，咨呈北京礦務總局查核定妥等因。此約畫押後兩月有餘，此時阿爾公黑龍江右岸，金匪麕集，每日竟敢偷挖金礦。貴國之金，現今呈報來文内，阿爾公黑龍江右岸一帶，金匪積聚八千餘名。如金匪一名一年偷挖十五兩金沙，合算此賊一年由此省内，能挖十二萬兩金，合銀三百六十萬兩。風聞此賊等偷越疆界，偷運机器等語。現時由黑龍江省出金，於國庫本地方居民無益。思維至再，將該俄國採勘金苗人名及阿公黑龍江右岸採挖金苗草約，一併咨送貴將軍，請煩查覈後，請貴將軍畫押，咨請北京礦務總局定妥。請由此與約内所寫會股人等，發給採苗執照。該會股人等，將賊匪逐出阿爾公黑龍江右岸，可保平安。倘貴國國家將此約定妥，不但與國體有益，本省居民大有裨益。如五段每段每年挖金一百甫甬，金沙一甫甬俄價羌帖一萬六千張，應交國庫金七十五甫甬，即羌帖一百二十萬張。每段除費用外，餘利三十萬張合算，漠河會股之主得十五萬張，貴將軍衙門得三十千張。但可歎省内金沙被偷，與國庫地方居民毫無有益。再四思維，如將省内定静平安，懇將此約畫押可也。須至照會者。

隨文附來照會十一條。

會訂俄國人在黑龍江省境内，阿爾滚河、阿木尔河，凡兩河右岸及寬河、都魯河、呼蘭河等三河溝内，新舊採挖金苗草約。

一條，此約一經畫押，自呼倫湖起，阿爾滚、什勒喀兩河滙流處止，並阿尔滚右岸所有河汊，又自阿尔滚、什勒喀兩河滙流處所，至松花江滙入黑龍江處止，並黑龍江右岸所有河汊均在内，分爲五段。此五段自呼倫湖起，貝子河止，爲頭段。自貝子河起，庫瑪拉河止，貝子河在内，爲二段。自庫瑪拉河起，愛琿城止，庫瑪拉河内小河溝均在内，爲三段。寬河不入此段。此河舊有金廠，仍聽原有股夥挖。自愛琿城起，觀音山止，爲四段。自觀音山起，松花江滙入黑龍江處止，觀音山在内，爲五段。此段内自松花江入黑龍江處起，都魯河止，均在内。

二條，第一條所分五段内，頭段准在黑龍江源採挖金礦股夥，二段内准其俄國採挖金礦人阿斯達碩夫，三段内准其俄國採挖金礦人公爵阿布拉克、博博夫、阿密里雅諾夫等三人之夥，四段准其俄國索也的納雅阿克棲卧捏尔納雅闊孟巴泥雅股夥，五段内准其俄國採挖金礦股夥。此約一經畫押後，暫先採勘金苗。俟大清國國家允准，再行開挖。

三條，第二條所指五段人夥，將來如果開挖，每段挖其金子，應按一百分内，提金一十五分，報効中國國家。又每段除一切費銀外，照實挣餘利銀，按每一百分内，提銀十分，給還漠河股夥，按原股一千零二十二分均分。

四條，第一條所指五段地方，應由大清國國家每段添一委員，駐廠監察挖得金數，並管束在廠滿漢人等。及第三條所指報効大清國國家之金，與給還漠河股分利銀，亦於年終由各該段交給駐廠委員收解。

五條，各段每至年終，將挖得金沙若干兩，與何項費用，及何項餘利各數目，印寫俄漢合璧清單，交由駐廠委員，轉送北洋大臣、黑龍江將軍存案。

六條，第三條所指給還漠河股分利銀，係在每段餘利之内提給，並不須各該股另出化費。

七條，每段應在實挣餘利銀內，按每百分提出二分，交黑龍江將軍，償給各該廠出金地方地租。

八條，禁止採勘金苗人騷擾百姓，傷害地産，並毁廟壞坟等情，犯者照律重辦。如旗民因採勘礦苗喫虧者，酌量賠償。

九條，此約一經畫押後，在二條内所指人夥，由黑龍江將軍衙門請領執照，趕緊各赴各段，採勘金苗。將偷挖金匪，一併逐出。

十條，如該俄國人前在寬河溝内挖過金沙，或寬河股夥前在都魯、呼蘭西河溝内採挖金沙，都魯河夥等二夥内願入者，該兩夥每夥股分添至三千分，給俄國之人二千分，給中國之人一千分。該入夥之中俄兩國之人，共力挖金。中國收庫之金，每百兩内交十五兩。費用餘利，按股均分。倘該俄國之人不入者，該兩夥照舊挖金，寬河、都魯河兩夥，准其俄國駐齊齊哈爾城外部官所舉之人能入。

十一條，此約應寫兩分，華俄合璧。署理黑龍江將軍薩保，特派黑龍江外部官科洛特科福畫押後，咨送北京礦務總局查核定奪。

覆俄員科洛特科福滿漢合璧文並執照

爲照復事。接貴大人第一百七十四號照會內開，所謂阿木爾及阿尔肱沿江一帶，金匪太多，擬先採勘金苗，藉逐金匪。並續擬草約十一條等因。查本省各金廠，均係招股開辦。本署將軍前與貴大人所定草約第十條，聲明漠河等處，另擬條呈，咨請北京礦務總局核定。蓋因海拉尔即呼倫貝尔，愛琿即黑龍江城，該兩城副都統轄境礦産，前曾奉我大皇帝諭旨，悉歸北洋大臣主政，所以本署將軍不敢越權擬擅。今接前因，貴大人既爲沿江金匪太多，願爲驅逐金匪起見，惟有將阿木尔即黑龍江，及阿拉肱即額爾古訥河，所有先前未經開採金廠之各河溝，暫由本署將軍發給採勘金苗執照。其烏瑪河起，以至阿勒巴昔哈河西沿，及觀音山至托羅山一帶，均爲北洋大臣派員已經開採之處，毋庸採勘。並請貴大人擔承，將各該處所有金匪，并爲一概禁逐，以安地方。除將此次來文，及續擬草約十一條，咨送礦務總局、北洋大臣核定，請旨遵行外，相應照會，並隨文附去滿漢合璧執照五紙，爲此請煩貴大人查照見復施行。須至照會者。

計附滿漢合璧執照五紙

爲發給採苗執照事。現接大俄國欽命特派黑龍江省交涉大臣科，第一百七十四號照會內開，所需採苗執照，第一段應自呼倫湖匯流額尔古訥河起，至貝子河止，暫准其採挖金礦股夥採勘礦苗。二段自貝子河起，至庫瑪河止。其中自烏瑪河往下，至額尔河又名阿勒巴昔哈河之西南沿一帶，無論大小河源，自發源處起，均不在採勘之列。其餘暫准俄人阿斯達碩夫採勘礦苗。三段自庫瑪尔河起，至愛琿城止，其中寬河大小河流，自發源處起，不在採勘之列。其餘暫准俄人阿希拉克新、波波夫、阿莫里雅諾夫採勘礦苗。四段自愛琿城起，至觀音山河之西沿止，暫准俄人索也的鈕那雅阿克才鄂訥尔那雅闊木帕那雅採勘礦苗。五段除觀音山河東沿起，至托羅山止，内中一帶無論大小河流，自發源處起，均不在採勘之列。其餘自托羅山以下，入松花江，至都魯河止，暫准採挖金礦股夥採勘礦苗。應即繕發滿漢合璧執照，以憑暫行採勘金苗，藉逐金匪。所有採苗期限，俟咨請礦務總局、北洋大臣請旨奉文後，再行定准。爲此合行發給護照，仰沿途經過地方，一併驗照放行。須至執照者。

俄員科洛特科福第二百六十七號俄文照會

今年九月初九日，由貴將軍處發來護照五張，准在阿爾公阿木尔一帶，採辦金礦之護照。我已經將此護照，分發各開辦礦務俄人去訖。

光緒二十七年十二月初四日奉硃批：覽，欽此。

照録清單：

謹將與俄員科洛特科福，爲雅魯河等處金廠來往照會執照，敬繕清單。恭呈御覽。

計開：

俄員科洛特科福來俄文第二百二十九號照會，在札蘭屯住俄國商人博博夫，同中國人金利源、盛大昌，在綽勒河、雅魯河開辦礦務。我不准博博夫在江省挖金，因爲此人不甚好，又兼不甚富足。因此我現時同貴將軍舉荐一俄人，名字且納那也夫，伊比較博博夫尚稱靠妥，又兼富足。如閣下願意准且納那也夫，會同中國人金利源、盛大昌一同合夥，請速見復。

覆科洛特科福滿漢合璧文

爲照復事。接貴大人第二百二十九號照會內開等因。接此，查金利源、盛大昌在綽勒河、雅魯河採辦金礦，係前將軍恩澤發給執照。其與貴國商人博博夫合夥情形，本衙門并未立案。今貴大人既稱此人不甚好，又不甚富足，另荐比博博夫妥靠富足之且納那也夫，與金利源等一同合夥，本署將軍亦所樂聞。惟查金利源等，向不在省。俟其到此，再爲飭令遵照，以副盛意，合先照復。爲此請煩貴大人查照施行。須至照會者。

俄員科洛特科福來華俄合璧第二百五十六號照會

爲照會事。接到貴將軍照復，准且納那也夫與金利源夥辦金廠，感謝。惟金利源現不在此，恐日後兩造商量不妥，請貴將軍給且納那也夫執照一紙，照內求聲明開辦時，廠內諸事，歸且納那也夫主持；每出金一百兩，報効貴國家金十五兩；另出花費外，每實挣銀一百兩，提給金利源、盛大昌銀十兩，又地租銀二兩。其餘仍聽金利源與且納那也夫商辦，務求迅將此執照發給。爲此請煩貴將軍允准見復，須至照會者。

覆科洛特科福滿漢合璧文

爲照覆事。接貴大人第二百五十六號照會，以金利源向不在此，事本難辦。惟既承貴大人一再相商，本署將軍姑先想一通融辦法，以敦睦誼。然尚有兩事，不得不先爲訂明者。一爲果日後我中國朝廷，無允准俄人在黑龍江地面開辦金礦明文，則且納那也夫所領本署將軍准與金利源等在雅魯河、綽尔河夥辦金廠執照，亦應一律罷論，不得別有藉口，使本署將軍從中爲難。一前承貴大人第二百二十九號照會，以俄人博博夫不甚好，又不甚富足，不准其在江省挖金，特舉荐富而且穩之且那納也夫，會同金利源等，夥辦綽勒河、雅魯河金礦。在本署將軍，自當以貴大人所舉荐者爲准。但貴大人榮調在即，諒必將此事移交後任存案，使博博夫不致與金利源等滋生口舌。以上兩事，想貴大人必能原諒，均爲允行。爲此照復，請煩貴大人查照，迅速見復爲盼。須至照復者。

俄員科洛特科福來滿漢俄三種文第二百七十七號照會

爲照復事。接貴署將軍照覆均悉。如日後貴國家無允俄人在江省開辦金礦明文，則此次且那納也夫所領金利源等，在綽勒河、雅魯河夥辦金礦執照，亦作罷論，弗使貴署將軍受累。至本大臣因博博夫不甚好，又不富，不准其在江省挖金，自當移交後任在案，不准博博夫與金利源別生口舌，請釋厘念，求將執照速爲發給。再本大臣現又令且納那也夫於開辦後，在實挣餘利銀每百兩內，再提三兩，作爲江省俄文學堂經費，爲此照復。請煩貴署將軍查照施行，須至照復者。

覆科洛特科福滿漢合璧文

爲照復事。接貴大人第二百七十七號照會均悉。今將發給且納那也夫執照，随文附送。請煩查照見復，須至照復者。

爲發給執照事。照得本署將軍先後接大俄國特派駐黑龍江省外部官員科第二百二十九號、二百五十六號、二百七十七號照會內，舉荐且納那也夫，會同金利源等，夥辦綽勒河、雅魯河金礦。現因金利源等并不在省，請先給執照等因。茲姑先通融辦理，略訂大概章程，附列照尾。凡綽勒河内大小河流，自發源處起，順河往下，無論水陸，均至蒙古交界止；雅魯河內大小河流，自發源處，順流自下游入嫩江口止，均准且納那夫，會同金利源、盛大昌，勘辦金礦。爲此照仰該兩河官兵、旗民人等，遵照辦理，毋庸攔阻可也。須至執照者。

計開章程十條：

一、准且納那也夫與金利源、盛大昌夥辦綽勒河、雅魯河金礦。

二、廠內諸事，且歸納那也夫主持。金利源、盛大昌仍有派人駐廠查帳之權。

三、日後如有虧耗，專歸且納那也夫承認，與金利源盛、大昌無涉，與官中更無干涉。

四、嚴禁辦礦人等，毁廟穿坟，違者照律重辦。如旗民因辦金礦喫虧者，酌量賠償。

五、每出金一百兩，提一十五兩，報効中國國家。此外除費用外，實挣銀一百兩，提給金利源、盛大昌等銀，再提地租銀二兩，江省俄文學堂經費銀三兩。除金利源、盛大昌應得之款，由該等自向且納那也夫結算外，其餘無論報効金數，與地租、俄文學堂經費各銀兩，一概交官。

六、刈伐草木，悉照向章納税。

七、官中派員駐廠，監察出金數目，並管束在廠各項華人。並至年終，照第五條所指，應行交官各項金銀税款，統交該員收解。

八、每至年終，按照第五條章程，將統年獲金若干，並花費及實挣餘利，均即寫華、俄合璧清單，知會大衆，并送將軍存案。

九、且納那也夫應在廠內多用華工，并從優看顧。其商農生業，專歸華人管幹。仍聽俄商販運俄國貨物。

十、其餘未盡事宜，由金利源、盛大昌且納那也夫和平商定。

俄員科洛特科福來二百七十八號俄文照會

十月初五日，由貴將軍發來執照，准且納那也夫在綽勒河雅魯河開辦金廠，此執照業已發給且納那也夫去訖。

中國第一歷史檔案館《清代軍機處電報檔彙編》第二三册《發山東巡撫張人駿電爲著轉飭德領事照辦東省礦務事宜事光緒二十七年十二月初四日》 東電悉。東省礦務前葛署使允不同時開辦三處，係楊晟在京與葛面議，如連領等不允，希飭楊道電商葛爾士轉飭連領遵照，再與磋商，以期妥洽。外務部。支。

中國第一歷史檔案館《清代軍機處電報檔彙編》第二七册《收山東巡撫張人駿電爲議定開礦公司事光緒二十七年十二月初五日》 支電謹悉。當傳諭楊道，已電致葛爾士內開，在京得接雅教，欣慰莫名。前與公議定礦公司現祇開辦一處，十個月後再辦一處，如此遞推以五處爲止，晟已以此稟知敝國外部堂憲，想公亦已知照前途矣。現貴國連領事以未接貴署明諭，仍欲同時開辦三處，敬請我公以前次定議，電知連君遵照，俾得商訂章程，而該公司亦得從速開辦，乞電復等語。俟接葛復，再電達。人駿謹肅。歌。

中國第一歷史檔案館《清代軍機處電報檔彙編》第二三册《發山東巡撫張人駿電爲允准德使所提開辦礦務及抽税報税事光緒二十七年十二月初九日》 歌電悉。現准德使來照，仍索三處同時開辦，並謂納税等費暫行無關緊要，嗣後可再爲議定等情。查德使以此事早有成約，上年因亂停議致受虧損，必須開辦三處爲補償之計，其意甚堅，現祇能通融允其先勘三處，惟章程未經定妥以前，只准查勘，勿遽開辦，以符礦章。至抽税、報効兩項，近與連領磋商若何，前諫電稱連領允值百抽五，核與原議煤鐵礦税相符。惟金銀仍須值百抽十五，現德使以該礦產銅、鉛等類，允值百抽七，應令加至值百抽十，酌中定議。其報効一項，據連領呈稱初辦五年內尚無盈餘，已言明情願議妥此節，並擬將報効之款，照盈餘之數逐漸增長等語。應將此節訂入章程，切實聲明，爲將來議增地步，希飭楊道與連領分別妥速商定，將所訂章程摘要先電本部核復，以免稽延。德使以此事未定，與天津撤兵甚有關係，務期迅籌結束，勿致牽掣，仍電復外務部。青。

「中央研究院」近代史研究所《礦務檔》第一册《光緒二十七年十二月十一日外務部收德使穆默照會請飭路礦大臣速結漢納根等擬開井陘煤礦案》 十二月十一日，德國公使穆默照會稱，爲照會事，貴親王素所深悉之本國人中國欽命提督漢納根，於光緒二十五年與文生張鳳起立定合同，共辦直隸省正定府井陘縣煤礦。本署於光緒二十五年十一月二十五日，按照中國政府所定礦務章程，照會總署，並將該合同呈送。於二十六年正月初五日，有總署致前任克大臣來文內稱，須由該文生張鳳起稟請直隸省督辦礦務張翼批准。俟張督辦批准後，須有明文至路礦總局，路礦總局再行核准，本衙門已經轉行直隸督辦礦務張大臣。俟文生張鳳起稟到時，查明情形，知照總局核定等因在案。張鳳起於二十五年十二月三十日，已照例稟請張督辦，後經正定府地方官肆行威逼，百般哄嚇，欲强令文生張鳳起將與漢納根所立合同撤銷，作爲廢紙，因此原任克大臣在總署甚爲詰問。當時經總署堂官徐大臣用儀面稱，正定府地方官未奉明文，竟如此辦理，且似此舉動於理不合。如果實在張督辦言明此案本無甚窒礙難准之處，則漢納根照合同有理興辦礦務，是毫無疑議之事等詞。因當時張督辦服孝不能辦公，漢納根請其致信一函。當於去年四月初六日，接准函稱，適本督辦亦接路礦總局函示，令爲核奪，自當遵照路礦奏定合辦章程，轉行辦理。俟孝服百日假滿，再當行知貴軍門及劄飭該生照章開辦等因。本大臣現將此信鈔録送閲，乃爲時無多，即拳匪亂起，厥後張督辦隨同醇親王前往德國，接續耽延，不能將核奪文書呈上，迄今尚未呈交。查張侍郎現久已回京，並既經整頓路礦，奉旨著派帮同辦理路礦大臣等因，欽此。則此案張大臣應呈核奪文書，似無再行耽延之故矣，應請貴親王照漢納根所稟者，飭令帮辦礦務大臣張翼，將漢納根所擬在井陘縣開辦煤礦一案，應呈而未呈之核奪文書，迅速呈上，庶使經二載懸而未結之案，終竟辦有端倪，早爲完結，並請速爲示復可也。

「中央研究院」近代史研究所《礦務檔》第三册《光緒二十八年二月初六日外務部收英使薩道義照會附福公司豫豐公司呈豫撫稟福公司請辦修武老流河左右煤礦並修造支線鐵路事請飭豫撫發給憑單》 二月初六日，英國公使薩道義照會稱，頃據福公司總辦哲美森函稱，山西河南開礦合同第一款載，該公司於未經開採時，應先行繪圖貼說，將開礦地址所在，一一註明，呈交該省巡撫查照，請爲出諭，允其開工。如查於地方情形無礙，應即發給憑單准行開採，勿稍耽延。又第十七款所載，修枝路亦應如此辦理各等語。查上年九月間，本公司總工程師柯瑞奉領護照，前往河南查勘，擬繪圖説，以期今春開辦，旋經柯君將圖説蒇事，就近交由修武縣轉呈撫院查照，並請示復於豫豐公司董事方鏡。因令方君在豫守候，乃時閲三月，竟無回音。本總辦遂電致豫省署撫院，以本公司所派各工程師定於本年二月初五日，由國起程來華，詢其憑單何時可出云云，旋於正月二十二日接奉回電，以豫礦事，由松中丞在京與張督辦商訂等語。惟松中丞已經會晤，談及豫礦一節，中丞云，錫大人現署該缺，則事權即在掌握各等情前來。本大臣據此，合將柯瑞、方鏡所具稟詞，鈔送貴親王查閲。其稟內叙述詳明，與合同各節無不相符，此事經錫撫延宕三月，似屬毫不在意，比至催詢，竟將署任之責，諉之他人。該撫如此有意攔阻福公司開辦礦務，勢必滋生轇轕，實非所望，應請電咨豫撫，令將柯、方二君所稟各節，均行照准，並於該公司承辦各事，竭力相助，是爲切要。爲此照會，並希早日賜復，須至照會者。

〔附〕照録抄件

福公司總工程師柯瑞、豫豐公司帮董事方鏡謹稟大人閣下：敬稟者，竊福公司前承豫豐公司，將稟奉前河南巡撫劉批准，專辦懷慶左右、黄河以北諸山各礦事，轉請福公司辦理。當在總理衙門定立合同，業經王大臣奏奉諭旨准辦在案。按合同第一款云，應先由礦師勘定何鄉何山，何種礦産，繪圖貼説，稟請河南巡撫查明於地方情形無礙，一面咨明總理衙門備案，一面發給憑單，准其開採礦地，勿稍躭延。又第十款云，每處礦廠，總以聯絡官民，預息紛争爲要，應由豫豐公司稟請巡撫，酌派照料委員一人，又設照料紳士一員，由福公司聘請。又第十七款云，各礦遇有修路造橋，開濬河港或須添造分支鉄路，接至幹路或河口，以爲轉運該省煤鉄與各種礦産出境者，均准福公司稟請河南巡撫，自備款項修理，不請公款等因。茲柯瑞承福公司特派來復勘礦地，已定先開修武縣屬之老流河左右煤礦並先由該礦地起，經修武、獲嘉、新鄉等縣，至衛輝府屬之道口鎮止，修造分支鉄路一條，以便轉運該礦出産，擬於明春二月開工，理宜預將開辦情形，遵照合同先行稟明大人，並繪圖貼説，恭呈鈞鑒。即乞賞發憑單，以便届時開工，照料委員亦乞預先酌派，庶明春礦師到豫，即可舉辦一切，不致躭延。如蒙賞派已定，即請飭知豫豐公司，憑單亦請飭交豫豐公司收存，實爲公便。肅此，合詞稟懇。敬請勛安，伏乞垂鑒。柯瑞、方鏡謹稟。

中國第一歷史檔案館《清代軍機處電報檔彙編》第二七册《收河南巡撫錫良電爲豫省開礦事光緒二十八年二月十一日》 豫礦事前劉部院與福公司訂立合同，中輟未辦，去冬奉廷諭飭豫興辦，免失利權，當以豫難集股選員電奏，請派松前部院與張侍郎就近在京商議，樞廷覆電奉旨照辦。迭經電懇如何辦法，至今未接回音。頃奉佳電，福公司催給憑單，飭即給單開辦，並酌派員紳照料，應即遵照。惟究竟應否候張侍郎回信，抑仍照原日合同辦理，請迅示以免兩歧。良。卦。

邢玉林《光緒朝黑龍江將軍奏稿·薩保又爲原訂東省鐵路合同各礦草約請旨飭下詳加覆核以期妥協片光緒二十八年二月二十五日》 再，光緒二十二年七月

二十日，原訂東省鉄路合同第六條，業經准其開採各礦，是東省礦務係屬該公司已得之權。此次商訂鉄路兩旁開礦章程，經奴才督同前湖南候補道周冕，竭力磋磨，作爲專指煤礦，別項礦産不在其内。查原訂合同所載有開出礦苗處所，另議辦法等語，可否請旨密飭外務部、路礦總局，於另議開礦辦法時，一律聲明，專指煤礦而言，藉可自保利權，免致漫無限制。惟鉄路兩旁三十里開煤一節，該公司恃原訂合同鉄路附近一語，輾轉要挾，恐其再以吉江兩省成案，又復要挾他處。且恐各國復援鉄路公司章程別有需索之處，皆不得不預爲防範。奴才考泰西通例，凡外間互立合同，若非經國家給予全權者，如其有關大局，均可由政府駁詰更改。此次江省援照吉林與鉄路權議煤礦草約，應請勅下全權王大臣等，詳加覆核，以期妥協。是否有當，理合附片密陳，伏乞聖鑒訓示。謹奏。同日奉到硃批：覽，欽此。

「中央研究院」近代史研究所《礦務檔》第三册《光緒二十八年三月初一日外務部給英使薩道義照會福公司請辦修武礦務豫撫已飭查明地方情形並委韓國鈞爲豫豐公司總辦》 三月初一日，給英國公使薩照會稱，前准照稱，福公司在河南開礦，豫撫有意攔阻，應請電請豫撫照准等因，當經本部電咨河南巡撫酌核辦理，並照復貴大臣在案。茲准電復，前據豫豐公司帮董方鏡等稟，福公司礦師勘得修武礦産，請派員勘驗該處地方有無窒礙等情，已飭該管道府速查並委方鏡總司照料。至豫豐公司總辦，現委韓道國鈞接充，於礦務民情，均無隔閡。該道現在京，已電飭就近與哲美森晤商，以期接洽等因前來。除俟河南巡撫飭屬查明地方情形續行咨報到日，再行知照外，相應先行照復貴大臣查照可也。

「中央研究院」近代史研究所《礦務檔》第三册《光緒二十八年三月初九日外務部收候選知府吴炳南稟請辦南陽汝州兩屬礦務》 三月初九日，候選知府吴炳南稟稱，敬稟者，竊職等恭讀奏定礦務章程，祇悉一是。伏查南陽、汝州兩屬，除平原州縣地方不計外，其餘岡嶺起伏，重巒叠巘，各處皆有礦苗，而地界毗連，犬牙相錯，難以劃分某州某縣，所産之盈虚衰旺不一。此處不成，又須移往別處，惟以南、汝兩屬爲界，庶免窒礙。近年洋人不時周歷踏勘，覬覦尤切，華人若不開辦，必爲洋人佔據。此等處所，均係不毛之土，於常年應完錢粮正額無損，地主亦視爲閒田，不願受價，情願入股。職等生長斯土，商同本地紳富，均恐權歸洋人，諸多不便，議以百金爲一份，以一百份爲額，先集成本一萬兩，次第開辦，應交照費照章呈繳，遵以十二箇月爲限，逾限不開，執照作廢。至産之品類貴

賤，尚難預定，俟有成效，就近稟地方官詳由撫院照章抽收落地出口等税，以符定則，仍以十成之二五報効國家，其餘悉遵定章辦理。職等緣候選在京，理合自行投到，稟請查核批示。除徑稟總辦礦務大臣外，肅此具稟。恭請鈞安，伏乞垂鑒。

吉林省檔案館《清代吉林檔案史料選編(工業)》上册《三姓礦務總辦周寶麟請發礦章及自行揀派員司的稟文光緒二十八年三月初九日》 軍、副憲麾下：敬稟者，竊沐恩於光緒二十八年三月初三日仰奉憲批：據稱現值開河之際，正溝中開工出金暢旺之時，自應派員前往照章抽金，以復舊制。準如所請，仍着該員先行回姓，將礦務接辦認真經理。所請曹委員廷杰查復整頓礦務及截算帳目各條事宜，候飭交涉總局，抄録行之該員查照，並候咨行三姓副都統衙門。將該員前借存銀二千兩，仍準照數提用，以資辦公等因。奉此，沐恩本擬奉批後，即速束裝前往三姓接理任事，乃緣憲飭交涉總局，抄録曹直牧廷杰所擬礦務章程各條尚未領下，不得不稍爲守候。一俟章程録發，沐恩即便趕緊起程赴姓，遵照辦理，萬不敢有負栽培也。

再查沐恩此次復蒙憲恩，委派辦理三姓金礦。去歲隨往辦事員司書弁等均屬效力從公，至今薪水津貼皆未發放，將來沐恩到姓將礦務一切事宜布置就緒之後，所有需用員司人等，可否準由沐恩自行定章揀派，究竟應用若干員名，他時再爲造册呈報憲鑒，以備查覈。沐恩未敢擅便，應請憲臺批示遵行。肅此蕪稟。虔請鈞安，伏乞垂鑒。

吉林將軍長順批：稟悉。曹牧所擬礦務章程，候飭交涉總局趕緊鈔録，行知該員查照。至稱此次整理礦務需用員司人等，準由該員揀派二三名以資辦公。仰即知照。

光緒二十八年三月十三日。

中國第一歷史檔案館《清代軍機處電報檔彙編》第二七册《收河南巡撫錫良電爲請開禹州煤礦事光緒二十八年三月二十二日》 前據京漢鐵路總監工錫樂士稟，請開禹州三峯山煤礦，當因事關鐵路，電商盛大臣，嗣准復稱，鐵路近處開礦彼此有益，惟錫樂士請開禹州煤礦尚未稟商敝處，以後路礦各事仍以敝處咨文爲憑，以杜假冒等因。所論誠中肯綮，昨錫樂士來汴重申，前請細閱來稟所議各節，均與路礦章程不合，當即據情批駁，並電盛大臣商辦在案。恐該總監工赴京瀆請，謹先電達。錫良。馬。

中國第一歷史檔案館《清代軍機處電報檔彙編》第二七册《收河南巡撫錫良電爲河北礦務事光緒二十八年三月十五日》 河北礦務前委韓道國鈞總辦，該道已經回省，現飭其馳赴河北修武縣境查勘。聞柯瑞不日到豫，并飭韓道與伊商辦一切。惟柯瑞有無議事之權，乞貴部詢商福公司見復。錫良。願。

「中央研究院」近代史研究所《礦務檔》第二册《光緒二十八年三月二十二日外務部收總辦礦路大臣張翼文查明嶧縣煤礦辦理情形比工程司未往查勘》 三月二十二日，總辦鉄路大臣張文稱，光緒二十八年三月初六日准貴部咨開，接准德穆使函稱，聞比工程司數人受嶧縣煤礦華地主内有張侍郎之意，前往山東查勘該處煤礦並預備一切，以便比國公司將該煤礦購買。倘此信果實，則不能不嚴爲辨駁，函由貴部以德使所稱比國公司赴嶧縣查勘煤礦，究竟有無其事，咨行查復等因，到本大臣。准此，當經札飭張道蓮芬、德税司璀琳，查明有無比人往勘情事，據實稟復。兹據稟稱，比人往勘之説，查明並無其事。本大臣查山東嶧縣煤礦前於光緒六七年間，經前北洋大臣李奏准設立中興煤礦局，派米令協麟、戴令華藻等，先用土法開採，旋由張道蓮芬、賈故鎮起勝、戴故道宗騫等集凑股本，購置機器開採。復因資本未足，由張道蓮芬與德人德璀琳議定章程，招華股十分之六，洋股十分之四，設立山東嶧縣華德中興煤礦公司。稟由本大臣遵照路礦總局奏定章程，准其華洋合辦，以期擴充，當即派張道蓮芬爲華總辦，德璀琳爲洋總辦，均經本大臣會同前北洋大臣裕奏明立案，奉旨允准，並咨明總理衙門、路礦總局、山東巡撫各在案。德璀琳回國招股，曾約某爵公司入股，并帶同德礦司福利克等逐細查勘，嗣因某爵公司復改前約，不願入股，乃由德璀琳另行招股並與本大臣籌墊股本十餘萬兩，勘礦經費均由華德中興公司支付。該處煤礦自開辦以來，已二十餘年之久，先後動用股本已數十萬之處，歷年開採之煤，運往各處銷售，由山東巡撫派員抽收厘税。前二年本欲派西礦司前往擴充辦理，適因匪亂未派西人，現在正籌畫擴充辦理之事，接准咨詢，不勝詫異。該礦既經奏明立案，并有新舊股東，且係與德璀琳合辦之礦，焉能賣與人，德使函稱比工程司受本大臣之意，前往查勘預備購買一節，不知其何所聞據。至於比工程司查勘之説，已據張道蓮芬、德税司璀琳查明并無其事，相應咨呈貴部，請煩查照轉復德使可也。

「中央研究院」近代史研究所《礦務檔》第一册《光緒二十八年三月二十八日外務部收路礦大臣張翼文附漢納根等擬定草合同查復井陘煤礦案》 三月二十八

日，路礦大臣張翼文稱，前准貴部咨開，文生張鳳起與德提督漢納根訂立合同，承辦井陘縣煤礦一案。據德使來照，復申前議，應如何酌核定奪之處，查照定章，妥爲核議，迅咨貴部，以便轉復德使等因。查張鳳起開採井陘縣橫西村煤礦，係光緒二十四年二月內，稟由該縣詳奉升任北洋大臣王批准。是年五月開工，次年因資本不足，議與漢納根合辦，訂立合同，呈由德領事蓋印，復由井陘縣蓋印，詳報各在案。嗣經統轄礦務鐵路總局以核與定章不符議駁，復經德國克使偕漢提督到貴部堅請准辦。經貴部示以定章應由請辦之人，將招搭洋股緣由稟明督辦核准，方許訂立合同。而德使願照此辦法，曾飭張鳳起于二十五年十二月，稟報到本大臣，正擬查核批示，復于二十六年正月初五日，接准礦務鐵路總局函並于正月十三及四月二十六等日，疊准前北洋大臣裕咨會前來。本大臣正查辦間，適因匪亂停止，茲准前因，查該礦既經井陘縣兩次詳報，並曾奉升任北洋大臣王批准開工在案。其於地方情形，當無窒礙，至華洋合辦礦務，原爲定章所准行。惟據漢提督張鳳起稟稱，該礦是否確有把握，仍須查勘，請予限十箇月，擬即派礦司前往打鑽掘井，察勘礦苗。如在該礦十里以內，查出確有可採之礦，即繪圖貼說，稟候批准開辦。如無可採之礦，亦于十箇月內稟明，將合同作廢，原地仍歸張鳳起執業。至於開辦時所用之地或租或買，公平給價，由張鳳起承辦，茲將所訂草合同抄呈鑒核。如十箇月另有增訂礦務新章，均願遵照等情。據此，查原稟所稱，查驗礦苗，係爲慎重起見，其所訂草合同，大致與定章尚屬相符，應如所請辦理。除俟查明稟覆，能辦與否，再行議核外，爲此抄粘草合同，咨呈貴部查覈，請予限十箇月，俾得查勘礦苗。如貴部以爲可行，即請咨行北洋大臣，迅飭井陘縣妥爲保護可也。

〔附〕照録合同

謹將遵章合辦煤礦，擬定合同，録呈憲鑒。

井陘縣文生張鳳起承租橫西村馬姓地十八畝，稟蒙前井陘縣正堂言，轉詳升任北洋大臣王批准開挖煤礦在案。查該處四境，皆不燒柴，以煤代薪，如向遠方購買，其價必昂，必須照西法開採，庶民用既足，而國課自裕。因與漢提督納根商量，一同辦理，漢提督擬派洋礦司至該地十里以內，細細察看，以便定用各樣機器及辦法大小。茲將妥議條規，訂立合同，各執一紙存照。

一，張文生漢提督合辦橫西村煤礦，名曰井陘縣煤礦局。照章以該地十里內爲限，該十里內如有可開之礦或須打鑽掘井，察驗礦苗，由張文生向該業主商明。如有損失業主利益，如踏踐禾苗等事，由張文生公平賠補。

二，張文生允以此地十八畝，試辦煤礦，即以此權歸入局內，以外十里內地方。後若須用，亦由張文生向該地户或租或買，公平給價，如所買之地，經該礦司勘明無用仍歸張文生執業，如佔用之地，遇有墳塋祠屋，設法繞越。

三，漢提督允准現在試辦所用機器等項本銀，入此合辦局內備用。

四，井陘礦局張文生漢提督，即係總理之人或由二人各派一人代理。

五，局內所用各項華洋工役人數及辛工數目，均由張文生漢提督酌定。

六，爲試辦煤礦，應用礦司及各項工匠頭目人，由漢提督妥派，總以多用華人爲主。如因礦井有險，致傷人命財產或因工人口角鬥毆，有傷人等事，均由井陘礦局自行撫卹。

七，礦內各種工程，應用華人，由張文生妥派，是否可用或有誤公舞弊等事，仍由礦司考校，至公棄取。

八，礦內每日出煤，按照出井價值抽百分之五分，以完中國國課，至礦局購買機器物料以及運煤出口，其釐稅均照開平等礦現行章程辦理。所有出煤銷煤花費等項，應由張文生漢提督各派司賬一人，會同總司，銀錢出入，每月結賬，所有盈餘銀錢，應存可靠銀行或殷實錢店。

九，現在十箇月內，如查得此礦開辦合算，即稟請查隸全省礦務局及路礦總局議定開辦章程。應俟路礦總局批准之日起，遵照定章，十箇月內開工大辦，屆時並定明本銀若干，照路礦總局奏定章程，華洋合股大辦，由張文生漢提督可保本銀足用。

十，開工大辦後，每半年張文生漢提督或所派代理人，同在一處查賬，至遲不過二八月底。除去半年一切花費利息，各樣修理機器，公積酬勞，遵照路礦總局之二成五完課外，下餘盈餘銀錢或作推廣之用或無須推廣，則以一半歸本銀承受，華洋各股分派，一半歸主權承受，華洋各半，毫無偏倚，以昭公允，如有虧折，與中國國家無涉。

十一，訂此合同，張文生漢提督兩相樂意，若欲毁此合同，亦必兩面答應。此後各有商量不妥之事，暨因公事争執等情，可各請一明練公正人，由此二人合請一人，公平評斷，違一從二，不必稟請中國官長辦理。

十二，此合同仍稟請中國直隸全省礦務局存案，以昭信守，至開工之日，總以路礦總局批准之日算起。

立合同人文生張起鳳。

提督漢納根。

「中央研究院」近代史研究所《礦務檔》第三册《光緒二十八年三月二十九日外務部收軍機處交出錫良抄片創設豫南公司專辦豫省黄河以南礦務》三月二十九日，軍機處交出錫良抄片稱，再查河南省礦務，其在黄河以北懷慶左右諸山之礦。經前經撫臣劉樹棠於光緒二十四年奏准，由豫豐公司與福公司會辦。現據福公司催請開辦修武縣之老流河礦産，奴才已飭查地方情形並委候補道韓國鈞接充豫豐公司總辦，均經奏明在案。惟查黄河以南各山來脈，皆由嵩嶽分支，根柢磅礴，包孕富厚，礦産誠爲不乏，亟應及早圖維，以保利權。奴才督同司道等熟商，現經創立豫南公司，派委候補知府于滄瀾專辦黄河以南礦務，籌貲集本自行開採。除咨明外務部暨路礦總局外，理合附片陳明，伏乞聖鑒訓示。謹奏。

光緒二十八年三月二十九日，奉硃批：知道了，欽此。

中國第一歷史檔案館《清代軍機處電報檔彙編》第二七册《收盛宣懷電爲福公司開辦礦務築造支路事光緒二十八年四月初三日》豫撫卅電，福公司開辦豫省修武縣老流河礦務，已難中止。惟該公司築造支路，由修武至道口東西横貫，似有關幹路權利，亦與礦務新章第八條不符。查獲嘉縣距修武老流河一百零五里，爲幹路所必經，又新鄉縣之楊樹灣向來通船，距老流河陸程一百卅里，係屬最近水口，今該公司所造支路乃踰衛輝，而東支不附幹，流弊孔多，事應貴大臣主政。除電外務部及路礦總局外，相應據實電達，應如何設法商訂之處，即示查照核辦是禱，望覆云。各國運礦鐵路皆屬以支附幹，所以求餘利防虧本也。若中國造路之權在人不在我，事前未及通籌，事後輒生枝節，外人各謀獲利，絶不顧我地主，清帥所商極是，但恐福公司已定之局無可挽回，乞鈞示。宣懷。冬。

中國第一歷史檔案館《清代軍機處電報檔彙編》第二五册《發河南巡撫錫良電爲還礦支路事光緒二十八年四月初三日》卅電悉。運礦支路接至盧漢幹路，前經本部與哲美森商議未允道口一路既由尊處查明，恐有妨礙，擬改至楊樹灣地方，應飭韓道商令柯瑞前往勘定。柯有議路之權，當能作主。昨英使照詢開礦准單曾否發出，并稱工程師將由津赴豫應辦各節，須先期預定，以便興作，希核辦。餘詳咨。外務部。江。

「中央研究院」近代史研究所《礦務檔》第一册《光緒二十八年四月初三日外務部發路礦大臣張翼文允漢納根等開辦井陘煤礦》四月初三日，行路礦大臣張翼文稱，光緒二十八年三月二十八日，准咨稱，文生張鳳起與德提督漢納根訂立合同，承辦井陘縣横西村煤礦一案。華洋合辦礦務，原爲定章所准行，惟據漢提督，張鳳起稟稱，該礦是否確有把握，仍須查勘，請予限十箇月，擬派礦司前往打鑽掘井，察勘礦苗。如在該礦十里以内，查出確有可採之礦，即繪圖貼説，稟候批准開辦；如無可採之礦，亦於十箇月内稟明，將合同作廢，原地仍歸張鳳起執業。至開辦時所用之地或租或買，公平給價，由張鳳起承辦。兹將所訂草合同抄呈鑒核，如十箇月内另有增訂礦務新章，均願遵照等情。據此，查原稟所稱，查驗礦苗，係爲慎重起見，其所訂草合同，大致與定章尚屬相符。應如所請辦理，請咨行北洋大臣，迅飭井陘縣妥爲保護等因，並將草合同十二條抄附前來。查此案前經本部咨行貴大臣查照定章，核議聲復在案，兹准前因，應如所請辦理。除咨北洋大臣速飭井陘縣妥爲保護外，相應咨復貴大臣查照可也。

「中央研究院」近代史研究所《礦務檔》第一册《光緒二十八年四月初六日外務部發鐵路大臣盛宣懷文准蘆漢鐵路公司承辦臨滋兩處煤礦》四月初六日，行鐵路大臣盛文稱，光緒二十八年三月二十九日，准咨稱，據盧漢鐵路洋總工程司沙多禀稱，前曾屢次面禀，臨城、磁州兩礦，附近盧漢北端幹路，請准留爲盧漢總公司承辦，以資全路行車之用等語。聲明路礦相爲維繫，利益必須統籌，盧漢幹路綿長，若如所禀，全路開車，每年須費煤價百萬元之鉅，設非附近自覓佳礦，猝有事故，洋煤既難濟急，平時漏巵，路利亦必不豐。臨、磁兩礦訂議在先，應請准歸盧漢鐵路總公司承辦，但未便專歸比公司攘爲已有等因前來。本部查臨、磁兩處煤礦，業經貴大臣訂議在先，自應准歸盧漢鐵路總公司承辦，但不得專歸比公司攘爲已有，應由貴大臣於訂立合同時，妥議籌辦，以免枝節而保利權，相應咨覆貴大臣查照辦理可也。

中國第一歷史檔案館《清代軍機處電報檔彙編》第二七册《收盛宣懷電爲臨城磁州煤礦事光緒二十八年四月初八日》前因盧漢鐵路須辦臨城、磁州煤礦，咨明在案。頃據柯道鴻年電禀，臨城礦總辦龔道照璵等索價現銀拾萬兩，紅股三拾五萬兩，先付定銀三萬，將次成議。龔道等以該礦已奉旨承辦，不必鐵路總公司與聞。沙多擬將此礦分三大股，總公司、比京公司、比商礦公司各得一股，本按股出利亦按股分利，本銀擬籌二百萬兩。龔道得紅股三拾五萬，總公司應出三分之一，本銀五拾五萬兩，如不願出可轉售他人，股利定捐捌釐，其餘按路礦總局新章辦理，一二日内即在京簽字等語。查臨礦爲盧漢鐵路經由之地，煤亦合用。該礦與該路相依爲命,本應路總公司自辦,惟總公司無此力量,只得讓比商得三分之二,未免利權外溢,究竟中國留住一分,較勝於無,沙多因回國亟須定議,龔道等亦願與沙多議定,不及寄滬覆核,只得電派柯道代總公司簽字。查礦務新章第一條須先禀明外務部,或專咨外部,俟批准後方可准行,應請或令龔道、柯道將所議合同,呈送貴部查閲,以免將來如有不合,轉生枝節。宣懷。魚。

王彦威等《清季外交史料》卷一五六《外部奏遵議俄鐵路監工開採奉天煤礦訂立合同摺》 總理外務部慶親王奕劻等奏,爲遵旨覆陳事。前准軍機處鈔交盛京將軍增祺等奏,俄鐵路監工擬倣吉林辦法,在奉天全境開採煤礦,訂立合同一摺。光緒二十七年九月三十日,奉硃批:着全權大臣、外務部妥議具奏,單併發,欽此。又增祺等奏,俄監工現仍催立開採奉天全境煤礦合同,密陳籌辦情形一摺。同日奉硃批:着全權大臣、外務部妥議具奏,單併發,欽此。欽遵各在案。查原奏内稱,據俄監工吉利時滿來函,以奉天界内煤礦,擬倣吉林現定章程,一律辦理,並送到總監工茹格維志等,與吉林將軍所訂合同十二條。當經一面派委同知葆廉,前往吉林鈔取合同;一面派委員外郎恩厚,赴旅順與之婉商。上年復州之瓦房店、遼陽之茨爾山,已經開採兩處,若再指定一二處,尚可通融辦理,如以全境訂立合同,未敢擅允。且奉天三陵所在,風脈攸關,與吉林情形不同。此項合同是否奏經飭議核准,現未見有明文,似難援以爲據。該監工再四堅請,並謂東省煤礦垂涎者多,若不早爲定立合同,恐日後事轉棘手,如慮風脈,有關近陵三十里内,決不開採等語。惟查從前鐵路章程,祇准附近採煤,此次送到合同,則關涉全省。現未敢擅允訂定,又不便輒與齟齬,致礙大局。合將該監工送到吉林所訂合同,照繕恭呈御覽。可否照允所請,抑仍飭下全權大臣、外務部、礦路總局速爲核議,俾有遵循。又於籌辦情形摺内稱,現在東三省尚未定議,若一味堅阻,似於大局不無窒礙,且該監工前有遣武員來辦之語。雖屬恫嚇,然恐一經決裂,枝節横生,辦理更形棘手。現擬就吉林合同中,量爲酌改,冀免侵及陵寢風脈。仍將此約與之商明,俟奏奉諭旨允行,或飭經全權大臣議准再爲簽押鈐印。如未允准,即作廢紙,請旨遵行各等因。臣等當經以東三省事尚未定議,此項合同未便遽訂,若先與畫押,各國必致争論,諸多牽制等情,飛咨該將軍去後。復經該將軍將延未訂定情形奏明,亦在案。臣等伏查東省鐵路合同祇載開出礦苗,另議辦法,並無准俄人在鐵路附近三十里内開採煤礦明文。現據該合同第二條載,煤在鐵路兩旁三十里之内,或華人,或洋人,或華洋同辦人,欲行開採者,鐵路公司應允,均不得准行。鐵路兩旁各三十里外,如華人請辦煤斤,由將軍府尹主持,不必知照鐵路公司;如洋人,或他項公司,或華洋人同辦,均須知照鐵路公司。俟公司覆稱,不用該處,始可允准。其鐵路兩旁各三十里外,如遇煤礦,鐵路欲行開挖,應先知照奉天將軍府尹主持,或鐵路公司獨辦,或中俄合辦等語。是其於鐵路附近三十里内,幾有獨擅之權。而復於三十里外,未經知照鐵路公司,亦不准他人承辦,欲壟斷奉天全省煤礦,不但啟他國之嫌疑,亦且妨中國之權利。雖准該將軍量爲酌改,於合同第十二條内聲明,如與陵寢龍脈有礙,及國家一切禁地有礙者,一概不得開採。但奉省幅員孔長,煤礦林立,僅恃此禁地數十里,而此外可開之地並無禁阻,仍不足以示限制。所訂合同尚未簽押,本不能援以爲據,應請毋庸置議。惟煤礦爲鐵路要需,原議准其開採,自未便概行禁阻。相應請旨飭下增祺等,與俄監工另議辦法,酌照德國在山東造路章程,開採煤礦以附近鐵路三十里内爲限,並聲明三十里以外,無論何人開採,該公司不得與聞,以清界限而維利權。謹奏。光緒二十八年四月十二日,奉硃批:依議。

中國第一歷史檔案館《清代軍機處電報檔彙編》第二五册《發商約大臣盛宣懷電爲臨城煤礦另訂合辦章程事光緒二十八年四月十二日》 臨城煤礦前准電咨,議歸總公司承辦,魚電讓比商三分之二,究損利權。惟柯道面稱現訂合同僅載新舊股東交替辦法,至中比公司如何分派,並未載明,儘可由尊處與比公司另訂合辦章程等語,應俟訂明咨部再行核覆。外務部。文。

「中央研究院」近代史研究所《礦務檔》第三册《光緒二十八年四月十三日外務部收河南巡撫錫良文豫豐公司股本應統歸福公司名下》 四月十三日,河南巡撫錫良文稱,照得豫省河北礦務,經本部院遴委候補道韓國鈞接充豫豐公司總辦奏奉諭旨允准在案。茲據韓道禀稱,伏查豫豐公司自吴式釗撤退後,並未將所集華洋股分移交接辦,職道既非原辦之董,更非股實之商,若徒負虚名,怵於商借商還之原約,若另籌巨款,苦於華股、洋股之難招,再四思維,毫無依據。查光緒二十七年十一月十八日,經貴部具奏請旨飭下山西河南巡撫,選派殷實公正紳商,照案任辦,抑或酌派司道大員按照原訂合同,妥籌辦理等因。細揣部意,所謂派商任辦者,係指接辦公司而言,所謂派員籌辦者,係專指與公司交涉而言,兩不相蒙,各有主義。職道所辦之事,係以交涉爲重,於福公司開採礦務,但有稽查照料之責,而無用人理財之權,應請咨明更正,以昭核實。又查光緒二十四年五月初二日總理衙門會同户部奏稱，洋商出財，隱其名於華商，名爲自借洋款，實則以洋商而借洋債。據吴式釗等亦直言不諱等因，是此一千萬之股本，當時已知爲洋商所借，而必欲隱名於華商，萬一虧累，何從歸還，應並請咨明貴部，將此項股本統歸福公司名下，以清界限而專責成。且與本年礦務新章第五條准許洋人承辦之議，亦相符合等情。據此，除本月初三日奉到貴部江電，即飭韓道馳赴道口，與福公司柯瑞等逐細籌商議定各節，再行分别奏咨外，相應咨明貴部查照立案核覆施行。

「中央研究院」近代史研究所《礦務檔》第三册《光緒二十八年四月十九日外務部收户部主事宋淑信等呈附河南禹州試辦礦務章程集股試辦禹州煤礦請查核立案》 四月十九日，户部主事宋淑信等呈稱，爲擬集華股設立豫南礦務公司分局，開辦禹州全境礦山，呈請批准立案事。竊本年三月，河南巡撫遵旨設立豫南礦務公司，招集本地紳商開辦，電咨外務部在案。查禹州轄境煤苗頗旺，素爲外人垂涎。本省雖設立公司，究難同時並舉。若不及時呈請開採，恐希圖包攬藉以漁利者，猶所不免。現經禹州知州曹廣權洞悉底蘊，竭力謀畫，勸諭紳商集股開採禹州全境礦産，名爲豫南礦務公司分局。已由在籍紳商等聯名呈遞本省巡撫，懇請批准遵辦，並轉咨外務部。信在京供職，理合遵照奏案，就近將招集華股試辦禹州全境礦山擬定章程，開具清摺呈覽。伏乞中堂大人查核批准立案，以期永遠遵行。

〔附〕照録清摺

謹將河南禹州試辦礦務章程，繕具清摺，恭呈鈞覽。

計開：

一，本局創議集股開辦公司，官商合辦，係統轄禹州全境礦産爲豫南礦務公司分局，由州轉稟撫憲批准立案後，再照礦務新章在北京外務部立案。所有禹州境内礦地，統歸本局一手經理，外人不得率行呈請開採攬辦，致啟争端。

一，現擬招集商本一萬兩試辦，分作一百股，每股禹平銀一百兩，填掣股票，給商收執。俟股本凑足，即刻期開辦。日後如辦有成效，須延聘礦師添置鉄路機器等項，成本不敷，應儘舊股加增。如仍不敷，再招新股。

一，酌借官本先爲開辦。查修理舊井等費，商股恐難一時驟集，由州先借備銀二千兩，以便即時開工。將來採買機器，用費浩大，擬仿照安陽礦務奏准成案，領官本銀二萬兩分年帶還。

一，由招股之日起，無論盈虧，所費工本均係官商攤占。如五年内獲有利益，即稟請奏咨立案，定爲永遠官商合辦。

一，凡礦地遇有民人先經開採者，不得侵占。如原主自願租賣，應儘本公司先行合辦。設礦地之外，遇有妨礙地方，或購或租，均一律秉公給價，不得稍有抑勒。有願附股者，即照原值給予股票。

一，試辦一切章程，皆遵照光緒二十八年二月初八日外務部奏定新章辦理。現止將州境所有煤礦開採，即定明值百抽五作爲落地税。如開有他項礦産應加抽税課者，由州隨時稟明撫憲，照章完納。

一，開採以後，每年結賬一次。除完税課及局中公費薪水外，所有贏餘，亦以十成之二五報効國家，以符定章。惟抽税報効等款，設遇有國家礦章改易之處，亦應隨時聲明更正，以昭畫一。

一，設局用人招股開採結賬分紅等項，一切詳細章程，均斟酌妥善，另爲厘定。由州稟明撫憲咨行豫南礦務總公司立案，并刊發告示，張貼閤州境。俾得上下融洽，遠邇周知，以重礦務而杜流弊。

「中央研究院」近代史研究所《礦務檔》第三册《光緒二十八年四月二十四日外務部收商人王弼臣稟請准接辦安陽縣孟姓煤礦》 光緒二十八年四月二十四日，收商人王弼臣稟稱，竊商現年三十歲，係直隷天津縣人，本年正月恭讀上諭，中國地大物博，礦産無窮，實天地自然之利。十餘年來，屢經降旨通飭開採，而各省舉辦，迄無成効，亟應切實講求，應如何招商集股之處，著即認真經理，以開利源等因，欽此。旋奉奏定章程内開，無論華洋各商，皆可照章承辦等語。伏查豫省大河以南各山礦務，已經河南巡撫派員開辦，但大河以北，尚有煤礦可以開採之處，係漳德府安陽縣所轄地名堆兒溝一帶。所産煤礦甲於全境，上年有孟姓在該處呈請開採，經地方官批令試辦，旋即置地挖井，計已挖成煤井三十餘座，内惟林頭村及閆寨兩處，業經出煤。其餘各井尚未出煤之際，而孟姓以貲本不足，竟行中止，正進退維谷間。適奉諭旨通飭准令華洋各商承辦開採礦務，欽遵之下，憑中説合。願將孟姓自行試辦之安陽縣境内煤井三十餘座及當日承租各礦地段，一併全行租與商人接辦開採，議定租價銀一萬五千兩，於立字之日，先付現銀七千五百兩。其餘欠交七千五百兩，言明俟稟奉批准領照到豫，自開工之日起，分作三年爲限，每年歸還銀二千五百兩，憑中立具合同，兩無翻悔，并聲明如虧折不與孟姓相涉等語字據。當即約同前往履勘一次，勘明漳德府安陽縣境內煤礦，實係暢旺，惟因孟姓力有未逮，功虧一簣，半途停歇。現既欽奉諭旨開礦務，且經勘驗明確，并已立據承租，擬請遵照新章，承辦安陽縣煤礦，以期上下交益。再商人此次在豫業經招集華股伍千兩，議明統俟領照到豫，給予股票憑單，方可兑收此款。以上租價集股併計，共合成本銀貳萬兩，將來開工之時，用項煩多。如果貲本不敷，再爲籌措，以收掘井及泉之效，所有豫省大河以北，漳德府安陽縣境內現有煤礦，已經承租集股。懇請批准給照，以便遵章承辦原由，理合稟請俯賜核示遵行，爲此具稟。

中國第一歷史檔案館《清代軍機處電報檔彙編》第二五册《發山東巡撫電爲查勘東省礦務事光緒二十八年四月二十四日》 箇電悉。東省五處礦務，本部允德商先勘三處。現貝德斯前往諸城勘礦，本不在允勘三處之內，既據電稱該處地段較小，始終必須開辦，即准查勘，似亦無甚出入，應由尊處酌復梁領，仍須切實聲明，祇准查勘，不得遽行開辦，至抽税、報効兩項，貝德斯僅到部面商一次，並未續議，現既回東，希就近再與磋商。外務部。敬。

朱壽朋《光緒朝東華録》卷一七三《光緒二十八年四月》 外務部奏，查吉林將軍長順等前奏俄員請合辦吉林礦務議定草約摺內聲明，請旨飭下議和全權大臣及礦務總局速議覈覆等因。光緒二十七年三月初五日奉硃批：著照所請，該衙門知道，單併發，欽此。維時因東三省大局未定，未暇議及，現在事機就緒，自應照章覈議。臣等伏查吉省礦産富厚，亟宜開濬利源，第華商貲本不敷，舉辦尚無成效，誠如該將軍原奏所云，專恃華股，終難集事。惟草約十四條語意簡略，尚有應行聲明之處，如第七條載新採礦苗，須指明地方段落，約定界限，再行開辦等語。既云約定界限，自應聲明指出礦地若干處所。除所指地段外，華人自辦，或願與他國人合辦，均聽其便。似此劃清界限，則第一條不准他國人入股一語，係專指此次所言礦地界內而言，俾將來不至有所牽混，而外人亦不至疑其專利。至原奏內稱所有開辦詳細章程，俟核定後再當隨時擬議，奏明辦理。又約內第八條載應商之件，尚須俟查明開單再議。第十四條載以上所議章程，須俟奏明奉旨，及咨礦務總局照准接到回文再行開辦各等語。是此次草約尚不能作爲開辦之據。相應請旨飭下長順等，與俄員切實磋商。將原約第七條添敘明晰，并令指定礦地，再與妥議詳細章程，奏明辦理，以期詳慎。得旨，如所請行。

中國第一歷史檔案館《清代軍機處電報檔彙編》第二五册《發河南巡撫電爲福公司指開礦地請給準單事光緒二十八年五月初四日》 英使照稱福公司指開各礦，應領准單屢請未發，請電豫撫速給等語。查該公司所指礦地，如已飭屬查明無礙，應即按照本部前咨發給准單，以憑開辦，希電復。外務部。支。

中國第一歷史檔案館《清代軍機處電報檔彙編》第二七册《收河南巡撫錫良電爲福公司礦地事光緒二十八年五月初六日》 支電悉。福公司礦地應按合同第一條，指定何鄉何山，柯瑞前請老流河左右未經指定，四至無從給發。利德現正查勘，俟勘定即發准單，應辦事宜，一面興辦，並無延誤。錫良。魚。

「中央研究院」近代史研究所《礦務檔》第六册《光緒二十八年五月二十二日外務部收盛京將軍增祺等文附于金波等稟盛京將軍批于金波等請辦石廟子溝金礦》 五月二十二日，盛京將軍增祺等文稱，案據礦商候選從九于金波、儘先千總李蘭生、候選巡檢趙國恩、監生畢文奎稟稱，窃職商等前往開採石廟子溝金礦，蒙飭派委員確查，批准試辦。嗣因資本不敷，情願與商人吳廷英合夥，業經稟明各在案。現在商等公司前往該處查看，其金苗甚旺，頗堪開採，共集得股本瀋市平銀六萬兩。所有納課一切，自應查照外務部奏定章程辦理。惟查章程第十九條開載，此次新章未定以前，凡以開辦各礦及曾經議定之處，除出井税課合同內聲明按照奏定專章，均應照此次所訂第六條辦理外，其餘仍照合同核辦，以示大信各等語。職商等請辦之石廟子溝金礦，係於上年奉准試辦。自在新章未定以前，雖未開辦，確係議定並奉准試辦。現股本已齊，存之道勝銀行，擬請驗明後，一面賞給札諭，俾得迅往試辦，一面咨行外務部備案，至出井税課仍照章程第六條辦理，决不敢稍有抗違。前請報効銀一萬兩，查新章雖無報効專條，惟職商等請報効款項，係在未奉部章之先。現在帑項支絀，辦理善後一切，需款孔亟，職商等具有天良，但使力所能爲，仍應照前輸將，聊効涓埃之助。茲仍於股本內提出銀一萬兩，作爲報効奉天大學堂經費，伏乞賞收。如蒙允准，俟批下之日，即行呈繳，抑職商等更有請者。現在盜賊充斥，凡諸伏莽，大半皆無業而爲飢寒所迫者，茲當和約已定，此輩自宜急謀安插，俾免勾結蔓延，貽害地方。倘蒙帥恩准其查照前批，即往開辦，則廠中開跴，自可招納數千人或萬人，寬其交納，令之各有盈餘，則一切匪徒，自必聞風趨附，以工代撫，似亦戢盜之一法。惟彈壓礦廠，自須隊兵，擬俟奉准札諭後，再行稟請撥給。所有餉糈，由廠供給，决不上煩帥廑，合併陳明，謹備具圖説，專肅寸稟，恭候示遵等情。據此，除批示並分行外，相應抄粘附稟，並批連圖説，備文咨呈貴部，謹請查照，分別備案核覆。

〔附〕照録函底

敬再禀者，職商等現又在石廟子溝東南五里雲頭背山之大東溝，採得銀礦一處，鉄礦一處，又小東溝煤礦一處，礦質均經查驗，尚堪開採。以上三處，係現在採得，應請查照外務部奏定新章，由我帥咨明，聽候核准，再行開辦。計銀礦股本銀二萬兩，鉄礦股本銀一萬兩，煤礦股本銀一萬兩，此係按照新章辦法，與石廟子溝禀准在先者不同，擬請免交報効銀兩，應納各項，俟部局核准開辦後，即照章完納。茲繪具圖説，籲懇憲恩迅賜咨行，俾得早日開辦，實爲德便。專肅，再請鈞安。職商金波等再禀。據禀石廟子溝金礦，前經批准試辦，援照外務部新章第十九條，曾經議定之處，仍照合同核辦。報効銀一萬兩，充奉天大學堂經費，請即往開辦各等情。准如所請，仰即將報効銀兩呈繳，該商等即一面前往妥爲試辦，應需彈壓礦廠隊兵若干，即體察情形，禀覆候奪。所有餉糈，據稱由該廠供給並如所請辦理。惟開辦納課，一切務須遵照新定章程，不得稍有抗違，候咨行外務部查照備案，並咨興京副都統暨飭興京廳知照。另禀請開辦大東溝、小東溝銀、鉄、煤三礦，現在請開之礦，自與批准在先者不同，應即查照奏定新章，先行咨請外務部核議。一俟部覆到日，再行飭遵可也。繳。圖存送。

「中央研究院」近代史研究所《礦務檔》第三册《光緒二十五年五月十二日外務部收補用知縣段允昌呈遵章籌借洋欵開辦晉北各礦》 五月十二日，補用知縣段允昌呈稱，爲遵章援案備借洋款，開辦晉北各礦，懇請奏咨立案，給憑勘採事。竊查晉南潞、澤等礦，已經奉准華洋合辦在案。此外太行迤北，寧、武、同、朔、平等屬地方，夙産煤鐵等礦，層厚綫寬。卑職曾經游歷，留心考查詢訪，參之西人勘驗著載，所稱洵屬不誣。現奉憲部奏定新章，准借洋款，卑職確知寧、朔、大等地煤鐵礦産之厚，可以支路運達幹路，銷售必旺。且晉南路礦，舉行有年。現在福公司已經開辦，籍紳士著，見聞已久，豁然開化，毫無窒礙。因向北商默涉訂借公砝足銀叁百萬兩，立有允借草合同存據，擬與合夥開辦，藉以裕國用而富民生，理合先行呈懇中堂、王爺大人批示奏咨立案，給予准憑，以便延偕礦師前往履勘，擇其最旺，指明山廠地段，繪圖貼説，簽正合同呈請核驗後，依限開辦。所有遵章援案備借洋款，勘辦晉北寧、武、朔、平、大同三屬煤鉄等礦各緣由，謹取具同鄉京官印結呈懇，伏乞俯准施行。

「中央研究院」近代史研究所《礦務檔》第二册《光緒二十八年五月二十八日外務部給德使穆默照會嶧縣煤礦華德合辦在先與山東礦務章程並無不符》 五月二十八日，給德國公使穆默照會稱，光緒二十八年五月二十三日接准照稱，前准復函内，有云張道蓮芬與德璀琳設立山東嶧縣華德中興煤礦公司一節。查因該中興公司向未在德員處報明，應僅視爲華公司，本大臣再特爲提明。光緒二十六年春間，彼此議定之山東礦務公司章程德文第十七款内載明，山東鉄路兩旁三十里内，凡經華人已開之礦，僅准按照向來辦礦之法，仍行續辦，亦不能礙難山東礦務公司所辦之礦務，此意在該款德文内言明。本大臣僅視德文爲主。又光緒二十五年四月初二日，總理衙門照會原任欽差克大臣文内，載明德國照專約所得之商務權利，如鉄路附近三十里内開辦礦務各節，自應照光緒二十四年二月十四日定立條約，認真辦理，盡力保護等因。查膠州專約所准沂州府至濟南府之鉄路，已改津鎮鉄路。現嶧縣煤礦居在將造之津鎮鉄路相距三十里内，是以倘辦理嶧縣煤礦過於定立山東礦務公司章程時日辦法之外，則顯與此章程不符，蓋此礦務章程亦係膠約所出。總理衙門光緒二十五年四月初二日來文内所允准者，係中國國家因德在津鎮鉄路一役，顧全睦誼，體查情形和衷辦理。中國願答以感謝之心，應請將前因轉知中興公司，以免後生枝節等因前來。查山東嶧縣煤礦前於光緒六七年間，經北洋大臣奏准設立煤礦局，派員開採，嗣因貲本不敷，由張道蓮芬與德璀琳集股合辦，於二十五年冬間，復經奏准有案。至山東礦務公司章程，係在二十六年春間議定，該章程第十七款載有凡經華人已開之礦，准其辦理等語。嶧縣煤礦設立華德公司，時日尚在礦務公司訂章以前，核與礦務公司章程第十七款所載並無不符，應仍准其辦理，相應照復貴大臣查照可也。

「中央研究院」近代史研究所《礦務檔》第一册《光緒二十八年六月十四日外務部收順天府文附候補知州吴畬等禀查明西山煤礦辦理情形機器開挖無礙地方》 六月十四日，順天府文稱，前准貴部文開，光緒二十八年四月二十七日，據湖北試用知縣丁其忱禀稱，查京師用煤，全指西山，無如土法開採，不盡合法，以致煤價日昂。若不及早維持，恐有匱乏之慮，因招集華股規元銀五十萬兩，擬創辦寶隆煤礦公司，在王平溝、萬水峪、門頭溝等處試行開辦，其民間已開之礦，決不欺侵。如有情願轉售者，當用價平買，不稍事抑勒。如蒙批准，應繳照費，遵章呈繳，至煤山開採後，應修運礦鉄路，遵章以接至幹路爲止。所有本礦地基賦稅，暨礦産稅則，統遵定章辦理。除禀礦路總局外，禀請批准施行等因前來。查西山煤礦，均係本地窑户生涯，前經中外紳商迭次禀請集股承辦，常恐有妨民間生計，未便照准。現該員呈請試辦該處礦務，雖據聲明民間已開之礦，決不欺侵，於地方情形有無窒礙，相應劄行飭屬確切查明，迅即聲覆等因。當經准咨派委候補知州吴牧畬會同署宛平縣知縣曹令叔督確查去後，嗣據該印委等將查明門頭溝等五處礦務情形，稟覆到府，復經札飭善後局議覆。兹據該局詳稱，遵將吴牧等原稟逐加詳閲，籌畫再三，均屬妥善。惟稟中所稱西山一帶居民，生計維艱，無田可耕，無澤可漁，賴有各礦，養活無數窮黎，一旦奪其利權，操之過急，不免激成變故等語。職等以既設公司，可先於購地時，優給地價，使山民不致失業，其不願領價者或將地段估價幾何，作爲股本，每年按本給利，較之各窑户自已開採，有盈無絀。如此持平辦理，自無分争阻撓之患，或謂公司一立，而小工等不免向隅，此事可無過慮。夫土法之採，日出煤有限，挖煤人多，運煤人少，用以機器，日較土法出煤可多數倍，挖煤雖用人不多，而運煤之人，當可隨增數倍，即以挖煤之人，用之運煤之中，自可匀散。總之，公司自應早爲設立，且西山礦産素稱富饒，洋人久有垂涎之心，誠如吴牧所稟，若不早爲設法，將來必爲他族所侵，使利源外溢，豈不可惜。惟在辦事經理得人，統籌利害，籌畫盡善，以不失小民之生計爲要義耳等情，詳覆前來。除批示外，相應據詳併抄原稟，咨呈貴部，請煩查照核辦施行。

［附］照録抄稟

候補知州吴畬、署宛平縣知縣曹叔智謹稟大人閣下。敬稟者，竊奉憲台札委，會查門頭溝、王平溝、萬水嶼、西村、秦家塢等五處地方，設五寶隆煤礦公司，於民間生計有無窒礙，迅即查明，據聲覆等因。奉此，卑職等遵即會同前往該五處地方，確切查明礦務情形，爲我憲台縷晰陳之。查門頭溝在京師之西，相距六十里，該處人烟稠密，皆以採煤爲生，煤礦大小不等，計四十七處，專産黑煤。由門頭溝迤西四十里，西山之陰，爲王平溝礦，凡十三處，其附近禪房村者，出煤炸子，其附近澤塘村者，出黑煤。由門頭溝折向正北三十里爲灰嶼，有礦一處，名東順窑。灰嶼東北郝家房，有礦二處，再東北三十五里爲香嶼。該二處産煤極旺，四面礦苗，俗稱飽山，分十三絃。惟明煤大絃最盛，相傳明季有礦七十二處。光緒初年，禮王府瑞姓開礦二處，肅王府隆姓開礦一處，今均停採。原稟所稱萬水嶼，當是灰嶼香嶼之間，有泉一泓，萬民利賴，此萬水所由名歟。再由門頭溝正南二十里羅候嶺西偏，有東西南北四村，嘉慶六年山水暴發，將西村冲刷成窪。該處有村，爲魚日家潭，有礦入處，内有道綏一窑，産青煤最佳，今歸英商開辦，此西村之即魯家潭是也。循南行四十五里北車營，營南八里，爲磁家塢，居萬山之中，形勢雄厚，聞係莊王墳照山，無敢開礦者。磁家塢西南十里南車營，營西三里，有大槽地方産煤今十三槽，有礦二十一處，均屬高煤。原稟所稱秦家塢，即磁家塢之訛，此查明門頭溝等五處現有各礦之情形也。伏查西山居民，生計維艱，無田可耕，無澤可漁，賴有各礦養活無數窮黎。一旦盡奪其利權，操之過急，恐不免激成事端，誠如憲諭常恐有妨民間生計，洵仁言之利溥也。惟恐當振興庶務之際，開礦築路爲新政所當先，果能公尔忘私，爲民興利，不與民争利，於地方不但無損，而且有益。據稱庚子年春間，德人指索礦山甚力，議未成而亂作，近來各洋商陸續赴西山查礦，其垂涎之意，行動皆知。與其爲他族所侵，利源外溢，何如爲衆擎之舉，美富同霑，公司之設，正所以抵制外人，即所以保全民命。該窑户亦有見及此者，况天地菁華鬱久必發，門頭溝等處土法開採，僅能取地面浮煤，間有二三丈之深，已屬萬分費力。若以西法機器開挖，事半功倍，如開平各礦，有深至一百六十丈者，取之不竭，用之不窮。該處地利之大，當不下於開平，而非機器不爲功也。原稟既稱民間已開之礦，决不欺侵，即有情願轉售者，用價平買，不事抑勒等情，似於講求礦學之中，仍寓體恤民艱之意，亟應責成該公司妥訂章程，不准禁民私採，有願入股者聽，僱用礦工夫價值，自有常例，不得故事低昂，以圖專利。如此辦法，各窑户想均樂從，不致退有後言。卑職等明查暗訪，體察再三，所有遵飭會查門頭溝等五處設立煤礦公司，於地方情形，尚無窒礙緣由，理合據實聲覆。稟請大人查核批示飭遵，再此稟係卑職畬主稿，合併陳明肅稟。

中國第一歷史檔案館《清代軍機處電報檔彙編》第二七册《收盛宣懷電爲與俄訂章開礦事光緒二十八年六月三十日》　聞吉林全省金礦及煤礦，將軍已奏派宋道春鰲總辦，並與俄官訂定章程。中俄合股，一律開辦。查該省金礦，曾經敝處已集華商股分開辦，奏明有案。此次吉林如何奏咨，乞查示。宣。豔。

中國第一歷史檔案館《清代軍機處電報檔彙編》第二六册《發商約大臣盛宣懷電爲中俄合辦礦章等事光緒二十八年七月初一日》　豔電悉。吉省中俄合辦礦章，已由本部議令改訂，該省並未奏派宋道訂辦。至尊處集股開辦吉省金礦，何時奏准本部，無案可稽，希詳晰電復。良。新。東。

「中央研究院」近代史研究所《礦務檔》第一册《光緒二十八年七月初二日外務部收順天府文查明丁其忱開辦西山煤礦集股等事》　七月初二日，順天府文稱，案查前准貴部文開，查湖北試用知縣丁其忱呈請開辦西山煤礦一案。現據順天府札派印委各員，暨善後局查覆各情，抄稟咨請核辦前來。本部查西山門頭溝等處，煤礦林立，關係窑户生計，既據吴牧等查明，設立公司開採，於地方情形尚無窒礙。惟該員丁其忱是否公正可靠，家道殷實，所稱招集華股五十萬兩，有無洋股攙入在内，應由地方官飭傳該員詳細詢明，並令出具實係華股並無洋股朦混，亦永不售押與外人切結，庶足以杜影射欺混之弊。至吴牧禀稱，西村道綏一窑，今歸英商開辦，該窑究係何人何年租與英商，有無禀准案據，一併查覆，再行核辦等因到府。准此，本衙門當即札傳該員丁其忱來署面詢，據稱並未指定購買何處，不過略指王平溝、萬水嶼、門頭溝、西村、秦家塢等處而言，將來就此購買，語涉含糊。至該員是否公正可靠、家道殷實一節。查該員係新授直隸河間府知府丁守象震之胞姪，人所共知，丁守寒素家風，伊姪自非巨富，又招集華股五十萬兩，有無洋股攙入在内一節。據該員稱，現在有銀五萬兩，存於義善源號内，其餘均存南省股東，言難儘信，相應咨呈貴部查覈施行。至劄詢吴牧等禀稱西村道綏一窑，今歸英商開辦，有無禀准案據，俟澈底查明後，再行咨覆，合并聲明。

「中央研究院」近代史研究所《礦務檔》第二册《光緒二十八年七月十八日外務部收德署使葛爾士照會嶧縣煤礦奉准百里内禁用機器開礦應作罷論》 七月十八日，德國署公使葛照會稱，嶧縣中興煤礦公司一節，於本月十七日接准照會，拜悉一切。本署大臣除將來照之意，行知山東礦務公司，俟該公司聲復到日，再爲詳細辯論外，本署大臣現在有不得不先爲敘明者。查來文内稱光緒二十五年中興煤礦公司奉旨批准，附近百里内，他人不得再用機器開採一節，與德商三十里内所開之礦無涉，應作罷論，不能稍有妨礙。蓋膠澳條約内，特准德商在將造之鐵路兩旁三十里内開礦。此係光緒二十五年以前膠澳條約早經立定，自應遵照辦理也，爲此照會貴親王查照。

「中央研究院」近代史研究所《礦務檔》第二册《光緒二十八年七月十一日外務部收路礦大臣張翼文辦理嶧縣煤礦不違中德山東礦務章程》 光緒二十八年七月十一日，路礦大臣張文稱，光緒二十八年六月十一日准貴部咨開，准德國穆使照稱，【略】到本大臣。准此，當即照録貴部咨文並照抄來往照會，札行山東嶧縣華德中興煤礦公司去後。兹據該總辦張道蓮芬禀稱，竊查原照會云本大臣决無意争論嶧縣煤礦公司之理，此語甚爲公平。德使既無争論之意，則該照會中所云各節，本公司亦毋庸置辯，然有不得不聲叙者。德使兩次照會所引山東礦務公司章程第十七欵，均與原章程之華文，不甚符合。該照會乃稱僅視德文爲主，查原章程首節内載明，此項章程用華文德文繕就，其中語意，彼此相符等語，此外並無專以德文爲主字樣。查該章程華文第十七欵内，載有凡經華人已開之礦，應准其辦理等語。又有倘華人在某處已開大礦，該公司意欲購買，如華礦主人不願將所開之礦賣去，則應作罷論，不能攙擾其事各等語。是華人已開之礦，該公司不能攙擾其事，章程載有明文，本公司於光緒二十五年議添新股，改稱嶧縣華德中興煤礦公司。當經北洋大臣會同奏明，附近百里内，他人不得再用機器開採，附近十里内，民人不得另用土法開採，並由本公司棗莊礦局修造運煤鐵路九十里，至台兒莊運河，以便轉運等因，均經奉旨批准在案。此本公司奏案之界限，有不得不聲明者也，德使照會云决無意争論嶧縣煤礦，本公司亦甚爲紉佩。惟特爲提明本公司毫無違背之處，應請咨明轉復查照等情前來。本大臣查該道所禀，均係實在情形，相應咨呈貴部，請煩查照備案並轉復德使可也。

「中央研究院」近代史研究所《礦務檔》第二册《光緒二十八年六月初三日外務部收德使穆默照會嶧縣煤礦應遵中德山東礦章續辦》 六月初三日，收德國公使穆照會稱，山東嶧縣煤礦一事。查本大臣於本年五月二十三日照會貴親王，【略】查本大臣决無意争論嶧縣煤礦公司之理續辦煤礦，本大臣之意，衹係特爲提明山東礦務公司章程德文第十七款，内載山東鐵路兩旁三十里内，凡經華人已開之礦，僅准按照向來辦礦之法，仍行續辦，亦不能礙難山東礦務公司所辦之礦務等語。此意在該款德文内言明，本大臣僅視德文爲主，今不能不將此意再爲聲明也，爲此照復貴親王查照。

「中央研究院」近代史研究所《礦務檔》第六册《光緒二十八年七月二十三日外務部收盛京將軍增祺文王本錫等請辦張家溝煤礦》 光緒二十八年七月二十三日，收盛京將軍增祺文稱，案據辦理遼鳳、安岫寬礦務委員儘先即選知縣張壽華禀稱，竊據商人王本錫、曹名榮禀稱，竊維天地自然之利，大莫過於礦務。近來疊讀示諭，整頓礦，以開利源，商等有志報効，用敢瀆請。兹商等踹得遼界張家溝煤礦，苗質甚佳，於民間廬墓風水毫無關礙，又兼無人開辦。現已招足資本，擬請試辦，所有應徵税課，情願遵章繳納，懇乞轉請等情。據此，卑職遂即帶同商人王本錫、曹名榮，前往張家溝查勘四至界址，有無煤苗。當傳該堡鄉長房君泉爲之鄉導，查照原禀計開，内載東至山崗路界，西至崇甯寺，南至台子，北至山崗松樹嶺界，週圍約四里。其界内有往年做過煤渣數處，均經房君泉指勘確實，並據房均泉稱，此處煤旺，與廬墓風水俱無關礙，卑職伏查無異，自應給予所請。

竊思餉源支絀，多開一礦，與公家多籌一分餉需，是否有當，卑職未敢擅專，理合禀請鑒核示遵等情，據此，除批示外，相應備文咨呈貴部，謹請核覆施行。

「中央研究院」近代史研究所《礦務檔》第六册《光緒二十八年八月初六日外務部收盛京將軍增祺等文附盛京將軍批梁芳雄甘結梁芳雄禀請試辦半拉嶺金礦》

光緒二十八年八月初六日，收盛京將軍增玉文稱，據職商梁芳雄禀稱，竊以地不愛寶，要在善於取材，道貴因時，尤貴變通盡利。奉省礦産林立，前此之議開採者，非術有未善，即本之不充，是以比年以來，言取利於礦者多，而收利於礦實少。現當大難初平，凡一切善後之需，賠款之用，數鉅期迫，盡人皆知，我帥憲仁慈爲懷，痌瘝在抱。英法賠款，聞皆不欲取之於民，以視各行省之議，加抽各捐者，其遠慮深謀，固非徒言損下益上者，所能窺其涯涘也。然不取之於民，何妨取之於地，商目擊心憂，竊效一得之愚，冀作壤流之助，因糾集股實華商，集成鉅款。於奉省各礦，詳加採勘並證之輿論，擇其可以興辦者，先爲試辦。藉以廣開風氣，拓我利源。茲查得興京界半拉嶺地方，産有金礦，業經取砂試驗，實可開採。該處距永陵一百八十里，確於風脈無關，産礦之區，東西約二十五里，南北約十五里，謹繪具圖説並擬先以股本銀二萬兩，作爲試辦之用，但新章應得咨明外務部覈准，方可開辦。惟查該處私挖礦砂者，實繁有徒，與其任人盜取，何如准令試採，儻採有端倪，仍即先爲按照新章交納課款，又該處地脈一近冬令，即地土凍凝，不能開採，是以秋間私挖者尤多。若不及時採取，恐地利有限，盡銷耗於盜竊之手，殊可惜也。爲此不揣冒昧，叩懇憲恩，先行賞發札示並飭知地方官妥爲保護。如採有旺産，准令即行採取，並一面咨行外務部，請速即覈議。一俟部覆准辦，再行力圖擴充，儻部議不准，仍即停止，至於一切辦理章程，謹遵照外務部奏定新章辦理，決不敢稍有抗違。再該處礦産如蒙准辦，始終均歸商辦理，決不圖利輕聽私售外人，以致利權外溢，茲並出具甘結二紙。請分別存案咨行，是否之處，伏候示遵等情。據此，除批示並分行外，相應鈔批並將圖結備文咨呈大部，謹請查照覈覆，以便飭遵施行。

〔附〕照録鈔批

批：據禀，該商採得興京界半拉嶺地方金礦，請以股本銀二萬兩試辦並賞給札示，即行採取，以杜私挖各等情。查礦務新章，凡開採各礦，須咨行外務部覈議，俟覆准後，方准開辦。惟據稱私挖礦砂，實繁有徒，若不及時採取，徒資盜竊，所禀尚係實情。准如所請，仰即前往妥爲試辦，至一應辦理納課章程，務須遵照奏定礦務新章，不得稍有玩違。仍將到廠採取日期呈報備覈，俟咨行外務部查照，俟部覆到日，再行飭遵，並候發給告示。暨飭知地方官知照，繳、圖結存發。照録甘結，商人梁芳雄，今於與甘結事。現在商人承辦半拉嶺金礦，蒙軍督部堂增咨行外務部核議飭遵辦理，並奉示諭，飭先取具甘結，所有開採礦地，不得售與外人等因。奉此，自應遵照出具切實甘結，除原有股友之外，其礦地票據並不私相出售外人，如有此情，一經查出，甘願認咎，所出是實，須至甘結者。

光緒二十八年七月　日，梁芳雄。

「中央研究院」近代史研究所《礦務檔》第一册《光緒二十八年八月初七日外務部收副參領榮泰等禀請辦宣化府保安州銀礦》

八月初七日，副參領榮泰等禀稱，爲集妥鉅款，呈請試辦宣保礦務，以廣利源而裕國課事。竊職等伏讀光緒二十八年正月十七日奉上諭：中國地大物博，礦産無窮，天地自然之利，亟應切實講求。即派總辦路礦大臣查勘籌款，擇人招商集股，悉心籌辦以闢利源，欽此。欽遵在案，茲據保安州紳民張旺軒聲稱，旺軒籍隸宣化府保安州，確知該州城南寶岱杏園山山場，係産礦銀之山，質苗暢旺，成色甚佳且山廣脈長，足資開採並無虚言，此保安州銀礦之實情也。職等親同礦師，詳細查明，該府州所産銀礦，實係甲於他處且山廣脈長，蘊藏必富，况産礦之處，皆係僻壤荒山，與民間廬墓田園無妨礙。當國家大開路礦之際，煤、銀兩礦，皆係目前要圖。職等世受朝廷豢養之恩，既確知礦苗暢旺，不敢不據實呈明。所有匠役山主執事人等，皆已訂妥，開辦款項，業已集成銀兩萬圓。惟開礦有交涉地方公事之處，必須事有專責者，庶可秉承。職等公議舉有花翎頭品頂戴布政使銜前江西巡撫德馨，老誠諳練，洞達時務，中外推服，即充爲宣化保安礦務總辦一切事宜。俾事有主宰，情有攸歸，實爲公便，所有一切辦法，遵照新定章程辦理。伏乞中堂、王爺大人閣下仁德，批准施行，發給札諭，並總辦木質鈐記，以昭信守而便遵辦可也，爲此謹禀。

「中央研究院」近代史研究所《礦務檔》第六册《光緒二十八年八月二十五日外務部收盛京將軍增祺文郭寶濟等禀辦小河口等處銅礦》

八月二十五日，盛京將軍文稱，案據商人郭寶濟、張志華禀稱，商等踏勘遼陽界小河口、牛心台、蜂蜜砬子、紅臉溝、鳳凰廳界草河嶺、寬甸縣界佛爺溝等處，銅苗暢旺，均與居民廬墓田園無礙。商等現集股本銀四萬兩，立名曰寶華公司，如法開採，所有開辦，以及納税一切章程，悉遵奏定新章辦理，不敢稍有違礙。爲此禀請督憲將軍案下，俯准轉咨外務部核復給照，並懇先行分飭地方官，曉諭無得私挖，實爲恩便等情。據此，除批示並分飭各該地方官，先行出示曉諭，勿任私挖外，相應備文咨呈貴部。謹請鑒核飭復，以便飭遵施行。

「中央研究院」近代史研究所《礦務檔》第三册《光緒二十八年八月二十八日外務部收路礦總局文秀蔭等請辦彰德府屬煤礦》 八月二十八日，路礦局文稱，據職員秀蔭、商人王朝珍、武舉張振綱等呈稱，河南大河以北彰德府所屬一帶地方，煤礦最旺，上年曾經有人挖井取煤，祇有財力不足，半途中止。職商等目覩該郡煤礦之富，甲於全境，今擬遵章開採，以盡地中之利。現已邀同本地紳商，鳩集同志，暫湊華股銀二萬兩，以爲創立公司開辦基礎。將來經費不敷，再爲遵照借用洋款章程，商借商還，不與國家相涉。至報效，納稅成數，悉遵新章辦理，不敢稍涉違延，以及各該地户業主或租或購或給股分，均聽其便，決不勉强抑勒，總期天地自然之利，上與下均受其益。如蒙恩准，給發執照，准予開辦，遵即馳往該郡，設立公司，先行開辦，以期逐漸擴充等情。據此，除批該府一帶礦務，是否在福公司承辦河北諸山之内，該職商等是否身家殷實，辦事切實可靠，仰候咨查河南巡撫。俟復到再行核辦外，相應咨呈貴部查照備案可也。

「中央研究院」近代史研究所《礦務檔》第一册《光緒二十八年九月二十一日外務部收北洋大臣袁世凱文附奏稿咨送臨城礦務局員與比商私立合辦草約應請作廢摺》 九月二十一日，北洋大臣文稱，光緒二十八年九月二十日，本大臣專弁具奏，臨城礦務局員與比公司私立草約，應行作爲廢紙以保權利而符定章一摺。除俟奉到硃批，欽遵辦理並分別咨行外，相應抄稿咨呈，爲此合咨貴部，謹請查照立案施行。

〔附〕照録奏稿

奏爲臨城礦務局員與比公司私立草約，應行作爲廢紙，以保利權而符定章，恭摺縷陳，仰祈聖鑒事。竊臣於本年四月間，據臨城礦務委員候選郎中鈕秉臣、已革道員龔照璵稟稱，臨城等處礦務，自光緒八年開辦，上年奉前督臣李鴻章面諭，礦務、鐵路合辦爲宜。現與比國人沙多議明股本，先交銀三萬兩，於本年四月初八日，立草合同。原訂本年五月換正合同，近因沙多回國，改至本年十一月換立正合同等情。在議各員，係鐵路工程司沙多代比公司主約，鐵路總局參贊柯鴻年代侍郎臣盛宣懷主約，與鈕秉臣、龔照璵會同擬訂。臣詳加披閲，該礦既須添股合辦並不請示批准，輒私與比人議辦。所稱李鴻章面諭一節，查無札文，自係憑空揑造，冀便私圖，且本年二月新定礦務章程第一條，凡擬開辦礦務者或集華股或借洋款，均須先行稟明外務部，方可作准，未得批准之前，不得開辦。該員等既不稟准，擅立草合同，其違章者一。又第三條，外務部知照路礦總局核准後，由總局發出准行執照，其照費視成本酌提百分之一繳局，以資辦公，該員等並未議提照費，其違章者二。又第三條，開辦之人，不得私將執照轉賣與人，倘欲售賣或在開辦以前或在已辦之後，須由原辦之人會同接准之人，復行稟請立案領據，方可轉交接辦，該員等並未稟請立案領據，輒欲轉交接辦，其違章者三。又第六條，礦產出井，酌定煤鐵等類值百抽五作爲落地稅，該員等未議出井稅課數目，其違章者四。查閲草合同第六款，雖有餘利內扣留一款，報効國家，亦未分晰開列數目，況第四款所載礦務局自置產業房地，統交新公司收執，是名爲合辦，直同盗賣，種種弊竇，斷難准行。該合同第七款，本載有如遇無論何項事故，致本合同不能成議，著礦務局歸還三萬兩之款，交比公司代理人沙多收回，或以礦務局所存美質大車合用之煤斤，按市價作抵等語。當經臣批飭，將草合同按照第七款，作爲廢紙。倘外國公司另生枝節，責成該員等自行了結。一面咨明外務部、礦務總局，暨盛宣懷查照核辦。嗣比國使臣來津晤商，亦由臣照章議駁，乃迄今數月，該局員鈕秉臣等仍未遵批完結，自係意存觀望。若不認真查禁，恐相率傚尤，直隸原有各礦，悉彼盗賣，坐令利權旁落，土地日見侵削。臣忝任畿疆，何堪當此重咎，相應請旨敕下盛宣懷，轉飭柯鴻年等，迅將所立草合同作爲廢紙。並由臣嚴飭局員鈕秉臣等，將原得沙多銀三萬兩勒限清繳，發交沙多收回完案。倘逾限不繳或繳不足數，即由臣指名將鈕秉臣等從嚴參辦監追，仍請敕下外務部查照立案。除分別咨行外，理合恭摺縷陳，伏乞皇太后、皇上聖鑒訓示。謹奏。

中國第一歷史檔案館《德宗景皇帝實録》卷五〇六《光緒二十八年九月》 諭軍機大臣等，袁世凱奏，臨城礦務局員，與比公司私立草約，應作廢紙，以保權利一摺。據稱該礦添股合辦，並不請示批准，輒私與比國公司議辦，種種顯違定章，且將礦局自置產業房地，統交外國公司收執，名爲合辦，實同盗賣等語。著盛宣懷飭令鈕秉臣等迅將工程司所出銀三萬兩籌還沙多，收回合同作廢，免使他國傚尤，占買土地，侵奪礦利，致貽後患。該大臣其妥籌辦理，原摺著鈔給閲看，將此諭令知之。

「中央研究院」近代史研究所《礦務檔》第六册《光緒二十八年十月初一日外務部收盛京將軍增祺等文林長植稟辦柳樹泉眼溝煤礦》 光緒二十八年十月初一日，收盛京將軍增祺等文稱，案據花翎分省試用同知林長植稟稱，竊以奉省礦產雜出，而煤矸爲多，現在鐵路修成，銷用頗廣，憲台興利籌餉，鼓舞商情，振興庶務，以開來源而握利權。卑職生長奉地，仰瞻之下，曷勝欽企。現查西流水依蘭木哈達圍内柳樹泉眼溝地方，有煤矸礦苗數處。前經候選知縣李國昌冒稱爲吉林界，在吉林禀准開辦，已經查明，本係奉界，咨覆吉林飭其撤退，繳銷原札告示在案。迄越六七月之久，無人再請承辦，時下洋人紛至沓來，四處踊尋，若不早爲接辦，必爲洋人所據，而利益外溢矣。卑職延請礦師，前往驗看，煤鉄礦質，皆堪採取，已湊集股本銀一萬兩，立爲利生公司，仍先試辦。若果煤質大佳，能以運至火車站銷售，即行多添股份，儘力開採。庶於稅課報効之端，有所增長。其地面屬新設之西安縣界内，東至三道河，西至大水缸東山，南至長水泡子，北至三道河，詳閱部頒礦務新章，敬謹一一遵照。至於蓋廠挖井，以敷各用爲限，不敢多佔，其礦山均係圍荒初闢，並無關礙之處，且經吉林批准，候選知縣季國昌，業已開辦撤退之山，卑職擬早舉辦，以杜外人覬覦。合將股本銀一萬兩，呈請查驗，恩准接辦，咨部發照，俾得迅速操作，寔爲公德兩便等情。據此，除批示外，相應抄批，並將礦圖備文咨呈大部，謹請鑒核賜復施行。

「中央研究院」近代史研究所《礦務檔》第一册《光緒二十八年十月初三日外務部收順天府文附善後局大興縣宛平縣會詳龔守仁請辦西山煤礦聲明各節未必確實可靠》 光緒二十八年十月初三日，收順天府文稱，前准貴部文開，寶隆公司商董丁其忱承辦西山礦務一案。前經本部劄據順天府查覆，傳詢該員，所稱指買地段，語涉含混，集股存款各節，亦難盡信等因批示在案。現據該公司新舉商董兩淮補用鹽經歷龔守仁禀，以丁令應對欠晰，自行告退，復舉職董領辦其事並將被駁各節，切寔聲明，懇請批准前來。查丁其忱請辦西山礦務，業經自行告退。現該公司新舉商董龔守仁，是否確寔可靠，相應抄禀劄行確查該員龔守仁所陳各節，切寔聲覆核辦等因。當經札飭善後局，會同大宛兩縣傳查去後，茲據會同詢明，龔守仁未必確寔可靠，詳請咨覆前來。除批示外，相應抄詳咨呈貴部查照核辦施行。

〔附〕照録粘單

順天府大興縣、善後局、宛平縣爲詳覆事。案蒙憲台札開，准外務部文開，寶隆公司商董丁其忱承辦西山礦務一案，前經本部札據順天府查覆，傳詢該員，所稱指買地段，語涉含混，集股存款各節，亦難盡信等因批示在案。現據該公司新舉商董兩淮補用鹽經歷龔守仁禀，以丁令應對欠晰，自行告退，復舉職董領辦其事，並將被駁各節，切寔聲明，懇請批准前來。查丁其忱請辦西山礦務，業經自行告退，現該以司新舉商董龔守仁，是否可靠，相應抄録原禀。行令確查該員龔守仁所陳各節，切寔聲覆，以憑核辦等因到府，合亟札飭札到該局，立即遵照會同大宛兩縣，迅速查明龔守仁所陳各節。傳到局中詢問，是否確寔可靠，據寔聲覆核咨，計粘抄禀一紙等因。蒙此，職局等遵即會同將龔經歷守仁傳到局中，查照該員在外務部所陳各節，公同詢問，如原禀所陳。一，未奉批准，不敢私僱礦師拡自踏勘，是以所指地名，音近字殊，非敢含混。一，奉批准後，先繳照費銀百分之一，所集華股五十萬兩，願十二個月爲期，如股分不十分可靠，斷不肯先繳五千金巨款。以上兩條均須遵照新章辦理，如蒙批准，願於照費五千金外，更繳銀一萬兩備罰。如十二個月不能開工，以此一萬金即作罰款，開工之後，再爲擲還，此萬金之款，於批准後，半個月内繳呈，如半個月内不能照繳，立時撤銷。至其中有無洋股，願當堂具結，查有暗招洋股及自押售外人情事，從嚴根究各節。據龔經歷面禀，均屬相符，逐細稽核，尚無不合。惟原禀所陳，股分未奉准以前，願辦者各認股若干，銀號作保，非能提集現款，然雖非現款，既有各銀號作保，則與現款無異一節。據龔經歷面禀，未奉批准之前，各股東僅交一成，共計銀五萬兩，有京城義善源銀號作保。其餘九成，俟奉批准後，再由各股東如數交訖，有南省銀號二家作保等語。職等公同核奪，京城祇義善源一家銀號作保股分一成五萬兩，其餘九成，遠在南省銀號二家作保。是否確寔可靠，無從懸擬，理合將遵飭會同詢明緣由。詳覆憲台，俯賜核奪咨覆示遵。爲此備由具詳，伏乞照驗施行。

「中央研究院」近代史研究所《礦務檔》第六册《光緒二十八年十月初三日外務部收盛京將軍增祺等文附盛京將軍批金桂葆等請辦黑瞎子溝錫鉛銀礦》 十月初三日，盛京將軍增祺等文稱，案據候選府經歷金桂葆，驍騎校時尚範，錫綬等禀稱。竊職等本係生長瀋陽蓋州各處，亦曾涉獵礦學，久知距蓋州城南六十里黑瞎子溝一帶，原出錫、鉛、銀礦，蓄精既久，積氣自深，奈未經開辦，常爲民間挖窃，時見爭端。近因各處礦務振興，實爲國家興利濟時之舉，豈可棄茲美產，任使偷挖，職等因即延師查勘，其礦苗暢旺，尚堪採取，乃招集商股，備足開採經費，並無洋股參雜，將來辦有成效，不獨利不外分，亦爲利國利民之一道。職等理合瀝情叩懇伏候恩准，並請咨行外務部核議備案，一俟部准到日，即行開辦。至於一切辦理章程，謹遵照外務部奏定新章辦理，不敢稍有抗違，是否之處，伏乞裁奪示遵等情。據此，除批示外，相應抄批咨呈大部，謹請鑒核賜覆施行。

〔附〕照録批禀

批禀悉。蓋界黑瞎子溝錫、鉛、銀礦，現查尚無人承領，應准照該商等所請，仰候咨呈外務部核覆到日，再行飭遵繳。

「中央研究院」近代史研究所《礦務檔》第六册《光緒二十八年十月十二日外務部收盛京將軍增祺文附盛京將軍批林長植禀辦鮑家屯鎮礦》　十月十二日，盛京將軍文稱，案據分省試用同知林長植禀稱，竊以奉省礦務現蒙憲台大爲振興，以開利源，凡我士商，自應各盡其力，求有寔效，以圖充裕税課，報効餉銀。卑職延有精明礦師，踹得熊岳城東北四道溝北山鮑家屯地方銀礦一處，礦苗極爲暢旺，礦質極爲成實，若辦理得法，成効必見。且查該處礦山並無關礙之處，卑職擬以除去購買机器用款之外，集足股本銀四千兩，立爲美利公司，先以試辦，所有開採事理，悉遵部頒礦務章程。謹將股本銀四千兩，即呈憲驗，准其咨部核給執照，俾得及早開採，免啟洋人覬覦，致有利益外溢，實爲公德兩便，肅此禀陳，敬懇批示遵行等情。據此，除批示外相應抄批咨呈大部，謹請鑒核賜復施行。

〔附〕照録粘抄

批：據禀請開辦熊岳界鮑家屯地方銀礦，既稱並無關礙之處，准如所請，仰候咨呈外務部核復到日，再行飭遵繳。

「中央研究院」近代史研究所《礦務檔》第六册《光緒二十八年十月二十一日外務部收盛京將軍增祺奉天府府附盛京將軍批丁汝雋等禀辦石門寨煤礦》　光緒二十八年十月二十一日，收盛京將軍增、奉天府尹玉文稱，據候選知縣丁汝雋等禀稱，竊職等於光緒二十八年五月，謹將二十七年十一月内呈報營盤地面之石門寨煤廠四至覆禀在案。八月初七日，蒙批前據該員商等禀請開採營盤地方煤礦，當經札派孫守葆瑨前往查勘，據實禀覆核奪在案。兹據該守禀稱，遵往營盤地方，據鄉牌聲稱，石門寨與營盤相隔十五里，係興京廂紅旗界屬。本村人八十餘户，東南大排子山下禿尾把溝，聞有煤礦，此地係盛京户部催徵供應三陵祭祀牛羊口分官地，四十五步外，有金家坟一座。上至永陵一百一十里，下至福陵九十里，曾有俄人勘驗一次，並未開採，具結一紙。據此遵查永陵至石門寨，實隔一百二十二里；福陵至石門寨，實隔一百二十里，皆沿途確查實在里數，在百里之外。與陵寢風脈實無關礙。至就近金家坟，不能無礙民舍，相隔在二里之外，尚不相妨，惟既爲盛京户部供應牛羊口分官地，是否有礙官地田園，應請核奪。至産煤之地，商董等稱，在南山屬廂紅旗官地與千山台同脈，查問該處鄉耆云，所報之地並無影響，惟前日有俄人到該處南大排子山下禿尾把溝，開挖煤苗，俄人謂不合用。此山在渾河之北，千山台在渾河之南，並不同脈。所開四至，東至新屯嶺，西至石門寨西嶺，相去約十三里，南至窪渾木北嶺，北至本山後，查窪渾木屯，在渾河北岸。所云北嶺，土人不知是否即土口子相連之嶺。本山後，即南大排子山後，抑石門寨之後，聲敘皆未明白。該商董等禀請，亦已經年，即於煤苗之處，未有實據而四至仍未明白，究竟有無親歷其地，尚不可知。況煤層只有六七寸，不合開採，既有煤苗，必有其地，似須按脈搜尋以盡地利，應否請飭下該商董等，再行詳細確查合採之煤苗，明晰詳註四至，再行禀報聽候查辦等情。據此，除批示並圖説存查外，合行示仰該員商等遵照辦理，此示等因。奉此，仰見軍督維持商務之至意，職等曷勝感激。伏查職等所報煤廠，委在營盤所屬石門寨南山，係廂紅旗官地，東至新屯嶺，西至石門寨西嶺，南至窪渾木北嶺，即土口子相連之嶺，北至本山後，即驛馬寨、石灰窑、勾掌，總名曰大排子。其煤苗係屬燋炸，可備本地之需，不能供俄人火車之用，故煤層雖少，尚可開挖，且其地係屬荒山，並非官家田園。如果爲盛京户部供應牛羊口分官地，職等自願按畝完納，以顧正供。至金家坟有無關礙，自應遵照部頒礦務新章辦理。惟職等經營此廠，將屆一年，歷聘礦師考驗，均以爲佳。與其好大張皇，啟外人之争釁，何如慎微謹小，保在我之利權，況有不肖紳商，平日並不採求。一聞有人呈報，即爲明奪暗争，此職等所爲未敢遽詳之實在下情也，所有職等遵批呈驗煤苗，詳註四至情由，理合具禀。再此廠係職商丁汝雋、叢德昌、魏豐兆、閻襄泰、佟福公五人集資合辦。此外並無招股，合併申明等情。據此，除批示並咨盛京户部查照外，相應抄批咨呈大部，謹請鑒核賜覆施行。

〔附〕照録抄批

批：據禀該商等所報煤礦，尚可開挖。如果係盛京户部官地，自願按畝完納以顧正供等情，始准咨行外務部核議，一俟覆到再行飭遵，並候咨行盛京户部查照繳。

「中央研究院」近代史研究所《礦務檔》第六册《光緒二十八年十月二十九日外務部收盛京將軍增祺等文附圖説圖式等四件吴廷賢請辦鐵嶺縣三家子屯大橋溝金礦》　光緒二十八年十月二十九日，盛京將軍增祺等文稱，案查前據職商吴廷賢禀稱，竊以山靈嶽氣積厚者，自然流光；地寶天財久蓄者，理當必發。奉省礦産林立，前此之議開採者，實繁有徒。迄今接踵報効之人，尤復不少，但法未善，本不充，是以比年以來，徒見争言取利於礦，實未聞有能收利於礦者。現當兵燹既平，凡一切善後，在在需款。惟籌擬之策，於礦務似亦一端。兹採得鉄嶺縣屬之三家子屯及大石橋二處，産有金礦。距鉄嶺縣均約六十餘里，離柴河約十餘里，其金苗頗旺，當堪採取。現先以股本銀五萬兩，作爲試辦之用，爲此叩懇恩准，咨行外務部，懇速即核議。一俟部覆准，即遵開辦至於一切辦理章程，謹遵照外務部奏定新章辦理，決不敢稍有抗違。是否之處，伏候批示飭遵等情。據此，當經批飭鉄開礦務委員白樾灝，前往確勘，繪圖貼説，稟覆核奪去後。茲據該員詳覆，蒙此，卑職於九月十九日，由鉄起身，前往大橋溝三家子二處，確切查勘，與吴慶第原領七處，均不毗連；與百姓田園廬墓，亦不干涉，出金之處，係屬隙地。附近略有山田，如能開採，可由礦商發價。大石橋即大橋溝，徧詢土人，而産礦之區，僅有大橋溝並無大石橋。大橋溝距三家子七八里，金苗比三家子尤旺。本年五月間，曾經俄人挖過，大橋溝三家子，均係開原交界，距鉄嶺八十餘里，在鉄嶺東南方位。卑職即時繪具圖説，於二十二日，始由金廠回鉄，除繪圖貼説呈報礦務處外。理合詳請鑒核施行等情前來，除批示外，相應抄批，並將圖説咨呈大部，謹請鑒核賜覆施行。

［附］照録圖説

大石橋即大橋溝也。金廠地勢長里許，寬約一丈五尺，東距山坡，約有半里，附近孤墓；西距柴河五里，南距車道二里；北距大橋沟屯子，約三里許。距吴慶第呈領柴河堡礦廠一十五里，毫不毗連；與百姓田園廬墓，亦無干涉。詢據土人，於光緒二十三年夏季，牧童就泉飲水，因而拾金，是以陸續偷挖。本年五月，俄人曾挖數次，至得金否，土人不知，現無人開採。

照録圖式。

三家子屯金廠地勢，長約里許，寬半里餘，東距柴河三里，西靠小河勾，南距三家子屯三里，正北靠大山，四圍附近，略有山田。前二十餘年，已經土人開過，後遂停止。於本年八月，俄人帶領二十餘人，開採多日，至得金否，土人不知。距吴慶第礦廠二十餘里，毫不毗連；與百姓田園廬墓，無大關切，距鉄嶺八十五里，在鉄嶺東南方位，係開原縣所屬。

照録圖式

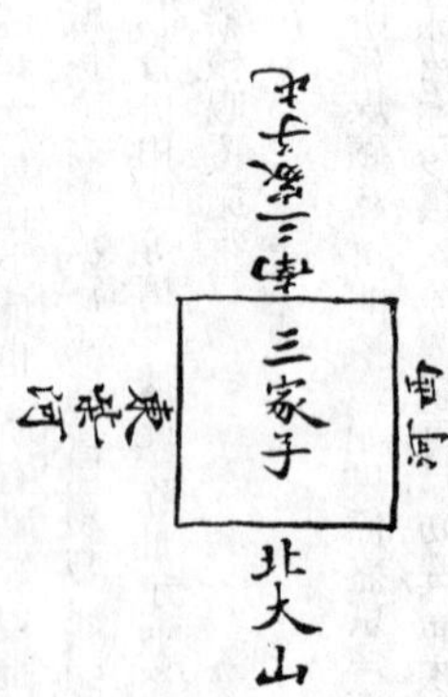

「中央研究院」近代史研究所《礦務檔》第六册《光緒二十八年十一月十八日外務部收盛京將軍增祺等文附盛京將軍批王本錫等籌辦張家溝煤礦》 卑職謹即遵照轉飭張家溝煤礦商人王本錫、曹名榮，議立協成公圖章，永不准售與外人切結一紙，呈請備案。當遵章按照資本銀四千兩，應繳部費銀四十兩，如數呈繳，時值冬宜操辦，誠恐遲延，有悞税課。隨即出示曉諭，令其趕緊盖廠工作，除俟出煤揀派妥人經收税課，另行具報外，理合將張家溝煤礦商人王本錫等所具切結，並部費銀兩，一併備文呈繳。爲此備由呈請憲台俯賜核存，祇候示遵，實爲公便等情。據此，除批示外，相應抄批，並將甘結咨呈大部，謹請鑒核備案施行。

［附］照録批稟

批：呈悉。送到甘結，候咨呈外務部備案。其濬平照費銀四十兩，應暫存，俟彙總批解，以省煩費。惟甘結一紙，僅敷咨送，無憑備案。仰再轉飭補具一分呈送，以憑存案可也。

「中央研究院」近代史研究所《礦務檔》第六册《光緒二十八年十一月廿六日外務部收盛京將軍增祺奉天府府附林長植等甘結林長植等請試辦海龍府金廠嶺等處金礦》 光緒二十八年十一月二十六日，收盛京將軍增祺、奉天府府尹玉恒文稱，案據分省試用同知林長植、候選府經歷張秀奎稟稱，竊以時事維艱，籌款極難，此礦務急宜廣爲勘辦，並可以握利權杜外人。卑職等復勘得與京廳海龍府交界金廠嶺、海龍府界香爐碗子、柳河縣界大林子、稗子溝，共爲金礦四處。其礦苗皆堪開採，其山勢遠近毘連，圖内界址繪明並無一切關礙之處。自應遵照部頒新章辦理，凡金礦與別礦需本不同，此次除購備機器，挖作線金用項外，現以華商股本銀四千兩，先爲試辦，仍立爲廣生公司。倘須添用股本，再爲集入，以求成效。謹具永不售與外人甘結二分，理合將股本銀四千兩，呈請憲驗，准予咨部核發執照，俾得早事開辦，實爲公德兩便等情。據此，除批示外，相應將圖結備文咨呈大部，謹請鑒核賜覆施行。

〔附〕照録甘結

花翎分省試用同知林長植、藍翎五品頂戴候選府經歷張秀奎今於與甘結事，依奉押結得。卑職等現稟請開辦興京海龍交界金廠嶺、海龍府界香爐碗子、柳河縣界大林子、稗子溝，共爲金礦四處。自准開辦之後，只有卑職等認領承辦，永遠不得售與外人，倘有私售情事，甘領重處，所具押結是實。

光緒二十八年九月　日甘結。

「中央研究院」近代史研究所《礦務檔》第一册《光緒二十八年十二月初八日外務部收德署使葛爾士信請催熱河都統速辦喀喇沁王與逸信公司合辦礦務案》

光緒二十八年十二月初八日，收德葛署使信稱，逕啟者，前經逸信公司華商孫樹勳、德商俾爾福禀，所有同喀喇沁王議定在本旗地方開礦合同，呈請貴王大臣立案，嗣奉批開：本部尚未接到來咨，仰候咨行熱河都統，轉咨喀喇沁王聲復等因各在案。本署大臣查新任熱河都統錫大臣，在京未動身以前，本署大臣與其提及此事，經錫都統允爲到任後立即辦理。雖錫都統到任有時，而逸信公司尚未得信。此本署大臣所不可解者，該公司已照礦章將礦務應辦各項事宜，均已辦齊，而喀喇沁王亦已應允許開採，且逸信公司亦甚願速爲開辦，此節熱河都統業經悉知。開礦係有益之舉，似此無因而躭延時日，則該公司空費資財甚夥，爲此函達貴王大臣，請即轉催熱河都統，將喀喇沁王所與該公司開礦之權速爲辦理，毋再徒延時日爲要。此布，順頌日祉，並請速爲示復。

中國第一歷史檔案館《清代軍機處電報檔彙編》第二六册《發河南巡撫張人駿電爲賊匪謀轟棧房事光緒二十八年十二月初九日》　英使函稱，衛輝府礦師電稱，近有賊匪謀將福公司棧房轟毁，幸未殃及，請飭地方官認真保護等語。希查明妥爲保護，並電復。外務部。佳。

「中央研究院」近代史研究所《礦務檔》第六册《光緒二十八年十二月初十日外務部收盛京將軍增祺奉天府府尹玉恒文盛京將軍批等二件林長植禀辦杉松岡煤礦》　光緒二十八年十二月初十日，盛京將軍增祺、奉天府府尹玉恒等文稱，案據分省試用同知林長植、候選府經歷張秀奎禀稱，竊以新設海龍府界杉松岡地方，舊有煤炸礦窑十餘處，向係礦户任便開採，委員給照，按礦收課，彼處運路頗不通順，小本礦户所得有限。庚子亂後，賊匪充斥，歇業逃散者不少，時下洋人多有探確，僉稱爲可靠之礦並可採取煤油，意欲佔據。此礦本非官亦非私也。洋人不知其詳，故未遽爾興詞。卑職奎在廠目覩其情，卑職等深恐似此佳礦，爲外人所據，耿耿微忱，誠爲不安，倘使俄人所知，即是官礦，勢必致詞相索。詳閲部頒礦務新章，均應遵照，内有開辦礦務，均須禀明咨部核准，方可爲准行之據。卑職等現有華商股本銀二萬兩，作爲試辦成本，至於購買機器另行籌辦，立爲潤生公司。情願將杉松岡請領承辦，擬將各礦歸籠爲一，所有礦户，有本者儘其入股，礦夫皆可作工。公家收税，亦易稽查，實於公私兩有裨益，可以杜却外人覬覦。其界東至腰鞍子河，西至黄泥河子，南至黄榆廟，北至大揚山前，四至圖内繪清。此礦係舊有將廢之區，併無一切關礙等情，久在明鑒之中。卑職等欲爲整頓起見，出具永不售與外人甘結二分，謹將股本銀二萬兩，即呈憲驗，恩准承辦。咨部核發執照，俾得及早開辦，以顧利權，實爲公便等情。據此，除批示並分行外，相應抄批，並將圖結一併備文咨呈大部，謹請見核賜覆施行。

〔附〕照録原批

批：禀悉。該丞等備股本銀三萬兩，請承辦杉松岡煤炸礦務，與定章尚屬相符，應准核咨。惟前據海龍總管呈稱，已將從前各窑商票銀核收放餉，請换新票前來。查各窑商所换之票，均係二十五年所領者，何以遲至二十八年，始行請换，核與從前章程一年换票一次，逾限不换者，查出送官嚴懲一條不符，不能仍以爲憑。據禀前情，所有各窑舊商，姑准由該丞等按其股本並此次各所繳之票銀，酌量入股；其不願合股者，仰將票銀如數繳還，不得復行開採。候咨呈外務部，並海龍礦務局依總管遵照，圖結存送。

〔附〕照録甘結

花翎分省試用同知林長植、藍翎五品頂戴候選府經歷張秀奎泮水生，今於與甘結事，依奉結得。卑職等現禀請承辦海龍府界杉松岡地方煤礦，四至界址，圖内繪清。自准承辦之後，只有卑職等認領承辦，永不得售與外人，倘有私售情事，甘領重處，所具押結是寔，照録圖説。

「中央研究院」近代史研究所《礦務檔》第一册《光緒二十八年十二月十九日外務部收平遠礦務公司委員候選知縣王紹林稟請承辦平泉州等處礦務》 光緒二十八年十二月十九日，收平遠礦務公司委員候選知縣王紹林稟稱，竊職商承辦平泉州屬之霍家地、城子山、王家杖子及赤峰縣屬之柴火欄子、圍塲廳屬之五台山、白山吐等處礦務。遵照奏定華洋合辦之例，與英商伊德訂立草約，通力合辦，蒙熱河前都統色批准具奏。光緒二十八年奉硃批：外務部議奏，欽此。八月十五日又蒙大部具奏議覆，請飭熱河都統轉飭職商，呈驗合同，咨部核辦。當奉硃批依議，欽此。十一月二十日，職商奉到熱河署都統松札飭，迅將所訂合同，就近赴部呈驗等因，遵即電達英商伊德，北來商訂合同。茲據伊德復電稱，俟明春解凍，方能北上等語。伏念職商曩未奉准，不敢擅與英商訂立合同，前訂草約，簡略難憑。今蒙奏明呈驗，應與該商重申前約，所有合辦章程，悉遵奏定新章，分別議定，以期永遠遵行。一俟洋商來京，合同訂妥，當即先呈熱河都統察驗，轉咨大部查覈以符原案，理合具稟聲明緣由。伏乞俯察備案，並懇恩准咨行熱河都統察照，實爲德便，謹稟。

「中央研究院」近代史研究所《礦務檔》第一册《光緒二十八年十二月廿八日外務部收美使康格信請抄送熱河都統准美商劉承恩等開礦批諭》 光緒二十八年十二月二十八日，收美康使信稱，逕啟者，本年七月二十九日，曾將美商劉承恩、華人李樹滋等，奉熱河色都統給准開辦金、銀各礦之批諭四件，附送貴部，茲請貴親王查照，將此批諭四件轉飭照抄一分。因本館急用此件，務請於明日送交本館是荷。特此，即頌爵祺。

「中央研究院」近代史研究所《礦務檔》第二册《光緒二十九年正月十二日外務部行山東巡撫周馥文德商開辦膠濟路三十里内礦務可照章免納出井税》 正月十二日，行山東巡撫周馥文稱，光緒二十八年十二月二十二日，准德國葛署使照稱，周撫院請飭山東礦務公司訂明，按他國礦務公司一律納税，本署大臣因此不得不陳明，山東礦務公司所定，乃係專章。他處公司章程，均係專指膠濟鐵路附近三十里而言，若東省別處礦務，不在此例等情。照復去後，十二月三十日，復准該使照稱，周撫院現欲於附近三十里内，亦須納税，顯係違背條約章程等因前來。查膠澳鐵路附近三十里煤礦，前經升任巡撫袁，照約訂定章程，奏明在案，其原定章程並無納税之條。凡鐵路附近三十里之内開礦，自應按照定章，無庸完納出井税。除照復德使外，相應鈔録兩次來往照會，咨行貴撫查照辦理可也。

「中央研究院」近代史研究所《礦務檔》第一册《光緒二十九年正月十六日外務部收候選郎中鈕秉臣稟臨城等處礦務草合同已遵飭作廢》 正月十六日，辦理順德等處礦務候選郎中鈕秉臣稟稱，司員前與盧漢鐵路公司總工程司沙多，商議合辦順德内邱臨城各處煤礦，訂立草合同，當收定銀三萬兩等情，具稟王爺、中堂大人並直隸總督部堂在案，嗣奉直隸總督部堂批飭，將草合同作爲廢紙，原得沙多銀三萬兩交還沙多完案等因。司員遵即函電沙多由比來華，將銀三萬兩司員如數籌還，取有沙多收條作據。惟此項草合同，當時共繕華法文各五分，中國盧漢鐵路總公司一分，總工程司沙多一分，比國礦務公司一分，比國鐵路公司一分，司員一分。其第七款載明，此約於西曆一千九百三年正月一號止，即華曆光緒二十八年十二月初三日。如遇無論何項事故，致本合同不能成議，當著礦務局歸還沙多銀三萬兩等語，現在遵奉直隸總督部堂批示，將合同作廢，而所得定銀三萬兩，亦已如數交還沙多。所有沙多處草合同中法文各一分，已經收回，彼此皆係鄭道清濂經手，其比國礦務公司、比國鐵路公司各一分。當日由沙多寄回比京未能同時收回，前與沙多商議，令其寫一草合同作廢字據。俟異日將合同取到，再行更换，連日相商，未能定議。而沙多又赴正定，鄭道允俟沙多回津，代爲索取作廢字據，當經司員將奉飭辦理情形，稟陳直隸總督部堂。茲於十二月十六日，奉到直隸總督部堂批示：據稟已悉，仰俟取回沙多作廢字據，稟請存案繳等因。蒙此，據鄭道清濂面稱，沙多認向比京收取兩分草合同作廢，先立法文字據一紙，譯就中文内稱，沙多前奉直隸總督部堂鈞諭，遵即函致比京公司，索取臨城礦務舊合同，俟其寄到，即當恭呈帥鑒，其餘一切，業經司員鈕秉臣呈繳在案等語。當經鄭道呈繳直隸總督部堂備案，至於盧漢鐵路總公司草合同一紙，經司員稟請督辦鐵路大臣盛，隨批發還，所有收回草合同並沙多字據緣由，理合稟請王爺中堂大人查覈。肅此具稟，恭叩崇安，伏乞垂鑒。

「中央研究院」近代史研究所《礦務檔》第六册《光緒二十九年正月十八日外務部收盛京將軍增祺等文附盛京將軍批吴廷英等請開楊木林子東山鐵礦》 光緒二十九年正月十八日，收盛京將軍增祺等文稱，竊查前據礦商吴廷英趙國恩稟稱，竊商等今跴得現辦石廟子溝金廠西至毘連楊木林子東山鐵礦一處，相距禁山窵遠，風脈毫無關礙，礦苗顯露，實勘採取，不時有人偷挖。當此籌款孔亟，商等力圖報効，以濟時艱。茲借股本銀五仟兩整，繪具圖説三幅。除跴妥稟請與京副都憲飭旗查驗，賞給告示，擬暫試採，以弭私盜外，是以具禀叩懇軍督憲恩准，可否賞給札諭，暫行試辦。一面咨行外務部查覈立案，以免遷延而遏偷挖。一俟奉部覆准，再請擴充開辦，洵於官商良有裨益，如蒙允准，所有一切納課，商等恪遵外務部奏定章程，值百抽五輸納税課，不敢稍有違背，以期仰副大憲體國興利之意，肅具寸禀等情。據此，當經札飭委員李佩沆，詳細查勘去後。茲據呈稱，委員遵即東裝起程，於十一月二十五日，馳抵該處，當即詳細查看，楊木林子在興京西南界，北距禁山一百餘里，東距白帽子溝二十餘里，南距偏臉河十七八里，西距葦子峪二十餘里，周圍並無田園廬墓之礙，亦無他商轇轕。遂取該鄉約甘結一紙，附文呈閲，理合具文呈覆鑒覈等情前來。除批示外，相應抄批并將前圖咨呈大部，謹請鑒覈議覆施行。

〔附〕照録抄批

批：呈悉。吴廷英等請開辦楊木林子東山鉄礦，既據查明距禁山甚遠，與田園廬墓均無關礙，亦無他商轇轕。應准咨呈外務部覈議，一俟覆到，再行飭遵繳結存。

「中央研究院」近代史研究所《礦務檔》第六册《光緒二十九年正月十八日外務部收候選知府阮毓昌禀瀝陳通懷等處礦務情形》 光緒二十九年正月十八日，收候選知府阮毓昌禀稱，敬禀者，竊卑府自開辦奉天通化懷仁兩屬五金礦務，迄今已閲六年，其中辦事之艱苦，人事之變遷，以及款項湊集之不易，經費開支之繁多，不得不爲我憲台詳細陳之。溯自光緒二十二年，奉前軍督憲依札委，幫同德英阿辦理通化、懷仁、寬甸三縣礦務。至年終因款無所出，德英阿請假辭退，遂委卑府獨辦，辭不獲命，乃祗領關防，籌借貲本五千兩，前赴通懷，招集礦丁，暫行試採五閲月之久，除去廠中薪工，實繳課金七十五兩。是年冬間，在二道溝小岔踊出沙金新苗，禀明開採。忽有編修貴鐸隨帶洋礦師，暨差弁兵丁七八十人，聲言查廠，意欲攘奪。經卑府據理直争，貴鐸始悻悻而去。卑府深慮其造言生事，唆使洋人，出面争礦，遂亦晉省面禀一切，遷延二十餘天，始克回廠，而苗線已被金匪偷挖十分之八。適值天寒，借凍封停，又繳課金六十兩。二十四年正月，卑府復又晉省，添招商股。二月底，旋廠時，則金匪聞該處金苗暢旺，蝟集三萬餘人，僉思持衆争開，加以巨盜李隆飛率黨竄擾通化各處，人心惶惶，如果從嚴驅逐，定必激成事端。卑府親赴各溝，推誠布公，曉以利害，委宛開導。如是者三月，金匪漸次遺散，不特局廠均各保全，而在卑廠五十里以内，並無搶刼案件，初非卑府意料所及。此卑局初次開辦，即有人掣肘之實在情形也。自是厥後，於五月間，報開官廠，添派員司書弁，招募護勇二百五十名，湊集股銀二萬三千五百兩，開洒六十餘天，共得金沙八百數十兩，提出課金三百餘兩。至是而小岔之金線已盡，復在報馬川採一線金，寬約二尺餘，色亦極佳，正擬一併開採，忽聞前江西巡撫德馨，有督辦奉天全省礦務之命，遂即回省報繳課金，計銀一萬兩。蒙前軍督憲依奏明，通懷兩屬歸卑府專辦，是年九月二十四日，奉旨允准在案。遂添招商股銀二萬二千二百兩，運至通化，開辦報馬川線金。正將局廠房屋碾炕器具，一律修蓋齊備，而德中丞馨已到通化，傳言查礦，以致各廠工作復停。嗣即查明，卑府均係實收實報，並無虚冒，且亦無騷擾商民情事，面加温奬，率屬旋節。卑府亦隨護送晉省，即將細情禀明依軍憲。直至十二月中旬，始克旋廠，乃將報馬川線金重加整頓，以俟來春興辦。孰意二十五年正月，依軍憲因病出缺，編修貴鐸乘間争奪，造言煽惑。卑府局廠，礙難承辦，回省詳細禀陳，久未就緒。直至四月間，軍憲增莅任，始克分晰清楚，續籌商股，并借商舖銀共五萬三千兩，先後統共合成銀九萬八千七百兩，禀蒙批准，仍遵奏案，歸卑府一手經理，五月底，乃復抵通化，添置房廠，並各項器具。此開辦稍有成效，即被阻擾之實在情形也。地方雖歸專辦，而前後所集股本，已糜費殆盡，加以人心摇惑，工作無常，以致所入不敷所出，悉賴舖商借墊開銷。卑府承茲鉅任，深懼無以對人，乃於八月間，親率礦師，周歷帽兒山大江沿各溝，鑿險縋幽，披荆斬棘，踹得金銅煤鐵各礦。然非厚集貲本，購辦機器，不能盡地之利。遂又赴省縷陳大辦情形，禀蒙軍督憲增備案。遵即派員赴營口滬津招集洋股，并定購各項汽機。二十六年四月，辦有端倪，正欲訂立合同，設法運往各廠。而拳匪忽起，肆行搶奪，致總分各廠案卷、帳目、房間、器具、衣物等項，一概全遭焚刼。此正在整頓，因亂停止之實在情形也。二十七年九月，舊日各商，因事敗垂成，棄之可惜，復邀卑府重申前約，訂明華洋合辦。以前此所集，作爲股本二十萬兩，新商再添三十萬兩，共成五十萬兩，訂立合同條規，擬定章程，仍由卑府主持利權，其華洋兩商，但管銀錢機器勘採等事。於上年八月十七日，呈請軍尹憲咨行外務部備案。卑府俟咨文批回，遵即帶同礦師，覆勘各礦苗線。以五箇月爲期，勘準若干處，再行廣添資本，由卑府呈請開工。此現在擬辦之實在情形也。伏查卑府仰蒙依軍憲知遇，奏辦通懷等縣礦務，際此時事孔艱，帑餉奇絀，敢不謹始慎終，力圖報効，以上副朝廷振興礦政之至意。惟是開礦招商，重在先清地界，無人攬擾侵争，始能取信於商，專心遵辦，大觀厥成。所有卑局次第開辦前後掣肘緣由，理合肅禀瀝陳，仰祈中堂、王爺大人俯賜鑒核，不勝惶悚激切待命之至。恭請鈞安，伏乞垂鑒。

「中央研究院」近代史研究所《礦務檔》第三册《光緒二十九年正月二十一日外務部收軍機處交出趙爾巽抄摺籌辦山西礦務並設立豐晉公司》　正月二十一日，軍機處交出趙爾巽抄摺稱，跪奏爲遵旨籌辦山西礦務，以保利權，恭摺仰祈聖鑒事。竊查接管卷内，承准軍機大臣字寄，欽奉上諭：慶親王奕劻等奏，晉豫鐵路礦務，請飭開辦以保利權一摺，著遴選殷實公正紳商，妥爲籌辦，以免利權旁落等因，欽此。欽遵轉行到晉，當經升任撫臣岑春煊轉飭布政司、洋務局、農工局妥議去後。竊維晉省礦脈深厚，甲於環球，西人游歷所周，測繪所及，至謂苗淺平衍，星羅棋佈，多至十三萬餘英里，而山河四塞，又非鐵路無以爲轉運之方，獲懋遷之利，此山西路礦所以爲外人之所覬覦，若不及早籌維，誠有如原奏所慮，利權旁落，不能操縱自如者。兹承訓諭，仰見睿慮精深，先事豫防之至意，跪聆之下，欽佩莫名。惟是晉省路礦自與華俄銀行福公司立約借款以後，已肇外人窺伺之端，而近來時局變遷，復有逐漸擴充之勢。正太鐵路經督辦鐵路大臣盛宣懷與華俄銀行更立合同，派員來晉開辦，較之原訂合同，種種受虧，不勝枚舉。查前奉光緒二十八年十一月十四日上諭：各處開辦鐵路，關繫重大，盛宣懷如與他國公司立議各項合同條款，著先由各督撫核定，始可簽押，以期周密而免疏誤等因，欽此。足見鐵路條款，其得失之所判，利害之相關，非各該省之督撫，不能明晰。聖慮所及，何等精詳。無如正太合同定議在先，奉旨在後，約款已就，夫復何言。至礦務關繫，較鐵路爲尤巨，若不即籌畫必至又蹈覆轍。查福公司前在總署所訂承辦山西礦務合同，第一條載明專辦盂縣、平定州、潞安、澤州與平陽府屬煤、鐵以及他處煤油各礦等語。福公司所辦之煤、鐵，僅止平盂、潞、澤、平陽府而止，雖他處二字，漫無限制，然係僅指煤油而言。其餘煤、鐵、金、銀、銅、鉛各種礦産以暨平盂、潞、澤、平陽府屬之金、銀、銅、鉛等項礦産，均不在福公司認辦之内，應由晉省另行招商承辦，當經奴才與司道等籌商，議設礦務公司，廣集商股。無論本省、外省各富商凡有願意附股，或指定一處認定一礦者，均准於該總公司報名，呈驗股本，妥定章程，核准辦理。兹據司局詳稱，遵即招商設立公司，請予奏明開辦。復據晉紳内閣中書渠本翹、常棣華、翰林院庶吉士蔡侗、刑部郎中楊履晉、吏部主事李廷颺、户部主事谷如墉、工部主事成連增、直隸候補道董崇仁、前甘肅平涼府知府龐璽、直隸試用知府曹潤堂、江南試用知縣李作楷、舉人常麟書等聯名禀稱，願意籌集股本，設立豐晉礦務總公司前來。奴才竊查前撫臣胡聘之奏設商務局，本擬招集晉商股本，籌辦礦務並工藝各業，以濬利源，只以設局期年，迄無應者，遂有招借洋款股本與義俄各商訂約之事。時至今日，外交愈棘，時局愈艱，在彼則日充其勢力之範圍，在我則日困於因應之乏術，該紳等懲前毖後，亟願籌資集股，力保礦權，冀爲民留一綫之生，並爲大局泯無窮之患，自應趕飭將晉省礦産，除福公司認辦各礦外，均准歸該總公司承辦。應先請旨飭下外務部、路礦總局立案，嗣後無論何項公司，呈請認辦晉礦者，均須先儘豐晉礦務總公司辦理，不得奏准，實於晉民大有裨益。除批飭該紳等照辦，暨委令署理冀甯道吴匡，商務局道員鄭景福、志森兼辦該公司事務並分咨外，所有遵旨籌辦山西礦務，以保利權緣由，理合恭摺具奏，伏乞皇太后皇上聖鑒。再礦務總公司現需經費，擬即於直隸購晉紗機項下動支，先由司庫籌墊，合併陳明。謹奏。

光緒二十九年正月二十一日，奉硃批：外務部、路礦總局知道，欽此。

「中央研究院」近代史研究所《礦務檔》第三册《光緒二十九年正月二十一日外務部收軍機處交出趙爾巽片復設晉省商務局並遴委員紳入局任事》　正月二十一日，軍機處交出趙爾巽片稱，再查山西商務局前於光緒二十二年，經前任撫臣胡聘之奏明設立，向委紳士管理，嗣於二十五六年間，所委各紳先後因事出局，續委之前貴州按察使田國鈞，迄未到差，遂將該局暫撤而鐵路、礦務兩項，則係總署奏准，督飭商務局紳與福公司、華俄銀行畫押咨飭照辦之件，其時值拳教滋鬧，兵歉交乘，該洋商等迄未興辦，是以尚可暫置。二十七年秋間，准大學士李鴻章電稱，英義商人福公司，擬來晉開辦礦務，升任撫臣岑春煊當即奏調原訂合同之晉紳候選道賈景仁，來晉襄辦。嗣以該紳復被參劾，經岑春煊查明覆奏並委令該紳前往天津，將紡織等機器設法轉售，歷經奏明在案。現華俄銀行承辦之正太鐵路，雖經督辦鐵路大臣盛宣懷與該銀行更定合同，奏經外務部查明，該路與蘆漢相聯一氣，應作爲芦漢分支，改歸盛宣懷經管與山西商務局無涉，而一切勘路購地各事宜，仍應由晉委員會同辦理。至福公司承辦之平盂、潞、澤等處煤、鐵礦産，現該公司已於河南道口興築鐵路，將次抵晉，時有礦師來晉測勘，自應查照合同，將一切調度礦務、開採工程、用人理財各事，由商務局與福公司總董會同辦理，以符原約而保權限，是晉省商務局亟須復設，俾資因應。奴才與司道等籌商，查有候補道鄭景福、試用道志森，堪以委令會同各司道辦理並飭即籌妥局所，遴派委員，妥爲布置。茲復准北洋大臣袁世凱咨稱，正太鐵路業經盛宣懷仍委賈景仁經管，並稱其有才識。晉省商務路礦諸事，本係該紳經手，擬俟該紳到晉仍委令入局，會同籌辦，以資熟手，懇請飭下外務部照會英義俄各國公使，轉飭福公司華俄銀行遵照，所有山西路礦將次興辦，擬將商務局復設，暨遴委員紳各緣由，除咨行外，理合附片具陳，伏乞聖鑒。謹奏。

光緒二十九年正月二十一日，奉硃批：外務部知道，欽此。

「中央研究院」近代史研究所《礦務檔》第一册《光緒二十九年二月初二日外務部收候選員外郎宋裕等呈請辦宛平西山五處煤礦》 二月初二日，候選員外郎宋裕等呈稱，照録原呈：稟爲遵照請辦西山煤礦，籲懇批准，以順商情而廣利源事。竊惟圖治之道，以興利爲先，興利之方，以開礦爲要。外國之所以富强者，皆由於保護商民，振興商務，講求新法，廣開利源，故能課税日增，財用日裕，以之籌餉練兵，無不立見效驗。即使商力未能充足，亦必設法維持，多方佽助，蓋民富則國未有不富者也。伏查光緒二十八年二月間，大部奏定章程，有具稟開礦者，或華人自辦或洋人承辦或華洋合辦，均無不可等因，仰見朝廷振興商務之規，中外商民，皆將聞風鼓舞。職商裕、綬等曾集有華股實銀四十萬兩，分存烟台各銀號，自行來京請辦西山煤礦，旋聞已有商董龔守仁遞稟在先，職商等未敢攙越，嗣聞龔守仁所稟，業蒙批駁，具見大部格外慎重之意。伏查西山煤産素旺，開採亦易，且地段雖有五處，相去非遠。職商等所集四十萬兩的款，決無暗藏洋股情事，甘具切結。若以之開辦西山煤礦，儘足敷用，其西山一帶，用機器開採，迭有順天府委員查訪，確於地方無礙可知。爲此瀝稟叩求王爺、中堂大人恩准。職商裕、綬等創設富華公司，承辦王平溝之沙灘萬水峴、門頭溝、西村、秦家塢五處煤礦，其民間已開之礦，決不欺侵。如蒙批准，應繳照費，謹遵新章按數呈納。其煤窑附近，如須安置小鐵軌，以達通京幹路，亦俟臨時體察情形，再行稟明辦理。現時所集股本四十萬兩，實已分存烟台各銀號，聽候飭驗。職商等公同商酌，仰候批准後，即擬刻日開辦。所有應用礦師，并擬稟明聘請美國工程司曾敏生，爲西山煤礦師以便經理開礦一切工程之事，惟事關重要，并求飭問美國使署，該工程司曾敏生是否能勝西山礦師之任，實爲恩便。謹稟。

「中央研究院」近代史研究所《礦務檔》第六册《光緒二十九年二月十八日外務部收盛京將軍增祺等文附李席珍等與俄員所訂合同等三件李席珍擬請華俄合辦尾明山煤礦》 光緒二十九年二月十八日，盛京將軍增祺等文稱，案據候補知府李席珍、副都統銜協領連中稟稱，竊維奉省辦理善後，需款浩繁。凡有地方自然之利，自應即時興辦，以裕餉源。職等採勘得遼陽屬界，尾明山舊有煤礦一處，東至五頂山，西至打魚溝，南至車道，北至張家溝，煤質尚好。商人李順清等開採年餘，只緣資本太少，不甚得利。職等現備實銀一萬兩，並據俄員紀道夫願入實銀一萬兩，共集股本銀二萬兩，開設天利公司，妥爲接辦。所有應納落地之税，報効國家之款以及提繳礦務總局辦公之項，悉照外務部奏定礦務章程，隨時呈交。職等已與俄員紀道夫代辦事務之記名提督周蘭亭商訂明確，按年所得花利，按照兩股均分，倘有虧賠，亦照兩股均攤。此係兩相情願，各無返悔，除公立畫押騎縫合仝二紙，華洋兩股各持一紙收執外，理合稟請憲台鑒核。如蒙恩准，該處係曾經奉准開辦之礦，擬請先行接辦，並懇咨照外務部立案，分飭遼陽旗民地方官實力保護，實爲公便等情。據此，除批示並分行外，相應鈔粘合同并批咨呈大部，謹請鑒核賜覆施行。

〔附〕照録合同

立合仝人 李席珍 連中 周蘭亭 紀道夫 爲公立畫押騎縫合同事情，因華員李席珍、連中出瀋市平實銀一萬兩，俄員紀道夫代辦周蘭亭出瀋市平實銀一萬兩，共集股本實銀二萬兩，開設天利公司，接辦商人李順清等所遺遼陽屬界尾明山煤礦一處，東至五頂山，西至打魚溝，南至車道，北至張家溝。公同議明，礦場一切事宜，華人經理，洋人稽查，總期有益無弊，所有應納税則、提成報効，均遵外務部奏定礦務章程完交。每年所得花利，除支銷外，按照兩股均分。倘有虧賠，亦照兩股分攤，此係兩相情願，各無返悔。除稟明盛京將軍奉天總督部堂增，鑒核批准，咨照外務部立案外，爲此公立畫押騎縫合仝二紙，華、洋兩股各存一紙爲執，須至合仝者。

計開：

一，尾明山現有商人李順清等，所遺煤井八處，水井三處，風井三處，草房四十餘間，暨煤井内架木，議於初年結賬時，秉公酌給價值，至所遺一切應用器俱，核實估價，於開工時照數給發，以昭公允。

一，承辦礦務議設總董一人，月給薪水銀八十兩；帮董一人，月給薪水銀五十兩；礦長二人，各月給薪水銀三十兩；司事四名，各月給薪水銀十兩；書手四名，各月給薪水銀六兩；丁夫二十名，各月給工食銀五兩；伙夫二名，各月給工食銀四兩。

一，在壜稽查礦務之洋人，無論幾名，每月共支之薪水，不得逾八十兩之外。

一，公司應需房租日用膏火糜費，以及派人外出辦事車價盤費，一切襍支等項，實用實銷，不准稍有浮冒。

一，公司所用一切人夫，務須取具妥實承保。如有舞弊滋事侵欺等情，均由承保包賠。

一，華洋股東以及執事人等，均不准挪借公款。

一，本銀二萬兩，作股二十分，總董作股一分，幫董作股八厘，礦長作股五厘，按月所支薪水。於結賬時由應分利銀兩扣還，若所分利銀不敷扣還，從寬免追。

一，應納落地之税，報効國家之款，均照外務部奏定章程交納。

一，每年結賬時，除開支一切花銷外，於所得利銀內，提還本銀二千兩利銀四千兩，其餘利銀，再按銀股身股分潤。倘所得利銀不敷提還本銀，隨時再行公議也。

一，此外如有未能議盡事宜，遵照外務部奏定章程，參酌本公司礦務情形，隨時增損，以期盡善。

李席珍

公立合同人　連　中

紀道夫

周蘭亭

光緒二十八年八月　日公立。

批：據禀該職商等既稱李順清所開尾明山煤礦，資本太少，不甚得利。現與俄商紀道夫共合股本銀二萬兩，接辦此礦，并將公同訂立合同底呈閱，懇請咨行外務部立案及飭該地方官保護等情。查礦務新章，凡開採各礦，須咨行外務部核議，俟覆准方能開辦。惟該礦廠係屬舊辦之處，已經李順清將前領票照繳銷，准其先行接辦，至應納税款，一切務當遵照奏定新章辦理，不得稍有玩違及隱匿以多報少等弊，仍將接辦日期呈報備查，候咨行外務部查覈，一俟覆到，再行飭遵，并候照會駐奉俄交涉大臣查照。繳合同存發。

「中央研究院」近代史研究所《礦務檔》第六册《光緒二十九年二月二十日外務部收軍機處交出盛京將軍增祺等抄摺附奉省義勝鑫公司議定章程等三件華俄合辦遼陽礦務可否飭部立案》　光緒二十九年二月二十日，軍機處交出盛京將軍增祺等鈔摺稱，爲華洋合辦礦務，請旨飭部立案，以昭慎重，恭摺具陳，仰祈聖鑒事。竊於光緒二十八年八月十九日，據商人梁顯誠梁芳雄禀，奉省各礦，富於他省。現由商等集得南省殷實富商股本銀二十萬兩，復集入奉天華俄道勝銀行股本銀十五萬兩，作爲試辦各礦之用，並擬請撥給官款銀若干兩，在瀋先立一礦務總公司，名曰義勝鑫礦務總公司。所有勘、採、支給各項事宜，均由公司經理，官祇督查保護，稽徵税課。兹採得遼陽州等屬共計礦區四十五處，應請查照新章，先行咨請外務部核議，俟奉准之後，即當次第興辦至一切辦理及納課章程，悉遵奏定新章，決不敢稍有違礙。將來部章如有更定，仍隨時遵照勿違。所有股票不准售與外人。除現在華、俄款項外，並未攙入他款。即將來尚須擴充添款，亦祇准現在各股友添入，謹出具甘結二紙，請咨行存案。至一切詳細章程辦法，俟奉准後再由公司分晰繕單，呈候鈞定，並應繳股本抽款亦俟核准後呈繳等情，當以礦務新章，凡開採各礦均須咨行外務部核議，始准開辦。曾經咨行外務部核覆以華洋合股辦礦，自應先定章程，聲明權限以杜轇轕。該商所禀並未擬定合股辦法，無憑核准。其單開礦地四十五處，包佔太多，亦難照准。嗣據該商等遵駁，於原報四十五處之中減去三十五處，續添二處，共報十二處並擬章程十條，禀請核辦。復經奴才等一面分飭地方官，查明所報礦産十二處，有無窒礙實在情形，並飭取該商等所報礦産，將來經地方官查出，如有窒礙，遵飭封禁；限定華人股票祇准售與在股華人，不得售與外人，亦不得售與在股俄人。俄人股票亦不得售與外人，惟在股華人可以承買，所有華股均係華人並無洋人影射各項甘結。一面派署驛巡道景賢分別提驗華洋股本，取具道勝銀行存銀單據，暨籌撥官款五萬兩，以爲稽查地步，先後咨請外務部核議在案。兹准覆稱，既據該商梁顯誠等出具切實甘結，並經飭道提驗股本，暨撥官款五萬兩，以資稽查，自可准行。惟事關華洋合辦礦務，應奏明辦理，以昭慎重。未經奏准以前，仍不得作爲允准之據等因咨行前來。查商人梁顯誠等此次所辦礦務，係屬華洋合辦，既經外務部核准，咨令奏明辦理，自爲慎重起見，相應將華洋合辦情形，詳細奏聞並將該商等所呈條款甘結及開辦礦産處所，照繕清單，恭呈御覽。可否飭部立案之處，伏候聖裁，除分咨查照外，謹合詞恭摺具陳，伏乞皇太后皇上聖鑒。

謹奏。

光緒二十九年二月十九日奉硃批：外務部查核辦理，單三件併發，欽此。

〔附〕照録清單

謹將商人梁顯誠等所議章程十條，照繕清單，恭呈御覽。

計開：

一，商人梁顯誠梁芳雄前經集妥股本銀二十萬兩，稟請在奉省設立義勝鑫礦務公司並添招華俄道勝銀行股本銀一十五萬兩，又懇請盛京軍督部堂飭撥官款銀若干兩，合爲開辦。現將股本已如數妥備存儲，聽候呈驗，俟蒙外務部核准各礦區，再行次第舉辦。

一，本公司開辦各礦及納課一切章程，悉遵外務部奏定新章辦理，將來部章如有更定，仍隨時遵照，毋敢稍違。

一，本公司所有礦廠司事人役均用華人，但礦師機器師等，現或華人未能充當，亦可選用洋人，惟須商妥各股友允肯，方能録用。

一，保護礦廠及護送車輛，由本公司招募中國洋槍巡勇，或稟請盛京軍督部堂飭撥兵隊，所需餉糈均由本公司供給。

一，本公司所有用款，開辦各礦，購置機器，起造房屋，僱用司役等項，務須會同各股友，商議妥協，始准照辦。

一，商議各事，務要和衷共濟，不得自逞私見，但議事以股本多者爲主定，入股各款，均按股發給股票。

一，所有股票均限定不准售與外人，惟現在公司內之股友可以承買，亦不得以股票抵押銀款，以杜轇轕。

一，本公司賬目，以每年結一總算。倘有餘利，除股本週息七厘及司事花紅並報効國家各款外，其餘溢利或按股均分或留爲添置機器等件，均須會同各股友，妥商辦理。

一，蒙核准各礦區仍求軍督部堂札飭該地方官，實力保護。如廠內人役遇有口角忿争，小則由公司秉公處置，大則送官究治，然地方官務須一秉大公，持平辦理，庶足以維商務而免争端。

一，以上各條，乃屬合股開辦章程，如有未能盡善者仍隨時酌量損益。

稟請盛京軍督部堂，轉咨外務部查覈。

謹將商人梁顯誠等開辦礦産處所，照繕清單，恭呈御覽。

計開：

遼陽州界屬，弓長嶺金礦，石河寨金礦，商家台金礦，鷄頭峪金銀礦，韓盤嶺煤礦，鳳凰廳界屬弟兄山金礦，白水寺金礦，興京界屬灣甸子金礦，肥牛金礦，西大林子金礦，灘州堡子金礦，蓋平縣界屬神樹山金銀礦。

謹將商人梁顯誠等所具甘結，照繕清單，恭呈御覽。

計開：

商人梁顯誠、梁芳雄，華俄道勝銀行，爲出具切結事。前商等請開辦弓長嶺等十二處各項礦産，茲奉札飭，以外務部查訊各節。除另稟聲明外，所有承辦弓長嶺各處礦産，於地方情形並無窒礙，並於陵寢風脈無關，倘有關礙等情，將來查明，情願遵飭封禁，不敢抗違。至入股華俄應領股票，凡華人股票，祇准售與在股華人，不得售與外人，亦不得售與在股俄人、俄人股票，係華俄道勝銀行入股，亦不得售與外人，惟在股華人可以承買。其所有華股均係真正華人，所入股本並無洋人影射冒名等弊。倘有各情，一經查明，甘願認咎，聽候核辦。所具簡明公結是實。

「中央研究院」近代史研究所《礦務檔》第一册《光緒二十九年二月二十六日外務部發熱河礦務大臣文查復平泉州等處金銀各礦》

光緒二十九年二月二十六日，發熱河礦務大臣咨稱，光緒二十九年二月十五日，准礦路總局咨稱，據花翎記名副都統聯捷呈稱，勘得熱河平泉州屬橡樹溝至撒金溝，及八里罕溝等處，産有金礦，併州屬之龍潭溝，暨建昌縣屬之駱駝鞍子山牛營子等處，産有銀礦及縣屬之城廠地方金礦。今擬一併次第開採，遵照華洋合辦新章，商借洋款，妥訂合同，由職等先集同志，創立公司，訂立條章，暫湊華股銀五萬兩，遴聘礦師，逐細履勘，繪圖貼説呈覽，並遵限設局開工。將來盈餘歸公之款，悉遵新章辦理，呈請奏咨立案等情。除批行外，咨請核復等因前來。查熱河金銀各礦，如八里罕溝龍潭溝駱駝鞍子山等處，業已有人承辦並經熱河都統報部立案。至平泉州屬之橡樹溝撒金溝，建昌縣屬之城廠牛營子等處，有無窒礙情形，應仍由貴督辦大臣查明核復可也，須至咨者。

中國第一歷史檔案館《德宗景皇帝實録》卷五一三《光緒二十九年二月》

盛京將軍增祺等奏，商人梁顯誠等招集華洋股本合辦礦務，名義勝鑫礦務總公司，嚴定章程十條，聲明華俄股票，皆祇准售與在股華人，不售與外人，請飭部立案。得旨：著外務部查核辦理。

「中央研究院」近代史研究所《礦務檔》第六册《光緒二十九年四月十九日外務部收盛京將軍增祺文林長植請註銷承辦鮑家屯銀礦案》　光緒二十九年四月十九日，收盛京將軍增文稱，案據試用同知林長植稟稱，竊卑職去歲九月間，稟請開辦熊岳東北四道溝北山鮑家屯銀礦一處。礦苗本屬暢旺，堪以開採，當蒙批准咨部核議。是冬十一月初九日，奉到憲台劄示外務部咨開，查該員請辦熊岳城東北四道溝北山鮑家屯銀礦，指定地方，呈驗股本，並聲明遵照部定新章辦理。應即飭令認真開辦等因。蒙此，卑職遵於本年二月間備妥前往試辦，不意該處銀礦，已有人開採，詢知前被員商金桂寶、時尚範、錫綬等具稟請辦在先，早已奉到外務部核准在案。查其所報之礦山，係稱黑瞎子溝，是小地名；卑職所報，係稱鮑家屯北山，是大地名。礦山原只一處，卑職報請之日在後，此礦既經該員商先時開辦，自應讓歸該員商等專理，以免争端。理合具情陳明，懇請咨部，將卑職所報准辦之熊岳東北四道溝北山鮑家屯銀礦前案註銷，實爲公德兩便等情。據此，除批示並分行外，相應抄批，咨呈貴部，謹請鑒核備案施行。

「中央研究院」近代史研究所《礦務檔》第七册《光緒二十九年四月二十日外務部收吉林將軍長順等文附續擬中俄礦約抄送續擬吉林中俄礦約》　光緒二十九年四月二十日，收吉林將軍長順等文稱，案准大部咨開，以俄員商請合辦礦務，原議草約十四條，語意簡略，尚有應行聲明之處，飭與俄員切實磋商，分晰添叙，並於開議詳細章程時，示以限制，勿任含混等因。當即遵照指示各節，參以吉省情形，將原議草約十四條，斟酌損益。並將前次所議草約内思慮未及者，增擬六條，共二十條，以期周密。隨與駐吉俄外部大臣劉巴磋商辦理。乃該俄員始則以已經電請本國外務部聽候指示爲辭，繼則以不能擅改俄國鈐印章程，應由吉省自報大部達知俄公使爲請。揆其用意，無非以續擬草約不能饜足私心，因而設詞推宕，屢商屢梗。查吉省各處礦務，原係中國利源，若俄人以合同未定，聽候勘辦，在我計亦良得，無如彼族別有深心，陽爲聽候合同，陰實採勘礦線，若不早爲酌定，誠恐俄人私行開辦，未免外溢利源。既據照會以自報大部轉達俄使爲詞，自應迎機嚮導，咨請大部就近轉商俄使，俾早定議合同，以杜私行採辦之弊，實與礦務税課均有裨益。理合抄粘續擬草約二十條，備文咨呈大部。謹請鑒核酌辦施行。

〔附〕照録草約

第一條，華俄合辦礦務，須先指明地方段落，約定界限。集股自應以華俄爲定，不准他國入股。如道勝銀行，係中俄合開，可以入股。至如所指地界之外，如華人自辦，或華人與他國人合辦，均聽其便。

第二條，礦務所出金銀各礦，無論多寡，係按所出之數，每百兩抽收十五兩，作爲中國正課。

第三條，先准給照派人採礦。一年後如未尋得，即准他人採辦。惟無論何人，如已尋得礦苗實堪開辦，須照礦路總局奏定章程，先由吉林將軍咨由外務部轉咨礦路總局核准。發到准辦執照給領後，方准定日開辦。

第四條，承辦之員，須由中國派員主辦。

第五條，無論華俄，入股至十萬兩以上者，准其派人，入局辦事。

第六條，各處礦務，如已經開辦集有舊股者，按照第二十七年十二月二十六日，吉林將軍長與俄國外部大臣劉改定草約辦理。

第七條，已經採妥之礦苗，須按此次第一條所擬章程辦理。但遇有廬墓，附近五里内不准開辦。

第八條，領到外務部發到准辦執照後，即可前往開辦。一切應商之件，臨事詳細議辦。

第九條，礦務需用物料，如由中國販買之貨物，仍照章納税。若由俄國運來貨物，專爲礦務用者，則可免税。

第十條，嚴禁中外兩國人民，私自偷挖金礦與煤礦，違者重懲。

第十一條，所定章程，分爲洋文漢文兩分。漢文呈閲吉林將軍擬定後，咨送京都礦務總局核辦。洋文即由劉大臣呈與駐京俄國欽使查核辦理。惟此時應先准俄人至各處查看尋找，以免稽延時日。

第十二條，設有人應承開採礦務，已領有允准明文，應於一年内報明開採。若逾一年仍未開辦，即准他人報明承辦。

第十三條，所有採辦礦務各事宜，俄人情願承辦者，務須先行呈報本國辦理交涉事務大臣劉，然後再由劉大臣轉行吉林將軍，或交涉總局查核辦理。其他國之人及華人，則由吉林將軍奏咨辦理。

第十四條，以上所議章程，係吉林將軍長與劉大臣面議草約，須俟奏明奉旨，及咨礦務總局照准，接到回文，再行開辦。

第十五條，如係中俄合辦礦務，中國人入股若干，須由吉林將軍查明實據，照知劉大臣。俄國人入股若干，須由劉大臣查明實據，照知吉林將軍。彼此可均有憑，以照核實。

第十六條，礦廠須有華兵彈壓。其兵之數目，視礦廠之大小堪以敷用爲準。所需餉項，各由各廠籌辦，不得於出井每金百兩抽收十五兩內支用。

第十七條，各廠出金既旺，難免翦匪窺視。倘將來廠金無論多少被匪搶去，即責成看廠華官兵實力緝拏。如能將賊緝獲將金追出，仍須送還原廠。如賊實遠颺及不能得回原金，即將該華官兵由將軍量爲懲辦，不能責令包賠所失之金。

第十八條，所採各處金廠，如係民間之地，須先由中俄各官會同業主，指定段落四至里數年限，與業主酌定給納租價。如業主不欲收租，願入股本，亦聽自便。臨時妥商，務要持平。

第十九條，各廠所收課稅之金，按四季分繳吉林省城交涉局。華三月三十日，爲第一季。六月三十日，爲第二季。九月三十日，爲第三季。十二月三十日，爲第四季。

第二十條，各廠每日收出井之金若干，均詳註華俄賬目，由吉林將軍所派之員，隨時稽查。如查有隱匿及以多報少情弊，除追繳外，另行議罰。其辦理礦務委員所需薪水車價，應由礦廠酌中開付。

「中央研究院」近代史研究所《礦務檔》第三册《光緒二十九年閏五月初二日外務部收鐵路大臣盛宣懷文查明禹州煤質不適火車之用》 光緒二十九年閏五月初二日，收鐵路大臣盛文稱，前准貴部咨開，主事宋淑信等招集商股，在禹州境內開辦煤礦，出産極旺，銷路不廣，欲與鐵路公司訂立合同，專購禹煤應用，咨行查明核辦等因。當經本大臣札行鐵路總公司漢口分局魏道轉飭車務洋總管查明禹州煤質是否堪適火車之用，尅日具復核辦去後。茲據該局總辦魏道詳稱，遵經飭據洋工司開單覆稱，化驗得禹州之煤，含灰質三十五分半，氣質十五分；密縣之煤，含灰質三十七分半，氣質十四分半。查火車用煤，灰質不過十分者，方爲合用。該礦所出之煤，灰質逾此分數二三倍之多，想因開採不甚得法，或所交樣煤，係該礦浮面取出，實尚不合火車之用。理合詳覆查覈轉覆施行等情前來。除俟該礦採挖加深，西法化驗，果係灰輕油足，屆時再行飭局督率車務洋總管酌量試用外，相應咨呈貴部，謹請查照轉飭遵行。

「中央研究院」近代史研究所《礦務檔》第二册《光緒二十九年閏五月初三日外務部收路礦總局文英人請辦威海衛狼虎山金礦》 光緒二十九年閏五月初三日，收路礦總局文稱，光緒二十九年五月十四日，接准山東巡撫函稱，英國駐紮威海租界辦事大臣駱任廷商請勘辦威海衛附近狼虎山等處金礦一事。覆以狼虎山雖在英國防守界中，究在威海租界之外，且與已許德人五處勘礦地址，有所牽礙，英商先未呈請山東，亦未奉有貴總局暨外務部准其勘辦明文，覆是以屢駁未允。然駱大臣勢在必辦，公司已經招股，現將前後商辦一切情形，函達外務部，請由外務部商同貴總局主持核議。茲特將敝處致外務部函稿，暨各鈔件，一併彙録寄呈，恭備鑒核施行等因。准此，除各鈔件業經山東巡撫函呈貴部，不再鈔録咨送外，相應咨呈貴部，請煩查照施行。

「中央研究院」近代史研究所《礦務檔》第二册《光緒二十九年五月初六日外務部發德使穆默函山東礦務製造公司應華德一律招股並遵允納稅報效》 光緒二十九年五月初六日，發德國公使穆函稱，逕啟者，本年四月十八日，准葛署大臣交到節略一件。內稱，去年山東巡撫周大臣買山東鉄路公司股票若干，德國甚爲洽意，至礦務製造公司原亦准華人買票。光緒二十五年九月十二日，准總理衙門函稱，須有二三股實體面之華商出名，與德公司妥立合同章程，呈由總局核明，奏准開辦，則一切事宜，有所轉承等因。查該礦務製造公司，現允售與中國官民股分，至多不得過股本一百分之四十分，其賣與華人股分價值等項與賣與德人之價值等無異。本署大臣今將此節達知貴部，即請將願買股分數目若干示知。一面望貴國應允，將井口稅一項删除，並報効之款，定一堪以允許之方等因前來。查山東礦務公司，原係華德商人合辦，其股票價值，自應華德一律。惟華商願購股分若干，現在章程尚未議妥，未便預定，至井口稅一項，應令照章完納，業經迭次聲明，斷難將此項删除。其報効之款，應按照上年貴大臣轉據該公司所擬逐年增長之法辦理，相應函復貴大臣查照可也，此頌日祉。

「中央研究院」近代史研究所《礦務檔》第六册《光緒二十九年閏五月十六日外務部收盛京將軍增祺文附畢映辰等甘結畢映辰等稟辦四道江煤鐵礦務》 光緒二十九年閏五月十六日，收盛京將軍文稱，竊據商人畢映辰、陳廷森、郭寶華、吴春華等稟稱，竊職等查通化縣界之四道江舊有煤鐵礦廠，係職映辰故父畢兆麟於光緒十七年，奉前總理海軍衙門札委試辦，所有該處置買山廠，延聘礦師，開挖礦硐，建造房間及鍊鐵爐窑，經營數載，耗資甚鉅，後因股本不濟，無力開辦，遂租與該處商人小做或作或輟。至庚子之亂，礦廠歇業，迨去歲秋間，職等又與李鴻文等招集股本並呈驗契據，稟准發票開辦在案。職等擬再招同前後各礦商，合股開辦。現已招集公濟堂入股，並各集湊共股本銀三萬兩，先就土法開做。如果辦有成效，再行開通山江運路，擴充辦理。至前商等所賠資本，俟此次開辦得利，再行分年歸補以昭公允。所有職等合股開辦四道江舊有之煤鐵礦務，理合遵章禀請恩施俯准，咨行外務部立案，并請札飭礦務總局暨通化縣知照。再者職映辰前呈驗礦廠契據合同各件，懇請飭還以便管業，爲此謹禀等情。據此，除批示並分行外，相應抄批，並將原結咨呈大部，謹請鑒核議覆施行。

〔附〕照録甘結

商人郭寶華、五品頂戴候選檢陳廷森、候選府經歷畢映辰、商人吴春華，爲出具甘結事。依奉結得，職等合股開辦通化縣界之四道江舊有煤鐵礦務，共集股本銀三萬兩，礦廠四至，仍照舊趾聲明立案，東至五道江，西至小羅全溝，南至南山頭，北至河溝。一切均願遵照礦務新章辦理，絶不敢售與外人，如有私售之處，甘領重咎，爲此出具甘結是實。

光緒二十八年十二月初三日，具甘結陳實華、畢映辰、陳廷森、吴春華。

「中央研究院」近代史研究所《礦務檔》第一册《光緒二十九年閏五月廿二日外務部收北洋大臣袁世凱文井陘煤礦合同應行增改》 光緒二十九年閏五月二十二日，收北洋大臣袁世凱文稱，閏五月十六日，准貴部咨開。光緒二十九年閏五月初十日准咨稱，文生張鳳起與洋人漢納根承辦井陘縣煤礦，所訂合同，本署無案可稽。究竟該合同於該縣地方情形有無窒礙，與本省政權有無違犯，本大臣無從懸揣，應請轉行張大臣，迅將前項合同鈔送本大臣衙門核明備案，再行飭屬分别遵照辦理等因。本部查文生張鳳起與洋人漢納根承辦井陘煤礦一事，前由德國葛署使將該文生等所遞禀稿並正合同抄摺照送本部，當經咨行張大臣查覈。旋准復稱，合同核與奏章相符，以地圖尚須由縣覆勘，復由本部咨行貴大臣飭查在案。兹准前因，相應將德使照會及禀稿正合同並咨張大臣原文，抄送貴大臣查照。即轉飭井陘縣將原圖查明覆勘，迅行聲複本部以憑核辦，並照復德使可也，附抄件等因。准此，本大臣詳閲該合同底稿，大致尚屬妥協，惟查奏定礦務章程載，各礦所用地段，只准足敷挖井盖廠各用爲限，不得多佔等語。該合同以十里内地方爲限，似屬太廣。又奏定章程載，礦産地畝，照中國原定田則完納錢糧等語。此條賦額攸關，該合同未經叙入。又奏定章程載。開辦之人，必須係原禀領照之人自行舉辦，不得私將執照轉賣他人。倘欲售賣，須照章禀請立案領據，方可轉交接辦等語，此條利權所係該合同亦未載明。又查該礦爲華洋人合辦，該合同所載本銀五萬兩係漢納根所備，究竟張鳳起所籌股本若干，該合同未經聲明。以上各條，均應分别增改妥善，方無流弊，相應咨呈貴部，謹請查覈。咨行張大臣，轉飭承辦該礦之人，將前項合同詳細改定，録送本大臣衙門備案，以便飭屬查明覆勘。

「中央研究院」近代史研究所《礦務檔》第六册《光緒二十九年五月二十七日外務部收盛京將軍增祺等文附煤鐵礦章程等三件林長植呈報開辦柳樹泉眼等處礦務日期並請飭地方官出示保護》 光緒二十九年五月二十七日，盛京將軍增祺等文稱，案據花翎分省補用知府林長植呈稱，窃以職商前請承辦西安縣界柳樹泉眼一帶各處煤鉄礦産，已蒙憲咨部核准，札飭遵照並令出具永不售與外人甘結二分，以便咨送等因在案。職商自應派遣紳董，攜帶股本，前往設立利生公司，開窑挖採。惟查先時李國昌在彼冒開，曾有吉林將軍告示張貼，地方皆不設疑。職商接辦此礦，原屬李國昌所退之舊界，派人開彼復開，若無告示，難免人民阻撓猜忌。職商擬於五月初十日，爲開辦之日起，懇請發給憲台告示五張並飭西安縣照章隨時隨地保護，實爲德便。再職商原禀圖界，北至三道河，三字係筆誤，應爲二道河，合先聲明，謹具甘結二紙。公司擬辦章程二紙，理合呈請咨送備案等情。據此，除批示並分行外，相應抄粘批摺，并將原結咨呈大部，謹請鑒核備案施行。

〔附〕照録章程

職商林長植謹呈，今將承辦柳樹泉眼等處煤鉄礦務，訂議章程各條，開列於後，恭請鑒閲備案，以便存查。

計開：

一，公司辦礦，必須遵照部頒新章，所有執事人等，一切事宜必須循守商家規模。凡身錢股份暨人夫工餼賬目收支，均與商家同。公司紳董雖多，職員體制稍異，而辦事辦公，亦皆捐去習氣，總以商道而行，不得任意弛張。

一，於西安縣城設立總公司一所，經理一切公件及股本銀兩錢財等事，方爲安帖慎重。其窑廠各處，再行核酌設立公司，便於監廠稽查。現已刊刻戳記一顆，以昭信守，其文曰奉天西安利生礦務公司戳記，分司則因其地名而起，稍示區别。

一，公司開窑，即曰利生窑，其他處分窑，則以利字爲首，下一字擇吉而起。

無論分窑幾處，皆須分司酌量發入股本，並給作窑執據一張。公窑每年結賬時，贏餘福利，隨即提支，其身錢股份之去留及礦窑之作輟，亦於此際訂議，公司有予奪之權不得爲永遠之業。

一，公司所有經費及承辦員商開銷，並需養勇護廠，必須妥籌有著，以免坐耗成本。查奉天開窑，向有坐山抽分一項，即將廠中各窑均按三七抽分，一半歸爲經費，一半歸爲開銷。若有贏餘，另款存儲，仍由承辦員商核奪動支，不在股分之列。

一，招集股本，俱以百兩爲股票一張，收到銀兩，隨即填給爲據。公司辦事人等，若有實在勤奮得力者，亦核議作爲股份。每一股照銀百兩爲算，其身股之大小，即以股份之多寡爲宜，填給身份股票。股東若有股四百兩之外者，准其入公司辦事或派人辦事，倘有不遵公司條章或有外務不可之處，亦即聲明其惡，令其移出，不得任意把持。股東執持股票，准其輾轉售賣，必須兩造先到公司報明，註簿更名。公司亦一體看待，惟不得售與洋人并與洋人合股，違者查出，股票作爲廢紙，將賣主送官重辦。

一，礦廠出貨，無論多寡，均應遵照部章第六條所定税則，值百抽五，到税局自行投納，不准隱匿，倘有查出偷漏，各認其咎。公司亦必隨時稽查，不容其匿税不報等情，以益餉項。

一，公司獲有鉅利報効銀兩必多，所有在事出力紳董，必擇其尤者，照章禀請軍督部堂奏請奬叙，以示鼓勵，各項盡心勉，以期成效著。

一，公司應辦事宜，自行奮力舉辦，不敢仰邀公家爲力，而一切章程及保護彈壓各項，仍須仰賴地方作主實心維持。所有未盡事宜，暨有更革之處，俟開辦後，再爲隨時核定，禀請備案。

抄批

批呈悉。所擬開辦柳樹泉眼煤礦公司章程，尚屬可行。惟請刊公司戳記一節，准由該商改刻利生公司圖書，以明商辦之義。呈到甘結，候咨送外務部備案，并候飭西安縣出示妥爲保護，以重礦務。至該公司應繳之部費，仰即遵章速爲呈繳以憑彙解。繳摺存抄。

〔附〕照録甘結

花翎分省補用知府林長植押，今於與甘結事，依奉押結得。職商承辦西安縣界柳樹泉眼等處煤鉄礦務，所有界址，繪圖指明。自准開辦之後，只有職商承領採作辦理，永遠不得售與外人。倘有私售情形，若爲查明實在，甘領重處。所出具押結是實。

「中央研究院」近代史研究所《礦務檔》第八册《光緒二十九年六月二十九日外務部收軍機處交出潘效蘇抄摺新省與俄商夥辦塔屬金礦現已拆夥停辦》 光緒二十九年六月二十九日，收軍機處交出潘效蘇抄摺稱，爲新疆與俄國商夥辦金礦，虧折成本過多，俄商堅欲拆夥，已於上年九月底停工。現在帳項均經會算清楚，定立分夥字約，恭摺具陳，仰祈聖鑒事。竊新疆地方金礦本多，實爲利源所在，升任撫臣陶模遵奉諭旨，飭官辦商辦悉聽其便，無如本地素少熟習礦學之人，且無机器使用，百計圖維，難期成效。二十五年，臣在鎮邊道兼按察使銜任内，奉飭令同升任藩司丁振鐸，與駐烏魯木齊俄總領事吴司本，叠次籌商，有俄商墨斯克温願與夥辦，派員同赴各處勘看礦苗，於塔台屬之喀圖山札工新興工辦議定首年各出成本銀三萬兩，會同購買机器，修造廠屋，次第興工，議定暫作試辦，繕寫合約，會同升任藩司趙尔巽詳請調任撫臣饒應祺開單，奏奉硃批：該衙門核議具奏，單併發，欽此。旋經總理各國事務衙門會同礦路總局議准試辦，奏奉硃批，依議，欽此。欽遵咨行到新，遵於光緒二十五年四月，派熟習俄文俄語候補知府桂榮，與俄商墨斯克温在喀圖山札工新興工開廠，修屋勘洞，挖煤設槽。二十六年正月開机，先碾舊坯，俄商更請礦師狄多福及倭羅寧桃勤滿卻甫等，採尋各礦，共開二十餘洞，深至二百餘丈、數十丈、十餘丈不等，有礦汎全無者；有礦汎浮露於外，無可深求者；有礦汎窄狹淺薄者，出金無多，不合算者，耗費不貲，毫無利益，而運輾各處舊棄礦坯，出金不敷廠用。俄商見礦務毫無起色，摺本過多，堅欲分夥，商議於二十八年九月底停辦。當經司事人等將廠中公産，照歷年減咸價值，核算列册，俄派桃勤滿須甫帶公會帳房，司事等，到省城會算，定立分夥定約，並願將廠中各項公産，照册載價值如數賣官，中國現已接收。應我銀兩，亦如數交由塔城俄領事布拉和處，眼同付清，取具領事印押俄文一紙存查，所有歷年領用礦費，將繳庫金砂及存廠各項器物價值品抵。計自二十五年起，至二十九年四月底止，共領用湘平銀一十七萬二千三百五十一兩三錢八分八厘，繳存礦金并税金共一千四百二十七兩三錢八分八厘七毫，每兩作三十兩換扣，合湘平銀四萬二千八百二十一兩六錢六分二厘五毫，又存廠机器、傢具、車馬各項，抵價銀共湘平四萬八千一百三十六兩九錢二分，合共湘平銀九萬九百五十八兩九錢八分二厘五毫，品抵共虧湘平銀八萬一千三百九十二兩八錢五厘五毫，據署布政使李滋森、署鎮迪道兼按察使銜慶秀會詳前來。臣查前項夥辦礦金，原期逐漸推廣，並令中國工匠學習有成，再行另設專廠，可期開利無窮。不料礦汛難求，多虧成本，致俄商堅欲拆夥，前項机器、傢具、車馬等項，勢不能勒令遠道運回俄國，祇得議價收受，仍留廠中。查此次虧折成本，實係俄商墨斯克温所延礦師不甚得力所致，將來或另籌官本，訪延上等礦師，復往勘辦，抑或設立公司，招集股本，從新開挖。容俟察看情形，奏明辦理。惟前項虧本銀兩，新疆司庫並無閒款可提，歷年需用，概由軍需項下騰挪支撥，原議公廠獲利，照數歸還，茲既停廠，已飭藩司將虧折銀兩，設法移提預補。所有新疆與俄商夥辦金礦，虧折成本，現已拆夥停辦各緣由，謹會同伊犁將軍臣馬亮、陝甘總督臣崧蕃、塔爾巴哈台參贊大臣春滿，恭摺具陳，伏乞皇太后、皇上聖鑒。再俄商墨斯克温回俄，迭次催其來新，始據派托勒滿卻甫帶同司事到省會算，用是遲延時日，合併聲明，謹奏。

光緒二十九年六月二十八日，奉硃批：外務部知道，欽此。

朱壽朋《光緒朝東華録》卷一八二《光緒二十九年八月》 外務部奏，光緒二十九年七月二十日熱河都統松壽奏續修礦章推廣辦法一摺，本日奉硃批：外務部議奏，單併發，欽此。欽遵由軍機處將原奏清單鈔交前來。查原奏内稱，熱河辦礦章程大綱四條細目二十四條，經前都統錫良開單奏明在案。近日官辦商辦，各有遵循，以故風氣大開，呈請開採者，接踵而來，課款亦日有起色。然利之所在，弊即生焉。細繹原定章程，本爲至周且密。但近來辦礦黠商，往往從指明地段限制之外，任意侵踰。其經手之人，又或以多報少，冀圖朦混隱瞞。若不先事預防，流弊必種種不絶。至蒙旗山分之外，前經外務部核議，酌提礦税以示體恤。擬由官課内提給一成，並不取之礦商，以昭大信。此皆原奏未盡事宜，悉心酌議，應即續行添入。若銅、鉛、錫、鐵等礦，口外採者向屬寥寥。故原定章程税則，止及金、銀、煤礦，並未議及此項。若不明定章程，一經開辦，必多狡執。應酌定辦法，俾有遵循。謹續擬礦章四條，應請敕下外務部核議等語。臣等查熱河辦礦章程，業經臣部於本年二月間核議奏明在案。惟開辦礦務，關繫緊要。如有未盡事宜，自應隨時釐訂，以期妥善。茲據熱河都統松壽續擬章程四條，臣等詳加查覈，其第一條所載開礦地界以圜圓計算一節，礦地界址本應劃清，以防侵佔，現擬將原定大礦二十里、小礦十里之界，均以圜圓計算，並標明四至繪圖立案，自足杜礦商影射侵踰之弊。其第二條所載礦局帳目檢簿核對一節，礦産採取多寡，原以礦局帳目爲憑，非詳細核算經手之人，即不免以多報少，希圖漏税。現擬將每月出數若干，核實登簿，蓋用戳記，聽候委員檢簿查覈。庶就礦徵税，不至稍有隱匿。其第三條所載礦税一成提給蒙旗一節，臣部於議覆前熱河都統錫良奏擬定礦章摺内業經聲明，應將課税酌定提歸各旗成數，以補糧之不足。現擬以税課一成提給蒙旗，核與臣部奏案相符。該款出自公家，於礦商課税並無加增，尚屬公允。其第四條所載銅、錫、鉛、鐵各礦分別大小呈交押課銀兩，並照值百抽十升課一節，熱河金銀各礦押課章程，大礦交銀三百兩。現擬將銅、錫、鉛、鐵各礦分交押課銀，大者六百兩，小者二百兩。較金銀各礦爲輕，應令如數交納。至以值百抽十升課，則較熱河金礦值百抽六、銀礦值百抽八章程爲重，不足以昭平允，應令均照值百抽五升課，作爲暫行試辦章程。俟另定通行税章，仍令一律照辦。以上各條，除銅、錫、鉛、鐵抽收税課應照臣等所擬辦理外，其餘均可補原章所未備，自應准如所請。如蒙俞允，即由臣部咨行熱河都統歸入前定章程，一併遵照辦理。得旨：如所議行。

吉林省檔案館《清代吉林檔案史料選編（工業）》上册《吉林將軍長順爲開辦各處煤礦並繪圖立案的札文光緒二十九年九月十八日》 爲札飭事。

全省行營文案處呈：奉憲發交，據煤礦公司呈稱，竊查吉林煤礦初未講求，自光緒二十三年前將軍延派員探採三十餘處，預杜外人侵佔，時因款絀停工，準令商人領票自採，官自抽税。乃領票商人竟不自採，覓索舊日窑丁，山分漁利。而商人所繳工司煤課十不及一，且每每勾引外人干預等弊。迨憲臺燭照情形，改定新章，將商人前領之票通行撤銷，準在省城設立煤礦公司經理，頒發鈐記，稟定官商合辦章程。議作三百股，每股作銀百兩。撥給汲水機器一付，大小水龍兩件，鑽地機器一付，作價一萬五千兩，爲官股一百五十分，作爲學堂經費。有小輪船一只在内，尚未領到。所有各種機器，均係殘缺，業經工司出資修理整齊。招商百股，辦事人花紅五十股，以足三百股之數。獲有利息，官商按股均分，此官商合辦之大概情形也。

並遵憲諭分爲三段，先在缸窑之老君堂設機汲水，兼口前、歪石砬子、大石頂子、分水嶺、二道河子、楊木崗、缸窑林子各處，爲省東北路一段。又在交河設立分局，專採乃子山、泥球溝、杉松、輝法、頭二道江、那爾轟各處，爲省南路一段。勢處上游，尤爲緊要，卑職屢次繪圖報明在案。其沙河子兼石碑嶺、陶家屯、火石嶺、臺子溝各舊廠，爲省西北路一段。因卑職創辦艱難，至今尚未設立。

將來擴充，勢必在沙河子設分局，此三段大概之辦法也。

其三段内有經卑職採出各礦隨時稟報有案者，應歸卑職之公司經理。至於以上各分局，均擇股友中之精明妥慎者，一人經理，一人幫辦，以專責成而資臂助，且節(縻)〔糜〕費。至各段界内，苗綫均極暢旺，並未佔有熟地，無妨耕種。且皆係中國商民産業，向來採煤之區爲煤礦公司權限所及。理合匯集總圖四分，呈請憲轅存案一分，暨請飭發交涉局、籌餉局備查各一分，並請印發一分爲煤礦公司憑據，庶免外人佔據。俟後辦有成效之處，即當隨時按段呈請報部。謹將煤礦公司經理所及各處，繪圖呈請立案等情。當奉憲批：送到總圖四分，候分發交涉、籌餉兩局備查，並印發一分爲該公司執據，以免外人侵佔。一俟辦有成效，即當隨時按段呈請報部，仰全省行營文案處知照等因。奉此，相應呈請札飭前來。除將原圖隨批印發該公司一分執據外，合將呈到總圖附封札發。札到該局，即使遵照備案可也。特札。

「中央研究院」近代史研究所《礦務檔》第一册《光緒二十九年九月三十日外務部收察哈爾都統文請開大馬羣等處石礦》 光緒二十九年九月三十日，收察哈爾都統文，總統察哈爾八旗都統奎赴京陛見，暫護總統察哈爾八旗都統印信頭品頂戴副都統訥恩登額巴圖魯魁，爲呈復事。右司案呈：前於本年七月二十五日，據左翼墾務局總辦江蘇即補道陳際唐等稟稱，竊以欲爲國家振興財政，必先就地方開闢利源，庶於國計民生，兩有裨益。職道等自辦墾以來，即留心查察，凡有旗羣牧廠員弁以及各路繩丈員司來局，無不詳加詢問。茲據繩丈委員富瑜來局稟稱，商都牧羣境内，有平山兩處，周圍各數十里，産有水晶茶晶等石並攜帶礦苗呈驗，且聞前有民人盜採獲利，旋經該羣蒙員阻止。查近年來所有各省産礦之地，但於民間田廬墳墓無礙者，無論官商，皆准其集股開採，然地在牧羣境内，非他省空閒可比。可否准由墾局公司試辦開採之處，除稟詳欽憲外，理合稟請憲台鑒核批示在案，後據墾務大臣咨開。大馬羣晶石礦産，本大臣早有所聞，上年赴白山勘界時，曾經派人就近勘驗，查其苗質尚佳，堪資開採，已飭該羣嚴禁偷盜，並加津貼，派官兵八名看守，聽候由官局定章採辦，以擴利源。正集股籌辦之際，茲據該道陳際唐等稟請開採，足見留心邊利，應准試辦。惟此項礦産，係在上駟院牧羣境内，非他處空閒可比，即著會同該羣總管查明。如無妨礙游牧，暫先試辦，俟將來如果礦苗佳旺，大利可興，再行稟請奏明，擴充辦理等因前來。當經本衙門派委佐領經文，前往會同旗羣各總管詳細查明，迅速稟覆，以憑核辦去後，旋於八月初四日，接准外務部咨開。據德人勞賀偕華人王應培稟稱，竊賀查得察哈爾都統所屬之大馬羣廂黄旗兩處石礦，係黑白黄三色晶石，其苗甚旺，惜未開辦。然附近居民私挖漁利者，頗不乏人，若任百姓以私挖，何如立官局以開採，賀請集股設局，擬令熟悉礦務之華人王應琦，駐局總理其事並礦師劉景春督飭工作，同事均係華人。賀身以外，並無洋人插入，請賜招商執照，謹依定章日限，先將股本招齊，即請賞驗，以便開採。再請咨行察哈爾都統，詳查該處礦地有無民地，如何議買歸局，其羣牧官地或按礦章辦理或該處另有章程，各詢明確，賀等庶有遵循並繪圖呈鑒等情。本部查德人勞賀等請辦大馬羣鑲黄旗兩處石礦，該處是否出有此項礦産，該礦有無他人已經承辦。該商所請設局開採，於地方情形有無窒礙，相應抄録原稟並照繪原圖，咨行貴都統查明聲覆以憑核奪等因亦在案。茲據佐領經文等稟呈，會同旗羣總管，查勘所産水晶石之處並無妨礙游牧，擠實稟覆前來。查此項礦産，已由墾務大臣派委公司各員，前往設局開採試辦並分咨外務部查照在案。既經墾務大臣官爲開辦，相應呈覆外務部，謹請查覈，須至呈覆者。

中國第一歷史檔案館《德宗景皇帝實録》卷五二二《光緒二十九年九月》

盛京將軍增祺奏，遼陽尾明山天利煤礦公司，前準俄員紀道夫附入股本，今已將股本餘利，儘算清楚，統歸官内，權自我操，下部知之。

「中央研究院」近代史研究所《礦務檔》第六册《光緒二十九年十月二十二日外務部收盛京將軍增祺奉天府府尹玉恒文附盛京將軍批杉松岡礦務轇轕案》 光緒二十九年十月二十二日，收盛京將軍增祺、奉天府府尹玉恒文稱，案據承辦海龍城杉松岡礦務分省補用知府林長植、分省試用府經歷張秀奎呈稱，竊以職商前請承辦杉松岡煤鐵各礦，當蒙批示稟悉。該丞等備股本銀二萬兩，請承辦杉松岡煤砟礦務，與定章尚屬相符，應准核咨。惟前據海龍總管呈稱，已將從前各窑商票銀核收放餉，請换新票前來。查各商所領之票，均係二十五年所領者，何以遲至二十八年，始行請换，核與從前章程，一年换票一次，逾限不换者。查出送官嚴懲一條不符，不能仍以爲憑，據稟前情，所有各窑舊商，准由該丞等按其股本，併此次各所繳之票銀，酌量入股，其不願合股者，仰將票銀如數繳還，不得復行開採，候咨呈外務部並飭海龍礦務依總管遵照，繳圖結存送等因。奉此，本年二月間，奉到憲台札示，部已核准，飭即遵照承辦，職商當即稟請出示曉諭暨飭地方官保護，定期開辦等因各在案。職商秀奎前往杉松岡，商議合股辦理章程，乃該商先已知情，會合爲一，與職商相抗，決不遵章合股，更不容職商入手。查其狡野成性，未便遽與理爭，乃託人向其陳說，極力開導，冀破其頑，窑商等毫不聽從，任性執拗，殊堪痛恨。初不思礦務新章若無部咨核准，不得爲據開採。該窑商換票逾限，不予嚴懲，其所繳之票銀，尚准由職商酌量核繳，已屬格外寬典。現由去秋至今又復一年，所繳之票銀，前事可以截清，從此合衆入股以興礦業，允爲大公至當之議。而該窑商違章把持，一意抗拒，既無換票又無票費，返致政令不行，以長邊地頑視之風，亦爲不成事體。應遵憲批驅逐，不得復行開採。職商伏查其遇，擬懇札飭海龍礦務依總管，嚴行按窑傳齊，妥爲開導，壓令遵章合股辦理以肅政令，並飭海龍府派差開導約束，勿得滋生事端。依總管政教至好，爲該處人民窑商所仰服，現又監收煤税，借重一言，必足向順。此後礦有統緒，税收定必暢旺，於公甚有裨益，理合據情陳明，呈請鑒核飭遵等情。據此，當經批飭海龍城總管，詳查情形，妥爲辦理去後。茲據該總依淩阿稟稱，遵將杉松岡遠來窑執事人張紹華、同德窑執事人史璧臣、義和窑執事人秦德恩、玉盛窑執事人羅玉潤、進寶窑執事人翟壽亭、永順窑執事人闞永年、永益窑執事人劉奎一、人和窑執事人李茂盛、萬利窑執事人楊濟春、順發窑執事人郭士有等，傳案訊據，同供情因。於光緒二十二年起，由礦務局遵章陸續承領杉松岡礦票十張，開做砟窑十座，共需資本銀五萬八千兩。所有捐税票費均都照章按年完納，迨至二十六年換票之期，商等業已備足票税，不得更換。復因俄兵踞省，又兼變通礦務新章，非敢故違期限，嗣遭變亂，雖係賠累過多，亦未肯一日拋棄。現今地方漸次太平，復蒙將軍保護，未被外國奪去，使商等不致失業，從此尚可望有復本之期，無不感戴同深。今蒙傳訊，令交與林長植張秀奎等合股，伏思商等自領票以來，六七年之久，辛力共費數萬兩血本，始得見貨成窑，若與林長植等合股，不但原本不能歸家，再湊資本匪易，商等皆是做成之窑，費本極多，伊等既有股本，杉松岡不難踊地開作。商等共計十家成窑，除賠累外，尚有資本三萬兩，甘願遵照礦務新章，自行合股開作，一體照章報効，輸納捐税，懇恩俯念商等領票多年，賠累甚鉅，准其照舊開做，備足換票銀兩，據情轉詳，賞發執照，就是恩典了。所供是實等供。據此，職詳加開導，曉以礦章。該商等堅稱領票有年，賠累甚鉅，見貨成窑，洵屬不易，所有捐税票費無不照章完納，仍求照舊開作，殷殷切懇，衆口一詞。揆核情形，若壓令與林長植等合股，其從前所賠資本數萬兩，勢必無從彌補，不但皆不樂從，實亦苦累難堪。如果出於逼迫，又恐互起爭端，別生枝節。職籌思至再，若非持平辦理，難以允協。查杉松岡尚有未領票之窑商數家，所佔礦地均歸領票窑商納抽，擬請將此數家，與林長植等或合股或納抽分，量無窒礙。其遠來窑等十家，委係已成之窑，既稱除賠累外，尚賸資本銀三萬兩，令該商等自行合股，照舊開作，前欠二年票費，共銀八百兩，令其照數繳足以濟軍餉，凡有捐税，報効等項亦皆一體輸納，可否仰懇憲恩，賞發執照，抑或照依礦務新章，咨請外務部給發執照，用昭信守之處，伏候鈞裁示遵。如此辦理，該商等既無虧賠之累，而林長植等亦不致無地開作，各分界限，各安生業，洵屬兩有裨益，是否有當，理合稟請憲鑒示遵等情，稟覆前來。除批示並飭礦商林長植等遵照外，相應抄批咨呈貴外務部，謹請鑒核備案施行。

〔附〕照録抄批

批：據稟杉松岡遠來窑等十家，所費資本甚鉅，始克見貨成窑，擬請仍令遵照礦務新章，自行合股開辦。所欠票費，照數補繳，其尚有未領票之窑商數家，令與林長植等合股並與遠來窑等十家，各分界限，各辦各礦。所稟尚屬可行，仰即轉飭該窑商等，妥爲擬定章程，合股開作。惟須按照外務部新章，與遠來窑等十家，均出具永不將礦産售與外人甘結，並令林長植與合股數家，互相出具情願合股切結，以免轇轕而杜爭端，仍照章一律納税，不得稍有違礙，切切。候飭礦商分省補用知府林長植遵照，並咨呈外務部查覈備案，繳。

〔中央研究院〕近代史研究所《礦務檔》第三册《光緒二十九年十月二十四日外務部收河南巡撫陳夔龍函附與福公司總礦師問答福公司礦界事磋議情形》 光緒二十九年十月二十四日，收河南巡撫陳夔龍函稱，前奉鈞電，以英使函稱，據哲美森言，豫撫近與總監工明言，如公司按照合同應得利益開礦，民間必有滋鬧之事等語。當將巡河在武涉工次與利德面言及近日商辦情形，撮要電復，計達冰案。茲再將八月二十五日彼此問答之詞，抄録清摺，呈請鈞核，應否函致英使轉給福公司哲美森閲看，以釋其疑，伏候藎裁。然此事辦理爲難情形，有不能不瀆塵鈞聽者。查福公司在豫開辦礦務，節次争索權利，迭經前撫飭令交涉局司道暨河北礦務局韓道國鈞，隨時隨事與之反覆磋商，得以弭患未形。本年七月初四日奉鈞處咨，以英使照會暫勿將豫北諸礦允准他人。現屆開辦，飭即明定礦地界址，以免漫無限制等因。夔龍抵任後，復飭韓道與利德議定礦界，以澤煤盛廠爲中心點，東南北各三里，西五里半，擬給第一次憑單，日内正在磋商。惟此事關係地方利害綦重，若不慎之於始，聽其婪索，不特失自有之主權，抑且貽將來之隱患，乃稍注意權限，即不滿彼族之意，動輒憑空結搆，嗾動欽使肆其恫喝，以冀遂所要求。夔龍惟有按照原訂合同，不激不隨，相機因應，務使上維國體，下順民情，於守經之中，仍委婉行權，以期就範。知關廑系，用敢縷陳。專肅，敬請鈞安，伏惟垂鑒。

〔附〕照録清摺

八月二十五日下午六點鐘在武陟縣木欒店，福公司利德來見問答。在座者，公司繙譯英人金輔仁，豫省繙譯阮志范，河北礦務局韓道國鈞。

利德云：貴撫台遠來勘工，多有勞乏。

答云：我事不少，甚形忙迫。

利德云：今日初見貴撫台，可否畧談公事。

答云：有何要公，不妨面談，我在北京曾會過貴洋董哲君，彼此談得合式。

利德云：哲美森君有不日來豫之説。又云：敝公司現在最要緊事，莫過於先請憑單一節，前上貴撫台之圖，所圈各地，蒙覆信以爲太寬，經韓道台屢次熟商，稍爲減少。現擬之界，東、南、北三里至河内修武交界，萬難再讓。

答云：地方無須寬大，只求足用而已，總要貴公司同百姓彼此相安，我心亦安。

韓道云：撫憲之意，以爲西六里似乎太寬，恐致民人驚疑。復告以總期公司與民人永遠相安，彼此方有利益，韓道乃替我辦事之人，他説即同我説一般，總要無窒礙爲要。

利德云：敝公司用鉅款開辦此礦，如地界太窄，所獲不敷所費，是以未能再減。

答云：我知開礦如此地界，足敷應用。

利德云：余在敝國，從幼學習礦務，閱歷甚多，比貴撫台知之深矣，南北東各三里，西六里，似此不能再讓。

答云：地面太寬，不無窒礙。

韓道對云：利君既允縮小，惟西路尚要六里，請交職道到下面再商。

當告利德云：我明日尚須各處查工，貴公司有話可與韓道台和衷商酌。

利德云：貴撫台今日甚忙，余不敢再行煩瀆，可否到敝廠一遊，現在機器安齊，兼有電燈。

答云：我初到任，一切公事甚忙，無前往，但我甚願到貴公司，只好候明年查工之便。

利德云：余等願辭。貴撫台可請休息。

答云：今日天晚，明早擬去答拜。

利德云：不敢勞動。當面擋駕，遂别。

「中央研究院」近代史研究所《礦務檔》第六冊《光緒二十九年十月二十八日外務部收盛京將軍增祺等文附鄭文彬等結書鄭文彬等稟辦盧家屯煤礦》 光緒二十九年十月二十九日，盛京將軍增祺等文稱，案據辦理遼鳳安岫寬礦務委員張壽華呈稱，光緒二十九年八月十一日，據商人鄭文彬、鄭文泰、鄭明亮等稟稱，竊維天地自然之利，大莫過於礦務。近閱外務部新定礦務章程，凡各直省所屬界内産礦之區，均准報請開辦以濬利源。查奉省産礦最多，而商人報請開辦者已復不少。當此兵燹之後，庫儲支絀，需款孔殷，凡屬食毛踐土，自應竭力報効。商等籍居遼陽城東盧家屯，距城六十里，各有祖遺册地，四至界址，東至大榆溝東嶺，西至嶺，南至大道，北至盧家坟，周圍約二里。礦質甚佳，於房園廬墓均無關礙。商等既居王土，不敢據爲已有，現已招足資本銀五千兩，擬請開辦。所有應徵税課，情願照章繳納，懇乞賞准轉稟軍督憲，恩准咨行外務部發給執照。至應繳之部費，遵章呈繳，如蒙允准，請即勘驗界址，以便早爲籌畫，爲此備由具稟等情前來。據此，卑職覆查此處，早有人偷做。今年三月間，前往張家溝、尾明山煤窑催征税款，當將偷做之把頭傳到開導。伊稱，有王家票頭承擔，不許上税，旋傳該票頭未到及回省交款，面稟憲臺。盧家屯大榆溝二處煤苗極旺，所做之人，均指王家票内，抵騙税課，請示遵行。當奉憲台面諭，需款孔殷，外人在中國辦礦，尚照中國章程納課，飭令查明，有票無票，既在做煤，自應納課等諭。奉此，爾時夏令，快在停工，卑職出往東邊，查察各處金廠，須將此礦緩議。現屆秋令，興工在即，卑職正在籌畫，稟請憲台恩准賞給告示，飭令卑職前往，將盧家屯私做之煤窑收回或歸官辦或招商辦，以期税課有著。適有商人鄭文彬等具稟前來，願將自己册地，不敢據爲己有，稟請開辦，遵章納課，事屬可行。伏乞憲台俯念輿情，准其開辦，俾化私爲公，並懇咨行外務部發給執照。至應繳之部費，該商照章呈繳，令其取具圖書妥保，不准售與外人切結，呈送備案，是否有當，敬候訓示。所有卑職呈請商人鄭文彬等開辦盧家屯煤窑，遵章納課情形，理合呈請鑒核等情。據此，當經札飭遼陽州確切查明，與民間田園廬墓有無關礙，覆再行核奪去後。茲據該署州廖彭詳稱，卑職遵即飭派妥差，確切查勘去後，茲據該差以奉派前往該處，協同鄉耆程洪生、施有慶、程萬才及鄭姓户長鄭洪治、鄭萬良、鄭萬永、鄭文簡、鄭文興等，逐細履勘。據該鄉耆等指稱，鄭文彬、鄭文泰、鄭明亮等呈報開辦煤礦，四至界址，周圍約二里許，南至大道，西至嶺，北至盧家坟，均伊等自己册地界内。惟東至大榆溝處，係荒山，亦屬伊屯管界。今鄭文彬等所報採煤之處並無妨礙田園廬墓，亦無別人争阻攪擾情事，甘願出結等結。隨訪詢輿言，與鄉耆所稱相符，取具切結，繪圖貼説，稟覆前來。卑職復加訪查無異。所有奉飭查勘緣由，理合抄結繪圖，具文詳覆查覈等情前來。除批示外，相應抄批，並將圖結備文咨呈大部，謹請鑒核賜覆施行。

〔附〕照録押結

具切實押結呈盧家屯耆老程洪生、施有慶、程萬才，鄭姓户長鄭萬富、鄭文簡、鄭洪治、鄭萬永、鄭萬良、鄭文興，今於與切實押結呈事。依奉結得，今奉差查鄭文彬、鄭文太、鄭明亮等在身屯前伊之册地内，首報煤礦，有無關礙田園廬墓等論，身等遵查鄭文彬等所報煤礦界址，東至大榆溝東嶺，西至嶺，南至大道，北至盧家坟，四至界址，周圍約二里許，與盧墓田園毫無關礙。惟大榆溝係屬荒山，又無他人領報，攪擾争阻。今蒙查詢，理合出具切結備案是實。

光緒二十九年十月　日，具切實押結呈盧家屯耆老施有慶左手食指箕、程洪生左手食指斗、程萬才左手食指箕。

鄭姓户長鄭萬良左手食指斗、鄭萬富左手食指斗、鄭洪治左手食指箕、鄭萬永左手食指斗、鄭文簡左手食指箕、鄭文興左手食指箕。

「中央研究院」近代史研究所《礦務檔》第一册《光緒二十九年十二月初六日外務部發商部文勞賀請開察哈爾馬王廟石礦業經查明批復》 光緒二十九年十二月初六日，發商部文，爲咨行事。光緒二十九年十一月二十四日准咨稱，據德商勞賀來函，並附呈礦様一盒。據稱係在察哈爾馬王廟相近地方覓得者，前於西曆十一月二十五號曾經稟請專辦，祈速示復等語。查該商所稱曾經稟請專辦，本部前此並未接有稟函。除函復外，應譯録原函並礦様一盒，咨送查照等因前來。查德商勞賀前請開辦察哈爾大馬羣石礦，業經察哈爾都統查復，已由本部批示在案，相應抄録原稟，暨往來文件並本部批示，咨行貴部查照備案可也，須至咨者。

「中央研究院」近代史研究所《礦務檔》第一册《光緒二十九年十二月十八日外務部收德人勞賀等稟華洋合股請辦門頭溝鉛石等礦》 光緒二十九年十二月十八日，收德人勞賀等稟稱，爲華洋會商試辦石礦，懇恩賞示立案並發給准行執照以便招商而資開辦事。竊賀查及京西門頭溝各親王府之山廠煤窑内，産有鉛石及不灰木石兩種。按此種石爲外洋之所素重並爲用頗廣，較該地所産之煤塊，其獲利不啻百倍。雖經煤窑之工人屢挖而不識此石之用，均棄之於溝壑，目擊心唯，殊爲惋惜。因此潔沐晉謁諄親王面稟此件，倘能集股開採，則中華之出産，倍益增矣。以礦地之菁英，上可充塞乎國帑；藉礦地之工作，下可撫綏乎游民，一再思維，於國家不無小補。所有局中事宜悉遵礦章，不敢稍有背越，致負高厚於萬一也，是否可行，出自逾格鴻慈，爲此叩祈外務部堂大人查覈施行。

〔附〕照録章程

京西門頭溝鉛石不灰木石礦務局章程

查京西門頭溝地方，出有鉛石即作鉛筆用及不灰木石即作火爐及紙張布疋用兩種，爲中華之新産。原該處已有煤窑，業經有人開辦，兹特仍其舊業，更定章程如左：

一，本局應請督辦及立總會幫提創辦人員、股東、執事人員名目，以便各司其事而專其責。

二，本局創辦人員喀佑斯、子爵勞賀，及該處各地東，今將現有之地列左：

計喀佑斯承辦煤窑地一段，勞賀批典地一段。

三，本應在北京設立總局一處，天津及門頭溝各立分局一處，以喀佑斯爲京局總辦，勞賀爲津局總辦兼理律法委員，以德伯爵噶喇廷爲常川三局總辦，以薛建勳爲京局會辦，以李光恆爲津局會辦，以　爲門頭溝理事委員，以新泰銀號爲京津總理銀錢所。

四，本局應招商集股以應局中及礦地之經費，今擬暫集股本銀六萬兩，此款自應先儘華人招集，倘華股實不能敷其數，亦可以洋股充補。惟所有創辦人員，當竭力等辦股銀，不得稍緩。

五，本局所集來之股銀，應在天津新泰銀號收存，均按華商存款之規模，然須所有在事人員，每時查閲。倘應支取一切需用之款，必應有喀佑斯及勞賀之簽押圖章，以防私挪公款之弊。

六，凡招來股本之銀，自應給予股票，其股票應按號刊印，以銀三百兩爲一張，至少應售二百張，多不過四百張。

七，本局所用各司事其不在創辦之數者，均歸創辦人員擇取，如礦師不論洋人華人，給予執照，以司其事，然可隨時更換。

八，本局應嚴定薪水，以節濫用。以每總辦月支薪水銀一百兩，每會辦薪水銀四十兩，理事委員薪水銀二十五兩，具律法委員之律費隨時付給。此項薪水，以未開工立局之前，批立合同簽押之後，各按原訂之薪水，支使一半，以節糜費。

九，凡有創辦人員一切川資經費，如與本局相關之件，自應由公款支領。

十，凡本局有事關重大，必須會議之件。除局中司事人員外，其有創辦人員，均各執一議，繕寫於紙，俾各抒所見，公同採擇。今共立成見十二分，以二分與每總辦及督辦，以一分與每會辦及理事委員。律法委員倘有會議之件，即可立時分別舍取。

十一，本局所定章程，均應遵守，倘創辦人員，有違定章，即可由創辦人員會議罰例，其例以罰銀爲公斷。

十二，本局所立章程，均按德國律例，其有違例之件，以律法委員所定之案爲標準。

十三，本局謹遵礦章，籌集股銀，其除開支一切經費及股本正項外，所得淨利，自應嚴訂股分，以便均分。共收利銀百分，以　分報効國家，以五十分爲股東得利，其餘分爲創辦人員之花紅。喀佑斯應得　分，勞賀應得分，薛建勳應得　分，李光恆應得　分，理事委員應得　分。以上之淨利，按每六個月結算。

十四，本局之創辦人員，已各定有專責，其股東之執股票者，自應公舉品學兼優者，爲股東之首事人員，可與會議，藉查本局之利弊。惟此首事人必由督辦充准爲憑。

十五，本局定於每華歷新正月，于北京或天津會議一次。其會議之期，應於前十四日，登于報章以便股東週知。會議之時，創辦人員及司事各人，應畢集一處，各將一年之公文賬目繳出，以便股東查閱。

十六，本局倘有更易地主或出產不佳及一切意外情事，均歸洋總辦等裁奪。

十七，本局所訂立之章程，倘有不盡妥善之處或有增減，自應創辦人員各抒所見，分別舍取，隨時更易。

十八，以上所訂之章程，爲創辦人員共議，各相情願，永無返悔，因此簽押，今立華、洋合璧之文，以便收執。

德國子爵勞賀擬稿。

「中央研究院」近代史研究所《礦務檔》第三册《光緒三十年正月初四日外務部收河南巡撫文附奏片咨送奏設豫省礦務總局片》 光緒三十年正月初四日，收河南巡撫文稱，竊照本部院於光緒二十九年十二月十七日附奏設礦務總局遴員經理一片。除俟奉到硃批，另行恭録咨送外，相應遵用預印空白抄片咨呈，爲此咨呈貴部，謹請查照施行。

〔附〕照録抄片

再查豫省地脈沃衍，不乏礦産，多係土人零星開採，資本不裕，作輟靡常。前撫臣錫於光緒二十八年設立豫南公司，曾經奏明有案。現值振興礦政之際，似宜規及全省，設法推廣，保我利權。況近准商部來咨，殷殷以開拓礦利爲言，自應加意圖維，一律籌辦。現經臣與司道熟商，於省城設立礦務總局，將豫南公司事宜歸併兼辦，所有全豫各屬已辦、擬辦、未辦各礦，除福公司現在請之處不許外，餘悉歸該局經理，派委布政司瑞良，按察使覺羅鍾培爲督辦。並查有現辦豫南公司之候補道于滄瀾，於礦務頗有熟悉，堪以委充總辦，用專責成。由臣督同該司道詳議章程，集股籌資，次第勘查開辦。除咨部立案外，理合附片具陳，伏乞聖鑒。謹奏。

「中央研究院」近代史研究所《礦務檔》第二册《光緒三十年正月二十七日外務部收德署使葛爾士照會英人承辦狼虎山金礦有違德商利權》 正月二十七日，德國署公使葛照會稱，山東礦務製造公司在山東開礦一事，迭經照會貴親王在案。光緒二十五年間，中國國家與該公司在山東省詳細指定五處開礦專權，於指定五處内之一處，係在烟台週圍二百五十里内。除前已給與他國開礦之地外，其餘均歸德國礦務製造公司開辦，光緒二十四年八月二十日中國與英國所訂條約内，中國國家將威海衛海口周圍英國里十里，約中國里三十里一帶地方，租與英國國家。本署大臣查此一帶地方，山東礦務製造公司無開礦之權，其海口周圍在英國里十里外地方，均歸該公司得有在五處開礦之權。本署大臣在中國英文報内閱有威海衛金礦公司告白，内開該公司擬於威海衛租界以外，離海邊十五英里地方開採金礦，已請中國國家允許開辦等語。查英國公司所請，與德國五處開礦之權，顯然相背，因此本署大臣不能不代該山東礦務製造公司力爲辯駁者也。特此照會貴親王查照，并請照復是荷，須至照會者。

「中央研究院」近代史研究所《礦務檔》第三册《光緒三十年二月初四日外務部收鐵路大臣盛宣懷函附章程暨問答筆記晉省自設煉鐵廠事與哲美森會議情形》 光緒三十年二月初四日，收鐵路大臣盛信稱，二月十五日，接奉咸電，詢及晉省自設煉鐵廠一節。哲美森既允商量，現在曾否議妥，其餘各條，已否按照本部宥電商定，希速電復等因。當將現商情形，於十六日十九日詳細電復，諒邀鑒核矣。查中國與外人交涉，雖勢力不敵，而理尚可講，所慮授人以柄，挽救極難。伏讀正月三十日電示，晉礦合同係商務局自款自辦與借款造路，同一辦法，本不應推歸洋商，自失權利。若照合同內作主，則製鐵之權，亦尚在我等因，無任欽佩。宣懷會議之時，屢執此義辯論，哲美森總謂晉礦利權原給與商務局，但該局已轉授與福公司，以六十年爲期，不能更動，製鐵明明寫在合同之上，福公司實有六十年開廠製鐵之權，筱帆中丞派委志道森在滬，迭次争論，哲美森執定合同係奉諭旨批准，晉撫亦不能更動，志道亦只得回晉矣。似此看來，山西商務局於合同大處，將來恐未必能與磋磨，頃已電請晉省將合同英文寄京，即請秩庸侍郎細看，究竟商務局尚有何等權柄，可期設法收回以便與晉省合力籌辦。至於自行設廠製鐵，實係保守權利第一要著，既蒙大部許爲正辦，似不如仍由敝處磋商，尚可藉路章稍爲挾制，是以不憚辛勞，堅持籌議，已於諫嘯電內詳陳大概。哲美森接英薩使電，稔知部有訓條三節，必欲索閱，只得將宥電節去山西商務局磋商數語交閱。其面議之時，哲已言明專候英電，列作專條，當與路約一氣簽字，彼欲聲明其餘悉照晉約，不再更改，荅以我處無他更改，山西意見如何，我不能管。乃昨日又向繙譯云，製鐵三條，細心思想，實難照原文依允，尚欲電倫敦公司并電英使等語。當即告以三條照原文除允用英礦師外，不能再事變通，今日彼又送來問荅，雖語氣稍有不同，大致不錯。特化廠煉成鉄磚以便易於火車裝運，第一廠設立何處，應由福公司指定地段，其圖樣價值，亦應由福公司繪造估算，一切查照外國最新至精之法辦理，以期工速而費省。倘辦理有效，可以再於他處商量設廠，并可推廣製造鐵條等件。

二，鎔化之費，彼此商訂公道之價，該廠如實係自己需用之煤及焦炭，倘欲向福公司購買，須訂一額外價值，比外賣之價畧減，福公司儘先供用。該處既設之後，國家須時常保全妥當合用，而福公司除國家允准外，不得將鉄砂寄往別處鎔化或別法銷用。六十年期內，福公司應得儘先鎔化，惟福公司礦砂不足以應供給，該廠始可另爲他人鎔化。

三，該廠及日後推廣之廠，均係中國國家物産，該廠督辦大臣應自遴用合式化鉄師，如届時中國尚無稱職之人，應向英國選聘。

〔附〕哲美森自叙二月十九日問荅筆記

是日叙會在鉄路公司謁晤宫保，在位者盛宫保、陳道台、楊王二位，一面是哲美森。

宫保對哲美森云：閣下西三月十八號來信，詢及本大臣曾否接到外務部電訓等情，今已接兩電矣，即將一電示閲，其電意如左：照山西合同，資本由商務局自行籌辦，即造路亦然，管理之權及所獲之利，歸商務局，不歸洋人，製鉄之權，亦如是也。貴宫保所議中國設廠製鐵一層，乃係正辦，哲美森既鈔録附呈，如英使再來饒舌，務求鈞處切告以設廠製鐵，只能中國自辦。福公司無端得兩省數府屬開礦之利，斷難再有干預。聞福公司在外國聲明甚壞，票價大跌，故亟欲將澤道鉄路改作中國借款賣票，以彌其闕。而道口一段，尚須年底完工，方能勘驗估價。又值日俄戰事，倫敦銀市震動，滬甯且不能賣票，澤道又何能賣票，哲亦云然，故不妨堅持從容磋議，以期補救一二。宣懷既蒙委任，不敢不力任勞怨，以副諉諈，是否有當，仍祈訓示，俾有遵循，是所跂禱。肅此，敬請鈞安。

〔附〕照録鈔摺

總公司擬自設山西鎔化爐廠專條

一，晉省出鐵之所或就近鐵路之所，中國國家自籌資本設立鎔化廠，允將福公司鐵砂，交由國家鎔化廠煉成鐵磚以便易於火車裝運。

二，鎔化之費彼此商訂公道之價，該廠如實係自己需用之煤及焦炭，倘欲向福公司購買，須訂一額外價值，比外賣之價略減，福公司儘先供用。該廠既設之後，國家須時常保全妥當合用而福公司除國家允准外，不得將鐵砂寄往別處鎔化或別法銷用。

三，該廠及日後推廣之廠，均係中國國家務産，該廠督辦大臣應自遴用合式化鐵師，如届時中國尚無稱職之人，應向外國選聘。福公司改擬中國在山西建設鎔化爐以鑄福公司之鐵砂條款。

哲美森云：僕於外務部之電，未能明悉，山西礦之利權，原給與商務局，但該局已轉授與福公司，以六十年爲期，惟山西礦合同，兹不必議及。而製鉄一層，無甚難以商量之處，中國可以設廠即是中國産業，但礦合同照足原議一樣不能分毫更改方可。

宫保於是將所擬三款之鈔稿出示，原稿外，哲美森有加添字樣。

宫保謂：哲美森所加者，不能荅應，獨鎔化廠之鎔化師，要用英國人一層，尚可荅應。

哲美森云：宮保不願僕所加入之語，是何緣故？

宮保云：因似有勒令中國如何做法，惟中國自應有主權及有餘利均沾之益。

哲美森云：該廠公道之鎔鑄繳費，應歸回中國，其餘利應歸福公司。但可商量照成本算回國家五釐利息。

宮保云：此説太不成話，五釐息在國家豈肯荅應耶？於是問哲美森，原議三條一毫不更改，願意荅應否？

哲美森云：實在不能荅應，因照該章程則福公司凡事不能置議，僕所加添之語，乃從最輕立説，因不欲現在即有争持之見，請宮保想一和平辦法，俾能兩面允洽爲妥。所商三款，已郵寄倫敦，一月後可有電來，望一面將鐵路合同商定，以便待倫敦將製鐵事覆信到時，兩合同一併簽字云云，隨討論多時，因議承收鐵路之價值。應如何議定，而終未有成議。

旋議定派陳道哲美森商量一估價辦法，至數目多少，隨後再定。盛宮保又將外務部寄來第二電訓一紙，交哲美森閲看，查電載：一，須派别國籍之工程司，估此路之價值，另核帳目，以便斷定此路實在成本若干。哲美森問，福公司有分派此工程司否，迨討論多時，宮保荅應中國派工程司，福公司派一工程司，由此兩工程司另議出一公正人，即照平常倩人公斷之法辦理。二，車脚由宮保會同福公司查按别處鐵路車脚，妥議公道不低不昂之價。三，外務部謂應如福公司所言，路約不應有限制福公司運鐵之條。

電報又云：貴宮保以鐵路合同補救礦合同，辦法甚是，福公司不得自誤鐵廠。

哲美森云：此電報可鈔給否？宮保云：只可交看，未便鈔付。

哲美森云：此第三層所關甚大，是不啻借鐵路合同，而令福公司舍却礦合同之利益，此事斷難荅應，故必要於製鐵章程聲明，除有專特訂明之外，礦合同原有之權利不得更改。

宮保云：本大臣不能荅應添入此款，福公司原無權製鐵，是以山西撫台派志道來滬理論此事。晉撫所恃爲有可争辯者，謂合同製鐵兩字，乃是乘間混入者耳，本大臣亦以爲然。

哲云：僕將切實量以觀有何辦法，可將此製鐵合同變通，改至兩面均可荅應云云。

以上係哲美森自誌之稿。

議事後兩日，哲美森求見宮保，適有客在座，由王閣臣傳達哲語請示。哲謂已將製鐵章程原擬三條，細心籌思，實不能依允。除宮保荅應變通外，須電致倫敦告知實在不能商議此合同，但未發電之前，望宮保體諒此意，或可將就允將章程三款畧爲變通，隨由王閣臣復云，宮保不能荅應，若欲發電，請其自便云。森又附誌。

山西候補道志森自叙與福公司問荅筆記。

問：一千萬之數，究竟能減用若干，須預估總數。荅：減總可減，俟河南辦有成効，再行估計開礦應用數目若干，以憑核減。

問：此説究非准數。

荅：此一千萬鐵路款在内，將來開除鐵路用款若干，所餘之款，即爲開礦之用，此時不能預定准數。

問：租買礦山地面地底，應以直綫爲限，日本礦律如此，不得横穿越界，將來山西亦應照此辦理。

荅：礦地應以直綫爲准，如開時，倘有横穿，即行補買礦地。

問：餘利歸公司分給，除落地税外，應分給山西餘利紅股若干。

荅：此餘利歸公司分給一語，係分給出股各股東，若分給山西，則將失信於股東。

問：山西雖非股東而礦山係山西所産亦與股東何異，應分給紅股。

荅：落地税與紅股何異。

問：落地税係山西應有之税，不能作爲紅股。

荅：此事係經中國政府核准，業已宣示各股東，未便有所更改。

問：合同上製鐵二字，本係筆誤，現章程中無製鐵辦法，此二字應行除去。

荅：並非筆誤，況已經盖印簽押，萬不能除去。

問：第十七條既已更改，僅除製鐵二字，似可允許。

荅：此二字頗關緊要，未便除去。

問：山西所派總辦，有會同公司調度開採用人理財之權，且與董事照料委員人等薪水，均照合同歸公司發給。

荅：已載明合同第三條，可以照辦。

問：礦學堂應於開辦之始，由公司籌備經費開設。

答：已載明合同第十三條，可以照辦。

吉林省檔案館《清代吉林檔案史料選編(工業)》上册《吉林將軍富順爲將光緒二十七年以後各處煤窑收支數目造册送部的禮文光緒三十年二月十五日》　爲札飭事。

籌餉總局案呈：奉憲臺發交，准户部咨開，山東司案呈：准吉林將軍咨稱，準部咨，准吉林將軍咨稱，江東、江西煤窑，光緒二十四年秋季、二十五年春季，共抽收厘税錢三千六百三十八吊零十四文，内提出一成官吏心紅工食錢三百六十三吊八百文，其餘錢三千二百七十四吊二百十四文，如數交庫。查該省新舊煤窑十三座，僅報十一座，其開支一成工食錢文，均令查明造册聲覆，送部核辦。又准户部咨開，准吉林將軍咨稱，江東、江西煤窑，光緒二十五年秋季起，至二十七年春季止，四季共抽收厘税錢七千三百七十九吊九百九十二文，内提出一成官吏心紅工食錢七百三十七吊九百九十八文，其餘錢六千六百四十一吊九百九十四文如數交庫。查該省新舊煤窑十三座，何以本届及上届均報十一座？其開支一成工食錢文，即遵照前咨，趕緊造册送部，再行核辦等因。

查吉省煤窑於光緒七年經前任將軍銘　等奏明招商，先後開得石碑嶺等處煤窑十五處，改爲抽厘。嗣因陶家屯、長嶺子、柳樹河子等三處，因無成煤，前於光緒九年、十六、十七等年，題明封閉在案。嗣於光緒二十一年，復開陶家嶺煤窑一座，又於二十二年續開杉松屯煤窑一座。除封閉煤窑三座不計外，其餘共新舊煤窑十四座，照章納課。迨於光緒二十三年六月間，因開採江東鍋盔頂子、後二道河子、江西石碑嶺等三處煤窑，商人因虧賠資本，聲稱無力採作，當經報部暫行封閉，另行招商。一俟招有商人接辦，再行征課在案。至今亦未招得商人開辦，僅剩煤窑十一座，照章征課。至開支一成官吏心紅工食錢文，經前任將軍希　咨明，所提一成錢文，每年備辦心紅尚不足用，請免造册等情，於光緒十一年六月間，經部覆准亦在案。此係援案辦理，仍請免造細册，兹準咨駁，理合聲明，咨部查覈等因前來。

查前據該將軍造報江東、江西煤窑，自光緒二十四年秋季起，至二十七年春季止，共六季，抽收厘税各案内經本部查，以該省新舊煤窑係十三座，何以均報十一座？其開支一成工食錢文，行令造册送部，再行核辦各在案。今據咨稱：吉省煤窑共十五座，光緒七年奏改抽厘，嗣因陶家屯等三處因無成煤，前於光緒九年、十六、十七等年，題明封閉。二十一、二十二兩年復續開煤窑二座，共新舊煤窑十四座，照章納課。迨於二十三年六月間，開採江東鍋盔頂子、後二道河子、江西石碑嶺等三處煤窑，商人因無力開採，報部暫行封閉，另行招商接辦。至今亦未招商開辦，僅剩煤窑十一座，照章征課。至開支一成工食錢文，經前任將軍咨明，免其造册，於光緒十一年六月間，經部覆准在案。此係原案辦理，仍請免造細册等語，應令轉飭抄録。光緒十一年部覆原文送部備案。仍將二十七年秋季、二十八年春季，江東、江西煤窑抽收厘税錢文收支各數，趕緊造册送部，以憑核辦，相應咨覆吉林將軍查照可也。理合呈請札飭，等情。據此，除分行外，合亟札飭，札到該局，即便遵照毋違。切切特札。

「中央研究院」近代史研究所《礦務檔》第二册《光緒三十年五月十二日外務部收德使穆默節略嶧縣煤礦百里内禁用機器開礦暨該礦借欵擴修礦路事應與山東礦務公司商辦》　光緒三十年五月十二日，收德國公使穆默西遞節略稱，中興公司係爲採辦山東省嶧縣煤礦而設。光緒二十八年間，業經本署與貴部往返會内提明，該煤礦係三十里一帶内，照光緒二十六年間議定山東礦務章程第十七欵内載明，在此三十里一帶内，凡經華人已開之礦，僅准按照向來辦礦之法，仍行續辦。又在光緒二十八年七月十八日照會内提明，光緒二十五年間中興公司奉旨批准，附近百里内他人不得再用機器開採一節，與德商三十里内所開之礦無涉，不能少有妨礙，應作罷論，蓋膠澳條約内特准德商在將造之鉄路兩旁三十里内開採，此在光緒二十五年以前膠澳條約早經立定，自應遵照辦理各在案。本大臣兹聞得中興公司現擬借欵，以期擴充礦務並造鉄路自棗庄地方以達運河，倘辦理此事，招用他國欵項材料人工等，不但與以上所提各節不符，且與膠澳條約在山東省德商所得各權，亦相違背。本大臣現奉本國政府諭命，特行提明貴部，若果貴國如此違損照約章議定之舉，則本國寔不能依允，據本大臣意見，不如貴部勸令中興公司華股友盡力向山東礦務公司和衷商辦。按睦誼議定，始免往返徒費唇舌筆墨，如貴部能使其兩面和平相處，同舟共濟，則彼此均有裨益。倘仍行商議不果，則兩面均有受損。

吉林省檔案館《清代吉林檔案史料選編(工業)》上册《三姓礦務總辦周寶麟爲礦務虧賠請員接辦的禀文光緒三十年五月十六日》　軍、副憲座前：敬禀者，竊標下於本年四月二十五日接奉憲臺札覆，内開：卷查該員於二十七年接辦三姓礦務，雖係自行集股，然辦理有年，迭見報虧四萬有餘，所出金沙並無絲毫報效歸公。即爲該員計，似此逾虧逾鉅，將來作何彌補？細閱現呈收支清册，眉目不清，其中顯有浮冒蒙混情弊。應仍另選詳細清册，呈送核奪等諭。奉此，遵查卑局前呈收支册内，委因局中各項皆有細帳可憑，是以未便細列，僅到月底匯總報銷，名目既整用款又多，宜蒙批駁下問。除飭報銷委員逐款細造另文呈送外，謹將標下接辦金廠始未虧累情形，敬爲我憲臺縷陳晰之。

查標下於二十七年接辦礦務，實因兵燹後盗賊四起，民不聊生。東溝爲匪目李榮霸佔，深恐久後患生。曾奉前任將軍長 札飭，前往東溝代宋觀察接辦礦務，彈壓地面，藉以安撫流民。是年六月到姓，李榮不服約束，諸多掣肘。當又回省禀明前軍憲，於十月間將其誘出正法。其黨(與)〔羽〕賈柏林等百計勾竄俄人，幾乎釀成大端。後經前軍憲委派曹守廷杰查明禀斷，方了此案。是年雖然接辦如同未接，不但未見官金，且先拉下許多虧欠，並借三姓衙門貂皮價銀三千兩，安置東溝餉項，此二十九年虧累實在情形也。

年底就道，正月到省，禀退礦務。復經前軍憲札派曹守廷杰，連交涉、籌餉、清盗、詞訟等事，一律兼辦。曹守辭差赴引，復委程升牧德全辦理。而程升牧當以江省經手之事未完爲辭，及至二十八年三月底，屢派無人，復蒙前憲軍札飭標下回姓料理，仍待宋觀察接辦。四月底到姓，五月進溝。而金夫把頭等，皆執李榮前出之金銀票到局取錢，標下恐不應承激而生變，與大局攸關，計前後付出金銀錢票以及算至二十八年四月底薪餉、外存，共合虧銀壹萬陸千餘兩。雖然報在册内，總算額外之虧空。及至秋令，宋觀察仍無信來，適值江北潰勇郝文波等，甘心携槍來投該，標下伏思伙等棄暗投明，未便遏其自新之路，而且收其槍械，以清理地面，駐紮東荒以保衛鄉民，誠爲一舉兩得之計。當即會同三姓副都統儂，禀奉前軍憲批准，暫由三姓衙門借墊制辦衣履銀五百兩，將來由該勇等名下扣留。此款雖經早還衙門，而該勇等困苦堪憐，每月無餉可扣，只可作爲賞號。投降後派在東荒分扎，本擬請由省垣撥餉作爲東荒之練隊，彼時猶冀金廠設有成效，仍須報效款項，何必以餉款奇絀之時又煩上憲分心，因此未請撥餉。孰意秋後瘟疫時行，出金不旺，改爲四六分金舊章，收項仍屬平常。此二十八年付李榮之金銀錢票，準郝文波之投誠種種出款，收項不敷所虧之實在情形也。

上年春夏異常缺水，各溝多有停工，收數因而漸減。秋令核計，又是入不敷出，無計可生。始於九月底，汰弱留强，減發薪餉。如有不能回里及往别處謀生者，仍發米麵過冬。上年已將裁人減餉情形，隨時另編清册呈送在案，此二十九年變通辦理之實在情形也。

客臘曾聞宋觀察早已到省，但未聞何時接辦。因此標下於本年正月初三日，出局晋省，實欲面請軍憲分示，飭令趕緊接辦，以卸仔肩。無如時運不佳，中途患病而返。節前進溝放餉，見各溝仍是平常，金夫散走不少，挖金者僅有七八百名。環顧虧空，實難安枕。惟有派人各處采頭，以期收效於萬一。倘邀我憲之福，覓出新溝，則虧累尚不難彌補，不然者實無救急良方。現擬趨赴省垣，面請憲示，或飭原辦之人接理，或另派專員之處，不勝盼望之至。

惟虧累數萬，實因接辦礦務，安撫流民，收降隊伍，保衛東荒所致。此由標下愚拙，未能先期量入爲出，失於算計，咎實難辭。然亦未料及永無新頭若此者。至册報虧賠四萬有零，尚有購買槍械、子藥、糧石、房間，以及各項鋪墊佔用，約可抵銀萬餘兩，實虧不滿三萬。如能稍出新頭，招集遠人，則桑榆之效亦未可知。所有標下接辦金廠虧累始未緣由，撮其大概，禀請憲臺作主，伏候訓示。敬請鈞安。伏乞垂鑒。

吉林將軍富順批：查三姓金礦雖係宋道創辦，第自二十六年突遭兵亂，資本盪然。該員前往接辦係另起爐竈自行集股，已與宋道無涉。無論所虧若干，均應自行設法籌還，斷不容置身事外。况此數年中並未交過官課分毫，何僅虧空如此之鉅？輒思諉卸於宋道春鰲或派别員接辦代爲彌補，殊屬取巧。仰即妥籌善策，另禀察奪。所請著毋庸議。候飭全省行營文案處知照。此繳。

光緒三十年六月初一日。

「中央研究院」近代史研究所《礦務檔》第一册《光緒三十年五月二十二日外務部收北洋大臣袁世凱文附續添合同漢納根與張鳳起所立井陘煤礦續添合同與定章不符》 光緒三十年五月二十二日，收北洋大臣文稱，據合辦井陘縣煤礦提督銜德員漢納根禀稱，竊光緒二十九年六月初九日，奉到路礦總局札諭内開，准北洋大臣咨復外務部轉咨，爲飭令張鳳起會同漢納根，將井陘縣煤礦所呈合同增改四條等因。奉此，竊查奉札時，納根適值有事回國，現經回津，得悉後當即函致張鳳起來津面商。遵諭續添合同，業經商妥，爲此續補四條，訂立合同，今將合同底稿繕具清摺，恭呈鑒核，批示祇遵。納根再與張鳳起繕真簽押，附入正合同内，再現在礦務工程，業已辦有頭緒，資本已耗費浩繁，其所挖之井，已挖有三十丈之譜，不日即可出煤。公司所訂之合同，均按路礦總局定章辦理，斷不敢違犯定章。再前合同内第三條載，漢提督已備有購買機器辦工程等項本銀五萬兩，彼時因定此項爲試辦開礦，未悉興旺，入股者難以踴躍，緣奉路礦總局札諭，限十個月試辦之期。因此先由漢納根借墊，合併陳明，爲此稟求咨復外務部暨商部立案並發給執照等情，到本大臣。據此，除批據稟並續添合同清摺均悉，查礦務定章内載，請辦之礦地，不得逾三十萬方里，其地須彼此連屬且長處不得逾闊處四倍等因。今該礦續立合同第一款内稱，挖井之處在槐樹坟，又在離此開井之處聯絡礦線附近十里以内，皆歸開採，較之方里爲限太廣，核與定章不符。又礦章載，開礦執照所領之礦地，在十方里以内，應繳照費銀一百兩，多一方里，加費十兩，並向地方官呈繳第一年每畝之額租。該礦僅擬先按所買地畝完納錢糧，其餘合同均未叙入，又礦章載，集股開礦，總宜華股占多爲主，倘華股不敷，必須附搭洋股，則以不逾華股爲限，具稟時須聲明洋股實數若干，無得含混並不准於附搭洋股外，另借洋款。又載華商請辦礦務，倘以礦地抵借洋款，一時朦准，坐收出名之利益，查實罰辦等語。茲核該礦續添合國第三款，該礦爲華洋合辦公司，共集一千股，合銀十萬兩，内開辦機器各樣工程花費等項，作爲五百股，合銀五萬兩。查此款已由洋員借墊，是前項五萬兩全係洋股，並無華股在内，又稱主權亦作五百股，合銀五萬兩，爲華洋股。此項股分，似即指出名承辦者虚擬之股，並非寔招股分，至稱張鳳起僅任買地等項，究竟入股若干，此項續訂合同亦未據切實聲明。實與以礦地抵借洋款坐收出名之利無異，統核與定章不符，所請給照之處，礙難准行。候咨外交部商部查照繳挂發外，相應咨呈貴部，謹請查照，須至咨呈者。

計抄摺。

光緒三十年五月二十一日

立續添合同人漢納根、張鳳起，爲直隸督憲咨復外務部及轉咨路礦總局札飭，爲井陘縣横西村煤礦增改合同事。查前立合同合辦主權人漢納根、張鳳起，所呈合同内，遺漏數條，未經叙入，現奉咨查，因此漢納根、張鳳起二人，在津公同商定，續添合同四條，補詳於後。

一，原立合同内第一條，爲開挖井之處在槐樹坟，又在離此開井之處聯絡礦線附近十里内開採之權，言明十里内在地内挖煤之權，不能准他人開井挖煤。因用大機器開採之辦法，倘他人于本礦之礦綫限内開採，甚恐辦礦務之事有碍或挖煤之人有險。

二，原立合同内有第二條内載定，妥先買地面二十一畝，係爲開井設局之需，此地現下應照定章完納錢糧。

三，井陘縣横西村煤礦局，爲華洋公司。此公司之股分，共合一千股，每股作銀一百兩，内有開辦購買機器各樣工程花費等項本銀股分五百股，合銀五萬兩，係華洋各半招股。俟將礦利盈餘，即先歸此項本銀行利外，有餘利則以一半歸本銀承受，一半歸主權承受，因此主權亦作五百股，合銀五萬兩，爲華洋股。此項兩樣股分公司股本銀十萬兩，如本銀五萬兩不敷，由公司商妥加添本銀，仍照華洋招集股分，應添本銀若干，亦須先給行利外，有餘利按添股若干，比較原股類推算。

四，井陘縣横西村煤礦公司合同定准，不能將礦權私賣與他人。如果公司商允，亦請稟請直隸督憲及外務部商部立案。

光緒三十年四月十五日

立續添合同人汉納根　張鳳起

「中央研究院」近代史研究所《礦務檔》第二册《光緒三十年五月二十五日外務部發山東巡撫文請查明嶧縣棗莊煤窑詳細情形》 光緒三十年五月二十五日，發山東巡撫文稱，前於光緒二十八年五月間，查准張前撫咨復。據嶧縣知縣稟稱，縣境内現有煤窑二處，一在棗莊，即張侍郎奏請開採之官窑等因。查棗莊煤窑現在是否照常開採，歸何人經理，股本共有若干，相應咨行貴撫飭屬將該窑詳細情形查明，咨複本部可也。

「中央研究院」近代史研究所《礦務檔》第一册《光緒三十年六月二十三日外務部收德使穆默照會附漢納根稟北洋大臣批等三件井陘煤礦案抄送漢納根稟件請速辦結》 光緒三十年六月二十三日，收德穆使照會稱，漢提督與文生張鳳起擬辦井陘縣煤礦一事。前於光緒二十九年四月二十九日，經葛署大臣業已照會貴親王，以漢納根同路礦張大臣面議並將此次照會内附呈抄録稟件暨正合同，當經一併呈張大臣查閲。張大臣當告該提督，此次應將稟牘及正合同内煤礦允准開辦，無庸再費周章。本署大臣應再請貴親王，按照張大臣所允漢納根與張鳳起承辦之煤礦，准其現在開辦，並請復示等因在案。查此件迄今未見復文，茲漢納根將致貴部稟一件呈遞本大臣，請爲轉送前來。本大臣應照所稟並附件轉達，請貴親王設法以便將此久懸之件速爲辦結，並希示復爲荷，須至照會者。

〔附〕鈔單一件

稟爲奉准井陘煤礦，已墊鉅款，懇恩查照前案，分咨准給執照，以資辦理事。

竊查井陘煤礦公司，先於光緒二十四年，由井陘縣文生張鳳起等，稟請在橫西村一帶開採煤礦。由井陘縣詳奉前北洋大臣王批准照辦，嗣因奏定新章許華洋商人合本開辦煤礦，納根遵於光緒二十五年十月三十日，與張鳳起按照華洋各半章程，訂立合同。當於是年十二月間，將遵章華洋合本辦理緣由並呈驗合同一扣，稟請督辦大臣批准，咨呈路礦總局立案。二十六年，北地土匪擾亂，致令中外失和，所有商家一切事宜，姑從緩辦，迨後和議告成。遂於二十八年春間，稟奉總辦路礦大臣張批准，並於四月初三日，准大部咨復，應如所請辦理，並咨北洋大臣速飭井陘縣妥爲保護等因，札飭遵照。旋於二十九年四月間續訂正合同十二條，稟請路礦大臣張咨請大部。咨會德國欽使存案，並備繳部費銀五百兩，附呈正合同一扣圖一紙。六月初九日，復奉路礦大臣扎開，承准大部咨復，飭即查照前呈合同內北洋指駁各條，分別增改妥善，尅日稟送等因在案。本年五月二十一日，遵將合同改正續補四條，就近稟請北洋大臣袁發給執照，不意奉批有核與定章不符，所請給照之處，礙難准行各等因。查納根二十五年所定合同，係遵路礦第一次章程，已蒙允准試辦，是以購買地畝機器，先行辦理，迨路礦第二次章程出。二十九年，復遵章改訂合同，今年復有商部頒行第三次章程，與前兩次章程多有未曾相符。惟是章程屢經更改，商家何所遵循，試辦以來，已經數載，所墊款項，爲數已屬不貲，其勢實難中立。查前所奉准離井十里以內開採者，緣此礦在衆山之中有一大窪，其形如鍋，井在中間，周圍有十里光景，下皆礦質，左右聯絡。當時業經勘明，如十里内另准他人開採，實於本礦有礙，至於股本，除納根已墊五萬兩外，餘五萬兩作爲權股，納根與張鳳起各得其半，已墊五萬兩之銀股，亦定華洋各半。但未領到執照，以致華洋各商均觀望不前，如能領到執照，納根已與泰來洋行訂明，業已招到華股一半。此時先由泰來行暫墊，俟照到，華股即可劃本並無借洋款之事，似與新訂章程亦相符合，爲此抄呈稟北洋大臣原稟及批各一扣。伏乞王爺中堂俯賜鑒核，准予分咨發給執照，俾資辦理，祗候訓示遵行。

「中央研究院」近代史研究所《礦務檔》第一冊《光緒三十年七月十九日外務部收北洋大臣袁世凱文漢納根等請開井陘煤礦礙難照准》 光緒三十年七月十九日，收北洋大臣文稱，光緒三十年七月初八日，准貴部咨開，德員漢納根與張鳳起合辦井陘縣煤礦一事。查此案前於上年閏五月十六日，准貴部來咨，當經詳閱該合同底稿，有與奏定章程不符之處，均應分別增改妥善，方無流弊。業請貴部查覈咨行轉飭，將前項合同詳細改定録送，以便飭查覆勘。嗣於本年五月間，復據漢納根稟呈添改合同四條，仍核與定章不符，經咨呈貴部查覈在案，茲准前因，覆查所請開礦地方，仍以十里内爲限。至股本一項，亦係含糊其詞並未照章切實聲明，礙難照准，相應咨復貴部，謹請查覈施行。須至咨呈者。

吉林省檔案館《清代吉林檔案史料選編(工業)》上冊《三姓礦務總辦周寶麟爲所收金沙數目由光緒三十年七月起按月造報的移文光緒三十年七月二十一日》

爲移付事。

奉憲發交，據總辦三姓礦務副將周寶麟稟稱：竊查前奉札覆，內開：即係採挖官礦，無論虧盈，每出金百兩應歸公若干，候飭交涉總局會同籌餉總局妥議試辦章程，另札遵照，以濟餉需在案。茲於六月十九日奉到憲臺批示，內開：周副將寶麟，現辦三姓金礦，準照交涉、籌餉兩局會擬，援照商務部奏訂礦務暫行值百抽十章程辦理。即飭自本年正月起，每月挖出金砂若干，應照章繳金稅若干，補造月報清册呈送。並令嗣後按月造報，金稅分作四季解省，俾充餉需。該局係自行集股開作，不準以因公虧累飾詞狡抗等諭。奉此，本宜遵示辦理，奈以連年夏令乾旱，屢無新頭，以致虧空數萬，前已稟報憲聞。即本年正月至五月，共收官秤金沙四百四十二兩一錢一分六厘，皆（遂）〔隨〕時變賣，開付銀票餉項，並無存金。若由六月所出金沙補報前稅，而值此缺水之際，尚不知六月能收若干，縱使足補半年稅款，而一提數十兩，誠恐局務周轉不開，難免擁擠之虞。此係按月危急情形，並不敢飾詞狡抗。茲特不揣冒昧，稟懇憲恩體念危急，可否由本年七月起，按月提存造報，以備解省之處，出自憲臺格外恩施。除俟奉批再行造報外，所有懇恩免交本年春夏兩季稅金，擬請由七月起按月將收金數目造報緣由，理合肅稟，敬候批示等情。

當奉憲批：近因時局艱難，款項支絀，迭準商部來文，振興礦務奏定章程，原爲籌濟餉需，有裨時局。查該副將所開三姓官礦，本係吉省著名産金之區。前經交涉、籌餉兩局議覆，援照暫行值百抽十章程，僅令自本年正月起照章繳稅，免追從前稅金，已屬格外體恤。乃該副將不知感激報效，現稟反請免交本年春夏兩季之稅，自七月起再行按月交納，殊屬得寸思尺，不知緩急。本難照準，惟所稱積欠過巨，亦屬實情。姑準從寬，展自七月份起交課。務須按月核實造報，不得積有隱匿推延，致干委員守提。仰行營文案處分行交涉、籌餉兩總局知照，繳等因。奉此，除批示挂發並分行外，相應録批備文移付。爲此合移貴局，請煩查照施行。須至移者。

朱壽朋《光緒朝東華録》卷一八八《光緒三十年七月》 癸卯，外務部、商部奏，光緒三十年七月初九日，准軍機處鈔交熱河都統松壽奏喀拉沁王請在該旗右翼巴達爾胡川地方華洋合股開辦金礦一片。奉硃批：該部議奏，欽此。欽遵，鈔出到部。查原奏内稱，據喀拉沁扎薩克多羅都楞郡王貢桑諾爾布呈稱，本旗前以邊地荒凉，蒙民困苦，請將本旗礦産，自行次第開辦。兩次奏奉恩准在案。嗣因資本難籌，未經試辦。兹有荷蘭國商人白克耳，願爲本旗承辦機器，僱用洋匠，擬在右翼地方，先開巴達爾胡川金礦一處，作爲華洋合辦，股本各居其半，一切遵章辦理。擬訂草合同呈送核辦等情。當查所訂合同，與熱河及商部礦章間有未符，已飭令更正，並查明礦區係該旗藩地，並無居民廬墓關礙，一切均與定章相符。惟該王兩次奏准原案，均以自行開採爲請。此次係屬華洋合辦，雖爲礦章所准行，該王前既奏准有案。應否准其照擬辦理之處，請敕部核覆施行等因。並准熱河都統將該旗前次奏准原案及此次擬訂合同，一併鈔送前來。臣等伏查華洋合股承辦礦務，原爲奏定礦務章程所准行。所訂合同，間有與部章未符之處，已准該都統來文聲明，悉聽改定，自屬可行。惟查光緒二十八年間，喀拉沁王與逸信公司華商孫樹勳、德商俾爾福，訂立合同，開辦喀拉沁右翼全旗五金各礦。前熱河都統錫良，以全旗字樣，有違定章，奏請飭部核議，經外務部議覆，行令熱河都統轉飭該旗，將所指礦地劃清界限，不得包佔全旗。嗣准熱河都統咨覆，轉據王旗呈稱，此案既須指明地段。逸信公司商人現雖並未來旗，請預行備定一處地方名雞冠山，周圍二十里，請飭該商來旗試辦等語。該商迄未來部呈請前往勘辦，合同亦尚未訂定，案懸莫結。臣等綜核前後情節，喀拉沁王原將右翼全旗指給逸信公司開辦五金各礦，經外務部飭令劃清界限，不包佔全旗。嗣雖預指雞冠山一處，僅出自喀拉沁王一面之意，逸信公司是否允願，尚難預定。若遽允荷蘭商人白克耳在該旗右翼之巴達爾胡川地方開辦金礦，將來難保不滋轇轕。事關華洋合辦礦務，不得不慎之於始。得旨允行。

「中央研究院」近代史研究所《礦務檔》第三册《光緒三十年九月十一日外務部收盛宣懷函附會議問答暨會議節略福公司路礦事與哲美森會議情形》 光緒三十年九月十一日，收盛宣懷函稱，承准大部馬感電，敬悉福公司事。因欲挽救晉礦已失之利，堅持廠礦路必須同時定議，磋磨遂費時日，中國自辦鎔化廠，中英合辦鐵礦及化廠合用之煤礦北煉焦爐，先後力争就緒。嗣後查照大部電，暨晉撫煤礦亦須合辦，哲未能允並謂鐵礦合辦，請我分認創辦使費，告以有合例單據者認，開寫不出者，例不認。此節争持最久，迄未就範，語載六月二十四日會議問答，及哲美森所送議事綱目。鐵路合同，已有草稿，惟哲稱，待王鎮至清化十二英里，方造未成，尚須數月完工，哲請先發七十五萬鎊借款小票，再行派員估工查帳多少再算。我須照買賣章程，先估價交帳，再定借款票數，既催簽字或將合同銀數空出，查實補填。此係借款以前已造之路，以後只有行車之事，辦法與正太不同，關鍵不外核實估價四字，清化至澤州一段，係借款後辦工，自可照正太條款。但因粤漢鐵路事後多所翻，必須事前防範，逐款增損，晉撫函電路工艱費，養路無出，不可許者八端，駮阻不得現與哲商。將來清澤一路，須俟中國與福公司開辦晉礦之時，估計車脚實敷養路，届時方能開辦並須載明合同，争論數四，哲已勉强應允。目前亟須派工程司驗工估價，但用英人，恐其偏袒，用他國人，彼又不願，正在爲難。適有前在北洋華工程司詹天佑，由潮汕鐵路辭差回滬，現已商留，擬飭即日赴豫確估。一俟估價後，便可定借款數目。哲夏間赴津，瀕行與彼堅持必須礦務四條議定，方能與鐵路合同一氣簽字。現在哲尚在津，宣病初愈，應俟哲回滬定議，如准移至大部訂約，候示即將全案呈送，務祈鈞處斟酌定見，賜電遵行。查福公司創辦底股，祇集一百萬鎊，現在道口至待王鎮鐵路，已用英金七十五萬鎊，豫北已開煤礦，聞極佳旺，所值亦不下二三十萬鎊。宣懷前次與哲私議，設我政府欲將前訂晉豫合同，一起收回作廢，應須給價若干。哲云，約須二百萬鎊，宣懷之愚，以兩省主權礦利，無數葛籐，日後亦不致擔認本息，大處著墨，計實無逾於此。所惜中國此時財力正窘，恐未能與議及此，所有與哲美森現議情形，除電達外，謹鈔録問答暨議事綱目，寄呈大部察核，敬敂崇祺，仰惟垂察。

〔附〕照録清摺

謹將六月二十四日與福公司哲美森會議問答，録呈鈞鑒。

盛：外務部及山西撫台來電，均説鐵礦合辦，煤礦也應合辦。

哲：鐵礦已讓合辦，煤礦不能再讓合辦。

盛：同是開礦，何以鐵礦可合，而煤礦不可合。

哲：本來按照老合同，開礦乃福公司專辦之利益，鐵礦合辦，已屬勉從。

盛：按照老合同，不過他國人不能辦，若中國本是地主，有何不可合辦之理。

哲：既立合同，則已讓辦礦之權，如又合辦，則不公道。

盛：我從前不與閣下言合辦煤礦者，因煤礦糜本過鉅，故可合可不合，且山西礦多，中國亦可自辦，後來山西撫台仍以煤礦合辦爲説，此亦極有道理。

哲：此合同乃福公司專辦之權，慘淡經營而得之，山西撫台不能生享其成也。

盛：立合同者，所以許福公司能辦而不許他國能辦也，並未言中國國家亦不能辦。

哲：批准合同，即是給開辦專權，斷無已給予而又收回之理。

盛：國家並未得過福公司報効，則可給亦可收，而且現在福公司已無力照合同辦事，則國家要合辦，自是正理，所以礦務專條四條，皆是輔福公司力量之不足也。

哲：福公司得此合同，頗爲不易，合辦則侵福公司利權。

盛：本來所訂合同，甚無道理，不過中國勢弱，難以理争，然合同六十年中，中國未必不能自强，强則據理争回矣，故與其福公司冒險擲此鉅本，不如與中國合辦，然後理足而靠得住也。

哲：六十年中，中國儘可自强，至所云冒險擲本，則福公司自願擔此險也。

盛：我説之話，俱在理中，至於足下不中肯之言，我却不能轉告山西撫台。足下試思，福公司本要倒閉，若不是憑我國家俯允買回鐵路救你，福公司還有什麽資本自辦。

哲：並非要倒閉，因股票跌價，且因拳匪之故停工耳。

盛：拳匪之事，早已過去，實則福公司股本用完，支撑不住。現在中國將路款作爲承借，福公司方能轉舒，所以股票漸漸漲了。

哲：鐵礦已合辦，再要煤礦合辦，中國未免佔便宜太過，大半不能答應。

盛：不將礦事全允，我亦不允購路也。

哲：購路是慶親王已允，無得異説。

盛：然則足下與慶親王議辦可也，且事關地方，山西撫台既體察情形，外務部亦必聽從。現在外務部與山西撫台，其意相同，足下不要誤會，若祇顧自己利權，而不顧我地主利權，終無成也。

哲：譬如應允合辦，貴大臣於路約一事，尚有别樣爲難乎？

盛：既允合辦又須礦務專條四條作准，方能算得辦礦之事完結，然後我當允派工程司，察奪路工，再核算路工各項價目憑單，專議路約。

哲：礦務專條四條，我尚要改。

盛：不能再改，足下果欲改何款乎？

哲：最要者，自開辦之日起，六十年爲期及開辦使費與中國攤派分認，此必須改入。

盛：我只能答應，自山西撫台發給憑單之日爲起，限六十年爲期，至於開辦使費，當以實在憑單爲據也。

哲：此合同已用許多使費，方克成功，所以我説合辦，則福公司不合算，中國果欲合辦，非分認經費不可。

盛：應認之使費必認，不應認者必不認。

哲：凡使費皆應分認，因此合同係用使費而來，礦認合辦，即應將合同使費分認。

盛：福公司辦礦，須用使費，山西撫台辦礦，亦須用使費乎？山西撫台不須用使費，即不能認使費，且福公司用使費得一半之合同，已算便宜，而且果係正經用法，山西亦可照認。

哲：如山西撫台嫌此礦資本太鉅，不合辦可也。

盛：非礦之資本鉅，乃福公司糜費太多。

哲：即如從前得此合同，凡爲福公司出力者，福公司皆有酬勞，有明酬款項者，有送給紅股者，此皆應歸正款併算。

盛：使費有合例，有不合例，譬如礦師薪水、足下薪水，此爲合例之使費。若福公司所行賄賂，只要福公司説明所給者何人，何人經手，何日過付，中國亦不追究，但足下必須和盤托出，開出細帳。

哲：已酬勞者，不便明揭，礙難開出細帳，只可開一總帳。

盛：既不揭出人名款項，中國如何能認。總之，無據之款，福公司自認，有據之款而又合例者，中國自當酌認。

哲：並非我强中國付還此款，因使費亦在資本之内，故必分認也。

盛：分認自然，但合例則認，不合例則否，亦是公理。汝若允將晉、豫兩合同全行作廢，則無論何樣使費，我俱允認還。我今姑作一買回福公司山西、河南開礦全合同之説，果值價若何？

哲：約畧計之，至少須二百萬鎊。

盛：以二百萬鎊計之，河南之礦作爲一百萬鎊，山西之礦亦作爲一百萬鎊，中國合辦得去五十萬鎊，則福公司尚有一百五十萬鎊之利益，猶不厭足乎？至福公司自行用去使費如許之多，正不知其如何用法，又不知其是何划算也。

哲：原因將來礦務利益，可以收回開辦使費，即以河南之礦計之，每年出煤一百萬噸，每吨餘利二兩，合共一年餘利二百萬兩。以十年計之，凡所糜費者，皆可收回，福公司故亦合算也。

盛：究竟福公司底股若干。

哲：福公司創辦股本四萬鎊，每股一鎊，而開辦股本一百萬鎊，每股一百鎊。將來該礦餘利，兩項股本，應各分其半，是以底股雖每股原價一鎊而可值八九鎊之多。

盛：然則使費一層，自應在福公司底股漲價得利之處抵還，不應使中國分認。

哲：無此辦法，且我所欲中國分認開辦之費，非欲中國即繳現款，照公司通例，可於將來分利時，由餘利項下，陸續分年攤還。

盛：只要有合例單據，實應分認者，亦可照辦。惟今日談論已久，我等可先將路款報効一節，就此論結。所有前訂鐵路合同未簽字之先，路款以百分之五報効豫省等語，我已電過豫撫，豫撫勉强應允。現在足下又要將行車各項用費除盡而後，再提報効，我實不願再電，免得空言辯論無益。

哲：只可由客貨搭客進款，抽提報効，惟福公司運礦之貨，則應免抽。

盛：此層可答應。

哲：開車之事，可應允否，據我所擬之條，此鐵路應自始至今作爲中國之產業，故開車後，若有盈虧，自然是中國之事。

盛：鐵路尚未定歸中國購買，如中國代認虧本，似屬無辜，現在既不能預定盈虧，可以先行試車，如果虧本，可以停車。

哲：行車諸人俱已預備，停車則不合算，開車後，如有虧本，中國與福公司各認一半如何。

盛：此小事，我可答應。

哲：今日所談者二事：一係煤礦由福公司獨辦，二應分認使費，此二層貴大臣總應答允。

盛：説來説去，我總是一定主意，兩言決之，煤礦獨辦不能行，使費不應認者不認。

哲：不能照辦。

盛：不能照辦，衹好擱起再説。

謹將六月二十四日，哲美森自録會議節畧，録呈鈞鑒。

一，行車之事。

訂明福公司應於行車所得客貨搭客款內，酌提百分之五，報効豫省，并派韓道台會同利德商辦行車事宜。一切如六月二十日來函所述云云，又訂明行車如有虧折，中國國家與福公司各認一半，此係合同未定以前暫時辦法。

一，鎔化廠章程。

貴宫保云：晉撫堅欲與福公司合辦晉省煤礦，一如現商鐵礦辦法。森當復云：萬難照允。

一，合辦鐵礦。

森云：合辦派股之時，福公司必須將其創始經費，分派核算，撥作股本。貴宫保堅持不允，森復陳明福公司之與中國合辦者，係允中國之請也。福公司初未勸中國合辦而亦并未請其償還經費，惟中國既願合辦，自應一體辦理，庶昭公允。其創始經費，實係已用之款，惟有取償於煤鐵礦利之中，彼此於此節意見，終不相合。

一，詢何時可派工程司查路看帳。

森云：所有在中國用款帳目，業均檢齊備查，就近在河南查算，最爲便捷，將來若須攜至上海亦無不可。貴宫保云：非待鎔化廠章程先行商訂，不能派人前往。森復詢云：鐵路合同，究竟何時可簽字。貴宫保不能訂一時日。

以上各節，是否核實，尚乞示復，此頌日祉。　哲美森。

吉林省檔案館《清代吉林檔案史料選編（工業）》上册《營務處委員王善友請在富太河試辦銅礦的呈文光緒三十年九月十八日》　爲呈覆事。

竊委員於本年七月初二日遵奉籌餉總局札覆，内開：據全省營務處差遣委員王善友呈稱，據磐石縣黑石鎮居民劉姓報稱，磐石縣東三十餘里富太河上流石嘴一帶，查有銅礦，堪以採辦。委員當即飭令往取礦樣一塊，以憑勘驗。旋據取來礦樣，似是銅苗，但可否開採，非試辦不敢預定等情。據此查所稱富太河等處銅礦可以開採，究竟礦苗長短，礦地四至、遠近、大小若干方里，合計若干畝及開採若干丈尺始見銅苗，與附近田園、廬墓及禁山風脉有無關礙。所稱劉姓究係何人，四至一概未經詳晰查明，未免含混。合亟札飭，札到該委員即便遵照，前往確切查明，繪具圖説並將礦苗是否暢旺據實呈覆，以憑核辦等因。遵此，於八月十七日委員遂即揀派妥勇，隨同原報劉焕德暨帶雇覓工夫八名，前往石嘴確切查驗。礦場在該山後坡，其山形之大小，四至遠近，里數若干，繪具全圖一紙，一一註明。查該礦雖係開墾，地屬磽薄，不堪耕種，且於田園、廬墓、禁山、風脉毫無關礙。即行邀同該處鄉地山主，並附近人等晤商妥當，始飭劉焕德領工開採。及二三尺不等，雖未得見入槽礦綫，已有礦苗噴頭，其中必有正綫。第緣原報劉焕德知是銅礦，究未知如何清治。兼之工人衣服單寒，工費缺乏，無項墊辦。遂將採出噴頭礦苗携至磐石縣，雇該鏵爐先行代爲分清驗看。盡是紅銅，但不知能有幾成，是以停工回局，速令劉焕德四外訪尋識礦良工，以便極力試辦。旋於九月初十日有在奉做礦把頭侯明發、丁寶有等，經劉焕德帶領來局，聲稱前經劉焕德所採礦場，既見礦苗，定正綫，請前往試採，以求綫之入處。若看此礦噴頭，如採出正綫槽口，其銅必大暢旺等語。委員伏查此礦，先已將噴頭礦苗清出紅銅，自應再借商款，添辦該工人等衣服、靰拉等項。購買齊楚，即復揀派妥勇前往彈壓，領劉焕德帶把頭侯明發、丁寶有暨工人等速到該處詳細採辦。但期尋覓得見入槽之礦綫，方能永遠開辦，以裕餉源。理合先將採見該礦噴頭並所清銅樣暨繪圖一紙，一並具文呈送。伏乞大人鑒核施行。須至呈者。

吉林省檔案館《清代吉林檔案史料選編（工業）》上册《全省行營文案處爲三姓礦務局造報光緒三十年正至六月份收支各款數目的移文光緒三十年十月二十八日》

爲移付事。

奉憲發交，據總辦三姓礦務、補用副將周寶麟呈稱：案查卑局光緒二十九年份，連舊管共虧銀四萬二千零零二兩四錢一分二厘零六絲五忽，前已册報在案。計自本年正月份起，至六月份止，六個月共收金沙並猪馬税，共合銀一萬八千七百六十八兩一錢七分七厘八毫四絲二忽，共開支銀二萬一千一百兩零零六錢七分零零一絲一忽。除開支外，實仍虧銀二千三百三十二兩四錢九分二厘一毫六絲九忽，連舊管，共合實在虧銀四萬四千三百三十四兩九錢零四厘二毫三絲四忽。兹届造報本年六個月報銷之期，按照收支各款，分析繕造清册一本，清折六扣，備文呈送等情。當奉憲批：據稱該礦局自本年正月起，至六月底止，所收金沙猪馬等税款，除去開支，僅五六兩個月尚有盈餘。總計半年，又虧二千三百三十餘兩。似此愈虧愈深，伊於胡底？是否該員别有改良辦法，否則其將何術彌補耶？細閲折登員司人等，並册載支銷各款，名目煩多，其中顯有浮冒。總之該礦局係自行開辦，無論虧款若干，與官中毫無干涉。所有應納金税，由交涉總局限催解交，毋任拖欠。仰行營文案處分行該局暨交涉局知照，册折并發等因。奉此，除分行外，相應録批，備文移付。爲此，合移貴局查照施行。須至移者。

吉林省檔案館《清代吉林檔案史料選編（工業）》上册《吉林交涉總局爲姚景莘等請開磐石縣銅礦及派員查勘銅礦的移文光緒三十年十一月初六日》

爲移付事。

呈奉軍副憲發交，據總理寶吉局事務花翎協領裕理禀稱：竊職前奉面諭，爲商人姚景莘、張祥久、劉焕德等禀請開辦銅礦事。今據商等禀稱，此礦在富太河溝里黑石頭等處，西至伊通州界内，東至磐石縣界内。前經劉焕德留心採訪一年之久，就露於地皮礦綫接連踪採，估計長約七、八十里，寬窄丈尺之勢不同。或在山坡，或在田地，周折曲直，陸續不斷。劉焕德係銅匠手藝，聊（檢）〔揀〕土外之石試化，果然出銅。早欲報明，逼令不知趨向。緣黑石頭有一練長王好友，在該處設立團防兼辦各礦事務。劉焕德本係庸民，未詳真僞，是年五月初間即在該練長處報明。王好友囑其不可聲揚，意在私開私售。延至八月後，仍因循不報，便欲開工。劉焕德看破情形，復細詢就近商民，該練長並無辦礦之責，自知妄投。倘隱同私作，一經官府查知，獲罪難辭。遂於九月間來省，會同商等先行回明軍帥，承示：此礦果然産銅，現在官錢局需用孔殷，亟應開採。並飭速取銅樣呈驗，等示。遂着劉焕德往返，不意到黑石頭被王好友聞知，將伊扣留數日□□領人開挖。劉焕德爲勢迫難違，指出礦綫，過兩日乘隙脱身，携來礦皮之石三塊，早化之銅兩小塊，業經軍帥驗明，飭令商等赴官錢局向貴總理核擬辦法。商等籌思至再，此礦雖經採探，確實因公事未敢深挖多化，其中能否暢旺，石内出銅輕重，無從考較，不敢冒言。若請官款墊辦，倘或有差自干不便。擬請自備工價，以開工之日起試辦半年，出銅多寡盡數解送官局，隨行定價。如一兩月内出頭盛旺，再隨時批銅請款，不致有虧負之虞。如所産虚浮，不堪興作，亦即隨時停止，俾免延誤公需，自貽賠累。惟前往試辦必須懇請軍師賜札，頒發告示。無論某人山場、田地，銅綫所到之處，與廬墓無礙皆準開挖，不得爭競阻撓，亦不得另人截報，事歸一體。俟有成效，仿照煤礦定章，出納山價。並請飭知伊通、磐石兩州縣，及示諭臨礦附近駐紮隊伍鄉團，遇事彈壓保護，以昭慎重。除前往開工日期再行禀報，等情前來。所有商人等呈請試辦札諭緣由，理合據情代陳。是否可行之處，出自鑒奪示遵等情。當奉憲批：據禀商人姚景莘等，在富太河溝里黑石頭等處採有銅礦苗綫。如果化驗銅質實堪需用。現在該局鼓鑄制錢正乏銅料，所請該商人等自備資本，覓工先行開採。試辦半年，採出銅料無論多寡，盡數解送該局，作價收買，事屬可行。第查黑石頭等處，既在伊通、磐石兩州縣界內，東西長有七、八十里，向東開採各礦，必須呈由官處派員勘明是否官地禁山，抑係民産，與地方民居廬墓有無妨礙，詳細繪具圖説、地名、界址，禀覆立案。其中礦綫所到之處，倘係有主山場、田地，尤應先向地主商允出納山價，取具地鄰甘結，方能開採。乃該商人等現均未據議及，無憑察核，仰交涉總局查明新舊礦務章程，派員勘明，核□覆奪。並先轉行該局知照，等因。發交到局。當查統轄礦務鐵路總局，前定礦務章程第六條内載，各省紳商有遞呈該省地方官請辦礦路事宜，地方官先察其人，如果公正可靠，家資殷實，其所請辦無背奏定章程，即咨報總局核奪辦理，不得率行批准。又第七條内載，勘定某處必經之地，遇有廬墓所在，務當設法繞越。又第十四條内載，有人興辦礦路，聲稱已集資本及股分若干者，應先將銀款呈明驗實等語。其商部所定新章第三條内載，礦地無論係産何種礦質，必須爲國家官地方能給照。若係有主之地，則須與該地主商允地價，或願作股分報明立案，方準禀請給照。又第五條内載，請辦之礦，地不得逾三十方里，其地須彼此連屬，且長處不得逾闊處四倍各等因。此次該商等擬請開採黑石頭等處銅礦，並未叙明官山、民地，似與部章不符。惟該商等所請係屬試採，尚與已經開辦者不同。自應遵照憲批，由局先行派員查勘明確再行核辦。

再，近來凡係華人開辦礦務，均由籌餉總局核辦。此案可否會同該局委員一同往查之處，理合具文，呈請鑒核示遵施行，等情。當奉憲批：該局係開辦礦各章，係已經開闢者，與商人姚景莘等□□試辦銅礦之處有異。即仰該局會同籌餉總局趕緊派員，帶同商人姚景莘等迅速馳往查勘明確。是否官山民産，其中有無窒礙，應否準其試辦，刻日繪圖禀覆核奪，以免商人日久守候，是爲至要，等因。奉此，除由敝局派員外，相應備文移付貴局，請煩查照，派員會同前往施行。須至移者。

吉林省檔案館《清代吉林檔案史料選編（工業）》上册《吉林將軍富順爲商人姚景莘等在磐石縣境開挖銅礦的告示光緒三十年十二月初五日》 爲出示曉諭事。照得省城四厘捐款鼓鑄制錢，所需銅料，向由外洋購買。自俄、日軍興後，銅料斷運，而省城寶吉錢局亦幾因以停鑄。正在籌辦銅礦藉資接濟間，適據商人姚景莘等禀稱，磐石縣界内，富太河上源石嘴子山坡北面，採有銅礦，情願自備資本，前往試辦等情。當經揀派妥員，前往會勘明確，均係民産，並非官山。查驗銅質，亦甚堅净。山主地鄰人等，各出結呈，咸願遵章辦理，並與廬墓、房垣亦無妨礙，取結禀覆前來。

查該處開挖銅礦，既係諸無妨礙，應即準其試辦，俾興地利而浚利源。除發給執照交由該商等祗領，並飭該商等不準越界開挖暨飭地方官保護外，合亟出示曉諭。爲此，諭仰該處旗民各項人等一體知悉。自示之後，要知開挖銅礦係爲鼓鑄制錢，疏通商務所關。如該商人到，去開挖銅礦，不得藉端阻撓。倘敢故違，定即從嚴懲辦，决不姑寬。其各凛遵勿違。特示。

吉林省檔案館《清代吉林檔案史料選編（工業）》上册《交涉總局爲發給商人姚景莘等在磐石縣境開挖銅礦執照的移札文光緒三十年十二月初五日》 爲移付札飭事。

兹奉軍、副憲發交，據籌餉、交涉兩局呈稱：竊職局前奉發交，據寶吉局總理裕理禀稱，商人姚景莘等擬請自備資本，在黑石鎮等處地方開採銅礦等情。當奉憲批，飭派職局會同籌餉總局派員往勘等因。奉此，職等遵即飭派藍翎五品官毛魁齡，候選府經歷許德洧，前往查覆。現據該員等禀稱，竊委員等奉派會同查勘富太河石嘴子等處銅礦等因。遵即帶同商人姚景莘等，於十一月十一日由省啓程，十四日行抵石嘴子地方，當即傳同鄉地前往履勘。

查此銅礦即在富太河上游北岸，石嘴子道北山坡之上。係屬民産並非官山，於周圍廬墓均無妨礙。現有黑石鎮練長、營務處委員王善友，雇用工人十餘名在彼開採。當詢王委員善友，有無奉準公文，據稱曾在籌餉總局禀明在案。現已採化紅銅二百餘斤，即日晋省自行禀報等語。委員等查此銅礦係在石嘴子山之西北坡，係烟筒山民户李心舟熟地之内。現做成礦碃兩眼，各寬一丈有餘，深約二丈有餘，各碃内有礦苗兩綫，寬三、四寸不等，其綫下立而西行。化出之銅係屬紅色，質甚堅净。據王委員善友聲稱，此礦雖未入槽，按現在形勢出銅，可期暢旺。委員等遂即傳齊各山主，李心舟地鄰徐保林、王東煥、冷云亭等，詢其有無轇轕各情。據該民户等均稱，與廬墓房垣實無妨礙，如果銅礦做成，情願遵章辦理，絶無狡展等情。當令該民户等各出結呈一紙，以備存案。又驗得距此銅礦四丈餘地，山脊之上民户徐保林地内，有舊做礦硐一眼。寬一丈餘，深八尺餘，内無礦砂，現已作廢。因詢商人姚景莘等原禀所稱，礦綫有七、八十里之遥，露於何處，該商人等即稱係指西南山脉相連約略而言，該處並未另有做出礦硐。時因冰雪滿山，礙難指引，委員等即亦無憑查驗，遂於十八日查竣回省。除令王委員善友，商人姚景莘等，均即晉省聽候批示外，理合將取具鄉約冷云亭、民户李心舟、徐保林、王東焕等結呈四紙，並將查勘銅礦地勢各緣由，詳細繪具圖説，據實呈覆等情。據此，除將結呈四紙存查外，理合將繪具圖説一並具文，呈請鑒核施行等情。復奉憲批，據禀商人姚景莘等前報，自備資本開採銅礦。既經派員會勘明確，此礦在磐石縣界内，富太河上源，石嘴子山坡北面。均係民産，並非官山。現開礦硐兩眼，化銅質甚堅净。查詢山主地鄰人等，各出結呈，咸願遵章辦理。查與附近廬墓、房垣，亦無妨礙，應準由交涉總局查照試辦章程，發給執照，付與張祥久、劉焕德、姚景莘等具領開採。並札飭磐石縣以及附近駐札處所，妥爲保護。將來該礦採出銅斤，即照前禀售與寶吉局，以備鑄錢之需。至營務處委員王善友，從前雖曾在籌餉總局禀明有案，惟尚未派員查勘，即私自雇工開採，殊有不合，應飭即行停止。其日後願否與姚景莘等合伙共做，應飭王善友自向姚景莘等商酌辦理，事與官中無涉。仰即知照，繪圖附等因。飭發到局。除遵批呈請發給執照，並出示曉諭暨札磐石縣移全省營務處轉飭遵照外，相應備文移付貴處，請煩查照。轉飭該處駐隊妥爲保護，並飭委員王善友遵批辦理，望即施行。須至移者。合亟札飭，札到該縣即使遵照，妥爲保護。切切特札。

「中央研究院」近代史研究所《礦務檔》第三册《光緒三十一年正月初十日外務部右參議雷補同與英繙譯梅爾思福公司總董哲美森談話磋商合辦山西鐵礦分認創辦經費》 光緒三十一年正月初十日三點鐘，英繙譯梅爾思，偕福公司總董哲美森到署，右參議雷補同接見。哲云，鉄路合同大致相符，惟行車合同第二款内，澤道車務局應改爲澤道鉄路局；答以此路已經造成，專辦行車事宜，自應稱爲車務局。哲云，車務局名目太小，不如鉄路局一切可以包括在内；答以將來總公司設立，該局究竟用何名目，可詢之盛宫保，再行改定。哲云，此項合同可作爲定准否；答以鎔化廠條款，尚未商量，鉄路合同尚不能遽定。哲云，鎔化廠條款，我亦願意商量，惟合辦鉄礦，應分認創辦經費；答以上年五月間，貴總董與盛大臣商定四款並未提及創辦經費，現在忽又添出此項，本部不能承認。哲云，上年六月間，已與盛宫保説過；答以此因合辦煤礦提及，若鉄礦則有條款可憑，如果應認此項經費條款内亦必叙入。哲云，當時我欲速定鉄路合同，情願退讓，是以未將此項經費提及嗣因盛宫保延擱不理，我便不願將鉄礦合辦，如中國仍要合辦亦不能不分認經費，當初機會已經錯過了；答以此路已經造成，即合同尚未訂定與福公司無損，此數月間照常行車，所有用款利息，中國亦已全認與已訂合同無異，福公司並未吃虧，不能因盛宫保延擱之故，改變前説。若論機會，則現在本部願與貴總董商議，豈非又是一箇機會。哲云，創辦經費無多，照賬約三十萬鎊，以三分勻攤，河南煤礦一分，山西鉄礦一分，煤礦一分，鉄礦應認十萬鎊，各半攤認，不過五萬鎊，如山西不還現款，可撥入福公司股本之内，此係公道辦法；答以此賬我已看過，不能接收。因此次經費既爲條款所無，現在總不能添入。哲云，可於條款内先提一句，將來尚須訂立詳細合同，我已將條款添改數語，請閣下回明各堂，答以當初已經聲明，在滬所訂條款，不能改變。現添出此層，據我看來，總不能答應，俟回明各堂再説，哲又訂十三日續議，遂去。

《申報》光緒三十一年正月十三日第三版《言官條陳辦礦京師》 某侍御呈遞□摺，略謂各省礦産紳商雖禀請集股開採，難免暗搭洋股，一經允准，日後另有交涉辦理，愈覺棘手。以臣管見，不如於礦律中詳添一條，如有洋商搭股，不先期禀明，日後發覺，該洋商無論耗貲若干，均勿庸議，並將作弊華商重懲，某礦産仍招股另行開採，前之洋商亦不得阻撓干預。

吉林省檔案館《清代吉林檔案史料選編(工業)》上册《三姓交涉善後局鄭國橋等爲擬定員司差弁薪水的呈文光緒三十一年二月初二日》 惟查金溝各廠，以駝腰子爲總廠，該處距姓城尚有二百八十餘里。其中産金之區，現以大安廠、太平廠、石門溝等三處覺盛，各有金夫七八十或百名不等。然皆距駝腰子在二三十里之外。地面遼闊，挖馭維艱。用兵少則恐不足鎮懾，用人多又慮入不敷出，兼之今昔情形不同，百物昂貴，諸多匪易。擬暫諸從儉約，隨時變通，以資辦公。統計四廠，擬先設提調一員，總司各廠委員一員，每員月支薪水銀三十兩；稽查委員一員，月支薪水銀十八兩；司事四名，每名月支薪水銀十二兩；書識八名，每名月支薪水銀七兩；馬差官十名，以備往返護送款項、糧貨等項差遣，每名月支口糧銀九兩；查硐步差弁每廠三名，計十二名，擬由勇内挑拔，按月酌給津貼，勿庸另支口分，以示撙節。惟局費、心紅、柴炭等項，未經辦過，礙難預定。雖周副將從前有案，然其賬簿不盡，實屬難於援照。擬請暫行實用實銷，俟辦理就緒，稍有把握，再行稟請酌定。至所收厘金，擬以六成歸公，四成作爲經費。如有盈餘，仍繳歸公，以昭核實。此接辦之初暫擬大概章程，將來如有應行擴充增減之處，暨一切詳細規模，再行隨時呈請酌定，以期經久。所有接辦礦務，擬設員司差弁大概情形，理合銜呈請憲臺鑒核酌奪，示遵施行。

再，查周副將原用護廠及招降各隊馬弁步勇共有二百一十餘員名，夫六七十名，雖經職勝由此隊内挑選一百名起支姓軍正餉，下餘一百名尚屬無餉可支，而山中又亟需隊保守，再四斟酌，擬請仍先由礦務經費項下動支，一俟職軍出有兵額，即行陸續歸補。至如卑職等俱係兼差，當此事經創始，未見成效，礙難擬請另添薪水，合併聲明。須至呈者。

吉林將軍富順批：呈悉。所擬接辦金廠暫行大略章程，均準照辦。仍催飭周副將迅速交代，另將接辦日期具文呈報。其有應行增減以及一切詳細規模，並隨時呈請核奏。仰全省行營文案處備案。此繳。

光緒三十一年二月十六日

天津圖書館《袁世凱奏議》下册《臨城煤礦現與比國公司訂立借款合辦合同繕單具陳摺光緒三十一年二月初八日》 奏爲臨城煤礦現與比國公司訂立借款合辦合同，繕單恭摺具陳，仰祈聖鑒事。

竊照直隸臨城、内邱等處煤礦，經前督臣李鴻章委派候選郎中鈕秉臣集款試辦，該礦以機器汲水、開峒，挖煤悉用人工，於光緒二十四年七月經前督臣榮禄奏明立案。嗣因鈕秉臣、龔照瑗擅與蘆漢鐵路工程司比人沙多私立草約，將該礦産業、房地統交比公司收執，名爲合辦，實同盜賣。經臣奏請將合同作廢收回議結。仍飭升任津海關道唐紹儀與沙多另訂中外合股辦法。迭據沙多擬呈各條，於我礦局權利仍多損礙，經飭再三駁斥，磋磨兩年之久，甫有成議。復飭據現任津海關道梁敦彦與沙多所派之員，詳加考酌，計訂立借款合辦合同十八款，並於合同外備録互換函稿，作爲附件呈請察核前來。

伏查臨城礦務與比員沙多借款合辦，原以該礦附近蘆漢鐵路，所出煤斤可藉鐵路轉運，以便銷售。詳閱所訂合同，比公司籌借法金三百萬佛郎，約合華銀九十二萬餘兩，礦局本有産業利益作銀五十萬兩，比公司先於借款内撥還銀十五萬兩，交礦局收回，下餘三十五萬兩，作爲礦局股本，限二年内將新式機器造成開辦。如有借款、股本兩項均按七厘行息，每年於付息後，所餘之款，每百兩撥交礦局公積十兩，與比公司無涉，再有餘款，礦局與比公司各半均分，此於礦利益有裨。該礦係華洋合辦，礦局派華總辦一員，華工程司一員及各華員，比公司只派洋工程總辦一員及各洋員，遇事互商妥辦，由礦局出名公同樹押。該礦一切事宜歸北洋大臣節制，華洋辦事員司遵北洋大臣指示。臣復可派員督辦，於該礦各項工程利弊得以隨時稽核，又聲明比公司未經礦局允準，不得將合辦利權轉讓他人承辦，以杜輾轉交接之弊，此於礦局主權無損。該礦煤斤出井，每值銀一兩，以五分報效國家及本省官款，所征税厘除應納地税外，照開平舊章，每噸納厘捐净錢八十四文，另納税銀一錢，礦務材料進口例在海關完税，此於公家税課有益。借款以三十年爲期，前十五年按借款交到實數付利。自第十六年起，分年還本，息隨本減，最後十年餘款亦減成付給，至三十年本利全清，合同作廢。又至十五年後，彼此均可知會停辦。倘我欲停辦，則加給十五倍一年之利益。彼欲停辦，則僅還全數借款不給利益，蓋雖以三十年爲期，而至十五年後，我得隨時收回。並載明此項借款僅以礦産股本作押，倘將來礦産股本不足償此項借款，與國家及官府無涉，即與股友除礦利抵完外，亦不再干涉，此於將來收回辦法，仍可操縱在我。

臣查臨城煤質之佳，不讓開平。該礦向以土法開採，本小利微，非改用西法大辦無由見效，而目前庫儲奇絀，官商交困，非籌借洋款，亦無由大辦。但借款合辦，要在權操自我，每一不慎，利權外落，輒與賣礦無異。此次臨城礦務與比人合辦，係從舊約作廢之後，接議新約，臣於主權所在，日久堅持，始克就範，業經抄録合同，咨由外務部核復尚屬周妥，並準商部咨復相同。

除飭梁敦彦將華洋文合同詳細校對，會同比員畫押，仍咨請商部發給開礦執照外，謹將合同及附件録具清單，恭呈御覽。理合繕折具陳。伏乞皇太后、皇上聖鑒訓示。謹奏。

光緒三十一年二月十三日奉硃批：該部知道，單并發，欽此。

〔附件〕直隸臨城礦務局與比國公司訂立借款合辦合同及互換函稿

（一）計開：

津海關道現奉北洋大臣袁札委督辦臨城、内邱、高邑境内煤脉相接之礦，兹因該局應辦一切事宜，特與建造蘆漢鐵路總工程司即比京之辦理中華鐵路公司代理人沙多，訂立合同如左：該辦理中華鐵路公司係駐比京代理將來新設之直隸臨城礦務借款公司一切事宜，此合同内所有臨城礦局稱爲直隸臨城礦務局，比國代理直隸臨城礦務借款公司稱爲蘆漢公司。

第一款

一、直隸臨城礦務局議定籌借款項，以足敷購置新式機器，爲擴充臨城礦務之用，且因該礦附近鐵路所出煤斤，可藉蘆漢鐵路轉運以便銷售起見。

第二款

一、直隸臨城礦務局議定籌借法金三百萬佛郎，約合銀九十二萬三千兩，由蘆漢公司承認籌備全數借與直隸臨城礦務局。

第三款

一、此項借款並借款應納之七厘利息，將直隸臨城礦務局所有新舊産業作第一次抵押。以上産業，直隸臨城礦務局承認並無另押與他人情事。

第四款

一、直隸臨城礦務局與蘆漢公司彼此認定俟需款之時，由蘆漢公司將所借之全數分四期交清，按十成計算，每次交足二成五投入彼此互允之銀行，以便應支。

第五款

一、在此合同期内，所有該礦一切事宜，應由直隸臨城礦務局與蘆漢公司合辦。直隸臨城礦務局應派華總辦一員，華工程司一員及各華員，蘆漢公司應派洋工程總辦一員及各洋員，均須彼此會商妥洽後方能委派。所有該礦公事並添置機器、購買材料，以及各項賬目，每事須華、洋總辦互相商妥方可舉行。遇有應行公事，亦須由華、洋總辦商定後，用直隸臨城礦務局出名公同樹押。

第六款

一、直隸臨城礦務局本有之利益，以及各項産業：房屋、礦井、機器，連勘驗費在内，共值實銀五十萬兩。此五十萬兩内，以四十八萬兩作爲直隸臨城礦務局本有之利益，以及現有各項産業：房屋、礦井、機器之價值。其餘之二萬兩，作爲中國地方官勘辦經費，此二萬兩應交還中國地方官收回。其蘆漢公司以前細勘該礦之費用各款，現訂定撥十三萬佛郎作爲蘆漢公司名下之款。

二、直隸臨城礦務局所有利益産業，共值五十萬兩之數，蘆漢公司承認在借款之内先撥十五萬兩交還直隸臨城礦務局收回，分三期交清。第一期，俟奉政府批準合辦時，即交銀五萬兩，其本款第一段内所載應還中國地方官之勘辦費銀二萬兩，即在此第一期所交五萬兩之内，無須另交。第二期，俟華、洋總辦到局開辦時，再交銀五萬兩。至所餘之款三十五萬兩，不交現銀，作爲直隸臨城礦務局股本，按第七款内照股分息。蘆漢公司名下所有之十三萬佛郎，當於華、洋總辦到局接辦時，交還現銀六萬五千佛郎與蘆漢公司收回，下餘之六萬五千佛郎作爲蘆漢公司之股本，亦按第七款内照股分息。

三、奉政府批準合辦之後，直隸臨城礦務局及蘆漢公司須即接收臨城舊局所有産業房屋、礦井、機器，立即從善辦理。

第七款

一、合辦後，每年所得利息，照後開章程辦理。

甲，先付佛郎借款利息，按常年七厘計算，每年一付即借款每百兩息銀七兩。

乙，既付借款利息之後，須交第六款兩局所出三十五萬兩及六萬五千佛郎股本之利息，亦按常年七厘計算，每年一付即本股每百兩息銀七兩。

丙，既支以上兩項利息之後，所餘之款，每百兩撥交直隸臨城礦務局十兩，作爲直隸臨城礦務局公積之款，與蘆漢公司無涉。

丁，再有餘款，歸直隸臨城礦務局及蘆漢公司均分，各得一半。

第八款

一、建造新式機器約計至遲不得過二年之期，其建造新式機器未完以前，所有舊機器所得利益如不敷支借款以及股本之利息，凡不足之款，當由借本内撥出交付。至借款利息，只按已交之款若干於交款日行息，其兩局訂定之股本利息，應視已交之借款若干，按照借款全數彼此分成折算。如借款只交一成，則兩局所有股本亦按一成行息。至新式機器造成開用以後，兩局所有之股本，即按三十五萬兩及六萬五千佛郎之數行息。

第九款

一、此項借款，由中國政府批準之日起，以三十年爲期，前十五年按借款交到實數，照第七款付利。自第十六年起分年還本，將借款三百萬佛郎每年付還金本十五分之一，即每年付二十萬佛郎，應付之七厘借息，隨本遞減。及將第七款丁字項下蘆漢公司名下應得之一半餘款，自第十六年至二十年，其所餘之款仍按第七款丁字項下均分一半。自二十一年至三十年，蘆漢公司僅得所有餘款四成也。至第三十年，本利全清。並將蘆漢公司名下之股本銀二萬兩每兩按三佛郎二五計算，於期滿時一並付足後，所有直隸臨城礦務局利益産業，即與蘆漢公司無涉。此項合同即行作廢。

第十款

一、此借款至十五年之後，直隸臨城礦務局可以將此合同停辦。惟直隸臨城礦務局欲將此合同停辦時，須在一年之前先行知會蘆漢公司，屆期由直隸臨城礦務局將借款約九十二萬三千兩全數付足，並將第六款蘆漢公司名下之股本六萬五千佛郎一並交還，加以十五倍一年之利益。所謂十五倍一年之利益者，即按第七款丁字項下最近五年蘆漢公司所得之利總共之數按五份均分後，將所得之一分加足十五倍計算。至此項應得十五倍一年之利益，按全數借款計算，不得過九成之多，方能照給，如過九成之外，亦只按九成照給。如至十五年之後，蘆漢公司欲將此合同停辦，須在一年之前，先行知會直隸臨城礦務局，如是則臨城礦務局只還全數借款及蘆漢公司名下股本計六萬五千佛郎，無須另加利益。倘至十五年之後，直隸臨城礦務局與蘆漢公司均不欲即行停辦，則按照第九款所載辦理。

第十一款

一、現訂明本合同之借款止以直隸臨城礦務局產業及股本作第一次抵押，倘該產業及股本將來不足以償此項借款，或此項借款利息其下欠之款，與中國國家及官政無涉，即與該局股友除以其應得該礦利益抵完外，亦不再干涉。

第十二款

一、在此合同未經作廢及停辦以前，直隸臨城礦務局未經蘆漢公司允準，不得擅與他人另立合同。倘至第十五年之時，直隸臨城礦務局欲借洋債以還蘆漢公司全數借款，其時直隸臨城礦務局欲給他人利息，須照擬給他人之章程，先讓蘆漢公司承辦，如蘆漢公司不願承辦，方能另讓他人，此係指擬借洋債而言。至或十五年後中國官商自行籌款接辦，則照第十款清還欠款後，蘆漢公司只可退出，不得有異言。至蘆漢公司未經直隸臨城礦務局允準，亦不得將其合辦利權並股份轉讓他人承辦。

第十三款

一、蘆漢公司承運直隸臨城礦務局所出之煤，所有運費須按每次各車滿載煤斤，不拘遠近，每噸應交運費不得過洋一角五分，再按每英里計算，每一英里從廉加給運費，每噸不得過洋一分以上。價則係按海洋合二佛郎以上計算，倘每洋合二佛郎以下，其價應另行遞加。至蘆漢自用之煤，其煤價可照本處公平市價，按七五折算給。

第十四款

一、該局報效中國國家並本省官款，須按煤斤出礦之價每值銀一兩內以五分作爲報效即每百兩五兩。所征稅厘按照開平礦局章程辦理，每噸納厘金浄錢八十四文，另納稅銀一錢。鐵路官局及凡他官局所用煤斤，只納報效之費。除以上稅厘並應納之地稅外，並無他稅。倘別項煤斤在直隸省有納稅較低者，直隸臨城礦務局所出之煤，亦當援照完納以歸一律。

第十五款

一、該局應用一切礦務材料物件只完海關例稅，其餘厘金各捐一概豁免。

第十六款

一、凡有該礦一切事宜，全仗北洋大臣維持保護，自應歸北洋大臣節制。所有事宜，應由其委之直隸臨城礦務局督辦、總辦並蘆漢公司所派之洋工程總辦等，遵照北洋大臣指示辦理。倘非實有礙該礦利益者，均應遵辦。

第十七款

一、倘兩局遇有爭執，直隸臨城礦務局及蘆漢公司各請一秉公人判斷，如所請之秉公人不能判斷，則由此二秉公人另公舉一人以決之。

第十八款

一、以上各款章程，繕就六套，每套華、英文各一紙。華、英文字均已詳對，兩局均認無訛。嗣後遇有爭執，華、英文均可作准。此合同六套，均由兩局所委之員畫押後呈送北洋大臣核准蓋印，轉請政府批準。其合同六套，以一套存北洋大臣衙門備案，一套存津海關道署備案，以二套存直隸臨城礦務局備案，二套存蘆漢公司備查。

（二）津海關道梁敦彥致蘆漢公司沙多代理人馬楣函

逕啓者，昨面訂各節，茲特函達存案。

一、現商議之辦理臨城礦務合同，倘將來簽定則彼此應允。每屆年底必須造具清册，將上年該礦所辦各礦工程並下年擬辦各項事宜，少詳細報明督辦。此款報册，必須將已辦及擬辦各工詳晰叙明，以便督辦得以按照稽核所辦各礦工程是否於礦局產業有利無礙，並是否爲該礦長遠之計。倘或督辦於擬辦工程意有未洽，蘆漢公司代表人自當再爲細心籌劃。倘擬辦各項工程，督辦有飭令更改者，務須仿照最佳之礦辦法照改。又彼此特爲訂明開礦各事，必須妥慎經營，以期擴充而保久遠。其長保礦產之旨，必須常存於心目之中，萬不可因一時多出煤斤，致於該礦產業有損。

以上彼此訂允各節，務祈見復一函存案，俾將來盧漢工程總辦一律遵守爲要。

（三）盧漢公司沙多代理人馬楣復津海關道函

逕復者，頃接本日來函，將臨城礦務合同昨日彼此面訂各節聲明存案。内云現商議之辦理臨城礦務合同，倘將來簽定，則彼此應允每届年底必須造具清册，將上年該礦所辦各礦工程並下年擬辦各項事宜，詳細報明督辦。此項報册必須將已辦及擬辦各工詳晰叙明，以便督辦得以按照稽核所辦各礦工程是否於礦局産業有利無礙，並是否爲該礦長遠之計。倘或督辦於擬辦工程意有未洽，盧漢公司代表人自當再爲細心籌畫。倘擬辦各項工程，督辦有飭令更改者，務須仿照最佳之礦辦法照改。又彼此特爲訂明，開礦各事必須妥慎經營，以期擴充而保久遠。其長保礦産之旨，必須常存於心目之中，萬不可因一時多出煤斤，致於該礦産業有損，等語。查以上各節實已允許，將來盧漢工程司及總辦於合同期内必應遵守。專此布復。

遼寧省檔案館等《東北義和團檔案史料·直隸總督袁世凱爲具奏黑龍江漠河金廠在差殉難病故各員懇恩賜恤事抄給黑龍江將軍的咨文光緒三十一年二月十一日》 爲抄摺咨明事。爲照本大臣於光緒三十年十二月十五日，在天津行館專弁具奏，黑龍江漠河金廠在差殉難病故員司懇恩賜恤一摺，除俟奉到硃批另行恭録咨行外，相應抄摺咨明貴將軍，請煩查照。

計抄摺：

奏爲黑龍江漠河金廠在差殉難病故各員，懇恩賜恤，繕單恭摺仰祈聖鑒事：竊查黑龍江漠河金廠，孤懸塞外，氣候嚴寒，艱苦情形，迥殊内地。在差遇害病故各員，歷經前督臣奏蒙恩準賜恤在案。兹據前督辦礦務道員錢鑅禀稱：該道於光緒廿六年五月接辦漠河礦務，總局設在璦琿，爲黑龍江邊界。漠河分廠，在璦琿西北一千五百餘里，觀音山分廠，在璦琿迤東六百餘里。礦中運糧解餉，向附俄輪往來。

是年六月十八日，璦琿鎮邊軍於俄人開仗，道路隔絶，消息難通。兩廠不知開釁情形，照舊工作。觀音山於上月初一，被俄兵入山搜搶。員司因水路不通，由三姓一帶山路逃避。鳥道蠶叢，人迹罕到，兩峰夾峙之中，山溪水勇，褰裳徒涉，間遭淹斃。漠河分廠於七月初二日，經俄兵用砲轟擊，奇乾河分廠，又在漠河上游三百里，音向尤梗。七月十四日俄兵入山焚掠。各廠員司差弁裹糧入山。測日影以向南行，伐木披荆，閲四五十日，始得出險。中途糧絶，至宰牛馬，挖草根而食。入山時員司弁勇礦丁，同行者三四百人，出山時，只存其半。此外尚有繙繹差弁，在途爲俄兵扣留，慘遭槍斃。

現經該道查明，殉難員司二十人，先事病故員弁兩人。造具事實清册，禀請照案奏恤，並聲明勇隊兵目被害尚多，應俟接辦之員查明禀辦。等情前來。臣查該員司差弁等，從事極邊寒苦之區，或臨難捐軀，或積勞病故，均能以死勤事，未便任其湮没不彰。合無仰懇天恩，俯準敕部照案分別從優議恤，以慰幽魂。除將事實清册，分咨吏、兵兩部外，理合繕單恭摺具奏，伏乞皇太后、皇上聖鑒訓示。謹奏。

謹將光緒二十六年漠河金礦殉難病故員司、差弁職名繕具清單，恭呈御覽。

計開：殉難員司差弁，漠廠文案委員，縣丞職御董霆春，於七月初四日，失路餓死。

漠廠查磧委員，五品頂戴顧秉鈞於七月十日，餓死山中；漠河一間房盤查委員，候選從九馮孝昌，於七月二十七日，在山溝内被水淹斃，尸身隨流漂去。

漠廠查磧採苗司事從九職銜丁兆甲，於七月二十四日，以力憊不能遠行，餓斃山中。

漠廠監工司事，六品頂戴張緒武，於七月初十日，墮馬身死。

員名，由善後局呈請具奏前來。詳加查覈，該驍騎校順凌等，或身先戰陣，捐軀於槍砲互擊之間；或力守危城，效命於兵刃既接之際，均屬忠貞自矢，大義昭然。合無仰懇天恩，俯準交部，分別議恤，以慰忠魂。其臨陣受傷官兵，驍騎校忠山等四百七十三員名，業由督飭善後局查明照章分別賞恤，另案咨部核辦。

所有續查江省經亂陣亡、傷亡、病故官弁、兵丹第二次請恤緣由，除造册咨部查覈外，理合恭摺具陳，伏乞皇太后、皇上聖鑒訓示。再該官弁等死事之後，家屬均遭蹂躪，詳細履歷，無從查取。合併聲明。謹奏。

「中央研究院」近代史研究所《礦務檔》第一册《光緒三十一年二月十二日外務部收軍機處交出北洋大臣袁世凱鈔片奏參鈕秉臣龔照璵等擅訂礦務草約》 光緒三十一年二月十二日，收軍機處交出袁世凱鈔片稱，再臨城礦産前因候選郎中鈕秉臣、已革道員龔照璵，未經禀明批准，擅與比公司訂立合辦草約，所有産業房地，統交比公司收執，名爲合辦，實屬盜賣。經臣奏明將草約作廢，一面由臣督飭委員另定合同，磋磨二年，始就範圍，一切利權事權，暨將來收回辦法，均不失我自主。惟礦産與土地相連，賣礦産即係賣土地，我處積弱，環伺日多，如官民均得擅賣土地於外人，後患伊于胡底。鈕秉臣繼開賣礦之後，自係追步開平，上年遵化州趙文榮賣地一案，又係追仿臨城，若不嚴加禁遏，恐傚尤日衆，疆域日削，大局之害，曷可勝言。臣忝任疆吏，職在守土，又不敢稍避嫌怨也。現臨城礦務雖已就我範圍，而鈕秉臣等盜賣之罪，仍未可逭。擬請旨將候選郎中鈕秉臣先行革職，由臣檄撤總辦臨城礦務局差使，另行遴委大員，認真查辦，並押令該革員將經手事件料理清楚，分别交代，倘涉支吾含糊即請將該革員從嚴治罪。至龔照璵以監候犯員因亂蒙恩釋放，仍不清白，乃心奮發圖報，乃隨同鈕秉臣附和爲姦，應請旨發往軍台效力，以示懲戒而遏刁風，理合附片具陳，伏乞聖鑒訓示。謹奏。

光緒三十一年二月十一日奉硃批：著照所請，該部知道，欽此。

吉林省檔案館《清代吉林檔案史料選編（工業）》上册《三姓交涉善後局鄭國橋等爲派員接理礦務的呈文光緒三十一年二月十八日》 爲呈報事。

竊於本年正月二十三日接奉憲批，内開：稟悉。所擬清理周副將開出銀錢憑票按年籌還辦法，尚屬妥協，應準照辦。原借官帖三萬吊，先飭公議會衆商出具連環圖書保狀，呈送官帖局備案。每年應交七厘息錢，即由將來金礦所獲盈餘項下撥補，其借用七四九厘捐款錢二萬吊，姑候飭籌餉總局另籌公款劃解，不必再借官帖多費利息。至周副將上年在省，以金礦虧累亟求辭退，但使有人接辦即屬恩同再造等語。苦苦懇求，此礦當該副將開辦時，本係自行集股，並無官本在内。數年以來亦無絲毫報效官中，原可不必過問。第因其開出銀錢各票爲數過巨，時届年終，深恐貽累商民，故派令該丞，該統領爲之設法清厘。乃事已就緒，而輒復稟請展限交代，是必此礦出金豐厚，有利可圖。其前次之所稱虧賠者乃係欺人之語，實屬貪詐可惡。即其所虧兵餉，曾經余道向其詢明，除以米麵抵補外，每名所欠不過三五錢。言猶在耳，亦斷無五千兩之多，種種詐妄深堪痛恨。現據其來稟已批，飭迅速交代，並令其代同員司來省另候差遣，以免在彼把持，别滋事故。該礦事務即責成該丞等會同和衷商辦，認真經理。並由該統領酌派妥弁調帶兵重，或親自前往溝内妥爲彈壓。所餘降隊槍械設法收繳，分别安置遣散，仰全省行營文案處分行籌餉總局暨營務處知照，繳等因。奉此，遵即備文，移會周副將寶麟遵照，並派委員富恒、楊春藻等前往溝里妥爲接收。去後，旋於二月十三日據該委員等稟稱，準周副將將溝里各廠礦務事宜截止二月初一日交代前來，當即接收。所有一切器械、房間、鋪墊等項，容俟查點清楚，再行造册呈報。現在周副將仍帶同員司差弁在山里居住，清理經手未完事件，猶未動身，等情前來。查周副將既將礦務截止二月初一日先行交出，應即派員妥爲接理。除俟其將關防器械等項移交清楚，另行造册呈報外，所有接辦礦務日期，理合備文呈報憲臺鑒核，備案施行。須至呈者。

吉林將軍富順批：呈悉。仍由該丞等督飭委員等將各廠礦務事宜認真經理，一面並將接收器械、房間等項查點清楚，另行造册呈報。仰行營文案處轉行知照。

光緒三十一年三月初二日。

王樹枏《張文襄公全集》卷一九二《致開封陳撫台光緒三十一年二月二十九日午刻發》 聞豫省近鐵路州縣，有黑鉛鑛，經德商禮和洋行，私與該處不安分之土人，議購此種鑛砂，此爲洋人干預内地鑛權之漸，萬不可許。湘省前因訂售銻砂，與該德商交涉，受彼挾制挑剔，至今未了，前車之鑒，不可不防。該德商前在武昌城外，私設洗砂廠，屢議估價收回，彼貪湘鑛，轉售厚利，不肯售廠，若再益以豫鑛，則購收廠屋，更難務望。尊處密查嚴禁，斷不准民間將鑛砂售與禮和，至禱至盼，祈電復。豔。

《申報》光緒三十一年三月初九日第三版《准開曲陽煤礦京師》 商人孫進甲等集股稟辦定州曲陽縣白石溝煤鑛，嗣經商部行咨北洋大臣飭屬確查，是處礦地有無違礙，股東是否殷實。兹准北洋大臣咨稱，轉據曲陽縣稟稱，白石溝礦産係屬民地，由各股東出資價買，并無違礙，該商孫進甲等亦屬公正和平，身家殷實，應請照章發給執照，現已由部咨復直督，照准給發採礦執照矣。

《申報》光緒三十一年三月十五日第四版《商人請開鉛銀礦北京》 商人李鳴鳳具稟商部，請辦宣化府屬獨石口廳境内桃樹底下之南村鉛銀礦，略請該處礦苗極旺，且係明礦無需鑿山穿石，曾經用化學試驗，每礦一斤可煉出净鉛半斤，上色銀二分有奇。鑛地係屬荒山，并無民田廬墓，擬先用土法試辦，有成效，再行購買機器，特遵部章，出具擔保銀兩切結，請給執照，以便開辦。

《申報》光緒三十一年三月十九日第四版《山東五金礦權將失山東》 本省煤礦本已爲某國條約所載，利權早失，兹又聞要索五金礦利，當道以條約所無事之，彼堅執原約本云煤礦等並非專指煤礦一件，當道又爭華文上並無等字，彼出洋文原約示之，衆繙譯官細加參攷，僉云，煤礦字下確有等字，華文漏寫未載，當道遂啞然無言以對。噫，一字之疏忽，全省命脈去矣。近年各國所訂條約，往往有等處附近地方諸文法，以便日後侵佔地步，如前中俄草約中第三條、第十條，明眼人一望而知，不知當局何以憒憒，若是，真可痛哭。

《申報》光緒三十一年三月二十五日第三版《派鑛師至山西平定州勘礦京師》 日前駐京英使，照會外部云，哲美生擬派礦師蕭密德等，往山西平定州、盂縣一帶勘礦，請令照料。

《申報》光緒三十一年三月二十五日第三版《准辦昌平州屬銀礦京師》 宛平縣紳商李宏富、宋國祥前稟商部股辦昌平州屬河子澗村銀礦。嗣經商部札飭順天府轉札所屬查覆，現據宛平等縣詳查，河子澗村實係荒山，并無違礙，李宏富等家道亦極殷實，由順天府據詳呈覆商部，請予照例，發給探礦執照，以憑試辦。

「中央研究院」近代史研究所《礦務檔》第八册《光緒三十一年三月二十九日外務部收新疆巡撫咨附復俄領事照會開辦新疆煤油正頗得手並婉拒俄商攬辦》

光緒三十一年三月二十九日，收新疆巡撫咨，光緒三十年二月二十六日，承准商部咨開，本部奏明勸辦商會，原以提倡土貨抵制洋貨爲要義。查煤油一項，中國行銷甚廣，近年關册所載，俄美諸國及南洋等埠所産煤油，每歲運進中國值銀一千數百萬兩，爲數甚鉅，非設法抵制，無以挽利權而塞漏卮。分飭各屬查明，如有此項礦産，亟宜仿照洋法，詳細講求，招集股本，設立公司售賣，庶不至專銷洋産，并隨時報明本部各等因。准此，當經本部院以從前新疆開採煤油，辦理不善，及現籌設法採取，冀資抵制各情形，咨覆商部各在案。旋即派委員弁分赴産油之綏來庫爾喀喇、烏蘇、塔城一帶，查勘出油衰旺，一面設局招募熟悉熬煎石油工匠，提浄渣滓，期於合用。頃據承辦官油局委員册報，去年開辦四月之久，共採生油八千餘觔，售出熬成明亮熟油五千觔之譜，機器另出之紅黑油，不在此數。核計歸還成本，開銷局費工資，尚屬有贏無絀。本年各處承採生油之商販各户，現已結領成本銀數千兩，統限二月以後陸續運送到局，是辦理正形得手。昨據俄領事官照稱，查綏來庫爾喀喇、烏蘇二處地界內出産石油，俄國洋行濶潤温已索福欲開採此二處石油，呈請將産油地段或租給該洋行四十年，或每年按畝交納地租，或按出油多少交税，并開呈石油之利四條等情前來。查石油係自有之利，開採亦自主之權，從前辦理，未經得法，是以中止。現在新省産油祇此三處，業已設局派員招商開採，熬成熟油，亦經省城內外争相售銷，僉稱合用，是籌辦已漸著成效。若令租給俄商洋行，不獨利權旁落，且未免政出兩歧，况租給年久，將來即有精習工匠，收回自辦，難易亦無把握。至於量地納租，按油完課抽收，尤易滋口舌，已飭鎮迪道兼辦通商事務衙門據情照覆，婉辭以謝，誠恐該領事所求不遂，轉向貴商部嘵瀆，并飭將領事照會，及該衙門照覆底稿，鈔呈鈞鑒。除飭鎮迪道遵照並咨明商部外，相應咨呈貴部查照施行。

〔附〕照覆俄領事官底稿

大清國新疆鎮迪道兼按察使辦理通商事務李照覆事。光緒三十一年正月二十日，奉新疆巡撫部院潘札發貴領事照會內開，查綏來庫爾喀喇烏蘇二處地界內，出産石油，俄國洋行闊潤温巴索福，欲開採此二處石油，是以呈請將産油地段，或租給該洋行四十年，或每年按畝交納地租，並按每普筒石油交納税課俄戈壁一個，或按每百觔交中國銅錢五個。總之，如何交納税課，如何租給地段，均應商酌辦理。至出油若干，中國派員稽查，該行在中國漢、口天津，俄國新舊京都森彼得堡、墨斯刮等處，均有分號，採辦茶葉、羊毛、棉花等項，係著名洋行。該行情願先出成本蘆布十萬，急行開辦，中國人民可在廠內學習製油之法，學成即能在中國各處自行開辦。茲將石油之利四端，開列於後等因，准此，具見貴國公利於人，體恤隣民之意。但查石油一項，上年中國商部行文飭查，各屬如有此項礦産，急宜採辦，以開利源，新疆撫台當時答應設法開採，咨覆商部有案。旋即派委員弁，分赴綏來庫爾喀喇、烏蘇、答城三處，查明産油衰旺，設局派員招商開辦。九十月間，該三處商民來局請領成本，分赴産油地段包採運省，統限三月到局，不難一查便悉。此時未便自行歇業，將地出租，貴國洋行所請租地採油之事，礙難照准。相應照覆貴領事，請煩查照轉飭潤闊温巴索福權作罷論，須至照會者。

大清光緒叁拾壹年正月　日具。

中國第一歷史檔案館等《清代外務部中外關係檔案史料叢編——中英關係卷》礦物實業《擬設山西鎔化廠并合辦山西銕礦合同》 一，山西商務局將批准專辦之盂縣、平定州、潞安、澤州與平陽府煤銕，以及他處煤油各礦，光緒二十四年，商務局與福公司訂立合同，轉請福公司辦理，限六十年爲期，現經議定，中國願與福公司合辦以上盂、平、澤、潞等處銕礦，以及化鉄需用之煤，與錬焦爐，福公司應允中國合股開辦，以五成爲度，自給憑單之日起，六十年爲限，其限期之內，中英董事人數相同，平權辦理，合辦派股之時，所有福公司創始已用經費，如實有單據可憑，確係爲鉄礦事宜所用，准其分派核算，撥入股本項内，其詳細合同，另行會訂，至以上所指各處煤礦，如亦願意合辦，届時由山西商務局與福公司再行商議。

二，中國國家自籌資本，准在晉省設立鎔化廠，允將中國與福公司合辦鉄礦之鉄砂，交由國家鎔化廠煉成鉄磚，以便易於火車裝運，此鎔化廠或設在就近産鉄之處，或在就近鉄路之處，由彼此商定相宜地段安置。其化鉄爐式樣，自必選取各國最新最精之圖樣，估算辦理，届時福公司如有圖樣價值，亦可一併呈送，由督辦大臣擇其極相宜者辦，理以期工速費省。如果礦務興旺，推廣辦理實多裨益，應准商量中國國家推廣辦法，以期盡善，而保廠礦彼此利益。

三，鎔化之費，彼此商訂公道之價，該廠如實係自己需用之煤及焦炭，倘欲在第一款所指各處之煤礦購買，須訂一額外價值，比外賣之價略減，該公司儘先供用，該廠既設之後，國家須時常保全妥當合用，而該公司除國家允准外，不得將鉄砂寄往別處鎔化，或別法銷用，該廠亦不得於該公司交煉鉄砂，有所躭延。

四，該廠及日後推廣之廠，均係中國國家物産，該廠督辦大臣應自遴用合式化鉄工師，如届時中國尚無稱職之人，應向英國選聘，由督辦大臣與該工師，另訂聘用合同。

《申報》光緒三十一年四月初二日第四版《飭查陝甘各屬礦産京師》　陝甘各屬，礦産極佳，惜顧問無人，貨藏於地，外人久有覬覦之心。若不趕緊籌辦，恐爲外族攘奪，商部因特行咨陝甘總督，請飭屬將所有五金及各項礦産，切實查明，按照礦章妥籌辦法，隨時報部，以憑核辦，而保利權。

《申報》光緒三十一年四月初二日第四版《咨查獨石口銀礦情形京師》　商人李鳳鳴前稟商部開辦獨石口廳桃樹底下村銀礦。現商部已據稟，行咨直隸總督，飭屬查明，該處礦山有無礙窒，礦質是否暢旺，據實稟復，以憑核辦。

《申報》光緒三十一年四月初二日第四版《商部咨查臨城礦務京師》　臨城礦務商部前准北洋袁宫保咨，請發給開礦執照，當於二月十六日，電請查明里數，並飭解照費去後。旋於十七日，先行填發開礦執照一張，咨送袁宫保，轉給該公司收執在案。茲三月十四日，有商人王恩温遞稟商部，請辦高邑境内嵩西煤礦，商部查臨城所訂合同，内有高邑字樣，此次該商所稟高邑地址，是否在該礦局畫定界限之内，有無各項窒礙？爰抄録原稟並圖樣等咨行袁宫保，飭局查明，詳細聲復，以憑核辦，一面請即按照商部前次電詢各節，並應解照費，一併迅速過部，以憑稽核云云。

《申報》光緒三十一年四月初二日第四版《咨查山西煤窑鐵爐京師》　山西煤窑鐵爐爲晉省極大商務，疊經山西巡撫咨報到部，飭屬興辦，惟未准咨稱共有幾處，無從查覈。刻經商部行咨晉撫，請飭催所屬將已辦之煤窑、鐵爐，共有若干座，趕緊造具清册，即日報部，以憑查覈，並請力籌擴充辦法，妥定章程，一併到部，酌奪辦理。

《申報》光緒三十一年四月初九日第三版《商部允開昌平州銀礦北京》　日昨商部各堂會議，商人李宏富稟請試辦昌平州河子澗村銀礦一事。前據順天府查覆稱，該商請辦河子澗村銀礦，於地方均無窒礙，又據該商遵章，將保單、礦圖暨與山主原立合同一併呈送到部查覈，前後禀請各節，與部章均屬相符，故商部擬將照准，飭呈繳照費銀兩，以便填給採礦執照發給矣。

中國第一歷史檔案館《清代軍機處電報檔彙編》第二六册《發山西巡撫張曾敭電爲晉省開礦事光緒三十一年四月初十日》　庚電悉。晉省自開各礦，慮其藉端侵佔，禁用機器，應由商務局與該公司會訂詳細合同時，切實聲明，以維商民生計。至煤礦一節，按照此次所訂條款本可合辦，亦應預爲籌畫，以便與該公司商議，希查照。外務部。蒸。

「中央研究院」近代史研究所《礦務檔》第一册《光緒三十一年四月十六日外務部收北洋大臣文附張鳳起等稟井陘煤礦改訂合同礙難照准》　光緒三十一年四月十六日，收北洋大臣文稱，據合辦直隸井陘縣横西村煤礦華商張鳳起、提督銜德員漢納根稟稱，竊生等於本年二月，恪遵憲飭稟送更正合同，開辦井陘縣横西村煤礦情形一案，接奉鈞批：據稟該商等所稟礦地四址究竟廣袤若干，是否與部章相合，仰即繪具詳細圖説，呈候札飭井陘縣丈勘明確，再行咨請商部核定。至股本一項，商部定章既稱搭附洋股，以不逾華股之數爲限，又稱須呈明集有的實股本，并聲明股款現存該省殷實銀行票號，由該行號出立保單呈驗，以憑查覈各等語。核閲所稟該華、洋商等分别用過銀數及將洋股長付之數算清歸還，并將華股付足各節，僅憑該商等虚擬之詞，是否確實，無從查驗，礙難批准。仰即遵照定章，將合同全稿訂改完善并將各款臚列清晰，呈候核辦，不得稍涉含混爲要等因。生等奉批之後，遵赴井陘縣查看礦地，係在光緒二十九年分，前縣勘定民間無礙地畝之内開辦，東至鋪上東山坡，南至綿河，西至張家井山坡，北至賈莊嶺，爲四至地界。茲復於四至之内，確切覆勘，悉心測量呈送，應請札飭井陘縣丈勘明確，稟覆憲核。至股本一項，委係生鳳起提督漢納根華洋商人合辦井陘橫西村煤礦公司，各出一半股分銀五萬兩，共集實銀十萬兩。二十九年正月，設立煤礦公司，購遵各項機器，搭蓋廠屋，招募華洋工人，開挖井礦。嗣因移改井口加寬加深，一面購添大機器運用，而礦地照常工作，不能暫停，所有礦用各項，均在公司支給。惟因匪亂之時，適生在津，銀兩帳目，均被搶失，不得不添招新股而各股東因礦成無日，觀望遽疑，付銀參差不齊，致有漢納根長付洋股，遽至客冬結算，由生鳳起在於招集華股銀兩之内，如數歸墊之事。核算生等華洋共集股本銀十萬兩，截至三十年十二月分止，已動用過銀九萬九千八百八十七兩一錢四分，餘銀存公接支。公司所用各款，均係隨時動用，積少成多，並無虚捏，自應抄録公司收支股本礦工數目，分款臚列，並將合同全稿訂改妥善，開摺一併呈送，不敢稍有含混，自干欺飾之咎。再生等所開之礦，係在商部新章以前，現蒙迭次批示周詳，飭將開辦礦務悉合現行新礦地領照各費，以符商部新章，不敢違背，擬合稟請督核，批示祗遵等情。到本大臣，據此，除批據稟並圖摺改訂合同全稿，大致均閲悉。該商所稱礦地四至，共合二十九方里有餘，地段均係連屬，長處並不有逾濶處四倍等語，是否確實，仰候札飭井陘縣查照商部礦章第五條，將該礦地究占若干方里，詳測精算，確切勘明，稟候核奪。其股本一項，據稱華洋各半，各出銀五萬兩，共銀十萬兩，但既未照章由股實行號出立保單呈驗，且所稱十萬兩之股本，存一百餘兩，於礦工一切，斷難敷用。若將來開辦後不再續集股本，難保不暫借洋款，以資周轉。查商部定章，稟辦全係華股者，准其酌借洋款。而華、洋合辦者，并不准於附搭洋股外，另借洋款，雖據稱自本年正月分起，礦成見煤，公司應支各款，在該生張鳳起名下借墊支發，將來由煤價歸還。然僅憑該商等虚擬之詞，固難取信，且所備華洋股銀，業將用罄，更無從分別查驗資本。所請開辦之處，礙難照准。至該礦前僅由准其前往查勘，經飭地方官保護，實與新章探礦之例相同。查探礦僅准就浮面探驗苗綫，不得過於深邃廣濶，並非准其開採。該商等於未經給照准辦以前，先擅自動工開採，尤屬不合，并候飭縣查覆，仍候咨明外務部、商部查核。此繳挂發外，相應咨呈貴部，謹請查核。須至咨呈者。計抄摺。

〔附〕清摺

合辦直隸井陘縣橫西村煤礦，華商直隸井陘縣文生張鳳起、洋商前北洋隨員提督漢納根爲現奉憲台批稟，飭令遵照定章，將合同全稿訂改完善，呈候核辦等因。遵查直隸井陘縣四境，暨接壤各州縣，居民度日，皆不燒柴，以煤代薪。本邑煤窑日廢，煤自遠方購辦，價貴運艱，閭閻困苦，是以生鳳起遵照宋檢討育仁、陳御史其璋條陳，奏奉户部議准聽民集股指地開礦章程，於光緒二十四年三月，在井陘縣具稟，愿出己貲，括集股份，在於井陘縣橫西村試辦煤礦，實爲上裕國税，下便民用起見，經前縣稟蒙升任北洋大臣王批准。是年五月開工，次年各股東會議，必須照西法開採，因購買機器，爲數太鉅，就近在津招股，適遇提督漢納根情愿附股。遵照路礦總局通行華洋合辦礦務定章，議妥各出一半貲本開辦，旋因匪亂停工。二十八年三月，復以此案具稟，四月蒙路礦總局行知，准外務部咨復，准其勘辦在案，因向外洋聘請礦司、洋匠人等，遲至二十九年正月，設立井陘縣橫西村煤礦公司，購買各項機器等件，搭蓋廠屋，招募華洋工人，開辦煤礦。呈送合同備核，閏五月蒙路礦總局札飭，准外務部咨照北洋大臣飭查。茲准復稱，詳閲合同底稿，大致尚屬妥協，惟礦地太廣等四條均應增改，飭令生等查照前呈合同内北洋大臣指駁各款，增改妥善，稟送等因。遵於三十年四月，在憲台衙門呈送續訂合同，奉批核與定章不符，復於三十一年二月逐條稟覆。蒙憲批飭將全合同訂改完善，自應悉遵定章妥議，開列於後：

一，井陘縣橫西村煤礦公司，請仍舊設立，該公司經營開礦工貲一切事務。華商張鳳起、洋商漢納根作爲總辦，將來或公請一人或各請一人帮辦。

二，開礦經費，華商張鳳起、洋商漢納根合半各出貲本銀五萬兩，共銀拾萬兩。不論已貲招股，以行平銀一百兩爲一股，共集一千股，華洋各半，日後礦煤出井，得價除完税並公司一切費用花紅等項外，餘利各按五百股分派。張鳳起、漢納根辦礦數載，各有墊借之款，概歸自行清理，不准在礦股之内抵扣。現在核明自二十九年正月設局起，截至三十年十二月分止，公司已動用過實銀九萬九千八百八十七兩一錢四分，餘銀存公接支，即係生鳳起、提督納根各出股銀五萬兩，共十萬兩之款。其自三十一年正月分起，礦成見煤，公司應支各項用款，在於生鳳起名下借墊支發，容俟將來賣煤得價，由公司歸還。所有本年二月截數稟報，均有賬目可憑，委係華、洋合辦煤礦生鳳起、提督納根各自招股集成，並非虚擬股分，亦無洋股有逾華股之數，及附搭洋股之外，另借洋款等弊。

三，定章開採之地，應向地方官呈繳額租。生等自二十四年至今，歷年按開礦用地，如數全完由井陘縣收解，錢糧並不短少拖欠，此後仍按年清年款，不敢違悮。

四，開礦所用之地，係光緒二十九年分前縣勘定民間無礙地畝，東至舖上東山坡，南至綿河，西至張家井山坡，北至賈莊嶺，爲四至地界。兹復於四至之内，確切覆勘，悉心測量，由北寨村過中正村至南正村爲東界，由南正村過兔坡墳至高家莊北山溝爲南界，由北山溝過桑樹墳至東王舍村爲西界，由東王舍村過西澗底村至北寨村爲北界，測丈四至實在。東至西扯算，測寬四里，南至北扯算，測長七里，三分共合二十九方里二分，地段均係連屬，長處並不有逾濶處四倍，遇有墳堂祠屋，即行設法繞越，亦不敢擅自砍伐公私林木，請按前縣勘定四至，釘石劃清界限，免被他人攙越，争競滋事。所有礦圖四至自應貼説呈送備核。

五，礦地挖井，在四至之中。現在查確四至，測量廣袤，共合二十九方里二分，今情愿按三十方里，請領礦地，赴部如數呈繳照費，領照收執並請飭縣保護，以符定章。

六，礦煤出井，每日由公司遵章詳列煤表，每季開册呈報，按照出井價值，抽百分之五分，以完中國國課。至礦局購買機器物料，以及運煤發賣等事，應完税銀，均照現行章程完繳。

七，礦局所用各項華洋工役人數及辛工數目，均由公司酌定，所有礦司及各項洋匠頭目人等，由漢納根妥派；其監工挖井工人，由張鳳起妥派。倘有誤工舞弊等事，仍由礦司考較，秉公棄取，總以多用華人及本地人爲主，其礦井倘有致傷人命財産或工匠口角鬥毆傷人等事，均由礦局分别妥爲辦理，從優撫卹。

八，横西村煤礦公司所有收支之款，以及出煤銷煤各數目，應由張鳳起、漢納根各派司賬一人，會同經管。銀錢收支，每月結算，每半年儘二八月杪，張鳳起漢納根或將來所請帮理之人，同在一處稽查覆核。所有公積盈餘銀錢應存妥靠銀行或殷實錢店，由張鳳起、漢納根公同酌定。

九，招股開礦，本係凑集資本，共營貿易，與商部現行商律合資公司相同。查律載合資公司所辦各事，應公舉出貲者一人或二人經理，以專責成等語。所有華洋各股東應得股票股利，以及將來餘利，應由公司給予股票，交由張鳳起、漢納根各自分給，華股洋股，不得牽混。

十，新章載開辦煤礦，必須原禀領照之人舉辦，不得私將執照轉賣他人。倘欲售賣，照章禀請領據，聽候准駁，方可轉交接辦，自應遵守。

十一，新章載以前已辦各礦及業經議定之處，仍照原定合同又載洋商既愿附股，即爲甘認此項各款章程，一律遵守勿越等語。生等開辦礦務有年，本在新章以前，惟因迭次合同奉駁更正，以及本年二月奉憲批，飭令將全合同妥送，自應遵照新章，不敢違悖，同干罰辦。兹將原續合同訂改完善，悉遵定章，即以此次呈送合同爲准，委係生鳳起、提督納根兩相情愿。若欲毁此合同，亦必兩面商允，總以呈請北洋大臣衙門暨外務部、商部憲批准爲主。如此後另有章程合同以外之事，仍由生鳳起、提督納根秉公商辦，倘有秉辦之事，亦即隨時具禀候核。

十二，此後如有商量不妥之事，暨公事争執等情，可各請一明練公正人，持平判斷。如彼此未洽，公同再請一公正人，從中調處，兩國國家，均無須干涉。

光緒三十一年三月　日，立合同。華商文生張鳳起、洋商提督漢納根。

合辦直隸井陘縣横西村煤礦（華商直隸井陘縣文生張鳳起、洋商前北洋隨員提督漢納根）今將光緒二十八年十一月分開辦煤礦起，截至三十年十二月分止，所有公司收支股份用項，遵批臚列各款，開摺恭呈憲鑒：

一，收張鳳起經手招集華商股分實銀五萬兩正。

一，收漢納根經手招集洋商股分實銀五萬兩正。

以上共收華洋商人合辦煤礦公司銀十萬兩正。

一，支挖礦井，共用銀二萬八千五百六十三兩四錢四分。

一，支購大小各樣機器，共用銀二萬八千八百七十九兩五分。

一，支礦司立合同，共用銀一千七百六十一兩七錢四分。

一，支井陘礦局存料，共用銀四千六百七十二兩九錢三分。

一，支鉄路運料，共用銀一千三十兩四錢。

一，支購小鉄道鉄車，共用銀一千四百五十兩一分。

一，支各樣傢具，共用銀八百五兩一錢六分。

一，支行用費，共用銀一千一百四十九兩六錢五分。

一，支查礦歷年費用，共用銀七千一百九十九兩九錢二分。

一，支蓋造房屋，共用銀四千一百九十二兩九錢五分。

一，支買地，共用銀七百八十一兩四分。

一，支局内各樣傢具，共用銀二百五十四兩八錢。

一，支薪水工價雜支，共用銀一萬四千五百四十五兩四錢。

一，支初次礦司回國川資，共用銀一千四百二兩五分。

一，支辦公川資雜用，共用銀三千一百九十八兩五錢四分。

以上總共動支銀九萬九千八百八十七兩一錢四分，餘銀存公，歸入三十一年正月分接支，合併陳明。

《申報》光緒三十一年四月二十三日第二版《嚴拒俄商租採石油礦北京》 新疆綏來庫爾喀喇等處，所産石油頗旺，經新疆巡撫飭屬開採，頗著成效，嗣經俄領事轉據俄商，欲租礦地開採，照會該撫請准出租，當經該撫婉詞以謝，猶慮俄領事向外部要索，特行咨外商兩部，請力拒不允，現經商部已咨復該撫，并請飭屬認真開採，仍將歷辦情形照填礦表，詳細報部，以憑稽核。

《申報》光緒三十一年四月二十五日第四版《稟准開採灤平金礦北京》 熱河灤平縣屬潮河川地方，金礦甚旺，前由職商吴景鋶頭請商部集股本銀二十萬兩，呈請開採，嗣經商部行咨熱河都統，飭屬查明，該地有無廬舍墳墓，該職商是否股實可靠，現經咨復到部，該職商委係股實，礦地亦無窒礙。茲據該商呈繳領照，公費保單，核與定章相符，商部現已允給採礦執照，以便該商開採云。

中國第一歷史檔案館等《東北邊疆檔案選集》第一五册《盛京將軍廷傑爲日本工學博士前往兄弟山等處查驗金礦事給奉天交涉總局劄文光緒三十一年四月二十七日》 爲札飭事。案據東邊道詳稱，光緒三十一年四月初三日據署鳳凰廳劉丞本源稟稱，光緒三十一年三月初八日准日本國駐紮鳳城軍政官倉辻照會，擬赴卑境距城九十里之松樹咀左近弟兄山地方查驗金礦，令即派兵二名護送。旋有日本國工學士二名前赴弟兄山遊歷，查驗礦苗，請發給護照前來。卑職正在稟報，間而日員復令差傳該處鄉保及地主人等，來城以便當面查問。卑職以事關礦務，非廳署所能專主之言回復，彼云此事將來彼必達知我國政府，不與廳署相干等語。查日本工學士現往卑境弟兄山查驗金礦，如果勘驗明白難保不行開採，處此戰地勢是兩難，理合稟請查覈示遵等情。據此，查礦産關繫我國利權，似未便任人勘採，現在此處雖屬戰地，亦應議有定章，今該日官既徑自前往查驗，究竟已否知照我政府，有無接奉文牘。茲據前情，自應轉請核示遵辦，除分詳外，理合具文詳請查覈等情，據此除批示外，合行抄□原電並批札仰該局，即便知照特札。

計抄原電一件。並批右札交涉總局准此。

批稟悉。查此案已據東边道張道錫鑾轉稟電請外務部軍機大臣及北洋大臣，嚮日使商阻在案。茲准北洋電，覆查商部奏定礦章無洋商在中國獨辦礦務之條，如華洋商合股請辦應聲明華商姓名係何省何縣人，洋商係何國人，華洋股數各若干，暨所指礦地方里畝數並採何種礦産開列清楚，稟明商部或稟由該省督撫確查，於地方情形有無窒礙，并有無違背定章，由部酌核准駁。俟領有採礦執照後，方准遵章探驗。日工學士請查驗鳳屬金礦，未經商部給照准採，自應照礦章駁阻等因，准此。除札飭張道錫鑾遵查外，仰即懔遵商部奏定礦章，嚮日本工學士妥慎磋商，竭力阻止，是爲切要。候飭交涉局知照，并候咨行撫尹堂查照。繳爲密飭事。案准北洋大臣直隸總督部堂袁密咨，内開據署按察使陳啟泰稟竊奉憲檄以署遼陽州知州陳良杰云云，相應密咨貴軍，督、部堂、府尹、撫院請煩查照辦理施行。須至咨者等因，准此。查前據交涉局以據委員孫規良文炳等稟稱，奉解陳令抵津蒙袁宫保傳見面詢云云，以杜外人藉口而固邦交，是爲至要等情。轉呈前來，當經札飭該州遵照在案，茲准前因合行密札該守遵速詳細確查，具覆特札。

右札遼陽州知州沈守金鑑，准此。

「中央研究院」近代史研究所《礦務檔》第三册《光緒三十一年四月二十九日外務部收鐵路大臣盛宣懷函附山西巡撫來電等山西礦務與福公司未議各事悉依原章程辦理》 光緒三十一年四月二十九日，收盛大臣函稱，昨接哲美森來函，請訂期會校漢洋文合同。本日已派伍丞元衡將秩庸侍郎校改之洋文，送交哲美森先自校對，再行會晤。惟本月念五日，接張筱帥來電，尚須聲明中國商民自開各礦，無論土法機器，不得禁止字樣。弟復查山西商務局原訂合同第十六款載明，民人先經開採者，不得侵佔，係指以先而言，不涉以後，此事若欲另具公牘聲明，恐英使指爲節外生枝。好在原合同第一款載明，應先由礦師勘定何鄉何山，何種礦産，繪圖貼説，稟請山西巡撫查明，果與地方情形無礙。一面咨由總理衙門，一面發給憑單，准其開採等語，是准駁之權，尚在巡撫。中國商民果能自開各礦，憑單可不發給，但此次所議四條，係專指自設鎔化廠及合辦礦務兩大端。其餘未議各事，自必悉照原訂章程辦理，現擬將此意，另備附件，彼似不能不允，擬呈一稿，即祈尊處酌量回明各堂詧核，是否妥協，並希迅賜示復。張筱帥來電，一併鈔奉台閲，專此，敬請臺安。

照録太原張中丞來電。四月二十五日。福公司事，前准咨到合同奏稿，當以該公司專辦字樣，有一網打盡之意。原議民人先經開採，不得侵佔，今合同並無此語，必須聲明中國商民自開各礦，無論土法機器，不得禁止，免蹈膠濟禁民開礦之弊。曾電商外商兩部，奉復俟晉商局與訂詳細合同，切實聲明，然非我公先爲之地，恐生異議，此事關係至重。現合同簽押，如不便添，可否另具公牘，聲明此意，祈酌示。合辦煤礦，雷參議問答語中稱，商議不妥，自然合不起來，是合辦尚屬空言，必能辦到各開各礦，方能保守權利。歟。有。照録抄件。

所有此次鐵路總公司與福公司商訂中國擬設山西鎔化廠并合辦山西盂平潞澤五處礦務合同四條，凡光緒二十四年，即西曆一千八百九十八年，山西商務局與福公司原訂章程所已載。而此次合同内未詳及者，仍照山西商務局原議章程及第一條内所言，另行會訂之詳細合同辦理，各無異詞。

《申報》光緒三十一年五月初十日第四版《承辦煤礦請先立案北京》 職商張光裕，以湖南柳州龍耳嶺煤礦甚佳，持集股銀若干萬，照章具稟商部，呈請試辦，并先請立案，以杜他人□請云云。不識果能照准否。

《申報》光緒三十一年五月二十二日第三版《咨催晉省礦務辦法章程速送商部北京》 晉撫前因盛大臣所訂澤道路礦合同，電請商部爲晉省商民開礦預留地步，當經該部照准電復。茲探聞商部又行咨晉撫，請將晉省各礦先飭商務局妥議辦法，詳訂章程，迅速送部，以憑核辦。

《申報》光緒三十一年五月二十四日第二版《美使請辦陝礦北京》 聞美國欽使柔克義君日前照會外務部云，頃敝國實業生詳查陝西榆林、延安等府所屬州縣等之煤礦，十分暢旺，若不設法開辦，是棄有用之物産，甚爲可惜，據情禀請照會外部，予以合宜之利權，由中美合辦，所有經費，先由美國墊用云云。

中國第一歷史檔案館等《東北邊疆檔案選集》第一五册《奉天交涉總局爲千山台煤礦納税事給盛京將軍廷傑呈複光緒三十一年五月二十九日》 爲呈覆事。案奉憲台札，據千山台煤税委員王焕之禀，竊於上月禀辭，二十九日馳抵局次云云。特札。抄批。 飭向軍政署妥籌商辦等因，遵嚮日員籌商，據稱千山台煤礦已作爲戰利品，此時所採之煤，係作軍用，不能納税，且云加藤既不能主政，伊亦不能作主，應否電請外務部，設法抑應。 如何辦理之處，理合呈請憲台察核示遵，須至呈者。

右呈署軍督部堂廷

吉林省檔案館《清代吉林檔案史料選編（工業）》上册《三姓交涉善後局鄭國橋等關於接收和整頓礦務的呈文光緒三十一年六月十五日》 爲呈報事。

竊查卑局前自本年二月初一日接辦礦務，業將接收日期呈報在案。惟查當時周副將寶麟因有未完事件，仍帶員司差弁多人在山局居住，至四月初旬始行離山回姓。卑局雖前派有委員富恒、楊春藻等在山，僅止接收房間傢具等項，餘如應行更正及如何辦理方能經久，事關重大，該員等均未能隨時建白。

卑職於四月二十九日馳抵山局，履勘各廠。查二十六年以前，在山礦夫不下萬人之多，自周副將接辦之後，頗不如前。然每至夏季，亦不下二千有餘及一千五六百名不等。茲則四廠僅有四百餘人。一則以春間人心未穩，不知能否相安，又加以糧米價昂，難期得利。致出山者不肯重回，未去者悉皆裹足，此金夫頓減之實在情形也。

又查護廠各隊，周副將從先設有九大哨，每哨或百人或三四十人，未能劃一。自年前撥交姓軍一百名，下餘官弁什勇九十六名，匠藝、水伙、雜夫六十餘名，共一百五十餘名。概係經周副將陸續招降之隊，既未遵照管制，亦未量加揀撥，致其間老弱不齊，馬步相混。均以護守礦局爲名，月間應發之餉，每勇一名多或七兩八兩，又有少至三兩者，月餉而外各加米麵。核其向章，均與吉林通省管制不同。卑局既自二月初一日爲接管之期，所有此項官弁勇夫等，即於二月初一日照吉軍章程爲起餉之期，仍分札各廠，暫派哨官郝文波爲山中幫帶，以便連前歸姓軍之百名，悉隸其下，以資鈐束，此收驗在山弁勇之實在情形也。

惟承此凋敝之餘，若不力加整頓，量爲變通，勢必仍前散漫，復效前車。茲謹就管窺及證以時勢，擬定礦務章程二十條，是否有當，理合繕具清摺，備文呈請憲臺鑒核，示遵施行。須至呈者。

計呈清摺一扣

（附）礦務章程光緒三十一年六月十五日

謹將擬定現辦礦務章程，繕具清摺，恭呈鑒核。

計開

一、礦務關防宜請另頒，以昭信守而示區別也。查周副將從前請刻之關防，凡其出使銀票錢帖等事，均以蓋用關防爲憑。今於二月初一交代礦務之時，未肯將關防交出，據稱尚有應行造報禀請之件，俟其辦理齊楚，再爲交出。卑局當以該副將辦理礦務多年，不無應報各件，自未便相强，詎知延至八十餘日，始於四月十八日交出。惟時姓市已見有蓋用關防之假帖兩紙，四外鄉村尚不知有無其弊。雖經卑局懸賞並派差嚴拿，究屬防不勝防，難以取信於民。幸自接辦之初即借用交涉關防，並會用統領關防，嗣後事益增繁，動輒會印，諸多不便。擬請將周副將寶麟交出之總辦三姓等處礦務滿漢篆文木質關防一顆，呈請繳銷。所有卑局應辦礦務事宜，即請另行刊發木質關防一顆，以示區別，俾昭信守。現擬呈關防篆文一紙，如蒙恩準，請即飭照刊發。

一、礦務從前之舊習亟宜蓋爲裁革也。查從前周副將開辦之時，並未分明官辦、商辦，凡事沿襲北洋之式，又未認真補就。所有員司人等，月支薪水動輒五六十金，官供伙食外加津帖又劈花紅，差官弁勇亦無準額，每名有月支薪水二三十金者，外領米麵。只期使下感恩，不知令其守法，是以不能不概行裁革。今擬員司概遵稟定章程發給薪水，弁兵則照吉林餉章按月核發。應用之米鹽官爲購運，照市價扣還，一俟辦有成效積有盈餘，再行稟請批賞，以示鼓勵。

一、礦務員司宜從減用也。查從前用人並無額數，隨便添補，致使入不敷出。即差官一項，多至六七十名，實屬人浮於事。茲擬先設提調一員，總司各廠委員一員，幫同稽察委員一員，司事四名，書識八名，差官十名，護礦幫帶一員，即由哨官中揀委。共帶什勇二百名，內有一百名已領姓軍之餉，其餘尚有弁勇雜夫一百五十餘名。當值姓軍無餉可撥，暫留山局，應需月餉即須由局撥放。現已將二、三、四等三個月之餉均行付清。又經隨時核實，汰弱留强，遇有請退及責革之缺，均皆扣留未補，統計適符兩哨之額。現準姓軍統領核復，截長補短，可於五月十六日起支，統歸姓軍發放，以歸劃一，俾節經費。

一、礦務各廠宜歸併以節糜費也。查溝內共有五廠，相距均在二三十里不等。各設員司多名，以爲分局。復於姓城設總局一處，需費實屬浩繁。茲擬於駝腰子設局一處，其餘四廠即用熟悉礦務之哨官就近經理，不另用委員，統歸駝局管理。姓城亦無庸另設總局，即歸卑局內兼辦。現以房間不敷居處，即將局之東鄰，有破草房七間，租爲局用。每年應出租錢三百餘吊，略事粘補，權爲辦公。擬此項房租，即由礦務項下支銷。

一、巴户力河渡口宜變通盤查出入也。查該處爲金廠出入門户，從前設差官一名，帶勇數名，備有擺渡一支。而該弁等遇有來往行人，隨便需索錢貨，人皆苦之。茲擬揀派妥實差官一名，帶勇六名，兼管渡船，專司盤查。無論金夫商販等經過該處，務須問名[明]來歷，實係好人方準放行。凡進溝者，按名發給小票，註明姓名，不取票費，至駝局呈驗繳銷。如有携帶槍械，即於問明後扣留該處，不準携進溝里，俟出山時再行發還。遇有糧貨車馬過渡，準其接收船費，以付水手薪工，兼修理渡船之用。倘有形迹可疑來歷不明之人，立即攔阻，詳細斟訊，輕則阻回，重則捆送姓局究治。如此盤查，既免盜匪混迹，且免金夫人等私逃。

一、護山弁勇宜另派專差以資群力也。查溝里人多事繁，所有看溝、查道、守卡、巡山、護局、稽察等事，均關緊要。若不各專責成，遇事則互相推諉。茲擬無論官弁兵勇，量材授事，各有專差，嚴加考察，秉公勸懲。務期一兵得一兵之用，以收衆力之效。

一、礦務帶工、查硐、看涎宜派妥弁以防偷漏也。查礦務最要之件悉在此三項之內。任用得人，偷漏自少，若不經意，勢必兵夫相結，暗地私分，侵蝕正款。茲擬於隊中揀派熟習礦務之勇，充當差弁，分撥各廠。既有該管官爲之督責，又有委員時去抽查，令其專聽號鼓一響，帶工者督率金夫趕緊赴廠工作，查硐者按硐梭查金苗是否暢旺，看涎者隨帶紙筆，出金若干逐筆登記。至收工時到局，以憑與金幫核對，照數收厘。稍有不符即行追究，不準稍涉含混，庶可免其弊混。

一、官金宜量改每十抽三，以杜流弊，俾資涓滴歸公也。查從前係按四六抽厘，把頭金夫咸謂太重，每與看涎差弁勾通蒙弊，以多報少，所匿之金按股分劈，名曰明四六暗二八之語。茲擬每十抽三，稍示體恤，使其皆知所匿之數私分於人者，較比納厘之數不甚覺少，自然不肯冒險隱漏，自取罪責。較比從前有利，自能多聚出力之夫，以資工做。

一、收金戥秤宜改公平以昭公允也。查從前戥秤或比市平加二加二五者，所餘之金謂之餘平，金夫把頭隱受其虧，莫不怨苦。茲將戥秤一律改爲市平，每逢收金必須員司、看涎、把頭共同看秤核收。無分多寡，隨時包號匯總，解送姓局，以昭慎重。

一、礦務每日開工、收工、納厘，宜定準時以資考核也。查各廠明硐星散，臧否不一，遇有金苗暢旺之處，金夫每乘早晚無人之時竊往私挖。茲定於按日黎明聽鼓開工，收更之後只準巡勇出查，不準有人私赴硐眼。倘有不遵，被巡槍所擊咎由自取。而查硐看涎之弁，敢私赴硐者，即行撤革，以示無私。

一、礦務辦運糧米，應暫借官款先爲墊辦也。查溝里應用糧米、油面、貨物等，均須預先運備，以便接濟。此次接辦礦務，既無官本又無商股，一切需款無處籌墊。茲擬暫由卑局捐款項下先爲借墊，俟礦務收有底款，即行隨時撥還，以資周轉。

一、礦務厘金前請以六成報解充餉，以四成留備局用也。查本年二、三兩月收數之少，一由於周副將帶同員司仍在溝中諸多牽掣，一以改革舊習不能操之太急，又不敢稍從寬大，致有易放難收之慮，耐煩遷就，以致收數日趨於下。

加以尚有百名弁勇，暫應由局發餉，入不敷出，實由於此。然既擬以六成報解，無論如何截長補短，總期分清款目，設法撙節彌補，不使放縱一步，以示立法之嚴，免爲籌助餉需於萬分之一耳。

一、礦務查收官金宜按月呈報也。查從前是否按月核實呈報，固可無事遵循。今定爲每月由山報姓，每三個月由卑局造具四柱清册呈報一次，務期簡明，以昭核實。

一、解送收款，應請俟積有成數再行解省，以節虛縻也。查每月所收厘金多寡不一，除截留四成充公之外，其餘六成若必隨時解送，未免疲於奔命，需費亦繁。擬俟積有成數，或一年一次，或一年二次，飭派專差解送，以免多需川資。若省中有應需之處，或因市價增長立待變價，仍應聽候隨時札提。

一、局費一切應俟辦有端倪再請核定也。查現當接辦之初，一切用度均無把握。凡所必需之包金紙張、柴薪、油燭，均出自姓城，是價皆昂，又未能預爲批購，且有各項要差之伙食，若不量爲供給，實屬不敷其用。該差員等真有不能兼顧者，緣非城鎮可以便爲買用，是以不能懸揣，應請俟有成效，再行核定。現仍實用實銷，以資辦公。

一、礦山距城較遠，兵夫日用現錢奇絀，宜爲補救也。查東溝距城三百餘里，居民鮮少，附近並無村鎮，向無現錢。所有買物找零，實在用轉不開。從前曾用木牌，每根作市錢二百文，流通日久，真僞參半，業已一概禁革。茲擬由卑局刊刷銀元小票三千張，每張開銀元一角，作市錢二百三十文，編就號碼，蓋用關防圖戳，只在金溝行使，不期四境流通。票内註明湊足一元即準赴局换錢，定準每於年終開箓前繳换一次，以免做假。即以所開之票在山買金，於姓城换錢，送至山中專備開付此項小票之用，以備現錢之不足，而利兵夫之日用。

一、礦務各廠金夫人等宜禁帶槍械也。查山中人多龐雜良莠不齊，必須嚴加提防，方免意外之虞。況金廠既有官兵保護，所有一切槍械刃器，均應一律查禁。無論商賈金夫人等，凡帶有護身槍械進溝時，既有巴户力河口查驗扣留，其有從前帶進溝里者，着一律送駝局收存，註明姓名，俟其出溝時，準其自行承領，不準別有需索。如此查禁，既免私斗逞兇，且免資盜爲姦。

一、金夫携資出山宜給護照也。查從前金夫商賈人等携資出溝，往往途中被劫，甚有廢命者，俗語謂之放小綫。且有金夫把頭背夥竊金潛逃，最爲金廠公私之要害。現定嗣後無論何人出溝，務須先赴駝局報明領票，如有資財準其聲明填注票内，派兵護送，行至巴户力河口驗票放行，不取分文。如查無票照，即係私逃，輕則阻回，倘有拐竊情事，立即捆送駝局究治。

一、山中礦務局内，收車馬猪金應請暫仍其舊也。查山中地勢到處皆爲產金之區，當先於化私歸公之際，事屬草創，未免因陋就減〔簡〕，並未起造高大房屋。而各夫等向係私做，息止無常，均只砍用枝柴架以樹皮，或用茅草權避風雨，比及官辦亦未鋪張。而小販謀利之徒，即往往擇地搭蓋窩鋪，堆積貨物，豢養猪只，日積月累，任意居處。即不便再聽人挖做碃眼，是以有令其出納官金之舉。計棧房、小鋪，每月應出官金五分，又猪只每月應納官金二分，車馬駝子每馬進山一次，應納官金一分五厘。此係十數餘年舊有之陋規，或多或少均收入局中，備充一切伙食不足之用。現在金夫既屬無多，各項買賣更屬寥寥。月間所收無幾，且山中糧米用度浩繁，比往年不啻倍蓰，若不藉以稍事挹注，即須只得暫仍其舊動用公款。擬先儘數注帳添助公用之費，一俟暢旺，買賣增加，收數覺巨，再行呈請提解，以充正款。卑職爲山局用度太重，無款可抵，又接辦已成之局，礙難過事苛求，致滋他弊，不能不於無關正供之外稍示從寬，以資辦公。

一、嚴定法律以儆串通偷漏也。查溝里兵夫龐雜，良莠難齊，或巧爲隱匿，或勾結差弁，暗分二八，此等惡習殊爲礦務要害。茲定凡查碃、看涎各差弁，倘敢有與金夫暗分二八，以多報少，或作對半分劈絲毫不報，或十涎報九，以圖蒙混者，一經查出或被告發，如查確實，定將該弁照軍法斬決示衆，以肅局規。各廠金夫等，倘敢有串通差弁或聽從干犯者，一經查出，定將該支幫所做之金與做出之沙，連水道明碃一並入官，並將該夫等無分把頭伙伴，全行驅逐出山，僅貸一死，以示懲警。

以上二十條，如蒙憲恩採擇，尚可施行，伏乞批示，以便遵守。倘遇有應行更正或擴充之處，仍乞俯準，隨時禀請變通，以期經久。理合聲明。

吉林將軍富順批：據呈已悉。所擬章程二十條尚屬周妥，均準照辦。應由該丞等隨時會同督飭員司人等認真整頓，毋得始勤終怠，期收實效而濟要需。另换關防俟飭行營文案處照刊札發。仰即知照。

光緒三十一年七月初六日。

《申報》光緒三十一年七月初八日第四版《開礦逾限注消前案武昌》 鶴峯直隸屬劉某曾考得附近應峯山產鐵甚富，招股禀官開採，旋以意見不合，咨本不足，事遂中止。日前經洋務局查悉，逾限已久，即將此案注消，由官自辦。

《申報》光緒三十一年七月十六日第二版《商部飭將陝甘開採鉛礦辦法報部北京》 陝甘總督前曾附片奏請紳士採辦本省鉛礦，以爲鎔鑄彈子之用，當奉硃批，該部知道。玆探得商部咨行該督請轉飭該紳將辦法情形詳細報部，以便核奪。

「中央研究院」近代史研究所《礦務檔》第三册《光緒三十一年七月二十三日外務部收軍機處交出陳夔龍奏摺奏請裁撤河北礦務局》 光緒三十一年七月二十三日，軍機處交出陳夔龍奏摺稱，再光緒二十八年，前撫臣錫良奏派候補道韓國鈞，接充豫豐公司總辦與福公司互相浹洽，力保利權。嗣據該道稟稱，豫豐公司自吴式釗撤退以後，並未將所集股分移交。此項礦務股本，應統歸福公司名下，該道專司稽查照料之責等情。復經前撫臣咨呈外務部並改派該道辦理河北礦務總局各在案。頻年以來，該道與福公司按照合同籌商一切，尚能悉就範圍，惟交涉之事，以勘地築路二端爲最重，幸賴該道竭力維持，請臻妥洽。現在礦地業經定界，發給憑單，其運礦之道清鐵路，已由國家收回。並經鐵路總公司前工部侍郎臣盛宣懷，會臣委派福建候補道程祖福爲行車監督，專司道清鐵路行車事宜，此後礦務交涉事件較簡，應即責成該管地方官就近經理，遇有要件經理省城交涉局及礦務局核辦，所有原設之河北礦務總局，飭俟程祖福到差，即行裁撤，以節經費。除分咨查照外，理合附片具陳，伏乞聖鑒。謹奏。

光緒三十一年七月二十三日奉硃批：該部知道，欽此。

「中央研究院」近代史研究所《礦務檔》第三册《光緒三十一年八月二十三日外務部發英使薩道義照會平定州開挖煤井斷難禁止》 光緒三十一年八月二十三日，發英國公使薩照復稱，光緒三十一年八月二十日接准照稱，准福公司總董哲美森稟稱，晉省平定州平潭地方，距州城西北二十華里左右，有孫汝陽暨正太鐵路朱委員並該處不知姓名紳士等，現開煤礦，煤井已挖深四丈，工作正殷，此事有違本公司合同明文，請爲核辦。本大臣查按照光緒二十四年四月初二日畫定之合同章程，第一條允福公司專辦平定等府州煤礦，而十六條所准，惟指當時民人已開之礦而已，是以孫汝陽暨朱委員等所爲明與該合同相悖。合請貴政府轉咨晉撫飭即停工並將此等違背合同之舉，一律禁止等因前來。查山西商務局與福公司所訂礦務章程内，第十六條載明，凡於所准礦地，遇有民人先經開採者，不得侵佔等語，按照此條語意，本係指所准福公司礦地内，如公司未經開辦之先，遇有民人先經開採，自不得侵佔。現福公司前往該處查勘礦産，尚未稟准地方官指給礦地，孫汝陽等於福公司未經開辦之先，集款自辦，並非違背合同，斷難禁止，相應照復貴大臣查照可也。

「中央研究院」近代史研究所《礦務檔》第三册《光緒三十一年九月初六日外務部收北洋大臣袁世凱山西巡撫鐵路大臣等文晉紳公立同濟公司勘定平定州礦地並擬修運礦鐵路》 光緒三十一年九月初六日，收山西巡撫、北洋大臣、鐵路大臣袁世凱等文稱，前據山西紳商直隸補用道董崇仁、軍機章京吏部郎中孫筠經、刑部郎中段振基、户部主事李慎修、翰林院庶吉士梁善濟等聯名稟稱，竊職道等於本年正月間，集成鉅款，公立同濟公司，擬開辦本省礦務，請咨明商部立案，外務部查覈等情，業蒙批准在案。今同濟公司勘定平定州河北礦地界，由前莊廟至虎尾溝馬頭摇二里，馬頭摇至水泉溝姚家窑一里半，姚家窑至河沙堰廟三里，河沙堰廟至石圪疊一里七，石圪疊至漢河溝祥瑞窑一里半，祥瑞窑至山神廟三里，山神廟至馬王溝何家窑一里七，何家窑至魏家溝任家窑二里半，任家窑至西北大山三里至劉備山廟四里，劉備山廟至前莊廟七里八，前莊廟至小南溝楊家窑三里，前莊廟至賽魚四里，賽魚至辛興灘八里。另由河沙堰廟至甘河溝土窑二里半，土窑至桃林溝史家窑二里。河南礦地界，由賽魚至小陽泉十里，小陽泉至神峪溝四里，神峪溝往西南一帶至西大山十六里，擬設總局在河北石岩溝。河北擬造運煤鐵路，由總局至隆鳳溝，隆鳳溝至紅城河，紅城河至平潭堖，平潭堖至上五渡，上五渡至下五渡火車站。河南擬造運煤鐵路，由神峪溝至老窑，老窑至沙墱口火車站，畫定界綫，測繪成圖。爲此稟呈圖説三幅，懇請俯準備案并乞送圖説咨明商部立案，外務部查覈，寔爲公便等情，到本大臣。據此，除批示外，相應咨呈貴部，謹請查覈。

《申報》光緒三十一年九月初十日第三版《擬奏派直隸全省礦務督辦天津》 直督袁宫保以直屬宣化、广平等府金銀鉛煤諸礦，異常暢旺，必須派員管理，現已擬奏派直隸候補道張振芳爲直隸全省礦務督辦。

吉林省檔案館《清代吉林檔案史料選編（工業）》上册《三姓礦務局光緒三十一年二至八月份共收官金數目的呈文光緒三十一年九月十三日》 爲呈報事。案查卑局接辦三姓東溝礦務，自二月初一日起，截至八月底止，共收官金三百二十四兩六錢九分六厘九毫，業經呈報在案。當因道路梗塞，未能呈解。現由卑職國僑因公晉省之便，如數携帶來省，就近呈交。至卑局應留四成辦公之金一百二十九兩八錢七分八厘七毫六絲，現因市價不齊，未敢擅動。茲經一並解來，伏候憲示提出以抵捐款。除移籌餉總局知照外，理合備文呈請憲臺鑒核，飭收施行。須至呈者。

「中央研究院」近代史研究所《礦務檔》第六册《光緒三十一年九月二十五日外務部收奉天將軍趙爾巽電華俄合辦煤礦已被日軍佔用》 光緒三十一年九月二十五日，收奉天將軍電稱，鐵路附近已開煤礦有俄股者，係撫順千山台、遼陽茨兒山二處。均經咨報有案，現爲日軍佔用。尒巽。

《申報》光緒三十一年十月初四日第四版《磁州彭城礦務調查天津》 直督署內之先鋒官李守戎硯農前於六月間，約同某礦師前往滋州所屬彭城一帶考查五金各礦，計往返百餘日，始行旋津。查得磁屬紫山地方鉛礦石、雞嶺地方金礦、勝洋嶺地方煤礦、花園八頭山地方銀礦，以上四處，礦質極佳，寬長十里至四十里不等，深自一丈至六丈不等，均將各種礦石帶回呈驗督憲，當即發往教練處提煉。聞已禀復，礦質尚佳，開採定可獲利，惟金銀全□開辦不易，而煤礦不妨小試其端，勝洋嶺一帶煤礦，本地鄉人多用土法開採，每百提六，作爲木縣學堂經費，又挖煤百擔，地主分煤十石，作爲租價。李守戎現已集得股木銀一萬兩，先行試辦三月，果有成效，再請直督咨諸商部立案，除一切花費，倘有餘利，按三股均分，一股作爲衆股東紅股，一股分與衆夥友酬勞，一股報効北洋陸軍，作爲活支經費，並請直督派員督理，未知能邀批准否。

《申報》光緒三十一年十月初四日第四版《查伊犂熱河等處礦産北京》 日昨商部堂憲會商，通咨伊犂熱河雲貴陝甘等省督撫，迅將各省所屬礦産，作速派員詳細履勘地勢四至，一律報部，務須自行籌欵，設法開採，以免外人覬覦。

《申報》光緒三十一年十月初九日第三版《電查法商開礦合同北京》 聞滇督丁振鐸電政府云，法國商人邀求開採印江屬磨嶺鐵礦，言前與華商訂有合同，乞飭外部檢查，該法商是否訂開印江鐵礦合同，抄送到滇，以便核辦。

《申報》光緒三十一年十月十八日第二版《晉省礦礦仍請完税免厘山西》 山西王封山礦礦前由商務局總辦劉篤敬觀察禀由晉撫批准開辦，并咨行商部立案。惟原禀内有請照部定礦章，免釐一節，嗣由商部咨請晉撫，照准免釐，而晉撫則以晉省向無洋、常兩關，與他省情形不同，既須免釐，必先定税，無關投税，何可免釐，且他項均須繳納釐金，獨此礦礦照免，恐援案請免者紛紛傚尤，於釐務多有窒礙，應仍商令照章完納等情，咨復商部。現經商部復咨晉撫，仍請完税免釐，以符定章，未便更改云云。未識晉撫能否照辦也。

《申報》光緒三十一年十月十八日第二版《晉撫請將福公司勘礦事宜應仍在省局商妥辦法山西》 山西福公司利德與中國所訂鐵務合同載明，凡有勘礦開採事件，均須與該省礦務總局妥商辦理，乃該公司後竟不遵合同，利德又倩工程司斐維禮代勘，并未會同省局商辦，一切經省局禀由晉撫咨呈外務部核奪。嗣經外務部咨復，請派員會同該工程司往勘，晉撫又以原訂合同載明，須在省與局員商妥辦法，禀由該撫批准，方能照辦，今若派員前往，彼雖違背合同，我愈不能有所牽制，應仍飭遵在省城商妥辦法，再行□勘，日前已咨復外務部核辦矣。

「中央研究院」近代史研究所《礦務檔》第二册《光緒三十一年十月十八日商部致駐美大臣梁誠函旅美華商譚錦泉等請續辦招遠金礦請確查該商是否殷實》 光緒三十一年十月十八日，商部致駐美梁使函稱，震東星使閣下：逕啓者，本部接據旅美華商譚錦泉劉鋈泉等來禀。以前在山東集股議立開源礦務公司，承辦招遠縣玲瓏山金礦，禀經前北洋大臣李批定，探驗礦苗，儘有把握，祇以未用外國機器，辦無成效，嗣經前山東巡撫李，因有日兵在境，恐礦丁與有齟齬，奏請止辦。現又集資二十萬金，購辦機器，前來興復，請給札照等情。本部查山東招遠金礦，據該商等所禀情形，若用機器開採，必可獲利，誠宜及時開辦，以濬利源。該商等前既禀經批准有案，現在復請續辦，如無轇轕違礙之事，自可照准。惟據稱前已糜費鉅金，資本罄盡，未知該商等前集股本，共銀若干，是否全係華商股分，有無影射虧欠之事。現又續集資本二十萬金，是否的係華股，該商譚錦泉劉鋈泉等，是否股實可靠，自宜詳晰查明，再行核辦。現在興辦礦務，最關緊要，如果有外洋華商集資歸來辦礦，似宜維持體恤，力贊其成。除由本部咨行山東巡撫詳查外，茲特照録原禀，寄送台端。即希審察情形，查訪明確，迅速見復，是爲至要。專此，敬請台安。

《申報》光緒三十一年十月十九日第二版《咨定山西鐵礦名稱北京》 山西鎔化廠前以標題舛誤，由外務部改爲合辦山西鐵礦字樣，嗣經晉撫以山西二字太寬，未便照改，咨請商部轉咨外部核辦，昨經外務部復咨商部，略謂原訂合同係指定盂、平、澤、潞四屬，所改山西兩字，當無誤會之處，應仍按照原訂合同辦理，希即轉知晉撫云云。

按合同指定盂平澤潞四屬，則此外各屬礦地，必不包括在內，晉撫以山西二字太寬，咨請改定名稱，自是正辦，外部不以爲然，吾不知其義何取。

《申報》光緒三十一年十月十九日第二版《咨飭開辦硫磺礦北京》 政府王大臣與商部堂憲議商，現因火柴盛，興硫磺銷路極廣，應咨各省督撫，不得但重他礦，致有偏廢，務即派員查明磺礦處所，前往勘探，設法籌欵開辦，并勸紳商集股自辦，以免利權外溢。

《申報》光緒三十一年十月十九日第二版《札查九龍山煤礦有無比股在内北京》 順天府屬之九龍山煤礦，前經職商李培雨禀准商部集股開辦。日前順天府接到商部札文，略云李培雨禀辦之九龍山煤礦，現在風聞有比股在内，希即澈底詳查，是否屬實，即日報部，以憑核奪。

「中央研究院」近代史研究所《礦務檔》第二册《光緒三十一年十月十九日外務部收商部文附譚錦泉等禀譚錦泉等請續辦招遠金礦請將該礦案據查明咨部》

光緒三十一年十月十九日，收商部文稱，【略】查該商等前辦招遠金礦，據稱已經禀准有案。本部無憑查悉，現據禀請續辦，如果切實可靠，實與東省礦務，不無裨益。除函詢梁大臣詳細查明外，相應鈔録原禀，咨呈貴部。即將該商等前辦招遠金礦案據及一切辦理情形，查明咨送本部，以憑核辦。至該商停辦後，該礦有無另請開辦之人，希一併詳查見復可也。

〔附〕照録鈔件

照録山東招遠等處金礦金山華商譚錦泉劉燊泉等禀稱，爲興復礦務乞恩准興地利而免遺憾事。竊商等向在金山貿易，光緒十四年春，前出使美國大臣張函諭謂，前山東濟東泰武臨李道招商開礦，着商等先集小股來東探礦，以備將來開礦等因。商等於光緒十五年二月派譚錦泉等前往山東查勘情形。是年冬月，譚錦泉等遄返金山，再行集股議立開源公司，承辦山東寧海礦務。旋於十六年閏二月再派李賛芬譚錦泉等往上海，與陳徐馬兩股訂立合同，妥議章程，各經簽押，彼此立定條款舉辦。以金山股友先回美國購辦機器，而陳徐馬兩股即允預在寧海養馬島建築碼頭開脩車路等要幹。及訂明此次定購機器價銀若干，係合三股分攤交付，當時以爲開誠佈公。商等在美即依前議定造機器，陸續運寄上海。該機器價銀，金山一股應攤交者，已在美交妥，乃陳徐馬兩股，不獨無銀交付，即養馬島之碼頭車路等要幹，亦全未舉辦。至是年臈月間，馬道建忠猶復電稱，李中堂轉電駐美前出使大臣催立即行文到金山大埠總領事署，勒令查封金山股銀，匯華交馬道收用，金山股友即大爲詫駭。是以各股友所報之股分，其未交銀者，固畏葸不肯樂付，既付者，亦向經手之人索回，此因馬道之所誤者一也。十七年五月間奉接李道函諭，謂山東礦務大有可商量之處，於是商等再行集議，復派李賛芬譚錦泉等前來上海，斯時錦泉因老母違和，回家侍慰。迨後李賛芬即於七月底與徐丞麟光赴津晉京，謁見李道商同改辦招遠礦務，嗣十一月議定章程，會禀李中堂批定。而譚錦泉立即於是月復到招遠辦理礦務，當即陸續僱用工匠，開做礦洞。至十八年春，已挖出招遠之玲瓏山金線，復添工匠。是年六月間，窺視其礦苗儘有把握，復請美國礦師名挖慎探驗，甚爲贊頌此礦之美，錦泉當即商議再向金山另行定造樁杵機器，趕緊興辦，以期收效。詎料李賛芬堅執已見，遂自置鐵碾等贅笨無用之物，訖無一效，而已糜費鉅金，此又李賛芬辦事荒謬之所誤者又一也。斯時資本罄盡，不得即用土法，以石磨取石粉淘金，年餘之久，尚獲淨金二千四五百兩，倘若用外國機器其獲利爲何如也。及光緒二十一年十月間，蒙劉李兩道會銜查覈李賛芬辦事荒謬各實情，禀復北洋大臣王批准。該礦仍由商等再行集資購辦機器前來接辦在案，其時因有日本兵守威海衛，前山東撫憲李秉衡誠恐礦丁與日兵有齟齬，致起交涉，遂奏請止辦，殊深可惜。今適值皇上鋭意維新，志在富國，商等雖於此礦氣窮力竭，然事爲利權所繫，血本所靠，何敢以一蹶不振，貽功敗垂成之憾，但振興之權，自上人操之。商等自承辦招遠金礦以來，多有素積告罄，淹留美國，欲覓川資旋里而不得者，此境此情，當亦共見。伏乞商務部大臣體恤商艱，復興玲瓏山之礦務，使金山集股諸人，不至一敗塗地。竊思玲瓏山之金礦，前經譚錦泉等業已經營備至。現又有劉燊泉之子劉軾倫，往經年在美國學習礦務卒業，諸事諳練，外洋礦師無庸復僱，今日再興，需費不必如前之鉅，料必事半功倍。伏懇准情給發札照，俾商等再集資本二十萬金，購辦機器前來興復，以期收效。商等自當勤慎効力，冀答再造之恩。抑商等尤有所慮，山東一省礦務，聞業已有旨允德人擇辦。倘被德人察覺玲瓏山金礦之利，定被霸佔。商等不趕緊續辦，後累恐不堪設想，如蒙俞允，即懇批示付至金山總領事署。商等自當一體遵行，此事爲興地利而免遺憾起見，商等市井鄙夫，罔識忌諱，罪干冒瀆，不勝待命之至。祇此禀叩振貝子爺爵前恩准施行，並冀原有。

再前後繕具兩禀，一往郵寄投遞，一托商約處委員五品銜候選縣丞陽輔民面呈。又禀。

中國第一歷史檔案館等《東北邊疆檔案選集》第一五册《盛京將軍趙爾巽爲日商開礦並無俄人入膠事給奉天交涉總局劄文光緒三十一年十月二十日》

爲札飭事。案據岫巖城守尉宗室英茂署知州丁立慬呈稱，於本年九月初四日奉札批悉，候電外務部嚮日使籌商飭停，仍仰該尉迅速就近向該日商磋商停止，一面詳查有無曾報開採及俄人入股事，並將西上坡子等處地址礦質詳細查勘繪圖具報，毋稍延誤等因。奉此，遵即札據廂白旗界官報稱，據原差領催增祿兵巴彥保禀稱，奉諭會同州差宿奎一查禁屬界西上坡子紅旗溝兩處日商開挖砟礦等因。一差遵即親詣該處傳齊會首旗民頭項眼同查勘，面見日商，諭伊現奉上劄飭禁。當據日商宫崎豐作言稱，伊奉命照料開挖砟礦，無俄人入股事停否礙難主辦，候伊致函安東縣該國大商大倉組方能定奪，當時取有日商親筆字據帶案，並詳查開挖礦洞兩處，其窑溝處礦洞約挖十四丈深，尚未見砟礦出顯，其紅旗溝處礦洞約挖三丈深，亦未見砟礦。兩處掘挖，均是石片。據日本礦師言説此二處再各掘三四丈深，砟貨即出矣。現時仍然照前開掘不止，除將兩處挖出礦石持取各包呈驗外，合將奉諭協同該處，會首旗民頭項查勘情形，並將兩處地址繪圖貼説及日商親筆字據，一併附禀，伏祈案下核辦施行等情。據此合將去差查禀情形，並將兩洞礦質、石片、地址、圖説及日商親筆字據，一併備文呈覆等情，時來職等詳查屬實，理合將兩洞礦質、石片、地址、圖説及日商親筆字據，一併備文呈覆查驗施行等情。據此除批示外，合亟抄批札仰該局即便遵照，速嚮日本軍政署設法商阻，轉飭停辦，切切。特札。

「中央研究院」近代史研究所《礦務檔》第三册《光緒三十一年十一月初一日外務部收商部文晉紳學生請廢福公司辦礦合同》 光緒三十一年十一月初一日，收商部文稱，光緒三十一年十月二十八日，接准山西巡撫電稱，福公司哲董到晉商辦鉄礦，據合省士紳各學生禀請將新舊合同作廢，堅求代奏。除開導約束不令多事外，應如何分別應付，乞裁復遵行等因。查晉撫此電業已分電貴部立案，相應咨呈貴部查照，貴部如已電復，希即鈔送過部，以憑查覈可也。

「中央研究院」近代史研究所《礦務檔》第三册《光緒三十一年十一月初一日外務部收英使薩道義照會附平定礦産公會章程平定州設立礦産公會雠視西人》

光緒三十一年十一月初一日，收英國公使薩照會稱，晉省平定州近立礦産公會，查其章程，頗有阻礙福公司享受光緒二十四年四月初一日合同利益之處。此外，本大臣聞知晉豫兩省，均有藉端抵制福公司情事與他省阻礙兩人通商開辦鉄路等事，情形相同，此等運動，非由官塲縱容，何能肆行。現將平定礦産公會章程十條，抄送查閲，其第二五七十等條，尤關緊要。因其大旨，確有仇視西人之概，本大臣先應聲明，此公會舉動，倘將來釀成叵測，凡致損英人財産性命，貴國政府擔承其責，難逃本國政府轉向責問也。

〔附〕照録章程

平定礦産公會章程十條

計開：

一，宗旨。

本會之設，所以聯羣情而保利源，一遵太原公會章程辦理。凡煤鉄兩項，爲吾州天生之寶，無論已開各自報入公會，官民合力，共籌保守。

二，團體。

前撫憲胡與英商福公司訂立合同，議開平盂潞澤等處煤鉄各礦，西洋財力富厚，倘一旦盡發所藏，吾州遂無資生之路，不得不力籌抵制云。何則，惟有先自開採，預杜私售，使彼無隙可乘，無利可得，則思過半矣。然必須羣力，方能及此，譬如熾炭，一星一點，四散分佈，一童子蹴之而滅矣。若聚無數烈炭於一爐，則炎炎之勢，不可嚮邇，此理甚明，宜自固結。

三，定點。

凡已開未開之窑或以山名或以地名，即以該山該地爲定點。查明産主人等姓名，登入册内，已開者，照常開作，未開者，速行籌款自辦或公司設法開辦均可。

四，界線。

有點即有線，凡一點之四址，必須查明礦脈起迄，繪具東西南北四至圖説，各自呈報公會，登入册内，公認保護。此礦與彼礦相連者，務須相接（此以礦産爲四至並非以業户之産爲四至）以免遺漏。

五，義務。

查太原公會章程内開，凡屬會中公産，永遠不准私售外人，此爲保全礦産之義務，必須合立同心，謹守遵辦，以盡義務。如查有私賣私租，並暗引外股或華人包庇者，除查出撤銷歸官外，仍將業户人等嚴行懲辦。

六，分支。

州城既設總會，各都宜更設支會，以便分稽而聯指臂。

七，防僞。

查福公司合同，有先將勘定何鄉何山，何種礦産，繪圖貼説，禀請撫憲飭查與地方無礙，發給憑單，方准開採等。（無礙二字，允宜華洋共守）但人類不齊，或華人假冒公司，或州人圖利私售，情僞難測，必要預防，此後如有華洋工師來勘，即由各村保甲地方人等，連報公會，公會即行報官，詰問來歷驗實核辦。

八，用人。

本會現已設立固本公司，所有公會辦事之人，即由公司兼理，以節用度，蓋公會與公司，本二而一者也。

九，分利。

本會不另集股，亦不開支，其購地購礦銀股地股一切有關度支之事，均歸公司經理。將來公司得有餘利，總理蔡蓉田、李毓蕙、張誠等，亦應按照公司章程第四條，分給花紅，臨時酌酬。

十，息爭。

查福公司合同載明，遇有民人先經開採者，不得侵佔等語。本州各村多半有礦，開取者固多，封禁者亦不少，貨惡棄地，今昔殊情，極應由各村呈報開禁。首先自辦，未開禁以前，不許外村人擅開，以便稽查而杜爭端，亦以防勾串外人等弊，其餘已載太原公會章程内者不贅，不盡者隨時公議。

中國第一歷史檔案館《清代軍機處電報檔彙編》第二六册《發山西巡撫張人駿電爲鎔化廠合同事光緒三十一年十一月初九日》

魚電悉。專辦二字洋文講解委係專利之義，此約雖未訂明，以洋文爲主，但洋文亦不能不認。查新訂鎔化廠合同内載明，至以上所指各處煤礦如亦願意合辦，屆時由山西商務局與福公司再行商議，現惟有速與商訂合辦章程，則專辦之義不攻自破。前設同濟公司亦無非爲將來合辦地步，若將合辦章程訂定，孫汝陽所開之礦如用機器，亦當歸入合辦之列。俾英公司無從藉口，即希設法開導，紳商妥籌合辦之法。倘哲美森到部辨論，自應按照新定條款飭令與晉省商務局議定合辦，以免争執，並速電復。外務部。佳。

「中央研究院」近代史研究所《礦務檔》第三册《光緒三十一年十一月廿四日外務部收山西全省學生禀附福公司與商務局來往函件晉礦請議賠欵贖回自辦》

光緒三十一年十一月二十四日，收山西全省學生禀稱，中堂王爺大人座前：

敬禀者，竊維富强之基，首在興礦，礦權操於己，則興之，號爲正礦；權操於人，則興之，號爲負礦。考英美德日之隆盛，特蘭士法印度夏威夷之凋謝，可以鏡已。山西礦産，甲於全球，西報云果能開辦得法，可供地球各國千數百年之用，乃因循坐誤。光緒二十四年，前撫憲胡創立商務局與英商福公司訂辦礦合同，諸多窒礙，今復聞盛大臣續與福公司訂設鎔化廠并合辦鐵礦合同。而商務局前接福公司來函，稱該公司專辦山西礦務且令封禁民窑，前月該公司總董哲美森來晉，聲言必欲得專辦主權，無理要挾，違背合同。查合同第一欵載，山西商務局禀奉山西巡撫批准，專辦盂縣平定州潞安澤州與平陽府屬煤鐵以及他處煤油各礦，今將批准各事，轉請福公司辦理，限六十年爲期云云，此專辦主權，明屬於商務局，不屬於福公司。又查續訂合辦鉄礦合同第一欵載，商務局將批准煤鉄各礦，二十四年與福公司訂立合同，轉請福公司辦理。現經議定，中國願與福公司合辦云云，語意含渾，並其他各條，均未商之山西士紳，種種放棄主權，實爲可恨。福公司後來之恫喝，未始不由盛大臣續訂合同召之，牽人之牛，蹊我晉田，噬臍之痛，庸及治乎。生等憤懼交集，共籌抵制之策，爰於福公司與商務局議事之日，聯名禀懇新任撫憲張議廢原續兩合同。哲美森見晉人士聲勢洶涌，一時難以成議，遂於本月借開辦礦務如有虧折，與中國國家。惟現在晉省人士力量薄弱，得中堂王爺大人協力設法，與議賠欵，減輕重負，如操左券。況此事自彼啟隙，我實有言，川漢粤漢九南浙贛諸鐵路，費盡瘏嘵，均已贖回，斷無山西礦産最盛之區並令利權外操之理。着着落後，今日猶不争之，何以爲山西人地，更何以爲封疆斯土者地乎。我國近來所擔之外債賠欵鎊虧各項極巨，民窮財盡，廓清無日，茫茫後顧，何以爲計，故贖回晉礦自辦，得失極巨，似宜由政府及各省協力籌欵應付，必不得已，亦宜由山西辦理，萬無福公司已有索賠欵之言，而我國仍與議辦礦之理。查合同第六欵，所餘净利提二十五分歸中國國家，餘歸公司自行分給云云，又第九欵公司所開之礦，以六十年爲限，一經限滿，公司所辦各礦，無論新舊，不問盈虧如何，即以全礦機器及該公司所有料件並房産基地可橋鐵路，凡係在該礦成本項下置辦之業，全行報效中國國家，不求給價云云。福公司既以二十五分利息歸中國國家，復願以巨金購用之機器，修蓋之房屋橋路等物，送與中國，則其中利源之巨，不言可知。伏乞中堂王爺大人爲保全山西命脈計，並爲保全中國大局計，力執該公司總董索賠欵之言，與之磋商賠欵，決廢原續合同並咨明山西巡撫，迅速召集全省紳商，勸籌欵項。除應付賠欵外，陸續興辦全省礦務，查晉省有常年畝捐四【略】亦不憂無着，則續回自辦，保全全省生命財産，皆視中堂王爺大人今日之設施矣。事機迫切，無任屏營，所有請議賠欵贖回自辦情形，除電稟外，謹合辭稟懇並附呈福公司與商務局往還函稿一紙，敬乞訓示。恭叩崇安，伏希垂鑒。

大學堂中西兩齋學生。

《申報》光緒三十一年十一月二十四日第四版《熙給事奏請飭部詳查盛宣懷與福公司訂立准辦山西煤鐵礦合同京師》 十一月十四日，給事中熙麟遞一封奏，係因盛宣懷與福公司重訂合同，專辦山西盂縣等屬煤鐵各礦，摺中有反客爲主，仰給於人，損失國權，放棄地利，莫此爲甚，無怪晉省士紳農民羣起力爭，堅請廢約，商部綜持路礦是其專責，應請旨飭下該部切實詳查等語。奉旨：商部知道。

「中央研究院」近代史研究所《礦務檔》第六册《光緒三十一年十一月廿八日外務部收奉天將軍趙爾巽文附原奏片抄送奏請奉省設立商務總局並調查礦産片稿暨硃批》 光緒三十一年十一月二十八日，收奉天將軍趙文稱，案照本軍督部堂於光緒三十一年十月二十二日附奏，爲奉省設立商務局，并調查全省礦産，派員試辦，以期振興商業等因一片。茲於十一月初十日，奉到硃批：商部知道，欽此。除欽遵并分行外，相應抄奏，恭録硃批，咨呈貴部，謹請欽遵鑒核施行。

〔附〕照録奏片

再，奉省襟山帶海，地脉膏腴，徒以商政不修，未收富强之效。自日美商約指定開埠以後，頗有振興之望，中更戰事，商業燼焉。現在和議甫成，復奉明詔，整頓商務，關東數千里，實歐亞綰轂之區，必先聯絡商情，獎勵實業，方足以規久遠，已飭瀋陽城關地方試辦商會。即於省城創設商務總局，委奏調廣西補用道彭穀孫總辦其事，以專責成，並飭將全省礦産及各項商業，切實調查，以資試辦。所需經費，暫由各省籌解開辦經費項下，撙節動用，一俟籌有的款，再行奏咨立案，所有奉省創設商務總局並調查礦産各緣由，除分咨查照，理合附片奏承，伏乞聖鑒。謹奏。

《申報》光緒三十一年十二月初一日第三版《條陳挖開金礦京師》 户部主事李毓芳日前條陳政務處署，謂國家欲鼓鑄金幣，苦於乏金，亟宜推廣開辦金礦，應請商部派員分往各省測查金礦，開列册表，繪圖附説，彙册呈部，然後飭咨各督撫選舉本省富紳，奏派總理招商，設立公司，或官商合辦，外附辦法三十六條。聞堂官甚爲嘉許，已與商部再三會議，不日即入奏矣。

《申報》光緒三十一年十二月初一日第三版《咨覆查明陝甘礦産情形北京》 陝西巡撫曹竹帥日昨咨照商部略云，前准部咨清查礦産等因，查陝西礦藏饒富，外人久已垂涎，現在亟思自辦，以免覬覦。茲經考驗礦質，估計工程除延長石油業已聘師試辦外，查南山洵陽白河兩縣五金礦苗，最爲繁盛，該處界連鄂省，已與湖廣總督往返電商，議定兩省合辦，委員會勘其餘産礦之區，所在多有其未著名，五金油煤之屬深山窮谷，往往有之，或遺忽，人將窺伺，現因陝省委員楊宜瀚等，派赴日本考察工藝，已飭該員就便於礦學會中遴訂一二人來承其乏，俟到陝後，以次搜考，總期先將全省礦産一一查明驗確，然後集股興工，逐漸推廣，以重商務而保利權，如該礦師等來陝查清，再行詳細造册，報部存案。

「中央研究院」近代史研究所《礦務檔》第三册《光緒三十一年十二月十八日外務部收代表山西全省紳民吏部主事李廷颺學堂舉人劉懋賞等呈晉礦由地方紳民自辦福公司當照章退讓》 光緒三十一年十二月十八日，收代表山西全省紳民吏部主事李廷颺、學堂舉人劉懋賞等呈稱，爲地方遵章自辦礦務，呈請大部作主，飭令福公司照章退讓，以挽利權而伸公理事。竊職等考各國於路礦一事，所採主義凡三：其一爲官廳特許。官廳特許之事，則在彼特許者，必有應享之特與同所負相當之義務。查原章程於辦礦，曰巡撫批准，於借債，曰巡撫批准，則即采地方官廳特許主義，批准爲商務局，其特權亦必歸商務局之特權，在得轉請福公司辦理及由福公司借一千萬之洋債。而所負之義務，即不得再請他國人及另借他公司之洋債，違此定章，巡撫即有取消其特許之權。福公司與商務局，祇代理與貸借關係，寔祇就一礦，有代商務局辦理並撥用資本之權，必不能涉及商務局採礦權之範圍。申言之，商局爲主體，公司爲客體，客體從主體爲存滅，乃法律之公例，商局若失其採礦權，公司必同時失其代理與代借關係，是原章程，無論不得爲兩國家合意所訂之條約章者。一，礦務爲國家公産，其與商務局以請求開採之權，非私該局也，爲地方公益也，爲地方公益而反禁地方人自爲開採，非特原章中無此特權，亦且各國間無此公理。故第一款於巡撫給憑，必先查明果否於地方有礙，夫有礙莫大於有礙地方自辦，必地方不自辦，商務局始得請求開採，否則必不能稍侵地方之優先開採權也。地方優先權發生，商務局請求權即消滅，此原章所定爲明文者，非因解釋而故爲深義也。況十一條固言多用山西人，以開風氣，所謂風氣，即自辦風氣也，是商務局之請求，正所以提倡地方之自辦。近宋汝陽在平定開採一事，即佔地方地位，非惟福公司無禁止之權，即商務局且負有退讓之義務，今該公司屢函禁止，則是其違章者。三，且不但地方而已，即以華紳富商論，山西爲中國一部分，晉礦亦宜爲中國人所同享之利益，但其與地方稍異者，地方與商局爲先後之關係，而獨立於該局之上級，必地方無礙者。該局始有開採之權，華紳富商乃與福公司爲内外之區別，而平列於商局之左旁，苟有自辦寔力，亦得與商局同享内國人開礦之利益。但其對於商局，無借款轉請之特權，則與地方所負之義務一也。故第十五條華紳富商收回股票四分之三時，可由商務局查報收回股票四分，公司已開採者若此，則未開採前，紳商得以四分之股本，自請開採，固可推定無疑也。今同濟公司之設立，即屬此意，但商務局得調查其有無借洋債之事，有則不惟損該局之特權，亦且減爲其公益之義務，對於官廳要求停止，固其職也。但係紳商籌款自辦，則商局以借洋債之故，不但不得禁止，並且負移讓開採之義務。綜上所陳，地方與紳商出而自辦，則在我爲遵章，並非廢約，寔可對抗一切關係人，而不容稍奪者也。而該公司乃欲禁我自辦，是在彼對商務局爲已背豫約，矧復違章，蓋特許與條例，皆國家爲公益所設，即商局遵章，苟於公益。國家尚得以主權所在，取消其特許，變更其條例，而況背約違章，有害公益，若福公司所爲者乎，是以閤省紳民，有犯萬死而不敢强以相從者。爲此籲懇王爺中堂大人，俯念大局攸關，生命所繫，保全地方自辦，飭令該公司照章退讓，以伸公理而挽利權，無任屏營迫切待命之至。謹呈。

「中央研究院」近代史研究所《礦務檔》第三册《光緒三十一年十二月廿一日外務部收山西巡撫文附山西同濟礦務公司章程暨同濟公司呈同濟公司擬定推廣開採章程勘就礦界繳呈註册銀兩》 光緒三十一年十二月二十一日，收山西巡撫文稱，案據山西同濟礦務公司紳商直隸補用道董崇仁、吏部郎中孫笥經、刑部郎中段振基、户部主事李慎修、翰林院庶吉士梁善濟等禀稱，爲擬定推廣開採章程，指定礦地肆至里數，公懇俯准立案，呈解部費，請咨商部註册，頒發開礦執照，暨咨外務部查覈事。竊職道等於本年正月間，公立山西同濟礦務公司，擬擴充開採本省平盂澤潞平陽等處煤礦。先將勘定平定平潭河南北各礦地，測繪成圖，呈請核准並經商部批飭指定處所，訂期開辦事章程，礦地肆至，呈部核定，以憑給照等因各在案。茲謹遵部章，將職道等公司指定第壹次開採河北礦地，東北至漢河溝，正東至石圪疊，東南至甘河溝，正北至劉家莊村北，西北至後山村，正西至段家碑溝裏，西至段家碑溝中，正南至庄庄溝，共計三十方里。第二次開採河南礦地，東至小陽泉村，西至南漢，北至河堰，南至尖山，又連尖山並天山之南椿樹樓溝，尖山之西南菜凹山、共山，共計三十方里。第三次開採河北礦地，北至蒙村溝，南至蘇地港，東至虎尾溝，西至前庄村之水清凹背坡，共計二十方里。第肆次開採河北礦地，北至火窑溝，南至馬王溝，西至西北大山，東至蔭營村東河堰，共計地三十方里。凡職道等公司指定礦地，均有現開舊廢等窑，皆係毗連處所，曾經各村莊共立合同，作爲開礦公産，禀明在案，合併註册禀呈，隨部費庫平銀壹千壹百兩，條規章程清摺，呈請鑒核立案並請咨商部註册頒發開礦執照，暨咨外務部查覈，寔爲公便。至開礦日期，現擬土法開井試辦伍陸處，俟領到開礦執照推廣開採，再行禀報，合併聲明等情，並呈註册禀呈摺二扣，條規章程摺二扣，隨解註册部費庫平銀一千一百兩到院。據此，除註册銀兩現由本部院填給解批交商號大德恒匯京，轉繳商部註册局外，理合咨呈。爲此咨呈貴部，請煩查照核辦施行。

計送註册禀呈摺一扣，條規章程摺一扣。

〔附〕照録條規章程清摺

謹將山西同濟礦務公司擬土法試辦開採平、盂、澤、潞及平陽等處煤礦條規章程十四則，開具清摺恭呈鈞鑒。

計開：

一，宗旨宜先聲明也。本公司係遵照商部奏定章程，禀請北洋大臣袁、山西撫院張批准立案，鉄路大臣盛查覈並請咨商部立案。外務部查覈，名曰同濟礦務公司，先行推廣開採煤炭，次第舉辦五金煤油各礦。

二，條規宜先立定也。本公司係山西紳商承辦本省礦務，先在山西直隸上海，籌集股本銀三十萬兩並無外洋股份，不用外省人員，事無大小，悉照生意規矩辦理，不得別開面目，所有官場習氣，一概删除。

三，礦地宜先指明也。本公司以山西紳商，先開本省平盂澤潞以及平陽等處煤礦，係將舊廢等窑毗連之處，推廣開採，每開一礦，縱横三十方里之内，他人不得開採，以杜爭端。

四，厘税宜遵部章也。本公司開礦之地，應納糧銀，均照賦則完約，至煤礦出井，應納厘税，遵照章商部定章，值百抽五，如礦産出口，仍照關税章程辦理。

五，工程宜定辦法也。本公司現係刱辦之初，擬先用土法開採，暫購抽水機器及活鉄路小鉄車等件，以應急需並遵本章自造枝路，俟有成效，再用大機器開採。

六，餘利宜提報効也。本公司所集成本並無利息，每年積帳盈餘，先提一分爲公積，逐年還本，俟成本還清，即停公積，此後所餘净利，提二十五分報効國家，餘歸公司除再提紅股外，按股分利。

七，添股宜儘晉人也。公司所集之股，係由山西直隸上海三處，各籌十萬，此後如山西紳商願添入股份者聽，但不得過原集股數。

八，帳簿簿宜遵定章也。出入銀錢，最關緊要，應立帳簿，遵照商部奏定章程，立流水簿，照記每日出入各項收支，月記簿，照記積日成月收支各項，總清簿，照記全年出入之寔在，以爲公司總册。由總辦及股東所派查察人，協同司事核算，算年清年款，登載函報，俾衆咸知。

九，司事宜分内外也。除總辦坐辦幫辦外，内司事有公事處，專管公文書信，收支處專管銀錢帳目，考工處專管工匠夫役勤惰，發給工食等事，機器房專管車路抽水等物，收管房專管出入煤炭，雜處專管火食雜用及牲口等事並木植甎灰等件，外司事有監工、領班、管抛手工人、司册、路工。

十，辦事宜求認真也。事無大小，各有專司，專司事件，按日清理，即與同事交涉亦須和衷共濟，視局事如己，毋得推延，如生意規矩，互相照應不得玩視膜置，倘有偷閒草率者，一經察覺，定必開除。

十一，工匠宜嚴挑選也。一切工程全憑此輩，做作得人，則工程加倍，不得人，則工程减半，故宜留心挑選。如有吸食洋煙，貪嬾身弱帶疾喜争，不聽約束者，不用也。

十二，司事宜給力股也。公司一切規矩，既按生意辦理，凡總辦坐辦幫辦以及司事人等或開辦基始，備極艱辛，寔心任事，積勞有年，擬倣照生意規矩，酌給人力股份，俾霑利益，以酬勞勩而勵辛勤。至此等人力股份之司事或因他故或年老，不再入局，除薪水開除外，應酌給股利年限，以昭奬勵。

十三，用人須立限制也。跟人護兵夫役，在所必須，除總辦跟人酌用外，坐辦幫辦並大司事，各用人一名，食局飯工錢司事自發護兵夫役，應按公事多寡，隨時酌定。

十四，工人宜籌邺賞也。礦井之深，一二十丈、三四十丈、五六十丈不等，工人出入最爲危險。如有傾跌或爲礦土坍塌壓傷，以致殞命等情事，應各安天命，惟工匠夫役，多係貧民，因公致傷，情殊可憫，自應由公司體察情形，分別給賞，以示體邺，並預請地方官立案。

以上各條，係本公司以土法開辦簡明規則，所有未盡事宜以及機器開採礦廠辦事詳細章程，隨時議定，續行稟明。

照録註册稟呈清摺。

謹將山西同濟礦務公司稟請轉咨商部註册稟呈，繕摺恭呈鈞鑒。

計開：

具呈山西省同濟礦務公司爲呈請註册事。竊公司照章程内載所應聲明各款，呈請註册。伏乞商部註册局查覈施行。須至呈者。

計開：

名號，山西同濟礦務公司。

貿易，開辦煤礦以及五金各礦。

有無限，有限。

設立年月，光緒三十一年正月初六日設立。

營業年月日，無限期。

總號設立地方，如有分號，並列入。

總局現設山西省城，名曰山西同濟礦務總公司，分局兩處，一設平州，名曰同濟礦務公司平盂分局，一設澤州府，名曰同濟礦務公司澤潞公局。均有木質圖記，以昭信守，至平陽等處分局，俟擬立定，再行續報。

股份總銀數，共集款銀三十萬兩。

每股銀數，紅封平足寶銀一百兩。

每股已交銀數，交到頭批股本銀三萬兩。

創辦人及查察人姓名住址，創辦人，山西紳商直隸補用道董崇仁，忻川人。吏部郎中孫筠經，平定州人。刑部郎中段振基，臨汾縣人。户部主事李慎修，介休縣人。翰林院庶吉士梁善濟，崞縣人。查察人，山西直隸上海各股東隨時派充。

合同，無。

規條章程，共七十四則另摺附呈。

布告，函告。

邢玉林《光緒朝黑龍江將軍奏稿·程德全奏報勘金牛等處煤礦片光緒三十一年十二月二十二日》 再，光緒三十一年十一月初四日，承准軍機大臣字寄，光緒三十一年八月十七日，奉上諭，商部奏請，飭清釐礦産，以保利權一摺。據稱，周覆所稱各節，有裨要政，請飭各省一律援照辦理等語。著各直省將軍、督撫，即行派員酌帶工師，周歷採勘。按照商部所發表式，將已開、未開各礦，詳晰註明，隨時咨報。並按照兩江辦法，迅即籌辦，毋稍延緩。其各省所派專員，均准作爲商部礦務議員，並由該部悉心稽察，嚴定考成，隨時請旨辦理。原摺著抄給閲看，將此各諭令知之等因，欽此。遵旨寄信前來。竊思礦産乃天地自然之利，現當振興商政之際，尤不可不亟意講求。商部原奏所請，設立礦政調查局，洵足以提綱挈領。黑龍江土脈雄厚，並多大山。地氣所鍾，豈乏佳礦。除漠河觀音山兩處金礦，前被俄人借躝苗爲名，私行佔據，尚未收回。其都魯河、發畢拉河舊有之金礦，自庚子亂後，多被俄人私採。奴才已先後派員前往勘辦，祇以俄兵未退，動多牽掣。已飭派出之員，設法先佔地步。並創辦金牛山、懷獾洞、馬鞍山、朝陽山煤鑛四處，現均辦理，粗有規模。此外有無鑛苗顯露之區，應由奴才檄委辦理。煤鑛委員補用協領，擬正佐領純德，先赴北洋考求煤礦辦法。然後按商部原奏情形，周歷各處，詳勘五金各鑛。一俟躧勘明確，再將鑛地坐落官民界址，鑛質苗綫之隱顯、長短，照式填表，送部俾資考察。除資明商部查照外，謹附片先行具陳，伏乞聖鑒。謹奏。奉殊批：商部知道。欽此。

「中央研究院」近代史研究所《礦務檔》第三册《光緒三十一年十二月廿五日外務部收商部文附晉撫函晉豐公司辦礦章程暨山西學生公稟晉民代表申辯福公司辦礦事録送晉撫咨到各件請將辦理情形聲覆》 光緒三十一年十二月二十五日，收商部文稱，光緒三十一年十二月十八日，接准山西巡撫函稱。福公司辦理平、盂、澤、潞煤礦情形，現在晉紳李主事廷颺等，爲晉民代表，赴都申辯，已電咨在案，仍乞與英使從長計議並進李紳等而教之，又加簽英文原合同一册，晉豐公司章程一件，公稟二扣，録送賜督等因前來。查此案李主事廷颺等，已否前赴貴部禀商一切，上項録送各件，貴部曾否接到，相應鈔録晉撫原信及晉豐章程一件，公稟二扣，又加簽合同原本，一併咨呈貴部查照。希將如何辦理情形，聲復本部。並將加簽合同原本，仍行檢還可也。

〔附〕照録鈔件

敬覆者，昨奉鈞函，謹聆壹是，鎔化廠標題二字，盛宫保在京竟未能切寔提議，事後争之，固已無及。該公司礦事，鄙意原欲和平商辦，免生枝節，無如哲總董堅持成見，斷斷於專辦二字，直欲奪盡利權。此次來晉勘礦並未遵照合同，禀經巡撫查明與地有方無妨礙，率請發給憑單，復聲言不准地方自辦。紳民等痛主權之盡失，生計之將窮，於是羣起而争，紛紛有廢約之請，揆其情形，非得已也。查當日晉豐公司原立合同並非不妥，自二十四年在總署改訂二十條，以借款自辦我應爲政之事而拱手授權於洋商，此錯之鑄，未免生算。惟自立約以後，時閲六七年，商務局於該公司並未有分毫借款，準諸合同各條，無勘驗之費，無借款之息，無賣出待贖之股票。而原議之義商羅沙第，且賺得重價，私以所立合同，售於英商哲美森，並不知照晉省商務局，是爲違公法；澤道支路，原議該公司自辦，乃請我國家借款，是爲背原約，此兩層者，盛宫保既皆見及，其時如據理力争，即廢約亦何難做到，乃於議辦鉄廠，率允其合股。辦礦新約四條，種種疏漏，而所謂詳細合同者，又不及時會訂，至今終屬空言，一誤再誤，其又何尤。然即以合同論，首條專辦二字，原屬於商務局，其下亦止言轉請福公司辦理，並非專辦。況第三第十一十二各條，亦均有會同字樣，此固亟應剖辯者，頃將原立英文合同，倩旅晉英人另行譯出一紙，大致仍與原譯無殊。謹就各條可辯者，簽出呈覽，以備參考。駿涖晉未久，辦理此事，絶無成心，亦斷不見好於紳民，曲徇其意，第事關晉人生計。自哲總董來晉後，羣情岌岌，痛若切膚，寔由該公司虚聲恫喝，禁民開採，有以致之，並非官縱使然，大抵晉人礦業與他省情事不同，均係貲本不多，開閉無定，或昨開而今閉，或此閉而彼開，小民指此爲生，不過僅謀衣食。其極貧之户，隨地稍施椎鑿，即可爲禦冬之計，炊爨之需。今福公司概加阻遏，固知必不甘心，平盂澤潞等處，向爲著名産礦之區，貧民恃以生活者，不知凡幾，固非一山一鄉可比。今即就其初次所指平潭一處言之，現據委員按圖勘明，既佔及村路河渠與地方大有妨礙，而界線以内，又多民間已鑿之煤窑，似此情形，何能相安無事。自來鄉愚之肇釁，無非由激而成，當該公司勘地時，遍山插立旗幟，聲勢甚張，因之，衆口喧傳，人心不靖。倘異日該公司仍蹈前轍，萬一輿情憤急，釀成戕命焚廠之事，彼時即責疆吏以不能保護之咎，亦復於事何補。駿既有所見，不敢不先事直陳，並非欲翻前案，意在沽名，亦非不知五約在先，此時斡旋不易，特權乎輕重利害之間，寔有萬難遷就之勢。現在晉紳李主事廷颺等，爲晉民代表，赴都申辯，昨已電咨在案。而此間士民合詞籲懇禁阻者，稟牘仍復不絶，幾於人人有自危之心。駿已隨時開導並囑其力求寔濟，慎密妥籌，同濟公司之經營，亦即密籌之意，仍乞鼎力維持，與英使從長計議，並進李紳等而教之，幸甚盼甚，留萬民之生路，保三晉之利源，是所賴於藎畫矣。近日士民等公稟二扣及晉豐公司合同並以録呈，統希賜詧。專肅奉覆，敬請鈞安。　張人駿謹肅。

晉豐公司辦礦章程底稿

一，晉豐公司劉鶚擬借義國福公司銀一千萬兩，辦理晉省盂平澤潞等處礦務。所有辦礦一切事宜，晉省商務局唯晉豐公司是問，晉豐公司只准認一千八百九十七年初訂合同之義國福公司，不認別人。晉豐公司亦不得轉許別人認辦山西盂平潞澤等礦，福公司亦不得將此借款合同轉與他國及他國公司。

二，太原省城應設晉豐公司，中設總董一人，幫董司事等數人，其一切用人理財各事，統由晉豐公司總董會同福公司總董辦理。

三，各處礦産，應用華洋董事各一人，洋董管工程，華董理交涉，帳目皆用洋式銀錢出入，洋董經理，華董稽核，各廠以多用華人爲是，所有薪水，皆由此公司發給。

四，俟已准各處屬礦地詳細勘驗後，所有議定開辦各礦，即由公司繪圖，稟明撫憲立案開辦。

五，晉豐公司向福公司借銀一千萬兩，爲辦礦之款，係約估大數，總俟各處詳細勘定後，應用成本，方可核定確數，其合同所載週年八厘等情，照此核定。

六，勘驗礦地或應打鑽掘井，探視礦苗，應先與地主商明，損田禾，酌量賠償，若定辦一礦，有佔民地，必須會同地方官或向地主租用，或備價購買，秉公定價，務使兩不受虧，方昭公允。

七，所辦礦務，除去息銀公積外，所贏餘以百分之二十五報効國家。以百分之十五爲商務局辦公及各項津貼之費，以十分歸晉豐公司，其餘五十分歸福公司，作爲歸本以及各股花紅之用。

八，盂平澤潞，地面甚廣，公司開辦不止一處，然各礦出入與所有盈虧，應各歸各礦清理。如或彼盈此虧，不得以此礦之盈，補彼礦之虧，國家應得餘利，因之少減。

九，歐洲各國於鉄路及各項工程，多有限期，惟開採礦産，盈虧寔無把握，是以各國皆無限期。今本公司六十年爲限，一經限滿，公司所辦各礦盈虧如何，即以全礦機器及該礦所料件，全行報効國家，不求給價，届時稟由撫憲驗收。

十，每處礦廠，總以聯絡官民預息紛争爲要，應由公司稟請撫憲酌派照料委員一人，或由商務局轉稟札委，又設照料紳士一員，亦由公司聘請，該員紳薪水，均由公司籌備。

十一，礦師工頭開辦之始，自應選用洋人，倘日後華人中有精於礦學語習工程者，晉豐公司亦派充此項要職。至其餘司事照料等職，無關重大責成者，皆用華人，尤宜多用晉人，以開晉省風氣。

十二，礦丁亦宜多用晉人，其工價應從公酌定，至礦丁受傷應如何撫卹，與役用數十年後，應如何酌給養老之費，又平日作工，每日若干時刻各節，統俟開礦後，再由公司擇採歐美各礦妥善章程，商請撫憲定奪。

十三晉豐公司於各礦開辦之始，即於省城開設礦務鉄路學堂，選取青年穎悟學生二三十名，延請洋師教授，以備路礦因材選用，此項經費，由晉豐公司籌備。

十四，晉豐公司所借福公司一千萬兩，係約估之數，將來每開一礦，寔需資本若干，由福公司撥用後，准福公司按照所用之數，造印借款股分票，刊刻章程，定期發賣。如華商於期內願買此種股票者，無論多寡，聽其買取。

十五，華商收買此項礦務股票，應由晉豐公司按照時價漲落，照章代爲收買。如華紳富商於六十年限內，將某礦股票收至四分之三，即將該礦先期收回，由該華商自行經理。

十六，凡於所准礦地，遇有民人先經開採者，斷無强其停採之理，惟礦師勘驗，或以該地寔礙礦務工程者，則公司原主應請地方官秉公商定或租用或購買，務使兩不受虧，應昭公允。

十七，各礦附近之處，遇有墊路修橋挑河等事，以便道路通行者，均歸各礦自備款項修理，不得稟請公款。其須用民地之處，亦照各局已定章程收買，不得少佔民地，仍求地方官代爲格外保護。

十八，每至年終或盈或虧，各分礦造具清册送至總局，由總局會繕各礦盈虧總册，報呈撫憲及商務局，以憑查覈並將報効國家及商務局等項餘利，分別呈繳。

十九，前訂借款合同及保款票，業經撫憲驗明批准，仍俟此項章程撫憲核明奏準後，即爲正約。

二十，凡已載在會同者，茲不重載，光緒二十四年　月　日立。

照録山西襄垣縣廩生李慶芳等公禀

敬禀者，窃生等按歐洲法理國家，有完全獨立之資格，必具人民、土地、主權三要素，三者缺一，不可爲國，而主權尤爲維繫人心土地之關鑰。查商務局與福公司原訂合同第一條，山西商務局禀奉山西巡撫批准專辦云云，又查鐵路總公司與福公司合辦鐵礦合同第一條，山西商務局將批准專辦之盂縣平定州潞安澤州平陽府煤鐵，以及他處煤油各礦。光緒二十四年，商務局與福公司訂立合同，轉請福公司云云，兩次合同，既云批准專辦，是商務局受山西撫台命令，專辦盂縣平定及潞安澤州平陽之三首縣，不准攔入他處。專辦煤鐵煤油，不准混入別項，專字是限制商務局之意，專請福公司辦理。是商務局請其辦理各事，非請其專辦，語意極爲明確，該公司屢次不按合同，妄争專辦，並有商務局可以幫忙等語，是自居於主，而令商務局爲客也，謬妄已極。不特侵奪商務局專辦之權限，並侵犯我山西巡撫批准之權限，既違國家定例，又違文明各國公理，其背合同者一。查各國礦務章程，煤鐵爲國民公産，即本國人亦不令個人專開採之利，至外國人則在禁止開採之列。今福公司雖訂有合同，然並無禁民開礦字樣，遽與商務局來函，欲將民礦一律封禁。若自認爲平定州主人，而山西皆外國人者，其計尤爲叵測。是山西人求爲守約而不得，彼直廢約而肆行也，其背合同者二。自原合同訂後，至今八年間，國家商律改良，屢經變遷，前升撫部院岑，升撫部院張，因商務局賠累，迭欲奏廢，福公司遷延至今，應先與商務局和衷再議，再禀中丞。縱中丞恕彼遷延背約之罪，亦當静候查明，於地方有礙無礙，今該公司未與商務局再議，亦未禀明中丞。路經平定，只帶遊歷護照，胆敢插英國旗勘地，大書福公司字様，門插旗刀，驚人耳目，其無端擾我治安，按之西律，責以倡亂，亦不爲過，其背合同者三。除三者外，按各國法律尤有可以廢約之理有四，請並陳之。原合同係商務局與福公司訂定，兩造均屬私人資格，無關國際，當時總理衙門既命令兩造與以特許之權，則撤回此權，純乎屬我内治，非他國所得干預，一也。按各國公理，凡兩造訂約，若一造不遵守，則一造可廢約，並可以不認背約一造所已負之義務。今福公司有以上三者背合同之確證，乃復於開議時，索賠款於商務局，則彼已申明不辦，我豈能再議合辦，彼意在廢約，我正可據理責彼背約之罪，二也。原合同訂明以六十年爲期，究應以何年起算，彼若延至西曆三千或四千年開辦，世界有此公理乎，是合同根本之錯誤，三也。原訂合同係意國羅沙第，今忽易英國哲美森，人約不符，又華洋文互牴牾，據彼之解釋，謂專辦者，獨辦也，即他人不得再辦也。若此，則商務局既獨辦，何以福公司又争專辦，華洋文不合矛盾牴觸，是不得爲完全合同，四也。前粤漢鐵路我國家曾與美國合興公司訂有合同，經三省紳商查明美公司逾期限售比股兩節，確係背約。即請由湖廣總督張，徑電駐美公使梁，轉請照會美政府，申明合同作廢，卒底成效。晋省礦務，危於粤漢鐵路，而福公司之劣跡又多於合興公司。況中英邦交，素稱輯睦，福公司亦不應以商人資格，擾亂平和，既背文明行爲，又違法律公理，諒英政府聞之，亦絶不容其妄謬至此。伏懇中丞大人維國家大局，憫三晉生命，飛電駐英大臣並咨外部，申明合同作廢，則山西幸甚，大局幸甚。肅此寸禀，留學日本普通科襄垣縣廩生李慶芳等二百五十三人禀，照録山西平定州士商曹書田等公禀。敬禀者，竊維平定礦地，多係小民私産，全州命生，胥於是賴。光緒二十四年，前撫胡　批准山西商務局專辦平盂潞澤平陽煤鐵，良因礦利無窮，國家之商業關之，其時民智未開，應由商務局提倡各處商民就地開辦。遇有錮蔽不通及力難開採者，商務局可一律專辦，而商務局又因礦務未諳，將批准各事，轉請福公司代辦，是福公司原代商務局辦礦也，且代商務局辦民人錮蔽不開及無力開採之礦也。查原訂合同第一條云，如係民産，向業主議明或租或買，公平給價。第五條云，辦礦如佔民地，必會同地方官或向地主租用或備價購買，秉公議價。第十六條云，如民人先開採，不得侵佔，鄭重民産，即鄭重民命，語意極爲周詳，乃今秋福公司路經平定，只帶入境護照，竟樹旗插標，繪圖勘地，未開者，將不日開辦，不聞其議價值在時也，已開者，復要求封禁，是顯欲侵佔民産也。驚人耳目，擾我治安，置合同於不問，惟一力肆行强迫，人心惶恐，物議紛騰，意外之變，難可逆料。士商等悚目疚心，念小民室廬恒於斯，衣食恒於是，山河寸金，自有主權者。現皆遵照礦務新章，寔力自辦，而福公司竟行囊括之主義，侵奪平定人自辦之權，侵奪商務局專辦之權，小民之生計而國家億萬年無窮之商利。後事誠不堪設想，士商等用是不揣冒昧，籲懇大中丞大人俯念小民産業生命攸關，允轉咨外務部力争合同作廢，則平定幸甚，山西幸甚。爲此上瀆，伏惟垂鑒。

「中央研究院」近代史研究所《礦務檔》第三册《光緒三十二年正月初六日外務

部收福公司總董梁恪思節略解明福公司有權專辦礦務》 光緒三十二年正月初六日，收福公司總董梁恪思面遞節畧。

照録節畧

因英國欽差大臣代福公司駁苦，以山西巡撫不允福公司之請，按照商務局與福公司所定之合同第一款，照發憑單，在平定州開採煤礦並以本地人違背此合同第一款所載福公司應有專辦字樣，在此地方開辦新礦，所以福公司總董得英國欽差大臣應許，就唐大人紹儀之請，前來外務部商議此事。首先當查明此專辦之問題，無論執華文或英文講解，其意已極明，專辦之意，即凡得此批准之事之人，可能有權辦理，必人皆不能也。此合同條款顯係山西商務局稟奉山西巡撫批准專辦等事，又經註明，今將批准各事轉授福公司辦理，以六十年爲期，此並非含糊之辭也。且此轉授之事，既經總理衙門應許，又於光緒二十四年閏三月二十七日具奏，奉硃批，依議。此外更需何上諭，可使此事更實在乎。中國商人之顧體面者，於所立之約或所訂之合同，無放棄而不盡力實行者，其名望聞於天下。

貴國豈容政治之聲價跌落乎，豈欲使天下人皆知雖由國家批准之事，苟有人於自己有不便或不利之處，遂生反對，即可收回作廢乎，此種變更之事，即以無信示人也。將來官員中有須取信於人之事，恐不易辦矣，總董斷不信中國國家從此下策也，合同既立，雖有妨礙，亦須照行。況此次與福公司所訂之合同，於山西人民並凡中國之人民及中國國家，更有大利乎，此利請後逐條縷陳。

今請談山西巡撫不肯照發所請憑單之事，巡撫或云並非不肯，但須知躭誤遲延不發，即與全不肯發相等，不准者，不肯也。但合同第一款載有繪圖貼說，稟請山西巡撫查明，果與地方情形無礙，一面咨明總理衙門備案，一面發給憑單，准其開採礦地，勿稍躭延等語。試問巡撫有一面咨明外務部即總理衙門備案，一面發給憑單勿稍躭延否，巡撫所爲，似於合同不符並且極力攻擊專辦二字之實意。夫專辦之實意，即專權也，乃巡撫竟以別種意思解之，務欲使此合同成爲無用之物。此種解法，以巡撫之文學度之，料亦知其勉强也，如專辦不作專權講解，此合同必屬無用。然則商務局之立之也，總理衙門之奏定之也，並後各礦並所有器械材料，全數送與中國國家，不求給價。此六十年間公司所取出之煤與全數相比，實滄海中之一谷而已，且於此時，中國人更可學習辦理礦務，於日後收回各礦之時，方知既不用力又不費財，而得此大實也。總董又謂，此合同於中國國家，大有利益。

第六條云，所辦礦務，每年所有礦産，按照出井之價，值百抽五，作爲落地税，報效中國國家。此外所餘净利，提二十五分分歸中國國家，如有虧折與中國國家，毫不干涉。

第八條云，凡開礦所需料件機器等物，完納正半税，開出礦産運出口時，仍照關章納税。

第九條，公司所開之礦，以六十年爲限，一經限滿，即以全礦機器及該礦所有料件並房産基地河橋鉄路，凡係在該礦成本項下置辦之業，全行報效中國國家。即此第九條，不用申議，而已可見此合同並非偏利於一邊也。中國國家此時保護福公司之礦，即養育後來極大之財源，期滿即可收回自用，至時中國人亦已諳習礦務，洋工程可以及各員，皆可以中國人代之。期滿後，礦中一切皆已備辦完美，中國國家即可領歸自辦。雖然總董非謂福公司之設，專爲中國人謀利也，福公司實一商會，專理商家一切事宜。夫既經商，自必謀利，此人所皆知而不以爲罪也。執股份者，因得其利，而餘利亦多分散於中國，而執股份者，亦非無感謝之心也。今天有此機會解明各事，總董深爲銘感。總之，請中國國家認福公司有此專辦之權，按照合同開辦礦務，禁止一切新窑，並請將此專辦明示省中大員，使知憑單一事。一經知會，即當照發，並請誠心誠意保護各礦並凡在礦中供中供事一切人等，並保護查探礦苗之礦師。

「中央研究院」近代史研究所《礦務檔》第三册《光緒三十二年正月二十二日外務部收太原紳商電呈晉礦請贖回自辦》 光緒三十二年正月二十二日，收太原紳商公呈電，礦合辦，財力不敵，若歸專辦，紳等不敢承認，事關全晉存亡，籲懇磋商贖回自辦，萬禱。晉紳商叩。

中國第一歷史檔案館《清代軍機處電報檔彙編》第二九册《收路透電爲扳李勒礦難事光緒三十二年二月十九日》 開礦被災，從未有如李勒地方煤礦如此之重者，現悉已死者一千二百一十九人，挣命者二萬五千人，工頭聞信即往援救，因穴道充滿毒氣，施救非但不易，且極危險，尋得屍首有數百具之多，目下賑濟被災之人欵項隨時而至，并請商會籌助五十萬佛蘭克。

中國第一歷史檔案館等《東北邊疆檔案選集》第一五册《盛京將軍趙爾巽爲日商在寬甸香爐溝地方採礦並與鄉約訂立合同事給奉天交涉總局劄文光緒三十二年二月二十四日》 爲札飭事。案據署寬甸縣知縣榮禧呈稱，光緒三十二年正月二十二日據縣屬香爐溝鄉約焦魁德稟稱，前於光緒三十一年十二月初旬，有日本採礦商人大町登佐將身及保正王福順齊集會房，告稱伊於十二月十五日必向身等管界老金廠地方洒金等語。及十二月二十日伊交契約一本條款一本，令身轉借商號萬福源圖書蓋印，訂於本年正月再來修房囑身，代僱苦力一百五十人以憑採辦。當以伊係强隣，倘敢抗違，恐生嫌隙，不過含混從事，畧爲酬應而已。及閲伊之註載，始覺其事認真，伏思採礦一項，清日當年通商條款未審業曾允否。雖云此案起作，盡由於伊，但身膺社差本屬微末，曷敢與之甚較。思維再四，誠屬兩難，祇得赴案稟明，除將伊交契約條款二本呈閲外，究應如何辦理之處，請核示等情。據此，卑縣以關涉利權，當經飭派妥差查照各國辦礦約章，諭阻去後。兹據去差以現在日商尚未前來開採，亦無招工情事稟覆前來。查現奉憲台札飭，以鳳凰廳屬曾有日員友枝英三郎等在石灰窑子等處與民間私立合同，開挖煤礦，因與各國辦礦約章不符，已蒙飭由交涉局晤商駐奉日官吊起合同作廢，通飭知照在案。覆查卑縣此案情形，正與相同，雖查該日商大町登佐現尚未至卑界香爐溝開辦，但事已議定，聲稱今春即來開採。若不先期阻止，竊恐届時理阻，難免不費唇舌，應請援照鳳屬石灰窑之案，仰懇憲台飭知交涉局就近晤商駐奉日官，聲明亦將大町登佐寫立合同契約吊起作廢，轉飭該商遵照。至焦魁德呈繳合同契約，一俟奉准憲批，即由卑職塗銷作廢。除將該約呈交原立合同、契約照抄附呈，並分報礦政局外，理合具文呈請，查覈示遵等情。據此，除批示據呈已悉，候飭交涉局、礦政調查局會同查照條章，向駐奉月員妥商禁阻，追銷繳合同等，存抄印發外，合行札飭。札到該局，即便遵照，會同查照條章妥爲辦理具報。切切。特札。

計抄合同契約各一分。

右札交涉總局，准此。

採礦商定條欵

盛京省寬甸縣香爐溝老金廠鄉約驕奎德、保正王福順自明治三十九年壹月十四日起，算以至明治六十九年爲限，即定爲三十年間將隸屬地域之採礦科權一切事件爲承認，租諾日本人志岐信太郎，辦理人大町登佐持矢聲明，而其訂約條欵如左：組因爲本訂約條欵之逑稱便，宜志岐信太郎，辦理人町登佐爲甲者，鄉約驕奎德、保正王福順之兩人爲乙者。

第壹欵，乙者存在於隸屬地域之金脉及其他一切之礦脉，都可行開礦採鑿之權利，准租與甲者，而歸租甲者，以須行承認租乙者，由甲者當可爲應將租借科其利益銀價格百分之拾，可交還給乙者。

第貳欵，以上條欵之交還價格金於甲者，開辦礦務採取金執業以後，每年東曆六月十二月之兩分，當由甲老交給精算價格金高方可在乙者。

第叁欵，於甲者開礦採鑿之執業以後，尚有開用之地更可經商議妥洽地主，而其出租料再給該地主，決不可分毫核奪。

第肆欵，開礦採鑿之件要多人欲之便役勞力，而係於該地繁闊盛隆之何加之業務也。有所以採鑿開礦之際，當地民間及附近人等指示以□可事宜，極力保護。

第伍欵，乙者之隸屬該地域之採礦利橙，非經甲者承諾，雖有萬不得已之要，不準租與別人，力不得與別人合辦，或借外藉以執業轉賣等情。

第陸欵，於所租地域之採礦利權如有他人私鑿者，乙者先可行爲極力保護甲者之採鑿開辦礦地域，或趕急投信來行。

第柒欵，本商定條欵抑或至限滿時，更經商議，更可行乙者承認，退讓利權，甲者維持其租借限期。

第捌欵，以上所定章程恐後無憑，作製日清兩文，各自貳綴保存事宜，甲乙各自壹綴立矢證。

明治三十九年壹月十四日立合同。

大日本帝國東京市赤阪區潘地町六番地志岐信太郎辦理人大町登佐。

鄉約焦魁德，保正王福順。

「中央研究院」近代史研究所《礦務檔》第二册《光緒三十二年三月十四日商部致山東巡撫電譚錦泉等請續辦招遠金礦案即希電復》 光緒三十二年三月十四日，商部致山東巡撫電。洪。密。前據旅美華商譚錦泉、劉鋈泉等稟請，續辦招遠金鑛一案，上年十月間，咨請飭查，未准咨復，兹准梁星使函復。查明該商等所集均係華欵，續辦不難措手，尚屬實情，自應照准，以擴礦利，希查照前咨，先行電復核辦。商部。願。

「中央研究院」近代史研究所《礦務檔》第二册《光緒三十二年三月十四日商部收駐美大臣梁誠函附駐金山鍾總領事稟查明譚錦泉等集資續辦招遠金礦確係華股》 光緒三十二年三月十四日，商部收駐美梁大臣致丞參堂函。敬啟者，上年十二月初十日祇奉堂函，以旅美華商譚錦泉、劉鋈泉等稟請仍集資本重辦山東招遠金礦，飭將該商等原有股本若干，是否全係華股，有無影射虧欠，現集股本是否的係華股，該商等是否股實可靠各情，查訪明確，迅速聲復。竊查該華商譚錦泉等集資開採招遠金礦，事在光緒十四十五年間，其時誠供差美館，知之最詳，嗣後該商等以料理礦事，往來津魯，所辦之事，尤爲共見共聞。當時經理失宜，開採尚無成效，論者惜之，是該金礦之有利可圖。該商等原集股本之可靠，已無疑義，惟事隔多年，有無別故，末由深悉。該商等在金山埠貿易，亦難面訊，特札飭駐金領事。遵照堂函事理，確查稟復，茲據復稱，該商等原集股本，確係華欵並無影射虧欠情事。現擬集貲二十萬，雖非確有現欵，而一經准辦，則鉅款不難立措等語。經誠詳審復核，所稟尚屬實情，應否明定限期，另立規則，准令該商等趕速集足資本，前往續辦，以收固有之利權，而勸海外之商旅，謹請代回贝子爺列堂詧核施行。所有該領事稟復一件，照録附呈，用備省覽，專肅，敬請均安。梁誠頓首。正月十七日。

抄件一扣。

照録駐金山鍾總領事稟復稿

〔附〕光緒三十二年正月初四日，卑府一面博訪周諮，一面傳集譚錦泉劉鋆泉等，詳加察問並飭該商等開其光緒十四十五兩年，金山開源公司招集承辦招遠鑛務股份人名銀數清單，旋據呈送前來。查譚錦泉前招華股，共美銀一萬八千七百元，劉鋆泉前招集華股，共一萬六千五百五十元。林道琚前招集華股，共一萬五千九百五十元。李韶初前招集華股，共美銀一萬一千九百元。劉儒性前招集華股，共美銀五千二百二十五元。甄崧生前招集華股，共美銀一萬七千七百五十元。司徒玉田前招集華股，共美銀六千五百五十元。黃福田前招集華股，共美銀五千七百五十元。李福利前招集華銀股，共美銀五千七百五十元。鄺捷三招集華股，共美銀六千元。譚開守前招集華股，共美銀五千四百元。黃瑶石前招集華股，共美銀五千元。以上十二名華商，所招華股美銀一十二萬零六百二十五元。按照當日金價，每百元美銀，計合上海規平銀九十兩。又日本横濱埠華商陳坤田，前招集華股規平銀一萬六千一百兩。上海、香港、華商霍緝之譚傳衵，前招集華股規平銀一萬五千六百兩。所有收支細數，據譚錦泉聲稱，業於光緒二十一年五月，稟請前東海道劉呈報前北洋大臣李在案。是從前招集股本，全係華商，尚無影射虧欠之事，原稟續集資本二十萬金一節。查金山華商每論招遠金鑛，山形豐厚，地脈堅結，金苗旺盛，鑛引透露，果能經理得人，開採得法，實勝美國金鑛。況利源既有把握，股東咸思接續，如蒙地方官吏保護或蒙商部批准，旅美華僑必知率作興事，感奮争先，朋集鳩資，人人有所希冀，二十萬金不難籌措。而現在是虚懸擬議之數，譚錦泉在金山開設錦隆中日雜貨店，佔有股本，劉鋆泉在金山開設中日雜貨店，占股甚多，該商等雖非着名殷實，亦非絶無憑藉。且平日任事篤實，衆望甚孚，若辦興復鑛務事宜，必能認真經理，不負初心，應如何調護贊成之處，上台自有權衡。謹將遵札訪明確各緣由，詳細據實稟復，祈察核施行。

「中央研究院」近代史研究所《礦務檔》第二册《光緒三十二年三月十五日商部收山東巡撫電譚錦泉等請續辦招遠金礦案須與現辦李道家愷妥議辦法》光緒三十二年三月十五日，商部收山東巡撫電。

商部鈞鑒：洪、願電敬悉。前奉鈞部咨查招遠金礦，現據議員朱道鍾琪面稱，日内始據該縣稟復具詳。惟查該處金礦，係光緒十七年經北洋主政，由李故道宗岱承辦並領北洋官欵二十五萬。二十年，李故道曾將金山華商代表李贊芬稟撤有案。其股東即有譚錦泉在内，現其子李道家愷接手，以土法開採，獲利甚微，公私股欵積欠數十萬，正在爲難。倘譚商來招續辦，原無不可，但須與李道議定，方免糾葛，似應飭令來東或飭李家愷赴京妥議辦法，再呈請鈞部批准等情，伏乞鑒核飭遵。驤。咸。

「中央研究院」近代史研究所《礦務檔》第二册《光緒三十二年三月十六日商部發駐美大臣梁誠電譚錦泉等請續辦招遠金礦案須與現辦李道家愷妥議》光緒三十二年三月十六日，商部發梁星使電：洪招遠事，函悉。電東撫得覆稱，該礦舊欠甚鉅，續辦原可，須與李道議等語。希飭譚劉通籌辦法，速復。商部。銑。

「中央研究院」近代史研究所《礦務檔》第三册《光緒三十二年三月二十八日外務部收盛大臣文附奏摺咨送奏請裁撤上海勘礦總公司撥欵專辦晉礦摺》光緒三十二年三月二十八日，收大臣盛文稱，照得本大臣於光緒三十二年三月十七日，在江蘇上海縣行館，專摺具奏請裁撤上海勘鑛總公司，撥款專辦晉礦一摺。除俟奉到硃批，另再恭録分咨外，合先抄稿咨呈貴部，謹請查照施行。

〔附〕照録奏稿

奏爲各省鑛務現經自辦，請裁撤勘鑛總公司，撥款專辦晉鑛，以赴事機，恭摺密陳，仰祈聖鑒事。竊臣前在會辦商務大臣任内，奏請設立勘鑛總公司，藉保主權而收鑛利各摺片。光緒二十八年九月二十五日奉硃批，外務部、户部議奏，欽此。經部奏復，勘鑛總公司現在上海擬設，自須酌發官款，以爲商民之倡。該大臣代辦陝西義賑，既稱尚存餘款十萬兩，應准其全數撥給該公司，作爲官發股本，將來如試辦無效，即責成該公司如數賠交，以重公款等因。光緒二十八年十一月初一日奉硃批：依議，欽此。欽遵在案。其時出使大臣張德彝，已將羅豐祿代聘之英國頭等鑛師布魯特，咨送到滬。當即派赴湖南勘查各鑛，經前撫臣俞廉三派員引導，勘得臨湘縣常寧縣鉛鑛。又函商前署湖廣督臣端方，派員領勘竹山縣銅鑛。又電商前陝西撫臣升允，派員往勘洵陽縣銅鑛。陝省地方官不以爲然，該鑛師折回，即調赴直隸與督臣袁世凱商派委員領勘臨城縣煤鑛，磁州煤鐵鑛。二十九年五月，該鑛師陡患病症，即不能出門勘鑛，時因張之洞奉命擬議鑛務新章，臣查英美商約内，皆載明鑛務新章頒行後，如准開鑛者，均須照新章辦理等語，關係甚重，似非熟習各國現行鑛務章程者，不足以資考究。特令布魯特購辦書籍，撰成鑛律五十九款，又補遺三款，鑛章九十一條，又補遺一條，於三十一年三月編輯完竣。第念布魯特深諳鑛學而於中國情勢，尚恐未甚明晰，當將華洋譯本咨送張之洞並令該鑛師赴鄂，以備諮詢，此臣延聘頭等鑛師到華，先後勘鑛及撰擬鑛律鑛章備酌之情形也。伏查勘鑛之舉，原議重在收買鑛地，免爲外人佔奪，實賴各省地方官聯絡一氣，方能辦理。臣奉准設立勘鑛總公司後，即撤銷商務大臣差使，勢難以上海一隅之局，參預各省之事。況近年風氣大開，各省多已次第設局開辦，自應將總公司即行裁撤，所延英鑛師布魯特以及副鑛師李御，三年合同期滿，已撤回國。惟查山西煤鐵鑛甲於天下，前經山西商務局與英商福公司議定開鑛製鐵以及轉運鑛産合同，將盂縣、平定、潞安、澤州暨平陽府屬煤鐵鑛，轉與福公司辦理。光緒二十八年拳亂後，外務部因英使又向理論，飭臣與福公司議訂澤道鐵路條款，該英商堅持晉鑛合同標題載明開鑛製鐵以及轉運各色鑛産，執定欲在鐵路合同載明，准其運鐵，意在就鑛設爐，製鐵運售。臣乃秉承外務部，就原訂合同内，以上盂平等五處鐵鑛及化鐵需用之煤與鍊焦爐，應由中國合股開辦。

國家自設鎔化廠，凡各鑛所出鐵砂，均須官廠鍊成鐵磚，方准由火車裝運。所指各處煤鑛，如亦願意合辦，由山西商務局與福公司再行商議並聲明原合同所載各節。除經以上四款所更改並將來另訂詳細合同外，餘均照舊辦理等情，經外務部磋議就緒，譯繕清單，恭呈御覽。光緒三十一年三月十九日奉旨：依議，欽此。遵行。又查盂平、潞、澤煤鐵鑛，若照原合同，已全讓福公司辦理，爭持三載，始允晉省與福公司合辦。除鎔化鐵廠全歸中國自辦外，開鑛則未能全行争回，臣尤慮西人辦事著著争先，若鑛地爲彼先佔，則中外合辦亦非寔籌的款，不能踐約。莫如按照勘鑛公司辦法，先將該處煤鐵産鑛之地，速由晉省籌款收買，將來可將鑛地作我股分，援照臨城煤鑛與彼合股，既可守地主之權，又可分鑛中之利。臣即函電咨商撫臣張曾敭，遴派鑛務學生張金生，先赴澤潞一帶勘買鑛地，據張金生賫送澤州煤樣驗看，質美産良，實堪與英國頂上白煤比賽，確勝開平萍鄉等煤。但張曾敭來電，以晉省紳商難籌鉅款，臣去年赴天津與北洋大臣袁世凱熟商，以晉鑛必須通力合作，不分畛域，迅速購地，遲則必盡爲外人所佔，决非空言所能争執，袁世凱意見相同，當與張曾敭往返電商，一面由北洋派委山西紳士道員董崇仁，會同鑛務學生道員鄺榮光，馳赴平定州，隨勘隨購。又因鄺榮光總辦臨城煤鑛，不能久在晉省，仍派張金生赴晉，接續幫辦。近接董崇仁等文電，辦理尚稱得手，所設同濟礦務公司，臣等公商，必應先籌購地資本三十萬兩，擬請將臣所勸捐義賑餘款，前准撥給勘鑛總公司之股本銀十萬兩，移撥同濟公司並由北洋大臣籌銀十萬兩，山西巡撫籌銀十萬兩，作爲該公司資本，蓋以之辦鑛則不足，以之購地則有餘。但期産鑛之地，能先爲我得，以後開鑛之本，自無待他求，是補救山西一省之鑛務，即所以挽回天下之利權也。臣再三籌度，擬將上海勘礦公司歷年支用鑛師薪水川資，以及購辦書籍器具，各處勘鑛費用銀六萬三千五百餘兩，悉由臣設法自籌賠補，不動撥款，所存原銀十萬兩，因山西同濟公司急於待用，已會商北洋、山西各撥給銀二萬兩，尚存勘鑛公款庫平銀八萬兩，除已如數派員解交商部收存並咨明查覈外，應請飭下商部隨時會商北洋大臣、山西巡撫查照，督飭該公司紳董認真辦理，以赴事機而免中輟。所有擬請裁撤勘鑛總公司，撥款專辦晉鑛緣由，理合具摺密陳，是否有當，伏乞皇太后皇上聖鑒訓示。謹奏。

《商務官報》光緒三十二年四月二十五日第三期《批陳楠禀》 據禀，將曲陽縣煤礦總理名目一併辭退，原無不可。惟該丞係該礦股東，孫進甲等公舉未及一月，遽稱回省當差，屢請辭退，而該股東等又若罔聞，知並不具禀陳明，殊滋疑竇。究竟該丞與該股東有無別項糾轕情形，仰該股東孫進甲等詳晰禀報核奪。此批。十月二十七日。

中國第一歷史檔案館《清代軍機處電報檔彙編》第二九冊《收署山東巡撫楊士驤電爲查阻華德礦務公司改制煤磚事光緒三十二年四月二十八日》 前聞華德礦務公司有在濰縣坊子運機改製煤磚之事，當飭局嚴密查阻。近因附近鐵路三十里與該公司争展華礦利權，力圖補救。該公司又浼具領事來函，以煤磚焦炭鍊鉄三事爲請，擬允附近三十里内華人用土法任便開採，意在互换利益。查此三事迹近製造，自應據約駁斥，惟青島密邇、濰縣、周村均係自開商埠，能否阻其不設分廠，亦未敢必。此時爲礦章計，在我萬無准理，爲華礦計實又一好機會，權衡利害輕重，不得不請鈞部主持，伏候訓示遵辦。驤。沁。

王彦威等《清季外交史料》卷一九八《外部商部奏議覆華洋合辦熱河霍家地金鑛合同摺》 總理外務部慶親王奕劻、商部尚書載振，奏爲遵旨會議具奏事。光緒三十二年五月初六日，准軍機處鈔交熱河都統廷杰奏，核明華洋合辦霍家地等處金鑛，原訂合同並另議附約，以昭詳慎一摺。奉硃批：該部議奏，單併發，欽此。欽遵鈔交到部，查原奏内稱，華商王紹林、洋商伊德等合辦霍家地等處鑛務一案，前據呈送合同，經前任都統松壽咨部在案，嗣准外務部咨開該商等，業經訂立合同，應仍由熱河都統奏明辦理等因。查原訂合同内，所有集股分利，招工購地各事宜，雖經分項註明，與部章尚無違背，然語意究多含混，因將合同内語意含混之處，分别摘出，飭該商等另議附約三條，以發明原訂合同之所未備。業經遵飭議呈，以爲存據，合將所議附約，繕呈御覽各等語。臣等伏查華洋商合辦鑛務，其原訂合同，必須詳審，設令稍有含混，每致侵越權限，轇轕滋多。此案華商王紹林、洋商伊德請辦霍家地等處鑛務，經前都統色楞額奏，經外務部議覆，所有集股分利，招工購地各事宜，在在均關緊要，必須參酌合同，始能定議。嗣准前任都統松壽，將原訂合同，咨送到部，復經外務部咨覆，仍應由熱河都統奏明辦理，以符原案。兹據該部統奏稱，飭將合同内語意含混之處，另議附約三條，以發明原訂合同之所未備，查附約第一條所開，如續招股銀須華洋各半，收取課銀，由都統派員監收，鑛工概用華人，佔用民地不得擅用壓力。並第三條所開，無意中採有别種鑛質，祇准在批准界内開辦各等語，皆爲原訂合同之所未詳，防閑自較周密。惟第二條内開，原訂合同所指六處鑛地，除霍家地一處外，具餘有城子山王家杖子五臺山白山吐柴火欄子五處，如推廣開辦，須遵部章稟請執照等語。查王紹林稟稱，原案祇請開辦霍家地暨城子山王家杖子三處鑛地，嗣經前任都統色楞額奏，該員照華洋合辦之例，與洋商伊德簽訂合同，推廣至五臺山等三處，業經外務部核與原案不符，現在核訂合同，自應仍照原案准辦霍家地等三處，此外不得預爲指定鑛地多處，致滋弊混。至霍家地一處，既經前任都統發給執照，准其開辦，應由熱河都統，即將該鑛佔地詳細里數，四至界限，繪圖送部查覈，飭令取具保單，照費換領部照，以符定章。其城子山王家杖子二處，將來如推廣開辦，應即一切遵照商部奏定鑛章，呈候核准，由部頒領執照，再行開辦，仍照熱河都統原定附約，三年内如不開辦，即作罷議。如有他商請辦，該公司不得干預。又原合同第六條所指，各鑛必須出官發給執照，應改爲呈明都統，咨請商部發給執照，方准開辦。第七條不得私將執照轉賣他人一節，應照商部鑛章，改爲如欲將執照轉授他商，應具稟商部，聽候准駁，倘私相授受，一經商部覺察，即將鑛照撤銷，鑛工入官。第八條常年課銀認交一千兩，鑛産出井之金按值百抽六，銀按值百抽八，呈交課款，應改爲鑛産出井金銀，均按值百抽十完納井口税，其出口之税，仍遵海關税則，照章交納。查原訂各節，雖係按照熱河鑛務專章辦理，惟現定部章，鑛産出井税，金銀均值百抽十，自應改歸一律。熱河原議每年認交課銀一千兩，應予删除，先交之銀，並准抵完鑛税。第十二條日後如各國欽使，與中國國家定立各項鑛務新章，亦應援章辦理，應改爲日後中國國家定立各項鑛務新章，該公司亦應遵照辦理。第十七條修造枝路，以便運銷鑛産，應照商部鑛務章程，改爲轉運鑛産，欲造小枝鐵路，應查明相距水口，是否在十里以内，與該處地方有無窒礙，稟候商部核奪，若程途在十里以外者，應另案辦理。於第十七條後添敍一條，聲明此項合同，未經賅載，各事概照商部奏定鑛務章程辦理。以上各節，應請飭下熱河都統轉飭該商等遵將原訂合同，並此次附約，重加釐訂咨部核定，再行畫押，以重鑛政。所有遵議華洋商合辦熱河霍家地等處鑛務緣由，謹恭摺具陳，伏乞聖鑒。再專摺係商部主稿，會同外務部辦理，合併聲明。謹奏。光緒三十二年六月初五日奉旨：依議。

中國第一歷史檔案館等《東北邊疆檔案選集》第五册《署鳳凰直隸廳同知談爲日商在城北開挖煤礦事給盛京將軍趙爾巽呈文光緒三十二年五月二十七日》 署鳳凰直隸廳同知爲呈報事。光緒三十二年五月二十二日據本城鄉約王春、方長、趙文海等呈稱，竊有日商森峯一帶領礦夫在城北山開挖煤礦，當經報明何前尊開導停止，一面呈請上憲並照會駐安東日軍政官高山禁止在案。兹於五月二十一日該日商等仍帶人開挖，請核奪等情。據此，查此案業經前署廳何丞厚忱呈蒙交涉局批示，業經照會駐省日軍政官查禁。旋據日軍政官小山函稱，日商擬開之礦共有六處，現已一律禁止等語。該廳原呈並前案適符六處之數，未知是否即該日員所指，抑或别有其地，仰候照會。駐省日代理軍政官内村暨安東軍政官高山再行查禁等因，蒙此兹據前情，卑廳當即親詣城北山勘得該山尚無煤質顯露，因時已日暮，礦夫歇工，日商亦未見面，即行回署，三次面見駐鳳憲兵曹長近藤。卑廳以中國礦産所在，如華商邀約洋股簽立合同，必須呈經商部批准，始准開辦，至各國商民私與商民簽立合同，新定商約及通行條約均所不載等詞，向其理論禁止，而該曹長總以煤礦爲軍用所需，日商開採不能不管，卑廳復以日俄和義早成，並非軍用所需，且未奉有中國上憲准開明文，職守地方理應阻止，而曹長答以如欲攔阻恐有不便等語。事關交涉，卑廳未敢擅專，應如何辦理，除分呈外，理合呈請憲台查覈示遵，實爲公便，爲此備由具呈。伏乞照呈施行，須至呈者。

「中央研究院」近代史研究所《礦務檔》第七册《光緒三十二年五月二十八日外務部收盛宣懷文附上諭津海關道稟等十一件請查明三姓金礦情形並准華商自辦》 光緒三十二年五月二十八日，收宫保盛宣懷文稱，據職商直隸候補道嚴信厚、直隸候補道徐潤、候選道陳作霖、儘先選用道鄭官應、候選道朱珮珍、分部郎中徐慶沅、湖北德安府知府盛昌頤、雲南候補道莊籙等稟稱，竊職商等於光緒二十一年冬，奉前北洋大臣王奏准開辦吉林三姓等處礦務，招集華商股本庫平銀十萬兩，發交記名海關道宋春鰲，前赴吉林，分頭開辦，並設立三姓金礦公司，議訂章程十六條，稟請奏咨在案。光緒二十四年分，曾經報効吉林軍餉銀二萬兩。嗣因礦務漸著成効，於光緒二十五年十一月十八日奉吉林將軍長奏請將吉林通省礦務，歸併辦理，以資擴充。是年十二月十八日奉到硃批：着准其歸併宋春鰲辦理。如果辦有實在成効，再行奏明請旨，欽此。其時尚在商務部未經奏定礦務章程以前，並係欽遵諭旨併辦，是以未經領照繳費。光緒二十六年夏間，拳匪啟衅，俄兵入境。所有礦本，盡行燬失，礦夫四散。光緒二十七年十二月，經吉林將軍長奏明，重整礦務。並飭令宋道春鰲來滬，重集股本，藉圖恢復。旋於二十八年三月經宋道春鰲稟陳宫保，批准續招商股，先儘舊有股東湊集，以固基礎而保利源等因。伏查吉林三姓等處礦務，自光緒二十二年春間開辦以來，屢遭馬賊之變，迭受披猖。幸自募練馬步勇丁，護衛該礦，未曾全失所有。迨庚子拳亂，俄兵侵境，蹂躪殆盡。費數年之經營，敗於一旦。計前後所集新舊股分十三萬兩，均係華商血本。雖新股在宋道處存儲，未經動用。然舊股已挽救無從，若再任其棄置，則商人資本一無所著，實足以灰阻華商之氣，而於裕課實邊之計，關繫尤鉅。但俄人佔踞，已經數年之久，迄未收回自辦。刻正開議俄約之際，用敢聯名籲懇宫保咨明外務部，歸入俄約議款之内，聲明三姓金礦，實係華商集股承辦在前，責令將礦地悉數歸商，俾可遵照前案，接續開採。至該礦界址起訖，宋道春鰲原稟章程第三條，於地名里數，苗綫起伏，早經詳明備載。嗣後如何推廣，是何地名，職商等遠在東南，無從周悉。適原辦該礦提調吉林分巡道方朗，奉調在京，隨議俄約。除由職商等切實函致該道，並宋道春鰲分别繪具礦界圖説，就近呈請彙案磋議外，務求宫保體恤商民，准予咨請争還。大局幸甚，商界幸甚等情前來。查漠河金礦，風聞已爲俄人佔踞。三姓等礦尚存，所出金苗成色，較漠河爲更優。今該道等稟稱，該礦亦爲俄人所佔，並有數年之久。倘不設法收回，不特商人資本無著，且於中國礦權大有關礙。自應如稟咨請貴部，轉咨吉林將軍查明現在一切情形，如果確爲俄人佔踞，即請歸入俄約議款之内，聲明該礦實係華商承辦在前。一力争回，以維大局。倘俄人並未佔辦，似應飭令原辦該華商，遵照新章妥議章程，稟請商部註册立案，迅速公舉商董，前往認真開辦。俾礦權不致盡失，商本不致短虧。實東三省地方權利，裨益不淺。據稟前情，除咨商部、北洋大臣外，相應備文咨呈貴部，謹請查覈施行。

〔附〕照録奏辦吉林金礦招商案牘章程

光緒十六年六月，承准軍機大臣字寄北洋大臣直隸總督李、吉林將軍長。光緒十六年六月初九日，奉上諭：户部等衙門奏，遵議三姓開礦，請飭遴員履勘，妥議章程一摺，開辦礦務，總以擇定地方，委用得人爲要。三姓試開金礦，事屬創始。長順建議，興辦宜如何妥慎圖維，以期有利無弊。乃該將軍並未將礦苗何處最旺，及道里遠近，詳細勘明，亦未酌定章程，揀派妥員經理。僅以把頭爲管領，任其招人開採。此等游手之徒，易聚難散，誠恐漫無約束，未收開礦之益，轉致滋生事端，於邊境大有關繫。著李鴻章會同長順，遴委幹練之員，前往三姓，切實履勘，繪圖貼説，並妥議商民開辦章程，詳晰覆奏，請旨遵行。該將軍身任地方，務當審慎從事，勿得仍前草率，貽誤干咎。原摺均著鈔給閲看，將此各諭令知之。欽此。遵旨寄信前來等因。承准此。

光緒二十一年九月。津海關道盛、記名海關道宋

會稟

敬稟者，竊職道等奉憲台面諭，以接管卷内，光緒十六年，吉林將軍奏請開辦礦務，欽奉上諭：遴委幹練之員，前往三姓，切實履勘，繪圖貼説，並妥議商民開辦章程，詳晰復奏，請旨遵行等因。欽此。經前北洋大臣李派委中書科中書

職銜黎玉堂，前往會同吉林委員查勘。因所擬籌辦情形，意見不合，事遂中止。現在邊防緊要，餉需孔亟，該處金礦，既有把握，自應遵旨迅速妥議商民開辦章程，以便復奏開辦等因。蒙此，職道春鰲久役吉林，稔知吉林之東南東北，横亘一二千里，産金甚富，足資開採。如果援照黑龍江漠河等處，招集華商股分，官督商辦，洵爲實邊裕餉之要務。職道宣懷遵即會同妥籌，悉照黑龍江漠河等處礦務核定開辦章程，因時因地，參酌章程十六條，並繪圖貼説，恭呈憲覽，伏乞憲台俯賜鑒核，奏咨施行。再職道春鰲俟奉批後，即日就道前赴吉林，稟商吉林軍憲核辦一切，再行分晰稟陳，合併聲明。肅此會稟，敬請勛安，伏乞垂鑒。職道宣懷、春鰲謹稟。

計呈清摺一扣，地圖一紙。

稟送遵諭籌議招股開辦吉林金礦章程並圖説，請奏咨由。

十月初四日，奉北洋大臣直隸總督部堂王批：已恭摺具奏，另檄行知。仰即遵照辦理。繳圖摺存。初四日。

光緒二十一年十月，准軍機大臣字寄北洋大臣直隸總督王，光緒二十一年十月初二日，奉上諭：王文韶奏，擬派員查勘吉林三姓金礦，妥議開辦章程一摺。吉林三姓一帶金礦，久經籌議，迄未舉辦。現據王文韶歷陳實邊裕餉之利，且關係通商邊防大局。該處礦務，實爲今日切要之圖，亟應及時開辦，以濬利源。即著飭派道員宋春鰲，前往詳細查勘，妥爲辦理。並令津海關道盛宣懷協同籌畫一切章程，即仿照漠河辦礦成案，俟三年後，著有成效，准其擇尤請奬。總期於興利實邊，兩有裨益。將此諭令知之，欽此。遵旨寄信前來。本大臣承准此。

謹將擬辦吉林三姓等處金礦，援照黑龍江奏定章程，酌擬十六條。恭呈憲鑒。

計開：

一、設局宜統籌也。開廠辦礦，須僱礦師，購機器，蓋房屋，置車輛，買牲口，設碼頭，接電綫，招流民，募勇丁。事多用繁，非籌定資本，無從入手。擬招華商股本二十萬兩，作爲礦局資本。惟當此物力維艱，恐一時難以招齊。仰蒙北洋大臣王，飭令津海關道盛道，保借商人成本銀十萬兩，先行開辦。此款或俟招齊股本時繳還，或給以股票，悉聽借主自願。

一、股本宜招集也。今擬開辦吉林三姓等處金沙，礦廠本輕利厚，非石礦可比。况有漠河觀音山獲利之明證，辦理自有把握。所擬集本二十萬兩，應分作二千股，每股收庫平足銀一百兩。如交上海規元，每股收一百零九兩六錢。填發股票一張，息摺一扣，認票不認人。一股至百股，均可附搭。即由津海關盛道督同上海天津分局收集股銀，填發股票。自收銀之日起，長年給官利一分。定於次年端節，憑摺支付。届期應先匯銀至各分局，就近支付。其餘利每年歸總局照章核出每股應給之數，亦由各分局登報，就近支付，以免輾轉遠寄。即將來得金，亦運往各分局銷售。

一、開辦宜定地也。勘得吉林通省，以三姓礦苗爲最旺，金色爲最佳。所屬東南一隅，距城約三百里。溝名有南淺毛、老淺毛、樺皮溝、太平溝之分，周及二百里，地勢如上字形。南淺毛溝長十五六里，已挖有二十餘條水道。老淺毛溝長約十里，在南淺毛之北，與長四五里之樺皮溝相接，均有五六條水道。此三溝之東，越老爺嶺下爲太平溝，南北長百餘里。計挖有水道五六十條，各水道或深二三尺，及五六尺不等。樺皮一溝，有極大方坎。各溝已挖之處，密如蜂房，幾無隙地。蓋金匪之忽聚忽散，恣行偷挖者，數十年矣。金色以南淺毛樺皮兩溝爲最，産金之處，多在山陰。凡山之陽雖有金綫，亦甚稀少。如楸皮溝、楊木岡、黑背溝等處，亦皆著名旺苗者。再琿春之西南二三里内，有柳樹河、陰陽河、瓦岡寨、五道溝等處，金苗亦極暢盛，成色亦佳，綫脈甚長，引苗盡露。其省南之木其河一帶，及甯古塔所屬之萬鹿溝等處，亦有金匪在彼開挖，苗旺脈長，均係大可開採者也。

一、礦師宜妥延也。既用西法，即不能無礦師。説者以爲僱用把頭，較礦師爲廉。然把頭僅熟地段，不識金脈。非老於礦學者，未易推測。今三姓等處，金廠甚夥。擬一面開辦，一面四出探苗，相度形勢，而把頭仍須僱用。惟泰西礦師自高，居處飲食，惟喜侈糜。本公司事事核實，必宜擇用西國礦師，專門金礦名家，必有切實公正荐保，仍須妥訂合同，聲明到廠後，如無明效，不拘年限，即行辭換，以免虚糜。

一、機器宜購置也。産金之處，地氣嚴寒。夏秋之間，積雪始化。掘地四五尺，堅冰如鐵。金生於沙，沙凝於冰，須先融冰，而後得沙。淘沙而後見金，工作非易。若全賴民夫，則費力多而見功難。佐以機器，則吸水淘金，事半功倍。且人夫少用，則良莠易辨，不使無業游民聚而成黨。其利一。人夫少用，則稽查易周，不致有藏匿影射偷漏等弊。其利二。人夫少用，則工價可省。且該處少煤而有樹，或用木柴，或燒木炭，皆極便易，惟此項機器，必須購自外洋。幸本公司專挖沙金，與石礦不同，所用機器，亦不甚鉅。定購之時，宜先派熟悉礦務及機器化學之員，前赴黑龍江北岸俄國有名礦廠游歷，詳考一切辦理章程，與夫鎔鍊之法，機器之式。俾知何法爲最善，何器爲最良。庶免鹵莽滅裂之弊。

一、汞法宜兼用也。流水淘金，原係泰西舊法。現在各國淘金，精益求精，皆用水銀吸取。蓋因流水淘金，其細碎金粒，往往隨砂漂去，所失甚大。故礦書中載有以汞吸取，較之以水淘取，有多至八十倍者。雖未必盡如此相懸，然水銀能吸取細金，實一定不易之理。汞法勝於水法，不待智者可辨。宜乎外洋新法，皆用汞吸也。且三姓爲四通八達之區，走漏尤易。若用汞吸，金沙出於機器之中，而不出於礦丁之手，防弊自易。故能用汞法吸取，以期礦無遺利，涓滴歸公。

一、事權宜歸一也。開創之事難，邊疆而兼開創尤難。大約開辦金廠之地，距吉林省城必遠。應仍照漠河章程，遇有小事，即由總辦相機酌量妥辦。其重大事件，仍稟商北洋大臣吉林將軍核奪。凡與旗務交涉者，應就近與副都統衙門會商辦理。所有總辦一員，應援案由北洋大臣吉林將軍奏明札委，並刊發總辦吉林等處礦務關防一顆，以專責成。

一、流民宜招安也。古人喻民於水，可以載舟，可以覆舟。該處聚衆私挖，苟或駕馭不善，則聽之蔓延，驅之鋌走。宜善駕馭，化私爲官。仍令開採，得金分成，不給工價。每一把頭，至多准帶散丁二三百名。先儘現在所有之人，不准外招，以免漠河礦丁圖近而來，致礙彼局。分成之數，亦當較漠河量爲裁抑；大約五成繳局，五成歸丁。惟既歸公開採，則三姓地方，即不許復有他局，以免礦丁爭釀事端，及外來金匪，愈聚愈多，莫可究詰之弊。

一、礦丁宜部落也。整齊嚴肅，御衆之要，宜點名造册，給以腰牌。散丁以把頭保，把頭以地方股户保。各分地段，違者罪之。復於扼要之處，廣設卡倫，以稽出入。該礦丁出入，必當領籤。無籤者拿究，有籤而不由應走之途者亦拿究。無腰牌者，禁其出入。如有夾帶金沙者，一經搜出，全數充賞，仍繳局照時給價，以杜影射。

一、護勇宜自募也。該處既無要隘可守，而礦丁麕聚，馬賊又不時出没，内而彈壓稽查，外而巡邏守禦，非有實數兵兩三營，不敷分駐。惟當開創之初，經費支絀。擬先募精勇數哨，以資調遣。其餘暫向就近防營撥借。如果得力，由局酌給津貼，俟大局定妥，再行調還防營，自募足數，由總辦爲統領，用西法西械，訓練爲勁旅。無事藉以護局，有事用以防邊。庶與礦務邊務，兩有裨益。

一、司帳宜公舉也。錢財出入，爲金廠之根本。況屬公司，尤宜公辦。主廠者不當兼理錢財，致涉嫌疑。今擬將收支事務，由股本最大者，公舉保薦平素誠實有望之人，然後延訂。將來如有虧空舞弊等情，一經查出，惟原薦主理直認賠。即在股本内扣還。凡經理銀錢，非任勞任怨者，不能稱職。倘有人商借移挪，自當破除情面，一概回絶。即如總辦員司等，除每月初二日給領薪水外，亦不得透支分文，以重公款。

一、股友宜助理也。凡入股之友，皆與廠中有維繫之勢。今擬除緊要事件需才經理者，由總辦酌委外，其餘事件，以有百股者用一人。及未滿百股，或三四千金股友，二三人公舉一人入局，聽候總辦量才器。使其薪水按任事之輕重，酌定多寡。既不失之於刻，亦不失之於寬。即因邊地苦寒，非重禄不足以勸士。然少用一人，則費自省矣。至局中飯食油燭芯紅筆墨紙張雜用一切等項，必須實用實銷，不得浮開浪費，致使公本虚糜。如各員司因公他往，無論遠近，車馬等費，由局動支。至因一己私事出外，由本人自備。事事皆歸實際。凡收支各帳，週年彙齊，刊刻清册，分送各股友閲核，以憑徵信。並呈報北洋大臣、吉林將軍查覈。

一、收支宜徵信也。凡開創及常年經費，均應由總辦會同鉅股商董酌議。如有意外所需，均必詢謀僉同，雖總辦亦不能率爾開支。其逐日收進金沙，尤應榜示局門。一切收支，一日一小結，一月一大結，一年一總結。不論成本大小，但有股分者，均准憑帳稽查，並於年終分送傳觀。又每月定一議事之期，凡在局者，均得各抒所見。鉅本股商，如有見解，有益廠務，亦可隨時函電告知總辦商酌。庶幾兼聽並觀，免逞私臆，以相維於不敝。

一、餘利宜分派也。查漠河章程，金廠開辦後，每日所得金沙，由監工稽查，同送至收金所。經主廠者眼同兑收，登册蓋戳。聚總鎔鍊成條，運售津滬各處。按月一小結，週年一總結。共得金沙，合銀若干兩。除將借款陸續提還，並將官利及員司礦師薪水局費，夫役護勇工食，一切開支外，若有盈餘，作二十成分派。以六成充軍餉，十成商股，四成花紅。此次擬改作二十四成分派，以十成呈交吉林將軍衙門，報充軍餉。並酌提吉林三姓等處地方公費，以十成按照商股分派。如股分有先入者應多派，後入者應少派，以昭平允。其餘四成，爲本廠員友司事花紅。察看勞勩，分別等差。所有收支款目，按年造報北洋大臣吉林將軍查覈，送部備查。請免造細冊報銷，以省繁牘。

一、用人宜鼓勵也。創辦金廠，貴在襄助得人。應援照漠河定章，俟三年後如果實效昭彰，應准擇其尤爲出力，照異常勞績，從優酌保數員。其出力較次之員，照尋常勞績保獎。不得概從優保，以示區別。仍應查照定章，將各該員到廠日期，及經管何項事務，先行咨部立案。仍察看成效之大小，以定人數之多寡。

一、盈虧宜預計也。開辦一年後，出金果旺，獲利果多，自可照章分派餘利。如無盈餘，亦未折耗，在股者一時不准提本。只准招人接替，更易姓名，調換股票息摺。萬一股本有虧折之處，由總辦稟知北洋大臣、吉林將軍，並函商股分最大者，定奪辦理。不參私意，當取公評，以定行止。

存根式

存　根

吉林礦務公司爲給發股票事，案奉北洋大臣王、吉林將軍長奏請開辦吉林三姓等處金廠，以興利源。當經擬集股分銀貳拾萬兩，每股收庫平足銀壹百兩。如交上海規元，每股收壹百玖兩陸錢。按年官利壹分。如有餘利，照章按股分派。光緒貳拾壹年拾月初貳日，欽奉諭旨，籌畫辦理在案，理合照章集股。今收到名下股本銀　　兩，合給股票一紙，息摺一扣，局章一本。須至股票者。

光緒　年　月　日，給經收第　號。

股票式

股　票

吉林礦務公司爲給發股票事，案奉北洋大臣王、吉林將軍長奏請開辦吉林三姓等處金廠以興利源。當經擬集股分銀二十萬兩，每股收庫平足銀一百兩。如交上海規元，每股收一百九兩六錢。按年官利一分。如有餘利，照章按股分派。光緒二十一年十月初二日，欽奉諭旨，籌畫辦理在案，理合照章集股。今收到名下股本銀　　兩，合給股票一紙，息摺一扣，局章一本。須至股票者。

光緒　年　月　日，給經收第　號。

股摺式

吉林礦務公司爲給股摺事，今據交到礦字　號股本庫平足銀　兩正，當經本公司核數收訖。除給股票外，合給股摺一扣，每年應得官利一分，憑摺支付。如有餘利，照章按股分派。須至股摺者。光緒　年　月　日，給照

録奏辦吉林全省金礦招商案牘續章。

光緒二十八年三月，記名海關道宋稟

敬稟者，竊職道於光緒二十一年冬，奉前北洋大臣王奏派辦理吉林三姓等處礦務，遵即會同貴督辦。招集華商股分庫平銀十萬兩，前赴吉林分頭開辦。光緒二十四年分，曾經報効吉林軍餉銀二萬兩。嗣因礦務辦有成效，於光緒二十五年十一月十八日，奉吉林將軍長奏請將吉林通省公司鑛務，歸併辦理，以資擴充。是年十二月十八日，奉到硃批：著准其歸併宋春鰲辦理。如果辦有實在成效，再行奏明請旨。欽此。二十六年四月初三日，曾將欽遵辦理吉琿甯三屬鑛務情形，咨呈在案。是年夏拳匪肇禍，俄兵入境，所有礦本，盡行被燬，鑛夫亦已四散。二十七年十二月，經吉林將軍長奏明，重整礦務，並飭令職道趕速赴吉辦理等因。奉此，伏查三姓礦務，自光緒二十二年春間開辦以來，疊著成效。曾經發過三屆息銀，每股分給銀三十兩。又花紅餘利銀二十兩，報効吉省軍餉銀二萬兩。現在派員查攷，尚存礦局地畝房屋以及軍裝鎗械，約值銀二萬兩左右。既奉吉軍憲奏飭重整，非續籌資本無從入手。查原辦章程，本須集股二十萬兩。嗣專辦三姓一處，僅招股十萬兩。況現在歸辦全省，地廣用繁，必須續招股本，湊足三十萬兩，庶足以資展佈，又爲恢復張本。惟當此物力維艱，招股頗爲不易。若遽令舊股復加添新股，恐股東星散各省，一時殊難齊集。或令華商出重資而挽救舊股，又恐難以踴躍，籌維至再。祇有每股先收庫平銀五十兩，實填銀一百兩。日後產金果旺，按照百兩分息。至舊股息銀，仍照向章給派。如此變通辦理，於新股多沾利益，招徠較易，而舊股亦不致抱向隅之歎。商本保而地利興，洵爲裕課實邊之要務。除稟吉林將軍外，伏乞憲台批示施行。肅此寸稟，恭請鈞安，伏乞垂鑒。職道春鰲謹稟。

稟陳三姓礦務，擬續招新股，變通辦理情形，乞批示由。

三月二十四日，奉商務大臣太子少保工部左堂盛批：據稟已悉。吉林三姓鑛務，該道創辦以來，已著成效。歷年冊報，並帳略可稽。前年拳匪肇禍，俄兵入境，鑛本俱毀。尚存局屋地畝以及軍裝器械，約值銀二萬兩左右。現經長將軍奏派該道，重整鑛務。計舊股原本十萬兩，基礎尚存。尤非續添新股湊足三十萬兩，難圖續舉。該道有全省總辦之責，自應統籌大局，厚集商股，重整旗

鼓。不僅規復，並宜擴充，方足以守自有之權利，發無盡之寶藏。惟值時事多艱，招股恐難踴躍。所擬變通辦法，每股先收庫平銀五十兩，填給股票銀一百兩。日後産金果旺，即准按照百兩分息。此所以示招徠新股之道也。至舊股雖所存局屋軍械，僅值二萬。然苟無舊商股本，何以立開創之基。所有舊股十萬兩本息，自應仍照原股，換票發息。此所以示保全舊股之道也。該道所擬辦法，準情酌理，事屬可行，應即照辦。惟新舊股均須一律填給新股票，仰該道即行另擬簡明章程，迅速招股。俟有頭緒，仍即禀候核定，奏咨施行。此繳。二十四日。

謹擬添招新股簡明章程六條，計開：

一、添招新股二十萬兩，係爲擴充吉林全省礦務資本。

一、所招新股，每股收庫平銀五十兩，實填銀一百兩，以昭優異而廣招徠。

一、此次添招新股，爲擴充礦務起見，所有舊時股票，僅三姓一處字樣。現在奏定改歸全省，舊股票摺，均須更換，以歸一律。

一、招添商股，一時不易齊集。當此物力維艱，恐難踴躍，仰蒙商務大臣盛俯念商艱，仍照前議，保借銀行庫平銀十萬兩，先行開辦。一俟股本招齊，陸續歸還。

一、舊股官利分紅，仍照向章給派。新股官利，加倍給息，分紅亦加倍攤派。

一、股分長年官，仍循向例。於次年午節，在津滬分公司，就近支付。其餘利每年由總公司照章核出每股應派細數，亦歸分公司登報給派，以昭信守。

「中央研究院」近代史研究所《礦務檔》第六册《光緒三十二年五月二十九日外務部收盛京將軍趙爾巽密信密陳阮毓昌承辦通懷礦務案》 光緒三十二年五月二十九日，收盛京將軍密信稱。敬密覆者，接奉鈞函内開，阮守毓昌招集華洋商股，承辦通懷礦務一案，屬即查明核復等因。奉此，仰見台端循名責實，公聽並觀，慮藻周密，感佩莫名，惟阮守辦礦一案，原因甚爲複雜，請得縷晰陳之。查阮守始以通判經依堯帥委辦通懷礦務，曾納課金三百兩，當經奏明報効銀一萬兩，而納課未提，此二十二三四年事，阮守官辦之原委也。迨增瑞帥履任之後，阮守忽稱辦礦賠累，用去成本銀二十萬兩，招集全利公司，即遠來洋行英商股銀三十萬兩，呈請批准鈐印。增帥以其未先行呈明，率爾招集洋商，殊與依帥奏案不符，拒而不許。阮守再三禀請，始爲出咨，經鈞部指明與奏案不符。咨令核明具奏，并聲明未經奏准以前，不得作爲允辦之據。增帥據此出奏，而附一密片，陳明各節。奉旨交議，迄未奉到部覆，此又阮守商辦之原委也。爾巽履奉後，接准商部咨行奏案，設立礦務調查局。經委江蘇補用道夾良充當總辦，出具考語。咨送履後去後，旋准商部咨覆，派充礦務議員。隨將阮守原領委辦通懷礦務關防調銷，責成礦務調查局總辦議員遴選妥員，分投調查通省礦産。招商承辦，甫有頭緒，亟待經營。至阮毓昌先以官辦變爲商辦，所稱用去成本銀二十萬兩，殊難憑信。所稱招集英股銀三十萬兩，事逾多年，更無華商在内。其所指通懷兩縣礦産二十八處，尤與商部迭次奏定礦章迥然不符，似難照准。兹荷垂詢，謹此縷覆，仍希裁奪，以便遵循。

中國第一歷史檔案館等《東北邊疆檔案選集》第一五册《奉天交涉總局爲日商未經允許在鳳城山開挖煤礦請阻止給日駐奉總領事照會光緒三十二年六月初三日》 爲照會事。案據鳳凰廳呈報，光緒三十二年五月二十二日據鄉約王春、方長趙文海等呈稱，前因日商森峯一帶領礦夫在城北山開挖煤礦，當經報明前廳等呈請各憲照會駐安東日軍政官高山禁止在案。兹於本月二十一日，該日商等仍復帶人在該處依然開挖等語前來。卑廳即與駐鳳憲兵曹長近藤據約商禁未允，理合呈報憲台查覈，照會日員詰阻等情。據此，查此案迭據該廳呈報，該商等與鄉約私立合同，擬開各礦等情。當經照會駐省駐安東兩處軍政官查禁，旋據小山軍政官面稱，該商擬開之礦共有六處，現已一律禁止等語，何以該商等並不遵行，仍復開採，且何以近籐與小山宗旨前後兩歧，事關商約，亟應照請貴總領事，轉達駐安東領事，查照原議一律禁止，以符約章，是爲至要。爲此合行照會，請煩查照施行，須至照會者。右照會大日本駐奉總領事官萩原。

吉林省檔案館《清代吉林檔案史料選編（工業）》上册《商部爲吉林三姓金礦仍歸宋春鰲辦理的咨文光緒三十二年六月初七日》 商部爲咨行事。【略】

查吉林三姓金礦公司，既經該商等組織多年，業已辦有端緒，並曾於吉林軍餉報效鉅款，自與尋常礦産未經開採者不同。商人血本攸關，無論外人已占未占，事關興商保權，非仍歸該職商徐道潤等責成宋道春鰲接續辦理不足以昭平允。相應咨行貴將軍，請煩迅速飭查見復可也。須至咨者。

中國第一歷史檔案館《清代軍機處電報檔彙編》第二三册《發山西恩壽電爲福公司梁恪思辦礦及其所呈礦圖事光緒三十二年六月十四日》 福公司梁恪思來

署面呈礦圖節略，並云去年請領執照至今未發，公司受虧甚鉅，斷難再延等因。查此項合同前經總署奏准，全行拒絶，斷難辦到，惟有就華洋文不符之處嚴定限制。洋文所指各境係將利權包括在内，與華文專辦二字講解不同，祇可執此與辦。現查梁恪思圖内所指地段比之該公司在豫省已請執照之礦地較爲狹少，該公司此次所指礦地究竟有無窒礙，希即詳細酌核，迅速電復。外務部。十四日。

中國第一歷史檔案館等《東北邊疆檔案選集》第一五册《盛京將軍趙爾巽爲日總領事交涉煙臺及尾明心煤礦事給奉天交涉總局文光緒三十二年六月十七日》

札飭事。案准日本總領事萩原照會内開陳復者，接准光緒三十二年六月初二日暨初七日照會，以關於煙臺煤礦一事，有日本憲兵稱奉大島總督之命，除尾明山煤礦外，悉令停止採掘，交與日本，强逼會同劃定尾明山煤礦區域，其餘煤礦均爲憲兵所占領，由天利公司報告前來，究竟該憲兵果係大島總督所派遣否，且不照會于前，遽行佔領，殊不合理，希速查明禁阻等因。本總領事當即稟報帝國政府，兹得回訓，特録于左，烟臺煤礦全部係與露戰役中由帝國軍隊之手，因軍事必要上採掘所得之物，帝國軍隊撤退期中無妄許他人採掘之理，且加以日露媾和條約長春以南之鐵道已讓歸帝國政府，則該煤礦依東清會社續約第四條之規則，應歸南滿洲鐵道會社採掘，貴國政府于北京條約内既依日露媾和條約承認。帝國政府之權利則南滿洲鐵道會社于烟臺煤礦之權利，自無不認可知，理可知矣。據前述之理，言之雖來示所言之尾明山、張家溝二處，亦無可許貴國官民專管採掘之事。依來談所云，客歲十二月，因貴奉天遼鳳安岫寬礦務總局張氏之請求，我烟臺兵站司令官一時權宜，與以許可，已准貴國官民醵少額之資本，開辦小規模之採掘，帝國政府酌□事情，特將尾明山及張家溝二處於他日南滿洲鐵道會社姑認爲□需撤止之前，決定許其接續採掘，特以奉旨於此二處煤礦若放任之，聽其用貴國普通不規則之採掘方法，必竟于貴國無所利益，尚希以適當方法禁止其私行採掘爲幸，祈住意焉。尚此照會敬具等因，准此。除飭礦政調查局知照外，合行札仰該局，即便知照。特札。

右札交涉總局，准此。

《商務官報》光緒三十二年七月十五日第一四期《批職商楊鈞宸稟》 前據該職商因承領海拉坎山煤礦，有地界不清等情，稟請咨提舊商原領部照併民地紅契送部核辦各節，當經本部咨行察哈爾都統派員查勘在案。兹准覆稱，據張家口同知達洪額等詳稱，此案窑地界址必須該原告到案，方能勘丈核辦。今楊鈞宸既未在口，若僅帶被告往查，將來必仍多藉口狡執，應請轉咨商部催令楊鈞宸速行來口，以便前往查勘等因前來。查此案前因界址不清，經該職商屢次來部控告，本部叠經據稟行查，不啻連篇累牘，惟是清查界址應由地方官秉公核辦，非本部所能遥斷，既准察哈爾都統咨稱派員履勘，該職商自應迅赴該處聽候隨同勘驗。曲直是非，不難當場立斷，勿再徒逞口舌來部瀆陳。此批。六月十八日。

《商務官報》光緒三十二年七月十五日第一四期《調查撫順炭礦情形》

（一）地質。與他處炭礦大異，地質屬於第三紀層。發達於渾河下流之一部，自此處集成炭層，其層極厚。夫朝鮮之平壤，遼東一賽馬集，山東之濰縣等，所有各炭礦，皆屬於中生層。開平烟臺之炭礦，則屬於古生層。其屬於第三紀層者，除撫順炭礦外，大陸中未之見也。

（二）炭質。撫順炭，就平均言之，其所有揮發分，殆近於一百之四十。若從格里南氏之分類法，則屬於褐炭。最便於製造瓦斯，亦宜供製鐵之用。

（三）炭層。炭層極厚，日本之九州及北海道炭，其厚不過八尺許，雖間有近於二十尺者，頗不易見。而撫順炭，則以平均計之，厚至百尺以上。據從來所測定者，蓋在一百三十尺内外，而炭質又極佳美。夫德國南部，雖有一百五六十尺之褐炭，法國中央，雖有百尺以上之炭層；然如撫順炭之全部在百尺以上，世界中祇此一處而已。

（四）炭層之搆造。日本之炭層，成於褶曲撫順之炭層則否北趨於渾河南岸，成單斜層。其接於南側之山，而顯露之處，今已知之。至地下深處之狀態如何，尚未能判然斷定也。今日所見之傾斜層，平均在三十度内外，傾斜層漸向北方。至於幅六千尺之北，則當有三千六百尺之深。夫内地所採掘之炭礦，其極深處，亦不逾一千尺。今獨深至三千六百尺，其採掘之困難，有斷然者。

（五）探礦之必要。上所述之炭層，其傾斜究無變化，歟因縱斷層之故。而下底果無變化歟，皆非精確測定不可。今若僅知炭層所向之延，長而其傾斜及幅，不能判明則欲計算炭之總量及採炭量也，難矣。故實行採礦之事較研究採掘法爲尤急。夫用手掘井，與試錐，皆採礦法也。惟撫順炭礦，若僅用手掘井，斷難測知，必不可不用試錐。然則從速實行，以供決定採掘方法時之材料，真目下之急務矣。

（六）支柱法。支柱所用之材，不能得於炭礦附近。故採掘之際，苟欲多得炭量，則非研究支柱法不可。夫欲開木材供給之途，固以速興林業爲上策，然此非一朝一夕之事。況内地炭層，率在八九尺上下。則以木材爲支柱，固無不可。而撫順之炭層，則在百尺以上。僅用木材，决難支持，宜以石材與磚等，造大支柱。夫不用支柱，亦非無採掘之法。然苟欲大其規模，從事於採掘，則固不可不用支柱法也。

（七）防火法。炭質所含之揮發分，其量既多，則易有發火之事。開掘之礦内，因發火而成爲廢礦者，已於去年六月見之，烏可不籌豫防之法也。

（八）排水法。排水之法，亦應與支柱防火等法，同時研究。欲講排水法，先須知礦道之容積，其深若干，與地層所含水量，及其水之化學上性質如何。惟此須探礦後，方能决定。蓋探礦之前，固不能定自今以後可採炭至若干尺以下也。

（九）採炭費。目下所出之炭，塊炭粉炭，各居其半。若用完全之採炭法，則粉炭之額，必可較少。惟採掘愈深，則支柱及其他所需之費用自大。宜先調查銷路及需要額，并酌量採炭費之增减，以作爲永久事業也。

「中央研究院」近代史研究所《礦務檔》第六册《光緒三十二年七月二十日外務部收北洋大臣袁世凱文日人佔踞遼陽煤礦應據約照阻並另訂章程》 光緒三十二年七月二十日，收北洋大臣袁世凱文稱，光緒三十二年七月初六日，准奉天將軍咨開案查奉省遼陽州尾明山一帶産煤豐旺，向有礦窑數所。尾明山一礦由天利公司承領官本開辦，奏准有案。附近大榆溝、張家溝兩處係官督商作之窑，茨兒山、缸窑村等處或領票未作，或甫經報領，均與交涉無干。惟毗連該處有摩箕山一煤礦，曾經票商鬻於俄人開採，現日人已據爲戰利品。維時尾明山、張家溝、大榆溝三處煤窑亦在日人所據之内。旋經礦税委員嚮日本駐紮烟台司令部官理論領回，立有證書爲據，此上年冬月之事。詎於本年五月二十八日，天利公司忽來有日本兵五人，口稱摩箕山憲兵大尉，奉大島男爵之命，勒將大榆溝、大窑、張家溝、茨兒山、樊神堡、缸窑村各煤礦一律停工，交由日本人經理並迫令將所存煤堆限期拉運，祇留尾明山一處，歸我局開採，仍將我局劃界等情，迭據礦政調查局陸續呈報。當嚮日本總領事荻原詰問，屢次磋商，僅允再讓張家溝一處。並據照稱，該處領事奉有該國政府回訓，内稱烟台煤礦全部係與露戰役中，由帝國軍隊之手。因軍事必要上採掘所得之物，帝國軍隊撤退期中，無妄許他人採掘之理，且加以日露媾和條約，長春以南之鉄道已讓歸帝國政府，則該煤礦依東清會社續約第四條之規則，應歸南滿洲鉄道會社採掘。貴國政府於北京條約内，既依日露媾和條約，承認帝國政府之權利，則南滿洲鉄道會社於烟台煤礦之權利，自無不認可之理。雖來示所言之尾明山、張家溝二處，亦無可許。貴國官民專管採掘之事，依來談所云，客歲十二月，因貴奉天遼鳳安岫寛礦務總局張氏之請求，我烟台兵站司令官一時權宜與以許可。帝國政府酌量事情，特將尾明山及張家溝二處於他日，南滿洲鉄道會社始認爲必需撤止之前，决定許其接續採掘，特以奉告。至於此二處煤礦，若放任之，聽其用貴國普通不知規則之採掘方法，必竟於貴國無所利益。尚希以適當方法禁止其私行採掘爲幸，祈注意焉等因。復由本軍督部堂派員往查，便道前往旅順，適值大島回國，晤其參謀官，亦稱係日本政府之命且以我之不報告政府爲疑。查上年中日正約内開第一條，中國政府將俄國按照日俄和約第五款及第六款，允讓日本國之一切概行允諾，又早年東清鉄路公司俄國續約第四條，凡盛京省准公司在此枝路經過地方，開採需用之煤礦計斤納價，不得過别人在該地採煤所納之税數各等語。此即日總領事所據爲争辯之底本也。惟是上年中日條約會議節録第十節内開，凡附近鐵道礦産無論已開未開，均應妥訂公允詳細章程以便彼此遵守等語。既有此項專條即應俟另議詳細章程，不得以東清續約第四條爲據，且開作在甲辰日俄宣戰以前，正節録内所指已開之礦。現當未經提議以前，似非日人所得過問而況强行佔踞，其地遠在烟台三十里外未可籠統牽指，即東清舊約，亦容他人在該處採煤，顯有明文并無只許俄人不許中人之語。此次日人勒佔遼陽各煤礦，若不及早議定章程，誠恐我之權限既有所不清，即民間生業亦因之莫保，所係殊非淺鮮。據礦政調查局詳請轉咨前來，亟應照會日本駐京公使轉達日本政府。一面據約先行詰阻，聲明章程未定以前，中國礦商照舊工作，日人勿得於各礦强阻强採，一面提議公允詳細章程以符條約。除分咨并照復日總領事外，相應咨明查照施行等因。到本大臣准此，查中日條約所認中俄造路原約，於開採鐵路需用煤礦，有計斤納價不得過别人在該地採煤所納之税數等語。是我商可在該處採煤，本有明文可據。中日兩國全權大臣會議，亦有奉省附屬鐵路之礦産專條。今日人於我商已開遼陽各礦，遽有勒令停工等事。自宜查照前開各節據約詰阻，切寔聲明並與提議公允詳細章程，以期彼此有所遵守。爲此咨呈貴部，謹請察核施行。

吉林省檔案館《清代吉林檔案史料選編(工業)》上册《宋春鰲遵查三姓金礦續辦爲難請奏銷前案的稟文光緒三十二年七月二十四日》 將軍麾下：敬稟者，竊於本年七月初七日奉憲臺札準商部咨，轉準前工部侍郎盛大臣咨稱：據職商直隸候補道徐潤等稟請續行開採，刊送原辦、續辦章程到部。查吉林三姓金礦公司，既經該商等組織多年，業已辦有端緒並曾於吉林軍餉報效巨款，自與尋常礦產未經開採者不同，商人血本攸關，無論外人已占未占，事關興商保權，非仍歸該職商徐道潤等責成宋道春鰲接續辦理，不足以昭平允，咨行飭查見復等語。飭即遵照，迅速查復等因。奉此，正在稟辦間，復蒙憲臺接準北洋大臣袁函知，接盛宫保文函，以吉林三姓礦務，現有集本續辦之議，由諸商公舉王道秉必、莊道篆赴吉履勘籌議，以爲恢復地步等因飭查前來。

伏查開辦三姓等處金礦，原係光緒二十一年間，奉升任大學士前北洋大臣王 奏派職道承乏斯役。當由前工部侍郎盛宫保在津海關道任内集股銀七萬兩，職道自行集股三萬兩，共集庫平銀十萬兩。訂定章程，稟請奏咨立案，來吉開辦。次年赴姓布置一切，並於琿春、寧古塔、南山各處，次第派員設廠。方擬興工開採，即經前將軍延 奏停，各處由省派辦，而僅令職道專辦三姓一隅，致將各處用款徒擲虚耗。是年姓地各溝，復迭遭胡匪、水患，資本幾全蕩毀。幸後竭力維持，元氣始漸充裕。

二十四年獲有餘利，除派分各股外，並報效吉林軍餉銀二萬兩。旋以成效已著，蒙前將軍長 奏準，復將全省礦務歸併辦理。時值俄人展造東清鐵道，工資頗厚，各溝金夫多應募前往，以致出金頓形減少。繼遇庚子匪亂，俄兵深入，所有股本又爲蹂躪一空。其時正際羽檄交馳，需餉孔亟，職道隨奉前將軍長 派往南省催提協餉，滿擬乘便再向舊有股東續集資本，以圖恢復。不意甫及竣事，遽丁父憂。回里守制未終，復蒙前將軍長 奏調整理此項礦務。遂又重到滬、江改訂新股折半收銀，俾與舊股一律分利章程，以廣招徠而示大公。詎各舊股既以前車之鑒，均不願再出資助。欲招新股，又因庚子北方有事，南方大局牽動，市面蕭條，銀根艱澀，股實之商類多觀望。用是經營歲餘之久，尚只招得新股實銀二萬五千兩，明知杯水車薪無濟於事，然爲前將軍長 屢函催促，勢不能不姑先儘款携行，再議籌補。

二十九年八月抵吉，方擬張羅，即值日俄開釁。三十年春初，前將軍長遽又薨逝，地面驚惶，一籌莫展。更兼胡匪猖獗甚於常年，無有軍械難資捍衛。而周副將寶麟，亂後在彼開採，聞又虧累極巨，遂使顧後瞻前，實覺無法措手。迨去歲兩鄰和議宣佈，本擬呈請憲臺奏銷前案，只緣燹後詳查舊有房屋，尚被俄兵占住，必俟讓還召主變價，核計數目，能敷收回舊發銀票與否，方可歸束，由是遲遲。至於續招新股之二萬五千兩，爲彼時用人置物各項花費已去一半。職道念其與舊股情形迥别，未便使之同受折耗，惟有自認賠補，業於本年四月間如數匯還在案。是此項礦務之失敗，實因時變之交乘，非關人謀之不善。況各股東頻年所獲利益，計已及原本之半，設無庚子一變，採至今日，其餘利當已無量。不謂七年以内，變亂迭乘，致令從事該礦之人徒嘗多年艱苦，空費多年心力。即幸而出險，無非一身之外不暇他顧，其事後追悔之情殆尤甚。於各股東血本之受虧折者，就如職道賠還，新股之項亦同是血本，豈不顧惜？所謂無可如何。該職商等雖未身親其事，諒京耳有所聞，當不以斯言爲飾托也。嘗考三姓等礦金苗，藴藏原極富饒，若果資本殷厚，多加捍衛，自不患不大獲利益。今該職商等所云，不可任其棄置，洵是不可易之至論。然何以庚子亂後，洋人占採未久即以不獲利而退去？嗣經周副將寶麟暨鄭守國僑招領官商資本，先後接續開採，迄今又均一敗涂地，不可收拾。推原其故，皆緣資本不充而兼胡匪爲害無已耳。

兹以職道熟權情勢而論，若欲接開此礦而使不再失敗，自當厚集資本，極少非三十萬金不敷展手。現在職道身膺要差，勢難兼顧，該職商等既公舉王道、莊道來吉勘辦，是此礦前功不致盡棄，實爲厚幸。俟將來王道等到吉，職道當將彼地情形面爲詳告，並商議妥善辦法，以期復舊規而浚新利。仍求憲臺照會駐京俄使，凡該處舊有房屋現被俄兵占駐者，悉令退還，庶可抵還舊股，節省新本。一面奏銷職道一手經理前案，俾王道等接續辦理，專其責成，以免互相推諉，深爲公便。除另稟盛宫保外，肅此稟復。虔請崇安，伏乞垂鑒。職道春鰲謹稟。

《商務官報》光緒三十二年八月五日第一六期《批筆帖式楊鈞宸等稟》 前因該職商以承領海拉坎山礦地與張文炳礦地轇轕不清，當經本部咨准察哈爾都統查覆，催令該職商赴該處眼同委員勘丈，業經批飭迅速在案，迄今將及一月。查該職商楊鈞宸等，仍未前往，復經察哈爾都統咨催前來，並稱該商所用之人謝劉姓等不遵示諭封禁，仍在馬連坑達相連之孟家灘挖煤，張文炳若出阻止，兩造必釀事端，楊鈞宸匿京未來，以致案懸莫結等語。仰該商楊鈞宸等迅即遵照前批，赴張家口廳聽候會同兩造勘定礦界，以清轇轕，如再延宕觀望，顯係情虛，本部即行追繳礦照，撤銷前案，勿謂言之不預也，切切。此批。七月十六日。

《商務官報》光緒三十二年八月十五日第二一期《批徐其慎稟》 據稟請辦古北口外翁牛特慎地界內，屬承德府赤峯縣西六十餘里五台圖荆棘溝之鋼瓦窑南山煤礦等情。查原稟並未繪具礦圖，及四至畝里未據聲明，資本若干又無殷實行號擔保，均與部章不合，所請應毋庸議。此批。

「中央研究院」近代史研究所《礦務檔》第二册《光緒三十二年八月二十二日外務部收山東礦政局朱鍾祺蕭應椿等電濰縣德礦製造煤磚焦炭事請示機宜》 光緒三十二年八月二十二日，收山東礦政局朱鍾祺、蕭應椿等電稱，濰縣德礦製造煤磚焦炭，屢阻不聽，今聞建廠將竣，不久出貨，應否由鈞處知照德使，指示機宜遵辦，再由院備文咨達。琪、椿。叩。

中國第一歷史檔案館等《東北邊疆檔案選集》第一五册《盛京將軍趙爾巽爲日人擬在岩開採州屬礦產事給奉天交涉總局劄文光緒三十二年八月二十一日》

爲札飭事。案據署岫岩州知州項牧則齡呈稱，光緒三十二年八月初十日，有日本人森元太郎至州署投到請見，當經卑州接晤，詢其由何處來，至此何幹。據稱自安東縣來此，擬開挖州屬礦產，卑職復詢其有無憑約，該日人即出駐安東日本軍政署致礦政總局照會公文，內開爲照會事，案據我國佐賀縣人民小島嘉三稟稱，今者協同貴國人李桂林在岫岩州墩台溝地方試辦開採礦務等情，除本署業經允准外，理合照會貴局，務於該等試辦之時，與以便宜從事，爲此備文照會，希即查照施行等因。文後鈐蓋日本軍政官印信。卑州閱畢，即告以州屬礦產業蒙礦政總局次第調查，應否准其開採，須有上憲札文，方能核辦等語。該日人旋即辭去，查州屬有兩處墩台溝地方，一在城西南，一在城北，各距城四十里，均無礦產，惟州城西北三道河子地方產有金沙，城東北黄旗溝地方產有銀礦，城南土城子地方產有炸礦，此三處均與城北之墩台溝相距僅數十里間。李桂林又名李香亭，係州屬民人，世居城北墩台溝，其人雙目已瞽，略通日語，家無恒產，素行不檢，該日人所稱協同李桂林開採州屬礦產之語，大約係指附近墩台溝各屬而言。李桂林赤貧如洗，斷無集資之力，必係勾結漁利，該日人不日定赴礦政總局投文懇請開採。所有日人呈驗所會請開採礦產大略情形，除分報礦政交涉兩局備查外，擬合先行呈報，查覈示遵等情。據此，除批示呈悉，查中外合資開礦商部定有專章，中日約內亦有專條，該軍政官並無允許之權，日人森元太郎何能私與華人立約，開採顯違約章，斷難准行，候飭交涉局趕即照會禁阻，並飭礦政調查局知照，仰仍隨時查禁，是爲至要，切切。此繳等因，印發並分札外，合行札仰該局，趕即照會禁阻，毋延，特札。

右札交涉總局，准此。

中國第一歷史檔案館等《東北邊疆檔案選集》第一五册《複州知州吳爲日人上條信次在關家屯開礦事給奉天交涉總局呈文光緒三十二年九月初三日》 奉天府復州知州，爲呈報事。光緒三十二年八月二十三日據州屬長社鄉約姚喜順稟稱，管界關家屯向出金銀礦，本月十四日來有日人上條信次僱用工人多名，現在該屯關長隆關長和地邊河中做礦，經身聞信，往視屬寔，理合稟請核奪等情。據此查關家屯在州城迤北，距城八十里，當即札派捕盜營把總陶寶珊查阻去後。茲據該弁以查得關家屯礦產距馬家屯鐵道處約有二十五六里，日人上條信次現僱華工二十二名，在彼開做挖礦之處。查屬熊岳厢藍旗之地，詢之日人上條信次僅有牛莊領事官瀨川所給游歷執照，並無中國官府准其開礦憑證。據稱伊與地主關長隆關長和議允開做銀礦處，每年約租三十元，開做石灰廠處每年納租十二元，已交地主收訖，原擬開做，如能得貨，再報明中國照章遵辦。詰據關長隆關長和認收上條信次銀四十二元，於八月十四日開做起，計得銀礦石二萬餘觔，石灰廠現尚未做等語。惟日人上條信次不服理阻等情，稟覆前來。該日人上條信次亦隨即來署，卑職與之晤面，依理向阻，令俟即將關長隆等所收地租洋錢如數追還，停工罷做。該日人始猶以伊之行止並礦之開否，應歸伊營口領事做主等語，牽强恫喝，兼加譏佩。復經卑職再四辯駁，告以此非租界，有礙中國官民產業，顯背約章，况無中國上憲照准明文，斷難允許。該是人言詞稍遜，並云伊雖無關礦憑證，特日本領事却知其事，如果日本領事有不准伊在此開礦，命令伊當他去，暫先停工十日候信，並託勿向關長隆等爲難等語。卑職伏查該日人上條信次開做銀礦石灰之處，雖距馬家屯鐵道不及三十里，然非煤礦可比，自應請憲局照會日總領事照約查禁，一俟接准日總領事回文，請速飭知下州，以便持示阻止，俾免校執。至關長隆等私與外人交涉，殊屬不應，除傳案取保候示並徑報外，理合繪具圖說，具文呈報憲台，查覈示遵。再卑州與金界毗近一帶，查得常有日人並不知會，自到各屯調查房地、牲畜、井泉等事，合併聲明。須至呈者。

計呈送圖説一紙。

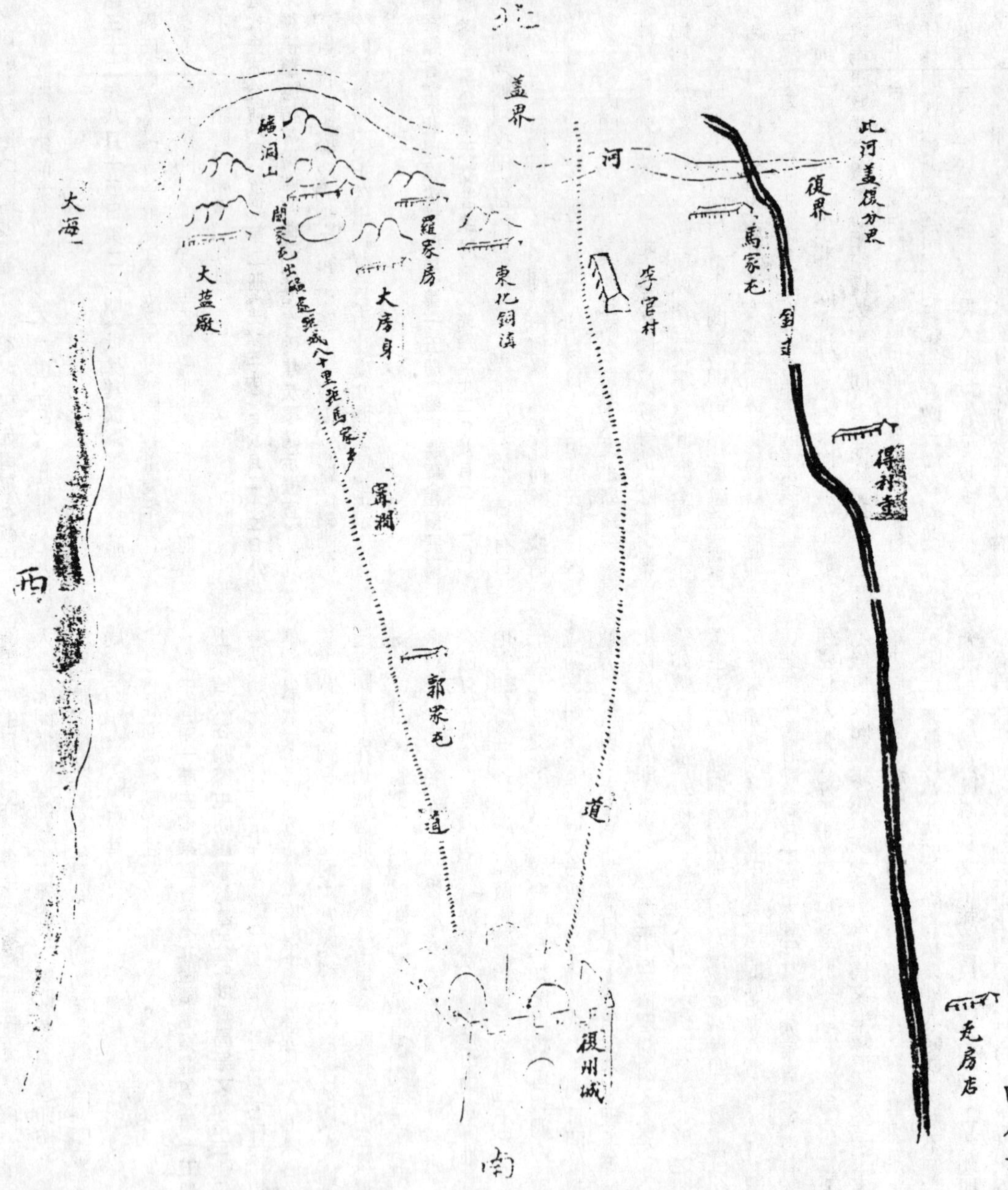
北
盖界
河
此河盖復分界
復界
磺洞山
大海
大盐厰
閻家屯出礦距盖縣城八十里距馬家屯
羅家房
大房身
李官村
馬家屯
得利寺
西
郭家屯
道
道
復州城
南
瓦房店

四八六

《商務官報》光緒三十二年九月十五日第二〇期《批王永成稟》 前據稟請採辦獨石口外永甯堡、黑坨山銀礦等情，迭經本部咨行北洋大臣，飭屬查覆。茲准覆稱，飭據延慶州查明，該處礦地，並無廬墓等情。繪具圖説，採取礦砂，咨覆前來。查黑坨山銀礦，既據查無違礙，自可照章試採。惟檢閲該商原呈草圖，既屬含糊草率，該州呈圖亦欠清晰。仰該商迅即另繪礦地詳圖，並將四至、地名、方里、畝數，明晰填註，呈部核閲。仍將保單照費照章呈繳，以憑發給採照可也。此批。八月二十九日。

《商務官報》光緒三十二年九月十五日第二〇期《批王思温稟》 據稟已悉。所請試辦易州城南坎下村煤礦，查光緒三十年六月間據農學生何錫綬等稟辦易州趙莊煤礦，本年五月間據易州滿城紳商王元德等稟辦易州滿城交界之坎下村煤礦，當經本部行查係屬陵寢禁地，應遵照乾隆六年直隸總督原案永遠禁止批駁在案。該商所請試辦易州城南坎下村煤礦事同一律，應亦毋庸置議。此批。八月二十九日。

「中央研究院」近代史研究所《礦務檔》第二册《光緒三十二年九月二十二日外務部發山東巡撫楊士驤電德礦准製煤磚焦炭》 光緒三十二年九月二十二日，發山東巡撫電稱，前據礦政局委員電稱，【略】此事祇可照准，希轉飭該委員等遵照。

中國第一歷史檔案館《德宗景皇帝實録》光緒三十二年九月 御史李春溥奏，山西礦務，大局攸關，請飭部臣據章與福公司争辨，以挽利權而弭後患，下外務部查核辦理。

「中央研究院」近代史研究所《礦務檔》第六册《光緒二十二年十月初十日總署收盛京將軍依克唐阿文附原奏奉天金礦試辦滿期分別停留》 十月初十日，盛京將軍依克唐阿文稱，於光緒二十二年九月十六日具奏，爲奉天金礦試辦期滿，未見暢旺。現已分別停留，以節虚糜等因一摺，除俟奉到硃批，再行恭録咨呈外，相應抄奏咨呈，爲此咨呈貴衙門，請煩查照施行。

〔附〕照録奏底

奏爲奉天金礦試辦期滿，未見暢旺。現已分別停留，以節虚糜，恭摺仰祈聖鑒事。竊奴才前因叠奉諭旨，飭辦礦務。當經查明奉境金銀各礦苗線，招商於通化、海城、鉄嶺等縣，無礙三陵龍脈之處，分頭開辦。一面於本年四月初一日，電達總署督辦軍務處、户部，俟試辦三個月後，能否著有成效，再行妥定章程，抽收金課，奏咨立案。嗣據鑲黄旗漢軍副都統榮和，以奉天礦産素多，所部敵愾各營，均係吉林獵户，夙諳淘金，請由奉省墊款試辦等情，稟經督辦軍務王大臣代奏。奉旨著依 確切查明，如無窒礙，即由該省墊款二萬兩，發交榮和統率所部獵户，分段開採，劃清界限，其一切章程，詳細釐定具奏等因，欽此。奴才因念兵開礦，多費開銷，招商抽金，不致虧累且榮和所部部營，業於營口遣散完竣。隨與榮和面商，將鳳凰安東遼陽等處，劃歸該副都統，督同前派各員，一體招商試採，並暫由鹽釐項下，墊給該副都統銀五千兩，俾資開辦。當經辦理情形覆奏，本年五月初十日奉硃批：著照所請，該衙門知道，欽此。欽遵在案，旋復查明懷仁、寬甸、開原、岫巖、盖平各州縣並金州廳，每龍廳等處均有礦産。迭據各商民呈請，自備資本，分段試採，均經批准並出示曉諭，開礦以金銀爲先務。如有願採銅、鉛、煤、鉄者，亦聽其便，仍分路派員前往監視，金州一路兼歸副都統壽長督辦。一面粗立章程，每商領票，准佔一處，所帶礦丁，至多以五百人爲限，所得礦金，四成歸公，六成歸商，其查辦礦務員司書役薪工，暫由鹽釐挪墊。俟收礦課撥還，通行各處，一體照辦，自派員後，甫經月餘，即據辦理海城礦務委員稟報，每丁每日僅得礦金數釐不敷食用，力請停採。奴才以開採伊始，未可遽輟，批飭刻意講求，期收實效。遲之數月，復據各處先後報明辦礦情形，有言礦苗似旺，而出金實少者。有言伏雨連旬，山水驟發，淹及硐眼，致耗工本者，甚有謂商人資本虧盡，自願繳票停工者。其詞各異，而礦之未能暢旺則一，呈驗砂質雖美而成塊者絶少，其爲出産微細可知。查奉天礦産素多而金砂尤爲易取，此次採金數十處，賠銀數千兩，所得倘所失，非真辦理未能得法。推原其故，實有數難，他省採金，深山幽谷，可以任意相度，奉天凡有礙三陵龍脉風水及在百里以内皆禁採取。其平原人烟稠密則又有民田廬墓之禁，間有金旺地方毫無關礙，業經私採百餘年，硐眼密如蜂房，至今形迹尚存，以致現在開礦，徒勞鮮獲，此限於地利之難也。近來開礦，如漠河、開平等處，招商集股，輒盈鉅萬，官督商辦，易於爲力。奉天自兵燹後，地方凋敝，領票各商，貌似殷實而均係勉凑微資，希冀倖獲，一經賠累，即求歇手，遂致廢於半塗，此限於資本之難也。産金各處，自未弛禁，以前民間偷挖，所得多寡本無一定，然皆自食其力，盈絀在所不計。一經招商試採，即須通盤核算，計工給食，則商有虧累之虞。按人抽釐，則丁有菀枯之别，故此次不特礦商以力薄願停，即礦丁亦以利少願去，此又間採用人之難也。限於資本，猶可從緩寬籌，限於地利，自宜亟思變計。已飭將金州、岫岩、蓋平、海城等處金礦，先行停止以節糜費，所有金州礦局虧款銀一千餘兩，已據副都統壽長捐廉賠補。其岫蓋等處虧款不及千金，從前由鹽釐項下提用，自應另行籌款歸還。他如鳳凰、安東、遼陽三處，甫經開辦，成敗尚難逆覩。現僅通化、寬甸、懷仁、鉄嶺、開原、海龍城六處，出金雖少而產金之區尚多，業承辦各員招集股商，多籌經費，寬予試採限期，酌減歸公成數。另定妥善辦法，務期成效克臻，不致虛此一舉。倘果本重利微，難規久遠，亦惟有先行停採。據實奏聞，至銀礦及銅、鉛、煤、鉄，現雖招商攻採，一時難得端倪，應俟金礦開成，再事逐漸推廣。奴才素昧理財，於礦務尤鮮閱歷，但值此帑項支絀，非辦礦莫濟艱難。惟有勉竭愚誠，剔弊興利，期仰紓宵旰憂勤於萬一。除咨呈總理衙門督辦軍務處並咨户部查照外，所有奉天金礦未能暢旺，分別停留緣由，理恭摺具陳，伏乞皇上聖鑒。謹奏。

《商務官報》光緒三十二年十月十五日第二三期《批李鳳鳴稟》 稟悉。該商前稟請辦桃樹底下村銀礦，雖據稱係往返跋涉致有耽誤，惟事隔年餘，究屬因循自誤，礙難據一面之詞，遽將稟請接辦之楊國銓駁斥。本部體恤商艱，凡事力期公允，姑候咨行北洋大臣飭屬再行澈查，覆到核辦可也。此批。九月二十七日。

《商務官報》光緒三十二年十月二十五日第二四期《批僧人量寬稟》 前據稟請賞發五城峪煤窑執照一事，業經本部查案批駁，兹復據聲訴各情，並附呈地契縣照前來。本部檢閱來稟暨所呈契照，其中疑竇甚多，特再明白批示。查來稟内稱，祖遺五城峪煙煤山一段内開三合煤窑一座，而窑照内稱開做三合煤窑三十座，數目已迥不相符。且照中三十字樣寫做減筆卅字，保難無舞文偷改情弊。又該照内稱飭傳該商給文自行赴司領照先發縣照試採等語，該縣照於咸豐二年即已發給，何以至今並未遵領司照，僅憑縣照開採，殊屬不合。至所呈地契一紙内載栗樹凹山坡白地一段土約一畝八分等語，又載言明己作塋地，自葬師之後如有族中人等異説，賣主一面承攬等語。一畝八分之地豈能開窑三十座，葬師塋地豈准擅開煤窑，其爲指契朦准情節尤屬顯然，從前如何朦縣給照，事隔多年，本部姑免深究。所請賞給部照之處，著不准行，原呈契照存候具領。此批。十月初六日。

甘厚慈《北洋公牘類纂續編》卷一八《督憲陳准郵傳部咨鷄鳴山煤礦附近單義坡等處有人私採請轉飭封禁札飭礦政調查局委員查辦文》 爲札飭事。案准郵傳部咨開，路政司案呈：據京張路局詳稱，竊照宣化縣鷄鳴山煤礦，前由職局詳奉撥款辦理，並繪具四址圖説，咨明農工商部核准填發礦照在案。查原詳聲明界内土法小窑，凡無礙新井者，仍准照常開採，以恤民間生計，溯自購機興工，迄逾三載，現已漸次出煤。惟附近有單義坡、大南槽、老東倉三處，均係土民採挖，地勢附近居高，與井口相距各祇百數十丈，鑿洞經過則有塌陷之虞，積水傾注，復有浸灌之患，於本礦諸多窒礙，經與總管礦師吴道仰曾再三商酌，非得早日飭停，不克保全鉅工。該處在劃定礦界之内，民間零星採挖，小本營生，使果無礙，自當量予體恤，無如形勢迫近，在窑户所獲無幾，且明有搜挖將竭者，而新井受害頗深，以重例輕，無俟言喻。本礦爲官款自辦，專備鐵路濟用起見，目下甫經著效，不得不妥慎籌，維兹照繪原呈礦界全圖，註明各窑地址，擬請據情咨會直隸督部堂飭下口北道宣化府，轉飭宣化縣，傳集該三處窑户，剴切曉諭，刻日一律停採，由礦局派人守護，永遠封禁，實裨公益，並請咨明農工商部查照備案，等情前來。查該局所詳各節確屬實情，該礦附近單義坡、大南槽、老東倉三處小窑，自應飭令停採，免致有礙新井，以符原案。除咨農工商部查照備案外，相應咨行貴督查照轉飭辦理可也等因。到本大臣，准此，查單義坡、大南槽、老東倉三處煤窑本在京張路局所辦鷄鳴山礦界之内，既准咨據局稟，以與該礦新井有礙，自應查照來咨，傳集該三處窑户，剴切曉諭，剋日一律停採，以符原案，除分行外，合行札飭，札到該局即便札派該縣收税委員會縣妥辦，具覆。此札。

《商務官報》光緒三十二年十月二十五日第二四期《批職商陳楠等稟》 據稟已悉。查白石溝煤礦既係商辦，應即按照商家營業辦法妥實經理，如果欵項充足，開採得法，信實昭著，附股自多。若徒事鋪張，沾染官習，殊無實濟。該礦係在曲陽縣應即就近籌辦，何用在京特設公司辦事處，且所刊木質戳記自應按照商號圖章式樣，今查所刻戳記直如關防，殊有不合，應即飭銷。所請咨飭巡警彈壓之處，亦毋庸議。再查該礦原稟領照之人係商人孫進甲，該職商等雖據公舉爲總理會理，所有該礦事宜仍應與孫進甲會同辦理，以符原案。此批。十月初七日。

《商務官報》光緒三十二年十月二十五日第二四期《批商人孫進甲稟》 據稟已悉。該商等承辦曲陽縣白石溝煤礦，既係商款商辦，原不必有總辦帮辦各等名目，致涉官場習氣。前據公舉陳楠龔煜爲總理會理，並舉股東楊蔭培爲協理，據稱該員等均能實心任事，有裨商務，是以本部據情批准立案。今又稟舉德崑、李坤生二人爲帮辦，殊屬名目繁多無關實濟。至稱所舉總副辦等均不得干預公事，如有稟部公事，皆用該商孫進甲之名，其總辦等均不得列銜具稟等語。查陳楠等既係由股東公舉爲總理會理，且已聲明作爲全礦代表之人，所有該礦事宜該總理等均負有責任，如不勝任儘可由股東公議撤退，豈有不准干預公事之理？至稟部公事，自應由該商等公同商酌具稟，其列名人數亦不必預爲執定，致有專擅諉卸諸弊，所請均無庸議。此批。十月初六日。

《商務官報》光緒三十二年十一月五日第二五期《批職商陳楠稟》 據稟前經擬辦曲陽縣煤礦之楊蔭培孫進甲等公議，舉爲總辦，適接直藩催令回省當差，除將曲陽礦務事宜帳目均交會協理龔煜等接管外，此後局務應由龔煜等共任責成等情。查該職商前充該礦總理，既係出於公舉，擔負責任甚重，現據自行稟請離局，係屬一面之詞，該會理龔煜等能否代擔責成，各股東能否公認辭退，均屬無憑辦理。該職既請離局，所有總理名目，自應一併辭退，應行續舉何人亦未據該股東等公稟聲明，仰即商由各該股東詳悉稟報，再行核辦。此批。十月十三日。

《商務官報》光緒三十二年十一月五日第二五期《批職商張香圃稟》 稟悉。前據該職商稟請在門頭溝創設永利煤棧有限公司，收買煤炭等情。業經據情札行順天府飭屬詳查去後，茲據覆稱該職商設立煤棧，販運售賣，民情未能允洽，與地方亦不相宜，顯有把持壟斷等情，所請設立公司應毋庸議。此批。十月十四日。

《商務官報》光緒三十二年十一月五日第二五期《批職商林鳳鈞稟等》 據稟已悉。所請採驗宛平縣屬青龍澗地方煤礦，查閱所繪圖內僅標寫青澗山名，並未將礦地處所四至界限分晰繪明，礙難據以行查，且本部礦章，礦地不得逾三十方里，圖內註明東西寬約四里餘，南北長約八里餘，則是佔地已逾三十方里，亦與部章不合，仰即遵照部章應佔方里數目另繪詳圖呈部，再行核辦。此批。十月十四日。

《商務官報》光緒三十二年十一月五日第二五期《批職商張樹銘等稟》 前據稟請試辦門頭溝煤礦，經本部查案批駁，茲復據陳明各節，本部查來稟所稱前因備資不足，爲合資起見，是以與李培雨等聯名呈請，後因屢起争端，遂決意回里等語。該職商既與李培雨等利害相關，自當成敗與共，果使意見不合，應行先期稟請退股，方爲分拆之據，乃該職商事前既未聲明，事後徒滋嘵辯，所請給照試辦之處仍不准行，後勿再瀆。此批。十月初八日。

《商務官報》光緒三十二年十一月五日第二五期《批候選知縣張樹銘稟》 據稟呈請試辦門頭溝煤礦，懇恩核准給照等情，查門頭溝北坡九龍山煤礦前有職商李培雨與該職商張樹銘等稟請採辦，嗣因查得該職商等招股不實，當將原領採照調銷在案。該礦係屬已經撤銷之案，該職商張樹銘又屬前案與名稟請之人，所有從前招摇朦混情節，豈能諉爲不知？茲復據稟前情，請給照試探之處，應毋庸議。此批。十月初一日。

吉林省檔案館《清代吉林檔案史料選編（工業）》上册《天寶山礦務局程光第與日商中野二郎商定天寶山礦務草約合同十條光緒三十二年十一月初九日**》** 前辦吉林天寶山礦務局候選通判程光第，謹將與安東中和公司日商中野二郎商訂天寶山礦務草約合同各條，理合繕具清折，呈請鑒核。

計開：

立合同：日商中和公司中野二郎號天門，華官天寶山礦務局程光第號子青爲籌議合辦事。今因光緒十七年由程光第稟請，吉林軍憲奏請開採天寶山銀礦，旋於是年奉旨允準在案。即由光第招集股本一萬兩創立天寶山礦務，並蒙軍憲札委光第爲總辦。所有應辦事件照章歸光第一手督理。查天寶山礦務局開辦界址，東至大仙堂，西至天寶河上掌，南至頭道溝上掌，北至前柳樹河。四至勘定以免混淆。惟天寶山礦局雖經辦理數年，因礦洞水深虧累甚鉅，旋即停辦。嗣於光緒二十八年與美商薩達理商訂合同，雖蒙軍憲批準，然薩達理遷延數載，開採無期。又因所虧公款被參追繳，迫難再候。是以於光緒三十二年十月在上海登報聲明，將前訂合同作廢。現在立意招請别家公司設法續辦，此子青與天門之合同所由立也。茲因彼此酌議妥洽，特將所議條款開列於左：

計開：

一、立合同後，以十日内中和公司派礦師赴山詳勘一切。該處礦山如果均可開採或礦滓可煉，則是有利可圖。中和公司即籌應需資本若干，另訂合同以便稟辦。並議明先由吉林交銀二萬兩正，以俾子青繳還公款以及開銷各債之用。其餘下虧工匠辛資，鋪商各債，共銀三萬兩。再原股本銀一萬兩，均俟礦務餘利項下提還，統計虧欠共銀六萬兩。

一、開採之先子青與天門查照商部礦務章程，議明股本若干暨礦産出井課税一切事宜，另行詳細訂定合同，以便稟請商部批準蓋印。並請咨明吉林將軍衙門立案，以俾永遠遵行。

一、開採之後如係確著成效，堪用機器大舉開採，則應得之利漸多，即應籌議提還股銀以保商本。

一、中和公司將該礦所得净利，每於年終清算一次，提出一百分之三十分，交付子青自行派用，其餘七十分歸中和公司照收。

一、倘界外有礦山堪以開採，即行商議稟請軍憲批準開辦，不得與別人另訂合同。

一、中和公司由吉林交銀二萬兩，以俾繳還公款。倘軍憲有阻遏情事，子青即將以前所煉之礦滓以爲抵償而免累及天門之處。

一、查礦章内載，轉送礦産欲造小枝鐵路，以資利便。應查明水口在十里以内或在十里以外，應另案稟辦。惟查天寶山相近水口與會寧接壤，其餘别處將來礦産暢旺，轉送機器等事，届時商議稟辦。

一、總辦、會辦暨辦事委員、商董、司事人等，月需薪水銀兩另議局章。

一、倘中國官長使子青爲難情事，有天門竭力保護，以全信義。

一、議定合同二分，各執一分爲據。

以上共計十條。

中和公司中野二郎印

程光第印

《商務官報》光緒三十二年十一月二十五日第二七期《批商人王鍾泰等稟》

前據該商等稟稱，奉天遼陽州張家溝煤礦商人等，前公舉王本錫出名稟，蒙盛京將軍核給札諭，飭令照章辦理。現該礦被日兵强佔，稟請恩准保護等情。當經據情咨查盛京將軍去後，兹准復稱，委員飭傳張家溝窑商祝恩榮、丁玉珍據供，本窑股商確係王本錫、曹明榮二人，領有札諭。當邀張文德入股，續邀蔡、張、鄭、丁四姓，均立有合同。現被日兵强佔，不許開工。曹明崇、王本錫先後病故，均無子嗣。張文德股本較多，歸伊執管。至在部遞呈之王鍾泰，實不知何人等語。並將王本錫辦礦案，據鈔録送部，查該商王鍾泰如果曾與王本錫合夥辦理張家溝煤礦，何以該窑商祝恩榮等不知其爲何人。其王鍾泰前稟，列有祝恩榮之名，而祝恩榮並不知情，其爲捏名朦稟，已可槩見。又查王本錫辦礦全案，暨該窑商呈報入股合同，姓名均無王鍾泰之名。是張家溝煤礦全與王鍾泰無涉。兹復據稟稱，前情列名者，仍有祝恩榮、張文德核與原案均不相符，所請應毋庸議。此批。十一月初七日。

《商務官報》光緒三十二年十一月二十五日第二七期《批職商孫寶珊稟》

據稟開採朝陽府南山坡煤礦，與鄰窑譚升争利等情。查該兩礦均未遵章領照，本部無案可查，既據稟有背約盜挖情節，姑候咨行熱河都統飭屬一併清查丈勘核辦，俟咨復到後，再行批示可也。此批。十一月初七日。

《商務官報》光緒三十二年十一月二十五日第二七期《批張樹銘稟》　前據稟請試辦門頭溝煤礦，業經本部一再批駁在案。兹復據陳各節，查來稟所稱前因與李培雨意見不合，忿極回里，曾立退股字據等語。若果所稱屬寔，當時何不親自赴部呈報，及經本部駁詰，始稱以爲伊等代呈顯係飾詞聳聽。總之此案經本部批駁在前，縱該生百計朦請，斷難邀准，勿再嘵瀆，切切。此批。十一月初七日。

《商務官報》光緒三十二年十二月五日第二八期《批商人王鍾泉稟》　稟悉。查張家溝煤礦全卷並無王鍾泉之名，業經批示，毋庸置議在案。兹據稟稱呈驗尾明山礦政分局諭告示及日本許可證以作見證等因。查礦政分局諭係給協成東窑商，告示係實貼張家溝，日本許可證係給張文德，均與王鍾泉無涉，不得作爲確實證據，仰仍遵照。前批毋得瑣瀆。此批。十一月十八日。

《商務官報》光緒三十二年十二月五日第二八期《批王玉璉稟》　據稟已悉。所稟宛平縣屬西山千金台試採義和煤窑，請領窑照一節。查本部定章請領執照，分採礦開礦二項，須將礦地四至畝里，繪圖貼説，及是否出資自辦，抑係集股合辦，資本若干，有無的欵，均應詳細聲明，以憑行查。地方官並應取具股實行號保單，呈交照費，聽候核辦。該窑户所稟，語多含混，核與定章不符，應毋庸議。此批。十一月十八日。

《商務官報》光緒三十二年十二月五日第二八期《批商人李秉中等稟》　據稟已悉。該商等請辦奉天遼陽州窑子峪地方煤礦，本部前以所呈圖説，未將佔用地界劃清，飭令詳開四至，指定方里，呈部核辦。兹據稟稱，擬先佔窑子峪以南之十方里，南至窑溝口十里，北至大山六里，西至灰山八里，東至周家溝八里。查本部礦章，礦地不得逾三十方里，若按所指，四至縱横各十六里，以面積合算，共有二百五十餘方里，殊於定章不合。仰再詳勘開礦實需佔用地畝若干，遵照定章，以三十方里爲度。另行繪圖，指定界限四至，呈部再行核辦。所呈照費庫平銀一百兩，暨保單一紙，暫存。此批。十一月十三日。

中國第一歷史檔案館《清代軍機處電報檔彙編》第三三册《發山西巡撫恩壽電爲福公司派員赴平定州物色礦品事光緒三十二年十二月初八日》　英使函稱，據福公司總董函總工程司，立德不日前往平定州物色煤鐵灰石礦品各少許，寄送英國專煉。立君已請護照，在平定不過旬餘，請轉致以免或有悮會，應函請轉咨該省查照等語。復以查福公司擬在該處開礦，晉撫不能遽發憑單緣由，本部已於十一月二十六日照會在案。若福公司派總工程司立德赴平定物色煤鐵灰石礦品，必致該處民人有所誤會，轉難收拾，即希查照轉飭該總工程司毋庸前往等語。除來往照會鈔寄外，希查照。外務部。齊。

中國第一歷史檔案館《德宗景皇帝實録》光緒三十二年十二月上　己巳，諭軍機大臣等：恩澤、增祺奏，漠河金廠二十一年貨利雜餘，爲款甚鉅，新舊交代，各執一説，請酌提四成歸公，留備江省賑款一摺。據稱已革道員袁大化，願將二十一年金價貨利項下，約餘銀十五六萬兩，一齊算出，概作報效。知府周冕，則稟稱算出餘銀實有十九萬餘兩，統歸公積項下，擬作十成均分，王文韶以貨利雜餘，不應名爲公積。恩澤等擬照周冕原議在二十萬兩之中，分别劃提六成，下餘四成，留備黑龍江賑款等語。所奏各情，是否已將金廠實在數目，和盤托出，袁大化、周冕既各執一詞。所擬辦法，是否公允，著王文韶按照原奏。悉心核議，奏明辦理，毋稍遷就。另片奏，革員袁大化心迹似有可原，能否免其餘罪等事，著王文韶一並核議具奏。原摺片著鈔給王文韶閲看，將此各諭令知之。尋奏，查袁大化所報存餘銀兩，與周冕所稟相符，以酌提公積一項並算，共存銀二十二萬餘兩，詳細查覈，尚無收多報少情弊，惟該兩員所稟辦法，均非遵照定章，實事求是之道，應請如恩澤等所奏，將此項雜餘銀二十二萬餘兩，提四成作爲江省賑需，以三成解交北洋，備直隸賑款之用，以二成爲員司花紅。其上海賑局，及本金廠公費，則各提半成，各員司願將所分花紅，爲袁大化幫助追款，即聽其便。至袁大化辦理廠務數年，頗著成效，所有提撥軍餉，派分股利，係照奏定章程，並無高下其手。恩澤等謂其心迹尚有可原，洵持平之論，該員業經革職，應懇恩從寬免其置議，如所請行。

「中央研究院」近代史研究所《礦務檔》第六册《光緒三十二年十二月十八日外務部收農工商部文附職商王承堯原稟王承堯稟請收回千山台煤礦》　光緒三十二年十二月十八日，收農工商部文稱，前據職商王承堯稟稱，千山台華興利煤礦公司被日人侵佔等情，疊經咨呈貴部在案。茲復據該職商王承堯稟陳前因，相應抄録原稟，咨呈貴部查照辦理，并希見復可也。照録粘抄。

〔附〕照録試用同知王承堯原稟貝子爺爵前、大人台前：敬稟者，窃職商因奉天千山台華興利煤礦公司被日人侵佔各情，疊經稟請大部設法保護，收回利權。屢奉批示，並八月初四日，蒙批據情咨呈外務部，酌核辦理各在案。仰見大部維持商務，保守主權，莫銘欽感。惟近閲各報章，有日本將千山台煤礦溷入撫順案内，充作南滿州鐵路貲本等情，聞之殊堪詫異。查中日協約第四條載明，日本政府允因軍務上所必需，曾經在滿洲地方佔用之中國公私各産業，在撤兵時，悉還中國官民接受等語。夫華興利既屬私産，則撤兵時，即歸民人接受無疑，條約煌煌斷無自言自食之理。又日俄和約第六條載明，俄國政府將長春寬城子至旅順口之鉄路及所有枝線該地方一切之權利、特權、財産，並爲鉄路所採之各地煤礦，不須償價，祇須清國政府允認，方可一切割讓與日本等語。是已認明滿洲之地方主權，原係清國所自有。倘未經允認則斷不能割讓也。乃一國財産，有官有民有之分。華興利煤礦係屬民有之類，即政府允認割讓。按民事訴訟法尚非日人所能奪，况並未經允認乎？况此礦又非俄人之專利乎？如日本公使侍日俄新約第六條牽制。詳究此條，俄國公約全權璞科第，未敢漫將職礦讓與日本，璞公使現在駐京，何難公同環質，務期水落石出，可免日本藉詞之蔽，以全五洲之信。查撫順枝路原不在東清鉄路應修路綫之内。當時日俄戰事既開，俄人任意添修便路已屬違約。職商因其有礙礦廠曾經稟明奉天將軍在案，是俄人既不應修此枝路，則日人即不應指爲鉄路枝綫所採之煤礦。若含混附入鉄路財産之内，是咎俄人而蹈其轍也，度日人必不出此。前蒙奉天將軍函致大島，商令交還，據大島復稱。千山台炭抗係貴國人所有，請照清日協約第四條交還。本處難以直接答復，由貴國外務部照會敝國公使可也。而日人亦知該煤礦爲職商所應有，亦知協約第四條之不能更變。特此推彼讓，故作宕延之計耳。茲復蒙奉天將軍咨請大部。迅賜照會日本公使，約期交還並希見覆等語。在日人夙負文明，洞達公理，興仁義之師而征俄，而俄所忍覇佔之産，自當仍舊璧還。惟列國外交手段，每於本國應享之權利則竭力以護持之，於他國應享之權利則矇混而希冀之。然果其事有可矇混則希冀猶可也。千山台煤礦既經職商報效鉅款。蒙前奉天將軍增奏准在案，數年來開辦已有成效。迨三十一年二月日軍入境時，即稟請將軍照會，並在日軍政署小山處詳細聲明。當時若有違詞，宜早明白示復，何以彼時寂無一言。直待佔距一年之久，忽欲擅入鉄路貲本奪人之産益已之私。戰勝之國，即用此强硬腕力，其無乃爲環球之羞乎。大巴木等先後侵佔，亦未必出自日本政府之意，一轉移間，原非難事。現今日俄軍事已停，和約已定，庶於中國邦交輯睦，區區之礦何事頭等强國挾全力以争之耶。職商性命財産與此礦相關係，衆股商之性命財産亦與此礦相關係。即我國之商業利權未嘗不與此礦相關係，援中日新約，南滿洲開通商埠之區有定地。千山台地方並不在商埠之列，日久恣意蹂躪，顯與新約違背，人所共鑒。如再推延時日，藉口侵佔，不惟職商損失利益，實難甘心，則中國之礦政主權且恐由此漸失，不可不加意預防。是以悚惶流涕，叩懇大部設法照會日本政府，訂期從速交還，以免利權久爲外溢，則職商幸甚，股商幸甚，大局幸甚。肅此，伏乞鑒核，示遵施行。職商承堯謹稟。

中國第一歷史檔案館《清代軍機處電報檔彙編》第三三册《發黑龍江將軍程德全電爲鎔化廠事光緒三十二年十二月二十四日》 函悉。達賚諾爾湖煤窑事，希即飭宋道與公司接議。原訂煤税太輕，與商部定章不符，應飭另與磋商。外務部。敬。

中國第一歷史檔案館《清代軍機處電報檔彙編》第三三册《收山西巡撫恩壽電爲鎔化廠事光緒三十二年十二月二十四日》 禡電敬悉。鎔化廠一事，經商部電詢並郵傳部來文，當飭晉商務局紳商查復，嗣據稱晉商務局並無與該公司合辦之案，盛大臣與訂晉人不知，亦決不公認，已轉復商部、郵傳部在案。查鎔化廠合同言明係中國國家自辦，並無與該公司合辦明文，該公司任意牽混，一再要求，晉人異常憤激。且前電云物色石灰等品爲原電所無，民皆有知，能無譁譟。平定州於九月間聚衆幾肇巨禍，近日羣情尚未甯謐，該工程師利德冒然前來，鄉愚驚駭，豈能知爲兩事，設有鼓譟聚衆等事，誠如鈞部前電所云，必至不可收拾。希再婉爲致復英使，勸止其利德切勿前來，現在陝汴兩省均有聚衆滋事情事，晉辦冬防兢兢是懼，平盂一帶路工逾萬，混雜不齊，加以各窑户並挖煤土人，爲數頗鉅，各學堂放年假學生均已散歸在外，教堂電杆軌路防不勝防，諸多可慮，統希鈞部維持鑒諒，不勝感叩。壽。漾。

中國第一歷史檔案館《清代軍機處電報檔彙編》第三三册《收署黑龍江將軍程德全電爲木植煤礦事光緒三十三年正月初五日》 宋道等稟木植事，已議有規模。惟奉部示木植煤礦等事，就近與達嚞爾妥訂。查展地、木植，均與霍總辦接洽。今改與達議，必生枝節。况江省前曾咨駁照會璞使，將達撤差尤多不便。應請大部轉照璞使，仍與霍總辦直接磋商，可望速結。又煤礦事，宋道祇有草稿。前電合同，是否即指草稿而言。請轉達大部指示，以便遵辦等語。查該道等委商税關各要件，璞使均指有達嚞爾在内，近日議事頗受影響。應否轉商俄使，並煤礦是否即照草稿核議，乞示。德全。江。

《商務官報》光緒三十三年一月二十五日第一期《批職商王蘭亭稟》 據稟，備資探辦宛平縣屬珠窩村山場内煎煉銀鉛各節，前經本部行文順天府飭查，並批示在案。兹據覆稱，飭宛平縣查明詳覆，與地方並無妨礙，該職商委係家道殷實人品公正等情，自應照准。惟查該職商所稟内開以所出礦砂煎煉銀鉛，又稱探辦銀礦暨請發給探礦執照各等語，究竟該職商所稟係爲探驗礦産抑係開設化煉公司，殊欠明晰，仰即據實聲明。如係請探鉛礦，應即遵章取具殷實行號保單，並探礦照費補呈到部，再行核示給照可也。此批。十二月十九日。

《商務官報》光緒三十三年一月二十五日第一期《批職商德陞等稟》 據稟已悉。所稱在房山縣之龍頭水黑峯潤、光金溝等三處地方探得銀礦苗甚旺，願自備底欵，俟三月後查看情形，果有利益，股款集有成數，再行稟辦等情。查該職商等並未繪呈詳細礦圖，開明礦地方里四至，呈驗保單資本，亦未請領探照，遽請試辦三月，核與部章均未相符，所請應毋庸議。此批。十二月十九日。

《商務官報》光緒三十三年一月二十五日第一期《批李國英等稟》 據稟領照試探張家口廳屬土木路煤礦，刊用股票圖記一節，自應准予立案，藉資信守。惟探鑛定章祇准鑽驗，不得深挖非洞，仰該職商迅即如限將鑛苗探驗確實，稟報核奪，毋自延誤。此批。十二月二十五日。

「中央研究院」近代史研究所《礦務檔》第三册《光緒三十三年二月初一日外務部收英使朱邇典函附修武縣廣告修武縣民抵制福公司開礦請飭嚴禁》 光緒三十三年二月初一日，收英朱使信稱，逕啟者，據本國福公司稟稱，本公司在豫省修武縣境内開礦，近在該縣城内及他處出有廣告，定於本年正月十六日聚會演説，抵制洋商開礦等情前來。除將所出廣告抄送查閲外，本大臣查各該處准出如此廣告，關係寔爲重要，若地方官未能覺察，自屬失職。倘地方官縱容無知之徒，煽惑輿情，則是甘心自負重責，合行函請貴部電咨豫撫，速將此等抵制福公司情事，嚴行禁止，是爲切盼。此頌鈞祺。附件。

〔附〕照録豫省修武縣境内所出廣告

特別廣告：今日我修有一件要事，能大家好好辦理則生，不能辦則死，吾邑父老子弟都知道麽，這事是甚麽，就是礦務事。白作英人開煤礦，知道者説洋人奪我們煤利，不知者説咱不管他，豈知洋人得了煤礦，就要奪我們太行山了。金銀各礦待取净了，我河北人都要死了，當下又不敢與洋人糊鬧。大家想一個好法子，洋人開，總不能不教咱開。所以約定本月十六日一同到東關教場商量這件事，請有衛輝人都來演説，大家萬不可不聽聽，並與山西李烈士開一追弔會。他亦是爲礦務而死，與咱河北一樣，所以與他開了追弔會，大家看看，大家聽聽，都明白了這件事，然後再辦，好辦了。

《商務官報》光緒三十三年二月五日第二期《批職商王蘭亭稟》 據稟遵批聲明前次稟辦宛平縣屬珠窩村銀鉛礦，係屬探礦，附呈鋪商保單，並繳納照費，請賞發探礦執照等情。查此案前據順天府查覆並無妨礙，茲又據職商遵批聲明核與部章均屬相符，自應填發探礦執照，仰該職商即日親身赴部承領可也。此批。正月初六日。

《商務官報》光緒三十三年二月五日第二期《批職商郭文森稟》 據稟前經稟准試辦灤州白道溝村烟煤礦一案，遵章請換開辦執照各節。此案於上年十二月二十九日准直隸總督咨稱，據詳訪悉，職商郭連山招集洋股，倚勢壓人，並不租買地畝，在灤州白道溝涑家嶺等處私開多井出煤，十成抽捐二成六釐，到處招摇，並有勒索錢財等事。請將前領探礦執照先行撤銷，並行灤州查辦等因。該職商郭連山妄自開採多井，擅招洋股並不租買地畝，核與原查租定王景萌礦地既屬先後不符，且又隨意抽捐。種種不合，除已咨行直隸總督將職商前領探礦執照撤銷外，仍仰聽候查辦。此批。正月初六日。

《商務官報》光緒三十三年二月五日第二期《批齊鴻鵠等稟》 據稟已悉。所陳遼陽州屬本溪湖一帶礦務情形，仰候行文盛京將軍飭屬查明，並檢抄該礦稟辦全案，聲覆到部，再行核辦。至所黏礦圖，並無方里四至，亦殊簡畧。並仰該職商等，詳晰繪圖貼説，呈候核奪。此批。正月初六日。

《商務官報》光緒三十三年二月五日第二期《批職商郭文森稟》 據稟前請試辦灤州礦務，已交儒業等接辦，現因回籍守制，呈請咨直隸總督查照等情。查灤州白道溝煤礦前經北洋大臣查有招摇等事，業將原領之探礦執照咨部撤銷在案。該職商現在回籍守制，所請咨行直隸總督一節應毋庸議。此批。正月二十日。

《商務官報》光緒三十三年二月五日第二期《批戴式芬稟》 前據稟請採探山東平度州掖縣金銀各礦一節，業經本部批飭，俟山東巡撫飭將保單咨送到部，再行核示等因在案。茲由山東巡撫將泰豐銀號所出保單二紙，咨送到部，核與部章相符，應准發給探礦執照二張，俟開印後由部印發，仰該商前赴該管各地方官衙門具領可也。此批。正月十八日。

《商務官報》光緒三十三年二月五日第二期《批張文德稟》 稟悉。查此案迭經本部批駁，久悉該商虚僞情形，飭令勿再瑣瀆，詎該商此次具稟率稱欽差大人到東省飭令天利公司趕緊將礦務交還協成公司，並將開辦札諭等件均交歸商人承管各等語。詳查行轅隨帶卷宗並無此案，該商捏詞欺罔，情殊可惡，所請賞發本部札諭之處應毋庸議，勿得再瀆干咎。此批。正月十一日。

《商務官報》光緒三十三年二月五日第二期《批職商郭連山等稟》 據稟請辦灤州白道溝煤礦，奉北洋大臣撤銷探礦執照，稟請委員查辦等情。查該職商等所辦礦地既經北洋大臣派員查有藉端招摇等情，業將礦照咨部撤銷在案。茲據聲訴各節殊難憑信，附呈私函各件存候具領，所請查辦之處應毋庸議。此批。正月二十日。

《商務官報》光緒三十三年二月五日第二期《批職商張宗俊等稟》 前據該職商等稟辦山東平度州屬潘家大山地方銀礦，業由本部據情咨行山東巡撫飭屬查明，覆部等因在案。茲准覆稱，據礦政調查局札飭該州張牧查覈方里數目，與該商原稟相符，惟查潘家大山東南潘家澗地方，前據該處人民潘殿亮與高世彦等爭此荒場，案卷成帙，經前州許牧恐激成事變，照例封禁。上年潘青江又復覬覦此荒，假名辦理學堂，亦經前州曹牧批駁在案，是潘家澗山場業已入官多年，即使准由該商開辦，亦當與該州商明如何抽提租價，由地方官另立一合同，不得統作潘姓公産，朦混辦理。查該商原稟即有潘青江附名，難保非藉名勾串圖霸入官山場，况該商張宗俊等籍隸直隸，並未親身來州，其人是否公正殷實更難知其底藴等情，並繪具圖説，據詳咨覆前來。本部查該職商等前呈潘家大山礦圖，核其四至與山東巡撫送部之潘家澗礦圖相符，是該處山場業經地方官因案轇轕封禁入官，該職商原稟指爲潘氏公産，與之訂立合同殊屬不合，所請應毋庸議。此批。正月十七日。

《商務官報》光緒三十三年二月二十五日第四期《批孫裕國等稟》 前據職商孫裕國等呈請，開採熱河建昌縣德賓溝金礦，業經本部咨行熱河都統飭查去後。茲據復稱，紅旂桿金礦係於光緒三十二年二月經前任都統松奏明開辦，派委蘇令鼎銘設局試採。嗣因苗綫不旺，於光緒三十年九月稟准暫行停採，迄今三年，亦未經官續採。唯德賓溝究竟與紅旂桿官礦相距若干里，與部頒礦地定章三十方里是否相符，現已札飭建昌縣詳細覆勘，一俟該縣查復，即行咨明，合貴部請煩查照核辦等因前來。查紅旂桿金礦既已停止官辦，自可任商民開採，以興利源。惟德賓溝金礦與紅旂桿官礦是否同一礦地，暨礦地若干方里，尚未准熱河都統咨復，仰候咨復到部再行核示可也。此批。二月初十日。

《商務官報》光緒三十三年二月二十五日第四期《批李秉中稟》　據稟已悉。該職商等前請試辦奉天、遼陽州屬窑子峪煤礦。兩次呈部圖説，其礦界附近所列地名，方向，地位，互有參差。業經本部咨行盛京將軍，飭屬按圖履勘在案。仍候聲復到部，再行核辦。除咨催盛京將軍早日聲復外，合行批示，仰即遵照可也。此批。二月初八日。

《商務官報》光緒三十三年二月二十五日第四期《批職商林鳳鈞等稟》　前稟請探順屬宛平縣青龍澗地方煤礦一案，本部業於本年正月初七日批准給照，並飭該職商等俟開印後，照章繳納照費，取具領結，親身來部承領在案。現尚未據該職商等呈繳到部，仰該職商等即日遵批赴部繳納照費，取具領結，以便發給執照。此批。二月初三日。

「中央研究院」近代史研究所《礦務檔》第三册《光緒三十三年三月初三日外務部收英使朱邇典照會附福公司致唐侍郎函請示復開辦山西鎔化廠事》　光緒三十三年三月初三日，收英朱使照稱，據本國福公司總董梁恪思稟稱，本公司欲行遵照一千九百零五年所定山西鎔化廠合同辦理，前由敝董於華曆上年十一月初三日，函致外務部唐大臣有案，乃至今尚未接到復函等情。本大臣據此，除將原函抄送查照外，合即照請貴部從速賜復該公司爲盼，須至照會者。

〔附〕照鈔

外務部侍郎唐大臣鈞鑒：敬啟者，西曆一千九百零五年七月三號，在北京該時總鐵路大臣盛宫保與該時敝公司總董哲美森，所訂設立山西鎔化廠併合辦山西鐵礦合同，其合同華文英文各一分，現下附呈，以便查閱。該合同第一款内載，山西商務局將批准專辦盂縣、平定州、潞安、澤州平陽府煤鐵礦，光緒二十四年山西商務局與福公司訂立合同，轉請福公司辦理，限六十年爲期。現經議定，中國願與福公司合辦以上盂、平等五處鐵礦，以及化鐵需用之煤與煉焦爐。福公司應允中國合股開辦，以五成爲度，自給憑單之日起，六十年爲限云云。現接准福公司倫敦督辦等咨開，欲立即與應管此事之員，按照該合同條款，商酌辦法等因，函懇貴大臣費神示明。本總董應向何處商議，以備開辦此事爲感。即此，順請勛安，伏乞朗照。

《商務官報》光緒三十三年三月五日第五期《批礦商張文德稟》　據稟該商因王本錫、曹名榮均已身故，協成玉等四家窑户亦已倒閉，因復糾立協成東記承辦張家溝煤礦，原無不可，惟本部礦章凡商人逕稟本部請領礦照，亦應聽候咨行該地方官督撫查明，與定章有無違背，咨復到部，方能分別准駁。該商所稟天利公司礦廠坐落尾明山，與張家溝相距五里之遥，兩不相害。去歲二月被何厚啓貪心稟請將張家溝劃歸天利公司辦理，至五月張家溝煤礦又被日兵封禁，復經退回，任該商等自行變賣等語，是否屬實，候再據情咨行盛京將軍迅速查明，聲復到部，再行核辦可也。此批。二月十九日。

「中央研究院」近代史研究所《礦務檔》第三册《光緒三十三年三月十三日外務部收直隸總督袁世凱文附合同條欵地畝暨認定股分清册平定州有礦各村入股同濟公司請查照立案》　光緒三十三年三月十三日，收直隸總督袁世凱文稱，據山西同濟礦務公司紳商直隸補用道董崇仁、軍機章京吏部郎中孫筠經、刑部郎中段振基、户部主事李慎修、翰林院庶吉士梁善濟等稟稱，窃紳商等於上年正月公立山西同濟礦務公司，所勘平定平潭河北河沙堰西北大山一帶礦地並河南神峪溝西大山一帶礦地，於上年三月間，經賽魚等村莊三十三村社保長牌頭等，將各村莊地畝，通共四百三十五頃一十六畝，均寫明四至畝數，情願各入爲公司開礦公地。公司遂給與各村莊開礦公股，通共一百五十三箇，其地畝多寡不一，所給股分亦多寡不一，俾開採時獲有利益，均須稍沾。公司同公社互立合同，各執一紙並粘條款，共立濟字合同十八號，計三十六件。自立合同之後，凡入公股公地，公司開採應用何地，本地紳民公平議價或入股或價售公司不得勒買，地主不得居奇，且公司既與股分，則各村莊地畝。凡在礦綫之内者，不得私賣，倘有私賣者，照條款辦理，以昭公允而保利權。查紳商等勘定礦地，曾經呈送圖説稟請立案，咨部在案，理合將上年三月間，共入公股村莊地畝，暨認定股分，造具清册，並合同條款式樣，稟呈查覈立案並懇咨商部外務部立案等情，到本大臣等。據此，查該公司所稟，自係以晉省紳民保守晉省礦地起見。除批准暨分咨外，相應咨呈貴部，謹請查照立案，須至咨呈者。

〔附〕照録合同條款式樣

立認股合同，山西同濟礦務公司情因本公司在村社勘就礦地，照四至合算，共有　頃　畝。本公司情願與該村保甲鄉牌合力舉辦礦務，公司内認與村社公股　箇，日後獲利，按股分爲該社内之利益，若有虧折，毫不累村。本公司自應謹遵商部奏定章程，無論買到何村地畝，永不轉售外人，本公司原係本省紳商，凡在地居民自立合同之後，應聯爲一體，無論何人地畝，不得賣與外人。至於公司開採時，應用何人地畝數若干或以地作股或給錢買用。本公司通知該村保甲鄉牌偕地主到公司面議，既昭公允，且可永久，恐口無憑，立合同爲證。每股作銀一百兩，共銀　兩。平定紳商：陳鍾義、商畛、王守正、廉士昇，平定紳商：蔡蓉田、李作楷、朱承鈞、李澍堂、趙熙廷、張士林、任忠、李搢笏。光緒三十一年三月十二日，濟字第　號。

條款六則：

一，礦綫内之村莊，公司既與股分，該村即當遵照商部奏定嚴禁私賣礦産章程。凡在該村線内之地，不得私自賣與外人及外州縣人，以防流弊，即或自村買賣，必須通知本村保甲鄉地會同公司查明。實非外人及外州縣人，方准出賣。

一，礦線内之村人，如有將自己地畝私售外人者，其所得地價，盡數歸公，仍由公司合各村保甲鄉地公議重罰並將賣主一家逐出社外，從中説合之人亦照此辦。

一，凡在村莊土人舊有之窑，仍由土人採取，其餘公司未經買到之地，亦准土人自己開採並不禁止。

一，公司之窑與土人之窑，設於地内，兩家掘通，由本地紳民驗明劃界，將掘通之處，作爲甌脱公地，東家不得西侵，西家不得東佔，以昭公允。

一，線内礦師勘定應用之地，公司不得勒買，地主不得居奇，由本地紳民公平估價，有願以地作股者，亦由紳民公平作價入股。

一，公司出銀買到之地，凡内地應出賦税錢糧，由公司完納，其以地入股之賦税錢糧，仍由地主完納。照録清册。

謹將本年三月十二日公司勘定平定礦地合同，各村莊公社立定入公股合同，開具清册，呈請鈞鑒。

計　開：

濟字第一號，賽魚村保長張士選，牌頭張琮成，公立合同兩件。
共入公股地二十三頃五十三畝，認公股八箇，作銀一百兩共銀八百銀。
條款附後。

濟字第二號，前莊村保長趙萬運，牌頭馮攀，公立合同兩件。
共入公股地十五頃三十畝，認公股八箇，每股作銀一百兩，共銀八百銀。
條款附後。

濟字第三號，蒙村保長荆山起，牌頭荆山緑，公立合同兩件。
共入公股地三十頃，認公股十箇，每股作銀一百兩，共銀一千兩。
條款附後。

濟字第四號，上蔭營村保長任忠，地方史根惠，公立合同兩件。
共入公股地四十八頃五十畝，認公股十箇，每股作銀一百兩，共銀一千兩。
條款附後。

濟字第五號，馮家莊等村保長李紹唐，地方李繼宗，公立合同兩件。
上馮家莊，共入公股地十頃十畝，認公股五箇。
下馮家莊，共入公股地八頃十八畝，認公股五箇。
黄沙岩村，共入公股地三頃二十五畝，認公股三箇。
漢河溝村，共入公股地七頃一十五畝，認公股四箇。
荆家掌村，共入公股地五頃一十五畝，認公股四箇。
魏家峪村，共入公股地六頃二十五畝，認公股四箇。
石圪叠村，共入公股地七頃二十畝，認公股七箇。
桃林溝村並後山，共入公股地十五頃二十畝，認公股九箇。
狐子窩村，共入公股地二頃十五畝，認公股三箇。
甘河村，共入公股地四頃十畝，認公股三箇。
每股作銀一百兩，共銀四千七百兩。
條款附後。

濟字第六號，石卜嘴紅土坪保長石潤，牌頭白玉堂，公立合同兩件。
共入公股地五頃九十畝，認公股五箇，每股作銀一百兩，共銀五百兩。
條款附後。

濟字第七號，石卜嘴東莊保長白萬倉，牌頭白富昌公立合同兩件。
共入公股地十頃五十畝，認公股五箇，每股作銀一百兩，共銀五百兩。
條款附後。

濟字第八號，石卜嘴西莊保長姚正栻，鄉約馮吉，公立合同兩件。
共入公股地十一頃二十畝，認公股五箇，每股作銀一百兩，共銀五百兩。
條款附後。

濟字第九號，義井村保長劉鳳藻，地方王鳴盛，公立合同兩件。
共入公股地二十二頃六十六畝，認公股三箇，每股作銀一百兩，共銀三百兩。

條款附後。

濟字第十號，義東溝村保長張連元，地方楊曰金，公立合同兩件。

共入公股地三十一頃八十六畝，認公股四箇，每股作銀一百兩，共銀四百兩。

條款附後。

濟字第十一號，西峪掌等村保長郄恭銘，地方楊旺，公立合同兩件。

西峪掌入公股地十二頃。

西峪入公股地十頃。

牛家峪入公股地四頃。

核桃入公股地一頃。

楊家莊入公股地三頃。

以上共入公股地三十頃，共認公股五箇，每股作銀一百兩，共銀五百兩。

條款附後。

濟字第十二號，南莊保長張維榜，地方王萬玉，公立立合同兩件。

共入公股地二十六頃，認公股九箇，每股作銀一百兩，共銀九百兩。

條款附後。

濟字第十三號，小陽泉村保長楊沁，地方楊巨川，公立合同兩件。

共入公股地二十五頃十三畝，認公股七箇，每股作銀一百兩，共銀七百兩。

條款附後。

濟字第十四號，大陽泉等村保長郄步堂，地方劉科，公立合同兩件。

大陽泉入公股地二十一頃一十畝。

王家峪入公股地八頃。

神峪溝入公股地九頃。

以上共入公股地三十八頃一十畝，認公股八箇，每股作銀一百兩，共銀八百兩。

條款附後。

濟字第十五號，平潭鎮保長牛菁田、牛薪田、荆棫、郭萬鈞、沈以廉，鄉約郭占豐、王川鰲、地方郭有慶，公立合同兩件。

共入公股地十四頃三十畝，認公股六箇，每股作銀一百兩，共銀六百兩。

條款附後。

濟字第十六號，平潭堖保長李齡東，地方李如玉，公立合同兩件。

共入公股地十八頃五十畝，認公股六箇，每股作銀百兩，共銀六百兩。

條款附後。

濟字第十七號，西河村保長王琳，地方王思瑞，公立合同兩件。

共入公股地十項，認公股四箇，每股作銀一百兩，共銀四百兩。

條款附後，

濟字第十八號，龍鳳溝保長高聚財，牌頭高銀財，公立合同兩件。

共入公股地五頃，認公股三箇，每股作銀一百兩，共銀三百兩。

條款附後。

以上通共三十三村莊，共入公股地四百三十五頃一十六畝，共認公股一百五十三箇，每股作銀一百兩，共認公股銀一萬五千三百兩。

「中央研究院」近代史研究所《礦務檔》第三冊《光緒三十三年三月二十一日外務部收河南巡撫文查禁修武縣民抵制福公司開礦事辦理情形》 光緒三十三年三月二十一日，收河南巡撫文稱，案准大部咨，准英國朱使函稱，【略】當飭交涉局會同按察司委員會縣確查有無其事，並嚴飭該地方官認真查禁去後。茲據該司局會詳，遵即遴委候補知縣張令國賓馳赴修武縣會同該署縣林牧桂芳查禁去後。茲據會禀，查得該縣本年正月十五六等日，城關習俗迎神會期，有無知之徒，在肆城墻外張貼廣告，詞與札發粘單相同。當經該令查知，登時分飭撕揭無痕並各處密查，一無張貼，其廣告内既有十六日約到東關教場商量演説之語，遂加意查禁。至期該處亦毫無聲息，均安如常等情，具禀前來。本司局詳加查覈，尚屬寔在情形。除飭仍隨時嚴密查禁免滋事端外，所有遵飭委查緣由，理合詳請鑒核咨覆等情。除批示外，相應咨覆，爲此合咨貴部，謹請查照施行。須至咨呈者。

甘厚慈《北洋公牘類纂續編》卷一八《礦政調查局呈報督憲遵查職商請開薊州煤礦文》 爲呈報事。現奉農工商部札開，接據職商張禮謙等禀稱，竊薊州煤礦前經商人羅朝興呈請，職商等接辦蒙批，由張禮謙另禀候核查，礦山山地係趙永等祖産，業與山主商允，情願開採，職商等因籌集資本銀五千兩寄存商號，出具保單，懇領執照等情前來。查此案前據商人羅朝興禀請探辦該礦，當經本部行查批准各在案，旋據該商禀稱因事外出，實難兼顧，舉職商張禮謙等接辦，經本部批以將前案撤銷，由張禮謙另行具禀候本部核奪辦理，亦在案。茲復據職商張禮謙等稟稱前情，該職商人品家道是否公正殷實，所具保單行號是否實在，合同是否屬實，與前此稟辦該礦商人羅朝興有無轇轕，均應確切查明辦理，除批示該商等赴局呈報外，爲此札行，札到仰即按照新章覆加查覈，應否發給執照之處專案報部可也，此札等因。奉此，除申報農工商部查照並牌示該商趕緊來局具稟，俟核明另文詳報外，理合具文呈報憲台查覈，爲此具呈，伏乞照驗施行。須至呈者。

中國第一歷史檔案館《清代軍機處電報檔彙編》第三三册《發北洋大臣袁世凱電爲柏樓礦務公司直省招工等事光緒三十三年三月二十四日》 柏樓礦務公司擬在直省招工，經本部於本月初一日咨行尊處酌核在案，現法使復來催詢希查覈速復。外務部。敬。

「中央研究院」近代史研究所《礦務檔》第三册《光緒三十三年三月二十七日外務部發英使朱邇典照會山西鎔化廠中國現無意設立》 光緒三十三年三月二十七日，發英朱使照稱，接准來照，以本國福公司總董梁恪思欲遵照山西鎔化廠合同辦理。鈔送上年十一月初三日，致本部唐大臣原函，請從速賜復等因。查山西鎔化廠合同載明，中國國家自籌資本，在晉省設立，現在中國尚無在晉設立之意，無庸商酌辦法，相應照復貴大臣查照轉復該公司可也。須在照復者。

「中央研究院」近代史研究所《礦務檔》第三册《光緒三十三年三月二十八日外務部收英使朱邇典照會附保晉公司稟暨晉撫批晉省抵阻福公司辦礦續索償欵》 光緒三十三年三月二十八日，收英朱使照稱，福公司在平定州開礦，尚未發給准單一事，本年三月初三日，曾經照會在案。旋於本月二十五日在貴部晤談時，言及該公司總董稟稱，中國路礦公司非特在平定州境內兼在福公司年前請發准單所指礦地之內，新開礦峒，不減二十六處等情。茲由本大臣送上地圖一紙，將福公司所指礦地，繪成白線，其華公司新開礦峒，染成紅白二色小點，以清眉目。至路礦公司爲官場所設，接辦倒閉之同濟公司，且該公司購買機器，聘請洋工程師，以爲於平潭左近地方，開挖礦峒，勒令福公司退避起見，人所共知，乃路礦公司欲强福公司於平定退却之外，尚有該省總公司，名爲保晉，在盂縣、潞安、澤州等處，同此施爲。合將三月十一日晉報所刊撫院批稟擇抄送閱，諒貴王大臣查閱之餘，方知晉撫公然取用若干公款，贊助該公司購買機器，以爲抵阻洋人在晉之商政。似此情形，如何重大，且與福公司合同，大相違背，諒在洞鑒之中。晉撫照此辦理，無論出自本心或由貴政府授意，該公司奉准本國索償，惟向貴國中央政府取索，合即復行備文聲明，平定州開礦遲發准單一日，其償款增多一日也。須至照會者。附圖件。

附鈔撫院恩批保晉礦務總公司渠道本翹等稟：第二次懇請飭發畝捐項下銀兩由。

據稟已悉。仰布政司即在畝捐項下，撥銀十五萬兩，以資應用，並移該公司知照，繳。

〔附〕原稟

敬稟者，竊職道等忝司礦務，自媿鮮能，祗以全晉生命所關，合晉紳商共許，不得不勉竭綿力，保我利權。伏查平盂潞澤一帶，煤鉄暢旺，幾冠全球，外人垂涎，百思攘奪，而我仍恃土法開採，稽延時日，發達無期，終非抵制之善策。職道自去年開辦，接收同濟公司以來，先於平定澤州擇要開採數十處，而被水佔者又有十之三四，亟應設法屜水，以免曠廢。現擬訂購挖煤煉鉄汲水等緊要機器，估計兩處所需購價，約需款十四五萬兩，惟集股正在初辦，緩不濟急。藩庫存儲展限畝捐一項，原爲本省籌辦路礦之用，現在路工尚無頭緒，礦務寔在急需。除上年第一次飭撥五萬兩，業已具領外，可否仍請飭由藩庫畝捐項下，再撥銀十五萬兩，以濟要需之處，伏候批示祗遵。

「中央研究院」近代史研究所《礦務檔》第六册《光緒三十三年三月二十九日外務部收日使林權助照會拒絶交還千山台暨尾明山煤礦》 光緒三十三年三月二十九日，收日本公使林照會稱，撫順煤礦內之千山台礦地及烟台煤礦內之尾明山外二處均須交還一事。上年迭准來照，均已轉達本國政府。茲准回復節略，照録如左：千山台煤礦，中國政府主張謂該礦係職商王承堯所有之産，按照滿洲條約附約第四條，應於撤兵時同時交還等語。查千山台煤礦，與撫順煤礦之其餘之各處均爲俄國所經營，顯有明證。現在俄國自蘇家屯向東，添築一枝路，通至礦區界内，專爲採取礦煤，以供東清鉄路之用，無論何人不能不認。按照日俄和約，該礦即約内所謂爲鉄路利益所經營煤礦之一，再應歸屬於日本。而中國政府乃照請交還。按之滿洲條約第一條之所載，日本政府實不能解其何意也。或謂千山台礦産，俄國並非與中國政府立有合同。然俄人干預該礦，距日俄開戰前數年，即光緒二十七年以來，既投以經營之資金，復獨佔管理之實權。今日所稱爲原主之王承堯不特不能自稱爲其所有，以實行其權利。即自光緒三十年以後，俄人添接鉄路，設置衛兵，其經營規模，非常宏大。中國政府未嘗否認，其地方當局者，更助其所爲，準此以觀。俄國在該礦之地位不可不謂中國所承認，即謂該礦未嘗訂有明文之契約。然國際間權義不必定要有明示約諾，即彼此行爲因默認而設定者甚多，此亦爲一般公認之通例，此事之正合此例明矣。日俄和約所稱日本收受俄國允讓之一切，係指俄國由中國明認或默認現享之一切權利利益而言，不可忘也。至中國政府所稱該礦在鉄路沿線三十華里以外，故不得目爲鉄路財産等語。所謂鉄路，果指何線而言，茲姑不論，惟鉄路附屬權利之礦産，限以里數一節，不特中俄原約素無明文，即徵之實事，前東清鉄路公司所採之煤礦，多在該里數以外，即最近在北滿洲。中國政府有允許東清鉄路公司在鉄路沿線三十里外開採煤礦，爲日本政府所確知且日本政府於限制里數一節，並未接中國政府何等之交涉。日本政府之未嘗同意，自不待言，乃中國政府獨斷獨行。據條約而限我權利，日本政府斷不能容忍也。至中國政府對於尾明山外二處礦産之主張，日本政府自亦不能承認。此等礦地均係烟台煤礦中之一部，烟台煤礦之爲東清鉄路公司之附屬事業，孰不知其爲俄國經營之事業。前日本官憲於尾明山外之礦産，曾以一二區許土民採挖，此爲救濟地方起見，出於一時之權宜，故無論何時，均可註銷，業經日本總領事照會奉天將軍聲明在案，乃中國即藉此以爲更改我權利之張本，日本政府尤屬出之意外。總之，俄國從前爲東清鉄路所開之煤礦，無論其名義如何，總以按照日俄和約並滿洲條約，理應歸屬於日本，該礦亦屬此類。至所謂三十華里限制一層，條約既無明文，揆之實際慣例，亦不相符。日本政府實不能應中國政府之請。

以上所録，俱係本國政府回復節略，並准文稱，此節略係爲日本政府之確答。萬一中國政府重申前議，日本政府決不能更變此旨，並希聲明等語，相應遵照政府訓令，照復貴王大臣查照可也。

「中央研究院」近代史研究所《礦務檔》第二册《光緒三十三年四月初五日辦理山東省招遠平度礦務合同附該礦房産機器》

立此合同因辦山東省招遠平度礦務事宜。

此項合同，即訂立於西曆一千九百零七年五月十六號，在天津中國地方，立合同人開闢公司李道元李道元爲李君翰李宜萊李宜光等公舉代表之人，以下祇稱礦主。開闢公司係有限公司，按照美國克納克省公司律法訂立，以下祇稱開闢公司。茲查礦主現有開採山東招遠平度等處金礦，金礦處所均於附篇内詳細載明，其附篇應隨合同粘連，亦應標明爲各處礦産附篇。惟礦主現擬添購機器，擴充該礦，然須措藉資本充足，始能舉辦，而開闢公司亦情願借與欵項，此係互相商酌允協，自應將彼此允諾各欵，開列於左：

一欵，礦主奉到中國政府批准借欵合辦之時，即應設立一有限公司，名曰招平礦務公司。按照中國律例設立，應稟明北京農工商部註册立案。一俟辦竣，礦主即將附篇所載各處礦地産業及辦礦權柄，均割交與招平礦務公司，惟割交之權柄，礦主固不得違背合同内開應允各欵。該礦所有從前欠人欵項，皆由礦主自行清理，與新公司無涉，借欵合辦以後，所有應分給借欵公司或開闢公司利息餘利，再不得用還各礦以先欠債並他項欠債，僅照合同内所載辦理。

第二欵，俟礦主奉到中國政府允准借欵合辦之後，開闢公司應允迅即設立一有限公司，名曰借欵公司，按照美國省公司律法訂立，迨借欵公司接到開闢公司於合同内所允各欵，則兩公司須彼此互商遵照合同内所允各節辦理。

第三欵，除第六欵所訂辦法之外，開闢公司允爲預備資本以作借欵，出給實銀並無折扣，惟借欵數目足敷合同内詳載用項所需，直至二十萬英金鎊爲止。到三十年後，須將此二十萬金鎊還清，自訂立合同之日算起，其押欵即以附篇所載各處礦産並招平公司日後所得之産業，且不但附篇所載各處礦産。尚有各礦建造之房屋，購辦之機器以及與各礦有關之産業並有關之權利，舉凡礦地産業房屋材料雜項，連同各礦所採取者，除以下指明各項物件外，暨於借欵年月内置購之産業，均押與開闢公司，作爲擔保借欵證據，是借欵公司，即爲招平礦務公司第一次借欵之人。

第四欵，此項借欵，議定按年利七厘行息，用金付給，或按應還日期之金匯兑金欵市價付給，每届六個月，付給一次。一在西正月一號，一在西七月一號，惟至付給利息時，應當清核借欵若干。但無論所借之欵或作資本，或作利息或作股利，均應遵照合同所訂條欵辦理。

第五欵，一俟合同簽立妥協，礦主即應鈔録一份，稟呈北洋大臣、山東撫院批核。俟北洋大臣、山東撫院批准該合同時，應即稟請上憲奏明中國政府，恭候准駁。如一年内或經中國政府批駁不准，此合同即作廢紙。惟於未經批駁之先，礦主不得向他人另立合同，訂借欵項，以作開採此項礦産，並不得要求將合同作廢。再合同簽字後，倘於一年内，確經批駁，而期限未滿，遂於所餘之限内，礦主與開闢公司又籌有善策，約可復蒙中國政府批准，礦主應先儘開闢公司商借欵項，以爲開採礦産需用。

第六欵，俟合同奉中國政府批准後，開闢公司或借欵公司，即於八個月内，第一次支借與礦主天津行平銀三十萬兩，礦主不必將此三十萬兩用項，報知開闢公司。

第七欵，除以先已用花費暨合同內載應用各欵外，礦主允許不得指礦產爲名，再有別項開銷或以礦產作爲他項抵押。

第八欵，八個月限期，係從礦主以合同批准知照開闢公司或在中國代表人之日起算，倘開闢公司於限內，未照合同上允許預備欵項，即應交出銀二萬五千兩與礦主，作爲罰欵。此二萬五千兩之數，應將開闢公司已墊之欵，核算在內，合同即便作廢，由招平公司另向他人議借欵項。

第九欵，以上所云之三十萬兩一項，均經付清之後，開闢公司即可向招平公司索取以前墊給欵項若干之借欵憑票。此欵即歸借欵二十萬金鎊項下，登入借欵本帳內。

第十欵，此三十二萬五千兩交付之後，開闢公司或借欵公司，仍應將下餘借欵，預備停妥，以便隨時按照招平公司所開各賬開付。如勘驗開採賬資本賬息利賬股利賬，照數開付，其開付之法，應照第十三欵所載辦理，且經彼此議定。除以上三十二萬五千兩連照第十三欵應付息利股利兩賬外，該借欵不能移作別用，祇可爲勘驗各礦，購辦礦產傢具以及開採所需，直至各礦培植成立，獲有出產，足敷自費之時。

第十一欵，先用花費，即係開闢公司代表人薪金並使費自與礦主開議合同至奉到批准之日所開付者，以及律師費並勘探該礦各費，所有花費，固由開闢公司墊付。亦應由第一次所借三十二萬五千兩外，首先提還開闢公司。惟開闢公司應備具切實賬目並考驗憑據，一俟礦主索看，即行交給閱看，然不得過五萬兩。

第十二欵，招平礦務公司資本，得有天津行平銀八十萬兩，即提出七十萬兩股份並無虛折交與礦主或礦主指文之人，蓋因礦主已將礦地產業，辦礦權柄及各項產業，轉交與招平公司。其餘十萬兩股份並無虛折交與開闢公司，以作酬勞，係因公司付借各欵係實銀並無扣用，且無偏向，於開闢公司多受辛勞暨擔險之處。惟此十萬兩股份票上，須註册俟一切借欵還清即作廢紙字樣。

第十三款，開採利益分別於下，按下列次序開銷。

甲，付開採礦產經費，即包括日用修理保險國課各費等項在內。

乙，付借欵利息，按照第四欵所載辦理。

丙，招平公司所出股票，通按常年七厘核算，每年付給兩次，與借欵利息之期相同。

丁，除甲乙丙三欵應付開銷外，凡有餘利，每年終提出十成之二，作爲招平公司公積，但應於該礦獲利足敷以上三欵開銷後，再有餘利之日爲起首。戊，若有下剩餘利，即應均分與招平公司開闢公司。

第十四欵，如第十三欵內載公積，此公積欵或購他公司股票或借欵票公債票等或久存於妥實銀行，以圖生息。惟擬購之票，暨擬存之銀行，雖由招平公司總辦經理，然亦須商妥開闢公司或借欵公司辦理礦務代表之人方可，俟得有利息，每年仍按照本條辦法辦理。

第十五欵，第十三欵公積用法，擬以一半，常存生息，以備屆十五年後，償還借欵之用，其一半留備二十萬鎊不敷開銷時，尚需若干，由此一半內，提取應用。如二十萬鎊業已敷用，此一半亦留備將來償還借欵之需，若公積項下，將借欵還清之後，尚有餘剩，不與開闢公司相干。

第十六欵，開闢此項礦產，建造新式機器，約用二年工夫，探出之產，均變換銀兩，入在出產賬內，即用出產賬內之欵。按照第十三欵所載，還給息利股利，如此二年左右探出之產，不足還給兩項利息，即於借欵資本內，提撥補償。惟所抽之利息，應按招平公司已借欵多寡核算，至招平公司與開闢公司所有之八十萬兩股份，應抽七厘股利，亦應按借欵原本分數核給。譬如第一年終之時，所借之欵係十萬金鎊，即爲原本一半，其股份於此一年終應得之利，即係七厘之應作三厘五。如在二年之外，兩公司股份，仍按七厘利息算。

第十七欵，嗣後倘看出以上所定二十萬金鎊，不足爲開採礦產到極處之需，開闢公司即應預備願否預備接續應用借欵，續借辦法，須照合同所載，一律無異。但開闢公司願否續借，限以九十日爲期，自辦理礦產代表人轉知開闢公司或借欵公司之日算起。

第十八欵，此項借欵，由中國政府批准之日起，以三十年爲期，前十五年按借欵交到實數，照第四欵付息。自第十六年起，分年還本借欵實數，每年付還全本十五份之一，應付之七厘借息，隨本遞減，暨第十三欵戊字項下借欵，公司應得之一半餘利。自第十六年至二十年，其所餘之欵，仍按第十三欵戊字項下，均分一半，二十一年至三十年，借欵公司僅得餘利四成，則第十三欵戊字項內載。餘利不得按照該欵均分之法分派，是招平公司應得六成，開闢公司應得四成也。

至三十年本利全清後，所有招平公司利益産業，即與借欵公司開闢公司無涉，此項合同，即行作廢。

第十九欵，借欵至十五年之後，招平公司可以將此合同停辦。惟招平公司欲將此合同停辦之時，須在一年之前，先行通知借欵公司，届期由招平公司將借欵全數付足並利息於作廢之日算清外，復應付給借欵公司一項銀兩，即所借各欵之酧勞金。該酧勞金即按第十三欵戊字項下，最近五年借欵公司所得餘利總共之數，按五份均分後，將一份加足十五倍計算，至此項應得之十五倍一年之利益，按全數借欵不得過九成之多，方能照給，如過九成之外亦照九成付給。

第二十欵，在此合同存執之日及未經停辦以前，礦主與招平公司，未經借欵公司允准，不得擅與他人另立合同，議借欵項。倘至第十五年之時，招平公司欲借洋債，照十九欵以還借欵公司全數借欵，其時招平公司欲給他人利息若干，須照擬給他人之章程，先讓借欵公司承辦。如借欵公司不願承辦，方能另讓他人，此係指擬借洋債而言，至或十五年後，中國官商自行籌欵接辦，則照第十九欵清還欠欵後，借欵公司只可退出，不得異言。至借欵公司未經招平公司允准，亦不得將其合同利權並借欵公司所得招平公司股份，轉讓他人承辦。

第二十一欵，合同存執之時，在中國或開闢公司或借欵公司，所應管理各礦辦事及執事人員，均須籍隸中、美兩國者，且須華洋兩總辦彼此會商妥洽，方可委派。

第二十二欵，合同存執之時，辦理招平公司事宜如左：

招平公司與借欵公司，彼此商酌允許，聘請中國擔任辦事之人，言明設華總辦暨華工程司各一員，亦可一人兼任。並各華員；借欵公司與招平公司彼此商酌允許，聘請西國辦事之人，言明設西總辦暨西工程司各一員，亦可一人兼任並各西員。嗣後各種勘採礦産方針及購買機器，添置材料，開銷賬目，每事均應聽憑兩位總辦核奪。所有各樣憑據，須經兩位總辦簽字，方可作准，遇有應行公事，亦須由華洋總辦商定後，用招平公司出名而辦理各事，公同樹押。

第二十三欵，彼此商明允許，若是合同內所言借欵資本到應還日期，招平公司未經歸還，此日期即合同內載之期，至此日期再過三十日，仍不歸還，借欵公司即可於此三十日後，知照招平公司，將所有各礦，暫歸借欵公司獨自開辦，其所以獨自開辦之故，係爲急速還清借欵並利息之故。倘真如此辦理之時，則招平公司股份應得餘利，即停止不付，以待將借欵公司資本利息還清。及至清還之後，借欵公司開闢公司照合同與各礦所有關係之處，亦即作廢。並將所執各礦之産及辦理之權，均歸還於招平公司。以及付給借欵公司之股份，作爲廢紙。但是借欵公司獨自開辦之時，每年須給礦主日用花費銀二萬兩，礦主仍有隨時查覈出入賬目之權。

第二十四欵，彼此商明允許，借欵公司既以招平公司所押之産業，作爲保證。倘該産業照中國律法，由伊售浄，仍不足償還各借欵，不得向招平公司股東，索補虧短，亦不得向中國國家或北京或在省城或在本地各官員，索要虧短之欵。

第二十五欵，招平公司應交中國國家礦産國課，均宜遵照礦章核算，但是招平公司交納國課數目，不得較在中國他處金礦重多，至各礦之出産，亦不得完納本地厘金並他項税課。

第二十六欵，各機器材料及應用各件礦地往來，除不應納税之外，所有應行納税者，僅交海關税不得抽收别項税課。

第二十七欵，招平公司所有地産，應完地租錢糧，按照地畝坐落何處規則完交。

第二十八欵，或兩公司或轉收之人與合同內各欵講解，意見不合或合同存執之時，兩總辦按章辦理招平公司各事。意見不合，即照公正之法辦理，須由兩公司各舉公正一人，再由此二公正人，舉出一人，公同核斷，惟二人相同者是從。

第二十九欵，合同內載各礦一切事宜，均須由歷任之北洋大臣、山東巡撫保護，自應歸北洋大臣、山東巡撫節制。倘北洋大臣、山東巡撫有何飭知，如果與各礦利益實無妨礙者，招平公司暨借欵公司華洋兩總辦，自應遵辦。每年終之時，應將該年各礦所辦之事，連來年擬辦各事宜，均稟候北洋大臣、山東巡撫批示，核與金礦規則，是否相宜。

立此合同爲據，繕具華英文各六份，彼此核對，均屬相符，華、英文皆爲準則。

第三十欵，招平公司收到借欵公司欵項後，應隨時繕給借欵憑票，每票填發數目若干，由借欵公司臨時酌定，招平公司照辦。

光緒三十三年四月初五日立。

見證人李道元、林文德、吴其藻。

〔附〕今將中國山東省准歸公司開挖招遠、平度礦地金石，所有該礦房産機器生財，詳列於左：

招遠礦局

地約四十二畝，山場約七十一處，鐵瓦房三百五十間，各廠棚廈子五十間，各草房三十二間。

礦線已租之處，約歷四山，長約七八里，另紅石崖礦線一處，歷二山，約長一里。

存安好小鐵道長二百六十丈，存運石鐵車八輛，存峒內現用錘鏨鍬鐝等俱全，存峒內起水提石各項轆轤吸土法砸砂淘金各器物俱全。

平度礦局

地約三十二畝，山場約二十四處，洋樓一座，大機房一座，起重機器全副，冷氣機器一副，六號水龍四架，雙管大水龍一架，氣鑿八副，二十條春杵廢機器一副，大車牀一副，鑿牀一副，瓦房四十三間，草房三十五間，炒硫磺鐵（大爐一座、房屋一座）內（炒硫磺鐵器具皆全，化硫磺鐵器物俱全）礦線已租之處約十餘里。

《商務官報》光緒三十三年四月初五日第八期《批秀琳等稟》 據稟已悉。該職商辦宛平縣屬安河村西崧峪煤礦，請給探礦執照等情。查本部奏定礦章第四條內載請領探礦執照者，稟內須將礦地四至遠近，大小若干方里，合計若干畝，繪圖貼說，以備查覈。又第五條內載請辦之地不得逾三十方里等語。查閱該職商原稟並未於礦地四至詳細聲叙，所呈礦圖亦未標明並所稱礦境佔居地三十方，是否係三十方里，語意殊欠分明，且未按照礦章呈具保單，均有未合，本部無憑核准，仰該職商等按照指駁各節詳細稟復到部，再行核示可也。此批。三月十七日。

中國第一歷史檔案館《清代軍機處電報檔彙編》第三三册《收出使日本大臣楊樞電爲英稱公堂案應由滬道與英酌辦事光緒三十三年四月初六日》 千山台煤礦事，據外務大臣稱，應飭王承堯與南滿鐵路總辦後藤新平面議，方易了結，否則難斷等語。樞已囑該大臣知照後藤矣。樞。魚。

《商務官報》光緒三十三年四月十五日第九期《批職商德傑等稟》 據稟該職商請開採京西淶水縣黑兒村砂礦，並請領開礦執照等情。本部定章第五條內載有請辦之礦地不得逾三十方里等語，查閱該職商原稟所稱南北長八里有餘，東西寬闊十里有餘，核計至八十方里以外，實與部章不符。又所呈章程內有云開辦後他人不得再於毗連界內添挖新礦，未免迹近壟斷，所請著毋庸議。此批。三月二十二日。

《商務官報》光緒三十三年四月二十五日第一〇期《批職商孫裕國等稟》 前據該職商等呈請探採熱河新陽府建昌縣屬德賓溝等處金礦一案，當經本部咨行熱河都統飭查去後。旋據咨覆，以紅旗桿金礦既已停止官辦，自可任商民開採，以興利源。惟德賓溝金礦與紅旗桿官礦是否同一礦地，暨礦地若干方里尚未接准咨復，仰候咨復到部，再行核示等因，批示在案。茲准熱河都統咨稱，據建昌縣查明德賓溝即大小冰溝金香鑪溝即香鑪溝及大石頭溝，均與紅旂桿相距數里，分名之爲德賓等溝，合言之仍是紅旂桿一處，各礦地均在三十方里之內等因。查該職商等請探德賓溝等處金礦，既據查明與紅旂桿業經停採之官礦係屬一處，並所指礦方里數目核與定章相符，所請發給探礦執照之處自應准予填發。仰即照章呈繳照費，赴部承領，並於領照後迅速赴熱稟辦，毋得遲延。此批。四月初三日。

《商務官報》光緒三十三年四月二十五日第一〇期《批職商呂成善稟》 據稟，試辦灤州長山白道溝等處礦務，懇恩准更名開辦等情。查白道溝煤礦前由郭連山郭文灤森等稟請探勘。嗣經北洋大臣查有私招洋股藉端招搖情事，咨請撤銷採照在案。該商呂成善等是否係郭連山原招股東，檢查前案，並無其名，茲忽呈請更名領照，顯係捏名朦混，所請接辦白道溝煤礦之處著不准行。此批。四月十一日。

《商務官報》光緒三十三年五月五日第一一期《批商人王永昌稟》 據稟已悉。該商請辦承德府屬黄家溝煤礦，據稱已稟由熱河都統發給示諭，嗣經馬蘭鎮總兵查明有礙風水，咨由熱河都統封禁各等情。查本部核辦礦務，凡來部稟請者，必咨行地方官查明有無妨礙，再行核辦。此案既經馬蘭鎮暨熱河都統查明封禁在案，礙難照准。且該商請辦之礦并未據熱河都統咨部執照，所請應毋庸議。此批。四月十三日。

《商務官報》光緒三十三年五月五日第一一期《批職商艾知政等稟》 前據該職商等稟辦密雲縣老虎套溝地方煤礦，當經據情行查順天府去後。茲據覆稱，查明該礦尚無關礙，並核明四至方里聲覆前來。查本部礦章第三十七條內開凡發給探礦執照，應由領照人繳呈股實行號保單，擔承銀五千兩等語。該商等前繳廣元亨布店保單，僅列探礦資本一千五百元，核與定章未符。且請辦礦地佔用二十四方里，並非柴煤小礦可比，應即遵章另行呈繳股實行號保單擔承銀五千兩，並聲明擔承領照人遵守照内及部章所載各款，違者罰令充公等語，以符定章，並備具照費銀兩，呈部聽候核發執照。此批。四月十八日。

《商務官報》光緒三十三年五月五日第一一期《批房山縣各莊村正副並窑户等稟》 據稟房邑西山民俱賴煤窑爲生，因運道艱險，出煤雖多，銷路未暢。聞去歲有人呈請創修高線運煤公司，窑户駝工均享其利，迄今已逾一年，未見興築，恐有鄉曲無知之徒逞臆破壞，懇札催該公司早日興工，以廣運路等情。查天津商會總協理等稟辦房山縣運煤高線鐵路一案，前經本部札據順天府府尹轉據房山縣查復，運煤線路成後，該處窑户尚有利益，惟於駝户實有未便等語。本年春間，該縣民人馬良謨、趙哲川等先後在順天府及本部具控，均以此項高線鐵路有礙小民生計爲詞，疊經本部札飭該商會總協理等，親赴該處邀集本地紳商妥籌安置駝户工人辦法，訂立詳細章程，呈部查覈在案。兹據前因，仍俟該總協理前赴該處會同紳商籌定安置善法，稟復到日再行核辦可也。此批。四月十八日。

吉林省檔案館《清代吉林檔案史料選編(工業)》上册《三姓礦務局光緒三十二年正月起至三十三年三月底止收存金砂數目的咨呈文光緒三十三年五月初六日》

爲呈報咨呈事。

案照本年五月初一日奉憲臺、軍憲、副憲發交，準署理三姓等處副都統花翎協領德都護，署理三姓等處副都統花翎協領德呈解，自光緒三十二年正月至臘月，所收金沙四百零四兩五錢五分一厘，奉文飭解。復據東溝送到本年正月份官金九兩九錢一分四厘，二月份官金十六兩一錢三分四厘，三月份官金十三兩六錢三分五厘。計正、二、三三個月，共收官金三十九兩六錢九分三厘。均交領餉差員富昌阿等妥慎帶省呈繳，以昭簡捷。理合具文呈報，飭收示復等因。當奉軍、副憲批：來牘閲悉。解到光緒三十二年正月起，至本年三月底止，所收官金金沙共四百四十四兩二錢四分四厘，候飭餉捐總局查覈兑收等諭到局。奉此，職局遵將解到金沙，眼同差員富昌阿當面彈兑，净核收到金沙四百四十二兩六錢七分，較與原解數目虧平金沙一兩五錢七分四厘，應即照數補解，以符原數。

《商務官報》光緒三十三年五月十五日第一二期《批信成煤礦公司呈》 據呈已悉，該職商馬吉森等擬集股本銀二萬四千兩，在武安縣屬薛村地方開設煤礦公司，所議章程十三條，並呈註册公費銀兩，核與定章均屬相符，自應准其註册，除填給執照收單，發交該職商具領外，一面咨飭地方官保護可也。此批。五月初七日。

《商務官報》光緒三十三年五月十五日第一二期《黑龍江礦務辦理情形》

江省層巒邃壑，礦産森林，極稱美富。故興辦實業，最爲目前要圖。惟從前礦廠，多被他人佔踞，木植亦漫無限制。曾於光緒三十一年八月，奏明撥欵四萬兩，辦理金牛山懷獾洞、馬鞍山，及都魯河鏵子山、朝陽山等處礦務，並陳明將木税一項，除支文案處薪水外，悉作爲勘辦礦務經費在案。旋據辦理該處礦務委員、協領純德，候選同知馬六舟續，請撥欵應用，計又續撥銀五萬六千八百兩。此外派員勘採吉拉林金礦甘河煤礦，前後復用銀三萬五千餘兩。至木值一事，節經委員往各處試辦，先按刊採之舊法，以期漸進林業之良規。歷在甘河訥謨爾河兩處砍伐林木，上年運至省城者已有數千餘株，共計墊支銀三萬餘兩。此皆頻年辦理之實在情形也。竊維林礦爲興利大端，然礦質愈佳成本亦愈重。所以東西商業家每擲鉅萬金錢掘採礦山，雖寡效而不悔。朝陽山鏵子山兩處，從前徒因外人垂涎，不能不自佔地步。都魯河亦經俄人佔據，無論能否得利，均當設法收回。且都廠附近觀音山金礦，都魯河一日不復，觀音山一日難以得手。當日派員經營各礦，原爲挽回利權起見。嗣經馬六舟已將都觀兩廠，陸續相機收復。由於上年咨明北洋大臣派委道員劉焌來江，仍照舊章接辦觀廠事務。其金懷馬等處煤礦，僅用土法開採，已得煤約一千萬觔之譜。但道路艱阻，遽難暢運出山。惟甘河煤礦最爲優勝，礦脈厚至七尺餘。而由甘河以達嫩江，運道亦較爲便捷。除吉林地近邊界，應照舊辦理外。所餘金懷馬都四廠，均令暫不擴張，力從撙節。其鏵朝兩廠，則一律暫行停辦，以便注重甘河一處。至木植尤須講求新法，推廣辦理，總期礦利日闢，林政日修，庶於財政不無裨益。

《商務官報》光緒三十三年五月十五日第一二期《批商人夏振家稟》 該局夏振家前稟，設立廣安公司，備資五千兩，獨力承辦直隸廣安縣屬大安山銀鑛一案，當經本部據稟咨行直隸總督飭縣詳查去後。兹准復稱，查看原圖四至，尚無不合，惟方里原圖勘註南北長五里，今勘有十餘里，東西闊一里半，今勘有七里餘，界内有民人劉合、楊奎等坟墓，山主尚不止周玉秀、杜福榮、劉合、楊奎等四家，並皆不願，未便稍事通融。該商無資本銀兩存儲廣昌縣殷實商號，所有指查各節均未符合，且與地方民情諸多不便等語，應即毋庸置議。此批。五月初三日。

吉林省檔案館《清代吉林檔案史料選編（工業）》上册《前辦吉林天寶山礦務程光第報呈辦理天寶山礦務的清折光緒三十三年五月二十日》 前辦吉林天寶山礦務局候選通判程光第，謹將光緒三十三年五月二十日呈遞吉林撫憲朱節略情形，理合繕具清折，呈請鑒核。

計開：

爲陳明事。竊卑職於光緒十五年奉委辦理琿春招墾局，因赴南崗一帶安插流民，勘得該處荒山有發現銀苗一區，曾經稟蒙前琿春副都統恩咨商原任吉林將軍長准予試採。十六年卑職自備資斧，鑿獲礌砂正脉，煉提銀樣呈驗，名之其山爲天寶山。稟蒙批準，招集商股本銀一萬兩。十七年蒙原任吉林將軍長奏請試辦，經户部、總理海軍事務衙門會議復奏，六月十四日奉旨：依議，欽此。欽遵辦理。旋奉副憲恩諭，以土法遲緩，不如西法速效。當經派員前赴上海購置洋爐、機器等項，共用銀三萬餘兩。又散放紅利銀一萬五千兩，與商本無虧。迨洋爐告成，運到機器因風箱力微不合使用，仍依土法開採。嗣以洞深見水，銀苗雖旺無法可施。另鑿新綫未得礌砂，以致漸形虧累。除將清提礦銀陸續支銷外，尚虧銀五萬餘兩，俱經册報有案。於二十二年稟明續行招商，藉資挽回，不至功隳垂成。無如華商均以礦師尚無專門，必須借重外人。機器亦無專長，又須借材異地。故懷觀望，是以累招未果。不得已稟明原任吉林將軍長批準參用洋款等因。忽遭庚子年之變，所有局廠、房屋悉被焚燒一空。於二十七年，卑職復奉委辦理琿春招墾，兼收撫南崗一帶難民，招降散隊，未克分身辦理礦務。稟請秋令濤派爲卑局會辦，前赴上海招商專辦礦事。經已招妥公利公司美商薩達理，訂立天寶山草約回吉。稟蒙原任吉林將軍長批準，二十八年訂换合同，稟準鈐印。二十九年春間，該公司代表林國綿帶同礦師隨秋令來吉，偕同卑職往天寶山採勘一次。原議返滬後集妥股本即來開辦，不意日俄搆兵，南北阻隔，音信未通，秋令回吉另委別差。至三十一年九月間，和議既定而該公司延不來吉，且前訂合同核與新章不符，奉前署軍憲富批飭追銷或另行改訂。卑職遂稟明赴滬，與薩達理暨華董林國綿面商，該公司謂須俟美國總公司派人到滬一同赴吉，留卑職在滬等候，乃遷延時日幾及一載。卑職又因前辦天寶山礦務，嗣辦招墾收撫難民，招降散隊，陸續因公虧欠公款銀一萬餘兩，未曾繳清，經前署軍憲達奏參追繳，迫不及待，遂知會薩達理、林國綿，即將前所訂天寶山合同從此作廢，以便旋吉稟明另招商辦，已於上年十月間在滬登報聲明。卑職即往各處求告親友張羅借款，始於本年正月勉力措齊，即行回吉。當將所欠公款銀一萬一千五百二十八兩一錢七分三厘，如數稟繳，發户司兑收清楚。蒙前署軍憲達奏請開復原官亦在案。再卑職去歲赴滬，道經奉天時曾與安東縣東益昌號華商李長城暨中和公司日商中野二郎商明合辦，俟聘礦師勘驗合意，即遵部章商訂合同，稟請辦理。該商號於三月中旬，聘來日本礦師原田鎮治到山勘視，惟礦洞積水太深無法勘驗。測量約有二十丈之譜，須用機器汲凈洞水，以便查勘礦綫。該礦師現已回國取運汲水機件，約在六月到來。卑職擬俟該礦師勘驗明後，能否辦理，再行據情稟請示遵，合併聲明。理合將辦理天寶山礦務始末情形，謹具節略，恭呈憲臺鑒核。須至節略者。

《商務官報》光緒三十三年五月十五日第一二期《批職商孫裕國等稟》 稟悉。據呈驗圖記式樣文曰承辦熱河建昌縣屬德賓溝等處裕源金礦有限公司之圖記，語殊含混，應將等處二字删去，以示限制。至與山主訂立合同，仍應迅速訂定，呈部核奪，圖記式樣粘存。此批。四月二十七日。

《商務官報》光緒三十三年五月十五日第一二期《批商人梁瑞光稟》 前據該商稟辦距京三十里磨石口鄉煤礦，經本部飭據順天府府尹轉據宛平縣稟復，該處係京營地面，並非縣屬，復經本部行文步軍統領衙門飭屬查勘，並批飭該商親赴該管地面詳細陳明，聽候辦理各在案。兹准覆稱，飭據中營副將王文焕查復，該處開採煤斤雖與民間無甚妨礙，恐與静宜園脈位水源相連，且該地早經封閉，諒有違礙等因前來。查該商稟辦磨石鄉煤礦既准步軍統領衙門查復，恐與静宜園水脈相連，諒有違礙，本部未便照准。所請給照試採之處，應毋庸議。此批。五月初七日。

中國第一歷史檔案館《清代軍機處電報檔彙編》第三三册《收東三省總督徐世昌奉天巡撫唐紹儀電爲安奉鐵路日人侵佔礦産案等事光緒三十三年五月二十日》 此間次帥移交日本交涉未了之件，共四十餘起。現秋原自大連回，連日接晤，所有安奉鐵路日人侵佔礦産，先已開議。俟有端緒，再行電達。特此奉聞。昌、儀。效。

中國第一歷史檔案館《清代軍機處電報檔彙編》第三〇册《收熱河都統廷杰電爲俟時商訂礦約等事光緒三十三年五月二十四日》 漾電敬悉。伊商到熱即將礦約速與商訂，並照章接待，以重交涉，而聯邦交。杰。敬。

《商務官報》光緒三十三年五月二十五日第一三期《批閻魯卿稟》 前據該

職商等稟辦完縣康莊各煤礦一案，當經本部咨行直督，飭查在案。旋准復稱該職商所指礦地界内並無田廬墳墓，河外村莊亦無窒礙，且該商等皆係殷實公正之人等語。惟查閲原送圖説於方里四至均未聲叙明晰，所請礦照無憑填發，復經本部咨查去後。咨據查明，該礦四至方里並附送詳圖前來，本部詳加查覈與定章尚屬相符，所請發給探礦執照之處，自應照准。現在礦照業經填齊，仰該職商等迅速赴部承領。此批。五月十五日。

《商務官報》光緒三十三年五月二十五日第一三期《批薊州知州何則賢詳》 據詳暨書册均悉。商人吴寶鈺等請辦風篋箕山等處煤礦，前據查明距東陵椿界不過四十餘里，經本部劄由順天府轉飭該州查明。究竟有無妨礙，行令遵照辦理去後。事關附近陵寢椿界，地方開挖礦地，該州自應恪遵親往該礦處所勘明距離椿界里數，究竟有無關礙，詳請順天府覆加查覈，再行送部辦理，方足以昭慎重。茲查該州詳覆各節，雖據聲稱已經親往履勘，惟究竟有無妨礙之處並未詳細聲叙，僅據商人一面之詞，逕行詳覆本部率請發給執照，殊屬冒昧，除咨由直隸總督並札行順天府另飭確查辦理外，合行批斥。此批。五月十五日。

《商務官報》光緒三十三年五月二十五日第一三期《批河南六河溝煤礦公司稟》 稟悉。查該公司因續集鉅本，改爲股分有限公司，與從前合資情形不同，是以由各股東會議改訂章程，呈請備案。本部一再詳核，其第五六條所載於河南直隸等省境内多設分銷廠，除該公司註册時業經註明各處外，所有未經註明，及以後續設各處，應按照公司註册章程第十一條辦理，隨時報明本部立案。至請發關防一節，查本部於商辦開礦公司向無發給關防辦法，應照雲南個舊錫廠成案，由本部篆就鈐記式樣發給該公司承領，自行刊刻鈐用以資信守，除咨行河南巡撫備案外，合行批示該公司遵照可也。此批。五月十四日。

《商務官報》光緒三十三年六月初五日第一四期《批天津商務總會稟》 據稟暨股票章程字據并原領礦照均悉。查曲陽野北村煤礦既據查明職商陳念新與趙文祥立分白後，復因張鵬元無力墊欵，情願將以前墊銀作股，立有分晰字據，讓歸陳念新一人經理等情，係屬核實，并查無影射洋股情事，所呈股票式樣坿載招股章程，核與部章尚無違背，自應准令陳念新一人接續辦理。惟查該商等前領開礦執照係光緒三十一年二月初六日由部頒發，現據陳念新一人請換單名礦照，事隔兩年有餘，定限攸關，應仍照原領礦照日期扣算至光緒三十一年二月初六日爲止，以杜將來巧取之漸。除咨明北洋大臣備案外，茲特補填單名礦照一紙，仰即遵照，轉飭該商陳念新具領，并遵將給照日期稟復本部可也。此批。五月二十八日。

中國第一歷史檔案館《清代軍機處電報檔彙編》第三〇册《收熱河都統廷杰電爲霍家地金礦簽字事光緒三十三年六月初五日》 霍家地金礦洋商伊德華商孫世勳繙譯譚華於本月初二日到熱，初三日面議合同，遵照部駁各條改訂。該商等於初四日晚六鐘簽字，九鐘就道回京，派兵保護出熱。廷杰。微。

中國第一歷史檔案館《清代軍機處電報檔彙編》第三三册《收東三省總督徐世昌奉天巡撫唐紹儀電爲須指定礦廠界段等事光緒三十三年六月二十日》 洽電敬悉。鑛廠不歸巡警管理，未嘗不可，但鑛廠必須指定地段。或圈一圍牆，則圍牆以内可不必巡警闌入。若但言鑛産毫無限制，則平地成村落，俱可言鑛産範圍之内，而巡警皆不能設矣。世昌等非故爲堅執，惟此事影響於主權者甚大。尚望鈞部再與磋商。或仿照唐山成案亦可。諸希酌核辦理。昌、儀。效。

中國第一歷史檔案館《清代軍機處電報檔彙編》第三三册《發東三省總督徐世昌奉天巡撫唐紹儀電爲東省礦務似難援引唐山成案事光緒三十三年六月二十三日》 洽電悉。當即電達慰帥並取唐山成案，茲准電復唐山巡警，係原辦開平礦局之楊道善慶所辦，不過爲保護唐山地面，並未經開平公司允認保護礦廠。東礦似難援引此案，且亦無甚案卷可録等語。該礦商訂合同，究應如何聲敘，希再妥酌電復。外務部。漾。

中國第一歷史檔案館《清代軍機處電報檔彙編》第三三册《收北洋大臣袁世凱電爲東省礦省似難援引唐山成案等事光緒三十三年六月二十三日》 號電祗悉。唐山巡警係原辦開平礦局之楊道善慶所辦，不過爲保護唐山地面，並未經開平公司允認保護礦廠，東礦似難援引此案，且亦無甚案卷可録也。世凱。養。

「中央研究院」近代史研究所《礦務檔》第二册《光緒三十三年六月二十三日外務部發德使雷克司函照准華德公司勘辦山東五礦合同》 光緒三十三年六月二十三日，發德雷使函稱，案查華德公司勘辦山東五處礦務合同一事，准農工商部核復，所訂各條，均可照准。除由本部電達山東巡撫外，相應函達貴大臣查照，即希轉達該公司可也。此布，順頌日祉。

中國第一歷史檔案館《清代軍機處電報檔彙編》第三三册《收東三省總督徐世昌電爲仍請查照前法指定礦廠地段等事光緒三十三年六月二十五日》 漾電敬悉。伊電所議，或仿唐山成案，亦係指保護地面，並非保護礦廠。現既不援此案，仍請查照前陳辦法，指定地段，或圈一圍牆，以免漫無限制。希懇鈞部再與磋商核示。昌。敬。

《商務官報》光緒三十三年六月二十六日第一六期《批李秉忠等稟》 稟悉。該職商等前稟試辦奉天遼陽州禮親王府圍場窑子峪煤礦，經本部以原稟圖説其方理四至，核與部章所定三十方里之數，逾限過多，批令遵章另行詳勘礦界，繪圖呈部核辦。旋據該職商等續繪詳圖補呈到部，查閲兩次圖説，其礦界附近所列地名方向地位互有參差，復經本部咨行盛京將軍，飭屬按圖履勘，並迭次咨催，從速聲復在案。茲准東三省總督奉天巡撫咨開，飭據礦政調查局查復，該職商等所報礦區計東西相距十六里，南北相距自十里至四五里，統計所占面積按之部章定限已逾數倍，應將方里大加核減，理合繪圖具文呈請核咨等語。據此咨復查照等因前來，查該職商等所報礦區方里既經查明，按照部章逾限數倍，自應大加核減。惟來文未將礦政調查局繪呈之圖附入本部，無憑核辦，仰候咨行東三省督撫將該局所繪該處礦圖註明核減後四至方里咨送到部，再行填發礦照，由該職商等具領可也。此批。六月初六日。

《商務官報》光緒三十三年七月五日第一七期《批夏振家稟》 據稟擬在直隸廣昌縣屬大安山開辦銀礦，曾具稟蒙批候勘，因患病月餘，懸牌已過，叩乞賞給原批等情。查此案前據稟呈，經本部咨行北洋大臣飭查去後，旋准復稱，查看原圖尚無不合。惟方里原圖勘註南北長五里，今勘有十餘里，東西闊一里，今勘有七里餘，界内有民人劉合、楊奎等故墓，山主尚不止周玉秀等四家，並皆不願稍事通融。該商並無資本，存儲股實，行號指查，各節均未符合，且與地方民情諸多不便等因，本部前已批飭毋庸置議在案，合再批示祇遵。此批。六月十七日。

「中央研究院」近代史研究所《礦務檔》第一册《光緒三十三年七月初七日外務部收農工商部文附咨熱河都統文抄送熱河都統查辦華商王紹林與英商伊德合辦建平縣屬金礦案原文》 光緒三十三年七月初七日，收農工商部咨稱，接准咨開，准熱河都統咨稱，華商王紹林英商伊德，合辦建平縣霍家地城子山王家杖子三處金礦一案。茲華商孫世勳英商伊德，帶同繙譯譚華來熱稟到，遂督飭求治局員與該商等，按照部駁各條與磋商遵駁改訂。洋商伊德因現准三處礦地，與原指六處有閒，恐所招股本難足百萬之數，懇將原合同首條删改。餘悉仍舊，並由本都統另行增訂三條，亦均無礙定章。當飭繕就華洋合璧合同五份，於初四日眼同洋商伊德繙譯譚華，華商孫世勳蓋印簽字。除將合同咨送農工商部核定並分別存案發領外，爲此合咨查照並將附送合同一份，照會英國公使，轉發洋商伊德祇領等情。查此項合同，既由熱河都統咨送貴部核定，相應咨行查照，俟核定後，仍希咨複本部等因前來。查此案華商王紹林英商伊德，請辦霍家地城子山王家杖子三處金礦。經前任熱河都統松，將原訂合同咨送貴部，復經現任熱河都統奏明。飭將合同内語意含混之處，另議附約三條，以發明原合同所未備。奉旨交部核議，當由本部會同貴部議覆奏准，將原訂合同内未妥之處，酌改數條，並録奏咨行去後。茲准熱河都統將接辦華商孫世勳英商伊德遵改合同並另增各條，咨送到部。本部詳加核閲，于會奏指駁各條大致雖已照改。惟尚有數處或稍欠周密或略嫌籠統或華洋文字互有不合，未可即爲定本。除咨覆熱河都統飭局轉飭該商等，再行增改外，相應抄録咨呈貴部查照可也。

附抄件。

［附］咨熱河都統文

爲咨行事。光緒三十三年六月十七日，接准咨開，案查華商王紹林英商伊德，合辦建平縣霍家地、城子山、王家杖子三處金礦一案。前經升任都統松飭令議定合同，奏奉硃批，交部核議。經貴部會同外務部議覆會奏，指駁數條，録奏咨行在案。正在傳商改訂間，旋因華商王紹林病故，據股東商作霖公舉孫世勳接充，稟請立案前來。茲於本年六月初二日，華商孫世勳英商伊德，同繙譯譚華來熱稟到，遂督飭求治局員與該商等面議，按照指駁各條，與之再四磋商。該商等始各就範圍，一律遵駁改訂，該洋商伊德因現准三處礦地，與原指六處有閒。恐所招股本難足百萬之數，遂將原合同首條删改，並由本都統另行增訂之條，亦均無礙定章，當飭繕就華洋合璧合同，眼同蓋印簽字。除將合同咨送外務部核定，並分別存案發領外，所有遵駁改訂及增訂三條合同，相應咨送貴部核定。照章飭取保單照費，發給執照，飭速開工，再霍家地現因添設新縣，改歸建平縣所屬，合併聲明等因，並咨送華洋合璧合同一份前來。查此案華商王紹林英商伊德，請辦霍家地、城子山、王家杖子三處礦務，經前任都統松將原訂合同咨送外務部，旋經貴都統奏明，飭將合同内語意合混之處，另議附約三條，以發明原合同之未備。奉旨交部核議，當由本部會同外務部議覆奏准，將前任都統咨送之原訂合同中未妥之處，酌改數條。並録奏咨行去後，旋以該公司股東等稟明王紹林病故，公舉孫世勳接辦等情，亦經核准咨行在案。茲准貴都統將華商孫世勳英商伊德此次遵改合同，及增訂各條，咨送到部。本部一再詳核，所有指駁各條，大致均經照改。惟英商伊德所稱現准三處礦地，與原指六處有聞，所招股本難足百萬一節，股本多寡，原可聽該商等自便。若因此遂將第一條删去，則華洋商各集股本若干，股本須華洋各半等語，均未叙入合同，似欠周密。應另增一條，載明孫世勳與伊德各集股本若干。現集股本及以後續集股本，洋股不得多於華股，作爲該合同之第一條。至合同第八條，現定部章，礦産出井税，金銀均按值百抽十完納，其前交課銀，准抵鑛税，應改作公司須遵照部章礦産出井税金銀均按值百抽十完納，其前交課銀，准抵鑛税，其出口之税，仍遵海關税則，照章交納。十四條英文合同内，漏去按照禀明里數及貼説簽字等句意義，應行補入，此次續訂四條中之第一條。該礦如遇礦深見水，不能施工開採，准該公司禀請都統，另尋他處，遵章咨部領照開採，應改作公司在霍家地、城子山、王家杖子所辦鑛地，如遇礦深見水，不能施工，准禀明都統，在該三處准辦界内，另尋他處。遵章咨部領照開辦，以上各條或辭義稍欠完全，或語意略嫌含混，或移譯嫌涉兩歧。該商等現在或非有意欺朦，日後難免藉生枝節，前次本部會同外務部原奏，聲明改訂合同，須咨部核定，再行畫押。

貴都統前訂附約三條，於原訂合同補救已多，部議指駁各條，復經飭局磋議，令該商等迅就範圍，足徵於争回利權之處，不餘遺力。仍希督飭局員，轉飭該華洋商等，按照本部此次增改各條，將合同重新釐訂。華洋文字，詳加校勘，咨部核定再行劃押，所有霍家地礦地，既經前任都統給照准辦。應俟合同核定後，將該鑛地佔地詳細里數，四至界限，繪圖送部查覈。飭令取具保單照費，咨部換領鑛照，以符定章，其城子山、王家杖子二處，將來如推廣開辦，應即一切遵照本部礦章，呈候核准，由部頒領執照，再行開辦。除咨行外務部查照外，相應咨行貴都統查照辦理，見復可也。須至咨者。

「中央研究院」近代史研究所《礦務檔》第二册《光緒三十三年七月十二日外務部收德使雷克司函山東坊子煤礦傷斃人命》 光緒三十三年七月十二日，收德雷使信稱，逕啟者，頃據駐濟南府本國領事電稱，山東坊子德華煤礦公司炭氣炸裂，致傷斃德人二名，華人約百名。本領事已前赴該處調查並相助一切等情。本大臣驚聞之下，不勝惋惜，用是先爲函達，以伸悵惘。一俟該領事詳禀到署，即行細佈一切。專此奉達，即請日祉。名另具。

《商務官報》光緒三十二年七月二十五日第一五期《批職商韓永成禀》 據禀已悉。該商等請辦長溝峪煤礦，本部前據順天府查覆業經批令該商等呈驗資本聽候核明給照。現據常張氏來部禀稱，蕭鈞所賣長溝峪礦地與伊地界不清，禀請澈底根究等情。查該處礦地現既多有轇轕，自未便發給執照，除由本部行順天府秉公確查外，仰候查覆到部再行核示。此批。七月初四日。

中國第一歷史檔案館《清代軍機處電報檔彙編》第三三册《收東三省總督徐世昌奉天巡撫唐紹儀電爲安奉鐵路沿綫礦務事光緒三十三年八月初三日》 查安奉鐵路沿綫礦業辦法，雖已商定條款五件，惟南滿洲之礦業，無論已開、未開，均須彼此會商。故擬俟將該路礦産問題商定後，同時簽字。曾告萩原，已將此辦法轉電政府，候示遵行，意在使彼稍就範圍。倘阿部來詢，希大部即以此對應。謹電聞。昌儀。江。

中國第一歷史檔案館《清代軍機處電報檔彙編》第三三册《收東三省總督徐世昌奉天巡撫唐紹儀電爲鐵路展地及開辦煤礦合同簽字事光緒三十三年八月初三日》 頃據宋道小濂禀稱，鐵路展地，暨開辦煤礦合同，會同鐵路公司總辦霍爾窪特等簽字。親將兩項合同齎送省城，並由公司派俄員依萬年克一同前去，請程撫蓋用關防云。謹電聞。昌、儀。江。

中國第一歷史檔案館《清代軍機處電報檔彙編》第三三册《收東三省總督徐世昌奉天巡撫唐紹儀吉林巡撫朱家寶電爲吉省展地伐木開礦三合同簽字事光緒三十三年八月初三日》 吉省展地、伐木、煤礦三事，均經鈞部與俄使議定。現由吉林委員杜道學瀛、東省鐵路公司總辦霍爾窪特總辦，乃全權代辦達聶爾，將三項合同彼此會議簽押。並據杜道、達聶爾親送合同，呈請蓋印前來。查各合同均照部議，當即分蓋關防。仍交杜道、達聶爾帶哈。俟彼蓋印後，一存東省鐵路公司，一寄來省。另飭杜道照繕一分咨部。惟合同内未載之事，如歷年積欠木植票費，並開採煤數應繳税項，俟算明照償。並有民人前開煤礦，被俄人佔據者，須一律退回。寶已向達聶爾言明，隨飭杜道再補照會，達聶爾均已承認。現三合同均經簽字蓋印，即請鈞部轉達俄使，並請轉致從前未結各事，即飭達聶迅速妥結。昌、儀、寶。冬。

中國第一歷史檔案館《清代軍機處電報檔彙編》第三三册《收東三省總督徐世昌奉天巡撫唐紹儀電爲安奉鐵路及沿綫礦業事光緒三十三年八月十一日》 蒸電敬悉。第四、五兩款，遵諭更正。惟連日萩原來催訂定此合同。經告以此次安奉鐵路，雖商定不改路綫，及經營該路沿綫四種礦業，但須俟載在條約，應商之南滿洲鐵路已開、未開各礦産，商定詳細辦法後，方能請旨批准，同時簽字，斷不能先行將安奉合同畫押。現已與萩原商定，將此節用照會聲明。倘阿部來催，鈞部請以此轉告。再，安奉鐵路，伊意在展改路綫，不重在礦。先曾窺破其意，是以商訂合同首列不改路綫。萩原昨來稱奉伊政府命，擬將第一款刪去。堅駁未允，並密陳。昌、儀。真。

中國第一歷史檔案館《清代軍機處電報檔彙編》第三三册《收東三省總督徐世昌奉天巡撫唐紹儀電爲俄商續辦五湖嘴煤礦前提等事光緒三十三年八月十一日》 五湖嘴煤礦，日本允還俄商。如俄使來請續辦，請告其將高萬梅一案作爲了結，可允開辦。如牽及瓦房店煤礦，請勿允准，因該礦並未批准有案也。昌、儀。真。

中國第一歷史檔案館《清代軍機處電報檔彙編》第三册《奉旨丁寶銓著來京會商福公司開礦事光緒三十三年八月十三日》 奉旨：山西按察使丁寶銓，著來京會商福公司開礦事件，欽此。八月十三日。

《商務官報》光緒三十三年八月十五日第二一期《理藩部會同本部具奏喀喇沁札薩克請開辦礦政以工代賑摺》 奏爲喀喇沁札薩克塔布囊旂，請開辦礦政，以工代賑，恭摺仰祈聖鑒事。竊據卓索圖盟喀喇沁札薩克頭等塔布囊幹魯札布等，呈報本旗上年春間亢旱，夏令得雨，復被蝗食，年景歉不堪言狀，蒙民饑饉，嗷嗷待哺，情實堪憫，雖經呈報熱河都統，設法撫綏，奈因此時勢多艱，未便擅請祭賑，再四籌思，別無良策，惟查本旗八里罕熱水梅倫窩鋪等處，顯露金銀煤線苗，曾經各該礦務總辦，迭次分局試採，或人地不宜，或線苗隱糜，或外來人員不得土法，俱未見成效，無升國課之期，徒費資本，中止而退，以致工養土民，利裕國課兩途，均無得有裨益。茲欲本旗由本地招商集股鳩工，不招洋商，外來股工。除有升課礦外，另行由旗開採金銀煤礦試辦，畧見成效，照例升課，以裕國欵，就地集用土民開作，藉工代賑難民度支饑饉，推廣利源，以輔朝廷振興之至意，籌工代賑，而竭臣子報効之微忱，呈請代爲轉奏。如蒙俞允，以便興辦等因前來。臣等查光緒三十一年八月十七日奉上諭：商部奏請飭清釐礦産以保利權一摺，中國地大物博，礦産之富甲於全球，祇以研究無人，遂致利源未闢，又或姦徒勾結，設煤售賣，輾轉影射，流弊滋多，亟應撤底清釐，認真整頓，總期權自我操，利不外溢，是爲至要等因，欽此。欽遵由前商部咨行到部，經臣部繙譯蒙文，通行各該盟旗在案，今喀喇沁札薩克頭等塔布囊幹魯札布呈報，該旗上年亢旱蝗災，蒙民饑饉，困苦難堪，懇請開辦金銀煤鑛，以工代賑試辦，畧有成效，照例升課等情，並稱本旗由本地招商集股，工養土民，不招洋商，外來股工，所擬尚爲妥善，自應准其先行立案，將來一切探採事宜，務須遵照農工商部奏定礦務章程辦理，應請旨飭下熱河都統就近派員彈壓，妥爲保護，以重礦産。至該旗開辦金銀煤礦各有若干處，試辦稍有成效，應即報部照例升課，並聲明礦税若何抽取，詳細繪圖貼説，分晰明確，呈由盟長轉呈臣部隨時會同奏明，照章辦理，所有喀喇沁札薩克塔布囊旂請開辦礦政，以工代賑緣由，謹恭摺具陳，伏乞皇太后、皇上聖鑒。再此摺係理藩部主稿，會同農工商部辦理，合併聲明。謹奏。

《商務官報》光緒三十三年八月十五日第二一期《批商人楊國銓等稟》 稟悉。該職商等請試辦桃樹底下村銀礦，經獨石廳同知劃定鑛界請頒給礦照等情。查此項該廳詳稱桃樹底下村有王永成已開之礦，究竟是否越界，與礦照是否相符，尚未據查覈清晰，恐日後再生糾葛，已咨行直督轉飭該廳督同各該商等當面劃清界限，以免争端，仰即聽候辦理。此批。

吉林省檔案館《清代吉林檔案史料選編(工業)》上册《三姓金礦總辦悦明阿接辦三姓金礦情形並請另委賢員接充的呈文光緒三十三年八月十九日》 爲呈報事。

竊查卑職謬蒙前署軍憲達 因鄭守國僑遺三姓礦務一差，飭派卑職就近署理。自顧才不勝任，深恐貽誤匪輕，曾經屢次具稟堅辭，乃竟未蒙允準。只得於四月初一日暫爲接充礦務之任，待將圖報於將來。

溯查三姓東山金礦，自庚子兵燹後，於二十七年經軍憲長 派周副將寶麟來姓接辦。因無款接辦，由三姓副都統衙門撥給庫銀，爲由官借墊官本，至二十九年官本早已需盡，尚欠未付銀票一萬餘兩。經軍憲富 派三姓籌餉交涉局總理鄭守國僑爲總辦，署三姓副都統德爲會辦。其開辦金礦墊款，俱由餉捐項下按月借支，以資開辦之需。至去冬鄭守在省病故，此差蒙前署軍憲札委卑職署理，已於四月初一日在城接辦。由前會辦署副都統德，將礦務關防案卷及家俱鋪墊一切移交清楚。卑職卷查前鄭守開辦礦務，所用墊款及員司弁勇薪餉，均由餉捐項下按月借墊，每月所收官金盡數解省。

伏查卑職自接辦以來，向未蒙撥墊款，而接濟員司薪餉口糧，宗宗猶不容緩。卑職無力籌措，迫不得已，稟蒙前軍憲批準，先由三姓餉捐局借錢二千吊，不過暫濟廠中一月員司薪餉化費之需。卑職於五月初間，携帶關防糧餉赴廠，查閱廠中一切事宜，呈報前軍憲在案。並查有衛礦兵勇兩哨，係三姓軍哨官郝文波管帶，前局舊章，向由姓軍只撥兩哨兵餉，革補兵勇事權統歸礦局，前局曾稟明在案。卑職接辦礦務後，未奉前局交隊移文。復以駐防爲辭，無權約束。且礦務遠處深山，全資兵力捍衛。卑職赴溝時原擬親歷考察，在溝持守整頓，以資坐辦，庶可認真督率，剔弊奮興。無如權力毫無，是以進退維谷。雖前蒙批示，仍循舊章歸卑職節制，而中夏令並未藉兵力之保衛。兼以此礦盡屬多年舊碃，統計早有金夫不過三百餘名，四、五、六夏季三個月，收金僅九十餘兩。金廠又以夏令爲最，而收數猶如此稀少，此後更難期望。溝中化費經卑職省益求省，每月尚需錢二千吊有奇。如冬令收項減少，尤難支持。將見守舊徒勞，坐食山空。如急圖治，必另開生面，籌集巨款，開挖新廠，不能改觀收效。凋敝如此，情形萬難，如再於凋敝之中圖以完全之計，非卑職才力所能作到也。況礦政係屬要務，卑職才力難及，曷敢守舊敷衍，稍事因循。卑職樗櫟庸材，不堪勝此巨任。伏乞恩準，另揀賢員接辦，庶有俾於礦政。合將卑職接辦礦務大概情形，並請另揀賢員接辦各緣由，理合具文呈請憲臺鑒核，批示遵行。須至呈者。

吉林行省批：查三姓金礦自庚子兵燹以後，爲時又經數載，調任亦非一人。其間靡帑幾何，辦理是否合法姑置弗議，即論該員接辦後情形，綜計四、五、六三個月金廠最旺之際止得砂金九十餘兩，而靡費已去其半。先是由三姓餉捐局借墊中錢二千吊，亦均消耗殆盡。轉瞬天寒道凍人力難施，其收數必益短少，而局用仍難核減，似此日復一日坐靡巨款，揆諸開礦本意有何裨補？自應如請開差，另委熟悉礦務人員勘察明晰妥擬接辦，仰餉捐總局轉行知照。至從前周副將寶麟接辦之時，曾向三姓副都統衙門借過官本銀若干兩，已否撥還，尚欠未付銀票一萬餘兩作何措置，以及鄭故守國僑先後在餉捐項下借墊過中錢若干吊，有無彌補清楚，其解存官金統有若干，並由該局會同交涉總局查明案據，條分縷晰開折稟復，先後卷宗隨稟送查，一面仍令悦丞俟交替清楚再行銷差。此繳。

光緒三十三年八月二十五日。

《商務官報》光緒三十三年九月五日第二二期《批尚廷華等稟》 稟悉。前孫裕國等請辦德賓溝金礦，由開智圖書公司出具保單，乃該公司歇業，該商等既有存欵，何以並不來部聲明，前飭傳孫裕國，亦未到部。此次具稟更換保單，又係尚廷華等稱爲孫裕國代表，皆係原承辦未經列名之人，前後情節支離，顯有不實不盡之處。所請應毋庸議，並將保單發還，前發礦照已咨熱河都統吊銷，勿得再瀆。此批。八月初九日。

《商務官報》光緒三十三年九月五日第二三期《批王永昌稟》 前據該商王永昌請辦熱河承德府屬黄家溝煤鑛，本部業經查明批駁飭遵。旋據稟稱有委員查勘不實，暨勾串土人私開煤炭石灰磚瓦各窑分肥，互相諱護情事。復經本部咨行熱河都統飭查，去後茲准查復，並將迭次派員查明情形，暨圖説咨送到部，本部詳加披閲，仍屬與陵寢風水有礙，若果任令開挖，殊非慎重之道，除已將青樁内外各窑洞轉飭查明辦理，處所有該商請辦之黄家溝煤礦仍應毋庸置議。此批。八月十四日。

《商務官報》光緒三十三年九月五日第二三期《批職商張基田等稟》 據稟及章程並悉，該職商請探辦山東滕縣靈山店煤礦，請咨查山東巡撫等情。查本部定章第四條内載稟内須將所指礦地四至遠近大小，若干方里，合計若干畝繪圖貼説以備查覈。又查第三條内載礦若係有主之地，則須與該地主商允地價或願作股分報明立案，方准稟請給照各等語。該職商所稟各節與部章大致尚屬相符，惟該礦地圖説未據呈送到部，又章程内只云地主以地爲股本，究竟與地主如何議定，有無訂定合同，亦均未聲明，仰該職商遵即聲叙明晰，並繪具圖説送部以憑核辦可也。此批。八月十八日。

《商務官報》光緒三十三年九月五日第二三期《批職商吕成善稟》 前據稟稱，郭連山、郭文森議開灤洲馬家溝、白道溝等處煤礦，該商人入股銀十萬兩，分立合同。後因郭連山等有暗附洋股，藉端招摇等事，將探礦執照撤銷。職商無辜受累，請發給開辦執照，更换商名等情，當經咨行直隸總督查明聲覆。去後，茲准復稱，查職商郭文森等稟辦灤州白道溝等處煤礦，原招股本銀四萬兩，嗣添婁令謙書兼辦，續招股銀二萬兩，均經據稟咨明在案，並無職商吕成善列名。所稱與郭文森訂立合同，亦查無稟報案據。況郭文森等前次原招續招股銀六萬兩，皆稟請立案，該職商吕成善如果入股銀十萬兩，焉有不公同列名稟請立案之理？至郭文森等原租王景萌礦地僅二頃六十餘畝，既無五頃之多，亦非價買，且無股如祥之地。所稟種種捏飾，請毋庸置議等因前來。查該商所稟各節，既經查明，毫無證據，顯係捏飾矇混，所請給照更名之處礙難照准，仰即遵照。此批。八月十六日。

《商務官報》光緒三十三年九月十五日第二四期《批職商楊鈞宸等稟》 稟

悉。該職商稟辦海拉坎山煤礦一案，前經本部咨行直隸總督派員查明訊結，以海拉坎山之大小海流素汰拉米溝五花背舊廟溝舊營盤大小七令溝六處官地，斷歸該職商等承辦。馬連圪達民地斷歸張文炳等辦，均經具結完案。上月該職商等來部呈控，復經本部批駁在案。茲據稟稱請專領獅子坪之大小海流素汰拉米溝黃榆溝三處煤鑛，窑税照交，共七十一頃七十三畝，田地租課一併開除，舊商積欠亦免代繳等情。查該職商等前請接辦海拉坎山官地煤鑛，認繳舊商積欠地租窑税二千三百八十六兩，先繳六成一千四百三十二兩，其餘分四年帶交並照每年租課均經稟明有案。該職商等如願將該鑛地七十一頃七十三畝概行停辦，所有應繳之款一概免交，自可照准，何得擇辦優礦數處，藉口請免認繳之舊商積欠，應納租課且所指黃榆溝一處，復在此次斷明六處之外，尤屬有意朦混，所請應毋庸議。此批。八月十九日。

「中央研究院」近代史研究所《礦務檔》第三册《光緒三十三年九月二十五日外務部收英使朱邇典函附節略函送晉紳煽惑抵制福公司案節略》　光緒三十三年九月二十五日，收英朱使信稱，現有節略一件。茲將英、漢文送呈貴王大臣查閱爲幸，此頌鈞祺。（附英漢文各一件）。

〔附〕節略

福公司晉省開礦一事，現在京城會議，以便和平了結各情，昨於貴部會晤時，就便向聯梁二大臣陳明。據聞晉省所派梁姓崔姓二人之意，想其距和平了結之宗旨甚遠，蓋該二人慫恿在平定州、盂縣等處，屏却福公司而起衝突也。又遣五台縣之段雨田，陽曲縣之范儒煌，平定州之王照及劉昌義四人，赴平定州鼓惑輿情，其中段姓爲首，均知其每設仇教之謀。庚子年且曾聯絡拳匪，其范姓者，係受外國教育之人，現竟反噬，該党於今年九月十三、十五兩日，聚會於平定州，爾時用煽惑之言演説，意謂晉省抵制福公司。惟有禁人售給地段之一法，據云所有太原府之學生紳士等，已有成約。如有人敢私將地段售與福公司，即便殺却，又以福公司運來洋槍子彈，有意將平潭烟户概行屠戮，慫恿民人先發相制云云。竊思此等愚而且險之蠢動，若任其久延，必致將現行之會議敗壞，另生枝節。是以貴部一經得知，自必作速彈壓，轉飭將以上書名之四人，捕拏懲辦。至晉省所遣之梁崔二紳，既陽爲和商之貌，乃經查悉有陰助恐嚇福公司之行，若仍能視爲晉省妥協代表之人，留其會議，應俟將來查明其於慫恿此弊之淺深如何，方能定局也。（丁未九月二十五日）

「中央研究院」近代史研究所《礦務檔》第七册《光緒三十三年九月二十六日外務部收東三省總督署黑龍江巡撫文劉焌稟覆吉拉林金廠情形》　光緒三十三年九月二十六日，收東三省總督署黑龍江巡撫文稱，本年九月初一日，據督理漠河等處礦務劉道焌稟稱，竊職道案奉憲台札開，據吉拉林金廠總董龔太山呈請賞借銀兩，購買抽水機器，或另行派員接辦等情。蒙憲批候飭職道酌核，再行飭遵等因。奉此，祗遵之下，本應立即束裝，馳赴該廠，詳細踏勘。時值職道接收漠廠，勢難分身，又未敢懸擬具覆。擬俟廠務略爲就緒，起程赴觀音山之便，繞道該廠，親履詳勘，以期仰副憲台委任之意。詎料漠廠情同創辦，頭緒紛繁，稽延時日，上勞憲廑。職道於委派職廠差遣委員張令仲麟，清查俄人越境私墾地畝之便，飭令就近親赴吉拉林廠，詳細查明，據寔詳覆，以憑轉稟。正在稟報間，復奉憲檄催，職道謹將擬辦情形，先行稟覆。荷蒙憲台批准在案。茲據張令仲麟稟稱，卑職奉札束裝起程，於三月十三日，馳抵吉拉林金廠。時值該廠總董龔太山晉省請款未回，當查該廠自三十二年四月間開辦。曾經招募礦丁百數十名，在廠工作。迨後出金不旺，礦丁皆陸續逃逸，現存十餘人而已。每日出金不過錢餘。閲其收金之底賬，自開辦以來，共收金不過百兩。窺其內容，有岌岌不可支之勢。不但廠中諸人薪工無着，即口食膏伙亦甚維艱。而該廠如此疲憊，廠金之不稱作，可想而知也。卑職於十四日親赴各溝察看，一切溝之形勢頗好，水道亦皆修齊。水道兩旁之毛砂，深約丈餘。有金之砂，三四尺至四五尺不等。卑職當將碃眼中之砂，搖試數簸，每簸得金不過四五厘五六厘之譜，間或有空簸之時，金之成色，可占七八，尚不致於太低。竊查該廠摺本至二萬數千金之多，皆因未得正苗，經理或未得力之故。若能將廠面縮小，另行採探新苗，或可不致賠累。若據本地之俄人，廠中之把頭等所稱，此溝尚有好頭，未能覔得等語。然亦不過空口談論，並無寔據可稽。理合將奉查吉拉林金廠情形，稟覆查覈等情。據此，職道詳加覆核，該員所稟各節，與職道平日訪聞無異。該總董自開辦吉拉林廠一年以來，雖無成效，揆厥初心，未有不期廠務興旺之理。但開挖未到正線，款項已難支持，出金又復澹薄。該總董爲難苦衷，已可概見。該廠形勢，據稱尚佳，水道亦稱整齊。倘能廣採新苗，似可佔獲利益。蓋金礦首重採苗，其金線蔓延起伏，或可約計。至苗之遠近淺深，所難逆料。倘資本無多，便覺難乎爲繼。該廠虧累情形，亦未必盡係該總董辦理不善之咎。茲據張令稟覆前來。職道重加研究，用敢據寔稟陳。惟職道自接收漠觀等廠以來，開辦未久，用款浩繁，兼之稟調各員，未能悉數來廠，兩廠員司尚覺不敷分佈，寔有萬難兼顧之勢。至吉拉林金廠事宜，惟有仰乞憲台裁奪。或仍令該總董經理，以資熟手。抑遴委賢能，前往接辦。出自鴻施，寔爲公便。所有職道奉飭委查吉拉林金廠核覆緣由，理合據情，稟請欽帥大人，俯賜鑒核，批飭祇遵。再該員因查越界私墾事宜，展轉需時，以致稟報稍延，合併聲明等情。據此。除批來牘閲悉，所查情形，頗稱詳細。現在該處礦務，已派卞令調元，前往查勘。應俟該令覆到，再行核辦，候飭卞令及善後局交涉局知照。此覆等因印發外，相應備文咨呈，爲此合咨大部。謹請鑒核施行。須至咨呈者。

中國第一歷史檔案館《清代軍機處電報檔彙編》第三四册《收東三省總督徐世昌電爲請堅拒日人天寶山礦開採事光緒三十三年十月二十六日》 頃接吉林朱中丞電云，近來日領因天寶山礦務，屢來要求。寶均力拒，以中野離去天寶山，方爲正辦。渠以間島所屬未定，天寶山亦未定。彼政府前來電，有維持現狀不再擴張之語。現中野開採之地，宜仍令開採。寶言程光第前稟並未開採，無所用其維持。天寶山原係中國領土，各國皆知。豈有不令程光第開採，反令中野開採者。彼此相持數日，今晚又來言，接中野電，前三日有中國兵到天寶山驅逐日人離開，日人不肯讓，恐起衝突，釀出重大交涉。屬寶電止中國兵驅逐日人，俾中野照舊開採。寶仍拒未允，辯駁至再。寶謂中野暫不離開，亦須即時停工。日領仍前要挾，謂此事在吉説不好，祇有向北京政府交涉等語。此案前曾電陳鈞聽。如日使提及此事，擬請大部主持堅拒，或仍推交外間辦理。特先電達，即請鈞裁。昌。有。

甘厚慈《北洋公牘類纂》卷一九《農工商部咨督憲袁商人楊鈞宸等所辦煤礦請飭勘明四至呈換執照文》 爲咨行事。案查職商楊鈞宸等稟辦海拉坎山礦地，與文生張文炳等稟辦馬連圪達礦地，因界址糾葛，互控一案。前經本部咨行貴大臣遴員會同廳縣確查訊結等因去後。兹准覆稱，據宣化府督飭廳縣詳稱，查卷，帶同原、被人證，會勘得：自獅子坪楊鈞宸等煤礦局丈量起，至西大七令溝，計二十四里；至南拉米溝，計六里，照此四至核計，共有一百四十四方里，與原請七十一頃七十三畝零折合十三方里不符。又自獅子林丈至馬連圪達，計長十一里五分零。如照部章，礦地須彼此連屬，馬連圪達礦地，即不能併入楊鈞宸界内。又勘得張文炳等承領馬連圪達礦地，核與所領部照四至方里相符。訊據楊鈞宸等供稱，伊等因馬連圪達與海拉坎山地畝毗連，是以京控。今蒙勘訊，伊等礦界究在何處，係何四至，因是接辦舊商之地，伊等不能指實。據張文炳等供稱，承辦馬連圪達礦地，全係民地，長闊共計六方里。蒙部發給執照，並不在海拉坎山界内是實。卑府等復查，馬連圪達礦地，委係不在海拉山界内，應即飭將海拉坎山之大小海流素太、拉米溝、五花背、舊廟溝、舊營盤、大小七令溝六處官地，合計七十一頃七十三畝九分一釐地界以内，斷歸楊鈞宸等開採。馬連圪達礦地，按照部照所開四至、里數，斷歸張文炳等採辦，分别竪立界石，取具兩造切結，詳請核咨等情到本大臣。據此，相應咨請核覆施行等因前來。本部查此案既據該守會同廳縣確切查勘，海拉坎山與馬連圪達兩地，各不連屬。自應如詳辦理，斷令各辦各地，以免争執。惟查原詳内稱，海拉坎山官地煤窑，僅領司照，並非户工二部執照。原照分開六處窑地，頃畝係各計各處畝數。每處地本甚窄，無非合計六處，僅有此七十一頃七十三畝九分一釐，並非六處連屬等語。查大小海流、素太等六處，既各有畝數，各不連屬，即應各有四至，該商前領部照所填四至，現既查與所領之地不符，應飭該廳縣再行詳細履勘，繪具六礦詳圖，分註畝里、四至，並轉飭該職商，迅將前領執照呈繳，換領礦照六張，俾免跨連含混之弊。合計六處礦地，尚不逾定章三十方里之數，應免其補繳照費，以示體恤。相應咨覆貴大臣查照，轉飭辦理可也。須至咨者。

《商務官報》光緒三十三年十一月十五日第三〇期《陝西巡撫曹鴻勛奏試辦延長石油摺》 奏爲延長石油試辦有效，恭摺具陳仰祈聖鑒事。竊臣於光緒三十一年十月初三日，奏請試辦延長石油一摺，奉硃批：商部知道，欽此。遵即咨承部臣督飭司員次第開辦，計開辦至今已逾一年，雖美利尚未大興，而成效現已漸著。臣仰奉恩召，交卸在即，理合將經手始末情形，歷溯陳之。先是大荔縣人于彦彪窺延長縣煙霧溝石油，礦苗甚旺，與德國公司私訂合同，行將開辦，經前撫臣藩司力拒不許，數争而事始寢，嗣是延長石油乃定歸自辦，然以試驗不確，礦師無人，故歷一二年之久，其議雖定而其事終未舉。臣到任後，詳查情形，非速自開辦不能杜外人之覬覦，乃督同藩司，一面考查，一面籌備。先派員携資至漢口，聘定日本礦師阿部正治郎來陝採煉，阿部復携油至漢，與其師日本化學博士稻並幸吉重爲試驗，驗有把握，始行具奏。復派員至漢與稻並訂立合同，令其回國購機聘師，定期來陝開工，一面先開北山車路，以備轉運機器。嗣由日本聘到技師佐籐彌市郎等，購定各種開井煉油機器，先後抵陝，適車路告成，遂即築廠運機，派員督工，先鑿一井試辦，當將歷次辦理情形，陸續開列圖表，咨部在案。開工以後，地質石土不一，日鑿數尺或尺餘不等，八月初開鑿至二十四丈餘深之度，石油隨水湧出，安機採取，每日可得三千餘觔，煉提輕油約可得半，以化學驗之，光白煙微，足與美孚相敵，日本所産反出其下。及採取數日，忽爾井水注滿，油量大減，技手幾爲束手，繼用唧筒汲水尋源而取，於是原油復出，源不少衰，蓋因油脈在下，水源在上，必避水以取油，始不至油爲水掩也。並聞技師言東洋越後之井，深常一二百丈，淺亦六七十丈，美國俄國亦如之，台灣井淺者亦四五十丈，今此井僅二十四丈，已抵油層，是不惟油質之佳在各國之上。即井工之省，亦各國所無。今第一井已成，明年開春，便可於該處左近一帶，次第開鑿，如能添至數十井，則利源所在，正未可量。惟查技師佐籐於化合之理，尚未甚精，油内硫酸漂洗不浄，則色微帶黄，而蝕力亦重，與原日阿部所洗之油，相較懸殊，當此井油發現開廠伊始，若前途之名譽有損，即後日之銷售有礙，技師佐藤既不擔煉油之責任，又毫無改良之方法，屢次商籌，自媿弗能，情願告退，勢亦不可强留，且北地苦寒，水土將凍，工作難施，惟有飭令廠員督率華工，就此已成之井，取油煉油，不輟其功，免致廢棄，至此後辦法，則以另聘技師爲急務。凡添購機器，廣築工廠，製造藥品諸事，皆當次第舉辦，以圖擴充。而其最要者，又莫如多籌資本，預儲廠才。蓋辦礦一事，同於經商，利益之厚薄，恒視母財爲准，若連開數十井，其資本皆仰給於公家，不惟庫款無此餘力，且恐經理偶不得人，則本利俱落於中飽，蓋同此一事，一經官辦，則利必減等，非官之盡不肖也。一官一差，不能數年而不易，當其來時已懷去志，既不能久，自不能專，其勢然也。臣以爲保護利權，非官不可經營，利益非商不可，今既由官創辦，示效於人，必再集合商力，以承其後，而後貲厚力專，方能爲百年經久之計。應先將産油處所，分别官地，全行圈定歸公，民地則給價與買，不准私售外人，亦不得私行開挖，然後設立公司，廣招商股，仍執定不收洋款，不借洋款之例，先由本省招集，不足復及外省，集有成數，或專歸商辦，或官督商辦，不敢預爲臆斷，致有窒礙，然商辦之愈於官辦斷斷然矣。至若廠中諸業開辦之初，原不得不借材於異地，然使常常假手外人，不特要索挾執，諸多不便，且恐垂涎者日闞其旁，將釀爲利源之大蠹。臣意擬於省城高等師範兩學堂内，選化學較通之學生若干名，先令在廠實驗，再擇其尤者，送洋留學，習此專門，俾其學成回國，皆能膺礦師之任，則較之借材異地，利弊判然。凡此數端，容俟撫臣恩壽到任，舉所知者與之熟商，當能有以善其後，此事臣適居中紐，其先爭回利權，惟督臣之力，其後補偏救弊，百端擴張，又一一期諸來者，臣尺寸圖功，未竟其效用，自愧矣。所有臣試辦延長石油，效已漸著，情形理合恭摺具陳，伏乞皇太后、皇上聖鑒訓示，謹奏。光緒三十三年十月十七日奉硃批：著恩壽查明情形妥籌辦理，片併發，欽此。

《商務官報》光緒三十三年十一月十五日第三〇期《陝西巡撫曹鴻勛奏運油開路工竣片》 再，石油既開，須籌運送，議者謂宜由延長開路至黄河，由河而下，順達晉豫。臣初韙之及勘騐其處，距河一二百里，路甚崎嶇，開通匪易，即勉强開成，而該處黄河下游，有名龍王辿者，即禹貢之壺口，其地垂懸千仞，河水倒注，舟不能行，比三門底柱尤爲奇險，尋常商筏至此，起舟登岸，用人拖曳，過龍王辿，始復下水，其滯笨萬狀，人力難施。若由延長開自龍王辿以下，則地勢益遠，無徑可通，此河運之不可行也。或又謂仿自來水法安設暗管，令其自流，亦各國石油舊用之法，勘延長以南地勢，自高而下，似尚順易，然中間深溝窪下之處甚多，管形須直，不能越過，此安管之不可行也。臣定議開辦石油之初，即奏明由延長至省城開通車路，嗣即分段估工，繪圖咨部，於上年春間開工至機到陝之日，車路已一律開通，重大器機用車運往毫未費難。嗣又由延長開至榆林以爲北路運道亦經告竣。榆林地方，東渡黄河，即入晉之包頭歸化，北循邊墻，即達甘之甯夏，相距各數百里，俱是商場，再將該路畧爲修治，即可直達無礙，北山一帶，素稱瘠苦，從此車路交通，不惟運油爲便，即民間一切生計，亦可藉此轉機，所有開路工竣緣由，謹附片具陳，伏乞聖鑒。謹奏。

「中央研究院」近代史研究所《礦務檔》第七册《光緒三十三年十一月十七日外務部收署北洋大臣楊士驤文咨復俄人交還漠河觀音山等處金廠情形》 光緒三十三年十一月十七日，收署北洋大臣文稱，案准貴部咨開，案查漠河礦廠運送軍械護勇一事。接准東三省總督、黑龍江巡撫咨稱，派兵駐防漠口，本爲彈壓地面，保護中外人民起見，並非專爲漠河金廠設法，自應照常裝運。若以該廠款項交涉未清，應由劉道焌稟請北洋，另案核辦，似與本省運兵運貨無干，請速與俄公使磋商等因。查此事迭經本部照會俄璞使，轉飭給照放行，並咨復貴大臣在案。現又准該使照稱，按兩國睦誼，俄邊界官甚願相助。而中國官員必須注意俄金商之利權，該俄金商已將其佔漠河觀音山各廠之時，所虧款項賬目，交付劉道焌，該道迄未開辦核算。兹請劉道會同駐哈爾濱俄總領事官，於兩月内核辦俄金商之賬目，並按照該華俄兩員核定俄金商所索如何辦理始爲公平之款，中國政府即應允認賠補。且請將黑龍江上游金礦公司所索允給沿吉拉利河開採金礦之權利一節，按照辦理。俟貴部轉飭照辦，以上所述各事，並合本大臣之意，照復本處。則即當轉咨邊界俄官，竭力相助金廠華員，運送漠河護勇及軍器等語。相應鈔録往來照會，咨行查核聲復可也等因。到本署大臣，准此。正核辦間，據督辦漠河金廠劉道焌禀稱，竊職道於本月十六日，接奉憲札。九月初七日，准外務部咨開。案查漠河礦廠運送軍械一事，本年八月初一日，接准升任北洋大臣袁來咨，當經本部照會俄璞使，轉飭給照放行。以符成案去後，現准該使後復稱，應將俄金商所索開辦支款之收回未足之費，照數賠補，俄員自必妥爲接待江省礦廠之華員。並請允認于黑龍江上游金礦公司，在阿爾渾河一帶，沿吉拉利河，合理所索，接辦金礦等因前來。查俄商占據漠河等處礦廠所用之費，前已照會該使，轉飭開明細賬，再爲查核。至吉拉利等處礦產，亦經咨會東三省總督黑龍江巡撫另商辦法，迄今尚未接復。兹該使復因運送軍械一事，藉端要求。除咨東三省總督黑龍江巡撫外，相應抄録往來照會，咨復查核可也等因。到本署大臣，准此，合行札飭，札到該道，即便查照等因。蒙此，職道於去冬接奉升任憲台袁札飭，接收漠河等廠，奉札後當即晋京會晤俄璞使，面商接收辦法。據稱到廠接收時，凡有質可以考證者，務當公平估價，妥爲辦理。該商等若格外高抬價值，隨時電知，必爲秉公主持等語。正月上旬，馳抵漠廠。據俄故商阿思達碩夫漠廠代表人謝納都魯索夫，乾廠代表人思利極闊夫，將兩廠房屋傢俱點交，立有中俄清單，互執存查。嘱其速請妥人，秉公估價。旋接俄故商阿思達碩夫之妻，沃白列爾斯科電稱，漠乾兩處廠，原置房屋傢俱各項價值，已寄交齊齊哈爾辦事官，請其代爲妥議。其無用各物，仍交代表人收存等語。該代表人，即係兩廠租商。該商等均有自蓋房屋，併其售賸各貨，均按單點收，公平估價付清。禀報在案。夏間馳抵觀音山廠，本擬稍爲佈置，當即乘輪，親赴齊齊哈爾，會同俄員，妥爲議結。詎料觀廠凋敝異常，一切事宜，無異草創。分任無人，是以未敢暫離。牽延數月，又屆封江，以致事與心違，不克早日前往會議。寔非故意宕延也。至觀音山廠，去歲秋間，經黑龍江將軍程，札派馬丞六舟，經手接收清楚，諒無轇轕。統給過俄商盧布一萬二千元，咨明外務部暨升任憲台袁在案。職道此次係由黑龍江委員馬丞六舟手内接收，與俄商似無牽涉。至太平溝口，有俄商所蓋水房數所，又有兵房數處。當日馬丞未經辦理，職道到廠後，均公平估價，一律收買，付價造册呈報在案。兹蒙檄飭，當即速爲料理，俟日内江冰封固，即行啓程，赴哈會議。除將啓程日期，及臨時會議情形，隨時禀報外，所有職道因廠務稽留，未能早日議結緣由，理合據寔禀請鑒核施行等情前來。查該廠俄商用費，歷經貴部照會俄使，轉飭開明詳細賬目，再爲查核，並未預允議及補償。況劉道前晤俄使，商辦接收事宜，俄使所言，亦僅專指有質可以考證者而言。該廠自俄商佔據以後，或贏或虧，無從稽考，贏既未嘗分利，虧亦何能認償。即如漠廠租商謝納都魯索夫，乾廠租商思利極闊夫，均將自置房屋等物，照估收值，先行清結，並無他言。是其比例，漠河等廠，中國辦理有年，本有房屋傢俱，俄故商阿思達碩夫，不過酌量添置，爲數諒不甚多。業經俄故商代表人，點交劉道接收，立有清單互執。並由其妻添白列爾斯科，將各項價值寄交齊齊哈爾俄員，該道現已赴哈會議，自應遵照部文，及升任袁大臣歷次批示，確查妥商，禀候核酌。至觀音山廠，係由黑龍江委員馬丞六舟接收清楚，或不致再有異説。除分别批行，並將吉拉利河金礦事，咨請東三省總督、黑龍江巡撫核辦外，相應咨復貴部，謹請察核施行。須至咨呈者。

吉林省檔案館《清代吉林檔案史料選編（工業）》上册《交涉餉捐總局爲三姓金礦欠借公款及解過金沙各數目的禀文光緒三十三年十一月二十三日》 督、撫、副憲大人鈞座：敬禀者，竊奉憲台發交，據署理三姓金礦總辦、花翎知府銜候選同知悦明阿呈以接辦礦務情形，並請另派賢員一件，奉批【略】。奉此，遵即由職餉捐局轉行，並移會職交涉局檢核全案，以便會復。現經職等兩局檢齊卷宗，職餉捐局查前三姓籌餉分局承辦兼礦務總辦鄭故守國僑差内，先後由九厘捐款項下，借墊礦務局薪工米麵等項錢六萬三千六百七十吊零九百五十六文，屢催未還。又本年五月間，礦務總辦悦丞明阿呈請批准由三姓餉捐分局九厘捐款借錢兩千吊，亦未歸還。又查該局自光緒三十一年二月起，至三十三年三月底止，職餉捐局及前籌餉局准該局解到金沙，除該前後任解金虧平，並悦丞就近兑換開支外，共實解到金沙九百十八兩零三分五厘。内有鄭故守差内金沙八百六十九兩二錢九分五厘，悦丞差内金沙四十八兩七錢四分。職局業已另案呈請分别核辦。至該局借用官帖局官帖錢三萬吊一項，查系三十一年經前籌餉總局以礦務局所出銀錢各票擁擠，遵諭籌議，禀奉批准由官帖餘利項下借提錢三萬吊，免納息錢，如數交鄭守帶姓。嗣因不敷開付銀錢各票，復經鄭守會同德協領勝，禀請再由官帖局借錢二萬吊。奉批，即由姓局征存捐款内，借錢二萬吊，共湊五萬吊，經鄭故守等由姓發商領使，一分三厘生息。以每年所得利錢六千五百吊，收銷帖票，緩至九年清還原本，以歸墊款。職交涉局查，周副將寶麟於二十七年六月接辦礦務，至十月晉省咨交儂副都統派員代理。二十八年三月奉飭仍回姓礦。其於二十七年九月，雖有向副都統衙門咨借銀二千餘兩，以備墊發已正法之幫帶官李榮所虧溝中兵餉，及呈請咨明借銀五千兩，以備收撫江北五站無業流氓兩款，然儂副都統均未允給。惟是年十月，復以李榮正法後溝中所虧兵餉不得不發，以安衆心等情。咨請儂副都統由庫存餘款項下，借銀三千兩一款，呈經前軍憲長　批准致函照數撥給。迨次年五月，職局始奉發交。據周副將呈報，是項借存副都統衙門銀二千兩，已經派員照數領到等情。其餘一千兩，儂副都統暨周副將來文始終未見聲叙何時給領。只據查辦委員曹升守廷杰稟復各條款内，有儂副都統銀早措齊，年底恐溝中拮據，給領一千兩等語。統核前後卷宗，周副將向副都統衙門借款，實止據報過二千兩而已，究竟此款後來曾否歸還，周統領何時交卸，職局均無案可稽。至周統領尚欠未付銀票，繫自便出使，並無案據。茲一再詳查，亦只於曹升守稟復中，有李榮止出金砂票一百八十餘兩，不知倒出若干，恐周統領亦復如是數語。並於本年四月，查德副都統呈督、撫憲文内，有周副將開辦時，因無股本開使銀錢帖票。積至三十年冬除陸續收銷不計外，尚有五萬餘吊無款開付，幾釀大事。時值鄭故守在省，奉前軍憲富委令趕緊回姓接充礦務，設法安撫，並由官帖局借錢三萬吊，以備墊辦等語。其餘鄭故守到姓後，曾否將銀票收回若干，官帖局借款作何歸結，均未叙及，職局亦無可查考。所有職等兩局往復會同查覈，三姓礦務局自開辦迄今，解到金砂及欠交借墊公款各數目均尚有案可稽。其由三姓副都統衙門支借銀兩，雖有請借之案，究借若干及已否撥還，案卷不齊，無憑請查，應請由三姓副都統查復。至尚欠未付銀票若干，職等兩局查有鄭故守與德署副都統先後查報五千餘吊，呈明以所借官帖局三萬吊，並借用籌餉局一五經費二萬吊，共五萬吊發商，以息款分年清還報案。除分晰開單檢同原卷附呈察核外，所有遵批會同檢查三姓礦務虧款數目各緣由，理合備由肅稟，虔請憲台鑒核。伏乞批示施行。

再，此稟系餉捐局稿，合併聲明。爲此謹稟。

吉林省檔案館《清代吉林檔案史料選編（工業）》上册《三姓金礦總辦侯國瑞爲開用關防日期的呈文光緒三十三年十二月初一日**》**　爲呈報事。

竊卑職前奉憲札内開：三姓金礦總辦侯選同知悦明阿，前以該處金廠收數短絀，不敷開支，而局用薪餉等項爲數甚巨，力難籌墊。且礦政關係重要，自揣才庸恐難奏效，懇請開差，另委員接辦等情，具呈前來。當經本大臣部院批准，飭由餉捐總局行知在案。

茲查該丞堪以委令接充三姓礦差，除分行餉捐局外，合行札委，札到該丞即便遵照，克日赴姓任差。所有悦丞經手事件及各項款目，務須逐一交代清楚，並將該處礦務情形勘查明晰，妥擬稟辦毋違。特札等因。奉此，當將接辦爲難下情據實瀝陳，仰蒙憲台諭飭餉捐總局，撥借墊辦中錢三千吊，祇領出省。於十一月十三日抵姓，曾經電稟在案。

茲於十一月二十五日，准前金礦總辦悦丞，著派支應委員富林布，將木質關防一顆，並案卷、槍械、鋪墊、傢具及前任遞遺發商生息緣由各清折移送前來。卑職按照來文逐件查收，遵即擇於十二月初一日開用關防，進溝視事。除將悦丞所移溝中各局鋪墊、傢俱、槍械、貨物等件，俟卑職到溝照折點驗，以及礦務情形勘查明晰再行稟報外，所有開用關防日期，合先備文呈報，伏乞憲鑒，備案施行。須至呈者。

《商務官報》光緒三十三年十月五日第二六期《批職商杜廣元等稟》　前據該職商等稟請探辦宛平縣屬静樂坡煤礦，並繳呈礦圖保單，及與山主張鴻亮所訂合同前來，當經本部批示，並扎行順天府，飭屬查明聲復在案。旋據咨稱，飭據宛平縣詳稱，查得礦山四至弓尺，均與原報相符，曾與山主訂立合同，並無糾葛窒礙情事。惟詢據張鴻亮聲稱，此地在康熙年間係伊祖遺民産，後歸正軍張世榮名下爲業，然仍交伊祖用，復核無異，繪具圖説詳咨到部，復經本部以該地既歸正軍張世榮名下爲業，此次張鴻亮與杜慶元訂立合同，曾否與張世榮商妥，有無確據，扎行順天府飭查去後。茲據復稱，據宛平縣詳辦遵查，此項山地當張鴻亮與杜慶元等議辦煤礦之時，張鴻亮曾與張世榮商允，鈔録字據具詳等情，據此相應照録原詳字據咨復查照等情前來。查該職商等稟辦宛平縣屬静樂坡煤礦，既據順天府查明礦山四至均屬相符，所訂合同並無糾葛違礙情事，山主張鴻亮、張世榮亦經彼此商允，立有字據，自可照准。惟查閲保單未經聲明銀數，亦未據繳照費，仰該職商等換具保單聲明担保銀五千兩，如該職商等有違章情事，即將此款充公，並遵章呈繳探礦照費銀五十兩，再行填發執照可也。此批。九月初十日。

《商務官報》光緒三十三年十二月五日第三二期《批李秉中等稟》　稟悉。該職商等前稟試辦奉天遼陽州窑子峪煤礦，因原稟圖説四至方里與部章不符，批令詳勘礦界繪圖呈部核辦。旋據該職商等續呈詳圖到部，詳加查閲，其礦界附近所列地名方向地位互有參差，復經本部咨行前盛京將軍飭屬履勘，並疊次咨催聲復在案。嗣准東三省總督奉天巡撫咨，據礦政調查局查復，該職商等所報礦區，按之部章定限既逾數倍，應將方里大加核減，繪圖具文呈請核咨等語。據此咨復查照等因。當時來文，未將礦政調查局繪呈之圖咨部，本部無憑核辦，復經咨行東三省總督奉天巡撫將該局於核減後註明四至方里詳圖咨送本部，以憑填發礦照，並於六月初間批示遵照在案。該職商等此次具稟謬稱，於五月廿間稟請給照，迄今未蒙批示。查五月廿間與六月初間相去十餘日，該職商等具稟後豈有不來部看批之理，似此妄稟，殊屬非是。至稟稱禮王府咨復有案，竟不如該地方官一紙復文。查本部礦章，凡辦礦者具稟到部，先由本部行查地方官必無窒礙，與部章相符，然後給照開辦，係奏奉諭旨之件，無論何項礦産，何人請辦，皆係如此辦法，不獨該職商等爲然。又稱近來内外公事，有賄變通即行，無賄刁難不行各等語，既稱有賄則行，賄者何人，受賄者何人何案？有賄，有何證據？該職商等並不能一一指明，以捕風捉影之詞肆口誣衊，其任意嘵瀆尤屬荒謬糊塗，目無法紀，本應將原案撤銷以示懲儆。惟念本部以振興商務爲宗旨，姑且從寬免究，仰仍候咨催東三省總督、奉天巡撫迅將礦政調查局繪呈之圖咨送到部，再行核辦。經此次批示後，該職商等務當懔遵，毋再仍前妄稟，致干未便。此批。十一月二十四日。

甘厚慈《北洋公牘類纂》卷一九《阮守貞元稟覆商人吴寶鈺等稟辦煤礦一案遵飭查明聲覆文並批》　敬稟者，竊卑府於六月初十日，接奉札委准農工商部咨開，前據商人吴寶鈺郝龍章稟辦，薊州風箥箕山郭家山、東斗子峪南蔴地溝兩處煤礦。當經本部行查，順天府飭據薊州知州聲稱，該礦距東陵椿界不過四十餘里，由順天府聲覆本部，復經劄令查明，究竟有無妨礙，行由順天府轉飭遵辦去後。茲據薊州知州何則賢詳稱，據商人吴寶鈺、郝龍章來案稟稱，風箥箕等山到東陵椿界實有四十六七里，間隔大山多層，並無妨礙等情，逕行詳覆本部，請發執照，前來查探挖礦。地有關陵寢椿界，該州自應親往確查，詳由順天府核明送部辦理，茲查該州詳覆各節，雖據聲稱已經親往履勘，惟究竟有無妨礙，並未詳細聲叙，僅據商人一面之詞，逕行詳請給照，本部未便率准，除批斥遵照外，相應抄録原批，將該商等所呈礦圖一併咨行貴督，派員即將該礦距離椿界若干里數，暨究竟有無妨礙確切查明，聲覆本部核辦。至該商等所佔礦界四至里數是否與圖册相符，希飭一併查明，聲覆本部可也等因。到本大臣。准此，查此案應即派委阮守貞元前往，按照指查各節詳細確切查明，據實聲覆，以憑核咨。合行札委，札到該守，即便遵照辦理，具覆此札等因。奉此，卑府遵於是月二十三日動身，行至通州，值山水暴發，二十九日方到薊州，本月初八日復至馬蘭峪詳細履勘，商人吴寶鈺、郝龍章稟辦風箥箕山郭家山、東斗子峪南蔴地溝等處煤礦，查核礦山出將軍關五里，正東係東斗子峪，西北係風箥箕山，相距約十餘里，在薊州正北八十里。東斗子峪距東陵西北火道楊樹溝椿界直徑約有四十餘里，馬蘭峪在薊州東北八十里，惟該處層巒疊嶂，蠶叢鳥道，伏秋之季，水泉暴漲，尤非人跡所能到，至所有里數，係就土人衆口所述，此查明該處里數之大概情形也。謹查陵寢紅椿以外，即是火道，火道以外，即是白椿，自乾隆年間奏定白椿以外展寬十里設立青椿，道光初年復於青椿外，又復奏定推廣二十里作爲培養陰木之地，是該商所請開礦之處，相去禁地僅十里内外，卑府於堪輿風鑑之術，素未講求，僅就形勢而論，似無妨礙，惟附近産礦之處頗多，祇以附近陵寢關係重大，無敢創議開辦。該商等所請開礦地段，雖的係煤苗透露，究竟相離較近，應否照准，惟有謹按所查據實詳稟，静候憲台核咨辦理，頒發原圖二紙，謹以呈繳，伏祈鈞鑒。所有查明薊州商人稟辦煤礦與陵寢相距里數，及有無妨礙各緣由，謹肅稟覆，恭叩福安，伏乞垂鑒。

督憲袁批：稟悉。此案礦圖未據，隨文呈繳，仰仍迅即檢呈核咨，勿稍遲誤，繳。

《商務官報》光緒三十三年十二月五日第三二期《批郝龍章稟》　查該商請辦鑛地，距東陵禁地界僅十里内外，自未便准其開採，致多妨礙。現在吴寶鈺既經退股，該商郝龍章擬請添入股本領照承辦之處，應毋庸議。此批。十一月十五日。

《商務官報》光緒三十三年十二月五日第三二期《批李懷情稟》　據稟暨照結案卷税章等件均悉。該職商等稟辦之天河縣隔地鋪等處磺礦，係屬官督商辦，自未便率請舉人代替。前稟業經批示在案，茲復據續稟，成本虧耗，爲難情形，懇請保護等語，仰仍遵照前批，勿違。此批。十一月十四日。

《商務官報》光緒三十三年十二月十五日第三三期《批楊旭初等稟》　據稟暨山圖保單草合同均悉。查該鑛既係楊旭初等四人出名承辦，何以並無一人股本，僅據稱由候選道楊芬承認股本五千兩，又何故並不出名。至與地主訂立合同，又專用楊旭初、蕭瑞麟兩人出名，難保無别項情弊。其保單一紙，蓋有榮興羊店戮記，該鋪股實與否尚不可知，惟據稱委係實在資本，是所保事，在資本並未遵章聲叙一切，違背之處均歸該鋪擔承，核與部章種種不合，實屬礙難照准，所請應毋庸議。此批。十一月二十七日。

甘厚慈《北洋公牘類纂》卷一八《督憲袁准農工商部咨札飭靈壽縣查覆青同村煤礦情形文》 爲札飭事。光緒三十三年五月初八日，准農工商部咨，光緒三十三年四月三十日，據北河侯補縣丞劉延科禀，稱擬辦直隸靈壽縣青同村煤礦。今已與孫子京等四人合出資本四千兩，備價購得民地十四畝，擬先用土法築井，需款不過三四千兩，自備資本無須集股等情，並附圖説前來。本部查該職商所禀情形，尚無不合，惟原圖四至方里是否相符，所指界内有無田園、廬墓轇轕，其人是否殷實公正，地主是否接洽，所備資本是否確實，有無洋股影射，本部無從懸揣，相應抄粘原禀原圖等件，咨行貴大臣查照，飭屬按照上開各節詳細查明，並就近查驗資本，剋期覆部以憑核辦可也等因。到本大臣，准此，合行札飭，札到該縣即便按照指查各節，詳細查明，具覆核咨。此札。

甘厚慈《北洋公牘類纂續編》卷一八《直隸礦政調查局詳籌議實行礦務新章辦法文並批》 爲詳請轉諮事。案奉憲台札開，九月初四日，准農工商部咨，光緒三十三年八月十三日，本部會同外務部具奏核議礦務章程一摺，本日奉旨：依議，欽此。相應恭録諭旨，刷印原奏章程，咨行貴督欽遵查照。至此項章程宣布施行日期，應俟本部酌定，再通行查照可也等因。到本署大臣，准此，除分行外，合行札飭，札到該局即便查照此札。計發礦務章程二本，旋奉札開，光緒三十三年九月二十八日，准農工商部咨光緒三十三年九日、十四日，本部具奏擬定礦務章程施行日期一片，本日奉旨：依議，欽此。相應恭録諭旨，刷印原奏，咨行查照，欽遵辦理。查此次奏定礦章，既經頒發定期施行，所有全省礦務，自應飭令礦政調查局遵照新章，妥籌辦理，並所有應令舊商遵辦事宜，暨應用各項表譜賬册格式，以及應行籌備各項事宜，均應早日擬妥，送部查核，以重礦政，即希貴督查照迅速辦理可也等因。到本署大臣，准此。查此案前准農工商部來咨，業經刷印章程，分行在案，兹准前因，除分行外，合行札飭，札到該局即便遵照，妥籌辦理，此札，計抄單各等因。奉此，遵查農工商部原奏内開，按照新章各省應行預備事宜，均須在定期施行之前，次第佈置周妥，届時方能一體遵行，擬自本年八月十三日奉旨之日起，限定六個月，算至明年二月十三日，作爲宣佈施行日期，由部通行各省欽遵查照，並將應行籌備事宜，遵章妥速辦理，務於奏定施行日期之前，先行報部查核，以重礦政等因。自應欽遵妥辦，遵查正章第二條内載，各州縣境内，如需派設礦務委員，即由該議員遴選妥員，詳由本省督撫咨報農工商部核准施行。又附章第一條内載，各省礦政局應就本省産礦之區，酌派委員分理礦務，所派委員歸總局節制，凡有呈請勘礦開礦各執照之禀者，該委員應照定章經理其事。凡正章、附章所定委員應辦各項執事，均應遵辦各等語，是實行新章，應先以遴派礦員爲入手。第查直隸地藴五金，星羅四境，而柴煤小礦，尤爲無地無之。若逐處均派委員，不特一時無此多材可供任使，且礦利尚未大開，局費難期寬裕，所有薪資局用，既不能取求於額外，勢必至仰給於官中，是未能生利，而先有分利之虞，殊非長久之計。職道等悉心籌議，擬請凡係直省産礦最廣之區，已開著名之礦，如開平、臨城等處，酌委專員駐紮辦理，其餘有礦各地，即以該處地方官兼充，或由地方舉一廉正紳董，暨同城佐貳，充當一切事權，悉惟新章是守，俟礦利大興，再派專員辦理，藉以節糜費而闢利源。愚昧之見，是否有當，除將應用各項表譜、賬册、格式妥擬，另詳請示外，理合具文，詳請憲台俯賜查核，訓示遵行。並乞轉咨農工商部立案，實爲公便。爲此備由具呈，伏乞照詳施行。須至册者。

督憲楊批：據詳已悉。礦務新章以遴派礦員爲第一要義，嗣後凡與外人合股開辦之礦務公司，無論大小，均須遴派官員督理。若全係華股，以土法采辦者，即可照擬，以該處地方官兼充，或由地方官公舉廉正紳董，暨同城佐貳等充當，仰即另行妥議，具覆核奪。繳。

甘厚慈《北洋公牘類纂續編》卷一八《直隸礦政調查局詳遵擬礦商各種單册式樣請查核咨部文》 爲詳請轉咨事。案奉憲台札開，光緒三十三年九月二十八日，准農工商部咨，光緒三十三年九月十四日，本部具奏，擬定礦務章程施行日期一片，本日奉旨：依議，欽此。相應恭録諭旨，刷印原奏咨行查照，欽遵辦理。查此次奏定礦章，既經頒發，定期施行，所有全省礦務，自應飭令礦政調查局，遵照新章妥籌辦理，並所有應令舊商遵辦事宜，暨應用各項表譜賬册格式，以及應行籌備各項事宜，均應早日擬妥，送部查核，以重礦政，即希貴督查照，迅速辦理可也等因。到本署大臣，准此。查此案前准農工商部來咨，業經刷印章程，分行在案，兹准前因，除分行外，合行札飭，札到該局即便遵照，妥籌辦理，此札計粘單等因。奉此，職局遵即按照礦務新章各條款，將應用單照五種、册式二種，分別擬定。至辦礦各商需用賬簿一節，查各處礦商記載礦事，各有習慣辦法，若由局擬一定式，通飭遵填，恐於商情不便，尤恐所擬之式過於疏略，則記載不能詳備，過於複繁，則登註又不能簡明，莫若飭令各礦商，自新章實行之日起，每月將所記流水賬簿，礦業物件並紅賬簿，分理處辦礦用費，並浄礦數目簿，各户往來總賬簿，照繕一分，呈局查核。職局俟其到齊，擇其記載簡易而詳明者釐定一式，通飭各商遵守，似較由局懸擬一格强之，相從者易於率由，庶不致有扞格、參差之弊，而部章益昭整飭矣。愚昧之見，是否有當，理合將單册七種各二分，具文詳請憲台，俯賜查核訓示，並祈轉咨農工商部查照，實爲公便。爲此具呈，伏乞照詳施行。須至册者。

督憲楊批：據詳已悉。候咨農工商部核覆飭遵，單册分别存送，此繳。

甘厚慈《北洋公牘類纂》卷一九《督憲袁准農工商部咨請飭查風箥箕山煤礦札飭夏守人傑查覆文》 到本大臣，准此。查此案應即派委夏守人傑前往，按照指查各節，詳細確切查明，據實聲覆，以憑核咨，合行札委，札到該守即便遵照辦理具覆。此札。

甘厚慈《北洋公牘類纂》卷一九《獨石口廳龔丞慶霖詳覆查明職商請接辦銀礦一案文並批》 爲詳覆事。光緒三十三年二月二十七日，蒙憲臺札開，光緒三十三年二月初三日，准農工商部咨，案查本部據職商楊國銓等禀，請接辦獨石口廳屬桃樹底下村銀礦一案，迭經本部以方里四至等情，咨行貴大臣飭屬查覆，先後接准咨覆各在案。嗣於光緒三十二年九月初二日，又經本部以該職商等人品家道是否公正殷實，所禀四至方里地名是否確實，咨行貴大臣飭屬詳查，亦在案。兹復據該職商等禀稱，國銓等前蒙廳飭同赴該村勘驗完畢，繪圖貼説由廳剋日轉詳國銓等仍回京守候，至今未聞信息，未知廳中如何遲延，實出意外，商等謀事意在必成，自應静候，無奈股東人等皆屬生理中人，不知官中辦事輾轉困難情形，反疑商等辦理不善，甚且謂爲以無作有者。伏念國銓等赴勘已逾數月，集股良不易易，懇請咨催北洋大臣轉飭地方官迅速詳覆，以恤商艱等情前來，相應咨催貴大臣迅速飭屬，按照前咨各節查明聲覆，以憑核辦可也等因。到本大臣，准此。查此案前准來咨，業經轉飭該廳遵辦在案，迄今尚未查明聲覆，辦理殊屬遲延，應即申斥，仍飭該廳迅即併案，詳細核辦具覆，以憑核咨，合行札飭，札到該廳即便遵照辦理，勿延，切切，此札等因。卑廳遵查前據職商楊國銓來獨懇請查辦，旋於光緒三十二年十月二十五日，因查商人多齡、王永興等函稱，奉有農工商部頒發礦照，准其探採黑坨山銀礦，而開採地面係在桃樹底下村，核與李鳳鳴、楊國銓先後禀指礦地係屬一處，即經詳請咨覆在案。兹奉飭查，卑廳遵即確切查得該職商楊國銓所指礦地，自出沙地處起，東至山凹二里半，係楊樹村西界，西至山腰二里半，係上桃樹村東界，南至山嶺根二里，北至乾河南岸二里半，核算所佔礦地廣闊面積東西長五里，南北寬四里半，共計二十二方里零。核與楊國銓在部所禀四至方里尚屬相符。該商楊國銓人品家道，詢問尚屬公正殷實。再查本年正月初六日，奉憲臺札開十二月二十日，准農工商部咨，以本部前據商人王永成等禀，探永甯堡黑坨山銀礦，當因檢閲所呈礦圖，恐與桃樹底下村有紏葛之處，即經咨行貴大臣飭屬查覆。嗣准覆稱，據該廳禀覆，桃樹底下村距延慶州屬所轄黑坨山銀礦相隔有十餘里之遥等語，是以照章發給探照，王永成等所請，係黑坨山地方，自應就該處探勘，即使邊界與桃樹底下村毗連，亦不得藉辭侵佔。至多齡、王永興等查，王永成原禀，暨其股東名單内均無其人，是否係屬王永成伙友，本部無從查悉，應令地方官親行履勘，先將兩礦界址劃清，一面飭令該商王永成自行到礦，照章探勘，不得假託他人，亦不得含渾侵佔，致滋事端，令即遵照辦理具覆等因。到廳，奉此。嗣據多齡、王永興派其夥友袁明德、趙寶春來廳呈驗執照，係永甯堡黑坨山地方，卑職當將部示各節一一告知，並詰以永甯堡距桃樹底下村五十餘里，係延慶州著名巨鎮，即黑坨山，亦係延慶州管轄，載在志書，距桃樹底下村亦十餘里，王永成應遵示就黑坨山探勘，不得佔至桃樹底下村，當據袁明德等面稱，多齡即王永成，並無假託禀辦之地，即是桃樹底下村，因口外山深地僻，地名查問未清，致滋舛悮，但部照四址，有西至桃樹下是其憑証，卑職因王永成、楊國銓二人均未來，獨無憑劃界，擬合先將奉飭查明該職商楊國銓禀請接辦桃樹底下村銀礦方里四至，繪具圖説，具文詳覆憲臺核咨，爲此備由，開册具呈，伏乞照詳施行，須至册者。

督憲袁批：據詳已悉。候咨農工商部查核圖説，存咨，此繳。

甘厚慈《北洋公牘類纂續編》卷一八《督憲楊准農工商部咨查黑坨山銀礦請飭劃界事札飭獨石口廳照辦文》 爲札飭事。光緒三十三年十二月初七日，准農工商部咨，光緒三十三年十一月二十六日，接據商人王永成呈稱，商人禀辦直隸獨石口廳屬黑坨山銀礦，曾於上年九月間請領探礦執照，遵章試採，銀苗甚旺，足資開採。隨即湊集資本銀二萬兩，延定礦師司事人等，正欲换領開礦執照，以便開工，不意楊國銓從中騷擾，突於本年九月初旬，獨石口廳憲派差傳商人隨帶礦照到案，驗照而不勘山，恐墮楊國銓奸計，衹得奔訴案下，前於九月間蒙批飭商人聽候地方官劃分界限，祇奉之下，遵即親赴獨石口伺候四十餘日，而楊國銓並未到案，訪聞楊國銓並未租定礦界，訂立合同，伊在京故意逗遛，界限不分則商人不能換照開工，設謀牽制拖累，無所底止，懇請咨行地方官嚴定限期，劃分礦界，以免拖延等情前來。查此案前經本部咨行貴大臣轉飭獨石口廳傳齊兩造商等當面劃清界限，由該商等出具切結，俾免糾葛在案。茲據該商呈稱，前因除批示該商仍赴獨石口廳，聽候辦理外，相應抄録原呈咨行貴大臣查照，前咨飭屬迅將兩造傳齊，劃清礦界聲覆本部，以憑核辦可也等因到本署大臣准此。查此案迭准部文均經飭行查覆在案，茲准前因合行札飭，札到該廳即便遵照，迅速傳齊兩造劃清界限，尅日具覆，以憑轉咨，毋稍遲延，切切，此札。

甘厚慈《北洋公牘類纂續編》卷一八《督憲楊准熱河都統廷咨熱河設立礦政調查局各礦在熱屬直屬者分別管理情形札飭礦政調查局遵照文》 爲札飭事。准熱河都統廷咨開，光緒三十三年十二月初八日，准農工商部咨開，爲咨覆事。接准咨稱，案查各省遵照貴部奏定章程，現均設立礦政調查局，遴派咨請加札，作爲礦務議員總理全省礦務，以重礦政。熱河所屬各礦，向歸求治局礦股委員經理，現擬改設礦政調查局，總司礦事。查求治局礦股委員留熱補用通判李樹南歷練深沉，留心礦務，以之派充礦政調查議員，洵堪勝任，應請貴部加札，即以該倅作爲礦務議員，以專責成等因，並取具該員履歷清摺，咨送本部核辦前來。查該倅李樹南既據出具切實考語，核與定章相符，本部自應加札派充熱河礦務議員，所有熱河全省礦政調查事宜，即責令該員先行試辦，除札飭遵照外，相應將部札一件咨行查照，希即轉飭遵札辦理。再查熱河境地與直隸同在一省，現在既經分設礦政調查局，以後應如何劃分區域，而籌互相接洽之方，應由貴都統飭屬迅速查明各該地段，妥擬辦法，並咨明直隸總督辦理，統希聲覆，本部查核備案可也等因，准此。旋於是月十六日准貴督部堂，咨同前由繹原咨之意，似以熱河另設調查，恐與直隸礦務主權有礙，是以飭令妥籌辦法，在農工商部慎重礦政區畫，本極周詳，惟熱河境地，雖與直隸同在一省，然向來礦務本歸熱河管理，礦課亦由熱河徵收，作爲本地兵餉之用，歷經奏明有案，即農工商部遇有口外礦務事件，均由本都統衙門行查，直隸並不過問。現值朝廷釐訂礦章之際，各省均應遵照辦理，因於奉到新章後，趕即設立專局，遴派議員以作預備之基礎，權限所在，不敢稍涉延誤，致違定章。至各礦區域，凡在熱屬各州縣轄境內者，歸熱河管理；在直屬各州縣轄境內者，歸直隸管理。向來界限分明，原不必再爲劃分，亦毋庸另籌接洽，如有應行會商之件，自當由該局和平會商，務臻妥協，以仰副農工商部整齊礦政不分畛域之盛心。是熱河另設調查局，與直局主權毫無牽掣，毋庸別籌辦法，致滋繁難，除咨覆農工商部，並俟新章宣布後，一切辦理就緒，再行咨報外，相應咨明，爲此合咨貴督部堂，希即查照施行等因。到本署大臣，准此，合行札飭，札到該局，即便查照。此札。

甘厚慈《北洋公牘類纂續編》卷一九《正定府李守映庚詳商人吳景程稟請土法開辦井陘縣屬黃家溝煤礦文並批》 爲詳請事，案據商人吳景程稟稱，竊商人於光緒三十三年十月內，在井陘縣屬黃家溝地方，用土法開辦煙煤礦産，未經見煤即爲水阻，旋成旋廢，賠累頗鉅，乃於本年二月間，安設吸水機器，五月內始行見煤，煤質尚佳，脈厚約二丈有餘，現經辦成用機器撤水，用人力起煤，逐漸擴充，不難日有起色，所招股本及司事人等均係本地公正紳民，並無洋商洋股，所有辦法悉遵奏定礦務正附新章辦理，勘定礦地南北兩段坐落井陘縣城西南二段，南界雪花山界鐵路界椿外，面積一百七十四萬七千三百六十三平方尺，北段北界大連河，南界鐵路界椿外，面積三百三十四萬零二百零七平方尺，兩段面積共五百零八萬七千五百七十平方尺，計地八百四十七畝九分有零，合五十六礦界五分有零，並不逾礦務正章第二十九及第三十兩款限定之數。茲擬定礦名曰正豐，謹繪礦地畧圖附呈鈞覽，擬即於界内添購機器推廣辦理，倘得餘利，一切稅捐均照章繳納，懇乞恩施俯准，轉詳督憲咨部立案，照章發給開礦執照，俾有依據，並請示限制。自商人稟准後，礦界以內他人不得再行開採，俾免争端，所有開採井陘縣煤礦，懇請轉詳咨部立案發照各緣由理合具稟，恭候批示祇遵，附呈礦地略圖一張等情。據此，卑府隨即遴委勸農員候補典史王澤深飭令查明，稟内各節，並將礦地有無轇轕，出水有無妨礙，一併確查具覆去後。茲據該典史查明，礦地係屬租定民山，其出水亦於民田無礙，餘均無異等情稟覆到府。伏查該商人係於三十二年，沿井陘舊俗領縣照一紙開採，屢開屢阻於水，嗣於未奉新章以前，裒集股分購買機器出水，至今年六月煤洞始成，水盡而煤見，開採仍用土法，日出煤二十萬斤，該商係現在開礦之商，似可無庸稟局查勘，補發勘照，故照新章，稟由卑府查明詳請，大帥咨部憲查考，而新章第七款内開自本章頒行之日期儘二年內，一律辦清，一切遵照本次定章辦理，應自卑府出詳之日起，所有礦界年租出井稅及公家應得之紅利，請按新章完納，惟查第三十三款所開，凡稟請開礦執照者，取具殷實行號保單銀一萬兩，係擔承領照人遵守照内及礦章各款，違者罰令充公。細繹章程，係指新開礦者而言，若現已開礦之商，未知應否呈送保單，應請咨商部憲，如必須有行號銀單，亦請於照內註明，限令二年之内補送保單，於章程亦無違背。緣該商股本一萬六千兩，所折閲已至萬金，甫經得利，現正自造出煤機内益形拮据，略一舒徐，貲力自裕培養商力，想部憲必與大帥同情也。所有請發礦照緣由擬合具文，取具董事人履歷一扣，華豐公司保狀一紙，同送到地圖，詳請大帥查核，俯賜咨請部憲給照開採，實爲公便，至領照公費如蒙允准，應由該商赴部自行交納，合併聲明，爲此備由具册，伏乞照詳施行。

督憲楊批：據詳並圖説均悉。候飭礦政調查局查照新章核議具覆，飭遵履歷，保狀存。此繳。

甘厚慈《北洋公牘類纂續編》卷一八《督憲端准農工商部咨明礦税情形札飭礦政調查局查明候核文》 爲札飭事。查接管卷内，准農工商部咨，案查光緒三十三年，本部奏定礦務正附章程，業經刊印，通行各省，並將奏定施行日期咨行一體遵照辦理在案。查此項章程經本部會同外務部詳細核定，條理周密，防閑限制均極精嚴，將來礦務繁興，自可實行無弊。惟現在各省商民辦礦，風氣尚未大開，雖經竭力提倡，或猶不免觀望疑沮。本部體察情形，似宜將現在礦政酌量變通，畧從寬簡，俾商民不苦束縛，得以一意經營。復經奏請將新定礦章，詳加查核，如有可以變通，與商民多資利益，於公家並無妨損之處，即斟酌損益，量予通融，亦經奏准，遵照在案。所有原章内一切防閑限制諸條款，宜如何變通改訂，已由本部咨商外務部分别詳核。惟章程内應收租税各款，如礦界年租官地紅利出井税則等項，自新章施行以來，各省多未能照章征納，而在定章以外者，又多另有釐捐等項抽收之款，或沿用本省舊章，或仍從地方習慣，以致名目紛歧，而抽收多寡亦無從核較，且多未詳細報部查核。現在既擬改訂礦章，自須調查各省現辦情形，以備參酌改訂，冀可一律照章實行。除分咨各省查明聲覆外，相應咨行貴督，希即轉飭該管各員，查明本省征收礦産税捐各種辦法，各項名目，並與部章多寡差異之處，逐細查核，據實聲明，報部以備彙總參考，酌量改訂，奏明辦理可也等因。到前署大臣，移交到本大臣，准此，合行札飭，札到該局即便移行各關局詳細查明後，由該局彙核具詳，以憑咨覆。切切，此札。

「中央研究院」近代史研究所《礦務檔》第三册《光緒三十四年正月十四日外務部奏摺附合同山西礦務與福公司議定贖回合同》 光緒三十四年正月十四日，本部具奏摺稱，謹奏爲山西礦務，經本省商務局與福公司訂定贖回合同，前案一律議結，恭摺具陳，仰祈聖鑒事。竊光緒二十四年閏三月二十七日，總理衙門會同户部具奏遵議山西鐵路礦務辦法改訂章程一摺。奉硃批：依議，欽此。欽遵飭由山西商務局紳士曹中裕與福公司代表義商羅沙第，將議定山西開礦製鐵以及轉運各色礦産章程二十條。於是年四月初二日，在總理衙門互換簽字，蓋用印信，各執爲據。該章程内載，山西商務局稟奉山西巡撫批准，專辦盂縣、平定州、潞安、澤州與平陽府屬煤鐵，以及他處煤油各礦，轉請福公司辦理，限六十年爲期。自借洋債不得過一千萬兩之數，如有虧折，與國家無涉各等語。迨光緒二十九年正月，准軍機處鈔交山西巡撫趙爾巽奏稱，福公司承辦之平、盂、潞、澤等處煤鐵礦産。現該公司已於河南道口，興築鐵路，將次抵晉，時有礦師來晉測勘。自應查照合同，將一切調度礦務開採工程用人理財各事，由商務局與福公司總董會同辦理。奉硃批：外務部知道，欽此。是年十二月，准商部咨録山西巡撫張曾敭來函，略謂，晉省原訂合同，所失權利甚大，義商羅沙第改換英商哲美森。現盛宣懷在滬與議澤道枝路，如以轉售接辦之故，照章稟明，即可作另議合同緣起。嗣經盛宣懷與哲美森另訂擬設山西鎔化廠並合辦山西鐵礦合同四條，於光緒三十一年三月十九日具奏澤道鐵路與福公司擬訂條款摺内，聲明辦法，繕具合同清單呈覽。奉旨允准在案。是年十一月間，迭准山西巡撫張人駿來電稱，福公司執定合同内專辦字樣，不准本地商民自辦礦産，以致閤省士紳懇請力持廢約，收回自辦，特公舉代表主事李廷颺等來京，與該公司另行妥議。該主事等復具呈臣部，謂福公司種種背約，萬難勉從，該公司總董梁恪思亦迭次函致臣部，辯論專辦字義，謂晉撫不肯發給勘礦憑單，爲有意耽延。復於三十二年間，面呈礦圖，力請允准開辦，經臣部迭與磋磨，始允於五處内先辦一處，旋由李廷颺等與梁恪思會議數次，各執一是，鑿枘不入，遂即罷議。厥後歷經臣等與山西巡撫恩壽往返電商，該撫臚陳地方爲難情形，力請臣部設法維持。英國使臣朱邇典又先後來照六七次，謂奉本國政府訓條，代福公司索償，均經臣部隨時照駁，不認償款。該使卒嘵嘵争辯，毫不鬆勁，上年八月十三日，臣奕、臣世面奉諭旨：山西按察使丁寶銓，著來京會商福公司開礦事件，欽此。當經臣部電達山西巡撫，飭令該臬司遵照。該臬司即偕同商務局員紳，並全省代表各員，由晉來京，與福公司總董梁恪思會議多次，公司意在合辦，晉省力主贖回。該臬司隨時稟商臣部，調停其間，彼此讓步，終克就緒。逮十二月十八日，據該省商務局總辦湖南試用道劉篤敬等，聯銜具呈臣部申稱，礦事議結，並繕具合同兩分，懇請批准前來。臣等詳加查核，該合同十二條大致謂，晉省備款二百七十五萬兩，分四期交還，將所有與福公司訂定開礦製鐵轉運正續各章程合同，贖回作廢。福公司將在平定州所有廠房機器等物，暨原合同所訂五處内，已購之産，均一概退還，交與山西商務局。該公司所聘用之人，要求賠款者，均該公司自行擔任，此項贖款，以本省畝捐的款項下，每年盡數撥用各等語，思慮周密，頗稱允洽。當經臣部將此項合同批准，由該道劉篤敬與梁恪思，在臣部互换簽字，仍蓋用臣部印信，以符原案而昭遵守。復經臣部照會英國使臣，聲明前項借款章程二十條，續立合同四條，均一律註銷作廢，該使臣亦即照允備案。臣等伏維晉省礦産富饒，久爲各國所垂涎，自山西巡撫胡聘之輕信劣紳賈景仁、方孝傑、劉鶚等之舞弄，遽許與英義兩國商人福公司借款辦礦，遂致釀成交涉，枝節横生。雖經迭次將正續章程合同逐條改正，藉圖補救，而利源外溢，轇轕滋多，兼之晉地瘠苦，無業小民多恃礦産爲生，力争自辦，環相呼籲，順民情則有違成約，符原議則坐失利權，相持無已，幾乏善策。現經升任山西布政使丁寶銓偕同該道等，相機操縱，俾得和平商結，庶足仰慰宸廑。嗣後仍應由山西巡撫隨時鼓勵該省紳商，將一切礦産實力籌辦，務期成效昭著，免至虚糜鉅款，貽笑外人。除由臣部鈔録贖回合同，分咨農工商部、郵傳部，暨北洋大臣、山西巡撫等查照存案外，所有贖回山西礦務前案一律議結緣由，理合恭摺具陳，伏乞皇太后、皇上聖鑒。謹奏。

光緒三十四年正月十四日具奏。奉硃批：知道了，欽此。

〔附〕山西商務局與福公司議定贖回山西盂縣平定州潞安澤州與平陽府開礦製鐵轉運正續各章程合同之合同

山西商務局與福公司於光緒二十四年，議定山西開礦製鐵以及轉運各色礦産章程二十條，嗣於光緒三十一年，經鐵路大臣盛與福公司商訂續合同四條。今既有此轇轕，以致不得遵守前後所定之合同。山西按察司現奉諭旨，來京會商調停此件，以了結所有關於章程合同之事。兹將彼此議定三款，均開列於下：

一，現在山西商務局與福公司商議，商務局願晉省備款，將所有與福公司所定開礦製鐵轉運正續各章程合同，議定贖回作廢。既經會議之後，福公司因體諒晉省甚願自辦本省礦務之至意，按其詳細情形，應允晉省將前後所議定開礦製鐵轉運正續各章程合同，由晉省贖回自辦，以敦友誼而維和平。

一，贖款計行平化寶銀二百七十五萬兩，由山西商務局擔任，按期交清。

一，此項贖款數目，係晉省所擔任，交與福公司收納，認爲賠償福公司原訂合同内應索之款，並各項所損失之利益，至福公司在他省另有經營，與晉省毫無干涉。

一，此項贖款，准於光緒三十四年正月二十日先交一半，計行平化寶銀一百三十七萬五千兩。其餘之款，分三期攤還，光緒三十五年四月初一日，爲第一批，計行平化寶銀四十五萬八千三百三十三兩；三十六年四月初一日，爲第二批，計行平化寶銀四十五萬八千三百三十三兩；三十七年四月初一日，爲第三批，計行平他寶銀四十五萬八千三百三十四兩。

一，贖款按行平化寶銀核算，不折不扣，其由晉至京匯費等項，並先行借墊款項利息，均歸晉省承認。

一，此案原由商務局稟奉山西巡撫批准，復經前總理衙門奏准。現既由晉省備款贖回作廢，此項合同，應請外務部咨照山西巡撫，督飭商務局按期交款，不准稍有拖欠。

一，晉省礦務既係收回自辦，福公司將所有開礦製鐵轉運正續各章程合同之權，一概退回，晉省決無借洋款之意。惟此次福公司既將所有利益退回，將來晉省礦務製鐵轉運等事，萬一有籌借外款之事，由晉省通告福公司，果其處處較廉，再行籌議，否則另借，各無異言。

一，從此合同簽字之日起，三月之内，福公司應將在平定州所有廠房一切交出，與所有機器等物，一並交與山西商務局，其開列於原定合同所訂之五處，福公司將其已購之産，一概退還，不得再執爲業。

一，福公司所聘用之人，無論工程師或他項員役，因此而失其事業，以致不得營生，向福公司要求賠款者，福公司自行擔任。

一，此項贖款，由商務局先行籌借，由晉省畝捐的款項下，每年盡數撥用，緣礦産係晉省公共産業，畝捐亦係晉省公共辦理公益之款。是以應使此款贖回本省之礦産，惟在未將此項贖款還清以前，不得將此畝捐稍爲更改，或減免其數，如畝捐不敷此用，則晉省大吏須隨時提用他款，以補不足。

一，原合同議定之章程二十條，既爲前總理衙門批准，今了結此事之合同，亦爲外務部所批准，並爲大英國使臣應允，以俾彼此保其本國之人，遵守一切。

一，現將此合同以華英文繕具兩分，各執一分爲憑。

山西商務局，福公司梁。

大清光緒三十三年十二月十七日。

《商務官報》光緒三十四年一月二十五日第一期《批李永寬稟》 前據稟稱，探辦昌平州屬九渡河村西石梯溝柴煤小礦，因山石堅硬開鑿不易，半年限內尚未探竣，請再展限六個月等情，當經據情行查順天府去後。茲准復稱，該商所稟尚屬實應准，展限六個月，務於限內探竣，不得任意拖延。此批。正月十四日。

《商務官報》光緒三十四年一月二十五日第一期《批職商李宏富稟》 稟悉。據稱承領探照實屬無從探竣，請按照部章准予展限一年，俾得接續探勘等情。查該職商稟辦河子澗村銀礦，因山主礦地糾葛，躭延探礦至八個月之多，查無虛誑，應准照章展限。惟本部礦章第八條載係至多展至一年爲度，該職商所探礦地既祇躭延八個月，應即准展八個月，迅速辦理，務於限內探竣，並將該礦如何情形，探有頭緒，詳晰報部，切切。此批。三月二十日。

《商務官報》光緒三十四年一月二十五日第一期《稟開金礦》 職商閃國勳稟辦昌平州西卿仙人洞金礦，商部以其開通風氣，深爲嘉尚。惟以該商稟內未經聲叙資本若干，又以探挖金礦斷非微薄資本所能集事，因片行順天府，飭屬詳查，並飭由該商續稟已籌資數若干後，再行核奪。

《商務官報》光緒三十四年一月二十五日第一期《批職商劉鵬等稟》 據稟已悉。該職商等租辦宛平縣齊家司所屬列峰岩等處地方煤礦，據稱自去歲試辦至今，業有成效等情。查本年奏定礦章第二條，凡稟語辦礦應由本部發給執照爲憑，未經發照以前，不得舉辦等語。該職商等並未稟准本部發給探礦執照，竟稱試辦業有成效，實屬朦混，顯違定章，所請着不准行，仰候行文順天府飭屬查明禁止，以懲私挖而肅礦政。此批。三月二十三日。

《商務官報》光緒三十四年二月五日第二期《陝甘總督奏設立農工商礦局舉辦實業情形摺》 奏爲恭報甘省設立農工商礦局舉辦實業情形，仰祈聖鑒事。竊維甘肅省地居西極，風氣遲開，雖以民生日用之源，物産自然之利，亦往往聽其棄置，不復講求。奴才仰荷殊恩，畀以兼圻重任，若不振興實業，何以鞏固邊陲，每一念及，不勝悚懼。爰於光緒三十二年閏四月，在省城設立農工商礦局，檄委商部議員蘭州道彭英甲爲總辦，並派委員分股任事。是年五月創設勸工廠，十月創辦礦務學堂，十一月創辦農業試驗場，並設農林學堂，隨又開辦官報書局，十二月復設商品陳列所。本年十二月創設官鐵廠，五月復開織布、裁絨兩廠，並將勸工廠中絲綢、玻璃兩科，各立一廠。旋勸諭商民設立商業總會，九月在省城西關外另開農業試驗場，十一月復遵部頒農會章程諭開農務總會，而皆以該局爲綰轂之地，所謂振衣者，必挈其領也。奴才鰓鰓過慮，以爲甘省民智未開，難與圖始，雖倡導不遺餘力，究未敢率行入告，致涉鋪張。今幸開辦以來，事機尚屬順手，本年四月曾將勸工各廠製造成品，咨解農工商部考驗，九月復擇工作較精之品及各處礦産課金，進呈御覽，蓋援九州上貢方物之例，藉紓聖明殷憂西顧之心。【略】甘省礦産甲於天下，西甯各屬尤爲富饒。現在購就比國挖銅淘金機器，擇地建廠，將以大興採鍊。其已由紳商稟報，有效完納課金者，則爲肅州大通鎮羌灘梨園營科延溝貢爾蓋等處金礦。其甫經商人稟請開辦，則爲臯蘭鳳凰山硫礦石瞻，中衛單梁山、靈州石溝堡、古浪古溝堡、臯蘭阿干鎮等處煤礦。其正在勸諭紳商籌辦者，則爲墨里王屬之加里科巴、燕戎屬之拉水峽、莊浪廳之哈西灘等處銅礦，河州之太子寺、莊浪廳之牛頭峽、武威縣之雜渠溝、山丹縣之大黄山等處鉛礦。此外各種礦質，或經該局勘採，或由各屬呈齎，均令礦務學堂學生隨同礦師化驗，核計分數，彙列表册，統俟明年二三月冰雪消融，派委測繪妥員，分赴各該處實行查勘，以便核辦，此辦理礦務之實在情形也。奴才到甘兩年，深維古人治邊之策，初不外圖強於富，先立自固之根基。農工商三者，比較東南各省，或氣候稍殊，或轉輸不便，多方提倡，其成效既已如斯。礦則五寶之精，取之不盡，更無聽其祕藏之理，惟先事之籌維開創，與後此之預備擴充，既不能無米爲炊，又不敢因噎廢食，甘省向稱貧瘠，艱窘情形難以殫述，其可以藉資挹注者，惟恃統捐溢收一項，節經奴才督飭該局極力撙節，實用實銷，將來據實報部。興利不能惜費，及時乃可有功，此奴才審擇輕重之微忱，敢直陳於君父之前，而冀邀天鑒者也。所有甘省設立農工商礦局辦理實業情形，除將詳定各項章程暨局員銜名咨部立案外，謹恭摺具陳，伏乞皇太后、皇上聖鑒訓示。謹奏。

《商務官報》光緒三十四年二月十五日第三期《批職商孔憲貴稟》 該職商前請試辦宣化縣馬溝地方煤礦，經本部咨，由直隸總督轉飭該縣查復，並無馬溝地名。嗣據該職商聲明馬溝即馬溝驛，前稟係漏寫驛字等語，復經本部咨查去後。茲准直督咨，復據宣化縣詳稱，馬溝驛地屬上寶寺村，該職商所請辦礦處所四至界內查無田廬坟墓，與地方情形尚無窒礙。惟該職商是否公正殷實，無憑確查等語。除咨直督再行轉飭查詢外，合行批示該職商自赴宣化縣聽候查詢可也。此批。二月初三日。

《商務官報》光緒三十四年二月十五日第三期《批職商鄭獻元稟》 據稟請

辦山東嶧縣琢山煤礦，前閲該職商所稟語甚含混，且與部章諸多不合，業經本部於正月間批駁在案。茲復飾詞稟稱，奉部批飭令逐細聲明開明四至以符定章等語，更屬有意嘗試，希圖邀准，情節顯然。查山東嶧縣煤礦，前經奏明設立公司辦理在案。本部於上月間接據山東礦務議員朱道鍾琪呈稱，案准總辦山東嶧縣中興煤礦稟請立案。查公司指定之界即在卓山以南，鄭獻元明知公司早經開辦，故指山名而不指地名，其意卓山爲琢山，轉請查核嚴禁各等因。是該職商請辦之礦即係該公司指定之地，界限不清，語又閃爍，且以卓山易作琢山，更爲有意取巧，顯圖朦混，所稟著不准行。此批。四月十二日。

《商務官報》光緒三十四年二月十五日第三期《批職商葛樹南稟》 前據稟請試辦山東萊州府平定州團山金礦，當經本部據稟咨行山東巡撫查復去後，尚未接准咨復。現在按照新訂鑛章，凡呈請勘礦執照之人，須稟呈各省鑛政總局核奪。此案既於新章實行以前未能核准，自應按照新章辦理。茲復據稟前情，除由本部再咨山東巡撫，飭屬查明迅爲核辦外，該職商應即前往候核奪可也。此批。二月十二日。

《商務官報》光緒三十四年二月二十五日第四期《批古貽堂呈》 據稟已悉。該職商請辦宛平縣門頭溝地方煤礦，既據呈稱數月以來籌措資本不敷應用，請將原案註銷等情，應即照准，除札行順天府府尹查照外，爲此批示，仰即遵照。此批。十一月二十七日。

吉林省檔案館《清代吉林檔案史料選編（工業）》上册《三姓金礦總辦侯國瑞爲查勘礦務及擬設員司書差的呈文光緒三十四年二月》 爲呈請事。

竊卑職於十二月初十日携帶關防馳抵駝腰總局，當將前總辦悦丞明阿遞移各局、廠、房間，傢具、器械、貨物等件，驗收清楚，具報在案。溯查前奉憲台札飭，接辦礦務內有接收清楚並將礦務情形履勘明晰妥擬稟辦等諭。卑職到局，遵即帶領熟悉礦務之把頭，逐日進溝履勘。

查得駝腰子爲總廠，距三姓約二百八十餘里。其產金之區曰石門廠、太平廠、大安廠和駝腰子，共有四處。相距或二三十里，或三四十里不等。各局、廠房舍、墻垣屢經不修，大半坍塌。所可居住者，亦皆不甚整齊。其各溝明碃，歷辦以來翻騰殆盡。惟駝腰廠、太平廠、大安廠，尚有水道十數條，自交冬令，早不能做。現有駝腰廣大尾碃四硿，石門廠大尾碃五硿，太平廠大尾碃六硿，大安廠大尾碃二硿，尚在攻做。合計金夫不過二百有奇。考其出數，每涎不過一二分之譜。蓋時屆嚴冬，僅可抽隔攻硐，餘皆不能工作。其金夫等已出溝者不肯復來，既在溝者不得不稍爲攻苦。此收數短縮，冬季固然。待至夏季水道活潑，似覺稍盛。但屢經翻做，難望起色。卷查歷辦各員，報解無多，甚有賠累者，皆因坐守乏溝，無力另採新苗之故耳。

又查楸皮一溝，距駝局約九十里，前經周副將寶麟採有頭緒，旋得旋失。細查該溝藏峰聚氣，斷非無金。倘有本力試採，必能泄地不愛寶之意。其餘山環水抱，叠崗重溝，查其旺氣，均可采取。

卑職此次奉飭接辦礦務，既短官本又無商股。雖擬擴充辦理，猶恐入得寶山致深空手而返之嘆。更且礦產不豐，債累綦重。案查前總辦悦丞移交鄭故守國僑上年籌銷周副將帖票一款，曾經由永衡官帖局借錢三萬吊，其七厘息錢，仍由金礦盈餘項下撥交，此係夙債，至今未清。至於衛礦官弁什勇，其姓軍餉積延至數月不能關放一次。一是食用歷來由局墊辦，推之接濟金幫與採苗化費，動非萬餘吊不足以資周轉。然此項錢文雖是預墊，尚可扣還，不至無款相抵。乃卑局既無大宗成本，於何措手，種種爲難不一而足。

卑職渥蒙憲恩高厚，飭接礦務，萬不敢不體念時艱，格外盡職。伏思查勘駝腰各局廠相距遼闊，控馭難周，無論該處淘金人數多寡，查碃、看涎必得派員司差勇，互相監查。用人多則慮入不敷出，用人少又恐不足鎮懾。兼之今昔情形不同，百物昂貴，諸多匪易。擬暫概從儉約，隨時變通，以資辦公。統計四廠，除總辦薪水出自憲裁外，擬先設提調兼文案一員，月支薪水銀二十四兩；總查委員一員，月支薪水銀二十兩；收支委員一員，月支薪水十八兩；司事五名，每名月支薪水銀十四兩；書識五名，每名月支薪水銀七兩；馬差弁十名，以備往返護送款項、糧貨等項差遣，每名月支口糧銀九兩。查碃步差弁十名，擬由勇內挑撥，每名按月酌給津貼銀三兩，勿庸另支口分，以示撙節。其餘局費、心紅、柴炭等項，原係活支，似難預定。除填注一覽表另行呈報外，擬就現在礦務情形，額支、活支，可否仰懇憲恩賞准即於抽收官金項下實用實銷，所有盈餘涓滴歸公。卑職暫行試辦，將來稍有把握，再行將應行擴充增減暨一切詳細規模，稟請酌定以期經久。所有查勘礦務以及擬設員司書差大概情形，是否有當，理合備文呈請憲台鑒核酌奪，示遵施行。

再者卑職到溝，本擬將各局廠已採未採產金處所繪圖，隨文呈覽，乃值雪封山徑，登眺維艱，候至明春雪融，方能創稿，合併聲明。須至呈者。

甘厚慈《北洋公牘類纂續編》卷一八《督憲楊准農工商部咨覆礦政調查局預爲請示各款札飭該局遵照文》 爲札飭事。光緒三十四年三月初一日，准農工商部咨開，接准咨稱，據礦政調查局津海關道蔡紹基詳稱，礦務新章有應預爲請示各款，理合具文申請，分咨外務部、農工商部查照等情，除批示並分咨外，相應咨明，請煩查照核覆，以憑飭遵施行等因前來。查來咨内開正章第十款，中國人民曾違犯法律者，不得有開礦利權。查犯罪有輕重之等差，此等違犯之人，必罪至何等以上，方不准其辦礦等語。查此條所謂違犯法律，自應專以私罪論，惟違犯法律之人，其所爲之事，未必皆經官家判定罪名，似難斷其罪至何等。但此等人，既不准其辦礦，應確查其人品行來歷，有無妨礙礦務，如職員素行貪污，聲名狼籍，商民有招摇撞騙，作奸犯科情事，皆係有妨礦務，即爲法律所不容，如調查有據，應不准其辦礦。一來咨内開正章第二十四款，呈請勘礦執照之人，或不能合格，或所領之地别有違礙，不能准給執照，或别有可疑之處，可令其呈具保單，是否以銀擔保，或以人擔保等語。查開礦執照保單，係以銀擔保，此項保單亦應以銀擔保。至保單銀數，應按照資本多寡，礦業大小，隨時酌定，惟不得逾於開礦保單之數。一來咨内開正章第四十八款，凡礦産装運出口者，無論其爲礦苗之原質，或提淘之粗胚，或製煉之净質，須按海關税則交納出口税，凡機器料件装運進口，爲辦礦之用者，亦須按照海關税則交納進口税，此項礦産未經運到口岸之先，及進口後運入内地，經過關卡，應否抽收税釐，辦礦機器進口之後，復運入内地，應否完交税項等語，查礦産出口，遵照海關税則交納出口税，内地釐卡概免重徵，曾經本部專案奏明，通行照辦。現在新章亦言，按海關交納出口税，並無内地釐卡應交釐税之文，應照奏章交納出口税，此外概免抽收。至進口礦機料件，運入内地是否完交税項，應查照各項機器料件進口一律辦理。一來咨内開附章第八條，業主與勘礦人所商未協，該勘礦人可向礦務委員處具禀，並具保單，以備津貼賠償。該委員應即妥定辦法，如須妥訂保單數目，即應按照所估之數妥定，惟不得逾於實應津貼賠償之數。查估計之法應按該地受損多寡爲定衡，一經估定應按估數若干成填入保單等語。查估計之數既不能逾於實應津貼賠償之數，應即以此數填入保單。一來咨内開附章第十三條，開礦若在民地，該業主聲明欲留爲自已開採之用，礦政局即可酌定期限，飭令該業主應在期内興工。查業主既聲明，情願留爲自已開採，所給期限究應酌定若干日等語。查此條既言酌定期限應由礦政局體查情形，分别礦業大小，開採難易，隨時酌定日期，故章内未列定限。一來咨内開附章第十四條，業主已得受津貼賠償，於一年内決定自辦，該業主應償還該勘礦人所用之工費，至業主已得之津貼賠償銀兩，應否一併發還等語。查此項銀兩，係屬勘礦費用，既業主決定自辦，應將此款一併發還。一來咨内開新章所載，以教爲業者，不准其辦礦，擬請量爲区别，嗣後如有天主耶穌兩教中人禀請辦礦，但非在教堂執事及售賣教書之類者，即不指爲以教爲業，果係身家殷實，不問其奉教與否，一律准其辦礦等語。查此條所擬辦法，略事變通，與章内詞意尚無違背。惟教民辦礦，實不免有教堂出而干預，及暗附洋款等弊，應否照此区别，當俟外務部核覆辦理。至勘礦應用官尺，請由部頒發各節，應俟本部定准後，一體頒發。相應咨覆貴大臣查照，轉飭遵照可也等因。到本署大臣，准此，合行札飭，札到該局即便遵照。此札。

中國第一歷史檔案館《清代軍機處電報檔彙編》第三四册《發東三省總督徐世昌電爲札薩克圖郡王私抵全旗路礦牲畜希查辦事光緒三十四年三月二十九日》

唐中丞轉到尊函，據孫守禀稱，札薩克圖郡王烏泰私借洋債，以全旗路礦牲畜作抵，限期屆滿，欲求國家救助，願以地租償利，並報効路礦，開放北山後餘地等情。此事關係重要，亟應設法代籌，以保利權而弭後患。惟蒙旗各有分地，其所許全旗路礦牲畜，斷非該王一人所有，應分别公産、私産，免滋轇轕。詢據理藩部聲稱，各蒙旗所有財産，向不報部，無從考覈。現在期限已滿，事機甚迫，應逕由尊處迅派大員，前往密查該旗産業有無轇轕，所呈借券有無捏餙，並妥籌辦法，詳晰電復，以憑核辦爲要。外務部。豔。

《商務官報》光緒三十四年三月五日第五期《批古貽堂禀》 禀暨附件均悉。據稱已集得股銀一萬兩，正請辦京西宛平縣屬之門頭溝煤鑛，並探得苗綫甚旺，足資開採。是該商自係探驗明確。惟查本部新頒奏定鑛章附章第十條内載，請領開鑛執照之禀，須填入各款如具禀人姓名住址行業籍屬，該商原禀僅據稱古貽堂，究係姓名堂號未據聲叙。又據單開四址僅註明東至門頭溝，西至寶平山，南至天惠窑，北至九龍山，共計鑛界若干，未經填寫明晰。又鑛界坐落縣内何處，距縣方向里數，距運河通衢、鐵路城鎮遠近，鑛地是否相連，有無關礙糾葛，界内有無廬墓道路他人物業，有何種極顯之天然標記，鄰近有無他人鑛産，所覓鑛積之形勢地位，或脈積或層積或别式鑛綫，鑛道幾處，鑛師何人，有無訂立合同，每股銀數及股款章程合同暨股票式樣，機器已否定購，有無合同，山主是否以地作股，有無商允字據，以後鑛工執役巡查人等用何處人，有無僱用鑛工章程，以及鑛地圖説，均須詳細聲明。除已據情行文順天府按照前開各節迅速查復，再行核辦外，仰該商即便遵照補行聲叙到部，並一面逕赴該管地方官衙門逐款聲叙，以期簡捷，萬勿延誤遺漏。此批。二月十二日。

《商務官報》光緒三十四年三月二十五日第七期《批商人崔橋禀》 據禀平度州距城七十里，有九甸村。離村東京北六里，有故道李所開金礦，停工數年，今春有洋商屢次查驗，附近居民皆恐利權外溢，各村願以人工代股，盡力開採，附呈山圖金苗，禀請批示前來。查閲禀圖均未詳叙該礦山山名四至，僅於草圖内開列金廠，老馬口機器房，金廠房屋洋樓等名目，而禀中衹露李道所開一語。卷查招遠縣玲瓏山金礦案内本廉辦平度金礦，係前北洋大臣李、山東巡撫福批准有案，歸李故道宗岱、金山華商李贊勳等辦理，現歸李道之子候選道李家愷接辦，以土法開採。該商民等聚族於此，豈無聞見，乃含糊禀請，希圖朦准，實屬意存嘗試，所請應毋庸議。此批。閏四月二十二日。

甘厚慈《北洋公牘類纂續編》卷一九《礦政調查局會同張道文濬詳勘明密雲卧冰窑煤礦試辦情形請咨文並批》 爲會議詳覆事。案奉憲台札開，准密雲副都統德咨光緒三十四年三月十三日，本副都統具奏爲開採煤礦先行試辦，以舒地面，而興利源一摺等因。於十八日接到回摺，奉硃批：著農工商部會同直隸總督查核辦理，欽此。欽遵，相應恭録諭旨，粘抄原奏，咨請查照施行。又准咨開，查密雲營迤北十里，東智莊卧冰窑羣山一帶，採有煤綫，本副都統奏請先行試辦，當將原奏及奉到諭旨恭録咨行在案，合將圖説一紙咨送查核施行各等因。到本署大臣，准此。查此案前准農工商部來咨，業經札行礦政調查局，按照指查各節，詳細繪具圖説詳覆，核咨在案，兹准前因，應即派委張道文濬前往詳細勘查，會同礦政調查局分晰聲覆，以憑核咨。除分行外，合行札委，札到該道即便遵照辦理具覆，此札。計抄原奏部咨並發圖説一紙等因。奉此，職道文濬遵，即由津啓程前往密雲縣，遵照農工商部咨飭各節，逐一查勘明晰，謹爲我憲台陳之。查密雲副都統奏請開礦之東智莊山場，係屬公山一區，又有山户彭齡山地一段，均經彼此商允，出自情願，立有合同甘結爲憑，其採有煤綫之山，共計四處，四至田房墳墓俱遠在三里以外，核與礦章相符。一，卧冰窑，本有土人開挖，舊洞深約十二丈，餘現將積水淘盡，露出煤苗約六寸餘，據所請之礦師所云，再加鑿深，煤益暢旺，此爲現已開辦之處。二，東背陰，三，西背陰，四，桃園，以上三處均有煤苗顯露，雖已劃清界限，禁止私挖，惟尚未開工探採，其禀請辦礦之官，係密雲駐防佐領希拉杭阿紳，係北通州人，分省補用知縣張秀奎，商係天津府人，密雲富豐銀號寇東銘，農民即東智莊山户人等，均係公正殷實，取有信結存查，開礦股本由副都統擬定，共集洋三萬元，暫用土法開採，駐防官兵認集銀一萬兩，其餘均聽本地商民入股，除旗兵認集之銀已交五成，存在富豐銀號，其餘所認之股，均未現交。目下礦工所用，係由副都統暫挪公款墊支，辦礦一切事宜，亦係歸副都統主持礦事，現係希拉杭阿駐窑經理，地方官只任保護稽查，此外概不干預，開礦人工現只有礦師一人，礦工四人，雜役十三人，諸事悉從簡易。傳詢山户，均屬樂從。職道文濬周歷查勘，證以卷宗，實係官商同心舉辦，亦無轇轕别情。而密雲副都統之苦心經營，尤爲難能可貴，會同職道紹基等公同覆核無異，理合抄録合同，甘結告示底稿，造具名册，繪具山圖，檢同所出煤質，具文詳送憲台，俯賜查核批示，並乞轉咨農工商部查照會核覆奏，實爲公便，爲此備由具呈，伏乞照詳施行。

督憲楊批：據詳已悉。候將清摺名册，山圖煤質，咨送農工商部核辦。繳。

甘厚慈《北洋公牘類纂續編》卷一八《督憲楊准農工商部咨商人陳國楨擬辦金窩溝煤礦一案札飭礦政調查局查覆文》 爲札飭事。光緒三十四年三月二十七日，准農工商部咨案，查本部於上年八月間奏定礦務章程，奏請暫由礦政調查局之礦務議員照章辦理全省礦務。直隸礦政調查局早經設立，惟順天府屬尚未設局，前經本部札行順天府是否另行設局，抑即移併直隸礦局辦理等因。旋准覆稱，本衙門向無精通礦學人員，所有順屬各處礦務，似宜移併直隸礦局辦理，請煩查照轉咨等因。業經本部咨行貴督查照，轉飭該局遵照在案。兹據商人陳國楨禀稱，查有順天府宛平縣屬齊家司金窩溝地方烟煤紅煤，礦質極佳，繪具圖説，請發探礦執照等情前來。查本部奏定礦務新章第五款内載，如有礦商徑赴農工商部具呈者，應由農工商部咨行該省督撫，轉飭礦政總局查明核辦等語，除飭該商前赴直隸礦政調查局禀候核辦外，相應鈔録原禀咨行貴督查照轉飭該局，查照新章詳核辦理，至將來核明此案，或准或駁，務希專案咨報本部，以備查考可也等因。到本署大臣，准此。查順屬礦務歸併直隸礦政調查局辦理一案，前准來咨，業經轉行該局遵辦在案，兹准咨據商人陳國楨禀請試辦宛平縣屬之齊家司金窩溝地方烟煤紅煤各礦，請給照等情，應由該局查照新章，詳細核辦，合行札飭，札到，該局即便遵照，仍將辦理情形具覆核咨。

全國圖書館文獻縮微複製中心《光緒戊戌年收發抄電·發山西巡撫電(光緒三十四年)閏三月初三日》 山西礦章現與福公司議定股息減二釐，改准六釐，公積仍一分，專歸用本餘利，仍勻作百分，國家提二十五分，餘歸公司。增訂落地物産税每估值百兩征銀五兩，出口貨税由關照章征收，似較但分餘利有把握，礦地兼辦。平陽府、太原府以西餘無甚更張，仍須再晤，一切訂定，飭商務局紳與之畫押，再電達。江。

《商務官報》光緒三十四年四月五日第八期《批吴新源等稟》 前據該商等稟請探辦京西門頭溝圈門官廳西坡地方煤礦一節，本部當經據情札行順天府飭查去後，兹據復稱，逐一查明，均屬相符等因前來。查稟請勘礦執照，按照新定礦章，應由各該省礦政調查局核辦，現在順天礦務均歸併直隸礦政調查局辦理，除將全案咨送直隸總督飭局核辦外，仰該商等遵照赴直隸礦政調查局聽候辦理可也。此批。三月二十五日。

《商務官報》光緒三十四年四月五日第八期《批河南武安縣信成煤礦公司稟》 該公司續集股本銀二萬六千兩，又邀出安陽縣人候補同知催蓮峰合力籌辦，稟請補行註册，並補繳公費銀兩。查與定章尚屬相符，應即飭局於册内如稟註明。至此次改定章程人力股分一條，應遵守商律，仍照向來紅利辦法較爲妥協，其餘各條准其暫行立案。惟按照礦務新章有應行删改之處，仍由該省礦政局體察情形，隨時申明本部核辦，仰將章程遵批更正并自行呈送礦政局備案可也。此批。三月二十六日。

《商務官報》光緒三十四年四月五日第八期《批天津商會總協理王賢賓等稟》 該商會總協理王賢賓等稟辦房山縣綫機運煤公司一案，前經本部迭次飭據順天府查明，尚無妨礙，業經批示准其開辦，並以事關轉運，咨行郵傳部查明在案。兹准郵傳部咨稱，該公司既爲運煤至京漢坨里支路，利便起見即與該支路不無關係，希將全案抄送至部以備攷查等語。將來該公司綫機落成，運煤至京漢坨里支路地方應如何接洽之處，届時應稟由郵傳部查酌辦理。除咨復外，仰即遵照。此批。三月十九日。

《商務官報》光緒三十四年四月十五日第九期《批直隸商務議員孫多森稟》 據稟已悉。查該銀號籌辦灤州一帶煤礦，前經北洋大臣批准，將招股章程礦界圖説，咨送到部，並聲明此礦係爲北洋官家用煤便益而設，與他礦事體不同，其礦界特爲寬展，嗣後他礦不得援以爲例等語。經本部照准咨復在案。現既稟請先用土法試採，自應發給開礦執照，以便開辦。惟本部奏定礦務新章，業經實行，填註礦照一切應照新章辦理。該礦界雖在新章實行以前，特准寬展，而佔地畝數及四至界限必須聲明，官地民地，尤宜分別，庶將來劃界繳租便於稽核，兹發交本部新定礦表一紙，仰即遵照款式詳細填註，暨隨文應送各件由該道咨照直隸礦政調查局詳請北洋大臣咨部核辦可也。此繳。四月初二日。

《商務官報》光緒三十四年四月五日第八期《批陳國楨稟》 據稟暨圖説均悉。該商稟請試採，順天府宛平縣屬齊家司金窩溝地方烟煤紅煤各礦，請領探礦執照各節。查本部奏定礦務新章，第五欵内載，如有礦商經赴農工商部具呈者，應由農工商部咨行該省督撫轉飭礦政總局查明核辦等語，除抄録原稟咨行直隸總督轉飭遵照辦理，仰該商即赴直隸礦政調查局稟候核辦可也。此批。三月廿四日。

甘厚慈《北洋公牘類纂續編》卷一八《督憲楊准農工商部咨商人稟辦薊州柴煤小礦請飭局核辦札飭礦政調查局查覆文》 爲札飭事。光緒三十四年四月初八日，准農工商部咨光緒三十四年三月初五日，接准順天府咨稱，准貴部文開，據商人魏榮椿稟稱，擬在薊平交界之青水峪，開採柴煤小礦，南至馬頭山，西至山麓，東至碾子溝，北至沙家嶺等地方，約計面積十方里，與山主平谷縣人艾珍訂立合同，並繪圖稟請行查，發給探礦執照等情。查該商魏榮椿請辦青水峪柴煤小礦，其地有無妨礙及田園廬墓，該商人品家道是否公正殷實，四至萬里是否相符，相應飭屬確切查明覆核等因到府，旋由本衙門札飭該州知州黄行簡查明稟覆去後。兹據該州稟稱，查得該商人魏榮椿遣抱扈占鰲稟稱，商人魏榮椿籍隸宛平縣，係正藍旗人，住太僕寺街，實係家道殷實，人品端方。伊扈占鰲係大興縣人，住朝陽門外東大街。又出主艾珍，係平谷縣西高村人民。商人魏榮椿向在外務部經理文件，實難分身，遣伊扈占鰲帶同山主艾珍來案請查勘詳辦前來。卑職當即帶同扈占鰲等輕騎減從，親詣州屬青水峪地方履勘，該處實係煤苗透露，按照四至處所查驗，與奉發原圖四至相符，其中並無妨礙，界内亦無墳田廬墓，隨訊據扈占鰲供，與稟詞同。據該山主艾珍供稱，伊家原有這荒山一處，與商人魏榮椿訂立合同，開採煤礦，已將山圖賬據呈驗貴部等語，取具甘結，附卷存查等情，稟覆前來。除批示外，相應粘抄原稟，咨請查照核辦等因前來。查商人稟請勘礦執照，按新定礦章，應由各該省礦政調查局核辦。現在順天礦務均歸併直隸礦政調查局辦理，業經咨明在案，兹准前因，除批示該商遵照外，相應抄録全案暨該商所呈照費庫平銀五十兩，一併咨送貴督查照，轉飭礦政調查局遵照新章辦理，並將辦理情形專案報部，以憑備案可也等因。到本署大臣，准此，合行札飭，札到該局即便查照新章，詳細核辦，具覆核咨。

《商務官報》光緒三十四年四月十五日第九期《批周萬邦等稟》

稟悉。查易州屬趙莊煤礦，前學生何錫綬、商人王元澍等先後來部稟辦，當經咨行西陵承辦事務衙門，查與陵寢禁地有無妨礙。旋准復稱易州境内各山産煤之處，遵照乾隆六年直隸總督原案永遠示禁等因，咨復到部，均經據咨批斥在案。茲該商等所稱難保非串名瀆稟，所請夥同地主開挖之處，著不准行。此批。四月初八日。

《商務官報》光緒三十四年四月二十五日第一〇期《批職商李秉中等稟》

業經前據稟請開辦奉天遼陽州屬禮王府圍場窑子峪煤礦，懇請立案給照等情。據稟，咨會禮親王府查復核辦在案。茲准復稱，該職商等所籌各節，均屬不虚，應即准其領照開採等因。惟查該職商等所呈保單銀一萬兩，係興順號喜轎鋪字號，是否殷實可靠，無憑查晰，仰即另具妥實行號保單呈案。再查前呈圖説内稱，約計禮王府圍場寬長三十餘里，其間産煤之區，計八九處。今擬在窑子峪南坡，約佔十數方里等語。究竟該礦應佔若干方里，仰即具報，並將詳細四至開列，以憑填發礦照。應繳照費銀兩，亦著照章呈繳可也。此批。五月十六日。

《商務官報》光緒三十四年五月五日第一一期《批職商葛壽岑等稟》

前據該職商稟請試探河南南陽府裕州元寶山銀礦，懇准立案，發給勘礦執照，以憑試辦等情。本部因所稟方里地數錯誤，且與定章不符，當經批駁在案。茲復據該職商等稟稱，該礦産南北長十里，東西寬二里，繕寫寬四里係屬筆誤等情。並將原訂合同一件稟送前來。查商人稟請勘礦執照，按照新定礦章，應由各該省礦政調查局辦理，除將全案咨送河南巡撫轉飭礦政調查局查明核辦外，即仰該職商等遵照赴河南礦政調查局聽候辦理可也。此批。四月二十三日。

「中央研究院」近代史研究所《礦務檔》第六册《光緒三十四年五月初十日外務部收東三省總督署黑龍江巡撫文附原奏片抄送辦理礦政調查局情形片稿》

光緒三十四年五月初十日，收東三省總督、署黑龍江巡撫文稱，案照本省於光緒三十四年四月十二日附奏，爲辦理礦政調查局情形等因一片。除俟奉到硃批，再行恭録咨行外，相應抄奏咨呈，爲此咨呈大部，請煩查照施行。計抄原奏。

再查上年九月間，准農工商部咨開，本部會同外務部奏定礦務章程，定於明年二月十三日，作爲施行日期，至此次礦章應派令各省礦政調查局礦務議員遵照辦理等因前來。當即札派花翎協領純德，爲礦政調查局總辦，候補同知馬六舟爲會辦，令其籌備一切事宜，並撥給開辦費一千五百兩，以資預備。現據該員等將辦理情形，呈請分别奏咨立案前來，除將所擬試辦簡章，並先行表册咨部查照外，理合附片陳明，伏乞聖鑒。謹奏。

「中央研究院」近代史研究所《礦務檔》第一册《光緒三十四年五月十二日外務部收直隸總督楊士驤文附井陘煤礦合同咨呈井陘煤礦合同暨洋文礦圖請核復》

光緒三十四年五月十二日，直隸總督楊文稱，案查正定府屬井陘縣境横西村等處煤礦，前由德員漢納根於奉准往勘之後，與文生張鳳起稟請合本開采，歷經升任外務部尚書前北洋大臣袁，將迭准貴部咨到德使照送該洋員等擬辦礦圖，飭行該管地方官勘明四至，繪送詳圖，並就所訂合同，查照定章，核飭更正，隨時函達有案。嗣以張鳳起、漢納根改議條款，分認股分，諸多未妥，易滋流弊，遂議參照臨城煤礦成案，改歸官局收回合辦。飭與津海關道另議合同，當經前任關道現署外務部右侍郎梁，會同礦政調查局總勘礦師鄺道榮光，與漢納根往復商辦兩年之久，擬有合同十八條。較之臨城辦法更加詳密，權利所在，挽回甚多，祇以事涉糾紛，磋磨不易，大綱雖經審定，細節尚待妥商，以致迄未定案。上年本署大臣接任以後，旋值現升外務部右參議前關道梁調任上海，復委礦務議員現任津海關蔡道紹基爲該礦督辦，李道德順爲該礦總辦，督飭該道等仍本前議宗旨，再就所議條款與該德商逐一商確。將第十一、十二、十三等款原文之義，量加引申，復將合同中所載應用函牘簿據，改用華文，解釋合同，亦專以華文爲准，並酌删第八一款，共訂爲十七條，均經漢納根承認遵守。據該道等以此事轇轕有年，今始就範，漢納根等稟請開辦。既在現定新章之前，其後改由官局收回，另議合辦合同，亦與臨城一案廢撤舊約改定新約情事，正復相類，未便概以新章相繩。且新章第八款本有關涉洋商，酌予通融之條，核之此項合同，於華民生計、中國主權、地方治理三者均無侵損。與新章亦不相背等情，稟請核定，飭繕合同，簽字呈蓋關防，並詳請分咨前來。查該處煤礦合同，請辦在先，飭訂已久，歷年磋議，至再至三，始克就緒，復核所訂各條，參照臨城辦法，均尚周妥。除批示並咨會農工商部查照外，相應照録合同，及配付洋文，連同礦圖咨呈貴部，謹請察核見復施行，須至咨呈者。

附清折一件、圖一件、洋文一件。

直隸井陘礦務總局與井陘礦務有限公司訂立辦礦合同

津海關道蔡、調直記名道李，現奉北洋大臣楊札委，督辦、總辦直隸井陘礦務總局一切事宜。特與辦理井陘礦務德商有限公司漢納根，核訂合同如左。此合同內所有直隸井陘礦務總局稱爲礦務總局，德商井陘礦務有限公司稱爲井陘公司；礦務總局與井陘公司合辦井陘礦務，改名曰井陘礦務局，在此合同內稱爲井陘礦務局。

第一款

一，礦務總局經理直隸之井陘礦務，即爲該處礦主，茲允會同井陘公司合辦一切，所議章程，彼此均應遵守。

第二款

一，井陘公司應允會同礦務總局合辦，特將公司所有財產物業，如礦地、礦井、機器、房屋、傢私、牲口，並地內採煤業已做成之各工程，暨現存出井之煤斤、材料、傢具等，全行歸井陘礦務局管業。其井陘公司原辦礦工各地段，統由礦務總局收回，允准全行歸井陘礦務局管業。

第三款

一，井陘礦務局開辦日期，即以奉到中國政府批准合辦之日爲始，至開辦之日，所有井陘公司未合辦以前之外欠帳目，概歸井陘公司自行經理清楚，並特聲明如有轇轕之事，俱與井陘礦務局無涉。

第四款

一，在此合同期內，所有井陘礦務局一切事宜，應由礦務總局與井陘公司互商辦理。礦務總局應派華總辦一員，華礦師一員，及各華員。井陘公司應派洋總辦一員，及各洋員。惟均須彼此會商妥洽，方能委派。所有該礦推廣各項新舊工程以及支付款項，須由華洋總辦或各該委員互相商允簽字，方可舉行，但須和衷共濟，以裨大局。各項帳目，須用合格華洋員司，照至善方法辦理，惟須譯成漢文，俾華洋兩總辦皆知頭緒，易於閱核。凡有應行公事，均由華洋兩總辦辦理，或委員代理，由井陘礦務局出名，公同樹押，所有官牘，用華文書寫。其貿易函件暨各項帳目單據。如係洋文，亦須各譯漢文存案，俾易檢閱。

第五款

一，井陘礦務局以本有之利益及財產物業，作爲資本。

甲，井陘縣境內，按照附圖現在指明擬辦之煤產，由礦務總局允准，抵作股本，值行平銀二十五萬兩整。

乙，照第二款井陘公司之產業等，及預備日後擴充工程款項，共作股本行平銀二十五萬兩，內照第二款在光緒三十二年正月初一日，所有之財產物業估價，共值行平銀二十萬兩整。

統計井陘礦務局股本，共合行平銀五十萬兩，內將已收足股銀二十五萬兩之股票，應交礦務總局督辦收執管業，其餘二十五萬兩，應交井陘公司收執。但井陘公司二十萬兩，衹作收足股銀而已，其欠交之行平銀五萬兩，一到應交之日，當由井陘公司如數交出，其利息由交銀之日起算。今彼此訂明，礦務總局所得二十五萬之股票，視作股銀交足，應分老本息銀及餘利，與井陘公司同日核算。

第六款

一，將來股本如不敷用，須添股本，或由直隸礦務總局與井陘公司各備一半，以昭公允，或由井陘礦務局借款，均須華洋兩總辦妥商辦理。

第七款

一，合辦後每年所得餘利，照後開章程辦理。

甲，先付五十萬兩股本利息，按常年七厘計算，每年一付（即每百兩每年息銀七兩）。

乙，既支利息之後，所餘之款，每兩撥交礦務總局十兩，作爲積存之項，預備歸還井陘公司之原來股本銀兩。

丙，每年由餘利項下撥行平銀五千兩，交直隸礦政調查局。

丁，再有餘利，歸礦務總局暨井陘公司平分。

第八款

一，此合同以三十年爲期，由奉到中國政府批准之日起。計自第一年至第十五年，所得餘利，照第七款分撥。由第十六年起，礦務總局須將井陘公司實在用過之資本，分期交還十五分之一，分十五年還清。凡已還之款，由交還之日起，將七厘利息止截，由第十六年至第三十年，所得餘利，即照下文分派。第十六年至第二十年，礦務總局與井陘公司各分其半，第二十一年至第三十年，其餘利井陘公司應得四成，礦務總局應得六成。至三十年底，井陘公司所用之資本已全數清還，以後礦務總局與井陘公司轇轕清楚，兩無相涉，而此合同遂作廢。

第九款

一，立合同十五年之後，礦務總局有停辦此合同之權，惟礦務總局欲將此合同停辦，須於十二個月之前，先行知會井陘公司。屆時井陘公司必須將所有權利股分，全行賣與礦務總局，言明由礦務總局照井陘公司原有股本銀二十五萬兩歸還外，另加十五倍一年之利益。即照第七款第四條，按最近五年所得餘利總共之數，按五分均分，將所得之一分加足十五倍是也。自股本及利息銀清償之後，礦務總局與井陘公司兩無相涉，而此合同即行作廢。倘由井陘公司請予停辦，則礦務總局只給還井陘公司原有股銀，不另給利益。

第十款

一，現訂明礦務總局與井陘公司擔認本合同之錢銀責任，祇以井陘礦務局之財產物業，作爲第一次抵押。倘該財產物業將來不足以抵償股本或利息，則不敷之款，與中國國家及官員無涉，亦與礦務總局及井陘公司各員司，及股友皆無牽累，祇將其應得該礦之利益抵償而已。

第十一款

一，在此合同未經作廢及停辦以前，如未經井陘公司認可，礦務總局允不另與他人訂立合同。如礦務總局因井陘礦事須借款項，允先儘向井陘公司商辦。倘至十五年之後，照此合同第九款辦理，則屆時礦務總局隨便可與他人定約商借。至井陘公司若未經礦務總局允許，亦不得將其井陘礦務局之權利或股分，轉讓他公司經理。

第十二款

一，井陘礦務局督辦奉北洋大臣之命，維持保護，即與中國各鐵路公司商妥。凡井陘礦務局所出之煤産，及運入之機器伙食，其運價悉照他處礦務章程辦理，井陘礦務局可在礦務總局礦産界内，修築運煤枝路鐵路，亦可直接至鐵路之幹路，但須與該幹路路政無礙 方可。惟在礦界中心點周圍十里之外，擬建築運煤鐵路。如與京漢正太路綫暨地方祠宇墳墓等項無礙，方可將築路大概圖形，繪送井陘礦務局督辦，轉禀中國政府批准後，始准建築。

第十三款

一，井陘礦務局報効中國國家，並本省官款，言明按煤斤出井之價，每噸作庫平海關白寶銀一兩正，内以五分作爲報効。[即每百兩五兩]所納税厘，按照開平礦務局章程辦理，每噸納厘金凈錢八十四文，另納税銀庫平海關白寶銀一錢二分五厘。除以上税厘，並應納之地税外，並無他税，鐵路官局暨他局所需用煤斤，祇納報効之費。倘有他家華洋合辦公司所出之煤斤，有納厘税較以上更低者，井陘礦務局所出之煤斤，亦當援照完納，以歸一律。俟農工商部礦務新章宣布以後，如因辦礦有應行增改者，經北洋大臣核飭，井陘礦務局即當遵照辦理。

第十四款

一，井陘礦務局應用一切材料物件，祇完海關例税，其餘厘金各捐，一概豁免。

第十五款

一，凡有井陘礦務局一切事宜，既承北洋大臣維持保護，自應歸北洋大臣節制，並應遵照北洋大臣指示辦理，倘非與該礦利益實有妨礙者，均應遵辦。

第十六款

一，遇有争執事宜，礦務總局暨井陘公司各請一秉公人判斷。如所請之兩秉公人不能判斷，則由兩秉公人另行公舉一人以決之，決定後，兩面皆允遵守，不得再争。

第十七款

一，以上各款章程，係用華文繕就六分，彼此簽押作據，每分另配英文譯稿一本，核對條款，語意相符。惟華、英兩文倘將來解釋彼此或有歧異之處，則應專以華文之義爲主。此合同六分畫押後，呈送北洋大臣核奪蓋印，轉請政府批准，方可施行。屆時即以一分呈存北洋大臣衙門備案，一分存津海關道署備案，以二分存礦務總局備查，二分存井陘公司備查。

《商務官報》光緒三十四年五月十五日第一二期《批職商杭慎修等禀》 該職商等禀辦京西大坨山煤礦，前經本部據情片行順天府履勘聲覆，並批示該職商等候查明確再行核辦等因在案。旋准順天府文稱該處係京營地面，不歸宛平縣專管，請轉行步軍統領等衙門詳查，以昭慎重。當經本部轉咨步軍統領衙門查復去後。茲准復稱，中營副將鮑湧泉帶同守備于清親往静宜園後山遍街塔地方迤西半里有餘大坨子地名，近北山坡有封閉和尚窑一座，又往西三里餘至善化寺之西有封閉後尾子窑一座，詳查該處窑産前於同治六年五月内因園庭泉水乾涸，經泉河工程處具奏，曾奉飭令會同順天府宛平縣封閉。復於光緒二十七年十一月内接據宛平縣移文商人劉焕章等請在後尾子等處開挖煤窑，當經咨覆順天府查禁。嗣後屢有禀請開採，均以該處官山一帶雖煤窑林立，因礙泉水，歷經一律查封有案。今該紳商所呈窑座地勢無論舊有新開，均在從前封閉各窑附近脈綫界内等因。查職商杭慎修等稟辦大坨山煤礦，係爲開闢利源起見，本部綜持礦政，凡遇請辦礦産但無違礙，無不力與維持，惟此案既准步軍統領衙門派員勘明，並將歷次封禁之案咨覆到部，自未便照准辦理。此批。六月初一日。

《商務官報》光緒三十四年五月十五日第一二期《批職商藴萱稟》 據稟前同沈壽康等稟辦鷄鳴山煤礦，經部批駁，另招股欵，取具保單，請發開礦執照等情閱悉。查此案前因沈壽康擅以稟准之礦私相授受，迭經嚴辭批駁，並將原領探照註銷在案。該職商既係前案合辦列名之人，自應凛遵前批，毋再嘵瀆，猶復羅致股東飾辭稟請，殊屬不合。須知本部准駁各案，祗以與部章有無違背爲斷。該職商前既與沈壽康等擅舉全福爲總理，兹復於前案註銷以後，妄招石約三等股本，顯違部章後先一轍，所請仍不准行，後勿再瀆。此批。六月初七日。

《商務官報》光緒三十四年五月十五日第一二期《中國北方之煤産》 中國北五省之煤，尤以山西省煤礦推爲冠絶，産既饒富，品質尤良，紐約太陽報曾艷稱之。而該報所稱大抵根據黎芭少芬氏之説，有威立斯者精於地理測量之學，足跡徧於中國迤北一帶。迄中數省，其經行之路，計程不下二千英里，爰據其履勘所得，著書凡三卷。其畧曰：黎氏所述中國煤産各語，不免溢量。夫中國煤礦雖饒，都未宣洩，急待開採者，固屬不少，要必竢工業進步後，而始有發達之可言。然欲望中國煤之出口，終不可必，第據科學家測算中國北路埋藏於地下之煤，其總數計有六〇五〇〇〇〇〇〇〇〇噸，且彼曾下一斷語曰，將來所産之數，或有與現今所測稍有參差，亦不過相差一〇〇〇〇〇〇〇〇〇〇噸上下，而較諸美洲阿伯蘭辛山煤産總數，尚少四五〇〇〇〇〇〇〇〇〇云。

《商務官報》光緒三十四年五月十五日第一二期《撫順炭坑之價值》 今有在撫順調查者，謂自老虎臺至千金寨之地，所含炭量甚富，即約畧計之，已有三億八千四百萬噸。惟炭層甚厚，實不能悉行採掘。今若作三分之一計算，亦尚可採一億二千八百萬噸，如一日出炭三千噸，約可繼續一百十八年間；如一日出炭五千噸，約可繼續七十年間；若併連亘於東西之炭田算之，則所有之炭量，當達於六七億萬噸云。

甘厚慈《北洋公牘類纂續編》卷一八《運司會同礦政調查局詳核議晉豫兩省運礦來直一案請分咨查照文》 爲會同核議詳覆事。光緒三十四年五月二十九日，蒙憲台札開據礦政調查局詳稱，【略】又於六月十二日，蒙憲台札開准河南巡撫部院林咨稱，【略】此札等因。蒙此，本司遵即札飭官硝局妥議去後。兹據該局坐辦耿牧守恩等稟稱，遵查硫礦爲物乃製造軍火必需原料，雖與卑局所辦之硝分爲兩項，然同關軍火無分歧異，自應協籌嚴查之法，預防匪人私購，而杜隱患，方昭慎重。晉省之磺運銷他省者，若阻止不准借道行運，固屬不宜，倘仿照鹽務借道章程，酌貼巡費，亦恐日久生弊，況河南硫磺又有減價售賣之文。卑職等再三籌議，酌擬通融辦法，擬請嗣後無論何省運磺，先由該省來咨註明商人姓名，起運日期，觔重包塊，行銷地址，經過地方，行知礦政調查局，再由該局遵照來文，移會經過沿途各州縣局卡查驗。如果磺照與原文相符，應即放行保護，否則當以私論，庶可以杜私購濫銷之弊。卑職等係顧全同體大局起見，所有奉飭併案籌議緣由是否有當，理合稟請查核等情前來。本司職道等覆查該局所議尚屬妥協，理合具文詳覆憲台查核，俯賜分咨山西、河南撫部院查照。嗣後運磺來直務請先期咨明，以便行知，實爲公便。再此詳係本司鎮芳主稿，會同礦政調查局核議，合併聲明，爲此備由具呈。伏乞照詳施行，須至册者。

督憲楊批：據詳已悉。此案現經該司等督飭官硝局核議，擬請嗣後無論何省運磺，應由該省磺局將所辦商人姓名及購磺斤數目、起運日期、行銷地址、經過地方，報由本省各撫院先行咨明，轉飭該局移會經過沿途各州縣局卡查驗保護，以杜私販，事屬可行，仰候分咨山西河南撫部院查照飭遵。繳。

甘厚慈《北洋公牘類纂續編》卷一九《督憲楊准農工商部咨密雲副都統試辦煤礦咨領執照事札飭礦政調查局查照前案詳覆文》 爲札飭事。光緒三十四年五月十五日，准農工商部咨本部接准密雲副都統咨稱，案查本處前因密境柴薪昂貴，奏請試辦密雲縣屬東智莊卧水窑煤礦，於本年四月二十一日，准直督委員張道文濬來密照敝處原奏查明，所辦相符。查得卧水窑舊有隧峒已將積水淘盡，試探顯有煤綫六寸有奇，據礦師云必須循綫深鑿二十餘丈，可見暢旺，即應遵照礦章，先由礦務局領探礦執照，謹具照費銀五十兩，委員赴局祗領，相應咨行查照等因前來。查此案前經本部咨行貴大臣轉飭查明，請將辦礦之官紳農商姓名籍貫與山主曾否訂立合同，集股與官合辦，是否歸地方官經理，抑即由密雲副都統主持，該官紳農商等是否公正殷實，該處山主是否均係情願，其礦山形勢以及現派委員試辦情形查明繪具圖説詳咨到部，再行會商核辦等因在案。兹准密雲副都統咨開各節，相應咨行貴大臣查照，前咨轉飭詳細查明，咨覆本部，以憑會核可也等因。到本署大臣，准此。查此案前准來咨業經札行礦政調查局，按照指查各節詳細查明，繪圖呈候核咨，並派委張道文濬前往勘查，會同該局詳覆核咨在案，迄今未據聲覆。茲准前因，合行札飭，札到該局，迅即會同張道詳確查明聲覆，以憑核咨，勿延。切切。

「中央研究院」近代史研究所《礦務檔》第一册《光緒三十四年五月十八日外務部發農工商部北洋大臣咨井陘煤礦改歸官局收回合辦請奏明辦理》 光緒三十四年五月十八日，發農工商部、北洋大臣咨稱，本年五月十二日，接准北洋大臣來咨。來咨以井陘縣横西村等處煤礦，由現任津海關蔡道紹基等與德商漢納根另訂合同十七條，於華民生計、中國主權、地方治理均無侵損，與新章亦不相背。復核所訂各條，參照臨城辦法，均尚周妥，附送洋文，連同礦圖，咨請核復等因。查井陘縣煤礦，自光緒二十五年德員漢納根，與文生張鳳起訂立合同，即由德使照請總署核准，嗣經本部於三十八年四月查核原訂草合同，與定章尚無違礙，照案核准，分咨北洋大臣暨總辦路礦張大臣各在案。惟糾葛多年，迄未就緒，現既參照臨城煤礦成案，改歸官局收回合辦。詳核所議合同，大致均與臨城煤礦合同相仿，自可照此定議，仍應由北洋大臣、貴大臣奏明辦理，以符成案。除咨復北洋大臣查照辦理外，咨行農工商部查照外，相應咨行復貴部、大臣，查照辦理可也。須至咨者。

《商務官報》光緒三十四年六月五日第一四期《批陶公銘稟》 據稟已悉。查該商請辦直隸朝陽府三義棧煤礦一案，前已據情咨行熱河都統查明聲復去後。茲據稟稱，前因仰仍候咨，催查復俟咨復到日，再行核示。此批。五月十七日。

《商務官報》光緒三十四年六月五日第一四期《批河南六河溝煤礦公司呈》 據呈已悉。查該公司前呈擬於京漢鐵路南北幹沿途巨鎮多設分廠，以廣銷路等情，業經本部核准，批示在案。茲據呈稱京漢北干一帶間已設有分廠，茲調查南幹各碼頭，惟河南鄭州等處及湖北漢口鎮等處均能通銷煙煤，擬於各該處設廠分銷，以期推廣，並擬於漢口地方首先設辦，呈請咨行河南巡撫暨湖廣總督轉飭地方官保護等情前來。除照准立案分咨外，所有該公司籌設分廠情形及各廠開辦日期，應隨時報部，以備查考。此批。五月十八日。

中國第一歷史檔案館《清代軍機處電報檔彙編》第三四册《收東三省總督徐世昌電爲撫順煤礦以中日合辦與日磋商事光緒三十四年六月十三日》 佳電敬悉。撫順煤礦情形，已疊詳前函咨，王商恐難與後藤議結。此爲南滿洲必不可少之礦，日人勢所必爭。既不能全還，若與合辦，我若無資本，不得已籌一特別辦法，擬將礦產作爲我之資本。其餘機器，一切布置用費，均由日人籌出，作爲日人資本，與我合辦。倘彼不允從，則盡將礦產公平估價，所值若干，即作爲若干成，與之合辦。此外他礦不得援以爲例，請以此意與日使磋商。是否，仍候鈞裁。昌。文。

《商務官報》光緒三十四年六月十五日第一五期《批王蘭亭稟》 前據稟請探勘順天府宛平縣屬珠窩銀鉛鑛，一年期滿，未獲真正苗綫，懇祈展限六個月等情。當經札行順天府查明聲復去後，茲准復稱，據宛平縣詳稱，查明此山係有銀鉛鑛，古昔已經開採罄盡，於咸豐年間開辦年餘，不惟未獲銀鉛鑛質，並未獲真正苗綫，近於光緒三十一、二、三年間屢屢有人探勘開採石砂，似是而非，爐煉均成石楂，並未有銀鉛，實質係古昔開採罄盡無疑等因。查該商探勘珠窩銀鉛礦既經順天府飭屬查明，所有礦質古昔已開採罄盡，即使展限六個月，未必能獲真正苗綫，仰該商即將勘礦執照繳銷，以符定章而重礦務。此批。六月初四日。

《商務官報》光緒三十四年六月十五日第十五期《批馬吉森稟》 前稟請辦山西鳳台縣孫村地方煤礦，聲明毋庸鑿探，稟請開礦執照等情。當經本部咨行山西巡撫飭查聲復在案，茲准復稱，飭據查明該礦地四至相符，並無窒礙，自應准其開辦，合行填發開礦執照一紙，仰即出具領結，赴部承領。至將來推展礦界續購地畝，仍應稟候核辦，除咨山西巡撫照章飭屬保護外，該職商等即便遵照可也。此批。六月初四日。

《商務官報》光緒三十四年六月十五日第一五期《本部具奏請頒山西保晉礦務總公司關防摺》 奏爲晉紳創設保晉礦務總公司請頒給關防，恭摺仰祈聖鑒事。前據山西紳士軍機處主事趙國良等呈稱，晉省創設保晉礦務總公司，並公舉分省補用道渠本翹爲總理等情，當經臣部批准並飭令迅速開辦等因在案。茲據該公司總理渠本翹呈稱，自公司設立以來，先後在平定澤州等處用土法開採煤礦數十處，復經訂購機器，延聘鑛師，逐處勘驗，並擬招股本銀三百萬兩，爲漸次擴充之計，請照章頒給關防等情到部。竊查晉省鑛產富饒，欠爲外人覬覦，本年春間經外務部奏明，督同山西布政使丁寶銓與英商福公司磋議，將前訂辦礦合同，贖回作廢。從此鑛權無失，商民感忭，正宜乘此時機，將該省鑛務切實振興，以保利源，而盡地力。該總理渠本翹於贖回福公司合同一事，隨同籌議，備著勤勞，爲鄉人士所推服，信用既廣，成效易彰。至該公司一切事宜，如文牘往來，款項出入，在在均關重要，自應准如所請，頒給山西商辦保晉鑛務有限總公司關防一顆，由臣部刊刻發交該公司鈐用，俾資信守。所有晉紳創設鑛務總公司請頒給關防緣由，理合恭摺具陳，伏乞皇太后皇上聖鑒訓示。謹奏。

光緒三十四年五月二十九日具奏。奉旨：知道了，欽此。

《商務官報》光緒三十四年六月二十五日第一六期《批劉玉清稟》 據稟已悉，該商請辦平泉州屬松樹台地方煤窑，既經熱河都統飭據平泉州查明，前有鄒鳳如私挖張富已閉之窑，經州查出，委弁拘究，鄒鳳如遠颺勾串該商控稟等情，嚴詞斥駁在案。該商乃復來部，越瀆希圖朦准，殊屬不合，所請著不准行。此批。七月二十二日。

《商務官報》光緒三十四年六月二十五日第一六期《批馬祖湘等稟》 稟悉。該職商等試辦鶩富寶華山煤礦，所領探照限期已滿，稟請展限並擬招股各節，業經本部據情行查熱河都統，仰候咨復到部，再行核示。此批。六月十五日。

甘厚慈《北洋公牘類纂續編》卷一八《督憲楊准農工商部咨礦地糾葛請行令延請礦師探勘事札飭獨石口廳延慶州查照文》 爲札飭事。光緒三十四年六月二十五日，准農工商部咨接准咨稱，王永成與楊國銓礦地轇轕一案，前經陶道湘馳赴礦所，會同獨石口廳查明，王楊二商所指礦地係屬一處，眼同丈畫界限，繪具分界圖，呈請核咨在案。又據另稟，竊維振興礦務乃富國之良圖，然如該兩商之不加研究，冒昧從事，殊覺有害無利。該商等資本不充，識力不足，何能措置，必至騷擾。職道等管見，該處銀礦經此次劃界後，無論何商承辦或兩商分辦，擬請勒令該商等，先舉礦師到部考驗學問，果然實在，飭令前往查勘，如有礦苗可採，再行頒發執照，庶幾資本可望保全。職道等爲振興礦務起見，是否有當，伏乞察核施行等情，到本大臣。據此，除批示外，相應咨明，請煩查照核辦施行等因前來。查此案前准貴大臣來咨，當以所繪界圖王商探礦窿口，係在楊商界内，該故商王永成經營此礦數年，一切工程材料用款甚多，此次界限劃定，其王商工程等項所費之款，應由官查明數目，斷令楊商照數貼補，業經咨覆在案。兹准前因，相應咨覆貴大臣，希即查照前咨，轉飭地方官遵照辦理，傳諭該商等延請礦師必須精通礦學者，方准探勘，以重礦務，並將辦理情形聲覆本部可也等因。到本大臣，准此。查此案前准來咨，業經札行遵辦在案，准咨前因，除分行外，合行札飭，札到即便查照，併案核辦具覆。

《商務官報》光緒三十四年六月二十五日第一六期《批李秉中等稟》 前據稟請試辦奉天遼陽州窑子峪煤礦一節，因礦界核與新章不符，曾經批飭及咨行東三省總督、奉天巡撫飭局勘減在案。兹准復稱，減定礦界，計地九百五十五畝二分，繪具圖説，咨送前來。核與本部奏定新章，尚屬相符，應准填發開礦執照。除咨行東三省總督、奉天巡撫查照外，該職商當即備具領紙，赴部領取可也。此批。六月初十日。

《商務官報》光緒三十四年七月五日第一七期《批馬吉森等稟》 前據該職商等稟辦山西鳳台縣孫村地方晉益煤礦有限公司，遵章呈請註册，業經本部咨行山西巡撫飭屬查明，該煤礦情形尚無窒礙，已核准發給開礦執照在案。查閲註册呈式内聲明各款及所繳公費數目均尚相符，自應准其註册，合行填給執照、收單各一紙，仰該商出具領結，自行來部承領可也。此批。六月二十四日。

甘厚慈《北洋公牘類纂續編》卷一九《督憲陳據津海關道詳井陘礦局煤斤材料運費請援各局章程辦理咨請郵傳部核覆文》 爲咨會事。據津海關道蔡道紹基詳稱，竊准井陘礦務局函開，敞局洋總辦漢納根函稱，昨值貴道接辦井陘礦務局華總辦事宜，蒞新視事，曾將本礦因原訂合同第十二款，未能實行，致受損害各節面陳梗概，兹將詳細情形及合同第十二款所載，督辦對於井陘礦務局應負責任專函，奉懇轉請督辦，查照定章妥速辦理，以符合同第十二款載明督辦奉北洋大臣之命維持保護，即與中國各鐵路公司商妥，凡井陘礦務局所出之煤産及運入之機器伙食，其運價悉照他處礦務章程辦理等因。又查原奏内聲明，井陘礦務合同悉本臨城礦務而定等因，是合同内所指之他處礦務四字，即是原奏之臨城礦務，義理明顯，毫無疑義。現計自光緒三十四年七月初九日，奉旨批准之日起，至今已逾一年有餘，井陘礦煤産及材料等項運費，均未援照合同辦理，受虧甚大，亟須懇請督辦詳請北洋大臣察核，據案咨請郵傳部飭下京漢各鐵路公司，將井陘礦煤産及材料等項運費，與臨城礦運費章程一律辦理，以符奏案，而維礦政。至臨城礦售煤，與京漢鐵路公司比照定價，減去二分五核算，井陘礦自當援照承辦，以昭公允。且路政礦政相爲維繫，鐵路減讓運脚之後，則礦煤出運必多，以加出之多抵減讓之數，全年合計於鐵路進款亦不至有短少，而於礦産可大受其益，誠爲兩利而無一害等因。准此，相應據實函達，即請貴督辦查照，迅賜詳辦爲荷等因。函請轉詳前來，職道覆查無異，理合具文詳請憲台查核，俯賜批示祇遵，實爲公便等情，到本大臣。據此，除批據詳井陘礦局由京奉京漢各路局裝運煤觔材料等項，應付運費，擬請援照臨城礦局運費章程，一律核減，并將售與各路局煤觔，亦照該局所定價目減收，以期礦務路政兩有裨益，候咨郵傳部核覆，飭遵繳掛發外，相應咨會貴部，請煩查照核覆施行。

《商務官報》光緒三十四年七月十五日第一八期《批李國英等稟》 據稟已悉。該職商籌集股本庫平足銀五千兩，租開張家口廳屬土木路地方煤窑，並附呈合同、礦圖、保單、照費等，稟請查核等情。業據情咨行察哈爾都統轉飭張家口廳按照部頒章程，確切查明，俟覆到再行核奪批示，仰即遵照可也。此批。八月十七日。

《商務官報》光緒三十四年七月十五日第一八期《批蘇振常稟》 據稟擬在房山縣長溝峪地方舊有韓家窑煤窑，備本試採，請領執照等情。查該處礦地前經有人稟請探辦，嗣因地畝糾葛不清，迄今案懸未結，該商所請承辦試採之處，應毋庸議。此批。八月十四日。

中國第一歷史檔案館等《琿春副督統衙門檔》第二三七册《吉林行省爲東清鐵路展地煤礦伐木三項合同給春暉副督統呈文光緒三十四年七月二十二日》 欽差大臣東三省總督部堂徐、欽命副都統銜署吉林巡撫部院朱，爲咨行事。案據哈爾濱鐵路交涉局會辦枉道學瀛呈稱，竊照東清鐵路公司新展地段合同，業於本年七月二十二日簽押在案。兹准阿勒楚喀副都統富咨開，案准貴道派委員保麟同東省鐵路公司俄員穆林木撮夫執持會議，商定東路購地合同底一紙前來，敝城查勘地界等因。查該鐵路公司東路展購地畝，業經督撫憲核准畫押，敝衙門迄未接奉公文，無憑遵辦，復查合同内載阿什河購地一千晌，第阿城鐵路車站相近地方東臨河沿，西近華街，南距一二里村莊，廬墓甚多，均係礙難遷讓。惟車站迤北鐵路東西雖有廬墓尚屬較少，望希貴道與該公司磋商，設法繞越，俾免闗礙，是爲至要。仍俟奉到公文，再行會商辦理，以昭慎重。相應備文咨商，請煩查照見覆等因。准此，除照商鐵路公司外，理合檢同東清鐵路新展地段及伐木、煤礦三項合同具文呈請鑒核，俯賜通飭知照等情，據此除分行外，相應將原訂展地伐木、煤礦三項合同各一分，備文咨送，爲此合咨貴副都統，請煩查照施行。須至咨者。計咨送合同各一分。右咨琿春副都統。

「中央研究院」近代史研究所《礦務檔》第三册《光緒三十四年七月二十五日外務部收山西巡撫文附奏摺咨送晉紳改訂礦約勤勞備著懇恩酌予獎敍摺》 光緒三十四年七月二十五日，收山西巡撫文稱，案照本部院於光緒三十四年七月初八日，具奏晉紳改訂礦約，勤勞備著，懇恩酌予獎敘一摺。除俟奉到硃批，另行恭録咨呈外，擬合抄摺咨送，爲此咨呈貴部，謹請查照施行。

計抄送原摺一紙。

奏爲晉紳改訂礦約，勤勞備著，懇恩酌予旌獎，以資激勸而維大局，恭摺仰祈聖鑒事。竊照光緒二十四年山西商務局紳士曹中裕與福公司義商羅沙第，議定借款開礦章程二十條。至三十一年，鐵路大臣盛宣懷又與該公司英商哲美森，在上海另訂設立山西鎔化廠及合辦鐵礦合同肆條。哲美森遂於是年十月來晉，請發開礦憑單，且執定章程内專辦字樣，不准本地商民開礦，經在籍紳士商務局總辦湖南候補道劉篤敬據章拒駁，自後彼此争辯，迄無成議。而京員趙國良等具呈農工商部，創設保晉礦務公司，公舉紳士二品銜分省補用道渠本翹爲總理，招股自辦，藉以抵制外人。至上年八月間，升任臬司丁寶銓奉旨赴京會商礦事，該紳劉篤敬亦邀同本省礦務代表梁善濟、崔廷獻等赴京，與福公司總董梁恪思會議多次。公司意在合辦，晉紳必欲收回，該司丁寶銓見彼此鑿枘，非畧予變通，不能就緒，磋商累月，始定議由晉省備款，將所訂正續章程合同贖回作廢，由劉篤敬與梁恪思訂約，互換簽字，經外務部批准。其贖款分四次給付，第一次應給一半銀兩，數鉅期道，渠本翹復向商號籌借，旬日之間，集款百萬，得以如期應付，克蕆全功。伏查晉省地居山僻，素號瘠區，惟礦産之饒，甲於各省，久爲外人垂涎。前次訂約，當事者初不覺悟，遂致隨其計中，使非設法挽回，不獨舉自有之權利拱手讓人，且鄉里窮民恃礦爲生，一旦失業，群情怫逆，忿忿不平，必致釀成巨衅。惟原約係由商務局議訂，與國家交涉不同，此時若但憑官力與之争持，彼此各不相下，難免決裂，惟由商務諸紳一力抵拒。而該司丁寶銓以地方長官從中提挈，稟承部示，聯合衆心，發慮出謀，洞中窾要，故雖事機百變，卒能就我範圍。其在事諸紳，激於義憤，合力挽救，要皆同功一體之人，而渠本翹經營保晉公司，集股興辦，隱爲抵制之計，及改約定議，復能於倉卒之間，籌集鉅款，應時撥付，劉篤敬總司商務，於礦案始終其事。迭次與福公司會議，力持正論，堅定不移，俾十年成約，一朝挽回，弭隱患於無形，收利權於既失，其有裨於大局，寔非淺鮮。前奉諭旨，業將前訂礦約之胡聘之等，分別斥革，竊以朝廷激揚互用，必在賞罰分明。若當日貽誤諸人均予嚴譴，而事後補救力爲其難者，未得仰邀旌獎，似不足以彰公道而示勸懲，在丁寶銓自以監司大員，爲地方擔任事務，寔係分所當爲。在事代表諸紳，顧全桑梓，亦以公義爲重，均稱不敢邀獎，惟渠本翹、劉篤敬兩紳於礦事始終維持，寔係尤爲出力，且鄉望素孚，此後路礦要政，仍須該兩紳主持籌辦，獎其成勞，正以策其後效，合無仰懇天恩，俯念該紳等争回礦約，頗著勤勞，渠本翹、劉篤敬兩紳應如何量予奬叙之處，伏候聖裁，非所敢擅擬。所有晉紳争回礦約，擇尤請奬緣由，除分咨查照外，理合恭摺具陳，伏乞皇太后皇上聖鑒訓示。謹奏。

《商務官報》光緒三十四年七月二十五日第一九期《批職商郭連山等禀》

禀悉。該職商等承辦灤州白道溝煤鑛，被撤停歇，現因虧累被控，懇請援照公司律，札飭商會代爲清理，照例變産償債等情。查該職商等前辦白道溝煤鑛，未經照公司律赴部註册，所請援律辦理之處礙難照准，仰即自行清理可也。此批。七月十六日。

「中央研究院」近代史研究所《礦務檔》第二册《光緒三十四年七月二十六日外務部收山東巡撫袁樹勛電東省民人學生倡廢五礦合同已飭嚴禁》 光緒三十四年七月二十六日，收山東巡撫電稱，前因東省人民散佈傳單，開會演説，擬保津浦鐵路附近礦産，曾將情形電達在案。一面飭令在省官紳，婉爲開導，以期早日解散。詎兩月以來，更變本加厲，牽及五處礦務，議將合同作廢。細查發起者，乃知爲東人陳翰、周樹標等，内中在各處學堂畢業生爲多，名爲熱心公益，其實無理取鬧，禁之不聽，尤復一唱百和，開具理由，斤斤辨論。署謂五處礦務，係商務性質，宜用國際私法，不當用國際公法；簽押宜用商人名，不當用山東礦政局總辦名；勘礦年限，不應展至二年；指定礦地，不應每塊三十方里，種種悖理違法，非議廢不可。又謂訂合同時，東省人民，全未預聞，斷不承認等語。竊思五處礦務發端於光緒二十五年，及二十七年聯軍在京，德人乘機要挾，促訂草章，牽未簽押。至三十三年，經楊升院咨商大部，改訂合同，挽救不少，其先後爲難情形，早在大部洞鑒之中，並經楊升院奏咨有案。今春商部頒發礦務新章，又經吴前院援照正章内第三章第八款，咨明商部請示辦法，旋准咨復，東省華洋各礦，如章程合同均係奏准之案，自可照舊辦理等因。現在該公司合同簽字，已及一年，勘礦之期，尚未逾限，無故議廢，將何致詞。且中國辦事，向由官家主持，民人本無議政之責。如該生等所云，乃立憲國辦法，非預備立憲國所可比擬也，樹勛初念該生等未諳情勢，但能解散，即可毋庸置議，不意該生等昨呈節略，反謂如不能廢，當限制開礦，抵制德貨，以爲後盾。若置之不理，則嫌疑叢生，難保無釀成不穩舉動等語。竊思該生等如果熱心桑梓，何不争於合同未經簽押以前，而於此時逞無意識之行爲，悍然不顧，其居心叵測，難保無藉端摇惑，擾害治安起見。如不即時嚴禁，萬一暴動，必致釀成交涉，損失國權而後止。查民政部章程，凡學堂教習、學生集會結社，均干例禁，現已將此情形，電達山東同鄉京官，並嚴諭官紳，切實查禁。倘再抗不解散，惟有執法以繩，懲一警百，以息後患。特此電陳，伏乞鈞鑒，樹勛肅。有。

「中央研究院」近代史研究所《礦務檔》第二册《光緒三十四年七月二十九日外務部發山東巡撫袁樹勛電東省民人倡議收回礦權請嚴切查禁》 光緒三十四年七月二十九日，發山東巡撫電稱，有電悉，津浦鐵路附近礦産，既有成約，五處礦務，尤屬奏案，均難改易辦法。東省人民竟爲此事傳單開會，實屬無理取閙，尊處先事預防，藎籌極爲周備，即希嚴切查禁，免滋事端。外務部。艷。

甘厚慈《北洋公牘類纂續編》卷一九《督憲楊准郵傳部咨轉飭井陘礦務局將來如修運煤鐵路及運煤運價應須由部核定與各幹路路政無礙方准照辦文》 爲札飭事。光緒三十四年七月三十日，准郵傳部咨鐵路總局案呈，准貴督咨稱，本大臣具奏井陘煤礦照臨城煤礦辦法，與德商井陘公司訂立合辦合同，繕單具陳一摺，相應鈔録摺稿清單，咨會查照等因前來。查井陘礦務局與井陘公司所訂合同，第十二款内稱，井陘礦務局，即與中國各鐵路公司商妥，凡井陘礦務局所出之煤産，及運入之機器、火食，其運價悉照他處礦務章程辦理，井陘礦務局可在礦務局礦産界内修築運煤枝路，鐵路亦可直接至鐵路之幹路，但須與該幹路路政無礙方可。惟在礦界中心點周圍十里之外，擬建築運煤鐵路，如與京漢正太路綫，暨地方祠宇墳墓等項無礙，方可將築路大概圖形繪送井陘礦務局督辦，轉禀中國政府批准後，始准建築等語。本部所轄各路，與附近各大煤礦爲交换利益，計嘗有訂定特别運價之舉，自本部設立後，此項價目迭經由該路局禀請本部核准施行。惟井陘轉運所經之路綫，以京漢爲最長，前臨城礦局訂定京漢運價專條，此後他礦迭請仿照，比公司皆不肯承允，蓋以比公司本兼合辦臨城，彼日以保全臨城爲宗旨，誠慮他礦減價，即奪臨城之利，此次井陘礦務局，擬將運出煤産，及運入機器火食之運價，悉照他處礦務章程辦理，自應由井陘礦務局會商各該路局酌擬辦法，由各該路局呈由本部核定後，再行轉飭遵行，庶免藉口而杜轇轕。至井陘礦務局將來如擬在礦界内修造運煤枝路，或直接幹路之路，以及於礦界中心點周圍十里之外建築運煤鐵路，均應隨時商由各該附近幹路路局查明無礙，由各該路局禀請本部覆核無異後，方可作爲於各幹路路政無礙之據。緣正太借款公司，前曾與福公司訂明正太路綫左右各一百里，不能築造枝路，咨明外務部立案，誠恐一議建築枝路，即於前約有背，三月間曾電咨貴督在案。以上二節除分別札知各路局外，相應咨覆貴督查照，轉飭井陘礦務局督辦蔡道、總辦李道遵照預爲防範，以免彼此各執合同争辯可也等因。到本大臣，准此，除分行外，合行札飭，札到該道即便遵照。

甘厚慈《北洋公牘類纂續編》卷一八《礦政調查局詳酌擬柴煤舊窑補繳採礦照費辦法文並批》　爲詳請示遵事。竊光緒三十四年七月間奉憲台札，准順天府尹堂咨，查宛平房山一帶，煤礦林立，恐不免有華人奸商串通洋人，私行開採情事，亟應分別查明，以保礦權。擬請直隸礦政調查局迅派專員，分往各該處，確查核辦，以重礦政，並飭詳細列表造報，並分報本衙門查核等因。咨蒙飭局查照核辦，具覆遵即詳奉憲台批准，移委馬道吉森親詣宛平、房山兩屬，周歷詳查調核，案據某縣究有何項礦産若干處；某處經某人開挖，分別已開、未開、開而復停；一人獨辦者，籌本若干，衆人合辦者，集股若干，有無洋款在内；每礦佔用地畝若干，是否官山，抑係民業；已開之處，曾否請有執照，未開之處，有無商人稟辦，開而復停之處，復開能否得利，詳細列表繪圖，移局詳辦去後。茲准馬道查明，該兩屬各礦目下尚無華商串通洋人私開情事，列表繪圖移送前來。正核辦間，奉憲台札，據馬道稟覆，前由飭即查照前案，分別核辦具覆等因。奉此，職道等公同核議，此等煤窑雖多，係開窿取煤，不成爲礦，而所採究係礦質，自應飭照新章領照，以昭畫一，第查核册開各窑資本多者不過萬金，尚有僅資人力者。貧民生計所關，農事畢則入山挖煤，久已成爲慣習，且多經領有縣照，似難遽繩以私開，不特罰禁概所難施，即照柴煤小礦之章，減半徵收照費，恐愚民較及錙銖，亦復繁興謗讟。惟有按照部章變通辦理，由局補發憑照，刊明舊窑，派委專員賫往，會同該管地方官，傳令窑户補領，作爲試辦之據，不准復有縣照名目，期與新章相符。迨試辦後，果其礦佳苗旺，有利可盈，再飭改領部照，以示體恤，而便稽徵。其照費一節，爲辦公所必需，豁免固所未能，減收似無傷民力，擬請按其資本多寡，定爲等差，除資本已及萬金者，仍發部照，每照遵章徵收照費銀二十五兩不計外；其資本七千兩以上者，擬按八折減，收銀二十兩；四千兩以上者，擬按六折減收銀十五兩；四千兩以下者，擬按四折減收銀十兩，歸入採礦照費項下，作爲局用，庶費輕而易舉，則民力無傷，化私而爲官，則弊源可絶。但此係爲清查舊窑，以期礦制整齊起見，嗣後新開之礦，仍應查照部章辦理，不得援以爲請，愚昧之見，是否有當，理合具文，詳請憲台俯賜查核，訓示遵辦，實爲公便。爲此具呈，伏乞照詳施行。

督憲楊批：據詳已悉。宛平、房山兩屬舊有煤窑，半屬貧民採取，若照新章一律給照收費，民力實有未逮。現擬變通辦法，由該局補發憑照，刊明舊窑，派員賫往，會同各該州縣，傳令窑户補領，作爲試辦之據，並按資本多寡，酌分等第，減收照費，庶於部章民情，兩無窒礙，事屬可行，仰即遵照，仍隨時詳細調查，如果辦有成效，即飭改領部照，以符定章。繳。

中國第一歷史檔案館《德宗景皇帝實録》卷五九五《光緒三十四年七月》

直隸總督楊士驤奏，井陘煤礦照臨城煤礦辦法，與德商井陘公司訂立合同，互换函稿，下部知之。

《商務官報》光緒三十四年八月五日第二〇期《批馬廷楨等稟》　據稟及圖均悉。該生等稟在獲鹿縣紅山地方查勘金、銀、銅、鐵各礦，請領勘礦執照，速賜批准行查等情。查本部礦務新章，凡商人請領勘照，均由礦政調查局核發。茲據前情，業經咨行直隸總督，轉飭礦政調查局查核辦理，仰該商逕赴直隸礦政調查局聽候示遵可也。此批。七月十七日。

《商務官報》光緒三十四年八月五日第二〇期《批孫世勳等稟》　前據該商等稟辦熱河霍家地等三處礦産，因續訂合同多與部章不符，迭經咨熱，飭令妥擬咨部核定。茲准熱河都統飭據礦政調查局詳議，復到本部查核。所擬辦法尚屬妥協，自應照准，仰該商等即便遵照迅赴熱河將所擬辦法，逐款叙入合同，以内呈候熱河都統，咨部核准，即由熱河礦政調查局祗候領照探辦可也。此批。七月十九日。

「中央研究院」近代史研究所《礦務檔》第一册《光緒二十四年八月十二日總署收户部主事姚榮壽等呈籌集商股西法請辦房山齋堂煤礦》　光緒二十四年八月十二日，收户部主事姚榮壽等呈，具呈户部候補主事姚榮壽、候選布理問謝鴻翼、揀選知縣舉人張守源、議敘從九品周開麟謹呈，爲籌資推廣礦煤，並援案報效學堂經費，懇請奏明立案，尅期開辦，以裕利源而杜覬覦事。竊地利莫良於礦，而礦利莫溥於煤。查京西一帶，産煤甲於天下，礦窑之多，至千七百餘座。近因糧貴銀賤，工本虧竭，失業停閉十去五六。如房山縣所屬紅煤廠大安山齋堂地方煙煤各礦，民間向無銷用，廠廢窑荒，尤爲可惜。職等曾經帶同礦師，詳細履勘該處，紳民譚瑞龍、張永厚、王瑞雲、張顯等，深恐洋人復來侵佔地利，因引赴各窑拾取煤塊數種燒試，並詳查煤層深厚，分别質性功用。迨考同治年間英國布公使與該國住津水師提督委赫洋員查看數次，稱齋堂之煤與英西加爾底佛所產上等煤無異，於輪船輪車汽機等項，最爲通用。且各國所產，無有復加於此，第以土法採運，煤少費多，不能暢銷中外，利源未濬。職此之由，職等覆查該處荒廢各礦，與該公使提督委查符合，實屬確有把握。惟查該公使原議辦法，據稱事極簡易，只因直省境内鐵路未開，計抵南北海口，不能比外國運來價廉，當時各口輪船司機人争購齋堂樣煤，究以不能源源接濟，至今遺爲憾事。現在津蘆鐵路久經開運，蘆漢鐵路業築始基，將來各國覬覦，勢所難免。職等竊思欲預防以塞其竇，必先事以裕其源，玆籌集商欵二十萬兩，擬請遵照開平、唐山成例，仍用西法采取運送，自固利權，並援照本年三月神機營奏准知府勞啓捷石門寨煤礦成案。於試辦五年内，除例納釐税外，每年所獲餘利，提欵銀叁萬兩，作爲報效新設大學堂經費，按四季分提，五年以外，倘有起色，按年逐漸加增。若仍似初辦情形，亦照年分季如額提解，聽候指撥，實出職等至誠。所有詳查各礦窑名道里及煤質成數，繕具清摺，恭呈鈞鑒外，謹將籌資推廣礦煤，以杜覬覦，並援案報效學堂經費各緣由，臚列上陳公便，謹呈。計開具清摺一扣。

《商務官報》光緒三十四年八月二十五日第二二期《開採延長石油議》 吾國礦産之富，甲於全球。大冶之鐵，萍鄉開平之煤，成效卓著，而陝西北山石油，尤爲天然之美利，自漢唐以來記載所及者，無煩贅述。今開採石油之一井，在延長縣城外半里許，蓋升制軍奪回於奸人之手，而曹中丞經營締構以立其始基者也。上年十月間，曹中丞奏稱，八月初開鑿至二十四丈餘深，石油隨水湧出，安機採取，每日可得三千餘斤，煉提輕油，約可得半。光白烟微，足與美孚相敵，日本所産，反出其下。技師言東洋越後之井，深常一二百丈，淺亦六七十丈，美國俄國亦如之，台灣井淺者亦四五十丈。今此井僅二十四丈，已抵油層，不惟油質之佳在各國之上，即井工之省亦各國所無，今第一井已成，明年開春，便可於該處左近一帶次第開鑿，如能添至數十井，則利源所在，正未可量。又據陝西候補道署延長府知府程崇信云，自延長縣至延安府，上下三百里，皆出石油，取之不盡，用之不竭，敢保其足供全國之所需，而無待於他求各等語，是其油質之美，礦源之富，井工之便，似皆確鑿可據，所難者惟運道不通耳。有主由延長而東，開路至黄河，即順河而下，以達晉豫者，有主仿用美國石油成法，妥設暗管，令其自流以至西安或至潼關者，曹中丞則謂二説皆不可行，而主於開通車道，徑由延長而南，以抵西安，其意是也，而財力則不足以副之，聞其所開車道，不過因陋就簡，並非坦平亦不堅固，其始運送機器，尚可勉强而行，迨後運載石油，則顛簸弗堪，未及半途，傾瀉已盡，不得已而改用騾駝，每騾一頭，馱油二百斤，需脚價銀六兩，而洋鐵箱柳木匣及製煉之費，尚不計焉，故油價不得不貴，而銷場亦遂不能不滯。夫一井之油，已無出路至於如此，即再開數十百井，亦不過多折資本而已。職等以爲欲收此延長一帶石油之利，非修輕便鐵路不可，欲修輕便鐵路，非官商合辦不可。曹中丞原奏，雖有設立公司廣招商股之議，但無大宗官款爲之提倡，而徒欲廣招商股亦恐終成畫餅，爲今之計，必須統籌全局，力争上游，庶不致坐棄此利。擬請由本部派員前往該處，將油井運道兩項，切實調查，如確有把握，即核算一切經費，約須成本銀若干兩，共作爲若干股，再由本部奏明設立陝西石油公司，先儘本部官款認購若干股，再由陝西官款認購若干股，下餘若干股，悉歸中國商民認購，以足其數。除招股章程應俟派員調查後再行擬議外，謹先擬調查油井、運道兩項辦法如左：

調查油井辦法。

聘外國技師一人，及中國留學生之精於石油鑛學者副之。

一，該處能開井若干。

一，每井每年能出油若干。

一，每井能開採若干年。

一，油質實在能否與美孚相敵。

一，機器及各項成本約須若干金。

一，盛油之洋鐵箱能否用他物代替。

調查運道辦法。

聘中國留學生之精於鐵路工程者一人。

一，能否由延長造輕便鐵路，從延長而南經過三原，以至西安省城。

一，能否造輕便鐵路，南至高陵，轉而東抵渭河，用小輪拖運到潼關，以達洛潼鐵路，或先由河運到陝州三門底柱登岸，陸運至洛陽，以通汴洛鐵路，再運至南北各省。

一，造輕便鐵路，每里平均需銀若干。

一，小輪及木船，每隻各需銀若干。

一，陸路水路起卸之處，須擇地建設棧房油池。

以上所擬調查辦法，祇係粗舉大端，其中地方一切詳細情形，以及運到或有應行變通之處，應由調查員隨地悉心察度，慎之又慎，以期計出萬全，毋稍貽誤。

如果調查確有把握，則擬請照從前雲南礦務大臣之例，由本部奏請簡派大員督辦，以專責成。或照銀行造幣之例，由本部奏派總辦，以期呼應靈通，此亦調查以後之事，毋庸預擬。總之石油之爲物，畧與食鹽相等，天下無不食鹽之人，當亦無不用燈之家，其爲日用所急需，似尚在烟酒與茶之上，以三十一二兩年海關貿易册考之，每歲進口石油約在七八萬萬斤之數，所賣價銀約在一千五百萬兩以外。倘將來各省鐵路一律告成，則外國石油之銷場，必且益廣，是亦中國一大漏卮也。方今中央財政，困難已極，籌款者動以烟酒鹽茶之專賣爲言，而烟酒鹽茶之散漫於天下，與延長石油之團聚於一隅，大有天淵之別，且烟酒鹽茶之專賣，皆因民之利以爲利，曷若自開油井，自修運道，自賣石油，因地之利以爲利乎。溯自海上通商以來，利權外溢，不知凡幾，往時猶有絲茶出口，差足抵制，近則絲茶亦退步矣。陝西石油，既已試辦有效，若不早合官民之力，急起以圖之，則貨棄於地，未免可惜也。再職等所擬修築陝西北山輕便鐵路，雖係專爲運載石油而設，然養路之費，則不專恃石油。蓋北山土產，如皮毛、煤炭等項，皆商貨之巨擘也，澤熙本年因公往包頭鎮調查，該處商務實以皮毛爲一大宗，每歲貨價，竟達七百餘萬兩之多，均係十三家洋行壟斷其利。查是處皮毛，多由大青山後島拉山後一帶運至包頭鎮，然自甯夏、榆林等處假道河套以抵包頭鎮者，亦復不少，若是路既成，則自甯夏、榆林至延安，直出西安以趨洛潼鐵路，較之假道河套更爲便捷，當無不從此轉運者。又丁憂司員高增融，現由米脂本籍來京，據云由延長至西安，土山多而石少，較之正太道中，險易懸殊，若修輕便鐵路，似尚不甚爲難。且延安府各屬，煤質甚佳，煤礦甚旺，即用土法開採，所需工本，亦不甚鉅，西安各屬，既缺柴薪，又缺煤炭，若是路既成，則於採運石油之外，即兼採煤炭運至西安各屬，必定暢銷等語，是則路成而商務可興，商務興而養路亦即有資，亦所謂一舉而兩得者也。

《商務官報》光緒三十四年九月五日第二三期《批閻慶恩稟》 稟悉。該職商等請探內邱縣邵明村煤礦局坐落邵民村等語，是否即係一地，仰候咨查直督聲復後，再行核示可也。此批。八月二十七日。

甘厚慈《北洋公牘類纂續編》卷一九《器之專利權各等情札飭津海關道暨礦政調查局查照文》 爲札飭事。光緒三十四年九月十一日，准農工商部咨開，准出使法日葡國大臣劉咨開，據留學美國礦學畢業生王寵佑，留學英國礦學生梁煥彝稟稱，生等留學歐美有年，專攻礦業，近查我國礦產極旺，開採有效之處亦已不少，惟提鍊之術素不講求，專以生貨出售，常受各國鍊廠把持，生等現組織一致遠公司，專學提鍊五金礦質，持與巴黎赫侖士米會社遂竹里氏商議，將其所發明之提鍊純銻、水銀、白鉛、雄黄各種礦質之秘法，及其機器之專利權，購歸本公司享有，所議合同各條彼此遵守。合同載自簽字之日起，赫侖士米會社不得將其所發明之提鍊純銻、白鉛、水銀、雄黄各種礦質秘法之專利權，再售與在中國境内之他人及他國之人等語。此項權利即自合同簽字之日起，永遠爲致遠公司所專享。現在業於千九百零八年西八月，將在巴黎地方所議合同，彼此簽字，所有合同條文抄呈鑒核，無論中國及外國商人，除由本公司售與專利權一種或數種外，不得在中國境内倣造及冒用本公司所購得之鍊法及機器，爲此稟懇咨明外務部、農工商部查照，並轉咨各省督撫立案，以維公業，而保利權，實爲公便等情。本大臣查致遠公司所購鍊礦專利之權，係爲礦業發達起見，相應據情咨報貴部查照，並咨轉各省督撫立案等因前來。查中國礦產富饒，祇以提鍊未盡合宜，故開採每難獲利，或以生貨售之洋商，權利外溢，尤爲非計，該致遠公司購得遂竹里氏提鍊秘法及其機器之專利權，尚知當務之急，除咨駐法大臣將該公司所訂合同送部備查外，相應咨行貴督查照立案，並轉行遵照可也等因。到本大臣，准此。除分行外，合行札飭該局即便查照。此札。

「中央研究院」近代史研究所《礦務檔》第二册《光緒三十四年九月十二日外務部收農工商部文嶧縣中興煤礦公司稟請頒刊關防》 光緒三十四年九月十二日，收農工商部文稱，准北洋大臣咨開，據山東嶧縣中興煤礦有限公司股東朱道鍾琪等稟稱，竊查山東嶧縣中興煤鑛，係光緒六年經前北洋大臣李奏明開辦，因資本不足，未見成效，二十一年奉文停止。二十五年，復經前北洋大臣直隸督憲裕，前內閣侍讀學士督辦直隸鑛務張會同奏請改爲華德中興煤鑛有限公司，鍾琪等先後入股，原期擴充鑛務，多出煤斤，築造運路，推廣銷數，即可抵敵洋煤，亦得開我利源。所幸十年以來，逐漸起色，成效已著。近閱京師自來水公司章程，係由農工商部提倡，刊發關防，札委總協理招股刱辦，嗣後更易總協理，均由各股東公舉，呈部札委，立法極爲妥善，中興公司自應仿照辦理。惟中興公司原奏，係由張前閣學督辦，籌招六成華股，德璀琳認招六成德股爲洋總辦，張運司蓮芬爲華總辦。詎料尚未開招，即值北方拳亂，張前閣學與德璀琳，均因開平鑛事不能兼顧。二十七八年間，全賴張運司東挪西貸，勉力支持。迨二十九年，張運司調授兖沂曹濟道任，經前升任山東撫憲疊諭職道鍾琪幫同籌招股本，經費始漸充裕。張運司既會同創辦於前，復竭力經營於後，倍嘗艱苦，百折不回。凡在股東莫不欽服，應請轉咨農工商部札委張運司爲山東嶧縣中興煤礦有限公司總理。指分山東試用道戴緒萬，駐鑛多年，辦理始終不懈，鑛有成效，其力居多，擬請派爲協理。嗣後凡遇總協理更易，仍由各股東開會公舉，具稟呈請農工商部加札委派，以昭慎重。更有請者，原奏改爲華德中興公司，本因德璀琳認招德股四成。庚子後，德璀琳以定章太嚴，德商不願附股，以致久未招有一股。現在路股已足，亦無庸再招洋股。應請咨明農工商部允准註銷華徒字樣，刊頒關防，名曰山東嶧縣中興煤鑛有限公司關防，以資信守而垂久遠。至德璀琳雖未招有德股，念其從前隨同創辦，代邀德鑛師富里克等至嶧查勘之勞，原議給與酬股三萬元，連利股共合四萬七千元之股，准其與華股一律分利，以示優異。如蒙恩准轉咨，大局幸甚，公司幸甚，理合具稟鑒核批示祇遵等情。到本大臣，據此，除批示並分咨外，相應咨會貴部，請煩查照咨商外務部核辦見復施行等因前來。准此，相應咨呈貴部查核見復，以憑辦理可也。

《商務官報》光緒三十四年九月二十五日第二五期《批陳毓桂等稟》 前據該職商等稟請接辦山東平度州所屬舊甸坍近之三座山金礦，當經咨行山東巡撫飭查，并批示在案。茲准山東巡撫咨據勸業道蕭道應椿轉據該職商等稟稱，擬改礦界在三座山南面之雙山開採，隨飭查明所稟四至均屬相符，請改礦界亦與定章不背，惟山主李家愷是否商允，資本存北京銀號是否屬實，該州均無從查悉等情，咨復前來。所有該職商等資本實在集有若干，現存何處銀號，仰即詳細聲敘，并將與山主李家愷所訂合同暨章程圖說呈閱，以憑核辦。此批。九月初六日。

《商務官報》光緒三十四年十月五日第二六期《批職商艾知政稟》 前據該職等稟稱，試探密雲縣屬老虎套溝地方煤礦，因該礦地石堅硬，請展限六个月以(硬)[便]招集股款等情，當經本部行文順天府轉飭查明聲復去後。茲准復稱，飭據該縣詳稱，查得該處曾有開挖礦坑一處深約七八丈，並未見煤，查其石性異常堅硬，現在停工。該職商艾知政等亦未在彼，並未報縣有案等語。查該商等稟請展限續稱各節，既據順天府查明探勘已深，並無効果，自係毫無把握，若再添招股款亦必徒耗巨資，終無成效，所謂展限之處，應毋庸議。仰即遵照，迅將前領探礦執照呈繳註銷可也。此批。九月十九日。

《商務官報》光緒三十四年十月五日第二六期《批李敬修等稟》 稟悉。該商等請辦昌平州馮山邨薄山糖土，前經本部據情行查順天府，嗣據查復尚無違礙。惟按照查復圖說，該商等所稟山廠實係三處，照章應領開礦執照三帋。復經本部札行順天府轉飭該商等指定一處先行試辦，其餘俟辦有成效，再行續請等因在案。仰該商等遵即指定山廠呈明順天府，聽候詳復本部核辦。此批。九月十四日。

《商務官報》光緒三十四年十月十五日第二七期《批閻魯卿等稟》 前據該職商等稟稱，職商等稟請勘探完縣康各莊煤礦，現屆限滿之期，尚未獲得真煤，請予展限等情，當經本部咨行直隸總督飭查去後，茲准復稱，該職商等實係未獲真煤，並無虛誑等因前來。查該職商等勘探康各莊煤礦稟請展限一節，既據直隸總督復稱，前因自應准予展限六個月，俾得詳細勘探，除咨復直隸總督轉飭遵照外，仰該職商等從速勘探，勿再遲延可也。此批。九月二十九日。

甘厚慈《北洋公牘類纂續編》卷一八《馬道吉森稟覆遵飭查勘商人陳國楨擬辦金窩溝煤礦文並批》 敬稟者，竊職道於光緒三十四年十月十八日，奉憲台札委內開，據礦政調查局詳，前調查局委員楊守慶鋆，會同宛平縣查勘，宛平縣屬齋堂村西南里許之金窩溝煤礦，四至丈尺既屬分明，居民廬墓均無窒碍，既無洋商攙股在內，亦無紳民稟辦在先，尚合礦章，與礦商陳國楨原稟情形相同。惟該礦規模甚大，資本須充，究竟須款若干，運路是否便利，開辦各用綜核現集股本是否足敷，出煤以後，綜計山本運脚售價能否贏餘，所佔地畝有無官荒，現集本銀是否實款，尚有應行詳查各節，應准照擬由該局移委馬道前往，督同該縣復勘，逐一查明具覆核辦等因。奉此，遵即於十九日起程至京，會同宛平縣章令師程傳集商人陳國楨等，並詢明該股東趙德涵、榮魁、任祥，已集資本銀十萬兩，現在廣源、瑞陞兩號，收有保結，即於二十八日赴鄉沿途採問，初一日至齋家司齋堂村，復查勘得齋堂村西南里許之金窩溝煤礦一區，南至大嶺，北至河串道，西至馬蘭村，東至小水溝村，地址九百五十七畝五分，在賈鴻儒、杜連科、宋玉林名下承糧。山內係斜槽，板槽甚厚，每槽約七八尺丈餘不等，槽有十二三層，可開平洞，不用開井，泰西礦師云此類平礦，極爲難得，出煤極便，可永無虞積水。曾見山西平定州，河南禹州，有此類礦山，土人往往開洞採煤，人工極省，此礦煤質極佳，可鎔鍊鋼鐵、舟車、機器利用，若用機器開採，可至極深，每日可出煤四五百噸，煤質較唐山五槽、六河溝二槽尤佳。距礦西南十五里下清水村，有鐵礦，質似鑌鐵，土人指稱，係咸豐年間鑄錢舊址，西北十五里蔡家嶺，有紅銅礦，其質亦佳，無慮銷路不廣，再由齋堂至青白口修輕便鐵道三十里，由青白口至高崖修駱駝路六十里，綜計山價運費每噸約洋四元五角，贏餘頗鉅。該商人已集資本銀十萬兩，擬再擴充資本銀十萬兩，可敷開辦，界內並無官荒地畝，與居民廬墓亦無妨礙，並無紳民禀辦在先。該處荒山寒苦，就地居民深願開此利源，借以贍給，當收有各村紳民賈聚德等十人公禀一紙，經職道傳同面詢，僉云此舉於貧民大有利益，似屬實情。合將檢同奉發圖摺及公禀甘結各一紙，一併禀呈大帥鑒核示遵。

督憲楊批：據禀已悉。候將圖摺、禀結，札發礦政調查局詳細核辦具覆。繳。

《商務官報》光緒三十四年十月十五日第二七期《陝西巡撫奏查明延長石油情形請欵築路專歸商辦摺》 奏爲遵旨籌辦延長石油，擬先由官力提倡專歸商辦，懇請飭部寬籌款項，以維本計而順商情，恭摺仰祈聖鑒事。竊查陝省延長石油一案，前任督臣曹鴻勛於上年十月奏明試辦有效並片陳運路工竣各情，奉硃批：著恩壽查明情形，妥籌辦理，片併發，欽此。等因奉此，仰見朝廷振興商業，審慎圖維，祇誦之餘，莫名欽感。奴才到任後，遵即詳核卷宗，博采輿論，並遴派妥員分赴礦廠及各路銷場水陸運道，遠近處所，詳細調查，反覆研求。謹將籌辦情形爲皇太后、皇上縷晰陳之。竊查延長礦產擅美全球，果能擴充開採，不徒爲陝民開一生計，實爲我中國塞一漏卮。以油質言，屢經提煉，確係光白烟微，堪與歐美所產相敵。以産地言，近一二百里内皆可開井，現開之第一井，每日出數約三千餘斤，提出輕油，不止得半，將來能開多井，自可比類而推。現未多開者，特因運路未通，深慮積久停滯，耗本曠工耳。值此商戰劇烈之秋，適擅此天然惟一之特産，則經營目的自以博採廣銷爲主義，而著手必當以開通運路爲先，前撫臣曹鴻勛試辦原議，亦以築小鐵路爲上策，而以暫修車路爲急策，是運道之必求疏通，鐵道之不容緩設，早在建議意計之中。惟審察地勢，由延長陸運至宜川縣屬之圪針灘，計程一百七十里，其下河道艱險，至圪針灘裝船起運，駛至龍門，黄流湍急，必須改裝轉卸，始達潼關，周折過多，耗失已甚。若由延長逾河東經晉境永和、永甯等處，連峰疊嶂，馱載肩負，跬步維艱，勞力需時，亦非易易。至於安設鐵管，折耗尤多。前撫臣原奏已將窒礙之處，切實指陳，毋庸贅議。再三審度，得失相權，似不若仍就原有車路舊基，改建一輕便鐵道，雖工鉅費繁，實爲一勞永逸之計。就礦言路，一日無路，即一日不得謂之有礦，且不止此也。北山物産富饒，生機坐困，轉輸有道，利益無窮，將來築路資本，亦斷乎不至虧折。且查引重致遠之道，利於直達，不利於紆回。患在侵銷，不患在險阻。統計現有車路，由延長至延安一百五十里，由延安至西安七百二十里，西安至潼關二百九十里，共程一千一百六十里，業經委員調查，若設行軍輕便鐵路，計用二十五噸小汽機而牽重五百噸，合華權八十餘萬斤，每點鐘可行九十里，千里之程，一晝夜可到，車之增減，稱力而施，一切鋪路造車購機安軌暨架橋挖洞廠站電話等費，核實估計減無可減，平均計算，每華里約需銀四五千兩，以現議建造之一千一百六十里，通共覈算，共需款約在五六百萬兩以上。第念造端宏大，計畫方長，斷非淺近可以見功，獨力所能收效。前撫臣曹鴻勛原奏，亦言保護利權，非官不可，經營利益，非商不可，商辦之逾於官辦有斷然者。現據陝省紳商士民聯名具禀，以延油關係中國利源、陝民生計情殷，集股設立公司擔承自辦，業經奴才批令，聽候遵行。惟思衆志成城，固徵定力，而際此經營締造之始，非得有鉅款之輔助，終無以資振奮而固根基。詳考外邦於商工要政，多由政府規畫，合力維持。此項石油利賴正多，有關國計，若以官力先爲提倡，則商情必益見奮興，轉瞬洛潼路成，陝礦之規模已立，推而東達津榆，南接滬漢，更可收因地盡力之功，則如砥如矢之宏規，何莫非出自蘭露高深之所賜也。除將調查路界及估修輕便鐵路工價各節，開具清摺，分咨度支部、農工商、郵傳各部查核外，合无仰懇天恩，俯念陝省地瘠民貧，民力薄弱，飭部籌撥鉅款作爲股本，助成商民自立之公司，則人心咸知鼓舞，而地利可自挽回矣。所有遵旨查明延長石油情形，暨現擬請款築路專歸商辦各緣由，理合恭摺具陳，伏乞皇太后、皇上聖鑒訓示。謹奏。

「中央研究院」近代史研究所《礦務檔》第一册《光緒三十四年十一月初一日外務部收農工商部文咨送華商孫世勳與英商伊德合辦熱河金礦改訂合同》 光緒三十四年十一月初一日，收農工商部文稱，案查華商孫世勳、英商伊德合辦熱河霍家地、城子山、王家杖子三處金鑛一案。前經本部於光緒三十二年六月間，會同貴部議復前熱河都統廷奏，核明該商等另訂附約摺内，經本部查照該商等原訂合同，暨另議附約各款，逐條指駁，請飭下熱河都統，轉飭遵照，重加釐訂，咨部核定再行畫押等因具奏。奉旨：依議，欽此。欽遵，咨行飭遵，並迭經本部咨飭照駁改正去後，嗣准熱河都統陸續飭局與該商等磋商，遵駁改訂，先後咨送到部。經本部於本年七月間綜核前後所議辦法，尚屬妥協，查與原奏亦屬相符，當即咨復轉飭該商等遵照改訂各節，逐條叙入合同以内，咨部核准，飭即一併簽押等因。咨准熱河都統復稱，當復諭飭該華洋商等迅速來熱，另訂合同，旋據該華洋商等來熱稟到。經求治局員暨礦政議員遵照部駁數條，與該商等詳細商訂。該商等均願遵駁改正，本都統覆加查核。此次所訂合同，尚屬周妥，自應飭令照繕。並據洋商稱，口外嚴寒，礙難久候，此次均係遵照部駁改訂。如可按照簽押，求於文到核定後，先行電知都統，督飭畫押，以免久候等語。查該洋商所稟，尚屬實情，似應稍示體恤，相應備繕華洋合同二分，咨送查核，並希將所送合同，咨送外務部核對等因。暨華洋文合同二分，咨送前來，本部詳加查閲，此次所送改訂合同，核與本部從前歷經指駁各條，均已逐款遵照更正，與奏案亦無違背，相應將送到華洋合同一分，咨呈貴部查核，即希見復可也。須至咨呈者。

甘厚慈《北洋公牘類纂續編》卷一八《督憲楊准農工商部咨覆柴煤小礦應交保單照費暫照從前辦法札飭礦政調查局查照文》 爲札飭事。光緒三十四年十一月初九日，准農工商部咨，接准咨稱，據礦政調查局詳稱，前奉札開，准商部咨，本部奏定礦務暫行章程，凡請領探礦執照，每紙繳費五十兩，開礦執照所領之地在十方里以內，應繳照費一百兩，多一方里加費十兩，以三十方里爲限。凡發給探礦執照，應繳呈股實行號保單，擔承銀五千兩，開礦執照，擔承銀一萬兩。嗣經變通，柴煤小礦章程，凡成本在萬金以下者，領探礦照，其擔保銀兩應按資本四分之一，開礦照應按資本之半。又照費章程，凡用土法開採柴煤小礦，占地在一方里以內者，請領探礦開礦各執照，均按照定章照費銀數減繳一半，歷經遵辦在案。現在新章施行，嗣後本地居民探開柴煤小礦，應如何變通辦理，抑仍照新章飭遵之處，據此咨請核覆等因前來。查柴煤小礦，本部舊章變通辦理，原所以恤商力而維礦政。此次新章施行，既准咨稱，本地貧民用土法開採，以資日用，自應仍與變通，以示體恤。現在礦務新章已奏明重加改訂，所有此次柴煤小礦應交保單，照費銀兩，暫准參照從前辦法分别減交。一俟新章改訂後，再行遵照辦理，相應咨覆貴督查照，轉飭礦政調查局遵照可也等因。到本大臣，准此，合行札飭，札到該局即便查照。

「中央研究院」近代史研究所《礦務檔》第二册《光緒三十四年十一月廿五日農工商部發山東巡撫文譚錦泉等請續辦招遠金礦案請札知李道面質詢辦》 光緒三十四年十一月二十五日，農工商部復山東巡撫文。

爲咨行事。 接據金山職商劉鋆泉等稟稱，山東招遠金礦，先由李道與職商等合辦，嗣因前山東巡撫李因有日兵在境，恐與礦丁齟齬，奏請止辦。李道隨即身故，其子家愷復到招遠盤踞，商等現集資本二十萬金，擬請續辦，而李道家愷出强硬手段，不肯退讓，懇請轉飭李道家愷，將商等前用去十三萬餘之資本，如數交還。否則，令李家愷將礦務交出，歸商等續辦等情前來。查招遠金礦，先由李道與金山職商劉鋆泉等合辦，事隔多年，現在兩造各執一詞，非傳齊面質，不能定其曲直。除由本部批示該商劉鋆泉等公舉代表赴東候質外，相應抄録原稟，咨行貴撫查照轉飭勸業道查明舊案，并知照李道家愷，俟金山商人代表來東時，迅即前往聽候勸業道詢明情形，持平辦理可也。須至咨者。

「中央研究院」近代史研究所《礦務檔》第二册《光緒三十四年十一月廿八日外務部收農工商部文附奏摺咨送請援案發給嶧縣中興煤礦公司關防摺暨諭旨》

光緒三十四年十一月二十八日，收農工商部文稱，光緒三十四年十一月二十四日，本部具奏華商籌辦山東嶧縣中興煤礦公司，著有成效，請援案發給關防一摺。同日奉旨：依議，欽此。相應恭録諭旨，抄粘原奏，咨呈貴部欽遵查照可也。

[附]原奏

謹奏爲華商等籌辦山東嶧縣中興煤礦公司，著有成效，請援案發給關防，恭摺仰祈聖鑒事。竊准北洋大臣楊士驤咨稱，據山東嶧縣中興煤礦有限公司股東朱道鍾琪等稟稱，嶧縣中興煤礦係光緒六年經前北洋大臣奏明開辦，因資本不足，奉文停止，光緒二十五年復奏請改爲華德中興煤礦公司，以山東鹽運使張蓮芬爲華總辦，前津海關税務司德璀琳爲洋總辦；議添足股本二百萬元，華六德四，分認籌招。嗣德璀琳以定章太嚴，德商不願附股，致日久未招一股，全賴張蓮芬籌招華股，獨力支持，十年以來，成效已著。現在華股已足，毋庸再招洋股，應請咨明農工商部允准註銷華德字樣，刊頒關防，名曰山東嶧縣中興煤礦有限公司。並請咨部札委張蓮芬爲公司總理，指分山東試用道戴緒萬爲協理，以昭慎重等語，應請咨商外務部核辦等因前來。當經臣部咨商外務部查核，旋准外務部咨復，業經據咨備案。竊查山東嶧縣中興煤礦公司，自奏明開辦，垂三十年，先因資絀停工，未覩鉅效，嗣經前山東鹽運使張蓮芬添招股本，艱苦經營，逐漸起色。近來出産日豐，銷場日旺，洵足抵制洋産，自保礦權。查山西保晉礦務公司前經臣部奏准，頒給關防在案，中興公司事體相同，擬准如所請。由臣部刊刻本質關防一顆，文曰商辦山東嶧縣中興煤礦有限公司關防，發給該公司鈐用，並札委前山東鹽運使張蓮芬爲總理、指分山東試用道戴緒萬爲協理。恭候命下，即由臣部欽遵辦理，所有頒給山東嶧縣中興煤礦公司關防緣由，理合恭摺具陳，伏乞皇上聖鑒訓示。謹奏。

中央研究院近代史研究所《礦務檔》第二册《光緒三十四年十二月初七日外務部收山東巡撫袁樹勛電傳聞德將轉售五礦礦權請預籌收回》 光緒三十四年十二月初七日，收山東巡撫電稱，頃據勸業道蕭應椿密稱，華德採礦公司總辦石謐德，自十月二十一來省，至今未行。風聞該總辦因柏林總公司現請駐京德使要求鈞部，將五處礦産，售與中國政府自辦，或中國購回，租與該公司代辦，或轉售他國商人承辦，尚未決議，是以命其在省暫留等語，洵如該道所陳，是五處礦質不佳，該公司資本之絀，已可忱見。查該公司探礦期限，合同原訂兩年，明年七月即已届滿，限内如不開辦，即可照合同將礦權全行收回，縱該公司以成本折閲，未肯輕棄，勉强開辦一處，度其財力，必難久支。且合同第三條内載，該公司如欲將指辦礦地，轉售他商接辦，應首儘華人，次儘德人，其不准轉售他國，已在言外。倘德使果有前項要求，伏望鈞部主持，即購回轉租公司代辦之理，至轉售他國，既爲合同所無，尤不可允。萬一德使援次儘德人之語爲請，我國仍宜扼定兩年探竣之限，俾杜覬覦，而免轇轕。樹勳爲扶彼族隱謀起見，既有所聞，用敢密佈，惟希賜察。樹勳肅。魚。

《申報》光緒三十四年十二月十一日第四版《提倡沂州礦務山東》 蘭山縣境環處皆山，礦産甚富，城西南三十五里鳳凰蛋一帶，歷年經土人用土法開採，往往八九月動工，至次年二三月見炭，雇工多至一二千人。一交夏令，井底出水，因無取水機器，即行停止，工人覓食無地，往往流而爲匪，刦竊多案，半由於此。現經沂州府知府李太守查悉情形，亟思設法補救，擬官爲出資提倡，再集商股合辦，統計籌備公欵京錢二萬串，作爲官股二百股，擬定試辦簡章，委令孫壽椿、李經邦二人爲總理，即在鳳凰蛋租地一百二十二畝六分，每地一畝，租價京錢一百串，作爲地股，又湊集商股京錢一萬一千八百六十串，作爲商股一百十八股六分，書立合同，於十月初六日動工，房屋四十餘間，十九日開井工作。現在新舊井已有三十座，業有兩井見炭，擬於十二月十五前，再行籌集股分，以厚其力，並擬查照嶧縣煤窑納租辦法，以輕其累，如獲利實有把握，即另行購辦機器，定爲常年開採之舉。聞李太守已將試辦簡章，礦圖合同，稟呈東撫鑒核立案。

吉林省檔案館《清代吉林檔案史料選編(工業)》上册《三姓金礦總辦侯國瑞爲光緒三十三年十二月至三十四年十一月解繳官金數目的呈文光緒三十四年十二月十五日》 爲呈繳事。

十一月十五日案奉憲台札催，批解五成官金以憑核收，當經將延緩緣由具情呈復去後。兹於十二月十三日復奉憲台札催，内開：案查三姓金礦，自光緒三十三年十二月該丞接辦之日起，至本年八月底止，所收官金迭經該丞呈報公署，批飭掃解並經本道飭催各在案。迄今未據報解，殊屬延緩。合再札催，札到該丞即便遵照，速將應解官金限於文到十日内，趕緊解道，以憑核收，勿再延遲干咎等因。奉此，悚惕莫名，當即飭同收支委員，將卑職自光緒三十三年十二月初一接辦之日起，截至本年十一月底止，一年期滿，通盤合算共收官金四百四十兩零九錢六分九厘，除案奉憲諭分留五成以作俾局額活等項開支外，應繳五成官金二百二十兩零四錢八分四厘五毫，核計卑局於五成開支項下化金二百一十八兩九錢六分四厘，仍盈餘官金一兩五錢二分零五毫，並餘中錢十五吊三百四十二文，合亟掃數躬親解繳。除呈報督、撫憲外，理合將應繳五成官金並盈餘數目緣由備文呈請憲鑒，核銷備案，示遵施行。須至呈者。

《商務官報》光緒三十四年十二月十五日第三三期《批職商陳全福等稟》 前據稟稱，在宛平縣碑碣子地方開設中興煤窑，懇發執照等情。迭經本部札行順天府府尹查明聲復，並批示該職商聽候核辦在案。兹准復稱該職商陳全福等前稟合算方里，實係錯誤，亟應更正。僅就業經購到地二十畝，佔用咨請查明核辦等因前來。查此案前既准順天府府尹查明並無窒礙。兹復據該職商等將畝里錯誤更正，所請發給開礦執照之處，應即照准。惟查閲原稟僅具官銜，並未註明籍貫，本部無憑填寫，除札復順天府府尹，並札飭直隸鑛政調查局查照備案外，仰該職商等趕即將籍貫聲明，並填具墨領，候部印發給領可也。此批。十二月初二日。

《申報》光緒三十四年十二月二十二日第三版《濰縣礦務紀聞山東》 華德礦務公司在濰縣坊子所開採之煤礦，每日出煤五百墩以上，歷經各兵輪試驗，咸謂勢力充足，冠絶環球。現柏林海軍部議決，與該公司訂約，購煤以供本國東亞艦隊之用。昨又有一礦師與德人一名、華人繙譯二名，在城南距坊子二十餘里地方，查勘礦苗，携帶器具測量良久，繪有詳細地圖而去，或謂該礦師來自上海，爲煤礦公司所聘，未知確否。

《申報》宣統元年正月十二日第三版《吉林煤礦發見吉林》 吉省居户，向以木柈作燒柴。近因愈砍愈遠，運費頓增，木植亦較往昔爲貴。茲聞民人高某，探得城北七十里地，煤質一處，寬、長各數十丈，煤質亦佳，如能開挖，足敷近城民間燒用。距省既近，則價值自廉，稟請礦政調查局開辦。聞已奉批，飭候派員查勘，有無窒礙，再行發照開採。

甘厚慈《北洋公牘類纂續編》卷一八《督憲楊准農工商部咨催解礦界年租出井税官商合股紅利札飭礦政調查局遵照文》 爲札飭事。宣統元年正月十六日，准農工商部咨，案查光緒三十三年八月，本部奏定礦務正附章程，業經刊印，通行各省遵照。復於是年九月間，奏准自光緒三十四年二月十三日起，作爲施行日期，亦經通行遵照辦理各在案。查原章第六款内開，凡礦商呈繳之礦界年租及礦産出井税，並官地與礦商合股應分之紅利，其銀兩統由各省總局彙收，以一半解農工商部，以一半解司庫充本省餉需。每年年終，將收數彙造清册，呈由本省督撫轉咨農工商部查核各等語。所有光緒三十四年分各省經收前項銀兩，自應扣至年終，照章報解。現查僅據湖南省已經遵章報解，其餘各省尚均無報解之款。本部提倡各項實業需款甚殷，事關奏章應解款項，相應咨行貴督查照，飭將光緒三十四年分經收前項銀兩先行查明報解，並即照章彙造清册，送部查核可也等因。到本大臣，准此，合行札飭，札到該局，即便遵照辦理具覆。此札。

「中央研究院」近代史研究所《礦務檔》第七册《宣統元年二月初四日外務部收東三省總督徐世昌電辦理天寶山礦等案情形》 宣統元年二月初四日，收東三省總督徐世昌電稱，天寶山礦一案，前飭吉省抄寄案卷，以憑彙呈查核。茲據節要，先行電寄前來。内稱飭查天寶山銀礦，於光緒十六年，經前吉林將軍長委候選通判程光第踏勘，集股銀一萬兩試辦。十七年，奏明立案。二十二年，因其虧銀五萬餘兩，經前將軍延查明封禁。二十七年，該倅復與美商薩達理等訂立草約，稟明前將軍富追銷。旋因所虧公款未繳，復經前署將軍達，將該倅奏參。後雖設法彌補，開復原官，並未札委續辦。三十三年，朱前署撫蒞任，程光第復請開採，未予准行。繼因其違諭私開，即飭查禁。該倅潛赴安東縣，與益昌號華商李長城暨中和公司日商中野二郎串通揑詞報告日本外務大臣，轉電駐吉日領事島川，以日人與華人已訂合同之事業，而用暴力命其中止，未免不當等因。照會當答以此項合同，未據程光第稟明，亦未經本部院批准。指之法律上契約之性質，應行取銷，即無效力。復據該領照稱，兩國界務未定以前，應令維持現狀。

又答以未奉批准之合同，是爲私人交涉。中野即欲維持現狀，亦祇能以私人資格詰問程光第，與國際問題無關，與界務問題更無關。厥後日領多方挾制，均各據理駁覆。程光第已再詳參，現尚在逃未獲等語。除俟全案抄到，再行寄呈外，特此奉達，請先接洽。

《申報》宣統元年二月初六日第四版《日兵阻攔調查礦産吉林》 吉撫前派張別駕祖策，偕栢凱二礦師調查各處礦産。茲聞查至石碑嶺子礦時，有日兵駐守，張君告以奉命查勘緣由，該守隊仍事阻攔。張君無可如何，而陶家屯之礦，亦有守隊，不能往勘。因先取礦質而回，二礦師遂未親詣其地。

《申報》宣統元年二月二十四日第五版《東三省之路礦談》 報墾綏屬煤礦綏芬廳屬佛爺溝河北現有煤礦一所，地勢甚爲寬闊，東西約長四五里，南北約寬里許。日前經土人劉子揚、陳子玉勘查明白，商分兩段開挖，劉、陳二人各領其半。因赴勸業道署呈報，懇給執照。聞業經批令赴礦政局，面陳一切詳細情形，再行察奪。

甘厚慈《北洋公牘類纂續編》卷一九《郵傳部查核飭遵見覆繳印發外相應咨會貴部請煩核飭見覆施行》 督憲楊准郵傳部咨覆，正太鐵路裝運井陘煤斤運費貼水，已飭局酌減，札飭井陘礦務局遵照，文爲札飭事。宣統元年二月十九日，准郵傳部咨，鐵路總局案呈，准貴督咨開，據井陘礦務局稟稱，正太鐵路未設磅秤，裝運該局煤噸任意高下，屢起齟齬，又付給運費無論現洋或銀票均有挑剔，上年付給九十兩，月運費約洋二萬元，該路每洋百元索加貼水洋五元，迨付十一、十二兩月運費付以現洋，該局又以不是一律港洋，不肯收用，所付之北洋龍元，尤須貼水若干，經函知該路總工程司，此事斷難照允。詎得復函謂，如不照該路辦法，職礦之煤該路即不與裝運，懇請咨部申明定章，以便遵辦，據情咨請核覆等因前來。查此案先經正太總工程司米洛華具稟本部鐵路總局稱，井陘公司積欠運費甚鉅，屢催不交，前經函告井陘公司限至西歷二月二號，即華曆正月十二日止，如不付款，定即停運裝煤車輛。現井陘公司於十二十三兩日仍未付款，已於十四日實行停運，理合稟報等情。又准津海關道電稱，正太鐵路停運井陘礦煤，無論何事轇轕，儘可隨後商議，請速飭照常裝運等因。正在核辦間，適該總工程司到京面陳此事，據稱祇有十四日停運半天，隨即和平了結，其索加貼水一節，則謂該路辦理路工時祇有站洋一項通用，故訂定火車運價時，亦以收站洋爲准，近一年來路局以專收站洋不便交通，因特定准搭用北洋銀元三分之一，亦無非體恤商艱之意，刻下市面已漸用北洋銀元，惟銀價相懸，自不能概收龍洋，致受鉅虧，更不能獨徇井陘公司情面，先壞定章，致啓衆商援辦等情。查停運礦煤一事，業已和平了結，應無庸議。至索加貼水一節，係爲正太鐵路核收運費章程，凡納運費准繳七成，站洋三成，北洋造之龍洋，倘發貨人概以北洋造之龍洋繳納，應另加貼水，實爲普通辦法，原非於井陘公司特别苛待。正太鐵路行車進款歲虧百餘萬兩，誠不能遽易定章，概收龍洋，轉增虧累，惟每龍洋百元加貼水五元，尚可酌量核減，已飭該路總工程司調查行市，持平酌減，以免與他處行商辦法兩歧，相應咨覆貴督查明，轉飭遵照可也等因。到本大臣，准此，合行札飭，札到該局，即便遵照。

《申報》宣統元年二月二十九日第八版《山東濰縣煤礦洗潔塊煤廣告》 本公司自運山東各路礦煤，親自監督，以求精益，不惟燃燒火勢足力，且與别路經燒山東各名廠及輪船户等，無不讚美，銷路愈形暢旺，係明年即英一千九百零九年之貨，業經在申定出已數不勝計。滬上爲通商大埠薈萃之處，故本公司另設分銷處，在黄浦灘廿八號内，電話一千四百六十號，倘蒙諸紳商賜顧，欲看樣者，請速至本帳房，預早購定，遲恐不及，其價格外從廉，以廣招徠，特此佈告。

上海山東礦務公司啓。

甘厚慈《北洋公牘類纂續編》卷一八《督憲楊據礦政調查局詳陳國楨林鳳鈞請辦礦界相距若干請派員往勘札委張道前往查勘文》 爲札委事。據礦政調查局詳稱，現奉札開宣統元年二月三十日，准農工商部咨，接准來咨，據承辦宛平縣青龍澗煤礦職商林鳳鈞稟控陳國楨，矇請探採金窩溝煤礦，與青龍澗事權有礙。稟經飭局查明，地段相距甚近，若有兩公司並處其間，將來彼此争競，必至兩敗俱傷，若照林商所稟，則陳商擬勘之所實在青龍澗礦界六百官尺以外，又與新章准辦之條不符，咨部核示見覆等因。本部正在核辦間，又據林鳳鈞援引礦章，繪具圖説稟請核辦前來。查礦務正章第三十一款内載，如有未領之地坐落兩三礦界之間，其形式大小與本章所定礦界不合，准毗連此地礦商中之先具稟者領之，如不願領，准此外合格之人具領等語。此案據林鳳鈞聲稱，陳國楨請探之金窩溝係在該商早經置買之裂縫岩下坎流水小溝，無礦可開之處，且由青龍澗循綫開挖，西經裂縫岩，東經黑豆港，皆係該商所買山地，請准將毗連之地，照章添領數礦界，令其邊徑相連等情。本部詳加酌核，林鳳鈞請將其已購毗連之地添領礦界，照章應准其具領，其陳國楨請探之金窩溝礦地，如與裂縫岩地址逼近，煤綫相連，且在六百官尺以内，自不應准其探採，致生轇轕。相應抄録林鳳鈞原稟原圖咨行貴督，轉飭查明聲覆，以憑核辦可也等因。到本大臣，准此。札局遵照查明具覆，以憑核咨，計抄單並發圖一紙核明仍繳等因。奉此，查陳國楨請探之金窩溝礦界，與林鳳鈞添領裂縫岩地方界址是否相連，相距確有若干官尺，應即派員往勘明晰，方能詳辦。查有職局會辦張道文濬堪以委派，理合詳請查核，飭委該道迅即前往宛平縣，會同地方官，傳集陳、林兩商，將陳國楨前稟礦地及林鳳鈞請展礦界眼同逐一勘丈，測繪詳細界圖，註明四至地名丈尺，詳請發局以憑核辦，並乞示遵等情。到本大臣，據此，除批示外，合行札委，札到該道，即便遵照，前往會同詳細查明具覆。此札。

《申報》宣統元年閏二月初三日第四版《奉省新發現之金礦奉天》 奉省礦産之富，甲於全國。其業經開採，及未開採而陸續查明立案者，不下二百處。故西人謂東省地不愛寶争貢，於二十世紀以後，方日出而不窮。兹有懷仁縣屬高台子地方，又新發現一種金礦，兹地週圍數方里。聞淘金把頭云，每溜可得金四五厘，如探着正路，或增至數倍及十數倍不等。此猶係山谷之流沙，並聞其山上石間各處，露出苗綫。特把頭等不諳採法，且既乏資本，又無器械耳。

《商務官報》宣統元年閏二月五日第五期《批陳全福等稟》 據稟該職商請辦宛平縣碑碣子煤礦，將次開工，每一年需用黄藥一噸，懇飭津海關道發給護照，以便購運等情。查上年陸軍部通行各省，嗣後礦商需用炸藥，應由本省查明核實，重率斤數，由某處購運進口、運赴某處礦山卸用，先達知陸軍部核准後，再行知照税務處，飭關驗放等語。該職商應遵照先赴直隸礦政調查局呈明，聽候陸軍部核准辦理。再所請發給彈壓告示一節，仍應稟報該處地方官發給。爲此批示，仰即遵照可也。此批。二月十七日。

《商務官報》宣統元年閏二月五日第五期《批王裕國稟》 據稟所稱請探多倫赤峰林西等處金銀礦各節，語不明晰，礙難行查，應即遵照定章逕赴該管礦政調查局詳細呈報，聽候核辦。文約一紙，仰即具領赴部承領，圖及摺單礦質存。此批。二月二十六日。

《商務官報》宣統元年閏二月五日第五期《批陳毓挂等稟》 據稟暨保單均悉。所請接辦山東平度州金礦，遵换保單懇發開礦執照等。查此案前據該職商稟稱，係與山主李家愷函商接辦，當經本部咨准山東巡撫查復，山主李家愷向在天津是否商允，無從查悉等語，旋又據該職商呈驗，與李家愷原訂合同到部復經抄録原定合同，咨行直隸總督就近查詢，究係是否商允，以憑核辦。茲復據該職商禀請前情，仰候查復，到日再行核示。此批。二月二十二日。

甘厚慈《北洋公牘類纂續編》卷一八《督憲楊准農工商部咨職商宋發祥等禀辦磁州煤礦請飭查覆札飭礦政調查局遵照文》 爲札飭事。宣統元年閏二月初七日，准農工商部咨，接據職商宋發祥等禀稱，職商等於光緒三十四年四月間，將直隸磁州屬境内西佐村南因水停歇之煤坡，全坡自舊坡主張廷璧等手内，用資一千兩，又購買試辦。曾於光緒三十四年四月間，遞禀磁州知州業經批准，并出示保護在案，擬集股本一萬五千元，當邀集會議訂購機器，以便試開，惟此係前開舊礦，可否勿須再勘，逕請開礦執照，以符成例。此礦共合面積五十八里三分，計佔地八百七十五畝，與廬墓田宅均無妨礙，尚有擔承保單一紙，俟領照時再行另呈等情到部。查該職商等所禀各節，該礦是否前開，舊礦股本是否充實，有無影射，四至畝里是否相符，與廬墓田宅有無妨礙，均應確切查明辦理，相應抄録原禀、圖説，咨行貴督查照轉飭，將以上所指各節查明覆部，以憑核辦可也等因。到本大臣，准此，合行札飭，札到該局即便遵照，按照指查各節詳細查明具覆，以憑核咨。此札。

《商務官報》宣統元年閏二月十五日第六期《批陳國楨禀》 據禀已悉。該商請探辦金窩溝煤礦一案，本年二月初十日始准直隸總督查復。正核辦間，又據林鳳鈞等禀請在青龍凋煤礦毗連地内添領礦界，並稱金窩溝礦地與該礦有礙，復經本部咨行直隸總督分別詳查，仍候查復到日再行核示。此批。閏二月初三日。

《申報》宣統元年閏二月十六日第五版《晉省煤礦請減運費山西》 山西巡撫寶棻奏稱，竊據保晉礦務公司總理三品京堂渠本翘等呈稱，礦務發達，必以減輕成本，疏通銷路，爲切要之圖。晉礦因各路運費過鉅，轉輸不便，而正太一路爲尤甚，現計平定煤産由礦井運至屯棧每順所費不及三元，以每車二十噸計，不過五十元上下，而自平定所屬之陽泉，由火車運至石家莊，再運天津，統計運費二百元上下，是運費較煤價竟增至四分之三，每噸核計成本十二元有零，而津地行銷之唐山煤，僅售洋九元上下，價值懸殊，何能暢銷。此後晉礦出貨日多，正賴火車源源輸運，若爲運路所阻，則礦務必致坐困，又使後之辦實業者畏葸不前，其影響將及於全局。且路礦兩事，利病相因，運費昂則銷路阻，而輸出少，礦病而路亦病。運費減，則銷路暢而用車多，礦利而路亦利，但斤斤於目前之運費較量多寡，而不爲久遠之圖，似非計之得者。查唐山臨城兩礦鐵路，運費向按五成核收，晉省煤礦可否援案，將各路運費一律減爲五成，以利轉輸而維實業，請據情具奏前來。奴才查晉省礦産甲於各省，現由紳商集股開辦，自應通盤籌實，其銷售之暢滯，惟視成本之重輕，若因運費過鉅，致售價昂貴，與唐山等煤相形見絀，則晉礦恐無發達之機。近日河南彰德、直隸磁州等處，煤産亦因運費過大，經御史徐定超奏請，敕部核減，晉礦關係尤重，合無仰懇天恩，敕下郵傳部併案核議，准將各路運費照唐山、臨城兩礦，減收五成之例，一律核減，俾成本較輕，銷售日暢，實於路礦大局兩有裨益。奉硃批：郵傳部議奏，欽此。

甘厚慈《北洋公牘類纂續編》卷一八《督憲楊准農工商部咨給發京張路局鷄鳴山等處開礦執照並准免納地税事札飭礦政調查局遵照文》 爲札飭事。宣統元年閏二月二十日，准農工商部咨，案查京張路局請辦鷄鳴山、八寶山、玉帶山三處煤礦一案，前准咨稱，據該鐵路局詳請轉咨發給開礦執照，旋准郵傳部咨同前因。查鷄鳴山一處係於光緒三十二年間，本部曾經立案，其所請加添八寶山、玉帶山兩處，既係同屬京張鐵路附近之礦，自應查照前案，一律照准。第以原送圖單，於所指三處礦地是否均係官荒，抑有民産，未據開明礦界面積畝數，亦未詳載，無從填發執照，當經咨照郵傳部轉飭查明聲覆去後。茲准咨覆，飭據該鐵路局另繪詳圖，開具清單，詳請核發執照，並請免納地税等因前來。本部查所有查明各該礦地四址畝數，以及先後所繳照費均尚相符，自應填給執照，至所請免納地税一節，現在各該礦既係京張路局兼辦，自與商辦有殊，應予通融辦理，免其按章納税。除將執照三張咨送郵傳部轉發該局承領外，相應咨覆貴督查照，轉飭直隸礦政調查局查照備案可也等因。到本大臣，准此，除分行外，合行札飭，札到該局，即便遵照。

甘厚慈《北洋公牘類纂續編》卷一八《磁州礦局詳擬訂磁礦辦法及招股章程暨呈圖摺候示文並批》 爲詳請事。案照宣統元年閏二月二十四日，奉憲台批開職道等禀，勘驗磁州礦情形一案，奉批據禀已悉。磁州一帶礦産既經該道等履勘查，有馮峯、小尤莊等處煤苗煤質既旺且佳，均可開採，擬先籌集官商股本銀六十萬兩，即於馮峯地方設立公所，請發給官款二十萬兩，仰候另行籌撥給領。至請仿照灤州官礦章程，三十里以内礦産均由該局開採，併請酌減火車運費，以及擬由彭城鎮起至馬頭鎮止，修築鐵路一道，以便轉輸而維礦政各節，候分咨郵傳部、農工商部分別立案，核覆飭遵。薛村地方舊有煤窑，地勢既與官礦逼近，應准該窑主附入合辦，候咨河南撫部院查照，飭屬立案。其磁州封禁奮窑及應需價買之地，併候札飭該州先行出示曉諭，以免阻撓，并仍將所招商股章程妥籌擬議，呈候核奪繳等因。遵將招股章程，謹擬大略辦法十四條，暨請發關防緣由稟請核示各在案。竊查直境煤礦甚多，各處亦陸續開採，惟大半攙入洋股，不但權利外溢，亦且後患滋多，磁州地接隣省，煤質既佳，礦産尤富，久爲外人所涎視，此次仰蒙憲台首先提倡發給官款，一面飭令招集商股自行開採，一以杜他人之覬覦，一以開民生之厚利，而國家製造之需亦可足於供給，此誠一舉而三善者也。惟原擬集官商股六十萬爲開採資本，加以修築鐵路非百萬不足集事，職道等肩茲鉅任，彌切悚惶，事關公益，必須妥定辦法章程，以維久遠，謹援灤州礦務成案擬訂公司辦法，繪具礦界圖説，呈請憲台鑒察，並將招股章程礦界圖説各備一分，仰祈轉咨郵傳部、農工商部俯准立案，另由公司照章逕繳照費，承領開礦執照，理合備文詳請憲台核奪示遵。

督憲那批：據詳並圖摺均悉。茲先將所請關防隨批發去，仰即祇領啓用，至該公司所擬辦法及招股章程，并該礦界址應候酌核妥定，再行分咨農工商部、郵傳部查照，分別立案核覆，并飭磁州知照可也。繳圖摺存。

「中央研究院」近代史研究所《礦務檔》第三册《宣統元年閏二月二十四日外務部收河南巡撫吴重憙函附福公司開礦節略福公司擬在內地售煤請力持駁拒》

宣統元年閏二月二十四日，收河南巡撫信稱，福公司在焦作地方開礦，於去年秋間見煤，應議抽税各節，經委員楊守敬宸與洋董白來喜會議辦事專條，訂立議單。昨曾電咨鈞部，並抄録議單，諒邀鑒詧。查此案原係商董吴式釗向英商福公司借用洋款，承辦豫省礦務，名爲豫豐公司，實則洋商辦礦，託名華商。所謂借用洋款一千萬兩，實屬紙上空談，所立豫豐公司，不過徒擁虚名，毫無用人理財之柄。嗣經豫省委韓道國鈞設立河北礦務局，專司稽查照料事宜，遂將豫豐公司名目銷去，蓋因前有借款之議。既將豫豐名目銷去，將來福公司如有虧耗，可與豫省無涉。現在該公司開挖見煤，經敝處派委楊守與白來喜提議抽税各節，在津數月，幾費磋磨，始將辦事各條，逐一商妥，訂立議單，彼此簽字。其第五條內開，豫豐公司現已裁撤，至原合同第二條所載借用福公司成本一千萬兩，本屬空談，議定一併作廢等語。是借用洋款一節，自福公司開辦，以迄於今，從未揭明。今則議定作廢，未始非此次提議之力。至豫豐公司幫董方鏡改爲河南交涉局駐礦委員，名實亦屬相符。惟該公司售煤一層，業經議定載明議單第三條，福公司所出之煤，議定遵照通商條約，不在內地開設行棧賣煤，乃白洋董仍以內地銷煤爲請。查河修兩縣煤窑鱗次，小民業此爲生。如允該公司所請，一則與通商條約及此次議單，顯有違背，二則有礙民窑生計。查懷慶一帶礦工窑户，不止十餘萬人，現未准賣，已人心惶惶，一經出賣，深慮激成事端。且福公司用機器採煤，工省價廉，運售通商口岸，尚可獲利，與民窑土法開採，工本較昂，只能行銷近地者不同。公司遠售，民窑近銷，利益分霑，始可相安無事。倘或該公司輕聽奸商慫恿，竟在內地出售，不過利歸販運華商，於公司得利有限，從此結怨於民，日後恐多後患，貪小利而受大損。該公司亦未免失算，爲該公司計，亦以運銷外埠爲有利無害。再四籌思，內地賣煤一節，斷難照允，已飭楊守等婉切拒駁，力與磋商。該公司能否就範，尚無把握，總期不背議單，不拂輿情，不失主權，方爲至當不易之辦法。倘該公司逕請英使向鈞處提議此事，務祈鼎力主持，據理駁阻，以符條約而保主權，地方幸甚。謹將福公司開礦會全案，開具節略上呈。伏乞查核備案爲禱。

敬再肅者，正繕函間，復據該委員楊守等稟。白洋董因不允在內地售煤，虚聲恫嚇，百端要挾，又續訂草議兩條，不顧輿情，不計後患。於一日内要求委員等立單簽字，業經敝處電飭作廢，並令該委員等仍壹意堅持，妥爲議辦矣，合併奉聞。

謹將福公司在河北開礦原委，開具節略，繕呈鈞鑒。

英商福公司在河北開辦煤礦，係光緒二十四年間對前撫據商董翰林院檢討吴式釗呈稱，與洋商羅沙第訂立合同，借洋款一千萬兩，設立公司，請辦黄河以北懷慶左右諸山各礦，名爲豫豐公司，聲明所借之款，商借商還等情。奏奉諭旨交總理衙門會同户部議會奏，嗣經總署議准，以原訂合同有不甚妥協之處，另擬合同章程二十條，飭豫豐公司總董吴式釗與洋商羅沙第在總署畫押，以憑開辦。吴式釗旋被言官參劾鐫職，豫豐公司總董遂無人接充，嗣因時事變遷，福公司礦務延擱停辦。迨二十七年間，時局大定，該公司復申前議，派礦師柯瑞來豫勘礦，勘定修武縣境焦作地方，試探礦苗，購地建廠，名曰澤盛煤廠，於二十八年春間開辦。經錫前撫奏派候補道韓國鈞爲豫豐公司總辦，飭令恪守原訂合同，與福公司會商辦理，嗣據韓道稟，以豫豐公司總董吴式釗既經撤退。該道所辦之事，係以交涉爲重，於福公司礦務，但有稽察照料之責，並無用人理財之權，於是銷去豫豐公司名目，改爲河北礦務局，該道智慮周詳。數年以來，於該公司購地開礦以及雇用華工各事宜，相機因應，操縱得宜。二十九年七月間，該礦師繪具礦圖，請發憑單，當因占地太寬，經韓道再四駁令縮減。該公司始允以現在所用者爲黄界，先願憑單，然必仍存紅色界線，爲日後不敷開採續請憑單之用。查黄線礦界，計東南北各三華里，西六華里，實計面積六十方里零五千六百六十八方丈，於光緒三十年六月發給憑單，均經先後咨明鈞案部有案。嗣以該公司發給憑單後，交涉事件無多，儘可責成該府縣就近經理，禀商省城交涉總局核辦，遂將河北礦務局裁撤，以節經費。該公司經營礦務已逾六年，至三十四年秋間始開挖出煤。查原訂合同第六條内載，福公司見煤後，應納值百抽五之出井税等語。當經遴委候補知府楊敬宸、候補知縣嚴良炳，先赴焦作與礦師睿堪克接洽，再行赴津，晤商該公司總董白來喜，將應議各條，妥慎提議。在津數月，幾費磋磨，始將見煤後辦事各條，逐節商訂簽定議單。昨經電咨鈞部在案，刻惟内地售煤一節，正在竭力磋商，尚未定議，俟議妥再行函陳，理合登明。

中國第一歷史檔案館《宣統政紀》宣統元年閏二月上 御史史履晉奏，唐山礦務，前爲英商騙占，延不交還。現在北洋開辦灤州新礦，出煤甚旺，唐山已受抵制。英人遂有請將灤礦並於唐山，中西合辦之説。外務部因有將唐山礦本改爲債票，年息七厘，由中國國家擔任之議。臣惟灤州、唐山，截然兩事，何得混而爲一。彼見我灤礦漸有成效，知唐山不能居奇，急欲我買回，外務部何得過求速了，自取喫虧。查從前張翼自赴英京理論，系挾個人資格前往，雖經控訴得直，然衹系張翼一人之交涉。現張翼老病，亦急應籌及異日身後，此案歸何人接辦，存立證據，豫防他人接手，英人不復承認，方爲周備，下外務部知之。

甘厚慈《北洋公牘類纂續編》卷一八《督憲楊准農工商部咨請飭查林鳳鈞陳國楨所指礦界札飭礦政調查局核覆文》 爲札飭事。宣統元年三月十六日，准農工商部咨，接據職商林鳳鈞等禀稱，職商等原定青龍澗礦界介烟煤紅煤兩綫之間，前呈圖説，東爲烟煤綫，由西北而東南經過馬蘭，以至黑豆港西爲紅煤綫，亦由北而南越過河南方斜轉，東去直抵水峪。陳國楨所指金窩溝地方，即在職商等早經置買，裂峯岩下坎地址逼近煤綫相連，職商等在該處審度地勢，添領三礦界，使其邊徑相連，謹將擬添三礦界山名四至繪具圖説，並續繳照費庫平足銀三百兩，乞賜驗收，加給續添礦照等情前來。查此案前據該職商等禀控，陳國楨朦請探採金窩溝煤礦，與青龍澗事權有礙，准經貴督查覆有案，旋據該職商等援引礦章繪具圖説，禀請核辦。嗣又據商人陳國楨禀稱，該職商等禁止金窩溝勘礦，聲明礦界，並禀辦先後日期各等情，當經本部先後抄録原禀原圖，咨請轉飭併案查明聲覆等因。茲復據該職商等禀稱前情，除將該職商等照費暫存，並批示遵照外，相應抄録原禀原圖咨行貴督查照轉飭，併案查明見覆，以憑核辦可也等因。到本大臣，准此。查此案前准來咨，業經轉飭勘查在案，准咨前因，合行札飭，札到該局，即便併案查明具覆，以憑核咨。

甘厚慈《北洋公牘類纂續編》卷一九《督憲陳據已革郎中鈕秉臣禀所辦礦局被參冤抑請飭查辦札飭藩司津海關道暨礦政調查局查覆文》 爲札飭事。據已革郎中鈕秉臣禀稱，竊革員辦理臨城煤礦被參冤抑，於宣統元年三月十七日，赴前督憲楊行轅具禀，未蒙批示。六月初二日禀請前署督憲那查明昭雪，十七日奉批，二十二日復經具禀聲明，七月二十五日奉前督憲端批，已札布政司會同津海關道暨礦政調查局覆查禀奪等因。又於十月二十六日禀請前護督憲崔核示，未及奉批，前護督憲崔旋即交卸。大人下車伊始，庶政殷繁，革員未敢冒瀆，且前已四次具禀，一經查明，自當仰蒙昭雪，是以遲之又久，尚無一言達於鈞聽。伏思無定者勢也，有定者理也。尋常行路被盜，産業被佔，尚當求官伸理，即有時卵石不敵，隱忍吞聲，然公是公非，終必有結束之日。革員被參，原案係屬辦礦虧折私圖盜賣八字。竊維臨礦本係商辦，并無官款，亦非倒閉，且前督憲袁與洋員沙多議訂合辦，即以革員念載經營，銖積寸累之礦産作價五十萬金。此五十萬金之礦産，殆即革員虧折之確據，亦即革員獲罪之原因也。至於盜賣一節，革員前禀辯之已詳，今再扼要陳之。查革員初議合辦，實係奉前督憲李之諭，與前督辦鐵路盛大臣及工程司沙多籌商合辦，并於前督憲袁任内具禀請示，遵批作廢，無所謂賣，何由而盜。又查原參摺内有名爲合辦，實同盜賣等語，夫同之云者，謂本非一物不過相同耳，然則實同盜賣一語，即可爲實非盜賣鐵板注脚，否則以大府威勢，即加革員，以實係盜賣罪名，亦復誰敢詰問，且商人與洋員合辦則謂之盜賣，官府以商人之産，仍與洋員接議合辦，不知於義何取，革員自恨素昔經商，不諳公事，以致未曾預請札文。轉念欲加之罪，何患無詞，使當時即有札文，亦不難另加羅織。觀於礦産作價五十萬金，而可謂之虧折，天下有一人之口而自相矛盾，如是況於事在前任，産係商民，其無足輕重可知矣。革員今年七十有八，老病窮蹙，孤立無助，留京一年，欲歸不能，明知推翻前案開罪原參大臣，於勢爲必不可行，知其不可而言之，輕則蒙强詞嘵瀆之斥責，重則干挾詐妄控之罪戾。然革員至愚，竊以爲苟無公理則已，若猶有公理，則號泣呼冤，法所不禁。伏維大人仁心仁政，照古邁今，如革員之日暮途遠，進退俱窮者，或亦仁人君子所宜動心者也，不揣冒昧，謹披瀝哀懇以聞。伏乞俯賜矜憫，飭予查明核示，不勝惶恐之至等情。到本大臣，據此，除此批案，前據該革員稟請各情，並准都察院來咨，業經先後分行藩司、津海關道、礦政調查局會同確切查辦在案。據稟前情，候再札飭該司道等迅即併案核辦具覆，飭遵抄由批發等因。掛發外合行札飭，札到該司道等，即便遵照，會同查辦具覆，此札。

《申報》宣統元年三月十七日第六版《直人争礦問題續聞北京》 直省争礦問題，疊誌前報。現聞外務部知照張燕謀，令其出與英人交涉一切。日昨張復陳大旨，謂開平礦務前既一手經理，此時責令出面，必不敢置身事外。惟灤礦開辦之人，係周學熙，此時若出與交涉，非令其協同辦理不可。聞周張本屬親誼，又爲朋好，亦肯出爲臂助。並聞直隸學界對於此事最熱心者爲賈君恩紱，昨又往張南皮相國處條陳六則，南皮閱此條陳後，極爲動容。

「中央研究院」近代史研究所《礦務檔》第三册《宣統元年三月二十一日外務部收河南巡撫吴重熹文附福公司售煤案交涉節略呈外務部文暨福公司議單等委員晉京詳陳駁拒福公司就地售煤案辦理情形》 宣統元年三月二十一日，收河南巡撫文稱，竊照福公司一案，因委員楊守敬宸等擅簽續議，致成交涉，歷經函電詳陳貴部在案。頃據交涉局呈送楊守等由津來電稟稱，元鹽電悉，今該董述朱使語，決計向部力索償款，內地准售各節，如允飭地方官出禁阻撓示，即令使署漢務參贊甘伯樂與白來汴等因。該董之意，出示後，所索各節，即可作罷，乞電復，敬鏡叩刪等語。查電内所稱，禁止阻撓之告示，係楊守等與白董在廠擅簽續議時所擬，未經本部院允准，且關係較大，未便遽准照辦。此案非白董來汴另議，難得持平辦法。現在白董未能即來，殊難速了，其中爲難情形，電牘恐有不盡，特委特用知縣王宰善赴京，謁見貴部丞參堂呈遞節署，詳陳顛末。由丞參堂轉達，並請指示機宜，俾可遵照辦理，相應咨呈，爲此合咨貴部，請煩查照施行。

附王委員呈節署一件、議單二件。

謹將福公司在豫開礦見煤後交涉情形，開具節署，録呈鈞鑒。

一，查光緒二十四年豫豐公司與福公司原訂章程第六條載明，每年所有礦産，按照出井之價，值百抽五，作爲落地税等語。光緒三十四年福公司開挖見煤，經交涉局詳委候補知府楊敬宸、候選知府方鏡、候補知縣嚴良炳，與該公司洋董白來喜會議收税各節，擬具議單。稟准後，於本年二月初六日簽字，當經電咨鈞部立案。按議單內載明，遵照通商條約，不在內地開設行棧賣煤，及納出井税後，運售他埠等語。閏二月初十晚，據改委駐廠稽查煤税委員楊敬宸等電稱，白來喜要挾內地賣煤，擬請設立官局代銷等情，當以顯背原議，並有礙通商約章。於十一日電令磋拒，乃是月二十日，據交涉局呈到楊守等擅與該洋董另訂定賣煤續議兩條，已於十一日簽字，並擬禁止阻撓買煤告示稿一紙。稟內聲明簽字係屬權宜，必俟撫院通飭曉諭，方准華商赴廠購煤等語。當以該守等並無代表長官簽字之特權，並與前次請開官局代銷之電，亦不相符，即日電飭將續約作廢，而福公司即據以爲口實，是此案交涉之所由起也。

一，原議單載明不在內地開設行棧賣煤，又納出井税後，運至他埠等語。按賣煤二字，係包括整賣零賣而言，亦係遵守通商約章，洋人不得在非通商口岸經商之意，續議載如有華商自願赴廠買煤，他人不得阻撓等語。華商赴廠買煤，與洋商賣煤於華商，殊無区别，若續議實行，是河南一省皆可視爲商埠，將來他國援以爲例，不啻內地皆成爲自由之商埠。夫尋常洋人在內地採買土貨，尚且非約有專條不可，福公司准在豫省開礦，立有專約，准在內地賣煤，並無明條，開礦乃採取之權。賣煤係通商之事，權利不同，性質各異，勢難相混。雖開平等礦並無不准就地賣煤之條，然福公司前訂議單載明不在內地開設行棧賣煤，立有專款，似未便援開平等礦以爲例，致失本議單之效力。至福公司現據續議兩條，以爲要挾，此兩條未奉長官允准，委員擅行簽字，例應作廢。蓋中外議訂之件，均以代表簽字爲憑，代表之有無全權字樣，關係甚大，楊守等並無簽字之權，此續議之未便承認者也。

一，豫省煤礦甚多，西人稱爲煤田，河北一帶民窑叢集，尤爲數十萬小民生計所關。與開平臨城井陘等處情形，迥然不同。該處窑户居民，前聞欲在內地賣煤，即有傳單聚衆之謡。本年二月間，英使據該公司電，曾向鈞部請飭地方官保護公司身命財産。又據該公司總礦師堪睿克電請派隊彈壓，維時尚未續訂賣煤之議，民氣已囂然不靖，即經飭屬遍切開導，諭以静候主持，毋得暴動，幸免滋事。河北商民來省籲懇主持者，公司窑户聯名至百餘家之多，紳士聚議抵拒，亦經剴切勸諭，毋稍激烈，聽候酌辦。現在地方尚屬安静，然民心惶急，加以天久不雨，旱象寖成，深爲可慮。目前交涉情形，止福公司藉續議爲要求，如輕允內地賣煤，深恐民怨滋深，匪徒乘隙生事，無論地方遽遭蹂躪。萬一傷及福公司身命財産，恐交涉更形棘手，此不能不統籌前後，未敢允許內地賣煤之實在情形也。

一，此案原立議單，彼此均係遵照約章，並無糾葛，只以委員擅簽續議，致成交涉。現在亟宜妥籌辦法，以免再生枝節。查原訂議單第九條載明，將來如有未盡事宜，隨時續議增入等語。如有可商事件，本可妥行續議。現在該洋董已離礦赴津，致豫省無從著手，熟權情勢，非鈞部鼎力主持，仍令白董來汴，另開正式會議，妥商辦法。不能了結，應請鈞部照會英使，迅飭白董來汴，以便持平辦理。

〔附件〕

前奉鈞部三月初八日電，英使以福公司所用郭振清、王連武二人無故被拏，請飭釋放，並要求出示，如不照辦，將開單索償損失等語。查王姓並未查拏，郭振清因違犯營規，傳營查詢，即經電復鈞部在案。嗣經查明王連武即王星堂，係河内縣人，癸未副貢候選知縣，向在福公司礦廠開設寶泰順錢舖。掌櫃廉可銘，亦係河内縣人，該舖素與福公司來往交易。本年二月間，礦廠查見匿名傳單，指稱王星堂並其掌櫃廉可銘包銷煤斤，定期聚衆扒拆王廉二家房屋等情，適署祥符縣知縣正任河内縣苗燮。前在河内任内與王星堂相識，因有此謡傳，密電囑令來省查詢情形。該紳王星堂已至裕州，旋即自行來省謁見苗令，自稱恐犯衆怒，深知悔悟等語，此並未查拏王連武之情形也。郭振清係北鎮哨弁，派駐礦廠，前經訪聞該弁所帶哨内，良莠不齊，恐有比匪情事，電令北鎮傳營查詢，旋北鎮將該弁送省。經祥符縣訊明該弁哨内，並無匪人，因即飭令取具切結，銷案回營。此查辦郭振清與福公司並無干涉之情形也。王星堂在省時，曾稱郭振清從前代福公司買進柴煤，於寶泰順號内，短久銀四千六百兩，屢索未償，因此互有嫌隙，時有該處民人謡傳扒毁王廉二姓房屋之事。恐該弁亦在附和之列等語，而郭振清則稱傳單聚衆一節，實未從中播弄。由觀之，王郭二人，平日積不相能，究竟傳單聚衆之事，郭振清是否附和，毫無實據，無從深究。英使以此兩事爲藉口，實未詳悉此事之實情，且官長查辦軍民，係屬内政，如王郭二人果有違犯法律情事，即在福公司辦事，福公司亦未便干預，況王姓並未查拏，郭姓亦已訊明銷案，更屬無可藉口，此英使節外生枝，無足深論者也。

河南交涉洋務局與福公司會議見煤後辦事專條，開列於後：

一，提議宗旨，要在引伸原訂合同章程，將見煤之後辦事專條，逐節商訂，庶彼此各有遵守。

二，福公司應納值百抽五之出井税，議定自見煤之第一日起算，不分整碎，不問漲落，每噸納税銀五分，按月照報告總公司洋文賬單，開送省城總局一分，以憑核計進出煤數，結算税銀。稽核員有隨時到廠調查之權，賬單税銀交稽核員收納轉交。

三，福公司所出之煤，議定遵照通商條約，不在内地開設行棧賣煤。

四，福公司之煤，納出井税後，運售他埠，經過河南釐卡，或由水路或裝火車，議定仍照中國通行章程完納税項。

五，豫豐公司現已裁撤，至原訂合同第二條所載借用福公司成本一千萬兩，實屬紙上空談，議定一併作廢。福公司交涉事件，統歸河南交涉局管理，其原有之豫豐公司幫董薪水，自本年正月起，即改爲交涉局駐礦委員薪水，照舊由福公司按月支給。

六，福公司需用黄界内民地，何章由地方官公平代購，惟見煤以來，各地主多不願賤賣。現議定按照原合同第五條租地辦法，凡不願賣絶之地，分別地底地面，每年給以租價若干，仍歸地方官詢明地主持平定價。

七，原訂六十年期限，議定以簽立合同之日，即西曆一千八百九十八年算起。

八，礦路學堂，議定本年春季開辦。除飯食由學生自備外，所有堂中宿息舍宇、遊戲場以及教習員司夫役薪工、書籍、文具、彝器、標本、燈火煤水，統歸福公司籌給。

九，現議各條，係暫行試辦，將來如有未盡事宜，隨時續議增入。

十，議定專條，照繕華文三分，一存河南洋務局，一存修武縣署，一存福公司，均以華文爲憑。

大清宣統元年二月初六日、西曆一千九百零九年二月二十五號訂立。

河南交涉局議員：候補知府楊敬宸。此處蓋章簽字。

候選知府方鏡。此處蓋章簽字。

署修武縣知縣嚴良炳。此處蓋章簽字。

福公司：總董白萊喜。此處蓋章簽字。

總礦師堪睿克。此處蓋章簽字。

按河南交涉局與福公司於宣統元年二月初六日所訂草約第九條内載，現議各條係暫行試辦，將來如有未盡事宜，隨時續議增入等因。查有原議第三條内中，尚有不甚完善之處，亟宜添入，以免日後誤會。

計開：

一，華商如有自願赴福公司購煤者，他人不得阻撓買煤，如有此種情事，中國地方官自應就近立行禁止查究。惟每人至少以二十噸起碼，應稟明河南撫帥，飭地方官出示曉諭。

二，福公司不得令華商包賣本省煤斤，恐本地民人疑爲專利，致啓紛爭。

大清宣統元年閏二月十一日西曆一千九百零九年四月一號訂立。

河南交涉局議員：候補知府楊敬宸。此處蓋章簽字。

候補知府方鏡。此處蓋章簽字。

署修武縣知縣嚴良炳。此處蓋章簽字。

福公司：總董白萊喜。此處蓋章簽字。

總礦師堪睿克。此處蓋章簽字。

《申報》宣統元年三月二十九日第六版《晉省煤礦奏准暫免井口兩税山西》

山西巡撫寶棻奏稱，竊據晉省紳士候補三品京堂渠本翹、候補五品京堂劉篤敬、翰林院檢討梁善濟等呈稱，保晉公司所開煤礦，經平定、獲鹿、石家莊、天津等處迭次征收税釐，與定章不合，請援照粵省成案，暫免井口兩税五年，期滿仍照章輸納。奴才查晉省礦產，上年甫向福公司贖回，現由紳商集股開辦，既須按期拔還贖項，又須籌欵購機布置一切，商力實已不支。目前維持之計，惟有減輕成本，疏通銷路，最爲扼要之圖。照部定礦章，祇納井口兩税，悉免內地釐金，但當創辦之初，行銷未廣，公家所得税項亦屬無幾，而成本因之加重，出貨即難暢銷，其有礙於礦務大局者實多。合無仰懇天恩，准予援照廣東成案，將出井、出口兩税暫免五年，以恤商艱，將來期滿之後，仍照章輸納。晉礦係甫經開辦，招股集資經營非易，不能不藉官力維持，與粵省情事相類，是以援照陳請，至礦務業已辦有成效者，自不在此例。三月二十日，奉硃批：著照所請。

《商務官報》宣統元年四月五日第一一期《批韓富華稟》 前據該商稟稱，擬在京西掛甲屯塔西北黄家溝開採新煤窑，併將山圖等件呈部，懇請批准等情。當即據情將山圖四至咨行步軍統領衙門，轉飭該地面查明去後。茲准復稱，查得該商所指地勢實係園庭後山脈絡，有礙水源，該處無論舊有新開均在從前歷案封禁界內等因前來。該商所請應毋庸議，前呈照費銀一百兩發還，仰即赴部具領可也。此批。三月二十一日。

《商務官報》宣統元年四月五日第一一期《批新安民人馬俊駒稟》 稟悉。該民人究心礦務，所陳探勘分晰、提鍊三端，不乏見到之言，足資參考。惟礦學深邃，非專門研究不足以窺其底蘊。該民人經驗既久，仍應准諸學理切實研究，自不蹈空言之弊，本部有厚望焉。此批。三月二十二日。

《商務官報》宣統元年四月五日第一一期《批禮部候補簿正陳毓桂稟》 稟悉。該職商請辦山東平度州舊甸金鑛，並未與該礦業主李家愷當面商妥，僅憑中人吴梅臣、李海秋一面之詞，竟將其僞造之合同送部呈驗，實屬冒昧荒唐已極。本部前飭商會調查東天源商號保單，該職商捏詞誣控狡詐多端，已非安分之徒，茲復以僞造合同來部朦混嘗試，似此膽大妄爲，本應從嚴參懲，姑念此案已據吴梅臣稟明僞造合同，該職尚不知情，本部查核屬實，不過昏瞶糊塗，甘受人之侮弄，其情可惡，其愚亦可矜，從寬暫免深究，准予銷案，以示體恤。茲呈照費銀五百四十兩應罰令充公，由本部移交民政部辦理地方公益。嗣後如再敢勾串匪人，滋出事端，一經覺察，必加重參辦，以儆官邪。除將吴梅臣一名咨行民政部、順天府趕即驅遂回籍，不准在京逗留，免再滋事，李海秋一名咨行查拏究辦外，仰即懔遵。此批。三月十八日。

「中央研究院」近代史研究所《礦務檔》第三册《宣統元年四月十一日外務部收農工商部文附豫紳畢太昌等呈福公司見煤後辦事專條暨續條豫紳請撤銷福公司就地售煤私約》 宣統元年四月十一日，收農工商部文稱，接據河南在籍翰林院檢討畢太昌等公呈稱，本年二月初六日，河南交涉局與福公司議定見煤後辦法十條，經豫撫吴認可批准。其最重要者爲第三條，所云福公司所出之煤，議定遵照通商條約，不在内地開設行棧賣煤，詎局員楊守敬宸私徇該公司無理之要求。輒於閏二月十一日將原議後擅增兩條，其一條即許華商就地購買，如有他人阻撓，地方官負禁止查究之責，大與本約第三條反對，不俟院批，擅自簽字。公懇鼎力主持，撤銷私約，重訂妥條，以保利權而全大局等情前來。查河南交涉局與福公司議定見煤後辦法十條，豫撫曾否咨明貴部有案。至閏二月十一日增訂兩條，已未允准，本部無憑查核。相應抄録原呈及原訂辦事專條，咨行貴部，希即查明見覆可也。

〔附〕河南在籍翰林院檢討畢太昌，編修杜嚴、張成修，禮部主事方貞，法部主事李時燦、彭運斌、楊源懋，中書科中書胡汝麟，前陝西鳳邠道鄭思賀，在京禮部右參議李擢英，法部左參議魏聯奎，軍機員外郎萬雲路，翰林院侍講景潤，編修顧瑗、史寶安、願承曾，檢討余炳文、林東郊，内閣中書顧顯曾、嚴家琨、趙庭鼎、彭葆珊，吏部主事祝嘉聚、邱樹梓，民政部主事吴之杭，度支部郎中梁振炎，主事荆性成、王慧潤、邢汝霖、彭端、冠輔仁，筆帖式清芬，禮部郎中王士傑，主事屠爾敏、王廷襄，筆帖式桂斌，學部主事李馥，陸軍部主事李聯琦、張叙乾，法部參事張家駿，郎中李焜墀，員外郎劉蘇生，主事吕慰曾萬之一、陳延修、羅汝鑫、黄思憲，郵傳部主事顧准曾、夏和清，大理院推事史緒任、陳善同、黄顯聲、馬耀宗等呈爲局員違章私增議單，擅行簽字，公懇設法維持，以保利權而全大局事。竊惟海禁大開以來，沿邊各省利權多外人掌握，而吸内地之膏血、妨民病國則以礦務爲尤甚。河南爲中原腹心地，開通較晚，礦壞亦較遲，而隱肇禍端者，則自福公司始。查福公司之來豫也，因光緒二十四年吴編修式釗、程道恩培爲之作倀，虚捏一豫豐公司之名，與該公司合辦。最初所訂合同，係辦理大河南北懷慶左右諸山各礦，嗣由京紳奏參，以範圍太廣，僅改爲大河以北懷慶左右。爾時所訂合同第二條稱，豫豐公司向福公司借款云云，不過借爲引綫，並非實事，當日豫撫劉樹棠未加詳察，即行奏准立案。迨光緒二十六年，前豫撫錫派韓道國鈞督辦河朔礦務，經該道與福公司畫定紅黄二界，範圍較小。至本年二月初六日，河南交涉局興該公司議定見煤後辦法十條，經豫撫吴認可批准。其最重要者，爲第三條，所云福公司所出之煤，議定遵照通商條約，不在内地開設行棧賣煤，詎局員楊守敬宸私徇該公司無理之要求，輒於閏二月十一日，將原議後擅增兩條。其一條即許華商就地購買，如有他人阻撓，地方官員禁止查究之責，夫買賣雙方行爲也，豈有不准賣而准買者乎。且所謂不在内地開設行棧者，爲普通約章，不在内地開設行棧賣煤者，爲河南特别之契約，文理易明，毫無疑義，斷不能謂不在内地開設行棧爲截句，賣煤二字，另爲一句也。况不准開設行棧之目的，爲恐奪小民生計也。若名義上雖無行棧，而所賣貨物之額，更遠超過於開設行棧所賣貨物之額，且可省開設行棧之一切開銷，是並不如直許其開設行棧之爲愈也。若云開平臨城等處，原無不准華商就地購買之條，然遍查近來各華洋合辦礦務合同，及近年大部奏定礦務附章程，亦並無允准洋商就地賣煤之明文。若凡未載明不准者，一概作爲允准，則又何事不可允准乎，就令他省容或允准，而礦務本於屬地主義。兩河煤窑林立，百萬小民生計所托，情形各有不同，他郡自有平原，自無未可概爲比例。譬如割讓台灣，不得謂他行省均宜援例割讓，削平天津城壘，不得謂他城壘均宜援例削平，此尤顯而易見者也。况就新議第五條觀之，豫豐公司並借款千萬，寔屬紙上空談，一並作廢等語。是河南無豫豐公司，亦無借款，業經確寔證明，以法理論之，私法人之性質一部分銷滅，他之一部分亦隨之消滅。兹既無豫豐公司，福公司何所附麗而獨存，既無借款，福公司更何所依據而開採。按之各國公理，盜挖他人地質，理應損害賠償，豫撫對於福公司當就所盜挖區域，從公估值，按數索償，而後從容遣其出境。英商文明人格，諒亦無所措詞。揆諸國家柔遠之仁，並非刻薄，縱以强權時代，事實難與理論相符，姑就新議批准各條，彼此遵行，無許任意出入，猶可收之桑榆。即如第九條所云，現議各條係暫行試辦，將來如有未盡事宜，隨時續議增入，顧契約須雙方合意。是否必須續議，是否可以增入，封疆大吏自有權衡，非一委員之所得而專也。楊守敬宸續訂之條，大與本約第三條反對，不俟院批，擅自簽字，其爲英商計則得矣，如國體何，如民命何，就上下階級而論，無論何等國家，皆有當然之統屬。况事關交涉，以一委員資格，未經大吏認可，擅行增訂簽字，即於我全無損失，已屬藐玩官常，致爲壞法亂紀者所藉口。况本有莫大之損失乎，解之者曰，既准内地開採，不准内地售煤，採出之煤將何所用。然舊約第八條，不曰礦産出口照章納税乎。新約第四條，不曰納出井税後，運往他埠乎，是彼已承認開採與發賣，判爲兩事，内地只有開採權，惟商埠乃有發賣權，毫無可以混同之理。又有解之者曰，福公司就地銷煤，價值較減，本地燒煤之家，自可均霑利益，而不知如此墮其術中也。彼既恃其資本之厚，機械之靈，減價出售。本地煤窑勢必漸次歇業，衆窑倒閉之後，彼必猛抬煤價，故爲居奇，煤爲日用必需之品。舍此别無可購之區，勢不至吸收膏血浄盡不止，此爲世界上商戰最劇手段。日本煤油公司被美國煤油公司推倒，其股鑒也，尤可慮者。本地煤窑果皆倒閉，嚮日工人無所事事，弱者轉徒溝壑，强者恐致蠢動，甚或以聚衆洩憤爲名，别生枝節，非但有妨内地治安，並將使外交決裂，恐爾時國際上之交涉，較今日商人之交涉，其困難當更有倍蓰而無算者。雖蚩齊氓居我權力之下，無難痛芟之以謝外人，無如業已上廑憂勞，中費唇舌，下剥元氣，洵非計之得也。以上各種情節，事有必至，理有固然，若遷就於一時，必貽禍於久遠，言之殊堪沉痛。伏查大清礦務正章總要第七款，凡關係洋商所訂合同條款，有佔奪華民生計及礙中國主權地方自治者，皆准稟請部核，妥爲修改。此指已成立之契約而言也，矧以私相授受，擅增約文，効力既未發生，文字原無價值，其當然作廢，自不待言。太昌等以地方生計攸關，衆情危迫，是以公懇鼎力主持撤銷私約，重訂妥條，以保利權而全大局。除將所訂合同各條抄粘外，謹合同公呈，伏祈大部鑒核施行。

河南交涉局與福公司會議見煤後辦事專條，開列於後：

（一）提議宗旨，要引伸原訂合同章程，將見煤之後辦事專條逐節商訂，庶彼此各有遵守。

（二）福公司應納值百抽五之出井稅，議定自見煤之第一日起算，不分整碎，不問漲落，每噸納稅銀五分，按月照報告總公司洋文賬單送省城總局一分，以憑該計進出煤數，結算稅銀。稽核員有隨時到廠調查之權，賬單稅銀交稽核員收納轉交。

（三）福公司所出之煤，議定遵照通商條約，不在內地開設行棧賣煤。

（四）福公司之煤納出井稅後，運售地埠，經過河南關原卡，或由水路，或裝火車，議定仍照中國通行章程完納稅項。

（五）豫豐公司現已裁撤，至原合同第二條所載借用福公司成本一千萬兩，寔爲紙上空談，議定一併作廢。福公司交涉事件，統歸河南交涉局管理，其原有之豫豐公司幫董薪水，自本年正月起，即改爲交涉局駐礦委員薪水，照舊由福公司按月支給。

（六）福公司需用黃界內民地，向章由地方官公平代購，惟見煤以來，各地主多不願賤賣。現議定按照原合同第五條租地辦法，凡不願賣絶之地，分別地底地面，每年給以租價若干，仍歸地方官詢明地主持平定價。

（七）原定六十年期限，議定以簽立合同之日，即西歷一千八百九十六年算起。

（八）礦務學堂議定本年春季開辦，除飯食由學生自備外，所有堂中宿息舍宇，遊戲場，以及教習員司夫役薪工、書籍、文具、彝器、標本、燈火、煤水，統歸福公司籌給。

（九）現議各條係暫行試辦，將來如有未盡事宜，隨時續議增入。

（十）議定專條照繕華文三分，一存河南洋務局，一存修武縣署，一存福公司，均以華文爲憑。

河南交涉局議員候補知府楊守敬、宸候選知府方鏡、署修武縣嚴良炳，福公司總董白來喜，總礦師堪睿克。

按河南交涉局與福公司於宣統元年二月初六日所訂章程單約第九條內載，現議各條係暫行試辦，將來如有未盡事宜，隨時續議增入等因。查有原議第三條內中，尚有不甚完善之處，亟宜添入，以免日後誤會。

計開：

華商如有自願赴公司購煤者，他人不得阻撓買煤，如有此種情事，中國地方官自應就近立行禁止查究。惟每人至少以二十噸起碼，應稟明河南撫帥，飭地方官出示曉諭，福公司不得令華商包售本省煤觔，恐本地人民疑爲專利，致起紛爭。

大清宣統元年閏二月十一日、西曆一千九百零九年四月一號訂立。 楊敬宸、方鏡。

「中央研究院」近代史研究所《礦務檔》第三冊《宣統元年四月二十一日外務部奏摺皖豫兩省礦務辦理爲難情形》 宣統元年四月二十一日，本部具奏摺稱，謹奏爲皖豫兩省礦務，中外互爭，遽難定議，謹瀝陳辦理爲難情形，恭摺仰祈聖鑒事。竊維安民先宜和衆，必措施得當，而後可長保治安；經國首重睦鄰，必外侮不生，而後可專修內政。方今時勢孔艱，利源日蹙，宜廣發達開通之策，斷非深閉固拒之時。臣部職掌外交，深維大計，於民生權利所在，尤必兢兢維持，不遺餘力。曷敢稍涉放棄，坐失機宜。然有時格於成議，窮於理解，非一意堅執所能諉卸，不能不設法轉圜者，如安徽銅官山礦產與河南福公司售煤兩案是也。謹將案情始末，爲我皇上分晰陳之。【略】英商福公司在河北開辦煤礦，係光緒二十四年五月間，總理各國事務衙門會同户部議覆河南巡撫劉樹堂原奏，允准翰林院檢討吳式釗與洋商羅沙第訂立合同，借洋款一千萬兩，名爲豫豐公司。迨二十七年該公司勘定修武縣境焦作地方，試探礦苗，購地建廠。二十八年春間開辦，經候補道輯國鈞與福公司會商，銷去豫豐公司名目，改爲河北礦務局，繪定黃紅色礦界，發給憑單。至三十四年秋間，開挖見煤。河南巡撫遴委候補知府楊敬宸等與該公司洋董白來喜商立議單，載明遵照約章，不在內地開設行棧賣煤，並納出井稅後，運赴他埠等條。簽定後，又續議兩條。有華商自願赴廠買煤，不得阻撓等語。本年閏二月間，英國使臣朱邇典函致臣部，請飭豫撫出示禁止阻撓人民購買該公司之煤。經臣部函復該使，謂福公司在內地售煤，與小民生計有損，自應仍照原議，並商令白來喜赴汴另議。詎白到汴後，與交涉局會議多次，豫省讓至准華商赴廠購煤，運出河南境界爲止。白來喜讓至赴廠購運出河內縣境出售爲止。彼此相持，遂至白來喜不再與議，由汴來京。英使照會臣部內稱，自續議單簽字日始，每日索賠一千兩。而該撫吳重憙奏稱，現擬辦法，退步已臻極點，勢難再事通融。惟有一意堅持，以期就我範圍，全民生計。河南紳士翰林院編修杜嚴等具呈都察院代奏，則詳陳十害，懇飭撤銷楊敬宸擅訂之約。欽奉諭旨：著外務部河南巡撫會商妥籌辦理，欽此。當經臣等電達河南巡撫，謂若一味堅持，不特不能就範，且恐變本加厲，不及挽回。應保全土窑生計，妥籌了事辦法。緣豫豐公司借款合同批准在先，至銷去豫豐名目，變我之借款而爲彼之自辦，彼經營六年之久，始得見煤。若轉阻其就地出售，彼固不允，我亦失宜。蓋煤賤則於通省百姓有益，不能因關礙少數之土窑，而強令全省均用貴煤。且直隸山東各礦，均係隨處出售，河南何能獨異。現英使以阻止出售，按日索賠，要挾加劇。此福公司售煤辦理爲難之寔在情形也。伏查臣部中英交涉未結者多端，類皆頭緒複雜，枝節叢生。致英使有臣部辦理外交，一似獨與英國爲難。並政府無權，徒使紳商學界不擔責任之人，從而阻撓干預之語。英外部與李經方接晤時，亦輒以此詰難，見諸詞色，兩國感情日形淡薄。安徽河南兩礦務均係奏明允准之案，不得謂非國際交涉。迺藴積至今，同時並舉。兩省紳民謂關係地方生計，方疑臣部以不力爭。在英使謂中國情理不明，更譏臣等以不守約。偏於彼則似拂輿情，偏於此則有傷國體。兩相環逼，因應俱窮。邇來憲政初基，凡在民生，均思自保權利。然或意氣激於一時，而難期結束。或理法出於空論，而不切事情。臣等仰體朝廷德意，但有力能斡旋之處，斷不敢畏難遷就，置吾民之呼籲於不聞。惟時勢所值，事理所在，利害所關，其得失輕重之間，有不得不審量權衡，未可自行其是者，在相機以補救，不敢謂我是而人皆非；在合盤以統籌，不敢因一端而誤大局。以上兩事，但能取益防損，操縱得宜，未嘗不可挽已失之利權，消目前之嫌釁。若一味抗執，設或釀成意外，咎將誰歸？臣部責無旁貸，自當勉任其難，權其輕重，設法磋商。俟稍有定議，再行請旨施行。所有皖豫兩省鑛務中外互争辦理爲難情形，理合恭摺密陳，伏乞皇上聖鑒。謹奏。宣統元年四月二十一日奉硃批：知道了，欽此。

《申報》宣統元年四月十三日第三版《籌議抵制福公司之預備河南》 汴人因抵制福公司事，初次開會，未得要領。復於四月初二日，在粟大王廟開特別大會，先期通知各學堂學會各舉代表到場。九點鐘開會，先將抵制福公司售煤辦法議公同研究，次由丁、賀、張、戴四君相繼演説大旨，擬共立一對付福公司同志會，將前後與福公司交涉情形撰文，廣登各報，抵制之初，先向撫院要求，要求不遂，派代表赴部，再不遂，如開平例，到英國裁判所控告，議畢散會。惟留各代表并煤業中人籌商勸捐立會各事，并定該會告成時，再開大會一次，決定聯名上稟之事。

《申報》宣統元年四月二十二日第三版《論河南京官嚴劾楊敬宸破壞礦務事》 河南福公司煤礦之交涉，十年於兹矣。至丁未年，而礦務之交涉，益形棘手，如修武縣煤礦林令桂芳之勒賣礦産於外人也，汴撫所委福公司交涉委員方鏡之高價盜售礦地也。汴人大憤，號呼奔走，開會抵制，而卒不獲絲毫之效果，又組織憑心煤礦公司，以圖挽救，而終不能杜塞其漏卮。蓋福公司爲汴人肘腋之患，而不肖華官甘自賣其同胞之生命産業，藉以媚外人，而圖飽一己之囊橐者久矣。不料今之交涉局楊守敬宸等，又有與福公司私訂續約二條，准其在内地包賣之事。

夫楊敬宸等即自忘其爲中國人，貪利媚外，獨不慮汴人全體之公憤，而顧敢悍然與之立約耶，即不畏汴人之公憤，而官場最懼大吏申斥，今楊敬宸等貪利媚外之心，顧勝於畏上官之命令，獨不稟告撫院，竟敢貿然之立約，何其膽大而妄爲耶。推此事之緣起，汴省大吏以該公司既已出煤，於抽税等事，將來恐啓争執，故於閏二月，有委楊敬宸等會同脩武縣與福公司訂約之事也，不料該約訂立時，即寓深意，預先聲明，遇事再添續約之語，迨該約成立後，楊等並不稟知撫憲，即與福公司私續二條，祇准該公司在内地設棧售賣，不准華商運銷，汴撫聞此消息，飛電禁阻，楊等竟置之不顧，擅於十一日簽字，該公司代表自得在内地販賣煤炭權後，即赴部呈請立案，復回汴請大吏出示保護。（以上據近日各報）汴人士驚悉此事，始相繼開會，紛紛集議挽救之策，函電交馳，心力盡瘁，然而事機急迫，此後交涉之結果尚不可知，幸汴同鄉京官深知此事關係之大，出而援助，呈中都察院代奏，嚴參楊敬宸等擅與福公司訂約有十大害，請飭據理力争作廢，已奉旨外部農工商部汴撫知道。（見昨日本報專電）此事或將由此而轉機，汴人士益當合力圖謀，以達廢約之目的，勿令熱心争礦之美名，爲皖人士專享於今日也。

中國各省與外人最困難之交涉，曰路曰礦。試專以礦務言之，方今交涉之最喫緊者，曰皖之銅官山礦、汴之煤礦。皖礦則代表正在磋商，而推原合辦之議，所由來莫不歸咎於李使，汴礦則同鄉京官現正力争，而推原准許福公司專賣之約，所由來亦莫不歸罪於楊守。夫李僅則僅表示其意思，而楊守則已擅與立約，其罪尤甚。吾不知楊有何恃，而敢於破壞礦務、誤國害民若此耶，且楊守非但不知自悔，反嘵嘵置辯，歸咎於紳界之人，思有以自脱其干係。嗚呼，其計雖狡，奈公論之不可誣，而公憤之不易平哉。

汴同鄉公呈，謂借款未付，請飭外、農兩部與汴撫，力争作廢，縱不能亦應遵照前撫所訂之約辦理。蓋汴人士已讓一步着想，宜無不可，達到目的者，此而不能，何以爲國，一面宜責成楊守等，與福公司磋議作廢，狐埋狐搰，繫鈴解鈴，楊固不能辭其責；一面外、農兩部與汴撫應倚汴人士爲後援，極力與該公司抗争，則事無不可轉圜之理，所慮者汴人士有一鼓之氣，部院守敷延之習，則此事之結局有不堪設想者矣，雖食楊守之肉而寢其皮，有何益哉。

《申報》宣統元年四月二十四日第三版《河南京官開會集議争礦詳情北京》　本月初十日，河南同鄉京官三十餘人在陶然亭會議，以河南交涉局楊守敬宸等向來辦事並不顧全大局，而尤以此次改訂礦約爲最，該約不准華商運銷煤炭，反准福公司在内地包買，其媚外徇私，誤國害民，莫此爲甚，應即聯名奏請，飭部力争作廢。旋經公衆議定，公呈都察院，請爲代奏。翌日，即呈由都察院奏奉諭旨，著外、農兩部暨豫撫知道。現該同鄉以豫省礦約本不完善，近又被楊等擅自立約，喪失尤甚，今既明奉上諭，自應聯合本省紳士，協力要求撫憲從速争回，故已電致本省紳士，妥籌辦理矣。

《商務官報》宣統元年四月二十五日第一三期《批王永祥稟》　據稟，該商稟辦獨石廳屬黑蛇山銀銅溝銀礦，現已開工，擬名興華公司，并將集股章程、股票式樣，呈部懇准立案等情。查礦章内載丙字礦類除去地租礦税用費公積外，所得餘利國家二成五，業主二成五，礦商一半等語。該商所擬紅利章程與礦章不符，應即照章更正，以憑立案。再楊國銓貼補該商勘礦工費一案，尚未完結，前已批示該商赴廳聽候查明斷結，仰仍遵照前批迅即前往結案，以免糾葛。此批。四月初九日。

《商務官報》宣統元年四月二十五日第一三期《批圪里周家口衆煤商稟》　前據稟稱免抽煤税以蘇商困等情，當經本部咨行直隸總督轉飭查明核辦去後。兹准復稱，據直隸北段火車貨捐專局詳稱，查直隸北段火車貨捐開辦之初，係奉憲札飭，查照直豫專局章程詳請核定，職道因煤捐一項爲日用所關，故於各種貨物值百抽二五之外，特稟明比照豫省各局減收過半，復蒙批准，咨明度支部立案，且各省火車一律暢行，如鄂豫、直豫、汴洛、道清各局，皆按照各項貨物值百抽二五，各省煤商皆無異詞。況此項捐款，已奉部准指，撥解天津作爲練餉之需，捐款爲餉項所關，何敢稍避嫌怨，所有遵查煤商請免抽捐緣由，理合詳請轉咨等情。到本大臣，除批示外，相應咨復，請煩查照施行等情前來。本部查此案既准直隸總督查明所捐款項係由部指撥餉需，且比之他省所捐值百抽二五之數尚屬較輕，該商等所請免抽煤捐之處，著毋庸議。此批。四月十一日。

《申報》宣統元年四月二十六日第二版《集議對付福公司余發程兩案方法》　旅滬四川同鄉會、湖南湘學會、江西同鄉會、安徽學會、安徽路礦公會、河南同鄉會各團體，昨發公啓，以河南福公司案、江西余發程案，損失國體，且恐流毒所及，中國前途不堪設想。爰定於本月二十六日午後二時，假愛而近路均益里鐵路公會内，特開大會，研究對付方法。

《申報》宣統元年五月初七日第三版《豫紳對於争礦案之堅持河南》　豫省全體紳民抵抗福公司擅續條約，攘取内地售煤歡一案，該省士紳與京官函電交馳，屢誌前報。兹聞汴人對於十五日外部來電，主持調停辦法，均不滿意，仍堅持廢約宗旨，擬醵資請賀君赴英控訴，決不稍事退讓，致失權利。

《申報》宣統元年五月初十日第三版《礦約改議之風説奉天》　錫督昨電告外務部，謂奉天本溪湖煤礦，徐督任内議准中日合辦，尚未簽押。現查原訂合同，損失利益甚巨，亟應再議改訂，挽回利權。外部刻已電覆，妥善改訂。

《申報》宣統元年五月十一日第四版《豫人争礦之迫切河南》　豫礦公會致河南京官及代表電云：北京豫學堂轉京官代表均鑒：福案迫切，萬民待命，諸公延宕多日，毫無消息，慎勿爲人誘喝，詒誤大局，速辦以免懸望，豫礦公會叩。紙。又致外務部電云：北京外務部王爺中堂均鑒：豫豐既撤，福公司即係盜挖中國礦産，懇大部責其按年賠欵，國權民命所關，豫人誓不承認，豫礦會公叩。紙。

《商務官報》宣統元年五月十五日第一五期《批項元興稟》　據稟暨煤帖均悉。該商在熱河平泉州廟兒梁地方開采煤鑛，呈繳舊帖，請换執照各節，仰候咨查熱河都統，俟咨復到日再行核示。此批。五月初二日。

甘厚慈《北洋公牘類纂續編》卷一八《直隸礦政調查局詳宋發祥所辦磁州煤礦仍應歸官辦理文並批》　爲核議詳覆事。現奉憲台札開，宣統元年五月十七日，准農工商部咨，前據職商宋發祥等稟辦磁州西佐村煤礦，當由本部抄録原稟，咨行直隸總督飭查聲覆去後，迄未接准咨覆。嗣准咨稱，據趙道爾萃、馬道吉森稟稱，蒙派開採磁州、馮峰、西佐等處煤礦，籌集官商股本，擬定辦法，咨請分別立案核覆等因。業經本部查核立案，咨覆查照辦理在案，現復據該職商稟稱，接辦磁州西佐村煤礦，稟經磁州知州批准立案，出示保護，已歷年餘，嗣經購機抽水，可望出煤，又因需本漸鉅，添招資本，費累萬金，現在官礦局忽將估值收回，殊出意外，稟請俯恤商艱，設法保護等情前來。查該商宋發祥所辦西佐村煤礦，即在趙道等所指礦界以内，據稱業奉磁州知州批准保護有案。在該州未諳部章，率行批准，固有未合，而該商稟准地方官，始行開辦，自與私開有異，現已集款開採，著有成效，遽令封禁歸官，自不免有拂商情。查磁州一帶，佳礦甚多，僅此西佐一隅，准歸商辦，於官局亦無甚損礙，且該商來部具稟領照，亦在官辦報部之先，以後他商亦不能援以爲請，相應照録原稟，咨行貴督查照，並飭礦政調查局迅速按照本部前咨，將該商所稟各節，逐款查明，如果資本充實，人品公正，别無違礙情事，即將西佐一處，准其承領開採，飭令遵章領照，以維礦業，而恤商艱可也等因。到本署閣大臣，准此，查此案前准來咨，業經札行該局詳查在案，准咨前因，合行札飭，札到該局即便查照，併案詳細核辦具覆，此札，計抄單等因。奉此，查此案前奉前憲台楊札飭，當即詳核辦法，詳請前憲台楊咨部在案，迄今未奉批示。兹奉前因，職道紹基筠孫等詳查，磁州礦産前經陳故道忠儼等稟明開辦，折閲工停，虧欠官商款項，爲數甚鉅，曾經北洋支應局，詳奉前升憲袁札，經升任津海關道唐道查封該礦産業，聲明將來無論何人接辦，均應將欠款認還。嗣據商人謝純田等稟請接辦，即經職局移委職局顧問官鄺道榮光馳往勘查，該州所出煤質甚佳，煤苗尤旺，然非用機器大辦，不易見功，估需資本九十餘萬兩，移覆到局，當經職局總辦升任津海關道梁，以北洋現辦著名各礦，皆有洋款未清，有事時究難操縱由我，必須自辦一礦，庶足以備不急之需，商人本微力薄，既不便飭還舊虧，又難冀集成鉅款，礙難率准接開等情。詳奉前升憲袁批，據詳並查勘磁礦情形，及開辦節畧各清摺均悉，磁州一帶煤礦，外人注意已久，亟宜設法自辦，以保利權，現由該局礦師勘查該處礦産以雙峯爲最吝，家莊次之，山底村又次之，均屬佳饒，堪資大辦，考驗所出煤質頗合輪船火車之用，惟豫計所需共約百餘萬之多，原請辦礦之謝純田等，資本甚微，難期大舉，應如所請，即由該局籌商辦法，董勸紳富招股興辦，至酌入京漢鐵路股本聯爲一氣，以期減輕運費，暢旺銷路，係屬彼此兩益，候即咨商辦理，京漢鐵路唐大臣核議見覆，飭遵等因。嗣據商人羅三佑赴局稟辦，又經詳奉前憲台楊批，據詳已悉，查磁州煤礦虧欠官本，爲數甚巨，若由商租辦，易滋轇轕，應仍歸官設法籌辦，所請暫准羅三佑等承租開採之處，未便准行各等因在案。上年十二月間，奉前憲台楊札委職道爾萃吉森設法招集官商各股，設立公司，趕籌辦法等因，即經會同馳往磁州勘查，擬設公所於馮峯，先由西佐開辦，辦法兼採中西，運道自築枝路，期於費省而事易舉，然即此遷就撙節開礦資本，尚估約需銀六十萬兩，築路資本估約需銀四十萬兩，現擬官商合籌外，容雖官督商辦，内容純係商家性質，詳請前憲此准照辦，咨部立案，飭遵此磁州煤礦本係官督商辦，歷次商人稟辦未准，現仍官督商辦之實在情形也。至宋發祥請勘該州煤礦，係在本年閏月，雖據云稟州有案，但礦務新章祇載明，凡欲請辦礦者，必須先行具稟總局，請領執照，方准開採。倘所領之礦地，别有違礙，即不能准給執照等語。今宋發祥請領之地，既在官礦界内，即有違礙照章，不得核准，雖據稟州有案，而該州未經轉稟職局，未經給照，即無開採之權。礦務新章頒行曉諭非止一日，該商等既辦礦務豈竟不知，若商人開礦祇須稟准地方官不必領照，即可開工，然則部頒領照之章，豈非虚設，設將來商人紛紛效尤，職局從何稽核。況西佐地方，本在陳故道開而復停礦界之内，今復委員接開，實屬合格，且官局稟定，在該商稟局之先，按照礦章似亦應仍歸官局領辦，方與章程相符。其宋發祥等所開之礦，已辦工料，已集股銀，職局前次詳内，業已妥籌辦法，飭令工料購歸官局，股銀亦入商股，並不肯照章封禁，有拂商情，已屬格外通融體恤。兹奉前因，究竟宋發祥等稟辦之礦，與官局有無違礙，能否通融准開，職局未敢懸揣，應由磁州官礦局查明核辦，方昭妥慎。除咨磁州官礦有限公司查照核辦外，理合具文，詳請憲台查核，俯賜查案，轉咨農工商部核覆遵辦，實爲公便。爲此具呈，伏乞照詳施行。須至册者。

督憲那批：據詳各節，已據磁州礦局來稟，彙咨農工商部核示，飭遵繳摺，抄送。

〔附〕督憲陳准農工商部咨宋發祥接辦西佐村煤礦俟該礦獲利再令攤還官虧札飭礦政調查局併案核覆文

爲札飭事。准農工商部咨開，案查職商宋發祥接辦磁州西佐村煤礦，懇免攤還舊虧官款等情，前經本部咨准，咨稱仍應飭令與現在官礦公司公認攤還，以符原案等因。業經批示該商遵照在案。兹據稟稱，職等前稟瀝陳下情，蒙批准仍就所購張廷璧礦地開採，所請將西佐一村全歸商辦一節，與初次原稟不符，礙難照准，仰即遵章呈繳保單、照費，以憑核發執照等因。仰見憲部於體恤商艱之中，仍寓慎重礦務之意，莫名欽佩。惟是職前稟，所以必鄭重聲明西佐一村者，實以該礦明明開辦在前，詎有信成公司竟欲攫爲已有，無端涉訟，幾及一年後，知始謀不遂，又向職商礦界以内公事房相距數丈之地，購買一百餘畝，無非有心挑釁，若不於此時聲明，恐煩憲慮正無已時，今奉批與原案不符，職等遵守定章，請丈明地址，雖不必西佐全村，亦須盡以照章九百六十畝一界之數，並將界外劃明六百官尺，俾兩無侵犯，與職公事房相距數丈之地，無論已購、未購照章應勒令無得擅動。至礦政調查局詳請强職商以攤認官虧一節。查官礦虧本，事隔多年，所虧之地，並非西佐，以官家久耗之巨金，轉令喘意未定之新商，無端蒙累，豈得爲平，懇請咨商直隸督憲將分攤官虧一層，准予豁免，實爲德便等情前來。查該職商接辦西佐村煤礦，現當開辦伊始，資本無多，遺以巨累，力有未逮，核其先後所稟，當係實情，似應准予維持，俟其辦有成效，獲有餘利，屆時再定攤還官款，以示體恤商艱之意。除將所請續展礦界一節，飭令先向業主商明劃清界址，呈部核辦外，相應咨行貴督查照核奪，希即見覆，以憑批示可也等因。到本大臣，准此。查此案前據宋發祥來稟，業經札行該局核覆，茲准前因，合行札飭，札到該局，即便併案核辦具覆，核咨。此札。

「中央研究院」近代史研究所《礦務檔》第三册《宣統元年五月二十一日外務部收英使朱邇典函附報文二條國報誣蔑福公司行賄請照例嚴辦》 宣統元年五月二十一日，收英朱使信稱，現據福公司總董白君稟稱，本月十八日《國報》内載一條，以白來喜曾以二十七萬金，賄通豫省官場及外務部云云。該報實以妄誕之言，敗壞福公司及本總董名譽，請向中國政府伸叙辦理。謹將該報呈閲等情前來。本大臣查此等烏有子虚之語，諒貴親王早悉其爲毫無影響，不但於局中人有所損傷，且於兩國交涉甚有礙難之處，合請將捏造誣衊語言之人，照例嚴辦，以證明報紙之實在，不得違例誤賴英商及中國官場也。是爲至要。

（附）白來喜之賄金

聞英商白來喜爲福公司賣煤續約一事，曾以二十七萬金賄通豫省官場及外務部。聞此款惟河南交涉局委員楊敬宸，獨得十五萬金之多云。

河南人之二奸細。

外務部丞參上行走曾某、司員韓某，均係河南人。以曾得白來喜之賄金，故對於福公司一案，極力反抗鄉情，違背公理。且時以英人勢利，恐嚇該省代表。日前外部所致豫撫電報，大意囑豫撫勿輕聽該省紳民之言，免致外人決裂。此電稿即是韓、曾二人所擬云。

「中央研究院」近代史研究所《礦務檔》第三册《宣統元年六月初七日外務部收英使朱邇典函請嚴辦神州日報妄言誣蔑》 宣統元年六月初七日，收英朱使函稱，《國報》内載，白來喜以二十萬金賄豫官及外務部一事，曾於五月二十一日函致在案。茲五月二十三日《神州日報》内，又有此等妄言，較前尤甚。合請轉飭嚴辦，是爲至要。

《商務官報》宣統元年六月十五日第一八期《批職商閻魯清等稟》 稟悉。查該職商等前請創辦完縣康各莊煤礦，稟於光緒三十三年五月二十三日發給探礦執照，嗣因限滿未獲真煤，稟請展限，經部准予展限半年。批示在案。現於展限期外遲至半年之久，始來部請再展限，且稟内遽稱曾准展限一年殊屬有違部示，仰候札行礦政調查局，查覆到部，再行核辦。此批。六月初三日。

《商務官報》宣統元年六月十五日第一八期《批職商馬吉森等稟》 前據該職商等稟稱，華盛公司奉准有案，被地寶公司誣控，經湯陰縣封禁懇請行查等情，當經據情咨行河南巡撫查明見覆去後。茲准復稱，查明地寶公司於光緒三十二年八月由湯陰縣詳請試辦煤礦，三十三年六月批准咨部，華盛公司光緒三十三年十一月始由該縣詳請立案，適地寶控華盛違章開採，尚未詳咨。是試辦批准，均係地寶在先，華盛在後。至地寶所租之地均與原呈之圖先後相符，並非越過華盛礦地，有意刁租。且華盛窑洞南北五百十六尺，東西僅十七尺，綜核前情，是華盛之違章開採，且復刁健已可概見，合將華盛窑筒封禁，以彰公道等因前來。爲此批示，仰即遵照可也。此批。六月初四日。

甘厚慈《北洋公牘類纂續編》卷一八《督憲那准農工商部咨金窩溝礦產糾葛一案札飭礦政調查局傳齊兩造訊結文》 爲札飭事。宣統元年六月十五日，准農工商部咨，接准咨稱，據張道文濬稟稱，勘得青龍澗在齋堂村北六里有餘，金窩溝在齋堂村南二里有餘，中隔大河一道，由裂縫岩至金窩溝開井之中心點計有三百餘尺，查定章礦界毗連之地，始准添領。今將南山之裂縫與北山之青龍澗相去十里，隔河之山謂夫礦界，毗連煤綫一氣，實與定章不合。且青龍澗係紅煤，金窩溝係煙煤，煤質判然，人人皆知，不能掩也。至其新請添領裂縫岩、黑豆港、百壽溝三處礦界，查得裂縫岩有韓永禮山地四畝，黑豆港有譚茂廣山地三畝，百壽溝有任福宏地一畝，今林商所添領之礦界三處，只百壽溝在大河之北，與青龍澗同屬北山，相隔五里之遥，不相毗連，若裂縫岩、黑豆港皆離青龍澗九里之遥，毫無邊徑相連之處，陳商具稟在前，林商買地在後，似不能准其添領。茲特測繪兩礦詳細界址地圖，註明丈尺，繪圖貼説一併抄呈，稟請查核批示等情。據此，查礦商林鳳鈞與陳國楨礦地糾葛一案，彼此互相稟控，各執一詞，迭准來咨飭局委員查清礦界煤綫，辯明置買先後，稟請前來，應將送到圖摺一併咨覆，請煩查核見示施行等因前來。查此案據張道文濬查明各節，林商添領礦界相距十里，中隔大河，不能指爲毗連，當係實在情形，惟於陳商稟辦金窩溝煤礦有無違章之處，亦應提及互證參觀，是非曲直乃易定奪。據該道所稱，林商所買裂縫岩地距金窩溝開井之中心點計有三百餘尺。又據陳商稟稱，裂縫岩地在金窩溝礦山之內，查礦章第二十六款，有凡民地，如須擬勘，皆須先商業主，不得絲毫勉强，致啓争端等語。陳商稟勘礦地，如將裂縫岩礦地包括在內，照章自應先與山主韓永禮立有商允字據，韓永禮既將該地賣與林商，是陳商原稟礦地並未與業主韓永禮商允，可知現在林商既買有裂峯岩礦地，即爲該地業主陳商如擬勘辦裂縫岩礦地，照章應與林商商允，如業主欲照章留爲自辦，陳商亦不能絲毫勉强。惟查該處礦地界址毗連，脈綫一氣，如陳林兩商化除畛域，合力勘辦，固爲至善，或林商願以地作股，歸併一公司辦理，亦屬兩有裨益。倘兩商不能協商，衹好飭令劃清界限，各辦各礦，否則纏訟不已，互相争持，兩造均有不利之處。除批示該商等遵照外，相應咨覆貴督查照，轉飭礦政局查明，傳齊兩造秉公訊結，並將辦理情形聲覆本部，以憑備案可也等因。到本署閣大臣，准此，合行札飭，札到該局，即便查照，傳齊兩造秉公訊辦具覆。此札。

《申報》宣統元年六月二十一日第五版《山東京官議阻德人開礦北京》 山東紳董函致同鄉京官，謂德人擬在膠濟鐵路沿路開採礦産，請向外務部稟請阻止等語。該省京官即於前日在順治門外教場頭條胡同山左會館開議，選舉代表人，俟第二次會期確定後，即具稟外務部，請將議定事項，知照德使辦理。聞是日到會，書銜列議者共有二百餘人，所議條欵，經各京官悉心參酌，均皆妥善，現已起稿，先行知照山東巡撫及該省紳董等，俟將稟陳外務部之書脱稿後，即赴外務部呈遞。

「中央研究院」近代史研究所《礦務檔》第三册《宣統元年六月二十二日外務部收河南巡撫吴重憙咨附奏摺咨送楊敬宸等擅簽福公司售煤續約據實續參摺》

宣統元年六月二十二日，收河南巡撫咨稱，竊照本部院於宣統元年五月十八日，具奏福公司要求賣煤，委員擅簽續議，據實續參一摺。五月二十九日奉到硃批：著照所請，該部知道，欽此。相應抄稿並恭録諭旨咨呈，爲此咨呈貴部。謹請欽遵查照施行。

計粘抄摺稿一紙。

奏爲福公司要求賣煤，委員擅簽續議，據實續參，恭摺仰祈聖鑒事。竊臣於宣統元年五月初一日承准軍機大臣字寄，肆月二十五日奉上諭：有人奏福公司改約，實由候補知府楊敬宸承洋商意旨，其罪浮於吴式釗，請與方鏡等一併查辦等語。著吴按照所參情節，查明懲辦，據實具奏，原片著鈔給閲看，欽此。遵旨寄信前來。臣查英商福公司在修武縣開礦見煤，查照光緒二十四年原訂合同第陸條，應納出井税，於去年由交涉局先後札委候補知府楊敬宸、候選知府方鏡、候補知縣嚴良炳與該洋董在津磋議。至本年二月間，訂立議單拾條，稟准簽字。第三條載，該公司應遵照約章，不在內地開設行棧賣煤。第肆條載，該公司之煤，納出井税後，運赴他埠等語。乃閏二月初十日晚，據楊敬宸等由修武縣電稱，該洋董仍要挾內地賣煤，可否設立官局代銷等語。即於十一日電諭該委員等，該公司要求賣煤，既背約章，又違議單，且礙民窑生計，萬難照准。至設局代銷一節，能否不背議單，不拂民情，不失主權，亦須通盤籌畫，毋稍大意等因。詎是月二十日，交涉局接到該委員等稟摺等件，始悉該委員等已於十一日未奉電諭之前，遽與該洋董擅立續議兩條，准華商就廠買煤。而於銷煤處所，漫無限制，實背約章，且礙全省民窑生計。臣聞信後，立即電飭作廢，並將楊敬宸等分別摘頂記過，仍責令銷廢續議，以贖前愆。如再不知愧奮，即行從嚴參辦，於三月初七日電請軍機處代奏在案。該洋董於簽定續議後，即請英使逕向外務部交涉。經臣電請外務部商允英使，復飭該洋董來汴，由臣另派委員，與之開議。先飭楊敬宸等與該洋董證明簽續議時，實未奉有訓示，未便承認。該洋董以續議已寄倫敦，不肯議廢。隨飭另派之員，與該洋董連日磋議，該洋董稍有退步，允讓出河內一縣不賣煤斤，仍無完全辦法。嗣奉諭旨飭部與臣會商妥籌，即經派員赴部陳商辦理，迄今尚未議結。查此案糾葛之由，實緣楊敬宸等擅簽續議而起。誠如原奏所謂，無論此事如何辦理，楊敬宸必不可寬。該員於此等重大交涉，竟敢不候訓示，擅行簽議，實屬謬妄。正擬續參間，欽奉前因，應請旨將河南候補知府楊敬宸即行革職。候補知縣嚴良炳雖係隨同辦理，情節稍輕。惟事前既未能匡正，而定議之日，又輕率同簽，亦屬咎有應得，應請旨將河南候補知縣嚴良炳交部議處。候選知府方鏡於商立議單時，曾建議或約該洋董進省面議，或候臣電示遵辦，與楊敬宸等辯論再三，爲在廠彈壓委員鄧伯龍所目擊。雖亦隨同簽字，究屬情有可原，應請旨將候選知府方鏡交部察議。除福公司交涉一案，仍由臣會商外務部妥籌辦理外，所有委員擅簽續議據實續參緣由，是否有當，謹恭摺具陳，伏乞皇上聖鑒訓示。謹奏。

「中央研究院」近代史研究所《礦務檔》第三册《宣統元年六月二十四日外務部奏摺福公司就地售煤案議定辦法》 宣統元年六月二十四日，本部具奏摺稱，奏爲福公司在豫省礦廠售煤，現與英使磋商辦法，業經定議。擬請諭旨飭遵，以專責成而靖地方，恭摺仰祈聖鑒事。竊本年閏二月間，英國使臣朱邇典函致臣部，内稱福公司總董白來喜，業與豫省地方官定立合同，應由豫撫出示禁止阻撓人民購買該公司之煤。經臣部一面函復該使，令該總董赴汴另議；一面電致河南巡撫吴重憙，謂洋商在各省所辦煤礦，均無限定將煤運至通商口岸售賣之條，河南恐難獨異，應飭與商和平辦法，勿再堅執，致難收束。迨白來喜到汴後，與交涉局會議多次，彼此相持，不能合攏。英使復照會臣部，自續議單簽字之日始，每日索賠一千兩。而該撫吴重憙亦奏稱，勢難再事通融，惟有一味堅持，以期就範。四月十五日欽奉上諭：都察院代奏據河南紳士翰林院編修杜嚴等呈稱，交涉局破壞礦務，違章擅訂續約，貽誤大局等語。著外務部、河南巡撫會商妥籌辦理，欽此。當經臣部籌擬兩全辦法，電商該撫核復，旋准該撫派員到京備議。臣部亦即派員會同與白來喜續商多次，並就該撫所擬上中下三策，逐條磋論。白來喜均不肯照辦。又將出河北三府出售，暨緩至一二年後再售等節，與英使朱邇典當面提議，該使亦均不照允。略謂該公司就廠售煤之權，實發生於訂約辦礦之日。能開礦即能售煤，並非開設行棧，不得以議單第三第四兩條相牽制。況各國商人在中國所開煤礦，莫非徧地銷售。福公司不在内地設棧，祇由華商躉購轉銷，已屬格外通融。該處百姓均以福煤價賤，情願購買。惟窑户争利，故聳動三數紳士，號稱輿論，出以相抗。豫省地方官漫不加察，並且附和隨同出示禁阻，致令該公司坐耗巨貲，惟有向中央政府索償云云，催詰臣部，毫不鬆勁。臣等以出境銷售，彼既不允，祇有多加噸數，俾零售仍在華人，尚可各不相礙。由臣等與該使切實面商，若准令華商赴廠購煤，總須以一百噸爲度。該使當允電商福公司核酌，旋照會臣部，内稱前議已知照白來喜電達倫敦福公司，據復稱由二十噸推廣至百噸，雖已應允，實非情願。該公司異常退讓，實逾恒情，足爲與中國官民敦睦之據。即希按照原議，請旨飭下豫省官員通行曉諭，撤銷福公司售煤之禁等語。經臣部兩次電致河南巡撫，略謂該撫迭次來電，所有理解，均不足與外人辯論。若不收束，則賠償日加一日，枝節横生，仍是地方之累。又謂議到如此地步，已達極點，萬難再事依違。業與英使定議，無可再延。應即會銜奏陳，准該撫先後復電稱，豫省民窑林立，河北尤多。近日仍有聚議抵拒之事，擬籌一委曲求全之策，准華商赴廠買煤，至少以一百噸爲度。如在河北三府内，無論轉售幾次，仍須以一百噸躉售，不准零銷。又稱若准華商赴廠購煤百噸，即在本地零銷，仍屬有礙民窑，難免後患。同一零銷，與二十噸似亦無別，擬即派員赴部妥議各等語。是雖允華商赴廠躉購已經加至百噸，仍須運出三府始准零銷，較前之英使所不允認者爲尤甚。臣等萬難照此再商英使，且既經臣等與英使面定辦法，何能復由該撫派員翻異。伏維此事初起時，該撫即電傳議單十條，引爲依據。又謂楊敬宸等擅簽續議，未經允准，堅請臣部協力與争。臣等詳察案情，即深慮理由不足，不能争持到底，迭次電令轉圜，詎該撫固執前言，以致鶩名好事者流，聚衆演説，多所要求。該撫身膺疆寄，爲閤境觀聽所繫。若就事理所在，剴切開導，不令以無意識之舉動，徒形滋擾，則相機操縱，歸結無難，亦何至一再上聞重煩厪慮。臣部職司外交，但有理解可言，斷不肯稍涉遷就。現經磋商至三閲月之久，無可再争，始與商訂躉售百噸辦法。俾大批購自公司，而零銷仍在民户。有此限制，兩不相妨。庶可藉以結束。迺臣部與河南巡撫吴重憙屢次電商，該撫府始終多所顧慮，不允會同具奏，自未便再事延擱。是以徑由臣部將現議情形據實覆陳，恭候命下，即由臣部照復英使轉飭該公司遵照。至蚩蚩者氓，或不免爲浮言所惑，藉端生事，則先期防範，責在有司。併請飭下河南巡撫嚴飭所屬撤銷福公司售煤之禁，一面曉諭商民，切實勸導，勿令有抗阻滋擾情事，以靖閭閻而安生業。所有福公司就廠售煤商定辦法緣由，是否有當，理合恭摺具陳，伏乞皇上聖鑒訓示祇遵。謹奏。

宣統元年六月二十四日具奏，奉電旨一道。

「中央研究院」近代史研究所《礦務檔》第二册《宣統元年七月初二日外務部收署山東巡撫文附礦地清册暨華德採礦公司經理各員履歷華德採礦公司呈擬開辦寧海州茅山等金礦三處請領開礦執照》 宣統元年七月初二日，收署理山東巡撫文稱，案據勸業道蕭道應椿詳稱，竊照華德採礦公司，於光緒三十三年七月十四日，訂立合同，業經前升院楊奏明，并咨外務、農工商部核准頒行各在案，查合同第二條載，准此項合同簽押之日起，再酌予加展探礦期限兩年。又第三條載，兩年探礦期限内，准該公司於原指探礦地段，共擇定開礦地畝七塊，依限呈請開辦，每塊礦地界限，不得逾三十方華里，其地須彼此連屬，長處不得逾闊處四倍。該公司於呈請開辦之時，須繪具礦地詳細圖説，候礦政局派員會同地方官查明，果無違礙情形，再行詳請撫院，轉咨農工商部核發開礦執照。又第六條載，該公司凡領開礦執照，在十方華里以內者，須繳照費庫平銀一百兩。如在十方華里以外，則每多一方里，加費十兩，以三十方里爲限各等語。該公司原指五處礦地，其沂州、沂水、諸城、濰縣四處，在未訂合同之先，均已停工。近年但在第五處界內，甯海州屬之茅山、金牛山、哈狗山、銅錫山一帶，查探金礦。自光緒三十三年七月十四日合同簽押之日起，至宣統元年七月十三日止，兩年探礦限滿。本年三月初一日，據該公司總辦德國人石謐德呈請發執照，開採甯海州境内金礦三塊，每塊三十方華里等情。節經職道函飭，按照合同所載領開礦照辦法辦理，旋據呈送開礦照費銀九百兩，地圖保單各三紙，隨委派候補同知馮丞慶恩、會同代理甯海州知州屠牧丙勳，查勘去後。茲據稟稱，遵即同往該處，勘得茅山在州境東南，距城七十里，與金牛山相毘連，該公司建廠基於茅山之麓，迤南里許，介兩山之間。據該公司執事傅玉律指礦地一塊，並相連東北十二里爲哈狗山，指礦地一塊，又從茅山迤南三十餘里，爲銅錫山，指礦地一塊，督飭工書眼同尺量，三塊礦地，均各三十方里，四至界限，及各地名，均與圖相符。其間山荒林業多，於田疇、廟社、墳廬尚無妨礙。公司租用民地四段，一在茅山，即礦師所住之新屋處，計地十三畝五分三厘；一在茅山西北，計地二十一畝；一在哈狗山西北，計地二十五畝；一在銅鋼山以西，附連水溝處，計地三十一畝，均按年付給地租。查驗合同屬實，并無價買之地，亦無佔用官地，其餘未用之地，俟開辦之後，如須擴充，再由州查明民地官地，按照合同，妥慎辦理，隨時具報等情，稟復前來。職道查該公司原案，以尋常商務，牽入交涉，公使領事，要挾多年，自訂立合同後，漸就範圍，操縱在我，轉瞬七月中旬，兩年限滿。不但五處中之四處，可以還我固有，即七塊中之四塊，亦不能再續開一塊。況聞該公司貲本支絀，株守此三小塊，亦恐不能大辦，祗以一經逾限，即無開採之權，所以依限呈請開辦。茲查該公司所占礦地，及繳納照費，核與光緒三十三年頒行礦務正章第三十欵及附章第五十六條之第一節，未能盡合。惟查光緒三十四年四月間，奉前撫院吳札，准農工商部咨，轉准外務部咨開，華德公司請辦之五處礦務合同，既於中國主權，尚無侵奪妨損。所有地段年限各節，自應仍照合同辦理。現在東省華洋各礦，如章程合同均係奏准之案，自可照舊等因。是該公司開辦礦務，礦界方里，及照費銀兩，仍應遵照合同所載辦理，俾與原案相符。茲既據該印委查明地方并無窒礙，方里礦界均無不合，按照合同，似應准其開辦。除將照費銀九百兩，由職道匯呈農工商部兑收外，謹呈德文保單三紙、地圖三分、公司辦事員履歷册三分、礦地四至清册三分，伏乞咨請農工商部查核，填給開礦執照三張發下，以憑轉給收執，并乞分咨外務部查考。所有華德採礦公司擬在原指第五處礦界內，茅山銅錫山一帶開礦，請領執照一案緣由，理合詳請鑒核，批示祗遵，實爲公便。再該公司於本年三月初一日，呈請開辦，係在兩年限內，職道屢次駁查，是以出詳稍遲。該公司礦地三塊，故呈保單三紙，應請咨送農工商部備案，合併聲明等情，到本署部院。據此，除詳批示並分咨外，相應咨呈鈞部，謹請查照施行。

計咨呈地圖三件，清册二本。

山東勸業道爲造送事，今將華德採礦公司呈請在山東甯海州屬茅山、哈狗山、銅錫山開礦三塊，礦界四至里數，造具清册，呈請查核施行。須至册者。

計開：

第一塊礦地，在茅山相連之哈狗山，寬三里，長十里，共三十方華里，東界至蕭家莊、桑行埠，南界至玉皇頂、鄧家莊，西界至鄧家莊山上、李家村、桑行埠村，北界至桑行埠。

第二塊礦地，在茅山，寬三里，長十里，共三十方華里，東界至東道山、榛子埡、蕭家莊、岔河村，南界至岔河村、吴山，西界至棘子埠、羅家村、榛子埡，北界至水道榛子埡、雞頭山。

第三塊礦地，在銅錫山，東界至壘塚前、辛家疃、史家疃，西界至日照莊、酸山簸箕掌村、馬台石村，南界至下初村，北界至馬台石、村路頭。

勸業道爲造送事，今將華德採礦公司經理各員、姓名履歷造具清册，呈請查核施行。須至册者。

計開：

甲，先名爲採礦製造公司，現改名採礦公司，柏林、青島均有經理公所，柏林總經理男爵瓦拉，住在威拉馬司多夫，一千九百零八年九月三十號，經總議會始認定爲經理員。

一，經理員稅恩官律師及總審判員，現已去官，住沙羅滕布耳哥。

二，經理員哈斯滕的葛都司，現已去官。

三，經理員活夫滿官工程師，現已去官，住沙羅滕布耳哥。

四，經理員爾那司，住在柏林。

五，經理員克塞爾西歷威次煤油公司總經理，住哈諾威爾。

六，經理員爾榻製造廠執事員，住魁爾思。

七，經理員真各爾製造廠執事，住稅内北科。

乙，公司股本，共計一百六十九萬五千馬克，每馬克合洋銀六角，共出股息五十四萬二千一百五十馬克。開礦之法，鑒井下挖，井内下開地道，所開係金礦。

丙，請開礦地三塊，已照礦章丈量，如圖所著，按一千九百零七年合同第三條第二節。

《申報》宣統元年七月初四日第四版《福公司案將遷就了結北京》 福公司交涉將結，已紀昨報專電。現聞政府以汴撫吴中丞當訂約時，亦含糊認可，及至事機既迫，復反對此約，因於日前傳旨申飭，聞有既不能辦理於前，復不能調停於後等語。並聞外務部對於此案已與英人議妥，於原約無甚改正，惟售煤一條，則限以自百噸上，始准在河南銷售云。

「中央研究院」近代史研究所《礦務檔》第二册《宣統元年七月初十日外務部發山東巡撫孫寶琦函查復議廢五礦合同事》 宣統元年七月初十日，發山東巡撫函稱，慕韓中丞閣下，敬啓者，本月初七日接奉來電，以東省議廢五處礦務合同，擬由官擔任分年付還，面招商承辦，惟前途索價過鉅，請示銅官山索償款目，因當經本部以電文未能詳盡，先行奉復在案。查此事年十二後接准海觀中丞屆時收回後，又恐意在將五處一律收回。電請本部核復，當復以應體察情形，酌量辦理。查原合同定於光緒三十三年七月十四日第二條載明，加展探礦期限兩年，如兩年限滿，仍未請開辦，即將該公司查勘礦産之權，全行停計至本年七月十三日，探礦期限業已滿，該公司如未呈請開辦，即不復再有勘礦之權，自無收贖至轉售他商接辦一節，是指定礦地承領執照事此兩年内既未指定，即不必復有此慮，甯海州屬茅礦究竟是何情形，曾否詳細勘估，果能將五處一律結自較乾净。惟彼之虧折既鉅，我之籌款亦艱，萬紳商不無以善其後銅官山鎊英使開列用費四照會酌給津貼五萬鎊，凱不允可。現已回國，尚未定議，與山東五處情形，迥然不同，五處勘礦限期將滿，東紳能否協力籌策，免貽後累，是在通盤打算。先重想蓋慮周至，必能操縱適宜也。特此密達，順頌勛祺。

《商務官報》宣統元年七月十五日第二一期《本部具奏派員赴山東中興煤礦公司調查等片》 再查臣部前於會奏，查復山東嶧縣中興煤礦公司開礦築路被控各款摺内聲明，該礦經此番波折，商情觀望，集股更難，擬由農工商部附以官股作爲官商合辦之礦，以竟全功，其詳細辦法容另案奏明辦理各等語。於宣統元年六月十四日具奏，奉旨：依議，欽此。欽遵在案。伏查此項詳細辦法關係該公司前途，至爲重要，非先派員前往將該公司辦理實在情形，逐細調查，悉心研究，終恐事情隔閡，不利推行。迨至窒礙難通，復加改訂，不但無裨事實，必致徒費輈張，且所擬由臣部附以官股作爲官商合辦一節，亦應赴該礦實地勘查預算，應行續添資本若干，然後再由臣部切實估計始能確定應附官股若干，成數爲官商兩利之圖，臣等公同商酌。查有臣部丞參上行走前長蘆鹽運使周學熙於礦務實際素有經驗，堪以派令前赴該公司，將該礦現在所有辦事用款各項逐節查明，據實聲復，再由臣等妥籌辦理。庶股款不致虚糜，礦業日有起色，而該公司亦得以從容佈置，克蕆前功矣。理合附片陳明，伏乞聖鑒。謹奏。宣統元年七月初一日具奏，奉旨：知道了，欽此。

許同莘等《宣統條約》日本約《中日協定撫順煙台煤礦細則》 清日兩國委員各奉本國政府委任，按照宣統元年七月二十日（明治四十二年九月四日），大清國政府與大日本國政府，在北京所訂滿洲案件協約第三條，議定關於撫順煙台兩煤鑛細則如左：

第一條

南滿洲鐵道株式會社（以下單稱會社），對於撫順煙台兩煤鑛（以下單稱兩煤礦）所出之煤，允以出井原價百分之五，計算之出口税，繳納於清國政府。但出井原價在每日出煤未滿三千噸（英噸以下同）期内，每噸定爲庫平銀壹兩。又每日出煤過三千噸時，每噸定爲日本金幣壹元，以此計算税額。

第二條

會社對於由海口運出兩煤礦之煤，允每噸以海關銀十分之一兩，即銀一錢計算之出口税，繳納於清國海關。

第三條

前兩條載明所納之税，適用於在北京所訂滿洲案件，協約成立日，即宣統元年七月二十日（明治四十二年九月四日）以後之煤，會社對於同日以後採煤之出井税，繳納清國政府。又會社在同日以後，向清國海關多納每噸二錢之出口税，由清國政府交還會社，將來之出井税，會社允每年分四次，於日歷一月、四月、七月、十月，將前三月分之税額，繳與清國所指定之收税委員。至出口税，每月一次，將前一月之税，從速繳於所在地之清國海關。

第四條

兩煤鑛之煤，如艦船因自己消費而裝載出口時，按照海關章程辦法辦理。

第五條

會社所用之煤，免納出井稅，但其數量，每日定爲七百噸。

第六條

兩煤鑛之煤，除按照第一條、第二條徵税外，所有内地稅賦，鈔課釐金，雜派，一概豁免，但對於他處之煤，有較該煤礦減輕課税時，亦允會社一律均霑。

前項釐金等，既經豁免，會社對清國政府每年當繳納日本金幣五萬元，以爲報償，照第三條第二項，分四期繳納。

清國官憲將對於兩煤礦煤井，豁免釐金等之意，通知各省，俾使周知。

第七條

兩煤礦之鑛界，以兩國委員會同勘定之附圖爲准。

第八條

清國政府允兩煤鑛礦界以内之煤，除會社外，不論何人，均不許其試掘或採掘，其已許可者，即當取消。

第九條

在礦界内，遇有不受會社之許可，或允許，而採掘煤或擬採掘煤者，由會社即行通知清國官憲，嚴行禁止。

第十條

關於兩煤礦採煤運煤，或傭僱鑛夫等事，清國官憲允竭力照料。

第十一條

會社如在礦界内，因礦業上必須收買民地，或延長鐵道時，當通知清國官憲，雙方協議後決定。會社如採煤完竣時，當將礦業上所使用之土地，交還清國政府。

第十二條

會社承允在礦業用地内，遇有墳墓或房屋，必須遷移時，當與所有主協商，酌給遷移費，又此等物件，如因礦業生損害時，亦應酌給賠償金。

第十三條

會社承允關於礦夫之取締及救濟等事，必設相當之規定。

第十四條

此細則自成立之日起，以六十年爲限，如至期煤尚不能採盡，再行延期。

本細則繕就中、日文各四份，兩國委員署名簽印，兩國政府暨東三省總督，南滿洲鐵道株式會社，各存中日、文一份爲憑。

大清國奉天交涉司韓國鈞印。

大日本國總領事小池張造印。

撫順炭坑次長阪口新圃印。

「中央研究院」近代史研究所《礦務檔》第六册《宣統元年七月二十一日外務部收日使伊集院彦吉照會允給撫順煤礦承辦人王承堯銀兩》　宣統元年七月二十一日，收日本伊集院使照會稱，照得本大臣現奉本國政府允向當初撫順煤礦之中國人王承堯，付給銀若干。惟此項銀數，可按該民出資之數，從優協商酌給。

郵傳部《郵傳部奏議類編續編》卷一〇六《收還英商扣留路款贖回南票辦礦合同將在英京了結訟案情形摺》　奏爲收還英商扣留路款，贖回南票辦礦合同，謹將在英京了結訟案情形，恭摺仰祈聖鑒事。竊查前督辦大臣胡燏棻，於光緒二十四年，與中英公司訂立關内外鐵路借款合同，内載備款於女兒河造一枝路至南票出煤之處，督辦大臣允自立合同之日起，於三年内造成等語。同日與中英公司訂立合辦南票煤礦合同，均經胡燏棻奏明，奉旨允准在案，嗣與該公司聲明，女兒河至南票枝路，估需英金十五萬鎊，即於大借款内，如數留存備用，此中英公司扣留借款之原因也。其後合同所指各路，均已造成，惟以開辦南票煤礦，虧折四萬餘鎊，迄無成效，飭令停採，因之罷築枝路。光緒三十三年二月，臣部當與中英公司開議，廢止辦礦築路，註銷合同，所虧本金各認各帳，該公司以爲中國不肯合辦，則煤礦當爲英商獨有，不築枝路則違背借款合同，即扣留之十五萬鎊，永遠不能提用，辨駁經年，迄未解決，臣部以原訂辦礦合同，既無年限，亦無分拆股分，後礦歸中國之明文，若中英公司堅持自辦煤礦，及要求照築枝路，則不獨令英商添一完全礦權，即建築枝路而進不敷支，亦必徒虧鉅本，因督飭鐵路局長梁士詒與該公司代表濮蘭德，迭次晤商，相機操縱。濮蘭德始則要求獨辦，再則要求仍舊合辦，均須建築枝路，繼則要求另給他礦，反覆曉諭，仍要求賠還所虧二萬餘鎊，旋議定補還該公司一萬四千五百鎊，贖回煤礦自辦，罷築枝路，其扣留之借款十五萬鎊，由中國自行提用，該代表仍以此事違背借款合同，若債東禀控，恐受法廷鉅罰，必須英國大理院判准，當經彼此另訂合同，聲明罷築南票枝路，其扣留借款英金十五萬鎊，應由鐵路局提回，作爲添購車輛機件，修改已成鐵路之用。三十四年二月，經梁士詒與濮蘭德簽名蓋印延訂，律師控山，英國大理院裁判，自是以後，英大理院諸多詰駁，函電往來調查證據，延擱一年，旋又議定由中國駐英使臣函致該院，聲明鐵路局長承認此次所訂合同之意義，無論如何，與債票擔保，實無損礙等語，亦經臣部咨行外務部電知照辦。今年六月，英大理院始判定，將該借款撥項提出，聽候鐵路提用，臣部旋將贖礦之款，由駐英使臣交與倫敦中英公司，即將南票合同送交駐英使臣註銷，其存在駐京英使署之合同，由外務部照取註銷，此兩年以來，辦理此案之大概情形也。竊維南票一礦，驗明煤質不佳，即應停辦，煤礦既停，自無仍築枝路之理，枝路不築，則務備修路之款，自必移作他用，事理本極分明，徒以限於歷次所訂合同，以致多所束縛，中英公司因即藉此牽制，若久懸不決，將受累滋深，茲幸悉心應付，得以斬斷葛藤，此後開礦築路，撥款一切，均可自主。所有酌給該公司款項，爲拋棄利權之酬報，衡之情理，似尚公允，自應照此了結，除將另訂合同抄送外務部備案外，所有英商扣留路款，贖回南票辦礦合同情形，理合恭摺具陳，伏乞皇上聖鑒。謹奏。宣統元年八月初二日具奏，奉旨：知道了，欽此。

《商務官報》宣統元年八月五日第二三版《批商人王永嘉等稟》 稟悉。前據該商等稟稱試辦遼陽城東北尾明山後泉眼脖子溝地方煤礦，被天利公司局員勒捐敗壞各節。經本部據情行咨奉天督撫，飭勸業道查明，並批示遵照在案。茲復稟同前因，除咨催查辦外，仰仍候查復到日，再行核示可也。此批。七月二十六日。

甘厚慈《北洋公牘類纂續編》卷一九《津海關道詳查詢井陘礦局修築鐵路各事現經該局咨覆核議辦法請示文並批》 爲詳請事。本年八月十一日，准井陘礦務局咨開，據井陘有限公司函稱，宣統元年七月十一日，准礦務局交到貴道移文四件，一爲修築鐵路，一井陘有限公司欠交銀五萬兩，一應交股本銀二十五萬兩之股票，一應完出井稅釐各等因。准此，此項公文，雖移井陘礦務局，實移井陘有限公司，故由有限公司作函覆之。查修築鐵路一事，井陘公司與礦務總局所訂合同第十二款內載，惟在礦界中心點周圍十里之外，應照合同轉稟中國政府云云。現所修之路在十里之內，且係原有循山道曲折小路，此路當未訂合同之先早一年築成後，又於前北洋大臣楊面爲稟明，現當伏汛山水驟發，多半沖殘，必須將原路修補堅固，煤車易於運行，並不改路，所有稟明政府一節似可暫從緩辦。又第五款井陘公司應交之行平銀五萬兩，此項銀兩早已交足，何以言之。查合同第五款乙照第二款井陘公司之產業等，及預備日後擴充工程款項，共作股本行平銀二十五萬兩，內照第二款，在光緒三十二年正月初一日，所有之財產物業估價共值行平銀二十萬兩等語。其三十三年、三十四年，計一年半，礦中擴充工程約用費不僅五萬兩，請派精通賬目之員來局澈查，俾知詳細。又股票銀二十五萬兩，應交礦務總局督辦收執管業等因，但此項股票鄙意究竟當以合同爲憑，此項合同即可當做股票，如此外必欲出印股票，請礦務總局備一格式，與有限公司公同簽押。又出井稅釐此事，係井陘礦務局之事，非井陘公司之事，照鄙意稅銀一錢二分五釐，係出海口稅銀，核與農工商部現定章程相符，如果將此事清理，俟到應交銀之日再行商辦，除函請津海關道查照外，用特函知等情前來。查此案業經該公司函送在案，茲准前因，相應據情咨覆，查照酌核辦理等因。准此，查此事前因合同第五款叙明，將已收足股銀二十五萬兩之股票，應交礦務總局督辦收執管業，其餘二十五萬兩應交井陘公司收執，但井陘公司二十萬祇作收足股銀而已，其欠交之行平銀五萬兩一到應交之日，當由井陘公司如數交足，其利息由交銀之日起算等語。又合同第十二款叙明，井陘礦務局可在礦務總局礦產界內修築運煤枝路，鐵路亦可直接至鐵路之幹路，但須與該幹路路政無礙方可。惟在礦界中心點周圍十里之外，擬建築運煤鐵路，如與京漢正太路線，暨地方祠宇墳墓等項無礙方可。將築路大概圖形繪送井陘礦務局督辦，轉稟中國政府批准後，始准建築等語。又合同第十三款內載，該局煤斤所納稅釐按照開平礦務局章程辦理，每噸納釐金淨錢八十四文，另納稅銀庫平海關白寶銀一錢二分五釐等語，自應逐條遵辦。乃自合同奏准開辦以來，既未將股票交來，其公司應交之行平銀五萬兩，亦未報明交出。且聞鐵路業已開築，而職道既爲督辦，並未准先將圖樣送請核稟，其應完出井稅銀，該公司逕指爲出口關稅，不肯在礦交納，當經職道分文移請，按照合同查覆，一將股票交收管業，一將欠交之五萬兩交出，如已交至他處，應將收據送查，一將應交井稅補交，一現築鐵路是否業將情形稟由政府批准。茲准前因，查合同內既已叙明，另有股票管業，自不能即以合同作爲股票，其欠交之行平銀五萬兩，應以交出之日計息，今既謂已作工用，究竟何日交出，既未先行知照，憑何支息，且究係作何項工程之用，亦未經該公司按照附函，將擬辦各工報由職道核定，尤不足以昭核實。出井應完稅釐，開平、臨城均係在礦交納，井陘豈能獨異，現築鐵路是否確在礦界中心十里以內，亦非臆揣所能知，事關礦政權利，考查不厭求詳，職道悉心酌核股票，必須照辦并税，亦應補交。至所云欠交銀五萬兩是否確作，工程之用究於何日，作爲交出現築鐵路是否確在十里以内，必須調查勘視，方能核辦。按照合同第四款，中國應派華礦師一員，此項礦師至今迄未遴派，擬請憲台遴員委辦，所有欠交股銀，現修鐵路所云辦法是否與來文相符，擬俟該礦師到差後調查賬目，勘丈里數，詳細禀覆，飭遵再行核辦，俾昭詳慎。是否有當，理合具文，詳請憲台查核批示祗遵，實爲公便。爲此備由，具詳伏乞照詳施行。須至册者。

督憲端批：據詳已悉，井陘礦務公司應交股票井税及未交之股款銀五萬兩，應由該道查照，原定合同分别催辦。其所築鐵路是否確在十里以内，亦應飭令詳細申明，統照合同辦理，以符原案所請。添派礦師一員，以便逐細調查各節，應准照辦，候另檄飭知仰，即遵照辦理。繳。

「中央研究院」近代史研究所《礦務檔》第二册**《宣統元年八月十四日外務部收山東議員楊毓泗紳民石金聲等電五礦合同期滿作廢請駁拒德使干預》**　宣統元年八月十四日，收山東議員楊毓泗、紳民石金聲電稱，山東五礦合同，已於七月十三日，滿期作廢。據該合同第一條有云，勘辦五處鑛産，祗應按照尋常商務辦法。又云，並與國家交涉無干。倘德使違法干涉，仰大部力據該合同拒駁，否則東人決不承認。詳續禀。山東議員楊毓泗等百三人及紳民石金聲等仝叩。元。

「中央研究院」近代史研究所《礦務檔》第二册**《宣統元年八月二十三日外部部收署山東巡撫孫寶琦電五礦合同逾限請切實籌議保全利權》**　宣統元年八月二十三日，收署山東巡撫電稱，申密，聞山東旅京官商，因膠沂諸路礦事，開會廣告，又接京官王垿等電稱，五礦合同逾限，應聲明作廢，毋庸議收買等語。查華德公司三月即呈請開辦，並未逾限，自不能無端作廢，膠沂諸路礦事由三月德使照會而來，未知鈞署曾否照復。總之，利權所在，必應切實磋議，以期保全，但恐東人遇事張皇，惹出交涉，更難措手，伏祈大部默察主持幸甚。寶琦。箇。

「中央研究院」近代史研究所《礦務檔》第二册**《宣統元年八月二十四日外務部發山東巡撫孫寶琦函論五礦合同逾限暨收回膠沂等路礦權事》**　宣統元年八月二十四日，發山東巡撫函稱，接准尊處箇電，藉悉壹是，五處礦務事，已於本年七月初十日詳細函達，諒邀青睞。華德公司既於三月間，呈請開辦，自不能無端議廢。惟據前電稱，其所請開辦者，僅係甯海州屬茅山金礦，其他四處，如未經勘定，現已逾限期，自應分别辦理，按照合同作廢，以免牽混。究竟如何情形，執事權衡在握，諒能操縱得當。至膠沂諸路礦事，前接德使照會，援引膠澳條約第二端第四欵，允准德商開挖煤斤等項之權，謂此兩段鐵路，雖歸爲中國官路，此權仍舊施行不移。本部當以此項鐵路既歸爲中國官路，所有煤斤，德商實無所用之，若將開挖之權，一併退還，則辦法較爲畫一，於七月間照復德使，詳達彼國政府，現在尚未得復。總之，利權所在，固應竭力保全，但彼祗允讓路，未允讓礦，即允讓之路，亦未定議，我則因路及礦，要其一併退還，能否達到目的，實無把握。若過爲激烈，恐彼變而加厲，更難措手，此中消息，想執事已見及之。務希於地方明白紳士，相機開示，免致張皇受累，是所至盼，合併鈔録來往照會，函達台端查照。再德使前次來照，經北洋登入官報，該使嘖有煩言，而無知者，復從而生議。此項復照暨所商辦法，務希格外慎密爲要。此佈，並頌勛綏。

《商務官報》宣統元年八月二十五日第二五期《新疆巡撫咨本部文》　爲咨覆事。宣統元年二月十七日，據新疆全省商務總局總辦布政使王樹枏會同兼按察使榮霈詳稱，案查前奉憲札准農工商部先後咨行奏定礦務章程施行日期，暨應用各項表譜帳册格式，以及籌備各項事宜，飭即遵照造册詳咨等因。奉此，本司等查礦務本自有之利權，新省礦産能否一律開辦，自應切實查明，填注表册，方有把握。前因礦務調查暫歸商務總局兼辦，由商務局委員分赴省城東北兩路及南路東四城，將各項礦産情形逐細履勘，並以南路西四城礦場距省窵遠，移請喀什袁道就近派員，遵照部章查明咨覆，並備文報明在案。茲據該印委等先後填注表册到局，本司等覆查各屬礦場本屬不少，曾經前撫憲陶遵奉諭旨，通飭所屬官辦、商辦，悉聽其便。並委員查勘，設法招商承辦。迭因折閲，均無成效，良由礦師無人不能探勘礦苗衰旺，而礦師之最優者，邊地實難其選。查北路塔爾巴哈台屬之哈圖山金礦，色質苗綫，均有可採，經前撫憲饒奏明，會同俄商購買機器，立約合辦，並由俄商延請礦師狄多福及倭羅甯挑勒滿却甫等採尋各礦，未及三年，虧本甚鉅，是其明驗。此外，于闐縣屬之金礦，向歸户民淘採，歲輸額課。庫車州疏附縣兩屬之銅礦，均歸户民領本承辦，採供各本地鼓鑄，隨時扣繳本銀，歲産無多，尚無折閲辦理，均仍其舊。惟拜城縣屬之銅鑛，原係官督民辦，鎔練必須木炭，概由本地户民攤供，非五六日不能運送一次，所得炭價，不償所失，貽累地方，近蒙憲台力除積弊，飭舉本地殷實紳民承辦，所需木炭由該紳民等自辦自運。提煉之銅，歸公家照章給價，採供錢局鼓鑄，每歲尚可獲銅數萬斤。他如阿克蘇道屬焉耆府之銅礦，烏什廳之鉛鑛，温宿縣之銅鑛、鐵鑛，拜城縣和色爾之銅礦，伊塔道屬精河廳之鉛礦，鎮迪道屬綏來縣之金礦，孚遠縣之鐵礦，迪化縣之金礦、銀礦、銅礦，鎮西廳之金礦、鉛鑛，庫爾喀喇烏蘇廳之銀礦、鐵礦，或因礦苗不旺，水炭不便，或因地僻人稀，礦夫難雇，或因官辦以及官商合辦，虧折甚鉅，先後停止。其庫爾喀喇烏蘇廳之金鑛，現雖有商民採挖，所得不償所出。英吉沙廳拜城縣兩屬，各有鐵礦，土民開採祇可供本地鑄農器之用。煤礦一項，新省出產雖多，而脚重不能運，遠未能銷售他省，大獲利益。其出入之贏虧，售數之多寡，價值之高低，難於比較，向未議及税銀。庫車州磅砂歲出無多，亦未議税。惟和闐州屬洛浦縣之脂玉，于闐縣之碴子石，商民挖取獲利者固有其人，而賠累者則屈指難數，均由統税局分別石之優劣，估價抽税，每歲收銀亦屬無多。鄯善縣之水晶礦，離城百五十餘里，雖冬月間，間有商民前往開挖，而本地並無琢工，銷售爲難。石油一項，現由商務局派人採取提煉，尚屬適用，足以抵制外洋，第辦理均係土法，尤須仿照洋法，儘力推廣。本司等伏思事極邊，礦師既難其選，辦理即無把握，勢難與內地比例。然疊奉大部敦促，未敢因噎廢食，現已稟蒙委員由俄國購買提油機器，先將石油一項，極力開拓，以廣利源。塔爾巴哈台屬之金鑛，原購機器尚存，擬再招商試辦，如果辦有成效，再行遵照定章，斟酌辦理，以昭核實。所有新省礦地坐落，礦質種類，及現在情形，理合繪圖，造具表册，呈乞鑒核轉咨。再新省礦場相距窵遠，委員查勘，往返躭延，造報稍遲，合併聲明等情。據此本部院覆查無異，除飭司委員領解外，相應咨送。爲此，合咨貴部請煩查照核收，見覆施行。須至咨者。

《申報》宣統元年九月初二日第三版《福公司水管佔地之枝節河南》 福公司交涉甫了，刻又安設水管，佔用民地，民人向索租價。該公司以所索過奢，不允照付，而水管工程則依然不停，民心大憤。該處彈壓委員及修武縣令恐醸事端，已經飛稟至省，由吴仲帥批飭修武縣令親往該處，會同委員查勘，秉公定價，以免別生事端。

「中央研究院」近代史研究所《礦務檔》第二册《宣統元年九月初三日外務部收山東議員翰林院編修楊毓泗紳民度支部主事石金聲等稟附勸業道復華德採礦公司總辦函五礦除茅山一處外均逾開辦限期請毋與德人續議》 宣統元年九月初三日，收山東議員翰林院編修楊毓泗、紳民度支部主事石金聲等謹稟。外務部王爺、中堂大人鈞鑒：敬稟者，前於七月十三日，因山東五處礦產事件，電達座右，諒邀朗鑒，若不詳細陳述，則上下隔閡，既無以定內外惟一之方針，又恐生國際上意外之交涉。茲謹將五礦合同締結原委，及紳等決定對待意見，一一爲大部敬述之。竊查光緒三十三年七月十四日，山東礦政局與華德採礦公司續訂五處礦務合同。第一條云，該合同照尋常商務辦法，又云，與兩國國家交涉無干，曾經大部允准在案，經前任山東巡撫部院楊，札委礦政局，與該公司續訂合同。謂准自此項合同簽押之日起，再探礦期限兩年，准此期限，扣至本年七月十三日，兩年限滿，當然作廢。據該合同第二條有云，俟呈請開辦時，再請農工商部核發開礦執照，未發執照以前，不得擅行開採礦產。第三條又云，該公司無論因何原故，如欲將指辦礦地轉售他商接辦，應首儘華人，次儘德人云云。乃該德商竟於光緒三十四年十二月間，至本年，屢請以未曾呈請執照之第五處茅山礦地，售與中國，索價二百五十萬馬克，而呈請執照，反在本年四月下旬，是其違背合同，以未曾指辦礦地轉售，已屬無理之勒索，此山東官民所以不能認贖者。其理由蓋在於此，爾時因德商來函，預言若中國情願贖回，其他四處，即可作廢，否則來此期限內，必於其他四處，多請開礦執照。蓋德商用計，名爲出售茅山一處，而開來價目，實包有二年之五處勘礦費。又慮限滿，伊無所恃，故先以作廢四處以紿我，又以多請開礦執照，爲要挾地步，其主意在合同滿期，而請執照有效，以逼我茅山之贖回。若五處礦苗果真興旺，在德商當必開辦久矣，不過藉此爲贖費之具耳。山東官民知其用意，故雖開議數次，只就價目磋商，並未涉及不贖問題。此中對特作用，諒在大部洞鑒之中，詎該德商竟於七月初九日，忽續請三處開礦執照，距七月十三日滿期，僅有四日。查合同第二條有云，如兩年限滿，仍未開辦，即將該公司勘礦產之權，全行停止。在德商固以此條爲呈請執照之依據，但案合同第三條又云，該公司於呈請開辦時，須繪具礦地詳細圖說，候礦政局派員會同地方官。查明果無違礙情形，再行詳請撫院轉咨農工商部，核發開礦執照云云。據此條文，細玩呈請二字之意義，是我國官府對於德商呈請之件。原有完全可准可駁之權，必官府核准，其呈請之形式，方爲完全，效力然後發生，非謂但經該公司一爲呈請，無論官府之准駁與否即發生滿期後繼續之効力也。乃德商於此次呈請文內，竟有種種謬誤，及要求修築鐵道便路，造橋至官島等事，希圖私利，顯背合同，故於期限內呈請執照之文件，業經勸業道據理駁覆。今已滿期多日，其呈請執照之三處，既經逾限，已無再請之權利，自應與未經呈請開辦者，同時作廢。此後事實上之問題，惟有茅山一處，當否議贖而已，況該公司開辦一處，必先呈請執照一處。該合同第六條有云，凡領開礦執照在十方華里内者，須繳照費庫平銀一百兩，在限期以内，五處執照，既未全行呈請，五處執照亦未一概全繳。且查該合同内，並無但經呈請開辦一處，即連帶發他若干處逾限後効力之明文。由此觀之，則限期呈請開辦某處，即某處查勘之權，可繼續於逾限之後。其呈請無効及未經呈請者，而查勘之權，決不能繼續於逾限之後，可以斷言。此茅山外四處當然作廢之理由，在德商自無可狡展矣。紳等竊有慮者，但恐德商處此，計無所施，轉而横肆圖賴，或以續請開礦，或藉茅山勒贖，慫恿該國駐京公使出首，向大部要求，以便牽入兩國交涉，私人合同，變爲公法性質，爲患不可勝言。此種事實，不可不豫杜其漸，據該合同第一條觀之，德商本無要求大部開議之權利，大部亦無開議之義務。且查此合同訂自山東礦政局，山東巡撫所准，亦未經大部簽押，於國際公法性質上，毫無關係。若該國公使儻有妄事要求，懇祈大部據合同第一條，嚴詞拒絶，無論續請執照或議贖茅山，始終聽山東官府自行交涉，但據該合同條文處理，亦無别項事端發生。惟事關重要，最宜祕密，並懇大部格外惠愛，幸勿登載官報，致令德國知覺，則東人實感德無既矣。敬念【王爺、中堂】大人公忠體國，規畫周詳，芻蕘末議，俯望採納，議員、紳民等不揣冒昧，用敢直陳。謹將所有山東從前與華德採礦公司續訂合同及現時交涉情形各緣由，具禀陳明。恭請勛安，伏片垂鑒。議員毓泗、紳民金聲謹禀。

附呈山東勸業道蕭應椿駁覆華德採礦公司總辦石謐德續請開礦執照原函。

王　諾　杜朝賓　李繼璋　于瀛
安茂寅　緒　思　王鳳翥　彭芝芳
于普源　常　全　馬步元　叢漣珠
吕上智　趙英秦　邱桂喬　方　作
宣統元年八月二十七日山東紳民議員　范德如　丁象辰　蔣鴻斌　曹宗漢
王昱祥　李瀛海　鞠　芙　劉　閈
金毓珍　周廷弼　孔廣淇　高
郭連科　王常翰　于洪起　唐文
陳命官　宋紹唐　張百源　李
張介禮　彭蘭琪　張漢章　張

勸業道蕭據華德探礦公司總辦石謐德函稱，貴國買回茅山，現尚會議未面敬請三塊開礦執照。在本年四月二十號，開呈條欵，已有成例，兹所共三塊：一在茅山第五處採界内，從前已請過二處附近之處金礦；一在第三處採界内青撤山旁之瓦落子譯音漢白玉礦；一在第一處採界李家莊之千家川譯音。假如從前已經請過二處附近之處，運路不便，則改請在沂水採界内之連望莊譯音。所有條欵章程，於本年四月二十號者，一律不復贅開。今寄上地圖，大小十方華里，與山無異，按合同第六欵，出庫平銀一百兩，合英洋一百四十六元八角，並隨保單寄上。請撤山旁之瓦落子，在王台去膠州五十里，乃漢白玉礦也。欲開此礦，擬一鐵道便路，造橋連官島譯音，可運至青島等處。地之形勢大小，圖已繪明，並呈庫平銀一百兩，保單二紙，其第一處採李莊鑛，欲取此礦，須用洗法，假處不便，則改請沂水礦界内之連望莊，乃金沙礦，圖已繪明，並呈庫平銀一百兩，保單一紙。以上三塊，望懇速爲批准等情，勸業道當查所開各節，有得難允許者數端，逐一答復如左：一，本年三四月間，貴公司請領茅山礦照，實係三塊，來函言一在茅山第五處採界内，從前已經請過二處附近之處一節。二處兩殊與案不符，是否筆誤，無從知悉，本道轉禀，必干部駁。

一，合同内無准公司設鐵道之條，來函擬安一鐵道便路，造橋至官島，可運至青島等處一節，此事有背合同，本道轉禀，必干部駁。

一，上次請開茅山三塊，函中未曾聲明有續領之説，本國商部以山三塊今兹續請，農工商部必不允准。

一，上次請開茅山三塊，事在三月初一日，來函多不完備，至四月十三日，始據貴總辦將地圖照費保單齊送。本道方得派人查驗，禀撫帥咨請執照。今七月初十日貴總辦甫經來函，距滿限僅止四日，派查萬來不及，礦地散在各處，至速亦須一兩月方能查竣，彼時到部，逾限已久，亦干部駁。覆函並謂，此次貴總辦來函，多不合格，係由自誤，即便正誤字，删鐵路一條，已在期限以外，東省紳民斷斷不能承認，本道亦斷斷不能代轉禀云。

《商務官報》宣統元年九月五日第二六期《批李英國禀》　據禀該公司遵章開辦察哈爾土木路煤礦，將蓋用鈐記、股票式樣，呈請備案等情。查各項公司所用鈐記，均係由部頒發式樣，方准鈐用。此次該公司未經本部發給鈐記式樣，遽行刊刻，殊屬不合，且模式之大，有類關防，並用滿漢合璧字樣，尤與本部頒發鈐記未能一律，仰即銷燬，另由本部頒發鈐記式樣，遵令刊用可也。此批，八月二十四日。

《申報》宣統元年九月十一日第四版《振興甘河煤礦之計畫黑龍江》　墨爾根

轄境之甘河煤礦，自開挖以來，儲煤甚夥。惟轉運艱難，迄今四五年來，遂未獲其利益。今春經提學使籌撥官欵，建造運船三十隻。每次可運煤八九萬斤。然田礦至江尚距離一百餘里，仍須大車。常川運送，終屬不甚利便。日前得由提學使稟請撫憲撥給官帖錢四十萬吊，即將上年由德茂洋行批買，備修平頂山煤礦之馬拉鐵道，移作修造甘河運煤鐵道之用。現已派員隨帶包工人等前往估工議價，擬於九月初即行開工。

《商務官報》宣統元年九月二十五日第二八期《批宋發祥稟》　該職商等稟辦磁州西佐村煤礦，前經本部咨行直隸總督飭礦政局秉公查明辦理在案。茲准復稱磁州礦務本係奏歸官辦，自陳道忠儼故後，虧欠官款七萬餘兩，礦產封禁。嗣後無論官商何人開辦均應將舊欠償還。前楊大臣札委趙道集股開辦原爲清理欠款，今商人宋發祥請辦西佐村煤礦，應將前項欠款照案飭與磁州官礦局分認攤還，仍令出具並無洋股甘結再行給照等因前來。爲此批示，仰即遵照可也。此批。九月十五日。

《商務官報》宣統元年十月五日第二九期《批松瑞稟》　前據該商等稟辦吉林密山府綏芬廳磐石縣等處金、銀、煤各礦，請領勘礦執照等情。當經本部咨行吉林巡撫，轉飭礦政調查局查核辦理去後。茲准復稱，查滴道山荒礦綀永安，雖經領有票照，惟荒票因換照逾期，礦照因一年期滿，均經作廢在案，且亦無吴泰裔合領字樣。是綀永安當難認爲已產，則他處之荒礦必多朦混。可知況密山綏芬磐石境地懸遠，未便由該職商等一手包攬。該公司應遵部章，赴勸業道分別呈驗股本，聽候核辦。所請由滴道山煤礦，先行入手試辦，及發執照，示諭之處，未便照准等因。咨復前來，爲此批示，仰即遵照。此批。九月二十一日。

《申報》宣統元年十月十七日第六版《晉煤運直不准援免稅釐北京》　石家莊煤商瑞豐鴻順昌等公稟郵傳部，以稅捐不均，稟請援免等因。部中以前據該商等公稟，晉煤運直，懇准同沾免稅利益，已經分別咨請晉撫核覆。昨准晉撫咨復内開，晉省前因新攤洋欵暨籌辦新政，議抽煤炭出井稅，每百斤原加井抽錢六文，闔省一律抽解，爲晉庫入欵大宗，本年保晉公司新用機器開採，奏准免抽沿途稅捐，是免稅者僅保晉公司一家，此外土法開採，以及商販自不在免稅之列，況全晉一律抽收，若別商一體繳免，實屬有關全晉大局，又況平定州所出煤炭，軌運陸運直、豫，僅抽出境一道，並不先抽出井，較之別處沿邊、井口兩稅並征者，已甚輕減，該商販等所請，自應毋庸置議。郵部據咨即批令該商等，遵照辦理。

《申報》宣統元年十月十九日第三版《彰德煤窑之發達河南》　彰德府屬之煤窑，本爲汴中第二出產地（懷寧府爲第一出產地）。自福公司煤暢行後，彰紳咸懷畏懼，極力提倡廣開煤礦，以爲抵制之計。自今夏以來，各窑户挖得之煤甚多，並採得烟煤窑十餘處，可供火車之用，所以日來火車用煤，無不用彰地所產者，約計價值每年可得銀一百五十萬兩。

《商務官報》宣統元年十月二十五日第三一期《批河南六河溝煤礦公司呈》　前據呈稱，擬由運河運煤請免釐捐，以恤商艱等情。當經本部咨行山東巡撫查照核復去後。茲准復稱，查各省礦産除完納出境、出口稅外内地釐捐概不重征，業經奏准有案。又查外務部暨本部奏定礦務正附新章，亦附載出境、出口兩稅並運煤行銷東省西境，請免收釐捐核與奏准成案及礦務新章相符，似應照准。惟豫省發給免單，以憑到關卡查驗放行，不得夾帶别項貨物以杜影射等情，咨復查核等因前來。查此案既准山東巡撫查復所稱各節與部奏成案及礦務新章均屬相符，自應照辦，仰即遵照。此批。十月十二日。

《商務官報》宣統元年十月二十五日第三一期《批毓簡稟》　據稟請探昌平州所屬分水嶺村樓子峪地方銅銻各鑛一節。查本部礦務章程，凡勘鑛執照由本省礦政調查局發給，仰該職商等另繪詳圖，註明畝數，逕赴直隸鑛政調查局稟辦可也。此批。十月二十五日。

《申報》宣統元年十一月初五日第四版《札飭嶧礦公司招股擴充山東》　農工商部札飭嶧縣中興公司總辦文云，接准本部丞參上行走、前長蘆鹽運使周文稱，竊本司遵於七月十六日起程，到山東濟南省城中興公司。總理張運司蓮分同行取道濟甯，順看運路。八月初九日，始抵嶧縣，履勘周圍數十里煤苗，考察現有井工，調查中興公司現辦情形，並與該礦總協理預算擴充辦法，繪具煤苗路線全圖，並擬預算清單，呈請鑒核施行等因前來。查中興煤礦先後開辦迄今二十餘年，因資本不充，未能發達，然該礦苗線實占優勝，亟應添購新機，改開大井，務於兩年内辦到，每日出煤二千噸之，以所估成本及還舊欠共需銀二百二十萬兩，該總理責無旁貸，應邀集舊股東妥爲籌議，迅速設法招集，並將招股章程修改完善，呈部立案。至本部官股，原爲保護維持起見，應俟商股集有成數，再行酌撥，除照會大部丞參上行走周查照外，相應札飭該總辦，遵照辦理。

《商務官報》宣統元年十一月五日第三二期《批職商李春和稟》　稟悉。查該職商以辦理河南密縣煤礦，屢被縣令壓制，稟請查辦一案。迭經本部據情咨行，河南巡撫飭屬切實根究，持平辦理在案。所有查辦情形現尚未准咨復到部，該職商仍應遵照聽候查辦斷結。兹所稟請咨吏部，扣除王令咨文，飭令回豫對質等情，殊屬妄瀆，應毋庸議。此批。十月二十四日。

「中央研究院」近代史研究所《礦務檔》第二册《宣統元年十一月十三日外務部收山東巡撫孫寶琦電議定廢止五礦合同》 宣統元年十一月十三日，收山東巡撫電稱，東省五處礦務，德公司催速定議，現飭勸業道、洋務局议定七條，摘録如下：一、先將光緒三十三年合同作廢。二、償還勘礦等費，庫平銀三十四萬兩，分四年交清。三、該款應由接辦之新商承認，先由東撫擔保挪墊，按期撥付。四、畫押後，即將所有勘礦圖器、及所置地畝，房屋契據等項，點交接收。五、已呈請領照開辦之甯海州茅山礦地三塊，應毋庸議，所交照費，毋庸退還。六、合同簽字後，奏明立案。七、款項付清後，即將此條款交還註銷。此案轇轕多年，今始議有結局，可否照此定議，祈示遵，以便飭即畫押。寶琦。元。

《商務官報》宣統元年十一月十五日第三三期《批宋發祥稟》 據稟及甘結均悉。查該職商等接辦磁州西佐村煤礦，具稟既在，官鑛局奉委之先，並係商開舊鑛，與章程尚無不符，應准其就所購張廷壁鑛地開採。至所請將西佐一村全歸商辦一節，與初次原稟不符，礙難照准，除將請免攤還官款等情咨行直隸總督查核辦理外，仰即照章呈繳保單及照費銀兩，以憑核發執照可也。此批。十一月初五日。

「中央研究院」近代史研究所《礦務檔》第二册《宣統元年十一月十六日外務部發山東巡撫孫寶琦電廢止五礦合同可以照辦》 宣統元年十一月十六日，發山東巡撫電稱，元電悉，五處礦務，既經尊處議結，自可照定。外。

《商務官報》宣統元年十一月二十五日第三四期《批商人劉席珍等稟》 前據稟稱請辦邯鄲縣屬李家莊煤礦，尚在勘礦一年限内，懇飭縣啓封等情。當經本部札飭直隸鑛政局查明，該商所辦之鑛如無他項違礙情事，准飭該商遵章領照後，再行啓封等因。去後兹准呈稱，查此案前因邯鄲縣商民劉席珍、王復雷，職員李得勝等互相稟控，批縣訊辦，旋據邯鄲縣具詳將此案提府審辦，當經職局詳明前直隸督憲端，札飭廣平府提傳人卷秉公集訊，判結具報，奉飭前因，理合具文呈報，查核施行等因前來。本部查此案既據直隸鑛政局呈稱，彼此互控，批府提訊自應侯控案訊結後，再行查核辦理，仰即遵照可也。此批。十一月初九日。

吉林省檔案館《清代吉林檔案史料選編(工業)》上册《吉林行省委任黄寶森籌辦天寶山礦務的札文宣統元年十二月初四日》 爲密札事。

交涉司、度支司、勸業道案呈：查延吉天寶山礦，前由已革通判程光第私合外資開採，業經查封在案。惟是礦爲全省著名銀礦，長此閉棄殊屬可惜。現擬招集官商股本各五十萬兩，分期籌足，遴委堪勝大員前往籌辦，以盡地利。

兹查有候選道黄道寶森，廉樸耐勞，熟諳礦務，堪以委令前往籌辦。除分行外，合亟札委，札到該道，即便遵照。克日前往該處，會商邊務吴督辦、東南路道郭道，妥籌辦理。所需經費暫由度支司先行墊給吉平寶銀五千兩，以資應用。將來即在所籌官股内抽還，該道務須切實規畫，勉爲其難。並將開辦方法會商明確，呈候核奪，毋負委任。切切此札。

「中央研究院」近代史研究所《礦務檔》第二册《宣統元年十二月初七日外務部收山東巡撫孫寶琦文附收回五礦條欵議就收回五礦合同》 宣統元年十二月初七日，收山東巡撫文。爲咨呈事。案查光緒三十三年七月間，楊前院與德商採礦公司議定合同八條，當經奏明，並分咨鈞部暨軍機處農工商部查照各在案。查該公司原指之沂州、沂水、諸城、濰縣四處，查勘早已停工，近年但在第五處礦界内甯海州屬之茅山，查勘金礦。上年夏秋間，東省士民倡立保礦會，該公司遂有轉售茅山之議。本年三月及五月，德領事貝斯兩次照會袁前院稱，奉本國外部命令，以茅山礦產售與中國爲請，索價德幣二百二十五萬馬克，並聲言此外四處，一併歸還。袁前院以合同既有准其轉售明文，因集官紳會議，主收回者，居其多數。一面派員勘估茅山礦產，及歷年所費工本。據稟稱，約用過銀四十二萬餘兩，而所議籌欵辦法，迄無眉目。六月間，本部院蒞東，復准德領事照請速將此案辦結，隨派勸業道蕭應椿等，與該德商石謐德開議。該公司原索價二百二十五萬馬克，合銀八十餘萬兩，迭次磋磨議減，該公司讓至三十四萬兩，堅持不肯再讓，體察情形，只可照此議結，因另訂條欵，聲明原訂合同作廢，茅山礦產及五處房地器具，一概歸還中國，償結歷年費用銀三十四萬兩，分四年付清。迭經函電商鈞部照允，旋於十一月十九日，飭該道等與石謐德公同簽押，該公司礦權遂從此一律收回。再年三月間，該公司按照合同，在探礦兩年限内，呈請開辦茅山金礦三塊。七月間，經鈞部與農工商部核准，填發執照三紙來東。本部院因正議收回，恐其藉端要挟，故未發給。今既由東省購回，原發礦照，自應繳銷，據該道等詳請分別奏咨前來。本部院復核無異，已將簽訂條欵，謹敬照繕，進呈御覽。除另文咨鈔奏稿，暨將茅山礦照送農工商部查銷外，合將照繕條欵，備文咨呈鈞部，謹請查核備案施行。須至咨呈者。

〔附〕收回山東五處礦務條欵一件。

宣統元年十一月二十九日，大清國總辦山東洋務局即補道劉、大清國山東勸業道蕭、大德國總辦山東華德採礦公司石，爲訂立條欵事，案照華德採礦公司現與山東官府商訂退還礦權條欵如下：

第一款，華德採礦公司願將本年三月在探礦二年期限以內，呈請領照開辦之甯海州茅山礦地三塊退還，不再開辦，聽憑中國官府另行招商接辦，永遠不得過問。

第二欵，所有光緒三十三年七月十四日所訂華德採礦公司合同，聲明一律作廢，自此件畫押之日，公司即將前項合同，交還山東官府。

第三欵，公司從前在山東五處勘礦工本，及繪圖買地房屋器具一切費用，現經彼此商允，付給公司庫平銀三十四萬兩，分爲四年交清，每年勻作二期。第一期，自西曆一千九百十年正月起，每期交庫平銀四萬二千五百兩，於（重議定於西曆正月七月二十五號交）西曆每年正月及七月以內，照數兑交。

第四欵，此項銀兩，應由接辦各礦新商承認，惟現在驟難招定有人，是以由山東撫院擔保，先行設法挪墊，每期交由〔重議定在青島德華銀行交〕濟南或青島德華銀行照收。

第五欵，自此件畫押之後，公司即將下開各件，交還山東官府。

甲，公司勘礦所繪詳細礦圖，以及勘礦各項器具。

乙，公司在五處礦地內置買地畝房屋器具。

丙，公司價買之地畝房屋印契或白契。

丁，地畝房屋器具，開列清單，以憑點交接收。

第六欵，此項合同簽字後，應請山東巡撫部院孫奏明立案。

第七欵，至第八期欵項付清後，公司即將此項條欵，交與山東官府註銷。以上七欵，蒙山東撫院孫批准，並咨請外務部農工商部允准施行，以華文爲主，共繕兩分彼此簽押，各執一分作據。大清國總辦山東洋務局即補道劉，大清國山東勸業道蕭，大德國總辦山東華德採礦公司石，大清國山東巡撫部院孫。

大清國宣統元年十一月十九日。

吉林省檔案館《清代吉林檔案史料選編（工業）》上冊《磐石縣銅礦局唐家楨關於原辦商人姚景莘無力附股的移文宣統元年十二月十五日》

爲移覆事。

案查敝局試辦銅礦總綱內開：准原辦商人呈繳五萬串，作爲商股等語。旋奉督撫憲批內開：惟該商股本是否確有著落，該道務須查明呈驗，取具保結，免滋弊混等因。奉此，查該商實無力附股，不過以舊存零星物件希圖朦混，故爾准商附股之説，前議遂作罷論。於宣統元年正月二十一日，接准貴署移開，案據府經歷銜姚景莘稟稱：竊職商於光緒三十年在磐石縣界石嘴子地方採得銅礦一處，當即稟請前將軍富批准，由交涉局發給執照，名曰寶興公司，試辦在案。經職商約合同志張祥久等數人，集股開辦，所做銅質亦佳。嗣因錢局停鑄，外售難銷，兼工費太重，日漸賠累。公同籌計，暫且停止，另行招集大股，再事擴充。至今春，經原股東交涉局提調李成章找到職商，謂與唐觀察子奇談及此礦，伊情願入股兩萬吊，合伙繼作。及與唐接晤仍如所言。遂將職商帶赴礦所，就積存礦砂揀擇融化，挑利用傢具隨便取携。兩月餘做出生礦熟銅堆積成山，唐公此時深爲滿意。布置妥協，遂即旋省。嗣經李提調詢其作股之事，伊云無論官辦商辦，終有汝等原辦之股，其餘虧空亦容易籌（化）〔劃〕。迨至九月，職商由礦歸來謁見唐公，遽云速將化用汝等礦砂傢具照數開單，以便發價，汝亦不必再回礦所。職商聞此，殊深詫異。當與理論，伊云此礦係餘稟請官辦，與汝等無涉。李提調屢向爭質，仍是此言。

伏思商等經營三四載，賠累若干錢，正待集資興復，忽被唐公攬去，背棄前議，倚官壓商。考查新舊礦章，並無官奪商業條款，即使商等無力復作，亦須繳銷執照。斷無以已成之業，將復之局，忍棄若干賠累，反求轉手，以奉公者。事雖岐異，理有可憑。現在唐公又由礦所來省，經李提調屢次往商，伊置若罔聞。

職商係發起之人，以衆股東之血本一萬餘吊，積欠工食各債六千有奇，而今均化歸烏有，群言交責，苦累難當。故不揣冒昧，據實稟陳。現在此礦，業經唐觀察接續前礦鋪墊辦理數月，已有成效，理宜核定章程。至職商等舊有股本傢具礦砂，應如何歸入之處，聽候鈞裁示遵等情。據此，查該職商前與貴總辦接晤，是否商同合伙，其舊有股本礦砂等項是否議定章程，僅據該商一面之詞，殊難憑信，相應備文移會。爲此合移貴總辦，請煩查照文內事理，作速見覆施行，等因。准此，案查敝局開辦之始，須有熟悉地方情形人員，藉資佐理。由宋革道春鰲，李令成章，薦到府經歷銜姚景莘來局，當即由局札委，充當監工委員。該員任差之始，曾以舊時寶興公司所存傢具荒銅作抵，借用局款一千二百吊，據稱以之清還寶興公司欠外之用。

又該員借用物料款項燒煉礦砂，即以所煉之銅作抵，其作抵之傢具荒銅等物，均有該員呈遞清單，並原物一律存局，以抵局款。

又查該員自任差以來，每有多人來局，向該員索欠，日日應付債，以致無暇辦公。不得已由局中借給多款，冀可安其身爲局中效力。乃該員貪得無厭，適因借貸不遂，屢向該衆股東伙謀，竟欲以寄存之零星碎物變價作股，致啓訟端。嗣被查知，始行驅逐離局，此該員到差離局情形也。

再查此礦之發現，係有王善友者禀明採挖。嗣於光緒三十年被寶興公司依勢霸佔，雖領有探礦執照，藉名辦礦，實則設賭罔民。翌年八月被磐石縣縣署剿拿，始行斂迹，而礦亦隨之停止。此寶興公司設賭罔民被剿解散，而磐石縣署確有案卷可查者也，亦富太河一帶居民所共知者也。於此可見該員有魚肉鄉民之確據，而寶興公司之虧累，實由於設賭被剿所致。似此不法行爲之礦商，使之尚存亦應封禁，而況其停辦多年者乎。國家政存寬大，於興辦此礦之始，尚准附股，以示體恤。屢向該公司股東宋革道春鰲，李令成章催問，該股東皆云無力附股。況該公司承辦人姚景莘在局應差多時，確知此礦由國家籌款開辦，准原辦商人附股明文。查該商原呈内稱，嗣因錢局停鑄，外售難銷，兼工費太重，日漸賠累，公同籌計，暫且停止，另行招集大股，再事擴充等語。今國家籌款派員爲之提倡，該商等果欲再行續做。則應附股呈驗，取具保結，免滋弊混。否則萬難以官款彌補該公司設賭被剿之虧累。今該商既因無力呈繳股本，反謂官霸民産，可謂刁猾無賴之尤者矣。惟開辦之初，既有明文准其附股，似又未便失信該商。爲此移請貴署，傳集該公司承辦人，取具是否附股甘結，繳銷探礦執照，並飭將借用官款限日繳清，領回備抵之物，斷難以零星物件朦混附股，致滋弊端。俾各具結完案，以免日後再有轇轕，實爲公便。除將姚景莘呈遞借款抵物清單附移備查外，所有商股無著刁猾訛賴情形，相應備文移覆貴署，請煩查照，備案施行。須至移者。

甘厚慈《北洋公牘類纂續編》卷一九《津海關道詳井陘礦務局擬添股本請派員坐辦文並批》 爲詳請事。宣統元年十二月二十九日，准井陘礦務局函稱，查井陘礦務合同第六款，載明將來股本如不敷用，須添股本，或由直隸井陘礦務總局與井陘公司各備一半，以昭公允，或由井陘礦務局借款，均須與華洋兩總辦妥商辦理等因。是增添股本或借用款項當訂立合同時，早已意計及此。現查原股共五十萬，而中國之二十五萬並非現銀，合同成立時有限公司之二十萬兩業已用盡，綜計一年以來展築運煤枝路二十餘里，大橋一座，增添新井機器及庫房材料等，除將有限公司成本五萬添入，及盈餘七萬墊入外，又在銀行用過十三萬餘兩，亟應援照合同第六款加添股本以清舊欠，而期發達，爲此敝華洋總辦等妥商，擬從宣統二年起，添招股本銀二十五萬兩，一半由有限公司承認，仍分一半由華總辦名下招集十二萬五千兩，合之老股共作全礦股本七十五萬兩。至合同第八第九款之第十五年應還井陘公司洋股之期，應改爲原有股本銀三十七萬五千兩，以昭核實，而免轇轕。此外如有來往借款等項，統限於立合同十五年内，由井陘礦務局自行清還，十五年後與中國政府毫無干涉，悉照合同第十款辦理。查臨城添本亦蒙准行有案，井陘事同一律，載在合同，相應函請貴督辦查照，轉詳北洋大臣察核立案，實爲公便，附送預計用款清摺一扣等因，准此。查合同第六款固有准其添款之條，但該礦究竟何項工程需添款項，事前並未商明，按照合同應設之華總礦師至今尚未派定，平時工料款項既屬漫無稽考，驟請添招股本，值此諮議局成立之時，度支部集權之始，必須出以詳慎。查臨城添借款項係由前憲台札飭礦政調查局派委道府大員前往復查，方蒙批准，井陘事亦相同。應否照案飭下礦政調查局遴委熟諳礦政人員馳往調查詳覆，再定准駁之處，職道未敢擅專。理合照録清摺具文詳請憲台查核批示祗遵，實爲公便。

督憲陳批：詳摺均悉。仰即會同礦政調查局遴派熟悉礦務人員前往認真詳細查明具覆，察奪飭遵。繳。

「中央研究院」近代史研究所《礦務檔》第六册《宣統二年正月初八日外務部收軍機處交出東三省總督錫良奉天巡撫程德全抄摺聯合中英美商人組織公司開辦奉天海龍府屬香爐盌海仁社金礦》 宣統二年正月初八日，收軍機處交出東三省奉天巡撫程德全、總督錫良抄摺稱。爲聯合商人、組織公司，開辦奉天海龍府屬香爐盌海仁社地方金鑛，以興實業而闢利源，恭摺密陳，仰祈聖鑒事。竊維中國鑛産之富，超軼環球，東省尤首屈一指。甲午、庚子以後，俄人思攘大利，迭起環爭，又有東清鐵路附近三十里之協約，足以增長其勢力。未幾，而撫順、烟台諸礦，由俄而轉入於日。頻年以來，因鑛産交涉之案，不一而足。近本溪一鑛，甫議合辦，烟台一鑛至今仍爲日有。其餘若金銀若銅鉛，日人四出查勘，甚或勾引鄉愚，訂立私約，以致防不勝防。自非我先設法開採，不足以收效果而杜覬覦。前督臣趙爾巽、徐世昌等有見於此，先後招致南洋華僑來奉興辦。冀以提倡實業，迄無成議。推原其故，大抵限於資本者十之三，格於定章者十之五，蓋資本不厚，則貸款重而成效難期。定章太嚴，則獲利微而人情易阻。我方遲回審顧，而日人已兼營併進，百計擴充，慢藏之咎，誰實任之。臣等到任後，體察奉天情形，知非變通辦理，招集歐美商人，組織公司，攙入華股，不足以保持權利。上年十一月，據試署奉天勸業道趙鴻猷呈稱，上年十月間，據上海職商唐元湛、陳鴻年、何興模等，聯合中英美商人，組織公司，擬辦海龍府境內金鑛，公舉代表柯敦、唐元湛到奉，籌商一切。經該道與柯敦等商訂合同，議明中英美三國公同出資一百萬兩。中國資本至少在三分之一，指定海龍府境內香爐盌、海仁社地方，定名爲奉天海龍屬香爐盌、海仁社金鑛有限總公司。其合同内開各欵，以二釐爲鑛地年息。以百分之二分五釐爲報効，即以抵出井税一欵。除年息公積外，餘利與我平分。雖於部定鑛務新章不無出入，然以開放爲保全之計。較之各省與外人合辦礦務者，於公家利權實已保持不少各等語。當於上年十一月二十七日，經臣批飭該道會同該公司代表人，將合同簽押，復按照合同第八條辦法，飭令該公司取具上海匯豐銀行證書，證明公司資本確有把握。以憑請旨辦理，旋據將銀行證書呈送到奉。臣等復查華洋合股開鑛，本爲部章所規定，但股本以各佔一半爲度。該公司華商資本，佔有三分之一，似尚未合部章。此外鑛税鑛界等事，亦稍有變通之處，惟我既收平分之利，復有監督之權，即亦與華洋各半無異。況奉省時局已在日人範圍之中，非招徠歐美人多投資本，不足以牽制勢力。近數年間，朝廷於三省開放商埠，先後至二十餘處，比復籌借鉅款，經營錦愛一路，亦明知保守東省非輸入歐美資本不可，而資本之最鉅者，鐵路而外，厥維鑛務。該職商等體時局之艱難，憤强鄰之逼處，聯絡英美商人，請辦海龍金鑛。該地處奉吉之間，我先開採，足以扼其要領，而日俄南北勢力之平均，或因此而稍有顧忌。故論開鑛於内地，自以循照章程爲先，而奉省似應另有規畫。比則臣等區區之微意，不敢求白於天下，實不敢不陳明於聖主之前者也。兹據試署勸業道趙鴻猷呈請奏咨前來，相應據實奏請聖裁。如蒙俞允，恭候命下之日，即由臣等轉飭照辦，除將原訂合同證書照譯華、英文各二份，分咨外務部、農工商部查照外，所有聯合中外商人，組織公司，開辦奉天海龍府屬香爐盌、海仁社地方金鑛緣由，謹繕摺密呈，伏乞皇上聖鑒訓示。謹奏。宣統二年正月初八日，奉硃批：該部議奏，欽此。

《商務官報》宣統二年一月二十五日第一期《本部會奏延長石油鑛修築運路暫行緩辦摺》 會奏爲遵旨議奏，恭摺仰祈聖鑒事。光緒三十四年九月二十一日，内閣抄出陝西巡撫恩壽奏籌辦延長石油，擬先由官力提倡專歸商辦，懇請飭部寬籌款項，以維本計，而順商情一摺。奉硃批：該部議奏，欽此。原奏内稱，延長礦産擅美全球，以油質言，光白煙微，堪與歐美所産相敵，以産地言，一二百里内皆可開井，現未多開者，特因運路未通，深慮積久停滯，耗本停工，故經營目的，當以博採廣銷，力抵外貨爲主義，而著手必當以開通運路爲先。前撫臣曹鴻勛試辦原議，亦以築小鐵路爲上策，再三審度，似不若就原有車路舊基改建一輕便鐵道，爲一勞永逸之計，統計現有車路由延長至延安一百五十里，由延安至西安七百二十里，由西安至潼關二百九十里，共程一千一百六十里，若設輕便鐵路，平均計算，需款約在五六百萬兩以上，現據陝省紳商士民聯名具稟，請設立公司，擔承自辦，業經批令聽候遵行。惟思際此經營締造之始，非有鉅款爲之補助，終無以資振奮而固根基，仰懇飭部籌撥鉅款，作爲股本，助成商民自立之公司，則人心咸知鼓舞，地利自可挽回等語，並准該撫將估修輕便鐵路情形，開具清摺，咨送到部。臣等會同商議以築路經費，已需銀五六百萬餘兩，若併礦本計算，總在千萬以外，非確有充裕商股，即使官力提倡於先，終恐後難爲繼，且既曰專歸商辦，復由部寬籌款項，於事理亦多窒礙，因擬定兩種辦法，如該省商股能照成本實在集至六成以上，即可歸商辦理，提撥部款若干，作爲商辦官附，如商股不到六成以上，必須由官提倡，多撥部款，自應由官辦理添收商股，作爲官辦商附，函商該撫酌核，並由郵傳部遴派諳練路工委員薛啓昌，洋員樂麥沙，前往勘估，旋據該委員等將勘估情形稟復，當即據情轉行該撫，去後兹准該撫咨稱，延長石油向歸官辦，去歲紳商等稟請招股商辦，當即據情出奏，嗣後並未設局招股，今大部豫估路款計需三四千餘萬元之多，陝省實無此財力等因前來。郵傳部查延長石油礦源最富，該撫擬以修築輕便鐵路爲著手，自係爲開濬利源，便利運輸起見。現在陝省鐵路除西安至潼關一段，業經奏准該省紳商設立公司籌辦外，延長至西安一段，計程約八百里左右，據臣部委員勘估寬軌路工，約需銀四千九百三十餘萬元，窄軌路工約需銀三千七百四十餘萬元，窄軌價目比之寬軌，所省無多，將來又不能與西潼洛潼路軌連接，諸多不便，自應以寬軌爲正辦，窄軌一層，應毋庸議。惟該撫原估五六百萬兩之數，係約略言之，逮該委員實地履勘，其估價比該撫原估多至數倍，陝省紳商如能分任若干成，則設法圖維衆擎，或尚易舉，乃一年以來，該省商股絲毫未集，與原奏專歸商辦之説，既屬不符，即臣等原擬商辦官附，官辦商附兩種辦法，亦成虚論，若必籌辦該路，須待部款專營，臣部如果財力有餘，則振興實業，展拓交通，何敢稍分畛域。惟是鐵路性質有二，一爲政治關係，一爲商業關係，邊塞之路，運兵輸賑，移民墾荒，利益在於無形，故豫計營業雖或有虧而大局所關要，不容以財政困難，置諸度外，至於附礦之路，原屬商業性質，自應統計礦産出井若干，與沿途客貨旺弱比較，所費工程成本，行車經費，能否相償，豫權輕重，乃可著手綜計。延長一路，成路之後，車務用款每年約需銀九十餘萬元，拔本還息每年約需銀三百二十餘萬元，共約需銀四百一十萬元，而豫計收入之款，現時石油一項，每日不過十餘噸，他貨亦屬無幾，每年運費至多不過六十餘萬元，出入相抵，約虧銀三百五十餘萬元，是該路雖爲擴充油礦起見，而油礦尚未擴充，一切養路之費，苦於無着，縱使目前勉爲籌畫，終無以維持永久互收利用之功，再四籌思，惟有暫行緩辦，俟將來該礦漸次發達，體察情形，或官商合辦，或由部籌款，届時再行奏明辦理。農工商部查延長油鑛爲中國利源之大宗，將來逐漸擴充，自非築路籌銷，無以盡運輸之利，惟現在該礦尚未發達，倘使籌欵修路之後，復須籌欵養路，賠累實在意中，良以礦井之開挖不多，雖有路亦同虚設，路綫之銜接不遠，雖佳礦亦難暢銷，應由該省巡撫體察情形爲日前籌銷之計，俟財力稍裕，出油較旺，再議大舉，以盡地利。所有議復陝西延長油礦修築運路緣由，理合恭摺具陳，伏乞皇上聖鑒訓示。再此折係郵傳部主稿，會同度支部、農工商部辦理，因派員測勘及往咨商，是以覆奏稍遲，合併聲明。謹奏。宣統元年十二月初五日具奏，奉旨：依議，欽此。

《商務官報》宣統二年一月二十五日第一期《批吴慶第稟》 前據稟稱承辦羅山縣銀洞沖鑛務，有劉歆生覬奪礦産，疊次稟控，並以所取鋪保誣爲假冒，懇請核辦等情。當經本部咨行豫撫轉飭秉公訊辦，查明見復等因去後。兹准復稱，據勸業道詳飭據查明該職商所具保單前係劉萬順具名後，蓋黄雲記戳記，情僞顯然，保單不實，照章即應歇閉並不准劉萬順入股，改由官督商辦等情。據此咨請查照辦理等因前來。本部查此案既據查明保單不實，應斥退該商改由官督商辦，並不准劉萬順入股辦理，自屬持平。該商仰即遵照並將勘照繳還可也。此批。正月十二日。

「中央研究院」近代史研究所《礦務檔》第二册《宣統二年二月十六日外務部收山東巡撫孫實琦文議復德使照會山東各路礦權事》 宣統二年二月十六日，收山東巡撫文稱，宣統二年正月二十六日，准鈞部咨開。本年正月十六日，據德雷使照稱，邇近常有在事德人，向本大臣聲訴，按西曆一千八百九十八年三月初六日，即光緒二十四年二月十四日，定立條約，所允給德政府，嗣由德政府轉移與德公司，沿津浦鐵路、膠沂鐵路及擬造濟沂鐵路兩旁三十里内之礦權，有人置之不顧等詞。本大臣且確聞大汶口礦業，已經決定購買外洋機器，並已開新井數口，且沂州府一帶，已由政府於去年用機器廣爲開濬礦業，故此本大臣日内即擬派一員，前赴各該地方，考查實在情形。應請迅速將此項由本國極應辯駁之情節，轉告山東巡撫。更有陳者，按上月二十六日去文，本大臣曾聲明，德國政府極願儘力與中國政府通融辦理，俾得勸勵與中國協助資本實業等事。且本國政府極願設法將沿該兩路線、及其枝線上，按膠州條約之開礦權，隨時劃清等語。惟倘由單方舉動所致之枝節，必先消除，方可和平商結，則此項議商，甚爲不易等因。除上月德使來照業經另文咨達外，該使所稱各節，究係如何情形，相應咨行查照核復可也等因。到本部院，准此。查大汶口在泰安縣南境，距津浦線甚近，現無華人開礦。惟有甯陽縣屬東西磁窑村煤礦，上年三月，有紳商領照採礦，該處距大汶口二十餘里，德使所稱，即係指此。津浦路線有無三十里准德商開礦之權，東省並未奉有明文，是以光緒三十四年三月間，前駐濟德領事參，據礦務公司派監鑽司怡爾哈前赴大汶口鑽驗煤礦，函請勸業道蓋印憑單，當經該道駁阻，至沂州府蘭山縣鳳凰山地方煤礦，上年經該府招集商股試辦。該處是否在未造之膠沂路線内，無憑懸擬，且查華德礦務章程第一款載，按照曹州教案條約第二端第四款，在鐵路附近三十里内，指定各地段等語。泰安之大汶口，蘭山之鳳凰山兩處，並非礦務公司預先指定之地段，所有華人已開未開各礦，均與公司毫無關係。又查礦務章程第十七款内載，在三十里内，除華人外，祇准德人開採礦産，凡經華人已開之礦，應准其辦理，惟不得使下面之德人礦務，實有危險等語。是三十里内，華人原有開礦之權，惟不得使德人礦務有危險之事。如德礦尚未勘定開辦，則華人自辦之礦，無論如何辦法，均與德公司無涉。況三十里之礦界，必係指已成之路而言，若路尚未築，則里數未明，礦界更何從畫定。又查條約第二端第四款載，允准德商開挖煤斤等項。光緒二十六年二月，該公司與袁升撫、廕大臣，議定礦務章程，悉遵山東巡撫命令，第十九款載，凡德租界外各處，其地主大權仍操之山東巡撫，權限所關，一再聲明。德國政府可允許該公司在山東開礦，而不能有指定地段發給憑照之權。至雷使所稱，德國政府極願儘力與中國政府通融辦理，俾得勸勵與中國協助資本實業等事，且極願設法將沿該兩路線及其枝線上，按膠州條約之開礦權，隨時劃清，以期滿意於兩國等語。查礦務原由鐵路所發生，膠沂濟鐵路原准德國修造，先後商允，均改歸中國官路，所有關涉礦務，自應妥議結局，以免誤會，另生枝節，總期於中國主權利權，不至損失。請煩貴部核奪，與雷使磋商，妥議辦理，爲此咨呈鈞部查照施行。須至咨呈者。

《商務官報》宣統二年二月二十五日第四期《批職商楊世英稟》 稟悉。查本部奏定礦章，凡商人請領礦地，均須請領礦照方准開採。開礦執照由部填發，勘礦執照由各省勸業道核給。茲據稟請在三河縣樊各莊大嶺溝地方挖取土粉，自應先領勘礦執照，以憑勘探。仰即遵章繪具詳細礦圖，註明四至畝數，並備具與業主所定合同，稟由直隸勸業道照章核辦。此批。四月十七日。

《商務官報》宣統二年二月二十五日第四期《批分部主事吴鴻稟》 稟悉。查銀洞沖礦務前准河南巡撫轉據勸業道查復，詳擬改爲官督商辦。本部以該原承辦商人吴慶第請領勘照，已歷年餘所用之欵仍應酌量發還，以示公允，當經咨後在案。茲據稟稱前情，仰候咨行河南巡撫查照前案，酌量辦理可也。此批。四月初八日。

吉林省檔案館《清代吉林檔案史料選編（工業）》上冊《委籌開辦天寶山礦務事宜黄寶森呈擬礦務交涉清摺宣統二年二月》 謹將所擬天寶山銀礦交涉大略辦法，呈請憲鑒。

一、議日人查封天寶山後，曾向外部交涉，虛報用費銀三十餘萬。今既有此要求，我政府正好從此入手，妥商辦法。若能引誘程光第回國，俾自言借用日款實數若干，磋商固屬易事。且日人要求之數並未經程光第稟准聲明報部立案，實與部章不合。況此係個人私事，原與國際交涉毫不相關。今日人不顧公理，動出其强横手段，特向我政府要求辦理，稍鬆即墮其機而不可救。我能堅持到底，據理以折服其心，事固可爲。萬一磋商不來，惟有償款一法可以了局。則需用若干數，應責成將來承辦天寶山之公司，按年由紅利項下籌還此款，分二十年還清。惟此件交涉案結即須交款，應由官家先行籌撥，發給該日人收領，以示體恤。若外部能與日本欽差磋商，照此解決，則我雖補給不應給之巨款，而得回完全之天寶山歸我自辦，於我國所沾利益實多。將來官辦或商辦或官商合辦，所有利權操從自我，則可免生將來種種交涉，此其一也。

一、議如日本人肯就我範圍，照前議辦理，固屬幸事。否則外部當與之磋商，按照農工商部所訂礦章並公司章程辦理，由商人稟請開採天寶山銀礦，設立華日股份有限公司。准日人入資，買領股份多寡聽便，惟不得越華股之數。公司主權仍操自華人之手，一切用人行政財理均歸華人總理。所有華日股東，應遵部章，謹守股東權力而已。如公司辦理未合章程，應由總理等邀集股東開會議妥，不得因此而生交涉，以符部定華洋股份有限公司之章程。該公司所領礦地周圍里數，至其辦法並應繳納各項稅款，均應遵照部章辦理，不得違背，此其二也。

一、議如日人不肯就我以上兩條辦法，强求將天寶山銀礦合辦，事出於不得已，我政府應與之妥訂合辦章程，免蹈鴨綠江林業合辦之故轍。訂明資本若干，作爲有限公司。程光第前稟辦該礦界（趾）〔址〕未明，此次應按照部定礦務章程，大礦只准承領若干方里。公司用人、行政、財理，應由華日總理會商妥議辦理。該公司不得於所定礦界外肆意開挖，不准干預地方行政及關於中國主權等事。如該公司華日總理意見不同，終不能解決，應請第三國公正人爲之評判，不得因此致生交涉。該礦應由中國地方官派巡警保護，除礦師、熔化師、機器師等應由華日總理商議選用洋人外，餘應盡用中國人。若中國人有不合用者，洋工師只准商之總理，將工人開除，不得苛待各要則。總而言之，合辦章程極須詳細審慎商訂，嚴定外人權限，謹守公司章程，以免將來生出種種交涉，此其三也。

吉林省檔案館《清代吉林檔案史料選編（工業）》上冊《虞和德朱江等呈報天寶山礦務官商合辦簡要章程宣統二年二月》 謹將承辦天寶山礦擬訂辦法，繕折恭呈鈞鑒。

一、天寶山礦遵諭官商合辦，一切辦法概照商部所頒現行公司律辦理。

一、資本原定規元一百萬兩，官商各半。商股業已集齊，官股亦請定期撥給。

一、礦地應指定綫界，如綫外探有苗路，應仍請由公司開採。

一、該礦礦苗盡有盡採，不定年限。

一、該礦係官商合資，成本較巨。事屬創始，開辦之初（勢）〔似〕無把握，應請奏明試辦三年。如三年後果有成效，再行按照礦律成數繳納報效銀兩，以重官本而恤商艱。

一、該礦雖定綫界，如附近地段露有各項礦產，亦應先儘公司開採。

一、該礦無論何國官商，日後如有要索侵擾及强合資本情事，公家不得輕許退讓。應由商家按各國公律出爲對付，公家應隨時合力護持，以保利源而重主權。

一、該礦既照公司律辦理，與官督商辦者不同，資本原額之內應永守官商各半之議。日後官商兩方面中，無論何方面不得收並彼方面之股，以符原議而昭信守。

一、公司資本不收絲毫洋股，日後無論官商股份，亦永不准私行抵賣與非中國人，以杜弊竇。

一、公司中總董、總、協理，應照商律由股東公舉。其所屬之辦事諸人，則由總董、總、協理等延聘委任，概不由官札充。惟查帳員兩人，則官委商舉各占其一，俾便考察以專責成。

右列數條，專爲商訂辦事權限起見。伏念大帥開誠布公，威信遠著，商等崇拜未遑，何敢鰓鰓過慮，迹近要求。但慨吾國官商感情日薄，商本汗血之資慎於圖始，況商股集自零碎，群情尤宜和洽。目下大帥發起，商等創力，官商融洽，相感以誠，本無容推求。但帥節高遷，指顧間事，即商等經理照律亦有年限，境過時遷，全恃辦法。爲此略呈提要，伏乞恩賜核准，僅先訂定。不但公司股東永戴大帥始終提倡之恩，實心保商之德，庶商等亦可告無誤於來。兹則實業幸甚，商等幸甚。不勝惶悚，待命之至。

吉林省檔案館《清代吉林檔案史料選編（工業）》上册《郭宗熙黄寶森稟天寶山銀礦開辦章程十六條宣統二年二月》大帥鈞座：敬稟者，竊職道寶森奉委後，即赴天寶山銀礦詳細履勘，旋於正月初十日行抵琿春，與職道宗熙等籌商辦法。查該礦著名佳産，中外垂涎，曾經革丞程光第私借外款，雇用日人續行開採，並未稟准有案。後被官查封，遂勾串外人虚報巨款，要求我政府賠償，故交涉至今未結。今我帥以永封該礦爲可惜，特邀朱商江、虞商和德等籌集巨資，作爲官商合辦，挽回主權，維持礦務胥於是乎賴。蓋謀良策，欽佩莫名。職道等再四籌商，謹仰承我憲優給商人利權之至意，草擬開辦章程十六條，繕呈鈞憲。如有未盡事宜，應俟朱商等於本月內來吉會商妥訂，再行呈請奏咨立案。除將勘驗天寶山礦綫情形，繪具山圖暨擬就與日人交涉天寶山銀礦辦法三條，由職道寶森另行呈報外。肅此具稟，伏乞垂鑒。

計呈章程一扣。

謹將所擬籌商開辦天寶山銀礦章程，繕呈憲覽：

一、查天寶山爲著名産銀礦之區，兹擬官商籌款合辦，名爲天寶山礦務官商合辦有限公司，稟請督、撫憲咨部註册立案。

一、本公司擬招集官商股本上海規銀一百萬兩，每股收規銀一百兩，官商務招五十萬兩。

一、本公司所招股份銀兩分兩期收足，第一期限於　本　年　月　日收銀五十兩，由本公司或代收股銀行號先掣回收條，其餘五十兩，限於　年　月　日收齊，不得拖欠。一俟兩期股銀收齊，即將先期發出收條撤回，另换本公司股票息折。所收股份銀兩分存大清銀行、吉林官銀錢號以便支用。

一、本公司股份每股發給股票一張，息折一扣，均蓋用本公司關防。如股東願於每張股票多寫股份數，悉從其便。每届派息時，由本公司先期登報廣告，俾股東知向各行號領取股息紅利等項銀兩。

一、本公司所收股份銀兩，擬照周息　厘算給，按收股銀先後日期核計。

一、本公司每年進款，除開銷一切並應繳礦税外，所獲之利先提股息花紅，再提公積。如有贏餘，再行按股均攤作爲紅利。

一、本公司每年獲利，除分股息外，如有贏餘作十成分派，提二成作爲在事員司花紅。其公積一項，届時股東會議提存若干成後，餘款作爲股東紅利分派。

一、本公司股東所領股票息折，如有遺失，應先本公司掛號，一面登報廣告。三個月後尚無著落，即由本公司另給新票折，從前所失之股票息折作廢。

一、本公司係中國官商集股合辦之公司，各股東不得將股份售與外國人，如有查出，本公司概不承認，並將該股東原有股份利權一律註銷。至或因此而起交涉，此係個人授受之私事，與本公司無涉。

一、本公司總局設在天寶山，吉林省城另設辦事處，其餘應設分局之處，届時體查情形辦理。

一、本公司係官商務出資本一半合辦，應由官派總辦一員，商舉總辦一員，以便籌商辦理。其商舉之總辦常川駐礦山總局辦事。應用員司人等，由官商總辦商酌派用。局中用人、行政、財理一切事宜，兩總辦應和衷商議，不得各參私見，以顧大局而保利益。

一、本公司係官商合辦，所有應辦一切事宜，悉遵照農工商部所訂礦務公司各章程辦理。

一、本公司管理銀錢出入各項帳，日有日流月有月結，每届年底一總結。限於次年二月初一日即將各項帳目進出盈虧布告股東。每年例議派息之期，定於二月十五日。届時各股東或股東代表，應齊集省城本公司辦事處，會議本公司。如有要事須邀集股東商議，應開臨時特别會議，須於兩星期前，先將所議原由函報，俾衆周知。預備臨時到局會議。

一、本公司每年公積之款，係專備本公司或有要需，不得移作别用。如公積多金，本公司若擴充利權，擬辦他項實業，須先將擬辦之件布告股東周知，開特别會議，由多數股東認可方能照辦。惟所擬辦之實業應用資本，只能就提用本公司公積之款作爲股份銀兩，另立公司名目附於本公司内，不得支用本公司正項銀兩，以免牽累而清界限。若所提之公積款不敷辦理，應另招股本至足所需之數，然後開辦。

一、本公司凡辦礦應用機器、炸藥等件，由外洋購置進口，裝運採礦，應稟請督、撫憲咨明度支部，邀免厘税。

吉林行省批：

稟、折、圖説均悉。所擬官商合辦天寶山銀礦章程，核與部章尚無違背。其有未盡事宜，應候朱、虞兩商到日再行妥訂會擬。應進口機器、炸藥擬請免厘税各節，另候核辦。至所擬交涉辦法不爲無見，惟皆退讓一步着想，反啓空穴來風之漸。候由交涉司預籌對待，密移東南路道接洽可也。前接虞商滬瀆來電，有派代表即日到吉之説。該黄道寶森現已回省，應再將開辦銀礦方法會商勸業道，詳籌具報勿延。此繳。圖、折存。

宣統二年二月十二日。

吉林省檔案館《清代吉林檔案史料選編(工業)》上册《委籌開辦天寶山銀礦事宜黄寶森爲籌商開辦天寶山銀礦及歷辦礦務的稟文宣統二年二月》 大帥鈞座：敬稟者，竊職道於去冬十二月十三日叩辭後，即於十五日(速)〔束〕裝就道。二十二日抵延吉，翌日晤吴督辦，籌商開辦天寶山銀礦事宜，曾於是日電稟憲鑒。職道本擬歲前赴山查驗，後因吴督辦以未商明外務部先行開辦，又不用商家出名，遽派官辦恐惹交涉，其宗旨與憲台不同，叠次商議未洽，曾由吴督辦電稟憲鑒。至除夕日吴督辦奉到電示，轉囑職道遵札辦理。遂於新歲初三日即赴天寶山。因雪深道阻，行動頗難，初四日午始抵礦山，立勘礦洞砂綫。滿山積雪深可没膝，鋤雪尋徑僅能拾級而登。初五再勘一日，查礦山脚有三官廟一座，内住日人兩名。一華裝，一日裝，係於該礦被封後留守該礦者。初六日仍回延吉，吴督辦因宗旨不合，未肯會商辦法。初九日職道即赴琿春，將勘驗天寶山銀礦並籌議開辦章程，與郭道宗熙會商數日。謹遵憲台優給商股利權美意，擬就集股開辦章程十六條，會同郭道另行呈請鑒核。此係職道等一方面所議章程，其有未盡事宜，應俟朱商、虞商等日間到吉會商妥訂，再行呈請憲台鑒核，奏咨立案。抑職道更有請者，查天寶山原係革丞程光第於光緒十四年間奉委辦理延吉税務時，因查悉該山産銀，稟蒙前琿春副都統恩咨明吉林將軍批准試辦。至十六、七年間，獲利至三十餘萬，除股東分利外，餘悉爲在事人員分肥。嗣因砂綫夾窄，土法燒砂煉銀傷耗甚多，出銀日少，稍爲賠累。程光第又私借美國人銀一萬兩，購置化砂爐、煉銀爐、機器等件。安置妥當，旋經庚子之役，爐機、房廠全爲洋兵燒燬。事平後，程光第並未遵照部章稟明地方官批准，於三十二年竟私借用中和公司之款數萬元，雇用日本礦師(從)〔重〕新續辦，時起交涉。至三十三年該礦因爲官封禁。

查程光第於三十二年借款續辦雇用日人，至三十三年即被查封。其中年間並未開挖正經井洞，又未購置機器，焉用如此巨款？今因爲官封禁，程光第遽投日本，恃爲護符。日人貪利，竟代其出首，虚報該礦用費三十餘萬有奇。伏思辦事需款，出入必有証憑，豈容虚報？況此係個人交涉，與國際絶不相干。現程光第匿於日人羽翼之下，藉此要求更爲無理。若能設法密派妥人往見，以利害説之，恕其既往，許以自新，速回本國呈出借據，並用款進出各帳核算清楚，究竟實用過日款若干，給予利息結辦此案，則天寶山銀礦或可望完璧歸我，否則終成合辦之局。因此合辦兩字，生出種種交涉，甚可慮也。

總之，天寶山無論官辦、商辦、官商合辦，或華日集股辦法，或華日合辦，亟應先此案交涉妥爲解決乃能得手。然與其准日人入股或合辦，仍須將要求虚報之款作爲股本。何如立定自辦宗旨，商給前數，全歸我辦之爲得計。職道管蠡之見何補高深。僅就耳目所見聞，聊備芻蕘之採。除籌議開辦章程另具清折呈報外，兹謹將勘驗天寶山銀礦綫情形，繪具山圖暨擬就與日人交涉天寶山銀礦辦法三條附呈。是否有當，伏祈憲鑒，訓示施行。除稟督憲外，肅此具稟，伏祈垂鑒。

計呈清折一扣。

謹將查勘天寶山銀礦情形，繕具清折，呈請憲鑒。

一、查天寶山由溝底至高處約一千一百尺，東西約四、五十里，南北約七十餘里，南至老頭溝四十里，北至土門子約三千里。溝里寬僅十餘丈，再出四、五里寬約六、七十丈。此處地勢平坦，可建設房廠也。

一、查天寶山銀礦發現在溝尾西北岔溝南、北兩山。北山有銀綫一道，舊洞五處，南山脚有銀綫一道，舊洞四處，半山上有銀綫一道，舊洞三處。綫道均走東南西北向，南約七十度斜入山後。北山舊洞口驗得銀綫寬約二、三寸，深下一丈餘，忽放寬至一尺餘，長約四尺，又夾窄至二寸，深下數丈略爲放寬。查此舊洞長約一丈五、六尺，寬約一丈，深至雪面約四丈，夾墻石均有硫磺砂，可知此洞曾出大窩銀砂。惟兩山舊洞均爲積雪所封，未能細驗各綫情形也。

一、查南山脚有舊洞四處，北山坡舊洞五處，係程光第於光緒十四年至十九年所開，出砂必旺。觀其山脚堆存糖塊及土法燒砂爐之多，可知曾煉化銀砂不少。詢據深知此礦當年情形之人僉云，於十四年至十七年間，曾煉出銀三十餘萬兩。彼時因係稟准試辦，並未報部，所出銀兩均爲股東及在事人員分肥。嗣因綫道夾窄，出砂不旺，化煉未得其法，頗爲賠累。程光第又借美國人之款，由上海聘化學師到山化煉銀砂得法，又值銀砂放寬頗見餘利。後購置鍋爐、風扇、機器，化砂煉銀。各爐安設妥當，未經試用即遭庚子之役，連房廠均爲洋人燒燬。南山上舊洞兩處，三十二年程光第雇日本礦師所開。

一、查北山脚有三官廟一座，內住日人兩名，一華裝一日裝，係留守礦山傢具。廟房堆存日本草包數十捆，以備裝運糖塊。又山脚堆存糖塊數百草包，擬運至日本提煉銀兩，可知當時土法化煉銀砂未得其法，糖塊中尚含銀質不少也。我國邊務公署亦派有巡警十名駐山防守。

《商業雜誌》一九一零年第一期《山東巡撫批請設官硝公司由》 此案前飭鹽運司籌欵局核議籌辦，迄未覆到。據詳有曹縣紳士孔昭昆、張之翰認招股本大錢一萬串，在曹縣城內，設立硝業公司，收買該縣及單縣武城縣境內零硝，提鍊售買，照章完稅而外，又按斤報効大錢四文。就事論事，誠屬振興實業，有利公家，更於小民生計，大有裨益，自可准行。但硝地至廣，到處俱煎，今僅於曹單武城三縣開設公司，收此三縣之硝，此三縣禁令大開，産硝必旺，硝之外提磺亦多，是則該公司固有之利，官此者爲實業計，亦正望其如此。然鄰近州縣，必至於聞風興起，推而愈遠，且無底止，非惟該公司所不收，抑亦該公司所不能盡收，從此百弊叢生，硝磺遍地，難保不因三縣而牽動全局。際此鹽斤加價，官引滯銷，萬一礙及鹺綱，何以免商人之藉口，仰即另行籌畫，計出萬全，是爲至要。仍候分行鹽運司籌欵局併案核議。此繳。

《商務官報》宣統二年三月五日第五期《批商人沈德銓稟》 前據稟稱擬採冷泉村青砂石礦，並開工鑿石被搶等情，當據情咨行步軍統領衙門查核去後。兹准覆稱西山一帶有與園庭山脈毗連之處附近各礦，久經奉旨嚴禁私行開採在案。崔啓前因私刨寶藏寺山場石塊，曾經地方審判廳罰辦示懲，今該犯與沈德銓復行開挖，始終並未呈報本衙門查驗，旋被寶藏寺住持人等稟控解案。詳查沈德銓既未將所立合同租册呈明本管營汛是否完全證據，本衙門無從辨識，屢傳該商避匿不肯到案，迄今無着。片請轉飭該商沈德銓速赴本衙門呈驗合同租册，再行核辦等因前來。合行批示，仰即遵照逕將合同租册送步軍統領衙門查驗，聽候核辦可也。此批。五月十四日。

吉林省檔案館《清代吉林檔案史料選編（工業）》上册《奏准官商會辦天寶山礦務股分有限公司合同宣統二年三月初七日》 吉林行省督部堂錫、撫部院陳飭令度支司籌撥官款，會同交涉司、勸業道，招集駐滬江蘇補用道虞和德、候選同知朱江等，籌齊商股，設立股分有限公司，合辦吉林延吉府天寶山銀礦事務，特訂合同，永遠遵守。兹將議定條款開列如左：

一、本公司定名曰：奏准官商合辦天寶礦務股分有限公司。

二、本公司股本，定上海規銀一百萬兩。每股定規銀五十兩，共計二萬股，官商各認集一半，即各五十萬兩。

三、官股撥交公司後，由公司分存吉林、延吉兩處官銀錢號，商股集足後，由公司分存上海大清、通商兩銀行及四明銀行。均憑總、協理隨時簽字，支撥應用。

四、本公司係官商合辦，所有辦法除專案奏明外，概照現行公司律及大清礦務正附章程辦理。

五、本公司所辦銀礦，以礦苗僅有僅採爲斷，不拘年限。

六、天寶山礦面積極大，准盡本公司劃界繪圖，咨部立案。如探得所採苗路已出原定地面界限之外，並准續展礦界，奏明辦理。

七、本公司創始艱巨，成效較難，應准奏明變通向章，先行試辦三年。如三年後果有成效，再照礦律繳納礦稅，以重官本而恤商艱。

八、該礦界外附近地段，如查有其他各項礦産，應准先儘本公司開採，以杜侵害。此款由吉林行省奏咨立案。

九、本公司所辦之礦，無論何國官商，日後如有要索侵擾及强合資本情事，應由官商合力抵禦護持。

十、本公司既係定爲官商合辦，並經專案奏明辦理，與官督商辦者不同。所有資本總數，應永守官商股分各半之額，日後官商兩方面中，無論何方面不得收並彼方面之股，以符原議。

十一、本公司資本不收絲毫洋股，日後無論官商股分，亦永不准私行抵賣與非中國人，以杜弊竇。如查有不肖違背者，本公司概不承認，即將該股原有股分利權一律註銷。

十二、天寶山礦如果原有外人及華商交涉未了之案，一概由官了結，與合辦商人無干。尚存有可用之礦用産物等，應由公司請公正人估價承買。

十三、本公司設總局於延吉府，爲執行一切事務之總機關。另於上海、吉林、琿春分設辦事處，以便分任稽核轉運等事。

十四、本公司既照公司律辦理，應設總理一員，由股東公舉衆望素孚殷實可靠辦有實業卓著成效之商人承充；協理一員，則選辦事實心能任艱巨者任之，不定年限。如有違律營私之處，得由各股東開會公議撤銷。其所屬經理及各處辦事人員，統歸總、協理延聘，以一事權而專責成。

十五、本公司設董事局於上海，以爲議決一切事務之機關。惟迂特别重要事項，須開臨時會議時，亦得酌設於吉林省城。

十六、本公司每年定期開股東會於上海，官股則委代表五人，即以此五人爲董事局之董事，再由商股公舉董事四人，合成九人。應設之總董，每屆由官股董事中推舉充任，概不支送夫馬費，餘均遵照商律辦理。惟查帳員，官商各派一人，仍須酌送夫馬費。

十七、本公司官商股分應即定期收足，交股之時即由本公司先掣收條，再行定期換給股票息折。所有股銀周息七厘，以收到股銀之次日起息，不計閏月。

十八、本公司每年進款除開銷及官利礦税外，其紅利定爲十六成攤派，以十成分給股東；二成作爲公積；五厘爲董事局酬金；一成爲總、協理酬金；二成五爲在事人員酬金。在事人員之如何勻派，由總、協理酌定。

十九、礦地偏在邊隅，又近鄰國，應由官派撥軍隊，以礦界之大小定額數之多寡，常年駐紮，以資保護。所派軍隊均有額餉，無須公司另給。至礦山之警察，應由公司自募口糧、軍械，均由公司自備。

二十、本公司辦礦應用機器礦具等件，由外洋購運進口來礦，准由督、撫憲咨部立案，概免進出口厘税。其應用炸藥，照章稟明轉咨陸軍部給照，免税裝運。

二十一、本公司以股本集齊，查驗相符，照章發給勘礦執照，即行開辦。

二十二、本合同照繕兩分，由官商各執一份。此外未盡事宜，應照現行公司律及大清礦務正附章程，另擬各項章程，宣佈遵守。

宣統二年三月初七日訂於吉林省城。

吉林度支司徐鼎康

官股代表　吉林交涉司徐鼎康

吉林勸業道黄悠愈

江蘇補用道虞和德

商股代表　代表　陳士達

候選同知朱　江

《商務官報》宣統二年四月五日第八期《北洋大臣直隸總督奏漠觀兩礦改由江省接辦摺》 奏爲黑龍江已設行省，請將直隸前辦漠、觀兩礦，改由江省接辦，以資整頓，恭摺仰祈聖鑒事。竊查漠河、觀音山等處均屬黑龍江境地，與俄界毗連，前因邊務緊要，經前督臣李鴻章先後籌集鉅資，開辦兩處金礦。當時原爲籌邊起見，然自開辦以來，歷年所得盈餘提撥黑龍江充餉者，亦已一百十餘萬兩。是於邊境餉源，誠屬大有裨補。時因黑龍江初經建省，規模草創。不得不由直隸代爲籌計，總共贖廠及歷年布置經費，由直隸陸續籌銀二十餘萬兩，合之舊商股欵十餘萬兩，成本甚鉅。而該廠開採日久，溝老沙淺不能振作。叠據承辦委員稟報非另覓新苗，難資補救。前經踹得距漠不遠之瑚瑪爾河，礦苗頗旺。且在漠廠開採界內，甫擬採辦。嗣由江省議將瑚瑪爾河，自行開採。旋經前督臣楊士驤，疊次函咨商論，並兩次委員赴漠查勘，暨往東三省會商辦法，輾轉往還迄無成説。而漠觀兩廠，遂致幾將停廢。該廠爲邊事所關，斷唯聽其墮廢。臣到任後，詳查案卷，參酌現時情形，復經函商亦無定議。竊以黑龍江既建行省，該漠觀等廠，均在江省境內。以本省礦業，本應主持之事。即原直隸派員承辦江省，亦有調護維持之義。現在廠事亟待振興，何敢稍存畛域之見。無如隔省境地遠，在數千百里，呼應更不靈通，耳目尤難徧及。即尋常文牘，亦復往返需時。此在廠務極盛之時，猶覺事多隔閡。矧值礦沙不旺，尚須查探新線，按碃採苗，斷非遠地所能遥制。且附近毗得之瑚瑪爾河，已由江省自行議辦。而漠觀兩廠，又非與瑚瑪河合併辦理，難望起色。臣體察情形，徵諸事實，惟有將漠、觀兩廠，一併改歸江省辦理，俾與瑚瑪爾廠得以銜結一氣，聲息亦可靈通。而經營二十餘年之始基，亦得以從容整理，於邊務大局，關係實非淺鮮。至直隸從前所有股款，若令江省照數籌還，誠恐財力有所不給，或即作爲礦廠股本，或俟江省接辦後陸續分還，再由臣隨時咨商辦理。如蒙俞允，應請飭下東三省督臣、黑龍江撫臣，查照接辦，將所有直隸原派之員，即行撤回，以清界限。臣爲邊廠重要起見，謹恭摺具陳，伏乞皇上聖鑒訓示。謹奏。宣統二年五月二十九日，奉硃批：著照所請，該部知道，欽此。

《商務官報》宣統二年四月十五日第九期《批商人沈德佺禀》 前據禀稱，請辦宛平縣泠泉村石礦，因提署查封，請暫准採運各節，當經據情咨行步軍統領衙門查復去後。兹准復稱，查沈德佺所呈之件滿、漢文字語多不倫，實非完全證據，詰之沈德佺供係德山之物，非德山到案究明來歷，終無正當辦法，迭傳德山迄未到案，未便久延。除將此山暫行封禁，俟德山到案再行核辦外，片復查照等因前來。爲此批示，仰即遵照。此批。七月初二日。

「中央研究院」近代史研究所《礦務檔》第三册《宣統二年四月二十四日外務部收農工商部文豫紳創設佈豫鐵礦公司勘採河内修武鐵礦》 宣統二年四月二十四日，收農工商部文。農工商部爲咨呈事。接准河南巡撫電稱，據紳士范守元澍等禀稱，河内修武兩縣境内，鐵鑛甚多。現經勘定鑛地，於宏豫公司之外，再設佈豫鐵鑛公司，先集欵伍拾萬圓，不足續招零股。公司占地除宏豫公司已占外，所有河内修武境内宏豫未占者，統歸佈豫公司開採。該公司已與各地主商明，立有合同，業經札飭勸業道發給勘照，以憑開辦。除俟該公司擬訂章程，再將詳情咨達外，特先電請立案，並移會外務部等因前來。查此案業經本部電覆河南巡撫，轉飭將該公司所占鑛地，繪具詳圖送部查核，再行核辦外，相應咨呈貴部查照可也。須至咨呈者。宣統二年四月二十四日。

《商務官報》宣統二年四月二十五日第一〇期《批花翎同知銜朱忠格禀》

據禀請辦熱河朝陽府平頂山不灰木礦一節，已咨行熱河都統查明見復，俟復到再行核示。此批。七月初九日。

《商務官報》宣統二年五月五日第一一期《黑龍江隆平煤礦有限公司試辦簡章》 第一條 本公司在黑龍江隆敦艮地方太平山採出煤礦，組織公司，定名爲隆平煤礦有限公司，一切遵照商律有限公司辦理。

第二條 本公司係官商合辦，各認股十萬元，官股先行酌撥，以示提倡，至利益一律享受，不稍歧異。

第三條 本公司募集股本二十萬元，每五十元爲一整股，每五元爲一零股。不計閏月，週年官息五釐，以交欵次日起息。若商股能招足二十萬元，即將官股撥還，爲純粹商辦。

第四條 本公司股受督撫憲督飭，凡改訂章程，更易公司重要執事人等，均須呈候批准，方可執行。其餘公司一切事件，責成總協理照章辦理。

第五條 凡附股者，分兩期交欵，每期各交二十五元。交股欵時，隨即掣給收欵執照爲據。俟股欵交足，即發給股票息摺，以爲支官息紅利之據。其有願將股欵全數一期交足者，聽。

第六條 本公司專集華股，不附洋股。設有將股票售與洋人，經本公司查出，即將股票作廢，股本充公。

第七條 本公司股本，概收龍元。其有將銀錢入股者，按照現時銀元價值核扣收入。

第八條 本公司付給官息之期，定於每年二月。

第九條 本公司所集之股，專爲建房、購機、僱用人工、開采煤礦之用，他事不得挪移。

第十條 凡附股者，即爲股東。無論官商士庶，本公司一律看待。一股以上之股東，有發議及選舉董事、查賬人之權。十股以上之股東，有被選爲查賬人資格。二十股以上之股東，有被選爲董事資格。五十股以上之股東，曾被舉爲董事者，有被選爲總協理資格。

第十一條 經理公司各項事務，擬設總協理各一人。其餘員役，量事之繁簡，酌量任用。

第十二條 總協理應由股東會投票公舉，定舉呈請督撫憲札委。開辦之初，股東會尚未成立，即由督撫憲逕行札派。

第十三條 本公司股本，暨一切賬據，應請督撫憲派查賬員一人，隨時稽查。俟股東會成立以後，並由衆股東投票公舉查賬員會同辦理。

第十四條　各項員役，由總協理商同董事選任。

第十五條　總協理任期、薪水，及各項員役薪資，由董事會同議定，呈督撫憲立案。

第十六條　本公司每年正月結算前一年之賬，列表分送各股東，並呈報督撫憲立案。除費用外，所餘紅利，區爲二十成：以三成報効公家，三成儲爲公積，二成作爲公司辦事人花紅，其餘十二成照股均分，届時各股東憑摺領取。

第十七條　股票股摺如有遺失，准其覓取殷實號商作保，到公司聲明另換。所失之票摺，註銷作廢，一面由本人登報聲明。

第十八條　本公司擬請刊給木質鈐記一顆，文曰隆平煤礦有限公司鈐記，以便遇事鈐用，藉資信守。

第十九條　八旗所附公股，以旗務處總幫辦八旗協領佐領爲代表。廣信公司官銀號所附官股，以該處總會辦爲代表。

第二十條　本公司自光緒三十三年夏間，即行招股，跴勘二年之久，始得佳煤。創始之功，自不可没。從前所收股本，應作爲優先股。其首先開採把頭亦可各給辛勞錢，俟查賬員將以前賬目算清，再行核辦。

第二十一條　以上各條，係試辦簡章。其辦事詳細章程，及股東會董事會一切規則，以及未盡事宜，另行商定，呈請立案。

《商務官報》宣統二年五月五日第一一期《東督錫黑撫周咨本部文》　爲咨行事。案據署理東布特哈總管純德旗務處總辦補用道桂平呈稱，竊職德於光緒三十三年夏間，稟請前督撫憲招股跴勘省西鴨綠河東西兩岸，太平山、平山、景山等處煤礦。其平山、景山因煤綫甚深，均暫停辦。至太平山一處，於宣統元年秋季，得有煤槽，煤質亦佳。嗣因俄人垂涎，亦在該處開采。經職德稟請，據約阻止。現經職德會同職平前往該處，詳加調查，煤質甚佳。惟洞内積水，非集成鉅資，購機采辦，難收效果。且該處距俄人車站，僅有十六七里。我若不力爲經營，終難免彼族之覬覦。職等現擬設立公司，集股開辦，以保利權，名曰商辦隆平煤礦有限公司。擬由八旗荒價發商生息項下，提銀五萬元，並請憲台諭飭官銀號廣信公司各附股二萬五千圓。再由職等向紳商勸集十萬圓，共集二十萬圓，以爲始基。將來如須擴充，或續招商股，或以官款附股，届時斟酌情形，再行請示辦理。似此切實舉辦，庶此礦不至委棄，致爲他人掩取，並可爲八旗籌備永遠生計。惟八旗荒價銀兩現在商號，一時難以提出。應請憲台，批飭民政司先行借墊。俟商欵收回，即行扣還，以期迅速開辦。仰副憲台振興實業，寬籌八旗生計之至意。茲將擬就試辦簡章，粘連文尾，呈請核定，咨部立案，實沾德便。是否有當，理合會銜備文，呈請督撫憲鑒核示遵施行等情。據此，查太平山煤礦既經調查，煤質佳暢，且又偪近東清鐵路，自應及時興辦，以保利權。所擬章程二十一條，亦均簡易可行，應即照准。該總管等擬由八旗荒價發商生息項下，提銀五萬元，作爲公集成本，事屬可行。惟據稱前項銀兩，現存商號，一時難以提出，應由民政司先行撥墊兩萬元。俟商欠收回，即行扣還歸墊。原呈請飭官銀號及廣信公司，各附股兩萬五千元，本省銀號自應維持本省實業。惟甫經開辦，有無成效，尚難預期。應由官銀號廣信公司各墊一萬元，其餘俟有成效，再行續撥。除分飭遵照外，相應粘抄章程，備文咨行大部，請煩查照立案施行。須至咨者，計粘抄簡章一扣。

《商務官報》宣統二年五月五日第十一期《批職商姚品三等稟》　據呈已悉。查鑛務章程，鑛商請領勘礦執照，應由該省勸業道，查明發給。該職商呈領探勘吉林盤石縣呼蘭川銅礦執照，本部已據情咨行吉林巡撫，轉飭勸業道查核辦理。仰該商即赴該省勸業道，呈候批示可也。此批。七月十四日。

「中央研究院」近代史研究所《礦務檔》第三册《宣統二年五月初八日外務部收英署使麻穆勒照會豫紳籌開鐵礦有違福公司合同請飭令停辦》　宣統二年五月初八日，收英麻署使照會。爲照會事，頃據福公司特派之代表梁恪思君稱，近五年來，福公司所請中國地方官發給按照合同應得憑單之境内，豫省大憲批准之代表，將該處産鐵之區，設法收買。茲將代表銜名列下：河南諮議局議長杜嚴、礦商靳法蕙及雷大人，紳士韓家玉、曹鳳來；擬購地段之附近村名列下：石板崖、麥楷河、小趙莊、東張莊、薛河、趙窑、杏子城，以上各處，均在福公司所請發給憑單境内。其地每畝作價老錢十四千文，先付四千餘，俟製鐵廠成立再交。並云委員自稱爲光豫譯音鐵質公司之代表。該公司創立之意，係爲在該境内製鐵而設。該委員於四月二十三日行抵境内，或謂已買定數百畝地段，以便安置鎔化廠及其他房屋云云。本署大臣查梁君所報，若果確實，則以上所述之舉動，足見豫省大憲欲將光緒二十四年奉旨允准並經總理衙門蓋印之原訂合同，設法廢棄。此節諒在貴親王洞鑒之中，亟應照請貴部與本署大臣互相議商。而既商未結之前，應將前項此類情事，概行停止，是爲至要。須至照會者。五月初七日。

《商務官報》宣統二年五月十五日第一二期《批文生常崇文稟》　稟及山圖

均悉。所請試辦山西平陽府翼城屬老牛山鉛礦，懇賞發執照先行試辦三年一節，殊與礦章不符，本部礙難照准，仰仍遵照礦章逕赴該省礦政局具禀，聽候核辦可也。此批。七月二十五日。

《商務官報》宣統二年五月十五日第一二期《批職商普勒祀等禀》　據禀暨鑛圖鑛質合同等件均悉。該職商等禀請試採遵化州屬西上溝地方銀鑛，所有距陵寢遠近及鑛地四至界址、面積、畝數，圖内未經詳細註明，併章程、保單等項亦未據呈繳到部，實屬無從查核，仰仍遵照鑛章辦理，前赴直隸勸業道衙門禀候核示。此批。七月二十六日。

「中央研究院」近代史研究所《礦務檔》第三册《宣統二年五月二十四日外務部收法使馬信福公司股票多歸法商法使有權維持法民利益》　宣統二年五月二十四日，收法馬使致高左丞信。逕啓者，昨日暢談，無任愉快。尤可幸者，則從前貴部公文語氣，得篤寔口中一言，遂釋疑惑。兹本此意，以私交情意並箇人之名義，附呈公文一紙，敬求閣下一爲體察，其亦閣下所允許否。日昨接到貴部見復鄙人西六月二十一號公文一通，乞閣下先將鄙人原文詳閱，便知中間所言，係切照敝國政府訓令要求貴國政府理直之事。查使臣保守利權，非僅在條約合同之内，凡屬本國與其人民利益，均應維持。所以鄙人前文曾經聲敍，福公司股票在法人之手者極多其寔可言幾幾全數均歸法人，如此則福公司之資本，爲法國之資本。即其董事會人員，現在亦大半皆法人也。廼貴部僅以數字復文，直辭不理，且其語意若責鄙人管不干己之事者。閣下試思能怪鄙人接讀此文之時，能勿懷意外感觸乎。按照鄙人上文所陳，如何能説此事係不干己之事，或且貴部堂憲未及復閲此稿，想閣下亦必須深知關係法國如此重大之件，欲不認鄙人有干預之權，爲誤會也。耑此，順請日禧。

馬押。西六月二十九日。

《商務官報》宣統二年五月二十五日第一三期《批職商毓簡等禀》　前據該職商毓簡等禀，勘昌平州屬分水嶺村樓子峪等地方金鑛，又據職商李會文等禀辦分水嶺村一帶金鑛，均經本部先後分别批飭，逕赴直隸礦政調查局暨勸業道禀候核辦各在案。兹據直隸勸業道申稱，本年二月間據職商毓簡等禀請核發執照等情，業經劄行昌平州查勘具復。嗣於四月間又據職商李會文等具禀，職道當經劄據該州勘明毓簡、李會文所禀在分水嶺探礦，係屬一地，自應照章先儘毓簡勘辦，李會文禀請探鑛之處，應請毋庸置議等情前來。除劄復外，仰該職商毓簡遵照，仍赴該道聽候查明礦地有無轇轕，再行核辦。此批。八月十二日。

俞陛云《庸庵尚書奏議》卷一四《井陘煤礦運費請照臨城煤礦辦理摺宣統二年五月二十五日》　奏爲井陘合辦煤礦運費，查照原奏合同請與臨城煤礦運費一律辦理，恭摺仰祈聖鑒事。竊查直隸井陘縣横西村等處煤礦，本由德商漢納根等禀由德使照送外務部核准開辦，前任督臣袁世凱爲挽回利權起見，設法收回，疊飭升任津海關道梁敦彦等磋商兩年，議訂華洋合辦合同十七款。經前任督臣楊士驤咨商外務農工商等部核准，於光緒三十四年七月具奏，奉旨允准在案。該礦合辦以來，煤産漸旺，煤質亦頗佳，惟以運費較鉅，故煤價較昂，而銷路亦因之而滯。該礦務局以合同第十二款載有井陘礦務局所出之煤産及運入之機器伙食，其運費悉照他處礦務章程辦理等因，又以原奏内有此項合同悉本臨城合同而定等語，屢請將該礦煤産及材料等項比照臨城運費辦法。臣查臨城井陘兩礦同在直省，同爲華洋合辦，臨城運費不論遠近每英里洋一分，而井陘運費在京漢路加一倍，在正太路加三倍之多，實屬相形見絀。又查該礦現在情形能辦與否，實視運費能減與否，如運費不減，則該礦勢將停廢，慮生枝節。如運費能減，則銷路暢旺，每年出煤能增至二十餘萬噸，所有税釐餘利公積報効等項亦同加增，十五年後即以此款贖回此礦，較有把握。是爲維持該礦起見，即係爲維持大局起見，擬請飭下郵傳部將井陘運煤各鐵路運費，查照原奏合同與臨城運費一律辦理。所有請減井陘煤礦運費緣由，謹繕摺具陳。伏乞皇上聖鑒訓示。謹奏。

中國第一歷史檔案館《宣統政紀》卷三六《宣統二年五月》　東三省總督錫良奏，收回奉天本溪湖煤礦，作爲中日合辦，訂定合同，中日各派總辦一人，以交涉司爲督辦，定股本二百萬圓，各出其半。中國除地股作三十五萬圓外，應籌六十五萬圓，其餘一百萬圓，即歸日商擔任。將來除股本年息八厘外，餘利分作十份，以二份五作報效，一份作公積，六份五歸中日股東平分，其厘金、礦税等項，均仿照井陘、臨城合同辦理。下部知之。

《商務官報》宣統二年六月五日第十四期《批廂黄旗滿洲嵩昆佐領下照公府寶祥禀》　據禀已悉。所控煤窑被搶一案。本部疊經據情咨行直督，並札勸業道查明聲復，批示在案。嗣據勸業道詳稱，札飭該縣集訊判斷，業已一再嚴催克日訊報等情。本部正在核復，行令速查，無任延宕。兹據禀稱前因，仰仍候查復到部，再行核示可也。此批。八月十七日。

《商務官報》宣統二年六月二十五日第一六期《批商人陳國楨稟》 稟悉。查該商與林鳳鈞互爭宛平縣齊家司金窩溝礦界案。前據林商稟稱，孫宜霖業經到案，當經札飭直隸勸業道秉公判斷，詳報本部在案。茲據稟控林商阻撓礦務各節，仰仍候勸業道詳覆到部，再行核示飭遵。此批。九月初一日。

《商務官報》宣統二年六月二十五日第一六期《批職商普勒和稟》 稟悉。該職商等所請試採遵化州屬西上溝地方銀鑛各節，除業經札飭直隸勸業道詳細查明飭遵外，仰仍遵照鑛章前赴該道稟候核示。此批。九月初一日。

《商務官報》宣統二年六月二十五日第一六期《批職商林鳳鈞稟》 稟悉。查青龍澗煤礦前據該公司總理黃學士呈請頒發關防，當經本部以該礦雖經本部發給開礦執照，資本有限未著成效，所請礙難照准，照覆該學士在案。茲據稟稱前情，該職商等既經公舉黃學士爲總理，乃復干預礦事，並請給發關防各節，殊屬不合，所請應勿庸議。此批。九月初一日。

「中央研究院」近代史研究所《礦務檔》第三册《宣統二年六月二十五日外務部收河南巡撫寶棻函附河南礦務研究會意見書豫紳繕陳意見書駁拒福公司請採鐵礦暨干預華礦》 宣統二年六月二十五日，收豫撫函。

敬肅者，前據大部以准英麻署使照會，福公司欲致力鐵礦，請豫省按照合同第一欵，發給准單，當經駁阻。乃英使再三來照爭辯，且欲於未議結前，令光豫公司停止等情。咨行到豫，當以此事重要，解決極難，除飭交涉局核議外，並飭該局與本省紳士接洽，藉收集思廣益之效，且免龎言浮議之滋。前奉函催，業將下情電達。昨據本省礦務研究會李紳時燦等到局會議，並呈意見書一通，懇轉達鈞部，以供採擇。該紳等之意，仍引伸部中照會英使原文，大意言福公司謂見煤之後中國應享之利益，皆未落空。則中國亦當援照合同，給與採勘鐵礦憑照。其辭固亦甚辯，但當時乃豫豐公司轉請福公司代辦。無論借欵之虛實，要必豫豐名目尚存。福公司借欵之條文未删，福公司乃得緣豫豐之名，請發憑單，若豫豐既歸烏有，借欵又屬子虛，福公司斷無可指定礦地請發憑單之權。第一次憑單所以肯發者，亦因豫豐之名目存也。迨宣統元年二月之專條聲明豫豐名目裁撤，借欵條文作廢。則是此後福公司但能於已得憑單礦界內，遵章營業，此外何得要求。至言利益，則福公司既得一礦憑單，中國亦僅享此一礦利益。此後豫豐與借欵既同歸消滅，則斷無給他礦憑單，享他礦利益之理。逐件引釋合同，以爲左証。又陳合同第十六條明載於所准礦地內，如有民人經開採者，不得侵佔之明文，何得干預光豫進行等語。棻按該紳等陳説各端，亦尚有據。其意向亦不過佐大部以保全礦利，對付外人。特將原書抄録，附呈奎鑒。可否採擇其言照復英使之處，敬候卓裁。專肅，祗請鈞安，伏維公鑒。寶棻謹肅。

〔附〕謹將對於福公司界外要求鐵礦意見書，繕呈裁擇。

查福公司要求界外鐵礦，皆引據原合同爲詞。今欲解決福公司能否得鐵礦之開採權，當先研究原合同現在於界外各礦有無關係。原合同者，乃豫豐公司向福公司借欵，轉請福公司辦礦之章程也。當時前撫憲之批准、總署之蓋印，皆准豫豐公司可向福公司借欵，令其承辦開礦，非准福公司可以徑自開礦也；乃准福公司可緣豫豐公司指定礦地，稟請發給憑單，以待豫撫憲之考查有無妨礙，而准駁之，非准福公司可指定礦地，徑向撫憲稟請發給憑單，更非准不待撫憲之考查有無妨礙，福公司竟可以强肆要挾發給憑單也。然則無論當時豫豐公司向福公司借欵之虛實如何，要必豫豐公司之名目尚存，福公司借欵之條文未删，福公司乃得緣豫豐公司之名，以向撫憲稟請發給憑單。若豫豐既歸烏有，借欵又屬子虛，福公司斷無可以指定礦地請發憑單之權。其有無妨礙，直可無庸查考。在福公司必曰，前之請發黄界煤礦憑單時，已聲明爲第一次。則此後再行指定礦地，自可仍援原合同稟請。不知前次福公司之請得憑單，係根據於豫豐之名目。與借欵之條文，乃能援原合同而發生效力。即其聲明爲第一次，亦實根據於此名目與條文之尚存也。迨宣統元年二月之專條，聲明豫豐公司名目裁撤，借欵條文作廢。此後之福公司，但能於已得憑單之礦界內，遵章營業。萬不能於已得憑單之礦界外，稍有要求。此事理之極明顯者也。乃英公使來照，言合同中載中國應得之利益，福公司一一照辦。揆其意若福公司既遵原合同照辦應與中國之利益，既可援原合同以更請憑單。惟合同性質，皆兩方各爲發達其利益合意訂立之契約。故其中所規定彼此之利益，皆相交互。如原合同第一第二兩條，乃豫豐公司對福公司享借欵之利益，始與福公司以辦礦之利益，兩方面相伴而生者也。第五條乃規定關於第一條勘礦時之事件，第十四十五兩條乃規定關於第二條借欵之事件，自餘各條，除第九條爲規定期限，第十九二十兩條爲照例之規定外，皆規定福公司既得開礦憑照及開採得利後之事項。其條件乃與福公司所得憑單及開採之事實，相伴而生者也。原合同之借欵條文，聲明作廢。福公司斷不能復援原合同，要求礦地。原合同之豫豐名目，既經裁撤，福公司更不能以單獨存在，向撫憲稟請。蓋相伴而生，必應相伴消滅者也。至現辦之黄界煤礦，乃豫豐名目未經裁撤，借欵條文未經作廢以前所請得者也。英公使所言福公司節節遵照原合同者，皆係原合同中規定既得憑單及開採得利後各事之條文而言，亦係事實。此相伴而生仍相伴而存者也，福公司萬不能因現在相伴而存之事實，引原合同相伴消滅之條文，要求黄界外一切礦產。猶我萬不能執原合同相伴消滅之條文，律現在相伴而存之實事，責福公司歇閉其黄界内之澤煤盛廠也。統審原合同及各案件專條，事理俱在，此案無難立決。至英公使來照所言，豫豐公司一事，其接代者，豫省洋務局也一語，自係指宣統元年二月初六日訂立之專條第五條文中，福公司交涉事件，統歸河南交涉局管理一語而言。其文意直以河南交涉局爲豫豐公司之接代，無論豫豐公司爲私人資格，交涉局爲行政局所，萬無可以接代之理。即以條文論，但言福公司交涉事件歸交涉局管理，非交涉局即可以爲豫豐公司也。交涉局本所以管理交涉，此復以條文規定之者。以前日福公司之交涉，皆蒙豫豐之名，必由華董以接於交涉局。今豫豐既裁，福公司得直接於交涉局。故條文規定之曰，福公司交涉歸河南交涉局管理，語意本極明晰。英公使來照所云，非誤會文意，則有意爲難也。查此專條聲明，以華文爲憑。應請英公使詳審華文文義，自知其誤矣。又英公使來照稱光豫鐵礦公司一事，有令概行停止之語，尤屬無理。查合同第十六條内，有福公司於所准礦地内，如有民人先經開採者，不得侵佔之明文。福公司屢請中國禁止人民在紅界内開採煤礦，均經駁阻在案。今光豫公司已經批准立案，其勘定礦界，與福公司紅黄界最近距離，均在千餘官尺以外，呈有詳圖備案。英公使信福公司一面虚詞，竟欲停光豫公司之進行。是福公司於豫豐名目未裁借欵條文未廢之前，尚不能禁止中國人民開採煤礦於其礦界之中。今乃於豫豐名目既裁借欵條文既廢之後，强欲阻撓中國立案註册之公司開採鐵礦於其礦界之外。恐五洲萬國，無此法律，無此情理。總之，黄界以外，無論何種礦產，福公司均無稟請發給憑單之權，無論中國設立何項礦産公司，英公使斷無越俎過問之理。若此次委曲遷就，發給探礦憑單，一次失著，便成鐵案。福公司日後援案要求，有加無已，則大河以北懷慶左右，凡有礦産之地，中國皆無自主之權，後患何堪設想。敝會同人再四籌商，衆議僉同。愚昧之見，是否有當，尚祈裁擇是幸。

許同莘等《宣統條約》日本約《東三省總督錫良否認俄商索賠撫順煤鑛咨呈外務部文宣統二年六月二十八日》 案查承准鈞部先後咨開，准駐京俄廓使照稱，撫順煤鑛一案，華俄道勝銀行所入股本，儘末結算，共發股票二千張，計銀二十萬兩，並由日本佔據該礦之日，以致日本協約所認賠補礦商利益之日止。此數年間，應按煤重每華三十觔，抽給俄錢一戈比，統爲議償等因。當飭交涉司，照知駐奉日領事去後。兹據該司呈准日領事照覆内開，查撫順煙台等煤鑛，按照朴兹茂斯條約，俄國係以無償讓於我國者，我國對之實無賠償之義務。明治四十一年六月，俄國政府，以我國如對王承堯賠償，則合辦之俄清銀行，亦應與以相當之賠償金等因，照會我國。時我國即以帝國政府無賠償何等之損害等語照覆。去年九月，中日訂立協約時，因關係撫順煙台煤鑛，駐日俄國大使又用公文聲明，有必要之時，俄國臣民及會社有要求賠償金附與之權利。我國又以該兩處煤鑛，朴兹茂斯條約中，已明白決定，北京條約又復確認。中日協約中，於從來所定之事亦毫不變更等語，用公文答覆。由此觀之，我國於此事，已不能認賠償之責。是以貴使所云，北京俄國公使要求之事，我國難以應命也。至去年中日協約附件内，所聲明帝國政府應給與王承堯之銀，係屬撫恤金，毫無類於損害賠償之性質，是以此金之付與王承堯，俄清銀行必不能因此爲要求賠償之論據也。特此附告，以備查照等因。相應咨呈鈞部，謹請鑒照核轉施行。

《商務官報》宣統二年七月五日第一〇期《批職商李廣恩等稟》 據稟暨礦圖章程均悉。所請勘辦宣化縣屬玉帶山西南黑山下煤礦，請領執照等情。業經本部札飭直隸勸業道查明，該礦與京張路局礦地有無轇轕，照章核辦，仰該職商等遵照，前赴該道衙門聽候核示。此批。七月初五日。

「中央研究院」近代史研究所《礦務檔》第三册《宣統二年七月十五日外務部收駐英大臣李經方信與英外部談商開平暨福公司礦案事》 宣統二年七月十五日，收駐英李大臣致丞參信。霽生、子益、寶森、徵宇仁兄年世大人閣下：開平一案，葛雷復云，該公司讓至一百七十餘萬鎊，無可再讓，已電達駐使與大部交涉。如竟不能商結，衹有仍歸公斷之一法，並諸轉告貴政府，公斷一層，非開平礦務公司之願，係我之私見。我思貴政府與各國交涉案件，往往欲歸公斷。他國不允，以致久不能決，釀生事端。平心而論，各争利益，人之恒情。政府爲一國代表，爲其國人争利益，往往心知其過當。惟屈於國人之勢，亦無可如何。歸之於外人公斷，則公理所在，斷定之後，國人不得以此怨政府，政府亦可以對友邦。歐洲各國凡各事至萬難解決之時，均以此爲盡頭一著。公斷已成公例，而公斷亦實公平。此時開平一案，我不力持公斷之議，不過泛論及之。務請轉告貴政府細思我忠告之言，苟中政府所有已結之各案，均歸公斷了結，恐較之自行磋磨，徒費時日又傷感情者，勝一籌矣。且智鬪力爭，兩國之力，或不均平。兩人之智，或稍軒輊。往往將就了結，隱忍受之。中政府若事事全歸公斷，既可省無謂之唇舌，復可昭公理於全球。我與執事相處已久，故一傾肝膽及之。萬勿疑我前執定開平澳門兩案歸公斷之説，而誤會之也。又言福公司河南一案，我已照會執事請轉達貴政府矣。我與執事共事以來，推誠相與，早已言明，凡我英商已得之利益，屈於公論，不得不爭。此乃英商已得之利益，我若不保護之，無以對國人，中政府當可鑒及。弟答以貴大臣保護英商之利益，我政府亦須俯順億兆之輿情，貴大臣幸勿過於催迫。此案轇轕甚多，我政府顧念邦交，亦須斟酌時勢。抽刀斷絲，快意一時，往往事後追悔。總之，理之所在，我政府必不回護耳。葛復云，我已將此案令署使與貴政府交涉，不過請將鄙意轉達之。以上各節，務祈代回堂憲。肅頌勛祺，諸希亮察。

年世愚弟李經方頓首。六月二十三日。

《商務官報》宣統二年七月二十五日第一九期《批職商李廣恩稟》 前據該職商等稟辦宣化縣玉帶玉黑山下煤礦，當經本部咨行直隸勸業道詳查辦理，並批示各在案。茲准郵傳部據京張路局詳准直隸勸業道移開據礦務局委員，暨宣化縣會詳查明李廣恩等稟請，購機試採玉帶玉黑山下煤礦各節，應查照職路全案祇准用土法採挖。如果購機開採，應即飭令毋庸舉辦等情。既據查明李廣恩等稟請購機開採之礦，確在京張路局劃定界限之內，應由該商與京張路局妥商不得以地係已産爲詞，擅行舉辦等因。咨行到部，查京張路局開採玉帶山等煤礦，前准郵傳部咨鄰近土法採煤小窑，凡無礙於新井者，仍任照常開挖等語，經本部查無窒礙，核給執照在案。茲既據查照該礦界址所請用機開採大有妨礙，自應案照前議辦理，准由該商等與該路局妥商仍用土法開採，以符原案，仰即遵照，並於商就後，照章稟由勸業道核辦。此批。九月二十三日。

《商務官報》宣統二年七月十五日第一八期《批職商毓簡等稟》 該職商等稟辦昌平州分水嶺、樓子峪等處地方金鑛，前據直隸勸業道查明各節，當經本部札復該道，照章應先儘該職商毓簡等勘辦，並批示遵照聽候，查明有無轇轕再行核辦等因各在案。茲據勸業道申稱，飭據昌平州查明該鑛相距明陵僅有十八里，應即照章封禁等情。本部查鑛務附章第七十條，內載歷代有名帝王聖賢陵墓相距三十里以外，方許施工等語。茲該職商等所指鑛地，既據查明有礙定章，自未便施工勘採，以昭慎重，合行批示，仰即遵照可也。此批。九月十九日。

《商務官報》宣統二年七月十五日第一八期《批商人康寶榮稟》 稟悉。該商所請開採宣化縣屬赤城縣木龍嵯煤礦，以利民用，懇批示遵行開辦等情。查本部現行礦章第五欵內載，凡礦商願請勘礦執照者，均應在本省礦政總局遵章呈報，聽候查核等語。仰該商遵照逕赴直隸勸業道衙門，具稟聽候核示可也。此批。九月二十三日。

《商務官報》宣統二年七月二十五日第一九期《批奉天自治會王承化等呈》 據稟本溪湖煤礦前爲日商所踞，嗣經收回合辦，簽事袁良、總辦張書從中舞弊，種種欺朦，懇請密查嚴辦等情。本部當經抄録原呈咨行東三省總督查辦去後。茲准復稱，業經據呈飭委逐細密查。查得本溪湖煤礦，由日商收回作爲合辦，雖經鄺道勘估，值洋六十三萬元，而日商需索甚鉅。迭與磋商，始減至百萬元，抵作股本。其中有無喫虧，須俟開辦清查，方得確數，此時尚難預算。袁良索酬謝銀三萬兩，欵未過付，亦尚無憑查確。惟張書童年出洋，曾娶日女爲婦，在孫石甫處學習生意，與袁良同事，張書充當總辦，寔出袁良之保薦。其所務備開辦之人，是否無賴，不可得知。要皆於開採礦務，多係生手。且自到差日起，領欵四次，共小洋二萬二千元，並無開支寔數，自無怪人言嘖嘖等情。由民政司呈請鑒核。據此，當將該總辦張書撤差，飭將經手欵項核實册報，並遴委留奉補用知府巢鳳岡接辦該鑛事宜等因，咨復前來，合行批示，仰即遵照。此批。九月二十三日。

王彦威等《清季外交史料》卷一六《商部咨外部陝西延長油鑛所訂傭聘日本技師合同是否妥協請核覆文》 爲咨呈事。接准陝西巡撫咨稱，據陝西勸業道光昭詳稱，延長油鑛現擬擴充辦法，當派委員前赴日本傭聘技師、技手。茲據委員賈令映南稟，由日人内藤久寬介紹聘得理學博士大塚專一爲鑛地測量技師，又由該技師承保田村昇氏爲測繪技手，又由日人廣瀨貞五郎介紹聘得關川德次郎、板垣倉吉、櫻井清次郎、遠藤幸次郎等四名爲鐵木鑿井等工師，並會同商訂草合同，呈齎前來。該技師技手等六人，嗣於五月十七日抵陝，復經職道與該技師等反復磋商，悉心改訂，所立各條尚屬可行，業經繕訂正合同，分别簽押，以資遵守。除令該技師前往延長勘辦外，所有聘傭緣由，理合鈔録合同，詳請分咨外務部、農工商部立案，據情轉咨到部。查陝省延長油鑛現擬擴充辦法，由日本傭聘技師、技手，所訂合同各條是否妥協，相應咨呈貴部查照，酌核見覆，以憑轉咨可也。

《商務官報》宣統二年八月五日第二十期《批職商尤全等禀》　前據禀請集貲購機，創設吉林硝磺總公司，並於新城府等處設立分公司各節。當經咨行吉林巡撫，飭查聲復去後。兹准復稱，硝磺關係軍火，現在奉省已設官局，吉林正擬仿辦。該商等如果能照官督商辦，實於官商兩有裨益，請轉飭尤商等，來吉妥議辦法等因前來。除咨復外，合行批飭該商等，遵照前赴吉省禀候核辦。此批。十月初三日。

《商務官報》宣統二年八月五日第二〇期《批廂黄旗滿洲嵩昆佐領下照公府寶祥禀》　據禀孫德順糾搶煤窑一案，宛平縣徇情朦弊懇札順天府提訊究斷等情。查此案行查已逾半載，該縣從未具復，殊屬玩懈，本部曾於上月嚴札直隸勸業道轉飭迅速查辦。嗣據該道復稱此案迭奉札飭，節經行催宛平縣提案訊結，以憑轉詳在案，乃至今仍未據該縣具復，殊屬玩懈。兹奉前因，除再嚴札勒催宛平縣剋日訊報外，理合具文申復等情。據此合行批示，仰仍候查復到日再行核示。此批。十月初八日。

《商務官報》宣統二年八月五日第二〇期《批京西大台村煤鑛商人劉佐清禀》　禀悉。查該商前控牛星輝竊等挖煤鑛等情，當經本部據情札飭直隸勸業道查明辦理在案。兹據禀稱前情，除札催該道飭縣迅速查明訊斷外，合行批示，仰即遵照。此批。　十月初四日。

《商務官報》宣統二年八月五日第二〇期《批職商普勒和禀》　據禀清水峪煤礦公舉該商爲總辦，懇請發給開礦執照，以便開採，而息訟端等情。查此案前據魏榮椿、艾珍互相禀訐糾葛甚多，疊經本部咨行直隸總督札飭礦政調查局查明聲復，並批示該商各在案，迄今尚未據查復到部。兹據禀稱前情，除札行直隸勸業道迅查聲復外，仰仍候查復到日再行核示。此批。　十月十五日。

《商務官報》宣統二年八月十五日第二一期《批商人劉玉陞禀》　前據禀請在奉天綏邑縣葦子溝西砑子山探勘金礦等情，當經札飭勸業道查明聲復去後。兹據復稱，奉天並無綏邑縣，是否即係綏中縣之誤；其所指礦地，是何地假；四至界内，有無各項關礙？請將該商原呈礦圖檢發下道，並飭令來奉投到，以便派員同往查勘等情前來。查該商前呈礦圖簡略粗率，所開四至亦欠明晰，仰即另繪詳明圖説，前赴該道呈驗。除札飭勸業道核辦外，合行批示，仰即遵照。此批。十月十五日。

《商務官報》宣統二年八月十五日第二一期《批職商朱忠格禀》　前據該職商禀辦熱河朝陽府平頂山地方不灰木鑛，呈驗鑛質鑛圖並繳到照費銀兩，請准給照立案等情。當經咨行熱河都統轉飭查明咨復，並批示各在案。兹准復稱，飭據查明所指該鑛四至面積畝界均屬相符，並無窒礙等語。查該職商前繳照費銀百兩，係照請領開鑛執照應繳之數。惟該鑛是否苗質顯露無須探勘，如果現在即能開採，仍應聲明經領開鑛執照。所有租地合同資本銀數以及章程保單等件，亦應照章一併呈明，以憑核辦，合行批示，仰即遵照。此批。十月二十一日。

《商務官報》宣統二年八月二十五日第二二期《批監生李春和禀》　禀悉。所禀在椿板河開辦煤礦，由土人劉紹緜出名領照。現因款項支絀，不能展布，擬仿照彰德府老窑溝煤礦請款出息，分年代還辦法，懇轉咨豫撫核辦等情。查土人劉紹緜開辦椿板河煤礦及老窑溝煤礦，請款出息，分年代還辦法，本部均無案可稽，無憑核辦。除飭河南勸業道切實查明詳覆外，仰即遵照，候覆到日，再行核示可也。此批。十月二十四日。

《商務官報》宣統二年八月二十五日第二二期《批鑲黄旗滿洲照公府寶祥禀》　據禀孫德順糾搶煤窑，該縣延不傳訊，仍請札飭順天府提訊等情。查此案前以該縣玩懈，札催直隸勸業道，轉飭迅速查辦。旋據復稱，遵經嚴札勒催，剋日訊報等語，業經批示在案。向來鑛務詞訟，凡係向本部呈控者，均應照章，飭由勸業道查辦。順天府並無主管礦務專責，此案未便另札提訊。該縣遲延，既經勸業道勒催訊報，自不難從速斷結。仰仍静後查復，再行示遵。所請。札行順天府一節，應毋庸議。此批。十月二十七日。

《商務官報》宣統二年九月五日第一一期《批廂黄旗滿洲嵩崑佐領下照公府寶祥禀》　據禀已悉。查此案前據禀稱，孫德順糾集多人搶刦煤窑各節，已據情咨行直隸總督詳查在案，兹據禀稱前因，應再札行直隸勸業道查明訊結，俟聲復到日，再行批示，仰即遵照。此批。六月二十五日。

《商務官報》宣統二年九月五日第二三期《批職商邱振麟等禀》　禀悉。案查吉屬新城府等處，所産硝磺，曾有職商尤全等，禀請創設公司試辦，曾經本部據情咨准吉撫復稱，硝磺關係軍火，奉省已設官局，吉林正擬仿辦，請飭尤商等，來吉妥議辦法等因。隨經本部批飭尤商等，遵赴吉省禀候核辦在案。至如何議定辦法，現尚未准吉撫咨行到部。兹據該職商等禀請在吉屬五常等處，分設公司，試掃硝産各節。所指産硝處所，與尤商等所禀，互有異同。應候吉撫將前案辦結咨明後，再行核示，仰即遵照。此批。十月二十九日。

《商務官報》宣統二年九月五日第二十三期《批職商周承先稟》 據稟該職商因煤窑與王邦屏互控一案，懇請照收煤釐以抵本息，容俟勸業道查復到部，如何核辦，再行祇遵等情。查此案疊經本部嚴札直隸勸業道，轉飭查辦，迄今尚未聲覆，事關争訟，該職商所請照收煤税係屬一面之詞，非經逐細查明，本部無憑判斷，仰仍候直隸勸業道查復到部，再行核示可也。此批。十月三十日。

《商務官報》宣統二年九月十五日第二四期《批職商朱忠格稟》 據呈簡章租約暨保單均悉。查該職商承辦朝陽府屬平頂山地方不灰木礦，前經咨准熱河都統查明該礦地四至、面積等項，均無違礙糾葛情事。兹據呈繳開辦章程等件，核與定章尚無不符，自應准其開採。除咨行熱河都統，飭屬照章保護外，所有開礦執照一紙，現已填齊，仰即遵照具領。此批。十一月二十一日。

《商務官報》宣統二年九月十五日第二四期《批青龍澗煤鑛山主民人康大環稟》 據呈暨稟均悉。所稱林鳳鈞等自領照後久未開辦，坐失地利，請准銷案，並另行集款從速開辦等情。除照會青龍澗煤鑛公司總理黄學士外，仰候聲復到日再行核示。此批。十一月二十七日。

《商務官報》宣統二年九月十五日第二四期《批職商徐國楨等稟》 據稟山圖及鑛質二種均悉。所稟在昌平州屬大立石溝試採金鑛，請發給勘鑛執照各節。查本部現行鑛章内載凡鑛商願請勘鑛執照者，均應在本省鑛政總局呈報，聽候核辦等語。除據情札行直隸勸業道遵章查核外，仰該職商等逕赴該道衙門稟候核辦。此批。十一月初九日。

《商務官報》宣統二年九月十五日第二四期《批薊平公司股東吴紹周等稟》 前據稟稱，魏榮椿等因清水峪煤礦争訟一案，業已清結，懇請發給礦照，以便開採。又據稟稱公舉甘大璋爲總商，左鴻斌等爲副商，懇請恩准給照各等情。查此案争訟已久，本部疊經據情行查，並嚴切札催在案。頃據直隸勸業道申稱，此案前經礦政調查局札行薊州訊斷，屢結屢翻，本年四五月間復經薊州詳奉督憲札飭東路廳提訊擬辦，並由職道一再轉飭遵辦各在案。兹奉前因，除再飭催該廳迅速查明具復外，合先申復等因到部。該股東稟稱訟案，業已清結，詞出一面，礙難爲據。所請發給礦照暨公舉總副商各節，仍候直隸勸業道查復到日，再行核示。此批。十一月十一日。

吉林省檔案館《清代吉林檔案史料選編(工業)》上册《吉林勸業道查覆諮議局提議依蘭府東溝金礦應行擴張案宣統二年九月二十三日》 查宣统元年十一月二十二日奉憲札，諮議局提議依蘭府一帶地方利弊一案，飭將關乎實業二端，分别辦理。其關於三姓礦務者一端，當經簽明。

查三姓金礦開辦多年，溝老砂殘，勢須另採苗綫方能擴張。現在所辦三姓金礦雖云資本無多，亦足敷用。只要辦理切實，固不在多加資本。如謂再撥官款，則當此財政困難百廢待興，何能再謀及此。應俟候丞將本年所收官金解到之後，詢察該礦情形或派員查勘，再行核辦等語。旋於宣統二年三月間，據三姓金礦局總辦侯丞國瑞折陳，該處著名各廠自同治年間至今開採四十餘年，其間明磧水道叠次搜翻，已成弩末。必得勘採新苗，方能持久而期發達。且舊廠金夫過少，收金無多，亦非添招金夫難有起色。擬請發給中錢十萬零八千吊，另採新苗，擴充舊廠等情。當以財政支絀無從籌此巨款，惟官金之收數，視金夫之多寡爲衡。多一分擴充，自多一分成效。當將該丞解到宣統元年所收官金二百六十餘兩如數發給，以資擴充。現在該丞業將所領官金如數交價中錢四萬一千餘吊，以三萬吊存依蘭官銀號候撥，以一萬一千餘吊添招把頭、礦丁，購置器具，先由楸皮溝、振興河兩處入手，此官辦東溝金礦現圖擴充情形，與上年諮議局提議所謂截留金砂，添助採礦資本辦法，若合符節。此外，尚有粤商黎廣泰等，於本年五月間稟請集資十萬元，組織公司，勘辦三姓境内金礦。業於八月前往，現在姓境七星砬子、一窩蛋、大沿溝一帶探勘。惟甫經勘礦分界，尚未開採，將來礦苗何如，尚未稟報。姓境金礦繁多，官力實難盡辦。既有外省商人設立公司，遠來勘採，聞風興起，本省、外省企業之家如肯投資經營，官家自必贊助保護，冀有成功，則東溝礦務從此可望振興矣。

《商務官報》宣統二年九月二十五日第二五期《批商人良琛稟》 稟山圖暨礦質均悉。所請在宣化府屬赤城縣九連洞試採煤礦，懇發給試辦執照各節。查本部現行礦章内載凡礦商願請勘照者，均應在本省礦政總局呈報，聽候核辦等語。直省礦政現歸勸業道管理，仰該商遵照逕赴直隸勸業道衙門具稟，聽候核示。此批。十一月三十日。

《商務官報》宣統二年十月五日第二六期《批職商姚品三等呈》 前據該職商等呈請，探勘吉林府磐石縣屬呼蘭川地方銅鑛，請咨札立案，發給執照等情。當經本部咨行吉林巡撫，並批飭前赴該省勸業道呈候批示等因各在案。兹准吉林巡撫咨稱飭據勸業道詳稱，查明呼蘭川地方，並無銅鑛苗綫。該處距離石嘴銅鑛四十餘里，土人亦無張芝董子均之名者。核與該職商等所呈，實屬不符，無從核辦等語，合行批示。此批。十二月初六日。

《商務官報》宣統二年十月十五日第二七期《批拔貢知縣李璿聯等禀》 據禀宛平縣龍泉塢産煤頗旺，懇請發給勘鑛執照，以便勘驗開採等情。查請領勘鑛執照，向由本省鑛政局或勸業道轉飭查明，照章填給。茲據禀稱前情，仰即前赴直隸勸業道衙門禀候核辦可也。此批。十一月初九日。

「中央研究院」近代史研究所《礦務檔》第三册《宣統二年十月十八日外務部收英署使麻穆勒照會福公司董事約會豫省代表》 宣統二年十月十八日，收英麻署使照會稱，福公司在河南礦務一事。昨准來文，囑爲轉致該公司兩董事等，酌定日期處所等因，均已閱悉。查此事本署大臣既由談論而知豫省代表人欲見該公司兩董事之意，原期將合同内之某段解釋明晰。是以與該兩董商定，於本月二十一日上午十點鐘，在六國飯店相候會議。惟須聲明，此次會晤，僅以便豫省代表籌定以後會商之基也。

「中央研究院」近代史研究所《礦務檔》第二册《宣統二年十一月初七日外務部收山東巡撫孫寶琦函附勸業道蕭應椿禀等酌擬挽救山東礦權辦法並函呈與德人議商情形》 宣統二年十一月初七日，收山東巡撫信稱：敬密肅者，東省各路線内，礦務交涉棘手情形，歷經寶琦函達鈞鑒在案。德人藉口約章，禁阻華礦，東省盡力爭執，筆舌俱窮，終非久計。寶琦悉心籌度，不如與德礦公司，痛陳利害，另商彼此兩利辦法，以期永遠相安。前飭勸業道蕭應椿酌擬大概辦法四款，係就已失之礦權，設法挽救，並按照膠約第三端，僅予借款用人之利益。雖據稱與該公司磋商，大致似可就範，惟彼族居心叵測，難保無異議横生，寶琦惟有勉竭愚誠，力持妥慎，以冀稍副鈞部實事求是之至意。除督飭該道相機妥辦，隨時函請指示外，謹將東省酌擬補救礦權大概辦法及勸業道禀函，繕具清摺，恭呈鑒察，是否可行，務祈鈞示，俾有遵循，無任感禱。肅此，處請崇安，伏維垂鑒孫寶琦謹肅，月初四日。

計呈清摺一扣。

謹將東省與德人磋商補救礦權條款及勸業道蕭應椿禀函，繕摺恭呈鈞鑒。

計開：

一，膠濟鐵路礦産，除坊子、馬莊兩處，仍歸礦務公司自辦外，其金嶺鎮鐵礦，擬由中德集股合辦。

一，膠沂路未築，津浦路未成，現議由此兩路中，勘定質厚煤佳兩大礦，歸中國招商辦理。若華商無此厚資，應向德國銀行借用，至延聘礦師，購買機器，均先儘德國商辦。南路礦産，皆先經礦務公司履勘，沂州一帶並購有地畝，所有地價及履勘各費，查明曾費若干，由中國給還。

一，此議成後，所有已成之膠濟路，未成之津浦路與甫勘之膠沂路，從前總理衙門允許距路兩旁之三十里礦權，均作無效。

〔附〕勸業道原禀

敬密禀者，職道前奉憲諭，以東省各線内已失之礦權，令與礦務公司磋議挽回辦法等因。敬聆之下，欽佩良深。伏思東省礦權，約章具在，挽救極難。職道迂愚，竊恐無補萬一，第念中德邦交，近甚輯睦，我憲台涖東以來，行政用人，外人傾服，乘此機會或有可圖，因就東省利害得失，熟權輕重，酌擬辦法四條，先經録稿，呈請鈞鑒。隨即商之德領事，尚無異言，飭職道奉差赴青島，晤礦務公司總理畢象賢、斯美德等，適外務部所頒寶星，寄到該公司。職道宣布朝廷德意，傳述憲台命令，連日與該公司磋商，似可就範，彼但請將已開之坊子馬莊兩礦，劃定界線，尚非無理要求，惟是界線出入，關係於華礦者頗多，非詳加測勘，未敢議決。茲查濰縣礦産，距坊子洋礦甚近，久無土人開採，自難收回。淄川縣除光緒三十三年，職道與該公司議定，劃出東北境十四里，歸華人開辦，公司永不過問外，其餘柴煤小礦，距馬莊洋礦，遠近不等，擬即派妥員赴淄川周歷測勘，所有華礦各距洋礦遠近，某處應劃歸界内，逐一考查，方能續議。除隨時禀請鈞示辦理外，所有職道與礦務公司磋議收回礦權大概辦法四條，理合繕具清折，禀請鑒核訓示。再昨日德副領事霍才豪，以他事來晤，便詢將來坊子、馬莊兩處礦界，如何劃法？職道答以有益公司，無損華民爲宗旨，蓋隱示淄川華民小礦，不欲公司攘奪之意，該副領事頗以爲然，合併附陳。

《商務官報》宣統二年十一月十五日第三〇期《批礦商陳國楨禀》 兩禀均悉。查該商陳國楨與林鳳鈞因裂縫岩礦地互控一案，前准直隸總督咨據勸業道詳兩造投案供詞各執，孫宜霖意在合辦兩礦，而陳國楨意在各辦各礦，纏訟不已，坐令利棄於地，深爲可惜。擬請大部照會黄學士等情咨請核復前來，除鈔録原咨，照送黄學士查照聲復外，合先批示。此批。十一月二十七日。

「中央研究院」近代史研究所《礦務檔》第三册《宣統二年十一月二十一日外務部收河南巡撫文河内修武兩縣民人呈請駁拒福公司開辦鐵礦》 宣統二年十一月二十一日，收河南撫文稱，案據河内、修武兩縣民人王鳳蘭等二百二十四人聯名呈稱，爲外人採鐵，有礙民生，公懇作主，以保利權而活性命事。竊河內、修武採煤爲業，已數百年。自煤礦被福公司採掘後，土窑倒閉，實無以度日。因死中求生，漸事鐵礦。除光豫、宏豫各公司開辦外，謀開採者甚多。乃方行著手，忽聞福公司又向外務部要求，來河、修兩縣開採鐵礦。是又欲致人民死命於鐵。身等山野愚民，何敢冒懇，第爲衆所迫，安居不能，不得不將窒礙情形，爲我大人陳之。當福公司來修採煤，原謂減輕煤價，厚給工資。詎意在拉倒土窑，制民死命。如每斤煤價，初數分，今壹文有餘。每人工資初四百，今扣至百二三十文。且福公司採煤之地，名曰租買，實則强佔。福公司已買之地，不過四五百畝。而陸硐地面、地底及水溝道路所佔之地，不下四五十頃，並未按畝議價。控官不理，尋洋人不見。來轅泣訴，地價未得，而身家已破。尤可恨者，洋人開礦純用炸藥。去歲福公司炸藥陡轟，山石飛落數里之外，左右居人大受損害。煤礦聚在一處，閭閻已不堪擾。鐵鑛散在各處，若燃藥開採，人民豈能安居。身等再三思維，洋人來此採鐵，若不嚴行禁止，恐仍用採煤慣伎，再制人命一死，居民不忍甘受，必至鬧出非常巨禍等情，到本部院。據此，除批榜示外，相應咨明。爲此合咨貴部請煩查照施行。

「中央研究院」近代史研究所《礦務檔》第二册《宣統二年十一月二十四日外務部收山東巡撫孫寶琦函附勸業道蕭應椿與德礦務公司總辦問答清摺暨蕭應椿致德駐濟南領事函磋商補救礦權事辦理情形》 宣統二年十一月二十四日，收魯撫信一件。

中堂、王爺大人鈞鑒：敬密肅者，日前肅函敬陳東省與德人磋商補救礦權辦法四款，業奉電復在案，當即轉飭勸業道蕭應椿遵照辦理并將日前在青島與德礦公司總理畢象賢所談如何情形，詳細禀復。茲據開具問答各語，并鈔呈致德國駐濟領事函稿前來。寶琦查閲該道所答各節，措詞尚有斟酌，謹照録清摺，恭呈鑒督。畢象賢既將此事轉達柏林總公司，自應候其復信，再與續議。除督飭該道妥慎辦理，隨時報告外，肅此密陳。恭請鈞安，伏維垂鑒，孫寶琦謹肅。十一月二十日。

計呈清摺二扣。

〔附〕抄録問答各語清摺。

謹將勸業道蕭應椿在青島與德礦務公司總辦畢象賢、斯美德二人問答各語，照録清摺，恭呈鈞鑒。

職道於十月初八日晚車到青島。因畢斯二人赴濰縣坊子礦井，十一日方回。十二日巳刻，將寶星送去，即宣布朝廷德意，畢斯皆握手爲禮，並云隨後去函，託領事代謝。坐定，斯美德能爲中語，即云，昨貝領事來信，言貴道奉撫台命令，欲收回三路三十里礦權，有是事乎？答：有。

斯即取領事譯成德文之礦約四條，口述一過，一一詰問，是否與撫台暨貴道之意相符。答：符。

斯即述畢語云以下凡斯之所云，皆係述畢語：公司近年屢次函索大汶口及沂州礦産，貴道何以屢次駁回。答，礦隨路有，今津鎮膠沂兩路，皆歸中國自辦，公司豈復能有礦權。

斯云：正惟路讓中國自修，所以從前總理衙門允以礦産酬謝。今日何能消滅，且前年領事麥令豪曾將總理衙門復德使照會，抄與貴道閲看，茲事豈還有假。答：敝道亦知不假，但撫台未接正式公文，敝道未奉撫台准給命令，豈能憑領事一言，遽令公司開採。

斯云：爲甚今日又要消滅此事。答：撫台索還之意，係爲與公司要好起見。

斯云，何故？答：自膠濟路成，公司已將此路兩旁各三十里礦權，盡行佔去，然辦了十年，終止辦了坊子馬莊兩處。其餘小礦尚多，公司既不肯多用資本，一齊開採，華民偶然用土法小辦，公司又請領事要挾封禁，以致窮民無以爲生，人人怨恨。前年淄川業已聚衆，欲與公司爲難，經敝道親自開導，舌敝唇焦，始行解散，公司豈無所聞。今又索津浦膠沂兩路之礦，勢必至激動全省公憤，釀成暴舉，恐非公司之利。況大汶口及沂州兩礦，華人已開辦在先，公司欲來攘奪，與礦務章程第十七款，亦不符合，撫台欲公司在山東營業，永遠平安，感情日好，礦務自然興旺，故有此意，實爲公司長久計也。

斯云：金嶺鎮鐵礦，兩國合辦，究竟中國能出資本若干，章程如何？答：礦務學問，五金與煤，有無分別？斯云：有別。

職道詰斯將來開採該鎮鐵礦，總公司是否即派兩君辦理，抑須另選精於五金之礦師，來東勘驗？斯云：須另有人。

職道言：既云須另有人來，將來此礦如何辦法，能否獲利，共須用資本若干，二君尚不能知，敝道此時豈能預揣？

斯云：撫台欲合股開採，是否另立公司，另定章程？答：此亦難定，只要公司現行之章程，能合撫台之意，似亦不必另立公司，另定章程。

斯云：必須就地設廠鍊鐵，方能有利。答：鍊鐵是製造之事，條約僅准開礦，有華股在内，將來或有商酌辦理，但此時未便提議。

斯云：索回三路三十里礦權，只須公司辦坊子馬莊兩處，又不將兩處礦界指明畫清，設將來公司開一井，華人於附近又開一井，不第冒險，且公司受虧過大。答：此係初商，果公司能照此辦理，將來自須另畫界址，以免轇轕。

言至此，畢斯二人操德國音，互語良久。斯復向職道云：既撫台與貴道之意如此，我即函達拍靈總公司，候復信如何，再行商量，或貴道來青島，或畢總辦往濟南，均無不可。答：自然在濟南爲是，以兹事不能離開領事也。

言畢，復寒暄數語，遂與握别。

〔附〕鈔録蕭道函稿

謹將勸業道蕭應椿致德國駐濟領事議收各路礦權函稿，照録清摺，恭呈鈞鑒。

敬啓者，方今中德兩國，睦誼日敦，自孫撫台莅東，與貴國官商，彼此感情尤厚。即本道與貴領事相處有年，遇事亦無不和衷商辦，惟因東路南路一帶礦權，辦論時有格不相入之處，在公司熱心營業，争執未始無因。在本道蒿目民生，堅拒豈爲非理，相持日久，口舌徒煩。本道深願此後與礦務公司議一通融辦法，俾成一完全無缺之邦交。查東省礦産雖富，其苗厚質佳，可資大辦者，究亦無多，以膠濟路一帶而論。公司經營十餘年，開辦亦僅止坊于馬莊兩處，其餘得不償失之小礦並不屑處處全開，然猶坐擁兩旁三十里礦産之虚名，使華民因此感情不厚，爲公司在東常久計，殊未得也。至南路佳礦，華商已開採在先。援礦務章程第十七款，公司豈能攬擾其事，然則何如另籌一法，使公司與華民兩俱有益，本道與貴領事均免爲難。昨與貴副領事面商此意，承允可以商辦，並云俟貴領事回濟，與公司妥議，具徵贊成盛意，欣佩良深。畢、斯兩總辦和平通達，亦必不河漢鄙言也。兹將所議回款録送台覽，祈先函達公司，並俟貴領事言旋，代達殷拳，本道再趨談一切。

《商務官報》宣統二年十一月二十五日第三一期《批職商姚品三等呈》 前據該職商等呈請採勘吉林府磐石縣屬呼蘭川地方銅鑛，請咨札立案，發給執照等情。當經本部咨行吉林巡撫，並批令該職商前赴該省勸業道，呈候批示等因各在案。兹准吉林巡撫咨稱，飭據勸業道詳稱，查明呼蘭川地方並無銅礦苗綫。該處雖距離石嘴銅鑛四十里，士人亦無張芝董子均之名者，核與該職商等所呈，實屬不符，無從核辦等語。合行批示。此批。十二月初六日。

「中央研究院」近代史研究所《礦務檔》第二册《宣統二年十二月二十一日外務部發德使雷克司照會聲復辦理山東鐵路暨劃清礦權事》 宣統二年十二月二十一日，發德雷使照會稱，爲照復事。案查山東路礦各事，宣統元年十二月二十六日，接准來照，以本國政府冀盼修築由青島過沂州府，接連津浦鐵路一段及由德州至正定府，與由沂州過濟甯州至開封府，修築支路兩段，總期中國滿意且與德國有益，似不難議結此問題，應將七月初六日照會，詳細照復等語因。兹逐條答復如下：

一，德國政府並未退讓按照膠澳條約第一端第二款，對待中國修築由膠州至沂州府及山東邊境鐵路之權。然倘本年三月十七日去文所提議各節照允，當爲依辦一節。查膠沂一綫，作爲津浦支路，歸中國自行辦理，承德國政府敦崇睦誼，雅意讓還。所有提議各節，乃應彼此和衷商辦，總期兩有裨益。

二，德國政府極願儘力與中國政府通融辦理所勘定之三鐵路綫及其起路綫點與訖路綫點等事，意謂開封府、濟甯州、兖州府一綫，究必按其定議照辦或訖開封府支路之起路綫點。在山東境内，定立車站一節，查正德、開兖兩支路，前經本部照允，於光緒四十八年以内，由中國籌款自辦。預算年限，應在宣統十四年，其開兖一綫在山東境内定立車站一層，應俟將來籌辦時，再行定議。

三，假令德國或能退讓沂州鐵路修築權，則德國政府意謂，莫如將沂州、膠州之鐵路訖路綫點，儘膠濟鐵路綫内，設一車站，尤以高密爲最宜一節。查車務進行，以營業發達爲要點，膠沂沿路，商務稀少，即改就高密，情勢正復相同，既承德國政府聲明。該項路綫極願通融辦理，似不如改由沂州，北達濰縣，較爲利便。

四，無論借德款與否，德國政府究願該三鐵路，倘用洋工程司，以僱用德工程司爲宜一節。查三鐵路如用中國款，應先儘中國工程司辦理，如需用外國工程司，可先儘德國工程司僱用。

五，德國政府極願能設法將沿膠沂將來鐵路之開礦權，隨時劃清，以期滿意於兩國一節，查路礦兩權，本屬互相維繫，自應畫一辦法，方爲便利。

來照云云，具徵貴國政府顧全睦誼，實堪紉佩，本部前已咨商山東巡撫，體察情形，就近與德領事和衷商辦，期達兩國滿意之目的。

又查來照所稱，由沂州府過濟甯州，至開封府，修築支路云云。本部檢查成案，確係指兗州府而言，「沂州」二字當屬誤繕，合併聲明，以免誤會。以上五條按照來照提議各節，均已逐節聲明，基間有待商榷之處，總期彼此和平協議，早日清結，即煩貴大臣轉達貴國政府查核，從速見復爲盼。須至照復者。

「中央研究院」近代史研究所《礦務檔》第七册《宣統三年正月三十日外務部收農工商部文太平山煤礦有無議定辦法》 兹准復稱，飭據隆平公司查得宣統元年秋間，曾經俄人在太平山東南山麓，鑽驗多處，案由純協領范守前後據約阻止。本年接辦以來，俄人亦未嘗干預，似無轇轕之虞。兹已派員查勘，由太平山廠局，次第履驗平山景星山等處，將各礦面積廣狹、四至界址繪圖貼説，呈請核辦。並聲明四至界址，核與部定礦章不符，緣廠一帶處處與東清鐵路毘連，若不稍事擴充，先占地步，恐俄人有隙可伺，又復從而生心。公司宗旨既重在保守利權，似無妨變通辦理等因，咨復前來。查該礦既據一再聲稱與東清鐵路逼近毘連，且曾經俄人鑽驗多處，據約阻止各等語。究竟該路坿近煤礦，有無議定辦法，本部無從查核，相應咨請貴部查明見復，以憑辦理可也。

「中央研究院」近代史研究所《礦務檔》第七册《宣統三年四月十二日外務部收東三省總督趙爾巽吉林巡撫陳昭常文瑞商請辦火石嶺煤礦》 宣統三年四月十二日，收東督、吉撫文稱，竊維吉省區域荒遠，岡嶺亘連，鑛産最爲饒富。而産煤之鑛，已經開採暨呈露苗綫者，共計一十六處。現值機器時代，與辦寔業，宜以開採煤鑛爲亟圖，而濬闢利源，尤以厚集資本爲要義。

上年准大部會同農工商部奏，爲續定鑛章摺稱，遵奉諭旨，凡関於産鑛之區，當於平日派員查勘，設法興辦。果然盡集華股，固屬甚善，設力有不足，亦可坿入外股等因。欽遵在案。查吉林府屬火石嶺子地方煤鑛，苗旺質佳。且密邇吉長鐵路，尤易推廣銷場。上年有本地商人鍾謙，禀請探勘該處煤鑛。當因資本太少，誠恐款竭停工，轉致遺棄厚利，未遽准予探勘。適據瑞商比路者，禀稱恩准先給探礦執照，前往長春府屬之火石嶺探勘煤礦。俟探勘明確，續請發給開礦執照，並咨部立案事。竊查吉林府屬之火石嶺一帶，發現煤礦。擬懇准發給探礦執照，前往該處探勘。所領執照，以六個月爲限。俟奉批准給照後，商人即由歐洲聘請礦師，前來勘驗。如探得該礦果堪開辦，應即籌集華瑞資本銀三百萬佛郎，設立礦務公司，切寔開辦。如款項不敷，仍擬加增股本，以期辦有成效。屆時應擬訂章程，禀請立案。並換給開礦執照，俾資遵辦。仍照奉天華日合辦之本溪湖煤礦章程辦理，如將來礦務章程須發，倘較本溪湖更優，仍應准本公司遵照辦理。自奉到開礦執照後，如一年内未能招集資本開辦，應即將所領礦照註銷，作爲無效。所有擬請先給探礦執照，前往長春府屬之火石嶺探勘煤礦。俟探勘明確，並請立案，續發開礦執照。並取具德領證書，證明該商股寔等情。據此，本大臣撫院查鑛務正章第二款，遇有華洋商人合辦，應於核給開鑛執照之先，叙明該洋商來歷，及現住處所，咨照外務部。又第十款，凡與中國有約之各國人民，允願遵守中國之法律，皆得在中國與華商合股，禀請承辦合律之礦産、作爲鑛商各等語。該商所請是否可行，相應備文咨商大部核准承辦。再飭該洋商繕具章程，呈送核辦，另行咨報。除分咨外，爲此合咨大部查核見覆施行。

許同莘等《宣統條約》日本約《東三省總督錫良議定撫順煤礦細則咨呈外務部文宣統三年四月二十五日》 按照宣統元年七月二十日，奉鈞部與日使訂定東三省交涉五案條約第三款内開，撫順、煙台兩處煤礦，現經中、日兩國政府和平商定如左：

（甲）中國政府，認日本國政府開採上開兩處煤鑛之權。

（乙）日本國政府尊重中國一切主權，並承允上開兩處煤礦開採煤觔，向中國政府應納各項。惟該税率，應按中國他處煤税最惠之例，另行協定。

（丙）中國政府承允上開兩處煤鑛，開採煤斤出口外運時，其税率應按他處煤斤最惠之例征收。

（丁）所有鑛界及一切詳細章程，另行派員協定。

當奉鈞部飭派祁道祖彝爲會議委員，會同奉天交涉司韓國鈞，與日派議員駐奉日總領事小池張造及南滿鐵道會社社員阪口新圃，在奉開議，并據開送細則底稿前來。查閱原文，於鑛税礦界兩事多所出入。即據該司道等查明，現辦各礦征税情形，切實核議。所有該兩鑛之煤，按照出井原價百分之五，本係普通礦章，日人不能獨異。惟原價無定，照井陘辦法，每噸作銀一兩。日員以撫順煤鑛，每日出井之數，現已倍於井陘，將來更多，不允照辦。故議定三千噸以内，照一兩；三千噸以外，照日金一圓計算。其由海關輸運出口者，即照協約所定最惠之例，每一英噸以關平銀一錢納税，無可置議；由陸路輸運出口者，先經日員提議，擬照中俄陸路通商章程第十四款定納出口税三分之一，初甚堅持，經該司道等再三駁拒，繼請照東清鐵路合同第十款三分之二完納。歷經電請鈞部核示，未便援引故議，俟將來另行協定。又據日員聲稱，已完出口税之煤，不再課出井税一節。該司道等堅不承認，日員始允將出井、出口兩税一律照納。惟云出口税現尚照三錢繳納，須自協約訂定之日起，至細則簽印之日止，所有多納之二錢出口税，應補還。出井税，亦同時並納。並允每年按四次分繳，至海關出口税，按每月彙總繳納一次。日員持之甚堅。當以此條無大關係，前經電請鈞部核示，亦謂可以照辦，故照定議。應請鈞部轉咨税務處，飭關遵照此外，免納内地釐金各税。日員允每年出日金五萬元，作爲報償。此議定礦税之大概情形也。其鑛界一事，卷查王承堯、翁壽當時分領撫順煤鑛，原定河以東歸翁壽開採，河以西歸王承堯開採，具見奏案。惟東西以何處爲界，並無明文。當經該司道等，派員勘明實在情形，及考諸紀載，與日員迭次會議。日員初甚堅持其所主張，幾至包括撫順全境鑛產，絲毫不肯相讓。經該司道等再三駁拒，始允西以古城子河爲界，東以龍鳳坎爲界。該司道等，仍未允許。乃允將煙台礦内讓出二區，以期互换。其煙台礦區，查明共有龍票八處，其中磨箕山、尖子山、田家溝，即化家窪、盤道嶺、華家溝，即張家溝五處，已先售與俄人。華子嶺、大榆溝兩處，本爲王振綱所有。雖未售賣，然曾租給俄人。按照朴約，日人視爲應得之權利。惟老虎嶺一區，屬趙沛恩所有。歷經派員查訊，係未租未賣，本不在朴約範圍之内。然龍票遺失無存，且其地夾在貴子山化家窪之間。日人允出日金一萬元收買。此八票以外，尚有尾明山一區。向係官辦天利公司開採。乃日人先亦認爲曾經租給俄人，爲伊權利所應有。迭經該司道等，往復辯論，始允以尾明山歸我。此外仍視爲己有。嗣因撫順一礦，必欲以龍鳳坎爲界。堅持不下，方允將該礦内之大榆溝、華家溝，即張家溝兩區讓出，以示互换利益。彼此派員勘定界綫，附圖爲準。并於煙台礦圖内，註明東西之界，以龍票弓尺之數爲定等語。但據日員聲稱，所有該兩礦附近各礦，應不准第三國人，或以其資本開採。又，關於礦山所用購買民地，或建築鐵道應照納地丁，均經交涉司與日領彼此用公文聲明，此議定礦界之大概情形也。以上兩事，爲此次所議細則最關緊要之件。自宣統元年五月十五日開議起，至本年四月十四日細則簽印之日止，計共會議至三十一次之多，始克議定細則十四條。按諸現行税章，及關乎我國主權尚無虧損。此外王承堯一款，允出庫平銀二十萬零五千兩，并另用公文聲明，決不認補償名義，均經將大略各情先後電陳鈞部在案。兹據該司道等，將議定細則礦圖呈送前來。除俄商所入銀股，飭由王承堯自行清理，并分别咨行外。相應抄同細則，繪圖咨呈鈞部，鑒核備案。再此項細則，彼此聲明，各守秘密，保存勿宣。至俄使要索每華三十觔抽俄洋一戈比一節，如果必須責成王承堯歸償，即罄其所得亦難取盈，恐非王承堯所能了結，曾於前電陳及。又，原訂細則，及原定礦圖，因祁道在請假期内，尚未簽字。擬俟該道簽字後，另行呈送，合併聲明。

「中央研究院」近代史研究所《礦務檔》第六册《宣統三年五月初二日外務部收東三省總督文附清摺咨呈與日員議結撫順烟台煤礦細規暨礦圖請備案》　清、日兩國委員，各奉本國政府委任，按照宣統元年七月二十日、明治四十二年九月四日，大清國政府與大日本國政府在北京所訂滿洲案件協約第三條，議定關於撫、烟台兩煤礦之細則如左：

第一條，南滿洲鐵道株式會社（以下單稱會社）對於撫順、烟台兩煤礦（以下單稱兩煤礦）所出之煤允以出井原價百分五計算之出口税，繳納於清國政府。但出井原價，在每日出煤未滿三千噸（英噸，以下同）期内，每噸定爲庫平銀壹兩；又每日出煤過三千噸，定爲日本金幣壹圓，以此計算税額。

第二條，會社對於由海口運出兩煤礦之煤，允每噸以海關銀拾分之壹兩，即銀壹錢計算之出口税，繳納於清國海關。

對於由陸路運往朝鮮或俄國兩煤礦之煤，其出口税日後另行協定。

第三條，前兩條載明所納之税，適用於在北京所訂滿洲案件協約成立日，即宣統元年七月二十日，明治四十二年九月四日以後之煤。會社對於同日以後採煤之出井税，繳納清國政府。又會社在同日以後向清國海關多納每噸貳錢之出口税，由清國政府交還會社。將來之出井税，會社允每年分四次，於日歷一月四月七月十月，將前三月分之税額，繳與清國所指定之收税委員。至出口税，每月一次，將前一月之税，從連繳於所在地之清國海關。

第四條，兩礦煤之煤，如艦船因自己消費而裝載出口時，按照海關章程辦法辦理。

第五條，會社自用之煤，免納出井税，但其數量每日定爲柒百噸。

第六條，兩煤礦之煤，除按照第一條、第二條徵税外，所有内地税賦、鈔課、厘金雜派一概豁免。但對於他處之煤，有較該煤礦減輕課税時，亦允會社一律均霑。

前項厘金等，既經豁免，會社對清國政府，每年當繳納日本金幣伍萬圓，以爲報償，照第三條第二項，分四期繳納。

清國官憲，將對於兩煤礦煤觔豁免厘金等之意，通知各省俾使周知。

第七條，兩煤礦之礦界，以兩國委員會同勘定之附圖爲準。

第八條，清國政府允兩煤礦礦界以内之煤，除會社外，不論何人均不許其試掘或採掘，其已許可者即當取消。

第九條，在礦界内遇有不受會社之許可或允許而採掘煤或擬採掘煤者，由會社即行通知清國官憲，嚴行禁止。

第十條，關於兩煤礦採煤運煤或傭僱礦夫等事，清國官憲，允竭力照料。

第十一條，會社如在礦界内，因礦業上必須收買民地或延長鐵道時，當通知清官憲。雙方協議後決定，會社如採煤完竣時，當將礦業上所使用之土地，交還清國政府。

第十二條，會社承允在礦業用地内，遇有墳墓或房屋，必須遷移時，當與所有主協商，酌給遷移費，又此等物件，如因礦業生損害時，亦應酌給賠金。

第十三條，會社承允關於礦夫之取締及救濟等事，必設相當之規定。

第十四條，此細則自成立之日起，以六十年爲限，如至期煤尚不能採盡，再行延期。本細則繕就中、日文各四份，兩國委員署名簽印，兩國政府暨東三省總督、南滿洲鐵道株式會社各存中、日文一份爲憑。

大清國奉天交涉司韓國鈞印。

大日本國總領事小池張造印。

撫順炭坑次長阪口新圃印。

「中央研究院」近代史研究所《礦務檔》第二册《宣統三年閏六月二十一日外務部收山東巡撫文償付德商勘礦等費辦法》 宣統三年閏六月二十一日，收山東巡撫文稱，爲咨呈事。案據調補奉天勸業道蕭道應椿，會同候補道余道則達詳稱，竊照職道等現與華德礦務公司，議結收回礦權，簽訂條款，業經詳請憲台核咨在案。兹據該公司函稱，按宣統三年六月二十九日即西曆一千九百十一年七月二十四號，山東官府與山東礦務公司，議定劃清沿山東各鐵路路線内礦務條款第三款。中國允認將礦務公司從前履勘礦産，查定界址，購買地畝各費，償給鷹洋二十一萬元，以合同簽字之日起，限一年内，分兩期付清等語。至於該兩期暨付清辦法，敝公司擬請定明如左：一，宣統三年十一月十三日即西曆一千九百十二年正月一號，爲第一期，宣統四年五月十七日即西曆一千九百十二年七月一號，爲第二期。每期付鷹洋十萬零五千元，如數繳濟南德華銀行。二，若中國政府於該兩期付清以前，將當下通行之鷹洋幣，改爲國幣，須以此項國幣照付。以上兩項，山東官府能否照辦，即希貴道查照見復是荷等情。據此，查該公司所稱付款之期，一在本年十一月，一在來年五月，似應照准。至條款所載付給鷹洋一節，將來國幣施行，我自不便仍付鷹洋，自紊幣制。但國幣與鷹洋重量，倘有不同或盈或絀，應俟届時扣算，以昭公允。除將此意函復該公司查照外，理合詳請憲台鑒核批示，並咨明外務部、農工商部查照，實爲公便等情，到部本院。據此，除詳批示並分別咨行外，相應咨呈鈞部，謹請查照施行，須至咨呈者。

中國第一歷史檔案館《清代軍機處電報檔彙編》第二四册《收直隸總督陳夔龍電爲井陘礦務局催辦還煤事宣統三年十月初四日》 頃據井陘礦務局莫洋總辦李道士偉、德商漢納根禀稱，該礦煤斤向銷正太、京漢、京張各路，自晉兵告警，正太運道阻滯，若停止開採，礦丁數千餘人深虞滋事；現在出煤極多，堆積礦廠又恐積熱生火；且與京漢、京張鐵路訂有合同，現因軍需用煤甚急，屢次催運竟不能應，尤於前敵運輸攸關，應請電商内閣、軍諮府、郵傳部轉飭正太鐵路車務處，每日由微水至石家莊開運煤車兩次，每次掛車五六輛，應付運費仍由該礦照章繳納，所有押運員役請飭該處軍隊發給執照，以便稽查等情。查所禀於礦工軍用兩有關繫，應請照准，迅飭遵辦見復爲荷。龍。歌。

中國第一歷史檔案館《清代軍機處電報檔彙編》第二四册《收直隸總督陳夔龍電爲擬飭井陘煤礦洋總辦與軍隊接洽運煤事宣統三年十月十八日》 井陘運煤事前准郵傳部復電，須從緩議等因。惟查該礦積煤甚多，極慮火，礦工丁數千停工，又虞滋事。且京漢、京張鐵路催煤甚急，現擬飭該礦洋總辦前赴石莊與該處軍隊車務處三面接洽，每日開運煤車兩次，以便疏銷。如有戰事，即行停運，期於鑛政、軍務兩無妨礙。除電達郵傳部外，合行奉達，務祈轉飭該處軍隊查照辦理。見復爲請。龍。篠。

吉林省檔案館《清代吉林檔案史料選編(工業)》上册《三姓金礦總辦侯國瑞爲宣統三年正至九月份征收官金數目的呈文宣統三年十月十九日》 爲呈報事。案查本局自宣統三年正月初一日起，至九月底止，連閏計十個月，按照三成經征官金五百兩零零四錢七分五厘。除支官金一百六十五兩由局變價開支薪津雜費外，實存官金三百三十五兩四錢七分五厘，應即如數填表。除呈繳勸業道衙門存儲外，理合填表具文備由呈請憲核，備案施行。須至呈者。

「中央研究院」近代史研究所《礦務檔》第六册《宣統三年十一月初十日外務部收東三省總督文附中日合辦本溪湖煤礦公司合同附加條款中日文各一件鈔送中日合辦本溪湖煤礦公司合同附加條款請查核立案》 宣統三年十一月初十

日，收東督文稱，案據奉天交涉司呈稱。案准本溪湖煤礦公司管總辦鳳龢函稱，竊公司兼辦製鐵事業，呈請距離鑛區一百華里内，限制創立同類工場，曾經奉到部准，行知在案。惟查公司新訂附加條款内，聲明此項附加條款，得中國政府批准後方能作爲有效。本溪湖煤鑛公司亦即改稱本溪湖煤鐵有限公司，兼辦採鐵製鐵事宜各等語，則是煤鐵公司開辦日期當以奉到中國政府批准之日爲始。現限制製鐵工場，既經批准，所有訂立附加條款，理合具文，呈送鑒核。咨部立案等情。據此，除批示外，相應咨送貴部，請煩查核立案施行。(計咨送附加條款一册)

中日合辦本溪湖煤礦有限公司合同附加條款。

奉天交涉司，現奉東三省總督委派，特與日商大倉喜八郎訂立本溪湖煤礦有限公司合同附加條款如左：

第一款，此坿加條款得中國政府批准後，方能作爲有效。本溪湖煤礦有限公司亦即改稱本溪湖煤鐵有限公司，兼辦採鐵製鐵事宜。

第二款，中國政府允准本公司增加資本北洋大龍元二百萬元，中日商人各出其半。照左列數目，分年按期支出，交付公司。

宣統四年三月初一日，六十萬元。

宣統五年三月初一日，八十萬元。

宣統六年三月初一日，六十萬元。

中國商股未招集時，可由中國政府先付續招，日本國商股概由大倉擔任。

第三款，中國政府爲發達本公司起見，允將廟兒溝鐵礦不作爲權利股本。但須於每製鐵一噸，提銀二錢，爲中國國家辦理礦務學堂等用。此款儲存公司，俟營業發達時，再行提交(以能付官利爲發達之期)。

第四款，鐵苗出井税。每噸繳納庫平銀一錢，海關出口税，照海關税則交納，其他均照原合同第九款辦理。

第五款，地方附加税，本公司按照地方自治章程納出井税十分之一。

第六款，公司開採廟兒溝鐵礦之區域，按照原合同第十二款辦理。

第七款，公司用人，除主事事務員技手職工頭以上人員，概照原合同辦理外，其他各項職工工人礦夫頭礦夫，爲工價低廉起見概用中國人。

第八款，坿加條款，應與原合同有同一之效力。凡未經坿加條款聲明者，如分配餘利，使用土地及其他事項，概照原合同辦理。

第九款，此坿加條款簽印後，應由兩總辦將事務總則細則改正。呈候督辦核定，報明總督批准遵辦。

第十款，此附加條款，仍以中日兩國文字，繕寫五份。附加原合同之後，照原合同第十五款分别存案以後遇有誤解，專以中文字意爲憑。

宣統三年八月十五日。

明治四十四年十月初六日。

奉天交涉司：許鼎霖。

總　領　事：小池張造。

大倉喜八郎。

吉林省檔案館《清代吉林檔案史料選編(工業)》上册《東三省總督關於天寶山銀礦與日商交涉事宜的咨文宣統三年十二月初二日》 爲咨覆事。

案准貴撫部院咨開：吉林天寶山礦案日領要索甚巨，歷據東南路道磋議各情，抄件咨詢究應如何辦理等因。准此，當以此案延宕多年，值此時艱，雖未便過於堅執，亦不能徒自貶損，飭經奉天交涉司、勸業道會同合議去後。兹據該司道會議詳稱，遵查該礦交涉已閲多年，而日人要索甚巨，一再遷延，殊於礦業前途大有妨礙。細閲抄件，程倅光第與日人中野二郎所立合同第六條内載，中和公司由吉林交銀二萬兩，以俾繳還公款。倘軍憲有阻遏情事，光第即將以前所煉之礦滓以爲抵償，而免累及天門之處等語。按其文義，此合同明係程倅與中野二郎私訂無疑。矧已聲明，必須軍憲無阻遏情事方能有效。迨後既奉飭封禁，自不容日人以此合同有所藉口。即使讓步，亦只能照程倅原議，將所煉之礦滓作爲低償。兹乃索銀至三十萬元之多，實屬無理要求。似應責成程倅自向中野二郎清理，官家未便承認。惟現存礦滓究有若干，如果較諸日人要索之數無甚進出，尚可設法變價抵償。如不及要索之數過巨，或程倅能力薄弱，應由官家隱爲補助以作後盾。庶幾操縱在我，不致損失利權。倘此項辦法日人不肯承認，則維有查照外務部覆函内合辦之説，由吉撫部院招集日、美各領事共同會商，妥訂合同，作爲中、日、美三國合辦。所有從前程倅私人所訂合同，即行取消，亦不承認日人要索之款。概將舊案作廢，從新組織合辦，是亦和平解決保守礦務主權之一策。

惟該隸吉林所有，上擬辦法二則有無可採，應請飭下吉林交涉司、勸業道體察就地情形，詳加核議，具覆候奪，以期妥協等情，呈請核示前來。本大臣查程倅與中野所訂合同，本屬私人契約，無關國際。即使礦由官封，該日人有所損失亦應如該司、道等所稱，由程倅以私人資格自向清理，按照合同第六款，以前所煉之礦滓爲限作爲抵償，此固一定不易之辦法。不圖外部覆函早許日本合辦，且欲兼顧美使諄諄以妥訂合同别無他策爲詞，不啻以私人違法契約認爲國際最惠條款。延吉日領之始允終翻，迄難就範，安知不因此而起。爲今之計，既無挽回善策，又當速圖瞭解。惟有姑如所議，作爲中、日、美三國合辦之礦，另訂完善合同，取益防損，不准牽涉前案以了葛藤。如此則邊利可興，交涉可結，並得藉美以制日，聯日以誘美。策雖下下，庶較無策爲優。是否可行，除批示外，相應咨覆。爲此備咨貴撫部院，請煩查酌辦理，或飭司道等再行就地核議，以臻完善，更所切盼。須至咨者。

吉林省檔案館《清代吉林檔案史料選編(工業)》上册《交涉司勸業道爲天寶山銀礦與日商交涉始末的呈文宣統三年》 謹將天寶山礦案交涉始末情形開呈憲鑒。

謹案天寶山銀礦始於光緒十六年，經前吉林將軍長委候選通判程光第，招集商股銀一萬兩，以土法試辦。十七年奏明立案，二十二年因虧銀五萬兩，經前將軍延查明封禁。二十七年該倅復與美商薩達理等訂立草約，稟明將軍長批准，以逾限未辦，經前署將軍富追銷。旋因所虧公款未繳，復經前署將軍達將該倅奏參。後雖設法彌補開復原官，但未札委續辦。三十二年該倅又與中和公司日商中野二郎訂立草約合同。三十三年前署撫朱莅任，程光第復請開採，未予准行，而該倅竟違諭私開，時值撫帥陳督辦延吉邊務，乃勒令封閉。該倅畏罪潛赴安東，與益昌號華商李長城暨日商中野串通，捏詞報告日本外務大臣，轉電駐吉日領事島川，以日人與華人已訂合同之事業，而用暴力命其中止未免不當等因，照會朱撫憲。當答以此項合同未據程光第稟明，亦未經本部院批准，按之法律上契約之性質，應即取消，不能發生效力。復據該領照稱，兩國界務未定以前，應令維持現狀。又答以未奉批准之合同是爲私人交涉，中野既欲維持現狀亦只能以私人資格詰問。程光第與國際問題無關，與界務問題更無關。厥後日領多方挾制，均各據理駁覆。此天寶山礦案自光緒十六年開辦起至三十三年封禁之大概情形也。洎至宣統元年七月延吉界務問題解決，地方諸事諸待整理，而坐令大好銀礦封閉不採，藏富於地可惜孰甚。乃由督、撫憲暨吴督辦往覆電商籌款自辦之策。時署司在東南路道任，亦獲與聞其事。顧該礦自前年封閉以後，日商中野雖行，而尚留看守該礦之人二名，盤踞不去。至是乃由延吉府商請日領轉飭離去礦地，日領以此事正由該國公使向我政府提議爲詞。電詢外部，始知日使曾提議合辦，我外部有如無轇轕，中日合辦原無不可。惟倘或遇有礙難照辦情事，應由兩國另行妥商之照會。據部復既有承認合辦之語，此事辦法遂更棘手。顧當時督、撫憲之意實未甘，因有外部之承認，遂置該礦於不顧。仍彼此賡續電商，決意籌款自辦。如日領出而干予置之不理。至部交涉，再與力争。遂虛擬官商各五十萬兩合股辦法，由奉、吉兩省認籌二十萬，一面招商承辦。旋有琿春務本墾牧公司經理朱江，擔任招集商股，并介紹上海資本家虞道和德經理此事。宣統二年春間，虞道派代表陳士達自滬來吉，商訂官商合辦合同，議既定，慮消息傳播日人向外部有異言，函請部主持力拒。乃得部復竟有所擬辦法未便作定，事關交涉，毋令另生枝節事後爲難等語。部既不擔責任，且戒勿輕動，不得已再變計設法飭由曹道廷杰責成程光第與日商中野直接了結此案。該日商前日耗費之款若干，官家償還若干，乃該日商索償至二十二萬兩之多，羌無事實捏報虛帳，是豈能率爾承認此事？遂不得不稍稍擱置。至上年九月間，署司在東南路道任時，延吉日總領事永瀧面彌，新奉彼外部命令，謂天寶山礦今春經吉林巡撫派曹道過奉籌議，與駐奉日領談及欲將中和公司權利收回。已閲多時未見提議，刻該公司日人之意，中國收回亦無不可，如久延擱該公司擬即將前採礦砂招人來延提煉云云。夫中國收回亦無不可之語，既出自日領之提議，且以我之延擱爲非，是此可謂極順之時機。且程光第亦到省投案，願與中野對質。據程述當日情形，中野實只用過三、五萬金，有此質證事較易辦。乃日領事提議之後旋即推宕，始則謂須調查，繼則謂美商將出而干予。因循至於本年六月，日領照覆東南路陶道公文，則謂日商中野之意未得三十萬元賠償之基礎，即認爲意向不能一致，無庸開議等語。故交涉至於今日，其問題乃在三十萬元之賠償。夫以我自有之礦産，只以程光第與中野私人之契約無端損失三十萬元，無論無此財力，即庫款充裕，亦豈能任人要挾！故此案至今又不能不暫行擱置。此自宣統元年延吉界務解決以後，官商集股自辦至本年六月之大概情形也。

甘厚慈《北洋公牘類纂》卷一八《北洋勸業鐵工廠試辦章程》 辦事規則：

一，本廠設坐辦一人，一切布置調度均歸主持。總機器師二人，專司機器製造，及考驗工作成活繙譯等事。司賬一人，所有銀錢出入各賬，均歸經理。謄寫司事一人，專司謄賬及抄寫各件。總管廠委員一人，管廠。司事二人，專司工作，及領發材料，收繳成活，登記各簿。料庫司事二人，差弁一人，專司採買料件，憑條發廠，及收存成活，發售等事，並登記各項簿册。圖算學堂教習一人，專教高等學徒圖算機理等事。各有專責，不得互相推諉，惟均須與坐辦商定而後行。其餘弁役人等，隨時酌定。至稽查處，及稽核造報文案各事，暫由銀元局代辦，一切事宜除日行事件照章辦理，其餘各事均由坐辦稟承銀元局總會辦示行。一，本廠先就銀元局原撥四廠匠徒照常工作以後，隨時酌量添招工匠藝徒，以資任使。一，本廠無論何人均須勤慎將事，恪守局章，倘有不聽調度，以及不勝其職，或游惰等情，隨時開除，不可徇情，致多耗費，其有舞弊虧空之事，除將股本充公，不足之數，應向鋪保從嚴追繳，並視情節輕重，分別罰辦，以重公款而肅廠規。一，本廠立製造成活及銷售簿各一册，由司賬人兼理，應將各項成活由總機師註明計價單，編號收入成活簿內。至出售時，再註銷售簿查明號數，填明實售價目，何日售於何處，便於考察盈虧，及未售實存各種機器數目，以昭核實。一，本廠借用銀元局鍋爐房之汽，所須烟煤各費，應按汽計算，其員司火食，亦暫附銀元局按月由銀元局開單，如數繳費，俟擴充時，再行自備，以節糜費。一，銀元局撥用本廠料件，及本廠撥用銀元局煤炭等物，均須各具憑條撥領，彼此另簿登記，照原購價目，按月開單結算清楚。一，本廠應設研究公議會所，每星期晚以七點半起至九點半止，所有本廠人員，以及各匠目臨時齊集會所，將已成未成器物，研究改良各法，以求進步。一，凡北洋各屬，須用機件，均可向本廠定購，價值較各洋行亦應從廉，緣本廠以開風氣，挽利權爲主，並非孳孳爲利也。一，凡定購定造各機件，均須訂立合同，先付三分之一定銀，言明限期，屆期將價找清，始行交貨。倘訂件逾期一月不取，原物另售，定銀並不退還。一，凡銀元局修配定造各件，亦均照章核價，按月由料庫轉賬開單清結，以昭劃一。一，凡招攬各事，暫由物料庫採買，司事兼理，俟擴充時，再行添派專員。一，凡各處到本廠定購各機件，視價值之多寡，經手人照通例酌給扣用，以廣招徠。一，本廠係爲勸興工業開通風氣起見，所有總分廠需用材料及成造器物，均請免完稅釐，以資提倡廠規。一，本廠以專造普通機器爲主，凡匠徒獨出新法，以及改良各項，均可隨時陳明總機師，繪圖製造。若實能合用，並易於銷售，應於該價內，酌提餘利給該匠徒，以示獎勵。一，凡定造機件，合同立定，即將圖式限期知照總機師及管廠司事，派定匠徒製造，倘逾限未成，或與圖樣不符，惟該匠徒是問。一，凡做一物，皆須先由各匠預估工數，呈總機師酌定起造，造成填出計價單，如過估，應扣該匠工食，庶免怠惰。一，本廠應造機件即由總機師繪圖製造，管廠司事逐日按工填表，造成開具計價表呈坐辦，商同總機師核算定價。一，凡製成一物，必須由總機師考驗評定，如有不合法者，隨時改良，以圖精進。一，凡外來修整機件，須送總機師閱看，估工定價後，發廠修理。管廠司事逐日按工填表，修畢即開計價表呈核。一，本廠機器及器具等件，管廠司事應各立一簿，率同匠目半月查點一次，如有損壞，應即時修補。倘因匠徒粗心損失，應責令該匠徒賠償，或罰扣工食。一，本廠學徒入廠時不給工資，試看一月後，每名每月酌給火食，按年酌加，俟三年學習期滿，由總機師考驗，如果技藝精熟，應由總辦總機師酌定工食，留廠効用，以三年爲限，不得擅自告退，違者照該徒自入廠之日起，所得本廠火食工資，全數按加倍罰賠。一，本廠匠藝貴精不貴多，應定每匠一名，帶教藝徒若干名，每年考試一次，察其技藝之程度，酌加工食，以示鼓勵。如教授藝徒著有成績，更當格外加賞，以酬其勞。一，高等學徒固重圖算，尤重實修，其實修時，亦應指定隨某匠學習，如有不用心或久無進步者，應由該廠司事稟知坐辦，將該匠徒分別懲儆。其專意用功，技藝精進，能與工匠一律工作者，亦應稟請提升，工匠酌加工食，其特別者，並可遞升匠目員司，以昭激勸。一，高等學徒實修程度，每屆季考時，列優等者，其平日教授之匠，酌予記功。列下等者，該匠亦應記過，以示勸懲，而昭公允。一，本廠員司匠徒弁役人等，一切應辦事宜，結賬日期以及工作時刻，發給薪工，放假等事均暫照銀元局章程辦理，以資遵守。

大沽分廠專條：一，分廠房廠地基，並所有機器，均應估價列册，存候另議辦法。庚子開廠後，添製手器，傢具，料物，及結存煤炭，自應議價作爲股本。一，分廠每千歲修工程，及添製傢具隨時稟商總廠批定後，始行辦理。一，總廠交分廠承造之件，或分廠攬作之件，須預先估定工料價值，酌定工竣限期，由分廠總管及總監工到總廠會商，總機師覆估填註估工料單，稟明總辦批准後，再行開造。未經估定者，不得動工。一，分廠凡造各項物件，應預爲稟知總廠備料，至分廠應用五金，木質，綿紗，油料，並一切雜料，開具聯單，均向總廠支領，每月按原購價值，加運脚結算一次，以清款目。一，凡分廠所造各項物件，造成後，按估定成本價值開報，呈總廠驗收，加價出售。至收回價銀及所獲餘利，均存總廠，俟年終結算時，由餘利應提官利若干歸總廠，應提花紅若干歸分廠，以示獎勵，而清界限。一，凡分廠估造各項物件工料價外，須將分廠所需員司薪水及工匠夫役工食，並日用煤炭雜項運脚等費均應估入該物件成本之內。一，分廠每月由總廠支銀若干，領料作價若干，均歸分廠新收項下，造成物件成本若干，呈交總廠，應歸分廠開除項下，隨時開報。一，分廠員司薪水，工匠夫役工食，及日用煤炭雜費一切，及運物料川資等費，統由總廠支領，按月册報。一，總分廠執事人員遇事和衷共濟，不得歧視，致生窒礙。一，官造物件一律照章收價。一，凡本廠內人或代外人私造物件，查出照原價加二十倍議罰。如本廠人出首者，格外加獎，知情不舉者，同坐。一，承攬生意，擬仿西人辦法經手者，照通例酌給扣用，以廣招徠。惟在本廠之人，不能明扣或暗分，致生物議。

甘厚慈《北洋公牘類纂》卷一八《北洋銀圓局詳擬設勸業鐵工廠繪具廠圖並試辦章程呈請立案文並批》　爲詳請立案事。竊查近年以來洋貨充斥，民生日用飲食之需幾無一事非洋貨。而中國土貨，除生料及粗鄙器物外，其成就精美堪與洋貨抗衡者，一市之中百分不得一二。推原其故，莫不由工藝之不精，然所以不精之故，實原於機器之少。職道等昔嘗赴日本，見其百端製造，無往不用機器，其造機器之廠，亦隨地皆是，故人人易購，人人易習，雖匹夫匹婦之工作亦半資手工半藉機力，此所以彼國，貨物工省價廉，銷路大暢也。伏思憲台鋭意振興工業，現在各屬風氣漸開，多有設廠購機之議，然本國無製造機器之廠，動輒須赴外洋，往往因款絀運艱，遂廢然中止。是欲提倡工藝，非自創設造機器之廠不可。兹查銀圓局，原有修機翻砂木樣等廠，工匠手藝亦頗嫻熟，現在本局所用滚邊機、天平等，均能自造，其零星物件自造者亦復不少，職道等公同商酌，擬就此擴充，將修機等廠，並其餘各房屋基地，就其可以區分者，劃出地段，另作一事，名爲北洋勸業鐵工廠。先從日用器物之機械起造，以期推廣，貧民工業如紡織汗衫，毛巾，軋花，罐匣，燈盤，鈕扣等類，可造者甚多，約計試辦添械購料，需成本銀二十萬兩，擬由銀圓局原借通惠款內勾撥，先資開辦。俟有成效，再添招股本，照公司章程辦理。上年十一月十四日，曾由職道等繕摺，呈蒙憲台鑒定，現遵商部奏定商律有限公司條例，擬具簡章八條，並將該廠地段劃出，繪圖一紙，呈請鑒核立案，俟試辦後，隨時體察情形，再行妥擬詳細章程，以維久遠，而收實效。所有職道等籌擬北洋勸業鐵工廠試辦章程，並繪具廠圖各緣由，理合具文，詳請憲台察核立案，實爲公便。爲此備由具詳，伏乞照詳施行，須至詳者。計詳呈清摺一扣，廠圖一紙。

謹擬北洋勸業鐵工廠有限公司試辦簡章，恭呈憲鑒。計開：一，本廠名爲北洋勸業鐵工廠有限公司，遵照商部奏定商律有限公司條例辦理。二，本廠以提倡製造振興工藝爲宗旨，凡有益於農商工業之機器，及鋼鐵各件，均擬酌量試造，將來擴充時，並可自向外洋購運鋼鐵各件，以供官民之用，庶可挽利權，而收實效。三，本廠股本擬收二千股，每股公砝化寶一百兩，共二十萬兩。無論官商，皆可附股，但不收洋股，如有將股票轉售洋人者，應即作廢。四，本廠另集紅股二百股，每股五十兩，由經理員司匠目按級分認，如因事出廠，照數給還，此項股分除給予官息外，並在餘利內從優提給一成，按股分派，以示優異，而策事功。五，本廠先行借款開辦，禀請督憲批准，暫由銀圓局總會辦兼管，並設坐辦一員，專司全廠事宜，其餘應用執事人位，由坐辦秉承總會辦選派，以一事權。嗣後股分招齊，將借款撤還，再照商律，另舉董事等席，以維久遠。六，本廠股分官息常年六釐，年終結帳，除官利並機器按十分之一，房屋按二十分之一折舊，及一切開銷外，如有餘利，分爲十成，以二成作爲公積，五成分給官商，股東一成，提給紅股作爲餘利。其餘以一成提作員司花紅，一成提作匠徒弁役花紅，以昭公溥。七，本廠遵奉督憲諭飭，就北洋銀圓局房屋改建，現將修機翻砂熟鐵木樣等廠，並圖算學堂物料庫，先行劃歸鐵工廠接收，以資開辦。俟將來銀銅各元停鑄後，再將闔局所有房屋，全數移交鐵工廠，俾成完璧而免窒礙。八，本廠爲推廣製造起見，擬禀請督憲批准，將大沽船塢舊存機器房屋歸併本廠接收，作爲分廠。一切用人購料做工攬活等事，概歸本廠經理，每年贏虧分計統算，隨後另訂細章。以上八條爲總綱，此外，應訂辦事細則，俟奉准試辦後，隨時由廠員體察情形詳細擬訂。

督憲袁批：據詳並圖均悉，該局擬設勸業鐵工廠，以供製造機器之用，洵爲振興實業要圖，所呈試辦章程八條，尚屬妥協，應准立案，仰即督飭員司妥爲籌辦。此繳。

甘厚慈《北洋公牘類纂》卷一八《督憲袁飭井陘縣查覆張鳳起與德提督漢納根合辦該縣礦務札》　爲札飭事。案據該縣呈稱，據承辦井陘縣橫西村煤礦一案，華洋合辦礦務，原爲定章所准行。惟據漢提督、張鳳起禀，稱該礦是否確有把握，仍須查勘，請予限十個月，擬派礦司艾克德前往打鑽掘井，查勘礦苗，如在該礦十里以內，查出確有可採之礦，即繪圖貼説禀候批准開辦；如無可採之礦，亦於十個月內禀明，將合同作廢，原地仍歸張鳳起執業。至開辦時所用之地，或租或買，公平給價，由張鳳起承辦。兹將所訂草合同抄呈鑒核，如十個月內，另有增訂礦務新章，均願遵照等情，到本大臣。據此，查該縣文生張鳳起與漢納根擬開井邑煤礦，究竟如何辦法，所訂草合同是否與定章相符，該處礦苗有無可採（本處無案可稽），應飭該縣迅速詳確查驗稟復核奪。合行札飭，札到該縣即便遵照辦理具復。此札。

甘厚慈《北洋公牘類纂》卷一八《北洋勸業鐵工廠詳呈酌擬試辦章程文並批》 爲詳請事。竊照職廠自四月初二日開辦，業將酌擬員司人數及接收廠屋地址，詳奉憲台批准在案。查職廠係爲振興工業，開通風氣。兹當開辦伊始，必須妥定章程，俾各員司、匠徒、夫役人等有所遵守，以肅規律，而收實效。謹就現辦情形擬定章程三則：一購辦事規則，叙總廠辦法；一曰廠規，叙匠役條規；一曰大沽分廠專條，叙分廠辦法。以上各條總期能臻，實際不敢稍涉虚浮，現在暫行試辦，仍須隨時體察。如有未盡事宜及應行更改之處，容再稟陳，所有職廠現擬試辦，章程是否有當，理合繕册具文詳情憲台察核，批示祇遵，實爲公便。爲此備由俱詳，伏乞照詳施行。須至詳者。

督憲袁批：據詳並清册均悉。所擬該廠試辦章程尚屬妥協，應准照辦，仰督飭員司認真經理，以期日有進步。繳。

甘厚慈《北洋公牘類纂》卷一九《房山縣晶銀礦務局招股章程》 第一條，本礦已稟明商辦，由直隸礦政調查局勘查確實，咨部立案發給執照，並飭下地方官擔承保護，名爲興亞礦務局。第二條，本礦在房山縣西北口子澗柳樹溝光景礦洞坡一帶，所産之物現有二種：一、晶礦，爲口子澗、柳樹溝二處，晶苗十分暢旺，所産之水晶、墨晶、茶晶，並藍英、紫英等料無所不備，其色亦頗透亮，將來開出足爲吾國作器具之用。一、銀礦，爲光景礦、洞坡二處，其銀砂之旺，尤勝於晶苗，每一斤砂能出净銀一兩八錢八分，尚能出好鉛六兩。此二項均同礦師查驗透徹，係確有把握，除報課及開鎔工本一切費用外，均計可獲厚利，擬先試辦開採，以挽利權。第三條，本礦所領之照約計二十餘方里，其間礦山甚多，現只口子澗、柳樹溝、光景礦、洞坡四區入手，俟有成效，其餘即行次第開辦。但人情趨利，恐有黠徒或稱自備資本，或另集商股前來分採，則創辦者爲其難，繼起者享其成，應請先行立案，所有照以内所領之山，凡與民間無礙者，統歸一人經理，庶免掣肘而息争端。第四條，開採設局，現特招集商本十二萬元，以十元爲一股，合爲一萬二千股，每股按年行息四釐，刻下業已招定三千股，下餘九千股，定由六月初一日至十月初一日，一律招齊，兹仿照各礦局成章刷印股票息摺，于各股東入股時，當面發給，以爲證據。第五條，自認股本在一百股以上者，均有一決議權及選舉權，如一人能自認股至一千份者，即可入局爲董事，如不願自己在局者，亦可酌薦一友來局任事，倘所薦非人，致有貽誤，欺罔等弊，一面由總理撤退，一面知照薦主另薦妥人接辦，遇有虧短挪移，責令原人賠補。第六條，本局暫以發起人爲總理，所有局内司事人員，暫由股東並各股東所薦之人分擔各任。至於經理帳目，其責綦重，必須由股東及發起人以外，公舉一家道殷實，素行公政之人經理，以杜嫌隙。另外如有用人之處，均遵商律，並參酌商家規則，亦必由股東公舉。第七條，本局所收之股，既有四釐行息，自應按年發給息銀，自開辦之日算足，每年底在本總局憑摺支取，無論本人來否，祇認摺不認人，以歸一律。第八條，本局股票分爲三種，有以一股歸一張者，以十股歸一張者，有以百股歸一張者，倘票股因事故遺失，由該股東登報聲明，並告知本局，限月内無人争論，須要股實舖保，本局始能補給。第九條，設局開辦，務求節省，所有局中公用及辦事司事書算等，自不能不開支辛俸，至於總辦則立志願盡義務，無論何時均不支領薪水，以重公本。第十條，出入銀錢關係最要，每日立有流水簿，每月立有月結簿，每年立有總結簿，由總辦局董協同司事公同核算，年清年款，登載京報，俾大衆咸知。平時帳簿，凡附股之人均可入局查閲，以示大公。第十一條，本局獲利後，除完税課及局中一切費用薪水外，定章爲十二成，以六成歸股東，二成歸學務經費，二成歸發起人酬勞，下除二成作爲紅股，論功分派，以示鼓舞。第十二條，開礦夫匠人等，專用本地有家業之人，俾附近貧民藉可自食其力，且免易聚願散之虞，並取具連環結保，方准入廠工作，工食從厚，而約束從嚴，免其滋事，仍請地方巡警隨時彈壓照料。如有因開山鑿石挖洞取砂等事，致遭險危，或至殞命者，各按命運，除由局酌給卹賞報官驗明存案外，其親族不可藉端訛索。第十三條，股本收齊後，須擇殷實銀號分存生息，開辦礦務一切應行需用之處，隨時提用，他處不得支使分文，以昭慎重。第十四條，本局不收外國人股份，如非中國籍貫，託名附入，及暗將股票轉售外國人者，一經查出，立將股本銀繳送入官，另招新股。第十五條，本礦擬試辦三年，俟滿三年之期，獲利多寡，按股均分。如三年後各股東有願將自己成本提出者，皆可自便，但只是前三月内通知本局，以便先期預備發結。第十六條，本礦所産之物既爲二種，其銷法亦不能不歸於一致，所産之品料擬派人往北京、天津、上海、漢口，並東洋等處發售，原料所産之銀砂，必須在礦山以下安化鍊爐，鍊成後再運至北京出售。第十七條，各經理招股人與招股處，于股份招齊時刻，計經手招至五百股者，本局則另送紅股十五個，餘多遞加。如經一人手能代招至一千份者，除應得紅股外，仍可來局任事。第十八條，商民辦礦與官廠不同，一切事宜應照商情辦理，凡在局入股者，無論有無官職，均認股東，一律看待，其應得各項利益，亦同至於局内司事友人，雖候補人員，亦不能自作委員名目，以昭劃一。第十九條，本局此次所昭之股，原係試辦而言，俟後礦業推廣，款不敷用，應再會商各股東，另添新股。第二十條，開辦時所有一切章程，必邀請股東來局公同商訂，至於日後知有舛錯，及違章舞弊等情，均任股東明斥公斷，萬不肯獨攬其權，以昭共同。第二十一條，聲明商辦，尤宜以愛國爲目的，故大家商訂，凡各股東與局内司事人等，其應得之薪金，並後來所獲之餘利，皆按二十分抽一之法報效國民捐，以盡義務。第二十二條，本局既抽二成之股歸入學務經費，自應妥爲安置，以全興學之道，故分利後，其二成股應得之款，無論多少，即速設立學堂，以培養子弟。至于他處，分文不得提支。第二十三條，各股東交股時，須將日後通事通信之地方詳細示知，以便有函商事件，不至投别處。第二十四條，本局在房山縣城内已租定民房，暫由起發人委托任用，報告股東，俟開辦時再與股東妥定人員，經理各項事宜。以上二十四條不過謹陳大概，至於詳細章程，俟開辦時再共同商訂。起發人黄毓枡，贊成員梁敦彦、盧靖、陳公恕、蔡儒楷、吴愷生、韓德銘、吴德鎮、劉春霖、高步瀛、劉炬、陳恩榮、徐德源、劉同中、楊惺本、蘇毓琦、蕭輯瑞、陳宗海、張其昌、李金藻、孫大鵬、劉玉峰、王鳳瀛、宋植彬、丁如臯、楊金鑰。

甘厚慈《北洋公牘類纂》卷一九《英商培樂等稟請辦曲陽煤礦由并批》 具稟，英國商人培樂，候選主簿吕鳳池，候選從九潘霖，爲遵照新章，勘明煤礦，擬請行縣查復，給照試辦，以擴利源，而裕税課事。竊商等居近曲陽，曲陽多山，土人向以土法掘山取煤，所獲無多，由來已久。因於上年夏秋往來其間，悉心考驗，見其煤質甚佳，較之唐山五槽烟煤成色相同，復疊次邀同素識之洋礦師英人賓士周歷勘度，礦苗寬廣，山地相連不下數十里，實爲内地上等之礦山，然必須購辦外洋機器，如法開採，方可興此大利，不然藏寶於地，殊爲可惜。商等於是糾合同志，湊集華洋資本二十萬兩，擬即購置機器，暫於曲陽西北鄉靈山下白石溝地方十里以内，圈買山地四五頃，先行試辦，俟辦有成效，然後設立公司，招集股分，再爲大辦。緣近年以來，各省請辦礦務，大都藉稟准爲招股之券，不計礦之究竟如何，但求股分入手，鋪張糜費，情僞滋多，遂令舉世視礦務爲畏途，工商之業愈因之而不振，是以商等懲戒前失，不敢先行招股，惟先就其力之所及，脚踏實地求爲可信，再圖擴充。當即稟商曲陽縣縣主，以爲土法挖煤，貧民賴以生活，不欲重違民情，飭令商諸紳民庶無怨謗，及官之累及晤商鄉耆語。以唐山臨城皆本省礦務，有益大局，人所共知，即以本地貧民而論，一經開辦，其入礦做工之利，實百倍於土法，挖煤土著猶恐不敷工作，且需招雇客民，其礦又在荒僻之地，既無侵佔田畝之虞，亦無阻礙風水之事，其開通識時事者，尚知此舉爲地方開濬大利，不患貧民無藉，而篤於守舊者咸目之爲洋務，反以攘利爲辭，縣主見其儘無成説，未允遽予詳辦。商等現在欲遵自投外務部具稟之條，而大部仍當咨詢鈞轅行查酌復，欲遵稟請州縣詳請之條，而縣主又有重違民情之見，籌維再四，惟有冒瀆憲天，詳陳底藴，核與現辦井陘礦務事同一律，倘蒙俯鑒下忱，准予批行，該縣據實查復，如商等所稟事屬可行，則逕乞恩賜核明批准，專咨外務部給發試辦執照，俾得經營開辦。所有應行鈔呈華洋合辦合同，及章程第二條應按成本百分之一提繳照費，第六條開採以後出井税課，第十八條盈餘報効，並各項章程，再爲詳議具陳。伏乞電鑒施行。再一俟奉准行縣查復後，即將存備資本聽候提驗，冒瀆上稟。

督憲袁批：來稟均悉。查礦務章程第一條内載，凡擬開辦礦務者，或集華股，或借洋款，均須先行稟明外務部。其稟或自行投到，或由該省州縣詳請督撫專咨到部，俟奉批准後，方可爲准行之據，未奉批准以前，不得開辦。又第四條内載，該處地主原有不從之權，須由原稟之人向其先行説明，商定價銀報明立案，不得私行交易。倘該地有關係國家，必須開辦之故，其地主雖有不從之權，亦應順聽國家之意，由官公平發給地價，任憑開辦等因。今該商等請在曲陽西北鄉靈山下石溝地方開辦煤礦，既不稟明外務部，亦不由縣詳咨，核與章程不符，至該處地主原有不從之權，該商等請辦礦務又非有關係國家必須開辦之故，所請礙難准行。此批。

甘厚慈《北洋公牘類纂》卷一九《熱河試辦礦務章程》 開礦條規：一，呈報總局。熱河現經奏設求治總局，礦務胥在其内，所有商人稟請開礦，呈驗資本合同，皆赴該局投遞，不准向委員私室，請謁科房關説，以絶弊端。凡稟報事件，批解課銀亦如之。一，咨明外務部。凡稟開各礦，應由都統查明，一切均符定章，方予咨明查核候覆准後，始准給照開辦。其在外務部呈請者，亦須咨明熱河都統委查，果無朦混窒礙，俟咨覆核准，始爲准行之據，無論蒙民一體遵守。一，聲明股資。凡開礦資本，應先於呈內將是否已資，或集華股，或有洋股若干，詳細聲明，不准隱匿朦混，致滋流弊。一，呈驗合同。凡借用洋款及招集洋股，議訂草合同後，稟請都統暨外務部覆核，儻與定章不符，礙難照准，不得以草合同作據。一，詳明四至。從前開礦者，往往假借地名，希圖狡賴，如平泉已有舊礦，而請辦八溝、赤峯已有舊礦，而請辦哈達之類，遂致易啓訟端，糾纏難結。嗣後稟請初辦，必須於呈内詳細註明四至及距縣里數，繪圖貼説，俾可派員查明，以杜爭競。一，委員查勘。凡稟開各礦，無論在外務部呈請咨文到都統，及先在都統呈請，均須札由總局轉飭地方官詳查，是否在他人承辦界内，及有無各項情弊，如距縣治遥遠，亦可委員往查，均俟稟覆核定，儻有瞻徇稟覆不實，則惟原查之員是問。委員盤費由總局發給，不准向該商需索饋遺，違則究辦。一，由官試辦。熱河礦產，所在多有，現在需款孔亟，若僅恃商辦，不足以興利源。嗣後查有礦苗旺盛之區，並無商人開辦，及辦而報賠停閉者，即由總局派員暫按土法試辦，所需成本，即在礦税項下動支，作正開銷，一切利益均歸國家，俟有成效，酌量擴充，統俟一年彙奏，委員優給薪水。儻查有絲毫弊端，即行參究，礦廠限制。一，指明地段。礦地標估迹近壟斷，嗣後呈請開礦，應指定地名，大礦在二十里限内，小礦在十里限内，不准同時預指數處。在限制之外，如開辦之處已報升課，方許復請他處查明，無礙方准開辦。一，劃清界限。礦地界址，務須分明，儻有兩礦毗連，難免互相侵越。嗣後新開之礦，不准在舊礦窿口相距二十里之内，以杜爭端。一，區别新舊。凡舊礦或因苗線隱閉，或因無力開辦，業經封閉者，是已歸還公家，不得據爲己有。若易人稟辦，自與舊商無干，惟新請開採之人，亦須據實聲明，以便查核舊卷，因何封閉，有無别項轇轕，方免爭訟。一，禁私易。承辦官商，凡批准開辦之礦，或因財力不足，或因硐老山空，即應呈請封閉，不得私相授受。如有添股易人之事，果無私毫弊端，亦須先行呈明，遵照新章，按照初請試辦之法，咨候外務部覆准給照。另繳押課銀兩，方准接辦，違者究治。一，照給蒙地山分。熱河東四處，率皆蒙地，向章辦礦，國家抽放課銀外，仍給蒙旂應得山分。今應仍照舊章，凡開新礦，須向蒙旂商定山分，稟局存案。一，限制官吏開採。凡就地在官之人，開辦各礦，流弊滋多，嗣後概行禁止，如有願辦者，官即先行咨部離省，吏即飭令罷役，方准開辦。至乾脩一項，尤當嚴禁，違者查出，究懲税課科則。一，升課期限。向章試辦礦務，予限升課，多則半年，少則三月，限内已鍊金銀，即應升課，往往隱匿不報，狡黠者爲日既久，僞報停採，其實並未停工，一經催令請封，復報開採，弊竇甚多。嗣後批准各礦，自給諭日起，統限半年呈報升課，如或逾期，是必礦苗不旺，難期開採，即令呈請封閉。儻實因土深石硬，並非有意偷漏，准其先報驗明，酌准展限，至多不得再逾半年。至原限内已鍊金銀，即行升課，不得拘定期限。一，押課銀兩。舊章金銀各礦，每處僅交押課銀三百兩，煤窑一處，僅交押課銀五十兩，嗣後宜變能酌增。每報華洋合辦，大礦一處，應令預交押課銀一千兩，至報開土法小礦一處，仍准照交押課銀三百兩。自給諭後，凡報開各礦，半年未報升課，呈請封閉者，給還一半押課銀兩。呈請展限，限滿又復請封閉者，給還押課銀十分之二。逾限不報封閉者，一面勒令封閉，仍將押課銀兩歸公。儻升課拖欠課銀，即將此項作爲正課，另飭補繳押課。煤窑包課，如有欠課款者，惟承保人是問。一，呈繳照費。准外務部奏定新章，凡開礦領照，均納照費。嗣後稟開各礦，一經批准給照，擬視資本多寡，酌量繳費，大礦一百兩，小礦五十兩。如日後該礦停辦，應將原領執照，即行繳局注銷，以杜影射朦混之弊。一，暫輕礦課。熱河向章礦課，每十成抽收二三成不等，嗣因課款過重，非隱漏即閉歇，毫無實濟。復經奏請，每出金百兩，收課金六兩，出銀百兩，收課銀八兩，由礦路總局咨准。現熱河境内金銀各礦抽課數目，應暫照所擬通融辦理，作爲現行試辦章程，以後察看情形，如果各礦辦有起色，再酌升抽數。一，體恤貧民。熱河地瘠民貧，礦多脉淺，小本商人呈請開礦，就山設廠，賒借食用，得砂償還，貧民費終日挖淘之力，僅敷糊口，商人護利甚微，礦盡工停，旋開旋閉，非擁厚資辦巨礦者可比。若一律責令赴部領照，勢必無力經營，窮苦小民謀生無路，恐致流而爲匪，應請酌量變通，資本充足者遵章請領部照，其小本營生者遵照舊章，呈交押課銀三百兩。查係實屬安分良民，别無朦混窒礙，即由都統發給執照，以示體恤。一，懲儆隱匿。金銀各礦，最易蒙混，嗣後凡有隱漏税課，按應報之數，加五倍罰收，無論民蒙華洋，一律遵照，如敢故違，勒令封閉。一，酌提局用。設局經費，委員薪水，查礦川資等項，前經奏明，無論收課多寡，提局費二成，請免報銷在案，自應照舊辦理。一，抽提盈餘。礦務盈餘，應仍照礦路總局奏定章程，按十成之二五提出，繳部查護事宜。一，嚴查匪類。礦廠用人較衆，良莠難齊，游勇盜賊往往混迹，辦礦者豈能盡識根柢，緝匪者又難入礦搜查，致礦廠竟爲逋逃之藪。嗣後嚴定章程，凡有前項匪類逃入，經勇役訪明，即著密稟地方官，或營官嚴密知會，准勇役赴該礦查明，確實臨時斟酌情形，或責成該鑛交出，或由該勇設法緝拏，不得暗通消息，致令逃匿，尤不得藉詞袒護，或致恃衆抗拒，違者究辦。一，派員稽查。尋常小礦，委員周流巡查，大礦派員專駐，由廠撥給房間，作委員公所。礦産賬目，委員有查閲之權，每日出金銀若干，月共出金銀若干，應徵課若干，由該廠會同委員，按月呈報。如有不實，委員單銜密禀，以憑究罰，儻貪利扶同隱飾，查出重究。税課收有成數，即行批解，毋得拖延致干催提。至委員薪水，一切總局支發，不准向廠需索絲毫供應，違則參辦。一，撥兵巡護。各礦夫匠雲集，須有弁兵巡查保護，應禀請都統委派，所需教練經費口糧，均由該公司籌備，按月支給，如係自募護勇，應先禀明，按季造送花名細册之便稽考。

附録：奏停蒙旗礦務合同。蒙古喀拉沁王旗屬各礦，經該旂於去年四月間，招京商孫樹勳夥合洋人，籌款開採並訂立合同。又熱河所屬卓索圖盟喀拉沁中旗札薩克公漢羅札布，亦於去年，將屬地八里熱水沿河等處礦産租給俄商璞科第開採。頃由新任熱河都統錫查明，前項合同均與奏定新章不符，且未指明界綫，跡近壟斷，恐將來諸多窒礙，因奏請停止，將所立各合同作廢，以符定章外，並酌議熱河試辦礦務章程大綱四條、細目十四條。

甘厚慈《北洋公牘類纂》卷一九《直隸全省勘礦局示禁私售礦産文》 爲出示曉諭事。案奉督憲袁札開，光緒三十一年八月十七日，准軍機大臣字寄商部、各直省將軍督撫，光緒三十一年八月十七日奉上諭：商部奏請飭清釐礦産，以保利權一摺。中國地大物博，礦産之富甲於全球，祇以研究無人，遂致利源未闢，又或奸徒勾結，設謀售賣，輾轉影射，流弊滋多，亟應澈底清釐，認真整頓。兹據商部奏稱，周馥所陳委查三江礦産，並集股試辦，禁止私售各節，有裨要政，請飭各省一律援照辦理等語。著各省將軍督撫即行遴派諳練廉正之員，酌帶工師周歷各屬，切實探勘，按照商部所發表式，將已開未開各礦逐一詳晰註明，隨時咨報，並按兩江辦法迅即籌辦，毋稍延緩，其各省所派專員，均准作爲商部礦務議員，並由該部悉心稽查，嚴定考成，隨時請旨辦理，以示勸徵。總期權自我操，利不外溢，是爲至要。原摺著抄給閲，看將此各諭令知之，欽此。遵旨寄信前來等因。准此，查直省各礦，前經諭飭津海關梁道關内外鐵路局，梁道設立勘礦局，延聘礦師勘查本省礦産，分別籌辦，適與此意相合。欽奉前因，應仍委該道等妥籌辦理，以保利權，合行札飭，札到該道即便欽遵辦理具覆此札等因。奉此，業經本道等遵飭，在於津關署内附設礦局一所，分別報咨轉行在案，恭譯諭旨，重在禁止奸民私售，由官勘辦，以期權自我操，通行地方官欽遵查辦外，合行出示曉諭，爲此示仰合省諸色人等，一體知悉。自示之後，爾等須知礦爲國家應有權利，如有勘得現苗礦産，自欲集股開採者，務將辦法章程或呈請該管地方官衙門轉報，或徑禀本局勘查酌核飭辦，不准擅將出礦地所私相售賣，如敢故違定，即從嚴懲辦，其各凛遵。特示。

甘厚慈《北洋公牘類纂》卷一九《北洋大臣咨復商部臨城縣煤礦應歸官局開采文》 爲咨復事。九月十七日准貴部咨開，光緒二十九年九月初五日，據分省補用知縣王鍾琛等禀稱，卑職等查有直隸趙州屬臨城縣之楊家灣，烟煤極旺，足供蘆漢鐵路之用，並與田舍墳墓河渠道路均無妨礙，實可開採，因會同該州縣紳民康子儀等，與所禀之處山田地主商定後，隨行招股，今集定現款銀二萬五千兩，交趙州城内永興匯票公司存儲，以備開採之用。如或不敷，俟開辦後，再行陸續增添，以期完善，理合繪圖並試辦章程呈請批示，開採試辦一年，俟成效昭著，再行購買機器，極力擴充，倘蒙俯允，請賞賜手札，以憑赴該州縣立案，並請飭行該地方官出示曉諭，以免莠民滋擾等情前來。查閲所禀各節，及試辦章程，尚屬妥協，傳詢該員等據稱，此礦係紳民合股，開辦並無洋人干涉在内，永興匯票公司確係山西商人張是彝所開等語，究竟所指臨城縣屬之楊家灣煤礦可否開採，有無窒礙，永興匯票公司舖東何人，有無洋人股本，何時開張，此礦是否確係紳民合股開辦，相應咨行貴督迅飭該州縣，將前項逐細查明，聲復到部，以憑核辦等因。到本大臣，准此，查臨城縣之楊家灣煤礦，前於光緒二十四年，經前北洋大臣榮奏，歸臨城礦務局採辦在案，該處既係官窑，自不准民間開採，近據縣丞劉文治等禀請試辦，業經批駁。兹准前因，應請無庸置議，除飭臨城縣傳知該員等遵照外，相應咨復，請煩查照。

甘厚慈《北洋公牘類纂》卷一九《撥款開辦漠河金廠飭支應局津海關道札護照清摺附》 爲札飭事。據督理黑龍江漠河等處礦務劉道禀稱，竊職道前以江省僻處極邊，請俟春融再行前往查看等情，禀蒙批准在案。兹届仲春，應即隨帶員司、繙譯、弁勇人等，遵飭前赴觀音山漠河各廠查看情形，禀請試辦。所有員弁薪水，以及往返大車輪船脚費，並購帶馬匹裹糧入山等項，所費不貲。且到廠後，如查可試辦，即須酌留員司，搭蓋房屋，經營一切，在在需款。職局現未集股，款項無出。擬懇憲台俯賜撥借銀一萬兩，由職道具領。以五千金，作往返川資；其餘銀兩，留備各廠開辦之用。併祈賞發護照，交俄領事簽字給領，以便剋日趲程。至所借銀兩，俟集股後，再籌歸墊。理合將隨帶員司弁勇，及薪餉數目，附呈清摺，稟請鑒核批示祇遵，實爲公便等情。到本大臣，據此，除批據稟該道現擬隨帶員司人等，前赴觀音山等處查看各礦情形，稟請試辦。所有員弁薪水，往返脚價等項，飭北洋支應局，籌借銀一萬兩，由該道收領具報。惟須撙節動支，勿稍糜費。俟集有股本，即行如數歸墊。並由本大臣繕辦護照一紙，發交津海關道，照會俄領事簽字，呈送轉發該道執持前往，以利遄行，摺存等因。合行札飭，札到該局道即便查照辦理具報。此札。

給督理漠河金礦劉道焌護照爲給發護照事。

照得本大臣，奏派候補道劉焌重辦黑龍江漠河等處礦務。現屆春融冰泮，自應酌帶員司人等，前往觀音山、漠河各廠查看礦務情形，以便試辦。據該道稟請，發給護照。並請由俄領事簽字，以利遄行等情前來。合行給發護照，爲此照，仰沿途經過關卡驗照放行，勿得留難稽阻，致於查究，切切。須至護照者。

辦理黑龍江漠河金礦，隨帶員司差弁清摺：提調候選知州宋小濂，月支薪水銀五十兩。辦理文案委員一員，月支薪水銀三十兩。管理收支委員一員，支薪水銀三十兩。俄文繙譯一員，月支薪水銀三十兩。繕清司事二員，每員月各支薪水銀十二兩。隨員二員，每員月各支薪水銀二十兩。差弁六名，月各支薪水銀八兩。親兵十名，月各支口食銀四兩二錢。

甘厚慈《北洋公牘類纂續編》卷一八《山東嶧縣煤礦有限公司稟請咨部札委總協理頒發關防並註銷華德字樣文並批》 敬稟者，竊查山東嶧縣中興煤礦，係光緒六年，經前北洋大臣李奏明開辦，因資本不足，未見成效，二十一年奉文停止，二十五年復經前北洋大臣直隸督憲裕、前內閣侍讀學士督辦直隸礦務張會同奏請改爲華德中興煤礦有限公司，鍾琪等先後入股，原期擴充礦務，多出煤斤，築造運路推廣，銷數既可抵敵洋煤，亦得開我利源，藉副國家振興實業之意。所幸十年以來逐漸起色，成效已著，惟大利所在，人所互争，德人之垂涎，無時不眈眈虎視，若不援案稟請保護，日久難保，無藉故侵奪之舉。近閱報登京師自來水公司章程，係由農工商部提倡刊發關防札委，總協理招股創辦，嗣後更易總協理均由各股東公舉呈部札委立法，極爲妥善，中興公司自應仿照辦理。惟中興公司原奏係由張前閣學督辦，籌招六成華股，德璀琳認招四成德股，爲洋總辦，張運司蓮芬爲華總辦，詎料尚未開招，即值北方拳亂，張前閣學與德璀琳均因開平礦事不能兼顧，二十七八年間全賴張運司東挪西貸，勉力支持，迨二十九年張運司調授兗沂曹濟道任，經前升任山東撫憲周暨憲台疊諭職道鍾琪幫同籌招股本，經費始漸充裕，張運司既會同創辦，於前復竭力經營，於後倍嘗艱苦，百折不回，凡在股東莫不欽服，應請轉咨農工商部札委張運司爲山東嶧縣中興煤礦有限公司總理，指分山東試用道戴緒萬駐礦多年，辦理始終不懈，礦有成效，該道之力居多，擬請派爲協理。嗣後凡遇總協理更易，仍由各股東開會公舉，具稟呈請農工商部加札委派，以昭慎重。更有請者，原奏改爲華德中興公司，本因德璀琳認招德投四成，庚子後德璀琳屢以定章太嚴，德商不願附股，以致久未招有一股，現在路股已足，亦無容再招洋股，而紳民又因華德二字懷疑，應請咨明農工商部允准註銷華德字樣，刊頒關防名曰山東嶧縣中興煤礦有限公司關防，以資信守而垂久遠。至德璀琳雖未招有德股，念其從前隨同創辦，代邀德礦師富里克等至嶧查勘之勞，原議給與酬股三萬元，連利股共合四萬七千元之股，准其與華股一律分利，以示優異。如蒙恩准轉咨，大局幸甚，公司幸甚，所有稟請轉咨刊發關防，札委總協理，並註銷華德二字各緣由，理合具稟大帥鑒核批示祇遵，實爲公便。肅此，稟請鈞安，伏惟垂鑒。

督憲楊批：據稟已悉。候咨農工商部、外務部，咨商核覆飭遵，並咨山東撫部院查照。繳。

甘厚慈《北洋公牘類纂續編》卷一八《丞參上行走前長蘆鹽運使周》 爲咨呈事。竊維礦務之發達，視乎銷路之暢旺，而銷路以運道利便，水陸交通爲主，嶧礦在叢山之中，運送爲艱，二十餘年不能發達，此大原因。今修台莊九十里鐵路，以達運河，稍可漸冀起色。惟運河近年水勢日見淤涸，銷路究屬有限，若按每年三十萬噸以上之計畫，非接通津浦幹路不可。前議棗莊至臨城驛一段，本屬隨礦運路，僅五十八里，一律平原，需款尚非過鉅，今既預計第二年出煤三十萬噸，第三年四十五萬噸，第四年六十萬噸，倘屆時此路不成，無從運銷，必大受困難，可否咨商郵傳部及時籌款修築，計此路告成，專論嶧礦運費，遠近牽算，每噸一兩，每年不下三四十萬噸，即合銀三四十萬兩。且津浦全路可得嶧煤接濟，每年煤價所省亦鉅，此實兩有裨益，爲目前切要之舉。至六、七年後，每年出煤八九十萬以上，又須展修海州青口鐵路，直達海口，始克大闢銷場，兼供海軍之用，此則將來之計畫，留爲後圖。總之，煤礦與鐵路有輔車相依之勢，若擴充採煤而不亟修運路，是猶膠柱而鼓瑟也。管見所及，理合呈請鑒核施行，須至咨呈者。計呈圖説清單各一件。

謹將中興公司煤礦擴充辦法預算清單録呈鈞鑒。第一年自宣統二年起，應添新本七十萬兩，內計總礦大井工程機器等事，約銀三十萬兩；第一分礦，淺井工程機器等事，約銀二十萬兩；台棗鐵路工程，約銀二十萬兩；應還舊債八十萬兩。以上共應招新股一百五十萬兩，本年新舊股本共合銀二百三十萬兩（計原有舊股八十萬，又本年新招一百五十萬，共合此數）。就老井出煤十五萬噸（約每日四五百噸，以三百日計），約得煤價盈餘十五萬兩，約得鐵路運費盈餘八萬兩，共得盈餘二十三萬兩，足敷股本官利一分。第二年（宣統三年），應添新本七十萬兩，內計總礦添機開峒等事，約銀十五萬兩；第一分礦，加深井工添大機器等事，約銀四十萬兩；台棗鐵路添車頭並車輛等事，約銀十五萬兩，全年新舊股本共合銀三百萬兩（計上年新舊股二百三十萬兩，又本年新股七十萬，共合此數）。新舊井出煤三十萬噸（約每日一千噸），約得煤價盈餘二十五萬兩，約得鐵路運費盈餘十萬兩，共得盈餘三十五萬兩，除付股本官利一分外，尚餘五萬兩。第三年（宣統四年），本年新舊股本同前計三百萬兩，總分礦新井出煤四十五萬噸（約每日一千五百噸），約得煤價盈餘三十萬兩，約得鐵路運費盈餘十五萬兩，共得盈餘四十五萬兩。除付股本官利一分外，尚餘十五萬兩，合餘利五釐。第四年（宣統五年），本年新舊股本同前計三百萬兩，總分礦新井出煤六十萬噸（約每日二千噸），約得煤價盈餘四十五萬兩，約得鐵路運費盈餘二十萬兩，共得盈餘六十五萬兩。除付股本官利一分外，尚餘三十五萬兩，合餘利一分有奇。查以上所估利益，皆係從減核計，如果事機順手，尚不止此數。再至第五、六年以後，出煤可逐年增多一二十萬噸，但得運路利便，不必另添新本，即得獲利倍蓰。合併陳明。

甘厚慈《北洋公牘類纂續編》卷一八《礦政調查局詳商人稟辦磁州礦產應否照准請示遵文並批》 為詳請示遵事。竊據監生羅三佑等稟稱，竊維環球生計學家僉以合資營業者，常占優勝。職商等前以磁州小河溝一帶煤苗佳旺，集股開採，稟由磁州轉詳憲鑒在案。昨奉院批，磁州一帶礦產本有墊撥官本，應歸官辦等因，蒙此捧誦之下，慚惶無地。查磁州礦產前經陳故守忠儼開採之地，名曰吳家窪，祇緣水脈過大，遇事奢華，虧累甚鉅，陳故守停辦後，該處土民以土法挖鑿窑峝，不可勝數，有合資開挖一峝者，有獨資開挖數峝者，總之一經見水，即無法可施，效少利微，旋挖旋閉，聞前署臬司周廉訪曾經履勘，亦以工大費鉅中止。職商等所稟開採之地，名曰小河溝，與吳家窪相距較遠，均係民地，並無陳故守價買之地，與奏定商律毫無違背，矧職商等現在本埠英租界內開有機器鐵廠，機器之優劣，煤質之良窳，皆歷經考驗，不致受人欺弊。且人皆有股，事必躬親，屏去官場積習，較之官本，用人盈虧，不注意者，稍有把握，至於陳故守虧累官撥之款，職商等情願分年代銷，以清案款。惟有仰懇憲恩，俯念職商等創辦此礦，原為開通風氣，保護內地利權起見，據情轉詳，應如何認銷，伏祈鈞裁，職商等無不樂從，應繳報效及一切事宜，悉照原稟辦理。合同章程容再呈送外，所有情願認銷陳故守官虧緣由，理合稟請查核，俯賜批示祗遵，實為公便等情。據此，查此案前奉憲台札，以磁州一帶礦產本有墊撥官本，應歸官辦，該羅三佑等所請集股集辦之處，未便准行，飭局查照等因。當經職局飭令磁州轉知羅三佑等遵照在案，茲據前情，伏查現奉辦礦新章，官礦可准商人租辦。磁州煤礦前由職局總勘礦師鄺道詣勘，實係佳饒可開，惟預計開辦之費，約需銀百萬有奇，值此庫藏空虛一時，勢雖籌措，若官辦既難集鉅資，民辦又懸為厲禁，美利何日能收，職道等愚昧之見，與其封候官開，而令棄利於地，莫若准聽商辦，而可藏富於民。且官家仍可坐收租稅之利，似尚一舉兩得之計。職道等公同籌議，前項礦產如羅三佑等能將舊商所虧官款，分年擔保認還，似可暫准遵照新章承租開採，惟事關商人租開官礦，且有舊商官欠轇轕，應否准其試辦，職局究未敢擅專，理合具文，詳請憲台俯賜查核，訓示遵辦，實為公便。為此具呈，伏乞照詳施行。須至冊者。

督憲楊批：據詳已悉。查磁州煤礦虧欠官本，為數甚鉅，若由商租辦，易滋轇轕，應仍歸官設法籌辦，所請暫准羅三佑等承租開採之處，未便准行，此繳。圖存。

甘厚慈《北洋公牘類纂續編》卷一八《督憲陳准郵傳部咨覆磁州礦局擬修運煤鐵路行令詳議章程呈送核辦札飭礦政調查局移行遵照文》 為札飭事。宣統二年二月二十六日，准郵傳部咨路政司案呈：接准咨開，據礦政調查局詳稱，准磁州煤礦局咨稱，敝礦前勘辦時，原定集股修築運煤枝路等情，詳請在案。惟所擬路綫由彭城至馬頭道途遥長，需款甚鉅，非一時所能舉辦，茲既稟請，由馮峯開創基礎與薛村連合一氣，將來採取較多。修路之舉，似須預籌，擬先由馮峯至馬頭修築輕便鐵路一道，於京漢幹路勢相銜接，以後推廣沙果園等礦，再行續請接修。茲已勘得，由馮峯至馬頭車站，計長四十中里之譜，仿照六河溝所修二尺餘寬小軌道，約計需本十餘萬金，路綫既短，修築較易，業已商令各商先行認定股分，一俟奉准，再行陸續交款等因。理合將該局擬具路綫圖說，備文詳送查核，並乞轉咨郵傳部核復飭遵等情。到本大臣，據此，除批候轉咨外，咨會查核，見復施行等因附圖説一紙前來。查商家呈請承辦，運煤枝路向由該商抄録，批准辦礦案據呈驗貲本擬具章程稟候本部核定施行，立案批准，歷經辦理有案，茲准咨據磁州煤礦公司，請由該礦集股擬辦，馮峯至馬頭鎮輕便鐵路專爲運煤起見，應飭該公司先行開具認股清單，擬具詳細章程，抄録案據送部查核，以憑咨復飭遵。除將路綫圖説存留備案外，相應咨行貴督查照，即希轉飭遵辦可也等因。到本大臣，准此，合行札飭，札到該局即便移行遵辦，具復核咨。此札。

甘厚慈《北洋公牘類纂》卷一九《農工商部咨督憲袁請飭屬詳查礦産按年報部文》 爲咨查事。案查各省礦産，前經本部刊發表格，通行咨令填報。並咨催將所屬礦産，無論官辦、商辦，金類、非金類等礦，原質及化分何質，一併標題名目，迅速分別填報，通咨各省各在案，迄今有已報告者，有未報告者。正在檢查之際，旋接外務部咨稱，准法使照稱本國鑄錢院所，著報本一分齎送中國政府存案等因。轉咨前來，查譯該使所送表格内開，一將西歷一千九百六年出井之金銀砂内含純金若干，雜質若干，或在本國提煉，或運往他國暨斤數價值統列入表内，一將西歷一千九百六年，各局廠鍊得金鉛砂含雜質之合金，暨鐵礦内提出之金銀其數目多寡，出口若干，自用若干，及斤數價值統列入表内各等語。礦産爲利權所繫，各國政府無不注意調查，法國鑄錢院統誌各國生産實金，而於中國獨付闕如，不得不亟爲考察，相應咨行貴督，飭屬務將前查及以上所開各節，按年從速報告，以備綜核，毋或遲緩遺漏爲要。須至咨者。

甘厚慈《北洋公牘類纂續編》卷一八《礦政調查局詳酌擬礦章所載應解藩庫一半煤税等款銀兩提歸擴充礦政文並批》 爲詳請轉咨事。案查礦務正章第六款所載，凡礦商呈繳之礦界年租，一礦産出井税，二並官地與礦商合股應分之餘利，三其銀兩統由各省總局彙收，以一半解農工商部，以一半充本省餉需等語，自應遵照辦理。查職局現在清查舊礦，設立分局多處，員司薪水，局費爲數不貲，雖經詳明取給於照費及煤税一成經費，而現值開辦之始，收效尚在後來，不得不寬籌經費，以資辦公，擬懇將柴煤小窑完納煤税，應留本省一半銀兩，全數留備分局一切支銷，俟將來收數暢旺，一成經費足敷開支，再行提充別項餉需，於擴充礦政裨益，實非淺鮮。是否之處，理合具文，詳請憲台俯賜查核立案，實爲公便。爲此備由具詳，伏乞照詳施行。

護督憲崔批：據詳，各屬設立礦務分局，添派員司，計需薪水局費爲數甚鉅，所留照費，煤税一成經費，不敷開支。擬將柴煤小窑完納煤税，應解藩庫一半銀兩，全數留備應用等情，應暫准行。一俟前項數收暢旺，該款仍即照章報解，以符原案，並移藩司知照。繳。

甘厚慈《北洋公牘類纂續編》卷一八《礦政調查局詳酌擬派員往各州縣境辦理礦務稽徵税租文並批》 爲詳請示遵事。竊照礦務新章第三款内載，各省礦政應於省城各設一彙總承轉辦理之區。現在外省官制尚未通行，仍暫由奏設礦政調查局之礦務議員，遵照此項章程辦理各項礦務。各州縣境内如需派設礦務委員，即由該議員遴選妥員，詳由本省督撫咨報農工商部核准施行。凡關涉礦務事宜，均須詳請咨部核奪等語。當因直隸地蘊五金，星羅四境，而柴煤小礦尤爲無處無之。若逐處派員，不特無此多材，局用亦無從籌措。擬請凡係産礦最廣之區，已開著名之礦，酌委專員駐紮辦理。其餘有礦各地，即以該處地方官兼充，或由地方官舉一廉正紳董充當。俟礦利大興，再派專員辦理等情。詳蒙憲台咨准，農工商部核覆，大宗礦産無論華洋合辦，仰或華商自辦，均須派委專員駐紮辦理等因，自應遵照辦理。茲查曲陽縣境，據華商陳念新、楊慶槐等分案稟請開辦煤礦；井陘縣境，據華商吴景程及正太路局擬開煤礦，核其資本以及辦法，均屬大宗礦産，所有監視礦務，經收税租等事，極爲繁賾，地方官勢難兼顧，亟應遵章派委專員前往駐紮辦理，以專責成。現值各局所裁汰冗員之際，此項委員擬先儘職局辦事簡少之員，酌量改派，仍照原薪，不再另給。其赴局川資，准按所往路程量支一次。辦公經費，准按所收租税開支一成，以昭核實，而資辦公。職道等愚昧之見，是否有當，理合具文，詳請憲台俯賜查核，訓示祇遵，實爲公便。

督憲楊批：據詳，擬就大宗礦産照案派員監視經收税租，即擇該局事務較簡之員酌派前往，仍支原薪，并發川資一次，至所需經費，暫按所收租税之數，開支一成，以資辦公，應准照辦，仰仍將所派各員銜名録報查考。繳。

甘厚慈《北洋公牘類纂續編》卷一八《礦政調查局詳該局經費現已擬定按月支領請立案文並批》 爲詳請立案事。竊照職局奉飭遷入專局辦公，自與從前附在津海關道署内者不同，所有例支經費銀兩，擬請自七月起，仿照各局所辦法，按月由職局備具印領，咨請津海關道照發，以清界限，而專責成。查職局入款，只二大宗：一，臨城煤局税釐等項一款，每年約二萬數千兩。一，井陘合同所載撥作礦局經費一款，每年銀五千兩。此外，各處礦税照費爲數甚微，以上三款合計每年不過銀三萬兩之譜，局用一項自不得不量加撙節，以免虛糜。職道等公同酌核，薪水一項，就現在所在員司計算，每月需銀二千一二百兩，局用一項擬每月撥銀三百兩，即由職道筠孫核實支銷，有餘積存，不敷找領。勘費一項，勢難懸定，臨時另款請支。惟現在臨城煤局稅釐等項，積欠甚鉅，井陘礦案尚未奏定，報効繳解無期，以致近數月來職局費用不敷銀約一萬數千兩，皆由職道紹基在於關庫墊發。嗣後月支之款，職道筠孫等公同商定，仍由職道紹基照前挪墊，所有臨城井陘等處稅釐，亦照案解交關庫代收，職局即不與聞，以期各清各款。第辦礦爲今要政，將來擴充，一切需費不貲，倘現撥局用收不敷支，届時再行仰懇憲恩設法接濟，以裨要公。所有職局開支經費銀兩緣由，理合具文，詳請憲台俯賜查核立案，飭知津海關道照辦，並乞批示祇遵，實爲公便。再六月以前支用各款，即由職道紹基截數造報，合併聲明。爲此具呈，伏乞照詳施行。須至册者。

督憲楊批：如詳立案，候飭津海關道遵照。繳。

甘厚慈《北洋公牘類纂續編》卷一八《礦政調查局詳礦務新章條款恐有誤會請再轉咨核定文並批》 爲詳請轉咨事。案查前因礦務新章第八款所載，修改舊礦商章程期限，是否自奏准實行之日起，業經職局詳請轉咨核示在案。玆查尚有應預爲請示者，正章第十款，中國人民曾違犯法律者，不得有開礦利權，查犯罪有輕重之等差，此等違犯之人，必罪至何等以上，方不准其辦礦。又正章第二十四款，呈請開礦執照之人，不能合格，或所領之礦地別有違礙，不能准給執照，或別有可疑之處，可令其呈具保單，此項保單是否以銀擔保，抑或以人擔保。又正章第四十八款，凡礦產裝運出口者，無論其爲礦苗之原質，或提淘之粗胚，或製煉之淨質，須按海關稅則交納出口稅，凡機器料件裝運進口，爲辦礦之用者，亦須按海關稅則交納進口稅。此項礦產未經運到口岸之先，及進口後運入內地，經過內地關卡，應否抽收稅釐；辦礦機器進口之後，復運入內地，應否完交稅項？又附章第八條，倘業主或其代表人，與領有勘礦執照人所商未協，該勘礦人可向本地礦務委員處具禀聲請，並具保單，以備津貼業主，賠償損失兩項用費。該委員即將勘礦人所禀之事，知照該業主，儘兩個月內，可以來局申訴不允之故，如業主並無事故，期內不來申訴，逾期即作已經允許論，且於期滿以後，該委員應即妥定辦法，如須妥計保單數目，即應按照所估之數妥定，惟不得逾於實應津貼賠償之數，查估計之法，應按該地受損多寡爲定衡，一經估定，究應按估數若干成填入保單？又附章第十三條，凡禀領開採礦章第十一款內乙字之礦質者，若在民地界內，該處委員或本省礦政局，應自收禀之日始，於十日內行知該礦地業主，該礦地業主應自奉諭之日起，儘一個月內，即須聲明，或願自辦，或因何故不允具禀人辦理，如該業主欲留爲自己開採之用，礦政局即可酌定期限，飭令該業主應在期內興工開採，查業主既遵諭聲明，情願留爲自己開採，所給期限究應酌定若干日？又附章第十四條，地面業主如已得受津貼賠償，給予允許勘礦字據，自總局發給勘礦執照，准予別人履勘之日起，於一年期內決定自辦，該業主應償還該勘礦人所用之工費，設使兩造不能互相妥商工費之數目，即按本附章第三十九條所載公斷之法辦理，至業主已得受勘礦人付給之津貼，賠償銀兩應否一併發還？以上數款，擬請憲台轉咨農工商部分款核定，俾得有所遵循，職局係因恐日後誤會起見，是否有當，理合具文，詳請憲台俯賜查核，轉咨農工商部核覆飭遵，實爲公便。爲此具呈，伏乞照詳施行。須至册者。

督憲楊批：據詳並另呈均悉。仰候轉咨農工商部、外務部核覆飭遵。繳。

甘厚慈《北洋公牘類纂續編》卷一八《順直諮議局議決全省開辦礦務准與通知一案文（督憲陳劄覆附）》 案查礦務爲大利所在，關於國計民生者甚重，措施失當，則弊混多，而利權即失。我國因新法未通，藏富於地，外人之豪奪巧取者，計亦百出不窮，前如山西之福公司案、安徽之銅官山案，事後竭全力争之，仍不免損失。順直全省礦産亦富，開採未多，外人久思攘取，如臨城煤礦、井陘煤礦初皆中國人開辦，當事者稍有疎虞，今半落外人之手，無能挽回。故保護礦産之法，與其事後争執，利權已虧，不如先事防維，爲正本清源之計。查農工商部礦務新章程，清查礦地，考覈礦商，慎重探礦，採礦執照，又使各省分立礦政調查局，設礦務議員，所以保護各省礦産者，法至詳備。惟思由官廳保護，尚恐差役勾串蒙蔽，致奸人仍得冒濫其間，終遺後患，不如輔以本省紳民，地理既熟，礦商之或誠或僞，資本之充實與否，皆易悉其底藴，諮議局固紳民之總會也。查章程第二十一條，諮議局有議決本省權利存廢之責，礦産固本省權利之重者，擬請督部堂咨農工商部並飭礦政調查局立案，凡商人請開直隸礦産，其已批駁者，固毋庸計，其可以允准者，即須知會諮議局以備查核，果確無冒濫，並不背部章者，無論何商，諮議局無不照章認可。如此慎審從事，庶足輔礦政調查局之不及用，以重本省礦産，而保利源之外溢，爲此公同議決，呈候公佈施行。

爲劄覆事。據順直諮議局呈，議決全省開辦礦務，准與通知一案，業經前護部堂先行劄覆在案，玆經本部堂詳加覆核，議決大旨爲慎重本省利源起見，正與農工商部新章相合，直省幅幗遼闊，耳目難周，甚願有熟悉本省情形之官紳，據所見聞，隨時陳述。嗣後如有呈請辦礦者，其清查礦地，考覈礦商，發給採礦開礦執照，皆爲行政範圍之事，是礦政調查局專責，自應遵照部定章程辦理。惟一經核准，應由礦政調查局詳請本督部堂劄知該局，以備察核。如果確有冒濫不符之處，准由該局呈請本部堂札行礦政調查局覆查，以重利源，而清權限。除行礦政調查局遵辦，并咨明農工商部查照外，爲此劄覆諮議局查照。須至劄覆者。

甘厚慈《北洋公牘類纂續編》卷一八《直隸礦政調查局詳請派員覆勘商人陳國楨擬辦金窩溝煤礦文》 爲詳請示遵事。竊查陳國楨請辦宛平縣齊家司金窩溝煤礦，曾由職局飭據宛平縣查，與居民無礙，應否准其試辦，詳奉憲台批開：據詳已悉。查商人請辦各礦，所籌股本是否確實有無洋款在内，礦苗是否暢旺，足資開採，與地方情形有無窒礙，均應詳晰查明，以免流弊。該商陳國楨請辦宛平縣屬之金窩溝煤礦，該局僅飭據該縣查，與居民無礙，其礦界四址方里，以及照章應先飭查各節，均未查明，礙難轉咨，仰即另派專員前往，會同該處地方官，按照新章詳細勘查，繪具圖説具覆，以憑核咨。此批，等因。奉此，仰見憲台指飭周詳，莫名欽佩，遵即飭委職局委員楊守慶鋆，會同宛平縣詳細勘查去後，玆據該守禀稱，卑府遵於七月二十二日，束裝起程，前赴宛平縣，會同章令師程，遵照憲飭所指各節，隨傳礦商陳國楨逐細詳詢，該與該商原禀情形，大率相同，即飭該商速回礦地竪立標橛，載明四至，聽候前往查勘。旋經卑府勘得，宛平縣齋堂村西南里許之金窩溝，有煤礦山地一區，南至大嶺，北至河串道，西至馬蘭村，東至小水溝，因此地犄角，似工字形，遂按照句股法，飭令分作三段丈量，依畝法均除之，共得山地九百五十七畝五分，尚在定章方里之内。山地係屬斜槽，煤質甚佳，板槽亦厚，每槽至七八尺丈餘不等，槽有十二三層，煤可鎔煉鋼鐵，舟車均便利用，界内與居民廬墓并無妨礙，亦無紳民禀辦在先，與新章尚屬相符，傳集該處紳董暨各山主面詢，均無異詞，咸謂陳國楨平素品行端正，任事實心，并查明該礦股東榮魁趙德涵任祥三人，身家殷實，趙德涵現有股款五萬兩，存於京都廣源銀號，榮魁有股款五萬兩，存於京都瑞陞綢緞店，均經卑府親往驗明，并無洋款在内，當取具銀號保結各一紙，并紳董甘結一分、字據一分、章程三分，并由卑府繪圖附説三分，一併呈請憲台鑒核察奪。附呈圖説、章程、甘結、字據并銀號存款結二紙等情。據此，職道等因以陳國楨請辦之金窩溝煤礦，果如楊守所禀，四至丈尺既屬分明，墳墓民居均無窒礙，既無洋商攙股在内，亦無紳民禀辦在先，照章應准探採，惟該商佔地至九百數十畝之多，規模甚大，資本須充，究竟開礦須款若干，運路是否便利，必應預爲籌算，以免商人吃虧，詢據楊守面禀，金窩溝山高路狹，車駝均屬難行，僅能驢馱人負，且夏潦溪深，冬冰路滑，人力亦所難施，是運本一層所耗必鉅。查核該商原禀僅有股銀二十萬兩，以二十萬兩之資，辦九百餘畝之礦，購機租地建廠僱工亦恐難資周轉，似須派委熟悉礦務之員，馳往覆勘礦工需款幾何，運道能否改良，綜核開礦各用，現集股本是否足敷，將來出煤以後，連山本運脚核計售價能否贏餘，以及所佔地畝有無官荒，現集本銀是否實款，必須逐一詳細查明，方能核辦。楊守現有津浦鐵路站長一差，不能遠離，職道紹基筠孫查有職局會辦，馬道吉森久辦礦務，熟悉商情，應否移委該道前往，督同地方官覆勘之處，職道等未敢擅便，理合將楊守勘查礦圖、章程、甘結、字據各繕繪一分，具文詳請憲台俯賜查核，如由局移委馬道吉森前往覆勘，應請憲台加札委派，統乞鑒核示遵，實爲公便。

甘厚慈《北洋公牘類纂續編》卷一八《京張鐵路局詳附近鐵路各礦擬請劃界作爲附屬官辦礦産文並批》 爲詳請事。竊查光緒三十一年五月間，職路開辦之際，經關内外鐵路局，以北京至張家口沿路各處煤礦等産甚多，自應由京張鐵路開採，一可以無缺煤之虞，再可以杜外人之覬覦，擬請嗣後無論華洋官商禀請在沿路兩旁與附近地方擬開採礦務，須先向京張局商詢，願否自行開辦，如鐵路不願開採，始准該官商辦理，庶不失路礦相連之權利。禀奉前憲台袁批：鐵路行車全恃煤觔，礦産銷售專賴運道，路礦本係相輔而行，該道等查得京張一路附近，煤礦甚多，自可留備該局將來開採，以杜外人覬覦，而免利權外溢。候咨會商部立案，旋准部復，京張鐵路沿路兩旁，與附近地方煤礦，既據禀請，自係爲預籌接濟該路煤觔，并杜外人覬覦起見，自應准予立案，先儘該局採辦。惟現在整頓礦政，亟須開濬利源，倘有殷實華商，招集華股，禀請承辦者，似亦可准其試辦，以濟官款之不足，且免棄利於地。嗣後如有華商來部呈請籌辦該處煤礦，除京張局認辦外，仍應照章咨行，轉飭確查有無窒礙，以定准駁。嗣有職商張文炳禀辦獾狁溝煤礦一案，奉商部批駁，以該煤窑既距京張鐵路三十餘里，自應先儘京張鐵路籌辦，以符前案。又商人沈壽康禀辦鷄鳴山煤礦一案，經前督辦憲胡咨准商部，撤銷咨行，飭局迅速籌款辦理，以興地利，并按照前咨，將附近産礦地名繪具圖説，咨部備核，庶嗣後華商禀辦，本部可按圖稽核，酌量咨商各等因在案。隨於是年十二月間，經職局詳請派委捐升道員候選同知吳仰曾，前往鷄鳴山一帶勘驗礦産，詳籌辦法，先在造路經費項下借撥銀十萬兩，以資開辦，遵照定章，備具庫平銀一百兩，呈請咨部發給開礦執照，并聲明延聘礦生有人，即令馳赴京張一帶附近路綫産礦地方，詳細調查繪圖，詳請轉咨備案，先後稟蒙前督辦憲袁胡批准，續奉行知准商部咨，據京張鐵路局遵章備具照費，請發給開礦執照，自應先予立案，惟請領開礦執照，應開具礦地四至，以備填注，并應繪具詳細礦圖，送部查考，除照費暫存本部外，咨覆飭局遵照辦理聲覆，以憑填發執照等因。奉此，伏查此案，前因試辦伊始，界址難於確定，尚未繪圖詳覆。兩載以來，經吳道仰曾督率在事人等，就八畝地建築房舍，添開新井，購辦機器，戽水施工，規模漸具，正擬稟商續籌款項認真舉辦，加意擴充，冀收實效，自應及時詳請立案給照，以資遵守。覆查三十二年間，北洋大學堂礦學教習德雷克赴宣化勘礦，呈有英文節略，奉前憲台袁札飭礦政調查局，移委鄺道榮光前往詳勘。據稱宣屬煤地，堪以開辦者，鷄鳴驛爲上，新保安州次之，舊保安州又次之，宣化一帶樵薪罕乏，土人烹飪，恃此煤觔可操專利之權，京張鐵路相距非遥，轉運自易，雖屬小礦，獲益實深，又稱京張礦以八畝地爲總局，取便轉運，意義甚高，但礦地煤槽不寬，一局恐不敷用，宜於玉帶山八寶山建立分局，且玉帶煤槽較厚，將來總局宜設於此等語，質諸吳道意見相同。查鷄鳴山與玉帶山本屬東西兩幅，八寶山又在鷄鳴山之東，山勢毘連，均爲鐵路經過附近之所，必須聯絡一氣，始能日久見功。茲據吳道繪具鷄鳴山、玉帶山、八寶山分圖三紙、總圖一紙，煤質、四至等，清摺一扣，請轉詳前來。職道等覆查所勘界址，均係煤質尚佳，堪以開採之地，該處各礦自鐵路興辦後，窺覬頗多，迭經稟陳有案，今劃歸官辦，隸於路政，於大局有資保全，在職路循序施工，其鄰近土法採煤小窑，凡無礙於新井者，亦不遽加封禁，以恤窮民生業，且礦界無多，尚不逾前詳十方里之數，再三審度，事屬相宜，合無仰懇憲恩，准以宣化府屬鷄鳴山、玉帶山、八寶山三處，現在擬劃界址，作爲京張鐵路附屬官辦礦産，實於路政前途交有裨益。除詳郵傳部憲咨請農工商部核給礦照，暨由職局咨會礦政調查局，并現辦礦務情形另行稟陳外，謹將礦圖四紙、清摺一扣，具文詳候憲台鑒賜批示祗遵。

督憲楊批：據詳并圖摺均悉。宣化府屬鷄鳴山、玉帶山、八寶山三處之礦，均在鐵路附近，煤質尚佳，堪以開採。現擬劃定界址，作爲京張鐵路附屬官辦礦産，以期路礦兩有裨益，仰候分咨郵傳部、農工商部，核辦見覆飭遵，并行礦政調查局查照。繳。

甘厚慈《北洋公牘類纂續編》卷一八《督憲楊准熱河都統咨張屬煤礦煤税應由察哈爾礦局徵收札飭礦政局查照文》 爲札飭事。准察哈爾都統誠咨，本年閏二月初七日，據張家口撫民同知長丞慶詳稱，據文生張文炳稟稱，竊緣四村地玉石溝煤窑，原係生父琮信與職商王興雲稟請合辦，共礦地七頃。嗣因王興雲久病在京，生父又去冬多病，已經赴察防礦政總局稟辭，當蒙批准。生查礦務正章，有願開第十一款丙字類礦質者，如在民地，儘先業主開採等語，生四村地西五莊舍外，有地四十三畝，王英寳、郭步高有地十七畝，均有煤苗，已於去年十二月，遵照公祖代表，察防礦政局示諭，生即赴察防礦政局稟請自辦，此礦蒙批候行，張理廳查明有無違礙，再行委員履勘，照章辦理，契尾暫存等因。昨奉憲台票傳，飭交出井税銀，今生地内現有窑口二座，一座被教民陳二胖等霸佔，出煤多寡，生無從查考；一座正月共出煤一千八百餘筐，每筐重三十二觔，税銀應歸何處交納，理合稟懇批示，祗遵等情。據此，查光緒三十四年十二月二十三日，奉直隸全省礦政調查局憲批，卑廳申送遵飭，查明官辦商辦廳屬海拉坎山等處煤礦，現在開辦，請查核並送表格緣，由。蒙批據申並表均悉，查表内所載，海拉坎山煤礦，既經楊鈞宸於三十一年十月間，領有開礦執照，遵章應交井税銀兩，其王興雲所辦之四村地玉石溝煤礦，李國英所辦之土木路煤礦，應由該廳催令各礦商迅即稟換開礦執照，毋稍稽延，自違定章。張文炳所辦之馬連圪墶煤礦，因探礦限滿，曾於上年間稟經察哈爾都統憲咨部換發開礦執照，何以年餘之久，尚未奉到，應令該商稟轉來局，以便詳催發給，俾資開辦。以上四處煤礦，各佔礦界若干方里，應即分飭各礦商詳細繪具界址方里圓説，詳送來局，以憑備考，該商等所開礦内，每礦每日出煤若干，自開辦之日起，至現時止，應繳煤税若干，亦應由該廳趕飭查明，照章呈繳，解局備用，均勿稍事率延，切切。旋於宣統元年正月十一日，復奉直隸全省礦政調查局憲札開，案奉農工商部奏定礦務章程，業經本局刊刷通行，遵辦在案，所有三十四年新章實行以後，該管境内已經請勘、請開各礦所出煤觔，自應按照章程，每噸交納出井税銀一錢，上月煤税於下月十五日交納呈解，以重款項，乃自新章實行以後，已將一年，迄未據該廳將境内已開各礦，應交煤税，遵章日催收呈解，殊與定章不符，合行開單札飭，札到，該廳即便查照單開各礦，查明某礦自正月起至年底止，每日出有礦産若干，一年共出煤産若干，核算應繳税銀若干，迅即催收批解來局，毋任推延，致干未便，切切，此札。計粘抄單各等因。奉此，查文生張文炳，禀請煤礦出井稅銀，並礦政調查局札，催各礦出井稅銀應遵飭催納呈解何局兑收之處，卑廳未敢擅專，理合詳情查核示遵等情。據此，查邊墻以外礦務，前經本都統於附片奏設礦政調查總局案内，聲明均歸本防礦政局辦理，業奉硃批，欽遵，並抄稿咨行在案。此案文生張文炳所辦之四村地玉石溝煤礦，尚未據呈請領照，其前辦之馬連圪墶煤礦，驗本換照，均由本衙門一手經理，所有井稅銀兩自應亦由本衙門經收咨解，以免紛歧，而符原案。除詳批示外，相應咨明，爲此合咨貴部堂請煩查照，轉行礦政調查局一體知照等因。到本大臣，准此，合行札飭，札到該局即便查照。

甘厚慈《北洋公牘類纂續編》卷一八《督憲端據礦政調查局詳酌擬禁止鄰磺入直充銷辦法咨請河南山西撫院查照文》 爲咨會事。查接管卷内，據礦政調查局詳稱，現奉憲台批開，據詳已悉。硫磺係製造火藥必要之原料，職商都爾蓀所辦宣懷磺礦，若由他商接替，設或經理不善，將來展轉接受，稽查稍有未周，貽害實非淺鮮，該道擬由局籌款改爲官辦，係爲慎重軍火起見，所籌甚是。惟該礦不振之故，既由於鄰磺充斥，請將鄰省之磺不准入境充銷，仍准過境轉運，並由産磺省分將經行各處，先行咨明，以便查驗各節，應先由該局妥叙詳文，請咨山西河南撫院核覆，一面並將該礦所産磺斤，是否果合各局所製造之用，確切研究，俟妥定後，再行籌議可也，繳，等因。奉此，職道紹基筠孫等詳查宣懷磺礦開辦時，本尚有利，現在該礦折閱之由，實以晉豫磺斤充斥之所致，於光緒三十三年以前，鄰磺不准入直充銷，該礦頗能獲利，自上年晉豫磺斤准其入境，本省磺斤銷路遂爲所侵，職道等竊惟治貴大同省界，固不可顯分畛域，但本省利源所在，似當先事保全，必其與本省權利無妨，自可不加歧視，今則本産銷路全無，勢已喧賓奪主，似應加以限制，庶昭大公。查此案前於光緒三十三年，奉前升憲袁批飭查，磺礦乃製造軍火必要之原料，若不嚴密稽查，設被匪人所購，貽害實非淺鮮。直省宣懷等屬開辦磺礦，曾經明定烙印給票章程，以杜混購濫銷等弊，晉磺來津銷售，並未准晉省將章程咨直有案，無從查考，恐滋流弊，候咨山西撫部院查照，嗣後晉産之磺，勿再入直充銷，直省之磺亦不准充銷入晉。又奉前憲楊批，查晉豫兩省硫磺來直濫銷，設有奸商私售匪人，貽害誠屬非輕，候飭布政提法兩司通飭所屬地方官認真稽查，如有私磺過境，即行分別扣留，或押令出境，以清界限，而杜隱患。並候分咨河南、山西撫部院查照繳各等因。是鄰磺入直充銷，有侵本産權利，早在前憲洞鑒之中，職道等公同商酌，應仍遵照辦理，而略爲變通。鄰省之磺雖不准入境充銷，而仍准其過境外運，第須先由産磺省分將經行之路詳細咨行，沿途經過地方爲之護運放行。查禁洒賣如此，則本産銷場不爲鄰産所侵，而鄰産運道亦不因本産而阻，庶商人無虞折閱，鄰封亦免責言矣。職局爲保全本省利益起見，是否有當，理合具文，詳情憲台俯賜查核，轉咨河南、山西撫部院查照辦理，實爲公便等情。到前署大臣，移交到本大臣，據此，除批據詳，宣懷磺礦現議改歸官辦，鄰省所産之磺，擬請申明前禁，不准在直境充銷，其過境磺斤，應先由産磺省分將經行處所先行詳細咨明，轉飭沿途經過地方官查明驗放，以期外販、本産兩無妨礙，事屬可行，仰候分咨河南、山西撫部院查照飭遵，繳。印發外，相應咨會貴部院，請煩查照，飭遵施行。須至咨者。

甘厚慈《北洋公牘類纂續編》卷一八《直隸礦政調查局詳覆晉省磺斤只可道經直境運銷他省不得停留售賣請咨行照辦文並批》 爲詳請轉咨事。案奉憲台札，准山西巡撫部院寶咨，以齊體仁所運之磺，係在來文禁運以前，在晉購買，今被遞解管押，未悉因何情弊，應即澈底究查，其晉省磺礦乃奉商部批准給照開辦，今直省禁止銷售，其應如何議辦之處，一併咨直札局該議見覆等因。奉此，當經職局遵飭行令，宣懷磺局核辦去後。兹據覆稱？遵查齊體仁原在天津，本無正業，所謂經理乾利公司事務者，查悉一單人住店，既無資本，亦無商業，惟賴代人經手，成盤買賣貨物，從中抽取用錢，實係空手求財。敝局開辦之後，適逢齊體仁包攬李盛桂晉磺一千四百餘斤，因得有晉局所發光緒三十二年五月分未銷之護照在手，藉爲護符，假官磺之名，任意廣招私販，影射濫銷，因請巡警總局，一面派員傳諭齊體仁暫行停售磺斤，飭其聽候詳請批示，再爲核辦。敝局當將此事情形，咨請貴局轉詳。旋奉督憲批示，查磺礦乃製造軍火必要原料，若不嚴密稽查，設被匪人所購，貽害實非淺鮮。直省宣懷等屬開辦磺礦，曾經明定烙印，給票章程，以杜混購濫銷等弊，今齊姓販運晉磺，來津銷售，並未准晉省將章程咨直有案，無從查考，恐滋流弊。候咨山西巡撫部院查照，嗣後晉産之磺勿再入直充銷，直省之磺亦不准充銷入晉，各清界限，以杜隱患繳等因。遵奉在案，惟時齊體仁置若罔聞，膽敢仍舊售賣，計在停禁之後，查得售與原和合棉花店，計磺五十三斤，又連興義花砲舖四百五十七斤，益成信染店二十五斤，三項共售出磺五百三十五斤，查該磺販原接收李盛桂之磺一千四百餘斤，除售賣此三項之磺五百三十五斤之外，復經過秤仍有一千四百餘斤，其爲夾帶洋磺無疑，不得不送交天津縣，照章辦理，以照妥慎。至山西磺局之設，蓋爲化私歸公，收回利權，所有收磺按值百擬抽七五之税，彙繳商務局另儲，則是備其本省濟公之需，作晉省公益之用。 敝局之設，亦屬提倡本省商務，利於本省公益，稟設宗旨原以北洋製造軍火各局需磺甚繁，惜無官局承辦，使利權常年外溢，實爲直省一大漏卮。因查勘宣懷礦山磺産既旺，物質尤佳，供北洋官商之用有盈無絀，是以籌集資本銀數萬兩，稟請承辦，當蒙農工商部、直隸督憲核准批飭，首以所煉之磺，精選極上之品以供北洋製造局之需，酌給官價，並准餘磺發商，賣價提二成歸公，以濟餉需等因。 奉到關防，在北京、天津設局，於光緒三十三年五月初二日開辦，除應供製造局官價購用不計外，所有本省各項用磺商家，大半舊有存磺，未經用完者居多，其餘購磺之户幾希，所以銷路奇滯，現計存磺資本已佔鉅款，兼之總分各局員司經費，以及通省弁巡薪工用款浩繁，而財貨未能流通出款，俱在賠累。 晉磺公司既未經直省提收報効，即應成全隣封之公益，原諒同體之大局，儘可謀運他省，洵爲兩全。 況兹值防匪綦嚴，所有運動，關於軍火等類，無不從嚴查禁，槍支子彈入口，皆有限制，不容絲毫含混，以清奸源。 今硫磺乃製造軍火必要之原料，較與子彈並重，設有奸商濟匪誠所堪虞，尤應謹防，以杜隱患，如晉販齊體仁之包攬影射，殊於禁例有背，倘有疎虞，責將誰歸。 總之，晉磺充銷於直省公益，於利權於責任皆有不能併立之勢，晉磺一人，則直局立危，然誼屬隣封，既不敢稍存歧視，兹擬變通辦法，此後直晉界限分明，兩無侵優，如遇晉磺運銷他省，道經直境者，擬請作爲借路，由敝局派巡保護，出境照舊行走，惟不得停留境内，拆包賣磺，以符定議，如此權宜辦法，則敝局巡緝之設益增其繁，應請仿照鹽務借道章程，由晉局酌貼直局巡費，期於兩有裨益，以昭公允。 並請將此定案，詳請督憲分咨商部、山西巡撫部院立案，以清權限等因前來。 職道等覆查該局所稱山西磺塊准其過境，而不准其充銷，係爲保守本省利權起見，且既准其借道，晉磺亦不慮滯銷，於限制之中，仍寓顧全之意，似尚可行，惟晉磺過境時，該局派巡護送，由磺局酌貼直局巡費一節，自爲辦公所必需，能否准其所請，職局未敢擅便，理合具文詳請憲台俯賜查核，咨明山西巡撫部院核覆飭遵，實爲公便，爲此具呈，伏乞照詳施行。

督憲楊批：查此案現准山西巡撫部院來咨，請將晉省官磺准其運直行銷等因，業經札行該局，核辦在案。所請嗣後直晉兩省之磺，各分界限，如晉磺運銷他省，道經直境者，擬請作爲借路，並仿照鹽務借道章程，由晉酌貼直局巡費，查核所議，尚未妥洽，仰候札飭運司，會同該局妥籌通融辦法，詳覆核奪。 繳。

甘厚慈《北洋公牘類纂續編》卷一八《礦政調查局詳宣懷磺局糾葛已飭宣化府訊辦文並批》 爲詳報事。 現據辦理直隸宣懷磺礦候選都察院都事陳勇智稟稱，竊查直隸宣懷磺礦局務，緣擬辦之人原爲翟潤田，即都爾蓀、英華三、徐杰夫、靈樂峯、英杰軒等五人所創始，前於光緒二十九年稟准試辦，彼時因用款浩繁，遂至虧累。 迨至光緒三十二年，財力不支，乃經樂均士撮合，邀同勇智，另行續本承辦，此項磺務議訂後，將此礦産一切事務，統歸勇智並樂均士二人一手經理。 訂立合同事中人各執一紙，當檢查欠外之款計一萬九千餘兩，其間有墊辦局費，借用樂均士並鋪號銀一萬兩在内，除前歸還銀三千兩，正下剩銀七千兩，正當在續本時之合同内，議訂所有局中欠外之款，議歸續本人勇智樂均士名下，分年籌還，並局中售磺得價，每銀百兩提銀五兩，以作創辦人翟潤田等酬勞之費。 至於局内盈虧，原創人皆不過問等情，簽押立據。 自勇智接手後，始覔殷實保單，擔任相當銀數，呈請商部發給開礦執照，並領到木質關防，於光緒三十三年五月初二日，稟明開局在案。 不意樂均士心存叵測，將勇智撮合續本之後，籌辦未久，以爲難於獲利，即欲退出，因而屢索局内。 前經翟潤田手之所欠銀七千兩，不以合同在意，每至無理取鬧，勢將不容，勇智事出無奈，衹得允其退出，遂於光緒三十三年正月初十日，立券分手，以遂其意，因此催欠，幸得稍緩。 而翟潤田等居心詭詐，又爲不同，始則設引誘之謀，惑人入勝，計圖卸肩，繼則詎料勇智經理局内一切要務，諸臻妥協，著有成效。 竊查今雖賠累，而後望頗佳，以致翟潤田等頓生貪得之心，遂施播弄之技，陰使前債户羣起逼迫，坐索不休，有不可終日之勢，勇智被擾不堪，不計盈虧，衹得籌款，先行撥還銀前後計八千兩有奇，餘則分期由磺局擔認，雖則如此委屈從全，然翟潤田等終不甘心。 竊維勇智既經負重，極應力圖進境，以期實效，正在苦心籌劃，忽於本年三月間，翟潤田來局堅稱，現已籌定的款，擬將局務收回，仍歸其創始人接辦等語，勇智當以籌辦維艱，況迭被伊等紛擾，諸多掣肘，且查原立合同内開，如財力不逮，有仍交創辦人接回辦理等情一條，莫如就此順其所請，因允照辦。 嗣經翟潤田因循支吾，遲至五月初一日，始立合同，内叙所有磺礦局務，仍交還翟潤田接辦，所有勇智之墊辦銀三萬六千餘兩，先由翟潤田付還銀一萬兩，下餘之款，分年償還，約定至五月底，翟潤田一准接回，倘屆時不接，應罰加付銀五千兩正，並願認罰。 四五兩月總分各局費銀二千兩正，共應交付銀一萬七千兩正等云。 詎意自立合同之後，至今數月之久，翟潤田容心延宕，並不接手，屢經煩中催問，竟將字據視同具文，其得失兼握，詭詐情形，於此概見。伏思勇智前自接辦以來，悉心經理，開濬來源，以期暢旺，設立分局，以闢銷路，按季報効，以重餉需。設局開辦之初，銷路既難驟暢，而用款之繁，不可勝計，所有報効公款，以及山廠收磺，總分各局薪工巡費等項，勇智墊辦至今不下四萬金之譜，勉力支持，以期後望，無如欒均士、翟潤田等跡近奸險，實屬有意攪擾，勇智雖欲殫竭經理，而值此糾纏，難以爲計。自有翟潤田立約接辦之信，全局人心摇動，懈散不前，乃近數月以來，銷路日形縮減，將有竭源之勢。似此情形，不僅大局堪虞，實於報効公款不無窒礙。事之中潰，實翟潤田一人之咎，勢在危急，爲此瀝陳下情，叩乞局憲大人保全商務，應如何恩施，速將翟潤田關傳來津，按照合同，勒令如數交款，勿令推諉，立即接辦，以免糾纏，而保商業。抑翟潤田確實難以接辦，則勇智值此況味何堪，設想所有性命財產皆厲其間，兹被翟潤田等行奸鼓惑，處此進退維谷之局，實有倒懸之憂，如勇智因累所牽，迫於承辦，若佈置全局，勢必棘手。思維再四，惟有仍求局憲大人逾格保護，飭令翟潤田務交四五兩月局費銀二千兩，以儆其非，而昭公允，並請飭具永不侵擾局務、從緩追欠甘結，庶無心腹之患，則勇智勉盡駑駘，或可漸入轉機。倘蒙俯允所請，則全局幸甚。附抄呈各項合同一扣等情，據此，查礦務新章，凡舊商舍棄其礦，及新商接充，應將緣由稟報本局立案，方准接辦，陳勇智與都爾蓀等六人合辦之宣懷磺礦礦產所立合同，業由宣化府詳局轉詳立案。兹據前情，都爾蓀如何退股，陳勇智如何接充，未據稟局，係屬私相授受，核與礦章不符。該職商等合辦合同，係由宣化府督同宣懷兩縣督飭議定，自應仍由宣化府傳齊該職商等到案詢明轇轕情形，妥議退股辦法，並議定此礦嗣後究歸何人承辦，取具切結詳覆，以憑核報。除札宣化府遵辦並批示外，理合將各項合同照録清摺，具文詳報憲台查核，實爲公便。爲此具呈，伏乞照詳施行。須至册者。

督憲楊批：據詳已悉，摺存。此繳。

甘厚慈《北洋公牘類纂續編》卷一八《商辦嶧縣中興煤礦有限公司添招新股章程》 一，本公司係光緒六年稟，蒙前北洋大臣直隸閣爵督憲李奏准，在山東嶧縣棗莊地方開辦煤礦，嗣因款絀停辦。二十五年，復經稟蒙前北洋大臣直隸督憲裕，會同前督辦直隸礦務内閣侍讀學士張奏明，改爲華德中興煤礦有限公司。三十年，因德股未能招集，稟請升任山東撫憲周咨明商部，先招華股。三十一年，在部呈請註册，一切悉遵商律有限公司辦理。三十四年，股東公舉總協理稟内，聲懇前北洋大臣直隸督憲楊咨請農工商部奏明，註銷華德二字，改爲商辦山東嶧縣中興煤礦有限公司。二，本公司於二十五年正月籌辦，稟請前北洋大臣直隸督憲裕刊發木質關防鈐用。三十四年復由股東稟蒙北洋大臣直隸督憲楊咨准農工商部奏明，由部頒給木質關防，以昭信守。三，本公司宗旨在廣闢地利，保守主權，官民得用煤之便益，股東享天然之美利。四，本公司雖係商辦，全賴官家維持保護，凡集股辦礦，運路轉輸，關於營業内容，悉照商規辦理，由總協理主持。其特別事件，隨時開股東會議，分別稟請農工商部、郵傳部、北洋大臣、山東撫憲核示辦理。五，本公司總理處暫設在山東省城西門外東流水，俟津浦鐵路告成後，應否移設他處，再行會議定奪，其總礦設在嶧縣城北棗莊地方。六，本公司礦界於光緒二十五年奏明，距礦百里内，他人不得再用機器開採煤觔，十里内不許民人用土法取煤。三十二年，遵照部飭，繪具礦界圖説，詳細標註地名，呈請備核在案。三十四年，奉頒礦務正副新章所定礦界，與公司大小懸殊，經山東礦務調查局遵照新章第八款，請示辦法，蒙農工商部咨准，以從前專案奉准之礦，處所甚多，所佔礦界，暫時均尚未改歸一律，嶧礦既辦有成效，自當量予維持，准其照舊辦理，咨行轉飭遵照在案。七，本公司礦界以内，曾延華洋礦師詳細踏勘，證以前人已開舊井，所遺之煤，除小槽不計外，但就大槽一層而論，煤層極厚，煤質極佳，早爲中外所稱美，洵屬中國希有之礦產。八，本公司礦界内，中西兩段煤苗，約長四十餘里，可開井處甚多，蒙農工商部奏派丞參上行走周都轉來嶧調查，因與公司籌商劃定，以中段棗莊東至侯家宅，西至朱家舖爲總礦；以西段現開分礦之山家林，及勝縣之陶莊左村至鄒隖，爲第一分礦；以鄒隖東大小甘林至朱家舖爲第二分礦，以上三處，除棗莊西總礦現正改做大井外，其山家林陶莊左村第一分礦，亦即探開大井。大小甘林第二分礦，俟津浦全路告成，如果運銷暢旺，再議開辦。三礦中間如開小井，視與何處相近，即作爲某處附礦。又東段牛角安城一帶，亦在公司礦界以内，現有廣益公司用土法採取，小槽之煤，線薄質劣，將來公司亦須照西法鑽試，如得佳煤，再用機器開採。九，本公司應用開井採煤地畝，係按本地開辦煤礦舊例，每畝給京錢八千文，取煤至其地下，每畝給煤八噸。公司不用地面，仍聽地主耕種，以順輿情，而示體恤。十，嶧境採煤，歷數百年，凡英尺三四十丈深之煤，均被前人採取，積水甚鉅，公司自光緒二十五年接辦至今，先後開過舊井五六十處，陸續將積水提盡，以除水患。現留井口十六處，分別提水提煤。新開興四、興五兩井，共深英尺五十八九丈，現正用炸藥改寬加深，砌做大井，大約至宣統二年秋冬可以完工，應即安設提煤抽水大機器，煤樓風扇等件，井下開橫洞，馬路鋪小鐵軌，宣統三年定可多出煤觔。目下仍就各舊井出煤，日得四百餘噸，今年至歲底，約可得煤十六萬噸，足保已收股本及息借外款一百六七十萬兩，一分官利及利息付項。宣統二年夏初，台棗運路告成，南下煤焦運費既減，獲利更厚矣。十一，本公司自築由棗莊至台莊九十里大鐵路，本爲專運煤焦，計軌車橋料全數早抵台莊，現已築成四十里，開車運煤，其中段應用路地自控案復奏後，即稟蒙山東撫憲孫派員丈購，刻正挑築土道，砌做橋洞，約至宣統二年夏初，必可全路告成。此路與礦務相輔，將來盈虧，合併核計，毫無分別。十二，本公司採出之煤，謹遵原奏，悉照開平成案，由山東派員在礦，每噸徵收稅銀庫平一錢，釐金五分，運銷江南，再完宿遷鈔銀，作爲出口稅，由公司填給分運單，無論轉運何省，不再重徵。十三，本公司現因運煤鐵路用款半多息借，亟應招股歸還，又因津浦鐵路三年後即可告成，尤須先期寬籌經費，添開分礦，俾公司得廣銷之益，津浦獲運用之利，前與周都轉通盤籌算，速還舊欠，議共添招新股漕平足銀二百二十萬兩，合已收老股八十萬兩，共合成漕平足銀三百萬兩，分爲三萬股，每股漕平收銀一百兩，凡中國人，無論官紳商庶，均可入股。十四，本公司前招老股，係按漕平七錢，作洋一元核收，現既議改銀股，所有已收之洋元各股，應俟宣統三年四月，核付股利時，扣作銀股，如有短少，即由應收股利內，撥補足數。十五，本公司前發股票息摺，均有華德字樣，現既稟准註銷華德二字，自應一律收回，另填新股票息摺，擬俟宣統二年四月，核付股利時，先期函告各老股東，將原執股票息摺寄交公司，另行填換。十六，本公司先後蒙山東撫憲提倡，籌撥官款附入之股，暨農工商部札准，續籌官款協助之股，均爲保護維持礦政起見，應享利益與商股一律，不稍歧異，惟遇股東尋常特別會議時，應否派員會同公議，先期由總協理稟請農工商部、山東撫憲核示祇遵。十七，本公司係見成效之礦，現招股本不便分期核收，統以收足二百二十萬兩爲截止之期。凡願附礦股者，以本公司及各埠代收處，收銀之次日起息，入股之年如有餘利，即照起息之日，按日與老股一律攤算。倘有先交若干股，遲數月再交若干股者，其續交之股，仍按續交之次日，起息核算餘利，以昭公允。十八，凡有向本公司濟南總理處，兑交股款，隨時填給股票息摺，如有函匯股款至濟南總理處，亦即隨填股票息摺，寄交本股東收執。其由各埠代收處交款，應由代收處，先給公司印就蓋用關防三連收據，俟代收處將中聯收據及股款匯到公司，再由公司按照代收處收銀之次日，填明股票息摺，仍寄交原代收處，轉交本股東收執，以昭慎重。十九，本公司股息，定爲常年一分，均以交款之次日起息，未足一年，按日攤算，不計閏月。二十，本公司付給股息之期，現因嶧縣偏在內地，鐵路未通，各分廠散處千數百里之遠，全年總賬趕辦不及，暫定於次年四月初一日會議以後，如津浦全路告成，往來便利，當可提前改爲三月初一日會議後付息。二十一，本公司每年盈餘，除官利及會議酌提公積外，分爲十二成，以八成歸股東，按股均分，以二成爲總協理及董事、查賬員酬勞，以三成爲在事員司人花紅。二十二，本公司股票每票一號，自數股至數十、數百股，聽憑入股人願，填若干票，股票年月號數上均蓋用公司關防，並加總理圖記，每股票一號附息摺一扣，歲掣取息，敷十年之用，年滿續給。二十三，凡入本公司股份，務將姓號、籍貫、住址，開送公司註册，股票歸註册人收執。數人合股者，認首註册人爲股東行號。公司出名者，認總理爲股東，堂記出名，仍須將出股之人，開明姓號，俾公司得於股票存根內註記，以便稽考，而免日久錯誤。二十四，股票不能提取股銀，只能轉售，其轉售時，須先向公司聲明轉售何人，公司認可後，公司發給轉售單，由買賣人各取公司股東一人，作爲保證，各自簽押，隨同原給股票息摺，交還公司，方准改名註册，換取股票息摺。若未經聲明，未取公司轉售票者，本公司不認買主爲股東。二十五，股票息摺如有遺失、燬壞等情，先將緣由與號數，股數報告本公司，並登京津濟滬各報一個月，無人干涉，始由公司給予准補股票息摺、憑單，俟届一年結賬分利之期，並無人來支取息銀，方准取公司股東或殷實紳商保證書，連同原給憑單，到公司換領新票息摺。二十六，本公司專集華股，不附洋股，凡係本國人民，無論官紳商庶，均可入股，一律享股東之利權，其有華人影射洋股者，一經查覺，立將該股註銷。二十七，本公司股票不得轉售與外國人，亦不准將股票息摺抵押借款與非中國人。二十八，本公司現招之股本，爲歸還運路舊欠，籌辦總礦，及第一分礦各用，將來如須添開第二分礦，或添築地段運路，續招股本應先儘原股東分認，如原股東認不足數，届時由公司開股東會議，補招新股。二十九，本公司總協理，雖於光緒三十四年，經老股東稟蒙前北洋大臣直隸督憲楊咨准農工商部奏明札派，仍應俟此次股份招齊後，開股東會議決定任期，其董事、查賬員，亦一併選舉，董事二年一任，查賬員一年一任，任滿仍可續舉。三十，開股東會，凡有十股以上之股東，年已逾冠者，始有發議權，五十股以上之股東，始有一決議權，餘准以五十股遞加，如有不滿十股之股東，聯合其股數至滿十股，公舉一人到會，亦可發議，數至五十股，亦有一決議權，惟一人至多不得逾二十五決議權。三十一，選舉總協理，必須人品端正，操守可信，熟悉礦務，才具穩練，有本公司股份二百股以上之股東，方可被選，如係曾任本公司董事、查賬員，熟悉辦礦情形，品行才具爲衆股東所信服，亦可被選。三十二，董事、查賬員、經理員，凡股東年已逾冠，有股份五十股以上者，方有選舉之資格，一百股以上者，方有被選舉之資格，惟現任本公司董事及經理員，不得兼充查賬員。三十三，本公司大小員司，皆由總協理分别延充，其責任亦由總協理擔任，如有二百股以上之股東保薦者，總協理亦酌量録用，但其責任須由保薦人擔任，如有不能恪守定章，總協理有權可以立時辭退。三十四，本公司股東會議，分别尋常、特别兩種，現因鐵路未通，暫定四月初一在嶧礦開會一次，宣布上年盈虧情形，預籌本年營業方針，是爲尋常會議。如有緊要事件，由總協理隨時招集股東會議，是爲特别會議。至會期，會場及所議事件，在會期前一月，先行函告，或登報通知。三十五，股東有欲開臨時會提議事件，但有數在十人以上，能合全股十分之二，即可招集開會，惟與議人數，須有全股過半之數，方爲合格，不及數，不得開議。三十六，本公司簿記，向用中式，有流水，有分款謄清月總，年終一大結，刷印簡明，年總歷隨股東取息時，分給以供公覽。三十七，本公司批次招股，除由各老股東分投招徠，尚擬託官商銀號，及有名譽官紳，代爲經收，一俟商定有人，再行登報宣布。三十八，以上所訂，係招股章程，其餘公司各項細章，俟股份招齊，開股東會，舉定董事後，公議擬訂。

甘厚慈《北洋公牘類纂續編》卷一八《陶道湘稟會勘獨石口廳銀礦情形文並批》 敬稟者，竊職道於本年三月十三日，奉憲台札開，准農工商部咨，查楊國銓與王永成礦地轇轕一案，迭經本部咨行貴大臣，飭屬傳齊兩造商等，當面劃清礦界，以免轇轕在案。茲據該商王永成所稟，是桃樹底下村仍在黑坨山區域之内，與獨石口廳所詳不無異同，此案轇轕多日，未便久懸，相應抄録該商王永成原稟，咨行貴大臣，希即遴派妥員，會同延慶州獨石口廳，傳齊兩造，勘明地界，秉公訊斷，究竟是否侵越，并限該商等於三個月内具結，除批示該商迅赴獨石口廳候質訊外，相應咨覆，請煩查照辦理，并將辦理情形聲覆本部，以憑核辦可也等因。當經派委馬道吉森前往查辦，並分行在案，查該道現在另有差委，應即改派陶道湘前往，會同延慶州獨石口廳，傳齊兩造，勘明地界，秉公訊斷，勒令該商等依限具結完案，仍將查辦情形具覆，以憑轉咨，除分行外，合行札委，札到，該道即便遵照辦理等因。奉此，職道遵即馳往先赴延慶州接晤周牧文藻，詢悉楊、王兩商所請勘辦之銀礦，實止桃樹底下村一處，坐落獨石口境内，與延慶州毫不相涉，祇因王永成以延慶州屬永寗堡黑坨山等名，冠諸其首，遂致轇轕，查楊國銓、王永成世居京都，均非獨石口人，該廳誠屬無從傳集。王永成雖已領照，在該處探礦，並未親身到廳，呈驗部照；楊國銓曾經到廳，又以王永成未到，不能會勘，於是延宕至兩年之久，不能清結。今王永成已於三月下旬，因病身故，職道此次既奉飭查，若因兩造不齊，在獨株守，殊屬無益，因思該商等既已在部互控，必有住址可尋，遂親赴農工商部查明各商及地主住址，登報傳喚。旋據楊國銓及其夥友崔承瑞，又地主内務府莊頭于士魁等，先後陸續赴礦投到，王永成已經身故，其辦事夥友蔡紹虞、吴智魁均在礦所看守。該礦坐落既在獨石口境延慶，地方緊要，周牧未經偕往，職道會同獨石口廳瑞丞徵親赴礦所，查取部文内楊商請辦桃樹下村銀礦四至里數詳圖，與蔡紹虞等呈到部頒王永成探辦黑坨山永寗堡銀礦四至里數執照，傳齊兩造，眼同丈勘，始知王永成之四至，即係楊國銓之四至，名目不同，地處則一，不過楊國銓所請勘界東西止五里，王永成所請勘界東西有八里零。當即按照礦章，分别丈劃。據楊國銓稱，桃樹下村之礦，該商稟辦在先，疊奉部批准該商試辦在案，王永成祇應在黑坨山永寗堡探勘，方與所請相符等語。當查黑坨山係土名，在桃樹村之南相距十餘里，爲延獨連界，永寗堡並非永寗城，實係永安堡。在桃樹村之西相距十六七里，係延慶州境，訊之蔡紹虞，則稱王永成所請永寗堡黑坨山之礦，即係桃樹村之礦，所以四至内有西至桃樹下字樣，是當以四至爲憑，再訊何不即以就近之桃樹村爲名，而必援引十餘里外，隔境之永寗堡爲名，則稱此乃王永成所辦之事，彼等無從知曉，瑞丞查接管卷内三十三年四月間，奉前升憲袁札飭，准農工商部咨内開，所有桃樹底下村銀礦，應歸楊國銓試辦，希即轉飭該廳督同該商，迅即按照原圖所開四至，劃定界址，預泯争端，候具覆到日再行給照。至王永成請辦礦地，祇應就黑坨山探勘，如有藉詞侵佔，招摇影射等事，即由該廳據實稟明，撤銷礦照，以杜壟斷在案。今兩商界址既已丈劃，此次部飭秉公訊斷，勒限具結等因，自當查照前文，秉公遵辦，祇因王永成係集股探勘，現已身故，無論該商生前所辦是否蔡紹虞等係其辦事夥友，不能爲之具結，自屬實情，職道當商明瑞丞僅令楊國銓、蔡紹虞各具眼同丈劃界址之甘結，蔡紹虞結内且聲明，前情有無舛誤，均係王永成辦理，以全彼夥友之分際。至於此礦應歸何商辦理，農工商部自有權衡，職道惟有遵飭將會同瑞丞查勘情形，逐條開具細摺，並另繪總圖，分圖隨禀附呈。伏乞憲台察核轉咨，除瑞丞周牧等另行詳覆外，所有職道奉飭前赴該礦查勘緣由，理合禀覆銷差。肅此，恭請勛安，伏惟垂察。

督憲楊批：據禀楊國銓與王永成礦地轇轕一案，現經該道馳赴礦所，遵照疊奉部文，會同該管地方官逐加勘訊，所有楊國銓及已故王永成之夥蔡紹虞等甘結、繪圖、開摺，呈請核咨等情。查楊王二商所指礦地，既係同屬一處，應否即照此次眼同丈劃四至，各清界限，抑或應歸何商承辦，以杜日後争端，候即據禀將勘訊情形並送到圖摺，咨覆農工商部查核辦理。繳。

甘厚慈《北洋公牘類纂續編》卷一八《礦政調查局詳林鳳鈞因陳國楨請勘界外煤礦有礙綫脉請咨部文並批》 爲詳請事。據職商林鳳鈞、劉奇神等禀稱，竊職於上月，聞有陳商國楨於宛平縣屬東西齋堂之金窩溝地方禀請探礦，無論該處無此山名，顯係矇蔽憲聰，爲聲東擊西之計，即使一水溝内可以開井出煤，不察其脉絡之會歸，苗綫之趨向，一往而前，必致暗侵職礦之藴藏，相争靡已。蓋不問礦面之遠近，但使同一苗綫斷不容兩家開挖，以啓争端也。今幸蒙督憲特委馬觀察前往該處切實查勘，職局亦訪延專門礦學之礦師江景華，於職商自置礦産諸山界内界外詳加探索其苗綫，實係一氣貫通，祇可由職商續增礦界，以固藩籬，斷不可使外侮揑造山名，陰圖破壞。方今國家振興礦務，極意維持，除開平、萍鄉等處大啓宏規，難與比較外，其臨城、井陘、六合溝、嶧縣諸礦，凡有成效可觀者，類皆於創辦之始，寬其限制，恤其艱難，祛其擾害，助其成功，方能漸入佳境，利國利民。職商自領青龍澗開礦執照後，辛苦經營，甫見端緒，乃忽有陳商金窩溝之煤各股東慮爲所奪，遂又觀望不前，此等妨礙不期然而然，實足灰志士之心，而阻開源之路，似於大局頗受影響，用特再布悃忱，懇乞俯鑒下情，維護等情。據此，查此案前據該職商具禀，當經職局詳委馬道勘明林鳳鈞已辦礦界，距陳國楨請探礦所約八九里，按照章程，相距確在六百官尺以外，且陳國楨請勘之礦，係屬紅煤；林鳳鈞開採之礦，係屬白煤，則各開各礦，似屬兩無妨礙。惟林鳳鈞兩次具禀堅稱，陳國楨請勘礦所與該礦事權有礙，職道等公同商酌，林、陳兩商同屬公司，如准陳商開採，雖與新章尚無不合，究恐將來彼此争競，必至兩敗俱傷，且地段相距甚近，兩公司既不能合而爲一，似無並立之理。事關振興實業，考查不厭求詳，究竟陳國楨請勘之礦應否准採，林鳳鈞具禀之詞應否照准，職局未便擅定，擬懇據情咨請部示，俾有遵循。除批示外，理合具文詳請憲台查核訓示，並乞轉咨農工商部核示，實爲公便。

督憲楊批：據詳已悉。仰候據情咨請農工商部核覆飭遵。繳。

甘厚慈《北洋公牘類纂續編》卷一八《督憲那咨覆農工商部查明金窩溝青龍澗礦界情形文》 爲咨覆事。案查接管卷内准貴部咨據青龍澗礦商林鳳鈞禀稱，陳國楨請探之金窩溝，係在該商早經置買之裂縫岩下坎流水小溝無礦可開之處，且由青龍澗循綫開挖西經裂縫岩東經黑豆港，皆係該商所買山地，請准將毗連之地照章添領數礦界，令其邊徑相連等情，本部詳加酌核，林鳳鈞等將其已購毗連之地添領礦界，照章應准具領，其陳國楨請探之金窩溝礦地，如與裂縫岩地址過近，煤綫相連，且在六百官尺以内，自不應准其探採，致生轇轕，咨行轉飭查明聲覆，以憑核辦等因。當經飭行礦政調查局並委張道文濬親往勘查去後，復以陳國楨禀，以林鳳鈞所請展寬地界，與原領青龍澗礦界隔斷，絶不相連，青龍澗在北山，金窩溝在南山，中隔河道寬約一里有餘；該商禀辦金窩溝礦在先，林鳳鈞續請展寬地界在後；並據林鳳鈞禀，在裂縫岩添領三礦界，請給續添礦照，均經貴部先後咨行併案查明聲覆各等因。又經行局飭委遵照在案。嗣據張道文濬禀稱批示等情，前大臣未及核辦，移交本署閣大臣。據此，查礦商林鳳鈞與陳國楨因礦糾葛一案，彼此互相禀控各執一詞，曡准貴部來咨飭局委員查清礦界煤綫，辯明置買先後，禀覆前來，除批示外，相應遵文據禀，並將送到圖摺一併咨覆貴部，請煩查核，見示施行。

甘厚慈《北洋公牘類纂續編》卷一八《督憲楊准豫撫咨河南官礦運直行銷請飭局驗放事札飭運司暨礦政調查局議覆文》 爲札飭事。准河南巡撫部院林咨，照得前據河南清化鎮官礦兼煤釐局委員張慶翔禀，籌議豫礦銷路擬辦情形，當經批飭司局核議去後。茲據布政使礦政調查局、釐税局會呈，遵查懷慶官礦銷路向以直、東兩省爲大宗，該局存礦過多，行銷不暢，推原其故，或由於晉礦價廉，或由於銀價日漲，又因洋商停收草帽辮，以致薰炙草辮之大宗亦形減少，而直省東鹿王口地方向爲銷場最盛之區，今則設局專賣，竟以豫礦爲私，扣留給價，種種滯銷情形歷歷如繪。本司職道等詳加考核，草辮薰炙現雖減少，祇因洋莊一時停收，所致日後不難復舊，直、東兩省銀價之昂，多由於銅元充斥，現已奉文停鑄，一俟銀價逐漸平落，自無商販裹足之虞。惟晉礦價廉，豫礦價貴，商販不來，自係實情，擬請每觔售價核減二釐，以廣招徠。至直省王口集設局專賣一節，若不設法挽救，於豫礦銷路大有關礙，該員擬請嗣後發運，直隸商礦除烙刷官局字樣，並另填運照外，再行備給公文，註明商販姓名起運日期暨觔重包塊行銷地址，移知經過各該州縣局卡查驗放行，所擬辦法尚屬可行，擬請據情轉咨直隸督部堂查覈，轉飭王口集磺局，一遇豫省官磺到境，即刻查明驗照放行，俾銷路不分畛域，官磺得以疎通，則有裨於礦務實非淺鮮等情。到本部院，據此相應咨明，爲此合咨貴部堂，請煩查照轉飭王口集磺局，一遇豫省官磺到境，希即驗照放行，毋任留難阻滯，是爲至懇，望切施行等因，到本署大臣。准此，查晉省官磺運直行銷一案，前准山西撫部院來咨，當經札飭礦政調查局暨該局妥爲籌議，嗣據該局詳覆，晉省磺觔只可運銷他省，不得在直停留售賣，並經札行運司，會同該局妥籌通融辦法，詳覆核奪各在案。准咨前因，除分飭外，合行札飭，札到即便查照，併案妥議具覆。

甘厚慈《北洋公牘類纂續編》卷一八《磁州礦局稟籌辦情形請撥官款提倡文並批》　敬稟者，竊職道前幫同趙道會辦已黽勉從公，時虞竭蹶，月前復蒙前憲台端札，以趙道辭差回東，所遺磁州煤礦總辦一差，飭職道接充。捧檄之下，實深惶恐，自顧才疎識淺，無所寸長，惟有矢誠效忠，竭盡愚見，事事稟承鈞訓遵行，以冀無負憲台振興維持之至意。所有職道接差以來，夙夜思維，復又親歷勘驗，通盤籌計，凡有關大局，應行請辦各事，儘管見所及，據實情形，爲我憲台縷晰陳之。查原勘磁屬煤礦之馮峰一帶形勢，西近鼓山東臨平陸，北接薛村，南達彭城，廣寬五六里，綿長十數里，一片平陽，誠爲天然利便之礦場。夫煤槽之勢，宜於平不宜於峭，宜於廣不宜於狹，若限於山崗拘於溝嶺，則其槽勢亦必偪促不暢，故開平井陘等礦均擇平廣而開，而磁州礦產向稱饒美，馮峰等處尤爲最著，惟外人窺伺久矣，亟宜早爲開辦，自創基礎，以俾利權不致外溢。趙道原擬集官商股本六十萬金，稟蒙前憲台楊批准，發給官款二十萬，招集商股四十萬，以此舉辦，洵屬鉅觀。然而一氣呵成，實非易易。本年七月，已將招股爲難情形，并擬仿照臨城辦法，與京漢鐵路合辦，勸諭商會入股各情形。稟蒙批示，分飭京漢路局商務總會，及礦政調查局，會同妥議。數月以來，迄無端緒。然以該處之煤質地利，及所定辦法，其利益非無把握，訂議章程亦悉照商家性質，事事投洽商情，則於商股儘有利便，而無他慮，推其所以遷延遲滯之故，其爲觀望官款之所致耳。雖當此股款交困之際，似應籌款提倡，先創磁礦基礎情形，亦應分晰陳之。現值國家維持實業，振興礦務，而煤鐵礦產尤爲軍政鐵路之要需，唐山井陘臨城等礦大都皆有外款，惟磁州一隅係官商合股公司，爲我華自創之礦，成效之後，操縱由我，時局攸關，不宜緩圖，一也。磁屬礦產遼寬，外人注視已久，亟宜早辦，以杜覬覦，二也。磁境鄉民大半挖煤爲業，冬春水勢消縮，鄉愚趨利心甚，恐公司所勘界內多被侵佔，私挖開辦愈遲，愈形棘手，三也。商股徘徊不前，觀望官股起意，官股愈遲，商股愈疑，四也。以此四故，是磁礦不宜緩圖，商股一時難起之實在情形也。夫開創之始，本非易事，商家觀望亦屬恒情，而招股之舉，縱能相勸，難以相强者也。要在先創基礎，勸募較易，而後效漸集，商賈聞風樂利，不難集鉅款於大成。故現在大局祇恃商股，一時實難期望，職道肩茲巨任，至再思維，擬請憲恩鑒察，仍以官款提倡，於前商股相輔，於後則基礎易創，成效易著。職道通盤籌度變通辦法，先從馮峯一帶開築煤井，於薛村煤窑連合一氣，則於照料布置既省且易，參酌西法提煤汲水，均用機器，而開採一切仍用土法，本輕功倍，以此預計十五萬金足資周轉。一面再集商股四十萬，先修運煤輕便鐵路，俾轉輸便利，再照原案，陸續推廣，則有此基礎，各商自能踴躍投貲，功成股足，形勢連固，大局完備者也。再調查彭城磁州一帶，土銷總匯之區，每年能銷數十萬噸，其數甚鉅，即公司未修鐵路以前，恃此土銷亦無積壓阻滯之虞，此職道所擬，詳細調查，通籌大局之實在情形也。然無米之炊，曷從著手，惟有稟懇憲慈俯念時艱，提倡大局，撥發官本十五萬金，成全基礎，於公家權利裨益，靡既查原請奉准二十萬金，除前已領五萬外，再請十五萬金，尚與原案相符。職道爲時局公益起見，可否之處，伏候核奪示遵。薛村煤窑於馮峰西佐等處，地勢毘連，脈絡貫通，同槽煤質，是以趙前道設法收回，該窑利權作爲磁州附礦，以免將來糾葛，前經稟明，將該窑實在所有之煤井，地畝，各項機器，并採存煤斤實數一切應用器具按值估計，行平化寶銀八萬六千兩，呈册備案。以四萬五千兩爲官本，當由請領之官款項下如數撥給，其餘四萬一千兩仍爲該窑商股，各等情，均稟奉前憲台批准在案。職道業將該窑詳細調查收回以來，已有起色，以本年三月初一接收之日起，截至十月底，調核各賬尚有盈餘，雖屬土銷，銷路甚暢，目下每晝夜採至二三百噸之譜，容俟年終結賬彙總册報。再准趙道移交前，奉發官本由官銀號領到公砝化寶銀五萬兩，除奉准收回薛村煤窑支付官本行平銀四萬五千兩，西佐購買礦地用價二千兩，再除趙道十個月薪水及職道十個月夫馬費五百兩，奉准作正開銷。除將詳細數目另册詳報外，所有職道奉辦磁州官本公司歷勘調查情形，通籌辦法，請領官本提倡各緣由，是否有當，理合據實稟陳大帥查核批示祇。遵，肅稟，恭叩崇綏，伏乞鈞鑒。

督憲陳批：據稟磁州煤礦宜立基礎，並請籌撥官款各節，候飭天津官銀號、准軍銀錢所支應局會同籌議，詳覆飭遵。至薛村礦産銷路既甚暢旺，仰仍認真經理，並將出煤收支各款數目詳細具報查核，仍候分行礦政調查局查照。繳。

甘厚慈《北洋公牘類纂續編》卷一九《提督銜漢納根稟請批駁井陘黄家溝煤窑稟件以保井陘礦權文並批》 敬稟者，竊查直隸礦務總局，與井陘有限公司合辦井陘礦務，所訂合同之第一款内所載，礦務總局經理直隸之井陘礦務，即爲該處礦主，所議章程，彼此均應遵守。又查第十一款内載明，在此合同未經作廢及停辦以前，如未經井陘公司認可，礦務總局應允，不以井陘礦事另與他人訂立合同等因。照此凡井陘礦務，統係井陘礦務總局管轄，如未經礦務總局與公司允應，他人不得擅行開礦，提督現閲八月二十七日官報所登，商人吴景程業在井陘黄家溝已用土法開挖煤窑，名曰正豐窑，並現欲購用機器開採擴充大辦，招股設定公司等因。查該土窑未經稟明總局，與公司商允擅自開挖，實屬與合同章程不符。夫井陘公司與國家合辦井陘礦務訂立合同，内載前引之兩款，實係與國家有益之處甚多，因此提督極欲報効，方始應允畫押，倘讓他人任意在井陘擅用機器開礦，聽其售煤，井陘礦局必被其害，實與國家無益而有損，利益盡棄。提督爲辦理此礦費盡心機，十載於兹。二十八年，曾奉到路礦總局札飭，試探井陘礦務有案，今越七年又與升任前督憲袁磋商合同在案，計歷六年之久，現甫將井陘礦務之合同訂定，實係心願報効國家，故擔保將來極大擴充之地步，責成均在提督一人，豈能令他人擅用機器開礦，並設立小公司與井陘礦務糾亂，致壞國家大事。提督爲此關係甚重，惟有具稟懇求大帥鑒核，俯准將該商吴景程擅開之正豐窑稟請咨部之稟件，懇乞批駁，以促井陘礦權而免轇轕，實爲公便。伏乞批示祇遵。

督憲楊批：據稟已悉。吴景程請辦井陘黄家溝煤礦，現經礦政調查局覆稱，井陘礦務總局前與該公司所訂合同，並無井陘境内不准他人開採明文，惟查該合同第十一條所載，似應與該公司商辦，業已批飭該局即日知會井陘礦務總局，妥核詳覆飭遵矣。繳。

〔附〕督憲楊准外務部咨覆井陘縣煤礦改歸官辦應准照辦札飭礦政調查局查照文

爲札飭事。光緒三十四年五月二十日，准外務部咨，本年五月十二日接准來咨，以井陘縣横西村等處煤礦，由現任津海關蔡道紹基等與德商漢納根另訂合同十七條，於華民生計，中國主權地方治理均無侵損，與新章亦不相背，覆核所訂各條，參照臨城辦法均尚周妥，附送洋文連同礦圖咨請核覆等因。查井陘縣煤礦，自光緒二十五年，德員漢納根與張文生張鳳起訂立合同，即由德使照請總署核准，嗣經本部於二十八年四月，查核原訂草合同，與定章尚無違礙，照案核准，分咨北洋大臣暨經辦路礦張大臣各在案。惟糾葛多年迄未就緒，現既參照臨城煤礦成案，改歸官局收回合辦，詳核所議合同，大致均與臨城煤礦合同相仿，自可照此定議，仍應由貴大臣奏明辦理，以符成案。除咨行農工商部查照外，相應咨覆貴大臣查照辦理可也等因，到本署大臣。准此，除分行外，合行札飭，札到該局即便查照。此札。

甘厚慈《北洋公牘類纂續編》卷一九《礦政調查局等詳核議井陘礦局礦名更正請示文並批》 爲詳覆事。本年五月二十三日，奉憲台札，據井陘縣涂令具詳，以井陘礦務局「井陘」二字包括太廣，擬請改爲横西村礦務局，且匾額又泐「井陘礦務巡警局」似可改爲横西村礦務巡警局，名實較爲相符，惟該礦開辦數年，所有礦界標識迄今尚未劃定，倘因此而起交涉，後患將不堪設想，請轉詳劃定更正等情，行令津海關道礦政調查局妥議具覆等因。奉此，職道會同職局遵查，井陘縣横西村煤礦本由文生張鳳起與漢納根合資辦理，嗣奉前升憲袁札飭歸官借款，華洋合辦，限年收回，此本萬不得已辦法，蓋礦權既不能不争，而邦交又不能不顧，是以將洋員漢納根已投之資作爲借款，俟得餘利，逐年歸還，借款一清，此礦即爲我有，借款合同歷經升任關道唐升道梁升道再四磋商，按照開平成規，參以臨城辦法，始得訂定合同，奏明立案。查合同内稱，職道紹基李道德順爲井陘礦務總局督辦，總辦德員漢納根爲井陘公司總辦，其第一條載明，礦務總局經理井陘礦務，即爲該處礦主等語，又合同後尾載明，每份合同附圖一紙，檢核圖内該礦界綫四至分明，職道等細繹合同語意，是井陘礦務總局乃得爲該處管業之礦主，井陘礦務公司僅得爲該處合資之股東，而不得爲該處礦主，其意至爲顯明，井陘公司所享合同權利，在圖内所劃礦界綫内三十方里之中，所享礦章權利在圖中所劃礦界綫外六百官尺以内，此外他人開採各礦公司，本不得干預阻撓。惟現因郵傳部在於井陘界内價購礦地甚多，且多在井陘局礦界内，夾雜不清，事極糾葛，是以横西村礦界一時未能劃定，商人稟辦各礦不得不暫停核辦，以待清釐，此井陘礦務現辦之實在情形也。兹奉前因，職道紹基、筠孫公同酌議，井陘礦務合同係經奏定，且礦界圖繪分明，當不致有後患，若如來稟所言，必將名稱更正，於該礦利權並無出入，似可毋庸置議。其礦務巡警本係遵照部章而設，爲合同所未載，該職員等擬請飭令改爲横西村礦務巡警局，自屬可行，且井陘縣境職局已另派專員辦理，全境礦務原爲劃清界限，保守利權起見，自當隨時督飭縣委按章程合同辦事，以期名實之相符，而免事權之旁落。至井陘礦局礦界，現有郵傳部礦地糾牽，勢難即行劃定，惟無論如何移易，總不能出原定三十方里之範圍，似亦無後患之可慮，在該職等關懷梓誼，自不得不深抱杞憂，公益熱心，合詞請命，其情自屬可嘉。擬懇憲恩飭下井陘礦務總局迅將礦區所設礦務巡警局標明横西村字樣，並將界限聲明，一面並乞咨明郵傳部迅派妥員來直，會同將該縣礦地勘明，分清界限，以便劃定其界，更正其名，下孚輿望，即以上重國權，裨益實匪淺鮮，所有遵飭核議緣由，是否有當，理合具文詳覆憲台查核批示祇遵，實爲公便，爲此備由具詳，伏乞照詳施行。須至册者。

署督憲那批：此案現經該道等核議，井陘礦務局原有合同，礦圖界址分明，當不致有後患，更正名稱暫毋庸議；其礦區所設礦務巡警局，擬將礦界聲明標明横西村字樣，應准照辦，候飭該局遵照。該局有與郵傳部所購礦地，應行劃界之處，並候咨請派員來直會同勘定，以清界限，仰仍轉飭該縣知照。繳。

甘厚慈《北洋公牘類纂續編》卷一九《署督憲那准商約大臣盛咨三姓金礦仍由舊商集股開辦咨明東督吉撫查照文》 爲咨明事。六月十一日，准商約大臣正任郵傳部右堂盛咨開，據職商鄭官應、徐潤、陳作霖、朱佩珍、嚴義彬、盛昌頤、莊錄、陳薰、嚴廷楨、顧潤章、金忠讚、費邦屏等聯名稟稱，竊職商等於光緒二十一年，糾集股本庫平銀十萬兩，議訂章程十六條，設立吉林三姓等處金礦公司，稟蒙前北洋大臣王奏准開辦，分咨立案。二十四年分，曾經報効吉林省軍餉銀二萬兩，旋以礦務頗著成效，於二十五年十一月十八日，奉前吉林將軍長奏請，將吉林通省礦務歸併三姓公司辦理，以資擴充。是年十二月十八日，奉到硃批：著准其歸併辦理，欽此。其時尚在農工商部未經奏定礦務章程以前，欽遵諭旨辦理，不意二十六年夏間，拳匪肇亂，俄兵侵境，經辦各礦侵掠一空。二十七年十二月，經前吉林將軍長奏明重整礦務，並飭令宋道春鰲來滬重集股本，藉圖恢復，旋於二十八年三月，經宋道春鰲稟陳宫保批准，續招商股十萬兩，先儘舊有股東凑集，以固基礎，而保利源。二十九年春，續招商股已有成數，由職商等先撥交宋道銀三萬兩，攜吉正圖續舉，適值日俄搆釁，洋兵梭織，道途梗阻，礦局房屋悉爲俄兵佔據，徒携股本，殊難續爲整理。其時洋商願出鉅資購買此礦，或來附股合辦，職商等堅守華産，力拒不允。迨三十二年，因俄約開議，經職商等公舉今廣東巡警道王道秉必、前隨同辦理礦務之雲南候補道莊道錄赴吉履勘，稟陳宫保暨農工商部、北洋大臣給咨，前往考察實情，嗣以和議未定，東南股商又未敢輕投資本，迭奉宫保札開，准農工商部、北洋大臣、東三省總督、吉林巡撫咨，催王莊兩道趕邀舊股，各商迅速會議籌辦等因。伏查吉林三姓等處礦務，自光緒二十二年春間開辦以來，始爲馬賊所算，幾至中輟，繼遭拳匪之變，遂爲日俄所阻，凡股商歷年辛苦經營，半燬兵火，半付虚糜，計前後所集新舊股本，庫平銀二十萬兩，悉係股商血本，亟思再行招集股本，以資接續開採，無如今昔情勢懸殊，尤甚加之，該礦沙殘洞老，淘翻有限，非深入重覓苗綫，不足以資開採，若廣雇把頭，分途尋脉，練兵購械，設局屯糧，亦非添集鉅款不能敷布，是以遲迴審慎至今。正在會商籌措，比聞吉林巡撫出示勸招粵商前往承辦，此礦將使職商等已辦完全之商礦化爲官有，奪此與彼，置從前諭旨於不顧，並使職商等多年堅守公司法，以拒外人之苦心，盡付東流，非特職商等萬難甘心，亦何足以勸後來商股。方今商律已定，憲法將成，朝廷以興辦礦務爲自强宗旨，諒亦不肯施此强奪商業，致使天下衆商寒心，外人聞知亦生覬覦，用敢聯名籲懇宫保體恤股商創辦之苦心，且爲杜絶强鄰窺伺之漸，准與咨請仍遵前旨，歸原股衆商辦理，商界幸甚，大局幸甚等情前來。查三姓金礦，前經該商等集資開辦，漸著成效，不意變端迭出，成本毁盡，因而暫停。前年俄約開議，復經該商等公舉王道秉必、莊道錄赴吉勘察，嗣准前東三省總督部堂徐、署理吉林巡撫部院朱咨，飭舊股各商趕集新股，並飭王、莊兩道迅速來吉接續開辦，當即轉行在案。查規復舊業，自非添集鉅款不能措置裕如，該商等遲迴審慎，亦屬實情，目前既在續籌股本，再圖擴舉，接續開採，即使另有他商情願接辦，或與老商合股，或認還老商應有之權利，似亦應由新老商自行籌議，再行稟候核奪，以期允洽而符商例。本大臣因此事發起在先，既據老商會稟前來，核其所稟情由均屬確實，除批飭該商等趕速招集新股，遵照新章妥議章程，稟請商部註册立案，一面公舉商董，迅往開辦，並分咨外相，應據情咨會貴部堂，請煩察核見覆施行等因，到本署閣大臣。准此，相應咨明貴部院，請煩查照辦理。

甘厚慈《北洋公牘類纂續編》卷一九《李守映庚稟直督憲楊遵飭查明井陘礦務局稟請開通河道以便運煤情形並酌擬辦法乞核示文》 敬稟者，竊奉札開，據井陘礦務局稟請由平山之滹沱河起，入子牙河，分段興修，庶井陘之煤可達津埠，免受裝卸周折等情，到本大臣。據此，除批所擬辦法，於沿途水利有無妨礙，修費究須若干，候委李守映庚確切查明，核議具覆，再行飭遵繳掛發外，札委該守遵照辦理具覆等因。蒙此，卑府竊查滹水自古不通舟楫，惟東漢永明時，曾鑿蒲吾渠引滹濟運，應師其意導滹入滋，由豬龍河入淀，以達津。當將所擬，面稟鈞座叩辭後，即束裝馳赴正定，時值該府劉守正督同該縣蔡令與勸農委員典史王澤深籌商正定溝洫引滹溉田，卑府即委該典史往查滹沱上游，選定渠口，以防奪溜。一面委卸署無極縣把總吕崑山，往查滋河以下三岔河豬龍河入淀情形，越四日，王典史回稱，滹沱自平山入直境，東南流至靈壽境，漸出山平靈，以河爲界，間有陵阜夾束，夏秋水勢悍猛，惟至正定境，河勢始夷，擬請於曹馬口作渠頭，請往覆勘等情。適是時，礦局所委測繪員馬振清，帶學生二名續至卑府，遂帶馬振清、王澤深先往井陘看冶河，兼查礦務，看得冶河由井陘北至平山城西，入滹行兩山之間，上狹下寬，狹處數丈，寬處數十丈數百丈，狹處沙石，寬處漫灘，無土槽，無脣岸，無人力可施，該局所謂直河終年有水者，是谿澗之水，非航路之水也。惟當於井陘城外鋪小鐵軌至獲鹿鄭莊，過河費不多，而運價亦較火車爲省，卑處無人可派，應請大帥委員會同井陘典史吴春霖先看軌綫，卑府隨又與王澤深往看渠口，看得滹沱在靈平界，萬無開理，至正定邵同村河流自北而南，東岸忽有磯插入河，灘下殭石上板沙爲天然之挑，水壩將溜逼入西岸，獲鹿界西岸灘田歲塌，東岸歲升，東岸有舊堤，三里隄以西灘田十里，始及水，水貼西岸，現有水三十丈，深五尺，若將水束入渠中，足可濟運。於東岸近磯處開渠，亦不至於奪溜，遂由此下看渠線，初看阻於村墓，後看阻於暗沙，周回往復十數□，□始定渠經正定城南約五十里，至藁城之固營村出正定境，而是時查看下游之吕崑山，亦回□□，帶該把總向東接看，探出固營村東有古路一條，長四十里，儼如谿澗寬二三丈至五六丈，深五六尺至一丈不等。竊維開河有所避，有所因避者，避陵阜，避沙石，避村落叢墓；因者，因人情，因低下，因故漬，以道爲渠，得所因矣。而其下至無極之朱明村，又有滋河故瀆，然是處雖爲河，實已久成平陸，又十里至安城村始有岸，而千里隄亘，其南詢之土人知河廢而隄不廢者，防滹入滋也。隄以南離滹僅十里，而滹高於滋者七尺，卑府始擬於此處開渠入滹，而以滋爲正渠，建人字形南北二牐，夏漲開南牐，由滹行運。春涸開北牐，由滋行運。今知滹高於滋，既無可入之理，而滋自伍仁橋以下，寬而多沙，亦無束水之法，則卑府前策至此而窮，不得不改弦易轍，循滋而下，河寬三四里，皆無水，而或有高岸可因，或有深槽可因，又下六十里，至深澤之固羅村，穿千里隄。而東又七十里，至安平之韓村鋪，仍入滹，蓋至是滹已有槽寬八九丈深，及丈安流以達子牙，計由正定曹馬口至此，約二百三十餘里，中有可因之廢道四十里，可因之廢河六十里，安平境内並有可因之瀉水溝十里，生開之渠僅一百二十餘里，約需百萬，其工可舉。第畫綫難而測量亦不易，往還相視，日僅數里，卑府現派把總吕崑山，按綫領測，俟明正完工時，再具清册，稟請委員勘估，理合先繪草圖，並規畫一切大概辦法，開具清摺，以副憲寄。

謹擬開渠引滹濟運大概辦法：一，擬渠口寬九丈，底寬五丈，深八尺，二面有隄，估用民地一百二十餘里，連隄頭所費約一百頃，作銀十五萬兩，每丈五十六方，連築隄方四錢，實開渠一百二十餘里，連地價約共須銀六十三萬兩，尚有可因之渠一百十里，統按七成折算，通共作銀一百萬兩。一，開渠雖僅百萬，而渠口又須銀二十萬，以及造路，造橋，購船，設廠等費，非二百萬不能運，且須日運二千噸，方無虧折，年息磅虧二項已須十數萬，每年又須儲二十萬，以備償還並局廠一切開支，及洗河、修船、養路之費，非有六十萬不能自保，刻今所出之煤，尚在不敷裝運，且未知天津銷路，一日能否至二千噸，尤須切實調查。至出煤，現雖不足，井陘不乏佳礦，尚非無術以處之。一，現測曹馬口渠頭至正定府城南，地勢高至五丈，相距僅三十里，必須將渠頭掘至五丈，方與地平，以漸而淺，按包安吴中渠一勺，每里水低三寸，低至城南，始能成八尺之渠，卑府擬仿保定城南府河辦法，略加變通，留正河五里，以容滹沱，旁開引渠，渠底與滹底平行二里，餘有甎壩突然而下，下開深槽五丈，從壩上跌水入槽，槽上並設活板，以防異漲，而攔其沙蓄滹，漲則沙盛，水過則沙停，必致歲有淘洗，若攔沙不使入渠，歲所洗者不過二里，餘之沙深槽約二十里，所費不止十萬，益以壩費非二十萬不能舉也。一，由井陘城南正豐公司煤礦，至獲鹿鄭莊一百二十四里，加繞道十里，至渠頭又十里，共一百四十餘里，造雙軌小鐵軌，每里雖未知該價若干，但鐵則取諸平定州，木則取諸獲鹿，平山有十萬兩，當無不敷，運煤之車每斗一噸，而商造則斗大，民造則斗小，此利官亦可籠而有之。暫造車三四千輛，用款至六萬足矣。一，渡滹必用橋，既無建造鐵橋之力，又無僅搭板橋之理，擬用石柱，柱以三尺三寸爲一截，三截爲一柱，洗成陰陽筍口，而嵌以堅灰柱，下用梅花樁釘底三丈，河寬五里，去兩岸蟠頭一里，實四里。凡四百八十柱，柱上加梁木，木上加板，板上加小鐵軌，橋寬六尺，外加木欄，用費當不及十萬，沿路橋梁亦作十萬，以三十萬爲購買輪船及打造槽船之用，二百萬之款尚餘十四萬兩。一，正定西北各泉之水，向注於柏棠河，東南至藁城境入滹，今各泉堙塞，僅通細流，既不足以資灌溉，而此渠若成，細流無歸，亦足以爲害，卑府在任時，欲加挑濬以復水利，以平靈事劇而止。今擬乘此挑濬各泉，勸民先疏柏棠河，於固營橋南新渠開四尺之涵洞，以納泉水，以此溉田，亦以此助運。掘泉涵洞之費，津貼二千兩，即足敷用。再滹沱經饒陽城北爲行運孔道，今年忽徙而北流，遂有數村浸入水中，該令現謀復故，而豪民利其升灘，各懷觀望，此河本係民工，請嚴飭該令課民興挑，挽入故道，民力不足，可以津貼萬兩，以一萬八千兩爲設局用人之費，再加遷墳一萬兩，共四萬兩。餘十萬兩，爲官設煤廠之用，官煤廠者筦攝礦利之機關。一，渠工應分四段，上起引渠，經趺壩接鑿深渠，工費極重，下至雕橋村南，約二十里，爲第一段。從雕橋起，穿藁城境至無極之朱明村，約七十餘里，爲第二段。由朱明村入廢滋河，至深澤之羅固村，出滋約七十里，爲第三段。由羅固村起至安平之韓村鋪，約七十里，爲第四段。全工應分四股，造小鐵軌，造運車，爲一股。建滹沱之橋，及各處橋梁，爲一股。購船，造船爲一股，併渠工爲四股，每股層隸小股，以類相從，不具載。一，運煤從橫澗起點，橫澗者華洋合辦之煤礦也，若正豐公司越在井陘城南北行二十里方及橫澗，再至渠口，則非人畜一日之力所能及，必先一日運至橫澗，方能並運，是橫澗已據優先之勢，宜官爲設廠於橫澗，以利灌輸，倘橫澗或有阻抑，此事即可不辦。蓋渠路皆國權也，用國權以營公司之利，不論中外皆無此政體也。一，起橫澗至渠頭車運，一馬曳六車，一驢曳二車，車載一噸，每噸運價洋一元，內扣車租二毛，商納路捐五毛，運至二千噸，一日可得一千四百元，耗其一成，即足供養路修車之費，而民所得者，尚不止此。正太鐵路成民多失業，今既開此利源，井民亦漸蘇矣。一，井平靈正四邑，資滹冶二水溉田數千頃，每當三月正農田用水之時，應請定爲清明後三日，各牐皆啓放水入田。立夏後三日，各牐皆閉留水濟運，至芒種，又須引水插秧，約須二十日，方能栽竣。畫出五十日之水以利農，四縣民田仰水利者，約四千頃，有水則畝益二兩，歲多入八十萬兩，蠲此五十日之運利以利民，亦仁政之大者。一，預計一年除大雪至雨水封河七十五日，再除農田用水五十日，共除一百二十五日，尚有二百四十日通運，每噸車運七毛，拖輪五毛，運船一元，河捐一元，至二千噸，每日可得五千四百元，除四百元作爲一切開支，歲可得一百二十萬元。而晉直流通之利不與也。一，火車運煤井陘至石家莊，每車三十八元二毛。接運至豐台，六十六元八毛，接運至天津，二十六元四毛，共一百三十一元四毛，每噸攤運費六元五毛，渠成則每噸運費不過四元，是大利在開渠，仍在煤礦，竊計天津煤廠建開水運之議者，必先創設，而我官煤廠之設，愈不可緩矣。一，運道既改之後，火車亦將銳減運價，以挽利權，譬如同室內訌損害，總歸於家。況今正太鐵路歲有虧折，尤當設法維持，查橫澗煤礦現狀，日僅出煤六百噸。若至明年，亦不過一千數百噸，竭礦而運，尚在不敷，此必窒之勢也。今宜厚其所出，兼顧鐵路，兼顧之法另單呈電。一，就目前滹沱水勢而言，足可敷運，所慮者四月及五六月之間也，但以卑府所知，常山東來伏流滿地，掘地一二丈，便可及泉，今渠頭深至五丈十里，外猶深至二三丈，必有萬斛源泉隨在湧出，而且發舊有之泉並注於渠，灌溉之餘，皆以厚運輸入子牙河，似無不足之理，若慮子牙淺涸，則惟有仰水於滏，應俟渠成後，察看情形，再爲禀聞，茲不能預瀆也。再官煤廠可用虛本，卑府擬以十萬，實則設廠用人，及鋪設小鐵軌等費，潛心默計三萬已足，所餘七萬可備各股意外之需，且渠道必穿鐵路，鐵路又須添建鐵橋，尚難預計，必與部憲咨商，方能得其確數，所有津貼亦於設廠款內提用，合併聲明。

敬再禀者，竊見漢納根自攘踞井陘煤礦以來，概用吞噬主義，幸蒙大帥力與爭執，始能稍就範圍作爲合辦，現尚不能平權，井陘舊有小煤窑百處，自橫澗出煤後，日就消滅，卑府到任時，尚有九座，今皆歸於烏有，所存者正豐公司一處而已，然亦界乎存亡之間，爲今計者，惟當扶植現有之公司，建設未有之公司，即非抑外亦當强中。請爲大帥晰言之，查正豐公司，其本謀亦出於挽利，而初入之本，連今浮本僅及四萬，造起重機器一架，可出煤五百噸，現尚未成，仍用土法出煤，不能運重塊煤，必碎而後出，猶幸正太鐵路力爲扶植，間購碎煤搭用，而價值之貶損亦不少矣。若以官力扶持入股本四萬，半年之後日可出煤一千五百噸，每噸淨利一元，兩三月即可歸本，請於開渠工程節省銀二萬兩，先入第一期股本，爲添開窑洞及起重機器之用，出煤後再付第二期股本，爲車運至渠渠頭設廠之用。但能運至渠頭，則所獲已厚，又井陘城北鳳山綿亘數十里，佳礦極多，其被橫澗所軋，因而棄置者尤多，是非民有團力，不能與之相軋，井陘困矣，獲鹿商業亦日替，惟可取資於民，應仿照山西蒲同鐵路公司辦法，按照地丁集股，井陘地丁一萬七千餘兩，每兩集股二元，獲鹿地丁二萬三千餘兩，每兩集股三元，計兩忙可得十萬元，開礦之費，車運之費，似可敷用。若至渠頭，則官煤廠接運至津，若使兩礦均能成立，官煤廠之利將至不可思議，請嚴飭獲井二令遵照辦理，略言山西能辦，直隸亦必能辦，該令若果畏難著，即陳明自有能者往辦，蓋方今吏道不如是，不能以有爲也。總之大利不可棄，於地大柄不可假，於人若使疲精瘁神以謀一公司，得半不完之利，卑府之愚，猶不爲，而謂大帥之智爲之乎，謹貢區區，伏維鑒察。

甘厚慈《北洋公牘類纂續編》卷一九《直隸曲陽縣白石溝開源煤礦有限公司辦法暨招股章程》 一，本公司開辦直隸定州曲陽縣白石溝地方煤礦，於光緒三十年八月，經發起人兼經理人楊蔭培商同孫進甲等，籌銀五萬兩，覓購礦山，東至老君堂，西至靈山鎮，南至唐河，北至大山界內，不准他人侵佔，三十二年稟蒙農工商部批准，發給開採執照，是年九月初二日開工，所有簡略章程，以及開採日期，均經稟報在案。二，光緒三十三年十一月間，稟請農工商部修築運煤小鐵道，蒙批咨直隸總督楊，札派洪觀察述祖、甘大令聯超查明，絶無洋股洋款影射朦混等弊，并前往礦廠查勘井硐工程，携回煤二千餘斤，經礦政調查局煉得，煤質佳美，頗堪開採，亦以運路爲必不可緩之工，當已據實稟復，轉咨大部。嗣於三十四年正月二十五日，奉到農工商部批開，稟請修造運煤鐵道，以廣銷路一節，當以稟内有洋礦師、洋商勘估等語，與前稟不符，經本部咨行直隸總督飭查聲復去後。茲准復稱，派員查明，並無暗招外股，及影射朦混等弊，已據文咨行郵傳部酌核辦理，仰該商逕赴郵傳部聽候批示可也等因。二十八日又奉到郵傳部批開，稟稱所辦曲陽縣白石溝煤礦，距京漢鐵路清風店車站約七十餘里，現集路股銀十二萬兩，擬修築小鐵道一節，利商便運，事屬可行，惟集股章程、路綫圖說，路股股東姓名清册均未據該商稟報到部，仰即遵照，速具章程圖說暨股東姓名清册，呈部再行核辦等因。二月初十日又奉到農工商部批開，前據稟請修築運煤鐵道，以廣銷路一節，當經咨行直隸總督查明，并無暗招外股等情弊，已咨照郵傳部核辦在案。茲准復稱，該商等請修運煤枝路，須將圖説章程名册呈部後，方能核辦等因。查添修枝路，自應造呈圖册等件，以符定章，惟事關礦務，仰該商等奉郵傳部批准後，呈報本部備案可也各等因，本公司遵將路綫圖説，并各股東姓名清册，以及招股章程，均已造呈農工商郵傳部，暨直隸總督查核備案，合併聲明，以俾週知。三，本公司開設以來，純用土法開採，工程遲緩，三十三年九月始行出煤，現在井峒已開深四十餘丈，煤質固佳，煤槽亦厚，惟每日所售煤價尚不敷工價之用，勢非購辦機器，建造鐵路以期多出煤斤，推廣運道，不足以興大利。查每日出煤三百噸，所用起重及吸水機器全副約銀二萬八千兩，此礦距京漢鐵路清風店車站約七十餘里，建造輕便小鐵路，經德國工程師貝哈格爲之測量，勘估約需銀二十餘萬兩，業將集股興修情形，稟蒙農工商、郵傳部暨直隸總督批飭，繪呈綫路再行核准等因，應即遵章購地開工修築。四，本公司聘請荷蘭國礦師雷德布赴礦打鑽，與工程師貝哈格勘估小鐵路，暨稟換開採執照，以及起蓋局房等項，雖將墊款用罄，而辦理已有眉目，現議續招商股四十五萬，凑集五十萬兩，半作修路用費，半作辦礦資本。五，本公司招股，先在天津設一總匯之處，名曰曲陽開源煤礦有限公司，兼理一切應辦事宜，俟路礦告成，即改爲開源煤礦公司分所，四十五萬兩分爲四千五百股，每股一百兩，業已招集一千二百股，下餘三千三百股，招足爲止，惟收股銀色，無論各處平色不同，總以申合庫平足銀爲準，俾臻劃一，各股東認股均按三期交納，以兩個月爲一期，首次兩期先收三成，即付股單爲據，末期交足即行换給股票息摺，自收銀之日起，按長年結算，五釐官利。六，本公司所招股本，各股東不得提用，其官利統俟開市售煤之第二年年底結帳之，次年正月憑摺付息，亦不得隨時預支，如將股票轉售他人，須至本公司報明註册，方能作准，不得售與洋商，違背定章。七，本公司股銀分三期交納，股東認股後，倘到期不能如數交銀，照章於十五日前登報通知，逾期不繳，再展限十五日，若再不繳，則按其已交銀數懸存公司帳内，不給官利，俟將未發股票，招有他人接受後，再將懸存公司之銀退還原主，以示公允。八，本公司股商掛號，須將姓名、籍貫、住址、職業及交銀日期均詳細開列，以便公司註册，編次字號，填給股單，庶免訛誤。九，本公司擬設總理一員，協理二員，正副董事各二員，應於各股東内，由衆股東公舉充當，其餘一切應用人員，須由總協理會商董事，按照商家規則派用，惟經理帳目，責任綦重，必須由大宗股東，與總協理遴選一家道殷實、品行端正者充之，以杜嫌隙，而重商本。十，本公司股商列名，凡數人合購一股，及一人承購十股，百股，以及千股，均聽其便，惟應得權利，本公司祇認出名之人承受，至繳納股銀不能應期交足，亦惟出名人是問。十一，本公司股商公舉人須滿二百股以上者，准舉一人到公司司事，能充何職，應領薪水若干，由總協理酌定。若其人不能稱職，或不守本分，當由總協理辭退、改派，並請原舉之股商來公司考查辭退原由，以昭公允。十二，本公司股商議事權限，應照商律四十六條，每年應招集衆股東舉尋常會議，須照一百條内載，會議時，有一股者得一股之議決權，至股東欲舉特別會議，應按照商律第七節辦理，其各股東欲開特別會議，須有股本共全數十分之一股東，或一人，或數人，不限人數，知照公司即於十五日内，舉行特別會議，會議事件以多數取決。十三，本公司出入銀錢，關係最要，每日立有流水簿，月有月結，年有年結，在事人公同核算，年清年款，登明報章，俾衆週知，其平日各股東到公司時，原可隨便閲看，至股東欲調查帳目，應先期三天函告公司預備。十四，本公司股商分利，除每年結帳一次，刊刻清册分送股商備查外，所有餘利，除先照章提付五釐官利，并交納税課外，其餘作十成，以二成五報効，以五成歸股東，以二成五歸總協理，及辦事人等花紅。十五，本公司股票存本實爲有利無害，公司遇有意外虧累情事，當照有限公司律章辦理，不得向各股商追補。十六，股票失事，如實係遺失、被竊、火燬等情，須向公司報明緣由，再由失票股商將字號，日期，銀數，先在地方官衙門存案，並廣登各報聲明，俟一年結帳後無人支取息銀，准取具殷實紳商保結，方能補給新票，以昭慎重。倘查出揑冒情弊，當將票根塗銷，遵照商律議罰。十七，股本收齊後，須擇殷實銀號分存生息，一切應用之款，隨時由總協理核准提用，他處不得挪移分文，以重商股。十八，本公司全按商律條規辦理，所有官場習氣一概屏除，聘用之人亦照生意規則，一人得一人之用，不得瞻徇情面，以致人浮於事，薪水須酌量材幹及辦事多少爲準，每月按定數發給，不得挪移掛借。至應酬一切，均不准開支，以重公本，惟經手招股之人，能招至二十股者，另給紅股票一股，以作酬勞，不給官利。十九，本公司礦廠，應用工役，專雇本處附近貧民，藉可自食其力，且免易聚難散之虞，取具連環保結，方准入礦工作，工食從厚，而約束從嚴，輕則由礦懲罰，重則送交地方官究辦，並請地方巡警隨時彈壓保護。如有因開山、鑿石、挖洞、取煤等事，致遭危險或致殞命者，各安命運，除由局遵章卹賞報官，驗明存案外，其親族不得借端訛索，如屍親不願報官者聽，亦必須取具領狀切結存案備查。二十，本公司礦廠僻處曠野，所有存儲銀錢以及機器物料等件在在均關緊要，非嚴密防範，不足以照慎重，擬招募護勇二十名，以資保衛，其應支口糧，酌由公司按月發給。二十一，鐵路工竣後，應將詳細路圖，全路地畝畝數，價值，及材料工程帳目，與薪水利息，并一切費用，分類造册報告股東，并呈部備案。二十二，鐵路所運礦物種類，數目及核算運費，按季報告股東並造册呈部。二十三，鐵路所有收入，運費，支出帳目應於年終統計，比較存欠各款，造册呈部。二十四，本公司一切事宜，悉遵照商律及合貲有限公司章程，與將來郵傳部所訂鐵路律辦理。

郵傳部批：附稟悉。查閲章程，既經更正，仰多印數分送部，並即乘時興辦。至開工日期，仍須稟部備案。鐵路股分既據稟稱已有十二萬兩，自不可無總理之人，應准該商等公舉，暫以職商楊蔭培兼充該路總理，以專責成。至購地一節，業由本部咨行直隸總督查照，轉飭辦理矣，章程留閲。此批。

甘厚慈《北洋公牘類纂續編》卷一九《督憲那批已革郎中鈕秉臣稟前辦臨城礦局被參撤差始末情形文》　查該革員前辦臨城煤礦，光緒二十八年袁前大臣據職員何炳宗稟控飭查，以該革員并未請示批准，擅與比公司議訂合辦草約，奏咨作廢。三十一年附片參處該革員果有冤抑，當時何不申訴，現已事歷數年，仍以始遵大憲之諭，繼有督辦大臣主約爲辭，希圖脱卸。此等重要事件李前大臣果飭議辦，當有札文可據，即柯道鴻年曾否委代盛大臣主約查辦之時，盛督辦亦未咨覆，似此無據空言，豈能信以爲實。且三十年部定礦章，本有礦工入官礦地充公之條，該革員既以遠章撤革，并將各項産業交出，是該礦業已歸官，其由津海關道與比公司另訂合同，原爲收回利權之地，并經奏奉國家批准，該礦一切各事即非該革員所應過問，況該礦歷年出入各款，前經閔道提到總賬四本，查明自光緒十年至三十年止，新收項下僅大錢五百千文，其餘并無入股，及自出資本字樣，是該礦所有地畝、機器、屋具等項，類係出諸售得煤價，其後徐積彤、何維梓等，稟請酌給股本，一再飭查，因無案據，未經允准。至歷年所得煤價約錢二百餘萬千，以收抵支，尚未還積，欠十萬餘千。既經撥款代爲清了，并又給發買存備用材料價錢四千餘串，以示體恤。其存煤三堆，雖有三萬餘噸，然經洋員馬楣量估，除一堆不堪收售外，僅有一萬六百餘噸，酌給價洋一萬元，亦經照領，毫無異言，有該革員原稟可憑，何得復以存煤甚多，給價較賤，滋生他説，以冀翻異，所有該革員現稟各節，本署閣大臣礙難核辦，仰即遵照，仍候都察院核示。此批。

甘厚慈《北洋公牘類纂續編》卷一九《津海關道詳臨城礦局亦擬援案遞減運費文並批》　爲詳請轉咨事。現准臨城礦務局洋函譯漢内開，昨閲北洋官報，於上年十二月二十五日所載，祇悉北洋大臣已發咨文農工商部、郵傳部，京漢鐵路運煤脚費，請准井陘礦務局按照臨城礦務局價目付給等語。查北洋大臣之咨文，係以井陘礦務局合同第十二款爲詞，查合同第十二款内載，井陘礦務局督辦奉北洋大臣之命維持保護，即與中國各鐵路公司商妥，凡井陘礦務所出之煤産及運入之機器伙食，其運價悉照他處礦務章程辦理。按照合同第十二款，并無提及敝局之事，且照敝局合同第十三款内載，以蘆漢公司承運直隸臨城礦務局所出之煤，所有運費須按每次各車滿載煤斤，不拘遠近，每噸應交運費不得過洋一角五分，再按每英里計算，每一英里從廉加給運費，每噸不得過洋一分，至蘆漢自用之煤，其煤價可照本處公平市價，按七五折算給，按照敝局合同第十三款所載，京漢鐵路運脚臨城礦局，應享優先利益，毫無疑義。井陘礦務局訂立合同之時，並無提及援照敝局，亦屬情真，是以井陘礦局實不能要求同享敝局之利益，照付運脚，惟中國政府可將京漢運井陘之煤費減輕，但既已減輕，井陘煤礦局運費，則敝局亦按照合同章程，其運費亦須照井陘所減之法推算遞減，敝局用敢函請貴道維持保護，緣敝局訂立合同，叨蒙給予特别優待章程，因所用開礦資本爲數甚鉅，所有應享利益之事，不能不仰承貴道保護也。若井陘礦務局按照敝局章程，付給京漢運費，而歸劃一，則於敝局大有妨礙，郵傳部若允將井陘應付京漢運脚減輕，恐郵傳部未必允將敝局應付之運脚照井陘礦局而推算遞減也，貴道誠實相孚，誠恐爲人感動，故不得不專函奉達，務祈拒駁，爲荷並准。比國狄領事照會同前由各等因。准此，查井陘礦局前函，職道請照臨城運煤辦法核減運費，當經據函詳請核咨在案。兹准前因，理合具文詳請憲台查核，俯賜轉咨郵傳部，一併核覆飭遵，實爲公便。爲此備由具詳，伏乞照詳施行。

督憲陳批：據詳已悉。前據該道轉詳井陘礦局請減火車運費，業經咨明郵傳部在案，所有臨城礦局及比國狄領事函稱各節，應俟前案覆到，再行核辦，仰即遵照。繳。

甘厚慈《北洋公牘類纂續編》卷一九《督憲楊據井陘礦局稟工程師富利漢測量河路請飭保護札飭各該縣遵照文》 爲札飭事。據井陘礦務局稟稱，竊查職礦銷運煤斤節節改换，火車煤斤受損，運費亦昂，業將擬由平山縣境之滹沱河起，入子牙河至天津御河止，分段修濬暨約計修費各緣由，稟蒙憲台批飭，李守映庚前往查勘各在案。兹查該河工段綿長，必須再行詳細查勘，以照慎重，擬請海河工程師富利漢前赴沿河履勘，照前次摺開各段按段巡視，詳加測量，理合稟請大帥鑒核，並請轉飭平山、行唐、獲鹿、正定、藁城、晉州、無極、深澤、安平、饒陽、獻縣、大城、静海、青縣，一俟該工程師到沿河各工次，由該縣派員隨時妥爲保護，一面剴切曉諭村鎮居民等，此段河路修通，於商民農田以及往來行船均有裨益，毋得阻撓滋事，是否有當，伏乞迅賜批示祇遵，實爲公便等情。到本大臣，據此，除批示並分行外，合行札飭，札到該縣即便查照，派員妥爲照料保護。此札。

甘厚慈《北洋公牘類纂續編》卷一九《礦政調查局詳覆商人擬在井陘縣屬黄家溝開礦情形文並批》 爲詳報事。奉憲台札開，據正定府詳稱商人吴景程擬在井陘縣屬黄家溝地方開採煤礦，業已於本年六月出煤，似無庸稟局勘查，發給勘照，請咨部發給開礦執照，所有照章應呈行號、擔保銀兩，應請限令一年之内再行補送等情。札局，查照新章核議具覆，計抄單並圖説一紙仍繳等因。奉此，並據該商亦以前情具稟到局，查吴景程所開煤礦係在井陘縣境，緊接鐵路界樁，與井陘礦務局合同京漢正太鐵路局有無防礙，以及與正太路局礦地是否毗連，據稱現用機器開採，而核之正定府李守稟内，該商僅有股本銀一萬六千兩，已折閲萬金，是否足敷開礦之用，必須勘查明晰，按照新章及縣境各項路礦奏定案據劃清界限，妥核酌辦，以免日後糾葛。除移委職局顧問官鄺道前往詳勘見復，另文詳報外，所有此案現辦情形理合具文詳報憲台，俯賜查核批示，實爲公便。

督憲楊批：據詳已悉。繳。

甘厚慈《北洋公牘類纂續編》卷一九《直隸礦政調查局詳派員查勘曲陽煤礦鐵路經過唐縣地方路綫情形文並批》 爲詳復事。案奉憲台札，據廣昌縣稟，以職商楊慶槐即蔭培等開辦曲陽縣白石溝煤礦，擬由礦廠至清風店修築運煤小鐵路一道，經行縣境南樂屯等十三村地方，詳細勘查，與居民諸多窒礙，并將各該村莊公稟、抄粘稟請核示等情札局查照，派員詳勘核議，聲復等因。奉此，遵經職道紹基、筠孫等詳明憲台，移委職道文濬前往唐縣，按照單開各節，確查該商所定軌道經過地方，與民間有無窒礙，詳細見復去後。兹准張道周歷全路，並督同唐縣親歷縣境南樂屯等處十三村地方逐所勘查明晰，由唐縣繪圖稟復前來。核閲該縣原稟内稱會同張道前往縣境南樂屯等處逐一詳查，歸即柬邀該處紳董副貢生劉琛等諸人進署，經卑職會同張道台，曉以曲陽縣白石溝煤礦前擬修築小鐵路至清風店，計長約七十餘里，此事係經該商稟准郵傳部轉咨督憲委查，現已查勘明晰，事在必行。將來開辦時畫定路綫，經行唐縣各村莊，均按民價購地，必不使民間稍有喫虧，如所勘之南樂屯等五村以及唐河下游大洋各村，有以取水不便，恐傷枝溝，向稱膏地今變爲瘠壤者，當必諭知該商分别設法築口修橋，仍留民間水道，倘遇路綫内有田廬墳墓之處，可以從權繞道者，亦必繞道，斷無騷擾强迫情弊。該紳等聞命之下，均皆允可，唯唯而退。卑職揆度情形，將來開辦時，誠如張道台指示各節，一一照辦，當必易於成事。惟查此案輕卑職檢閲卷宗，並無該商楊蔭培等隻字，亦無圖説繪粘存案，轉瞬興工，凡購地勘綫，事必繁賾，且經過路綫界内均距邑城較遠，若不預先接洽，斷難照顧，而日後借資，該處紳民之力猶多，更宜連絡，方免阻力。在卑職身任地方，職無旁貸，惟恐小民難於圖始，且事關重大，不得不倍加慎重，如此次卑職隨侍張道台前往勘路，並無該礦中一人同去，及詢諸紳亦向未與該商等會晤，爲此繪具圖説一紙，恭呈鈞鑒。再京漢鐵路修設清風店車站，實係在唐縣境内，王京村尚隔定州屬之清風店有三里之遥，合併聲明等語。職道等公同核議，該職商擬修鐵道路綫約七十餘里，起於曲陽白石溝礦廠，迄於唐縣王京村，車站在曲陽境者祇十餘里，在唐縣境者約六十里左右，按之軌綫經過之南樂屯等五村以及下流大洋各村，均賴唐河唐利渠水灌地，沿路枝溝頗多，該處紳董慮及將來按圖設路阻塞溝流以致取水不便，有礙農田水利，係屬實情，該縣擬飭該商築路時經過沿途舊有水溝，分别築口修橋，不得稍礙民間水道，自應照辦。南雹水一帶，民田價值昂貴，該處紳董因恐該職商等將來按照别處鐵路購地章程給價，致令民間喫虧，所慮亦不爲無見。檢查卷内，該商原禀郵傳部雖請按照部定章程分别給價，而亦慮及有拂輿情，是該商本屬明白曉事，該縣擬飭該職商將來開辦時，路綫所經唐縣各村莊均按民價購地，職道等查輕便鐵路佔地不寬，購地即照民價，在商人所費無多，而業户所裨甚大，似可准行，惟亦不准民間高抬價值及勒掯把持，以示公允。内地風氣未開，民情習於安静，路軌所經田廬墳墓，與其概行給資飭遷，而多所未便，莫如設法繞道避越，而各使相安。該縣擬飭該商遇路綫内有田廬墳墓之處，可以從權繞道者，亦必繞道，無使騷擾强迫，係於恤民之中重寓保商之意，亦可照准，其有萬不能繞者，方可從豐給價，商令遷移，礦商不得有心勒制業主，亦不得故意刁難，似此量爲變通輿情，既可交孚，而部章亦無甚出入，辦理似不致有所礙窒。如蒙允准。一俟奉批，即由職道諭飭該商查照，果能一一遵辦，方准興工，抑職道等更有請者，該職商等所辦曲陽之礦，核其所禀規模極宏，而路綫所經亘於曲陽唐縣，工程重大，資費浩繁，自應慎選經理之人駐廠辦事，庶先事諮訪官紳，百凡接洽，斯臨事督飭工作，一無阻撓，若如該縣所禀該職商等平時固無一人在工，此次亦無一人同勘，果使資本充足，當不至一無布置，似應飭令該商趕派妥人前往工所，遇有礦事路事，先與地方官紳妥爲商辦，庶將來測路購地運料開工有所保護，有所維持，不至别生枝節。至該職商擬修鐵路，係奉大部批准，此項路工是否華洋合辦，抑係專集華股，又檢查該商在部所禀修路工料約需銀二十餘萬，彼時路股祇有銀十二萬零，現在是否已招足額，以及測量修築各工程師是華人抑係洋商，職局均無案可稽，應否諭飭該商聲明備案之處，統候訓示祇遵。所有職局派員查勘職商楊蔭槐等擬修曲陽煤礦鐵路經行唐縣地方路綫情形，酌擬辦法緣由，是否有當，理合照繪圖説，具文詳覆憲台，俯賜查核批示，實爲公便。再劉令原禀東文灣村南係赴五台大道路極窄小，行人絡繹，鐵路往來可虞云云。現經職道文濬親詣勘明，該處道路尚不十分窄小，且只長二三里即已出山，鐵路經過，尚無甚可虞之處，合併聲明。

督憲楊批：據詳已悉。查職商楊蔭培請辦曲陽縣白石溝煤礦，前准部咨飭委洪道述祖前往勘查，并無洋股洋款在内，取具切結，咨覆在案。此次經過唐縣之運煤鐵路，現經張道文濬督縣查明，勸諭紳民遵辦，所擬將來修築該路，務須繞避居民廬墓，并不得稍礙農田水利，及購地繳價各辦法，均尚妥協，仰即轉飭該商遵辦暨照議聲明備案，并候分咨郵傳部、農工商部查照。繳圖存。

甘厚慈《北洋公牘類纂續編》卷一九《督憲陳據井陘礦務局禀繳價領回郵傳部礦地暨附禀税釐存款請示辦法札飭津海關道礦政調查局遵照文》爲札飭事。據總辦井陘礦務局洪道禀稱，案查郵傳部前在井陘縣購買礦地，允歸職局收併一案，職道曾將赴部繳價領地情形面禀憲台在案。兹職道已於正月二十五日，在職局應解第一年份税釐項下提洋二萬元具禀繳部。本年二月初七日，奉郵傳部批開。現據該局禀繳井陘礦地價洋二萬元，憑票一紙業已驗收，所有本部購買礦地契券，計共五十二張。現經如數檢出，轉發總局收領，以憑管業。至該地畝每年應輸錢糧數目，候查案咨明直督札縣，過割歸户輸納，仰即遵照此繳，契併發等因。奉此，職局業將契券五十二張照數領回存儲。管業除將該地畝數另行過户造册呈報外，理合將職局繳價領地日期呈報憲台察核，並請咨明農工商部、外務部查照，暨飭行津海關道、礦政調查局，並井陘縣遵照立案，實爲公便。又據附禀稱，竊職局自光緒三十四年七月初五日，奉旨中德合辦之日起，至宣統元年六月十五日止(西歷一千九百零八年八月初一日起至一千九百零九年七月底止)，是爲合辦之第一年份，全年出煤十一萬五千二百三十六噸五成五分，每噸應解報効費銀五分，共計銀五千七百六十一兩八錢二分七釐五毫。除去自用煤五萬零一百八十五噸一成二分，實售出煤六萬五千零五十一噸四成三分，每噸應解釐金錢八十四文，共計錢五千四百六十四千三百二十文。以五一三五，合銀計共二千八百零五兩二錢三分。又税銀一項，除津關已完四百五十五噸外，計應解六萬四千五百九十六噸四成三分，每噸銀一錢二分五釐，應解銀八千零七十四兩五錢五分，總計庫平銀一萬六千六百四十一兩六錢一分，申折行平銀一萬七千零七錢二分四釐，除已付許委員銀一千七百三十六兩外，實應解銀一萬五千三百三十兩四錢。茲於正月二十五日解郵傳部地價銀一萬四千兩合洋二萬元，實存第一年份税釐銀一千三百三十六兩四錢，此項銀兩應解何處，抑或可照職局前稟，留作此次添股項下撥用之處，統乞憲台批示祇遵各等情，到本大臣。據此，除批據稟繳價領回郵傳部前在井陘縣所購礦地，並聲明領地價銀在該局應解第一年份税釐項下撥交，應准照辦。候咨外務部、農工商部查照，並行津海關道、礦政調查局、井陘縣遵照立案，所有此次領回地契各件，應由該道移交督辦井陘礦務總局、津海關道查收，其在合同圖界以内之地，准由該局備價請領。領地以後，應輸錢糧，即由該局照納其在合同圖界以外之地，作爲井陘礦務總局産業，應輸錢糧由該總局照納，以符原議。至附稟所開報効税釐各項數目是否符合，候飭津海關道、礦政調查局查核其實存之款，應准暫存該局，俟吴道仰曾到礦查明，應否添股再行批示，解交何處，仰即遵照。繳。並咨外務部、農工商部外，合行札飭，札到即便遵照辦理。

甘厚慈《北洋公牘類纂續編》卷一九《蔡道紹基李道德順詳與漢納根訂定合辦井陘礦務合同應否奏明立案文並批》 爲詳送事。竊查德人漢納根、文生張鳳起等稟辦之井陘煤礦，前奉升憲袁諭改歸中國借款合辦，飭與津海關道商定合同，現署外務部右侍郎梁前在職關任内奉升憲袁札飭，妥速核定合同具覆，即經梁升道會同總勘礦師鄺道，迭與漢納根商訂合同，一以臨城煤礦爲標準，往來商辦兩年有餘，擬有合同十八條，較之臨城借款辦法更臻縝密，利權所在挽回甚多，惟以事涉糾紛，磋磨不易，雖大綱已經定議，而細目尚待妥商，以致迄未定案。梁升道旋即奉旨出使美國，繼任梁道到任未久，奉調滬關，先後卸篆，職道到任接准移交，即奉憲台札委職道紹基爲該礦督辦、職道德順爲總辦，飭令將該處煤礦所議華洋合辦合同妥慎籌商稟辦等因。遵經職道等就原議合同按款詳核，本梁侍郎原議之宗旨，遵我憲台指授之機宜，與漢納根逐細商榷，於第十一、十二兩款就原文之義量爲引伸，第四款原議官牘商賬可用華文或英文書寫，現定均用華文。第八款酌予删除，該德員承認遵守，共訂爲十七條。業經呈請憲台核定，飭繕校對無訛，會同簽字，呈蓋關防。竊維此事轇轕有年，幸蒙訓示周詳，得以及時就範，惟此礦開辦在現奉新章以前，與臨城煤礦辦法於舊約後，接議新約情事，亦復相同，自不能概以新章相繩，即按之新章第八款，本有關係洋商酌予通融之條，復核此項合同於華民生計、中國主權、地方治理三者均無妨損。而礦權又仍自我操，與新章亦尚不相背。第臨城礦事係經奏明立案，此次井陘礦事應否查照辦理之處，除將合同分別存送外，理合將合同一份具文詳送憲台鑒核訓示，並乞分咨外務部、農工商部查照，實爲公便。爲此備由具詳，伏乞照詳施行。須至册者。

督憲楊批：據詳各節候先抄録合同，連同洋文圖件，咨請外務部、農工商部核覆飭遵，並仰先將與該德員議訂合辦井陘礦務，分別移行礦政調查局暨井陘縣知照。繳合同存。

甘厚慈《北洋公牘類纂續編》卷一九《井陘礦務局李道德順漢提督納根稟擬開通河道以便運路文並批》 敬稟者，竊查井陘礦煤已由正太、京漢兩鐵路運售，惟兩路軌道寬窄懸殊，過遞之間不能啣接，以致該礦運煤由正太路至石家莊時，必須改换貨車，方克前進，不但裝卸周折，而煤斤受損，整塊半成碎末，利益之虧耗甚多，且井陘僻在西隅附近，地方銷煤微末，保定雖可稍售，究不若京津之多，欲運京津，必經該兩鐵路，其運費異常昂貴，則煤價勢必加增，與唐山等處相衡，每以價貴而銷售減少，是銷場之不廣，皆由運路之迂長，職等固熟思之，而久欲改良者也。祇以磋訂合同躭延時日，現在已奉奏准合同訂定，礦中出煤日見增多，亟宜妥籌，運途力求便捷，以節運費，而冀暢銷。查銷煤最鉅之區向，推直東御河流域，該處河道衆流，匯歸其上游，以滹沱、子牙等河爲樞紐。滹沱發源於山西，匯井陘平山縣境，諸河以入子牙而達御河，是以御河一帶水埠林立，船隻通行，商賈雲集，從前畿輔水道修通，東西上下游帆檣直達，自歷年決口，東塌西漲，河身淤高，横流散漫，好地固被沙壓，而昔年故道一經淤墊，亦無從辨别，以致節節淤塞，船隻難行，不獨津埠受其影響，凡西路各貨有須藉水路轉運者，因水道阻礙，多致滯銷，即東路一帶亦有多貨無法由鐵路裝運，受害之鉅，難以詳陳。因思井陘密邇平山，誠由平山縣境滹沱河起，入子牙河至天津之御河止，分段興修，一律疏濬，庶井陘之煤可以直達津埠，推廣銷場，免由正太、京漢兩鐵路經行，輾受裝卸周折，運費太昂之累。且西路、東路各貨亦可藉之轉輸，水利之興莫大於是，爲此將以上各河應修之工程，業已查勘清晰，謹擬大畧辦法具稟，懇求大帥鑒核，俯賜批准，所有修理井陘礦煤之運路，自上游平山縣境之滹沱河起，入子牙河至下游之天津御河止，約計華里八百餘里，並需費大概數目理合繪圖繕摺附稟，恭呈鈞鑒，是否有當，伏乞迅賜批示祗遵，實爲公便。

督憲楊批：據稟並圖摺均悉。該礦出煤日漸暢旺，現擬將自該礦逼近平山縣境滹沱河起，入子牙河以至天津御河止一帶河身全行疏濬，以期運路銷場兩有裨益，所擬辦法於沿途水利有無窒礙，修費究需若干，能否照辦，候委派李守映庚前往，逐一詳細確切查明，核議具復，再行飭遵。繳。

甘厚慈《北洋公牘類纂續編》卷二二《勸業鐵工廠熙道鈺稟開辦銅鐵工出品協會請派審查員文附簡章並批》 敬稟者，竊查工藝爲國家富强之基礎，人民生計之本源，邇來我國出口之貨日絀，入口之貨日多，國弱民貧，上下交困，追本窮源，良由於工藝之不振，言之不勝浩嘆。茲者幸逢大帥首於南洋創辦第一勸業會，仰見大帥獎誘工業，殷殷提倡之至意，凡屬工商，能無感發。職道承乏北洋勸業鐵工廠事務，尤應有所奮勉，以爲在下者倡。然查勸業會之設，在各國原屬尋常，在我國實爲創始，惟內地風氣不開，難保不瞻望不前，諸多疑忌，全賴官家輔助開導，庶可集思廣益，樂觀厥成。直隸近來工業尚在萌芽，而工商智識尤極幼稚，若非官家提倡，不能期其發達。職廠雖係息借成本，究屬官廠性質，因於本月初十日，假本埠工商研究所開銅鐵工出品協會，各工商到會者八十餘人，職道以南洋創辦勸業會宗旨，與現今各國工商競争之情形，詳細開導，羣情踴躍，極力贊成，並由各工商中公舉銅鐵工會長二人，督催赴會出品各事，如有新穎物品，限於經濟無力赴會者，由職廠體查情形，補助運費。至將來各工商出品，究竟如何，尚不敢預料，若不從此勸誘入手，則更無從爲力。職道惟有隨時隨事竭力勸導，以仰體我大帥提倡實業之盛舉。所有當日開會情形，並擬出品協會簡章六條，理合開呈憲鑒，是否有當，伏候批示祗遵。再，嗣後各銅鐵工有送到職廠赴會物品，擬派職廠提調吴令藩、總監工賈委員勛爲本廠審查員，由職道督率，認真考驗，並不另支薪水，以節糜費，如蒙俯允，即由職道轉飭各該員遵照開辦。

銅鐵工出品協會簡章六條：一，本會爲南洋勸業會提倡直隸銅鐵工出品協會爲宗旨。二，本會中公舉鐵工會長二員，凡關於督催赴會物品，及聯絡銅鐵各工等事，由會長擔任。三，銅鐵工赴會物品，以新穎發明者爲最優，其餘仿樣製造機器及普通適用者均可赴會，由會長體查情形，隨時佈告。四，銅鐵工赴會物品，凡有限於經濟困難，不能自行赴賽者，可由會長將物件轉送本廠，由本廠審察後，代運赴賽，如係售品，將來售出時，仍將售價付還出品人，本廠概不扣除運費。五，本廠補助銅鐵工出品赴會運費，一限於商家資本不足者，二或精緻適用之品，無力赴賽者。如係官辦或大商家及出品重大粗笨物件，本廠自顧棉薄，礙難補助運費。六，本會以後每月借研究所開會二次，由會長議定日期，研究協會出品進行各事，如銅鐵工諸君有發議等事，隨時由會長商同本廠決議。

督憲端批：據稟該廠現於工商研究所開銅鐵工出品協會，並公舉銅鐵工會長二人，督催赴會出品各事。所擬簡章尚爲妥協，該道提倡工業尚肯用心，仰即督飭照章辦理。至各工有送到該廠赴會物品，該道擬派吴令藩、賈委員勛爲審查員，亦准照辦，並由該道轉飭，認真辦理。此繳。摺存。

全國圖書館文獻縮微複製中心《清季鈔電匯訂·山東巡撫電》 陸軍部鑒：洪。據勸業道蕭應椿稟，轉據德領事貝斯函，礦務公司現運炸藥六百二十箱，計一萬四千六百二十五啓羅，由青島至淄川黌山礦廠卸用，請咨飭關驗放等情，即乞貴部照章辦理爲盼。寶。嘯。

全國圖書館文獻縮微複製中心《清季鈔電匯訂·山東巡撫電》 陸軍部鑒：洪。據勸業道蕭應椿稟，轉據德領貝斯函，礦務公司現運炸藥三百二十五箱，重一百三十九擔八十斤，由青島運往坊礦廠卸用，請電咨等情，即乞大部照章辦理轉飭放行。寶琦。沁。印。

全國圖書館文獻縮微複製中心《清季鈔電匯訂·山東巡撫來電》 陸軍部鑒洪：密。昨據膠關税務司稟德礦務公司運炸藥至防子礦廠，當經電請大部照章辦理在案。茲復據勸業道蕭應椿轉據德領事稟，同前情，合再奉聞。寶琦。銑。印。

王爾敏《盛宣懷實業朋僚函稿》上册《欽其寶致盛宣懷函五》 宫保鈞座：敬稟者，昨通和送來圖書館第六期領銀單一紙，請鈞鑒。現在工程，已有八九，所有門窗，已經做齊，俟西風一起，即行趕裝。據洋人云，大凡裝設門窗，最好在交冬西北風起之時，從速裝就，則以後永不走動。故此時雖能做好，須約緩裝，亦一法也。第七期工銀，已與通和言明十月底照付，末期二千兩，開歲正月底結算。據大拉斯云，此次工程，作頭並不賺錢，因工料過於頂真，即渠所賺之九五扣不得不貼去一半，此係公益之事，亦所願也。昨有王星北之弟怡仲帶有盱眙縣王環山五色礦苗一小包，意欲求見。知宫保早已入都，囑寶轉呈，據云此礦現在無有人知，特來奉顯，如果開下，必大發達。現在浮面尚有如此色澤，其下可知，本擬自辦，因限于資本，不敢造次。竊思盱眙一帶，山勢極峻，寶藏必多，況自古至今，從未開動，其氣必鬱積而生異寶。現正礦務大興之際，若被他人占去，似覺可惜。可否請宮保向王星北處一問，如果屬實，即派王星北經辦。至王怡仲者，寶向不認識，未敢介紹也。肅此敬上，即請鈞安。欽其寶謹稟。八月二十三日。

太太准明日乘安平北上，姚五於昨晚由京漢進京。

王爾敏《盛宣懷實業朋僚函稿》上册《錢鑅致盛宣懷函二十一》 大人鈞鑒：敬奉者，職道爲日報單一事，昨經奉請憲示，諒邀垂鑒。鐵路以煤爲命脈，唐山之煤原定四兩四錢一頓，今年要漲至五兩五錢，已由戟門説法，允許每頓五兩一二錢，尚未十分議定。此事亦應飭普意雅早爲商定。前職道在辛店時亦曾提及此層，普云須俟沙多北上定局。上年臘月職道條陳五事，内有臨城礦務一條，擬請籌借銀六七萬兩，做出一礦，以供路局之用。今鈕小屏觀察來津云，已做出一礦，係屬烟煤，交來煤樣，質甚亮潔，已爲深言盧橋取去兩筐看樣化驗，如果能合機器之用，則軌路必經臨城，卻枉我路大爲合式。職道亦取樣煤數塊，交丁家轉付化學教習克頰福化驗分數。此礦之煤，爲汪路至正定以南方能合用，今正路告成不遠，亟須預籌。小屏觀察有事赴京，用特趨謁崇階，敬聆訓示。聞沙多已來，正好從長計議。崇文門稅祇一年之差，如晤榮中堂亦可一爲商量，此能通融，每年可認驗票費六千兩，加一小費，如此不致吃虧。天津車站有材料委員姚寶煜『注：老路所派』於商情極爲熟悉，可以喻令招徠。職道定於月杪起身回南。肅奉，敬叩鈞安，伏乞垂鑒。職道錢鑅謹稟。二月十九日。

王爾敏《盛宣懷實業朋僚函稿》上册《金福曾致盛宣懷函一》 杏翁仁棣台大人閣下：前奉手示，業經肅復。辰惟勛猷日懋，抃頌無涯。前月下浣晉省，朗帥諭及淄川鉛礦大好，想必歸執事主持。賈海勘復，所言如何？弟於東礦前亦有意，而未敢遽信。淄礦辦法，聞與各處不同，此卻甚好，似須處處以中國之法用財，以西人之法辦事，庶不至游騎無歸，虛糜巨款，尊意以爲何如？今日接相札，許星使咨復挖泥船式，每年祇挖二萬九千餘方，俟河之清，將專用之，不知感尼之船究竟買否？新得窪拉海口，即尊諭所謂：文章本天成妙手偶得之者耶。埕子口工程添開不及二十里，共用銀三千兩已足，即不敷亦甚有限。有橋工數處，如不修則勢將傾圮，不特礙行旅，抑且阻河道而礙商船。昨電商可否酌貼數百金。弟又稟諸朗帥，添撥橋款千金，皆取之於核獎，又解九千金。承示由本地紳商具稟一節，原發端於李鶴齡，昨見伊知官民皆不敢稟，實示無須乎此，俟工竣核見用款若干，由弟具稟請示，而加一夾單，聲敘情形，請朗帥批撥尊處核獎之款立案可矣。乞釋蓋懷。此間工已告成，埕口工二十前亦竣，朗帥委梁彤雲工部驗收，並埕子一股請伊帶收，似更妥也。午節前擬回津一行，聞工午節後方一律全完，再須到東一行，便銷差矣。手肅縷縷，敬請台安，諸希惠照。如小兄金福曾頓。十三日。

梨軒現在何處，□信乞便中飭交，拜禱之至。又叩。

盛批：閏月十九復。

王爾敏《盛宣懷實業朋僚函稿》上册《朱其詔致盛宣懷函九》 杏生仁弟大人閣下：五月十七日、六月十一日手書，均已次第拜誦。藉稔公務辛苦，□起居佳暢爲慰。武穴煤礦，地司到後，究屬測探如何。所慮煤質悉劣或出數不旺，此皆非人力所能挽回者。計惟有及早棄去，切勿戀棧，割人所不能割者，方能成人所不能成。宜昌聞有好礦，大駕此去，必可得手。前月弟因私事赴滬幾天，晤張叔和，云及湖南四川所挖之煤，爲輪船合用者，每噸價祇二兩五錢左右，若用機器，恐反貴於此。東西人工貴，故宜用巧法以代人工。中國人工賤，直可用人力以代機器。是知東西之法，有宜於彼，而未必宜於此者。所謂遷地勿良也，此中情形想深識者，自能斟酌採用耳。尊論局事，語語中肯，非胸有成竹，不能如此暢達，皆當逐一遵辦。吾弟前議章程，景翁如何改法，均未得見，故未敢懸論是非。既付空言，則亦無如何。公款請先以利爲本，在津再三議過，聊爲他日卸肩地步。刻雨之將尊稿寄示三家兄，因在通州，祇好抄寄，正稿已寄還雨翁，大致悉明尊議，雨翁定能關照保險，稿亦甚妥當。江廣米至今日止運通八起，本可早日完竣，因上海免稅貨過多，不得不先就貨，故津通兩局日子又多延幾天，亦是江廣帳内吃虧者。江廣漕事，賠款今屆較大，而各處人情竟至誅求無厭，如何是好，大約月底可以告蕆。補償一稟亦在此時辦稿。現等雨之米帳，催已再四，尚未寄到，小兄擬七月初入都辦理引見，聞鄂省人才濟濟，道班有三十二位之説，確否。儒夫如何擠得進去。景星迄未回滬，樂翁屢議局事，五塊腐干俱不准退，如要退出須尋出替身來或可答允，且云此時萬退不得，示外人以怯於事，有損無益。至補救之法，但云舊船苟能賣出，即折價亦要去，此醫家去腐生新之法。詔意亦如此。生意太古跌價，無法能想出專門生意，就不怕不無非開煤煉鐵各事而已。津地安謐之至，召翁退志已決，尚未有人接手，若詔等者皆在不要之例光景。鄭玉軒有分。丁樂奏派直省各營翼長。冠九做得津津有味，一時不退，餘無新聞。復請勛安。如小兄朱其詔頓首。

王爾敏《盛宣懷實業朋僚函稿》上册《朱其詔致盛宣懷函十三》 杏生仁弟大人閣下：頃接十九日手書，謹悉壹是。辰維諸大吉羊爲祝。金州礦經吾弟一指揮，頃刻而成六十萬之大公司。小公司聞之安得不爲之咋舌而服。大英雄作手畢竟高人一著。詔蒙搭十五股，感激之至。惟前日王錦堂來關照，詔託其搭州股，想信到已遲也。招商局續招股五千，年内須繳十足，只好拜託吾弟將詔所存尊處之現欵，除扣去金州股外，悉數拚去，不彀之數，將能自寬齋之老招商股，求弟轉押現銀補足之。如此瑣事，非恃十餘年老兄弟，決不敢妄煩也。雨之扣下之餘利一分，兹作函附上，求轉交，如能收到，亦應照原議對分，請勿客氣。叔和氣燄如此，令人不可嚮邇，實無法與之較。奈何今而知人之不可不做狠人也。金州一股足以制開平藉翻招商之寃，同聲贊『銀礦係商人李滄橋等出面承辦，囑搭股份，當關照儘留，惟恐未能如數耳。』美惟礦師總要著意，得人者昌，長才卓見如吾弟者，何待鄙人之多説也。臨穎神馳，即請勛安。如小兄詔頓。九月廿九日。

王爾敏《盛宣懷實業朋僚函稿》上册《朱格仁致盛宣懷函一》 杏蓀仁兄大人閣下：别來許久，馳系時縈。際此淑氣初回，韶光折麗。敬惟勛猷丕著，茀禄綏佳，輯景於青陽，迓殊恩於紫陛，升華在望，頌藻允符。弟捲蓼莪，居諸漫度，依然厘鹿，臧否毫無，不足以告望垂系耳。兹啓者，歲杪於復電拜望之餘，當函致胡碧澂兄，昨接伊信，前曾續招新股，擬辦機器門鍊鐵山，尚無成敷，即聞尊處可以獨辦，固所樂從，即將所得新股亦可附驥，其數想亦無多。據煤礦已開成六井，頭二三井煤質平常，其餘均好，蓋愈深則愈佳也。煤層計有乙丈二三之厚，每日用土法，尚出煤八九百筐，每筐一百七十斤，提煤、提水機器陔已全備，尚未安設，如果安設，其數更可倍出云云。至鐵則遍山皆有，而鐵質亦佳，弟記在滬上機器局亦曾鍊過有七十二三分，總之耳聞不如目睹。尊處如果有心，即請著派礦師先行到揚，弟亦可抽暇邀同前去察看究竟。惟胡處以招徠新股在先，誠恐二三其説，又蹈不信之咎，其意甚不能久久静待，可否迅酌示復。設不以新股附人爲然，以及將來辦有成効擬如何津貼老股之處，必俟礦師履勘後，再作計議，弟等亦無不樂從襄理。請將胡姓自行開辦煤礦鐵山即歸台處獨自開辦之議，專待礦師來揚情形奉申。即請鈞安。諸希玉照，並候賜復，爲盼切切。愚小弟制叩頓。廿八日。今由蓮珊兄轉寄上煤鐵様礦子各少許，祈督收酌奪。又及。

王爾敏《盛宣懷實業朋僚函稿》上册《陳允頤致盛宣懷函十三》 杏生大哥大人如面：前月杪因孟漁稟明節相，邀理張口礦務，本擬待開翁來津，挽轡作侶。嗣以開翁姗姗來遲，遂促頤先往。瀕行匆促，未及致函。抵都勾留三日，由召公寄到手書，委承采及葑菲，屬查開平之礦。唯已命往塞上，行止斷難自由。此番事未可知，故已辭去相公札委，但作壁上觀，爲可進可退地步。數月後果有端倪，再受明文，亦未爲晚，否則津關仍還故處，於我無損纖毫，尊意以爲何如？宜昌極好礦，太守故人，何忽爲梗？開平事聞景星奮臂而前矣。側聞順德府邢臺縣屬有銀苗長亘二十里，楊子常欲報，而渠恐不足見信於隴西，故未發。執事曷不一圖？手此，敬請大安。倚裝匆促，相見知在何時？遥望鄂雲，寸心千里。如弟頤頓。八月初九。

王爾敏《盛宣懷實業朋僚函稿》上册《张翼致盛宣怀函五》 敬再啓者：唐山運送金礦之件，均有底帳可查，即請電詢錦州，所盤查之人，有唐山派委運赴金礦之口供否。并請將通永鎮兵姓名詳詢，以便與唐山回電核對。肅此又及。載頌勛安，統維亮照。弟翼頓。十月十三日晚八點。

原電付回。

王爾敏《盛宣懷實業朋僚函稿》中册《劉翊宸致盛宣懷函五》 杏蓀大兄姻大人閣下：月前曾寄寸書，計已達覽。近日傳聞吾兄因金州礦務被參，有鐫級之信，又聞無不准抵銷字様，可以保全。但留心「申報」並未見有明文，是否謡傳，抑係確實，務懇即示，以慰懸懸。至禱至禱。弟一敗塗地，何以爲生，夏初與令叔素人兄約定八月出屋，豈肯失信，是以擇定八月初十、廿三兩日，但望吾兄將收照及各據交來，斷無棧戀之理。局前朱寶堂小梅昆仲極要此屋，因錢不湊手，其住屋有人，受主便可以小易大。前日莊耀采來言其戚要覓屋，止有萬貫力量，弟告以何不購買朱宅，渠允介紹，未知何如。近日汪寶翁又往兩處言之，若能成功則妙矣。中法失和，所慮兵連禍結，以後情形便不可問。弟近得閩中來信，知人心甚爲驚惶，翊自問無他長，若到福建辦理團練，固結民心，則力所優爲，惜無用我者耳。手此，敬請升安。鵠望還雲不一。姻愚弟翊宸頓。八月十二日。

王爾敏《盛宣懷實業朋僚函稿》下册《譚賡龢致盛宣懷函》 睽違鴻範，於今數載，落月停雲，時深景仰。兹際春光明媚，緑柳垂青，恭維杏蓀觀察大人勛祺鼎勝，福祉駢臻，引領采雲，曷勝翹祝。弟自去年春間往津，曾經踵門拜訪，遽台駕公出，不遇而歸。數年闊别衷情未能暢叙，今猶抱歉。郞諫記公司由前數年所圖各礦内，有招遠憲恩莊，即小民莊之山，金銀俱有礦苗露面，經頌南兄前往踏勘，亦經租定契，亦由頌兄手繳呈。不料去年七月間，有武弁一位前往踏看數次，意圖開挖，經該莊鄉民與及經手者張點春屢次阻攔，攩他不止，竟被動手盡將礦苗挖開，得金不少。本公司既經費力費財，又奉北洋大臣所札，閣下曾經稟復在案，不知許多艱難始能圖得，今一旦利權被他人奪去，不費一文遽得該礦，未免可惜。本公司租定頗多，實恐將來各處效(由)〔尤〕，豈不是郕諫記血本無歸，又爲他人取笑。應如何阻止，請閣下早爲籌策，不獨弟領情，衆股友亦爲感謝不淺。近聞各省奉旨准各省州縣開挖各礦，准商民輸納地租千金，俟開採成事二八抽收，似此章程本公司何不設法？閣下磐才大略且爲上游器重，言聽計從，事在必行，山東地面李山翁亦開門路，趁時舉辦易如反掌，捨此實爲可惜。故今特將招遠經手人友張點春兄來函抄示奉呈查覽，庶如何阻止，如何畫辦，請早定奪施行。不勝待命之至。臨書不勝翹切，謹此，並頌勛安。愚弟譚賡龢頓。三月廿八日泐。

王爾敏《盛宣懷實業朋僚函稿》下册《楊宗濂致盛宣懷函四十一》　杏蓀仁棣臺大人閣下：久未通問，馳想殊深。惟政事興居，兩臻佳勝爲頌。濂武備煩勞，非可言狀。夏秋之際，濕熱患足，致阻渤海之行。匝月以來，試放氣球，期滿大考，益形勞憊。氣球實與行軍無甚益處，法人求售之際，初未説及收藏要用鏹房，試放需用鏹水若干，逐漸引人入勝，欲罷不能。現小球已放，奉相諭尚須驗放大球，應用鏹水六萬餘磅。幸而東局能造二料，不過二、三千金，倘不能自造，購自外洋，則一試放動需萬金，何有此閒款浪擲。自三月間球到敝堂，員弁勇役手足皆痩，濂亦心力交瘁。年逾五十，精神日衰，遇事健忘，燈下紅牋老眼迷離，不能復作一字，而一日之中僅得黄昏片刻閒，可以握管。凡台灣岱東之信須手函作答者，往往擱起。電復簡捷，又艱於資。前月下旬台北水線初通，一日而得三電，譯不成文。快船之事，往復咨文外，濂得密電二，頗有鋒芒，想子梅已傳入清聽。繼得來牋，卻近情著理，深望彼此聯絡一氣，勿貽外人譏笑。現藕舍弟到滬與子梅商。弟有周旋差策，曷不明示之，俾擇差而從，以免饒舌，亦局外人所盼祝也。轉瞬小陽，將請假歸省，兒媳已於數日前先行，作爲頭款，細弱爲二起，濂爲末起。行李無多，届時烟台登岸少憩，亦未可知。淄礦據濂所聞，出數不多，開挖亦防肇釁。徐祝三因如所請，有樂於赴東之意，就其函數計之，『凡事耳聞猶虚，目見始確。』似不必大張旗鼓，得有把握逐漸擴充爲穩著。燈下不能多談。順請勛安。兄濂頓。九月初八日。

王爾敏《盛宣懷實業朋僚函稿》下册《楊宗濂致盛宣懷函六十一》　杏蓀仁棣臺大人閣下：津門動身之前奉布一緘，托花農觀察轉寄，想早達覽。濂於月朔抵濟南珠泉，假榻兩宵，因熟人太多，應接不暇，未便久留。遂於初四日出省。初六日到淄川，勘驗礦産，堆積已有二百萬斤，均褭井所出，新井尚未開通。近來褭井出數日益見少，每日不過壹萬數千斤，線路難尋，幸工本不多，通盤核計，大可獲利。適桂陽匠人已到，眼同試提試鍊，成色甚佳。每鉛百斤提銀十餘兩，八、九兩，三、四兩不等。建廠基地亦偕祝三度定，回滬後先製鍊爐兩座，運赴淄川安設。先行小試，確有把握，再圖大舉。此是傅相之意，提銀爐最重之件約有四噸，察看運道，人馬俱難爲力，姑作緩圖。濂歸心如箭，本擬繞道烟臺，將船事礦務仔細面商，緣此次細弱南旋，於黑水洋遇風受驚，稟奉慈諭，飭令徑走清淮，且放大坐船迎候。遂使尊約難踐，爲之悵然。稟邸打尖，適遇念茲太守，細詢查訪情形，似可冰釋。惟瀕行又聞京官公呈一節，誠如來電，斂費無可開銷，不得不有此舉，而民情之澆薄大可見矣。下文如何，深以爲念。昨早由淄川起行，李虎臣大令來送，述及尊處有書探問行踪，具徵東道殷殷之意。感愈交深。登車之際又接少湘軍門來書，猥以家慈八旬，偕吾弟均有壽儀寄錫，惟有遥望鈴轅，九頓叩謝。少湘處先爲道謝。車殆馬煩，睡魔亦至，不及多贅。敬請勛安。愚兄楊宗濂頓。十一日昌樂縣旅店。

王爾敏《盛宣懷實業朋僚函稿》下册《楊宗濂致盛宣懷函六十二》　杏蓀仁弟大人再鑒：山東途次奉布一緘，想早察入。濂於臘初抵里，霖、藕兩舍弟由台返棹，已在砲竹聲中。家慈精神不虚，惟步履稍艱，素有肝鬱之症，木旺於春，必須加意調護。天涯游子蹔時歸省，不忍遽離。此次八秩壽辰，承年世戚好多儀遠贈。游子同歸，孫兒繞膝，頗極天倫樂事。竊願常依愛日，不復奔走風塵。擬即稟求傅相另覓替人，未識能如願否。濂三年作客，客中賠累，家中消耗，已有捉襟肘見之勢，非特局外不信，並局中亦不自解，何以致此。年將望六，以後奔走謀生，未免堪憐堪笑，況吾輩酬應太繁，出而當差，又不肯過於吝嗇，平時硜硜自守，止有賠貼，進退皆屬窮途，惟有激勵子弟，勉求自立。而科名關乎家運，祇可盡人以待天。此次偕藕舍弟謝客到滬，盤桓數日，仍須返里祭掃，以後再定出處。想大駕此時正由東省賀歲赴津，鞅掌馳驅，惟興居政事，凡百如意爲頌。手泐載頌勛祺。兄濂又上。新正廿九日。舟次黄渡。

王爾敏《盛宣懷實業朋僚函稿》下册《楊宗濂致盛宣懷函六十》 杏蓀仁棣臺大人閣下：接初八日手書，所論合同以内是的確情形，合同以外以寡敵衆角逐長江，尚不知鹿死誰手。此中得失情形，非面談不能透澈。滬局總辦意見不合，沈子梅尚不失爲正人，更得廉正望重者爲之助，尚可同心振作。否則日見其衰頽，爲中外人譏笑而已。淄礦出砂頗多，徐祝三性情迂緩，即帥一一如其所欲，静觀其效。六月間寄過盤費千金，前月又籌寄萬金。以爲定製機爐之用，建廠工料已齊，因無尺寸圖式，頓工以待。朗帥來書，屢有見怪之意，兄遂電催祝三速行，於數日前到此，聽其議論，未免固執，且恐少不更事，爲薦者羞。師相亦不甚放心，飭兄督同赴東，將一切建廠提鍊事宜籌商妥善，再行南旋。冰雪載途，歸心如箭，非爲情義所迫，無可如何，任此一行東省。幼年隨宦，壯歲從軍，熟人太多，又恐求館求差糾纏不已，與朗帥約定神密跡疏，晤談半日即赴淄川，回時或取道清淮，或赴烟臺附輪，當電詢尊處定奪。淄川赴烟，山路崎嶇，甚是難走，仍不免黑水洋暈船之苦。所喜者與老弟一談耳。若走清淮須遲行程旬日，而風險毫無。朗帥爲東道主，聽其打發。敝眷已於望前到滬，兄准於明早動身。此行車良驢健，從者亦多，不覺辛苦，且學事勞憊實甚，轉以就道爲安，樂其倚裝。匆布，敬頌勛安。愚兄楊宗濂頓。十月廿三日。

王爾敏等《盛宣懷實業函電稿》上册《謝家福致盛宣懷函四十七》 杏生先生大人閣下：頃奉手示，知金州礦股已經滿額，前日之六十股已設法收入，至爲代感。惟又有友人交來三千兩，傳聞係劉詠文之款，未知確否？謹再援案寄奉，想蒙照案設法收入也。股摺股票即付原手，省福代爲轉寄，至感。此兩次内，弟實無半股在内，理合聲明。子萱即因煤款未齊，故待廿一成行。福十九可行。然僅遲一夜而有熟伴，實不忍先走，已囑子萱趕於二十夜下船，俾可面聆教益也。手此即請台安。弟家福頓首。九月十六日。附單股名單一紙。

王爾敏等《盛宣懷實業函電稿》上册《盛宣懷致張曾敭函擬要》 請即擬函致張小帥

在漢口相遇，因患痰喘未及見，甚悵。賀到浙任。蘇杭甬事奉寄諭會同浙撫辦，聞已交尊處。仲帥原派世道來滬，因交卸未來。蘇杭甬係光緒二十四年總署咨令與英商籌議。文内有「中英交誼，言歸於好」等語。未知因何事齟齬，而竟以五路酬之。原文本令議定郎奏，敝處僅與議草約，並聲明須咨商撫臺，如有窒礙，尚須更正，隨後再行會奏等語，以作活筆。光緒二十九年滬甯合同畫押後，弟又以過時不辦責其廢棄，面商不允，乃以函致，彼雖强辯，究有商廢之案。從前商廢，上無旨意，下無輿論，乃出自鄙人私見，故不能再用重筆，轉使英使赴署嘵舌。今秋在都，浙江京官以此相商，弟即以蘇杭甬僅有草合同，並未入奏。揆度事理，定可廢棄，但不宜乘其正争廣九併在一氣，因廣九是與香港有關係，伊所必争，且不可作商議請，因商議英必狡執，英非美可比。美廢約，美商占大利，更不可援引。八月二十五陛辭後，奉廷寄，飭令磋商收回。到滬即西致英公司，約其會議。當接其復函，欲請示薩使。當即電請外務部，知會薩使，催令公司來議，而外務部無復電。聞薩使照會外務部，不欲敝處干預。薩使因我争議山西福公司鍊鐵及礦務，大相滋鬧，幾至決裂，是以薩使深恨敝處。又因二十九年即有廢此草約之函，遂疑此次亦是我聳恿浙江官紳出頭發動也。數月以來，浙紳甚疑敝處不肯出力，而外務部始終不發一言。陸春帥面告外務部，有電江浙撫查究竟窒礙之處。春帥須候公到任議復，想臺端必有權衡。總公司既須裁撤，弟因病即將乞退，若久擱固不妥，若再催會議，彼未必來；即來議，遵旨磋商，凡事到商議即有兩面，恐不能干净廢棄。若要他承認廢棄，難保不另有要索。故不如直截以應廢告之，並提起二十九年之函，不作商量語。只要内外堅持，始終不允。浙人自造、浙官保護，彼執此未奏之草合同，斷無用處。若到其時彼若有言，弟必不置身事外。除將函特咨送外，特此函詳，仍望有以教之。如果彼復信願來會議，弟必電請臺端派員來議也。

王爾敏等《盛宣懷實業函電稿》中册《盛宣懷致外務部商部》 京外務部、商部：訪悉福公司初得晉豫公司合同，集股極少，事成股價就漲數十倍，末後添股百萬鎊，至今未能招足。因其路本不敷，致難開礦，以是派哲美森力謀鐵路借款，實有迫不及待之勢。竊思晉豫合同，平空給以無數礦利，已大失算，兹因其求我國家出予澤道鐵路借票，援照正太辦法。告其正太非爲俄、法運礦而設，今澤道專爲英國運礦而辦，索我借票，俾騰出福公司資本，全力開礦，是中國國家任代造運礦鐵路之鉅款，英國公司獨受開礦無窮之大利。彼既欲因礦而及路，我即欲因路而及礦。一曰此路運礦車價須比他項客貨酌加兩倍，以備修養及票債本利；一曰國家應得紅股若干，分沾礦利；一曰只准開礦，不准製鐵，以符條約始終未准洋商在内地設廠之義。查馬凱議商約，於内地製造争之甚力，宣秉承部示，堅拒得免。今哲已明言運料製鐵，何能從此開端？不僅奪鄂廠鐵利也。自應堅執條約，内外合拒，以絶其萌。晉豫開礦合同，非國家之合同，况條款内並無開設爐廠鍊冶之語，其合同題首雖有「製鐵」二字，當時晉豫被其朦混，彼若持此二字相争，擬准其運鐵至通商口岸設廠鑄鍊，以符約章，比較立年限理似足。晉鐵雖佳，加以運費，華廠尚可竭力抵制。鄙意如此，乞鈞裁電示，以便再與會議。宣懷。麻。一等，宙，初六。

王爾敏等《盛宣懷實業函電稿》中册《盛宣懷致外務部》 京外務部：號電敬悉。哲美森會議節略，十二日已郵寄。大致以商務鐵路與礦務鐵路不同，且造得已成之路，如何核實估價，必須和平商議。福公司原訂晉豫合同，聲明不請公款，今半道欲請中國擔保借款，徒爲福公司便益連礦起見，將來如何拔本付息？不能使中國一面吃虧，此皆正太所無。又其在京面説此路祇需一百萬鎊，現改壹佰伍拾萬鎊，較原議多三分之一。故應先將三大端商妥：一、核定借款仍以壹百萬鎊爲限，前議提取礦務紅股十五萬鎊准即罷議；二、澤道運脚須總公司核定，不能任福公司貶抑，致本利無以拔付；三、礦局運送之物祇運開礦機器及修理廠所需之件，運出之貨祇運礦質。三端商妥，餘可仿照正太商訂。哲索閱訓條，已將部電鈔送。哲稱仍須請示英使再定會議。後又派道員陳善言往告，此系商務，允其一直會議下去，毋庸再向英使曉舌。哲云：「英使吩咐要稟知他，故不能不候英使信。」查各國鐵路合同，總公司奉派會議，從無駐使干預，故能和平妥速。今福公司事，駐使必欲從中作難，輒向大部恫喝，是不作商務論矣。總公司恐難勝會議之任，或請仍照晉豫原合同，毋庸再供公款，或請改派晉豫巡撫與彼績議之處，乞鈞奪。宣懷。個。一等，洪，二十一。

王爾敏等《盛宣懷實業函電稿》中册《盛宣懷致張曾歇》 太原，張中丞：青電悉。澤道鐵路，部定中國自造，與正太同，將已成議，製鐵亦已争回自辦。弟並擬將鐵礦亦争回中、英合辦，以保權利。務求閣下將不論公地、民地五屬鐵礦，悉照澤州先由公會估住，照約須有華商執産，方不能奪。無窮鐵利，失而復得，公真再造三晉，萬勿放鬆。紡機請派員攜帳來滬，面與商人籌議，諒須點驗定價。布機存何處？宣。佳。一等，洪，初九。

王爾敏等《盛宣懷實業函電稿》下册《孫寶琦致盛宣懷函十》 杏蓀老哥親家大人閣下：前承寄下幣制疏稿，再三展讀，籌慮精洋，無任欽佩。施鶴雛太史愚曾在日本、德國游學，研求財政幣制有年，議論明通，思想宏遠，弟素所心折。曩邀來東省昕夕談論，商榷幣制，擬就疏稿，連回清單二件。兹者鶴雛南下，道出滬江，特囑其持稿就正高明，敢祈推愛延見面詢壹是。原稿有未合尊意之處，務懇指正。鶴雛仰止風裁已久，將來修謁，深願一聆緒論。吾哥如見，亦必肯以信弟者信鶴雛，弟以一金爲虚數本位，而以五十分爲正幣，似屬可行。但以銀合錢計一兩準二千文，不知有窒礙否？此事關係重大，非從此下手，財政直無從整理。尚祈我哥擬冗改削，早日將稿賜下，以便入奏，是所至盼。再東省濰縣金嶺鎮地方有鐵礦，在德國路線三十里之内，鐵質甚佳，尚未開辦。聞日本與漢廠所訂合同已滿，有意與德商商訂合同。德領事來言如中國有意在礦旁自開鍊鋼廠就近運銷最佳。博山煤礦宜於鍊鋼，欲借德款亦甚易易。弟許以商之我哥，再給回信。弟思以中國之大，僅一漢廠並不敷用。若由漢廠分辦濰廠，實屬至善之策。款項不敷，可借德款，可否『百萬金可以即行開辦，不借洋款亦可。』函屬李一琴兄遴派悉礦廠之員速來履勘，詳細調查，俾可早日定局。將來弟有可爲力之處，無不竭力幫助。我哥高瞻遠矚，知際此鋼鐵世界，實爲富强要圖，必能俯賜維持，不令利權外溢。非我哥經驗有素，有敢以此相瀆，伏乞速即賜示，至以爲感。倘我准辦鋼鐵，並可與德人商議，連鐵礦收回併爲一公司。只要借德款，用德人，彼必無不願也。弟現籌議加子口税，『東省因無陸路釐捐，故無子口税。』以抵借公債，築膠沂鐵路，招東三府商股築烟濰鐵路均已引其端，待竟其緒，烟台並擬築碼頭，以利船泊。『亦議有眉目。』小清河擬開行船公司，兼途並騖，公得毋笑其愚否。五處礦務德人來售，不得不收。『德使稱其政府之命。』明知如獲石田，實不得已。『價費三十四萬分四年交清。』然十年來之轇轕，一旦割清，且以後路礦事，亦較易商辦。所謂將欲取之，必先予之。即目前商議子口税事，亦非求之德使不可。公知弟素日持借外債辦路礦之宗旨，今議收五礦未免矛盾。恐公見疑，用併縷陳，不足爲外人道耳。來此半年，夙夜進勞，修髯半白，智慮日短，恐難持久。匆此布肊，不盡欲言。詢鶴雛當能詳述近狀，不復多贅。敬頌大安。如小弟寶琦頓首。大嫂親母夫人坤祉。初六日。令郎均吉。

再，前奉賜函爲李恂伯太守事聆悉壹是。恂伯在東年久，屢膺卓荐，惟近日迭有控案，須詳細查明。但能保全，無不留意。知承綺注，特以密陳。手此再頌密安。如弟琦又頓。

再，繩伯謀商局一事，弟與伊之交誼重似鼎囑，豈有不爲力之理。但畺吏而京曹囑託事件最易遭忌，項城之與寶臣隙未即爲此，滬局又非東撫所轄之地，更不便冒昧。是以但電舍弟向伯唐侍郎言之，電到已無及。恐我哥疑弟不爲力，用特附告。爲繩伯計，宜另謀稍遠之席，而在滬用度浩繁，得不償失，且竹林兄弟不勝其擾，其家難實可憂。公宜有勸慰之。匆此再布，敬頌公安。如弟琦頓。初六日。

王爾敏等《盛宣懷實業函電稿》下册《孫寶琦致盛宣懷函十九》 杏蓀宫保大哥親家左右：得家書知小女于歸，辱蒙紆尊臨賀，並承寵賜多珍，曷勝感佩。此番喜事，聯姻滞漢，係屬創舉，弟又不在京，一門婦孺，諸多不周，賓客賁臨，尤慮簡慢，叨在至親，當能見宥。高沂鐵路前奉大部咨詢，當即聲復。昨德領事來言，駐京盧代使函稱奉謁執事，似不以此路爲急，不知何意。據稱膠沂路線原在曹州教案約内，德有建築之權，嗣議改歸中國自造，實係表明睦誼。德在東省路礦權逐漸讓還，並非侵佔，乃於允許五年内造成之路至今延擱不辦，殊爲失望。誠恐日久政府另生交涉，囑爲轉達等語。並謂伊甚願與尊處早定辦法云。弟思此路限期已近，難以延宕，當另函達琴相。且早成一日，地方早受益一日。細情不及贅述，惟公留意玉成之。專肅並申謝悃，敬頌勛綏。如小弟寶琦頓首。三月卅日。親家大嫂夫人均此道謝。賢婿均吉。

北方地區近代工業部

其他工業分部

綜述

張燾《津門雜記》卷四《官書局》 總理海防支應總局，奉爵閣督憲札飭，籌備成本，購運南省官書，來直原價發售，以惠士林。現擇問津書院設局發賣，已將各省官書局書籍，一律運齊安放，並於局内懸掛總書目、售書章程，又留存刊就總書目一本，所有價值照南省十足製錢，劃一不二，定於二月初九日開售。士子欲買購，到本局查閱書目，照章付錢，取書無悮。其各府州縣尚未由地方官運書發賣者，各士子亦可轉託親友赴津照買。 光緒八年二月告示。

朱壽朋《光緒朝東華録》卷一三一《光緒二十一年十二月》 王鵬運奏，近日以來，京師錢價日貴，銀價日賤，咸歸咎於私鑄之充斥，銀號之把持，而不知皆非也。邇來東南各省紋銀，每兩僅易製錢千二百文，洋錢每圓僅换製錢八百餘文，銀賤錢貴有甚於京師者，蓋其間有大漏卮焉，不可不亟思補救也。當光緒十一二年間，越事初定，即有倭人串同内地姦商，以銀易錢，裝運出口，以致各省錢價陡長，銀價愈低，於時乃有鼓鑄製錢之議。滇南産銅日少，遂不得不購買洋銅，倭商購去中國製錢，將其中金銀提出，已敷購錢資本，及購銅議起，復有以浄銅售諸中國，本一而息三倍之，天下之利孰有大於是者。此皆由中國商人不通化學，當閉關絶市之時，尚可無虞外洩，通商以來，若固守成規，不思變計，則旁有大盜，其覬覦而盤剥之也，亦固其宜，此次倭索償款多至二萬三千餘萬，彼以一萬萬兩購錢出口，可買盡中國製錢，以我之矛陷我之盾，則製錢立竭，銅産不多，官力無可挽回，民間不能不用，其必至於潰敗決裂，窮而思亂明矣。各省禁錢出口，獨未查禁輪船，外洋不用中國銅錢，其運錢出口何爲者，應請旨飭下總署，通行各口税務司，嚴查充公，不得絲毫徇縱，此節流之法也。然税司習氣，恆刻待華商，而寬待洋商，利之所在，人所必趨，雖法禁綦嚴，仍將百計偷漏，非籌變通之法，決不足以支危局，而開利源。其策有二，請爲皇上縷晰陳之。一曰鑄銀圓。九州作貢，三品兼權，周初九府泉刀，始專以銅錢濟用，迄今民用繁而銅礦少，加以外人盤剥，流弊已深。乾隆時，美洲銀礦大開，皆運至中國，現銀日多，而不自鑄銀錢以利民用，此何説也。況比年來，中國黄金出口，由三百萬增至二千餘萬，如不自鑄金錢，則國寶全空，終受外人挾製，應請旨飭下户部購買極大機器，鼓鑄金、銀、銅三品之錢，金錢輕重，略仿英鎊大小，銀錢用鄂粤鑄成之式，鑄成後，頒發各省，諭天下一體通行，各省亦一律鼓鑄，以資利用，仍特派大臣總理其事。惟救急之法，則宜先鑄銀錢，明年錢價必大漲，度購機運京，建廠設局約需一年。廣東鑄銀局機器甚大，每日可鑄銀錢七萬餘圓，銅錢九萬餘串，應請飭下户部，先撥銀三百萬兩，專鑄大小銀錢，運京備用，通行各省。籌款運粤鑄錢，俟機器到京，廠屋齊備，即由京局辦理，此變通之法一也。二曰開礦政。中國五金各礦，藏地下者不可勝數，徒以封禁，大利不開。比年西士考察，及中國士人所知者，如川藏之金礦、銅礦，江西、湖南之銅礦、金礦、煤礦，云南、兩廣之五金各礦，奉吉之金礦，山西、河南之煤鐵礦，皆以官吏貪圖省事，不願開採，小民本小力微，無由上達，藏金銀於地下，而懷寶啼饑，甚無謂也。應請特諭天下，凡有礦之地，一律準民招商集股，呈請開採，地方官吏認真保護，不得阻撓，俟礦利既豐，然後按十分取一，酌抽税課，一切贏絀，官不與聞，如礦産微，即行裁撤，認真辦理，則把持壅遏諸弊，一掃而空，期以十年，礦産全開，民生自富，而國用猶有不足，國勢猶有不强者，未之有也，此變通之法二也。夫窮則變，變則通，通則久，苟非時勢所迫，人誰不欲習故安常，坐享無事之福，無如民窮國匱，財用不足，尚有日本及西洋各國，虎視眈眈，倒持太阿之柄，不籌一救弊之法，何以安我蒸黎，保固疆宇，惟希宸斷採納，迅賜施行，天下幸甚。得旨：著户部、總理各國事務衙門議奏。

《通商各關華洋貿易總册》光緒二十六年下卷阿理文《光緒二十六年膠州口華洋貿易情形論略》 絲，煙台生意甚大，且有繅絲局與絲行，昌邑各處商人將絲送煙，可就近售賣。青島雖比煙近，尚無絲行，不能準銷，是以仍送煙台，不能來青，將來鐵路修好，青地有絲行，内地客商即可放心必到此，而不赴煙也。本年黄絲、野絲收成尚稱中等，雖無大好，終非歉年，因地方不靖，織綢作絲工人大半停工，綢子、絲銷路亦滯。去年所餘之絲綢送至煙台，售價甚廉，山東上等綢價比往年退四分之一，因外國此時用者不多，價值不能不落耳。

《通商各關華洋貿易總册》光緒二十九年下卷德璀琳《光緒二十九年天津口

華洋通商貿易情形論略》 北河北岸新設製皮廠一處，係備陸營製造鞍、靴等物，附近又蓋織絨廠，專爲製造營用絨布之需，以上兩廠係官商合辦。一千九百二年間國家立銀元局，現時正值大興工作，專造銀元、銅元兩項，尚不敷市面之用，仍須多加機器。袁宫保創立各等學校，係美人丁嘉立所管理者。本省有十餘大郡，已立中學堂，所延教習等均係保定、天津大學堂畢業生，學堂功課係算法、地理、英文、體操等課，四年期滿以後陞入保定或天津大學堂，再學高等功課。保定大學堂計學生二百五十人，天津大學堂計學生一百餘人，受業此學堂專重格致並語言，其教習由歐美聘請來華。

《通商各關華洋貿易總册》光緒二十九年下卷甘博《光緒二十九年煙臺口華洋貿易情形論略》 本年新設機器纊絲房一處，內中規模胥以新法，並遍布電燈，氣象殊屬壯麗，計本埠機器纊絲已鼎足而三矣。至以手纊絲各局亦較加增。

《通商各關華洋貿易總册》光緒二十九年下卷阿理文《光緒二十九年膠州口華洋貿易情形論略》 上年所論滄口繅絲廠，今於秋間由關東運來蠶繭時，業已開工，所做之工亦頗合法，大約三十年定可有絲出口。現在經理之人均係熟手，將來必見起色。

《通商各關華洋貿易總册》光緒三十年下卷費妥碼《光緒三十年天津口華洋貿易通商情形論略》 本年在秦王島設立華工廠，除西六、七兩月有三輪由津開行外，其餘均由秦王島運往。今將包副税務司所論摘録於後：第一次由秦王島開行之華工船係西歷八月十八日，從此日起至年底止，共運華工一萬七千二百二十四名，南斐洲礦主頗爲合意。因華工耐心學習，較本地工人持久，本地工人所定合同六個月限滿，華工所定合同三年限滿，是以僱華工比僱本地工人合算。且經醫生留心查驗，到斐洲後死亡無多，又因斐洲水土與華北工人甚爲相宜，自內地招募之初經醫生查驗一次，到津後又查驗一次，到秦王島工廠又查驗一次，並種牛痘，登輪之先再查驗一次，並令用海水沐浴，內有不傳染病症之藥水。且將華工舊衣脱去另换該工局備辦冬夏各衣，仍有沿路所用之物，並設法使該工人能每月留洋五元養贍家屬，於西七月在秦王島修造工廠一座，能容五六千華工之數，實於華工有益，曾有一次住華工四五千名。

天津市檔案館《天津商會檔案彙編（1903—1911）》上册《直隸工藝總局詳擬天津教育品陳列館附設執事學生夜課補習所試辦規程文光緒三十一年五月》

直隸工藝總局詳擬天津教育品陳列館附設執事學生夜課補習所試辦規程文（天津考工廠執事學生附）

爲詳請事。

竊照職局附屬之考工廠及教育品陳列館。該兩處看護、售票、驗票各執事學生，於本年三月間重加考選，計甄録新舊學生共五十四名。取其身家清白，資質聰穎，粗通漢文，日間分派考工廠、陳列館兩處執事；夜間齊到陳列館設立執事生夜課補習所，授以物理、算學、圖畫、史學、地理、漢文等課，並略習英日兩國語言文字。期以五年，畢業後堪勝尋常小學堂教員，以爲該學生等之出路。所需漢文教員由陳列館經理員兼任；其理科、算學、圖畫、史學、地理、英文、日文等教員，商明學務處由各中小學堂教員兼任，按月酌給津貼。自三月十一日開學，試辦已經兩月。該學生尚屬勤奮，頗見進步。應用書籍圖器並燈燭煤炭茶水津貼等費，由考工廠、陳列館兩處常年經費項下分支，覈實造報。職道等謹當督飭各教員盡心講授，以期仰副憲臺作育人材之至意。所有考工廠、教育品陳列館兩處執事學生設立夜課補習所以資造就緣由，理合將試辦章程繕具清摺，具文詳請憲臺察覈批示祇遵，並懇俯賜飭行學務處備案，爲此備由具詳，伏乞照詳施行。

虞和平等《周學熙集·直隸工藝局摘録土産名色請飭各州縣購送陳列考驗文並批》 爲詳請事。竊照職局前經稟請憲臺札飭各州縣，將該處土産及製造之物開列表摺，酌選樣件解交考工廠陳列考驗，又由職局函致各屬教官，並發交徵訪土産表目。各在案。茲查各州縣牧令及各教職申到表册中所載物産，盡有可採之件而未經購送者頗多，現已由職局摘録名色，分別函致各該州縣照購寄津，所需物價及運費，俟採辦到後由職局照付，惟恐各州縣視爲具文任意延緩，擬懇憲臺札飭各該州縣遵照，按單開各件迅速採辦，專差送津，並逐件證明價值、店號、住址，以憑考驗而資提倡，殊於工業大有裨益。所有職局摘録土産名色，請飭各州縣購送陳列考驗緣由，理合詳請憲臺察覈飭遵，實爲公便。計詳送清摺一扣，謹將各屬土産表目所載物産摘録，恭呈憲鑒。

計開：

宣化府宣化縣：煙草、白礬、青礬、硫磺（出西溝窑現在開採）、磁石（出龍門縣）、石粉（漿衣用）、硝、口鹼（白色）、水咸、包金土（出蔚州，中有金星）、煤磺（府南鷄鳴山）、西窑溝礦（未開）、煤炸（燒鐵用，又名藍炭）、山羊皮、羔羊皮、毛氈、絨氈。

宣化府龍門縣：羊毛氈、羊毛。

順天府香河縣：棉花、白布、羊絨手巾〔每張約津錢三百文，該縣工藝廠自造〕。

順天府涿州：棉花（以三斤去子可得一斤，值製錢五百文；長絨者尤佳，每斤值七八百文）、猪鬃（以上二種行銷外洋）。

順天府霸州：靛、火硝（每斤值製錢百文左右，年銷十餘萬斤）、棉花（長絨白細而佳，出亦甚多）、羊毛氈、龍須草、蒲葦席。

順天府寶坻縣：菸葉。

順天府東安、固安、武清等縣：柳桿（可製爲槍礮藥）。

永平府灤州：紅色牛毛織毯（最好最大者，每張約製錢五百文，出長凝鎮等村莊）、桑抄紙（按各莊等村多桑即以桑皮抄紙）、桑條編筐、長絨棉花。

永平府臨榆縣：煤礦（礦産之煤本地名之曰砟，有亮砟、黑砟、立砟之分，本縣石門寨黑山窑煤質極佳，蓄藏亦富，惟洞路深遠，車水不易）。

永平府撫寧縣：桑皮紙（産遷安縣）。

承德府：鉛礦（産平泉境内）、銅礦（在八溝南二十里小四溝）、金銀礦（已開採）、魚兒石（産朝陽建昌各縣山中，石不甚堅，層層可剥，各有魚形，隨剥隨异，無相同者）、鹿角器、皮茵褥、縛欏繭（産建昌縣）、碱、綿綢。

承德府朝陽縣：金礦（萊毛子溝礦，距縣治一百十里，向有商人承辦，以水旺停工，現已添股購吸水鍋爐；又沙金溝礦，距縣治北一百二十里，苗綫尚好；又小塔子東南溝礦，距縣治東北二百九十里，苗綫甚旺，現經商人禀請開採，尚未奉批；又大黑山礦，距縣治北二百十里苗綫尚好；又八家子一帶河内向産金沙，在縣治東北二百數十里）、煤礦（三寶札蘭營子礦，在縣北一百十里，苗綫尚佳，前經土人採挖，以水深而止；又灰通礦，在縣東北二百八十里，苗綫尚旺，現有土人採挖；又大楊樹溝礦，在縣東四十里，有土人開採；又札蘭營子礦，在縣北三十里，有土人開採；又岳家營子礦，在縣北八十里，有土人挖採；又興隆溝礦，在縣北六十里，土人開採，以水深而止；又刺梅花溝礦，在縣南一百七十里，現有土人挖採；又南音子礦，在縣治南一百七十里，現有土人挖採；又葦子溝礦，在縣南一百八十里，苗綫甚旺，曾經土人挖採，現有英商打鑽）。

保定府祁州：硝鹽、棉花。

保定府東鹿縣：各色皮貨（出新集應酌擇精細者，每種採購一件）。

河間府景州：碱蓬（其物可熬碱故曰碱蓬）、碱土（蓬下土可熬爲小鹽，惟稍苦，土下多硝）。

天津府滄州：碱、蠟、硝。

正定府晋州：棉花、花生、黄緑琉璃盆、荆條編造筐簍、柳條造筐蘿。

正定府靈壽縣：藍靛、葦席、荆筐、柳箱。

正定府平山縣：粗布（每匹製錢千文左右，每年行銷至二十五六萬餘匹）。

正定府贊皇縣：煤井（縣東南王俄村於光緒二十八年掘得此井，今歸臨城縣境）。

正定府藁城縣：絨花布。

深州：土綢、蠶繭、蠶絲（細絲二絲胡絲）。

深州饒陽縣：饒綢（堅致光華勝於杭紡，惟織此者少）。

趙州栢鄉縣：芝蔴油（土人以芝蔴磨成香油製造，尚爲得法，味極清香，行銷北京、天津諸地）。

趙州臨城縣：漆樹（深山之中多漆，煉熟後光明如鏡）、煤（城西山中以産煤爲大宗，近鈕郎中秉臣設局開採，銷售頗旺，山石中又多生鐵）。

趙州高邑縣：淮藍靛（土性最宜，獲利頗厚，芒種後種子，霜降後熟，每斤數十文至三百文不等，以色之濃淡爲差）、小藍靛（每斤一百至四百文不定，以色之濃淡爲差）、乾子土（出縣城西南十八里岡嶺之西，土人穿地六七尺深便得之，土有黄、黑、白三色，每筐八十餘斤，值大錢十七八文，爲瓮窑諸物之質，冀州、南宫、新河等燒瓦盆亦用之，其白色者可以粉墻，并去衣上油污）、棉花（每斤二十四兩，價值六十至百文）（以上四種均由商人躉販）。

冀州棗强縣：羊皮（可做真珠皮毛，洋商時來購運）。

大名府南禾縣：鹽土、碱土、硝土（以上三種漉而煮之，以化學加精製造，可以暢銷，惜現以鹽硝係禁物未辦）、草瓣、明流酒（法用黍米作粥加麥曲釀成，味香而不烈，能解暑禦寒，治血鬱氣鬱之症，可入藥品）、明黄灑（法用黍米作粥和明流酒釀成，味極甜美，有加薑棗製者能養老，善入血分）、汴綢、汴縐（聞該縣已興辦織綢）。

大名府開州：楊木、柳木（開來價值每株四五百文，其長短粗細應再詢明）。

大名府東明縣：黑片綾、黑腰帶。

順德府廣宗縣：粗布、帶。

順德府内邱縣：橡子（染青色布最佳）、接骨石（接骨妙品）、煤礦（西邵明村磁窑溝二處煤富質佳，惜未開採）、氈毯、蜂蜜。

順德府鉅鹿縣：綫帶。

順德府南和縣：藍靛（東韓河郭辛寨等村皆産此色，勝於河南）、火硝（城内之土皆出火硝，其下即硝鹽）、皮硝（碱土能作皮硝，挖地爲坎，斂碱土於其中，以水浸之，硝即浮於水面）、羅底絹、棉絲綫、首帕（有綴紋、平面二種，亦出郝鎮）、帶（有綴紋腰帶，其綫對合而織，故紋甚深，出城東郝橋鎮）。

順德府邢臺縣：鷄皮緆、駝毛毯、汴綾、山綢。

順德府：橡樹、漆樹、菸草、火硝、茶樹（其木堅，細白如象牙，故名木牙）、沙河南界土（加陀僧入土可燒窑器）、山羊皮、綿羊皮、汴綢、綫毯（出搭連店界，在沙河南界）、栗樹（製器絶美）、鷄皮絲帶（可久用不敝，亦有用棉花綫爲之者）。

廣平府鷄澤縣：藍靛、菸葉、白布（每年約數萬匹，每匹值京錢八九百文）。

廣平府磁州：火硝、粗磁器（出彭城鎮窑）、藍靛、菸葉。

天津府青縣：草帽（馬連坡）。

宣化府西寧縣：西寧石（前已申送，均係小件，請飭再申送大件十數種）。

督憲袁批：據詳，各屬申到表册盡有可採之物，而未經購送者頗多，皆由各該地方官畏難苟安，不知振興實業爲何事，仰候摘録清單，嚴札飭催各該府州縣按照單開土産及製造之物，迅速採辦，專差逕送考工廠驗收陳列，所需物價運費統由該局照付，並逐件註明價值、店號、住址，以憑考驗而資提倡，不得延玩。此檄。

《商務官報》光緒三十二年四月五日第一期《創辦張裕釀酒有限公司緣起》

《史記》稱：大宛以葡萄爲酒，富人藏酒至萬餘石，久者數十歲不敗。張華《博物志》曰：西域葡萄酒可至十年，西方以葡萄酒擅名由來久矣。自張騫使西域，得其種而未傳釀法。漢魏以來，皆自遠方輸運，殊不易得，惟《唐書》載太宗破高昌，收馬乳葡萄，種於苑中，併得其酒法，仍自損益，造酒成緑色，芳香酷烈，此殆爲禁中秘方，民間無從而得，久亦失傳。當時詩人之見諸吟咏者，皆比之甘露瓊漿，爲世珍異。《本草》葡萄益氣，令人肥健少饑，延年輕身，米麥、高梁之釀酒必以麴糵釀成，是以其性多生濕，而葡萄酒取果自然之汁，發酵成酒，雖飲醉，祇覺四肢暢適，無頭痛、口乾之患，可爲衛生之助。自頃航路大通，百貨麕集，市廛列售，好者益夥，價值既貴，銷路日增。嘗考法蘭西國葡萄製酒之利，歲合華銀數萬萬兩，爲全國出口貨物之大宗，而法之國用，多資酒税，歲入甚鉅，如此大利，實堪驚駭，我國倘能仿而行之，講求種植製造之法，既塞漏卮，兼能富國，是亦開闢利源之一道乎。夫種植貴得地宜，製造當求新法，葡萄性宜鬆土，又喜天寒，泰西於栽移、修剪、培壅、溉灌之法，以及機器製釀、窖桶藏庋之方，皆勒爲成書，專門肄習。同治十年辛未，振動在噶羅巴，與荷蘭友人名拉轄者，在法領事署坐談，領事出葡萄酒款待，云此酒在法京，每罇兑價英金一磅，試之甚美，又言中國北方天津、煙台等處地氣極佳，所産葡萄，能釀此酒，振動問其何以知之，答云咸豐之役，伊隨法兵進天津，有人將其地葡萄，用小機器試驗，欲在彼處設立公司，種植造酒，後因戰事構和，將地交還，事不果行，振動默識於心，迨光緒十七年辛卯，振動回粤，今督辦漢陽鐵廠前東海關道盛電邀在煙台商辦礦務、鐵路事宜，偶談及此，盛公謂伊於此事亦經考察，查悉近地所産葡萄極多，每百觔僅售價三員，惜無可靠酒司，不克興辦，其時振動又以酒瓶爲慮，盛公謂上海已有玻璃廠，無容慮此，振動旋回檳榔嶼，函至泰西專家，詳攷其事，癸巳，西友薦一酒司名俄犇，精於此術，久著聲望，訂立合同，於甲午夏，振動派人偕往煙台，並携帶小機器試驗，不料酒司行抵上海，忽患牙痛，因醫悮命，振動時在新架坡，適有荷蘭人雷德勿者，知其事，求德醫生介紹，自謂會經國家考驗，領有憑照，以志不在此，存其照於本國，倘不見信，請詢荷蘭銀行大班可爲質証，振動往詢之，果如所言，即訂合同，到煙試辦。光緒二十一年乙未，伊寄其所釀之酒到坡，與英荷兩國化學師試驗，皆云種葡萄之地甚佳，惜果猶未熟，力量欠足，下藥欠妥耳。振動以是知其事可成，思爲持久之計，於是向美國採辦有根葡萄秧二千，即行購地試種，俟有成效之日，再行招集股份，設立公司，以期久遠。並仿泰西專利成例，稟請今督辦漢陽鐵廠前天津海關道盛轉稟北洋大臣直隸總督部堂王，奏請專利十五年，免税三年，於光緒二十一年八月初四日，奉旨奏準開辦。乙未冬，雷德勿之叔來坡，爲振動述及伊姪雷德勿，於釀酒一道，實非素諳，惟伊從兄作此生理，畧得皮毛，襲取書中成説，毫無把握，振動澈底根究，始知所言不謬，乃於丙申春，再託粤國領事另聘一有名酒司，名哇務者，到煙接辦，旋据報告云，本地所産葡萄質颇佳，惜種類不多，種植未能得法，故力量不足，且泰西葡萄，可釀酒者百數十種，而本地之産，祇有一二種，僅可釀造白酒云云。故於光緒二十二年丙申冬，特寄函奥京，覓購葡萄秧十四萬株，於丁酉夏到煙。活之約得三成餘，冬間再購運葡萄秧五十萬株，於戊戌夏到煙。二次之秧，因途中爲烈日蒸灼，雖生不壯，辛丑查出復購。接根者三萬株，壬寅種之，約得九成，是年續購二萬株，至癸卯以後，參以歷年考察，自得接法種之，較泰西辦來者更佳。然自甲午開辦以來，所有廣購地畝，續購機器，設立工廠，建築地窖，一切資本，振動等先行墊用，而今規模漸臻完備，將可陸續出酒，夫以振動屢歲考求，備歷艱阻，然後製造漸得其法，經理漸得其人，擲無數之金錢，耗無量之時日，乃能不負初志，然則辦事堅忍之力，顧可少乎。又西國進口酒税最重，今煙台地土既宜，辦理亦著成效，酒既美，價亦廉，南洋諸島，將皆購之於我，昔日塞漏卮而不得，他日廣銷場而有餘。兹者公司既設，訂定章程，招集股份，以符奏案，振動不揣固陋，並將數十年處心積慮之苦衷，不憚覙縷，誌其緣起以爲叙。光緒三十二年丙午歲六月望日，張振勳叙。

《商務官報》光緒三十二年九月五日第一九期《伊犁將軍之熱心實業》　伊犁將軍長庚以西北之利，首在畜牧。天山北路古爲行國，水草豐茂，最宜牧養，已派員購買孳生羊隻與馬匹，擬即擇地立廠，分交各蒙部收放，並遴派妥員認真經理。又以新疆出産之物，不止皮毛一端，凡金銀銅鐵棉花木植藥材茸角魚鹽日用所需，幾於無一不備，祇因商力薄弱，罔識經營，以致利權外隘，所失甚鉅，現已邀訂熟悉商務之人，兼於山西平遥太谷等縣，設法招股，多立公司，並電調研究商學之士至伊參訂一切章程，由官創立商務公所，官商並用，以通彼此之氣，並勸令民間自行設立商會，互相講求，以期商業日興，並派員至滬購買織布機器，至張家口歸化城物色製裘、製革各工，爲振興各項工業之計云。

《商務官報》光緒三十三年二月十五日第三期《煙臺張裕釀酒有限公司節略》　買地一百畝，地價並鋤抛、砌石砍、蓋搭工人住屋，做好每臺百畝共約按銀二萬一千員，每地一百畝種葡萄五萬株，買種及活秧，其額每株作成本五毫，共約洋銀二萬五千員，此係按作泰西辦，接根葡萄秧種覈算之價。

每地一百畝需用木竿五萬枝，每枝約成本八仙士，共約洋銀四十員。

按此木竿仔，向在廣東大浦縣採買，每枝買價，不過一仙士之譜，□至煙台，則成本八仙士之多，其故係因沿途所過關卡，如潮州之蔡家園及東關，汕頭之海關，煙台之東海關，處處納餉，兼被各關丁役盜抽不少，因納餉之費，損失之多，所以成本如是之貴，現今間有改用鐵線横牽代木竿者，若改用鐵線，則種葡萄爲七成，每地一百畝，僅種葡萄三萬五千株，所種葡萄，初年收菓則少，俟藤樹壯後，諒亦所爭無幾。

以上三柱，約共成本洋銀五萬元之譜，此係作爲産業之物。每地一百畝，看守工頭一人，又用理園咕喱粗工二十人，並採運葡萄回廠，週年工資，約按洋銀二千元。

又三年以後，每年約貼補木竿仔一萬枝，並圍園鐵線鐵釘，約按洋銀一千元。

又每地一百畝，自出葡萄起三年後，每年另加肥料，約按洋銀一千員。

以上三柱，共洋銀四千員，此係每年出葡萄繳費成本也。

每葡萄一担，即一百觔，可做紅酒，星嘉坡等處叫名格黎勒，即葡萄紅酒，除清浄外，可得四十八瓶，即四小箱或一大箱，葡萄白酒亦不相上下，若葡萄二千担，如係小箱，共酒八千箱，加箱八千隻，約按洋銀三千六百員。

每酒八千箱，連玻璃酒瓶子並破壞作一十二萬個，每百個按洋銀七元，共約該洋銀八千四百元。

每酒八千箱，加頭錫塞仔兩項，共一十一萬個，每一百個，按約洋銀四元，共該洋銀四千四百員。

每酒八千箱，加草及鐵皮，並裝工，共約洋銀六百員。

以上四柱繳費，合共約洋銀一萬七千員。

連環以上兩大柱，共約洋銀二萬一千員。

若瓶子自造，每酒一萬箱，至少可省洋銀五千員之譜。今照原擬酒瓶子作便買之價，及老本息不計外，每酒一萬箱，成本約洋銀二萬六千二百五十員。光緒二十二年丙申，所擬節略，所按各價，乃係照第二次所僱之酒司，及作本地便買之葡萄，該年之情形推算，因第二次所僱之酒司，技藝欠精，栽種釀酒各法，殊多失當，今第三次聘來酒司，深明此道，頗有把握，有鑒前車，是以各事改良，開辦之初，成本略重，將來年份愈久，而所種之葡萄壯旺，則結菓愈多，其獲利自必更厚。現查光緒二十二年丙申，所試種之葡萄二千株，係美國種二十三年，結菓些少，驗其力量，已有二十二度，適是年結菓頗遲，伏汛稍早，故得成熟，驗其力量甚好，所以二十三四年再種，不料以後結菓太早，菓熟時適值伏汛之内，將熟即腐爛不堪，毛病甚多，是以二十五年以後，將美國種陸續除去，改換奥國種，此寔係天時地土之不相宜也。查泰西所種之葡萄，初年出者，其度數至高亦不到二十度，照常只係十六七度，以後其樹藤壯旺，其度數亦必增高，做酒之葡萄，定要度數高力量大者，其酒味必佳，其酒兑價亦自貴。查自己所種之葡萄，所釀之酒，將來至低者，每一小箱亦可兑十六七元，仍有頂上之紅冗亞，森英人呼之曰鶴酒，即葡萄白酒，現南方每箱可兑十餘元至五十元，又有紅冗勃，又名伯温，每箱可兑十餘元至二十餘元，又有摧釐酒，每箱可兑十餘元，其葡萄做紅酒後，皮覈仍可做勃蘭帝酒，如葡萄做一萬箱紅白酒後，其皮覈仍可做勃蘭帝四五百箱，至八百箱不等，每箱可兑十餘元至二十元，紅白酒三年後，可做高逆及三賓等貴重之酒。查種葡萄一百畝地，俟藤壯旺時，每年可出酒約八千箱，現下自光緒廿二年丙申起，至三十一年乙巳止，既買有種葡萄地七百餘畝之譜，已種葡萄者六百餘畝之譜，有未種及不能種者約一百餘畝，計自丁酉年至辛丑年所種之葡萄，約有三拾餘萬株，現拔去有病者十萬餘株，改換接根種者七萬七千株，每年局費約需銀一萬五千元之譜，查奥種之葡萄，初種頭二年，未有葡萄出，第三年可出些少，第四年略多，五六年以後，藤樹已壯，每一百畝，可種葡萄五萬株。該葡萄籐壯旺後，每株約出葡萄四觔，計可出葡萄二千担，可做紅酒八千箱之譜，現機器已足，所添補者不過千餘元而已。又查自光緒二十一年起至三十年止，已買便之坪地六十一畝之譜，爲活葡萄秧，做公司機房酒窖之用。又光緒二十二年丙申春，第二次之酒司，手建酒窖一所，約可貯酒三萬箱，因該酒司技藝不精，多致造錯，至二十七年辛丑破壞。於二十八年壬寅再造大酒窖一所，約可貯酒一十餘萬箱，並改造舊酒窖，約共需洋銀二十餘萬員。至三十年冬，即可告竣，不料二十九年五月，洪水爲災，冲壞甚多，至三十一年冬，始行告竣，但此酒窖，若仿歐美各國成法建造，係用鐵梁鋼磚，而須僱洋工程司監工，其料由泰西運來，水脚甚鉅，入口仍要納税，羅絲梯亦用鐵造，計算工料，共須成本銀五十餘萬員。然用土法，全用山石合士敏坭，而拱連羅絲梯俱用石造成，計成本僅值二十餘萬元。然概用鐵造，久後生銹廢壞時，必要改造，虚糜不少，現全用石建，除天災不測之外，永無廢壞，即此酒窖一項動改圖數次，華算六年，始得成功，而將成功時，各國工程師來觀者，俱爲詫異，竟謂中國人有此絶大本領焉。自光緒二十三年至二十四年，在奥京共辦有葡萄秧六十餘萬株，活之約得二十餘萬株，所惜者該兩年所辦之葡萄秧，係無根者，來至上海煙台碼頭，上因無棧房收貯，散漫堆放，太陽晒蒸，箱内爲燒氣所傷，致種後雖生而不能壯。至念七年辛丑，查再在奥京辦按根種有根葡萄秧三萬株，至壬寅種之，查考約實得有九成，壬寅再辦二萬株，癸卯以後自己學接，較泰西辦來者生得較好，以每年陸續更换，攷諸泰西做酒家，近年來皆以此宗接根之葡萄秧栽種，可屏除一概毛病也，所争者成本貴甚多耳。此外如要多買地種葡萄多做酒，每地一百畝，約成本洋銀五萬圓，預加酒窖，約洋銀四萬員，三年以後，八年以内，預買酒桶，約共需洋銀三萬員，老本息不計外，共約需洋銀十二萬員之譜，乃係置買地段種葡萄並酒窖買酒桶之欵，係爲永久或數十年之業，地段酒窖爲永遠之物，如酒桶可用至數十年，葡萄樹藤種妥之後，亦可留至數十年之久，所難者開創之初，經營締造，須費十餘年之苦心，至若機器局費，所争不多，如每年造酒五萬箱，老本息不計，約可得息銀十餘萬員之譜。如有地，可多買多種葡萄，每年得做酒十萬箱，約可得息銀三十餘萬員，或至五十萬員。如葡萄多種，則得利更厚，將來工料貴賤未能預料，不過大略而已。然用生菓釀酒，中國自古以來未有人辦過，此次本公司開辦此宗商業，寔爲初創，開通風氣，惟地土天時與别國不同，所以换種兩次，致争年限約十年之久，利息局費，耗欵頗鉅故也。

再本公司將來用玻璃洋酒瓶仔極多，若出酒十萬箱，每年玻璃瓶並大小約用一百餘萬至二百萬個，查附近煙台日本爲最近，日本所出之玻璃料，又不甚佳，大者每百個約價銀七員，小者約價銀四員五亳，通共計算，每年不下十萬員之數，若外洋採買，此又一漏巵也。查泰西所造之玻璃瓶，其料更美，且其成本之價，大者每百個成本約銀二員或三員，小者一員，餘者二員不等，本公司將來定要僱請司務，購辦機器，建廠自造，每年至少亦可省六成，即十萬員中可省六萬員者，此亦一要緊事也。

再本公司開辦多年，尚未招股者，因内地風氣未開，大都急功近利，若頭年收人股本，第二年無息派，則閒話甚多，今本公司葡萄地段，既經買便，葡萄樹藤種者已有把握，現存之酒，如開賣亦可得數十萬，所争者樹藤仍未壯旺，恐難接濟，故現未發售耳。一經壯旺，出所之酒，源源不絶，獲利無窮，指日可望，擬即開招股份，厚其資本，以備將來再行推廣，爲同胞利益均沾計也。

天津市檔案館《天津商會檔案彙編（1903—1911）》上册《鹽山李昺奎於静海朝宗橋開設碱業公司請予立案文及津商會批》光緒三十三年五月三日到　鹽邑增生李昺奎，年四十四歲，直隸鹽山縣人。爲稟請立案，發給部照，以便試辦事。

竊以經濟首重理財，興商必先殖貨，近當提倡商務之際，非貨品多出，製造改良，不足以固利權而杜外溢。

北直産碱由來已久，近因碱價日昂，利權將有外奪之患，誠因出産不多無以抵製之也。查産碱之區，遍地皆是，而津屬静邑、滄、鹽等處所産有鹵蓬一草，燒灰煉碱，尤爲中外極品。山東煙臺舊有行店土人，恒來此收買其灰，據云，以此煉碱，販至織綢緞與夏葛布等省分繅絲漚蔴，專購乎此，以傷耗少而且格外潔白。蓋其内含鉀鈉緑炭諸養重，水土使然也。但農家者流，一不解燒煉之法，又力田勢難兼顧，且雜生柴草中，皆厭棄之，向常有异鄉人來漁其利，究所獲不敵其所遺之多。近又因查禁私鹽，差役每藉端詐索，遍地佳品任棄於地，良可惜也。

生前於二十八年在家親爲燒煉，甚悉其詳，今擬在津、静二縣之間擇朝宗橋創立碱業公司，集股先行試辦，兼收土菜兩種提煉，參仿新法。如慮或借此私熬鹽硝，不妨派員訪查監造，俟秋後辦有成效，即當呈驗貨品，並請年限，换給專利執照，逐漸推廣。至如何報效之處，悉遵定章。似此則土貨多出利源廣開，且可以抵製洋碱，挽回利權，絶無不便争利等弊。謹擬就試辦章程十條，懇貴局詳請立案，發給試辦執照，並請移行地方官照料保護，示禁私自熬煉，灰亦歸公司收買。理合具禀，伏乞鑒覈施行。

外附試辦章程一紙。

計開：

一、碱業公司本爲貨棄於地，利權將爲洋碱所奪起見，既爲大衆開財源，總期以土貨多出，地無遺利，以公私兩益爲宗旨。故名之曰：「開源碱業公司」。

一、總公司擬先在静邑之朝宗橋租賃房屋，集股招工，暫行試辦。俟有成效，再購地築房，到處推拓，地須近河，運脚省便也。

一、公司原爲提倡土貨而設碱業，又大衆公利，因恐借此私熬鹽硝，故概歸公司熬煉，即間有土人業此，灰亦歸公司收買。

一、創辦伊始，土人多不解燒灰之法，而碱之出數遂減，本公司不得不招工而爲之布置提倡。迨家喻户曉，人人皆能燒灰，本公司即收煉運銷，以專責成。

一、公司除總理一人，司帳一人，司事數人外，至燒煉等工，概予股份不給薪資，一切散工按灰價收買，每斤以津錢三十文覈算（人數須相度情形而定）。

一、公司等工均按號予一腰牌，碱之所遺到處不得而攔阻之。

一、本公司煉成之碱，均參仿化學新法提煉精工，蓋印票板上有開源公司字樣，則公私可分，亦便稽查。

一、碱成後由本公司隨便銷售，如販往外埠，應請給護照，蠲免厘税，以示優待，而廣銷路。

一、總公司固立在朝宗橋，至他分處則相度其産碱較多之地，漸次推廣。滄州、鹽山等處所産之鹵蓬，視歲仍不及土碱之多，亦可於此二處立一分司。

一、本公司因限於股本，不敢鋪張，故先行試辦，如有欲入股，議定以一百銀爲一股，與向曾業此燒煉熟悉者，或欲入股充工，或自打燒灰賣公司，可親來公司面議，胥聽兩便。

以上所擬原暫行試辦章程，如有未便之處，隨時更改。

津商會批語：

禀悉。該生擬在津静兩縣之間，擇朝宗橋創立碱業公司，集股收買土菜，參仿新法煉碱，係爲挽回利權起見。惟碱硝二項出産同源，製硝既礙鹽引，煉碱恐亦有相因而及之慮。是否可行，本會無案可稽，應赴運憲禀陳示遵可也。五月初三日。

《商務官報》光緒三十三年七月五日第一七期《直隸工藝總局新興造紙有限公司招股簡章》 第一章创办公司之原因

一、北洋報館、銀號各處林立，所用紙料非購自外洋，即運從上海，此項漏卮，爲欸甚鉅，本公司爲挽回利權起見，擬仿造報紙票纸各樣，價值從廉，以期銷場日廣。

二、本公司命名新興，即取首先新創，以興商業，而杜漏危之意。

三、中國造紙向用人力，今擬用機器製造，可省人力十分之八，刻查人力造成草紙，每石約售銀七兩或八兩，其成本約用銀六兩至六兩五錢之譜，若機器所造，每石可售六兩，其成本不過四兩，且成色較人力所造尤佳。

四、本公司所造原料，係用爛布乾草等製成，如有人欲定樹皮所製紙張，亦可照辦。

第二章調查銷路之計劃

一、益聞報館年用二千塊。

二、警衞報館用二千五百塊。

三、京津報館年用二千五百塊。

四、法文報館年用一千五百塊。

五、德文報館年用一千五百塊。

六、中國報館共六家年用七千塊。

以上華洋報館，每年約銷一萬六千塊，每塊重二十八磅，計重四十四萬八千磅合三千四百四十六石。查現在各報館購辦紙張，皆由各口運入，每塊約價銀二兩，本公司物美價廉，銷路自必暢旺。又查西歷一千九百零四年，洋紙進口二萬零八百五十七担，計銀二十四萬一千三百零七兩。華紙進口八萬九千二百二十三担，計銀九十一萬六千九百六十四兩。至一千九百零五年，外洋紙進口四萬九千七百零六担，計銀五十一萬八千八百零九兩。華紙進口十三萬三千一百七十四担，計銀一百五十七萬七千五百四十七兩。至一千九百零六年，進口約多四分之一，以後逐年漸增，正自不已。

第三章覈計紙料之價值

一、秫稭每石約銀六錢至八錢之譜。

二，稻草每石約銀七錢至一兩之譜。

三，蘆葉每石約銀五錢左右。

四，爛布每石約銀三兩左右。

五，乾草每石約銀四錢。

六，漂白灰每箱百磅約銀六兩三錢。

七，硝汁每格林約銀一兩五錢。

按造紙之生料，每百磅須用漂白灰四磅至八磅之譜，爛布加倍，若造粉白草紙如粉連等，每百磅須用漂白灰六磅至十磅之數，如加硝汁，即成極淡之色。

以上所用生料製成草紙，每石值銀一兩，製成細紙，每石值銀四兩。

第四章購地蓋屋之公費

一，擬在津擇一相宜之地，定購六畝，每畝估價約銀五百兩，共合銀三千兩。

二，按陸李工程師所估，蓋屋價值約銀二萬二千兩（外餘一千兩以備不敷之用），共合銀二萬三千兩。

第五章大小器具之估值

一，定購造草紙大機器一副，按英金磅價摺算，約銀五萬四千六百五十兩，關稅河捐銀三千六百五十兩，脚力每噸約銀一兩，計重二百零四噸，合銀二百零四兩，共合五萬八千五百零四兩。

二，定購造細紙機器一副，按英金磅價摺算，約銀一萬二千五百七十兩，關稅河捐銀七百零九兩一錢，脚力每噸一兩，計重八十六噸，合銀八十六兩，共合銀一萬三千三百六十五兩一錢。

三，圜機器之鐵欄干，約銀五百兩。

四，放水溝底之木架，約銀一百五十兩。

五，內用鉛裹之木櫃，約銀五百兩。

六，由木櫃通過漂白機及洗淨機之鐵管，約銀八十兩。

七，安鍋爐之火磚，約用十方並瓦工，計銀一百五十兩。

八，浸生料之磚臺，圓十二尺，高五尺，內用洋灰，約銀一百兩。

九，大木槹一件，約銀一百六十兩。

十，出入貨車之鐵軌及道木，約銀六百兩。

十一，搗料房內應用之木櫃，約銀五百兩。

十二，安設出入水管，約銀五百兩。

十三，廠內電燈用一十六，先一百盞，並燈二個，約銀二千二百兩，抽水機並水管約銀四百七十九兩。

十四，手用器具等件，約銀七百六十五兩。

十五，安設棧器及一切零用物件，約銀五千二百兩。

共計置器約銀八萬三千七百五十三兩一錢。

第六章職員工匠之薪水

一，正經理一人，每年薪金一千二百兩。

二，副經理一人，每年薪金九百六十兩。

三，稽查一人，每年薪金七百二十兩。

四，繙譯一人，每年薪金七百二十兩。

五，總監工洋人一名，每年薪金四千兩。

六，造紙洋匠一名，每年薪金三千兩。

七，管磨洋匠一名，每年薪金二千五百兩。

八，英文司帳二名，每年薪金九百六十兩。

九，收發採買司事共三名，每年薪金一千零八十兩。

十，草紙廠之機器房，應用機器匠六人，小工二人，每年共薪水二千三百十二兩（工匠每日每人約銀四錢，管理磨機工人每日四十二名每日每人約銀四錢），每年共薪水五千九百七十四兩。

十一，細紙廠所用華工，按以上造草紙之大機器所用華工四分之一扣算，每年約共銀二千一百三十六兩。

十二，公事房聽差一人，月薪八兩，看門支更四人（看門二人，每人日五錢，更夫二人，每人日四錢），每年共薪水七百四十四兩。

以上全年共用薪水銀二萬六千三百零六兩。

第七章造成細紙之料費

一，生料及爛布等，每年應用三千三百七十担，每担約銀三兩，共合銀一萬零一百十兩。

二，漂白灰每年應用二萬七千磅，每百磅約銀六兩三錢，共合銀一千七百零一兩。

三，硝汁每年應用七十格林，每格林值銀一兩五錢，共合銀一百零五兩。

以上全年共用料銀一萬一千九百十六兩。

第八章造成草紙之料費

一，高粱稭一萬八千担，每担約銀七錢，共合銀一萬二千六百兩。

二，漂白灰一萬八千磅，每百磅約銀六兩三錢，共合銀一萬一千三百四十兩。

三，硝汁四百五十格林，每格林約銀一兩五錢，共合銀六百七十五兩。

四，流動火料一萬二千格林，每格林約銀七錢，共合銀七千二百兩。

以上全年共用料銀三萬一千八百十五兩。

第九章添修存備之綜覈

一，草紙廠公事房所用之紙筆，帳簿等費，每年約用銀五百兩。

二，草紙廠修理添置各器等費，每年約用銀一千兩。

三，細紙廠公事房所用之紙筆，帳簿等費，每年約銀一百兩。

四，細紙廠修理添置各器具，每年約銀八百兩，共用添修銀二千四百兩。

五，草紙廠棧房存料，每年約銀一千兩。

六，草紙廠每年約備銀七千兩，以備將來購辦新機器，並推廣房屋之用，按蓋房並此項機器，約銀十萬兩，每年按百分之七，應存銀七千兩。

七，細紙廠棧房存料，每年約銀五百兩。

八，細紙廠每年約備銀八百四十兩，以備將來購辦新機器之用。按此副小機器，約銀一萬二千兩，每年按百分之七，應存銀八百四十兩。

九，紙磨處備銀二成有五，以作不敷之用，約銀八百六十兩。

以上全年添修存備，共合銀一萬四千二百兩。

第十章進支欵項之比較

一，大機器一副，每二十四鐘，可出紙七千磅，計全年共出草紙一萬八千担，每担約銀六兩，共進銀十萬零八千兩。

二，小機器一副，每七十二鐘可出紙二噸，計全年共出細紙三千三百七十担，每担約銀七兩五錢，共進銀二萬五千二百七十五兩。

以上全年共進欵十三萬三千二百七十五兩。

一，每年工料並各項開銷，共用銀八萬二千六百三十七兩。

二，每年提公息銀，按四釐算，共支銀六千二百四十兩。

三，備款銀一萬兩。

以上全年共支銀九萬八千八百七十七兩。

對除外實得利銀三萬四千三百九十八兩。

以原股十三萬兩覈算，每股全年可得利銀二分六釐五毫。

右十章係約舉大概，其中究以紙料之貴賤，紙價之漲落爲定，容俟開辦後，察度情形，再行詳細覈實刊布，以昭大信。

附列集股簡章十二條於左：

一，本公司辦事處暫設天津馬家口魁升恒五金洋貨莊内院洋樓上。

二，本公司擬集股本十三萬兩，每股行平化實銀一百兩，計一千三百股，無論官紳士庶，皆可隨意附股。

三，本公司擬舉董事三人，如股分金一萬兩以上，查係誠實公正，堪充董事之任者，本公司概行認可，每年酬勞公議，酌送若乾，應由紅股内籌給，或股分金五千兩以上者，隨時來廠查賬，本公司皆樂於聽從。

四，凡附股者，須將姓名，籍貫，住址，詳細開明，交本公司辦事處，以便註册。

五，股銀第一期擬先收四成，第二期續收三成，第三期交足三成，以認定後，十五日内爲第一期，此後以三個月爲一期，每期股銀均交中國通商銀行收儲，按期先付收條，俟三期收足，憑條換給股票息摺，如第一期交股後，無力續繳第二期或第三期，本公司按照商律，登報通知，限一月補交，如逾限仍不交清，即失其股東權利。

六，股分公息常年四厘，以本公司開辦之日算起，每年於十二月分派，届期各股東，可持息摺，到本公司收支處領取，若本人外出，可由親友代取，惟須本人預先函告，否則本公司憑摺付銀，若有舛錯，概不任咎。

七，所入之股，按公司通例只準轉售，不準提取，尤須將承舊之人姓名，住址，以及年月日，登記股票背面，由本公司蓋印，將股票息股過户註册，概不更換新票。

八，股票息摺收條，如有遺失燒燬等事，應由本人將姓名，號數，年月日等，須先登各報，詳細申明，俟滿三個月後，邀同妥保，向本公司承擔，方準補給。

九，各股東如遇有抵押，因而轇轕者，本公司惟票載及册載姓名之人是認。

十，本公司每季開會一次，妥議一切興利除弊各事，以期商務日見發達，如有緊要事件，隨時開會，亦無不可。

十一，本公司賬目每六個月一小結，十二月一總結，時所有盈餘，除各項開銷並提一成紅股外，均按股勻分，又將本年帳略刊布分給，以昭平允。

十二，楊寶慧，嚴琳係發起人，現集股本六百股，計行平化寶銀六萬兩，擬爲正副經理，秉公合辦後，如有弊端，經各股東查出，均可隨時開會，另舉接充。惟查無寔據，不得遽行調動。

虞和平等《周學熙集・督辦條諭節抄》 本局提調、文案、收支、稽覈各員，應各刻一公事名章，蓋印賬册文稿，嗣後勿以閒章人多不易辨别也。提調傳知各該員速遵辦。

現在直隸各州縣送徒來習，畢業後回籍設廠，其中辦理得法能事擴充者，固屬不少，而敷衍耗費有名無實以至虧賠散歇者，亦所不免。本局應派人帶工師前往各屬調查、勸導、指引方法，務使所立工場得收成效，庶幾紳民不致視爲畏途。應先派本局差遣委員，在實習工場將織染兩科辦法詳細考覈，一月後再帶工師赴外屬較有根柢。提調照辦。

袁宫保撫山東時所訂商務局章程極爲完善，其中提倡保護各工商業家之法，應録行考工廠參酌辦理。發去原稿照録存案，並分行，仍繳回提調轉至文案，並飭書識等遵照。

本局文牘收發及粘卷等事，雖責成書識經理，然文案有督察之責，應隨時考察指示一切。如有怠忽不遵定章辦理，任意錯誤疏失等情，應由文案切實訓誡，倘再不悛，即行呈明開革，勿相率瞻徇，置要公於不顧，殊非所以整飭新政之道，其各勉之。

書識逐日所寫字數應由收發記簿，仍送司事處復覈，蓋復訖字樣，再行按旬呈閲。倘查有不符，定惟該等是問。其勿隨同朦混，致乾咎戾。

本局設立研究所，原爲集思廣益，乃近日以來群安緘默，實屬自背宗旨，有名無實，豈不貽笑外人。茲與諸公約，自第四次問題爲始，由提調按名列單，每人必須各抒己見，於下期以前送總局，仍由提調按名注收匯呈，至見淺見深概不拘定。倘若仍前推諉，一言不發，是必坐視工業之墮壞漠然無動於衷者也，時艱如此，諸君其忍爲之。特此重言聲明，幸勿再忽。

現在保定農務學堂遵奉督憲批示，將織綢染絲兩事移並實習工場，應將織綢並人提花科，染絲並入織染科，華洋工師、匠徒應各歸該科監工節製，迅速安置開工，並酌撥工徒同學，務期實效。張學員凌雲應即派充該兩科稽查，會同該監工、司事認真督飭，毋負宫保整頓覈實之至意。仰提調轉飭遵辦。

聞北京惜字庫教堂内有女工廠及女嬰學堂，宿舍等極其整齊潔净，堪爲法則。現廣仁堂初辦，諸事尚未得法，擬令男女員司前往參觀。望告張維卿先到京，可帶本總辦名片往晤該主教，俟商明見允後，再來信訂期赴京，以便導觀。提調傳知該員遵辦。

勸工員何家駒業經告退，應派紀巨汾試充，月薪照前數給銀二十兩，自正月下半月起支應，即整裝偕同葉委員前往妥慎辦理，務須實行勸導，痛戒騷擾，切要切要。提調傳知該廠遵照辦理具復。

今午十一點三刻過北馬路，見考工廠第一號室北面東一窗有執事學生揭布簾向外閑望，此實考工廠之敗象，該執事生在號室應注意看護，條規具在，責任甚重，何得任意閒玩，應由管理員查取該生從重議罰。嗣後該庋設司事、庶務司事，均應常川抽查，認真整頓，毋再玩忽。

鄉間喜用窄機織土布易於行銷，此一千機内應按三分之二窄機，三分之一寬機，即傳知該廠場遵照。

産硝州縣興辦工藝，前著葉縣丞樹仁擬具簡章，批令與張繼仁、紀巨汾、暹述文等公同研究，現在亟待舉辦。該員司等應迅速切實會商，按照鄉間情形將章程細心擬訂，務期實能推行，毋蹈虛文，致失提倡生計之意爲要，限十日内禀復。

孫總辦明日到差，嗣後總分各局公事應統送總局公事房，請孫總辦示定鐘點逐日到局閲覈，其例行公事仍由幫辦覈辦，重要者請孫總辦覈奪，總以不積壓公事爲最要。本督辦署中公事過繁，斷難兼顧，望諸公偏勞，勉力進步爲盼。

以上工藝總局

前經諭令張、王、沈三教習會擬本學堂課程分科辦法，以備採擇，且以覘該教習等之學識，本總辦昕夕跂足以俟，何至今尚未見有所呈。該教習等須知，當此時勢若任一事如救火追亡之不可須臾緩也，豈可虛糜廪禄，優遊歲月若謙讓不遑者。本總辦自愧無才無學，然深以安閒爲戒。學堂課程至今未定，實爲疚心，寢饋難安，頃已函囑總教習速將課程擬出呈覈。仍望轉告張、王、沈三位速復，凡學堂課程或章程，無論本總辦所已辦未辦，及宫保所已批未批，統望條陳利病，詳擬辦法，速爲見復，至盼至盼。

堂中課程，預備科分速成生、正科生兩等。速成生教以日文半年爲期，正科生教以英文一年爲期。自期滿入速成科者，分圖繪、染色、化學（一端數事）、電學（一端數事）四門，均以三年卒業。現在學生無根柢者多，大約入速成科者必較正科人數多，俟二三年後各中學堂卒業生必可多入正科生，此時不必貪多，與其多一有名無實之正科，不如多一實在能用之速成。鄙意如此，祈與各教習會議，擇善而從。弟於此事係門外漢，其中竅要全屬茫然，各教習均從學問而來，在此有教授之責，當以成就學生學業爲要務。閣下監督全堂事宜，且深悉此間學生程度性格，是以定立課程之事，不能不望之於閣下及各教習也。總教習所擬科目未備，速成生年限嫌多，自是不甚了然於中國現時風俗人情，望閣下與各教習重行切實商訂。教育之事關係我國人材之興廢，無所用其瞻徇，各有所見不妨互相討論，從長計議，亦無所用其謙讓。且凡事事前不妨多方審慎，事後不可輕議更張，現當開學之始，必須大家斟酌，至當不可稍形牽就，轉致將來有始無終，切要切要。

學堂新舊學生人數漸多，除在堂習課時限外，如自修室之溫習，請假之出入，食堂之用飯，入夜之燈火，在在均關緊要，前派漢文教員李子和兼檢察官，務須奮勉從公，認真檢察，杜漸防微，尤在以身表率，其毋負委任。

工業學堂、考工廠、陳列館、實習工場等處，規模未備，缺憾甚多，前派員司遠赴日本考察，現已回津，應將前項四事如何改良，如何進步，仰各員司各按心得詳細擬呈條議，但須直言，不必拘泥文詞，其各抒所見，毋得敷衍塞責，亦不得剿襲雷同。此行數月之久，勞費不貲，當不負所期望也。

學堂功課，必須有一定之程度，使學生入堂之日，即自知出堂之時成就爲何等人材，如此則學堂之資格可有定位，即在堂辦事之人亦皆有所適從。此日本所謂目的是也。茲論令施教習將機器科生課擬兩單，一單專爲現有之機器科生而設，自暑假起即可照此辦理；一單爲將來之新班機器科生而設，此外又一單係爲新生之不能遽入機器正科者而設，名爲機器預備科，若得有合格之新生，則不須此矣。然逆料一二年内未必有此選，故預備一科仍不可少。且宜早招，以資接續，否則原有之機器正科生迨明年畢業後，即正科無人，殊於高等學堂名實不副也。望與總教習熟商，並望總教習將化學科亦照此擬定爲要。原單三件附上，公同閱之。

以上高等工業學堂（諭趙庶務長）

現奉宮保諭示，考工廠以考察本省土産商品爲主，其各省及外國品爲參考，應按陳列地位以四分之二專陳本省物品，四分之一陳各省物品，四分之一陳外國物品，望告藝長暨庋設司遵照辦理。如貨品到多，可各分各室分期抽换。陳列所提調查照，轉屬遵辦。

考工廠陳列商品，現奉宮保諭，應仿照日本大阪商品陳列所辦法，將内外國分别陳列，不得牽合攙雜。茲訂以第二號室專陳外國品，務於本月内分别布置妥貼，毋得遲誤。提調遵照，告知藝長，並飭庋設司遵辦。

考工廠非祇爲代賣，應以考察演説爲主，前已屢次諭令切實商辦，至今尚無起點，殊與本總辦創設此廠之宗旨不符。如以演説無寬綽堂宇，亦可筆述，廣登報紙，何能因噎廢食，望速籌辦，勿再遲延。每月至少必有一次，多則三次，何妨試辦。提調轉屬藝長速辦。

工商演説爲開風氣最要之舉，日前既經創辦，入座人數極盛。現面奉宮保諭，嗣後每月應開演説工藝理法，如格致理化等學，先由淺漸深，可請總教習、藝長及别學堂教習之明理化者，均按期臨場演説，以開工業家智慧，望即酌擬演説公所簡明章程，預期登報，俾衆周知。昨見新聞報載有保定茶話所章程，可參仿草程擬定，稟報督憲察覈立案。提調照辦，並轉告藝長知之。

新考工、郭管理、閱展覽會，必多銷貨物方足以提倡工商興會。應再設法使遊人皆知貨物通可出售，除大門已經標明外，茲再擬二法。一在中外各報登明六天，快到會場買精美商品；一多寫紅紙木牌，上寫本會出品，貨美價廉，零售整批均可隨意，將此牌分給各字號多多擺設。

以上勸工陳列所

今早十一句鐘到陳列館，李淑陽並未到館，據云往商務印書館去。及遍觀各室，塵土甚多，執事生毫無精神，殊爲悶損。此館本爲提倡教育精神而設，現在京内外四方遠近諸朝貴及大教育家來參觀者絡繹不絶，管理員既不能常駐，經理員即應常川在館，刻不能離，縱有必須出門之事，祇可於閉館後一行，斷不可于縱覽時出外，望趙參議轉告該經理員，振刷精神，嚴率執事學生力求進步，勿再廢弛。

今日《大公報》載，日本文部省新頒中國留學生章程，此與教育有關係，應鈔録匯入章則類陳列之，以備參考，嗣後各報中有關係教育者，均應鈔録，或隨時剪下，登簿陳列之。

以上教育品製造所

工場所染紅色不鮮明，且微有落色，應再講求良法，三兩日後再試。茲尋得洋紅標布二小塊，與之比較，望飭工徒設法仿辦，並告駒井務須力爲追仿，必須與外洋同色，始得議設染色公司，否則公司無成效也。

工場重地首要整肅，匠徒等彼此尤宜和睦相愛，豈可時常吵鬧。工徒李金蘭，平日不守場規，又與工匠曹祥麟口角碎碗，應罰跪半日，以示薄懲，如再犯規定，當從重懲責不貸。

工場入冬以來，各科工作尚有進步，該匠徒等已分別等次擇優給獎，其管場司事，除周翰廷、張心卿、孫榮生皆到差未久，毋庸酬勞外，於幼卿督工數月頗著勤勞，應在各科成活得利項下酌提十兩給酬該司事，以示鼓勵。

工場賬款關係緊要，應派解忱青接管，並兼辦採辦事宜，月支薪水二十兩，火食四兩，自到差日起支。該司事務，將賬款逐細分清眉目，妥慎經理，所有用款均須有總會辦圖章憑條方準照付，該賬册應按五日一結，送呈總會辦簽閱，每月報册不得過下月二十日之限，必須送呈總局。

嗣後工場員司有事告假，必須由得力風稟明本總辦準允，方可出門，否則以擅離職守論，望傳知一體遵照。

嗣後工場查工簿，並庫房收發物料簿、收發成貨簿，每日晚收工後派人送至銀元局，候本總辦批閱後原人帶回，其收支處賬册，按五日一結送閱，毋得遲誤。

嗣後匠徒告假所扣工食津貼，凡官費者應入公餘項下，自費者應入學宿費項下，若因犯規或計活所罰扣工食津貼，無論官費自費，統應入公餘項下，不得紊亂。每月兩次工食，册内應在各名下註明因何罰扣情由，及所扣工數。

監工司事有派活之責，應隨時預先告知管理員早日將活計派定，毋得間斷。國家之經費不易，工徒之光陰可惜，本場之名譽攸關，豈容無端曠廢。本日縫紉科竟無所事事，成何辦法，該司事玩忽誤公，應各記過一次，迅速籌劃活計。嗣後倘再有曠工，定將該司事等開除，以爲誤公者戒。

工場總門應設總名牌，派總稽查一人管理，上工、下工、摘牌、掛牌應立總查工簿一本，刻到、未到、病假、事假、放工等五戳，逐日上午下午按名蓋戳，每晚收工後，隨各科查工簿送閱，請會辦陳覈辦。再自六月分起，每月工食册分上期下期各造一册，上期正工加工戳，至初十止，十一以後歸下期算；下期正工加工戳，至二十五日止，二十六日以後歸下月上期算，届初十、二十五兩日，應先由庫房將實收到各科活計開單，交監工、司事覈對無訛蓋戳，呈總會辦閲過，批交收支覆覈無訛，按名分包，到十四、月底兩日收工後，請會辦點名發放。

碎料自出心裁，無論何式，匠目應指授做法，亦可多覓圖畫模範，或由陳列館借亦可。昨交去小盒幾件，可先做，即小孩耍物，所謂幼稚園恩物。如小桌椅及小動植各種模型，各自做成幾件，各記名字，繳呈庫房隨時考驗，分別優劣，月底由管理員獎賞。如得獎者多，該匠目亦得繳獎。如此設法講求鼓勵，方合本工場造就人才之意，若僅以平常木匠鋪收徒一般何益，仰管理員傳諭監工，及木科匠目、工徒遵辦。

術科工徒不必專做大件，其尋常小木盒及各種器皿可用碎料拼做。一則使練心思靈巧；二則可使愛惜材料；三則可使練習手藝精緻，較之用大料粗而不精，徒耗款而無益於學藝勝多多矣。此事應飭監工督飭匠目，每日每徒各須自尋活作，是爲至要。

工場燭皂科太無成效，終日廢時糜款，實屬不成事體。所有學胰工徒應酌撥數人附在造胰公司學習，其餘數人可令章美卿試教照像法，至洋燭一事亟宜停止，俟日本將皮油考較得法再行開辦。秦司事可隨赴日本考察洋火、洋燭等事，其學燭工徒暫撥習他項，以免曠廢。再本局可函商官報局，能否派人附學電鍍、印刷各事，以期兩益。

各科監工有督率匠目經管本科匠徒用器之責，前經屢次諭令記簿，認真查考，毋得遺失。乃昨由縫紉科撥去廣仁堂縫紉機兩架，一切零件短少太多，足見平日不用心照管。似此任意毀失，成何事體，本應澄查懲究，姑從寬責令該經手收管之人賠補。嗣後各科應趕緊將匠徒用器查清登簿，與庫房每月覈對一次，凡領新器必具憑條，凡繳廢器必有舊器繳庫，不得含糊報廢。再匠徒人多，一科之中有公共器具，係專歸匠目名下，其分用器具均應各注人名，以便查究，倘有遺失，即責令匠目並匠徒扣工食抵賠。傳諭一體恪遵。

前聞客籍學堂，凡學生記功過者，隨即在本人衣袖上掛著功過牌，又在各講堂飯廳報室等處懸掛功過名牌，量其情節輕重酌定幾日銷除，以資激勸。此法甚善，工場工徒人多，亟宜仿傚辦理，望與員司研究格式舉辦（本人衣衿上功過牌如何式樣，其講堂及本科工場均預備功過名牌各一面，其式樣宜功牌精美，過牌醜劣）。又畢業工徒及匠目工師頂戴等人名，應在東西講堂懸榜，以示觀感，如明倫堂科第匾式。

織染兩科工師匠目現蒙宫保賞給頂戴，應由場製綢操衣袴並靴帽各一套，着春華泰仿巡警局哨官式辦，不用袖章，訂期當衆宣示，勸勉發落，以彰榮幸，而資觀感。

工場各科器物，原定章程庫房與監工應每月查點一次，乃至今並未實行，以致器物日久不符甚多，殊屬不成事體。嗣後按月應由總局提調前往督同查點一次，如有殘短，應即時申報，如故意毁失，應着賠補。

本場所製黑頭火柴係保險上品，既無毒氣，以之吸煙捲不致傷肺，又不慮一觸即着，免遭意外之災。應將此番利益編成白話一二十句，印成小方紙塊，隨包分散彩票。

以上實習工場【略】

訪聞造紙廠工徒學生每日並不按照時限上工，似此藐玩，深堪痛恨。時勢如此艱難，公家費如許巨款，培植實業，朝廷宵旰憂勤，股股望治，豈容該等如此敗壞，應派提調前往查明該生徒，交習藝所罰充苦力，以儆刁頑。該管理張廣潤約束不嚴，應記過一次，倘再徇縱因循，定以溺職論。

現在紙廠亟須擴充銷路，應從本局提倡，嗣後所有總分各局處用紙，無論何項，但可勉强應用者，概須向官紙廠訂購，不準再向外鋪採辦，違者以營私論，仰總局提調繕單傳知各員遵照，並著紙廠王司事將各處格式檢齊，仿造備用。

以上造紙廠

現在北分廠已奉旨歸併户部接收，所有北洋以前舊卷，奉宫保諭，全數撥歸鐵工廠妥存備查，惟頭緒甚繁，應調文案司事高文煒帶卷到鐵工廠迅速清理，毋稍遺失，並將鐵工廠應辦文牘認真經理，毋負委任。切切。

以上鐵工廠

天津市檔案館《天津商會檔案彙編（1903—1911）》上册《宋壽恒等爲天津造胰公司於光緒三十四年宣統元年連續增資至五萬元事禀津商會文光緒三十四年十一月二十四日至宣統元年十二月十日》 具禀股份有限天津造胰公司董事宋壽恒、嚴智怡、王錫瑜禀爲續招股本改易名稱，懇恩轉詳立案事。

竊董等於光緒二十九年創設天津造胰有限公司，曾於光緒三十一年九月禀蒙貴會轉詳商部註册在案。創辦數載已著成效，兹擬略加擴充，添加機器，並附辦各種化學物品，惟股本太少不足分佈，議加股本洋銀一萬五千元，陸續招收，其機器先由董等墊款購置，以便早日工作。查農工商部公司註册章程，股本洋銀一萬元者，應繳納公費洋銀五十元，一萬元以上至二萬五千元者，每五千元加繳十元。董等創辦時股本係五千元，曾繳納公費五十元，今續招股本一萬五千元，前後合共股本二萬元，除前已繳納公費五十元外，遵章加繳公費銀二十元。又將公司名稱遵照商律改曰股份有限天津造胰公司，因十字名稱未免過長，故將股份有限四字分列兩行，位於字號之上，以圖醒名，而便呼喚。

理合檢同續招股本，重訂章程，並註册費洋銀二十元，懇乞再行轉請農工商部註册局改發執照，轉咨直隸督憲札飭所屬俯賜保護，則感荷盛德無既矣。除逕禀直隸工藝總局外，爲此叩乞商務總會大人恩準轉詳，實爲公便。上禀。

附件：

附呈註册費二十元　重訂新章一份

股份有限天津造胰公司續招股本重訂新章（節録）

第一章　總綱

第一條　本公司原名天津造胰有限公司，今遵商律定名，改稱股份有限天津造胰公司。

第二條　本公司原係手工製胰，今添用機器，並附辦各種化學物品。

第二章　股分及利息

第七條　本公司舊集股本五千元（計百股，每股五十元）。原爲試辦地步，今已成效卓著，並有特製洗濯黑胰一種，質美價廉，已蒙農工商部批準在天津專利五年。兹復添置機器，增聘技師，精製各種香胰及化學工藝各品，以圖事業擴充。現議添招新股一萬五千元，以五元爲一股，計三千股（其舊股一股，合新股十股），新舊股本合共二萬元。

第十三條　本公司股票限於中國人，如股票售與非中國人手，其股票作廢。

第十四條　本公司開創之初，曾荷直隸實習工場襄助一切，約以每年由餘利中提二十分之一（即百分之五），作爲報酬。

第十五條　本公司每年正月結帳一次，除付官利及各項開銷外，所有盈餘作爲百成，其分配之法如左：

甲、以五成報酬實習工場；

乙、以十成提作公積；

丙、以六成酬董事，四成酬查帳人，五成酬經理，五成酬技師，五成酬同人（同人分配之法，由董事同經理酌定）；

丁、以六十成分配股東。

具稟

股份有限天津造胰公司董事宋壽恒、嚴智怡、王錫瑜稟爲三次續股遵章納費並呈所製胰樣，懇恩轉詳立案事。

竊董等於光緒二十九年集股五千元試辦天津造胰公司，於光緒三十一年稟蒙貴會轉詳商部註册。創辦數載，頗著成效，故於光緒三十四年議加擴充，添用機器，精製上等香胰，擬加股本一萬五千元，陸續招集，當亦稟請貴會轉詳農工商部在案。刻公司所造上等香胰各種，頗爲社會所歡迎，且香胰製出之後，即擬添製它項化學物品，而二萬元之資本又不敷營運，刻續招之股業已逾額，擬再加股本三萬元，以備擴充，仍擬陸續招集，合共股本爲五萬元。按公司註册章程，一萬元以上至二萬五千元，每五千元加繳十元。二萬五千元以上至五十萬元，每萬元或不足一萬元均加繳三元。本公司前股本爲二萬元，今又續招三萬元，其五千元應按十元加繳，餘二萬五千元應按一萬元或不足一萬元以三元加繳，應繳九元，合計應共繳納公費洋十九元整。除遵章繳納外，並呈所製上等香胰各種及三次續股章程一紙，均請商務總會大人俯准轉詳，實爲公便。上稟。

《通商各關華洋貿易總册》光緒三十四年下卷義理邇《光緒三十四年天津口華洋貿易情形論略》 令銅元局暫行停鑄，致能平減耳。今之銀洋一元合銅元一百二十五枚之市，銅元局業已仍舊開爐鼓鑄矣。本年西九月初間唐山煤礦井内疫症發現，且有一時極爲猛烈，據云每日斃於此症者竟有二十人之多，幸經衛生局官竭力診治，殄除浄盡方免蔓延。詎有人流言天津城廂一帶及各鄰鎮亦間有疫症，風聲鶴唳，遂致他口於西十月二十日對待津秦兩埠開往船隻，竟有查驗防疫之舉，但此間協力爭執，六日後始得豁免。津浦鐵路北段已於西六月三十日由督辦吕大臣行破土禮，目下鳩工庀材頗爲認真，度於明春必大興土木矣。

《通商各關華洋貿易總册》光緒三十四年上卷湛瑪斯《光緒三十四年通商各口華洋貿易總論》 絲自本年春季價值最賤，存貨復多，幸各國産絲之數尚屬無多，兼之美國市場尤盛，卒能使多存之貨全數售盡，價值亦高，待至初冬大有起色。白絲上年之出口計二萬八千五百五十六担，本年增至三萬一千九百二十六担，機器繅絲上年計五萬二百九十六担，本年減至四萬九千二百六担，因廣州出産減少之故。該處災患頻遭，致産絲之數較歷年爲最少，野絲上年計二萬三千八百九十六担，本年增至三萬四千一百四十八担，東三省之業野蠶者逐漸增多，曾經報告該處野絲無可限量，所出繭綢定不至匱乏。

《通商各關華洋貿易總册》光緒三十四年下卷安文《光緒三十四年煙臺口華洋貿易情形論略》 夫張裕公司之釀酒也，兹畧言之。該公司於光緒二十一年始創設於本埠，其釀造之葡萄酒營業既富，開銷甚繁，更歷種種逆境爲之阻遏，然卒能至於今日者，實賴經理人勇往直前忍耐成功也。該公司多數之股係廣東最有名譽之紳士張振勳所出，本地總辦乃其族姪張應東，彼時執有王李二大臣奏明給發該公司準照，原擬以直東奉所産之葡萄釀造，旋因來數多寡未能一律，而且價昂，其汁所含糖料不足，與釀造不合，故釀出之酒不甚濃厚，遂向美國購買葡萄種若於類，移種於該公司自設之葡萄園。又於光緒二十二年有奥國男爵巴寶精通釀造之事，爲該公司之專師，曾向奥國購買根種若干類，雖經該國官辦之養樹園保其無病，然不能保其無染病之類，孰料繁茂數年，其爲害之微黴，逐漸叢發，始知嚮日由美國所買葡萄種而生，而奥國之根亦蔓延將徧。斯時該公司困難情形已達極點，斯時衹有二法，或停止歇業，或另出巨資竭力整頓。乃用不能染病之類作移花接木之法，另换新種，於光緒二十八年統由奥國購來，種於該公司數百畝之田園内，萌芽極爲繁盛，至今其根俱已改易，無病，數年來所釀之酒貯於窖内，味極醇厚，計窖内所貯之無汽紅白酒二十餘種，計紅酒約二十萬立達，白酒十五萬立達，經深於品酒之人嘗試，稱爲佳釀，各處屢有勸該公司將酒出售，但未出售之先須預爲製備酒桶酒瓶，而此項桶瓶實難措置。其酒桶以中國所産之木料適不合用，其瓶雖有距膠濟鐵路最近之博山玻璃公司所出之料器亦屬可用，而酒瓶反闕而未製，或者不肯製造歟，抑不能製造歟，亦未可知。該公司現有葡萄園千畝，每欲擴充之，奈隣近地主以磽薄之地索價極昂，故未能如願以償耳。數年來該公司經理諸人大增閲歷，以本埠天氣六七月間雖屬潮濕而地勢適合栽植葡萄釀酒之用，在山嵐有澗地並無他用，設能肯公平出售，則該公司必能成一絶大之貿易，似此大有作爲創始之人，政府正宜獎勵而贊成之。

【略】

麪粉少十萬餘担，因上海有華商創設機器麪粉公司，輸運進口，故洋麪粉之數爲其所占。目下凡貧民不能不購用，此項機器麪粉無論華洋製造以其價較廉於磨製麪粉，但富庶之家仍嗜本地之麥粉，以其較機器麪粉多有衛身之益。

劉懋官《涇陽縣誌》卷五《織紡》 藝徒學堂在城内味經書院，專習紡紗織布等業，宣統三年三月，知縣劉懋官創設，稟準立案，現行章程二十五條，招學生四十四名。

按：紡紗織布爲閭里恒業，而涇之民俗，富者趨於賈，貧者惰於農，游狎猥薄之徒又皆縱情聲色，室家弗顧，而其家之婦女，亦遂偷安逸豫，而無所事事，蓋婦職之不修久矣。光緒二十二年，學臣南豐趙維熙與味經掌教劉古愚先生，倡議以涇陽爲布商總匯之區，宜設局購器，倣西人紡織法，收吾國固有之利，聞者咸以爲然，後以艱於資本而止，然此皆爲商賈謀，初未暇計及小民婦女也，後乃購軋花機器一具，置於學使署之側，鄉之來軋花者，悉聽之。日出棉百數十觔，可抵尋常十數工，於是種棉者日益蕃，運售者日益廣，風氣知識日益開第，布疋悉自南來，每歲溢出之財，仍與所獲之利相埒，他日能否戰勝，尚未可知。故下車即籌及之，既咨諸紳，復稽於衆，謂器具胥由自造，求適用而費不虚糜，則資本不難籌措也。徒輩無煩外招，學普通而材可近取，則工匠無虞要挾也，要以利不外溢，民皆執業爲歸宿。里選二人，月給麥三斗，紡織有暇，教以識字，灑掃有役，驅之從公，六月卒業，三月義務，不期年而藝成，飢者可以弋食，而婦女且奉爲師法，朝講暮習，風化潛移，由一身而一家，而比閭而族，黨而鄉里，彼四方之慕我者，又將從而則效之矣，計我涇丁口十萬，用布倍之，歲需二十萬匹，匹抵一金，則歲可省二十萬金，矧推行無涯乎？惟恃同人，推誠相與精白，乃心毋狃小，成狃則敗，毋貪厚利，貪則傾法，無久而不變利，無久而不興。吾願與藝徒數人，交相勸勉而已。

《商務官報》宣統元年二月十五日第三期楊志洵《東三省商工業》　東三省非荒漠之平野也，蓋沃野千里，適於農業。其農産之重要者，如高粱、豆麥、玉蜀黍、胡麻，及其餘各種雜産，但其收獲，以南半部爲最贍，且其人工低廉，故産物之價亦廉，物價既廉，故輸出之利莫大焉，向來禁止穀物出口。昨年八月弛禁以後，東省農産，大有望矣。東省人民，尋常專食麪粉，故粉之需要獨大，其本地所産小麥，二百三十萬石至二百九十萬石，盡以製麪，尚需進口之麪，方能給養，則磨麪事業，大有可爲，固無疑矣，今按其地，有上海麪粉及美國麪粉，時時進口，此外則有日俄二國之麪廠，俄廠大率開設哈爾賓，所製祇能供給北半部，於南部曾無影響，南部向來多用上海及美國麪粉，今又添有鐵嶺之日本麪廠，所製專供昌圖以南，及大連、旅順、營口等地之用，日麪之見於市，蓋自去夏始也。俄麪略帶黑色，而富於黏力，美麪色白，而黏力遜之，日本之麪，白色與美麪相亞，自有日麪以來，美麪大爲滯銷，蓋東省本地人民之麪，一斤值洋不過四五分耳，日本公司所製上等麪一袋，值洋二元七十五分，二等值二元六十五分，即一斤值洋六分五釐也。而美麪一斤值八分三釐，此美貨所以日退也。

近居東三省之日本人民，可分爲三類：第一類係戰後到東經營土木之業者，當時曾博巨利，然已失華人之信用，乃復自暴自棄，財産揮霍已盡，而猶旅居不去。第二類係爲官吏者，此乃從事於鐵路，及奉職於官廳者也，循謹奉職而已。惟第三類爲實業家，最爲可畏，頗有開拓殖民土地之心，然此種人常思鄉土，或迫於寒冷，秋後即歸，春餘方至，大都無堅確耐苦之心，故欲其商務驟進，殆猶未可必也。

吉林省檔案館《清代吉林檔案史料選編（工業）》下册《吉林勸業道縷陳經管局務及辦理各項實業情形的禀文宣統元年四月十四日》　欽帥麾下：敬禀者，竊職道猥以樗材謬膺重任，光緒三十三年十二月，蒙奏請試署勸業道，本年閏二月復承恩簡補授斯缺。屈計一載有餘，深愧寸功未樹，私衷惴惴，恒以弗克勝任爲憂。吉林地處邊陲，風俗安於質樸，早年事務既簡，用款亦稀，土厚民純，尚屬不難措手。庚子兵燹以後，元氣本未盡復，改設行省，新政並興。既須慎始以圖成，尤貴循名而責實。即以前　督憲徐、撫憲朱　奏陳吉林應行要政而論，實業一項範圍最廣。職道缺係新設，憑藉無資，雖有裁併以及接管數端，或以積習相沿亟須整飭，或以初基未固仍待擴充，或以事尚闕如創辦以開民智，或以勢難中輟接收以恤商艱，歷辦情形固經禀明有案。而其中原因復雜，措置艱難，輕重緩急之間因應未能悉當。此職道之才所不逮，亦職道之咎所難辭。竊幸入仕未深，不敢巧自文飾，謹將現辦農、林、工、礦、航、電等項據實臚列直陳，諸求指摘頻加，俾資遵率。【略】

一、農事試驗場附傳習所，光緒三十四年四月設立，本係僉事胡宗瀛兼充監督，該僉事調奉後，復委中書楊錕鋙接充。在松花江南岸拓地建房，年底次第就緒。隨即延致技師，購置器械籽種，開春一律興作。吉省種植之法最爲簡率，老於農圃者竟不知肥料爲有益於滋生。故設場以來專從淺近入手，並於東關外另設支部，分使生徒秉耒親歷田間，以爲觀感。第是開辦未久，尚無成效可征。該監督任事尚勤，惟措施未能盡愜，容俟選擇有人尚擬另行更代。桑蠶、山蠶兩局前撫憲分别派員經理，附設試驗場左近藉資照料。上年植養湖桑、杭繭、桑秧，計活十之五六，絲亦瑩潤可觀，惟收數無多，得不償失，兼恐天寒地凍，不易發生。該委員傅毓湘於冬間培護甚周，現下氣候清和，果能枝葉復萌，此後即有把握。唯北地狃於無桑之説，風氣尚未易開，倘二、三年間效果可期，則地方官吏仿辦推行勸導自易爲力。山蠶原係本地固有之利，橡林槲葉遍野彌山，吉民素不講求，公家宜加提倡。去年加價收繭，招工繅絲，工廠現織有綢料，民間如能仿傚亦足辟一生機。今春賓州廳集資立山蠶公司，臨江州亦延訂蠶長到彼試放，省城及伊、磐一帶紳民請種者頗甚踴躍，似勸辦山蠶尤易著手。此現辦農桑之大概情形也。

一、實習工廠，光緒三十四年十月開辦，派奏調知縣萬邦憲爲監督，尚能實心任事，加意考求。廠舍不甚寬宏，不敷工作。現有攻木、染色、織布、織絲、編柳等廠，雇覓内地工匠製造通用物品，以爲工商先導。惟匠師遠路來此，薪津不免稍厚。工徒額設百名，陸續入廠，漸知學習。吉省工藝苦窳，原料甚富，棄利於地實爲可惜。加以民習懶惰，不安自食其力，似宜徐圖變化，使其得有片長以資生計，則是多一良匠自可少一惰民。職道尚擬稟請增設藝科，加招工徒添建各廠。正在通盤覈計，開辦一切尚需實銀二三萬兩，常年經費所加只屬有限，值此財政支絀何敢驟議擴充。第勸工所關有裨教養，欲其功歸實濟只須款不虚糜，廠舍宜堅，員司宜少，綜覈之道胥在於是。應俟妥擬辦法詳請覈定，不敢稍涉鋪張。此現辦工藝之大概情形也。

一、官輪局，光緒三十三年十一月，前撫憲委候選縣丞王鴻藻籌辦。設總局於哈爾濱，設分局於省城。當購淺水小輪一艘，名曰「吉源」，購自俄商，朽損不堪適用。三十四年二月改交職道管理，王鴻藻虚糜公款旋經撤差，改委留奉補用同知王斌接辦。查有達軍帥舊購輪機一部，六月間裝造試水，名曰「吉清」，機器尚靈拖力過弱。另購大輪一艘，名曰「吉瀛」，行駛下游尚稱得力，惜開行較晚，即近封江，所入船資未敷所出。拖船曰「吉森」、「吉杭」、「吉桴」、「吉槼」，帆船曰「吉榮」，或係舊船改作，或係覓工新制，以之分行上下游。船數無多殊覺不敷分佈。十一月前督憲籌設鬆黑兩江郵船局，派王道崇文爲總辦，撥去「吉源」、「吉瀛」、「吉槼」、「吉森」、「吉榮」各船行駛下江一帶，其上游航業仍由職道就近管理。蓋上江航路僅由省至小城子一段可以行輪，其下即硝石沙灘，一時殊難疏浚。上下游既不聯貫，郵船局距離過遠，兼顧省會實有鞭長莫及之虞。去年俄人船隻之由小城子上駛省城者，擅自傍我碼頭起卸客貨，經職道商同交涉司據理力爭，始允退步。江權所係，職道絲毫不敢退讓。堅請留「吉清」一輪拖帶「吉航」、「吉桴」專行上游一帶，以爲抵制。去冬復派員赴滬訂購小輪二艘，正在興工，尚未運到。刻下行輪僅待「吉清」，開江後往返已四次，乘客之數多於俄輪。蓋職道於所用員司諄諄告誡，不準沾染官習，純用商家性質。無論何人搭坐，必須善爲接待，以廣招徠。船中備有火食，每坐收飯資二角，行人稱便。俄輪水脚近較減色，似亦差强人意。此現辦航業之大概情形也。

一、電燈處，光緒三十二年胡道廷儒創議，集股設立公司。稟請前軍憲批準，陸續借墊官款十八萬吊，暫資開辦。嗣因總理蔡濟勤經理不善，集股未成，機器購運已來，價值無從措付。而所借官商各款計二十七萬餘吊，勢將無著。洋商以未償機價藉端要挾，思攫利權。三十四年八月前撫憲收官歸辦，飭由職道管理，改爲電燈處。彼時機器房以及煙筒均未建造，桿、綫、燈頭亦皆未置，並欠華洋工價等項。當經職道查明，除原經手所耗之款不計外，非再有數十萬吊不能成立。呈蒙先後撥借官款，諸事力加撙節，覈實動支，然曠日需時，所費亦巨矣。本年正月，放光燈價較用油燭並無浮費，商民頗稱便利。將來安設齊備，收價較多，經費當可自給。惟是電燈一項雖在實業範圍，而分内所應舉行者尚多未備，顧營此不急之業，輕重未免失宜。第前撫憲志在保全華商，以杜外人之口實逼處，此亦是無可如何。蔡濟勤既貽誤於前，職道又不能不力爲挽回，以善其後。惟是舊基鋪張過大，一時彌補難清，只有督飭委員認真辦理，以期漸有生色。或仍收回官本，改歸商辦，俾無虧摺之虞。但刻下商務蕭條，一時殊難就緒，自當徐徐勸導，藉以興商。此現辦電燈之大概情形也。

一、官書印刷局，光緒三十三年七月開辦，張道柢爲局長，劉同知秉鈞爲副(局)長。借撥官本六十餘萬吊，刷印鉛石字板，並售書籍紙張陳設各品。三十四年七月，附設書報觀覽所，八月添設藝徒半日學堂。事項繁多，需費甚巨，且銷場有限，成本不無稍虧。本年二月張道柢奉前督憲委辦密山墾務，不遑兼顧，稟請辭差，撫憲札交職道接管。遴委奏調廣東直隸州劉直牧福宋充局長，就其賬目逐細盤查，復雜良多，亟宜清理。因先將半日學堂停止，藝徒照舊工作，經費計省數千元。余俟重定規章，另行設法整頓，惟閲時未久不敢遽言改觀。劉直牧辦事認真，頗能振作，寬以時日當可整飭一新。所最難者莫如造紙廠一事。光緒三十三年，前督撫憲奏明飭派農工商局局長胡主事宗瀛赴日本考查實業，籌議造紙諸事。並經井上馨盛爲接待，推薦三井洋行訂購機器，聘定技師加藤勇造，擬設造紙廠以爲輔助官書局之用。胡主事回吉未久，適設道缺歸併農工商局，派充職道僉事，仍司籌辦造紙事宜。成議屢更，遷延未就，日本領事因該洋行交易起見，屢向前撫憲催辦。職道以茲事體大，未敢驟議贊成。前撫憲顧念邦交，未便重拂其意，並以職道迹近推諉面加申斥，責令會同商辦。正在議訂合同之際，該主事奉前督憲調充安東採木公司，而前撫憲亦以移皖卸任。撫憲湓吉未便遽更前議，復因該行敦迫，商令先訂技師來吉調查，以定實行辦法。旋曹編修典初奉調來省，職道素稔其講求實業，遂稟請派爲監督，不設廠所，不請關防，即在職署商同辦事。十一月加藤技師到吉，遂派調查一員偕同研究，若如前議辦理，開辦之年即須二十餘萬金，每年經費尚不在內，如縮小亦必須十數萬兩。且吉林地居偏僻，竭力運銷亦只奉江兩省，況又不能專恃壓力。則熟貨屯積，成本虧摺，年復一年，何堪設想。爰會詞瀝陳督、撫憲，懇請三省合辦或易集事。前督憲亦以財力支絀頗費躊躇。職道二月間因公赴奉，會同曹編修面稟一切，力主撤銷前議，改用土辦。爽約之咎，職道自請任之。日領及該行執事睹此情勢，尚無异詞。惟該技師加藤係經聘定而來，不能無端辭退，自立合同後月支薪水三百五十華元，二十四個月爲期滿。與其令彼坐食，莫若小試其端。擬用手工造紙，參以土法，不用大號機器。添覓天津工匠，招集本地藝徒，使該技師指授方法，即擬附回，惟歷任各府、廳、州、縣之放荒初法殊嫌未善。身任其事者或經病故，或已撤參，事隔多年案牘多有遺失。調查存卷紛若亂絲，清理年餘迄未得有端緒。如密山、依蘭、濛江等處措手尤難，但期守令得人徹底清理，或有了然之一日。不然，僅恃文書之批駁，竊恐無濟於實行。墾荒殖民尤爲要政，職道稽覈未力，負疚滋深。其餘亦多委曲繁難更僕，莫由終述。至於官辦營業斷非所宜，無論如何撙節，如何謹嚴，員司之薪金究多於商人之費用。如此而欲操奇計贏，實屬毫無把握。職道惟有潔己率屬黽勉從公。既不敢操切圖功，亦不敢因循誤事。至所用經費宜戒浮糜，所用員司宜嚴冗濫。自當仰承電飭籌議裁併撙節，另文呈報，以副憲臺綜覈名實之至意。所有職道承辦勸業各項事件，理合具陳大概情形，伏求訓示祇遵。臨穎悚惶，罔知所措。肅稟，敬叩鈞安，諸祈垂鑒。職道謹稟。

東三省總督錫良批：據稟，該道莅任以來，經營局務及辦理各項實業情形，或以積弊太深，剔除未易；或以始謀不慎，貽累無窮。原因雖復雜，實由於人人存自利自私之心。初未曾爲國計民生着想，是以善政轉致厲民，美利反多耗款，言之可勝浩嘆！吉省地脈豐腴，振興實業尤爲要圖。該道係實缺人員，雖任事未久，一時驟難清理，然責有專屬，必須實心實力逐漸整飭。財政雖困，亦當極力維持。但不得其人，則不如不辦，此一定之宗旨，願該道於此留意焉。此繳。

宣統元年四月二十日。

《商務官報》宣統元年八月二十五日第二五期楊志洵《天津商況》 一，輸出品商況。

羊毛。羊毛之輸向日本者，因舊臘日本毛織各物銷場停滯，採購料亦不踴躍，近時銷路漸暢，其各織毛廠始覺原料不足，復行採購，以爲補助之計。然所購者，爲數無幾也，又毛之輸向各國者，景況稍好，惟輸向美國者，前因關稅問題之故，暫有沈静之勢，現乃稍形活動。今春以來，市價漲落無恒，其大較如左，

貨名	解冰時之市價	現價
西甯大毛	二十二兩	二十兩
散抓毛	十六兩	十四兩
寒羊毛		十八兩

本年自正月以來，到貨約九百萬斤，大半係輸出者，厥後雖不異常活動，然不致陷於沈静也。

牛骨。春初，日本九州地方需要甚多，價乃驟漲，由二圓六角漲至七角，夏季内地運津者，約六百餘萬斤，其八成早爲外人所定，今其市價，未得即賤也。

麥辮。解冰以來，市價未有變動，每一包值二十八兩或三十兩，近時到貨千包以外，約達二十萬斤，已悉數裝運外邦。

牛油。輸向日本者，春季稍呈好況，後因漢口輸出者多，市況稍爲沈滯，解冰之初，仍持十七圓之市價，今乃跌至十六圓，近時到貨約十五萬斤，其中之七八萬斤，係用爲本地製燭製肥皂之原料者，所餘則輸出海外。

一，輸入品商況。

綿布。去年棉布商欠款至千四百餘萬，無法清償，棉布市場，因之不振，輸入之商，急於出售，價乃大落，年底以來，迄於今年上半季，停滯稍舒，市情漸振，但交易猶未大旺也。棉布市場所以不振者，其原因如左。

一，三載以來，農作欠豐，内地需要，大形減縮。

二，銀價下落，匯水虧耗，賣價不得不高。

三，積欠不償，信用挫損，洋商雖得通融，其内地商販告以現錢交易，幾於裹足不到天津，即或到津，所購有限。

以此各故，故市場交易，比於平年尚不及其四成也，或謂内地商人，向來習慣賒欠之交易，一旦中止賒欠，則諸多不便。且今自天津購貨運入内地，其所納釐金及他項費用，皆較由膠州轉運者爲多，則不得不捨天津，而轉趨於膠州也。

此種問題，尚須研究，要之救濟問題，苟不從速解決，殊難得前此之盛況也。

棉紗。棉紗交易不振，亦與棉布同，然因棉布市場滯銷之後，棉紗輸入商，隨即停止購運，農事稍閒，鄉民需要甚急，而供給竟然告罄，故他種製品盡罹市面不振之累，而棉紗獨未蒙其影響。

天津市面所交易之棉紗，向惟日本、印度、上海、英國之四種，上海所製，其初品質不甚精良，然近時漸見改良。昨年以來，乃與日本棉紗競争，而有得勝之勢。日紗價貴，而上海紗價廉，且天津上海間匯水亦復便利，天津行平百兩，抵上海規銀百零五兩，又機器所製，得享免釐之利益，以此各故，僅得競勝於日本，幸也。印度紗大都經由上海而來，英國紗輸入者，都係撚紗。

天津輸入之日本紗，殆專供經紗之用，緣其紗質强靭，不易斷碎，織機用之，可以節省手工。上海印度各紗，祇用以爲緯耳。現北方織業，日見發達，非但直隸一省，即山西及張家口各地需要，亦歲有增加，日本紗之市價高低，時有變動，於市場交易，殊形不便，此亦其一遺憾也。

火柴。輸入天津之日本火柴，大半係黄燐所製，其係黑頭者甚少，蓋以黑頭者，不能到處擦火，且價值甚高，不適於市情也。

春季解冰伊始，日本火柴牌號之新出者，值二十三兩，牌號老而信用夙著者，值二十五兩，其後因内地市價漸落之故，天津市價亦不得不廉，今新牌二十一兩，老牌二十三兩也，加之近時河水減退，舟楫不甚便利，市場停滯，約及萬箱，貨主皆静候秋季矣。

前年以來，天津官辦之實習工場一處，及民立之火柴公司二處，曾事製造，然所造黄燐火柴，因原料及造費成本過重，率至閉歇，其所製黑頭火柴，以手工不甚嫻熟，藥品配合，不克完全，使用之時，頗虞危險，且木幹太粗，一匣祇容少許，故卒爲日本火柴所壓。惟北京所製丹鳳黄燐火柴，販路漸廣，價值亦廉，日本火柴運京，須加運費及通過税等，故每箱之價，貴於北京所製在一兩半以上，不免退避焉。

日本火柴之輸入天津，大半經中國商人之手，不免受中商所左右，即於各口亦然，此日本所夙以爲不利者也。蓋火柴一項，得利甚薄，惟販賣之數極多，各種耗費極約，匯兑之間，計算極精，方能獲益，而中國商人於此等事皆優爲之，且於各口岸消息相通，貨物出進，不失其時，更非日人所及。

木料。前年中外木料輸入過多，又值農作不佳，此項生意，乃與各行並形冷淡，至今未有起色。

兩三年前，天津頗建洋式房屋，又值鴨綠江之林木杜絶輸入，美國木料乃乘機輸入，未幾已嫌供給過多，需要漸少，且美木品質雖良，而長大方整，宜於造船，並機器工廠，今並無船廠，又乏機器工場，是以終見停滯。

福建杉木，五六年前，輸入甚多，二三年來，漸次減少，昨年輪船裝運者三四隻，其長大者不過一萬三四千條，此非一時之減少也，乃原産地方漸乏良材之故，故其短小者日賤，而長大者日貴。鴨綠江木料當日俄戰時，斷絶外輸，致海外木料，奪其銷路，現此情形，已歸消滅，日本木料，北海道所産者，前此亦進口頗旺，以木質不良，遠遜於鴨綠江木料，故自鴨綠江木料復行外運，彼即停滯不銷。前時輸入商所得之利益，於今消耗殆盡，惟鐵路枕木，來自日本者，獨占優勝，蓋其枕木，今非但見用於鐵路，即尋常木作，皆喜用之，以其價廉而尺寸亦相宜也。

紙煙。滙兑之變動，農作之豐兇，雨水之多寡，於一切市況，大有影響，惟於紙煙不然，以人口稠密之市，爲其需要之場，無論銀塊暴落，農作欠收，水旱不時，終不受其牽掣，其商况幾於一定不移。

天津行銷之紙煙，與各口相同，以英美公司所製，最稱利市，此公司之植其勢力於天津，迄今已二十年，根抵堅固，牢不可拔，今該公司每月輸入約及一千五百箱，其中雞牌五百箱，愛國軍四百箱，品海三百箱，刀牌百五十箱，孔雀牌六十箱也。日本官煙之銷於天津者，有雲龍、蝙蝠、鳳凰等牌，然除雲龍牌外，皆不適中人之嗜好，其密蜂牌初頗足與雞牌相抗，一時每月進口達五百箱之夥，乃未及期年，以摻有黴貨，信用頓失，販賣遽致中止，雲龍每月進口在百三十箱内外，今揭各地所銷之牌號數量如左每月：

北京						
品海	三十箱	孔雀	十箱	愛國軍	二百箱
刀牌	十箱	雞牌	二百箱	雲龍	百箱
保定						
品海	十五箱	孔雀	十箱	愛國軍	三十箱
刀牌	十箱	雞牌	四十箱	雲龍	十五箱
塘山						
品海	五十箱	孔雀	二十箱	愛國軍	八十箱

刀牌　　七十箱　　雞牌　　百箱
天津
品海　　二百箱　　孔雀　　二十箱　　愛國軍　　九十箱
刀牌　　六十箱　　雞牌　　百四十箱　　雲龍　　三十箱

吉林省檔案館《清代吉林檔案史料選編(工業)》下冊《吉林勸業道縷陳整頓荒務林業礦業實習工廠等辦法及成績的稟文宣統元年九月二十一日》

大帥　鈞座：敬禀者，竊職道自顧菲材，猥蒙厚植，忝權勸業四月，於兹仰維朝廷設官分職之精心，實關利用厚生之大計，曷敢以暫時攝篆稍涉因循。竊維四民之生計首重農桑，百物之精粗咸資工藝。東三省人心渾樸，風俗敦龐。當閉關自守之時尚可自食其力，處列强競争之候豈宜仍囿故常！職道任此仔肩責無旁貸。伏查所轄農、林、工、礦、航、電等項，自正任徐道鼎　創辦以來甫經一載，範圍既廣，復雜兹多，已於四月十五日由該道詳陳在案。職道接管之後，時虞隕越有辜職守。常川親往各局、場、廠、處考察情形，事事皆關實業，處處均係官款。當此財政支絀之際，後繼爲難，非但效果難期，且恐事將中輟。叠將各該局、處外觀、内容詳細勘驗，不能不權其緩急，分其優絀，因勢利導以速其進行。循名責實而加之整頓，以期事歸實濟，款不虚糜。謹將辦理情形爲我憲臺縷析陳之：【略】

至職署所轄各局、處、場、廠，自徐道經理年餘，凡建築各工程，布置備模範，煞費經營，不辭勞怨。職道自接辦至今，所有局長科員多仍其舊，以期共奮成功，庶免貽譏覆轍。竊謂百端並舉力有不逮，不如擇要求精，注重工藝、蠶桑，期爲百姓浚一分利源，即爲國家培一分元氣。【略】

其次，則實習工廠，現設織綢、織布、織巾、染色、攻木、編柳等科，藝徒五十人。現又推廣廠屋，添入造紙及胰皂、油燭等科，皆屬吉省生有原料，向不講習造製之事，以期本省民間多一技藝，即物産少一棄材，冀合因利而利之意。該廠監督萬令邦憲，悉心研究竭力提倡，每月員書、工師、藝徒薪伙，僅需中錢四千餘吊，殊屬撙節。職道亦不時親往監製，課其勤惰，别其良窳，奬勸兼施，俾資進步。惜經費尚嫌支絀，未能廣購汽機。上年職道親赴日本考察一切，工廠以手摇機爲最伙，即一區一町一家靡不有之，用能事半功倍。現擬籌款擇要選購，將來藝徒日衆，吉省機器局工匠不難依樣仿造，廣爲推行。查俄人每於夏季喜服山繭綢衣，吉林所需綢布又皆資於内地，所以職道於桑蠶工織等事尤爲加意。【略】

伏讀憲批徐道原禀，有若不得人不如不辦之論，仰見綜覈名實首在用人。職道更有進者，若務廣而荒亦不如不辦。况吉省當兵燹之後，民力未蘇，新政方興，財源告匱，與其徒事鋪張糜鉅款而毫無成效，何如擇要推廣務切近而日起有功。顧實業一途造端非易，收效尤難。或以萌芽甫露而發達需時，或以工費較繁而財力有限，是在躬任其事者熟計。夫利弊兼權，其緩急籌之以精心，貞之以毅力，然後可以開風氣、興地利、收效果，而有裨於固圉實邊之本計。

職道所以夙夜兢兢未敢稍懈，先於農工桑蠶諸端實力圖維，以期仰副憲臺實事求是之至意。區區微悃，謹據實覶縷禀陳，伏候　大帥　鑒覈，訓示祗遵。肅此具禀，恭叩崇安，伏乞鈞鑒

東三省總督批：據呈整頓荒務、林業、輪船、礦産各節，辦法頗有條理，注重工藝、蠶桑亦知其所急。仰即切實次第籌辦，毋托空言，仍候吉林公署批示祗遵。繳。

宣統元年十月初八日。

《通商各關華洋貿易總册》宣統元年下卷阿理文《宣統元年膠州口華洋貿易情形論略》　近年以來，煤油進口雖日見增多，而内地之榨豆油者反加數倍，豆油之銷路亦加倍於前。坊子附近之蛤蟆屯前數年新設立之油房約三十家，其河南豆子由黄河之雒口用火車運至該處，以供榨油者約有一萬噸。在安邱縣地方亦有油房數家，河南彰德府屬之安陽縣本年設有大油房一所，係用外洋機器，已經開辦，雖然産油甚多，而出口之數反不如前年之多。光緒三十三年豆油出口六萬六千三百九十九担，光緒三十四年三萬五千七百十二担，本年則有五萬四千八百四十二担。在青島附近之紅石崖本年七月設有油房一所，係用日本機器專做豆油花生油，到年底共出豆油八百担，豆餅一萬七千片。青島本年秋間新設一機器卵粉公司，專做蛋黄蛋白各粉。膠濟鐵路公司本年裝貨多而利益長，所裝之數共計七十一萬二千六十噸，比上年約多五成有餘。由青島裝車運入内地之貨計十八萬三千三百噸，由内地運來青島者計十八萬六千八百二噸，惟火車旅客之數不甚滿意。本年來往旅客只有六十四萬一百九十名，上年則有八十二萬八千七百五十五名，來往兩途均見減少。由青島去者有八萬四千四百四名，來青島者計七萬二千八百九十四名，其餘均係内地往來之客。山東礦務公

司之坊子煤礦本年出煤共二十七萬二千噸，每天約出九百五十噸。紅山煤礦本年共出煤十六萬噸，現在則每天可出七百噸，青島水浮船隝生意尚好，本年共用一百七十四天，修兵輪十六隻，商輪十五隻，共用洋人五十七名，華工一千二百三十名。

《通商各關華洋貿易總册》宣統元年下卷巴倫《宣統元年安東口華洋貿易情形論略》 去秋山繭市價甚形跌落，每千個值關平銀八九錢之間，雖業蠶者獲利菲薄，然至冬季忽有美國銷路大開之消息，爲人所不及料，因製空中飛船必須繭綢，於是野蠶絲之價頓增。在煙台一絲廠所繅之絲，去年每担值銀三百兩之老牌，此際能於數月前訂明賣價至三百九十兩之多，因其買繭甚屬便宜，而所售絲價如此之昂，其得利之厚不待言矣。而外國客商且互相争買，及秋間每担價銀抬至四百六十兩，至今又增至五百兩，斯時鄉民業蠶者莫不喜出望外，視山繭不啻黄金也。行市初開之時，每千個上年祇值關平銀八九錢者，今年即值一兩二錢五分，嗣後各絲廠因本年收成不佳，皆争先恐後，故將價抬至一兩六錢五分，然上年收成雖好，出口者祇九萬六千四百二十六担，本年收成雖歉，出口竟有十二萬一千三百八十七担，推其致此之由，因業蠶之家平時賣留各半，自繅絲以織粗綢，至本年一見繭價昂貴，若自繅自織轉無銷路，不若除留蠶種外，盡行賣出，所以收成雖不甚佳，而出口反多此其原因也。【略】

造幣廠奉北京政府飭令，於本年七月二十日銅料用盡，暫停鑄造銅幣，嗣後尚未購買銅料。在去年由天津運來銀幣四種：一元者、五角者、兩角者、一角者，共值一百八十萬元，係九成銀色。奉天改造二角小洋，銀色只有八成，今年春間又將北洋大龍元八十七萬元改造二角小洋，本年七月二十日起至十二月初十日所用銀料共值六百萬兩，造成二角小洋，送至營口大連安東及内地各埠，所得之利銀計有三十萬兩，所用銀料由上海、煙台、北京三處來者居多，由奉天各處銀行來者約十分之二。

《通商各關華洋貿易總册》宣統元年下卷立花正樹《宣統元年大連灣口華洋貿易情形論略》 如用豆油製造肥皂，業有商人數家在本埠設廠試辦，且南滿鐵路公司在本埠建設工業試驗場一所，用野蠶絲改良織造繭紬，並有商人擬在奉天蓋平等處設高粱造酒廠，他如豆餅製造醬油，本埠旅順營口昌圖等處均有商人設廠試辦，茲聞又有商人擬在奉天鐵嶺等處添設高粱稭料造紙廠各一處，惟玻璃一種現尚未有設廠製造者。【略】

查本年春初以來，豆子、豆餅由本埠出口者其勢蒸蒸日上，憶在上年第四結時新豆收穫之後，豆價隨即低落，以故洋商利之，始有購運出口賣往歐西之事。該洋商有因獲利，故於本年新豆未穫之際，即預將期豆購訂。當西五月間購豆者日多，豆價因致翔長，迨至新豆收穫，到市價仍未減，此後時長時落，殊不一定，乃未幾復行，陡長一次，按以豆價如是之昂，如購運出口恐難獲利，而賣期豆之華商均難如期交貨，虧摺頗大。由此觀之，將來滿洲之華商恐難見信於人，誠爲可惜。即如本埠各油房亦均大受影響，所有製成之豆餅均須虧本，以故一律停工，豆油一種向只運銷南省，由本年始有裝運歐洲者，油房向以製餅爲有利，近來豆油外人争購，想嗣後此油銷路必有駕豆餅而上者。南滿鐵路公司於本埠至蘇家屯之鐵路現已添設雙軌，於西十月竣工，計線長二百三十八邁路有餘，是以往來運輸貨物異常迅速加多，該公司於本年復添設運煤大貨車一百二十五輛，又在英國機器廠訂購特别機關車十二座，俟該機關車運到時，計每日較前能多運一千噸。本口碼頭現在計二十段，以備輪船靠岸，有一段可容五百噸之船，有九段可容二千噸之船，有五段可容三千噸之船，有一段可容四千噸之船，有四段可容五千噸之船，本年底復展修口岸，至明年臘底約可竣工。其長共三段，並可容四千噸以上輪船，三雙同時傍岸，南滿鐵路公司在碼頭一律安設路軌，故氣車運送貨物即可逕抵碼頭，其便捷如此，且該公司已擬於碼頭安設電車路軌，以便運載貨物，日前碼頭裝卸貨物計每日不過五千噸，現在能裝一萬噸矣。

《通商各關華洋貿易總册》宣統元年下卷義理邇《宣統六年天津口華洋貿易情形論略》 覈以上年二千四百萬兩，計溢二百萬兩，棉絨貨類較上年不惟平穩，且有盈而無絀。土棉紗一項本年進口逾上年二萬五千四百七十担，翦絨增有倍蓰，五金與上年尚無懸殊第，滬製機器麪粉與去歲大相逕庭，計減三萬担之數。然上年之多實屬異常之事，緣近畿各省穀造不登，以直隸爲特甚，是以必須由滬大幫購運以資接濟耳。本年災異未侵，收成尚稱豐稔，本年進口數較爲準率也。機器麪廠本埠已設有六所，保定亦經組織一廠，本省食用者除辦運入口外，餘悉取諸各該廠，合此七廠以尋常論，統計每年出麪約共四萬担之譜。雜類貨中除赤糖一項，比去年計絀五成外，餘如粗磁、下紙、窑貨、緑茶等均略增焉。

《通商各關華洋貿易總册》宣統元年下卷曼德《宣統元年天津鈔關華洋貿易情形論略》 本埠内地貿易以本年與前三年經理情形比較，迄今終收效果。本埠各商家數年以來集欠洋商貨款之問題，現經津海關道，並德、法、日本三國駐津領事官，天津商會代表，本埠各國行商代表共表同情，聯合會議，設法籌還，此問題諒必能完全解決，市面情形亦必因之漸復舊觀。考之入境土貨，以棉花數目爲最膨漲，由八千五百二十四担漲至四萬二千三百三十八担，其在内地銷售者尚不在内。其膨漲之故半由於歲收之旺，半由於外洋需用甚夥，因報關棉花本年多用三聯單入境，故知暢銷外洋也，且北方所産棉花雖絨短易摺，因其質白如雪人亦多願購者，次則内地機造土布係用日本手搖機織成，其中能令人注意者，則以高陽貨品爲最。光緒三十四年洋文報告内已約畧言之，高陽機造土布寬均三十六寸，長有二十碼者，有四十碼者，上年入境二十碼者十二萬二千九百十二疋，四十碼者一萬二千三疋。其他入境貨之見增者，如山東之牲畜，直隸河南之豆子，福公司之河南煤均可令人注意，尚有河南彰德府廣益公司所製之土棉紗，上年年終始見數百包輸入津市，灤礦之煤去冬亦運進少數，減價出售。其開平井陘臨城撫順各礦之煤均在津争相售賣，嗣後津埠想不至再有數年前之煤荒，其時竟有末煤一噸售洋二十五元者，俄國紙煙布疋由西比利亞鐵路經過哈爾濱奉天輸入者，亦足注意。由津輸入内地之貨物，上海土棉紗最見進步，計由六萬三百十四担漲至八萬七千四百三十一担，大半運往高陽。開平煤輸入内地者少減，由十三萬九千噸減至十二萬四千噸，井陘煤約有四萬噸運赴德州沿途一帶地方，津浦鐵路所設預備該路建造料之各甎窑。

《通商各關華洋貿易總册》宣統元年下卷安文《宣統元年煙臺口華洋貿易情形論略》 上年論内所叙張裕釀酒公司，本年創設玻璃料器廠一座，又有英商卜納門䶮公司在本關北隣創建䶮棧一處，又英商馬茂蘭在東馬路建設樓房一處，作爲花邊繭綢之所。本年内增設繅絲廠七家，本埠於六月間染患霍亂之症，至七月底始漸消減，其中以貧民歿者爲多。西人因病而逝者四名，幸經地方官將各類瓜禁止入境，獲免傳染，使非立此良法安能大得效果乎。【略】

查此項貿易，近十餘年來每年均約有一千一百萬兩之譜，本年驟增至一千八百萬兩之多。其加多之故，一因運往外洋之野蠶絲繭綢花生加多，二因此項並别項土貨之銀價較前數年異常騰漲。上年供給歐美所需之野蠶絲不過一萬一千八百担，本年則增至一萬四千担，上年繅絲局因獲利頗豐，曾由奉天産繭之區預定大宗蠶繭，並將本處之繅絲器具大爲加增，統計煙臺現有汽機繅絲局三所，手工繅絲局三十八所，共用繅工一萬七千名，集股本銀五百萬兩，而繅絲局尚在陸續加增，繅絲所用之繭獨産於滿洲，而以奉天爲最，蓋以該處之野橡樹既多且茂重，以冬令嚴寒，蠶之自縛成繭，堅厚非常，用以衛護其蛹，故此項蠶繭繅出之絲堅韌無比，由是西方最爲貴重，此絲用以績線製造各種堅軟之物，其繭收於秋季，多在九十月間由安東大孤山一帶趁鮮用能裝載三五担之大籠裝運到口，其情形最易損失，其餘則均於春季裝運進口，以本年蠶繭進口之多觀之，則其收成必頗豐稔，但繭質不佳，且均現有病狀，其受病之原或因天氣不宜，或因産繭過於稠密，有以致之，然其市價由每百個售銀一錢六分驟然漲至二錢，而繅絲之商争先樂購，若不計其價之昂貴者，蓋因上海四等絲即可售至三百八十兩，最上等絲可售五百兩之譜，其爲利也如此之大，是以汽繅之絲共出二千餘担，其繅絲之法今不具論。所謂手繅者係工人以足力運動繅機，此法雖舊但廉，而且便，非若汽繅之需費浩繁，是以此項手繅局願出重資以聘良工，因手繅最上之絲售價可較汽繅最上之絲畧高，故有時汽繅虧本而手繅仍能獲利也。至其洗繭之法似可改良，現在辦法祇將煮繅所餘之蛹以充食品，其利亦有可觀，蓋以土人恒視此物爲最佳下酒之品，尤受婦孺之歡迎，謂爲美味也。亂絲頭即蠶繭外殼之絲，本年出口有一萬担，尚不足以供歐洲所需，故獲利頗豐。本年出口繭綢計九千六百四十担，較之歷年異常加增，其進步較野蠶絲爲尤甚，其貿易情形非常順遂。適聞泰西之採辦者因法國將於明年春季加增此貨進口税，故於此項貨品不甚苛求，遂致包辦出口者獲利甚巨，外洋所採辦者本係加重之貨，惜各廠出貨雜亂，但圖獲利，不顧求精，未免貨色漸低。三十三至三十四寸寬二十碼長之次等繭綢出口亦多，由是本處行情蒸蒸日上，較去年漲至五成有奇，上等繭綢係山東所産之野蠶絲，所織較滿洲所産者畧爲柔軟而欠堅韌，惟其原色最爲世界所歡迎。滿洲絲之畧黑者，亦用以織下等繭綢，至近來繭綢在歐美商場所占之優勝地位，半由時式所趨，並外人染此絲之巧，半由於該貨天然之美質，凡用以製造輕密及能禦風之料，如氣球之面及汽車所用之氈篷，似無出其右者，至衣料一項聞歐洲争競家已有出品與之角逐，其貨質之良已達極點矣。由是觀之，製造繭綢者須具有遠識，並須專心考察其貨應如何改良，以投西人所好，則其生意之發達可操左券也。出口往歐洲之花生多係去殻者，其數日見加增，計由煙台運往者已達至二十三萬担，值銀八十萬兩，聞尚有大宗由威海載運出口。豆餅一項，豆價雖昂而各處争運，本埠出口仍有九十三萬八千担之多，至本年册表所載出口運往海參崴大宗之鮮牛肉實係上年之貿易，本年運往者甚屬寥寥，向稱運銷暢旺之牛隻貿易，本年因忠畜瘟已不多覯。豆油上年僅有八千担出口，本年因歐洲銷售驟增至一萬三千担。粉絲爲煙台特產，較上年極盛之數畧爲減色。本處所造之絲花邊銷場極旺，統計報關出口之數共值銀三萬二千兩，此外有零售於往來遊客者，自行携帶，並不報關，其數無從查考，想必亦甚巨也。

《通商各關華洋貿易總册》宣統元年上卷湛瑪斯《宣統元年通商各口華洋貿易總論》 然絲市一項實未能副吾儕所願望。日本絲產最盛，近聞有多數運寄美國待售，價值亦因而減跌。近年日本出口絲增進極速，一千九百五年運出之數只七萬二千担，至一千九百九年其數已至十三萬四千担，加增將及一倍。本年絲市最爲顯著者即出口繅絲及繭綢，係東三省安東大孤山及各處出產野蠶絲，經煙台所製造者。就安東一處，蠶繭運往該口者而論，已有十二萬一千担，其價值較之一千九百八年秋間高漲一倍。由東三省其餘各口運到者，亦與安東之數大畧相同，由煙台轉運往外洋各處者，野蠶絲計一萬四千担，亂絲頭計一萬担，此外尚有多數下等繭綢，均係東三省蠶繭製成者。山東繭綢爲近今工藝廠中有用之物，故出口之數上年只六千二百四十七担，本年增至一萬六百五十五担，其價值亦抬高四成。茶葉出洋之數減少七萬七千七百担，平常紅茶減銷最鉅，殆因印度錫蘭下等茶葉本年所出甚多，然細觀此項貿易情形，出口紅茶價值比上年通扯每擔轉抬高三兩有奇，細覈平常茶葉銷路不暢，係爲中國既無專門研究此事者，又與歐洲貨場相距太遠，即使國内税釐豁免，相形之下終恐深受其累，此後華茶貿易應專恃上等色味之貨，因他處尚不能以仿傚，即如上等茶葉，本年倫敦市場銷路最暢，聞所備之貨尚不敷應付，茶葉運往歐洲著名各國其數均覺減少，惟美國畧有加增，計緑茶增銷二萬担，紅茶減銷一萬七千担。

天津市檔案館《天津商會檔案彙編（1903—1911）》上册《饒陽大尹鎮天祥益錢鋪鋪東王萬峰招工徒五十名創辦益記織布工廠並擬訂章程請予註册文及部批宣統二年正月二十九日》 饒陽縣商務分會總理韓樹畇爲呈請轉詳立案事。竊維保守利權，必以振興實業爲要，而振興實業尤以改良工藝爲先。

饒邑自宣統元年六月間設立商務分會，以地面實業窳敗，極力提倡，嗣有饒城東北大尹村天祥益錢鋪執事王萬峰，自去歲八月間，創立益記鐵輪機織布工廠一所，招工徒五十人，聘高明工師四人，又派管理齐玉琢往天津各工厂学习参观，购买北洋铁工厂铁轮机四十架，较从前木机不但灵活，而且所制之布，精致缜密，试办数月，销路日见畅达，外货日形困滞，且于地方贫民生计，大有裨益。似此办法逐渐推广，利权庶不致外溢，实业亦由此振兴。

謹繕具辦法章程，呈請總會憲大人轉詳農工商部立案，實爲公便。須至牒者。

附呈辦法章程一扣。

右牒天津商務總會。

〔附二〕益記工廠辦法簡章十五條

計開：

第一章　名稱　益記工廠

第二章　宗旨　以提倡工藝，改良織紡，抵制洋貨，補塞漏卮爲宗旨。

第三章　地址　工廠設在饒陽縣城東北十八里大尹村。

第四章　廠舍　暫租民房四十八間。

第五章　款項　開辦資本五千元，係天祥益錢鋪獨資成立，並無官款，俟有成傚，再爲擴充。

第六章　員數　總經理一人，管理一人，稽查一人，監工一人，總收支一人，副收支一人。治綫所監工一人，治綫所收發二人。織科工師二人，染科工師二人。

第七章　資格　工徒以十六歲至二十五歲，體壯性純，粗知書算者爲合格。

第八章　課程　每月每機織花布者，以一百三十丈爲及程，織合股袍料者，以五十四丈爲及程。

第九章　學科　機織科、輪綫科、染科。

第十章　額數　現招織科工徒五十名，俟辦有成效，再爲擴充添招。

第十一章　學期　無論織科、染科，均以三年爲期滿。

第十二章　假期　一、年假，臘月二十二日放假，正月十八日開工。一、特別假期，婚喪給假五日，至親疾病給假三日，己身患病者不在此例。

第十三章　禁止

一、工徒入廠，不準携違禁器具，如有銀錢要件，（逐）〔隨〕時報明，交帳房代存。

一、工徒無故不準擅出大門，如有事外出，必須報明帳房，限時回廠。

一、工徒親友來廠，須由帳房引至接晤室相見，以二刻爲度。不得擅入宿舍。作工時，不準閑談嬉謔，任意唾溺，拋置器具。

一、無論何時，不準歌唱、賭博、飲酒、吸煙。

第十四條　規則

一、各工徒須取具親族或鋪户保結。

一、各工徒如有不遵本廠條規或任情懶惰，實不堪造就者，當隨時革退。

一、各工徒未經期滿，而私往它處工作，或故意犯規被革者，均須追繳飯資。以上(工)之日起，按日計算，每日京錢一百五十文，如本人不能繳，應向原保人追賠。

第十五章　奬勵

每月考查一次。及程者，奬京錢二百文。

織花布，每過程十丈，加奬京錢二百文，(寸)〔過〕程五十丈，加奬京錢一吊五百文。

織合股袍料，每過程一丈四尺，加奬京錢一百文，過程七丈者，加奬京錢一弔文。

每届年終，大考一次，按一年合計，每日織布若干尺，過程者，酌量格外加奬。

以上各條，倘有不妥，隨時酌量變通，以期漸臻完善。

〔附二〕益記工廠總理及工師清單

總理　監生王萬峰，年四十三歲，獻縣人。

管理　從九品齊玉琢，年四十二歲，肅寧人。

稽查　從九品馬鬆岳，年三十七歲，武强人。

監工　索良棟，年三十五歲，饒陽縣人。

總收支　王慶長，年二十五歲，獻縣人。

副收支　李瑞興，年二十三歲，肅寧縣人。

治綫所監工　魏繼增，年三十六歲，蠡縣人。

治綫所收發　王鴻賓，年二十三歲，獻縣人。

高丙戌　年十八歲，饒陽縣人。

織科工師　王瑞林，年二十五歲，肅寧縣人。

何生祥，年二十六歲，饒陽縣人。

染科工師　王宴清，年三十歲，肅寧縣人。

苑倭，年十八歲，饒陽縣人。

《商務官報》宣統二年二月二十五日第四期彭英甲《甘肅全省商務情形》

謹將甘肅商務情形備具説畧開摺，恭呈鈞鑒。竊我中國自開闢以來，迄今數千年矣，曠觀歷代皆以農業爲本，文物次之，其視商務爲末節，上焉者既不提倡保護，下焉者尤不研究講求，以致商業日益窳敗，商務不能進步，民窮財困，良可慨已。然當此過渡時代，列强環伺於外，苟非振興商政，藉圖財賦充裕，而欲易危而爲安，轉弱而爲强，蓋戛戛乎其難之。夫全球以上，其以商戰爭强者，若英吉利、美利堅、德意志各國，練習海軍，力爭口岸，無不恃强盛之兵力，以爲商業發達之謀焉。幸朝廷鋭意維新，首重商業，特設專部以主持，各省分設商務議員以通聲氣，又復頒發江西商務情形説略，俾各省仿照考察，藉以週知衰旺得失之由，力求整頓變通之方，仰見大部振興商務，力圖富强之至意。職道分巡隴上，四年於兹。伏查甘肅雖僻處西陲，地方遼闊，出産尚多，每潛心考究商務之所以不能追美於東南各行省者，良以民情固陋，風氣遲開，不知講求之故，謹就現在情形，及思所以補救之方，縷晰條陳，以備採擇。

一、甘肅商務歷來之情形。

甘肅北界蒙古，西連青藏，南通巴蜀，東接關中，截長補短，方幾三千里，漢、番、撒、回雜處，民風淳厚，俗尚質樸。當咸同以前，新疆尚未設立行省，地廣人稀，道路崎嶇，商賈望而生畏，即間有販運貨物銷售者，率皆棉布雜料粗物，省城居民無多，銷路不廣，每運至西甯、甯夏各處，與蒙番各民以物易物，以貨换貨，猶存上古互市交易之風。至同治之初，狪逆肇亂，蹂躪幾遍全省，道路不通者十數年，即棉布粗物亦不能銷，是同治間商務之腐敗，不堪言矣。迨光緒初年平定之後，左文襄公安撫回民於各屬，開通六盤山之車路，人煙漸密，道路疏通，商務始有起色，此甘肅商務盛衰之一大關鍵也。畧計輸出輸入貨物數大宗如左：

一曰官茶。蒙番民族日用飲食，皆牛羊乳肉炒麪之屬，不易消化，故官茶爲必不可離之物。自甘疆多事以來，茶務廢弛日久，左襄文公始招商領票，劃地爲引，計東西南三櫃茶商，共領票僅八百三十餘張，三年爲期，换票一次，計每年約銷茶二百七十餘票，共值銀約二十九萬餘兩，此進口之一大宗也。

一曰大布。甘肅地方瘠苦，當變亂之先，居民十室九貧，無論寒暑皆衣毛褐氈襖之類，甚至隆冬嚴寒，尚有十餘歲男女小兒，赤身露體者。自光緒初年平定之後，陝西各布商漸次運布來甘銷售，計最旺之年，約銷十餘萬捲，約值銀三百餘萬兩，此又進口之一大宗也。

一曰砂金。甘肅五金礦産，到處皆有，因民窮財困，不甚講求，惟砂金較他礦尚易爲力，故西甯、肅州、敦煌各屬回番貧民，用土法淘採藉以餬口，或陝帮金商收買，或與茶布商人交易，每年約計産金一萬餘兩，約值銀三十餘萬兩，此出口之一大宗也。

一曰水煙。甘肅地氣寒冷，農産各物種植之期，較内地遲早懸殊，除菽、麥、稻、禾本産本銷外，惟省城及狄道、静遠、秦州等處廣産煙葉，製造棉煙、黄煙、生字煙，每年約産一萬數千擔，約值銀三十餘萬兩，此又出口之一大宗也。

一曰藥材。甘肅南一帶山高地寒，不産五穀，附近居民，多以採藥爲生計，如大黄、當歸、黨參之類，每年約産一萬數千擔，約值銀四十餘萬兩，此又出口之一大宗也。

一曰皮毛。甘肅地廣人稀，山多氣寒，不宜五穀之處居多，蒙番民族全恃畜牧爲生活，故西北兩界廣産皮毛，除本地居民織褐作氈而外，盡售於洋行，約計每年出産皮毛數千萬觔，約值銀數百萬兩，此又出口之一大宗也。

查以上各節，係就光緒初年至二十年之時代而言也。奈自二十一年河回變亂之後，元氣大爲虧損，進口之貨既少，出口之貨亦減。自二十年起至三十一年止，甘肅厘税每年僅收四十餘萬，毫無起色，此其明證也。職道於三十二年蒞任之初，整頓茶務，加領新票至一千二百餘張；改辦統捐，大布暢銷較前多六十餘萬捲，蒙鹽、藥材、水煙暢銷較前多數十萬擔；厘訂榷政須知，洋商之子口票照章截留，另換運單；提倡礦務，每年之砂金輸出者，較前驟增數倍，甘肅之商務，似大有發達之萌芽。此外尚有土藥一宗，惟甘、凉、鞏、秦一帶出産最旺，每年由涇州、秦州、甯夏出口，運往山陝京師各處銷售者，約值數百萬金。業此者頗獲巨利，然出産雖饒，吸煙之人亦多受毒最深，愚民無知，甚視爲利藪，現當奉旨嚴禁之際，自應設法抵制，務絶根株，此固未足爲商務之盛衰也。

二，甘肅省會及各屬商務地理之情形。

天下凡商務繁盛之區，非道路四達，即航路交通，現在火車、輪船盛行各處，如天津、漢口、上海、香港、神户、長崎，無不商力雄厚，是地理與商務有密切之關係也。甘肅地居邊徼，所轄十四府州，山多路險，鐵道未築，航路不通，於商業中絶少利益，則甘肅之商務，何能與東南各省相提並論也。今將省城及各府州現在之商務地理情形，畧述於後。

（一）省會。

省城建設蘭州，北臨河濱，南對蘭山，地面狹隘，周圍僅五六里，户口約三千有奇，爲北五省一極小都會，本地居民並無富商大賈，亦鮮巨室世家。本處人經商者，多業煙行，外省人除山西票商四家外，錢業布莊雜貨木行，陝人居多，京貨，直隷陝人各居其半，綢緞，河南人居多，茶行，分東西南三櫃，南櫃爲湖南帮，東西櫃爲陝帮，當商三十餘家，本處及山陝人相等，然資本甚微，過萬金者絶少，市面貿易，以銀計算，惟官錢局發行銀錢紙幣，約計十餘萬，土産輸出者，水煙土藥而外，别無他物，輸入品爲大布茶葉洋貨海菜雜貨，皆由此脱卸，分銷各處者半，發運新疆者半，蓋全省商務之總匯區焉。

（二）甯夏府。

甯夏在省城東北，相距十餘站，其地濱臨黄河，開渠灌田，廣産稻禾，居民約五千餘户，尚稱富饒，土産輸出品以羊毛皮革蒙鹽爲大宗，輸入品京洋雜貨居多，由張家口運至甯夏，分銷省城及甘凉安肅一帶，營業商人山西人居多，西安次之，亦甘肅一極盛之商埠也。

（三）秦州。

居省東南相距十二站，爲川蜀入甘之要道，城内尚多世家巨室，上産生鐵燒酒紙張毛褐木器水煙藥材之類，輸出川陝銷售者，惟水煙藥材毛褐，餘均分銷内地，輸入品爲大布綢緞洋糖雜貨，由川陝運至秦州聚會，待價銷售，商務亦極暢旺，營業商人山陝人爲多，本處較少。

（四）西甯府。

爲西藏青海入甘之門户，距省九站，各屬半係番民，上産砂金皮毛馬匹木料狐狸牛黄鹿茸麝香之類，多爲洋行，及山西商人收買，輸入品爲大布茶葉京洋雜貨，近年因天道亢旱，商務較前減色。

（五）凉州府。

居省西北相距七站，爲由甘赴新之通衢，平原千里，廣産糧食，城内商人山陝居多，輸出品以洋毛土藥爲大宗，輸入品爲大布京洋雜貨綢緞海菜，皆由省城轉運，分銷本境者十之二三，發運新疆者，十之七八。

（六）階州。

由省入川必由之路，距省一千餘里，山路崎嶇，川貨入甘者，由該州所屬之碧口入口，至秦州轉運省城，分銷各處，惟該州屬之文縣及鞏昌屬之岷州，山高地寒，廣産藥材，由碧口輸出者，歲約一萬餘擔。

（七）涇州。

省東相距十一站，爲由陝入甘孔道，輸出品爲砂金水煙馬匹藥材羊毛皮貨土藥，輸入品爲官茶大布綢緞紙張海菜雜貨鐵器，然該處輸入輸出貨品，雖較秦州甯夏爲多，不過往來輸運，並未脱卸分銷本處市面，商户零落，究不如甯夏西甯凉州秦州商務之盛。

以上七處係甘肅商務繁盛之區。其他如平凉、甘州、肅州、安西州等屬，皆道路通衢，爲商賈經過之處，貨不停留，即間有落地者，爲數無多。至慶陽、固原、鞏昌三處，既非商埠，亦非通衢，並無出入貨額，所賴幹旋市面者，不過本境土産彼此流通耳，其土産多者，市面差强，土産少者，市面更形寂寞。

三，甘肅商務衰敗之情形。

甘肅土厚水深，民情古樸。就表面言之，猶屬可造之邦，然究其内容，實有愈趨愈下之勢，謹將風上人情之大有妨碍於商務各節，縷晰言之。

漢、番、撒、回錯綜處此，每因争教而構釁，地方有司處置稍失其宜，即兵結禍連，釀成巨患，是甘肅人民無團體之性格也，此其有碍商務者一。

層巒聳嶂，蜿蜒數千里，無鐵道、輪船以交通，販運艱難，較他省爲尤甚，即使商民不辭跋涉之苦，而本重利微，終至大受其累，此其有碍商務者二。

罌粟流毒，幾近百年，廣植廣收，視爲莫大之利，以致男不知耕，女不習織，毒日濡而日深，財日消而日閑，雖有司百萬禁止，猶視爲仇敵，而横生阻力，此其有碍商務者三。

窮鄉僻壤，不事詩書，即明白曉諭，而茫然不解，民智何由開通，間有稍識之無者，每見勸興新政之諭，竟附會穿鑿，謡言惑衆，此其有碍商務者四。

見利忘義，鄙吝性成，即間有富厚之家，而錢藏貫朽，麥積紅陳，甚至掘窖存土，動以數十萬計，猶且惡衣惡食，貌爲寒儉，並不肯經營商業，組織公益，此其有碍商務者五。

家園株守，無百里負販之人，所以省會及各屬凡商業稍可觀者，山陝人居多，而直隸次之，究未聞隴上行商戰勝於上海京師之説，况澳美英法之遠在外洋，其足跡更夢想不到也，此其有碍商務者六。

百工技藝，泥成法而不知改良，甘肅日用所需各物，多仰給於外來，雖地大物博，而不能締造經營，力圖抵制之法，此其有碍商務者七。

有此七碍，則甘肅之商務，將終無發達之一日乎，當此商戰時代，甘肅尚可與人争勝乎。然而甘肅具有如此廣大之面積，且有如此衆多之人口，設使奮然改變，其商務之發達，亦正非雖，若長此終古，其衰敗當更有不堪設想者矣。

四，甘肅物産之名目及進出口比較之情形。

甘肅居温帶之北，起赤道北三十三度，訖四十二度，天氣寒冷，地方遼闊，出産物品，雖不及東南各省之新，異然名目亦極繁夥，而五金煤炭各礦，尤屬富饒。惟全省民情渾樸，謭陋自安，農業、森林諉諸氣候，而不知講求種植；商業、工藝狃於成法，而不知力製新奇；礦産爲莫大之利源，當今之要政，即公家百般勸導提倡，藉口風水之説，棄貨於地，而横生阻力，曷勝浩歎。今將農産、製造、礦産三種物名，及進出口各貨比較，分别列表以備考覈，至銷路值金，間有不能確指者，暫行缺如。統計全省所産物品，農産居多，製造次之，礦産又次之。【略】

乙製造物

物名	産地	銷路	值金
粗瓷器	臯蘭之阿干鎮、靖遠之磁窑兒、平番之窑街、平凉之華亭産。	銷本省。	
紙	分黑、白蔴紙，构皮紙三種，秦州、階州各屬産。	銷本省。	
燒酒	甘南一帶産。	銷本省及四川之廣元、陝西之漢中。	萬餘兩。
玫瑰酒	甯夏産。	銷本省，間運山陝。	萬餘兩。
皮貨	省城秦州、甯夏産者多。	銷本省、四川、陝西、漢口、上海等處。	二十餘萬兩。
灘羊皮貨	甯夏之平羅産。	銷本省及外省各口岸。	四萬餘兩。
栽絨毯	甯夏産。	銷本省及外省。	數千金。

（續表）

物名	產地	銷路	值金
褐布	秦安慶陽、涇州產者多。	銷本省及外省。	數千金。
毛氈	甯夏、慶陽、平番產者多。	銷本省、陝西。	數萬金。
毛口袋	甯夏、秦安、甘州、巴燕、戎格產。	銷本省、陝西。	四萬餘金。
皮膠	凉州產。	銷本省。	
竹席	甯遠產。	銷本省。	
草帽	甯遠、伏羌產。	銷本省。	
粗麻布	甯遠產。	銷秦州及陝西之鳳翔。	數千金。
麻鞋	甯遠、伏羌產。	銷鞏昌府一帶。	
氈鞋俗名難窩子	肅州產。	銷本省、陝西。	三千餘金。
木器	秦州人以黃楊、覈桃木造桌凳及帽架，文房器具亦極精巧。	銷本省及陝西之鳳翔。	四千餘金。
皮器	省城產爲佳。	銷本省。	
竹器	華亭產。	銷平凉一帶。	三千餘金。
水煙	分棉煙、條煙、黃煙、生字煙數種，省城、靖遠、狄道、河州均產。	銷浙四川、陝西、閩、上海等處。	四十萬餘兩。
花爆	省城、甘州產。	銷各屬然不多。	
水磨鐙	凉州之雙塔鎮產者佳。	銷本省、山陝、北京各處。	數千金。
折花刀	西甯產。	銷本省各番族。	

（續表）

物名	產地	銷路	值金
藥香	狄道之臨洮鎮產。	銷新疆、陝西。	四千餘金。
絲綫	徽縣、文縣、成縣皆產，然不多。	銷本省。	
鐵鍋、鐵壺、鐵鏵	徽縣西和產。	銷本省。	五千金。
各種食物	甘州掛麵、菓丹皮，慶陽火腿，鞏昌鹹肉，中衞炒米，西甯奶餅，番族酥油，平番窩窩麵。	銷本省、陝西。	
屏石	有黑白二種，肅州人製作插屏、桌面、文房、酒杯、器具。	銷本省、新疆。	

丙 礦產物

物名	產地	銷路	值金
金	西甯、敦煌、肅州及番地各處產，內地各廠開辦已久，日形減色，番地未開之處尚多。	銷西安、上海、漢口。	現價約三十餘萬兩。
銀	阿拉善轄境之□山產，未開辦。		
銅	碾伯、大通、靖遠、臯蘭、河州、肅州、甘州及哈西灘加里科各番地皆產。	現由公家購買外洋化銅機器，安設平番窑街鎮開爐試驗，已見成效。	

（續表）

物名	産地	銷路	值金
錫	東樂縣丞海潮壩産。		
鐵	皋蘭、碾伯、徽縣産	均用土法化鍊銷本省。	
鉛	各屬産處甚多。	間有商民採辦者，均解繳軍械局用作鉛彈，每觔價銀一錢四分。	
磺	玉門、皋蘭産，有用土法鎔冶者，近年不旺。	解繳軍械局。	
膽礬	皋蘭之鳳凰山産。	公家曾用土法採辦，因銷路不旺停止。	
白礬	靖遠産。	銷本省。	千餘金
雄黃	秦州産。	未開。	
石黃、紅土、白土	均皋蘭之鳳凰山産。	銷省城，然不多。	
石硯	洮州、甯夏産。		
煤	有煙煤、硬煤、末煤、香煤數種，各屬産處甚多。惟甯夏、平番、皋蘭、鎮番、大通最旺。	銷本境。	
石油	玉門縣産。	未開。	

統計甘肅輸出物品由略陽、階州、張家川出口者：

一，藥材，歲約二十餘萬兩。　二，水煙，歲約十五萬兩。

三，皮毛各貨，歲約十餘萬兩。　四，百貨，歲約二十餘萬兩。

統計甘肅輸出貨物由涇州華亭一帶出口者：

一，藥材，歲約十萬餘兩。　二，水煙，歲約三十萬兩。

三，砂金，歲約三十餘萬兩。　四，皮毛貨，歲約六七十萬兩。

五，百貨，歲約十餘萬兩。　六，土藥，歲約二百萬兩。

統計甘肅輸出貨物由甯夏出口者：

一，藥材，歲約數萬兩。　二，皮毛各貨，歲約百餘萬兩。

三，百貨，歲約二十餘萬兩。　四，土藥，歲約百餘萬兩。

合計歲約七百餘萬兩。

此外尚有由肅州入新，由西甯入藏各貨物，歲約數十萬兩，據此則甘肅輸出之貨，每歲總計在八百餘萬兩。至進口之貨，若大布，若官茶，若京、洋、川、廣各雜貨，每歲約不下六百萬，加以新疆、西藏入甘之貨，當在七百萬左右，以全省輸出輸入比較，輸出之銀超過輸入歲約一百餘萬兩。執此而論，甘肅之商務尚屬暢旺，似無待於變通矣，而不知現在之情形則不然。

五，甘肅商務亟宜變通之情形。

查甘肅輸出之數，所以超過輸入者，全恃土藥爲大宗，土藥禁絶以後，失此數百萬之利權，則甘肅商務之減色，有必然者，職道忝充商務議員，提倡補救，爲應盡之義務，竊嘗就甘肅現在情形，默計熟籌，預謀抵制之法，厥有七端，試詳言之。

（一）礦務宜振興也。甘肅礦産之富，甲於全國，由西甯迤北而甘涼，而肅州，而敦煌，忽斷忽連，蜿蜒幾二千里，廣産砂金，靖遠之蘆塘黑石川，碾伯之老鴉峽，番地之加里科陰陽二山，亦銅礦最多之處。職道於三十二年，蒙前督部堂升委辦農工商礦，知礦務爲新政之首要，即由比國聘請礦師，派員會同查勘各處礦産，列表繪圖，次第籌辦，當與比國參贊林阿德，訂購淘金化銅機器，擇各礦山適中之地，於距省二百餘里之窑街，設廠安機，現雖辦理尚未完全，而開爐試驗，已見成效，此籌辦金銅兩礦之大畧情形也。鐵爲民生日用之物，甘肅礦産甚多向未開辦，以致棄貨於地，凡民間需用鐵器，均仰給於外省，職道復於省城河北開設鐵廠，用土法化鍊，自開辦以來，計出生熟鐵十餘萬觔，雖不必獲利，而風氣因之大開，現在各屬商民，禀請開辦鐵廠者數處，此籌辦鐵礦之大畧情形也。至於鉛煤各礦，尤屬繁多，特以財力支絀，無暇及此，倘再設法推廣，則他日鑄金幣、鑄銅元，造洋鐵、造鐵軌，誠莫大之利源也，此礦産之可抵制者一。

（一）工藝宜改良也。甘肅出産富饒，何以日用各物多取給於外來，如駝毛羊毛牛羊皮之類，每年出産約值銀數百萬兩，盡爲洋商收買，製造成品復運入甘，利獲倍徙，我甘竟棄自有之原料，而不知改良工業，致失利權，抑何愚哉。職道心竊憂之，因就左文襄舊有之織呢機器，添配若干件，聘請洋匠，招募學徒，仿造洋呢現已大著成效，勸工廠製造花牛羊皮，亦不亞於外洋，至綢緞織布漉漆栽絨各工業，無不力圖進步，倘精益求精，銷路暢旺，漸推漸廣，各屬皆可仿造，亦甘肅商務之一大目的也，此工藝之可抵制者二。

一，蠶桑宜講求也。甘肅民風偷惰，懶務絲業，每藉口於土性之不宜，然徽成二縣，豈非甘土，何以養蠶種桑，大有川蜀之風，此外若安化若固原若甯夏，經職局札飭試種，均有成效，自應由職局試驗場廣栽桑秧，並蠶桑輯要成書頒發各屬，切實勸諭，務使知蠶桑之利，以期逐漸擴充，大興絲業，即就地取材，織造綢緞則甘肅之商務可以日見發達矣，此蠶桑之可抵制者六。

一，棉花宜廣種也。甘肅農業，視罌粟爲利藪，不知種棉，故每輪年入大布，約值四百餘萬兩，或者曰天寒土冷，地氣使然，職局於三十三四兩年中，由陝採買棉籽，並刊印布種之法，分發各屬，及試驗場試種，現據各屬呈驗，多有成熟者，試驗場本年栽種亦其實纍纍，可見非地理之不宜也，宜通飭各屬，即以種罌粟之地，改種棉花，使民間婦女習織大布，自種自織，無待仰給於外來，誠轉移甘肅商務最要之機關也，此種棉之可以抵制者七。

六，甘肅商務將來發達之情形。

如以上七端，乃就今日甘肅商務之現象，以圖變通之方鍼也。第受病已深固非一時所可移易，況值此新舊嬗遞之時代，欲求舊業改革，新業振興，尚有種種原因非預爲發明，尚未足操商務戰勝之左券也。謹擬辦法八條，以爲甘肅商務將來發達之證據。

一曰輪船鐵路。通商口岸以貨物爲根本，有無相通，彼此挹注，全恃運輸之便捷，若無鐵路輪船，則水陸不能交通，關河阻隔，轉運困難，而欲朝發而夕至，善價而求售也，蓋戛戛乎其難之，甘肅黄河自循貴入境經西甯省城以達甯夏，直抵托克托，設使輪船行駛，則甯夏省城西甯，皆航路交通之處矣。職局現與林阿德訂購小火輪一艘，價銀二萬兩，合同内註明必由黄河，送至蘭州，方能給價，擬俟小火輪至日，拖帶民船，先行試辦，倘能運輸靈便，再行推廣。至由托克托以達京師，則可接張綏鐵路，由省城而東達關中，西達新疆，南達川蜀，亟宜籌建鐵路，以資交通他日者。路工告成，枝幹聯絡，四通八達，凡川、陝、京、洋之貨物運輸蒙、藏、新疆，及新、藏之貨物運輸川、陝、京師者，皆以甘肅爲過渡之口岸，貨物雲集，户口日增，則甘肅商務之盛，可拭目而俟也。

一曰設銀行。商務之盛衰，以市面之通滯爲轉移，甘肅商業資本不厚，每藉借貸爲周轉，除晉商票莊而外，錢號多不發放毋財，商業中亦無遠大之略，即間有貸欵以屯儲貨物者，恆因期迫急求銷售，倘貨價跌落，竟至一蹶而不振，故欲甘肅商務之發達，必仿照外國及中國大清各銀行章程，設立銀行以流通市面。人無論官商農工，稍有贏餘，即可沾子息之利益，業不在畋漁負販，隨時稱貸，絶無虚資本之虧空，泰西各國商業，未聞有虧摺失損之風者，亦恃有雄厚之銀行，以爲之維持，故設銀行爲發達商務之一絶大問題也。

一曰立公司。甘肅礦産富饒，土物繁庶，柰工業守舊，不知競勝争奇，遂使自有之原料，專供他人之製造。爲今之計，惟有厚集股本，廣立公司以保我利權。礦産物如淘金，如化銅，如鉛、鐵、煤炭，如石油、礦礬，製造物若水煙，若燒酒，若氈褐，栽絨，若紙張、火柴，農業物則林木、藥材，羊毛、皮張、蓬灰、蒙鹽、羽纓翎綫之類，皆可以勸設公司，或購辦機器，或講求新法，已有者力圖進步，未有者逐漸擴充，久之不但暢銷本地，行銷他省兼可以抵制外貨，更可以運銷外洋，故商務之發達，尤在乎公司之成立也。

一曰鑄銀元。甘肅市面，奸欺日甚，錢業既不發放母財，惟於銀錢出入之平色數目，剥削小利而已。且近年以來，銀賤錢貴，每兩紋銀竟易九二市錢一千有零，甚至冬臘月僅易錢九百數十文。商業困敗，大有江河日下之概，設使行用銀元，既無平色之差池，又無市價之漲落，況甘肅現有機器化銅，尚可鼓鑄銅元，以救錢荒，更輔以銀行之銀錢紙幣，以補其不足，銀根富厚，市面流通，此鑄銀元，亦發達商務之要道也。

吉林省檔案館等《清代吉林檔案史料選編》上諭奏摺《吉林巡撫陳昭常奏參革貪婪不職官員情形摺宣統二年四月十六日》 奏爲查明吉省供差貪婪不職各員，匪案糾參，分别懲處，以肅吏治，而儆官邪，恭摺仰祈聖鑒事。

竊惟職官黷貨，律有常刑，監守營私，罪當加等。況近來仕途溷雜，貪墨成風，尤非速與剗除，不足以昭炯戒。吉省當積弊之餘，供差各員狃於舊習，惟利是耽。其犯贓私者，舉發不絶。臣抵任後，思懲貪不外用嚴，除弊貴先去蠹，必使吏皆畏法，而後法乃可行。爰經迭次奏劾，如署三姓副都統德勝，協領瑞霖等員，均蒙俞允，立予褫革。一時貪猾者流，賴以稍戢，不敢輕於嘗試，然固慮流毒太深，斷非薄示創懲所能挽救。茲查有前兵備處幫辦陳璩章等十餘員，均以經手款項，有營私舞弊情事，謹按新章條舉事實，爲我皇上縷晰陳之。

伏查吉林於未改行省以前，財政紊亂，漫無歸宿，其各局處總會辦等，均有管理財政之權，凡有羨餘待支之款類，皆寄存殷實商號，以便隨時支用。各商號貪存款之利，難恐舍此之他。覬覦既萌，遂成要結，或遺重賂，或許報酬，其間不肖官吏，見利忘公，罔知顧忌，輒以領收公款，悉數投存。一旦該號生意虧折，無力清償，雖復百計監追，然遺累公家已非淺鮮。自建行省設度支司一缺，綜管財政事宜，款皆存庫，此弊漸除。惟是積習已深，間有嗜利之徒，猶不免時萌故態，如兵備處總司軍餉，旗務處收納旗租，存款較多，何等重要！乃近日省商慶發福號，因虧折倒閉，該兩處所存公款，共計中錢一百數十萬千，悉歸無着。尚倖發覺較早，當將該號股東提案監追，並查明該號所有貨物產業，悉數入官，變價備抵。現正逐項清厘，當不致大受虧損。惟前兵備處幫辦候選知府陳璩章，旗務處總理民政部民治司員外郎成沂，明知該號貿易虧折，率將公款存放，已屬玩弛，又向該號借取私債，爲數均累數千金以上。注茲挹彼，假公濟私，其與侵挪公款何异？而平日所受該號餽遺尚不與焉。似此貪婪不職之員，若不嚴加懲處，何以儆戒將來？相應請旨，將候選知府陳璩章即行革職，成沂係實缺京員，奏調吉林差委，未便輒加擬議，並請旨交部照章議處，以昭覈實。至現在兵備處幫辦分省補用直隸州知州徐世揚，雖接差在後，而存款在先，然因瞻徇私情，不向追取，復與該號時有錢款往來，究難辭咎。旗務處協理試署度支司僉事巴哈布，其於該處存款雖未主持，惟曾以私款存放該號生息，亦屬不避嫌疑。但查該兩員與該號往來款項，尚屬無多，先已悉數還清，且此案發覺之初，本由徐世揚自行檢舉，嗣又幫同催款，尚能終始其事，現在業經分別開去差缺，應請從寬免議。巴哈布係以陸軍部主事調吉委用，現既開去署缺，應即咨送回部當差。又兵備處提調候選知縣張壽荃，科員州同職銜徐莊，縣丞職銜楊淵泉，旗務處科員縣丞職銜楊則程，候選巡檢苻士英等，平日與該號往來甚密，並查有索賄借款情事，應請一並斥革，以昭懲戒。此查明慶發福倒欠公款一案牽涉各員分別懲處之情形也。

再查吉林初設行省，所有官有營業，如農產公司、電燈處、官運局之類，事皆創始，無例可循，立法稍有未周，往往輒滋流弊，且吉省度支正虞竭蹶，其有官營各業，無非爲擴充財政，挽回利權起見，在事各員，更宜力矢廉公，祛除積弊。臣因省慮及之，故於此類事項考察獨嚴，現經查得各該公司局處承辦各員，多有營私舞弊情事，而其中情節較重者，當以前充長春農產公司總辦留吉補用同知周豫仁爲尤。查吉省出產，以黄荳爲大宗，往年外人壟斷居奇，歲獲厚利，上年因據西路道之請奏明，特於長春設一農產公司，本爲抵制外商，保護利權起見。西路道顔世清以該員周豫仁在長日久，熟悉外情，故委充該公司總辦。詎知該員見利忘義，罔顧大局，竟勾串外人，暗抬市價，致該公司大受虧折，幾於傾覆！而該員坐席後利，挈身遠遁，現在查追，尚未就獲。至電燈處，本由商人集股承辦，嗣因虧折，由官收回。前充該處總理候選同知悦明阿，於接收款目並不認真清算，且復種種浮支，計一年之間，虧款至十餘萬兩之多，類皆無賬可稽，實屬意存吞蝕。迭經改委接辦，均以交代未清，致難收受。查悦明阿，賦性愚魯，其膽敢如此者，實由勸業道科員直隸候補知縣姚崇壽代爲主持，故敢肆無忌憚，其中有無分肥情事，雖未查明，但姚崇壽以勸業道科員輒敢干預外事，則其素日遇事把持，已可概見，衡情論斷，厥罪維均。又吉省官運創辦未久，所購鹽斤皆由營口採買，轉運長春總倉囤積，然後分配各岸分局，發商銷售。鹽價運費，均有定章，乃前充營口採運局委員留吉補用知縣張景栻，因修建倉棚，浮開工款一萬餘元，復縱容司事楊瑞廷勒扣鹽價，爲數甚巨。又前充長春總倉委員湖北候補知縣劉闓，在差之日，侵蝕運費三萬數千餘金，嗣調雙城官運局差復，以公款購買糧豆，短欠正款三萬餘吊，屢催不繳，均已先後撤差看管。

以上各員，所犯各節均係情真罪當，經臣一再清查，無可遁飾，自應匯案糾參，擬即請旨將各該員等一並革職，其周豫仁一員案情較重，應請永不叙用，此查明官有營業承辦各員借公肥私擬請分別懲處之情形也。

伏查吉省吏治，尤與財政息息相關，向來官斯土者，輒皆視爲利藪，任意侵漁，往往釋褐而來，橐金而去，幾不知廉耻爲何物。且渾忘法令所當誅，相習成風，莫可究詰，此雖稍事斂戢，然舊習相沿，仍多干犯，自非大加懲創，無以肅吏治而儆官邪。此次擬劾各員，衡量重輕，均當其罪，其追繳未清各員，當由臣嚴飭所司，分別歸案查追，盡法懲究，以爲貪黷溺官者戒。所有查明吉省供差貪婪不職各員，匯案糾參，分別懲處緣由，理合會同東三省督臣錫　恭摺具陳，伏乞皇上聖鑒訓示。謹奏。

《商務官報》宣統二年六月十五日第一五期《滿洲製紙工業之研究》（一）

芭爾葡(製紙精料)

滿洲到處皆産高粱、粟稗、玉蜀黍等，其藁稈之産額，亦甚鉅也，至其所作用，只充農家炊食之燃料，牧畜之飼料而已，因以價格亦極低廉，由此等藁稈抽出纖維，以作巴爾葡，信必爲一種最有利之事業，何則。吾人嘗採高粱、玉粟、蜀黍，驗其藁稈中含有纖維，得知其量質之良足也，最初將原料藁稈，截成二寸長者十基羅，加以苛性曹達一成，溶解于清水八十倍中，投入小釜内，約四鐘時間，用火煑之，俟其包皮全破爛，用水洗之後，乃用磨壓器，擠碎纖維，將曬粉三基羅玖藍，溶解成液，以此漂洗法，約八鐘時間，俟其脱色，乃曬乾而秤量以觀之，高粱與粟，各含有四十巴仙度，玉蜀黍，則含有三十五巴仙度之纖維，又驗其纖維之强度，則高粱爲最强也。

次用機器看手稍大規模之試驗，從普通之方法，將原料藁稈，用截斷器截斷約二寸長者，四百八十貫每一貫當中國之六斤四兩，投入于大釜中，加以苛性曹達四十八貫溶解于水者，用蒸汽煑之，約八鐘時間，待其包皮之破爛，移于池中而滌之，乃灌入叩解器，破碎纖維，後將曬粉六十六基羅玖藍，溶解成澄液，加此澄液漂白之，俟其脱色用水洗之，更用整理器，整理成一律，用魏富都滿氏之漉器漉之，用哈米爾頓氏乾燥器乾燥之時，得巴爾葡一百六十八貫，即由四百八十貫之原料，得其三成五分之巴爾葡，試以此爲準，覈算其生産費，大畧如左：

巴爾葡一百六十八貫，生産總費五五·〇〇〇圓。

此内計：

高粱稈	四百八十貫	一二·〇〇〇圓
苛性曹達	四十八貫	二三·〇〇〇圓
曬粉	一十七貫	八·五〇〇圓
硫酸	五貫	一·〇〇〇圓
燃料其他雜費		二·五〇〇圓

高粱稈時價每百把(約六十貫)值銀二圓，此係零售零買之時價，而大售大買之時價，則銀一圓，可購得藁稈四十貫也。

苛性曹達，則用藁稈重量之十%，彼普拉拿濛特公司所製者，在上海市場，購買多量時，其時價，每一擔值銀五兩餘，覈算之，一封度爲五仙，故假定一封度爲五仙五厘也。

曬粉亦用巴爾葡重量之十%，其在日本内地之時價，即零買時價，一百封度六圓五角也，故假算一封度爲六仙也。

硫酸用曬粉重量之三十%，其零買時價，一百封度爲二圓四角，故假算一封度爲二仙三厘也，燃料工銀，其他雜費，以上總費之二十一%充之，預算燃料十一%，工銀五%，雜費五%也。

即高粱巴爾葡，其生産費每百斤爲五圓二角四仙，故輸入于日本時，需税金二角五仙，運費二角五仙，則合爲五圓七角四仙，然歐美外國吳桃巴爾葡，在日本内地一百斤值六圓二角，故較之抵廉四角六仙也。雖此差額甚少，高粱巴爾葡比吳桃巴爾葡，又藁草巴爾葡，品質較優勝矣，將此巴爾葡，更加以桑皮用巴爾葡之五十%混合者，殆與楮紙相同，而適用以製上等之紙，足以爲美濃紙之代用美濃日本之紙名也，又較之藁紙，色澤甚優，而不呈可厭之白色，吃墨亦嘉，而無墨汁浸潤之患，因是高粱巴爾葡，可得佔吳桃巴爾葡以上之價格，此吾人所深信而不疑也。故以高粱稈製造巴爾葡，信必爲滿洲三省最有利之新事，業而獲利甚巨也，但大凡巴爾葡製造工業，恆以大規模爲要則，不可不選定燃料豐富，用水最便之地方，故信夫奉天撫順煙台等地，以石炭礦産最豐，最適爲巴爾葡製造工場也。

(二)製紙工業之實驗

以上就巴爾葡工業而論，而其所制物品，於内地各市場，可得售路，殆無疑矣，爰先就滿洲製紙工業之發端，而考究其工業經營上之事情。

設用日本之手漉法，而經營高粱紙製造工業，工場以外，應用器具及其資費，就一判舟，大略如左：

一大判舟	八·〇〇〇圓
簾	二·五〇〇圓
鋟	一·五〇〇圓
抓古利器名	五〇〇圓
叩板	八·〇〇〇圓
角鏝	二〇〇圓
生紙板	五·〇〇〇圓
其他附屬器具	一三·五〇〇圓
計	三九·二〇〇圓

試聘手漉織工一名，附以華工三名，使就作業一判舟一個月之收支計算，大畧如左：

高粱巴爾葡四十七貫二百五十目	一五・七〇〇圓
桑皮十貫	二八・〇〇〇圓
鵝爾珈利及燃料	一〇・六〇〇圓
蜀葵根	五・〇〇〇圓
工銀織工一日一圓華工一日三角	五七・〇〇〇圓
雜費	二五・〇〇〇圓
合計	一四一・六〇〇圓

如是一日漉上三貫之譜，一個月休工二日，作工二十八日，則可製出八十四貫之紙張。今假定一帖四十枚，爲平均三十五兩三兩五錢重，則二千四百帖，而一帖平價爲七仙士，一個月統計爲一百六十八圓，則可得二十六圓四角之純益。由此推之，十大判舟之製造者，每月可得純益二百六十四圓之譜也。以上祇以小規模之手漉法爲基礎，而計算之者也，若設大規模之機械，而用高粱巴爾葡，製造連史紙，以供中國之需用，其獲莫大之利益，可操左券矣。

凡製紙工業，當以纖維原料之貴賤爲基礎，此選其地位，固屬無論矣，生產費之大部分，實不在乎此，而在於苛性曹達，及麗粉硫酸之消費，然關東海濱，鹽產豐富，足以致鵝爾珈利工業之勃興，故此等劑料，可卜得之不難也，由是以觀，滿洲製紙工業，前途殆有厚望矣。

《商務官報》宣統二年七月五日第一七期《北洋硝皮廠情形清摺》　直隸勸業道謹將遵飭查明北洋硝皮廠廠地，人工銷售價值各情形，照録清摺，恭呈憲鑒。

計開：

一，北洋硝皮廠開設河北錦衣衛橋迤西，自光緒二十六年四月開辦，至六月拳匪肇亂，將該廠房屋機器及存貨等件，均付之一炬，復於二十八年，經前直隸總督部堂袁　奏派吴京堂，另籌資本，重建廠屋，再購機器，共計用銀叁拾伍萬兩，及活支用欵貳拾伍萬兩，會於上年間，蒙禁衛軍王大臣考查，該廠硝皮造件堅固，竭力提倡。所用之兵靴、背包、鎗帶、軍需各件，屢向該廠購辦，現在該廠所積之貨，尚見疏通。

二，華洋工匠人等薪工，每月每人自肆伍百元至數元不等，常用工人百餘名，如定貨者太多，或用五六百人不等。

三，該廠機器由英國購買，價銀約計貳拾餘萬兩，並由該國僱有教師，來廠指授製造硝皮之法。

四，出品以製造硝皮爲大宗，如新出頭等一號牛皮，每片售價洋貳拾伍元。

中等二號牛皮，每片售價洋拾肆元。

次等三號牛皮，每片售價洋肆元。

帶毛牛皮，每方尺售價洋肆角伍分。

本色羊皮，每張售價洋二元。

各色羊皮，每張由貳元伍角至叁元不等。

押花紋各色羊皮，每張售價洋叁元至叁元伍角不等。

以上價目，皆按時價，酌量估計，因生皮價及熟皮之藥料貨目，漲落不定，凡有特別定貨及製造熟貨，並如炮車套，與機器輪帶等件，價目不齊，須另行面議。

吉林省檔案館《清代吉林檔案史料選編（工業）》中册《吉林官辦電燈處爲請委坐辦並歷辦情形及籌議辦法的呈文宣統二年十月二十九日》　竊職道前奉憲臺札飭，案據官辦電燈處坐辦文道彝，因旗務處事務殷繁，未遑兼顧，呈請開去坐辦差使，揀員接辦前來。所有電燈處事務亟應遴員接辦。查有前河南補用道洪道懌孫堪以派充坐辦，薪水照章支領。除批示外，合行札委，札到該道，即便遵照，赴電燈處接管。一面查照勸業道呈請招商合辦原稟，添招商股，妥議章程，呈候覈辦。仍將器具、款目，到差日期，先行分別具報備查等因。奉此，職道遵於九月十八日到差，當即按照前坐辦文道移交册卷逐細點查，考覈現辦情形，籌擬將來辦法，謹爲我憲臺縷陳之：

查本處初因商辦未能成立改歸官辦，當以鋭意圖成未遑預計餘利，又因商辦時與禮和、信義洋行訂購各種機器，均已訂有合同，不便取廢，諸多遷就，亦未遑計及物料之良窳，價值之昂貴，以故成本不免過重。吉林風氣閉塞，紳商之家多未安設。彼時爲招徠計，於是不收裝費改收租費，殊不知裝燈之户愈多，則用料愈伙，積壓成本愈重。綜計自開辦至今，用費已達三十餘萬兩。商辦初基既不完善，收回官辦又未統籌，故至今月有所虧。即使將來吉長鐵路告成，商埠、交通、電燈日事推廣，而現在機器馬力只敷五千盞燈頭之用，仍需添購機器，又不免多加成本。勸業道原請擬以官商辦固屬可行，第合從前官本統計之舊本，摺成過甚，則官利已無舊本，作股太多，則商利愈少，疇肯投巨資於偏僻之省，覓不可得之微利。矧自職道到差後，兼旬以來詳查本處情形辦法，既無一定指歸，預算亦未通盤籌計。在上既未復加考察，在下尤復漫不經心。職道愚見，竊以爲名雖官辦，實純含營業性質，事屬公益，須實用官力維持，背道而馳，此其所以不振也。據前坐辦文道移交册報尚存官帖五千餘吊，除去餘煤木炭作價外，現存官帖實只九百餘吊。

一、存煤已罄也。燃料爲電力之命脈，吉省運道艱難，必須於冬令夏季預爲備辦一年之煤，則省費不啻倍蓰。職道接辦之日，已借用軍械局存煤不少，因不敷用又復各處搜羅，無論市儈居奇，而零星存煤亦復告竭。借用須加搬運之費，糜款更甚。

一、舊費難收也。電費按月收取，全在平日認真，一經蒂欠，則住户或私自遷移，商店或早已歇業，雖列數在册報之内，斷難恃爲入款。

一、外欠未清也。信用爲名譽所關，舊欠孔士洋行貨價九百餘(羅)〔盧〕布，本處與該洋行訂購，原屬前工程師洋人經手，在本處以此項係個人經手之事，而洋商則認爲與本處交易，既經收貨存庫，似應付款，此交涉所由來也。

一、路燈電租費與册報不符，而積欠尤多也。查此項原出商家，從前有路燈局經理，由商家攤派。自改電燈後，本處與商會未經劃清界限厘訂數目，而商家仍係照從前路燈每月攤派一千四百餘吊之數，轉而認電燈之費。殊不知電燈有一定價值，何能以路燈舊用之數爲比例？迨文道接辦曾向商會磋商，終未就緒，是以路燈之費積欠至十個月之久。本年報部預算册内路燈費一項，已按每月應收三千五百餘吊列算。雖聲明與商會磋商繳納辦法，尚未商妥，而此次度支部飭駁則已據爲經常入款，遽爲覈減歲出之費。

一、料件與交代册不符也。庫存零星料件按册報點收，或多或少多不符合。詢之司庫委員，僉以文道接辦，未據汪守移交册卷，此項係約計列報，其原因竟無從查詢。

一、鍋爐亟須安置也。舊用鍋爐二分皆須修整，文道所購鍋爐一分已經運到，自應裝配安設。應需工料錢一萬餘吊，存款無多，只得以電費入款先行提用。而找付鍋爐尾款，該洋商以爲業經逾期，來函索認利息，擬權詞堅拒，尚不知能否拒絕。

以上皆本處實在困難之情形也。至招商合辦一節，據勸業道原稟，擬添招商股，妥議章程辦法。職道自接差以後，内而勾稽出入，外而體察商情，前後統籌管見所及，不得不再爲我憲臺瀆陳之：

查電燈雖爲商業之大宗，而究非礦産可比。故礦務無論官辦、商辦，即使目前虧累，但能再積資本改良辦法，礦苗稍旺，不特可以獲利，仍可以彌補前虧。若電燈則有限之利，即令日事推廣，而仍須重添股本。況現在本處所用引擎具係舊式，用煤既費，光仍不足。文道添購鍋爐一分，亦屬急則治標。惟煤費不節則獲利仍微。且原訂機器馬力僅足裝燈五千盞，計數現已裝足。燈頭用過一千點鐘，亦須更換。刻下燃用太久，光愈不足，接辦尚須更換，遑言推廣？是舊本所存只此廠房、鍋爐、舊燈、殘綫，斷難按照原數摺合，此時遽言官商合辦，恐難成議。然勢難中止，再四籌度，常此敷衍支持勢必愈虧愈甚，若切實整頓亦不致絶無餘利。惟有劃清界限，另籌資本，妥議章程，慎權出入，務使有盈無絀，始可厲久而不敝。且查文道接差卷内稟準各清各款，前者虧累概不承認，比時前坐辦移交實存官帖七萬餘吊，故文道得以一意經營，且恃有此存款支持。至今虧墊已盡，職道現在接辦存款不及千吊，積欠路燈租電費萬餘吊，能否收齊尚不可必，而所購鍋爐原價借用官銀錢號銀萬兩，裝設工料錢萬餘，運費找尾洋四百元，舊借已用軍械局煤十五萬斤，孔士洋行貨料款九百餘盧布。以上五項，多係職道未接辦以前應行支出之款。存煤又久經告罄，借用加運零購價昂，本月糜費已甚，若再將以上五項，恃以後每月所收電費租費所入挪付，前途必更竭蹶。無論將來官辦、官商合辦，此項如何籌抵，職道實未敢預擬。若俟議定後由新添的款提出填補，官辦尚可報銷，官商合辦則事難通融。若不劃清界限，仍將以前積壓成本按月計利，冀取償於將來，不特目前電燈處有絀無盈，即使日後實力經營稍有成效，似此巨款即責以最輕之利息，尚決非力所能任。遑論籌還，全本種種困難情形，皆職道所不敢逆計者也。擬請憲示遵行，倘蒙採鑒允準各清各款，擬將文道移交之餘款九百餘吊，路燈及各處欠款二萬餘吊，陸續稟請設法催齊劃歸。安設鍋爐，運費尾找及孔士交涉一款，舊借軍械局煤斤之用，至各署、所補收燈價裝費，則專作新購鍋爐一萬兩之款，以後量入爲出，勉事支持，或尚爲職道之力所能及。現在辦法既難遽定，職道擬親赴京、津切實調查兩處電燈辦法，及所用鍋爐、燈綫以及日用煤斤若干，再行擬議。目前所亟須籌備者，以燃料爲第一要義。擬乘封凍後，煤價運費合宜，定購存儲。並考驗何項煤質合算，以便徐圖改良，次則籌改通宵路燈。第總綫未分，各衙署、局所又無電表，遽改通宵費煤尤甚。刻下路燈與室燈同時放光，此數百盞已虛費一點鐘電力是其明证。目前擬將路燈頭一律改爲十六支光，俟另購燈頭、膠綫到後，再議更換。至租費亦宜酌改，擬酌收裝費，燈件既屬用主，則愛惜必至，裝備時亦不致浪費綫件。蓋裝費一次收清，而每月燈費亦覺稍輕。本處裝燈一盞即收一盞料價，本金不積壓，愈覺流通。惟遷移無定之户，顧租者亦聽之，然須定損壞賠償裝卸工料章程，各衙署、局所擬請停止租費，補收燈價裝費，路燈費擬俟將舊欠催齊，改換通宵，補齊各街，再向商會提議。前與民政司議及，擬由警局代爲收費，事關保安地面，不足之處可否由警局歲費項下籌助，抑與商會另議集款之法，届時再行擬議。蓋無論官辦、商辦，路燈關係警務、商業，似未可常此遷就也。除俟奉批後，當再將點收器具款目移交清册另行呈報外，理合將到差日期，籌議請示各節，及赴京、津調查各緣由具禀，呈請憲臺鑒覈，批示祗遵。

再，職道到差經旬，因詳細考覈一切，籌備煤斤，統計前後利弊，以便遵飭籌擬將來辦法，是以禀報稍遲，合併聲明。須至呈者。

吉林省檢察館等《吉林檔案史料選編》上諭奏摺《吉林巡撫陳昭常奏吉省籌辦農林工藝各項要政情形摺宣統二年十一月》 跪奏爲吉省籌辦農林工藝各項要政大概情形，恭摺臚陳，仰祈聖鑒事。

竊宣統二年七月初九日欽奉上諭：農林要政前奉先朝諭旨，著各省督撫飭屬詳查所管地方官民荒田，並氣候土宜，限一年内，繪圖造册報部，並迭次飭令各省興辦工藝實業。上年五月，因時閱兩年，奏報無幾，復經飭部嚴催，現又一年之久，各省是否報齊，辦理情形如何？著農工商部查明復奏，欽此。跪聆之下，仰見朝廷振興實業、力策富强之至意，欽感莫名。嗣由農工商部奏明，各省現辦農林工藝情形，並各省辦理農林工藝，迄未報齊，請飭未覆及已覆未詳省分，迅速造報各摺，先後奉旨：依議，欽此。欽遵。咨行到吉。原奏内稱：辦理農林工藝實業情形，於每年年終由各該省督撫專摺奏明等語，自應遵照辦理。第吉省改制未久，風氣初開，農林固鮮講求，工藝尤多窳敗。臣抵任後，稔知農工兩項爲治吉入手要圖，迭經通飭各屬，酌量地方情形，切實興舉。數年以來，規模粗備，兹謹據各屬籌備有案者，匯列具報，敬爲皇上陳之：【略】

工藝一項，原料不足，則難收厚利；製造未精，則難抵外貨。吉省羽毛、皮革物産，不爲不豐，無如本地工藝太拙，銷路不廣，往往被外人賤值購去，制成熟貨，轉售獲利，虧損良多。自改設行省後，勸辦各項實業，先在省城設立實習工廠，由京津延聘工匠，教導藝徒，分爲甲乙兩班，學習機織、染色、木工、燭皂、制毯、繅絲、造紙各科。現在藝徒八十六名，所制成品，前經咨送農工商部，交所陳列有案。又設十旗工廠，分爲革工、金工、織工、染工、紉工各科，專爲旗丁籌謀生計，現在藝徒一百六十名。又設工藝教養所，分爲木、鐵、皮靴、織染、縫紉、釀造各科，現在藝徒二百六十名。其各屬工藝，賓州府設有工藝教養所，分爲皮、繩、縫、木、織各科，額定藝徒八十名；濱江廳設有習藝所，分爲皮革燭皂各科，額定藝徒四十名；農安縣設有貧民習藝所，分爲皮革、冶工、縫紉、木工、織紝、筐筥、繩席、建築各科，額定藝徒一百二十名；琿春設有工藝傳習所，分爲染織、縫紉、攻木各科，額定藝徒四十名。新城府設有工藝局，分爲毛巾、織毯各科；榆樹廳設有織布工藝廠，係屬機織專科，該二處風氣初開，藝徒均無定額。長春府設有初等工藝學堂一所，開辦未久，尚無成績可言。若五常、雙城、延吉、敦化各府縣，議設工藝學堂、貧民習藝、工藝教養各所，現擬督催開辦，並勸諭商民招集股本，創設各項公司，以期發達，此吉省籌辦工藝之大概情形也。

以上農林工藝均就辦有端緒者而言。其餘臨江、密山、長壽、方正、濛江、磐石、樺甸、富錦、樺川、穆稜、舒蘭、額穆、和龍、阿城各府州縣，或設治未久，或僻處極邊，所有官荒、民荒、氣候土宜，現正切實調查，尚未完竣。又如東寧、虎林、綏遠、饒河、汪清、雙陽、德惠新設各廳州縣，勘劃未清，尚難(壽)〔籌〕辦。總之，欲興實業，必先知該地方之氣候土宜，方能相地興舉；吉省官民荒田情形，雖前於光緒三十四年業經咨部查覈，惟現值各府廳州縣增設添改多至三十餘處，界址互有變更，自不得不飭令重新造報，以期吻合。現按各屬送到圖表册籍等項，綜覈勾稽匯造，整齊圖册，凡官民荒田、森林區域，均就其調查所得者，於總圖内標列明晰，其有詳細數目者，附注簡明清册，氣候土宜隨之。工藝一項，另行造具一覽表，藉憑查覈。

據勸業道詳請奏咨前來，臣竊思農林爲天地自然之利，工藝乃國家致富之源。吉省荒地多屬膏腴，土貨亦極充牣，因勢利導，本可藉手有爲，所慮庫款奇絀，民智初開。論墾辟，則正待招徠；興製造，則宜籌資本，計非民庶財豐，未易遽言發達。臣惟有黽勉圖功，以期逐漸擴充，遞收實效，仰副聖朝振興實業之盛意。除農林圖册、工藝表業於年前咨送農工商部查照外，所有吉省籌辦農林工藝各項要政大概情形，謹會同東三省督臣錫　恭摺具奏，伏乞皇上聖鑒訓示。

再，此摺因年前防疫阻滯未及具奏，合併陳明。謹奏。

宣統三年三月十二日奉硃批：農工商部知道，欽此。

南京圖書館《中國早期展覽會資料彙編》第三册《陸安報告書三(磚瓦説略)》

磚有三類：一黑磚，一紅磚，一火磚。黑磚、紅磚以吸水量少者爲佳，火磚則以耐火度高者爲佳，緣黑磚、紅磚爲普通建築之用，火磚爲極大温度爐中襯裏之用也。故西人廠中所備之火磚，皆係自製，購諸商人者，必先於火爐中試其耐火力，以熱至一千五百度，磚不破裂者，爲上品。或分析其成分，以百分中含鋁自二十至三十餘分者，爲上品。蓋不如是，則有妨廠事也。二十年前，我國尚不知自製，近則幾於各大廠中，無不附造，不可謂非我國實業前途之一助。如博山玻璃公司之各色火磚，唐山洋灰公司之火磚、花磚，皆選料極佳，焙製合法，與歐西火磚比，無多軒輊。次則荷蘭監犯之花磚，亦質堅色潔，吸水量亦少，其餘如湖北、安徽各廠之紅磚，江蘇各縣之紅、黑磚瓦與白泥罐等，及浙江、安徽各處之普通磚瓦，亦頗有品質堅固，合於尋常營造之用者。

南京圖書館《中國早期展覽會資料彙編》第二册《山東館》 館屋三大間，入口有一小間，陳列優級師範學堂、高等學堂之書籍、圖畫、植物標本等，案上有山東教育統計表一函，可以翻閲，更入亦爲一小間，以師範學堂動物標本爲最多，製作尚佳，惜學名均付缺如焉。

摺而左，始入正屋，印成聯衣公司各種綫結品，隨時可買，工藝傳習所之栽絨毯，堅韌耐用，繡品頗多精美之作，電瓶鐵鉤，有裨實用，布匹則不見大佳。

煙臺出口最多，除藥材以外，繭綢甚樸實適用，而野蠶絲繭，則有豐豫、成生利、義豐德、恆興德諸家陳列之品，張裕釀酒公司仿製各種外國酒，顔色裝置，頗類歐品。

曹州工藝局木制環球地圖，視部位之大小，鐫成小塊，合之則成全形，分之則知各地之狀況，每套六元二角，定價亦不甚昂，洵學校之要品也。

高等學堂及理化學藝器械所，所製各種理化器械，多而且精。

其他特色之品略列如左：

東阿貢膠、日新公司粉筆、博山磁業廠茶葉米色之瓶罇、山東圖書館模型、萊蕪縣點錫器、泰安張秋鎮毡貨、濟南綢緞、臨清珠皮、濰縣古銅器、萊州玉器、山東漁業公司魚船模型及魚類標本、工藝傳習所玻璃絲屏及罐詰食物、各州縣之草帽辮。

館後有屋三間，爲出品販賣所，如各種瓶酒、肥桃、無覈棗之屬，價尚便宜。

南京圖書館《中國早期展覽會資料彙編》第二册《直隸館》 入門處爲庭園，略有花木，全館建築爲口字形，中爲天井，故兩面皆有窗，而空氣自流通矣，各出品分部陳列，尚有條理，惟最後一部，標明第二十三，而所見者，不過教育、圖書、儀器、經濟，及交通、開礦冶金、土木建築、染織製作、電氣品，農業品，蠶業品、海陸軍統計等部而已。教育出品甚多，油畫水彩畫，頗有精者，天津教育品公司所製各種器械文具，亦佳。

植基農業公司，有攝影十餘幅，如蒙古人之家族等，尤饒興味。

交通部陳列有各鐵路照片數册，京張一綫，尤爲吾國人完全自辨，而足以自雄者也。又有各種大小車之模型，輪船模型，皆佳。

礦物標本，有數百種，足見礦産之富。

香皂、牙粉、香水等，裝潢華美，芬芳撲鼻。井陘馬清華及天津實業工場窰業科之磁器，均佳。土木建築部，陳列有天津公園模型，學務公所模型等，而天津公園，規模宏大，布置井井，上海視之，有愧色矣。

啟新洋灰公司各種磚瓦，式樣甚佳。染織部，有天津實習工場、罪犯習藝所民立二四工場、製造工藝局、各府州縣工藝局之布匹，雖不十分精美，然工藝進步，固可知也。

製作部之皮包、書包、各式草帽、玻璃器、衛生衣等，均佳，惟價值不廉耳。電氣品部之電氣物品，如電報機、電話綫等，皆佳，吾國講求電學者極少，而能有此製作，未始不差强人意也。農業品部各種子，有百餘種，麥種尤多，北部農作物之代表也，並有生物學雜誌十餘册，未能翻閲，不知其内容如何。木材果實甚多，蠶桑品殊寥寥。動物標本亦多，最大者爲羚羊。

南京圖書館《中國早期展覽會資料彙編》第二册《京畿館》 館與暨南館比連，門外有高大牌坊一座，上書「京師出品協會」數字，館屋爲一字形，不甚寬宏，入口有正陽門模型，位置正中，令人想見都門之容狀。右入首見學部圖書局編譯印刷之圖書，陳列殆備，次則各學堂成績，除京師大學堂外，寥寥無幾，豈首善之區，教育品猶未足昭示全國乎？蓋係徵集未周之故，大學堂學生所製博物學、教授用品及參攷品，頗有適用之作，衆和風琴廠八號風琴一具，形式稍欠靈敏，價亦稍昂，此物構製甚難，從前惟上海科學彝器館研究仿造，今得衆和，南北並峙，亦教育用品中挽回利權之一端也。

景泰藍磁器，不特名著中國，即歐美人見之，莫不稱賞，此次勸業會別館中，亦各有仿造品，要不如京畿館陳列之優美，如與教育品相對陳列之工藝商局景泰藍花瓶、巨碟等，彩紋精細，形式幽雅，其爲有目共賞也無疑。

教育用品，如理化器械，博物器械，上海科學彝器館及他省教育品製造所，莫不按品仿造，實爲教育界至要之事。惟化學用之玻璃器，尚不多見，今於此館中見農工商部工藝局有之，是足以補他館之缺憾矣。

京師工藝之發達，當推全國之冠，以在此館陳列者度之，有工藝官局、工藝商局出品繁多，首善工廠則第一、第二、第三、第四、第五、第六、第七，凡七所，其他工業學堂、工業試驗所、女子繡工科及各商店等，尚不在内。茲將特色品，略列如左。

首善第三工廠，各種紙張，尚待精求，惟各種汗衫，堪與上海景綸汗衫廠出品相頡頏。

首善第二工廠，透光香皂，及輝霞墨盒，刻花筆洗、筆筒、玻璃燈台等，精美可觀。農工商部工藝局，竹製几椅、睡車、花卉漆匣及鏡框盤碟之屬，靈巧文浄，不下於日本品。絲光綢亦尚適用。

首善工廠及工藝官局之布匹，花樣甚多，惟光彩不甚奪目。溥利呢革公司之呢，不下於上海日輝織呢廠之品，惜花樣不多。王德昌磁器莊各種磁器，甚精緻，而彩金地内外百花堆料碗，鐵質窑變釉小花瓶等，尤爲特色。大興黄可莊仿古陶器之花瓶，盆碟，幽雅無異於古物。

農工商部工業試驗所各種化藥品，苟能推廣銷路，使全國教育界、工藝界，無待外求，其關係匪淺尠也。農工商部女子繡工科，各種繡品，五光十色，誠有獨擅之勝。

南京圖書館《中國早期展覽會資料彙編》第三册《黄守孚報告書》第一章

總論

今世紀之工藝，當以機械工藝爲主體，手工次之，而就兩工藝館，及各别館之工藝，以視吾國之工，殆猶在純粹的手工時代，傷已。夫使手工工藝而供給之額之品與吾國人類所需要之數量之品性猶相當焉，或亦足以自慰。而今乃不然，東西各國之工藝品之輸入者，日益而歲增焉。無他，本國工藝品之供結額不足國人之需要，而其品性又有不能投國人之嗜好者，在也供結之不足，手工限之。品性之不投，學術交通限之。故研究工業者，不宜限於工藝館，而教育、美術、機械、通運諸館，於工藝上有關係者，蓋亦弗可忽矣。余之報告書，此物此志焉耳。

第二章各論

第一節總論

工藝之爲品至繁，余之所研究，以關係人類生活密切者爲斷，其目左列之：

（一）織物：棉織物、毛織物、蔴織物、絲織物、棉毛合織物、棉蔴合織物、棉絲合織物、蔴絲合織物、毛絲合織物、其他纖維織物。

（二）陶磁玻璃：陶器、磁器、玻璃。

（三）革。

（四）金類器具。

（五）髹漆。

（六）裝飾及陳列。

（七）結論。

第二節織物

人類之生活，以衣、食、住爲三大要素。織物者，衣之所利賴也。就吾國人民生活現狀言，棉、毛、蔴、絲四種織物，均爲必要，然細按之，則就現今情狀論，棉爲最要，蔴次之，絲次之，毛次之；準以世界大勢而爲將來之豫備計，則棉仍爲最要，毛次之，蔴次之，絲爲最後。何以言之，無冬夏，無春秋，無表裏，無精粗，中人之産以下者，皆以棉織爲主要衣料也，土布固然矣。洋布也，洋緞也，洋綢也，洋紗也，洋絨也，洋羅若珠兒紗也，其顔色眣麗絢燦，於吾人之眼簾駸駸乎，有奪吾絲織物之席，而據之者，何非一棉織物乎，非特衣料已也。若門窗之帘，椅榻之褥，傘之幕，乃至浴巾，吐帕小者，品值數十大者，無限其一般之受，吾國民之歡迎者，又何一非棉織物乎，其産夥故值賤，值賤故購用者易，且惟其産夥也，而其品乃可别爲種種，可以亂絲，厠蔴，貌毛，而其爲值乃仍廉，於絲若蔴若毛者，若干而適合於需要者，財貨之供億嗚呼，烈矣。至於蔴僅供夏日之需，絲爲華貴之服，其需用之數量，較之綿蓋不過十之一耳，若毛織則沿江沿海服用較多，内地則學人、軍士而外，蓋絶迹，不可復見，需要之程度如此，其供給之程度，當何如耶。若是者，猶就現世情況言之耳，以之將來，則他種織物之需要程度，或有不同於今者，而棉織物需要之增加，殆無可疑，何也。服裝之改，迫於世界之趨勢，而有不得不然者，改服以後，中人以下之供用棉織物者，如故也，且將加多，而況中人以上，則歐風既漸，用棉亦將益衆，若硬領若硬袖，若手帕，若手套之屬，且將一人而數襲焉。而前所云門窗之帘，椅榻之褥，乃至種種其需要之額，較之現在，且將倍屣而無有已乎。其次爲毛織，一般服物所不可少也，故將一躍而駕於絲蔴之上，蔴之爲物也多，且可治之。若絲然而值必廉，於絲故其需要額猶必勝於絲織物，乃如絲織，則即使以學術之進步，益發揮其效用，及其光耀，減其價值，而産出之數量，決不能駕棉而上之，則其織物之不能以代棉，而爲人類之主要衣料也，庸非吾人所可預決者耶。

如上所論，乃以觀勸業會之織物，臚舉而論，列之如下：

棉織物之陳列於勸業會者，若工藝館則本色之布，有江蘇松江公益廠之三羊白布，又新公司之洋粗布；湖北館應昌公司之洋布，爲機器所織；自餘之陳列於工藝館及各别館者，皆手工土布，延殘喘於淘汰之末期，而未足以言，業抑亦弗能因而勸之者耳。若其白色之提花布，則如江蘇江甯府勸業工藝局之白檳榔紋布，江陰美利發之斜紋布；安徽徽州府大盛之白斜紋布；蕪湖習藝所之白斜紋布；湖北模範監獄之白斜紋布，若有可稱者，其餘蓋無當矣。其染色之布，則京師首善九工廠，直隸實習工場之各種布，北洋官立工廠之各色布，奉天惠工有限公司、錦州民立實業工廠之各色愛國布，匀細堅緻良，可應用。次之，則如奉天模範監獄八旗工藝廠，順天普濟教養局，慶雲工藝新民教養局，灤州工藝局之各色愛國布，亦復可用。而江陰裕綸布廠之各種線布，海門寶興公司之各色標布，湖南工業學堂之各色線布，廣東清華女學堂之各色斜紋布，榮新之黄斜紋布，粵防工藝局之各色線斜紋布，亦其流也。外此，則格子布，柳條布，各地皆有，然其應用也隘，且本之不務，欲以絲縷之異色，藉模紋之以取悦斯，則爲難耳。以余觀之，此種格子布，柳條布，爲吾國棉織界，手工機械交替時代之點綴者，則可以爲改良，則去之遠矣。今試以本色及各種純色布，與花色布（即格子柳條等有花紋者，後文用此稱）相比，花色布之匀細堅緻，決無及彼二種者，然則花色布乃一種之消極工業，而兼有欺諞性質者耳，花色布之初出也，人以其本國貨也，有提倡之者，且其品之優美，雖遠遜於洋貨，而堅緻過之，價值次之，以是得延喘息，於手工棉織界之末造。而至於今日，則以紗價騰上，工值增進之故，價值之廉於洋貨者，殆無幾何，而堅緻乃去前遠甚，則以之與洋貨較優美，弗能勝價值，弗能廉，堅緻，弗能遠過，則一般之需要者，本於美的心理作用，又有盜耐幾何之昂值，以購優美之洋貨者，試觀近十年來，衣白色土布衫袴者，少於前十年者，又幾何矣。競織花色布之效果，蓋如此格里襄之經濟法則，曰良貨排於劣貨，本色布之排於花色布，蓋不幸而適合於此法，則可勝慨歟，故今日不欲捄中國之棉織業則已，如欲捄之，則必自織本色布，始夫本色布之組織也，經無排比異色之繁，緯無錯綜雜彩之勸，而其爲用也大，細者爲衣服，爲巾帕，爲帘幙，粗者爲囊橐，爲包裹之用，而又可以染色，可以印花，其染印之費之時，又可以省於染紗，而章施之絢爛乃遠，迭於染紗而織者，敻乎尚哉，勿可。及已稽海關貿易册，棉貨進口之數，若美國、荷蘭、英國、印度、日本之原色布，粗布，白布，粗細斜紋布，標布之輸入額，與印花布，印斜紋布，印花標布，色標布，元素棉，義大利布，香港染素布，色花，色提，色點等布，比恒彼五而此一也，而十年以來之輸入額，又視前十年而倍焉。而棉法蘭絨之輸入，邇年乃鋭進，彼國人士技術之進步，或亦有以致此，而適合一般社會，爲裏衣之本色布之減少，抑亦足以推其波而揚其燄矣。涓涓不塞，將爲江河，今江河矣，而吾國之棉織業者，乃坐視之不動氣色，或乃詡詡焉自鳴於衆，曰是惟花色布足以撍拄之，吾聞其言而察其服，若其家人之服，則絲織，而外其棉織者，爲原色，爲白色，爲雜色，舶來之品，蓋十得九云，嗚呼，此非自欺以欺人者耶。官立之團體，勿論已我獨咎，夫商人之思想，何亦若是其單（簿）〔薄〕也，我今正告商人之業，棉織者曰，欲事棉織必織本色布，毋織花色布，欲言愛國，必織本色布，毋織花色布，欲求發財，必織本色布，毋織花色布。則更重言之曰，本色布者一般人類所共同需要，而其性質爲永久的也，花色布者爲一部分之女性的人類所應用，而其性質爲活動的遞嬗，而遞變者也。誌之，其毋忽。比年以來，土貨出品與洋貨進口者相比，僅當其半，而細覈洋貨進口之數，棉織乃四之一，是則衣被我人民者，土貨乃將不洋貨若矣，而觀於勸業會之棉織物出品，乃若是其無，當此則研究者，所不能不泣，如以悲耳。

毛織物之於我國，才萌孽耳，其發達當在易服以後。若就現今之毛織物論，則日暉製呢公司之各色粗細大呢而外，湖北毡呢廠之鄂呢，北京溥利公司之各色細呢，均尚可用，然其劣點，亦正相同，即以品質與價額，相準較之洋呢，實弗能廉。其他罽毯之屬，則歸綏工藝局之地毯，河南省城工藝局之絨毯，京師工藝商局之各色花絨、毯毡，湖北勸工院手工善技場之各種毡毯，陝西工藝總廠之栽絨馬褥，均爲良品，近來歸綏陝西齊豫之毯，頗博歐人之好評，然亦尚質不論文耳，以云文採較滚之歐品，殆將霄壤，故爲今之計，急宜從染色、配色、編紋上充分研究，庶不負其美質。染色之術較難，非一蹴所可及。配色編紋，雖亦關於學術，然即無精深之造詣，而採外國之毯爲標本，抑亦有所師資。已説者或謂，配色編紋之基本爲染色，染色弗良，則配色無由而良，此謬説也，不觀夫美術之綉乎，猶是曩者之色絲也，而意匠新圖案進斯，蔚然改觀，而染絲術，亦隨之而進，此非其明徵耶。

雖然如上所言，苟且補苴焉耳，以云促進毛織業，則非改服不可，改服之初，歐呢之輸入，必爲突飛之進步，而國内毛織業，乃將於其時蓄潛勢，力以争存，於十年之後，無可疑也。夫就勸業會觀之羊毛之陳列，幾不可見，則毛織物前途之希望，殆無可冀者。然畜牧之績，五年而奏，近頃奉天之試，畜美洲種羊，已有成效，直隸亦有試畜良種羊者，山、陝、甘、新、蒙古之地之宜於畜羊者，近亦動機躍躍矣。夫今之設廠制毛者，其目的在於軍警學界，而一般社會上應用之毛織物不計及設使朝廷毅然採世界主義，以定國是，變易服色，以副主義，則綸紵朝頒絨呢夕入，而價額之高，乃將爲一般社會所苦。而毛織物業乃將以社會之心理，促其進行争存之效，有如是耳，不然者，國家無確定之變服，人民有自然之易衣，則企業者不敢投資，以營不可恃之毛織業，而外人之力征經營者，乃或利用此機會，以先占我人將來服物之權，蓋雖言之。蔴織物之高尚優美者，當推廣東亞通公司之葛布衣，羣織廠之織花夏布，邱妙齡之白苧袍料，張岳伯之細苧布，江西全泰祥禮昌辛元瑞之夏布，湖南馬大生之夏布，九康之銀葛，應昌公司之漂白全蔴斜紋布，自餘諸品亦皆可用，所惜者煉之無術，織之無幾，斯未盡其美耳。至如湖北應昌公司之蔴紗，前途之希望，殆無限量，雖然東方煉蔴公司，方捆載吾蔴，以爲歐洲之游，而還以外國花緞，外國紗取金錢於吾國人民之篋洐也，而吾國人民猶夢夢若無所覩也，可不恫歟業蔴者，其猛省而長計之哉。

絲織物爲吾國之特色，此次赴會陳列者，自光怪陸離之各種錦，各種緞，以迄乎堅樸，可寶之。各種野蠶絲綢戛乎尚哉，吾国之殊産也，然而諦觀來會者之服裝，則夏秋之交服，外國紗者十二三，秋冬之交服，外國緞十三四，服日本綢者，十一二，而絲手帕之出入，於士女襟袖間，乃皆非我國所産也，不亦異夫。

夫絲織物者，煖不如棉毛，廉不如蔴人之服之者，以其光耀，故是服物也，而有美的觀念存焉者，矣然。而不用新機，則工費而品拙，不講染色，則彩滯而易陊，不講制絲，則質雜而弗固，夫自俗目視之緞類，若湖北肇新公司之出品，南京張裕泰劉益興之元色緞，蘇州同盛之席文緞，朱鑑之線緞，浙江杭州萬源之綿緞，益順之錦緞，於將來皆有希望，其餘則與時遞嬗長，此不變未可以爲業矣。甯綢、紡綢、縐紗、官紗、香雲紗五種，將來易服之後，必爲社會上普通需要之用品，而紡綢爲最適於爲裏也，甯綢若仿花呢織法於春秋衣服，亦頗適用，然如春源馥萬源錦，雲成悦昌錦，悦昌文諸綢，業家似尚無此眼光，設於此時，組織大公司專仿花呢織法，製甯綢、紡綢二物，覈洋服之需用，以定其幅一方，製衣服以銷行，則數年之後，且可造成一種之時，尚以需要我甯綢、紡綢，而易服之功，一奏於毛織物者，且將再奏於絲織之甯綢紡綢矣，豈不盛歟。

紗羅之類，亦至賾矣。最惹人注目者，莫若鎮江協正公司許興祥之文明紗，蘇州汪思敬之香雲紗，要之以吾國之絲爲紗，苟其花紋合宜，機械靈敏，決無不刺激人眼神經之理，限之以手工，則故步自封，雖有良貨，而價格與需要之不相應，其亦終歸於失敗焉耳。

天鵝絨、貂絨、漳絨諸種，允爲南京之物産，然是諸品物，其適用有三途，而品質互異，一爲衣服，二爲帘幕，三爲襯墊。衣服之用，利於柔純絲者尚焉，帘幕次之，宜與蔴俱襯墊又次之，則幾乎純爲蔴棉矣，顧其用途，則後二者爲廣，若庚大厚大金和天祥康齡諸出品，美則美矣，炫奇於一時，則可矣。以云利用，則帘幕襯墊之品，固不屑爲然，即以服物論其途，亦已隘矣，噫嘻。

土絲綢取絲綢，亦將來之需用品也。各館幾悉有之，是則可賀者，雖然此豈他國人所弗能效歟，吾不敢以目前之利，爲可久可長也。

要之絲織物之於今日，殆已純粹的展美術地位，故吾人之業絲織者，須移其心思眼光，奮全副精神，以發揮吾國蠶絲之美，而後吾國之絲業，可以持久發揮之道，不一其途，則分爲對内對外二節，陳之於後。

對内之策，莫如設絲織物競技會，以較其技術，立製絲研究所，以齊其原料，設染色競進會，以新其色彩，採用各國良機，以省人工，設織工教練，所以推廣新機，設染織學校，以冀發明設絲織物標本，所集各國之絲織標本，以廣師資，設共同販賣所，以利推行。凡此者，設學校標本所，織物競技會，染色競進會，我以望諸政府其餘諸事業，商人之責，蓋無貸矣。

對外則以派遣學生爲第一義，若日本、若法、若義，其絲織物之足爲吾敵者，吾固當往焉，即英、德諸國不以絲織物鳴者，苟其學校中有關於絲織者，吾亦當往焉，以窮其變，而致其知。次之，則派商務調查於各國，以調查各級社會，對於吾國絲織物之感情，而研究其巾幅模紋色彩之嗜好，以定吾輸出之方針。次之則設販賣所，於各國不取厚贏，以養成其嗜好。凡是三者，惟商務調查員爲較難，限於人才也，乃其餘者，合絲商、織物商之資力，蓋宜若可爲矣。

棉毛毛絲合織物，殆無出品，棉絲合織物，程度卑下，殆無可言。蔴絲合織物，惟湖北應昌公司之紗緞爲出色當行之品。棉蔴合織物，亦惟湖北應昌公司之柿色軍裝布。夫之五種者，棉、蔴、絲、毛、純織物間之代用品，而將來極有希望之衣料也。而今乃若是余滋恫矣，至如其他纖維織物，則常州錢少平之黃草紗，福建長樂機房鳳梨樹葉之海南葛縴布，較爲可用外，此蓋無有矣。然此固薄技，於國民生計無大影響，姑存而不論云。

第三節陶磁玻璃

陶磁玻璃亦爲人類必需品，而磁之命運，殆最短，因陶與玻璃爲必需品，而瓷實有美術的也。何以言之，陶之爲器也，可以爲巨大之品，而價不至於過昂，金類胎之掛釉器，所不能奪也。若瓷則雖有佳器，而一經破損，便無價值，不若金類胎掛釉器之耐用，近頃瓷面盆之業已爲洋磁面盆所奪，而嗽口器，果子盆，暖鍋，茶壺，溺器之屬，金類胎掛釉器之舶來，乃益爲一般社會所歡迎，利其有金類之用，而無發銹之患，有磁類之用，而無易損之患耳。夫惜費人之恒情也，愛美亦人之恒情也，金類掛釉器，其參透此二種心理者乎，磁遇之而敗，固其所哉。今以報社論文於湖南江西兩瓷器公司之出品，有所軒輊，而不平者，乃重爲筆墨之爭，識者蓋憂之矣。譬之國焉，江西瓷爲中國，湖南瓷猶日本，相勸以禦外，斯可矣，相尚以忮，奚其可哉。夫江西之質，遠非湖南所可企，而湖南製瓷之猛進，亦斷非江西現在所可冀，雖就現狀論之，湖南瓷有抵製洋磁之望，而江西瓷則有發揮華磁之能，宜若可以軒輊者，然現狀則然，非所論於數年之後也。余所慮者，數年之後，金類胎掛釉器愈益進步，悉吾人之所需用，而悉供給之，前此筆墨之陳迹，猶未能以悉泯，而瓷業頓陷於悲觀，不亦大可慨歟。故余之意見，兩公司亟宜悉泯猜嫌，確認瓷爲美術品，於美術上着意講求，庶幾有得。若製瓷之企業者，我願亟移其方針，以從事於金類胎掛釉器，以防將來之勁敵耳。若陶器則會中所列，自以陽羨陶業公司之各種紫砂陶器爲最然，亦美術品耳，若其他日用之陶器，均有獉狉之狀，爲之者蓋失之苟矣，玻璃以平片瓶類爲最利用，會中所見，若江蘇宿遷耀徐玻璃公司，北京首善工廠，福建明遠公司所出，乃頗有生計上之關係。博山玻璃公司，鹿蒿廠之出品，偏於美術，的於一般應用上，似未注意，似於民生之關係較漓，而營業上或亦有所不利焉。已至如廣東成業公司之刻花玻璃，專事美好，宗旨既立，則亦未可厚非焉耳。

第四節革

革業之進步，五年以來，可謂驚人矣，若上海之肇華、龍華兩製革廠，湖北利華製革廠，四川製革廠，北洋硝皮廠，湖北陸軍製革官廠，雲南製革廠，諸出品祇足令人愉快矣，雖曰弗給而雲蒸霞蔚之態，致可慰人，雖然其目的，乃限於軍用而已，非注目光於一般之應用也。十年以來，革器之需要，增加無已，東方之狡者，乃利用紙類以亂革，迄於今，幾人手一鞄矣，乃至腰帶行縢錢袋衣笥，亦復如是，輸入之數，歲以猛進，雖其爲器也，不可以耐久，而其飾美，其值廉，非吾國之革業家所可挽矣。是會之效果，吾知於革業上，必有幾何之助力因參觀者皆旅客，利用革器者，故對於革器必有如干之研究，而略知其良窳，所惜者製革家於陳列之先，未能多備普通應用品之種類，使人説明其效能，以動參觀者之心目，則此助力或將爲僞革派所利，賴未可知也，使僞革派之一般應用品，充牣於市場，深鐫於吾人之腦，則真革之值，必將益昂，其銷流乃將益滯，而敗衄之機成熟，不可復爲矣，製革家其一思之。

【略】第七節裝飾及陳列

工業之範圍，至廣畢舉之累帙，不能盡抑，亦非涉學者單獨之智慮所得，而評隲之也。舉其大者，如右乃其餘者，槩置勿論，論裝飾及陳列，爲後之赴會者告，言裝飾陳列，首推參考館之日本部，繚以造花，映以明鏡，搘以璀璨之銅柱，度以浄潔之織物，儉己而媚人，致足法也。南匯朱金生之銅工業，殆有造此架柱之能力，而不務爲此，可怪也。夫裝飾者，以引起人興味而不眩目爲主務，使觀者因其裝飾而願與出品相接近，及其接近而出品決不爲裝飾所掩，斯爲上乘，德國西門子洋行，滿克藥廠等，均守此旨，我國人所宜取法也。我國出品家之裝飾，及陳列湖北水泥廠，爲最次之，以某君循覽數四未見其標籤，故以某君稱之之臘製西婦爲最既悦人目，又以表示物品之優美，諒爲良構。其次則絹絲公司之出品，亦爲有法，其餘蓋無譏矣。日本館陳列之蝙蝠傘、製銅架，以承繖列之爲螺旋形，間取諸色傘列之，而繚以造花觀者，每因花而觀傘，傘諸色相間，輒令人嘖嘖稱美，弗置試以湖北館林萬興胡順記之洋傘相比，無論其品質之若何，即裝飾陳列二端，夫固吾宜消而彼宜長矣，更以三井洋行所陳列之棉紗與吾國各紗廠之出品比，而吾國之劣敗，又不待言。夫所貴乎陳列裝飾者，欲以映入參觀之眼簾也，今若此是欲悉參觀者眼簾，所映之本國良貨物而被祛於外貨也，是亦不可以已夫等，是洋燭也，白禮氏之裝飾，白禮氏之陳列，非吾人心目中所嘗進者乎，及其當事也，白禮氏則如此，造胰公司，正昌公司，光華公司，惠工公司，大章公司，實炬公司，於禮記宇豊華亭習藝所，則如彼嗚呼，其謂之何顧或者謂貨物之良窳，不係於裝飾陳列之如何，我國舊商大肆往往無廣告，無裝潢，招貼，漫漶標幟，陊剥而不爲病，是誠然矣。然而陳列者，秩序之現象也，裝飾者，審美之見端也。秩序與審美皆發於心理之作用，世界愈進步則秩序益重，審美益尚。舉世界之秩序的、審美的於一隅，而欲以無序不美者，表示其特色，不綦難乎，彼湛招貼剥標幟之舊商大肆者，其存也亦幸耳，準諸天演之例，寧有幸存者耶。故吾願吾國之實業者，鑒於此會，而知所師以求效於桑榆也。

第三章結論

右所陳者物質上之研究則然耳，若以精神論，則闕點之發見者，所在皆是耳。夫工藝者，教育爲體，機械爲用，美術揚其光華，通運資之流動。今觀於教育館，而實業學堂無幾焉；觀於機械館，而普通工業應用器械無有焉；觀於美術館，而圖畫焉，刺繡焉，雕刻焉，乃至種種，其有嶄新意匠神明於師承者乎，蓋亦僅耳。觀於通運館，則無論交通之設備，不得備焉，包裝捆載之法，槩無所表見，是亦足以阻工藝之進步矣。論者謂今欲振興工業，非厚集資本，其道末由是固然矣。然而厚集資本而失敗者，比比而是，此無他資本家無技能，而技能者，往往僅居於受雇之地位，故也。故欲興工業，自以廣設工業學校爲主，先實際之應用，緩高遠之理論，而於機械圖畫二科，尤當認爲必要，務使機械之常識，普及於一般之青年，而後，青年之自營生活者，可利用其技能，資本之大小，利用大小種種之機械，以改進國內之工業，而美術家又能以其活動之意匠觀會中所陳列之鉛畫、油畫、水彩畫，大抵墨守畫帖，毫無活動氣，其故因教授者，只能呆臨畫帖，而不知寫生故也。後此教授圖畫者，急宜痛除此病，第二次勸業會中，吾實不願見丸髷片影之鉛畫，與毋忘我花之水彩畫矣，以種種方術點綴之，以壯嚴其外容，而通運業者，吾尤望其爲種種之設備，俾使工業家有恃無恐也。

《通商各關華洋貿易總册》宣統二年上卷湛瑪斯《宣統二年通商各口華洋貿易情形總論》 機器繅絲在歐美銷路極旺，中國出産亦多。本年出口之數較上年增有一萬二千担，百分中多有二十四，所多之數廣州一處三分已占其二，其故殆因歐美各國近來新得發明粤絲之功用。 野蠶所繅之絲，其繭出自東三省者多。 繭綢貿易以煙台爲會萃之區，本年出口數内雖減有限，然已失望無利可圖，其價值之落既因上年銷數過額。

《通商各關華洋貿易總册》宣統二年下卷克勒納《宣統二年吉林口華洋貿易情形論略》 出口貨物以豆油、煙葉、麻蘗材、棺木爲大宗。本城有榨油廠四十四家，一年約有油二十萬觔出口。 如煙葉每年約有一千萬觔出口，木料出口者亦甚多，皆鋸成短捆，有如柄式或桶蓋形。 出口貨之確實數目似不易得，蓋舍本地統税局與大客棧別無調查之處，然以上二處調查之比較結果每相去甚遠，似無紀載之價值。

《通商各關華洋貿易總册》宣統二年下卷傅怡文《宣統二年琿春口華洋貿易情形論略》 雜論。本口設有工藝傳習所，織造布疋，土染後行銷本地。 該所内又教以仿效日本以及外洋一切木工之事，辦理實有可觀。 吉林官銀號近於本埠設立分號，僅此一家爲銀行之機關。 前此各商號皆自行佈置，務本公司於前兩年創設，特爲招墾本口一帶荒地，其性質爲官督商辦，總理並大股東係上海商賈。 又有農工實業有限公司設於黑頂子小村落附近。

《通商各關華洋貿易總册》宣統二年下卷柯爾樂《宣統二年牛莊口華洋貿易情形論略》 金類比上年見少，惟鐵支多五千二担，而新鐵條少四千九百七十二担，舊鐵少一萬一千七百九十六担，鐵釘鐵鉸少九千四百八十八担，鐵片少一萬四千二百三十一担，鍍鋅鐵少四千二百七十担。 雜貨類，美國麪粉曩年進口頗多，上年並未到貨，本年不過到二百七十担，諒東三省商民日後必多用北滿機器麪粉，以後本省製造價值較廉耳。

《通商各關華洋貿易總册》宣統二年下卷義理邇《宣統二年天津口華洋貿易情形論略》 機器紡織布疋本年頗形減色，去歲共值關平銀二百八十四萬五千九百八十四兩，本年則減至一百八十一萬四千二兩。 機器紡織粗布一宗，去歲進口二萬七千九百六十一疋，本年僅八百疋。 土棉紗亦屬退步，上年進口八萬九千三百十九担，本年僅五萬四千六百三十三担。 五金本年堪稱蕃盛，較去歲計多值關平銀十六萬八千二百九兩，多半由於貢銅錫塊兩宗進口見增耳。 進口雜貨各畧有進益，惟米與麪皆大爲跌落，米於上年進口二百六十萬九千一百二担，本年減至一百十五萬七千三百四十四担。 滬製機器麪粉則由二十九萬一千六百四十六担，減至十九萬七千三百七十八担，其麪粉減少之故，必原於北省收成豐稔，兼下半年上海禁止出口所致耳。

《通商各關華洋貿易總册》宣統二年下卷司曼德《宣統二年天津鈔關華洋貿易情形論略》 宣統元年六十六萬三千四百五十担，本年一百十五萬七千一百二十六担，前後比較，本年運到數目之多從未經見。 花生本年入境二十四萬二千一百六十担，向係運往南洋各埠，惟新近運往外國，因商家置備機器在津，將皮去淨者，花生以灤州所産者較他處爲佳。 羊毛駝絨皮貨皮毯縈麻等頗爲受虧，來者較少，因外洋市面不佳之故。 開平煤運來數目與歷年無大增減，山西保晉公司及福公司硬煤運來數目較上年頗見加增。土藥來數見絀，上年運來一千八百八十三担，本年運來一千四百九十四担，前二年貿易册内列入之高陽土原布大有進步。上年運來十三萬五千一百十五疋，本年運來二十四萬二千二百九十二疋，此項布疋本年冬季貿易不佳，因上海有著名銀行一家倒閉，該銀行與該布業素有關係。

《通商各關花洋貿易總册》宣統二年下卷安文《宣統二年煙臺口華洋貿易情形論略》　一土貨貿易，土貨出口運往外洋及通商口岸（连復出口在内）。查此項貿易本年共值關平銀一千四百七十三萬一千六百二十四兩，與上年比較，則上年共值一千八百萬兩之外，足見減少之多，似此情形本口出口貿易將來能否不再減色，須得保全之證據，方有把握，但以他處口岸豆餅之競爭組織完善觀之，無怪本埠此項出口工業屢受摧殘，至今僅可自立，統計本年出口數目僅及上年前年之半。牛隻及鮮牛肉向推本口出口貨之大宗，今則此項貿易已於西七月間實行禁止，後改由膠州煙台兩處出口，而每處每月運銷數目僅以二百五十頭爲限，棗子鷄蛋較前減少，鮮果則頗形暢旺，花生出口甚屬寥寥，豆油芝蔴尚爲加增，因此二宗外洋仍需用不已。野蠶絲本年出口計一萬二千五百担，上年則一萬四千担，小有軒輊，銷場尚好，第恐紡絲廠虧本不少也，此貨之價值在上海行情每担由五百兩跌至三百七十兩，至年底其價雖畧見起色，紡絲之商深以前車爲戒，互相聯絡，不出高價以購，現時所有之山繭故逆料下年此貨或有進步之希望。亂絲頭出口以本年爲最旺，計有一萬五千担，聞此貨之銷場在歐美市上尚屬平穩，因歐美新法巧技之工業能用此貨甚廣也。繭稠一項，其質地日趨日下，以上年貿易論觀之，不幸其果驗，誠有如本處某商人所謂各處皆有泰極否來之象，表中所列之數稍好，計七千三百九十四担，然切不可以此數爲該生意發達之證，蓋以織綢者與販綢者因上年大半年中購求此貨者日見增盛，遂只圖目前之利源，不顧將來之貿易，立淺見之策，將其貨色降低，購辦此貨出口之洋商係預先訂立合同，迨其交貨，甚至不符，只得勉强起貨，而無法抵制，此種惡習是即芟除此項貿易之根也。西商不惜重資出如是之高價以購重綢，自是欲求上等之貨，兹即無上等之貨以應求取，已轉向歐洲自行製造，其仿效南山重綢已著有異常之成績，是無怪上年年底無人購買此綢，現在應更無人過問矣。其畧賤畧輕之貨，情形稍好，然尚多責其貨不及格，長不足度者。本年之繭綢貿易，辦出口之洋商已經虧摺，且下年之希望亦難望佳，販綢華商亦卒至損失過巨，如引鑒前車，力求改良，將來或可望利。惟此種製造如在外國市上時式而論，一旦失其銷流之把握，實難再爲挽回。東省勸業道及本處之商會想應妥慎研究，注重於此事之一切問題也。粉絲出口共有二十三萬六千七百四十三担，仍加增無已，是以運製造粉絲之進口豆子價雖昂貴，亦不計及。

《通商各關華洋貿易總册》宣統二年下卷阿理文《宣統二年膠州口華洋貿易情形論略》　洋貨由外洋逕運進口及由通商口岸運來者，查洋貨逕運本埠計估值關平銀一千二百萬兩，由通商各口岸轉運者計估值關平銀八百八十萬兩，外洋進口者估值比上年多一百萬兩，通商各口岸進口者估值比上年多二十八萬兩，共多一百二十八萬兩，計加增百分之六分五，其中津浦鐵路公司所用各材料約居大半，其餘則爲棉紗，來者頗多。至於布疋類及棉紗光緒三十三三十四年大爲減少，惟宣統元年畧有進步，而棉紗本年竟復舊日之數，且見加增，惟布疋則相反，本年畧見減少，比光緒三十二年大爲減色，似因金價高而貨價漲之故，又因布價貴，農民皆購棉紗自行織用，所以布漸減而棉紗漸增也。兹將近五年棉紗布疋之數列爲一表可詳察之：

	棉紗	布疋
光緒三十二年	十九萬三千三百十六担	一百九十三萬七千六百九十五疋
光緒三十三年	十七萬二千四十四担	一百六十五萬七千二百三十一疋
光緒三十四年	十五萬八千七十五担	一百二十三萬八千七百五十疋
宣統元年	十九萬二千四百八十二担	一百四十四萬一百五十五疋
宣統二年	二十一萬二千八十六担	一百三十一萬八百十五疋

洋貨進口估值内棉紗布疋有一千餘萬兩，約近洋貨進口總數之半，有十分之二五由外洋直運進口者，十分之七五由上海轉運進口者，故本埠與上海關繫甚切。上海稍有風潮，本埠即受影響。機器棉紗由上海來者比上年少二萬六千担，尚不在洋貿之内，印度棉紗少三萬三千六百八十七担，惟日本棉紗多五萬三千八百四十担，日本原色粗布比上年多八千七百六十疋，色義大利布多一千二百八十七疋，英國細斜紋布多一萬四千五百十四疋，印花布共多二萬五千五百八十四疋，惟日本粗斜紋布比上年少一萬一千四百四十八疋，英國及日本標布比上年少五萬三百四十八疋，印花標布少二萬二千六百二十四疋，色棉羽綾少三萬一千九百十一疋，原色布少三萬五千三百四十疋，英國原色粗布少一萬一

千二百四十七疋，美國粗斜紋布少六千四百五十三疋，絨棉布及絨貨類比上年畧均減少，絲兼棉質貨類上年六萬四千一百七十四碼，本年減至三萬二千六百七十九碼，五金類新鐵條計多二萬六千九百三十八担，無花馬口鐵多三千三百八十三担，銅板多五百八十二担，舊鐵少四千六十担，新支鐵少二千六百七十七担。洋雜貨類其加增最多者爲鐵路所用材料，上年估值關平銀七十六萬八千一百十一兩，本年估值一百三十九萬七千五百六十七兩，紙煙估值計多二萬九千九百十二兩，顔料估值多二萬二千八百九十二兩，洋針多三萬一千七百三十，密力重木多一百萬八千二百十九立方尺，輕木多二百七十二萬八百二十六平方尺，紙多二萬二千三百五十担。日本自來火上年四百五十八萬八百二各羅斯，本年增至四百七十四萬四十一各羅斯，惟美國蘇門答臘俄國之煤油上年共八百七十一萬六千八百三十八加倫，本年祇有六百七十四萬一千一百三十二加倫，糖斤上年十九萬一千七百五十五担，本年十四萬九千八百六十二担，煤斤上年五千六百三十六噸，本年二千三百三十八噸。礦務材料上年估值關平銀十七萬四千七十二兩，本年估值關平銀十一萬一千四百三十二兩，洋貨復出口洋貨運往通商各口岸者估值計關平銀十九萬五千五百五十一兩，運往外洋者估值關平銀三萬八千四百二十七兩。

李中桂等《束鹿縣誌》卷七《實業》 管子云：古之四民不得雜處，各安居樂業。史遷引之以傳貨殖，復歷叙猗頓盬鹽、郭縱冶鐵、貞婦丹穴、烏倮奇繪，下至販脂、賣漿、洒削、馬醫諸末技率皆致富千金。蓋洞悉民必有業，斯人不憂，滿國不患貧，此古今中外之通義也。司牧者利導整齊即本境自有之利擴充而振起之，如美擅木棉、意擅蠶桑、法擅葡萄，民富即國富矣。【略】

工，六千二百九十一人，製造向惟天秤爲獨，擅絨毯亦佳。水膠、白皮、斜皮人利用之，攻木攻金之屬衹成。日用所需微物巾帶、織絨、毛氈與造粉、釀酒、製紙業，皆不精製，礮造香雖能行遠，然勞力傷財歸於無用，挽回利權必賴有出新理製器者，此蓋非不學之所能致也。

商，九千二百四十一人，多貿易京津間張家口、歸化城、盛京漢口亦甚夥，然無挾巨資，獲厚利，遠涉重洋如閩、粤之富商大賈者。

楊金庚《海城縣誌》卷七《實業》 一、工業則以羊毛製毡，織口袋、襪子、捎連等件，雖境内羊毛爲一大宗，多銷運外洋，居氏習於安逸，不習工藝。羊皮之佳者不讓寧夏，灘皮本地竟無作房，每爲寧夏人買去，竟至利源外溢。城内官立習藝所，設在隍廟，以資提倡。

清憲政編查館《清末民初憲政史料輯刊》第二册《憲政編查館奏遵辦民政財政統計編訂表式的舉例要摺並單四件》 畫一幣制，爲理財一大關鍵。而造幣局鑄造發行之數，須與人民經濟程度有一定比例，故各國於此均有限制。中國銀、銅二幣，兑换漲落，聽之市面，國家並無操縱之權，銀圓鑄造較久，雖可抵制墨銀，而西北各省，猶未一律通用；銅圓創辦之初，迭起競争，並未計及供求相劑之理，遂致利不勝害。此表統計歷年鋳造發行各數，實爲將來比較盈縮之權輿。至計廠中本利，則鑄本、鑄費而外，須視發行價值之低昂。鑄本指銀銅料價而言，鑄費指局用工價而言，每次發行數目，兑换價值，應立詳細分表，與此表相輔，方能清晰。

直省各關流入外國銀圓數目統計表第八十一

外國銀圓流入中國，在乾隆時已有花邊十字馬錢等名，浸灌至今，不獨以減色易我足銀，隱受虧耗，亦爲畫一幣制一大阻礙。此表大致亦可參考海關税册，惟聞閩粤沿海各埠，所用銀圓，有十餘種之多，均須調查清晰，分別填報。至洋行鈔票，發行種數，亦應附列此表。

直省金銀銅産額及各口輸出入數目統計表第八十二

中國今日未能改用金幣之故，皆由金額出産過微，各口輸出入數，海關税册可以參考，惟産額不易稽查。雲南銅廠辦運銅觔，開採之外，兼有採買，不能全作産額合算，現在礦務漸興，且爲改鑄國幣之備，自應詳加統計。

直省官商銀行類別表第八十三

銀行爲財政血脈，恃以流通，外國視爲專門學業，中國銀行官立之外，商立惟有一二儲蓄銀行，仍兼商業，尚不足爲勸業興商之助，此表略記梗概而已。

吉林省檔案館《清代吉林檔案史料選編(工業)》下册《東三省總督吉林巡撫奏吉省籌辦農林工藝各項要政大概情形摺宣統三年三月》 跪奏爲吉省籌辦農林工藝各項要政大概情形，恭摺臚陳，仰祈聖鑒事。

竊宣統二年七月初九日欽奉上諭：農林要政前奉先朝諭旨，著各省督、撫飭屬詳查所管地方官民荒田並氣候土宜，限一年内繪圖造册報部。並迭次飭令各省興辦工藝實業，上年五月因時閲兩年奏報無幾，復經飭部嚴催，現又一年之久，各省是否報齊，辦理情形如何，著農工商部查明復奏。欽此。跪聆之下，仰見朝廷振興實業力策富强之至意，欽感莫名。嗣由農工商部奏明各省現辦農林工藝情形，並各省辦理農林工藝迄未報齊，請飭未復及已復未詳省分迅速造報各摺，先後奉旨：依議，欽此。欽遵，咨行到吉。原奏内稱：辦理農林工藝實業情形，於每年年終由各該省督撫專摺奏明等語，自應遵照辦理。第吉省改制未久，風氣初開。農林固鮮講求，工藝尤多窳敗。臣抵任後，稔知農工兩項爲治吉入手要圖，迭經通飭各屬酌量地方情形切實興舉。數年以來，規模粗備。茲謹據各屬籌備有案者，匯列具報，敬爲皇上陳之。【略】

工藝一項，原料不足則難收厚利，製造未精則難抵外貨。吉省羽毛、皮革物産不爲不豐，無如本地工藝太拙銷路不廣，往往被外人賤值購去，制成熟貨轉售獲利，虧損良多。自改設行省後，勸辦各項實業。先在省城設立實習工廠，由京津延聘工匠教導，藝徒分爲甲乙兩班，學習機織、染色、木工、燭皂、制毯、繅絲、造紙各科。現在藝徒八十六名，所制成品前經咨送農工商部交所陳列有案。又設十旗工廠，分爲革工、金工、織工、染工、紉工各科，專爲旗丁等謀生計，現在藝徒一百六十名。又設工藝教養所，分爲木、鐵、皮靴、織染、縫紉、釀造各科，現在藝徒二百六十名。其各屬工藝，賓州府設有工藝教養所，分爲皮、繩、縫、木、織各科，額定藝徒八十名。濱江廳設有習藝所，分爲皮革、燭皂各科，額定藝徒四十名。農安縣設有貧民習藝所，分爲皮革、冶工、縫紉、木工、織纴、筐筥、繩席、建築各科，額定藝徒一百二十名。琿春設有工藝傳習所，分爲染織、縫紉、攻木各科，額定藝徒四十名。新城府設有工藝局，分爲毛巾、織毯各科。榆樹廳設有織布工藝廠，係屬機織專科。該二處風氣初開，藝徒均無定額。長春府設有初等工藝學堂一所，開辦未久尚無成績可言。若五常、雙城、延吉、敦化各府、縣，議設工藝學堂、貧民習藝、工藝教養各所，現擬督催開辦，並勸諭商民招集股本創設各項公司，以期發達。此吉省籌辦工藝之大概情形也。以上農林工藝均就辦有端緒者而言，其餘臨江、密山、長壽、方正、濛江、磐石、樺甸、富錦、樺川、穆稜、舒蘭、額穆、和龍、阿城各府、州、縣，或設治未久，或僻處極邊，所有官荒、民荒、氣候、土宜，現正切實調查尚未完竣。又如東寧、虎林、綏遠、饒河、汪清、雙陽、德惠新設各廳、州、縣，勘劃未清尚難籌辦。總之欲興實業必先知該地方之氣候、土宜，方能相地興舉。吉省官、民荒田情形雖前於光緒三十四年業經咨部查覈，惟現值各府、廳、州、縣增設添改多至三十餘處，界址互有變更，自不得不飭令重新造報以期吻合。現按各屬送到圖表册籍等項，綜覈勾稽，匯造整齊圖册。凡官民荒田、森林區域，均就其調查所得者於總圖内標列明晰，其有詳細數目者，附注簡明清册。氣候、土宜隨之工藝一項另行造具一覽表，藉憑查覈。據勸業道詳請奏咨前來。臣竊思農林爲天地自然之利，工藝乃國家致富之源。吉省荒地多屬膏腴，土貨亦極充牣，因勢利導本可藉手有爲，所慮庫款奇絀，民智初開，論墾辟則正待招徠，興製造則宜籌資本，計非民庶財豐未易遽言發達。臣惟有黽勉圖功，以期逐漸擴充遞收實效，仰副聖朝振興實業之盛意。除農林圖册、工藝表業於年前咨送農工商部查照外，所有吉省籌辦農林、工藝各項要政大概情形，謹會同東三省督臣錫　恭摺具奏，伏乞皇上聖鑒訓示。

再，此摺因年前防疫阻滯，未及具奏，合併陳明。謹奏。

天津市檔案館《天津商會案彙編（1903—1911）》上册《北洋火柴公司陳述開辦經過及産品銷售情況文宣統三年七月十五日》　敬啓者，茲準來札，領悉各商赴東考察實業團前奉上海實業團事務所調查各機關開創歷史各等因，相應遵示開呈敝公司創辦人高振鏞、李寶恒，總理人伊廷璽，協理人楊書田，查察人董文選、石光門，董事長羅文華，董事人紀巨汾、王成林、姚祖光、陳寶彝。由宣統元年七月初五日開辦，至本年七月共造火柴一萬五千五百箱，行銷本埠及西御河等處。曾於宣統二年蒙勸業道憲第一次考工，賞給直隸全省超等第一金獎牌一面，專此抄呈貴會，以便匯寄備查。敬請大安。

北洋火柴有限公司　七月十五日

紀事

楊書霖《左文襄公全集》書牘卷二六《上總理各國事務衙門》　奉上字四百廿四廿五兩號鈞函，敬領壹是。在口改造土貨及機器紡織綢緞等事，並美商湊集紡紗公司各節，除將先令札飭停止，及各關領事往返照會，另文咨呈備核外，竊維改造土貨，流弊甚多，所以各省各關皆不謂然，且約章原只説工作，不能將「工作」兩字即指爲改造之據。各國通商必須商民彼此相安，方期獲益，若用機器紡製綢緞、紗綫，盡奪華民謀生之路，華民失業，何能心甘，即合洋商勉强行之，官司極力開導，終不能無事，其理甚明。巴大臣是明悟人，試平心設想，自當廢然思返矣。上海紡紗公司一事，查由内地商夥王克明、俞少山代爲招股，宗棠有所聞，即藉王克明遠年舊案札飭江海關邵道嚴拏解省訊辦，美商因邀約各國領事投遞照會，宗棠據理辯駁，仍飭王克明遵札投審。

孫家鼐《户部奏稿》第七册《本部校議吉林將軍希元等附奏變通錢法試鑄銀錢一片光緒十年十二月二十四日》 再，臣衙門同日欽奉諭旨，核議吉林將軍希元等附奏，變通錢法，試鑄銀錢一片。臣等惟錢幣之法，迄無定論，權其利害，原可因時變通。然欲通其利，則必先塞其害，不講求塞害之方，而遽欲變通以興利，未見其可也。前明初政，患天下銅少而議行鈔，以濟其窮，故禁銀而用鈔；國初議者覘地丁徵銀之幣，故欲廢銀而用錢；道光中，鴉片煙流毒中國，中國之銀，歲漏出外洋者，以三四千萬計，而民間之銀驟貴。故當時建議，諸臣咸請設爲貴錢賤銀之法，以救其弊，故曰有所塞，斯有所通也。自五口通商以來，各國競鑄銀錢，浸銷中國東南沿海諸省，民間每洋錢一枚，計重七錢二分，尋常市價，抵上海規平紋銀七錢四五分。當價昂之時，並有□至八錢左右者，以色低平短之洋錢，其價反浮於足紋之上，利權之輕重，自賈胡操之，暗中銷蝕，漸推漸廣，於是議者又有仿鑄西洋銀幣，以塞其流之説。臣等察微慮患，早已籌度及此，而不敢遽行陳請立法議行者，正以熟權利害，尚未得其要領故也。何以言之？中國之銀出自坑冶者少，來自番舶者多，賦餉出入，一律用銀行之纔三四百年。然自明中葉以來，番舶率以銀奪中商之利，國朝乾隆、嘉慶年來，番舶又廣鑄洋錢，以奪中商之利，雖中國絲、茶兩項爲歲入大宗，尚未足以敵鴉片一項漏銀出洋之害。洋商埔市漸廣，百貨浸銷中國，現銀無多，協餉各省，互相酌劑，僅敷流傳，欲鑄銀幣，本源先涸，一難也。鑄幣非質精製工，不足以禁盜鑄，然使傾鎔銷耗紋銀八九錢鑄，每重七錢三分之銀餅，鼓鑄之成本太重，商民未受其利，國帑先有所虧，二難也。鑪局不慎，有收舊充新之弊，流通民間有銷燬□□之弊，而鑪頭、匠投攙和鉛錫作僞之病猶不與焉，三難也。江浙閩廣，私鑄洋錢之弊不絶，利之所在，趨之若鶩，道光中，江蘇撫臣林則徐議鑄銀餅，搭放兵餉，未及暢行，私鑄作僞者充斥，事遂中止，口岸逋藪甚多，察奸不易，四難也。故論今日事勢，似非仿鑄洋錢，不足以收回利權，然番舶之來源不塞，中國之礦利未開，其事固有窒礙，難行如此者。兹據該將軍等奏請，試鑄銀錢，固僅以一隅言之，非舉全局統籌之。然權其利害，仍無以易不塞，則不能通之説。臣等查原奏稱，吉省制錢久缺，銀價日昂，市肆創有憑帖抹兑，過帳各名目，農民小販往往不得現錢使用，以致百貨騰貴一節，此銀錢兩缺，而奸商得暗擅行鈔之害也。夫銀少，則惟有改於收款放款，皆用錢以濟之。錢少，則非禁用黄銅器皿，開採銅礦，設法鼓鑄，及招徠制錢，不足以維其窮。查吉林我朝龍興之地，世世復除正賦無多，並無耗羨，額徵地銀纔八萬餘兩，應徵地租錢僅二十四萬餘吊，釐金止錢十三萬餘吊，維税等銀止三萬餘兩，而歲支俸工養廉襍款乃三十餘萬兩，練軍協餉又歲出三十二萬兩，依克唐阿等防邊各軍歲餉又約六七十萬兩，皆受協部庫及各省放款多而收款少。今欲試鑄銀錢，將使收款放款均匀分搭若干成平，則商民之便否，殊難懸揣，將放款搭用，而收款仍舊銀錢並征乎，則出入參差，亦非所以協物情，該將軍等並未籌有試行畫一章程，其疑竇一也。民間各種貿易，往往蔓置論銀，而零賣論錢，今銀餅一出，市價漲落，其權仍操之奸商，若官爲定價，朝四暮三，徒爲煩擾，又恐商民之情不便，且仍無解於錢少難行，零星小販受累之病，其疑竇二也。吉省民惰俗奢，游手坐食者多，故致百貨昂貴，其商賈率仰貸于西商，以資轉販奸商，以楮幣操其奇贏，輕重貴賤胥聽命焉，此壟斷兼併之害，各省皆然，故前蘇撫丁日昌曾奏請官設公司銀行，以挽其積重之弊，今該將軍等於官爲斂散，設法禁用楮幣各事宜，並未預籌，恐奸商之弊不絶，官銀輾轉折耗仍□，其疑竇三也。原奏稱由俸練各餉項下提銀製造，而于每鑄銀錢一枚，工本幾何，並未聲明，查洋錢以美利加之墨西哥地方，出産最多，彼處産銀，故取之不竭，吉林不産銀，其源易涸，加以傾鎔鼓鑄之費，其利幾何，而又凡防私鑄，攙僞銷燬各弊之法，該將軍等未爲事前默計，將來流弊層出難防，其疑竇四也。原奏又稱，試鑄銀錢，有各重一錢、三錢、五錢、七錢、一兩之别。查外國銀錢，有他拉、西林、本士、佛郎、法丁諸名目，各國制度不同，要皆輕重兼權，可合可分，非隨意輕重，漫無一定之品數等級也。今若擬挽外洋利權，試鑄銀幣，自宜仍仿外洋辦法，一分而爲四，又分而爲八，諸式以母權子，以大御小，如此則虧耗既少，而于工巧平色之中，暗獲贏餘，以資津貼局費，市價亦不至漲落無定。該將軍等既籌通變之方，宜參考各國洋錢之制，折衷定式，方可鼓鑄通行，否則恐多折耗，反不若用銀之直截，其疑竇五也。總之，欲杜私鈔之害，則宜抑奸商；欲行官造之幣，則宜防盜鑄；欲救物貴之勢，則宜禁游惰；欲濟銀、銅兩缺之窮，則宜籌礦務，通塞之故，有非旦夕議論。

甘肅省古籍文獻整理編譯中心《劉襄勤公奏稿》卷一三《新疆暫難規復制錢摺八月十四日》 奏爲新疆銅觔不敷鼓鑄，暫難規復制錢，恭摺具陳，仰祈聖鑒事。竊臣前准部咨，本年正月間，欽奉皇太后懿旨，醇親王奕譞等奏會議整頓錢法一摺，規復制錢，必應廣籌鼓鑄，福建所鑄分量稍輕，嗣後每錢一文，均以重一錢爲率，京局及各省一律照辦等因，欽此。前已恭録飛咨在案，現在各直省停鑄已久，應再飛咨甘肅新疆巡撫，嚴飭藩司籌款辦銅，加卯鼓鑄，除搭放行用外，餘備酌提等因，咨行到臣，當經轉行遵辦去後。茲據藩司魏光燾詳稱，遵查新疆北路向用制錢，南路向用紅錢，承平時制錢於伊犂設寶伊局鼓鑄，紅錢於阿克蘇設局就温宿、拜城、庫車三屬額銅鼓鑄，其錢沿纏俗普爾式樣，枚重一錢二分，以一文當制錢之四，以五百文爲一掛，合銀一兩，自阿古柏竊踞南八城，創鑄天罡形圓如餅，中無方孔，每圓五分，沿用既久，成色分量，任意低減，流弊滋多。光緒六年前陝甘督臣左宗棠奏請改鑄銀錢，每圓一錢，製造新式銅模較準，一律交前幫辦軍務陞任山東撫臣張曜設局試辦，以防作僞，因工多費鉅，旋復停止，北路制錢，亦爲入關商民攜帶略盡，市肆遂通用天罡，南路仍天罡、紅錢並用，十一年因各屬完納額銅，民多不便，改徵糧石，阿克蘇局需用之銅，遂招民承採，由官價購，然小民類多窮苦，必須公家先給成本。嗣擬廣籌紅錢爲禁革天罡地步，復於北路南山試挖銅礦，就省鼓鑄，而以庫車銅益之，南路則以拜城等處之銅專供阿克蘇局，無如産銅之區，多係童山，且隔民居，動輒數站，負糧運炭，咸苦遠涉，北路人煙稀少，工價更昂，銅復不旺，以故南山銅觔，歲不滿萬，温宿、拜城、庫車三屬，合計亦不過五萬餘觔，工匠技藝未嫻，每工日衹成錢一掛，而北路多寒，南路多熱，每年又需停工三五月不等，以銅炭價值折耗薪工等項，通盤核計阿克蘇局之錢，每掛需本銀九錢五六分，以錢一掛易銀一兩，尚屬有赢，省城則需本銀一兩九分有零，不無賠貼，若鑄制錢，按新疆從前市價二千文易銀一兩賠貼，將及三倍，時地所限，萬難如内地籌辦之易，詣俟礦務暢旺，經費漸減，再行改鑄制錢等情，詳請具奏前來。臣維規復制錢必廣籌鼓鑄，欲籌鼓鑄，必先辦銅觔，如福建等省鼓鑄之銅，或取資鄰省，或轉購外洋，新疆僻在西陲，水道不通，礙難照辦，而紅錢五百文計重四觔，一兩制錢一千文，計重六觔四兩，以錢合銀，紅錢五百文易銀一兩，制錢二千文，易銀一兩，兩相比較，制錢費銅多，至兩倍有奇，改鑄制錢，勢必益形竭蹶，合無仰懇天恩，俯念新疆銅礦不旺，暫難規復制錢，准用沿鑄紅錢，照常行使，一俟工商輻輳，物價日平，銅觔足供鼓鑄，徐圖改造制錢，以歸畫一出自聖裁，除伊犂原設寶伊局能否照舊辦理，應由署伊犂將軍臣錫綸就近查明奏辦外，謹會同陝甘總督臣譚鍾麟恭摺具陳，是否有當，伏乞皇太后皇上聖鑒訓示。謹奏。硃批：户部知道，欽此。

國家清史編纂委員會《李鴻章全集》第一二册《鑄錢機器工費片光緒十四年三月十九日》 再，欽奉光緒十三年正月二十七日懿旨：規復制錢，必須廣籌鼓鑄，著李鴻章先行購置機器一分，就天津機器局趕緊鼓鑄，運京備用等因。欽此。遵飭天津機器局前福建藩司沈保靖等，擇要定購英國格林活鐵廠鑄錢機器一分，凡可就局中廠屋器具歸并匀用者，概不購買，俾從節省。議明英金五千三百八十三鎊，合中國銀二萬二千餘兩，水腳、保險在外。先由該局暫行挪款墊付半價，俟機器運到，連後半價核明若干，一併奏請撥給。經臣於上年四月十二日復奏，並以機器由外洋造成運到需時，應先用土法鼓鑄，解京濟急等因。奉硃批：著照所請，户部知道。欽此。轉行遵辦在案。茲據沈保靖等呈稱，此項鑄錢機器現已到津點收，又續經添購錢模，連外洋至上海水腳、保險費，共合英金六千二百二十二鎊十喜林八本士，加以上海棧租、上下抬力、起重費並運津水腳，共折合庫平銀二萬七千八百七十二兩九錢二分四釐五毫，請奏撥款項，分別歸墊等情前來。臣查直隸庫儲極絀，無款可籌，前用土法鼓鑄解京制錢工本，已奉旨准於長蘆鹽課應解京餉内截用，此次購辦鑄錢機器應需價腳等項，事同一律。將來開鑄制錢，恪遵懿旨，專備運京應用。此外尚有建造廠屋鍋爐及安置機器工程，擬懇天恩，俯准先撥給銀三萬兩，仍在長蘆鹽課應解本年京餉内就近截留，以濟要需。俟廠屋各工完竣，核明實用確數，不敷若干，另行奏撥。除將機器價腳細數咨明户部外，理合附片具陳，伏乞聖鑒訓示。謹奏。

著照所請。户部知道。

國家清史編纂委員會《李鴻章全集》第一二册《請停機器鑄錢摺光緒十四年八月二十日》 奏爲新購西洋機器試造制錢，核計工本，虧折過巨，無從籌補，擬請停造，恭折仰祈聖鑒事。竊臣於光緒十三年正月欽奉懿旨：規復制錢，著先購機器一分，就天津機器局趕緊鼓鑄備用等因。欽此。遵飭機器局員前福建藩司沈保靖等，定購英國格林活鐵廠造錢機器，於本年開河後運到天津，業將籌辦情形及價腳等項，於上年四月、本年三月兩次奏報，並聲明西洋機器造法與中國模鑄不同，其自熔銅卷片以至成胚、鑿孔、印字、光胚挨次相連，非多建廠座不敷分設，事體極爲繁重，工本恐多虧折，應俟開鑄後，核明實需銅鉛各項工本若干，再行專案奏辦等因。均蒙聖鑒在案。臣督飭沈保靖等於機器運到後，即置設局内，按照尺寸修築廠房，添配石座，並造鍋爐、輪軸、車床各項，除零星工程及烤銅爐、卷銅滚軸須隨時添修外，其餘均已就緒，當於秋初開輪試造。查閱造成制錢，字畫輪廓均尚清楚，惟機器時有損壞，極費工力。緣西洋造錢係屬平面，中無方孔，壓成較易，今以西洋機器造中國錢式，須另添打眼梃杆，由錢模正中穿透，始能撞出錢孔，地位殊窄，撞力過大，梃杆上下與錢模互相磨觸，最易傷損，每日每座機器模撞修换數次及十數次不等，人工既費，成數亦少。又，土鑄係用生銅熔灌，工料簡易，僅用銅五成四，鉛四成六，機器則須銅七成，方受壓力，鉛只三成，且必先化成六分厚銅板，再用卷銅斤機器烤卷十數次，使其質性純熟，減至不及半分厚之銅片，始能壓造成錢。其銅片成錢者只六成，下餘四成廢邊又須加費熔卷再造。僅卷銅片一項工料，每造錢千文，應合銀四錢一分零，加以他項工料，爲費甚夥。原訂此分機器，日長時每日成錢二百四十串，今因機器時須修理，約計每日成錢二百串。臣與沈保靖等逐款撙節科算，雖銅、鉛市價現在增昂，日後冀可稍減，而卷銅等項工料實難過省，每年成錢七萬二千串，共需工料銀十萬七千四百餘兩。按制錢一千五百文合銀一兩，每造制錢一千約需工本制錢二千二百三十七文七毫，虧折未免過巨。直隸貧瘠素著，並無閑款可籌，非比廣東，另有捐項彌補，即須全數作正開支。計每年機器造成之錢，值銀不足五萬兩，而工本則需十萬七千餘兩，賠貼銀至五六萬兩之多。值此庫儲極絀，必應通盤籌算，可省則省。現用土法鼓鑄，計每鑄制錢一千文，不過賠貼三百文左右，較機器省至數倍，其錢樣亦頗光潔，似不如專就土法，以節糜費。夫西洋機器專以製造金銀錢，內可夾用銅鉛，質料既省，工力易速，價值較昂，故甚合算。中國所以改鑄制錢，每錢一文所值幾何，而爲費太巨，應懇恩暫行停辦。前項已購機器仍可留局，設法改作別用。除將機器造成錢樣及土鑄錢樣咨送户部查覈外，理合開具機器試造各項工本細數清單，恭呈御覽。所有現購機器擬請停造制錢緣由，是否有當，伏乞皇太后、皇上聖鑒訓示遵行。謹奏。

光緒十四年八月二十三日，奉硃批：户部知道。單并發。欽此。

〔附〕清單

光緒十四年八月二十日

謹將新購西洋造錢機器就機器局試造制錢，每年以七萬二千串爲率核計，應需工本細數開具清單，恭呈御覽。

一、銅、鉛價每年需銀六萬九百三十七兩五錢，每千文合銀八錢四分六釐三毫五絲。

查每文重一錢，每年約造七萬二千串，應需銅、鉛四十五萬斤。按每百斤火耗四斤，計一萬八千七百五十斤，二共四十六萬八千七百五十斤，內七成銅三十二萬八千一百二十五斤，每百斤價銀十六兩，合銀五萬二千五百兩；白鉛十四萬六百二十五斤，每百斤價銀六兩，合銀八千四百三十七兩五錢。再，本年銅價漲至十八九兩，鉛價六兩有零，兹酌按銅價十六兩、鉛價六兩，約計核報。

一、焦炭每年一百五十噸，每噸銀十兩，合銀一千五百兩，每千文合銀二分八毫五絲。

一、烟煤每年二百三十噸，每噸銀四兩五錢，合銀一千三十五兩，每千文合銀一分四釐四毫。

一、委員、司事薪水每年銀七百二十兩，每千文合銀一分。

一、工匠、夫役八十名，每名每月攤銀四兩，每年共銀三千八百四十兩，每千文合銀五分三釐四毫。

查工匠、夫役內照料工作匠頭二名，看鍋爐工匠二名，看汽機工匠二名，撞錢胚圓片機器二副工匠四名，壓成制錢機器十副工匠三十名，車床工匠八名，老虎鉗工匠四名，光錢工匠四名，烤擦泡洗銅片夫役八名，穿數成錢以及抬運物料雜工夫役十六名，共合八十名。其卷銅片人工核入卷銅工料項下開列。

一、洋土各料物並修配機器等項，每年約需銀四千三百二十兩，每千文攤銀六分。

一、機器價值並建蓋廠座房屋每年攤銀五千兩，每千文攤銀六分九釐四毫。

查原購機器價銀二萬七千餘兩，局造鍋爐、輪軸、烤銅爐座、添安車床及卷銅機器，又建蓋廠座並零星工程約共需銀二萬二千餘兩，共五萬兩，酌按十年分攤。

一、卷銅片工料，每百斤需銀六兩四錢一分一釐五毫，每年用銅、鉛四十六萬八千七百五十斤，共需銀三萬五十三兩九錢六釐，每千文合銀四錢一分七釐四毫。

國家清史編纂委員會《李鴻章全集》第三五册《復總署議製造火柴光緒十七年七月二十五日》 敬復者，昨奉七月十七日公函，德國巴使以天津製造火柴局，請將此益歸獨造與約不合之語即行撤回，並鈔函照譯合同洋文，令即查明並如何辯駁之處，詳晰復知等因。遵查火柴即自來火，近來英、德、美各國載運來華，行銷内地日廣，日本仿造運入通商各口尤多。檢查總税務司造送上年各關貿易册内洋貨自來火一項，運銷四百十四萬六千八百零各羅斯之多，值銀一百三十四萬餘兩，幾於日增月盛，亦華銀出洋一漏卮也。日本既能仿造，必應勸諭華商集資購器設局，自行製造，以敵洋産而保利源。是以津商吴崇仁等創設公司，禀請開辦。鴻章職任通商，自應批准，並照西國通例，准其限年造運，俾得稍沾利益，此係中國自主之政，非他人所能過問也。巴使函稱華、洋商合伙一節，查所立自來火公司，原係獨由華商經理，並無洋人股本在内；局設在離紫竹林口外六里餘，地名賀家口，本係内地，與租界無干。原信所譯招股告白内有司達賽等五人，末有伍蔭柏者，即係該公司總辦吴崇仁，並由該公司另舉在津英、俄公正商人司達賽等幫同稽查出入帳目，購辦機器等事，不入股分，不取薪俸，凡西商公司通例，皆有此等董事名目，無足爲怪。原譯司事似有錯誤，其總管米石艾，則所延雇之英匠監工造貨者也。巴使似因該公司先雇德人造作不善遣去，改雇英人，心存嫉忌，故向鈞署饒舌。日前德領事司艮德來函糾纏，付之不理，又慫恿該使出頭，盡可一笑置之。若由尊處答復，直告以並非華、洋合伙，其他請不必干預。兹取有該公司自來火盒印用包皮紙様，寄呈鈞覽。專肅布復，祗頌中堂王爺大人鈞祺。李鴻章謹啓。直字五百二十三號。

中國第一歷史檔案館《光緒朝硃批奏摺》第一〇二輯《光緒十七年十一月護理陝西巡撫布政使李紹芬片》　再，正繕摺間，據賈景仁稟稱，商務局前購之各項機器，所有講價付銀，均係現任長蘆運司楊宗濂經手，請由臣一併檄飭該運司，會同該員在津辦理售賣變價事宜等語。臣查當日訂購機器，本係楊宗濂、賈景仁等經手，則今日售賣機器，自以仍責成該員等爲宜，惟楊宗濂現官長蘆運司，擬請飭下直隸督臣轉飭該運司，會同賈景仁核實估價，迅速覓定售主。至價值以若干爲合宜，應由接任山西撫臣核飭遵照，以重商款，謹附片陳請，伏乞聖鑒訓示。謹奏。

硃批：著即咨明袁世凱查照辦理。

《歷史檔案》二〇〇三年第三期《河南道監察御史易俊爲請鑄銀錢以收利權事奏摺光緒十九年八月二十二日》　河南道監察御史臣易俊跪奏，爲銀錢便於民用，請飭各省一律鼓鑄，以收利權，恭折仰祈聖鑒事。

竊維周立九府爲制錢所自昉，由漢而降，復用幣用楮，以濟錢之不足。元改楮名爲鈔，而黄金漸少，始以銀爲通行之幣，後世因之。國朝嘗一造鈔，因鑒前代流弊，不久停罷，厥後與錢兼權而並用者惟銀而已。自外夷通商以來，東南諸省洋錢盛行，而交易往來用錢與銀者不及其半。查洋錢有不同，大者曰馬錢，爲海馬形，今不多見；次曰花邊，有本洋、英洋之分，鑄人物、禽鳥，環以番字。夷船捆載而至，歲數百萬，與中國貨物相流通。其質低潮，遠不及銀，而價視銀爲高下，商民用之較銀尤便，是以到處通行。顧昔只以易貨而來，今則多易銀而去，每元計重七錢三四分，易中國足銀七錢七八分至八錢一二分不等，暗中侵去足銀不可勝數。第行使日久，禁之不得，不禁則受虧無窮。爲今之計，惟有議鑄銀錢尚可一塞其漏卮也。恐銀錢易於作僞，其沮格不行可立而待，不知洋錢流入中國多歷年所，其間有夾銅者，審聲辨色，雖在鄉愚，盡人通曉。况官板銀錢極精，作僞匪易，即作僞亦無益也。廣東業已試辦著有成效，不聞稍有窒礙，誠使仿而行之，爲利甚溥。人情厭故喜新，用銀錢者多，用洋錢者少，是不禁之禁也。且不用洋錢省分，半因制錢銷燬過多，不敷周轉，閭閻困乏，市肆蕭條。若得銀錢與錢與銀相輔而行，當亦日有起色。可否飭下户部知照各直省，悉依廣東成式開爐鼓鑄，酌量發交各州縣錢店公平兑换，俾得廣爲流佈，抑或統歸廣東鼓鑄，可稍減他省開爐經費。其應如何分撥，由該部妥議辦理，利權操於上，民用便於下，實一舉而兩得也。

臣愚昧之見，倘蒙采擇施行，天下幸甚。謹繕摺具陳，伏乞皇上聖鑒。

謹奏。

中國第一歷史檔案館《光緒宣統兩朝上諭檔》第二〇册《光緒二十年十二月十七日》　軍機大臣字寄都察院：光緒二十年十二月十七日奉上諭，御史鍾德祥奏，東便門外金家村地面，八月間，商人開設機器磨坊，於磨麵之外，兼能製造槍礮，稟經步軍統領等衙門勘准在案。現有南城坊官王桂芬派差持票，勒令該商不准開設等語，著都察院堂官查明所奏各情，據實具奏，原片著鈔給閲看，將此諭令知之，欽此。遵旨，寄信前來。

中國第一歷史檔案館《光緒宣統兩朝上諭檔》第二一册《光緒二十一年正月十四日》　交吏部。本日，軍機大臣面奉諭旨：裕德等奏，遵查商人開設機器磨坊一案，請將坊官王桂芬議處。南城副指揮王桂芬於商人請給告示時，並不稟明巡城御史酌覈准駁，輒行差人票傳，殊屬非是，王桂芬著交部議處，餘依議，欽此，相應傳知貴部欽遵辦理可也。此交。

中國第一歷史檔案館《德宗景皇帝實録》卷三六二《光緒二十一年二月上》

又諭，巡視南城御史秀林等奏，刁商恃符挾製咆哮，請旨辦理一摺。武舉李福明在東便門外，開設機器磨坊，前經都察院奏准，飭令撤去，該商人違抗不遵，恃符狡展，並敢率黨數十，鬨鬧官署，實屬異常刁狡，武舉李福明業經該城拏獲，著即行斥革，交刑部照例治罪，以儆刁頑。

《歷史檔案》一九九七年第一期《直隸總督王文韶爲北洋試造銀圓添購機器議定價值等銀數事奏摺光緒二十二年二月二十四日》 直隸總督北洋大臣王文韶跪奏，爲北洋試造銀圓，添購機器，議定價值、水脚、保險銀數，恭摺仰祈聖鑒事。

竊准户部咨開，議復御史陳其璋奏請飭部設局鼓鑄銀圓並令各省推廣仿鑄一折，光緒二十一年十二月初一日奉旨：依議，欽此。鈔録原奏咨會前來。

臣查北洋係通商口岸，現值錢少銀賤之際，市面頗形拮据，若能鼓鑄大小銀圓，流通行使，便益民生誠非淺鮮。飭據北洋機器局道員傅雲龍等詳稱，該局從前試鑄制錢，尚存機器十副，其機力可改造二角以下銀圓之用，酌添機器廠屋、匀撥工匠即可試辦，需費尚不甚巨。惟章程以試造爲准，試造以機器爲先，詳加籌畫，除局存機器十副及自行添造鍋爐等二十餘種外，計須添購製一圓及五角銀圓機器各一分，隨用切錢板、壓邊花、壓粗銀片機器各一分，共六分。又粗細轉軸各二對，共四對。較准分釐小機器五件。當向禮和洋行議定價值、水脚、保險等費，英金二千三百二十三磅一喜林十一本士。按現在磅價，約合銀一萬四千四百八十餘兩，限六個月運華交收。此項銀兩即由該局常年經費項下暫行借撥，俟試辦有效，再行妥議章程，另詳奏咨等情，具奏立案前來。

臣查該局就現有機器酌量添購鑄造銀圓，較之另設局廠所省實多。除飭妥爲布置，一俟機器運到趕緊開爐鼓鑄外，理合恭摺具陳，伏乞皇上聖鑒，敕部查照立案。謹奏。

硃批：户部知道。

《歷史檔案》一九九七年第一期《直隸總督王文韶爲籌辦北洋機器局試鑄銀圓情形奏片光緒二十二年二月二十四日》 再，前准户部議復御史陳其璋奏請飭部設局鼓鑄銀圓並令各省推廣仿鑄一摺。當經臣擬就北洋機器局設法試辦，並將添購機器緣由具摺奏明在案。旋准部咨，飭俟機器購到，仿照廣東、湖北辦法妥議章程奏明辦理。大小銀圓鋼模均須鏨有「直隸省造」字樣，先將式樣送部查覈等因。復經轉飭司道會同局員遵照辦理去後。數月以來，督飭機器局道員傅雲龍等，將自製鍋爐、廠屋逐一趕辦就緒，定購外洋機器於九、十月間先後運到。惟自行天平明春方能到齊，先就已到及自製各件分別安設，飭匠講求模範，務須精緻周密，以防詐僞；次則輕重成色當准墨西哥鷹洋之式，以期便於流通，不得稍有參差。其式樣則一面龍文，一面鏨字曰「大清光緒某年北洋機器局造」。凡一圓、五角、二角、一角、半角文概從同。又敬鐫滿文，遵國寶圜法例也。背增英文，便中外流通也。開春後籌集工本銀兩，即可開爐鼓鑄。據該司道等詳擬章程，並將鑄就銀圓式樣呈請奏咨前來。臣復加查覈，章程尚屬周妥，銀圓式樣亦甚精緻，其成色分兩係仿照墨西哥鷹洋之式，與廣東、湖北辦法亦屬相同，當可通行無滯。

除由臣設法籌藉資本，一俟開春即飭趕緊鑄造，並將銀圓式樣大小五種咨呈軍機處，恭備進呈御覽，暨分咨户、工二部查覈外，理合附片具陳，伏乞聖鑒。謹奏。

硃批：户部知道。

《歷史檔案》二〇〇三年第三期《黑龍江將軍恩澤等爲請將部撥俸餉解鄂鼓鑄銀元事奏摺光緒二十二年三月十七日》 奴才恩澤、增祺跪奏，爲黑龍江省制錢異常缺乏，請將部撥丙申年官兵俸餉劃解鄂省鼓鑄銀元，藉資補救，恭摺仰祈聖鑒事。

竊查黑龍江省賦課所出，以呼蘭、綏化兩口廳爲多，而制錢缺乏，並無來源，民間輸納賦課，貨賣物件概用鋪商憑帖，每銀一兩貴至三十吊、二十餘吊不等，以致百物昂貴，生計日艱。奴才恩澤到任後，嚴飭兩廳責令各商收回憑帖，平減銀價。近雖稍減於前，照綏化廳易銀一兩猶須帖錢十五六吊，呼蘭次之，亦須五六吊。市廛之阻滯、圜法之不通實爲各省所無。查昨准户部議復御史陳其璋請鼓鑄銀元摺内行令各省自行設局，仿照廣東、湖北辦理。如果購器設廠一時未能應手，酌撥成本附鑄粵、鄂兩局等因，遵照在案。

奴才等詳加籌議，以江省之瘠苦，一時無此財力購機鼓鑄，惟有按照部議，酌撥成本附入鄂局代鑄，以資利用而恤兵艱。查丙申年黑龍江官兵俸餉經户部奏撥長蘆鹽課銀九千兩、福建鹽課銀三萬兩、直隸旗租銀四萬兩、安徽地丁銀三萬兩，現尚均未報解。合無仰懇天恩，飭下户部咨行直隸、福建、安徽各督撫，將前撥銀兩如數提前劃解湖北局，代鑄大小銀元，俟有成數，即行解交盛京户部，由奴才等派員領解回江支放通行。至丙申年以前，各省協撥俸餉亦令源源報解，以紓兵用。

奴才等爲體恤兵民，便於征收起見。是否有當，理合恭摺具陳，伏乞皇上聖鑒，飭部核復施行。謹奏。

光緒二十二年四月初一日奉硃批：户部議奏。欽此。

中國第一歷史檔案館《德宗景皇帝實録》卷三九〇《光緒二十二年四月下》

護理陝西巡撫張汝梅等奏，創建格致實學書院，以培人才，並擬設機器織布局，提出餘利，供書院經費。報聞。

王樹枏《張文襄公全集》卷一五二《致迪化饒撫台光緒二十三年正月十九日申刻發》 巧電悉。每日鑄銀元出三萬元，機器若全係大元，又兼鑄錢恐三萬五千兩之價，斷辦不到，或大小兼鑄耶，鄂機日鑄銀一萬兩，機價已所差不遠，此一萬兩係專論鑄大元之數，若小元則費工一角者，每日僅出三千兩耳。銀元機似須論兩數，不必論元數，較爲易算。鑄銀元不須洋匠，華工即可，惟鄂匠亦少精熟者，廣東尚易覓。請與譚文帥商之，惟必須有精通化學之洋人經管此事，日日化驗銀色，配合方足，銖兩方準，技藝既精，亦無弊端，此銀元高低通塞所關，最爲設局根本，華人亦有粗通化學者，然恐不免含糊遷就之習，見小貪多之病，萬不得已，擇藝精而誠實者，優其薪水，重其儆罰，望於津、滬、粤三處求之。效。

《歷史檔案》一九九七年第一期《山東巡撫楊士驤爲東省財政艱窘洋圓灌入請試鑄銀圓事奏摺光緒三十三年二月十六日》 頭品頂戴山東巡撫臣楊士驤跪奏，爲東省銀價昂貴，財政艱窘，各國銀圓逐漸灌入，利源外溢，請試鑄銀圓，以資補救，恭摺仰祈聖鑒事。

竊查東省臨河濱海，水患頻仍，居民夙稱貧瘠，庫儲亦極空虚。甲午以前，無事之年出入尚敷相抵，庚子以後，添籌償款暨練兵經費已屬左支右絀，幸銀價甚平，兩次酌提各屬錢漕等項盈餘八十餘萬，數年以來，認籌賠款、練兵、興學等費倍於他省，得以接濟無誤，實藉盈餘挹注。自銅圓暢行，各省承辦之員既多方擴充，市儈奸商復牟利浸灌，銀價遂日漲一日。民間雖已通用，仍百端顧忌相戒，不肯存積。輸之於官，以十作十，行之於市，以十作八。即不明分區別，而暗中高抬價值，禁無可禁。州縣經征錢漕，全收銅圓則盈餘無着，搭收制錢則群疑勒掯，實屬上下交受其困。前之每銀一兩易京錢二千一二百文者，今則易銅圓一百六七十枚，核京錢三千三四百文矣。各牧令因公賠累無可彌補，難保不啓虧挪之漸。臣因思州縣爲親民之官，職司極重，必先養其廉隅，方能責其治理。已先後酌減盈餘三十餘萬兩，尚乏補助之策，財政異常艱窘。此病之在官者也。東民素稱儉朴，日用之需，向以三文五文交易往來。自銅圓通行，遂以十文起碼，小民食用不侈自費。且秋收以後，農民向係糶糧易錢，儲以御冬。近因不存銅元，相率積儲糧石，以致糧價陡漲，百物居奇。江皖鄰省水灾，購糧者源源而來，糧價益昂，銀價益貴。如小康者尚可存活，貧民勢將不堪，盜竊輕生百弊由是而起。此又病之在民者也。自膠歲議租，濟南辟開商埠，輪船、火車絡繹於途，各國銀圓逐漸灌入，洋行鐵路首先收受，商民因無平色之殊，而有取攜之便，又可通行各省，遂相與信使。近洋商又多攙以鈔票，幾視國幣爲可有可無，久必授利於人，不堪設想。上海等處鈔票盛行可爲殷鑒。此又全省財政之大可慮者也。

臣忝膺疆寄，内憂民困，外惕鄰交，中夜焦思，日與司道等熟籌審計，僉謂宜試鑄銀圓，或可稍資補救。據布政司吴廷斌詳請具奏前來。臣查造幣分廠業經財政處奏明裁併。銀幣、銅幣又定有一兩至一錢十文至一文之製，一經實行，自能補弊救偏。惟銀幣非一二年内所能實行，一文銅圓又非即時所能遍及，款絀如此，民困如此，權衡利害，自應暫行變通。擬請就原有廢置機器，試鑄七錢二分至七分二釐等銀圓，精其製造，足其成色，錢漕關税准其一律交納，膠濟鐵路公司暨沿路各礦廠亦應商令行使，以挽利權。合無仰懇天恩，俯念東省情形與他省不同，准予暫行試鑄銀圓，庶民間信用，市廛流通，糧價可減，銀價可平，民困可蘇，洋圓可以抵制，利源得免外溢，銀價不致再漲，盈餘可望有着，與東省情形大有關係。一俟幣制實行，即行停止，以示限制。

除咨度支部外，謹恭摺具陳，伏乞皇太后、皇上聖鑒訓示。謹奏。

硃批：度支部議奏。

中國第一歷史檔案館《德宗景皇帝實録》卷四〇九《光緒三十三年八月上》

署吉林將軍延茂奏，吉林試鑄銀圓，漸有成效，酌定行使章程，並請嚴定私鑄銀圓罪名。下部議。

吉林省檔案館等《吉林檔案史料選編》上諭奏摺《吉林將軍延茂奏爲京師錢法日敝銀價日跌可否仿照吉省鑄造銀元以維圜法摺光緒二十四年二月十五日》

竊據十旗協領保成等、署吉林分巡道謝汝欽，率同府廳州縣等聯名禀稱：吉林近十餘年來，市面現錢缺乏，錢鋪各商因之不敢多出恁帖，以致銀價日落，物價日昂，商賈兵民，胥受其困。雖疊經各任將軍多方籌劃，遠赴外(竟)〔境〕購買制錢，嗣復開爐鼓鑄，卒以緩不濟急，終歸於困，此吉林昔日之情形也。乃近聞由京差旋各員，傳述京城銀價，僅合當十錢十一吊有零。若以中錢計之，則不過二吊二百文耳。旅人固困，居者何堪？職等細心體訪，始悉京城錢荒、銅貴、銀賤、貨昂各情形，較之吉林昔日尤覺艱窘。然吉林自憲臺蒞任後，創造銀元，並擬定抵錢行使章程，每元一兩，通勻定價，作中錢三吊文。通飭旗民各屬，凡租賦釐稅各項收款，均先儘銀元交納。又復擬定嚴法，諭飭各屬，力禁胥吏阻撓抑勒，以期法之必行。當夫立法之初，職等猶慮民難圖(始)〔治〕，法或中輟。詎數月以後，銀元流通，錢價日平，物價亦漸復舊？吉省十餘年之艱窘，得銀元抵錢之一法而挽回補救之。一旦遽收成效，職等始悟立法之善無他，其得訣祇在抵錢行使及官先收納之一法耳！聞之廣東、湖北等省，現已購機設廠，興造銀元，然均仿照泰西各國，以銀視之，而不以錢視之。夫泰西各國，凡商貨交易，無論多寡大小，價值均以元計。而南省通商各處行棧，類亦沿用其法，故銀元不必抵錢。北省百貨，多則以銀計，小則以錢計。若以銀元專作銀用，則商賈算及毫釐，較之現銀未免有畸輕畸重之見，即難必其暢行。惟以元作錢，定有准價，既切民用，自易風行。但能興辦一年，銀價錢價均可兩得其平。既使將來銀貴價增，踰於銀元作錢之數，彼時將銀元價值略爲加增，即資調劑，但使利權操縱由我，即可經久無弊，經所謂義以行權是也。況銀元行而錢帖以暢，市面之周轉愈靈，官款收而銷路自寬，國家之利益亦厚，不必汲汲求抵制之方，而行之既久，自能保持利權於不敝。嘗考俄在各國中爲最貧之國，獨以其(鏹)〔羌〕帖盛行，是以養兵通商，雄踞北土。夫俄國(鏹)〔羌〕帖之法，即中國從前鈔票當千當百大錢之法。而其行使最得力者，則在上爭收用擅以擒爲縱之能，故能下樂奉行收轉貧爲富之效。而中國鈔票大錢各良法，則皆以胥吏阻遏，坐令廢棄，相提並論，則利害之源流不待再計決矣。

京師爲國家重地，而實憲臺梓鄉。祇因錢法不通，以致軍民異常困若。今若籌集巨款，仿製機器，及時鑄造銀元，並仿吉林行使章程，按照部庫月出之款，准各旗營各衙門，於應領俸餉薪津公廉各項分成搭放，並擇各城殷實商鋪飭其以平兑平，具領兑换，如此辦理，不惟可補圜法而恤民生，但以鑄元鑄錢兩項較比計之，鑄錢例有折耗，鑄元不但毫無折耗，而且獲利甚巨。即如吉省自造元行使以來，周年合計，每元萬兩，已有六七百兩之利。及去冬加並夜工，至今不過三月，約計得利數又加增。夫吉林地處邊陲，商户寥寥，較之京城繁富之區相去不啻倍蓰，猶且歲造銀元四五十萬兩，尚不敷用。若以京師商户之稠密，每年如能造元五六百萬兩，即可獲利益三四十萬兩，似於興利之説較有實際。

方今度支告匱，宵旰焦勞，職等既確有見聞，更何忍不以身受者？詳切言之，或可爲涓涓之助，亦野人獻曝之意等因，呈請轉奏前來。奴才等查吉林試鑄銀元獲利，業有成效，曾由奴才延於本年正月初六日恭摺具奏在案。至銀元抵錢行使章程，祇以吉林現錢奇窘，上下交困，因參仿從前鈔票大錢成法，酌量作價，通飭各屬，試令行使，初未敢必其果有濟也。所幸通省旗民各屬協力維持，現届一年有餘，均皆暢行無滯。既據該協領道府等官，切實呈請轉奏，奴才等亦未敢壅於上聞。惟是京師根本重地，自與吉林邊省情形不同，可否鑄元抵錢行使，以廣利源之處，伏乞皇上聖鑒，飭下户部核議施行。謹奏。

中國第一歷史檔案館《光緒朝硃批奏摺》第一〇二輯《光緒二十四年六月十九日北洋大臣直隸總督榮禄摺》

奏爲遵查釀酒織絨，現在籌辦大概情形，恭摺覆陳，仰祈聖鑒事。竊奴才於光緒二十四年五月二十八日，承准軍機大臣字寄，二十六日欽奉上諭：振興商務爲富强至計，必須講求工藝，設廠製造，始足以保我利權。據王文韶面奏，粤東商人張振勳，在煙台創興釀酒公司，採購洋種葡萄，栽植頗廣，數年之後，當可坐收其利。又北洋出口之貨，以駝絨羊毛爲大宗，就地購機仿造呢絨羽毯等物，亦可漸開利源。前經批准道員吴懋鼎，在天津籌款興辦等語，著榮禄飭令該員吴懋鼎、張振勳等，即行照案舉辦，但使製造日精，銷路暢旺，自可以暗塞漏卮，務令該員等各照認辦事宜，切實籌辦，以收實效，仍將如何辦理情形，由榮禄隨時奏報，將此諭令知之，欽此。欽遵，當即分别轉行遵照。

伏查粤商候選道張振勳在煙台創設釀酒公司，業經前督臣王文韶奏明，經部議覆，准其專利十五年，嗣據該道張振勳於本年四月間，稟報招集華商股本，置地五百餘畝，採購外洋葡萄種六十四萬餘株，先後運華，仿照西法栽植，釀酒出售，規畫經年，甫有頭緒，呈送辦法章程，復經前督臣王文韶檄飭，妥爲經理在案。欽奉前因，已行令該道將現在辦理情形，及所種葡萄是否得法，能否獲利，切實具覆，應俟覆到，再行陳奏。至道員吴懋鼎擬辦製造呢絨等物，亦經前督臣王文韶批准有案。兹據該道稟稱，自籌資本銀二十五萬兩，先行試辦，並託美國商人親赴外洋購買機器，僱募洋匠，本年十月内，機器可以運到，現擬在津購買地基，建造廠屋，一切辦法，悉按商務條規，力除浮費，約計明年春間，即可開辦等語。當飭該道按照所擬章程，認真籌辦，期收實效。竊維中國自與泰西各國通商以來，每年進口貨物所值，常浮於出口之數，銀錢流入外洋，歲凡數千萬兩，消耗無形，以致庫帑支絀，物力凋敝，自非講求工藝，振興商務，不足以資補救。釀酒織絨等事，果能製造精工，銷路暢旺，是亦挽回利權之一端，有裨時局匪淺。道員張振勳、吴懋鼎於洋務商情，均尚熟悉，辦理似可得手，除仍由奴才督飭妥辦，隨時奏報外，理合恭摺覆陳，伏乞皇上聖鑒。謹奏。

《歷史檔案》二〇〇三年第三期《北洋委用道傅云龍爲請於京師設立銀元總局事奏摺光緒二十四年八月初五日》 花翎二品頂戴北洋委用道臣傅云龍跪奏，爲請立製造銀錢總局，恭摺仰祈聖鑒事。

竊臣前遊歷海國，見其利權以金錢爲歸宿，莫不以銀錢爲肇端。而其銀錢總局大率設於國都，居中出入，以收利權，非若他局散置都外，誠重之也。中國銀錢始於粤、楚，北洋初無製者。前北洋大臣王文韶籌辦及此，檄臣試造，時臣辦理北洋機器局，先以舊存製銅錢機器改造銀錢二角、一角、半角三種，增購一元、五角兩種印花機器，其餘壓片、製坯、印邊、自行天平等器，洋購者半，局製者又半。創議於光緒二十二年（應爲二十一年——編選者注）秋，六閱月而工竣，又六閱月而銷暢。時在二十三年冬，津市錢荒，王文韶以銀錢輔銅錢之不足，垂閉錢莊賴以支持者百十。自是厥後，不惟津市暢行，即旅順、營口亦舍鷹洋而取龍元。所謂龍元者，即北洋銀錢也。自二十二年七月試製起，至二十四年五月十三日止，其暫支成本，惟淮軍銀錢所銀二萬兩，又息借道勝等行銀八萬兩耳。隨製隨用，收值復鑄，轆轤周轉，按月結報北洋大臣察核。凡十六結，計成大小五種，合整元二百六十四萬五千零七十七元七角。二十三年十一月以前盈餘有限，十二月後行用漸暢，每月盈餘七八千兩不等。計共盈餘銀七萬兩有奇。除工料息費外，淨餘庫平銀三萬七千三百零六兩一錢四分四釐，所存待製工料銀四千有奇尚不在内。設使工本寬裕，所餘尤多。此其成效可以共信者也。然事權不一者不能辦，義利不嚴者辦如不辦，此中消長之機要，王文韶實深知之。京師爲國家重地，士商輻輳，而錢缺如是，銅貴銀賤，舍製銀錢別無長策。京局早立一日，則圜法早濟一日。綜厥利權，大要有四：盈餘之多寡，以行用之遲速爲衡，官鑄官用，交納通則周轉易，其利一。銀錢著效捷於鐵路、礦務百倍，彼有盈即有歉，此則無歉而有盈也。操券而獲，可以便商，可以裕國，其利二。鐵路、礦務之興，利歸公不過分成，此則工費而外涓滴歸公，其利三。如撥官房以改工廠，築地基、修烟筩、購辦機器在半載以前，調工試鑄即在數月以後，需本非巨，先籌十萬足矣，鑄成試用乃增成本，成本愈厚則盈餘愈多，其利四。京師總局之重與外局異，然局規、局章則一也。按之非虚，推之則皆准，雖高下其手者必騰謗毁以爲不便，而國用則莫便於此。

方今度支未足，宵旰焦勞，臣既確有把握，倘仍緘口不言，豈不深負辟門達聰之至意。如蒙允行，其未盡事宜容續縷陳管見，伏乞皇上聖鑒。謹奏。

《歷史檔案》一九九七年第一期《盛京將軍依克唐阿爲報奉天設立機器製造局鑄造銀圓並行使情形事奏摺光緒二十四年九月二十六日》 奴才依克唐阿跪奏，爲奉天設立機器製造局，先行鑄造銀圓，並籌辦行使情形，恭摺具陳，仰祈聖鑒事。

竊奴才前因奉省制錢短絀，憑帖易於僞造，請購機設局鑄造大小銀圓，以期便利，奉旨允准。嗣在天津德國禮和洋行購定製造銀圓各種機器、鍋爐，所需價銀別無款項可籌，請將此項購價並將來安設機爐、修蓋房屋諸費，暫由奉省各項税捐項下，每兩酌提五分核實動用。於光緒二十二年六月二十二日附片具奏，奉硃批：户部議奏。欽此。旋經户部准飭將一切辦法妥議奏明，並將樣錢送部查覈。等因。於光緒二十二年八月初九日具奏。奉旨：依議。欽此。行知在案。維時機器尚未由外洋運到，而房基亦未擇定，無從開辦。經奴才迭次電催該洋行將所購機器依限速運，一面派員相度地勢，勘得省城東關外東邊門里奉軍舊有營房一所，房間悉已坍塌，而基地寬廣，可以修建局房，因即鳩工庀材，於上年七月十五日興工，本年五月底工竣。適銀圓機器陸續運到，飭令先期招集之各工匠查驗，雖尚缺少小銀圓印花紋滚邊各機器，而鍋爐及各項機器悉已齊備，可先試鑄，以應急需。當札派副都統銜鑲紅旗滿洲協領常慶爲總辦，花翎・二品銜候補協領・翼長文超、花翎・候補協領・防禦連科爲幫辦，安置各廠員司工匠，並先由糧餉處撥發銀兩，於本年六月初九日開工試鑄。旋據造成大銀圓並兩開銀圓共二等呈送前來。奴才細加考驗，分兩重輕係照部定章程較准，成色亦好。惟查奉天市面寶銀本甚低潮，即糧餉處存儲銀兩多係征收税釐款項，並非十足淨銀，鑄圓時重新傾鎔，不免多所折耗。三月以來，共鑄出大小銀圓十四萬圓，通盤勾稽不致虧折，尚有盈餘，但通省市面，向來營口通用外洋銀圓，近則省城間用各省銀圓，而外城却不見多。是此間行使銀圓風氣尚未大開，驟然行用，勢必多所阻格，當飭驛巡道、八界協領並各局處及承德縣公同妥議去後。旋據禀稱，擬令將已成銀圓分交糧餉處官錢局以銀換兩。隨將所换銀圓搭放各員司薪工及各營將弁、兵夫薪餉，並作官錢局交易之用，約計每月可發放銀五六萬，已可絡繹鑄用。一俟機器大開，商民信用，即令通省鋪商以市實市平交局鼓鑄，以兩付兩，俾可廣行鑄造，局中不得以庫寶庫平爲詞致有增減，亦不准商人附搭股本致違定章。至於民間行使，銀圓價目不能一律，日隨銀價低昂，苦難勾算，且不足救錢絀之弊。若酌定官價，設值銀價，貴賤懸殊，不免賠累。擬令所出銀圓，隨同各城銀價漲落，如市平銀每兩價值東錢十千，銀圓合市平銀七錢四分三釐，即定價七千三四百文，仍按照每月初一、十六日，銀行酌定價值，由各該地方官出示曉諭，並傳知大小鋪户，均於鋪面懸挂木牌，開明價值，半月一換，俾衆知有定價，便於行用。等情。據此，奴才詳核所議章程尚屬周妥，通飭各局處及閤省旗民各署一體照辦，並飭令將地租稅釐，凡向來無論以銀以錢交納者，均准以銀圓兼收，以期取信商民。目下每月可鑄銀二萬五千餘兩，每鑄圓一萬兩，以二等勾稽牽算，除去搭配料件、傾鎔火耗以及員司、夫匠薪工核實開銷外，約得贏餘銀三百四十餘兩，現已將缺少之小銀圓機器三副自行製造，將來造成開鑄餘利較厚，所有員司工廠章程悉仿鄂省定章辦理。惟機器初開，規模粗定，所用員司人數及一切薪工開支時有增添，未便遽行酌定，容俟試辦一年後，再將鑄造章程並購機、造機、購買物料及一切薪工開支暨設廠蓋房工程分晰開單、造册，奏明辦理。

除將此次所購外洋各項銀圓機器名目，並現鑄銀圓式樣咨送户部查覈外，所有奉天設立機器製造局先行鑄造銀圓並行使情形緣由，理合恭摺具奏，伏乞皇太后、皇上聖鑒訓示。謹奏。

硃批：户部知道。

《歷史檔案》二〇〇三年第三期《山東巡撫張汝梅爲鼓鑄銀錢請飭整頓圜法事奏摺光緒二十四年十一月十一日》 頭品頂戴山東巡撫張汝梅跪奏，爲鼓鑄銀錢，請飭部釐定成色、式樣暨部庫兑收搭放章程，以廣圜法而利民用，恭摺仰祈聖鑒事。

竊維近年銀價日賤，錢價日貴，每銀一兩僅易制錢一千一二百文，南北各省處處皆然，實於國計民生大有關礙。議者謂錢價之貴由於錢少，必以禁私毁、鑄新錢爲補救第一要義。然各省均如所議，實力奉行，而錢價仍不少貶。此推原其故，雖曰錢少，亦由銀多。查中西互市以來，適美、澳各洲銀礦大開，以所鑄銀條運至中國兑換黄金，進口之數歲凡二三千萬計。而近年各省議築鐵路，廣開礦産及創設製造等廠，籌借成者亦均以金磅折合現銀，來源既多，市價必賤，欲求補救，自非鼓鑄銀錢不爲功。蓋鑄銀錢即所以濟制錢之不足也。中國鑄造銀錢始於廣東，而直隸、湖北、江蘇、安徽、浙閩等省繼之，皆係沿江沿海通商省分，流通尚易。至於西北内地諸省，亦間有建造銀錢之議者，而往往不甚流通。即以東南各省言之，其流通亦遠不如鷹洋爲數之巨。鷹洋者即墨西哥所鑄之銀錢也，合中權七錢二分，名爲九成銀質一成銅質，實則銀質屬八成二三，餘悉以紅銅參雜。商民習用已久，樂其便易，不但毫無貶抑，且漲加一二分。而中國自鑄銀錢，概用九成純銀，商民則反不樂用，即用亦多從而貶抑之，其中窒礙情形甚多。洋商知其然也，歲捆載所鑄鷹洋，易我生銀運回本國，重加鼓鑄成，仍捆載來華。往復迴環，非獨利權爲所侵，且隱然摇我幣政。金愈貴則銀價愈賤，少則銅斤愈昂，而圜法之敝隨之矣。欲救其敝，臣悉以體察厥有兩端：一在嚴定各省鼓鑄銀錢成色、樣式，一在核議部庫兑收搭放銀錢章程。此查英、美、德、法諸國鑄造銀錢，概用九成純銀，中國現鑄銀錢亦用九成，即係仿照各國通行成法，音既響亮，質亦圓匀。其贏餘即以之抵爐火人工鼓鑄之費，是成色本無可議加也。惟各省建廠開爐或先或後，所用機器之靈鈍不一，(胚)[坯]板之大小不一，體質之純雜不一，花紋之精粗不一，驗收之寬嚴、局員之賢否亦不一。有核實辦理而適於用者，亦有不甚適用者。而所鑄之小銀錢重三錢六分、一錢四分四釐、七分二釐共三種，多以八成銀二成銅配合，求其精整，以適於用，更不易得，而輔制錢之不足，則仍以小銀錢之用爲多。夫中國自鑄銀錢所以塞漏卮，定圜法而與外人争利權也。與外人争利權，必自我整齊畫一始，我不能整齊畫一，是自相争相軋也。自相争相軋，外人遂得相乘其隙，而操縱之利權不復爲我有矣。不然以本國商民未有不樂用本國銀錢而反樂用外國銀錢之理，其不樂用必以成色、式樣不能整齊畫一，較諸生銀更多一番轉折，而大有不便者在也。臣愚以爲，欲求便民之法，當自上而下，自内而外，其勢始順而易行，商民以銀錢完納丁賦，税釐，公家悉准折合銀數兑收，則商民便。各省以所收丁賦、税釐批解部庫，部庫亦准折合銀數兑收，則各省便矣。部庫以所收銀錢折合銀數，搭放官兵俸餉，則部庫便矣。上下交便，各省所鑄銀錢自可流通，外國所鑄鷹洋亦自可禁絶。否則雖聚中國之銀悉鑄成錢，而於圜法之敝仍無補也。可否請旨飭下户部，核議鼓鑄銀錢規制，頒行各省。除鏨本省鑄造字樣以示區别外，成色、花樣務歸一律，不得畸輕畸重互有異同。所派承造局員，即責成各督撫臣詳慎遴派，嚴定功罪，信實必罰，以示勸懲而杜弊端。並一面由部釐定兑收各省批解餉項章程，每庫平、庫色銀一百兩應折收銀錢若干元，其切隨解部館。平餘、火耗等項應如何照數折收，京外搭放官兵俸餉等項應如何照數折發，概須詳細釐定，力求簡明。庶幾内外相維，上下相信，民用以便，圜法以平，而漏卮亦因之而塞矣。

再就山東一省言之，銀賤錢荒實視各省爲甚，而治河、籌賑、防海、瞻軍處處需用制錢，將來德人與華商合辦鐵路、礦産，如准其比照奉天、山東等處華洋公司章程，概用洋式銀錢，其爲害於山東者更大，故不能不預爲抵制。臣現因制錢太少，已就舊有爐座匯集廢銅，派員試鑄制錢，以資補助，而工本太巨，擴充甚難，仍擬購機置廠鼓鑄銀錢以輔之。東省商務一時未能振興，銀錢流通恐亦不易，自以准民間完納丁賦、税釐爲第一要圖。而征之商民，仍須解諸部庫流通之道，内外兼權。此又臣日夕籌維而不能不敬瀆宸聽者也。

臣係爲整頓圜法維持本計起見，是否有當，伏乞皇太后、皇上聖鑒訓示。謹奏。

光緒二十四年十一月十七日奉硃批：户部議奏，欽此。

《歷史檔案》二〇〇三年第三期《河南道監察御史秦夔揚爲請將官錢與銀元並鑄事奏摺光緒二十四年十一月二十八日》 河南道監察御史臣秦夔揚跪奏，爲整頓錢法，請將官錢與銀元並鑄，以一市價而便民用，恭摺仰祈聖鑒事。

竊臣維京城制錢短少，錢價昂貴，民間日用動多不便，每銀一兩只換當十大錢五百二十五文，非待小民無以爲生，即市面亦難周轉，以致銀、錢兩荒，弊端百出。揆厥由來，一由銅本之太貴。向來通行制錢，每一千文略重七斤左右，而目前銅價每斤價銀需二錢有奇。以銅鑄錢獨就銅價計之，已需銀一兩五錢以上方得鑄成錢一千文，加以人工、火耗，成本既重，斯虧折甚巨，則制錢之來路日少矣。一由私銷之大。其各省通行制錢，每一文計重一錢有零，京城當十大錢倍之，若毁而爲私鑄鵝眼小錢，每文只五六分。是毁大錢一文，可私鑄小錢四五文，若再攙和沙鉛，尚不在此。獲利愈厚，斯私毁愈甚，則制錢之去路日多矣。有此兩弊，於是銀既不足而錢復大少，銀與錢交困，百物之價亦因此陡漲異常，奸商駔儈又復上下其手，從中射利。錢則有官錢、票錢、通用錢之殊，銀則有松江、足色、漕紋之别，平則有京平、市平、公砝庫平之異，多爲名目，隨意挑剔。平銀無定衡，換錢無定價，百弊叢生，至此爲極。臣參觀市價貴賤之由與銀錢輕重之故，再四思維，竊謂爲今日之錢法計，非銀無與官錢並鑄相輔而行不可。試爲剖析言之，以備朝廷采擇焉。

一曰減輕制錢，以省銅本而杜私鑄也。前者總理各國事務衙門章京劉慶汾條陳印造銅錢諸法，其意以銅本日少、錢價日貴，議鑄當五、當十、當二十錢，以省銅質。所謂成本輕而獲利倍者未嘗無見。嗣經總理衙門以强輕爲重，民間必不信從議駁在案。以臣思之，就銅質而論固不可强輕爲重，就錢樣而論何不可減重爲輕？現今機器鑄錢既精且速，擬請改用機器，照通用制錢開鑄，不必用當十、當二十之名，仍循一文當一文之舊，精其式樣，輕其銖兩，如向例制錢每文重一錢者改爲每文重四五分，先從京城寶源、寶泉兩局開辦，再飭各省錢局，照式一律鼓鑄。製取其精，則私鑄不能仿；質用其輕，則私毁無所利，一錢仍作一錢之用。斯銅本省而鼓鑄易，且官製多而私鑄自絶矣。

一曰兼鑄銀元，以便民用而補銅錢之窮也。現在廣東、湖北、奉天等省所鑄銀元已漸通行，且有所謂角子者，舉一元而十分析之，約以一角、二角、三角至五角而止。自百錢以上，皆可以此代數，最便民用。蓋機器鑄錢工巧兼擅，鑄一錢不過得一錢之用，鑄一小銀元則一元可當百錢及數百錢之用，同一鼓鑄，事一而利倍，費省而效廣。並於大小銀元背面鑄明分兩，頒示定價，每大元值錢若干，每小元值錢若干。如廣東省每重七錢三分之洋元，例換制錢一千零五十文，並無漲落，亦未嘗不可通行。則出入相准，無可售其欺詐，以便民用，莫過於此。然而臣更有一説焉，大抵事非畫一，不足以昭大信；權非上行，不足以成通例。故臣以爲，銀元之鑄尤必自京城倡造户部收納爲一大關鍵，其詳細定章應由户部堂司各官秉公詳議，著爲簡明定例，外省征收丁賦、税釐，部庫支放官兵俸餉，一律准此。庶幾内外兼權，上下交便，而銀錢自可流通矣。

臣爲整頓錢法，使銀、錢相輔，以一市價而便民用起見。合無有當，伏乞皇太后、皇上聖鑒訓示。謹奏。

《歷史檔案》一九九七年第一期《直隸總督裕禄爲請允准北洋機器局照舊鑄造銀圓奏片光緒二十五年五月二十九日》 再，奴才承准軍機大臣字寄，光緒二十五年四月二十四日奉上諭：近來各省銀錢兩項日形短絀，各該督撫請鑄銀圓，以維圜法，未始非補救之一術。惟各省設局太多，分兩成色難免參差，不便民用，且徒糜經費。湖北、廣東兩省鑄造銀圓設局在先，各省如有需用銀圓之處，均著歸併該兩省代爲鑄造應用，毋庸另籌設局，以節糜費。等因。欽此。奴才伏查直隸近年制錢短絀，商民交困，全賴行使銀圓以資補救。天津爲中外商賈輻輳之區，輪船、火車以及市廛各項交易需用銀圓尤巨。自光緒二十一年前督臣王文韶飭就機器局試鑄以來，迄今五年，街市流通已久，現在津局所鑄成色甚足，每圓易錢尚較外國鷹洋多易錢二十餘文。今若驟行停鑄，必須趕赴廣東、湖北兩省商籌代鑄，方資接濟。當即電商兩廣督臣譚鐘麟、湖廣督臣張之洞，詳詢辦法。接准電復：湖北省所鑄銀圓，每庫平寶銀一萬兩合鑄銀圓一萬四千七百二三十圓，其運解保險箱袋等費在外，應歸托鑄之省自理。粵省則以現在各省附鑄及本省自鑄銀圓，月共四十餘萬，已屬盡力撑拄，直省若僅附鑄數萬，尚可代造，多則需添購機器，殊不合算。且粵省現無銀行，紋銀購自外洋，用多則洋人居奇，補水必漲，難以接濟。奴才復加考覈，該兩省鑄造工本不能減於津局，而銀圓往返解運，一切運保各費更須加增。且該兩省又力難多鑄。津郡市面需用甚繁，倘解濟不及，周轉不能應時，必至直形匱絀，殊於錢幣消長大局有礙。恭繹諭旨，以各省另籌設局，分兩成色難免參差，不便民用。惟直隸試鑄銀圓已歷五年之久，係附入機器局辦理，並未開支局費，其分兩成色亦與粵、鄂兩省無稍參差，民間行使流通已著成效，與他省甫議開辦者情形不同。似未便遽議停辦，致有窒礙。詳加體察，此洋機器局附鑄銀圓仍懇天恩俯准照舊鑄造，以維錢法，而濟民用。愚昧之見是否有當，理合附片具陳，伏乞聖鑒訓示。謹奏。

硃批：另有旨。

吉林省檔案館等《吉林檔案史料選編》上諭奏摺《吉林將軍延茂奏爲遵旨暫停鑄銀元及現辦情形摺光緒二十五年六月初六日》 跪奏爲遵旨暫行停鑄銀元，謹將現辦情形據實詳陳，恭摺仰祈聖鑒事。

竊准户部咨開，光緒二十五年四月二十四日，奉上諭：近來各省銀錢兩項，日形短絀，各該督撫請鑄銀元，以維圜法，未始非補救之一術。惟各省設局太多，分兩成色，難免參差，不便民用，且徒糜經費。湖北廣東兩省鑄造銀元，設局在先，各省如有需用銀元之處，均着歸併該兩省代爲鑄造，應毋庸另籌設局，以節糜費等因。欽此欽遵之下，仰見朝廷軫念地方，於力戒浮費之中，仍寓便民利用之至意。當飭總辦吉林機器製造局留吉補用同知覺羅德榮等，欽遵諭旨，妥籌速復。茲據復稱，遵照諭旨所指各條，詳晰聲復。

查吉局所鑄銀元，分造大小五種，較准分兩，搭配成色，均係遵照部咨，按廣東定章辦理。自開鑄以來，不時抽查鎔驗，並隨時呈請查驗，尚屬始終如一。諭旨謂成色分兩，難免參差。吉省似尚無此弊。吉省向來現錢奇絀，商民俱困。自二十二年十一月間，試鑄銀元，按照現錢定價，行使錢法，疏通銀價，適中地方久已稱便。並經諭定外來銀元，隨銀行定價，以示區別。故俄人在吉修造鐵路，需款甚巨，均係以洋條兑換吉省銀元使用。前後共收鎔洋條計有七十餘萬兩之譜，則全賴此項銀元抵制，得免羌帖。俄元雜遝灌入，似裨益地方，尤非淺鮮。

諭旨謂有不便民用一節，在吉省似無慮此。查局内鑄造銀元，當開辦之始，並未請領正款，僅借商款試鑄。及銀元一出，地方踴躍行使，官商争相兑換。計自二十二年十一月起，截至二十三年十月底止，試鑄一年期滿，計得利益除歸還商款及用過薪工料件等項外，浄得贏餘銀三萬七千餘兩。嗣因行銷暢旺，奉飭添造機器，增募人工，加添員司，擴充鑄造，截至二十四年十月底止，又復一年届滿，計得贏餘銀十九萬餘兩。自奉此次諭旨，局内清結，由上年十一月起，截至本年五月三十日止，計得贏餘銀十一萬五千餘兩。此項銀兩除以十萬兩留作鑄本外，其餘按年撥作交涉局經費、靖邊新軍五營軍火，及遵旨挑練之武備軍旗隊約共銀八九萬兩，均經先後奏明有案。是吉局鑄元所得利益，不第薪工料件盡由此項開支，既無所謂經費，(已)〔亦〕無所謂虚糜。而且除添置機器房間由贏餘開支外，尚裨補公家幾三十萬兩之多，似不可謂爲未著成效。

同户部核議，定章程，知照辦理。其餘未盡事宜，及或有應行增減者，俟奴才到各該省後，會同各該將軍細察實在情形，再行從長妥籌，奏明辦理。合併聲明。

《歷史檔案》二〇〇三年第三期《陝西道監察御史吴鴻甲爲請飭廣用銀元以維圜法事奏摺光緒二十五年七月二十五日》 陝西道監察御史臣吴鴻甲跪奏，爲銀價日落，制錢奇絀，請旨飭令廣用龍元，以維圜法而扶市面，恭摺仰祈聖鑒事。

竊照見在京師市面，每銀一兩兑當十錢不足五百，未抵制錢一千之用，而物價仍一切騰貴，官民交困於斯爲極。伏查今日中國之困，由見銀異常短絀，而錢價復如此奇昂者。以洋銅甚貴，銷燬日多，見錢日少故也。自異族雜居，遂多叢奸之藪，法令亦有時而窮。竊念近年物貴錢荒，直省幾同一轍，各疆臣苦籌補救，莫不出於多鑄龍元之一法，誠以銀元之用日多，則銅錢之用可少，目前救急之方無他策矣。以故南則遍於各省，北則遠至吉林，莫不恃此維持圜法兼杜漏卮。見雖未復舊規，而每銀一兩約換制錢一千三百餘文，民困藉以少紓。屢見抄報，獨京師爲首善之區，而錢荒之弊年甚一年，幾若束手無可補救者。一則部款出納爲書丁，奸窟所在，深恐變通成法則侵蝕剋扣之伎倆頓無所施，此輩權力頗能廣騰異説；一則士大夫或生長北方，於南省龍元便民之利與洋元漏卮之害向所未睹，故於鑄元之議阻之甚力。又以前年粤東所解銀元三十萬，户部有搭放而無搭收，出入未能一律，故行之未著大效也。今鑄元一事，已於四月二十七日欽奉諭旨，命軍機大臣會同户部試辦，仰見聖明廑念民依，亟籌挽回良法，曷勝欽佩。惟是設廠購器爲日尚長，而小民之困於錢荒者，實有迫不及待之勢。朝廷以天下爲家，取之外省與鑄之京師其利一也。見南北洋廣東各省均奉旨廣爲鑄造，目前之法，似不若令湖北、江南、廣東各省，將應解京餉多以龍元抵解，且令浙江等省京餉徑解天津，由津局鑄成龍元運京。並令户部於各項捐例率以五成龍元上兑，及順天各屬官項均准以龍元抵繳，每元作銀若干，懸示定價收放，不准兩歧。如此行之，不獨京城錢價日平，既南省龍元亦必愈加銷暢矣。見在庫儲支絀，廣籌餉源誠未易言，若第爲市面維持，錢法之敝是在朝廷一措注間尚可操券而收其效。

臣愚昧之見是否有當，伏乞皇太后、皇上聖鑒訓示。謹奏。

中國第一歷史檔案館《光緒宣統兩朝上諭檔》第二五册《光緒二十五年十月初二日》 光緒二十五年十月初二日，奉上諭，有人奏晉省商務局誤國害民，具款臚陳一摺。據稱，晉省創立商務局，所集股本，係將州縣領而未發，部撥清還息借之商款，勒令扣作股本，絳州分設織布局，所購機器，冒銷竟至三倍，將來運到，運價更不知如何冒銷。該局提銀四萬兩，在省開設錢店，行商均不敢與交，所造火柴，質劣價昂，勒派州縣代爲銷售，該局復派私人，在津滬購買低潮銀元，勒派各州縣行使，省城公估局專司兑换銀元，每人每日只准持一元往换，又只准换一角現錢等語。晉省商務局創辦伊始，固不可因噎廢食，存畏難苟安之見，惟事屬創行，總須弊絶風清，始足以開利源而杜隱患，著何樞按照所參各節，逐款查明，力加整頓，據實具奏，毋得瞻徇掩飾。另片奏商務局紳賈景仁把持局務，膽大妄爲等語，著何樞一併確查，覆奏。原摺片著鈔給閲看，將此諭令知之，欽此。軍機大臣遵旨，傳諭護理山西巡撫布政使何樞。

邢玉林《光緒朝黑龍江將軍奏稿·恩澤薩保奏爲銀元附吉搭鑄諸多碍難籲懇天恩仍准自鑄俾敷通省之需摺光緒二十五年十二月十四日》 奏爲銀元附吉搭鑄，諸多碍難，籲懇天恩，仍准自鑄，俾敷通省之需，免隳已成之局，並擬咨調鄂省銀元工匠來江承造，分兩成色，務臻一律，恭摺仰祈聖鑒事。竊奴才等前以江省制錢奇絀，官民交困，奏將南省協濟俸餉兩次撥交。湖北改鑄銀元，一時市面流通，人人稱便，其實每次不過數萬，旋用旋罄，所謂暫濟眉急，非僅能恃此振興也。是以嗣於奏銷呼蘭賑濟銀兩摺内，請由賑餘項下購置機器，自行鼓鑄等情，於光緒二十四年四月十六日，陳明在案，自欽奉硃批後，當即派員赴滬，在德國洋行訂購鑄造銀元機器全副，一面在於省城擇地設局，旋據委員禀報，機器已由該行運至營口卸貨，遵陸北上，局房、磚木各料亦已次第備齊，正操辦間，復於本年五月二十一日，准户部咨軍機處交出四月二十四日上諭，近來各省銀錢兩項，日形短絀，各該督撫請鑄銀元，以維圜法，未始非補救之一術。惟各省設局太多，分兩成色難免參差，不便民用，且徒糜經費，湖北廣東兩省鑄造銀元，設局在先，各省如有需用銀元之處，均着歸併該兩省代爲鑄造應用，無庸另籌設局，以節糜費等因。欽此。七月十六日，又准兵部咨黑龍江省核銷前敵官兵製裝等項銀兩一摺，六月初六日，奉硃批：户部知道。該省需用銀元，儘可就近由吉林搭鑄，著懔遵前旨，毋庸另行設局，欽此。欽遵。先後知照前來。伏讀之餘，莫名惶悚，苟非萬不得已，何敢一再瀆陳。惟邊地情形迥與内省不同，實有不便附鑄者數端。查本省之款，向以鎮邊軍爲最鉅，長途間阻，每届請領到方，必逾半年，軍士望眼已穿，勢難再向吉林輾轉鑄元，致多延誤，其不便一。邊餉既難搭鑄，所可鑄者，惟俸餉，通省合計每歲不過三十萬，而此三十萬餉，人非一時所能提集，往往待放已久，始能湊出兩三關，是仍不及搭鑄，大約實可搭鑄者，終不過如向撥鄂局之數萬而已，其不便二。江省之大，即邊餉俸餉盡數改鑄，亦未必敷通省之流通，必須官商合辦搭鑄，市面方可取不盡，而用不竭耳。然商人恃本營運，隨交隨鑄，則可往返，逾時則不可矧，一經往返，費綦多乎，不能就地開爐，絲毫無所取益，其不便三。江省地勢平衍，自春徂秋，泥淖縱横，運解既難如期，勞費尤多意外，無論俸餉，不能全數搭鑄，即能全數搭鑄，有車馬之費，有護解之費，長此虧耗虚糜，亦不少矣，其不便四。況自鐵路興工，銀銅兩錢竭蹶，於平時者更數倍，不爲開源之計，徒爲補苴之方，俄人取多，用宏區區，搭鑄之數，斷不敵其搜括，日復一日，必至抹兑盛銀行求，如鶩眼沙片而不可得，將來凡事皆難措手，其不便五。機器之價值，陸路之運費，局房之工料，合之不下數萬金，皆已十付八九，一經中止，前項銀兩，勢必擲於空虚，其不便六。然如仰邀恩准，仍由本省自行設局，不獨前之所謂六不便者，皆將化爲至便，有有形之鉅利一，有無形之鉅利二。查湖北廣東鑄元成案，向係九銀一銅，以九銀一銅計算，鑄銀十萬，即可餘銀一萬，餘火耗雜費外，所餘尚有數千，而就地設爐，俸餉邊餉兩項，但非立需發放之款，均可隨時鼓鑄，此内贏餘，即不甚少。奴才等並於本年八月間，接據閤城紳商公禀，願籌資本附局搭鑄，所得贏餘，先提一半報効軍餉，下餘一半作爲地方善舉，暨各股東餘利，又鐵路公司銀兩，亦頗有意附鑄，經手人等屢次探詢，如能權自我操，未始不可允許，因勢利導，源源而來，鑄者愈多，所獲愈厚，實於司庫不無小補，此有形之利也。江省釐稅旺於呼蘭境內，該處錢法敗壞，非用憑帖即係鵞眼沙片，每銀一兩竟易京錢五六吊，七八吊不等，故斗秤正課，向可徵錢四五萬吊，而買銀不過五七千兩。今若通行銀元，銀價必平，但就原額徵錢買銀入官，已可倍蓰，何況稅務商務互相表裏，錢法一變，百貨暢行，商人攘往熙來，局卡徵收，勢必勃然而興，過於舊額，此無形之利也。呼蘭城廳而外，凡使清銀之地，銀價又失之太賤，邊軍定例月餉四兩，馬隊加乾銀三兩，以正餉四兩計算，共不過易京錢九吊、十吊，而銀價愈賤者，貨價必逾貴，飲食衣履入不敷出，以致兵丁之選人多視爲畏途。其在營稍久之人，莫不負欠累累，異常困苦，是以上年冬間，奏請開銷軍糧運費，部庫支絀，未能議准，今若通行銀元，百貨暢行，貨價必可稍平，銀價亦當稍漲，大約每銀一兩可易京銀三吊一二百，是兵丁月餉四兩，頓增京錢三四吊，再能分別畧籌津貼，使稍充足日用，既有餘裕，軍氣自可常新，一轉移間，即收士飽馬騰之効，此又無形之利也。總之，江省之病，坐在制錢缺乏，必藉銀元相輔而行，非多鑄不能周流，非設局不能多鑄，上爲國計，下爲民生，體察情形，胥以此事爲根源。至於開局伊始，固不免有所耗費，然爲利甚溥，爲費無多，且所費者皆係已往之事，所利者實有可操之券，人分兩成色，各省鑄造，誠屬不甚一律。今奴才等既爲整頓地方赴見，關繫甚鉅，自須嚴爲督查加意講求，一俟欽奉硃批，即當咨商湖廣督臣調其優等化驗學生，暨優等工匠一二，來江承造，務使本省所鑄，與湖北廣東兩省銀元無二，以期民樂使用，易於行銷，此人經費，不致徒糜，堪紓聖廑者也。合無仰懇天恩，俯念江省事已垂成，相需孔迫，特旨准行之處，出自逾格鴻慈，所有銀元附吉搭鑄，諸多碍難，懇恩仍准自鑄，並擬咨調鄂省銀元工匠，緣由謹恭摺具陳，伏乞皇太后皇上聖鑒訓示。謹奏。於二十六年正月十三日，奉到硃批：著壽山體察情形，再行覆奏，欽此。

邢玉林《光緒朝黑龍江將軍奏稿·壽山奏爲江省銀元亟宜自鑄遵旨體察情形摺光緒二十六年三月十八日》 奏爲江省銀圓，亟宜自鑄，遵旨體察情形，恭摺覆陳，仰乞聖鑒事。竊光緒二十五年十二月十四日，原任將軍恩澤具奏銀圓，附吉搭鑄，諸多礙難，懇恩仍准自鑄一摺。奉硃批：著壽山體察情形，再行覆奏，欽此。欽遵之下，叠經奴才按照原奏，博訪羣言，證以平昔鄉里之見聞，徵諸現在商民之景象，知此事實關緊要，所籌具有深謀，惟恩澤前以創始方殷，兩奉諭旨，飭令停止，情勢所迫，但沾沾比較，附鑄自鑄之得失，而於江省清錢一項，因何奇絀之故，銀圓一舉，迫不容緩之狀，以及開局以後，若何督飭考核，斷絶流弊之辦法，皆不過附論及之並未縷晰，陳奏皇太后皇上實事求是，宜有未能釋然於聖懷者。查江省開闢最遲，從前易事通工布帛菽粟之需，率以皮革牛羊相互市，於以知當日之並無錢弊。迨近數十年內，商賈漸繁，錢之流通亦漸廣，然邊徼荒遠之地，銅質笨重之物，事勢途險，其自內省轉運而至者，亦迄不能多。比來海外銅價奇昂，每銅一片約需華銀數錢，攜此銅價之銀，回華以易錢，每斤合華制錢五六百文，而制錢一千，權之皆重六七斤，毁錢爲銅，一轉移間，即獲數倍之利，人心趨利，如蠅逐臭，邊地傭作，又皆內省貧民，什百成羣，時來時往，其奸販躉運無論矣，而平民亦多藉口，川資捆負以去，查之無可查，禁之無可禁，并聞外人有於上年載錢數萬貫，託名糧石，運赴營口者，來源本少，漏卮復鉅，民用安得不困，圜法安得不窮。此清錢一項，所以致絀之情形也。清錢如是其絀，錢價自不得不貴，每銀一兩，僅易京錢二千三四百文，近年恩屢由鄂省附鑄銀元來江搭用，每圓准作京錢二千二百文，銀價因亦漲至三千一二百文，然區區有限之圓，隨用隨罄，既罄之後，如風落潮平，仍復舊轍，無裨久遠。呼蘭境內別有小錢一種，名色價固極賤，然所用者皆係鵞眼沙片，一文之重，不及數毫，一貫之長不逾數寸，光緒二十年，銀價每兩京錢三四十吊，近年每兩亦尚七八吊、十一二吊，若購清錢，則更昂於他處，必須加價購買，名曰帖色，然近時無論清錢不易得，即小錢亦不易得，若用錢至數十吊，光由甲鋪付錢數吊，其餘概給錢帖兑至乙鋪，乙鋪亦如之兑至丙鋪，輾轉湊付，名曰抹兑。黑龍江城近亦頗有加色抹兑諸弊。奴才前在副都統任內，壹次設法嚴禁，迄以清錢奇絀，不敷周轉，旋禁旋起，無可如何。夫政治之興，必以利商便民爲首務，故歐洲極查幣制，初時僅用銀圓，繼又以銀圓幣輕，改用金圓，彼因自詡爲用金之國，而目中國爲用銅之國，今江省並此銅幣而不給，若不亟鑄銀圓以圖補救，商業則江河日下，民生則困憊難支，況值鐵路興工，糧料工價之需用錢甚鉅，尤恐外人藉口於錢不敷用，自請鑄圓，不獨政體非宜，亦且利權旁落，故爲江省計，自非速鑄銀圓不可。爲鑄元計，更非就地設局不可，蓋非多鑄不能流通，非設局不能多鑄，恩澤所陳，附鑄不便，各節實係，再三審慎，出於勢之不得不然，惟論自鑄之利，僅及於釐稅邊防，是猶舉其大者言之，其實錢法爲本源所繫，一經整頓，利賴奚啻一二端，否則一敝百敝，弗利之事，亦不僅一二端也，此銀圓一舉萬難，再緩之情形也。至於設局鼓鑄以後，公款之外，自當搭附商鑄，以期源源不竭，分兩成色，亦應遵照成案，俾便民用，惟利之所在，弊即隨之，且有形之弊易防，無形之弊難杜。蓋九銀一銅之説，夫人盡知之矣，然市面通用之銀，斷無十成之色，除低潮極次不計外，最佳之色，亦只九九以上，而以九九銀色論，庫平百兩，僅有真銀九十九兩，餘爲原有之銅質一兩。鑄圓者，但知九以加銅，不先除此原有之銅，則圓色必不足，即知分別提銅，不能鎔盡化盡，使成圓後，浄有九一之銅，則圓色仍不足，各省參差，不甚一律。賦此之由，故鄂粤兩局首重化學，凡收生銀入局，先由化學生考驗，隨驗隨化，務使盡浄，則原質既純而不雜。迨後加銅鑄餅，以及分兩輕重，各專責任，自皆順理成章，然任法任人交相爲用，苟董是役者，清操自勵，復能躬親其役，一切無形之弊，自不禁而自除，天下固無無弊之政，惟視經理何如耳。查有奴才奏調末江之藍翎同知銜安徽候補知縣程德全，向在内省久充銀圓局差，閲歷甚深，頗悉其中竅要，品端志卓，幹練閎通，如蒙諭旨允行，奴才等擬即派爲該局總辦，再於本省揀得協領穆精額，廉謹可靠，堪以幫同管理。此外，局中應需生匠人等，仍照恩澤原奏，酌量咨調，奴才等並當督同該各員等，隨事懲勸加意講求，雖創始維艱，未敢侈言成效，而竭誠自矢，或可仰慰慈廑，此又預擬開局以後，督飭辦法之情形也。刻下機器各件業已陸續運至局房，工料前亦大半備齊，奴才等一面派員驗收機器，一面飭令檢點工料，預備營造，蓋邊地雨多寒早，一年做工不及五箇月，若不先期籌備，又將遲至明年，當兹相需孔亟之時，尤以早鑄一日，俾得早收一日之效。至前此購機置料，皆未嘗與聞，似無所用其迴護，且蒙恩擢，□本省尤不敢縻不急之款，貽鄉黨之譏，區區愚忱，想邀聖明垂察，不勝籲懇，待命之至。所有江省銀圓，亟宜自鑄，遵旨體察情形緣由，謹恭摺覆陳，伏乞皇太后皇上聖鑒訓示。謹奏。奉硃批：著照所請，該衙門知道，欽此。

吉林省檔案館等《清代吉林檔案史料選編（工業）》下册《協領劉嘉善爲吉勝火磨公司停閉可否將火磨機器及鋪墊貨物發還周逢英的稟文光緒二十六年三月二十六日》　督、憲將軍麾下：敬稟者，竊奉發交，據補用把總周逢英呈，以家素貧寒，幼習手藝，於早年在天津、吉林機器局投効充當工匠，藉資糊口。嗣聞國家大開利源，無論商民俱准自辦輪船、機器，以奪外洋利權。因此衆同商議，各人願以歷年所積工食銀凑集資本，在三姓地方創設磨坊，或可稍得餘利，接續生機。所集資本皆係零星凑成，頗費周章。於光緒二十二年四月凑齊資本銀四千餘兩，著把總在局請假赴上海購辦火磨器具，其餘銀兩續後再匯。乃是年七月間，延帥清查機器局，同集資本之人半經撤去，以致續交銀兩無從收取。前款既經兑出，欲退而把總在上海業將該器辦妥，價銀立待交清，逼迫萬狀。幸蒙三姓金礦總辦宋大人之老太爺不能，拖延既久各欠苦逼，幾於性命不保。目擊情形憫憐，逾格向官銀號保借銀二千兩還清。該欠於光緒二十三年臘月，將火磨器具運載來吉。道經省垣，被前管帶永濟輪船趙連魁，因索不遂稟明延帥。乃當此之際，以農工商爲急務，於光緒二十四年正月初九日，延帥因此飭已故正白旗協領春傳諭，將此器具留在省城，創設吉勝火磨公司。把總等所有凑集資本，並保借銀兩一概作股，發給股票。把總不敢不遵，又籌撥官款銀三千兩，錢一萬吊，均係該公司總辦經手。在省城附近北門官地修造房屋，置辦鋪墊等用，實與購辦火磨器具兩無交涉。蓋購辦該器在光緒二十二年，提撥官款在二十四年前後，界限顯然。

伏查該公司閉歇半載有餘，機器率多鏽壞，若再日久延擱，勢必成爲廢物，所有成本亦必盡歸無著。把總籌思至再，惟有仰懇督辦將軍鴻慈，逾格轉飭發還火磨一切器具並剷床等物，俾把總等得以領出，或可設法補救，庶成本不致全虧，而股商亦免虞拖累矣。不揣冒昧，謹將一切確情具呈，可否之處，伏乞批示遵行等情，呈奉憲批。據呈此項火磨器具，係該把總自行凑資購買，是否與該公司無涉，應否發還，仰該公司查議復奪等諭，發交公司。奉此，遵查此項火磨原係周逢英自行凑資購買，運至吉省。前將軍延聞知，當委已故協領春海留在省城，創設吉勝火磨公司。其周逢英凑買火磨本銀六千兩，作股六十分。前將軍延撥交恒升店捐銀三千兩，作股三十分，並由釐捐局撥閑款銀三千兩，錢一萬吊，作股六十三分半，總共計股一百五十三分半。寫立股折，獲利按股均分。交周逢英收執股折六十分，其餘公款股分獲利，擬撥給廣仁堂及各善局津貼糜費，此火磨公司創辦之原委也。

其創設之初，職等雖未經手訪詢，此項火磨確係周逢英自行凑資購辦在先，前將軍延舉意設立公司在後，當初有無異言不得詳悉。若以公司之事而論，周逢英購買火磨價銀六千兩，既已合作股本，此項火磨即係公共之物，公司賠賺則應按股均攤。現在停閉，須將鋪墊貨物及機器火磨等項一概出兑，得錢若干再行按股均分。既是出兑必須虧折，不免有賠累之虞。然火磨公司原擬招商集股，每銀百兩作爲一股，擬招四百股爲度。嗣因入股廖廖，是以前將軍延籌撥公款，始經開辦，仍未足四百股之數，不過敷衍而已。所招商股並無一分，僅以周逢英購買火磨價值作爲股本，餘則皆係公款。修蓋房間，置買鋪墊，鑿井，安磨費錢甚多。若令周逢英一股攤此虧賠，未免向隅。且周逢英原買火磨擬設三姓，經前將軍延截留，亦係事之出於不得已。惟可否仍發還周逢英承領之處，伏候上裁，如蒙憲臺思准發還，此項火磨原購價值運脚等項，總共需銀六千九百七十兩。除伊本銀六千兩抵去外，仍令周逢英交銀九百七十兩並鋪墊貨物，兑錢多少盡數歸還寶吉局、釐捐局，以償公款。所有遵批查議緣由，是否有當，理合具察呈復憲臺，俯賜鑒核，伏乞訓示遵行。謹此肅禀，恭請福安，伏維慈鑒。

再，協領富蔭現在丁憂，故未列銜，合併聲明。謹禀。

吉林將軍批：禀悉，准如所議辦理。即將此項火磨器具發還該把總周逢英承領。除該把總本銀六千兩抵去外，仍飭交銀九百六十兩以償公款，仰即知照。繳。

光緒二十六年三月二十八日

吉林省檔案館等《清代吉林檔案史料選編(工業)》下册《吉林將軍衙門爲吉勝火磨公司房屋鋪墊及賠款數目按股均分的札文光緒二十六年六月十四日》

爲札覆，飭事。

案據稽查吉勝火磨公司事務、四品銜知府用候補同知陳喬年等禀稱：竊職等於二十五年十二月初六日奉憲臺札開，據副都統銜、藍翎協領、兼騎都尉劉嘉善等禀稱，火磨公司原擬官督商辦，招商集股。乃因入股無多不敷應用，曾由邊務糧餉處借銀三千兩，釐捐局借銀六千兩。迄今所磨之面銷路終未暢旺，實難獲有利益。又兼糜費太巨，日久難免虧賠。擬將鋪墊貨物等項一概折變，兑錢多少按股均分，以昭公允，禀請鑒核，訓示遵行，等情。

據此，查火磨公司既係官督商辦，招商集股復何以提用公款？且所提之銀均係糧餉處釐捐正款，自應先行歸楚，未便久懸。至該公司現存銀錢、貨物、鋪墊等件，究竟是否足抵公款，應即查明分別估計，以昭核實。除札復火磨公司知照外，合亟札委。札到該丞、該協領即便遵照，會同前往該公司，速即查估，據實禀復再奪。特札，等諭。奉此，職等遵查該公司原入股一百五十三股半，每銀百兩作股一分，計收股本銀一萬五千三百五十兩。內有前將軍延交銀三千兩，周逢英交銀六千兩，釐捐局交銀六千三百五十兩。均以二吊九百七十四文銀行，合錢四萬五千六百五十吊零九百文。又由二十四年開設之日起，至二十六年五月二十日止，共獲餘利錢一萬四千六百三十三吊五百八十二文，二共收錢六萬零二百八十四吊四百八十二文。嗣因購糧錢不敷用，由邊務糧餉處借銀三千兩，寶吉局借銀六千兩。職等當飭該公司變賣糧石貨物，並由該公司現存銀錢款内，先後將此二項借款銀九千兩，業已依數還清。於是職等督飭練軍文案委員六品官毛魁令，書識陳樂善、曹柄如、李屬春等，將該公司置買機器面磨，添修面窑板棚，現有鋪墊等項，按件點清核實，估計合錢二萬七千三百八十八吊九百二十四文。又加現存折變糧石錢二千八百二十一吊零四十八文，計共現點錢三萬零二百零九吊九百七十二文。至該公司修補房間，收拾院墻，安設機器，需用工料局費等項錢三萬零零七十四吊五百一十文，除由歷年所獲餘利動用外，净賠去股本錢一萬五千四百四十吊零九百二十八文。以原入股一百五十三股半均攤，每股應賠錢一百吊零零五百九十六文。惟該公司修蓋房間鋪墊等項，原擬出兑，迄今數月終無售主。或飭股東均分，或仍派人看守，職等未敢擅便。理合將查明火磨公司錢項、房屋、鋪墊，分別估計價值並虧賠數目，逐一繕造清册附禀，呈請鑒核施行等情，到本軍督大臣、副都統。據此，禀册均悉。所有該公司净賠股本錢一萬五千餘吊，准如所請，按原入股分均攤賠補。至該公司修蓋房間鋪墊等項，既無售主，亦着飭各股東按股均分。除札飭吉勝火磨公司遵照辦理，復該稽查委員等知照外，合亟抄粘原册札飭，札到該員等公司，即便遵照辦理。特札。

計抄粘原册。

呈：今將稽查吉勝火磨公司自光緒二十四年開設之日起，至二十六年五月二十日止，收到各東股本，購買機器面磨，添修房間，置買鋪墊等項，分别作價按股均分，並每股賠錢若干各數目，分晰繕册，恭呈憲閲。

計開：

一、收前將軍延股本銀三千兩。

一、收周逢英股本銀六千兩。

一、收釐捐局股本銀六千三百五十兩。

以上計收銀一萬五千三百五十兩，以二吊九百七十四文銀行，合錢四萬五千六百五十吊零九百文。又收由二十四年設立之日起，至二十六年五月二十日止，計獲利錢一萬四千六百三十三吊五百八十二文，二共統收錢六萬零二百八十四吊四百八十二文。

一、現點置買機器面磨並水陸運腳合吉平銀六千九百七十兩，以二吊九百七十文合錢二萬零七百零零九百文。

一、現點置買鋪墊等項錢二千一百四十四吊九百三十文。

一、現修蓋面窖七間，需用工料錢三千七百七十七吊七百六十四文。

一、現修蓋板倉房五間，需用工料錢五百二十七吊九百八十文。

一、現修蓋鐵爐棚兩間，零用工料錢五十一吊三百九十文。

一、現修板馬棚草欄三間，需用工料錢一百零四吊五百二十文。

一、現修炭棚三間，需用工料錢八十一吊四百四十文。

一、現存錢二千八百二十一吊零四十八文，現在街市鋪商存儲。

以上統點錢三萬零二百零九吊九百七十二文。

一、除被回禄燒燬鋪墊錢一千一百三十八吊八百二十六文。

一、除安機器需用工料錢六百零一吊二百二十文。

一、除修理機器添買物料錢一千八百九十三吊四百七十文。

一、除修櫃房、雨搭需用工料錢一百七十一吊五百八十文。

一、除苫修櫃房、間壁需用工料錢一百三十一吊七百二十文。

一、除修理官廳需用工料錢一百零五吊五百文，已被火焚。

一、除櫃房串瓦需用工料錢一百零六吊一百九十四文。

一、除伙房串瓦需用工料錢一百一十二吊五百一十文。

一、除機器房串瓦需用工料錢一百一十三吊三百零四文。

一、除修理後大門需用工料錢一百二十二吊三百文。

一、除收拾周圍板墻需用工料錢四百九十四吊七百七十文。

一、除苫修厨房間壁需用工料錢四十一吊八百四十文。

一、除修甬路需用工料錢二百一十八吊一百文。

一、除修井需用工料錢一百三十一吊。

一、除還機器局添造機器料件錢一百一十吊。

一、除機器匠口分錢三千一百三十九吊零九十六文。

一、除買糧斗税錢五百六十五吊八百五十文。

一、除由二十四年設立之日起至二十六年五月二十日止，薪工局費錢一萬六千六百一十吊零零六十六文。

一、除賣糧等項虧賠錢三千七百六十一吊四百四十四文。

以上共除錢三萬零零七十四吊五百一十文。查該公司自光緒二十四年設立之日起，至二十六年五月二十日止，計現點房屋鋪墊等項錢三萬零二百零九吊九百七十二文。開除錢三萬零零七十四吊五百一十文。除由所獲餘利開銷不計外，浄虧賠股本錢一萬五千四百四十吊零九百二十八文。以原入股一百五十二股半均分，每股應分鋪墊房屋錢一百九十六吊八百一十文，應攤虧賠錢一百吊零零五百九十六文。

遼寧省檔案館《東北義和團檔案史料·交涉通商委員景亮等爲請修復機器局趕鑄銀元事給長順的禀文光緒二十六年九月初七日》　督帥將軍麾下：

敬禀者，竊職等前在哈爾濱聞知，閏八月初一日，北路洋兵進城，突入機器局，損壞各種機器等情，莫名驚憤。鐵路委員李鴻桂以爲種種情形既過，惟俟緩論，當擇目前機關重要者，從速挽回，方不僅争勝於筆墨。據云銀元一項，實爲闔省利源所關。並可濟彼鐵路之用，機器一時被毁，或不致損傷過甚。尚有翻沙各廠，極力收拾修理，當仍可用。要趁此時整頓，以趕製銀元助彼鐵路爲言，且可見我之情，不同軍裝、火藥爲人藉口疑忌也。我亦不至將多年鉅費經營之物，損傷遽置不用而失要利也。倘我不速造，則他處銀元、盧布等，必將乘此暢行。迨行用既開，豈能遏止，我利權去矣。職等以其所論甚是，故亟縷陳鈞座。伏乞鑒復施行。李委員並云，倘無收拾機器之人，可由其轉託鐵路擇派此種匠人，來省修理。並此附陳，職等不勝盼切之至。謹此，敬請鈞安。職景亮成全謹禀。

長順批：據禀趕鑄銀元以收利權，實爲當務之急。本軍督大臣，前亦籌慮及此。業經照會伯力總督在案。俟復到，即可定期開鑄。仰交涉總局轉行知照。初八。

遼寧省檔案館《東北義和團檔案史料·吉林製造銀元局爲吉林將軍與華俄道勝銀行就鑄造銀元訂立合同事給三姓副都統的咨文光緒二十七年五月三日》

爲咨行事：光緒二十七年四月二十七日，奉軍憲札開，查前因銀元廠重鑄銀元，本將軍業與華俄道勝銀行總辦高培哩商定條約，俄國銀元每元按二吊合錢，吉林銀元廠每大元按二吊二百文合價。並議明二年不更改定價，亦不增改銀元輕重成色，均載在第一、第二、第五條約，各立合同在案。兹據雙城廳通判柳大年稟稱，近接哈爾濱鐵路公司俄國王爵希爾廓夫來函，新擬錢法改章，凡鐵路開付工路等項，概發俄國銀元。外國錢均(照)二吊二百文使用，代爲出示等情。不特核與省城前定條約彼此互異，抑且俄國大銀元每元止市平銀五錢六分，比較吉林大銀元每元少市平銀一錢七分零。前定每大元按二吊合錢，已屬溢於銀價，豈能再行加增。況事關通省錢法，該廳並不先請示遵，遽爲出示辦理，殊屬率略。自應責成該倅，即將所定條約與俄員切實辯論，總期與約無背，仍循照舊章辦理爲要。除禀批示並分札交涉總局遵照外，合亟札飭。札到該廠立即遵照抄録前定條約，通行各屬，一體遵照辦理等因。奉此，除分行外，相應抄粘條約，備文咨行。爲此合咨貴衙門，請煩查照出示曉諭所屬一體遵照施行。

〔附〕吉林將軍與華俄道勝銀行爲吉林鑄造銀元定立合同事

計開：

第一條：中國官照舊須在銀元廠内監造銀元，並仍照一切舊章辦理。至於稽察文簿、銀錢數目及匠役等事，均准道勝銀行不時查覈，以三年爲止，自光緒二十七年正月二十四日起。

第二條：道勝銀行交銀元廠銀條，令伊鑄造銀元，以所交銀條鑄成銀元，全數均交道勝銀行。再銀條每兩合錢，按市價三吊一百文。銀元廠交給道勝銀行每大元按二吊二百文合價。

第三條：道勝銀行自本年至年底止，此一年内，陸續交銀元廠銀條二百一十餘萬兩，銀元廠應交道勝銀行三百萬元。每月三十萬元。每兩合錢按照第二條内定價核算。

第四條：以上三條若有更改處，至明年由道勝銀行能更改商辦。所有道勝銀行所交銀條，至明年正月截止隨便。至於稽察一切事務，仍照舊不時查覈。

第五條：將軍此二年内不能更改大銀元，每元按二吊二百文之定價，亦不能增改銀元輕重成色。

第六條：以上約條應寫兩份，其一吉林將軍收存，其一華俄道勝銀行收存。再道勝銀行與銀元廠交銀條、取銀元，另立折子一個，以憑交取。此折係在道勝銀行收存。

吉林將軍與華俄道勝銀行爲定立合同事

計開：

第一條：將軍出示曉諭，令各衙門所有銀元、洋帖應交各樣租稅，不准阻止，均准納收。再俄銀元每元按二吊合錢，一元洋帖亦按二吊合錢。

第二條：道勝銀行自今年至年底，該當由中國各衙門收入外國銀元並洋帖，亦當不阻止兑换中國銀元或銀兩。每外國銀元一元零十開一元，合中國銀元一元。海外國銀元一元半，合吉林市平銀一兩。

第三條：以上約定之行市價值，定至俄曆一千九百一年七月初一日爲期。

中國第一歷史檔案館《德宗景皇帝實録》卷四九《光緒二十七年十月》 又奏，前翰林院侍讀學士黄思永，在京師琉璃廠廢窑設立工藝廠，陳明立案。得旨：著順天府察看情形，或行或止，酌核辦理。

中國第一歷史檔案館《德宗景皇帝實録》卷四九一《光緒二十七年十一月下》 諭内閣：徐會澧、陳璧奏，察看工藝局情形，據實覆陳一摺。前據直隸布政使周馥代奏，已革翰林院侍讀學士黄思永，擬就京師外城琉璃廠義倉，收養遊民，創立工藝局，招股試辦，當交該兼尹等酌核具奏。兹據覆陳各節，京師遊民甚繁，以教工爲收養，實於生計有益，著照所擬，於京師内城外城各設工藝局一所，招集公正紳士，妥籌創辦，由順天府府尹督率鼓勵，切實舉行。朝廷准立工藝局，意在養民，不同謀利，該兼尹等務當加意考察，使工有所勸，民有所歸，方副國家實事求是之意。至黄思永擬廢義倉，招股開局，應不准行，仍著將備荒義倉，認真經理，以惠窮黎。

中國第一歷史檔案館《德宗景皇帝實録》卷四九八《光緒二十八年三月中》 諭軍機大臣等：御史陳恒慶奏，請於京師設立織布局一摺，著順天府核議具奏。尋奏，北省棉質粗脆不合機器之用，價值亦較南省爲昂，織布局礙難創設。報聞。

中國第一歷史檔案館《德宗景皇帝實録》卷五〇一《光緒二十八年六月上》 山東巡撫張人駿奏，商人吴金印創辦藤帽，銷流甚廣，請予專利年限，以勸工業。下部知之。

《歷史檔案》二〇〇三年第三期《吉林將軍長順爲報銷吉省重鑄銀元動支銀兩數目事奏摺光緒二十八年九月十五日》 奴才長順跪奏，爲吉林亂後重鑄銀元並添修房間及動支折耗贏餘等項銀兩實在數目循案截期造册報銷，恭摺仰祈聖鑒事。

竊查吉林銀元廠向在機器局内，自光緒二十六年閏八月初一日機器局爲俄兵占踞，所有廠中已未鑄成銀元坯及存庫之銀元、銀兩悉被搶散，當經奴才於是年十月間專摺奏明在案。嗣與俄員再四磋商，始讓出銀元廠，並索還鍋爐。查點廠中原有各項機器器具，均多損失。所有機器翻沙各廠並員書、工匠、夫役房間仍被占住。復經奴才遴派妥員，設法修理機器，另購地基派蓋房間，遵照向章於二十七年二月十八日復行開鑄，當將開工日期附片奏明亦在案。

茲據署總辦銀元局事務、分省試用州同魏春寅等呈稱：自光緒二十七年二月十八開工之日起，截至是年十二月底止，計共鑄成五種銀元六百二十四萬四千一百五十一元，計重一百七十一萬八千六百八十九兩二錢二分，經本省官紳、商賈先後陸續兑換發出，計用寶銀一百五十萬零一千一百六十七兩四錢。遵章配合初熔、重熔銅珠二十四萬八千四百五十八兩八錢三分内，除各項折耗銀三萬零九百三十七兩零一分，廠中需用料件銀二萬九千九百零九兩八錢一分九釐五毫四絲，員司、匠徒、勇夫薪水、工食、心紅、局費銀三萬一千五百七十五兩二錢一分五釐五毫三絲外，淨得贏餘銀十五萬六千零三十六兩七錢八分四釐九毫三絲。查前修整廠房動用銀二千三百五十三兩七錢二分五釐八毫，購買地基、添蓋房間動用銀一萬八千七百十一兩二錢八分四釐六毫。二共動用銀二萬一千零六十五兩零一分零四毫。除動用外，實存贏餘銀十三萬四千九百七十一兩七錢七分四釐五毫三絲。等情。並造具細册呈請核銷前來。奴才復加詳核，督飭委員逐款勾稽，委係實用實銷，毫無浮冒。

除將送到清册咨送户部查覈外，所有吉林重鑄銀元並開支動用贏餘等項銀兩數目截期造報緣由，理合恭摺具陳，伏乞皇太后、皇上聖鑒，敕部核銷施行。

再，該局修整廠房並購買地基、添蓋房間，均係動用鑄元贏餘銀兩，自應歸并造報，毋庸分開辦理，俾歸簡易。合併陳明。謹奏。

硃批：户部知道。

中國第一歷史檔案館《光緒朝硃批奏摺》第一〇二輯（光緒二十七年十一月初五日山西巡撫岑春煊片） 再，臣前因晉省商民於農工各學，昧於講求，以致日即貧匱，當經飭設農工局，以期裕晉民之生計，保本境之利源。並以奏調存記廣西遇缺即補道嚴震，洞明時務，於各國農工政藝素有心得，即派令會同司道督辦，以資整飭在案。茲查晉省山多水少，田皆瘠鹵，一遇旱歉，輒苦不救，歷次灾歉之重，流亡之多，未必不由於此。農政一端，尤爲當務之急，亟宜延聘農師，採購機器，方可以利推行。至各屬土貨，如羊毛、駝絨、草帽辮之類，亦以不善製作，僅能將粗質售諸外人，覓獲微利，亦宜採訪工藝，妥善章程，俾便仿效，用臻精良。考日本近年於泰西農政各學，推擴精善，聿著成效。又係同洲之國，薪費一切較爲省便，現派該道馳往京城，詳加訪購，儻一時難於物色，即令前赴日本，就地搜採，以期遴選精當，仍飭將詳細情形，隨時禀由臣酌核辦理。所有農工局用款，均請作正開銷。臣爲振興本業，以厚民生起見，是否有當，除分咨查照外，理合附片陳明，伏乞聖鑒訓示。謹奏。

該部知道。

天津圖書館等《袁世凱奏議》下册《道員吴懋鼎重辦織絨廠片光緒二十八年十二月二十二日》 再，查直隸候補道吴懋鼎，前於光緒二十四年間禀請自籌資本，購運機器，在天津創設織絨廠，以期杜塞漏卮，挽回權利，經前督臣榮禄奏明在案。該廠計自光緒二十四年八月開辦起至二十六年四月，一切規模皆具，織成毛毯、兵衣等件，正可逐漸擴充。詎拳匪倡亂，聯軍入津，遂將廠房、機器及織成料物，盡付一炬，絲毫無存。計歷三年之經營，所費二十五萬之成本，盡歸烏有，殊爲可惜。正擬再行籌辦間，復據該道吴懋鼎禀稱，仍擬自籌資本，赴外洋訂購頭等機器，選雇工師來華作爲教習，即在天津購地建造廠屋，一切辦法悉照前次成功辦理，並俟該廠成後，採買牛羊皮張，製造營中所用皮帶、藥帶等件，似亦講求工藝，挽回利權之一端。一俟開廠有日，仍當禀請刊發關防，以昭信守。出貨以後，每年所獲餘利，情願提出二成撥充公用，以抒報效之忱，等情前來。

臣查駝絨羊毛，本北方出口大宗，洋商以之織成毛毯等物復運來華，售易重利；即牛羊皮張，亦爲北方出産，洋人以此製造營中所用皮帶、藥帶等件，販運來華，亦爲進口大宗，實屬一大漏卮。該道仰體時艱，挽回權利，當此款項支絀之際，既不請領官款，又不招集商股，每年所獲餘利提出二成撥充公用，以抒報效之忱，洵堪嘉許，自應准其重辦，以收利權。除由臣隨時督飭認真妥辦外，理合附片陳明。伏乞聖鑒。謹奏。

光緒二十八年十二月二十八日奉硃批：該部知道，欽此。

甘厚慈《北洋公牘類纂》卷一六《工藝總局周道等酌擬辦法章程經費數目繕呈圖摺禀並批》 敬禀者，竊職道學熙，前具寸禀，瀝陳難兼顧教養局情形，並附獻芻蕘之見，旋於六月十六日，蒙憲台批示，内開：據禀已悉。該道所陳設立工藝總局，附設學堂暨考工廠各節，條理精詳，確有見地，自須次第推行，以擴商業，應即委該道總辦工藝局務，迅將工藝學堂考工廠章程，重加商定，先行開辦。本大臣爲振興商務，必先講求工作起見，事關創始，得人頗難，該道務當勉副倚任，毋得一再固辭，仍派張道凌守會同經理至教養局，專收本地貧民，教以粗淺手藝，而設應責成天津府妥籌辦理，毋庸由該道總辦等因。蒙此，仰見憲台通商惠工，擴張實業，挽自有之利源，開小民之生計，舉正德利用厚生三者而一致之規畫閎遠，欽服莫名。職道學熙雖才識凡下不足，以仰贊高深，亦何敢不竭盡心力，以效一得之愚。謹於八月二十日到差視事，連日職道學熙等公同商酌，茲先將大畧情形，謹爲憲台陳之，凡舉事無問大小，必綜攬全局，要其始終，外觀之人，内度諸己，乃有得失之可言。近年以來，各省舉辦農工商諸實業，不爲不多，而商民之聞風興起者，仍屬寥寥，似於提倡鼓舞之道，猶有未盡。今職局遵憲札，先辦學堂及考工廠二事，以學堂習其技能，以考工生其觀感，大要在開導商情，使之奮發；指示工作，使之改良；祛其隔閡，使之通情；精聘技師，使之諮訪；設法保護，使之盡力；籌民銷路，使之暢行，以此數義爲主。除學堂前經卑府福彭酌擬章程，稟蒙批准在案，現已試辦，應俟體察情形，隨時損益，另行稟陳外，現將工藝局及考工廠應辦事宜，酌採日本成法，參以本省現情，謹擬大概辦法章程，酌擬經費數目，繕具清摺三扣，房圖一幅，恭呈憲鑒，是否有當，伏乞訓示祇遵。所需經費，亦請迅賜指撥，以資開辦。再，事當創始，所擬章程，雖畧其梗概，仍須隨時隨事，悉心體察，必有暢曉工藝，熟習商情之員，切實經理，方可漸收成效。職道學熙兼理銀元、銀錢兩差，卑府福彭本缺事煩，均難專任；職道柢籍隸本省，亦有未便，擬請憲台添委賢員，常川駐局，總司其事，庶足以專責成而收實效。職道、卑府等仍當隨時會同商辦，斷不能稍存退避，自外生成，以負憲台振興工業之至意，肅稟云云。

督憲袁批：據稟並圖摺均悉。所擬工藝局暨考工廠大致辦法，均尚妥協，應准照行。其考工廠開辦經費，即由銀錢所收回通惠成本項下，撥發銀二萬五千兩。至該廠常年經費，應在銀元局鑄錢盈餘項下開支，仰該道等隨時督飭員司，認真經理，格外撙節動用，務期事有實效，款不虛糜。該局綜理學堂及考工廠兩事，責成綦重，並委何道炳瑩常川駐局，會同該道等辦理。另稟請派司事工匠，由該局籌給川資用費，隨同何道前往日本考察機器製造，事屬可行，候分札飭遵。此繳。

甘厚慈《北洋公牘類纂》卷一六《工藝局稟陳辦法七條》 一，工藝局總理工藝學堂及考工廠兩事，所有兩處公牘文件，歸工藝局彙總核辦，其有關兩處專責之事，應分別轉行各該管提調或監督處存案，以便隨時遵照辦理。一，學堂及考工廠經費，俟稟定的款，按月由工藝局請領轉發，各該提調或監督照章開支，仍按月造報，轉詳督憲察核。一，工藝局爲振興直隸全省實業之樞紐，除總理工藝學堂及考工廠兩事外，有考察直隸全省土産及所銷洋貨情形，設法講求勸諭地方工作之責，遇有行查各州縣物産及各州縣有訪詢工藝之事，應准隨時以公牘往來辦理。一，工藝局爲鼓勵工作起見，如有商家能自出新法製造土貨，或變通改良，或仿照成法，以敵洋貨而利民用者，無論天津及各屬均准開具説帖及器具貨樣，隨時呈報本局查驗。屬實，擬即轉詳督憲給予獎勵，並酌定專利章程，以保商利；如有未盡妥善之處，亦即詳爲指出，以期盡利。其專利及獎勵章程容俟另擬稟辦。一，如商家呈報新理新法，由本局驗明，確有把握而無力舉辦，或貲本過鉅而成蹟未著，難於招股者，擬酌定補助之法，以開風氣而勵實業。一，工藝局暫擬設工藝學堂内，將來學堂人滿，再另擇地遷移。現在初設，事尚無多，應以籌辦考工廠爲先務。開辦之始，公牘較煩，擬設文案一員、書識二名、聽差四名，其餘收支等員司及夫役人等，均就學堂考工廠兩處原有人數内兼攝，不另請派，亦不加薪費。俟將來擴充事煩，再行專設人位。一，工藝局擬請頒發木質關防一顆，其工藝學堂監督及考工廠提調，擬請各發木質鈐記一顆，以專責成而昭信守。以上七條爲大致辦法，其有未盡事宜，隨時再行稟辦，合併陳明。

吉林省檔案館等《清代吉林檔案史料選編（工業）》下册《吉林將軍長順派委參領瑞徵總辦吉林工藝廠事物的札文光緒二十九年十一月十五日》 爲札委事。照得前據該章京以請招商集資開辦銀行，並設工藝廠等情，稟經本將軍、副都統，以振興工藝事屬可行，至創立銀行事體重大，批飭從緩興辦在案。

查設廠興工，首在招商集股。吉省風氣未開，勸辦不易，勢非内地富商出資認股爲之倡率，難望有成。該章京老成練達洞明事故，且在南洋各埠遊歷有年，應即委爲吉林工藝廠總辦，先赴南省籌集資本。除將派員招股緣由附片具奏外，合亟札委。札到該章京，即便遵照，馳赴廣東、上海等處勸集巨資，購備機器，雇募工匠，來吉興辦。所有設廠詳細章程，即於股本集有成數，復由該章京妥議復奪。切速。特札。

吉林省檔案館等《清代吉林檔案史料選編（工業）》下册《吉林將軍長順爲開辦工藝廠添設委員書識等人並頒發關防的札文光緒二十九年十二月二十九日》 爲札飭事。

全省行營支案處案呈，奉憲發交，據委辦吉林工藝廠事務、即補參領瑞徵稟稱：前次稟陳開辦工藝廠情形，仰蒙俯採芻蕘掘情入奏，並荷委任飭章京總司其事，祇承之下敢不勉力圖維。茲閲《北洋官報》，直隸已有官督商辦章程，雖吉省現擬招商承辦，宗旨兩歧，然有可比擬便通者，敬爲憲臺陳之。

竊查北洋、天津開辦工藝總局，爲振興全省實業之樞紐。吉林遠在東隅，關内外情形不同，學堂未便另設。所有工藝各廠招商興作外，查工藝廠務，有考察全省土産及各府、州、縣所銷洋廣土貨情形，設法講求以開風氣。行查諮詢來往公牘文件，應歸工藝總局匯總核辦。事有專責，分别轉行存案，以便隨時遵照辦理。工藝廠雖尚未開廠興作，擬暫設公所在章京公寓，以便定擬章程。一俟赴粵滬招商集款，來吉擇地設廠，再爲遷移。現經創辦，事尚無多，而開辦之始釐定章程，設法招商，往來公牘信件亦屬較繁，擬請設文案一員、書識二名、聽差四名。所有薪水等項無多，均請暫行賞給，以資辦公。一俟開廠，擬由商人等籌款應付，仍將暫發之款歸還。其餘收支等項人員，一俟開辦廠務工作時，再行添派而免虚糜。至工藝廠事務，擬請憲臺頒發關防一顆，文曰總辦吉林全省工藝等廠事務之關防以專責成而昭信守。

以上仿照天津北洋已辦章程。然直隸、奉天兩省均係官辦，發給款項二萬五千餘兩，以開辦局。事後每月所需經費，仍由銀元局盈餘項下准其開支。而章京所辦係商資承辦，雖有成説而情形難易不同，皆在憲臺洞鑒之中。仰乞俯念下情，體恤商情，飭行辦理，以資鼓勵而期迅速。章京一俟奉到關防及批恭録行知後，馳赴南洋、上海、廣東招令富商，來吉興辦，以開風氣而廣利源等情。抄呈北洋開辦章程七條。據此，當奉憲批：稟及章程均悉。查直隸爲首善之區，所設工藝等局係官督商辦，與該章京前請招商集股創辦工藝廠固屬宗旨兩歧，即將來開廠辦法，必須因地制宜，亦與直隸現行章程情形稍有不同。第稱現在設法招商，往來公牘信件較煩，擬在該章京寓内暫設公所，酌派委員書差共七員名，事尚可行。目下商股既未招齊，委員人等自未便令其枵腹從公，應先籌款墊發。所有該總理每月照各局處總理之例，暫定薪水銀五十兩；文案委員一員，月支薪水銀十八兩；書識二名，每月每名薪水銀七兩；聽差四名，每月每名薪工銀四兩，暫由永衡官帖局按月借給，以爲開辦之資。俟將來集有股本，即行如數歸還。一面並由文案處刊發總辦吉林全省招商工藝廠事務之關防一顆，俾昭信守。至嗣後遇有事關工藝商務公牘新章，應飭各司局處鈔録，行知該廠查覈，藉資考證。仰全省行營文案處知照，繳等因。奉此，遵即刊就木質關防一顆，文曰總辦吉林全省招商工藝廠事務之關防。除將刊就關防一顆札發該章京遵照開用並分札外，合亟粘鈔北洋開辦工藝局章程七條札飭。札到該道，即便轉飭各民屬一體遵照可也。特札。

中國第一歷史檔案館《光緒朝硃批奏摺》第一〇二輯《光緒二十九年十二月吉林將軍長順片》 再，通商惠工，爲目前急務，疊准商部咨查開辦情形，並頒發奏定各項章程，自當趕緊興辦，保我利源。獨惜吉林風氣未開，愚民難與圖始，而且自亂離之後，商力疲敝，驟難振興。況值俄兵未退，事事掣肘商情，更多疑阻，自非官爲督率，由外埠集股，以爲之倡。先從民間日用所必需，如火柴、毛巾、洋燭、肥皂等項，爲吉省現在所無，均須仰給外來之物入手，設立工藝廠，然後逐漸推廣，不能相與有成，惟處今日而議立公司，集股本亦殊非易易。吉林又僻在東陲，與内地商民情勢隔閡，勸導尤難，必須洞悉情形，誠信素孚之人，派令前往，方可集事。茲查有花翎副都統銜記名副都統即補參領瑞徵，現由京投效來吉，奴才等聆其言論，覘其器度，洵爲老成練達，洞明世故之人，並於廣東、上海等處曾經遊歷，與各該處富商大賈多所聯絡，即令總辦吉林工藝廠，先飭親赴廣東、上海勸集鉅資，購備機器，雇募工匠東來，以便開廠興作，是不特工藝可興，即將來廠中招徒學習，所有應擬軍流各犯，現經刑部議令。習藝者，亦各有所安插，實爲一舉兩得。除開辦詳細章程，應俟股本集有成數，再行妥定，奏明立案，並先咨商部查照外，所有擬設工藝廠，派員集股緣由，理合附片陳明，伏乞聖鑒訓示。謹奏。

《東方雜誌》第一年第一期《北洋大臣准商部咨設法製造煤油分飭司道查照札》 爲札飭事。十二月二十三日，准商部咨開，本部奏明勸辦商會，原以提倡土貨抵制洋貨爲要。又查煤油一項，中國行銷甚廣，只以製造無人，不啻貨棄於地。近年關册所載，俄、美諸國及南洋等所産煤油，每歲運進中國，値銀至一千數百萬兩，非設法抵制，無以挽利權，而塞漏卮。中國如山西、湖南等省，均産煤油，而以川滇爲最多，惟未經提煉，質多渣滓，未能合用，必應官爲提倡，分飭各屬查明。如有此項礦産，亟宜仿照洋法，詳細考求，提淨油滓，與外洋所製一律合用。招集股本，設立公司售賣，並隨時報明本部，果能辦有成效，自應酌予獎勵。除分咨出使各國大臣，考求外洋煤油，采取製造等法，報部備查，部相應咨行貴督查照，飭屬分別辦理可也等因。到本大臣，准此，除分行外，合行札飭，札到即便查照辦理。此札。

《歷史檔案》二〇〇四年第一期《盛京將軍增祺爲奉省試造銀銅元事奏摺光緒三十年正月二十八日》 奴才增祺跪奏，爲現在試造銀、銅各元，以維圜法而利民生，恭摺具陳，仰祈聖鑒事。

竊奉省甲午亂後，曾經前任將軍依克唐阿奏設機器局，以備製造軍火兼搭造銀元，藉資疏通地面。奴才到任後，復加擴充，添蓋廠房，續購機器，規模始爲粗備。時值省城現錢缺乏，不敷周轉，當用土法鼓鑄制錢數十萬吊，並以機器試造四分重銅錢，其錢式均經奏呈御覽。正在試造紫銅當十錢文，忽届拳匪事起，該局旋被俄兵佔據。上年三月，先向俄員商允交還，而機器緊要各件已盡歸烏有。第值大亂甫定，商民元氣未復，市面銀、錢俱缺，益難周轉，詳加考查，是非整頓圜法不可，而整頓圜法，又非製造銀、銅各元不可。隨即委派花翎·補用知府朱雲錦等，將該局現有殘損機器招募工匠重加修配，其缺短必需器料等件赴滬添購，先爲製造銀、銅各元之計。查内地各省，現均仿外洋製造三種銅元，重四錢者當制錢二十文，重二錢者當制錢十文，重一錢者當制錢五文，便利通行，自應仿照辦理。但各省印花機器甚多，則每日制錢亦多，故能獲有餘利。而奉省亂後，款項奇絀，只得圖易就簡，以爲續後擴充之地。是以先儘修妥舊式機器，每項一部，並在滬添購新式印花機器一部暨採買銅、鉛、鋼(錫)、鐵一切應用料件，試造當十銅元，正面鎸光緒元寶四字，内加清文奉寶二字，四周鎸奉天省造並干支年分暨當制錢十文字樣。背面中鎸龍紋，周圍鎸英文，譯曰奉天省造當十。業於上年七月間開工，以所造紫銅當十銅元核計，需本較重，賠折甚多。復經考查，南省均已改用黄銅，現已仿南省章程，以紫銅七十斤、大白鉛三十斤，點錫四兩，合熔配造，藉以少輕成本。所造頭等銀元，正面鎸光緒元寶四字，内鎸清文奉寶二字，四周鎸奉天省造並干支年分暨庫平七錢二分字樣。背面中鎸龍紋，周圍鎸英文，譯曰奉天省造庫平七錢二分。查南北洋經年規仿泰西鷹洋製造龍洋，分爲大小五種，並別成色三等，重七錢二分者攙銅一成，三錢六分者攙銅一成四分，其一錢四分四釐並七分二釐暨三分六釐者均攙銅一成八分。原期抵制鷹洋，以塞漏卮，乃非特不能抵制，轉爲奸商藉口龍洋成色不一，市價任意高低以致行用不暢。現在奉省開造銀元，必須量爲變通。擬五種銀元概用足銀八成五分攙銅一成五分，熔碾製造，則成色大小劃一，市價不致參差，民間自便行用。惟印花機現在僅有兩部，只敷製造當十銅元，搭造頭等銀元之需，仍需添購印花機三部，四十四馬力引擎一部，滾邊機三部，粗細碾機各一部，二百盞電燈一副，八尺車床一部，六尺車床二部，横刨刨床一部，方可將三種銅元、五種銀元一律製造。各等情。據製造銀元局先後呈請奏咨前來。

奴才查，奉省亂後銀錢極缺，製造銀銅各元以維市面，實屬不可稍緩之事，現雖款項支絀，亦不能不竭力圖維。統盤核計，所有修葺各廠、添配機器、續購機器，以及各項應用料件，約需銀十萬兩之譜。現已由荒價項下提出銀十萬兩，作爲間辦成本，請旨飭部備案。目前甫經開辦，機器尚少，一時尚無盈餘，一俟機件購齊，廣爲製造，即將所得餘利先儘原本歸還，再有盈餘，亦皆盡數歸公。似此權宜辦理，即可周轉地面，亦籌款之一端也。

謹將銀元、銅元式樣分裝兩匣，咨送軍機處，恭呈御覽，並分咨查照外，謹會同奉天府府尹奴才廷杰合詞恭摺具陳，伏乞皇太后、皇上聖鑒訓示。謹奏。

硃批：户部知道。

吉林省檔案館等《清代吉林檔案史料選編(工業)》下册《總辦招商工藝廠事務瑞徵爲啓用關防日期的咨文光緒三十年二月初二日》 爲咨明事。

案於光緒二十九年十二月二十八日，蒙軍、副憲札開，全省行營文案處案呈：奉憲發交，據該章京禀稱，前次禀陳開辦工藝廠情形，除禀批繁文簡叙外，遵即刊就木質關防一顆，文曰總辦吉林全省招商工藝廠事務之關防。除分札外，合發木質關防一顆。爲此，札仰該章京即便遵照接收，仍將開用關防日期呈報備查可也，特札等因。奉此，遵將飭發總辦關防一顆謹驗收訖，即於是日遵章開用，業經呈報在案。除呈移分行外，謹將奉到關防開用日期，理合鈔録原片備文咨明。爲此，合咨貴道衙門，請煩查照，轉飭所屬一體知照可也。須至咨者。

中國第一歷史檔案館《光緒宣統兩朝上諭檔》第三〇册《光緒三十年四月初二日》 光緒三十年四月初二日，内閣奉上諭：商部奏革員創辦工藝局，頗著成效，懇恩獎勵一摺。已革三品銜翰林院侍讀學士黄思永，著開復原官原銜，以示獎勵，欽此。

中國第一歷史檔案館《德宗景皇帝實録》卷五三〇《光緒三十年四月中》 商部奏，御史夏敦復以京師遊民太多，請推廣工藝局廠。查公家帑項支絀，祇可就目前原有之款，竭力整頓，俟經費充裕，即當添設局廠，從之。

《東方雜誌》第一年第五期《商部奏派員總理機器造紙公司摺》 竊臣部前准政務處諮議，覆順天府府尹沈瑜慶奏請，設造紙官局一摺，於光緒二十九年十二月二十日具奏，奉旨：依議，欽此。鈔録原奏，咨行到部。查原奏内稱，造紙本係中國應開之利，日本參用中西各法，製造號爲精良，將來擬行銀幣等項，更須精造堅致紙樣，應請飭下商部議定章程，招商選工興辦，以開利源，而資實用等語。臣等伏查造紙一事，洵係目前應辟之利源，惟精造堅致紙樣，需用機器成本較鉅，約需集股銀數十萬兩，方能興辦。當經轉飭臣部右參議楊士琦，傳知上海商董招徠認辦。茲據該參議覆稱，有浙江在籍丁憂候補四品京堂龐元濟，久寓滬濱，熟諳商務，當以造紙公司商令承辦，旋據該京堂函稱，此係開闢風氣要務，願效奔走力任招股設廠事宜，擬先采擇中西辦法，殫力經營，務求貨精價廉，官商便於行用，庶銷路廣，而鉅本不致虚糜。倘蒙允准，即當赴京，擬訂章程，再行呈請開辦。又據稱別項公司，届時如有端倪，亦可就近商榷各等語。臣等查候補四品京堂龐元濟，家道素稱殷實，曾在杭州設立繅絲紡織等廠，經浙江巡撫咨明有案。現在承辦設廠造紙事宜，臣等公同商酌，擬即派令總理機器造紙公司，以專責成。嗣後果能設立别項公司，著有成效，再當奏請奬勵，如蒙俞允，即由臣等飭令該京堂迅速來京，擬訂試辦章程，一面令其招商集股，並酌購機器擇地開辦。謹奏。

《東方雜誌》第一年第六期《商部等會同議覆山西道監察御史夏奏請推廣工藝摺》 光緒三十年二月十二日，准軍機處鈔交御史夏敦復奏，京師遊民太多，請推廣工藝局廠一摺，奉旨：商部、户部會同五城順天府議奏，欽此。欽遵傳知等因。查原奏内稱，京師地面雖已設立工藝局廠數處，然雇用工人有限，無業窮黎沾被尚鮮，泰西各國老弱不任事者，則有專院養濟，餘如瘖聾殘廢，亦皆有學堂教成一藝，俾贍其生，是非推廣工藝，不足以裕民生，應請飭下商、户二部會同五城御史博采章程，廣籌經費，多立局廠，切實舉行，專收無業之民，咸令各習一藝各等語。臣等伏查勸工恤民實政治之要務，近年以來，屢奉明詔，提倡工業，臣等仰體皇仁，正在悉心籌畫，冀得教養相濟，生衆用舒。茲據該御史奏稱，前因臣等復通盤核計，一再會商，查五城原設有教養局，自舉辦以來，凡由城獲到翦竊及滋事之遊惰，悉行收管局内，教以刷印、刻字、織布、織席各項工藝，特以限於經費故，只略具規模，現擬由户部籌撥經費銀三千兩，每月局用銀二百兩，稍事擴充，至商部工藝官局，先由巨壁在順天府尹任内，遵旨創設，所立各科，半多京中未有之藝事。自近秋欽奉特旨，改歸商部管理，復迭經督飭整理，漸有起色，極擬添工廠造，以挽利權，亦因經費無多，尚未大加推廣。茲查湖南省每年有應解順天府漕折銀七萬兩，臣等會同商酌，擬就此項内提撥二成，約銀萬餘兩，藉以展拓工藝局常年經費，惟此項解款，該省往往不能如額，應請飭下湖南巡撫，自本年起，盡數迅解，一俟解到若干，再行照撥二成，以期量爲推廣。謹奏。

中國第一歷史檔案館《光緒宣統兩朝上諭檔》第三〇册《光緒三十年八月十七日》 交商部。本日貴部奏華商創辦電燈公司，請予立案摺，奉旨：依議，欽此。又奏張振勳到京片，奉旨：知道了，欽此。相應傳知貴部欽遵可也。此交。八月十七日。

吉林省檔案館等《清代吉林檔案史料選編（工業）》下册《吉林全省招商工藝廠創辦章程光緒三十年八月二十六日》 奏派吉林全省招商工藝廠創辦章程，爲暢興商務挽回利權，講求工藝以導民誌，開風氣知損益，仿造洋法以供中外日用所需。雖不能與人媲美，則利不致外溢。此勸導工商之本意，維持出納之大端也。其考察京都北洋及各直省現在官辦章程，均係籌劃盡善因地制宜，各有所長。查吉省商務未興，民誌漠然，而土地富饒風俗樸厚尚屬可爲。是以瑞征條陳援照直隸章程，興利除弊，暢興商務工藝。得蒙前吉林將軍長遵照商部奏咨章程采擇，具奏派充總辦吉林全省招商工藝廠事務。於光緒二十九年十二月奉硃批：商部知道，欽此。欽遵。飭知并發給木質關防一顆，飭知本廠並吉林道府廳州縣各在案。瑞徵係招商承辦佐以官款，與官款領辦者不同，且係創辦製糖、洋火柴、烟卷、熟皮、織絨、製麻商辦六大廠。至工藝本廠係招募工匠教習學徒，遊民、軍、流犯自新之舉，商人不願認辦。瑞徵總辦其事，責無旁貸，倡率股分五百股，勸集商股一千五百股，以資開辦急需。每股作銀一百兩，集妥後仍請佐以官款一千股，以助商力不足而爲之勸。遵照京都直隸首善章程，變通籌度，擇善而從。所有都門工藝廠之貨二十二則，加以吉省出産可製之物，推廣如皮貨、參茸、草帽辮子、取水機器，仿做玻璃及銅、鐵器俱，照洋式改良洋法燒磚瓦窑，入山伐木解做板片，及農務仿東洋興辦莊田利器，測量繪圖儀器、書籍，男女學藝入門歌訣法程，及各種手扳機器四十八門，勸募精細工匠，聘請教習隨同赴東，以便教育興作而開民智，則利權不致外溢矣。瑞徵體察考究一年之久，細心度審，殫精會神。不過謹就管見所及而言，缺漏甚多，務望同事諸君子裁奪，體諒襄助爲理是祈。仍希高明指示，以免遺憾爲幸。瑞徵總期通商惠工，利益日增，官商聯絡，一氣貫通而已。得工藝之所長，極商務以籌度振興爲主，是爲之論。開具章程十四條，敬呈鈞閲。

一、吉林工藝廠官商合做，民誌未開創法非易，較之官款興作不同。應考察首善及北洋現辦章程，各直省因地制宜妥善之法比較，承辦方臻就緒。

一、吉林招商承辦本地土産最饒之物，仍照外洋機器興作，較之人力工速物美價廉，銷場甚易以專利權。織做絨呢、氈毯、羽毛、熟皮、烟卷、火柴、製糖、製麻，機器六大廠，由商集資佐以官款，得開風氣以塞漏卮而杜外溢之弊。

一、工藝廠開辦學堂，人工製造，聘請教習，招募學徒及留養遊民。並飭令軍流人犯學習工做，改過自新，專爲手藝而設。如栽絨、草帽辮子、瓦木工匠、油漆彩畫、景泰藍雕漆、鐫磁、平金、顧繡、銅鐵器俱，改良洋蠟、洋皂、洋鹼、手巾、絨布、東洋布等項需款甚巨。除本總辦倡率認辦五百股外，勸招股分一千五百股，每股一百兩，通年官利行息七釐，並請加官款一千股以爲基礎。然總在得人而理，如入股在五十股者，准入局副董事；十股者，聽派司事；一百股作爲正董事；二百股作副總董；五百股作爲總董事。然必須品端行萃，義利分明，商所推許，商會結保者方稱斯選。嗣得購辦手扳機器，招募匠徒以便開辦也。

一、商辦六大廠於開廠後，事在創辦利之厚薄不得而知，餘官利廠用人工公項開支外，餘利若干以八成歸商，二成歸官，以爲報効之需。

一、本廠查照各省現辦章程變通辦理，分門別類精益求精，以爲易於出售。較之運來之貨節用車腳釐税，物美價廉，商得其利民得其便矣。

一、地基廠屋磚瓦木石本總辦力爲經理，商爲指示啓造，俾得位置相宜，官商得以常時見面。既無隔閡，即可聯絡，聲氣相通，以資保護。均由商辦，可得專利，則於商部定章不謀而合矣。

一、軍流人犯學習工作亦應遵照北洋大臣袁奏定章程，統由官辦以資約束。而公項即由各府廳州縣照章按月解交本廠支用開報，以濟局費而免累商也。

一、本廠既經開辦後，貨物必多，銷路應暢，通盤籌劃更應於各府廳州縣市場設立分局，以資運動而專利權。

一、製造宜精良也。加意研求，廣爲諮詢，由何地揀選，如何新鮮，如何靈巧，工招何處爲良，式由何様爲巧，采風問俗得人意旨，洋廣貨外洋化學做法，本地土貨改良以廣銷路而資抵制。如仿照京都之景泰藍雕漆、刻磁、鐫牙、金繡、刻金、刻絲、條帶等貨，外洋紙張、葛夏布疋、絲綢、針綫、火柴、蠟皂、藥水等物，設法考究，仿造推廣利權，以塞漏卮。考較多利益厚，土貨日銷來貨見少，則外溢之弊不杜自絶矣。

一、人之智愚秉賦本自不齊，非變通教育分門學藝，則各得所長。仍就其天資所近，性情所喜者，從而利導之。俾愚蒙盡啓智巧漸生，雖至笨極拙之人不難就範也。

一、學徒俗以三年爲滿，本廠急欲成材不拘常例。如學業有成，教習酌給酬勞，學徒除奬賞外，亦可得有工資。倘能别出心裁新法製造者，破格加奬。凡在本廠教習學生有練成高等手藝者，較尋常工匠多給津貼以贍身家，而成久大之業，方不負本廠創辦之深心。

一、製造工藝資本甚巨，擬作三千股。官認一千股，本總辦倡率五百股。仍招集一千五百股，每股銀一百兩作爲一股，以足三千股之數。常年七釐行息，於開廠做工後，每年結賬一次，刊刻賬單，分送股東查閲。除去開銷各項及花紅，分贈、奬賞、折舊、存貨外，得有盈餘按股均分。入股者先給實收，定期換予股票息折，先期登報憑折支付。

一、招商承辦之六大廠，除常年七釐息銀及總廠分局各項開銷及紅利酬勞外，均歸總辦會同商總等經理核算清楚，得利公同均以八成歸商，二成作爲報効之用。一俟積有巨款，本總辦即察請軍憲轉咨商部立案加奬，仰副朝廷振興工藝之至意。

一、查吉林通省地土肥饒，人民富庶，有上古風。惜民智未開，地多荒棄。若能興作工藝民得樂業，墾荒成熟皆成膏腴。興工作，導水利，治田禾，何須仰給外來，自能富强。使進有所圖，退有善後，長守之策防患未然，是則有厚望於同事諸公焉。

〔附〕開工藝廠製造四十八門

一、織絨呢羽毛氈毯廠

一、熟皮廠

一、烟卷廠

一、火柴廠

一、製糖廠

一、製麻廠

以上係六大綱領，以下就時論事，因地制宜，縷分四十二條目，綜計四十八門，以足其數。

一、栽絨毯門

一、製草帽辮子門

一、製毛手巾門

一、製參茸門

一、製蔴繩蔴綫口袋門

一、製豆油豆餅門

一、製蜂蜜門

一、製貂水獺狐等皮貨門

一、木工雕工門

一、洋漆門

一、油畫門

一、燒作琉璃門

一、織布門

一、織絨紡紗門

一、織東洋綢布門

一、做抽水機器門

一、引水機器門

一、銅鐵仿外洋改良成做器俱門

一、仿洋法燒磚瓦門

一、洋法機器入山伐木門

一、洋法開做木植板片門

一、仿照東洋化學物件門

一、仿京都工藝局

一、洋皂並堿門

一、洋燭門

一、景泰藍門

一、雕漆門

吉林省檔案館等《清代吉林檔案史料選編(工業)》下冊《總辦商務工藝廠瑞徵爲創辦工藝廠章程的呈文光緒三十年八月二十六日》　爲呈明事。

竊章京前奉憲委赴南招商，就便考察商務，以期開辦工藝。所有應行創辦章程，章京現已仿照直隸北京工藝現辦章程詳爲參酌，擇善而從，要在因地制宜。章京仍未敢自專，謹繕成手折，就近稟請商部鑒核。蒙商部堂憲飭遵，准其登報立案。並遵照部章呈明商標及公司一律辦理。遂將章程由商報館排印完竣後，即擬八月初七日束裝就道搭輪南行，一俟招徠商股集有成數，再行稟請憲臺照章立案。所有章程、手折，理合先行備文呈閲，並稟報起程日期，伏乞鑒核施行。須至呈者。

天津市檔案館《天津商會檔案彙編(1903—1911)》上冊《直隸工藝總局詳呈實習工場試辦章程並籌撥經費文光緒三十年九月》　爲詳請示遵事。竊照職局接管卷内前總辦毛道會同賑撫局詳蒙憲臺批准，在工藝局内設立工廠一所，招集幼童學習粗淺工藝，由賑撫局麻袋餘米變價項下撥銀元三千元作爲開辦經費。職道等接辦後，查照前因，咨請賑撫局撥領銀洋三千元，業將收到日期申報憲臺察核在案。遵查奏定學堂章程内載：高等工業學堂應附設實習工場，職局所設工場義正相同，擬即名爲實習工場，以符定章。復查教養局移交房屋數十間，近在工藝局大門之内，以設工場甚爲合宜，擬即就此修理布置，現在房屋大致修理完竣。謹擬試辦章程四則：

一、辦法大旨。工場之設以推廣民間生計爲主，與工業學堂聯爲一氣，先習染色、織布、木工、金工、化學製造等事，隨時體察情形，再添他項。俟練習有成，擬合紳商開辦各項公司，使所學者得所用，庶幾風氣日開，民生日裕。

一、工徒資格。開辦之初，招選官費工徒暫以二百名爲額。十二歲至十五歲爲幼童，十六歲至二十二歲者爲及歲，酌給津貼，概不寄宿。如必須寄宿者，應繳宿食費，畢業後須在本場效力三年。其有願出資附學及由各州縣申送或由各紳商保送者，均爲自費工徒，酌定學費並宿食費，均按三個月預繳一次，畢業後去留自便。

一、酌用人數。工場既爲學堂附設，學堂庶務長有經理之責，擬再酌派稽查兼收支司事、庶務司事、監工司事各一人，書手、醫士、差弁各一名，聽差更夫三名，其化學工師由總局委員兼辦，染色、織布、木金等工正副匠目及工匠暫定四十名，官費工徒二百名。目前且先試辦，隨後擴充，再行酌量稟添。

一、約估經費。開辦之時，修理房屋、購置器具及備辦染織、木工、化學製造各項用器，約估銀五千兩，金工用器容俟查明另估。常年額支薪津、火食、書籍、雜費、炭資等，每月約銀一千兩零，每年共約銀一萬二千二百兩有奇。活支如染料、煤炭、綿紗、木鐵及化學藥料等，應視工作多寡，難以預計，擬每年借領試辦銀一萬兩，按三個月將用料成貨出入款項造報一次，以昭核實。

以上四項章程業經繕具手摺，呈蒙鑒定。所需經費除賑撫局三千元外，允在銀元局餘利一成五項下勻撥。當此時艱孔亟，培養民生，以振興工藝爲最要。職道等謹當督率員司切實籌辦，以副憲臺利用厚生之至意。所有職局附設實習工場酌擬試辦章程籌撥經費的款緣由，理合繕摺具文詳請憲臺察核批示祇遵，爲此備由具詳，伏乞照詳施行。須至詳者。

甘厚慈《北洋公牘類纂續編》卷二二《工藝總局續訂實習工場章程》　第一章　辦理綱要

第一條，名稱。本場謹遵奏定學堂章程，定名爲直隸實習工場。第二條，地址。本場在天津河北窑窪地方，按照學科種類建築工場，及應用各室如製。第三條，宗旨。本場以更番傳習，養成各項工師之人格，振興實業，補救漏卮爲宗旨。第四條，辦法。本場以就地取材，爲民生日用所必需，銷路較多，集資較易者，逐漸試辦，以爲模範。

第二章　學科雜組

第五條，科目。一機織科，二提花科，三織巾科，四刺繡科，五染色科，六趵工科，七圖繪科，八窑業科，九胰皂科，十製燧科，十一木工科，十二紙工科（現時造紙另設專廠）。第六條，課程。本場官費工徒，每日分班講習書算一小時，其工作時限，無論官費自費，均於立春至立夏上午七鐘上工，十二鐘放工，下午一鐘上工，六鐘放工。立夏至立秋上午六鐘上工，十二鐘放工，下午一鐘上工，七鐘放工。立秋至立冬上午七鐘上工，十二鐘放工，下午一鐘上工，六鐘放工。立冬至立春上午八鐘上工，十二鐘放工，下午一鐘上工，五鐘放工。第七條，資格。官費缺額，先期一月出示，稟行招考年齡，以十六歲至二十五歲，體壯性純，粗知書算者爲合格，入場試看一月，量其性質，由場派習各科，不得指定。自費者，可由原保送人呈請，先行試看五日，試看期內，如該徒願習他科，或工師見其人地未宜，亦可改派。逾期，非本場酌調，不得擅請，以杜紛更。第八條，額數。本場工徒現訂官費一百名，自費三百名，畢業留場者一百名，分科支配，視需出品之多寡，以定人數之伸縮。第九條，學費。官費工徒試看期滿，留場月給工食三元，畢業留場月給四元，應用書籍，均由場發。自費工徒，每名每月學費一元，按三個月預繳，書籍、紙筆、器具，由本人自置，至宿食二項，無論官費自費，本場概不預備，如有外鄉工徒願寄宿，並每日三餐者，每名月繳四元。凡由各州縣申送，或紳士保送者，學宿食費即由該處州縣官與紳士擔任，入場時，須按三個月先繳，以後仍按三個月預繳一次，其擬入圖繪科者，另增學費一元，彌補紙筆顔料之用。工匠係本場工徒出身者，宿食章程與工徒同，否則不在本場宿食。第十條，考驗。本場考驗分月考、季考、大考三項，月考照考工簿一月功過計算，季考照三個月功過計算，夏冬兩季大考，又統計連次功過，分數以爲等差，百分爲滿格，八十分以上爲最優等，六十分以上爲優等，五十分以上爲中等，四十分以上爲及格。第十一條，學期。本場畢業限期，織染胰皂織巾四科，須滿六個月，他科皆以一年爲限，所有假期小建，一律補足，考驗十日，稟局給發文憑，如不合格，仍應降班待考，官費畢業挨補畢業留場之額，作盡義務三年。自費畢業，出場聽其自便。

第三章　通守規則

第十二條，假期。本場假期無論官費、自費，畢業與否，分爲二項如左：一，循例假期。國慶日、上元日、端陽日、中秋日、長至日朔、望日，均一日；年假臘月二十日起，來年正月八日開工，以上概不扣工食。員司每逢例假，須輪派二人留場，承辦各事。一，特別假期。婚喪給假五日，遠地酌定，不扣工食；至親疾病，給假三日，工食按日扣發；已身患病痊時銷假，輕者本場官醫臨診，重者送醫院調治，醫藥飲食由場開支，或遣令回家，或願自就醫者聽，若病難驟痊，亦可續假。以上如在遠地，皆由稽查處查明，報知管理員，量事立限，稟局核定，若因事因病久假不到，本埠傳詰鋪保外縣，行文地方官訪查，酌定限期，倘再逾限，即將到場日起，所得工食津貼，一律追繳，倘因病成廢以及亡故，經家屬報明者，免員司事假病假，臨時由管理員酌定稟局。第十三條，禁令。本場禁令如下：一，上工時不准攜帶違禁器具，下工時不准攜帶絲毫料件。二，工徒入場時，不應攜帶銀錢要件，如係寄宿工徒，應將此項要件隨時報明稽查，轉交本場收支處代存。三，工徒無故不准擅出大門，如有事外出，監工允後，發給公出小牌，至稽查處掛號，限時回場繳牌。上工時，因事出科，亦持有牌。大小便，則領恭籤，以便稽查。四，各工徒親友來場，在作工時限，不得會晤。俟下工後，號房引至接晤室相見，二刻爲度，不得擅入宿舍。如關特別要故，立由號房稟知稽查處，轉告監工，飭令出科，亦在接晤室相見。五，凡在本場宿食者，起時，應在上工時限二刻之前，睡不得過十鐘，一律息燈，餐飯時，不准擾攘爭論。六，作工時，不准閒談嬉謔，下工時，不得紊亂步伐，歸舍不准羣聚喧譁。七，無論何地，不得任意唾溺，抛置器具。八，無論何時，不准歌曲、猜拳、飲博、嗜煙。第十四條，賞罰。本場訂立賞罰分爲二項如左：一，考期賞罰。月考逾格，照加工食，記功一次；不及格者，罰扣工食，記過一次。季考連三個月記功，記大功一次；連三個月記過，酌予降班。大考係連次記功者，超升；連次記過者，開除，不繳津貼。二，臨時賞罰。官費工徒畢業後，序補畢業留場之額，補入後，均算記功分數，提升副工匠，每月除津貼外，加給一元，遞升正工匠，加給二元，其有工藝出衆，勤奮異常者，可漸升副匠目、正匠目，以至副工師、正工師，隨時察看給薪，如一時無額，即先記名，挨次升補，或調充各處。工師匠目期滿，報告本場，如不需人，應令回籍，自謀生計。本場懲罰按情節輕重爲衡，列下備查：甲，容止不謹者（如在場談笑歸舍喧囂，下工不按體操步伐行走類）無心疏忽者（如初到不諳條規，工作偶爾小損類），時限稍逾者（如上工稍遲，領牌出外逾限約半小時，請假續假愆期過一日類），以上作爲小過，由監工司事或會同稽查申誡，或令肅立片刻，或記過，量事辦理。乙，口角啓衅者，請假逾限者（如假期屆滿未經續假，竟不到場，除扣當日工食外，仍加扣一日，以次遞算），損壞器物者（查係有心抛壞，除記過三次外，仍照原價，由本月工食項下扣折，如尚不敷，勒令家屬原保賠償，倘係因公及用久必致損壞之件，臨時酌辦），不遵約束者，延誤工作者（如到工過遲，出外過久，工作不能及格類），妨礙公益者（如寢舍擾人清睡，任意唾溺，不潔類），進步遲緩者，以上作爲次過，或記過，或令肅立小時，或罰扣工食數日，由監工工師稽查員記過，報知管理員，量事酌辦。丙，資質駑鈍難造就者（開除免繳津貼），無故離場擅告退者（無故不到或查係託故有證，如在本埠再限五日，仍不到場，即行開除官費，追還歷年津貼，自費繳清欠項），故違禁令迹恣肆者（如猜拳歌曲，飲酒嗜煙類，輕則記大過一次，重則開除追費），屢訓不悛語挺撞者（輕則記大過一次，重則量事酌辦），任意施行紊秩序者（輕則記大過一次，重則量事酌辦），挾嫌争毆有傷痕者（此以傷之輕重，理之曲直爲定，傷輕罰送習藝所三月，傷重罰送習藝所半年，如無傷記大過一次，酌罰工食），藉端煽惑首滋事者（輕則革除，重則送習藝所），竊取材料及器物者（除令家屬原保賠償外，仍送習藝所充苦力），以上作爲大過，或記大過，或降格，或開除，或追費，或罰送習藝所，由監工稽查報知管理員，臨時核辦，事重則稟明局憲察核辦理。

第四章　用人責任

第十五條，員數。本場員司、匠徒、夫役人數，計管理一員，監理一員，稽查一人，收支一人，幫收支一人，庶務一人，管庫一人，書記一人，幫書記一人，化學畢業練習生二人，圖繪科教習一人，巡查一人。每科設工師一人，匠目一人，頭等工匠二人，二等工匠四人，出品須多臨時酌定。每科監工一人，號房夫役十九人，司事由局憲選派，其餘人等，管理有稟請調擢之權。第十六條，職務。本場員司各人應盡職務如下：一，管理員綜理全場一切事宜，隨時稟請憲示，以實任其執行。二，監理員監察全場一切事宜，遇事籌議告明管理，以達其改良之目的。三，稽查司事稽查全場一切事宜，隨時報於管理。四，收支司事掌理出入款項，核算簿記等事。五，幫收支司事幫理出入款項，核算簿記等事。六，庶務司事承辦全場一切事務，兼有採辦運貨之責。七，管庫司事有收發材料成品，登記典守之責。八，書記司事有文件主稿，保存檔册之責。九，幫書記司事有繕寫文件，檢理檔册之責。十，化學畢業驗習生研究取材之美惡，藥料之分配，會同工師匠目人等，實行其試驗，譯務教務皆屬之。十一，教習及工師匠目各盡其教導之職務，得高下其分數，而進退之。十二，巡查司事對於門户之出入，場舍之啓閉，丁役之勤惰，以及衛生防火，皆得施其干涉。十三，監工司事承辦該科一切事宜，設立查工簿，分別功過，間接稽查處，而達於管理。

第五章　經費概略

第十七條，經費。本場經費大略分列於下：一，本場每月由工藝總局代向運庫具領常年經費銀三千兩。二，本場每月約收學費銀一百數十兩（無定）。三，凡舉本場聯合之工場公司，每年應在餘利項下，提二十分之一，捐助本場經費（無定）。四，本場每月額支活支約銀二千數百兩。五，本場購辦材料成本，陸續製品出售，抵充贏餘，作爲本場擴充經費，添辦他項工藝。六，本場進出各款，除按月報銷外，每季列表一次，半年統計盈虧細數，並現存成品器具造册，請局派員點驗察核。

第六章　工場餘利

第十八條，成績。本場爲提倡工業而設，應辦各項如下：一，對於直省各屬紳商，欲辦織染縫紉燭皂紙磁木鐵各項，工場需用工師匠目監工人等，可由場量材調派。二，無論本省外籍人等，如有介紹來場參觀，均一一實行其指示。第十九條，銷路。一，各科成品，除在本場售品處陳列外，并發售品總所寄賣，組合民立各工場，以實施其抵制。一，本場每年開縱覽會一次，平價發售，以開風氣。

第二十條，訂章。本場除各科各室另有專則外，兹特續定章程二十條，詳院立案，於本年五月實行，嗣可隨時體察改良修訂。

中國第一歷史檔案館《光緒朝硃批奏摺》第一〇二輯《光緒三十年九月山東巡撫周馥片》　再，臣於上年七月十六日，專弁附奏機器局内附設銅元局，鑄造銅元一片，奉硃批：户部知道，欽此。欽遵在案。嗣因商民懇求多，鑄機器局地基不敷建廠，遂另買省城西關外民地，鳩工建造，本年七月廠房告竣，安置機器開爐鼓鑄，每日出銅元十餘萬，至多二十餘萬枚。現仍添購機器，以圖擴充，所有建廠購機之費，及採買銅觔價本，均未開銷公款，間有暫時挪借，並隨時息借商款，應由銅元局餘利項下，陸續歸還。現委候補道丁道津駐局經理尚稱核實，前因工匠不敷，機器缺少，皆由北洋大臣袁世凱借撥，得以妥速設局，諸事順手，據布政司會同農工商務局詳報前來，理合附片具陳，伏乞聖鑒訓示。謹奏。户部知道。

《東方雜誌》第一年第一〇期《直隸赤城縣製造玫瑰蜜酒等項呈請發廠考驗稟》　竊卑職前以山藥豆作成粉面，用糖充服，類如藕粉並榛子仁兩項，具稟呈送。旋奉憲批，候將榛子仁、山藥豆粉發考工廠查照，認真考驗，仰隨時考察續報，並奉農務局黄批示，所呈榛子仁、山藥粉，民間有此土産，可以獲利，應令販至京津各埠，由乾果行代銷，若設局官辦，恐多糜費，難沾餘潤各等因。伏查赤城縣之大，竟無一宗出産，守斯土者，不禁時刻焦灼，聞城北山坡，野花極多，深恐内有可用之花，暨一切藥材，而民不識，隨親詣該處逐細踏勘，除山芍藥、黄蓍等項，向來有人購買，餘者半爲玫瑰，近視香氣迎人，每年出花數千斤，遍山多是，以之製酒作糖，均稱上品，第與民興利，圖始維艱，必由官先試辦，稍有效驗，以冀民間次第仿行。回憶卑職上年奉宣化府王守委，赴天津考察農工商務，詢及各友人，咸稱民間日用之品，洋貨居半，近年愈多，各省皆然，每歲中國流出外洋銀錢，不可勝計。若欲整頓内地農之物産，工之製造，抵制洋貨，惟有烟酒兩項行銷尚易，是以卑職回宣與王守面商，招集華股，在宣在津創設上谷美酒公司，昨接津號來信，云葡萄酒運至津沽，銷路尚不遲滯，外國人多有來買，自應再製玫瑰蜜酒，以繼其後，現由卑職仿照燒鍋作酒，應用酒具，不惜工本購買花片，設法造成酒百餘斤，玫瑰花糖數十斤，嘗之，同城文武及各鎮紳商咸云，味濃色潔，高於外處玫瑰露酒，惜本年採花過遲，不能大爲試辦，除將作酒辦法剴切曉諭城鄉紳商，一俟來春玫瑰花開，趕緊製造。如初創之處，購辦爲難，准其攜帶花片來署，由卑職督同製造外，兹謹呈玫瑰蜜酒四瓶，玫瑰花糖四壇，理合馳稟憲臺查覈。

吉林省檔案館等《清代吉林檔案史料選編（工業）》下册《吉林將軍衙門爲同利機磨公司招商集股的曉諭光緒三十年十二月十六日》　爲曉諭招股事。

照得吉省西關馬神廟西首，原設慶吉生機磨公司一所，試辦數年未獲成效，於上年十月間收拾荒閉。兹據商人王鶴群等稟請，擬招衆商公集股本，購兑慶吉生原有機器磨具，改號同利公司，妥籌開辦，以裕民食等情，稟請出示前來。

查該商等現同歇業之慶吉生承辦人等酌訂新章，除機磨股銀四千二百兩仍歸原辦股東另行入股外，其餘地基、房間牲畜、鋪墊等件，作價五萬吊整，賣與同利公司。其價即由新集股資内交付，仍就原設地方開辦。准集股本五百股，按一股份實收中錢三百吊，並付給股票股折各一分，與前慶吉生股東毫無干涉。所擬均尚妥善，惟事關招股藉平糧價，誠恐仕商人衆未能周知，合將同立公司執事人王鶴群等所擬章程出示曉諭。爲此，示仰通省官商諸色人等一體知悉。自示之後，有願入股者，自赴該公司照章兑款辦理可也。特示。

右諭通知。

吉林省檔案館等《清代吉林檔案史料選編（工業）》下册《同利公司執事人王鶴群爲招股接辦磨面機器公司的稟文光緒三十年十二月十六日》　爲招股接辦磨面機器公司，藉平糧價而裕民食，以興利源事。

竊吉省西關馬神廟西首機磨公司，原係前吉林將軍長諭飭開辦，迄今試辦數年未獲成效，於今十月間收拾荒閉，以致面價紛騰。凡民間慣食機磨麥面者，莫不急望重開機磨。是以擬招衆商公集股本，購兑慶吉生原有機器磨具，改號同利公司，妥籌開辦以副民望。群等現同歇業之慶吉生承辦人劉賡周等酌議購兑，均經來人商妥。除機磨股銀四千二百兩仍歸原辦股東另行入股外，其餘地基、房間、牲畜、鋪墊等件，作價合錢五萬吊整，賣與同利公司。其價錢當由新集股資内盡行交付，仍就原設機磨地方開辦，准集股本五百股，每一股份實收中錢三百吊，並付給股票、股折各一分。其一切章程從新擬訂，與前已經歇業之慶吉生公司股東毫無干涉。惟事關招商集股購兑機磨另行接辦以裕民食起見，理合呈請軍、副憲俯賜察核備案。所有擬辦火磨章程、股票，謹繕稟尾，並請出示曉諭，俾衆周知，以俟股票招齊，再行聲明，呈請咨部立案。伏乞批示祇遵，實爲公便。恭請福安，伏乞垂鑒。王鶴群等謹稟。

附粘單。

謹將所擬辦理火磨章程十五條，繕呈鑒核。

計開：

一、火磨用項浩大，非集成巨款不能措之裕如。今擬招集股本五百股，每一股份准收中錢三百吊，以取齊整。

一、股東無論入股多寡，一經論定須於一月之内將款全數交清，不得參差不齊互相觀望，致使前後帳目月限不整。

一、股東現經入股，如於三年之内不願湊合，准其與股友商議將股出兑。如本股友不接方准出兑，華商不得擅自抽股。

一、公司生理無論虧盈，按年照章酌給股東常釐七釐。

一、公司各樣事務悉聽總理便宜辦理，股東不得任意干涉，致亂事權。

一、公司任重事繁，凡執事之人須擇勤謹精樸者流，逐日在司認真料理。尤必與總理三日一會議五日一匯成，如有要事則會議不拘時日。

一、執事人經猷公司照常事務，固屬自有權衡，設遇有增減更變重大事情，務要稟商總理應該如何辦法再作趨處，該執事人不得擅作主張。

一、各所用人皆須派有首領以專責成，免得致有過失互相推諉。

一、公司帳目每逢月底必須開一報銷清單，繕呈總理稽核。

一、凡公司中人未到月底開支薪工之時，設有緊要用項須商明執事人，由執事人回明總理，達知帳房發給。該本人不得向帳房擅自徑取，亦不得於定數之外分毫長支。

一、公司必仿照商鋪章程三年一披帳，凡股東應得餘利若干，須持股梢赴公司領取。然當披帳之時，倘所有股東不能全在吉省，即將每股得利若干，由某處某號代付刊列報館，俾衆周知。該股東見報之後，可就近往某處某號憑折承領，不得以認人發給，致生舛錯。亦不准股東於三年之内在公司支用錢項，致潰股本。

一、面、油、麥、豆須派有妥保外櫃，逐日在街專門探聽，以便買賣，並責以進櫃之事。

一、收買糧石與出賣貨物總期一律公平交易，如有瞻徇情面輕入重出，或暗自取巧重入輕出，一經查出輕則立逐重則追究。

一、凡遇有華洋流商購辦面油等件，務須以錢取貨，均應當在公司交割清楚。不得先貨後錢，亦不得欺蒙洋人加以重價，代腳賣貨。

一、公司所得餘利俟三年披帳時，須提十分之幾歸入花紅。凡在公司辦事之人，均按差使之大小出力之優劣披分，以示鼓勵。

吉林將軍批：

稟及章程、股票式樣均悉。仰行營文案處先行出示曉諭，俾衆周知。並飭該公司俟各股本招齊，再行呈請咨部立案，以昭大信。

光緒三十年十二月十六日

吉林省檔案館《清代吉林檔案史料選編（工業）》下册《吉林全省行營文案處爲工藝廠稟報創辦情形的移文光緒三十一年二月初九日》 爲移付事。

案奉軍、副憲發交，據總辦招商工藝廠事務瑞徵稟稱：竊章京前歲蒙前軍憲長奏請派充吉林全省招商工藝廠總辦事務，業經咨明商部、南北洋大臣各在案。章京於去歲八月間馳赴南洋、上海、廣東，招得富紳巨商劉維信、伍誠忠、葉大成、吴鴻業、馬守和、孟廣泉等六大商，承認熟皮、製蔴、製呢、製糖、火柴、烟卷六大廠，成本在三百萬以上之譜。兹因日俄軍事未定，裹足不前，再三開導，一俟平静後即攜資來吉開辦。在該處立有合同，報明在案，此係實在情形。

章京惟思雖係時勢多艱，道途不靖，在公法應禁者勢不能運，而於萬難中亦應由章京籌備資本，先將工藝本廠招工開辦，以爲之倡，而廣利源。兹以籌得實款十萬兩，製貨運東以便興作。一面陸續招得商股十萬兩以固成本。現在本城東關置買民地十垧，合地一百畝，民房七十二間，添蓋局廠一所，計二十八間，西邊局屋三十八間。擇於正月十八日開工建造，定於四月間報竣。其工匠亦於上海、京都延聘，定於四月到廠，承造工藝各項。其用款及備料等項，本廠人員薪水、工匠薪金，均由章京商本内自行籌備，並不請領官款，以歸劃一。與各省官辦官督商辦者不同，而符原奏招商興作之本意。章京世受國恩，凡可興利除弊者，皆力任艱巨，不避嫌怨，極力維持。所有工匠人等及貨樣，均仿外洋做法及京都工藝章程做法，格外精益求精，以期暢銷而杜漏卮也。一俟做有貨樣，再行呈請憲臺驗覈。僅將章京招商認做及自行籌備貨料、置造廠屋、招募工匠創辦情形，以開風氣而導民誌。其難易較之内地迴不相侔，先行稟明，懇祈憲臺俯念時艱創辦不易，出示曉諭，以便建造廠屋。地方官均一體彈壓保護，得以鼓舞商情，而爲勇於集資者勸，實爲公便。除徑稟商部鑒核立案外，理合據情稟明，籌備資本，置造廠屋、招募工匠，定期開辦各緣由，肅丹稟報，仰懇俯賜曉諭等情。

當奉憲批：該章京所設工藝廠本係招商興辦，必須股款有著，再行興工開廠，方不致有名無實。查閲折開滬粤富商劉維信等，認股共銀三百萬兩，雖因日俄戰事未停，商人裹足，未能即時攜資前來。惟即稱在該處立有合同，自應由該章京執持隨禀呈驗，何以未見此項合同。所稱報明有案者，係在何處具報，至公司集股章程或登明姓名，或注寫堂名，立有註明籍貫者，斷無僅以某姓標列之理。現單開在吉林所招千股，僅注有姓而不列名，已屬含混。況各姓認交股銀與該章京自認股款究竟實在何處，亦均未聲叙明晰，尤欠核實。似此重大事件，豈可隨口鋪張視同兒戲。第係招商承辦，並無官款在內。且據聲稱經禀商部立案，應否准照辦理，自應聽候部示。本署將軍、副都統原可不必過問，特以事隸吉林，設有招搖傾害商民之處，亦不能不認真維持嚴究。該章京慎勿以人盡可欺，事事脱空虛張聲勢，爲可始終無發復之日也。其所請出示彈壓保護，應歸地方衙門辦理，姑候飭行營文案處，移會吉林府查照核辦。此繳。清摺、圖説存等因。奉此，除批示挂發外，相應照抄清摺，移付貴府，請煩查照施行。須至移者。

計照抄清摺一扣。

計開：

總辦：章京瑞徵；會辦：一俟開廠查照招商定章再行揀派；提調：花翎同知銜候選通判何近蓬；文案：藍翎五品銜、候選縣丞王炳堃；收支：同知銜分省候補知縣吕鴻達；核銷；稽察；監工督修：副總董、候選府經歷高殿雲；駐滬委員：孟廣雲；駐京轉運委員：候選筆帖式德森；駐津轉運委員：候補員外郎頤寶；正總董；副總董；正董事；副董事；各科司事。

以上未派各差，一俟開廠再行照章揀派，任差後備具銜名清摺，隨時呈報。

招得上海、廣東承做六大廠商名：劉維信、伍誠忠、葉大成、吴鴻業、馬守和、孟廣泉。

以上商人六名，認股共計銀三百萬兩。

工藝本廠商股：

總辦自認股本五百股，合銀五萬兩。李姓五十股；施姓五十股；劉姓五十股；吴姓五十股；陳姓二百股；何姓五十股；宋姓五十股；崔姓二十股；余姓五十股；馬姓一百股；薛姓五十股；王姓三十股；成姓三十股；許姓二十股；高姓二百股。

以上商人十五名，共計一千股，合銀十萬兩。

天津圖書館等《袁世凱奏議》下册《創設罪犯習藝所辦理情形摺光緒三十一年二月十八日》 奏爲創設罪犯習藝所辦理情形，恭摺仰祈聖鑒事。

竊查前准刑部咨，嗣後各省徒罪人犯，毋庸發配，概照所犯年限，收所習藝，軍流人犯若爲常赦所得原者，即在本省收所習藝。並以直隸向不安插軍流，非常赦所不原，免其解配，軍流各犯應否即在該省所工作，抑照定例發配，應令體查情形，奏明辦理。等因。臣因事屬創始，不厭求詳，節經督同司道悉心體查，次第籌辦。檢閲近年案卷，直隸每年内外結徒犯約有一百餘名，軍流人犯除常赦所不原者，仍照例發配外，其常赦所得原者爲數無多，自應與徒犯一體收所習藝，以歸劃一。

至習藝所若按道分設，直隸現爲五道，應設五所。際此各庫空虛，實難同時並舉，惟有先就省城、天津分設兩所，以天津、河間、永平、宣化四府，遵化州，並東西南北四路廳所屬及張家口、獨石口、多倫諾爾三廳之犯，歸津所收留。保定、正定、順德、廣平、大名五府，易州、趙州、定州、深州、冀州五直隸州所屬之犯，歸省所收留。所内員司夫役及解所各犯，開辦第一年，約共二百人上下，兩年即倍其數。雖一年之後徒犯逐有限滿，而軍流各犯有自六年以至十年始行釋放者，是以每所能容四百人爲率。兩所罪犯口糧開辦初年，悉責成各廳、州、縣按缺分優劣分攤，以後工藝獲有盈餘，逐漸裁減。其員司夫役薪水醫藥以及一應雜用，及成本各項，津所則以育黎堂、教養局原有經費充用，不敷由賑撫局添撥。省所因無善堂公款可撥，由藩庫每年認籌撥付。津所房屋係就教養局基址建造，統共大小房屋二百四十一間，廳屋、工廠、監所、浴場、醫室、病室、厨房、厠所一應俱備。惟津郡有巡警局，罰充苦力人犯亦收所習藝，故監所尚待擴充，計共用工料銀二萬九千餘兩，又油漆鋪陳並置備器具及員司夫役薪工，及一應開辦經費，用銀三千兩，先後由賑撫局照數撥給，於上年六月間工竣開辦。其省所房屋，應就豐備倉擴充改建，共擬建造及改修房屋二百一十六間，規模悉照津所辦理，實估工料銀一萬五千八百餘兩。惟豐備倉前有工巡局設在其内，現將該倉改建習藝所，應蓋還工巡局房屋十餘間，實估需銀一千八百兩，亦經由賑撫局撥發銀二萬兩，以資應用，有餘則備員司夫役薪工之需。業於上年十月間興工，因冬令封凍不便工作，約需本年三四月間方可竣工。至一應制度，如建造房屋應合衛生之道，而尤以便於防範管束爲要。教導之法，貴在寬嚴得當，勸懲並施，凡此皆改良獄制之急務。前經飭派天津府知府凌福彭赴日本考查獄制，條陳東瀛成法，極爲詳備。經天津道等參酌東西法制，擬定章程條規，並令省所仿照辦理。其工藝一事，擬令精粗並習，天津爲通商地面，宜尚精美，省城風氣未開，先事粗淺，而其要在因才施教，就地取材，尤以易於銷售，獲利較薄者爲最宜。現在津所開辦數月，極形整齊，成效可觀。省所自當擇善而從。至天津等府、廳、州屬罪犯應解所習藝者，已飭自本年正月起，一律照辦。保定等府州屬罪犯應俟省所工程告竣，再行飭解。

據藩司楊士驤、臬司寶棻、天津道王仁寶、天津巡警局道員趙秉鈞會詳，請奏前來。除咨刑部外，所有籌辦習藝所情形，理合會同兼管順天府府尹臣徐會澧順天府府尹臣沈瑜慶恭摺具陳。伏乞皇太后、皇上聖鑒訓示。

再，承德府屬罪犯習藝所，應由熱河都統臣自行籌辦，合併陳明。謹奏。

光緒三十一年二月二十二日奉硃批：刑部知道，欽此。

《東方雜誌》第二年第二期《山東巡撫胡奏籌辦東省各項實業情形摺》 凡富民以農利爲先，而教養無業閒民，則以工藝爲急。東省人多田少，不敷耕種，連年河水冲没，閒民日多，弱者坐守飢困，黠者流爲剽竊，是以曹州、東昌等屬，歷年多盜，誅不勝誅，良由年壯游閑，迫而爲此。前升任撫臣袁世凱審知其故，先就省城設立教養局，專教貧民無業者，學作粗工。另設工藝一局，考求各項精巧工作。如范金、冶鐵、織繡、雕嵌之類，以爲全省工藝模範。上年日本賽會，已有出品，尚不甚劣。臣到任後，益加推廣，添撥兩局經費，於教養局附設小學堂，以期進而益上。又於曹州、沂州等府，暨濟州、莒州、嶧縣、福山、濰縣等處，各設工藝分局，於鄒縣、惠民等處，分設教養分局，於益都、壽張、泰安等縣，各設習藝所。博山設玻璃公司，於德州諸城，禹城各州縣設草辮公司局廠。此外，如紡織布，製造洋胰、洋燭、洋酒，其未辦就緒，或已議未辦者，條理尚多。臣隨時督飭官紳認真經理，以期逐漸推廣，加意改良，不敢獨於目前苟且敷衍，此臣籌辦東省工藝實業之大概情形也。惟是時辦事固難，籌款尤難，臣就現辦各事核計，如省城工藝局歲需成本經費二萬兩，開辦經費五萬兩；省城教養局歲需成本經費一萬數千兩，開辦經費二萬三千兩；兖州農學堂、青州蠶桑學堂、省城農桑會，各歲需數千兩，開辦經費各一萬餘兩。他如疏浚小清河，招商行駛小輪，擇要修理道路，以通車馬而興商務，又在烟臺開設車阜公司，以期內地土貨多販出洋，又購買膠濟鐵路股票十三萬餘兩，以化畛域。又擬購買嶧縣礦務股票十萬餘兩，以圖擴充。此外，各州縣可開之故，應行招商附股，藉資招徠，通盤約計每年至少需本銀一百餘萬兩。山東庫儲奇絀，本無官款可撥，現在惟恃籌款局整頓牙帖、雜税、商捐等款，歲約收銀二十餘萬兩，只能作爲提倡輔助之需，全恃官商集股推廣辦理。籌款局各項商捐初辦，民頗不願，近來咸知以本省之財，辦本省之事，且用本省之人，核與袁世凱奏設籌款局，原議相符，民間異議漸息，且有恨籌捐無多，條陳権捐諸論。臣不敢遽行，惟就此力量鼓勵官紳核實經理，如有不敷，准其息借商款，將來某項事業辦成，確有明效，或予以專利，或酌量請獎，隨時咨商部核准照行。再所辦各項地方要政，現雖官督紳商經理，實則仍係民捐民辦，且捐款本少，股分較多，所有經費，臣已飭司道督查，按年列表造册，俾衆公閲，請免按例報銷。謹奏。奉硃批：該部知道，欽此。

《申報》光緒三十一年三月初九日第十版《札查玻璃砂礦京師》 職商汪錫元前以通州臨河一帶，所産玻璃砂料甚多，擬集股五萬兩，開設玻璃公司，專製各種玻璃器具，具稟商部，請予立案，並請奏准專利二十年。現已由部札行順天府，轉飭確查，彼處係官地，抑係民地，及有無違碍，據實詳復，再行核奪。

《申報》光緒三十一年三月二十五日第三版《稟請在北京創設紡織公司京師》 職商楊來昭等，具稟商部，擬集股銀四萬兩，置辦織布機器，請在京師創設北京紡織有限公司，專織粗細各布，以便民用，請予立案，並請准納半税云云。未識如何批示也。

《申報》光緒三十一年四月初二日第四版《咨查違律製造紙烟天津》 北洋烟草公司總董秦輝祖，前控黄學、王慎之違律製造紙烟一案。茲經商部咨請北洋大臣，將所控情形切實查明，是否該學士故意違律，並將該公司原訂議約，一併咨送到部，以憑核辦。

《申報》光緒三十一年四月十九日第三版《赴南洋招集玻璃公司股分厦門》 委辦北京玻璃公司、前福建候補府將唐佑太守，現奉商部派往南洋一帶招集股份，頃已由閩到厦，遍謁各當道及諸巨紳，商辦一切。

中國第一歷史檔案館《光緒朝硃批奏摺》第一〇二輯《光緒三十一年四月廿一日開缺陝西巡撫夏旹摺》 頭品頂戴開缺陝西巡撫臣夏旹跪奏，爲陝西工藝廠，試辦有效，擬即購機建廠，漸次擴充，恭摺仰祈聖鑒事。竊惟富國恃乎商通，商恃乎工。五行百産轉運者，商也；製造者，工也。今欲抵制外人，而我拙彼巧，我粗彼精，我舊彼新，我遲彼捷，價則我貴彼賤，貨則我滯彼通，不亟振興，益滋困敝。勸工之道，東南各省業已日見精良，北則京津，西則川蜀，廠中製造，孟晉軼羣。惟有陝西民智錮蔽，工皆樸僿，器鮮奇新，每以本地産生之材，資外人製作之料，毛氊骨角之屬，外洋收之，反手而得鉅金。棉花藥材之屬，鄰省收之，製練而求善賈，已所有者，一一流於外。已所無者，物物求諸人。一出入間，耗失非細，固民之性質鈍，亦官之教督疏也。上年冬，藩司樊增祥札委署西安府知府尹昌齡，創設工藝廠，略仿蒙學之例，從小處、粗處、淺處、易處入手，挑選少壯無業者百人，入廠學習。陝西不惟民智未開，即官智亦待啟，試辦之始，人皆非笑，以爲事必無成，尹昌齡氣鋭志堅，率同局員馬兆森等，董督工師，居肆治事，局員各竭心思，學徒咸知勤奮。臣到任後，迭加敦勉，不戒而孚，數月以來，若竹工、木工、草工、針工，各就其質之所近以呈能，各得其師之所傳以成器。雖皆粗淺，頗利行銷，而漸進精良者，則以氈罽爲特出。蓋畜羊翦毛以製氈，本陝人之故技，特工料偷減，製不求精。茲由廠員教督揀毛，務純壓片，務薄染色，務鮮印花，務細製爲衣褥，人争購之。近有訂購至數百牀者，亦可見技無不可學，民無不可教，惟視辦事認真與否耳。查工藝一事，重在製造，土貨地所不產，與産而不豐者，皆可從緩。現定簡易章程，以氈毯爲首，次則棉花，居土産之多數，而秦人不自紡織，專以浄花運行川者，近來蜀中改用洋紗，陝花遂無銷路。現已派員赴滬，訂購紡紗織布各機，教之織作，以處處屯積之花，作人人彰身之用，既可抵制洋販，並堪銷售鄰封。又次則南山出漆，而箱篋、盤盒、几案椅、凳之屬，可製也。華山多竹，而簾簟，筐籃，蜀箋，宣紙之屬，可造也。又若棉紗織帶，麥草爲帽，牛革打箱，猪鬣製巾，因地取材，因材製器，因器招工，因工謀利，使物物皆盡其用，而地無棄物，人人自食其力，而國無遊民，此固設廠之通義，而尤大有益於秦民者也。現已於川招紙匠，於隴雇毯師，於鳳覓漆工，分類傳習諸端，並舉其始務在收斂，未敢鋪張，僅就行宫左側之養馬場，搭棚葺宇，小試其端，近則製作稍精，衆情踴躍，不日工師紛至，門類增多，非別購廠基，展寬局勢，不能安機器而來百工，現於西門外得地一區，由藩司力任其難，籌款興築。

一俟廠屋落成，機器運到，工師齊集，即添募學徒，日省月試。局則由小而大，器則由粗而精，藝則由淺易而漸造乎深，且難迫至難者，深者精者，皆能爲之，而秦民無患不智，亦不患甚貧矣。茲由藩司樊增祥呈驗新製各物，並詳請立案前來。臣竊喜其爲日淺而進步速，發端小而規畫宏，取材近而程功遠，而其本原仍不外乎實事求是。除分咨工、商二部立案外，謹將陝西工藝廠試辦有效，逐漸推廣緣由，恭摺具陳，伏乞皇太后皇上聖鑒。謹奏。

《申報》光緒三十一年四月二十六日第三版《織絨局硝皮廠繳費註册天津》

天津織絨局硝皮廠，向由吴調卿京卿創辦。雖曾在北洋稟請立案，尚未赴部照公司章程註册。日前經商部照會該廠，須遵照定章，趕緊註册，以便立案，現在吴京卿已照章繳納公費，呈請註册矣。

《申報》光緒三十一年五月初六日第三版《烟捲公司着以報效銀添助資本京师》

工部郎中周錫璋前稟商部，擬照合貲有限公司章程，創辦烟捲公司，就商部所設工藝廠内，所餘官地，建廠製造，以抵外來販運，並呈報效銀二萬兩。茲探得商部批示，略謂該郎中留心商務，深堪嘉尚，惟貲本既慮不足，請撥官款襄助，又甚爲難，著即毋庸報效，即將此項銀兩，添助貲本，以便尅日興辦云云。

中國第一歷史檔案館《德宗景皇帝實録》卷五五一《光緒三十一年五月中》

又奏，工藝局地址不敷，請將鑲藍旗營房等處荒地，援案撥歸工藝局應用。從之。

《申報》光緒三十一年五月二十四日第三版《陝撫奏請擴充工藝廠北京》

晉省民智素未開通，工藝樸僿。自去冬藩司樊增祥札委署西安府知府尹昌齡創設工藝廠，試辦數月，略有成效。現新撫憲擬將漸次擴充，特派委員赴滬訂購紡紗、織布各機器，擇定西門外建設工作，由藩司籌款興築，一俟廠成、機到，當即開辦。業經陝撫將推廣情形專摺具奏，並分咨工、商兩部立案，已奉硃批：該部知道。

《東方雜誌》第二年第五期《直隸總督袁奏籌辦工藝各事漸著成效分別臚陳摺》

竊臣於上年夏間，准商部咨開，本部具奏，津埠銀根較緊，請多鑄圓一摺，奉旨：依議，欽此。欽遵。經臣於五月二十日奏覆，推廣鼓鑄情形在案。伏查商部原奏内稱，多購銅斤，加工鼓鑄，既可流通市面，而所得贏餘，以之推廣津埠工藝局廠，收養貧民，尤於地方大有裨益等因。臣默揣各國致富之源，胥由商務，而非講求工藝，無以爲商務之先驅。況迭奉諭旨殷殷，以整頓工藝爲急，朝廷於厚生利用，軫念至深，但此事非可空言，貴有實力，各省帑項支絀，籌措爲難，惟銅圓餘利一端，尚堪挹注，以公家固有之利權，開小民無窮之生計，於事至便，於理至公。臣自收回天津，即創設工藝總局，選派員司，提倡工業，調查本省及各省物産，兼及進出口貨情形，歲撥銀一萬二千兩爲經費，三年以來，由該局經營建立者四事：一曰工業學堂，以培養工業人才爲宗旨。額設學生一百二十名，學分爲四科，曰應用化學科，曰機器學科，曰製造化學科，曰意匠圖繪科，分延英日各教員授課，計開辦經費、房舍、書籍、儀器，用銀四萬六千兩，常年經費需銀二萬四千兩，續購各項機器需銀三萬五千兩。一曰考工廠，以啓發工商智識爲宗旨。搜採本省外省外國各貨品，依類列陳，縱人觀覽，分設會計、庶務、庋藏、考察、圖繪各司主其事，每月則演説工商各要理，試驗理化各用法，以廣人見聞，每年則訪求各處工業製品，比賽優劣，以鼓舞獎勵之計，開辦經費、樓房、貨品各項用銀二萬八千兩，常年經費需銀二萬四千兩，派員調查及續購品物需銀一萬兩，尚需添建房舍，增置圖書需銀三萬兩。一曰教育品陳列館，以濬發學識，教育資驗爲宗旨。羅列中外各種教科書籍、儀器、標本、模型、圖表，分科陳設，標簽貼説，以備各學校管理者考覽諮詢，其應用教育品，節令漸次仿製，並派員分駐外洋，查考最新品物，隨時購運館中。附設藏書室及講堂，俾各學堂教習、學生休息其内，來館講習，計開辦經費用銀二萬兩，常年經費需銀八千兩，此後每年添購品物，增廣房舍，需銀五千兩。一曰實習工場，以傳習手藝，提倡各項公司爲宗旨。備高等工業學生之試驗場，兼參仿藝徒學堂章程，爲各公司取才之地，額設工徒二百名，分染色織布及木金縫紉及化學製造各科，每一科藝成，即勸諭紳商集股設立公司。現天津織染縫紉公司，業經集股開辦，外屬各州縣領機試辦，並送徒來津學習，以後公司愈多，商力日厚，當有成效可觀，計開辦經費用銀一萬五千兩，常年經費需銀三萬六千兩，此後續增廠舍，添置機器，需銀三萬兩。以上各事，均附屬於工藝總局，統由候補道周學熙分投籌辦，日起有功，共計開辦經費，用銀十萬九千兩，常年經費需銀十一萬九千兩，預備擴充經費需銀九萬五千兩，皆經臣飭由銅圓局餘利項下籌撥。伏思國家根本大計，端在民生，邇歲以來，工商之利見攘外人，吾民失業，耗財何可勝計，外國收我生貨，製成熟貨，轉售而來，尚獲厚利。況中土民數衆多，工價低賤，若竭力提倡，推行各屬，必能興實業而塞漏卮。此次北洋興辦工藝各事，不過歲費十餘萬金，且出自銅圓餘利，並未動支正款，而化遊惰爲精良，勵紳民使聯合，此後逐漸擴充，添助貲本，不獨惠及貧民，實亦隱裨國計，庶上以慰聖主恤民之至意，下以盡微臣守土之職司，謹奏。奉硃批：着即認真辦理，務收實效，欽此。

吉林省檔案館等《清代吉林檔案史料選編（工業）》下册《吉林全省招商工藝廠揀派幫辦差使官紳人員名單光緒三十一年六月初六日》 吉林全省招商工藝廠，謹將擬請憲閲，揀派幫辦差使官紳人員銜名繕摺，伏候鑒核飭遵，以便章京分別照會札委而資辦公。須至呈請者。

呈　開：

一品蔭生袁紹曾

一品蔭生馬繩武

花領候選道文禄

一等輕車都尉特賞郎中榮源

一品蔭生特用同知文廣

二品蔭生繼馨

花翎知府用候選同知儒昌

花翎佐領倭克錦

花翎副都統銜盡先協領佐領海順

花翎知府用山西候補同知裕福

花翎工部候補員外郎主事頤寶

花翎同知銜候選筆帖式頤壽

主事用候選筆帖式德森

花翎知府用候選同知孟廣雲

候選鹽大使余念祖

候選府經歷秋樹滋

候選府經歷秋元朗

候選筆帖式喜全

候選筆帖式禄全

前副榜長海

候選同知于兆慶

候選同知王應麒

候選同知李贊元

候選通判王文兆

候選通判何近蓬

分省補用知縣吕鴻逵

候選縣丞王炳堃

候選府經歷王錫元

候選府經歷高維嶽

候選從九品王毓桂

富　紳

花翎二品銜候選道恩貴

候選道王慕韓

候選郎中趙秉恩
孫壽昌
朱士珩
李受之
徐文治
周守正
張慕琦
候選府經歷高殿雲
魁常
劉樹勛
王燮梅
傅永慶
唐殿臣
劉文玉
孔繼東
雷大夏
李德祥
陶受益
常亮
岑忠
成春
王志

《申報》光緒三十一年六月十三日第三版《稟請創辦罐頭食物及紡織公司京師》 職商趙善培，擬在京城創辦罐頭食物公司，並擬集股開設紡織公司，先具稟商部，呈請立案。當經該部一一批示，照録於後。該職商擬在遵化州出産鮮果最饒地方，創辦罐頭食物，名爲實業丙隆有限公司。設廠製造，於商務不無裨益，惟公司股本若干，已否集有成數，未據聲明，章程股票亦未呈送，無憑查覈，仰即迅速訂定章程，詳叙製法，再行呈報核奪。又本部開辦章程內載，各公司如係商股承辦者，所有商股□利或虧耗等事，本部除獎勵及飭追逋欠外，其餘概不與聞等語。該職商所請造就罐頭，運售之時，每罐報效銀二分，繳部充用之處，應毋庸議。該職商擬在遵豐玉薊，集股設辦實業織紡有限公司，先置織布機器，購到織布，俟辦有端倪，再議推廣紡紗，係爲開通風氣，便益民生起見。惟公司股本共計若干，已否集有成效，未據聲明，章程股票亦未呈送，無憑查覈，仰即迅速訂定章程，再行呈報，以憑核奪。

《申報》光緒三十一年六月二十一日第三版《開辦玻璃公司須俟招齊股本北京》 前福建同知蔣少珊、司馬唐祐，去歲奉商部札委，開辦北京玻璃公司，當赴福建招股，迄已半年有餘，股款尚未招足，因於日前專報商部，略謂所招之股雖未全齊，現已集有若干萬兩，可否即以此項股銀，先行匯京開辦，其未齊之數，俟陸續招集，再行匯解，乞示遵行云云。昨經商部批飭，應將所招股分收齊，再行來京開辦。

吉林省檔案館等《清代吉林檔案史料選編(工業)》下册《商務工藝廠章程光緒三十一年六月》 計開：

一、遵照京滬商務工藝各局章程，竪立旗杆，懸挂招商龍旗，以壯觀瞻而昭慎重。

一、擬每日上下工響號鳴鑼爲令，務須聚散整齊，俾得興止嚴肅，違者干咎。

一、查照各直省商局章程，自由商款籌撥薪餉，招募護勇三十名，軍械未能擅置，亦應由官請領洋槍十杆，藉資保護而重商務。

二、擬護勇號衣、帽巾、口食等費不扣薪餉，事關商局以示體恤。

一、凡在局執事人員，紳董、司事、工匠、護勇等各有專司，務須遵照局規勤慎從公，勿得任意玩愒。違者輕則申飭，重則究懲。本總辦正己率屬，當立法之初，不得不申明曉諭，言出法隨，勿謂言之不早也。

一、春夏秋季每天黎明四點鐘掌號擊鼓，所有局中人員工匠等一體同起，各司其事。鳴鑼早餐粥，□點上工，午刻十一點鐘鳴鑼收工，午飯午後一點鐘掌號做工，酉刻六點鐘鳴鑼收工，晚飯七點鐘掌號擊鼓，起更休息。冬季則六點鐘掌號擊鼓，局中人員工匠等一體同起，七點鐘早粥，八點鐘上工，至午刻十一點鐘鳴鑼午飯，午後一點鐘掌號上工，酉刻五點鐘收工，六點鐘晚飯，戍刻七點鐘掌號擊鼓起更。如做夜工則八點鐘上工，至夜十二點鐘下工休息。每日照常工做，不得乘隙賭博偷安吃酒。如有違犯局規，重懲不貸。每月朔望之日祭神上供，所有神福等項加以犒勞，停工一日以便歇息。

一、各科司事每日督率工做均有規則，每晚按人考覈所做活計若干，開單送交覈銷處存查。勤則加獎，惰則嚴飭，以示勉勵而昭激勸。如該司事瞻徇容隱，一體查究。

一、本局自總辦及至工匠人等各項薪水工價，均俟開局工作後一體開支。而本局已經執事委員及護勇人等，未便令其久候，應於開局先行酌量支給，以示區別體恤之意。

一、文案處專司來往文牘稿案、商股實收、監用關防等事。實屬責重事繁，亟應精詳慎密，俾免玩忽紊錯。該總司務將應行書辦一切事件詳加體察，分別責成司書各執其事。凡繕文件不厭精詳，細加核對。該司書等優則請奬，劣則稟懲，以昭勸勉，庶免推諉貽悞，違者並加申飭。

一、收支處專司收發銀錢出入款項，尤關重要。應立收支銀錢總分帳簿，以專責成而重款目。每日應收應支應存應發各項，務宜詳晰注簿，以免紊錯。勿得稽延懈怠，以致遺漏參差致干未便。仍將收支各款數目分晰開單呈閱，按日報，旬報，月報註册。

一、核銷處專司稽算出入款項，應立總分帳簿，分別登注以專責成而資考核。凡各科做出活計，由該科司事開單送交該處核兑，以及收發存領各項，均應核算清楚蓋戳，呈閱覆核，發交收支處存儲，以資核實而期詳慎。仍開單按日報，旬報，月報註册。

一、採買雜務處，每日將應用應買各項先行請示遵辦，由覈銷處算清蓋戳，送於收支處，或按日發給，或按月按季覈發之處，隨時變通酌辦，庶免煩瑣而杜浮冒。執事者均宜節省，勿得虛糜爲要，違者查究。

一、稽查處委員六員，專司稽察局廠人等偷工怠惰出入滋事，務須稽查嚴肅，秉公彈壓。每天值日二員，幫察四員，輪流值宿，不得推諉貽悞，違者分別申飭。

一、收文挂號房司事，專管收發來往公文信件，分別均立號簿詳細登注，勿得稽壓錯漏。及來往官紳商客隨時登記門簿，每晚七點鐘一並送閱，倘如遺漏，違悞干咎。

一、哨官，哨長，管帶，護勇酌派輪流值班鼓號，巡查各差兼管執帖回事，務宜督飭嚴肅，勿得酗酒賭博玩悞怠惰，以至群衆傚尤。倘徇庇失察並加嚴究。什長每日專管掌號，倡率護勇梭巡打更各項差使，務須勤慎，各任其事，勿得偷安懈怠致干責懲。每日由哨官長撥派看守東西栅門護勇四名，看管局門四名，值日聽差十名，值夜内外巡更十名，跟隨出門扶轎二名，均由該哨官長按日於三

十名内輪流更换，仍將分派各差花名數目開具清單呈閲備察。每日清早分派輪流灑掃廳院，燒炕，擔挑江水井水，以供飲茶等用。似此酌派輪流值班，俾其各得憩息之暇，倘有偷安滋事吃酒賭博等情，一經查出重責斥革，及該哨官長等失於覺查亦有應得之咎，決不寬貸。

一、文案等六處，凡執事者常川在局固不待言，而董事及差遣人員亦應每日到局聽候有無差委，並在考勤簿畫到。如有因事未能到局者，即應預先請假或請人註明。因事未到以便考覈勤惰，勿得來去自由有失大體，如違犯者撤差。

一、凡各項公事各處帳簿，一切均應俟總辦閲後隨時送至會辦、幫辦、提調、公事房一閲，以期共鑒而得均悉。

一、奉派招商差遣公出稟辭及回局銷差者，均應隨時謁見，以便諮詢時務考論商情。本總辦實事求是不厭精詳，集思廣益求才若渴，以期得臂助之實效也，如有意見不及或於局務稍差之處，惟望同事諸公詳細面陳，俾資各得其宜，庶於局務有益多矣，予有厚望焉。

吉林省檔案館等《清代吉林檔案史料選編（工業）》下册《吉林全省商務招商工藝廠建造房屋置備鋪墊等項需用銀兩數目清摺光緒三十一年六月》 吉林全省商務招商工藝廠爲清摺呈報事。

謹將創辦工藝廠，建造房屋工料，置備鋪墊，租典房地等項需用銀兩數目，分晰繕具清摺，呈請鈞鑒。

呈開：

一、建造局廠房屋，共計局房二十八間，人工、磚、瓦、木、石、灰斤、麻刀、鐵釘、錫、銅、油添等項，共需銀五千六百六十二兩整。

一、置備器俱，棹椅、碗盞、鋪墊各等項，共需銀五千二百八十兩。

一、租典廠屋一百一十間，共需銀九千九百一十八兩整。

一、又租地十垧，講價置買約銀六千五百六十八兩整。

以上共計需用銀二萬七千四百二十八兩整。謹此先行折報，統容開工後再爲詳細開報。再，現擬赴京、津購備應用小機器家俱材料，以備做貨隨時出售之用。約需本銀十萬兩之譜，先爲具報。一俟辦妥動用工做，每月若干，得利若干時，再爲詳細通年造具四柱清册呈報。合併聲明。

《歷史檔案》二〇〇四年第一期《慶親王奕劻等爲酌擬天津造幣總廠簡明章程事奏摺光緒三十一年七月二十二日》 會同户部辦理財政事宜和碩慶親王臣奕

勛等跪奏，爲天津銀錢總廠開鑄，酌擬簡明章程，恭摺仰祈聖鑒事。

竊臣等欽奉諭旨，設立鑄造銀錢總廠，業將建設天津緣由並勘定地勢、籌商建造情形隨時奏報在案。查鑄造銀銅各幣，必須購置合宜機器，當經督飭該提調等，向天津瑞記洋行定購美國常生廠新式鑄造銀銅元通用機器全分，訂立合同，限期運津，並由該提調等會同升任天津道王仁寶將全廠工程催趲建造。嗣於本年春間工程修造報竣，該洋行所訂各項機器亦已催令陸續運齊，督飭華洋工匠隨到即行安設。現亦安配完竣。當即遴派員司招集工匠，於本年五月初八日開機，先行試鑄銅幣。臣那桐、臣張百熙於本月先後前往天津復加察勘，各項機器尚屬靈便堪用，廠房建造亦均如式。惟機器原定每日可出大小銀銅各元共六十餘萬枚，現時甫經試鑄，機器未免生澀，人手亦未熟諳，出數尚少。將來運用純熟，自當日見增加。

除將全廠房屋機器照成圖樣二分並鑄成銅幣四種已先行進呈外，茲謹將酌擬簡明章程八條繕單進呈御覽。嗣後仍當由臣等督飭該提調各員加意經營，因時籌畫，一俟辦理稍有把握，即當鑄造銀幣，並添購機器，逐漸推廣，以期仰副朝廷整齊圜法通變宜民之至意。

所有銀錢總廠開鑄酌擬簡單章程緣由，理合恭摺具陳，伏乞皇太后、皇上

聖鑒。

再，此摺係財政處主稿，會同户部辦理，合併聲明。謹奏。

會同户部辦理財政事宜和碩慶親王臣奕劻、會同户部辦理財政事宜外務部尚書臣瞿鴻機、會同户部辦理財政事宜外務部尚書協辦大學士臣那桐(留署)、管理户部事務大學士臣王文韶(留署)、户部尚書臣榮慶、户部尚書臣張百熙、户部左侍郎臣景澧、户部左侍郎臣陳邦瑞、户部右侍郎臣鐵良(差)、户部右侍郎臣戴鴻慈(赴庫)

[附]慶親王奕劻等酌擬天津銀錢總廠簡明章程

謹將酌擬天津銀錢總廠簡明章程，恭呈御覽。

一、本廠係奉特旨設立，與各直省所設不同，惟因運煤運料之便，是以前經臣等奏定在天津設廠。現在廠屋業經造齊，宜定名稱。臣等公同商酌，擬命名曰户部造幣總廠。所造三品之幣，即文曰大清金幣、大清銀幣、大清銅幣，通行天下，以歸一律。

一、本廠之設原以整齊圜法，本須鑄造金、銀、銅三品之幣，惟圜法關係重要，不厭詳求，金、銀兩種分兩、成色尚須通籌定議，而近年以來制錢短少，京師當十大錢亦苦不敷行用，是以擬先鑄銅幣。現定銅幣計分四種，大者重四錢，值制錢二十文；次重二錢，值制錢十文；又次重一錢，值制錢五文；最小重四分，值制錢二文。成色均定爲紫銅九十五分，配白鉛五分。以上銅、鉛成色均須配足。鑄成之後，仍隨時提出化驗，設有不符，即應回爐重鑄，俾免參差。

一、前奉旨由户部撥給銀四百萬兩，作爲開鑄成本，現在購地、建廠、工料各費並購備機器、銅鉛雜料，即係由户部隨時商撥。其創辦員司、匠役薪水、工食，係由財政處生息項下暫行撥用。銅幣開鑄之後，所獲餘利，除本廠開支各項並留公積及花紅各一成外，其餘全數提存户部。嗣後擴充鑄務、增廠添機及籌備鑄造金、銀幣成本，屆時需用款項，仍由户部照數撥給。

一、本廠鑄出銅幣，自應先盡京師行用，有餘再發行各省。無論是否通行銅元地方，均可將本廠所鑄銅幣運往發行，該地方官均應隨時保護，飭令市面商民流通行用。一切公款並須與制錢一律照收，不得稍分畛域。如有阻撓挑剔者，即由財政處、户部查明參辦。

一、本廠隸於户部，部庫調取銅幣、搭放俸餉，本應照成本覈算，惟本廠與各省不同，各省不過户部偶然調取，本廠須供户部常年之用，若均照成本覈算，則局用薪紅將無所出。且本廠除成本外，餘利本係全歸户部，自無庸沾沾於此。擬嗣後鑄成銅幣解交户部搭放俸餉者，即照户部搭放扣回銀數作價，以保餘利。

一、本廠事務重要，必須在事各員實力，方能日起有功，勸懲之方不可不設。查廣東、吉林兩省固鑄造銀、銅各元獲有餘利，業經該將軍、督撫將出力各員擇尤保獎。況本廠事屬創辦，頗費經營，尤應酌定功過規條，以昭懲勸。擬請俟開辦二三年後，著有成效，即將實在出力各員由臣等擇尤酌保，其在廠不及二年者不得列入，其有不甚得力之員，則當隨時撤換。倘查有舞弊營私劣迹，即行據實糾參。

一、各省鑄造銀、銅各元所得餘利，除近年有認解練兵經費並浦江工程外，其餘多稱留辦地方新政之用，作爲本省外銷。經户部催令將詳細章程報部，至今多未開報。今本廠辦理各事，出入均係部款，經臣等飭令實用實銷，自未便以歷來各省造册報銷之成例相繩。嗣後每届年終，應令該提調等督飭員司，將該廠一年出入款項據實開具簡明清單，報知財政處、户部，由臣等復覈具奏，以歸簡易而昭覈實。

一、本廠每屆年終將鑄出銅幣收回款項，除去銅、鉛、煤、炭各項價值以及添修工程薪水、局用各項支款外，合計浄利若干，分作十成，提一成作爲本廠公積，一成作爲花紅，下餘盡數撥交户部。其所提一成花紅，參酌各省章程，以十之三分給提調各員，以十之五分給全廠員司、匠役，以十之二分解財政處、户部，作爲飯食銀兩。至公積一成，仍按年列入公款，作正開銷。

以上各條，係體察現在情形分别酌擬，其餘未盡事宜，或有應行增改之處，當隨時勘酌損益奏明辦理，俾臻妥協。

吉林省檔案館等《清代吉林檔案史料選編（工業）》下册《吉林全省招商工藝廠員司人等每月起支薪水工食銀兩的呈文及清摺光緒三十一年九月初五日》

爲再行呈明事。

竊查卑局所有委員薪水，除總辦會辦海提調順三人情願緩支，其餘十七員名月需銀二百二十六兩，於十月初一日照章開支外，至歸併差遣劫力等員，均俟南商來吉，款項充裕，再行商酌起支。再，董事、司事等亦應俟南商來吉照章比擬，一體開支，以昭公允而紓商力。所有哨長、什長、護勇、工匠、司事人等一律照支，以示體恤。覈計每月需銀三百二十一兩六錢。東西局廠員司人等一百四十四員名，飯食、柴火每日每名銀二錢，每月需銀八百六十四兩。統計員司薪水，工匠、護勇等辛工及飯食柴火等項，每月共需銀一千四百一十一兩六錢。又每月購料銀約計二千兩之譜。現在工作籌算支發頗有把握，方敢上陳鈞聽。伏思工藝總以銷貨暢滯論，如果暢銷，則貨多利廣大有起色，周轉較靈，則不畏成本之巨也。章京統爲籌運不遺餘力，興工藝社漏卮，誠所謂爲當時之要政，開源節流之良圖耳。愚昧之見，伏乞憲臺俯賜鑒覈飭遵施行。須至呈者。計呈送清摺一扣。

謹將工藝廠委員、司事、工匠、護勇等起支薪水及每月飯食銀兩數目，開具清摺，呈請憲鑒。

計開：

提調何近蓬，　月支銀二十四兩。

招工提調陳樹勛，　月支銀二十四兩。

文案王炳堃，　月支銀二十兩。

書識白雲慶，　月支銀八兩。

收支呂鴻達，　月支銀二十兩。

余純壽，　月支銀十二兩。

稽察劉富清，　月支銀十二兩。

世霈，　月支銀十二兩。

雜務長海，　月支銀十四兩。

鍾麟，　月支銀十二兩。

司事趙鑒，　月支銀八兩。

官醫劉壽延，　月支銀十四兩。

書識趙廣福，　月支銀六兩。

招工司事趙相臣，　月支銀十二兩。

招工董事張漢辰，　月支銀十二兩。

收文挂號司事富增阿，　月支銀八兩。

司事王海秋，　月支銀八兩。

以上員司等月共支銀二百二十六兩。工匠十八名，每名月支銀五兩，十八名每月共支銀九十兩。工匠十名，每名月支銀四兩，十名每月共支銀四十兩。

工匠十六名，每名月支銀三兩，十六名每月共支銀四十八兩。

工匠二十四名，每名月支銀二兩，二十四名每月共支銀四十八兩。

以上工匠月共支銀二百二十六兩。

哨長王振邦，月支銀十四兩。

什長二名，每名月支銀四兩八錢，二名月共支錢九兩六錢。

護勇二十名，每名月支銀三兩六錢，二十名月共支銀七十二兩。

以上哨長、護勇等，月共支銀九十五兩六錢。

購料每月約計需銀二千兩。

東西局廠員司、工匠、哨勇等飯食、柴火等項，月共需銀八百六十四兩。

以上每月統共需銀三千四百一十一兩六錢。

吉林將軍衙門批：呈悉。查摺列東西局廠員司、書勇、工匠每月薪工伙食並購料件，共需銀三千四百餘兩，用款已不謂少。究竟每月共能製造各種貨物若干，除去成本約能獲利若干，是否足敷開支不致虧短，以及造成貨物比諸外來有無優劣，能否行銷，均未詳細叙明。所稱頗有把握，殊難憑信。總之，該廠現當創辦伊始，用款均係招集商股，務須事事核實，量入爲出，庶幾各商見信，不致後難爲繼，實所厚望焉。仰行營文案處轉飭知照。

光結三十一年九月初八日。

天津市檔案館《天津商會檔案彙編(1903—1911)》上册《宋壽恒爲集資五千元創辦天津造胰公司請予立案事禀津商會文並部批光緒三十一年九月六日到》

具禀創設天津造胰有限公司商人宋壽恒，天津縣人。爲創設造胰公司，懇請轉詳商部註册遵章納費事。

竊商前於光緒二十九年糾集同志擬創設造胰有限公司，曾將創議章程禀明府憲縣尊各在案。嗣以集股用人均須切實磋商，爰於本年秋間又續增章程九條，以期妥善。原訂股本計銀元五千元，刻已如數招齊，工師亦已延訂。理合將初訂及續增章程並股票程式呈請鈞閲，一俟轉詳商部，奉到批准之日即行開辦。除禀明直隸工藝總局外，爲此，敬乞商務總會大人據情轉詳注册，實爲公便。上禀。

計附呈註册程式一紙，股票程式一張，註册費五十元。

具呈直隸省天津府天津縣閘口天津造胰有限公司

爲呈請註册事。竊公司照章程内載所應聲明各款，呈請註册，伏乞商部注册局查覈施行。須至呈者。計開：

創辦章程

一、本公司專造各樣胰子，開設在天津西碼頭黄姑庵東老公所胡同，即名爲天津造胰有限公司。

二、本公司招集股本五千元，作一百股，每股五十元。每年只分得利，並不出息。

三、本公司乃有限公司，股東交足股本之後，設有賠累，無論如何，不得再令股東出資，已禀明天津府縣尊立案。

四、如股東按股數有四分之三同願推廣生意，可以加添資本。此股票當先盡原股東按股續增。

五、股本分四期交付，第一期於註册時每股先交十二元，即發給股票一紙，利折一扣(股票每股一張，利折每人一扣)，其餘應何時交付，臨時再登報周知。每期交銀須將股票攜來，由本公司註明日期，蓋用印記。

六、股票利折如有遺失，應即知照本公司，再由股東登報，並須另覓妥保，寫立保單，俟兩個月後無人過問，再發給新股票或利折，即將原票原折作廢。

七、股東如以股票轉售於人，必須攜票至本公司更名，但不得售與外國人。如股票到外國人手，即作廢紙，並於股票中註明。

八、各股東公舉董事二人(即由股東中選取)，監察製造買賣一切各事。無論何時均可查覈公司帳目、信件、合同帳單及現存銀錢貨物。董事但分得利，不支辛俸。

九、董事四年爲期，已滿者仍可舉充，第一期二人皆滿期，則先退一人(拈鬮以定)，後此則二年更换其一。

十、初期四年請日本東京大學工科畢業上海張星五君奎及首先創立公司之人宋則久君壽恒爲董事。

十一、本公司設總司事一人，管理一切工作買賣及進退人位、銀錢帳目各事。設工頭一人『擬請日本人』專司製造，此工師亦受總司事約束，如因事辭退，必須由兩董事作主。總司事及工頭皆由董事選舉，其辛俸亦由董事酌訂。

十二、每年年終結帳一次，所有得利作爲一百二十分，按以下所定之數分派：

各股東七十分。

兩董事十分。

總司事十分。

同人十分『分與何人，由兩董事同總司事酌定』。

公積二十分。

十三、每月董事會集一次，查覈買賣製造各情形，如有要事亦可隨時會集。每年正月股東大會一次，查看帳目(並將清單登報以供衆覽)，商議一切事宜。董事期滿亦大會公舉，如總司事作事悖謬，理應辭退，亦於大會時公議。凡大會議論定斷各事，皆按到會之人數用投簽法以多數爲定(董事亦在投簽人數之内)，如數適相等，則由兩董事決之，若事已斷定，凡不到會之股東並董事皆當認可，不得再生異議。如董事實不勝任，有股東按人數四分之三意見相同，可以辭退。若股東有十人同意，無論何時，可以特請大會。

十四、本公司凡登告白，必登於天津之《大公報》。

十五、以上章程，如有未盡妥善之處，可以隨時商改。

商部批：據禀已悉。該公司呈内聲明各款及所繳公費銀兩覈與奏定章程相符，自應准予註册給照具領。除咨北洋大臣飭屬保護外，應將執照收單札行該商會轉交該公司可也。附件存。此繳。

附執照收單各一件。

光緒三十一年九月二十一日到。

《申報》光緒三十一年九月十二日第四版《吉林大工藝廠將次開辦吉林》

聞瑞都護設立吉林全省工藝廠，自製貨物，以抵制洋貨，草訂章程二十四條，分四十八類，議招集股銀三十萬兩，每股百兩，計之三千股。瑞都護自認五百股，先爲之倡，並由吉林將軍代招官款一千五百股，其餘千五百股，擬向他省招集，專收華股，不收洋股。此事去歲即行定議，惟迄今尚未招妥。本聞擬一面先行開辦，一面再行集股云。

《東方雜誌》第二年第九期《商部奏招商設立京師火柴公司並撥助官本片》

再，查光緒二十九年八月間，臣部奏定章程內，開擬招商，設立各項公司，由臣等籌議奏明辦理，如係官商合股，及官助商辦，則視股本之多寡，隨時訂定章程等因。奉旨允准在案。竊維火柴一項，來自外洋銷數最旺，上海、漢口、四川皆有華商設立公司，抵制洋貨。京師都會之地，尤宜招商興辦，以塞漏卮，當經諭令北京商會各董事籌議去後。旋據商會董事、分省補用知縣温祖筠等稟稱，擬集股五萬兩，於京城設立廠屋，名曰京師丹鳳火柴有限公司，並請發給官股，予以專辦年限等語。臣等查温祖筠等熟悉商務，家道亦尚殷實，其所請製造火柴，意在創興實業，挽回利權，所擬章程悉照臣部奏定公司律辦理，自應准予立案，撥給官股銀五千兩，以資提倡，並准於京城內外大興宛平境內，專辦十年，藉免攙奪，一俟貲本充裕，獲利較厚，即當設法擴充，除飭該商等從速籌辦，並俟建廠時，再由臣部咨行五城察院各衙門一體保護。謹奏。

吉林省檔案館等《清代吉林檔案史料選編（工業）》下冊《吉林全省招商工藝廠瑞征爲設工藝廠請奏咨立案的稟文光緒三十一年九月二十六日》　軍憲、副憲鈞座：敬稟者，竊章京自奉前軍憲長奏派總辦吉林全省招商工藝廠事務，當經奉旨：商部知道，欽此。奉到飭知並分咨商部及南北洋大臣查照分飭，欽遵各在案。章京赴京都商部謁見請示，即赴南詳上海等處，招得巨商劉維信等合資銀三百萬兩，以爲之倡，簽立合同均亦在案。又招得商股四十萬兩，本擬置貨來東以資興作，詎料日俄有事，以公法應禁爲詞不能運動，加以道路梗阻，文報尚且不通，雖經稟請商部疏通商路，迄今未奉批示。

章京於時勢維艱之際，極力設法，勸得吉林義紳儒昌等三十餘員共襄斯事。租地鳩工，購備磚瓦木石建造局房一所，計二十八間，於六月十五日工竣，業經稟請憲臺詣驗工程在案。又租西關民房三十餘間爲廠，現已開局辦事。暫由哈爾濱、海參崴募得工匠數十餘名，擇其機器精通手藝純熟者爲匠師，餘招爲徒，學習作工。試以洋蠟、洋胰子、洋碱、洋紙烟卷、洋火柴、吕宋烟卷、洋巾、洋縫、電鍍、包金、洋桌椅、洋添、油畫、洋法銅鐵器、改良洋綱刀剪、修理槍械、洋綫織布、栽絨、麻繩等項，均經逐件分科製造。謹將試作各貨揀以細貨呈驗存案，並備憲臺試用考核。章京於萬難中並未請領官款，苦心孤詣，極力籌劃商股，備辦一切。並籌備局用開支，以期仰答朝廷振興商務教育要政，而得以副憲臺提倡興辦之本意。

且查四月二十二日奉上諭：商部奏請整頓商務摺內，據稱路礦農工等項爲近今要政，各省往往視爲具文各項應一律實力興辦而肅商政。欽此。捧讀之餘仰見聖慮周詳，保商信義惠工相孚官爲提倡之要意。章京惟有力圖報稱，欽感莫名。迺南商及吉省紳商總以援照陝撫夏現在奏咨立案之明證爲可據。奈章京所辦係屬商力，與官款興作不同。而關内外時勢猶不可同日語，事雖一律而難易迥不相侔。是以吁懇憲臺俯察商情，垂念創辦不易苦衷，援照各省奏辦章程，據情奏請飭部立案，以恤商情而資觀感。則南商亦必鼓舞群情，力圖振興工作而廣利源。章京恭候憲臺批示，賞給咨會商部、南北洋大臣公文，飭下刻即束裝就道，馳赴都門商部呈驗貨樣，隨往南洋催令前招承辦六大廠之巨商等攜資來吉，以便速爲開辦。謹將工藝本廠試作貨樣呈驗，仰懇奏咨立案。並請賞給咨文各緣由，理合稟陳，叩祈鑒核，飭遵施行，實爲公便。肅稟。虔請鈞安，伏乞垂鑒。章京瑞征謹稟。

計稟呈清單一紙。

謹將工藝廠試製各物原質料件價值大略情形，開具節略，恭呈憲閱。

計開：

一、工藝總廠以提倡土産製成熟貨爲宗旨。初辦時手藝未精，兼有外來各貨抵制，所製之貨或難廣銷，開辦一二年准期獲利。

一、製吕宋烟卷，大枝，每根重一錢一二分，干透一錢之譜，小枝每根重四分一二釐，乾透四分之譜。每烟葉一斤去梗，存葉八九兩，每工每日能做大枝五十根，小枝加倍。但成枝之烟，須擇整齊潔净者，下餘碎葉可裝紙烟卷之内。

一、製紙烟卷。烟葉一斤，切絲能做烟卷五百根，裝五十小匣。

一、仿製老葉烟皮絲烟一門。現已設榨，不日亦可出貨。

以上烟葉三門，現時烟葉價昂，約計可得七八分利之譜，如烟價低，准獲厚利。

一、手巾一門。每條重一兩五錢。紗價二百十文，工錢九十文，每日每工能做斗紋十五條，水紋二十條。每條攤賣三百三四十文，多則不可，緣有洋巾抵制也。

一、洋刀一門。每刀一把用鐵四斤，價一吊六百文，鋼四兩，價三百文，手工三吊三百文，刀鞘銅片軋光。火食約錢六吊文，每把共合錢十一吊二百文。

一、洋縫手工速而且廉，惟須佐以女工方能成件，而所需布綫刻下做出成件，方能定以獲利多寡。大約客販定貨多，則獲利必盛矣。

一、洋燭一門。魚油二十斤，每斤價一吊零。用工二名，做成一百二十枝，每枝重二兩二錢有零，約計售出將敷油本，净賠工資、木炭、紙張。倘油價稍低，亦可獲利。爰用機器鍋爐，用人即少方能見利也。

一、洋胰子一門。肥皂價昂，香料不全，似宜緩做。然洋碱尚能獲利，緣油碱價目不高，惟須購買磁鍋修置印模也。

一、洋火柴一門。柴條匣片，自製合宜，奈無機器。柴碱火酒，亦須購自外洋，封匣紙條，本地皆不精緻，應俟南商運料方可開工。

一、製造快槍一門。已派人赴哈爾濱購買機器料件，到時試做零件一副，方能覈計工資。

一、電鍍照相一門。係指物作價，不能預定，將電印磁器，方能擴充。

一、平金穿珠一門。暫行收羅匠目，試以新巧花樣，方能覈計工資。

一、洋式桌椅箱櫃一門。須先備齊木料，物色奇巧匠目，方能開工。

一、製玻璃一門。已派人入山尋採白石白沙，再議備燒料罐土開工。

一、仿製粗磁一門。產土之區已經採有多處，惟五色釉子尚未覓得。

一、製蔴一門。現已覓有工人，惜逾割蔴之期。土製熟蔴質軟性柔，不合於用。須待明年生製再議。

一、栽絨一門。已覓有工人，惟絨無處覓，毛價亦昂，俟待熟製蒸蔴，染成五色，即做花毯。

一、製牛皮一門。土製質硬，其性不堅，且脆而易裂，須煉潔素特硝，用機器磋揉法製成熟。其性如棉，見水轉堅，非有巨資不能立廠。

以上十八門，係就創辦大略情形，一俟南商股到，再行分別設廠。理合登明。

商務工藝總局，謹將呈驗各項貨樣繕具清單，恭呈憲鑒。

計開：

洋腊

洋胰子

洋碱

洋火柴

洋紙烟卷

吕宋烟卷

洋面巾

洋綫布

洋刀

洋工縫棉夾衣

電鍍

包金

吉林將軍衙門批：通商惠工實爲目前急要之圖。該員興辦工藝廠，草創規模，亦殊見苦心孤詣。如果事事力求實際，本署將軍、副都統甚屬樂觀厥成，豈能不爲奏咨立案。特是稟咨匪難，所難者稟咨以後事無把握爲可憂耳。據呈送做成各樣貨物詳加察驗，不特不能精良可以抵制外貨，且有非該廠所製。如卷烟一種，及係陳委員樹勛所造，烟匣招貼明明有古邦江陳製字樣在上，何能瞞人。況查日前另呈創辦節略十八門，即該員自稱或器具全無，或料件未備，或待尋採土產，或須訪覓匠頭，又多空擬虛名，均未實在製造。當此環球互市商戰世界，迭奉諭旨振興商務，欽定商律，無論官辦商辦，各公司、局廠均應遵照新定章，奚容徒托空言。所請稟咨之處，應督從緩，仰即知照。清單、節略二件附。

光緒三十一年十月初一日。

天津市檔案館《天津商會檔案彙編（1903—1911）》上册《寧世福爲集資三萬元創設勝大軍帽有限公司事致津商會函並附部批光緒三十一年十月十日、宣統二年二月四日》

具稟勝大有限公司創辦兼總理寧世福、查察兼監理張士元爲創設公司製造軍帽，懇恩詳請註册，以資保護而廣工藝事。

竊維工藝之興，日臻增盛，而製造之品實非一宗。方今軍製變通，而軍衣軍帽均所必需。現在軍衣業有製造之處，而兵弁易頭布爲軍帽，尚無製造之所，若購自外洋實爲漏卮。茲商等招集股本龍人洋銀三萬元整，在天津窑洼張公祠後地方開設海陸軍帽製造廠，名之曰勝大有限公司。係爲擴充工藝起見，專承做海陸軍各式軍帽及尋常應用草帽、便帽，以備軍營兵弁及各學堂學生購用。一面擴充工藝，一面隱收利權。且卑公司係華洋合辦，計華股居十分之七，日本商股居十分之三，業於光緒三十一年九月十五日即日本明治三十八年十月十三日在天津日本總領事伊集院存案。卑公司議定以十年爲限，懇請代陳商部恩准。此十年内仿照吴金印藤帽公司之例，不准他人再開此項軍帽公司，俾得以開風氣而防贋鼎。且帽里以旗鼓槍爲商標，俟開辦之際，將商標圖式呈請商標註册局註册，以資保護。茲將卑公司合同章程條規遵章繕録清摺，先行呈請商部註册。至於卑公司股票式樣指日刊印補呈商部存案，合先聲明。卑公司應繳註册費茲謹照章核備，呈請商務總會憲大人恩准詳請註册，以資保護而廣工藝，實爲恩公兩便。

計呈註册清摺一扣。

稟農工商部：

敬稟者，竊奉鈞札内開，爲札行事云云，此札。計開勝大軍帽公司光緒三十一年十月繳費八十三元，請註册札行酌改章程未復等因。查此案前奉大部札飭酌改章程，即經職會轉飭遵辦，嗣因該公司股東各有意見，現已歇業。茲奉札查理合函復，伏乞大部查覈俯准註銷前案，實爲公便。肅此具稟，恭叩崇祺，伏祈垂鑒。

總理　　王竹林

協理　天津商務總會　寧世福

天津市檔案館《天津商會檔案彙編（1903—1911）》上册《天津臨記烟卷公司與上海華盛公司所訂獨家代銷合同光緒三十一年十月十五日》　立合同：臨記烟卷公司、華盛公司。

茲者：天津臨記烟卷公司自造出香烟四種：麒麟、福禄、飛鷹、燕牌，擬在南洋各處推廣銷路。今歸上海華盛公司獨家代銷，其一切利益章程開列於後：

一、臨記公司之烟，創自北洋天津，所以北省一帶臨記公司已早銷通，無庸華盛公司代銷，其一切利益與華盛不涉。惟南洋諸埠如江、浙兩省，均歸華盛經理。

一、華盛既是經理臨記公司銷貨之事，務應盡其銷貨之職任。茲同中友議定，按隨時所定之價麒麟牌、福禄牌、飛鷹牌三號照九五扣付價，惟燕牌照九扣付價覈算。

一、華盛銷烟之價，無論何埠，如上一箱，其價須照臨記公司所定之價，不能高抬加價。蓋經理之職既得臨記公司之傭金，則不能再貨上加價出售，而致銷路滯膩，臨記公司受虧。如華盛加價售貨，臨記公司查出，以一罰百。

一、華盛若於銷烟上有用大項繳費數在十元以上者，須臨記公司商量妥洽，候臨記公司應允，方可使費，由臨記公司認出。

一、臨記公司係初在南洋創銷，其價現在應得格外克己，以廣招徠。日後市面增減，兩下應在一月前議定新價，通知各店鋪均可。

一、華盛須另覓妥保與臨記公司保單另寫。

一、貨到申地，其價銀於每月底如數解付與臨記公司，不得遲誤。

一、貨價另定行情單子，以便隨時定價。

一、此係試辦合同，言定一年爲期。俟期滿應如何更换，臨時再議。如華盛經理得法，必須仍歸該號，倘辦理不善，准臨記公司另换他家代售，華盛不得阻攔。

一、臨記公司之烟既歸華盛獨家代售，如南洋各埠欲另向臨記公司購辦者，不能發賣，如違此律，臨記公司應得以一罰百。

一、以上所定各款，專指以上四牌號而言之，他樣牌號不在此合同之内，准其臨記公司在南洋另覓别家代售。恐口無憑，立此合同三張，臨記烟卷公司華盛公司各執一紙，天津商務總會存儲一紙，以備將來更换存查。

此合同外有保單一紙，如華盛公司所欠臨記公司烟卷之價到期不付，惟保人承還。如合同作廢時，將保單繳回。

中友人閻筱山

立合同人楊臨齋、尹鶴林

商務總會章

光緒三十一年十月十五日吉立。

吉林省檔案館等《清代吉林檔案史料選編（工業）》下册《吉林全省招商工藝廠瑞徵爲招得巨商劉維信等六人到吉興辦工業的呈文光緒三十一年十月二十四日》　爲呈覆事。

十月十九日奉憲臺札開，准商部咨查，章京前稟租地鳩工建局二十八間，並擬租局後民房二十四所，計屋一百餘間。招集商股似無把握，並飭嗣後遇有一切應辦事宜，就近稟報憲臺覈奪，咨部辦理，以免朦混而昭核實，札發章京遵照，等因。奉此，竊查章京蒙原任將軍長奏派總辦吉林全省招商工藝廠事務，飭赴上海、廣東勸得巨商劉維信等六人，合資三百萬兩，承做織呢、製糖、製蔴、熟皮、烟卷、火柴六大廠到吉創興。章京先期回吉照料建屋設廠，奈乏提倡，不得已商請義董高殿雲、義紳倭克錦、儒昌、海順等三十餘人，租地購材鳩工建局二十八間，有呈報圖册可證。議租局後民房二十四所，計房一百餘間，以爲工廠之用，屢次稟報有案。惟值日俄軍事，所有機器、料件、工匠不能來東，因議局後民房暫緩租賃，以節糜費。又因局已告成，須興工作，不得已暫租西關民房三十間，招募哈爾濱工匠製造呂宋烟、紙烟卷、火柴、洋臘、手巾、刀剪貨樣呈請憲臺察驗亦在案。此章京前稟建局二十八間，呈圖擬租局後民房二十四所，計一百餘間之實在情形也。

至招商集股似無把握一節。伏查章京向游上海、廣東、南洋，恭讀邸抄振興商務要政，因思東三省尚未講求，每向富紳演説勸以義舉，公挽利權爲宗旨，有時諸商觀感奮興，終疑未奉奏咨，恐多阻礙。章京於光緒二十九年七月投效來吉，蒙原任將軍長奏派招商，正值日俄軍書旁午，南商未敢攜資偕來。章京又在吉勸招義紳等集股，招商所得股分均有實收可查，義紳倭克錦及股東等可詢。有無把握難逃洞鑒，理合據實呈覆。爲此呈請憲臺俯賜察核轉咨，實爲公便。須至呈者。

《申報》光緒三十一年十二月初一日第三版《議飭工藝局改良製造京師》
商部各堂會商本部，設立工藝局，原以富國强民，抵制利權起見。現查百貨滯銷，物料屯積，比之洋貨銷路懸殊，推原其故，皆因我拙彼巧，我舊彼新，工則我遲彼捷，價則我貴彼賤，亟宜設法改良，以資補救。擬將該局工料，概行親查一次，核其應否損益，並另購新奇機器，精究製造，以期精進。

甘厚慈《北洋公牘類纂》卷一六《直隸工藝總局勸興工藝示文》 照得人之有財，如魚之有水，水涸則魚枯，財乏則民困，此自然之理也。吾國幅員之廣，生齒之繁，甲於環球，而財力則異常缺乏，此由實業不講而遊民滋多，凡日用所需之物，莫不取給於外洋，民窮財匱日甚一日，循是不改，貧民之受困固不待言，即富者亦安有獨全之理？本道奉督憲札委辦理直隸全省工藝三年以來，先在天津設工藝總局，以挈持綱領，於提倡保護之道，無不實力推行。並於城厢內外，創設工業學堂，以精進其理法；設實習工場，以練習其技能；設考工廠，以甄驗其貨品；設工商演説，以增益其見聞；設工商研究，以開拓其智識；設工業售品所以疏通其銷路。其流品較低，及不安本分之徒，則又撥歸遊民習藝所。凡所以振興實業，挽回利權者，實已竭盡心力。邇來風氣漸開，天津紳商已多集股，稟設工廠各屬官紳，亦陸續送徒來津學習，畢業回籍，已有開辦獲利者。惟直隸地方寬廣，民間生計無多，各州縣情形大抵相同。每念貧民失業，良深憫惻，亟宜推廣工業，大闢利源，各州縣當不乏志士仁人，殷商大户，所望同心努力，急起直追，或獨出資財創辦工場，或糾合同志設立公司。本道已就天津工藝總局特備静室，以待各屬士紳。凡來津考察工藝者，無不倒屣相迎，推誠相與，一切開辦之法，保護之方，莫不代爲籌畫，總以扶助成立爲主義，須知一鄉有工場，則族姻子弟、鄉里少年得以就近肄習，將來由一鄉推之一縣，由一縣推之全省，人人聞風興起，實力講求，可使地無棄利，國無遊民，貧者固不至終貧，富者亦永保其富，誠以此項利權確有把握。姑就天津工場而論，本爲傳習，並非謀利，然覈計成品，已獲贏餘，此皆經驗，非託空談。爾士紳等，若有餘資，或存號生息，尚慮倒閉，或遠道經商，時虞折閲。莫若以此項成本興辦工藝，不出村里，坐收厚利，啓無窮之益，而且拯救貧寒，潛除莠惡，論本人之名譽，則一方受惠，論地方之公益，則比户可封，此理甚顯，何樂不爲。除在津人士，仍由考工廠隨時演説勸勉外，其各州縣地處偏遠，猶恐未能周知，以致故步自封，因循坐誤，理合出示剴切勸諭，爲此示仰各屬城鄉紳商士民人等知悉，齊心協力，廣設工場，以開生計，而塞漏卮，如有疑難，儘可來津詣工藝總局面商，各地方官力所能爲，亦當設法提倡實力保護，以觀厥成本，道有厚望焉。切切。特示。

天津市檔案館《天津商會檔案彙編（1903—1911）》上册《天津考工廠擬訂工商茶話所簡章六條光緒三十一年》 工商茶話所簡章六條：

一、本所專以白話演説工商要理，如物理化學以及中外商務理財各事，由淺及深，循序漸進。

二、本所請工業學堂總教習、考工廠藝長及各學堂教習監督爲主講，如工商中之有見聞者，亦可襄助演説。

三、本所暫借北馬路萬壽宮演説，以後擇有專地，再爲遷移。

四、本所於每月初三、十八兩日開演，自晚七點二刻起至十點二刻止，如遇大風雨停講。

五、本所經費係由考工廠籌備，來聽者由本所供給茶水，不取分文。

六、來聽者務宜静肅，幸勿隨意談笑喧嘩擁擠，致擾他人聽聞。

天津考工廠謹訂。

甘厚慈《北洋公牘類纂》卷一八《工藝局教養局會詳籌辦織布事宜公文並批》　爲遵飭會議詳請示遵事。竊照職局於十月二十日，奉憲台札開，據天津府淩守稟陳，考查日本和歌山織布事宜，覈閲所呈節畧，甚爲詳細。查織布有關民間生計，倘能精織廣銷，於洋布進口，尤可稍籌抵制，冀收利權。直省現值振興工藝，亟應就已購之織機，已雇之織工，教授學徒，先行舉辦，仰工藝局會同教養局妥速籌議，具復札局，遵照辦理等因。奉此，仰見憲台利物前民之至意，欽服莫名。卑府福彭前由日本和歌山購回織布木機一百四十副，並雇日本男女機匠各一人，查前項織機内四十副裝置齊全，其餘一百副係專購鐵輪織梭，到津自行修配木架，現正雇工裝配，職道等籌商機織一事，女工爲宜，擬以木機四十副，撥發廣仁善堂，派日本女匠一名，教導該堂内女工，俟熟習後，再由該堂漸次擴充。昨經晤商張道振棨亦以爲然，該堂經費尚可籌辦，又民立半日學堂紳董前稟，派學生入教養局，分班學習機織，現擬以木機四十副，撥入教養局，派日本男匠一名，教導半日學堂撥來學生，每二十人爲一班，俟第一班熟習，再收第二班，每班學生熟習後，准其或租或購，請領木機，自行織布謀生，其餘木機六十副，擬由工藝局另招學徒二十名，暫附教養局，令日本男匠帶教，並招匠仿造木機，俟教練熟習後，派赴外州縣，向來出布地方，分投勸導傳習，使民間添一人能織洋布，即爲民間留一分利源。以上分别次第，逐漸推廣，較之籌巨款、設大廠，似事易而利溥，至所需經費，除廣仁善堂自行籌備外，其教養局經費應由卑府福彭籌辦，至工藝局經費，擬即歸入考工廠款内開支實報實銷，所有遵飭籌議，舉辦織布事宜緣由，理合會同詳請憲台鑒覈批示祗遵。

督憲袁批：據詳已悉。所議舉辦織布事宜，甚屬妥善，仰即逐漸擴充，使土布改良，以爲抵制洋貨之基礎。繳。

甘厚慈《北洋公牘類纂》卷一八《工藝局據津紳楊辰稟呈試辦教育品物抄録簡明章程暨各類品目詳請撥款文並批》　爲詳請事。竊照職局案據天津紳士同知銜分省試用知縣楊辰呈稱，竊職局前蒙憲諭，擬辦教育品製造廠並擬辦法章程等因。當將試辦章程開呈鈞閲，隨即約集工匠討論一切，查教育品類，中國能自造者頗多，間有材料需購自外洋者，亦可照式購製，但期多造一宗品物，即可挽回一分利源，似於學界、工藝，兩有裨益。惟此項製造風氣未開，自非官爲提倡，萬難集事，應請籌撥款項，以資試辦等因。計呈送試辦章程及領款説畧清摺各一扣到局。據此，查職局於去年呈請創設教育品陳列館，原擬將學堂置備之品，其容易仿造者，可令工徒仿造，兹據該紳集工討論，稟請試辦。其所擬章程，亦尚屬妥協，俟試辦六個月後，如實有把握，自應添招商股，以事擴充。惟現當創始，風氣未開，該紳請領官款，係爲提倡起見，可否籲懇憲台俯准，飭由銀元局先撥發銀五千元，以資試辦，俟三個月後，察看情形，再酌量續領，如蒙允准，職局自當隨時考察，期收實效，而挽利權，實於學界大有裨益。除飭俟批示外，所有職局據情詳請試辦製造教育品，並求飭銀元局撥款緣由，理合照録原摺，具文詳請憲臺察核批示祗遵。爲此備由具詳，伏乞照詳施行。須至詳者。計詳送清摺一扣。

督憲袁批：詳摺均悉。所請試製教育品物，係爲推廣教育，杜絶漏卮起見，應准照辦，候行銀元局先行撥發銀洋五千元，以資應用，仰即備文具領轉給。至摺開化學品多用玻璃器皿，若能自造玻璃，以廣銷路，更有裨益，並即飭遵。繳。

謹將津紳楊辰稟請試辦製造教育品物簡明章程暨請款辦法説畧，及試造各類品目，抄録清摺，恭呈憲鑒。計開：

一宗旨。現在制科已廢，學堂日增，所用物品概係購自外洋，積歲累年，恐成習慣，興學而不能製器，不惟外人所竊笑，亦利源外溢之一大漏卮，今製造教育物品，實爲裨益學界，開通民智起見，其中即隱寓提倡工藝，挽回利源之意。

一名稱。現時暫不立廠，祇擇地辦事，擬即其地暫名曰製造教育品辦公處。

一試辦。開首試辦以六個月爲期，先儘中國能自製者製之，俟屆期查看情形，再行擇地開廠，另訂詳章。一製品。調查教育品類，可以自行仿造者甚多，如日用消耗品模形標本圖畫以及聲光化電熱重各門之淺易儀器，均可次第製造，其詳目另摺開呈。一需款。開辦之始，各科工匠皆須招募，應製諸品或發價訂造，或招致面試，所用材料工價，在在需款，約計三個月内有四千五百元當可敷用。又租房及置備傢具零物等項，估計需三百元左右，擬先領款五千元，三個月後，製品漸多，再行續領。一租房。現時用房約需十餘間，以三間存儲物品，二間作爲賬房，二間作延賓議事室，三間爲面試工匠製造之用。一用人。現在需司賬一人，專司賬目。司事一人，管理收發物品兼理各務。雜役二人，一供守門洒掃，一備傳喚使令。一薪水。司賬一人，擬每月薪水十二元。司事一人，每月薪水十元。雜役二人，每月每人三元。惟公處不備飯食，其司賬司事擬每月每人酌加飯銀四元，雜役每月每人酌加飯銀三元。至紙札，筆墨，油燭，茶水，每月應用若干，臨時酌定。一，購料。應用材料以及搭配各件，有須購自外洋者，擬函託留學日本，明於工藝之學生，代爲購買，暫時不派專人。一，開報。向來賬目應月清月報，惟開辦之始，頭緒紛繁，萬難齊一，擬於試辦六個月期內，分作兩次呈報，以昭核實。一，借助。現當試辦，不便過事鋪張，其各類物品，有須照式仿作者，擬向教育品陳列館暫行借用。有須用機器製配者，擬暫請銀元局修機廠代辦，其工價，由公處備交。一，評議。製出物品，擬隨時定期，擇他請學界諸君公評優劣，以收集思廣益之效。一，販賣。開首試辦，不必亟求販賣，以能製出多品爲目的。俟六個月儲積稍多，再行購配完備，另覓出售之所。一，招待。現擬登報廣告，有欲置辦教育品者，可由公處招待一切，並可由公處代爲函購，概不加利，祇圖爲將來出賣自製物品地步，擬請官款及辦法説畧。一，製造教育品，非商品可比，現時風氣尚未大開，招募商股，誠恐未易集事，擬請官款作爲官辦，以後如有盈虧，均由官中擔任。一，暫時試辦六個月，先領款五千元，俟三個月後，如有不足，再行續領，然此六個月內，至多不得過一萬元之數。一，六個月試辦期滿，著有成效，即行擇地立廠，實行開辦，統計需款若干，再行稟請增益。一，試辦期內，頭緒紛繁，所有款項作何動用，擬屆三月稟報一次，以昭核實。一，無論試辦開辦，其廠中辦事情形及一切款項賬目，應由官隨時稽查。一，廠中一切事宜，應由官督察，惟一切用人，須由廠中自行選擇，以期得力，而免牽掣。一，開辦以後，如有餘利，除一切開銷外，所得淨利，擬作十二成，以七成爲官利(此項聽憑提撥)，三成爲護本，二成爲花紅，謹擬試造各類品目：日用品：粉筆，墨水，紙石板，鉛筆，謄寫板，日記簿，天然墨，石筆，蠟紙，油墨，紙本，課本(家庭教育品品目繁多，不及備載)。體操器，幾何畫器：木規，平行尺，丁字尺，活丁字尺，曲綫板，三角板。幾何形：正方體，長方體，渾圓體，橢圓體，圓錐體，三角體，各等邊體，各種標本，動物原形標本，植物原形標本，鑛物原形標本。各類模形：動物模形，植物模形，生理模形，地理模形，各種圖畫：中國小學歷史圖畫，小學修身圖畫，動物標本，植物標本，鑛物標本，天文標本，地學標本，生理標本。電學科：電池，電瓶，試電器，磨電機，電器分水器。重學科：傳力器，試驗壓力器，試驗離心力器，試驗重心器。熱學科：試沸度器，試漲力器，蒸流質器。光學科：七色光板，量光表，活樞回光鏡，折光鏡。化學科：查化學一門，用玻璃器者居多，俟以上各品辦有成效，再行添造，現時擬由外洋購配，以便搭售。

虞和平等《周學熙集·直隸工藝局詳擬派劉牧鳳鑣帶同生徒赴鄂學織麻質綢緞紗布文並批》

爲詳請事。竊照職道等前以湖北製麻局用麻織造各樣綢緞紗布，經湖廣總督部堂張奏明請飭各省仿辦，此事利益甚厚。直隸産麻最多，亟應仿照辦理，當即函商湖北能否派人先往鄂廠學習，並攜帶直隸麻筋試驗性質，較有把握。昨接湖北復函，業蒙張督部堂允准派人前往。職局查有前延慶州知州劉牧鳳鑣堪以派往，擬即飭令選帶學生、工徒，並購各種麻批前往湖北試驗、學習，倘能學習回直，設廠仿辦，洵爲直隸開一利源。所需薪水、工食、川資、麻價等費，暫由考察經費項下動支，事竣報銷。如蒙允准，擬請憲臺賞給咨文一件，發交該牧賫投，以昭慎重。所有職局現擬派員帶同學生、工徒前往湖北學織麻質綢緞紗布請咨緣由，理合具文詳請憲臺察核，批示祗遵。爲此備由具詳，伏乞照詳施行。再劉牧所遺造紙廠差使，擬由職局派員暫代，合併陳明。須至詳者。

督憲袁批：據詳已悉。該局擬派劉牧鳳鑣選帶生徒，並購各種麻批前往湖北製麻局試驗、學習，事屬可行。玆辦就咨文一通，隨批發下，仰即轉給該牧賫赴湖廣總督部堂衙門投遞，聽候發局學習。此檄。

吉林省檔案館等《清代吉林檔案史料選編(工業)》下册《吉林將軍達桂等爲通諭參領瑞徵革職如有入股者准其追究的告示光緒三十二年正月二十五日》

出示曉諭事。照得已革參領瑞徵，自招商股在吉設立工藝廠，前因虛糜浮冒，擅自遠離，經本署將軍、副都統附片奏請催飭回吉，請釐一切。近准商部以該革員朦混招搖，奏參懲辦，於光緒三十一年十二月初二日奉上諭：商部奏參領瑞徵辦事朦混，藉端招搖，請旨懲辦一摺。現在振興商務，招商集股端在誠信相孚，豈容不肖官員影射朦混任意妄爲。乃該參領竟在吉林擅稱商務議員，並有冒支款項情事，實屬荒謬。記名副都統、即補參領瑞徵，著即行革職，並著該旗嚴拿押解回吉歸案，以示懲儆，欽此等因。咨行前來。

查瑞徵誆騙商民出資入股，名爲創辦工藝，實則自便私圖。前次在吉聞尚其有假託包辦鹽釐，招集股本情事，現既欽奉諭旨拿解究辦，誠恐被詐之人未知原委，甘受其欺，除派員查辦並通飭外，合亟出示曉諭。爲此示仰通省旗民諸色人等知悉，如有曾被工藝廠總辦瑞徵托名包辦鹽釐，招集股本，曾經交有銀錢者，准其投轄呈告，或就近赴該管地方衙門據實具呈，以憑查照追懲。爾等亦不得捏砌妄控，致干反坐。切切。特示。

天津市檔案館《天津商會檔案彙編(1903—1911)》上册《奏辦北洋織絨硝皮廠設立批發處廣告光緒三十二年三月一日》 本廠自蒙北洋大臣袁宫保奏辦以來，自硝牛羊各皮，純熟堅固，製造軍裝，各式皮件，靴鞋，馬車套馬鞍等物，業蒙中外官商各國軍隊購辦合用。唯本廠在天津河北賈家大橋東首，進出道路不便，中外官商專向本廠定貨，不易招尋。是以本廠現在添設批發處一所，開設在天津金華橋北大胡同路西第十號樓房，門市零售貨物俱全，躉數定貨訂期不誤，如蒙官商賜顧，請至本廠批發處面議可也。近聞外面有冒硝皮廠牌面，欺蒙中外官商，又傷本廠名譽，以後務望中外官商有願定本廠貨物者，須認明本廠批發處牌號，庶勿有誤。此布。

天津代售處：估衣街聚源長，北京代售處：蓋記。

賈家大橋本總廠謹啓。

虞和平等《周學熙集・工藝局呈擬直屬各州縣開辦工藝籌款章程並考察提倡法請通飭照辦文》 竊查工藝總局原定章程有督察提倡全省工業之責。現在天津本處所辦稍見進步，外屬風氣雖漸開通，頗有能興辦工廠者，然合全省論之尚屬無幾，推原其故，各屬新政備舉無不以籌款爲難。茲欲實行推廣必須代爲設法籌款，然後嚴定功過，庶幾群情踴躍，可收成效。謹就管窺所及酌擬數條，恭呈憲鑒。計開：

一、職局前曾派員帶同工匠赴日本考求造紙事業，現擬創製官紙，凡衙署局所應用一切紙張，如征簿、串票、差票、官文書等；又民間有關憑據之件，如契約、合同、庚帖、分單、當票、呈狀等類，皆須購用官紙，立定限期，自某日爲始，通行全省。各州縣自行考察本處情形，用數多寡隨時赴局請領，分別銷用，並准各商鋪販賣，該價除繳回職局成本外，酌加一二成，即以此款爲該地方辦理工藝之費，如過限有應用官紙而仍用私紙者，一經查出，商民議罰，官則加倍。

一、各屬地方肥瘠不同，而有貧斷不能無富，然富者每多慳吝，似宜有以悚動之考。各屬辦理善舉，常有請頒獎札功牌者，即如近日有威縣貢生王雲龍等，捐集錢文倡設學堂，稟蒙憲臺批示，凡捐京錢三百吊至六百吊均准給五品頂戴獎札；捐錢二百吊以上者，均准給六品功牌；捐錢一百吊以上者，均准給七品功牌；捐錢不及百吊者，由縣酌獎；其勸捐出力紳董並准給予獎札功牌。擬請通飭各屬仿照辦理，勸辦工藝所捐錢數准其援案請獎，以示鼓勵，其著名富户捐巨款者，准由地方官轉稟憲臺奏請建坊，其捐數稍次者，或由職局稟允議紳酌加優待，以昭激勸。

一、糧石爲日用所必需，各屬城鎮集市無不買賣糧石，向由斗紀過斗抽用，其所得用錢應行交課辦公，除以前藩司所定牙捐仍應照繳外，擬請再通飭各屬，邀集紳董商酌加抽斗捐，每糧一斗令買賣主各出制錢一二文，責成各糧行按期交由公正紳董，或殷實鋪户收存，允作工藝經費，以本地之財源與本地之生計諒必樂從，惟各屬有已辦糧捐之處，其已捐者請免再捐，以示體恤。

一、各屬積存義谷原爲備荒而設，然有以谷價發商生息者，擬請將此項生息錢文提歸工藝經費。

一、新律刑杖罰金，曾奉明文，每一州縣每年解部銀一百兩，各屬自當照辦，惟缺分繁簡不同，罰款亦盈絀不一，擬請通飭各屬，嗣後按年將所有捐款，除解部百兩外，如有盈餘盡數撥歸工藝經費。

一、各屬已開工藝有按村之大小，民之貧富勸集經費者，尚屬公允，其尚未開辦各處，似可仿照辦理。

一、開辦工藝原爲振興實業起見，似可勸令紳商集股自辦，由官保護，如有願於官立局廠入股取息者，亦聽其便，均由該地方官擬定官商合辦章程，稟明批准立案。

以上七條均爲籌款之法，應由各屬酌擇辦理。

一、由職局通飭各屬，每就本地選舉公正工業紳董一二人，限兩月内將所選紳董履歷報明立案，遇有地方可興之利，即責成該紳董勸辦。倘需款過巨，本地方實無力籌辦者，可由地方官詳細考察，將情形報知職局，如確係應辦之事，可諭令該紳董來津會議，其往返川資由職局酌量津貼。

一、勸辦工藝總以因地制宜爲宗旨，於各紳董來津會議時，即將各處土産之大宗酌取貨樣隨帶來津，考驗興辦，其舊法不善者，可到考工廠參酌商議設法改良；其天然物産有可以興辦而無良工者，由職局代爲設法招募工師；其購物産之價及腳力均由職局詢明照發。

一、各州縣情形不同，懸揣不若親歷，擬請通飭各屬與紳商會議，勿論如何爲難，各就地方情形必須籌款辦成，以文到之日起，勒限六個月内一律稟復查覈，稟到之後即行委員往查。如果查明實已依期辦成，覈與原稟相符，准予記大功一次，酌量調優。倘逾限辦而未成者，應記過一次，其逾限並未舉辦者，記大過一次，仍展限三個月，務期辦成。倘有始終延抗，全不舉辦者，記大過三次，並請酌量撤任停委。

一、業已開辦工藝各屬，應令隨時擴充改良，按年填送調查表，比較工藝進退情形，將辦理精進者記功；進步異常迅速者稟請行司存記調優；如年終比較毫無進步者記過；倘前任已辦有規模而後任反任意廢弛者，稟請行司酌記大過。總期有進無退，日起有功。

一、州縣更調，往往後任動揭前任之短，以爲自己矜功地步，而其中亦有前任臨交卸時故意鋪張，轉令後任爲難者，擬請通飭各州縣，嗣後興辦工藝，除平時隨事稟報外，仍於新舊任交接時會稟一次，將接交情形據實報查，以免互相推諉。

以上五條爲考察提倡之法，擬請通行遵照，並責成工藝總局認真督察。

三十二年二月初二日。

《商務官報》光緒三十二年四月五日第一期《批職商呂鴻經等呈》 前據該職商等稟請，在地安門内北長街設立啟化織布有限公司，當經本部批准立案，並咨行巡警部、步軍統領衙門切實保護去後。兹准巡警部咨稱，北長街密邇宫禁，應飭該商另擇地址等因。查該公司現在尚未開辦，自應遵照巡警部來咨，另覓空曠處所，以昭鄭重，合行批示，仍俟該職商等擇有相當地址，稟報來部，再行核辦可也。此批。三月二十三日。

《商務官報》光緒三十二年四月十五日第二期《批職商汪世杰張漢稟》 據稟請辦京城毛織公司，附入工藝官局建廠製造，並就天津設立分公司，擬集華股京平足銀三十萬兩，附具章程，呈請照准立案等請。查閲所定章程，尚屬妥洽，應准先行立案，該員外郎等務當認真籌辦，購機設廠及延請技師，在在均關緊要，仰即會具詳圖，並所訂合同，隨時呈送本部核奪，將來造成絨呢各項，如能適用，本部志切興商，莫不力爲提倡，俾廣銷路，仰即遵照可也。此批。三月二十九日。

《商務官報》光緒三十二年四月十五日第二期《批大理寺寺丞任光裕和豐織布公司請立案呈》 據呈已悉。該職等擬集資，在江擦胡同設立和豐織布有限公司，係爲振興商務起見，自應准如所請，先行立案。惟查閲所擬開辦章程第一章第一條云，凡能抵制洋貨者，皆在應辦之列等語，未免範圍太廣，應改作凡關織布之事，其能抵制洋貨，爲本公司力所能及者，皆在應辦之列。又第二章第三條云，倘有意外之事，當於一月前，合各股東聲明等語，亦欠分曉，若指停閉而言，可照公司律第十節條款辦理；若指倒閉而言，可照破産律辦理。又第四條云，股東入本三年内，不得抽回。第五條云，入股後，俟公積滿足股本之數，方准各股東繳銷摺票，抽提本抽銀各等語，均屬未合。按公司通例，股東可將股票轉售，不得將股本抽回。又第四章第四條，稽查應改作查察人，又查覈一切之權下，應淺入此項，查察人應俟股本招足時，由各股東公舉。以上所指各節，仰即遵照更正，仍俟開辦有期，照章呈請註册可也。此批。四月初四日。

《商務官報》光緒三十二年四月十五日第二期《批商人呂鴻經等啓化織布公司請註册呈》 查該公司設在地安門内北長街，前准巡警部咨復，北長街密邇宫禁，應飭另擇地址等因，經本部批示在案。兹據該公司呈請註册，聲叙條款内載，總號設立仍在該處；又股份公司衹有股票，並無合同，此次呈及股票内云，以股票作合同，亦屬未合；又布告股東，宜載明或通信或登報字樣，並無口傳辦法。應令該公司遵照前批，並以上所指各節更正，將刷印股票式附繳一紙，於開辦前補呈到部，再行覈辦，公費銀兩暫存。此批。四月初四日。

《商務官報》光緒三十二年四月二十五日第三期《批北京工藝商局呈》 據呈該局重訂章程，續行另招股本五萬圓，添造紙煙，名曰愛國，附以海外奪標、一統萬年清等牌號，係爲自保利權起見。惟查光緒三十年六月，該局呈請註册時，貿易條下並未聲明製造紙烟，此次呈内稱，用原刊工藝局股票息摺，續行招致款目，分明各不牽援等語，是該局寔係另招，並非續招，新舊股東同一執據，恐紙烟獲利時，舊股東執票分紅，難保不生糾葛，仰該局將權利界限訂入章程，另刊股票式樣，補呈另請註册。至所註援案納税一節，應與三星公司一律辦理，候補呈到部，再行核辦可也，公費十五元暫存。此批。四月初五日。

《商務官報》光緒三十二年四月二十五日第三期《請立三益桑麻公司》 職商趙文玉等前稟請創辦三益桑麻公司，附設蠶政學堂，已由商部批准，並咨行順天府飭屬保護在案。近由趙等續報開辦日期，並設立分公司數處，呈驗圖記式模，請予註册，商部以該職商等擬辦桑麻公司一處，尚未成立，輒復請設分公司數處，實屬無此辦法，且永平、遵化等屬，相離較遠，即有人籌辦，與該公司同類之商棄，既非承領該六司資本，豈能强居以分公司名目。該職商等此次所稟，殊多未合，碍難照准，因飭將學堂地址及細章，切實稟復，再行核奪。

《商務官報》光緒三十二年四月二十五日第三期《稟請減輕運費》 北京丹鳳火柴公司總理温祖筠第稟請援照燮昌公司成案，減輕鐵路運費，並將原料等費，一併量減，以資提倡。當由商部咨商關内外鐵路大臣，暨京漢鐵路大臣查核見覆，以便批示。

《商務官報》光緒三十二年四月二十五日第三期《黑龍江創設工藝廠》 江省舉行新政，不遺餘力。近又創設工藝廠，遴派孫道錫之前赴京津，招股募工，以期早覩厥成，業咨請商部查照。

中國第一歷史檔案館《德宗景皇帝實録》卷五五九《光緒三十二年四月下》

御史顧瑗奏請廣設工藝廠自造機器。下部議行。

《商務官報》光緒三十二年閏四月十五日第五期《批清河大豐機器麵粉公司請註册呈》 據前後兩呈及章程均悉。該公司聲明各款及所繳公費銀兩，核與奏定章程尚屬相符，自應准予註册給照。惟公司章程第三條，本廠所出麵粉專轉上海等埠，暨出洋銷售一節，近准外務部咨復米穀等糧，不准運出外洋，載在各國條約。麵粉一項，包在等糧之内，關係民食，所請暫予通融，出洋之處，本部碍難照准等語，是麵粉出洋，未有明文，該公司應將章程内載出洋銷售一語删去。又股票章程第七條，本公司仿泰西公司章程辦理等語，應改爲遵照商部公司律辦理方合，並應將刷印股票式補繳一紙，到部備查。除咨兩江總督飭屬保護外，合將填給執照，仰該公司遵照具領可也。此批。又四月初二日。

《商務官報》光緒三十二年閏四月十五日第五期《批職商侯執玉等稟》 據稟已悉。該職商等擬集貲本，在煙台、萊州地方設立公司，以興紡織，自是爲籌辦實業起見。惟凡辦一事，必須認定一事之宗旨，然後應弦赴的，期底於成。該職商等所集貲本，僅二萬元，盡數以辦紡織一門，猶慮力有不逮，何必過爲夸大，乃欲舉學堂、報館、農桑、種植一切包括，名則美矣，恐頭緒紛繁，轉致一無成就。且稟内所稱同志八股，每股二千五百元，而股東姓名並無聲叙，礙難立案，仰即按照本部所批，認定紡織一門，將章程重行釐訂，一俟辦有端緒，再行稟部核奪。此批。四月二十八日。

《商務官報》光緒三十二年閏四月十五日第五期《批北京工藝商局呈》 據呈聲覆，該商局續招股本，添造紙煙，全仗舊股東首先提倡，交款時用本局票摺，加盖紙烟專款四字，眉目既清，權限自定等語。應照公司註册章程第九條，准予補註册内。至援案納税一節，查北洋烟草公司，按照洋商納税例，烟絲每百斤納税銀四錢五分；出口後，加覆進他口，應納復口税；如再入内地，應逢關納税，過卡抽釐。上海三星紙烟公司亦經援照辦理在案，俟出本部據情咨行外務部，轉飭總税務司，一律辦理可也。收單發。此批。閏四月初一日。

《商務官報》光緒三十二年閏四月二十五日第六期《扶職商閻占熊等批》 據稟已悉。大興屬後營村白砂石麵，向各村民任便磨運。前據該縣民人馬瑞臣、李明等請立廠，納税領照，迭經本部批駁在案。兹據該職商等復請在京師設立白砂公司，納税領照，將後營村地面四百餘户所運石麵，歸該公司買賣，與馬瑞臣、李明用意相同，實屬希圖壟斷，所請著不准行。此批。閏四月十一日。

虞和平等《周學熙集・爲擴充洋灰公司事呈袁世凱文》 謹將擴充洋灰公司預算清單録呈憲鑒：

計開：

舊股本十萬兩，即作爲十五萬元。擴充約需新股本三十萬元。又行本擬用十五萬元。本年西二月底結賬，大約還清礦局庚子年起之新欠，尚有盈餘，然則舊欠約十三萬兩，結賬後當不及十三萬兩，即作爲二十萬元。以上股本共合八十萬元。

每年作灰十五萬桶，按現在售價每桶四元，合六十萬元。内扣每桶成本一元五角，合共二十二萬五千元，餘利三十七萬五千元。再扣機器、房金等項折舊三萬七千五百元，實獲淨利三十三萬七千五百元。以八十萬元股本分之，得淨利四分二釐。

光緒三十二年四月初十日

職道周學熙謹呈。

宫保面諭：照辦。

虞和平等《周學熙集・爲收回洋灰公司事致德璀琳函》 敬啓者，唐山洋灰公司（即唐山細綿土廠）本係另一公司，並有北洋官本在内，不與開平礦局相干。其第二次開辦，係本道具名稟奉北洋大臣批准，並經本道委派李士鑒爲總理。嗣經拳匪之亂，本道未及籌款接濟，經閣下與英公司商訂暫時墊款應付。現袁宫保決意將該公司仍由本道主持辦理，所有閣下前與英公司訂立暫行墊款之事，應請知照即日截止結數清算，以免轇轕。除飭李士鑒將第二次開辦以來歷年用款據實報查外，相應函達臺端，請煩查照辦理，並見復是幸。專此，順頌臺祉。

［附］德璀琳復周學熙函

敬復者，前准來函，以唐山洋灰公司請知照截止結數清算見復等因。查洋灰公司與開平礦局相連之事甚多，如煤、水、鐵路等項，一時頗不易辦，最好稍遲一兩月，開平礦局之事辦理就緒，再爲分算。且以前洋灰局與礦局訂立合同時，載明不願合辦時，須三個月以前彼此知照等語，今特奉聞。如貴道現在既定分辦，尚希示復，以便告知那森查明辦理爲荷。此頌升祺。

《商務官報》光緒三十二年五月五日第七期《批北京工藝商局呈》 前據該商局呈稱，添造紙烟，請查照北洋烟草公司成案，按洋商例納税辦法一節，業經本部據咨外務部核辦立案。兹准復稱，准照北洋烟草公司成案，所造之紙烟，照洋商每白斤納税四錢五分辦理，惟既援照洋商之例，即不能沾不在重征之利益，應照土貨常例出口納税後，如復進他口，應納復進口税；如再入内地，應逢關納税，過卡抽釐等情，札行總税務司遵照去後。兹據總税務司復稱，遵即通飭各關查照辦理等因，到部仰即知照。此批。閏四月十三日。

《商務官報》光緒三十二年五月五日第七期《批監生董文田呈》 呈悉。該生上年五日間，呈報在城外麻線胡同，創設衛生麥磨，係自出心裁，能使一騾運動四磨，出粉多而售價可賤；磨上另有籠罩，所出之粉，不受塵污，於衛生甚有裨益等語。當經本部批令，呈式核驗在案。兹該生因磨已製成，續呈請給專利年限，並咨警部保護等情，應候本部派員查驗後，再行核奪。此批。閏四月十六日。

《商務官報》光緒三十二年五月五日第七期《批商人張子泉等稟》 據稟擬在興隆街閻王廟前，舊有已閉源利永銅鋪，改設銅板公司，及喜雀胡同舊有聚生亨銅局，作爲分公司，並鈔録合同底樣，呈請註册等情。當經札飭北京總商會澈查有無窒礙情形去後。兹據呈稱，京師地大人稠，原稟已稱銅作四五百家之多，僅止一家萬難周至，似多窒礙，其銅鋪各工匠是否融洽，未敢懸揣等語，聲復前來。查原稟章程内開，九城内外，無論何處，不准私自設鑪一條，是除此公司外，不得再行是業，京師地大，僅設鎔鑪一處，未免求多供少，跡近壟斷，所請註册之處，着不准行。此批。

中國第一歷史檔案館《光緒宣統兩朝上諭檔》第三二册《光緒三十二年五月初五日》 交財政處。本日貴處會同户部奏整理財政，宜分建造紙、印刷局廠摺，奉旨：依議，欽此。相應傳知貴處欽遵可也。此交。五月初五日。

虞和平等《周學熙集·致德璀琳函》 敬啓者，昨奉復函，以洋灰公司與礦局相連之事甚多，欲從緩一兩月再議分辦等因。本道查洋灰公司本不與開平相干，至閣下與彼所訂合同，當日並未奉案北洋大臣，不能承認。現在袁宫保已決計分辦，務祈閣下速告那森，即日停止墊款，以清轇轕爲荷。此頌臺祉。

《商務官報》光緒三十二年五月十五日第八期《批北京玻璃公司蔣守唐祐稟》 據稟暨機圖合同均悉。該職商招集股本，訂購機器，辦理尚屬迅速，深堪嘉許。所請酌給地段，頒發鈐記各節，除按照商辦公司，由部刊刻圖記頒發外，仰即前赴本部工藝局履勘地基，估籌建築，稟報開辦屆時，並由本部酌撥官款，作爲股本，以期早日觀成。合同存核，圖繳。此繳。閏四月二十九日。

《商務官報》光緒三十二年五月十五日第八期《批候選州同附生王懋欽等稟》 據稟該生等集資招募日本畢業學生，專織台絹、台紗，新巧花樣，願在本部工藝局增設織錦科等情。查台絹、台紗加用機器織造，新巧花樣，果能精益求精，自可開通風氣，藉收實效，應即准如所請，由本部工藝局酌撥房屋，仰即趕運機器，並招齊畢業學生來京迅速開辦，以興實業。此批。閏四月二十七日。

虞和平等《周學熙集·面交李希明俊德訓條》 總辦洋灰公司天津道周，爲傳諭事。照得本道現奉北洋大臣命，傳諭李士鑒、俊德訓條如下：

一、自華曆閏四月初三日，即西曆五月二十五號以後，該公司華洋員司一切人事，應聽本道命令指揮節制。

二、開平局墊款事，係德税司自辦，未經稟案北洋大臣，不能承認，應仍歸德税司自向該局盡三個月限理楚，以免轇轕。

三、洋灰公司用款，應截止華曆閏四月初二日止，將賬目結清，自閏四月初三以後，用款必須稟明本道批准，方可動支。

四、李士鑒仍舊派爲洋灰公司總理，所有全廠一切事宜，有管理之責，俊德仍舊派爲洋灰總工師，所有製造灰土一切事宜，歸其辦理。應迅速布置，自閏四月初三起，每月除原支薪水外，各加津貼銀壹百兩。

五、必須第一、第三兩條實行，始可照第四條辦理，倘第一、第三兩條未經遵辦，即將第四條作罷。

右仰李士鑒、俊德遵照。

以上各條照譯英文一紙，仍以華文爲主。

光緒三十二年閏四月初三日。

此件初八日在津面交。

虞和平等《周學熙集·致德璀琳函》 敬復者，昨准來函，以洋灰公司已定於西曆5月25日爲始，俟三個月，屆期即行分辦；並謂近年洋灰大獲盈餘，以請酬勞2萬兩等因；本道當經轉禀北洋大臣察核。兹奉諭：開平墊款合同，從前禀報北洋大臣衙門立案，現既經閣下與那森言明於西曆5月25日爲始，應即以此爲閣下與那森彼此結算賬目之期，准以三個月爲限。惟自西曆5月25日以後，該洋灰公司華洋員司一切人等，應聽北洋大臣所派之總辦，即本道命令指揮節製。再自西曆5月25日以後，洋灰公司一切用款，必須由李士鑒、昆德禀明本道查覈，視爲合宜應支之款，方可動用，否則無論何人墊發，概不承認。以上各節係奉北洋大臣諭飭，除徑函李士鑒、昆德遵照外，並希閣下查照。至酬勞一節，閣下爲中國宣力有年，本道久已深知，至爲佩仰，將來俟洋灰公司賬目算清，如果近餘利實在有着，自當代乞北洋大臣恩施，以酬勞勛。唯所酬數目，應俟核明餘利，方可酌量，此時頗難預定耳。特此奉復，敬頌臺祉。

虞和平等《周學熙集・爲接辦洋灰公司事呈袁世凱文》 謹將現在籌議洋灰公司事宜臚陳恭請憲鑒：

一、洋灰公司現已據德税司函復，自西曆五月二十五號，即華曆閏四月初三日起，俟三個月限滿，即與開平分手。昨傳該公司總理委員李直牧士鑒及洋灰師俟德到津面定，自閏四月初三日以後，該公司一切事宜，須聽北洋大臣所派之總辦命令節制，所有用款，須禀明本總辦核准，方可動支，該等業經遵照，並擬酌加該等薪水，以示牢籠之意。

一、香港存有德國新式洋灰機器一副，據云每年可出洋灰十五萬桶，係俄國原購擬到旅順設廠因戰事阻擱者，現登報訂三禮拜後，在香港拍賣，日前開平局那森，擬令俟德前往訂購，職道已面諭俟德，應候宫保示定奪。據俟德云：此機如實，完全出灰十五萬桶，大約需價洋二十萬元之譜，就香港購運，又較外洋省費，省時，洵爲極好機會。職道思洋灰餘利，確有把握，此項新機亟須添購，可否令俟德即日前往，先考查該機如確係新式完全，即來電請款訂購。

一、洋灰公司既定議收回，以後一切用款，如現在做灰按月開支經費及將來添購新機價款，可否由銀錢所先行籌備，一面擬章集股。

以上各節，均係目前綱領要節，擬請批示祇遵，其餘詳細布置，容俟逐條擬訂，再行禀辦。

閏四月初八日。

光緒三十二年閏四月。

職道周學熙謹呈。

虞和平等《周學熙集・呈袁世凱文》 查洋灰公司事，德璀琳自認一力承擔，那森無如之何，及連日四處託人説情，職道皆拒絶之。昨復經遞宫保一禀，察閲禀內所述，皆係遁詞，不足計較。其隱衷無非想避德璀琳，而徑與中國官直接交涉，可肆要挾，此時若與彼接議，適中其計，惟有仍由職道將該禀發交德璀琳，囑其傳諭那森知悉，則計無所施矣！謹擬致德璀琳函稿録呈憲鑒，是否可行，伏乞批示祇遵。

批：甚善，即照辦。

《商務官報》光緒三十二年六月五日第一〇期《批草帽公司職商吴金印禀》 據禀已悉。前准東撫並商務議員來文，請將該公司援案註册前來。本部查覈該職商原呈内稱，公司設立自光緒二十八年，蒙前升撫張奏明立案，公司並無合同，均憑原奏章程創辦；又資本銀壹萬兩，皆係本家湊集，作爲百股，並無外姓股份；又由商務局飭發印花，凡運貨出省，有該局發給免税運單，不論何省關卡查驗，免税放行，概不重征各等語。當經行文東撫，飭取前撫奏案商務局免税運單，並令該公司將百股中何人認股若干，是否招股，抑係合資，及營業有無限期，一一補呈聲叙，同註册公費繳納到部，再行核辦去後，迄今未接資復。兹僅據該職商呈繳公費銀兩，本部礙難註册，應俟前項飭取各節到日，再爲辦理可也。此批。五月二十日。

《商務官報》光緒三十二年六月五日第一〇期《考究製造玻璃原料》 北京玻璃廠創辦人蔣唐祐，以沙石爲製造玻璃之質料，亟應詳細考究，先期定購。因於日前禀由商部咨明順天府，轉飭房山、宛平兩縣，會同勘明所産石質各山，以便訂立合同，前往採購。商部現已得順天府覆文，因諭蔣守從速會同順天府所派委員，前往房山縣詳細履勘，並將沙石情形暨所訂合同，一併報部核奪。

《商務官報》光緒三十二年六月五日第一〇期《火柴公司續招股本》 北京丹鳳火柴公司自開辦以來，銷售暢旺，卓著成效。近公司中人恐原招資本不敷周轉，必致局面狹隘，不能與各國火柴公司争衡，因議續招股本五百股，藉資推廣，已由商部批准立案，並諭令遵照前訂招股章程，妥爲辦理。

《商務官報》光緒三十二年六月五日第一〇期《等副參領桂陞批呈》 據呈已悉。所擬集股五千兩，在西單牌樓南太常寺胡同創立富清織布公司，不招洋股，專織各色布疋，請批准開辦等情，係爲挽回利權起見，自應准其開辦。惟該公司詳細章程第一條，凡能抵制洋貨，爲力所能及者，皆在應辦之列等語，未免漫無限制，應行删改，如日後果能推廣别項工藝，另行呈明核辦。第七條所論，利益除花費外，十成之中留五成，作公司勞績等語，詞欠明白，應查照公司律第一百十二條辦法，仰即遵照辦理可也。此批。五月十四日。

虞和平等《周學熙集·致德璀琳函》 敬啓者，現奉北洋大臣袁宫保發下開平公司那森禀函節略等件，命本道轉致閣下傳諭那森知悉：洋灰公司本不與開平礦務相干，自第二次開辦，即係本道名字禀請北洋大臣批准立案，是以袁宫保只認本道一人爲洋灰公司之總辦；至開平公司墊款一節，從前係閣下與彼訂議，並未禀案，此時又業經閣下照原議自5月25號起限期收回，是那森只可與閣下請結墊款一事；此外不能干預，亦毋庸徑上北洋大臣禀瀆。茲將那森原禀呈交閣下察閲，即祈轉致那森遵照可也。此布，敬頌臺祉。

《商務官報》光緒三十二年六月十五日第一一期《批京師書業公司請註册呈》 據呈及章程均悉。該商等招集股本洋銀二萬元，在京師琉璃廠設立書業公司，爲補助學界公益起見。呈内聲叙各款及所繳公費銀兩，均屬相符，自應先予立案，惟股東查閲賬目，不勝其煩，應由各股東公舉查賬人查核，方合公司辦法。應即將章程更正，俟報明開辦日期，再行註册給照，咨飭保護，公費銀兩暫存。此批。五月二十七日。

《商務官報》光緒三十二年六月二十五日第一二期《批京師丹鳳火柴公司等》 前據該職商禀稱，火柴材料運京，請飭海關仍准按資本單納税一節。當經函致津海關道核辦去後。茲接函復，前次運到貨物已經全數運京，並未延擱。嗣後再報此等貨物時，自可詳爲考查，按最公最廉價值完税，以照核實等因前來。仰該職商遵照可也。此批。六月初一日。

《商務官報》光緒三十二年六月二十五日第一二期《批職商何復隆等禀》 據禀已悉。該職商等擬集合資本銀一百萬兩，在北京建築廠屋，購置機器，設立北京志成合資紡紗有限公司，紡紗售賣。近日京城商人雖多仿製洋布發行，而所用之紗，仍係購自外洋，本部正擬招商，勸辦紡紗，以圖收回此項利權。乃該職商等早已籌及，用意洵屬可嘉，自應先准立案，所擬章程，大致尚屬妥協。惟查丹鳳火柴公司，前經本部奏准，在京城大興、宛平兩縣境内，專辦十年在案，該公司亦應援照丹鳳公司成案，在大宛兩縣專辦十年，以歸一律。至廠中所出之紗，請按照新約納税一節，應俟公司成立，出貨有期，再行呈由本部咨商辦理。該職商等務當趕緊籌畫，於開辦前，遵章赴部註册，以便咨照保護可也。此批。五月二十八日。

《商務官報》光緒三十二年七月五日第一三期《批玻璃公司蔣守禀》 據禀並圖均悉。所稱房山縣屬之六間房、西甘池、石窩三處，經該守親往詳細履勘，均産有玻璃石質，而以石窩所産爲多，足敷廠用，應准將所勘三處，行文順天府，飭屬曉諭，除與該守訂立合同外，該山主不得私相售賣。該守一面應即邀同該山主訂立合同或議單，以昭妥實。至稱百工待舉，需款股繁，准即先行撥借補助金京平足銀弍萬兩，並須給圖記字樣，藉資提倡，而昭信守。工藝局官地，應准札局照撥，惟於建廠製機，是否合宜，仰該守迅即赴津，向原訂機器商家邀同精於造廠之師匠，切實勘明，免致貽誤。切切。此繳。圖存。六月十七日。

吉林省檔案館等《清代吉林檔案史料選編(工業)》下册《候選同知儒昌爲創修招商工藝廠收支銀兩數目的呈文及清摺光緒三十二年七月十三日》 爲遵批呈覆大概事。

竊職因前禀請指示招商工藝廠，將來如何等情，蒙恩批開：已故革員瑞征前辦工藝廠之案尚未查明覆奏，該職既認爲在事人員，所有工藝廠一切情形自必確知底細，着將該廠從前集股數目並如何開銷以及現在有無存款詳細禀覆，以憑核辦毋稍徇隱等因。奉此，職遵將創修商局自光緒三十一年正月十八日起至十月十八日止，當即邀集有經理股東，各存底賬核計，招進已交股分共銀一萬九千五百五十三兩。又收進各股東借墊並賒商鋪貨物共銀一萬零一百兩零八錢九分。開除修局工料糜費，瑞征匯京並自用共銀二萬九千六百五十三兩八錢九分。草核大概，除實收外，虧借墊與欠鋪商貨銀共一萬零一百兩零八錢九分。下實在有領去股票未交完者，與觀望分毫未全文者，並外欠者共銀二萬九千九百四十七兩。如准辦理將此項銀兩追交，不但能將借墊商存如數還結，且尚可有實存銀一萬九千八百四十六兩一錢一分。職所有遵批將招商工藝廠所收化銀兩數目草核大概，至詳細情形商股票根並化銷賬目，均在憲轅，未能細查，合併聲明。理合呈覆。爲此合呈憲臺鑒核施行。須至呈者。

計呈清摺一扣。

清摺

謹將招商工藝廠自三十一年正月十八日起至十月十八日止，所招股分已交未交各銀兩，並修局置物及護勇口分、局中伙食等項需銀各數目，繕具清摺，恭呈憲鑒。

呈開：

舊收股分項下：

一、收現交九十九股，銀九千九百兩。

一、收未交完二百二十四股，現交銀六千三百五十三兩。

一、收地基入股銀三千三百兩。

以上三宗，共收銀一萬九千五百五十三兩。

浮存項下：

一、外借浮墊修局用未還銀八千五百六十一兩八錢六分。

一、鋪商等存墊銀一千五百三十九兩零三分。

以上兩宗，共存墊銀一萬零一百兩零八錢九分。

開除項下：

一、除地基、修局工料等項需銀一萬三千三百八十九兩九錢八分。

一、除局中置鋪墊等需銀五百三十八兩七錢二分。

一、除局中護勇口分、人夫、公中伙食等，需銀七千四百六十四兩一錢三分。

一、除西關開廠需銀一千兩（經陳樹勛需用等項數目均未報局立案）。

一、除總理還官帖局錢合銀一千一百二十兩。

一、除總理匯京銀三千兩（文增樓）。

一、除總理自用銀二千一百四十一兩零六分。

一、除交杜伯雄在哈濱代買機器銀一千兩。

以上八宗，共除銀二萬九千六百五十三兩八錢九分。

實在項下：

一、招未交完之股銀一萬六千零四十七兩。

一、招觀望未交之股銀一萬二千九百兩。

一、交杜伯雄在哈濱代買機器銀一千兩。

以上三宗，共合銀二萬九千九百四十七兩。

《商務官報》光緒三十二年八月五日第一六期《批商人薛家珍呈》　據呈該商人合資五千兩，在正陽門外西珠市口，開設華豐織布有限公司，聲叙各款並章程十條，公費洋五十元，請註册等情。查該公司合同内開，海籌堂鄭、元興堂薛未列名號，且元興堂薛是否即係總理人薛家珍，皆未聲叙明白。又本部註册章程第十條，註册公費如股本係銀兩，即應按兩計算等語，兹該公司資本既係銀五千兩，自應繳公費銀五十兩，不得以銀元計算，即遵照更正，並候補繳公費銀兩到日再行核奪。公費五十元暫存。此批。七月十七日。

甘厚慈《北洋公牘類纂》卷一六《直隸工藝總局詳重整局規章程文並批》

為詳報事。竊照職局自奉憲諭開辦以來，迄今已有四載，初則創立大致辦法七條，各員司尚能遵照辦理。嗣經隨時考核利弊，因事制宜，於是防微杜漸，頒發各項規則，飭令恪守遵行，祇以未經彙總榜示，誠恐日久懈生，而且員司辦公，各在值宿屋内，遇事奔走詢問，亦欠捷便，現經職道等改設一總辦公室，凡本局有辦公之責者，皆設桌椅於内，從此每日辦公同聚一堂，自應彙總，重申規則，以專責成而期整頓。所有酌訂重整局規五章，計四十六條，業已書榜懸掛辦公室内，用以昭示訓令外。又刷印局規多本，自總會幫辦以至各員司書識，每人給予一本，俾得各自置於案頭，隨時披閱，以為辦公準繩，是否有當，理合將重整局規照録一本，具文詳請憲台察核立案。為此備由具詳，伏乞照詳施行。須至詳者。

計詳送照録重整局規一本。

謹將職局重整局規照録，恭呈憲鑒。計開：

第一章　總綱

一、本局以提倡維持全省之工藝為宗旨。二、本局以誘掖獎勸，使全省紳民勃興工業思想，為應盡之義務。三、本局以全省工業普興，人人有自立之技能為目的。四、本局員紳同擔任上三事之義務，必須扼定宗旨，尚勤，尚實，尚公，尚廉，各秉血忱，祓除舊習，堅忍持久，以期徑達上項之目的。五、本局員司以事實為本位，欲治其事，始委其員。我中國積弱之原因，端由於委任員司，不問其人之才識能否治理此事，率徇情而位置之，不惟素餐糜費，更且流弊滋多，腐敗日甚，事事如此，大局焉得不壞。本局循名覈實，人人有為國家振興實業之責任，現在重整規則，淬厲新機，力矯此弊。該員司人等，其各勤厥職，翌贊總局名譽，本總辦與有榮施矣。六、本局議長，參議議員，勸工員，專主選舉土著紳民，以期社會發達，久之地方實業普歸自治，較之專恃遷徙無常之地方長官，志趣各異，舉輟靡常者，其氣象自不同也。本總辦承乏此政，開辦以來，備歷艱辛，志在育成紳民自治能力，一俟局中魄力沈厚，條理完備，足以自立後，應即妥定永守勿替之規，詳明立案，專歸民辦，地方長官僅任保護維持之責，不能擅更定章，侵損紳民自治之權，庶幾斯局堪與河山並峙矣。願各紳諒此苦衷，共勉毋懈。

第二章　普通局規

七，凡舊日官場錮習，繁文縟節，欺飾敷衍，一律嚴革盡净。八，凡有心之失，以私罪論，分别懲罰撤參。無心之失，以公罪論，酌量記過罰薪，以昭炯戒。九，終始勤慎結實任事，著有勞績者，分别酬金或詳請議叙，以示鼓勵。十，局中員紳，各有職司，不必彼此週旋，徒飾外表，耗損精神，無裨實際。十一，局中如遇困難之事，同人必和衷商酌，切實研究，或有見解，不妨師法韓范，面折廷争，不准引嫌緘默。各紳研究條議，先由提調參議披閱，簽註已見，統限本日内，呈本總辦核定施行，不得稽延。十二，如習於圓通，遇事唯諾，不任勞怨，是無熱心，即屬凉血，縱使甘於無功無過，亦與本局宗旨相背，應在淘汰之例。十三，局中員司人等黎明即起，一夜便息。十四，凡司事以下各人等，除因事請假外，均應常川住局。十五，自提調至幫文案，應酌定輪值住宿表，張帖辦公室，俾專責成而均勞逸。十六，員司人等無論公事私事，外出均由門號房，將出入時刻確實登記某某自某時出，至某時歸，不准疏漏，以便稽查。十七，員司人等，如因切己要事請假，必倩同人暫代。假期在一日以内者，提調主持。在一日以外者，須請本總辦批准，然至長不准逾五日，以免曠廢。十八，員司人等於公餘之暇，儘可修養精神，或看時務書籍，披閱報章，不准聚談戲謔，任意狂笑，有紊局中秩序。十九，雖盛暑酷熱，不准袒裼盤髪，游行局院局門，以重儀禮，而肅觀瞻。二十，門號茶房局差，以及各僕從，均不准集聚局門，任便談笑，即在室内，亦不准大聲疾呼，嘈雜喧嘩，尤不准無端戲弄絲竹，違必懲逐。二十一，局門早六鐘開，夜十一鐘鎖，縱遇緊要公事，非有值宿員之命令，不准擅開，違者分别罰懲。二十二，局室以潔净軒豁爲要，不准塵積穢污，其局門前後院落厠所，固應責成執役洒掃，即各人宿舍亦應整飭精嚴，秩序井井，以袪空氣而重衛生。

第三章　特别局規

二十三，議長，參議議員，勸工員，擔負聯絡桑梓結成團體之義務，以誘勸社會普興工藝爲責任，有研究改良組織實行之權，以共和公益爲限。甲，輔助局務興利革弊。乙，考查已立各工場，如遇困難，必竭力救濟之，或無進步，必多方指引之。丙，遊説於村鎮鄉區，俾能一律籌立工場。丁，凡民間有難達之隱，立爲據事直陳，以除格閡。戊，各運思想研究農工商等實業，著爲淺説，比較試行。已，各具匠心，演試製造成品，如果本輕工省，足以挽回利權，即設法推行。二十四，提調以提議調查本局庶務爲責任，有考核司事、書識、門號、茶房、局差等勤惰之權，以承上發下爲限。甲，典守契約關防。乙，執行示定各規則。丙，清理公牘函件。丁，督催各員司人等應辦之事。戊，接待參觀員紳。已，旁參研究問題。庚，預聞高等工業學堂、實習工場、考工廠教育品陳列館等處庶務，而指正其得失。辛，舉發本局員司人等功過，若扶同欺飾，以私罪論，或互相標榜，希圖一己見好，有礙公益，亦應科以公罪。二十五，文案、書記、幫文案以辦理一切公牘爲責任，有考核司事、書識勤惰之權，以公事敏速、毋錯爲限。甲，文案專主公事正稿兼擬緊要函件，督飭整齊卷宗。乙，書記專主函稿，校對公牘，幫繕緊要函件，選擇各報，接待賓客。丙，幫文案辦理各項例稿，幫同整理卷宗。丁，文案舉發司事、書識之功過，會同提調呈請核辦。二十六，收支、稽核以會計、出納爲責任，有稽查門號、茶房、局差人等勤惰，全局上下飲饌精粗、器具完缺，庭除整潔之權，以不紊亂虛糜爲限。甲，收支掌管銀錢出入及總局度支，稽核專司核算總局及各分處帳册不得稍有歧誤，均兼理全局庶務。乙，額支以詳定之案爲憑，活支本無一定，須臨時開單稟請總辦批示爲憑。丙，領款、發款均依定期，不能參前錯後，懸支預借。丁，總局及各分處所有帳册，均按十日一結，由稽核處核過蓋章，送總辦閲。其上月報銷，不得逾下月半以前，必須按期催核，不得稍任逾延。戊，總局存款，均立憑摺，交銀號，毋庸存局。凡支款，由收支開聯票，呈總辦蓋章，持赴銀號支取，以昭慎重。已，厨房須隨時檢視，凡烹飪失法及餒敗有礙衛生之物，均令更換。庚，督飭茶房、局役，隨時掃除庭舍污穢，以肅觀瞻而重衛生。二十七，管卷收發司事，以典守檔案，收號拆封，檢視繕發爲責任，有分别緩急，督催繕寫之權，以不積壓散失，校對無訛爲限。甲，管卷司事專管卷宗，擇出案由，列號登簿，分别歸檔，收藏整理必須秩序分明，不得凌亂夾雜。兼管各報不得散失，校對公事，並查書識程課表，不得怠玩疏忽，如敢違悮，罰懲不貸。乙，收發文件司事兼用印校對公事，以細心無錯爲要，查填書識課程表，書寫插屏幫繕要函。凡收文牘，立時析註簡由於簿，並填收到時刻，不准延擱積壓，如有違悮，罰懲不貸。二十八，書識繕寫公牘，每日如繕上行，楷字以二千字爲及格，平行便書以三千字爲及格，能超出者，賞；不及格暨雖及格而錯落多者，均罰。二十九，門號房職司閽務，無論何等賓客到局，立時通傳，惟在辦公室限内，除特别參觀員紳，仍先延入客廳，即時報知外，其餘公私賓客，均應婉告來人，須辦公限完，始能接見，毋任門有留賓。甲，管理局門鎖鑰啟閉，遵照第二十一條。乙，管理出入稽查簿，遵照第十六條。丙，凡遇賓客到局，必先詢明官階、行號、住址，或係參觀，或因專見某員，均應分晰登記門簿，以備考查。丁，司事、書識本屋均爲公牘要地，不准私會局外之人，如有親友必需面見者，准在延賓室外間接待，以一點鐘爲限，不准長談，致悞局務。戊，門號、茶房、局差以及各僕從人等，遇親友到局探望，只准在門房面話，以一點鐘爲限，不准任便流連，如敢逾限逗遛，准門號房指稟懲處，倘扶同容隱，一併懲究不貸。三十，茶房專司茶水，以潔浄爲要；局差專供驅使，以勤穩爲要。凡局門、局院，應責成茶房、局差，常川洒掃，每日至少須二次掃除塵積污穢。至辦公室、客廳、延賓室，則專歸茶房隨時洒掃，務期一律軒朗清潔，其桌椅器皿隨時拭洗，務須整齊光明，如敢怠玩，重懲不貸。

第四章　辦公室規則

三十一，局中員司人等，每日分早晚兩次齊集此室，辦理公事。三十二，每届夏令晝長，准早七鐘半集；届冬日，移後半點鐘，至十一鐘半散。下午二鐘半集；届冬日，移前一點鐘，至五鐘半散。届時不到者，罰。先期請假者，及因公出外者，不在此限。如有特別緊要事件，隨時可由提調傳集，或展時限，不得違悞。三十三，齊集後，依次傳觀各公事分別辦理，大概簿書以文案爲主，度支以收支稽核爲主，如有疑難，均商同提調，立時粘簽請示。三十四，凡甲日下午五鐘後所收文牘，以及擬定各稿，定限乙日早七鐘，各攜至辦公室傳觀，並甲日晚間有交辦之件，均分別預辦，亦於乙日早，一併在辦公室點齊，登簿裝封，送請書行。其本日十鐘後收文並稿件，即於本日下午攜至辦公室，分別辦理，不得遲至次日。三十五，凡集辦公室，決無一齊核閲公牘之時，或暫無可閲之牘，即應在中間大案上翻閲報章，以增見聞，不准任便談天，致擾他人辦事之思想。三十六，如有應擬之稿，頭緒繁多，篇幅過長，以及繕寫需時，届散息時，未完者均准攜還宿舍接辦。三十七，書識繕寫字數已有二十八條之定格，至於擬稿，除例文可以立時就緒外，或有要件，必待斟酌，而立意謀篇，亦須思想，非倉卒所能急就者，酌擬五六百言者，限一日；千餘言者，限兩日，要以辭達意賅爲主，不能過緩，亦不必以萬言倚馬爲奇也。三十八，凡集辦公室，如目敏腕捷，能將一己應辦之事先時辦完，仍可襄助同人幫辦他事，兼候續到有事，即可接辦，不准藉口已事已畢，先散休息，致續有事到，竟無人承辦，殊開怠荒之漸。三十九，各人眼光靈鈍不同，凡自度閲牘緩漫，即先看例牘短篇，以繁長要件讓他人先閲，庶不致因一人手執一牘，致其餘皆兀坐，以待延悞光陰。四十，凡在辦公室，一己應辦之事未完，未届散息之限，應遵第二十九條，不准接會朋友，如有特別參觀員紳，經門號回知，只准提調或書記或勸工員至客廳接待，餘人毋庸過問，以免廢悞公事。

第五章　延賓室規則

四十一，延賓室專爲各外省暨本省各州縣到局參觀考查員紳而設，除文案、幫文案、司事、書識外，如提調、參議、收支、稽核均有接待照料之責，尤以書記、勸工員爲專任，供應陪備顧問，不得稍涉疏慢。四十二，接待參觀考查，以誠摯和靄爲要，以懃懇盡告爲主，更以耐煩不厭爲盡職。四十三，督飭厨茶、局役，凡飲食起居，以適賓客之意爲要，酒醴肴饌須約而精，不必奢侈，切忌粗惡。四十四，凡參觀本局所轄各處，酌由書記官、勸工員輪值伴往，或先電傳各該管理員，從優接待，派人導引，並備顧問。四十五，各州縣紳商到局參觀考查，必詢其本境工場作何辦法，如有因各該地方官膜視，致紳商困難，不能生發，須由書記委婉擬函，諄囑各該州縣，設法提倡維持，並勸勉該紳商竭力經營，本局始終擔任保護之責。四十六，各外省大半係派委員到北洋調查工藝，而所派之員又多爲各該省辦理工藝之人，正可乘此細詢各該省有何土産，其工藝如何辦法，或有長可取，亦可借他山之助；或有特別製品，爲我局考工廠所未陳列者，即應問清名目、製法、價值，酌量託購添庋。

以上諸條多未完備，容俟隨時體驗，依次增删續訂，須至局規者。

督憲袁批：據詳已悉。所訂重整局規章程，尚屬妥善，應准立案，仰即遵照章程。存。此繳。

虞和平等《周學熙集・呈袁世凱文》　竊查職道等奉委收回唐山洋灰公司自辦，以挽利權，曾將迭次擬辦情形，稟蒙憲鑒在案。本月初六日，即届西曆八月二十五號之期，應即於是日收回。現擬一面就老廠逐日照常出灰，一面購地訂機，另建新廠。按擴充增至十八萬桶，預估房屋、機器各項約需坐本洋銀五十萬元，該款即照前議，在銀錢所提撥。至所需行本，擬由天津銀號，隨時息借應用。謹將新廠估單呈請鈞覽，可否照辦，伏候憲臺批示祇遵。

計呈清摺一扣。

光緒三十二年七月初五日。

周學熙、孫多森謹呈。

批：即照辦。

天津市檔案館《天津商會檔案彙編（1903—1911）》上册《商人朱文翰爲集股十二萬兩開設福昌機器造紙有限公司請予立案事禀天津商會文光緒三十二年八月二十九日》 具禀商人朱文翰，年四十歲，係天津縣人，居住河北獅子林。禀請創辦改良機器造紙公司，以收利源而興商業事。

竊商因近年以來，中國所用各項紙張，多由外洋進口，充塞寰區，頗覺物精，亦堪適用，因此内地紙槽，製造無利，日見蕭疏，以致紙業不興，竟使利權外溢，無復曩時，深爲浩嘆。商等邀集同志，訂成股本銀十二萬兩整，招募英國工師，購辦改良機器，仿照西法，精研製造，擬在天津適用之處，購買地基，起蓋機房及一應房屋，以期鳩工開辦，顔其名曰福昌造紙有限公司。所有創辦造紙公司一切事宜，悉遵商律定章辦理。是否有當，伏乞商務總會、憲臺大人恩准，聽候批示，展限一月，俟股本備齊，及一切詳細章程另行禀請商部立案給照，祇遵施行，實爲公便。

天津市檔案館《天津商會檔案彙編（1903—1911）》上册《農工商部爲天津華勝燭皂有限公司批准註册事札復津商會光緒三十二年九月二日》 直隸總督部堂袁（世凱）爲札飭事。

八月二十五日准商部咨開，本部奏定公司註册章程内載：凡商人經營貿易，無論何項公司，一經註册，即可享一體保護之利益等語。兹查有天津華勝燭皂有限公司，遵章到部呈請注册，業經本部核准註册給照在案。相應開列名號，咨行貴督飭屬出示保護可也等因，到本大臣。准此，除分行外，合行札飭，札到該商會即便查照。此札。

計抄單：天津華勝燭皂有限公司，設在天津縣獅子林河樓後大街，無分號。光緒三十二年七月初十日註册，股本洋銀三千元。創辦人：李鎮桐、魏春圃、李鶴鳴、李家桐，均住天津。查察人：楊澤田、吴士英，均住天津。

虞和平等《周學熙集·復德璀琳函》 敬啓者，昨奉來函，謂開平礦務有限公司總理那森，現查出從前李中堂舊案，洋灰公司與礦務局有聯屬之處，將原札照抄閲看等因。當查本道所執洋灰公司舊卷，有確實憑據，決不與開平礦局相干。但本道以爲現在尚未到彼此閲看舊卷之時，那森此時尚不能作爲老礦局代表之人，應請執事先復函告知那森，此時只應遵照從前閣下所訂墊款合同一件辦理，此處老礦局所有一切舊案，應俟張大人將英公司交涉辦訖之後，方能按議可也。特奉復，敬頌臺祺。

〔附〕德璀琳復周學熙函

敬復者，洋灰公司一事，現接來函，敬悉一切。因那森函稱，從前李中堂原札内開，洋灰公司與礦務局有相聯屬之處等因，敝處不知當日札文如何設詞，暨此節是否屬實，遂欲一觀，以便答復，是以函請抄交鄙人自行閲看。如果尊處不肯照辦，亦不敢再復瀆請。惟此係貴道本身之事，那森處業已得有此項札示。當拳匪變亂時，開平礦務局，並他處礦局碼頭等項，恐被他人佔據，曾經張前督辦諭飭轉請英國保護，因洋灰公司係君達充當總理，毋虞意外，故未按照前法辦理。彼時張大人正充督辦，有權分辦。雖無字據，然當時實有此明示也。泐此奉復，順頌臺祺。

名正具

七月二十日

天津市檔案館《天津商會檔案彙編（1903—1911）》上册《李鎮桐陳述華勝燭皂公司創辦伊始資本無多銷路頗艱請免納鋪捐文並巡警局准按四等納捐復函光緒三十二年九月八日至十月十七日》 具禀天津華勝燭皂有限公司總理李鎮桐等謹禀。

總協理大人閣下：敬禀者，竊職等前以創辦燭皂有限公司，禀請轉請巡警局賞給鋪捐免照等情。蒙批：查該商創辦此項公司，係屬振興實業，所有一切捐税應否豁免，候分别轉請巡警局、工藝局查照成案，核飭遵辦，俾挽利權而重工藝。此批。當蒙工藝局憲允准，運外貨樣，給予免照，曷勝感激。巡警局因查無成案，仍飭納捐勿違。職等即以資本無多，銷路頗艱，仍懇免捐等情，禀蒙巡警局憲批示云：據禀已悉。迭查該公司生意，仰由開作時起按二等捐章照納，勿誤可也。並即另將房間報查是要。此批。蒙批之下，曷勝悚惶。是不得不縷晰陳明，仍懇會、憲大人恩准，轉請巡警局憲派員按照後述各節確切查明，予以相當之等者。

伏查此項公司，係集股三千元分爲兩等，創辦股雖已招齊，普通股隨時附入。刻下資本僅有三千元之半，此係商部注册，商會立案，決非尋常鋪户以多報少無從查考者可比，一也。

批云並即另將房間報查。敝公司之房間，係周姓之住房十二間，租價每年二百四十元，有租折可憑。較之街市之門面尚不及一間之租價，二也。

凡屬有限公司之帳目函件，均在不禁閱之例，派員往查，無妨詳查其內容，若徒以形式而定捐等之高下，殊不足以昭公允，三也。

獲利厚薄，視貨物之銷路暢否爲率。以我國工藝幼稚時代，欲貨物暢銷，此十年後之希望，非現時之希望也。然亦不可例之專利公司。近來報紙有贊譽敝公司貨精銷暢等語，不過期望我國工藝進步，足以抵制洋貨耳！何足爲據，四也。

公司以內辦事人等均係擔任義務，不支辛金，誠恐費用過巨，一有賠累，則不免害公益，累衆資，爲繼起者生莫大之阻力，實非商界之幸福。不然以小資本之公司而負此重捐，全局何堪設想！更無論抵制洋貨挽回利權，五也。

以上各節均係實情，如虛干罰，非同不明義務、不知大體、惟恃曉曉瀆辯希圖省捐者可比，諒早在會憲洞鑒之中。爲此具禀前來，仍乞如禀轉請確查，予以相當之等，俟後擴充再爲詳報增捐，以昭公允而恤商艱，實爲公德兩便。上禀。

附件

謹將華勝燭皂有限公司光緒三十二年總結帳略繕呈查覈。

計開：

資本：

共股本洋三千元

升色：

共升色洋三十八元一角五分

總共存外洋三千零三十八元一角五分

外欠：

共外欠洋四百六十八元三角一分

實存：

共存貨洋三百七十五元一角

共存箱皮洋三十一元二角

共存材料洋五百一十五元一角九分

共傢具洋六百四十五元六角八分

共現存洋七百三十八元三角一分

五共實存洋二千三百零五元四角八分

月支開銷：

一、官息洋八十一元一角五分八釐

一、鋪捐洋三十六元五角

一、商部費洋五十元

一、天津商會費洋十元

一、房租洋一百二十元

一、辛金洋六十一元五角三分

一、煤炭洋八元五角

一、雜項洋二百八十一元五角二分五釐

一、脚力洋十三元三角三分四釐

共開銷洋六百六十二元五角四分七釐

總共洋三千三百三十六元三角三分七釐

得毛利洋三百九十八元一角八分七釐

除明下不敷洋二百六十四元三角六分

致巡警局

敬啓者，現據天津華勝燭皂有限公司總理李鎮桐禀稱：竊職等前以創辦燭皂有限公司云，實爲公德兩便上禀等情。據此，查華勝燭皂有限公司，業據該職等禀經敝會轉禀商部注册，所報資本即與現報相符，實非別項專利公司可比。茲據前情，相應肅函，即請局憲大人查覈轉飭捐務科另行確查核減等次，仍乞示復飭遵，是爲拜禱。肅此，敬請升安。

總理 王
協理 天津商務總會 寧

光緒三十二年九月初九日。

徑復者，前接來函，以據天津華勝燭皂有限公司總理李鎮桐禀：前請給發鋪捐免照，奉批未准，而該公司股未招齊，資本無多，銷路未暢，乞轉請確查，暫准核減捐等，俟後擴充再爲詳報增捐等情。經會復查相符，囑飭捐科另查核減函復等因。即經轉飭捐科復查覈議去後，茲據禀復：遵查該公司前以集股三千元，設立公司禀請給發免捐執照等情。當查該公司雖屬創辦，但係集股設立，又現在成本已有三千元，將來尚須擴充，核與津埠各項公司事同一律，未便獨示優異，是以批令按照二等納捐。茲奉前因，既係該商會一再函懇，並聲明以後擴充再行詳報增捐，應准如所請，暫按四等減納，每月捐洋七元三角，照章由開作時起核補，以示格外體恤。至該公司現在房間既屬租賃周姓之屋，應由該公司知照周姓按章報納房捐，勿得誤漏。除將底册改注外，謹將遵議緣由稟請查覈轉復飭遵等情。據此，敝局復查該科所議，令由該公司暫按四等減捐，每月捐洋七元三角，自開辦時起照章核補，所居房間仍由房主報納房捐之處，實已格外體恤，無可再減，自應照辦。除稟批示外，相應函復，即請貴商會查照飭遵爲荷。此頌升祺。

天津巡警總局

天津市檔案館《天津商會檔案彙編（1903—1911）》上册《直督袁爲涌源機器磨面有限公司批准註册事札飭津商會光緒三十二年九月十日》 直隸總督袁（世凱）爲札飭事。

九月初三日，准商部咨開：本部奏定公司註册章程内載：凡商人經營貿易，無論何項公司，一經註册，即可享一體保護之利益等語。兹查有天津涌源機器磨面有限公司遵照到部呈請註册，業經本部核准註册給照在案。相應開列名號，咨行飭屬妥爲保護可也等因，到本大臣。准此，除分行外，合行札飭，札到該商會即便遵照，妥爲保護。此札。

計抄單：涌源機器磨面有限公司，設在天津縣老店東地方。光緒三十二年八月二十六日註册，股銀三萬兩。創辦人：河南候補道劉經緯，江西人；奉天候補知府王順存，河南人；河南候補未入：王祖壽，江西人；王隸鹿，河南人；劉敦厚，劉中和，均江西人；王公恕，河南人。均現住天津。

虞和平等《周學熙集・再復德璀琳函》 敬啓者，昨奉復函，逐謂前次所索洋灰公司第一次開辦舊卷係閣下自行閱看等因，兹特照録一份，計十六頁，其中緊要處均用藍色標出，即祈查收細閱，便知當日開辦洋灰確係另是一事，不與開平相連。其原請開平總辦兼辦之語，係專指總辦個人而言，爲省薪水起見，並非將兩事合併一事，此理極爲明顯，無可遷混。倘閣下有何不能明晰之處，或訂期惠臨敝署面談可也。特此奉布，即頌臺祺。

名正具

七月二十三日

《商務官報》光緒三十二年九月十五日第二〇期《批江蘇候補道朱錕稟》 據稟及鈔呈節略均悉。該道前擬籌辦織呢公司，兹查得貲本過鉅，辦法較難，擬將前與唐章京浩鎮認股十萬兩之數，移辦北京機器麵粉公司，再招股二十萬兩，購地建廠，先行開辦，俟銷路漸旺，再行擴充，並請發給木質關防等情。查該道志在於首善之區，提倡機器製造，開通風氣，振興實業，用意深堪嘉尚，自應照准先行立案，即由本部刊給鈐記，俾資應用。仰該道迅速妥議章程，呈部一面趕緊擇地建廠，購機開辦，一俟辦有端緒，本部當奏請從優獎勵，以爲講求實業者勸。該道務當勤奮從事，是所厚望。此批。八月二十九日。

《商務官報》光緒三十二年九月十五日第二〇期《批職商李德福等呈》 據呈已悉。該商等擬集資本二萬兩，在永平府等處創立實業公司，購租山地種植桑蔴，推及林業，並附設學堂，以期實業普及。事本可行，惟七屬之地，範圍太廣，擬辦之事，頭緒又繁，資本既慮不足，地利仍難偏興，應俟該商等將山地購買報税，或租定後，鈔具合同，訂明切實辦法，再行報部覆核，務須力求實事，切勿徒託空言。至報效一節，與本部宗旨不合，著毋庸議。此批。八月二十九日。

《商務官報》光緒三十二年九月十五日第二〇期《批職商劉經緯等稟》 據稟及章程均悉。該職商劉經緯等在天津集股三萬兩，設立湧源機磨麵粉有限公司，原爲提倡公益，挽回利權起見，所繳註册公費銀兩，核與定章相符，自應准予註册，給照具領，一面咨行地方官飭屬保護。惟章程内辦事權限第三條，股東調查帳目一節，查與商律稍有不同，應遵照商律第五十九條、第六十條補行更正，報部再察。查人姓名、住址，呈内未據叙明，應俟舉定後，統行呈報，以便飭局補填，入册備案可也。此批。八月二十四日。

《商務官報》光緒三十二年九月二十五日第二一期《批董文田稟》 稟及公費收悉。該商設廠，創造新式麥礱，稟請註册，聲明各款，核與定章相符，自應准予註册。惟註册章程第十條内載，如股本係銀兩者，其註册費即應按兩數計算平色，並從其股本爲準等語，該商資本係銀兩，註册費只交洋五十元，於章程未合，應俟該商補繳到日，再行給照，洋元暫存。此批。九月十二日。

《商務官報》光緒三十二年九月二十五日第二一期《批董猶龍稟》 據稟已悉。該舉人擬將前辦京城織布廠，招商接辦，自移於山西繹州城内，就近買棉，隨紡隨織，並招徒學習，以惠桑梓等情，用意良善，應俟將該公司章程、股東姓名、股票式樣，並開辦日期，呈部立案註册，再行咨飭地方官，妥爲保護可也。此批。九月初十日。

《商務官報》光緒三十二年九月二十五日第二一期《批程道祖福稟》 據稟及章程各件均悉。該道員等擬先行集股銀三十萬兩，改設清華股分公司，開辦硝磺酸水廠、榨油廠等情，除硝磺酸水廠俟咨行山西、河南巡撫查核，覆部到日，再行核奪外，豫省豆價極廉，道口轉運，尤易購機設榨，係爲改良土貨起見，自應先准立案，應俟將榨油公司專章訂妥，呈部再行核辦註册。所請免税一節，查許道鼎霖承辦贛豐餅油公司，經本部咨商兩江總督核定，照土法餅油一律完納税釐，該道請辦機器榨油，營業相同，辦理未便兩歧，礙難照准。再招股章程内，有借股辦法，既係借款，不可名爲股票，應即將此條删去，又稱股東倘有妨害公司定章，損及公司名譽者，本公司開會議罰，重者登報除名，並不退還股銀等語，辦法尚未允協，應查照本部公司律股東責成及權利各事宜辦理，仰該道員遵照會議稟覆，所繳註册公費暫存。此批。九月二初日。

天津市檔案館《天津商會檔案彙編（1903—1911）》上册《凌福彭等爲新考工廠勸工展覽會免納税釐規則事致函津商會光緒三十二年九月二十七日》 啓者，查外洋各國勸興工業，每歲必開展覽會數次，以資觀感。敝局所辦考工廠，有提倡工業之責。稟奉宫保諭准，在公園新考工廠開辦勸工展覽會。自十月初七日起至十三日止，共計七日，專取本國製品陳列比賽，以征進步等因。敝局因思開會比賽與尋常售貨不同，物品固宜求多，尤以精美爲上，各屬局所紳商無不樂預此會，自應請免税捐，以廣招徠。當經詳請宫保核示，一面商允海關道釐捐局兩處派員會議章程，日昨已將議定規則及四聯免照式樣録送海關道釐捐局核閲，接准函復照辦，用特專函飛布，務祈貴總會查照，迅將附去免納税釐規則傳知各商一體遵照辦理。會期已近，幸勿延宕爲盼。敬請臺安，惟照不一。

計附送勸工展覽會免納税釐規則十張。

凌福彭、陳公恕、周學熙、趙爾萃、周家鼎。

天津市檔案館《天津商會檔案彙編（1903—1911）》上册《商民馬吉華爲寶坻縣寶華公司織布廠註册立案事致津商會函光緒三十二年十月二日、十二月八日》

具稟寶華公司織布廠爲遵章註册請領執照，懇准加蓋圖書事。

竊公司於本年六月二十四日由創辦職商馬吉華等，赴農工商部稟請在寶坻縣境設廠織布，抵制洋貨，用以保全商業挽回利權。七月初三日恭奉部批：據稟已悉。查閲該公司所擬章程尚屬周妥，應俟該公司開辦有期，遵章呈請註册，再行飭予保護。九月十五日公司遵照奏定商律開載各條，備具公費，稟呈部署請准註册給照，飭行地方官保護。二十二日奉部署司務廳傳諭：公費相符，飭遵新章就近呈由天津總商會蓋印圖書等因。奉此，爲特抄附兩次稟報部署在案之各章程，懇祈總、協理大人鑒核加蓋商會圖書，以便註册領照歸入一體保護。謹稟。

（附）寶華公司織布廠第一次稟報開辦章程

計開：

甲、宗旨：本公司之設意在維持寶邑布業，挽回外溢利權。俟成效昭彰，凡於紡織事業有關者，再當逐漸推廣，次第舉行。

乙、定名：本公司設在寶坻縣境，集款皆華股，辦事皆華人，故定用寶華公司名號。將來購辦機器，應盡漢陽鐵政局及山西農政局所製。購用紗綫一項，近日湖北織布局所出質最精良，亦應購備爲織料。總之，華貨可用者必先儘華貨用之，庶不失創辦人之本意。

丙、立案：創辦人各認股銀並勸招各股現已集有成數，擬於開辦前由創辦人稟請商部批准立案給照註册，歸入一體保護。俟奉准註册之日即作爲公司開辦之日（現改定十一月初一日開辦）。

丁、經費：公司經費先儘優先股所交作爲開辦之用，隨即招收普通股以便早日觀成。其招股法、查帳法應遵照奏定商律第一節第十六條及第八節中各條辦理。

戊、廠屋：公司創辦之初，擬在寶邑城内暫擇合宜之公地借用，俟確有利益，股本加增再行另建廠屋。

己、責任：開辦之初，由創辦人暫行分任各事，一俟開辦三個月，由衆股東舉定董事及總理協理人等再行分别交接，以一事權。董事等辦事權限，應遵照商律第四節各條辦理。

庚、權利：各股東應得權利，如會議事件、查閲帳目等事，應遵照商律第三節各條辦理。

辛、用人：機廠成立後，凡司機接紗等事，需用工人甚多，除教習由外地聘用外，此項機工，應全數招雇寶邑土人教導應用，庶貧民皆得生計，實業日漸擴充，實爲兩便之道。

壬、聯合：本公司開辦之後，如有寶邑同志情願聯合辦理以爲擴充之圖者，本公司必當認爲一體合力舉辦，決無歧視之心。

癸、改良：此爲試辦章程，其有未盡妥善之處，應隨時隨事公議改良。

寶華公司織布廠第二次稟報增訂章程

計開：

第一條　謹按商律第九節第一百十三條載明：公司有權可以訂立詳細規條章程以補律載之不足，惟不得與明定之條例有所違背等語。本公司前於本年六月二十四日稟報在案之開辦章程，即係敬遵此例擬定，惟原定章程第十條載明：如有未盡妥善處，仍應隨時隨事公議改良等語。故此次特又增訂詳章，以爲辦事之准。

第二條　公司廠屋現雖借用火神廟公地，仍應在城内繁盛之地另擇售貨鋪屋，以便貿易。或即在辦事員現寓之西大廟内設立分棧，應於開辦後酌定辦理。

第三條　本公司開辦之初，除機器外，以購運紗綫爲成本大宗。尋常紗綫由外地運至天津，再由津運至寶坻。本廠經歷之海關鈔關及凡奏准設立之官局應繳紗綫税款，公司自當照繳。此外，如商民私收用費及假借地方公舉名目科斂經費者，公司概不承認，以保商本而固利權。

第四條　本公司之設，係爲開風氣保利權起見，如有同志仿辦者，不得以同式貨物貶價求售，希圖傾軋，以爲獨立之計。

第五條　公司應用織工，由公司招生學習。初辦時，學費、膳費一概免收。畢業後，應在公司盡義務三年。其詳細章程續擬稟報。

第六條　公司自總董總辦以下無論何人，均應恪遵商律，並守本公司奉准立案之各項規則。如有假借公司名目，在外招摇攬事或欺壓外人者，一經公司查出，定即稟官究懲，同事人不得絲毫瞻徇。如實係因公司事受外人欺壓者，應由駐廠坐辦人會商總董總辦察核確情，輕則就近請地方官伸理，重則稟請商部酌核保護。

農工商部批：稟悉。寶坻縣寶華織布有限公司擬定開辦日期呈請註册一案，稟内聲叙各款尚屬妥洽，所繳公費銀兩亦屬相符。既據商會蓋有圖記，自應准予註册。一面咨行地方官飭屬保護，合行填給執照，寄由該商會轉交該公司具領，仍由該商會轉飭該公司迅將現用印行股票式樣，補呈一紙到部備案可也。此繳。外執照收單共乙件。

光緒三十二年十月二十六日到

移寶坻縣知縣正堂

爲移請事。案查貴縣寶華有限公司織布廠職商馬吉華等，稟呈該廠開辦章程清摺請立案註册賞發執照緣由，奉商部批開：准予註册，一面咨行地方官飭屬保護，合行填給執照寄由商會轉交該公司具領等因。奉此，除將執照轉交該公司具領外，相應備文移請貴縣煩爲查照，出示曉諭，以杜攪擾而資保護，望速施行。須至移者。

總理　王竹林
天津商務總會
協理　寧世福

《商務官報》光緒三十二年十月十五日第二三期《批候補道朱錕稟》　據稟暨預算表辦事章程均悉。已由本部將札調該道來京辦理麵粉公司緣由，咨行商約大臣、兩江總督、江蘇巡撫查照，仍俟該公司開辦有期，再行奏明。至此項辦事章程，業由本部酌核改定，仰即遵照補繕一份，呈部備案，鈐記式樣并發，仍仰該道趕速籌辦爲要。此批。九月二十六日。

天津市檔案館《天津商會檔案彙編（1903—1911）》上册《長蘆張灣驛鹽巡檢爲開辦豐永利織染廠請予註册事移津商會文光緒三十二年十月二十二日、十一月一日》　長蘆張灣驛鹽巡檢爲移請事。

敝廠自去年九月擬籌股本銀一萬一千兩，作二十四股，招募工徒分送實習工場習藝所，學習織染兩科。現在該工徒等陸續畢業，股本已集銀八千兩，先於四月間賃定天津鼓樓東韓姓源昌當空破房一所，就其後院瓦礫，因陋就簡，添蓋罩棚、廠棚二十四間。言明借地十年以内聽租主拆卸，注在租折，九月初工竣，本月業已遵繳三等房捐。惟織染器具尚未一律齊備，擬俟明年正月擇吉開廠，名曰豐永利織染廠，九福商標。仍於本埠量設分號，北京酌設分廠，以廣銷售。除徑稟工藝總局憲詳咨立案保護外，合亟先期移請貴商務公所查照保護，並祈俯賜核轉徑報農工商部註册給照，實爲德便。惟希察核施行，須至移者。

右移天津商務公所總理。

直隸工藝總局爲照會事。案照光緒三十二年十月二十三日據長蘆張灣驛鹽巡檢言家震稟稱【略】

敝局查該巡檢言家震於公餘之暇講求商務，集成股本，創設豐永利織染工廠，誌在振興實業，洵堪嘉尚，自應准予立案，並由各處保護。除轉詳督憲立案並分行外，相應備文照會，爲此照請貴商會查照，希即一體保護，望切施行。須至照會者。

右照會天津商務總會。

《商務官報》光緒三十二年十月二十五日第二四期《批商人盧榮珊試辦織紡局呈》 據呈已悉。查京師織布廠設立，雖不乏人，而大宗彈綿紡織各廠，尚屬闕如，該商人擬自籌資本二千兩，試辦織紡局，先從彈紡著手，自係爲挽回利權起見，用意可嘉，應即准其立案，俟開辦有日，遵照本部獨資商業章程，呈部註册核辦可也。此批。十月初七日。

《商務官報》光緒三十二年十一月五日第二五期《批織錦科王懋欽呈》 呈及章程均悉。所批籌股銀十萬兩，俟招足此數，求部驗明，頒給鈐記一節，應即照准，俟驗明股本時，即行發給。惟章程第十一條内載，二十年内不得再有公司及他廠在京織造各種綢緞等語，應改爲二十年内，不再有公司在本部工藝局内紡織此項綢緞云云。至呈稱所有機器現已運到，不日開辦，除據情札飭本部工藝局總理隨時查明照料外，仰該生迅即籌辦，一面趕緊招股，以圖擴充可也。此批。十月初八日。

《商務官報》光緒三十二年十一月二十五日第二七期《批候選縣丞吴世綺禀》 據禀已悉。該職員等擬集股在京試辦織絨公司，自係爲挽回利權起見，用意可嘉，惟所稱先招集五十萬元項，傳到該生臧守義詢問，據云已集到十六萬元，惟股東尚未交出。又公司辦法，須將機器房屋地基分别估計成本，至造廠之地，或就貨産或就運道或就清水，勘定地址，以便製造。凡此要端，皆須詳定辦事，方有入手之處，應由該職員等遵照詳擬章程，妥定辦法呈復後，再行核奪可也。此批。十一月初二日。

虞和平等《周學熙集·爲啓新公司改向銀錢所借款事呈袁世凱文》 爲詳請事。竊查唐山洋灰公司，於本年七月初七日收回自辦，禀請擴充新廠，原估添蓋房屋、所購機器各項，約共需新廠坐本銀洋五十萬元，按每元七錢二分，合銀三十六萬兩，當經職道學熙開具手摺，請在職所通惠商款項下提撥，業蒙批准，並先後領過十五萬兩，疊經申報在案。現查職所遵照計章，將通惠商款，改歸職號經理，所有前面洋灰新廠坐本，原請三十六萬兩，擬再寬籌資本銀四萬兩，共合銀四十萬兩，均改爲職號承借，以歸劃一，並俟職號借款合同訂立後，即將原領所銀十五萬兩如數劃還，以清界限。其公司借職號銀兩，公同商議，擬按長年五釐行息，前三年按年付息，暫不還本，第四年以後，每年付息一次，兼還本銀六萬兩，遞年息隨本減扣，至第十年本息全清。除公司與職號訂立合同，另文呈請備案外，理合先行詳請憲臺察核批示祗遵，實爲公便，爲此備由具呈，伏乞照詳施行。

爲副詳事。竊照洋灰公司新廠坐本，擬改向銀號承借，並將原借銀錢所銀十五萬兩，如數劃還以清界限。合辭詳請批示緣由，除將全詳備録書册不復重叙外，理合具文會詳憲臺查核批示祗遵，實爲公便。爲此備由具呈，伏乞照詳施行。

光緒三十二年十月十九日。

《商務官報》光緒三十二年十二月五日第二八期《批職商周鶴林呈》 前據該職商禀稱，仿照西法製造肥皂，援案只完正税，免征釐金等情，經本部咨行税務大臣查核去後。茲准覆稱，金陵公茂廠、蕪湖裕祥公司，均係仿照西法製造肥皂，先後經外務部及本處核准，照機器仿造洋貨，於運銷出口時，按值百抽五，完一正税，沿途關卡驗明放行，不再征收釐税，仍俟將來中英新約第八款施行，再照第九節完一出廠税章程辦理。今該商所設隆茂肥皂公司，事同一律，應准援成案，所製肥皂運銷出口，暫按值百抽五完税，沿途免予重徵，仍聽查驗放行，不得以他項貨物影射漏税。至應如何刊給憑單，應由江海關道照章辦理，除札知總税務司外，相應咨部查照等因前來，合行批示，該職商遵照辦理可也。此批。十一月十四日。

天津市檔案館《天津商會檔案彙編（1903—1911）》上册《監生武金鐸爲自製改良紡紗機並自設紡紗公司請予專利事禀津商會文光緒三十二年十二月五日**》**

具禀監生武金鐸，年三十二歲，係天津縣人，住二局四區。爲獨自創造紡紗機器，由商設立紡紗公司，廣興商務以彌漏卮，而挽利權事。

竊查自織工廠林立以來，爲富國之計，可謂盡美盡善。無如我中國不能創造紡紗機器，以致棉紗價值，勝於布匹。故我中國所織之貨不能暢銷。擬於外洋購買機器，自行紡造，非係粗不適用，即係離其價值，左右使我中國於織工掣肘，並使終受其棉紗之製。此外洋獨操其利權也。生有鑒於此，本十數年研究之功，費盡腦力有年餘之久，改良數次，始創出紡紗機器，或用人力，或用汽機，均見靈便。若用汽機引擎，每頭每點鐘約出六丈之譜，並由十六碼起算，及三五十碼之細，均能紡造，將來如織漂布洋紗等，亦甚易易。不第不受其限制，且亦見我中國有人，實廣興商務，挽回利權之大宗也。刻已有專利成例，故將紡紗機器照成小片，呈請鈞驗，擬請商家集股設立紡紗公司，用汽機鍋爐引掣，先以棉紗爲正宗，然後再將合股綫次第製造，務使用綫用紗隨心應手，或粗或細各便其宜，並請專利五十年。是否有當，除經呈禀道憲外，伏乞商務總會大人鈞驗俯允，並懇轉詳各大憲詳部立案，賞給專利如年執照，實爲公便施行。

商會批語：查工藝爲近今要務，該商能獨出心裁，創造紡紗機器，擬請商家集股創設紗廠，深堪奬許。惟既徑禀道憲考查，應俟試驗明確，再行核議。

十二月初五日。

中國第一歷史檔案館《德宗景皇帝實録》卷五六九《光緒三十二年十二月中》　伊犁將軍長庚奏，吐魯番每年産棉數百萬斤，俄人購運織布，仍售中國，獲利無算，現擬購辦機器，設局自製，以挽利權。下部知之。

吉林省檔案館《清代吉林檔案史料選編(工業)》下册《吉林將軍衙門爲查明綏芬廳裕順德機器面磨公司辦理情形的咨文光緒三十二年十二月二十六日》　爲咨送、行事。

案查於光緒三十二年七月十七日，准大部商部咨開，光緒三十二年七月初二日，據寧古塔綏芬廳屬海林站地方，裕順德銀爐商人楊春等四人，合資銀三萬二千五百兩，於二十九年正月開設裕順德機器面磨公司。抄録合同、議規清摺，照章聲叙各款呈請註册。並因塔界附近未設商會，及商立公所無有圖記加蓋，由甯古塔南關慶玉棧等十四家，聯名出具圖章保呈，等情到部。查公司總、分號必須全體資本相關，尤必營業相同。兹該公司以銀爐爲面廠之總號，入股先後不齊，易生轇轕。且海林站爲俄國鐵路所經，其中有無外股及他項窒礙，部中無從周知。除批示外，相應咨行貴將軍查照，飭屬查明聲復，以憑核奪等因。准此，當經札飭該廳查明。去後兹據署該廳同知方世立復稱，遵飭親詣該號查明楊春、楊貴、程德芳、楊雲峰等四人，先於光緒十三年間，在塔街伙設裕順德銀爐生理，嗣二十八年東清鐵路告成，有俄商在鐵路設有機器面磨一座，獲利較厚。該商等見利權外溢，我塔市各華商不思設法抵制甚爲可惜，隨將各人歷年所分銀爐本利銀五千餘兩，陸續繳出，定爲十三股，購買機器一付。由二十九年正月在塔城北行六十里之丈房山，即俄名海林站鐵路界外，價租民地，自蓋房間，修造小火磨一座，磨賣麵粉。其應用字號，因銀爐自開設至今已將二十年，有盈無虧，不忍另易，仍名曰裕順德。當因未設廳治，亦未頒有商律，故未報官立案。迨三十一、三十二等年，卑前署廳吴牧士征及卑職見該商獲利雖豐，惟機器過小，日出面粉僅六千斤，爲數無多，仍難與俄商抵制。先後面令該楊春等四人，續出資本銀二萬七千餘兩，共合資本銀三萬二千五百兩，加蓋房間，並赴俄國購買大機器一座，於本年六月運載到境。大約至三十三年春間，始能裝置停妥，每日約能出面四萬餘斤。該商等因生意較大，改名曰：裕順德面磨合資有限公司。並繕具保結各呈，邀允慶玉公等蓋用圖書，赴京報部註册。當因丈房山雖近鐵道，究屬偏辟山溝，糧石不至。該公司應用小麥，仍托塔城銀爐代購，即以銀爐爲總號，此外並無另有外股洋股及他項窒礙情事。兹奉前因，除分詳外，理合開具股本清摺，具文詳復查覈等情。據此，除批示並咨行寧古塔副都統、農工商部查照外，相應將該廳詳送股本清摺，備文咨送、行大部、貴副都統，請煩查照施行。須至咨者。

虞和平等《周學熙集・爲廣籌銷路事致袁世凱函》　大帥大人閣下：敬禀者，【略】禀蒙前升憲袁批准，咨全路礦大臣，並札飭各鐵路查明購用在案。【略】查近年來風氣開通，各省鐵路次第興築，日增月盛，需用洋灰之處，亦以鐵路爲多，然調查情形，類皆未能一律購諸本國。伏維職公司仿製洋灰，原爲抵制外貨，自保利權，用是添購德國最新式之機器，殫竭經營，力求精美，以仰副憲臺振興實業之至意。現值出灰既多且精，價格復廉，擬請憲臺再行轉咨郵傳部，檄飭各省官辦商辦各路局遵照購用，以保利權，而維實業。除分移查照購運外，所有職公司新廠辦理成效，出灰增多，廣籌銷路，擬懇咨部並飭各路局購用緣由，是否有當，理合尊請大師大人察核，俯賜咨飭遵辦，實爲公便。爲此備由肅禀，恭叩勛安，伏乞垂鑒。

批：禀悉。該公司新廠工程告竣，洋灰出數較多，自應廣籌銷路，籍維商業。候咨郵傳部轉飭各省官辦商辦各路局一體遵照購用，以保利權。檄。

天津市檔案館《天津商會檔案彙編(1903—1911)》上册《涌源機器麵粉有限公司禀陳開辦以來營業困難請核減鋪捐文光緒三十三年二月五日》　具禀商人涌源有限公司禀爲據情聲明呈請轉懇以恤商艱而便安業事。

竊商於去年四月在老店東地方，開設機器磨面生理，當經呈報工巡捐局，蒙批按照三等納捐在案。兹將二月分捐款備齊呈繳，未蒙核收，旋由該捐科將上月捐照扣留，並諭會增改捐數各等因。商理應恪遵，何敢瑣瀆。惟敝公司原係集股試辦，以資提倡商務，而期抵制洋貨，並非大有資本。其機磨廠房均屬憑價租賃，較他處自有資本者迴不相同。況自敝公司開辦以來，糧價騰貴，磨面無多，更兼洋面充滯，利薄費重，已屬賠累不堪。第既爲提倡商務，又不得不勉力支持，以待轉機，困難情形諒蒙洞鑒。爲此叩懇商會大人體恤，格外俯允，轉懇工巡捐局仍准按照三等納捐，以紓綿力，而保商業。是否有當，理合具禀，伏候批示祇遵，實爲公便。上禀。

《商務官報》光緒三十三年二月初五日第二期《奏辦煙臺張裕釀酒有限公司章程》

一，本公司擬取名張裕公司，係由專摺奏准立案，在煙台擇地設廠，仿照西法釀酒出售，以收回中國利權，別項生理，概不攙入，以專經營。

二，本公司奉旨准予專利十五年，凡奉天直隸山東三省地方，無論華洋商民，不准在十五年限内，另有他人仿造，以免攙奪。

三，本公司以首先倡立者爲督辦，另派一人爲總辦。其設廠開辦之初，商股未集，尚無公本，凡建廠地基、栽種田畝、購辦秧種機器，所有一切經費，均由創辦張弼士先行墊用，一俟集收股本後，即在公本内照數撥還，以符定章。

四，本公司由督辦延聘奥國著名酒司一位，名哇務，住廠監造，凡如何下種釀酒一切事宜，統由酒司仿照西法斟酌辦理，仍須隨時報明督辦，察核施行。

五，本公司創辦之始，專集華商資本，原意欲採買天津、煙臺、營口所産之葡萄，並各種水菓釀酒。嗣因查三處之葡萄種類不多，只有一二種可釀酒者，其味甚薄，且種植不得法，是以釀酒欠佳。後改爲自己買地，由泰西採辦佳種八十餘樣，做西法種植，由所結之菓釀成之酒，與泰西産者無異，自己種者，較之買者爲便宜，兹於煙台附近所購之地種者，近年已有成效。

六，本公司議集資本銀一百六十萬員爲一萬股，每股津本銀一百六十員。其股銀以香港通用銀紙爲准，附股時先交七十員；第二次限六個月，再交七十員；其餘二十員，仍存股東處，屆時要用若干，即登報告白，或由達週知，准限三個月内繳交。如係一百四十員交足，即將收條持到本公司，換給股票息摺爲據，將來或要推廣辦法，續添股本，再由督辦傳知各股東酌議，或照老股份加添股額，或另招新股。

七，本公司設股份總簿一本，編立號數，將各股東姓氏、住址及股份多少，詳細登記。又另設股票息摺各一扣，照簿編立號數，交各股東收執，以便屆時憑摺分息。

八，本公司分派股息，自出酒發售之年起，每年按股本週息六釐，均匀分派。如有餘利，其分派各股若干，留存公積若干，屆時傳知各股東，再行酌議。

九，本公司股票，任從各股東轉售與他人，但轉售之時，宜照本公司章程，報明公司註册，换給新票息摺，每一票應貼公司費用洋一員，以爲紙張及司書人之費。

十，本公司係照有限公司章程，各股東每股津足洋銀一百六十員，以後不計如何，不得向股東賠補再津，以符限制。

十一，本公司總局設在煙台，其分局設在新嘉坡或檳榔嶼，容後察看情形，再行核奪。目下則以爲招股辦料之所，將來運酒出售，以南洋爲最，勢必要設一棧房，以爲屯酒之所，其餘上海、香港兩處，或自設棧房，或附搭行號，俟出酒時再行酌議，以定規模。

十二，本公司照常事件，無論大小，統歸督辦主權。如有異常事件，傳單邀集各股東商辦之處，各股東公司會議，妥善平允，方可舉行。

十三，本公司將來議事，或督辦、總辦要邀集股東會議，或股東要邀集督辦、總辦會議，在内地以煙台爲准；在外洋或新嘉坡或檳榔嶼，容後再行核定，俟看附股之人最多之處爲准。

十四，本公司會議處，設立議事簿一本，所議之事議定後，在議之人各簽名押於簿上，以爲憑據。

十五，本公司應用廠中司事人等，統歸督辦選舉擇用，其一切小工使役人等，概歸住廠辦事之經理人，分别録用。

十六，本公司每年結賬一次，俟自出酒發售之年起，刊印分送各股東查看，以清眉目。

十七，本公司出入來往簿書，概用華文，日後每年結賬，印送册本，均用華文，以歸簡便。

十八，本公司應用機器，悉自外洋購來，其釀酒之法，悉照外洋成法，製造發售。

十九，本公司開創伊始，經費太鉅，如再徵出口税釐，恐價值過昂，銷售不暢，況洋人運酒來華，並無徵取進口税例，今已奏准自運酒之日起，暫免税釐三年，以輕成本，如三年之後，銷路暢旺，再行察看情形，酌商完納。

二十，本公司招股收銀，附股者交銀，必有先後，俟收齊之日，然後核議，酌量補回利息與各先交者，以昭平允。

二十一，本公司現仍未招股，所有用出本銀，概係張肇燮即弼士等先行籌墊，所置各産業以及與酒司各人所立合同，間有用張肇燮之名，一俟招有股分定局之後，即行割入，以歸劃一。

二十二，本公司經營締造，講求種植、研究製造、購機建廠，費十餘年之苦心籌畫，始克出貨，將來得息，除派股東老本息，週年六釐之外，即爲餘利，匀作十成，抽出二成派與創辦各人爲酬勞，以一成派現司理人員爲花紅，其餘七成，到時邀衆股東酌議，如何均派。

二十三，本公司將來擬設一玻璃廠，製造酒瓶，應僱司匠工役及築廠購辦機器等項資本，均由公司備辦，俾得連成一氣。

二十四，以上章程，係開創伊始，概舉大略情形，俟股本招齊，或生理暢旺，各股東有格外盡善章程，再行妥議，增改而行。

吉林省檔案館等《清代吉林檔案史料選編（工業）》下册《農工商部關於海林站裕順德機器面磨合資公司註册的咨文》光緒三十三年二月初九日 農工商部爲咨行事。

接准咨稱，寧古塔綏芬廳海林站地方，裕順德機器面磨合資公司請註册案。據署該廳同知方世立查復，該公司係於光緒二十九年用裕順德銀爐字號資本，修造小火磨一座，磨賣麵粉。三十二年加蓋房間，共合資本銀二萬二千五百兩。購大機器一座，三十三年春間始能裝置停妥，每日出面四萬餘斤。並無外股洋股及他項窒礙情事，開具清摺詳復。據此備文咨送，查照施行，等因前來。查該公司既爲保護麵粉利權起見，自應以海林站裕順德面磨合資公司先總號。一切圖記均應照此刊刻，不得再用裕順銀局圖記，以清界限。且原摺聲明合資無限，此次清摺第二條稱該公司係合資有限，前後兩歧，礙難註册。相應咨行貴將軍查照，再行轉飭該商，另摺詳細聲明各款，補呈到部，以憑核辦可也。須至咨者。

《歷史檔案》二〇〇四年第一期《盛京將軍趙爾巽爲請准奏省援照雲南成案仍鑄銀元事奏摺》光緒三十三年二月十三日 奴才趙爾巽跪奏，奉省圜法疲敝，擬懇援照雲南成案，仍准開鑄銀元，以資補救，恭摺具陳，仰祈聖鑒事。

竊維奉省向乏制錢，市面行使皆係商號所出錢帖，信用薄弱，各分畛域，惟恃大小銀元流通周轉。自三十一年經財政處會同前户部奏請限制各省銀元，奉省亦在奏停之列，於是市面銀元往而不來，日形其少。遼陽等處出帖商號因銀元短絀，被擠倒閉，各城商務頗受影響。奉省本有銀元局，現雖改鑄銅元，以資補助，然所出有限，不便攜帶，迥非銀元可比。前飭官銀號行用銀元、鈔票，亦以准備爲難，未敢多發，種種困難皆由停鑄銀元而起。吉、江兩省情形大抵類此。在部臣之意，豈不謂天津既設總廠即可接濟各省，無如現在造幣總廠無暇鼓鑄銀元，即使開鑄有期，内地銷路甚多，亦不能救三省之急。三省幅員太廣，商務日繁，俄國盧布、日本銀幣、朝鮮銅貨近已逐漸灌輸，圜法混淆，可危孰甚。

查雲南向無銀元局，前經雲貴督臣因地處邊遠，與他省情形不同，奏請添設造幣分廠鼓鑄銀幣，業經奉准有案。奉天爲邊衛重地，銀元短缺情形更急於雲南，且度支部銀行業已開辦，如能於奉省開鑄銀元，則銀行所出紙鈔其預備金亦可足用，於度支部銀行大有裨益。惟有仰懇天恩，俯准援照滇省成案，仍令奉天鑄造大小銀元，近以流通本省，遠以接濟吉、江。一俟鑄造足用，再行奏明停止。一切辦法仍當遵照財政處暨前户部奏定章程辦理。

奴才爲維持圜法起見，是否有當，理合恭摺具陳，伏乞皇太后、皇上聖鑒訓示。謹奏。

光緒三十三年二月二十四日奉硃批：度支部議奏，欽此。

《商務官報》光緒三十三年三月五日第五期《天津考工廠試辦章程》 第一章 總綱

第一條，本廠宗旨，考察本國商品，以激發工業家之觀感，應分庋設、考察、化驗、圖書四司，並輔以文牘、會計、庶務三司。提調爲全廠事務之長，總理一切。藝長專司考驗審察及指教演説等事，而皆受成於工藝總局，遵其調度。

第二條，各司應有專責，兹揭其要如左：

甲，庋設司，設司事一員。

一管理庋設物品。

一蒐集庋設物品。

一更换庋設物品及其標籤。

一督理看護人。

一經理貸與及分與。

一經理寄贈品及寄售品。

一管理庋設及寄贈寄售品之簿籍。

乙，考察司，由藝長兼攝另設洋文司事一員以輔之。

一復答工商家諮訪事件。

一演試工商新法。

一演説工商要理。

一指授工藝方法並擬示標本。

一作商品説帖。

一鑒別商品器物。

一訪查本地進出口貨情形。

一訪查本地商業銷滯情形。
丙，化驗司，暫由工藝學堂代辦由本廠圖書司承接收發，記録等事。
一分析試驗。
一復答關於化驗之諮訪。
一管理化驗器具及其簿籍。
丁，圖書司，設洋文司事一員並募繪圖師一名以輔之。
一管理圖書及商品標本等件編纂目録。
一蒐集圖書及商品標本等件並摹繪各項圖樣等事。
一編纂暨繙繹工商業書報等件。
一經理借貸圖書及商品標本等事立簿收發。
一兼管承接收發記録各種化驗之事物，立簿記其號數日期。
戊，文牘司，暫由提調兼理另設書手一名。
一撰擬文牘函件。
一收管並收發公文函件。
一編存公牘。
一編定登報事務。
己，會計司，設司事一員。
一編製預算。
一收支銀錢。
一造報帳目。
一編纂統計表。
一購備應用器具。
一監理日用品物。
一銷售不用品物。
一收發進門票並督理賣票人。
一管理關於會計之各種簿籍。
庚，庶務司，設司事二員。
一接待商客。
一預備演説事務。
一管理廠内地段房屋。
一管理本廠丁役人等並稽查出入。
一管理各項鎖鑰。
一經理縱覽各事宜。
一凡不屬於他司之細務。

第三條，總局有所委任，雖分任以外之事，亦當盡心辦理，不得互相推諉。

第四條，凡意外事務，爲前條中所不載者，當隨時商承提調辦理，重則稟候總局示行。

第五條，各司有請示總局之處，須先陳明提調。

第六條，各司在廠辦公時刻，須有一定，每日應由庶務司在執事簿，按名註明到廠、未到、或告假公出字樣。凡有故不能到廠者，必須在提調處告假，或因公出廠，亦應呈明提調。回時仍即告知提調處，應備粉牌一方，隨時將告假及公出人名揭示，以便各司知照。

第七條，各司凡有調動，應將經手事件簿籍交付接手之人，並將本職事宜詳告，不得稍有欺隱。

第八條，各司有廢弛不職之事，提調當隨時申誡，重則稟請總局處理。

第二章　各司執事專條以下庋設司甲

第一條，庋設各物，須分類編列號數，標籤品目，與簿籍相應，以便查考。

第二條，庋設簿籍列左：
一本省品物。
一外省品物。
一外洋品物。

第三十四條，化驗畢，應作説帖兩分，一交原主，一存本廠，以備查核。

第三十五條，化驗各物，如須酌留原品備查者，當與以相當之價值，以恤商情。

以下圖書司以下尚應各分細類

第三十六條，圖書當分類收藏如左：
一商品圖繪樣本。
一工業書。
一商業書。
一理化學書。

一財政學書。
一法律學書。
一簿記書。
一地理地圖歷史書。
一報告統計書。
一百科全書及各種辭書。
一語學書。
一雜書。
一新聞雜誌。

第三十七條，管理圖書應備之簿籍如左：
一目録。
一出入日記簿。
一貸與簿。
一寄贈簿。
附一化驗各物收發簿。

第三十八條，本廠調閱者，入日記簿。廠外借閱者，入貸與簿。由人贈送者，入寄贈簿。

第三十九條，貸與者須經提調之允許，然後照發一切遵照，貸與品物辦理。

以下文牘司戊。

第四十條，文案撰擬或裁復官商函牘，當遵照總局章程，並禀承提調之意指，如有見及之處，宜隨時禀商，聽候酌奪，不得妄抒意見。

第四十一條，登報事件須由提調呈總局閱後，再行發刊。

第四十二條，應立收發文件簿，隨時逐件編號登録，至所收文牘函件，及所發文牘函稿，當隨時分類編存，以備查驗。另備總簿，編其目録。

以下會計司己。

第四十三條，會計之薄籍如左：
一收支分款總簿。
一收支流水。
一收支暫記。
一收支月報。
一建築修理清册。
一購置貨品簿。
一購置器具簿。
一購置圖書標本簿。
一發售進門票簿。

第四十四條，每月統計表如左：
一購入標本。
一購入書籍。
一貸與品物。
一分與品物。
一借閱圖書。
一寄贈器物。
一官署及工商人民往復函牘。
一縱覽人員。
一分析物質件數。

第四十五條，月報及統計表，定於次月上旬清結，由提調呈總局查覈，不得遲延。

第四十六條，如有意外用款，須先陳明提調，始行開支。

第四十七條，如有專案請款興辦之事，須另行册報，不在尋常會計之內。

以下庶務司庚。

第四十八條，庶務應備之簿籍如左：
一執事簿逐日應按名註明到廠，卡到或告假公出字様，凡告假公出者均以提調處揭示爲憑，未列揭示者，應註未到字様。
一請假簿。
一縱覽人員簿。
一諮訪人員簿。

第四十九條，接待賓客，務當殷勤，如有所諮訪，尤當詳細復答。

第五十條，凡工商業家之諮詢，當記其職業，姓名，籍貫，住址，以備查考。

第五十一條，縱覽時刻，由庶務司商承提調，酌量季候長短，隨時改定。

第五十二條，凡縱覽者，當先購進門票，出門時收票，以便稽覈人數，庶務司有稽查之責。

第五十三條，凡遊覽人及本廠内外人等，如有誤損器物者，當同看護人詢明情由，禀知提調核奪賠償。

第五十四條，凡遊覽人如有諮問之處，由庶務司帶領，向該管訪詢。

第一號書式

一某品一件

右係本店自製之品，擬遵依貴廠章程，呈請代售，敬乞裁許爲幸。專肅，敬請考工廠台鑒。

年　月　日　姓名　住址　〇圖章

第二號書式。

一某品一件。

右係本店自製之品，蒙貴廠允許代售，不勝感荷。兹寄呈若干件，謹遵貴廠章程，先繳三個月庋設費若干，並陳明一切事項，敬乞鑒察，並給予收條爲幸。

計開：

一貨物之件數

一每件之價值

一庋設之容積

右件敬請考工廠台鑒。

年　月　日　姓名　住址　〇圖章

第三號書式

一某品一件

右件擬自本日起至某日止，暫行貸與，以供參考，敬乞裁許是荷。專肅，敬請考工廠台鑒。

年　月　日　姓名　住址　〇圖章

第四號書式

一某品一件

右件請以相當之價值，許其分與，以供參考，敬乞裁許是荷。專肅，敬請考工廠台鑒。

年　月　日　姓名　住址　〇圖章

第五號書式

一某品一件

右件承蒙貴廠允准貸與，特存銀若干兩爲質，准於某日奉還到期，仍當照章呈繳貸與費，儻有損污，甘願照章辦理，決無異言。專肅，敬請考工廠台鑒。

年　月　日　姓名　住址　〇圖章

第六條書式

一某品一件

一分量産地

一試驗要旨

右件請爲分析，以供考證。專肅，敬請考工廠台鑒。

年　月　日　姓名　住址　〇圖章

光緒　年　月

《商務官報》光緒三十三年三月五日第五期《批徐金祥等禀》　據禀已悉。該商等請在西直門外鐵路道傍創設久成煤棧公司等情，查該商等既係創辦之人，並未籌備資本若干，以昭提倡。第云同志諸人情願入股，而股東銜名及集款多寡，亦均未聲明，僅擬集股章程十二條，請部核准，殊屬不合，所請應毋庸議。此批，二月二十日。

《商務官報》光緒三十三年二月十五日第三期《批汪錫元等禀》　前據該商汪錫元等禀請領還前在工藝局試辦玻璃科預存公費餘款，當經札飭該局詳晰查覆去後。兹據稱該商汪錫元等，前因試辦玻璃沙質，禀繳經費銀三千兩，暫借玻璃科爐座，爲考驗之用，致令本科停工三月，局中虧折已多，且本科所存材料均爲該商取用，並未另行繳價，而三月内，該科薪工伙食均由局發給，所造之貨又全爲該商等發去，刻下尚在市間寄售，是本局雖得津貼銀三千兩，實係得不償失等語前來。查此案該商前次禀繳玻璃科經費銀三千兩，借用該科爐房傢具三個月，以資試驗，此項經費既聲稱爲彌補該科三月曠工虧耗之資，業已滿期無效，仍欲領還餘款，未免意存狡賴，所請著不准行。此批。正月二十七日。

《商務官報》光緒三十三年三月五日第五期《批商人汪錫元》 據稟請領該商等前在工藝局試驗玻璃沙料所繳經費餘款等情，查該商等於三十一年正月間，稟請刱立玻璃沙料公司，請予專利。經本部批駁，嗣據該商等呈請將所覓玻璃沙料，暫借工藝局玻璃科爐座房屋考驗，豫繳經費銀三千兩，爐座房屋傢具均歸該商借用，以三個月爲期，經本部批准試辦，旋因是年九月三月期滿，驗得該項沙質不宜製造玻璃，飭令該商等遵照前批期限，即行離局，乃該商等於上年十二月本年正月間，一再稟請，將前繳經費餘款領還，飭據工藝局查覆，該商等稟繳經費三千兩，借玻璃科爐座考驗沙質，致令停工三月，局中虧折已多，取用材料並未繳價，實爲得不償失等情，當經批示在案，且查該商等原稟内稱，玻璃科定貨，絡繹不絶，不能以考驗沙質，致曠要工，是以請繳經費三千兩，庶玻璃科不致曠工受損，並未聲明不足商補，有餘領還等語，該商等三月期滿，離局之日，即屬毫無糾葛，乃事隔年餘，無端率請領款，經本部批示，猶復嘵嘵瀆辯，顯係有意狡賴，所請仍不准行。此批。二月二十日。

《商務官報》光緒三十三年三月十五日第六期《批北京工藝商局呈》 呈悉。所稱在天津保定設立分廠，收買豬、羊小腸，懇准立案一節，事爲挽回利權起見，自應准予立案。至註册公費，查本部奏定註册章程，公司股本洋二萬元者，應繳註册費洋七十元，並應按照該章程内股份公司呈式，聲叙各款，補呈到部，以憑核奪，所請咨明直隸總督保護等語，應俟核准註册後，再行知照可也。二月二十四日。

天津市檔案館《天津商會檔案彙編（1903—1911）》上册《鴻興汽水公司稟控六十五家華洋商號假冒鴻興牌號請按律禁止文光緒三十三年三月十七日、五月二**日》** 具稟鴻興汽水公司稟爲假冒字號混淆商標，懇恩送案嚴究，以保實業而肅商律事。

竊敝公司去歲查獲河東得利汽水公司竊用鴻興空瓶裝水，假冒鴻興字號，曾稟蒙巡警總局議罰在案。又長利順竊用敝公司水瓶，稟由貴商會函請巡警總局出示嚴禁，敝公司並將前後各情登諸報紙俾衆周知。近聞又有假冒者，隨即派人各處搜查，查有零販六十家，用敝公司水瓶裝伊劣水，共汽水一百七十七瓶，並寫有字據六十份爲證。係由何人或何處購來，皆詳載字據之内。其何字號最多，另有清單，並各家之字據隨稟附呈。並查北門内大街衛生公司及英界海大道春和順汽水廠，仿印敝公司雙龍朝日之商標希圖魚混，各家商標籤四紙一並附呈。雖其商標各有字號或顔色稍有不同之處，究竟雙龍朝日之商標係敝公司所創，伊之仿印其有心混淆可知。伏思商部提倡商業，凡假冒字號混淆商標者律有專條。伊等竊用敝公司之瓶裝彼劣水，又仿敝公司之商標，以僞亂真，其破壞敝公司之商業猶小，其干犯國家之法禁實大。敝公司爲維持商界保衛商律起見，惟有仍懇商務會憲大人恩准查覈，並函請榷憲、巡憲大人傳案究懲，實爲德便。上稟。

附呈：出售假冒汽水各家住址清折一扣，零販六十家之字據六十份，由各家查獲假冒汽水一百七十七瓶，仿印假商標籤四張。

清摺

謹將出售假冒汽水各家住址繕清恭呈憲鑒。

計開水廠五家：衛生公司，北門内大街；福康汽水廠，日界四面鐘後；春和順水廠，英界海大道；日商城井春水廠，日界提督衙門對過胡同；日商大坪水廠，英界海大道。

零販六十家【略】

函致巡警局：

【略】查鴻興公司曾經赴部註册，具有商標，現既查有假冒混淆各家，似應按照商律辦理，以示維持之意。兹特將呈到清單並字據録呈，即請局憲大人查覈，分別傳究以保商業是叩。專肅，敬請升安。附抄單一紙，字據六十紙。

總理　王竹林
協理　寧世福　天津商務總會

逕復者，現接來函，以據鴻興汽水公司稟控衛生公司等水廠，將該公司空瓶裝賣劣水等情一案，囑即分別傳究等因，並將假冒各家開折同據送局。敝局查華民與外人争訟，應赴該管領事衙門控告，迭准各國領事來文辯駁有案，自應循照辦理。今鴻興公司所控之水廠五家内城井、大坪均屬日商，敝局未便傳案。其衛生、福康、春和順等三家是否外國商人原控未經聲叙，亦未便率傳。除折據暫存外，合先函詢、即請貴商會查明衛生等家是否外商，詳晰見復，再行核辦可也。此頌升祺。

天津巡警總局

光緒三十三年四月十八日到

具稟鴻興汽水公司爲遵諭查明據實稟復事。

竊敝公司原稟内所稟城井春水廠坐落日本租界提署對過。大坪水廠共兩家，一在英界海大道，一在古樓北大街。以上三家係日商，時常竊用敝公司之空瓶裝伊之劣水，假冒鴻興字號。查福康水廠係華商所開，鋪掌吳春魁，坐落日本租界四面鐘後，亦時常竊用鴻興空瓶裝水冒充。衛生公司開設在北門内路東，係華商，鋪掌李潤田。春和順水廠開設在英界海大道，係華商，鋪掌翟富卿、馮春甫二人。以上之衛生及春和順兩家，不但時常竊用敝公司之空瓶裝其劣水冒充販賣，而竟敢模仿敝公司雙龍朝日之商標以圖魚混。以上情弊，歷年呈控有案可查，並蒙巡警總局懲辦出示嚴禁在案。而伊等竟敢藐法假作陷人利己，實爲商界之蟊賊。此次若不設法嚴懲，則敝公司將受無窮之患害。惟有稟懇商務會憲大人恩准，分别函請權憲、巡憲大人傳案嚴究，並照會日本領事，嚴行懲禁日商假冒之罪，實爲德便。上稟。

光緒三十三年四月二十三日到

津海關道蔡（紹基）批：據稟已悉。仰候摘抄清摺函致日本領事嚴行禁止，以維商律。俟復到再行飭知。繳。

天津商務總會。

天津市檔案館《天津商會檔案彙編（1903—1911）》上册《榮華胰皂公司張墨林稟請註册立案及開辦後虧賠情形文光緒三十三年三月二十二日至宣統元年四月三日》 具稟商人縣丞職銜張墨林謹稟。

總協理商務大人案下：敬稟者，竊職等糾合同志集股創辦天津榮華胰皂有限公司一區，設在東浮橋南小洋貨街。資本洋銀三千元，分爲三百股，每股洋銀十元，以一千五百元爲創辦股，以一千五百元爲普通股，創辦股招齊即行開辦，普通股隨時附入。刻已將創辦股招齊，應即開辦。所有一切章程均無違背商律之處。理合將抄録章程清摺二扣、股票式樣二紙並註册費洋銀五十元，一並呈請商務總會轉稟商部查覈立案註册，請發執照。並懇移會南段巡警總局賞示保護，以便作速開辦，伏乞批示祇遵。肅此具稟，恭請鈞安。

附呈章程清摺二扣，股票式樣二紙，註册費洋銀五十元。

農工商部爲札復事。

光緒三十三年三月二十八日接據稟稱：據職商張墨林稟稱：集股創辦天津榮華胰皂有限公司，設在東浮橋南小洋貨街，資本洋銀三千元，每股十元，以一千五百元爲創辦股，一千五百元爲普通股。創辦股招齊即行開辦，普通股隨時附入。抄録章程清摺股票式樣並註册費洋銀五十元，呈請轉稟查覈註册發照等情。具稟到部。查閲所擬章程尚屬妥洽，所交公費亦屬相符，自應准予註册。惟查察人姓名住址未據聲叙明白，合行填給執照收單，仰該商務總會轉交具領，並飭補呈到部備案可也。須至札者。

附執照收單各一紙。

右札天津商務總會，准此。

光緒三十三年四月十六日

具稟榮華新記造胰公司總理富焕卿謹稟，爲呈明備案事。

敝公司前經張墨林總理之時，多次有應聲作保事，蓋用圖章等。並有高德山跑合售貨等伊在外私刻戳記，誆騙支借等情，被敝公司董事股東查出弊病多端，不符定章違犯，經董事等會議，整頓清理一切，張墨林已由敝公司告退除名，並未伊事。敝公司原稱榮華造胰有限公司，今公同董事新股東等議定，由小洋貨街遷移侯家後三德軒東大街，稱爲榮華新記造胰公司，以杜先後，分别流弊。謹此具稟呈報商憲大人臺前恩准備案，肅此上稟，實爲公便。

宣統元年四月初三日到

具稟榮華造胰公司總理富焕卿謹稟，爲呈册備案事。

敝公司前經張墨林總理一切，直至三十四年終未見成效，所有資本全數虧盡。經各股東等齊集會議整頓，另請新股東仍按前定舊章招入三千元，議定所存股息全數取訖，所有舊股票送回繳銷，换發存照。公同新股東商定元年十二月底結帳，如天賜福利，除開銷之外分作十成，以五成分付舊股東爲補股本，以五成分付新股東爲得利，倘再虧本與舊股東無涉。所發出存照限至元年十二月内作廢，各聽天命無怨，另聽新股東再議。前發出股票二百六十二張已繳銷二百四十五張，爲周新齋十張、(轉)[转]押源記榮樹芬五張、周士琪一張、賈筱亭一張，共十七張向未交出，倘日後再出者作爲廢紙。今將三十四年總清册呈報，伏乞商憲大人臺前恩准備案存查，實爲公便。謹此上稟。

外附呈清册二本，存照一紙。

《商務官報》光緒三十三年三月二十五日第七期《批清華公司稟》 據稟該公司將所集股分二十萬兩，改於新鄉縣地方，先辦榨油廠，應完税釐，照贛豐所完一律完納，另刊借款票，不用借股名目。所擬專章尚屬妥協，應照註册章程，填寫簡明呈式，聲明榨油廠各款呈部，以便註册給照。前繳註册費庫平銀一百二十八兩，除照股本二十萬兩核收一百三十四兩外，尚餘庫平銀四十八兩，俟給照時，一並發還。至所據援照贛豐公司案，在河北三府專辦二十年一節，查三十一年九月間，本部通行，嗣後各省呈請專利者，自此次文到日止，均須先行咨報本部備案，俟專利章程訂定後，再行核辦等因在案，仰該道一併遵照可也。此繳。三月初四日。

《商務官報》光緒三十三年三月二十五日第七期《批天津商務總會禀》 據禀天津慶長順糧商王輔臣禀控恒昌機器碾房甯幼賓欠款，屢催未還，請咨山西巡撫飭該商之子甯牧岱鄉照數清償等情，已據情咨行山西巡撫核辦，應俟復到核示。此批。三月十一日。

《商務官報》光緒三十三年三月二十五日第七期《批趙竹泉等禀》 據禀擬在京開設公立官砂局等情。查此事迭據馬瑞臣、李明等禀辦在前，雖情節微有不同，其領執照與設立局所，均係壟斷，先後一轍，核與本部恤商宗旨相背，所請應毋庸議。此批。三月初四日。

《商務官報》光緒三十三年四月五日第八期《批趙燕貽禀》 前據該商續呈擬就京津兩處創設製堿公司一案，當經批俟咨查地方官再行核奪去後。兹准直督飭查咨復，製堿一項，與鹽引大有損害，若在京津創立公司，直岸引商，受害無所底止等因。查製堿與煎硝二者，出産同源，前商人辛金忠請在引地煎硝，業經本部據咨批斥在案，該商所請，事同一律，應毋庸議，以後不准再瀆。此批。三月十三日。

《商務官報》光緒三十三年四月五日第十一期《批商人汪錫元禀》 據禀已悉。該商前在工藝官局試驗玻璃砂料，所繳經費銀三千兩，前據該局呈報該商原禀，祇稱預繳經費三千兩，並無預存字樣，且據聲明試辦無效，即仍歸官辦，亦無須領還原繳經費之語，可見此項銀兩，即爲該商借用，官局輸納，歸公之款。該商停辦離局，遲之又久，忽將請此款發還，來部一再瀆禀，如係該商應領之款，自無不立即發給，以恤商艱，惟此款業經本部查明，絶非該商應領之款，礙難通融照准，迭經批斥在案，何得曉瀆不休，所請仍不准行。此批。四月初九日。

天津市檔案館《天津商會檔案彙編（1903—1911）》上册《唐山洋灰公司爲將産品廣告遍發商會各分會事致津商會文並附廣告函光緒三十三年四月二十日**》**

總辦　長蘆鹽運使司周
會辦　唐山洋灰公司　候　選　道　徐　爲移送事：

案查敝公司前奉督憲袁札飭收回自辦，原爲挽回利權起見，當於唐山舊廠迤東購地添建新廠，電訂外洋新式機器，借圖擴充。嗣因天津水陸要隘，爲通商大埠，遂在紫竹林法租界三號路設立總經理處，派委華洋員司經理，以便與各商接洽，推廣銷路，以免利源外溢，均經詳蒙督憲批准照辦在案。兹查洋灰爲用極廣，凡建造各工莫不視爲必需之料，與其購自外洋漏卮莫塞，孰若用歸本國，權利可收。况唐山洋灰實係天然質料製造而成，經洋工師考驗，比之外洋更勝一籌。其餘凡洋灰矸子土製造各貨，無不精美，價值尤廉。用特編印廣告遍行傳播，以廣招徠。凡我華人自應購中國之灰爲中國之用，庶幾事順理直，上不負愛國之心，下無背合群之義。因思各省遇有工程，諒必需用孔殷，務宜廣爲勸導購用，以顧大局而防外溢。如有大宗躉售，敝公司必予以特別利益。除分移外，所有前項廣告，相應備文移送貴商會請煩查照。即將編印廣告轉發各分會，以廣流傳。並希見復，望切施行。須至移者。

計移送廣告二十本。

右移天津府商務總會。

〔附件〕

敬啓者，本公司自創辦以來，不惜工本，精選最上質料造成高等洋灰，凡鐵路、礦局、河工以及機器工廠等處無不合用。其製法精妙，永保堅固，極力研究，已無遺藴。屢蒙華洋紳商獎勵，並經洋工師考驗勁力，較之外洋所製尤勝，久已膾炙人口。倘蒙賜顧，請向天津法租界唐山洋灰公司總理處面商抑或函訂，均可接洽。計每桶浄重三百七十五磅，每包浄重一百八十七磅半，並監製各種新式洋灰花磚，質潔色新，或平面或凸紋，花樣極多，難以枚舉。况此磚不惟堅固華麗，而且能免火燭之虞，較用木板鋪地者遠勝，真可爲亞東第一佳品。其原料係揀選上等浄潔洋灰所造，顔色係用一種專磨磨匀，與洋灰如法配合，再用機器壓造，吃壓力至一百四十噸之重，故其質堅而料實也。凡各種凸花之磚皆能改造平面，隨買客自便。惟平面較凸花者加價百分之五，至買客欲裁成三角或小塊或另出新樣，均可按照來圖備辦。但定購新式之貨均須先期商定，方能照辦不誤。再常年存備各種頭等花磚並有一寸至六寸之邊磚，如邊縫有不足一寸者可用合色洋灰填補。其洋灰大磚、房頂瓦、水管各件以及矸子土燒成大小各種缸磚等貨無不全備。

光顧諸君欲取看各種貨樣，祈向天津本公司總理處接洽可也。

天津市檔案館《袁世凱天津檔案史料選編・袁世凱爲天津榮華胰皂有限公司呈請註册事札津商會光緒三十三年四月二十六日》 爲札飭事。四月十九日准農工商部咨開：本部奏定公司註册章程内載，凡商人經營貿易無論何項公司，一經註册即可享一體保護之利益等語。兹查有天津榮華胰皂有限公司遵章到部呈請註册，業經本部核准註册給照在案，相應開列名號咨行，飭屬妥爲保護可也。等因到本大臣。准此，合行札飭，札到該商會即便妥爲保護。此札。計抄單。

（附）張墨林稟光緒三十三年三月二十六日到

具稟商人縣丞職銜張墨林謹稟。總、協理商務大人案下：敬稟者，竊職等糾合同志集股創辦天津榮華胰皂有限公司，一區設在東浮橋南小洋貨街，資本洋銀3 000元，分爲300股，每股洋銀10元，以1 500元爲創辦股，以1 500元爲普通股。創辦股招齊即行開辦，普通股隨時附入。刻已將創辦股招齊應即開辦。所有一切章程均無違背商律之處，理合將抄録章程清摺二扣，股票式樣二紙，並註册費洋銀50元，一並呈請商務總會轉禀商部查覈立案注册，請發執照。並懇移會南段巡警總局賞示保護，以便作速開辦，伏乞批示祇遵。肅此具禀，恭請鈞安。

附呈章程清摺二扣，股票式樣二紙，註册費洋銀50元。

吉林省檔案館等《清代吉林檔案史料選編（工業）》下册《綏芬廳同知呈爲查明廳屬裕順德面磨合資有限公司股本及合資人清册光緒三十三年四月二十六日》 署綏芬廳同知呈：今將查明廳屬裕順德面磨合資有限公司股本及合資人姓氏，理合開摺呈送，查覈註册。須至折者。

一、該公司係合資置買機器，在廳屬寧古塔海林地方，即丈房山等磨小麥麵粉，名曰裕順德面磨總公司。

二、該公司係合資有限。

三、該公司股本以銀二千五百兩爲一股，共計十三股。

四、該公司日磨小麥麵粉分上中次三等，分運各城鎮，按市價售賣。

五、合資人楊春係綏芬廳民人，原籍直隸臨榆縣，先後共出資本銀一萬七千五百兩，作本七股。

六、合資人程德芳，係吉林三姓民，先後出入資本銀五千兩，作本二股。

十、合資人楊貴，係綏芬廳，原籍直隸臨榆縣，先後共入股銀二千五百兩，作本一股。

八、合資人楊雲峰，直隸臨榆縣人，先後共入股本銀七千五百兩，作本三股。

九、該公司當有創辦出力之楊春、趙有令、張天接、王瑞林、楊雲岫、功德堂、王有時、郭百田等八人，因創辦異常出力，現又公舉經理其事，衆股東不忍與衆伙同視，查照各公司章程，允給紅股共四股，爲後獲利情願照銀股均分，以酬其勞。

十、丈房山雖近鐵道，究係偏辟山溝，糧石不至。該公司於寧古塔立分櫃等買糧石，並售麵粉，名曰裕順面磨分號。

光緒三十三年四月二十六日。

朱壽朋《光緒朝東華録》卷二〇六《光緒三十三年四月》 辛巳，度支部奏，發行紙幣，宜分建造紙、印刷局廠，前經財政處會同臣部奏准在案，並由臣部派員前往日本調查完竣，所有一切規畫，亟宜參酌仿行，遴員綜理，妥籌開辦。查設局建廠，首宜擇地，中國内地紙業，嚮來盛於安徽、江西、湖南等省，所産原料，如麻竹、楮皮、稻草最爲富饒，水性相宜，工值亦廉，其地皆僻在一處，若開公家造紙之廠，尚覺不甚相宜，今議建紙廠，自應在京師附近，轉運便利之處。臣等一再籌思，運機漉紙所需，以水爲最要，距京師最近，而水源足用之處，首推通州，其地運河下達天津，素爲漕運通衢，近來鐵路亦已開通，運煤運料以及運交造就紙張，水陸通行，極爲便利，所有建設造紙廠，惟此最宜。至印刷一局，其鐫刻電版，精製印泥，均須極求美備，嚴防作僞，建築之處尤當審慎，竊以紙幣一物，其功用全恃刷印，花紋同異，即真僞之所由分，防弊之法，尤宜格外嚴密，且其發行之權，必歸一於臣部之總銀行，自以設立京師，與發行之地相近，始爲適當。查京北清河地方，舊有廢倉基址，係屬官地，再將左右民地，略加購買，即足敷建築局廠之用。該地方密邇京畿，近傍河流，京張鐵路經過其處，運輸物料，招雇工人，亦形便利，即擬將印刷局建設該處。惟事屬創始，端緒至繁，責任綦重，自非廉勤幹練之員，不足以資辦理而臻妥善。現如察勘地址、調查原料，考核機器、建築局廠、聘用華洋技師工匠，亟宜遴選總辦等員，以資經理。查有臣部員外郎曾習經堪以派充印刷局總辦，分省試用道法政科進士陳錦濤堪以派充幫辦，前財政處提調江蘇候補道劉世珩堪以派充造紙廠總辦，候選知府李經湞堪以派充幫辦。至應需開辦一切經費，必須籌有的款，始能辦理應手。查臣部前提滬存銀四百萬兩，交上海分行備還匯豐借款，除還清五十萬鎊外，尚餘規平銀一百十八萬餘兩，擬併息利計算合定一百二十萬兩，即撥作印刷造紙之需，由該員等陸續具領，撙節動用。以上各端，如蒙俞允，即由臣等飭令各該員，妥慎經理，次第妥籌，並將大概情形，謹擬辦法各六條，另繕清單，恭呈御覽。至一切詳細章程，應俟該員等妥議，由臣等覆核，再行奏明辦理。得旨：如所議行。

《商務官報》光緒三十三年閏四月五日第四期《批商民李本志稟》　據稟已悉。所請開設四輪自行車公司，前經本部以該商係永德車鋪僱工，並無資本集股，亦復不實，事關地面擅與洋商私訂合同，碍難核辦等因，批駁在案。今該商民所稟股份銀二萬兩，究未指實何處招集存放，且所稱與洋商毫無相關，尤與前稟抵牾，顯有不實不盡，所請着毋庸議，勿得再瀆。此批。二月初八日。

天津市檔案館《袁世凱天津檔案史料選編·袁世凱札光緒三十三年五月初七日》　爲札飭事。據房山縣知縣鮑同祖詳稱：光緒三十三年四月初二日，據縣屬檀木港、陳家臺等六十村紳民郝鴻詞、馬成儒等聯名稟稱：竊天下興利之事，必統籌全局，使利益普被，民無失業之憂，商受轉運之利，方能源源接濟，獲利無窮，斷未有顧此失彼，使富商得壟斷之利，窮民受涸澤之災，而能持久者。情緣良鄉縣人劉玘約同天津總商會，稟請農工商部興修高綫運煤鐵路，曾經飭縣查明前縣尊吳，以地理未諳，民情未悉，遽以有益於商，無損於民，稟復在案。嗣經紳等以有關合縣商民生計，稟農工商部請細查明，蒙部批再行札飭該商會總理等，親赴該處與地方紳商妥籌，安置駝户工人辦法，訂立詳細章程呈部查覈等情。紳等理宜静候，未便曉舌。惟此項高綫鐵路關係合縣生計，設使一旦興修，商民生計勢將從此而絶，爲此不揣冒昧，再爲縷晰陳之：本縣地處山隅，田多磽瘠，非借糞肥無能收穫，業農之家恒於農隙之時，拾檢往來駝騾糞土，以爲糞田之計，一旦興修，駝騾斷絶，數千頃之山地必從此變爲石田，恃農爲食者，即不免飢寒之苦，此有礙於農民者也。本縣地狹人稠，大村之地不過十餘頃，小村至有二三頃者。山内之村幾有無地可耕者。此項貧苦之人向以捕獲樹葉，刈取山草，售之店户，店户轉售駝户，藉以謀生，一旦興修，店户倒閉，恃此爲生者必無措手之方。加以此項苦人素無智識，即使轉業他途，無此能力，數十萬生靈勢將從此轉於溝壑，此有礙於貧民者也。本境業農之家十無二三，稍有知識者，莫不以畜養駝騾爲生活之計。自周口店、坨里修築鐵路以來，價雖昂貴，數反增加，不但本縣之駝騾恃爲營運，即宛、昌二屬之駝騾亦皆麇集。此項綫路近接煤窑，一旦修成，數百萬駝騾皆成無用。即令變價折賣，無慮無此銷暢，縱使力爲減價，必至取之盡銖錙，棄之如泥沙，賠累無窮，駝户前途何堪設想，此有礙於駝户者也。本境地鮮交通，業商之家，糧行實居多數，因無地苦人多運煤，駝户皆取資於此。糧鋪由鄰境裝運，從而轉賣。設此項綫路修成，苦人之財力既窘，駝户之營業僉歇，糧業銷暢，勢將突落。縣城與鄉鎮之糧行，行將一律歇業，商業即從此而衰微，此有礙於商家者也。以上數端，皆直接受其攘奪者也。尤有間接受其影響者，本縣舉辦新政以來，籌款維艱，不得已乃於煤灰二項議行加價，然尤以煤爲大宗，惟加價皆出自承運之家，設使此路告成，商之該公司既不認可，索之於駝户亦已全無，是將常年之款付之子虚。舉地方之警察、學務皆從此而坐廢，而村夫豎子，愚者益以愚，弱者益以弱矣。夫處今日競争時局，朝廷鋭意維新，所有開礦、修路，原以擴拓利源作爲培養窮民之計，設使此項綫路毋云利多害少，將禱祝之不暇。即使利害平均，紳等亦將歌舞馨香。欲其早日竣功，以爲輸入文明之慶，無如按之地理揆之民情，實有弊而無利。在該公司以擴充公益起見，假使洞悉此中情形，立將火廢惻隱之心，以爲拯救貧民之策，不至任此無告群黎流離失業。紳等爲商民生計起見，故此不揣檮昧，吁懇據情轉詳。同日並據縣屬周口店村復和號、義和永等衆煤商稟稱：竊商等在縣南周口店村開設煤棧，創造經營已非一日，近來煤斤暢銷，商務日盛，各資本家皆麇集於此，考其所以興旺原因，不在附近煤窑。緣西嶺後、中、南窑村煤窑數百座，爲産煤之所，供給不窮，駝户恃以謀生，近自本邑，遠至涿、良、昌、宛四屬，騾腳萬餘頭皆奔走於是，各煤棧獲利無窮，所以每棧墊辦駝户腳錢，皆需數萬貫之多。今因天津商會欲於坨里村入山至南窑村花港，接修高綫鐵路，查其所劃界綫與周口店村作斜對情形。該公司路成後，各窑户小本經營受其壓制，煤價不得不賤，運腳始減，待駝價衰歇後，運價必大增。緣種種利權俱歸該公司所壟斷，是此項鐵路不但攘奪河套居民生計，直攘奪周口店沿山居民生計；不但攘奪河套駝户生計，直攘奪山外合縣駝户生計；其影響並攘奪涿、良、宛、昌駝户生計。不但攘奪河套各行商務生計，直攘奪周口店煤行生計並各行商務生計。大國家值進化時代，維彼公司人格已高，正賴其研究公利問題，輸入文明，增殖商民之幸福。顧乃下手之始，不謀國民公利之發達，只奴隸同胞爲貫注私利之目的，於心無乃不仁，於事未免太霸。商等恐騾户斷絶，墊項付之流水，商業衰落，賠累無窮，身家性命所關，耐難袖視，不得不叩懇恩施，格外代爲轉詳各等情。據此，查此案前經天津商會王賢賓等禀蒙農工商部咨蒙尹憲札飭，經卑前縣吴令友賢查明禀復在案。兹據前情卑職復加細訪並咨詢，據城鄉各紳耆僉稱：縣境興造高綫鐵路載運煤斤，從此載運便則出煤愈廣，出煤廣則銷售愈暢，核與窑户最爲有益。惟有可慮者，河套及周口店沿山各駝户，平日全賴駝煤爲生計，如一旦驟然歇業，必致坐以待斃，實堪憐憫等語。核與所禀情形尚屬相符，擬合具文，據情詳請查覈，檄飭天津商會總協理王賢賓等親詣，邀集就地城鄉紳耆，妥議安置駝户辦法，以示體恤而順輿情，實爲公便。等情到本大臣。據此，除批：據詳已悉。查天津商務總會王賢賓等擬在該縣屬設立電車運煤公司，前經咨准農工商部核復，因與該處駝户人等生計有礙，行令該商會總理等親赴該處，與本地紳商妥議安置辦法，詳訂章程，呈部查覈等因。業經轉飭遵照妥籌辦理在案。據詳前情，候飭該商會迅即妥議，具復核辦，並咨農工商部查覈，見復飭遵。繳。挂發外，合行札飭，札到該總會即便查照，迅即妥議具復。此札。

《商務官報》光緒三十三年五月十五日第一二期《批趙春元禀》 禀悉。該民人擬將所製農具，設立公司，力求進步，本部自應先准立案。所請發給執照，應俟此項公司成立之後，遵章呈請註册，再行核給。至請專辦十年，意在專利，查該民人所製農器，原爲開通風氣，利便農民起見，自應力圖推廣，聽民自便，所請專辦之處，暫毋庸議。此批。四月二十四日。

天津市檔案館《天津商會檔案彙編（1903—1911）》上册《農工商部爲吕善成集資一萬元開設永豐油莊有限公司請予註册事札飭津商會光緒三十三年五月十七日》 農工商部爲札飭事。

本部奏派商務議員章程内載：商人如有設立公司，無論何項，由部批准註册後，札知商務議員應任切實保護之責等語。兹查有天津永豐油莊有限公司遵章到部呈請註册，業經本部核准註册給照在案。合行開列名號，札知該議員妥爲保護可也。此札。

計開：

天津永豐油莊有限公司，總號設立天津縣沿河頭堡地方。光緒三十三年五月十五日註册，股本銀洋一萬元。創辦人吕善成、吕子亭，天津縣人，均住堤頭村；於治安、苗榮春均天津縣人，住河北關上。查察人安幼章，天津縣人，住楊柳青。

右札天津商會總理王賢賓，准此。

甘厚慈《北洋公牘類纂》卷一六《直隸工藝總局詳工業學堂試造三匹馬力卧機文並批》 北洋爲詳請事。竊照光緒三十三年二月十七日，准長蘆鹽運司周移開，光緒三十三年二月十一日蒙憲台札開，二月初二日准農工商部咨開，光緒三十三年正月二十七日准軍機處片交，本日農工商部奏議覆出使大臣黄誥請，廣設機器學堂一摺，奉旨：依議，欽此。相應恭録諭旨，刷印原奏，咨行貴大臣欽遵查照，妥籌辦理可也等因，到本大臣。准此，查高等工業學堂有機器一科，其餘勸業鐵工廠暨造幣分廠，附設圖算學堂，皆與機器相近，應如何擴充之處，合行札飭，札到該司即便妥籌辦理，此札。計粘抄單一紙等因。蒙此，相應移局查照，籌議見覆，計粘抄原單等因到局。准此，職局分别札飭各堂廠員司遵辦去後。兹於本年四月初四日，據該庶務長覆稱，竊查學堂所設之機器科預備普通學後，即入專科，從前理論多而實驗較少。自本年訂募機器教員英國頭等機器師德恩之後，注重實驗，現在每日課程係機器學、機器書、機器實習、化學、三角術、幾何、英文、體操等課，學生已得門徑，故教習、學者均有興味，雖學生祇十六人，而可造之材約居十之六七。自奉鈞諭之後，當即與教務長藤井恒久及洋教員德恩何、教員賢棨，再四籌商，以爲曩者學生之進步稍遲者，大抵因習其理而不習其器，則終無真切之心得。現擬督率該科全班學生，造三匹馬力之卧機一副，所費工料不過五六百金，而製造一完全之機器，則學生等能得初終之解識及緊要之點的。此卧機製成之後，學生等即可舉一反三，充其識力，造他式之機器，不煩言而已解，較諸從前練習時，僅作零星瑣碎物件者，爲有把握而得要領。此項學生資以深造，異日畢業之後，量其才具，或派充教員，或派充工師，當可得力，造端雖小，收效當宏。以此日培植人才之法規，作將來擴充機器之基礎，因勢利導，事似易行，所有學堂新訂機器科課程要畧條目，及擬作三匹馬力卧機預估工料價目，爲擴充機器入手辦法，理合造具清摺，呈請核奪示遵，以便另案領款，辦理呈報，並請轉詳督憲備案，實爲公便。再查凡東西洋工業學校，機器實驗場均有各項工匠輔助教員、學生工作，蓋教員理論雖深，而廠内手技，究須有幹練之工匠，以爲之佐，則製器乃易成就，就此次所估作卧機摺内，有工匠數名，即本其意，合併禀聞，計呈清摺二扣等情，禀覆前來。職局查該庶務長，以高等工業學堂所設機器一科，理論多而實驗少，現擬由該教員等督率該科全班學生，試造三匹馬力卧機一副，俾得實地練習，躬親試驗，藉此舉一反三，他日畢業，必可於機器一門，實有把握，正與農工商部覆奏擴充機器實學之意相合，應即准其照辦,所需製造卧機工料,擬由鐵工廠隨時匀撥,此項價銀即在茶捐項下,如數動支,事竣核實造報。除批飭遵辦外,所有高等工業學堂機器科,現擬由教員督率學生試造三匹馬方卧機一副,藉資實驗,開具課程要略,並約估工料價目各清摺,詳請察核緣由是否有當,理合照録清摺,具文詳請憲台察核,俯賜批示祇遵,實爲公便。爲此備由具詳,伏乞照詳施行,須至詳者。

督憲袁批:詳摺均悉。該堂機器科試造三匹馬力卧機,藉資實驗,較之徒求學理,功效必多,應准照辦,仰俟工竣核實造銷。此繳。

《商務官報》光緒三十三年六月二十五日第十六期《批舉人薛位稟》 前據稟呈册本及製造胰炳,均經本部考驗,並傳該舉人到部面詢情形,足徵講求工藝,頗有心得,深堪嘉尚,但東西各國,近來製造工藝,月異日新,仰該舉人加意研究,以冀製成物品,足以抗洋貨而挽利權,是則本部所殷殷期望者也。此批。六月初二日。

《商務官報》光緒三十三年七月五日第十七期《批職商左魁峯等稟》 前據該職商稟稱,招集股本五萬元,創辦利濟葠茸公司,由創辦人先集股本二萬元,暫行試辦等語,當經本部札飭奉天商務總局詳查,聲復在案。兹准東三省總督、奉天巡撫咨稱,據商務總局呈稱,遵札轉飭興京廳就近詳查去後。嗣於四月十三日,據該職商左魁峰等來局,以恩准速賜聲復具稟,當經批飭,補抄章程呈閱,並現集之股本二萬元,照章呈驗去後,迄今日久未據照辦。兹據興京廳馬丞俊顯復稱,新賓堡並無左魁峰等設有總公司,其現集股本,是否已有的款,亦無從查知,且查葠茸原係産自邊外,興京境内,向不栽種,呈請鑒核,咨部銷案等情。據呈咨部前來,查該職商等所集股本,既有的款,何以不遵批赴局呈驗,殊屬玩延,所請立案註册之處,應毋庸議。此批。六月二十一日。

吉林省檔案館《清代吉林檔案史料選編(工業)》中册《哈爾濱江關道薩蔭圖呈耀濱電燈有限公司通電日期及安設電燈章程光緒三十三年七月十二日》 爲轉呈立案事。

光緒三十三年七月初一日,據耀濱電燈有限公司稟稱:竊卑公司於本年經前試署濱江關道杜道憲轉稟商部,將創辦耀濱電燈有限公司批准在案。現在一切材料均已運齊,電燈杆綫安設停妥,擬定於七月初二日通電燃燈,先由路燈發啓,以次及各鋪户屋内院内陸續開燃。除呈請濱江廳巡警局照章出示保護並刷印告白張貼外,理合將開辦日期並售燈價目、損壞罰約各章程,刷印清單附稟,呈請鑒核,轉詳立案,等情。據此除批示外,理合照録耀濱電燈有限公司安設電燈章程,具文呈請憲臺查覈,立案施行,須至呈者。

計呈耀濱電燈有限公司安設電燈章程一紙。

一、公司裝燈物件價值、人工均按俄洋計核。

一、衙署、學堂、公所、住户、鋪户安設電燈價目均歸一律,並無輕重。

一、十燭電光燈冬夏均點八小時,每盞每月收費俄洋二元。

一、十六燭光電路燈係點竟夜,每盞每月收費俄洋四元五毛,冬夏一價。

一、二十五燭光電路燈係點竟夜,每盞每月收費俄洋七元,冬夏一價。

一、二十五光以上至數百燭光之大電燈價值另議。

一、安燈數逾二十五盞或三十盞以上者,可用本公司記電表一分,安設燃燈左近處所,以便照鐘點計算燃燈時刻,其價值視燃燈時刻多寡核定。

一、以上所列數項,電燈每設一盞,計燈頭隨帶之包皮綫、瓷珠、保險盒、啓閉門、瓷燈蓋及人工各費約在五元以上,按件核計收價。

一、各處電燈公司通例,凡安燈所需料件費,由房主照付,其燃燈費由租户自納。故本公司現定,安燈料件各費擬由租户照付,准租户由房租扣還。惟須將原安各燈報知房主,俟租户如有遷移歸房主經理,其燃燈費由各租户自納。

一、各家已定之燈由公司派人查勘綫路,將安燈費全數付齊,由公司付給收條,立即安設。其燃燈費月清月款不得拖欠,倘逾期十日不將燈費送到者,本公司即將綫路阻斷不爲通電,復將該燃燈費除照數追索外,仍每盞罰洋十元以充善舉。

一、公司收費均以公司收條爲憑。

一、燈杆光綫日夜有電流經過,不可觸動;而院内屋内之包綫亦不可玩弄,以免破損漏電之虞。

一、公司呈請濱江廳巡警局存案,如有地痞棍徒無知愚民損壞燈頭偷割杆綫者,由站崗巡捕立時拿送,照例懲辦。

一、公司呈請濱江廳巡警局存案,所屬付家甸四家子,凡杆綫路燈如有行人車馬將杆綫碰損,或將燈頭燈罩砸壞,由站崗巡捕扭送本公司勒令賠補。碰折電杆綫者,賠洋十元,砸壞燈頭燈罩者,賠洋一元,連燈蓋一並毁壞者,賠洋五元,若致令杆綫折斷者,賠洋三十五元,情形重者另議。

一、安燈各家不按公司規則妄自觸動所安電燈一切料件致受電傷者,無論有意無意，公司均不受責任，應由各家自赴公司價買更換。

一、各家所安之燈如遇有阻斷不靈，應立即通知公司，以便前往修理。

一、電路如有阻斷不通在三天以外，其阻斷之故並非各點燈家疏忽損壞所致，則阻斷期内不向各家索費，如已收費者歸下月計算作抵，惟阻斷之日以燃燈家報到公司之日爲准。

一、各家如欲將電燈改易位置，應函致本公司代爲遷移，惟所需物料人工須照數付給。

一、各家若有遷移，應即日通知公司，以便阻斷電路。倘不通知公司或遲延日期，仍須照數付價。

一、各家所安電燈料件，公司當經收清安費，日後如欲停止，公司概不准將原件繳回，惟准通知公司將街綫卸開，院内料件歸各家自理。

一、安燈各家或因安燈及拆卸遷移致損壞墻壁頂棚，應歸各家自行修理，與本公司無涉。

一、公司所安燈頭，其燈口相連處均粘有本公司封識，倘各家私將封識揭去或將封口全行劃破，即爲有意偷電之證據，仍照每燈每月燃費加三倍議罰。

一、公司所備之記電表，或租或買悉聽自便，倘租表者將表損壞，照公司買價賠償。

一、公司另備消費表計算鐘點，均有封識，有租購者不許私啓封識。倘私啓作弊被公司查出，照外洋電燈章程減一半議罰，每次罰洋五十元。

一、如有奸徒另將短綫接入公司本綫偷電者，除由街上巡警隨時查察外，倘有鄰近知悉，務祈報告公司，由公司查明議罰。

一、各家如遇有喜慶佳節，願加電燈多盞不拘一日數，可先期一個月〔至促半個月〕至公司面議。

一、以上所列燃燈各項章程，皆仿照京都北洋參酌辦法，擇於本埠相宜者，其有不合之處，除本公司自加體察外，准由大方家指正，隨時改良。

《商務官報》光緒三十三年七月十五日第一八期《批職商趙式增稟》 稟悉。查該商呈驗木質繞綫機器，並剁錯機器，各件製造，頗費心思，尚屬可嘉，所請設立官廠試辦一節，本部尚無此辦法，應毋庸置議。至請自行試辦立案專利，現在專利章程尚未訂定，難以核辦，所造各件倘能日見精良，有人仿造，准該商來部稟報，查酌辦理。該商仍宜將機器切實研究，再求進步，依法造成，本部實有厚望焉。此批。六月二十八日。

《商務官報》光緒三十三年七月十五日第一八期《批熱河潮陽府屬沿邊酒商福裕泉等稟》 前據該商稟請弛禁直酒運銷奉省等情，當經本部據情咨行奉省督撫體察情形，酌核辦理去後。茲准復稱，據財政總局詳奉省各屬燒鍋，近因成本過重，銷路較滯，紛紛呈請歇業，現在極力維持，尚難起色，若再任鄰酒入境，則銷路更疲，歇業愈多，不特酒捐大受影響，即商業必日見蕭疏，值此際籌款維艱，不得不官商兼顧，熱酒行銷奉省，窒礙難行，相應咨覆查照等因前來。合行批示該商等遵照可也。此批。六月二十一日。

天津市檔案館《天津商會檔案彙編（1903—1911）》上册《慶記機器磨房曹符珍陳述所磨之面在市場暢銷情形文光緒三十三年七月二十一日》 具稟慶記機器磨坊職商曹符珍（年三十五歲，係天津縣人）、代質司帳人肖冠卿爲舞弊取利，敗壞名譽，懇恩傳訊究懲以整商規而儆效尤事。

竊維津邑機器磨坊開設有年，所出之面銷路暢旺，忽於今洋面進口日增月盛，機器之面受其充斥，日見滯銷。職商派用同事郭坤，逐日上街售面，凡屬顧主均經伊手分送，曩昔伊尚公正辦理，不料日久作弊，頓起利心，所送之面私自在外購買洋面摻和其中，然後送交顧主，仍照原價向人核算，所剩利資盡入己囊。查外來洋面與機器白麵價資不同，成色亦異，所以顧主欲以昂價吃用白麵，而不欲以低價吃用洋面者，因機器白麵筋力實在也。自被郭坤私摻洋面，顧主皆知，紛紛辭退，棄之不買。伏思開設買賣本以貨真價實，四遠馳名爲宗旨，今被伊摻和洋面，名譽敗壞，以致磨出面斤積存難銷。況今振興商務之時，豈容此等市儈自知舞弊取利，不顧東家血本經營，一旦聲名掃地，實關乎性命之虞。我商憲保護商人，不遺餘力，似此任意作弊，情理難容。若不嚴懲究辦，將來奸徒傚尤。現在職商查悉其弊，不敢使其上街售面，但伊經手欠款計洋五百九十九元七角一分，着其按户催討，伊竟置之度外，尤難保不無影射挪移情弊。情實無奈，不得不叩乞商務總會大人恩賜傳訊究懲，實爲公德兩便。

天津市檔案館《天津商會檔案彙編（1903—1911）》上册《北洋勸業鐵工廠爲刊發機器圖説望按圖購取事照會天津商會光緒三十三年七月二十三日》 直隸工藝總局兼管北洋勸業鐵工廠爲照會事。

照得工欲善事，必先利器。乃我國工商家每多安於守舊，不知講求新機，往往費力多而出貨少，工本較重，價難從廉。更兼物欠精美，不足歆動人，使之樂於購取，遂致洋貨暢銷，利權外溢。本總局仰承督憲殷殷提倡工業之意，在天津河北窑洼創設北洋勸業鐵工總廠一所，並在大沽設立鐵工分廠，選募精巧技師，專造各項機器。自開辦以來，精益求精，所出物品，日見增多，名目難以殫述。兹特舉其最利於農工事業並爲礦務軍界所必需者，略舉數端，繪刊圖説，裒集成帙，聊見一斑，亟應分發各屬傳觀，俾得按圖購取，以興工業。除分行外，相應備文照會，爲此照請貴商會查照，希即將送去圖説查收，代爲分佈勸購，望切施行，須至照會者。

計發機器圖説十本。

右照會天津商務總會總、協理。

虞和平等《周學熙集·聘請籐井恒久爲高等工藝翻譯官續訂合同》 大清國欽差太子少保北洋通商大臣直隸總督袁，續訂大日本國工學士籐井恒久爲高等工藝翻譯官事。

查光緒三十一年六月二十日，明治三十八年七月二十八日所訂合同，今屆期滿，本大臣與籐井翻譯官均願續訂貳年。所有前立合同條款，除十三條華曆三年改爲華曆二年外，餘皆照舊辦理，不再另立合同。

大清國直隸總督委派總辦直隸工藝總局長蘆鹽運使司周學熙、會辦直隸工藝總局候補道趙爾萃、幫辦直隸工藝總局候補知府周家鼎。

大日本國工學士籐井恒久。

大清國光緒三十三年六月二十六日。

大日本國明治四十年八月初四日。

《商務官報》光緒三十三年八月五日第二〇期《批孫建勳等稟》 據稟在昌平州設立米砂公司，提款興學一節，前曾據職商孫鋭在該處設立公益公興米砂廠，當經咨准順天府飭昌平州詳查復稱，京城官砂廠，向有定章，採砂又爲土民生計，且事歸奉宸苑主政，該職商未便朦混從事等因，到部曾經批駁在案。今該職商所請，與孫鋭情節相同，雖以興學籌款爲名，難保不藉端壟斷，所請著毋庸議。此批。七月二十日。

《商務官報》光緒三十三年八月五日第二一期《批賈順等稟》 據稟在廣安門內開設德華米石公司一節，查商人稟辦米砂局廠，從前職商孫鋭、從九品孫建勛等，迭次呈請，經本部咨行順天府，飭昌平州詳查，復稱京城官砂廠，向有定章，採砂又爲土民生計，且事歸奉宸苑主政，該職商等未便朦混從事等因，到部兩次批駁在案。今該商人原稟內稱，由山採買石塊，入局碾細，以供各碓房舂米之用等語，變稱米石實係米砂，與前次駁案情節相同，顯係變易名詞，意圖嘗試所請，著毋庸議。此批。七月二十一日。

《商務官報》光緒三十三年八月十五日第二一期《呢革公司章程》 一，本公司名溥利有限公司，遵照商部有限公司章程辦理，所有股票息摺，概用此公司圖記爲據。至織造呢革廠牌號，應俟開辦時，另呈陸軍部核定。

二，本公司以利便軍界、學界爲主義，所出貨物，務令價廉物美，合於通國軍界、學界之用，無須取材異地。

三，本公司將來擬於織呢廠內附設織斜紋布等機，於造革廠內附設造皮靴皮包等機，以期利不外溢。

四，本公司擬先合集官商貲本，京平足銀一百萬兩整，每股收銀十兩，共作爲十萬股，期於輕而易舉可以普及同人。

五，本公司係仿西例有限公司辦法，額定股份以外，不再向股東添取分文，即有虧欠，亦與股東無涉。

六，本公司發達後，欲擴充機器，添招新股，須先儘舊股東加添，如舊股東不願加添，方准另招新股。

七，本公司股銀擬分兩次收足，第一期先收半股，俟機器運到，續收半股，務於開辦前交楚，方作爲完全。股東如已交半股，或於第二期股銀，逾久不交，本公司於其股票有發賣之權，至收銀期限，俟隨時刊登告白，俾衆週知。

八，本公司設一股份總册，將股東姓名、籍貫及佔若干股，詳註總册內，編列號數，與股票息摺相符，以便稽查。其籍貫概以本國人爲斷，他國人民概不得預股。

九，本公司股票息摺須註明股東姓名、住址，由公司加蓋圖記，並由總理經理簽名爲憑，如有遺失、燬滅等事，立即報明本公司，照會地方官立案，並登中西報紙，俟三箇月內，查無糾葛，方准取具殷實保人，補領票摺。

十，本公司此項股票，即西人所謂活動產業，任從股友轉賣或讓於他人，惟須先到公司報名註册，將舊户註銷，撥歸新户，方能作准，仍不得賣與他國之人。

十一，本公司既以中外有限公司定章爲准，凡公家及各股東認買股份，均不得任意提用，亦不能藉詞挪借，倘有以上各事，本公司惟有堅持不允，以示大公。

十二，本公司應設總理、經理、司理、董事、司賬、查賬等職司，屆開辦時，再行商訂設立。

十三，本公司既合集官商貲本，則官家自應負股東之責任，惟公司以商業一切，應照商律辦理，無論官本商本，悉依商律所定，同享股東應得之利益，並無歧異。

十四，本公司廠工貨物，關繫於軍界甚大，擬請由陸軍部派一熟悉人員，常川駐廠，藉資核訂，惟此外一切事宜，概由公司主之該員，並不過問。

十五，本公司奉批准行後，應派妥人前往外埠調查一切應辦事宜。

十六，本公司所集股本，均存穩實銀號錢莊，以便隨時提支，將來公積餘款，亦均存殷實號莊，以昭慎重。

十七，本公司賬目，每月小結，每年總結，其總結應交查賬人詳核無訛，然後刊刻賬略，分送各股東查覈。

十八，本公司定於每年二月初六日，舉行年結會議，必於定期之前，先一月通知股東，將全年各賬簿及總結賬略，面交股東查看，惟此經定期佈告，即爲佈知，不得以未經接到布告爲詞，另生異議。

十九，本公司執事人員，須將每日應行之事，於八九句鐘，在辦公房内公同議定，開列簿内，逐一照行，遇有大事，須交董事會議承諾，方可施行。

二十，本公司會議條規，悉照商部新定商律内公司會議章程辦理。

二十一，本公司總理經理以下人員，如有違犯公司規則者，悉照商部所定商律，罰款章程辦理。

二十二，本公司按年進款，除本息費用外，所得盈餘，除酌提公積外，擬作十四成均派，以十成歸股東，餘利以三成作辦事等酬勞花紅，以一成作爲選派學生赴歐洲學習呢革經費，學成即以此款自立學堂。所有各股東應分餘利，均於每年三月底，與官利憑摺支取。

二十三，本公司所收股本，均於繳到之後一日起息，未出貨以前，按週年四釐算，既出貨以後，按週年八釐算，官商一律。

二十四，本公司創辦伊始，擬設立一總廠，於京都附近之處，俟積有餘款，再於上海、漢口、廣東、四川等大埠，添設分廠，以期擴充。

二十五，本公司既以利便軍界爲主，所有軍服應用質地之厚薄，與顏色之深淺，擬請陸軍部酌定劃一款式，先期發下，以便遵照織造。至將來運售各省軍服，亦擬按照所需件數，繳呈陸軍部轉寄，以歸簡便。

二十六，以上係本公司草訂章程，如有未盡善之處，再公同酌定修改。

計開：

招股之事如下：

一，應在京城居中地方，設立處所，以爲登報告白之用，俾於辦理招股事宜，有所歸宿。現擬將打磨廠粵東館全所遷徙，暫留公司租賃，此處局面宏大，而月租不過廿金，商業未易得此。

一，趕速印刷章程，分發各埠股商，合力招集。

一，先刊木質圖記一顆，文曰陸軍部奏辦溥利呢革公司之圖記，以爲印發股號單，收單之用。

一，擬托各埠票號，代收股銀，藉昭信守。

一，股份掛號，限宣佈後三個月截止，其第一期應交股銀，以機器運到之日爲度。

調查之事如下：

一，先赴東洋調查該廠當日一切開辦情形，共需成本幾何，機器若干、建廠爲數若干、各項物料及薪工廠用爲數若干，織出呢絨按照時價除去成本盈餘若干，一一比較，以爲預算上作用。又查該國毛價、煤價，及各項工價，按照本國輕重若何，以爲抵制上根本。東洋與本國情形甚近，故抵制應先從該廠入手。

一，應調查歐廠與東廠同異之點，酌中取法。

一，調查外國留學生，有無此項畢業人員，酌量聘以爲抵制洋匠地步。

購機之事如下：

一，此項機器以英廠爲最良，應自赴英國，與該廠直接交涉，免受此間洋行居中抬價漁利之弊。

一，應將本國毛料，帶赴外國工廠試驗，最宜織何種貨式，是否合軍服之用，除此以外，尚能織何種貨式，逐一詳查清楚，然後訂購機器，此爲最要之宗旨。

一，宜酌定每日應出各樣貨式若干，方能定各種機器之多寡，與及馬力鍋爐之大小。惟此層必先核定貲本額數，通盤籌畫，以爲佈置，如爲將來擴充計。所有廠房多少，馬力鍋爐大小，均宜先行籌定，以免將來參差不齊。

一，某項機器應出某項貨式，自有一定準則，惟工程得力與否，則尤在機器師之得人。將來向某廠訂購機器，即應由某廠薦用洋機器師，俾其一手經理，包出貨式，庶免貽誤。

一，應派中國好手機匠、藝徒數人，在訂機之洋廠學習製造、合攏等事，俟機器造成，隨同機匠回華安裝。

一，辦理先從織呢廠入手，其造革一層，若調查機器價值不昂，自應趁便兼購，設或財力一一未逮，姑且先呢後革，分別緩急，免滋困難。

建廠之事如下：

一，建廠之地，應考驗水源質性，於漂染等事，是否合宜，最爲緊要。

一，查開濬洋井，是否可以補救水力所不及。

一，應購備刷水機器，以爲浄水之用。

一，建造圖式，應俟機器訂定，按機布置，繪其圖樣回國，方擬興工。

《商務官報》光緒三十三年八月十五日第二一期《批趙文玉等禀》 據禀創辦桑麻公司，現擬集股擴充一節，查公司之成立，自以集資購地爲基礎，該公司本部批准以來，迄今已年餘，原禀合貲二千餘金外，究竟實在續招股本若干、現在辦理情形若何、今年曾否添植桑秧以及養蠶繅絲與否，一切均未聲明，遽欲勸導村鎮散給桑秧、麻根，以爲弋取利益之計，是猶舍其田，而芸人之田也。該職商等須知公司之設，關係極重，斷非資本棉薄者所能奏效，應仍切實籌辦，期底於成，勿負本部提倡實業之意，至所請勸教各村一層，尚非該公司創始之急務，應從緩議。此批。七月二十六日。

《商務官報》光緒三十三年八月十五日第二一期《批張之儀禀》 禀悉。所請通飭軍學界軍服，操衣，均用土布等情，係屬暢銷土貨，保全固有利權起見，本部業已據情咨行學部，聽候核奪。至陸軍部已自設織呢廠，軍服操衣必用本廠所出之貨，所請一節，應毋庸議。此批。七月二十八日。

《商務官報》光緒三十三年八月二十五日第二二期《批譚道學裴禀》 據禀該職商籌集官商貲本，設立溥利呢革有限公司，業經陸軍部奏准有案，懇請本部酌撥官股等情，並准陸軍部咨送章程前來。查呢、革兩項關係軍界要需，該職商等籌設呢、革兩廠，專供軍服之用，洵屬留心要務，挽回利權，深堪嘉尚，所請酌撥官股一節，應即照准，由本部撥銀壹萬兩，作爲官股，以資提倡，仍俟機器運到，公司成立後，再行遵批，赴部具領可也。此批。八月初十日。

甘厚慈《北洋公牘類纂》卷一九《總辦唐山洋灰公司運司周禀股份招齊擬章請咨部立案文並批》 敬禀者，竊查唐山洋灰公司，原名唐山細棉土廠，光緒十二年，唐道廷樞招集官商股本開辦，數年虧賠停廢。嗣於光緒二十六年春，本司學熙委派洋員昆德及李直牧士鑑重行試辦，暫由開平礦局墊欵，俟有把握，再行集股，禀奉前北洋大臣裕批准在案。旋遭拳匪之亂，復經津關税務司德琳璀函託開平英人代爲墊款，以灰作抵，並訂明隨時於三個月前知照，即可截止收回。光緒三十二年四月，本司奉憲台諭飭收回，自行招股，擴充辦理。當經本司屬德税司知照開平英人照原議三個月限，扣至七月初七日，即行收回，比因老廠機器腐舊，亟須擴充新廠，而股分一時未齊，禀明先由借欵辦理，一面招集商股，再行詳咨立案。現在新廠工程大致報竣，所集商股亦陸續收齊，亟應查照原議，擬具公司章程，禀請咨部立案，以維久遠計。股額定爲二萬股，每股洋五十元，共計一百萬元，其入股在先之一萬股，按十分之一，另給優先股，計一千股，以示提倡，均作爲新公司股分。其唐道當日原集老廠舊股，早經虧賠盡浄，所有一切舊欠，均不與新公司相干。惟老廠舊機目前雖未遽停，然業經腐敗，毋庸計價，其房屋地畝即照原置價值，除歷年折舊，從實估計，均由新公司撥欵付還淮軍銀錢所妥存，轉給舊股東，以清轇轕。至公司内辦事人，現在股分雖齊，而股東會議尚未舉行，擬仍由創辦人本司職道等，暫爲總理，俟奉部覆准後，再開股東會議，舉定總協理，另行禀請委充，以符商律。至此項另創新廠，既已新招股本，自應改訂公司名稱，並請另頒關防，以資信守，所有舊關防，應俟新關防頒到後，再行繳銷。理合繕具章程清摺，禀請憲台鑒核俯賜，咨請農工商部察核立案，實爲公便。肅修寸禀，恭請鈞安，伏乞慈鑒。

督憲袁批：據禀並清摺均悉。該司道等籌辦唐山啓新洋灰有限公司，股分現已招齊，所擬章程亦尚妥協，候咨農工商部查核立案，並刊給關防一顆，隨批併發，仰即祇領開用報查。繳。

甘厚慈《北洋公牘類纂》卷一九《唐山洋灰公司創辦章程》 第一條，定名。本公司定名爲啓新洋灰有限公司，一切均照有限公司定例辦理。第二條，宗旨。本公司意在採取灤州豐潤之馬家溝唐山胥各莊一帶地方土石，用機器製造洋灰，運銷中外，以挽利權而垂永久。第三條，商標。本公司商標以太極圖爲記。第四條，地址。本公司總理處設在天津，工廠設在直隸灤州之唐山地方，在舊洋灰廠東，偏就本廠附近胥各莊及馬家溝等處，購定地畝採取原料。第五條，貲本。本公司貲本以一百萬元爲額，凡係本國人民，均可附股，無論官紳商庶，入股者均一律享股東之權利。第六條，圖記。本公司圖記文曰啓新洋灰有限公司，此圖記爲調度銀錢，發行貨物，一切函單之用，凡對於官長有文牘往來，另稟請北洋大臣頒發木質關防，以昭信守。第七條，股票。本公司正股數定爲二萬股，每股龍洋五十元，其先入之一萬股，每十股另給優先股一股，以示提倡。第八條，營業。本公司創設新廠，製造洋灰，及洋灰矸子土之磚瓦等件，並將唐山舊洋灰廠所有機器房屋地畝等項，禀定作價，由本公司承受管業。第九條，釐稅。本公司製造各貨，前已詳請咨部覆准，援照湖北織布等廠成案，無論運銷何處，只完值百抽五正税一道，沿途概免重征，並豁免出口税項，嗣後自應仍遵原案辦理。第十條，選舉。本公司選任總理，協理，董事，查賬人，均照部定章程辦理。第十一條，會議。本公司會議分尋常、特別二種，每年以正月、七月，由各股東在天津總理處開會，會議一次，是謂尋常會議。其有重大事件，則由總協理會同董事，隨時招集各股東會議，是謂特別會議。第十二條，賬目。本公司賬式用中西合參之法，造成流水，分欵月結年結等簿，每年六月一小結，臘月一大結，以備查核。第十三條，分息。本公司股息優先股、正股，均給官利，常年八釐，除官利及酌提公積外，按照十四成分派，以一成報効北洋興辦實業，以二成作在事人員花紅，以二成爲總協理及各董事酬勞，以二成提存機器廠房折舊，以七成歸股東，按股均分。第十四條，宣告。本公司會議事件，應秘密者，毋庸宣告。其尋常事件，年會時布告股東，並擇要登報，以便周知。第十五條，訂章。本公司詳細辦事等章，俟開股東會議後，再行逐條擬訂。

虞和平等《周學熙集・直隸工藝總局詳開辦商業勸工會情形並請咨部立案文並批》 爲詳報事。竊照光緒三十三年六月二十二日，據天津商務總會總理王賢賓、協理寧世福稟稱，案查前因津埠市面滯塞，存貨囤積，開辦商業勸工會藉以疏通銷路，提倡工商之進步，經總理等擬議章程，稟蒙憲局轉詳宮保飭由關道憲核議，照減二成税釐，凡屬津商莫不感頌憲恩允洽肌髓。遵於三月二十日開會，四月十九日閉會，一月内遠近客商聞風趨至，計報進出口華洋各貨共二十九萬八千二百餘件，免二成税銀八千九百十一兩二錢六分，核與未開會之先銷貨頓增多數，各商受益誠非淺鮮。謹將所運貨色數目造具表册，恭呈憲鑒，並請詳咨立案，永遠遵行。此次開辦商業勸工會，奉飭試辦，現已明效昭著。既無窒礙，擬請憲恩格外矜全，轉詳宮保俯准各商久沾利益，以期商務日興，仰副憲台提倡之至意。總理等爲顧全市面起見，是否有當，除逕稟農工商部外，理合稟請查核詳咨，實爲公便。計呈清册三本，一覽表三紙，等情到局。據此。職局查該總協理等所開商業勸工會，自本年三月二十日起，至四月十九日止，計一月中銷貨至二十九萬餘件，市面積貨賴以疏通，洵於商務工業兩有裨益。雖屬減免二成釐税銀八千餘兩，然仍收八成，實得三萬餘兩之數，是分言之似爲減，而合計之實爲增，於釐税並無窒礙，擬請憲台准予轉咨立案，嗣後每年按期舉行，俾開風氣而興實業。除批令候示外，所有天津商務總會開辦商業勸工會，造具商號銷貨物件、價銀數目表册，井擬此後每年按期舉行請立案緣由，理合具文詳請憲台察核，並轉咨農工商部立案核復，實爲公便。爲此備由具詳，伏乞照詳施行。須至詳者。

督憲袁批：據詳已悉。候咨農工商部查照立案核復飭遵。册表分別存送。此檄。

《商務官報》光緒三十三年九月五日第二三期《批山西汾州府知府紹彝稟》

稟悉。該守捐資集股創設濬源紡織公司，係爲振興工藝，開濬利源起見，熱心公益，深堪嘉尚，前准山西巡撫，以該公司辦事章程、股票式樣，咨送到部，核與定章，均無不合。玆據呈繳註册，公費庫平足銀五十兩，與應繳銀數亦屬相符，自應准其註册，惟聲明呈内漏叙營業有無期限一條，除填發執照收單，咨由山西巡撫轉給具領，並飭屬保護外，理合批示該守遵照補呈備案可也。此批。八月十八日。

天津市檔案館《天津商會檔案彙編（1903—1911）》上册《公聚祥機器磨坊王恩華申述開業後因洋粉充斥糧價過高生意困頓請核減鋪捐文光緒三十三年九月十日到》 公聚祥機器磨坊王恩華爲生意艱窘無力納捐懇恩轉咨求減而保商業事。

竊商從去年在永豐屯開設公聚祥機器磨坊，當即稟明捐務總局照例納捐，彼時批納頭等。商因生意小作，得利無多，稟求批按二等照納，從正月起以六個月爲限，到期再查。至六月份因生意異常賠累，又具稟求減。批示仍按二等納捐，推展三個月至九月份重查。玆限期已到，謹將生意虧累情形，據實陳明，俯祈憲鑒。

商號機磨舊存四副，除殘壞一副，只有三副能用。就別號而論，機磨六副者尚納二等，而以商號機磨三副，同納二等。縱有得利，亦屬無妨，但現在糧價太大，挑費太重，銷路不暢，洋面充斥，在在喫虧。統計半年以來，賠累已屬不輕，若仍按二等完納，生意不能復作，此係實在情形。不得已，惟有叩求局憲大人將商號艱窘難堪無力籌措情形，轉咨捐務局憲大人破格矜憐，按三等完納，何時商號得有餘利，當即具稟聲明，情願加捐。將此困苦情狀除稟捐務局憲大人外，理合陳明，叩求商務總局憲大人格外矜憐，可否轉咨求減，以救窮困而保商業。如蒙俯准，則感激大德無既矣。爲此上稟。

《商務官報》光緒三十三年九月十五日第二四期《批職商劉頌年等稟》 據稟稱錫山業勤公司經理人帳目從未報告，先將承招股，約居全廠股十分之七，遵章繳費，請註册保護等情。查公司註册，向來均係全體股東登記，且此案業經本部咨行蘇撫，派員調查，應俟查明聲復，及該公司另立章程，全數股東意見相同，再行聲明各款，呈報核辦，此項所繳註册費規銀九十八兩，應即發還。此批。八月二十五日。

《商務官報》光緒三十三年九月十五日第二四期《批職商劉頌年等稟》 據稟已悉。錫山業勤機器紡織公廠，成立已逾十年，既據聲稱，除歸公款本息外，共餘四五十萬兩，是楊道宗瀚經理廠務，不無成效。惟積習相仍，並未按照商律辦事，殊有未合，仰候據情咨行蘇撫，派員傳集各股東，查明該廠情形，按照商律妥訂規條，報部核奪，仰即遵照。此批。八月二十二日。

《商務官報》光緒三十三年十月五日第二十六期《批煙台商會稟》 據稟已悉。所請煙台華商絲廠，援照德商成案，懇免釐税，照加絲税各節，自是爲維持商務，自保利權起見。惟事關税則，仰候據情，咨商税務大臣查明核辦，俟復到，再行批示。此批。九月初六日。

《商務官報》光緒三十三年十月二十五日第二三期《本部奏直隸司道大員設立洋灰公司請予立案摺》 謹奏，爲直隸司道大員招集鉅款，設立洋灰公司，請予立案，恭摺仰祈聖鑒事。竊臣部接准調任直隸總督臣袁世凱咨開，總辦唐山洋灰公司、長蘆鹽運使周學熙，候補道孫多森，候選道徐履祥等稟稱，竊查唐山洋灰公司，原名唐山細棉土廠，光緒十二年道員唐廷樞招集官商股本，開辦數年，虧賠停廢。嗣於光緒二十六年春間，本司學熙重行試辦，擬俟確有把握，再行集股。光緒三十二年四月，本司奉飭招股，擴充辦理，比因老廠機器腐舊，亟須擴充新廠，而股分一時未齊，稟明先由借款辦理，一面招集商股，再行詳咨立案。現在新廠工程大致報竣，所集商股陸續收齊，亟應查照原議，擬具公司章程，稟請咨部立案，以維久遠計。股額定爲二萬股，共計一百萬元，現在股分雖齊，而股東會議尚未舉行，擬仍由創辦人、本司職道等，暫爲總理，俟開股東會議，舉定總協理，另行稟請委充，以符商律。此項另創新廠，既已新招股本，自應改立公司名目，並請另頒關防，以資信守，理合繕具章程，稟請咨部立案等情，除批示並刊刻關防，頒發開用外，應將該公司章程送部查核立案等因。臣部正核辦間，復准升任直隸總督臣袁世凱咨開，已札派鹽運使周學熙充該公司總理，道員孫多森充該公司協理，並准以道員徐履祥等兼充董事等因，並將該公司續擬暫行總章程，咨送前來。臣等查洋灰即塞門得土，爲建築必需之品，凡橋梁、道路、砲壘、營房及一切重要工程，所需甚鉅，而中國無此製造，類皆購自外洋，進口之數歲有增加，坐令利源外溢，誠爲非計。直隸唐山一帶地方，向産此項洋灰原料，前道員唐廷樞設廠妨造，以辦理未善，致虧停廢。該司道周學熙等接辦以來，漸有進步。現復招集商股，擴充新廠，在唐山等處地方購地，採取土石，廣爲製造，洵足以興實業而抑利權。所訂章程，亦與臣部奏准商律，並無違背，應請先予立案，藉資提倡。至該公司造成各貨，前經直隸總督咨由臣部轉咨税務處，准援湖北織布等廠成案，無論運銷何處，衹完值百抽五正税一道，沿途概免重徵。嗣後自應仍照原案辦理，以勸工業而暢銷路。所有直隸司道大員設立洋灰公司，請予立案緣由，理合恭摺具陳，伏乞皇太后皇上聖鑒訓示。謹奏。

光緒三十三年八月二十三日具奏。奉旨：依議，欽此。

朱壽朋《光緒朝東華録》卷一一一《光緒三十三年十月》 農商工部奏，臣部所設之工藝局，原爲講求製造，提倡工藝之地，歷經遴員撥款，整頓改良，規模漸已略備，近復屢奉諭旨，飭令各省振興實業，鼓勵商民。京師首善之區，尤宜勸勵維持，以期工業繁興，俾爲各省表率，自非由官設局廠，先行推廣研求，不足以示模型，而資觀感。臣部前曾奏請，將工藝局附近官地劃撥，僅敷商辦各科各廠之用。現復就該局左近，添購地基，建築新廠，增設工料，大加擴充，以宏模範，惟布置經營，事同創始，當即責成臣部左丞耆齡、右參議袁克定，悉心經理，次第籌辦。茲據聲稱，新建廠房，將次工竣，規制閎敞，足備擴充，擬分設織工、繡工、染工、木工、皮工、籐工、紙工、料工、鐵工、畫漆、圖畫、鑿井等十二科，招集工徒五百名，聘募工師，分科傳習，預計易學者，一年即有可觀；難習者，兩年亦能收效。並附設講堂，授以普通教育；設立成品陳列室，羅列貨品，以資研究；設立考工樓，搜集中外新奇製造，以備參考。擬定試辦簡章三編，計十五章二百九條，臣等詳加核閲，均屬周妥，現在一切設備整齊，十月初十日，恭逢皇太后萬壽聖節，普天同慶，率土臚歡，謹即於是日開辦，俾萬衆觀瞻，羣情鼓舞，以宣揚我皇太后、皇上興商勸工之盛意。至該局購買地基，需銀一萬三千餘兩；新建廠屋宿舍及售品所二處，計房九百七十餘間，共需銀八萬八千餘兩；預備各科材料成本，需銀五萬兩；增置新式器具等項，需銀二萬兩，均係核實估計，陸續由臣部如數籌撥，其常年經費，仍應按月由部核支，以重局務。嗣後該局應辦事宜，即督飭局員遵章妥慎經理，期收實效。報聞。

《商務官報》光緒三十三年十一月五日第二九期《批職商姚子煥等稟》 據稟暨章程均悉。該職商擬在省城内設立公司，製造鋼針，并煉土爲硝，製造各項鏹水，擬照北京玻璃公司章程，稟請批准專辦各節。查所稟造針辦法，仍係購機仿造，並非別出心裁，能否獲利，抵制洋針，尚無把握，何得遽請專辦。至兼造各項鏹水，購機備料等事，尤非鉅款不辦，豈僅招股四萬元所能集事，況硝磺向係禁品，本部從無准令商人在京師地方鍊製成案，所請援案批准之處，應毋庸議。此批。十月十五日。

《商務官報》光緒三十三年十一月五日第二九期《批職商劉頌年等稟》 前據該職商等稟控錫山業勤紡織廠經理楊道宗瀚弊混各節，當經本部據情咨行督撫派員查明該廠情形，按照商律妥訂規條，報部核奪去後。茲准復稱，札委商務議員蘇道品仁赴廠查明情形，並飭金匱縣督同楊道父子及各股東，將已經簽字議決之四款，次第施行，重訂規則，以安商業等因。查蘇道所擬辦法，尚屬周妥，仰該職商等遵照辦理，並於辦結後，報部備案，遵照註冊可也。此批。十月十八日。

吉林省檔案館《清代吉林檔案史料選編(工業)》中册《吉林商務總會爲請將路燈歸併電燈公司經理的呈文光緒三十三年十一月二十八日》 爲呈報事。

茲准寶華公司函開：案照敝公司因創辦電燈，援照北京電燈公司稟准民政部成案，請將本街路燈改設電燈等情一案。奉督憲、撫憲批開：候分行商會，將路燈捐局移歸該公司經理等因。奉此，敝公司所購機器將次運到，明年正、二月間即可一律放光。所有各街路燈，應趁年内趕緊將電杆、燈綫重新布置，爲期甚迫，故敝公司擬於十二月初一日接收官燈事宜。除呈報外，爲特函請貴總會查照，希煩轉飭施行等因。准此，查公司爲集股生利之地，燈局乃銷財公益之舉。本城五街路燈所需燈油修理各費，向歸各商攤納，此次既改設電燈，應由職會另議招股辦法，或按電燈取費，並各鋪門首應如何安設，以便行人，均宜集議妥協，再行辦理。且該公司開辦尚未定期，僅此數百盞路燈，更未便先行移送致滋紛擾。除移復外，理合具文呈報憲台，鑒核施行。須至呈者。

吉林行省批：據呈已悉。查五街改設電燈，自應將原有路燈一律裁撤，商捐燈款統交電燈公司收取，以作補助燈價之用。唯其機器燈頭刻既尚未運到，而放光亦無定期，則路燈捐局事宜暫緩歸併亦無不可。仰即移商該公司妥議核辦。繳。

光緒三十三年十二月初五日

《商務官報》光緒三十三年十二月十五日第三三期《批樊敦甫稟》 前據該職商呈稱，擬辦捲烟公司，製造呂宋煙，兼造紙煙各節，當經本部札飭天津商務議員查復去後。茲據復稱，該職商所製呂宋煙捲，物極精美，業經北洋考工廠驗過，當給銀牌在案，稟復前來。查該職商自製煙捲，既據北洋考工廠核獎有案，自應准其試辦，仰即詳定章程，送部核奪，并將造出各種煙捲，一併送部核驗可也。此批。十二月初三日。

《東方雜誌》第四年第一二期《陸軍部奏辦製造呢革公司摺》 竊查現在各省新練軍隊，逐漸擴充，所用軍服裝具，以呢、革兩項爲大宗，每歲銷耗添置，需款甚鉅，查毛料、皮革兩項，本中國自有之物産，徒以不諳製作，歲將原料輸出外洋，待其製成，復以重值購之，不惟自失利權，且以軍用要品，時時仰給於外人，亦非慎重軍需之道。臣等公同酌議，竊以爲籌備軍需，必當講求自造，擬設立呢革廠一處，織製呢革皮件，以供全國軍隊之用。惟是事屬草創，一切購機建廠，採辦物料，規模宏大，需款浩繁，若以官本獨力舉行，財力實有未逮。臣等正在籌議間，據候選道譚學裴稟稱，擬創立溥利有限公司，合集官商資本一百萬兩，在京師擇地分設織造呢革兩廠，專供本國軍隊之用，請由臣部批撥官股若干，以資提倡等情前來。查該道所陳辦法，係仿照商立公司體例，無論官本商本，悉依商律所定，同享股東應得之利益，並無歧異。惟廠工貨物，關係於軍需甚大，必求適合軍隊之用，故稽核製造之權，仍操之臣部，所擬尚屬妥慎，當經臣部批准，撥入官股五十萬兩，以資開辦在案。查該道才具穩練，於商情亦尚熟悉，擬即派該道爲官股代表，所有用人理財等事，即由該道與股商悉心籌議，妥爲辦理，藉以專任使而重責成。所需官股五十萬兩，即由臣部存款項下提撥應用，並飭令該道一面克期舉辦，一面招集商股，俾得早日成立，非惟足以抵塞漏卮，實於軍事大有裨益。如蒙俞允，即由臣部將該公司詳細章程，咨明農工商部立案，一俟開辦，定期另由該公司自行赴部呈請註冊，以符商例，謹奏。奉旨議，欽此。

中國第一歷史檔案館《光緒朝硃批奏摺》第一〇二輯《光緒三十三年十二月甘肅新疆巡撫聯片》 再，新疆前設罪犯習藝所二區，業經前署撫臣吳引孫奏報在案。查所設處所一在省城，一在喀什噶爾，其阿克蘇道屬罪犯即附入喀什噶爾辦理。現據署阿克蘇道潘震詳稱，該道所屬地方，距喀什遼遠，撥送罪犯既恐疏虞，又近拖累，且派役護送長途往還，耗費更鉅，因飭屬會議，擬將前次各府廳州縣攤認喀什習藝所經費，合之各屬解送人犯旅費，歸併籌畫，即在溫宿府城另設習藝所一區，專備本屬罪犯習藝，一切詳細章程，仍照省城、喀什兩所辦理等情前來。除由奴才批飭照准，並將章程另行咨部立案外，理合會同陝甘總督臣升允附片陳明，伏乞聖鑒。謹奏。

虞和平等《周學熙集・啓新洋灰有限公司續訂總章程》 第一章 總則

第一節 註册：本公司遵照大清商律股分有限公司專律，稟請北洋大臣咨部註册。

第二節 定名：本公司定名爲啓新洋灰有限公司。

第三節 宗旨：本公司宗旨爲製造洋灰及洋灰矸子土之磚瓦等件，運銷中外，以挽利權。

第四節 地址：本公司總理處設在天津，製貨廠在灤州屬境唐山地方。

第五節 資本：本公司資本以龍銀壹百萬元爲額。

第六節 營業：本公司現已在灤州、豐潤兩處之馬家溝及胥各莊一帶購定地畝，採取原料，在唐山創辦新廠，將舊有之老廠購併，永遠辦理，並無期限。

第七節 商標：本公司商標以太極圖爲記。

第八節 圖記：本公司圖記，文曰啓新洋灰有限公司，爲調度銀錢發行貨物一切函單之用，凡對於官長有文牘往來及印蓋股票息單，另稟請北洋大臣頒發木質關防，以昭信守。

第九節 稅釐：本公司製造各貨已稟請北洋大臣咨部復准，照湖北織布等廠成案，無論運銷何處，只完值百抽五正稅一道，沿途概免重征，並豁免出口稅項。

第二章 股份

第十節 守章：凡附本公司股分者，當守本公司呈部核定之章程。

第十一節 入股：凡屬中國之人，無論官、紳、商、庶均可入股，一律享股東之權利，惟不得隱附洋股及暗令洋商承受該股東名號。

第十二節 正股：本公司以資本龍銀壹百萬元，作爲伍拾元一股，共貳萬股，名爲正股，每股先收八成，其餘貳成俟流通資本不足時再行續收。

第十三節 優先：凡入股在先前壹萬股之數內，每十股另給一股，名爲優先股。

第十四節 股票：股票每股一號，加蓋關防，並由總協理、董事簽押爲憑，票式如下。

第十五節 股册：本公司設有股東名册，所記各項如下：

一、記股東姓名、年歲、籍貫，並現在所住及遞信之址，如有更換，應速函知本公司，否則有事函告不達，本公司不任其咎。

二、記各股東股數及股票號數。

三、記轉買轉賣之年月日。

第十六節 股東：本公司股東，無論自買人與轉買人，以載於股東名册者爲憑。用人名入股者，即認本人爲股東；數人共股者認爲首註册之人爲股東；用行號公司名入股者，認該行號公司總理人爲股東；用堂記等名入股者，認當時出股款之人爲股東，惟不得隱附洋股及暗令洋商承受該股東名號。

第十七節 更名：股票或遺傳與親屬人等而更名，或轉賣而更名，均任其便，惟不得轉售及抵押於洋商影射承受該股東舊名，必須該股東親具證書送交本公司總協理、董事查看，有符定章，方能允可。如有暗附洋股等弊，總協理有權可以將該股票註銷。設原股東有意外之事未及親具證書，能有股實親友三人以上具保證書，亦可核允。所有更名註册費，每票繳銀五錢。

第十八節 換票：股票字迹污毀，本公司允爲註銷另換，倘係遺失應由遺失人將股票號數先登上海、天津各報詳細聲明，滿一個月邀同妥保具保證書向本公司聲請，方准換給，換票費每票繳銀一兩。

第十九節 增股：本公司將來如推廣貿易，經特別會議決定，先盡原認股者照數承認，如原股東無力承認，即盡公司內有力股東承認，倘不願承認，或認不足數，再由總協理、董事酌量另行招股，售與原股東以外之人。

第三章 股東會

第二十節 會期：本公司股東會分尋常、特別兩種。尋常會以每年正月、七月爲期，如遇有緊要事件，由總協理、董事隨時招集股東會議，是謂特別會。

第二十一節 提議：股東有欲開臨時會提議事件，但有數在十人以上能合全股十分之二即可舉行招集開會,惟與議人數須有全股過半之數,方爲合格,不及數不得開議。

第二十二節　議權:凡十股五百元以上之股東,年已逾冠者,始有發議權。有五十股二千五百元者,始有一議決權。余准五十之數遞加,惟一人至多不得逾二十五議決權。計一千二百五十股,計六萬二千五百元。

第二十三節　預告:股東會之會期、會場並所議事件,距會期二十日前先行函告。

第二十四節　議長:股東會開會時,即以每次所舉首董爲議長,如首董有事未臨,應由股東臨時公舉議長一人,議決後即銷除議長之名。

第二十五節　述意:有議決權之股東,因有事不能到會,可述意見先期函知本公司,其應有之議決權數與到會同。

第二十六節　決事:股東會以議決權過半數者爲決議,如可否同數,議長決之。

第二十七節　議案:會議之事由均記載於議案,由議長及董事簽名蓋印,存本公司。

第二十八節　秩序:凡會議處所一切秩序均由首董隨時議定規則,會商各董事議決而行。

第四章　選舉

第二十九節　權限:選舉權限如下:

甲、凡股東年已逾冠,有十股五百元以上者,方有選舉之資格;一百股五千元以上者,方有被選舉之資格。

乙、年已及壯,有股份一百股五千元以上者,方有被舉爲董事之資格。

丙、年已及壯,有股份二百股一萬元以上,曾充董事之職者,方有被舉爲總協理之資格。

丁、倘有才望卓著,年齡股分均不及格而有股東數滿全股十分之七公議推舉者,亦可膺董事、總協理之任。

戊、年已逾冠,有股份一百股五千元以上者,方有被舉爲查賬員之資格,惟現任本公司董事及在事人不得兼充。

第三十節　立案:凡總協理及董事、查賬員,經股東舉定,由公司禀請北洋大臣分别加札立案充任。

第三十一節　規則:選舉時一切規則由總協理董事會議施行。

第五章　任期

第三十二節　任期:任期如下:

甲、總協理以四年爲一任期。

乙、董事以二年爲一任期。

丙、查賬員以一年爲一任期。

丁、凡總協理、董事、查賬員任滿仍可續舉。

戊、董事、查賬員如當任期未滿時將股分售出有失資格即退任。

己、本公司創辦伊始,所有總協理、董事、查賬員暫由創辦人先行試辦,俟公司事有頭緒再開特别會議照章議決公舉。

第六章　權限

第三十三節　權限:自總理以次各有權限條列於下:

甲、總理有主持公司一切用人辦事之全權,但須參照商律,恪守公司定章,股東會議議決事件辦理。

乙、協理有贊助總理一切之責任,總理他往由協理代之。

丙、總協理所辦事務遇有關公司利害重大事情,須請董事議決施行。

丁、公司一切章程,總理可隨時條陳意見,請董事會議,其有已經議決尚難實行者,並可會同董事復核改良,至公司事務規則、工廠條規,均由總協理及職員臨時體察情形酌定。

第七章　職員

第三十四節　職員:本公司大小職員皆由總協理延充,其責任亦由總協理擔任,如有一百股以上之股東保薦者,總協理亦酌量録用,但其責任須由保薦之股東擔承,如有不能恪守公司定章辦事,總理有權可以立時辭退。

第八章　禁約

第三十五節　禁約:所有公司禁約如下:

甲、本公司辦事另訂有詳細規則,凡在本公司辦事之人,有故意違犯者即行辭退。

乙、本公司款項,非經會議允洽不能移作他項生意之用,除照章應分利息及應用款項外,自股東、董事以次不能在公司款內挪借懸欠,違者歸經手承借人自理,公司不認。

丙、本公司賬目除查賬員可隨時查察外，股東亦可索看，但必先經總協理允許，倘借查賬爲名妨害公司者，總協理查出可有權阻之。

丁、本公司緊要文件除董事可以查閲外，非經總協理允許不能録出示人。

戊、本公司已作之營業，自總理以次應遵商律，不得作相同之貿易。

己、在事人員不能自行包攬本公司工程等事。

第九章　利息

第三十六節　分利：所有分利章程如下：

甲、本公司官利每年給常年八釐。

乙、每年贏餘除官利及酌提公積外，按照十四成分派。以一成報效北洋興辦實業；以二成作辦事人員花紅；以二成作總協理及各董事酬勞；以二成提存機器廠房折舊；以七成歸股東按股均分。

丙、優先股分利亦與正股無異。

第十章　賬目

第三十七節　賬簿：本公司賬式用中西合參之法，造成完全賬簿，另立賬簿清册兩本，一存公司，一存首董處。

第三十八節　結賬：本公司賬目六月一小結，年終一大結，其年終之賬經查賬員核對無訛，繕刻賬略，於年會日交各股東閲看，兩星期内無異言即爲結算清訖。

第十一章　宣告

第三十九節　宣告：本公司會議事件應秘密者勿庸宣告，其尋常事件及本年生意情形應編説略，隨同賬略報知股東。

第十二章　訂章

第四十節　訂章：本公司先經議定暫行章程四十條，稟請農工商部立案施行，嗣後查有未及備載，或有應行增修之處，應由董事會議議決定即改良。

天津市檔案館《天津商會檔案彙編（1903—1911）》上册《農工商部爲調查各地植棉紡織情形事札飭津商會並附高陽秦皇島順德商會調查報告光緒三十四年正月二十五日至四月二十二日》　農工商部爲札飭事。

接准軍機大臣字寄，光緒三十四年正月十一日奉上諭：近年來紗布進口日益增多，實爲漏卮之第一大宗。民間織紡漸至失業，固由工作之未精，尤因種植之不善，利源外溢何所底止。查美洲等處棉花種類精良，莖葉高大，花實肥碩，所出之絨細韌而長。織成之布滑澤柔軟，勝於内地所産數倍。皆由外國農業家於辨別種類，審度土性燥濕，考驗精詳，故能地産日精，商利日厚。中國棉花質性較遜於外國，種植又不講求，南北各省洵有數處所産較勝，而培植仍多鹵莽。是必須博求外國佳種，採取培養良法，料美工精，自能廣行各省，保全利權。著農工商部詳細考查各國棉花種類、種植成法，分别採擇，編集圖説。並優定奬勵種植章程頒行各省，由各督撫等督率，認真提倡，設法改良。其果能改良之棉花、紗布，經過各關卡應如何優加體恤，並著税務處妥籌辦理，以資暢銷。該部未經頒章以前，著各省督撫先行體察該省情形，勸諭商民實力籌辦，或選擇官地試種，或集股設立公司，多方鼓舞。所屬地方官及紳商，如有切實創辦早著成效，應令將所産棉花送部查驗，准其奏請優奬。此乃興利急務，勿得視爲具文，致負朝廷振興農務惠利民生之至意。欽此。遵旨寄信前來。查紗布爲民生服用所必需，各國製造日精，其輸入我國者，歲以億萬計。此次特奉諭旨，亟應詳細調查，藉資考鏡。除由本部咨行各出使大臣，迅飭商務隨員將該國棉花種植及織造紗布悉心考查，繪圖貼説詳細報部。所有該國棉花子種一併選擇採購，寄部試驗，再行訂定奬勵種植章程，並咨各督撫飭屬詳查見復，暨將遵旨先行勸辦情形隨時報部備案外，該省各屬地方現在種植棉花以何處爲最多，以何地爲最良，所織紗布行銷何處，能否仿照洋布與洋紗比較優劣若何，以及有無設立此項公司或已設公司幾處，自應先行調查，以資比較，而便考核。合行札飭，札到，該總理等即便遵照，並轉知該省各商務分會，一體詳切查明迅復本部，毋稍延緩。切切。特札。

右札天津商務總會，准此。

高陽商務分會爲申復事。【略】伏查高陽物産，棉花爲大宗，民間織紡爲生計。然棉花之生質，實因土性之肥磽，亦由籽種之優劣。高陽所出之花，絨短而色白，織紡不及外洋之精工，綫絨不及外洋之柔滑者，誠不能精其底藴，亦不能不仿照改良以期進步。自去年組織商會，開辦以來，研究物産，體察商情，六月間曾在天津各工廠調查織紡工藝，至彈花、軋花、織布各機器，均可仿照推行，當即購買人力木輪織布機器。若(照)(開)設公司，用款甚鉅，未能設立。因選本地良工巧匠，仿照樣式作成，按照用法勸導鄉民織紡改良。現在高陽左近村莊織布，均仿作此等木輪機器，約計千餘架，均織寬面洋布，較前所織之布工精數倍，銷售日見起色。惟紡紗機器因本地花絨短促，實難仿辦，此高陽織紡之大概情形也。俟後應如何籌辦之處，購辦棉花種類之法，可否飭下通省農業學堂暨農務各會通行合辦，實出自上裁。所有織紡情形並棉花種類，理合備文具復，伏乞照驗施行。須至申者。

右申天津商務總會。

光緒三十四年二月二十七日到。

磁州彭城鎮商務分會總理府經歷銜王鴻賓爲申復事。

前奉貴總會照會轉奉農工商部札，接准軍機大臣字寄，以奉上諭云云札飭到會。奉此，竊查磁境地面石厚土薄，種棉之地僅居十分之二，所產之棉並不敷外客購買，故民間於紗布一項鮮有織造。考其種類，皆購自永年縣趙州等處。所出之棉，絨短而粗。織成之布，疏闊不精。固由工業未良，實由種植不善。若以之比較外洋，相遜甚遠。然嗣後得有外國佳種，用意培養，當必有效。至公司一項，去年十月擬集款創立，後以款項無着，未成中止。即遍查磁境各村，目下亦無設立之處。此磁州棉花種植之大概情形也。現既調查明確，理合備文具復，伏祈貴總會憲台大人查照施行。須至申者。

光緒三十四年三月十一日。

秦皇島商務分會總理縣丞銜孫璋　爲牒復事。【略】查秦皇島附臨榆縣屬境，地處海濱，土多斥鹵，不宜種棉。縣之西北，土脈稍和，雖有種棉之區，而歷年所產亦屬無多。自棉紗充斥，愈形銷減，故近年所出棉花不敷本處絮衣之需。無論其不能考較設立公司，既鄉間之機杼遂亦因之漸輟。惟本縣譚令提倡官商集股，於縣城創設實習工廠一區，購用木輪、鐵輪等機器共十五架，由天津及本處購買雙蘭魚洋綫及合股白洋綫，織寬面布匹。每工日織布四十尺上下，面寬二尺四、五、六寸不等，每匹長一百零八尺，其布華潤可觀，較洋布無少差別，均在本處銷售，亦甚暢旺。此臨榆縣種植木棉及機織之大概情形也。

又查撫寧縣環山一帶種植較多，農人播種皆謂最宜砂土松浮之地，其種類之佳者籽小色黝，微白者次之。立夏前布種，初伏掐蔓，其秧喜幹短枝繁，葉肥碩，則結桃亦密。所出之絨柔長細潤。豐年每畝撿籽棉百斤左右，每籽棉一斤出凈棉四兩。考籽之微白色，近有採購美國者，較中國白籽種類良勝，初種則莖葉高大，出棉固多，而絨稍促短，種植一二年，莖葉遽變，依然矮小。揆其性質，未必概因土地之肥磽氣候之寒燠也。總之，泥於守舊，弗善改良，若將種植培養之方，博究底蘊，可期愈臻精美。況鄉間種植既不得法，彈軋統用笨器，織紡均係婦女，機杼已不合用，而經緯猶更失勻。織成布匹，體質粗重，布面間有跳綫結瘿之疵，較洋布之滑澤差遜。用以製衣其堅固耐久則過之。而該縣並無公司之設，向有商販購運關東者，近亦鮮少。現今鄉間有購洋棉紗用笨機織成布匹，雖然瑩潔光潤，而性質脆弱，不能經久。以此考較優劣，而該處所產之棉未嘗遜於洋棉。此撫寧縣種植木棉及鄉間織紡之大概情形也。俟後應如何提倡籌辦之處，出自上裁。所有遵查木棉種類及種植織紡各緣由，理合具文牒復，爲此牒請總會憲查核匯報施行。須至牒者。

光緒三十四年三月十八日。

順德商務分會爲牒復事。【略】伏查順德府屬織布之處多，產棉之處少，如內邱、鉅鹿、唐山、任縣、南和、平鄉等縣，向以織布爲生計。而惟平、廣、鉅三縣產棉僅堪自用，其餘各縣用棉皆購自鄰境，絨短葩瘦，不見精良。各縣紡織向係女工手製，所紡之紗粗細不勻，織成之布，自難精密，視洋布之滑澤柔軟相遜遠甚。各縣織布匹，向銷山陝一帶，皆由西客行販，每年總計約有二百萬匹之譜，以彼不產棉布故也。並無設有公司。自二十八年春職因故到津，瞥見美商勝家公司手搖縫機，日商田村洋行軋棉、彈棉、紡紗、織布等機，甚爲捷便，遂定購三十餘架，包送到順，並傳授用法，又於郡市擇地擺列，布告織紡村民來郡參觀，並授以用機各法，以期改良進步，仿傚推行。繼而任縣、鉅鹿以及鄰村各屬，仿造者有之，販賣者有之，借茲風氣漸開。即如鉅鹿、任縣、平鄉，現在各設實業工廠，仿造木輪機器百餘架，均織寬面洋布。惟紡紗機劣，不適於用，仍須購買洋紗，不免利權外溢之虞。此職會調查之實在情形也。俟後花種應如何採擇，織紡應如何精進，非各屬農商各會成立，認真研究，提倡有人，不足以增進智識而挽頹風也。僅將棉種、織紡、銷售大略，理合備文具復總會憲查核，伏乞照驗施行。須至牒者。

中國第一歷史檔案館《光緒朝硃批奏摺》第一〇二輯《光緒三十四年二月初二日甘肅新疆巡撫聯魁摺》 奏爲新省創辦工藝局廠，以冀挽回利權，開通民智，謹將辦理大略情形，恭摺具陳，仰祈聖鑒事。竊新省風氣未開，工藝多拙，民生服用大半，取給鄰邦，以致利權外溢。本省土產如皮毛麻緜之類，又半爲外人賤值購去，檢閱各道歷年貿易册，輸入者皆製造品，輸出者半天然質，此中交易虧耗難以數計，若不及早振興，設法抵制，則民窮財盡，勢將日甚一日。前署撫臣吳引孫曾於省城創設習藝所，專爲罪犯自新謀生而設，未足以廣利益。近復屢准部咨，催辦勸工場、農工商各項局廠，並發工藝調查表、農工商綜計表各在案，邊地生計日絀，本應亟闢利源，而省城爲南北兩路工商樞紐，尤應極力提倡，導其先路。奴才督飭司道，謹就地方情形，妥籌辦理，購買省城南木廠街坊一區，修造工藝局廠，委布政使王樹枬、鎮迪道兼按察使銜榮霈爲督辦，署迪化府知府汪步端爲提調，由司庫借撥款項，作爲工本，酌定章程大綱十二款，子目五十九條，於三十三年二月二十二日闢辦，刊發木質關防一顆，文曰新疆省城工藝總廠關防，以昭信守。就本省物産所有民間日用必需之物，僱本地藝師之有心巧者，分科製造，廣招學徒入廠學習，復派候補知縣戴承謨前赴俄國採辦機器，並帶工匠赴俄學習，以期擴充，此新省開辦工藝局廠之大略情形也。奴才竊念中國積習，凡興利之事，在商民爲之，持籌預算，常有把握，一經官辦，動多虧折，推原其故，皆由承辦之人不知公益，衹便私圖，其貪而黠者，但侵蝕餘利暗飽私囊；其貪而愚者，竟不顧母財，席捲官本，卒之私日益，而公日損，殘局僅可支持，甚至利在私而害在公，成局亦因敗壞，覆轍相尋，所在皆是，言之可慨。新省庫款支絀，民氣錮蔽，工料機器遠遜內地，創辦尤非易易。奴才與該司道等經營伊始，亦惟於立法、用人二者，加意講求，嚴防弊混，遴委局廠辦事人員，必擇廉潔有才思而又熱心公益者任之，仍隨時督飭，將款項出入，成貨存銷，以及物料工價局用開支，均嚴訂規則，詳列表册，用便稽察，容俟辦有成效，再擇各屬富庶之區，逐漸推廣，以期仰副朝廷通商惠工之至意。除將章程咨部立案，俟辦有成章，貨物查照部發表式，隨時填報外，所有新疆省城開辦工藝局廠大略情形，謹會同陝甘督臣升允繕摺具陳。伏乞皇太后、皇上聖鑒訓示。謹奏。

《商務官報》光緒三十四年二月五日第三期《陝甘總督奏籌設製造皮毛局所片》 再查振興實業，必須因地制宜，甘省錯交蒙番，民間多事畜牧，故所産土貨以牛羊皮毛爲大宗，奴才夙聞故大學士左宗棠前任甘督時，有織呢機器，以製呢不精，工本過大，事遂中輟。前年到任後，即行調查案卷，多已散佚，當飭將存儲各機逐一修治，又苦無機匠工師，無從究其利弊。至上年秋間，由比參贊林阿德聘到比國工師穆賚，詳加研究，始知舊機於洗毛各件未全，餘亦銹損多種，俱須添購，當飭蘭州道彭英甲與該工師等訂立合同，令其回國依樣配齊，購運來甘，並延雇工匠，以期完備而資整頓，其添購機器價銀及局費一切，即在統捐長收項下核實提撥濟用。兹據該局詳請奏咨立案前來，奴才查大呢一項，爲軍隊學堂操衣所必需，其用最廣，近年風氣大開，各國每年輸進驟加數倍，其價亦較前倍昂，各省間議自製，俱以貲本過鉅。創辦爲難，兹添配舊有之機，製造本地之貨，因勢利導，自易爲功，如果辦理有成，實於工商俱有利益，所有在統捐長收項下酌撥資本，籌辦織呢局情形，合無仰懇天恩，准予飭部立案，以濬利源而興實業。除咨部查照外，謹附片具陳，伏乞聖鑒。謹奏。

《商務官報》光緒三十四年二月十五日第三期《批天津商務總會禀》 據禀已悉。華勝燭皂公司，續招股本三千元，既經該總會核准在案，又於去歲年終始數招齊，所請將更换股票更訂章程第十六條布告一節，查核立案等情，均可照准。惟查該公司三十一年，原呈資本三千元，創辦股一千五百元，業已交齊，普通股一千五百元，隨時附入，究竟普通股已否招齊，未據續報，合行批示，仰該總會轉飭該公司遵照，補報可也。此批。二月初三日。

《商務官報》光緒三十四年二月十五日第三期《批職商趙式增禀》 禀悉。所稱用水力機器製造器物，請發給公欵，設立官廠一節。查該商禀内未能指明水力機器係何作法，並能製造何項器物，亦未將造成物件呈部考驗，所請碍難核辦。此批。二月初三日。

《商務官報》光緒三十四年三月二十五日第七期《京師書業有限公司》 光緒三十二年五月初二日，馬飛卿、傅玉山、劉健卿、張彩軒、韓子元、劉子涵、魏岱坡創辦總公司在北京琉璃廠，分局擬設上海、天津、保定等處，股分洋銀二萬元，每股一百元，爲股分有限公司，從事一切書籍及學堂應用儀器等類，光緒三十二年五月二十四日註册。

《商務官報》光緒三十四年三月十五日第六期《議開華豐織布廠》 商人薛家琛禀請籌集股本，在京城開設華豐織布廠，先行選匠招工試辦，俟籌集多股，再議擴充。商部以此舉爲開闢利源起見，因即准予立案，並飭於開辦前，照章到部註册。

中國第一歷史檔案館《光緒宣統兩朝上諭檔》第三四册《光緒三十四年三月十八日》 交農工商部。本日貴部奏，檳榔嶼紳商五品銜林汝舟興學保商，請賞給道員職銜摺。又奏籌辦京師自來水暨紡紗廠，調員董理摺。又奏派周學熙在丞參上行走片。均奉旨：依議，欽此，相應傳知貴部欽遵可也。此交。三月十八日。

中國第一歷史檔案館《德宗景皇帝實録》卷五八九《光緒三十四三月中》 丁未，甘肅新疆巡撫聯魁奏，新省創辦工藝局廠，酌定章程大綱十二款，子目五十九條，以冀挽回利權，開通民智。又奏，擬將温宿府城另設習藝所一區，專備本屬罪犯習藝。均下部知之。

《商務官報》光緒三十四年四月五日第八期《本部具奏遴員籌辦京師自來水紡紗廠事宜摺》 謹奏，爲籌辦京師自來水暨紡紗廠，調員董理，以資提倡，恭摺仰祈聖鑒事。竊維臣部綜理農工商事宜，凡各項實業，有益於民生日用者，端在擇要籌辦，以爲提倡，即如京師自來水一事，於衛生消防關係最要，迭經商民在臣部禀請承辦，或因資本不敷，或因人非公正，迄未照准。又近年京師官私織布廠，創設漸多，於貧民生計大有裨補，惟類皆購用洋紗，仍未足以塞漏卮，果能辦理機器紡紗，俾與織布各廠相輔而行，必可以興美利，以上兩端均爲京師地方切要之圖，亟宜設法籌辦。惟京師地勢高塏，户口殷闐，需水甚夥，來源頗少，較諸沿江沿河情形，迥不相同，須統計水源，預算食户，確有把握，方能着手。至紡紗之要，固在設機，俾省工力，而購機設廠，成本甚重。近來洋紗充斥，如能減輕售價，使人人争相購用，方可抵制外貨，漸期暢銷，是非創設公司，厚集股款，不爲功。現當創始，經營一切事宜，諸需擘畫，非有諳悉商情，聲望素孚之員，預算成本，寬籌款項，難期成立。兹查有臣部議員，頭品頂戴前署直隸按察使長蘆鹽運使周學熙，前在直隸歷辦工藝局廠，成績昭著，業經臣等於遵旨保薦人才摺内，奏明在案，擬即飭令該員總理京師自來水暨紡紗廠事宜，必能措置裕如，不負委任。除一切詳細章程，仍由臣等督同該員隨時妥爲規畫，陸續奏明辦理外，所有遴員籌辦京師自來水暨紡紗廠緣由，理合恭摺具陳，伏乞皇太后皇上聖鑒訓示。謹奏。光緒三十四年三月十八日具奏，奉旨：依議，欽此。

天津市檔案館《天津商會檔案彙編（1903—1911）》上册《天津勸工陳列所第四次招考工業簡章十五條光緒三十四年四月九日》 敬啓者，案照敝局勸工陳列所招考工業，自三十一年起歷經舉辦在案。兹擬於本年夏秋間舉行第四次考奬，所有外州縣各工業家，已由敝局札行轉飭遵照，其本埠各工商，擬懇臺端分别傳知，以便於招考。限内將自製物品送所考驗，用特專函奉達，並附上招考簡章一百張，即希查照轉發爲盼。此布，祗請臺安。

直隸省工藝總局

附上招考工業簡章一百張。

〔附〕天津勸工陳列所第四次招考工業簡章十五條

計開：

一、本所爲提倡工業起見，禀蒙督憲批准招考工業，業於三十一年、三十二年、三十三年舉行三次，考給奬牌，洵足以資觀感而昭激勸。兹擬於今年夏秋間復開第四次考奬，各工業家應在招考限内（自三月起，外州縣以五個月爲限，本埠以四個月爲限）將自製物品送所考驗，送到先給收條爲據。外埠願來投考者，或徑送本所，或由地方官轉送，均聽其便。

二、所有上三次投考各工業家，無論已取未取，今年仍可將新製物品送所投考。倘有進步，定仍給奬，以爲改良進步者勸。

三、凡送製品，必須標明名目、商標，價值、出品地以及製造人之姓名、年歲、籍貫、住址，並習業年數，如係出自公共之手，可只書字號與總理人之姓名。至價值均以折合洋元爲準。

四、本埠及外處各項工業，凡在限期之内送製品到所者，均得與考，各自比較，擇其精美者各定名次，出榜後發給奬牌，其未送製品到所或逾定限後始到者，物品雖優，概不得與此次之考。

五、發奬後，其所送製品任憑原主取回。倘有願將所製品寄陳者聽，如有願在本所寄售者，倘經售出，全價均歸本主，本所不取分文。

六、天津工業售品總所現設於北馬路老考工廠地方，專爲各工廠商店代售物品。倘有考得本所奬牌者，該工商盡可將製品送往寄售不取分文，以示優異。

七、奬牌共分二類，以金銀二色别之。而二類中各分超、特、優三等。

八、考取之法共分五事，以百分爲額。

（一）考其製造之難易，作法之巧拙，裝璜之美惡，以四十分爲足額。

（二）考其成色之高低，價值之貴賤，參合比較，以物美價廉者爲上。物美而價不廉或價廉而物不美者次之，以三十分爲足額。

（三）考其利用之廣狹，以十分爲足額。

（四）考其利用所關之美惡，以與世俗人心或衛生上之最有利益者爲上，以十分爲足額。

（五）考其工人及該廠號之名譽道德並其辦法章程如何，以十分爲足額。

九、凡非獨出心裁創造新法新式及不能抵制洋貨行銷外國，而積分如下者，給予銀色奬牌。

積分由九十一至一百者給予超等；

積分由八十一至九十者給予特等；

一積分由七十一至八十者給予優等。

十、凡積分如上而爲獨出心裁創造新法新式，或能抵制洋貨行銷外國者，皆給予金色獎牌。

十一、凡製造人能自出心裁，成品精良，保守名譽，不染嗜好者，應遵農工商部奏定成例，稟請總局詳部，分別給予獎牌，以示鼓勵。領牌以後，如有敗壞公益，品行不端情事，查明立將獎牌撤銷。

十二、審查員由本所選派，其各行中亦可酌選公正明通者一、二人作爲參證員，均書名於獎牌。

十三、每年考工一次，均編列次數。如第一次以至若干次，各將投考及給獎花名注簿，並録行各該地方官備案，以資保護。

十四、考取名次發榜宣示，並題名本所之優待室內，兼登報章以誌光榮。

十五、考取之名目分類如下：

（一）木製品類；
（二）五金製品類；
（三）絲綿毛麻製品類；
（四）草竹製品類；
（五）紙張及紙製品類；
（六）皮角牙製品類；
（七）玻璃製品類；
（八）教育品類；
（九）服飾品類；
（十）印刷品類；
（十一）油漆品類；
（十二）染色品類；
（十三）雕塑品類；
（十四）繪畫品類；
（十五）化學製造品類；
（十六）食物品類；
（十七）機械類；
（十八）照像類；
（十九）陶器類；
（二十）珐琅鍍金類；
（二十一）雜品類。

天津勸工陳列所謹訂

直隸工藝總局爲照會事。

案查直隸工藝局之設，始於光緒二十九年九月，蒙升任督憲袁札委前署臬司周運司爲總辦，後復以敝道等相繼經理。計自開辦以來，迄已五易寒暑。其間如創辦之高等工業學堂、實習工場、勸工陳列所、教育品製造所、種植園、造紙廠、鐵工廠及北京第一、第二兩小學工場，或已稍收效果，或則尚待擴充，他如爲敝局所附設倡辦助辦各處所堂場公司，以及派員調查本省各省物産暨外洋遊歷考察各事宜類皆事由初創，具費經營。至於筆墨紛馳，文書往復，辦一事必有一事之案件。凡稟牘文移章規，以及條諭報告，積日既久，卷帙益繁。計非編纂成書，不足以征實録。且敝局之設原以提倡工藝，振興實業爲宗旨。欲資同人之考證，尤賴篇帙之敷陳。此直隸工藝志初編之所由輯也。兹付官報局排印若干部，每部凡八卷，裝訂成册，除詳送並分别咨行外，相應檢同志書備文照會貴商會，請煩查收備覽。須至照會者。

計附送直隸工藝志初編一部（無）。

右照會天津商務總會。

天津市檔案館《天津商會檔案彙編（1903—1911）》上册《李镇桐为华胜烛皂公司续招股本十万元改为机器製造並请完正税一道以免重征事致津商会文及農工商部批文光緒三十四年五月九日》

具稟天津華勝燭皂有限公司總理李鎮桐稟爲續招資本，改爲機器製造，懇乞詳部批示立案，藉資提倡事。

竊職商前於光緒三十二年七月間，創辦天津華勝燭皂有限公司，資本三千元，作爲試辦，曾蒙大會詳請農工商部批准注册，行知地方官妥爲保護在案。復於光緒三十三年正月間，以三千元資本不敷周轉，又續招資本三千元，前後計六千元，均已如數招齊，仍爲試辦。經理年餘，頗著成效。年終曾將前後情形稟明有案。惟職商創辦此項公司，其初心即以非機器製造不能抵制外貨，非厚集資本不能購置機器。而不由大處着手先從小處試辦者，因恐毫無把握輒尚鋪張，設一失着，損一己之名譽其害小，貽資本家以口實其害大，而影響於實業前途者更爲鉅也。比來試辦有效，而一切製造及銷場亦皆略有把握，故於本年正月間開股東會議，僉以擴充辦理爲是。設無名望素著之仕紳維持而提倡之，亦恐難收速效。月餘以來，贊成者頗不乏人，當由職商擬訂簡章，秉承於暫代董事諸君簽字作准，先續招創辦股三萬四千元，普通股六萬元，與原有之六千元，計共資本十萬元。仍以十元爲一股，作爲一萬股。創辦股自奉到農工商部批示後，限兩個月如數招齊，即便購機建房，研究製造，預備來年正月出貨。普通股分期收集隨時附入，年終查看情形，再續招十萬元，以足二十萬元之數爲率。

再查天津稅關，近年燭皂兩項洋貨進口數目，化妝品由六萬打以至七萬打；洗濯品由六萬箱以至七萬箱；燭品由萬五千箱以至二萬箱。而敝公司一經機器製造，所出成品較進口數目數倍不止。不僅足以供給直隸一省人民之需要，將來愈推愈廣，可以運銷中外。且直隸境內，此項機器製造燭皂公司係職商創始，幾歷艱苦，資本又鉅。設姦商取巧，任意贋鼎，妒花風雨，蔽月雲煙，抵制之目的未達，充斥之隱憂堪虞，鷸蚌相爭竟使漁夫得利，操戈同室必致兩敗俱傷，實業敗壞每坐於此。惟祈大會實力提倡，轉請農工商部援照京師丹鳳火柴公司及各省公司工場之成案，批准天津華勝機器製造燭皂有限公司，在直隸境內專辦二十年，他人不得續請，並請按照華英新約，貨品出廠，以值百抽五完納正稅一道，無論運銷何處不得重征，概免各項捐稅以勵創始而勸將來。所有續招資本，改爲機器製造，並請批准專辦年限及完納正稅各緣由，理合繕具章程清摺，呈請總會憲大人俯賜即詳農工商部，援案逐條批准。實業幸甚。

謹呈章程清摺二扣。

附件：

天津華勝機器製造燭皂有限公司續招股份簡章（選録）

第十八條　本公司擬暫推錢紹雲、楊敬林、王竹林、李子赫、寧星普、卞賡言、郭晴孫、王綸閣、王向葵、徐岩孫、李松樵、温支英、趙幼梅、卞耆卿、展香府、李澄浦、楊壽民、李子和、華菊垣、王伯益、劉穎叔、戴幼臣、王霖甫、蘇蔭卿、吴俊臣、張芷齡、魏松泉諸君代理董事局及查帳事宜。

農工商部批：據禀暨簡章均悉。該公司擬續招股本，擴充辦理，自屬爲振興實業起見。惟請援照丹鳳火柴公司成案，在直隸境内專辦等情，查本部前奏准丹鳳火柴公司在京城界内專辦十年，以無他人禀辦在先，事關創始，因予以特別利益藉資提倡。該公司開辦在光緒三十二年七月，既有天津造胰公司宋壽恒禀辦於前，復有天津榮華胰皂公司張墨林禀辦於後，均先後經本部批准註册有案。是該公司製造燭皂，並非創始開辦者可比。所請援案專辦之處，礙難照准。至請按照華英新約完納正稅概免重征一節，業據情咨行稅務大臣酌核辦理。除將續繳註册經費另案核辦外，仰即轉飭遵照。此繳。

光緒三十四年五月二十三日到。

農工商部批：據禀稱華勝燭皂公司，以三千元資本不敷周轉，又續招股三千元，前後計六千元均已如數招齊，經理年餘頗著成效，本年正月間股東會議擴充辦理，簽字作准，先續招創辦股三萬四千元，普通股六萬元，與原有之六千元計共資本十萬元，應繳註册公費一百零四元，除已繳五十元外，尚應補繳公費五十四元，理合檢同續擬簡章並註册公費洋銀，呈請查核立案註册等情前來。查該公司此次因續招股本，補繳公費五十四元，連前次已繳之數共一百零四元，核與十萬元註册部章相符，當經照收，並飭局補注備案。再給收單一紙，仰該商會轉交可也。此批。

附收單一紙。

右批天津商會總協理知悉

光緒三十四年六月初七日到。

農工商部爲札復事。接據呈稱轉據華勝燭皂有限公司總理李鎮桐禀稱：竊職商創辦天津華勝燭皂有限公司，請按照華英新約，貨品出廠以值百抽五完納正稅一道，無論運銷何處不得重征，概免各項捐稅等情。當經本部鈔録原禀，咨行稅務大臣核復去後，兹准復稱：查中英新約第八款第九節內載：機器仿造洋貨，須按光緒二十七年訂進口稅則加倍完一出廠稅值百抽十，不再征收各項稅釐等語。以此款尚未實行，所有機器仿製洋貨，迭經總理衙門外務部核准，暫照值百抽五完一正稅，此後無論運銷何處，沿途概免重征。今華勝公司擬集股購機仿造燭皂，請按華英新約值百抽五完納正稅一道，無論運銷何處概免捐稅，係屬誤會，自應仍照現行機器仿製洋貨完稅辦法，准其先行立案，俟機器購齊，造貨運銷各處時，再行禀明本處，通行各關一體遵照辦理。將來中英新約第八款實行，仍應照第九節完一出廠稅辦法，以歸一律。咨復查照飭遵等因前來。爲此札復，仰即轉飭該公司遵照可也。此札。

右札天津商務總會。

光緒三十四年六月初十日。

《商務官報》光緒三十四年六月五日第一四期《批天津商務總會禀》　據禀

暨簡章均悉。該公司擬續招股本，擴充辦理，原爲振興實業起見，惟請援照丹鳳火柴公司成案，在直隸境内專辦等情。查本部前奏准丹鳳火柴公司，在京城界内專辦十年，以無他人禀辦在先，事關創始，因予以特别利益，藉資提倡。該公司開辦在光緒三十二年七月，既有天津造胰公司宋壽恒禀辦於前，復有天津榮華胰皂公司張墨林禀辦於後，均先後經本部批准，註册有案，是該公司製造燭皂，並非創始開辦者，可比所請援案專辦之處，礙難照准。至請按照華英新約完納正税，概免重征一節，業據情咨行税務大臣酌核辦理，除將續繳註册核辦外，仰即轉飭遵照。此批。五月二十一日。

《商務官報》光緒三十四年六月五日第一四期《回春藥房股分有限公司》

光緒三十四年，魏蘭芬創辦總號在天津北馬路地方，分號在河南彰德府、北京大栅欄，股分洋五萬元，每股五百元，爲股分有限公司，專事運售各種藥品、醫具及照相等雜貨。光緒三十四年三月十七日註册。

《商務官報》光緒三十四年六月十五日第一五期《批李敬修等禀》 禀悉。所請在昌平州馮山村西北之薄山開辦糖土，請給執照各節。查糖土一項，有何銷路，原禀並未聲明；所擬開採之地廣闊若干，已否租購，並一切章程辦法暨資本若干，均未聲叙，本部無從核辦，仰即詳晰禀復，再行核奪可也。此批。五月二十三日。

中國第一歷史檔案館《光緒朝硃批奏摺》第一〇二輯《光緒三十四年六月十七日廷杰摺》 奴才廷杰跪奏，爲籌撥熱河駐防工藝廠經費，擇日開辦，謹酌擬辦理章程，恭摺仰祈聖鑒事。竊奴才於光緒三十三年十二月，遵旨廣籌旗民生計摺内，擬請將已裁圍場駐防生息銀兩，移作熱河駐防工藝廠經費，奏奉硃批：著照所請，該衙門知道，欽此。欽遵轉行去後。旋據熱河道謝希銓，將三十三年分圍場生息銀一千四百七十八兩二錢九分一釐二毫九絲五忽六微，解交到旗，奴才督飭協領全齡春和通盤籌畫，此款尚不敷工藝廠常年額支之費，旗庫又無閒款可撥，僅查有圍場墾荒案内，奏撥熱河八旗小學堂、蒙學堂及滿蒙學堂經費，計學田一百頃，並聲明免其升科，兼免按年造報。此項學租，每年除開支外，尚贏餘銀五百餘兩，即以之彌補工藝廠常年額支，儘足敷用，遇閏加增，其一切開辦經費，大宗活支，擬在求治局徵收税捐提出一成，緝捕經費款内撥用。規畫既定，即於奴才衙門迤東，購得鑲白旗滿洲二佐公所，房院一處，自本年三月它工修葺，計原有房十三間，另建房二十一間，以爲工廠講堂、員書辦公之區、學童飯宿之室，加以糊飾器具，一切開辦之費，共用銀二千八百四十餘兩，工作所需機器、羢毛、棉紗、顔料等項，共用成本銀一千三百五十餘兩，均由緝捕經費支發，惟少堆置物料之房，容再添造。邊地風氣初開，宜從下級工藝入手，擬先分三科，曰氈，曰毯，曰布。氈毯需用羢毛，本蒙地出産布，爲民間必需之物，價廉而工省，且易銷售，當聘技師三名，分班教授，其工飯銀，均於到工之日起支，學童暫招三十名，選八旗子弟十三歲以上、十七歲以下，質性聰穎，體氣合格者，由各佐呈送。另設教習一員，授諸童以字義，並講解工藝等書，日以兩小時爲課程，餘均習藝，其工飯銀均於開辦之日起支派。協領全齡爲監督，春和爲幫辦，該協領等願盡義務，不支薪水，又派文案兼收支一員，廠務長一員，其薪飯銀，於該廠開工開辦之日，分别起支。現於六月初三日，一律入廠開辦，奴才仍當督飭該監督等認真經理，遠師周官考工之制，近採鄰邦習藝之規，務求組織精良，以仰副朝廷作育旗丁振興實業之至意。謹將章程繕具清單，恭呈御覽，除分咨農工商部、度支部查照立案外，理合恭摺具陳，伏乞皇太后、皇上聖鑒訓示。謹奏。

《商務官報》光緒三十四年六月二十五日第一六期《批天津商會禀》 據禀職商歐陽弁元等，在天津集股開設和利地産實業公司，抄呈簡章，懇請立案註册。查核該公司章程，尚無不合聲明各款，暨公費銀兩均屬相符，應即准其註册，合行填給執照收單各一紙，發交該商會轉給，並將具領日期禀報可也。此批。六月初十日。

天津市檔案館《天津商會檔案彙編(1903—1911)》上册《高陽商務分會總理韓偉卿爲呈送寬面土布請品評會詳考優劣事牒呈天津商會並附評語光緒三十四年六月二十七日到》 高陽商務分會總理韓(偉卿)爲牒呈提倡改織寬面洋布，懇請移送品評會酌加品評，以資激勸事。

竊查京津籌立各會，維新商政，工業爲重。伏想品評會設立以來，原爲内地出産，激勸改良，不論鉅細精粗，凡内地所産之物呈送品評會，以經品評，顯陳優劣，隨即改良，以資鼓舞，而昭激勸。鄙會自勸導商民織紡改良漸有成效，所織之寬面洋布，雖則推廣實行，而優劣究屬不分，難資激勸。兹有商會議員楊木森將現織之寬面洋布樣式呈請品評前來。爲此，牒呈總會憲核准移送品評會，以加品題，具有成見，隨即改良，而期進步。理合備牒呈送，伏乞照驗轉移施行。須至牒呈者。

附呈寬面洋布四半匹。

右牒呈天津商務總會。

敬復者，頃接手書，以高陽縣商務分會提倡改織寬面洋布四半匹，送交敝所，囑爲考驗，並囑敝所擇訂日期，以便轉致該總理等到所研究等因。准此，查敝所招考工業簡章，凡外州縣製品送所考驗者，自三月起，以五個月爲限。本埠製品送所考驗者，以四個月爲限。如有獨出心裁，創造新法新式，或能抵制洋貨，行銷外國者，一經敝所取録，應即分别給予金銀獎牌。現尚未届考期，所有此項寬面洋布自應歸作投考一類，以便届時匯考。將來有何評語，敝所當必另行函復可也。除將寬面洋布四半匹留所匯考外，相應檢同招考工業簡章一份並收據一紙，一併呈請察閲轉交，將來考畢時，如該分會索取此項布匹時，即以此收條爲證。肅復，順頌均祺。

天津勸工陳列所

光緒三十四年七月二十一日到

工藝總局第四次獎

評語：組織既密，價格亦廉。且查原料均係中國土産，用塞漏卮，此爲正品。

勸業道孫（多森）評語：　三十四年十月

該縣織業發達，甲於畿疆，該分會呈品尤復細密平匀，頗堪適用，宜其行銷遠近，徧受歡迎，合亟褒揚，以昭激勸。

南洋商會賞給奬金執照。

此高陽商務分會送來該縣土布土産所得獎評等語，應歸檔。以此事由該會擬請復土布税則，不日即來公文矣。　夏時五月十五日記

天津市檔案館《天津商會檔案彙編（1903—1911）》上册《高陽商務分會稟陳用人力木輪機織寬面白布産量大增請税務處發給優恤憑照以廣銷路文光緒三十四年六月二十七到》　高陽商務分會總理韓（偉卿）爲牒呈織紡土布疏通銷路，懇請詳咨布貨出口經過各關卡給予憑照，以資保護而重商務事。

竊高陽棉花爲大宗，織紡爲生計。曩昔織紡高陽粗布，出售不利，日見蕭疏，漸至失業。商等自去年組立商會以來，提倡織紡改良，購辦人力木輪機器，均改織寬面洋布，推廣實行，前已將大概情形詳復在案。蒙登商報，以昭衆覽，足見總會憲提倡鼓舞之至意。現在織紡得利，日見起色，高陽合屬改織寬面洋布，統計日出數百匹，月計萬餘匹，若不設法疏通銷路，一若積聚，大有關礙。商民遠近招徠，販客接踵而至，發往布貨以至古北口、張家口、津省、京、通。誠恐經過地方各關卡釐税刁難，有礙銷路。查農工商部札行通飭：凡提倡内地改良之棉花紗布經過各關卡應如何優加體恤，並着税務處妥籌辦理，以資暢銷等因。奉此，鄙會有保商、振商之責，不得不仰體憲意，維持商務。爲此牒呈，懇請總會憲據情轉詳並咨行税務處，應如何酌定釐税給予憑照，暢疏銷路而保商民。是否有當，理合牒呈，伏乞核奪照詳施行。須至牒呈者。

右牒呈天津商務總會。

天津市檔案館《天津商會檔案彙編（1903—1911）》上册《農工商部爲天津麟記煙卷有限公司遭災後續招股本六萬八千元准予註册事批復天津商會光緒三十四年七月五日》　農工商部批：據稟稱，天津麟記煙卷公司總理縣丞職銜紀巨汾，因原設臨記煙卷公司遇災賠累，原有一千五百股，現僅值銀元一萬二千元。經職商激集紳商，擬續招新股八千五百股，合銀元六萬八千元，前後共集一萬股，合銀元八萬元。新舊股東均已認可，俟奉到註册批准之日，仍在金湯橋舊址開辦，專造各種煙卷，行銷各處。除稟明工藝局直隸督憲立案外，理合將註册簡章股票式樣並公費銀元九十八元呈請查核立案註册給照等情，轉詳前來。查該公司製造煙卷，亦爲振興工業之一端，所擬章程並繳納公費銀元數目核與部章相符，應即准其註册。除一面咨飭保護外，合行批示所有該公司收單執照，仰該商會轉交具領可也。此批。七月初五日。

計開：

天津麟記煙卷有限公司，專造各種煙卷。總號設在天津金湯橋西首迤南，並無分號。股份總數洋銀八萬元。創辦人紀巨汾，住河間府獻縣。查察人羅文華，住天津縣北門西。光緒三十四年七月初五日註册給照。

《商務官報》光緒三十四年七月十五日第一八期《批宋煒臣稟》　稟悉。陝西常幷設立義禮公司火柴廠，仿燮昌公司雙獅商標，殊屬不合，已咨行陝西巡撫轉行地方官，飭令更换矣。此批。七月初四日。

《商務官報》光緒三十四年七月二十五日第一九期《批道員徐宗棠等稟》

據稟鐵釘、鐵絲，爲民間必需之品，外洋輸入漸多，漏卮因之甚大，擬於天津地方設廠製造，照有限公司辦理，伏祈賞賜批准，並予專辦年限，及照鐵貨例税則，衹

完落地税等情，並附呈招股章程前來。查該道等擬招集股銀三十萬兩，在天津地方設廠製造鐵釘、鐵絲，係爲挽回利權起見，自當准其立案，惟係仿造洋貨，與自出心裁有別，所請專辦一層，應俟出貨以後，考驗是否精美，再行核辦。税則一層，亦可援照他廠成案，俟辦後，禀由本部咨商税務處辦理，章程内所載，以餘八分爲報効公費等語，查本部凡批准各工廠，素無報効辦法，應即删去，並將公司分給餘利成數，另行改訂，報明備核。其酌借官款一條，仰該道自行禀請北洋大臣核示可也。此批。七月初十日。

《商務官報》光緒三十四年八月五日第二〇期《批直隸和衆風琴廠呈》 呈悉。前據該廠商人製造風琴，送部呈驗，業經本部准予咨明學部，轉飭各屬學堂量爲購買，以示鼓勵在案。茲復據該商鈔録合同章程，呈請註册等情前來。查該公司章程第二章内載，本公司股本擬集通行銀圓十五萬元，作爲一萬五千股，除將舊有之傢俱、貨物、資本，綜核成數，改作九百股外，再由創辦人先認六百股，其餘應招股本，由同人分認招集等語。查現在該公司股本僅有一千五百股，核計衹得十分之一，所短尚多，應俟將來股本招有成數，並遵章繳納註册公費，呈報到部，再行核辦。此批。七月二十五日。

天津市檔案館《天津商會檔案彙編（1903—1911）》上册《倪士澐爲集資二千元創設桂記公司生産雙獅牌牙粉事致津商會文光緒三十四年八月十二日到》 具禀桂記公司商民倪士澐禀爲具陳設立公司確實情形，懇恩註册立案，賞發商牌列入商會，以符定章而興商務事。

竊商現在河北關上小藥王廟西，暫借本宅房屋，創設桂記公司，專仿西法製造雙獅牌號牙粉、獅花香水粉，首先集入資本洋銀二千元。其物芬芳絶類，香而不淫；牙粉能固齒刮垢，由骨通腎葆元延年，其開胃理脾爽口清神尤爲餘事。其香水粉能滋潤顔色，不傷皮膚，尤能祛避穢惡，用之使人光艷異常，神仙不啻，實於衛生之道大有裨益。按之西法，綽有出藍之徵。擬由八月底先行開售，俟擇有妥善地勢再行遷移。倘此二物暢銷足以抵制外貨，是亦挽回利源之一端也。至於商費如何照繳之處，恭候示諭，遵章辦理。爲此具陳，伏乞商憲大人恩准註册立案，賞發商牌列入商會，以符定章，而興商務，實爲公便。上禀。

《商務官報》光緒三十三年八月二十五日第二二期《批王瑞興禀》 據禀已悉。查銅鼓、銅號、機器、爐子等物，爲現今通行之物，該商皆能仿造，與獨出心裁、製成新器者迥别，所請專利之處，礙難照准。惟鼓號爲軍界所必需，本部詳加核閲，製造尚屬精美，除咨陸軍部考驗外，仰該商即具領，逕送陸軍部呈驗可也。此批。八月十一日。

《商務官報》光緒三十四年九月五日第二三期《批張竹青禀》 禀悉。該商所製戒煙丸藥，既據聲稱，業經内城總廳化驗批准，應由該商逕禀民政部核辦，所請註册發照各節，應毋庸議。至來禀請以所獲之利報効二成，顯係意存嘗試，著不准行。此批。八月二十一日。

吉林省檔案館等《清代吉林檔案史料選編（工業）》中册《吉林全省旗務處爲請設吉林旗務處工廠及籌款的呈文光緒三十四年九月初七日》 全省旗務處爲呈請事。

竊維致富莫重於工商，百科悉本於學術。近來屢奉明詔，籌劃旗人生計。吉省地産富饒，而旗人生計之艱窘轉甚他省，推原其故，實由身無長技不善治生所致。職處自開辦以來，歷設宣講所及兩等勵商各學堂，均係普通教育，至於實業教育則尚屬闕如。查省垣背山面江，物産之殷繁，交通之便利，實天然莫大工廠。惜土人不諳製造，坐使利溢外境而無從抵制。近復列强互市，日俄商品填溢街衢，洋貨多銷一分，即土貨減消一分，而旗人生長斯土即少一分生機。職處擬於迎恩門外水師營顔料庫基址，就其原有房屋酌量添改建爲工廠，廠中一切用款均由旗産籌出，即定曰旗務處工廠。招集旗籍藝徒百六十名，先分五科，曰革工科，專製軍、警兩界應需靴鞋、箱帶、馬鞍、提包等件；曰金工科，專製革工上所需銅鈎、鐵片等類，與革工科相輔而行；曰織工科，專製冬夏軍、學、警各界操衣布疋，兼織腰帶、鞋繩等件；曰染工科，專染本廠所出物品，與織工科相輔而行；曰紉工科，購買縫紉機器，就本廠所出布料製造成品，與織工、染工兩科相輔而行。以上五科均先供軍警兩界及學堂之用，一俟本廠出有成績品，再詳請通行各處以廣銷路。如能辦有成效，再行添設他項工科，續製商品以臻完備。所有本廠購需材料及所出成品，於路過各處關卡，擬仿照京師工藝局章程，由本廠填照送驗，免征釐税。敢天生之原料，招土著之工徒，延聘匠師教以藝術，畢業以後優給出身，分别派往各處轉相傳授。如有才藝出衆自出心裁，造成特别用品，照章立案專利。遇有相當缺出，准其先行提補，以爲獎勵。但使一人習有片長，即一人多一生路，十年以後必能普及全旗。惟創辦之始籌款維艱，經職處通盤籌劃，約計建築及開辦費需銀一萬五千兩，五科成本一萬三千兩，每年經常費七千兩，俱係核實預計，業已無可再減。且聞京師創設旗人工藝廠，款皆出自公家，職處酌籌辦法又係公立，揆之事理亦甚相宜。所有籌款方法另附清單恭呈鈞核，如蒙允准，再由職處詳繪房圖，訂定員司職務及辦事章程，詳候核奪，呈請奏咨立案。並查照司員等前次禀請工藝廠辦法，由職處組織監督，仍歸勸業道隨時稽查，以昭核實。所有籌設旗務處工廠緣由，理合開呈辦法大要四則，隨文詳請憲台鑒核，批示遵行。須至呈者。

吉林省檔案館等《清代吉林檔案史料選編（工業）》中册《吉林旗務處工廠辦法大要光緒三十四年九月初七日》 擬設旗務處工廠大要：

一、宗旨。

以籌劃旗人生計，提倡工藝，養成各項工師，普及吉省全旗爲宗旨。故一切經費皆由吉林旗務籌出，不足再請公家補助之。

二、分科。

本場擬就顔料庫地基内原有房屋，量爲修改添造，一經工竣即行開辦。工藝擬分革工、金工、織工、染工、紉工等五科。革工科製品須以軍、警兩界應需之靴鞋、箱帶、馬鞍、提包等易學暢銷爲先務。至原料固有精粗之别，精者由津採辦，粗者當地擇之。金工一藝本與革工相輔而行。因革件上所需銅鈎、鐵片種類甚多，若經外買，貨劣價奇，諸不合算，故設專科以臻全備。織工科專製各種操衣布匹，並兼織五色絲布，以備商品。染工科專染本場應用之品。紉工科專就本廠所出布料製造成品，以便出售。與織工科、染工科相輔而行。以上五科工藝多資人力，成本較輕，尚屬不難創辦。且出品多係軍、學、警各界所需之物，尤易暢銷。一俟辦有成效，當再酌量添科逐漸擴充。

三、招選藝徒。

本場藝徒額數暫設百六十名。自選取後，須有本旗旗官圖片，方准入場，量其性質分習各科。自派定後，各宜悉心研究，不得見異思遷，改習他科。每名月給伙食銀二兩，其應用操衣、靴帽及書籍、紙筆均歸本廠發給，以外所需皆由該徒自備。六個月後當甄别一次，考其藝術之優劣分别津貼。倘有技藝超格，異常勤奮者，當除津貼外酌加獎賞以示鼓勵。其畢業年期應視所習何科，量技藝之難易，隨後分别另定專章。至擬招藝徒之資格、考法列後：

（甲）資格：凡吉省各旗官兵子弟，年在十二歲以上十八歲以下，性質聰穎，素無嗜好，略識字意者爲合格。

（乙）考法：十五歲以下考以膂力，十五歲以上兼考書算。

四、附設學堂。

本場藝徒畢業後即係工師之才，必須兼通書算方稱完備。且考選時年令分爲兩級，資格難以一律。故擬附設學堂，使各科藝徒除工作外，每日分班上課一小時，教以國文、算術、博物、圖畫、體操等門淺近科學。其年幼者當先教以識字、書法，以植初基。至課程表格臨時再行酌定。

吉林省檔案館等《清代吉林檔案史料選編（工業）》中册《吉林全省旗務處爲籌設旗務處工廠酌提各款數目清單光緒三十四年九月初七日》 謹將職處籌設工廠，酌提各款數目，繕呈憲核。

一、牛具銀。此款係乾隆五十四年奏請由庫撥銀二萬兩，爲接濟全省兵丁牛具之用。每兵只准借給二兩，仍由該兵俸餉内分四年扣還。查前項所放銀二萬兩，現已將次扣齊，存儲度支司尚未動放，但兵丁所借無幾，且須經官取保，百弊叢生，須分年扣還，徒多周折。不如移作工廠開辦經費，而將方正泡盈餘項下按年攤還，仍請奏咨立案。

二、匠役銀。此款前因各旗習練弓箭，故設有匠役二百五十七名，每名歲給餉銀十二兩，共銀三千零八十四兩。除部扣外，實發銀二千七百零二兩四錢。現弓箭業已廢除，此項匠役不免虚設，擬將此款提歸工廠，而將食餉匠役改補甲缺，以示體恤。

三、隨缺地租。此款經前將軍長　奏准，官兵隨缺地内城外城共十九萬八千七百零九晌，每晌租銀一錢八分，共銀三萬五千七百六十七兩六錢二分，現因經費難籌，擬將此款劃撥一半，歲計銀一萬七千八百八十三兩八錢一分，作爲工廠經費。按此款本爲旗署官兵生計維艱略資補助起見，但按款攤分每名所得無幾，若以一半撥作工廠經費，則貧苦旗人漸能自食其力，於個人所損甚微，於生計大有裨益，再四籌商尚無窒礙。如蒙允准，擬請奏明立案，其餘一半仍給官兵。

以上三項，現存銀二萬兩，每年征銀二萬零五百八十六兩二錢一分，足敷工廠建築開辦及成本經常等費之用。倘有不敷，再行設法籌補。

吉林行省批：旗人身無執業，坐致困窮，欲籌補救之方，必須振興工業。況吉省天然物産最爲富饒，果能創立工廠，教授得法，使人人各有所長，則人人皆能自養，十年以後富强何難立致。

該處議設旗務處工廠，專招旗籍，分科講習，誠爲今時急務。辦法四則及酌提各款，均尚妥協，應准先行試辦。至開辦伊始，所購材料及所出物品，於路過關卡均暫免征，以示體恤而資鼓勵。仰即一併擬定詳細章程，申明期限，禀候批核可也。此繳。

光緒三十四年九月初十日

《商務官報》光緒三十四年九月十五日第二四期《農工商部委辦北京織錦有限公司添股告白》 本公司自承農工商部札飭承辦，當經招集股本，爲開辦及招課藝徒各經費，現在藝徒均能織造，所織各貨，已於本公司售品處、西河沿售品所及各鋪售賣，頗蒙官紳各界賞鑒，應即添招股本十萬兩，以資擴充。所有本公司之宗旨、利益、特色，及添股章程，開列如左：

宗旨。本公司之設立，以發明新機，開通風氣，抵制洋貨，收回利權爲宗旨。故購買各國最新火機，時製提花等機器，織造各種新式錦繡，綢緞，并自出新裁，創織中外所無之各貨。

利益。本公司蒙農工商部特別之優待，得享特別之利益，所有工廠，即在工藝官局内，不付租金，利益一。所需製造原料，得承部給護照，沿途一概免稅，利益二。本公司製成各貨，出口運銷，僅於第一子口完稅一道後，無論運往何處，沿途概免重征，均經稅務處核准，利益三。中國織錦，鮮用火機，本公司艱苦經營，蒙農工商部准予在局專辦，不得再有他公司及他廠仿織此項綢緞，以符商律，利益四。藝徒學業成就，雖給工資，半係義務，工費較省，利益五。有此種種原因，故本公司所有利益，爲他公司所無。

特色。本公司製造原料，均以中國固有之絲爲大宗，非如他公司原料，大都採自外洋，易受外人箝制，則來貨較易，價值必平，特色一。本公司上自錦繡綢緞，下至半絲半綿，以及洋式各色布疋，無不織造。則上下社會，人人要需，銷路自廣，非如各項織布廠，僅織柳條平布，拘守一法，不免有折閱倒歇之虞，特色二。本公司所織花樣，均由意匠經營，布算繪圖，鑿成紙板，故能隨時變化，生面別開，非如蘇杭織業，拘守相傳舊法，一成不能復變，特色三。本公司染色，聘請東洋大染師，專用化學配就，故能濃淡合度，經久不變，非如向來舊法，毫無把握，特色四。華工不能織洋緞，洋工不能織華綢，本公司所聘藝師，先畢業於日本大學，後久居於蘇杭，故所織各貨，均能融貫中西，極合時尚，特色五。京師爲衣冠所萃，織絲爲北省所無，本公司奉准專辦，萬室一陶，只慮給不副求，無慮滯而不暢，倘能極力擴充，不但擅利權於京師，且可暢銷於東三省，内外蒙古，獲利必厚，特色六。

節費。本公司因純一商辦之性質，故無委員、司事、乾脩各名色，即在事諸人薪水、辛工、雜費，均按各商鋪延訂夥友之辦法。

續招章程：

一，本公司前次所招，均係華股，此次亦不准攙入洋股。

二，此次所招，先儘舊股東認股，不足方招新股。

三，本公司初招股本，原以十萬兩爲優先股，此外，爲普通股。優先股享特別之權利，普通股不得均沾。今因前股未足十萬兩，此次仍援照同章，以入股在五萬兩以内者，爲續優先股，一切權利，視優先股以補前股之缺。俟收足五萬兩後，登報聲明，此後續招之五萬兩，即作普通股。續優先股與普通股之分別，以繳銀之先後爲定。

四，優先股股息，向定每年八釐，頃雖開辦未久，力懲他公司停給股息之弊，現均一律清付，以昭大信。此次續優先股，亦照八釐起息，普通股每年七釐。

五，除常年股息外，所有盈餘，每年一分，按廿成分派，以十成爲各股東利益，以三成爲優先股、續優先股之優利，以三成爲辦事人及承集人之勞金，以三成爲公積，以一成爲藝徒學堂及諸善舉之經費，惟承集人須集廿股以上，方可享此種之利益。

六，承集人承集至二十股以上，前次章程已酌提紅利酬勞，但未分別明晰，此次定議後，凡承集至二十整股以上者，酬承集人紅利一股，發給支取紅利之憑摺，承集至四十整股以上者，發給整股票，其股息紅利，與各股東無異。

七，發給股票時，并發支取利息及紅利之憑單，以便向本公司支取。

八，各股東或不在京，未便至本公司支取餘息紅利者，可先期緘知本公司，指明向某處銀號支取，本公司當匯至所指之銀號照付，但支取須帶股票憑單，交該銀號查驗填註，並須寫收條一紙，註明所收之數，交該號寄還本公司，以憑核對，其匯費由各股東自理。

九，股東如欲將股票轉售他人，須先儘本公司各股東收併，不願收併，方讓外人隨時報名註册，繳納換票費三角，換給股票，但不得售與洋人，違者股本充公，股票作廢。

十，廠中辦事人，由總經理人聘用，大股東及承集五十股以上之人，亦有公舉之權，但須由公舉人擔保，均於二年一換，每年正月大股東及承集人齊赴公司，公同核結賬目，考察辦事人勤惰，若辦事人辦事不力，或侵蝕虧空，不必拘定二年，不妨隨時更换，並令原舉主理償。若届期應易之辦事人，如果辦事認真，著有成效，經衆認可者，仍可請其聯辦。

十一，投股或集股至十股以上者，有按季查閲賬目之權，三十股以上者，有稽查一切之權，五十股以上者，有選派妥人分管廠事之權，但須任擔保銀錢之責，如所派人有破公益犯規則，及庸惰無用者，仍由總理隨時查察，不得瞻徇情面，如總理人有犯侵蝕虧空等弊，投股或承集至五十股以上者，亦得隨時規正，不聽，即開大議會，據理評判，公仝投票，以定去留。

十二，本公司出入賬目每月一小結，每年一大結，年終刊録清賬，先呈農工商部查核後，即按股分送，一面於本公司内張掛清單，一面刊報宣布，以昭核實。

十三，此次招股股票，分爲四種，續優先股整票，續優先股零票，普通股整票，普通股零票。

十四，本公司另有豫算表，如有願閲者，請至本公司取閲。

本京同鄉及各省仕商諸君鑒，本京收股，現託煤市街施家胡同源銀號，騾馬市魏染胡同路東廣元銀號，代爲經理。

《商務官報》光緒三十三年九月十五日第二四期《批丁殿邦稟》 稟悉。查該總理等，集資本銀十萬兩，在河南周家口地方設立啓新機器榨油有限公司，係爲振興實業起見，所繳註册公費銀數，並所擬合同章程各節，核與定章相符，自應准予註册，給照具領。除咨飭保護外，合行填給執照收單，發交該總理等遵照，仍將具領日期呈報本部，以憑備案。至商標註册一節，應俟商標局開辦後，再行呈報核辦可也。此批。八月二十日。

《商務官報》光緒三十四年十月五日第二六期《批湧源隆麵粉公司李寶源稟》 稟悉。案查前准熱河都統咨，據赤峰縣俞令詳稱，遵查湧源隆機器麵粉公司，於本地商務並無窒礙。嗣據該公司商人李寶源等稟稱，公司湊集股本銀二萬兩，現已交十分之五，餘欵定於本年三月交清，機器已經運到，俟奉部准，擇日開張，請查核轉詳等情，相應據情咨復查照立案等因。當經本部照准，並批示該商等遵照在案。兹據該商等取具同鄉官印結，呈請註册給照等情前來。查該公司前次所呈章程，聲叙各欵，大致尚無不合，所繳註册公費銀數，核與部章相符，應即准其註册，除咨飭地方官保護外，合行批示，發給收單執照，仰該商等祇領可也。此批。九月十九日。

吉林省檔案館等《清代吉林檔案史料選編（工業）》中册《吉林行省爲借墊款項籌建旗務處工廠的札文光緒三十四年十月十二日》 爲札飭事。

案據旗務處案呈：竊職處請設工廠並籌款方法，曾奉督、撫憲批開。【略】奉此，遵即遴選妥員勘定建廠處所，傳同木、瓦兩匠核實估計，兹估得中式房六十四間，洋式房十間，材料、人工統計需吉錢七萬七千八百九十五吊。屢向工人磋磨，已屬減無可減。擬定年内將地脚築齊，一俟明春開化即行構造，以便及時開辦作速竣工。惟工廠建築費用，原擬指牛具銀一項，此款向係歸入内結，專備接濟旗丁之用，以之籌辦工廠性質亦復相同。但此項銀兩現在度支司存儲，理宜奏准方能提用，而奏咨立案文牘往來必延時日。所有木料、磚瓦須於冬季購備爲價甚輕，延至明春價必昂貴，若照現估錢數則工人賠累必不肯爲。倘值春雨綿綿，轉運材料尤多勞費。職等再四籌思，現估工廠價目雖極力撙節，已過預算。然分配房間僅敷布置，復不能再行減少。設明春諸物倍昂，格外加增，勢必無以抵注。而工廠爲旗人生計所關，自經奉准札飭，内外各城旗署官兵均引領相望，尤不得無端終止，以杜生機而失信用。反復詳商，於不得已之中籌一權宜之計。兹擬遵奉前次面諭，一面擬具奏稿，即乞會銜入告，一面暫將前經稟准之牛具銀二萬兩作抵，懇請飭下度支司，先借墊實銀一萬兩以便開工，俟經奏准即以牛具銀數抵還。倘經部駁，仍由職處邀同各旗官兵於歲發各款内，另行設法籌償，斷不敢略有拖延，致煩憲慮。除將工廠合同、房圖附呈鈞奪外，所有籌借工廠建築費用緣由，理合具文呈請。是否有當，伏乞鑒核，批示遵行，等情。據此，除批示准如呈辦理，俟飭度支司先借墊實銀一萬兩，仰即擬堂稿呈送可也，合同附外。合亟札飭，札到該司，即便作速遵照發給具報。此札。

《商務官報》光緒三十四年十月十五日第二七期《批徐耀臣稟》 稟悉。霸州一帶，物産豐饒，各商雲集，決非一行所能經紀其事。至於維持市政，畫一權衡，係國家要政，尤非該商所能把持，所請著毋庸議。此批。九月二十二日。

天津市檔案館《天津商會檔案彙編（1903—1911）》上册《上海祥生燭皂總廠天津分廠洪德生開列産品成本單請援值百抽五成案納税文光緒三十四年十月十五日》 具稟職商洪德生，浙江省寧波府人。稟爲檢呈奉准，援案抽五，廠貨估請察驗批示，並懇轉咨天津海關道憲存案，俾便出口通銷，而興商業事。

竊職商援案在上海、天津等處，創設仿照洋式製造燭皂兩項。一廠取名祥生，業經稟蒙上海商務總會呈由農工商部咨行税務處核准，援照成案，值百抽五，例在第一關征税一道，給單出口通行，沿途概免重征在案。

上海祥生總廠早已開設，今職商於天津東新街地方，開設祥生燭皂分廠。

現在廠貨先有虎牌燭造成，理應遵即將此項燭檢出，核計工料，估定成本，開列清單，匯呈總理大人，請飭察驗，准予批示，並懇轉請天津海關道憲存案，俾職商以後即可隨時遣伙報關照估，完税出口通行，暢銷無阻，從此我華商業日見興旺，皆出自總理大人之所賜也，感何可言。除粘估本清單一紙，並外附虎牌燭樣十封外，專肅具稟，伏祈照准施行，實爲公便。上稟。

計粘呈清單一紙。

謹將天津祥生分廠造燭工料成本，估計數目，繕開清單，粘呈台鑒。

計開：

十五兩虎牌燭，每封六枝，估計工料成本行平銀八分，每箱二十五封，共計工料成本行平銀二兩。

十二兩虎牌燭，每封六枝，估計工料成本行平銀六分三釐二毫，每箱二十五封，共計工料成本行平銀一兩五錢八分。

九兩虎牌燭，每封六枝，估計工料成本行平銀四分八釐，每箱二十五封，共計工料成本行平銀一兩二錢。

八枝虎牌燭，每封八枝，估計工料成本行平銀五分五釐，每箱二十四封，共計工料成本行平銀一兩三錢二分。

六枝虎牌燭，每封六枝，估計工料成本行平銀五分，每箱二十四封，共計工料成本行平銀一兩二錢。

津海關道蔡(紹基)批：如禀備案，並候抄摺函致新鈔兩關税司暨咨會天津釐捐局查照。此繳。

清摺，燭樣存。十月二十二日。

吉林省檔案館等《清代吉林檔案史料選編(工業)》下册《吉林勸業道爲籌辦造紙廠的詳文光緒三十四年十月十九日》 爲詳請事。

竊職道於上年十二月間，奉札飭赴試署本任，旋奉督、撫憲札開，本衙門於光緒三十三年十一月二十四日恭摺具奏：爲吉省應行要政逐漸措施大概情形，等因一摺。兹於本年十二月十八日賫回原摺。奉硃批：著即認真辦理，期收實效，欽此。欽遵，札行到道。謹查原奏内開：臣等前派農工商局局長主事胡宗瀛，赴日本考查實業，曾令其購機一具，用木質或麻料試辦造紙。將來不特印刷官書取材甚便，民間所用之洋紙並可少遏其來源。費款無多，用途極廣，等因。仰見督、撫憲經營實業冀挽利權至意。嗣奉飭將農工商局事務並歸職道管理。胡主事假滿回吉交卸局務，始將籌議造紙諸事相告。乃知其原因複雜，曲折甚多，請爲憲台覼縷陳之。胡主事赴東調查，於造紙極爲注意。既奉飭購器，當向三井物産合名會社議訂製紙機器全分，合日金五萬八千元，立約簽字，並議聘訂技師。適爲井上伯爵所知，遂薦工學士加籐勇造爲技師長，並於造紙辦法指示綦詳，贊成甚力。且謂此次出售機器重在名譽不重奇盈，故價值極從輕儉。胡主事感其厚意，認可而還，均經陳明督、撫憲允准。今春三井屢書敦促，職道復奉飭會同商辦，旋經該主事禀明前撫憲，以機器較小，堪造之紙僅二三種。欲令廢約既不可得，始議改用大製紙機及電燈機各一分。職道知從前購買外洋機端，經手人皆按九五扣成。當向該洋行執事依田豬三二言明，不取折扣，屬令從實定價。議需日金八萬八千五百元，運至長春車站交收關税在外。正訂議間，胡主事奉欽帥電調赴奉，因以停擱。雖三井屢次函催，職道告以原辦之員未歸，不便遽行定議。迨胡主事差竣來吉已至八月，且改派採木公司理事長差，不暇與聞此事。適值憲節莅吉，當經面禀，以交涉司僉事傅疆條理精密，邀令代表，始與三井洋行訂定加籐勇造合同底本，並退其電燈機全分，計減去日金六千五百元，尚實需日洋八萬二千元。此一年以來籌辦造紙、購訂機器、商聘技師長，迄今始有成議之原委也。職道識淺才軨，不嫻製造。紙廠造端宏大，尤非謭陋所能經營。且官辦工業需費較多，紙品銷場暢滯殊無把握，將來成本盈絀尤難預知。只以事關奏案，且係邦交，故雖才力愚庸不敢不竭誠經劃。惟此後用人、設廠、籌款、選材方面極寬，關係至鉅。職道力難兼顧，急需臂助有人，傅僉事亦以差事較繁，紙業又非所習，不敢擔任。惟查有奏調翰林院編修曹編修典初，曾在日本考查農工各業，殫思研究，具有心得。現奉憲台照會，委充勸業議員。職道迭與晤談，深爲佩服。如蒙允准照會曹編修，以勸業議員兼行監督造紙廠事，必能裨益大局。所有開辦規章建築廠屋等事，隨時與職道會同商辦。紙廠未成立以前即在職道公所辦事，暫不請發關防。並擬遴派二三科員，酌給津貼，隨同調查以節糜費。其餘未盡事宜隨時會商，禀請憲裁辦理。至此項造紙機價，建廠購料用人各款，應由何款項下動撥，應請飭下度支司早爲籌備，俾免臨時束手。兹將三井洋行機器價單，加籐勇造技師長合同各底本，附呈憲鑒，閲後發還備查。爲此備由具詳，伏乞察核，批示遵行。須至詳者。

吉林行省批：已如詳分別照會札飭，並另檄知照矣。此繳。

價單合同各底發還。

光緒三十四年十月二十三日。

吉林省檔案館等《清代吉林檔案史料選編(工業)》下册《吉林行省委任曹典初爲籌辦造紙廠監督的照會札文光緒三十四年十月二十二日。》 爲照會、札飭事。

照得振興實業必先講求製造，庶幾漸收實效。查吉省刷印官書以及民間所用紙張，大半來自外洋，以致利權外溢，誠爲可惜。前經本大臣會同前部院具奏，吉省應行要政大概情形摺内，並陳有購機造紙之一端，已奉硃批：著即認真辦理，期收實效，等因。欽此。欽遵在案。現在購置機器，商聘技師等事，業經勸業道、該道飭派交涉司僉事傅疆訂定，已有成議，亟應組織開辦。惟監督一差關係綦重，非精通工藝條理詳明之員不足以專責成而收效果。查有勸業議員曹編修典初，貴議員曾在日本考查農工各業，殫思研究，具有心得，堪以兼行監督造紙廠事務。所有一切規章及建築廠屋等事，應請隨時會同勸業道、該道酌商辦理。廠未成立以前，即在勸業道、該道公所辦事，總期推行盡利，以遏來源而塞漏卮，是爲至計。除札飭度支司籌備的款外，相應照會貴議員，煩爲查照兼理。須至照會者。

《商務官報》光緒三十四年十月二十五日第二八期《批河南商務議員稟》 據稟稱遵查光山縣屬迅烈火柴公司，此次補呈聲叙各節，所有該公司合資人、資本數目，並公司營業年月，既經詳細叙明，核與定章尚屬相符，自應准予註册，給照具領。除咨飭保護外，合行填給執照收單，寄由該議員轉飭該公司遵照，並將給領日期，呈報到部，以憑備案可也。此批。十月初四日。

《商務官報》光緒三十四年十一月五日第二九期《批吴懋鼎稟》 據呈稟請將織絨硝皮工廠運銷成品，免税一節，查機器製造土貨運售出口，向係遵章完納正税，概免沿途重征。呈内但稱照給沿途免税執照各等情，究竟是否遵章完納正税一道，未據聲叙明白，所請咨商北洋税務大臣之處，仰候聲復到部，再行核示。此批。十月十九日。

吉林省檔案館等《清代吉林檔案史料選編(工業)》下册《吉林官書刷印局劉秉鈞爲預籌紙業辦法的稟文光緒三十四年十一月二十日》 大帥閣下：敬稟者，竊維刷印一業，與行政、教育、商務皆有最大之關係，而於紙業尤爲密切。是刷印之發達全賴紙業之輔助，紙業之發達亦賴刷印之提倡。蓋紙業實刷印之母，氣脈本相連屬，二者相輔而行，未有不同收實效者矣。查日本官立抄紙部，與帝國刷印局並立，成效大著。夫人得而知之，即前年度支部奏辦刷印局，造紙廠亦同時籌辦，是即相輔而行之意也。我吉林雖於去年蒙前撫憲之提倡，各司道之贊助，創辦官書刷印局於省垣，委卑職爲副局長，繼又承我憲台格外維持，於刷印前途何嘗不可力求進步。無如交通不便，購紙爲艱，風氣初開，銷飭不廣，是以經營一載僅具規模，究未能達其目的。撫躬自問，良用歉然。茲聞我憲台將於吉林振興紙業，建廠自造，已聘技師，成有日矣，實於刷印一途良有裨益，曷勝欽佩。卑職伏思必須預籌辦法，以防弊端而保利權，然後紙業與刷印乃可日見發達。謹就管見所及爲我憲台縷晰陳之：

一、官用紙宜統歸官造，以昭慎重也。查日本所有官用紙張，均由官立抄紙部製造，帝國刷印局印發，其費即由中央政府於其領款内坐扣，法至善矣。江蘇仿辦而事未成，江西繼起而事竟成。我吉林之創辦刷印局已繼兩省之後，要不過試辦刷印，皆未議及紙業以固根本。且吉林之官用紙，如公牘紙、契尾、鈔票、交涉司之護照，税務處之税票，詞訟紙如狀式、甘結、傳票、拘票、搜查票、管收票之類，雖均歸刷印局印行，而公牘紙究未通行全省。並有不肖商家任意仿造紙料，既屬相同，價值亦復相等，明知其爲仿造，究屬無從區别，故公牘紙之銷場久無起色。又查紙幣一項，各國向由官廠製造，從不假手商人。即日本抄紙部、刷印局、造幣之處，向不引人參觀。造幣之工人亦不准其出廠，其於紙幣何等鄭重。乃吉林之官帖，從前均由上海商家代造，印工並不精細，紙料亦非特製，宜乎其有僞帖充斥其間。今既講求紙業，成立之後，所有全省官用紙張，宜統歸官廠分類特造。如爲某項官紙而造者，即專作某項官紙之用，嚴禁商民仿造，亦不發售作他項之用。似此則官廠只爲公家所當爲，並不礙小民生計。此則造紙廠所當籌辦者一也。

一、牲畜税票宜提歸官造，以杜中飽也。查吉林各屬牲畜税，向由地方官代征，從不報解缺分之肥瘠。即視税課之多少。其所用税票爲數最鉅，亦由地方官自行刷印。官經交卸，即將票根携去，並不存案，歷年以來竟無從知其確數。當此財政支絀之際，若認真整頓，化私爲公，於公家當可增進鉅款，以補財政之不足。惟涓滴歸公，地方官必致無辦公之費，似宜於整頓之中仍寓體恤之意，或即於税課中提給一半爲地方官津貼，或仿直隸辦法另給公費。在各地方官具有愛國之心，值此庶政繁興經費困難之時，未有不激發天良共襄斯舉者。今宜改用三聯税票，所用紙料由官廠製造，官局刷印，設周印發，或即由税務處印發，仍由地方官代征代解。票費即由稅課内開銷，不必另征，以免擾累。至稅票除給納稅者一聯外，以一聯隨課解交度支司，或經管此項稅課之專局，以憑查核。其票根即存地方官署備案，嚴禁私造，以防中飽。若不提其稅課，而此項稅票亦當提歸官造，不獨於紙業增益銷路，並可由用票之數目推而知其稅課之大概數目也。此則造紙廠所當籌辦者二也。

一、簿記宜改歸官造，以便統計也。查東西各國，凡官用民用一切簿記，均歸官局製造發售。其意旨所在非專爲利計，實爲統計而設，蓋簿記實統計之根據也。我國簿記學素未講求，聽人意造，無一定格式，故辦理統計極難調查。現在各省實行統計已奉明文，則簿記改良事不容緩。且查餉捐局征收捐款，向以商户賬簿爲憑。則商用簿記關係甚大，今宜將官用商用一切簿記，一律改歸官廠製造，劃一格式，禁止私造，以期便於統計。惟吉林風氣初開，民用簿記似可從緩，此則造紙廠所當籌辦者三也。

一、刷印業所用紙料，宜概歸官局製造，以挽利權也。查吉林所産紙張，價昂而質劣。刷印所用如洋連史、洋粉連、黄白、毛邊玻璃、粉連、新聞紙、模造紙等類，或印書報，或印圖表，爲數頓多。雖由上海、天津、營口等處購運而來，實多半自外洋輸入，利既外溢，運亦爲難。今既創設紙廠，則刷印業所用紙料，宜概歸官廠仿造。如所用原料有爲本地所無者，亦不妨向他處購求，價值雖與洋紙相若，究能保守利權。倘本地原料所造紙張與洋紙相差無幾，業刷印者亦當就用，共維官業，以圖抵制。此則造紙廠所當籌辦者四也。

以上四端，均須於造紙廠未成立之前預先籌辦，以立基礎。惟吉林地處邊隅，幅員雖廣，人民實稀。若僅行之一省，尚恐不能支持，必須三省合辦。將三省之官用紙，統歸一廠製造，即以吉林爲總廠，於奉、江兩省省會及繁盛之處設立分局，以利交通而便發行，方能收莫大之效果。且東三省本均歸督憲管轄，統而行之當亦未爲不可也。卑職楚南下士，學識淺陋，謹抒所見，預籌紙業辦法。是否有當，伏乞憲裁訓示。卑職秉鈞謹禀。

吉林行省批：據禀已悉。該丞所擬造紙辦法，注重公用紙張，統歸官局專製，其言不無可採。現在籌辦紙廠，即以推廣官紙而不侵奪商制、民制爲宗旨。該丞所陳正與此合。候交勸業道會同造紙廠監督曹編修採擇辦理。仰即知照。繳。光緒三十四年十一月二十一日。

《商務官報》光緒三十四年十一月二十五日第三一期《批朱彝鼎等禀》 禀悉。該職商等前在東鹿縣辛集鎮地方，設立皮毛公司。查此項公司，請在辛集開辦者，不一其人，迭經本部批駁在案，該商所禀事同一律，豈竟毫無聞知，據稱所入之貨，均按三分扣用，顯係假公司之名，希圖壟斷，又請提三成，用錢報効，尤屬意存嘗試，所請著不准行。此批。十一月初一日。

《商務官報》光緒三十四年十一月二十五日第三一期《批李席珍等禀》 據禀集股銀八十萬元，在黑龍江呼蘭府屬五站地方，設立富華製糖股分有限公司各節。查栽種蘿蔔，購機製糖，自是爲擴充利源，提倡實業起見，用意頗堪嘉尚，所擬招股簡章，亦尚妥洽，所請專辦十年之處，與地方情形有無窒碍，仰候行文東三省總督、黑龍江巡撫，飭屬查明復部，以憑核辦，復到再行核示，仰即遵照。此批。十一月初八日。

吉林省檔案館等《吉林檔案史料選編》上諭奏摺《吉林巡撫陳昭常等奏創設旗務處工廠並陳籌款情形摺光緒三十四年十一月二十八日》 跪奏爲籌劃旗人生計，創設吉林旗務處工廠，並恭陳籌款情形，仰祈聖鑒事。

竊維處天演競争之世，非自立不克圖存，際環球商戰之場，惟勸工方能足用。吉省襟山帶江，物産本富，而旗人世蒙豢養，久昧營生，迄今食指日繁，俸糈有限，謀生乏術，坐致困窮，欲籌補救之方，不得不振興工藝。伏讀光緒三十三年八月二十日諭旨：籌劃旗人生計，仍將各項實業教育事宜，勒限認真籌辦等因。仰見朝廷垂念旗丁至周且渥，欽遵之下，感激莫名，允宜深體廟謨，認真籌辦，以興實業，而節虚糜。

茲據旗務處呈稱：擬於迎恩門外水師營顏料庫舊址，就其原有房屋，酌量添改，建爲工廠。廠中一切用款，均由通省各旗舊有之款暨官兵旗産酌量妥籌，即定名曰吉林旗務處工廠。招集旗籍藝徒百六十名，先分五科：曰革工科，專製軍警兩界應需靴鞋、箱帶、馬鞍、提包等件；曰金工科，專製革工上所需銅鈎鐵片等類，與革工科相輔而行；曰織工科，專製冬夏軍、學、警各界操衣、布匹、兼織腰帶、鞘繩等件；曰染工科，專染本廠所出物品，與織工科相輔而行；曰紉工科，購買縫紉機器，就本廠所出布料，製造成品，與織工染工兩科相輔而行。

以上五科均先供軍警兩界及學堂之用，所出成績品，即隨時設所出售，以廣銷路。如能辦有成效，再行添設他項工科，續製商品，以臻完備。所有購置材料及造成貨品，於路過各處關卡，擬仿照京師工藝局章程，由本廠填照送驗，免征釐稅。取天生之原料，招土著之工徒，延聘匠師，教以藝術，畢業後，優給出身，分別派往各處，轉相傳授。如有才藝出衆，自出心裁，造成特別用品，應准照章立案，分別專利請獎。但使一人習有片長，即一人多一生路。倚賴之性質既除，立憲之資格自備。十年以後，必能普及全旗。惟創辦之始，籌款維艱，通盤籌劃，約計建築及開辦費需銀一萬五千兩，五科成本一萬三千兩，每年經常費七千兩。倘有不敷，設法籌補；如有贏餘，再當添設工科，以爲擴充地步，並開呈籌款情形三則，呈請立案前來。經臣等詳加復核，尚屬切要可行，應准試辦。查上年京師創設八旗工廠，業經奏准開辦在案。奉省近亦設立八旗工廠，今該處創設旗務處工廠，事同一律，合無籲懇天恩，飭部立案，俾得及時開辦，如蒙俞允，再將詳細章程、建築圖表、免税照式，分咨農工商部、民政部、度支部、陸軍部、學部、郵傳部查照。所有籌設吉林旗務處工廠並開呈籌款情形，謹恭摺具陳，伏乞皇上聖鑒訓示。謹奏。

謹將創設吉林旗務處工廠籌款情形，繕具清單，恭呈御覽。

計開：

一、牛具銀。

謹按：此款前因旗丁生計維艱，由庫撥銀三萬六千八百三十三兩二錢五分，專爲接濟全省旗兵之用，名曰牛具銀，蓋即寓兵於農之意。每次開放，每兵只准借給銀二兩，仍由該兵應領餉内陸續扣還，按年報部一次，歷經遵辦在案。惟借支須由該管官具保。因此弊竇叢生，則是留此一款，徒供官吏市惠侵剥之具，且貧者未必能借，而借者決非真貧，辜負皇仁，遺累寒畯，莫此爲甚。現在該款自光緒三十二年報部後，所放之數，將次扣齊，省城存儲度支司，外城存各副都統衙門，尚未動放，擬請將牛具一款改撥旗務處工廠經費，以歸實用。第此款係内結之款，須由部准。查上年八月間，欽奉諭旨，籌劃旗人生計，准撥部款等因。而該處工廠本爲籌劃旗人生計而設，揆諸名義，亦屬相符。

二、匠役銀。

謹按：此款前因各旗練習弓箭，故設弓箭匠二百五十七名，每名歲支工食銀十二兩，共銀三千零八十四兩，除每兩由部章扣二錢又扣二分外，實發銀二千四百一十七兩八錢五分六釐。今弓箭業經廢除，此項匠役不免虚設，擬請將該工食銀每年二千四百一十七兩八錢五分六釐，提充工廠經費。其食餉之匠役，擇其才堪造就者，撥入工廠學習手藝，庶幾款不虚糜，人各有用，一舉而數善備焉。

三、隨缺地租。

謹按：此款於光緒十八年，經前將軍長順奏准，以省城十旗水師營，寧古塔、阿勒楚喀、琿春、拉林、烏拉、五常堡、伊通州、額穆赫索羅等處官兵隨缺地十三萬九千八百六十四晌，每晌給銀一錢八分，除每兩由部章扣六分外，實發銀二萬三千六百六十四兩九錢八分八釐八毫，每年隨秋季官兵俸餉一併核發，俾資津貼等因，歷經遵辦在案。現因創設旗務處工廠經費困難，當飭旗務處會同各旗協佐等，再四籌商，該各旗願將隨缺地租銀兩劃撥一半，每年計銀一萬一千八百三十二兩四錢九分四釐四毫，撥充工廠之用。查此款原因旗署官兵生計艱窘，略資補助起見，但按款攤分，每名所得無幾。若以一半撥作工廠經費，則貧苦旗人漸能自食其力，於個人所損甚微，於生計大有裨益。且以旗人所得之財，辦旗人應辦之事，公誼私情兩無窒礙。擬請將每年隨缺地租劃撥一半，以充工廠經費，其餘一半，仍由各該旗按季支領，以示體恤。

本年十二月十七日差弁賫回原摺，奉硃批：該部知道，單并發，欽此。

《商務官報》光緒三十四年十二月五日第三二期《批李敬修等禀》 前據禀請開辦昌平州小惠山糖土一節，當經本部札行順天府查明，聲復在案，茲准復稱，飭州查明該商等已指定小惠山一處，先行試辦，並送保單等因前來。查該商等請辦小惠山糖土，既經指定一處，自應照准，仰候核明，填照給領可也。此批。十一月十一日。

《商務官報》光緒三十四年十二月五日第三二期《批宋煒臣禀》 前據禀稱，陝西義禮公司火柴廠，仿冒燮昌公司雙獅商標，當經本部據情咨行陝西巡撫，飭屬查禁去後。茲准復稱，義禮公司所用牌名，共六種，内有雙獅牌樣，實非有意仿冒，現已飭銷燬，並具以後不用甘結等因前來。爲此批示，仰即遵照。此批。十一月二十一日。

吉林省檔案館等《清代吉林檔案史料選編（工業）》中册《吉林全省旗務處爲擬定旗務處工廠章程並申明免税期限的呈文光緒三十四年十二月初十日》 爲呈請事。

竊職處前以吉省旗人生計日艱，欲求補救之方非於工藝入手不足以謀生活而事競爭。因擬將水師營顏料庫房基改建爲吉林旗務處工廠，定額招生分科傳習。並擬就辦法大要四則，一併呈請憲台批示遵行。蒙批：旗人身無執業坐致困窮，欲籌補救之方必須振興工藝。況吉省天然物産最爲富饒，果能創立工廠教撥得法，使人人各有所長，則人人皆能自養，十年以後富强何難立致。該處議設旗務處工廠，專招旗籍學徒分科講習，誠爲今時急務。辦法四則及酌提各款，均尚妥協，應准先行試辦。至開辦伊始，所購材料及所出物品，於路過關卡均暫免征，以示體恤而資鼓勵。仰即一併擬定詳細章程，申明期限，禀候批核可也。此繳。等因在案。奉此，遵將詳細章程悉心擬議，業已擬就五十一條，另繕清本呈請憲鑒。至免征釐税一層，查農工商部設立之工藝局，應用物料除係來自外洋，經過新關一律照章完税外，其土貨經過新關，以及洋貨、土貨經過常關釐卡並京師崇文門税局，概免征收釐税，由部填發護照查驗放行。職廠事同一律，理宜仿照辦理。惟既蒙憲批申明期限，應遵擬先以十年爲限。自宣統元年起至宣統十年止，凡在十年以内所有職廠應用物料，遵照農工商部設立工藝局免税章程，除係來自外洋經過新關一律照章完税外，其土貨經過新關，以及洋貨、土貨經過常關釐卡，概免征收釐税。並由職處填發護照查驗放行。自十一年以後，再行斟酌辦理。如蒙允准，並請咨行農工商部通飭各省新關、常關、釐卡等處一律照辦。先由職處擬就護照格式，隨文呈請憲核。所有遵批擬定職廠詳細章程，並申明免征釐税期限各緣由具呈，伏乞憲台批示遵行。須至呈者。

吉林行省批：所擬工廠章程均屬周妥，照式亦屬妥協，應准照擬先行試辦。仰即妥具堂稿，呈候咨請農工商部，通飭各省新、常各關卡查照立案可也。章程、照式並附。

光緒三十四年十二月十一日

《歷史檔案》一九九七年第一期《直隸總督裕禄爲北洋機器局鑄造銀元未便遽停事奏片光緒二十四年十二月十一日》 再，欽奉寄諭：北洋兼造銀圓是否可以停止，著裕禄酌核情形奏明辦理等因，欽此。奴才伏查，直隸鑄造銀圓，係於光緒二十一年間户部奏准行令各省仿鑄銀圓案内，經前督臣王文韶飭據北洋機器局查得，該局因試鑄製錢購有機器一分，以之改造，二角以下銀圓適合於用，添購製造一圓及半圓機器，奏明設廠試造。該局雖附於北洋機器局廠地之内，而所用員司、匠徒均係另行派募，並不撥用機器局人工，其鑄本亦僅由各局所及銀行借撥，造成銀圓售出收價，轆轤鼓鑄，所得餘利按月結報，並未請領公款，亦未動用機器局經費，實與機器局製造軍火毫無關礙。方今製錢奇絀，北省尤甚，津郡爲通商要區，商賈輻輳，製錢更形短缺。若無銀圓爲之接濟，錢法壅滯益難支持，是現鑄銀圓不獨爲收回外洋利權，亦實爲補救内地圜法急務。奴才詳加體察，北洋機器局鑄造銀圓仍當照舊循環鼓鑄，藉以流通市面，俾資周轉，未便遽議停止。理合附片具陳，伏乞聖鑒訓示。謹奏。

硃批：知道了。

天津市檔案館《天津商會檔案彙編（1903—1911）》上册《直隸工藝總局爲京師丹鳳火柴公司在津設立分廠事照會津商會光緒三十四年十二月十四日》 直隸工藝總局爲照會事。

案照本年十二月十二日奉督憲楊札開，光緒三十四年十二月初八日准農工商部咨開：接據京師丹鳳火柴公司呈稱：京廠基礎已定，兹擬添招新股七萬五千兩，合舊股成十五萬兩，擇直隸天津縣西碑疙疸廟附近開設分廠，招集窮黎，以事製造。名曰京師丹鳳火柴公司第二工廠。辦法以京廠爲模範，事務歸京公司節製，庶事權劃一而易於操縱。再此項工廠自組織以至成立，頗需年月，重以北省洋貨充斥，商務情形與内地迥異，非處不敗之地，不足爭衡。仍擬援照京廠例，於該縣境内專辦十年，暫不准添設此項工廠，以免同類相爭，外人漁利之害。呈請核准，以便招集股款，建廠製造。等情前來。

查直隸工藝調查表，天津工藝總局有燧類一門，專造安全火柴。天津地方此外有無火柴工廠，抑有無專辦年限，無從查悉。相應咨行轉飭查明聲復本部，以憑核辦可也等因。到本大臣准此，合行札飭，札到該局即便查照，迅速查明具復，以憑核咨，此札等因。蒙此，查敝局實習工場有製燧一科，專造安全火柴。另有商人伊長庚設立火柴公司禀請保護有案。此外有無火柴工廠，敝局無從查悉。兹奉前因，相應備文照會，爲此照會貴商會總協理請煩迅速查明天津地方此外有無火柴工廠，及有無專辦年限，即賜見復，以憑轉報，望切施行。須至照會者。

《商務官報》光緒三十四年十二月十五日第三三期《批李敬修等禀》 前據禀請開辦昌平州馮山村西北薄山、小惠山、望兒坨山三處糖土一節，當經本部札行順天府，飭屬詳查，該商開辦糖土與地方有無妨礙，並飭定一處，先行試辦，並送保單前來，其照費銀兩，亦經該商呈繳到部，業經本部批准示遵在案，現已將礦照填就，除札飭順天直隸礦政調查局查照外，仰該商等遵即來部承領可也。此批。十一月二十七日。

中國第一歷史檔案館《光緒朝硃批奏摺》第一〇二輯《光緒三十四年十二月十五日山西巡撫寶棻摺》 山西巡撫奴才寶棻跪奏，爲太原滿營設立農工傳習所，謹將籌辦情形，恭摺具陳，仰祈聖鑒事。竊照上年八月間，欽奉諭旨，飭令查明駐防數目，計口授地，一面將各項實業教育事宜，認真分別籌辦，以廣旗丁謀生之計等因，欽此。奴才當以太原駐防旗丁，大率不諳耕作，必先設立農工傳習所，並附女工廠，普授實業教育，冀可逐漸收效。於上年十一月間，將擬辦情形，專摺奏報聲明，俟房廠工竣，再行具陳，恭奉硃批：著即認真籌辦，期收實效，欽此。奴才遵經督同太原城守尉，挑選年歲合格旗丁一百名，延訂教員，暫借附近廟宇，先行開課，授以淺近普通各學，以植其基；一面勘定城守尉衙署西偏隙地，建設傳習所講堂、齋舍，男女工廠，共房屋一百餘間。又於滿營西門外，另闢農事試驗場，並開水井等項，經營數月，一律工竣，派員逐細勘驗，均屬堅固整齊，已於本年十一月二十六日，率屬行正式開學禮，附設女工廠，亦於同日開工，此度地營造，先後布置之大概情形也。奴才查現籌旗丁生計，莫要於農工、實業。近日東西各國最重實業，以爲國民各具能力，即爲全國富强之基。今滿營傳習所與尋常學堂，性質微有不同，故其教育之法，有内堂功課，有場廠實習二者，並進乃能明其理，而習其事，以底於成。茲定爲上半日，内堂功課，授以修身、國文、算術、圖畫、體操各普通科學。下半日，場廠實習農事，則授以種植、耕耘、收穫、加肥、去蟲諸法。工藝則分五金、織布、紡紗、彈花、雕刻、木工、縫紉、皮件、草帽數科，其女工廠則令先習刺繡、縫紉、紡紗、織布各事，逐漸擴充。晉省民風樸愿，於工藝素鮮講求，且地方瘠苦，出産亦復稀少，如五金、木工、皮件、紡織等事，尚爲民間所習見，且日用所資，應需料物，亦可就地取材。苟習成一藝，即易於謀生，若製造精巧，如雕刻、刺繡之類，小民已不經見，然亦姑備一格人之材質，各有所宜，鉅細精粗，均就其性之所近，設法課導，不能限以一端，但有專長，則衣食取資，終身用之不盡。現在各科教習，技師，均經訂定，應需機械亦擇要購備，此次開辦，奴才已將設立宗旨，諄切誥誡，務令倍加策勵，均能自食其力。該旗丁等皆知奮勉，仍當督同城守尉細心考察，如有應增應減，隨時改良，以冀仰副朝廷加惠旗丁，規畫久遠之至意。現在用款暫行設法籌墊，一俟撥定的款，再行奏明辦理。除分咨查照外，所有滿營設立農工傳習所籌辦情形，理合恭摺具奏，伏乞皇上聖鑒訓示。謹奏。

《申報》宣統元年正月初四日第四版《北京陳列所落成日期南京》　農工商部去臘致各省督撫電，略謂本部重建勸工陳列所，調取各省物品，前經奏咨在案。該所明夏竣工，應請飭屬及各商會，將物品從速調查彙解。

《申報》宣統元年正月十二日第三版《吉林黃烟之消場吉林》　黄烟一物，爲吉林特産，其質甚佳，一加製造便成上品。前韓君登舉等創辦烟草公司，原爲改良物品，挽回利權起見，近有美商乘冬令烟草上市之際，不惜重資，廣爲收買，而業此者均樂於輸出云。

《商務官報》宣統元年正月二十五日第一期《批天津商會禀》　禀件均悉。該商人張咀英前於光緒三十三年五月間，禀辦松盛大麥酒廠，業經本部准予立案，今擬招股遷地，改設華蕚啤酒公司，自係爲擴充營業起見。惟所招華股，現已集有若干，該公司創辦及查察人係何姓名、住址均未據聲明。仰該商會轉飭該公司，照章繕具註册呈式，並逐項詳細呈覆，再行核奪，簡章股票式及册費暫存。此批。正月十二日。

吉林省檔案館等《清代吉林檔案史料選編（工業）》中册《吉林全省旗務處爲旗務處工廠成品運赴南洋陳賽的移文宣統元年正月》　爲移送事。

生計科案呈：據旗務處工廠呈稱：竊查職廠案准出品協會移復，案稱工廠各科所製各種出品，移送敝會全數售賣一節。惟敝會簡章前經分行查照在案，其第三條云：公家出品應由官府搜集，移送本會運赴南洋勸業會陳賽，運費途資概由官府擔任等語。現經成立東三省協贊分會，已將各公家出品應需運費途資籌備專款，應由貴工廠將所有出品呈明旗務處，移送協贊分會，匯齊運赴南洋。代墊一切費用，俟到南洋能否售賣再爲查照定章辦理等因。准此，茲將職廠前經移送各科所製出品，數目計六十一件，價值共洋七百一十六元，除造具清册外，理合備文呈請轉移施行，等情。據此，查該廠出品既應送由貴會匯齊運赴南洋陳賽，所有一切運費均請先行代墊，至到南洋能否售賣，祈即查照定章辦理。相應造具清册，備文移送。爲此合移貴會，請煩查照辦理施行。須至移者。

《商務官報》宣統元年二月五日第二期《批廣益紡紗公司職商鄭永員等呈》

呈悉。該職商等創辦河南廣益紡紗廠，據稱經營五年，備嘗艱苦，擬援照通州大生紗廠專辦成案，准公司在彰德一府境内專辦，並懇援案頒給鈐記式樣，俾資遵守等情，自應准予立案，在彰德境内專辦五年。至請頒鈐記一節，一併照准，合將圖記式樣發交該公司，敬謹刊用，仍將起用日期報部備案，並遵章到部註册可也。此批。正月二十日。

天津市檔案館《天津商會檔案彙編（1903—1911）》上册《韓偉卿爲高陽土布運銷内地均按通橋章程征税事牒呈津商會及津海關道鈔關復函宣統元年二月七日、閏二月二十五日》　高陽商務分會總理韓（偉卿）爲提倡土布，廣開銷路，遵批劃一納税不至重征，再請咨請關道憲通飭税務各局征税劃一，以免轇轕而恤商民事。

竊高陽土布，實行改良，民間之生計日興，而外溢之利權可挽。前據衆商據陳：高陽職商許鹿鳴販運土布，經過張家口一帶，因土布征税無定，在通橋税務處稟請輕減，蒙税務處批開：該商販運愛國圖土布稟請減税，係爲恤商起見，應從寬減免，以順商情。嗣後凡遇販運此等布匹查驗，每匹九丈，按五分完納正税；每匹五丈，按二分五釐完納正税，以昭公允。此批。據情牒請總會憲詳請農工商部咨行税務處通飭各關卡，一律納税，不至重征關税，商民兩有裨益。已蒙總會憲稟詳農工商部，當經咨税務大臣酌核辦理，蒙批開：前據該商會稟：以高陽縣許鹿鳴販運土布，仍請優恤減税等情。當經咨行税務處核復去後。茲准復稱：該商所運土布，既在通橋税務處稟准，每匹九丈按五分納税，每匹五丈按二分五釐納税，是該處收税業經寬減。至所請照所批之數再加優恤一節，應候本處核定改良棉花紗布優加體恤統一辦法，通行各省，該商自能一體均沾。現應仍照向章辦理，以免紛歧等因。合行批示，仰轉飭遵照此批等因。遵此，仰見總會憲提倡織紡改良之至意，廣開銷路保全商務之深心。理應静候部章，無庸煩瀆。

然天津爲直省之口岸，商家交通之總匯，高陽土布振興，非由天津暢行銷路廣開，不足以敵外貨而挽利權。各商號販運高陽土布，牌號不一，惟恐外客希圖漁利，夾帶影射，溷迹偷漏。又恐實係高陽土布，經過各税分局强征勒索，故爲刁難，有礙商情。可否遵照税務大臣批復，土布納税仍照許鹿鳴在張家口通橋税務處稟准，每匹九丈按五分納税，每匹五丈按二分五釐納税，咨請關道憲，通飭天津一帶税務分卡，照通橋批准之數納税，以期劃一。再請札飭敝會，如有運販土布，不論何等牌號，有敝會憑照，即按土布完納正税，以免冒濫。敝會爲公起見，爲此具牒呈請，轉咨關道憲，分行札飭，以期税務劃一，而恤商民。是否有當，伏乞鑒核批示祇遵，照詳施行。須至牒呈者。

右牒呈津商務總會

津海關道蔡批：據稟已悉。查此項改良土布，既經税務大臣核准，每匹九丈按五分納税，每匹五丈按二分五釐納税，核與本關則例所差無多，應准照通橋章程辦理，以恤商艱。仰候函致鈔關遵照。繳。

天津商務總會

宣統元年二月二十五日到

敬復者，接准來函内開，土布由高陽運津銷售，該分會發給憑照到津，查明實係高陽土布，查銷憑照，以通行裁尺量明丈數相符，按新章納税，發給收税單。如再轉運出境，另由原商赴關報明，請發子口單。前叙沿途概不重征一語，專指天津分卡而言。至通橋原係崇文門税局分卡，運津土布，向不經過。希查照辦理等因。准此。查高陽土布入境時，即照新章征税，存堂發給税單，俟運出境，再行報關，發給免重税執照。此執照祇能行於直隸境内津海關道所轄之各關卡，他處不能通行，亦不能給子口單，相應函復。即希貴總會查照是荷。此頌升祺。

管理鈔關曼德敬啓

《申報》宣統元年二月初十日第三版《駁阻洋商内地設廠山東》 青島毛利公司毛福蘭，擬在濟甯州運河之新鐵路左近，設立肥皂機器工廠，並擬在濟南維口地方設立機器磨麵廠一座，東撫袁中丞以濟甯、維口均屬内地，該公司在該處設廠，與約章不符，已照約駁阻。

吉林省檔案館等《清代吉林檔案史料選編（工業）》中册《吉林行省爲奏准開辦旗務處工廠札發章程的札文宣統元年二月十五日》 爲札飭事。

旗務處案呈：前經 大臣、部院 會奏創設吉林旗務處工廠，以裕旗丁生計等情一摺，欽奉硃批：該部知道，單並發，欽此。遵將奉到日期業經札飭在案。現已派員前往京、津等處調查工廠情形，購置機器、物料，延訂工師，擬俟旋吉，當即開廠試辦。所有擬定詳細章程，合亟札發，札到該協領即便遵照可也。切切。特札。

《商務官報》宣統元年二月十五日第三期《駐藏辦事大臣奏創設關外製革工廠摺》 奏爲創設關外製革工廠，以興實業而備軍用，恭摺仰祈聖鑒事。竊維振興地方，首在提倡實業。關外出産土貨，本多牛皮，尤爲大宗，既爲民間購用之品，更屬軍中必要之需，從前未諳製造，率以生皮行銷外洋及下江各省，而邊地所需熟皮，反以重價購取，遠道運回，何啻棄貨於地。現當殖民練兵，需用日夥，亟應就地設廠，講求硝製諸法，期於節省耗費，減輕成本。查四川省城本已設有製革廠，所出貨件頗爲合用，奴才審慎籌畫，特在巴塘地方設立製革廠一所，先由川省製革廠内，調用諳練匠人，赴邊指授建築工廠，並擇邊民之秀者二十餘人，派赴川廠學習製革新法，經營數月，始克觀成，已於本年十月開辦，計造屋購料選匠募工約需開辦銀二萬餘兩，即由邊務款内支撥，此後出貨日多，銷路漸廣，如數開支，即可勿庸再動正款，仍由奴才督飭在廠員司認真經理，逐漸擴充，期於邊地軍民兩受其利。除分咨查照外，所有籌設關外製革工廠緣由，理合恭摺具陳，伏乞皇上聖鑒訓示，謹奏。

吉林省檔案館等《清代吉林檔案史料選編（工業）》中册《吉林旗務處工廠章程宣統元年二月十九日》 奏設吉林旗務處工廠章程：

第一章　設員

第一條　廠内設廠長一員，副長一員，稽查一員，工師五人，教習二人，司事五人。其廠長、副長因事屬初創，局面較隘，暫由旗務處札委試充，以便隨時督坊。一俟辦有成效，將該廠擴充，再行呈請堂札，以昭鄭重。稽查員由旗務處札委。教習、工師、司事等歸廠長會同副長選聘。其夫役因事之繁簡酌用，暫不定額。

第二章　分職

第二條　廠内員司辦事，除稽查員外，分五處：一總匯處，一會計處，一收發處，一考工處，一監工處。其總匯處爲各處之冠，所掌事務以廠長副長任之。以外四處均歸總匯處節制，所有事務以司事分辦。

第三條　稽查員原爲稽查全廠有無利弊所設，辦事應不屬各處。

第四條　總匯處所掌事務如左：

一掌全廠一切布置、調度及應興、應革事。

一掌講求工廠改良，推廣銷路事。

一掌監察各處及各科辦事有無錯誤勤惰事。

一掌考核各處憑票帳款，及出入材料物品有無虧短舞弊事。

一掌司事、工師等請假及功過，並監發藝徒工食事。

一掌辦理往來文牘函件事。

第五條　會計處所掌事務如左：

一掌經理各項經費出納事。

一掌廠内辦公器具應行添置保存事。

一掌登記帳目及立表造報事。

一掌核發員司薪水及藝徒津貼事。

一掌督責差役、廚夫按時辦事及各項門鎖事。

第六條　收發處所掌事務如左：

一掌庫房出入材料物品，隨時註册報知總匯處，以便查核事。

一掌查點庫存各件有無損耗、變質及曬掃整齊事。

一掌豫算各科所用材料，應會同考工處隨時添購事。

第七條　考工處所掌事務如左：

一掌管理陳列室，收發成品物件事。

一掌採辦原料物件及成品定價銷售事。

一掌登記售品款帳及追繳貨價短欠事。

一掌考驗各科交來成品，工作有無進步及研究價值事。

第八條　監工處所掌事務如左：

一掌約束各科藝徒，限時工作及循規出入事。

一掌匡正藝徒品格並激勸勤奮事。

一掌監察工師、教授能否盡心指示、教導及違犯廠規事。

一掌登記工師、藝徒之勤奮過失及請假事。

一掌領料、發貨及核計成品，並禁止各科工料不得浪費事。

一掌考查藝徒工作遲速優劣，隨時報告事。

第三章　工廠總則

第九條　廠内員司、教習自派定後，各專責任，辦事不得推委越俎以期事權劃一。惟事屬創始，頭緒紛繁，如一切規則雖經詳訂，仍須各員司共擔責成，協力維持，庶能規模完備以收實效。

第十條　各科工作時間：三月至八月，午前七鐘上工至十二鐘下工；午後一鐘上工至七鐘下工。九月至二月，午前八鐘上工至十二鐘下工，午後一鐘上工至六鐘下工。其工師、藝徒在此時限内務須一律進廠作工，不得先後參差。

第十一條　員司辦公時間按工作鐘點爲限，倘事務紛繁，應辦未完之件雖過時限，亦應分别辦齊。

第十二條　員司在辦公時限内不得任意出廠，及有離去責任、就寢、談笑篡事。

第十三條　員司請假，如疾病或家事，必須親往總匯處報明情由，許可方准出廠或調養。倘請假過三日者，務須請人權代，以重責任。其權代人如有錯誤，惟本人是問。

第十四條　廠内員司因公出門須限定時刻回廠，不准假公游盪。

第十五條　本廠創辦伊始經費未充，凡屬動支經費者，務須格外節省，以實事求是爲主。其有應興應革，須動支款項事宜，當先期詳請旗務處核准，再行舉辦。

第十六條　本廠經費有成本、經常之別，非經釐定賬目，不足以昭明晰。各處出納款項，收發材料、成品，所訂賬目、憑票，均須逐日清結，分半月一小結，一月一總結。經總匯處核准，稽查員簽押，以備分别造報。

第十七條　本廠報銷分成本、經常兩種，屬於經常費項下出納錢款數目按月一報；屬於成本項下出納錢款，及成品售價等數目，並核計盈虧按三個月造報一次。

第十八條　本廠遇朔望日及恭逢萬壽暨端午、中秋、長至節各放假一天，年假一個月。

第四章　各科規則

第十九條　每日上工時，監工員須在藝徒之前站守廠門，監視各徒摘牌入廠後，即將廠門關閉。督同工師發料派工，終日在各科内督察藝徒之勤惰，考驗製品之優劣，分别登録日記。下工時，將各科所有原料、物品曾否整齊，所備火爐已否撲滅，均須加意巡查，然後出廠。

第二十條　藝徒逐日成績數目，及請假未到等情，必須備查工簿以登記之。

第二十一條　每日各科所用原料，在十點鐘以前分數填證憑票，由總匯處蓋戳，再向收發處取領。至出品不拘多寡，須逐日送繳考工處考驗收存。其送去之品，或工作陋劣難以銷售，仍應取回，責任該科設法改良。

第二十二條　所管各項帳簿，除日記、查工簿每日放工後送由總匯處考核外，其餘往來憑票按半月與各處核封一次，至三個月總核清結。分爲共收原料、尚存原料及已成品未成品等名，填注數目送由總匯處核準，擬備造報。

第二十三條　凡藝徒作工時或有因病請假，必須摘由繕具假單，送總匯處驗明核准，方許回宿舍調養。所需醫藥等費，概由本廠活支項下開支。

第二十四條　藝徒、在廠工師應照本廠條規約束教授，如有放棄工作及違廠規等事，當須登録日記告戒。藝徒如有不聽教授，抗違無禮，隨時報明總匯處查酌懲辦。

第二十五條　藝徒工作無論冬夏每日以十小時爲限。上工時，各藝徒當齊集廠門外，將自己名牌於總牌上取下持定，進廠時將名牌掛在本科之分牌上，然後工作。至下工時，各藝徒仍將自己名牌取掛廠門，方准回到宿舍。

第二十六條　藝徒在廠工作必須整齊嚴肅，力求進步。不得接談、嬉笑荒廢工作。下工時亦當各依次序循規行走，不得紊亂争先。

第二十七條　藝徒上工時不准携帶食品、違禁等物入廠，下工時亦不准携帶絲毫材料、器物出廠。其廠中所有材料、物件各宜格外愛惜，如有任意毁壞及私授他人，一經查出，除分别記過或黜退外，該物件原價仍須著本人賠償。

第五章　庫房規則

第二十八條　每日七鐘至十鐘爲發料時限，一鐘至四鐘爲收料時限，舍此時限仍回辦公室將收發各項材料憑票登記簿上，不得間斷參差。

第二十九條　每日在發料、收料時限，該管庫司事須親到庫房查驗，各處憑票有總匯處戳記者，照數點收、檢發，不得率行錯誤。如無總匯處戳記者，概不准收發。

第三十條　各科應領材料而庫中無存，庫房應在原票註明繳回，即向考工處商酌添辦。或所發之料與憑票不敷者，亦應註明票上，不得含糊。

第三十一條　庫房應立收發材料流水各一本，各科材料清册各一本，登記法大旨與會計相同。其收發材料種類、數目務與票册相符，絲毫不得錯誤。

第三十二條　凡在收發時限内，除照章收發外，並將庫存各料隨時整齊。

第三十三條　凡庫存各料，無論物之貴賤、多少，均須一律照料愛惜，勿使霉爛損壞。

第三十四條　庫存原料如有變質或流動之性者，宜特加注意。

第三十五條　原料凡論重兩者，雖不免有自然之消耗，然亦有限，不得藉此任意疏忽不加照料。

第三十六條　庫房司事每届月底親自帶賬請廠長到庫點驗一次，如所存與賬簿不符，惟該司事是問。

第六章　陳列室規則

第三十七條　陳列室羅列成品，爲研究工作進步起見，每日自各科送來成品除照章點收蓋戳外　並將所交之成品工作與羅列之品逐一考驗，如有退步者，報知廠長傳集監工、工師實地研究，設法改良，不得忽略。

第三十八條　每日所收成品應分注款簿，隨時與監工核對，如有錯誤即查明更正。

第三十九條　本廠各科成品内如染件、銅器、布匹，已成而應發給他科者，仍由該處辦理，不得直接。

第四十條　收發各科成品及銀錢數目，按十日清結送會計處核封一次。每届三個月，應將收發各品分類列表，以便造報。其售出貨品價金應核清楚，逐日送交會計收存。

第四十一條　各科所存貨品須按原料出品酌加工利，是否與市價相符，再行定價出售。

第七章　工師規則

第四十二條　本廠各工師應受廠長約束，遵守本廠規章，盡心教授。倘藝徒不遵訓誨，當報知監工按章懲處，工師不得擅行責罰。

第四十三條　工師有教導藝徒研究工作之責，如教導不力研究不精，當由廠長稟明撤換。

第四十四條　工師自訂立合同之日起，每月照章支領薪水。至伙食由本廠備給，豐嗇悉宜從衆，不得格外挑剔。如因公派出，一切川資等資亦由本廠發給。

第四十五條　工師在廠除例假疾病外，不得離廠。如在工作之日有託故請假情事，應按日罰扣工資。

第四十六條　聘用工師以合同爲憑，倘所定年限未瞞中途告辭，一概不准。即期滿而欲改就，或由本廠辭退，彼此均當於三個月前通知，以便另行招選。

第八章　藝徒規則

第四十七條　藝徒考取後，須請本旗官出具保結，並父兄甘結方准入廠學習，其應具保結甘結如左：具保結人查有　弟　子　侄　年　歲係　人現住　曾在　讀書　年，實係口齒靈便，體質健壯，並無不端行止及一切嗜好。今蒙録取，情願入廠遵章學藝，倘有違犯章程所載各條，及未届畢業，效力期内託故告退，久假不歸等事，聽候照章辦理。所具保結是實。

右　　呈

吉林省旗務處工廠

年　月　日　　具保結人　　押

具甘結人　　今有親弟子侄　年　歲係　現住　曾在　讀書　年，實係口齒靈便，體質健壯，並無不端行止一切嗜好。今蒙録取，情願入廠學習工藝，倘有違犯章程所載各條規及不遵約束，任由貴廠斥退。其歷年所給津貼自應遵照定章如數繳還，惟因遭故患病及因資質太鈍被廠斥革者不在此例。所具甘結是實。

右　　呈

吉林旗務處工廠

年　月　日　　具甘結人　　押

第四十八條　藝徒入廠後，或有放縱無禮、荒棄工作、違反廠規者，即行記過。至記過三次仍不悔改，實不堪造就，當即黜退。其歷年所給津貼當向原保追繳。如未經畢業或已畢業，而在效力期内私往他處工作及託故請假不回者，亦按此條辦理。

第四十九條　藝徒除例假外，不得無端請假。如家有重大要事，須由該家屬或原保來函聲明何事，請假幾天，方許出廠。倘滿假不返，按託故不回例辦理。

第五十條　藝徒入廠學習至六個月甄别一次。如技藝及格者，除津貼外分别奬勵，至一年爲畢業。不及格者，飭令補習或黜退。

第五十一條　藝徒畢業後須在本廠效力二年，期滿方准出廠。不得私往他處工作，如經本廠派往他處者，不在此例。

附　講堂規則

一、本廠藝徒共一百六十名，分作四班，每班四十名。坐次悉依身量豫爲排定，身長者在後，身次者在前，不准雜坐。

二、每次上堂下堂均以鳴鐘爲號，藝徒下工須魚貫而行，不得凌亂無次。

三、每堂一小時，如下堂鐘鳴教習尚未講畢，藝徒仍須静聽，不得離坐。

四、藝徒聽講時當肅静無嘩，不准接談，不准匿笑。非經教習許可，不准擅離坐次。

五、教習上堂藝徒當一律起立致敬，點名時各起立報到。

六、堂内設有痰盂，不准任便涕吐。

七、堂内不准携帶食物、戲弄物件。

八、上堂時除各帶前期講義外，不准携帶别項書籍及報章。

天津市檔案館《天津商會檔案彙編（1903—1911）》上册《職商伊廷璽等集銀三萬兩開辦北洋火柴公司請註册立案文並部批宣統元年二月十九日》 具禀職商伊廷璽，年四十五歲，住天津城西，禀爲創製火柴公司，懇請轉詳註册事。

竊查天津爲通商鉅埠，人煙稠密，四通八達，而火柴一物，乃民間日所必需，每年外洋進口行銷我國者甚伙，實爲絶大漏卮。職糾合同志，凑集股本銀三萬兩，專造火柴，銷售内地，以擴充中國工藝，挽回利權爲宗旨。業於上年冬間，禀明工藝總局，又由天津董事會承租芥園以東空地，作爲製造之所，名曰北洋天津火柴公司，刻已庀材鳩工，落成有日。遵照商律章程，懇請貴會轉詳註册，以便早日開辦。

今將擬定註册條規，辦事簡章，股票式樣並註册費銀八十三兩，一併呈送查核。所有懇請轉詳農工商部、直隸督憲立案各緣由，理合禀請商會憲台大人，據情轉詳，實爲公便。上禀。

附呈股票式樣二紙、註册費銀八十三兩、註册條規辦事簡章清摺二扣。

具呈直隸省天津府天津縣芥園東北洋天津火柴有限公司

爲呈請註册事。竊公司照章程内載，所應聲明各款，呈請註册，伏乞農工商部註册局查核施行。須至呈者。

計開：

一、本公司名號爲「北洋天津火柴有限公司」。

一、本公司乃有限公司，專造各種火柴。

一、本公司即以註册之年月日爲開辦之年月日。

一、本公司設在芥園以東，並無分處。

一、本公司股本，每股一百兩，統共銀三萬兩。

一、本公司股本一次交齊，並無零星等事。

一、本公司創辦人爲伊廷璽，查察者爲姜文選、石光斗，二人均天津人。伊廷璽住天津城北三道街，姜文選住天津東門内二道街，石光斗住天津北門西。

一、本公司遵照章程辦理，並無合同。

一、本公司條規章程一分。

一、本公司布告股東之法，一概通信。

謹將製造火柴有限公司簡章十八條録呈鑒核（節録）。

計開：

一、北洋天津製造火柴有限公司。

二、製造火柴，行銷各處，以保守利源推廣中國工藝爲宗旨。

三、本公司已招足中國紳商三百股，每股銀一百兩，統共銀三萬兩。款係一次交清，並無洋股東，現銀已存在殷實錢莊。【略】

八、本公司帳目每週年一結。除官利及一切開銷外，再有餘利，酌作一百五十分，衆股東提分六十分，總理十分，兼理八分，查察二人十六分，董事五人十六分，衆同人二十分，臨時應由總理、兼理酌洽，其餘二十分提存公積，以厚資本。

九、本公司舉伊廷璽爲總理，舉楊書田爲兼理（楊書田住天津城内武學後）。

十、總理常川住在公司之内，擔任全部一切責任，每月薪水銀元三十元。

十一、兼理隨時到公司襄助管理公司全部一切事宜，每月薪水銀元二十元。【略】

十五、董事。本公司以一千兩股分以上之股東舉爲董事。公舉羅文華爲正董事，紀巨汾、王成林、陳寶彝、姚光祖四人爲副董事。董事局至少以三人到會可以決議，倘不足三人當改期另議。

宣統元年二月　日　　創辦人　伊廷璽

農工商部批：禀悉。職商伊廷璽集股銀三萬兩，承租天津芥園以東空地，創設北洋天津火柴有限公司，呈到註册規條簡章、股票式樣並公費銀八十三兩。查與定章尚無不合，自應准予註册給照。除咨飭保護外，合將執照收單各一件發交該商會轉給具領可也。此批。

附執照、收單各一件。

右批天津商務總會總理王賢賓、協理寧世福知悉。

宣統元年閏二月初十日。

吉林省檔案館等《清代吉林檔案史料選編（工業）》中册《度支部爲創設旗務處工廠籌款等事項的咨文宣統元年二月二十二日》 度支部爲欽奉事。製用司案呈：内閣抄出東三省總督徐　等奏，吉林創設旗務處工廠，並籌款情形一摺。光緒三十四年十二月初九日奉旨：該部知道，單並發，欽此。欽遵到部。並據該督鈔録原奏咨部前來。查原奏内稱：吉林創設旗務處工廠，擬於迎恩門外水師營顔料庫舊址，就原有房屋酌量添改建爲工廠。廠中一切用款，均由通省各旗舊有之款暨官兵旗産酌量妥籌。招集旗籍藝徒，先分五科，所出成績品隨時設所出售。所有購置材料及造成貨品，於路過各處關卡，擬仿照京師工藝局章程，由本廠填照送驗，免征釐税。約計建築及開辦需銀二萬五千兩，五科成本一萬三千兩，每年經常費七千兩。倘有不敷，設法籌補。如有盈餘，再當添設工科。開具籌款清單，奏請立案等語。

查該省創設旗務處工廠係爲籌劃旗人生計起見，自應准予試辦。其所需各經費，擬將牛具、弓箭、匠役、工食等銀，並隨缺地租一半銀兩改撥工廠經費，本部酌核尚屬可行。惟改撥銀五萬餘兩，核計用款已有盈餘，應令該督認真妥籌擴充辦理，仍令核實動支。至所稱購置材料，及造成貨品於路過各處關卡免征釐税一節，經本部咨查税務處，據覆京師工藝局廠各章程，凡係來自外洋貨物均照章完税，製成貨品亦並無准免釐税辦法等語。所請免税之處，未便照准。並令將詳細章程、建築圖表暨一切用款造具細册，一併送部以備查核。相應恭録諭旨移咨吉林巡撫查照可也。須至咨者。

《申報》宣統元年閏二月十四日第二版《創辦中國製鹼有限公司招股廣告》

啓者，本公司專爲振興中國實業起見，糾合同志招集股份，擬在青島建設廠屋，購置機器，採用新法製造洋鹼，行銷中國，推廣各處，開闢利源，而塞漏卮，取名曰中國製鹼有限公司，統照香港股份有限公司律例，註册辦理。額定股本共計規元一百五十萬兩，分作十五萬股，每股計銀十兩，由匯豐銀行代收，附股時每股收銀二兩；派定股份時，每股再收銀三兩，即可開辦，其餘五兩，目下不改，俟將來公司應用，預期知照再收。此項事業遠東各處，尚無大廠經營，本公司實屬首先倡辦。至處於獲利之厚，英、德等國早已卓着成效，中國物料工價，無不較廉，其利更難限量，本公司刊有簡明章程，大資本家、大實業家有志附股者，請至圓明園路第二十二號本公司，或至博易律師或至下列各董事處，索閲可也。董事周金箴、麥拉、虞洽卿、謝綸輝、邵琴濤、翁寅丞、貝潤生、考伯爾、楊叔英、吴志和、周伅若、謝偉然，總理代表公司考伯爾，總參議金子剛，律師博易，匯豐銀行查帳人羅平麥行。

《商務官報》宣統元年閏二月十五日第六期《批李席珍等稟》 前據稟集股銀八十萬元，在黑龍江昌五城界内，設立富華製糖股分有限公司各節。當經本部行查，東三省總督、黑龍江巡撫並先批示在案。兹據復稱，該公司實購地三千六百四十五畝，建築等事均有頭緒，與地方毫無窒碍等因到部。查黑龍江肇州一帶地方，土壤沃饒，最宜農業，公司自係爲振興實業，濬闢利源起見，應即准予立案，並准在江省境内專辦十年，以示優異。除咨行該省督撫，飭屬保護外，仰即遵照，仍將嗣後辦理情形，隨時報部備案可也。此批。二月二十六日。

《商務官報》宣統元年閏二月二十五日第七期《批河南廣益紡紗股分有限公司呈》 該公司呈式内聲叙各款，大致尚無不合。惟查該公司前年存案章程内稱，集貲本銀五十萬兩，分三次繳清，第一次繳銀十成之四，第二次繳銀十成之三，第三次於開辦三日後繳齊等語。此次股本增至百萬，據稱一次交齊，核與前次招股章程銀數未符，應俟將現辦章程聲叙明白，並股票式様補呈到部，再行核辦。公費存。此批。閏二月初九日。

《申報》宣統元年三月十五日第三版《提倡蠶桑之計畫山東》 沂州李太守，今春自備鉅資，差人赴浙江省採辦上等桑秧一千七百餘顆，將城南舊校場隙地墾作桑田，雇人栽種。刻又欲在桑田外，建設蠶桑學堂，講求養蠶之術，不日當可興辦。

《申報》宣統元年三月二十一日第四版《山東製造理化器械廠之成績山東》

魯撫袁片奏云，據署提學使羅正鈞詳稱，竊查山東高等學堂所用理化器械，向係膠州商人丁立璜所製，經用彌年，咸稱便利。因就高等學堂西偏間房設立工廠，名曰山東製造理化器械所，責成該商丁立璜承辦。該商精於藝學，深願效力公家，當與立攬。據於學務經費撙節之欵，分期撥發，以爲開辦之需，並添雇工師，購備應用材料，選徒傳習。經營數月，成器日多，統計該廠所製，如力水氣熱、聲光電化諸門新式器具，分别部居繪印圖様，呈請查照。光緒三十二年八月，學部通行各省，獎勵製造教育用品章程，准將所製物件，傳知各學堂，一律購用，以示提倡等情，詳請具奏前來。臣親加試驗，物美價廉，確佔優勝，將來各學堂一律購用，似於教育用器、實業前途，均不無裨益，理合附片具陳，伏乞敕部立案施行。三月十四日，奉硃批：該部知道。

《申報》宣統元年四月初一日第三版《安東設廠繅絲之開幕奉天》 遼水以東，鳳岫安寬各屬山蠶絲繭，爲出産大宗，行銷山東，織成繭綢，極爲洋商歡迎。然向來本埠所繅絲不及十分之二，餘皆運往山東，以芝罘一埠爲集散場，而繅絲法尚沿舊習，未能闡發其固有美質，使之光潔。刻有美商擬在安埠設一繅絲廠，以機器繅鍊組織，務求合歐美人之用，并使就地採購，以期減輕成本。

《商務官報》宣統元年四月五日第一一期《批商儒昌禀》 禀悉。該職商擬接辦吉林招商工藝廠，並儒林官局等公司，照舊立案各節。查此案，前吉林將軍達桂片奏，瑞澂辦理吉林工藝廠，虚縻浮冒，經本部請旨懲辦有案。兹據禀稱，仍就前招股本，重加整理，且未便禀由本省督撫辦理，顯有不實不盡之處，所請著毋庸議。此批。三月二十三日。

天津市檔案館《天津商會檔案彙編（1903—1911）》上册《宋壽恒等禀控華勝燭皂公司侵奪天津造胰公司專利僞造黑皂應予禁止文宣統元年四月八日》 敬復者，前奉手示，以奉農工商部札據華勝燭皂有限公司，製造黑色方皂禀請批准立案，經部化驗該黑色方皂與天津造胰公司之黑色方皂品質相類，飭再詳細調查聲復核辦。由貴商會將該兩公司方皂各一塊送局，囑爲化驗見復等因。敝局查天津造胰有限公司創造之特别黑色方皂，恐有他人仿造，侵奪利權，曾經禀請農工商部核示，蒙准專辦五年，以示維持實業在案。今華勝燭皂有限公司所造黑色方皂，既已蒙農工商部化驗，謂與天津造胰公司之黑色方皂品質相類，敝局未便再行化驗，另生異議。所有原送來方皂兩塊，兹仍送請查收，希即遵照部文調查核辦。

再，現據天津造胰公司董事宋壽恒、嚴智怡、王錫瑜等來局具禀，用特照抄附上，並祈察核辦理可也。手此此復，敬請臺安。

直隸工藝總局　四月初七日

外附繳方皂兩塊，並附抄禀一紙。

具禀天津造胰公司董事宋壽恒、嚴智怡、王錫瑜

禀爲華勝燭皂公司仿造黑胰，侵人專利，請與嚴禁事。竊公司創造各種黑胰，物美價廉，早已暢銷各埠，並蒙農工商部批准專利五年在案。乃有華勝燭皂公司者，貪人之功以爲己利，竟敢潛行仿造，蒙請專利。公司深恐憲台未悉底蘊，故將此案原委及公司與華勝交涉情形，覼縷敬陳，伏候垂鑒。

查公司所造各種黑胰，乃光緒三十二年所創製，於光緒三十三年曾在憲局禀請專利，當蒙批准轉詳前督憲袁，復蒙前督憲袁批准詳部，旋奉部批專利，章程尚未訂定，無從核辦，先將敝號圖樣存部備案等因各在案。及光緒三十四年，即有華勝仿造僞貨，潛行銷售之舉。經公司在憲局禀控，當蒙陳列所管理曹琴孫及實習工場管理朱蘭圃出爲排解。而華勝公司執定本公司無部照爲詞，展轉相難，竟置憲批、督批於不顧。迨公司於是年五月復行禀請農工商部，旋蒙頒發部照，批准專利五年，該公司始無詞可狡，乃將僞貨收回，此公司與華勝交涉之情形也。爾後公司方期華勝恪遵部批，不敢再行仿造，不圖該公司侵人利權，野心不死，復於本年三月在天津商務總會呈樣蒙請專利，詐稱其配合原料與公司不同，聞商務總會因其有案可稽，已送請憲局化驗。董等自揣姑無論其配合原料是否相同，公司所造黑胰，既蒙部批專利五年，自不容他人售形色同一之僞貨，此爲商家之公例，亦爲部批所特許。況公司製造此種黑胰，並無成法，經數載之考驗，始克臻美備，公司之黑胰乃捐心血耗資本而發明者也。今華勝公司竟欲不費絲毫之心力資財，篡奪以爲己利，天下有此理乎？現在中國工業，正在萌芽時代，所貴各競技能以相媲美。乃如華勝者，貪人之功以爲己利，若不嚴行禁止，則此後工業界有鑒於此，孰不斂手，是華勝之仿造僞貨，其危害前途，將有不可勝言者。伏望憲台將華勝燭皂公司仿造黑胰，嚴行禁止，以爲冒利者戒，則受惠寧獨公司，蓋中國工業界前途，胥間接以蒙賜矣。上禀。

《申報》宣統元年四月初十日第七版《關東烟草公司分銷處廣告》 本處由關東總廠運到自製塔牌、金龍牌、錦鷄牌、雙蝶牌各種紙烟，氣味芬馥，性質純和，可與東西各國新造紙烟並駕齊驅，無論零躉批發，概行格外克□，如蒙光顧，請至上海三馬路太平坊本分銷處帳房面議可也。此啓。

《申報》宣統元年四月二十日第一版《通州廣生機器榨油商廠續招新股廣告》 本廠東西廠創辦六年，成效昭著，遠近共知，餅油銷路日廣。現議將西廠老式機器換置新機，俾增出數，以期大臻發達，業於本月初三日，特開股東會議決擴充資本，以四十萬爲額，先按八成，收足三十二萬兩，除原有二十一萬三千兩外，續招十萬零七千兩，每股一百兩，共一千零七十股，當經各股東在場認定六百股，其餘四百七十股，分任招集，額滿即止。凡願附股者，請函寄本廠，取閲簡章可也。收股處，大生紗廠駐滬事務所本廠總帳房。廣生油廠謹啓。

天津市檔案館《天津商會檔案彙編（1903—1911）》上册《麟記煙卷公司紀巨汾禀陳華商産品一貨數税而洋貨一貨一税之後果及海關道批文宣統元年四月二十三日》 具禀麟記煙卷有限公司縣丞職銜紀巨汾禀爲懇請轉詳榷憲，飭關發給運單事。

竊職商糾合同志集資創設公司，機器製造紙煙，早蒙貴會詳請農工商部註册，並列憲立案。承蒙列憲提倡保護，感戴莫名。去年公司出品先以直隸工藝總局護照，免納税捐，運往各處銷售。繼而諭飭不准再用直隸工藝總局護照，必須納税等因。奉此，職商即令外客商販在鈔關起單，每百斤完半税銀二錢二分五釐，運往各處銷售，近地尚可，遠處仍須重征。而商販因中國之貨，遠處仍須重征，洋貨子口遠近概免重征，是各商販雖存愛國之心，然商人不能不慮延遲賠累之害。故不得已仍買洋貨，取其遠近概免重征，沿途方便。因此中國製造之貨大受影響，種種困難爲憲台瀝晳陳之：一切材料進口均已上税，勿庸計算。即專以煙葉而論，造成煙卷一箱重九十四斤，須用煙葉一百七十斤始能造成，每百斤進口正半税二錢二分五釐，共應三錢八分二釐五毫；煙酒捐印花每百斤一兩四錢，共應二兩三錢八分；造成紙煙鈔關起單，出口重九十四斤，每百斤半税二錢二分五釐，共應二錢一分一釐五毫。紙煙一箱統計煙葉税銀二兩九錢七分四釐。已經一物三税。若按憲定章程，中國紙煙每百斤正税四錢五分，鈔關半税二錢二分五釐，已屬格外體恤，扶持中國工業。然連進口税餉，煙酒印花，鈔關出口統共已比洋貨值百抽五尤多，尚不能遠處流通。似此困難，萬難與洋貨相抗，工業更難發達，利權焉能挽回！？不得不懇請轉詳權憲格外體恤，飭關照憲定中國紙煙章程，每百斤納正税銀四錢五分，發給運單遠近概免重征，則感大德無既矣。爲此叩懇商會總理大人恩准轉詳，實爲德便。上禀。

津海關道蔡（紹基）爲札飭事。

現蒙北洋大臣那札開，准税務大臣咨開：【略】查煙税並上等紙煙由外洋進口，照值百抽五税則每千只征正税銀五錢，下等紙煙每千只征正税銀九分，運入内地須另納子口半税，較之各商埠機器仿造煙卷准照土貨煙絲每百斤納正税銀四錢五分者，輕重懸殊。故歷定辦法中國境内機製煙卷如照土貨煙絲納税，既不能沾概免重征之利益。如照洋貨税則，在經過第一關完納值百抽五之税，則沿途概免重征，均係爲維持在華各廠機製洋貨起見。以上兩項辦法原聽商人自擇，今天津麟記煙卷公司所製煙卷既照土貨煙絲每百斤納正税銀四錢五分，又請發給運單，遠近概免重征。查無此等辦法，未便照准。咨復查照飭遵可也等因。到本署閣大臣准此。令行札飭，札到該道即便查照飭遵。此札等因。蒙此，合行札飭，札到該商會即便查照飭遵。此札。

宣統元年六月十四日。

天津市檔案館《天津商會檔案彙編（1903—1911）》上册《天津芝蘭香牙粉公司禀述已開設一年懇請加入商會文並附廣告宣統元年四月二十六日》 敬啓者，聞商家附入貴會得蒙保護。敝公司於去年九月間，集有股本洋四千元，開設在北馬路白衣庵胡同，專造牙粉、香水、粉、蜜水等。兹擬附入貴會，俾得保護之益，而廣見聞。謹此前來掛號，務乞俯允。其一切章程俱隨各商家。如何之處，伏望示悉，以便恪遵。專此，恭請商務總會老爺升安。

天津芝蘭香牙粉公司經理人何瑞林謹啓

四月二十六日

敬啓者，昨蒙俯准入會，即得保護之益，殊深感激。至於納會費若干，諭敝公司自行酌辦，伏思此項生意暫爲試辦，勝負尚未可定，謹遵三等應納會費十二元，今隨函奉上，即乞查收賜據，並賞給執照木牌等件爲禱。再請發給救災照三、四枚，俾遇警往救之便。敬請商務總會老爺察鑒，並頌升安。

天津芝蘭香牙粉公司謹啓。四月二十八日。

〔附〕芝蘭香廣告

本公司爲抵制外貨，挽回利權起見，專心研究，揀選妙料，純用化學製造各種化妝品，其盡美盡善之處，早蒙紳商所嘉許。本埠各洋廣貨家來本公司發躉者固已争先恐後，即此，亦足見我同胞熱心愛國之一斑。然猶恐外埠城鎮未能周知，故宣諸報端以免各界欲覓不得之憾。倘蒙賜顧，價亦格外從廉，並將各貨名色開列於後：

都香花麝香水粉、虎牌香蕉牙粉、玫瑰潤面蜜水、芙蓉潤面膏。

總批發處：北馬路白衣庵胡同内本公司啓

吉林省檔案館等《清代吉林檔案史料選編（工業）》中册《吉林全省旗務處爲設立工廠分售所的咨移文宣統元年五月初七日》 爲咨、移會事。

案查敝處工廠原奏内載，革工、金工、織工、染工、紉工等五科，均先供軍、警兩界及學堂之用，所出成績品即隨時設所出售，以廣銷路，等情。業蒙督、撫憲於上年十二月十七日奏准在案。兹查該廠興修工程約於五月間告竣，六月初旬即可開廠，各科成品日有所出。若不先期預籌銷路，恐將來貨品積壓，於成本不免有虧。惟查職處工廠設於西關外舊有之顔料庫，該處地在臨江，距冲繁衢市較遠，以之設立工廠，俾藝徒安心肆業，固得其所。若所出成品即在廠中出售，路非通衢人難矚目，且外售貨品非有經商性質亦恐難於暢銷。兹查有職處租户天德堂藥房坐落河南街，有瓦正房十間，勢將歇業，已向職處辭退數次。擬將此房收回，改换門面稍加修葺，先設一所分銷工廠成品，名曰「旗務處工廠分售所」。内設正副幹事各一員，正副司帳各一名，由職處選擇精於商務品行端正之人，取具殷實鋪保，訂立合同以備使用，每月各稍給薪水以贍其家。其餘執事人等之多寡，視該所商業之繁簡酌量雇用。其一切辦法純用商人性質，惟貨品出納之機關由職處監督辦理，所有簿籍連單等項，均用職處關防，以憑信守。每年該所所得餘息，擬仿照官錢局定章以七成歸公，即照前經奏定章程，再行添設他項工科，續製商品，俾臻完備。倘工廠經費不足，亦可藉資挹注。以三成歸該所經費，及該所經理人之花紅。其出納帳目除由職處隨時派員查核外，每届三個月呈請督撫憲派員檢查一次。如無弊混不符之處，即由承派之員出具切結存案，以昭慎重。每届年終，該所商業有無利息，及利息之多寡，均由職處分月繕具清單，呈請查核備案。並請通札軍、警、學堂各界周知，以便銷售，等情。呈蒙憲批：該處工廠成立後，擬在河南街添設分售所，以期工廠所出成品易於暢銷，事屬可行，應准照辦。仰即擬具堂稿呈送，一面妥訂該所詳細規則呈閲可也。

《申報》宣統元年五月初九日第二版《農工商部京師勸工陳列所章程》

總綱

第一條，本所宗旨在調取全國工藝出品及天産物，分類庋設，比較參觀，以期工業之改良，而圖商業之進步。

第二條，本所自管理、總理、幫辦以下，分設庶務、文牘、試驗、調查、會計、庋設六課，每課設課長一員，并視其事之繁簡，酌設課員。

第三條，本所庋設課長，課員外，招募執事學生看護庋設物品，並分班授以科學智識，一切課程，由各課長、課員擔任。

第四條，本所陳列品分項如左：

甲（調取）凡由各省將軍、督撫咨送，及商會與商務議員等呈送，或由本所派員赴各省採購者。

乙（寄售）凡各省公司、局廠寄交本所代售者，由本所代爲妥實經理，另有細章。

丙（寄贈）凡各省公司、局廠願將所製工藝品，贈與本所，永遠陳列者，由本所代爲登報延譽。

丁（寄陳）凡有堪爲工業上仿造之品，寄交本所陳列若干日，仍擬取回者，由本所給與存取執照，並代爲登報延譽。

以上各項，約分十部：一農業附園藝，二林業，三水産，四礦産及冶金，五化學工業，六染織工業，七製造工業，八機器及器具，九繪圖寫真及印刷，十專利品及參考品。

第五條，本所每年彙集各處工藝出品，分别等第加擬評語，呈請本部查與奏定獎給商勳、商牌。章程相符者，或奏獎以一、二、三、四、五等之商勳，或酌獎以七八九品之獎牌。

第六條，凡爆發物、發火性物，祇得陳列其裝潢模型。至有害風俗衛生之物，概不准陳列。

第七條，本所設圖書室，搜集關於工商業各項圖書、報告及統計表，並商標、雜誌、新聞等項，以供衆覽。

第八條，本所設參考室，選取中外物産，可供研究者，特别陳列，以資參考。

中國産

（甲）重要之輸出品及認定將來之輸出品。

（乙）凡可與輸入品抵制及競争之物品。

（丙）凡可爲製造原料之物品。

外國産

（丁）凡可爲中國製造之模範，或商業上參考之物品。

（戊）凡外國彼此輸出競争之物品，及認定將來與中國競争之物品。

（已）外國市場，由他國輸入各貨，而爲中國所能製造之物品。

（庚）輸入中國之重要品，及可供製造原料之物品。

第九條，本章程如有未盡事宜，及續行增改之處，仍得隨時修訂。

職任總則

第一條，本所管理及總理，均由本部選派，主持全所事宜。

第二條，本所員司之任免，由管理及總理規定之。

第三條，各課員司俱□專責，不得推諉。

第四條，本所辦公，每日以七小時爲限，其遲早按晷刻之長短酌定。

第五條，凡在辦公時限内，各課員司皆應遵照規則，不得擅離。

第六條，本所每日應派員司二人，輪班值宿。

第七條，凡關於本所改良事宜，各課員司如有所見，皆可隨時提議，會同研究。

執事學生規則

第一條，本所執事學生，以看護庋設物品爲職務，凡庋設品與庋設架廚，均須隨時檢點拂拭。

第二條，凡執事學生對於入覽人，無論男、婦、老、幼及東、西國人士，均須致敬，有問必答。

第三條，凡執事學生皆分區派定，非换班時，不准擅離，如查有損失物品，接班者即時聲明，以免推諉。

第四條，凡執事學生對於庋設物品拂拭或移動時，務須加意慎重，毋令顛倒位次，淆亂標籤。

第五條，入覽人於庋設物品，如有任意觸動者，執事學生須登時勸阻。

第六條，入覽人如有損壞物品及廚格時，執事學生報知庋設課，酌令賠償。

第七條，本所庋設物品損失時，執事學生如有意蒙蔽，經庋設課查知，惟該值班學生是問。

第八條，入覽人如有瘋癲被酒或喧譁詬争，擾亂秩序者，由執事學生阻止，並報知課長。

第九條，入覽人或故意違反路綫，及不遵守遊覽規則者，執事學生可從旁指示，惟不得急言遽色。

第十條，本所備有水龍，執事學生及本所夫役，須時常演習。

《申報》宣統元年五月十一日第二版《農工商部京師勸工陳列所章程》 入覽規則

第一條，本所開門售票，俱有定時。

第二條，入覽時，須購入覽券，凡軍人及學生，券價減半。

第三條，本所特製優待券，持此券入覽者，特別優待。

第四條，凡入覽者如攜有傘、棍等件，須交攜帶品收管處；覽畢，赴該處領取。

第五條，入覽時，須遵依路綫而行，不得任意違越，並止喧譁。

第六條，入覽人不得攜帶犬畜等類。

第七條，瘋顛及酒醉者，不得入覽。

第八條，入覽人不得吸烟。

第九條，入覽人不得撫摩庋設物品，儻有觸損，按原價賠償。

第十條，入覽人摹繪庋設物品，或撮影者，須由庋設課課長許可。

第十一條，本所於星期一休息一日，停止售票。

第十二條，本所如有特别事故，停止遊覽時，先期登報廣告。

第十三條，本所門前置有鐵篦棕墊，以便入覽人去除履下泥土。

庶務課細則

第一條，本所一切事宜，統由庶務課稽查。

第二條，經理本所房屋器具，及購置修理等事。

第三條，約束本所各項夫役及其任免分派等事。

第四條，點收各項陳列品，登記總簿；於陳列時，點交庋設課。

第五條，接待各項參觀員，如遇工商家有諮問之事，當爲介紹該管課答復。

第六條，稽查每日收發入覽券數目，列表詳記。

第七條，按照四季晷刻長短，酌擬入覽時限。

第八條，凡遇本所開研究會及發給獎牌等事，由庶務課先時布置。

第九條，掌管本所關防，各項鑰鎖簿籍。

第十條，凡各課添購物件，應寫聯票，交庶務課，送總理核定。

第十一條，凡不屬於他課之事，統由庶務課經理。

文牘課細則

第一條，掌管一切文牘，並撰擬繕寫文件各事宜。

第二條，凡有收發文件，隨時列號摘由，分別登簿。

第三條，凡啓用關防，應由本課躬親鈐印。

第四條，掌管一切圖書、商標、雜誌、報章，編列號數，妥存備查。

第五條，凡遇講演工商要理及理化研究，由文牘課同試驗課員司，擇要登録報章，編列雜誌。

第六條，經理本所執事學生考試表册，核訂分數，及繕擬講堂牌示。

第七條，凡每年考驗商品時，應擬議一切規則報告。

第八條，聯絡各省商會、陳列所、勸工場，徵集各項册籍、章程、物産一覽表、統計表、出入口貨調查表等。

試驗課細則

第一條，本課考驗關於工業上應用原料及鑒定商品，以資工業改良發達。

第二條，施行考驗，分爲二部：其一本所自行考驗，其一京師及各省工業界請求考驗。

第三條，考驗各物無論自行與請求，以期得效果爲度，但不能限以時日。

第四條，自行考驗之物於工業製造上有重要關係，尚未興辦者，隨時設法提倡興辦。

第五條，請求考驗之物，每種應附以請求書，但其式悉照本所規定。

第六條，請求考驗之物得有效果，本所將考驗法則及效果，作報告書二分；一與請求者，一存本所。

第七條，本所宗旨在提倡工業，凡來請求考驗者，酌收藥料費。

第八條，凡於自行與請求考驗各物，所得成績，登載工業雜誌發行，以資提倡。

調查課細則

第一條，本課於各省物産及工藝品皆當詳細調查，並編纂各項報告。

第二條，凡各省所産原料及貨品經外人購運出口，或其貨來自外洋而暢銷某省者，均須酌量採購，以便公同研究。

第三條，凡一應物品中外習用，不同南北，風尚亦異，當調查其地方習慣之所宜。

第四條，各省有原料精良而製法未善，或製法雖善而原料不佳者，應一併調查。

第五條，如須派員調查各省物産時，應呈請本部酌給劄文護照。

第六條，遇有各省新出製品，實係物美價廉，未經寄送本所者，由調查員提議，呈請本部調取。

第七條，如有實業家或各處公司、工場諮詢事件，其業經調查明晰者，即由本課逐條答復。

第八條，調查員應於本所開會時，演説工商要理。

《申報》宣統元年五月十三日第二版《農工商部京師勸工陳列所章程》 會計課細則

第一條，職掌各項銀錢出入、簿記，及每月月終造具詳細清册報部，並於年終編列銀錢出入總表，以備參考。

第二條，設立流水分款各帳簿。流水簿，每日逐款登載，十日一結，由總理查核，呈管理檢閱。其分款簿，每五日一爲謄寫，每月結算，存所備查。

第三條，凡員司人等，每月薪水及夫役辛工等，於領到部款之第二日給發。

第四條，凡員司每月支領薪水，另立專簿。如員司支領後，自蓋戳記，月終由總理查核，呈送管理檢閱。

第五條，本課應支各款，均須經庶務課開單蓋戳，方能支領，如無庶務課單戳，不得發給。

第六條，凡活支各款，在十兩以内者，商承總理酌發，若款項稍鉅，須呈候管理核准，方能發給。

第七條，本課出款不能一律用銀，其用銀圓、用錢之處，案照當時市價，折合銀項，造册報部。

第八條，每日入覽券售價，須另款存儲。

第九條，凡各員司挪借銀項各事，概不得支給，以重公款。

第十條，本課職司銀錢，關係最重，儻帳目不清，或私挪公款，一經查出，惟本課員司是問。

庋設課細則

第一條，掌管庋設物品，按類分區，而庋設之。

第二條，分派執事學生，各照指定之區，看護庋設品，並查其勤惰。

第三條，庋設之品由執事學生按類記簿，並照標籤定式，註明漢英文字，便人觀覽。庋設課長應查其所標記者，有無遺誤。

第四條，庋設品之數目、種類，有無增減，庋設課長按照簿籍，隨時查點，每届月杪，分别列表。

第五條，庋設品之有自然損耗者，如須補换，由庋設課長陳明總理酌核，其寄陳寄售各品，並須知照原主。

第六條，庋設之品，如有借貸參考，先出具貸與書，由庋設課長商承總理，以定可否。若貴重之品，應照交原價以爲質，俟送回原物時，仍將質金繳還。

第七條，庋設之品，如有借貸參考者，除具貸與書外，仍與商定貸期，酌納貸品費。逾期酌加，以昭信用。若因公益擬貸者，果非假託，亦可酌免貸費金。惟查有損害處，概應賠償，其堪修補者，應令納修補費。

第八條，庋設之品，其寄售者，如須特别裝飾，應由品主自製，如須特别之庋設架，應按照所佔容積，每立方尺先納三個月之寄售金。

第九條，庋設之品，凡本所購入或寄贈者，均擬由本所出費，保定火險，其寄陳寄售者，應由品主酌定保險費，照繳庋設課長，轉交本所代辦，否則儻有意外，本所概不負責任。

第十條，凡由庋設課承收以上各項之費金，分欵記簿，隨時交與本所會計課。

寄售規則

第一條，本所爲擴充土産銷路起見，設有寄售一門，無論京内外工廠、商號物品，皆可寄樣陳列，由本所介紹售銷。

第二條，凡寄售品送到時，須按本所調取物品表格填寫，並將每件之運費税金及該品有應説明之處，皆須詳註，遇有購者，以便答告。

第三條，凡本所收到寄售品，付以收條，如欲取回者，即以此條爲據，但往返運費及税金等項，皆由寄售者擔任。

第四條，凡欲在本所寄售物品者，須將出品者之住址詳細書明，遇有購者，以便通信。

第五條，寄售品價值如有漲落，應即函告本所，可按照原價增減改正。

第六條，凡寄售品樣，本所自當加意保護，若該貨日久糟舊，應知照出品者更換，儻有人力所不及之變動，致有損壞，本所不任賠償。

第七條，凡寄售品，如認爲工業上足供參考者，准由本所價買，以備永久陳列。

第八條，凡欲購寄售品者，如照原樣訂購若干，本所代爲通函介紹，俾令直接交易，以期便捷。至運交貨品，撥匯貨價，本所概不經理。

第九條，凡寄售品，如有銷路不旺者，由本所將因何滯銷情形，隨時告知出品者，以便改良。

第十條，凡寄售品，如由本所考驗，有應改良之處，即將應改之法，告知出品者，以圖工業之進步。

《商務官報》宣統元年閏五月五日第六期《批河南廣益紡紗公司稟》 據稟啓用圖記，日期暨選舉本年董事各節，均悉。所舉總理、協理、坐辦、監事以及總董、協董各員，分任職務，共圖公益，應即照准立案。惟查公司律第八十二條内開，查賬人不能兼任董事等因，係爲預防流弊起見，該公司既舉朱大鼎爲總稽查，自不得兼充坐辦名目，以符定章，仰即遵照更正，呈部備案。此批。閏二月初三日。

《商務官報》宣統元年六月初五日第一七期《批河南廣益公司稟》 該公司前稟，廠設腹地與南中不同，籲懇出紗暫免納税三年，其棉花無論購運、售賣概免釐捐等情，業據咨行税務大臣核復去後。茲准復稱，廣益廠所出之紗，既經本處核照機製貨物專章，在經過第一關完納值百抽五正税一道，按税則每百斤征銀七錢，其餘在本地銷售，未經過關卡者，准免税釐。定章本已從優，且該廠設立腹地，遠距關卡，比較沿江、沿海各廠更爲優異，所稱大生廠正税納一兩八錢，以七成報税，其餘三成概作零售等語，本處並未核有此項章程，所請出紗暫免納税，礙難照准。至購花請免釐捐一節，應俟各省查復後，再定統一辦法，奏明通行等因，到部，合行批示，仰即遵照。此批。五月二十三日。

《申報》宣統元年六月十三日第二版《安東木把風潮可望議結奉天》 司正甫觀察奉委到安，核商公司購買木植，已登昨報。茲聞日前胡理事長至第一樓，與司觀察會商，約歷三鐘，大致凡木牌到埠，公司留買者，務隨時照現行公平作價，不得稍有抑勒强買。不留買者，准木把另行交易，惟照賣價例准公司抽用一成，公司業經認可，木把亦均無言，不日即將發表。

又聞安埠大沙河，近日停泊木牌多隻，上流有孤牌一隻，於上月二十一日，被韓人三名乘天黑夜雨，暗將繫牌錨繩割去，幸雨不大，河水未漲，牌隨水流盪未遠，牌夫夢中驚起，趕即搶護，未遭流失。及天明遍查蹤跡，訪係寄居韓人所爲，當赴一區稟控，飭兵協同指拏，解送交涉局訊辦。日領署亦委人磋商，僅將牌繩繳回，韓人歸日人帶去，作爲了結，牌夫均忿忿不平。

吉林省檔案館等《清代吉林檔案史料選編（工業）》中册《吉林旗務處工廠免税護照宣統元年六月十七日》 奏設吉林旗務處工廠爲發給護照事。

照得本廠前蒙

欽差大臣東三省軍督部堂徐、欽命副都統銜吉林巡撫部院陳　會同奏准設立，並援照農工商部設立工藝局免税章程，凡本廠應用物品，除係來自外洋經過新關一律照常完税外，其土貨經過新關以及洋貨、土貨經過常關釐卡，概免征收釐税，並由本處填發護照查驗放行。爲此發給護照，仰該運貨人，凡路過各關卡須持此照請驗，如其所驗符合，各關卡即宜放行，不得有留難勒索等情，而該運貨人亦不得於照内所開物件外另運他物。須此護照者。

計開：隨運貨物。

吉林省檔案館等《清代吉林檔案史料選編（工業）》下册《吉林勸業道爲籌設造紙廠用過錢文數目擬請核銷的詳文宣統元年六月三十日》爲詳請事。

竊查職道前在勸業道任內，於光緒三十四年十月十九日，以籌辦造紙廠瀝陳購置機器聘訂技師，並請暫委監督會同商辦各情形，詳奉憲批：已如詳。分別照會札飭，並另檄知照矣。此繳。價單、合同各底發還。並於十月二十九日奉憲台札開，照得振興實業必先講求製造，庶幾漸收實效。查吉省刷印官書以及民間所用紙張，大半來自外洋，以致利權外溢，誠爲可惜。前經本大臣會同前部院具奏，吉省應行要政大概情形，摺內並陳有購機造紙之一端，已奉硃批：著即認真辦理，期收實效等因，欽此。欽遵在案。現在購置機器商聘技師等事，業經該道飭派交涉司僉事傅疆訂定，已有成議，亟應組織開辦。惟監督一差關係綦重，非精通工藝條理詳明之員不足以專責成而收效果。查有勸業議員曹編修典初，曾在日本考查農工各業，殫思研究，具有心得，堪以兼行監督造紙廠事務。所有一切規章及建築廠屋等事，應請隨時會同該道酌商辦理。廠未成立以前即在該公所辦事，總期推行盡利，以遏來源而塞漏卮，是爲至計。除照會並札飭度支司籌備的款外，合行札飭。札到該道，即便遵照辦理，毋違。此札各等因。奉此，職道伏查造紙一案，原因複雜，日本技師加籐勇造，既經胡主事宗瀛聘訂，自應力踐前言，且可藉資研究。當於十一月初一日定立合同，該技師每月薪水吉洋三百五十元，即於十一月初一起支。一面呈請札派委員一員，調查原料出產，紙品銷場，每月薪水吉洋五十元。並請飭司先行借撥銀元五千元，以資開辦，呈奉批准。嗣經前任度支司與職道接晤面商，核減改發中錢一萬吊，迄未撥到。所有技師暨調查員薪水房租等項，按月由職道借墊付給。其屋內器具本應由該技師自備，第以紙廠一時未能成立，該技師甫經到吉，僦屋而居，人地生疏，不得不略爲安置。茶桌坐具需費無幾，將來設廠仍可歸之公中，該技師似可無庸付價。至調查員一員到差兩月，職道以開廠需時，當於年底先將該員裁撤。至調查局房間既不適用，並將看房夫役一併遣散，以節縻費。開年以來，僅發技師薪水房租兩項。通盤核計，自光緒三十四年十一月初一日起，至宣統元年四月底止，共用中錢一萬零三百十六吊二百文。職道交卸勸業道篆後，於五月十五日由借領官帖案內，遵批借到中錢一萬吊，如數歸還墊款。此外多用錢三百十六吊二百文，懸欠未付。查職道在任借欠各款，均以商號催索次第償清。祗此三百餘吊，似應一律歸結。現在勸業道署領到蠶業局備發之款，除撥補實習工廠經費外，尚存中錢五千零九十一吊七百四十七文，擬請由此款內扣出錢三百十六吊二百文，撥補造紙廠尾欠下剩錢四千七百七十五吊五百四十七文，仍交後任存備轉發。一俟造紙廠續行領到錢文，再爲撥還蠶業局原款，以清眉目。所有籌設造紙廠用過錢文數目，擬請核銷緣由，除造具清册並移度支司署任勸業道外，理合備文具詳，呈請憲台查核。

再，此案係職道在勸業道任內經手款目，應由職道報銷，仍借用勸業道關防，伏乞照詳施行。

吉林行省批：如呈核銷。仰即移知現任勸業道查照接辦，以期早觀厥成爲妥。繳。清册存。

宣統元年七月初一日

《申報》宣統元年七月初五日第三版《會議日人對于芝蘭香公司之交涉天津》 工界同人，於日前假工商研究總所開會，研究芝蘭香公司與日商涉訟一案。聞是日二鐘，蒞會到者有桂記等十七公司經理員，及售品總所，實習工場，仁和義行，恒和、昌和記號，民立第三工場各員，與南洋勸業會調查員、工商研究會總會長、勸工陳列所管理出品協會總務員外，並有民興報館社長劉君孟揚、醒華報記者張君鐵生到會旁聽。至三句鐘振鈴開會，首由李君鎮桐宣布開會宗旨，次由楊君臨齋報告涉訟始末，當衆將兩家商標詳細核對，不但並無冒充情弊，且與日商商標迥不相同，遂由李君子鶴、宋君則久、紀君管涔、張君咀英、李君鎮桐、曹君琴孫、嚴君慈約、王君春江諸人，擬定辦法有二：（一）除芝蘭香公司自行上控外，衆實業家另行具禀上憲，請另行簡員判斷。（二）請該公司暫緩上控，免生枝節，先由衆實業家具禀呈遞審判廳，請求定期到案，與日商當堂對質，以辨是非。如不得直，再行結體上控承審員等語，並擬推嚴君慈約領銜具禀，推宋君則久、紀君管涔代表對質，衆皆認可，當即振鈴閉會。

天津市檔案館《天津商會檔案彙編（1903—1911）》上册《麟記煙卷公司紀巨汾禀陳內地關卡如林該公司產品累計納稅額高達百分之十四文宣統元年七月十日九月五日》 具禀麟記煙卷有限公司縣丞職銜紀巨汾禀爲懇請轉詳，仍准發給運單以免重征而廣銷路事。【略】惟事有未能已於言者，不得不再覼縷陳之。誠以際此競爭時代，各國皆由工商戰勝而富强，中國獨因不講工商致貧弱，於是國家設立農工商部，各省設立商會，直隸設立工藝總局，而督憲端又在南洋設立勸業會場，足見提倡工業無微不至。然中國風氣初開，熱心實業者尚少，即偶有之亦多力與心違，集資不易，設一公司，少則數萬金，多則數十萬金，一經賠累人即視爲畏途，利權外溢驟難挽回。即以紙煙一物而論，天津一口每年洋貨輸入其價，不下三百餘萬元，若以全國計之爲數更鉅，如此絶大漏卮豈可不思補苴。是以前督憲袁曾立北洋官商合辦煙草公司，藉資抵制，只以製造不精，未能暢銷，以致賠累停歇。北京農工商部所辦大象公司，亦所造無多。其餘北京工藝商局、牛莊、煙臺、上海、漢口、廣東商辦共有十餘家，均以製造不精，成本太重，先後賠累停辦。人言嘖嘖，咸謂我國徒有提倡之名，而無扶持之實，雖工商竭力經營，終無效果。此實業成立之難也。今敝公司之煙尚蒙各處歡迎，然銷路不能推廣，何以抵制洋貨！？有奉諭飭不准用工藝局護照後，在鈔關納税起出口近地尚可，遠則重征。南路京漢鐵路，西路正太鐵路，北路京張鐵路，均皆路過京西之豐臺，則須重征；東路京奉鐵路，山海關則須重征。水路運河雖運直隸南境，路過山東德州亦須重征，再遠税卡尚多。南洋勸業會開會時，令各工商赴會比賽售賣，此誠提倡之意。然不過爲權宜一時，至閉會後若無運單，則關卡林立依然不能流通。税務大臣言洋貨值百抽五，中國製造准照土貨煙絲，每百斤納税四錢五分，輕重懸殊。但中國製造原料多取自外洋，其物已完值百抽五之税，職商所用中國煙葉，平均每百斤不過值銀七兩，直隸烟酒印花税每百兩銀一兩四錢，另外新海關正半税二錢二分五釐，已有如此之多。以煙卷一箱共計五萬枝，計重九十四斤，按第一關完納正税銀每百斤四錢五分合計四錢二分三釐；以煙葉百七十斤始能造煙卷一箱，此百七十斤新海關正半税二錢二分五釐，合三錢八分二釐五毫；煙酒印花税銀一兩四錢，合二兩三錢八分；統共三兩一錢八分五釐五毫。敝公司所造之煙，平均每箱五萬枝，不過值銀三十五兩，除紙盒香料進口已完值百抽五外，净煙已完三兩一錢八分五釐五毫，已有值百抽九之多。尚不能遠行，焉能與洋貨相抗。若再值百抽五共有值百抽十四之多。職商以事出萬不得已，惟有懇求貴會轉詳督憲，俯念工商業尚在萌芽，奏請恩准祇納第一關每百斤正税四錢五分即發運單，遠近概免重征，以資保護。爲此稟請商務總會總理大人恩准轉詳，實爲公便。上稟。

津海關道蔡（紹基）爲札飭事。

現蒙北洋大臣端札開：准税務大臣咨開：【略】本處查中國機製紙煙，前經外務部援機器仿造洋貨成案，無論華洋廠概令照值百抽五完一出口正税，免征沿途税釐。嗣後准如各商所請，改爲一律照土貨煙絲例於出口時按每百斤完正税銀四錢五分；如復進他口，再完一復進口半税；如再運入内地，併當逢關納税遇卡抽釐等因，通行遵辦在案。是以本處於前次該公司所請，照土貨煙絲例完一正税，遠近概免重征一案，即本此意核駁。今該公司仍以税項過重，不能抵抗洋貨爲詞，復申前請。查外洋紙煙卷進口上等者，每千枝征正税銀五錢，下等者每千枝征正税銀九分，即以該公司所稱，紙煙卷一箱裝五萬枝，照下等煙卷計算，每箱亦須納正税銀四兩五錢，如入内地應再完半税二兩二錢五分，共計應征正半税銀六兩七錢五分。現在土製紙煙卷税則，每百斤征正税銀四錢五分，以每箱裝九十四斤計算，每箱祇完出口正税及復進口半税，共銀六錢三分五釐，如入内地雖尚有沿途税釐，然較諸外洋紙煙卷進口税則已屬格外輕減。該公司果能製造精良，尚何不能抵抗之有！？至所稱净煙所完税項，已有值百抽九之多一節。查税率輕重之比例，應以本貨輸納之數爲衡，其原料所納之税已計在成本之内，自不得再行牽連併計。所有該公司製造紙煙卷完納税項，仍應查照本處前咨辦理，以符定章。所請照土貨煙絲例，在第一關完一正税銀四錢五分，給予運單沿途概免重征之處，實屬礙難照准。相應咨復查照飭遵可也等因。到本大臣准此。合行札飭，札到該道即便轉行遵照。此札等因。蒙此，合行札飭，札到該商會即便轉飭遵照。切切。此札。

吉林省檔案館等《清代吉林檔案史料選編（工業）》中册《吉林全省旗務處爲委派工廠員書師目的札文宣統元年七月二十五日》爲札飭事。

生計科案呈：案照本處呈稱：竊查職處創設旗務處工廠，原擬設立織、染、金、革、縫紉五科，並總匯監工、考工、收發、會計等五處。嗣又請設木工一科，亦均蒙批准在案。維時爲撙節款項起見，故原定章程僅請設正、副廠長各一員，稽查一員，工師五名，教習二名，司事五名，現已將次開辦。查各該科、處一切事務至繁且重，不但此際開辦爲然，即日後循序辦理亦難稍簡。若僅照原擬人數，實有難於敷用之勢。且原擬五處各設司事一名，現考其事體較重，擬請改爲委員名目，稍重體制而便管理。所擬薪金仍從廉支給，以示節儉。除正、副廠長、總稽查員並考工處委員慶壽均已請准札委外，其餘各員名並擬加添之額，亟應呈請一律派委，以資開辦。兹該廠擬添委員四員，工師三名，舍監一員，學長一名，司書一名，匠目六名，工匠二名，連同原設委員、工師、教習等共二十九員名，所支薪水即由該廠經費項下按月開支。再，查總稽查係以旗務處生計科長楊則程兼充，照章不支薪金，擬請每月酌給車馬費二十兩，以勵勤勞。惟於六月間曾奉憲台札飭，嗣後各署局處，各項差使如有應派人員，均須先期開單，或二三員或四五員，出具切實考語，呈候憲台傳見，再行酌派等因。奉此，伏思用人之權操之自上，本應遵照辦理。第查該工廠一切事務均係職處生計科承辦，富忠阿係該科學習員，貴崇阿、房維垣皆係該科書記生，成堪係職處庶務科員，於辦理工廠情形尚知頭緒，是以擬請改充兼充委員，以資熟手。至郭仁、振勛、魏寬、劉樹梅、姜鎮周、德綬等，或在北京成善教養局，或在他處工廠、學堂，均曾充當辦事、教習各員，經旗務處工廠苑廠長貴齡等於三月間由京函調，故請派充委員，藉收駕輕就熟之效。如蒙允准，再行飭由該廠分別札委，俾專責成。是否可行，未敢擅便，理合繕具清摺，備文呈請。爲此合呈督、撫憲鑒核，批示遵行等因。當於本年七月十六日奉批：據呈及清摺已悉。該處工廠現既開辦，擬添員司以期事無曠廢。摺開各員，或曾在該處充差，或在北京局廠曾充教習，函調來吉，應准如所請由廠分別札委，以資熟手而專責成。摺存。鈔由批發等因。奉此，合亟抄粘原摺札飭，札到該廠即便遵照，分別札委。員書人等，均於到差之日起支薪水，其工師、匠目等即於批訂合同之日起支薪水，並須妥爲督率。各該員、書、師、目等謹慎□□□□心教授可也。切切。此札。

吉林省檔案館等《清代吉林檔案史料選編（工業）》中册《吉林旗務處工廠委員工師匠目銜名及月支薪水車馬費數目清摺宣統元年七月二十五日》 謹將擬請派委旗務處工廠委員銜名，並請增添工師、匠目名額各數目，分晰繕摺，恭呈憲鑒。

計開：

總稽查楊則程，擬請每月酌給車馬費二十兩。總匯處委員補用藍翎長郭仁，擬月支薪水吉洋二十元。總匯處文牘員兼充教習筆帖式振勛，擬月支薪水吉洋二十元。監工處委員理問銜魏寬，擬月支薪水吉洋二十元。監工處委員八品蔭生富忠阿，擬月支薪水吉洋二十元。考工處委員筆帖式成堪，此員係旗務處庶務科科員，擬請兼充，不支薪津，酌給車馬費吉洋十元。收發處委員五品頂戴貴崇阿，擬月支薪水吉洋二十元。收發處委員縣丞職銜劉樹梅，擬月支薪水吉洋二十元。會計處委員五品監翎房維垣，擬月支薪水吉洋二十元。教習兼管宿舍附生姜鎮周，擬月支薪水吉洋二十□。□□□府經歷銜德綬，擬月支薪水吉洋二十元。總匯處司、書□□月支薪水吉洋十元。織科工師三名，一名擬月吉洋二十元，二名各十五元。染科工師一名，擬月支薪水吉洋二十元。金科工師一名，擬月支薪水吉洋三十元。縫紉科工師一名，擬月支薪水吉洋二十元。木科工師一名，擬月支薪水吉洋二十元。革科工師一名，擬月支薪水吉洋二十元。學長一名，擬月支薪水吉洋□元。織科採布匠目一名，擬月支薪水吉洋十元。金科匠目二名，各擬月支薪水吉洋十五元。縫紉科匠目一名，擬月支薪水吉洋十六元。木科匠目一名，擬月支薪水吉洋十五元。革科匠目一名，擬月支薪水吉洋十元。木科工匠一名，擬月支薪水吉洋十元。革科工匠一名，擬月支薪水吉洋五元。

以上委員、工師、教習、司書、匠目等二十九員名，共計銀二十兩，吉洋四百六十六元。

《商務官報》宣統元年八月五日第二三期《批商人彭化民稟》 據稟呈驗自製軋花玻璃機器及成績品，均閲悉。本部應准先行立案，所請專辦一節，應候該商擇定地址，設廠製造時，再行酌予專辦年限，所製各器仍當隨時改良，務求適用爲要，原物機器各件，均發還，仰即具領可也。此批。七月二十五日。

《商務官報》宣統元年八月五日第二三期《批職商朱有濂稟》 稟悉。該職商籌集股本，卸運機器，在北京開設貽來牟和記磨麪碾米鋸木公司，稟請註册一節，本部詳閲章程四十條，大致尚屬周妥，應准先予立案。惟該公司移設北京，與通州麪坊有無糾葛情事，已札行順天府尹飭查，俟復到再行核示，如果查無違碍，該公司房屋建齊，開張有日，再行補具註册呈式，赴部註册可也。册費暫存。此批。七月二十三日。

天津市檔案館《天津商會檔案彙編（1903—1911）》上册《高陽商會陳述高陽土布由木機而鐵機由白批布而色布之發展過程並請劃一稅則文宣統元年八月七日》 高陽商務分會總理韓偉卿爲牒呈新出色土布、斜紋土布運售各處請定釐稅，以資提倡而振商業，懇祈轉詳立案事。

竊高陽自擴充織紡，提倡實業，改良土布，廣開銷路，稟請劃一納稅，蒙准高陽土布均照新章每匹五丈按二分五納稅，前蒙批行各在案。高陽土布銷路日暢，織紡開通，實業漸興。職等悉心籌劃，勸立工業，極行推廣，期求進步。伏想外洋布色品類居多，自當設法抵制，高陽織紡初行，提倡盡用木輪機，僅出白批土布一種，工業難期發達。現在勸行鐵輪機器，能巧織新樣布品者，仿行推廣。高陽出有色土布、斜紋土布，運銷各處，以便試行。惟斜紋土布較白批土布經緯稍異，而布質係屬一律，其尺寸係改良鐵輪連機，十丈一匹。而色土布用本地綫批織成，面寬二尺二寸，長六丈一匹，與本地染坊研究染料，染成色土布，以便推行。此等布貨初創行銷，必須運售各處，方能暢行。凡經過各關卡應行照章納税，以重國課。然初行提倡，尤當優加體恤，以資鼓舞。色土布、斜紋土布可否援照白批土布定案，每匹五丈按二分五納税，此兩種土布一十丈一匹，一六丈一匹，理合照數核算完納，抑是另有定章，請定釐税通飭示遵。又有勸織各樣土棉手巾，每捆十條，約計價本銀三錢上下，應如何納税之處，呈請上裁批飭准行。仍由分會給發憑照，著明土棉手巾數目，以憑關卡驗查納税，以免影射而昭慎重。分會勸設鐵輪勸業工廠業已稟部在案。嗣後出有别種布貨，再行呈報。

所有色土布、斜紋土布以及土棉手巾請定釐税各緣由，為此具牒呈請總會憲轉詳農工商部核咨批行立案，俾得劃一納税，商民戴德靡及矣。是否有當，理合備牒呈請鑒核，伏乞照詳批示祇遵施行，實爲公便。須至牒呈者。

右牒呈天津商務總會

天津市檔案館《天津商會檔案彙編（1903—1911）》上册《高陽商會陳述高陽土布運銷奉天營口吉林濱江等地請免天津新關之税文宣統元年八月八日、二十二日》 高陽商務分會總理韓偉卿爲高陽土布運售東省經過天津，已在鈔關納税，而新關應如何體恤放行，懇祈轉詳立案，以資保護而免重征事。

竊高陽自提倡織紡改良土布，推廣實行，銷路日暢。土布運售天津，前蒙海關道憲優加保護，通飭關卡，高陽土布每匹五丈按二分五完税，並准分會發給憑照，驗行有所稽考通行在案。而關卡商民遵行恪守，土布來津運行無滯難之處，商民亦無偷漏影射之弊，殊覺甚便。然高陽土布極行推廣，日增月益，遠近招徠，廣開銷路，方能擴充實業。現在高陽土布運售奉省之營口、吉林之濱江，經過天津在鈔關納税即過新關，均屬津關釐卡，土布本係内地提倡織紡，擴充銷路，抵制外貨，税不重征，格外優恤，如出口之土布已在鈔關納税，而新關應如何優恤放行之處，通行立案。俾得關卡有劃一之征，商民庶免重税之弊，關税商民兩有裨益。

職分會爲提倡工藝，振興商業起見，爲此具牒，懇祈總會憲轉詳海關道憲核定立案，通飭新關税司分卡一體遵行，理合備牒呈請鑒核，伏乞照詳批示祇遵施行，實爲公便。須至牒呈者。

右牒呈天津商務總會

津海關道蔡（紹基）爲札飭事。

案查前據該商會稟，高陽土布在鈔關完税，運售奉省，經過新關，應如何優恤放行，請示遵等情。當經函致新關税司核復去後。兹准復稱：查中國正值振興實業之際，所有出口土貨，應完税銀，未便此輕彼重，自應照納。俟運往他口，再行征收復進口半税，以符向章。至營口、濱江均係通商口岸，亦應一律辦理，而免兩岐。相應函復查照飭遵等因，函復前來。合行札飭，札到該商會即便查照飭遵。此札。

《商務官報》宣統元年八月十五日第二四期《批常昭裕泰紡紗公司呈》 呈暨抄粘合同均悉。該公司現將全廠收回，據稱無力自辦，租與裕新公司等情，准予備案，仰即知照。此批。八月初三日。

《申報》宣統元年八月十九日第四版《銅鐵工開出品協贊會紀盛天津》 初十日下午二點鐘，北洋勸業鐵工廠總辦熙觀察寶臣，開直隸銅鐵工出品協贊會。到會者，商會總理王竹林觀察，工藝局督辦孫蔭庭觀察，總辦周鳴九觀察，協贊會協理錢幼琴觀察，工商研究所總會長李君子鶴、宋君則久，實習工場管理朱君蘭浦，陳列所管理方君小舟，製造所趙君貢珍，協會協贊員曹君琴孫，書記黄君子康，工業學堂庶務長孫君子文，機器教習何君子琴，習藝所文案盧君子修，及銅鐵各工商，到者八十餘人。由鐵工廠總監工賈君元甫導引入座。三鐘摇鈴開會，由鐵工廠提調吴君伯生宣布開會宗旨，繼由鐵工廠總辦熙觀察演説，此會對直隸協會而言，爲一部分之會；對南洋勸業會而言，爲直隸一省銅鐵工出品協會，關係甚爲重大，並願極力提倡，輔助運費。後由該廠提調吴君宣讀銅鐵工出品協贊會章程，並李君子鶴、宋君則久等相繼演説。嗣由各銅礦工公舉孫君恩吉爲銅工出品協贊會會長，劉君鶴亭、劉君慶波為鐵工出品協贊會會長，遇有出品進行之爭，直接商諸鐵工廠，以便集議，並□以後初七、二十二兩晚，爲研究銅、鐵礦工出品協贊會出品各事。五鐘摇鈴閉會。

《商務官報》宣統元年八月二十五日第二五期《批工藝局織錦科呈》 據呈該科織造綢絲各貨，未能暢銷，擬援工藝商局成案，每月開售彩票一次，並將章程呈部，請批示等情。查該科因貨品滯銷，擬仿照工藝商局辦法，每月開彩一次，尚屬可行。惟彩貨必須本科自製者，不得配搭他處貨物，應將章程再行改訂，呈候核奪可也。此批。八月初九日。

吉林省檔案館等《清代吉林檔案史料選編（工業）》中册《寧古塔副都統選送旗務處工廠藝徒的咨文宣統元年八月二十九日》 爲咨送事。

左司案呈：於本年八月初九日准吉林全省旗務處咨開，生計科案呈：案查前以旗務處工廠藝徒定額百六十名，自當先期招集以便開廠。惟因藝徒過多，同時入廠工師實有教授難周之勢，故分爲兩班，每班擬招八十名。俟第一班教授稍得門徑，方能續招二班。且此項藝徒業已按照十旗學堂學生補甲成案，分别城、旗酌留甲缺以備頂補。應選藝徒即照甲缺數目，作爲各城、旗定額。如該城旗實無合格願送之人，即不分各城、旗、翼照額借補以示變通。當擬先招第一班藝徒八十名，飭令各城、旗按照單開名額，選送合格願習之人，於五月二十一日一律送到，聽候開廠肄業。如無合格願習之人，亦於期内聲明，以憑照額借補等情。呈蒙督，撫憲批開：工幫藝徒同時並進人數較多，工師教授難周，自係實在情形，應准如呈先招藝徒八十名，飭令各城、旗按照單開名額，選送合格願習之人。於五月二十一日一律送到工廠，聽候開廠肄業，作爲第一班。俟此班藝徒稍有門徑，再行定期分班招入，以期便於教授而免曠工。其各城旗如無合格願送之人，即於期内備文聲明，不分各城、旗、翼，由該處照額借補足額，仰即分行遵照可也。抄由批發等因。遵即分行傳送在案。兹該工廠於七月十四日業經開廠，所有藝徒於未開廠之先均行入廠肄習，現已稍得門徑，自應續招二班以資教授。惟查前次所送藝徒，除省城十旗並雙城、伊通之外，其餘各城、旗均係一名未送，難保非各旗、佐傳飭不力所致，實屬自外生成。今二班藝徒係八十名，各城旗即宜按照單開資格、名數，務於八月底一律送齊，不得再以並無合格願習之人籠統聲復，除分行外，相應抄粘咨行。爲此合咨貴副都統衙門，請煩查照辦理施行。並查粘單内開，寧古塔送藝徒六名等因前來。當即札飭去後，旋於八月二十六日據署左翼協領事務、藍翎佐領兼雲騎尉常泰，右冀花翎協領志和等呈稱，遵將所屬兩翼八旗十二佐領下，應選送吉林旗務工藝廠二班藝徒六名，由各旗年歲合格披甲、西丹内逐加挑揀，以稍通文字，生歲合格之西丹德福等六名，催令由塔起程赴省，歸工藝廠肄業。並將咨送二班藝徒德福等旗佐、花名、年歲抄粘文尾，備文呈請咨送。爲此咨復貴全省旗務處查核可也。須至咨會者。

吉林省檔案館等《清代吉林檔案史料選編（工業）》中册《五常堡協領爲選挑四名丁丹去旗務處工廠習藝的呈文宣統元年九月初一日》 爲呈送事。

承辦關防處案呈：於宣統元年八月初二日接奉大處移開，生計科案呈：案查前以旗務處工廠藝徒定額百六十名，自當先期招集以便開廠。惟因藝徒過多，同時入廠工師實有教授難周之勢，故分爲兩班，每班擬招八十名，俟第一班教授稍得門徑，方能續招二班。且此項藝徒業已按照十旗學堂學生補甲成案，分别城旗酌留甲缺以備頂補。應選藝徒即照甲缺數目作爲各城旗定額，如該城旗實無合格願送之人，即不分各城、旗、翼，照額借補以示變通。當擬先照第一班藝徒八十名，飭令各城旗按照單開名額，選送合格願習之人，於五月二十一日一律送到聽候開廠肄業。如無合格願習之人，亦於期内聲明，以憑照額借補等情。呈蒙督、撫憲批開，工廠藝徒同時並進人數較多，工師教授難周，自係實在情形。應准如呈先招藝徒八十名，飭令各城、旗按照單開名額選送合格願習之人，於五月二十一日一律送到工廠，聽候開廠肄業，作爲第一班。俟此班藝徒稍有門徑，再行定期分班招入，以期便於教授而免曠工。其各城旗如無合格願送之人，即於期内備文聲明，不分各城旗、翼由該處照額借補足額，仰即分行遵照可也。抄由批發等因。遵即分行傳送在案。

兹該工廠於七月十四日業經開廠，所有藝徒於未開廠之先均行入廠肄習，現已稍得門徑，自應續招二班以資教授。惟查前次所送藝徒除省城十旗並雙城、伊通之處，其餘各城、旗霓係一名未送，難保非各旗佐傳飭不力所致，實屬自外生成。今二班藝徒亦係八十名，各城、旗亟宜按照單開資格名數，務於八月底一律送齊，不得再以並無合格願習之人籠統聲復。除分行外，相應抄粘移付。爲此合移貴協領，請煩查照辦理施行，等因。奉此，遵即飭傳兩旗，按照合格願習之丁丹揀送。去後旋據署鑲正黄旗佐領吉禄毓春等呈稱，前因頭班藝徒二名當無合格丁丹未曾呈送，兹於各本佐逐加挑選，每佐各揀合格丁丹慶崑等二名，均堪習藝，擬請呈送二班二名，再行補送頭班二名，以備挑選，是否之處，懇祈轉送等情。據此，查鑲正黄兩旗各送丁丹二名，並補頭班未送丁丹而資習藝，係爲鼓舞藝徒，自應准如所請，一併呈送。合將該西丹等旗佐、年歲、花名，抄粘文尾，具文呈送大處鑒核，請煩收録施行。須至呈者。

《商務官報》宣統元年九月五日第二六期《批鞏華製革公司呈》 據呈該廠貨物積壓，懇請代籌銷路，奏請飭下民政部、學部、各直省督撫，專購該廠之貨，俾得挽回利權等情。查該廠所製軍用皮件，既經陸軍部考驗合宜，其巡警及學堂需用之件，亦應分别考驗，仰該廠自行赴民政部、學部呈請查驗，是否合用，再行呈請核奪。此批。八月二十一日。

天津市檔案館《天津商會檔案彙編(1903—1911)》上册《溥利機器鐵廠廣告宣統元年九月七日》 竊維商業以振興爲要，製造以利器爲先。方今工廠林立，爭執利權，特創設未精，斯利源莫浚耳。每見人由外洋購來各種機器，臨時試用往往未能合宜，甚至百度俱廢，罔費工資。本廠不敢率爾操觚，特聘法國高等工師斲輪老手，並由外洋購到最新式機器，專造電力火力各種機器以及魚雷艇、橋梁、自來水管、電燈機器並樓閣所需鐵環、零用等類，無一不備，精益求精，中外合法，隨時變通。即局外有不合用之機器，請送至本廠均能參酌改良，不誤急用。倘荷官商光顧，請駕臨法租界五號路第十三號門牌本機器廠會商可也。是幸。此布。

經理人　曹際雲啓

《商務官報》光緒三十二年九月十五日第二〇期《出洋考察機器》 江蘇候補道潘汝杰，於去年冬間，擬招集股本銀五十萬兩，在天津創辦機器織氈呢等物有限公司，曾經商部批准有案。現因所招股銀已將足數，約至年底定可收齊，亟應先行購買廠地，預爲料理。現已在天津、河北地方，勘定基址，陸續建造廠屋。嗣以氈呢一項，貨物利權向係操之洋商，今欲自行開機製造，所出貨件，若非與外洋來貨相埒，決難挽回利權。但貨色之高低，全在機器之美劣，近來各處購買機器，皆就近由洋商承辦，每多以殘舊之貨充數，是以出貨難精，銷流不暢，此中利弊攸關，不得不愈加慎重，因決意親自出洋游歷英、德、意、美諸國，訪其各廠織造之法，察其機器之精良，然後與之定購，訂立合同，載運來華。如此辦法，當可較有把握，而操勝算。因特遞稟商部，請給護照一紙，以利遄行。聞回國之期，約在明年春夏間云。

《商務官報》宣統元年九月十五日第二七期《批彭化民稟》 據稟該商遵批，擇定前門外草廠上五條胡同東來棧內，設廠製造軋花玻璃機器並桌椅等件，懇請發給專辦年限執照等情。查該商現既擇定地方，設廠開工，應准專辦五年，以資提倡。所請發給執照之處，俟本部專利章程定妥後，再行核辦。此批。八月二十八日。

《商務官報》宣統元年九月二十五日第二八期《又奏創辦製革有限公司請立案片》 再，伊犂物產之富，以皮毛爲最，而各部落日用所需各物，亦以皮毛製造之品爲多。然地當邊瘠，各種人民性雖質樸，而講求工藝每多扞格難通，若不察其所尚，先其所急，不獨招募工匠傳授藝徒事爲難，即工藝辦成，或無原料可供製造，或製出物品不能暢銷，仍屬徒勞無益。以故奴才從前由內地調來各項工匠，並在上海訂購紡紗機器，或因籌款維艱，或因事多掣肘，亦皆中止。惟皮革一項，出產既饒，以之製造成物銷行，亦易辦理，較有把握。茲查有纏商玉山係喀什噶爾回民，家本殷實，在新疆各城均有商業，兄弟數人行商俄國，已歷多年，資本極豐，情形亦熟，因見伊犂創辦皮毛公司，亦願出其營業之資，合集官股，爲創辦製革公司，專製各項皮張，分運中俄各處銷售，議定成本銀二十五萬兩，官股一半，該商承認一半，仿照商律合資有限公司辦法，不招外股。奴才因此事既可聯絡商情，又可振興工業，且與皮毛公司相輔而行，利源更不虞外溢，當經飭令訂立合同，分期撥發官本銀十二萬五千兩，俾資開辦，並因皮毛公司總辦額魯特、領隊大臣穆特春通曉言語，熟悉情形，責成兼管。現在業經該纏商在伊犂甯遠城外修建廠房，由德國機器廠與德商依什盤訂購製革機器鍋鑪全副，並一切什物，歸德商包運，假道俄國，約計七月內可到伊犂，並由德商自派工匠來伊安置機器，仍留一人充當教習。機器安好一月後，始將價銀付清，派來安機工匠以六箇月爲限，如逾限不能安好，每一日由德商認賠俄銀一百盧布，六箇月內工價即包在購價之內，經過俄國關稅，亦經德商呈懇俄皇邀免，較之平日，由外洋購運機器辦法，尚屬妥實，亦由該纏商在俄營業有年，諸事嫻熟，故能如此。惟該纏商語言文字均不相同，且關外情形本與內地互異，應請免其拘牽文法，寬以歲時，堅其嚮慕報効之忱，以收通商惠工之效。所有伊犂創辦官商合資製革有限公司，呈請立案緣由，除分咨度支部、農工商部外，理合附片奏明，伏乞聖鑒訓示。謹奏。

《商務官報》宣統元年十月五日第三二期《批譚馥恩等稟》 稟悉。京師設立工廠，原爲振興實業，收養貧民，所出各品，自應由各廠自籌銷路。該商等擬設協濟貨票公司，代銷各種貨品，不特事同越俎，而且迹近牟利，所請應毋庸議。此批。十一月初十日。

吉林省檔案館等《清代吉林檔案史料選編(工業)》中册《阿勒楚喀副都統選送四名西丹去吉林旗務處工廠習藝的咨文宣統元年十月初五日》 爲咨送事。

左司案呈：案准貴處咨開，生計科案呈：案查旗務處工藝廠業於七月開廠，所送藝徒均行入廠肄習，現已稍得門徑，自應續招二班以資教授。惟查前次所送藝徒，除省城十旗並雙城、伊通之外，其餘各城、旗均係一名未送，難保非各旗、佐傳飭不力所致，實屬自外生成。今二班藝徒亦係八十名，各城、旗亟宜按照單開資格，名數，務於八月底一律送齊，不得再以並無合格願習之人籠統聲復。除分行外，相應抄粘咨行。爲此合咨貴副都統衙門，請煩查照辦理施行。計單開阿勒楚喀藝徒四名等因。准此，當即札據左右兩翼協領傳飭各旗，揀選合格藝徒西丹四名，呈送前來。除派防禦金海帶領送省外，合將該西丹等旗佐、花名、年歲抄粘備文咨送。爲此合咨貴處，請煩查明，點收施行。

吉林省檔案館等《清代吉林檔案史料選編（工業）》中册《吉林行省委任汪德薰爲電燈處坐辦的札文宣統元年十月初八日》 爲札飭、委事。

照得官辦電燈處成本，皆由永衡官銀錢號借墊，現因開辦未久，款項支絀，周轉不靈。據勸業道詳請，改歸官銀錢號兼辦，業經批飭照辦在案。該處總理悦丞明阿辦理不善，已據辭差，自應撤換，遴委妥員前往接替。

兹查有留吉補用知府汪德薰堪以委充，改爲坐辦名目，常川駐局辦事，俾專責成。薪水仍照舊章支給。所有該守原有官銀錢號差事，應即他爲兼差，減支半薪，以符定章而便聯絡。

嗣後該處事宜，並由度支司、勸業道各就所司分任稽察，藉資督率。除分行外，合亟札飭，札到該司，即便遵照，隨時分任稽察可也。切切。特札。

《申報》宣統元年十月十一日第三版《官商設立毛革公司之踴躍伊犁》 前任伊犁將軍長少白留守招商集股，設立皮毛公司，派額魯特領隊大臣穆特春總辦公司事務，商股不足，以官股助之，計入官股湘平銀十五萬兩，即在借撥甘省封存銀四十萬内提撥，與商股十五萬兩，合爲三十萬兩，不入洋股，其營業則專收本地出産各項皮毛，販銷俄境，並聽中外各商業公司同來訂購。惟蒙哈日川以茶布爲大宗，亦有領價而願交牲畜者，准其變通辦理。如蒙哈各部落有變，賣牲畜或需用茶布等物公司，亦可互相貿易，以通有無。纏商玉山係喀什噶爾回籍，家本殷實，新疆各城均有商業兄弟數人，行商俄國已歷多年，情形極熟見，伊犁創辦皮毛公司亦願出資，合集官股創辦。製革公司專製各項皮張，運銷中俄各處，議定成本銀二十五萬兩，官股一半，該商自認一半，仿照商律合資有限公司，不招外股，稟蒙長將軍照准，分期撥發官本，俾資開辦，並因皮毛公司總辦穆特春通曉回人言語，熟悉邊務情形，即照請妥慎兼管。該纏商先在伊犁甯遠城外修建廠房，與德國機器房商人依什盤訂購製革機器鍋爐全副，並一切什物，七月内運到伊犁，並由該德商派匠到伊代爲安置，仍留一人充當教習，以六個月爲限。

天津市檔案館《天津商會檔案彙編（1903—1911）》上册《職商高鵬雲稟控營口萬聚鑫機器廠私竊圖本挖走工匠仿造軋豆榨油機攘奪專利事稟農工商部文宣統元年十月二十四日》 具稟職商高鵬雲爲詳細陳明事。

案蒙憲會轉奉農工商部札飭，以據奉天勸業道呈稱：商人李守謙等製造軋豆機器，業經商會調驗，並札派工藝傳習所專辦榮令興帶同熟諳機器員司工匠，前往考驗，所製軋豆機器尚屬精巧，軋油機器亦甚靈便。正擬呈復間，適奉奉天督撫憲批示，據奉天商會詳准天津商會移，據天津職商高鵬雲稟控馬金山、王立成等，私拐圖本，仿造機器，懇請查禁等情。移行營口商會，就近確查聲復。嗣准復稱：據萬聚鑫機器廠執事劉世增稟稱，高鵬雲原造係一馬二軸，萬聚鑫所造係二馬四軸，造法既屬不同，利便且又過之，即榨油機器亦有少異。且高鵬雲機器，屢經報廢，無法更换，未便因高鵬雲立案在前，而禁他人不准另式製造，致多障礙。是另式製造與專事仿造者有别，高鵬雲所造機器，前經報部批准專辦，惟部中核准專辦各案，均指明地方，以示限制，應即劃分區域，高鵬雲准在天津專辦，萬聚鑫准在營口專辦，以杜争端，而資提倡等因。輾轉行知前來。

遵查職商創辦軋豆榨油機器，係在光緒三十一年，委係獨出心裁，自行創造，前無古人，後無來者，歷經稟蒙憲會及工藝局屢次考驗改良，始稱靈通工巧，轉奉農工商部准予專利在案。是職商之創造此項機器，已歷盡千辛萬苦，屢經設法改良，始能適用；又以創辦之初，中華地大物博，二十餘行省，鮮有知者。況豆油一項，製造之法盛行於東三省營口一帶，即職商造成此項機器，亦先運往東省銷售。營口爲東三省鉅埠，各路通衢，商賈薈萃之區。是製造雖在天津，而銷售必須營口。今職商預定銷售之地，竟爲劉世增巧言佔據，揆諸情理，詎得謂平。況獨出心裁自造之器，甫經運售，尚未暢行，即有人出而仿造，妄行充斥，冀圖攘奪，專利之謂何？真是人人皆可自便私圖矣。再職商前已慮及於此，故稟請專利時已聲明嚴禁仿造，亦屢蒙各憲鈞批，倘有仿造，許即指控，勿須過慮等因。乃閲時未久，李守謙倡之於先，劉世增繼之於後，幸李守謙知有部章，旋即告退。惟劉世增冥頑不靈，妄肆蠱惑，勾去前在職商廠内之工匠馬金山、王立成，盗去圖本，照式仿造，是以職商曾經稟請確查嚴禁有案。乃不意小人牟利，罔知悛改，竟有如此之甚者。查職商原造，係一馬二軸，劉世增竟改爲二馬四軸，殊不知一馬二軸係職商創行之法，既可一馬二軸，何不可二馬四軸？推之於三馬六軸，四馬八軸，是其所用幾馬幾軸，全係仿造職商創造之法，又何得謂自出心裁！即以二馬四軸而論，亦非劉世增自出新式，猶記光緒三十一年間有天津商人楊文明、匠人儲廣田曾造二馬四軸軋豆榨油機器，當經職商查知找向理論，楊文明、儲廣田均自知理虧，立即停輟。嗣後並無仿而行之者。況馬金山、王立成拐去職商機器圖本内，原有二馬四軸之式，是職商前造一馬二軸時，已有二馬四軸之造，足見無論幾馬幾軸，本係同一機杼，又可見劉世增所謂創造二馬四軸新式機器，即係照職商原圖樣本，私偷他人舊樣，輒夸自出（新）〔心〕裁，不特詭（謫）〔譎〕無耻已甚。且其所造，僅堪軋豆，不能榨油，迨經調驗，又照職商圖本，如式仿造，故原驗亦謂僅止少異。既稱少異，是異者少而同者多，不待言矣。況職商所開機器總廠，雖在天津，而銷售之區實在營口，令職商在天津專辦，令萬聚鑫在營口專辦，再天津銷路少，營口銷路多，今營口扼要之地，已爲他人所據，職商又何用此專辦，徒擁虚名爲耶！

夫查專利之名，創自外洋，皆指一國而言。凡一國中内有一人首創新法，則通國無論何人，皆不許創造。今中國二十餘行省，皆中國也，此所謂大一統之天下也，並無此疆彼界之分。況專利者，必專利於一國，方得謂之專利，又何區域之分哉！且劉世增前曾煩某糧行作保，謀充職商廠内外櫃，因未允准，故而懷恨，勾串匠目馬金山等始有此舉，此是巧偷舊樣，何謂自出新〔心〕裁？又萬聚鑫字號已改爲聚鑫公司，似此朝立夕改，名尚無定，事安望久，此尤不可爲訓者也，何能許其專辦？

又查劉世增稟稱，職商機器，屢經報廢，無法更换之言，尤堪詫異。職商機器自開創以來，盡造盡售，並無一日無故停輟。乃劉世增妄稱報廢，究竟何年月日，如何報廢如何更换，稟内全未聲明，足見具係誣捏。

伏查二馬二軸委係職商所創，二馬四軸實係萬聚鑫偷仿，以創造與偷仿之人，均准專辦又何以謂之平允乎！今劉世增初開萬聚鑫字號，旋改聚鑫公司，巧偷職商原造舊樣，輒謂自獨出（新）〔心〕裁，既攘奪職商衣食生涯，又侵佔職商扼要銷路，職商斷難與之兩立。故特詳細陳明，合無仰懇大人察核，恩准主持徹底清查，認真調驗，互相比較，究竟何人創造，何人偷仿，（稟）〔秉〕公判斷。總期無使職商徒擁專利虚名，稍縱姦商妄圖充斥實害，除經稟工藝總局外，並請憲慈轉詳農工商部查照核辦，則恩同再造，德戴二天矣。誠恐誠惶。謹此。上稟。

吉林省檔案館等《清代吉林檔案史料選編（工業）》中册《吉林全省旗務處爲刊發旗務處工廠分售所鈐記並請備案的札呈文宣統元年十月二十八日》 爲呈報、札發　事。

竊查，案查前以旗務處工廠分售所，現值創辦伊始，事務日繁，若不派員監理，誠恐不足以昭慎重。當經呈請加派正副所長各一員，以資督率。查有旗務處工廠副廠長孔廣麟，堪以派委兼充正所長；五品藍翎試用縣丞金桂芳，堪以派委試充副所長，以資管理。並請刊發鈐記，俾昭信守，等因。當於十月十三日奉憲批：准如呈委充。分售所鈐記即由該處刊發具報，仰即遵照可也等因。奉此，遵當將該員等先行分别札委任事訖。兹刊就木質鈐記一顆，文曰吉林旗務處工廠分售所鈐記。

《申報》宣統元年十一月初三日第三版《派員參觀津郡工廠天津》 新疆省提學使杜子丹太史彤（天津人）到任後，於學務力求進步。惟該省僻居邊陲，交通不便，風氣不開，舊學夙不講求，新學更乏研究，遂聘前《京話日報》總理彭君翼仲作顧問員，相助爲理（彭君因辦報，發往該省永遠監禁者，經北京報界公會援救，請免）。杜提學聘充顧問，議從農工入手，力行以來，頗稱收效。刻委鄭大令來津參觀各處工廠，當由攷工廠購去各種成品及機器新書等件，刻正裝訂，不日回新。

天津市檔案館《天津商會檔案彙編（1903—1911）》上册《高陽商務分會總理韓偉卿陳述高陽土布產銷及外貨輸進情形宣統元年十一月三日》 敬復者，前蒙惠函並商會同人表録，仰見聯合盛意廣開商界之深心，拜領之下，益增嚮慕。承詢敝處商務實業及地產輸出、外貨輸進各情形，惟高陽地脈磽薄，產物甚稀，蕞爾一邑又非商埠，輸出寥落。地產惟棉花爲大宗，民間以織紡爲生計。往昔盡織狹面粗布，名曰高陽細，出售不利，漸至失業。敝會成立以來，提倡織紡研究改良寬面土布，試用輪機，勸立工廠，擴充實業。近今白批土布每月出計數萬匹。又紡織斜紋布、條布、色標布、土棉手巾各種，由敝會報部呈驗，擴充銷路，此地產輸出之情形也。外貨輸進者，上海綫批爲大宗，皮貨由古北口、辛集運來；雜貨、油糧均次之。商務均以布行爲正業，販運土布出售京津爲大宗，東出吉林之濱江，奉省之營口，西出張家口一帶；又銷售山東、河南、山西各商，此商務實業之情形也。所有填注上海同人表録，遵奉垂詢各節，附函聊陳大概，望希鑒查是荷。肅復，恭請鈞安。

高陽商務分會韓偉卿

《商務官報》宣統元年十一月十五日第三三期《批選用道松瑞稟》 稟悉。所稱與山東廩生侯執玉合辦萊州紡織公司，股産散棄，請咨東撫，分別應留樹產，餘任投股攤償等情。侯執玉假辦實業爲名，私圖漁利，種種謬妄，均經山東勸業道及山東商務總會分別查明屬實，僅予勒令出會，已屬從輕辦理。該道果有股款被虧情事，自向侯執玉名下追究，何得砌詞妄瀆，所請應毋庸議。此批。十一月初一日。

吉林省檔案館等《清代吉林檔案史料選編（工業）》中册《吉林全省旗務處爲派人赴津購料覓聘工匠所需費用應准照銷的呈文宣統元年十一月二十日》 爲呈請事。

案查前以旗務處工廠添設木科，製造新式各樣器物，應用各種機器，自應及時購辦，並擬添買織科紗錢、染料、藥品等物，俾資充裕。當經札派該廠前正廠長苑貴齡、副廠長孔廣麟二員赴津採辦，並由該廠成本項下匯銀二千兩，以資需用。已經呈奉憲批：如呈立案。仰即督飭該員妥慎選擇採辦，毋得稍有浮冒。切切。抄由批發，等因。奉此，遵即札飭照辦。去後茲據呈稱：查廠長等奉派赴津購料，遵即携帶川資錢六百吊，於本年五月初二日起程，初十日到津。選購各項材料，並覓聘金木兩科工師以及匠目等，至六月十四日旋吉。所購各料均已存廠備用，至沿途所需川資、運脚、釐税並價目等項，理合造册呈報等情。據此，查該廠長等赴津購料並覓聘工師匠目，所需川資、料價、捐税等項，共銀一千九百一十一兩八錢六分六釐三毫二絲。考查均屬核實，自應呈請俯准照數核銷。至册內剩存之款，應仍歸該廠成本項下存儲，以資備用。是否可行，未敢擅便，理合造册備文呈請。爲此合呈督、撫憲鑒核，批示遵行。須至呈者。

吉林行省批：呈册均悉。查該廠長等赴津購料、覓匠、川資、料價、捐税等項，既據該處考查核實，應准照銷。餘剩之款，仍歸該廠成本，存儲備用。繳。清册存。

宣統元年十一月二十三日

《商務官報》宣統元年十一月二十五日第三四期《批賀新賡等呈》 呈悉。該商等以措資創辦水磨製造麪粉各節，於所籌資本若干，未據聲敘，亦無辦事章程。所稱在南苑北大紅門外兩水河地方，購地試辦，事關水利，於該處情形有無窒礙，亦未詳晰呈明，仰另詳稟核奪。此批。十一月十六日。

吉林省檔案館等《清代吉林檔案史料選編（工業）》中册《吉林官辦電燈處爲釐訂章程表式的呈文及清册宣統元年十一月》 官辦電燈處爲呈送事。

竊電燈處自開辦以來雖有年餘，其於大綱細目未嘗考究，以致出納盈虧均無陳迹可尋。自須分別門類逐項詳查，使用一款有一款之着落，辦一事有一事之效果，綱目舉而後措置方有把握。現經釐訂辦事章程及各項表式裝訂成本，理合呈請憲台鑒核。謹呈。

計呈章程表册一本

謹將釐訂吉林官辦電燈處簡明章程開具清册，恭呈憲鑒。

計開：

第一章　總則

第一條　本處定名爲吉林官辦電燈處。

第二條　本處營業雖係官辦，實兼商業性質，當以保全利益爲主。凡對於租用電燈各户，無論在官在商，均須按月照章收取租價燈費，以歸劃一。

第三條　本處應呈請督、撫憲頒發木質關防一顆，以昭慎重。一俟奉到新發關防，即將原領鈐記繳銷。嗣後凡關於本處日行公件、簿據、票單以及出入款項、匯報等事，須一律蓋用關防，俾便稽查。

第四條　本處燈價、燈費及租價等項，另於後列價目表單內，分別等次改訂明確，此外概不折扣。

第五條　本處租價、燈費，按月於每月月半前後，專派司事分段向各户收取，掣給本處關防聯單收條，以昭憑信。

第六條　本處對於支出收入各種款項，除另訂經費預算表册外，仍須按月決算一次，匯報公署並移知財政局，以備查核。

第七條　本處安設電燈地段，須精繪細總圖一份，區別已設未設兩種，俾便參考而資擴張。

第八條　本處對於每日消費各品，如煤炭、木柴等料，務須隨時考驗，另立煤質火力時刻表，以節糜費而杜弊端。

第二章　職員

第九條　本處職員得分爲左之甲乙兩部：

甲部

一、督辦　二員

二、坐辦　一員
三、總稽查　一員
四、文案　一員
五、庶務兼稽查　一員
六、管料　一員
七、收發　一員

乙部

一、管賬　一人
二、管錢　一人
三、收燈費　二人
四、訂燈列號　一人
五、管燈　一人
六、書記　二人
七、工程師　一人
八、翻譯　一人
九、工匠　三十六人

以外酌雇護勇僕役十三人。

第三章　職務權限

第十條　督辦二員，監督處中一切事務。

第十一條　坐辦一員，總理處中一切事務，並稽核出入款項，督察員司人等職務勤惰，隨時請示辦理。

第十二條　總稽查一員，稽查處中内外各項執事，有無弊竇怠玩，以及指揮工役人等安設撤換電燈等事，隨時稟承坐辦辦理。

第十三條　文案一員，辦理處中往來公牘、文件、信函及擬定應用一切規章、合同、表册、票據、月結、報銷等事，隨時稟承坐辦辦理。

第十四條　庶務兼稽查一員，管理處中雜務，指揮司事備置什物器具，印刷各種簿册、票據，並購買煤炭、木柴及一切應用物料等事。但購買煤炭、木柴及一切應用物料，須隨時調查，開列比較時值價單，稟請坐辦核定辦理。

第十五條　管料一員，管理處中煤炭、木柴，並指揮司事，每日收發過磅及保存等事。

第十六條　收發一員，專司處中往來文件、卷宗、檔册、收發及保存等事務。

第十七條　管賬一人，專司處中出入往來及收取燈價、燈費各種雜項賬目、登記等事。

第十八條　管錢一人，專司處中來往銀錢及支出收入等事。凡銀錢經手出入時，必須知會管賬請其登記，以免遺漏而便檢查，並於每日午後協同管賬管錢兩處互相核對，免致訛誤。

第十九條　收燈費二人，專司處中燈價、燈費、租價，按月月半前後，執持關防聯單，分段向點燈各家收取燈價燈費租價等事，但所收燈價、燈費、租價錢款，須按日將聯單票根一併隨向管錢處清繳，不得擅自動用。

第二十條　訂燈列號一人，專司本處安設電燈各户來處訂購電燈，隨時分别列入號簿，以便稽查。其安設各户如有遷移更换及添置退撤等事，亦當臨時列號，免有錯誤。

第二十一條　管燈一人，專司本處安設電燈，地段各處所有燈頭若干，及修理撤换等事，隨時稟明辦理。

第二十二條　書記二人，專司處中繕寫文件、信函及各種圖式、表册等事。

第二十三條　工程師一人，專司本處安設機器電燈及修理更换，並逐日經管機器房放光等事。但機器電燈如有應須修理更换時，當預先稟明坐辦驗明辦理。

第二十四條　翻譯一人，專司本處工程師通譯，不得干涉别項公件。

第二十五條　工匠三十六人，輔助工程師安設機器電燈及修理更换，並逐日輪班經管機器房放光等事。

第二十六條　護勇夫役十三人，專司本處及搬移什物傳遞文件，並造膳及掃除等事，但臨時所雇工役不在此限。

第四章　經費

第二十七條　本處經費得分爲左之三種：

甲種　元本

第二十八條　凡本處由前届經手交代房屋、機器、燈頭、燈罩、燈綫、燈杆及一切什物器具，並未經消費各品，應須逐件估計價值實在，合錢若干，均得歸入元本以内，但須核實估計現存可用者爲主，以免含混。

第二十九條　現由官銀錢號暫撥錢十萬吊，例應一律假定爲元本金，以便核算。但須區別前後兩届各計元本若干，俾清界限。

乙種　收入

第三十條　凡處中按月所收之租價、燈費、燈價等皆是，但須隨時登記，逐月册報。

丙種　支出

第三十一條　凡處中員司工役人等薪水及一切購買煤炭、木柴、物料並零星雜用等皆是。惟元本官息支出應當分別註明，均須一律按月册報。

第三十二條　以上三項經費，須分經常、臨時兩種，綜計年度、月度逐日另訂預算表目，以杜浮冒。

第三十三條　收入經費對於電光一款，仍照原定章程，按月作爲本處公用，歸入經常項下，以昭核實。

第三十四條　至租價、燈價兩種，原定章程作爲公積不准動用，爲將來歸還元本地步。以後能否變通，須隨時體察情形，再行請示辦理。

第五章　安設電燈細則

一、本處前奉督、撫憲批准，將商辦電燈公司收回，改爲官辦電燈處。原在東來門外建築廠屋，購置機器，架設杆綫，其燈綫所經，先由城廂内外繁盛地方按圖布置，餘俟逐漸推行。

一、本處安設電燈業經分類定價，他如保險綫、保險匣、開關機、磁料及裝工，悉由本處備辦，並不收價，以廣招徠。其燈價、分燈頭價、租燈費、電光費三種開列於後：

甲、燈頭價(電費在外)

十六燭光平常房内掛燈，每盞中錢二十五吊五百文。

二十二燭光平常房内掛燈，每盞中錢三十七吊文。

另備各式花燈、門燈，可向本處訂燈列號處面議。

乙、租燈費(電費在外)

十六燭光平常屋内掛燈，每盞每月租中錢一吊六百文。

三十二燭光平常屋内掛燈，每盞每月租中錢二吊四百文。

丙、電光費【用電多者酌給折扣，附表於後】

十六燭光每盞每月中錢五吊文。

三十二燭光每盞每月中錢七吊五百文。【略】

電光費分級折扣表，以每月電費至一百吊爲起碼，不及一百吊者不扣，租燈費不扣。【略】

一、衙、署、局、所、學堂、商鋪、住户安設電燈，均照本處所定價目一律收費，並無歧異。

一、如欲安設電燈，可先向本處訂燈列號處開列名號，當由本處派人查勘綫路，算清燈價數目，開一清單，將安費全數付齊。如係租燈者，亦須先行聲明預繳燈費、電光費一個月，掣取收條按號安設，有距綫路較遠者另議。

一、收取電費月清月款，每月自初十日起至二十日止爲收費之期，不得拖欠。倘逾限不繳，即將綫路阻斷不爲通電。

一、本處收取電費均用聯單，註明本月共燃燈幾盞，應收電費若干，如數收訖字樣爲憑，以杜浮收而免假冒。

一、安燈各家如遇喜慶佳節願添安電燈多盞者，不拘一日數日，先期一個月至本處面議。

一、燈杆光綫日夜有電流經過，不可觸動屋中之綫。本處爲慎重起見，不惜資本均用保險綫匣，然亦不可隨意玩弄，致有破損漏電之虞，本處不負責任。

一、燃燈各家不按本處規則按摸觸動致損傷一切料件者，應令照價賠償。

一、燃燈各家如將燈頭燈罩碰傷損壞者，可即至本處管燈司事報明，價買更換。

一、安燈所用燈頭料件均由本處備辦，照章收價。如自向他處購買者，本處不知電力究否相符，自不便代爲通電。

一、各家所安之燈如遇有阻斷不靈，立即通知本處，以便前往修理更換。

一、各家若有遷移，須早爲通知本處，一面商議移燈，一面阻斷電路。倘不知會致接住者，朦混點燈或房屋空閒未經拆卸虛糜電光者，被本處查知，仍向原點主收費。

一、安燈各家其燈頭係價買者，如欲停止不燃，衹須通知本處，俾將綫路截斷。除燈頭去留任便外，其餘料件均係本處之物，不得擅動。

一、各家如遷往他處或拆卸不用，則原安之墻壁頂棚等處若有破壞，與本處無涉。

一、本處所安燈頭均有暗記，倘各家私自挖破即爲有意偷電，應照罰則議罰。

一、本處已向洋商購備計電表多具，燃燈之家如欲裝置或租買悉聽其便，俟貨到後再定詳章。

一、本處所派工匠出外裝修燈綫等項，不准私索酒資。

一、以上各條係本處暫行規章，其未經完備及應行擴充之處，仍當隨時稟明增改。

官辦電燈處員司及工匠人等辦事規則【略】

吉林行省批：電燈處前因辦事雜亂無章，以致出納盈虧茫無頭緒。兹據分門別類逐項詳查，釐定辦事規則章程及各項表式，綱舉目張清晰靡遺，應准照辦。

該處所用官款甚鉅，亟應徹底盤查，會同三面核算交代接收清楚，造册結報。一面恪照新定章程認真辦理，毋稍含混疎懈，以期日有起色，是爲至要。切切。繳。規章、表式存。

宣統元年十二月初五日

《商務官報》宣統元年十二月五日第三五期《批天津商務總會稟》 稟悉。所稱職商高鵬雲以營口萬聚鑫機器廠，劉世增仿造機器，懇請調驗澈查等情。查兩商所造機器，均先後報部有案，節經本部准予專利，劃分區域，札知轉飭遵照等因去後。兹復據該職商稟稱，前情應即轉飭該商，將所造各項機器，送部考驗，藉資比較，除札飭奉天勸業道轉飭遵照外，爲此批示，仰即遵照可也。此批。十一月二十三日。

天津市檔案館《天津商會檔案彙編(1903—1911)》上册《津海關道蔡爲直隸啓新洋灰公司批准註册事札飭津商會宣統元年十二月十四日**》** 津海關道蔡(紹基)爲札飭事。本年十二月初十日奉北洋大臣陳札開：宣統元年十二月初二日准農工商部咨：本部奏定公司註册章程內載：凡商人經營貿易，無論何項公司，一經註册，即可享一體保護之利益等語。兹查有直隸啓新洋灰公司遵章到部，呈請註册，業經本部核准註册給照在案。相應開列名號，咨行貴督飭屬妥爲保護可也等因，到本大臣。准此，除分行外，合行札飭，札到該道即便查照。此札。計抄單。等因。奉此，合行抄單札飭，札到該商會即便查照。此札。

計抄單。

直隸啓新洋灰有限公司，總理處天津海大道，工廠灤州馬家溝。宣統元年六月初四日註册，共集龍銀三十萬元。創辦人：總理周學熙、協理孫多森。查察人：湖北候補道周學輝、兩淮候補鹽經歷楊家淦，住天津、武昌。

天津市檔案館《天津商會檔案彙編(1903—1911)》上册《北洋火柴公司爲由日本購進洋硝被扣生產停工千餘工人失業請鈔關放行事稟商會文宣統元年十二月十六日**》** 具稟北洋火柴公司伊廷壐稟爲詳陳原料件數、重量，懇恩再行轉請農工商部，轉咨陸軍部，咨税務處飭關放行事。

竊商敝公司製造火柴，黄燐、洋硝爲必需之品，向由外洋購買進口，税務司即查驗放行。今於十月十四日由日本運來黄燐、洋硝二種，黄燐照章納税放行無阻，惟洋硝近因陸軍部飭税務司，無照不准放行，是以被關截留。曾蒙貴會稟請大部，嗣因無料停工，又蒙貴會電請大部各在案。伏思敝公司本爲提倡工藝，以興實業，挽回利權，利不外溢。兹因缺料停工，未免爲外人竊笑。而且敝公司在場工人與外雇工人，不下千數百人，皆賴工資得活。時值嚴冬，倘停工日久，老弱者無路圖生，少壯者不免爲非之慮。又且工人星散，再聚實難。停工日久已屬賠累，再爲招募工人，整理復元股本實不堪設想矣。今由大部復文，由貴會飭將洋硝件數、重量若干，詳細開單，送呈大部，以憑轉咨等因。感激莫名。兹將已截留洋硝一百件，計重八千四百斤，早經在案。此外尚有續買洋硝一百件，計重八千四百斤，已由日本隨山東丸船裝運，約十二月二十四日抵秦皇島，改裝火車運津，理合一併詳細開單，另單二紙呈閲。敝公司因無洋硝一種，不能配合成貨，其他原料，壓本甚鉅，時届年終，勢難周轉。爲此叩乞商務總會憲台大人，速詳農工商部，轉咨陸軍部，咨税務處飭關放行，實爲德便。

清單證據二件。

天津市檔案館《天津商會檔案彙編(1903—1911)》上册《直督陳爲直隸聚和紡織勸業工廠批准註册事札飭津商會宣統元年十二月二十一日**》** 直隸總督陳(夔龍)爲札飭事。

十二月十六日，准農工商部咨開：本部奏定公司註册章程內載，凡商人經營貿易，無論何項公司，一經註册，即可享一體保護之利益等語。兹查有直隸聚和紡織勸業工廠遵章到部呈請註册，業經本部核准註册給照在案，相應開列名號，咨行貴督飭屬妥爲保護可也等因。到本大臣准此，合行札飭，札到該商會，即便查照保護。此札。

計開：

直隸聚和紡織勸業工廠，總廠設立清苑縣大莊村。宣統元年九月初九日註册。資本一萬元。合資人：石春和、李夢魁均住孟家莊。

天津市檔案館《天津商會檔案彙編（1903—1911）》上册《直督陳夔龍爲陳炳鏞集銀十五萬兩開辦華昌火柴公司准予註册事札飭津商會宣統元年十二月二十四日》 直隸總督部堂陳（夔龍）爲札飭事。

十二月二十日准農工商部咨開：接據分省直隸州知州陳炳鏞等呈稱，洋貨自天津進口者，以火柴爲大宗。我國人浮於事，遍地窮民，貽患非淺。爰合同志糾集股本，在天津縣西沽地方創立火柴廠，遵照公司律辦理，名曰天津華昌火柴股份有限公司。股本定天津行平銀十五萬兩。開辦時先收七萬五千兩，餘俟規模大備，用以擴充。一俟批准，即行建廠開辦，招募窮苦子弟，以事製造，並延聘良師，於星期日授以粗淺學科，養成人格。將章程繕具清摺，恭呈鑒核，懇予立案，並請咨行北洋大臣轉飭地方官，妥爲保護。等情前來。查該職商擬集股創辦天津華昌火柴股份有限公司，洵屬有裨工業。詳閱清摺，專收華股，不招洋股，與公司律亦屬相符。除批飭准予立案外，咨行轉飭地方官妥爲保護可也等因。到本大臣准此，合行札飭，札到該商會即便妥爲保護。此札。

吉林省檔案館等《清代吉林檔案史料選編（工業）》中册《吉林官辦電燈處爲辭退德工程師改用華工頭的呈文宣統元年十二月二十九日》 官辦電燈處爲呈請事。

竊照職處創辦之初，凡安設電燈經理放光等事，向歸德工程師麥華德執掌。其薪水一項，月需羌帖四百元，此外飯食糜費又需百元，綜計每月實需吉元六百四十元，爲數不爲不鉅。乃該工程師欲壑難填，終不能厭其所望，且復多方挾制，動輒停光。歷前坐辦因有合同，亦即含忍吞聲卒未與較。職仰承委任，罔識嫌怨，故於受事之初首將該工程師據理辭退，取消合同。至該工師職務令原雇之華工頭梁禮謙、桂雲生等分別擔任。就其原定之薪水各加銀元十元。現在每名每月言定薪水吉元一百二十元，考其藝業既與麥華德無甚軒輊，綜其月薪實較麥華德所省倍蓰，似於電燈經濟前途不無裨補。理合具文，呈請憲台鑒核立案。爲此備文具呈，伏乞照呈施行。須至呈者。

吉林行省批：呈悉。該處洋工程師薪費過鉅，且復多方挾制，動輒停光，自非更換不能整頓。該坐辦於受事之初，將該工程師首先辭退，責成華工頭擔任職務，就節省薪水内加給華工頭薪水各十元，摻縱甚屬得宜，應准照行。仰即督飭該華工頭勤慎經理，毋稍疏忽致失信用。切切。抄由批發。

宣統二年正月初九日

吉林省檔案館等《清代吉林檔案史料選編（工業）》中册《吉林全省旗務處爲裁撤旗務處工廠天津轉運所的呈文宣統二年正月十九日》 爲呈報事。

竊查職處前因旗務處工廠赴津購辦原料往返爲艱，曾經呈請在天津設立轉運所，派經理人史長富、黄景星二名管理其事。前奉憲台批准遵辦在案。現查該廠每年購辦軍裝原料僅三五次，除此之外該經理人等均無所事事。在彼坐耗工食，所費甚鉅，誠不如隨時派員前往購辦之儉省。自應將該轉運所裁撤，並經理人等一律遣散，以節經費。除由職處另行擬具堂稿呈請咨行北洋大臣知照外，理合備文呈報。爲此合呈督、撫鑒核，備案施行。須至呈者。

吉林行省批：如呈辦理，仰即叙堂稿呈候核咨。繳。

宣統二年二月初五日

吉林省檔案館等《清代吉林檔案史料選編（工業）》中册《吉林旗務處工廠所製各種産品數目及售價清册宣統二年正月二十四日》 謹將工廠所製各種出品等類數目如左：

計開：

頭等指揮刀	一把價洋每把十二元
二等指揮刀	二把價洋每把十一元
三等指揮刀	二把價洋每把九元五角
戰刀	一把價洋十二元
刺刀	二把價洋每把四元五角
巡警長刀	一把價洋八元八角
洋式鎬	一把價洋二元
洋式鍬	一把價洋二元二角
灰色袍料	二件價洋每件一元六角
藍色袍料	二件價洋每件一元六角
縐布	一匹價洋四元
灰色方錦袍料	一件價洋二元
粉紅花褥單	二件價洋一元六角
漂白花褥單	一件價洋一元八角
漂白布	一匹價洋五元二角
鵝黄色布	一匹價洋五元三角

杏黃色布　一匹價洋五元二角
月白色布　一匹價洋五元三角
蟹青色布　一匹價洋五元四角
哈機布　一匹價洋五元四角
綢月色布　一匹價洋五元四角
金駝色布　一匹價洋五元四角
水紅色布　一匹價洋五元四角
棕色布　一匹價洋五元五角
藍花條布　三匹價洋每匹五元
彩花條布　一匹價洋五元
青哈拉禮服　一件價洋一百零四元
青哈拉大氅　一件價洋三十五元
青哈拉頭等官帽　一件價洋十五元
灰貢泥便服　一套價洋三十元
二等三級馬鞍　一盤價洋一元五角
芝麻皮馬靴帶刺馬針　二雙價洋每雙二十一元
黃皮馬靴帶刺馬針　一雙價洋十八元
芝麻皮皂靴　一雙價洋八元
芝麻皮官靴　一雙價洋八元
芝麻皮皂鞋　一雙價洋三元
芝麻皮提包　一個價洋十一元
廣沙皮皂靴　二雙價洋每雙五元
裏腿操鞋　二套價洋每套六元八角
黃皮操鞋　一雙價洋四元五角
皮背包　一個價洋八元五角
皮袋子藥盒刺刀庫　二套價洋每套五元
漆皮刀帶　一條價洋七元
禮服刀帶　一條價洋五元
常服刀帶　三條價洋每條四元五角
洋式皮箱　一對價洋八十元

計開：
未賣品：
頭等指揮刀　二把　戰刀　一把
二等指揮刀　二把　刺刀　二把
三等指揮刀　二把　巡警長刀　一把
洋式鎬　一把　洋式鍬　一把
灰色袍料　一件(已賣)　縐布　一匹
粉紅花褥單　一件　漂白布　一匹
鵝黃色布　一匹　杏黃色布　一匹
月白色布　一匹　蟹青色布　一匹
哈機布　一匹　綢月色布　一匹
金駝色布　一匹　水紅色布　一匹
棕色布　一匹　藍花條布　三匹
彩花條布　一匹　青哈拉禮服　一件
青哈拉大氅　一件　青哈拉頭等官帽　一頂
灰貢呢便服　一套　二等馬靴　一盤
芝麻皮馬靴　二雙　黃皮馬靴　一雙
芝麻皮皂靴　一雙　芝麻皮提包　一個(已賣)
廣沙皮皂靴　二雙　裏腿操鞋　二套
黃皮操鞋　一雙　皮背包　一個
灰貢呢便服　一套　二等馬靴　一盤
芝麻皮馬靴　二雙　黃皮馬靴　一雙
芝麻皮皂靴　一雙　芝麻皮提包　一個(已賣)
廣沙皮皂靴　二雙　裏腿操鞋　二套
黃皮操鞋　一雙　皮背包　一個
皮帶子藥盒刺刀庫　二套　漆皮刀帶　一條
禮服刀帶　一條　常服刀帶　三條
洋式箱　一對
已賣品：
灰色袍料　二件三元二角

藍色袍料　一件一元六角
皮包　一個十一元
灰色方錦袍料　一件二元
粉紅褥單　一件一元六角
漂白花褥單　一件一元八角
芝麻皮官靴　一雙八元
藝麻皮皂鞋　一雙三元
藍色袍料　一件一元六角

共合銀洋三十三元八角

甘厚慈《北洋公牘類纂續編》卷一九《北洋洋灰公司稟擴充唐山新廠添招股本請咨部立案文並批》　敬稟者。竊維商戰之秋，舍實業無以富國，利權待挽，非衆擎不足爲功。溯職公司係承受唐山停廢舊廠，於光緒二十六年，由本司稟請墊款試辦，旋遭庚子之亂，未能兼顧，暫由開平局代理。嗣於光緒三十二年間，幾費磋磨，始克收回自辦與。職道倡議招股，定以股本一百萬元，不半載即行全數齊集，遂就唐山添設新廠，由德國選購最新最精、年可出灰十八萬桶之製灰旋窑機器，加以老廠原有舊機製灰，併計每年共可出灰二十三四萬桶。開辦後，添雇西洋化學師，研究日精，銷路異常興旺。光緒三十三四年，兩期總結，除照給各股東官利外，其紅利亦足相埒，均載兩期所刊賬畧，可以稽考，以新創實業，當外貨充牣之秋，進步如斯，誠非意料所及。上年行銷益廣，在北數省各鐵路，多經早定合同，其揚子江流域各鐵路局廠，紛紛訂購，竟有出不敷售之勢。去春議決，在馬家溝另闢北分廠，先設機器磚窑，添股三十萬元，早經齊集，七月間即已出磚，加之老廠原出之磚，每月仍不敷售，值斯路政日興，求多於供之時，亟應急起直追，力挽利權，俾免中國金錢作尾閭之宣洩，是大加擴充，未可須臾或緩者也。現擬仍就該查唐山馬家溝一帶，洋灰原料地畝本屬採取不竭，而唐山尤爲近便。處新廠添購加大，年可出灰三十萬桶之最新式水磨機器，全副約計機價連添房屋，共需洋一百萬元，又寬備行本約洋五十萬元，共應添招新股一百五十萬元，將來成立後，除老廠舊機不計外，净連原有新廠，併計歲共出灰約五十萬桶，每桶通拉餘利一元，核計可獲利五十萬元。又北分廠磚窑，每年可獲利七萬元，兩共獲利五十七萬元，以新舊股本二百八十萬元計，毛利約在二分上下。因思職公司銷場，以鐵路爲主，端賴各部憲提倡，暨各鐵路公司合力維持，益形穩固，此項擴充新股一百五十萬元，擬以一半儘舊股東分認，其餘一半擬請郵傳部、農工商部酌附官股，並請分行外省紳辦各鐵路公司，一體認附，俾得官商一氣，共保利源，而杜外輸。除呈郵傳部、農工商部外，謹擬簡章十條，繕呈清摺，懇請憲台轉咨農工商部立案，而維實業。所有職公司擴充唐山新廠、新機，添招股本，繕具簡章，呈請核咨立案緣由，理合稟請大帥鑒核，俯賜核咨立案，實爲公便。

謹將啓新洋灰有限公司擴充新廠、新機、添股開辦簡章，恭呈憲鑒。計開：一，本公司議定，仍就唐山新廠擴充新機，多造洋灰，以期減輕成本，推廣銷路，固植我國營業，杜塞漏卮。二，本公司此次擴充新機，估計成本、行本，共需龍銀一百五十萬元，儘舊股東分認七十五萬元，其餘一半，呈請郵商兩部酌附官股，並請分行外省紳辦各鐵路公司，一體認附，俾得官商一氣，共保利源。三，本公司新股仍以龍銀五十元爲一股，共計三萬股，均作正股，不給優先。其股東權限利益，除官利照第七條辦理外，餘均與老股一律，並無區别。四，本公司係在新廠擴充，所有調度銀錢，發行文牘，均沿用原圖記關防，此外完納貨稅，亦仍遵照農工商部原奏成案辦理。五，本公司新招股本，分三期收清，第一期二十元，自宣統二年二月十六日起，六月底截限；第二期十五元，是年七月初一日起，十二月底截限；第三期十五元，宣統三年正月初一日起，六月底截限。每期所收股本，均先給憑單爲據，俟股本收齊後，將憑單繳換股票息單。六，本公司新股，照章自交款之次日起算，官利長年八釐，如願在第一期或二期內付清者，亦可。惟暫時仍給憑單爲據，俟填出股票息單，訂期再行換給。七，本公司擴充新機，添建房屋，至速約須一年半告成，其未成立以前，所有官利，係由公司舊股東擔任墊付。屆出灰足數之次年始，得以餘利，彌補前款，現定按新股三期交款之日，分别先後扣期二年以內，祇分官利，滿足二年以後，方與舊股一律均分紅利，如此酌劑盈虛，庶新舊股兩得其平，而於營業益形穩固。其未換八，本公司新股官利，仍按期截日，隨同每年三月老股派利之日發給。其未換股票息單者，即以憑單照驗蓋戳，算給官利。九，本公司擴充新機，成立以後，每屆年終，仍與總廠彙結盈虧，刊布帳略，報告各股東會議，一切仍照原章辦理。十，本公司此次擴充新機，除以上所訂各條外，其餘悉照本公司原呈部核立案章程，一律毋稍歧異。

督憲陳批：稟摺均悉。所擬添招新股簡章十條，尚屬明晰，候咨農工商部查照立案。繳。

《商務官報》宣統二年二月五日第二期《東三省總督黑龍江巡撫咨本部文江省工藝傳習所改爲工藝製造局由》 再，江省地處邊荒，工藝素少，講求器物，率多苦窳，其稍精良者，均屬購自外人，自非整興藝事，利權既無以挽回，亦非養成匠材，工業終無由振作。光緒三十四年十一月間，飭由提學司派員在省城刱設工藝傳習所，招集工師藝徒，先從木漆各科分別傳習，并派員前赴京津等處，調查硝皮製造洋燭胰子等法，現屆一年期滿，製出各品頗多適用，即飭將該所改爲工藝製造局，揀派總辦員司分任職務，原有工師藝徒各就所習，分門製造。開辦之初，擬從小處辦起，取材必土産之所有，成器爲日用所必需，如木漆皮張以及醬油蠟燭胰皂等類，先行學製，以期易於行銷，俟辦有成績，再行添招商股，漸圖擴張，所需成本，已飭由官銀號餘利項下墊給銀五千兩，事屬官辦，所有贏絀，應歸公家擔任，其原設之傳習所，所需開辦及常年開支經費，係由前度支司撥給，應請一併作正開銷，以清款目。除將各項章程分別咨部外，謹會同東三省總督臣錫良，附片具陳，伏乞聖鑒，敕部立案施行。謹奏。

吉林省檔案館《清代吉林檔案史料選編（工業）》中册《吉林全省旗務處爲吉林旗務處工廠添募工匠的札咨文宣統二年二月初七日》 爲咨行、移付、札飭事。

生計科案呈：案照本處呈稱，竊查旗務處工廠原定章程，藝徒分兩班招入，所爲人少易於教授，是以彼時募訂工師、匠目僅敷教授一班，以省經費。嗣於上年九月業將第二班藝徒招齊，原有工師、匠目實難兼顧兩班，故隨去歲職處科員董繼澍等赴津購料之便，飭募縫紉科工匠二名，每月各支薪工洋十六元，革科工匠四名，内二名各月支薪工洋十一元，二名各月支薪工洋十三元，木料工匠一名，月支薪工洋十五元。復飭該廠由本省聘定金科工匠一名，月支薪工洋六元，木科工匠六名，内一名月支薪工洋二十元，一名月支十九元，一名月支十八元，一名月支十七元，二名各月支十二元。前後由津、吉共募定工匠十四名，統計月支薪工洋一百九十九元。擬由該廠經費項下按月撥給，以資轉發。所有旗務處工廠加添工匠，並擬定薪工數目，理合備文呈報督、撫憲鑒核，伏乞照呈施行等因。於本年正月二十日奉批：據呈該處工廠因招齊第二班藝徒，原有工師、匠目不敷教授，現已添聘工匠，擬定薪工數目，請由該廠經費項下按月撥給。應准如擬辦理，仰即遵照。繳。

《吉林旗務處工廠分售所爲繳銷轉運所牌匾戳記等情的呈文宣統二年二月初九日》 爲呈請繳銷事。

案查宣統二年正月十二日接奉憲批：稟册均悉。查該所原屬商業性質，係以獲利爲宗旨，開辦以來該幹事宜如何竭力經營，方不負本處委用之至意，乃竟虧折本銀二千五百餘兩之鉅，雖係同伙人多不睦，終屬辦理不善。既稱已出現款如數補還，情尚可原，著即從寬免議。副幹事史有俊與該幹事同負責任，咎即難辭，既不能分攤賠款，應記大過一次以責後效。至轉運所經理人史長富、黃景星二名，即幫同該所承辦軍裝之責，現已折本，既係經理無方，均應撤差。將原委諭帖及該轉運牌匾，由張、史兩幹事督飭繳回，限文到十五日内呈送本處註銷，以昭慎重。查史長富、黃景星二名係張、史兩幹事保用，如原委諭帖及天津轉運牌匾不能遵限繳回，本處惟該兩幹事是問。並飭史、黃兩經理人照所發之式出具甘結，須將辦理軍裝各款如數領清，暨在津在吉並無指轉運所名目由各處借欠款項等情。聲明再由正副幹事照式加具保結，皆須遵限一併呈遞，以備存查，仰即遵照辦理，毋違可也等因。奉此，查所有以前與分售所承辦軍裝各款業已如數領清。其有轉運所牌匾並一切戳記本應呈繳，無如體質甚重，且道路又遠，殊難運吉，擬請作廢。暨在津在吉並無指轉運所名目由各處借欠款項等情，呈明備查。除將諭委以及經理人史長富、黃景星出具甘結，並由正副幹事加具保結一併呈送以備存查外，相應具文呈請憲處鑒核，備案施行。須至呈者。

天津市檔案館《天津商會檔案彙編（1903—1911）》上册《饒陽大尹鎮協成元錢鋪李夢祥集資三萬元創設協成元織布工廠請註册文並部批宣統二年二月十日、三月十三日》 饒陽縣商務分會總理韓樹 爲牒請轉詳註册事。

竊工藝爲商業之本，商業爲富國之源，憶自海禁大開，各國通商，迨至今日，洋貨日多，中貨日滯，漏卮日鉅，國脈日衰。揆厥由來，只以中國工藝不興，抵制無方，以致莫大利源，任人侵奪。即如布匹一項，誠爲銷路最大之貨。中國産棉地廣，織户本多，無如拘守舊法，不思改良，所織之布，與外貨相形見絀，幾至無人過問，遂使民間織户，失業漸多，日就飢寒，將難挽救。時勢至此，若不設法改良，遠則無以挽外溢之利源，近則無以保貧民之生路，是則非多設工廠不可，非改良織布不可。

茲有敝會錢行董李夢祥，係饒陽縣城東北大尹鎮協成元錢鋪執事，以資本三萬元創立織布勸業工廠，購有鐵輪織機六十張，木輪織機五百四十張。其辦法並無多修廠舍之費，較多修廠舍者，其收效更速。以創辦伊始，倘大興土木，耗財過鉅，致人生畏縮，而風氣暗受影響。且廠舍之多寡有限，即容人之多寡有限，即織布之多寡亦有限。躊躇再四，不若暫租民房，將機廠分立四鄉，聘工師教授，陸續招徒，則織機可隨勢加增，分廠可逐漸推廣。就本地情形而論，擴充工藝，未有如此辦法之善者。且此廠專購中國所紡之綫，織寬面土布、斜文褡褳兩種。在張家口、熱河、京津各地，均設有發售處。惟張家口銷路最暢，自去年正月開辦，查年終共出寬面土布六萬(匹)，褡褳二千餘匹，均各銷盡。似此辦法，再繼之以擴充，不獨開民生路，保我利權，並可以抵制外貨。惟是開辦之始，恐市儈姦商，垂涎壟斷，牙紀書吏，節外生枝，於工藝前途，大有妨害。

惟此懇請轉詳農工商部立案，並飭縣保護，優免税用，則銷路益暢，於無形中，風氣大開，工藝振興，更爲今之所求不得也。

敝會爲擴充實業，謀挽利權起見，所有爲協成元工廠請轉詳立案飭縣保護各緣由，理合具文牒呈總會憲大人鑒察施行，實爲公便，須至牒者。

附呈簡章一扣。

右牒天津商務總會。

(附)饒陽縣協成元織布工廠簡章十二條

第一條　名稱

本廠定名爲饒陽縣協成元織布勸業工廠。

第二條　宗旨

以開通風氣，振興實業，添民生路，挽回利權爲宗旨。

第三條　地址

本廠設在饒陽縣城東北十八里大尹鎮，另有分收發處，設在蠡縣東南三十里劉家佐村。

第四條　廠舍

本廠以開辦之始，倘多修廠舍，不但需款甚鉅，且更以房舍之多寡，容人反形限制。除有辦公帳房及存綫室、存布室、辦事人員齋舍外，機廠分設四鄉，暫租民房。該分廠管理稽查，俱有常員，較在一處多修廠舍，不但節費，更覺活便，易於擴充。

第五條　規則

共織機六百張，工徒六百人。

擬定織土布一匹，發給工徒錢一千二百文。織褡褳一匹，發給錢二千文。

如有格外優劣之處，當即隨時獎罰，以資勸懲。

第六條　辦法

本廠專爲挽回利權起見，所用條綫，專購中國紡紗各廠所出之綫，外國洋綫概不購用。

第七條

本廠開辦資本銀洋三萬元，商人李夢祥自行籌措，不用官款，不招股分，獨資成立，所有資本金三萬元，由商務分會查悉屬實。

第八條　職務

總理一人，綜理全廠一切事宜。

監理二人，監察全廠一切，照料收發布綫存貨銷貨等事。

稽查二人，稽查總廠及分廠一切事，並考察工徒勤惰。

收支二人，掌理出入款項，核算簿記等事。

庶務五人，承辦全廠雜務，兼有採辦運貨之責。

第九條　防弊

本廠分廠既多，工徒亦伙，必須以斤發綫，按綫收布，不准使水調漿，以期久遠實在。並將所織之布，按上中下三等分印，將號不使絲毫冒濫。

第十條　銷路

除本地銷售外，北京、天津、北口、熱河、張家口俱有發售處，以張家口銷貨最多，以多輸入俄境故也。

第十一條　牌號

寬面土布，標印中華富貴牌號。斜紋褡褳，標印獨佔鰲頭牌號。

第十二條　附則

本廠所擬章程，因試辦之初，殊多簡略，所有應行改良之處，容俟隨時更正，以期達於完善。

分廠坐落機數，照録如下：

饒陽北岐河村分廠，機百張；曲閭村分廠，機四十張；寺岡村分廠，(機)三十張；獻邑路賈莊分廠，機十張；臨河村分廠，機三十張；石家疃村分廠，機二十張；肅邑寺上村分廠，機十張；西南莊村分廠，機三十張；博野縣東陽村分廠，機六十張；蠡縣仉村分廠，機三十張；七器村分廠，機百張；洪善保村分廠，機三十張；符家左村分廠，機七十張；劉家佐村分廠，機四十張；

員司姓名籍貫，照録如下：

總理　李夢祥　蠡吾縣人

監理　趙薄源　饒陽縣人
　　　王繼和　肅寧縣人
稽查　王箴甫　饒陽縣人
　　　王化軒　蠡吾縣人
收支　張漢章　獻縣人
　　　趙應樵　獻縣人
庶務　許鑒鱗　饒陽縣人
　　　陳熙和　饒陽縣人
　　　袁瑞林　安平縣人
　　　尹鳳華　饒陽縣人
　　　苗松延　肅寧縣人

農工商部批：據轉稟饒陽商會牒稱，商人李夢樣出資本金三萬元，開設協成元織布勸業工廠，繕具簡(單)(章)十二條，稟請查核立案等情。

查該商人獨資開設織布勸業工廠，係爲振興實業起見，所呈簡章十二條，大致均尚妥協，准予立案。一俟辦有成效，遵章到部註册，一體保護可也。此批。

右批天津總商會，准此。

天津市檔案館《天津商會檔案彙編(1903—1911)》上册《直督陳夔龍爲直隸高陽縣吴村設立蚨豐織紡工廠事札飭津商會宣統二年二月二十三日》　直隸總督部堂陳爲札飭事。

二月十七日准農工商部咨開：本部奏定公司註册章程内載：凡商人經營貿易，無論何項公司，一經註册即可享一體保護之利益等語。兹查有蚨豐織紡工廠遵章到部，呈請註册，業經本部核准註册給照在案。相應開列名號，咨行飭屬妥爲保護可也等因。到本大臣准此。除分行外，合行札飭，札到該商會，即便查照保護。此札。　計抄單

計開：直隸蚨豐織紡工廠，總廠設立南邊吴村，分號設立高陽縣城内。宣統元年九月初十日註册，資本洋銀一萬元。總經理人李銘勛，住安州。

《商務官報》宣統二年二月二十五日第四期《批職商阮文衷稟》　據稟暨機器模型均悉。查該職商在河南鄭州等處，開設元豐芝蔴分廠，創造篦蔴機器，呈驗模型二具，稟請准予專利年限等情。現經本部詳加考驗，製造均屬合法，洵爲利用之機具，見講求實業，别出心裁，殊堪嘉許，應予先行立案，並准其河南境内專辦五年，一俟本部專立章程訂定，再行呈候核辦。除咨行河南巡撫查照，飭屬照章保護，並禁止倣造外，仰即遵照。此批。四月初六日。

吉林省檔案館等《清代吉林檔案史料選編(工業)》中册《吉林全省旗務處爲繳到旗務處工廠宣統元年春秋兩季藝徒甲餉錢文及開支數目的呈文宣統二年二月二十七日》　爲呈請事。

竊查職處因籌劃旗丁生計，於去歲創設旗務處工廠。所挑藝徒多係旗屬寒畯子弟，是以呈請援照十旗小學堂學生補甲成案，由通省各城旗提撥甲缺百六十分，將入廠各藝徒一律頂補。所領餉項即作該藝徒等剃頭、梳辮、文具、紙、筆、墨費、操衣、靴帽，並醫藥等項之資，以示體恤。嗣後畢業准其帶甲出廠。倘中途廢學，即將甲缺照章扣留，以便頂補續挑藝徒。前已呈奉憲台批准遵辦在案。兹查各城旗繳到該藝徒等應領去歲春秋兩季餉錢四千五百八十二吊一百六十七文，除發給該廠承領各藝徒等剃頭等費錢二千四百九十九吊一百七十五文之外，尚存錢二千零八十二吊九百九十二文，自應仍存備用。理合造册具文呈報，爲此合呈督、撫憲鑒核，備案施行。須至呈者。

吉林行省批：據送清册存查，仰仍撙節動用，核實造報。繳。

宣統二年三月初五日

《商業雜誌》一九一零年第一期《北京華商鐵瓷有限公司説畧》　今日之世，一工商業競爭之世也。莽莽五洲，風雲詭譎，其雄飛横絶戰勝於天演之公例者，何莫非工商業發達之國乎。獨我中國，向不講求製造，所産生貨，東西洋商，販運出口，加工製造，復販運進口，行銷内地，我國人亦喜其新奇精巧，争相購買。每年溢出金至數千萬兩，所得生貨，價值不敵十分之一，由貧而弱，任人强食，至情有難忍，始喘汗而爲抵制之謀，何如先時早自爲計之爲愈乎。但振興工藝，須由粗而精，日謀進步，試觀市肆羅列外貨之輸入我國者，其精者無論矣。即鐵瓷粗品，已成大宗，鄙人等不揣棉薄，集股創設鐵瓷公司，資本不須過豐，製造但期簡易，果人人有愛國之心，專用土産，不用外貨，則江海之深，細流所注；泰山之高，土壤所成，日積月累，精益求精。凡進口之品，無不可以仿製，化貧爲富，轉弱爲强，實基於此，此區區一鐵瓷公司，不過爲提倡工業之嚆矢云爾。爰贅説畧如左：

一、原料之富。鐵加瓷釉之器，其胚胎即鐵鉛錫所镕鑄，其光面即砂石所化合，此種原料，我國俯拾即是，採購甚易，無須取給外人。

一、用品之多。凡出品之能暢銷與否，一視乎用品之能普通與否？設製器之數十，而用器之數六，即使物美利厚。而一經滯銷，廢時停工，終不免於虧累。若鐵瓷器皿，本貧富之普通用品，貧者既利其價值低廉，富者亦喜其堅固耐久。查光緒三十三年天津進口税，取此項貨物，值銀二十四萬餘兩。三十四年，值銀三十萬餘兩。推之通商各埠，當不止四五百萬兩，絶大利源，任人攘奪，今一經創造，銷路之廣，可預期矣。

一、成本之輕。凡工商業之能得厚利者，多用極大之成本，或數百萬，或數千萬，成本若鉅，招集極難。此廠之設，約備本五十萬元，已屬有盈無絀。每年所出貨值，且不僅倍之。即就平常所用面盆，分晰計算，其直徑一尺圍圓三尺者，每個用鐵一磅，值洋二分，可售洋二角，此尋常粗貨，已能得一二倍之利。若再加以顔色彩畫細工，當更倍之，獲利之厚，即由於成本之輕，較之來自外洋，關税運脚，輾轉販賣者，其價值之低昂，自不可同日而語矣。

一、兼造之利。查製造是項之機器，以壓力模型爲最要，外國日用器皿，用壓力模製者甚多。如食物罐頭、洋鐵盤盂、紙烟盒、玩具等物，不可枚舉。本公司以機器餘閑之時皆可通融兼造，時於燒瓷以外，更能發明種種工藝。一舉兩得，尤本公司之特色也。

一、實驗有據。此項工藝，經同人韓鏡湖先生於光緒三十三年，以手工製成大小臉盆杯碟數十件，化驗試燒，經天津工商研究會品評，與外洋比較，其顔色光潤堅固，均不相上下。蒙前任直督袁列入異常案内保奬，其製成之品，現在天津河北公園勸工陳列所中國美術科内陳列。有欲參觀者，可函致該所假來細究，以覘成績，此尤辦理之確有把握者也。

天津市檔案館《天津商會檔案彙編(1903—1911)》上册《麟記煙卷公司陳述煙盒由日本赤井洋行承製文宣統二年三月四日》 敬啓者，茲有敝公司去年十二月初五日在日商亦井洋行定購煙卷盒子一事，言定陸續交貨，限以本年三月内一律交清。不料據日商赤井洋行云：現在此貨實已到津，因報關少有阻滯，以致延遲。該商請將定單，懇求憲台蓋印，呈請新關查驗，以便核奪外，將原定單草稿抄呈台閲，此請商務總會憲台大人勛安。

天津麟記煙卷有限公司具

今批定赤井洋行：

一麒麟盒二萬組，每組日金十錢。每組大盒一個，外紙皮一張，兩頭封面兩張，内外小盒五十組。

一龍旗盒二萬組，每組日金五錢五釐。每組大盒一個，外紙皮一張，兩頭封面兩張，内小口袋一百個。

以上均是天津交貨，運脚保險税金均在其内，訂以陸續交貨，至遲宣統二年三月内交清。

宣統元年十二月初五日。

《商務官報》宣統二年三月五日第五期《批天津商會稟》 稟悉。據稱天津麟記煙捲公司，創製雙龍牌商標，懇請立案各節。查商票章程，現正修改，而前訂之試辦章程第八條内開，國旗、軍旗不准作爲商票註册，且各國商標通例，亦無有以國旗作商標者，仰飭另行改製，呈部核奪。此批。五月十五日。

天津市檔案館《天津商會檔案彙編(1903—1911)》上册《譚學裴集銀五十萬兩設立溥利股份公司已准註册文宣統二年三月六日》 溥利股份有限公司擬先後分立呢、革、布、服四項工廠，光緒三十三年九月在練兵處遞呈，三十三年五月奉陸軍部奏准設立。宣統元年四月先設織呢一廠，總號設在順天府宛平縣清河朱房地方，分號續設。股份總數銀一百萬兩，現第一期已交五十萬兩，餘擬剋期開收。創辦人候選道譚學裴，現住西城舊刑部街。

宣統元年十一月十三日註册給照。

《商務官報》宣統二年三月十五日第六期《税務處咨本部文》 爲咨行事。宣統二年四月十六日，准陸軍部知照内開，准農工商部咨京師丹鳳火柴公司採辦洋硝四百件，計四萬四千八百磅，持照往天津報關運京，經税務司以此項貨物不准用洋硝字樣，須改寫藥粉等情，咨據税務處復文，援據北洋火柴公司購運洋硝成案，以洋硝如確係製造火柴應用藥料，毋庸改寫藥粉字樣等情。惟該分局所運洋硝四百件，計四萬四千八百磅，確係製造火柴應用藥料，應由陸軍部核准，知照税務處飭關驗放等因除由。本部核准片復農工商部外，應知照飭關查驗放行等因前來。查前項洋硝即准貴部聲明，確係製造火柴應用藥料，並經陸軍部核准，應由津海關於其報運時驗明，照貨相符，按章征税，即予放行，毋庸改寫藥粉字樣，除分別咨劄外，相應咨行貴部查照可也。須至咨者。

《商務官報》宣統二年三月十五日第六期《附生周建勳調查製造洋紙工廠辦法條呈》 爲呈請創辦製造洋紙工廠，以杜財政外洩，而闢利源事。竊思泰東西各國，均以工業爲最重，蓋工業者，亦富强之基礎也。我國各項工業，近來皆蒸蒸日上，惟製造洋紙工廠，京師尚屬闕如。伏查洋紙一宗，逐年輸入，不可以數計，則財政外洩，亦不可以數計矣。生留學日本時，每逢暑、年兩假，即投入製紙工廠練習，斯業畢業後，隨參觀有機、無機造紙各廠，研究日深，頗得門徑，然該國紙廠不下數千家，悉注視我國爲一大銷場，考其原料、人工，價倍中國，加以遠涉重洋，運販來華，舉凡釐金、關税、資本煩費不計外，尚有莫大之利益，如我國果在京師，自行創辦，就近購料，製成繪圖並印刷所合用各種紙張，隨地銷售，較之泰東西各國，獲利何止倍蓰。且刻下新政日繁，庫欵日絀，有此一項，於財政上不無裨益，生學淺才疎，管見及此，謹列造紙原料、器具數則，附繪發明紙機一圖，一併妥呈憲鑒，是否有當，伏候鈞裁，如蒙採取，隨即自備藥水等料，前來試驗，以證所學。

一，產原料之處，雖北省不及南省之多，然近地有此數種（稻草、桑皮、破布、爛絮、蔴觔、紙觔、麥草、棉皮料），足以造上等紙之用。

一，藥料本處大藥房可買，如在上海購辦，更爲便宜（苛性曹達、鹽酸、硫酸、松香、漂白粉、炭酸、曹達、白礬、洋靛、白土、牛膠）。

一，產膠料之處，惟湖北通山、咸甯、武昌等縣，產者最佳，如楊桃、山椒葉、黄芩皮、梧桐皮，日本之黄蜀葵，其價甚廉。

一，起洋紙之絹簾，隨地可購，惟銅絲簾非購於上海不可，各種竹簾，祇能作底簾之用。

一，光紙機，日本造者價甚廉，係鐵所鑄，上海亦能購取，每乘價約貳百餘元。

一，藥料漂缸，其高三尺，口徑一尺五寸，置十餘口，以備後用，本地亦可購取。

一，漂池，其長一丈，寬六尺，深一尺五寸，四週用磚砌成，外用紅毛泥敷之，其低處端作一閘門放水，傍安自來水一管，備用。

一，設廠處須近自來水爲得當，隨時應用，傍置煮原料鍋竈一座，其烟筒通於烘爐之下，使熱氣達於烘爐，以作烘紙之用。

一，煮料鍋，口徑五尺，深四尺，能容二三擔原料爲合宜。

一，新發明紙機，日能出紙萬餘張，視資本之大小，方能定紙機之乘數。

以上所擬之器具，共需洋不上千元，惟原料、藥水、膠料，務備長年之用。上等洋紙三千張，合計原料、人工、藥水等資本，銀四兩出售，可值銀拾兩，紙機均以木爲之，其價廉而工美，每機一乘不逾二十元，日能出紙萬餘張，定紙張之大小，製成後，而裁度之。

《商務官報》宣統二年三月十五日第六期《批奉天補用道梁掌卿廣東補用知府黄玉稟》　稟悉。據稱集合股本，在河南衛輝府地方開設華盛機器麪粉公司，先准立案，并請專辦地方及年限各節，事關民食，仰候行查河南巡撫復到，再行核示。此批。五月二十三日。

《商務官報》宣統二年三月二十五日第七期《批前吏部主事王德懋等稟》

據稟該職商等擬在汴省設立光豫電燈公司，請准立案，以便開辦等因。仰候咨行河南巡撫查明見復，再行核示。此批。六月初九日。

吉林省檔案館等《清代吉林檔案史料選編（工業）》中册《吉林交涉局濱江廳爲查明耀濱電燈有限公司官商股本及公舉總董的呈文宣統二年三月二十八日》

爲會同呈覆事。

宣統二年三月十七日蒙憲台札開，爲札飭事。案奉督憲錫撫憲陳　札，據該廳轉稟，耀濱電燈公司總董趙崑山請假回籍，可否由省另行派人接辦，或飭衆股東投票公舉，該公司應行整理之事甚多，稟請批示飭遵等情。奉批：據稟已悉。查該公司前以開辦未久，即虧羌洋二萬六千餘元之多，嗣公舉趙崑山爲總董，經手接辦甫有起色，盈虧相抵尚屬懸殊。至德昌源關閉後，墊款六萬七千元，經前關道照數開出股票以抵官款。究竟賣出股票若干，抵款若干，股東共若干家，是何姓名、籍貫，實在官商股本尚有若干，均無詳細案據。此次該總董趙崑山請假回籍，有無經手未完事件，投票公舉總董是否合宜，該廳均未詳細聲叙，無憑核辦。候飭濱江關道遵照指詢各節，查明核議復奪，再行飭遵，仰即知照。表存。此繳。等因。録批札道遵查，議復前來。奉查此案，前據廳稟到道，當經批令該廳將趙崑山應否挽留或即令其舉人自代，抑由衆股東另行投票公舉之處，由廳妥酌飭遵，隨時具報在案。兹奉前因，除札委交涉局收支委員慶令喜會廳查復外，合亟札行，札到該廳，即便遵照。會同慶委員按照原批指詢各節，逐一確查稟復，以便轉呈，毋稍違延。切切。此札。等因。蒙此，署廳等遵即會同逐一確查，自德昌源荒閉後，共計墊付電燈公司羌洋六萬七千元，經前憲台杜開出股票六十七張，每張一千元，以抵官款。並將股票如數送呈撫憲，招股承領在案。究竟前項股票有無領出及領出若干、抵款若干、股東共若干家、是何姓名、籍貫、廳署，及電燈公司均無案據可稽。現已查明官股九萬七千元，商股六萬三千元，官商股本共十六萬元，至趙崑山既欲請假，如省城並未派人接辦，由衆股東投票公舉總董，似尚相宜。除飭令該公司將官商股本數目暨股東姓名、籍貫，繕具表册附呈外，奉札前因，合將遵照原批指詢各節，會同查明緣由，具文呈復憲台查核，俯賜轉呈督、撫憲核示遵行，實爲公便。

再，趙崑山目下尚有燈價未清，如酌擬接替有人，亦不難交代。合併聲明。

須至呈者。

〔附〕耀濱電燈有限公司股本股東姓名籍貫表册

今將本公司官、商股本暨股東姓名、籍貫繕具表册，呈送查核。

計開：

官股

股本錢數	股票數目	股東姓名	籍貫
俄洋一萬五千元	一張	吉省公股	
俄洋六萬七千元	六十七張	德昌源抵款	
俄詳一萬五千元	一張	公益堂	程雪帥
共計			
股本九萬七千元			
股票六十九張			

商股

股本錢數	股本數目	股東姓名	籍貫
俄洋一萬元	二張	德昌源	吉林商號
吉洋五千元	一張	王有余堂	湖北人
俄洋一千元	一張	翰墨堂	天津人

（續表）

股本錢數	股本數目	股東姓名	籍貫
俄洋二千元	一張	德忍堂	吉林人
俄洋一千元	一張	楊萬禎	哈埠回民
俄洋五百元	一張	譚　爽	呼蘭府人
俄洋一千元	一張	同泰厚	哈埠商號
俄洋一千元	一張	成泰義	哈埠商號
俄洋二千元	一張	姜迺秀	山東萊州府
俄洋二千元	一張	聚華公	哈埠商號
俄洋一千元	一張	王喜貴	呼蘭府人
俄洋一千元	一張	趙崑山	錦府人
俄洋一千元	一張	盛有利	湖北荊州人
俄洋二千元	一張	和成公	哈埠商號
俄洋一千元	一張	德潤堂	新城府石頭城子
俄洋一千元	一張	閻慶運	哈埠人
俄洋一千元	一張	高步雲	永平府樂邑人
俄洋一千元	一張	劉子才	呼蘭府人
俄洋一千元	一張	喜敬亭	呼蘭府人
俄洋五百元	一張	玉源長	哈埠商號
俄洋一千元	一張	永德堂	哈埠商號
俄洋五百元	一張	鍾緒文	吉林府人
俄洋一千元	一張	韋星垣	哈埠人
俄洋一千元	一張	三益棧	哈埠商號

（續表）

股本錢數	股本數目	股東姓名	籍　貫
吉洋一千元	一　張	焦方舟	湖北人
俄洋一千元	一　張	福德堂	呼蘭商號
俄洋一千元	一　張	劉朝有	呼蘭人
俄洋一千元	一　張	喬龍松	吉林人
俄洋五百元	一　張	養氣堂	新城府石頭城子
吉洋一千七百元	一　張	劉壽山	天津人
吉洋五百元	一　張	日新堂	劉壽山代表
俄洋五百元	一　張	種德堂	新城府小工棚子
俄洋一千元	一　張	龔海峰	三姓人
吉洋一千元	一　張	張述先	焦方舟代表
俄洋一千五百元	一　張	商務會	付家店
俄洋一千元	一　張	同義慶	哈埠商號
俄洋一千元	一　張	敦升慶	哈埠商號
俄洋一千元	一　張	永和長	哈埠商號
俄洋一千元	一　張	紀鳳臺	山東黄縣人
俄洋三百元	一　張	旭升堂	趙崑山代表
俄洋一千元	一　張	德昌廣	吉林商號
俄洋一千元	一　張	會昌德	吉林商號
俄洋一千元	一　張	會昌慶	吉林商號
俄洋五百元	一　張	賢樂園	哈埠商號
俄洋五百元	一　張	劉德發	新城府石頭城子

（續表）

股本錢數	股本數目	股東姓名	籍　貫
俄洋五百元	一　張	吴松齡	新城府石頭城子
俄洋一千元	一　張	孫官信	山東黄縣人
俄洋一千元	一　張	付炳南	山東黄縣人
俄洋一千元	一　張	王恩普	呼蘭府人
俄洋一千元	一　張	本公司	
共計			
股本六萬三千元			
股票五十二張			

總計

股本　十六萬元

股票　一百二十張

吉林省檔案館等《清代吉林檔案史料選編(工業)》中册《吉林全省旗務處爲奉准考試藝徒擬放正副領班的札文宣統二年三月二十六日》　爲札飭事。

生計科案呈，案照本處呈稱，竊據旗務處工廠呈稱：竊維工廠之設，不嚴行考試則優劣無以分；不量予賞罰則工業無以勸。從前職廠定章原有考試一節，無如中多簡略，亦未明定分數、賞額以及考試期限，似非所以造就藝徒之至意也。職廠有鑒於此，亟宜重行改定，擬請嗣後分爲季考、年考兩項。季考每年三次，年考一次。至於考試課目，則分爲五門：一曰平日工作；二曰臨時工作；三曰講堂；四曰品行；五曰體操。考試之分數，每門以二十分爲足分。遵照定章，考八十分至百分者，列爲最優等；六十分至八十分者，列爲優等；不及六十分者列爲中等。並擬列最優等者，月給津貼三吊；列優等者，月給津貼二吊，中等不給津貼。庶藝徒等知所鼓勵，工作日有進步，而工業可期發達矣。再藝徒等爲數甚多，品類不齊，難免或茲事端以及偷惰，管理人員礙難一一查到。擬請即就各科挑選品學兼優者，作爲正副領班以資管理。正領班每月擬給津貼四吊，副領班每月擬給津貼三吊。共計正副領班各七名，月給津貼四十九吊，以勵勤勞。惟考試津貼現難預算。擬請每於考試後規定數目，隨時具文請領。其領班津貼則請併入每月經常費項下如數請領，以歸簡易等情。據此，查該廠所擬考試藝徒，並挑放正副領班，均請酌給津貼各節，原爲振興工藝，整頓廠務起見。且通盤籌算，全年需款不過四五千吊之譜，所費無多而見效甚廣，應請照准。如蒙俯允，嗣後即由職處所存該廠經費項下分別核發，以資轉給。是否可行，理合備文呈請。爲此合呈督、撫憲鑒核，照呈批示遵行等因。當於本年三月初十日奉批：據詳考試藝徒以分優劣，挑放正副領班以督勤惰，並分別酌給津貼以示鼓勵，均爲振興工藝，整頓廠務起見，應准照辦。仰即分別核發，匯總報銷。繳。等諭。奉此，合亟札飭，札到該廠，即便遵照可也。此札。

《商務官報》宣統二年四月五日第八期《批京師貽來牟和記朱有濂稟》 據稟稱公司現在外城總廳呈報蓋造房屋，安置機器，業已工竣，擬於七月初開張，遵批補呈，乞准予註冊等情。仰候札催順天府查復到部，再行核辦，公費仍存。此批。六月二十一日。

中國第一歷史檔案館《光緒宣統兩朝上諭檔》第三六冊《宣統二年四月初六日》 鈐章。軍機大臣欽奉諭旨：農工商部奏北京製造玻璃公司，虧欠鉅款，請按照公司律，將公司承辦人已革福建知府蔣唐祐交京師地方檢察廳押追，並遴員清理公司事務一摺。著依議，欽此。

軍機大臣署名

臣奕

臣世

臣鹿假

臣那

臣吴

四月初六日。

吉林省檔案館等《清代吉林檔案史料選編（工業）》中冊《濱江廳同知爲請派委耀濱電燈有限公司總董副董稽查的呈文宣統二年四月初八日》 署濱江廳同知爲據情呈請事。

宣統二年四月初六日，據廳屬耀濱電燈公司衆股東等稟稱：竊據電燈公司總董趙崑山具稟辭職，蒙批轉詳在案。並知會衆股東查理接替等情。股東等以該總董經理電燈公司已屆兩年，理應更換以均勞逸。嗣因同衆清查歷年出入帳目內，有不甚明晰數條，曾經據情稟請憲台鑒核。當蒙批交商會查理復奪等因。第惟該總董既經具稟辭退，自應另舉董事以便接管而專責成。惟查電燈事宜關係甚重，必須選擇通曉機器深明電學之員方足以資董率。當經衆股東酌議，僉謂道署支應處慶委員，曾在省城機器廠充差有年，熟悉電機情形，前歲接辦電燈公司，蒙前關道憲杜　派充總董，經理年餘，設施一切頗稱妥善。此次更替若非慶委員接辦，實無相當之員。擬稟請慶委員仍充電燈公司總董，以資熟手。至於公司內事宜公舉副董一員，常川坐辦經理一切。當邀衆股東齊集商會，票舉鄭連升爲副董，並舉永德堂、同義慶、闔慶遠、王錫貴等爲稽查。茲已選舉事竣，衆股東均皆認可。合無仰懇憲台，據情轉詳關道憲，俯念事關電政，懇乞允准委派慶委員兼充電燈公司總董，俾資整頓，於公實有裨益。一俟奉到批示之日，再行邀同慶委員前往電燈公司接辦，具報查考。所有稟請慶委員接充電燈公司總董暨公舉副董、稽查各緣由，請核轉，等情前來。署廳查該公司衆股東等所舉辦法甚屬妥協，應請憲台札委慶委員喜兼充該公司總董，以專責成而孚衆望。是否可行，理合據情具文，轉呈憲台核示遵行，實爲公便。爲此備由具呈，伏乞照呈施行。須至呈者。

中國第一歷史檔案館《宣統政紀》卷三四《宣統二年四月上》 度支部奏，鑄造國幣，應一事權，擬將各省所設銀銅各廠，分別撤留，所留漢口廣州成都雲南軒處之廠，專歸天津總廠管理。東三省情形，與他省不同，擬就奉廠基址，暫改分廠一所，其餘各廠一律裁撤。從之。

天津市檔案館《天津商會檔案彙編（1903—1911）》上冊《涌源機器磨房爲遷移聶公祠後身營業蕭條請核減鋪捐文宣統二年四月十六日》 具稟涌源機器磨坊稟爲叩乞轉懇減捐恤商事：

竊商號現由老店東遷移聶公祠後身路南，當經呈報捐務總局查驗，蒙批按照二等納捐，理應恪遵，曷敢煩瀆。惟商自從在老店東開設以來，生意蕭疏，更兼連年賠累，商力難支，不得不改變縮小辦法，以期節省而彌虧折。是以另租聶公祠之舊磨藉資培養，以待轉機。困難情形，諒必早邀洞鑒。查商前在老店時，計共用磨六盤，捐按二等報納。茲僅用磨四盤，較之前在老店時不特磨數有所區別，即工役亦曾逐經裁減，由大改小，其生意之優劣已可概見，若仍按二等報納，實所力有未逮。況商號現移之地本爲慶記舊址，該慶記向按三等納捐，早有定章，商與慶記營業相同，並無歧異，擬請轉懇援照慶記向章報納，以免向隅。

瑣事煩瀆，情非得已。除另稟叩求捐務總局矜恤外，理合具稟，伏乞商會大人俯准代商陳情，並轉懇援照慶記向章納捐，俾紓商力，實爲公便。上稟。

吉林省檔案館等《清代吉林檔案史料選編（工業）》中册《吉林全省旗務處爲飭派金桂芳暫行代理廠長的札文宣統二年四月十七日》 爲札飭事。

生計科案呈，案照旗務處工廠正廠長前已飭派金桂芳暫行代理，其前廠長楊則程自應將該廠款項、卷宗以及料品等項並一切事件，趕緊交代清楚，以資接管而專責成。除分札外，合亟札飭，札到該員，即便遵照速爲交代，接收清楚，呈報備查可也。此札。

吉林省檔案館等《清代吉林檔案史料選編》上諭奏摺《吉林巡撫陳昭常奏爲吉省設立工藝教養所酌擬辦法籌集經費摺宣統二年四月十八日》 跪奏：爲吉省設立工藝教養所，酌擬辦法，籌集經費，以倡實業而厚民生，恭摺仰祈聖鑒事。

竊維固邊之策，首在農工。論者謂農以殖民，工以贍民，而尤以工業一端爲教養兼資之本。蓋分工治藝，必賴教以習其材，即推及老疾者流，亦藉是以自謀生活，行惠工之政，兼恤養之謀，法至良，意至美也。邇來百度更新，注重本計。京師、天津、奉天各處，均經先後設立貧民習藝所、貧民教養院、遊民習藝所，以及實習工廠、濟良所等，皆於振興工藝之中，寓惠保小民之意，佐農政所不及，導商業於未來，造端匪艱，厥利蓋普。吉林地居邊徼，實業向鮮講求，自改設行省以來，省垣一帶人民逐漸繁庶，生計亦逐漸艱難，加以近年天災流行，百物騰貴，近兆患貧之禍，遠爲長盜之源，欲事撫綏，宜培根本。臣因於上年五月間，飭令民政司於省城巴爾虎門外，建設工藝教養所一處，派員前赴京、津、奉天，詳細調查，並即勘地估工，訂購機器，雇募工師，招集藝徒，爲從速開辦之計。自十月起，暫行試辦，逐漸擴充，並將原有慈善事業，酌量併入，以期範圍較廣，樂利較溥。迄今數月，布置漸完，規模粗具，合將建築開辦需用各款，並常年經費分別籌定情形，謹爲我皇上縷晰陳之。

查該所統以教養命名，尤以工藝爲本。於材尚可造者，則率之以教；於教所難施者，則濟之以養，故內容分爲三部：

曰習藝所。以教授年輕子弟學習工藝爲宗旨。計設木工、靴履、皮革、機織暨染色、縫紉、印刷、釀造等共八科，各科難易不同，畢業不設定限，以習成一藝，能自謀生爲斷。藝徒額設二百四十名，逾額再行推廣，其性質純乎爲教。

曰女教養所。以婦女之有志工藝及貧寡孤幼不能自存者爲合格。擇婦女相宜之工藝令其學習，並將濟良附屬該所，仍分別管理，以清界限，而廣裁成。其性質教養參半。

曰養濟所。則專收病廢年邁之窮民，給之衣食，其尚能執業者，課以輕便之工藝，不遽責以成效，其性質純乎爲養。

茲三者以習藝所爲本位，以女教養所暨養濟所爲附屬，而仍歸於養，不廢教之本旨，此該所組織之大略情形也。

至經費一宗，分開辦、經常、基本三大項，經常費以各屬攤解，裁缺軍署道署書吏津貼，及撥提屠捐、妓捐、營業公司地租各款充之。基本金以廟產變價歸公一款充之。出入相權，勉能相抵。偶或不敷，尚有售品餘利可資挹注，均毋庸另請正款。惟開辦經費，綜括建築鋪墊暨各科應用機器物品諸項，需款頗鉅。建築項下，計工廠料庫、講堂陳列室、員司辦公室、工師藝徒住宿室，以及附設之女教養所、養濟所，各屋共大小二百二十三間，計銀三萬六千兩，鋪墊機器物品項下計銀 萬四千兩，共計銀五萬兩，暫由度支司借墊，就地實無可籌之款，堪以抵還。伏查吉省於上年設立實習工廠，由臣奏請建築、置器、購料、招生暨經常臨時等費，作正開銷，並援照各省官立工廠章程，概行免稅各情。欽奉硃批：該衙門議奏，欽此欽遵在案。吉省百端待舉，當以裕籌民人生計爲先，明知財力爲艱，然事關根本要圖，固未敢虛飾糜公，亦何敢苟安廢事？且工藝一項，雖一時需款，將來實以開源，尤與朝廷建設行省之初心適相吻合。該所係教養並舉，嘉惠平民，與該工廠性質略同，範圍更廣。其經常各費，均已籌有專款，所需開辦經費，相應請旨，飭部一併准予立案，作正開銷。該所所出物品及購買原料，並請援照各省官立工廠成例，一體免稅，以輕成本，而利行銷。其餘未盡事宜，容當督飭該司，隨時整頓，務期普及，以惠窮黎。案據民政司詳請，奏咨立案前來。經臣復核無異，除分咨外，所有吉省設立工藝教養所緣由，謹同東三省督臣錫恭摺具陳，伏乞皇上聖鑒。謹奏。

吉林省檔案館等《清代吉林檔案史料選編（工業）》下册《阿城恒發裕機磨麵粉合資有限公司簡章宣統二年四月二十日》 吉林商務總會謹將阿勒楚喀商務分會牒送恒發裕機磨麵粉合資有限公司簡章，造册申送鑒核。

計開：

第一章　原因

一、東省哈爾濱，近日俄人火磨林立，頻年利權實成絕大漏巵。中人仍藉人畜之力製造麵粉，相與互爲消長。不惟精良遠遜，且巧拙亦判若天淵。向欲廣招股東開設火磨，暗爲抵制，藉以挽回利權。乃奔走數年，號招勸募，迄無應者。是以由家庭合集鉅資，立志創辦。冀風氣藉以漸開，實業可期發達，以免坐視他族吸噓我國之精華。本公司之發起，以原籍吉林府紳商富凌阿爲創辦人，富興阿爲贊助人。

二、本公司命名曰恒發裕麵粉有限公司。取持以恒久之心發達實業，俾中國利源日見充裕。

第二章　營業

一、本公司專以製機磨麵粉零銷總售爲事，不兼管他項商業。

第三章　宗旨

一、本公司係原籍吉林府紳商富凌阿與富興阿兄弟合資有限公司，暫不招收外股，杜絶外洋股分。

二、將麵粉創興後積有餘資，仍當推廣辦理他項實業。

三、近日公司自設之後，往往過事鋪張，衆股東又礙於情面，不肯遇事認真，致不數年而失敗。隨之本公司擬以總、副司理互相覺查督率，在事人等逐處撙節，認真從事，研究麵粉務求精良，使駕出外商之上，以廣銷路。

第四章　地址

一、本公司設立阿城東偏之得勝街，分號暫從緩設。

第五章　資本

一、本公司富凌阿富興阿各出資本吉洋六萬元，共籌備十二萬元，作爲十股，每股一萬二千元。

第六章

一、擬擇宣統二年五月十二日開辦之期。

第七章　蓋房費用

一、按俄工程師，名曰勞夫四及，兼修新式樓房，磚瓦、木料、石灰、工價約吉洋五萬零一百二十元零。

第八章　機器價值

一、由俄商愛爾蘭格爾公司向德廠購到機器，全付約吉洋三萬三千四百五十元零，運費、關税約吉洋六千九百七十元零。

二、廠内電機及一切綫罩等項，約吉洋一千三百九十元零。

三、以上共計需吉洋九萬一千九百三十元零。

第九章　儲備

一、現儲吉洋二萬八千餘元，以備購買小麥、煤炭之需。

第十章　用人

一、雇用俄匠二名，一司機管，一司機磨；華匠二名，專司雜務，擇資性靈敏者充之。使與俄匠日事劘切，以備異日閱歷有得更易俄人。

二、雇用司帳人二名，購麥售麵人四名，均照給予勞金，俟年終由總、付司理擇辦事勤奮者酌給加賞。

第十一章　職務權限

一、本公司以富凌阿爲總司理，富興阿爲副司理，指揮一切工匠人役，認真從事一切應興應革事件，悉聽主持。凡進退用人他人不得干預，以清權限。

第十二章　規章

一、總、副司理每年約訂薪水，存積公司不得動用。俟積累較多創辦他項實業。

二、本公司按年年底清結帳目一次，將所得紅利以十成之三作爲公積常年保存，以三成留作添置機器歲修等事，以四成提充總、副司理支用及來往各處用資，並各工役人等支用。若有盈餘仍附入公積内，以備興辦他項實業。

第十三章　銷路

一、每晝夜機面約出一萬餘斤，由本城銷售，並推廣哈爾濱南北滿鐵道附近鉅鎮，及三姓、伯力等處，均取殷實鋪商代售，不設分號，以節虚糜。

以上所擬就目前情形，創立規模俟日後研究有得，仍當隨時維新，期臻完善。

《商務官報》宣統二年五月五日第一一期《本部奏籌設度量權衡用器製造廠開工日期並現擬辦法摺》　奏爲臣部籌設度量權衡用器製造廠開工日期，並現擬辦法，恭摺仰祈聖鑒事。竊臣部前年會同度支部奏定度量權衡畫一制度事宜，曾經聲明設立工廠，製造各種用器，並上年將籌辦工廠情形，奏明在案。查製造此項用器，必須原器、機器二者俱備，方有規矩可循，今原器已由駐法使臣在法國製成寄到，機器購自德商，因所配機件間有與新制不宜，不能不往返更換，以致多延時日，現已於七月初一日開工，各省來領新器者已有二千餘分，自應先儘官器製造。惟設廠之始，因經費無多，且京師購料必自他方，工價昂於各處，恐難減輕成本，祇可先行試辦，再事擴充，故所用汽機祇三十五匹馬力，帶動大小機牀二十餘架，其尺秤升斗，有須手製者另設手工廠，附安木車牀數架，就此工作計度量權衡四種用器，照奏定章程内，擇要先製度器，如營造尺、矩尺、摺尺、鏈尺；量器，如合、勺、升、斗。其方形者，爲定制所須，圓形者，爲民用所便。再加之以斛概權衡器，如法馬自一釐至一百兩，即須二十餘件。桿秤官用亦在二三種，再加以天平、戥秤皆必不可少之物，每分已在四十餘件，各省尚有兼領重秤皮尺及二百兩五十兩之法馬者，則工費尤鉅。竭機牀之力，每日至多不過製十餘分，供支官器已屬不遑，而照本年籌備清單，應令各省官署及省城商埠均改用新器，斷非一廠所能應期，況以逐年分區改换之繁，各省内地運輸之阻，自非多設分廠，不足以資因應而便商民。查臣部原奏本有酌設分廠之條，前年會議政務處，覆臣部摺内，又有與各省督撫會商之語，自應查照前奏，由臣部將籌設分廠辦法咨商各督撫，俟有定見，再行奏陳。上次政務處覆奏尚有由臣部設一學堂之議，此事動關科學，自應造就專家，但考各國辦法，大都以普通畢業之學生，使之研求，兹事數月朞年，即堪任使，無須另設專校，實爲事半功倍。今擬略師其意，就臣部實業、工業兩學堂内畢業各生，擇其姿性明敏、學理稍深者，遴派入廠學習，現在外省已有請派檢定技師者，將來此項學生學成之後，即可備各處分廠及各種藝師之用，實於行政有裨，所有臣部度量權衡用器，製造廠開工日期，並現擬辦法，是否有當，理合恭摺具陳。伏乞皇上聖鑒訓示，謹奏。宣統二年七月十二日，奉旨：已録。

中國第一歷史檔案館《光緒宣統兩朝上諭檔》第三六册《宣統二年四月二十四日》 鈐章。軍機大臣欽奉諭旨：都察院奏代遞北京玻璃公司股東姚漢剛等，公呈及合同各一件，著該部知道，欽此。原件及合同鈔呈交法部，另鈔前農工商部。

軍機大臣署名

臣奕

臣世

臣鹿假

臣那

臣吴

四月二十四日。

《商務官報》宣統二年四月二十五日第一〇期《本部奏首善第一女工廠辦有成效懇准立案摺》 奏爲官紳倡捐鉅欵，創設女工廠，辦有成效，懇請立案，恭摺仰祈聖鑒事。竊據臣部參議上行走候補參議魏震呈稱，伏維我國近年提倡實業，廣闢工場，固已不遺餘力，第查東西洋各國男工與女工並重，中國工業之興，僅屬男丁，而未兼及女子，婦工窳惰，寖成風俗，閭閻貧弱職此之由。上年度支部左侍郎紹英與震籌商，聯合同志在西城闢才胡同，創設首善第一女工廠，提倡女子工藝，勸募京津官紳，陸續捐銀一萬七千餘兩，以爲開辦經費，廠内設織布、毛巾、機器縫紝、造花、編物、圖畫、刺繡七科，分速成、完全兩班，速成班以一年畢業，完全班以三年畢業，並教以修身家政、國文算術，使畢業後，自精一藝，能任女工廠教師，藉以廣謀生計爲宗旨。前經稟蒙部准，於崇文門撥解中、初兩等工業學堂經費項下，每月補助銀三百兩，並蒙首善工藝廠每年撥給銀一千兩，以爲常年經費，計京外貧寒婦女，入廠分科學習者，有二百數十名之多，速成班女工徒已有數十名，畢業時距開辦甫及一年，所出物品精良，實已卓著成績，擬請奏明立案，以樹風聲，而昭激勸，並將官紳捐欵數目，繕具清單，呈請備案等情前來。臣等伏查婦工自古昔爲重女教，乃王政所先當，兹振興工藝之時，尤應多方提倡，務使男耕女織，各有技術，足以謀生，庶可挽患弱患貧之積習。該女工廠前由度支部左侍郎紹英，臣部參議上行走候補參議魏震倡捐鉅欵，糾集多貲，創設開辦，曾未逾年，所造各品，頗易銷售，本年速成班女工徒畢業，該廠特開展覽會，將所製成績分類陳列，經臣等親往察視，實已成效昭著。兹據呈請將官撥該廠經費，奏明立案，係爲維持公益起見，當經咨明度支部查核覆稱，均應准予立案，除將捐欵數目清單備案外，所有官紳捐貲，創設女子工廠，辦有成效，懇請立案緣由，謹恭摺具奏，伏乞皇上聖鑒，謹奏。宣統二年七月初一日，奉　旨：該部知道，欽此。

《商務官報》宣統二年五月第一二期《甘肅織呢局開辦章程》 第一章，總綱。

第一條，職局係遵前陝甘督部堂升札飭創辦，就原有局廠，復加擴充，添配機器，修蓋房屋，聘募外洋匠工，創興織呢實業，定名曰甘肅織呢局。

第二條，職局開辦織呢，以甯夏西甯各處之羊絨、羊毛，凉州各處之駝絨爲原料，藉以挽回生貨出口之利權。

第三條，近來呢之爲用，以各學生常服及新軍操衣爲最多，取給外洋，每年耗費甚鉅，今就我甘天産之原料，設局織造，抵制熟貨入口，以免利權外溢。

第四條，職局雖由前陝甘督部堂左購機開辦，當因未收實效，卒然廢置，洎今三十餘年，所有各種機器，大半殘缺損壞。兹聘比國織呢工師來甘，逐件查驗，除汽鍋紡線機器倍線機器等件，全屬損壞缺短外，其餘東西馬力大車機器兩份、汲水機器二架、洗毛腰圓鐵池一架、淘毛四方鐵桶一架、摔毛雙層圓缸一架、内銅外鐵烘毛床一架、分毛機器三架、净毛機器一架、順毛機器三架、剪線胚機器一架、烘線熱汽玻璃罩一架、纏經線機器一架、織呢機器二十架、染呢紅銅鍋大小三口、熬胰子銅鍋二口、長方鐵水櫃一個、洗呢機器三架、壓呢機器三架、刮絨機器三架、烘呢機器一架、鬃刷機器一架、剔呢機器二架、刷呢機器一架、熨呢機器一架、捲呢機器一架。亦大半殘缺不全，均由局中募用機器工匠，逐件修理，並添配大小機器，均已一律安置齊全。又由比國添購新式六十匹馬力汽鍋爐兩全份、五匹馬力機器鐵管一全分、順毛機器二架、剪線胚機器二架、紡線機器二架、繞線機器一架、倍線機器一架、割絨機器鋼捲刀兩全份、壓呢機器一架、打水機器一架，並添配各機器零件，現已全數運到，裝配完竣。

第五條，職局房屋分前後兩廠，除前廠之東西兩機房及汽鍋房，東西兩大車房祇加修葺外，其餘概係新建，又置買暢家巷地基十畝，修蓋後廠，分爲存毛庫，洋匠住房，華匠藝徒各住房，計前後兩廠新建房屋一百四十間，共計舊管新修房屋二百五十九間。

第六條，職局純爲官辦性質，所有開辦經費，常年經費，以及轉運資本，均由統捐溢收項下詳請撥用，按月造册，詳報一次，通年詳請咨送大部核銷。將來獲有餘利，亦應儘數歸公。

第七條，職局開辦織呢，中國尚無專門匠工，不得不借材異地，兹聘比國織呢工師一名，匠工五名，分任織造諸務兼教授工匠藝徒。該工師匠工祇充管理機器及各科織造工作，其餘一切局務，概不准干涉。

第二章，分科。

第八條，汽鍋房爲全局機器總機關，安置六十四馬力新式汽鍋二座，燒爐蒸汽運動全局機器。

第九條，東西兩大車房汲引汽鍋熱力，轉運馬力大車，催動東西機房各處機器。東大車房又安置汲水機器二架，將所剩餘汽運動水機汲水凉水灌入汽鍋之内。

第十條，分毛房所有羊毛、羊絨、駝絨各項原料，先派工人擇分三等後，由分毛機器逐細抽分，則毛中沙土及不潔之物，一律剔出净盡。

第十一條，洗毛房既經分過之各種絨毛，移付是房，先用熱水淘洗一次，再用凉水滌净，裝入機内摔去水濕，然後移置烘毛床上，以熱汽烘乾。

第十二條，染毛房將洗净烘乾之各種絨毛，分配染料入鍋煮染各種顔色後，仍置烘毛機上烘之，使乾。

第十三條，順毛房將染過之絨毛，納於順毛機上，經無數鋼針梳刷，匀鋪成捲，再置剪毛機上，徐徐剪成線胚。

第十四條，紡線房將剪就線胚置於紡線機上，績紡成線，每機計能紡線三百七十五根，其有需用雙線者，再付倍線機上，兩根倍成一根，以備分作經緯線。

第十五條，織呢房先將織呢經線用膠水遶過一次，再入玻璃罩内用熱汽烘乾，然後排紗穿機，織造完呢，計織機二十架，每日能織呢五十丈。

第十六條，刮絨房織出之呢，形式如布，經緯分明，先置壓呢櫃内輾轉捲壓，又置洗呢機上刷洗數次，再納於刮絨機上反覆刮磨，則絨質一律刮出。

第十七條，烘呢房已成呢質，既經洗刮之後，安置烘呢機上，放足熱汽，頃刻之間，即可一律烘乾。

第十八條，剔呢房呢上之絨，既經刮出，大都參差不齊，必經此機捲刀割剔，使之平鋪停匀，然後再付刷呢機上，刷去浮毛雜質。

第十九條，熨呢房既經剔刷之後，先置熨呢機上，以汽力熨平，並研令光潔，再移捲呢機上，以鋼機捲好，豎於汽櫃之上，使汽力蒸透染質，俾能永不變色。

第三章，管理員職務。

第二十條，總辦一員，總理全局一切事宜，所有用人行政，均歸主持，並得隨時釐定局中應行規則，對於局外，有代表本局之權。

第二十一條，會辦一員，會商總辦統全局事務，並有管理提調以下各員之權。

第二十二條，提調一員，秉承總會辦命令，管理局中全部事務，以提議調查本局庶務爲責任，有考核全局委員任事勤惰，稟請總辦會辦分别勸懲之權。

第二十三條，坐辦一員，稟承總辦會辦提調命令，總理局内各項事務，籌畫採購原料，發售成品，隨時斟酌辦理，並有稽核度支管理全局工匠藝徒之權。

第二十四條，文案一員，專掌局中往來文牘，稟稿信件擬稿及存案一切事務，並得稟承總辦會辦命令，擬定章程，改良規則，兼司全局統計，並有考核司事書識勤惰之權。

第二十五條，收支一員，以會計出納爲責任，專管支發局員工匠夫役薪水口食及收存羊絨染料，採購各項應用物料，收發成品，造列報銷册籍，並有經發一切物料之權。

第二十六條，稽查一員，以稽查全局工匠藝徒勇夫勤惰爲責任，並有約束管理之權。

第二十七條，收發核對監關防一員，以收發核對公牘，監用關防爲責任，所有局中收發公文，擇出案由登記號簿，分別歸檔，並有督催書識繕寫公牘之權。

第二十八條，繙譯一員，以通譯比國語言文字爲責任，局中工師洋匠均係聘自比國，語言不通，有事須由譯員作速繙譯，商通坐辦，稟明辦理，該工師洋匠隨時教授藝徒，亦當悉心通譯，兼督令各科工匠藝徒工作，並有管束工匠藝徒之權。

第二十九條，幫督工一員，幫同稽查，分赴各房督令工匠藝徒工作，並有稽核局勇夫役勤惰之權。

第四章，華洋匠工職務。

第三十條，織呢工師一名，以提綱挈領，監理製造，教授藝徒爲責任，聽受總辦命令，督飭各科洋匠工作，研究織染原料，務須精益求精，並於三年之內，教授各藝徒能學成分任管理機器及紡織染色刮絨各項工藝，確能精通無誤，惟該工師衹有管理教授匠工之權，不得干涉局務。

第三十一條，管理機器洋匠一名，以管理汽鍋爲責任，其餘東西兩大車房及各處機器，亦須幫同照料，倘各項機器偶有損壞，隨時指示匠工修理，並派汽鍋房工頭一名，匠工二名，藝徒六名，東西大車房工頭一名，匠工二名，藝徒四名，隨同學習管理機器及架火開機，放汽考驗水力汽力，暨修理汽機東西車房機器之法。

第三十二條，紡線洋匠一名，以管理紡線爲責任，其餘分毛、順毛、剪綫、倍線附屬之。並派分毛房工頭一名，匠工一名，藝徒六名，順毛房工頭一名，藝徒五名，紡線房工頭一名，匠工一名，藝徒十一名，隨同學習分毛、順毛、剪線、倍線、紡線，並修理所管各機之法。

第三十三條，織呢洋匠一名，以管理織呢爲責任，其餘膠線、排紗附屬之。並派工頭一名，匠工二名，藝徒二十名，隨同學習膠線，排紗，織呢，並分任管理暨修理機器之法。

第三十四條，染呢洋匠一名，以染色爲責任，其餘洗毛、烘毛、分配染料、製造胰子附屬之。並派染毛房工頭一名，匠工一名，藝徒七名，洗毛房工頭一名，藝徒六名，隨同學習洗毛、染毛、烘毛，並配料製胰修理機器之法。

第三十五條，刮絨洋匠一名，以刮絨爲責任，其餘壓呢、洗呢、烘呢、剔呢、熨呢附屬之。並派刮絨房工頭一名，工匠一名，藝徒七名，烘呢房工頭一名，藝徒三名，剔呢房工頭一名，藝徒三名，熨呢房工頭一名，藝徒二名，隨同學習壓呢、洗呢、烘呢、刮絨、剔呢、熨呢，以及分任管理暨修理機器之法。

第五章，辦事規則。

第三十六條，自提調以下各員，均應常川住局，各供其職，所有各項公事，隨到隨辦，不得稍有躭誤。

第三十七條，辦事以實在爲主，局中各員，均有職事，不必彼此周旋，徒飾外觀，凡屬繁文縟節，敷衍錮習，一律禁革。

第三十八條，局中募用司事，書識，夫役，以及工匠，藝徒人等，均須秉公挑選，不得引用私人，致紊局章。

第三十九條，局中銀錢出入，逐款載入印簿，分文均徵實在，不准參前錯後，懸支預借。

第四十條，稽查幫督工二員，輪值住宿局中，隨時稽查匠工藝徒，免致人多滋事，曠誤工作。

第四十一條，全局華洋匠工及藝徒人等，除星期放假外，不得無故請假，如果有疾病及切己要事，准即回明坐辦，轉稟提調酌量給假。

第四十二條，假期如在一日以内者，由提調坐辦主持，一日以外者，須稟請總會辦批准，然至長不准逾五日，以免曠廢工作。

第四十三條，各工匠藝徒請假之日，均須截曠薪工火食，銀兩另欵存儲，以充獎賞有功工匠藝徒之用。

第四十四條，局中工作均有定時，春分後，每日晨六點鐘上工，十二點鐘下工，一點鐘上工，晚六點鐘停工。秋分後，每日晨七點鐘上工，十二點鐘下工，一點鐘上工，晚五點鐘停工，均以放氣爲號。秋分後，每日作工不足鐘點，添作夜工兩點鐘，以補日之不足。

第四十五條，休息日期，甲，萬壽聖節日。乙，端午日。丙，中秋日。丁，年節。十二月二十八日起，至正月初三日止。戊，每月星期日。

第四十六條，工匠藝徒每逢星期六日放工後，輪班回家休沐，至星期日下午六點鐘，須一律入局，如非輪班回家之期，一概不准出局。

第四十七條，每逢星期日應輪派工匠、藝徒二十名，在局潔洗汽鍋、汽管及修理各處機器，汽鍋房較别項機器最爲緊要，如擦洗不潔，不但易於損壞，而且極爲危險，無論華洋匠工，均宜格外小心，隨時擦磨，而期永固。

第四十八條，織呢工師洋匠，均應遵守本局規則，認真工作，以盡義務。

第四十九條，司事書識專任繕寫公牘，典守檔案，收號拆封，不准怠玩疏忽。

第五十條，茶房專司茶水，以潔浄爲要，局中考工所辦公室，責令隨時灑掃桌椅器皿，一律拂拭潔浄。

第五十一條，局勇專供驅使，兼司前後兩廠閽務，凡局門内外及前後廠院，責令常川灑掃，挑除積塵污穢。

第五十二條，局中井水含有鹹質，用之汽鍋，則銹損機器，用之洗呢，則色不光澤。購置大車十輛，騾子十頭，拉運河水，專供汽鍋及洗呢之用，該車夫必須陸續轉運，不准間斷致誤。

第五十三條，存毛庫内所存羊毛、羊絨、駝絨各項原料，責令局勇隨時抖曬，以免蟲蛀之虞。

第五十四條，織成之呢，應逐板粘貼商標，商標之式，中印甘肅織呢局，左右印金龍，以别真僞。除發交商品陳列所售賣外，其餘計尺分類，概行收藏存呢房内，隨時由坐辦及收支委員眼同局勇曬晾，以備彙總發行各省。至發商品陳列所之呢氈，每星期坐辦應往查何者暢銷，何者滯銷，以備改良，所賣貨銀，月終收回存局，以備開支。

第六章，經費。

第一節，開辦經費。

第五十五條，添購全份機器及添配機件等物，由外洋至甘省價值、運費、裝箱、保險、關鋭等等，各費在内，共計蘭平銀捌萬兩。

第五十六條，預備添做夜工，置電燈機器一副，價值連運費共蘭平銀肆千陸百兩。

第五十七條，置買暢家巷地基價蘭平銀肆百玖拾兩，又撥文高等學堂房價蘭平銀三千兩。

第五十八條，修蓋前後兩廠房屋，共計蘭平銀八千二百兩。

第五十九條，裝配前後廠屋及各機器房大小玻璃，共合蘭平銀一千三百八十五兩二錢一分五釐。

第六十條，安置汽鍋及各染鍋等處，定造大小缸磚二萬七千九百一十五塊，共蘭平銀三千三百兩。

第六十一條，陸續添修炭庫、馬棚、水溝各項工程，並添配零星機件，共用木鐵石灰各料，共合蘭平銀四千三百四十五兩二錢一分零七毫五絲一忽八微八纖。

第六十二條，聘募織呢工師穆賚由比來甘，考查舊有機器，開單添配新機事宜。又由甘回比定購機器，共支給薪水川資庫平銀五千九百兩（起支年月日期，詳細數目，均載入報銷册内）。

第六十三條，聘募工師一名、匠工五名，來甘支給薪水及發給川資，共庫平銀七千二百兩。又自光緒三十四年十月初一日開工起，至宣統元年六月底止，計十個月薪水，共庫平銀一萬七千五百兩，二共庫平銀二萬四千七百兩。

第六十四條，自光緒三十二年九月開工起，至宣統元年五月工竣止，派員開辦局務督修廠屋，整理機器，計共支過委員薪水伙食書識口食局費蘭平銀六千四百八十七兩四錢一分二釐六毫。

第六十五條，募用機器匠工修理舊機，裝配新機，共支過工匠口食蘭平銀四千四百四十七兩九錢。

第六十六條，買存羊絨羊毛駝絨等項原料，計共支過庫平銀七千三百八十四兩四錢四分零八毫四絲七忽。

第六十七條，買存煤炭並各項雜料，共支過蘭平銀捌千貳百零肆兩叁錢肆分捌釐貳毫。

第六十八條，採買各項零星材料，並製辦各項家具，共支過蘭平銀壹千柒百零玖兩叁錢伍分捌釐零貳絲。

以上開辦經費，共支蘭平銀壹拾貳萬陸千壹百陸拾玖兩肆錢肆分肆釐伍毫柒絲玖忽零捌纖，庫平銀叁萬柒千玖百捌拾肆兩肆錢肆分零捌毫肆絲柒忽。

第二節，常年額支經費。

第六十九條，管理員薪水。總辦一員，月支薪水銀壹百兩，現係職道彭英甲兼充，未支薪水。會辦一員，月支薪水銀柒拾兩。提調一員，月支薪水銀伍拾兩。坐辦一員，月支薪水銀肆拾兩。文案一員，月支薪水銀叁拾兩。收支一員，月支薪水銀貳拾肆兩。稽查一員，月支薪水銀貳拾肆兩。收發核對兼監關防一員，月支薪水銀貳拾肆兩。繙譯兼督工二員，月支薪水銀貳拾肆兩。幫督工一員，月支薪水銀拾貳兩。

以上各員，月支伙食銀叁十兩，又添統計處加給夫馬費銀十兩，每月共支薪水銀叁百叁拾捌兩，每年共支蘭平銀肆千零伍拾陸兩，遇閏照加。

第七十條，織呢工師及洋匠薪水。織呢工師一名，月支薪水銀肆百伍拾兩。管機器匠工一名，月支薪水銀貳百伍拾兩。紡綫匠工一名，月支薪水銀叁百兩。織呢匠工一名，月支薪水銀貳百伍拾兩。染呢匠工一名，月支薪水銀貳百伍拾兩。刮絨匠工一名，月支薪水銀貳百伍拾兩。

以上洋匠六名，每月共支薪水庫平銀壹千柒百伍拾兩，每年共支薪水庫平銀貳萬壹千兩，遇閏照加。

第七十一條，匠工藝徒書役薪工伙食。匠工三十二名，每名多寡不一，月共支薪工伙食銀壹百伍拾兩。藝徒八十名，每名月支薪工伙食銀叁兩，每月共支銀二百四十兩。司事一名，月支薪工銀六兩。書識三名，月共支薪工銀十三兩。局勇六名，月共支薪工銀二十兩零四錢。伙夫四名，月共支薪工銀九兩六錢。茶房一名，月支薪工銀二兩四錢。車夫十名，月共支薪工銀三十兩。拉水騾子十頭，月共支餵養銀七十兩。辦公筆墨紙張油燭印紅局費等項，月共支銀二十兩。

以上每月額支蘭平銀五百六十一兩四錢，每年額支蘭平銀六千七百三十六兩八錢，遇閏照加。

查上條內之工匠藝徒，現在不敷分布，將來尚須添募，且所支薪工因開辦之初，諸從撙節，嗣後工藝各有進步，再行酌量增加，因時擴充，理合登明。

第三節，常年活支經費。

第七十二條，每日用煤炭二墩，約共合銀拾陸兩，每月除星期不計外，約合銀肆百兩。

第七十三條，每日用羊毛羊絨駝絨約共叁百觔，約共合銀陸拾兩，每月除星期不計外，約共合銀壹千五百兩，每日勻計共用油染各料暨機器油等項，約合銀二十四兩，每月除星期不計外，約合銀六百兩，每日勻計修理機器需用各項工料，約合銀二十兩，每月除星期不計外，約合銀五百兩。

以上每月約活支銀三千兩，每年約共支銀三萬六千兩，遇閏照加。

查前項活支銀兩，均係約畧核計，將來每日出呢增多，則原料等項自必逐件照加，開支銀兩一時不能預計，理合登明。

第七章，賞罰。

第七十四條，在局供差各員扣滿一年，當差勤慎能爲公家撙節費用，多獲利益，爲局中得利之員，由總會辦詳請陝甘督部堂批司分別異常尋常奬叙，或給予儘先拔署優缺一次，或給予酌委優差一次，以示鼓勵。

第七十五條，在局各員如有遇事敷衍，除隨時撤换外，其有舞弊營私，查出實據，立即詳請參辦。總之，凡有心之失，以私罪論，分別停委詳參，無心之失，以公罪論，酌量記過撤差，以示懲儆。

第七十六條，織呢工師及洋匠等如能實心任事，認真教授藝徒，三年期滿，藝徒均已教成，應查照合同，續行延聘，或格外賞給花紅銀兩，均臨時由局中總辦、會辦，詳請陝甘督部堂批示辦理。

第七十七條，該工師等如有不遵局章，貽誤工作，干涉分外之事，或違背合同及出外滋事等情，則查照原訂合同辭退之條辦理。

第七十八條，所有局中工頭匠工，倘能技藝精進，指導藝徒，著有成績，隨時酌加薪工，如曠誤工作或管理機器漫不經心，以致損壞機件，暨違背條規等情，酌量犯事之輕重，分別責罰，以昭勸懲。

第七十九條，藝徒招募入廠學習管理機器及紡線織呢刮絨等項工藝，並分任各科工作，每名每月支給薪工伙食銀叁兩，將來學有成效，技藝精熟，隨時再酌加薪工。

第八十條，各藝徒招募入局，即已派定學習某科，如有頑蠢成性，並不用心學習，以致久無進步，隨時分別懲儆，或革退另募。

第八十一條，凡本局司事書識以及勇夫丁役，均須謹守局章，如有違犯規條者，隨時分別輕重懲辦。

第八章，附則。

第八十二條，職局成本現由統捐溢收項下詳請撥用，將來獲有贏餘，自應分年抽還，以重公欵。惟售呢價值，一時不能預定，必需隨時估計成本，分等計價。開辦伊始，總以價值合宜，不致滯銷爲主。

第八十三條，將來運呢出口，行銷各省，應完關稅遵照稅務處歷次奏定章程，完一出口正稅，其餘各省釐金統捐，概請豁免重征。

第八十四條，職局員司工匠以事實爲本位，欲治其事，始用其人，斷不能狥情位置，致縻公欵。至每日辦事應守規則，另訂詳細章程，張示局内機房各處，以資遵守。

第八十五條，查羊毛、羊絨、駝絨各項原料，均係每年三四月間出産，應飭令各地方官或統捐局委員務於頭年冬臘兩月，預先定購，若遲緩過期，則價值增漲且人先我後，尤難選擇上品原料。

第八十六條，職局以機器織造爲甘省工藝一鉅觀，所有往來各省官吏及本省紳員，斷不能禁人觀看，惟全局均係機器運動，不可漫無限制，凡來局參觀者，自取名刺，交由閽人傳知局員，延入考工所，問明來歷，然後帶入機房，指示參觀，若有不遵定章者，一概不准擅入。

第八十七條，職局工匠藝徒隨同洋匠學習各科工藝，恐難深造精微，原擬就本局中附設學堂，派令工匠藝徒輪班肄習，將來畢業之後，則不僅職局可免聘募洋匠，並可派往外省充當工師教習，無如甘省度支奇絀，開辦此項學堂經費無從籌撥，惟有俟一二年後，獲有厚利，即當迅速舉辦。

第八十八條，上項章程草創之初，多未完備，所有未盡事宜，隨時體察情形，考核改良，再行詳請奏咨立案。

《商務官報》宣統二年五月二十五日第一三期《批候選知縣王克峻等呈》

據呈擬造肥料來京，設立振農有限公司各節，仰將所製肥料呈部考驗，再行核示。此批。八月十二日。

吉林省檔案館等《清代吉林檔案史料選編（工業）》下册《吉林行省爲工藝教養所所出物品及購買原料分别征免税釐的札文宣統二年五月二十七日》 爲札飭事。

宣統二年五月十六日准督理税務大臣咨開，本年四月二十九日准内閣抄交，吉林巡撫奏：吉省設立工藝教養所酌擬辦法一摺。四月二十七日奉硃批：該部知道，欽此。原奏内稱，所出物品及購買原料，並請援照各省官立工廠成例一體免税，以輕成本而利行銷，等語。查各省工藝廠所出物品，向無准免税釐辦法，該省工藝教養所所出物品未便獨異，仍應照章征税。至購買原料一節，查農工商部工藝局暨京師首善工藝廠所用製造材料，凡係來自外洋者，經過新關以及洋土貨經過常關釐卡，並京師崇文門税局，均免征收税釐，曾經先後奏准辦理在案。吉林工藝教養所購原料，自可仿照辦理。除分行外，相應查照飭遵，等因。准此，除分行外，合亟札飭，札到該處，即便遵照辦理。特札。

天津市檔案館《天津商會檔案彙編（1903—1911）》上册《增霖高聯奎等禀陳北洋興華機器麵粉公司招股四十萬元請予立案文宣統二年五月二十七日到》 具禀發起北洋興華機器麵粉有限公司執事花翎二品頂戴軍機處存記江西候補道增霖、歲貢生郭錦書、乙丑恩科舉人高樹南、商人高聯奎等爲振興商業，挽回利權，懇請俯准立案，轉詳商部註册，概免釐税，頒發明諭事。

竊職商等查我國自通商以來，利權外溢，指不勝屈，近來凡有關於民生之實業，我總協理憲無不首先提倡，保我利源，足見北洋利益日興，胥出自我會憲之熱誠也。兹查有麵粉一業，爲國民日用所必需，前曾調查津海關每年進口麵粉不下百萬，溢出之銀，何祇二百數十萬之多，實爲我國家一大漏卮。幸有南洋先我提倡，爲挽回利源起見，先後集股創設南洋阜豐機器麵粉有限公司，曾經禀明商部，概免釐税，批准立案。每年獲利甚鉅，成效頗彰。本公司悉心研究，麥之本質，北洋所産遠勝於南洋，而南洋業經創辦，北洋尚付缺如，殊爲一大缺陷。職商等有鑒於此，不揣愚昧，擬仿照南洋辦法，招股洋四十萬元，作爲四萬股。每股十元，先收五成，此五成分作兩期交付，第一期於購票時交洋二元五角，至次年再交第二期洋二元五角。統擬以交款次日起息，並付息折一扣，常年以七釐行息，其餘未收之五成，一俟將來銷路暢旺，逐漸推廣，資本必致不敷，臨時通知各股東，再行續交。本公司一切辦法，悉按商律定章，切實經理。至招股詳細規則，統俟成立後刊印分呈。而簡明章程，自應繕清隨票附呈。爲此伏乞商務總會憲俯准立案，轉詳商部維持商務，俾得實業日漸振興，行見我中國莫大之利源，仍歸我中國自有，則國從此自强，民從此益便，豈非我會憲及部憲培植之力也哉。倘蒙俯允，更祈行知地方官妥爲保護，伏候批示遵行，實爲公便。上禀。

兹將簡明章程粘呈。

《歷史檔案》二〇〇四年第一期《直隸總督陳夔龍爲咨送度支部酌擬造幣廠章程奏摺及清單事致長蘆鹽運使司札宣統二年六月初三日》 欽命會辦鹽政大臣直隸總督部堂陳爲札飭事。

宣統二年五月十九日准度支部咨開：通阜司案呈本部酌擬造幣廠章程繕單具陳一摺，於宣統二年五月十六日具奏，奉旨：依議，欽此。相應刷印原奏清單，恭録諭旨，飛咨直隸總督遵照可也等因到本督部堂。准此。除分行外，合行札飭，札到該司即便遵照。此札。

計粘抄原奏並單

〔附〕度支部尚書載澤爲酌定造幣廠章程事奏摺

宣統二年五月十六日

度支部謹奏，爲酌擬造幣廠章程，繕單具陳，恭摺仰祈聖鑒事。

本年四月十五日，臣部具奏鑄造國幣應一事權，擬將各省所設銀銅各廠分別撤留，所留之廠統歸總廠管理一摺，奉旨：依議，欽此。欽遵辦理在案。惟是推行幣制，鑄造一項關係最爲重要，當此改章伊始，所有總、分各廠内部如何組織，權限如何劃分，亟應明定章程，以資遵守。兹經臣等督飭員司悉心規畫，酌擬造幣廠章程十八條，繕具清單，恭呈御覽。如蒙俞允，即由臣等督飭該監等切實奉行，不容稍有逾越。嗣後此項章程如有應行修改之處，應由該監督等斟酌擬訂，呈由臣部核准奏明辦理。

所有酌擬造幣廠章程緣由，謹恭摺具陳，伏乞皇上聖鑒。謹奏。

謹將酌擬造幣廠章程繕具清單，恭呈御覽。

計開：

第一條　造幣廠歸度支部管轄，掌鑄造國幣一切事宜。

第二條　造幣廠設總廠於天津，設分廠於武昌、成都、雲南、廣州四處，並暫設奉天分廠一處，其分廠統歸總廠直轄。

第三條　總廠設正、副監督各一員，由度支部開單請簡，管理總、分各廠一切事宜。各分廠各設總辦一員，幫總辦一員，總廠設正坐力一員、副坐辦一員，均由正、副監督遴選妥員，呈部核准奏派，秉承正、副監督分理各該廠一切事宜。

第四條　總、分各廠應設工務長一員，由正、副監督遴選妥員，呈部核准派充。其餘藝師、藝士及各員司，由各廠酌定員數，呈部核定。

第五條　度支部籌備鑄幣專款，發給總廠分派各廠應用。所有各省舊設銀銅元廠機器、廠房、材料，准總廠選擇提用。

第六條　部庫所有各種銀兩，准總廠隨時呈領，鑄成銀幣，照國幣則例第十三條解交部庫。

第七條　各省藩、運、關庫等處所存銀兩與別項銀元，應次第交大清銀行轉交造幣廠代鑄，鑄成國幣後，由各省照章行用。

第八條　前條銀兩、銀元，由大清銀行運交就近總、分各廠化驗，内含純銀在九八五以上，准照國幣則例第十三條換給各種新幣，所有由廠運往該省費用，准其作正開銷。至由該省運往總分各廠運費，由大清銀行核實計算，仍歸該省擔任。

第九條　總、分各廠於鑄出之幣運往各省，該地方官均應切實保護，其經由火車、輪船運道，應請飭下郵傳部通飭鐵路招商各局，一律減收半價，以重國幣而利推行。

第十條　總、分各廠應鑄輔幣數目，由大清銀行斟酌市面情形，隨時擬定數目，呈由度支部核准，飭廠照鑄。開鑄之始，暫定爲主幣八成，輔幣二成，飭廠照鑄。

第十一條　總、分各廠鑄成國幣數目，每十日一次呈報度支部查核。

第十二條　總、分各廠鑄造新幣，重量、成色、公差之類，必須遵照奏定則例辦理，並遴派精通化學人員隨時化驗，如有不符，即回爐重鑄，以免參差。

第十三條　總、分各廠所鑄各幣，由總廠呈送度支部化驗，度支部亦得隨時任抽各廠所鑄各幣化驗查核。

第十四條　造幣廠出入款項，由總廠按季詳造表册呈報，度支部按年總結。除表册外，並應呈報預算、決算清册。各分廠應將該廠收支數目與銀銅等幣出入情形，每月一次呈報總廠，仍每月將帳簿結算清楚，以備總廠隨時查核。

第十五條　各分廠如雇聘外國人員，應先呈由正、副監督核准，方可派充。其餘藝師、藝士及各員司，由各分廠總辦、幫辦遴派妥員，呈報正、副監督核准，加札派充，仍六個月一次開列名單並履歷，到差年月呈報總廠，總廠按年一次匯報度支部查核。

第十六條　造幣廠所有在事各員，由度支部照前財政處原定章程，每屆三年將實在出力各員擇尤酌保。其在廠不及二年者，不得列入。在事各員倘有舞弊營私情事，由度支部隨時查明，據實糾參。

第十七條　各廠有緝訪私鑄、防衛廠料等事，應請各省督撫協助者，隨時呈請督撫施行。

第十八條　總、分各廠辦事細則，由總廠擬訂，呈由度支部核准遵行。

天津市檔案館《天津商會檔案彙編（1903—1911）》上册

《津商會爲曹永源等擬於大伙巷韋馱庵設立實業工場事致警務公所函宣統二年六月九日**》**

致勸

業警務公所：

敬啓者，現准職商曹永源、張桂甡等來會聲稱：現擬設立實業工場，查有大伙巷韋馱庵前駐巡警局區，現已遷移空閒，擬作工場之地，希即轉請核准，以便組織等語。查實業爲近今要政，現在西大伙巷韋馱庵既已空閒，曹永源等擬設工場，似可准所請，以維實業。除函請警務公所、勸業公所外，用特肅函奉商，即乞貴公所查照酌奪，如蒙允准，再由敝會督同擬定專章組織一切，隨時奉達鈞鑒，是所切禱。專此敬請勛安。惟希惠復不既。

總理 王竹林
天津商務總會
協理 寧世福

敬復者：前准貴會函開，擬在大伙巷韋馱庵設立工場等因。查韋馱庵警局雖已遷移，仍須作巡警駐在所，該職商如擬組織工場，即請另覓地址可也。復此，順頌台祺。

直隸全省警務公所

天津市檔案館《天津商會檔案彙編（1903—1911）》上冊《麟記煙卷公司紀巨汾稟控山西省榆次太谷英美煙公司以包捐爲名禁售華貨文宣統二年六月十一日到》

具稟麟記煙卷有限公司縣丞職銜紀巨汾，稟爲阻擾銷路，懇請移行出示保護事。

竊職商創設公司製造紙煙，已由貴會詳請農工商部註册及列憲立案各在案。上年山西太原府正興史攬擾銷售，已由貴會移行山西商會陽曲縣出示保護在案。今據榆次縣代售處義聚公司函稱：有太原府隆記公司自稱係英美煙公司之翻譯，又以包捐爲名知照各家，概不許售賣中國之煙。種種攪擾與中國實業前途大爲不便。想農工商部註册者，應有地方官保護督銷之，責成進口上税，應有賣主自主之權。況中國無一手販賣之章程，斷無不准售賣本國貨之理。再太谷縣亦有義聚公司代爲分銷。懇請貴會移行山西太原府商會，轉飭榆次縣、太谷縣商會，並移行榆次縣、太谷縣一體出示保護，以安工業，而便行銷。所有懇請貴會移行山西出示保護各緣由，理合稟請商務總會憲台大人恩准移行。實爲公便。

吉林省檔案館等《清代吉林檔案史料選編（工業）》中册《吉林勸業道爲遵批查明電燈處應追應賠應銷款目的詳文宣統二年六月十四日》

試署吉林勸業道爲詳覆事。

案奉憲台批，職道詳覆，遵批飭傳悦丞等斟詢暨檢電燈處建築帳據，移會民政司派員估驗由。奉批：據詳暨悦、姚兩員原稟均悉。查電燈處自收歸官辦以來，未及經年糜款至一百三十餘萬，核其成績一無可觀，是其款項出納即使簿據了然，已不能令人無疑。前據悦丞呈到册摺各件，本部院略加翻閲，其中紕謬百端，指難枚舉。即如收款並無收條過付，又無佐證，情弊較著，何從遁飾。惟以事關款項，非逐節查明無以折該丞之口。故摘舉原呈數端，批飭該道詳晰審查，呈覆核奪，無非爲核實求是起見。詎該道瞻徇情面，並不遵批辦理稟覆各節，語多含混，本部院揣情度理，知該道必有爲難之處，未能盡辭，特再批令破除情面徹底清查。復將原呈種種罅漏逐條指出，發端引緒，詳晰無遺。即爲該道據實具覆之地，該道果能深體此意，應傳該員等到署面質，認真查追方爲正辦。兹閲來詳，僅將悦、姚兩員原稟附呈。

夫以指查之人而飭其自行聲覆，此爲向來徇情圖卸之計。且於悦、姚兩稟孰是孰非一無可否，本部院所飭詳詢，據覆者絶未提及，顯係有心見好希圖塞責，實屬有負委任。況查悦、姚兩員原稟申辯各節，砌非成是，破綻甚多，其他姑勿具論。但觀悦丞稟中則稱所付各款、惟姚牧知之，而姚牧稟中則稱悦丞應扣不扣實難辭咎。又姚牧稟中則稱，報銷大宗款項並無經由該牧一人私自動支，而悦丞則稱，由姚牧支付者共五十五萬吊有奇，彼牝互相推諉，各難明言。即此一端，已足例原稟實無一字足據。該道絶不駁斥，輒爲轉呈，尤屬不合。今該員業經本部院奏參革職，聽候查辦。事關公款，絲毫不容含混，亟應嚴切根追，以期水落石出。仰仍遵照先令批示，將該處收支各款，何項由悦丞經手，何項由姚牧經手，該兩員如何弊串，如何侵分，分别應銷、應追、應賠各項逐細具覆。俾憑核辦。切勿仍前瞻徇稍爲迴護，同干未便。電燈事隸勸業，該道具有責成，慎毋以尋常委查事件等閒膜視也。切切。此繳。原稟二件等隨批發還，等因。奉此，職道遵即電飭姚革牧崇壽晉省，並傳同悦革丞明阿到署當面詢質，飭將各人經手款目據實開呈，以憑查核。兹據該革員等分别開單前來。

查悦革丞單開，由伊經手共錢六十萬零零二百二十二吊六百一十六文，所支建築一項計錢十二萬二千五百二十九吊三百八十四文，及支付張振東等收條未蓋圖章各款，均經遵批移會民政司派員估查，另文詳覆。其支銷機價、鋪墊、薪工、局費等項，復加詳細徹查，事過情遷，經手員司早已更换，未能得其浮冒確據。惟接收寶華公司九家商欠，既含糊承認於前，復任聽拖延於後。迄今年餘，除榮義發、會祥盛兩號倒閉外，福慶和等號尚欠錢二萬二千三百吊，本息皆無着落。即應收各户之燈費，亦有積欠未收錢五萬二千七百一十六吊一百零八文，該革丞之膜視公款，自便私圖。此其彰明昭著，早在憲台燭照之中。鞶帶之褫，咎誠應得。且電燈處用款除借官銀錢號外，尚借墊商款七萬四千零零一吊一百三十六文，商人將本牟利，而墊此鉅款久不責償，該革丞月薪僅百金，而甘以一身負此重累，揆理度情尤難索解。

　　復查姚革牧單開，由伊經手共錢五十五萬八千七百二十五吊二百五十六文，所開撥付機器價及撥還世義信、辛記、大泉玉、胡仲記、三井洋行洋灰、火泥等款，均有收單墨領及世義信手摺爲憑，尚非冒領。惟轉撥華興公司一萬零一百四十一吊五百文，即職道查出世義信並無過帳之一萬三千八百吊一款。據該革牧此次單開聲明，此款原數一萬三千八百吊，以華興公司用過寶華公司玻璃、洋瓦合錢三千六百餘吊，奉徐前升道批飭扣歸公款，故隨同悦明阿撥還華興公司一萬零一百四十一吊五百文。其餘三千六百餘吊因何付出，應責成悦明阿稟覆，等情。查世義信手摺，光緒三十四年十二月初十日，曾有支出一萬零一百四十一吊五百文一款，旁註明雲衢手，而並無撥還華興公司字樣。該革牧此次呈閱該款撥單存根，註明付張四爺，亦無撥還華興公司字樣。以電燈處應還華興公司之款，不令公然直接，而爲此輾轉私相授受，此不可解一也；該款數在鉅萬，該革牧既經支付，自應立取華興公司收據，何以十二月所付之款直至次年華興公司倒閉以後始有此數目不符未蓋圖章之收條，此不可解二也；華興公司借款係電燈處接收，寶華公司稟明有案，該革牧付還時，既遵徐前升道批扣回玻璃洋瓦官款三千六百餘吊，何以並不稟明存案，此不可解三也；據悦革丞稟稱，該款由姚革牧付還一萬零一百餘吊，以款未付清，致未索收據，故於付還三千餘吊時統給收條一紙，等語。查該處流水簿，付還華興公司一萬三千八百吊，係於宣統元年三月初一日出帳，謂華興公司款未全收，肯給收條，或爲事所偶有。謂該處款必全支，始登流水簿，決爲理所必無。且姚革牧既稱玻璃洋瓦兩項三千六百餘吊，應扣歸官款，則該革牧上年幫同悦革丞造送財政局册報，何以仍列一萬三千八百吊並不稟揭，此不可解四也。至榮義發、會祥盛兩號倒欠六千五百吊，應由蔡故令濟勤賠繳四成，該革牧支付辛記各款並未遵扣。據稱奉前憲台硃諭令從寬，等語。款目關重，該革員既有經手，徐前升道復有批在先，即應稟明存案，豈容含糊自取咎戾。此案該革員等互相掩飾推諉，誠如憲批所謂各難明言，自應遵照憲批，將應追應賠應銷各款詳細具覆。

　　查電燈處自光緒三十四年八月起至宣統元年十月止，共支銷錢一百五十二萬六千一百八十二吊五百零八文，除悦革丞經手建築一項十二萬二千五百二十九吊三百八十四文，及張振聲、韓成國，工頭國太平，榮慶華、王利升，蔡壽臣等收條未蓋圖章，各款應俟民政司派員查估明確，有無浮冒詳覆核辦外，其福慶和等號欠款二萬二千三百吊，各户未收燈費五萬二千七百一十六吊一百零八文，自應責成悦革丞勒限追繳，如有短少分別著賠。其開支玻璃、洋瓦錢三千六百五十八吊五百文，顯有含混，既據姚革牧指證，應行扣還官款，亦應勒令悦革丞如數賠繳。至姚革牧經手漏扣，蔡故令濟勤應賠榮義發等欠款四成錢二千六百吊，當時是否免扣，無案可稽，自應著賠。其付還華興公司之一萬零一百四十一吊五百文，世義信摺内，既無指付此款確據，魏鴻賓復早經潛逃，難保非藉詞影射。且收條册報數目均不相符，弊混尤無疑義，本應著賠，惟屢據該革員稱由張守鵬轉交，意存諉卸，姑請俟張守回省，由職道札飭明白聲覆，再行辦理，以免藉口。其餘各款，以機器價值八十餘萬吊糜費最鉅，惟合同收單數目均符。此外各項亦未能查出浮冒確據，可否仰懇憲恩准予造銷，以免賠累而昭核實。所有遵批查明悦、姚兩雖經手電燈處應追、應賠、應銷各款緣由，理合抄録悦革丞等呈開經手各款清單各一紙，及原發電燈處報銷文册，備文詳請憲台察核施行。須至詳者。

天津市檔案館《天津商會檔案彙編（1903—1911）》上册《商民張際春爲設立民立織布工廠請撥給工徒十名以便開辦事稟津商會文宣統二年六月二十三日到》

具稟商民張際春，年三十二歲，天津縣人。聚慶號遞稟爲集資組織民立織布工廠，倡興實業，懇恩轉請撥給工徒以便開辦，而維工商事。

　　竊以國政維新之際，圖自强之策，首重工商。欲工商之發達，非振興實業，不能以收效果而挽利權。北洋自項城宫保、運司周都轉提倡以來，在津創設實習工場後，工業勃發，各州縣逐次仿辦，頗著成效。天津本埠民立工場已有數處，足見風氣大開，所以各場製做布匹等件，人皆樂用，甚爲暢銷。是以商民集合同志籌措成本，擬購鐵輪織機使用，設在中四區巡警分署管轄地界内租房一所，設立工場一處，先行試辦，以冀將來。理合稟懇商憲大人轉請實習工場賞撥畢業工徒十名，以憑開辦而資營業，商民爲倡興工業起見，可否允行，仰乞批示祇遵。實爲恩便。上稟。

吉林省檔案館等《清代吉林檔案史料選編（工業）》中册《吉林旗務處工廠正廠長劉元愷到差日期的呈文宣統二年六月二十九日》 爲呈報事。

竊於宣統二年六月二十一日接奉憲處札開，爲札委事。生計科案呈，案照前旗務處工廠正廠長楊則程因事撤差，當派分售所副所長金桂芳暫行代理。惟該廠事務繁重，若久派員代理殊不足以昭慎重，亟應揀員請委以專責成。查有候選通判劉元愷堪以派委，當經出具考語履歷，呈奉憲批，如擬由該處先行派充，俟到差後隨時來見，等因。奉此，除分札外，合亟札委。札到該廠長即便遵照，將該廠所有一切款項、料件、成品以及案卷等項，妥爲接收清楚，造册加結呈報，以憑查核。並須勤慎充差，毋負委任可也。此札。等因。奉此，廠長遵於本月二十四日到差視事，其一切款項、料件、成品。案卷等項，應俟接收清楚再行加結呈報。至於廠中應行興革事宜，自應逐漸考查，隨時呈請鑒核，妥慎辦理。所有廠長到差日期，理合先行備文呈報，伏乞憲台鑒核施行。須至呈者。

虞和平等《周學熙集·擬呈院説帖稿》 竊查職公司係承受唐山細綿土停廢舊廠，於光緒二十六年春暫由開平礦局墊款重行試辦，秉奉前北洋大臣裕批准在案。中遭拳匪之亂，復經津關税務司德璀琳函託開平英人代爲墊款以灰作抵，並訂明隨時於三個月前知照即可截止收回。光緒三十二年四月本司奉前督憲袁諭飭收回，自行招股擴充辦理。當經本司屬德税司知照開平英人照原議收回，而該英人藉故延宕。復經德税司再三争執，始於是年七月初七收回自辦。彼時該税司曾向職公司索酬勞銀二萬兩，當秉奉前督憲諭，俟開平交涉了結後如無虧損即可量予酬勞。惟時職公司業經招股開辦，所有舊廠房屋、地畝、家具等項酌折價，銀兩撥交淮軍銀錢所收存備給各舊股東，並酌提德璀琳酬勞約計二萬元一併儲存以符原議，業經先後詳准各在案。本年因該所歸併財政總匯處後，秉奉憲台批准，將所存各款移存天津銀號，現准該税司來函重申前請。查開平交涉雖一時未能就緒，而職公司自收回自辦以來，營業頗爲發達，當事之初，該税司居中維持亦不無微勞足録。兹據函陳可否照給二萬元，抑或先給一萬元，餘俟開平案結再行給清之處，伏乞批示祗遵。

德璀琳酬勞奉帥批准先發一半，望即擬復函稿，内務聲明此係老帥格外優待，提前給發，至其餘一半，必須俟開平案結，毫無損失，方可照給云云。明早將信辦齊，擬交希明親投也。

五月二十六日

虞和平等《周學熙集·擬復德璀琳函稿》 敬復者：昨奉台函，以洋灰公司前經執事設法維持，始免停廢，前於光緒三十二年閏四月初一日，函請量予酬勞，經敝處秉奉袁宫保允准函復，迄今四載有餘，究竟能否照給之處，囑即函復等因。查此事前奉宫保批准，應俟開平案結後，如無虧損，方可量予酬勞，以洋兩萬元爲限，曾經函達查照台端。兹准前因，當即轉稟督憲，並代爲陳懇。奉諭：此項算款，本應查照原議，俟開平案結無虧，方可酌給，今格外從寬優待，准予提前先發一半，計洋一萬元，其餘一半，仍俟開平案結，毫無損失，再行補給。等因。奉此。兹特遵照督憲示諭，先提洋一萬元，計券一紙，交由李希明送祈詧收，立收據交回爲荷。倘得開平礦案，早日完結爲意，則閣下名譽、利益，均可光復，不勝欣盼。專復，敬頌台祉。

名正具

五月二十六日

〔附〕《德璀琳致周學熙函》

敬啓者：日前李希明君來寓，帶到尊函一件，銀票一紙，均經收穫，殊屬令人不悦。前請量予酬勞銀二萬兩，此不過允發洋銀二萬元。既已如此見允，又不肯全數擲下，只先發給一半，其餘之數，須待開平礦案完結後，方能惠賜。查舊洋灰局當初開辦，因所聘之工師並非出自專門名家，是以糜費極多，辦無成效，勢將停廢。當經在德加意延訪，旋將工師俊達君聘妥，並另帶工師兩名，偕同來華，琳曾墊付由德至華旅費銀萬餘兩。該工師等先到山東嶧縣一帶地方勘查一切，嗣到唐山重新整理，經費開支屢次告罄，經琳設法維持，始能日有起色。庚子之變，聯軍到境，力籌保護，始得安全。煞費苦心，方能成立，此無異種植樹木，幾經培保灌溉，方可生活萌芽，漸及布蔭成材，迨至成立。貴總理擬欲索還，復經從中調停，始克收回自辦，方有今日之局面。琳向來辦事只論公理，不顧其他。如果合乎此理，必始終贊助，不待許以利益始肯竭力扶持也。故於開平一案，一味贊助，至今不改其初心。開案與洋灰公司本屬截然兩事，並不相涉，是以未發之奬銀一萬元，仍請貴總理分神刻即發給，不必待至開案了結再辦。倘或不蒙慨允，敝處迫於無可如何，應另有相當辦法。尚希尊駕照發，以全彼此友誼。專此奉達，順頌台祺。

名正具

宣統二年六月初六日

吉林省檔案館等《清代吉林檔案史料選編(工業)》中册《五常堡協領爲送藝徒應領隨缺地租錢文的呈文宣統二年七月初二日》 爲呈覆事。

承辦關防處案呈：於宣統二年六月十七日接奉大處移催，生計科案呈，案照旗務處工廠藝徒等多係寒畯子弟，前經本處呈准由各城旗酌撥甲缺，每名頂補一分作爲津貼、剃頭、梳辮、筆墨、操衣、靴帽之資。所領此項甲餉均由各該城旗備文移送本處，以便需用，前已辦理在案。兹查各城旗應交本年春季此項甲餉，繳到者固不乏人，而未經送繳者尚復不少。且有應送去歲此項甲餉並各甲缺應領之隨缺地錢文，迄今仍未送到，自應一併行催趕緊速交，以資要需。除分行外，相應抄粘備文移催。爲此合移貴協領，請煩查照辦理，望速施行。計抄粘五常堡應繳去歲工廠甲缺隨缺地租錢文，等因。奉此，當即遵查堡署前送藝徒四名，每名應領隨缺地租錢四吊五百文，共計錢十八吊整。如數附封，具文呈送大處，請煩查核飭收，見復施行。須至呈送者。

吉林省檔案館等《清代吉林檔案史料選編(工業)》下册《吉林工藝教養所試辦章程宣統二年七月初二日》 第一章 總綱

第一條 名稱：本所勸工濟貧教養兼施，經民政司詳請督撫憲，奏准設立，名曰：吉林工藝教養所。

第二條 組織：本所分爲三所，以工藝教養所爲主，以養濟所及女工藝教養所爲附屬。

第三條 宗旨：本所宗旨有三：一招集藝徒分科習藝，從事製造以興實業；一收養年老篤疾給之衣食，授以相當工業以重保息；一收養窮苦之嫠婦幼女，及被虐之妓女，分别收養以維風化。

第四條 辦法：本所工藝先從日用必需之品，採用本地原料改良製造，藉資暢銷，俟著有成績再圖推廣。

第五條 養濟所、女工藝教養所，組織規模管理細則詳另章。

第二章 工藝配置

第六條 本所擬設十科：一織工種、二染工科、三縫紉科、四靴工科、五革工科、六木工科、七鐵工科、八釀造科、九印刷科、十繩工科。

第七條 配置各科相輔而行，以此科出品爲彼科原料，以期製造品皆出本所，以輕成本而利銷售。

第三章 員司之組織

第八條 本所額設員司工師夫役如左：

坐辦一員

文牘一員

會計一員

庶務一員

收發一員

教務兼考工一員

醫官一員

監工司事二名

會計司事一名

庶務司事二名

售品司事一名

採辦司事一名

書記生八名

工師每科一名二名不等

巡長一名

巡士十二名

厨夫五名

夫役十一名

第九條 臨時員

一、各科工匠以各科工藝之繁簡，藝徒之多寡，每科分設一名或二名，如遇批發大宗貨物需人工作，隨時招募無定額。

一、本所如赴省外購辦機能原料，隨時詳請民政司派員採辦，均爲臨時員。

第十條 員司工師之職務權限

一、坐辦：禀承民政司總理全所用人行政一切事宜，並得隨時釐定規則考核員司工師勤惰黜陟，並監督女工藝教養所、養濟所事務。

一、文牘員：禀承坐辦掌管公牘，督飭書記生、收發、繕寫核對一應事宜。

一、會計員：禀承坐辦掌管銀錢出納，按月造報及統計預算決算各財政表册，凡支發各項用款有稽核浮冒之責。

一、庶務員：禀承坐辦管理全所一切庶務、購置物品、接待來賓、約束巡士夫役，凡公共物品並負清潔保存責任。

一、收發員：稟承坐辦專司驗收購到原料及各科支領料件，有考查物品優劣，稽核價值貴賤，負虧折虛耗之責任，保存庫儲，按月統計列表。

一、教務兼考工員：逐日按照訂定科目登堂講授，並稽查工師藝徒工作之勤惰優劣。凡工師藝徒違犯法令應隨時規正懲戒，並稽核各科支用原料，督同監工司事按月統計列表。

一、醫官：專司診斷並檢察藝徒宿舍飲食衛生防疫等事。

一、會計庶務司事：幫同庶務會計委員從事應盡之職務。

一、監工司事：監視各科工作，支發原料，管理藝徒，掌管考工簿，工廠内有整齊規正之權，負原料虧折之責。

一、售品司事：領出成品考核優劣，負保存售賣，無使存積損壞之責。

一、書記生：分繕文牘表册，及收發核對保存文案等事。

一、各科工師：專司教授藝徒，整理工廠配置原料等事。

一、巡長：承上官指揮，督率巡士巡邏站崗，分派差役，遵照門禁規則稽查出入，督飭夫役清潔院落。

一、巡士：分班站崗巡邏，無閑晝夜，遞送公文購買零物。

一、門番：按照門禁規則稽查出入，工師藝徒請假出所逐時登記門簿。

第四章　放工

第十一條　本所放工日期開列於左：

一、年假自十二月二十六日至正月初五日。

一、恭逢萬壽聖節

一、每月塑望日

一、端午、中秋日

一、本所成立紀念日

第十二條　各科藝徒於放工日均須在所休息，如欲外出須經教務員允准，給假方准出所。

第十三條　本所放工日員司有管理藝徒之責者，須輪流在所值日，不得以放工全行出所。

第五章　經費

第十四條　開辦經費

一、本所購地蓋房置備各科機能及鋪墊，所有此項支款統歸開辦經費列入册籍，作爲官有產業。

第十五條　歲入經常費

一、由吉林全省經征局按月支領各府廳州縣攤解銀兩。

一、由吉林省城巡警總局按月劃撥五成屠獸捐。

一、由吉林省城營業公司地皮租提成劃撥，按月由本所收取。

第十六條　歲出經常費

一、本所員司夫役工師等薪膳列入額支項下，詳另表。

一、本所油燭柴炭衣履紙簿雜費列入活支項下，詳另表。

第十七條　資本金

一、本所現設十科，額定資本金中錢十萬吊，以省城歸公廟產附入，專備購買原料。製品售賣不准與經常費率混挪移，得有餘利除照章提成獎賞外，按月列報存儲銀行。

第十八條　儲蓄有餘

一、各科所得紅利專作本所擴充之用，每年得利除提成獎賞外，下餘若干存儲銀行。擬十年内不准因他項事故挪用，十年後果能積成鉅款，再爲斟酌變通辦理。

第十九條　籌備不足

一、本所事關教養，支款孔多，深思歲入不敷歲出，既不能動用紅利，即應隨時詳請民政司設法籌措。如將來各科成品銷路暢旺須多購料件，原定資本金或不敷用，亦應詳請民政司添撥款項以補不足。

第六章　賞罰

第二十條　工師賞分三等：一記功、二加薪、三分紅。

一、各科工師教授藝徒工作得法，季考年考程度及格過半，分別記功。

一、各科工師教授藝徒工作精進，出品月計加多，需用原料一無虛耗，年終考核酌加薪工。

一、各科工師教授藝徒出品精銷路廣獲利多，每届年賑照章提分紅利。

第二十一條　藝徒賞分四等：一記功、二獎賞、三分紅、四提升。

一、各科藝徒安分工作一無違犯規則，季考及格，分別記功。

一、各科藝徒奮勉工作，成器日有進步，月計加多，按月酌給獎賞。

一、各科藝徒入所六個月後，工作精進出品日多，按其所製成品，核計售出所得餘利，照章提成按月給分。

一、各科藝徒入所一年後，工作得力能輔助工師配置原料，教授新進藝徒，由監工、司事、工師等保薦，准其提升匠目，月給薪工。

第二十二條　工師罰分三等：一記過，二罰薪，三斥退。

一、各科工師教授藝徒工作粗劣，工廠漫無秩序，及有犯本所規則，分別記過。

一、各科工師於所用原料如有虛耗，及售出成品被買主指摘退回，並定做物品立有合同遲悞日期，分別罰薪。

一、各科工師教授藝徒季考年考一無成績，製出成品所得餘利不足該工師薪膳，及故犯本所規則，均即斥退。

第七章　分紅

第二十三條　本所係營業性質，每屆一年核計所得餘利除藝徒分紅按月支給外，實獲利一萬吊以上，以七成歸公，以三成分獎在事出力員司工師等，以此例推。如每年獲利不足一萬吊，不准提分。

第二十四條　員司分紅等第

一、本所員司責任輕重不同，事務繁簡各異，分紅亦宜明示區別，俾昭公充。庶務、監工應列上等，收發、售品、教務、會計應列次等，其餘與營業無涉者不得分紅，由坐辦酌加獎賞。至坐辦之如何分紅，由民政司核定。

一、公司分紅雖明定等第，而其任事之勤惰，仍由坐辦考其成績酌核辦理。

第二十五條　工師分紅

一、各科工師每年以本科所得餘利，除藝徒分紅按月支給外，實獲若干，以一成提分本科工師及出力之工匠，如每科每年獲利不足一千吊，不准提分。

第二十六條　工師有另立合同特別規定不在此限。

第二十七條　藝徒分紅

一、各科藝徒入所六個月後奮勉工作一無過犯，所製成品易於銷售，無論曾否售出，按其所製成品核計餘利，分別酌提一成至三成，按月給發。

第二十八條　員司工師分紅均以成品售出實獲餘利計算，與藝徒分紅有別。

第八章　藝徒通則

第二十九條　招募規則

一、本所振興工藝專爲造就匠才，凡年輕子弟無分滿蒙漢回，年在十四歲以上身體强狀，慨准入所習藝。

一、本所藝徒定額二百四十名。

一、藝徒來所報名須具有保證書，驗明體格分科習藝，保證書式如左：

保證書

保證人今保得

工藝教養所藝徒　姓名　年　歲　係省　人，並無不良行爲及一切嗜好。今蒙收入情願習藝，倘有違犯條規不遵約束，或請假不回或未畢業託故告退等事，所需衣履膳費保證人甘願照數呈繳，所具保證是實。

計開

藝徒之父兄　職業　居住

宣統二年　月　日保證人　具印

第三十條　考試規則

一、各科藝徒習藝六個月季考一次，按其所製成品考其優劣，分別等第核定賞罰。

一、各科藝徒習藝一年後考一次，按其製造成績定其程度，優者分別獎勵，劣者施以罰懲。

一、各科藝徒習藝期滿，畢業考試按其本科技藝逐項試驗，及格者分別等第，作爲畢業。

一、畢業考試取列最優等者，由本所坐辦獎給銀牌，以示優異。

一、各科工藝難易不同，藝徒程度不齊，雖畢業期限有別，而考試專論程度不論期限，及格者方准畢業，不及格者仍留所補習。

一、考試各科藝徒，由坐辦督同教務員並本科監工、司事、工師等，試以本科所製成品，面詢製造方法，選擇一二成式監視製造，合法者爲及格，別出新裁爲優等，不合法者爲不及格。

第三十一條　畢業期限

一、織布、染色、縫紉、釀造、革工二年畢業。

一、織絲、木工、靴工、印刷三年畢業。

第三十二條　畢業憑式【略】

第三十三條　凡本省府、廳、州、縣振興工藝創設教養習藝所，訂募工師，應由本所選派畢業合格藝徒前往充當工師，詳請督、撫憲行知各屬一律辦理。

第九章　各項實行細則

第三十四條　文牘處規則

一、本所來往文牘公函及一切牌示諭單，應行查覆宣布，由文牘隨時敘稿送核，不得稽延遺誤。

一、女工藝教養所、養濟所統附屬本所，來往公牘均由文牘處兼任。

一、本所及附屬各所財政統計表册，每月報銷册籍，由會計處及各該管理員決算後，仍由文牘處稽核繕發。

第三十五條　會計處規則

一、本所收入公款均遵照定章提存銀行，不得存放所內及各商號，以昭慎重。

一、會計處支發各項銀錢，如購原料置備物品，均須查驗發單，蓋收發處驗收及庶務處圖記方准照發，仍將發單存會計備查。其他支發一切款項無論鉅細，均須取有收據，並負稽核虛冒責任。

一、全所財政表册預算決算及按月報銷，除附屬之女工藝教養所、養濟所由各該管理員承辦送由會計匯核外，所有財政表册均歸會計決算送核。其資本統計表每届月底須結算清楚，於次月初十前報出，不得延悮。資本金統計表式如左：【略】

一、本所會計處應設賬簿

甲、日記流水簿一本

乙、經常費總簿一本

丙、總清簿一本

丁、資本金總簿一本

戊、各科各設出入總簿一本

以上所立各帳簿，均鈐用本所關防。凡逐日出入各款，均須登記流水簿。如係額支活支款項，隨時另清登記入經常費總簿。如係各科支領購料收入售品各款，均另清登入各科出入總簿。每届月底核計出入決算清楚，登列資本金總簿，按此決算添列統計表。其總清簿爲各帳簿之歸宿，按月分類總結，又名月總。憑此總清簿填列財政表。

一、流水總簿每日出入若干按日結清，由會計官蓋章送坐辦核閱。五日出入總結送坐辦蓋章，其他各項帳簿每月底總結呈閱，以昭核實。

一、本所員司薪費，各科工師薪工，藝徒提分紅利，均於每月底散發。

一、會計官掌管款目，出納有稽核之權，負保存之責任如有遺失借欠，應負賠償。

第三十六條　收發處規則

一、各科購到一切原料均歸收發委員驗收，如所購物品不能適用，或價值昂貴，均即駁回另購，或回明坐辦分別辦理，不得稍事瞻徇遷就。

一、購到原料驗明適用價無虛冒，將原購發單蓋用驗收圖章，交會計處核發付值。

一、凡經收發處驗收之原料，如不適用及價值虛昂，均惟收發委員是問。本所係營業性質，錙銖必較，執事者應負此責。

一、各科原料及未成品概入庫保存，統歸收發委員掌管，須隨時整潔。如有損失責無旁貸，照數賠償。

一、收發料件每日均限午前、午後，惟夜間不准開庫。

一、各科支領料件由各科監工、司事、工師開具領單，由收發處委員核無虛冒即行填給發單，開庫給發。領單存收發處，發單存監工處，以備互相稽核。發單式如左：【略】

一、收發應設各項賬簿

甲、收發流水總簿一本。

乙、各科各設收發料件總簿一本。

以上賬簿均鈐用本所關防，凡逐日收發料件均隨時登記流水總簿，分別某科料件，另清登入收發總簿，按月結算，列明四柱，送坐辦核閱。憑此四柱總簿填列庫存原料統計表。表式如左【略】

一、每月應填庫存原料統計表，均限次月初十日前填妥，送坐辦核閱轉詳，不得遲悮。

第三十七條　庶務處規則

一、各科所需原料由各該監工司事開單，送坐辦核明蓋章，庶務處照單購備，不得遲悮致悮工作。

一、購備料件係屬營業，與他處局、所、衙、署購備自用不屑計較錙銖者不同。必須親事採購，不得稍有虛糜。

一、購到料件如經監工、司事、工師等驗明不堪適用，即爲退換不得遷就。

一、購到料件價值較貴，無論何人知有貨真價廉之處即行另購，將購到之物品暫存比較，有目共識公諸評論，以免各執己見。

一、本所一切器具鋪墊除各科工廠歸各監工司事經管，仍由庶務處監察。其餘各處鋪墊，統歸庶務處登記保存。

一、日用柴炭油燭由庶務處核發，不得超過預算原額。

一、全所內外院落均須整潔，庶務責無旁貸，隨時督飭巡查夫役灑掃清潔。

一、巡士、夫役、厨夫統歸庶務委員管理，如有怠惰不盡職務者隨時斥退。

一、藝徒宿舍飯廳，凡食時寢時由庶務稽查，如藝徒有違犯規則隨時照章懲罰，不得姑息致無秩序。

一、遇來賓參觀由庶務處招待，如有詢問本所組織規模、進步方法、會計出入，均須詳爲應對。並將本所各項統計一覽表，按月懸掛來賓室，俾來賓易於觀覽。

一、本所大門鎖鑰由庶務處掌管，按照規定門禁啓閉時刻，督飭巡長及站崗巡士並門番等切實稽查，如有違犯回明坐辦分别議罰。

第三十八條　教務規則

一、本所藝徒率多鄉間貧寒子弟，未受教育，今雖施以工藝技能尚乏普通知識，特延聘教員詳請添設科學、畫習、工藝，夜間授課。按照學部所定簡易識字課本，每日晚七鐘起至九鐘兩小時，由教員登堂講授，以收教育普及之效。

三、本所講堂面積寬大，各科藝徒額定二百四十名，同堂聽講勿庸分班。

一、教習應按單級法教授科目列左：修身、識字、算學。

一、每日授課僅兩小時，科目亦極簡單，於各學堂不同。除朔望休息外，星期仍須照常上課。遇授課時間如教務員有事不能上堂，應先聲明請假或覓人代理，如未請假暨無人代理，以曠課論，按日扣薪。

一、講堂內清潔整理及一切規則，統由教務員督飭實行，以重秩序。

一、每届月底教務員按照每日所授課程發問試驗，每季每年由坐辦命題試驗，以觀成效。

一、教務員於夜班授課外，凡各工廠工作，隨時實地考察工師之勤惰，製品之精窳，藝徒之程度、成績，按月開單，送坐辦核定功過，以憑賞罰。

一、各科藝徒報名考驗，取具保證履歷名册及請假等事，統歸教務員掌管，稽查發給假單。

一、各科藝徒有違犯規則，教務員應隨時分别輕重照章施以罰跪、扣獎相當處罰。如有怙惡不悛呈明坐辦送入繩愆室令其修省。

一、本所取締工廠、宿舍、飯廳、講堂各項規則，由教務員隨時向藝徒演説講解，俾資遵守。

一、各科考工簿每日由監工司事填注，教務員查核蓋章。每十日由教務員統計出品若干，比較增減，送坐辦核閱，每月統計亦然。考工簿式如左【略】

一、各科需用原料由教務員督同監工、司事認真查核，勿任浮費。按月填列各科原料統計表，送由坐辦查核詳報。各科需用原料統計表式如左【略】

一、每月應添統計表，均限次月初十日前填妥，不得遲延有悮詳報。

第三十九條　衛生員規則

一、本所人數衆多，隨時由衛生員設施防疫方法。

一、藝徒宿舍每日早晨由衛生員檢查一次，督飭清潔，開窗通氣，以重衛生。

一、食料飲料每日由衛生員檢查，如有礙衛生，即飭厨夫夫役清潔更换。

一、養病室專歸衛生員管理，凡清潔整理一切規則，統由衛生員切實施行。

一、藝徒遇有疾病隨時診治，送入養病室調養，不准居住宿舍。

一、凡診視病症須開明脈案，寫明效驗，以憑考核。

一、患病藝徒飲食及服藥，由衛生員督飭夫役妥爲看護。

一、診視藝徒疾病，每月分别病症列表備查，俾得研究某項病症較多，何以致疾之由，以圖改良補救。

一、本所附屬之女工藝教養所、養濟所衛生醫藥，統由該員兼任。

第四十條　監工規則

一、各科工廠鎖鑰各該監工司事掌管，每日按照規定時間啓門，率領工師藝徒入廠工作，一聞摇鈴不得遲延。

一、每日下工工師藝徒出廠後，由監工司事檢點閉門。

一、各科需用原料，由監工司事詳核製品所需若干，開具領單赴收發處支領，務須同工師切實估計，不得浮費。領單式如左【略】

一、工廠所存原料及未成品，統歸監工司事保存，不得稍有損失。

一、監工司事責任監視工作。凡各科製品，工師配置原料有無虚耗，製品能否售賣，以及工師之勤惰、藝徒之程度，隨時考查。每届月底會同教務員開單，送請坐辦核定賞罰。

一、監工司事在工廠内對於工師有督飭商酌之責，對於藝徒有勸導約束之責。藝徒如有違犯，同工師照章施以懲罰，惟不得斥駡責打。

一、工廠機器鋪墊等由監工司事登記保存，如有缺失惟監工司事是問。

一、每日各工師藝徒製品若干按日登記考工簿，不得錯悮。考工簿式見前。

一、各科每月支領原料若干，製出成品計用料若干，未成品計估用原料若干，實存若干，按月結算，會同教務員填列工廠支用原料統計表。表式見前。

一、各科製造成品由監工司事切實查驗，如製造粗率即當隨時駁斥另造。如不能改造者，應將該工師及工作之藝徒於考工簿註明，俟月底考核功過以憑施以懲罰。仍將製品標記存庫，不可發交售品處售賣，致損本所講求工藝名譽。

第四十一條　售品處規則

一、售品係屬營業，凡有買主無論購買何物皆須妥爲招待，總以成品多銷爲該處成績。

一、售出成品均須開給發單，單用兩聯分别註明存查，本所成品無售品處發單不准出門，站崗巡士及門番有稽查扣留之權。

一、有批賣大宗成品須知會監工處及工師核明價值，商定期限，由售品處向買主訂立合同，仍將合同所定物品成色及交貨期限開單送交工廠，如有違悮責有攸歸。

一、售出成品隨時索現，如有拖欠應由售品處擔任賠償。

一、售品銀錢每五日送交會計處點收存儲。

一、售品處應立賬簿如左：

甲、售品流水總簿一本；

乙、分設各科收品總簿一本。

以上賬簿均鈐用本所關防，流水總簿專按日登記售品名稱、價值，五日售錢若干，送坐辦查閲蓋章，月底統計送閲，以憑與會計處出入總簿核對。其各科收品總簿按日登記收品名稱、件數，或匹數，或量數，註明工料原價，每届月底以流水總簿按日與收品總簿核對，何項成品售出即於某項行下蓋用售出圖記，仍註明售出日期。如一日收布一百匹，一月僅售出九十匹，其他計件、計打、計對、計斤、計雙，以此類推。即將尚未售出之數算清，若干歸入月總實存，或匹或斤，或對或件等，結一總數。以此月實存數目爲次月之舊管，按月遞推。如須溯源，以舊管之數求其實在，以實在索其細日。細數對簿可考，憑此收品總簿、月總四柱，填列售品統計表。表式列左【略】

一、每月應填統計表均限於次月初十日填妥，送呈坐辦核閲，詳報備案。

一、收各科成品務須詳細查驗，如工作粗率不堪售賣之品，即行駁回不准售賣，以保本所名譽。

一、所存成品務須清潔保存，如有損失負賠償之責。

第四十二條　工師工匠規則

一、各科工師由本所坐辦募訂，分别技藝酌給薪工。如定有合同悉照合同規定，不可違犯規則。

一、工師按照規定時間率領藝徒入廠工作，不得無故出廠及赴宿舍休息。

一、工師教授藝徒各按其程度循序施教，務須盡心，日求進步，不可敷衍遺悮，亦不可稍存愛憎。

一、工師教授工作務須日求精進，出品總須月計加多。

一、工師配置原料不可稍有虚耗。

一、工師之勤惰，視藝徒之成績及出品之精窳多寡，由坐辦按月考核功過。

一、工師須受教務員及本科監工司事稽查。

一、工師均須常川住所，如有事外出須赴教務員請假；如不請假夜不歸宿，查出照犯規論罰。

一、各科工匠由坐辦隨時招募輔助工師，教授藝徒及製造成品，以所造之成品精窳多寡酌定薪工。如月計所造之品不足該工匠之工食者，隨即斥退。

一、工匠應受本科工師之指揮工作，其應守規則應受待遇均與工師同。

第四十三條　工廠條規

一、工廠工作每日入廠有一定時間，摇鈴爲號。一聞摇鈴，監工、司事先行啓門，工師率領藝徒魚貫入廠，不得争先落後。

一、工廠内應由工師隨時督飭藝徒灑掃整潔。

一、藝徒工作由工師安排一定次序，不得凌亂。

一、工廠清潔整理皆係工師責任，如工匠有不守廠規回明監工司事，轉請坐辦辭退，如藝徒有不守廠規准工師施以相當懲罰。如工廠漫無秩序，惟工師是問。

一、工作時不准嬉笑閒談，亦不准隨便唾涕。

一、工廠内不准吸煙。

一、工作時間：三月初一日至八月底，每日早六點半鐘入廠，晚六點鐘出廠，九月初一日至二月底，每日早七點半鐘入廠，晚五點鐘出廠。

一、在工作時工師工匠藝徒不准無故出廠赴宿舍休息，查出即照犯規論罰。

一、藝徒出廠須經工師許可，發給公出牌證，如遇便溺須持恭簽，以便稽查。

一、作工時間如有工師、工匠及藝徒等親友來訪，不准赴工廠晤談。

一、本所夫役人等無事不准入工廠，違者由監工司事回明斥革。

一、在廠工作藝徒各有小名牌一塊，兩面填寫姓名，一面黑字，一面紅字。在廠作工者名牌懸掛黑字，請假者名牌懸掛紅字，俾一目了然，知作工若干請假幾人。

一、藝徒名牌歸各廠監工司事管理。

一、工廠内所存原料由監工司事保存。

第四十四條　宿舍規則

宿舍分爲六所，每所五間。中間間壁一間，面積一丈二尺，爲工師住室，室内置桌椅卧榻一分。兩旁各二間，不置桌橙，每一間住藝徒十人，共四間，住藝徒四十人，爲一所。凡一所之藝徒統歸工師監視管理，如有違犯規則准工師施以相當懲罰。

一、每所宿舍均將住宿藝徒姓名懸掛門首，以便稽查。

一、宿舍内除工師外，凡藝徒均不准在宿舍洗漱。

一、每所藝徒四十人，每日當值二人，凡室内清潔灑掃開窗通氣均歸當值責任，按日輪流，周而復始。如不盡職務，由管理員施以懲罰。

一、藝徒除衣履行李外，其他物品不准携入宿舍。

一、藝徒行李務須排列整齊，如有亂雜經管理員查出，即須指名令其整理並嚴加申斥。

一、在宿舍不准歌唱喧嘩，如戒之不聽施以相當懲罰。

一、宿舍内除工師室另置燈盞，其餘每兩間置吊燈一盞，懸掛室中。一聞就寢鈴聲，值日藝徒即止燈就寢，不准個人私備燈盞，以昭慎重。

一、藝徒如有患病，經醫官診視即赴養病室調養，不准仍在宿舍。

一、入工廠時即將宿舍關鎖。

第四十五條　飯廳規則

一、本所飯廳寬敞，工師藝徒均須至飯廳就食。

一、每日三餐有一定時間，摇鈴爲號，由工師率領藝徒循序入廳，不得争先擁擠致亂秩序。

一、藝徒各認一定坐位，不得凌亂遷移。

一、在飯廳就食不准喧嘩，以昭肅静，違者由管理員隨時申斥處罰。

一、藝徒於飯廳内不准隨意涕唾，碗箸食物均須排列整齊，食畢仍須安放整齊，緩步退出，不准疾馳，宜加小心。如將飯碗菜碗打破，由獎賞扣價賠償。

一、遇有飯食生硬或不精潔，准藝徒回明工師或管理員，查驗屬實聽候飭令厨役更换，不准自向厨役查問，更不准藉端喧嘩。如有違犯此條照章罰懲，係某科藝徒並將某科工師記過。

第四十六條　病室規則

一、本所設有養病室一處，凡灑掃清潔均由醫官督飭夫役隨時整潔，以重衛生。

一、本所另設傳染病室一間，與尋常病人住所隔絶，以防傳染。

一、凡藝徒患病經醫官診治送入養病室，每日食品水料均應聽從醫官指示。

一、病者服藥由醫官督飭夫役煎煮看護。

一、傳染病及危險症，醫官須將病狀回明坐辦告其家屬，令其領出醫治，以防後患。

一、在養病室者，如有家屬或朋友來所看視，須報明庶務員，遵導引至病室晤面。其餽送食品等類，須經官醫考驗無礙病軀始准收受。

第四十七條　通則

一、本所總門鎖鑰由庶務掌管，每夕十一鍾落鎖，全所執事個人無事不准出入，以重門禁。

一、工師、工匠、藝徒出入均責成站崗巡士門番稽查。工師、工匠須在門番處報名登簿，藝徒如無假牌不准放行。

一、本所成品無售品處發單不准放行。

一、本所設有遊戲場，藝徒放工時准其赴場遊戲。無事不准赴公廳前院，更不准疾馳行走。

一、每遇朔望日停止工作辦公，員司、工師、藝徒休息一日。

第四十八條　附則

以上所定章程暫爲試辦，如有應行變通，隨時酌量情形詳請更正，以臻完善。

吉林省檔案館等《清代吉林檔案史料選編(工業)》下册《吉林工藝教養所新製鐵輪織布機器請飭各工廠購用的詳文宣統二年七月十三日》　爲詳請事。

竊爲製品精窳首重講求利器，未有器具不利而可收製造之實效者。知縣前赴京、津調查，見各工廠機布鐵輪機器極爲合用，當如式繪圖到所後，商同鐵、木兩科工師，製就鐵輪織布機發交織科，試驗機輪輕便，不止能省人力，而出品尤爲精緻。前呈驗元青色呢布即出自新機織成。今仿製多具，所需工本比之在津購價值較廉。前曾登報招售，第此項輪機吉省出於創製，能否適用究恐囿於見聞，擬懇憲台轉行各工廠來所試驗。如稱適用，一體定購，俾廣銷路，實爲公便。理合備由具文，詳請憲台鑒核轉行。須至詳者。

民政司批：詳悉。據稱該所創製鐵輪織布機器，工便價廉頗適於用，擬請轉行各工廠來所試驗定購，等語。係爲廣籌銷路起見，事屬可行。仰候移知各衙門，轉行工廠一律知照。繳。

宣統二年七月十七日

吉林省檔案館等《清代吉林檔案史料選編(工業)》下册《吉林工藝教養所藝徒畢業後擬撥各屬充當工師的詳文宣統二年七月十三日》　爲詳請事。

竊維振興工藝固貴廣儲藝材，然鼓舞藝徒尤在先籌出路。本所各科藝徒定額二百四十人，畢業期限業經分別締定，並於開辦簡章内附訂專條准，俟畢業後核其造就程度，分撥各屬充當工師各等情，均經詳奉憲允在案。本應遵照定章，於畢業試驗後再行詳請通飭。第知縣思之再三，以爲各科藝徒多係幼年子弟，平時管理督責既惟恐其不嚴，其體恤而振拔之者亦必各極其至，庶人知感奮爭自琢磨無始勤終惰之虞，收日起有功之效。現在各府廳州縣習藝所多報開辦，擬請憲台分飭各屬，凡招募工師須由本所畢業藝徒得有證書延訂，或由本所詳請札撥，以期廣籌出路而符定章，實於工藝前途大有裨益。理合備由具文，詳請憲台鑒核，轉飭施行。須至詳者。

民政司批：據詳各府廳州縣業經開辦之習藝所，凡招募工師，應以該所畢業藝徒得有證書者承充，或由該所詳請札撥，自係爲預籌藝徒出路起見，仰候札飭各屬遵照辦理。繳。

宣統二年七月十五日

《商務官報》宣統二年七月十五日第一八期《直隸總督咨本部文》　爲咨明事。據勸業道孫多森詳稱，案照本年六月十二日，據北洋火柴公司稟稱，竊敝公司前於四月初間，蒙憲台派委，到敝公司查明常年需用藥粉及黄燐若干，敝公司當將常年造貨逐日核計。自本年四月初起至明年四月初止，需用藥粉四百十九件有奇，計三萬五千二百五十斤。又需用黄燐五千六百四十斤，開具清册，呈明在案。旋蒙憲台轉詳督憲，咨請農工商部轉咨陸軍部，均蒙核准，賞發回文，各在案。查敝公司本年二月間，運到藥粉一百件，計八千四百斤，昨蒙各大部及税務處電致榷憲，業經放行，復於本月初三日，又由日本運到藥粉一百件，計八千四百斤，被關截留，尚有在日本購定未運到藥粉二百十九件有奇，計重一萬八千三百九十六斤，前後共計四百一十九件有奇。又黄燐於本年四月間運到十件，按九百斤完税後，被關截留，此十件寔重七百五十斤，蓋因黄燐出水必將自焚，故外洋用鐵桶帶水而來，至關呈驗，不敢出水，遂按九百斤完税，疊經稟請憲台轉詳督憲，咨行各大部，行文到關，至今尚未奉到部文。又於本月初三日，由日本運到黄燐十件，因大部核准數目，不得逾限，若仍按九百斤完税，敝公司黄燐將不敷用，今到者黄燐十件，業經在關聲明，除拆桶去水，過磅自焚外，已按七百五十斤核算納税，完税後，亦尚截留，俟後黄燐運津，每件皆照七十五斤核算，理合聲明。除敝公司前後已到黄燐一千六百五十斤外，尚有購定未到之黄燐三千九百九十斤，前後共計五千六百四十斤，敝公司通年所用藥粉黄燐已在日本購定，該處未能久積言定，陸續運津，既常年數目，業奉部文核准，自應按常年數目，隨時運到，隨時查驗放行。若逐次稟請詳咨，非特公牘不勝其煩，而且耽延時日，有誤工作，於商務前途大有關係，惟有叩懇憲台，轉詳督憲，咨請農工商部轉咨陸軍部，行知税務處，並榷憲及海關税務司，賞發護照，將已截留者，即爲放行，未到者，提前稟請，隨到隨放，敝公司起運，庶無阻滯，實爲公便。再，敝公司現在推廣銷路，督工趕造，如藥粉黄燐不敷使用，自當另行稟請續運，合併聲明。伏乞電鑒等情，據此查該公司現已運到之藥粉、黄燐，及購定未經運到者，其數復經職道查核，尚與前查每年需用之數相符，自應詳請發給護照，以便陸續隨到隨運，而免耽延。所有北洋火柴公司運到藥粉、黄燐，及購定未經運到者，請發護照緣由，理合詳請憲台鑒核，咨請農工商部，轉咨陸軍部暨稅務處，飭津海關道發給進口專照，出口護照，以便隨時查驗放行等情。到本大臣，據此相應咨明貴部，請煩查照轉咨核辦施行，須至咨者。

《商務官報》宣統二年七月十五日第十八期《批奉天補用道梁掌卿稟》 前據該職商等稟請集股，在衛輝府地方，開設華盛機器麪粉公司各節，當以事關民食，行文河南巡撫查復，茲准復稱設廠磨粉，在民食有餘之時，自可收抵制洋粉之效，此時南北糧價皆昂，增此大宗出口，勢必民食不敷，本年海豐、大豐各公司，迭被居民圍擾，均藉口於糧食出口過多之故，近日衛輝府正以民食堪虞，稟准禁止火車運糧，彰懷兩府亦以糧價日昂，先後同稟禁運，今年豫省麥收，統計雖有五成餘，夏秋雨水過多，秋成恐須減色，各省被災地方，亦復不少，似不能不爲民食稍留餘地，該職商所請設廠之處，諸多未宜等語，爲此批示，仰即遵照。此批，九月十八日。

《商務官報》宣統二年七月十五日第十八期《批商人朱忠格稟》 前據稟請設石棉紙公司一節，當經札飭奉天勸業道查復去後，茲據呈稱，遵查該商人朱忠格並未來署，稟過有案，請將該商人籍貫、住址，詳細示知，以便遵辦等情前來。查該商原稟所有籍貫、住址，並未聲叙，仰即遵飭將籍隸何省，現住何處，詳細報部，並即前赴奉天勸業道稟報備案可也。此批，九月十八日。

《商務官報》光緒三十二年七月二十五日第十五期《批候補知府程頌萬等稟》 據稟已悉，該員等創設廣藝興公司，殫心製造，本年三月間，已經本部批准立案，茲據開具章程，遵章呈請註册前來，詳閱所擬各條，條理周密，宗旨正大，核計註册銀數，亦屬相符，自應准如所請，填給執照，交該公司祇領，一面由部咨行地方官，轉飭保護可也。此繳，七月初十日。

《商務官報》宣統二年七月二十五日第二十九期《批職商熊飛翰等呈》 據呈已悉，該職商等招集股本，在北京創設信成藥業股分有限公司，備具章程呈式等件，繳納册費，呈請註册一節，本部詳閱該職商等所擬章程，大致尚妥，自應先准立案，俟股本招有成數，由股東舉定總協理及董事、查察人等之後，再行另具呈式，呈請註册可也，册費暫存。此批，九月二十三日。

虞和平等《周學熙集・擬復前津關稅務司德璀琳函稿》 敬復者：中歷五月二十七日交由李希明君送尊處酬勞洋一萬元，當日帶回收條，日前接展函復，備悉種切。惟來書於酬勞先給一半一層未能愜懷，似有誤會之處。查啓新公司收回時鄙人備將足下勞績婉切陳説於袁宫保座前，始蒙批允俟開平案結後酬給二萬元。此次又爲力請於陳大帥復得允准先給一半，乃表明格外優待之意。鄙人以爲款雖暫得一半，而足下勞績已得達於袁陳兩公之心矣。此後足下見功之日正長，當知鄙人相助之力不淺也。至下餘一半，既奉帥批，定隨信再給，此時未便續請。但鄙人將來俟有可以進説之機緣，必爲盡力設法，使此一半決不至成爲畫餅，務祈放心少安，幸勿躁急。鄙人於足下此事始終竭力相助，足下當能見諒，並仰體陳大帥之盛意，是所禱幸。茲承函示，用特剖腹相告，彼此相交以誠，足下定可釋然於中也。專泐希復。順頌日祉

名正具

六月十三日

填十六日繕發

天津市檔案館《天津商會檔案彙編（1903—1911）》上册《天津九誠銅鐵鋪張國珍爲自製織布鐵輪機赴高陽銷售請代爲知會事稟津商會文及津商會介紹函宣統二年七月二十五日二十七日》 姓名：張國珍 籍貫：天津 住所：東門外 年齡 職業：九誠銅鐵鋪

爲自製織布鐵輪機，懇恩照會高陽分會維持代銷事：

竊商號開設東門外，歷有年所，亦在商會範圍之内。考查部章，凡屬興商、保商無不逐漸維持。現商號製成織布鐵輪機，極其靈便，擬赴高陽售賣，然無提倡者，終恐善器韜晦，以致商業不能發達。查高陽轄境，織布工廠迭興，此項機器頗稱利用，與其購置異國機器，不如購買本國鐵輪機，則利權不能旁落，庶可商業共相發生。況商號素稱殷實，交易一切委實可靠，倘此項輪機試用利便，至於各項機器，商號均可承造。所有自製織布鐵輪機，懇請轉行代銷緣由，理合稟請總會憲大人恩准照會高陽商務分會維持代銷，以便發達中國商業前途，實爲公便。上稟。

［附］天津商務總會致高陽商務分會函

敬啓者：現有九誠銅鐵廠張國珍自製織布鐵輪機，靈便利用，直與外洋無異，亟宜互相維持，以資提倡。查尊處織布工廠林立，均以鐵輪機織布，與其購置外洋利權外溢，何若購製華制共維實業。且此外所需各項機器，張國珍亦能承造。茲本商趨謁貴會，敬祈接洽，仍希格外維持代銷，俾中國實業發達，皆貴分會之力也。專此奉布，敬請升安。仍希惠復不既。

總理　王竹林(鑒字)
協理　天津商務總會　寧世福(鑒字)

《商務官報》宣統二年八月二十五日第二二期《批裕興爐房馮朗山稟》　前控公昇慶欠欵一案，業經札催吉林勸業道傳集訊結，復部在案。茲據詳稱，公昇慶拖欠裕興爐房銀一萬二千兩屬實，惟公昇慶所欠官商各欵，爲數甚鉅，不止裕興爐房一欵，前經詳奉東督吉撫批，飭商務總會派員調查，擬俟調查明確，併案歸償等情，前來合行批示遵照。此批。十月二十五日

吉林省檔案館等《清代吉林檔案史料選編(工業)》中册《吉林旗務工廠副廠長富崇阿爲交接任差的呈文宣統二年八月二十四日》　爲呈報事。

竊職於本年八月二十日奉到憲札，內開：爲札委事。案照旗務工廠事務殷繁，責任綦重，自應專司其事，隨時考察。該廠副廠長孔廣麟，覲因派充工廠分售所正所長，兼顧未遑，應請開去副廠長差使，另行揀員接充，以專責成。查有職處生計科科長富崇阿公事明敏，擬請委充斯任；所遺科長，查有庶務科收支委員匡裕英長於稽核，擬請委充斯任，并兼充收支委員，無庸另支薪水，以節經費。並查庶務科科長端鈞老成練達，請調充工廠稽查，並兼總匯差使；所遺科長，查有科員成堪精明强幹，擬請以之試充；所遺科員一差，容俟另行揀員再爲呈請委充。所有科長、科員等均自九月初一日起照章支領。除呈請並分別札委外，合亟札飭，札到該員即便遵照任差，務宜勤慎從公，勿負委用。並將該科卷牘款項速即交接清楚，勿得違悞可也。此札。等因。奉此，職遵於二十二日將生計科文卷、款項交代新委科長裕英接收清楚，即於二十三日蒞廠任差。理合將到差日期備文呈報，伏乞憲處鑒核施行。須至呈者。

天津市檔案館《天津商會檔案彙編(1903—1911)》上册《直隸勸業道孫爲麟記煙卷公司紀巨汾陳述津埠紙煙進口每月奪利十餘萬兩必自行製造保護銷路事照會津商會宣統二年八月二十九日》　直隸勸業道孫　爲照會事。

案據天津麟記煙卷有限公司縣丞職銜紀巨汾稟稱，竊維振興工業，抵制洋貨，除杜利權外溢，不足以塞漏卮。非推廣銷路，不足以資周轉。查現在洋貨進口日多，利源外溢益甚，土貨銷路不暢，貧民生計愈難。查紙煙一宗，天津一埠，每月進口不下八、九百箱，耗我金錢十餘萬之多，若以全國計之，其數之鉅，不問可知。如此厚利，悉被外人所奪。當此工業競爭時代，若不設法抵制，任憑外人之浸灌，而坐困待之，殊非振興工業，保護利源之道。想紙煙一物，本屬奢華之品，不應勸人吸食，然中國之人已有吸食紙煙之習慣，若不自行製造，徒令外人奪我莫大之利權。數年以來，人民智識漸開，頗知以抵制洋貨爲要圖，於是各處設立紙煙公司，約有二十家之多，皆以氣力薄弱，不能推廣銷路，先後停歇，此前車之鑒。

敝公司所製之煙，已蒙前直隸工藝總局憲三次賫發獎牌，亦承各界所歡迎，若不設法維持，恐蹈故轍。理宜加工製造，力求抵制，擴充銷路，以資周轉。茲擬叩懇轉飭各商會分會，勸導中國人民總以吸食本國紙煙，以興實業，而挽利權等情。據此，查紙煙一項，雖無關服用，惟外貨輸入日多，則土貨銷路日滯，據稟前情，自應設法維持，俾免利權外溢。除分別照會外，相應照會貴總會，請煩查照，並轉行各分會一體設法維持，以擴銷路，而挽利權，望切施行。須至照會者。

右照會天津商務總會。

中國第一歷史檔案館《宣統政紀》卷四一《宣統二年八月下》　西藏辦事大臣聯豫奏，遵照向章鑄造宣統寳藏銀圓銅圓，行使之際，不准任意低昂，擬另購外洋輕便機器，並擬增建廠屋，招募內地工匠，次第擴充。如所請行。

吉林省檔案館等《清代吉林檔案史料選編(工業)》中册《吉林旗務處工廠呈擬整頓工廠辦法清摺宣統二年八月》　謹擬整頓工廠辦法分條繕具清摺，恭呈憲台鑒核，是否之處，伏候鈞裁。

計開

一、查本廠藝徒原定額一百六十名，現在有額外附學三名，但額內諸生有由端節及暑假未歸廠者二十餘名之多，在廠藝徒向無足額之日。擬請添招附學生三、四十名，如額內者久假不歸，即行提補以期足額。應由廠呈請，轉飭各旗送驗。

一、久假各生，其無心向學自甘暴棄者固屬不少，乃聞竟有入廠數月工作稍通，不俟畢業希圖月薪，謀入別處工廠充當工匠者，如此之類，雖屬罰繳廠費，亦肯甘納。況罰費之舉大抵徒托空言，並未認真辦理。嗣後工廠開辦愈多，竊恐此風日長。擬請轉飭各旗，凡有罰費嚴爲催繳。並分行各工廠，不得聘用本廠未經畢業藝徒，以收實效而杜澆風。

一、各科所用原料除由津購辦外，其本省所有者均可隨時購備。惟木科所需板片、木方，必須早爲預備，經過春秋曬晾極干，方能免其裂壞。若隨時購買

干料，較自行鋸解鮮價昂數倍，實不合算，本廠木品價昂半由於此。擬請於成本項下撥錢購買大木，自行鋸解曬晾存儲，以備木科材料。

一、本廠出品向恃大宗批定，餘利固屬甚多。然譬諸食品，似爲燕翅筵席，殊非家常便飯。若廢便飯而專候筵席，人必饑而斃矣。擬請各科於無大宗定貨之時，製造零用小品，如織科製各類手巾、繩帶之類；革科製錢包、片夾之類；金科製洋餐刀叉，以及電鍍器皿；縫科製洋枕及包做估衣；染科包染絲房、布匹、洋綫；木科製日用家具等類。雖價值低微，而人人可用，則銷售暢而獲利自優矣。

一、本廠宗旨原以籌劃生計，養成各項工師爲要義。是以設有講堂，於工藝之外兼授淺近科學。而科學之中尤以國文、算術、體操三者爲最要。查本廠國文、體操現有教習講授，而算術一門尤爲工藝所必需，現在尚付闕如。若欲增加，奈此後晝短夜長，日間除工作外幾無餘晷。擬請由九月初一日起，加添講堂夜課兩小時，講授國文。於原定早間國文時間改授算術，只須添置洋吊燈十盞，月需洋油三二箱，所費無多而藝徒獲益殊非淺鮮。

一、日省、月試古有明經，廠中工匠、藝徒考試自不能偏廢。蓋工匠不考則優劣莫分，藝徒不考則難期進步。然既舉行考試，必須明定賞罰，方足以儆怠惰而資鼓舞。但當此時艱款絀，獎金礙難作正開支。擬請即由各科製造零品手工進款提用，據實呈報。

一、各科工師均有訓導、教授之責，對待藝徒固宜循循善誘期底於成。但迂頑劣生徒，每致梗其命令，擬請稍假以管束權力，以期易於服從。

一、各科工師及教習，均擬令其預行編定教授案，每季考試之時，即照預編教授案定其所教程度，以驗進步而定方針。

以上八條，如再查有應行興革事宜，隨時稟明辦理。

吉林行省批：清摺閱悉。所擬尚是，惟預購木料須有限制，隨時呈報。其餘如考試管束編教授案各條，應將考試章程、管理規則、教授案定妥呈閱，再行核奪。

宣統二年九月初二日

天津市檔案館《天津商會檔案彙編（1903—1911）》上册《天津實業工廠經理韓錫章稟陳開辦半年來已招徒工六十名生産發達請城董事會勿命遷廠文宣統二年九月十四日》 具呈天津實業工廠經理人韓錫章、股東人胡蘭汀等爲工廠甫開，騰挪匪易，懇恩批准永爲租用，並移知董事會爲城議事會另選公地，以興實業而保公益事。

竊經理於本年三月間組織實業工廠，在董事會租定西大藥王廟内正殿兩層並兩配殿，承該會長蘇君及衆會員議定，每月租價洋八元正，立有收條爲憑。初時小試，僅招工徒學生六十餘名，設有織科、染科、顏料等科，並附設簡易學堂，以冀開通民智，挽回利權。曾將簡章並成品呈明勸業道憲核准在案。近因成效漸著，又添設竹木等科，多購織機次第擴充。正虞地小不足回旋，異日前房騰出，須將廟宇全租方敷應用。詎意於月之初十日經董事會諸公來廠看房，示以此地改歸城議事會用，工廠須克日騰出，不勝恐惶。

伏思目前時局，商戰立國。前欽奉諭旨創辦各種實業。經理廠尚在幼稚，應請各會所維持保護。且工廠租定之廟宇與城會佔用之廟宇，同爲津郡公地，同謀津郡公益，若以已成半年之工廠，騰往將成之城會，似未免向隅。況各廟地均在董事會權力範圍内，不乏空閒之處盡供擇用，此場仍應請准讓用。經理向來按月交租，並不敢或有虧欠，倘一經騰挪，不特無相宜之地，勢必廢於半途。即購備各項器物，用款不貲，賠累究將誰歸？詢謀股東責成頗切。似此進退兩難之際，惟有叩乞商會總憲大人恩施批准，並請移知董事會爲城議會另擇公地，以興實業而保公益，則感鴻慈無既矣。上呈。

《商務官報》宣統二年九月十五日第二四期《批職商傅范初邵椿年稟》 據稟暨章程均悉。所請創辦模宋印刷公司，自係爲保存古本，俾廣流傳起見，應即准其立案，在京城地面專辦五年，爲此批示，仰即遵照。此批。十一月十八日。

《商務官報》宣統二年九月十五日第二四期《批商人朱忠格稟》 前據稟稱創設石棉紙利用公司，製造石棉紙，請予專利等情。當經本部札飭奉天勸業道查明聲復去後。兹據復稱，經札飭錦州府派委查明，該商人品尚屬公正，家道亦尚殷實，所呈紙樣實係該商購買土人所存石棉，自行試造等情前來。查該商購買石棉，製造石棉紙，以圖挽回利權，既據奉天勸業道查明，所呈紙樣實係自造之品，該商亦尚公正殷實，應准在奉天全省專辦三年，藉示提倡，至所請通咨郵傳部，暨各省機器廠一節，查該商現製石棉紙，尚在小試，應俟工廠成立，出貨較多，再行稟部，聽候核辦，仰即遵照。此批。十一月十六日。

天津市檔案館《天津商會檔案彙編（1903—1911）》上册《天津造胰公司産品欲向南方各省推銷請新關速定納税辦法文宣統二年九月十七日》 直隸勸業道孫

（多森）爲照會事。

案照宣統二年九月初七日據天津造胰公司董事宋壽恒、嚴智怡、王錫瑜等禀稱：竊天津各公司用機器仿造之胰燭，蒙前直隸工藝總局憲及天津商務總會與鈔關議定估價章程運售内地，即照議定估價照税務處新例，納值百抽五正税一道，發給運單，他處概不重征，數年以來，歷經照辦。現在公司所製胰燭，尚須運銷南省，而新關尚無成案可稽。惟有叩懇查照前案，禀請督憲行知新關照例立案，並遵照税務處機器仿造新例給與運單，以免紛歧，而昭劃一，實爲公便。附呈公司所製各種胰燭估價數目清單一紙等情。據此，查此案敝道無案可稽，既據該董事等禀稱：前經天津商務總會與鈔關議定估價章程有案，自應移查明晰，方可核辦。除禀批示外，相應抄單備文照會，爲此照會貴總會，請煩查照文内事理，迅即見復，以憑核辦，望切施行。須至照會者。

計抄單一紙

右照會天津商務總會。

計開：

十五兩洋燭每箱估價二兩

十二兩洋燭每箱估價一兩五錢八分

九兩洋燭每箱估價一兩二錢

八支車燭每箱估價一兩三錢二分

六支車燭每箱估價一兩二錢

五十磅條胰每箱估價一兩二錢

五十磅方胰每箱估價一兩二錢

香胰每打估價三錢

吉林省檔案館等《清代吉林檔案史料選編（工業）》中册《孔廣麟請開去電燈處總務職務專司分售所正所長之差的禀文宣統二年九月》 敬禀者：竊委員乃係一介庸愚樗櫟菲材，屢叨庇蔭，謬蒙拔擢，本應力圖答報，無如責任繁重。況委員現充旗務工廠分售所正所長之差，事務紛繁，而副所長金桂芳赴津購運料件尚在差次未回，近因分售所承辦本年冬季各項軍衣之際，正待需人料理，委員一身實有兼顧難周之慮，擬請將電燈處總務之差開去，另揀賢員接理，俾專責成而免遺誤事機。則委員於分售所一切繁難之事得藉以專心料理，庶無顧此失彼兩有所誤，是誠恐有負我憲台栽培之至意。合無仰懇鴻慈恩施逾格，合將禀請開去電燈處差使另員接理，俾專責成各緣由，理合肅具寸禀，虔請鈞安，伏乞垂鑒。

吉林勸業道批：應即照准。

吉林省檔案館等《清代吉林檔案史料選編（工業）》中册《吉林旗務處工廠爲請添派通市員聯絡商界銷售普通用品的呈文宣統二年十月初九日》 爲呈請事。

竊自分售所設立以來，本廠所出成品極爲軍、學、警界及各衙、署、局、所所歡迎，銷路愈廣，技藝亦因之而愈精。在該所籌畫精詳，固已見工藝發達之進步。惟思本廠之設，原以教育旗丁各精一藝，養成工師普及全旗，以副籌劃生計之本旨。然欲謀普及必須逐漸擴充，欲期擴充尤必聯絡商界。查商界易銷之物，實以普通用品爲宜。職等前具條陳，請飭各科添製，曾蒙俯允，當即會商工師飭擬分項製造。惟製出零星物品以及包攬縫、染兩科手工等項，須有諳達商情之人，方能與商界接洽，擬由職廠延募通市一員，取具妥保，酌給薪資，以期通工易市，而收逐漸擴充工藝普及之效。雖本廠非同謀利性質，而積有餘資亦可於經常款稍有補助。職等爲開通風氣推廣銷路起見，是否有當，理合備由具文呈請，伏乞憲台鑒核，批示遵行。須至呈者。

吉林省檔案館等《清代吉林檔案史料選編（工業）》中册《吉林旗務處工廠編訂考試章程管理規則及教授案的呈文宣統二年十月十一日》 爲呈覆事。

竊職等前具清摺，條陳整頓工廠辦法，當奉憲批：清摺閲悉，所擬尚是。惟預購木料須有限制，隨時呈報。其餘如考試、管束、編教授案各條，應將考試章程、管理規則、教授案定妥呈閲，再行核奪，等因。奉此，遵即酌擬章程、規則並分飭教習及各工師，按照預算法分類編列教授案。現據該教習、工師等均各編齊，理合遵批備由具文呈送，伏乞憲台鑒核，示遵施行。須至呈者。

吉林旗務處批：呈暨考試章程並管理規則及教授案均悉。章程規則所擬尚屬周妥可行，惟教授案間有立名未妥，尚須更改。此後務當確照所擬實力奉行，勿得徒托空言，粉飾塞責，是爲至要。如有未善，隨時改良具報。考試章程暨管理規則均存。教授案發還更正，再呈備案。此批。繳。

宣統二年十月

吉林省檔案館等《清代吉林檔案史料選編（工業）》中册《吉林全省旗務處爲將旗務處工廠正副廠長記大過工師罰薪的札文宣統二年十月十四日》 爲札飭事。

本處之有工廠，所以爲旗人籌生計植人材。學業有成，將以保利權而興實業。所期者大非僅沾沾於目前之利，操奇計盈而已也。是則名爲工廠，實則學校，雖擲金錢於今日，冀收實效於將來。凡工匠之巧拙，藝徒之勤惰，成績之精粗，皆於廠長考其成，責至重也。該廠長宜調查精審，於時俗習慣在在考求，不使一物不新，無一物不適於用，然後推行盡利，則藝徒之成就庶技歸實用而款不虛糜。若惟成法是拘，毫無心得，甚至普通之物如回環交椅，而亦罔知考察，笨拙堪嗤，即此一端已可概見，安所望工藝之發達，學業之精進哉？考吉省貧民習藝所所出成績大有可觀，即如此項交椅，製造精美，曾是工廠不如一習藝所，藝徒不如貧民乎？要之教授之法固在工師，而指揮之權操在廠長，如兵壇主將帷幄運籌，而後士可用命。本處爲該廠力籌經費，於隨缺地租一半，概行呈請提撥，以爲補助之資。其所以視工廠者重，而期工廠者深，故極意經管，無微不至。該廠長應體此意，宜急急於育才之道，毋孜孜於謀利之途。宗旨一乖，方針即謬於立廠之初意千里毫釐。據該廠呈稱：竊自分售所設立以來，本廠所出成品極爲軍、學、警界及各衙、署、局、所所歡迎，銷路愈廣，技藝亦因之而愈精。在該所籌劃精詳，固已見工藝發達之進步。惟思本廠之設，原以教育旗丁各精一藝，養成工師普及全旗，以副籌劃生計之本旨。然欲謀普及，必須逐漸擴充。欲期擴充，尤必聯絡商界。查商界易銷之物，實以普通用品爲宜。職等前具條陳，請飭各科添製，曾蒙俯允，當即會商工師，飭擬分項製造，惟製出零星物品，以及包攬縫、染面料手工等項，須有諳達商情之人，方能與商界接洽。擬由職廠延募通市一員，取具妥保，酌給薪資，以期通工易市而收逐漸擴充工藝普及之效。雖本廠非同謀利性質，而積有餘資亦可於經常款稍有補助等因，呈請前來。所陳不爲無見，惟所見與本廠宗不符。查奏定工廠章程內開，染工、紉工原爲織工之輔，非屬專門。前次本協理蒞廠見購染缸不少，今又呈請包攬民間染、縫等件，似爲縫染專科。且通市員之請尤爲多事。分售所即爲成品輸出機關，該廠之用人甚多，計已敷用，何必另立名目，位置閑員，殊非辦事節財之道，應毋庸議。此次所製交椅尚不如貧民習藝所之精，足見該工師之拙，若不予以罰，不足以資整頓。該木工師應罰薪水半月，該廠長劉元愷、副廠長富崇阿，調度無方，辦理不善，亦難辭咎，應各記大過一次。遵照新章辦理，以示懲儆而觀後效。合亟札飭，札到該廠，即便遵照。切切。特札。

《商務官報》光緒三十二年十月十五日第二三期《批博山玻璃公司候選道顧思遠呈》 前據該道呈請，援照耀徐玻璃公司成案，免納出口税項各節，經本部咨行税務大臣去後。兹據覆稱，華商用機器製造玻璃，上年經外務部核准耀徐玻璃公司，祇完正税一道，今博山玻璃公司事同一律，自應援照耀徐玻璃案公司成辦理，至將來中英新約第八欵第九節施行，再行改徵出廠税項等因，到部仰該道即便遵照可也。此批。九月二十九日。

《商務官報》宣統二年十月十五日第二七期《奉天勸業道趙鴻猷呈本部文》

爲呈覆事。竊查本年八月初八日，案奉鈞部札開，商人朱忠格禀請創設石棉紙利用公司，飭即查明該商人品是否公正，家道是否殷實，股本是否充足，暨呈驗石棉紙是否果係該公司自造之品，確查聲覆等因。奉此，當以該商前未來署禀過有案，呈蒙札復，該商擬辦此項造紙公司，係在錦州，並據該商來署禀請查驗紙樣，惟禀內所稱資本充足，並未集股，究竟備有的欵若干，存於何處商號，其造紙之石棉原料，是否在何地方自開有礦，抑係購自他處，以供製造，並此項紙張，係用何法造成，僱用工匠現有若干人數，均未聲叙明晰，無憑察核，批候札飭錦州府就近詳查具覆再奪在案。兹據該府覆稱，奉札前因遵即派委妥員，遵照指示各節，確切調查去後，旋據職商朱忠格以竊查火鷄毛紙一項，爲鐵路輪船、一切工廠凡有鍋爐機器之處，在所必需，職商向在錦州府、溝幫子、新民府、營口、山海關、奉天省城、長春府等處車站附近之地，開設同義貨棧，營業有年，嘗聞車站各管理員，暨司機人等，言及此項火鷄毛紙，即係石棉所造，在中國礦産中名曰不灰木，因其入火不灰，又能不過熱度，是以機器鍋爐非有此紙不能適用，惟中華無人製造，必須購自外洋，未免利源外溢。職商因此留心採訪，已閲數年，適於本年夏間探，聞直隸熱河朝陽府境内平頂山礦地産有不灰木，即石棉紙之原料，從前恒有土人私挖，預備修蓋房間用之，和泥可代麻屑，以有用之物棄擲於無知之人，甚爲可惜，職商訪查明確，呈報商部，請發執照開採，當蒙部咨熱河都統，札飭朝陽府會同礦政局調查，與職商原報相符，詳請熱河都統咨部領照；現在商部、熱河都統衙門、朝陽府礦政局均有案。職商於查探礦區時，見該處土人存有平日所挖石棉數百觔，職商購運回錦，碾去石屑，揉製成絨，入水浸洗，加以膠質，舂擣如泥，仿照中國人工造紙之法，畧爲變通簾箔，不合則更之器具，不宜則易之悉心研究，一再改良，乃成此紙，純用人力不假汽機。質之車站管理員僉稱，與外洋所造無異，復試用於鍋爐機器，甚屬合宜，迭經實驗，均各相符用，敢具呈報部請准立案，其工廠取名利用公司，暫設錦州車站同義棧院内，造紙之石棉原料，即由職商報領之平頂山礦區所出，不必購向他人，所用工匠刻間甫經草創，尚未行銷，無須傭僱多人，過事鋪張，徒滋冗費。且此紙原係職商一人創製，更無熟手可尋，惟有先招舊日以麻造紙之工人數名，由職商親爲指授，考察製法，精益求精，陸續招集學徒，以資練習，俟礦山採出大宗石棉，再爲招添工匠，届以時銷場之大小，定人工之多寡，若地址不敷工廠之用，再爲設法擴充，倘有遷移，亦必隨時稟報。至開辦資本，此紙專用中國人工造成，既不延聘洋匠，又不購辦機器，則需欵無多，先由職商措備現銀一萬圓，存儲錦州西門裏福源當。嗣後銷路日廣，資本可以隨時增添，職商既創之於先，決不肯有始無終，自失其利，該公司既不招集外股，即無須聲明有限字樣，將來縱有贏絀，皆職商一身擔任，可無轇轕之虞等情，補稟前來。嗣復據派查委員覆稱，查得該職商朱忠格在錦州鐵路附近車站開設同義貨棧，代客起卸轉運貨物，已有年所，錦城客商多有託其照料，向無貽悮損失等弊，是其人品尚屬公正，該職商並在錦城開有商舖數處，家道亦尚殷實，復赴錦城西門裏福源當查閱存欵賬簿，該職商實有存洋一萬圓之欵，至所造之紙，查據該職商聲稱，現尚未奉部照，碍難開採，只於該處就土人所存之石棉，先行購買數百觔，即在該棧內僱工製造，工人由該職商詳加指導，造成紙張不過小試其端，並未另設工廠，擬俟奉到部照，自行開採，倘銷路暢旺，再議擴充，現因原料無多，正在停工，其前呈紙樣，實係該商自造之品各等語，稟覆前來，知府詳細覆查，均屬實情，理合具文，覆請憲台鑒查核覆。再知府覆查石棉一項，散見於各地，如東三省及直隸一帶，多有此項礦產，土人間有以之摻和泥沙製造火爐之用者，惟其利用甚微，無裨實業，茲經該職商發明爲火鷄毛紙之原料，研究製法，造成紙張，以供機器鍋爐之需，既可化無用爲有用，兼可使利權不致外溢，誠於實業前途，大有裨益。惟該職商現雖發明此紙，不過小試其端，僅在該棧内用土法製造，且係一人獨力出資，於公司律既有未合，況朝陽境內，平頂山之石棉礦，既未經開採，其礦脈是否暢旺，尚不可必。若准其專利，則散見於他處之礦，是否均應歸該商購用開採，倘他人亦可購採製造，是又與專利章程不符，知府管見所及，應如何辦理之處，併請裁奪等情，據此職道覆核，該府查覆各節，尚屬詳明，附陳管見一則，亦不爲無見，除批示外，理合據情呈覆鈞部鑒核，批示祇遵。須至呈者。

《商務官報》宣統二年十月十五日第二六期《批富華製糖公司代表李席珍稟》 稟悉。查該職商於光緒三十四年十月間稟稱，在黑龍江呼蘭府屬五站地方，創設富華製糖公司，聲明專集華股八十萬元，本部以提倡實業，當經批准立案，茲忽稱嗣以股本不敷，與德商賓金訂立合同借欵，購機公司受其陷害等語，核與原稟專集華股，自相齟齬，殊屬不合，所立合同又未經稟部有案，仰仍自行逕向該商理論可也。此批。十一月初七日。

吉林省檔案館等《清代吉林檔案史料選編（工業）》下册《阿城恒發裕機磨麵粉合資有限公司辦事簡章宣統二年十月十五日》 爲呈請註册事。

竊公司創辦人職商富凌阿，與同居胞弟富興阿，承祖遺資産，各出吉元六萬元，共十二萬元，在該縣城裏設立此業。前已經該城商務分會，將稟請註册緣由代爲轉詳立案。現於六月十三日由阿城分會移交憲批，並註册章程一本，註册費已蒙核定，遵繳一百一十元整。所有應行各款詳細陳明，照式填寫，呈請註册，伏乞農工商部註册局查核施行。須至呈者。

計開：

一、公司名曰恒發裕機磨麵粉有限公司。面袋牌印藍色麒麟標記。

一、公司專磨麵粉不營他業。

一、公司於宣統二年五月十三日爲試行開辦之期。

一、公司營業期限，先行試辦七年，限期之内如有添本招股情事，隨時稟報。

一、公司設立阿城縣城裏得勝街，分號暫從緩設。

一、公司出資人原籍係吉林府，紳商富凌阿與胞弟富興阿共管此業。

一、公司資本共籌備吉元十二萬元爲限。

一、總經理人股東富凌阿自行擔任，以胞弟富興阿爲辦理襄助一切，以昭信守而免異日之轇轕。

辦事簡章

第一章 原因

一、公司係實業性質，兼工藝規模，機器人力不能偏廢。若不分職任事，必致淆亂，則挽回利權之目的何日能達。

第二章 職務

一、設總經理一人。協理一人。正副代辦各一人。庶務三人，一正二副。正副司帳各一人。總司工一人。正副司機各一人。正副司磨各一人。其餘工匠人役多寡時有增減。

第三章 權限

一、總經理執行本公司一切事務，有主持擴充之權。協理有勸助替代之責。正代辦專司收買小麥出售麩麵兼任招待，副代辦輔助正一切代辦事務。總庶務專司麵臺、麥倉、過秤、收發及院内一切雜務。副庶務二人，一幫同照應院内應行事件，一專司裝卸火車各事。總司公專司機磨各廠一切等事。正司帳專司出入帳簿往來信件。副司帳幫同書寫帳目收發信件。正副司機各一人，執掌機器應閉及上油、換水、修製各項機關之責。正副司磨各一人，管每日出麵之多寡，是否精良，詳細研究隨時更正，及麵羅等機補修，皆其責承。

第四章　選料規則

一、公司所製麵粉力求精良，於購麥之時加意考察，品評出産區域，研究原質輕重，採用上等小麥出面，既佳於衛生大有裨益。

第五章　售麵規則

一、公司之麵粉無論總批零售，價值均用羌洋，按譜得計算。惟譜得之重量約與華秤三十斤於等，故以此爲定數。每大袋重五譜得，一花旗小袋爲一譜得。

第六章　帳房規則

一、帳房辦事時刻，每日午前八句鐘起，十二句鐘止。午後二句鐘起，六句鐘止。届時在事諸人均至帳房各理其事，遇星期日仍然照常。

二、收麥售麵無論期限，須禀明總理、協理作定，否則不得擅自交易。但出售麩麵猶必須照價先留訂洋一半，並書立合同爲憑，如無訂洋合同概不作准。

三、凡出入款目無論鉅細，歸總、協經理親自點驗，以昭慎重。雖每日薪金房租各額支，亦須問定付帳，不得擅專貽誤。

四、售買收發之事既須代辦庶務之專責，必須自行立簿登記一功。凡售買之批單合同及收發之票據，均由伊處書立簽押，再行轉呈總、協經理簽押施行，方爲定准。而出入麵麥之款，由代辦計算明確，具單簽押，呈總、協經理查核收發登簿。

五、各項帳目務要五清，曰總月原，每月底詳開清單，呈於總、協經理閲視查核。

六、無論收發何項款目，應書立收據，着經手人簽字畫押，以憑存證。

七、司帳既專司書寫出入錢款帳目，大則以總、協經理簽押字據爲憑，小則悉聽面示，始准登記。

八、每月至星期日清點一次，共售麩麵若干，實存小麥麩麵若干，及所需機油、棉紗等項若干，遞次批較。

第七章　工廠規則

一、司機、司磨既各有專責，而附手則襄助辦理。其工役專備雜務，運送驅使悉聽總司工指揮。惟請假、辭退須禀明總、協經理定奪。

二、工廠領用小麥及大小麵袋機油棉紗等物，由總司工簽字，呈總、協經理畫押，交庶務照發。按日磨成之麩麵亦由總司工繕具清單，報明帳房，着庶務按數驗收登簿。

三、工廠每日工作以早六句鐘開工，聞鳴器笛，各工匠齊集工廠操作，晚六句鐘鳴笛收工。如加夜班於正午、夜半，均以十二句鐘爲交接换班之期，以勻勞逸。每逢星期停工一日，藉以修補機器。

公司所擬規則，務乞同事諸人力除積習，各守專責認真從事。倘敢故違此章，酌量過端之大小，或申斥或算出。如有偷漏影射情弊絶不姑寬，一經查出定交商務會照章罰辦，以重商權而免虧折。

以上章程，惟公司現下試辦細則，如有未周，俟日後容有心得再爲增減，隨時報明。

吉林省檔案館等《清代吉林檔案史料選編（工業）》中册《吉林行省爲飭旗務處工廠通盤籌劃用費的札文宣統二年十月十八日》爲札飭事。

案據署度支司徐鼎康詳稱，爲詳請事，准旗務處移，以旗務工廠業務日興，經費因而增鉅，前定常年經費不敷尚多，自非設法添籌不足以資應用。查原奏籌款單開第三則隨缺地租一項，原定每年劃撥一半，計實銀一萬一千八百三十二兩四錢九分四釐四毫。從前定議之時，該廠係屬試辦，兹則成效已彰，藝徒日衆，此項餘存隨缺地租，半數若提爲補足工廠之需，各旗當無異言。請飭度支司暨各城旗，將餘存隨缺地租一半全數撥入工廠，呈奉憲台批：據呈該處工廠工藝日興，藝徒加增，經費亦因而增鉅，擬以各城旗隨缺地租全數撥入工廠，以各旗之款仍爲各旗籌永遠生計之用，尚屬可行。仰即録批分移度支司並各城旗一體遵照。又准另移，旗務工廠原有金、革兩科，房間實屬不敷工作，其餘執事、員、司辦公宿舍亦皆不敷。擬於本廠前層兩旁隙地添蓋瓦房六間，作爲宿舍，後層兩旁添蓋四間，以便擴充金、革兩科工作之所。計共添築房十間，覓匠估計約需工料錢九千吊上下之譜。請向度支司撥借錢九千吊，以便工作之用，俟該廠有盈餘時，再行撥還。呈奉憲台批：據呈已悉。仰即録批抄詳移會度支司籌款撥領應用，一俟該廠獲有盈餘，即行如數提撥歸墊，以重公款。移請查照各等因。准此，遵查旗務工廠上年以廣購材料、添築棧房，呈奉憲台批准飭司籌借銀五萬兩。當經陳前司以司庫適乏銀款，由大租項下借墊錢二十五萬吊，將來仍以錢款歸還。分別具稿呈堂提撥移復在案。此項借墊錢二十五萬吊，按旗務處原議，以方正泡公田一萬數千垧，悉屬膏腴，成熟陸續放領，款亦甚鉅。又有隨缺一半地租尚可酌提。工廠日漸發達，亦必有餘利可籌，惟緩不濟急，請由司先行借撥，不起息利，即以所籌三款隨時歸還。現旗務處復呈請飭將一半隨缺地租全數撥充工廠經費，並須借撥錢九千吊，爲添建廠屋之用。事關旗人生計，自應遵照分別辦理。惟司庫虧累已鉅，日形窘迫，百計籌思，實苦無策挪墊。此項工料錢文，應請憲台飭令官銀錢號先行照數借撥，由工廠餘利歸還，庶幾無誤工作。至前由司庫借撥錢二十五萬吊，迄今並未歸補。原議籌還三款，除一半隨缺地租外，方正泡公用一項，係旗務處派員征收，司署無案可查。應如何酌提歸債，並工廠餘利應如何隨時歸還以符原案，並請飭令旗務處核議，詳復行知。是否有當，理合具文詳請鑒核批示，實爲公便，等情。據此，除詳批示並行永衡官銀錢號先行如數借撥外，合亟札飭。札到該處立即查照，將該工廠事宜通盤籌畫。按照度支司詳復各節，確切妥議，詳候核奪，毋稍含混。切切。特札。

《商務官報》宣統二年十一月五日第二九期《直隸總督咨本部文》

爲咨送事。據勸業道孫多森詳稱，竊照本年十一月初五日，據種植園管理員五品頂戴候選布理問王齡嵩稟稱，竊維我國物產豐阜，甲於環球，惟不能加意研究，合力振興，以致利源外溢，生民困苦，良堪痛惜。即如紙業一端，自蔡侯以麻頭、樹膚、敝布、魚網等料，特開造紙之術，厥後代有發明，如有桑竹、楮籐、苔衣、麥稍、稻稈、蠶繭、機頭諸物，造出各種精良紙張，以供世用。無如前明以來，人安固陋，遂致陳陳相因，絶少新製，當閉關時代，洋紙未入中國，尚可予取予求，無大損失，洎海禁宏開，新政繁興，紙之用途既日見其廣，而舊產諸紙又多不適用，於是東西洋之紙乘隙而入，雲馳潮湧，爭相灌注，遂成絶大漏巵。前工藝總局督辦憲周有鑒於此，力籌抵制之方，稟請前督憲袁派員司工匠赴日本考察造紙情形，並延聘洋技師，以爲回國試造之計，惟擬仿造精緻洋紙，搜尋內地多種紙料，均不合用，該技師云我國所造種種精紙，以三椏雁皮楮爲要料，至鉛筆、圖畫、水彩畫等紙，須攙西洋廢紙，方能造成，其言真僞，固不可知，然因事牽制，未能大事擴充，又職商楊寶慧稟請集股購機仿製洋紙，亦因採運原料維艱，旋即停辦。由此觀之，中國欲振興紙業，挽回利權，必以預備原料爲第一要義矣，管理員迭蒙面諭，種植園之設，所以培養工藝原料，務須加意考求，以儲有用之材等因。奉此，自顧庸愚於農工要端，未窺門徑，深恐悠忽貽誤，上負振興實業之意，遵即逐物留心，隨時體驗，以冀其萬有一當，茲於本年七八月間，考得棉桿皮可以造紙及打繩索，又考得白茅草，可以造紙，及作帽辮，次第託實習工場試驗，於九月二十四日，將試造各紙樣呈閱，面承温語優加，飭即多備原料，會同該廠員司，督率工徒，認真試造，精益求精，以期適用，並派總務科長胡宗栐，農務科長方焕經，隨時前往監視，以昭慎重。幸於前月二十四日，造成棉桿皮紙一種，本月初一日，造成白茅草紙兩種，並作團扇一柄，草帽一頂，其白茅所造似與鉛筆畫圖紙及水彩畫紙相近，因係初次試造，未能盡美，亦未能多造幾種，將來更求精進，或可與東西國各名紙抗。竊思棉皮茅草，一則爲數百年廢物，一則爲數千年棄材，除供貧民柴薪外，別無他用，且無省不產，無地不生，至茅草不事耕種，尤有取不盡，用不竭之勢，果能以之造紙，則於農工各界，不無小補，理合將所造紙三種，及編帽辮各緣由，備具圖説，呈送鑒核，如尚可用，即懇轉呈督憲、農工商部考驗，實爲公便等情，並呈所造各物暨草圖説明書等件前來。據此職道查現值振興實業之際，正以發明製造爲要圖，詳審該員所製之物，以棉皮茅草所造之紙，利用較廣。溯自海禁宏開，我國舊出之紙，陳陳相因，多不適用，而東西各國之紙，乘隙而入，日增月盛，遂成絶大漏巵。職道前辦工藝，數載以來，屢諭各工廠隨時體驗，並與各員司時加討論，以期有所發明，不圖該員竟能苦心孤詣，實地研究，闡發新製，取世界無用之物，製成有用之品，且茅草所造之紙，係爲我國所未有，與東西洋所製圖畫紙相似，現在學堂林立，鉛筆水彩各畫紙，用途甚廣，向皆取給於外洋，每年溢出之資不少，今該員所造之紙，足堪抵抗，果能精益求精，多製種類，將來籌集資本，創設造紙廠，購用機器製造，未始不可抵塞漏巵，廣收利益。且茅草隨處多有，取之不盡，用之不竭，亦可爲貧民闢一生機，可稱因時制宜，賤物利用，除由職道督飭該員，會同實習工廠員司認真試造，多製種類，益求精進外，理合將該員所造紙帽扇及草圖説明書等，一併備文呈請鑒察，並請轉咨農工商部考驗，實爲公便等情，到本大臣。據此，相應咨送貴部，請煩查照考驗，須至咨者。

計草帽一頂，團扇一柄，草團一張，紙六捲，説明書二分。

附説明書二件。

白茅草造紙暨製帽辮説明書

嵩自從事農圃以來，每見田野之間，蔓草叢生，鋤之不盡，因思天地生物，必無棄材，此芸芸者經數千年之天然淘汰，猶能滋生不息，與名花嘉穀爭存於園畝之外，必其質力有以宜於物競者，豈第任人踐踏，供人薪爨而已哉。今年七月初，督工人鋤治秋禾，見隴畔野卉挺然翹秀，忽動廢物利用之觀念，隨取數莖剖視，内容纖維頗富，與可製帽辮之麥莖相彷彿，隨筆其形態、性質於日記簿，以備參考。迨九月間，各卉堅實，業亦黄白，即取白茅、狗尾、水稗、星星等草，各數十莖，自行更番編辮，獨茅草力强適用，更取數千莖，分别精粗，優定賞資，令工人各編數丈，託實習工場製成團扇一柄，草帽一頂，雖精潔可觀，而殊費工力，恐不能與麥莖抗也，多方研思，謀所以改良之法，忽悟蜀黍、楷稻莖、麻桿、竹枝等物，均爲造紙原料，此草色澤瑩潤，莖質綿韌，殊勝以上各物，用供紙料，或不多讓，爰采數斤，復託實習工場造紙科王君綬如試造，不五日而紙成，與東西洋所製圖畫絶相似，王君因云自學堂林立，鉛筆水彩各畫紙用途甚廣，價值極昂，率皆仰給外洋，升任運憲周暨勸業道憲孫迭飭設法仿造，歷時四五年，選料數十種，配製數十次，迄無成績，惟此草一試即就，無庸攙和他料，兼可造各種細紙，工本省而質色佳，中國向數無此紙，無論矣，即日本所造畫紙原料，亦尚購自西洋，則此紙發明之可喜，爲何如也。夫以千年廢棄之物，一旦成爲有用之材，不特爲貧民開一利源，並可塞外洩絶大漏巵，實非初料所及，天壤間，廢材何限，所望海内格物，鉅子留心體察，化腐朽爲神奇，俾我困苦顛連之同胞，多得數項資生營業之途，是則齡嵩所馨香禱祝者已。

棉桿皮造紙説明書

本年奉委研究棉業，有無成效，所關甚鉅，故無日不親履田間，加意試驗，當季夏督工修理棉枝時，誤踐傷一株，隨掬土培壅，顧内根已斷，僅連外皮，壅亦無益，即將斷枝棄擲，其近根未斷之皮，並手去之，牽扯間似覺有力，因念此皮倘具纖維，或可索綯及充造紙原料也。旋於八月下旬，選棉花已浄者數株，削去旁枝，釜蒸一時許，其皮隨手剥落，力等桑皮，始決其定可造紙，不禁狂喜者，久之。洎九月中旬，空枝漸多，援取數千株，如前法去皮，諦視之微帶紅色根部尤甚，灰漚水洗經六七次，不少減黄，水滴衣色似蘇木，濯之不去，即用染白布，一方成紫花色，無意中又得一顔料，惟色既不白，猶慮其不克造精紙也。研思既久，忽憶漂白法，即取水和粉置皮其中，須臾果白，隨送實習工場，其管理陸君及造紙科王君會同研議，將此皮和於某料，可成某紙，議定如法配製，越七日而紙成，並據王君云，將來尚可造他種精紙，惟此皮微覺粗硬，不及桑皮細緻耳。然棉地十畝，可出皮百五十餘斤，遷安縣桑皮每百斤售銀十一元，此皮即按減三倍半算，尚可售銀三元六七角，每地一畝可多産京錢一千文，直省宜棉之地，據上年趙君幼梅調查，三十州縣報告約八千餘頃，每年出皮計可值銀二十餘萬圓，若合通省及全國計之，其利爲何如哉。

《商務官報》宣統二年十一月十五日第三〇期《山東巡撫孫寶琦奏匯報農林工藝情形摺》 東省工藝，年來設法改良，成績既優，名譽亦著，如省城工藝傳習所，所製玻璃、絲屏、繡貨、嵌銀絲器等件，工作精良，可爲美術之上品，木器毛毯等工，亦適行用。次則水龍、火爐以及人力車等項，幾可與上海工作相上下，並在博山開辦磁窑，仿造各種磁器，尚能行銷。所製電瓶，業經呈部考驗，尚屬合式，倘逐件擴充，必能發達。至各州縣所辦之學堂、局廠，計共九十三處，皆各就本地物産所有，擇民間日用要需，隨時改良，以期適用。其民間製造，而能銷售外洋者，實以周村繭絲，德州等處草帽辮，爲出口大宗，若濼源造紙公司，製造理化器械所，張裕造酒公司，振華製造機器公司，所有出品，皆運赴南洋賽會，得邀優獎。而博山玻璃公司之平面玻璃，以及玻璃磚等器，已由南洋勸業會審查長審定，列爲一等，奏明照章給獎商勳在案。此籌辦工藝之大概情形也。

吉林省檔案館等《清代吉林檔案史料選編(工業)》下册《農工商部爲阿城恒發裕機器磨麵合資有限公司核准註册給照的咨文宣統二年十一月二十三日》 爲咨行事。

本部奏定公司註册章程内載：凡商人經營貿易，無論何項公司，一經註册即可享一體保護之利益，等語。兹查有恒發裕機器磨麵合資有限公司，遵章到部呈請註册，業經本部核准註册，給照在案。相應開列名號咨行貴撫，飭屬妥爲保護可也。須至咨者。

計開：

恒發裕機器磨麵合資有限公司，設賓州府阿城縣。

宣統二年十一月十四日呈請註册，資本十二萬元合資人富陵阿、富興阿，原籍吉林。

中國第一歷史檔案館《光緒宣統兩朝上諭檔》第三六册《宣統二年十二月二十二日》 鈐章。軍機大臣欽奉諭旨：農工商部奏，遵議密雲工藝廠，請獎出力人員，毋庸置議一摺。著依議，欽此。軍機大臣署名臣奕，

臣毓，

臣那，

臣徐，

十月二十二日。

吉林省檔案館等《清代吉林檔案史料選編（工業）》中册《吉林旗務處工廠產品在南洋賽受獎的呈文宣統二年十二月二十五日》 爲呈報事。

案准吉林出品協會移開：爲移送事。案查南洋勸業會場有貴廠陳列之製造品等件，業經審查總長核定，堪以給予超等文憑一張，銀牌獎憑各一件，由駐寧協會代爲祇領在案。除呈報外，相應檢同文憑、銀牌移送貴廠，請煩查收見復施行。附抄粘單内開各色花紋布、花絨單超等文憑一張，皮靴鞋銀牌、獎憑各一件，官鞍、軍用靴鞋銀牌、獎憑各一件，等因。准此，職廠當即領收。理合具文呈送憲處鑒核，查驗施行。須至呈者。

吉林全省旗務處批：案所奬之科工師暨藝徒等，應查核分别鼓勵。

宣統二年十二月二十六日

天津市檔案館《天津商會檔案彙編（1903—1911）》上册《民立第二工廠爲營業困難擬以房產押借銀一千兩事致津商會函宣統二年十二月十五日到》 民立第二工場，在雙街口，爲以契紙押借款項，懇恩轉請俯准，以資接濟事。

竊職在雙街口紅寺内創設民立第二工場，於兹三年之久。原爲提倡工藝起見，資本頗鉅，人工浩繁，近因年關在即，各項尤待需款清理。奈市面蕭疏，存貨積聚，以致積壓成本，一時甚形拮据。職擬以坐落雙街口鋪房住房兩處，押借現銀一千兩，使用六個月歸付，職籌思至再，恒有叩乞會憲大人恩准，轉請直隸總銀行俯准押借，以資接濟，實爲公德兩便。 上呈。

附呈契二紙。

吉林省檔案館等《清代吉林檔案史料選編（工業）》下册《吉林工藝教養所宣統二年十一月份收支及各科購料估款數目清册宣統二年十二月二十四日》 工藝教養所呈：今將宣統二年十一月份收入支銷暨各科購料占款各數目，造具六柱細册，送呈憲鑒。

計開：

舊管：

虧存項下

一、除收用下虧錢：九萬八千五百五十九吊五百七十三文

一、存各科售品本利錢：一十一萬三千四百八十七吊一百三十六文。

一、存本所應分生鐵科四成紅利錢：三百五十五吊五百零六文。

以上三筆，共虧錢：九萬八千五百五十九吊五百七十三文。共存錢一十一萬三千四百八十七吊一百三十六文。共存錢三百五十五吊五百零六文。

新收：

經費收入：

一、收二十一日由度支司領到各府、廳、州、縣應解本所冬季經費銀九百兩，每兩五吊二百文，合錢四千六百八十吊。

一、收初七日營業公司交來十月分二成地皮租錢一百零一吊七百文。

一、收破皮襖七十四件，變價每件二吊，合錢一百四十八吊。

以上三筆，共收錢四千九百二十九吊七百文。

營業賣入：

一、收織科售品錢：二千三百七十九吊六百零二文。

一、收染科售品錢：四百六十五吊八百四十六文。

一、收縫紉科售品錢：三百一十八吊三百四十文。

一、收靴科售品錢：一千零八十八吊九百一十八文。

一、收生鐵科售品錢：六百七十三吊三百四十八文。

一、收熟鐵科售品錢：三千二百五十九吊八百四十八文。

一、收木科售品錢：一千九百五十吊零六百文。

一、收繩科售品錢：二百二十吊零四百四十二文。

一、收釀造科售品錢：六百三十九吊八百四十四文。

以上九筆，共收錢一萬零九百九十六吊七百八十八文。

借墊項下：

一、由永衡官帖局借來錢：二萬吊。

以上一筆，共收錢二萬吊。

開除：

撥還：

係自宣統元年五月開辦起至宣統二年十一月底止，名科購料具報未銷，曾於每月冊報聲明在案。今將各科賣入所存之款，劃撥置料原本。

一、收織科自宣統元年五月起至二年冬月底止，由賣入撥還料本錢二萬七千三百七十九吊一百八十四文。

一、收染科自宣統元年五月起至二年冬月底止，由賣入撥還料本錢七千一百二十吊零七百八十五文。

一、收靴科自宣統元年五月起至二年冬月底止，由賣入撥還料本錢九千九百四十五吊七百二十四文。

一、收木科自宣統元年五月起至二年冬月底止，由賣入撥還料本錢八千二百九十七吊六百七十二文。

一、收鐵科自宣統元年五月起至二年冬月底止，由賣入撥還料本錢一萬七千二百五十三吊七百九十二文。

一、收繩科自宣統元年五月起至二年冬月底止，由賣入撥還料本錢九百五十吊零八百六十四文。

一、收縫紉科本年二月起至冬月底止，由賣入撥還料本錢二萬九千八百九十七吊四百五十八文。

一、收釀造科本年四月起至冬月底止，由賣入撥還料本錢一千一百九十三吊七百九十二文。

一、收生鐵科本年十冬兩月，由賣入撥還料本錢六百七十三吊三百四十八文。

以上九筆，共撥還錢十萬零二千七百十二吊六百二十九文。

開除核銷項下：

薪工：

一、坐辦李達春，稟請不支薪水。

一、文案、收發、會計、教務、庶務、衛生委員各一員，各銀四十兩，共支官價銀二百四十兩。

一、助教員一員，月支薪水官價銀三十兩。

一、庶務、收發、會計、監廠、監廠、售品司事六名，各銀十六兩，共支官銀九十六兩。

一、文案、收發、會計、庶務、售品書記九名，各銀十一兩，共支官價銀一百零八兩。

一、巡查一名，月支薪餉官價銀十二兩。

一、門番一名，月支薪餉官價銀八兩。

一、巡士十二名，各月支餉銀五兩，共支官價銀六十兩。

一、夫役十名，火夫四名，各月支工銀五兩，共支官價銀七十兩。

一、織科工師張殿元，月工支官價銀十八兩。

一、織科工師王連清，月工支官價銀十四兩。

一、織科工師趙蘭亭，月工支官價銀十四兩。

一、織科工匠丁鴻，月工支官價銀十二兩。

一、織科工匠王海清，月工支官工價銀十兩。

一、織科工匠田吉祥，月工支官價銀十兩。

一、織科工匠彭昌凌，月工支官價銀六兩。

一、織科藝徒李洪福提升匠目，月工支官價銀四兩。

一、織科藝徒李成提升匠目，月工支官價銀四兩。

一、靴科工師張榮富，月工支官價銀十二兩。

一、靴科工師單士奎，月工支官價銀十一兩。

一、靴科工匠王貴，月工支官價銀十兩

一、靴科工匠許春田，月工支官價銀九兩二錢。

一、靴科工匠張慶林，月工支官價銀八兩。

一、靴科工匠張慶祥，月工支官價銀六兩五錢。

一、皮靴科工師張振德，月工支官價銀十四兩。

一、木科工師張維，月工支官價銀二十兩。

一、木科工師姚廣文，月工支官價銀十五兩。

一、木科工師毛振德，月工支官價銀十四兩。

一、木科工匠龐文新，月工支官價銀十一兩。

一、木科工匠李全文，月工支官價銀十一兩。

一、木科工匠宋有，月工支官價銀十兩

一、木科工匠張升，月工支官價銀十兩。

一、木科工匠李順，月工支官價銀九兩二錢。
一、木科工匠姜明奎，月工支官價銀八兩。
一、木科工匠石玉山，月工支官價銀八兩。
一、木科工匠周振川，月工支官價銀八兩。
一、木科工匠孟繼善，月工支官價銀九兩。
一、木科工匠劉德福，月工支官價銀七兩二錢
一、木科工匠張洪林，月工支官價銀六兩。
一、木科工匠龐士孟，三十三天工支官價銀十兩零九錢九分九釐。
一、木科藝徒何成奎提升匠目，月工支官價銀四兩。
一、熟鐵科工師劉福清，月工支官價銀十二兩。
一、熟鐵科工匠劉殿奎，月工支官價銀九兩。
一、熟鐵科工匠梅文奎，月工支官價銀八兩。
一、熟鐵科工匠李天佑，月工支官價銀八兩。
一、熟鐵科工匠李德，月工支官價銀八兩。
一、熟鐵科工匠金守義，月工支官價銀十兩。
一、熟鐵科工匠何文煥，月工三十五天工，支官價銀十兩零五錢。
一、熟鐵科藝徒孔德武提升匠目，月工支官價銀四兩
一、染踩科工師姚克志，月工支銀洋九元。
一、染科藝徒楊棟提升匠目，月工支官價銀八兩。
一、染科藝徒朱殿林提升匠目，月工支官價銀八兩。
一、染科藝徒張殿山提升匠目，月工支官價銀四兩。
一、縫紉科工師董煥臣，月工支官價銀十八兩二錢。
一、縫紉科工匠王富田，月工支銀洋六元。
一、縫紉科藝徒呂文翰提升匠目，月工支官價銀四兩。
一、釀造科工師王國俊，月工支銀洋十元。
一、釀造科工匠王國揀，月工支銀洋六元。

以上五十七筆，薪工共支官價銀一千零五十九兩七錢九分九釐，每兩三吊三百文，合錢三千四百九十七吊三百三十六文。吉銀洋三十一元，每元三吊二百四十文，合錢一百吊零零四百四十文。

膳費：

一、坐辦一員，委員七員，各月支火食銀八兩，共支官價銀六十四兩。
一、司事六名，書記九名，各月支火食銀六兩，共支官價銀九十兩。
一、巡查門番二名，巡士十二名，各月支火食銀四兩，共支官價銀五十六兩。
一、夫役十名，火夫四名，各月支火食銀四兩，共支官價銀五十六兩。
一、各科工師、工匠整月火食三十九名，各銀五兩，共支官價銀一百九十五兩。
一、木科工匠龐士孟，鐵料工匠何文煥，共六十八天，每名每天支火食銀一錢六分六釐六毫六絲，共支官價銀十一兩三錢三分一釐八毛八絲。

以上六筆膳費，共支官價銀四百七十二兩三錢三分一釐八毫八絲，每兩三吊三百文，合錢一千五百五十八吊六百九十八文。

藝徒火食：

一、藝徒二百五十四名，每名均米麵油菜錢八吊零四十五文，共錢二千零四十三吊四百三十文。

以上一筆共支錢二千零四十三吊四百三十文。

袁世凱《袁世凱未刊書信稿》第三册《復嚴侍郎修》 適值感冒，不可以風，未能接談，極爲歉仄。豆腐公司一節鄙意集款於華，經業於西運料，自中製造，於外恐難見利耳。

徐世昌《退耕堂政書》卷二五《錦州創設八旗工藝分廠片》 再，錦州、義州及所屬甯遠州等四路九邊門，向設八旗駐防，户口至繁，生計尤絀，不可不豫爲籌畫。自上年副都統裁缺後，臣等派員前往調查整頓，以錦州地脈豐腴，物産饒富，交通便利，於興辦實業最爲相宜，擬於該城籌設工廠一處，名曰錦州八旗工藝分廠，專取旗丁入廠學習，定額一百名，先就本地所宜，暫設氊毯皮革等料，與奉天八旗工藝廠聯合辦理，計需開辦經費約九千餘兩，常年經費五千餘兩，擬將裁缺副都統隨缺地租，及應得旗倉旗地盈餘津貼辦公等項，分別撥用，不敷之款，隨時由省設法籌補，現已購定民房八十餘間，於本年二月開辦，所有章程均係參照省城八旗工廠辦法，合無仰懇飭部一併立案，以期經久。謹附片具陳，伏乞聖鑒。

徐世昌《退耕堂政書》卷二五《創辦奉天八旗工藝廠摺》 奏爲創辦奉天八旗工藝廠，以廣生計，而興實業，恭摺仰祈聖鑒事。竊奉省爲八旗根本之地，滿

漢雜處，畛域不分，唯旗人世蒙拳養，素之恒業生計，情形實較艱困，今欲爲八旗籌生計，自應謹遵迭次諭旨，以實業教育爲重務，養成自謀生活之力，以漸去專恃俸餉之心，爰飭旗務司創辦八旗工藝廠，招集旗籍藝徒，設額五百名，分設木工，鐵工，陶工，籐工，漆工，染工，織工，縫工，毛工，紙工十科，附設講堂，授以普通教育，聘募工師，分科傳習，尤注重於建築一門。蓋以邊荒一帶，近辦屯墾，亟待推廣，將來工徒學成畢業，派往各處，隨地經營耕築，並舉成聚成邑之效，不難立睹，以殖民行實邊之策，即以歸田爲出路之謀，現已勘定省城東邊門内草場官地，設廠試辦，至應用開辦經費，計新建廠屋、講堂及宿舍等處，共三百七十餘間，需銀三萬餘兩，購備各科材料成本及製辦器具等項，需銀二萬餘兩，擬以接管將軍舊署歷年積存辦公各款四萬餘兩提撥備用，常年經費計薪水膳費及雜支等項，每年需銀約二萬兩，查有馬乾制錢生息，木植變價生息，及充公地租，每年約共合銀一萬八千兩，向作馬乾操賞及辦公等用，現均另款存儲，擬即儘數提撥，如有不敷，另行籌補，一俟辦有成效，再當隨時設法擴充，務使八旗子弟人人皆能各執一業，以爲謀生自立之基，實於籌畫旗人生計，裨益非淺。據該司開具辦法，呈請立案前來。查臣等於上年奏設吉林旗務處工廠摺内，曾經聲明，奉天近亦創設八旗工廠。茲據該司籌款設廠，已飭其迅速興辦，合無仰懇天恩，飭部立案，以垂久遠。所有創辦奉天八旗工藝廠緣由，謹恭摺具陳，伏乞皇上聖鑒訓示。

徐世昌《退耕堂政書》卷二一《創設吉林旗務處工廠並籌款情形摺》 奏爲籌畫旗人生計，創設吉林旗務處工廠，並恭陳籌款情形，仰祈聖鑒事。竊維處天演競爭之世，非自立不克圖存，際環球商戰之場，惟勸工方能足用。吉省襟山帶江，物産本富，而旗人世蒙豢養，久昧營生，迄今食指日繁，俸糈有限，謀生乏術，坐致困窮，欲籌補救之方，不得不振興工藝，伏讀光緒三十三年八月二十日諭旨，籌畫旗人生計，仍將各項實業，教育事宜，勒限認真籌辦等因，仰見朝廷垂念旗丁至周且渥，欽遵之下，感激莫名，允宜深體廟謨，認真籌辦，以興實業而節虚糜。茲據旗務處呈稱，擬於迎恩門外水師營顏料庫舊址，就其原有房屋，酌量添改建爲工廠，廠中一切用款，均由通省各旗舊有之款，暨官兵旗産，酌量妥籌，即定名曰吉林旗務處工廠，招集旗籍藝徒百六十名，先分五科，曰革工科，專製軍警兩界應需靴鞋，箱帶，馬鞍，提包等件。曰金工科，專製革工上所需銅鉤，鐵片等類，與革工科相輔而行。曰織工科，專製冬夏軍學警各界操衣，布疋，兼織腰帶，鞘繩等件。曰染工科，專染本廠所出物品，與織工科相輔而行。曰紉工科，購買縫紉機器，就本廠所出布料，製造成品，與織工染工兩科相輔而行。以上五科，均先供軍警兩界及學堂之用，所有製出物品，即隨時設所出售，以廣銷路，如能辦有成效，再行添設他項工料，續製商品，以臻完備。其購置材料及運銷貨品，於路過各處關卡，擬仿照京師工藝局章程，由本廠填照送驗，免徵釐税。取天生之原料，招土著之工徒，延聘匠師，教以藝術，畢業後，優給出身，分别派往各處轉相傳受，如有才藝出衆，自出心裁，造成特别用品，應准照章立案，分别專利請奬，但使一人習有片長，即一人多一生路，倚賴之性質既除，立憲之資格自備，十年以後，必能普及全旗。惟創辦之始，籌款維艱，通盤籌畫，約計建築及開辦費需銀一萬五千兩，五科成本一萬三千兩，每年經常費七千兩，倘有不敷，設法籌補，如有贏餘，再當添設工科，以爲擴充地步，並開呈籌款情形三則，呈請立案前來。經臣等詳加覆核，尚屬切要可行，應准試辦，查上年京師創設八旗工廠，業經奏准開辦在案，奉省近亦設立八旗工廠，今吉林創設旗務處工廠，事同一律，合無籲懇天恩，飭部立案，俾得及時開辦，如蒙俞允，再將詳細章程，建築圖表，免税照式，分咨農工商部、民政部、度支部、陸軍部、學部、郵傳部查照，所有籌設吉林旗務處工廠並開辦籌款情形，謹恭摺具陳，伏乞皇上聖鑒訓示。

〔附〕《創設吉林旗務處工廠籌款清單》

一，牛具銀。

謹按：此款前因旗丁生計維艱，由庫撥銀三萬六千八百三十三兩二錢五分，專爲接濟全省旗兵之用，名曰牛具銀。蓋即寓兵於農之意，每次開放，每兵祗准借給銀二兩，仍由該兵應領餉内陸續扣還，按年報部一次，歷經遵辦在案，惟借支須由該管官具保，因此弊竇叢生，則是留此一款，徒供官吏市惠侵剥之具，且貧者未必能借，而借者決非真貧，辜負皇仁，遺累寒畯，莫此爲甚。現在該款自光緒三十二年報部後，所放之數，將次扣齊，省城存儲，度支司外城存各副都統衙門，尚未動放，擬請將牛具一款，改撥旗務處工廠經費，以歸實用，第此係内結之款，須由部核准，查上年八月間，欽奉諭旨，籌畫旗人生計，准撥部款等因，而該處工廠本爲籌畫旗人生計而設，揆諸名義，亦屬相符。

二，匠役銀。

謹按：此款前因各旗練習弓箭故設，弓箭匠二百五十七名，每名歲支工食銀十二兩，共銀三千零八十四兩，除每兩由部章扣二錢，又扣二分外，實發銀二千四百一十七兩八錢五分六釐，今弓箭業經廢除，此項匠役不免虛設，擬請將該工食銀每年二千四百一十七兩八錢五分六釐，提充工廠經費，其食餉之匠役，擇其才堪造就者，撥入工廠習學手藝，庶幾款不虛糜，人名有用，一舉而數善備焉。

三，隨缺租地。

謹按：此款於光緒十八年，經前將軍長順奏准，以省城十旗水師營，寧古塔阿勒楚喀琿春吉拉林烏拉五常堡伊通州額穆赫索羅等處官兵，隨缺地十三萬九千八百六十四晌，每晌給銀一錢八分，除每兩由部章扣六分外，實發銀二萬三千六百六十四兩九錢八分八釐八毫，每年隨秋季官兵俸餉，一併核發，俾資津貼等因，歷經遵辦在案。現因創設旗務處工廠，經費困難，當飭旗務處會同各旗協佐等再四籌商，該各旗願將隨缺地租銀兩，畫撥一半，每年計銀一萬一千八百三十二兩四錢九分四釐四毫，撥充工廠之用，查此款原因旗署官兵生計艱窘，畧資補助起見，但按款攤分，每名所得無幾，若以一半撥作工廠經費，則貧苦旗人漸能自食其力，於箇人所損甚微，於生計大有裨益，且以旗人所得之財，辦旗人應辦之事，公誼私情兩無窒礙，擬請將每年隨缺地租畫撥一半，以充工廠經費，其餘一半仍由各該旗，按季支領，以示體恤。

虞和平等《周學熙集·在股東特別會上的發言》 本公司數年以來，派利皆一分六釐，兩股票價值、外間行市，每股仍僅七十五元左右，並未繼長增高，按股票價值即股東利益。今春常會時，曾議決以全股十分之四爲不記名票，當時用意，係因本公司股票定章，不能轉售外人，一經變通，則股票價值自然逐漸增長。

吉林省檔案館等《清代吉林檔案史料選編(工業)》中册《吉林旗務處工廠傭工人數價目統計表宣統二年》 吉林省旗務處工廠傭工人數：

男工：一等匠十名，二等匠十五名，三等匠二十名，合計四十五名。

女工：無。

幼工：一百六十名。

計：二百零五名。

傭工價目：

男工：一等匠十五兩六五九釐，月總工資總數一五六兩五九分。二等匠十三兩九一九釐，月總工資總數二零八兩七八五釐。三等匠十二兩一七九釐，月總工資總數二四三兩五八分。

合計：六〇八兩九五五釐。

備考：按本廠創設宗旨，以教育旗丁各精一藝，俾能自謀生計爲主義。是以幼工均係由各旗壯丁挑選，只給官費並無傭資。畢業後發給文憑，以備各城旗擴充工廠，延聘工師之選。

南京圖書館《中國早期展覽會資料彙編》第一册《南洋勸業會博山玻璃館廣告》 本公司創自光緒三十年，蒙山東巡撫部院奏准，提倡實業，聚資百萬，在山東青州府博山縣設廠，開爐置造平片玻璃及料件等貨。初因研究未精，出貨未見純粹，特聘請洋工程師悉心考察，增設學堂，以兩年畢業，添造玻璃筒子、缸磚、火磚等件，從此日益精美，深蒙南洋勸業會定購平片玻璃數千箱，配裝各館窗片、廚架，就各省別館窗片、廚架皆用敝公司平片玻璃。本公司爲推廣實業，挽回利權起見，荷蒙事務所提倡營業，詳請南洋大臣奏咨立案，准於場内建設博山玻璃館，俾二十二行省參觀，來賓咸知本公司原料精良，出品美備，以供研究，而彰名譽。自陳賽以來，各埠定購者絡繹不絕，實有應接不暇之勢，緣特添造副爐，復將大爐火道研究改良，冀後出貨盡美，以副定貨。

諸公惠顧之雅意，茲有新到明净平片玻璃，大小尺碼齊備，如欲定購者，請移玉至勸業會場西厠門外，本分公司辦事處，及申江南市業盛里分公司，均可接洽，特此廣告。

上海南市業盛里分公司、山東博山玻璃總公司、駐寧勸業會場分公司仝啓。

南京圖書館《中國早期展覽會資料彙編》第三册《張廣恩報告書》 煙台張裕公司仿釀勃蘭地酒，性味俱合，其葡萄白一種，係仿鶴酒，味較外洋優等，鶴酒過酸。葡萄紅一種，係仿格黎勒味，較外洋優等，格黎勒酒過濇，尚須改良，惟吾國人嗜此二項洋酒，尚少仿釀。葡萄酒似以巴特温香檳等類爲最要。【略】

榆次縣豫慎公司所釀葡萄酒，係仿巴特温，色味尚合，猶嫌太甘，若壽陽縣製勝公司所釀，味惡，不堪入口，作踐葡萄，深爲可惜。

吉林省檔案館等《清代吉林檔案史料選編(工業)》中册《長春電燈廠會辦貝祖善爲條陳電燈事宜的禀文宣統三年正月》 大帥鈞座：敬禀者，竊會辦畢業京華，旅遊吉省，藉資閱歷以廣見聞。溯吉林未改行省以前，僻處邊隅狉獉成俗。自朝廷眷顧東陲，舊邦新造，復蒙吾憲台苦心孤詣規劃經營，凡憲政大綱，如學務、巡警、司法、軍政諸要端，靡不成效卓著，而尤注重實業，竭力提倡，用能使豐鎬舊都樸塞改觀，文明大啓，後生末學欽仰莫名。會辦識暗才庸自慚駑鈍，近依宇下未報涓埃，而獻曝情殷，不容自已撫膺默揣。因平昔在堂所研究者係電學專科，到長以後，復蒙西南路道憲李委辦電燈事宜，故於實業項下，一切工、商、農、礦諸場所，恒喜參觀考察，而所最注意者莫如電報、電話、電燈等處。吉省風氣初開，電氣之營業已能應有盡有，大非易事。案電報、電話機器少而成本輕，辦理易臻妥善，電燈則繁重倍蓰。會辦半解一知，何能自詡深明電學。第調查吉省電燈，其目前失敗之原因與日後改良之方法，稍有所見，未敢緘默自安，敬就管見所及爲吾憲台縷晰述之：

一、鍋爐之不合也。凡電燈廠應用水管鍋爐，取其水汽易於蒸發，用煤亦可節省，且無炸烈之虞，即使修理亦可無須停光。考歐西擔任路燈之電燈廠一旦停光，工部局必予以相當之罰，故各國電燈廠無不用水管鍋爐以求利便，最新者又改用氣油機。查吉省電燈處所用係火管鍋爐，糜費危險姑勿具論，即因時時修拭屢屢停燈，此其所不受社會之歡迎也。

一、電機之未備也。吉省電燈處以德國西門子廠磨電機二架相連並用。查近日各國電燈廠之電機，皆用西人所謂來伏流興梅拿奈脱，而吉省所用者實數十年之舊物，不甚合用。且各國無論大小電燈廠均用電機數架，至少用四架，多則十架。電燈本所以取便需用之時各有不同，大約自下午七點至十二點爲最盛之時，電廠按時而加減其電機，即使稍有損壞亦不至全部停止，則用户同聲稱便，而電廠不至受虧。吉省以等大之電機相連，而用則全開，停則同停，按之辦法實非盡善之道也。

一、暗中之消耗過多也。凡各處電燈均按表計算，用户各裝一表，量其用電之多寡按值取價，燈廠用户均不受虧。吉省取費按月計算，並不問其用電之多寡，於是狡猾之徒往往有將十六枝光燈頭私換三十二枝者。且其售燈章程，凡裝燈之家其燈綫不問多寡，統由該處備辦，此亦各處所未有。此項燈綫其價甚昂，積少成多亦係鉅款，此於商業經濟上損失亦非細小也。

一、社會之信用不固也。電燈一道全持信用，數數停光即所以失信用之一端，然尚可諉之修理機器之故。至燈光之不明，若該處所定三十二枝十六枝各燈，其所發之光不及定額之半，所謂三十二枝不敵洋燭十六枝之光，則其他可知。且燈頭不能不换，因其中炭絲燃燒過久，發光力漸減，普通燈頭只可用千餘點鐘，經年累歲從不更换，此用户所以嘖有煩言而營業不能發達也。

以上四端皆所失敗之原因。然亡羊補牢及今未晚，欲求整頓之策，則又有改良之方法四端：

一、宜創辦副業也。吉省電燈須下午五點開燈，日間毫無工作。開燈之先又須若干時生火，將水蒸汽，非但工人坐廢時光，即煤亦消耗不少。不如設一鋸木機器，利用其鍋爐，工人日則鋸木，晚則開燈。吉省木料賤而人工貴，木工一名日需工價三吊左右，倘購三百馬力之鋸木機器，每日用煤二萬斤，每百斤以二吊餘計算，日費煤五百吊左右，而作工成積堪抵工人八百人，成本轉輕，取價可廉，木廠必然樂從，該處頓增鉅利。至於逐漸擴充，又可兼辦火磨公司，第此事必須鉅款，目前經濟竭蹶，故暫置之緩議。

一、宜改良機器也。機器爲生電之源，機器不佳電力自弱，對外則燈光不亮，對内則耗費甚多。苟能籌款另購過汽三次之新式電機大小數架，另行布置，則目前雖費鉅資而煤費可照原額減三之一，修理費可減其半。且新式機器管理自易，工人又可大減。月支一減成本自輕，機器一新光力自大。倘因財政困難不能改弦易轍，則因勢利導將機器中發電一部分，另行配置增其磨力，高其電量，又將總綫及支綫另行裝置，斯燈光亦可較勝於前也。電燈廠用款以煤及薪工、修理三項爲大宗。吉省用煤日需一萬八千斤，每月煤費約一萬三千餘吊，但燒煤一事工業家大有講求，同一加煤如此則省，如彼則費，全視其手法及用力之如何耳。查此項鍋爐以熟悉熱學之人管理之，日只需煤一萬五千斤，每百斤按二吊餘計算，月可省去二千餘吊。修理一節，此項機器雖舊，以深明機器學者之監視，月需千吊已足修理，又可省去千吊。用人一節，該處本係公司性質，設總理一員，文牘、會計各一員，餘用司事數名，舊有稽查員、股員一律裁去，如此則薪工、伙食二項可照原額省去一千四百餘吊，統計三項月可省去四千四百餘吊，按進款二萬吊計算，似可有盈而無絀。

一、宜設法推廣也。欲求推廣必先取便於人，取便之道不外乎光足價廉，故改良機器實爲最要之事。其餘則勤换燈頭，裝用電表以補助之。機器一良，生電易而發光足。裝用電表按值取價，用户自然稱便，勤换燈頭亦整頓光力之一法。若是則人人歡迎，煤油、洋燭之銷路必漸形退步，即暗中又可杜利源外溢之弊。凡此所言皆會辦調查所得，罔知顧忌，覼縷上達，越俎代謀殊嫌無謂。惟電燈本爲生利極厚之營業，各國電廠雖限以嚴律，尚可歲獲鉅款，即天津、北京等處行之亦屬盈多絀少。吉省電燈處以創辦未甚得法，致公家賠累至今，然長此終古究非善策，故不辭冒昧效千慮一得之愚。倘蒙采擇施行，實爲公便。恭肅寸稟，虔請鈞安，伏乞垂鑒。祖善謹稟。

吉林行省批：稟悉。據陳吉林電燈處辦法未善，及所擬改良各節，具見留心時務，殊堪嘉尚。候札行電燈處詳細研究，設法改良可也。此繳。

宣統三年正月二十二日

天津市檔案館《天津商會檔案彙編（1903—1911）》上册《華昌火柴有限公司陳炳鏞爲官街被占出貨進料受阻事稟津商會文宣統三年四月二十八日》 具説帖人華昌火柴股分有限公司總理陳炳鏞侵越官街，有礙交通，叩懇函請工程局憲丈量，以利行人事。

竊敝公司門前有官街一道，現有張姓修蓋房間於大門之外，似乎越占官街，此雖非敝公司權限內應問，然以出貨進料往來物件龐大，裝運殊多窒礙，將來大號機械到時，搬運尤恐不便。且此道爲合村咽喉，而村中貧民多數在公司充當工役，倘任其截斷官街，梗塞要路，不但妨礙行人，實於公司商業與村民生計，俱受損累。況敝公司（繼）［際］茲擴充人工需數千人之衆，即令門道出入，已苦擁擠，加此冲塞，倘有不測，尤關多數生命，前途危險，良足寒心。伊雖領照，突然建築，以掩耳目，想工程局憲未經勘丈，或爲所蒙。且查街南之地，係屬吴姓，倘吴姓同時起蓋房間，則不特敝公司搬運道路窒礙更多危險，且官街置之何所，爲此叩請貴會察情，函請工程局憲勘量清楚，以利行人，而維商業，實爲德便。所具説帖是實。

天津華昌火柴股分有限公司

津商會批語：候即據情函請工程局查照辦理，奉復布知。

天津市檔案館《天津商會檔案彙編（1903—1911）》上册《鹽商李寶恒投資麟記烟卷公司裕德煤礦等實業情況宣統三年四月至九月間》 具説帖商人李寶恒爲據實陳明，懇請備案事。

竊商自經鹽務風潮，業將商欠外商款私債報明貴會在案。惟内中或因周轉不靈，或因催討過緊，不得不以産業作抵，以昭信用。茲將商押抵於各户産業另列清單粘呈於後，伏乞總會憲大人恩准備案，實爲公便。

計開：

經司胡同住房一所，押在麥加利，又轉押康利行。

恒德李房契押在詒安堂查、思貽堂方。

麟記烟卷公司股票，洋三千元押在詒安堂查。

北洋保險公司股票，銀二千兩押在培德堂。

裕德煤礦公司股票，銀一萬兩押在詒安堂查錢誦記。

大清銀行股票，銀一千兩押在三槐堂。

北京自來水公司股票，洋五百五十元，押在錢誦記。

歐洲豆腐公司股票，洋一千五百元，押在錢誦記。

京引公櫃分年股札，銀六萬五千兩，押在中正堂。

吉林省檔案館等《清代吉林檔案史料選編（工業）》下册《阿城縣關於恒發裕麵粉公司産量給勸業道的電報宣統三年五月初一日》 勸業道鈞鑒：

宥電敬悉。遵即查明縣城恒發裕麵粉公司帳目，每月出面二十七萬斤，通年除修理機器須停工兩月外，共二百七十萬斤，按月本地銷售及十萬斤，通年運往外城各處約六十三次，每次以一百八十包，每包一百五斤，計年銷一百七十萬斤左右，約需運單六十三張，乞查核辦理。

查前電接管卷内遺失，飭由電局抄來，合併電覆。代理縣張曾榘稟，東。

吉林省檔案館等《清代吉林檔案史料選編（工業）》下册《阿城縣恒發裕機磨麵粉合資有限公司爲請發給暫免税釐等捐運單的呈文宣統三年五月初六日》 爲呈領給發暫免税釐等捐運單事。

竊職商於去歲在阿城縣創設機磨麵粉有限公司，已於是年五月十二日開辦，前報部註册領照在案。復於是年十二月間稟請援案，自宣統三年五月十二日起，扣至八年五月十二日止，免納税釐等捐五年，已蒙督、撫憲批核。與農工商部前准華商機器麵粉公司，凡有運單者准其暫免税釐等捐，既與成案相符，自應照准此項運單，應由勸業道刊發咨送各省及本省關局立案。該公司應即赴道領單運銷，以符定章等因。遵此，惟敝公司前報部之規章，擬定所磨麵粉均以俄鋪得計算，每一晝夜磨麥一千鋪得，出面粉七百鋪得。每鋪得計華秤三十斤，每月得麵粉二萬一千鋪得，全年除修理機器及小建、星期外，按十個月計算，共得麵粉二十一萬鋪得。每月在本街自行銷售及代售處約七八千鋪得左右，其餘分發各處。奈敝公司此係初次試辦，未卜各處銷路如何，有時晝磨而夜息，如一日磨麥五百鋪得，出面粉三百五十鋪得，每次外運若干，各省各埠能否銷售若干，實難預定。并且哈埠與該城地界毗連，俄人火磨林立，日勝一日，亦難免受其影響。故所運往各處能否暢銷，尚不得其定數。然此項運單勿論本地銷售若干及外運若干，均請給發空白臨時填注數目，以免拮据而廣銷路。包年計算，約需百張之譜，如不敷用，再行呈請補發。爲此相應具文，呈請道憲查核給發，以憑遵守，運銷施行。須至呈者。

《兩廣官報》第三期《督院張准農工商部咨本部核准奉天利用公司創造石棉紙一項堪資應用請飭行銷緣由行東勸業道查照文》　爲札飭事。宣統三年五月初二日，准農工商部咨，宣統三年四月初八日，接據利用石棉紙公司花翎同知銜朱忠格呈稱，竊職商在朝陽府平頂山開採石棉，創造石棉紙利用公司，稟部立案，奉有准其專賣批示。查石棉紙通謂之大鷄毛紙，其性質不過電，不過熱度，不過冷度，凡機器鍋鑪得之則行，失之則止。現在興辦海軍，實爲萬不可少之貨品，中國無人創造，利源外溢久矣，而職商僅在三省專賣，不特貨品限於一隅，不能暢銷，抑恐終無以挽回利權，可否通行各直省之處，呈請核示等情前來。查該職商創造石棉紙利用公司，曾於上年十一月間，經本部札飭奉天勸業道查明，該職商所造石棉紙，實屬可用，並爲機器鍋鑪必需之品，當經本部核准，在奉天全省專辦三年，藉示提倡在案。茲據呈請通行各省，一律行銷各節，應即照准。除批示外，相應咨行貴督查照可也等因。到本督院准此，合就札飭，札到，該道即便分別移行查照，毋違此札。五月初七日發。

吉林省檔案館等《清代吉林檔案史料選編（工業）》中册《濱江廳爲查明電燈公司副董鄭連升被控的詳文宣統三年五月十八日》　署理濱江廳同知爲詳覆事。

本年三月十七日奉憲台札開，據付家甸耀濱電燈公司衆商股等稟稱：竊等自宣統二年十月下旬至十一月二十七日止，公同將耀濱電燈公司總、副兩董舞弊各節屢陳在案。屢蒙批查追辦，而舞弊者仍復安位舞弊，總未將查法辦法揭諭周知。商等本擬據情再陳，祇以疫症盛行，未敢復瀆，延至今日其弊更難設想。若不急行查究，將來不但官商兩項款盡飽私囊，尤恐本埠別頂公司，觀此舞弊道遥致起傚尤之漸，其貽害於商等尚淺，其貽害於公家良深。爲此不揣冒昧，仍懇仰體公款，俯恤商資。商等前後所稟情形暨明章程與指查節略，調卷詳核從嚴究查，以維公司而興實業等情。據此，除批此案迭經於前署道批札濱江廳徹查核議，迄未據復，候即札催，速將查辦情形據實詳奪。至該公司總董慶委員喜，前因調充一面坡交涉分局，委員離哈亦經於前署道批廳，轉飭該公司另舉妥人接充。何以迄未遵辦，着與副董鄭連升一並更換具報，以期積弊廓清，認真整頓可也。此繳。等因。牌示外，合亟札催，札到該廳，即便遵照先今批札事理，迅將此案查辦情形據實詳覆，以憑核奪。案懸已久，毋再稽延。切切。此札。等因。奉此，遵即諭飭該公司，另選總、副董，及查原稟僅稱衆股東並未具各人姓名，究竟是何全體名義，抑係一、二人之私見，當經移商會確查。去後據牒復内稱：以敝會遵即知會該公司，定期約集股東籌議辦法，開會兩次，均蒙憲台親莅面諭，以原控情形係指總、副兩董舞弊，等情。當按照商律辦理，則應先舉查賬員二名，將賬目清查，究竟有無弊端，再行核奪，衆股東皆以爲然。惟王喜貴要求須全體股東查賬，有當場駁其無此紛擾辦法者，復經憲台酌定，令其公舉三人，乃投票舉定永和長、永德堂、王喜貴三名，得票多數，當擔任查賬員。而王喜貴仍復臨時翻悔，致股東各散，所議所舉皆歸無效。敝會以該公司經理既係衆東公舉，定章任事一年爲期，如其果有私弊或有不能勝任，自應認真整頓，則在股之人皆有糾查舉告之權，無須聯用全體名義亦有效力。現經敝會遵照憲飭，調查商股之中究竟有無聯名控告，皆令按名自行簽注，知與不知字樣加蓋圖書爲憑。刻查所簽名單係不知者占居多數，既非全體股東聯名控告，又復破壞公舉查賬人員，不知王喜貴其意何居。除粘呈簽注名單備查外，呈請核轉前來。同知查副董鄭連升經理電燈事務，被人指責多端，微論事之有無，自應徹查以求水落石出，而該公司股本以商家最占多數，又不能不由商會公舉妥人，明查賬目暗訪輿論，乃獨股東王喜貴阻力横生破壞公舉。同知曾兩次親造商會，邀集衆股東談洽之際，咸以鄭副董經理司事不遺餘力，未聞有何弊竇，是王喜貴以私意誣陷垂涎董事已顯然可見。此次經同知眼同商會舉其會同查賬，猶復百般阻撓，致使衆意怫然。況攻訐者本非衆意，被揭者望甚允孚，可否懇請憲恩，將該副董被指各節，毋庸置議，以慰衆望。

再該公司前慶總董喜調差，遺額由同知即飭商會會同股東另行選舉，以俟得人再行呈請委充，以專責成而資整頓。理合抄粘原來簽注名單，具文詳覆，憲台鑒核，伏候示遵施行。須至呈者。

吉林省檔案館等《清代吉林檔案史料選編（工業）》中册《吉林旗務處工廠爲請奬工師及藝徒准充工匠的呈文宣統三年五月二十一日》　爲呈請事。

竊維工藝振興要在推行之盡利，而教授得法尤宜奬勸以酬庸。查本廠創設宗旨，原以教育旗丁自謀生計，俾得各精一藝，學成後輾轉流傳，以期普及全旗爲主義，固非僅爲此百六十人衣食計也。溯自開辦至今已幾二載，賴創始者之煞費經營，各工師之盡心訓導，各科藝徒學有成績者頗不乏人。刻下各外城旗亦知旗丁之生計，宜籌工藝之收效最速。間有設立工廠之處，但所需工師、匠目若延聘於里省，則必多耗薪資，若遷就以拙工，又恐難期發達。擬請飭下各城、旗創興工藝之處，如有織、染、金、木、革工、縫紉等科，可以就近延訂省城工廠藝徒充任工師、匠目。一則可省各城之經費，二則可望實業之振興，三則可作省廠藝徒之志氣。一舉而數善兼賅，似於工藝前途可期發展。至於本廠工師人等類皆延自津、沽，二載於茲殷勤教授，各科藝徒多所成就，似未便没其微勞。擬請准予立案，俟年終擇其始終不懈者酌給功牌外獎，以昭激勸而答辛勞。職爲振興實業鼓勵人心起見，是否有當，理合備由具文，呈請憲處鑒核，批示遵行。須至呈者。

吉林全省旗務處批：據呈已悉。查實業之振興端賴辦理之得法，而藝徒之進步尤須教授之有方。該廠長擬請獎殷勤教授始終不懈之工師，俟年終酌給功牌外獎以昭激勸，自應照准，候交生計科備案。此批。繳。

宣統三年六月十三日

吉林省檔案館等《清代吉林檔案史料選編(工業)》下册《吉林勸業道爲遵飭發給阿城恒發裕麵粉公司運單格式的申文宣統三年五月二十七日》 吉林勸業道爲申報事。

竊職道於宣統三年二月二十四日奉憲台札開，度支司案呈，據吉林商務總會詳稱，據阿城恒發裕機磨麵粉公司總、副司理富凌阿等呈稱：爲請予援案暫免税釐等捐，以示提倡實業而便争挽利權事。竊職商於去歲在阿城組織機磨麵粉公司，業經於今年五月間，遵奉就近稟由阿城商務分會轉詳報部註册。先行試辦七年，當蒙允准發給執照，於十二月初間呈領在案。溯自開設後，購麥售面有七四釐、九釐斗税各項，並營業税四釐、勇捐、警費等名目，每斤麵粉捐税等項，需中錢四成有餘。在國家維正之供及地方新政之需，職商何敢自異，據請邀予寬减。第處此商戰時代，外人攘我利權，幾於茹膏吮血。近幸朝廷鋭意圖强振興實業，列憲極力提倡，保護維殷。職商有見於此，庸敢握拳透爪。經營一載粗具規模，惟阿城逼近哈埠、雙城、一面坡各處，爲俄商火磨林立之區，獨職商一家起而攘背直争。值此税捐繁多，設價昂於洋商，勢不啻爲淵驅魚，爲叢驅雀。即使價與相埒，又恐商民團體未堅，或有心艷洋商之繁富趨之若鶩者。而在職商將利權争挽之初心，反大受虧失，矧俄人購麥售面於鐵道上下游，從不聞有各項税捐者哉。

伏查光緒三十三年九月間，商部准税務大臣咨稱，所有機製麵粉自八月起，一律定限免征税釐五年等因。當已咨行轉飭關道知照在案。凡内省阜豐、海豐、永豐、裕亨各麵粉公司，業經均予援案暫免。職商所創公司，與南省事同一律。可否准照成案自宣統二年五月十二日開辦之日起，扣至宣統七年五月十二日止，將税釐等捐一並從寬暫免，俾商力得以少紓。並援吉省同利機磨麵粉公司之辦法，每至年終無論是否獲利，擬定報效國家課銀八百兩。遵照官行每兩按官價三吊三百文合錢交納，届期此項如數交至本城商會，或聲明稟請酌交，是以懇乞詳明督、撫憲，咨請商部，轉咨行税務大臣及飭下度支司各關道，並阿城統税局縣屬一體知照。如蒙恩准，應請發給暫免釐税等捐執照而昭遵守。以便職商藉紓財力，將麵粉推行於哈埠，伯力及俄境東海濱各鉅鎮，庶外溢之利權逐漸挽回，而衆商觀感知奮，不慮繼起無人，共獲商戰優勝地步，以上副國家振興實業殷殷圖强之至意。所有援案呈請暫免釐税等情緣由，是否有當，理合備由肅稟，伏候示遵施行。爲此敬請鈞安，伏乞垂鑒，等情。據此，查該商等前次湊集股本十二萬元，在阿組織機磨公司，呈由該處商會驗明股本，轉呈職會復核。所擬章程大致尚妥，呈奉農工商部批准註册，發給執照，業經轉發在案。茲據呈請援案暫免捐税各情，職會查吉省商智不開，商情涣散，僅知安常蹈故以買賣爲營業，非特不足與外商勝，即無外商之攘奪，值此商戰時代亦不免資本日絀商業日凋。近來風氣漸開，間有集合鉅本組織公司者，但非官府設法提倡保護斷難發達。茲該公司因阿郡附近，哈、雙各處俄商火磨林立，税輕價廉，恐購之者舍此就彼，殊與營業有礙，自屬實在情形。擬請援案暫免捐税，仿照省城同利火磨公司辦法，按年無論是否得利，報効課銀八百兩。每兩按前定官價折錢三吊三百文呈交，係爲抵製外商保獲利權起見，擬懇憲台恩准咨商，以示維持，藉資提倡。是否可行，除移行度支司外，理合詳請批示祇遵等情。到本大臣部院。據此，除批據詳已悉。查省城同利公司股本尚未招齊，並未批准免税，阿城恒發裕機器麵粉公司既經奉部註册給照，據請自宣統二年五月十二開辦之日起，扣至七年五月十二日止，免納税釐五年。核與農工商部前准華商機器麵粉公司凡有運單者，准其暫免税釐成案相符，自應照准。此項運單應由勸業道刊發，咨送各省及本省關局立案。候抄湖北勸業道給發運單格式，札飭勸業道遵照辦理。該公司應即赴道領單運銷，以符定章。至於該公司買麥及各種糧食，仍應遵章報納斗税，未便與麵粉並論免征，以示區别。並准於五年期内無論是否得利，每年報效官價銀八百兩，呈繳阿城統税局收解，度支司備拨公用。仰即遵照。此繳。等因。印發外，合將湖北勸業道給發麵粉免征運單格式，抄粘札飭。札到該道，即便遵照，辦理具報，並移度支司查照，毋違。切切。特札。計札發運單格式一紙，等因。奉此，遵即擬辦間。復奉憲台札開，本年四月十四日准欽命督理税務大臣咨開，宣統三年四月初四日准農工商部咨稱，據吉林商務總會呈，據吉省同盛機器磨面公司總理馮慶年稟稱，集股本四萬元，就西關外馬神廟同利麵粉公司地基房産機器等項，改名同盛機器麵粉公司，從新整理，冀挽利權。計購麥售面，並營業税、勇捐、警費各項，每面一斤，捐税需中錢三成有餘。職商查詢阿城、哈埠、雙城、一面坡等處，洋商火磨林立，所有購麥售面未聞納各項税捐。又查光緒三十三年九月間，農工商部准税務大臣咨，所有機磨麵粉自八月起，一律定限免征税釐五年，等因。凡内省阜豐等公司，均經援案暫免。職商所接辦同盛公司與南省及阿城恒發裕機器麵粉公司事同一律，可否准照成案，自宣統三年四月初一日起，扣至宣統八年四月初一日止。除遵章報納斗税外，請將此五年内捐税等項一並寬免，俾商力得以少紓。並懇轉咨税務大臣，飭下度支司關道及吉林統税局，一體遵照，乞核示遵，等請。酌核見復，等因前來。查各處機器製造麵粉暫免税釐，前經本處酌定，凡由通商此口運往彼口，照章取具保結。其運入内地者，無論華洋廠所製，均由轉運華商赴關卡報明，填給運單，沿途各關卡查無夾帶影射免征放行，等因。通行遵辦在案。今同盛公司運銷機製麵粉，自應准其援照成案辦理。惟免税年限原定自光緒三十三年八月起，免征五年，係屬普通期限，該公司亦應一律遵照。所請自宣統三年四月初一日起，扣至宣統八年四月初一日止，爲免征五年之處，與前案歧異，礙難照准。至所稱購麥售面，並營業税、勇捐、警費各項，請一並寬免，等語。查機器磨面暫免税釐本有成案，各處麵粉公司並無免及土麥税釐等事。此節應毋庸議。除分咨外，相應咨行查照可也，等因。到本大臣部院。准此，查機器磨面免納税釐，部定普通年限，即自光緒三十三年八月起免征五年。所有阿城恒發裕機磨公司，應即恪遵部章，扣至宣統四年八月初一日止，爲免納税釐之期。前據呈請批准自宣統三年四月初一日起，至八年四月初一日止，爲免征五年之議，應即取消。至該公司購麥斗税並遵前案照章報納以示區別。除分行外，合亟札飭。札到該道，即便轉飭遵照辦理，毋違。切切。持札。等因。當經遵照移行商務總會，轉飭知照在案。茲已刊就運單，發交阿城縣，轉發該公司領填，並仿照湖北發單辦法，所有刊印運單紙張印紅工料等費，即由該公司每張繳價大洋一元，呈請分别咨札，並由道徑行移札外，理合檢同運單格式，申請憲台鑒核，備案施行。須至申者。

吉林行省批：如申備案。繳。運單存。抄由批發。

宣統三年六月初一日

天津市檔案館《天津商會檔案彙編（1903—1911）》上册《津海關道沈爲涌源麵粉公司改用鋼機麵粉運銷外埠請援案免税事照會津商會宣統三年八月六日、九月八日》 津海關道沈（金鑒）爲照會事。

本年八月初一日奉北洋大臣陳札開，七月二十五日准税務大臣咨開，宣統三年七月十六日准農工商部咨稱，據職商王祖壽稟稱：天津涌源麵粉公司前經報部註册在案，現籌改良辦法，另購全部鋼機，所出之麵粉較從前石磨，不僅潔白，更裨衛生。惟出麵既高，勢必通行外埠，第恐關卡爲難，可否援照海豐等公司成案，暫免税釐，以昭平允，而輕成本等情。應咨行核復，等因前來。查各處機器製造麵粉免税年限，前經本處核定，自光緒三十三年八月起，免征五年。又填發運單，亦經本處核定。凡係華廠所製，除由通商此口運往彼口，照章取具保結，無庸發單外，其運入内地者，由各該公司遵照本處前頒單式蔓批印刊填號，送由商會轉呈關道加蓋關防，截留存根，發還商會，按月由各該公司具領填運。沿途各關卡，查無夾帶影射即予放行。俟抵運銷處所，呈由經過最後關卡繳銷，仍一面將填出省分、埠名、件數、斤兩、號數，按月呈報關道，以憑查考各等因，先後分行轉飭遵辦在案。今天津涌源公司用機器製造麵粉，事同一律，所有免税年限及填發運單，均准照本處核定成案辦理。除分行外，咨行查照，轉飭所屬遵照可也等因。到本大臣准此，合行札飭，札到，該道即便遵照辦理。此札等因。奉此，除函致新鈔兩關税司查照並咨會外，相應照會貴商會，請煩查照施行。須至照會者。

右照會天津商務總會。

津海關道陳（瑜）爲照送事。

本年九月初四日准貴商會移送涌源麵粉公司運單一千張，請截根蓋印發會給領等因。准此，查前項空白運單，若由本道先將存根截留，將來該公司所運麵粉若干，無從稽查。相應將前項運單蓋印，連根照送貴商會，煩爲查收轉飭該公司按月具領填運。填出省分、埠名、件數、斤兩、號數按月呈報，並將存根隨時填明，按本移送，以備查考，望切施行。須至照復者。

計照送運單一千張。

右照會天津商務總會。

吉林省檔案館等《清代吉林檔案史料選編（工業）》中册《吉林全省旗務處爲工廠監督劉晉藻遺差廠長劉元凱接理的札文宣統三年六月十三日》 爲札飭事。

生計科案呈，案查本處呈稱：現查旗務處工廠監督劉晉藻另有差委。遺出工廠監督一差，本應另行揀員呈請派充，惟查於火災之際，旗務工廠分售所被焚，損失貨品資本甚鉅，以致經費竭蹶。擬請將劉晉藻所遺監督一差暫不派員接充，即由該廠長劉元凱妥爲接理，以期節省而資整頓。職處爲節省經費起見，所請是否有當，理合具折呈請憲鑒，批示遵行等情。奉督、撫批：照辦。等諭。奉此，合亟札飭，札到該廠長即便知照可也。此札。

吉林省檔案館等《清代吉林檔案史料選編（工業）》下册《代理巡警局長吴兆毅爲監盤工藝教養所交代清結的稟文宣統三年六月十五日》 敬稟者：

竊知府前奉憲台札開，案查工藝教養所新舊坐辦交替，所中一切款項及原料、成品絲毫爲重，飭委知府監盤。照地方官交代，將所中現存鋪墊器具成本及各科成品庫存、原料、出入款項，三面會算估計，交接清楚，分造詳細清册結報。

又奉憲諭，教養所屢起風潮，成本已無，現款難以續辦，一並查明，據實呈覆，各等因。奉此，知府遵即到所，會同和守及前坐辦李令原委之會計及各科科員，按照各員經手所開清册，逐一點明鋪墊傢具成品原料，尚無短少。惟成本所存並無現款，只存未售成品及用剩原料，册報九萬餘吊，核其價值亦屬相符。惟用剩原料册報一萬八千餘吊，名色已不完全，且不能悉數適用。按照營業性質，和守因其徒壓成本，欲按折接收，以免將來虧折，亦固其宜。第李令鋭意創辦分科並營，意教在養。籌備之始，勢難計何項適宜，何項不合，以致餘存料件不免間有廢棄，尚係因公之過。應懇憲恩，將李令所存原料准其移交和守接辦，照原價分別摻用。其必不可用之料，營業家所謂底貨，此次先行立案。將來和守如有更調，即可照收照交，日後積有餘利，准提二成抵銷廢料之用，似更周妥。至李令原報餘利二萬五千吊並無現款，在該令係就購存物件及未售成品，各科庫存原料各項統計而言。雖册報之品料九萬餘吊之數，查對尚屬相符。批准應行給發各員之款何從籌給，和守接辦伊始勢難憑空墊此鉅款。李令交代轇轕，和守接手繁難，均在於此。至於該所如就教養而言，則所中費用均爲藝徒起見，但即成本與售價比較，月有盈餘。若就營業而論，則連所中日用經費計算，尚多虧折，安有餘利。李令遽將紅利呈報，未免意圖見好，迹涉鋪張。説者謂李令所定價值臨時抬高，偏加查詢尚無其事。且和守接收以後，售品處已售物價約及五萬吊，均係前坐辦移交物品，大半照原定價目出售。即此一項揆之，似尚無臨時漲價之弊。惟所辦鐵科，原定商辦，繼改爲官商合辦。先盈後虧，雖經李令報明有察，但上年該科所報得利三千餘吊，悉數歸入官帳。商辦不過試行，並未提分餘利，而所存物品似較現時市價稍昂，將來賣出似須虧本，難怪和守憚於接收。追其原由，因工廠全係藝徒糟蹋，用料太多，以致成本較重。秉公估計，所存生、熟鐵料册報四千餘吊，須按八折核算，其中虧耗八百餘吊，本可由得利項下彌補，惟業已呈報有案，擬令李令賠繳，以免虧折。

若該所屢起風潮一節，查該所員司工師賢否本屬不一，李令平時督率太嚴，不無招怨之處。此次請分紅利，其得款較少之人又心懷不甘，從中鼓惑。更以公積餘料變價三千四百餘吊，如數歸公，故始而藝徒妄告，繼而員司各有後言。雖起種種風潮，尚無實在弊竇。惟公積名目係由製品節省餘料，一絲半縷蓄積而成，在李令恐工徒妄費原料，故立此法，然監察不周，或不免多領原料之弊，似宜更定。

至該所現無成本難以續辦一節，查該所奏准原案本以廟産作基本金，因度支司應發建築一項未曾照撥，以致廟産變價錢挪作建築之用，而成本一無所有。李令向官帖局所借之四萬吊本屬不敷，應請憲台查明奏案，速向度支司移商，將前項應撥之款照數籌撥，以資周轉。否則停工待款坐食堪虞，其中耗費誰任其咎！若夫常年經費，原奏以屠獸捐、地皮租並現歸經征局協濟之。從前軍道兩轅書吏津貼銀兩，在當時不敷無幾，現在屠獸捐驟形減收，經征局停止協濟，則每月不敷約在四五千吊。日積月累，勢必將售品價值俱充日用之費。後患正長，應請憲台設法磋商，將經征局一款仍就給領。其屠獸捐由巡警局整頓另行具報。而目前該所先應格外撙節，就廟産内自行籌措，免致久而益虧。以上各節係遵飭查明之實情也。抑知府更有請者，該所創辦之初，誤將教養營業兩種性質合併爲一，種種障礙即從之而生。似宜於此時明言宗旨，另訂章程，以期經久而不敝。現與和守再四研商，此後該所即應專辦教養，寬籌常年經費，而以成品售出之餘利爲之補助。資本金一項，俟籌得之後更應專款存儲而爲購備原料之需。所中科目擇其易售有利者，如：木器、縫紉、鞋靴、織染等科，均係確有把握，應即接續辦理。其餘獲利較少之科，即應概行從緩。其辦事之人宜切實更換，少用員司，另延老成樸實商務中人方爲合格。一切辦法務取簡易，無事鋪張。凡各科做成品物，按照工本入帳登記，所中售品處改爲陳列室，以儲成品之精良者，供人參觀，只須用妥人典守之。其售品則於勸工場成立時分類列入出售，只用商業中人照料，登記出入，按月截算，由餘利項下提取幾成，分別工師人等勞績及藝徒勤惰，酌給獎賞。將該所原定之紅利公積暫時停止，免滋口實。蓋售品處須按營業性質辦理，而該所則宜比照學堂規則，工師藝徒只可擇優獎勵之，不可言提分紅利也。仍宜於餘利中提留幾成，作爲護本金，以防意外之損失，並以彌補不足，界限清而謡諑不生，庶不致再起風潮矣。倘專重教養，則仍以分科並習爲宜，惟須多延高等工師，尤須寬籌本金，方足以資周轉。

至於采辦原料審計出入，即責成坐辦一人。坐辦亦無須避嫌，另派員司反添障礙。用人愈多，董率愈難。以李令之明練，此次因公來省，三面盤查，尚自咎用人不能悉當。今欲費省而事舉，誠不若以單簡出之。一偶之見未知是否可行，如蒙采擇，再由和守酌核情形，另擬詳細章程，呈請憲台核示遵行。除各項册表由李令移交和守接收具報外，所有奉飭監盤工藝教養所品物款項，並確查屢起風潮各節暨附陳管見緣由，理合據實禀覆，恭請鈞安，伏乞垂鑒。

虞和平等《周學熙集・致吉林度支使徐錫臣函》 弟前創辦啓新洋灰公司，數年以來，行銷極暢。湖北水泥廠，前有合併之説，嗣以索望太侈，經本届股東會議决作罷，所議遂寢。股東多人，旋復協商，擬用間接方法收回，已由劉少雲兄函托饒炳文兄，相機酌辦。弟於養田兄過津晤談時，亦面托轉懇大力相助，而啓新股東以均無消息，盼望甚殷，多有囑弟探詢者。但此項辦法，屬在秘密，未便陳諸竿牘，迫於促請，因思忝在知交，敢以書貢，並將股東所擬間接之策，另箋録呈台覽，一切情形，計養田兄均已詳達，不再贅述。務乞賜以秘密其辦法大概，並希惠示數行，無任感盼之至。

虞和平等《周學熙集・致詹天佑函》 弟經營實業，綆短汲深。啓新洋灰，貨美價廉，早邀鑒賞。上年擴充新機告竣，出貨倍增，經化學師考驗，各種成色，更有進步，與原出之灰均臻妥善，其精美實爲中國冠。我公綜理粤漢，道綫延長，需灰繁鉅，值斯建設時代，開工計期不遠。按從前京張、張綏需灰，均係執事主持訂用，現在粤漢工程所需，或請先訂一長年合同，當飭敝公司將在粤交貨價值格外核減，開報以後，遵照需灰時日先期發運照交，以應工需，而盡交誼。公維持華貨，夙抱熱心，所請必蒙俯允辦理也。即祈卓裁示復，俾便遵辦，無任感禱。

吉林省檔案館等《清代吉林檔案史料選編（工業）》下册《吉林工藝教養所宣統三年六月份收支及各科購料占款數目清册宣統三年七月初九日》 實在：

虧存項下：

一、除收入核銷下虧錢十七萬一千零二十四吊五百一十九文。

一、存織科除本净得餘利錢六千三百六十三吊一百六十三文。

一、存染科除本净得餘利錢二千九百零六吊零六十九文。

一、存靴科除本净得餘利錢二千二百五十一吊八百二十文。

一、存縫紉科除本净得餘利錢七千五百七十吊零七百四十文。

一、存木科除本净得餘利錢四千三百二十四吊六百八十三文。

一、存鐵科除本净得餘利錢一千三百三十二吊二百七十六文。

一、存釀造科除本净得餘利錢一千零六十四吊三百九十八文。

一、存生鐵科除本净得餘利錢二百四十八吊八百五十五文。

一、存公積餘利錢四十二吊二百零八文。

以上十筆，共虧錢十七萬一千零二十四吊五百十九文，存錢二萬六千一百零四吊二百二十二文。

虞和平等《周學熙集・致徐錫臣函》 承示湖北水泥廠一節，查該廠外債極鉅，機件不完，辦理失算，虧累日深，今春程聽彝曾託人浼啓新收並該廠，彼時派華洋工程師前往切實勘估，只值銀七十餘萬兩，而聽彝竟索至現款一百五十萬，並另索紅股二十萬，共合一百七十萬，離奇太甚，是以未與開議。現在如由弟處發端，彼必仍事居奇，决難就緒。昨聞揆初兄言已有部文嚴追該款，竊恐鋌而走險，勢必唆使外人出而干涉，該廠本有外債甚鉅，不特尊處款難取償，即敝處收並，亦難着手。如今之計，欲圖穩着，惟有仍由尊處先請撫憲以現經灾後需款緊急爲言，選派幹員，並電調敝廠工程師隨同前往切實根查究竟，該廠産業實值若干，能否敷抵官款，俟查明後，再由撫憲責令啓新認款接辦。如此則一了百了，不致别生枝節。惟此事機宜速，夜長夢多，弟爲啓新計，亦爲尊處計也。尚祈便中密禀撫憲核奪，如蒙首肯，祈先示復，俾有遵循，實深禱幸。

虞和平等《周學熙集・禀直隸總督陳夔龍文》 總理啓新洋灰有限公司周、代辦協理啓新洋灰有限公司孫謹禀：

大帥鈞座：敬禀者，溯職公司收回自辦，由前津關税務司德璀琳，向開平英人磋商出力，曾索職公司酬勞銀二萬兩，當禀奉前督憲諭：俟開平交涉了結後，如無虧損，即可量予酬勞。嗣於上年五月，因該税司來函，重申前請，經總理呈手折，可否照給兩萬元，抑或先給一萬元。奉憲台批示：准先給一萬元等因。遵即在直隸省銀行備存該税司酬勞款内，先行提給一萬元，由該税司具領，並經稟復在案。現據該税司函索此項尾款，詞意甚切，並云於事件不無裨益等語。總協理伏查開平之事，近日與灤行協商頗主和平，似該税司不爲無力，擬請憲台札飭直隸省銀行，將前項存洋一萬元照數撥回職公司，以便轉給具領，而清轇轕。是否有當，理合稟請大帥俯賜核飭批示祗遵，實爲公便。前肅寸稟，恭請鈞安，伏維崇鑒。謹稟。

宣統三年九月廿一日

〔附〕欽差大臣辦理北洋通商事宜都察院都御史直隸總督部堂陳批：據稟已悉。該税司酬勞尾款，是否由銀行備存候撥，仰候札行直隸省銀行查案詳奪。此檄。

虞和平等《周學熙集・在股東特別會上的報告》 按本公司向係華賬，只有中國查賬員鈎稽核定，無外國查賬人簽字，是以股票不能向外國銀行押款，前經董事會議定改用洋曆結帳，並繕華英文合璧簡明賬册。以後刊佈華洋賬略，延外國著名查賬人，查核簽字，以昭信用。

王栻《嚴複集》第三册《與盛宣懷書》 宫保執事：

一昨晉謁，將化驗所情形奉稟，並請將前派督率該所一節收回成命，未蒙允許。頃聞宋生致長復來，知其中尚有種種爲難之處，謹不避煩瀆，再爲左右陳之，伏惟垂察。

查敝處未奉鈞劄之先，化驗所固已存立，然非幣製局之化驗所，乃通阜司之化驗所。故其所有執事之人，作派者乃度支部之堂官，主持者乃通阜司之司長，張奎爲之總辦，餘人爲之副手。器械、藥水彼已購齊，經常、臨時皆已預算。凡諸種種，蓋已自成一局。當時宫保雖亦與聞，然不過紙尾一諾而已，非主體也。是以飭令化驗之人赴津，由華振考校，是否勝任，皆相約勿去，聲稱華振本事低劣，不配考驗云云。此其用意顯然可見。一旦由宫保發起，而派宋生爲之會辦，又派提調爲之督率，其必分爲兩起者勢也。今宋生所云種種及復所親見者，嫌疑之下不敢多談。但宫保明鑒，亦知其必行不去矣。但今者各廠成幣，陸續運京化驗，事甚繁重，照章皆必由幣製局抽驗合格，然後放行，似此齟齬，城恐必至誤事。鄙意宫保於此事聽之則亦已耳，若果慎重其事，則：

第一，在專責成通阜司，如可用，則責之通阜司長，如不可用，則委他人，不宜令一所之中，各有稟承，而無主腦。又化驗員無論何等，只應爲化驗員，不應有總辦、會辦諸名目，致令權限分不清楚。

其次，則所用化驗諸員，必應嚴申前令，飭其歸妥員考校出結，不得以得有外國中國學憑爲辭。化驗所是何等重地，豈容濫竽？如不應考，便無入所資格，此乃要著，不可忽也。

三、考校之人，必請西洋碩師。前言大學堂礦學化煉科教員額斯丹理必可用，考後可議延聘在所，充總化驗員，或但作化驗員之一。不必稱總，亦可臨時斟酌。

四、現通阜司中，化驗所地僅數弓，決不及事。京師化驗所乃化驗終極之地，自應比總分各廠所有爲精，今乃不及津廠遠甚。新所急須布置，惟布置必須精於此事之人。

五、嗣後購置器械、藥水等，應由化驗員開單，核准請款，不得自行徑買，致不堪用，而多誤事。

六、復年力就衰，舊學荒落，又學、海兩部之事，一時不能脱手，實不堪負此重任。且如果上開五條，一一辦到，亦不必用一知半解之人，如復者爲之綴旒，仍請公與遜敷貝子商量，另派他人，莫名感泐，草草肅達，伏維深察。即頌

崇安

提調嚴複頓首謹上

吉林省檔案館等《清代吉林檔案史料選編(工業)》中册《吉林全省旗務處爲在津購辦各項原料請直隸天津海關道發給免税護照的咨文宣統三年九月三十日》

爲咨行事。

案照旗務處工廠凡在天津購辦各項原料，照章請由直隸海關道發給免税護照，以利遄行。前已呈請東三省總督、吉林巡撫轉咨北洋大臣查照，札飭立案。兹有工廠分售所鋪掌張廷祥，復由廠派赴天津購辦各項軍裝原料，除由敝處呈請照數填給護照外，相應抄粘備文咨行。爲此合咨貴道，請煩查照，填給免税專照施行。須至咨者。

吉林省檔案館等《清代吉林檔案史料選編(工業)》中册《吉林旗務處工廠請領款項赴哈埠購料的呈文宣統三年十月初十日》 爲呈請事。

竊職廠稟稱，前因料品缺乏，曾經稟請撥款由分售所張吉雲赴津之便代爲購買。嗣經生計科將款籌妥，正擬匯津之時，適接津函，據稱津沽鋪商因南省變

亂影響所及，將所有貨物概行封存，暫停貿易等情。惟職廠各科需用料品甚急，勢不能停工久待，擬請憲台飭令生計科，將前籌之款撥發銀一千兩由職廠承領，交由俄商在哈埠代爲購買，以便發科工作，免致虛耗時日。職等實屬因公起見，是否有當，理合稟請憲台鑒核，飭發批示遵行。當蒙憲批准由生計科借撥銀一千兩，由哈埠購料之用，等因。奉此，自應遵批派員承領。除另具印領外，理合備文呈請憲處鑒核，飭發施行。須至呈者。

吉林全省旗務處批：呈悉。所請成本銀一千兩應准核發。仰即備具印領，派員赴處承領可也，抄由批發。

吉林省檔案館等《清代吉林檔案史料選編（工業）》中册《吉林旗務處工廠宣統三年六月底止實存新品名稱件數價目清册宣統三年》　謹將本廠六月底截止，實存新品名稱、件數、價目分別造具清册，詳請鑒核。

計開：

一	洋襪	陸雙	合洋玖角
一	雜色布	叁塊	合洋拾捌元
一	二號毛巾	壹條	合洋壹角
一	花棋布	陸匹	合洋貳拾伍元玖角貳分
一	官尖靴	壹雙	合洋貳元肆角
一	緞皂鞋	壹雙	合洋貳元壹角
一	紅花絨方背椅	貳雙	合洋捌元
一	紅平絨空心木背椅	貳只	合洋陸元
一	四抽方桌	壹張	合洋陸元
一	黃色三抽長桌	壹張	合洋陸元
一	紅色三抽長桌	壹張	合洋柒元
一	紅色三抽長桌	壹張	合洋捌元
一	籐面空心木背椅	陸只	合洋拾伍元
一	黃色長方茶几	壹只	合洋貳元
一	紅色長方茶几	貳只	合洋肆元肆角
一	紅色長方兩層茶几	貳只	合洋肆元肆角
一	青呢軍褲	壹條	合洋柒元貳角
一	黃斜文單警衣	壹件	合洋貳元
一	廣沙皮夾靴	伍雙	合洋貳拾伍元玖角捌分
一	酒杯架子	壹個	合洋拾捌元
一	鏡臺桌	壹個	合洋拾貳元
一	紅色小炕桌	陸只	合洋玖元
一	布皂鞋	叁雙	合洋肆元叁角伍分
一	行皂鞋	柒雙	合洋伍元肆角貳分
一	行皂鞋	壹雙	合洋捌角貳分
一	花條布鞋	壹雙	合洋捌角伍分

以上實存新品洋貳百零壹元捌角肆分

上海圖書館《汪康年師友書札》第一册《尹克昌六》　穰卿我兄有道：

久不奉教言，渴念如何。九月二十日官制頒定，殊令人嘆息也。哀莫大於心死，當路之謂矣。慰亭宫保差强人意，觀近日朝旨，慰帥亦危矣哉。弟閑住至今，有如獲重咎以黜職者。雖欲屢空晏如，然餓死一人不足惜，得無喪忠良之氣乎？且下走自屏居後，仍以力圖社會公益爲事，三月到鎮，創辦商埠公司、寧鎮實業公司，皆所以圖自治籌富教也。今則一籌莫展，束手就斃，欲招股，則無一人信之。蓋下走此時一無能力、無職業之人格而已。是非不明，人才坐困，實目前敗失之點，豈一人之關係已哉。弟在粤以地方自治説進於西林，大拂幕賓初意，一再傾軋。後又見地方自治已爲北洋創辦，於是又以他説進，並利用其機關報以顛倒，西林竟爲所蒙，此弟近日之情形也。知關切注，用特縷告。專叩道安。小弟克昌頓首。十月初八日。

再玉帥到此，伍秩庸侍郎在署頗有公論。弟或可得一位置，亦不可知。又及。（十月廿一到）

上海圖書館《汪康年師友書札》第三册《黃遵楷三》　穰、卓公鈞鑒：

小住申江，邑聆塵教，令人增無量見識。《三碼電報便法》一書，原爲洋電至省而作，盛督辦許爲本國通行，故其凡例不欲登報，以其西文字母雖十字仍作一碼，大爲省費，不欲爲外人見也。然通行稍久，彼西人者亦能知之，故將內地辦法略爲更改，不必説破，出洋之報，仍吾前例也。祈將此稿乞我公改削，即飭敬堂用白摺式多繕一分，仍乞穰公持商盛公，聲明登報，並乞其准予自買，俾效西法專利者。勸煙台酒局，盛公既爲其奏請專利，則感甚感甚。拙稿數篇，先擇其有關世道者，載登一二，尤感。仍有數篇容再鈔呈。吳淞議不知代寄否？次亮先生處，容再有信，天氣嚴寒，手僵筆凍，故用外國墨水，亦便以存底也。餘後詳，即請撰安，並賀年禧。年小弟遵楷拜上。新正八日。

再，郵政既設，可毋庸再交信局，如此間全泰盛代收代送而報資竟未交來，殊可惡也。孫紹襄軍門捐助一百，業經交來，請即寄收單並函謝。款項容即交德盛匯來。

王爾敏《盛宣懷實業朋僚函稿》第一册《景文照致盛宣懷函十四》 杏蓀仁兄大人閣下：兩奉手書，敬聆一一。就諗藎猷益懋，允協頌私。試鑄銀錢以補銅錢之缺，設礦務學堂以造就人才，並延頭等礦師遍勘熟礦，擇尤開辦。又紡紗織布以敵洋産，皆當務之急，非此不足以濟官民之窮。執事魄力不小，即使一時未行，將來指能逐漸辦到。《經世文編續》輯者年内可定稿，已請晦若兄檢點傅相新陳奏牘，以便選鈔寄上。格式紙亦交去，種樹告示，當併鈔送。惟晦兄亦甚忙，甫欲檢點即又有他事只可放下，未知能尅期報命否？電工保舉先辦朝鮮一案，續辦東三省雲貴各案，與鄙議相同。全案告成，請賞頭品頂戴，實不爲過。惟格於定例，恐外間不便指請。若鋪敍勞績，出自特恩，則杜樞廷之關切矣。粤局已派陳君，既面諭與羅君和衷共濟，當免枘鑿。羅君甫有稟一函奉覽，此後如有更易，或即派羅君，尚望留意栽植。其弟與三今科北闈得中，傅相與同人甚欣慰也。傅相因勘鐵路感冒，風邪侵入頭面經絡，左眼發紅，視物喫力，左腮運動不能如常，口角牽向右歪，胃納少減，洋醫調治，兼旬未愈，大家頗勸另治，而傅相自信無妨。現擬望後請假廿日，今年不回省。淮軍似衛達三接統，刻尚未定。百合五十觔遠道相將，感謝之至，復頌台安不盡。弟照頓。十月初十日。

王爾敏《盛宣懷實業朋僚函稿》第一册《景文照致盛宣懷函二》 杏蓀仁兄大人閣下：春仲台從來津，暢聆壹是，並蒙惠珍物，感謝莫名。顧維勛秘增綏爲頌。弟庸碌，無善足陳。子梅處遵已去信。聞渠有四月間來津之説，如果能來，必至煙台一轉，可面談局務。此間鑄錢兼用機器，尚未議定章程入告。雲楣土法所鑄者頗佳，亦不多費。洋藥併徵事宜，津關已議詳，每箱仍開支外銷十六兩，出月即奏咨，再抄行東海、山海兩關飭辦。昨江海關接照津關請開支外銷十六兩，傅相已抄致尊處。該關每年進口洋藥約有萬數千箱，按每箱十六兩計，有廿萬左右，或農部未必遽允耶。昨聞粤捐六二折可辦，部飯、照費等項均在其内，又經手人有回用每千合五十兩。茲有故友孫子霖大令，名毓珍，擬由軍功候補班知縣捐海防分缺先補用，共折合實銀三千六百七十二兩，惟公砝化寶較庫平足色附加平色銀百數十兩。子霖集此鉅款已極喫力，此百數十兩竟難爲繼，擬求台端推愛准其按公砝化寶上兑。在渠固叨惠良多，而中間無經手人，尊處亦可省回用之費。至前項公砝化寶三千六百七十二兩，已交津城東街日興昌錢鋪收存。茲取該鋪蓋戳收條奉上，呈附履歷一紙，即祈誓收，迅賜辦理。倘能設法倒填月日，以防捷足，尤爲至禱。接信後乞先電復數字，俾免懸系。日新昌存項滙交何處，候示遵行。專肅奉懇，敬請勛安。惟希愛照不具。愚弟期景文照頓。三月廿八日。某公似静候遷擢，機關已撥動矣。

王爾敏《盛宣懷實業朋僚函稿》第一册《錢鑅致盛宣懷函七》 大人鈞鑒：敬稟者，正月杪在省晤楊綬卿兄，敬諗政躬安吉。惟以刁夫人之歿，頗不釋於懷，情動於中，安能恝置。然人生不過數十寒暑，曇花泡影，終歸於盡，蒙莊達觀，著養生篇，不能至其境，不妨參其意也。在省製素幛一軸，交便寄呈，作稟未及，諒已達到。二十日奉憲札，以王令條陳飭議，謹就管見所及，另稟呈閲。治河須留水櫃，此一定情勢，此稟乞轉達撫憲，一並飭委查勘，實於大局有益。捐款八十兩，當遵批解，交省城電局撥解歸款。前余逸齋刺史到縣，適在省城晤面後，述及要辦玻璃公司，並稟陳憲台章程十條，未知尊意可欲興辦？其運路去南路日照、贛榆、膠州，海口皆在五百里外，向北至新城、博興交界之素鎮，約一百六、七十里，可由小船徑達羊角溝。［原文衍：即去年運賑米河路。］蘭初承栽植，派往收税，該縣丞人尚爽直，必能力圖報効。附肅，敬請鈞安，伏祈垂誓。卑職鑅謹又稟。二月廿三日。

甘厚慈《北洋公牘類纂》卷一七《直隸工藝總局詳考工廠擬採購各省商品運津陳列酌定章程呈請立案文並批》 爲詳報事。竊查職局遵奉憲台諭飭，創設考工廠。上年曾函致各省官商，採購工業製品，運津分類陳列，計自開辦以來，各處運到物品，固已不少，而隨時銷售，所存無多，兼以創辦採票，銷路更暢，亟應隨時採運，方能周轉不竭，以資觀覽。現酌擬採購各省工業製品章程，分致各省商務局代爲採購，並經電商上海總理輪電事宜，楊京堂分飭沿江沿海各大埠輪電分局，代爲購運，接准覆電，允爲代辦，除分别函致，並俟物品寄到，隨時付價外，理合將所擬採購章程，照録清摺，具文詳請憲台察核，批示立案，實爲公便，爲此備由具詳，伏乞照詳施行，須至詳者。計詳送照録章程清摺一扣，謹將酌定天津考工廠採購本國各省工業製品章程九條，照録清摺，恭呈憲鑒。

計開：一，採取商品，以手工製品爲主，凡一類之中，擇其最精者購之，或非精品，而爲居常所適用，行銷最廣者，及價值格外便宜者，均可酌購，以備參考。

二，平常貨物而某處有一家獨馳名者，縱價值稍昂，亦當購取，以察其製作精良之處，究竟安在。

三，以本國材料仿外洋式樣所製者，宜取之。如能絲毫不遜外洋，固妙，即或稍差，而價較廉，亦須酌購，藉可考求改良，以期進步，而杜漏卮。

四，凡不仿外洋，而足以與外洋物品競美，或較尤利用者，皆當取之。

五，凡採購商品，須詳記其地名，字號，住址，零售批售價目，及每年大概産額，並行銷處所，又應完税捐，與外運水脚保險等費，凡可以考察者，當採辦時，均望一一詳記。

六，凡購取商品，輸運兑價均費周轉，應註明以後如有續購，應將信逕寄至何處，將來商品由何處寄津爲妥，以及到津後，如何匯還價欵，種種辦法，均望於第一次購取時聲明，以後照辦。

七，凡教育品物，須擇其精美特出者購取之，藉資考鏡，以便仿製，或更設法求精，俾得進而愈上。其餘一切普通教育品，則祇須記録出産情形，不必購運，以期省便。

八，應採商品種類如左：美術品（凡書畫雕刻等品）、製造品（凡陶磁器、玻璃器、玉石器、金銀器、鐘錶、竹木器、漆器、紙革、牙角等器，各項機器）、機織品（凡織染、刺繡等品）、教育品（凡書籍、文房具、照相具、度量衡測量用具、樂器具、天文、地理及聲、光、電、水、氣各等學，與理化等學各種儀器）。

九，各省官商製造，凡有合於上各採購之條例者，無論何時，均可逕寄至天津，交直隸工藝總局查收。零星者可將物品先寄；大宗者，可將名目價格開單函知，候冋信再寄物品。

督憲袁批：如詳，立案摺存。此繳。

甘厚慈《北洋公牘類纂》卷一七《工藝總局詳報考工廠開辦情形文並批》

爲詳報事。竊照職局所管之考工廠，自職道等接辦以來，督飭華洋員司夙夜興辦，幸漸就緒，已於八月初一日開廠。半月以來，觀者甚衆，購票入覽者，日千數百人、二千餘人不等，購買貨品，亦時有之，似此民智可期逐漸開通，而月餘之間，力籌開辦情形，以及擬訂各項條規章程，謹爲我憲台縷晰陳之。查考工廠初設之宗旨，原爲開通民智，提倡工商業之進步，必須羅列多品，啓人智慧，乃職道等接手原領開辦經費，祇剩一千餘兩，勢難再請開辦經費，故前陳由銀元局餘利項下按月籌撥經費銀一千兩，飭令格外撙節勤支，必令有餘，藉充開辦添置櫃架，刊印票冊，及一切創始各事之需，其由毛道經購貨物三千餘金，俱是習見零件，僅千餘品，實不足以供陳設，因編訂寄售章程，刊報布告，又慮官民隔閡，上下之情不通，遂詳請選派在籍候選知府甯紳世福爲考工廠總董，隨同開導聯絡鼓舞，未及一月，寄售貨物至三千餘品，值價至三萬餘金，誠非初意所及，而辦事必有一定時限，方能久持。守護必有一定責任，始無推諉。故既訂辦事規則，又訂看護條規，無非戒其怠惰，勗以慎勤，復念廠屋無多，毛道前賃民房，相距尚遠，員司人役難資照料，因查該廠近依龍亭，呈蒙憲台批，由該廠員司守護，用昭妥敬，既可隨時照應，亦可就近辦公。又因廠中陳設品物，率多珍貴，稟蒙憲飭南段巡警撥派巡兵，晝夜輪流守護，而廠内無員司值宿，設有意外之變，必致内外不能呼應，復擬訂值宿條規，每晚輪派司事二人值宿，此固足以昭慎重，而猶恐商人妄生疑怯，因復向洋商保險行議定保火險，計現時貨品傢具房屋值銀四萬五千兩，歲需保費銀五百六兩有奇，將來中外貨品咸集，保費再隨時量加，惟當此欵項支絀，採取商品當擇其要，必本國所産之易於改良，易於行銷且能與外洋物品競爭，而擴張本國工業者，始爲録取，故又編訂採取商品略則六條，遍行本省各州縣官查照，並函致外省商務局代爲採辦。至開廠之先，復擬訂遊覽章程，刊載華洋各報，使中外遊人知所適從，又因風氣初開，男女同遊不便，特定每星期内，以第五日專爲中國婦女入廠遊覽之期，以示區别，並製優待縱覽票，特别入覽票，分送在津各局署，及各領事，以及中外大商業家，藉資考證。其通行入覽票，則於入門時，每票取制錢十文，恐因遊覽人衆良莠不齊，所以示限制，而便稽核，復招選學生十三名，分派售票、驗票、收票各一人，收管携帶品二人，陳列室四號，每號看護二人，又選派司事，因庋設司，須聯絡商情，兼代售商貨，酌用司事二名，其餘會計司一名，庶務司二名，考察圖書兩司事，簡祇用一名，文牘司仍照章由提調兼辦，凡此布置，既不敢稍涉鋪張，亦不敢苟簡廢事，提調周牧家鼎藝長鹽田真均能勤奮出力，是以一月有餘，克覩厥成，職道等仍當隨時督率該廠華洋員司切實考求，以期仰副憲台振興工業之至意。除將用過欵項核實造報外，所有考工廠開辦情形，理合繕呈各項條規章程清摺，詳請憲台察核批示祇遵。

督憲袁批：詳摺均悉。該局興辦考工廠，佈置甚善，仰仍督率員司廣搜商品，以爲博覽會之初階，並候咨明商部查照，至摺開值宿看護兩條規，似是日本人譯漢之文，不甚明晰，已代爲點竄抄送矣，並即知照繳。

甘厚慈《北洋公牘類纂》卷一七《天津考工廠各項規則》 寄售章程敬啓者，本廠宗旨爲提倡工商業之進步起見，其意有二，一爲各貨物開拓銷路，一爲各舖家播揚名譽。現定於七月中，擇吉開廠，邀請中外官商前來遊覽，敬祈寶號，務於開廠之前，預先多選上等貨物，送交本廠寄售，所有寄售章程，開列於後。

計開：一，本廠經費概係官籌，不取商家分毫，凡寄售貨物，照原價代售，隨即奉繳本廠，不取分毫使費。一，凡送到寄售貨物，不拘大小貴賤，其每件零售者，務須開明實在不折不扣之價，其大宗貨物，並注明批發價目，以便本廠照價代售，冀增銷路。一，諸位客商到本廠，由庶務司接待，凡貨物送到，由庶務司帶晤庋設司，彼此點明貨物登簿，隨即付給收條，以昭信實。一，凡貨物送到後，倘本舖自有售主，不拘何時，可持原收條，到本廠將該貨收回。一，凡貨物，如有重大之件，本舖可知照本廠，派人幫同往運，不收運費。一，凡貨物送到，倘時價有長落，本舖可隨時來條知照本廠，即代爲註册，但知照時，倘該貨已經售去，則本廠仍照前註之價奉繳。一，凡貨物送到及售出，每日開單登入北洋官報，以供衆覽。一，凡寄售貨物之舖家，本廠預給憑票，不拘何時，可派夥友來本廠查驗該貨陳列情形，但進門時，須携帶本廠所給憑票，以便照驗。一，凡寄售貨物，倘成色太次，有礙銷路，或陳設日久，容易糟舊之件，本廠可隨時知照本舖取回更換。一，凡寄售貨物，本廠代爲經管，倘萬一有所遺失，本廠認照原價奉繳，決不使本舖受虧。以上十條，作爲暫時章程，試辦三個月後，如有不便，屆時再行通知更改。

辦事規則：

一，本廠每年三月至八月，每日自上午九鐘至下午五鐘爲辦公之時，九月至二月，每日至上午九鐘至下午四鐘爲辦公之時（其正午十二點鐘至一點鐘爲午飯時限）。一，自提調及各司事，每日均須遵照定章，准時到廠辦公，不得逾延。一，辦公時限之外，會計司，庶務司，每日至少必有一人在廠，常川照料住宿。一，各司派定後，各有專責，不得推諉，越俎代謀，以清權限。一，各司均歸提調約束，凡賣票收票人及看護人，應照商店學生規制，須聽該管會計庋設兩司約束。夫役人等，應歸庶務司約束。一，凡辦公之時，雖有戚友來訪，若非公事，概不得接見。一，凡在辦公時限内，不得任意外出，並不得談笑自由。一，除疾病或家有要事之外，概不得請假。一，請假須於提調處禀明事由，惟雖有要事，不得過五天，在遠處者，不在此例。一，夫役人等，除由提調另單派定，常川在廠，不准擅離者之外，其餘各人，均應一應遵照辦公時限，到廠應差，不准違誤。一，提調處應設名牌，庶務司應立執事簿，均遵照試辦章程第一章第六條所載辦理。一，各司休息日期如左：藝長，文牘司，化驗司，考察司，圖書司，庶務司，每逢禮拜日。提調，庋設司，會計司，看護人，賣票人，及收驗票人，每逢禮拜日下午。一，凡此規則之外各事，均照試辦章程辦理。

值宿條規：

一，本廠應立值宿名簿，每日值宿員當以二名爲常規，其一名遵照總局所頒規則，以會計庶務二司輪班，其一名由庋記考察圖書文牘等四司輪班。一，當該值宿員若有疾病或他事故，難爲值宿，則應呈明提調，先與次日之當值員，商明交換替代，互相補助，毋得曠誤，其替代互换人名日期，均應在值宿簿内註明。一，值宿員夜中須二次到庋設各室及事務室察看，戒慎盜火，在暴風大雨之時，特加意要屢次巡視，若有發見屋漏破牖等事，宜速爲防備，移動陳列品於他室，以免損傷。若有盜火之變異，宜先用電話機器急報巡警局，並執行臨機之處置。一，值宿員於翌朝開廠以前，其一員指揮聽差洒掃，監理每室各廊及階段之洒掃，又使聽差洒掃出入門邊。他一員指揮看護人專監理庋設架橱面之拂拭。一，值宿員保管各司所管之鑰匙，到翌朝，候各司員到廠，須分付之。一，值宿員於各司事退廠後，到廠前，有來到文書物件，則總登録日誌，當於翌朝交於該管各司，若有緊急文牘到來，即宜使聽差齎送該管者之寓處。一，逢休息日，值宿員開廠中須代他司事，爲來訪者及來觀人之應答，並代辦寄售品之賣約，即售價等事，於翌日告其事由於本管司事，收銀欵須交於會計司，無錯誤遲緩。一，逢休息日，值宿員之外要洋文司事一員到廠，以當外洋人之應答，但在洋文司事，該當值宿日，不須別員到廠。一，逢休息日值宿並到廠之員，應於其翌日與假，以均勞逸。

看護條規：

一，本廠看護人以看護所有庋設品物，浄掃庋設品與庋設架橱爲主務。一，看護人須每日開廠一點鐘以前到廠，從事於庋設架橱之拂拭。在開廠中亦時加拂拭，要令橱扉之玻璃面架牀之板面等，無污塵。一，看護人值庋設品自他處運到，若於廠内甲乙相移動時，須隨藝長及庋設司事所命搬運品物，並爲拂拭，如平日浄掃品物時，亦加意護持，起卸拂拭最要鄭重，勿令附箋甲乙，致有錯亂。

一，看護人不可須臾離去，其分擔室宜俟交替人來到，而後暫休。各復分擔之位置，其午食時間，准與半點鐘，其餘休息時限，不許越過十五分。一，看護人閉廠後，須尚在分擔室，俟司事之指揮而後退，不許隨意退散。一，看護人對來觀人最要慇懃，勿有粗妄失敬之言動。一，來觀人有請熟覽庋設品物，若欲購買寄售品，本廠購置品等者，須報知庋設司。一，來觀人有漫觸手於庋設品，須慇懃謝絕之，若察其情意，實在欲購買寄售品者，其取持熟覽，固爲不妨。一，來觀人中有對庋設品或抽筆摹寫容姿繪紋，或由照相機器爲撮影者，暫止之，宜報於庋設司，若其品物之附箋，註明不許摹寫撮影之字者，斷然謝絕之可也。一，來觀人欲取橱架内之物品，及將物品回入橱架内，均須由看護人親手授受，不得任來觀人自取及自納，以防誤觸損毁之事。一，來觀人倘有誤觸於庋設品，以致毁損，或破碎庋設橱架之玻璃板等事，先向其人請暫留，使他看護人急報庋設司事，亦勿須喧争言動。一，有由看護人之故意，若怠慢疎忽毁損品物及庋設架橱等之事，庋設司應查核其輕重，分别罰辦，或查其所損情形如何，令賠償品物之原價。

一，看護人在看護中覺有品物之遺失，須急報於庋設司，請檢查處分。 若於盗迹不明確，遺失事由曖昧，看護人不能免其責，須即查核處罰。一，來觀人中，若視有舉動異常，形迹可疑之事，須使他看護人密告於庋設司，瘋癲若爛醉者，亦同。

採取本國商品略則（寄售貨品另有專章不在此例）一，凡採取商品以工藝品爲主，餘則擇其產額富而有益於國計民生者，取之。一，凡工藝品，須擇其易於改良及改良後可暢行於各處者，取之若於民間不甚要者，皆緩收。一，凡足以與外洋物品競争，而擴張本國工業者，皆取之。一，凡採取商品，或徵求寄贈，或出資購買，應視該品之輕重緩急，酌量辦理，惟現今經費未充，凡過於昂貴之物，概不購置，如有寄贈者，可收入陳列。一，凡採取商品，必須將其價值產地，每年產額，行銷地，批發價等，逐件記明。一，應採商品種類如左：工藝類，教育品（凡書籍、文房具、照相具、度量衡測量用具、樂器具）、美術品（凡書、畫、雕刻等品）、製造品（凡陶磁器、玻璃器、玉石器、金銀器、鐘表、竹木器、漆器、紙、革、牙角等器、各項機器）、機織品（凡織染、刺繡等品）。 天產類，礦產（凡一切五金礦石及各項化學藥品、山鹽、礦泉等品）、水產（凡水中所產各項動植物及牙角等品）、林產（凡竹木及木炭等品）、農產（凡五穀、蠶絲、棉花、蔬、果、酒、烟、茶，及各項花草之種子等品）。

遊覽章程：

本廠華歷三月至八月，每日於上午九點鐘開廠，下午四點鐘停止售票，五點鐘關門。九月至二月則於上午九點鐘開廠，下午三點鐘停止售票，三點鐘半鐘（開）〔關〕門，惟每日十二點鐘至一點鐘爲午膳之時，概不售票，但縱覽時刻，亦有酌量事宜，隨時伸縮。一，入覽者須於本廠售票處購票，入門時此票呈驗，出門時交於收票者，但帶有優待票或特別入覽票者，進出門時惟呈驗而已，概不取費。一，携帶棍子傘或小包者，應將該物件交於携帶品收管所收存，出門時領回該物。一，不得率同犬畜等類遊覽廠内。一，非得看護人之允許，不得任意撫觸庋設器。一，如願買貨品，請至售品記簿處面議，酌付定錢，先給憑條，隨後持條備價，取貨不誤。一，瘋癲或酒醉者，一概不得入覽。一，本廠休息日開列於下，萬壽聖節日下午，每禮拜日下午，自臘月二十一日至正月初五日，上元節日下午，端午節日下午，中秋節日下午，但除此之外，當全數更换陳列時，隨時斟酌停止遊覽日期，另行告白。 敬再啓者，本廠爲提倡工藝，在外洋，原不拘男女，均可隨時來廠遊覽，惟中國風俗不同，兹擬訂每逢禮拜五，該日專讓中國女客遊覽，其餘日期，准男客遊覽，以免彼此不便，至外國婦女來廠遊覽，不拘此例。

甘厚慈《北洋公牘類纂》卷一七《工藝總局稟酌擬創設考工廠辦法四條》

一，擇地。廠中庋設商品，所以激發工業家之觀感，自宜擇市廛繁盛，商務薈萃之區，前稟蒙面諭，以北馬路官銀號洋樓地基改造，地勢寬闊，居中握要，最爲合宜，嗣以銀號一時尚難遷徙，又蒙指定龍亭後隙地一段，交通便利，亦尚合用，現擬就此處建築樓房一所，暫行庋設商品，另繪房圖附呈，一俟批准後，即行開工。惟廠中羅列土產洋貨，需地甚寬，此處限於地勢，無可開拓，不足以容納衆品，將來工商興旺，尚擬再行推廣。查新馬路地方與憲署相近，又爲新車站往來要道，地勢寬綽，自開馬路後，中西商人接續修造房屋，繁庶之象，計日可竣，擬待該處商業興盛後，另行在彼擇地建築，以爲永遠之計，届時再行稟辦。

一，用人。廠中應設提調一員，總理全廠一切事務，兼辦文牘，並綜核用款。藝長一員，專司考驗商品，指教工藝方法，演試工藝要理，其有關化學理藴者，並由工藝學堂總分教習，隨時襄助辦理。英文司事一員，專司繙譯事件。司賬一員，專司進出賬目及一切銀錢簿據。司事二員，專司接待商客，並陳列出納各項雜務。其餘門丁兼收門票二名，看護人五名，雜役四名，各司本職事務，以專責成。以上各員司，俟批准後，即行檢員，請委試辦，將來事務繁多，再行酌量稟請添設。

一，籌欵。分開辦經費及常年經費兩項。開辦經費項下，計建築裝修、陳設商品器具，購置圖書，約計需銀二萬八千二百兩。常年項下，計華洋員司丁役薪工及筆墨紙硯各種雜費，並修理各費，長年約需銀八千一百六十兩，遇閏加增銀六百四十五兩。以上均係約估大概數目，開辦後，應撙節動用，極力從省，倘有另案事情，必須加增用費之處，應隨時審察事體緩急，另行稟案辦理，所有前項經費銀兩，另繕清摺附呈，應否在於銀元局餘利項下撥發，抑或由別局所籌撥之處，伏候憲裁。

一，事務。計分四項：一、庋設。蒐集本省土産，外省貨物，外國製品，分類陳列，標其價格品質及産地，以供工商業家之觀覽。一、考察。凡本地或各屬工業家，或令陳其製品，或巡視其製法，與外國比較其得失，本地及附近地方可興之利，所出之産，皆勤加訪察，俾衆周知，凡工作之精粗，成本之貴賤，銷場之衰旺，運費之多寡，裝裹之良否，及其他有關於工商業之盛衰者，皆悉心考究，以便改良，並隨時開演説實驗等事，邀集工業家發明各項要理，及其方法，以資開導。一、化驗。設化學器具，凡有呈驗化學品物及鑛産者，均爲分析試驗，使知其原質，明其理化，以便設法製造。一、圖書。凡關繫工業上之書藝、標本、報告、新聞、雜誌，以及商品目録，特許商牌等件，皆時加搜羅，以便工商家之考證。此外，尚有本地進出口貨之銷滯，行情之漲落，及外埠外國之貿易情形，及有關工商之要理，擬隨時刊入北洋官報，俾衆周知，俟商務興盛，再行自刊月報。以上四條，係創設大概情形，如有未盡事宜，及將來應行增易之處，隨時再行稟辦，合併陳明。

甘厚慈《北洋公牘類纂》卷一八《奏辦直隸萬益機器織造氈呢等物有限公司招股章程》 一，本公司取名萬益有限公司。

一，本公司總廠設在天津。查天津去開平煤礦不遠，購煤較易，轉運毛貨亦便，所有各處分公司出入賬目，均須按月寄津總公司，以憑查核。彙造總賬，每六個月結一次，每年底總結一次，限於次年二月初一日，一律造册，分送各股友。二月初十日，各股友照例叙會，分派利息，准于十一日，派各股友携息摺，向本公司支領。

一，本公司所造成之貨，概以麒麟爲牌記。

一，本公司議舉馮湘垣、劉展廷、陳端甫、趙灼臣、羅輔臣、葉子簫、潘菊軒、李偉堂、葉雨田、唐鳳墀、黄巽卿、葉靄珊、高翥雲、王翰山、潘明訓、黄少甫爲總董，潘作卿爲總理，各有專司之責。

一，本公司既集議公舉總董、總理諸人，以經理各事，應再舉年董以資協助，其年董照章程，每年公舉一次，其公舉之法，由各股友投標公舉，視投標之多寡，以定去取，唯總董、總理則無容更換，以資熟手。

一，本公司既公舉潘作卿爲總理，則公司内往來錢銀，及執事進退人等，均由總理主持，庶幾事權歸一，所有公事均須總理過目簽字，方能作算，以專責成。

一，本公司股份，茲擬每股收上海通用九八規元銀壹拾兩，共收五萬股，合九八規元五十萬兩，掛號附股，先交股銀一半，以備購買機器、地基、建造房廠等需，餘俟廠房告成，機器運到，准三十一年十二月内付清，附股者不拘多少，自一股以至十百千萬股者聽，每股應先掣發收單，俟收足股銀後，即發股票息摺各一，如欲認十百千萬股，統歸股票一張，息摺一扣者亦聽。届時不將股銀交清，當由本公司另外招人補足，先付之銀概不繳還。

一，本公司股份係應遵原稟商部所訂章程辦理，不得招集洋股。其入股諸公，若有與洋商來往，私相授受，本公司唯經手購股華人是認，其他轇轕，與本公司無涉。

一，本公司之股份官利，茲擬按年給回，週息一分，其紅利年終結算，不能預定。

一，本公司集股向章，既經附入，不得隨意抽出，祇可轉售華人，到局報明，另填票摺。各股東如有將股票抵押款賬，轉輾糾葛之事，本公司祇認票摺爲憑，若因事故遺失，請補者，須要殷實舖店擔保蓋章，由本人登報聲明，限一月内，並無別項事情，本公司始能照補，以後原票原摺俱作廢棄。

一，本公司每年總結一次，由本賬房將各賬謄抄刊刻，彙集賬略一本，隨官利紅利，每年派結一次，其給派之日，預期登報聲明，俾各股東如期持摺到領。

一，本公司所進之款，除支老本息及費用之外，所有盈餘，擬作十三份均派，先提四份作公積，以備隨時推廣及修理廠房、機器等需，以六份歸股友紅利，提三份，以作花紅，歸總理、創辦人及總董、公司内辦事出力等人酌分。

一，本公司創辦總理之友花紅，宜先聲明，以免日後議論。創辦總理之友，集股經營各事，料理諸多墊欵，籌畫一切，費盡心力，公司既獲紅利，自應從優給派，以答勤勞，茲擬將所提之花紅三份，以一份給分創辦總理之友，其餘二份歸總董及公司内辦事出力各友，分别事之繁簡酌派。

一，本公司織出之粗細氈呢等物，必須貨色精美，價值從廉，一爲預備隨時就地製造軍衣之用，並可隨時運往外省行銷，以挽利權。

一，本公司採買羊駝等毛，須在張家口外西甯歸化等處購買，該處必須設一棧房，囤積毛貨，並須專派勤慎管理銀錢司秤辦貨司理轉運之人，常川駐紮，各司其事，以便隨時轉運應需。

一，本公司應設立分號在上海、香港、粵省，以便照料轉運。

一，本公司收股份銀處，宜聲明也，兹議定託上海天津香港粵省，源豐潤滙票號，代收股份銀兩入股。諸君願附股者，於掛號時，即請將股份半銀交出，源豐潤兑收，先取回代收到第一期交銀收條一紙，俟三十二年十二月内，再交第二期股份規元銀五兩時，持收條到該處換給本公司天津總局股份票並息摺，屆期須將第一期交銀之收條繳銷，自收銀之日起，統按週息壹分均派，是爲官利。

一，本公司議定股份如經手招徠至五千股以上者，本公司及與諸股友即公認爲董事，如一人能認股五千份，而本人無暇擔此責任者，亦可由該股友自行特舉董事之人，每月酌送薪資若干，於開辦會議時，再爲公訂。

一，本公司集股創辦，係爲振興工業，挽回利權起見，自當認真妥辦，所集之資本，係訂明機器織造氈呢等物所需，不能移支別用。至現在所收之資本，均存穩實錢莊銀行，備購機器地皮及建造廠房之用，隨時提支，如有錯悞，均唯經手發放之人是問，固屬不許侵挪，即使將來公積有餘欵，亦存穩實銀號拆息，所得之利息，照歸本公司公積，以昭慎重，而示大公。

一，本公司專立股份清册一本，將各股友號數分別詳註册内，須與股票息摺相符，以便稽查。至於股友住址，亦須註明，以便有事請商，其不願意登列姓名、住址，亦聽。

一，本公司議事有年會例議，有特别請議，必於定期之前，預日通知股友，董事如期到場公論，至年會例議時，須將全年各賬部及總結，呈出股友查看，如有舛悞及舞弊等情，均任股友明斥公斷，其特别請議者，或因變通事宜，邀請董事股友會商定奪，或股友查知公司確有利弊，可即通知董事，邀集股友會議，凡議事時，應從股份多者，合共秉公議決，擇善而從。又凡議事時，若股友有不明之處，准可向經理人詳問，經理人即當詳告。

一，本公司置辦機器，聘用洋師，並招請舊金山氈廠熟手，精巧華工數人，回華如法織造，其利可約核計也。查毛貨在天津每百觔，歷年價值總在津平寶銀二十二三四兩之間，可以收買，以買入毛貨一百觔，實可挑出净細之毛三十餘觔，可以織造上等氈呢之用；其餘尚可挑出次等之毛四十零觔，亦可以爲製造中粗氈呢之用，合計買入毛貨一百觔，實在挑出可用之毛約八十觔。而已計每氈一張約用毛三觔，每織呢一尺，約用毛六兩，其中所織氈呢，攷照外洋來貨，尚要攙用棉花，照此核算，計除去毛本及人工、煙煤各費，老本利息一切雜用等，所餘利益尚屬不少。每日約計織造毛二三十担，則本公司所獲之利益已屬甚厚，若每日再能多用毛貨獲利，應可推算近年中國毛貨，購運出外洋者，千百萬計，以萬里之遥來華購運，其所費運脚、保險、出入口關税，爲數甚鉅。嗣又由外洋織成氈毯，粗細呢貨，運回來華髪賣，又須運費、保險、出入口關税，仍獲厚利。今我以中國所出之毛，就地織造，既可省往還保險、脚費，又免往還出口關税之重征，此中之利益，不辯自明，若我等合力同心，實事求是，大利可操勝算，且可爲我中國挽利權，籌抵製，並可爲貧民謀生計，誠一舉而數得也。

甘厚慈《北洋公牘類纂》卷一八《保定官商合辦實業工藝廠章程》 一，本廠即以保定實業工藝廠爲名。

二，本廠房屋或借或賃，先行試辦，俟辦有成效，再行蓋廠擴充。

三，本廠資本並無官款，均係勸集商股而成，每股保平銀十兩，以五千股爲定額，凡入股者，不限股數或一二股或數千股，聽入股人之便，自赴貢院街聚源恒交銀領取股票並付息摺一扣，自開辦之日起，其息按年六釐，一年期滿，持摺領息，過期存廠，下期再付，不另生息。

四，勸集股銀人核其集股數，在二百股以上者，酬給股票一張，數多者，以此類推。

五，股票皆編號存根，以憑核對，認票不認人，每届一年，期滿分得之利，各股東持票來領，無票不付，有願將票轉售於人者，須帶同買票人到廠蓋戳。至售價幾何，該股東自相交易，本廠不預其事。若有將票遺失損壞者，本人來廠呈驗息摺，取具妥實舖保，准其將該票舊號註銷，另易號數，發給新票，倘股票息摺全失，無可爲據者，本廠概不給换，當將此項股銀歸入公共項下，得利與衆股東公分。

六，本廠董理廠事一員，月支車馬公費銀二十兩。監督一員，月支車馬公費銀十二兩，均不領薪水。俟辦有成效，酌提餘利花紅銀百分中之十分，内以六分酬總理之辛勞，二分酬監督，二分散給廠中出力辦事之人。此外用書記一員，月支薪水銀八兩。監廠二人，各月支薪水銀六兩。紡織正教習一名，月支薪水銀十兩。副教習一名，月支薪水銀八兩。染色教習一名，月支薪銀十兩。廠役門丁廚役飯工水夫各一人，工價酌給，此外不得浮用閑人。

七，廠中出入各款，逐日詳細登簿，每月一算，年終將原存若干，新收若干，開除若干，實存若干，按四柱開清底册，一面照抄一紙，實貼廠中，以便衆股東一覽週知。

八，廠中除逐日登記流水簿外，須立總清進貨出貨學徒名册，肄業分數，傢俱簿一本，所有廠用薪工，逐日逐月開支，不准浮欠預支。

九，自開廠之日起，如一歲期滿，核計所得餘利，除去息銀花紅之外，扣五成，以固廠本，其餘五成，按股匀分。

十，本廠學徒由本縣出示招集，會同董事選取，第一次考選正額五十名，備取五十名，以二十歲以下十五歲以上，身强體壯，資質聰穎者，爲合格。選取後，由親族出具切實甘結保狀，方准入廠學習，不取學費，三年畢業。自費者，亦須有人保送，每名每月飯洋三元，茶水雜費洋二元，各州縣有未興工藝者，准其自備資斧，就近送廠習藝，如託故私逃，半途而廢者，惟該親族是問。

十一，學徒每月一次，考其程度高下，由監督會同教習酌記分數。平日由教習工頭嚴加管束，隨時稽察，有能用心學習，勤於任事者，記功一次；如有才長識，優於常業之外，能别出心裁，有益工藝者，記大功一次。有荒惰曠工，妄語狂歌，不知檢束，偷看淫書、豔曲、邪説、逆書者，均記過一次；有不守規則，不服約束，任意損壞器物，及飲酒吸烟，在號房賭博等，均記大過一次。每月除功過抵銷外，每多一功加十分，多一過減十分，照此遞相增減。記一大功者獎銀二兩，記一大過者罰夜工織布一疋，詳細登簿，年終合考。倘有私出廠所，浪遊滋事，在號房爭鬭毆駡，私吸鴉片，偷取同人財物者，立即斥逐，由備取中挨次擬補。

十二，每日六點鐘起早飯，七點鐘上工，至十二點下工中飯，一點鐘上工，至六點鐘下工晚飯，九點鐘息燭就寢。上工、下工、起食、就寢等，皆聽點數，朔望前一日下午早下工一刻鐘。至學徒飯食，早中晚或麪食或米飯，均用蔬菜等，每逢朔望或大米飯或麪飯，有肉足食，概不准向廚房點要菜飯及自買食物。至廠中辦事人等，早稀飯，中飯晚飯或大米或麪飯，每食六菜，亦不准向廚房指要菜飯。

十三，學徒衣褲鞋襪均由本人自備，惟七日一梳辮，半月一薙頭洗澡，其錢歸廠中支發。所有牀榻衣服，不可污穢不潔，以防有害衛生。至一切茶水、油炭、胰皂等物，由廠中備給，各號房選一人作爲號頭，應用各物，須告明工頭、號頭，至賬房領取，學徒不准自入賬房，以示區别。

十四，工頭學徒在廠，凡不干己之事，如息争、罷訟、作證、居間等，均不准攬辦。本人遇有私事，給假出外，辦事畢回廠。其親友來廠看視者，由門丁傳知出見，告明監督，方准領入號房，概不許留飯住宿，不許私自帶人進入機房，違者記過。

十五，本廠爲開通民智，焉能禁人觀看，但不可漫無限制，由本縣出示曉諭，張貼門外。願來觀者，廠中有熟識之人，由門丁傳知其人，告明監督，方准帶入機房觀看，若不識一人，不准擅入，違者重懲。凡來觀者，及廠中在事各人，入機房時，槩不准吸烟。

十六，賬房重地事繁，外人不准擅入，即親友人等，非因公事，亦不許輕入，以示慎重監督。司賬不准離廠，不准同日告假，告假不得逾一日，夜間必須有一人值宿，遇有緊要事故，臨時由董事酌量給假，不准汲引私人庖代，以杜弊端，每届月杪賬目，必須核清，不許拖延。各股東有來廠察看者，由董事監督，應接待以客禮，以下僕役人等，各有專司，不准擅離職守，犯規者斥革。

十七，試辦之初，先買洋線習織，織成之布，隨時酌銷，初辦不能多用司事，或托熟悉市情之舖號寄售，若本地銷路不暢，即發天津總局，所有出入貨物，某人所織，某人售出，逐一登記，以資考查，俟本利充裕，再添紡紗彈花各機，及擴充線帶洋皂等項。

十八，本廠章程刷印成册，每股東發給一本，並書牌懸掛，以資衆覽閱者，有不甚了然之處，當由書記一一告明，凡股東不在廠辦事者，平時但准隨時考查，不准干預廠事。廠中員司如有弊竇，及章程未盡妥善之處，准該股東於一歲期滿之日，當衆指明其事，與衆股東會議改革增删，至賬房、機房、門房、廚房、瑣細附章臨時議定，牌示各房遵守。

甘厚慈《北洋公牘類纂》卷一八《天津道詳委員赴滬試紡棉花擬歸工藝局籌辦建廠文並批》 爲詳報事。竊於光緒三十二年四月初七日，奉憲台批，職道禀陳設廠紡紗大概情形，請示遵緣由。奉批：據禀設廠紡紗及各屬産棉情形，考查詳細，規畫周妥，所陳酌購净花運赴上海紡紗廠試驗後，再定辦法，尤爲脚踏實地，應准照行，仰即遵照辦理等因。遵經派員分赴趙州等處採購長絨中等各净花，先後共計四千二百七十餘斤，派委候選縣丞陳振墊世襲雲騎尉孫傳一管解赴滬，交紡紗各廠考究試驗去後，兹據陳縣丞等稟稱，遵於閏四月十四日，將前項棉花一千二百七十餘斤，押運抵滬，先就日商上海紗廠試紡，候商月餘，始由該廠紡成十四號紗六小包，十二號紗十一小包，據該廠報告，其工價及出紗數目與滬上各紗廠多不相符。查滬上各紗廠紡紗四十小包，合計一大包，人工等費僅需銀十六兩之譜，且該廠試紡時並未知會到廠，監視其報告是否屬實，殊未可知，業將前情稟蒙函致天津，派員向豐潤束鹿趙州三處購添花三千斤，於七月十六日由招商局寄滬，如數驗收，並將上海紗廠所剩棉花七包商借，復太紗廠分四號攙紡，以豐潤六成攙束鹿四成，紡成十八號紗，復以豐潤束鹿兩屬之花各五成，攙紡十六號紗，又以束鹿趙州兩屬之花各五成，攙紡十四號紗，並以趙州藁城兩屬之花各五成，攙紡十二號紗，逐細比較，均屬合宜。直屬棉花以豐潤花絨最長，能單紡二十號細紗，惟花價過大，獲利甚微，藁城棉花絨頭太短，未免費工，惟束鹿趙州兩屬花價適中，絨頭亦不甚短，最爲合用，如紡十四、十二兩號棉紗，按滬上時價而論，每包可護利十餘金，詢之中西各紗廠所説，僉同爰於中秋節前，由復大紗廠共紡成十二號紗四大包，十四號紗三大包，十六號紗一大包，十八號紗一大包，紗樣四號共八小包，又以十四、十二兩號棉紗三百磅，織成粗布二十四，計一件，一切攙酌花衣，分號試紡，皆卑職等親身監視，確有把握，該廠亦仰體提倡商業振興工藝之至意，情殷效力。卑職等於八月二十九日，押運前項兩廠試紡棉紗粗布等件來津，稟請鑒核等情。據此，職道查設廠紡紗原爲提倡商業，挽回利權起見，現將直隸棉花在滬試紡，合計市價，尚有餘利，自應集股籌辦，所有應籌本銀，訂購機器，買地建廠，酌議辦法等事，應歸工藝局另案稟辦，以一事權，其派員考查各屬棉花出産性質並購花試紡，及一切川資等項，共用銀一千八百八十九兩七錢二分八釐，均在職道庫存向歸道署雜支海税盈餘項下墊發，擬請即於該款內作正開銷，毋庸請款歸還。除將試紡棉紗並織成粗布移送工藝局核辦，並稟批示外，所有委員赴滬試紡各處棉花情形，擬歸工藝局籌辦建廠緣由，理合將用過各款銀兩開具簡明清摺，具文詳報憲台查核批示祇遵。爲此備由具呈，伏乞照詳施行。須至册者。

督憲袁批：詳摺均悉。該道以委員赴滬試紡棉紗，尚有餘利，擬歸工藝局，另案建廠籌辦，並請將用過川資，購花等銀，即在道庫欵内動撥，作正開銷，均屬可行，仰即遵照辦理，並移工藝局查照繳。

〔附〕《直隸工藝局詳擬派劉牧鳳鑣帶同生徒赴鄂學織蔴質綢緞紗布文並批》

爲詳請事。竊照職道等前以湖北製蔴局用蔴織造各樣綢緞紗布，經湖廣督部堂張奏明，請飭各省仿辦，此事利益甚厚，直隸産蔴最多，亟應仿照辦理，當即函商湖北，能否派人先往鄂廠學習，並携帶直隸蔴觔，試驗性質，較有把握，昨接湖北覆函，業蒙張督部堂允准派人前往職局。查有前延慶州知州劉牧鳳鑣堪以派往，擬即飭令選帶學生工徒，並購各種蔴批，前往湖北試驗學習，倘能學習回直設廠仿辦，洵爲直隸開一利源，所需薪水、工食、川資、蔴價等費，暫由考察經費項下動支，事竣報銷，如蒙允准，擬請憲台賞給咨文一件，發交該牧賫投，以昭慎重。所有職局現擬派員帶同學生工徒，前往湖北學織蔴質綢緞紗布，請咨緣由，理合具文，詳請憲台察核批示祇遵，爲此備由具詳，伏乞照詳施行。再劉收所遺造紙廠差使，擬由職局派員暫代，合併陳明。須至詳者。

督憲袁批：據詳已悉。該局擬派劉牧鳳鑣選帶生徒，並購各種蔴批前往湖北製蔴局試驗學習，事屬可行。兹辦就咨文一角，隨批發下，仰即轉給該牧，賫赴湖廣總督部堂衙門投遞，聽候發局學習。此繳。

甘厚慈《北洋公牘類纂》卷一八《直隸工藝總局詳商民創造機器輪磨售價提成報效文並批》爲詳請事。竊查前據天津商人費光斗稟報，製有機器輪磨，請考驗詳咨並請給照專利一案，當經職局飭令考工廠管理員及機器教員工師人等，眼同該商人費光斗，將該機器輪磨詳細考驗，指示改良，遂成利用妙器，業經另文詳請憲台核咨，准予專利十年在案。惟查該商人費光斗原遞稟内曾聲敘，如准報部給照專利，情願報效欵項，以盡商民義務，擬請以專利之十年爲限，此十年内不許奸商照式仿造，壞奪牟利，伊願將造成機器輪磨售得價值，提出百分之五報効，至此項報効欵項，應交何處，作何動用，候示遵行等語，是該商人既有報効之請，自應核明詳報。據考工廠管理員稟請轉詳立案前來，本司職道等復查該商人費光斗創造機器輪磨，既已稟請專利十年，其所稱此十年内所有售得價銀，願提出百分之五報効充公，似亦應准，如所請辦理，以遂其力盡義務之忱。查前據高鵬雲創製軋豆榨油機器，亦聲明將價報効百分之五，曾由職局詳蒙憲台批准，將此欵項歸考工廠充作經費，今費光斗造此機器輪磨係經考工廠考驗，指示改良，可否援照高鵬雲成案，亦將該商每年報効銀兩歸考工廠充作經費，以示鼓勵之處，理合具文，詳請憲台察核批示祇遵，爲此備由具詳，伏乞照詳施行，須至詳者。

督憲袁批：據詳已悉。該商費光斗報効銀兩，應准歸入考工廠充作經費，仰即飭遵繳。

甘厚慈《北洋公牘類纂》卷一八《天津工業售品所寄售外縣貨品試辦簡章》

一，本所專爲代銷工業製品而設，該貨主不拘何時，可將製品寄送到津。惟一切運費郵費，概由貨主自給，本所祇管收貨，不管墊欵。二，該貨務須分別論斤論件論尺，將零售躉售實價開明，本所照原價代售，概不另加分文。三，該貨主應將來貨逐件詳細載明名目、花樣、黏貼、號簽，並編立號碼清單，隨貨寄來，以憑核對點收登簿，免致舛誤。四，該貨物須裝裹堅固，倘在中途損壞、潮濕等情，與本所無干。五，該貨主應聲明回信寄至何處，或由何處轉交，如有客商送樣訂貨，該貨樣應由何處轉寄，又售貨價欵交何處帶寄，或存本所，由何人持何憑據來取，一一均須預先呈明。六，該貨無論官造民造，凡係新創改良初行試銷之物，本所可代請護照，免繳税捐，倘久經暢銷之舊式貨品，概不得援引此例。七，該貨價值如在百兩以外，應用貨主自保火險，倘遇天災，本所不賠償。八，本所一切經費，係由自籌，所有寄售貨品，本所概不收費，惟天津市面有代爲經手之人，應照原價，每兩扣一分五釐，以資津貼。以上八條，暫行試辦，如有未盡事宜，隨時再行商改。

甘厚慈《北洋公牘類纂》卷一八《直隸工藝總局詳造胰公司創製黑胰請咨部立案給予專照年限文並批》 爲詳請事。竊查前據天津商人宋壽恒稟報，創設造胰有限公司，稟求酌附官股洋一千元，業經職局詳蒙憲台批准，飭由銀元局照數撥給，轉發該商人祇領在案。茲於光緒三十三年六月初七日，據該商宋壽恒稟稱，竊商於光緒三十一年，在天津閘口地方集股，設立天津造胰有限公司，並蒙憲台賜入股，本當將辦法章程稟明在案，嗣經陸續造出洗衣黃條四種胰，各色洗面香胰二種，各色透明洗面香胰三種，所有製造辦法，自開辦以來，屢加研究，公司成本微薄，必須自覔本國賤價之原料，方可價廉物美。於是徧處訪查，凡我國所產能造胰子各原料，無不覔而試之，煞費苦心，始得特別原料數種，爲各工場向來所不解用者，價值甚廉，又屢經變易作法，合以藥料，配成極净之黑色胰料，製出成品。一爲洗面粗香胰，名爲黑方塊，其貨實與禮和祥茂利華之黃方塊相同，而每箱之價較禮和賤二角，較祥茂賤一元六角，較利華賤五角。一爲洗衣黑條胰，其貨實與禮和瑞記之白胰相同，而每箱之價較禮和賤一元二角，較瑞記賤二角，皆於去年八月考工廠第二次招考，經化驗爲最潔之質，蒙批製料浄細，出品邁羣，並獎以優等金牌，現在此種黑胰已各處銷通，將來發達，正未可量。伏思此種黑胰是商幾費經營，乃克成此特品，所慮者公司人等時有更换，難保不洩漏原料及製法，倘被他人仿造，則商之苦心孤詣，酬報難期。按胰子一物，原爲舊有之品，惟用此等原料，此等造法，實屬中外所無。竊查北京丹鳳火柴公司所製普通火柴，尚有專利十年之例，又天津胡成泰所造之折疊桌、高鵬雲所造之軋油機器、費光斗所造之磨糧機器，前後均經憲台考驗，轉詳賞與專利，以資提倡，故敢冒昧援案瀆陳，懇恩轉詳，予以特製黑胰專利年限，並准將所製普通胰子牌號立案，以恤苦心，而昭激勸等情，並將已造出特別黑方塊胰子、黑大條胰子，同普通胰子牌號圖樣，開單隨稟附送前來。本司等查該商前創辦造胰有限公司，業經撥助官款在案，此次呈送各種胰子，詳加考驗，誠屬物美價廉，足以抵制洋貨，既係該商獨出心裁，特別製造，核與准給專照年限，定章相符，似應准如所請，援照胡成泰等成案，請酌予專利年限，以杜作僞仿傚，而示鼓勵。除諭飭該商候示外，所有商人宋壽恒創製特別黑胰，擬請援案，酌予專照年限，並請將所製普通胰子牌號，准予立案緣由，是否有當，理合檢同黑方塊胰子及黑大條胰子並各種胰子花名單，普通胰子牌號圖樣，具文詳請憲台察核批示，如蒙允准，請即轉咨農工商部立案給照，實爲公便，爲此備由具詳，伏乞照詳施行。須至詳者。

督憲袁批：據詳已悉。該商人宋壽恒創製特别黑胰洵屬物美價廉，深堪嘉許，所請將普通胰子牌號立案，給予專照年限，候咨農工商部查核立案給照，胰子圖單存送。此繳。

甘厚慈《北洋公牘類纂》卷一八《天津實習工場織染監工傳習所章程》 一，本場爲直隸全省推廣織布染色兩科起見，深恐各府州縣驟興此業，一時監工難應其選，因籌一儲才之地，設法傳習，名曰織染監工傳習所。

一，本所附設在天津實習工場，凡織染各事，應如何監管，既令來學者得所見習，又特選本場中洞明織染利弊者一人，充作本所傳習教員，每逢二四六晚間，指授織染兩科，一應事理（教員指授以二小時爲限，以外再申展一小時，作爲學習監工研究問答），俾資啟迪而廣流傳。

三，各學習監工其食宿兩項，皆由本所籌備，以外概無津貼，其不願在所食宿者聽，惟不能領費。

四，學習此項監工，非經考取不能收入，以籍隸本省年在二十以上四十以下，書算精通，文理明白，身使品端，且無家事之累者，爲合格（按此項招考自本月初五日報名起至二十日截止，准於二十六日上午八點鐘在本場考驗，分别去留）。

五，學習定額，暫以三十人爲限，録取入所後，仍隨時察看，如有不堪造就者，仍即知照退學，其留所學習者，概不准任意告退，違則議罰。

六，既經録取後，必覓有切實舖保或殷實紳保，方能入所學習，倘有違章曠課等情，皆着落保人擔任。

七，傳習卒業以三個月爲限，届期經本所考驗，確係造就有成深明織染事理者，予以畢業憑單，稟候總局憲挨次酌量派事（其考不及格者，不給文憑）。

八，學習監工每月除初一、十五兩日，依例放假休息外，餘日概隨本場織染兩科監工，分班輪流入科辦事，以資歷練，不准託故請假，及任意不到等情，至卒業期滿，仍應將每月休息及小建日補足（每月以滿三十天計算，其他遇有放假日期，亦應一例補足），方能舉行卒業考驗。

九，本所一應事體，均應遵守場章，並聽受場員節制。

十，本所傳習監工，係屬刱辦。所定章程，作爲試行，如有未盡事宜，隨時考核，酌量增改。

甘厚慈《北洋公牘類纂》卷一八《直隸農務學堂詳擬試辦紡織工廠章程》

一，此次紡織悉用本地土絲，與試驗場所製之絲，兩相比較，並暫募土著工人，就地取材，以資查驗。所試絲料，如果合用，應再請覓僱南匠或山東機匠加意講求，俾有進步。

一，先創造大小機二張，大機試製寗紬緞疋等件，小機試製粗細紡紬等件，二者以何爲宜，再求專壹其業。

一，招募工匠多收學徒，方能廣開風氣，緣屬試辦，只求集事各色，僅招數名，以從其簡。

一，工匠各占其藝，闕一不可，除訂准賞假日期外，如既膺僱募，無故求退，應議罰全數工食，並從重懲辦，以防刁狡，而免廢事。其學徒人等，亦照此辦理。

一，專長工匠無論年數足否，能教成學徒一人者，均由試驗場代給酬勞銀十兩，以示鼓勵。

一，織成紬帛，須合計本利，除修理機器房屋等項不計外，凡所用工料與所製紬帛價值，均宜勻入攤算，以核盈絀。

一，工匠人等除由試驗場人員稽查外，添派賬房司事一人，專理其事，不再另支公費。

一，織紡廠所需費用，均由學堂存款項下支銷，按月造報，格外應專立賬目，以清界限。

一，大機工頭一名，月支工價保平銀五兩，紡經一名，月支四兩，織工一名，月支四兩，每名月支火食銀二兩二錢七分三釐，此後得利，每名應月加津貼銀一兩。

一，小機工頭一名，月支工價保平銀二兩六錢，織工一名，月支二兩五錢，每名月支火食銀二兩二錢七分三釐，此後得利，每名應月加津貼銀八錢。

一，大小機絡絲工人二名，每名月支工價保平銀二兩，火食銀二兩二錢七分三釐，此後得利，每名應月加津貼銀五錢。

一，學徒四名，每名月支火食銀二兩二錢七分三釐，津貼銀四錢五分五釐。

一，每月現需工價銀二十二兩一錢，補平銀八錢七分，火食銀二十五兩，津貼銀一兩八錢二分，通共月支津砝銀四十九兩七錢九分。

一，此次章程係屬創辦，其有當行增加事宜，應請隨時添註。

甘厚慈《北洋公牘類纂》卷十八《直隸工藝總局詳職商創辦造紙公司文並批》爲詳請事。竊照光緒三十三年三月十八日，據天津職商楊寶慧稟稱，竊自通商以來，風氣日開，商戰日甚，凡京津等處報館銀號，無不購用外洋機器紙張，其漏卮實屬不少，職商等欲挽回利權，招集公股試辦機器造紙有限公司，每股收銀一百兩，計一千三百股，共集成本銀一十三萬兩，官紳士庶均可附股，惟洋股一概不收，此項公司職商，本不敢求專利，亦不敢壟斷居奇，以傷公益，惟恐影射之徒，藉公司之名，爲贗鼎之計，蜃樓海市，魚目混珠，低貨賤售，擾亂市面，彼則於中漁利，而商界上之受害匪淺，此種奸商，實堪痛恨。職商係屬創辦，資本又鉅，倘以此受虧，則股東之血本無歸，職商之名譽有損，可否設法維持，於不專利之中稍示以限制之意，此則出自憲裁，職商所不敢擅擬者也。茲擬在直隸天津縣屬，擇購民間地畝，建盖廠房，聘用洋匠製造，廠內置設機器鍋爐，大小共兩座，監造細粗紙張各種，採辦各項料質，配合藥品，計每日應造紙張若干，售價若干，除成本若干，盈餘若干，以六個月小結，十二個月總結，綜核盈餘之欵，除各項開支之外，以一成作紅股，其餘按股均分，所有擬定創設新興造紙有限公司訂立簡明章程，除送天津商會查核外，理合繕具章程一册，恭呈鈞鑒，仰懇轉詳宫保咨部立案，實爲公便等情，並附呈章程一扣到局。據此，職局查核職商以京津一帶暢銷洋紙，漏巵甚鉅，擬集股本銀十三萬兩，創辦機器造紙公司，以期挽回利權，用意甚善，所訂集股簡章尚屬妥協，至慮影射冒名，恐受虧損一節，該職商如果創始成立，職局自當隨時保護，以開風氣，而維實業，除批飭該職商迅將股欵集齊，擇日開辦外，所有職商楊寶慧集股試辦新興造紙有限公司訂立章程，呈請轉詳緣由，理合照録清摺，詳請憲台察核批示，並請轉咨農工商部查照立案，實爲公便，爲此備由具詳，伏乞照詳施行。須至詳者。

督憲袁批：據詳已悉。仰候轉咨農工商部查照立案，摺分別存送。此繳。

甘厚慈《北洋公牘類纂》卷一八《直隸工藝總局詳民立各工場成品積壓擬設公櫃收買代銷又附章程並批》 爲詳請事。竊照天津民立工場，自職局極力提倡以來，開辦已有數處，惟銷路未通，往往因積貨日多，成本不敷周轉，是以職局前將售品所改歸考工廠主持，以期設法擴充銷路，業經稟蒙憲鑒在案。近日職局疊據民立各工場，皆商本不繼，稟由考工廠轉請設法維持，職局當以本埠各學堂學生需用操衣，爲數不少，擬由考工廠轉商各學董，嗣後各學生應用操衣布，一律由民立各工場訂購，以廣行銷，並令從長計議。嗣據考工廠管理員等覆稱，各工場以存貨甚多，花色不一，若僅限於學界，恐尚不免積壓之慮，卑職等公同細加研究，祇有在工業售品所内，附設公櫃一法，於各工場大有裨益，設此公櫃請以一年爲期，專收買各工場貨品，聯絡各外號客商，代爲銷售。查各工場所存布疋，結至本年正月底，統共約存四千餘疋，每月各工場所出之布，約在千疋之譜，以一年計之，公櫃須籌墊銀二三萬兩，雖現時佔欵稍鉅，而貨一售出，欵即收回，於公款不至過於虧折，而維持實業，開通風氣，將來利益實非淺鮮，謹擬設立公櫃試辦簡章十條，稟請酌核等情前來。職局查現在津埠民立工場，成品日精，工業進步甚速，特以渙散零星，難暢銷路，致壓成本，其困難情形極爲可慮，今若實行保護，必須合散爲整，大力包舉，方足以擴銷場而資發達，該管理員等擬設公櫃墊款，收買民立工場成品，所訂試辦章程，尚屬妥洽，雖起手辦理，不能不稍有虧折，然按照現在各場出貨情形，一年期内，縱或賠墊，亦不過數千金之譜，按之外洋，凡民間創辦新事，國家往往出資補助，其所以保全，既去之資本擴張無窮之事，業者實收效於無形，擬即准如所請，飭在工業售品所設立公櫃，照章試辦，以一年爲限，其應用之款，暫由職局原存茶捐項下借支，以維實業而開風氣，除批飭遵照外，所有職局現因天津民立各工場成品積壓，擬在售品所設立公櫃，收買代銷，酌訂簡章，呈請核示緣由，是否有當，理合照録章程清摺，具文詳請憲台察核批示祇遵，實爲公便。爲此備中具詳，伏乞照詳施行，須至詳者。

謹將考工廠所擬在工業售品所内附設公櫃試辦簡章十條，照繕清摺恭呈憲鑒，計開：

一，公櫃之設，係因民立各工場積壓存貨，不能周轉，設法扶助。自本年三月起，以試辦一年爲期。二，公櫃擬設於天津工業售品所内，而假工商研究總所爲存貨之地。三，每至月之初一日，各工場將布送到工商研究總所，用憑簿寫明某樣貨若干疋，應領價若干，由售品所届時派人到總所點收，收畢蓋收訖圖章，當時付給布價，再蓋付訖圖章，其送布脚力，皆由各工場自備。四，各工場交貨時，事在倉促，萬不能細量細擇，彼此應以信義爲先，如成色有異，常參差者，可以隨後退换，尺寸如有不足，亦可隨後找補。五，各工場交布，以二十碼爲一疋，九八裁尺五十五尺，每折按二尺六寸七分折疊成疋，每碼一折，然後再疊四折，在機頭上蓋印，各場戳記，倘尺寸有餘不足，則按二五加減。六，各工場所織花色，皆須受售品所之指示，如送到花色不符，可以不收。七，布疋價值，各工場與售品所隨時評訂，至大不過三兩三錢之數，倘有特别織品，亦可隨時酌商。八，貨物收進之後，即由售品所隨市設法銷售，倘有虧耗，即由公櫃備款彌補。九，凡入公櫃之各工場，原不禁其另自售貨，惟其售價不得小於公櫃售出之價，如查出議罰。十，此項公櫃章程，係屬試辦，俟稟奉督憲批准後，各民立工場，凡入公櫃者，均應簽字遵守，倘隨時有窒礙情形，再行公議，稟請增改，以期妥備。

督憲袁批：據詳已悉。設立公櫃，爲民立工場存貨暢銷起見，該局保護維持，用意甚善，應即照辦，摺存。此繳。

甘厚慈《北洋公牘類纂》卷一八《直隸工藝總局詳呈考工廠擬設拍賣處售貨辦法文並批》 爲詳明事。竊維振興商業，以提倡銷路爲要，東西各國向有拍賣一法，近年通商各口漸亦信用，惟津埠至今尚無設立者，故商業機關不能靈活，現擬師其法，以爲之倡，即名爲津益拍賣處，由考工廠兼辦，暫假研究總所爲存物拍賣之地，分内拍外拍兩種。凡將零星貨物送至本處拍賣者，爲内拍，其大宗貨物不便移動，由本處派人前往拍賣者，爲外拍。每拍賣時，或一件一拍，或數件一拍，令衆人見貨給價，以出價最高者得貨，當即交價，如此辦理，庶幾貨可隨時出售，不致積壓成本，則流通推廣，似於工商進步大有裨益。據考工廠管理員酌訂拍賣處辦法簡章，呈請轉詳立案前來。職局覆核所訂章程，尚屬妥協，擬即准如所請，飭於四月間開辦，其應需經費由考工廠擔任，惟拍賣之貨，均應照章向貨主按分收用，以資津貼而免賠累。所有職局現因提倡商業，擬設拍賣處售貨，酌訂試辦簡章呈請立案緣由，是否有當，理合照録章程清摺，具文詳請憲台察核立案，批示祗遵，實爲公便，爲此備由具詳，伏乞照詳施行。須至詳者。

謹將考工廠所擬設立津益拍賣處辦法簡章十四條，照繕清摺，恭呈憲鑒。

計開：

一，拍賣一事，東西各國久已信用此法，自通商後，屢有設立拍賣行於我國者。我國人漸亦信用，惟我津至今尚無一業，此者本考工廠爲開通風氣起見，擬師其法，以爲之倡，即名爲津益拍賣處。二，本處由考工廠兼辦，暫假研究總所爲存物拍賣之地，所有事務以及各項經費盈虧，皆由考工廠擔任。三，本處拍賣分内拍外拍兩種，凡有零星貨物願託本處代拍，將貨物送至本處給與收條，俟集湊成數，由本處訂期登報，届時在本處拍賣者，爲内拍。如有大宗貨物，不便移動，可與本處訂明，由本處訂期登報，指明拍賣地址，届時由本處派人前往拍賣者，爲外拍。至取送貨物之運費，均由買賣主自已擔任，於本處無干。四，本處凡於拍賣日期，懸掛旗幟於門首，以便買主識認。五，本處拍賣時，以還價最高者得貨。六，本處拍賣之貨物，或新或舊，或好或殘，或一件一拍，或數件合拍，買主均須看貨還價，拍定後，概不退换。七，本處拍賣，除現時銀貨兩交不計外，如遇大宗貨，價銀較鉅，一時未便由買主交出者，當即交付定銀十分之一，寫立批約，由本處蓋章爲據，應於何時交貨繳價，須預爲訂明，惟時限不得逾二十四點鐘。八，本處凡於内拍之貨物，已經買主購定，而未交全價，在二十四點鐘以内者，倘有意外之事，本處應將現收之定銀，儘數退還，倘買主逾限不能交銀起貨，本處可另行拍賣，惟須將買主定銀扣罰充公。九，若貨主恐拍賣時買主還價過小，或有賠累，不願售賣，可預告本處，限定價目，如不到限者，不拍。十，凡託本處拍賣之貨物，如零星物件，拍價在千兩以内者，向貨主每兩按五分收用。如大宗貨物，價值在千兩以上者，按三分收用，五千以上，按二分收用，以資貼補經費。除此扣用之外，别無所取。十一，凡違禁及臭味惡劣，並易生火險之物，本處概不代拍。十二，凡託拍貨物，送到本處者，點收後，照給收条，如有遺失，由本處擔任其保險一事，仍由貨主自理。十三，凡拍賣貨物，如有應完税厘，應由買客自理，不與本處相干。十四，此項章程，作爲試辦，如有未盡事宜，隨時體察情形，稟請核奪。

督憲袁批：詳摺均悉。所擬設立津益拍賣處，係爲提倡商業起見，自屬可行，應准立案，仰即飭遵。此繳。

甘厚慈《北洋公牘類纂》卷一八《候補直隸州知州史恩培擬試建鑪廠製造漂白粉等貨品並設講藝學堂稟》 敬稟者，竊考學堂之設，固以科學爲要點，抑必講求實業，方足切用。卑職上年奉調湖南，委充農務工藝學堂兼製造局提調，駐局經年，於洋法美術略窺門徑，迭經調查强水漂粉洋鹼等貨品，沿海口岸輸入甚多，亟應仿造抵制，藉杜漏巵。所需物料以錳養爲要宗，向須購自外洋，茲由化學生徒在江西永新縣山中考驗得之，然非産鹽之地，仍慮成本過重，尚難暢銷。現擬在蘆台迤南地方試建鑪廠，由江西購運錳鑛，蒸煉海潮，即成緑氣，度入石灰房，即成漂白粉。凡製巾布紙張等業，固所必需，所餘流質即成鹽强水，收其渣滓，仍可清爲洋鹼。凡可取材，概無棄物，允足增益學識。卑職迭與畿輔士紳熟商擬先集貲，在蘆台賃用舖房，作爲學堂，招集生徒，並附近局所生徒隨時考驗學習，名曰講藝學堂，果能互相觀感，並可逐漸擴充增課華洋文字圖算等科學，添置標本圖書機械等件，所有本地土産生熟各貨，及舊有工藝，足資考證諸品，儘可分别搜採陳列，講求改良，冀符講藝名義。惟是試辦伊始，每駭聽聞，未必不逢阻力，理合稟明立案，擬懇札飭甯河縣暨蘆台鹽場一體保護，俾興實業。此項購運錳養，蒸煉海潮，實屬學堂試驗之一格，與鹾綱引地委無妨礙，合併聲明。至錳鑛一種，亦屬學堂向用標本，購運進口可否，仰祈憲恩邀免釐税，並候批示祗遵。肅此，謹稟。

督憲袁批：稟悉。查上年工藝學堂教習條陳硫曹會社辦法中稱，製遭達則有裨鹾務，製漂白粉則需硫酸等情，當經札飭運司天津府籌辦，迄今未據聲復。茲該牧稟稱蒸煉海潮以成漂白粉，是否確有把握，候將漂白粉二瓶，札發運司傳見考詢，核飭具覆，並將前項條陳切實議覆，以立製造實業之基礎。繳。

甘厚慈《北洋公牘類纂》卷一八《直隸工藝總局詳津商創製機器輪磨請咨部立案文並批》 爲詳請事。竊照職局考工廠所設工商研究總會，並勸諭各行所設研究分會，均係按期研究，藉資提倡，各工商頗知改良進步。本年春間，商民高鵬雲創製軋豆榨油機器，業經考驗明確，擬請專利十年，詳蒙憲台咨部允准在案。茲於光緒三十二年九月二十八日，據天津商民費光斗稟稱，竊商仰承提倡工藝時加研究，因思麪爲日所必需，中國自古傳留一馬力日磨麥糧一石，舖家每日售麩十數石，即須安置四磨，晝夜必須十二匹牲口替換，需費甚重，麩價勢難從廉。商設法創製機器輪磨，以一馬力運行二磨，日夜三匹牲口替換，磨麥十石，是以一馬足抵四馬之力，用一磨足省三磨之費，而所出麩數足抵四磨之多，每年省費甚鉅，麩價自然從廉，於商業、民生兩有裨益。惟此項機磨商與華工傅子餘日夜研究，經十數越月，幾經改良，始克揣摩有得，並試行多次，頗爲利用，並無洋東洋匠參預其間，爲此叩乞詳咨立案，准予專利十年執照，以資保護等情。到局據此，當經職局飭令考工廠管理員郭春畬等約同高等工業學堂機器教員何賢樑，並洋工師克忒利前往考驗去後，旋於十二月十三日，據該管理員等稟稱，考驗費光斗所製機器輪磨委係用一馬力運行二磨，一點鐘磨麥五斗有餘。按此計算，晝夜二十四點鐘，以三馬替換，足可磨麥十石，至尋常之磨，一晝夜亦用三馬替換，僅能磨麥二石五斗，以此相較，其度率之速，每日磨麥實加四倍，是磨麥十石，實省九馬之力。惟以該機齒輪不甚堅固，擬改兩條方木，墊於全盤之底，以期牲口易於牽動，又以牲口所牽之鐵杆太重，宜易之以木杆，並去尾端重木，俾得運轉，益加靈動。現在該商業已遵照指示改良，較前實覺輕便，稟請轉請立案給照前來。本司職道等查商部奏定商會簡明章程第二十六條內載，凡商人有能獨出心裁，製造新器，確係有用，均准報部酌量給予專照年限，以杜作僞仿傚，而示鼓勵等語。今商人費光斗創製之機器輪磨，業經派員詳細考驗，指示改良，委係以一馬力運行二磨，極其靈便，較之尋常旱磨，每日磨麥多加四倍，實爲利用妙器，堪作振興工商之助，既係該商獨出心裁製造，核與准給專照年限，定章相符，且查此案與高鵬雲製造軋豆榨油機器，請予專照成案，事同一律，自應援案請予專利十年執照，以杜作僞仿傚，而示鼓勵。除諭飭該商候示外，所有商人費光斗創製機器輪磨，擬請援案酌予專照年限緣由，是否有當，理合檢同輪磨影片，具文詳請憲台察核批示，如蒙允准，請即轉咨農工商部立案給照，實爲公便。

督憲袁批，據詳已悉，該商創製機器輪磨，以一日當四日之用，殊堪嘉奬，候將專利年限，照詳咨明農工商部查照立案給照，照片存送。此繳。

甘厚慈《北洋公牘類纂》卷一八《保定府新城縣工藝染織局章程》

定名。一，本局定名爲有限合資染織局，每股以大洋十元爲限，集齊股本之總數，開單報明，如有賠累，以本局有價物爲限，不准向股東索賠。

宗旨。一，本局專仿造外洋之布疋，及染各色加工製造，減價出售外來之貨，概不寄賣。一，本局先借新城縣北關塔灣廟房開設，資本至百股以上，即添蓋工場，日後擴張或推廣於他處，非經各東公認，不准施行。一，本局所定各章，如有未盡善處，俟開設後，隨時公議改良，但不得違背最初之宗旨。

合資。一，本局集資總數爲五千元，以十元爲一股，以五百股爲限，公議請提倉穀息銀五百元，作爲五十底股，其附股者一人入十股，或數十股亦可，若有擴張事業，再集股分之事，待各東會議定擴張之方，及招股分之多少。二，局中司事等，須於本局開設以前，交清入欵外，其附股者，均以本年四月初一日，一律彙齊，由本局發給有名之股票。三，本局以四年爲一大計，期有愿抽本者，須待大計期，先期不准抽支。

用人。一，總董總理局中一切事宜，如僱用諸人，有行爲不正或不勝任者，總董有降抑及遣去之權，而無薦人之權。二，本局所用掌櫃、司賬諸人，須由三十股以上各股公議，或一人薦，而經衆東及總董認可者，方准入局任事，然所用之人，至少亦須有十股，無者不收用。三，每年正月將年前出入之統計，報知各東，各東如有不明處，可寄函詢問，及親到本局查賬。四，各東除查賬薦人外，不得干預局中之事，如有要事，須將情意達知總董，開特別會議。五，自掌櫃以下諸人，悉受總董之約束指揮。六，司賬每月將銀錢之出入、存貨之多少，報知總董，隨時查閱。七，本局諸人出借銀錢，買入貨物大宗，在百元以上者，非總董認可，不得施行。八，本局由總董創設一切，則總董所分之人股，作三十五分之十爲創設之酬勞，如日後不任事時，須將十分之三退爲新總董之底欵，只留十分之七歸創設之人，與局同永遠。九，染織兩科工師專任教授工徒，兼管局中工作之事。

工徒。一，官費工徒，須有定額，擬先招選二十名，由局中管給伙食，三年爲滿，如有未滿三年而退，或故犯被革者，須追回歷年所管之伙食。二，自費工徒以八個月爲畢業，每月應交學費大洋一元，伙食五元，均按四個月一次，預先繳足，畢業後，去留聽便，如有不滿八個月而退者，應交足八個月之學費。三，自費工徒畢業後，有應在局作工者，按其技藝之高下，每月酌給辛資大洋一元至十元，官費工徒三年後，亦照此例。四，工徒無論官費自費，有應入學者，同保人到局，總董工師等驗看，必須年在十五歲以上二十二歲以下，不染嗜好，勤慎耐勞者，方爲合格。

分益。一，本局每年所得餘利，分爲百分之三十五分爲人股，以六十五分爲錢股。一，三十五分人股分配如左：總董百分之十，掌櫃百分之五，司賬百分之四，染科工師百分之四，織科工師百分之四，以上人股所分二十七股，下餘八股爲空股，以賞有功及特別効力者，與高等之工徒。一，本局執事人薪工由總董商明各東酌定，每月至少一元，至多者不過十五元。

甘厚慈《北洋公牘類纂》卷一八《工藝局習藝所廣仁堂女工廠會詳試辦工業售品所訂立合同章程呈請核示文並批》 爲詳報事。竊查職道等所管各工場所，自開辦以來，製造各種物品日漸增多，亟應設法推廣銷路，以維久遠。上年冬，迭經職道等會商，擬就金華橋北大胡同賃鋪房一所，名工業售品所，專銷售實習工場、習藝所、廣仁堂女工廠所製各種貨物；其本省各州縣以及外省官商各工廠所造，凡係新製之品，均可寄售。惟不代售洋貨，致失勸業本旨。業經約定，王紳用勳爲經理人，令其總司籌畫。此外應用各項商夥，悉由經理人酌訂。至修理門面，購置傢俱，一切開辦經費，由實習工場、習藝所、廣仁堂女工廠三處均攤，實習工場攤認四分之二，習藝所、廣仁堂女工廠各攤認四分之一，其房租薪伙一切雜項，每月津貼包費洋二百元，亦按以上辦法，三處攤認。將來銷貨暢旺，再行提成，充作經費，即將此項包費停止。已於上年十二月與王紳訂立合同，賃定房屋，於本年二月初九日開張，先行試辦以後，隨時察看情形，如有未盡妥之處，再行更改，並擬具寄售簡章，通知各州縣查照，以資提倡。所有試辦天津工業售品所，開辦日期，並擬寄售簡章，通知各州縣緣由，理合照録合同暨寄售簡章繕摺，具文詳請憲台察核，批示立案，實爲公便，爲此備由具詳，伏乞照詳施行。須至詳者。

計詳送照録合同一件，簡章一件。

謹將工業售品所與王紳用勳擬訂立合同録呈憲鑒。

計開：一，現在試辦天津工業售品所，爲銷售實習工場、習藝所、廣仁堂女工廠，各種成品，於金華橋北市場擇賃樓房一所，陳列各品，以便士商購取其各省，各州縣工商製品，如欲寄售，亦聽其便，惟不代售洋貨，至失勸業本旨。二，所內約定邑紳候選知縣王用勳爲經理人，總持大綱外，尚須有坐櫃一人，常川住所，協理全所事務。此外應用各項人，俱由經理酌訂。至修理門面，購置傢俱，一應開辦費，酌領官欵，由實習工場、習藝所、廣仁堂女工廠三處均攤，實習工場攤認四分之二，習藝所廣仁堂女工廠各攤認四分之一，其房租薪伙一切雜項，每月津貼包費洋二百元，亦按以上辦法攤認，將來銷貨暢旺，再行提成，充作經費，即將此項包費停止。三，寄售各品，各工場應各立送貨憑簿，送貨到所，點清後，由所蓋章帶回，以爲信據。四，每月所售各貨，結至月底，將售貨若干，該價若干，除售仍存貨若干，由所開具月報，每場一本，結清後，由經理蓋章，該價若干，如數送繳各場，即由各場簽收清字樣並蓋圖章，仍交原差携回，存所備查，其每日售價，即由本所交股實銀行立摺存儲，照章起息，另存候撥。五，本所除門市外，須用走街二人，分往各處行棧勸銷，並招攬外州縣商販，如在外賣銀一兩者，酬給一分，以資鼓勵，此項即由所賣貨價内提撥。六，小販及大宗批訂者，價值須格外從廉，俟臨時與各場妥爲商議。七，各工場應將製出各種物品花樣寄交該所陳列，並設立電話，以便訂貨索物較爲靈捷。八，陳列物品有不易銷售者，應由所繳交原場，不時剔換，其各品中有應須改良，乃能順銷者，由經理知照該場，妥爲仿製，以期振興而廣銷路。九，所内承售各工場貨品，責任匪輕，應訂保險，以昭慎重，該保險費由各場分任。十，各貨售價繳價，以洋元交易爲多，遇有零躉，須用銅元補零，逐日將市價懸牌，並在帳册内登明，將來彙總，按逐日市價通扯折合洋元繳清。另立兑換帳簿一册備查，以昭核實。十一，以上合同係屬草創，一俟逐漸擴充，再行隨時改良。十二，以上合同共録四紙，實習工場、習藝所、廣仁堂女工廠、經理人王用勳各執一紙，以爲存據。

謹將寄售外縣貨品試辦簡章録呈憲鑒。

計開：一，本所專爲代銷工業製品而設，該貨主不拘何時，可將製品寄送到津，惟一切運費、郵費，概由貨主自給，本所祇管收貨，不管墊欵。二，該貨務須分別論斤、論件、論尺，將零售躉售實價開明，本所照原價代售，概不另加分文。三，該貨主應將來貨逐件詳細載明名目花樣，粘貼號簽，並編立號碼清單，隨貨寄來，以憑核對點收登簿，免致舛誤。四，該貨務須裝裹堅固，倘在中途有損壞、潮溼等情，與本所無干。五，該貨主應聲明回信寄至何處，或由何處轉交，如有客商送樣訂貨，該貨樣應由何處轉寄，又售貨價欵交何號帶寄，或存本所由何人持何憑據來取，一一均須預先呈明。六，該貨無論官造民造，凡係新創改良、初行試銷之物，本所可代請護照，免繳税捐，倘久經暢銷之舊式貨品，概不得援引此例。七，該貨價值如在百兩以外，應由貨主自保火險，倘遇天災，本所不認賠償。八，本所一切經費，係由自籌，所有寄售貨品，本所概不收費，惟天津市面有代爲經手之人，應照原價，每兩扣一分五釐，以資津貼。以上八條暫行試辦，如有未盡事宜，隨時再行商改。

督憲袁批：如詳立案，仰即遵辦，合同章程存。此繳。

甘厚慈《北洋公牘類纂》卷一八《工藝總局勸辦織染縫紉公司請派員督理詳文並批》 爲詳請事。竊照職局前詳，實習工場試辦章程辦法大旨，擬聯合紳商開辦各項公司，業蒙憲台批准在案，嗣奉面諭籌設織染縫紉公司，以興實業而挽利權等因。奉此，職道等伏思公司之事，以商辦爲能持久，職局固有督察保護之責，而集股用人一切事權，仍由商董經理，並由股東内選品望素著，官階較崇者爲督理，庶可以免隔閡而資提倡。因即勸令天津商會協理兼考工廠總董甯紳世福，擬就簡明章程集股籌辦，核計織染縫紉三事股本，約以五萬元爲額，當此風氣初開，深恐羣情觀望，職局擬先籌股本一萬五千元，以爲之倡。嗣經甯紳首認鉅欵，邀集紳商連日在商會勸招股本，已有端緒，將即開辦，並稱分省補用，何道炳瑩深念織染爲民生至計，亟願勉力籌欵，贊成斯舉。現衆商益形踴躍，擬公舉何道爲公司之督理，職道等復查甯紳家道殷實，見義勇爲，既首認鉅欵，擬即選爲公司之總董。至督理係主持公司全局，既定開辦亟須得人，何道炳瑩品望素優，商情悦服，合無仰懇憲恩賞准，特委該道爲織染縫紉公司之督理，除職局照章隨時督察保護外，其公司一切應辦事宜，均責成何道督率總董認真經理，以一事權，實于商務民生大有裨益。所有職局勸辦織染縫紉公司情形，謹選立總董，擬具章程，呈請派員督理，並籌附官股，以資提倡緣由，理合具文，詳請憲台鑒核批示祇遵。計詳呈章程清摺一扣。

督憲袁批：詳摺均悉。仰候札委何道炳瑩爲該公司之督理，以一事權，並咨商部查照，餘照行。此繳。

第一章，辦法。一，本公司係官督商辦，呈請工藝總局督察保護，並請由股東内選品望素著、官階較崇者一人，轉稟直隸總督部堂派爲本公司之督理，如督理有事升調，仍呈明工藝總局，由股東内選人稟派接理。二，本公司由督理在股東中選總董，再由督理總董會舉經理。至夥紀匠徒，由經理選用，仍呈明督理、總董定奪，凡總董及經理人選定後，由督理將姓名，股數，保單，録報工藝總局存案。三，本公司所有工作買賣，銀錢帳目，及進退人位各事，均由督理、總董察核，責成經理人管理。小事可由經理人相機辦理，大事凡有關公司損益盈虧之舉動，均應商承督理，與總董酌行。公司帳目、信件、合同、單據及現存銀錢貨物，督理及總董隨時查核。四，本公司專以提倡實業，推廣工商爲宗旨，一切辦法全按商規，内外共事要以信義爲主，各股東皆有考查之責，本公司利弊，如各股東外有所聞知，均可隨時告知督理及總董察度，惟不得無故到公司干預交易，以免事權不一。五，本公司督理、總董均鋭意振興工業，現擬創辦之初，不領薪水，俟辦有成效，再行公議，酌定薪水，其餘所用人數，應極減少。其薪水、費用須力求節省，均按月支給，不得預支暫借，如有影身挪移，暗中通融等情，惟司帳人認賠。六，本公司所用夥紀，匠徒，凡股東在五百股以上者，均可保薦，惟保薦之夥紀、匠徒，必先試任一月，然後由經理人商承督理總董酌量去留，仍須另有殷實鋪保，開具保單，交本公司收存，如有犯規，立即撤退，不徇情面。倘有虧空，惟原薦股東並承保人補賠（如非公司需人之時，不得强薦濫用，致滋糜費）。七，本公司經理人管理一切事務，又司帳人經理銀錢出入，任大責重，均應有殷實鋪保，開具保單，倘有挪移虧空等弊，惟承保人認賠。八，本公司出入帳目，月有月總，年有年總，其月總乃每月出入之大概，應於每月底勒清繕存，以備督理。總董並工藝局隨時查核，其年總於年底勒清，按股分送，並録送工藝總局查核，繕掛公司内，以示大公。九，本公司定爲有限公司，股東交足股本之後，設有賠累，無論如何不得再令股東出資（本公司無論何人，不准用公司圖章、名字及指産業貨物，替人書約擔保等情，違者惟經手人自理，與本公司無干）。十，督理及總董應逐日會集，籌辦一切（如有他事，不克親到，應先知會，以免懸候），查核買賣製造各情形。每年結帳後，將清單登報，邀請衆股東大會一次（平時如有股東過三分之一，有意議事，亦可特請大會）。總董期滿，亦於大會時公舉。如經理人作事荒謬，亦於大會時，公議辭退。凡大會議事，按到會人須過十分之六股分，用投簽法，以多數爲定，如數適相等，則由總董商請督理決之，若議事已定，凡不到會之股東，皆當認可。十一，本公司章程，係屬試辦，如有未盡之處，小事可隨時由督理與總董商改，大事須請股東會議。

第二章，資本。一，建蓋染色織布縫紉三事工廠房屋，約需成本洋二萬元。二，染色按鍋二十口計，織布按木機二百架計，縫紉按鐵機十副計，置辦各項器械約需成本洋一萬五千元。三，購備綿紗染料薪炭等項，一切材料約需成本洋一萬五千元。四，以上場屋機械三萬五千元爲坐本（現係約計大概，俟房屋、器械辦齊後，始能定坐本之准數），材料一萬五千元爲行本。坐本自開辦第二年結帳後，應每年照二十分之一折舊，由餘利内提存，以便隨時修配添補房屋器械之用。至行本，如有不敷周轉之時，准由經理商明督理、總董，向銀號息借，其借據應由督理、總董會同列名簽字，倘未經簽字，即係私借，與本公司無干。

第三章，股分。一，本公司創辦股本，共集洋五萬元，分作五千股，每股洋十元，分二期付。第一期於入股時先收五元，第二期俟房屋器械辦齊，再收五元。二，股分交第一期時，欵到即註册，先填發收單一紙。至交第二期時，將收單携來，換發股票並息摺。三，本公司爲振興工藝，培養民生起見，是以每股銀數定爲極少，無論官商，不拘貧富，皆可附股，一律享股東應有之權利。四，本公司呈蒙直隸總督部堂允，由工藝總局籌欵附股一萬五千元，此項股本，應享之權利，與商股視同一律。惟第一年包息四釐，屆時查明，如實因初開生意未旺，准將此股包息推緩，俟第二年結帳後，再行補付，以示維持保護之意。五，本公司係爲挽回利權而設，只招華股，不招洋股，各股東不得以己名代洋人入股，亦不得以股票轉售於洋人，或抵押洋欵，如查有以上情事，應將股本充公，股票註銷，至洋人銀兩，自向代包人及原經手人理楚，與本公司無干。六，股東領取股票息摺，准寫某記某堂號，惟必須將真實姓名、住址，於附股時，報明本公司註册，以便隨時通致會議各事，股東如以股分轉售他人（惟不准出賣於洋人），必須携票摺至本公司更名註册，不得私相授受（倘不更名註册，如遺失股票，不准補領，再如有持股票押借欵項及作保等情，均應由本股東自理，與本公司無涉）。七，股票息摺，如有遺失，應由本股東具名，知照本公司，並自行登報，另覓妥保，寫立保單，俟兩個月後，無人争論，再補給新票摺，即將舊票摺作廢。八，如股東按股數有四分之三，同願擴充生意，可以加添資本，此股分當先儘原股東，按股續增，倘原股東實無力添足，可於大會時計議，或添招外股，或公借息欵，以有裨公司進步爲定。

第四章，利息。一，本公司創辦諸事草創，建屋購置自必需時，第一年生意未必能遽獲厚利，擬第一年各股分，按照常年四釐包息，於年終結帳時，無請盈虧，准由帳内開支，惟各股東附股有先後，此項包息應按交到股款日期核付，自第二年起，每年結帳，各股東一律按五釐官息，照股分派。二，本公司於總廠内分設織、染、縫紉三科，由督理總董經理人協商，選派熟練專科之人，派爲一科之首領，其管領匠徒工作，仍由經理人隨時查看。其織、染、縫紉三科，年終某科所得餘利，由公司核實，除該科一切開銷外，亦作十成，分派該首領人二成，該科公積一成，其七成悉歸本公司。三，本公司每年年終結帳一次，自開辦第二年起，除一切開銷，並提坐本二十分之一折舊，及股東五釐官息外，按净利作十成，照以下所定之數分派，工藝總局、實習工場經費五釐，各股東七成，督理五釐，總董五釐，經理人一成，公積五釐，以上分派餘利成數暫定，試辦三年後，再視公司情形，邀請股東另議。四，本公司既蒙工藝總局督察保護，每年餘利於十成内提五釐捐助實習工場經費，以相維繫。此外，各項捐輸報効，概准免繳。

甘厚慈《北洋公牘類纂》卷一九《唐山洋灰公司章程》 敬啓者，本公司自創辦以來，不惜工本，精選最上質料，造成高等洋灰，凡鐵路、礦局、河工，以及機器工廠等處，無不合用，其製法精妙，永保堅固，極力研究，已無遺藴，屢蒙華洋紳商獎勵，並經洋工師考驗勁力，較之外洋所製尤勝，久已膾炙人口，倘蒙賜顧，請向天津法租界唐山洋灰公司總理處面商，抑或函訂，均可接洽。計每桶净重三百七十五磅，每包净重一百八十七磅半，並監製各種新式洋灰花磚，質潔色新，或平面或凸紋，花樣極多，難以枚舉，况此磚不惟堅固華麗，而且能免火燭之虞，較用木板鋪地者遠勝，真可爲亞東第一佳品。其原料係揀選上等净潔洋灰所造，顔色係用一種專礳磨匀，與洋灰如法配合，再用機器壓造，吃壓力至一百四十噸之重，故其質堅而料實也。凡各種凸花之磚，皆能改造平面，隨買客自便，惟平面較凸花者，加價百分之五，至買客欲裁成三角，或小塊，或另出新様，均可按照來圖備辦，但定購新式之貨，均須先期商定，方能照辦不誤。再常年存備各種頭等花磚，並有一寸至六寸之邊磚，如邊縫有不足一寸者，可用合色洋灰填補，其洋灰大磚，房頂瓦、水管各件，以及矸子燒成大小各種缸磚等貨，無不全備。光顧諸君欲取看各種貨樣，祈向天津本公司總理處接洽可也。洋灰，此灰一名水泥，西洋名塞們德士，結力極大，乾後最爲堅固，然其性喜濕，於近水之處，尤覺合宜，如用以建造碼頭、橋柱、水溝、水池、地室，並房屋地脚及機器臺等項工程，最爲佳妙。自邇來機器日新，造成洋灰價值愈賤，而成色愈高，即如極大之橋，高大之樓，多有用洋灰作成者，其用法洋灰净砂及石渣，依法配合，並加入鐵條等項。再如建造大烟囱及高墻等項，若用洋灰灌漿，較白灰漿更勝，質既堅固，價亦不昂，蓋白灰漿須灰砂各半，洋灰漿則可多加净砂，至尋常零星工程，用洋灰無不相宜。總之，欲成整塊，即用作洋灰碇之法，欲抹墻及黏連砌造，即用洋灰漿之法可也。洋灰花磚，此磚每塊計英尺方七寸七分，厚一寸，重三磅十兩零二錢，由一百零一至一百三十四號，共計三十四種，宜用在廊簷、廡廨、堂地、澡房、厨房等處。由一百三十五至一百三十七號，又一百五十七至一百五十九號，又一百六十一至一百六十五號，又一百六十七至一百六十八號，又一百七十至一白七十四號，共計十八種，宜用在旅館、銀行、酒店、醫院、棧房、書房並一切净潔之處，其各色花邊磚俱全。鋪地洋灰大磚，此磚每塊英尺方十一寸六分半，厚一寸七分半，重二十磅，其二百零一號，係平面，有白黑兩種。二百零二號，係凸面，計分二十五小方塊，有白黑兩種，此等大磚均係用上等洋灰配合砂土，以壓力機器造成，堅固異常，均匀精緻，較用洋灰鋪地，省工易築，倘遇有破壞，隨時便於更換，不比用洋灰鋪地，遇有小塊破壞，一經修補，即牽連大塊也，且此磚之用項極多，如官街兩傍，火車站，菜市場，以及機器廠，棧房，天井，馬號，宰牲場，營房等處，無不合用。洋灰房頂瓦，第二十號房頂瓦，分白紅黑三色，每十五塊能蓋滿十個見方英尺地方，每塊重六磅，脊瓦照房頂瓦備辦，亦分白紅黑三色，每塊能蓋七寸七分，此瓦係用頂上之洋灰和砂土造成，極其堅固精妙，較平常房瓦好看，而且易於安放，接頭無縫，一律均平，濕乾不壞，極能經久。橢圓式洋灰水溝管，第二十八號者，英尺直徑十七寸六分，横徑十一寸六分，長三十九寸。第二十九號者，英尺直徑二十三寸半，横徑十五寸六分，長三十九寸。第三十號者，英尺直徑三十五寸三分，横徑二十三寸，長三十九寸。砑子土，砑子土西洋稱爲火泥，净重一百六十五磅，已經磨細，凡此土造成各物，宜用於極大熱力之處，及大鍋爐内之出火處，並搪各項火爐内膛，共有數等頭等砑子土造成之物，如頭等缸磚等項，可用於極大火力之處，其非極大火力之處，即平常砑子土造成之物，如平常缸磚等件，若蓋大鍋爐内之墻，及烟囱裏面，與爐窑外面各處皆可。其餘各種紅色缸磚，係最結實者，尤宜於房屋地脚或大高墻垣之用。各種缸磚，一千零零二號，名爲鐵磚，其質極硬，馬棚及大街兩傍極宜鋪用，英尺長八寸半，寬四寸，厚二寸一分，重六磅。一千零零三號，紅硬磚，磅砌地基，蓋高大之房，皆合用，英尺長九寸，寬四寸半，厚二寸半，重七磅三兩。一千零三十號缸磚，西洋稱爲火磚，能吃極大火力，甚合爐窑烟囱裏面之用，英尺長九寸，寬四寸半，厚二寸半，重七磅三兩。一千三十一號，機器壓造缸磚，較一千零三十號者，尤稱堅硬，英尺長九寸，寬四寸半，厚二寸半，重七磅三兩。以上各種缸磚，如擬改特別新式者，皆能照樣製造，其一千零三十及一千零三十一號者，向來運銷上海及長江一帶極廣，尤以各省造幣廠用作鎔銅之爐，製造廠用作鎔鋼鎔鐵之爐爲最多，其與洋缸磚相較，有過之無不及也。小缸磚，此磚係精選上等唐山砑子土造成，質極堅固，水浸不壞，鋪地砌路結實，經久屢試不爽。一千零四十八號者，平面本色。一千零四十九號者，平面紅色，每塊英尺方三寸六分，厚七分半，重十兩零六錢。一千零五十號者，本色，分成四小方塊，背面有紋，每塊英尺方六寸二分，厚一寸半，重四磅半。一千零五十二號者，本色，分成四小方塊，背而有紋，每塊英尺方六分二分，厚一寸，重三磅三兩。一千零五十三號至一千零六十五號者，或平面，或凸面，或分成四小方塊，或兩面花紋，均係本色，各式具備，每塊英尺方七寸，厚一寸，重四磅二兩四錢。圓式水溝管，洋灰水溝管由五寸至十二寸徑。缸水溝管由三寸至十二寸徑，或上釉，或不上釉，各有不同。

附列各貨配用大畧洋灰用法。一，洋炭必須極乾，方爲可用。二，洋灰有合以净砂製成灰漿者，有合以净砂及碎石或小石卵製成灰錠者，其用不一。惟各料必須潔净，且砂中切不可含有土質，或易於引火之物，以免洋灰受傷。再所用之水，須極潔净，鹹水切不可用。三，砂及石渣與洋灰之配合法。甲，洋灰漿。用一二成砂，與一成洋灰合成，灰漿可用以抹地抹墻，並樓梯臺階等處，且能保守地窨内之墻及貯水處，不能滲漏，並可於安放機器之處，用此項灰漿抹地更覺光坦堅固。若用三四成砂與一成洋灰合成灰漿，用於各項裝飾工程，亦能經久不壞。乙，洋灰攙白灰之漿。凡砌磚及抹墻等用，以一成洋灰與五成或多成之砂合成之漿，最爲合用，且用洋灰攙白灰之漿水，更善於單用洋灰，因此項灰灰價值既賤，且柔軟，易於使用，其配合之法不一，可隨意酌用，其畧如左，一成洋灰，五成砂，半成過淋之白灰，一成洋灰，六七成砂，一成過淋之白灰，一成洋灰，八成砂，一成半過淋之白灰，一成洋灰，十成砂，二成過淋之白灰。丙，洋灰錠。洋灰錠之配合法不一，須量其用處而配之，配合之料所最好者爲潔净之砂，與不及二寸徑之大石渣，其配法即以一成洋灰，二成净沙，四成石渣，或一成洋灰，六成净砂，十成石渣。四，當製洋灰灰漿時，其最好之法，先將乾洋灰及乾砂合匀，再行加水，如做洋灰錠，宜將洋灰及砂如法配合均匀，再將澆濕之石渣加入。惟無論何項洋灰合成之物，用時宜重行攙合一次，以免不均之弊，且每次合成，須立時即用，不可停放稍久，至失結力，故每日餘存者，須當日收拾乾净，若至次日攙入，則不能用矣。配合洋灰錠，不可太稀，潮濕適中，即能堅結，且做時，必須極力槌之，令其中之水發出也。以上係尋常用法，其建造橋梁機座等項大工，應由工程師照章配合。

洋灰花磚鋪用之法。一、鋪花磚之地，須先取平加意打實。二、每鋪一塊磚，先將此塊地浸濕，再放上六分厚之漿，以便此漿與地連結，此漿要用熟石灰一分，粗砂三分，攙好用水和匀。三、先用大盆盛水，浸若干塊磚在内，每鋪一塊，由水中取出，以便與下面所鋪之漿連結。四、須用一極光直之小木板，每鋪一塊磚，將此板放上，用錘輕輕敲之，再用水平尺放上察看是否極平。五、所鋪之磚，務須塊塊加意，不可有絲毫之縫，如有些微小縫，萬不可用濕洋灰填塞。蓋此等磚如見濕洋灰，必有污穢痕跡，且凸花處更被黏污，須待所鋪之磚全乾，已無水氣，上面微洒一點乾洋灰，即用乾笤箒掃去所餘縫内點點之灰，候用水洗地時，自能黏連一處矣。六、若使花磚所鋪之地永遠乾净，須每日用乾笤箒掃之，每一星期更用水滌洗一次，水内加少許洋胰子。七、如有油點污穢，胰子水洗滌不净者，可用火油浸洗，即可脱去。若使磚色光亮好看，可用黄臘一分，油質十分之一，松節水少許，共熬成脂，待其冷透，先將磚地掃極乾净後，將該脂少許放磚上，用净物擦抹，其色如新。

洋灰大磚鋪用之法。一、此磚鋪法與花磚無異，惟此磚若用在不甚吃重之處，可只鋪砂土少許，將此磚攤鋪便妥，則不必用漿。

洋灰瓦安放之法。一、若用洋灰瓦，房頂不可太平，其簷角至少須三十五度，即簷與脊每一丈低七尺。二、房頂承瓦之横木，每二條相離應寬一英尺。三、安放之法，先由低簷挨次往上，安放至頂脊。四、安放之時，須在接頭之處，加漿少許，以期連合其漿。用洋灰一分、白灰一分、砂土四分調和，並於安放完竣之後，由屋内再按瓦之接頭處，補漿少許，以期永固。五、該瓦有帶鐵線者，用以拴連木條之上，以期連合堅固。紅磚於爐窑等處之用注，所最要者，如砌缸磚，須用矸子土抹縫，愈窄愈妙，且此項矸子土，最次亦要與做磚之矸子土性質一樣，不然即不能吃一樣火力也。故在爐窑之内，切不可用洋灰或白灰灰泥，如或使用，雖最好之缸磚，必被損壞，凡造成之爐窑初燒火時，必須緩緩燒之，以便缸磚接縫之處逐漸而乾，庶免損壞之虞。小缸磚鋪用之法，一缸磚鋪法與花磚無異，惟該磚不似花磚之匀平一式，鋪時須察其稍大稍小者，配合匀停，始成格方。

甘厚慈《北洋公牘類纂》卷二〇《北洋烟草公司遵議與北京工藝局分辦聯絡條約禀並批》 敬禀者，竊職道前奉憲台批職道禀，遵飭查復，秦縣丞在商部呈阻黄學士北京造烟情形，請咨復緣由，奉批：據禀已悉，仰候咨覆查照，仍即妥定條規，互保利益，毋得自相傾軋等因。奉此，遵經邀集各股東，會同黄學士思永籌議條約。據黄學士稱，北京工藝局添製紙烟，實難兼顧北洋烟草公司商股總董事宜，情願薦舉新股東王道頤勳接辦等語。職道商詢各股東並告知遞呈之秦縣丞均無異詞，王道亦經許可，當即公議條約，以與北京工藝局分辦聯絡爲宗旨，理合照録條約二分，禀呈宫保鑒核批示存案，並咨送商部查照銷案，實爲公便。再職道月前發禀後，秦縣丞隨即應上海三星紙烟公司之聘，俟將經手事件清理，不復干預北洋公司工廠總董事宜，從此裁去工廠總董名目，另舉董事管理工作事宜，受官商總董節制，合併聲明，肅此具禀。

附公議北洋烟草公司與北京工藝商局分辦聯絡條約十則：一、議北洋與北京分造紙烟皆爲杜塞漏卮，抵制洋貨起見，而能否達其目的，收其效果，但視彼此之辦法如何，故分辦仍以聯絡爲要。一、北洋公司衆股東已允許北京工藝商局添造紙烟，確爲分辦，北京開辦後，黄慎之學士不能兼顧北洋公司，情願辭退商總董，另舉股東王朵元觀察接辦，各專責成，以盡聯絡義務，從前之合同議約一併作廢。一、工藝商局原入北洋公司股本八千兩，今以五千兩，照章另招新股更替，仍留三千兩，以徵聯絡之實。一、議黄學士辭退商總董，而經營兩載，未享公司利益，所有本年六月以前應得花紅，自應結算照付，若論創辦利益，無論在公司與否，利益自在，今將以後應得者，一併推讓，係屬格外克己。一、議外洋製造，無不推陳出新，故進步甚速，兩公司開辦，雖有先後，皆尚在幼稚時候，嗣後，如有新奇製法，或創見創聞，彼此印证觀摩，不得秘密。一、議旁觀者清，設有與兩家聲名有礙利益，有損之事，不妨直言相告，各施補救之方，或有應齊之人力，應用之小費，應盡之煩難，不得吝惜退沮，致誚散沙。一、衆議聯絡，與合辦不同，既兩公司各有命名，各有牌號，自應各辦各事，兩不相涉，應將工藝局招股章程首一條删去，本爲一氣等句。一、衆議京公司牌號，無須仍用龍球字樣，各行其是，兩公司均無庸津貼一成利益。一、衆議各覓銷路，不分界限，互相聯絡，以廣抵製，勿相傾軋，致貽笑柄。一、衆議彼此物料器具，有無相通，工匠藝徒不得暗中勾誘，致傷和氣，即有自行舍此就彼者，亦應禁絶，以全恕道。

督憲袁批：據禀並清摺均悉。該公司與北京工藝商局另訂烟草條約第三條内稱，工藝商局原入北洋股本八千兩，今以五千兩照章另招新股更替，詞意含混，意將提歸京公司應用，核與商律第七十五條内載，公司股本及各公司各項銀兩，係專做剏辦合同内所載之事者，不得移作他用之語，不符。若謂京公司與北洋本係聯絡一氣，則何以第二條内稱，從前之合同條約，均須作廢，並第七八條所稱，兩公司各有命名，各有牌號，自應各辦各事，又稱京公司牌號無須仍用龍球，各行其是等情，是儼然分爲兩公司，所謂聯絡一氣者，安在夫？既分爲公司，則已入北洋之股本，提作京公司股本，即是提作他用，實與商律顯有違背。該道等亦明知其非，是以條約内祇稱以五千兩另招新股更替，而不明言提用字樣，不知語氣顯然，無煩索解，仰將第三條條約删除，另商切實聯絡辦法，妥定規條，呈候復核咨部，俾得互保利權，而北洋已成之局，亦不至日漸廢棄，餘照所議辦理。此繳。

甘厚慈《北洋公牘類纂》卷二〇《北洋烟草公司招股章程》 自紙烟盛行，利源外溢，歲不下數百萬金，若不亟籌抵制，烟銷日廣，隱患日深。本公司本此意以聯絡官商，併力措置，親到日本，講求製造之法，並遴選通材，入其工場學習，盡得其術以歸，先在保定農務局試辦，適逢兩宫駐蹕保陽，進呈御用，蒙傳旨嘉獎，並賞局員江綢大小卷，學生雙龍銀牌，成效昭著，機會極佳，爲自來立公司者所罕見。今將招集股本，設立公司開辦，敬告海内，以爲擎舉之先聲，所有招股章程，條列於左：

一，公司設在天津新農鎮官房，爲北洋轄地，並有營田局官地，可以試種烟草，均已稟准督憲允行，並蒙先發官欵二萬兩，以成官商合辦之局，謂爲北洋烟草公司，惟事權不一，則掣肘可虞。現議定官任保護，商任經營，權限分明，不相牽制。一，製煙機器可大可小，今在日本選購上等機器，價在萬金左右，每日可出烟二十餘萬支，將來銷路暢旺，再另添西洋機器，以事擴充，由小而大，方爲穩慎。一，推黄小宋觀察爲官總董，與官場周旋，維持公司大局，推黄慎之學士爲商總董，凡公司事無巨細，悉聽主持，推秦仲雲二尹爲工場總董，所有考工選料，監造督銷工場事，皆歸裁決。另舉副董分任執事，在得其人，不求備位，非但屏除官派，即向來公司習氣，亦不可有事事核實，件件認真，一以顧本惜費爲主，股東局外旁觀，如確有見地，與公司利害攸關，或面談，或函達，不妨開心見誠，直抒所見。一，現非大舉，成本有四萬金，即可周轉，除官欵二萬外，擬定商股，公砝平足銀五十兩爲一股，先收二成，以二千股爲滿，將來擴充辦理，逐次登報續收，自覺輕而易舉。一，所收股息，按年七釐，謂之官利，餘利酌提公積折算，外作十成分派，總董各得一成，副董與帳房司事及得力工匠共得二成，察其人之程度酌定多寡，股東共得五成，按股攤派，自出貨日起扣足，一年結帳一次，刊單布覽。一，入股者將銀交到公司總帳房兑收，先給實收定期，換給股票息摺，分息時，先期登報，憑摺支取。一，公司入股向章既經附入，不得隨意抽出，祇可轉售與人，報明公司另更册户，並取保换填票摺，各股東如有押欵抵帳，輾轉轇轕之事，本公司祇認票摺爲憑，若因故遺失，須於所失地方報官立案，並登報聲明作廢，三月後，再取切保，由公司考實，照原數補填票摺，以昭信守。一，事屬創辦按試辦成本，核以時價，其利頗豐，惟意在抵制，以能廣銷爲主，故開辦以初，必須格外減價，不能計利，俟利銷有准，酌量漸加，方能稍有把握。

甘厚慈《北洋公牘類纂》卷二〇《官商合辦北洋烟草公司議約》 紙烟爲近來極大漏巵，非設廠自製，别無抵製之策，惟官辦則糜費滋多，商辦則事權不振，即官督商辦亦多流弊，非官商合辦，設立公司，難期收效，今議合官商之力，不務虚名，專求實際規畫久遠，共圖抵制，不名官局而曰公司，不派委員而舉董事，先用官欵以植其基，繼招商股以廣其業，官任保護，商任經營，所有擬議各大端，條列於左：

一，正名稱謂之北洋烟草公司，以示官爲提倡，股由公集之意，稱謂既定，則官商併力共事，營謀宜化畛域，以規永久。一，立權限。既立公司，則用人行事，不能不各有權限，擬推黄小宋觀察爲官總董，維持官面一切事宜。惟現在總辦農務局，其公司内事，但舉大綱而已，倘觀察升調，不得作爲農務局照辦兼差。推黄慎之學士爲商總董，經理招募商股及公司内一切事宜，推秦仲雲二尹爲工廠總董，經理製造行銷及管理工場一切事宜，至經手銀錢收支物料，須另舉副董，分管其招股章程，由官商總董同工塲總董妥訂，各有職業，各盡義務，仍候制軍袁鑒核，裁成各股東亦得參議。一，定規模。向來公司習氣，先事鋪張，致多耗費，殊非創垂慎始之道，且閉户造車，未必出而合轍。現在試辦，力求撙節，小站雖有官房，惟距海口太近，能否永遠設立工塲，尚難決定，應俟試辦一年，如不移徙，即按現估價值繳銀，或作爲官股，亦可種植烟葉。今年至多租地一頃，機器選購日本上等，並酌帶學生入日本工場學習，以免雇覓洋匠，諸多煩費。公司用人宜薪水約而奬勵豐，則事半功倍，操縱自如，秦二尹之薪水四十兩，亦可停支，俟有成效，與在事諸人酌分餘利。一，籌成本。先用官欵二萬兩，招股二萬兩，官欵如不任賠累，可作爲存息，如願與商股統計贏絀，即作爲官股，均請袁制軍示遵。商股擬以五十兩爲一股，限招二千股，預備將來擴充地步，先收二成，隨收隨用，不致前突後竭，較爲穩慎，至入股銀兩，不論官商，須交到公司總賬房，始能填票起息。

甘厚慈《北洋公牘類纂》卷一九《督憲陳咨覆鄂督請禁阻啓新公司添設南廠一案文》 爲咨覆事。准護理湖廣總督部堂楊咨，據商辦湖北水泥廠總理奏，留湖北補用存記道程祖福稟稱，竊職道創辦湖北水泥廠，蒙前閣督部堂張奏准開辦，並蒙農工商部註册給照各在案。兩年以來，經職道悉心經營，現在廠屋業已落成，機器業已裝就，甫經開工出貨，乃近聞直隸啓新洋灰公司，派人在長江一帶考查土質，有擬在安徽蕪湖縣陶家山及江蘇句容縣龍潭等處地方，另闢分廠之議，各報亦多登載其事。去冬該公司洋工程師坤德來長江一帶考查，並到職廠小住兩日，極譽長江土質之佳，頗有欣羨職廠之意，職道即料其心存叵測，意圖攘奪，當時既未明言，未便指駁，不謂今日果出於此。伏查職廠案奉前閣督部堂張批准，在湖北境内開辦，上年李道孺稟請在宜昌集股試辦水泥廠，業奉前督部堂批駁有案，仰見扶持商業之至意，欽感莫名。現啓新公司擬設分廠於南職廠，雖無在長江一帶專利明文，然一江上下，兩廠對峙，實逼處此，必兩敗而後已。啓新設廠於北，職廠設廠於南，南北兩不相妨，豈容意存兼并。况啓新開辦已久，成效已著，職廠出貨伊始，正在根基，初立之時，譬如由禾方在萌芽，隣人忽從而蹊奪之，踐踏之，揆諸公理亦所不許，職廠成本較巨，大局粗定，成敗正在此時，無論啓新無設分廠之理，即有他人稟請，在長江設廠，大人保商爲懷，亦必俯念職廠成敗所關，援照李道稟辦宜昌水泥廠成案，力爲主持。職廠祗圖自立，並不敢存壟斷之心，設使出貨果能獲利，十年十五年之後，職廠基礎稍固，如南省銷場暢旺，果可分溉他人，亦所樂從。若照目下情形，即爲啓新公司計挈，其北方已成之局，與職廠不甘退讓，營業必起競争，將來兩相傾擠，亦屬害多利少，我中國人性質見小利不顧大局，遇有微利可圖，必羣起紛争，卒至鷸蚌相持，同歸於盡，商業因而不振，國勢遂以日弱，數十年來，實業不興，大抵皆坐此弊，此可爲浩歎者也。再職道更有進者，現當商戰劇烈，國勢薾弱之秋，我華商力量微薄，苟無專利性質，營業在在可危，農工商部專利章程，尚待核定頒行，微特職廠固宜在大人保護之中，此外公司行棧事，有類於此者，似亦宜一律加以保護，庶我中國商務前途，日有起色，得免坐困於商戰之世界。職道愚昧之見，爲職廠計，並爲商業大局計，理合據實上陳，仰祈俯賜保護，分咨農工商部暨兩江督部堂、直隸督部堂、安徽撫部院，如啓新公司在長江上下分闢南廠，乞爲禁阻等情，到本護部堂，據此除批示並分咨外，相應咨呈，爲此咨呈貴部堂，謹請查照核辦，見覆施行等因，到本大臣。准此，查此案前准農工商部咨明，據湖北水泥廠稟請，禁阻啓新公司分闢南廠，業經駁覆等因，同時並據程道祖福來稟，亦經本大臣批示，啟新公司請闢南廠，經咨部核准，並咨各省立案，礙難禁阻，但爲維持該廠起見，應飭該公司嗣後勿在湖北境内再設分廠等因各在案，准咨前因，相應咨覆貴部堂，請煩查照施行。須至咨者。

甘厚慈《北洋公牘類纂》卷二二《北洋支應局銀元局會陳鑄發銅元稟並批》

敬稟者，竊銀元局現在鼓鑄銅元，原爲接濟市面，以輔制錢之不足，必須寬籌銅本，源源鑄造，方足以廣流通。惟查職銀元局，自開辦以來，並無的欵，一切經費全由職支應局借撥，先後共銀十三萬五千餘兩，詳明俟開辦後，照數撥還歸墊。現在職支應局用欵浩繁，來源告竭，額支餉項尚須設法騰挪，若不陸續籌還，深恐後難爲繼，而職銀元局銅斤等項，又不能一日缺乏，一旦周轉無方，轉致停工待料，兩無裨益。現在職銀元局業已鑄成當十銅元一百五十萬枚，稟明解交職支應局點收，並蒙憲台出示曉諭，舖户居民一體搭用在案，隨後逐日鼓鑄，陸續報解，自可源源接濟司道等。復經公同商酌，擬即會同平市官銀號，遴選殷實錢舖，取具連環保結，承領通用，按照五日内制錢市價，酌中定數易銀，即令該錢舖等解交支應局，以備下批銅本仍由職支應局將易銀數目咨會職銀元局，按目結算，除還銅本及鼓鑄經費之外，贏餘銀兩，即作爲歸還支應局前墊開辦經費等欵。似此循環周轉，不致彼此支絀，方可維持久遠，將來日畧稍長，工匠熟習鑄數，當可加增餘利，亦可漸裕，一俟清還墊欵之後，並銅本亦可逐漸自籌，毋庸另行籌墊，庶軍需要欵不致日久虛懸。本司職道等一再籌商，意見相同，理合會同，稟請鑒核批示祗遵。

督憲袁批：據稟已悉。該局鑄成當十銅元，現擬會同平市官銀號，遴選殷實錢舖，取保領用，仰即按照市價，酌中定數，迅速發領，以廣流通，餘如所議辦理。繳。

甘厚慈《北洋公牘類纂續編》卷二二《工藝總局詳報新訂各工場註册簡章文並批》 爲詳報事。案查直省各屬工商，凡在職局稟請立案保護者，向將成品發交職局所設之售品總所寄售，其新創改良之貨樣，以及已完進口税之料物，均准發給護照，奉前憲台袁批准，歷經遵辦在案。兹查直省各屬風氣漸開，其新立之工場，來局稟請保護者日多，職局以向章僅予立案，尚恐未易鈎稽，特遵農工商部註册章程，參酌訂立簡章八條，並設立註册簿，除將前已立案之工場彙録註册外，擬自三十四年四月初一日起，凡有來局稟請註册者，均應遵照新章，將牌號、姓氏，貿易各項，詳細聲明，由職局查明成品，或係新法創製，或係改良舊式，銷售合宜，方准註册，享受領照保護利益，並由售品所代銷貨品，以資提倡。即於循核名實之中，寓注重工商之意，除出示曉諭，並札飭勸工陳列所管理員，轉飭售品所查照遵辦外，所有職局現因風氣漸開，民立工場日多，酌定註册簡章八條，是否有當，理合繕具章程清摺，具文詳請憲台察核，俯賜批示立案，實爲公便，爲此備由具詳，伏乞照詳施行。須至詳者。

〔附〕新訂各工場註册簡章

第一條，本局於三月初一日起，訂立註册簿，除將前已立案之工場彙録註册外，嗣後，直省各屬工場如願到本局註册者，均可禀候核奪。

第二條，凡各工場來局註册，查明成品，須有新製，抑係改良舊式，銷售合宜，該經理人等保守名譽者，方爲合格。

第三條，本局所註册式，係將各工場牌號姓氏貿易，分條細註，並將全册按次編號，以備檢查。茲將各工場呈報本局註册，所應聲明各條如左：

（一）工場名稱。（二）工場商標。（三）工場地址，如有分號，一併列入。（四）工場資本，註明是否己資、合資，抑係股份有限、無限，每股銀數若干。（五）成品名目。（六）成品造法，是否創製，抑係改良舊式，用何原料配製。（七）銷路何地。（八）設立年月。（九）經理人與該工人姓名籍貫。（十）工場規章。

第四條，該工場一經註册，即可享本局保護之利益，所出貨品准發售品總所，照章寄售，新製貨樣係在售品所寄售者，一律由該所呈請本局印發護照，惟不准夾帶他項貨物，有影射情事，一經税關釐局查出，本局不任保護之責。

第五條，凡各工場陸續在本局註册，所有應得之利益，與立案在先者無異。

第六條，各工場註册後，務宜恪守規章，力求進步，如有敗壞公德，工業退步者，一經查明，立將註册銷除。

第七條，本局註册簡章，雖照農工商部註册章程參訂，並不收費，如部章或有變通，届時再行酌辦。

第八條，現時暫訂簡章八條，於四月初一日實行，嗣後體察有未完備之處，均可隨時增訂。

督憲楊批：詳摺均悉。所擬註册簡章，尚屬妥協，應准照辦，仰即遵照。繳。

甘厚慈《北洋公牘類纂》卷二二《天津德商瑞記洋行承訂財政處購機合同》

立合同，天津德商瑞記洋行巴貝，今承大清財政處銀錢總廠，委由瑞記洋行，向（義）〔美〕國頭等著名常生廠，訂購新式新法新造頭等銀元銅元通用機器，鍋爐汽機一全份，每天十點鐘工夫，能造大小各元，共六十五萬餘枚，所有價值名目，並議定條欵，臚列於後，議立華文合同二份，各執一份存照。

計開：美國常生廠製造最新法銀元銅元通用機器，鍋爐汽機一大全份（此家專承造美國國家銀銅元機器，乃歐美著名頭等之廠），每天十點鐘工夫，能造銀元大小數目列後：一兩重銀元五萬枚，五錢重銀元七千五百枚，二錢重銀元二萬枚，一錢或五分重銀元共三萬六千枚，共計造大小銀元十一萬三千五百枚。每天十點鐘工夫，能造大小銅元數目列後：四錢重銅元六萬枚，二錢重銅元三十萬枚，一錢重銅元六萬枚，五分重銅元十二萬枚，共計造大小銅元五十四萬枚，總共每天十點鐘工夫出大小銀銅元共六十五萬三千五百枚。以上銀銅兩元，每天如欲減造重元，多出小元，或均造銀元，抑均銅元，其所增減大小元之數，即按元之輕重，合機力推算計之，則增減之數，隨時可明。鍋爐項下：新式鍋爐每個一百三十四馬力，二個；新式汽機，二百五十匹馬力，一座；新式抽水進鍋爐機器，一座；各種鐵汽管爲抽水機接合鍋爐用，一全份。鎔爐各件項下：鎔爐（只有鐵件隨有鎔銅管十個，爲捲殘片用，榔頭拑子全）五副；最新模樣銀銅兩條機器，隨有銅模管八個，二架；鐵杓鐵拑及一切舀鎔銀銅所用各件共五種（各種共有十件）。碾銀銅片機器項下：碾軸機器十三副（内有增添一副），備用碾軸七副（增添），剪片機器二副。撞餅機器項下：造銀銅兩元坯子機器，爲大小銀銅兩元通用五架（内有增添一副）。印花機器項下：大號印花機七架（内有增添一副），中號印花機四架，起邊機器隨有較準花紋機五架（内有增添一架）。回爐房項下：净洗及烘乾銀銅元器具内，烤銀元箱、烤銅元箱、烘台，隨有熱凉溼水櫃。準是此名目，抑係他種名目，但各須隨有二全副（内有增添一副），火爐鐵篦鐵件全一座，刷洗銀銅元摇抖機器二副（增添）。平秤項下：顯微平秤，此平最細巧，平銀元用，若平時差分毫即顯，十五架；頭號平秤，銀銅元條其用，一架；二號平秤，銀銅元條兩用，一架；三號平秤，二架（增添）；自行平秤，此天平向德國廠購；兩餘天平，如德國廠好，亦向德國廠購二架（增添）。做鋼印模機器項下：傢伙割鋼模用五個；壓鋼模印花機器，隨有鋼印模坯子一百個，一架。修理機器及機器匠房項下：墩頭一個，老虎拑一個，傢伙内係榔頭拑子等件全副；手風箱一個；車床中心七寸三架，内有增添一架，車床中心十四寸一架，車床中心二十四寸一架，刨床六尺長一架，鑽床一架，磨碾子機磨石一塊一架，做模樣機器一架。爲運動以上各機器所用各件項下：轉軸，掛脚，上帶輪，下帶輪，各種寬窄厚薄皮帶，一切應連隨件，全足夠供此份大機器用；小鑽床一個（增添）；小刨床一架（增添）；小割齒輪床一架（添增），以上總共價值美金洋十二萬四千六百八十五元，關税在外。

一，議定以上機器價值總共美金洋十二萬四千六百八十五元，除雙九五扣外，淨計實價美金洋十一萬二千五百二十八元二角一分，於立合同之日，先付價值定銀三分之一，計美金洋三萬七千五百元，俟外洋裝船時，再付三分之一價值，計美金洋三萬七千五百元，其餘末批三分之一價值，計美金洋三萬七千五百二十八元二角一分，俟機器等件運津交收後，查無短少，即於二禮拜內，付清其美國銀行銀條，或現銀亦可，因銀行不收内地錢莊銀條故也。二，議定以上機器等件，瑞記洋行須向美國頭等著名常生廠定購，倘内有常生廠無有之件，瑞記即向他著名廠購辦，均須頭等新式新法新造者，務要工料堅固，不得以次舊等貨搪塞，倘驗收時，查有工料不精，及銹壞脆薄，不能耐久，並非頭等著名常生等廠新造新式之頭等貨物等情，任憑剔退，情甘認罰銀一萬兩，並須火速補購運津，以重要件。三，議定以上機器等件，共淨計實價美金洋十一萬二千五百二十八元二角一分，所有全價内廠價若干，並裝箱運保各雜費若干，立合同後，瑞記俟領末批欵時，須將各原廠單及雜費單，一並呈局查核，其各原廠單，可隨時由局請駐美中國欽使探詢常生廠等，查所呈之各原廠單，是否相符，倘查有冒浮不實之處，並非頭等着名常生廠及他廠頭等之貨，若常生廠有買，而瑞記故意不買此廠之貨等情，均可從重議罰。四，議定以上機器等件，自立合同之日起，准於八九個月内，陸續由外洋運送來津，在紫竹林碼頭交收，隨交由局隨提，勿延。但能早交愈妙，如逾期不到，由逾期之日起，至交貨之日止，將所付價欵，按年長一分罰息。至本廠人工局用因機器不到吃虧之數算清，由瑞記照數賠償，其此項機器全係外國名目，華文不能逐件繙譯，瑞記應呈出該廠原文原單，以憑點驗，將來倘有不符，並責成瑞記迅速補賠，不得藉華文所譯名目推諉搪塞，各種機器圖，俟立合同後，愈早交愈妙，外洋寄到時，即送局，以便預先考查，安設機器之用。所有照例大小，各元式樣，須預由局發給。五，議定所委購之機器等件，瑞記自立合同之日起，即向外洋延聘精明熟習洋師一名，先在常生廠監造機器，如有工料不精當，由該洋師退換，且可隨時考查此副機器之妙法，而後隨該機器一同來華，及到津後，即住居貴廠，指教華工匠在津律造銀元，安設機器，並教導鑄造各元法子，使華匠習學新法技藝，限三個月辦理清楚，不得有意遲延，該洋師自延聘時起，至來華限滿後回國之日止，共計川資並薪水等，共需銀一萬數千兩，瑞記原擬自認一半，今因局憲諄諭，瑞記已認全數自給，以圖報効。至該洋師住屋及煤火並水，照例由廠預備機器，抵津交提後，三個月内，若因貴局他事延擱，致不能如期安設開鑄，則自第四個月起，其洋師薪水每月五百兩，由貴局自行發給，否則聽其回國。儻因洋師患病，以及他故延擱，則該洋師薪水仍歸瑞記付給，與局無涉。該洋師倘非精明熟習之人，以致有誤，惟瑞記是問。六，議定此副機器等件價值，共計美金洋十二萬四千六百八十五元，除九五扣淨，計實價美金洋十一萬八千四百五十元零七角五分，此價已經萬分克已，因奉局憲懇切申諭，此次價值不必計較，能於格外減讓，再扣九五核算，將來或外省生意或本局再有續購他種機器，均可商辦，只要貨高價廉，不負所託，當可舉荐等語。今瑞記已竭力商之常生廠，而該廠以血本有關，礙難遵行，故瑞記爲面子起見，將價值内應得五釐行用（即每百五兩也）扣去，以抵雙九五扣，以成此批生意，而圖後來之委任。七，議定汽機鍋爐機器各件安齊後，開工鑄造時，如機器各件内之機件作法，原質有毛病者，當由瑞記自行修理，倘不能修理者，即將此件剔退重換，並將退件充公，決無異議。八，議定所訂機器，實在馬力必須足用。機器各件内，應有相連之件，務必齊全，如應有備份之件，亦宜照備，不得以合同内未載明，致不備運爲詞，倘運到時馬力，不足鑄造六十五萬餘元之用，及機器内有短少之件，以致不能開工，所有局中吃虧，局用薪水等項，均須瑞記如數罰賠，仍由瑞記趕緊將短少之件購補。九，議定所購機器，必須十點鐘工夫能出大小各元六十五萬餘枚，不能短少，俟安設開鑄時，須貴局華匠工料，一切齊備，由原來洋師試用數日，如每天所出大小各元與原議合同數目不符，瑞記應認罰銀三千兩，仍將不敷機件，由瑞記買補，至符合原定數爲止，不能加價。十，議定此項機器，彼此原約係最新最堅固之貨物，瑞記現存之圖，皆是數月前之圖樣，如目下向美國常生廠定購之各種機器，更有較新於前數月之圖樣者，即照新出式樣購辦，以期精益求精，倘有不堅固之處，一二年内忽出毛病，以致停工，瑞記應認罰銀三千兩，如工匠不諳用法，以致出毛病，或意外之事，不在此例，以昭公允。十一，議定由外洋運送來華途中，如遇有風波，遺失等情，當向瑞記自向保險行理論，即速重購補運，必須將失事實據呈報，方准免罰已付欵銀利息及局用等項。十二，議定中國進口護照及免税專照，由局詳請發給。十三，議定貴局製造大小銀元銅元各式樣，照例立合同後，兩個月内，務必將各元較準大小厚薄輕重式樣，每種各做成五枚，發交瑞記，以便寄外洋，該廠按各元式樣，配造機器，及自行天平等件内之機關，以期合用，否則機器内之機關配造無憑，斷難取準也。十四，議配造運動機器等件，轉軸之長短大小，並機器地盤等件之形勢、地位、尺寸，必憑廠房圖配造，此乃一定理法也，其廠房或由外洋寄圖建造，抑由貴局自行變通，繪圖建造，今尚未定，如一准由局繪圖，務請於立合同後一個月內，將圖發給瑞記寄往，照圖上廠房配造轉軸掛脚等件，庶無貽誤，若由外洋廠中寄圖蓋造廠房，其配造轉軸並地盤等件之形勢、尺寸，至將來應如何做法，可均按外洋廠房圖配造也。如要外洋寄圖，亦於立合同後一個月內，示知瑞記，以便照辦，緣轉軸之大小、長短，並機器之地位，既以廠房圖爲憑，則該圖最爲緊要，萬不能用貴局之圖造廠，而按外洋之圖造轉軸等件，則相配必不合式也。十五，議定機器造成時，倘有非常變故，或由該行慎重起運，或由本處預先知照，斟酌辦理，事故平定，必須照約交納，彼此不得別生異言，並免議罰。

甘厚慈《北洋公牘類纂》卷二二《度支部造幣北洋總廠鑄造銀幣試辦章程》

一，鎔銀關繫綦重，比鎔銅尤當格外細心，照章鎔化，銅鉛偶有化合不勻，成色參差，尚須重鎔。況銀銅本質，銀比銅軟，火候稍過，立即虧耗，配合銅珠，與銅配鉛，又大有區別，倘工匠技藝不精，不能詳審火候，銀銅或攪不勻，則成色難期畫一。若致重鎔，火耗愈大，該所員司務當認真考查，督率該工匠等，務將火候看準，能攷火色合度，即當用杵攪勻，傾成銀條，應將此罐所出之條，記明號數，由化驗所挑取化驗，應與配合之數相符，斯所耗自不至出於範圍之外。

一，鎔銀及配合銅珠，必須員司看明，用心稽查，倘每罐稍差一二，積少自能成多，此等流弊，不可不防。

一，銅珠鎔成後，鎔化所應眼同，過平交庫妥存，因鎔銀配合銅珠，其珠之分兩，即可抵銀之分兩，不得以銅珠輕視。開鑄之日，配銀應用銅珠，由較準所寫條立簿，向銀銅庫領發，當日應用若干重，即登諸報單、印簿，以憑查核，用餘之銅珠，即登領銀並銅珠簿內，每鑄銀幣一批，彙結一次，以清賬目。

一，輾片所司事領條到所，即發交該所領首輾作告之，原來分兩若干，以便核對，烤銀片應即以現飭定做之鐵盤盛之，以備萬一爐火過度，片偶鎔化，尚在盤內，不至耗失。銀片祇烤一二次，每次出爐，俟片退熱，方浸入水櫃，至冷取出，重碾銀片，烘耗甚微，鄂局每千兩祇耗二三錢，本廠初次試鑄銀幣，著責成該所員司認真考查，如烘烤銀片，偶然鑪火過度，爲數極少，情尚可原，若習爲常有，是工匠漫不經心，自應酌量罰懲。

一，撞餅光邊原合爲一，撞餅所司事領片到所，即發交該所領首撞餅，其餅即交光邊所光邊，邊碎交較準所發鎔餅邊，兩數合計，應與來片重數相符，即不差錯，但撞餅用油，原有溢重，本廠若用胰子油，溢重雖稍減，仍應有溢重，各省鑄局撞餅，向未有耗，該所員司務當督率匠徒認真經理，本廠亦不應有耗。

一，烘搖洗所司事領餅，必須帶同本所匠徒，當面過平過數，然後發交烘洗，洗畢，能照原來個數，繳還本所司事，即清交割，但烘洗有耗，勢至重數稍輕，耗之多少，視所鑄之銀幣之輕重，並工匠技藝精粗，細心與否而定也。如技精心細，耗亦甚微，收後應由該所司事轉發印花所，其銀餅應書條載明個數，重數若干，不應有參差，印花所眼同收去，即爲交割清楚。印花所司事領餅，亦必帶同本所匠徒當面過平過數，即照原條來數，交其印花，印畢由藝徒照原重數，當面繳還本所司事接收，分兩不差，個數不差，即清交付。倘有分量不符，或個數不符，應著該藝徒如數賠償。

一，各所收發，必須兩所員司眼同過平，以免舛錯，但各所情形微有不同，分別詳列於後。銀銅庫來銀，應將銀色之高低者，各選三四個過平，交較準所送修機廠。每寶各鑽貳錢，其所鑽銀屑包上註明分兩，並何處之銀，交化驗所化驗成色。來寶並銀屑繳回銀庫，俟化驗畢，開單交較準所，照化驗成色，配合銅珠，一面知會較準所員司到庫眼同過平，編號登簿，以便次日領鎔。較準所司事領銀到所，應會同銀庫鎔化所司事覆平分兩，果無參差，即交鎔化所鎔化，鎔化所化成銀條，繳較準所時，由較準所覆按每罐一條，鑽取銀屑貳錢，送化驗所化驗，餘屑過平，另記送庫，另存彙備抵耗。一面會同輾片所司事過平，發輾銀條，化驗其成色，必與配搭之成色相符，方無錯誤，否則重鎔。至撞餅所之銀邊，及印花所之廢幣，交來亦當眼同過平，收存，以便發鎔，如收而未發之銀邊、銀屑、廢幣等，應責成員司收管，其所用之匠徒，並長夫，必須隨時察看，如有心術不正者，即行革換，倘有舞弊，從嚴究辦。

一，現遵部文，先領銀百萬試鑄，並以後鑄銅鑄銀日期，均須預定，分清界限，以免攙雜，舛錯之弊。

一，鑄造銀幣，不准遺失分毫，應先嚴定賞罰，無論銀幣、銀餅、銀邊、銀碎、銀屑，在廠匠徒夫如敢偷竊，不拘多寡，准在事員司以及匠徒人等查獲，但須確有贓據，方可告發。其偷竊者，從重懲辦；其查獲者，應給獎賞，不拘多寡，應照粵鄂章程賞洋三十圓，即日發給，庶人人皆能格外留心，則偷竊之風自戢。倘敢貪賞挾嫌，捏詞妄指，查出應得反坐之罪，或有通同作弊，查出分別嚴辦，並著稽查工匠員司，每日指名搜檢。

一，鑄造銀幣所有條片、邊餅，於上下午將放工時，各所員司應督率本所匠徒，妥爲點存，櫃内鎖固，方可出廠，鎖匙應歸各所司事收管。至上下午開工時，各所員司亦當鬨號先行進廠，開櫃以便發交匠徒領作，似此辦理，工程不致遲悞，條片邊餅亦不致差錯。

一，鑄造銀幣成數，按銀數十成計算，鑄一元者，六成；鑄半元者，一成；二角者、一角者，各一成五。先期預核，斯鎔銀有所遵循。

一，各所收發數目，應逐日循環核對，分毫不差，則此收發之數，方無錯悞，否則必須覆核更正，惟較準與銀庫及鎔化三所收發數目，微有參差，係因實銀銀條提取化驗之故，每寶應化貳錢，如本日化五寶，即提取化驗一兩。銀條亦每罐提化貳錢，如鎔二十罐，即提化驗四兩，多鎔罐數，以此類推，其實此項銀屑存在化驗所，有數可查，至年終，仍應繳還銀庫。惟化驗所提取化驗之銀，除由較準所日報月報，並印簿一一註明外，化驗所應立簿，逐次記清，每届半年彙繳銀庫一次，並由銀庫付給收條，另存另記，勿令混淆。

甘厚慈《北洋公牘類纂續編》卷二二《工藝總局詳請變通考驗工徒辦法文並批》　爲詳請事。竊照光緒三十四年十一月初二日，據長垣縣田令鴻文詳稱，案據卑縣工藝局管理舉人李宣猷等禀稱，光緒三十二年，經舉人等在本城南關創設工場，三十三年正月間，選送織科工徒田沛，染科工徒牛畯，提花科工徒張植等赴天津實習工場，分科學習。至去年八月間，織科田沛、染科牛畯，今年三月間，提花科張植先後畢業，當蒙考驗給憑，由津旋里，購買機料，於去年九月織染兩科開工，今年四月提科開工，即以該三人爲工師，陸續考取自費工徒三十名，分科教授，業經禀蒙前縣尊朱轉詳列憲試辦在案。查津場自費工徒章程，織、染兩科皆係半年畢業，提科係一年畢業，而長垣風氣甫開，若亦以一年半年爲畢業之期，恐程度稍欠，缺點輒多，殊於工藝前途不無窒礙，因之公同商酌，延長期限，定爲一年、二年畢業，現除續考工徒未經期滿二十名不算外，餘十名計自去年九月開工日起，扣至今年八月底止，已届一年畢業之期，程度均爲合格，擬即申送各工徒等，親詣津場面請考驗給憑。奈千里迢迢，路遠費鉅，不惟各該工徒，苦於無措，即本工場亦難湊此鉅貲，萬不獲已，擬懇天津工藝總局憲，俯體民艱，併力培植吾垣工藝萌芽，或賜委來垣，分科考驗，擇給憑照，或發給空白憑照若干張，俾本場酌優填給，或飭本工場就近徑請父台來場考驗，取給憑照，究應如何辦法，請轉詳示遵等情，由縣轉詳到局。據此，職道等查前據東路廳許丞元震詳請，飭發工徒畢業憑單式樣，欲自刊印發給，當以各屬自行考驗，恐程度紛歧，易滋流弊，於三十二年秋間，詳蒙前憲台袁批准，通飭各屬，嗣後工徒畢業，均送職局考驗，果能及格，再行發給文憑在案。乃自通飭之後，各工徒憚於遠道跋涉，仍求州縣設法辦理，因各屬自行考驗，發給文憑者，有之；或並不送考，而仍請局發文憑者，亦有之，辦理未能一律。兹又據長垣縣田令以紳設工場，工徒届畢業之期，請示遵辦，詞極懇切。職道等體察情形，現值風氣初開，工場漸多，正宜因勢利導，以資提倡，前之所以令各畢業工徒來津考驗，本爲慎重起見，今各屬因距津道路遠近不同，多以工徒赴考，路費難籌爲辭，似宜曲爲體諒，變通辦理。職道等公同商酌，擬請通飭各屬，嗣後工徒畢業，如距津在五百里以外者，凡官立之工場工徒，均准禀由該管府廳州委員考驗，如果程度及格，准即報由職局發給憑單；紳商所立之工場工徒，准其禀請本管地方官考驗，如果程度及格，亦准報局給憑。其距津在五百里以内各屬，無論官紳，所立工場如有工徒畢業，均應仍遵舊章，送由職局考驗，果能及格，一律發給文憑，不許再行藉詞妄瀆，庶於變通之中，仍寓慎重之意。所有職局現因各屬距津遠近不同，擬請變通考驗工徒辦法緣由，是否有當，理合具文，詳請憲台查核，俯賜批示祗遵，實爲公便。

督憲楊批：據詳已悉。各屬工徒畢業，若照案概令來津考驗，程途遠近懸殊，路費均難籌措。今酌量變通，應將距津在五百里以外者，均准禀由該局委員考驗；五百里以内者，均飭仍遵舊章送局考驗，如果程度及格，一律發給文憑，似此辦法，既以體卹工徒，而考校亦仍核實，仰即由局通行各府廳州縣，一體遵照辦理，并分移司道查照。繳。

甘厚慈《北洋公牘類纂續編》卷二二《工藝總局酌擬各項工藝辦法》　一，高等工業學堂宜劃定學額也。查學堂學生，向有百數十名，計陸續出洋，以及考取畢業，約有數次。本年議定添招新生四十名，若仍一律給發伙食、書籍、操衣，開支過鉅，擬將向有之學生，除八旗及奉天附學生外，額定百人作爲正科，嗣後新班四十名入堂以後，伙食、書籍、操衣，概令自備，惟不收學費，以示體恤。俟正科缺額，由新班序補，所有四十名伙食費，每名以四兩核計，全年可省一千九百二十兩，書籍、操衣尚不在内。至現時化學機器二科，已届畢業，倘能添籌的帑，選派出洋，藉資深造，俾成有用之材，方收效果。一面將課程按照奏定章程，組織完備，即由憲委之總稽查施道肇祥認真研究改良，益臻精進。又查學堂新招之生，均按中等程度録取，列入豫科，原爲升入高等之預備，若再將現有之初等工業學堂，助款擴充，升爲中等，另招初等，以附之學級，自不致凌躐矣。

一，實習工場宜宣布宗旨也。查工業性質有營業、傳習二種，營業惟求獲利，傳習首在開通。北洋設立實習工場，原爲提倡工商起見，自應守傳習主義，然不得不略示範圍，向章官費工徒，收無定額，每年招考二次，官費工徒月給三元，畢業留場月給四元，升入工師月給七八元、十數元不等，不獨用費日鉅，且出貨供多於求，銷路因之大生障礙。今擬除匠目外，額定官費工徒百人，畢業留場者百人，自費者三百人，官費額出，俟有成數，再行訂期招考。場中分十二科，内如窑業、製燧、胰皂諸科，或因原料稍遜，或因購自外洋，利息甚微，工徒可以稍減。織染、木工、提花、刺繡諸科，或以漸收效果，或尚易於銷售，成品可以酌增，此在因時變通，原無限制，而場貨尤忌壅滯，成本往往不敷周轉，今既有一定範圍可以預算，而所出之貨，必使式樣搆造悉合銷路。查職局設有售品總所，賬册向歸陳列所造報，今擬飭由實習工場兼制，消息自不致隔閡矣。

一，勸工陳列所宜廣開風氣也。查該所陳列各品，向分本省外省外洋數區，註明産地物價，藉資比較，現擬添購新出商品，並詳請憲台咨取各省工廠成品，以壯觀瞻。又查該所考驗各屬製造成品，每年發給獎牌一次，係將金銀箔紙上書得獎之局所與商店，而工人未與其列。今擬遵農工商部奏定成案，凡工商有能自出心裁，製造成品者，查明製造之人，獎以七八品功牌以示榮寵，藉生競勝之心，並於工商入會者，嚴立自治章程，分期研究，有發明新理者，立予獎許，故步不致自封矣。

一，教育品製造所宜廣籌銷路也。查中國學堂，向購日本儀器標本，每歲漏卮，以數十萬計，現時該所自製成品，已有三百餘種之多，均爲學堂要需，去冬呈蒙學部考驗，頗爲獎許，内有數種，須遵部批，一一改良，俟就緒後，詳請憲台轉咨學部，通飭各省購銷，並於内地各大書肆，設法寄售，以廣銷路，利權自不致外溢矣。

一，種植園宜改良土性也。查該園在新車站之東，地近鹽坨，土性含有碱質，最礙孳生，現正考求變換土性之法，以瀉鹵培料爲先，除由職局籌款遍開溝洫外，並允禮和洋行在該園試驗肥料，藉資考鏡。又查直省工廠困難，紡織多不獲利，洋紗價貴，自係一大原因，爲今之計，自以設紗廠爲要義，無如直省之棉産額甚稀，且絨短花粗，多不合紡紗之用。列國棉種，以美洲爲最良，現飭該園試種多畝，是否合宜，再行推廣，並令補種湖桑三椏等樹，爲造紙原料之預備。又將全園劃定區域，訂立樁牌，分段種樹，選派園丁各專責成，以資比較，地利自不致荒廢矣。

一，造紙廠宜添加刷印也。查該廠手工造紙，漸有可觀，惟因成本稍重，定價較昂，銷路因之稍隘。現時工徒能自製造，已將該廠南北諸匠酌量裁撤，冀可節省經費，核減紙價，更添刷印一科，將所造之紙，分別印訂，較易銷售，一面訪延日本技師，倣照日法造紙，冀可改良紙料成品，自無慮滯銷矣。

一，售品總所宜變通辦法也。查總所設北馬路，分所設河北大胡同，一切開支統由陳列所領發，每年約在五千數百兩。今將分所招商包辦，畧給津貼，每年可省千數百元，一切仍受總所檢查，定價不得軒輊，洋貨不准寄售。又改每月分紅，爲按節酬勞，其等差以銷貨多寡爲衡，俟浄除開支，得有餘利，再行按成提紅。凡直省各屬工場到局立案，請保護者，今定新章，設立註册簿，須將成品呈驗，是否新製，抑係改良舊式，查明方准註册，享保護之利益。至所設公櫃，收買民廠布疋，今擬自本年起，展辦一年，或改爲押款，選貨折付劣者，發還期滿，收回成本，不計利息，似此變通，民廠得資挹注，該所不致耗累矣。以上數端或現已實行，或尚需研究，均屬目前要舉，是否有當，伏乞鈞示祇遵。

甘厚慈《北洋公牘類纂續編》卷二二《運司詳官商合辦漂白粉工廠請查核文》　爲詳明事。案查陸前升局詳設督硝公司，案内聲明硝底餘鹽，據天津府帶同工藝局洋員藤井面稱，可以製造漂白粉，已飭藤井將製造理法，及成本銷路，切實查明禀候，另行詳辦，旋因款鉅利微，未經開辦。本年正月間，凌前升司任内奉憲台札開，准河南撫院林咨抄土鹽製造漂白粉辦法，以便仿行等因，當經凌前升司函詢工藝局總教習洋員藤井查明，硝底餘鹽製造漂白粉，其製造理法若何，究需成本若干，是何項銷路，並札委葉縣丞樹仁會同擬具一切章程，試驗開辦去後。嗣據洋員藤井擬具漂白粉工廠簡章、預算册前來。凌前升司以此項工廠關係商業，應作爲官商合辦，開辦之始，官爲提倡，當由運庫籌撥銀洋三千元，發交綱總承領，撙節開銷，以後流動資本及常年經費，統由該綱總籌措，如辦有成效，再事擴充在案。茲據商人益德裕、中立豫、太亨、晉用舒、平全義、萬慶餘、慶德豐、瑞復興、德興義、蘇遐昌、中聚生等禀稱，竊商等經綱總傳知，前升憲凌諭飭試辦漂白粉工廠，硝底餘鹽不致空棄，現行採硝州縣，均有關係，我憲台尚撥庫款提倡，商等理應分籌少數資本，公舉王賢賓爲總辦，李寶恒、王觀保爲會辦，郭金城爲經理，並聘請工業學堂日本教務長藤井恒久、化學物理教員中澤政太督查教育，工業學堂畢業生劉煥琛、劉汝霖爲技師，招募工徒十名，廠役二名，所有集資之商人高振鏞、王賢賓、王觀保、張炳、劉光翥、李賢恒、李仲琴、劉静泉等爲股東，其石室鍋爐房舍料庫等，業經建造，擇期入廠工作，理宜具報憲案，合併陳明，爲此伏乞電鑒施行，實爲德便等情。據此並據商人王賢賓、李寶恒、王觀保、郭金城稟請行知官銷局發給硝底餘鹽一船，賞給護照，以利運行，暨據綱總遵約，採硝州縣引商分出少數資本，稟覆前來，除稟批示並行官硝局發給硝底餘鹽，迅速開辦，暨抄案另文詳咨外，理合具文，詳請憲台查核，爲此備由具呈，伏乞照詳施行。

擬訂漂白粉工廠試辦簡章

一，宗旨。一、本場係奉運憲命令，以硝底餘鹽，延請精於化學專門華洋工師製造漂白粉，以供津京各工場、各染坊之用，俟有成效，再行推廣，即名爲長蘆試製漂白粉官場。

二，設場。一、設場擬暫借天津西校場習藝所大門外空房十間，略加修葺，作爲工場，其辦公儲料宿舍等室，擬暫借看守學堂空房數間，暫行開辦。

三，原料。一、原料硝鹽，即向保定官硝局購運，其據攁硫鏹石灰等物，即可在津就近購用。

四，用人。一、管理委員□員，經理全場一切事項。一、會計司事一名，經理銀錢料品。一、延請工藝總局藤井恒久顧問官爲總教員（一切作業事項聽其指揮）。一、洋教員一員，經理全場作業事項。一、工師一名，由高等工業學堂速成科畢業學生内選充。

五，經費。一、鍋爐建築等費，約估銀一千零五十兩。一、設備原料等，約估銀一千五十兩（此指初次試驗而言）。一、設備工場各項器具及辦公儲料等室器具，約估銀二千一百兩。一、常年經費。會計司事一名，每月薪火銀二十兩。洋教員一員，每月夫馬銀三十兩。工師一名，每月薪火銀三十兩。工徒十二名，每名每月火食銀三兩，津貼銀二兩。官醫一名，每月夫馬銀□兩。茶房一名，每月工食銀五兩。廚役一名，每月工食銀五兩。聽差二名，每名每月工食銀各四兩。一、油燭、茶水、筆墨、紙張、賬册、煤炭、柴草、工徒、醫藥及修理器具等款，應請核實開報。

六，工徒。一、工徒挑選十八歲至二十五歲，身體健壯，粗識文字者，爲合格，取具各該家長甘結，殷實商號保結，入場肄習。一、工徒以六個月畢業，考其成蹟不及格者，補習。畢業後，分派推廣各州縣，充當工匠。一、工徒早午晚三餐，均官爲預備。一、工徒患病或因公受傷，均官爲醫治，欲自行醫治者，聽。一、工徒放假，每禮拜，萬壽聖節，端午中秋各一日，年節十二月二十六日至次年正月初八日。一、工徒作業，俱照本場四時所定時限。一、工徒如犯小過，由本場分別勸勉懲罰，如有凶横不法，偷竊料物，應稟請運憲嚴懲。一、工徒如未畢業告退及無故不到者，應責成原舖保，按月追繳工食等費，如資質太鈍，被場斥革者，不在此例。一、工徒作業餘暇，授以書算及淺近理化各學，由洋教員擔認義務。

七，售品。一、本場成品，專供官立民立各工場及各染坊之用，品質與洋貨相等，取價比洋貨宜廉，以廣銷路。初次成品試驗合式，宜送京津各工場各少許，請其試驗，不取工料價值。

八，免税。一、本場製品係爲開通風氣，提倡實業起見，況係在内地製造，與免税之例相符，貨品出口時，應請海關道發給免税專照。

九，餘事。一、員司匠役人等，如有異常奮勉，成效昭著者，應由運憲酌給獎勵。一、以上所擬，係暫時試辦簡章，如有應行損益之處，再行稟請，隨時改良。

甘厚慈《北洋公牘類纂續編》卷二二《直隸諮議局呈請督憲陳停止官紙印刷以祛弊便民文》 爲呈請事。竊本局於本年二月十九日，奉督部堂札行，批准北洋官報兼印刷局詳定官紙印刷大概辦法，到局。查此係單行章程，爲本局應行議決之件，而前者造端之始，未經交議，既已無可如何。兹據各紳商紛紛陳請前來，若隱忍不言，恐原定章程者之意，無論如何美善，而其流弊將有不可勝言者，謹爲督部堂縷析陳之。查官局辦法，大概分專用、通用二品，舉官、商、學界、軍民人等，凡法律上所用與非法律上所用者，皆爲其所製賣，雖未明定專利字樣，然統觀其前後種類，除信箋、名片及隨意起草紙外，不爲其所搜括者幾希。泰西之專利，必爲其人自行發明之業，而又必限以年限，所以酬其勞，而又防其壟斷也。今該局所擬辦法，不過即舊有之式，而一整新之，仍一仿造之類，何嘗有一爲其所發明，而乃自己仿造，不許他人仿造，各國殆無此辦法。其事之不可行者一。如謂設局專辦，係爲改良官紙，謀行政上之劃一起見，則由官家頒布定式，任各商民仿造，自無不可。日本内閣印刷局，即如此辦法，今學部有圖書局，各省提學司有圖書科，皆司印刷，皆無專賣之説，必謂經官賣而後能整齊，則凡衣服、宮室皆宜整齊，是工藝局可攬全省縫織之業，工程局可攬全省建築之業也，天下豈有此事理。其事之不可行者二。經濟學之公例，供給與需求必得其平，凡求過於供者，其價昂；供過於求者，其價低。今該局雖曰定價從廉，然一爲官業，合員司薪金及種種工費計之，其成本已高於商家，況以一局而應全省之用，求過於供，遠甚其價值之，不能不騰也，自必然之勢，天下勢之所趨，雖有大力者，不能禁止，迨至其弊已形，而後悔之已無及也。其事之不可行者三。以物質進化之理言之，凡一藝之出，有比較而後有競争，有競争而後有進步，反是則日趨於退。今該局雖自謂加工精製，然以全省之用品皆歸一處，無論精與不精，必取給於是而後可，則無比較、無競争，勢必始以專辦，恐爲人所指目，而加意求精，繼且以專辦有所恃而不恐，而漸即窳敗，久而久之，凡前所謂欲收整齊劃一之效者，其結果乃止與相反。揆之整頓印刷之本意，當不如是。其事之不可行者四。有此四不可行，而曰吾藉官力，以强迫之，當無不可，往者官報之獲鉅利，是其明驗，果如此，竊謂又有不能行者在焉。

今全省各署營局暨府廳州縣，統計不下數百處，該局亦自知無以應其求，則謂設分所代售，在省會則批撥各紙店，在州縣則交緝私局，或起解錢糧人犯者代辦，而以成本計之，官價已昂，於商價如前所云，若再設分所代售，則非於原定官價之外，更取贏焉，無以償其販運消耗之費，一贏再贏，勢必仍取給於民間，而民間前日購紙可以十文得之者，今必增至二十、三十，南洋一白，稟定價銀一角，是其明鑒，況緝私局起解錢糧人犯者，向爲病民之蠹，今再託其代售，則爲虎傅翼，其所以舞弄小民者，何所不至，若長此不已，勢必與各州縣鬧鹽之案，同見而并出，而其終轉至於破裂不可收持。其事之不能行者一。以需用之處所，言則全省數百處，各處設一分所，似乎已足以需用之，個人言則全省人民無慮數千百萬，而此數千百萬者，散處於四方，平日一集市一村莊，大抵皆有售紙之所，名曰雜貨店，隨地取之即是，今各處祇設一分所，而小民去城遠者或至數十里百數十里，偶用一紅白稟、一合同、一清摺之類，皆必向城内取之，勢且不能，不能則仍宛轉求之於紙店，紙店見其求之急也，則必仿造，偷賣，勒價，而居奇，當是時，恐雖有嚴刑峻罰不能禁，徒以良法美意，爲小民作奸犯科之地，而官家之威信，且立失。其事之不能行者二。紙張一類，各國定爲消耗品，其用之多寡，隨事件發生不能預定，今通飭所屬，按年按月開報，應用總數備價領取，無論其數之不能定也，即使强定一總數，而其價已先交於官局，倘一不勝用，則備還。而官局不受不備還，則各處之費爲虛擲，奪人以利己，萬國商法皆無此强迫之理，理之所無者，雖屬員對於上司，亦不能如命而行。其事之不能行者三。各署營局簿籍表册，其條例有繁有簡，本不能從同，報告書、課本、講義，本爲著作之類，非公牘比，今乃曰表册、報告其格式大小，須歸一律，各學堂課本講義須按年月應用，總數交該局刷印，是何異截鶴脛而續之梟，攫他人之心血而已，食其報也。況各學堂講義皆隨授隨編，若預按年月，而交以總數，勢必不能，此其不明當局者之微曲，已可概見。其事之不能行者四。夫以理論之所謂不可行者，既如彼以勢論之，所謂不能行者，復如此，而該局猶謂勢在必行，不知其有何理由。況細檢所列種種項目，若憑牌表册等由部頒，程式者不一，而該局一則曰擬定程式，再則曰違者處罰，不知若此類者，其何以能自定程式，違者又將處罰何人，即其所定民用品一項，如田契房契租券借券合同之類，該局自謂有關於政治，其所以垂爲禁令，而限制違犯者，較他項尤嚴，而近者讀致商會聲明，官紙辦法一文，則又謂原詳之民用品，如田契房契租券合同等，爲紙局銷路之大宗，本局皆不印售，此與前説，頓相矛盾，其於政治上整齊劃一之説，已先打破，復何能以收效，如此種種辦法，殆令人不可思議，其餘若津貼員司，分給餘利，其不合文明法令，固不待言。總之設官局專辦，有百害而無一利，若待見弊而始思挽回，已有不及，何如先事預防，不種弊根，尚可以禁絶流毒。今且無論他事，即以本局而言，自今年二月間，交該局刷印議案録，訂定三月底告竣，今已逾十餘日，尚未印出，若令全省文件皆由該局承印，其貽誤要事，更何堪設想。天下事苟見爲不可行者，雖舉國唱議，而不必冒從，該局動援南洋爲例，不知南洋之事，已先辦錯。民間之受其弊者，議論沸騰，現該省諮議局開臨時會，已議決爲不可行事件，人所議決不可行者，而我復尤而效之，其事將何所取。本局原有指陳本省利弊議決單行章程責任，若遇此重大問題，各紳商迫切呼籲之際，而猶隱忍不言，是負我督部堂責成期望之至意，不惟下無以對民，上且無以對官，而本局亦復自居何等，此所爲不得不披瀝以陳者也，想督部堂閎識遠略，洞達政體，對此萬不可行，萬不能行之件，已早有權衡，而所以遲遲不遽止者，或別有窒礙，爲難之處，本局故敢冒昧上瀆，伏望俯採芻言，當機立斷，則所以造福全省人民者，實無量數，所有應行停止印刷官辦，以祛弊便民緣由，理合呈請督部堂查核飭辦，爲此備文具呈，伏乞照呈施行，須至呈者。

甘厚慈《北洋公牘類纂續編》卷二二《北洋官報總局詳擬官紙印刷歸併官報大概辦法》　一，宜合併官報，以固基礎。查職局原辦官報兼印書事宜，本具有印刷官廠之性質，衹以名義未經確定，而範圍無由擴充，今宜將官紙歸併辦理，改定其名曰北洋編印官局，二者兼營並重，以符名實，而固基礎。一，宜分科兼任，以專責成。查印刷事業，頭緒紛繁，在在需人經理，然不量入爲出，則利益未著，而虧耗先形，是爲歷來官局不振之通病。今擬統籌全局事務，析作四科：甲、編輯科，專司編校官學兩報，暨圖書册籍等事。乙、刷印科，專司刷印紙品書報，暨經管料物等事。丙、文書科，專司撰擬公牘編造表册，暨收發謄繕等事。丁、會計科，專司收支款目核算報銷，暨採買庶務等事。以上四科，職務均派舊有員司，量才兼任，以資撙節，而專責成，其職掌繁重者，酌加津貼，俾資鼓勵。另設售品所，隸會計科，專司發行品物等事。一，宜分配機器，以資工作。工欲善其事，必先利其器，欲求印刷精良，自宜添購新機，加工精製，惟現在經費支絀，籌款爲難，查職局原有鉛石印大小機器六十二架，開辦之初，擬先察度情形，酌量分配，以資工作。俟將來營業發達，再行添購，逐漸擴充。一，宜劃分廠屋，以節經費。查職局原設鉛印石印雕刻等廠，基址尚待擴張，但開辦官紙之初，自當並顧兼籌，實事求是，而以撙節經費，爲入手不易之辦法，未便鋪張揚厲，徒飾外觀，擬就職局原有廠房，酌量劃分，妥爲佈置，俾官紙官報分別刷印，兩不相妨，將來如不敷用，再行酌賃民房，以免糜費。一，宜籌備活本，以資周轉。南洋開辦官紙經費，用至十一萬金，今北洋官紙歸併職局辦理，一切均從簡易入手，力戒虛糜，則無須開辦經費，惟應需紙張顔料藥水等項，爲數頗鉅，須先籌定款項，作爲活本，用資周轉，俾免停工待料之虞，其應行籌備之法，另行核擬，呈候鈞裁。一，官用品宜首先釐定，以便通行。查官用品關係重要，體制所在，規定宜先擬請，俟程式核定之後，每一品類出版，即隨時呈請憲台批准立案，通飭各署局知照，自定期通行日始，全省一律遵用，違則以違式論，作爲無效或駁回重繕，庶文牘可收齊一之效，其程式有應由各署局擬定，及職局酌定者，開列如左：甲、藩署之有關糧税各項票簿。乙、學署之圖書表册，及有關學務各項簿籍。丙、臬署之有關訟獄各項册籍。丁、運署之運單執照竈課及有關鹽務各項簿册。戊、海關道署新鈔兩關之税單護照及各項簿册。己、通永道署所轄税關之税單。庚、通永道，清河道，永定河道，暨各管河衙門之河淤租課。辛、釐捐局之各項捐票免票。壬、籌款局之煙酒捐票。癸、捐務局之車捐票門牌照房鋪捐照曉市夜市等項捐照。子、土膏局之捐照。丑、禁煙局之憑牌各照。寅、天津巡警局，保定工巡局，暨各廳州縣巡警局之傳提各票，並户口牌册。卯、工程局之造房取土各項執照。辰、礦政調查局之礦税各照。巳、審判廳之印花呈詞狀紙，暨拘傳各票。午、習藝所之箕斗册。以上各種，均係各署局專用之品，信用之據，而形式良楛不齊，殊不足以昭慎重，亟應改良刷印，用杜弊端，應請憲台札飭各司道局所擬定程式，並將按年按月應用總數，逐細開報，詳請發交職局代爲承印，職局僅收回工本，並不另售。其收發徵税等事，仍由各該署局照章辦理，與職局無涉，以分權限。惟各種程式，自禀定實行後，如有逾期仍用舊式者，概不作准，其餘各署局如有專用之品，爲前條所未列者，均照此辦理，以歸一律。未、各署營局之簿籍表册，報告書，以上各種爲各署營局通用之品，當此預備憲政表册報告，尤關緊要，其格式大小，須歸一律，存檔後，庶便檢查，應請憲台札飭各署營局擬定程式開明，按年按月應用總數交由職局印刷，並將尺寸大小規定一式，以免參差。申、各學堂之文憑，課本，講義，圖書，章程規則，以上各種係學堂通用之品，應請憲台札飭提學司擬定程式，轉飭各學堂查明，按年按月應用總數交由職局刷印，其課本應將大中小各學堂各定一式，以示區別。酉、各州縣之丁漕串票，征册紅簿，解批屍格，差傳票紙，點單，呈詞狀紙，保結，以上各種係州縣通用之品，均與行政司法關係重要，規制不一，易滋弊端，應請憲台通飭各州縣迅將各項舊式並按年按月應用總數逐細開明，詳請發交職局詳擬程式，禀候核定照印通行，如定期實行後，仍用舊式者，分别議處。戌、詳册，申文，照會，咨文，移文，牒文，札文，紅白禀，清摺稿紙，申封，移封，札封，馬封，排單各項册簿，以上各種係全省通用之品，舊式多參差不齊，粘卷尤不便查檢，亟宜一律改良，應由職局酌擬程式，呈請憲台核定發印，限期通行，惟查上列各項向歸各署房書包辦，今由職局印售，取值當較市價不相上下，以利推行。如定期實行後，仍用舊式者，以違式論，並將該房書懲處。一，民用品宜擇要頒行，以昭信用。查民用品種類不一，除尋常各項隨時由局印售，聽民自便外，其重要各品有關於政治者，如左列六項，應由職局禀定程式，垂爲定制，限期通行，並請先行出示曉諭，闔屬軍民人等一體知悉，自通行日始，全省一律遵用，違者作爲無效，遇有詞訟，官不爲理。其重要各品列左：甲、田契。乙、房契。丙、租券。丁、借券。戊、合同。己、白禀。以上各種舊式參差，易生弊竇，應由職局刷印，定價從廉，並批發各紙店推廣銷售，俾民間就近購用。惟於定價外，不得多取毫釐。

一，商用品宜照常交易，以廣招徠。查商用品中，如股票仿單等類，向多由職局承印，花紋工緻刷印精良，商民多信從焉。惟係尋常之品，其關係自與官民用品有別，擬仍按照貿易常規辦理，其來職局訂印者，隨時承接加工精印，並定廉價以廣招徠。一，價格宜從廉估定，以利推行。查官用民用各品，各省因定價過重，以致阻力橫生，殊於營業前途大有關礙，職局擬俟開辦之初，分別品類估計成本，按照市價酌中平定，務期不相上下，俾免疑阻而利行銷。一，外屬宜擇地分銷，以資利便。查印刷事業，以行銷爲第一要義，職局印刷出版，在津各署局、學堂及沿鐵路各州縣領購自易，其僻遠各屬交通不便，領運爲難，自宜擇地分銷，以資利便。今藩臬兩署均在省城，各州縣起解錢糧人犯一歲數至，擬先於保定設立發行所，其餘俟開辦之初，查度情形，再行推廣分設，俾便就近承接，其願來津直接訂購者，聽。惟紙價須先照繳，不得拖欠，致職局周轉爲難。以上十條，謹擬開辦大概辦法，其餘如有未盡事宜，再當體察情形，隨時詳定核辦。

甘厚慈《北洋公牘類纂續編》卷二二《北洋官報總局會同藩運兩司詳遵札核議官紙印刷歸併官報大概辦法文並批》 爲會詳事。案奉前憲台端札開，照得官紙印刷一項，北洋尚付缺如，應即就官報局設法推廣，改設印刷官局，承印直隸一省官用、商用、民用各項紙品，此事責任甚重，範圍甚廣，應先將相道等條陳，連同南洋印刷官廠章程，發交官報局，尅日會同藩運兩司，悉心籌酌，擬具妥善章程，明晰稟覆核辦，除分行外，札局遵照，會同速議具覆等因。奉此，遵經職道先將大概辦法，繕具節略呈奉憲批，所擬開辦刷印事宜，歸併官報局辦理，以節經費，而便推行辦法，甚是，即具詳核奪清摺存等因，仰見憲台提倡維持之至意。伏查官紙印刷事業，執持信用，與法律相輔而行，以其形式而言，文牘可整齊畫一，以其功效而論，不特消滅詐僞，禁戢奸蠹，與行政之利害，暨地方之治安，處處有無形之裨益，而且文明之進化，恒以科學爲津梁，而科學之發明，必以印刷爲基礎。蓋必印刷發達，而後新理新法，乃能灌輸於全國之中，是以歐美各國印刷，均設官廠，日本國家刷印廠，歸內閣總理大臣專轄，莫不日籌推廣之方，則是印刷隸於官司，實當今之急務。前者憲台總制兩湖，曾經提倡湖北官紙印刷局，成效卓著，輿論翕然，實與東西各國相媲美。今值憲節蒞直百度維新，印刷亦新政一端，本司職道等自應詳細研究，協同籌辦，以仰副憲台興利除弊之盛意。惟查中國風氣未開，北洋又經費支絀，籌辦之始，自當從簡易入手，徐圖擴充，當經職道等會商本司等，悉心籌酌。竊以爲職局向辦官學兩報，兼印書事宜，數載經營，規模粗具，今宜將官紙歸併辦理，而正其名曰北洋編印官局，蓋沿用刷印二字，不足以賅官報也，就中畫分四科，一曰編輯科，一曰印刷科，一曰文書科，一曰會計科，分功任職，各專責成，如此則舊有員司，可以兼任。斯用人之費，可省，原設機器，足敷分配，斯購器之費，可省，礦屋畧具規模，即有不敷，就近可酌賃民房，斯購地建廠之費，可省，所不可省者，不過畧籌活本，藉資周轉而已，若是，則工費省，而成本輕，定價從廉，銷路自易，實視南洋辦法，較有把握，此歸併辦理之宗旨，不可不定者一也。紙品之種類有三，曰官用，曰民用，曰商用，而其性質各別，欲期有利無弊，則當體察緩急之情形，預定施行之次序，查官用品範圍甚廣，悉與法律政治有莫大之關係，自宜妥爲規定，首先實行，以助新政之發達，而爲商民之表率。民用、商用各品，則宜分別輕重，逐漸推行，大凡商用及民用之尋常品，應按貿易常規，精印銷售，用否聽便，俾免擾民。其重要品，如田房契紙合同、租借券、白稟等類，形式不良，易生詐僞，關於行政者綦重，應照官用品，一律辦理，並先核估成本，定價從廉，以利推行，而昭信用，此區別品類之辦法，不可不定者二也。出版施行之法，在東西各國，均列入法規之中，蓋欲政治改良，文化進步，不得不强制施行，非專爲營利計也，我中國現擬改訂法律，注重版權，即係此意。況直隸各屬，官用紙品多，由房書承辦，紙既薄劣，式又參差，殊不足以昭慎重，自應改良程式，限期通行，擬請憲台主持，於上俟每一種印刷出版，即稟請通飭限期遵用，並由本司等札飭各屬，依限遵行，違則分別議處。其各署局專用之品，如本運司署之運照等項，則由職局代印收回工本，並不發售。所有收發等事，仍由各該署照章辦理，以分權限。至各州縣丁漕糧串徵册紅簿，應於開徵三個月前，查明應用數目，申報本藩司備案，一面逕報職局照印繳價領用，其餘官用各品，亦均隨時訂購，隨時繳價，自定期施行日起，不得再用舊式，致涉紛歧，此限期通行之規則，不可不定者三也。竊維茲事體大，非統籌全局，不能清利弊之源，非預定方針，無以爲施行之準，以上辦理綱要，經本司職道等往返會商，意見相同，謹將官紙歸併官報大概辦法，繕具清摺，恭呈憲鑒，除俟辦有端緒，再行詳請奏咨立案外，所有遵札籌擬官紙印刷各緣由，理合會詳，呈請憲台鑒核俯賜，批示祇遵，實爲公便。再此案係由職局主稿，會商本司等辦理，本藩司遠在省城，會銜未及會印，合併聲明，爲此備由具呈，伏乞照詳施行，須至詳者。

督憲陳批：據詳，設立印刷局，承印直隸一省官、商、紳、民所用各項紙品，所擬章程尚屬妥協，應准照辦，仰候程式核定後，每一類出版，即隨時呈由本大臣核准，再由該司局移行，通飭各署局遵照。其摺內所列各署局專用之品，信用之據，應由該司局移行各司道局，所擬定程式交該局辦理，以歸一律，仰即遵照。繳摺存。

甘厚慈《北洋公牘類纂續編》卷二二《天津造胰公司重訂續招股本章程》

第一章，總綱。第一條，本公司原名天津造胰有限公司，今遵商律，定名改稱(股分有限)天津造胰公司。第二條，本公司原係手工製胰，今添用機器，並附辦各種化學物品。第三條，本公司設於天津閘口大街元會庵內。第四條，本公司並無年限，倘有全股四分之三，同願拆股，可以清理歇業。有全股四分之三，同願推廣生意，亦可添招股本，其股票當先儘原股東按股續增，餘再另售他人。第五條，本公司乃股分有限公司，股東交足股本之後，設有賠累，不得再令股東出資。已禀明農工商部立案。第六條，本公司遇有須佈告股東事件，即登載於天津商報及大公報。

第二章，股分及利息。第七條，本公司舊集股本五千元(計百股每股五十元)，原爲試辦地步，今已成效卓著，並有特製洗濯黑胰一種，質美價廉，已蒙農工商部批准，在天津專利五年，兹復添置機器，增聘技師，精製各種香胰及化學工藝各品，以圖事業擴充。現議添招新股一萬五千元，以五元爲一股，計三千股(其舊股一股合新股十股)，新舊股本合共二萬元。第八條，本公司股本每月付官利四釐，由交股之日起算，於每年正月股東大會後，訂期開支。第九條，本公司股本定爲一期繳足(舊股原分四期，今新股既改爲每股五元，不便再爲分期)。第十條，凡交股時，先領收條爲據，其股票利摺，另行訂期填換。第十一條，股東如以股票轉售於人，必須至本公司改名註册，註册費每張取小洋五分。第十二條，股票利摺如有遺失燬壞等情，先將緣由與號數股數，報告本公司，並登報聲明(登報費，須由股東自備，先期交納)，俟兩個月後，無人過問，始准另覓妥保，寫立保單，再發給新股票或利摺，換票費每張取小洋一角。第十三條，本公司股票限於中國人，如股票售與非中國人手，其股票作廢。第十四條，本公司開創之初，曾荷直隸實習工廠襄助一切，約以每年由餘利中提二十分之一(即百分之五)作爲報酬。第十五條，本公司每年正月結賬一次，除付官利及各項開銷外，所有盈餘作爲百成，其分配之法如左：甲、以五成報酬實習工廠。乙、以十成提作公積。丙、以六成酬董事，四成酬查賬人，五成酬經理，五成酬技師，五成酬同人(同人分配之法，由董事經理酌定)。丁、以六十成分配股東。

第三章，股東會議。第十六條，本公司每年正月開股東通常大會一次，由董事局訂期招集，於前十日登報通知。第十七條，通常會議時應辦之事如左：一、董事報告全年銀錢出入買賣情形，及賬目利息各事。二、改選董事查賬人。三、商議董事及股東提議各事。四、股東查看年總。第十八條，遇有緊要事件，須與股東會議，可由董事局知照股東，開臨時會。第十九條，如股東有十人，合有全股十分之一者同意，亦可知照董事局，開臨時會。第二十條，凡招集股東會，無論通常會、臨時會，通知時，皆當載明開會之本旨。第二十一條，凡股東會議決議權，不論新股舊股，交足五十元者，得有一決議權。第二十二條，凡大會決議各事，以股東決議權過半數決之，如可否各半，則由首席決定之。第二十三條，不滿五十元之股東，得與他股東湊成五十元，推舉股東一人爲代表。第二十四條，凡開會時，本人不能親到，可託他股東或董事代表，須將受託之憑據或股票，交本公司驗看。第二十五條，凡開會時，如有股東不能親到，亦未託人代表，應即作爲默認，不得事後再生異議。第二十六條，凡非本公司之股東，不得爲股東之代表人。第二十七條，凡開大會，皆以董事長爲首席。

第四章，職員。第二十八條，本公司公舉董事三人，查賬人二人，須有股本全數四百分之一者，方能被舉。第二十九條，董事三年一任，每年輪換一人(初期三年皆滿任，先退一人，二人留任。次年再退一人，一人留任。又次年則其一人亦退，此後每年任滿者祇一人，按年輪换)，查賬人一年一任，期滿後，皆可連舉連任。第三十條，凡選舉，於股東通常會時，行之。第三十一條，聘經理、工廠長、技師各一人，無論股東非股東，均能聘任。第三十二條，董事、查賬人未滿任期而自請告退，或因有過失而應解職者，以前股東會所舉之次多數推補。第三十三條，董事與查賬人皆祇分餘利，不支薪水。

第五章，董事局。第三十四條，董事局以三董事組織之。第三十五條，三董事互舉一人爲董事長。第三十六條，董事職權如左：一、有進退經理、工廠長、技師之權。二、有酌定經理、工廠長、技師薪水之權。三、有核定所辦各事規則，及購料興工各事宜之權。四、有措置動用銀錢之權。五、有查核賬目、文件、銀錢、貨物之權。第三十七條，董事不得兼充查賬人。第三十八條，董事每月會集二次，如有要事，亦可開臨時會議。第三十九條，本公司現舉宋君則久，嚴君次約，王君春江，爲董事。

第六章，查賬人。第四十條，有查核賬簿賬單以及現存銀錢貨物之權。第四十一條，查賬人不得兼充董事。第四十二條，股東對於公司賬目有疑慮時，可詢問查賬人，查賬人有據實答覆之責。第四十三條，本公司現舉林君墨青、王君子清爲查賬人。

第七章，經理、工廠長、技師。第四十四條，經理管理工作、買賣、銀錢賬目，及進退人位各事。第四十五條，工廠長專理製造部各事，並監督技師及職工。第四十六條，技師專理配料製造及運轉機器等，一切皆與工廠長商辦。第四十七條，工廠長、技師遇有各項事件，須與經理商酌，然後施行。第四十八條，經理所辦各事，皆商承董事局辦理。

第八章，附則。第四十九條，此章程，如有未曾言及者，皆遵欽定大清商律股分有限公司章程辦理，如有未盡妥善之處，亦可於大會時，公議更改。第五十條，工廠長暫由董事嚴次約君擔任，不分餘利，亦不支薪俸。第五十一條，本公司招股處如左：天津閘口本公司、天津估衣街敦慶隆、天津四棵樹嚴宅、北京農工商部工藝官局陳敬韓先生。

甘厚慈《北洋公牘類纂續編》卷二二《順直諮議局陳請籌辦直隸紡紗廠案文》 竊查中國工藝不興，利權外溢，洋紗進口尤爲我國一大漏卮，欲謀抵制之方，則設廠紡紗，在所難緩。近來江蘇、湖北、河南等省，皆已先後設立，獨直隸尚付闕如，查我直爲産棉之區，織業又極發達，若不設法組織，何以挽回利權。茲有侍講學士李士鈐、監察御史史履晉等，協同議員組織紡紗廠籌辦處，合議集貲百萬，創設一廠，特以資本過鉅，當此風氣未開，一時恐難招集，議員等公同商定，即由籌辦處出名，向四省鐵路招股公司，於直隸鹽斤加價存儲項下，先借用銀五十萬兩，作爲開辦之費。現已措商妥協，擬即訂期籌備開廠，俟將來股款招齊，能將此款歸還，固屬甚善，否則或辦有成效，逐年所得利息，陸續歸補借款，其餘全用作本省公益事件，設若資本損失，勢不得不預籌一接濟之法，免任事者多生顧慮，擬請於鹽斤加價十年，定限以外，公議展限一年，以便償還。此款如此，則在負擔者，所感苦痛無多，而於直省實業前途，大有裨益，祇以事關鹽價展限，理合預爲聲請立案，除籌辦簡章，另候繕清呈閲外，爲此公同會議，呈請核奪施行。

爲札覆事。據順直諮議局陳請籌辦紡紗廠一案，當經前護督部堂先行札覆在案，茲經本督部堂詳加覆核，所請籌辦紡紗廠，自係爲振興實業，挽回利權起見，惟鹽觔加價，期以清還洋債，關係至爲重要，應否動用，自視能否籌還爲斷。查該局所擬三端，除加價展限，事關奏案，將來能否核准，尚未可知。況察現時情形，民食艱難，商情疲滯，亟盼早停，以甦積困，應無庸議外，其餘二端，該局以股款如能招齊，即將此款歸還，否則辦有成效，逐年將所得利息，陸續歸補借款。查招股能否踴躍，成效能否預期，均以該廠辦理能否得法爲衡，究竟該局於各處及本省情形，已未切實調查，應用原料，本地是否適宜敷用，將來銷路是否可期通暢，固定資本統需若干，流通資本亦須預計，所得利益如何分配，所借本款如何分還，均應通盤籌畫，列表呈核，以期周密。事關路款清還洋債要需，尤應格外慎重，即爲該廠前途計，亦宜妥爲籌維，必須確有把握，方可實行，應由該局覆加妥議，呈候核奪，爲此札行諮議局查照。須至札者。

甘厚慈《北洋公牘類纂續編》卷二二《天津華勝機器製造燭皂有限公司續招股份章程》 一，本公司以振興工業挽回利權爲宗旨，開辦以來，頗著成效，故擬續招資本，大加擴充。二，本公司此次大加擴充，購置機器，係爲注重化粧品，即香皂等及洋燭等貨品，以其銷路廣而獲利優也，餘如洗濯胰皂等類，均可爲化粧品等類之附屬品。三，本公司擬推廣分公司，於各大商埠，以闢銷路，但以何埠爲宜，仍俟公決。四，本公司係股份有限公司，每股仍以拾圓爲斷，如有虧折，除已交之股本外，不得再向股東索資。五，本公司原有資本陸千圓，分爲創辦股、普通股各叁千圓，此次擬將原有之陸千圓，無論創辦、普通，均一律改爲創辦股，再續招創辦股叁萬肆千圓、普通股陸萬圓，計共資本拾萬圓，作爲壹萬股。六，本公司續招資本玖萬四千圓，先交股實銀行存放，專備購機建房之用，凡非關於此項需款者，概不得動用新股本。七，創辦股自收股之日起，限兩個月如數招齊，普通股隨時附入。八，本公司股份分爲創辦、普通兩等，係爲鼓勵創始者起見，後再擴充此項，普通股仍可改爲創辦股，此本公司逐漸推廣，遞加股本之立意。九，本公司股份既有創辦、普通兩名目，創辦股又可得特別利益，而收股之法，不能不稍異擬訂。入創辦股者，應於收股期內，將股銀如數交齊，以應購機建房之需。入普通股者，應於入股之日，先交股銀四分之一，即每股貳圓五角，來年訂期再交股銀四分之一，其餘四分之二，再候公布訂期續交。十，此次續招之股，仍按入股之第一年，常年六釐起息，來年均按八釐起息辦理。惟入股有先後，均自交到股銀之日起算，但續招之股，第一年僅備購機建房之用，不能生利，故第一年只給股息，不能與舊股同分餘利，來年即可享受完全之利益。十一，本公司存銀地方，擬在天津户部銀行、天津志成銀行。凡入股者，可即將股銀逕交本公司，取回收條，立將股銀轉交該銀行存放，俟股份招齊後，定期一律發給股票息摺。惟普通股，先期只給息摺爲憑，俟將股銀如期交足時，立换股票息摺。十二，既入股後，無論因何，股本不得抽回，若有轉售抵押，或遺失股票息摺，均須於三日内覓有妥保，向本公司聲明，登報，查無轇轕，方可作准，如須補换票摺，每份應交費五角。十三，本公司爲華人挽回利權起見，除華人外，本公司概不承認爲股東，亦不得將股票抵押或轉售於外人。十四，本公司擬定，無論認股多寡，股票一人一張，息摺一人一扣，儻有數人合成一股者，亦衹准一人出名，本公司惟認出名之人爲股東。十五，凡代售本公司股票，至百股者，分酬謝五股，名爲酬贈股，給與酬贈股票，另册存記，只能與普通股同分餘利，不給股息，亦無股東責任及權利，其自認百股者，辦法亦與代售者同。十六，凡普通股，交過第一期股銀，至第二期應交之股銀，或再下期應交之股銀，過期不交者，此股作廢，由本公司招人承買，得價不足，仍向原股東追繳，如尚有餘，亦不退還，即作爲本公司之公積金。十七，本公司此次擴充辦法及如何設施，均以董事局爲綱領，所有重要事宜，應由總理員隨時商承，於董事局辦理。一俟股份招齊，再由衆股東會議，公舉董事及查帳人。股份未齊以前，暫由贊成諸君，及前董事等代理，絶不妨以後入股股東之權。十八，本公司擬暫推錢紹雲、楊敬林、王竹林、李子赫、甯星普、卞賡言、郭晴孫、王綸閣、王向葵、徐岩孫、李松樵、温支英、趙幼梅、卞耆卿、展香府、李澄浦、楊壽民、李子和、華菊垣、王伯益、劉潁叔、戴幼臣、王霖甫、蘇蔭卿、吴俊臣、張芷齡、魏松泉諸君，代理董事局及查賬事宜。十九，本公司所有一切用人辦事，均歸總理員主持，如有不合之處，准由董事等議決，分别辦理。二十，本公司每年訂期招請股東會議兩次，以期改良進步，惟須一秉大公，不可偏執私見，董事等如有不妥，股東亦可開特别會議謝退，惟必須遵照欽定商律。二十一，本公司開辦章程，既經農工商部核准立案，自未便遽爾更改，應俟股份招齊後，開特别會議，由衆公決或照舊或更换，再請農工商部核奪辦理。二十二，本公司每年總結，除股息及各項開銷外，如有餘利，先提十分之二爲公積金，餘則分爲一百成，以六十成分給全體股東；以十成爲創辦股，特别報酬；其餘三十成，應如何分給辦事人之處，再請董事等酌訂之。二十三，本公司此次擴充，應將原註册章程内載之十年期限删除，改爲本公司並無期限，儻因生意不旺，虧本至半，即應會議，或停歇或續股議決辦理。二十四，凡入本公司股份至五十股以上者，均可被選舉爲董事及查賬人。凡係股東，無論入股多寡，均有選舉權，但取決概從多數。二十五，本公司董事及查賬人，只分餘利，不支薪金，以外辦事諸人，不在此限。二十六，以上各節，爲續招股份簡明章程，如有未盡妥協及應行增删之處，均可隨時商酌改换，儻有遺漏，亦均以欽定商律爲則。

藝文

南京圖書館《中國早期展覽會資料彙編》第二册《京畿館》 横江風雨一扁舟，滯我長安仗劍游。王會即今開玉帛，九天雲日近當頭。

京畿館面積六十方丈，西式，由農工商部徵集。近畿官商出品，按照出品綱目，分二十四部，如鑲嵌珍珠、寶石、電燈、花藍，如八寶銀胎、如意，如雕漆百子大瓶，如寶石靈仙視壽插屏，如珊瑚麻姑，如象牙鑲嵌寶匣，如鍍金點藍白玉瓶，如嵌白玉仙人大挂屏，如百子同慶船類，皆價值貴重。京師之奢侈靡麗，於此概見。此外，日用品亦多，足以冠全國者，如農工商部工藝局出品化學用之玻璃器，及竹製几椅。花卉，雕漆器，工業試驗所之各種化藥器，溥利呢革公司之呢，工業學堂之捺染鑄金成績，王德昌之磁器，大興之仿古陶器，宛平之炸晶帶墜，工藝商局之景泰藍磁器，農工商部女子繡工科之各種繡品，五光十色，彩耀奪目，且有二百年之寶物，如乾隆象牙涼席，景泰藍大宫薰，漢玉插屏是也，世界未見之鍼刺品，余沈壽女士之義后繡像是也，會場各館未有之教育標本，農事試驗場之紋馬是也，總之七大工廠，出品豐富，名類繁多，佈置陳列亦有次第。

南京圖書館《中國早期展覽會資料彙編》第二册《直隸館》 十二燕雲氣莽蒼，河山帶礪自堂堂。黄圖三輔宜文物，北斗天高夜有光。

直隸館在豐潤門南，面積一百八十方丈，建築爲口字形洋房，門樓北向，出品萬四千五百十七件，分部陳列。而特别品，有教育部之産科圖二十二卷、崩帶圖十方卷，科學部有顯微鏡標本、生理模型、臘製標本，皆係精品。採礦冶金部有數百種，而硫黄、不灰木、焦炭、無煙煤、海金沙諸品，效用最廣。化學工業部有洋灰、花甎、大矼磚、各色洋灰瓦，質料堅實，式樣頗佳。再如香皂之裝潢華美，磁器之花樣翻新，以及土木建築部之實習工場模型、公園模型，染織部之各色絲帶、黑白富花絨、牛毛毯，電氣部之電報機、電話機等，製造尤有目共賞。

南京圖書館《中國早期展覽會資料彙編》第二册《北京衆和風琴廠出品》 樂府中原韻自諧，邊愁何處動胡笳。改弦别譜南風操，指點曾無一組差。

我國自改設學堂以來，風琴爲音樂必需物，皆購自外洋，溢利無算。今有北京衆和公司風琴廠，王肇桓專門研究其制作，分五組，三組足與外洋敵，且堅固過之，曾經農工商部查驗，准其專利，茲陳品京畿館，經審查，列入奏獎案。

南京圖書館《中國早期展覽會資料彙編》第二册《東三省館》 天驕幾載戰遼河，零落餘民寶藏多。采珠怕向烏牲部，淚落東鄰麥秀歌。

東三省館，在會場東北，介居湖北館、山陝館之間，面積四十六方八分八釐。館外牌樓以松爲之，兩旁設有几凳，任人憩坐，環以盆景。入口起一小座，列東督錫制軍肖像，右行則爲陳列室，分十四部，許三千五百餘件，惟農林、採礦、狩獵、藥材、人參、鹿茸、靰鞡草、皮革等品甚豐富，其餘製造、染織諸部亦多可觀。今日俄合約而韓已爲日併，東三省發祥地，危如累卵，甲午一役，瘡痍未復，籌邊者何以處此。

南京圖書館《中國早期展鑒會資料彙編》第二册《通運館》 譚天鄒衍本離奇，生見中朝全盛時。萬國車書歸一統，河山無地限華彝。

通運館在會場西南隅，北鄰第二工藝館，面積一百五十方丈，建築仿美國式，館中陳列物品，僅二十一件，我國交通未便，於此概見。中如直隸唐山造車廠，張榮泉出品之火車、電車，蘇路公司之斜塘橋模型，南通州資生鐵廠之汽船模型、連珠挖泥船模型、客車模型，安徽工藝廠之人力車，無錫惠山游船等，尚有可觀。

南京圖書館《中國早期展覽會資料彙編》第二册《棉製黃婆像》 九月木棉白作花，通州造廠又成紗。千年香火黃婆廟，機杼開宗此一家。

木棉自南宋末始入中國，關、陝、閩、粵首得其利。元時始傳於江南，而江南又始於松江，初無軋車椎弓之製，率用手剖去子，置絃線竹弧於几案，間振揮成劑，厥功甚艱。明初有黃婆者，從崖州來，乃教以造作軋彈紡織之具，並錯紗配色，綜線，挈花各有其法，事見陶南村《輟耕録》。今如皋農會用木棉製黃婆之像，置農業館，亦即物懷人，飲水思源之意，用示勿忘，更以九穀堆成一塔，具見用意之深。

南京圖書館《中國早期展覽會資料彙編》第二册《愛國布》 红女機頭一疋布，黃人身上四時衣。東西之子自粲粲，妾織流黃願莫違。

布出天津，質堅耐用，價廉易購，洵爲泛用品中之最，鬯銷者也，名曰愛國固宜。

南京圖書館《中國早期展覽會資料彙編》第二册《山東館》 多能鄙事號通儒，中國尼山一匹夫。莫認空文垂世宙，百家技藝聖人徒。

山東館屋三大間，爲正方形，面積三十六方丈，入門有一小間，陳列教育出品。折而左，爲正屋，陳列各種絨結品、栽絨毯、繡品、宣瓶、鐵鉤及藥材、繭綢、野蠶絲繭，仿製外國酒等，統計三百餘種。物質工作均稱適用，而特別品，如曹州工藝局之木質環球地圖，工藝傳習所之玻璃絲屏，膠州丁君之理化器械，機器局工師鄭君之製造礮子機器，匠心獨運，足利推行。他如漁業公司之漁船模型及魚類標本，博山磁業廠茶葉、米色之瓶罇，以及東阿貢膠，臨清珠皮，萊州石充玉器，萊蕪典錫器，濰縣古銅器，吳州細藤草帽、扇片，兗州雪茄煙，或爲天產，或爲人工，或銷外洋，或銷內地，均見購造精妙，製作翻新。

圖表

天津市檔案館《券證遺珍・臨記煙卷有限公司煙卷注册商標》

《商務官報》光緒三十二年八月二十五日第一八期胡翔林《調查報告・河南全省乙巳年農工商政簡明表》

（續表）

開封府屬

地名＼表目	工政成蹟
祥符縣	省城除工藝官局製造各種花布、毛巾、新式竹木器具、線毯等項，均發陳列所暢銷外。另由縣設立習藝所一處，仿造洋式桌椅及籐棚椅，式樣尚新，行銷亦暢。
陳留縣	習藝所一處分習織帶、編蓆、磨麪等藝。本年銷帶一千二百五十條，銷蓆五百二十一條，銷麪二萬七千四百九十五觔。
杞　縣	本年四月間開辦工藝局一處，内分四科，曰軋花，曰染紙，曰木作，曰毛作。習藝所一處，專教罪犯習織布、編蓆、磨麪、打草帽辮各事。南鄉沙窩集産織棉綢，勸令改良，以期暢銷，現已開設工廠，僱覓工師，切實講究。
通許縣	工藝局一處，製造線毯、牀毯、地毯、衣包、錢搭、口袋各物，成貨以床毯爲最多，行銷以衣包爲最暢。習藝所一處，專習織帶、打繩、磨麪各藝。
尉氏縣	工藝廠一處，製成羅布四十疋、柳條布六十二疋、毛巾二百五十打，毛刷二百八十柄，氈帽二百二十頂，氈衣二十二件，帽辮四百觔，其餘帶子蠅拂、氈條等物行銷，以毛巾、氈帽爲暢。習藝所一處，製成洋胰三百箱、蓆五百條、磨麪二萬五千餘觔。
洧川縣	工藝廠一處，原製毛巾、柳條布，春初擴充織造土布、五色花帶、五彩布，計成毛巾一千三百餘條，五彩布、柳條布各二十二疋，土布七十餘疋，花帶五百餘幅，行省城、禹州等處。習藝所一處，習製油燭、草帽辮、麻繩、錢串、蒲包等物，尚易銷售。

陳州府屬

地名＼表目	工政成蹟
鄢陵縣	工藝局現已籌定經費，擬購備軋花抽線機器，及花布、毛巾各織機，並擬就土産櫻桃等果，製成罐頭食物，暨推廣製糖染色諸事。習藝所一處，製造大小布疋、線帶、草帽辮及磨麪等藝，除草帽辮一宗，尚有存儲餘物，銷售頗暢。
中牟縣	習藝所一處，分習織帶、編蓆、編蒲包等藝。本年共織線帶七百七十九條，編葦蓆五百八十六條，編蒲包六百零三箇。
蘭儀縣	習藝所一處，分習紡紗、織布等藝。本年共紡紗三千七百餘兩，織布六十一疋，現又新添編葦蓆、織帶等事。
禹　州	工藝局尚未設立，現實業學堂内附設工藝學堂，講求紡紗、種植等事。習藝所一處，分習織布、軋花、編葦蓆、紡麻繩、磨麪等藝。本年共織布一千三百六十八疋，編葦席一千三百六條，紡麻繩五千四百斤，磨麪九萬三千四百斤，軋浄花四千八百七十斤。
密　縣	習藝所一處，分習打絲線、辮繩、麻繩、編竹籃、打草帽辮、磨麪等藝。本年共打麻繩九千八百餘斤，編竹籃四百七十餘個，絲線辮繩三斤，磨麪八千餘斤，草帽辮三百餘斤。
新鄭縣	習藝所壹處，分習打頭繩、織帶、編蓆草帽辮等藝。本年製造頭繩、寬窄各帶共三百玖拾柒觔，蓆一千貳百玖拾條，草帽辮一千一拾把。
淮寧縣	習藝所一處，分習編蒲蓆、蒲包、蒲薦、織帶等藝。本年銷蒲包一萬餘個，大小蒲薦一千七八百張，帶子二百餘支，大小蒲蓆一百餘張，獲利無多，僅供所内開銷。

（續表）

地名	工政成蹟
商水縣	習藝所一處，原習織帶、打錢串、糊紙箔羅三事，復於本年五月間，招募工師添習竹椲、竹椅、竹橙等項，現在每項各做多件，運往周口售賣。
西華縣	本年夏間開辦工藝局一處，計織造綢綾、首帕及花素、官紗。秋初設法推廣，招募教授，共計織成綢綾、首帕各三百五十疋，花素官紗各二百二十疋，行銷頗暢。習藝所一處，專教罪犯分習織布、織帶等藝。
項城縣	習藝所一處，分習棉布、頭繩、棉帶等藝，共計製造棉布九十二疋，粗細頭繩四十觔、寬窄棉帶七百三十丈，均已隨時銷售，畧有餘利。
沈邱縣	習藝所一處，三十年正月間開辦，分習織帶、打頭繩、編草帽辮等藝，共計製成線帶一千二百三十條，頭繩九百七十根，草帽辮四百一十丈，板帶三百條，盡行銷售，所獲餘利，均作獎賞。
太康縣	西門大街設立工藝局一所，以織布、紡紗、提花、纚絲爲主，另于僻處養蜂煉蜜、製蠟，并在局内附設棉花小商廠。習藝所一處，製成棉帶、小絲帶、毛巾、棉布、花布各種，並習軋花、紡紗、磨麪、打繩各藝。
扶溝縣	工藝局一所，於本年六月間開辦，專製線毯衣、包被囊、彰紗等物，成貨行銷尚暢，稍有餘利，擬再擴充。習藝所一處，分習織布、織帶、磨麪等藝，共製成白布一百零九疋、大小紮帶一百七十三付、雞腸帶七百五十尺，銷售十之八九。

（續表）

地名	工政成蹟
鄭州併屬 鄭州直隸州	工藝局甫經設立，製造洋布、手巾、辮線等貨，擬籌有的款，另設工藝學堂。習藝所一處，分習編葦席、編蒲包、打麻繩等藝，所成貨物，隨時銷售。
滎陽縣	工藝局一處，專設織業一科，仿製洋布及藍白線布。習藝所一處，織成洋布一百餘疋、磨麪六萬九千六百餘觔。現有商民集股，仿織小官紗，尚稱合用。
滎澤縣	設織布廠一所，仿造織布手扯機兩張，僱募工師收教本地學徒，織造洋布。習藝所一處，製成織機及核桃木圓桌、木几、木櫈各器具，並製草帽辮三百斤、編席七百條、磨麪二萬五千數百斤。
汜水縣	習藝所一處，製成布八百餘疋、蘆席一千一百餘條，棉帶八百餘條，絲帶一千餘條，絲繩八百餘丈，磨麪一萬四千餘斤。工藝局現在延訂工師，籌欵興辦。
許州併屬 許州直隸州	習藝所一處，分習織布、織帶、織毛巾等藝。本年共成棉布一百二十餘疋，毛巾一千餘條，各色腿帶一千一百五十餘把。
臨潁縣	工藝局已於本年十一月初十日開辦，內分織棉綢、織毛巾、木作三科，招徒學習。習藝所一處，分習織布、織帶等藝。本年共織布一千零八十八疋，織帶九百二十七條。

（續表）

地名	工政成蹟
襄城縣	工藝局係就習藝所前院暫設，內分織毛巾、織羅布二科。習藝所一處，分習打繩、做鞋、織毛巾、織羅布等藝。本年共做鞋四百五十餘隻、打繩一千一百四十餘觔、編席九百二十餘條、織毛布二百三十餘條、羅布八十餘疋。
郾城縣	習藝所一處，分習編葦席、織棉布、毛巾、紮棕帚等藝。本年共編大小葦席二千五百零四條，織棉布二百三十八疋、毛巾二千三百六十八條，紮棕帚六百九十六把。
長葛縣	工藝廠一處延聘南方匠師教授學徒倣製洋胰粗細兩種，春夏銷售一千八百餘塊，秋冬尚有進步，銷售二千一百餘塊，並送省城陳列所寄售。習藝所一處，分習織布、織帶、織辮等藝，商民孫姓能以羊毛製成織絨，如珍珠毛作衣裏之用，銷路頗暢。本年出貨三千餘件，除本境銷售外，並送省城陳列所寄售。
歸德府屬 商邱縣	習藝所一處，每日磨麥二斗，織帶二付，打辮繩二根，打繩五觔。本年共磨麥七十二石，織帶七百二十副，打辮繩七百二十條，打繩一千九百觔。十一月又添每日壓花三十觔，編席一條，共壓花五百觔，編席四十五條，通計一年銷麪一萬一千觔，銷帶子、辮繩各六百條，繩一千九百觔，席四十條。
寧陵縣	習藝所一處，分習織布、織帶、編小草帽、磨麪等藝。本年織布五百七十八丈六尺、織挑花帶四百三十七副、編小草帽一千五九百十一頂、磨麪一萬四千一百二十三觔。
鹿邑縣	工藝局業經賃屋設立，現已遣人赴南招募工師，俟工師到，即行妥籌開辦。習藝所一處，分習織布、織帶等藝。本年織布三百七十四疋、織帶二百四十件。

（續表）

地名	工政成蹟
夏邑縣	習藝年一處，分習織布、棉線、腰帶、蒲包、蒲席、蒲扇等藝，共製成花布二百六十四疋、白布四百九十六疋、線帶五百零五丈、磨麪七百五十觔、蒲包五百八十五箇、蒲扇三百十五把、蒲席四十八張，大半均已銷售。
永城縣	習藝所一處，分習織布、線帶、棕刷、頭繩、草帽辮等藝，共計製成白花布四十疋、土布三百餘疋線帶五千餘盤、棕刷六百餘把、頭繩六千餘支、草帽辮一千一百餘觔，全數銷售。
虞城縣	習藝所一處，分習草帽辮、棉線帶、織布、軋花等藝，共計製成草帽辮一百八十觔，棉線帶三萬六千尺、織布一萬一千三百尺、軋花八千二百觔，銷售稍獲餘利。
睢州	州署東偏設立工藝局一所，本年所製貨品，計花線毯九十六條，毛巾一千零六十二條，布二百三十一疋，衣包一百零五箇，被套六十七箇，錢搭二百九十箇，銷路以花線毯爲最暢。習藝所一處，分習織席、打繩、磨麪等藝，計製成麻繩一萬六千餘條、葦席一千七百餘條，白麪一萬五千餘斤，大半均已銷售。
考城縣	習藝所一處，通計一年，製成線帶、毛帶共六百餘條，磨麥四千餘觔，均隨時銷售。工藝局尚在籌辦。
柘城縣	習藝所一處，製成線帶一千一百餘條、白棉布五十餘疋，其餘打繩、編草帽辮等藝所成貨品，均隨時行銷。

（續表）

彰德府屬

地名＼表目	工政成蹟
安陽縣	習藝所一處，織成線帶三百十五付；編成麻繩二千五百斤，銷售一千四百斤；軋成浄花九千四百斤，銷售六千三百斤。在所習藝春夏間九人，秋冬間十一人。
湯陰縣	工藝局一處，係由地方官捐廉興辦，自山東招募工匠，以五彩羊毛紡線織造堂毯、地毯、床毯、馬褥、椅墊等貨，尚稱樸實耐用。習藝所一處，織造洋棉線帶並軋棉花，計成線帶六百數十條、浄棉花一萬餘觔。
臨漳縣	習藝所一處，先飭磨麵，秋間僱匠教令編席，一年成貨，陸續銷售，頗有餘利。現在購買軋花機器二具，僱覓工師，教令軋花。
林　縣	工藝局一處，內分製氈、織帶二科，本年共製羊毛氈三百三十五條，織線帶五百八十根。習藝所一處，分習編席、織帶、磨麵、製氈、打繩等藝。本年共製羊毛氈二百六十條，織葦席二百七十條，繩八百觔，線帶四百十一根，麵八千觔。
內黃縣	習藝所一處，分習打辮線頭繩，織線帶、布疋等藝。本年共成辮線頭繩線帶七百餘條，土沙布三百餘疋，均隨時銷售。
武安縣	習藝所一處，分習軋花、磨麪、織口袋、編荆筐、織線帶等藝。本年共成口袋五十餘條，線帶一百餘條，荆筐一千一百餘個，軋棉花四千餘觔，磨麪二千餘觔。

（續表）

衛輝府屬

地名＼表目	工政成蹟
涉　縣	本年五月間在城內創設習藝所一處，雇覔工師二名，教以編席、木作等手藝，隨製隨銷。
汲　縣	習藝所一處，製造竹器、席、布等物，通計一年製成竹器六百零八件，席一百一十七條。布疋係自十月內購機覓匠，甫經製造兩月有奇，織布二十疋，均已隨時銷售。
新鄉縣	工藝學堂甫經開辦，尚須續籌的欵。城西隅設立工藝廠一處，招募織花布毛巾工師二名，教授生徒，開辦未久，尚無製成貨品。習藝所一處，製造筷籠、線帶、麻繩多件，所成之貨，均已銷出。
獲嘉縣	習藝所一處，分習織帶、打繩等藝。本年織帶七八百條，打繩六七百斤，隨時銷售。結織工藝所一處，前用土法出貨稍滯，且工本較重，價亦稍貴，銷售不易，現赴天津購買紡織小機器，力求進步，以廣銷路。
洪　縣	習藝所一處，分習製燭、織氈、織席等藝。本年共製成油燭一千三百餘觔，黑白粗細羊毛氈一百餘條，葦席一千五百餘條，已陸續銷售。
輝　縣	城內西偏隅建造工藝局一處，工程已竣，因教習未定，尚未開工，並擬將工藝學堂附設在內。習藝所一處，分習織席、織帶、捻頭繩等藝，共計製成葦席五百餘條、絲頭繩四百餘根、絲帶二百餘副，銷售十成之七。

（續表）

懷慶府屬

地名＼表目	工政成蹟
延津縣	習藝所一處，分習編席、打辮、織帶、磨麪等藝，共製成葦席七百餘張，打辮二千餘根，織帶二千餘丈，磨麪一百七十餘石，均已隨時行銷，畧有餘利。
濬　縣	習藝所一處，分習織布、織帶等藝，共製成帶五百餘根、布七十餘疋，均已隨時銷售。
滑　縣	習藝所一處，分習編席、織帶等藝，通計一年成席八百條、成帶八百幅，銷出席五百八十條、帶七百二十幅。
封邱縣	習藝所一處，設在縣署東偏，學習織帶、打繩。工藝局現正籌辦。
河內縣	清化鎮民立工藝局一所，專仿洋式鐵器，貨貴難銷，即須歇業。習藝所一處，分習編草帽、織布、織帶、鞦轡、籠頭及各項竹器等藝，行銷尚暢。
濟源縣	習藝所一處，春夏季製成棉布六七十疋、線帶三四百條，秋冬季製成棉布七八十疋、線帶四五百條。
原武縣	習藝所一處，學習編蘆席手藝，本年共編蘆席七百二十五條，全行銷售。

（續表）

地名＼表目	工政成蹟
修武縣	工藝局一處，內分織花布、毛巾二科，合計一年可成花布五十疋、毛巾八九千條，銷路尚暢，成本銀五十兩爲一股，共集十三股。習藝所一處，分習織布、打頭繩、線帶、織線毯、衣包、錢褡等藝。本年共織布一百餘疋、線帶二千餘條、頭繩一千餘根、線毯四十餘付、衣包二十付、錢褡二十餘付。
武陟縣	習藝所一處，分習織毯、帶子、手巾、衣包、被套、頭繩等藝。本年共織毯四十餘床，衣包、被套各六十餘個，手巾七百餘條，錢褡二百餘個，帶頭繩共五百餘丈。
孟　縣	習藝所一處，分習紡織、織帶、編席等藝，本年所製之貨，均已隨時銷售。
鞏　縣	習藝所一處，於光緒三十年三月捐廉設辦，教令罪犯分習織帶，打辮繩、燈燃等藝。
孟津縣	工藝局一處，製造描金彩、畫扇、漆布、桌面印花棉布、手巾等貨，其漆布、畫扇各品曾解省城陳列所寄售。習藝所一處，分習鐵器、綳索等藝。
宜陽縣	習藝所一處，初係借用公所，現在另行捐廉建立，僱募工師二人，教習製造褡連、被套、五色花毯、藍白綫毯等藝。
登封縣	習藝所一處，教習紡棉、織帶布、手巾並打繩線、錢串等藝。

（續表）

地名＼表目	工政成績
温縣	習藝所一處，分習線毯、衣包、毛巾、帶子、蒲席、荆器、麻繩、草帽辮等藝，共計成貨三千二百餘件，銷售二千九百餘件。
河南府屬 陽武縣	工藝局一所，以織洋線辮、織布、織帶爲主，共製成洋線辮二百餘丈，布一百餘疋，帶二百丈，行銷以洋線辮爲最暢。習藝所一處，分習編席、打繩等藝，計製成葦席三千二百餘條，麻繩三千餘根。
洛陽縣	習藝所一處，分習織帶、紡紗、打頭繩、打辮等藝，共計製成線帶四百餘付，頭繩百七餘根，絲線辮二百餘丈，綿紗一千八百餘兩，均隨時行銷。
偃師縣	習藝所一處，分習打繩、織帶、織布等藝，共計製成辮繩一百餘條，帶子五十餘條，緆紋手巾二百餘條，斜紋布四百餘尺，銷售大半。
永寧縣	習藝所一處，分習木匠、竹匠各藝。本年製成木盆、竹藍等器，均已隨時行銷本境。
新安縣	工藝局一所，坿設縣城倡善堂内，内分織包頭、腰巾、氈毯、口袋等類。本年共製成包頭一百八十條，腰巾一百五十根，羊毛氈毯、口袋各二百餘件。習藝所一處，分習編草辮、製草帽等藝。本年共編草辮一千八百條，草帽二百七十頂。
澠池縣	習藝所一處，學習織帶手藝。本年共織洋線帶二千一百一十付，均在本境隨時銷售。

（續表）

地名＼表目	工政成績
嵩縣	習藝所一處，織線帶、辮帶、頭繩、手巾等藝。本年共織成線帶一千五百餘根，辮帶一千九百餘根，頭繩七十餘觔，手巾二百餘條。
陝州直隸州	工藝局一所，製造羊毛毯及織帶、打繩等件，共計製成帶子三百餘條，頭繩九百餘根，羊毛絨毯一千餘條，行銷頗旺。現又推廣紡紗習藝所一處，分習織布、織帶、編草帽辮、紡紗等藝。
靈寶縣	工藝局一所，習學軋花、紡紗、織布、織毛巾等項，甫經開辦，成貨尚少。習藝所一處，分習織葦席、網帶、辮繩等藝，共製成葦席二百餘條，絲網一百餘筩，帶子三百餘付，辮繩一百餘付，均已銷售。
閿鄉縣	習藝所一處，分習竹藍、竹簾、線帶、絲帶、絲網等藝，共計成貨五千九百餘件，全行銷售。
盧氏縣	習藝所一處，分習織帶、編席、竹簾等藝，共計製成帶子一百餘條，席五百餘條，竹簾五十餘件。
淅川直隸廳 淅川廳	本年二月間，開設工藝局一處，雇覓織毛巾工師教授生徒，復將西門外興化寺造紙廠移至邹營目。三月開辦起，至年底，共造紙約一萬餘觔。習藝所一處，分習織帶、編草鞋等藝，本年共織線帶六百餘根，絲帶五十餘根，編草鞋七十餘雙。

（續表）

南陽府屬

地名＼表目	工政成蹟
南陽縣	習藝所一處，分習織絲帶、線毯兩藝。本年織線毯三百餘條、絲帶六百餘副，盡數銷售，現正設法改良，力求進步。民間近製有絲□棉一種，花紋、色光驟視之，一如湖縐，質亦堅紉，行銷頗利。
南召縣	工藝局於本年八月間開辦，製成竹器、線罽、毛氈、油綢傘等件，行銷均暢。習藝所一處，分習編席、織帶、織繭綢等藝。本年共織帶六百四十三條，織綢二十六疋，編席四百五十條，葦席、繭綢全銷，帶子銷售五百七十條。
鎮平縣	工藝局現正招股興辦習藝所一處，分習織布、織帶、磨麪等藝。本年共織帶五千餘條，織布八十餘疋，磨麪三千餘觔，均已銷售。紬綢爲本境工藝大宗，現因設立綢業商會，織業頗覺改良。
唐縣	習藝所一處，教習織絲帶、編篾席等藝，一年成貨通計絲帶一百三十根，篾席二百八十條。工藝局現在邀同紳商公議，集股開辦。
泌陽縣	習藝所一處，習製草帽辮頭繩、絲帶油簍、竹簾、蒲包等藝。工藝局係就習藝所中分設捐廉籌辦，製成各種竹器，行銷尚暢。
桐柏縣	習藝所一處，分習織布、織帶等藝，通計一年成布七十疋，成帶一百五十雙，均已銷售。
鄧州	習藝所一處，教習織帶、軋花、編草帽辮各項。嗣令年少心靈者，督習紡紗、織帶及製地床毯子等藝，其質笨者，令其磨麪。工藝局設在習藝所旁院，修造瓦房十餘間，招募織綫、罽織、打錫器、打繩等匠，分房設廛招徒學藝。

（續表）

地名＼表目	工政成蹟
內鄉縣	習藝所一處，分習織棉布、線帶、打辮繩等藝。本年共成棉布一百一十疋、線帶九百五十根、辮繩二百八十餘根，均隨時銷售。
新野縣	習藝所一處，分習製造草帽、木器等藝。本年共成草帽三千餘頂、木器一百十餘件，均隨時銷售。
裕州	習藝所一處，分習織線帶、腿帶、打辮繩等藝，本年共成線帶五百餘條、腿帶四百餘付、辮繩五百餘根，均隨時銷售。
舞陽縣	工藝局在縣城開源局，坿設置有織綢、織花布、紡線、織線毯各木機，定於來春招徒開工。習藝所一處，分習製草帽辮、捻繩、編筐簍等藝，製成貨物，隨時銷售。
葉縣	工藝北廠設於城內，南廠設於南關，製造刮水車、楮皮紙、棉綿帶、麻繩等項。現擬將北廠改爲工藝學堂，章程尚未議就。習藝所一處，學習編席、編筐籃、織帶、打辮繩等藝。本年十一月始將新所建成開辦，月餘共製葦席六百條，筐籃一千餘件，帶子六百餘根。
汝甯府屬	
汝陽縣	工藝廠一處，雇募工師教習織布、織帶、打繩穗等項。秋冬出貨較多，貨質亦良。習藝所一處，專教罪犯分習磨麪、織布、織帶、打繩穗、編草帽、木器等藝。
正陽縣	工藝局一處，織造正陽綢綿布等項。秋冬季推廣提花綢疋，漸期改良。習藝所一處，分習織白布、織寬窄棉帶、編草帽辮等藝。

（續表）

地名＼表目	工政成蹟
上蔡縣	習藝所一處，學習織帶、打头繩、編席等藝，現正設法擴充，力求進步。本邑歲貢生馮樹蘐禀請，在於私立初等小學堂内設立農藝學堂，分班教授，現正籌辦，尚未開學，俟辦有成效，擬再將商務加入，以期擴充。
新蔡縣	習藝所一處，分習織帶、織布、打頭繩、口袋、紡綿、軋花等藝，共計製成棉帶二百餘根、絲帶百餘根、棉布二千七百餘尺、頭繩白餘根、口袋五十餘箇，隨時銷售。
西平縣	習藝所一處，分習氈帽、鋪氈等藝，共計製成大氈帽一千六百餘頂、小氈帽七百餘頂、鋪氈九十餘條。
遂平縣	工藝局一所，以購繭、繅絲、織造綢綾、首帕爲主，共計製成花素絲綢、棉綢、花素綢綾、首帕、綾手伏、絹羅底等貨一百四十九疋，每疋三四五丈不等。習藝所一處，分習磨面、織帶、毛巾等藝，共計製成毛巾三千六百餘條、棉帶一千四百餘盤、棉線辮一千八百餘丈、磨面二萬餘觔，均隨時銷售。
確山縣	工藝局一所，專□山絲、綢絹、棉布等貨，開辦未久，僅製成綢絹五十疋、棉布八十疋。習藝所一處，分習織帶、織布等藝，共製成棉線帶一千餘條、棉布十餘疋，隨時銷售。

（續表）

光州併屬

地名＼表目	工政成蹟
信陽州	習藝所一處，習織棉布、東洋花布，並紡線、織帶、織辮等藝。工藝局現正籌欵興辦。
羅山縣	工藝局一處，製造藤面、摺疊椅凳。秋冬間，學徒漸多，雕刻亦漸精行，銷尚暢。習藝所一處，分習織布、織帶、挑網等藝。
光州直隸州	習藝所一處，教習織布、魚網、帶子等藝。工藝局廠俟派赴省城工藝官局織科學徒回歸，即當開辦。
光山縣	習藝所一處，專令習學織布，所成布疋，均在本地銷售。工藝局現正設法籌辦。
固始縣	習藝所一處，分習各項絲、棉、線、帶、手巾、竹籃、荆筐、草鞋等藝，隨製隨售。
息　縣	工藝局一所，專造銅器、竹器、毛巾、靴鞋等物，共計製成銅鍋、盆、壺等四百五十餘件，竹筐籃、格墊等四百六十餘件，毛巾三百六十餘條，絲帶一百八十餘根，靴鞋二百六十餘件，尚擬赴漢口購草帽辮樣，以便仿製，藉溥利源。習藝所一處，分習磨麪、織布、毛巾等藝。

（續表）

地名＼表目	工政成蹟
商城縣	習藝所一處，分習織帶、捻線、編竹筐籃一百餘具、草鞋八百五十餘雙，成貨即銷。工藝局現正設法籌辦。
汝州併屬　汝州直隸州	工藝局一所，本年十二月初一日開辦，甫經創立，成貨無多。習藝所一處，分習織布帶、手巾、編箔席等藝，共計製成布七十餘疋、帶五百餘根、箔三四百領、席一百餘條。
魯山縣	本年四月間，開辦工□東一所，所試織毛巾、山暢羅尚稱合用，銷售頗以。現擬添科織造繭綢廠，擴利源。習藝所一處，分習織帶、打辮繩、錢串等藝。本年共成絲帶一百七十餘根、辮繩三百餘根、錢串三千五百餘把，隨時銷售。
郟　縣	習藝所一處，習紡紗、職布、織帶、編草帽、葦席等藝。
寶豐縣	織廠一處，本年六月始行開辦，招募工師教織繭綢，秋間添織毛巾、羅布等件。惟織廠在於署内，民間來勸不便，現正籌欵，購建局廠。習藝所一處，分習編席、編草帽、壺墊、提籃等藝。秋冬復於織布、織繭綢二項，畧能嫻熟，銷售近處。
伊陽縣	習藝所一處，分習織帶、織布、織線辮等藝。本年織花素線辮二百餘把、棉帶一千四百餘副、棉布二十七疋，銷售花素線辮一百餘把、棉帶九百餘副，棉布餘　疋。

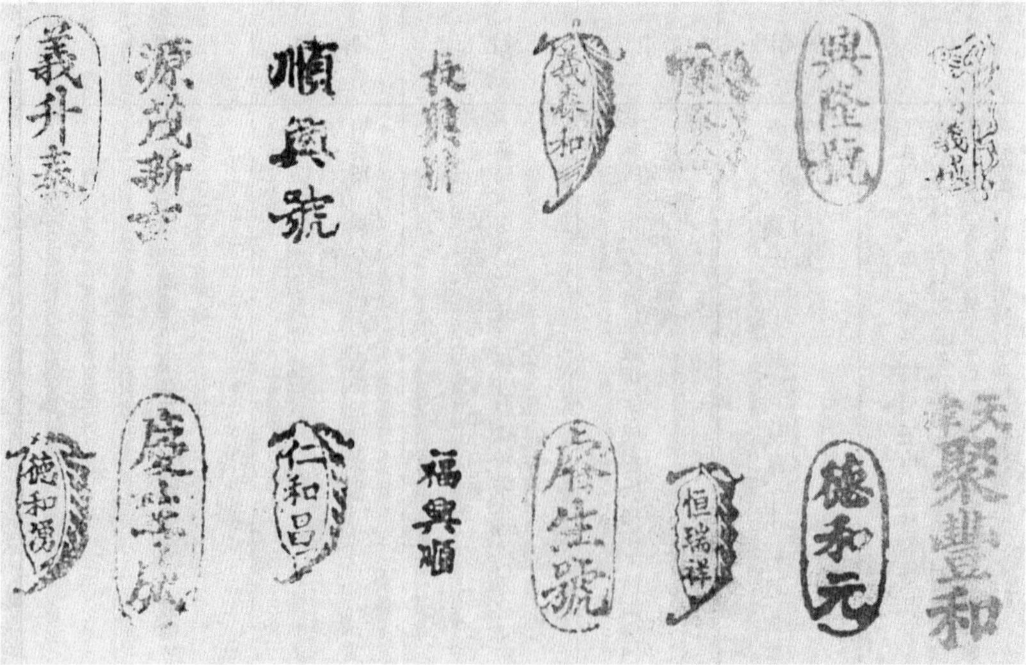

天津市檔案館《券證遺珍·天津染業聚豐和等商號圖章》

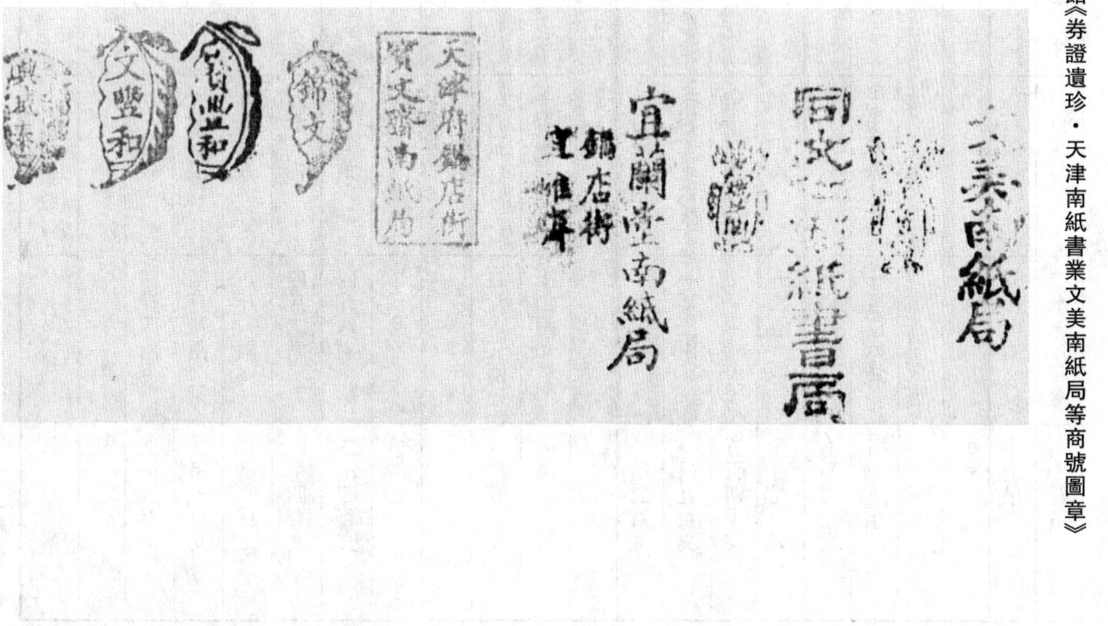

天津市檔案館《券證遺珍·天津南紙書業文美南紙局等商號圖章》

吉林省檔案館等《清代吉林檔案史料選編(工業)》下册《吉林官書刷印局劉秉鈞呈調查吉省各種紙張由外埠販入及本地紙張種類價目銷數清折光緒三十四年十一月二十日》　謹將調查本省紙張由外埠販入，暨本地製造各項種類、價目、銷數大概情形，繕折列表，恭呈鑒核。

計開：

一、查本省紙張向無專行，皆係源升慶、興順、世一堂、永德堂、天合昶、景和會、雲興堂等十餘家，由上海、營口販運來省轉售。

一、查本省販入外埠紙張，銷額以六五毛邊、十二白官紙、十三毛邊及洋粉連、川連等紙十居其七。其餘各種紙張十居其三。約計每年銷數五十餘萬吊之譜。

謹按本地現在銷行外埠紙張，以六五毛邊、粉連、川連等紙居多數。如將來紙廠成立，當可占銷額之半，約計售價金十餘萬吊。其餘顏色紙張非關機器製造者，無可比較，故未預計。

一、查本地紙坊共二十二家，專造改簾、茂簾、雙抄、呈文、大西等紙，尚有外城屯户。大西紙約計每年銷數四十萬吊之譜。

謹按本地紙坊所造改簾等紙，如將來紙廠成立仿造，當可占銷額十之三四，約計售價金十餘萬吊。

外埠運入紙張種類表：

名稱	每匹張數	分量	價值
毛邊紙共八種			
一、美大仁六五毛邊	一百九十八張	六斤二兩	五吊二百二十文
一、福源泰十二白官紙	一百九十八張	三斤二兩	二吊六百六十文
一、賽字十二白官紙	一百九十八張	三斤七兩	二吊九百二十文
一、十三毛邊紙	一百九十八張	五斤	二吊七百七十文
一、立順五刀毛邊	一百九十八張	七斤四兩	七吊六百文
一、四五毛邊	一百九十八張	九斤四兩	九吊二百四十文
一、十二毛太紙	一百九十八張	二斤十兩	二吊
一、敦字毛鹿紙	一百四十五張	二斤四兩	一吊六百六十文

（續表）

名稱	每匹張數	分量	價值
粉連紙共九種			
一、華章(上海)	九十五張	四斤四兩	二吊八百文
一、龍章(上海)	九十五張	四斤八兩	二吊七百文
一、仙鶴(東京)	九十五張	四斤一兩	二吊四百文
一、白鶴(三井)	九十五張	四斤二兩	二吊四百文
一、慎昌(真島)	九十五張	四斤八兩	二吊四百文
一、大成(現缺)			
一、白鹿(現缺)			
一、大東洋毛	一百張	二斤十三兩	八吊五百文
一、小東洋毛	一百張	十二兩	一吊
川連紙共六種			
一、貢川紙	一百三十張	一斤二兩	一吊二百文
一、貢川紙	一百二十六張	一斤三兩	一吊九百文
一、敬記洋川連	七十八張	十一兩	五百四十文
一、廣發存洋川連	七十四張	十二兩	五百九十文
一、盈豐川連	七十八張	九兩四錢	五百二十文
一、倫章川連	七十八張	十五兩六錢	五百七十八文
官紙共三種			
一、廣玉版	九十六張	六斤四兩	九吊
一、曹乾吉宣紙(五尺)	一百張	五斤十兩	十七吊
一、白露宣(八尺)	一百張	二十一斤四兩	六十五吊

（續表）

名稱	每匹張數	分量	價值
顏色紙共十二種			
一、福興機器梅紅	一百張	七斤三兩	八吊五百文
一、雙和生青梅紅	一百張	五斤五兩	五吊五百文
一、和生雙深紅	九十六張	五斤二兩	七吊
一、招祿和廣梅紅	一百張	七斤五兩	七吊
一、昌倫機器梅紅	一百張	六斤十四兩	九吊
一、雙永積雙紅	一百張	四斤十二兩	五吊
一、啓明源銀紅	九十六張	五斤十二兩	四吊五百文
一、萬年紅	一百張	六斤四兩	六吊四百文
一、大月黃	九十六張	五斤六兩	六吊八百文
一、洋胎蘭粉箋	一百張	八斤	五吊五百文
一、小刷黃	一百三十張	一斤十兩	二吊
一、雜色綾紅紙	一百張	十二兩	二吊二百文

如裱心紙、山東草紙等類，非關機器製造，概未列入。

本埠製作紙張種類表：

名稱	每匹張數	分量	價值
毛頭紙共六種			
一、茂簾紙	九十五張	六斤	九吊五百文
一、呈文紙	九十五張	五斤	五吊六百文
一、聯二雙抄	九十五張	四斤	三吊
一、改簾張	一百九十張	三斤八兩	三吊五百文

(續表)

名稱	每匹張數	分量	價值
一、三八毛頭	一百九十張	三斤	二吊四百文
一、三六毛頭	一百九十張	二斤	一吊五百文
原料	每百斤價值		
一、舊麻繩(大)	十八吊		
一、舊麻繩(中)	十五吊		
一、舊麻繩(小)	九吊		
一、好架麻	五十五吊		
一、中路架麻	五十吊		
一、通架麻	四十五吊		
一、加道麻	四十吊		
一、繩麻	二十五吊		

查本地紙坊，以東關一帶爲頭，二行，紙色潔白，西關爲三行，出紙較粗。惟原料皆用舊麻繩，取其質融，且價值較麻更廉。

製作法：

如每日用舊麻繩一百斤，先以淨水泡三小時，切碎上大石槽，以六馬力輪流碾融，繼用石灰三十斤，泡水洗淨入鍋蒸透，洗三次，碾三次，成紙料七十五斤。

出紙數：

改簾紙九匹

大西紙十三匹

工價數(附日用)：

切工，每百斤工資二角五分。

造紙工四人，每日工資二角六分，共一元零四分。

曬紙工四人，每日工資二角五分，共一元。

井上拌料工四人，每日工資一角七分，共六角八分。

馬六匹，餵養一元四角。

日用房租薪工，四元八角。

石灰二十六斤，二角四分。

春冬焙紙，加柴火銀二元。

每日約計工資、日用十一元四角。

合計成本：

改簾紙九匹，每匹重三斤八兩，共三十一斤八兩。用原料四十二斤，價值一元九角六分。

大西紙十三匹，每匹重二斤，共重二十六斤。用原料三十四斤九兩，價一元六角三分。

二共原料價值三元五角九分。并加工料、日用十一元四角，統計合算共成本銀十四元九角九分。

售價：

改簾紙九匹，每匹售吉洋一元一角四分三釐。

大西紙十三匹，每匹售吉洋五角三分六釐。

二共售吉洋十六元七角一分九釐，除工料、日用外，每日計盈餘一元七角二分九釐。

用處：

簿據、各項票、窗簾紙、包裹紙。

銷額：

以本地紙坊二十二家，每日出紙三百餘匹，每月出紙九千餘匹，每年約計九萬餘匹。

運販地：

黑龍江、三姓、新城等處。

機器造紙用品：

煤，每百斤約價三吊。

石灰，每擔三百五十斤，價九吊。

漂白粉，每斤價一百二十文，以東關粉坊爲優。

洋松香，每斤五百六十文。

廣松香，每斤五百文。

明礬，每斤五百文。

土碱，每百斤九吊。

面碱，每百斤四吊五百文。

計呈：

毛邊紙八種

粉連紙等九種

川連紙六種

宣紙三種

顔色紙十二種

本地毛頭紙六種

原料八種

用品八種

以上各種紙料，業經呈送曹監督與加籐技師考核。理合聲明。

《申報》宣統元年十月初十日第七版《烟台元復絲廠寶星牌》 本廠開設烟台，專繅上等四八繭野蠶灰，經運銷泰西各國，特創絲牌頭號金寶星、二號銀寶星、三號藍寶星爲記，已蒙各洋商登載電簿。誠恐同業行商尚未周知，故特登報告白，請各寶號欲創絲牌，幸勿仿用此牌是荷。

天津市檔案館《券證遺珍·天津南紙書業華章書局等商號圖章》

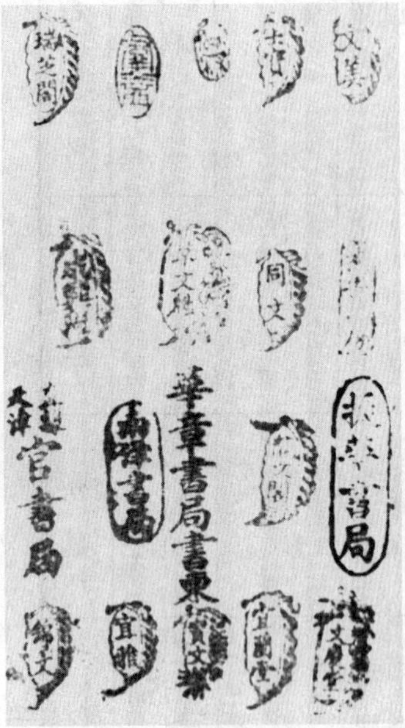

吉林省檔案館等《清代吉林檔案史料選編(工業)》下册《吉林工藝教養所宣統二年五月份各科資本盈餘統計一覽總表宣統二年七月初五日》

舊管	
原存資本錢	一九六三吊四七〇
原存餘利錢	三六吊三五〇
新收	售品原價
織科售品錢	一〇四八三吊三九〇
染科售品錢	三二四八吊八〇〇
縫紉科售品錢	九八六七吊二三〇
靴科售品錢	三六三三吊二二〇
木科售品錢	二八九九吊七五〇
鐵科售品錢	三五六〇吊一八〇
繩科售品錢	八九吊〇九〇
釀造科售品錢	
合計	三三七八〇吊六六〇
各科餘利	九〇三三吊〇一〇
支出	購料原價
織科購料支款錢	一九三三五吊一九〇
染科購料支款錢	五六九二吊五三八
縫紉科購料支款錢	一〇〇〇三吊〇四八
靴科購料支款錢	九四二三吊六六四
木科購料支款錢	七〇六七吊七三三
鐵科購料支款錢	七四八六吊六一〇
繩科購料支款錢	一四九四吊一七〇

（續表）

釀造科購料支款錢	二五八九吊三一〇
合計	六三〇九二吊二六三
實存	合錢
庫存原料	二〇三二七吊二七二
未售成品	一〇九〇八吊四五九
未成品占料	九〇七二吊三五二
合計	四〇三〇八吊〇八三

備考

右表總諸表之成，以管、收、除、在爲綱領。舊管係原存資本金，與各處所存原料成品價值數目相符，新收係售品錢款與售品處賣錢數相符；支出係購料支款與收發處收料數目相符。除去售品錢文而實存原料資本暨餘利之數目自見餘利，係除原料資本計算，有加一成者，有加二、三成者，不拘一格。本所各處相輔而行，如庶務處所購之料即爲收發處新收；收發所發原料即爲監工處新收；監工所交成品即爲售品處新收；售品所交錢文即爲會計處新收，輾轉數處而總匯於會計處。綜核各處統計表，針孔相對自能有條不紊。此表係自開辦算至宣統二年五月，以前坐辦移交原料暨餘利爲舊管，嗣後以上月所存爲舊管，以本月所入售品錢文爲新收。此刻因資本金尚未撥定，故不得不照此填列。

天津市檔案館《天津商會檔案彙編（1903—1911）》上册《駐津德領事克尼平爲調查直隸省興辦實業情形事致津商會函并附商會調查簡表宣統二年十月十七日、十一月十八日》

逕啓者，本領事現欲知直隸省辦理實業各家，如開設各項公司及廠店之類，前經本署柯譯員面託貴總理費神調查，已承允諾，感佩良深。兹特開列表式函送臺端，即希查照，按表詳注，從速送還，瑣瀆之處，實紉公誼。先此誌謝，借頌升祺。

克尼平　西十一月　日

函致駐津德領事克大人

敬復者，昨奉來函，以直隸省辦理實業各家，如開設各項公司及廠店之類，前經調查，已承允諾，兹特開列表式函送查照，按表詳注送還等因。敝會當即調查，未能齊備，除俟調查齊全另行函送外，亟應先將調查列表函送貴領事查收爲荷。肅此布復，敬請升安。

附送表式一張

總理協理天津商務總會王寧

行業別	行廠名別	何時開辦	創辦人	總理外國人有無	股分資本若干	工人多少	何國機器附價	出貨若干	售貨若干	用何國原料	地址
胰燭類	天津造胰公司	光緒二十九年招股，三十一年開辦	宋壽恒現爲工商研究總會會長，敦慶隆綢緞莊經理	現無總理，有常川董事嚴智怡，日本東京工科大學畢業	創辦時五千元，宣統元年續招一萬五千元，今年又續招三萬元，合共五萬元	十五人	鍋爐汽機購自德國，造胰燭各機購自日本，共價約四千元	每月出條胰塊胰約五六百箱，香胰六七百打，洋燭二、三百箱	所有造出之貨皆如數售出	胰子油料中國，碱與香料英、美、德國，洋燭料皆英、美、德、日本，好印刷日本，中等以下印刷本國	天津閘口大街
	天津玉盛合造胰公司	光緒三十四年五月開辦	馬長華	馬長華	合股資本洋五千元	七名	鍋熬人力手工	每年出貨四千箱上下	每年銷售三千餘箱	本國牛油、硼砂，美國松香、香碱、香料	天津南閣西大街

（續表）

行業別	行廠名別	何時開辦	創辦人	總理外國人有無	股分資本若干	工人多少	何國機器附價	出貨若干	售貨若干	用何國原料	地址
	天津公益造胰有限公司	光緒三十一年開辦	高慶臣		七千二百元	八名	人力手工	每年四千餘箱	每年如數售出		天津户部街福德祠
	天津合記造胰公司	光緒三十四年開辦	李蘭波	經理人李蘭波王焕卿	三千元	五名	人力手工	每年三千餘箱	每年如數售出		天津西北城隅文昌宫西
	天津祥生燭皂公司										
	天津東升洋燭公司										
	天津東日升洋燭公司										
織布類	天津尚業織工廠	宣統元年八月間開辦	孫廷槐	孫廷槐	一千元	十六名	中國機	每月計劃十餘件	每月計劃十五六餘件		天津河東白衣庵
	天津實業工廠	宣統二年三月開辦	韓錫章	韓錫章	四千元	七十名	中國機	每月出條布十四袍面四十件	每月如數售出		天津西大藥廟内
	天津明記織工廠	宣統二年六月間開辦	李鳳藻	李鳳藻	五百元	八名	中國機	每月計劃袍面十件	每月如數售出		天津河北新房子

（續表）

行業別	行廠名別	何時開辦	創辦人	總理外國人有無	股分資本若干	工人多少	何國機器附價	出貨若干	售貨若干	用何國原料	地址
	天津民立第二織布廠	光緒三十三年九月間	陳泰來		三千元	五十六名	織布木機、造胰鍋爐、染綫煮色鍋爐等均購自本國，共合價洋一千五百元	每年出條布、袍料、被面、操衣布六千件，胰子五百箱，染綫四、五十包，治化顏料五千餘斤	每年售條布、袍料、被面、操衣布五千餘件，胰子百餘箱，染綫五十包，治化顏料五千斤	織布合股棉紗日本，染綫各色治化顏料本國，造胰油料松香硼砂、白礬本國，鹼油香料美、德國	天津雙街口紅寺廟內
	天津民立第一織布廠										
	天津民立第三織布廠										
	織染公司										
	勸業織工廠										
	廣益織布廠										
	益興織布廠										

（續表）

行業別	行廠名別	何時開辦	創辦人	總理外國人有無	股分資本若干	工人多少	何國機器附價	出貨若干	售貨若干	用何國原料	地址
	協記織布廠										
	善記織布廠										
石鹼類	桑茂石鹼公司										
	有限石鹼工廠										
	華茂昌石鹼工廠										
皮廠類	硝皮廠										
	皮件廠										
	皮件公司										
	謙益行皮件廠										
	文成合皮件作坊	光緒五年	李文魁			十五名		攬做軍裝各號皮件活，小號成做		各號買材料小號成做	天津河東奥國租界

吉林省檔案館等《清代吉林檔案史料選編（工業）》下册《吉林工藝教養所宣統二年十一月份各科營業餘利决算一覽表宣統二年十二月二十四日》

科名	賣入本利共數	撥還購料原本共數	除本浄得餘利共數
織科	三三八一八・吊一六	二七三七九・吊一八四	五四三八・吊九七六
染科	九六一四・吊一六二	七一二〇・吊七八五	二四九三・吊三七七
靴科	一一五五五・吊九四	九九四五・吊七二四	一六一〇・吊二一六
木科	一一〇三三・吊四四	八二九七・吊六七二	二七三五・吊七六八
鐵科	一八七〇四・吊一四二	一七二五三・吊七九二	一四五〇・吊三五
繩科	九五〇・吊八六四	九五〇・吊八六四	
縫紉科	三七四二八・吊四五	二九八九七・吊四五八	七五三〇・吊九九二
釀造科	一七〇五・吊四一八	一一九三・吊七九二	五一一・吊六二六
生鐵科	六七三・吊三四八	六七三・吊三四八	三五五・吊五〇六
合計	一二四四八三・吊九二四	一〇二七一二・吊六一九	二二一二六吊八一一

備考

本所自開辦起至本年十月，所有各科購料支款、售品入款，歷月積累未經抵撥。兹自十一月份，將售品賣入之錢撥還購料原本，算清餘利錢數，列册詳報。

南京圖書館《中國早期展覽會資料彙編》第一册《山東博山玻璃有限公司簡明説帖》　博山玻璃公司，建造在博山縣城北之柳行莊，計地縱橫六十餘畝。壘石爲圍，大鐵廠二，内築鎔料爐，下則地窟數重，曲折達於煙卤而止。由大鐵廠毗連而南則烘片、裁片、裝箱、鋸木各廠，又南則製造各種瓶廠及辦公所、陳列研究所，各司事供事所，由大鐵廠毗連而北，則機器房、打鐵廠、汽鍋房、缸磚廠、機磨廠，配料廠。又北則批發所、外賬房、門房、磚瓦碾泥廠，錯綜參差於其間，東西綿亘。留設鐵道各一，爲運貨地步，其存儲正雜各料所，與夫電燈房、吸水樓、各工匠寄宿舍，則夾於圍墻之左右。其建造也，則自光緒甲辰春至丙午冬而始告竣。其集資也，則自十餘萬以至數十萬百萬。其將事也，則自經理、協理、總管以下各員司、各匠徒，與夫各傭工及輸送人，日計五百餘人，洵東省之鉅廠，中國前此未有之工業也。夫泰西實業之進步，始由理想而得，繼以經驗而成，中國仿求製造，於平片玻璃一項，向爲缺點，蓋實業中之至難辦者，我廠在博山經營四五年，適與地質相宜，克著成效，將來發達，非可限量，爰掇近事數則，聊具簡説，藉徵實業之起點云。

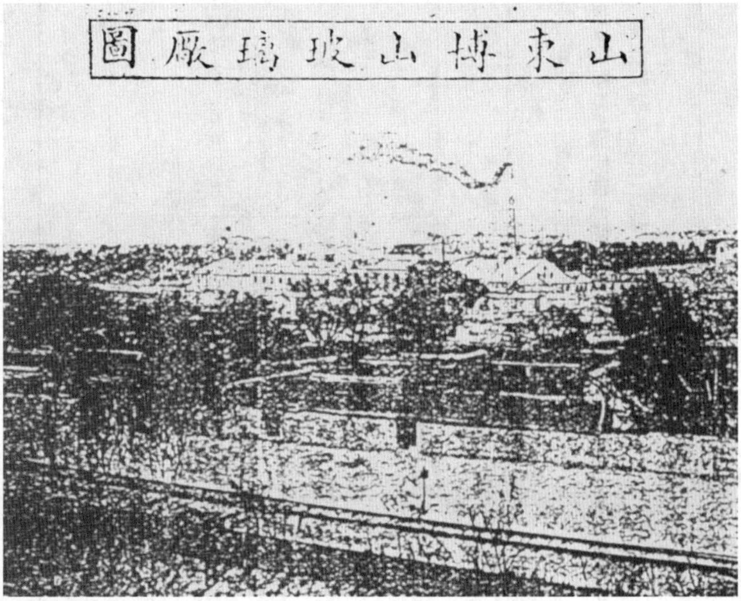

吉林省檔案館等《清代吉林檔案史料選編(工業)》中册《吉林省各工藝廠製造物品種類數目價值統計表宣統二年》

府廳州縣別	局廠名別	工藝類別製造物數	銷售總數	銷售價值
吉林省	旗務處工廠	革科皮靴鞋等類	四千九百零九件	六千一百三一兩八五八釐
		金科軍刀等類	六千六百零一件	一千四百三十二兩七六五釐
		織科棉紗布等類	二千二百八十七件	三千三百九十兩〇四三四釐
		染科染各色絲布等類	三百三十四件	三百〇四兩二十三分
		木科各樣木器	五百九十四件	四千〇二十二兩二九四釐
		縫紉科成做軍衣等類	三千一百二十八件	四千一百七十七兩八九四釐
合計				一萬九千四百五十九兩四十五釐

備考

按本廠於宣統元年秋間始行創設，冬季續招二班。開辦之初，只能授以製造之法，成品無多，礙難另表分列。迨至二年春間，該藝徒等始能製成物品，是以元年之表無從填列。合并聲明。

吉林省檔案館等《清代吉林檔案史料選編(工業)》中册《吉林省紡織紗布綢絹各物數目價值統計表宣統二年》

府廳州縣別	紗布綢絹類別	工作類別人工	製造匹數人工	平均價目人工
吉林旗務工廠	花布	三十名	二百一十四	九四兩六五一釐
	花條布	五十名	三百三十二件	三百七十四兩〇九八釐
	方花布	二十五名	一百七十五件	二百四十一兩〇一分
	斜紋布	六十名	四百二十件	一千三百六十七兩一八四
	回紋布	四十名	二百八十件	二百八十兩〇四四八釐

（續表）

紗布綢絹類別	人紋布	中紋布	錦紋布	方塊布	植紋布
工作類别人工	二十名	十五名	十名	五名	八十名
製造匹數人工	一百四十件	一百零五件	七十件	三十五件	五百二十件
平均價目人工	一百四十兩〇二二四釐	一百三十一兩四六分	九六兩四〇四釐	三七兩二四七釐	六百二七兩七〇八釐
合計	三千三十九兩〇四三四釐				

備考

按本廠係於宣統元年秋季甫經創辦，先招藝徒八十名，至冬季復招藝徒八十名，分設六科。織科僅有藝徒四十餘名，首先授以繞線、調綜諸法，至二年春間始能上機，出品無多，未便另表分列，合并聲明。

吉林省檔案館等《清代吉林檔案史料選編(工業)》中册《旗務處工廠宣統三年六月底止科存料品名稱件數價目清册宣統三年》

謹將本廠六月底截止，科存料品名稱、件數、價目分别造具清册，詳請鑒核。

計開：

織科

未漂一號毛巾　三十八打半　計洋四十二元三角五分
未漂二號毛巾　二十八打半　計洋二十八元五角
未漂小床巾　二床　計洋一元四角
未漂小桌巾　二條　計洋一元四角
人字紋布　五十四尺　計洋五元四角
四十二號合股綫　一百四十五斤　計洋一百六十六元三角一分五釐
批綫　一百七十斤　計洋八十五元
共計吉洋叁百叁拾元零叁角陸分伍釐

染科

堅質藍　四磅半　計洋六元一角七分四釐
漂白粉　九十五磅　計洋二十六元六角
哈機色　二十磅　計洋六元
烏類藕荷　十兩　計洋二元
婁丹明　半斤　計洋一元五角
毛藍　半斤　計洋一元二角
染棉黄　半斤　計洋一元四角
品藍　十兩　計洋一元八角
流化深藍　十兩　計洋一元五角
醋酸　一瓶　計洋七角
醋酸曹打　一瓶　計洋一角
紅礬　五磅　計洋一元
阿仙藥　十磅　計洋三元
共計吉洋伍拾貳元玖角柒分肆釐

縫紉科

青市布　四尺　計洋八角
褲腰布　六尺　計洋一角七分
本廠哈機布　三尺　計洋三角三分
五十號黄軸綫　二打十一軸　計洋一元二角
八號黄軸綫　一打十軸　計洋八角
黄粗綫　三斤六兩　計洋一元四角四分
三十二合股綫　五兩　計洋一角五分
褲卡子　三十八個　計洋一角五分
黄銅扣子　三十二個　計洋一角九分二釐

四十號青軸綫　五軸　計洋一角九分

黑領鈎　五口袋　計洋三角七分

長警梅花　五百個　計洋二元一角三分

金梅花　一百二十九個　計洋一元

青綆子　二百四十個　計洋一元九角

未成軍褲　兩條　計洋兩元

未成軍衣　一件　計洋一元

黃哈布軍衣　一件　計洋一元五角

共計吉洋拾伍元叁角貳分貳釐

靴料

大套布　五匹半　計洋四元九角五分

白套布　一匹　計洋二元

雙清水布　四匹半　計洋四元

藍大市布　四匹　計洋八元

洋套布　十四匹　計洋十二元六角

鞋帶　半打　計洋三角

三股洋綫　十兩　計洋七角五分

二十四洋綫　三軸　計洋一元零八分

八號五百軸綫　三軸　計洋三角

花其墊布　兩匹　計洋四元八角五分

成行底　三百五十五雙　計洋一百七十七元五角

成行皂鞋　八十雙　計洋六十五元六角

成行耳鞋　二十一雙　計洋十七元八角五分

打成抹行底　七十九雙　計洋三十七元一角三分

大牛皮　五張　計洋八十七元一角五分

海青皮　九張　計洋一百六十二元

器油　半斤　計洋五角

套布皂幫　二百三十二雙　計洋三十元零一角六分

2號上繩　五千條　計洋十五元

1號上繩　四千條　計洋十六元

沿條　一百雙　計洋五角

打連布　一匹半　計洋八元五角八分

小耳成幫　七十一雙　計洋十一元三角六分

花其成幫　一百零五雙　計洋二十二元零五分

股了皮　一張　計洋三元

且了皮　四張　計洋十五元二角

行皂成幫　二百八十三雙　計洋三十三元九角六分

花條布　三十五尺　計洋四元九角

洋面　半袋　計洋二元

皮主根　八百付　計洋八元三角四分四釐

大西紙　十四匹　計洋十一元九角

軟幫　二十張　計洋一元八角

清水布　三匹半　計洋四元二角

成牛皮底　二百八十九雙　計洋一百四十六元八角一分二釐

雙臉布幫　七十三雙　計洋七元二角二分七釐

代紙胎底　二百六十九雙　計洋十二元一角

緞綿成幫　一雙　計洋七角二分

配成皮雙臉幫片　六十六雙　計洋八元七角七分八釐

絨幫片　四雙　計洋一元八角

共計吉洋玖百伍拾貳元玖角伍分壹釐

革料

英軟皮　計洋十七元

金漆半邊皮　計洋五元

黑水　壹瓶　計洋一元一角

鐵掌　叁拾玖付　計洋二元七角三分

螺絲釘　叁包　計洋一元五角

黃綫團　叁個　計洋叁角

八號黑洋綫　拾軸　計洋壹元

彎錐　七打　計洋二元一角

共計吉洋叁拾元零柒角叁分

木科

未成衣櫃	一個	計洋一元五角
未成大床	二個	計洋五元
未成小椅子	二只	計洋一元
未成大椅子	二只	計洋二元
未成洗臉桌	一個	計洋五角
未成藍絲絨床	二個	計洋四元
未成公事大椅子	六只	計洋六元
未成大算盤	一個	計洋三元
未成小算盤	三十個	計洋六元
未成衣橱	一個	計洋二元
未成書厨	一個	計洋二元
未成小炕桌	四只	計洋六元
沙紙	四打半	計洋二角二分五釐
大小螺絲	六包	計洋六角
烏木色	二兩	計洋二角
洋紅	一兩半	計洋一角五分
姜黄	五兩	計洋二角
水膠	三斤	計洋一元三角八分
花其布	四尺半	計洋五角
銅弓子	二打	計洋四角
元絲繩	半板	計洋一角
蜈蚣條子	半板	計洋一元五角
銅油	四斤	計洋一元二角
包油	四包	計洋一元六角
麻繩	十條	計洋一角八分
面碱	二斤	計洋一角

共計吉洋肆拾柒元叁角叁分五釐

以上六科，總計吉洋壹千肆百貳拾玖元陸角柒分柒釐

吉林省檔案館等《清代吉林檔案史料選編（工業）》中冊《吉林旗務處工廠發交分售所新舊成品名稱件數價目清冊宣統三年》 謹將本廠自本年一月份起截至六月底止，發交分售所新、舊成品名稱、件數、價目分别造具清册，詳請鑒核。

新品項下：

一、染各布料	伍拾件	合洋柒元伍角
一、花方塊布	柒匹	合洋肆拾貳元
一、花方塊布	壹匹	合洋拾壹元陸角
一、花方塊布	肆拾柒尺	合洋伍元壹角柒分
一、花方塊布	伍拾尺	合洋伍元伍角
一、花條布	壹大匹	合洋拾貳元
一、藍方錦布	叁小匹	合洋拾玖元伍角
一、藍方錦布	肆拾柒尺	合洋伍元陸角肆分
一、元青布	壹大匹	合洋陸元
一、元青布	伍拾肆尺	合洋陸元
一、元青布	捌拾貳尺	合洋肆元陸角
一、元青布	肆拾捌尺	合洋貳元柒角
一、芝皮馬靴	壹雙	合洋拾貳元
一、黄皮五眼鞋	貳雙	合洋拾元
一、黄皮坤尖鞋	壹雙	合洋貳元
一、黄皮坤尖鞋	壹雙	合洋貳元伍角
一、芝皮里五眼鞋	貳雙	合洋拾元
一、芝皮羊皮里五眼鞋	柒雙	合洋貳拾捌元
一、芝皮布里五眼鞋	拾肆雙	合洋伍拾叁元貳角
一、芝皮小五眼鞋	伍雙	合洋拾貳元伍角
一、芝皮皂鞋	柒雙	合洋貳拾叁元捌角
一、芝皮洋尚皂鞋	拾貳雙	合洋叁拾捌元肆角
一、芝皮洋尚坤皂鞋	叁雙	合洋玖元
一、芝皮小皂鞋	陸雙	合洋拾伍元陸角
一、芝皮五眼坤鞋	壹雙	合洋貳元陸角
一、花旗布	壹匹	合洋肆元叁角貳分
一、雜色洋袜	叁打	合洋伍元肆角

一、白坎布褂褲　壹套　合洋壹元壹角
一、青布皂鞋　貳雙　合洋壹元捌角肆分
一、四眼得力布鞋　壹雙　合洋壹元貳角捌分
一、黄白靴帶　伍拾付　合洋壹元
一、小床巾　伍個　合洋伍角
一、花紋布　壹匹　合洋陸元肆角捌分
一、青花棋子布　壹匹　合洋柒元零貳分
一、白花條布　壹匹　合洋伍元玖角肆分
一、粉灰花條錦紋布　壹匹　合洋陸元肆角捌分
一、芝皮皂靴　貳雙　合洋拾捌元
一、芝皮坤靴　貳雙　合洋拾貳元
一、芝皮皂鞋　壹雙　合洋肆元
一、袍料　肆拾捌件　合洋柒元貳角
一、花條布　貳匹　合洋拾壹元捌角捌分
一、白花條布　貳匹　合洋拾壹元捌角捌分
一、行布皂鞋　伍拾雙　合洋肆拾貳元伍角
一、行布耳鞋　貳雙　合洋壹元捌角
一、布皂鞋　貳拾伍雙　合洋叁拾陸元貳角伍分
一、布耳鞋　拾雙　合洋拾伍元
一、緞方鞋　伍雙　合洋拾貳元
一、緞皂鞋　貳雙　合洋肆元貳角
一、得力布四眼鞋　肆雙　合洋陸元肆角
一、藍花條布　貳匹　合洋拾壹元捌角捌分
一、格子布　貳匹　合洋拾貳元玖角陸分
一、黑花條布　壹匹　合洋柒元伍角陸分
一、小床巾　捌床　合洋捌元捌角
一、藍花條　貳匹　合洋拾壹元捌角捌分
一、格子布　壹匹　合洋陸元肆角捌分
一、格子布　貳匹　合洋拾元零捌角捌分
一、花條布　貳匹　合洋拾壹元捌角捌分
一、黑花條布　壹匹　合洋伍元陸角
一、行布小耳鞋　拾壹雙　合洋玖元玖角
一、行布皂鞋　貳雙　合洋壹元柒角
一、行小耳鞋　玖雙　合洋捌元壹角
一、行布皂鞋　拾陸雙　合洋拾叁元陸角
一、白花條布　貳匹　合洋拾元零捌角
一、白棋子布　壹匹　合洋伍元玖角肆分
一、花條布　叁匹　合洋拾柒元捌角貳分
一、格子布　叁匹　合洋拾玖元肆角肆分
一、黑花條　壹匹　合洋柒元伍角陸分
一、花條布　肆拾貳尺　合洋肆元陸角貳分
一、代染袍料　叁件　合洋玖角
一、黑花條布　貳匹　合洋拾伍元壹角貳分
一、格子布　壹匹　合洋陸元肆角捌分
一、花條布　肆匹　合洋貳拾叁元柒角陸分
一、小床巾　玖條　合洋玖元玖角
一、雪青格子布　壹匹　合洋柒元伍角陸分
一、雪青格子布　貳匹　合洋拾伍元壹角貳分
一、雪青花條布　伍匹　合洋叁拾柒元捌角
一、寬花條布　肆匹　合洋貳拾叁元柒角陸分
一、寬花條布　壹匹　合洋伍元玖角肆分
一、雪青花條布　貳匹　合洋拾伍元壹角貳分
一、雪青格子布　壹匹　合洋肆元肆角捌分
一、雪青格子布　壹匹　合洋肆元肆角捌分
一、元號毛巾　拾打　合洋拾肆元
一、貳號毛巾　伍打　合洋陸元伍角
一、窄花條布　壹匹　合洋叁元玖角陸分
一、雪青花條布　叁匹　合洋貳拾貳元陸角捌分
一、藍格子布　貳匹　合洋拾貳元玖角陸分
一、窄花條布　陸匹　合洋叁拾伍元陸角肆分

一、窄花條布　伍匹　合洋貳拾玖元柒角
一、元號毛巾　拾柒打　合洋貳拾叁元捌角
一、貳號毛巾　貳拾貳打　合洋貳拾捌元陸角
一、官尖布靴　玖雙　合洋貳拾壹元陸角
一、全貞布皂　貳拾玖雙　合洋肆拾貳元零伍分
一、緞方錦鞋　貳拾壹雙　合洋伍拾元零肆角
一、行布小耳鞋　貳拾捌雙　合洋貳拾伍元貳角
一、行布皂鞋　肆拾貳雙　合洋叁拾伍元柒角
一、行花耳鞋　叁雙　合洋貳元捌角伍分
一、雪青花條布　壹匹　合洋伍元零肆分
一、行布皂鞋　陸拾雙　合洋伍拾壹元
一、行布耳鞋　肆拾伍雙　合洋肆拾元零伍角
一、行花耳鞋　叁拾伍雙　合洋叁拾叁元貳角伍分
一、行布耳鞋　伍拾玖雙　合洋伍拾元零壹角伍分
一、行花耳鞋　陸雙　合洋伍元伍角貳分
一、藍格子布　陸匹　合洋叁拾捌元捌角捌分
一、小床巾　捌床　合洋柒元貳角
一、粗花其布　壹匹　合洋叁元貳角
一、窄花條布　拾陸匹　合洋玖拾伍元零肆分
一、行皂鞋　貳拾貳雙　合洋拾捌元零肆分
一、行耳鞋　伍拾玖雙　合洋伍拾元零壹角伍分
一、行花耳鞋　捌雙　合洋柒元叁角陸分
一、行耳鞋　壹百叁拾壹雙　合洋壹百拾壹元叁角伍分
一、行皂鞋　叁拾貳雙　合洋貳拾陸元貳角肆分
一、行花耳鞋　伍雙　合洋肆元陸角
一、行耳鞋　貳拾貳雙　合洋拾捌元陸角柒分
一、行皂鞋　叁拾捌雙　合洋叁拾壹元壹角陸分
一、行花耳鞋　叁拾陸雙　合洋叁拾壹元壹角貳分
一、行布耳鞋　陸拾壹雙　合洋伍拾壹元捌角伍分
一、花耳鞋　肆雙　合洋叁元陸角捌分

一、行布皂鞋　肆拾雙　合洋叁拾貳元捌角
一、藍格子布　陸匹　合洋叁拾捌元捌角捌分
一、藍格子布　壹匹　合洋陸元
一、窄花條布　陸匹　合洋叁拾伍元陸角肆分
一、二藍愛國布　貳個　合洋叁元肆角
一、花絨圓背椅　貳只　合洋捌元
一、花絨空心背椅　貳只　合洋陸元
一、花絨方凳　貳只　合洋伍元
一、花絨粉色背椅　壹只　合洋叁元
一、花絨空心背椅　叁只　合洋玖元
一、行耳鞋　伍拾陸雙　合洋肆拾柒元陸角
一、行皂鞋　拾貳雙　合洋玖元捌角肆分
一、花耳鞋　肆雙　合洋叁元陸角捌分
一、寬花條布　壹匹　合洋叁元柒角肆分
一、合股白市布　壹匹　合洋拾貳元肆角貳分
一、雪青花條布　叁匹　合洋拾伍元玖角陸分
一、二藍愛國布　壹匹　合洋陸元柒角伍分
一、白棋子布　壹匹　合洋伍元玖角肆分
一、大號毛巾　叁打半　合洋肆元玖角
一、二號毛巾　拾柒打　合洋貳拾貳元壹角
一、小床巾　叁條　合洋叁元叁角
一、平式巾　叁打伍條　合洋叁元肆角壹分伍釐
一、行小耳鞋　肆拾陸雙　合洋叁拾玖元壹角
一、行皂鞋　貳拾雙　合洋拾陸元肆角
一、花條布鞋　拾貳雙　合洋拾壹元零肆分
一、藍格子布　貳匹　合洋拾貳元玖角陸分
一、二藍愛國布　貳匹　合洋拾叁元伍角
一、小床巾　玖條　合洋捌元壹角
一、二號毛巾　陸打柒條　合洋捌元伍角伍分捌釐
一、小耳鞋　肆拾雙　合洋叁拾肆元

一、布皂鞋　伍拾壹雙　合洋肆拾壹元捌角貳分
一、花小耳鞋　玖雙　合洋捌元貳角捌分
一、藤面椅子　陸只　合洋拾伍元
一、金鷄獨立桌　壹張　合洋壹元
一、黑色蛋式茶几　貳張　合洋肆元
一、綠色三抽長桌　貳張　合洋拾陸元
一、行布皂鞋　捌拾柒雙　合洋柒拾壹元叁角肆分
一、行布耳鞋　伍拾陸雙　合洋肆拾柒元陸角
一、二藍愛國布　壹個　合洋壹元玖角陸分
一、花耳鞋　壹雙　合洋玖角陸分
一、壹號毛巾　陸打　合洋捌元肆角
一、二藍愛國布　貳匹　合洋拾伍元壹角貳分
一、窄花條布　貳匹　合洋拾貳元玖角陸分
一、藍格愛國布　貳匹　合洋拾叁元伍角
一、藍格子布　壹匹　合洋柒元零貳分
一、布小耳鞋　肆拾雙　合洋叁拾肆元捌角
一、行皂鞋　玖拾雙　合洋柒拾伍元陸角
一、布小耳鞋　拾柒雙　合洋拾肆元柒角玖分
一、行皂鞋　叁拾雙　合洋貳拾伍元貳角
一、布小耳鞋　拾叁雙　合洋拾壹元捌角叁分
一、行皂鞋　肆拾叁雙　合洋叁拾陸元玖角捌分
一、雪青花條布　壹匹　合洋柒元伍角陸分
一、壹號毛巾　壹打　合洋壹元肆角
一、貳號毛巾　壹打　合洋壹元叁角
一、窄花條布　叁匹　合洋拾玖元捌角捌分
一、二藍愛國布　壹匹　合洋柒元伍角陸分
一、藍方格愛國布　壹匹　合洋陸元柒角伍分
一、壹號毛巾　叁打　合洋肆元貳角
一、貳號毛巾　捌打　合洋拾元零肆角
共發新品洋貳千玖百貳拾陸元零叁分叁釐

舊品項下：
一、三抽長桌　壹張　合洋陸元
一、小方炕桌　貳張　合洋壹元陸角捌分
一、方茶几　貳張　合洋肆元捌角
一、青呢大氅　壹件　合洋拾元零伍角
一、紅條格布　壹匹　合洋壹元捌角貳分
一、小炕桌　貳張　合洋壹元陸角捌分
一、玻璃茶几　壹個　合洋肆元貳角
一、小炕桌　叁張　合洋貳元伍角貳分
共發舊品洋叁拾叁元貳角
以上共發新舊成品洋貳千玖百伍拾玖元貳角叁分叁釐

吉林省檔案館等《清代吉林檔案史料選編（工業）》中册《吉林旗務處工廠宣統三年一至六月底止售出新品名稱件數價目清册宣統三年》　謹將本廠自本年一月份起截至六月底止，售出新品名稱、件數、價目分別造具清册，詳請鑒核。

售青布皂鞋　捌百叁拾雙　合洋柒百零伍元伍角
售緞方錦皂鞋　陸拾伍雙　合洋玖拾伍元伍角伍分
售青布皂鞋　壹百零伍雙　合洋捌拾肆元伍角貳分伍釐
售得力布四眼鞋　玖拾雙　合洋壹百元零捌角
售洋尚布皂鞋　壹百拾伍雙　合洋壹百貳拾元零柒角伍分
售洋尚緞錦鞋　肆雙　合洋陸元柒角貳分
售布官尖靴　貳拾伍雙　合洋叁拾伍元
售緞錦耳鞋　拾雙　合洋拾陸元壹角
售素緞皂鞋　伍拾伍雙　合洋陸拾伍元肆角伍分
售花條布　拾柒尺　合洋壹元捌角柒分
售英皮手槍套藥盒　壹雙　合洋叁元壹角
售挂帆布箱里　貳個　合洋貳元肆角
售英軟皮帶　叁條　合洋叁元捌角
售芝皮皂鞋　貳雙　合洋拾肆元
售添料絨面棉鞋　壹雙　合洋貳元
售添料緞錦棉鞋　壹雙　合洋叁元

售緞方錦鞋	叁雙	合洋貳元壹角
售配緞幫棉鞋	壹雙	合洋壹元
售染二四合股雜色綫	拾貳捆	合洋拾貳元
售染四一子綫	貳捆	合洋貳元
售染二四合股元青綫	捌捆	合洋拾貳元
售染元青子綫	叁捆	合洋肆元伍角
售染二四元青綫	貳捆	合洋叁元
售大木機	壹架	合洋貳拾玖元
售中木機	壹架	合洋貳拾壹元陸角
售毛巾機	壹架	合洋貳拾貳元陸角
售輪綫架	肆架	合洋貳拾壹元伍角
售做綜架	貳個	合洋伍元
售掏綜架	壹個	合洋肆元伍角
售大紡車	壹架	合洋伍元伍角
售鬧車	壹架	合洋陸元
售綫軸	捌拾個	合洋貳元
售換錢包面	壹個	合洋伍元
售緞方錦鞋	貳拾雙	合洋貳拾柒元叁角
售緞錦小耳鞋	柒雙	合洋拾元零肆角陸分伍釐
售素緞皂鞋	拾貳雙	合洋拾叁元貳角陸分
售洋尚緞錦鞋	貳拾肆雙	合洋叁拾柒元肆角肆分
售青布皂鞋	壹百零壹雙	合洋柒拾伍元肆角玖分柒釐
售得力布四眼鞋	柒拾柒雙	合洋捌拾元零捌分
售青布雙臉鞋	壹百拾雙	合洋捌拾元貳角貳分伍釐
售青布小耳鞋	柒雙	合洋伍元陸角捌分柒釐伍毫
售素緞平式鞋	貳拾雙	合洋貳拾貳元壹角
售青布官尖靴	叁拾伍雙	合洋肆拾伍元伍角
售洋尚得力布鞋	肆拾肆雙	合洋肆拾貳元玖角
售染元綠牛毛綫	壹百玖拾斤	合洋貳拾貳元零肆分
售染老綠毛綫	貳百零捌斤	合洋貳拾肆元壹角貳分捌釐

售兔木籠	壹個	合洋叁元伍角
售芝皮皂鞋	壹雙	合洋叁元
售洋襪	叁打	合洋伍元肆角
售市布褂褲	壹套	合洋壹元壹角
售市布坎肩	壹件	合洋貳角
售市布褂	壹件	合洋伍角伍分
售花條布	拾尺零伍寸	合洋壹元壹角伍分伍釐
售代換面公事桌	陸張	合洋伍元肆角
售皮包換面	壹個	合洋貳元伍角貳分
售皮靴換底	壹雙	合洋壹元玖角
售花條布	壹尺柒寸	合洋壹角捌分柒釐
售布皂鞋	貳雙	合洋壹元捌角肆分
售布雙臉鞋	壹雙	合洋陸角玖分
售木板床	拾張	合洋貳拾元
售零白布	玖尺	合洋柒角貳分
售普魯布	肆拾捌尺	合洋貳拾肆元壹角玖分貳釐
售白市布褂褲	拾柒套	合洋拾捌元柒角
售白坎布褂褲	柒套	合洋柒元柒角
售花旗布褂褲	壹套	合洋捌角
售白市布坎肩	陸件	合洋壹元貳角
售白市布坎肩	陸件	合洋壹元貳角
售雜色洋襪	伍拾壹雙	合洋柒元陸角伍分
售花條布	壹丈伍尺半	合洋壹元柒角零五釐
售青布皂鞋	肆雙	合洋叁元陸角捌分
售青布雙臉鞋	伍雙	合洋叁元肆角伍分
售素緞皂鞋	壹雙	合洋壹元壹角玖分
售染牛毛綫	伍拾伍斤	合洋陸元叁角捌分
售代換皮包面	壹個	合洋伍角
售皮包	壹個	合洋叁元
售青布皂鞋	肆雙	合洋叁元陸角捌分

售平式布鞋　伍雙　合洋叁元肆角伍分
售素緞皂鞋　貳雙　合洋貳元叁角捌分
售緞方錦鞋　壹雙　合洋壹元肆角柒分
售平式布鞋　貳雙　合洋壹元叁角捌分
售哈嘰布　陸匹　合洋叁拾肆元捌角
售小床巾　壹個　合洋壹元壹角
售大連布　拾貳匹　合洋柒拾壹元貳角捌分
售大連布　柒拾匹　合洋柒元柒角
售淡灰青花條布　壹匹　合洋陸元肆角捌分
售平式布鞋　壹雙　合洋陸角玖分
售小床巾　壹條　合洋壹元壹角
售大毛巾　壹打　合洋壹元叁角
售元青細呢軍衣　拾柒套　合洋貳百肆拾陸元捌角肆分
售元青細呢軍帽　拾柒項　合洋拾肆元貳角捌分
售元青粗呢軍帽　壹千壹百伍拾伍頂　合洋捌百叁拾壹元陸角
售哈嘰布　貳拾肆匹　合洋壹百叁拾玖元貳角
售貳號毛巾　貳拾肆打　合洋貳拾捌元捌角
售元號毛巾　玖打　合洋拾壹元柒角
售白市布褲　壹條　合洋伍角伍分
售哈嘰布　貳匹　合洋拾壹元陸角
售藤箱代換包皮帶　壹個　合洋肆元玖角柒分
售花其布　壹匹　合洋肆元叁角貳分
售緞方錦鞋　陸雙　合洋捌元捌角貳分
售布皂鞋　貳雙　合洋壹元捌角肆分
售官緞靴　壹雙　合洋叁元玖角
售平式布鞋　陸雙　合洋肆元壹角肆分
售布皂鞋　壹雙　合洋陸角玖分
焦白格子布　壹匹　合洋陸元貳角肆分
售藍花條布　壹匹　合洋伍元玖角肆分
售藤箱換帶　壹個　合洋肆元玖角柒分

售代做雨衣　壹件　合洋壹元
售無邊小床巾　伍床　合洋伍元
售行布皂鞋　壹雙　合洋柒角玖分
售行布皂鞋　拾伍雙　合洋拾壹元捌角伍分
售皮靴換底　壹雙　合洋貳元肆角
售黑花條布　玖匹　合洋陸拾柒元陸角貳分
售黑愛國布　壹匹　合洋拾叁元柒角陸分
售行布皂鞋　壹雙　合洋柒角玖分
售行小耳鞋　壹雙　合洋捌角貳分
售行小耳鞋　拾雙　合洋捌元貳角
售行小耳鞋　拾雙　合洋捌元貳角
售行布皂鞋　拾貳雙　合洋柒元玖角
售行小耳鞋　拾叁雙　合洋拾元零陸角陸分
售行小耳鞋　拾雙　合洋捌元貳角
售黑花條布　壹匹　合洋柒元伍角陸分
售格子布　壹匹　合洋陸元肆角捌分
售花布耳鞋　壹雙　合洋玖角貳分
售緞方錦鞋　壹雙　合洋貳元肆角
售行布耳鞋　貳雙　合洋壹元陸角肆分
售綫軸　捌百柒拾個　合洋貳拾壹元柒角伍分
售藤箱換皮帶　壹具　合洋肆元
售行耳鞋　肆雙　合洋叁元貳角捌分
售行皂鞋　拾叁雙　合洋拾元零貳角柒分
售行耳鞋　拾玖雙　合洋拾伍元伍角捌分
售英皮帶　兩條　合洋壹元
售行花布耳鞋　肆雙　合洋叁元陸角捌分
售行布耳鞋　兩雙　合洋壹元陸角肆分
售配行底鞋　兩雙　合洋壹元肆角肆分
售緞方錦鞋　壹雙　合洋貳元肆角
售配行底鞋　兩雙　合洋壹元肆角肆分

售配真底鞋	壹雙	合洋壹元貳角
售四眼行花布鞋	壹雙	合洋壹元
售行皂鞋	肆雙	合洋叁元壹角陸分
售行耳鞋	伍雙	合洋肆元壹角
售行花耳鞋	壹雙	合洋玖角貳分
售平式鞋	壹雙	合洋陸角玖分
售雪青花條布	壹匹	合洋陸元零貳分
售窄花條布	壹匹	合洋叁元柒角肆分
售行緞皂鞋	兩雙	合洋貳元肆角
售真緞皂鞋	兩雙	合洋貳元捌角
售雪青花條布	壹丈壹尺	合洋壹元伍角肆分
售窄花條布	伍匹	合洋貳拾玖元柒角
售窄花條布	壹匹	合洋叁元陸角叁分
售藍格子布	貳匹	合洋拾貳元玖角陸分
售行布皂鞋	壹雙	合洋柒角玖分
售花條布	貳拾玖尺	合洋叁元壹角玖分
售行布皂鞋	拾雙	合洋柒元玖角
售行布耳鞋	拾雙	合洋捌元貳角
售行布耳鞋	貳拾雙	合洋拾陸元肆角
售行布耳鞋	壹雙	合洋捌角貳分
售行布皂鞋	叁拾捌雙	合洋叁拾元零零貳分
售行四眼鞋	壹雙	合洋壹元
售花布鞋	壹雙	合洋玖角貳分
售行布皂鞋	壹雙	合洋柒角玖分
售行小耳鞋	壹雙	合洋捌角貳分
售花布小耳鞋	壹雙	合洋玖角貳分
售行布皂鞋	貳百拾陸雙	合洋壹百柒拾元零陸角肆分
售行小耳鞋	壹百雙	合洋捌拾貳元
售行花小耳鞋	肆拾柒雙	合洋肆拾貳元叁角
售平式鞋	伍拾貳雙	合洋叁拾伍元捌角捌分
售雪青花條布	肆匹	合洋叁拾元零貳角肆分
售花小耳鞋	玖雙	合洋捌元壹角
售行皂鞋	拾叁雙	合洋拾元零貳角柒分
售行小耳鞋	叁拾貳雙	合洋貳拾陸元貳角肆分
售行皂鞋	肆拾雙	合洋叁拾壹元陸角
售行小耳鞋	叁拾貳雙	合洋貳拾陸元貳角肆分
售花條耳鞋	拾貳雙	合洋拾元零捌角
售料子板	捌拾副	合官帖叁千壹百貳拾串
售料子板	拾副	合官帖肆百肆拾吊
售行布皂鞋	玖拾柒雙	合洋柒拾陸元陸角叁分
售行布皂鞋	柒拾叁雙	合洋伍拾玖元捌角陸分
售行花耳鞋	拾柒雙	合洋拾柒元
售行花耳鞋	壹雙	合洋壹元零貳分
售行布皂鞋	陸雙	合洋伍元壹角
售行布皂鞋	壹雙	合洋柒角玖分
售緞方錦鞋	壹雙	合洋壹元肆角柒分
售真哈嘰布單軍帽	陸頂	合洋叁元陸角
售土黃色斜文布單軍衣	陸套	合洋貳拾貳元捌角玖分陸釐
售真哈嘰布單軍衣	壹套	合洋陸元
售真哈嘰布單軍帽	壹頂	合洋柒角貳分
售真哈嘰布單軍帽	肆拾肆頂	合洋貳拾陸元肆角
售土黃色斜衣布單軍衣	肆拾肆頂	合洋壹百陸拾柒元玖角零肆釐
售真哈嘰布單軍帽	拾陸頂	合洋拾壹元伍角貳分
售真哈嘰布單軍衣	拾陸套	合洋玖拾陸元
售真哈嘰布單軍帽	壹千壹百零五頂	合洋陸百陸拾叁元
售土黃色斜文布單軍衣	壹千壹百零五套	合洋肆千貳百壹拾陸元陸角捌分
售機器箱蓋	拾捌個	合洋拾貳元陸角
售綫軸	壹百個	合洋貳元伍角
售紡車	陸架	合洋拾伍元
售綫風	拾伍個	合洋壹元伍角

售成簧	貳副	合洋壹元
售機器壓板	壹個	合洋肆角
售大繞綫軸	壹架	合洋陸元
售絡子	伍拾個	合洋伍元
售梭匣	拾個	合洋叁元
售大軸	拾壹個	合洋拾壹元
售土黄色斜文布單警衣帽	各伍百套	合官帖貳萬吊
售行布皂鞋	貳雙	合洋壹元柒角
售行小耳鞋	壹雙	合洋玖角
售行小耳鞋	壹雙	合洋捌角貳分
售行花耳鞋	壹雙	合洋玖角伍分
售壹號毛巾	半打	合洋柒角
售行花皂鞋	壹雙	合洋捌角伍分
售代換小皮靴底	壹雙	合洋壹元
售代換皮鞋底	壹雙	合洋壹元
售代配行鞋底	貳雙	合洋壹元陸角
售小床巾	叁條	合洋貳元柒角
售花小耳鞋	壹雙	合洋玖角伍分
售布耳鞋	壹雙	合洋玖角伍分
售自底配幫鞋	壹雙	合洋貳角
售桌面	貳個	合洋壹元伍角
售窄花條布	壹匹	合洋肆元貳角玖分
售行小耳鞋	貳雙	合洋壹元柒角
售行花耳鞋	壹雙	合洋玖角貳分
售藍花其軍衣	伍拾伍套	合洋玖拾元零柒角伍分
售藍花其軍帽	伍拾伍頂	合洋拾陸元伍角
售行布皂鞋	伍拾伍雙	合洋肆拾陸元柒角伍分
售綫繩子	貳根	合洋壹元
售配皮鞋底	貳雙	合洋貳元
售行布皂鞋	叁雙	合洋貳元肆角陸分
售行皂鞋	陸拾捌雙	合洋伍拾叁元柒角貳分
售行耳鞋	拾肆雙	合洋拾壹元肆角捌分
售行花耳鞋	叁拾肆雙	合洋叁拾元零陸角
售自面緞皂鞋	伍雙	合洋伍元
售一號毛巾	半打	合洋柒角
售二號毛巾	半打	合洋陸角伍分
售花棋布	玖匹	合洋肆拾捌元陸角
售花棋布	壹匹	合洋柒元
售花棋布	壹匹	合洋肆元叁角貳分
售花棋布	壹匹	合洋叁元捌角肆分
售二、三道臉廣皮夾靴	壹千壹百陸拾雙	合洋陸千貳百柒拾捌元伍角
售自配緞底靴	壹雙	合洋壹元
售自面緞牛底鞋	叁雙	合洋叁元
售自面緞牛底鞋	壹雙	合洋壹元
售自面緞海底鞋	貳雙	合洋壹元陸角
售窄花條布	壹匹	合洋伍元玖角肆分
售行布皂鞋	壹雙	合洋捌角貳分
售行布皂鞋	叁雙	合洋貳元肆角陸分
售自配緞牛底鞋	壹雙	合洋壹元
售代換小皮包	壹個	合洋貳元肆角伍分
售自配皮鞋底	壹雙	合洋壹元
售綠油絲布	壹件	合洋捌元
售花耳鞋	拾玖雙	合洋拾柒元壹角
售平式鞋	壹雙	合洋陸角玖分
售行皂鞋	拾肆雙	合洋拾壹元零陸分
售行耳鞋	玖雙	合洋柒元叁角捌分
售平巾	壹打	合洋壹元
售一號毛巾	壹打	合洋壹元叁角
售雪青花條布	肆匹	合洋叁拾元零貳角肆分

售窄花條布　壹匹　合洋伍元玖角肆分
售行皂鞋　貳雙　合洋壹元陸角肆分
售行耳鞋　壹雙　合洋玖角壹分
售代換皮底鞋　壹雙　合洋壹元
售自配海底鞋　壹雙　合洋捌角
售行皂鞋　伍雙　合洋肆元叁角
售自配皮鞋底　陸雙　合洋陸元
售自配牛底鞋　叁雙　合洋叁元
售自配海底鞋　貳雙　合洋壹元陸角
售廣沙皮鞋　壹雙　合洋叁元
售小皮鞋　壹雙　合洋貳元
售自配海底鞋　貳雙　合洋壹元陸角
售小耳鞋　壹雙　合洋壹元零壹分
以上共售成品吉洋壹萬陸千伍百肆拾肆元伍角肆分柒釐，吉錢貳萬叁千伍百陸拾吊。

中華大典·工業典

近代工業分典　引用書目

説　明

一、本書目，係本分典所使用的基本書籍與報刊，主要依據《中華大典》通用書目，另據本分典内容的實際情況，有相當部分超出通用書目所列文獻。

二、各書著録順序依次爲：書名，作者（編者），版本。

三、各書著録選用通行善本、新整理本或較有影響的版本，盡量吸收現有研究成果。

四、考慮到本分典所用文獻的特殊性，本書目分作五類，除「經世文編類」按初編、續編、三編等排列外，其餘各類按書名第一字筆劃「横、竪、撇、點、折」排序，第一字筆劃相同者，則按照書名第二字筆劃排序。

五、「報刊類」只出報刊名及時間，不出作者名及版本。

書名	作者	版本
一、檔案類		
大生企業系統檔案選編	南通檔案館等編	南京：南京大學出版社，一九八七年版
大清法規大全	政學社編	臺北：考正出版社，一九七二年版
上海總商會組織史資料彙編	上海市工商業聯合會、復旦大學歷史系編	上海：上海古籍出版社，二〇〇四年版
天津商會檔案彙編（一九〇三—一九一一）	天津市檔案館編	天津：天津人民出版社，一九八九年版
中國早期博覽會資料彙編	南京圖書館編	北京：全國圖書館文獻縮微複製中心，二〇〇三年版
中國近代兵器工業檔案史料	中國第一歷史檔案館、兵器工業總公司等	北京：兵器工業出版社，一九九三年版
文宗顯皇帝實録	中國第一歷史檔案館編	北京：中華書局，一九八六年版
戊戌變法檔案史料	國家檔案局明清檔案館編	北京：中华书局，一九五八年版
北洋公牘類纂	甘厚慈輯	京城益森印刷有限公司，光緒三十三年版
北洋公牘類纂續編	甘厚慈輯	絳雪齋書局，宣統二年版
吉林檔案史料選編·上諭奏摺	吉林省社會科學院、吉林大學歷史系編	内部發行，一九八三年版
吉林檔案史料選編·辛亥革命	吉林省社會科學院、吉林大學歷史系編	内部發行，一九八三年版
光緒二十八年通商各關華洋貿易總册	上海通商海關造册處譯	光緒鉛印本
光緒二十九年通商各關華洋貿易總册	上海通商海關造册處譯	光緒鉛印本
光緒二十六年通商各關華洋貿易總册	上海通商海關造册處譯	光緒鉛印本
光緒三十一年通商各關華洋貿易總册	上海通商海關造册處譯	光緒鉛印本

光緒三十二年通商各關華洋貿易總册　上海通商海關造册處譯　光緒鉛印本

光緒三十三年通商各關華洋貿易總册　上海通商海關造册處譯　光緒鉛印本

光緒三十四年通商各關華洋貿易總册　上海通商海關造册處譯　光緒鉛印本

光緒三十年通商各關華洋貿易總册　上海通商海關造册處譯　光緒鉛印本

光緒戊戌年收發抄電　全國圖書館文獻縮微複製中心編　北京：全國圖書館文獻縮微複製中心，二〇〇四年版

光緒宣統兩朝上諭檔　中國第一歷史檔案館編　桂林：廣西師範大學出版社，一九九六年版

光緒軍機處事由檔錄要　北京大學館藏稿本叢書編纂委員會編　天津：天津古籍出版社，一九九一年版

光緒條約　許同莘、汪毅、張承棨編　臺北：文海出版社，一九七四年版

光緒朝東華錄　朱壽朋編，張靜廬等校點　北京：中華書局，一九五八年版

光緒朝硃批奏摺　中國第一歷史檔案館編　北京：中華書局，一九九五年版

光緒會典　廖平輯　臺北：文海出版社一九五七年版

同治中興內外奏議約編　陳弢輯　臺北：文海出版社，一九六七年版

同治條約　許同莘、汪毅、張承棨編　臺北：文海出版社，一九七四年版

同治朝籌辦夷務始末　寶鋆等修　臺北：文海出版社，一九六六年版

江西近代工礦史資料選編　江西社會科學院歷史所編　南昌：江西人民出版社，一九八九年版

近代華僑投資國內企業史資料選輯（上海卷）　林金枝、莊為璣編　廈門：廈門大學出版社一九九四年版

近代華僑投資國內企業史資料選輯（福建卷）　林金枝、莊為璣編　福州：福建人民出版社一九八五年版

近代華僑投資國內企業史資料選輯（廣東卷）　林金枝、莊為璣編　福州：福建人民出版社一九八九年版

辛亥革命史資料新編　章開沅、羅福惠、嚴昌洪主編　武漢：湖北人民出版社，二〇〇六年版

汪康年師友書札　上海圖書館編　上海：上海古籍出版社，一九八六年版

東北義和團檔案史料　遼寧省檔案館編　瀋陽：遼寧人民出版社，一九八一年版

東華錄、東華續錄　王先謙　上海：上海古籍出版社，一九九五年版

券證遺珍　陳采編　北京：中國人民大學出版社，二〇〇七年版

南洋兄弟煙草公司史料　上海社會科學院經濟研究所編　上海：上海人民出版社，一九五八年版

咸豐同治兩朝上諭檔　中國第一歷史檔案館編　桂林：廣西師範大學出版社，一九九八年版

咸豐條約　汪毅、張承棨編　臺北：文海出版社，一九七四年版

咸豐朝籌辦夷務始末　寶鋆等修　北京：中華書局，一九七九年版

皇朝政典類纂（市易）　席裕福、沈師徐輯　臺北：文海出版社，一九八二年版

皇朝政典類纂（倉庫）　席裕福、沈師徐輯　臺北：文海出版社，一九八二年版

皇朝政典類纂(榷征)　席裕福、沈師徐輯　臺北：文海出版社一九八二年版
皇朝政典類纂(漕運)　席裕福、沈師徐輯　臺北：文海出版社，一九八二年版
皇朝政典類纂(錢幣)　席裕福、沈師徐輯　臺北：文海出版社，一九八二年版
皇朝政典類纂(鑛政)　席裕福、沈師徐輯　臺北：文海出版社，一九八二年版
皇朝政典類纂(鹽法)　席裕福、沈師徐輯　臺北：文海出版社，一九八二年版
宣宗成皇帝實錄　中國第一歷史檔案館編　北京：中華書局，一九八六年版
宣統二年通商各關華洋貿易總册　上海通商海關造册處譯　宣統鉛印本
宣統元年通商各關華洋貿易總册　上海通商海關造册處譯　宣統鉛印本
宣統政紀　中國第一歷史檔案館編　北京：中華書局，一九八六年版
宣統條約　許同莘、汪毅、張承棨編　臺北：文海出版社，一九七四年版
袁世凱天津檔案史料選編　天津市檔案館編　天津：天津古籍出版社，一九九〇年版
海防檔　中研院近代史研究所編　臺北：中研院近代史研究所，一九五七年版
盛宣懷未刊信稿　北京大學歷史系近代史教研室編　北京：中華書局，一九六〇年版
盛宣懷實業朋僚函稿　王爾敏編　香港：香港中文大學中國文化研究所，一九八六年版
盛宣懷實業函電稿　王爾敏等編　香港：香港中文大學中國文化研究所，一九九三年版
盛宣懷檔案資料選輯之一：辛亥革命前後　陳旭麓等主編　上海：上海人民出版社，一九七九年版
盛宣懷檔案資料選輯之二：湖北開採煤鐵總局・荊門礦務總局　陳旭麓主編　上海：上海人民出版社，一九八一年版
盛宣懷檔案資料選輯之七：義和團運動　陳旭麓等主編　上海：上海人民出版社，二〇〇一年版
盛宣懷檔案資料選輯之三：甲午中日戰爭　陳旭麓、顧廷龍、汪熙主編，季平子、齊國華編　上海：上海人民出版社，一九八二年版
盛宣懷檔案資料選輯之五：中國通商銀行　陳旭麓等主編　上海：上海人民出版社，二〇〇〇年版
盛宣懷檔案資料選輯之四：漢冶萍公司(一)　陳旭麓、顧廷龍、汪熙主編，朱子恩、武曦、朱金元編　上海：上海人民出版社，一九八四年版
盛宣懷檔案資料選輯之四：漢冶萍公司(二)　陳旭麓、顧廷龍、汪熙主編，朱子恩、武曦、朱金元編　上海：上海人民出版社，一九八四年版
盛宣懷檔案資料選輯之四：漢冶萍公司(三)　陳旭麓、顧廷龍、汪熙主編，朱子恩、武曦、朱金元編　上海：上海人民出版社，二〇〇四年版
國家圖書館藏清代孤本外交檔案　孫學雷、劉家平主編　北京：全國圖書館文獻縮微複製中心，二〇〇三年版
蘇州商會檔案叢編(一九〇五—一九一一年)(第一輯)　章開沅等編　武漢：華中師大出版社，一九九一年版

清末川滇邊務檔案史料　四川省民族研究所等編　北京：中華書局，一九八九年版

清末民初憲政史料輯刊　清憲政編查館等編　北京：北京圖書館出版社，二〇〇六年版

清末籌備立憲檔案史料　故宮博物院明清檔案部編　北京：中華書局，一九七九年版

清代外務部中外關係檔案史料叢編——中英關係卷・礦物實業　中國第一歷史檔案館、北京大學、澳大利亞拉籌伯大學編　北京：中華書局，二〇〇六年版

清代吉林檔案史料選編（工業）　吉林省檔案館編　内部發行，一九八四年版

清代軍機處電報檔彙編　中國第一歷史檔案館主編　北京：中國人民大學出版社，二〇〇五年版

清代黑龍江歷史檔案選編（光緒元年—七年）　中國第一歷史檔案館滿文部、黑龍江社會科學院歷史研究所編　哈爾濱：黑龍江人民出版社，一九八六年版

清外務部收發文依類存稿　全國圖書館文獻縮微複製中心編　北京：全國圖書館文獻縮微複製中心，二〇〇三年版

清光緒兵部奏稿　國家圖書館分館編　北京：全國圖書館文獻縮微複製中心，二〇〇四年版

清光緒間户部奏稿　孫家鼐等撰　朱絲欄寫本

清季中日韓關係史料　中研院近代史研究所編　臺北：中研院近代史研究所，一九七二年版

清季外交史料　王彥威輯纂，王亮編，王敬立校　北京：書目文獻出版社，一九八七年版

清季鈔電匯訂　全國圖書館文獻縮微複製中心編　北京：全國圖書館文獻縮微複製中心，二〇〇三年版

清陸軍部檔案資料彙編　全國圖書館文獻縮微複製中心編　北京：全國圖書館文獻縮微複製中心，二〇〇四年版

啟新洋灰公司史料　南開大學經濟研究所、南開大學經濟系編　北京：三聯書店，一九六三年版

雲南近代金融史料選編　雲南省檔案館、雲南經濟研究所編　昆明：雲南省檔案館，一九九〇年版

雲南近代礦業史料選編　雲南省檔案館、雲南經濟研究所編　昆明：雲南省檔案館，一九九〇年版

開灤煤礦礦權史料　熊性美等編　天津：南開大學出版社，二〇〇四年版

欽定六部處分則例　文孚纂修　臺北：文海出版社，一九六九年版

道光咸豐兩朝籌辦夷務始末補遺　郭廷以編　台北：中研院近代史研究所，一九六五年版

道光朝籌辦夷務始末　文慶等纂　北京：中華書局，一九六四年版

農工商部統計表（光緒三十四年）　農工商部统计处編　香港中文大學圖書館藏本

榮家企業史料（一八九六—一九三七）　上海社會科學院經濟研究所編　上海：上海人民出版社，一九六二年版

漢冶萍公司志　劉明漢主編，湖北省冶金志編纂委員會編　武漢：華中理工大學出版社，一九九〇年版

漢冶萍公司檔案史料選編　湖北省檔案館編　北京：中國社會科學出版社，一九九四年版

德宗景皇帝實錄　中國第一歷史檔案館編　北京：中華書局，一九八六年版

歷史檔案　中國第一歷史檔案館主編　北京：歷史檔案雜誌社

穆宗毅皇帝實錄　中國第一歷史檔案館編　北京：中華書局，一九八六年版
舊中國漢冶萍公司與日本關係史料選輯　武漢大學經濟學系編　上海：上海人民出版社，一九八五年版
礦務檔　中研院近代史研究所編　臺北：中研院近代史研究所，一九六〇年版
籌辦夷務始末補遺　蔣廷黻編　北京：北京大學出版社，一九八八年版

二、著述類

丁中丞(日昌)政書　溫廷敬編　臺北：文海出版社，一九七八年版
丁文誠公(寶楨)遺集　羅文彬輯　臺北：文海出版社，一九六八年版
上海洋場竹枝詞　顧炳權編　上海：上海書店出版社，一九九六年版
上海鄉土志　李維清　上海：上海古籍出版社，一九八九年版
上海縣竹枝詞　秦榮光　上海：上海古籍出版社，一九八九年版
上海雜記　徐潤　珠海：珠海出版社，二〇〇六年版
王文韶日記　王文韶　北京：中華書局，一九八九年版
井礦工程　白爾捺輯，傅蘭雅口譯，趙元益筆述　上海：鴻文書局，光緒二十二年石印本
天咫偶聞　震鈞　上海：上海古籍出版社，一九九五年版
中國經濟全書　長谷川辰二郎　東京：神田印刷所
文芸閣(廷式)先生全集　趙鐵寒編　臺北：文海出版社，一九七五年版
左文襄公(宗棠)全集　楊書霖輯　臺北：文海出版社，一九六四年版
戊戌奏稿　康有為　上海：上海古籍出版社，一九九五年版
出使公牘・奏疏　薛福成　臺北：文海出版社，一九七二年版
地學淺釋　瑪高溫著，華蘅芳譯　上海：鴻文書局，光緒二十二年石印本
西政叢書：考工記要　英國瑪體生著，傅蘭雅、鐘天緯譯，六合汪振聲校訂　一八九七年版
西政叢書：紡織機器圖說　英國瑪體生著，傅蘭雅、鐘天緯譯，六合汪振聲校訂　一八九七年版
西學東漸記　容閎　上海：上海书店，一九九二年版
西學富強叢書　张荫桓辑　上海：鴻文書局，光緒二十二年石印本
匠誨與規　傅蘭雅著，徐壽譯　上海：鴻文書局，光緒二十二年石印本
光緒政要　桐聲編　臺北：文海出版社，一九六九年版
光緒朝黑龍江將軍奏稿　邢玉林主編　北京：全國圖書館文獻縮微複製中心，一九八八年版

回熱爐法　傅蘭雅著，徐壽譯　上海：鴻文書局，光緒二十二年石印本
伍先生(秩庸)公牘　伍廷芳、伍廷光編　臺北：文海出版社，一九七一年版
合肥李勤恪公(瀚章)政書　李經畬編　臺北：文海出版社，一九六七年版
色相留真　傅蘭雅著，徐壽譯　上海：鴻文書局，光緒二十二年石印本
江南製造局記　魏允恭編　上海：上海古籍出版社，一九九五年版
李文恭公(星沅)奏議　李概編　臺北：文海出版社，一九六九年版
李忠節公(鑑堂)奏議　李秉衡　臺北：成文出版社，一九六八年版
李忠節公奏議　李秉衡　臺北：成文出版社，一九六八年版
李鴻章全集　顧廷龍、戴逸主編　合肥：安徽教育出版社，二〇〇七年版
岑襄勤公奏稿　岑毓英　南寧：廣西人民出版社，一九八六年版
冶金錄　阿發滿撰，傅蘭雅口譯，趙元益筆述　上海：鴻文書局，光緒二十二年石印本
汽機必以　蒲而捺撰，傅蘭雅口譯，徐建寅筆述　上海：鴻文書局，光緒二十二年石印本
汽機新制　傅蘭雅著，徐建寅譯　上海：鴻文書局，光緒二十二年石印本
沈文肅公(寶楨)政書　吳元炳輯　臺北：文海出版社，一九六七年版
茂泉實業文集　申丙編　臺北：文海出版社，一九八八年版
林文忠公政書　林則徐　上海：上海古籍出版社，一九九五年版
制肥皂法　林樂知著，鄭昌棪譯　上海：鴻文書局，光緒二十二年石印本
制油燭法　林樂知著，鄭昌棪譯　上海：鴻文書局，光緒二十二年石印本
金石識別　代那撰，瑪高温口譯，華蘅芳筆述　上海：鴻文書局，光緒二十二年石印本
周學熙集　虞和平編　武漢：華中師範大學出版社，一九九九年版
弢園尺牘　王韜　臺北：大通书局，一九六八年版
胡文忠公(林翼)遺集　曾國荃、鄭敦謹編　上海：上海古籍出版社，一九九五年版
胡翼南先生全集　胡禮垣　臺北：文海出版社，一九七六年版
南省公餘錄　梁章鉅　臺北：文海出版社，一九六八年版
皇清道咸同光奏議　王延熙、王树敏編　臺北：文海出版社，一九七一年版
津門雜記　張燾　臺北：文海出版社，一九七〇年版
退耕堂政書　徐世昌　臺北：成文书局，一九六八年版
退菴自訂年譜　梁章鉅　臺北：文海出版社，一九六八年版
退菴隨筆　梁章鉅　臺北：文海出版社，一九六八年版

馬端敏公奏議　馬新貽　臺北：成文出版社，一九六九年版

袁世凱未刊書信稿　袁世凱　北京：中華全國圖書館文獻縮微複製中心，一九九八年版

垸髹致美　傅蘭雅口譯，徐壽筆述　上海：鴻文書局，光緒二十二年石印本

校邠廬抗議　馮桂芬　上海：上海古籍出版社，一九九五年版

郵傳部奏議類編・續編　郵傳部編　臺北：文海出版社，一九六七年版

造玻璃法　傅蘭雅著，徐壽譯　上海：鴻文書局，光緒二十二年石印本

造硫強水法　傅蘭雅著，徐壽譯　上海：鴻文書局，光緒二十二年石印本

造管之法　傅蘭雅著，徐壽譯　上海：鴻文書局，光緒二十二年石印本

倭文端公（艮齋）遺書　倭仁　臺北：华文书局，一九六八年版

徐愚齋自敘年譜　徐愚齋　上海：上海古籍出版社，二〇〇〇年版

郭侍郎（嵩燾）奏疏　郭嵩燾　北京：北京出版社，二〇〇〇年版

陳熾集　趙樹貴、曾麗雅編　北京：中華書局，一九九七年版

陳寶箴集　汪叔子、張求會編　北京：中華書局，二〇〇三年版

陶樓文鈔・雜著　黃彭年　臺北：文海出版社，一九六九年版

曹廷傑集　叢佩遠、趙鳴岐編　北京：中華書局，一九八五年版

晚清洋務運動事類匯鈔　佚名輯　北京：中華全國圖書館文獻縮微複製中心，一九九九年版

船政奏疏匯编　左宗棠等辑　臺北：文海出版社，一九七五年版

庸菴文編（一、二、三）　薛福成　臺北：文海出版社，一九七三年版

庸菴尚書奏議　俞陛雲編　臺北：文海出版社，一九七〇年版

清內府奏摺東三省練兵奏議　安定　北京：全國圖書館文獻縮微複製中心，二〇〇二年版

清芬閣集　朱采　臺北：文海出版社，一九六八年版

淞南夢影錄　黃式權編　上海：上海古籍出版社，一九八九年版

張文襄公全集　王樹枏編　臺北：文海出版社，一九六三年版

張季子（謇）九錄（政聞錄）　張怡祖編　臺北：文海出版社，一九六五年版

張南通先生（謇）榮哀錄　許彭年、孔容照編　臺北：文海出版社，一九六五年版

張靖達公奏議　何嗣焜編　光緒年間刻本

張嗇菴（謇）實業文鈔　曹文麟編　臺北：文海出版社，一九七一年版

張謇全集　張謇研究中心、南通市圖書館編　南京：江蘇古籍出版社，一九九四年版

黃遵憲與日本友人筆談遺稿　鄭子瑜、實滕惠秀編　臺北：文海出版社，一九七四年版

葵園四種	王先謙	長沙：岳麓書社，一九八六年版
開煤要法	士密德輯，傅蘭雅口譯，王德均筆述	上海：鴻文書局，光緒二十二年石印本
開縣李尚書(宗義)政書	李本方、方宗誠編	臺北：文海出版社，一九六九年版
皖政輯要	馮煦主修，陳師禮總纂	合肥：黃山書社，二〇〇六年版
曾文正公(國藩)全集	李瀚章編	臺北：文海出版社，一九七四年版
曾忠襄公(國荃)批牘・年譜	王定安編	臺北：文海出版社，一九六七年版
曾忠襄公(國荃)奏議	蕭榮爵編	臺北：文海出版社，一九六九年版
曾忠襄公(國荃)書札	蕭榮爵編	臺北：文海出版社，一九七〇年版
曾惠敏公(劼剛)遺集	曾紀澤	臺北：文海出版社，一九六八年版
溫州歷代碑刻集	金柏東主編	上海：上海社會科學院出版社，二〇〇二年版
電氣鍍金	傅蘭雅著，徐壽譯	上海：鴻文書局，光緒二十二年石印本
電學鍍鎳	傅蘭雅著，徐壽譯	上海：鴻文書局，光緒二十二年石印本
愚齋未刊信稿	盛宣懷	臺北：文海出版社，一九七五年版
愚齋存稿	盛宣懷	臺北：文海出版社，一九七五年版
蜀海叢談	周詢	臺北：文海出版社，一九六六年版
煉石編	舒高弟著，鄭昌棪譯	上海：鴻文書局，光緒二十二年石印本
煉鋼要言	徐家寶譯述	上海：鴻文書局，光緒二十二年石印本
銀礦指南	亞倫撰，傅蘭雅口譯，應祖錫筆述	上海：鴻文書局，光緒二十二年石印本
廣方言館全案	佚名編	上海：上海古籍出版社，一九八九年版
廣東碑刻集	譚棣華等編	廣州：廣東高等教育出版社，二〇〇一年版
端忠敏公奏稿	端方	臺北：文海出版社，一九六七年版
適可齋紀言紀行	馬建忠	臺北：文海出版社，一九七四年版
鄭孝胥日記	中國歷史博物館編，勞祖德整理	北京：中華書局，一九九三年版
鄭觀應集	夏東元編	上海：上海人民出版社，一九八八年版
幣制奏案輯要	度支部編	臺北：文海出版社，一九七一年版
滬事歲事衢歌	張春華	上海：上海古籍出版社，一九八九年版
滬遊雜記	葛元煦著，鄭祖安整理	上海：上海書店出版社，二〇〇六年版
劉坤一遺集	中國科學院歷史研究所編	北京：中華書局，一九五九年版
劉銘傳撫台前後檔案	臺灣銀行經濟研究室編	臺北：中华书局，一九六九年版

劉襄勤公奏稿　甘肅省古籍文獻整理編譯中心編　北京：線裝書局，二〇〇六年版
潤于集　張佩綸　上海：上海古籍出版社，一九九五年版
駱文忠公奏議　駱秉章　臺北：文海出版社，一九六七年版
機動圖說　傅蘭雅著，徐壽譯　上海：鴻文書局，光緒二十二年石印本
舊中國的股份制　上海市檔案館編　北京：中國檔案出版社，一九九六版
鎔金類罐　傅蘭雅口譯，徐壽筆述　上海：鴻文書局，光緒二十二年石印本
嚴複集補編　孫應祥、皮後鋒編　福州：福建人民出版社，二〇〇四年版
嚴複集　嚴複　北京：中華書局，一九八六年版
瀛寰考略　徐繼畬　臺北：文海出版社，一九七四年版
瀛壖雜誌　王韜　上海：上海古籍出版社，一九八九年版
蠶桑譜　陳啟沅撰，陳錦篇繪圖　光緒年間刻本

三、經世文編類

皇朝經世文編　賀長齡、魏源編　上海：點石齋，一八八七年版
皇朝經世文編續集　饒玉成編　臺北：文海出版社，一九八七年版
皇朝經世文新增時務洋務續編　甘韓輯　臺北：文海出版社，一九七二年版
皇朝經世文三編　陈忠倚輯　臺北：文海出版社，一九七二年版
皇朝經世文新編　麦仲华編　臺北：國風出版社，一九六五年版
皇朝經濟文新編　宜今室主人編　臺北：文海出版社，一九八七年版
皇朝經世文四編　何良栋輯　臺北：文海出版社，一九七二年版
皇朝經世文編五集　求是齋校輯　臺北：文海出版社，一九八七年版
皇朝經世文新編續集　甘韓輯，鳳藻校　臺北：文海出版社，一九七二年版
皇清道咸同光四朝奏議　王雲五編　臺北：臺灣商務印書館，一九七〇年版
皇朝蓄艾文編　于寶軒　臺北：臺灣學生書局，一九六五年版
皇朝新政文編　金匱闕鑄補齋　臺北：文海出版社，一九八七年版
皇朝經世文續編　葛士濬　上海：廣百宋齋，一八九一年版
皇朝經世文編續編　盛康輯　臺北：文海出版社，一九七二年版
皇朝經世文統編　邵之棠輯　上海：慎記書莊，一九〇一年版

四、报刊類

申報（一八七四—一九一一年）

外交報彙編(一九〇二—一九一一年)
江西農報(一九〇七年)
江南商務報(一九〇〇年)
江寧實業雜誌(一九一〇年)
安徽俗話報(一九〇四—一九〇五年)
東方雜誌(一九〇四—一九〇九年)
兩廣官報(一九〇九—一九一一年)
南洋商務報(一九〇六年)
格致新報(一八九八年)
時務報(一八九六—一八九八年)
商務官報(一九〇六—一九一〇年)
商業雜誌(一九一〇年)
湖北學生界(一九〇三—一九〇三年)
湘學報(一八九七—一八九八年)
湘學新報(一八九七—一八九八年)
新民叢報(一九〇二—一九〇七年)
點石齋畫報(一八八四—一八九八年)
勸業會旬刊(一九〇九年)

五、方志類

土默特志	不著纂修人名氏	光緒間刊本
永昌府志	劉毓珂等纂修	光緒十一年刊本,光緒二十四年重刊本
固原州志	王學伊纂修	宣統元年刊本
候官縣鄉土志	吕渭英修,郑祖庚等纂	光緒二十九年刊本
涇陽縣誌	劉懋官修,宋伯魯等纂	宣统三年排印本
清水河廳志	文秀等纂修	光緒九年刊抄本
雄縣鄉土志	蔡济修,刘崇本纂	光绪三十一年排印本
順寧府志	朱占科等修,周宗洛纂	光緒三十年刊本
温宿府鄉土志	佚名	光緒抄本
富陽縣新舊志校記	朱壽保撰	光緒三十二年抄本

蒙古志　姚明輝輯　光緒三十三年刊本
新民府志　管鳳龢編　宣統元年鉛印本
新疆山脈圖志　王樹枏纂修　宣統元年刊本
新疆四道志　佚名　光緒抄本
綏遠全志　高庚恩等纂修　光緒三十四年刊本
閬縣鄉土志　吕渭英修，郑祖庚等纂　光緒二十九年刊本
嶧縣鄉土志　王寶田撰　光緒三十年刊抄本
鎮安縣鄉土志　李麟图纂修　光绪三十四年排印本

《中華大典》辦公室

主　任：于永湛

副主任：伍　傑　姜學中

編　審：趙含坤　崔望雲　馮寶志　宋志英　谷笑鵬

裝幀設計：章耀達

上海市《中華大典·工業典》工作小組

組　長：王興康

組　員：吕　健　郭子建　占旭東　張旭東

《中華大典·工業典》編輯部

負責人：吕　健

工作人員：占旭東　吕瑞鋒　徐樂帥　王　珺　陳麗娟　張旭東

《近代工業分典》責任編輯

李志茗

圖書在版編目(CIP)數據

中華大典・工業典・近代工業分典 /《中華大典》工作委員會,《中華大典》編纂委員會編. —上海：上海古籍出版社，2016.10

ISBN 978-7-5325-7137-6

Ⅰ.①中… Ⅱ.①中… ②中… Ⅲ.①百科全書—中國②工業史—中國—近代 Ⅳ.①Z227②F429.05

中國版本圖書館 CIP 數據核字(2013)第 287842 號

ISBN 978-7-5325-7137-6

9 787532 571376

中華大典・工業典・近代工業分典（全六册）

編纂：《中華大典》工作委員會
《中華大典》編纂委員會

出版：上海世紀出版股份有限公司
上海古籍出版社
（上海瑞金二路二七二號 郵政編碼 二〇〇〇二〇）
（1）網址：www.guji.com.cn
（2）E-mail：guji1@guji.com.cn
（3）易文網網址：www.ewen.co

印刷：上海中華商務聯合印刷有限公司

發行：上海世紀出版股份有限公司發行中心
上海古籍出版社

開本：七八七×一〇九二毫米 十六開
印張：二七三 字數：八三八〇千字
二〇一六年十月第一版 二〇一六年十月第一次印刷

ISBN 978-7-5325-7137-6/Z·434

定價：一九八〇圓